STAATS
LEXIKON

STAATS LEXIKON

RECHT · WIRTSCHAFT · GESELLSCHAFT

in 7 Bänden

HERAUSGEGEBEN
VON DER GÖRRES-GESELLSCHAFT

7., völlig neu bearbeitete Auflage

STAATS LEXIKON

Die Staaten der Welt

SECHSTER BAND

DIE STAATEN DER WELT I

Globale Perspektiven
Europa – Amerika

VERLAG HERDER
FREIBURG · BASEL · WIEN

Alle Rechte von der Görres-Gesellschaft
und dem Verlag Herder vorbehalten
Printed in Germany

© Verlag Herder Freiburg im Breisgau 1992
Herstellung: Freiburger Graphische Betriebe 1992

ISBN 3-451-19306-X (Band 6)
ISBN 3-451-19309-4 (Band 6 und 7)

VORWORT

Waren in den früheren Auflagen des STAATSLEXIKONS die Staaten der Welt mit eigenen Artikeln in die alphabetische Folge des Lexikons aufgenommen worden, so wurde in der jetzt vorliegenden 7. Auflage diese Anordnung zugunsten einer Konzeption aufgegeben, die die geschlossene Behandlung der Staaten in den Bänden 6 und 7 des STAATSLEXIKONS unter dem Titel „DIE STAATEN DER WELT" ermöglicht. Daß statt des im Vorwort zu Band 1 vorgesehenen einen Bandes nunmehr zwei Bände dem Grundwerk (Band 1–5) hinzugefügt werden, drückt das Bestreben von Herausgeber und Verlag aus, über die Staaten nicht nur aktuell, sondern auch möglichst umfassend und unter Einbeziehung historischer Bezüge problemorientiert zu informieren. Die neue Konzeption trägt auch der Tatsache Rechnung, daß nicht nur die Zahl der Staaten, sondern auch die Verflechtung der Staaten in den Regionen, in regionalen Zusammenschlüssen und in Bündnissystemen weltweit zugenommen hat und daß überdies in vielen Bereichen (Politik, Recht, Wirtschaft, Medien u. a.) globale Tendenzen und Entwicklungen bedeutend geworden sind (vgl. Einleitung).

Schon im Grundwerk wurden vier deutschsprachige Staaten sowie die elf Länder der Bundesrepublik Deutschland (bis 1990) mit eigenen Artikel vorgestellt. Die Bundesrepublik Deutschland und die ehemalige Deutsche Demokratische Republik werden nunmehr in einem Artikel „Deutschland" unter besonderer Berücksichtigung der jüngsten Entwicklung erneut behandelt. Dabei werden die Ereignisse bis zum 3. Oktober 1990 berücksichtigt mit einer bis zum Redaktionsschluß reichenden Ergänzung „Deutschland seit dem 3. Oktober 1990". Die Artikel Österreich und Schweiz werden fortgeschrieben. Für die Staaten Mittel-, Ost- und Südosteuropas wird jeweils der vorläufige Abschluß der politischen Prozesse (z. B. Parlamentswahlen, Verfassungsgesetzgebung) die zeitliche Grenze der Darstellung sein.

Die Autoren und die Redaktion standen angesichts des tiefgreifenden politischen Wandels in diesen Ländern, aber auch der politischen Entwicklung u. a. in Afrika, Mittelamerika, Vorderasien, vor der schwierigen Aufgabe, schon fertige Artikel neu zu konzipieren oder weitgehend umzuarbeiten. Die Artikel über die drei baltischen Staaten kamen neu hinzu. – Generell wurde als Redaktionsschluß der 31.12.1991 festgesetzt.

Besondere Probleme bietet die Datenlage. Die Daten werden auf der Grundlage der Staaten erhoben; diese folgen dabei aber nicht einem einheitlichen Standard. Darum sind alle angegebenen Daten nur mit Einschränkung untereinander vergleichbar. Die von den Staaten erhobenen (– und international zusammengestellten –) Daten folgen oft verschiedenen Parametern und sind überdies nicht immer zeitgleich. Der Modus ihrer Veröffentlichung ist nicht selten durch politische Faktoren bestimmt. Die Redaktion des STAATSLEXIKONS hat nicht selbst Daten erhoben oder Statistiken erstellt, sie war auf Übernahmen und Zitierungen angewiesen.

Die Staatenbände enthalten wie die Bände des Grundwerkes Verweise. Verweise auf Artikel in den Bänden 1–5 werden mit der Signatur →, Verweise innerhalb der Staatenbände (Band 6 und 7) mit ↗ gekennzeichnet.

Die „Redaktion der Görres-Gesellschaft" für die Arbeit am 6. und 7. Band besteht aus dem Präsidenten, Professor Dr. Dr. h. c. mult. *Paul Mikat,* dem Vizepräsidenten, Professor Dr. *Rudolf Morsey,* dem Generalsekretär, Professor Dr. *Hermann Krings* (Vorsitz), Dr. *Karl Haubner,* Professor Dr. *Alexander Hollerbach,* Professor Dr. *Norbert Klaes,* Professor Dr. *J. Heinz Müller*(†), Professor Dr. *Gerhard Oberbeck* und Dr. *Reinhard Paesler.* Professor Dr. *Wolfgang Schoop* hat als Berater mitgewirkt. Die „Verlagsredaktion" des Verlags Herder wird wie beim Grundwerk durch Herrn Dr. *Günther Böing* repräsentiert.

Der Dank der Görres-Gesellschaft gilt auch bei den Staatenbänden zuvörderst den Autoren, welche die schwierige Aufgabe der Abfassung der oft auf engen Raum verwiesenen Beiträge übernommen haben. Der Dank gilt ferner den Mitarbeitern der „Redaktion der Görres-Gesellschaft", Herrn *Burkhard Haneke* M. A. (seit 1984), Frau *Angelika von Fuchs* (bis 1991) und Frau *Frauke Jacobs* (seit 1991) sowie den Mitarbeitern der Verlagsredaktion des Verlags Herder, Frau *Wilfriede Knüpfer,* Herrn *Christian Adams* M. A. (bis 1992) und Herrn *Rainer Humbach* M. A. (seit 1992).

Erarbeitung und Erscheinen auch der Staatenbände zur 7. Auflage des STAATSLEXIKONS wären ohne die Unterstützung der Förderer nicht möglich gewesen. Ihnen gilt der besondere Dank der Görres-Gesellschaft.

Paul Mikat   Hermann Krings

EINLEITUNG

I. DER AUFBAU DES WERKES

Der Staat im Kontext von Staaten

Die Anordnung der Artikel folgt grundsätzlich der alphabetischen Reihung, die jedoch den staatenübergreifenden Regionen- und Kontinentartikeln untergeordnet wird. Dafür war die Überlegung leitend, daß eine Konzentration ausschließlich auf die Einzelstaaten leicht übersehen läßt, in welchem Maß die Staatenwelt ein komplexes und dynamisches Gebilde ist. Die Staaten begegnen nicht nur als Einzelstaaten, sondern in einem Geflecht höchst unterschiedlicher Bindungen und Verbindungen. Ihr Geschick wird zunehmend von staatenübergreifenden Interessen und Kräften bestimmt, so daß der einzelne Staat heute stärker als früher in einem sich verdichtenden Kontext von Staaten steht.

Darum ist das STAATSLEXIKON bemüht, verschiedene Kontexte, in denen Staaten untereinander stehen, sei es der geographisch-regionale oder der kontinentale Kontext, sei es der Kontext der Rechtsentwicklung, des Wirtschaftsaustausches, der politischen Systeme, der Sozialsysteme, der Religionen, der Kulturen, der Medien etc., ebenso zu berücksichtigen wie das Profil des einzelnen Staates. Gerade jene sozio-kulturellen Faktoren, denen das STAATSLEXIKON besondere Aufmerksamkeit schenkt (religiöse Entwicklungen, soziale Institutionen, Inkulturation, Sprachen u. a.), lassen sich vielfach nur staatenübergreifend erfassen. Aus diesem Grund stellt das STAATSLEXIKON die *Staaten-Artikel* in den Rahmen von *Regionen-Artikeln* und diese in den Rahmen von *Kontinent-Artikeln*.

Weltweite Zusammenhänge, welche die Staaten, die Regionen und die Kontinente übergreifen, werden unter dem Titel GLOBALE PERSPEKTIVEN vorweg behandelt.

Staat

Wenn dennoch die Artikel über jeden einzelnen Staat im Zentrum der Bände „Die Staaten der Welt" stehen, so einmal deshalb, weil der Staat zur allgemein angestrebten und weithin auch erreichten politischen Organisationsform von Gesellschaften geworden ist (gegenüber Stamm, Reich, Kolonie u.a.). Dabei sind unterschiedliche Staatskonzeptionen leitend gewesen, teils der in der europäischen Neuzeit entstandene „moderne Staat" in Gestalt des Rechtsstaates, auch der durch Religion und Weltanschauung fundierte Staat, teils der „volksdemokratische" Staat, teils der totalitäre Staat. Insbesondere in den ehemaligen Kolonialgebieten war es Ziel der Unabhängigkeitsbewegungen und ist es das Bestreben der politischen Führungen, einen eigenen souveränen Staat mit eigener Herrschaftsgewalt, unabhängig von der Herrschaftsgewalt eines anderen Staates, zu gründen und auszubauen.

Der andere Grund dafür, daß dem Staaten-Artikel besonderes Gewicht beigemessen wird, ist pragmatischer Art. Die statistisch erfaßten Daten werden auf der Basis von Staaten erhoben und gelten zunächst für den einzelnen Staat. Die Daten erlauben es, in bestimmten Bereichen quantitative Informationen über einen Staat zu geben. Dabei besteht allerdings die Gefahr, daß andere Bereiche wegen des Mangels an Daten nicht hinreichend ins Blickfeld gelangen. Dies gilt insbesondere für die sozio-kulturellen Gegebenheiten und Entwicklungen, die nicht oder nur in geringem Maß quantifizierbar sind, die aber für das Profil des Staates nicht geringere Bedeutung haben als die durch Daten belegbaren. Darum wird Gewicht auf die Darstellung von Geschichte und politischer Entwicklung, Recht und Verfassung sowie des religiös-kulturellen Lebens der einzelnen Staaten gelegt.

Region

Regionen-Artikel beziehen sich auf räumliche Einheiten, in denen die Staaten aufgrund geographischer Gegebenheiten und durch politische, gesellschaftliche, wirtschaftliche, religiöse oder kulturelle Faktoren in einem relativ engen Verhältnis zueinander stehen. Der Regionen-Artikel hat generell die Aufgabe, die Verzahnungen der staatlichen Prozesse, seien sie politischer, gesellschaftlich-kultureller oder wirtschaftlicher Art darzustellen. Die für eine Region spezifischen Probleme, die mehrere Staaten betreffen, sollen herausgearbeitet werden.

Im STAATSLEXIKON werden die Regionen nach einem großräumigen geographischen Raster abgegrenzt und dargestellt, also nicht nach dem Alphabet. Die Abgrenzung folgt überwiegend geographischen Gegebenheiten. Dabei wird entsprechend der geographischen Lage der Regionen einmal eine Folge von Norden nach Süden (Afrika, Amerika), einmal eine Folge von Westen nach Osten (Asien) als zweckmäßig erachtet. Bei Australien fallen die Artikel über den Staat, die Region und den Kontinent zusammen. Im Fall Nordamerika sind die Staaten-Artikel (Kanada, Vereinigte Staaten von Amerika) eo ipso Regionen-Artikel; im Fall Südamerika gilt das für Brasilien. Die ehemalige Sowjetunion konnte nicht einer Region zugerechnet werden, bildete aber auch als Staat nicht eine Region. Innerhalb der „Gemeinschaft Unabhängiger Staaten" (GUS) läßt sich noch keine regionale Gliederung erkennen. Für Europa wurde von einer Regionalisierung abgesehen, da diese nur für einzelne Teile (z. B. Skandinavien) sinnvoll gewesen wäre.

In den übrigen Fällen bildet die Region die „Klammer", von der die Staaten, die ihr zuzurechnen sind, umfaßt werden. Welche Zurechnung die Redaktion vorgenommen hat, ist aus einer Übersichtskarte für jede Region erkennbar. Innerhalb dieser Klammer folgen die Staaten-Artikel in alphabetischer Reihenfolge.

Kontinent

Auch heute noch haben die Kontinente ein eigenes, meist altüberkommenes Gepräge, wie z. B. Europa oder Asien, aber auch Süd- oder Nordamerika; Afrika befindet sich in einem starken Wandel. Wiewohl Elemente einer weltweiten Kultur in einigen Lebensbereichen zu beobachten sind, so scheint sich die Eigenart der Erdteile vor diesem gemeinsamen Hintergrund eher stärker auszuprägen als zu verwischen. Die Verzahnungen der Regionen sind unterschiedlicher Art und auch erdteilüberschreitend (wie z. B. Nordafrika und Vorderasien), doch in der Hauptsache lassen sie sich im Rahmen der Kontinente fassen.

Die Eigenart der einzelnen Kontinente kann nur skizziert werden. Der Kontinent-Artikel hat vornehmlich die Aufgabe, eine naturräumliche sowie politische, kultur- und wirtschaftsgeographische Binnengliederung des größeren Raumes vorzunehmen, die sowohl Abgrenzung wie Verbundenheit der Regionen plausibel macht. Der Kontinent-Artikel wird zwar auch auf wichtige Problemfelder hinweisen; deren Analyse und Erörterung muß jedoch den Regionen- und Staatenartikeln überlassen bleiben.

II. GLOBALE PERSPEKTIVEN

Der Name „Welt" wird in vielen Bedeutungen verwendet (→ Welt, Bd. 5, 921 ff.). Hier bezeichnet er die Gesamtheit aller Staaten und Gesellschaften. Die Welt ist jedoch nicht ein Gegenstand, wie Staaten und Kontinente es sein können. „Welt" ist der Begriff der nicht abschließend zu lösenden Aufgabe, die unabsehbare Mannigfaltigkeit des Existierenden in Ordnungen zu gliedern und als eine Einheit aufzufassen. Was wir als Welt denken, aber nicht vorstellen können, ist ein dynamisches Ganzes, in welchem Kräfte der Zentrierung und der Regionalisierung, der Machtballung und der Machtzersplitterung, des Reichtums und der Armut, der Rationalität und der Emotionalität im Wechselspiel stehen und mit heftigen oder gemäßigten Ausschlägen nach der einen oder nach der anderen Seite einen „magischen", nicht fixierbaren, sondern ständig wechselnden Gleichgewichtszustand suchen. Diese alles erfassenden dynamischen Prozesse werden teilweise durch Daten signalisiert (Weltbevölkerung; Welternährung; Weltmächte; Weltwirtschaft etc.), doch durch sie ist nicht „eine Welt" als Objekt fixierbar.

Das STAATSLEXIKON unterstellt also nicht „die eine Welt", so als ob es sie gäbe oder gegeben habe oder geben sollte. Es legt auch nicht eine Geschichtstheorie zugrunde, die eine mehr oder weniger lineare Entwicklung der Weltprozesse auf höhere Zentralisation, höhere Rationalität o. ä. annimmt (Weltentwicklung gemäß einem Fortschrittsdenken) oder die den einen „Weltstaat" als leitende Idee oder gar als Ziel der geschichtlichen Entwicklung postuliert. Die Zusammenfassung der mannigfaltigen staatlichen Gebilde, der politischen Konstellationen und der transregionalen Prozesse erfolgt demgemäß nicht durch einen Artikel über „Die Welt". Das STAATSLEXIKON versucht, die Welt durch das Ineinandergreifen der qualitativ verschiedenen Formationen Staat, Region, Kontinent annäherungsweise zu begreifen. Diese methodische Vermittlung ist legitim; ein Versuch, die „Weltprozesse" oder gar „den Weltprozeß" direkt als Objekt zu bestimmen, ist hingegen methodisch kaum zu rechtfertigen.

Diese methodische Entscheidung bedeutet nicht, daß nicht auch jene Entwicklungen dargestellt werden sollen, die heute weltweit beobachtet werden können und die weltweit Bedeutung haben. Sie betreffen alle Staaten und reichen über Regionen und Kontinente hinaus.

Die wichtigsten der globalen Erscheinungen sind die Themen des ersten Teils dieses Lexikons unter dem Titel GLOBALE PERSPEKTIVEN. Er vermittelt in zehn Kapiteln einen Überblick über folgende Bereiche: *Kapitel 1:* Die geographischen, insbesondere anthropo-geographischen Gegebenheiten für das Leben der Menschen auf der Erde. – *Kapitel 2:* Der weltweite Wandel der Gesellschaftsformen. – *Kapitel 3:* Veränderungen und Entwicklungen der politischen Formen. – *Kapitel 4:* Wandlungen des internationalen Systems einschließlich weltweiter Konfliktfelder. – *Kapitel 5:* Grundzüge der Entwicklung von Recht und Staat. – *Kapitel 6:* Die Entwicklung der Weltbevölkerung und der Weltwirtschaft. – *Kapitel 7:* Veränderungen innerhalb der Weltreligionen und anderer religiöser Bewegungen sowie ihrer Beziehungen zueinander. – *Kapitel 8:* Die christlichen Kirchen in globaler Sicht. – *Kapitel 9:* Weltweite Bewegungen in den großen und auch in kleineren Kulturen. – *Kapitel 10:* Die globale Verflechtung der Kommunikation und die unterschiedliche Verteilung des Einflusses im Bereich der Medien.

In den GLOBALEN PERSPEKTIVEN beschreibt, analysiert und interpretiert das STAATSLEXIKON Gegebenheiten, Probleme, Tendenzen und Kräfteverhältnisse. Aufgrund der Analyse werden sich möglicherweise Trends identifizieren lassen. Es wird jedoch darauf verzichtet, gegenwärtige Befunde und jüngere Trends zu extrapolieren, um auf diesem Weg zu Prognosen zu kommen.

Die wissenschaftlichen Disziplinen, die zur Analyse der Befunde und Entwicklungen globaler Art beitragen, sind: Geographie, Rechtswissenschaft, Politische Wissenschaft, Soziologie, Wirtschaftswissenschaft, Religions- und Missionswissenschaft, Kulturwissenschaft, Kommunikationswissenschaft.

INHALT DES 6. BANDES

Vorwort V
Einleitung VII
Alphabetische Inhaltsübersicht XII
Abkürzungen XIV

Globale Perspektiven
Kapitel 1: Geographische Voraussetzungen, *Karl Haubner; Reinhard Paesler* 1
Kapitel 2: Wandel der Gesellschaftsformen, *Franz-Xaver Kaufmann; Wolf-Dieter Eberwein* 13
Kapitel 3: Wandel der politischen Formen, *Manfred Mols; Peter Thiery* 23
Kapitel 4: Wandlungen des internationalen Systems. Weltweite Konfliktfelder und Krisen, *Manfred Mols* 30
Kapitel 5: Recht, *Alexander Hollerbach* 38
Kapitel 6: Wirtschaft, *J. Heinz Müller; Werner Zohlnhöfer* 48
Kapitel 7: Die Religionen, *Horst Bürkle* 67
Kapitel 8: Die christlichen Kirchen, *Horst Bürkle* 76
Kapitel 9: Kultur und Technik, *Mohammed Rassem* 84
Kapitel 10: Weltweite Kommunikation, *Michael Schmolke* 94

Europa, *Hartmut Leser; Hans Maier; Wolfgang Jäger; Albert Bleckmann; Werner Zohlnhöfer* 103
Albanien, *Cay Lienau* 113
Andorra, *Alfred Pletsch* 115
Belgien, *Ulrich Ante; Klaus Pabst; Albrecht Weber; Reginald De Schryver* 116
Bulgarien, *Karl Ruppert; Hans-Joachim Hoppe; Otto Luchterhandt; Werner Gumpel; Wolfgang Höpken* 122
Dänemark, *Ewald Gläßer, Rainer Hofmann* 126
Deutschland, *Hartmut Leser; Rudolf Morsey; Theo Stammen; Heinhard Steiger; Georg Brunner; Karl Schwarz; Ralf Rytlewski; Heinz Lampert; Hans Tietmeyer; Paul-Ludwig Weinacht; Franz-Xaver Kaufmann; Burkhard Haneke; Alexander Hollerbach* 131
Estland, *Jörg Stadelbauer; Boris Meissner; Friedrich Scholz* 169
Finnland, *Horst M. Bronny; Edgar Hösch; Rainer Hofmann; Eberhard Winkler* . . . 173

Frankreich, *Alfred Pletsch; Peter C. Hartmann; Michel Fromont; Joseph Jurt* . . 178
Gibraltar, *Peter Weber* 193
Griechenland, *Cay Lienau; Edgar Hösch; Dimitris Th. Tsatsos; Penelope Foundethakis; Konstantin Kioukis; Evangelos Konstantinou* 193
Großbritannien, *Hans Werner Wehling; Adolf M. Birke; Dieter C. Umbach; Elfi Bierbrauer; Dieter Giesen* 200
Irland, *Helmut Jäger* 214
Island, *Ewald Gläßer* 218
Italien, *Horst-Günter Wagner; Rudolf Lill; Theo Ritterspach* 221
Jugoslawien, *Karl Ruppert; Holm Sundhaussen; Otto Luchterhandt; Werner Gumpel; Burkhard Haneke* 234
Lettland, *Jörg Stadelbauer; Boris Meissner; Friedrich Scholz* 240
Liechtenstein, *Hans Elsasser; Daniela Diener-Roth* 244
Litauen, *Jörg Stadelbauer; Boris Meissner, Friedrich Scholz* 246
Luxemburg, *Ulrich Ante* 250
Malta, *Horst-Günter Wagner* 252
Monaco, *Alfred Pletsch* 254
Niederlande, *Ulrich Ante; Klaus Pabst; Torsten Stein; Hans Peter Gohla* . . . 254
Norwegen, *Ewald Gläßer; Gerhard Schmidt* 260
Österreich, *Hartmut Leser; Gustav Spann; Herbert Schambeck; Ewald Nowotny; Franz Horner* 264
Polen, *Adolf Karger; Hans-Jürgen Karp; Otto Luchterhandt; Wojciech Kostrzewa; Theo Mechtenberg* 274
Portugal, *Peter Weber; Renate Pieper; Peter Hünerfeld; Rolf Nagel* 280
Rumänien, *Karl Ruppert; Edgar Hösch; Otto Luchterhandt; Werner Gumpel; Anneli Ute Gabanyi* 286
San Marino, *Horst-Günter Wagner* 291
Schweden, *Peter Sedlacek; Dieter Strauch; Gerhard Schmidt; Franz-Josef Holin* . 292
Schweiz, *Hartmut Leser; Urs Altermatt; Kurt Eichenberger; François Höpflinger; Willy Linder* 297
Sowjetunion, *Jörg Stadelbauer; Alexander Fischer; Georg Brunner* 307
Spanien, *Peter Weber; Renate Pieper; Kurt Madlener; Juergen B. Donges; Hans Juretschke* 334

Tschechoslowakei, *Walter Sperling; Hans Lemberg; Otto Luchterhandt; Horst Glassl* 344
Ungarn, *Karl Ruppert; Edgar Hösch; Georg Brunner; Werner Gumpel; Thomas Nyíri* 349
Vatikanstadt, *Winfried Schulz* 355

Amerika

Nordamerika, *Karl Lenz* 356
   Bermudas, *Hans-Dieter Haas* 358
   Grönland, *Ewald Gläßer* 359
   Kanada, *Karl Lenz; Michael Bothe* .. 360
   Saint-Pierre und Miquelon, *Karl Lenz* 370
   Vereinigte Staaten von Amerika, *Frank Norbert Nagel; Manfred Berg; Helmut Steinberger; Thomas Giegerich; Hans Peter Peters; Gert Raeithel* .. 370
Südamerika, *Wilhelm Lauer* 393
Mittelamerika, *Helmut Nuhn* 397
   Belize, *Ulrich Fanger* 402
   Costa Rica, *Ulrich Fanger* 403
   El Salvador, *Renate Rausch* 405
   Guatemala, *Ulrich Fanger* 406
   Honduras, *Ulrich Fanger* 408
   Mexiko, *Gerd Sommerhoff; Ulrich Karpen; Gerhard Kruip* 409
   Nicaragua, *Volker Wünderich* 415
   Panama, *Helmut Nuhn* 417
Karibische Inseln und nördliches Südamerika, *Hans-Dieter Haas; Thorsten Sagawe* 418
   Anguilla, *Hans-Dieter Haas; Thorsten Sagawe* 425
   Antigua und Barbuda, *Hans-Dieter Haas; Thorsten Sagawe* 426
   Bahamas, *Hans-Dieter Haas; Thorsten Sagawe* 427
   Barbados, *Hans-Dieter Haas; Thorsten Sagawe* 427
   Cayman-Inseln, *Hans-Dieter Haas; Thorsten Sagawe* 428
   Dominica, *Hans-Dieter Haas; Thorsten Sagawe* 429
   Dominikanische Republik, *Hans-Dieter Haas; Thorsten Sagawe* 430
   Französisch-Guayana, *Hans-Dieter Haas; Thorsten Sagawe* 431
   Grenada, *Hans-Dieter Haas; Thorsten Sagawe* 432
   Guadeloupe, *Hans-Dieter Haas; Thorsten Sagawe* 432
   Guyana, *Hans-Dieter Haas; Thorsten Sagawe* 433
   Haiti, *Hans-Dieter Haas; Thorsten Sagawe* 434
   Jamaika, *Hans-Dieter Haas; Thorsten Sagawe* 435
   Jungfern-Inseln, *Hans-Dieter Haas; Thorsten Sagawe* 436
   Kolumbien, *Günter Mertins; Ulrich Karpen; Leonardo Lujambio* 438
   Kuba, *Hans-Dieter Haas; Thorsten Sagawe* 442
   Martinique, *Hans-Dieter Haas; Thorsten Sagawe* 445
   Montserrat, *Hans-Dieter Haas; Thorsten Sagawe* 446
   Niederländische Antillen, *Hans-Dieter Haas; Thorsten Sagawe* 447
   Puerto Rico, *Hans-Dieter Haas; Thorsten Sagawe* 448
   Saint Kitts und Nevis, *Hans-Dieter Haas; Thorsten Sagawe* 449
   Saint Lucia, *Hans-Dieter Haas; Thorsten Sagawe* 450
   Saint Vincent und die Grenadinen, *Hans-Dieter Haas; Thorsten Sagawe* 450
   Suriname, *Hans-Dieter Haas; Thorsten Sagawe* 451
   Trinidad und Tobago, *Hans-Dieter Haas; Thorsten Sagawe* 452
   Turks- und Caicos-Inseln, *Hans-Dieter Haas; Thorsten Sagawe* 453
   Venezuela, *Christoph Borcherdt; Ulrich Karpen* 454
Brasilien, *Günter Mertins; Ulrich Karpen; Osmar Gogolok* 459
Andenstaaten, *Jürgen Bähr* 467
   Bolivien, *Wolfgang Schoop* 473
   Chile, *Wolfgang Weischet; Ulrich Karpen; Johannes Meier* 476
   Ecuador, *Wolf-Dieter Sick* 480
   Peru, *Jürgen Bähr; Ulrich Karpen; Leonardo Lujambio* 483
La-Plata-Staaten, *Jürgen Bünstorf* 486
   Argentinien, *Jürgen Bünstorf; Ulrich Karpen; Ulrich Schoenborn* 490
   Falkland-Inseln, *Jürgen Bünstorf* ... 496
   Paraguay, *Jürgen Bünstorf* 497
   Uruguay, *Jürgen Bünstorf* 498

ALPHABETISCHE INHALTSÜBERSICHT

Albanien	113
Andenstaaten	467
Andorra	115
Anguilla	425
Antigua und Barbuda	426
Argentinien	490
Armenien ↗ Sowjetunion	
Aserbaidschan ↗ Sowjetunion	
Bahamas	427
Barbados	427
Belgien	116
Belize	402
Bermudas	358
Bolivien	473
Bosnien-Herzegowina ↗ Jugoslawien	
Brasilien	459
Bulgarien	122
Bundesrepublik Deutschland ↗ Deutschland	
Cayman-Inseln	428
Chile	476
Costa Rica	403
Dänemark	126
Deutsche Demokratische Republik (DDR) ↗ Deutschland	
Deutschland	131
Dominica	429
Dominikanische Republik	430
Ecuador	480
El Salvador	405
Estland	169
Europa	103
Falkland-Inseln	496
Finnland	173
Frankreich	178
Französisch-Guayana	431
Gemeinschaft Unabhängiger Staaten (GUS) ↗ Sowjetunion	
Georgien ↗ Sowjetunion	
Gibraltar	193
Grenada	432
Griechenland	193
Grönland	359
Großbritannien	200
Guadeloupe	432
Guatemala	406
GUS (Gemeinschaft Unabhängiger Staaten) ↗ Sowjetunion	
Guyana	433
Herzegowina ↗ Jugoslawien	
Haiti	434
Honduras	408
Irland	214
Island	218
Italien	221
Jamaica	435
Jugoslawien	234
Jungfern-Inseln	436
Kanada	360
Karibische Inseln und nördliches Südamerika	418
Kasachstan ↗ Sowjetunion	
Kirgisien ↗ Sowjetunion	
Kolumbien	438
Kosovo ↗ Jugoslawien	
Kroatien ↗ Jugoslawien	
Kuba	442
La-Plata-Staaten	486
Lettland	240
Liechtenstein	244
Litauen	246
Luxemburg	250
Malta	252
Martinique	445
Mazedonien ↗ Jugoslawien	
Mexiko	409
Mittelamerika	397
Moldawien ↗ Sowjetunion	
Monaco	254
Montenegro ↗ Jugoslawien	
Montserrat	446
Nicaragua	415
Niederlande	254
Niederländische Antillen	447
Nordamerika	356
Norwegen	260
Österreich	264
Panama	417
Paraguay	497
Peru	483
Polen	274
Portugal	280
Puerto Rico	448
Rumänien	286
Rußland ↗ Sowjetunion	
Saint Kitts und Nevis	449
Saint Lucia	450
Saint Vincent und die Grenadinen	450
Saint-Pierre und Miquelon	370
San Marino	291
Schweden	292
Schweiz	297
Serbien ↗ Jugoslawien	
Slowenien ↗ Jugoslawien	

Sowjetunion	307	Turkmenistan ↗Sowjetunion	
Spanien	334	Turks- und Caicos-Inseln	453
Südamerika	393	Ukraine ↗Sowjetunion	
Suriname	451	Ungarn	349
Tadschikistan ↗Sowjetunion		Uruguay	498
Tartarien ↗Sowjetunion		Usbekistan ↗Sowjetunion	
Transnistrien ↗Sowjetunion		Vatikanstadt	355
Trinidad und Tobago	452	Venezuela	454
Tschechoslowakei	344	Vereinigte Staaten von Amerika	370
Tschetschenien ↗Sowjetunion		Weißrußland ↗Sowjetunion	

ABKÜRZUNGEN

a. F.	alte Fassung	CEPGL	Communauté Economique des Pays des Grands Lacs (Wirtschaftsgemeinschaft der Länder der großen Seen)	Ét.	Études
A. F.	alte Folge			EuGH	Europäischer Gerichtshof (Gerichtshof der EG)
AAS	Acta Apostolica sedis				
ABG	Archiv für Begriffsgeschichte			EuGHMR	Europäischer Gerichtshof für Menschenrechte
ABGB	Allgemeines Bürgerliches Gesetzbuch	CER	Closer Economic Relations (of Australia and New Zealand) (Transtasmanischer gemeinsamer Markt)	EuGRZ	Europäische Grundrechte-Zeitschrift
Abh.(en)	Abhandlung(en)			EuR	Europarecht
ACM	Arab Common Market (Arabischer Gemeinsamer Markt)			EURATOM	Europäische Atomgemeinschaft
		COMECON	Council of Mutual Economic Aid (Rat für Gegenseitige Wirtschaftshilfe, RGW)	EV	Einigungsvertrag
AdV	Archiv des Völkerrechts			EWG	Europäische Wirtschaftsgemeinschaft
AKP-Staaten	Asien/Karibik/Pazifik-Staaten (Entwicklungsländer in Asien, Karibik, Pazifik, Wirtschaftspartner der EG)	ConAfr.	Constitutiones Africae. Red. F. Reyntjens u. a., Brüssel, Paris 1988 ff.	EWR	Europäischer Wirtschaftsraum
		Const.	Constitutio(nes)	EWS	Europäisches Währungssystem
		CPS	Comparative Political Studies		
AmSR	American Sociological Review			EZU	Europäische Zahlungsunion
		Diss. (masch.)	Dissertation (maschinengeschrieben)	f., ff.	folgend, folgende
Anz.	Anzeiger			f. o. b.	free on board
ANZUS	Australia, New Zealand, United States of America (Pazifik-Pakt)	Drs.	Drucksache	FAO	Food and Agriculture Organization of the United Nations (Ernährungs- und Landwirtschaftsorganisation der Vereinten Nationen)
		DVO	Durchführungsverordnung		
		E	Entscheidung		
AöR	Archiv des öffentlichen Rechts	E.	Einwohner		
		EA	Europa-Archiv		
Arch.	Archiv	ebd.	ebenda	Festg.	Festgabe
ARSP	Archiv für Rechts- und Sozialphilosophie	ECCM	East Carribean Common Market (Ostkaribischer Gemeinsamer Markt)	fortgef.	fortgeführt
				Forts.	Fortsetzung
Art.	Artikel			fortges.	fortgesetzt
ASEAN	Association of Southeast Asian Nations (Verband Südostasiatischer Staaten)	EcJ	The Economic Journal	FS	Festschrift
		ECLAC	Wirtschaftssystem für Lateinamerika und die Karibik	G	Gesetz (in Zusammensetzungen)
Ausg.	Ausgabe			GA	Gesamtausgabe
Bd., Bde.	Band, Bände	ECOWAS	Economic Community of West African States (Wirtschaftsgemeinschaft Westafrikanischer Staaten)	GATT	General Agreement on Tariffs and Trade (Allgemeines Zoll- und Handelsabkommen)
Bearb.	Bearbeiter, Bearbeitung				
bearb.	bearbeitet				
Beil.	Beilage				
Ber.	Bericht(e)	Ed., ed.	Edition, Editor, ediert	GBl.	Gesetzblatt
Bh.	Beiheft(e)	EFTA	European Free Trade Association (Europäische Freihandelsassoziation)	GCC	Gulf Cooperation Council (Golf-Kooperationsrat)
Bibliogr.	Bibliographie				
bibliogr.	bibliographisch			GeogrJ	The Geographical Journal
BIP	Bruttoinlandsprodukt	EG	Europäische Gemeinschaften	GeogrR	Geographical Review
Bist.	Bistum			GeogrRd	Geographische Rundschau
BIZ	Bank für Internationalen Zahlungsausgleich	EGKS	Europäische Gemeinschaft für Kohle und Stahl	GeogrZ	Geographische Zeitschrift
				Ges.	Gesetz
Bl., Bll.	Blatt, Blätter	Einf.	Einführung	Ges. Schr.	Gesammelte Schriften
BSP	Bruttosozialprodukt	eing.	eingeleitet	Ges. WW.	gesammelte Werke
BT-Drs.	Bundestagsdrucksache	Einl.	Einleitung	Gft.	Grafschaft
Bull.	Bulletin	EMRK	Europäische Menschenrechtskonvention	GG	Grundgesetz (der Bundesrepublik Deutschland)
BVerfG	Bundesverfassungsgericht				
BVerfGE	Bundesverfassungsgerichtsentscheidungen	Erg., erg.	Ergänzung, ergänzt	GO	Geschäftsordnung
		Erkl.	Erklärung	Grdr.	Grundriß
c. (cc.)	canon, capitulum (canones)	Erl., erl.	Erlaß, Erläuterung, erläutert	GS	Gedächtnisschrift, Gedenkschrift
CAEU	Council of Arab Economic Unity (Rat für arabische Wirtschaftseinheit)	Erzb.	Erzbistum, Erzbischof		
				H.	Heft
		ESCAP	United Nations Economic and Social Commission for Asia and the Pacific (UN-Wirtschafts- und Sozialkommission für Asien und Pazifik)	h. L.	herrschende Lehre
CARICOM	Carribean Community (Karibische Gemeinschaft)			h. M.	herrschende Meinung
				h. Rspr.	herrschende Rechtsprechung
CEAO	Communauté Economique de l'Afrique de l'Ouest (Westafrikanische Wirtschaftsgemeinschaft)				
				Hbd., Hbde.	Halbband, Halbbände
				Hbs.	Halbsatz
		ESCWA	United Nations Economic and Social Commission for Western Asia (UN-Wirtschafts- und Sozialkommission für Westasien)	Hdb.	Handbuch
CEEAC	Communauté Economique des Etats de l'Afrique Centrale (Zentralafrikanische Wirtschaftsgemeinschaft)			HdEurG	Handbuch der europäischen Geschichte. Hg. Th. Schieder. 7 Bde. in 8. Stuttgart 1968–87

Abkürzungen

HDW	Handbuch der Dritten Welt. Hg. D. Nohlen, F. Nuscheler. 8 Bde. Hamburg ²1982–83	Lfg.	Lieferung	PolLexNah	Politisches Lexikon Nahost. Hg. U. Steinbach u. a. München 1979, ²1981
		Lit.	Literatur		
		LLDC	Least Developed Countries		
		MA	Mittelalter	PoluZg	Aus Politik und Zeitgeschichte. Beilage zu „Das Parlament"
HfIZ	Handbuch für Internationale Zusammenarbeit. Hg. Vereinigung für Internationale Zusammenarbeit. Baden-Baden (Loseblattsammlung)	MASt	Modern Asian Studies		
		MCCA	Mercado Común Centroamericano (Zentralamerikanischer gemeinsamer Markt)	Pp.	Papst
				Präs.	Präsident
				preuß.	preußisch
		Mém.	Mémoires	Prot.	Protokoll
HGB	Handelsgesetzbuch	Min.Präs.	Ministerpräsident	Prov.	Provinz
Hj.	Halbjahr	Mitgl.	Mitglied	PVS	Politische Vierteljahresschrift
HK	Herder-Korrespondenz	Mitt.	Mitteilung		
hsl.	handschriftlich	Ms.	Manuskript	R.	Reihe
Hst.	Hauptstadt	MSAC	Most Seriously Affected Countries	RabelsZ	Rabels Zeitschrift für ausländisches und internationales Privatrecht
HStRBRD	Handbuch des Staatsrechts der Bundesrepublik Deutschland. Hg. J. Isensee, P. Kirchhof. Heidelberg 1987ff.				
		MWL	Muslim World League (Islamische Weltliga)	RdW	Recht der Wirtschaft
				Red.	Redaktion
		N	Norden	ref.	reformiert
Htm.	Herzogtum	N. A.	Neue Auflage	Rev.	Revue, Review
Hwb.	Handwörterbuch	n. Br.	nördl. Breite		
Hzg.	Herzog	n. F.	neue Fassung	RGW	Rat für Gegenseitige Wirtschaftshilfe (Council of Mutual Economic Aid, COMECON)
i. d. F.	in der Fassung	N. F.	Neue Folge		
i. e. S.	im engeren Sinne	N. S.	Neue Serie		
i. S. (d.)	im Sinne (der, des)	Nachdr.	Nachdruck		
i. V. m.	in Verbindung mit	NATO	North Atlantic Treaty Organization (Nordatlantische Allianz)	Rspr.	Rechtsprechung
IECL	International Encyclopedia of Comparative Law. Bd. 1 National Reports. Hg. V. Knapp. Den Haag, Tübingen, New York 1971 ff.			Rz.	Randziffer
		Neudr.	Neudruck	S	Süden
		O	Osten	S.	Seite, Satz
		o. J.	ohne (Erscheinungs-) Jahr	s.	siehe
		ö. L.	östl. Länge	s. Br.	südl. Breite
IGH	Internationaler Gerichtshof	o. O.	ohne (Erscheinungs-) Ort	SAA	Southeast Asian Affairs
ILR	International Labour Review	OAPEC	Organization of Arab Petroleum Exporting Countries (Organisation Arabischer Erdölexportländer)	SAARC	South Asian Association for Regional Cooperation (Südasiatische Regionalkooperation)
Inst.	Institut				
IPR	Internationales Privatrecht				
IPSR	International Political Science Review	OAS	Organization of American States (Organisation Amerikanischer Staaten)	SACU	Southern African Customs Union (Südafrikanische Zollunion)
IWF	Internationaler Währungsfonds (International Monetary Fund/IMF)				
		OAU	Organization of African Unity (Organisation für afrikanische Einheit)	SADCC	Southern African Development Coordination Conference (Südafrikanische Entwicklungskoordinierungs-Konferenz)
J.	Journal				
Jb., Jbb.	Jahrbuch, Jahrbücher				
JbDrW	Jahrbuch Dritte Welt	ODECA	Organización de Estados Centroamericanos (Organisation Zentralamerikanischer Staaten)		
Jber.	Jahresbericht				
JbIR	Jahrbuch für internationales Recht (German Yearbook of International Law)			SALT	Strategic Arms Limitation Talks (Gespräche bzw. Verhandlungen über die Begrenzungen strategischer Waffen)
		OECD	Organization for Economic Cooperation and Development (Organisation für wirtschaftliche Zusammenarbeit und Entwicklung)		
JbNöSt	Jahrbücher für Nationalökonomie und Statistik				
JbOstR	Jahrbuch für Ostrecht			SB	Sitzungsbericht
Jg.	Jahrbuch	OECS	Organization of Eastern Caribbean States (Organisation Ostkaribischer Staaten)	Schr.(en)	Schrift(en)
Jh.	Jahrhundert			Schr.-R.	Schriftenreihe
JöR	Jahrbuch des öffentlichen Rechts der Gegenwart			SD	Sonderdruck
		OECS	Organization of Eastern Caribbean States	SELA	Sistema Económico Latinoamericano (Lateinamerikanisches Wirtschaftssystem)
Jt.	Jahrtausend				
JZ	Juristenzeitung	OPEC	Organization of Petroleum Exporting Countries (Organisation Erdölexportierender Länder)		
kath.	katholisch			Ser.	Serie
Kg.	König			Slg.	Sammlung
Kgr.	Königreich			Sp.	Spalte
Komm.	Kommentar, Kommission	Orig.	Original	SPC	South Pacific Commission (Südpazifik-Kommission)
		orth.	orthodox		
Konv.	Konvention	p. a.	pro anno (jährlich)	st. Rspr.	ständige Rechtsprechung
Ks.	Kaiser	PolLexAAP	Politisches Lexikon Asien, Australien, Pazifik. Hg. W. Draguhn u. a. München 1980, ²1989	Staats.Präs.	Staatspräsident
KSZE	Konferenz für Sicherheit und Zusammenarbeit in Europa			Stat., stat.	Statistik, statistisch
				StGB	Strafgesetzbuch
KVAE	Konferenz über vertrauensbildende Maßnahmen und Abrüstung in Europa	PolLexEur	Politisches Lexikon Europa. Hg. R. K. Furtak. 2 Bde. München 1981	StJbBRD	Statistisches Jahrbuch für die Bundesrepublik Deutschland
				StL	Staatslexikon. Hg. von der Görres-Gesellschaft. 8 Bde. und 3 Erg.-Bde. Freiburg i. Br.
Lb.	Lehrbuch	PolLexLat	Politisches Lexikon Lateinamerika. Hg. P. Waldmann und Mitarb. von U. Zelinsky. München 1980, ²1982, ³1992		
Lber.	Länderbericht. Hg. Statistisches Bundesamt Wiesbaden				
LDC	Less Developed Countries			str.	streitig
lfd.	laufend			StYb	Statistical Yearbook

StYbUN	Statistical Yearbook. United Nations		senschafts- und Kulturorganisation der Vereinten Nationen)	WW	Werke
StYb-UNESCO	UNESCO. Statistical Yearbook	UNICEF	United Nations International Children's Emergency Found (Kinderhilfswerk der Vereinten Nationen)	WWi	Die Weltwirtschaft
Suffr.(-Bist.)	Suffragan(-Bistum)			ZAgeogr	Zeitschrift für Agrargeographie
SVN	Satzung der Vereinten Nationen			ZaöRV	Zeitschrift für ausländisches öffentliches Recht und Völkerrecht
Tab.	Tabelle	Unters.	Untersuchung	ZfWgeogr	Zeitschrift für Wirtschaftsgeographie
Tb.	Taschenbuch	Urt.	Urteil		
Temp.	Temperatur	VE	Verrechnungseinheit	Zs.	Zeitschrift
TH	Technische Hochschule	Verf.	Verfassung		
TU	Technische Universität	Verh.	Verhandlung(en)		
u. d. T.	unter dem Titel	veröff.	veröffentlicht		
ü. d. M.	über dem Meer	Veröff.	Veröffentlichung(en)		
UDEAC	Union Douanière et Économique de l'Afrique Centrale (Zentralafrikanische Zoll- und Wirtschaftsunion)	Verz.	Verzeichnis	**Abkürzungen für Einheiten, Maße und Gewichte**	
		Vf., vf.	Verfasser, verfaßt		
		Vfg.	Verfügung		
		Vjber.	Vierteljahresbericht	Bio.	Billionen
Übers.	Übersetzer, Übersetzung	Vjschr.	Vierteljahresschrift	bl.	barrel
		VO	Verordnung	dt	Dezitonne
übers.	übersetzt	VRÜ	Verfassung und Recht in Übersee	ha	Hektar
UMOA	Union Monétaire Ouest Africaine (Westafrikanische Währungsunion)			km	Kilometer
		VZ	Volkszählung	km²	Quadratkilometer
		W	Westen	kWh	Kilowattstunde
UN	United Nations (Vereinte Nationen)	w. L.	westl. Länge	lb	pound (= 453,39 g)
		Wb.	Wörterbuch	lg.t.	longton (= 1,0160 t)
UN-Dekl.	Allgemeine Erklärung der Menschenrechte	WDevR	World Development Report	m	Meter
		WEB	Weltentwicklungsbericht	m²	Quadratmeter
UNCED	United Nations Conference on Environment and Development	WEU	Western European Union (Westeuropäische Union)	m³	Kubikmeter
				Mio.	Millionen
		WHO	World Health Organization (Weltgesundheitsorganisation)	Mrd.	Milliarden
UNCTAD	United Nations Conference on Trade and Development (Konferenz der Vereinten Nationen für Handel und Entwicklung)			MW	Megawatt
		WiD	Wirtschaftsdienst	pkm	Personenkilometer
		Wiss., wiss	Wissenschaft, wissenschaftlich	sh.t.	shortton (= 0,90718 t)
				sm	Seemeilen
		WiSta	Wirtschaft und Statistik	t	Tonnen
UNESCO	United Nations Educational, Scientific and Cultural Organization (Erziehungs-, Wis-	WRV	Weimarer Reichsverfassung	TJ	Terajoule
		WUG	Wirtschaft und Gesellschaft	tkm	Tonnenkilometer
				Tsd.	Tausend

GLOBALE PERSPEKTIVEN

KAPITEL 1
GEOGRAPHISCHE VORAUSSETZUNGEN

A. Natürliche Voraussetzungen im Überblick

I. Grundelemente

Elementare Naturfaktoren bilden entscheidende Voraussetzungen für das Leben des Menschen auf der Erde. Es lassen sich Zonen bzw. Großräume unterscheiden, in denen diese Voraussetzungen günstig oder ungünstig sind und die im Hinblick auf menschliche Lebensräume unterschiedliche Charaktere aufweisen.

Die Erde besitzt annähernd die Gestalt einer Kugel *(Geoid)*, am Äquator mit einem Radius von 6378 km und einem Umfang von 40076,6 km sowie einer Oberfläche von ca. 510 Mio. km^2. Als Planet des Sonnensystems bewegt sich die Erde im Jahresablauf um die Sonne, woraus sich die Jahreszeiten, im Tagesablauf um die eigene Achse, woraus sich die Tageszeiten ergeben.

Der Erdkörper ist schalenförmig aus verschiedenartigen Materialien aufgebaut: Die Erdkruste als oberster Teil (bis ca. 70 km Tiefe) und ein Teil des oberen Erdmantels bilden die Gesteinshülle (*Lithosphäre*, bis ca. 100 km). Auf den unteren Mantel (700–2900 km) folgt der flüssige Mantel (2900–5200 km) und schließlich nach einer Übergangszone der feste Kern.

Auf dem zähflüssigen Teil des oberen Mantels (*Asthenosphäre*, 100–200 km) schwimmen die leichteren Teile der Erdkruste in Form von Schollen oder Platten. Diese bewegen sich, z. T. driften sie auseinander (z. B. die *Amerikanische* und die *Afrikanische Platte* in der Mitte des Atlantik, mit Bildung eines Rückens durch aufsteigendes Magma), oder sie stoßen aneinander (z. B. die *Pazifische* und die *Amerikanische Platte*, mit Hinabtauchen der einen unter die andere). An allen Rändern der Platten liegen Zentren von Erd- oder Seebeben und des Vulkanismus. Geologisch langzeitliche Ergebnisse solcher Bewegungen sind Gebirgsketten (z. B. am Westrand Amerikas oder vom S Europas bis nach Süd- und Ostasien). Als großräumige Veränderungen wurden Verschiebungen der Kontinente erkannt (z. B. die Trennung von Afrika und Südamerika). Andere geologische Vorgänge wie Hebungen, Senkungen, Brüche, Faltungen usw., dazu Verwitterung, Abtragung, Auflagerung usw. – unter den verschiedenartigsten klimatischen Verhältnissen haben zur Entstehung von geomorphologischen Groß- oder Kleinformen geführt (Ebenen, Beckenlandschaften, Hochflächen, zertalte Gebirge, Hügelländer usw.), die die Gestalt der Erdoberfläche und damit die möglichen Lebensräume des Menschen bestimmen.

Die Oberfläche der Erde wird zu ca. 29% von Land und zu ca. 71% von Meeren eingenommen, wobei sich die Nordhalbkugel mit 40% Land von der Südhalbkugel mit 19% Land stark unterscheidet. Der N besitzt dadurch eine große Fläche in der gemäßigten und in der subtropischen Zone, mit einer in Eurasien erheblichen W-O-Erstreckung (rd. 10000 km, Afrika 4000 km, Nordamerika 5000 km). Diese Räume boten und bieten günstige Voraussetzungen für die Entwicklung von Ernährung, Siedlung und Kultur. – Nach S verbreitern sich die Meere; die Landmasse der gemäßigten und subtropischen Zone ist erheblich kleiner.

Entscheidend für das Leben auf der Erde ist die Lufthülle, die *Atmosphäre*. Sie gliedert sich in die *Troposphäre* (an den Polen bis ca. 8 km, am Äquator bis ca. 18 km), die *Stratosphäre* (unterer Teil bis 40 km, oberer Teil bis 80 km, dazwischen die *Ozonsphäre*), die *Ionosphäre* (ca. 80 bis 600 km hoch) und schließlich die *Exosphäre*. Der Bereich des Wetters ist die Troposphäre, besonders deren unterer Teil. In neuester Zeit wurde die außerordentliche Bedeutung der *Ozonsphäre*, der „Ozonschicht", deutlich (↗ Antarktis).

Zu neuen Erkenntnissen über den Aufbau der Erde, die Eigenschaften von Gesteins-, Wasser- und Lufthülle, über die Situation innerhalb und außerhalb des Sonnensystems haben in den letzten Jahrzehnten die Weltraumfahrt (→ Weltraum) sowie Tiefbohrungen auf dem Festland und auf dem Meeresboden (→ Meere) nachhaltig beigetragen.

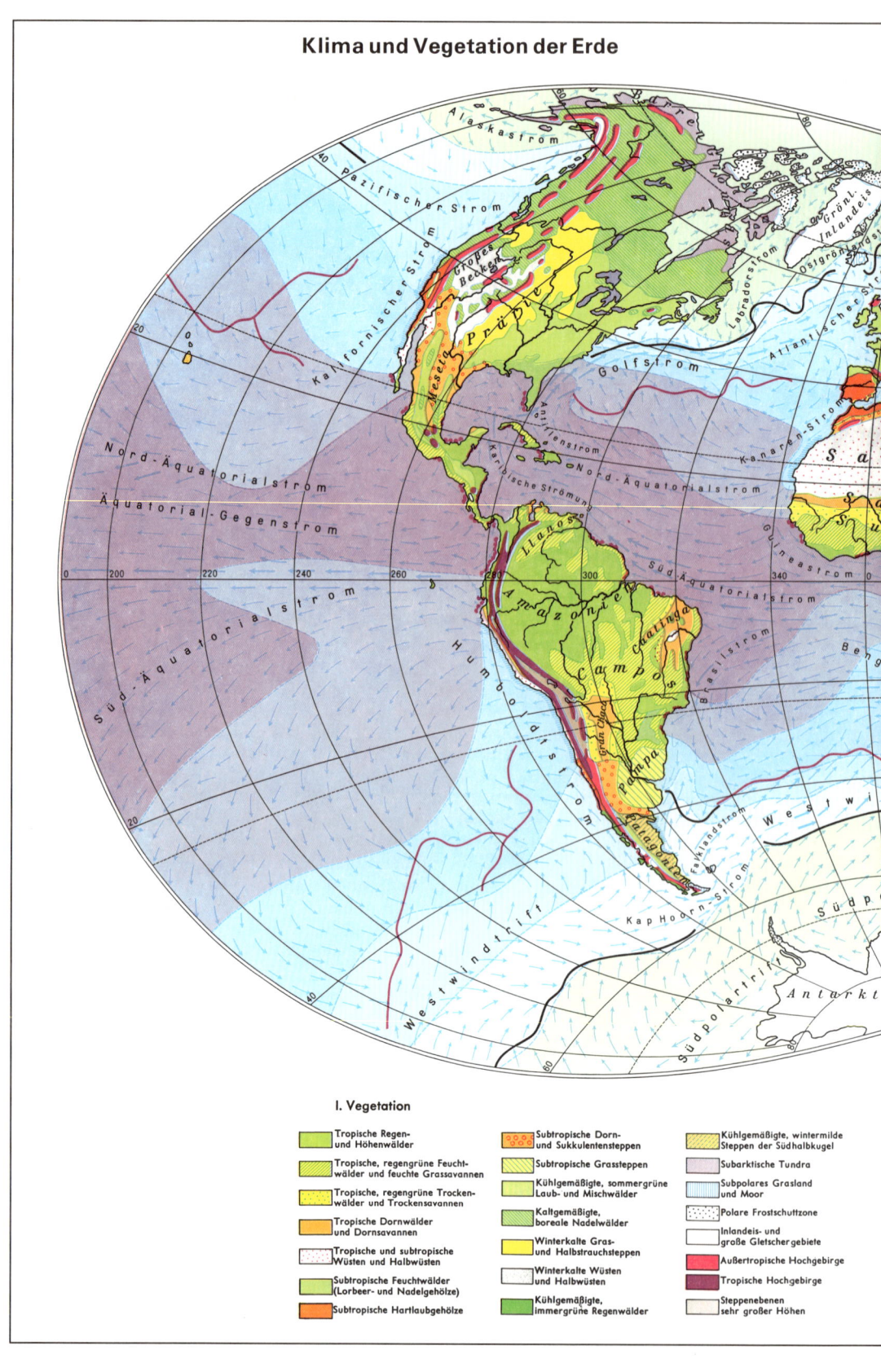

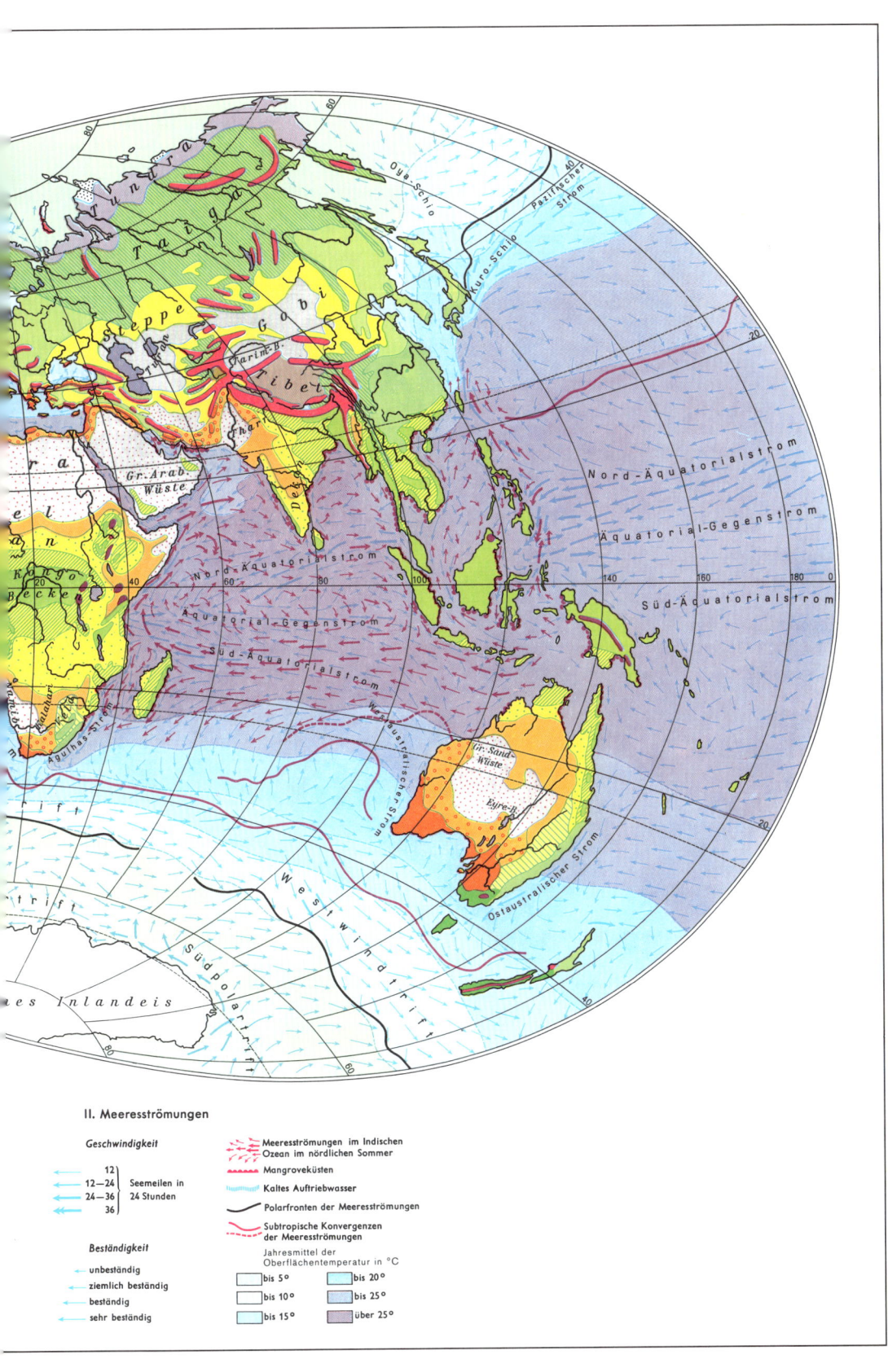

II. Klima- und Vegetationszonen

Die stärksten Auswirkungen auf das Leben der Menschen auf der Erde haben seit jeher die unterschiedlichen Klimate, aus deren zonaler Anordnung sich die globalen Vegetationszonen entwickelten. Differenzierte Klimazonen entstehen durch die regelhafte Ausprägung der Klimaelemente wie Temperatur, Luftdruck, Windrichtung und -stärke, Niederschlagsmenge und -verteilung, Luftfeuchtigkeit, Sonnenscheindauer u. a., deren Unterschiede letzten Endes auf der (wegen der Neigung der Erdachse) je nach Lage auf der Erdoberfläche unterschiedlichen Bestrahlung durch die Sonne, sodann auf der Verteilung von Land und Wasser, auf Relief und Höhenlage gründen. Die Klimatologie entwickelte eine große Zahl von Klimaklassifikationen mit unterschiedlicher Schwerpunktsetzung (vgl. *J. Blüthgen, W. Weischet*, 1980). Als Idealtypen bilden 4 erdumspannende Klimazonen das „Grundgerüst" der meisten Klassifikationen:

a) Die Tropen. Sie liegen zwischen den Wendekreisen (23½° N bzw. S), wo aufgrund der ganzjährig starken Sonneneinstrahlung thermische Jahreszeiten fehlen. Die Niederschläge sind in den inneren Tropen, d. h. in Äquatornähe, ganzjährig hoch (feucht-heißes Regenwaldklima), zu den Wendekreisen hin zunehmend differenziert in Regenzeiten (Zenitalregen) und Trockenzeiten (tropisches Wechselklima mit Feucht-, Trocken- bzw. Dornsavannen als typischer Vegetationsform).

b) Die Subtropen. Sie schließen sich den Tropen nach N bzw. S an und sind in der Nähe der Wendekreise v. a. durch die „subtropischen Hochdruckzellen" charakterisiert, die ausgeprägt arides Klima (d. h., die Verdunstung ist größer als die Niederschläge) verursachen (Wüstengürtel der Erde). Die weiter nach N bzw. S gelegene Zone des subtropischen Wechselklimas zeigt deutliche Unterschiede zwischen trocken-heißen Sommern und feucht-kühlen Wintern (Mittelmeerklima). Typische Vegetationsformen sind, je nach Grad der Aridität, Hartlaubgehölze, Dorn- und Sukkulenten- oder Grassteppen, aber auch Feuchtwälder.

c) Die Mittelbreiten („gemäßigte Zone"). Sie lassen sich nicht exakt von den Subtropen abgrenzen; nach N bzw. S reichen sie bis zu den Polarkreisen. (Hier grenzen manche Klassifikationen eine eigene subpolare Zone ab.) Typisch sind extreme Temperaturunterschiede zwischen Sommer und Winter, insbes. im Inneren der Kontinente, die das Klima stärker prägen als die jahreszeitlich unterschiedlichen, insgesamt aber sehr variablen Niederschläge. Die starke Wechselhaftigkeit der Witterung wird v. a. durch den Einfluß der west-ostwärts wandernden Zyklonen (Tiefdruckgebiete) verursacht. Die natürliche Vegetation zeigt sommergrüne Laub- und Mischwälder, im trockeneren Inneren der Kontinente auch winterkalte Gras- und Halbstrauchsteppen. Mit abnehmender Länge der Vegetationszeit nach N hin herrschen boreale Nadelwälder vor, die dem kaltgemäßigten Klima mit großen Jahreszeitenunterschieden angepaßt sind.

d) Die Polarregionen. Ihr Hauptkennzeichen sind die ausgeprägten Tageslängenschwankungen (Polarnacht und -tag) und die Vorherrschaft arktischer bzw. antarktischer Kaltluftmassen, die zu Dauerfrost führen. Diese Zone ist daher die siedlungs- und nutzungsfeindlichste und gehört fast vollständig zur Anökumene, d. h., sie ist kaum dauerhaft besiedelbar.

Die Karte „Klima und Vegetation auf der Erde" (S. 2–3) zeigt, wie die idealtypischen Zonen durch Einflüsse des Reliefs und der Kontinentalität bzw. Maritimität in der Realität modifiziert werden (z. B. Ausbildung von Höhen- oder Inselklimaten). In den Artikeln dieses Werkes wird jeweils auf die gebietsspezifischen Klimacharakteristika eingegangen.

III. Das Relief der Erde

Neben dem Klima ist es v. a. die Oberflächengestalt der Erde, das Relief, das die Ausbildung von Wirtschafts- und Kulturräumen beeinflußt. Im Gegensatz zur zonalen Anordnung der klimatischen Gegebenheiten ist das Relief der Erde azonal ausgebildet; es hat sich aus geologisch-tektonischen Vorgängen entwickelt (Hebungen, Senkungen, Bruchbildungen, Auffaltungen, Vulkanismus u. a.) und durch die Einwirkungen der verschiedenen Klimate auf Gesteine und Böden, v. a. durch Erosions- und Akkumulationsvorgänge, seine heutige Ausformung erhalten. Global gesehen sind es – neben der Gliederung der Erdoberfläche in Festland und Meere – insbes. die Höhe über dem Meeresspiegel und die Vergesellschaftung typischer Reliefformen zu Tief- und Hochebenen, Berg- und Hügelländern, Kettengebirgen und ihren Randsenken, alten Massiven usw., die ihren Einfluß auch auf die Entwicklung der Kulturlandschaft, die Besiedlung, agrarische Nutzung, das Verkehrswesen u. a. ausüben. Über die gebietstypischen Reliefformen und ihre kulturgeographische Bedeutung informieren ebenfalls die Artikel dieses Werkes.

IV. Die natürlichen Ressourcen

Zu Ressourcen im weitesten Sinn zählen alle natürlichen Produktionsmittel und Hilfsquellen, also z. B. auch die Klimaelemente. Es sei nur das Wasser als Grundlage für das Leben und Wirtschaften der Menschen genannt (Wassermangel als begrenzender Faktor für menschliche Siedlungen, für die Landwirtschaft sowie für viele industrielle Produktionsprozesse), aber auch die Bedeutung heißer und kalter, trockener und schwüler Klimate für die kulturelle und wirtschaftliche Entwicklung in den Regionen der Erde.

Im engeren Sinne werden unter natürlichen Ressourcen die Vorkommen nutzbarer Lagerstätten in der Erdkruste verstanden, also v. a. mineralischer und energetischer Rohstoffe. Sie sind zwar an jeweils typische geologische Formationen und Gesteinsschichten gebunden (z. B. Erdöl in marinen Ablagerungen), aber weder zonal noch sonstwie regelhaft über die Erde verteilt. Auch sind bisher nicht alle Räume der Erde gleich intensiv nach Bodenschätzen erforscht worden; schließlich hängt die Größe der Reserven, besonders bezüglich der vielen niedrig konzentrierten oder schwierig abzubauenden Mineralvorkommen, wesentlich von der Nachfrage- bzw. Preissituation und vom Stand der Abbautechnik ab. Bei Diskussionen über die „statische Lebensdauer" von Rohstoffen (Vorräte bei gleichbleibender Förderung) wird häufig übersehen, daß bei steigenden Preisen und verbesserter Fördertechnik regelmäßig auch die Menge der verfügbaren Reserven ansteigt, alle Angaben über Rohstoffvorkommen und -vorräte also unter der Prämisse „nach dem gegenwärtigen Stand der Technik und zu den gegenwärtigen Preisen wirtschaftlich gewinnbar" zu sehen und damit zu relativieren sind.

Auch auf die natürlichen Ressourcen wird, v. a. in den Staatenartikeln, insoweit eingegangen, als sie für die Wirtschaft des betreffenden Staates von Bedeutung sind.

B. Wirtschafts- und kulturräumliche Gliederung der Erde

I. Die Wirtschaftsräume

Als Ergebnis historischer Entwicklungen sind auf der Erde Wirtschaftsräume entstanden, zwischen denen z. T. extreme Unterschiede der Wirtschaftskraft, der Art und Weise des Wirtschaftens, der Lebensweise und des Lebensstandards der Bevölkerung bestehen. Die Ursachen der besonderen Entwicklung der einzelnen Wirtschaftsräume sind vielfältig: differenzierte naturräumliche Voraussetzungen (Klima, Böden, Bodenschätze, Höhenlage u. a.), Besiedlung durch Völker unterschiedlicher Mentalität, Verhaltens- und Wirtschaftsweise, staatlicher Entwicklung und daraus folgender unterschiedlicher Organisationsform von Gesellschaft, Staat und Wirtschaft.

Im Lauf der neueren Geschichte verloren mit zunehmender Übernahme moderner Technik die natürlichen Umweltbedingungen an Bedeutung, und Faktoren wie politisches System, Wirtschaftsverfassung, Zugehörigkeit zu Machtblöcken u.ä. spielten eine entscheidendere Rolle. Für die technisch hochentwickelten Industriestaaten der Gegenwart gilt, daß in vieler Hinsicht der Einfluß der Technik auf die Natur tiefgreifender ist als umgekehrt der Einfluß der natürlichen Voraussetzungen auf die wirtschaftliche und kulturelle Entwicklung. Vielerorts, z. T. sogar weltweit, existieren kaum mehr reparable, schädigende Einflüsse der Technik und ihrer Anwendung auf Atmosphäre, Wasser und Boden.

Im Rahmen wirtschaftsgeographischer Forschung werden seit längerem Überlegungen angestellt, die Erde systematisch wirtschaftsräumlich zu gliedern und die verschiedenen Räume vergleichend zu analysieren. Eine Grundlagenarbeit hierzu stammt von *Bobek* (1959), der versucht, „... die vom geographischem Standpunkt ... grundlegenden Typen der Sozial- und Wirtschaftsentfaltung ..." darzulegen. Als wichtige „Stufen der Gesellschafts- und Wirtschaftsentfaltung", die sich z. T. zeitlich ablösten, z. T. nebeneinander existierten, nennt Bobek: Wildbeuter-Stufe; Stufe der spezialisierten Sammler, Jäger und Fischer; Stufe des Sippenbauerntums mit dem Seitenzweig des Hirtennomadismus; Stufe des herrschaftlich organisierten Agrargesellschaft; Stufe des älteren Städtewesens und des Rentenkapitalismus; Stufe des produktiven Kapitalismus, der industriellen Gesellschaft und des jüngeren Städtewesens. Die älteren Stufen räumlich sich ausprägender Wirtschaftsentwicklung sind auch heute noch auf der Erde zu finden – reliktuhaft in peripheren Gebieten oder als Substrat in Entwicklungsländern, die auf der politischen Ebene als moderne Nationalstaaten organisiert sind.

Neuere wirtschaftsräumliche Klassifikationen neigen dazu, den Staat als kleinste Bezugseinheit zu verwenden und die Staaten nach Wirtschaftsleistung, Form und Ausprägung der Wirtschaft (unter Einbeziehung des Lebensstandards der Bevölkerung und der Entwicklung der Infrastruktur) zu klassifizieren. Die Ergebnisse entsprechen vielfach kaum der räumlichen Realität, besonders nicht bei den großen und in sich heterogenen Staaten (Sowjetunion, China, Brasilien u.a.). Derartiges Vorgehen ist jedoch v. a. dadurch bedingt, daß viele notwendige Daten, etwa über das Sozialprodukt, nur gesamtstaatlich zur Verfügung stehen.

Die häufig als wirtschaftsräumliche Gliederung verwendete Zweiteilung der Welt in Nord – Süd (Industrieländer – Entwicklungsländer) gehört kaum hierher. Sie ist wegen zu starker Vereinfachung eher ein politisches Schlagwort. Das Begriffspaar Nord – Süd, das höchstens aus europazentrischer Sicht gerechtfertigt ist, vermittelt falsche Vorstellungen von der Verteilung der Entwicklungsländer. Bekanntlich liegen über 3/4 von ihnen auf der Nordhalbkugel der Erde; richtig wäre eher die Bezeichnung Nord/Süd – Mitte, denn die meisten Entwicklungsländer finden wir im tropisch-subtropischen Gürtel um den Äquator, während sich die Industrieländer in den gemäßigten Klimazonen in Nord und Süd konzentrieren.

Stärkeren Realitätsbezug weist das *Drei-Welten-Modell* auf, das seit den 60er Jahren zunehmend Anklang gefunden hat, obwohl auch ihm eine theoretische Fundierung fehlt (vgl. *D. Nohlen, F. Nuscheler,* ^{2}1982). Es ist ein Produkt des „Kalten Krieges", daß man die Staaten der Erde in eine „Erste Welt" (die „kapitalistischen" Länder) und eine „Zweite Welt" (die „sozialistischen" Länder des Sowjet-Blocks) einteilte und die „blockfreien" Länder als „Dritte Welt" bezeichnete. In den 60er/70er Jahren gewann der immer stärkere Gegensatz zwischen wohlhabenden Industrieländern und Entwicklungsländern größeres globales Gewicht als rein machtpolitische Gegensätze, so daß der Begriff „Dritte Welt" zunehmend zum Synonym für „Entwicklungsländer" wurde. Wegen seiner Griffigkeit wird er seitdem oft verwendet und fand trotz großer Bedenken auch Eingang in die Sprache der Wissenschaft.

Fragwürdig war die Verwendung des Drei-Welten-Modells für wirtschaftsräumliche Gliederungen nicht nur wegen der Heterogenität jeder der „drei Welten", sondern auch wegen Überschneidungen und Zuordnungsschwierigkeiten. Das Zuordnungsmerkmal ist einerseits die Zugehörigkeit zu einem Wirtschaftssystem (markt- oder planwirtschaftlich), andererseits die Höhe von Wirtschaftsleistung und Lebensstandard. Vor allem die Zuordnung der „kapitalistischen" Entwicklungsländer Europas (wie Griechenland und Portugal) und der außereuropäischen RGW-Staaten (wie Kuba und Vietnam) zu einer der „drei Welten" konnte nicht befriedigend gelöst werden. Trotzdem verwendete die UNO bisher eine wirtschaftsräumliche Gliederung der Erde nach dem „Drei-Welten-Modell" in (1) „Developed Market Economies" = westliche Industrieländer, (2) „Centrally Planned Economies" = östliche Zentralplanungsländer, (3) „Developing Market Economies" = Entwicklungsländer, wobei aus letzteren die OPEC-Länder und die „LDCs" („Least Developed Countries", z. T. auch „Vierte Welt" genannt) als Untergruppen ausgegliedert sind.

Die Weltbank führt in ihren Publikationen, z. B. im jährlichen „Weltentwicklungsbericht", eine allein auf dem BSP pro Kopf basierende Gliederung durch: (1) Länder mit niedrigem Einkommen (BSP bis 450 $/E., 1987), (2) Länder mit mittlerem Einkommen/untere Kategorie (bis 2000 $/E.), (3) Länder mit mittlerem Einkommen/obere Kategorie (bis 6000 $/E.), (4) Länder mit hohem Einkommen (über 6000 $/E.). Die erste Gruppe enthält die sehr armen Entwicklungsländer (wie Indien, China und die tropisch-afrikan. Staaten), die 2. Gruppe die weniger armen Entwicklungsländer, v. a. solche mit bedeutenderen Naturressourcen (wie die meisten lateinamerikan., nordafrikan. und vorderasiat. Staaten, aber auch z. B. Polen), die 3. Gruppe insbes. Staaten, die meist als „Schwellenländer" bezeichnet werden, da sie an der Schwelle zum Industrieland stehen (vgl. B I e), die 4. Gruppe schließlich die Industriestaaten (wie die USA, Japan, Deutschland), aber auch die besonders reichen OPEC-Länder (wie Saudi Arabien) und die exportorientierten ostasiat. Stadtstaaten Hongkong und Singapur.

Stärker wissenschaftlich ausgerichtete Versuche, die Erde nach Wirtschaftsräumen zu gliedern, stimmen weitgehend darin überein, daß eine anwendungsorientierte Gliederung am ehesten nach sozio-ökonomischen Raumtypen vorzunehmen ist. Sie spiegeln den Stand des Industrialisierungs- und Technisierungsprozesses und der Integration in die Weltwirtschaft, Größe und Verteilung des Sozialprodukts, die Landes-, insbes. Infrastrukturentwicklung sowie Lebens- und Wirtschaftsweise der Bevölkerung wider (vgl. *H-G. Wagner,* 1981; *L. Schätzl,* 1981). Größere Beachtung bei der Frage nach der „Regionalisierung der Erde" bzw. der „Klassifikation der Länder der Erde" im Sinne wirtschaftsräumlicher Gliederung in Staatengruppen fanden in den 80er Jahren Beiträge, die mit mathematisch-statistischen Verfahren größere Datenmengen verarbeiteten, um zu einer regionalisierenden Klassifikation auf Staatenbasis zu kommen (*P. Bratzel, K. Müller,* 1979; *E. Giese,* 1985).

Die Verfahren zur Gliederung der Erde in Wirtschaftsräume, von denen nur wenige erwähnt werden konnten, lassen erkennen, daß eine realitätsnahe Gliederung weder überwiegend nach politischen Kriterien noch ausschließlich mit quantitativen Verfahren durchzuführen ist, wenn auch beides berücksichtigt werden muß. Im folgenden wird versucht, eine wirtschaftsgeographische Gliederung auf deskriptiv-qualitativer Basis durchzuführen und die wichtigsten Charakteristika und Probleme der Hauptwirtschaftsräume der Erde kurz darzustellen.

a. Industriestaaten marktwirtschaftlicher Ordnung

Sie stellen die mit Abstand wichtigste Gruppe dar (auch „westliche Industriestaaten" genannt): die altindustrialisierten Länder Europas und die von diesen besiedelten bzw. wirtschaftlich stark beeinflußten Staaten USA, Kanada, Japan, Australien, Neuseeland, Israel und Südafrika (letztere nur ohne gewisse periphere Gebiete bzw. sozial/wirtschaftlich nicht integrierte Bevölkerungsgruppen). Charakteristisch für die Länder dieser Gruppe ist das marktwirtschaftliche → Wirtschaftssystem (→ Marktwirtschaft) und, bei fortbestehenden nationalen Unterschieden, ein radikal vollzogener gesellschaftlicher Wandel mit der Ablösung überkommener agrargesellschaftlicher Strukturen durch die Industrie- und Dienstleistungsgesellschaft (postindustrielle Gesellschaft) mit den hierfür typischen Lebens- und Wirtschaftsweisen der Bevölkerung. Hiermit geht Hand in Hand eine durchgehende Technisierung des gesamten Lebens, von der Privatsphäre und dem öffentlichen Leben bis zu den Sektoren der Wirtschaft:

(1) der *Landwirtschaft,* die, trotz weiterhin zunehmender Produktionsmenge, nach Beschäftigtenzahl und Beitrag zur nationalen Wertschöpfung nur noch einen relativ geringen Anteil aufweist, jedoch steigende Bedeutung für die Pflege der Kulturlandschaft und die Erhaltung ihrer natürlichen Ressourcen erhält;

(2) der *Industrie,* die jahrzehntelang ihre Bedeutung – gemessen an Zahl und Anteil der Beschäftigten und am Beitrag zum Sozialprodukt – auf Kosten des Agrarsektors erhöhte, die jedoch seit den 50er/60er Jahren ebenfalls rückläufige Tendenzen zeigt. Ihre Produktion sinkt im allgemeinen nicht, doch nimmt aufgrund des Ersatzes menschlicher Arbeitskraft durch Mechanisierung, später Automatisierung bis zur Roboterisierung, die Beschäftigung in ihr und, wegen der Verbilligung durch Massenproduktion, auch ihr Anteil an der Wertschöpfung ab;

(3) dem *Dienstleistungssektor,* der mit seiner großen und sich weiter differenzierenden Vielfalt – von Handel und Verkehr über soziale Dienste bis zu Bildung, Wissenschaft und Kunst – der wachstumsträchtigste Sektor geworden ist und die Industrie als den typischen Wirtschaftsbereich der Gegenwart verdrängt hat. Charakteristisch für diesen tertiären Sektor ist v. a. die große Bedeutung qualifizierten Personals, das nicht selten zum Engpaßfaktor der Wirtschaftsentwicklung wird.

Häufige und sich rasch ausbreitende Innovationen (Medienbereich, Automatisierung von Arbeitsvorgängen, Verkehrswesen usw.) sorgen dabei für relativ rasche Veränderungen der Lebens- und Wirtschaftsweise bei der Güterproduktion, im Dienstleistungsangebot usw.

Die genannten Charakteristika zeigen Auswirkungen auf die Ausprägung der Kulturlandschaft, die in den Industriestaaten dieser Gruppe trotz aller nationalen, geschichtlich gewachsenen Unterschiede starke Gemeinsamkeiten zeigt, aber auch ähnliche oder gleiche Problemsituationen aufweist, besonders deutlich im Bevölkerungs- und Siedlungswesen.

Nach dem Modell des „demographischen Übergangs" (vgl. *W. Kuls,* 1980) befinden sich die „westlichen" Industrieländer in einer Phase, die durch sinkende oder auf niedrigem Niveau stagnierende Geburtenziffern und ebenfalls niedrige Sterbeziffern gekennzeichnet ist. Das Ergebnis sind sehr geringe Wachstumsraten bis hin zu negativen Salden der *natürlichen Bevölkerungsentwicklung,* verbunden mit niedrigen Anteilen von Kindern und Jugendlichen sowie hohen Anteilen älterer Jahrgänge an der Bevölkerung, mit allen daraus resultierenden Folgen: Nachwuchsprobleme auf dem Arbeitsmarkt, hohe Belastung der Beschäftigten durch die Versorgung der älteren Menschen, Notwendigkeit des verstärkten Ausbaus altengerechter Infrastruktur (z. B. Alten- und Pflegeheime, Krankenhäuser) bei häufiger Unterauslastung jugendorientierter Infrastruktureinrichtungen usw.

Charakteristisch sind auch, bedingt durch veränderte Lebensweise und begünstigt durch hohe Durchschnittseinkommen, typische *Familien- und Haushaltsstrukturen,* die wiederum die Siedlungsstruktur beeinflussen und verändern: Überwiegen von 1–2-Kinder- sowie 1–2-Generationen-Familien, hohe Anteile von Einpersonenhaushalten mit relativ hohem Wohnflächenanspruch (durch alleinstehende ältere Personen und zunehmend durch Jugendliche, die in jüngerem Alter als früher das Elternhaus verlassen). Zusammen mit dem Bestreben vieler Städter, ein Einfamilienhaus zu bewohnen, und mit der Tendenz, einen Freizeitwohnsitz zu gründen, führt die starke Erhöhung des Wohnflächenbedarfs pro Einwohner zu einer Zunahme der Siedlungsfläche, die weit über die Zunahme der Einwohnerzahl hinausgeht und in manchen Agglomerationsräumen sogar bei abnehmender Bevölkerungszahl auftritt. Durch Maßnahmen der Raumplanung wird in vielen Ländern versucht, einer zu starken „Zersiedelung" der Landschaft bzw. „Versiegelung" des Bodens (auch durch Gewerbe- und Verkehrsbauten) entgegenzuwirken. Andererseits bremsen die Marktmechanismen, d. h. die bei Verknappung des Bodens auftretenden Preissteigerungen, die genannten Tendenzen.

Im nationalen Maßstab ist *Bevölkerungs- und Siedlungskonzentration* ein typisches Kennzeichen der Industrie- und Dienstleistungsgesellschaft. Während die Agrarwirtschaft flächenbezogen und die Industrie standortbezogen arbeitet, ist für den Dienstleistungssektor Zentrenorientierung kennzeichnend. Besonders hochrangige Zentren entwickelten sich zu Standorten differenzierter Dienstleistungen und boten damit Voraussetzungen für die kräftige Entwicklung hochtechnisierter Industrien, für die nicht mehr Rohstoff- oder Energievorkommen oder Nähe zum Absatzmarkt die wichtigsten Standortfaktoren sind, sondern sog. Fühlungsvorteile, das Vorhandensein spezialisierter Dienste, guter Verkehrsanbindung und gut ausgebildeter und motivierter Arbeitskräfte.

Parallel zur Konzentration der Wirtschaft verläuft seit Beginn des Industriezeitalters diejenige der Bevölkerung. Ausgeprägte Dichteunterschiede zwischen bevölkerungsreichen Agglomerationsräumen, aber auch Städten mittlerer Größenordnung, auf der einen Seite und relativ dünn besiedelten ländlichen Räumen andererseits gehören zu den Merkmalen der „westlichen" Industrieländer, wobei große und noch wachsende Anteile an der Bevölkerung in den städtischen Verdichtungsräumen wohnen. Trotz gelegentlich durch regionale Sonderentwicklungen auftretender Gegenbewegungen *(„counterurbanization")* gibt es keine Hinweise auf eine Umkehr dieser Konzentrationstendenz, sei es bei monozentrischem Schwerpunkt mit einer überragenden Metropole (z. B. Frankreich), in eher polyzentrischer Form oder als „dekonzentrierte Konzentration", wie in Deutschland – mit einer Vielzahl mittlerer und größerer Städte und Stadtregionen.

Der städtischen Bevölkerungskonzentration widerspricht nicht die in vielen Industriestaaten abnehmende Einwohnerzahl der Großstädte. Diese wird i. d. R. durch das gleichzeitige Wachstum eines z. T. breiten Ringes von Stadtrand- und -umlandgemeinden überkompensiert. Der Prozeß der *Stadtrand-Wanderung* betrifft Einwohner und Arbeitsplätze und wird nach nordamerikan. Vorbild auch *Suburbanisierung* genannt. Sie führt zu einem flächenhaften Wachstum über die Stadtgrenzen hinaus in den „suburbanen" Raum, während in innerstädtischen Bereichen partielle Entleerungstendenzen und Funktionsumwandlungen zu beobachten sind (Abwanderung von Einwohnern und Industriebetrieben aus den Stadtzentren in das Umland und neue Nutzung der freiwerdenden Flächen – oft nach einer gewissen Übergangszeit – vorwiegend durch den tertiären Sektor). Vor allem Boden- und Mietpreissteigerungen durch Nutzungskonkurrenz, erhöhter Flächenbedarf, Wandel der Wohnwünsche oder Standortanforderungen, vielfach auch Umweltprobleme in den dicht bebauten Städten u. ä. sind Ursachen der Suburbanisierung und des damit verbundenen Flächenwachstums städtischer Verdichtungsräume.

Der Einfluß der Städte reicht aber weit über den suburbanen Raum in die ländlichen Räume hinaus, die relativ stark vom Urbanisierungsprozeß beeinflußt sind. Die Urbanisierung, heute allgemein definiert als Verstädterung nicht im Sinn eines zahlenmäßigen Städtewachstums, sondern als Ausbreitung städtischer Verhaltensweisen und Lebensformen der Bevölkerung und sich daraus ergebender räumlicher Strukturen, gehört ebenfalls zu den typischen geographischen Kennzeichen hochentwickelter Industrieländer. Der unter agrargesellschaftlichen Vorzeichen deutlich ausgeprägte Stadt-Land-Gegensatz ist durch die Urbanisierung einem „Stadt-Land-Kontinuum" gewichen; es bestehen gleitende Übergänge zwischen voll entwickelten städtischen und typisch ländlichen Siedlungen. In vielerlei Hinsicht, wie in den Lebens- und Verhaltensweisen der Bevölkerung, ihrer Sozialstruktur, auch – durch den Pendelverkehr – ihrer Berufs- und Erwerbsstruktur, bezüglich des Infrastrukturausbaus, der Wohnungs- und Versorgungssituation (aufgrund guter Erreichbarkeit zentraler Orte), bestehen nur noch geringfügige Stadt-Land-Unterschiede (→ Stadt II, III). Nur wenige Kriterien zur Unterscheidung städtischer von ländlichen Räumen sind geblieben, wie Bevölkerungsdichte, Umfang der unbebauten Freiflächen und Anteil der Agrarbeschäftigten an allen Erwerbspersonen.

Nicht nur im Verhältnis Stadt – Land ist es zu einer weitgehenden Angleichung gekommen; auch die Industrieländer untereinander nähern sich in vieler Hinsicht zunehmend an. Durch umfassende internationale Arbeitsteilung, Tätigkeit → multinationaler Unternehmen im Produktions- und Dienstleistungsbereich, intensiven Handelsaustausch (rd. 70% des Welthandels wickeln die westl. Industrieländer untereinander ab; → internationaler Handel, → Weltwirtschaft), ungehinderten geschäftlichen und touristischen Reiseverkehr (über 75% aller Auslandsreisen auf der Welt finden innerhalb dieser Ländergruppe statt), freien Austausch von Informations-, Kommunikations- und Unterhaltungsmedien aller Art, vielfältige Zusammenarbeit auf wissenschaftlichem und technologischem Gebiet, institutionalisierte politisch-wirtschaftliche Zusammenarbeit, all dies hat dazu geführt, daß das ursprünglich rein wirtschaftsräumliche Zusammenwachsen dieser Staaten auch zu einem kulturräumlichen wird und somit eine Art „Weltkultur" sich herausbildet. Schließlich ist bemerkenswert, daß die westlichen Industrieländer, ihre Wirtschafts- und Lebensweise, ihr Lebensstandard, ihre technische Entwicklung, ihr Verkehrswesen und ihr infrastruktureller Ausbau in den letzten Jahrzehnten immer stärker Vorbildfunktion für andere Ländergruppen gewonnen haben. Trotz weiter bestehender vielfältiger geistiger, ideologischer wie religiöser Unterschiede sind die westlichen Industrieländer, v.a. im Bereich der Technik und der materiellen Kultur, heute weltweites Vorbild.

Tatsache ist aber auch, daß die wirtschaftsräumliche Entwicklung der Industriestaaten zu besonders hohen Umweltbelastungen geführt hat (→ Umwelt, Umweltschutz). Energie- und Warenproduktion bedingen bisher einen Raubbau an den natürlichen Ressourcen und durch gasförmige Emissionen eine kaum mehr umkehrbare Veränderung der Erdatmosphäre mit noch nicht genügend erforschten Folgen (z. B. Verstärkung des Treibhauseffekts, „Ozonloch"; ↗ Antarktis). Der motorisierte Verkehr verstärkt diese Effekte. Der hohe Wohnkomfort muß mit der Umwandlung und „Denaturierung" großer Freiflä-

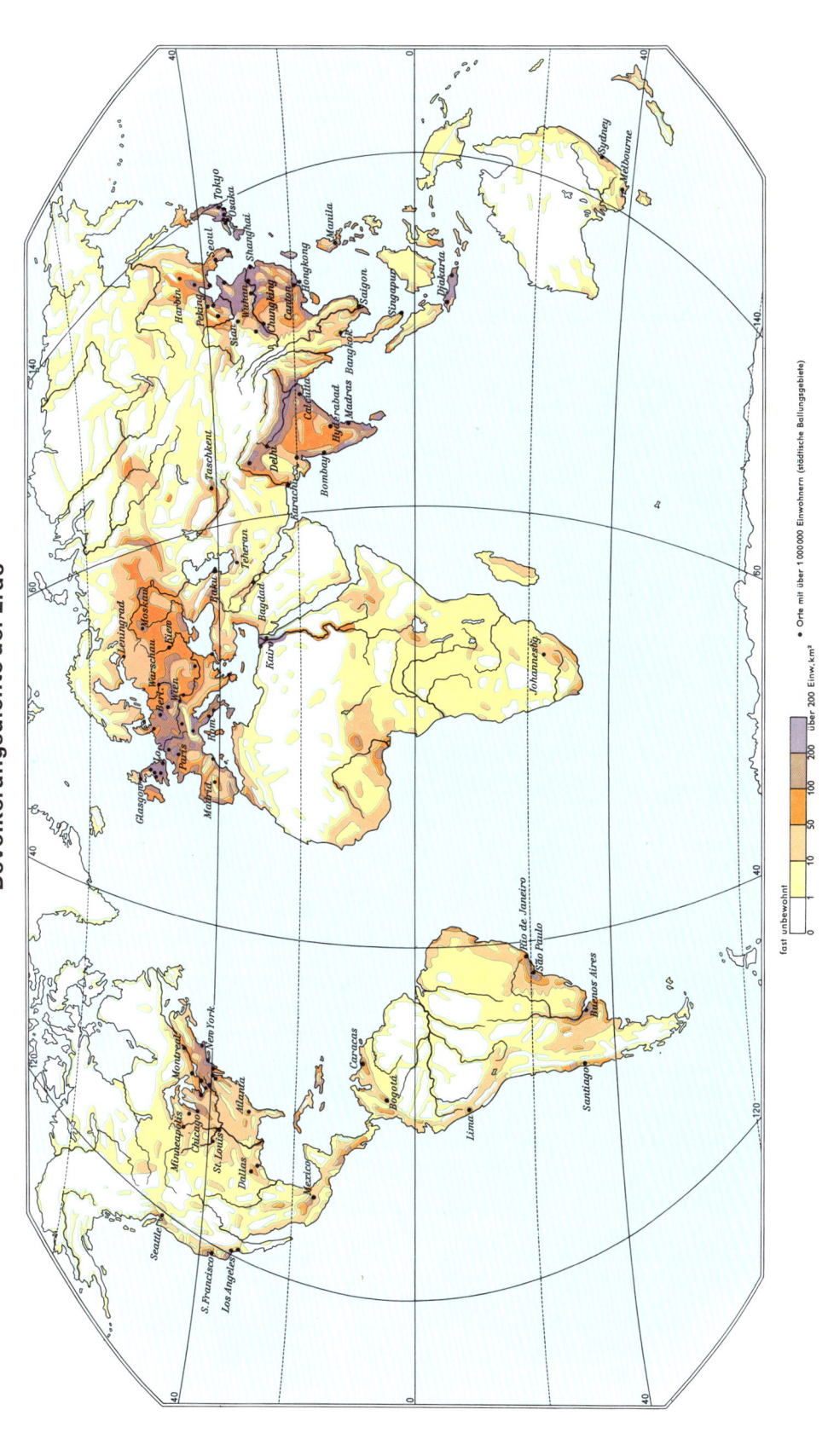

chen bezahlt werden. Schließlich wird die Produktion ausreichender, vielfach im Überfluß vorhandener Nahrungs- und Genußmittel mit weitflächiger und tiefgründiger Schädigung von Boden und Grundwasser (→Wasser) erkauft.

Heute zeichnet sich die Tendenz ab, der Ressourcenschonung und der Erhaltung und Stärkung der natürlichen Grundlagen mehr Aufmerksamkeit zu widmen und die Steigerung des Lebensstandards zugunsten ökologischer Rücksichtnahme zu verlangsamen. Die weitere Entwicklung der Kulturlandschaft dürfte stärker als in der Vergangenheit von Umweltgesichtspunkten bestimmt werden.

b. Industriestaaten staatswirtschaftlicher Ordnung

Diese Gruppe wurde nach dem II. Weltkrieg von der Sowjetunion auf der Basis der marxistischen Ideologie und des sowjetischen Herrschaftsanspruchs über Ostmittel- und Südosteuropa aufgebaut. Sie bricht seit Ende der 80er Jahre aufgrund des Versagens des planwirtschaftlichen Wirtschaftssystems (→Planwirtschaft) und des Freiheitsstrebens der sowjetischen „Satellitenstaaten" auseinander. 1991 konnte nur noch die Sowjetunion selbst als Industriestaat auf staats- bzw. planwirtschaftlicher Grundlage bezeichnet werden. Wirtschaftsgeographische Unterschiede zu den „westlichen" Industrieländern sind v. a. system-, d. h. ideologiebedingt und beruhen auf dem das Wirtschafts- und Gesellschaftsleben beherrschenden Kollektivismus und dem weitgehenden Verbot privaten Grundeigentums und privater Wirtschaftstätigkeit, andererseits auf dem Versagen der Staatsbürokratie, die ihr übertragenen Aufgaben der Wirtschaftslenkung und der Bedürfnisbefriedigung der Bürger zu erfüllen. Als Folge ist aus der Plan- eine Mangelwirtschaft entstanden, in der die Bevölkerung nicht mit dem Notwendigsten des täglichen Lebens (Wohnung, Nahrungsmittel) ausreichend versorgt werden kann. Auch im Dienstleistungssektor, im Verkehrswesen, in der Versorgungsinfrastruktur, bei der Anwendung technischen Fortschritts in der Produktion u. a. bestehen erhebliche Defizite, und aufgrund rücksichtsloser Ausbeutung der natürlichen Ressourcen sind die Umweltschädigungen besonders gravierend.

In der Kulturlandschaft haben sich v. a. durch den Kollektivismus typische Formen entwickelt, z. B. in den Städten die großen Mietwohnanlagen bei weithin fehlenden Einfamilienhäusern, in der Agrarlandschaft die oft riesigen Parzellen der Kollektivbetriebe, im Industriebereich die ebenfalls übergroß dimensionierten Kombinate, während auch hier der private Sektor mit Industrie- und Gewerbebetrieben kleineren Zuschnitts fehlt. Auch bei der Versorgung mit Waren und Dienstleistungen und im Verkehrswesen besteht der Hauptunterschied zu den „westlichen" Staaten im weitgehend fehlenden Privatsektor, der durch das – meist nicht ausreichende – Angebot der öffentlichen Hand ersetzt ist. Diese spezifische Organisation des Versorgungs- und Verkehrswesens (z. B. starke Einschränkung der privaten Motorisierung) hat Auswirkungen auf die Ausbildung des Siedlungs-, speziell des Städtenetzes und auf die innere Struktur der Städte (u. a. weitgehendes Fehlen einer City im westeurop. Sinn; Betonung kollektiver Lebensformen bei der Flächennutzung). Echte „sozialistische Städte", wie sie seit der Oktoberrevolution in der Theorie häufig beschrieben wurden, existieren jedoch nur in Ansätzen.

Inwieweit und wie stark die seit Ende der 80er Jahre laufende politisch-wirtschaftliche Umstrukturierung ehemals „sozialistischer" Länder (vgl. c) auch die Sowjetunion erfassen wird oder ob sich das dort herrschende staatswirtschaftliche System noch längere Zeit halten wird, kann z. Z. (1991) nicht gesichert beantwortet werden.

c. Industriestaaten im Übergang vom staats- zum marktwirtschaftlichen System

Als eigene wirtschaftsräumliche Ländergruppe haben sich 1989/90 die ostmitteleurop. Industrieländer Polen, Tschechoslowakei, Ungarn und die ehemalige DDR herauskristallisiert. Ihnen gelang es, zusammen mit der politisch-militärischen Oberherrschaft der Sowjetunion auch das ihnen nach dem II. Weltkrieg aufgezwungene staatswirtschaftliche System abzulösen, ohne schon voll zu den marktwirtschaftlich organisierten Ländern gezählt werden zu können. Wirtschaftsgeographisch sind sie Länder im Übergang. Sie versuchen, möglichst rasch die Strukturen eines kollektivistischen planwirtschaftlichen Systems zugunsten eines marktwirtschaftlichen zu ändern. Dieser Übergang dürfte in wenigen Jahren weitgehend abgeschlossen sein, da die planwirtschaftlichen Strukturen nicht so rigide ausgebildet waren wie in der Sowjetunion und die Persistenz vorkollektivistischer Strukturen, insbes. im Siedlungs- und Versorgungsbereich, so stark ist, daß vielfach beim Neuaufbau an diese alten Strukturen angeknüpft werden kann. Ein besonderes Problem in diesen Ländern sind die Umweltschädigungen, die durch nachhaltigen Raubbau an den natürlichen Ressourcen und eine v. a. quantitativ verstandene Industrialisierung entstanden.

d. Entwicklungsländer

Trotz berechtigter Bedenken gegen eine Zusammenfassung der „unterentwickelten" Länder (gemessen am wirtschaftlichen Standard der „westlichen" Industriestaaten, dem näherzukommen ihr erklärtes Ziel ist) zur sehr heterogenen Gruppe der Entwicklungsländer ist sie insofern vertretbar, als aus kultur- bzw. wirtschaftsgeographischer Sicht Gemeinsamkeiten bestehen, die die Entwicklungsländer deutlich von den Industrieländern abheben.

Die Unterschiede innerhalb dieser Gruppe beruhen (1) auf dem politischen und wirtschaftlichen System (Marktwirtschaftsländer, wie die meisten west- oder südafrikan. Staaten, gegenüber Staatswirtschaftsländern, wie Kuba, Vietnam oder Angola);

(2) auf dem vorherrschenden Außenwirtschaftsgut (Bergbau-Exportstaaten, wie Sambia oder Jamaika, gegenüber Agrarexportstaaten wie Elfenbeinküste oder Ghana, daneben Fremdenverkehrsländer wie die Bahamas);

(3) auf der Lage in den Klimazonen (überwiegend tropische oder randtropische Länder, aber auch Staaten wie China oder die Mongolei);

(4) auf der geschichtlichen Entwicklung (alte Kulturländer, die nie Kolonien waren oder durch den Kolonialismus nur relativ gering geprägt worden sind, wie Indien oder Thailand; ehem. Kolonien mit bereits länger dauernder Unabhängigkeit und voll entwickeltem Nationalbewußtsein, z. B. in Lateinamerika; Staaten ohne nationalstaatliche Tradition, die erst durch die Kolonialmächte ihre heutigen, vielfach als künstlich empfundenen Grenzen bekamen und häufig im Inneren labil sind wie fast alle „schwarzafrikanischen" Staaten.

Als allen Entwicklungsländern gemeinsames Zuordnungskriterium wird i. d. R. der Kapitalmangel in öffentlicher wie privater Hand angesehen, meßbar durch ein niedriges Jahresdurchschnitts-BSP pro Kopf. Dieses Kriterium sagt häufig nur wenig über den tatsächlichen Lebensstandard der Bevölkerung aus (vgl. Globale Perspektiven, Kap. 6), gibt aber Hinweise auf die Finanzausstattung des Staates und damit auf seine nur geringen Möglichkeiten zum Ausbau der materiellen wie personellen Infrastruktur sowie auf die mangelnde Einbindung des betreffenden Landes in die Weltwirtschaft.

Hauptursache für die mangelhafte finanzielle Ausstattung der öffentlichen Hand und die verbreitete private Armut ist die noch weitgehende Verwurzelung der Bevölkerung in traditionellen agrargesellschaftlichen Strukturen mit einem hohen Anteil der Selbstversorgungslandwirtschaft, fehlender Industrialisierung, geringer Entwicklung eines modernen Dienstleistungssektors und mangelnder Ausbildung eines nationalen Marktes. Dies ist i. d. R. verbunden mit ländlicher Überbevölkerung und Unterbeschäftigung und häufig starker Abwanderung in die Städte, die durch Behelfsquartiere und Elendssiedlungen rasch wachsen, ohne die zusätzliche Bevölkerung wirtschaftlich integrieren zu können.

Damit ist ein weiteres Merkmal der Entwicklungsländer angesprochen: Eine *Urbanisierung ländlicher Räume* hat i. d. R. noch nicht begonnen; es bestehen krasse *Stadt-Land-Unterschiede,* die v. a. bei der Infrastruktur aufscheinen. Während große Städte, besonders die Hauptstädte, häufig eine mit Industriestaaten vergleichbare Verkehrs-, Versorgungs- und kulturelle Infrastruktur besitzen, fehlt diese in ländlichen Räumen weitgehend. Nicht-agrarische Erwerbsmöglichkeiten beschränken sich i. d. R. auf wenige größere Städte; auch ist häufig die Präsenz des Staates in Form von Verwaltung, Justiz, Sozial- und Bildungswesen auf die Städte beschränkt, während in den ländlichen Räumen traditionelle Lebens- und Wirtschaftsweisen vorherrschen.

Die beschriebene Dichotomie besteht auch in der *Bevölkerungsstruktur*. Einer dünnen wohlhabenden, privilegierten, häufig „westlich" gebildeten Oberschicht, aus der sich Regierung, Verwaltung und akademische Berufe rekrutieren, steht die große Mehrheit des Volkes als mittellose, überwiegend ungebildete, häufig analphabetische Unterschicht gegenüber, während die für „westliche" Industrieländer typische Mittelschicht kaum existiert. Die Oberschicht unterscheidet sich nach Lebensstil und Verhaltensweisen nur relativ wenig von Europäern; die Masse der Bevölkerung scheint hingegen früheren wirtschaftlichen und gesellschaftlichen Epochen anzugehören. Typisch ist hierfür das i. d. R. sehr starke Bevölkerungswachstum durch hohe Geburtenzahlen bei deutlich sinkenden Sterbezahlen (u. a. durch stark verringerte Säuglingssterblichkeit). Das Ergebnis sind im Durchschnitt sehr „junge" Bevölkerungen. Ein großer Teil der Fehlschläge bei der Hebung des materiellen Lebensstandards geht auf dieses Bevölkerungswachstum zurück, dem die Schaffung neuer Arbeitsplätze und die Erschließung neuer Nahrungsquellen häufig nicht folgen können.

Nahrungsmittelmangel ist nach wie vor das gravierendste Problem für viele Entwicklungsländer, da sie entweder selbst nicht genügend Lebensmittel erzeugen oder mit ihren Exportgütern nicht genügend Devisen erwirtschaften, um auf dem Weltmarkt die benötigten Nahrungsmittel kaufen zu können.

Ähnlich ist das Problem der *Energie- und Rohstoffversorgung* – unabdingbar für einen industriellen Aufbau – für diejenigen Länder gelagert, die kaum eigene Ressourcen besitzen. Die Versorgung mit Importgütern scheitert häufig am Devisenmangel, und der Versuch der Selbstversorgung, z. B. mit Feuerholz, die Erweiterung der Agrarflächen durch Rodung, oder die übermäßige Erschließung von Grundwasserquellen für Bewässerungszwecke, verschärfen die Probleme der durch zu hohe Bevölkerungszahlen verursachten Übernutzung. In fast allen Entwicklungsländern zeigen sich daher rasch fortschreitende ökologische Schäden, die weltweit Besorgnis erregen (Versteppung, Desertifikation, Zerstörung der tropischen Regenwälder).

e. „Schwellenländer" im Übergang vom Entwicklungs- zum Industrieland

Als „Schwellenländer" gelten solche Länder, die – unabhängig vom politisch-wirtschaftlichen System – z.T. noch Strukturen der Entwicklungsländer aufweisen, aber aufgrund ihrer fortgeschrittenen Entwicklung „an der Schwelle" zum Industriestaat stehen. Hierzu zählen einige süd- bzw. südosteurop. Länder wie Portugal, Rumänien, Bulgarien, Griechenland, ost- und südostasiat. Länder wie Taiwan, Südkorea und Singapur, vorderasiat., durch den Ölexport wohlhabend gewordene Länder wie Saudi-Arabien, Bahrain, Libyen, schließlich lateinamerikan. Staaten wie Mexiko, Brasilien und Chile.

Die Annäherung der „Schwellenländer" an den Lebensstandard der Industriestaaten ist meßbar durch Indikatoren wie Höhe des erwirtschafteten BSP pro Kopf, Grad der Industrialisierung bzw. Anteil des Industrie- und des Dienstleistungssektors am BSP, Energieverbrauch pro Einwohner, Säuglingssterblichkeit bzw. Lebenserwartung, Analphabetentum bzw. Ausbaustand des Bildungswesens, Entwicklung des öffentlichen Sozialhilfewesens, nicht zuletzt die Fähigkeit des Landes, seine Bevölkerung ausreichend zu ernähren.

Gemeinsame Negativmerkmale der „Schwellenländer" sind demgegenüber die noch bestehenden verhältnismäßig starken regionalen Disparitäten und Stadt-Land-Unterschiede im Lebensstandard und die noch mangelhafte gesellschaftliche Entwicklung, die bisher mit der wirtschaftlichen nicht Schritt halten konnte. Besonders die sozialen Gegensätze sind noch weit stärker ausgeprägt als in den Industriestaaten. Die Gruppe der „Schwellenländer" wird sich in den nächsten Jahren sicher stärker verändern, da weitere Entwicklungsländer zu ihr stoßen dürften, andererseits wohl bald einige dieser Länder zu den Industriestaaten gezählt werden können.

II. Die Kulturräume der Erde

Die wirtschaftsräumlichen Ländergruppen der Erde überlappen sich nicht nur mit den naturgeographischen Großräumen (vgl. A), sondern auch mit den kulturräumlichen Einheiten, für die *A. Kolb* (1962) den Begriff „Kulturerdteil" prägte. Er definierte Kulturerdteile als „Räume subkontinentalen Ausmaßes, deren Einheit auf dem individuellen Ursprung der Kultur, auf der besonderen einmaligen Verbindung der Natur- und Kulturelemente, auf der eigenständigen geistigen und gesellschaftlichen Ordnung und auf dem Zusammenhang des historischen Ablaufs beruht." Im einzelnen werden nach Kolb (1963) folgende Kulturerdteile unterschieden:

(1) der abendländische, (2) der russische oder osteuropäische, (3) der sinische oder ostasiatische, (4) der indochinesische, indopazifische oder südostasiatische, (5) der indische, (6) der orientalische, (7) der negride, (8) der anglo-amerikanische, (9) der indio-ibero-amerikanische, (10) der austral-pazifische Kulturerdteil.

Während die Kulturerdteile bis zum 18. Jh. weitgehend unverbunden und wenig beeinflußt nebeneinander existierten, ergaben sich seitdem immer stärkere, v. a. seit dem II. Weltkrieg gesteigerte Berührungen und Beeinflussungen. Besonders in den peripheren Gebieten kommt es häufig zu Mischungen benachbarter Kulturelemente, während in den größeren Städten, die weltweite Kommunikationsmöglichkeiten bieten, global viele Elemente der beiden wirtschaftlich dominierenden abendländischen bzw. anglo-amerikanischen Kulturerdteile aufgenommen wurden.

Die in diesem Werk vorgenommene Gliederung der Erde in Kontinente und Regionen folgt weitgehend der obigen Gliederung. Wo die Regioneneinteilung stärker ins einzelne geht, etwa bei der Aufgliederung des „negriden Kulturerdteils" in mehrere Regionen Schwarzafrikas, ist dies v.a. durch die seither erfolgte kultur- und wirtschaftsräumliche Differenzierung begründet. Auch in Zukunft wird es keine statische kulturräumliche Gliederung der Erde geben, da sich weitere Aufspaltungen ergeben dürften – bis hin zur Entwicklung eigener Nationalkulturen in den „jungen" Staaten Afrikas. Andererseits wird die Tendenz der Akkulturation, der kulturellen Angleichung durch Übernahme von Kulturelementen, v.a. durch die internationale wirtschaftliche Zusammenarbeit und die gesteigerte Mobilität gefördert.

LITERATUR

H. **Bobek**, Die Hauptstufen der Gesellschafts- und Wirtschaftsentfaltung in geographischer Sicht, in: Die Erde 90 (1959) 259 ff. – A. **Kolb**, Die Entwicklungsländer im Blickfeld der Geographie, in: Dt. Geographentag Köln 1961. Tagungsber. und wiss. Abh. Wiesbaden 1962, 55 ff. – Das Gesicht der Erde. Hg. E. **Neef**. Frankfurt/M. 1962, ⁵1981. – A. **Kolb,** Ostasien. China, Japan, Korea. Geographie eines Kulturerdteils. Heidelberg 1963. – B. **Hofmeister**, Stadtgeographie. Braunschweig 1969, ⁴1980. – Das Nord-Süd-Problem. Konflikte zwischen Industrie- und Entwicklungsländern. Hg. M. **Bohnet**. München 1971, ⁴1977. – P. E. **Lloyd**, P. **Dicken**, Location in Space. A theoretical approach to economic geography. New York 1972, ³1990. – M. **Schwind,** Allg. Staatengeographie. Berlin 1972 [Lb. der allg. Geographie. Bd. 8]. – J. **Hauser**, Bevölkerungsprobleme der Dritten Welt. Bern 1974. – Beitr. zum Problem der Suburbanisierung. Tl. 1. Hg. Akad. für Raumforschung und Landesplanung. Hannover 1975 [Forschungs- und Sitzungs-Ber. der ARL. Bd. 102]. – Essays of World Urbanization. Hg. R. **Jones**. London 1975. – F. **Friedensburg**, G. **Dorstewitz**, Die Bergwirtschaft der Erde. Stuttgart 1976. – R. **Paesler**, Urbanisierung als sozialgeographischer Prozeß. Kallmünz 1976. – J. **Maier u. a.**, Sozialgeographie. Braunschweig 1977. – W. **Weischet,** Die ökologische Benachteiligung der Tropen. Darmstadt 1977. – H.-R. **Hemmer**, Wirtschaftsprobleme der Entwicklungsländer. München 1978. – P. **Bratzel**, K. **Müller**, Regionalisierung der Erde nach dem Entwicklungsstand der Länder, in: GeogrRd 31 (1979) 131 ff. – P. **Haggett**, Geography. A Modern Synthesis. New York 1979. – C. **Rathjens**, Die Formung der Erdoberfläche unter dem Einfluß des Menschen. Stuttgart 1979. – J. **Blüthgen**, W. **Weischet**, Allgemeine Klimageographie. Berlin ³1980 [Lb. der allg. Geographie. Bd. 2]. – B. **Hofmeister**, Die Stadtstruktur. Ihre Ausprägung in den verschiedenen Kulturräumen der Erde. Darmstadt 1980. – W. **Kuls**, Bevölkerungsgeographie. Stuttgart 1980. – L. **Schätzl**, Wirtschaftsgeographie. Bd. 2: Empirie. Paderborn 1981. – H. G. **Wagner**, Wirtschaftsgeographie. Braunschweig 1981. – Grdr. der Raumordnung. Hg. Akademie für Raumforschung und Landesplanung. Hannover 1982. – HDW. Bd. 1: Unterentwicklung und Entwicklung. Theorien – Strategien – Indikatoren. – J. **Bähr**, Bevölkerungsgeographie. Stuttgart 1983. – K.-A. **Boesler**, Politische Geographie. Stuttgart 1983. – W. **Gumpel,** Sozialistische Wirtschaftssysteme. München 1983. – J. **Leib**, G. **Mertins**, Bevölkerungsgeographie. Braunschweig 1983. – R. **Stewig**, Die Stadt in Industrie- und Entwicklungsländern. Paderborn 1983. – N. **Wagner u. a.**, Ökonomie der Entwicklungsländer. Stuttgart 1983. – J. **Bähr**, Bevölkerungswachstum in Industrie- und Entwicklungsländern, in: GeogrRd 36 (1984) 544 ff. – P. **Dicken**, P. E. **Lloyd**, Die moderne westliche Gesellschaft. Arbeit, Wohnen und Lebensqualität aus geographischer Sicht. New York 1984 [Orig. u. d. T.: Modern Western Society. Geographical Perspective on Work. New York 1981]. – Stadtentwicklungen in West- und Osteuropa. Hg. J. **Friedrichs**. Berlin 1985. – E. **Giese**, Klassifikation der Länder der Erde nach ihrem Entwicklungsstand, in: GeogrRd 37 (1985) 164 ff. – Entwicklungsländer. Beitr. der Geographie zur Entwicklungsforschung. Hg. F. **Scholz**. Darmstadt 1985. – B. **Hofmeister**, Die gemäßigten Breiten. Braunschweig 1986. – B. **Knall**, N. **Wagner**, Entwicklungsländer und Weltwirtschaft. Darmstadt 1986. – E. **Lichtenberger,** Stadtgeographie. Bd. 1. Stuttgart 1986. – C. **Lienau**, Geographie der ländlichen Siedlungen. Braunschweig 1986. – K. **Rother,** Die mediterranen Subtropen. Braunschweig 1986. – W. **Gaebe**, Verdichtungsräume. Strukturen und Prozesse in weltweiten Vergleichen. Stuttgart 1987. – G. **Schwarz**, Allgemeine Siedlungsgeographie. 2 Bde. Berlin ⁴1988 [Lb. der allg. Geographie. Bd. 6/1 und 2]. – St. **Brand**, Erschöpfbare Ressourcen und wirtschaftliche Entwicklung. Hamburg 1989. – D. **Bronger**, Die Metropolisierung der Erde, in: Geographie und Schule 61 (1989) 2 ff. – H. **Schubnell**, Die Bevölkerungssituation in den am wenigsten entwickelten Ländern, in: Zs. für Bevölkerungswissenschaft 15 (1989) 115 ff. – G. **Voppel**, Die Industrialisierung der Erde. Stuttgart 1990.

Laufende Veröffentlichung: Weltbank, Weltentwicklungsbericht. Washington.

Karl Haubner (A 1), Reinhard Paesler (A 2–4, B)

KAPITEL 2
WANDEL DER GESELLSCHAFTSFORMEN

Gegenstand dieses Kapitels ist die wachsende soziale Interdependenz der Welt, wie sie aus dem Zusammenwirken ökonomischer, politischer, organisatorischer und kultureller Veränderungen als fortschreitender Prozeß der Verflechtung von National- und sie übergreifenden Regionalgesellschaften zu beobachten ist. Die Fortschritte der internationalen Arbeitsteilung und die damit verbundene Globalisierung der Handelsbeziehungen, die Entstehung eines weltumspannenden Verkehrsnetzes und die Beschleunigung des Verkehrs, die Entwicklung technischer Kommunikationsmittel, welche die Beschränkungen räumlicher und zeitlicher Distanzen überwinden und zeitgleiche Ereignisse auf dem ganzen Globus auch sozial koexistent werden lassen, schließlich die Entstehung weltweiter Organisationsformen für die verschiedensten Aufgaben und Zwecke lassen in ihrem Zusammenwirken eine neue, globale Realität des Sozialzusammenhangs entstehen.

Die Entstehung und Intensivierung globaler Vernetzungen und die Institutionalisierung der hierauf bezogenen Einrichtungen (I) stellen jedoch nur *eine* Ebene des weltweiten Wandels der Gesellschaftsformen dar, der insbes. seit dem Ende des II. Weltkriegs zu beobachten ist. Auf der ganzen Erde sind die sozialen Beziehungen im Umbruch begriffen, aber Ausgangskonstellation und Entwicklungsrichtung sind keineswegs einheitlich. Die Dynamik des →sozialen Wandels in den verschiedenen Teilen der Erde ist zwar durch die globale Interdependenz mitbedingt, nimmt jedoch je nach den lokalen Gegebenheiten verschiedene Richtungen und bringt unterschiedliche Ergebnisse hervor (II). In Umrissen erkennbar ist allerdings ein weitreichender Trend zur Demokratisierung, der in den 80er Jahren Lateinamerika erfaßte und zu Ende dieser Dekade auch auf Osteuropa übergriff. Das leitete den endgültigen Verfall der bipolaren Struktur einer von den Supermächten USA und UdSSR dominierten Weltpolitik ein. Weltmodelle von wachsender Komplexität (III) versuchen, die dadurch stärker ins Bewußtsein rückende undurchschaubare Verflechtung der Entwicklungstendenzen verstehbar zu machen.

I. Die Zunahme weltweiter Interdependenz

Es hat schon im Altertum „Weltreiche" gegeben, die – wenngleich meist nur kurze Zeit – einen Großteil der den Herrschern damals bekannten Welt beherrschten. Auch die Idee der „einen Welt" war in der abendländischen Antike präsent und erhielt durch den missionarischen Universalismus des →Christentums eine dynamische Komponente. Sie wurde vom →Islam übernommen, und wir können die Geschichte des europäisch-vorderasiatisch-nordafrikanischen Raumes zwischen dem 8. und 18. Jh. unter dem Gesichtspunkt der sich verändernden Machtbalancen zwischen den beiden missionarischen Weltreligionen und ihren politischen Führern lesen. Als ab 1500 die Fortschritte der „christlichen Seefahrt" die Entdeckung Amerikas und die Umschiffung des islamischen Riegels zu Afrika und Asien ermöglichten, beruhte das europäische Expansionsstreben somit nicht nur auf der oft verzweifelten Abenteuerlust landloser und daher sozial nur schwer integrierbarer Existenzen und auf der Suche der entstehenden Nationalstaaten nach neuen Einkünften, sondern auch auf der Legitimation durch den christlichen Missionsauftrag und später durch die Menschheitsperspektive der →Aufklärung *(I. Kant).*

1. Kolonialismus und Imperialismus

Die gesellschaftliche Transformation, welche zunächst meist als Industrialisierung, heute aber breiter als Modernisierung begriffen wird, ist kein ausschließlich endogener Prozeß im Rahmen der entstehenden Nationalstaaten gewesen, sondern stand von Anfang an in einer Wechselbeziehung zur kolonialistischen Expansion *(I. Wallerstein).* Diese erleichterte die interne wirtschaftliche Entwicklung, welche ihrerseits die kolonisatorischen Potentiale – Bevölkerungsüberschuß, Flottenbau, Militärmacht – stärkte. Nur diejenigen Kolonialstaaten allerdings, die es verstanden haben, die ursprünglich staatsabhängigen wirtschaftlichen Aktivitäten auf die Initiative ihrer Staatsbürger zu verlagern, haben – anders als Spanien, Portugal und Rußland – ihre Kolonialreiche langfristig zu konsolidieren und zu entwickeln vermocht. Der politische Schutz der nationalen wirtschaftlichen Interessen wurde nun zur Maxime der Kolonialherrschaft (→Kolonialismus), und es entwickelte sich gleichzeitig die Verbindung von privatkapitalistischer Wirtschaftsweise (→Kapitalismus) und wohl organisierter, demokratisch kontrollierter Staatsgewalt (→Demokratie, →Regierung, Regierungssysteme, →Sozialstaat), die bis heute die erfolgreichsten Regionen dieser Erde kennzeichnet.

Im 19. Jh. ermöglichten die mit der Industrialisierung einhergehenden technischen Fortschritte und Bevölkerungsüberschüsse einen neuen Kolonisierungsschub, der zu einer weitgehenden Aufteilung der Welt in die Einflußsphären der europäischen Großmächte führte. Gelegentliche Ansätze zur Etablierung der Prinzipien des internationalen →Freihandels konnten sich nicht auf Dauer durchsetzen, so daß bis zum Ende des II. Weltkriegs die überseeischen Handelsbeziehungen im wesentlichen auf die Mutterländer und ihre Kolonien beschränkt blieben, welche untereinander eher mit politischen und kriegerischen denn mit wirtschaftlichen Mitteln rivalisierten. Die Prinzipien des →Merkantilismus, welche innerhalb der Staaten im 19. Jh. weitgehend zurückgedrängt wurden, blieben im Bereich des Welthandels auch in der ersten Hälfte des 20. Jh. dominierend.

2. Entkolonisierung und die Entstehung des Weltmarkts

Während die Kolonialreiche des 19. und frühen 20. Jh. eher dem Modell eines überregionalen Staates mit beschränktem Bürgerrecht und deutlicher Diskriminierung der kolonisierten Völker glichen, brachte die Entkolonisierung die Verallgemeinerung des Nationalstaats- und des Freihandelsprinzips.

Die *politische* Vergesellschaftungsform beruht weitgehend auf dem Staatsbegriff (→Staat) des westlichen Völkerrechts, auch wenn die Verhältnisse innerhalb eines Staatsgebiets häufig wesentliche Merkmale des westlichen Staatsverständnisses vermissen lassen (vgl. Globale Perspektiven [G. P.], Kap. 3). Die Welt besteht politisch als System interagierender Staaten. Neben den bilateralen und multilateralen Beziehungen stellen die →*Vereinten Nationen* eine politische Plattform weltweiter Kommunikation dar, deren machtmäßige Schwäche gleichzeitig verdeutlicht, daß die dynamischen Elemente der entstehenden Weltgesellschaft nicht primär politischer, sondern wirtschaftlicher Art sind.

Eine wesentliche Voraussetzung der Stabilisierung freihändlerischer, *marktförmiger* Interdependenzen war das Gelingen einer internationalen Währungsordnung. Ansätze dazu hat das Abkommen von *Bretton Woods* (1944) geschaffen (→ internationale Währungspolitik), ohne aber die Diskrepanzen zwischen den grundsätzlich fortbestehenden nationalen Wirtschaftspolitiken überwinden zu können. Die Teilnahme am Weltmarkt setzt praktisch das Akzeptieren dieses internationalen Regelsystems voraus. Trotz entsprechender Bemühungen im Rahmen des *GATT* (→ Allgemeines Zoll- und Handelsabkommen) werden dabei durch protektionistische Maßnahmen insbesondere der führenden Industriestaaten die Prinzipien des Freihandels verletzt, und zwar überwiegend zum Nachteil der Entwicklungsländer (vgl. G. P., Kap. VI B).

Weitere internationale Regelsysteme, die seit dem II. Weltkrieg stark ausgebaut wurden, betreffen das *Völkerrecht* und das *internationale Wirtschaftsrecht* (vgl. G. P., Kap. 5). Auch hier haben sich im wesentlichen westliche Auffassungen durchgesetzt, so daß die Rechtsnormen und die Handhabung von Konflikten weitgehend an die dort geltenden Regeln angeglichen sind.

Wachsenden Einfluß gewinnen → *multinationale Unternehmen,* deren Entscheidungszentren in den entwickelten Staaten der Erde bleiben. Sie können Finanzierungs- und Lieferströme teilweise von den Weltmarktbedingungen abkoppeln und die Richtung der Wirtschaftsentwicklung in kleineren Entwicklungsländern nachhaltig beeinflussen *(V. Bornschier).*

Die gelungene Internationalisierung des Wirtschaftssystems hat die internationale Arbeitsteilung intensiviert und macht alle Volkswirtschaften, insoweit sie daran partizipieren, von den Steuerungsimpulsen der Weltmärkte und den Konzernentscheidungen in den „Zentren" abhängig. Die Vorteile der internationalen Arbeitsteilung müssen nicht nur mit einem Verlust an Autarkie, sondern auch mit einer zunehmenden Abhängigkeit von ausländischen Investitionsentscheidungen und nur sehr indirekt beeinflußbaren Veränderungen der relativen Marktstellung *(terms of trade)* erkauft werden.

3. Weltweite Kommunikation und staatsübergreifende Organisationsformen

a) In *technischer Hinsicht* beruhte die Intensivierung der weltweiten Verflechtungen zunächst v. a. auf der Verbesserung und Beschleunigung des internationalen Verkehrs, wobei in jüngster Zeit der Luftverkehr zunehmend den Seetransport ablöst. Immer einflußreicher wurde jedoch gleichzeitig die Telekommunikation, v. a. in Verbindung mit den Fortschritten der elektronischen → Datenverarbeitung und der Bildübertragung. Die extrem verkürzten Übermittlungszeiten und die praktisch kaum mehr beschränkten Übermittlungskapazitäten haben die frühere Bedeutung räumlicher Entfernungen weitgehend außer Kraft gesetzt, so daß ein weltweites Operieren heute grundsätzlich für nahezu jeden Zweck möglich erscheint (vgl. G. P., Kap. 9 und 10). Die Entwicklung großräumiger technischer Systeme ist selbst eine neue Form der Vergesellschaftung *(R. Mayntz, Th. P. Hughes)* und hat Konsequenzen sowohl für die Strukturen wie für die Inhalte weltweiter Kommunikation.

b) In *organisatorischer Hinsicht* steigen die Möglichkeiten sowohl der Zentralisierung als auch der Dezentralisierung von Entscheidungen und damit gleichzeitig das Wachstum von *internationalen* Organisationsformen. Die Vervielfältigung von → internationalen Organisationen ist die vielleicht wirksamste Form der Etablierung einer weltweiten Vergesellschaftung, deren Strukturen bisher kaum erforscht sind (vgl. G. P., Kap. 3, S. 27 ff.).

Für die entstehenden weltgesellschaftlichen Organisationsstrukturen ist charakteristisch, daß sie typischerweise auf vergleichsweise enge Zweckbereiche zugeschnitten sind und jene für die nationalstaatliche Organisationsform typische Bündelung der Zwecke vermissen lassen. Diese funktionale Spezialisierung der Organisationen vermindert bzw. externalisiert die Konflikte zwischen verschiedenen Zwecken und erleichtert gleichzeitig die Abstimmung zwischen unterschiedlichen Entscheidungsebenen (Nationalstaaten, regionale Zusammenschlüsse, Weltverbände). Dieses internationale Organisationsnetz (vgl. G. P., Kap. 4, S. 32) stärkt nicht nur die weltweite Kommunikation innerhalb der Verbände, sondern die weltweite Kommunikationsebene selbst: Die *Vereinten Nationen* mit ihren Sonderorganisationen (ILO, FAO, UNESCO, WHO etc.) sind trotz oder gerade wegen des Fehlens staatsähnlicher Zwangskompetenzen die wichtigste Plattform des Informationsaustausches und der Konsensbildung geworden *(P. A. Köhler).* Die integrativen Wirkungen bestehen dabei im wesentlichen in der Tatsache des fortgesetzten Erfahrungsaustausches und in dem damit verbundenen Versuch der Angleichung von Problemauffassungen und Lösungsperspektiven. Ähnliches gilt erst recht für die Wirksamkeit nicht-staatlicher Organisationen.

c) Dies hat nachhaltige Konsequenzen für die *Inhalte* einer entstehenden Weltkultur (vgl. G. P., Kap. 9, S. 87). Das Charakteristische scheint gerade darin zu bestehen, daß die Vereinheitlichungszwänge auf das funktional Erforderliche im Sinne der auf bestimmte Problembereiche spezialisierten internationalen Vereinigungen und Organisationen beschränkt bleiben, also z. B. auf Maße und Gewichte, technische Standards sowie die Kompatibilität bestimmter nationaler Problemlösungen unter Gesichtspunkten weltweiter Kommunikation und Mobilität. Die weltweite Kommunikation ist daher überwiegend indirekt-anonym, der Informationsaustausch abstrahiert von den sozialen Kontexten.

Die *scheinbare Wertneutralität* dieser Elemente einer Weltkultur beruht allerdings selbst auf Wertprämissen, die im Rahmen der abendländischen Entwicklung entstanden sind: Grundsätze der Gleichheit aller Menschen und Nationen, ein empirisch-objektivistisches Weltverhältnis und die davon abgeleitete Anerkennung der Wissenschaften als Grundlage verbindlicher Erkenntnisse, Grundsätze der Toleranz, der Rationalität und des Pluralismus. Diese Elemente einer Weltkultur haben im wesentlichen die Wirkung, die Zirkulation von Menschen, Waffen, Informationen und Waren zu erleichtern, die das eigentlich operative Element der Weltvergesellschaftung ausmachen. Es ist dieser Austausch und die sich daran knüpfenden Interessen, wodurch die Weltvergesellschaftung als Faktor sozialen Wandels wirksam wird.

4. Weltgesellschaft?

Die *theoretische Deutung* der zunehmenden ökonomischen und organisatorischen Verflechtungen, der Globalisierung militärischer und politischer Handlungskalküle, des exponentiellen Anstiegs unseres Wissens über andere Länder und der internationalen Kommunikation sowie des wachsenden Bewußtseins gemeinsamer ökologischer Bedrohungen ist umstritten. Der in der Literatur vorherrschende Begriff eines „Weltsystems" konzentriert sich zumeist auf einzelne dieser Aspekte; richtiger erscheint die Vorstellung der Koexistenz mehrerer, untereinander schlecht koordinierter, tendenziell globaler Systeme.

Zur Kennzeichnung ihrer Wechselwirkungen wird neuerdings der Terminus „Weltgesellschaft" verwendet. *N. Luhmann* sieht angesichts der Differenzierung moderner Gesellschaften nach den unterschiedlichen Funktionen von Wirtschaft, Politik, Wissenschaft, Religion, Familie etc. und deren unterschiedlicher Reichweite analytisch „die Einheit einer alle Funktionen umfassenden Gesellschaft nur noch in der Form der Weltgesellschaft", während für *U. Tudyka* „Weltgesellschaft" ein „Unbegriff und Phantom" ist. Versteht man den Gesellschaftsbegriff traditionell als politisch verfaßte Einheit, scheint seine Anwendung auf Weltebene problematisch, da eine politische Welteinheit nicht in Sicht ist. Versteht man ihn moralisch, so vermittelt er die typische Aufforderung, die Diskrepanz zwischen den faktischen Formen der Globalisierung samt ihren ungleichen Folgen und den Hoffnungen der westlichen Aufklärung auf eine Welteinheit in Freiheit, Gleichheit und Brüderlichkeit ernst zu nehmen.

Die verbreitete Verwendung des Begriffs ist jedoch vorwiegend deskriptiv und suggeriert hiermit die Existenz einer letztlich unproblematischen Einheit, die so gewiß nicht gegeben ist. Immerhin läßt sich mit *P. Heintz* argumentieren, die eingängige Formel „Weltgesellschaft" zwinge zur Erarbeitung neuer Konzepte, die den Tatbestand ernst nehmen, daß die Welt aus miteinander interagierenden sozialen Systemen besteht. So entstehe eine neue Perspektive, die unsere herkömmlichen, an Nationalgesellschaften gebundene Betrachtungsweise in Frage stelle.

II. Differenzierte Abhängigkeiten und sozialer Wandel

Programm, technische Mittel und Initiative zur Weltvergesellschaftung sind von Europa und Nordamerika ausgegangen, und es sind die Entwicklungen in diesen Regionen, die den Fortgang des Prozesses prägen. Nach dem II. Weltkrieg wirkte der →Ost-West-Konflikt weltweit strukturprägend: Beide Blöcke beanspruchten, auf unterschiedlichen Wegen die wirtschaftliche Entwicklung und die Einheit der Welt herbeizuführen: Durch Privatinitiative, Konkurrenz und offene Zirkulation von Ideen und Waren die einen, durch Planung und parteigebundene Staatlichkeit die anderen. Beide konkurrierten mit militärischen, wirtschaftlichen und ideologischen Mitteln um den Rest der Welt. Für die im Sinne dieses Entwicklungsmodells zurückgebliebenen Staaten setzte sich der Begriff „Dritte Welt" durch (vgl. G. P., Kap. 1, B 1; Kap. 3, I 3), ein politischer Begriff, der eine einheitliche Situation der Entwicklungsländer suggerieren soll (→Entwicklung, Entwicklungspolitik). Der Zerfall des Ostblocks dürfte diese weltpolitische Struktur grundlegend ändern. Ob die bipolare Struktur des Nord-Süd-Gegensatzes (→Nord-Süd-Konflikt) oder eine multipolare Struktur an ihre Stelle treten wird, ist noch nicht klar erkennbar.

1. Sozio-ökonomische Unterschiede

Art und Umfang der ökonomischen Abhängigkeiten werden von tiefgreifenden Strukturunterschieden zwischen den Volkswirtschaften geprägt. Die internationale Diskussion thematisiert diese als Entwicklungsunterschiede und sucht sie durch Indikatoren wie den Industrialisierungsgrad, das Pro-Kopf-Einkommen oder die Alphabetisierungsquote zu messen.

Im Sinne einer komplexeren Typisierung lassen sich unterscheiden:

(1) *Führende postindustrielle Regionen* mit vielseitig entwickelten Volkswirtschaften, in denen die Dienstleistungsproduktion die industrielle Produktion allmählich durchdringt oder ablöst. Von ihnen

gehen nahezu alle technologischen Innovationen aus; sie prägen den Stil der internationalen Kommunikation. Der hohe Wohlstand erreicht trotz fortbestehender Einkommensungleichheit weite Bevölkerungsschichten. Leistungsfähige Bildungs-, Gesundheits- und Sicherungseinrichtungen steigern die Qualität des Humankapitals. Ein Großteil des internationalen Austausches spielt sich auf der Basis von Gegenseitigkeit zwischen den Ländern dieser Regionen ab.

(2) *Post-sozialistische Staaten* verfügen z. T. ebenfalls über eine alte industrielle Tradition und i. d. R. über eine breit qualifizierte und in ihren Grundbedürfnissen ausreichend versorgte Bevölkerung. Die planwirtschaftliche Organisation der Produktion hatte jedoch zu keiner vergleichbaren Produktivitätssteigerung und Flexibilisierung geführt. Die heute anstehenden Umstrukturierungen im Sinne einer stärkeren Trennung von Staat und Wirtschaft lassen eine Überwindung der derzeitigen Stagnation erhoffen.

(3) *Schwellenländer* sind Entwicklungsländer mit stark zunehmendem Industrialisierungsgrad und hoher Konkurrenzfähigkeit auf dem Weltmarkt im Bereich bestimmter Industrien. Die hohe Entwicklungsdynamik erfaßt häufig nur bestimmte Gebiete und läßt starke regionale und soziale Disparitäten der Entwicklung und Versorgung entstehen. Mögliche Umverteilungen des wachsenden Wohlstandes sind vornehmlich von den politischen Gegebenheiten abhängig.

(4) *Entwicklungsländer mit autonomer Entwicklung* zeichnen sich durch starke politische Regime und schwache Weltmarktverflechtung aus. Verschiedene Länder haben dies versucht, unter denen China als besonders erfolgreich gilt. In der Regel wird dabei eine weniger dynamische, aber gleichmäßigere und vielseitige Entwicklung angestrebt.

(5) *Rohstoffreiche Entwicklungsländer* stellen die bevorzugten Handelspartner der Industrieländer dar und können u. U. hohe Pro-Kopf-Einkommen erwirtschaften, die jedoch sehr ungleich verteilt sind. Ihre internationale Marktstellung ist von den Schwankungen der Rohstoffpreise abhängig. Die Wohlstandssteigerung beschränkt sich i. d. R. auf die Eliten sowie deren Anhang und löst nur selten breite Entwicklungsimpulse aus.

(6) *Agrarexportländer* verfügen über günstige klimatische Bedingungen und haben sich – oft unter dem Einfluß ausländischer Investoren – auf bestimmte Monokulturen spezialisiert. Der große Bodenbedarf führt zur Zerstörung der bisherigen Subsistenzwirtschaft und damit häufig zu einer Verschlechterung der Ernährungssituation der breiten Bevölkerung. Gravierende sozio-ökonomische Ungleichheiten bestehen zwischen den zumeist ungesicherten Landarbeitern und den meist städtischen Eliten und Staatsbediensteten.

(7) *Die ärmsten Länder,* gelegentlich auch als „Vierte Welt" bezeichnet, entbehren besonderer natürlicher Voraussetzungen für die Produktion weltmarktrelevanter Produkte, und ihre Entwicklung wird häufig zusätzlich durch innenpolitische militärische Konflikte belastet, an denen je nach strategischer Lage auch ausländische Mächte beteiligt sein können. Sie sind oft Ziel besonderer internationaler Hilfeprogramme. Der dadurch bewirkte Sterblichkeitsrückgang stimuliert das Bevölkerungswachstum, so daß das ökologische Verhältnis von Bevölkerung und natürlicher Umwelt und damit die langfristigen Entwicklungsperspektiven sich verschlechtern.

Die langfristige Entwicklung der in den amtlichen Statistiken ausgewiesenen und mit Hilfe des Dollar-Wechselkurses umgerechneten Pro-Kopf-Einkommen deutet auf eine *Zunahme der Ungleichheit* insbes. zwischen den reichsten (Westeuropa, Nordamerika, Pazifischer Raum) und den ärmsten Ländern und Regionen (Tropisches Afrika, Mittlerer Osten) hin. Inwieweit darüber hinaus von einer langfristigen Verstärkung des sog. Nord-Süd-Gefälles die Rede sein kann, ist umstritten.

Zu unterscheiden ist ferner zwischen der Ungleichheit von Stand und Perspektiven der Entwicklung, wie sie im *Verhältnis der Staaten* zueinander gemessen wird einerseits und den ökonomischen, politischen und sozialen Ungleichheiten *innerhalb* der Staaten andererseits. Innerhalb der unter (4) bis (6) charakterisierten Länder scheinen sich die inneren Ungleichheiten eher zu verschärfen. So leben nach Schätzung der Weltbank lediglich 20% der „absolut Armen" in den 36 „Least Developed Countries" (LDCs), 80% jedoch in Ländern, wo ihr Los durch interne Maßnahmen zu verbessern wäre.

2. Unterschiedliche soziale Konsequenzen

In den postindustriellen Regionen lassen sich hohe politische Stabilität, jedoch eine zunehmende familiale Instabilität sowie Individualisierungstendenzen beobachten, deren demographische und psychische Konsequenzen zu Sorgen Anlaß geben. Die postsozialistischen Staaten befinden sich aus politischen, die Schwellenländer aus ökonomischen Gründen in tiefgreifenden Umbruchprozessen, in deren Fortgang eine Annäherung an die entwickeltsten Regionen der Erde nicht unwahrscheinlich scheint. In den weltmarktabhängigen Entwicklungsländern hat in den vergangenen Jahrzehnten die internationale Verschuldung stark zugenommen (vgl. G. P., Kap. 6, S. 61 ff.), teilweise infolge des Preisverfalls ihrer Exportgüter bei gleichzeitigen Preissteigerungen der Importgüter, teilweise wegen überdimensionaler Militärausgaben und Ansprüchen der einheimischen Eliten. Die Disziplinierungsversuche der Weltbank und verwandter Einrichtungen verschärfen dort den internen Druck, der zu Lasten der politisch Schwachen und tendenziell verarmenden Mehrheiten geht. Nach neuesten Schätzungen leben 40% der Menschen in Lateinamerika unterhalb der Armutsschwelle. Vorläufiger Ausweg aus der Krisensituation ist die Flucht in die → Schattenwirtschaft, weil die Rückkehr zu traditionellen, naturalwirtschaftlichen Formen der Daseinssicherung zumeist verwehrt ist.

Neben unterschiedlichen sozialen Folgen lassen sich auch weltweit entsprechende *Wandlungstendenzen der Vergesellschaftung* beobachten:

(1) das Wachstum und die Verdichtung der Bevölkerung in weitläufig urbanisierten Gebieten; (2) die Erosion traditionaler Bindungen und die Beschleunigung des sozialen Wandels; (3) verstärkte interne und internationale Mobilität, die sich teilweise als Erwerbswanderung, überwiegend jedoch als durch politische Krisen, Hungerkatastrophen und neuerdings Umweltkatastrophen erzwungene Flucht darstellen; (4) die technische Vermittlung existenzsichernder Lebensbedingungen; (5) die wachsende Bedeutung formaler Bildung für die Lebensführung.

Umstritten ist, inwieweit eine allgemeine Säkularisierung auch zu einer Angleichung ethnisch oder religiös bestimmter größerer Kulturzusammenhänge führt. Vor allem in Ländern mit hochkulturellen Traditionen entwickeln sich Widerstände gegen die westlichen Formen der Modernisierung, deren Tragweite noch nicht abzusehen ist. Häufig wird dabei an traditionelle Werte angeknüpft, welche Politik und Lebensführung erneut stark beeinflussen.

3. Theoretische Deutung

Eine verallgemeinernde Formulierung der Weltzusammenhänge mit ihren regionalen und lokalen Wirkungen stößt auf methodische wie politische Schwierigkeiten. Unzuverlässige Statistiken und unterschiedliche Definitionen erlauben es z.B., hinsichtlich der zentralen Frage einer wachsenden Konvergenz oder Divergenz zu konträren Schlußfolgerungen zu gelangen. Erklärungen für Weltzusammenhänge sind überdies politisch keineswegs neutral, so daß v.a. die frühen Theorien offenkundige Affinitäten zu politischen Interessenstandpunkten aufweisen.

Gemeinsam ist dem wissenschaftlichen wie dem politischen Nachdenken über die weltweiten Transformationsprozesse, daß sie als *Entwicklung* interpretiert werden. Grundlegend hierfür ist der seit Kriegsende bis zum ersten Bericht des *Club of Rome* (1972; vgl. S. 20) weltweite Konsens darüber, daß die Zukunft der Menschheit in einer durch Industrialisierung ermöglichten weltweiten Angleichung der Lebensbedingungen liegen solle. Daß dies aufgrund des westlichen Entwicklungsmodells auch tatsächlich der Fall sei, behauptete die in den 60er Jahren in den USA entstandene *Modernisierungstheorie:* Alle Länder erscheinen ihr zufolge auf einem einheitlichen Entwicklungspfad zunehmender Industrialisierung, Demokratisierung und Bildung unterschiedlich weit fortgeschritten, wobei die USA eine Avantgardefunktion übernehmen. Ihr kritisches Gegenüber war die marxistische *Imperialismustheorie,* welche auch die *nach*kolonialen Beziehungen zwischen Erster und Dritter Welt als Ausbeutung interpretierte.

Mit zunehmender Evidenz ungleicher Entwicklungspfade verschob sich die Diskussion sodann auf die Frage, ob die fortdauernde Rückständigkeit der Entwicklungsländer eher eine Folge endogener Bedingungen oder aber der exogenen Einwirkungen politischer und ökonomischer Art seien. Vor allem aus den Entwicklungsländern mehrten sich Diagnosen einer wachsenden strukturellen Abhängigkeit der Dritten von der Ersten Welt und ihre Erklärung im Rahmen von *Dependenztheorien* (→ Ausbeutung II). Deren Unterscheidung von hochentwickelten Zentren und unterentwickelter Peripherie wurde von *J. Galtung* aufgenommen, der die ungleiche Entwicklung durch Koalitionen zwischen den Eliten der Zentren und der von ihnen abhängigen Eliten der Peripherie erklärt und eine wachsende Marginalisierung der Bevölkerung der Dritten Welt prognostiziert.

Den ambitiösesten Versuch einer Rekonstruktion der neuzeitlichen Geschichte als Entwicklung eines kapitalistischen Weltsystems hat *I. Wallerstein* unternommen, allerdings ohne ausreichende Berücksichtigung der politischen Handlungsebene, die den Gegenstand der Arbeiten z.B. von *G. A. Almond* bildet. Neuere Theorien suchen die Welt als einheitlichen (ökonomisch-politisch-kulturellen) Systemzusammenhang zu begreifen, der determinierend auf die nationalen Sozialsysteme einwirkt (*Bornschier,* 1984).

Während die vorherrschenden Theorierichtungen immer differenziertere Erklärungen für die beobachtbaren *Ungleichheiten* im Weltsystem entwickeln, bleibt die Frage nach Erklärungen für mögliche *konvergierende Entwicklungen* unterbelichtet. Die markttheoretischen Argumente der Modernisierungstheorien reichen hierfür nicht aus. Ergänzend wird auf die Wirksamkeit gemeinsamer Wertorientierungen, insbes. des Leitwertes „Entwicklung" *(Heintz)* und die aus der wachsenden Interdependenz folgende Notwendigkeit der internationalen Zivilisierung und Solidarisierung *(A. de Swaan)* hingewiesen. Es erhebt sich dann die Frage, wie eine der nationalen Wohlfahrtsstaatsentwicklung analoge Umverteilung organisiert werden kann.

4. Weltpolitische Herausforderungen

Das Phänomen der internationalen Interdependenz ist das kennzeichnende Merkmal des ausgehenden 20. Jh. Darum liegt es nahe, gesellschaftlichen Wandel nicht aus der nationalen, sondern der globalen Perspektive zu betrachten. Gesellschaftlicher Wandel und internationales System sind ineinander verzahnt, so daß sich beide gegenseitig bedingen.

Die Struktur der internationalen Interdependenz bewirkt sowohl ähnliche als auch sehr ungleiche Entwicklungen, und beide Trends zeigen ambivalente Wirkungen. Auf globaler Ebene zeigen sich heute v.a. folgende Herausforderungen:

(1) In *ökologischer* Hinsicht geht es um die Erhaltung der Biosphäre, die heute sowohl durch industrielle Schadstoffproduktion in der Ersten und Zweiten als auch durch Vernichtung von Wäldern und Erosion der Böden (vgl. G.P., Kap. 1) sowie das Bevölkerungswachstum in der Dritten (vgl. G.P., Kap. 6) Welt gefährdet erscheint.

(2) In *ökonomischer* Hinsicht geht es um die Angleichung der Wachstumschancen der Volkswirtschaften, die Entschuldung der benachteiligten Länder und die Verteilungsproblematik der Güter, insbes. derjenigen zur Deckung von Grundbedürfnissen.

(3) In *politischer* Hinsicht geht es um die Stabilisierung leistungsfähiger politischer Regime und deren demokratische Kontrolle als Voraussetzung autonomer Entwicklungschancen, aber auch um die Sicherung des Weltfriedens und die Verminderung der Rüstungsaufwendungen.

(4) In *soziokultureller* Hinsicht geht es um die Verbesserung von Ernährung, Gesundheit und Bildung der benachteiligten rd. 80 % der Weltbevölkerung, da sie nur auf diesem Wege für ihre eigene Entwicklung werden sorgen können.

III. Weltmodelle

1. Politische Bedeutung

Die vorliegenden Versuche, weltgesellschaftliche Entwicklungen zu begreifen, gehen i.d.R. von recht einfachen Vorstellungen aus. Um begreifbar zu bleiben, müssen sie den Umstand vernachlässigen, daß der Prozeß gesellschaftlichen Wandels vielschichtig und dynamisch ist und unser Vorstellungsvermögen überfordert. Wie z.B. der von US-Präs. *J. Carter* in Auftrag gegebene Bericht *Global 2000* zeigt, sind die mit den skizzierten globalen Herausforderungen verbundenen Probleme von großer Komplexität; deswegen seien prompte und mutige Wandlungen in der Politik auf der ganzen Welt erforderlich, um sie zu umgehen oder zu reduzieren, bevor sie sich nicht mehr bewältigen ließen.

Zum Verständnis der Komplexität dieser globalen Probleme haben die im Laufe der letzten zwei Jahrzehnte entwickelten *Weltmodelle* beigetragen. Sie sind auf Computersimulation beruhende Instrumente, mit denen sich komplexe globale Wirkungszusammenhänge analysieren lassen.

Ihrem Anspruch nach sind es in der heutigen Welt die *Staaten,* welche gesellschaftliche Probleme lösen können. Staaten stecken aber heute in einem Autonomiedilemma: Sie sind Teil eines multizentrischen Staatensystems, was nicht nur politische Rücksichtnahmen fordert, sondern in dem auch nichtstaatliche Akteure das Ordnungsmonopol von Regierungen unterlaufen können. Selbst unter der Voraussetzung des rationalen Handelns der einzelnen Staaten und gesellschaftlichen Gruppen kann nicht damit gerechnet werden, daß gute Absichten sich bruchlos in erfolgreiche Wirkungen umsetzen lassen. Dem stehen nicht nur die unvermeidlichen Interessenkonflikte, sondern auch die strukturelle Flexibilität des Weltsystems entgegen. Dieses erfordert Anpassungen der einzelnen Staaten; weil aber viele Staaten gleichzeitig diese Anpassungsleistungen zu erbringen versuchen, sind die daraus resultierenden Folgen nicht absehbar. Die Gleichzeitigkeit des Handelns vieler Staaten führt zu kumulativen, nicht intendierten kurz- wie langfristigen Folgewirkungen.

Diese Komplexität ist intellektuell nicht überschaubar, kann aber theoretisch strukturiert werden. Intellektuell ist der Nachvollzug des dynamischen Verhaltens eines solchen theoretischen Gesamtsystems in Form von Gedankenexperimenten unmöglich; das leistet dagegen die *Computersimulation.* Die spezifische Eigenschaft von Weltmodellen besteht darin, daß mit ihnen längerfristige globale Entwicklungstrends nicht nur *ex-post* analysiert, sondern *ex-ante* hochgerechnet werden. Im Falle der ex-post-Analyse steht die Validierung des Modells, bzw. der Theorie, im Vordergrund. Die Hochrechnung setzt aber keineswegs die Prognostizierbarkeit globaler Entwicklungsprozesse voraus, sondern lediglich die Nutzbarkeit derartiger Modelle für vergleichbare Fragestellungen der Art *Was würde passieren, wenn ...?* Das wiederum entspricht einem Vergleich der Ergebnisse, die unterschiedliche Handlungsoptionen einzelner oder mehrerer Akteure nach sich ziehen. Das ist in der Realität unmöglich. Mit Modellen sind dagegen solche Experimente unter kontrollierten Bedingungen durchführbar. Ihre Aussagekraft hängt allerdings davon ab, inwieweit sie die relevanten Faktoren berücksichtigen und daß nichtberücksichtigte Faktoren unverändert bleiben.

Die Beschäftigung mit der Zukunft war das ursprüngliche Motiv für die Entwicklung von Weltmodellen. Die *Szenario-Analyse* knüpft an dieses Motiv an. Wenn Entscheidungsfreiheit vorausgesetzt wird, dann lassen sich unterschiedliche Handlungsoptionen in die Modellstruktur übersetzen. Damit kann die mögliche Diskrepanz zwischen rationalen Entscheidungen und ihr Zusammenhang mit den gesellschaftlichen Wandlungsprozessen verdeutlicht werden.

2. Die wichtigsten Weltmodelle

Weltmodelle sind laut Simulationsansatz Modelle zur selektiven Analyse mittelfristiger globaler Probleme. Zwei unterschiedliche Traditionen haben die globale Modellierung geprägt, die Tradition des *Club of Rome* und die politikwissenschaftliche Tradition. Die erstgenannte ist politisch-praktisch motiviert. Sie wurde von *J. W. Forrester* mit dem ersten Weltmodell *World 1* als Beitrag zur *World Problematique* des Club of Rome begründet. Die zweite Richtung wird durch das *GLOBUS-Modell* repräsentiert (s. u. S. 21), das explizit die Interdependenz von nationaler und internationaler Politik in Wirtschaft und Gesellschaft thematisiert. Diese Modelltradition ist ursprünglich im Bereich der → Internationalen Beziehungen angesiedelt und von dem Sozialpsychologen *H. Guetzkow* wesentlich geprägt worden in der Hoffnung, die Verbindung empirisch fundierter „theoretischer Inseln" im Bereich der Internationalen Beziehungen herzustellen.

Ausgangspunkt für die Weltmodellierung ist die *World Problematique,* wie sie der *Club of Rome* formulierte. Sie besteht in der Begrenztheit der Ressourcen, dem Bevölkerungswachstum und den damit verbundenen Folgeproblemen wie Verknappung der Rohstoffe und der Nahrungsmittel bei steigender Umweltbelastung. Unschwer erkennbar sind die Anleihen bei *Th. R.* → *Malthus.* Diese *Problematique* löste in den 70er Jahren die Entwicklung einer ganzen Reihe von Weltmodellen aus, beginnend mit der Weiterentwicklung von *World I* von *Forrester* zu *World 2* und *World 3 (D. Meadows* u. a., 1972).

Diese erste Modellgeneration berücksichtigt nur eine Analyseebene, die Aggregatebene der Welt. Die Modellstruktur ist dahingehend interpretierbar, daß mit ihr die Ursachen und Folgen der kumulierten Handlungen sämtlicher Akteure in dem spezifisch definierten Problemkontext „Grenzen des Wachstums in einer endlichen Welt" abgebildet werden. Die Modellberechnungen belegen die darin enthaltenen Annahmen: die Modellwelt bricht spätestens im Jahre 2100 zusammen. Doch dieser Zusammenbruch ist keineswegs zwingend, wie die auf den Plan gerufenen Kritiker der ersten Weltmodellgeneration (vgl. *H. D. S. Cole* u. a., 1973) betonten.

Das von *H. Mesarovic* und *E. Pestel* entwickelte *World Integrated Model WIM* disaggregierte das internationale System in regionale Einheiten. Es wurde gemäß der Theorie hierarchischer Mehrebenen-Systeme aufgebaut. Substantiell die gleichen Phänomene erfassend wie die Forrester-Modelle, schließt es aber ein sog. Entscheidungsmodul mit ein. Es gibt dem Benutzer die Möglichkeit, seine eigenen normativen Annahmen und Präferenzen in das Modell exogen einzuführen und deren Auswirkungen in Szenarien nachzuvollziehen.

Die normative Dimension globaler Interdependenz steht im Vordergrund des in Argentinien, später Brasilien, weiterentwickelten lateinamerikanischen *Bariloche-Modells.* Dieses Modell „verlängert" nicht einfach die vergangenen Entwicklungstrends, sondern will die Frage beantworten, wann in der Zukunft die Befriedigung der Grundbedürfnisse in den verschiedenen unterentwickelten Regionen der Welt erreicht werden könne. Die Logik für dieses Vorgehen, dem ein Optimierungsalgorithmus zugrunde liegt, begründete *A. D. Herrera,* der Leiter der Bariloche-Gruppe, damit, daß es immer genügend Freiheitsgrade gebe, um politisch wünschenswerte Entwicklungen zu verwirklichen. Das Bariloche-Modell wurde im späteren Verlauf für spezifische Studien von den ILO eingesetzt. Es konnte zeigen, daß die Grundbedürfnisse der verschiedenen Regionen der Dritten Welt innerhalb von 20 bis 40 Jahren durchaus befriedigt werden könnten.

In Japan entstand unter der Leitung von *Y. Kaya* und *A. Onishi* das *FUGI-Modell* über „The Future of Global Interdependence". Im Gegensatz zu den anderen bislang genannten Modellen enthält es neben einzelnen Regionen auch spezifische Nationen als Akteure. Mittlerweile wurde das Modell auf rd. 150 Nationen ausgeweitet. Im Vordergrund stehen ökonomische Probleme. Die Gesamtstruktur des Modells läßt dessen praktische Bedeutung für die japanische Wirtschaft erahnen. Auch dieses Modell zeigt, daß es keinen Grund für einen Weltuntergangspessimismus gibt, wenn nur die Staaten ihre Prioritäten anders setzten.

Die *Systems Analysis Research Unit* des Britischen Umweltministeriums wollte mit ihrem *SARU-Modell (P. C. Roberts)* weniger ein praktisch verwertbares Instrument erstellen, als vielmehr Möglichkeiten und Grenzen von Weltmodellen ausloten. SARU umfaßt mehrere Produktionssektoren und Regionen. Weiterführende Entwicklungen, die auf SARU aufbauen, sind *AREAM (H. Siegmann),* das zusätzlich Neuseeland und Australien als spezifische Nationen enthält, sowie *G-MAP,* mit dem die bestehenden globalen Modelle AREAM und FUGI verknüpft und ausgeweitet wurden, um sie für die Analyse der spezifischen Probleme im Bereich des Indischen Ozeans anzuwenden. Inhaltlich zeigten sie die Probleme auf, die der unbegrenzten Ausweitung der Nahrungsbasis der einzelnen Länder im Wege stehen.

Im Zusammenhang mit der 1970 begonnenen zweiten Entwicklungsdekade wurde *W. Leontief* von der UNO mit der Entwicklung eines Weltmodells zur Evaluierung der damit gesteckten Ziele beauftragt. Wie FUGI handelt es sich um ein Input-Output-Modell. Es basiert auf 15 Regionen und bildet insgesamt 45 Sektoren ab. Eine der entscheidenden Schlußfolgerungen, die die Gruppe aus Experimenten mit dem Modell zur Entwicklungsdekade der UNO zog, ist die, daß soziale und institutionelle Veränderungen in der Dritten Welt erforderlich sind. Mit dem Modell werden zugleich die längerfristig kritischen Punkte aufgezeigt.

Mit *MOIRA*, dem *Model of International Relations in Agriculture*, das die Forschungsgruppe um *H. J. Linnemann* in den Niederlanden entwickelte, entstand ein Modell, das sich das Postulat von *D. Meadows* u. a. (1982, S. 197) zu eigen machte: je problemspezifischer ein Modell, desto besser die Resultate. MOIRA deutet bereits auf einen erheblichen Entwicklungsprozeß innerhalb dieses Forschungsfeldes hin, denn dieses Modell ist erstens nationenspezifisch fundiert, zum zweiten beschränkt es sich auf einen eng umrissenen Problembereich, auf die Produktion und Verteilung von Nahrungsmitteln im Kontext von Welthandel und Protektionismus. Hier wurde erstmalig systematisch aufgezeigt, daß Welthunger kein Problem der Knappheit ist, sondern und v. a. ein Verteilungsproblem, also ein im Kern politisches Problem.

In der Sowjetunion bemühte sich eine Forschergruppe in der Akademie der Wissenschaften in Moskau, den Weltmodellansatz weiterzuentwickeln. So entstand *SIM-GDP*, ein Modell, das sich von anderen insofern unterscheidet, als es sich um ein „System for Interactive Modeling – Global Development Processes", handelt. Die Studie von *V. Gelovani* und *V. Dubovski* (1990) entwickelt ein Weltmodell, das mehrere Sektoren umfaßt und z. T. nationenspezifisch, z. T. regional aufgebaut ist. In einem Experiment zeigten die sowjetischen Forscher auf, daß der Zusammenhang von Rüstung, Technologie und Ausbildung ein kritisches Faktorbündel ist, wodurch im Norden Ressourcen blockiert, zugleich die Entwicklung im Süden zurückgeworfen wird.

Ungeachtet der erkennbaren Fortschritte zeichnen sich diese Modelle der zweiten Generation alle durch ihre politische Enthaltsamkeit aus. Anders ausgedrückt, sie enthalten nationale politische, gesellschaftliche und ökonomische Prozesse weitgehend implizit. Das ist deswegen verwunderlich, weil die verschiedenen Szenario-Analysen immer wieder ergaben, daß die analysierten Probleme weniger auf Knappheit beruhten als auf Mängeln in der Verteilung und Umverteilung. Verteilungsprobleme ergeben sich aber auf Grund von Mängeln der bestehenden Ordnungsstruktur. Und das bedeutet, daß die Ursachen in der Politik liegen, die dafür mitverantwortlich ist.

Erst die dritte Generation von Weltmodellen enthält die explizite Verknüpfung von Politik und Wirtschaft. Das *GLOBUS-Modell* (*S. A. Bremer*, 1987) sowie, weit weniger ambitioniert, *SIMPEST* bzw. *SIMSWISS* stellen nicht nur substantiell die Verbindung von Politik und Wirtschaft her, sondern zugleich auch die Verbindung zwischen den zwei oben angesprochenen Entwicklungssträngen der Modellierung globaler Probleme: zwischen dem Simulationsansatz in den Internationalen Beziehungen und der Weltmodellentwicklung im engeren Sinne.

Mit dem *GLOBUS-Modell* wurde erstmals der erfolgreiche Versuch gemacht, das Phänomen der Interdependenz von Politik und Wirtschaft, national und international umfassend zu modellieren. GLOBUS setzte damit die Forderung von *Guetzkow* um, empirisch fundierte theoretische Inseln miteinander zu verknüpfen. Im Mittelpunkt stehen die Staaten als die relevanten Akteure der nationalen und internationalen Politik. Das Modell enthält vier Handlungsfelder, mit denen die Strukturbedingungen abgebildet werden sollen, innerhalb derer die Regierungen handeln. Diese Strukturbedingungen ergeben sich aus den nationalen und internationalen wirtschaftlichen und politischen Handlungsumfeldern. Die monolithische Struktur des Staats als Akteur wird durch die Strukturierung in seine funktionalen Komponenten aufgelöst, um die Dynamik kollektiven Handelns zu analysieren.

Eine ganze Reihe von Experimenten wurde inzwischen durchgeführt. Zwei sind herausragend: (1) das *„Todrüstungs"-Szenario* der USA von *D. L. Smith* (1988) und (2) die umfangreiche Abrüstungs-Entwicklungs-Analyse mit *GLOBUS* von *S. A. Bremer / B. B. Hughes* (1990). Das erste hat sich inzwischen bestätigt. Die von US-Präs. *R. Reagan* eingeschlagene Hochrüstungsstrategie der USA ist nicht durchzuhalten und führt sogar längerfristig zum wirtschaftlichen Verfall. In dieser Situation steckt heute der „Hegemon" USA. Die Studie von Bremer und Hughes belegt, daß die Erhöhung der Entwicklungshilfe alleine nicht ausreicht, daß der Westen davon aber im Zusammenhang mit Abrüstung profitiert, der Süden dagegen nur, wenn gleichzeitig grundlegende Strukturreformen durchgeführt werden. Zugleich aber wird auch deutlich, daß unterschiedliche, etwa außenpolitische oder binnenwirtschaftliche Effekte aus erhöhter Entwicklungshilfe resultieren können. Anders ausgedrückt, internationale Interdependenz als *generelles* Phänomen hat nationen*spezifische* Folgewirkungen.

3. Grenzen der Modellierung:

Ihrem Anspruch nach sind Simulationsmodelle zu globalen Problemen und weltweiten gesellschaftlichen Entwicklungstrends geeignet, die zunehmende internationale Interdependenz und die Herausbildung einer Weltgesellschaft verständlich zu machen. Theoretisch können einzelne Aspekte dieser Welt-Vergesellschaftung strukturiert und in einem komplexen Umfeld analysiert werden. Allerdings steht die Entwicklung hier erst am Anfang, denn nach wie vor bestehen mindestens drei erhebliche Probleme. Erstens leiden diese Modelle, wie die Forschung zu dieser Thematik insgesamt, daran, daß die verfügbare Datenbasis zur Beschreibung historischer Trends und zur Analyse realer Wirkungszusammenhänge nach wie vor begrenzt ist. Das zweite Problem besteht darin, daß erst ansatzweise die Zusammenhänge zwischen Weltgesellschaft und nationalen Gesellschaften Eingang in die Modelle gefunden haben.

Entscheidend ist jedoch das dritte Problem. Langfristige Trends können zwar abgeschätzt werden, doch steht die Forschung vor einem Rätsel, wenn es darum geht, umfassende Strukturbrüche im voraus zu erkennen und zu erklären. Das gilt sowohl für die Redemokratisierung Lateinamerikas wie für den radikalen Wandlungsprozeß, der gegenwärtig in Mittel- und Osteuropa einschließlich der ehem. UdSSR stattfindet. Die These ist sicher plausibel, daß diese Prozesse erst im Zusammenhang mit der zunehmenden internationalen Interdependenz möglich wurden. Doch die Folgewirkungen, die sich daraus ergeben werden, sind durch den Blick in die Vergangenheit kaum abzuschätzen.

Mit Sicherheit dürfte die sog. „realistische Schule" der internationalen Beziehungen, die den Staat, seine Macht und das ihm zugesprochene Nationalinteresse in den Mittelpunkt stellt, heute weniger denn je hinreichend zur Erklärung der weltweiten Entwicklung sein, die wir beobachten. Das Dilemma der nationalen Sicherheit wird ersetzt durch das der globalen Sicherheit. Und dafür ist nur eine Form der Handlung rational, nämlich Kooperation.

LITERATUR

G. **Guetzkow**, Long Range Research in International Relations, in: American Perspective 4 (1950) 421 ff. – I. **Kant**, Zum ewigen Frieden. Ein philosophischer Entwurf, in: Ders., Werke in 12 Bde.n Hg. W. Weischedel. Bd. 11. Frankfurt/M. 1968, 191 ff. – K. N. **Waltz**, The Myth of National Interdependence, in: The International Corporation. Hg. Ch. P. Kindleberger. Cambridge (Mass.) 1970, 205 ff. – J. W. **Forrester**, World Dynamics. Cambridge (Mass.) 1971. – D. **Meadows** u. a., Die Grenzen des Wachstums. Bericht des Club of Rome zur Lage der Menschheit. Stuttgart 1972, ^{13}1983 (Orig.: The Limits to Growth. New York 1972). – Models of Doom. Hg. H. D. S. **Cole** u. a. New York 1973. – M. **Mesarovich**, E. **Pestel**, Mankind at the Turning Point. New York 1974. – I. **Wallerstein**, The Modern World-System. 3 Bde. New York 1974/89. – N. **Luhmann**, Die Weltgesellschaft, in: Ders., Soziologische Aufklärung. Bd. 2. Opladen 1975, 51 ff. – Bariloche Group, The Latin American World Model, in: Proceedings of the Second IIASA Conference on Global Modeling. Hg. G. **Bruckmann**. Laxenburg 1976. – A. D. **Herrera**, D. **Scolnik**, Catastrophe or New Society? A Latin American World Model. Ottawa 1976. – M. **Caldwell**, The Wealth of some Nations. London 1977. – Y. **Kaya**, A. **Onishi**, Report on Projekt FUGI – Future of Global Interdependence. Fifth Global Modeling Conference. o. O. [IIASA, Laxenburg] 1977. – W. **Leontief** u. a., The Future of the World Economy – A United Nations Study. New York 1977. – P. C. **Roberts** u. a., The SARU Model of 1976, in: SARUM and MRI. Description and Comparison of a World Model and a National Model. Proceedings of the 4th IIASA Symposium on Global Modeling. Hg. G. Bruckmann. Oxford 1978, 9 ff. – H. J. **Linnemann** u. a., MOIRA – Model of International Relations in Agriculture. Amsterdam 1979. – V. **Bornschier**, Multinationale Konzerne, Wirtschaftspolitik und nationale Entwicklung im Weltsystem. Frankfurt/M. 1980. – Global 2000. Der Bericht an den Präsidenten. Hg. Council on Environmental Quality and das US-Außenministerium. Frankfurt/M. 1980. – I. **Wallerstein**, The Capitalist World Economy. Cambridge 1980. – Strukturelemente der Weltgesellschaft. Hg. T. **Siebold**, R. **Tetzlaff**. Frankfurt/M. 1981. – P. **Heintz**, Die Weltgesellschaft im Spiegel von Ereignis. Diessenhofen 1982 (Lit.). – V. **Bornschier**, Weltsystem, in: Pipers Wb. zur Politik. Hg. D. Nohlen. Bd. 5. München 1984, 535 ff. (Lit.). – T. **Worsley**, The Free World. Culture and World Development. London 1984. – B. G. **Hickman**, L. **Klein**, Recent Developments in Project LINK, in: ITEMS. Hg. Social Science Research Council 39 (1985). – F. **Nuscheler**, Lern- und Arbeitsbuch Entwicklungspolitik. Bonn 1985. – H. **Siegmann**, World Modeling. Hg. UNESCO. Paris 1985. – P. A. **Köhler**, Sozialpolitische und sozialrechtliche Aktivitäten in den Vereinten Nationen. Baden-Baden 1987. – The Globus Model – Computer Simulation of Worldwide Political and Economic Developments. Hg. S. A. **Bremer**. Frankfurt/M. 1987. – The Development of Large Technical Systems. Hg. R. **Mayntz**, Th. P. **Hughes**. Frankfurt/M. 1988. – Das Weltflüchtlingsproblem: Ursachen und Folgen. Hg. P. J. **Opitz**. München 1988. – W. G. **Peacock** u. a., Divergence and Convergence in International Development, in: AmSR 53 (1988) 838 ff. – D. L. **Smith**, Reagan's National Security Legacy. Model-based Analyses of Recent Changes in American Policy, in: J. of Conflict Resolution 32 (1988) 595 ff. – A. **García** u. a., Paying off the social debt in Latin America, in: ILR 128 (1989) 467 ff. – U. **Tudyka**, „Weltgesellschaft" – Unbegriff und Phantom, in: PVS 30 (1989) 503 ff. – E. U. v. **Weizsäcker**, Erdpolitik. Ökologische Realpolitik an der Schwelle zum Jahrhundert der Umwelt. Darmstadt 1989. – S. A. **Bremer**, B. B. **Hughes**, Disarmament and Development – A Design for the Future? Englewood Cliffs (N.J.) 1990. – V. **Gelovani**, V. **Dubovsky**, Global Modeling of the Potential World System, in: IPSR 11 (1990) 159 ff. – A. **Giddens**, The Consequences of Modernity. Oxford 1990. – M. **Nollert**, Social Inequality in the World System: An Assessment, in: World Society Studies. Bd. 1. Hg. V. **Bornschier**, P. **Lengyel**. Frankfurt/M. 1990, 17 ff. (Lit.). – E. **Richter**, Der Zerfall der Welteinheit – Vernunft und Globalisierung in der Moderne. Frankfurt/M. 1992 (Lit.).

Franz-Xaver Kaufmann (I, II), Wolf-Dieter Eberwein (III)

KAPITEL 3
WANDEL DER POLITISCHEN FORMEN

Politik, in Anlehnung an die Formel von *D. Easton* definiert als Wertzuweisungen in den funktionalen Sachbereichen Sicherheit, Wohlfahrt und → Herrschaft, vollzieht sich in Strukturen und Prozessen, die gegenüber dem raschen Wandel ihrer Umwelt eine relative, spezifisch ausgeprägte Beständigkeit aufweisen. Diese politischen Formen, die in ihrer Komplexität von zahlreichen, teils gegenläufigen Bestimmungsfaktoren abhängig sind, unterliegen einem stetigen Wandel durch interne wie externe Einflüsse, dessen Dynamik infolge globaler Problemvernetzungen drastisch zugenommen hat. Als dominante politische Form galt und gilt bis heute der → Staat, verstanden als herrschaftliche Ordnung einer gesellschaftlichen Einheit zum Zweck der Ausübung bestimmter Funktionen unter Rekurs auf eine (durch → Recht, → Gewalt, → Tradition) gesicherte Handlungsvollmacht.

I. Die Welt der Staaten

1. Der westliche Nationalstaat

Die im abendländisch-neuzeitlichen Verständnis klassische Form ist der national definierte Territorialstaat, der sich als Organisationsvorbild durchgesetzt hat und weltweit das Denken über politische Ordnung bestimmt. In seiner Verbindung von Staat und → Nation ist er ein europäisches Phänomen, in dem sich seine historischen Entstehungsbedingungen widerspiegeln und das von daher außerhalb dieses Entstehungsrahmens nur begrenzt wiederholbar ist.

Die wesentliche Leistung der Staatsbildung ist – in der Terminologie von *G. A. Almond* – Penetration und Integration der sich als politisches System organisierenden → Gesellschaft. In Europa wurde der mittelalterliche Personenverbandsstaat zum Territorialstaat transformiert als Folge der Konsolidierung territorialer Kontrolle durch Zentralgewalten, die sich als Regierungen voneinander abheben, sich wechselseitig anerkennen und als autonome politische Größen eine eigene Legitimität beanspruchen und schließlich auch erhalten. Diese Prozesse sind im wesentlichen seit dem Westfälischen Frieden (1648) abgeschlossen. Die neuzeitliche europäische Ordnung sieht als Grundelemente souveräne Staaten an, die nach der später von *G.* → *Jellinek* erinnerten Trias (Staatsgewalt, Staatsvolk, Staatsgebiet) strukturiert sind.

Mit einer zeitlichen Phasenverschiebung vollzog sich der gesamtgesellschaftliche Integrationsprozeß der Nationenbildung *(K. W. Deutsch)*, der seinen ersten Kristallisationspunkt in der → Französischen Revolution fand. Nation und Staat sind dabei nicht notwendig miteinander verknüpft, sondern als besondere europäische Entwicklungsoption anzusehen, die sich im Regelfall durchgesetzt hat *(C. Tilly)*. Prosperität und Machtentfaltung der Nationalstaaten ↗Frankreich, England (↗Großbritannien) und ↗Niederlande führten zur Nachahmung, der allerdings in Einzelfällen durch Ressourcenmängel oder -mißbewirtschaftung (Spanien) Grenzen gesetzt waren. Bei den Nachzüglerstaaten (v. a. ↗Deutschland und ↗Italien), in denen die Nationen- der Staatenbildung vorranging, kam es zu den prekären Ausprägungen eines übersteigerten → Nationalismus, der selbst wiederum zu modernisierungsgerichteten Mobilisierungen benutzt wurde.

Mit der Herausbildung des westlichen Nationalstaats veränderten sich auch die Zuordnungsverhältnisse von Obrigkeit (government) und ziviler Gesellschaft. Der Aufstieg des Bürgertums (→ Bürger, Bürgertum) im Zuge beschleunigter kapitalistischer Entwicklung und die immer umfangreicher werdenden Staatsaufgaben führten zu einer allmählichen Erosion früherer Legitimationsgrundlagen: Herrschaft wird nicht mehr nach traditionellem Muster hingenommen, sondern muß gerechtfertigt werden vor dem Hintergrund der → Emanzipation des Individuums und seinem zunehmenden Wunsch nach → Partizipation. Der sich endlich durchsetzenden kulturellen Hegemonie des liberalen Bürgertums entsprach die Verbreitung von Verfassungsstaatlichkeit als Grundlage der modernen westlichen Demokratien *(C. J. Friedrich)*. Verfassungsstaatlichkeit und → Demokratie haben aber für sich allein weder aufkommende Klassengegensätze noch die sich mit der herausbildenden → Industriegesellschaft virulent werdende →soziale Frage lösen können. Der Staat mußte deshalb zusätzliche, von neuen gesellschaftlichen Kräften erkämpfte Funktionen übernehmen (Umverteilung, Wohlfahrt), deren konkrete Ausfüllung im Zusammenhang mit den großen politischen Ideenkreisen der europ. Neuzeit gesehen werden muß *(H. Heller)*.

Im Gefolge der → Weltwirtschaftskrise nach 1929 rückte der Staat in eine herausgehobene Position als Garant gesellschaftlicher Produktions- und Reproduktionsverhältnisse *(C. Offe)*, die er heute im Rahmen neokorporatistischer Strukturveränderungen der politischen Systeme ausübt *(P. C. Schmitter)*.

Entgegen seiner v. a. im angloamerikanischen Kontext verbreiteten Interpretation als Arena widerstreitender pluralistischer Interessen wird der Staat zum Schiedsrichter und zum Gestalter gesellschaftlicher Verhältnisse, in die er unter relativem Autonomiezuwachs zunehmend auch planend eingreift. Dabei stößt er allerdings an Kapazitäts- und Akzeptanzgrenzen: Steuerung und Legitimation werden zu immer komplexeren und schwieriger zu handhabenden Existenzproblemen, die kontrovers formulierte Zweifel an der angemessenen Rolle und Funktion des Staates aufkommen lassen (Unregierbarkeit, Strukturwidersprüche).

2. Die osteuropäische Entwicklung

Die erst spät staatsbildenden Völker in Osteuropa wie v. a. auch Rußland wiesen besondere Strukturmerkmale und Bedingungen auf, die das Modell der westlichen Nachbarn trotz hoher Ausstrahlungskraft nicht zur Entfaltung kommen ließen. Rußland blieb bis zur Oktoberrevolution ein überwiegend agrarisch geprägtes Imperium mit nur wenigen Industrialisierungspolen und einer schmalen Bourgeoisie. Verschiedene staatliche Modernisierungsversuche (etwa die umfassende Bürokratisierung) änderten nur wenig an der ökonomischen, gesellschaftlichen und politischen Rückständigkeit. Das zaristische Rußland war eine uneingeschränkte Autokratie *(J. Hartmann)*, die kaum Verbindungen zur Gesellschaft hatte und sich im wesentlichen auf ihr Sanktionspotential berief. Verglichen mit den westeuropäischen Staaten mangelte es v. a. auch an der ideologischen Abstützung durch jene bürgerliche kulturelle Hegemonie *(A. Gramsci)*, die dort nach marxistischer Prognose viel wahrscheinlicheren Revolutionen verhinderte, deren Fehlen hier den radikalen Bruch von 1917 aber erst ermöglichte.

Die übrigen Völker Osteuropas konnten sich erst spät aus dem Bann der jeweiligen Hegemonialmächte lösen. Die europäische Ordnung nach dem I. Weltkrieg verhalf den meisten zwar zur Staatlichkeit, die zuvor in der Forderung des →Selbstbestimmungsrechts angestrebt worden war. Dennoch legten auch hier die Gesellschaftsstrukturen (agrarische Prägung, schwache Mittelschichten) und die ethnische Heterogenität einer nationalstaatlichen Entwicklung Fesseln an. Die am französischen Vorbild orientierten Ordnungsversuche resultierten in unitarischen und extrem zentralistischen Staatsverfassungen, die während der Weltwirtschaftskrise nicht mehr zu regulierende Konfliktpotentiale entstehen ließen. Der ursprünglich durch die anti-hegemonialen Bestrebungen induzierte Nationalismus konnte so nicht in die Kohäsionskraft eines *nation-building* umgesetzt werden. Zerstört wurde die osteuropäische Staatenwelt jedoch nicht durch interne Faktoren, sondern durch die Aggressionen der Nachbarstaaten.

Die Nachkriegsordnung brachte Osteuropa durchweg sozialistische Staatssysteme, deren Entwicklungswege sich durch den Grad der Abhängigkeit von der ↗Sowjetunion unterschieden. In der Retrospektive ist trotz aller zu konzedierenden Negativa festzuhalten, daß sich die osteuropäischen Staaten – mit Ausnahme der UdSSR und ↗Jugoslawiens – gefestigt und dabei eine Eigenständigkeit bewahrt haben, welche die durch die Perestrojka ausgelösten, in der Tendenz westlich orientierten Entwicklungen ermöglichen. Dies trifft besonders auf die kapitalistische Umstrukturierung der Ökonomien und die politischen Reformen (Verfassungsdiskussionen, Parteienpluralismus) zu.

3. Dritte Welt

Den Staaten der Dritten Welt ist trotz ihrer großen Verschiedenheit gemeinsam, daß sie im allgemeinen am oktroyierten Vorbild des westlichen Nationalstaats festhalten, obwohl sie dessen Entwicklungsbedingungen nur begrenzt nachholen können. Ungünstig wirkt sich aus, daß fast allen Ländern wesentliche funktionale Attribute des europäisch-atlantischen Nationalstaats fehlen: Weder die relativ homogene Industrialisierung noch eine pluralistische bürgerliche Gesellschaft, noch das Muster formal-legaler Herrschaftslegitimation können durchgehend vorausgesetzt werden. Daraus ergeben sich wiederholt Konstellationen, in denen das ohnehin mit Staatsaufgaben betraute Militär die Rolle des zentralen politischen Akteurs übernimmt, zumeist unter forcierter Erweiterung der Handlungsspielräume bis weit in den gesellschaftlichen Bereich hinein (*F. Büttner* u. a.).

Nicht die gesellschaftlichen Kräfte also, sondern der Staat ist in der Dritten Welt Zentrum des dynamischen Wandels. Im Regelfall mischen sich traditionelle Elemente von politischer Organisation und Gesellschaft mit modernen, dem Westen entlehnten Eingaben (geschriebene Verfassungen, Gewaltenteilungsprinzip, Grundrechtskataloge, Rechtsstaatlichkeit) und bringen eine eigenartige Dialektik der „Gleichzeitigkeit des Ungleichzeitigen" hervor. Damit erhält die auch im Westen geläufige Spannung zwischen Verfassungsnorm und Verfassungswirklichkeit einen eigenen Charakter, der von einer Konkurrenz der konstitutionellen mit den traditionellen Normen überlagert wird.

a) Lateinamerika. Im Gegensatz zu seinen asiatischen und afrikanischen Pendants hat Lateinamerika (↗Südamerika) grundsätzlich ein westliches Staatsverständnis, das ein Spannungsverhältnis zwischen iberisch-kolonialem Erbe und einem fast durchgehend angestrebten nordamerikanischen

Entwicklungsleitbild ausdrückt *(H. Wiarda)*. Am deutlichsten hat sich in der lateinamerikanischen politischen Kultur eine etatistische Staatsauffassung erhalten. Während in der Alten Welt ein erheblicher Teil der Entwicklungsdynamik von den gesellschaftlichen Kräften ausging und entsprechende Impulse zum Wandel der Staatsformen gab, perpetuierten die lateinamerikanischen Eliten jene Überhöhung des Staates gegenüber der Gesellschaft, die ihn als mächtige Agentur eigenen Rechts über und häufig unabhängig vom pluralistischen Gerangel der Klassen und Interessengruppen installieren half: Zentralisierung, Bürokratisierung und mangelnde Achtung vor den Anspruchsbereichen der Gesamtgesellschaft sind seine ausgeprägtesten säkularen Kennzeichen.

Dennoch blieb der lateinamerikanische Staat in seiner Performanz weit hinter der Penetrationskraft des europäischen Musters zurück und wurde immer wieder durch auflösende Elemente relativiert. Das älteste ist der die Kolonialzeit begleitende Feudalismus in der privaten und gesellschaftlichen Lebensführung der Eliten, der auf vielen Wegen auch in die staatliche Sphäre eindringt und in gewissen Spielformen Bestandteil der sozialen und politischen Kultur geblieben ist. Das andere ist die Oligarchisierung von Staat und Gesellschaft im Zusammenhang mit der offenen kapitalistischen Penetration der lateinamerikanischen Volkswirtschaften seitens der Metropolen ab der ersten Hälfte des 19. Jahrhunderts.

Der lateinamerikanische Staat hat seit der Unabhängigkeit grundlegende strukturelle, an sozio-ökonomischen und soziopolitischen Veränderungen orientierte Anpassungen vollzogen. Die typische *estadolatría (N. Lechner)* ist trotz der Ablösung des oligarchischen Staates durch populistische, korporatistische oder bürokratisch-autoritäre Varianten bis heute geblieben. In jüngster Zeit sind nüchtern-pragmatische Demokratievorstellungen aufgekommen, in denen die Stärkung der zivilen Gesellschaft angestrebt wird. Die Umsetzung steht jedoch unter ungünstigen externen wie internen Vorzeichen *(M. Mols)*.

b) ↗ *Asien*. Das traditionelle asiat. Herrschaftssystem ist nicht ein Territorialstaat im modernen westlichen Sinne, sondern ein aus konzentrischen Kreisen aufgebauter Personalverband *(D. G. McCloud)*. Diese Form der Herrschaftsausübung und ihre begleitenden Rechtfertigungen haben ihre eigene Überlebenskraft erhalten. Noch heute dominieren Personalismus und Patron-Klientel-Bindungen, so daß eine effiziente Institutionalisierung des Staates immer wieder durch Nepotismus und Korruption unterhöhlt wird. Demokratieähnliche politische Gestaltungsformen sind noch am ehesten in lokalen Gemeinschaften zu finden. Die herrschenden Eliten neigen auch dort, wo sie westlich geprägt sind, zu überkommenen Spielformen politischer Performanz, wie auch die breite Bevölkerung in traditionellen sozialen und politischen Wertkategorien denkt. Beides läßt nur begrenzte demokratische Artikulationsformen zu.

→ Macht – in ihrer Ausprägung als Herrschaft im Zentrum der westlichen Staats- und Legitimitätsdiskussion – ist im asiatischen Verständnis eine Metapher für numinose Kraftansammlung *(F. Magnis-Suseno)*. Sie ist göttlichen oder kosmologischen Ursprungs und somit legitim, wenn sie Erfolg zeitigt. Sie wird um so selbstverständlicher akzeptiert, wenn sie ohne Tyrannei und ständigen Gewaltrekurs auskommt. Offene Kritik, abweichendes Verhalten oder gar Rebellion wirken störend in einer auf Harmonie ausgerichteten Vorstellung von Staat und Gesellschaft. Das herkömmliche Machtkonzept leistet somit auch im heutigen Asien einen Beitrag zur Stabilität der Regime.

Das historisch geprägte Herrschaftsverständnis hat wenig gemein mit westlichen Imperativen wie Nützlichkeit, Effizienz und partieller Interessenrepräsentation. Zentraler Wert bleibt im asiatischen politischen Verständnis Stabilität. Dies schließt nicht aus, daß auch der asiatische Staat heute durch seinen Einbezug in das internationale kapitalistische Wirtschaftssystem und durch seine kommunikative Exponiertheit gegenüber westlichen Vorstellungen von politischer und sozialer Ordnung und Gerechtigkeit gesellschaftlich-kulturelle Brüche erfährt.

c) ↗ *Afrika*. Die Länder des afrikanischen Kontinents haben bis heute am schwersten an der Last ihres kolonialen Erbes zu tragen. Sie teilen mit den asiatischen Ländern den Mangel einer kohärenten Staatstradition, unterliegen aber besonders deutlich einer kulturell-ethnischen Zersplitterung. Die durchaus vielfältigen afrikanischen Sozialformen waren unter dem europäischen → Kolonialismus mehr oder weniger direkt ausgehöhlt bzw. eliminiert worden. Nach ihrer Unabhängigkeit mußten die afrikanischen Staaten auf den durch die Kolonialzeit bedingten Strukturen aufbauen, deren Ergebnis künstliche, oft ganze Ethnien zerschneidende Staatsgrenzen einschließlich einer von Tradition absehenden Verwaltungsgliederung sowie fremder Herrschaftssprachen sind.

Den postkolonialen Staaten Afrikas fehlen somit wesentliche Attribute des westlichen Nationalstaates: Identität, Legitimität der Herrschaft, Partizipation, eine ausreichende Penetration der Verwaltungen, distributive Gerechtigkeit wie nationale Integration *(F. Nuscheler, K. Ziemer)*. Daher wurde gerade in Afrika das Konzept des *nation-building* als Kontrastprogramm so virulent wie problematisch: Die funktionalen Erfordernisse einer Anpassung an die Weltgemeinschaft der Nationalstaaten dienten zumeist zur Rechtfertigung der Herrschaftsansprüche der in die freigewordenen Strukturen sich einpassenden neuen Staatsklassen, deren Klientelismus und Nepotismus *(Tribalismus)* zumeist in korrupten Regimen endete. Die afrikanischen *state-and-nation-building*-Prozesse, die z. T. bis heute andauern (↗ Simbabwe), müssen im allgemeinen als gescheitert angesehen werden, ohne daß alternative Ordnungsformen, z. B. zum Ein-Parteien-Staat, sichtbar wären.

4. Souveränitätseinbußen des Nationalstaates

Trotz der großen Heterogenität staatlich-politischer Formen ging aus den im Namen nationaler Interessen geführten → Weltkriegen wiederum der territoriale Nationalstaat als dominante politische Organisationsform hervor, die jedoch zunehmend relativiert wird. Insbesondere die beiden Kernfragen Sicherheit und Wohlfahrt sind auch in Europa nach 1945 nicht mehr in souveräner Eigenregie zu lösen, was heute um so mehr für viele globale Problemfelder wie Umwelt (→ Umwelt, Umweltschutz), Bevölkerungswachstum (→ Bevölkerung; vgl. Globale Perspektiven [G. P], Kap. 6), Seuchenbekämpfung oder Kontrolle der Finanzströme gilt. Heute muß folglich der Begriff der → Souveränität neu interpretiert werden und mit ihm auch das Verständnis des Staates als monolithischer Akteur.

Dadurch erfährt vor dem Hintergrund veränderter internationaler Bedingungen auch der Aspekt der Legitimität staatlicher Herrschaft deutliche Verschiebungen, wenngleich in uneinheitlichen und teils gegenläufigen Prozessen. Politische Herrschaft kann sich heute nicht mehr allein einzelstaatlich rechtfertigen, weil die Leistungsfähigkeit von Staat und Politik auch danach beurteilt wird, wie staatsübergreifende Aufgaben angemessen erfüllt werden. Die andere große Frage an den zeitgenössischen Staat lautet, ob es überhaupt noch wünschbar ist, daß er alle bisher ausgefüllten Rollen behält, oder ob nicht besser binnen- und transgesellschaftliche Kräfte und Gruppen solche Aufgaben übernehmen, für die sie eine eigene und oft qualifiziertere Kompetenz zu haben scheinen.

II. Substitutionsformen

Der Wandel der internationalen wie der nationalen gesellschaftlichen Umwelt und damit verknüpfter Problemlagen und Funktionserfordernisse haben Politikprozesse ausgelöst, die den Nationalstaat in seinem Gewicht relativieren. Der moderne Staat steht in einer mehr oder minder offensichtlichen Konkurrenzsituation mit anderen Akteuren von politischer Relevanz. Diese Verschiebungen lassen sich an den Erscheinungsbildern der transnationalen Politik, der internationalen Organisationen und dem internationalen Regionalismus festmachen. Auch die Phänomene der Dezentralisierung einzelstaatlicher Verfügungshoheit und das zunehmende Streben nach binnengesellschaftlicher Autonomie gehören in diesen Kontext.

1. Transnationale Politik

Unter den Bedingungen zunehmender weltweiter Verflechtungen sind wirtschaftliche, soziale und politische Beziehungen entstanden, die nicht mehr unter das Paradigma eines nationalstaatlich kontrollierten Handlungsrahmens gefaßt werden können (→transnationale Beziehungen; vgl. G. P., Kap. 4, S. 34). Der staatenzentrierten Welt steht eine multizentrische Welt transnationaler Akteure gegenüber (Parteien, Unternehmen, Gewerkschaften, Kirchen). Sie agieren aufgabenbezogen und unter Wahrung einer eigenen, ursprünglichen Handlungs-, Entscheidungs- und Zielautonomie über Staatsgrenzen hinweg und entziehen sich damit tendenziell üblichen Formen außenpolitischer Kontrolle. Damit verliert das auf der Basis formeller Gewalt und Zustimmung beruhende staatliche Handeln sein Außenvertretungsmonopol und im konkreten Falle selbst an Nützlichkeit. Schon Mitte der 70er Jahre wurde geschätzt, daß mehr als ein Drittel aller internationalen Aktivitäten gar nicht mehr unter Einbezug der Nationalstaaten stattfand und daß an weit über 50% aller beobachteten internationalen Ereignisse nicht-staatliche Akteure zumindest mitbeteiligt waren *(R. W. Mansbach)*. Politisches Handeln vollzieht sich also nur noch bedingt unter Bezug auf das staatliche Allokationsmonopol; es transzendiert diese staatszentrierte Welt, ohne gleichzeitig eine „Weltgesellschaft" mit entsprechender Weltinnenpolitik voraussetzen zu können *(T. A. Couloumbis, J. H. Wolfe)*.

Strukturelle Voraussetzung für transnationale Politik ist das Vorhandensein einer transnationalen Gesellschaft, in der sich horizontale Interaktionen (zwischen gesellschaftlichen Akteuren in bezug auf gleiche Handlungsbereiche) mit vertikalen (zwischen Regierung und Gesellschaft) verbinden. Transnationale Interaktionen und Problemlagen berühren somit zwar die einzelnen Staaten in oft sensiblen Funktionsbereichen, doch werden sie von staatlich kaum zu kontrollierenden Akteuren vorangetrieben (in Produktion, Handel, Finanzen, Kommunikation, Forschung, Kultur, Ökologie oder sogar Sicherheit). So beeinflussen Investitionsentscheidungen →multinationaler Unternehmen oft mehr die Entwicklung von Regionen oder ganzer Staaten (v. a. in der Dritten Welt) als deren eigene Beschlüsse und Planungen. Ähnlich wirken gesellschaftliche oder kulturelle Prozesse weit über die nationalstaatlichen

Grenzen hinweg (Perestrojka, Ökologiebewegung, islamischer Fundamentalismus bzw. Neue Religiosität). Nach *W. Bühl* wird in diesem komplexen Gefüge globaler Interdependenz die funktionale Zuständigkeit des Staates reduziert. Selbst politische Konfliktregelung, Koordination und Kooperation lassen sich damit nicht mehr allein als Handeln souveräner Nationalstaaten begreifen, was insbesondere die Prozesse des *nation-building* in der Dritten Welt berühren.

Die unter der Prämisse der Funktionalität wachsende globale Interdependenz *(R. O. Keohane, J. S. Nye)* führt nicht grundsätzlich zu allgemeiner Kooperation oder zum Verschwinden von Interessenkonflikten. Vielmehr existieren i. d. R. asymmetrische Interdependenzbeziehungen, in denen Kosten und Nutzen von Transaktionen zwar wechselseitig, aber ungleich verteilt sind. Der Grad der Auswirkungen bestehender Interdependenzmuster hängt dabei ab von der Empfindlichkeit und der Verwundbarkeit des jeweiligen Akteurs. So tragen die Länder der Dritten Welt bei einem Verfall der *terms of trade* unmittelbar hohe Kosten (Empfindlichkeit). Verwundbar sind sie jedoch dadurch, daß sie nur unter unverhältnismäßig hohem politischem und ökonomischem Mitteleinsatz reagieren können.

2. Internationale Organisationen

Charakteristisch für die politische Situation der Gegenwart sind ferner →internationale Organisationen technisch-funktionaler und friedensstiftender Art, die immer mehr die Tätigkeiten des Nationalstaates begleiten, ergänzen oder sogar ersetzen. Nach der Trägerschaft werden üblicherweise *IGOs* (International Governmental Organizations) und *INGOS* (International Non-Governmental Organizations) unterschieden (vgl. G. P., Kap. 4, S. 33). Das UN-System und die internationale Pilotenvereinigung Cockpit deuten die Spannbreite der Zuständigkeiten und Größen der IGOs und INGOs an. Bereits 1943 hatte *D. Mitrany* eine Entwicklung vorausgesagt, die auf eine ökonomisch-technokratische Aushöhlung des Nationalstaates durch internationale funktionale Gremien hinauslief. Auch zeitgenössische Forscher wie *R. A. Falk* stellen Modelle auf, in denen die Ablösung des Nationalstaates durch internationale Arbeitsteilung vorgerechnet wird.

Richtig an solchen Überlegungen ist weniger das angeblich bevorstehende Ende des Nationalstaates, sondern dessen Relativierung auf Weltebene durch eine Vielzahl von internationalen und transnationalen Akteuren, mit denen er sich Zuständigkeiten teilen muß. Dies trifft besonders für viele Länder der Dritten Welt zu, die auf Mitsteuerungen von Gremien wie dem →Internationalen Währungsfonds (IWF) und den verschiedenen Entwicklungsorganisationen der →Vereinten Nationen angewiesen zu sein scheinen, ohne daß in einzelnen Fällen noch garantiert bleibt, daß Eingriffe und Assistenzmaßnahmen situationsspezifischen Bedürfnissen Rechnung tragen. Ein zweites Merkmal dieser Internationalisierung der Politik besteht darin, daß sie häufig in einem legitimationsschwachen oder sogar legitimationsleeren Raum arbeitet. Es gilt primär das Prinzip realpolitisch pragmatischer Bewährung durch konkreten Erfolg. Außenpolitik ist immer eine „Prärogative des Königs" gewesen, die sich gängigen Legitimationszwängen entzog. In der modernen Welt nationalstaatlicher, internationaler und transnationaler Akteure gilt die Logik des Legitimitätsentzugs in einem ungemein verstärkten Maße.

3. Internationaler Regionalismus

Der internationale →Regionalismus ist ein prominenter und deutlich an Gewicht gewinnender Sonderfall des gerade angedeuteten Phänomens (vgl. G. P., Kap. 4, S. 33). Die wachsenden Schwierigkeiten, unter den Bedingungen globaler Interdependenz und technologisch-ökonomischer Erfordernisse „Überlebensleistungen" nach außen (Sicherheit) und nach innen (Wohlfahrt) zu erbringen *(E.-O. Czempiel)*, haben deutlich gemacht, daß einzelstaatliche Existenzsicherung auf Dauer und auf bestimmtem Niveau nur mittels zwischenstaatlicher Kooperation zu erreichen ist. Die politischen und wirtschaftlichen Zusammenschlüsse der Weltgegenwart (z. B. EG, NATO, ASEAN) versuchen, diesem Tatbestand Rechnung zu tragen. Quasi-natürliche Anknüpfungspunkte bilden die wirtschafts- oder kulturgeographischen Räume, in denen sich partielle Zusammenarbeit, Interessenvertretung nach außen, Sicherung von Stabilität und Sicherheit nach innen bis hin zu Integrationsbestrebungen erst entfalten können. In der Dritten Welt spielt hierbei der Gesichtspunkt der Entwicklung eine zentrale Rolle (→ Entwicklung, Entwicklungspolitik).

Je nach Interessenlagen, Problemdruck, geopolitischen Lagen und politischer Motivation sind die verschiedenen regionalen Zusammenschlüsse recht unterschiedlich ausgeprägt und erfolgreich. Während für den Regionalismus in der Ersten Welt die partielle Aufgabe nationalstaatlicher Souveränität unter den Gesichtspunkten kollektiven Handlungsgewinns kein prinzipielles Tabu mehr darstellt (vgl. Art. 24 GG), sind in dieser Frage so gut wie alle Länder der Dritten Welt nicht zu Kompromissen bereit. Am erfolgreichsten und deshalb weltweites Vorbild ist der Prozeß der westeuropäischen →Integration. Im Ursprung – das ist die Besonderheit dieses Regionalismus – war der europäische Zusammenschluß eine politische Idee, der die ökonomische und die verteidigungspolitische Integration dienen sollten.

Nationalstaatliche Kalküle verhinderten jedoch zunächst die sicherheitspolitische Zusammenarbeit (EVG) und die Europäische Politische Gemeinschaft (EPG). Für lange Jahre beschränkte man sich auf ökonomisch-technologische Kooperation (EGKS, EWG, EURATOM). Auch die westeuropäische Zusammenarbeit kennt nationalstaatliche Widerstände gegen suprastaatliche Einrichtungen, was am deutlichsten an der Entwicklung gestufter Zuständigkeiten des → Europäischen Parlaments abzulesen ist, aber auch an kritischen Einzelpunkten wie dem einer europäischen Währungsunion.

Je weiter regionalistische Zusammenschlüsse gediehen bis hin zur vollen politischen und ökonomischen Integration, desto mehr schiebt sich die Frage nach funktionaler Herrschaftstransformation und damit nach der Staatlichkeit eines solchen Gebildes in den Vordergrund. Eine funktional-äquivalente Wiederholung von Erfahrungen der europäischen Nationalstaatsbildung auf Supra-Ebene (als gesamtgesellschaftlicher Integrationsprozeß im Sinne von *K. W. Deutsch*) scheint sich momentan nirgendwo abzuzeichnen. Dies schließt nicht aus, daß sich begrenzte Loyalitäten und Identifikationsmuster zu einzelnen regionalen Zusammenschlüssen entwickeln. Dies gilt besonders für Eliten, wenn sie gleichzeitig zu den Nutznießern regionaler Integration gehören. Weltweit präsente Bedingungen ethnischer und kultureller Heterogenität und Autonomiebewegungen stehen allerdings den im Nationen- wie im Regionalismusbegriff implizit angelegten Akkulturations- und Homogenisierungstendenzen entgegen. So ist auch im noch unausgereiften politischen Einigungsprozeß Europas (→ Europa II, III, ⤻ Europa III) abzusehen, daß notwendige Zentralisierung von Basisfunktionen von einer gleichzeitigen Dezentralisierung begleitet sein muß.

4. Autonomie und Dezentralisierung

Eine Fülle heterogener, gleichwohl signifikanter Problemlagen weist unter den Schlagworten kulturelle Autonomie, Anti-Zentralismus, Regionalismus (auch: Nationalismus) und Selbstbestimmung auf ein Phänomen hin, das ein Zerbrechen existierender Nationalstaaten suggeriert. Gemeinsam ist diesen subnationalen politischen Bewegungen, daß sie sich gegen Benachteiligung bzw. Unterdrückung durch die jeweiligen politischen Zentren richten und damit das klassische Modell des Nationalstaats in seiner Zentralisierungstendenz quasi „von unten" her unterlaufen. Lediglich dort, wo die historischen Rahmenbedingungen relativ homogene Gesellschaften ergaben oder schon frühzeitig föderale Elemente die politischen Strukturen prägten, treten periphere Mobilisierungen kaum nennenswert in Erscheinung (⤻ Deutschland, ⤻ Vereinigte Staaten von Amerika, ⤻ Schweiz). Die Ursachen sind in einem zumeist komplexen Geflecht ökonomischer, sozialer, ethnischer, kultureller, religiöser und politischer Bedingungen zu sehen. Ihre Politisierung erfolgt nicht notwendig und ist von historisch und kulturell bestimmten Konfliktlagen und den Ressourcenpotentialen der Peripherien abhängig. Darüber hinaus ist sie auf unterschiedliche Ziele ausgerichtet (kulturelle Autonomie, eigene Staatlichkeit).

In der Dritten Welt verbanden sich zumeist die aus der Kolonialzeit resultierenden ethnisch-territorialen Strukturen mit einer dem westlichen Vorbild entlehnten zentralistisch-bürokratischen Staatsperformanz, die ohne begleitende *nation-building*-Prozesse den verschiedenen sozialen, kulturellen und ethnischen Verschiedenheiten nicht Rechnung tragen konnte. Latente bis offene Konflikte stehen hier bis heute auf der Tagesordnung, ohne daß aufgrund der zumeist mit Zentrum-Peripherie-Lagen verknüpften Herrschaftsbeziehungen ein Ausgleich ernsthaft angestrebt wird (⤻ Peru, ⤻ Nigeria, ⤻ Libanon, Kurden). In der bisherigen Zweiten Welt der sozialistischen Staaten, die unter verschiedenen nationalen Bedingungen den Zentralismus auf nahezu alle Bereiche der Gesamtgesellschaft ausdehnten, wirken die Zerfallsprozesse der kommunistischen Staatsideologie v. a. in den ethnisch-kulturell heterogenen Ländern in Richtung scharfer nationalistischer bis rassistischer Auseinandersetzungen. Die Zentrum-Peripherie-Spannungen und ihre Entwicklungsstadien gestalten sich auch hier unterschiedlich (Baltikum bzw. südlicher Rand der ehem. ⤻ Sowjetunion, ⤻ Jugoslawien, ⤻ Rumänien, ⤻ Tschechoslowakei), und in den Vielvölkerstaaten UdSSR und Jugoslawien sind sie bis zu deren Zerbrechen angewachsen.

In Europa und ⤻ Kanada hat die an den Staat gerichtete Herausforderung durch die Peripherien unterschiedliche Problemlösungsversuche ausgelöst. Angesichts des geschilderten Wandels der politischen Formen und der begleitenden Kompetenzverschiebungen stellt sich die Frage nach dem angemessenen Leistungsvermögen des modernen Zentralstaates nach wie vor, weshalb parallele und pendelartige Zentralisierungs- und Dezentralisierungsbewegungen zu erwarten sind. Prototypen dieser Entwicklung in der westlichen Welt sind das Baskenland und Katalonien (⤻ Spanien), die sich im Rahmen des span. Autonomiestatuts zu „Ersatzstaaten" mit relativ umfangreichen und noch zu erweiternden Kompetenzen herausbilden *(P. Thiery).* Nicht von ungefähr erleben beide Regionen im Zuge der europäischen Einigung Transformationsschübe, die sie aufgrund ihrer starken inneren Kohäsionskraft für bevorstehende innereuropäische Verteilungskonflikte mit relativen Vorteilen ausstatten (ähnliches zeichnet sich auch in Norditalien ab). In vielen Ländern ist eine Tendenz zum bedingten Machttransfer auf dezentrale kleinere Einheiten zu verzeichnen, deren Integrationskraft sich v. a. aus dem Bemühen um kulturelle Identität und politische Eigenständigkeit sowie aus dem erwähnten Peripherisierungsdruck innerhalb größerer politischer Einheiten speist.

III. Problemorientierter Ausblick

Das Verblassen des Nationalstaates als politisches Organisationsmodell hat eine Situation entstehen lassen, in der eine Vielzahl politischer Formen möglich erscheint. Im Verlust seiner Dominanz behält der Staat seine Rolle als maßgebliches Strukturelement der politischen Herrschaft und der Existenzsicherung bei, wenngleich die Substitutionsformen ihm deutliche Konkurrenz bieten.

Der internationale Kontext zwingt zu bestimmten, alle Staaten betreffende Mindestleistungen. Verallgemeinerbare Herausforderungen aus der Umwelt existieren sowohl auf Mikroebene (stärkere individuelle Anbindung an Subsysteme und Vertrauensverlust in die Lösungskapazitäten der Gesamtsysteme) als auch auf Makroebene (Interdependenz, Transnationalisierung). Daraus resultieren Verminderung von Legitimität und Autorität, die zunehmend fragwürdige Unterscheidung von Innen- und Außenangelegenheiten und eine wachsende Spannung zwischen Makro- und Mikroebenen. Für den Staat bedeutet dies einerseits eine Verengung seiner Handlungsspielräume, relativen Autonomieverlust sowie ein zunehmendes Effektivitätsdefizit angesichts unverhandelbarer Forderungen. Eine solche Schwächung ist jedoch andererseits durchaus kompatibel mit einer Kompetenzausweitung nach innen, wie die ständige Ausdehnung der Staatstätigkeit, ihr Eindringen in neue gesellschaftliche Bereiche, die sich politisieren, und die Tendenzen der Verrechtlichung kollektiver Lebensbezüge zeigen. Hier agiert der Staat aus einem „Interesse an sich selbst" *(C. Offe),* um die verbleibende Steuerungs- und Problemlösungskapazität zu sichern und Politiken gegebenenfalls auch durchzusetzen. Auch wenn hierzu reine Machtmittel kaum mehr als legitim anzusehen sind, findet der Rekurs auf das Gewaltmonopol durchaus – und zwar selektiv – statt.

Unter diesen Bedingungen werden Staaten zunehmend ihren Charakter als adaptive Einheiten unter Beweis stellen müssen, wobei sich die Anpassungen an innere und äußere Herausforderungen in unterschiedlichen Formen vollziehen kann *(J. N. Rosenau).* Die konkrete Einlösung richtet sich nach der historischen globalen Konstellation, den vorhandenen Politiktraditionen und dem internen wie externen Kontext der konkreten Staatstätigkeit. Die Stabilität moderner Staatsgebilde ist somit in hohem Maße davon abhängig, ob und wie diese den äußeren und inneren Anforderungen begegnen können, ohne die historisch geprägten Grundmuster ihres Funktionierens in Frage zu stellen. Vor allem in den Staaten der westlichen Welt ist zunehmend offensichtlich geworden, daß der fortgesetzte Anpassungs- und Steuerungszwang zwei spezifische Problematiken moderner politischer Herrschaft verschärft hat, nämlich Technokratie und Legitimitätsverlust.

Technokratie und „Expertenkultur" drohen in eine schleichende Depolitisierung des genuin politischen Entscheidungshandelns umzuschlagen und im Einklang mit korporatistischen Konfliktlösungsmustern die Verbindungen zwischen Staat und Gesellschaft weiter zu erodieren, was dysfunktionale Konsequenzen erwarten läßt. Dadurch zum Teil bedingt ist ein weiterer Legitimitätsverlust staatlicher Herrschaft, da die dem vorherrschenden formal-legalen Legitimationstypus inhärente Möglichkeit zur (potentiellen) Mitbestimmung nur bei Transparenz von Macht wie von Entscheidungen gegeben ist.

Hingegen führt die allein funktionale Ausrichtung von Staatsaktivitäten bei gleichzeitiger Unfähigkeit zur Lösung dringlicher Fragen sowie Eingriffen in lebensweltliche Autonomie zu wachsenden Akzeptanzkrisen, die sich in der westlichen Welt vor dem Hintergrund postmaterieller Legitimationswerte *(R. Inglehart)* besonders deutlich ausprägen. Der Zuammenhalt von Kollektiven ist nicht allein als Systemintegration zu bewerkstelligen, wenn die Sozialintegration weiter erodiert bzw. anti-systemische politische Potentiale gegen die „Kolonialisierung der Lebenswelt" *(J. Habermas)* aufgeboten werden. Das Unbehagen in der Moderne schafft Raum für eine mögliche Reideologisierung nicht nur des privaten Lebenszusammenhanges (Neue Religiosität), sondern auch im Bereich der politischen Kultur und damit der Legitimierung von Herrschaft.

LITERATUR

Zu I: C. J. **Friedrich**, Der Verfassungsstaat der Neuzeit. Berlin 1953. – D. **Easton**, A Systems Analysis of Political Life. New York 1965. – M. **Kaplan**, Formación del Estado Nacional en América Latina. Santiago de Chile 1969. – K. W. **Deutsch**, Nationenbildung – Nationalstaat – Integration. Düsseldorf 1972. – H. **Jaguaribe**, Political Development: A General Theory and a Latin American Case Study. New York 1973. – Politics and Social Change in Latin America. Hg. H. J. **Wiarda**. Amherst (Mass.) 1974, ²1982. – The Formation of National States in Western Europe. Hg. C. **Tilly**. Princeton 1975. – Reform in Uniform? Militärherrschaft und Entwicklung in der Dritten Welt. Hg. Forschungsinstitut der Friedrich-Ebert-Stiftung. Bonn-Bad Godesberg 1976. – Trends Toward Corporatist Intermediation. Hg. P. C. **Schmitter**, G. **Lehmbruch**. London 1979. – F. **Nuscheler**, K. **Ziemer**, Politische Herrschaft in Schwarzafrika. München 1980. – J. **Hartmann**, Politik und Gesellschaft in Osteuropa. Frankfurt/M. 1983. – A. A. **Mazrui**, M. **Tidy**, Nationalism and new states in Africa from 1935 to the present. London 1984. – C. **Offe**, Contradictions of the Welfare State. London 1984. – M. **Mols**, Demokratie in Lateinamerika. Stuttgart 1985. – D. G. **McCloud**, System and Process in Southeast Asia. The Evolution of a Region. Boulder (Col.) 1986. – Durable Stability in Southeast Asia. Hg. K. **Snitwongse**, S. **Paribatra**. Singapur 1987. – Zum Staatsverständnis der Gegenwart. Hg. Akad. für Politische Bildung. München 1987. – Democracy in Developing Countries. Asia. Hg. L. **Diamond** u.a. Boulder (Col.) 1989. – F. **Magnis-Suseno**, Neue Schwingen für Garuda. München 1989. – O. **Weggel**, Die Asiaten. München 1989.

Zu II und III: D. **Mitrany**, A Working Peace System. London 1943. – W. **Conner**, Nation-building or Nation-destroying?, in: World Politics 24 (1971/72) 319 ff. – R. A. **Falk**, A Study of Future World. New York 1975. – The Web of World Politics: Non-State Actors in the Global System. Hg. R. W. **Mansbach** u.a. Englewood Cliffs (N.J.) 1976. – R. O. **Keohane**, J. S. **Nye**, Power and Interdependence. Boston 1977 (Lit.). – W. **Bühl**, Transnationale Politik. Stuttgart 1978 (Lit.). – T. A. **Couloumbis**, J. H. **Wolfe**, Introduction to International Relations. Power and Justice. Englewood Cliffs (N.J.) 1978, ^{4}1990. – J. **Hirsch**, Der Sicherheitsstaat. Frankfurt/M. 1980, ^{2}1986. – E.-O. **Czempiel**, Internationale Politik. Paderborn 1981. – S. **Rokkan**, D. W. **Urwin**, Economy, Territory, Identity. Politics of West European Peripheries. London 1983. – R. O. **Keohane**, After Hegemony. Princeton 1984 (Lit.). – Bringing the State Back In. Hg. P. B. **Evans** u.a. Cambridge 1985. – Hwb. Internationale Organisationen. Hg. U. **Andersen**, W. **Woyke**. Opladen 1985. – C. **Offe**, Disorganized Capitalism. Hg. J. **Keane**. Cambridge 1985. – The Future of the State. Hg. K.-H. **Röder**, in: IPSR 6 (1985) Nr. 1. – J. N. **Rosenau**, Patterned Chaos in Global Life: Structure and Process in the Two Worlds of World Politics. Los Angeles 1986. – E.-O. **Czempiel**, Die Zukunft des Nationalstaates, in: Politikwissenschaft. Bd. 3: Außenpolitik und Internationale Politik. Hg. K. v. Beyme u.a. Stuttgart 1987, 246 ff. – European Political Cooperation in the 1980s. A Common Foreign Policy for Western Europe? Hg. A. **Pijpers** u.a. Dordrecht 1988. – Staatstätigkeit. Hg. M. G. **Schmidt**. Opladen 1988. – J. N. **Rosenau**, The State in an Era of Cascading Politics, in: CPS 21 (1988/89) 13 ff. – Y. H. **Ferguson**, R. W. **Mansbach**, The State, Conceptual Chaos, and the Future of International Relations Theory. Boulder (Col.) 1989. – R. **Inglehart**, Kultureller Umbruch. Wertwandel in der westlichen Welt. Frankfurt/M. 1989. – Pluralism, Regionalism, Nationalism. Hg. H. G. **Thorburn**, J. **Solé Tura**, in: IPSR 10 (1989) Nr. 3. – P. **Thiery**, Der span. Autonomiestaat. Die Veränderung der Zentrum-Peripherie-Beziehungen im postfrankistischen Spanien. Saarbrücken 1989. – Konflikte in der Weltgesellschaft und Friedensstrategien. Hg. B. **Moltmann**, E. **Senghaas-Knobloch**. Baden-Baden 1989. – Der Staat der Zukunft. Hg. J. J. **Hesse**, Chr. **Zöpel**. Baden-Baden 1990.

Manfred Mols, Peter Thiery

Kapitel 4
WANDLUNGEN DES INTERNATIONALEN SYSTEMS WELTWEITE KONFLIKTFELDER UND KRISEN

I. Allgemeines

In den zeitgenössischen Theorien zur internationalen Politik ist die These von einem an sich anarchischen Charakter der internationalen Welt – vergleichbar dem gedanklichen Konstrukt des Naturzustandes in der Staatslehre des *Th. → Hobbes* – weit verbreitet. Wenn dennoch von einem internationalen System gesprochen wird, dann hebt man ab auf Ordnungselemente, die die „anarchische Gesellschaft" *(H. Bull)* in Verhältnisse kalkulierbarer Zuordnung und Strukturierung bringen. Verschiedene konkurrierende Schulen streiten um die Natur solcher Ordnungselemente. Der idealistische Ansatz *(H. de Saint-Simon, W. Wilson, B. Russell)* geht aus vom Willen aufgeklärter Staatsmänner, durch Recht und geeignete Kooperationsformen eine Welt des friedlichen Miteinander der Staaten und Nationen aufzubauen. „Realisten" *(H. J. Morgenthau, G. F. Kennan)* setzen auf Machtbeziehungen. Sie verstehen Verschiebungen im internationalen Feld primär als Nullsummenspiele (→ Spieltheorie). Marxistisch beeinflußte Theoretiker *(A. G. Frank, E. Krippendorff)* betonen die Zwangsläufigkeit revolutionärer Veränderung des Staatensystems auf Weltebene, wobei Umschichtungsprozesse im Spannungsfeld von Produktivkräften und Produktionsverhältnissen als eigentliche Antriebskräfte unvermeidbarer Restrukturierungen angesehen werden. Eine vierte, sog. „empirisch-analytische" bzw. „szientistische" Richtung *(K. W. Deutsch, R. Keohane, J. Nye, M. A. Kaplan)* betont v.a. regelmäßige Verhaltensmuster und deren Interdependenzen und Störungen. – Von einem internationalen System zu sprechen, bedeutet daher immer, Konzeptionen des Verhaltens von international relevanten Akteuren vorzustellen, d.h. angenommene Zusammenhänge zwischen Staaten und Gesellschaften auf Weltebene nach analytischen, teils erkenntnis-, teils politikleitenden Kriterien herauszuarbeiten, die weniger Realität wiedergeben als im optimalen Falle ein brauchbares Bild von der Realität zu vermitteln.

II. Das klassische internationale Staatensystem und die Neuordnung des internationalen Systems nach dem Zweiten Weltkrieg

Traditionell hat man die → Internationalen Beziehungen als ein Billardkugel-Modell *(A. Wolfers)* vorgestellt: Das internationale Feld sei in erster Linie durch ihre → Souveränität ausspielende Staaten ausgefüllt. Einige wenige Mächte bestimmten die Spielregeln im Umgang miteinander. Staaten „niederen Ranges" hätten nur noch die Möglichkeit, sich einzufügen. Gemeint ist die sich nach dem Westfälischen Frieden seit 1648 herausbildende internationale Staatenwelt der *Kabinettspolitik*. Sie wurde von fünf, später von sieben Großmächten dominiert und ausgefüllt: von Frankreich, England, Rußland, Österreich-Ungarn, Preußen und gegen Ende des 19. Jh. noch von den USA und Japan. Für das Europa der *Pentarchie* (→ Europa I 3) sollte gelten, daß sich über viele Generationen ein Machtgleichgewicht einzupendeln begann, auf dessen grundsätzliche Störungen man mit beliebigen Korrekturmitteln bis hin zum Krieg reagierte. Primäres Ziel war die Wiederherstellung des durch die wechselseitigen Beziehungen der Großmächte definierten *balance of power system* (→ Sicherheitspolitik 2). Obwohl die Französische Revolution mit ihren Beimischungen aus Nationalismus und Volkssouveränität auf grundsätzliche Veränderungen im internationalen Feld drängte, kam es nach dem Wiener Kongreß (1815) zu einem „zweiten goldenen Zeitalter" *(Th. A. Couloumbis, J. H. Wolfe)* des klassischen Systems des Machtgleichgewichts, das immerhin bis 1914 Bestand haben sollte und im Grunde genommen auch in der Zwischenkriegszeit noch einmal einem Restaurierungsversuch unterworfen wurde. Das System des Konzerts der Großmächte beruhte auf Prämissen, die sich nach 1945 endgültig nicht mehr durchhalten ließen: (1) auf der Abwesenheit einer von den übrigen Mitspielern substantiell unterscheidbaren Führungsmacht, die aus eigenem Vermögen zu einer hegemonialen Bestandsgarantie der internationalen Welt fähig gewesen wäre; (2) auf einer überschaubaren, letztlich oligopolen Menge der Mitspieler; (3) auf der mehr oder minder effektiven Bereitschaft einer breiteren Klientel, sich den von den Konzertmächten bestimmten Spielregeln zu unterwerfen; (4) auf der impliziten Überzeugung unter den Konzertmächten selbst, daß die Perpetuierung der bestehenden Machtverteilungsmuster für alle Beteiligten von größerem Nutzen sei als substantielle Neuordnungs- und Umschichtungsversuche; (5) auf der Prämisse des geopolitisch und zivilisatorisch herausragenden Ranges Europas.

Solche Voraussetzungen brachen mit dem II. → Weltkrieg zusammen. ↗ Deutschland und ↗ Japan mußten bis auf weiteres die weltpolitische Bühne verlassen, ↗ Großbritannien und ↗ Frankreich konnten frühere Rangplätze nicht mehr halten. Europa stand nicht mehr im Mittelpunkt des internationalen Systems (↗ Europa III). Den ↗ Vereinigten Staaten von Amerika und – mit einer nie völlig aufgeholten Distanz – der ↗ Sowjetunion fielen vorerst nicht angreifbare weltpolitische Führungsaufgaben zu. Die Zahl der Mitglieder des internationalen Staatensystems weitete sich beträchtlich aus. Zwischen 1950 und 1985 stieg die Anzahl souveräner Staaten von 60 auf 160 an, wobei eine Vielzahl neuer internationaler Zusammenschlüsse ein weiteres Mal dafür sorgt, daß das überkommene Interpretationsmodell der internationalen Politik nicht mehr griff. Dies auch deshalb nicht, weil die Zeit des „Primats der *Außenpolitik*" im Sinne souveräner Kabinettspolitik vorbei war (→ Außenpolitik). Das neue *bipolare System* erhielt seine Stabilität weniger durch die stillschweigende Akzeptanz von internationalem Status und internationaler Rolle seitens derjenigen, die sich ihm einfügen mußten. Vielmehr wurden seine Strukturen für lange Jahre bestimmt durch eine absolut ungleiche Verteilung von Macht (militärische Potentiale, geostrategische [Un]Verwundbarkeit, Einkommen, Anteile am Welthandel und an den Weltinvestitionen, Verfügungsgewalt über Energien, Rohstoffe und Kommunikation, Produktivität und technologische Kapazitäten) und nicht zuletzt durch eine ideologische Polarisierung in den ordnungspolitischen Führungsansprüchen der beiden Hegemonialmächte.

Historische Zäsuren haben selten etwas mit radikalen Brüchen zu tun. Weder war die neue weltpolitische Führungsrolle der USA die zufällige Folge der deutschen und japanischen Niederlage noch das zentrale Ergebnis der internationalen Konferenzen um die Neuordnung der Welt in den Jahren 1943–55. Bereits Mitte des 19. Jh. („Öffnung" Japans) fingen die USA an, in ↗ Ost- und ↗ Südostasien über die Eröffnung von Handelswegen und später auch von Stützpunkten die Grundsteine für eine künftige pazifische Präsenz zu legen, wobei geostrategische Überlegungen (etwa durch *A. Thayer Mahan)* das Ihre dazu beitrugen, Amerikas nationalen Aufstieg zur Großmacht mit globalen Ansprüchen vorzubereiten (*Krippendorff* 1970). Mit einer leichten Phasenverschiebung baute man die eigene Hegemonialposition in Lateinamerika und besonders im Großkaribischen Raum aus. „Dollarimperialismus" und eine Außenhandelspolitik der „offenen Tür" bereiteten einen weltpolitischen Status Washingtons vor, den man in Europa am Vorabend des I. Weltkrieges (und in Deutschland selbst noch zu Beginn des II. Weltkriegs) nur zögerlich und unscharf zur Kenntnis nahm. Parallel dazu wuchs die wirtschaftliche Potenz der USA. Hatten sie noch 1840 einen Anteil von 7% an der Weltindustrieproduktion, so in den Jahren 1881–85 bereits von 28,6% und übertrafen damit das bis dahin führende Großbritannien (26,6%) *(J. R. Killik)*. Die 1945 manifest werdende weltpolitische Führungsrolle der USA war also lange herangereift und vorbereitet. Dem II. Weltkrieg kam letztlich die Rolle eines „accelerators"

(*Ch. Johnson*) zu. – Mutatis mutandis gilt dies auch für die UdSSR. Sie war bald nach der erfolgreichen Oktoberrevolution von 1916 zum weltweit beobachteten Symbol revolutionärer Veränderung und Modernisierung geworden. Wirtschaftliche Erfolge, wie sie u. a. etwa durch die „beschleunigte Modernisierung" (ab 1929) eingeleitet wurden, gaben dem ideologischen Führungsanspruch ein eigenes Maß an Glaubwürdigkeit. Um 1940 hatte die UdSSR „dem Produktionsumfang nach Frankreich, England und Deutschland überholt und nahm somit den ersten Platz in Europa und – nach den USA – den zweiten Platz in der Welt ein" (*C. Goehrke* u. a.).

III. Das bipolare Weltsystem der Nachkriegszeit und die ihm innewohnenden Auflösungstendenzen

1. Ost-West-Konflikt und Bipolarität

Der Bruch zwischen den Staaten der Siegerkoalition des II. Weltkrieges, eingeleitet durch eine unübersehbare Politik der sowjetischen Expansion in den „befreiten" Ländern Osteuropas, entzündete sich v. a. an unterschiedlichen Auffassungen der USA und der UdSSR in der Deutschland- und Berlinfrage (→ deutsche Frage, → Berlin). Das bipolare Weltsystem der Nachkriegszeit bedeutete de facto die Aufteilung der Welt in zwei Führungskreise, in der unter der jeweils hegemonialen Präponderanz Washingtons und Moskaus Militär- und Wirtschaftsblöcke, wirtschaftlich-gesellschaftlich-politische Ordnungsentwürfe einschließlich völlig verschiedener Sichten des internationalen Systems und seiner Zukunft einander so gut wie unversöhnlich gegenüberstanden (→ Ost-West-Konflikt). Es rivalisierten zwei Imperialismen miteinander, deren antagonistischer Wettbewerb globale Ansprüche kannte und die sich nicht scheuten, die Menschheit gelegentlich an den Rand eines neuen Weltkrieges bzw. eines nuklearen Holocaust zu bringen (Koreakrieg 1950, Berlinkrisen 1948/49 und 1958/59, Kuba-Krise 1962).

2. Auflösungstendenzen im bipolaren System auf der Ebene des Zivilisationsparadigmas

Für den größeren Teil der Erde hat Bipolarität zunächst einmal *pax americana* bedeutet, die Zugehörigkeit und/oder Unterwerfung unter den Führungsanspruch der USA, die dem Hauptrivalen nicht nur bezüglich der Gestaltung der politischen Lebensverhältnisse (Demokratie und Verfassungsstaatlichkeit), sondern auch durch die größere Leistungsfähigkeit des marktwirtschaftlich-kapitalistischen Wirtschaftssystems überlegen waren. Für diejenigen, die weniger an radikalen Veränderungen und einer Weltrevolution als an schrittweisen Modernisierungen und Reformen interessiert waren, gaben die USA das gültige Zivilisationsleitbild ab, zu dem es im nicht kommunistischen Teil der Welt praktisch keine Alternative gab. Gleichwohl bargen die Logik der Akzeptanz des amerikanischen Paradigmas wie auch seine konkreten Ausstattungselemente Keime des späteren amerikanischen Rangverlustes, ja der Auflösung der bipolaren Welt selbst: Es war und bleibt prinzipiell auf erreichbare Gleichheit angelegt, die einer Hegemonialsituation auf Dauer kaum Verständnis entgegenbringt. Washington hat in den Hochzeiten der *pax americana* mehrfach unter Beweis gestellt, daß es dem Gleichheitsanspruch der Weltgegenwart Rechnung zu tragen bereit war. Damit kein Mißverständnis entsteht: Die USA haben nie aufgehört, auch nicht nach dem II. Weltkrieg, dann als imperiale Macht aufzutreten, wenn es um Sicherheit und geopolitische Prioritäten ging (↗ Korea 1950/53, ↗ Guatemala 1954, ↗ Kuba 1959/60, ↗ Dominikanische Republik 1965, ↗ Vietnam 1964 ff., ↗ Nicaragua 1979 ff., ↗ Grenada 1982, ↗ Panama 1990, ↗ Kuwait 1991), so wie es überhaupt in der internationalen Politik Washingtons einen immer wieder aufbrechenden Widerspruch zwischen Idealismus und einer „realistischen" Instrumentalisierung außenpolitischer Maßnahmen gibt. Gleichwohl bleibt die internationale Performanz Washingtons auf die Erzeugung von Partnerschaften nach eigenem Verständnis und Vorbild ausgerichtet. – Eine vergleichbare systeminhärente Kraft der Selbstauflösung bipolarer Hegemonie durch zivilisatorische Kooptation hat es im sowjetischen Imperium nicht gegeben. Es wurde rigide zusammengehalten durch militärische Kontrolle, politische Gleichschaltung, ideologische Unterwerfung und wirtschaftliche Austauschrelationen nicht des Marktes, sondern der Zuteilung. Wo solche Mechanismen nicht funktionierten, waren Schismen die Folge (↗ Albanien, ↗ Jugoslawien, VR ↗ China).

3. Auflösungstendenzen im bipolaren System durch neue Akteure

Das ungefähr bis zu Beginn der 70er Jahre geltende bipolare Modell ist u. a. durch neue Akteure im internationalen System aufgeweicht und schließlich abgelöst worden. Es handelt sich um die zunehmende weltpolitische Präsenz der Dritten Welt, um das UN-System und überhaupt um ein breites Geflecht intergouvernementaler und nichtgouvernementaler →internationaler Organisationen, um den seit den späten 50er Jahren verstärkt einsetzenden Regionalismus und um sog. transnationale Akteure.

Für die *Dritte Welt* ist in unseren Zusammenhängen wesentlich, daß durch die neuen Staaten Schwarzafrikas, des arabischen Raumes, Asiens und der Karibik sich nicht nur die Zahl der Mitspieler im internationalen System drastisch erhöhte, sondern auch neue Positionen internationaler Interessenwahrnehmung einschließlich zugeordneter geeigneter Foren aufgebaut wurden. Wie immer man die Bemühungen in der Dritten Welt um Modernisierung, Entwicklung und außenpolitische Emanzipation einschätzen mag und wie relativ bedeutungslos ein großer Teil der Dritte-Welt-Länder auch im internationalen Feld geblieben ist: Es haben sich in den vergangenen Jahrzehnten regionale und subregionale Führungsmächte herausgebildet, die sich in der Tendenz dem Zugriff der Supermächte entziehen und die auch in der Zeit der faktischen Geltung des bipolaren Systems dort immer weniger „unterzubringen" waren: ↗Brasilien, ↗Mexiko, zeitweilig ↗Argentinien und ↗Kuba, ↗Ägypten, ↗Indien, ↗Iran, die VR ↗China, ↗Indonesien, ↗Vietnam. Schon sehr früh diskutierte man über die Möglichkeiten eines eigenen, „Dritten Weges". Die Bandung-Konferenz (1955) war der erste gebündelte Versuch aus der Dritten Welt, ein eigenes internationales Profil zu entwickeln, das in der Folgezeit durch die →*blockfreie Bewegung* eine institutionell-organisatorische Untermauerung gefunden hat. Unübersehbar wird der Selbständigkeitsanspruch der Dritten Welt auch in ökonomischer Hinsicht. Mit der 1964 ins Leben gerufenen →Welthandelskonferenz begann ein Welthandels- und Entwicklungsdialog, der nicht nach Zuordnungen auf die Supermächte, sondern nach einer Neudefinition des Weltwirtschaftssystems (→Weltwirtschaft; vgl. Globale Perspektiven [G. P.], Kap. 6) zugunsten der Peripherieländer fragt. Die 1974 von der UN-Vollversammlung verabschiedete „Charta der ökonomischen Rechte und Pflichten der Staaten" steckte noch einmal den völkerrechtlichen Rahmen solcher Neuordnungsansätze ab. Diese vielschichtige internationale Präsenz der Dritten Welt schlägt auch auf die weltpolitischen Konfliktebenen durch. Neben den in der Hochzeit des bipolaren Systems dominierenden Ost-West-Konflikt ist ein nicht gelöster →Nord-Süd-Konflikt getreten, der heute zur zentralen Überlebensfrage der Menschheit wird. Die häufigste kriegerische Konfliktform der Gegenwart sind Süd-Süd-Auseinandersetzungen geworden *(J. Betz, V. Matthies).* Noch gravierender ist die strukturelle und direkte Gewalt in der Dritten Welt geworden (Massenhunger, wirtschaftliche Zusammenbrüche, Umweltkatastrophen, Kriminalität, Todesschwadronen, Guerilla-Bewegungen). Letzteres entzieht sich der Kontrolle und der Beeinflußbarkeit durch Dritte.

Das 1945 durch die „Charta der Vereinten Nationen" eingerichtete *UN-System* (→Vereinte Nationen) schien sich zunächst dem bipolaren Ordnungsmodell einzufügen. Die Stärke der großen weltpolitischen Lager wurde deutlich in den Abstimmungen und Resolutionen der UN-Vollversammlung und des Sicherheitsrates. Allerdings zeigten sich schon früh Verselbständigungstendenzen. Bereits 1949/50 hatte die UN-Wirtschaftskommission für Lateinamerika (CEPAL = Comisión Económica para América Latina) eine bis heute nicht abgeschlossene Debatte über die *terms of trade* (→internationaler Handel, →Weltwirtschaft) eingeleitet und damit wesentliche Weichenstellungen für die späteren Diskussionen um eine Neue Weltwirtschaftsordnung vorbereitet. Das riesige Geflecht der UN-Organisationen hat sich weitgehend vom Einfluß der Supermächte und der ständigen Mitglieder des Sicherheitsrates verselbständigt. Die USA haben hier insofern eine relativ herausragende Stellung behalten, als sie immer noch für überproportional große Finanzierungsteile aufkommen – im Gegensatz etwa zur mit ungleich geringeren Möglichkeiten ausgestatteten UdSSR. Aber auch Washington hat nicht verhindern können, daß viele UN-Gremien zu Artikulationsforen von Meinungsbildnern aus der Dritten Welt wurden, die hier ein weiteres Mal der Vorstellung eines eigenen Weges nachgehen und eher geneigt sind, den Westen auf die Anklagebank zu setzen (was ein pragmatischeres Verhalten in der Praxis nicht ausschließt).

Neben dem UN-System existiert ein immer breiter und einflußreicher werdendes Geflecht von internationalen Organisationen intergouvernementaler *(IGOs)* und nichtgouvernementaler Natur *(INGOs)* (vgl. G. P., Kap. 3, S. 27). Im Regelfall werden funktionale Aufgaben wahrgenommen, die nationalstaatliche Lösungsansätze überschreiten. Die Gesamtzahl der internationalen Organisationen wird auf 3000 bis 4000 geschätzt. Das Verhältnis von IGOs zu INGOs beträgt etwa 1 : 10, „mit stärkerer Wachstumsdynamik bei den INGOs" *(U. Andersen, W. Woyke).* Irgendeinem noch so weich definierten bipolaren System fügen sich diese Größen nicht mehr ein. Ob sie nach der Jahrtausendwende die Nationalstaaten *(R. Falk)* verdrängen, ist weniger interessant (und weniger wahrscheinlich) als die von ihnen ausgehende, wachsende Konkurrenzsituation unter immer zahlreicheren Akteuren im internationalen Feld.

Dieses Phänomen der wachsenden weltpolitischen Pluralisierung bei gleichzeitigem Autonomieverlust nationalstaatlicher Akteure geht auch von den an Gewicht und Zahl gewinnenden *regionalen Organisationen* unserer Zeit aus (vgl. G. P., Kap. 3, S. 27). Antriebselement des modernen →Regionalismus ist die Einsicht, daß viele Fragen der Verteidigung, des wirtschaftlichen Wachstums und der Marktbehauptung, der kulturellen Identität und der Entwicklung sich nicht mehr einzelstaatlich und eigentlich auch nicht durch (temporär angelegte) klassische Allianzen lösen lassen. Gemeinsam ist den zeitgenössischen regionalen Gruppierungen und Organisationen, daß sie ein weiteres Mal zu einem offenen Weltsystem multipler Akteure beitragen, das mit dem relativ überschaubaren Weltmodell der Nachkriegszeit nicht mehr viel zu tun hat. Der internationale Regionalismus gewinnt weiterhin an Gewicht.

Das Erscheinungsbild immer mehr in der internationalen Politik beachteter *transnationaler Akteure* (→transnationale Beziehungen; vgl. G. P., Kap. 3, S. 26) bzw. einer transnationalen Gesellschaft *(R. O. Keohane, J. S. Nye, W. L. Bühl, K. Kaiser)* gibt solchen Feststellungen eine zusätzliche Plausibilität. Gewerkschaften und internationale Gewerkschaftszusammenschlüsse, politische Parteien und Parteienvereinigungen, Unternehmerverbände, →multinationale Unternehmen, Wissenschaftsorganisationen, Kirchen, Sportverbände usw. sind in der modernen Welt zu Größen eigener internationaler Gestaltungskraft herangereift. Transnationale Politik verleiht dem internationalen System ein erhebliches Maß an Selbstregulierungskraft aus den Potentialen der gesellschaftlichen Räume. Allerdings sind die Chancen ihrer Aktualisierung ungleich verteilt. Die westeuropäischen Gesellschaften und auch die der USA sind hochgradig transnational geprägt. Auf diese Weise hat der Westen eine Reaktions- und Selbstpräsentationsfähigkeit erhalten, die ihn im internationalen Feld trotz ständig steigender Interdependenz ungleich weniger verwundbar machen als dies für alle (ehemaligen) europäischen Staatshandelsländer und weitestgehend auch die Dritte Welt zutrifft. Die im ganzen ungleichgewichtige transnationale Gesellschaft der westlichen Industriestaaten trägt in ihrem Verhältnis zu anderen Staaten oder transnationalen Zusammenschlüssen zur Asymmetrie in den internationalen Beziehungen bei. Sollte es Asien, Afrika und Lateinamerika gelingen, eigene, sich selbst tragende transnationale Potentiale aufzubauen, könnten sie für den Westen eine Partnerschaftsfähigkeit und für sich selbst eine gesellschaftlich abgesicherte Steuerungsfähigkeit aufbauen, was ihren Status im internationalen System substantiell verbessern würde.

4. Auflösungstendenzen im bipolaren System durch sicherheitspolitische Kooperation

Man hat schon gegen Ende der 60er Jahre zwischen einer antagonistischen und einer kooperativen Bipolarität unterschieden *(H. D. Jacobsen)*. Ein starrer Antagonismus ließ sich v. a. sicherheitspolitisch nicht durchhalten. Auf die Dauer mußte er immer mehr Ressourcen binden, die dann für andere Politikbereiche nicht mehr zur Verfügung standen. Wo er zur reinen Machtpolitik zu entarten drohte (↗Vietnam, ↗Nicaragua, ↗Afghanistan), kam es zu binnengesellschaftlichen Protestbewegungen und zu wachsenden Zweifeln am Sinn einer internationalen Gefolgschaftstreue in den Gesellschaften des eigenen ideologischen Lagers. Vor allem aber bedeutete antagonistische Bipolarität, daß man ständig am Rande einer nuklearen Katastrophe lebte. Daher war das „wechselseitige Interesse, einen Nuklearkrieg zu vermeiden, ... der Kernpunkt aller Ansätze zur Kooperation zwischen Ost und West" *(G. Krell)*. So lag es nahe, im bipolaren System nach Formen der Koexistenz und Entspannung ungeachtet unterschiedlicher Positionen und Wertvorstellungen zu suchen. Kennzeichnend für alle Schritte einer Rüstungskontrolle und/oder Rüstungsbegrenzung (→Abrüstung) ist die Tatsache, daß zwar die Verständigung unter den Supermächten eindeutig im Vordergrund steht *(SALT I und SALT II, INF-VERTRAG, START)*, ein erheblicher Teil des Gesamtpaketes Rüstungskontrolle und Entspannungspolitik aber multilateral angelegt ist *(KSZE, MBFR, KVAE)*. Schon sehr früh (1964) wurde vorgeschlagen, das Doppelphänomen Sicherheit und Entspannung in einen Verhandlungsrahmen zu stellen, der über die ideologischen und militärischen Aspekte der Sicherheit hinausging und der ein ganzes Netz von vertrauensbildenden Maßnahmen aufbauen sollte. Die *KSZE-Schlußakte von Helsinki* ist ein besonders greifbares Indiz sowohl der bereichsspezifischen Auffächerung wie der Multilateralisierung des Sicherheitsproblems. Signifikant bleibt in diesen Zusammenhängen, daß es nicht mehr möglich war, mit durchgehend blockgebundenen Verhandlungsstrategien und -zielen zu arbeiten. Seit den frühesten Schritten der Koexistenz- und Entspannungspolitik grassiert ein hier deutlicher (Frankreich), dort vorsichtiger (Bundesrepublik Deutschland, Großbritannien, später auch Spanien) zum Ausdruck gebrachtes Mißtrauen gegenüber den beiden Supermächten, sie könnten sich auf der Basis eines stillschweigend vorausgesetzten weltpolitischen Kondominiums auf Kosten der vitalen nationalen Interessen ihrer Bündnispartner verständigen (Reykjavik). Die seit langem schwelende, in den letzten Jahren aber offen ausgebrochene Krise im →Nordatlantikpakt und die faktische Selbstauflösung des →Warschauer Paktes belegen, daß die nationalen Interessen in Europa in der Sicherheitspolitik am deutlichsten aufbrechen. Jede rigoros durchgehaltene Konfrontationspolitik würde heute in allen Staaten Europas sofort auf massive Akzeptanzprobleme stoßen.

IV. Das offene System der Gegenwart in seinen Chancen und Risiken

1. Schwierigkeiten der Begriffsbestimmung

Das bipolare System gehört der Vergangenheit an. Das schließt nicht aus, daß die USA bis auf weiteres in sehr vielen Bereichspolitiken die führende Weltmacht bleiben werden und die UdSSR dann wieder zu einem beachteten Zentrum der internationalen Politik wird, wenn sie es schafft, die gegenwärtige Systemkrise zu überwinden. Der langjährige und vielschichtige Erosionsprozeß des bipolaren Systems hat zu einem neuen weltpolitischen Systemmodell der offenen, mehrschichtigen und interdependenten Multipolarität geführt. Der Begriff sollte nicht die Vorstellung suggerieren, es habe sich eine neue, auf wenige Größen bezogene Machtstruktur herausgebildet (USA, Europa, Japan, UdSSR, China). Denn wenn auch frühere hierarchische Ordnungen, Machtverteilungsmuster und Ideologien aufgebrochen wurden, so ist doch zur Stunde unklar, (1) welche Mächte sich auf mittlere und längere Sicht tatsächlich weltpolitische Führungsaufgaben teilen werden und (2) in welchem Verhältnis schon jetzt und erst recht in der Zukunft die hier genannten staatlichen und nicht-staatlichen Akteure (UN-System, regionale Akteure, sonstige IGOs, INGOs, transnationale Akteure) stehen werden.

2. Hegemonialverlust und neue Kooperationskreise

Das augenfälligste Erscheinungsmerkmal der internationalen Politik der Gegenwart ist das Ende der amerikanisch-sowjetischen Hegemonie. Nach *P. Kennedy* kann weltgeschichtlich die relative Stärke der führenden Staaten nie konstant bleiben, weil Gesellschaften ungleiche Wachstumsraten aufweisen und zudem unterschiedliche technologische und organisatorische Innovationsdurchbrüche kennen. In der Tat läßt sich unter diesen Gesichtspunkten besonders nach 1950 ein sozioökonomischer, politischer und kultureller Veränderungsprozeß in der Weltgesellschaft beobachten, der vor dem Forum einer imaginären globalen Machtbalance eindeutig zu Lasten der USA und der UdSSR geht. Am augenscheinlichsten gewinnen Japan und das Europa der →Europäischen Gemeinschaften, doch gilt dies auch für andere Teile der Welt. Wenn in Zeiten des sichtlichen Positionsgewinnes Dritter hegemoniale Ansprüche erhalten werden sollen, müssen die Imperien nach außen in einen Zustand der Überexpansion geraten („imperial overstretch"), den sie von innen heraus nur durch ein immer neu regeneriertes wirtschaftliches, militärisches und technologisches Übergewicht beibehalten könnten – was schon auf mittelfristige Sicht eine realitätsferne Annahme ist. Während aber die USA bis zur Stunde eine zumindest relative Führungsposition halten konnten, weil sie die Nutznießer eines wesentlich von ihnen selbst mitbestimmten offenen Weltwirtschaftssystems geblieben sind, mußte sich die UdSSR auf einen Wettbewerb einlassen, der deshalb nie zu gewinnen war, weil sie über Jahrzehnte glaubte, mit einer nicht in die Weltwirtschaft integrierten Wirtschaftsgemeinschaft (des →Rats für gegenseitige Wirtschaftshilfe) auskommen zu können. Die USA haben die Folgen von Innovationsimpulsen deshalb auf der Ebene der weltpolitischen Führung einigermaßen zufriedenstellend verarbeiten können, weil dem amerikanischen außen- wie wirtschaftspolitischen Denken eine Pluralität von Akteuren, Zielen und „issues" durchaus geläufig ist, so daß sie sich auch der Notwendigkeit, von einer hierarchischen Hegemonial- zu einer kollektiven Konsortialführung zu gelangen, flexibler zu stellen wußten. Kennzeichnend für die beiden letzten Jahrzehnte sind daher sich überschneidende Felder von Dreieckskonstellationen, an denen die USA jedesmal einen erkennbaren Anteil haben. Das älteste Beispiel ist die von *R. Nixon* und *H. Kissinger* begonnene sowjetisch-amerikanisch-chinesische Dreiecksrelation. So sehr sie durch Konkurrenz- und Rivalitätsverhalten geprägt blieb, so sehr gewährte sie die geostrategische Präsenz aller drei Partner in Ost- und v. a. Südostasien, ohne daß es zu auf Eskalationen ausgerichteten Verdrängungskonflikten kam. Ein anderes Beispiel ist das wirtschaftliche Kooperationsdreieck Japan-USA-Westeuropa, ein weiteres das sich formierende Kooperationsdreieck Japan-USA-Pazifikanrainer. Sich allmählich festigende Verknüpfungen von Regionalisierungstendenzen mit arbeitsteilig funktionalen Aufgaben finden einen institutionellen Ausdruck in den seit 1976 zusammenkommenden wirtschaftspolitischen Gipfelkonferenzen der Staats- und Regierungschefs der sieben (ursprünglich fünf) wichtigsten westlichen Industrieländer.

3. Das Nord-Süd-Problem

Als konkretes Strukturelement des internationalen Systems bedeutet der →Nord-Süd-Konflikt (vgl. a. G. P., Kap. 1, S. 6) einseitige Abhängigkeitsbeziehungen zwischen Industrie- und Entwicklungsländern, die in der Dritten Welt in fast allen Fällen die Substanz staatlicher Identität und Zielautonomie trifft. Auf wirtschaftlicher Ebene wird die passive Abhängigkeit vom Weltmarkt und von den Austauschrelationen mit den Industrieländern beklagt (von außen kommende Investitionsentscheidungen, terms of trade, Schuldenkrise; vgl. G. P., Kap. 6). Die ungerechte Verteilung von Ressourcen und

Wohlstand gilt als Verweigerung von Entwicklungschancen. Politisch wird den Industrieländern und v. a. den Supermächten vorgeworfen, sie lebten an den nachkolonialen Problemen des *state and nation building* (vgl. G. P., Kap. 3) vorbei, indem sie sich letztlich „von außen" über fremde Souveränitäten hinwegsetzten (Interventionen militärischer Natur, geringes Mitspracherecht im → Internationalen Währungsfonds und in der Weltbank [→ Internationale Bank für Wiederaufbau und Entwicklung], Entwicklungshilfe [→ Entwicklung, Entwicklungspolitik] als Instrument globaler Machtpolitik, Bestechung und Korrumpierung einheimischer Eliten). Als kulturelle Einschränkung gilt v. a. das Übergewicht des westlichen Zivilisationsleitbildes. Die Dritte Welt ist dabei, sich zu wehren. Die indische *(V. R. Mehta),* indonesische *(S. T. Alisjahbana)* oder lateinamerikanische *(H. C. F. Mansilla)* Diskussion um Identität und eigene Entwicklungsleitbilder gehört genauso in diesen Kontext wie der islamische Fundamentalismus (vgl. G. P., Kap. 7, S. 70f.) oder der Versuch lateinamerikanischer Sozialwissenschaftler und Völkerrechtler *(J. C. Puig, H. Jaguaribe),* Freiräume für Autonomie durch veränderte Handlungskategorien zu schaffen. Der Aufbruchversuch der Dritten Welt ist der deutlichste Indikator dafür, daß wir bis auf weiteres (vielleicht für immer) weit entfernt sind von einer sich über eine Weltkultur integrierende Weltgesellschaft (vgl. G. P., Kap. 2).

4. Japan, die Zukunft Europas und die deutsche Frage

Von allen Einzelstaaten hat nach dem II. Weltkrieg ↗ Japan den bemerkenswertesten Aufstieg zur führenden Industriemacht erfahren. In den USA ist eine Japan-Diskussion entbrannt, die das Ende des amerikanischen Zeitalters prophezeit *(St. Schloßstein).* Japan schien lange Zeit mit den USA in einem Wettrennen zu stehen, bei dem Europa längst verspielt hatte. Aus heutiger europäischer Sicht besteht kein Anlaß zu irgendeiner Resignation. Wirtschaftlich gibt es keine Industrieregion, die die Produktpalette der europäischen Wirtschaft aufweisen könnte. Politisch befindet sich die Europäische Gemeinschaft seit Mitte der 70er Jahre in einem Zustand fortschreitender Integration, der jetzt noch einmal durch die Entscheidung, bis zum Jahre 1992 einen Gemeinsamen Markt herzustellen, erheblich verstärkt worden ist. Kulturell darf sich Europa darauf zurückbesinnen, daß „die Idee des Fortschritts ... seit den Tagen der griechisch-römischen Antike eine konstitutive Idee für die Identität Europas" *(K. Seitz)* war (↗ Europa II). Die Zeiten des europäischen Rangverlustes haben aufgehört, auch wenn die Europäer immer noch Mühe haben, weltpolitische Führungsaufgaben auszufüllen, die ihrem wirtschaftlichen und kulturellen Status im internationalen System entsprechen. Das hängt nicht nur mit nach 1945 entstandenen europäischen Unsicherheiten und einem relativ zähen Festhalten an der Idee des Nationalstaates zusammen (Frankreich, Großbritannien). Darin spiegeln sich bis auf weiteres auch Ungewißheiten bezüglich der künftigen Zusammensetzung eines integrierten Europa wider. – Der →deutschen Frage kommt in solchen Überlegungen besondere Bedeutung zu. Das vereinigte ↗ Deutschland wird mit Sicherheit einen gewichtigeren Platz innerhalb der EG einnehmen als dies der bisherigen Bundesrepublik Deutschland möglich war – aus wirtschaftlichen Gründen und auch deshalb, weil ein geeintes Deutschland über außenpolitisch-internationale Handlungsspielräume verfügen kann, die den beiden deutschen Einzelstaaten verwehrt waren. Die Aufhebung der Teilung Deutschlands impliziert die Aufhebung der Teilung Europas. Die deutsche Einheit wirft aber auch Sicherheitsprobleme auf, die sich nur in einem europäischen Rahmen lösen lassen, der logischerweise nicht mehr identisch sein kann mit den vorhandenen Strukturen der Westlichen Allianz. Das muß nicht den Verzicht auf die amerikanische Präsenz in Europa bedeuten, wohl aber eine sicherheitspolitische Gewichtsverlagerung, in der sich weltpolitische Akzente neu verteilen werden.

5. Die Zukunft des internationalen Systems

Einem mehrfach fragmentierten, offenen und multipolaren internationalen System wird bis auf weiteres die Zukunft gehören, über dessen konkrete Komposition sich im Augenblick wenig verläßliche Angaben machen lassen. Auf der Staatenebene gibt es etliche Fragezeichen. Während für West- und Mitteleuropa Anlaß zu Optimismus besteht, bleibt das Schicksal der ehem. UdSSR und Osteuropas angesichts zunehmender ethnischer und nationaler Konflikte offen. Noch schwieriger sind langfristige Kapazitätseinschätzungen für die führenden Staaten der Dritten Welt. Die 80er Jahre gelten unter Entwicklungsgesichtspunkten als „verlorenes Jahrzehnt". Wird es möglich sein, einen Nord-Süd-Ausgleich zu finden (was nicht mehr und nicht weniger bedeuten würde als die überfällige Wiederaufnahme des Nord-Süd-Dialogs seitens der Industrieländer)? Wie wird sich der Regionalismus in der Dritten Welt entwickeln? Solche Fragen gehen von der Makroebene der Staaten und ihrer Bündelungen aus. Daneben bleiben globale und kollektive Probleme wie die Umweltsituation (→ Umwelt, Umweltschutz), das Bevölkerungswachstum (→ Bevölkerung; vgl. G. P., Kap. 6), Klimaveränderungen (vgl. G. P., Kap. 1), die drohende Erschöpfung natürlicher Ressourcen auf Weltebene, eine wachsende internationale Kriminalität, Seuchen wie Aids, Hungersnöte, strukturelle Arbeitslosigkeit,

Rassendiskriminierung (→ Rassenkonflikte), die Gefahr nuklearer ziviler oder militärischer Katastrophen, die Möglichkeit der Eskalation lokaler Konflikte (Naher Osten, Mittelamerika, Südostasien, Randzonen der ehem. UdSSR), die Versuchung zum Mißbrauch der neuen Bio- und Gentechnologien (→ Gentechnik, Gentechnologie). Eine wachsende Zahl von Theoretikern der internationalen Politik und von Zukunftsforschern ist daher der Meinung, daß nur noch eine planetarische Politik mit „global-level controls" *(Couloumbis, Wolfe)* den Bestand geordneten menschlichen Zusammenlebens auf Dauer sichern kann. Es müsse dies nicht zu einer totalen Zentralisierung politischer Entscheidungsvollmachten auf Weltebene führen, wohl aber zu einer globalen Planung, Koordination und Kontrolle in begrenzten funktionalen Bereichen. Es bedeutet dies letztlich den Entwurf eines internationalen Systems „beyond the nation-state", für das es aber noch keine überzeugenden Vorbilder gibt.

LITERATUR

Zu I und II: A. **Wolfers,** Discord and Collaboration. Essays on International Politics. Baltimore 1962, ³1971. – R. A. C. **Parker,** Das zwanzigste Jahrhundert, 1918–1945. Frankfurt/M. 1967, ¹⁷1989. – Internationale Beziehungen. Hg. K. D. **Bracher,** E. **Fraenkel.** Frankfurt/M. 1969. – E. **Krippendorf,** Die amerikanische Strategie. Entscheidungsprozeß und Instrumentarium der amerikanischen Außenpolitik. Frankfurt/M. 1970. – J. E. **Dougherty,** R. L. **Pfaltzgraff,** Contending Theories of International Relations. Philadelphia 1971, New York ³1990. – H. **Bull,** The Anarchical Society. A Study of Order in World Politics. New York 1977. – Die Vereinigten Staaten von Amerika. Hg. P. **Adams.** Frankfurt/M. 1977. – Hwb. Internationale Politik. Hg. W. **Woyke.** Opladen 1977, Bonn ⁴1990. – R. O. **Keohane,** J. S. **Nye,** Power and Interdependence. Boston 1977 (Lit.). – A. **Couloumbis,** J. H. **Wolfe,** Introduction to International Relations. Power and Justice. Englewood Cliffs (N.J.) 1978, ⁴1990. – Weltprobleme zwischen den Machtblöcken. Hg. W. **Benz,** H. **Graml.** Frankfurt/M. 1981. – C. **Goehrke** u.a., Rußland. Frankfurt/M. 1983. – Weltpolitik. Strukturen – Akteure – Perspektiven. Hg. K. **Kaiser,** H.-P. **Schwarz.** Bonn 1985, ²1987. – E. **Krippendorff,** Internationale Politik. Geschichte und Theorie. Frankfurt/M. 1987. – M. **Knapp,** G. **Krell,** Einf. in die Internationale Politik. München 1990.

Zu III: K. **Kaiser,** Transnationale Politik. Zu einer Theorie der multinationalen Politik, in: Die anachronistische Souveränität (Sonder-H. 1 der PVS). Opladen 1969, 80 ff. – W. L. **Bühl,** Transnationale Politik. Stuttgart 1978. – A. **Fishlow** u.a., Rich and Poor Nations in the World Economy. New York 1978. – W. **Link,** Der Ost-West-Konflikt. Die Organisation der internationalen Beziehungen im 20. Jh. Stuttgart 1980. – R. A. **Mortimer,** The Third World Coalition in International Politics. New York 1980. – O. **Buchbender,** H. **Bühl,** H. **Quaden,** Sicherheit und Frieden. Herford 1983, ³1987. – V. **Matthies,** Die Blockfreien. Opladen 1985. – Ph. **Braillard,** M.-R. **Djalili,** The Third World and International Relations. Boulder (Col.) 1986. – A. **Jaitly,** International Politics. New Delhi 1986. – Perspektiven für Sicherheit und Zusammenarbeit in Europa. Hg. H.-D. **Jacobsen** u.a. Bonn 1988. – P. **Chander,** P. **Arora,** Studies in International Relations. New Delhi ⁷1989. – Foreign Policy and World Politics. States and Regions. Hg. R. C. **Macridis.** Englewood Cliffs (N.J.) ⁷1989.

Zu IV: V. R. **Mehta,** Beyond Marxism. Towards an Alternative Perspective. New Delhi 1978. – H. **Jaguaribe,** Autonomía periférica y hegemonía céntrica, in: Estudios internacionales 12 (1979) 46 ff. – J. C. **Puig,** Doctrinas internacionales y autonomía latinoamericana. Caracas 1980. – S. T. **Alisjahbana,** Indonesia. Social and Cultural Revolution. Kuala Lumpur 1981. – Toward a Just World Order. Hg. R. **Falk** u.a. Boulder (Col.) 1982. – V. R. **Mehta,** Ideology, Modernization and Politics in India. New Delhi 1983. – Global Dilemmas. Hg. S. P. **Huntington,** J. S. **Nye.** Lanham (Md.) 1985. – B. B. **Hughes,** World Futures. A Critical Analysis of Alternatives. London 1985. – Hwb. Internationale Organisationen. Hg. U. **Andersen,** W. **Woyke.** Opladen 1985. – International Regimes. Hg. S. D. **Krasner.** Ithaca 1985. – W. L. **Bühl,** Das Ende der amerikanisch-sowjetischen Hegemonie? Internationale Politik im Fünften Kondratieffschen Übergang. München 1986. – H. C. F. **Mansilla,** Die Trugbilder der Entwicklung in der Dritten Welt. Paderborn 1986. – K. P. **Saksena,** Cooperation in Development. Problems and Prospects for India and ASEAN. New Delhi 1986. – J. **Betz,** V. **Matthies,** Dritte Welt und Weltfrieden, in: JbDrW 1987, 25 ff. (Lit.). – M. **Gorbatschow,** Perestroika. Die zweite russische Revolution. München 1987, N. A. 1989. – R. **Rosecrance,** Der neue Handelsstaat. Herausforderungen für Politik und Wirtschaft. Frankfurt/M. 1987. – H. **Schmidt,** Menschen und Mächte. Berlin 1987. – K. **Seitz,** Nichi-Bei: Japan – Amerika, in: Nach vorn gedacht ... Perspektiven deutscher Außenpolitik. Hg. H.-D. Genscher. Bonn 1987, 143 ff. (Lit.). – European Political Cooperation in the 1980s. A Common Foreign Policy for Western Europe? Hg. A. **Pijpers** u.a. Dordrecht 1988. – P. **Kennedy,** The Rise and Fall of the Great Powers. Economic Change and Military Conflict from 1500 to 2000. London 1988. – The Expansion of International Society. Hg. H. **Bull, A. Watson.** Oxford 1988. – E.-O. **Czempiel,** Machtprobe. Die USA und die Sowjetunion in den achtziger Jahren. München 1989. – St. **Schloßstein,** The End of the American Century. New York 1989. – J. **Weiß,** The Asian Century and what it means for the West. New York 1989. – El sistema internacional y América Latina. Nuevas formas de concertación regional en América Latina. Hg. L. **Tomassini.** Buenos Aires 1990. – R. **Wesson,** International Politics in Transition. Englewood Cliffs (N.J.) 1990.

Manfred Mols

KAPITEL 5
RECHT

I. Universalität, Formen und Funktionen des Rechts

Im Blick auf die Welt im ganzen ist →Recht ein universales Phänomen. Nirgendwo mehr reichen →Sitte und Brauch, die →Moral oder die ungeschiedene Einheit von Sozialnormen zur Regulierung mitmenschlichen Zusammenlebens und zur Stabilisierung bzw. Entwicklung von politischen Gemeinschaften aus. Als Ordnungsform für die Gesellschaft und für den Staat kommt es heute nicht nur überall vor, sondern es ist unentbehrlich. Es besitzt spezifische *Grundfunktionen,* ohne deren Erfüllung weder eine Gesellschaft noch ein Staat lebensfähig sind: Mit seiner Hilfe werden Chaos und Willkür überwunden, wird verbindliche und verläßliche Ordnung hergestellt. Es grenzt Interessensphären der einzelnen und der Gruppen ab und ordnet sie einander zu. Es gibt in einem bestimmten Umfang Regeln für Lebens- und Sachbereiche wie Ehe und Familie, Bildung, Wirtschaft, Technik u. a. Besonders wichtig ist die *Organisations- und Verfahrensfunktion* des Rechts: In seinen Formen spielt sich Willensbildung menschlicher Gemeinschaften ab, werden Organe und Institutionen konstituiert, durch die und in denen gehandelt werden kann. Durch Recht wird →Macht ermächtigt, begrenzt und kontrolliert. Das Recht stellt Mechanismen für die Regelung →sozialer Konflikte zur Verfügung, es ermöglicht die Ahndung von Unrecht. Dergestalt ist es ein umfassendes Normengefüge für menschliche Interaktion, ja, man muß zuspitzen: Das Recht besitzt Allbezüglichkeit. Es hat, mit einem berühmten Wort F. C. v. →*Savignys* gesagt, „kein Daseyn für sich, sein Wesen vielmehr ist das Leben der Menschen selbst, von einer besonderen Seite angesehen". Es gibt keinen Bereich der menschlichen Wirklichkeit, der nicht von Recht betroffen wäre oder potentiell davon betroffen werden könnte. Der sog. rechtsfreie oder rechtsleere Raum hat diese Eigenschaft nur deshalb, weil er mit Hilfe des Rechts ausgegrenzt und rechtlich geschützt ist. So verwundert es nicht, daß auch in allen Fragen, welche die moderne wissenschaftlich-technische Entwicklung stellt – etwa auf dem Gebiet der Gentechnik, der Telekommunikation, der Reaktorsicherheit oder wo immer –, Recht präsent ist und, sobald es um Ausgleich und Koordination von Interessen sowie um Organisation, Verfahren und →Kontrolle geht, präsent sein muß. Demgemäß ist auch die Vorsorge für die Daseinsmöglichkeit künftiger Generationen, für die Bewahrung der natürlichen, sozialen und kulturellen Lebensgrundlagen für die Zukunft zu einer eminenten Aufgabe des Rechts geworden.

Auf einem anderen Blatt steht die Frage nach den konkreten Rechtsformen und nach der Intensität der rechtlichen Regelung. Es wäre kontinental-europäische Blickverengung, wollte man nicht sehen, daß z. B. das →*Gewohnheitsrecht,* das hierzulande allenfalls noch eine tertiäre oder quartäre Rolle spielt, in bestimmten Bereichen der Welt eine vorrangige Bedeutung hat und daß ihm nicht zuletzt im →Völkerrecht noch eine bedeutsame Funktion zukommt. Man muß sich auch bewußt machen, daß das *geschriebene Recht* eine Formen- oder Artenvielfalt kennt. Um es mit klassischen Kategorien zu sagen: Recht erscheint nicht nur als *ius strictum,* sondern auch als *ius aequum;* es ist nicht nur *ius cogens,* sondern kann auch *ius dispositivum* sein. Modern ist die Unterscheidung zwischen konditionaler und finaler Programmierung durch das Recht. Neuerdings beginnt der Begriff „*soft law*" hoffähig zu werden. Auch und gerade im modernen sozialen Rechtsstaat, der mit seinen Bürgern und mit freien Kräften kooperiert und sich von vornherein um Akzeptanz bemüht, gewinnen zunehmend informale Formen, wenn das so paradox ausgedrückt werden kann, an Bedeutung (z. B. Absprachen). Das macht zugleich auf die Grenzen der Steuerungsfähigkeit einer Gesellschaft bzw. einer politischen Ordnung durch Recht aufmerksam.

Omnipräsenz und Allbezüglichkeit des Rechts meint nicht eine Gleichsetzung mit der Forderung nach Maximierung der „Durchnormierung" oder gar des gerichtlichen Rechtsschutzes. In der weltweiten Debatte um *Normenflut* einerseits, *Deregulierung* andererseits hat sich gezeigt, daß mit pauschalen Positionen nichts zu erreichen ist. Mit der Optimierung von pluralistischer Freiheit wächst der Bedarf an Abgrenzung und Zuordnung. Die Normenflut ist nicht nur der Preis, den man für die Komplexität der Lebensverhältnisse, sondern den man auch für die Freiheit zu zahlen hat, denn Freiheit kann nur mit den Freiheiten anderer existieren. Auf der anderen Seite kann Normenflut gewiß auch zum Hemmschuh der Freiheit werden. Die „Wohltat des Rechts" kann in die „Plage der Verrechtlichung" *(H. Maier)* umschlagen. Abbau von rechtlichen Normen könnte aber um so überzeugender gefordert und besser ins Werk gesetzt werden, wenn man stärker auf vor- oder außerrechtliche Regulierungskräfte vertrauen könnte. Man sollte meinen, in pluralistischen Gesellschaften könne sich das Recht am ehesten auf die Aufgabe zurückziehen, das „ethische Minimum" *(G. Jellinek)* zu gewährleisten. Das Gegenteil ist der Fall. Es wächst ihm jetzt erst recht die Aufgabe zu, nicht mehr vorhandene oder zersplitterte Sozialmoral zu ersetzen. Für viele macht es schon gar keinen Sinn mehr, unterscheidend zu fragen, ob denn, was rechtlich erlaubt ist, auch als moralisch erlaubt qualifiziert werden darf. Sie kennen nur noch den Maßstab des Rechts. Das aber strapaziert, ja übersteigt letzten Endes dessen Leistungsfähigkeit als fragmentarische, ergänzungs- und abstützungsbedürftige Ordnung.

II. Recht als kulturelle Errungenschaft

Kein Raum der Welt ist frei von rechtlichen Bezügen. Das Recht ergreift nicht nur das territorial aufgegliederte Land, sondern auch das Meer (→ Meere) und den Luftraum (→ Luftfahrt), ja es reicht bis in den → Weltraum und bis in die tiefsten Tiefen der „hohen See" (→ Seerecht).

Wo immer Recht in diesem globalen Bezugsrahmen anzutreffen ist, stellen seine Normen in dem betreffenden Kontext ein wesentliches Stück der *Kultur* dar. Damit soll betont werden: Bei aller Bezogenheit des Rechts auf die naturale Basis des Menschen und dessen natürliche Umwelt ist die Schaffung von rechtlichen Normen eine schöpferische Leistung, eine kulturelle Hervorbringung aus dem ideengeleiteten Geist des Menschen, ist das Recht demgemäß kein automatisch sich einstellendes Produkt. Wenn zutreffend und nur scheinbar paradox gesagt wird, der Mensch sei von Natur ein Kulturwesen, dann ist dies gerade am Recht leicht zu exemplifizieren. Der Mensch ist von Natur ein Normenwesen, ein auf Normen angewiesenes, zugleich zu deren Hervorbringung befähigtes Wesen. In einem großen Lern- und Differenzierungsprozeß ist es ihm gelungen, mit dem Recht eine Ordnungsform zu schaffen, mit deren Hilfe er den Anforderungen und Herausforderungen in bezug auf das soziale Zusammenleben gerecht werden kann. Die conditio humana und mit ihr das Recht stellt sich freilich ganz unterschiedlich dar, wenn man die „evolutionäre Asymmetrie" *(W. Brugger)* bedenkt, in der sich die Menschheit befindet, also die Ungleichzeitigkeit und Ungleichgewichtigkeit der politischen, sozialen und wirtschaftlichen Entwicklung der Völker und Staaten. Die Rede von den drei oder vier Welten (vgl. Globale Perspektiven [G. P.], Kap. 1) oder vom sog. → Nord-Süd-Konflikt (vgl. G. P., Kap. 6, A) sind Belege dafür. Die anthropologische Fundierung des Rechts und dementsprechend seine Universalität dürfen über seine „Kontextualität", seine Einbindung in ein komplexes Bedingungsgeflecht nicht hinwegtäuschen.

III. Pluralität der Rechtskreise

Sieht man vom Völkerrecht und vom supranationalen Gemeinschaftsrecht, aber auch etwa vom universalen Recht der katholischen Kirche ab, so folgt das Recht weitgehend den Territorien der Staaten. Demgemäß erscheint das Staaten-Recht, m. a. W. das nationale Recht, in großer Vielfalt. Vielleicht kann man die Formel verwenden: „tot iura quot res publicae" (so viele Rechte wie Staaten). Überdies gibt es (v. a. in Afrika) „Mehrrechtsstaaten", Staaten mithin, in denen Rechtspluralismus im Sinne des Neben- und Miteinander verschiedener Rechtssysteme herrscht. Darin kommt die weitgehende historisch-politische wie sozio-kulturelle Bedingtheit des Rechts zum Ausdruck.

Es lassen sich freilich auch Ähnlichkeiten und Gemeinsamkeiten aufweisen, ja es gibt → *Allgemeine Rechtsgrundsätze,* die das Völkerrecht als Rechtsquelle anerkennt und die die Frage nach einem universalen → Naturrecht wachhalten. Insbesondere der → Rechtsvergleichung auf dem Gebiete des *Privatrechts* kommt das Verdienst zu, „*Rechtssysteme*", „*Rechtskreise*" oder „*Rechtsfamilien*" erkannt und näher bestimmt zu haben. So werden etwa unterschieden: der *romanische,* der *deutsche* und der *nordische Rechtskreis,* sodann der *anglo-amerikanische* und *sozialistische Rechtskreis.* Ferner werden, freilich mit einer eurozentrisch angehauchten Verlegenheitsformel, als „übrige Rechtskreise" der *fernöstliche Rechtskreis* sowie das *islamische Recht* und das *Hindu-Recht* erfaßt *(K. Zweigert, H. Kötz).*

Wie immer man im einzelnen gliedert: Die Existenz von Rechtskreisen oder Rechtsfamilien als solche ist unbestritten. Oft zeigt sich auch eine weitgehende Übereinstimmung in den Kriterien der Klassifizierung: die Prägung bzw. Nichtprägung durch das römische Recht in der Unterscheidung zwischen kontinental-europäischem „*civil law*" oder „*codified law*" und dem angelsächsisch-angloamerikanischen „*common law*", die Zugehörigkeit zum Weltanschauungssystem des Marxismus-Leninismus, die Maßgeblichkeit von Religion und Tradition. Der letztere Gesichtspunkt spielt v. a. für die Einordnung afrikanischer und südostasiatischer Rechtsordnungen eine Rolle.

In ähnlicher Weise wie für das Privatrecht, aber doch auch mit signifikanten Unterschieden, kann man für das *Strafrecht* „große Strafrechtsfamilien" ausmachen (→ Strafrecht VII). Die Forschung über „*Verwaltungsrechtsfamilien*" ist noch unterentwickelt. Um so größeres Gewicht kommt dem Versuch zu, ein „Europäisches Verwaltungsrecht" zu erarbeiten *(J. Schwarze).* Der besondere Reiz liegt dabei in der Begegnung zwischen den kontinentaleuropäischen Konzeptionen und dem Rechtsstil, der der common-law-Tradition verpflichtet ist.

IV. Rezeption

Nationale Rechtsordnungen und die regionalen oder ideologisch begründeten Rechtskreise sind keine fensterlosen Monaden, sind nicht streng gegeneinander abgeschottet. Man mag etwa bei der ersten Begegnung mit dem common law einen „Rechtskulturschock" zu verkraften haben. Doch wird auch im common-law-Bereich die Rolle der Gesetzgebung *(statutes)* stärker, ebenso wie man auch für den Bereich des kodifizierten Rechts (→ Kodifikation) die dem → Richterrecht zukommende Schlüsselfunktion erkannt hat. Überhaupt gibt es Austausch, Angleichung, Kooperation und Koordination, Interferenz und Interaktion. Nicht zuletzt gibt es das Phänomen der *Rezeption*. Rezeption ist eine dem Juristen besonders vertraute Vokabel. Er verbindet sie mit dem großen historischen Prozeß der Übernahme des römisch-kanonischen Rechts in Europa, dessen entscheidendstes Kennzeichen in der „Verwissenschaftlichung" *(F. Wieacker)* liegt, der sich aber gleichwohl einer monokausalen Erklärung entzieht. Der Prozeß zeigt einen ungemein komplexen und zeitlich lang gestreckten Verlauf. Demgegenüber scheinen moderne Rezeptionen von einfacherer Struktur zu sein. Man denke an die Übernahme des Schweizerischen → Zivilgesetzbuchs in die ↗ Türkei *Atatürks,* an diejenige des deutschen → Bürgerlichen Gesetzbuchs in ↗ Japan und Korea (↗ Korea, Republik) oder an den Import des amerikanischen Strafverfahrensrechts in das Japan der Nachkriegszeit. Allenthalben jedoch zeigt sich, daß die Ursachen der Rezeption jeweils differenziert zu sehen sind, v. a. aber daß Rezeption kein Gesetzgebungsakt oder gar nur ein auf den Text beschränkter Übersetzungsakt ist, sondern ein sozialer Prozeß, in dem fremdrechtliche Normen und Verhaltensmuster in das einheimische Rechtsleben Eingang finden *(M. Rehbinder).* In diesem sozialen Prozeß spielen eine entscheidende Rolle die Rechtsmentalität der betreffenden Bevölkerung und besonders stark das Rechtsbewußtsein derer, die das Recht handhaben und es anzuwenden haben. Rezeption, wenn sie denn erfolgreich sein soll, gelingt nicht ohne die im rezipierten Recht geschulten, mit ihm vertrauten, es nicht nur äußerlich bejahenden „professionals".

Besten Anschauungsunterricht bietet dafür derzeit die rechtliche Großbaustelle „Wiedervereinigtes Deutschland". Die Geltungserstreckung des Rechts der Bundesrepublik Deutschland ist allerdings ein Rezeptionsvorgang von spezifischer Eigenart, ja von besonderer Dramatik. Zum einen nämlich kann an Gemeinsamkeiten, die bis 1945 bestanden haben, angeknüpft werden, zum andern muß die Rezeption nicht etwa nur eine Lücke ausfüllen, Bestehendes ergänzen und fortentwickeln, sondern muß weithin überwinden, was gerade als Gegenmodell zum sog. bürgerlich-kapitalistischen Recht oktroyiert worden war. Insofern könnte man geradezu von „Gegenrezeption" sprechen. Überdies werden dadurch die Grenzen zweier Rechtskreise verändert. Eine Rechtsfamilie, die sozialistische, verliert ein gelehriges Kind, ja sie läßt überhaupt Anzeichen der Zerrüttung erkennen.

Neben den großen, umfassenden Rezeptionen stehen sachlich begrenzte Übernahmen, Rechtsimporte gewissermaßen. Das größte Exportland, um im Bild zu bleiben, dürften die USA sein. Begriffe wie „leasing" oder „factoring", die noch nicht einmal mehr übersetzt zu werden pflegen, deuten darauf hin. Ganz offenkundig sind hier besonders Interessen und Sachgesetzlichkeiten des wirtschaftlichen Verkehrs im Spiel.

V. Rechtsvereinheitlichung

Die zuvor dargestellten Sachverhalte sind es denn auch meistens, die als Antriebskräfte für Rechtsvereinheitlichung wirken. Seit fast 60 Jahren gibt es ein einheitliches Wechsel- und Scheckrecht. Nach der Zwischenstufe der *„Haager Einheitlichen Kaufgesetze"* von 1964 ist in den letzten Jahren ein großer Schritt getan worden, nämlich mit dem *„Übereinkommen der Vereinten Nationen über Verträge über den internationalen Warenkauf"* vom 11. 4. 1980 (für die Bundesrepublik Deutschland seit 1.1.1991 in Kraft). Im Verhältnis zu solchem Einheitsrecht bekommen die nationalen bzw. regionalen Rechtsordnungen einen neuen, veränderten Stellenwert. Man hat schon davon gesprochen, die nationalen Rechtskulturen bestünden künftig nur noch „als Rechtsdialekte eines Weltrechts" *(Rehbinder).* Es mag eine solche Tendenz geben. Darüber ist aber nicht zu vergessen, daß gerade das Einheitsrecht aus den verschiedenen Rechtsordnungen und Rechtskulturen herausgewachsen ist, daß es v. a. aber in seiner Akzeptanz und Wirksamkeit auf die Verflechtung mit diesen angewiesen bleibt. Überdies ergreift das Einheitsrecht eher die technischen, auf den Rechtsverkehr ausgerichteten Materien des Privatrechts, nicht hingegen etwa das Boden- sowie das Familien- und Erbrecht. Hier spielen naturgemäß Prägungen durch Geschichte, Gesellschaftsstruktur und Wertvorstellungen eine ungleich größere Rolle.

VI. Professionalisierung

Zu den globalen Perspektiven des Rechts gehört unstreitig die Professionalisierung im Bereich der Rechtspflege. Gerade dort, wo das Recht als Instrument der gesellschaftlich-politischen, sozialen und wirtschaftlichen Entwicklung eingesetzt werden soll, macht sich die Notwendigkeit professioneller Handhabung bemerkbar. Eine dominierende Rolle kann der „Laie" allenfalls noch in der stammesrechtlichen oder sonst stark traditional geprägten Rechtspflege spielen. Immerhin gibt es auch in der Justiz entwickelter Rechtsordnungen institutionell gesicherte Laienbeteiligung in der Funktion des Geschworenen oder des Schöffen in der Strafrechtspflege, des ehrenamtlichen Richters in anderen Zweigen der Gerichtsbarkeit oder des Mitglieds eines Verfassungsgerichts. Davon abgesehen ist aber der „Rechtsstab" voll professionalisiert. Zu den klassischen Rechtsberufen des Richters, Staatsanwalts, Notars und Rechtsanwalts sowie des Verwaltungsjuristen sind vornehmlich die Berufe des Wirtschafts- und Verbandsjuristen hinzugetreten, wobei die Formen der Ausbildung im internationalen Vergleich allerdings beträchtlich divergieren. Sie werden naturgemäß durch die Eigenart des betreffenden Rechtskreises mitgeprägt. Trotzdem und trotz der Notwendigkeit der Spezialisierung innerhalb der einzelnen Berufssparten schafft die Professionalität ein großes Maß an Gemeinsamkeit, nicht zuletzt mit Hilfe der Fachsprache und der spezifisch juristischen Denkweise. Dabei bewähren sich immer noch Elemente der lat. Rechtssprache und des römischen Rechts als eine Art juristische „Koine". Auf der anderen Seite sind damit für die Kommunikation mit den vom Recht Betroffenen und überhaupt für das Vertrauen in die Organe und Institutionen der Rechtspflege Gefahren verbunden.

VII. Menschenrechte

Unter den globalen Perspektiven der Rechts- und Staatsentwicklung nimmt das Thema „Menschenrechte" eine zentrale Stelle ein, ja es spielt eine dominierende Rolle. Denn wenn → Menschenrechte diejenigen fundamentalen Rechte sind, die jedem Menschen gerade als Menschen zustehen, unabhängig von seiner Zugehörigkeit zu einem bestimmten Staat oder einer bestimmten Gruppe, und wenn es wahr ist, daß, wie das Grundgesetz in Anlehnung an die UN-Menschenrechtsdeklaration von 1948 formuliert, die unverletzlichen und unveräußerlichen Menschenrechte die Grundlage „jeder menschlichen Gemeinschaft, des Friedens und der Gerechtigkeit in der Welt" (Art. 1 Abs. 2 GG) bilden, dann ist hier wahrlich eine weltweite Perspektive im Spiel. Es geht dabei in gleicher Weise um den Menschen und seinen höchstpersönlichen Status im Recht wie um den Staat. Die Achtung der Menschenrechte ist ein Element der Legitimation des Staates. Die Rechtfertigung des modernen Staates hängt wesentlich, wenn auch nicht exklusiv, von der Achtung der Rechte des Menschen ab *(Brugger)*. Nach den Erfahrungen der Vergangenheit und auch angesichts leidvoller Erfahrungen der Gegenwart verfällt man beim Thema „Menschenrechte" leicht in ein Pathos, das die Schwierigkeiten nicht nur der Praxis, sondern auch der Theorie zu überdecken droht. Immerhin darf zunächst, was die Positivierung der Menschenrechte im nationalen Verfassungsrecht und im internationalen Recht anlangt, eine positive Bilanz aufgemacht werden. Das normative Netz hat sich verdichtet. In erster Linie sind auf internationaler Ebene die beiden großen UN-Pakte vom 19.12.1966 zu erwähnen, nämlich der *„Pakt über bürgerliche und politische Rechte"* einerseits, der *„Pakt über wirtschaftliche, soziale und kulturelle Rechte"* andererseits. Ihnen stehen einzelne Menschenrechtsschutzverträge zur Seite wie diejenigen zur Beseitigung der Rassendiskriminierung und zur Ächtung der Folter. Für Europa, Amerika und Afrika kommen kontinental-regionale Konventionen hinzu, von denen insbesondere die am 4.11.1950 in Rom von den Mitgliedstaaten des →Europarats unterzeichnete „Konvention zum Schutze der Menschenrechte und Grundfreiheiten", die sog. → *Europäische Menschenrechtskonvention,* mit ihrem relativ weit ausgebauten Rechtsschutzsystem besonders wirksame Geltungs- und Integrationskraft für sich beanspruchen darf (↗Europa IV). Aber man muß sich dem Befund stellen, der wie folgt formuliert worden ist: „Über den Inhalt des Konzeptes der Menschenrechte herrscht kein tatsächlich universeller Konsens. Die Bestandsaufnahme der Ergebnisse jenes Prozesses, seit 1948 im Rahmen der Vereinten Nationen zu einer universellen Festschreibung völkerrechtlich verbindlicher Menschenrechtsnormen zu gelangen, läßt keine optimistischen Schlußfolgerung zu. Das verbale Bekenntnis vieler Staaten dieser Welt zu den Menschenrechtsinstrumenten der Vereinten Nationen vermag über zum Teil fundamentale geistig-philosophische Differenzen in der Interpretation der Menschenrechte nicht hinwegzutäuschen. Die vielfältigen Deutungen der Menschenrechtsidee reflektieren Unterschiede des geistig-philosophischen Zugangs zur Idee unveräußerlicher, vorstaatlicher und angeborener Rechte auf Grund divergierender kultureller und ideengeschichtlicher Vorverständnisse; vor allem aber äußern sich in ihnen die voneinander abweichenden politischen Zielvorstellungen, denen das Menschenrechtskonzept dienstbar gemacht werden soll" *(L. Kühnhardt)*.

Man kann einen Teil der Problematik schon an äußeren Fakten ablesen. Der UN-Zivilpakt, der die klassischen Abwehrrechte enthält, Ausdruck der sog. ersten Generation der Menschenrechte, mußte auf Druck der sozialistischen Staaten ergänzt werden durch den UN-Sozialpakt, Ausdruck der sog. zweiten Generation mit der Betonung der sozialen und leistungsstaatlichen Komponente. Und schließlich kam mehr und mehr auch die Konzeption der Länder der Dritten Welt zur Geltung. Man spricht von Menschenrechten der dritten Generation, die aber im Grunde nicht mehr Menschenrechte, sondern Kollektivrechte bzw. Rechte der Staaten sind. Zu den sog. Drittgenerationsrechten gehören insbes. die von den ärmeren Staaten eingeklagten Rechte auf Entwicklung, konkret auf Entwicklungshilfe, auf Frieden und auf Schutz der Umwelt, ferner etwa das Recht auf Teilhabe am „gemeinsamen Erbe der Menschheit", womit die Reichtümer des Tiefseegrundes, aber auch das sonstige natürliche und kulturelle Erbe der Welt sowie die Nutzung des Weltraums gemeint sind. Es ist offenkundig, daß die Rechte in diesen drei Generationen oder Dimensionen eine ganz unterschiedliche juridische Qualität besitzen. Insbesondere stehen unmittelbar justitiable negatorische Freiheitsrechte neben weitreichenden Teilhabe- oder Leistungsrechten, die ohne ein Handeln des Gesetzgebers und ohne finanzielles oder planerisches Engagement des Staates gar nicht ins Werk gesetzt werden können.

Auf doktrineller Ebene mögen sich die Divergenzen im Menschenrechtsverständnis zwischen Ost und West allmählich abbauen, wenn sich die Abkehr vom Marxismus-Leninismus als Staatsdoktrin, wie das in Osteuropa zu beobachten ist, durchsetzen sollte. Aber es bleiben auf alle Fälle Schwierigkeiten mit dem islamischen und dem hinduistischen Menschenrechtsdenken, ferner mit kommunitären oder kollektivistischen Vorstellungen, die in Afrika verbreitet sind.

Bei dieser Sach- und Problemlage gilt es, sich einerseits in der Menschenrechtsfrage vor Überschwang zu bewahren, andererseits aber in der eindringlichen Sorge um die „Lebenstüchtigkeit" der Menschenrechte, d. h. ihrer tatsächlichen Respektierung, nicht nachzulassen. Auf der Ebene der Theorie dürfte die Hoffnung bestehen, daß der interkulturelle anthropologische Diskurs die Bemühungen voranbringt und zu einer größeren Konvergenz der Auffassungen führt. Auf einen anderen Aspekt hat W. v. Simson (1989) nachdrücklich hingewiesen: Er hat v. a. auf die Notwendigkeit der Konkretisierung abgehoben und gezeigt, daß es – von der Gesinnung und dem ideologischen System unabhängige – faktische Zwänge gibt, jedenfalls ganz elementare Menschenrechte anzuerkennen. Er konstatiert „die Tatsachenlage", „daß es als Überlebensbedingung der großen, und wohl auch der kleineren Machtgruppen unserer Zeit erkennbar wird, gewisse Rechte jedes Menschen zu achten, und daß diese Notwendigkeit als eine der Menschheit gemeinsame aufgefaßt wird". Damit ist gemeint: Es gibt Dinge, die sich niemand nachsagen lassen will, m. a. W. Menschenrechtsverletzungen können mittel- oder langfristig teuer zu stehen kommen; man würde ausgeschlossen von Möglichkeiten der Friedenssicherung und der Teilhabe an Entwicklungschancen. Im Zuge dieses Gedankens könnte man als Beleg etwa konkret darauf verweisen, daß die Aufnahme der Türkei in die Europäische Gemeinschaft davon abhängig ist, „daß dort gewisse Zustände, die mit dem in der Gemeinschaft herrschenden Verständnis von Menschenwürde nicht zu vereinbaren sind, effektiv beseitigt werden". Es ist gewiß ein bedauerlicher Umweg, den man damit geht, nämlich über den Appell an die Eigeninteressen des Staates, statt des direkten Weges über die eigene Überzeugung von der Richtigkeit der Sache. Aber man darf um des Zieles willen diese Wirkung einer Art List des Faktischen durchaus akzeptieren, auch wenn es sich verbietet, auf diese Strategie allein zu setzen.

Diesen letzteren Gedanken aufgreifend, muß dann aber dafür plädiert werden, daß die Menschenrechte im engeren Sinne, d. h. die justitiell anwendungsfähigen Freiheits-, Gleichheits- und Eigentumsrechte sowie die spezifisch staatsbürgerlichen Rechte wegen ihrer Verwurzelung im Prinzip der Personalität und im Gedanken individueller sittlicher Autonomie wirklich universalisiert und nicht relativiert werden. Die Rechte der zweiten und dritten Generation sind wegen ihres andersartigen juridischen Status deutlich davon abzusetzen, auch wenn sie durchaus in den Umkreis von Freiheit und Gleichheit hineingehören, nämlich als Faktoren für deren konkrete Realisierung. Keinesfalls aber dürfen ihnen die Erstgenerationsrechte geopfert werden. Teilhabe und Entwicklung, soziale Sicherung und Prosperität sind ohne das sichere Fundament in der Achtung des Menschen als Menschen nicht möglich.

VIII. Der nach außen offene Staat

Gerade der Gedanke der Menschenrechte vermag die *Dimension des Staates* zu erschließen, ist dieser doch ebenso Adressat wie Garant der Menschenrechte, kann von ihm ebenso Gefährdung ausgehen wie ihm der Schutz der Menschenrechte aufgetragen ist. In globaler Perspektive ist jedenfalls unbestreitbar: *Die* politische Ordnungs- und Gliederungsform der Welt ist nach wie vor der → Staat (vgl. G. P., Kap. 3). Als gewaltmonopolisierende, zwar nicht allzuständige, aber höchstzuständige Handlungs-, Entscheidungs- und Wirkeinheit ist er ein Produkt der Neuzeit, das sich für die Bewältigung der komplexen Lebensprobleme sowie die Integration und Identifikation einer Gemeinschaft als unverzichtbar erwiesen hat. Auch und gerade in der sog. Dritten Welt hält man – sogar mit der Tendenz eines neuen Etatismus – daran fest. Die internationale Ordnung baut darauf auf. Die → Vereinten Nationen sind eine Gemeinschaft nicht von Völkern, sondern von Staaten.

Die Möglichkeit einer postmodernen, nach-neuzeitlichen Überwindung des Staates ist nicht in Sicht. Die marxistisch-leninistische These vom Absterben des Staates und vom Übergang in ein selbstregulatorisches Reich der Freiheit darf nicht zuletzt nach den jüngsten zeitgeschichtlichen Erfahrungen in die Rumpelkammer der Geschichte gestellt werden.

Demgemäß steht in bezug auf das Phänomen „Staat" nicht das „Ob" zur Debatte, wohl aber das „Wie". Hier sind freilich neue Problemstellungen und Transformationen unverkennbar.

Dazu gehört in erster Linie die mit zunehmender Komplexität der Lebensverhältnisse und Interdependenz der Lebensbedingungen gewachsene und weiterwachsende Verflechtung der Staaten und damit die Notwendigkeit eines Systems der Kooperation und Koordination, somit einer Relativierung der einzelstaatlichen Autarkie und Souveränität (vgl. G. P., Kap. 3, II). Die *nach außen offene Staatlichkeit* ist zur Überlebensvoraussetzung der Staaten geworden. Das Völkerrecht stellt dafür sein Instrumentarium, zuvörderst den Vertrag (→ internationales Vertragsrecht) und die klassischen Formen der → Staatenverbindungen zur Verfügung (s. u. XI). Vor allem aber haben sich funktional oder regional Formen der Verdichtung im Verhältnis von Staaten zueinander entwickelt, von denen die eindrücklichste und wirksamste wohl die Europäische Gemeinschaft mit ihren supranationalen Strukturen ist. Diese Gemeinschaft entfaltet freilich gerade neuerdings usurpatorisch-holistische Tendenzen, die die Frage nach den Grenzen der Gemeinschaftskompetenzen bzw. der Übertragung von Hoheitsbefugnissen seitens der Mitgliedstaaten besonders dringlich machen. Zudem wird mehr und mehr bewußt, daß in diesem Bereich nur mit Hilfe der regulativen Idee der Subsidiarität und mit föderalen Strukturen Lösungen gefunden werden können, die Tragfähigkeit gewährleisten und dauerhafte Akzeptanz versprechen. Überhaupt stellt sich das Problem integrierender und identitätsstiftender Vermittlungen. Zugleich wird sichtbar, wie Gliederungs- und Differenzierungselemente, die mit staatlichen oder administrativen Grenzen und Formen nicht notwendig übereinstimmen, neue Relevanz gewinnen. Dazu gehört insbes. die politische Aktivierung des Gedankens der Region. Staatenübergreifende Zusammenarbeit wird in einer Bewegung von unten nach oben ergänzt, ja geradezu materialisiert und konkretisiert durch interregionale Zusammenarbeit.

IX. Der nach innen offene Staat – Staat und Gesellschaft

Blickt man von hier aus in das Innere der Staaten, so muß der nach außen offenen die *nach innen offene Staatlichkeit* entsprechen. Damit ist das allenthalben relevante Problem des Verhältnisses von → *Staat und Gesellschaft* gestellt. So grundlegend um der Freiheit willen diese Unterscheidung bleibt, so wenig ist mit Trennungskonzeptionen auszurichten. Das Bild vom osmotischen Verhältnis der beiden Größen *(E. Forsthoff)* hat nach wie vor Plausibilität, ja es gibt gerade in der jüngsten Geschichte eindrückliche Beispiele für die hier obwaltenden Interdependenzen. Zu denken ist hier einerseits an die Revolution in der ehemaligen DDR als Revolution von unten aus der Gesellschaft heraus, die es als solche nach der dort herrschenden Doktrin als von Partei und Staat unterschiedene Größe eigentlich gar nicht hätte geben dürfen, an die Existenzkrisen afrikanischer Staaten andererseits, die gewissermaßen gesellschaftslos sind, weil Stämme und Cliquen sich weder in eine Gesellschafts- noch in eine Staatsordnung einfügen lassen, in denen Pluralität durch eine hinreichende Homogenität im Wesentlichen und Tragenden unterfangen ist.

Der differenzierende Blick wird im Rahmen des Themas „Staat und Gesellschaft" sich vornehmlich auf das Verhältnis des Staates zu den maßgebenden, schon von *Jakob Burckhardt* eindrucksvoll hervorgehobenen nichtstaatlichen „Potenzen" richten, nämlich auf Religion, Kultur und Wirtschaft, eine Liste, in der man unter Ausgliederung aus der Kultur wohl Wissenschaft und Technik eigens benennen und die man als neue Potenz, ja als Großmacht, die Medien anfügen sollte. Im freiheitlichen *Verfassungsstaat* sind hier auf der Grundlage der Nichtidentität im Spiel zwischen Distanz und Nähe, zwischen Freisetzung und Verantwortungsteilhabe tragfähige und produktive Formen der Bestimmung des Verhältnisses des Staates zu den genannten Potenzen gefunden worden. Aber im *Religionsstaat* islamisch-fundamentalistischer Prägung etwa haben wir ein in den letzten Jahren revitalisiertes Modell einer Einheit von Staat und Religion vor uns, das zu den Entwicklungstendenzen, die sich aus den Erfahrungen der christlichen Staatenwelt ergeben haben, durchaus querliegt. In globaler Perspektive ist, so wurde deutlich, der säkularisierte Staat keineswegs der einzige, wenn auch der dominante Typus, der sich im übrigen durch die Freisetzung der Religion gerade die Chance erhält, aus deren Kräften zu leben. Besonders kompliziert erscheint die Situation in ↗Israel, wo im Ringen zwischen Religionsstaatlichkeit und säkularer Staatlichkeit noch keineswegs ein Ausgleich gefunden worden ist.

Dem Religionsstaat verschwistert ist der ideologische *Weltanschauungsstaat*. Die Entwicklungen in Osteuropa und in der Sowjetunion lassen wohl schon die Feststellung zu, daß er sich zumindest im Prozeß der Relativierung und der Transformation befindet, ohne daß er allerdings deswegen schon für überholt erklärt werden könnte, zumal er andernorts noch fest verwurzelt ist. Nicht fehlen darf das Beispiel für einen Weltanschauungsstaat afrikanischer Prägung. In ↗Zaire etwa ist die nach dem Staatspräsidenten als *Mobutismus* benannte Parteidoktrin zugleich der maßgebende Leitfaden der Verfassung dieses Einparteienstaates. In ähnlicher Weise wären in globaler Perspektive Beobachtungen zum Verhältnis des Staates und seines Rechts zu den anderen (Grund-)Potenzen nötig. Dabei würden sich allenthalben dialektische Beziehungsverhältnisse zeigen (so im Begriff des *Wirtschaftsstaates* oder des *Kulturstaates*), zugleich würden aber Gefährdungen sichtbar, sofern der Staat die betreffenden Potenzen mit Hilfe des Rechts nicht mehr zähmend und neutralisierend in ein Ganzes einfügt, sondern sich in Abhängigkeit davon begibt und das Recht nur noch zum Instrument bzw. zur abhängigen Funktion degenerieren läßt. Die Begriffe „Technokratie" oder „Mediokratie" mögen als exemplarische Hinweise auf entsprechende Problemsachverhalte dienen. Dies ist zugleich der Ort, wo die Diskussion über die Regierbarkeit der Staaten und über die Steuerungsfähigkeit des Rechts einsetzt, ja wo überhaupt nach den Staatsaufgaben gefragt wird.

X. *Das Problem der Staatsform*

Mit der Frage nach den Staatsaufgaben eng verwandt ist das Problem der Staatsform. Die Staatsformenlehre hatte schon immer ein Raster zur Verfügung, um zu vergleichen und zu klassifizieren. Aber die klassische Trias „Monarchie – Aristokratie – Demokratie" oder der später bevorzugte Dualismus „Monarchie – Republik" treffen die heutige Lage offensichtlich nicht mehr. Andererseits wird man kaum sagen können, daß sich schon eine wirklichkeitsgerechte Typologie der gegenwärtigen Staatenwelt hat etablieren können. Gerade die Entwicklung der jungen Staaten ist unübersichtlich und schwankend; sie verläuft „in vielen Widersprüchen zwischen politischer Prätention und Realität" *(J. Isensee).*

Ein Fixpunkt und wohl auch so etwas wie ein Leitstern ist die verfassungsstaatliche →Demokratie, der demokratische Verfassungsstaat, für den ganz im Sinne der klassischen Definition des →Konstitutionalismus in Art. 16 der französischen Menschen- und Bürgerrechtserklärung von 1789 die Sicherung von Grundrechten und die →Gewaltenteilung essentiell, ja begriffsnotwendig sind. Im Rahmen dieses Grundmodells gibt es begrenzte Spielräume und Differenzierungsmöglichkeiten, so die zwischen parlamentarischem System (→Parlament, Parlamentarismus) und Präsidialsystem, zwischen republikanisch gewähltem und dynastisch erblichem Staatsoberhaupt, zwischen repräsentativer und plebiszitärer Demokratie (→Regierung, Regierungssysteme). In bezug auf die spezifische Eigenart des Gewaltenteilungssystems und auf die konkrete Form der Sicherung der Grundrechte ist nicht unbedeutend, ja ist systemprägend, ob und mit welcher Reichweite eine →Verfassungsgerichtsbarkeit besteht.

Es ist schwer, einen eindeutigen Gegentypus auszumachen. Der Typus des marxistisch-leninistischen Weltanschauungsstaates, nach seinem ideologischen Selbstverständnis die Erscheinungsform der *Diktatur des Proletariats,* in der Realität die Suprematie und die Oligarchie der Führung der kommunistischen Partei, beginnt jedenfalls in Osteuropa zu verschwimmen, ja das Feld zu räumen. Hilfreich ist wohl der Begriff der *Autokratie*. Aber auch unter diesem Dach herrscht bunte Vielfalt: die absolute und die konstitutionelle Monarchie, das Junta-System, die Militärdiktatur, der Einparteienstaat, die autokratische Herrschaft eines Stammes, ja eines Familien-Clans.

Die globale Perspektive zeigt mithin ein buntscheckiges Bild. Man darf, gestützt auf längerfristige historische Erfahrungen, der faktischen Überlegenheit und der sachlich begründeten, sozusagen menschengerechten Angemessenheit der verfassungsstaatlichen Demokratie gewiß sein. Aber man darf die sozialökonomischen Faktoren nicht übersehen, die für ihr Gelingen eine Rolle spielen, am wenigsten schließlich dasjenige, worin schon Ch.-L. de →Montesquieu die maßgebende Grundlage, die entscheidende Antriebskraft der Demokratie gesehen hat: *la vertu* (die Tugend), will heißen das Ethos und die Einsatzbereitschaft des aufgeklärten Bürgers, der über seiner individuellen Freiheit die (Mit-)Verantwortung für das →Gemeinwohl nicht vergißt.

XI. Die Ordnung des Völkerrechts

Das Recht der Staaten, das bis jetzt vornehmlich unter dem Gesichtspunkt des Verfassungsrechts betrachtet wurde, ist, wie schon betont (vgl. VIII.), eingebunden in die Ordnung des Völkerrechts. Dieses hat eine Institution hervorgebracht, in der die Staatengemeinschaft Ausdruck und Gestalt findet, die → Vereinten Nationen. In Reaktion auf flagrante Völkerrechtsverletzungen erlebt die Welt derzeit eine Phase relativer Stärke der universellen Staatengemeinschaft. Es ist aber offenkundig, daß sie – ohne äußere Garantie – ganz vom Willen und der Bereitschaft der Mitglieder, insbes. der Großmächte, abhängig ist. Indes, die spezifischen Kennzeichen der neueren Entwicklung liegen anderswo. Zum einen ist die Zahl der Verfassungen gestiegen, die sich, wie etwa das Grundgesetz, ausdrücklich zur normativen Einbindung in das Völkerrecht bekennen; das verstärkt dessen Geltungskraft. Sodann wächst das Individuum, v. a. unter dem Gesichtspunkt des Schutzes der Menschenrechte, in die Ordnung des Völkerrechts hinein, das damit den Horizont eines bloß zwischenstaatlichen Rechts *(Ius inter gentes, Ius inter nationes)* in Richtung auf ein wirkliches *Ius gentium,* ein *Ius humanitatis* überschreitet. Das Völkerrecht der Gegenwart befindet sich insoweit „in einem großen Umwandlungsprozeß, da es die Tendenz verfolgt, von einem bloßen Zwischenmächterecht zur Rechtsordnung der vielfach gegliederten Menschheit ausgestaltet zu werden" *(A. Verdross, B. Simma).* Damit hängt weiter zusammen, daß sich die institutionelle Ordnung differenziert hat. Es gibt eine Vielzahl internationaler, von den Regierungen getragener Spezial-Organisationen, die gleichsam Satelliten der UNO bilden. Als Beispiele seien die → UNESCO, die → Weltgesundheitsorganisation, der → Internationale Währungsfonds und die Weltbank (→ Internationale Bank für Wiederaufbau und Entwicklung) genannt. Noch bezeichnender aber dürfte die Existenz von „Non-Governmental Organizations" auf den verschiedensten Sektoren sein (vgl. G. P., Kap. 3, II 2). Im religiös-kirchlichen Bereich hat sich etwa zu der in der klassischen Form der Völkerrechtssubjektivität sich darstellenden Präsenz des → Heiligen Stuhles die Kommission des → Weltrats der Kirchen für internationale Angelegenheiten hinzugesellt. In politikwissenschaftlicher Diktion heißt das: „Der staatenzentrierten Welt steht eine multizentrische Welt transnationaler Akteure gegenüber (Parteien, Unternehmen, Gewerkschaften, Kirchen)" *(M. Mols;* vgl. G. P., Kap. 3, II 1). Hier setzt sich das Problem der „Repräsentation organisierter Interessen" *(J. H. Kaiser)* auf der international-völkerrechtlichen Ebene fort, ja noch weitergehend und grundsätzlicher zeigt sich hier in globaler Dimension eine Analogie zum Verhältnis Staat/Gesellschaft in Gestalt des Verhältnisses Staatengemeinschaft/Weltgesellschaft, und auch dies vornehmlich im Hinblick auf die großen Potenzen Religion, Kultur und Wirtschaft.

Nicht zuletzt ist der enormen Ausweitung der völkerrechtlichen Agenden im Gefolge technischer Entwicklungen und neuer oder neu bewußt gewordener Problemkonstellationen zu gedenken. Stichworte müssen genügen: Weltraum, Meeresboden, Telekommunikation, Umweltschutz, Bevölkerungswachstum, Gesundheitsgefahren, Risiken der Technik und der Forschung. Man kann wohl auch von einem spezifischen Wirtschaftsvölkerrecht sprechen. Es versteht sich, daß das Völkerrecht in alledem zwar gewisse institutionelle Vorkehrungen treffen und inhaltliche Leitprinzipien aufstellen kann, daß es aber ganz auf die Mitarbeit der Staaten und der international organisierten freien Kräfte angewiesen bleibt.

XII. Gesetzlichkeiten der Entwicklung von Recht und Staat?

Die Beobachtung und Beschreibung von Entwicklungen – eine Aufgabe, bei der die Disziplinen Rechtsgeschichte, Rechtsethnologie, Rechtsvergleichung, Allgemeine Staatslehre und Rechtssoziologie sowie Rechts- und Staatsphilosophie zusammenwirken – führt zwangsläufig zur Frage nach Entwicklungsgesetzlichkeiten und deren Erfassung in Entwicklungstheorien oder zumindest Entwicklungshypothesen. Dabei ist an einige Konzeptionen zu erinnern, die zwar als Gesamtdeutungen nichts taugen, in denen aber Elemente enthalten sind, die irreversible Einsichten vermittelt haben.

Daß im modernen Gesetzgebungsstaat das von der → *Historischen Rechtsschule* so vorgestellte organische, von inneren still wirkenden Kräften getragene Wachstum des Rechts nicht mehr dessen Lebensprinzip ist und sein kann, liegt auf der Hand. Aber es ist festzuhalten, daß nach *Savigny* zentrale Aufgabe und universale Zielsetzung des Rechts „die Anerkennung der überall gleichen sittlichen Würde und Freiheit des Menschen, die Umgebung dieser Freiheit durch Rechtsinstitute" ist. Zugleich wird es als Moment an der Gesamtheit der Lebenswirklichkeit gesehen; mit dieser besteht es in „ununterbrochener Bildung und Entwicklung".

Der *dialektisch-historische* → *Materialismus* hat die Rechts- und Staatsentwicklung in ein deterministisches Korsett gesteckt. In sieben Entwicklungsstufen gelange man zur kommunistischen klassenlosen Gesellschaft, in der alle Entfremdung aufgehoben ist. Dabei stelle sich das Recht als Spiegelung der jeweiligen Produktionsverhältnisse dar; mit dem Staat sei es dem Schicksal des Absterbens unterworfen. Theoretisch wie praktisch kommt dieser Theorie keine Überzeugungskraft zu. Aber man wird als Lehre bewahren müssen, die ökonomischen Faktoren im Geflecht der Determinanten von Recht und Staat nicht gering zu achten und den normativen, bei Lichte besehen idealistischen Impuls positiv zu würdigen, der in K. → Marx' kategorischem Imperativ liegt, nämlich „alle Verhältnisse umzuwerfen, in denen der Mensch ein erniedrigtes, ein geknechtetes, ein verlassenes, ein verächtliches Wesen ist". Auch *Ernst Blochs* Plädoyer für „aufrechten Gang" und für die unaufhebbare innere Verknüpfung von „Glück" und rechtlich gesicherter „Würde" verdient bleibende Erinnerung.

In ähnlicher Weise wären weitere Konzeptionen mit ihren Teilwahrheiten zu diskutieren: die berühmte These von *Henry Sumner Maine* „From Status to Contract", eine These, die von *Manfred Rehbinder* mit der Formel „Vom Status über den Kontrakt zur Rolle" fortgeführt worden ist; die klassische Theorie *Max* → *Webers* von der Rationalisierung und Bürokratisierung als Kennzeichen des modernen Rechts; die systemtheoretische Sicht *Niklas Luhmanns* mit ihrer spezifischen These von der Ausdifferenzierung des Rechts; das Verständnis des Rechts als autopoietisches, selbstreferentielles System im Sinne von *Gunther Teubner;* die Hypothesen schließlich von der zunehmenden Prozeduralisierung und besonders von der Wandlung „vom formalen Rechtsstaat zum informalen Verhandlungsstaat" *(K. F. Röhl)*.

Im Verhältnis zu alledem dürfte es indes wichtiger sein, die Grundfrage zu stellen, ob sich für die Rechts- und Staatsentwicklung ein *movens* oder *agens* ausmachen läßt, das den Bereich des Formalen überschreitet und Substantielles erfaßt.

In einer Studie zur Geschichte des Rechtsbegriffs hat *Ernst-Wolfgang Böckenförde* eindrucksvoll eine Linie nachgezeichnet, die auf Formalisierung, Instrumentalisierung und Funktionalisierung hinführt: „Recht ist gesetztes, funktional auf Freiheitsregulierung bezogenes Recht, Rechtsetzer der pouvoir constituant, der ohne normative Bindung, oder der Gesetzgeber, der nach der Verfassungsregel Recht setzt. Als theoretische Rückbindung bleibt das Funktionieren des sozialen Systems, dessen Leitbegriff das (nicht näher bestimmte) Gemeinwohl ist." Aber dabei kommt wohl nicht genügend zur Geltung, daß, wie gerade jüngste Debatten in der Rechtsphilosophie wieder gezeigt haben, der Rechtsbegriff als solcher ohne materialethisches Minimum nicht angemessen gedacht werden kann. Im modernen rechts- und sozialstaatlich orientierten Verfassungsstaat mit seiner Bindung an die Menschenrechte widersetzt sich das Recht einer bloß instrumentellen Indienstnahme für Zweckprogramme; die Zwecke müssen sich an verfassungsrechtlich fundierten Rechtsgütern ausweisen und sich in den dadurch abgesteckten Rahmen einfügen. Überdies gibt es in Gestalt von Gerechtigkeit, Rechtssicherheit, Verhältnismäßigkeit und anderen Zielsetzungen eine Selbstzwecklichkeit des Rechts, die sich gegen reine Formalisierung, Instrumentalisierung und Funktionalisierung sperrt. Von solchen Ansätzen und Fragen aus gerät man auf der Suche nach philosophischer, im besonderen geschichts-philosophischer Orientierung notwendigerweise in ein Gespräch mit Kant und Hegel.

In der Schrift von 1784 „Idee zu einer allgemeinen Geschichte in weltbürgerlicher Absicht", im „Ewigen Frieden" und im „Streit der Fakultäten" hat *Kant* eindrucksvoll den Weg gezeichnet und normativ ausgerichtet, den die Entwicklung trotz vieler Brüche und Rückfälle bisher gegangen ist, nämlich hin zu einer „mit dem natürlichen Rechte der Menschen zusammenstimmenden Konstitution: daß nämlich die dem Gesetze Gehorchenden zugleich, vereinigt, gesetzgebend sein sollen". Die so sich bildende „bürgerliche Verfassung" ist dann für ihn auch das Paradigma für die staatenübergreifende Ordnung eines „Völkerbundes" und Völkerrechts, das auf einen „Föderalism freier Staaten" gegründet sein soll. Diese Entwicklungsgesetzlichkeit bedeutet allerdings keinen Automatismus, ganz im Gegenteil. Sie verwirklicht sich nur durch (Kultur-)Leistungen des Menschen, dadurch, daß sie gegenläufigen Kräften mit beständigem „Willen zur Verfassung" *(K. Hesse)* abgerungen wird. *Hegel* hat dem hier wirksamen Movens einen anderen Namen gegeben: „Fortschritt im Bewußtsein der Freiheit". Man muß nicht die Hegelsche Geschichtsphilosophie in toto akzeptieren, um die Richtigkeit des Leitmotivs anerkennen zu können. Gerade der Jurist kann Belege dafür anführen, daß dieses Freiheitsbewußtsein nicht abstrakt geblieben ist, sondern sich konkretisiert und in Einzel-Freiheiten zu Typen verdichtet hat. Er wird freilich auch – vielleicht ernüchternd – darauf hinweisen, daß die Probleme dort zum Schwur kommen, wo es um das Zusammenstimmen der Freiheiten, mithin um die Begrenzung der Freiheiten geht. Doch ändert das nichts an der prinzipiellen Richtigkeit der Hegelschen Leitidee.

Man wird sie allerdings weiterdenken und einbinden müssen in ein Ensemble von Gedanken, die letzten Endes Bedingungen der Möglichkeit von Freiheit und Sicherungen gegen ihr Abgleiten in die Beliebigkeit oder gar in die Perversion markieren: → Menschenwürde, → Gerechtigkeit, → Solidarität und → Verantwortung sind vorrangig zu nennen. So darf man gerade im Blick auf den heutigen Stand der Rechts- und Staatsentwicklung sowie die Aufgaben für die Zukunft formulieren: Es gibt keinen Fortschritt im Bewußtsein der Freiheit und auch ihrer Realisierung, wenn er nicht begleitet ist vom Fortschritt in einem verfeinerten Bewußtsein der Menschenwürde, der Gerechtigkeit, der Solidarität und der Verantwortung.

LITERATUR

W. **Seagle**, Weltgeschichte des Rechts. München 1951, Stuttgart ³1967 [Orig. u. d. T.: The Quest for Law. New York 1941]. – F. **Wieacker**, Privatrechtsgeschichte der Neuzeit. Göttingen 1952, ²1967. – W. v. **Simson**, Die Souveränität im rechtlichen Verständnis der Gegenwart. Berlin 1965. – A. **Troller**, Überall gültige Prinzipien der Rechtswissenschaft. Frankfurt/M., Berlin 1965. – R. **David**, G. **Grasmann**, Einf. in die großen Rechtssysteme der Gegenwart. München 1966, ² 1988 [Orig. u. d. T.: Les grands systèmes de droit contemporains. Paris 1964]. – E.-W. **Böckenförde**, Der Rechtsbegriff in seiner geschichtlichen Entwicklung, in: ABG 12 (1968) 145 ff. – K. **Zweigert**, H. **Kötz**, Einf. in die Rechtsvergleichung auf dem Gebiete des Privatrechts. 2 Bde. Tübingen 1969/71, ²1984. – W. **Fikentscher**, Methoden des Rechts in vergleichender Darstellung. 5 Bde. Tübingen 1975/77. – H. W. **Ehrmann**, Comparative Legal Cultures. Englewood Cliffs (N.J.) 1976. – A. **Verdross**, B. **Simma**, Universelles Völkerrecht. Berlin, München 1976, ³1984. – Entstehung und Wandel rechtlicher Traditionen. Hg. W. **Fikentscher u. a.** Freiburg i. Br. 1980. – Rechtswissenschaft und Rechtsentwicklung. Hg. U. **Immenga**. Göttingen 1980. – P. **Stein**, Legal Evolution. Cambridge 1980. – E. E. **Hirsch**, Rezeption als sozialer Prozeß. Erläutert am Beispiel der Türkei. Berlin 1981. – N. **Luhmann**, Ausdifferenzierung des Rechts. Frankfurt/M. 1981. – H.-J. **Bartels**, Methode und Gegenstand inter-systemarer Rechtsvergleichung. Tübingen 1982. – R. **Grawert**, Ideengeschichtlicher Rückblick auf Evolutionskonzepte der Rechtsentwicklung, in: Der Staat 22 (1983) 63 ff. – M. **Rehbinder**, Die Rezeption fremden Rechts in soziologischer Sicht, in: Rechtstheorie 14 (1983) 305 ff. – H. **Zemen**, Evolution des Rechts. Eine Vorstudie zu den Evolutionsprinzipien des Rechts auf anthropologischer Grundlage. Wien, New York 1983. – B. **Großfeld**, Macht und Ohnmacht der Rechtsvergleichung. Tübingen 1984. – F. **Loos**, H.-L. **Schreiber**, Recht, Gerechtigkeit, in: GeGr. Bd. 5. 1984, 231 ff. – G. **Dux**, Recht als kulturelle Errungenschaft, in: Beitr. zur Rechtsanthropologie. Hg. E.-J. Lampe. Stuttgart 1985, 121 ff. (ARSP Beih. 22). – H. **Mosler**, Allgemeine Rechtsgrundsätze, in: StL. Bd. 1. ⁷1985, 99 ff. – H.-H. **Jescheck**, Große Strafrechtsfamilien, in: FS W. Middendorff. Bielefeld 1986, 133 ff. – Die Rolle des Rechts im Entwicklungsprozeß. Hg. B.-O. **Bryde**, F. **Kübler**, Frankfurt/M. 1986. – A. **Hollerbach u. a.**, Menschenrechte, in: StL. Bd. 3. ⁷1987, 1104 ff. – P. A. **Köhler**, Sozialpolitische und sozialrechtliche Aktivitäten in den Vereinten Nationen. Baden-Baden 1987. – L. **Kühnhardt**, Die Universalität der Menschenrechte. München 1987. – Th. **Raiser**, Rechtssoziologie. Frankfurt/M. 1987. – K. F. **Röhl**, Rechtssoziologie. Köln 1987. – Th. **Würtenberger**, Akzeptanz von Recht und Rechtsfortbildung, in: Jurist und Staatsbewußtsein. Hg. P. Eisenmann, B. Rill. Heidelberg 1987, 79 ff. – **Ders.**, Zeitgeist und Recht. Tübingen 1987, ²1991. – R. **Zippelius**, Die Bedeutung kulturspezifischer Leitideen für die Staats- und Rechtsgestaltung. Stuttgart 1987. – W. **Henke**, Recht und Staat. Grundlagen der Jurisprudenz. Tübingen 1988. – M. **Bock**, Recht ohne Maß. Die Bedeutung der Verrechtlichung für Person und Gemeinschaft. Berlin 1988. – F. **Bydlinski**, Fundamentale Rechtsgrundsätze. Wien 1988. – M. M. **Kenig-Witkowska**, The Paradigma of Development in International Law. Baden-Baden 1988. – Th. **Mayer-Maly**, Recht, in: StL. Bd. 4. ⁷1988, 665 ff. – A. **Heldrich**, Rechtsvergleichung, in: ebd., 747 ff. – M. **Mols**, Regionalismus, in: ebd., 774 ff. – Die Leistungsfähigkeit des Rechts. Methodik, Gentechnologie, Internationales Verwaltungsrecht. Hg. R. **Mellinghoff**, K. H. **Trute**. Heidelberg 1988. – P. **Saladin**, Ch. A. **Zenger**, Rechte künftiger Generationen. Basel 1988. – J. **Schwarze**, Europäisches Verwaltungsrecht. 2 Bde. Baden-Baden 1988. – W. **Brugger**, Menschenrechte im modernen Staat, in: AöR 114 (1989) 537 ff. – H. **Coing**, Von Bologna bis Brüssel. Europäische Gemeinsamkeiten in Vergangenheit, Gegenwart und Zukunft. Bergisch-Gladbach 1989. – G. **Dahm u. a.**, Völkerrecht. Bd. I/1. Berlin ²1989. – J. **Isensee u. a.**, Staat, in: StL. Bd. 5. ⁷1989, 133 ff. – O. **Kimminich**, Völkerrecht, in: ebd., 777 ff. – Rechtskultur – Denkkultur. Hg. E. Mock, C. Varga, Stuttgart 1989 (ARSP Beih. 35). – E. **Riedel**, Die Menschenrechte der dritten Generation als Strategie zur Verwirklichung der politischen und sozialen Menschenrechte, in: Das Recht auf Entwicklung als Menschenrecht. Von der Nord-Süd-Konfrontation zur Weltsozialpolitik. Hg. A. Perez-Esquivel u. a. München, Zürich 1989, 49 ff. – W. v. **Simson**, Überstaatliche Menschenrechte: Prinzip und Wirklichkeit, in: Des Menschen Recht zwischen Freiheit und Verantwortung. FS K. J. Partsch zum 75. Geburtstag. Berlin 1989, 47 ff. – G. **Teubner**, Recht als autopoietisches System. Frankfurt/M. 1989. – Die Japanisierung des westlichen Rechts. Japanisch-deutsches Symposion in Tübingen vom 26.–28. Juli 1988. Hg. H. **Coing u. a.** Tübingen 1990. – H. **Folkers**, Zur Theorie der Menschenrechte. Perspektiven ihrer Weiterentwicklung, in: ARSP 76 (1990) 12 ff. – Wachsende Staatsaufgaben – sinkende Leistungsfähigkeit des Rechts. Hg. D. **Grimm**. Baden-Baden 1990. – H.-W. **Kang**, Gesetzesflut und rechtsfreier Raum. Pfaffenweiler 1990. – H. **Maier**, Die Wohltat des Rechts und die Plage der Verrechtlichung, in: Normative und institutionelle Ordnungsprobleme des modernen Staates. FS zum 65. Geburtstag von M. Hättich. Paderborn 1990, 127 ff. – E. **Oeser**, Evolution und Selbstkontrolle des Rechts. Wien, Köln 1990. – Föderalismus und Regionalismus in Europa. Hg. F. **Ossenbühl**. Baden-Baden 1990. – A. **Hollerbach**, Globale Perspektiven der Rechts- und Staatsentwicklung, in: Freiburger Universitäts-Bll. 1991, H. 11, 33 ff.

Deutschsprachige Zeitschriften zum internationalen Recht, zur historischen und aktuellen Rechtsvergleichung sowie zur Rechtsethnologie: Zs. für Vergleichende Rechtswissenschaft. Heidelberg. – Zs. der Savigny-Stiftung für Rechtsgeschichte, Germanistische Abteilung und Romanistische Abteilung, Kanonistische Abteilung. Weimar. – Jb. des öffentlichen Rechts der Gegenwart. Tübingen. – Rabels Zs. für ausländisches und internationales Privatrecht. Berlin. – Zs. für ausländisches öffentliches Recht und Völkerrecht. Stuttgart. – Jb. für Internationales Recht. Göttingen; seit 1976 u. d. T.: German Yearbook of International Law. Berlin. – Mitteilungsblatt der Fachgruppe Strafrecht in der Gesellschaft für Rechtsvergleichung. Berlin. – Zs. für Rechtsvergleichung. Wien. – Verfassung und Recht in Übersee. Baden-Baden. – Zs. für Neuere Rechtsgeschichte. Wien.

Alexander Hollerbach

KAPITEL 6
WIRTSCHAFT

A. Bevölkerung und Wirtschaft

I. Weltweiter Wandel im wirtschaftlichen Verhalten und in der Wirtschaftsstruktur

In den letzten Jahrzehnten hat sich das Verhältnis der Menschen zum entscheidenden Problem allen Wirtschaftens (→ Wirtschaft), dem der *Güterknappheit* (→ Güter, wirtschaftliche), stark gewandelt. In vielen wenig entwickelten Ländern hat das Problem der Güterknappheit im Bewußtsein und im Handeln der Menschen stark an Bedeutung gewonnen. Wurde bisher Güterknappheit, d. h. teilweise der äußerste Mangel, als unabänderliches Schicksal, gewissermaßen als gottgewollt, angesehen, so wächst in diesen Ländern das Bewußtsein dafür, daß sie – unterstützt von entwickelten Ländern – ihr wirtschaftliches Schicksal selbst gestalten müßten. Dieser Einstellungswandel – nicht selten zeigt er sich erst in Anfängen – ist ein entscheidender Ansatz für die künftige Besserung der wirtschaftlichen Verhältnisse in diesen Ländern.

In vielen entwickelten Staaten hat die Lösung vom Prinzip starker Güterknappheit oft zu Plänen und Projekten geführt, die auf die dabei anfallenden Kosten wenig Rücksicht nehmen – v. a. wenn die einzelnen damit nicht persönlich verursachungsadäquat belastet werden (z. B. bei Einrichtungen der Verkehrsinfrastruktur oder in einigen Bereichen des Umweltschutzes). Das gilt auch für weniger entwickelte Staaten, wobei hier aber die Frage stärker im Vordergrund steht, ob die Kosten für solche Projekte (Prestigeobjekte!) von diesen selbst oder von anderen Staaten getragen werden.

Ein anderes wichtiges Kennzeichen der jüngsten Entwicklung ist die fortschreitende Intensivierung der *weltwirtschaftlichen Arbeitsteilung*. Nach Ende des II. Weltkrieges hat sich allenthalben eine vorher nicht gekannte Ausweitung des →internationalen Handels und der sonstigen internationalen Wirtschaftsverflechtungen ergeben. Schon Ende der 20er Jahre hatte sich eine Verstärkung des internationalen Güteraustausches angebahnt. Diese Entwicklung wurde aber durch die →Weltwirtschaftskrise abgebrochen, und die Zeit danach war weltweit schon vor Ausbruch des II. Weltkrieges durch das Streben vieler Staaten nach wirtschaftlicher →Autarkie gekennzeichnet.

Die Wirtschaftsverflechtungen sind heute in den neu entstandenen →Wirtschaftsgemeinschaften besonders stark, erstrecken sich aber nicht nur auf diese. Andererseits nehmen wirtschaftlich weniger entwickelte Länder an der weltweiten Arbeitsteilung oft erst in geringem Maße teil. In den letzten Jahren ist in dieser Hinsicht sogar nicht selten eine Stagnation, wenn nicht eine Rückentwicklung festzustellen. Das betrifft besonders Länder, die ihren Export auf einige wenige Güter oder gar in der Hauptsache nur auf ein Gut (Monokulturen) ausgerichtet haben.

Der Grad der Einbindung in die internationale Arbeitsteilung hängt von verschiedenen Gegebenheiten ab: von den sehr unterschiedlichen Möglichkeiten der heimischen landwirtschaftlichen Produktion wie auch von der Verfügbarkeit über Rohstoffe für die gewerbliche Produktion, v. a. auch von der heimischen Ausstattung mit Primärenergie. Gerade dabei ergeben sich erhebliche Unterschiede. Oft hängt sogar die gesamte Außenhandelsposition der Staaten entscheidend von ihren erschlossenen Energievorräten ab.

Ein wichtiger Bestimmungsgrund für den Grad der Einbettung von Ländern in die internationale Arbeitsteilung ist ihre Größe: Kleine Staaten wickeln der Tendenz nach weit höhere Anteile ihrer Aktivitäten international ab als größere (vgl. Tab. 1).

Die Zunahme der internationalen Wirtschaftsverflechtung hat in den letzten Jahrzehnten einen wesentlichen Beitrag zum wirtschaftlichen Aufschwung vieler Staaten geleistet. Aber nicht alle Länder konnten daran voll teilhaben. Diese Fehlentwicklung zu beseitigen, dürfte nicht einfach sein, zumal sie auch eine Umstellung der Wirtschaftspolitik in vielen entwickelten Staaten erfordert. So leiden die Wirtschaftsbeziehungen zwischen entwickelten und weniger entwickelten Staaten oft erheblich darunter, daß erstere in vielen Bereichen nicht auf ihre eigene Produktion verzichten wollen und damit die Liefermöglichkeiten aus weniger entwickelten Staaten einschränken.

In allen Teilen der Erde vollzieht sich gegenwärtig ein sektoraler Strukturwandel, der sich auch in einer Verschiebung der Beschäftigungsanteile niederschlägt: Waren zu Beginn der wirtschaftlichen Entwicklung noch weitaus die meisten Menschen in der Landwirtschaft tätig, so ist ihr Anteil an der Beschäftigung in den entwickelten Staaten heute gering (vgl. Tab. 2). Das gleiche gilt für den Anteil der landwirtschaftlichen Produktion am Sozialprodukt. In weniger entwickelten Ländern liegen diese Anteile zwar heute meist noch wesentlich höher, weisen aber auch hier i. d. R. abnehmende Tendenz auf.

Tabelle 1
Bedeutung des Außenhandels für die EG und einige ausgewählte Staaten 1987

	Einfuhr			Ausfuhr		
	Mio. ECU	% des BIP	ECU/E.	Mio. ECU	% des BIP	ECU/E.
Europa der 12	829134	22,3	2,6	829911	22,3	2,6
Belgien/Luxemburg	72605	60,3	7,1	71952	59,8	7,0
BR Deutschland	197748	20,4	3,2	254792	26,3	4,2
Italien	108108	16,4	1,9	100654	15,3	1,8
Österreich	28219	29,5	3,7	23462	24,5	3,1
Schweiz	43666	31,6	6,7	39197	28,4	6,0
USA	351599	9,0	1,5	219038	5,6	0,9

Quelle: Stat. Grundzahlen der Gemeinschaft. 25. Ausg. Brüssel, Luxemburg 1989, S. 257

Tabelle 2
Erwerbspersonen nach Wirtschaftsbereichen in Deutschland
(1882–1939 Reichsgebiet; 1950–1988 Bundesgebiet)

Jahr	Insgesamt (in 1000)	Land- u. Forstwirtschaft		Produzierendes Gewerbe		Dienstleistungen	
		in 1000	in %	in 1000	in %	in 1000	in %
1882	18957	8237	43,4	6396	33,7	4324	22,8
1907	28092	9883	35,2	11256	40,1	6953	24,8
1939	35732	8946	25,0	14580	40,8	12206	34,2
1950	23489	5196	22,1	10506	44,7	7787	33,1
1970	26617	2372	8,9	12932	48,6	11314	42,5
1988	26061	1283	4,9	10459	40,1	14319	54,9

Quellen: Für 1882–1970: Bevölkerung und Wirtschaft 1872–1972. Hg. Stat. Bundesamt Wiesbaden. Stuttgart 1972, S. 142; für 1988: StJbBRD 1989, S. 92 f.

Lange Zeit lag in den entwickelten Ländern das Schwergewicht der wirtschaftlichen Entwicklung in der gewerblichen Produktion. Die Anteile dieses Sektors an der Beschäftigung und am Sozialprodukt waren hoch, betrugen nicht selten sogar über 50%. Heute drängt der Sektor der Dienstleistungen immer mehr in den Vordergrund. Während die fortschreitende Mechanisierung der gewerblichen Produktion einen Fortfall an Arbeitsplätzen in diesem Sektor bewirkt, hat die zunehmende Nachfrage nach Dienstleistungen eine Ausweitung der Beschäftigung in diesem Sektor zur Folge. Der sich daraus ergebende weltweite Umstellungsprozeß ist in vollem Gange; in einzelnen Ländern, meist den weniger entwickelten, hat er aber gerade erst begonnen (vgl. Tab. 3).

Weltweit hat eine Angleichung der Lebensstile, nicht zuletzt als Folge der globalen Ausdehnung

Tabelle 3
Erwerbspersonen nach Wirtschaftsbereichen in ausgewählten Staaten 1965 und 1980
(%-Anteile der Erwerbspersonen)

	Landwirtschaft		Industrie		Dienstleistungen	
	1965	1980	1965	1980	1965	1980
Afrika						
Ägypten	55	46	15	20	30	34
Burundi	94	93	2	2	4	5
Kamerun	86	70	4	8	9	22
Amerika						
Brasilien	49	31	20	27	31	42
USA	5	4	35	31	60	66
Asien						
China	81	74	8	14	11	12
Indien	73	70	12	13	15	17
Europa						
Griechenland	47	31	24	29	29	40
Italien	25	12	42	41	34	48

Quelle: Weltentwicklungsbericht 1988. Hg. Weltbank. Washington 1988, 320 f.

der Kommunikation (vgl. Globale Perspektiven, Kap. 10), eingesetzt. Der Zusammenbruch sozialistischer Systeme in Osteuropa 1990 hat diese Entwicklung entscheidend mitgeprägt. Als Folge dieser Entwicklung hat sich die internationale Migration erheblich intensiviert, was wiederum zu verstärkter Angleichung der Lebensverhältnisse geführt hat.

II. Bevölkerung und Ernährung

Der Zusammenhang zwischen der Entwicklung der Bevölkerung und der Wirtschaft eines Landes ist hinsichtlich des jeweils erreichten Zustands der Bedürfnisbefriedigung verschieden stark. Am Anfang steht ein Zustand, wie ihn Th. R. → *Malthus* beschrieben hat: In ihm vermehrt sich die Bevölkerung der Tendenz nach weit stärker, als es der Nahrungsspielraum gestattet. Die Folge davon ist Unterernährung, im Extremfall Hungertod. In einer Wirtschaft, in der für einen großen Prozentsatz der Bevölkerung das Existenzminimum (→ Lebensstandard) nicht zur Verfügung steht, ist diese Folge zwingend, sofern nicht präventive Maßnahmen die Zahl der Geburten beschränken oder viele Menschen früh an Ernährungsmangel oder Krankheiten sterben.

In den heute entwickelten Volkswirtschaften dürfte der geschilderte Zusammenhang etwa bis zum Beginn ihrer Industrialisierung angedauert haben (für England hat ihn K. → *Marx* zutreffend beschrieben), in vielen anderen Staaten ist er noch immer gegeben. Die Erfahrungen aus jenen Industrieländern zeigen, daß zu Beginn der wirtschaftlichen Entwicklung zunächst meist eine Verbesserung der medizinischen und hygienischen Verhältnisse erfolgt. Sie führt – bei weiterhin hoher Geburtenrate – zu einem Absinken der Mütter- und Säuglingssterblichkeit. Das hat eine starke Zunahme der Zahl junger Menschen zur Folge und damit – bei zunächst noch kaum reduzierter Geburtenrate – auch der Bevölkerung in der nachfolgenden Generation. Erst nach und nach sinkt mit der Entwicklung von Wohlstand und Bildung die Geburtenrate, wenn die Bevölkerung ihr generatives Verhalten der neuen Situation anpaßt. Diese Entwicklung ist in den Industrieländern weitgehend abgeschlossen; die Bevölkerungsentwicklung stagniert dort, ist teilweise sogar, wie z. B. in ↗ Deutschland – von Außenwanderungen abgesehen – rückläufig (→ Bevölkerung). In vielen Ländern, die am Anfang der wirtschaftlichen Entwicklung stehen, bleibt dagegen entweder der malthusianische Zusammenhang noch bestehen, oder die Bevölkerung ist gerade auf dem Weg, sich davon zu lösen.

In einem Teil der ärmeren Länder bemühen sich staatliche und private Institutionen darum, die Bevölkerung über Möglichkeiten der Geburtenbeschränkung zu unterrichten. Verschiedene Gründe stehen jedoch der Akzeptanz solcher Möglichkeiten entgegen. Außer Gründen der Praktikabilität sind es oft religiöse Motive. Ein wichtiger Grund ist auch, daß in vielen Ländern eine staatliche Altersversorgung fehlt, so daß die Älteren auf die Versorgung durch ihre Kinder angewiesen sind und ihre Kinderzahl stark danach ausrichten. Eine wichtige Folge der geschilderten Entwicklung ist, daß sich heute der Altersaufbau der Bevölkerung in den entwickelten und den wenig entwickelten Ländern grundsätzlich unterscheidet.

Als Beispiel dafür seien ↗Indien und die Bundesrepublik Deutschland gewählt, die die beiden unterschiedlichen Strukturen deutlich machen. Abgesehen von den z.T. kriegsbedingten Einbrüchen im Altersaufbau zeigt sich in der Bundesrepublik, daß die Altersgruppe der 15-20jährigen wesentlich schwächer besetzt ist als die vorangehenden Jahrgänge. Man kann von einem Altersaufbau sprechen, der durch immer geringer besetzte jüngere Jahrgänge gekennzeichnet ist. Demgegenüber zeigt Indien – abgesehen vom jüngsten Wert für die 0–5jährigen, in dem die Wirkung der Geburtenkontrolle ihren Niederschlag findet – immer stärker besetzte Jahrgänge. Das ist einerseits eine Folge abnehmender Sterblichkeit, v.a. der Säuglingssterblichkeit, aber ganz allgemein auch der verbesserten medizinischen Versorgung. Dieser Altersaufbau in Indien wird sich erst dann voll auswirken, wenn die geburtenstarken Jahrgänge ihrerseits ins fortpflanzungsfähige Alter eintreten, also in 10–20 Jahren.

Da ein Altersaufbau der Bevölkerung wie in Indien für viele Länder am Anfang der wirtschaftlichen Entwicklung typisch ist, ergibt sich daraus, daß die Weltbevölkerung wahrscheinlich noch einige Jahrzehnte lang weiter stark wachsen wird. Der Weltbevölkerungsfonds der UN (UNFPA) hat in seinem jüngsten Bericht (1990) ausgeführt, daß sich die Weltbevölkerung gegenwärtig schneller vermehrt als jemals zuvor; er hat damit seine früheren Schätzungen nach oben korrigiert. Sie wird danach bis zum Jahr 2000 auf über 6 Mrd. Menschen wachsen und sich bis zur folgenden Jahrhundertwende nochmals verdreifachen. Das Wachstum ist dabei immer noch stark auf die Entwicklungsländer konzentriert. Rd. 90% des Zuwachses entfallen auf sie, und die Bevölkerung der ärmsten Länder wächst prozentual am stärksten.

Mit dem Wachstum der Weltbevölkerung stellt sich das Problem ihrer Ernährung, und zwar zunächst einmal global. Wenn auch die Meinungen der Experten keineswegs einheitlich sind, wird doch überwiegend angenommen, daß es – entsprechende Maßnahmen, insbes. bei der Verwendung besseren Saatgutes und bei der künstlichen Bewässerung vorausgesetzt – langfristig zu keiner weltweiten Hungersnot kommen wird. Bei der Größe der Anbaufläche und der weiten Verbreitung des Ackerbaus über die Erde dürfte das nicht nur langfristig, sondern auch kurzfristig gelten. Mißernten sind zwar in einzelnen Gebieten und Jahren durchaus möglich, sie dürften sich aber auf die Gesamtsituation der Erde wegen der erheblichen Streuung der Anbaugebiete kaum entscheidend auswirken. Allenfalls könnte vorübergehend ein Rückgriff auf vorhandene Lebensmittelvorräte notwendig werden.

Eine andere Frage ist die der Versorgung *einzelner Teile* der Erde. Auch wenn die Gesamtversorgung der Weltbevölkerung – einschließlich einer eventuellen vorübergehenden Inanspruchnahme von Vorräten – ausreicht, stehen der Behebung örtlicher Hungersnöte immer noch zwei Probleme entgegen: der Transport der benötigten Güter in das notleidende Land und dort an den Verbrauchsort sowie die Bezahlung. Diese muß entweder mit Exporterlösen oder aus vorhandenen Währungsreserven erfolgen. Ist das nicht möglich, bleibt die Solidarität der Geberländer, die die benötigten Güter kostenlos oder auf längerfristigen Kredit liefern. Solche Hilfen sind in Notfällen in der jüngsten Vergangenheit meist gewährt worden. Sie führen zwar zur Beseitigung akuter Hungersnot, können aber auch die Ausschaltung von Hemmnissen der Bevölkerungsvermehrung im Sinne von Malthus und die Zerstörung vorher funktionierender Produktions- und Verteilungsstrukturen zur Folge haben. Bei den Geberländern könnte der Eindruck entstehen, daß man solche Hilfen in ein „Faß ohne Boden" gibt. Sollten die betreffenden Länder sich nicht zu einer Geburtenbeschränkung entschließen können, so ist zwar sehr langfristig – nach aller Erfahrung in den heute schon gut entwickelten Ländern – eine Besserung der Situation dadurch zu erwarten, daß die Bevölkerung ihr generatives Verhalten entsprechend ändert. Aber bis dahin ist eine (zu) lange Zeit der Not und der Unterversorgung zu überwinden. Der UN-Weltbevölkerungsfonds tritt daher für eine weltweite Intensivierung der Familienplanung ein; ohne diese wären katastrophale Folgen, insbes. auch für die Umwelt, unvermeidlich.

Hindernisse des Transports können natürlicher Art (mangelnde Verkehrserschließung), aber auch durch den Menschen hervorgerufen sein (z.B. Abschnürung von Gebieten durch militärische Sperrung der Zufahrtswege). Die Versorgung notleidender Gebiete auf dem Luftweg hat vielfach nicht zu den erhofften Erfolgen geführt, weil die dabei unvermeidlichen Güterverluste groß waren.

Zu den Versorgungsproblemen wenig entwickelter Länder in der gegenwärtigen Situation trägt auch

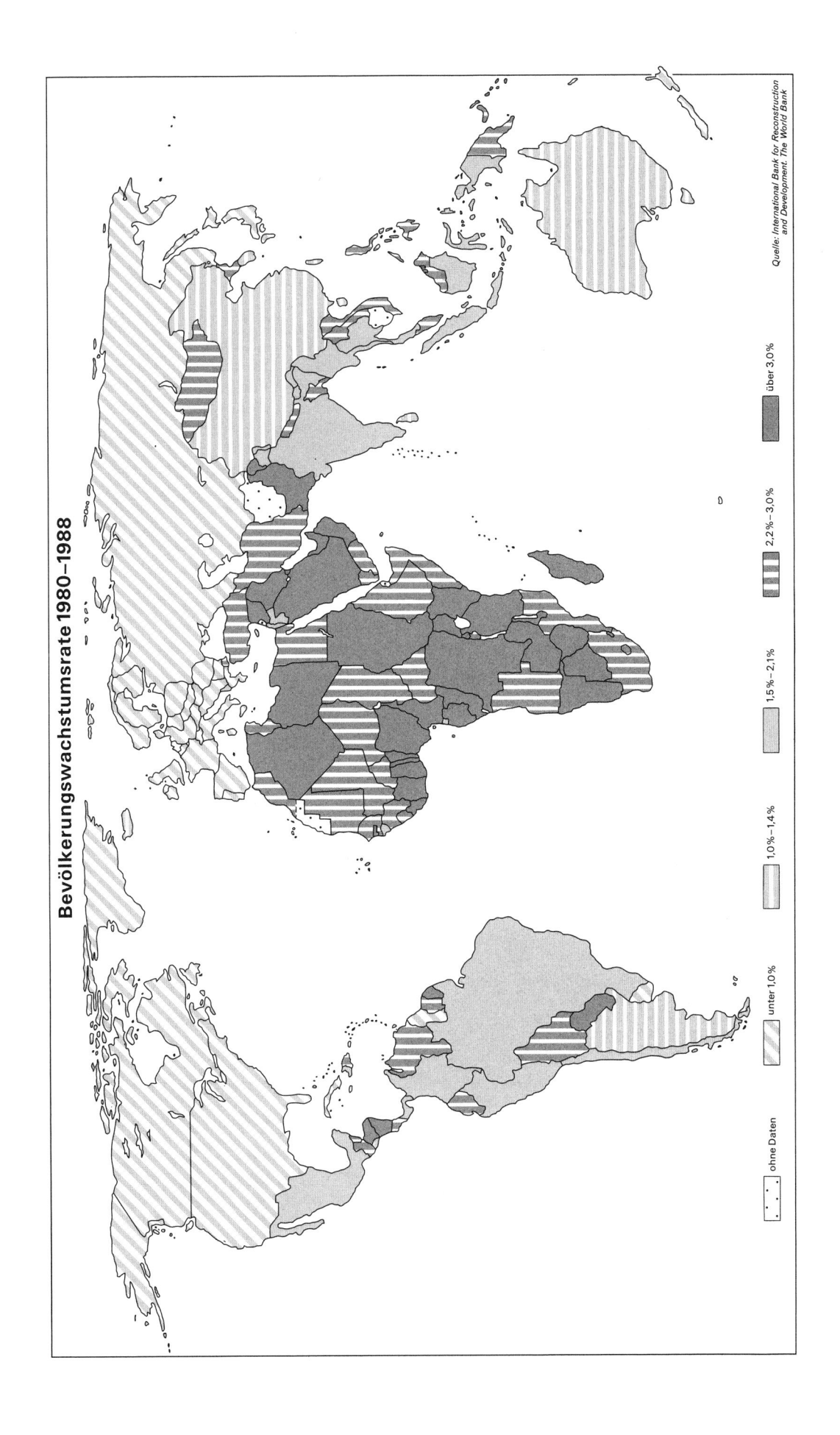

Bevölkerungswachstumsrate 1980–1988

Quelle: International Bank for Reconstruction and Development, The World Bank

- über 3,0%
- 2,2%–3,0%
- 1,5%–2,1%
- 1,0%–1,4%
- unter 1,0%
- ohne Daten

bei, daß viele von ihnen in der Vergangenheit die Entwicklung ihrer Industrie intensiver betrieben haben als die Verbesserung ihrer Landwirtschaft. Sicher ist langfristig auch eine industrielle Entwicklung zur Hebung des Lebensstandards der Bevölkerung erforderlich. Kurzfristig ist aber auf eine Stärkung der heimischen Landwirtschaft nicht zu verzichten, besonders bei starkem Bevölkerungswachstum. Eine Politik niedriger Preise für landwirtschaftliche Erzeugnisse mindert zudem das Interesse an deren verstärkter Produktion, so wichtig niedrige Preise für Grundnahrungsmittel andererseits zur Lösung sozialpolitischer Probleme sind. In jüngster Zeit ist in einer Reihe von Ländern eine wesentliche Verbesserung der Landwirtschaft zu verzeichnen, ohne daß damit die Versorgungsschwierigkeiten völlig beseitigt worden wären.

III. Die wirtschaftliche Lage der Bevölkerung

Vielfach wird behauptet, die jüngere weltwirtschaftliche Entwicklung sei dadurch gekennzeichnet, daß die armen Staaten immer ärmer, die reichen Staaten immer reicher würden. Dazu ist zunächst festzustellen, daß für Reichtum bzw. → Armut einer Bevölkerung keine darauf direkt abstellenden Indikatoren vorliegen. Als Indikator ungeeignet sind die → Lebensqualität wegen des dabei unlösbaren Problems der Zusammenfassung der verschiedenen Einzelaussagen zu diesem Phänomen (Aggregationsproblem), die → Sozialindikatoren, weil sie auf die „lebensbereichsspezifische Zufriedenheit" abstellen, die bei der Frage nach Armut und Reichtum einer Bevölkerung nur indirekt angesprochen ist. International gebräuchlich ist zur Erfassung von Armut und Reichtum eines Landes ein Vergleich im Rahmen der → Volkswirtschaftlichen Gesamtrechnung (VGR), besonders des BSP bzw. des BIP je Einwohner verschiedener Länder. Dabei stellen sich jedoch zahlreiche schwierige, z.T. unlösbare Probleme.

Zum einen ist der Grad des Ausbaus der Statistik in hoch und wenig entwickelten Ländern sehr verschieden. Erstere verfügen über umfassendes statistisches Material aus vielen Erhebungen, das sich gegenseitig bei der Erstellung der Werte für die VGR ergänzt. In den letzteren gibt es vielfach erst Ansätze beim Aufbau einer amtlichen Statistik (nicht selten werden Teile eines Landes noch gar nicht erfaßt). Daher beruhen hier ausgewiesene Werte oft auf sehr groben Schätzungen.

Zum anderen sind methodische Einschränkungen zu machen. So wird im Rahmen der VGR – aus grundsätzlichen methodischen Erwägungen – eine Tätigkeit im eigenen Haushalt nicht erfaßt, wohl aber die Tätigkeit eines Haushaltsmitglieds in einem fremden Gewerbebetrieb. Beschäftigen sich etwa in einem entwickelten Land ganze Industriezweige mit der Konservierung von Lebensmitteln, während diese in wenig entwickelten Ländern in den privaten Haushalten erfolgt, sind schon deshalb die ausgewiesenen Werte für die entwickelten Länder höher. Das trifft für eine ganze Reihe von gewerblichen Tätigkeiten zu.

Ebenfalls aus methodischen Gründen ist in allen Ländern die Wertschöpfung der Landwirtschaft untererfaßt. Liegt deren Anteil, etwa am BSP, sehr niedrig, wie in den Industrieländern, so bleibt das ohne große Auswirkung auf die ausgewiesene Höhe des BSP. Das hat dagegen in wenig entwickelten Ländern mit einem hohen Anteil landwirtschaftlicher Wertschöpfung ein wesentlich höheres Gewicht. Auch sonst entziehen sich in diesen Ländern ganz oder zu einem erheblichen Teil viele produktive Tätigkeiten der Erfassung im Rahmen der VGR. Das trifft zwar auch für die → Schattenwirtschaft in den entwickelten Staaten zu, hat hier aber bei weitem nicht die gleiche Bedeutung.

Generell kann man feststellen, daß das BSP bzw. BIP in den meisten Fällen in den weniger entwickelten Ländern systematisch unterschätzt wird.

Ein weiteres Problem erwächst daraus, daß die Volkseinkommenswerte primär in den Währungen der jeweiligen Staaten ausgewiesen werden. Nur selten aber sind diese mit einer anderen international verbreiteten Währung identisch oder eng mit ihr verbunden (Ausnahme z. B. der frz. Franc in einigen Staaten Afrikas). Das bedingt Umrechnungen auf eine einheitliche international gebräuchliche Währung. I. d. R. wird dafür der US-Dollar gewählt, meist in der Form des → Wechselkurses der heimischen Währung gegenüber dem Dollar. Das kann zu durchaus plausiblen Ergebnissen führen. Es kann aber auch der Wechselkurs zum Dollar ganz erheblich von der für solche Vergleiche eigentlich maßgebenden Kaufkraftparität abweichen. Bei einem fixen Wechselkurs, wie im System von *Bretton Woods* (→ internationale Währungspolitik) und heute im → Europäischen Währungssystem, wird dieser nur zufällig der Kaufkraftparität entsprechen, i. d. R. aber davon abweichen, u. U. erheblich. Bei einem freien Wechselkurs, wie z. Z. im Verhältnis der DM zum Dollar, wird die Höhe des Wechselkurses auch stark von Übertragungen und Kapitalströmen beeinflußt. Wie sehr sich diese auswirken können, zeigen die erheblichen Schwankungen der Höhe des DM-Dollar-Wechselkurses in den letzten 5 Jahren, die keineswegs auch nur entfernt von einer entsprechenden Änderung der Kaufkraftparität begleitet waren. Neuerdings versuchen Statistiker, Kaufkraftparitäten zwischen den Preisen zweier oder mehrerer Länder zu bestimmen. Dabei wird ermittelt, wieviel ein – meist durch den Konsum in einem beteiligten Land bestimmter – Warenkorb in dem einen, wieviel in dem anderen Land kostet. Aber auch hierbei ergeben sich gewichtige Probleme, wenn die Konsumgewohnheiten in den verglichenen Ländern stark voneinander abweichen (wie z. B. bei der Kartoffel in Deutschland und in Frankreich). Welche Auswirkungen das haben kann, zeigt ein Vergleich des nach ECU-Wechselkursen und nach Kaufkraftstandard umgerechneten BIP/E. der Länder der EG, der USA und Japans (vgl. Tab. 4).

In der Rangfolge der Staaten ergeben sich bei Anwendung der beiden Berechnungsmethoden z. T. erhebliche Abweichungen: Während die USA nach ECU-Wechselkursen mit ihrem BIP/E. nur an 3. Stelle liegen, nehmen sie nach dem Kaufkraftstandard Rang 1 ein. Das liegt daran, daß der Dollar beim Wechselkurs zum

Tabelle 4
Bruttoinlandsprodukt zu Marktpreisen je Einwohner in den Staaten der EG, in den USA und Japan zu ECU-Wechselkursen und nach Kaufkraftstandard

	ECU-Wechselkurs	Rang	Kaufkraftstandard (in ECU)	Rang
Belgien	12 198	8.	14 712	10.
BR Deutschland	15 843	4.	16 580	4.
Dänemark	17 151	1.	16 606	3.
Frankreich	13 735	6.	15 951	6.
Griechenland	4 111	13.	7 928	13.
Großbritannien	10 211	10.	15 838	7.
Irland	7 205	11.	9 381	12.
Italien	11 493	9.	15 242	9.
Luxemburg	13 993	5.	18 313	2.
Niederlande	12 608	7.	15 258	8.
Portugal	3 271	14.	7 838	14.
Spanien	6 471	12.	10 807	11.
Europa der 12	11 515	.	.	.
USA	16 002	3.	22 806	1.
Japan	16 878	2.	16 368	5.

Quelle: (für Spalte 2 und 4): Eurostat. Jb., Volkswirtschaftliche Gesamtrechnungen. Brüssel, Luxemburg 1989, S. 41

ECU niedriger bewertet wird, als es der Kaufkraftparität entspricht. Auch für Dänemark und Luxemburg ergeben sich größere Abweichungen in den Rangstufen. Wesentlich wichtiger sind aber die Änderungen in den relativen Positionen: Während das schlechtestgestellte Land Portugal beim ECU-Maßstab nur gut 28% des europäischen Durchschnitts (Eur 12) erreicht, sind es beim Kaufkraftstandard fast 54%.

Wenn die Unterschiede so gravierend sind, handelt es sich nicht um statistische Feinheiten, sondern um ganz fundamentale Fragen. Das zeigt aber, daß Umrechnungen über einen Wechselkurs (hier ECU) die Unterschiede weit stärker erscheinen lassen können, als sie es nach dem die tatsächlichen Verhältnisse viel besser erfassenden Kaufkraftstandard in Wirklichkeit sind. Das bedeutet, daß die gebräuchlichen internationalen Übersichten, die sich der Umrechnung über den Wechselkurs bedienen, tendenziell die Unterschiede im Lebensstandard überbetonen. Das gilt um so mehr, als die erwähnten Besonderheiten der VGR in die gleiche Richtung wirken.

Gravierende Abweichungen ergeben sich auch daraus, daß bei einem Wohlstandsvergleich zwischen verschiedenen Ländern deren Größenunterschiede ausgeschaltet werden müssen. Das geschieht meist in der Weise, daß die Werte der VGR auf die Bevölkerungszahl bezogen werden. Zum einen liegen dieser, wie Länderberichte im einzelnen ausweisen, vielfach nur grobe Schätzungen zugrunde, insbes. für verkehrsmäßig wenig erschlossene Gebiete. (Dabei dürfte eher die Tendenz vorherrschen, die Bevölkerungszahl zu hoch auszuweisen als zu niedrig, weil damit die Bedeutung des Landes nachdrücklich betont wird.) Noch wichtiger ist aber, daß eine Bevölkerungszahl nichts über den Altersaufbau der Bevölkerung aussagt. In vielen Entwicklungsländern hat sich in den letzten Jahren die Bevölkerung v. a. durch eine Absenkung der Säuglings- und Kindersterblichkeit stark vermehrt. In jenen Ländern, in denen diese Entwicklung noch nicht lange andauert, erhöht sich die Bevölkerungszahl, ohne daß zunächst die Zahl der Erwerbstätigen entsprechend steigt. Aber auch bei länger andauernder Entwicklung mit ständig wachsenden jungen Jahrgängen (wie beim Altersaufbau Indiens; s. S. 50) ergibt sich der gleiche Effekt. Er wird zwar im internationalen Vergleich mit Ländern einer seit längerer Zeit ungefähr konstanten Bevölkerung (z. B. im Gebiet der alten Bundesrepublik Deutschland) dadurch etwas kompensiert, daß hier der Anteil der nicht mehr erwerbstätigen alten Menschen höher liegt. Trotzdem wird bei der notwendigen Inbeziehungsetzung der Werte der VGR zur absoluten Bevölkerungszahl der Größenabstand zwischen entwickelten und weniger entwickelten Ländern, d. h. zwischen Ländern mit einem geringen und solchen mit einem höheren Anteil junger, noch nicht erwerbstätiger Menschen, gegenüber dem tatsächlichen Wohlstandsgefälle tendenziell überhöht ausgewiesen, insbes. auch hinsichtlich der Verbrauchswerte: Ganz junge Menschen verbrauchen weit weniger Nahrungsmittel als Erwachsene.

Bei einem Wohlstandsvergleich ist schließlich auch zu berücksichtigen, daß das BIP, das i. d. R. dazu benutzt wird, alle Steuern und Sozialabgaben enthält. Diese sind tendenziell in den entwickelten Staaten weit höher als in den weniger entwickelten. Dem steht nur partiell ein entsprechendes Gefälle von Leistungen des Staates und der Sozialversicherung gegenüber. Auch liegen die im BIP ebenfalls enthaltenen Abschreibungen auf dauerhafte Kapitalgüter in den Ländern mit besserer Kapitalausstattung weit höher als in den anderen. Sie stehen aber, wenn man eine Schmälerung des eingesetzten Kapitals in der Zukunft vermeiden will, für einen konsumtiven Verbrauch nicht zur Verfügung.

Die Bedenken gegen einen internationalen Wohlstandsvergleich mit Hilfe des BIP/E. sind also zahl-

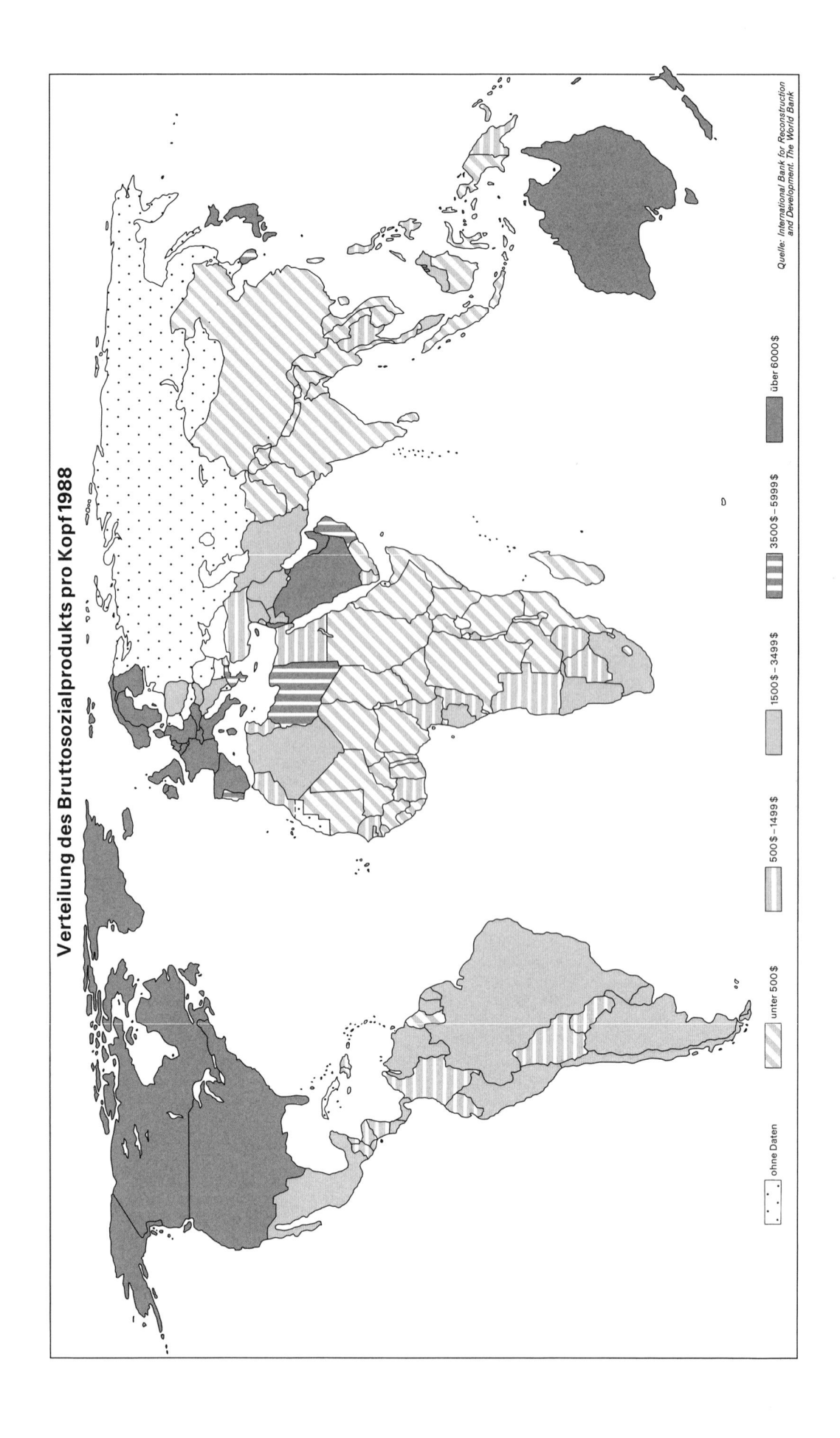

Verteilung des Bruttosozialprodukts pro Kopf 1988

ohne Daten	unter 500 $	500 $ – 1499 $	1500 $ – 3499 $	3500 $ – 5999 $	über 6000 $

Quelle: International Bank for Reconstruction and Development. The World Bank

reich (und noch zahlreicher, als es hier dargestellt werden konnte). Jedenfalls aber wird auf der Basis des BIP/E. der Abstand im Wohlstandsgefälle i. d. R. höher ausgewiesen, als es der Wirklichkeit entspricht; wie stark läßt sich nach dem Stand der Forschung nicht abschätzen.

In der internationalen Diskussion wird – oft ohne nähere Präzisierung des Gemeinten – von einer Zunahme im Wohlstandsgefälle, z. B. zwischen reichen und armen Ländern oder zwischen Nord und Süd (→ Nord-Süd- Konflikt), gesprochen. Entscheidend ist dabei, ob es sich bei wachsenden Werten nur um eine Vergrößerung des absoluten oder auch des relativen Abstandes handelt. Letzterer bleibt immer gleich, wenn die realen BIPe der miteinander verglichenen Länder mit den gleichen Raten steigen, was aber eine Zunahme des absoluten Abstandes zur Folge hat. Inwieweit in der jüngsten Entwicklung die (absoluten oder relativen) Abstände zwischen den verschiedenen Ländern tatsächlich gewachsen sind, läßt sich generell nicht sagen, zumal in Anbetracht der dargestellten Vergleichsschwierigkeiten. Damit ist aber auch die Behauptung, die reichen Länder seien in jüngster Zeit immer reicher, die armen Länder immer ärmer geworden, z. Z. weder zu widerlegen noch zu bestätigen. Etwas anderes ist es, daß *innerhalb* vieler Entwicklungsländer – wofür manche Indizien sprechen – das Gefälle zwischen Armen und Reichen größer geworden ist, damit auch die sozialen Gegensätze gewachsen sind.

Trotz aller Einschränkungen soll im folgenden ein Überblick über den gegenwärtigen Wohlstand versucht werden. Da andere Werte weltweit nicht zur Verfügung stehen, muß die Übersicht von einer Umrechnung nationaler Werte mit Hilfe des Wechselkurses zum Dollar ausgehen. Inwieweit dabei Unterbewertungen von Ländern vorliegen, kann mangels einschlägiger Untersuchungen nicht angegeben werden. Im Anschluß an die oben gemachten Ausführungen über die Verhältnisse in den Ländern der EG ist aber zu vermuten, daß die Unterbewertungen tendenziell um so stärker sind, je weniger entwickelt ein Land ist.

Wie die Karte zeigt, sind weite Teile Afrikas und auch größere Teile Asiens im Durchschnitt wirtschaftlich immer noch sehr schlecht gestellt. Für andere Länder, insbes. die ehem. UdSSR, liegen keine Angaben vor. Sehr gut entwickelt sind dagegen die USA und Kanada, Australien sowie die meisten Länder Europas. 45 Länder mit einer Bevölkerung von 2,7 Mrd. Menschen weisen ein sehr niedriges, 721 Mio. Menschen in 38 Ländern im Durchschnitt ein hohes Pro-Kopf-Einkommen auf.

Vergleicht man diese Übersicht mit der Bevölkerungsentwicklung, so zeigt sich eine bemerkenswerte Korrelation: Länder mit dem niedrigsten Pro-Kopf-Einkommen sind der Tendenz nach auch die mit der höchsten Zuwachsrate der Bevölkerung.

In den wirtschaftlich entwickelten Ländern beträgt das jährliche Bevölkerungswachstum im Durchschnitt 1% oder weniger. Die gering entwickelten Länder weisen demgegenüber im Durchschnitt eine weit höhere jährliche Bevölkerungszunahme auf. Unterstellt man für beide Ländergruppen das gleiche reale Wachstum des BIP von 3%, wie es in entwickelten Ländern langfristig etwa erreicht wird, so bedeutet das bei einem gleichzeitigen Bevölkerungswachstum von 3% ein konstant bleibendes Pro-Kopf-Einkommen, bei einem Bevölkerungswachstum von 1% p. a. aber ein Wachstum des Pro-Kopf-Einkommens von rd. 2% p. a. Die Voraussetzungen für diese unterschiedliche Entwicklung dürften um so mehr erfüllt sein, je weniger sich eine Zunahme der Bevölkerung auch (schon) in einer Steigerung der Beschäftigtenzahl niederschlägt, je plötzlicher also die Bevölkerungszunahme einsetzt. Dann wächst nämlich mindestens etwa über ein Jahrzehnt die Zahl der Kinder beträchtlich, zunächst nicht aber auch die Zahl der Beschäftigten. (Bei starker Verbreitung von Kinderarbeit, die in Entwicklungsländern noch weithin üblich ist, gilt dies allerdings nur mit Einschränkung.) Das ist die zwangsläufige Folge einer entsprechenden Entwicklung. Ob darüber hinaus weitere kausale Zusammenhänge – etwa im Sinne von Malthus – wirksam sind, kann hier offenbleiben.

Das Material läßt eine wissenschaftlich fundierte Entscheidung über die Behauptung, weltweit würden die armen Länder immer ärmer, die reichen immer reicher, nicht zu. Das gilt erst recht in bezug auf die Gründe für eine solche Entwicklung. Hinzu kommt, daß mangels Präzisierung der Länderzahl – gilt das Behauptete für alle Länder oder nur für einen Teil von ihnen (ggf. für wie viele und für welche?) – eine solche Behauptung unüberprüfbar ist. Politisch aber hat sie, ob zutreffend oder nicht, großes Gewicht.

B. Probleme der Weltwirtschaft:
Globale Entwicklungen und internationaler Handlungsbedarf

I. Weltwirtschaftsordnung als Aufgabe

1. Problemaufriß

Die → Weltwirtschaft ist am Beginn der 90er Jahre mit erheblichen Problemen konfrontiert. Da sind nicht nur der → Nord-Süd-Konflikt im allgemeinen (→ Entwicklung, Entwicklungspolitik) und die Verschuldungskrise vieler Entwicklungsländer im besonderen. Es stellt sich angesichts der bevorstehenden Auflösung des RGW (↗ Europa V) auch die Aufgabe, die – z.T. ebenfalls hoch verschuldeten – Länder Osteuropas in die Weltwirtschaft zu integrieren. Selbst das Verhältnis zwischen den sog. westlichen Industriestaaten ist durch tiefgreifende handels- und währungspolitische Interessengegensätze und Kontroversen belastet: Sie manifestieren sich u.a. in gravierenden Leistungsbilanzungleichgewichten zwischen den USA einerseits und Japan sowie Deutschland andererseits und sind v.a. durch den sich zuspitzenden Agrarprotektionismus und den sog. „neuen Protektionismus" (im gewerblich-industriellen Bereich [s.u. II 3 b]) bedingt. Darüber hinaus drohen weltweite Klimaveränderungen, denen nur durch eine globale Strategie des Umweltschutzes wirksam begegnet werden kann, die eine zunehmende „Ökologisierung" der Welthandelsordnung mit sich bringen wird.

2. Ordnung der Weltwirtschaft durch internationale Rahmensetzung

Auch heute noch setzt sich die Weltwirtschaft letztlich aus einzelnen Volkswirtschaften zusammen, die prinzipiell der Souveränität eines Nationalstaates unterstehen. Ihre Ordnung erfolgt daher durch (ein System internationaler) Vereinbarungen zwischen Staaten, die das Verhältnis ihrer Volkswirtschaften zueinander regeln. Im Mittelpunkt steht dabei stets die Frage, inwieweit – im Interesse einer für alle Staaten vorteilhaften Arbeitsteilung – grenzüberschreitende Wanderungen (von Personen oder Unternehmen) und Transaktionen (von Waren, Kapital sowie Dienstleistungen) zwischen den „nationalen Ökonomien" zulässig sein sollen.

Deshalb gelten die für die Marktsteuerung des wirtschaftlichen Geschehens in einer einzelnen Volkswirtschaft gewonnenen Erkenntnisse mutatis mutandis auch für die Weltwirtschaft. Wenn → Marktwirtschaft als „staatliche Veranstaltung" *(L. Miksch)* zu charakterisieren ist, so kann die Weltwirtschaft als Veranstaltung der Staatengemeinschaft interpretiert werden. Das aber bedeutet konkret: Funktionsweise und Leistungsfähigkeit der Weltwirtschaft sind ganz wesentlich von der politischen Rahmensetzung abhängig, welche die Möglichkeiten und Grenzen der Entfaltung internationaler Aktivitäten durch einzelwirtschaftliche Entscheidungseinheiten bestimmt.

Die Rahmensetzung selbst ist immer – auch in Gestalt internationaler Vereinbarungen – Resultante einzelstaatlicher Entscheidungen. Da der Einzelstaat im Interesse eines Schutzes der eigenen Wirtschaft vor internationaler Konkurrenz zur Errichtung nationaler Wirtschaftsgrenzen neigt, ist es Aufgabe v.a. internationaler Regelungen, die Nationalstaaten zu möglichst weitgehender und dauerhafter Öffnung ihrer Volkswirtschaften zu verpflichten. Gleichzeitig ist ein möglichst unverfälschter Leistungswettbewerb zwischen Unternehmen verschiedener Länder zu sichern. Das gilt sowohl für die Handelspolitik (→ internationaler Handel) als auch für die → internationale Währungspolitik – bislang die tragenden Säulen der Weltwirtschaftsordnung.

II. Welthandelsordnung

1. Rahmensetzung

Konstitutiv für die Entwicklung der Welthandelsordnung ist das → Allgemeine Zoll- und Handelsabkommen (GATT). Dieses System von Regeln ist geprägt von dem Leitbild eines freien Welthandels und zielt darauf ab, durch einen weitgehenden Abbau von Handelsschranken den internationalen Warenaustausch zu liberalisieren. Deshalb werden quantitative Beschränkungen (sog. Kontingente) für grundsätzlich unzulässig erklärt und alle Mitglieder dazu verpflichtet, → Zölle auf der Basis der Gegenseitigkeit und der Nichtdiskriminierung (stufenweise) abzubauen. Tatsächlich ist es gelungen, Kontingente weithin abzuschaffen und Zölle in erheblichem Umfang zu reduzieren. So führten die verschiedenen GATT-Runden zu einer Senkung der von den Industriestaaten erhobenen durchschnittlichen Zollsätze von 35% (1947) auf weniger als 5% (1979, nach der sog. Tokio-Runde). Gleichzeitig wirkte sich die verbreitete Akzeptanz klarer Regeln für den Welthandel fördernd auf den internationalen Güteraustausch aus.

2. Entwicklung und Struktur des Welthandels

Im Zeitraum 1955–85 stieg (nominal) der Gesamtwert der Weltexporte auf mehr als das Zwanzigfache, die Weltproduktion aber „nur" auf das Zehnfache. Diese Entwicklung bezeugt, daß die Staatengemeinschaft aus den Erfahrungen der 30er Jahre, als der internationale Handel (bei Zollsätzen von 60% und mehr) weitgehend zum Erliegen gekommen war, konkrete Lehren gezogen hat.

Obgleich sich die Expansion des Welthandels – nicht zuletzt aufgrund der sog. Ölpreisschocks, der starken Wechselkursschwankungen des US-Dollars, der Schuldenkrise der „Dritten Welt" und Osteuropas sowie des neuen Protektionismus – in den letzten zwei Jahrzehnten verlangsamte, blieb der Wachstumstrend erhalten. In den 80er Jahren hat auch die wirtschaftliche Dynamik in den wichtigsten Industrieländern dem internationalen Warenhandel wieder neue Impulse verliehen, so daß der Gesamtwert der Weltexporte (1980–89 nominal) um über 51% anstieg (vgl. Tab. 1).

Tabelle 1
Entwicklung des Welthandels. Handelsströme zwischen EG, EFTA, USA, RGW, Japan und Entwicklungsländern 1980 und 1990 im Vergleich
(Angaben in % der Gesamtexporte)

von \ nach		EG	EFTA	RGW[2]	USA	Japan	EL	Sonstige	Exporte in Mrd. US-$ f.o.b.	Exporte in % der Weltexporte
Welt	1980	35	7	7	12	6	23	9	2001	–
	1989	40	7	5	15	6	22	5	3340	–
EG[1] (10)	1980	54	12	5	7	1	18	5	664	33
(12)	1990	61	10	3	7	2	13	5	1368	41
EFTA	1980	53	15	7	5	1	13	6	116	6
	1990	58	14	5	7	3	11	3	225	7
RGW[2]	1980	19	7	51	1	1	15	7	155	8
	1990	20	6	48	1	2	12	12	179	5
USA	1980	25	4	2	–	10	36	24[3]	217	11
	1990	25	3	1	–	12	34	25[3]	394	12
Japan	1980	13	3	3	24	–	45	11	130	7
	1990	19	3	1	32	–	40	5	288	9
OPEC	1980	31	3	1	18	17	22	7	307	15
	1990	27	1	1	20	20	22	9	188	6
EL (ohne OPEC)	1980	23	2	5	23	10	28	9	251	13
	1990	22	3	3	19	12	36	5	519	16

[1] ohne innerdeutschen Handel; 1980 ohne Portugal (Exporte in Höhe von 5 Mrd. US-$) und Spanien (21 Mrd. US-$); vgl. Stat. Bundesamt – [2] Europ. RGW-Mitgliedsstaaten einschließlich asiatischem Teil der UdSSR, ohne innerdeutschen Handel – [3] Exporte nach Kanada: 16% (1980) bzw. 21% (1990) der gesamten US-amerikanischen Exporte

Quellen: United Nations, Monthly Bull. of Statistics; IWF, Direction of Trade Statistics; Berechnungen des Verfassers

Die *Struktur* des Welthandels ist durch die Dominanz der EG gekennzeichnet; auch wenn berücksichtigt wird, daß (1989) 60% der Exporte Intra-EG-Handel darstellen, und daher nur auf Exporte in Drittländer abgestellt wird, bleibt die EG mit 15,2% der Welt größter Exporteur – gefolgt von den USA (12%), Japan (9%) den RGW- und den EFTA-Staaten (7 bzw. 6%). Dabei stiegen die Anteile am Weltexportvolumen in den 80er Jahren für Japan (um 29%), die EG (um gut 10%) und die USA (um 10%), während die EFTA ihren Anteil gerade behaupten konnte. Dagegen sank der entsprechende Wert für die RGW-Staaten (um 12,5%) und – aufgrund der Ölpreissenkungen – besonders der für die OPEC-Länder (um 73%). Die Entwicklungsländer (ohne OPEC) jedoch konnten ihren Anteil am Weltexport um knapp 31% steigern und damit weit überdurchschnittlich am Wachstum des Welthandels partizipieren.

Allerdings gilt dieser Befund nur für die Dritte Welt als Gesamtheit. Dahinter verbirgt sich ein recht differenziertes Bild (vgl. Tab. 2): Während v.a. die OPEC-Länder, aber auch die Entwicklungsländer Afrikas (darunter viele der ärmsten Länder der sog. Vierten Welt) sogar absolut erhebliche Exporteinbußen hinnehmen mußten, gelang es Schwellenländern, wie in Ostasien, ihre Exporte um 145% zu steigern. Die Länder Lateinamerikas konnten ihr absolutes Exportvolumen wenigstens (gut) behaupten, ohne freilich vom Zuwachs des Welthandels nennenswert zu profitieren.

Damit wird eines der zentralen Probleme der Welthandelsordnung deutlich: die auf einem (sehr) geringen Niveau stagnierende Beteiligung vieler Entwicklungsländer am internationalen Warenaustausch. Die Gründe hierfür sind ebenso vielfältig wie umstritten und entziehen sich simpler Verallgemeinerung. So spricht schon die Tatsache, daß zumindest einige Entwicklungsländer ihren Anteil an den Weltexporten drastisch erhöhen konnten, gegen die Auffassung, die GATT-Regeln seien die eigentliche Ursache für den geringen Erfolg des Außenhandels vieler Entwicklungsländer. Gerade die als Exporteure erfolgreichen Entwicklungsländer belegen die gut begründbare Vermutung: Notwendige, wenn auch nicht immer hinreichende Bedingung für Exporterfolge ist ein international wettbewerbsfähiges Warenangebot auf Märkten, die sich weltweit als expansionsfähig erweisen.

Dies belegt ein Vergleich der Produktstruktur der Exporte unterschiedlich erfolgreicher Entwicklungsländer (vgl. Tab. 3).

Staaten mit rasch wachsenden Ausfuhren, wie z. B. ostasiatische Länder, verdanken ihre Exporterfolge ihrer zunehmenden Leistungsfähigkeit im Bereich gewerblich-industrieller Produkte, die inzwischen den weitaus größten Anteil ihrer Exporte ausmachen. Umgekehrt exportieren Länder, wie z. B. die Staaten Afrikas (südlich der Sahara), deren Anteil an den Weltexporten sinkt, noch immer vorwiegend Roh- und Brennstoffe, die generell nur ein relativ begrenztes Nachfragewachstum aufweisen; außerdem sind diese Exporte aufgrund der Wachstumsschwäche in den Industrieländern sowie des durch die Schuldenkrise der Entwicklungsländer bedingten Angebotsüberhangs in den 80er Jahren unter starken Preisdruck geraten.

Somit stehen und fallen die Exportchancen (auch) eines Entwicklungslandes v. a. mit dem Erfolg der praktizierten Strategie der wirtschaftlichen Entwicklung im Einzelfall. Erst in zweiter Linie stellt sich die Frage, inwieweit Regelungen der geltenden Welthandelsordnung für die Exportmisere vieler Entwicklungsländer verantwortlich zu machen sind.

Tabelle 2
Entwicklung der Exporte der Entwicklungsländer (EL) 1990 und Veränderung 1980–90

	Exporte in Mrd. US-$ f.o.b.	davon Exporte nach (Angaben in Mrd. US-$ f.o.b.)				
		EG[1] + EFTA	USA	Japan	RGW[2]	EL
EL insgesamt 1990	707	182	136	100	17	228
Veränderung gegenüber 1980 in %	+27%	+6%	+18%	+28%	+2%	+66%
OPEC 1990	188	53	38	38	2	41
	−39%	−50%	−34%	−28%	−39%	−39%
Nicht-OPEC 1990	519	130	99	62	16	187
	+107%	+109%	+70%	+147%	+30%	+166%
EL in Afrika 1990	74	42	15	3	1	12
	−22%	−4%	−50%	+21%	−64%	−9%
EL in Lateinamerika 1990	128	32	53	8	2	30
	+19%	+40%	+49%	+63%	−68%	+4%
EL im Mittleren Osten 1990	146	43	19	29	5	39
	−31%	−44%	−5%	−34%	+79%	−32%
Andere asiatische EL 1990	452	79	102	66	8	179
	+220%	+231%	+245%	+134%	+130%	+258%

Nachrichtlich: Die Exporte weltweit stiegen von 1980 bis 1990 um 67%. – [1] ohne innerdeutschen Handel; 1980 ohne Portugal und Spanien – [2] Europäische RGW-Mitgliedsstaaten einschließlich asiatischem Teil der UdSSR, ohne innerdeutschen Handel

Quelle: United Nations, Monthly Bull. of Statistics; Berechnungen des Verfassers

Tabelle 3
Entwicklung der Exportstruktur der Entwicklungsländer
(Anteil an der Warenausfuhr in %, 1965 und 1989)

	Afrika[1]		Ostasien		Südasien		Lateinamerika und Karibik		Ölexporteure[2]	
	1965	1989	1965	1989	1965	1989	1965	1989	1965	1989
Brennstoffe, Mineralien und Metalle	24	53	22	12	6	6	43	33	80	92
Sonstige Rohstoffe	68	36	67	19	57	24	50	33	16	2
Maschinen, Elektrotechnik, Fahrzeuge	0	1	1	22	1	5	1	12	0	1
Übrige Industrieprodukte	7	10	10	47	35	65	6	24	3	5
Insgesamt	99	100	100	100	99	100	100	102	99	99

[1] Afrika südlich der Sahara ohne Südafrika – [2] ohne UdSSR

Quelle: Weltentwicklungsbericht 1991. Hg. Weltbank

Tabelle 4
Kosten der Agrarpolitik
(Schätzungen für den Durchschnitt 1979/81 und 1984/86, Angaben in Mrd. ECU)

Land	Kosten für die Steuerzahler (1)		Kosten für die Verbraucher (2)		Budgeteinnahmen (3)		Gesamtkosten (1) + (2) − (3)	
	1979/81	1984/86	1979/81	1984/86	1979/81	1984/86	1979/81	1984/86
USA	19,4	59,4	9,6	20,3	0,3	1,2	28,7	78,5
Kanada	1,6	3,7	1,5	3,2	−	0,1	3,1	6,8
Australien	0,5	0,7	0,2	0,8	−	−	0,7	1,5
Neuseeland	0,2	0,5	−	0,1	−	−	0,2	0,6
Japan	10,2	13,7	17,3	41,3	3,1	4,9	24,4	50,1
EG der 10	21,1	30,4	36,7	49,8	0,8	0,6	57,0	79,6

Das Zeichen „−" bedeutet: vernachlässigbar

Quelle: Agricultural Policies, Markets and Trade. Monitoring and Outlook 1988. Hg. OECD. Paris 1988

Tabelle 5
Anzahl von Export-Selbstbeschränkungsabkommen *

	Sept. 1986	Mai 1988
Insgesamt	99	261
Branchen		
Stahl	39	52
Landwirtschaft	17	55
Automobile	13	17
Textil und Bekleidung	11	72
Elektronik-Erzeugnisse	7	19
Schuhe	5	14
Werkzeugmaschinen	3	7
Sonstige	4	25
Geschützte Märkte		
EG	55	138
USA	32	62
Japan	12	13
sonstige Industrieländer	12	47
Osteuropa	0	1
Betroffene Exporteure		
Japan	24	28
Osteuropa	16	45
Korea	14	25
sonstige Industrieländer	20	59
sonstige Entwicklungsländer	21	98

* ohne Welttextilabkommen

Quelle: H.-P. Fröhlich, Das GATT am Scheideweg. Köln 1989 – M. Kelly u. a., Issues and Developments in International Trade Policy. Washington 1988 – C. Boonekamp, Freiwillige Selbstbeschränkungsabkommen, in: Finanzierung und Entwicklung 24 (1987) Nr. 4, 2 ff.

3. Probleme und politischer Handlungsbedarf

Die im Rahmen des GATT erreichte Liberalisierung des internationalen Warenhandels stieß nicht nur von Anfang an auf unüberwindliche Grenzen (in Form des Agrarprotektionismus). Sie wurde im Laufe der Zeit auch wieder erheblich eingeschränkt (durch Sonderregelungen für Entwicklungsländer). Je weiter im übrigen der Abbau von Kontingenten und Zöllen gedieh, desto größer wurde die Neigung, zu subtileren Formen von Handelsbeschränkungen zu greifen: So entstand der sog. „neue Protektionismus". Außerdem beziehen sich GATT-Regeln bislang ohnedies im wesentlichen nur auf den Warenhandel. Die immer bedeutsamer gewordenen internationalen Dienstleistungen und Direktinvestitionen werden von ihnen (noch) nicht erfaßt.

a) Agrarprotektionismus. Ihn praktizierten bei Schaffung des GATT primär die USA. Heute findet er sich in allen (westlichen) Industrieländern und ist zu einem gravierenden Problem der Weltwirtschaftsordnung geworden: Da die einzelstaatliche Agrarpolitik – im Interesse einer Sicherung paritätischer Einkommen für Landwirte – (zu) hohe Agrarpreise garantiert, kommt es allenthalben zu einer Expansion der inländischen Agrarproduktion, die nicht nur Importe (aus den traditionellen Agrarüberschußländern) substituiert, sondern ihrerseits auf den Weltmarkt drängt. Der daraus resultierende internationale Subventionswettlauf führt zu sinkenden Agrarpreisen auf dem Weltmarkt und gleichzeitig zu (teils erheblichen) Absatz- und Deviseneinbußen der traditionellen Agrarexportländer, die i. d. R. kostengünstiger produzieren. Dabei bedient sich dieser (wachsende) Agrarprotektionismus in Japan und in der EG mehr als anderswo preispolitischer Interventionen, während in den USA die direkten Subventionen (aus Steuermitteln) dominieren (vgl. Tab. 4). Diese EG-Agrarpolitik zwingt (auch, aber nicht nur) die USA und Kanada zu immer höherer Subventionierung der Landwirtschaft. Leidtragende sind letztlich Länder der Dritten Welt und noch mehr der Vierten Welt, die auf Deviseneinnahmen aus Agrarexporten besonders angewiesen sind und gleichzeitig die Entwicklung ihrer eigenen Landwirtschaft durch subventionierte EG-Agrarexporte bedroht sehen.

b) Der sogenannte neue Protektionismus. Er ist als Rückfall in eine Tendenz zur Beschränkung des internationalen Handels zu betrachten. Als „neu" wird er primär deshalb bezeichnet, weil er sich eines neuartigen Instrumentariums bedient. Statt der klassischen Handelshemmnisse (Zölle und einseitig festgelegte Kontingente) kommen v. a. sog. *nicht-tarifäre Handelshemmnisse* zum Einsatz. Sie sind formal, d. h. dem Buchstaben nach, mit dem GATT vereinbar, stehen jedoch im klaren Widerspruch zu dessen Geist.

Der Vielfalt nicht-tarifärer Handelshemmnisse setzt nur die Phantasie der sich ihrer bedienenden Regierungen Grenzen. Besonders verbreitet sind drei Kategorien: Subventionen, technisch-administrative Normvorgaben und Marktabsprachen. → *Subventionen* werden sowohl als gezielte Exportförderung wie auch als allgemeine finanzielle Vergünstigungen von der öffentlichen Hand gewährt. *Technisch-administrative Handelshemmnisse,* die meist mit Argumenten des Verbraucher-, des Gesundheits- oder des Umweltschutzes begründet werden, sind typischerweise Auflagen im Sinne spezieller Anforderungen, denen Importprodukte (kurzfristig) nicht oder nur bei hohem Kostenaufwand entsprechen können. *Marktabsprachen* endlich manifestieren sich meist in „Selbstbeschränkungsabkommen" oder „freiwilligen Exportbeschränkungen".

Die Verbreitung der nicht-tarifären Handelshemmnisse zeigt (zumindest bis Ende der 80er Jahre) steigende Tendenz und eine starke Konzentration auf Branchen (wie Agrarprodukte, Textil und Bekleidung, Stahl und zunehmend auch Kraftfahrzeuge), die sich in den Industrieländern einer eher stagnierenden Gesamtnachfrage und gleichzeitig steigendem Konkurrenzdruck (auch) aus Entwicklungsländern (insbes. Schwellenländern) gegenübersehen (vgl. Tab. 5).

Da sie selektiv Anwendung finden, verstoßen sie zumindest materiell gegen den GATT-Grundsatz der Nichtdiskriminierung bzw. der Meistbegünstigung. Vor allem Selbstbeschränkungsabkommen begünstigen außerdem bilaterale Vereinbarungen, in denen meist der politisch stärkere Handelspartner seine Interessen durchsetzt. Deshalb kommt auch der GATT-Grundsatz der Reziprozität (im Sinne vergleichbarer Liberalisierungsschritte auf beiden Seiten) nicht zum Tragen. Vielmehr führen nicht-tarifäre Handelshemmnisse i. d. R. zu Benachteiligungen kleiner Länder(gruppen) bzw. des relativ schwächeren Handelspartners. Besonders nachteilig dürften die sog. Schwellenländer davon betroffen sein.

c) Die Uruguay-Runde. Der Abbau des Agrar- und des neuen Protektionismus steht im Mittelpunkt der laufenden sog. Uruguay-Runde von GATT-Verhandlungen. Doch finden sich auch neue Themen auf der umfangreichen Tagesordnung. So stehen v. a. eine stärkere Liberalisierung des (grenzüberschreitenden) Dienstleistungsverkehrs sowie des Niederlassungsrechts (für ausländische, meist → multinationale Unternehmen, die Direktinvestitionen tätigen) und ein verbesserter (internationaler) Schutz des geistigen Eigentums zur Diskussion.

Die Fülle der Interessengegensätze läßt rasche Verhandlungsfortschritte kaum erwarten. Da eine Intensivierung der internationalen Arbeitsteilung letztlich jedoch für alle Beteiligten mit erheblichen Vorteilen verbunden ist, steht zu vermuten, daß auch die Uruguay-Runde einen weiteren Beitrag zum Abbau von internationalen Wirtschaftsgrenzen bringt.

III. Weltwährungsordnung

1. Rahmensetzung

Um sicherzustellen, daß der (wünschenswerte) internationale Handel nicht durch Einschränkungen oder Behinderungen des grenzüberschreitenden →Zahlungsverkehrs beeinträchtigt wird, sind auch im Währungsbereich zwischenstaatliche Vereinbarungen erforderlich. Ein solcher Regelungsbedarf besteht v. a. in dreifacher Hinsicht: 1. ist darüber zu entscheiden, inwieweit eine →Währung in eine andere getauscht werden darf (Frage der Konvertibilität); 2. ist festzulegen, welche →Wechselkurse gelten sollen; 3. sind Regeln darüber zu vereinbaren, von wem in welchem Ausmaß und unter welchen Bedingungen bei →Zahlungsbilanz-Ungleichgewichten Währungskredite zur Verfügung gestellt werden.

Vehikel der monetären Abwicklung internationaler Leistungsströme sind Wechselkurse zwischen den Währungen verschiedener Länder. Sie sollen möglichst stabil sein, um eine langfristig orientierte internationale Arbeitsteilung zu fördern und *gleichzeitig* dem „inneren Wert" der relevanten Währungen entsprechen, um Währungskonvertibilität und einen Ausgleich der Zahlungsbilanzen zu gewährleisten. Da souveräne Staaten konjunktur- und währungspolitische Autonomie beanspruchen, kommt es regelmäßig zu größeren Unterschieden in der Geldwertentwicklung zwischen verschiedenen Ländern, so daß die Konvertibilität einzelner Währungen eingeschränkt und/oder die Stabilität der Wechselkurse geopfert werden muß, weil anders das Zahlungsbilanz-Gleichgewicht nicht zu sichern ist.

Die Währungsordnung der Nachkriegszeit (→Internationaler Währungsfonds, →internationale Währungspolitik) war ein Versuch, beiden Anforderungen weitgehend Rechnung zu tragen: durch feste, in Relation zum US-Dollar fixierte Wechselkurse, die bei (fundamentalen) Zahlungsbilanz-Ungleichgewichten geändert werden konnten bzw. mußten. Das System sog. stufenflexibler Wechselkurse ist nicht zuletzt daran gescheitert, daß dieser Anpassungsmechanismus nicht zufriedenstellend funktionierte: Es zerbrach an den Spannungen, die eine zunehmende Diskrepanz der Binnenwerte wichtiger Währungen erzeugte.

2. Von festen zu flexiblen Wechselkursen

Seit Mitte der 70er Jahre steht es grundsätzlich jedem Land frei, sein eigenes Wechselkurssystem zu wählen. Die meisten Industrieländer haben sich für ein System flexibler Wechselkurse entschieden, insbes. die USA und Japan. Die Bundesrepublik Deutschland, Frankreich, (inzwischen auch) Großbritannien sowie andere EG-Staaten haben im Rahmen des →Europäischen Währungssystems die Relationen zwischen ihren Währungen in Form eines sog. Paritätengitters – unter Zulassung bestimmter Schwankungsbreiten – definiert, während sie die Kursbildung gegenüber anderen Währungen dem Devisenmarkt überlassen. Viele Länder der Dritten Welt haben ihre Währungen an den US-Dollar gekoppelt – mit der Folge, daß sie dessen ausgeprägte Schwankungen mitzuvollziehen haben. Die Tendenz zur Wechselkursflexibilisierung ist ein Indiz dafür, daß dem Zahlungsbilanzausgleich einseitig Vorrang gegenüber der Wechselkursstabilität gegeben wird – eine Tendenz, die aus der Dominanz einzelstaatlicher Interessen (auch) in der internationalen Währungspolitik resultiert.

Die an flexible Wechselkurse geknüpften Erwartungen haben sich nur z. T. erfüllt. Zwar erleichtern es flexible Kurse stabilitätsbewußten Ländern, den Wert ihrer Währungen gegenüber Inflationsimport weitgehend zu sichern. Auch Anpassungen der realen Wechselkurse an Veränderungen der Angebots- und Nachfragebedingungen sowie an Verschiebungen der Arbeitsproduktivitäten erfolgen rascher. Doch hat sich die Erwartung, flexible Wechselkurse würden (stets) auch nur geringfügig um einen langfristigen Gleichgewichtspfad oszillieren, als trügerisch erwiesen.

Alle Vorschläge einer Weiterentwicklung des internationalen Währungssystems stellen entscheidend auf eine Intensivierung oder sogar Institutionalisierung der währungspolitischen Zusammenarbeit zwischen den (drei bis sieben) wichtigsten Industrieländern ab. Sie wird heute ansatzweise (besonders in Form der regelmäßigen Weltwirtschafts-Gipfeltreffen) und informell bereits praktiziert. Von einer solchen währungs- und wirtschaftspolitischen Kooperation wird eine Stabilisierung der weltwirtschaftlichen Entwicklung im allgemeinen und der Wechselkurse im besonderen erwartet. Erfolgsbedingung ist freilich eine gewisse Konvergenz in den wirtschaftspolitischen Zielvorstellungen zwischen den führenden Ländern.

Wirtschaft

3. Internationale Kapitalbewegungen

Die Entwicklung der Weltwährungsordnung seit den 70er Jahren ist auch durch eine zunehmende Liberalisierung des Kapitalverkehrs (zwischen den wichtigsten Handelspartnern) und durch wachsende internationale Liquidität (→ internationale Finanzmärkte) gekennzeichnet.

Relativ hohe Realzinsen sowie ungebrochenes Vertrauen in die Leistungskraft der US-Wirtschaft – und damit in den US-Dollar als Reservewährung – erlaubten es den USA in den 80er Jahren, erhebliche Haushalts- und Leistungsbilanzdefizite über den internationalen Kapitalmarkt zu finanzieren. Sie sind deshalb (seit 1984) der bei weitem größte Importeur von langfristigem Auslandskapital, während Japan größter Kapitalexporteur ist. Dagegen nahmen die Netto-Kapitalimporte in die Entwicklungsländer – seit und infolge der sog. Verschuldungskrise – kontinuierlich ab und haben in den letzten Jahren sogar Netto-Kapitalexporten Platz gemacht. Dies gilt bes. für die (am höchsten verschuldeten) Staaten Lateinamerikas und Afrikas, während die (wenig verschuldeten) Länder Ostasiens noch in den Genuß von (stark geschrumpften) Netto-Kapitaltransfers kommen (vgl. Tab. 6).

Tabelle 6
Saldo der Kapitalbewegungen 1982–1988
(in Mrd. SZR[1])

	1982	1983	1984	1985	1986	1987	1988
Welt	+ 15,3	+ 5,1	+ 2,4	– 3,4	– 59,0	– 78,7	– 64,0
Internationale Organisationen	– 5,9	– 5,4	– 1,6	– 8,9	– 6,5	– 17,5	– 13,3
Industrieländer	– 27,8	– 27,4	– 33,5	– 17,0	– 61,8	– 63,1	– 49,5
USA	– 6,6	– 1,7	+ 38,2	+ 71,4	+ 61,4	+ 26,0	+ 68,6
Japan	– 14,6	– 17,6	– 49,0	– 62,0	– 111,8	– 103,8	– 87,2
BR Deutschland	– 5,3	– 3,1	– 6,7	– 4,4	+ 13,2	– 9,9	– 36,0
Entwicklungsländer	+ 49,1	+ 37,9	+ 37,5	+ 22,5	+ 9,3	+ 1,9	– 1,2
Afrika	+ 8,4	+ 4,5	+ 4,4	+ 0,6	+ 0,4	– 0,8	– 0,3
Asien	+ 19,7	+ 20,4	+ 17,6	+ 20,6	+ 14,9	+ 4,6	+ 8,4
Mittlerer Osten	– 1,4	+ 16,6	+ 23,0	+ 12,5	+ 7,2	+ 7,4	+ 1,9
Lateinamerika	+ 26,3	– 0,7	– 4,8	– 9,7	– 9,8	– 7,3	– 6,3
Ölexportierende Länder	+ 3,9	+ 18,6	+ 20,5	+ 9,2	+ 5,2	+ 3,7	– 0,4
Nichtölexportierende Entwicklungsländer	+ 45,1	+ 19,3	+ 17,0	+ 13,3	+ 4,2	– 1,7	– 0,8

[1] SZR = Sonderziehungsrechte; 1 SZR = ca. 1,18 US-$; Netto-Zuflüsse: +; Netto-Abflüsse: –
Quelle: Internationaler Währungsfonds, Balance of Payments Statistics

Für diese Kapitalbewegungen ist nicht die veränderte Weltwährungsordnung als solche verantwortlich zu machen. Wechselkursflexibilität und Liberalisierung des internationalen Kapitalverkehrs stellen im Gegenteil besonders günstige Bedingungen dar, die auch weltweit eine ertragsorientierte Verteilung des (privaten) Kapitalangebots fördern. Als ökonomische Ursachen für die beobachtbaren Kapitalbewegungen sind primär Unterschiede in den Ertragserwartungen (im Hinblick auf Höhe und Sicherheit der Verzinsung sowie auf Risiken des Rücktransfers von Kapital und Erträgen) anzusehen. Ein (zu) geringer Kapitaltransfer in die „Dritte Welt" läßt sich daher grundsätzlich mit relativ (zu) niedrigen Zinsen und Risikoprämien (bzw. Absicherungen bei politisch bedingten Unsicherheiten) erklären. Die anomalen Kapitalbewegungen der 80er Jahre sind deshalb vermutlich in hohem Maße auf die Schuldenkrise (eines Teils) der Entwicklungsländer zurückzuführen.

4. Die internationale Verschuldung

a) Verbreitung und Ausmaß. Auslandsverschuldung – vornehmlich in Form langfristiger Kredite – ist grundsätzlich geboten, wenn die Ersparnisse im Inland nicht ausreichen, um die wachstumspolitisch erwünschten Investitionen zu finanzieren. Der mögliche Beitrag des Kapitalimports zur wirtschaftlichen Entwicklung eines Landes setzt freilich eine investive Verwendung des Kapitals voraus, die längerfristig Erlöse oder nicht-quantifizierbare wirtschaftliche Vorteile bringt, welche den zu leistenden Schuldendienst (Tilgungsrate und Verzinsung) übersteigen. Erst wenn der vereinbarte Schuldendienst gefährdet ist, spricht man von einer Verschuldungskrise.

Der Welt größter (Netto-)Schuldner sind gegenwärtig die USA. Da der Schuldendienst jedoch ordnungsgemäß geleistet wird und das weltweite Vertrauen in die Leistungskraft der US-Wirtschaft ungebrochen ist, interessieren sich nur Experten dafür. Sollten die langjährigen Haushalts- und Leistungsbilanzdefizite der USA aber andauern, könnten sich Zweifel an der finanziellen Solidität auch dieses Schuldners regen und den Dollarkurs erheblich unter Druck setzen – mit kaum absehbaren Folgen für die Weltwirtschaft.

Hochverschuldet sind auch die (meisten) Staaten Osteuropas (vgl. Tab. 7). Ursächlich dafür ist v.a. die geringe Leistungsfähigkeit der dort bis 1989 herrschenden Systeme zentraler Planwirtschaft im allgemeinen und deren Exportschwäche im besonderen. Die – durch die sog. COCOM-Liste bewirkte –

Zugangssperre zu Märkten moderner westlicher Technologie und die Abhängigkeit der meisten dieser Länder von Energieimporten verschärften die Diskrepanz zwischen Auslandskapital-Bedarf und internationaler Zahlungsfähigkeit, so daß es in Einzelfällen zu ernsten Zahlungsschwierigkeiten kam. Der Zusammenbruch der planwirtschaftlichen Systeme führte in letzter Zeit – besonders in Ungarn, Polen und der ehem. UdSSR – zu einem weiteren Anstieg der Auslandsverschuldung. Gleichwohl wird allgemein erwartet, daß den Ländern Osteuropas mit dem Übergang zu marktwirtschaftlichen Systemen – nicht zuletzt aufgrund des vorhandenen Humankapitals und der zunehmenden Annäherung an die EG – auf mittlere Sicht eine Konsolidierung ihrer Auslandsverschuldung gelingen wird (↗ Europa V).

b) *Die Schuldenkrise der Dritten Welt.* (1) Von einer Schuldenkrise sind seit 1982 Entwicklungsländer (besonders Lateinamerikas und Afrikas) betroffen (→ Entwicklung, Entwicklungspolitik IV 5). Das *Ausmaß der Gesamtverschuldung* von 111 Ländern der Dritten Welt beläuft sich heute auf etwa 1,3 Bill. US-$. Fast 50% dieser Auslandsverschuldung entfielen (1987) auf die 11 Hauptschuldnerländer (vgl. Tab. 8). Während Brasilien, Mexiko und Argentinien – als die drei größten Schuldner – fast ¼ dieser Gesamtverschuldung auf sich vereinigen, beläuft sich der Anteil aller afrikanischen Staaten auf nur 15%. Der daraus resultierende Schuldendienst nimmt seit 1981 einen (z. T. sehr) hohen Anteil der Exporterlöse der einzelnen Staaten in Anspruch (vgl. Tab. 8). Seit Mitte der 80er Jahre sind die jährlichen Zins- und Tilgungszahlungen der hochverschuldeten Entwicklungsländer an ausländische Gläubiger erheblich höher als die Kreditaufnahme.

(2) Die Schuldenkrise hat interne und externe *Ursachen*. Auslöser für die sprunghafte Zunahme von Auslandskrediten waren in den nicht-ölproduzierenden Entwicklungsländern die Ölpreiserhöhungen durch das OPEC-Kartell in den 70er Jahren. Sie ließen den Devisenbedarf sprunghaft ansteigen. Aufgrund der wirtschaftlichen Stagnation in den Industrieländern und des reichhaltigen Kapitalangebots von seiten der OPEC-Staaten waren nach der ersten Ölpreiserhöhung Devisenkredite (sog. Petro-Dollars) zwar ebenso reichlich wie zinsgünstig zu erhalten. Doch haben die – vorwiegend US-amerikanischen – Banken als Kreditvermittler die Zahlungsfähigkeit der Entwicklungsländer offenbar nur unzureichend geprüft. Jedenfalls wurde erst 1983 – nachdem die Schuldenkrise bereits manifest war – ein Informationszentrum über Schuldenstatistiken einzelner Staaten der Dritten Welt geschaffen. Konstitutiv für die Schuldenkrise aber war letztlich, daß die Schuldnerländer die von Privatbanken ohne Auflagen gewährten Darlehen zu einem erheblichen Teil nicht investiv anlegten, kurzfristige Mittel in langfristige Projekte investierten und variable Zinssätze akzeptierten.

Als die Ende der 70er Jahre in den USA und in anderen Industrieländern eingeleitete Inflationsbekämpfung dann zu rasch steigenden Zinssätzen führte, wuchs die Zinsbelastung für die bereits laufenden Kredite. Gleichzeitig konnte die durch die zweite Ölpreiserhöhung bedingte Verteuerung der Energieimporte nur durch Aufnahme zusätzlicher Auslandskredite (zu sehr hohen Zinssätzen) finanziert werden. Dem steigenden Schuldendienst stand ein beträchtlicher Rückgang der Exporterlöse gegenüber, weil die Rohstoffpreise

Tabelle 7
Schuldenstand und Schuldendienstquote osteuropäischer Staaten 1982 und 1990 bzw. 1991 im Vergleich

	Schuldenstand in Mrd. US-$ [1]			Schuldendienstquote in % [2]	
	1982	1990	1991 [3]	1982	1990
UdSSR	26,7	52,5	65,0	20	41
Polen	26,5	48,2	52,0	183	69
DDR [4]	13,0	20,6 [5]	–	67	72 [6]
Ungarn	8,0	21,3 [7]	22,7 [6]	37	53
Bulgarien	3,0	10,4	13,0	23	45
Tschechoslowakei	4,0	7,9	9,5	20	33
Rumänien	9,8	1,3	1,7	46	8
Insgesamt	90,9	141,7	163,9	41	43

[1] Bruttoschulden, d.h. ohne Abzug der Währungsreserven – [2] Anteil von Zins- und Tilgungszahlungen an den Exporterlösen aus Gütern und Dienstleistungen – [3] Schätzungen (außer Ungarn) – [4] einschließlich innerdeutscher Verschuldung – [5] 1989 – [6] 1988 – [7] Angaben der Ungarischen Nationalbank

Quellen: OECD, Financial Market Trends 45, Paris 1990; Monatsberichte des Österr. Inst. für Wirtschaftsforschung 1991; Berechnungen des Verfassers

Tabelle 8
Schuldenstand und Schuldendienstquote der fünfzehn am höchsten verschuldeten Entwicklungsländer 1982 bzw. 1983 und 1989 im Vergleich

	Schuldenstand [1] in Mrd. US-$		Schuldendienstquote [2] in %	
	1982	1989	1983	1989
Brasilien	91,9	111,3	55,1	31,3
Mexiko	86,0	95,6	51,7	39,5
Argentinien	43,6	64,7	69,7	36,1
Indien	27,4	62,5	16,6	26,3
Indonesien	26,3	53,1	20,1	35,2
Ägypten	28,8	48,8	25,1	21,8
China	8,4	44,9	10,1	9,8
Türkei	19,7	41,6	33,2	32,1
Griechenland [3]	18,0	37,3	68,1	57,4
Venezuela	32,2	33,1	26,8	25,0
Korea, Republik	37,3	33,1	21,2	11,4
Nigeria	13,0	32,8	23,8	21,3
Philippinen	24,5	28,9	36,3	26,3
Kuba [3]	21,6	27,2	50,5	28,2
Algerien	17,7	26,1	33,8	68,9
Insgesamt	496,4	741,0		
alle Entwicklungsländer	806,7	1151,7	27,2	21,1
Schuldenanteil der fünfzehn	61,5%	64,4%		

[1] Bruttoschulden, d.h. ohne Abzug der Währungsreserven – [2] Anteil von Zins- und Tilgungszahlungen an den Exporterlösen – [3] Nach OECD, Financing and External Debt of Developing Countries, 1990 Survey

Quellen: Weltbank, World Debt Tables, 1990–1991. Washington 1991; Berechnungen des Verfassers

(außer Erdöl) sanken und die Importgüternachfrage in den Industrieländern aufgrund der um sich greifenden Wachstumsschwäche sowie des neuen Protektionismus zurückging.

Doch haben die unzureichenden Exporterfolge (gerade der Hauptschuldnerländer Lateinamerikas) auch *interne* Ursachen: besonders die hohe Geldentwertung, die Anreize zur Ersparnisbildung zerstört, zu Kapitalflucht führt und die inländische Investitionstätigkeit verunsichert. Gleichzeitig haben aber auch Importbeschränkungen, eine (nicht zuletzt dadurch bedingte) geringe Produktivität und die Fixierung zu hoher Wechselkurse in vielen Ländern die Exportchancen verringert.

(3) Verständlicherweise betonen die Schuldnerländer die externen, die Industrieländer die internen Aspekte. Tatsächlich ist die Schuldenkrise Resultante aus beiden sich wechselseitig ergänzenden, ja verstärkenden Ursachenkomplexen. Das erschwert auch erfolgversprechende Lösungsstrategien. Deshalb haben bisherige Bemühungen und Vorschläge die Überschuldung vieler Entwicklungsländer einer Lösung noch kaum näher gebracht. Das gilt sowohl für die z. T. erheblichen *Anstrengungen,* die manche Schuldnerländer von sich aus unternommen haben. Es gilt aber auch für die bisher durchgeführten Umschuldungsaktionen, die Schuldnerländern stets nur eine Atempause verschaffen konnten.

Zu *Umschuldungsaktionen* dieser Art sind Gläubiger i. d. R. nur auf der Grundlage eines Sanierungsprogramms bereit, das vom Schuldnerland mit dem IWF auszuhandeln ist. Diese Programme zielen darauf ab, durch geld-, finanz- und lohnpolitische „Sparmaßnahmen" mehr stabilitätspolitische Disziplin durchzusetzen. Gleichzeitig sollen durch Wechselkurskorrekturen (der meist überbewerteten Währungen der Schuldnerländer) und Handelsliberalisierung die Exporte stimuliert werden. Diese Prozedur mag bei Zahlungsbilanz-Ungleichgewichten herkömmlicher Art, für die sie entwickelt wurde, Erfolg versprechen. Zur Bewältigung des Verschuldungsproblems ist sie wenig geeignet; selbst wenn erreicht wird, daß der Schuldendienst wieder ordnungsgemäß geleistet werden kann, wird dadurch die Kreditfähigkeit eines Landes nicht im erforderlichen Maße wiederhergestellt. Außerdem geht die forcierte Anpassung oft zu Lasten der Investitionen und damit des künftigen Wachstums.

Verständlicherweise stößt die Durchsetzung dieser Programme auf politische Widerstände. Kritisiert wird v. a., daß die Auflagen des IWF den internen politischen Rahmenbedingungen der Schuldnerländer nicht ausreichend Rechnung tragen. Dabei mag die geringe Akzeptanz der Sanierungsprogramme durch die betroffenen Regierungen (auch) darin begründet sein, daß davon eine Lösung des Verschuldungsproblems von vornherein nicht zu erwarten ist. Freilich wird von Kritikern oft übersehen, daß für die Folgen der Sanierung einer Volkswirtschaft primär nicht die Sanierer verantwortlich zu machen sind, sondern diejenigen, die den Sanierungsbedarf erzeugten. In jedem Falle sollte es deshalb den politischen Entscheidungsträgern selbst überlassen bleiben, die Anpassungslasten gerecht zu verteilen.

Ziel einer *Bewältigung der Schuldenkrise* ist es, die Kreditfähigkeit der Schuldnerländer wiederherzustellen. Tragfähige Regelungen werden beiden Seiten Opfer abverlangen. Ein genereller und umfassender Schuldenerlaß scheidet daher ebenso aus wie eine Aufrechterhaltung der ungekürzten Forderungen der Gläubiger(banken). Vielmehr wird es entscheidend darauf ankommen, die Schuldenlast auf ein vertretbares Maß zu reduzieren und den Schuldendienst zu senken.

In jedem Falle sollte den Schuldnerländern der zeitliche und finanzielle Spielraum (zurück)gegeben werden, der für die unabdingbare Neuorientierung ihrer Wirtschaftspolitik ebenso erforderlich ist wie für die Bewältigung des damit verbundenen Strukturwandels. Vertrauensbildend wären v. a. institutionelle Veränderungen, z. B. die Errichtung autonomer Notenbanken in den zu sanierenden Ländern. Gleichzeitig müßten die Industrieländer den Zugang zu ihren Märkten für Importe aus Schuldnerländern (wieder) stärker öffnen. Nur ein solches Gesamtkonzept dürfte auch politisch durchsetzbar sein. Ein Erfolg der Uruguay-Runde könnte den Weg dahin ebnen.

IV. Internationale Umweltpolitik

1. Begründung der Notwendigkeit

Da nationale Umweltbelastungen zunehmend internationale Wirkungen zeigen, besitzt inzwischen auch die Weltwirtschaft(sordnung) eine ökologische Dimension (→ Umwelt, Umweltschutz IV).

Die Notwendigkeit einer internationalen Umweltpolitik ist v. a. auf drei Gründe zurückzuführen: (1) Viele Formen der Umweltbelastung und deren (ökonomische und ökologische) Auswirkungen kennen keine Staatsgrenzen. (2) Umweltschäden und daraus resultierende Folgen sind zunehmend ohne umfassende Zusammenarbeit auf weltweiter Basis nicht mehr zu bewältigen; zu nennen sind hier v. a. die (vermutete) Zunahme des Treibhauseffekts und das sog. Ozonloch. (3) Sowohl in den Industrie- als auch in den Entwicklungsländern gibt es wirtschaftliche und wirtschaftspolitische Aktivitäten, die für die jeweils andere Hemisphäre eine umweltverträgliche wirtschaftliche Entwicklung in besonderem

Maße erschweren: der alte und neue Protektionismus der Industrieländer, zumal im Agrarbereich, und die zunehmende Vernichtung der tropischen Regenwälder in der Dritten Welt.

Größere (auch politische) Aufmerksamkeit hat inzwischen die Gefährdung der Erdatmosphäre erfahren. Bekanntlich wird das Ozonloch primär auf Emissionen von Fluorchlorkohlenwasserstoffen (FCKW) zurückgeführt. Diese tragen aber auch zur Verstärkung des Treibhauseffektes bei, der im übrigen v. a. mit Emissionen von Kohlendioxid und Methan in Verbindung gebracht wird und weltweit folgenschwere Klimaveränderungen zu verursachen droht (vgl. Globale Perspektiven, Kap. 1).

Um diesen Gefahren zu begegnen, gilt es, die Emissionen rasch und spürbar zu reduzieren. Die mit Abstand bedeutendsten Emittenten sind die Industrieländer. Sie verursachen gegenwärtig 95% der FCKW-Emissionen und 70% der vom Menschen veranlaßten CO_2-Emissionen. Deshalb sind sie auch umweltpolitisch primär gefordert. Besonders hohe CO_2-Emissionen verzeichnen die (bis 1989 als sozialistische Planwirtschaften organisierten) Länder Osteuropas (vgl. Tab. 9).

Tatsächlich haben sich einige Industrieländer inzwischen (im *Montreal-* und im *Helsinki-Protokoll*) zur Beendigung der Produktion und zu einer drastischen Reduzierung des FCKW-Verbrauchs bis spätestens zum Jahre 2000 verpflichtet. Auch für CO_2-Emissionen gibt es bereits vereinzelt Selbstbeschränkungen. Entwicklungsländer dagegen glauben weithin, sich Umweltschutz noch nicht leisten zu können. Durch zunehmende Industrialisierung und Urbanisierung in der Dritten Welt kann es folglich weltweit per Saldo zu einem weiteren Anstieg der Treibhausgas-Emissionen kommen.

Für diese Vermutung spricht auch, daß die tropischen Regenwälder durch Brandrodung und Holzeinschlag zunehmend zerstört werden. Zum einen werden dabei erhebliche Mengen an CO_2 freigesetzt. Zum anderen sinkt das Potential für die Selbstregenerierbarkeit der Luft durch Assimilation von Pflanzen; denn der Tropenwald birgt nicht nur die größte Artenvielfalt, er ist noch heute „die nach dem Meeresplankton größte Lufterneuerungslunge der Erde" *(E. U. v. Weizsäcker)*. Eine Dezimierung der Tropenwälder würde somit – aufgrund entsprechend verminderter Umwandlung von CO_2 – den Treibhauseffekt erhöhen und könnte daher – ganz abgesehen von regionalen Auswirkungen (wie Bodenerosion und Überflutung) – globale Klimaveränderungen beschleunigen.

Tabelle 9
Anteil an den weltweiten CO_2-Emissionen und jährliche CO_2-Emissionen je Einwohner in ausgewählten Ländern
(Basisjahr 1986)

	Anteil an den weltweiten CO_2-Emissionen in %	spezifische CO_2-Emissionen in t pro Einwohner und Jahr
USA	22,3	20,0
UdSSR	17,3	13,3
VR China	12,1	2,4
Japan	4,3	7,6
BR Deutschland	3,7	11,7
Großbritannien	3,1	11,8
Indien	2,5	0,7
Polen	2,2	12,8
Frankreich	1,8	7,0
DDR	1,7	22,4
Italien	1,7	6,4
Australien	1,1	15,5
Niederlande	0,9	13,8
Spanien	0,8	4,7
Brasilien	0,8	1,3
Belgien	0,5	11,4
Dänemark	0,3	12,8
Griechenland	0,3	5,8

Quelle: Umweltbundesamt auf der Basis: Energy Statistics Yearbook, UN 1986 und Energy Balances, OECD 1984/1986

2. Handlungsbedarf

Eine erfolgversprechende Strategie des Klimaschutzes muß daher global ansetzen. Die Konzipierung einer dafür grundsätzlich geeigneten Politik kann auf das allgemeine Instrumentarium der Umweltpolitik zurückgreifen.

Allerdings wird es angesichts des → Nord-Süd-Konflikts schwierig sein, sich auf ein wirksames Konzept zu einigen. Einerseits lehnen die Entwicklungsländer aus wachstumspolitischen Gründen Umweltschutz noch immer weitgehend ab. Andererseits können sie darauf verweisen, daß die Umweltmisere primär die Industrieländer verursacht und damit zu vertreten haben. Die Entwicklungsländer werden sich daher ein Klimaschutz-Abkommen nur gegen erhebliche finanzielle Zugeständnisse der westlichen Industrieländer abringen lassen. Sie werden verständlicherweise versuchen, dabei jene Forderungen nach umfangreichem Kapitaltransfer durchzusetzen, die – oft als Bestandteil einer „Neuen Weltwirtschaftsordnung" postuliert – bislang nicht realisiert werden konnten. Die hochentwickelten Industrieländer werden sich also die aktive Mitarbeit der Entwicklungsländer im Umweltschutz einiges kosten lassen müssen. Es gilt daher, Regelungen zu suchen, die dieser Interessenkonstellation Rechnung tragen.

In Ansätzen bereits praktiziert wird der naheliegende Vorschlag, Entwicklungsländern Teile der Auslandsschulden zu erlassen, wenn entsprechende Beträge in (weicher) Landeswährung dem Umweltschutz zugeführt werden. Um die erforderliche Breitenwirkung zu erzielen, empfiehlt sich darüber hinaus, in allen Ländern eine Klimaschutzabgabe (etwa auf Treibhausgas-Emissionen) zu erheben und einen Teil des Aufkommens der Industrieländer zur Finanzierung des Umweltschutzes in Entwicklungsländern zur Verfügung zu stellen.

Als Alternative oder Ergänzung dazu käme auch eine internationale Vereinbarung in Frage, die Entwicklungsländern als Kompensation für einen Verzicht auf die Verbrennung nicht regenerierbarer Ressourcen (besonders fossiler Energieträger) den (kostenlosen) Transfer jener Technologien zusichert, die für die Nutzung von Sonnen- und Windenergie sowie Wasserkraft erforderlich sind. Durch Speicherung und Export eines Teils der so gewonnenen Energie könnten sie umweltverträglich Devisen erwirtschaften und gleichzeitig einen Beitrag zur Schonung nicht-regenerierbarer Energieträger leisten.

Schließlich gibt es bereits den Vorschlag einer Zertifikatslösung als Instrument des Klimaschutzes. Danach hat jedes Land das Recht, pro Einwohner eine maximal zulässige Menge an CO_2 zu emittieren. Entwicklungsländer, die unter dem zulässigen Emissionsniveau bleiben, sollen nicht selbst genutzte Emissionsrechte an jene (Industrie-)Länder verkaufen können, die ihr zulässiges Limit überschreiten. Auch diese Lösung erscheint konsensfähig, da sie Länder der Dritten Welt begünstigt, und ökologisch wirksam, da ihr Anreize zu umweltfreundlichen Produkt- und Prozeßinnovationen immanent sind.

Welche der skizzierten Instrumente auch zum Einsatz kommen, entscheidend bleibt das Ziel, den Ländern der Dritten Welt eine Strategie der wirtschaftlichen Entwicklung zu erleichtern, die ökologischen Belangen (mehr als bisher) Rechnung trägt. Damit wird erneut deutlich: Die Probleme der Weltwirtschaftsordnung werden nicht nur immer dringlicher und konfliktreicher, ihre Bewältigung setzt zunehmend auch die allseitige Bereitschaft zu Regelungen voraus, die ebenso umgreifend wie vorausschauend sind.

V. Neue Weltwirtschaftsordnung oder Reform?

Die Länder der Dritten Welt haben – zumindest mehrheitlich – stets bemängelt, daß die GATT-Regeln ihren Interessen nicht angemessen Rechnung tragen. Sie haben daher im Rahmen verschiedener Verhandlungsrunden *Sonderregeln* durchgesetzt. Danach ist es (nur) ihnen erlaubt, im Aufbau begriffenen Industrien Importschutz zu gewähren. Auch gilt es nicht als Verstoß gegen das Prinzip der Meistbegünstigung, wenn ihnen ein erleichterter Zugang zu Industrieländer-Märkten eingeräumt wird. Die entwicklungspolitische Zweckmäßigkeit dieser „Privilegien" ist umstritten. Befürworter betonen, daß sich nur unter diesen Bedingungen in Entwicklungsländern eigene Industrien entfalten können, Kritiker, daß die praktizierten Importbeschränkungen oft das vertretbare Maß überschreiten und damit zum Nachteil der angestrebten wirtschaftlichen Entwicklung protektionistische Züge annehmen. Zudem wird vermutet, daß die Entwicklungsländern gewährten Handelspräferenzen nicht unwesentlich zur Verbreitung des neuen Protektionismus beigetragen haben. Deshalb ist es offen, ob die prinzipiell vertretbare Sonderbehandlung ihnen auch tatsächlich entwicklungspolitisch die erwarteten Vorteile bringt.

Über diese Modifikation der GATT-Regeln hinaus haben Entwicklungsländer – v. a. in den 70er Jahren im Rahmen der → Welthandelskonferenzen – die Schaffung einer „Neuen Weltwirtschaftsordnung" (NWWO) gefordert (→ Weltwirtschaft IV 2). Erklärtes Ziel der höchst heterogenen wirtschafts- und währungspolitischen Forderungen, die in ihrer Gesamtheit recht willkürlich als NWWO bezeichnet wurden, war eine „gerechtere" Verteilung der Vorteile internationaler Arbeitsteilung. Deshalb war u. a. an eine stärkere Lenkung des Geschehens auf den Weltmärkten durch internationale Behörden gedacht, in denen die Länder der Dritten Welt – ihrer zahlenmäßigen Überlegenheit entsprechend – mehrheitlich vertreten sein sollten. Diese stark interventionistisch geprägten Vorstellungen scheiterten am Widerstand der Industriestaaten. Heute lassen die Erfahrungen, die der Westen in der Agrarpolitik und Osteuropa mit der Planwirtschaft gesammelt haben, selbst ehemalige Befürworter vermuten, daß die Realisierung dieser Forderungen den Erwartungen in keiner Weise gerecht geworden wäre. Dafür sprechen auch die skizzierten Entwicklungen des internationalen Handels und die Schwerpunktverlagerung weltwirtschaftlicher Probleme.

Heute wird – weithin auch von Entwicklungsländern – eine am Prinzip des → Freihandels orientierte Ordnung der Weltwirtschaft grundsätzlich bejaht, zumal es eine praktikable Alternative dazu nicht gibt. Damit eröffnen sich Optionen für eine weitere Liberalisierung der Weltwirtschaftsordnung. Freilich müssen die Industrieländer selbst aus ihrer Befürwortung des Freihandels auch die gebotenen praktischen Konsequenzen ziehen und in der Liberalisierung des Welthandels mit gutem Beispiel vorangehen. Sie können ihre ordnungspolitische Glaubwürdigkeit nicht überzeugender unter Beweis stellen als durch eine Initiative zum wirksamen Abbau bestehender Handelsschranken, zumal der Agrarprotektionismus auch ökologisch nicht länger vertretbar erscheint. Gelingt ein Abbau des bestehenden Protektionismus, so dürfte dies auch die Chancen einer Bewältigung der Verschuldungskrise und der internationalen Umweltprobleme verbessern. Deshalb kommt der Uruguay-Runde für die künftige Entwicklung der Weltwirtschaft(sordnung) weitreichende Bedeutung zu.

Globale Perspektiven

LITERATUR

A: Bevölkerung und Wirtschaft

D. B. **Grigg**, Population growth and agrarian change in historical perspective. Cambridge 1980. – Ernährung und Gesellschaft. Bevölkerungswachstum – agrare Tragfähigkeit der Erde. Hg. E. **Ehlers**. Stuttgart 1983. – O. **Matzke**, Weltbevölkerung und Welternährung, in: PoluZg 1983, B. 19, 3 ff. – Aktuelle Probleme der Welternährungslage. Hg. H. J. **Elster**. Stuttgart 1985. – M. **Wingen**, Bevölkerung, in: StL. Bd. 1. ⁷1985, 748 ff. – Th. **Dams**, Entwicklung, Entwicklungspolitik, in: ebd. Bd. 2. ⁷1986, 294 ff. (Lit.). – H. **Keppler**, Die Bedeutung des Dienstleistungssektors für die Entwicklungsländer. München 1986. – St. **Tangermann**, Welternährung und die Verantwortlichkeit der Industrieländer. Hg. H. Giersch. Kiel 1986. – W. C. **Fischer**, H. **Fröleke**, Welternährungskrise – was können wir tun? Bremen 1987. – J. W. **Warnock**, The Politics of Hunger. The global Food System. Toronto 1987. – World Agriculture towards 2000. An FAO Study. Hg. N. **Alexandratos**. London 1988. – Probleme der ländlichen Entwicklung in der Dritten Welt. Hg. H. **Körner**. Berlin 1988. – E. **Pestel**, Jenseits der Grenzen des Wachstums. Stuttgart 1988. – Probleme und Chancen demographischer Entwicklung in der Dritten Welt. Hg. G. **Steinmann u. a.** Berlin 1988. – Europäisch-afrikanischer Dialog. Kolloquium von deutschsprachigen Bischöfen aus Europa und Bischöfen aus Afrika. Mainz 1989. – N. **Stern**, The Economics of Development: A Survey, in: EcJ 99 (1989) 597 ff. (Lit.). – L. **Uhlmann**, Technikkritik und Wirtschaft – Eine Auswertung der relevanten Literatur. Berlin 1989. – F. **Böckle u. a.**, Armut und Bevölkerungsentwicklung in der Dritten Welt. Hg. Wiss. Arbeitsgruppe für weltkirchliche Aufgaben der Dt. Bischofskonferenz. Bonn. – Weltbevölkerungsbericht 1990. Entscheidungen für das nächste Jahrhundert. Hg. Deutsche Gesellschaft für die Vereinten Nationen. Bonn 1990. – H. **Klages**, Kritische Anfragen an den „Wertewandel", in: Zs. zur politischen Bildung und Information. Eichholz-Brief 1990, H. 3, 1 ff. – W. **Zohlnhöfer**, Das soll der Sozialstaat tun! oder: Verstaatlichte Nächstenliebe statt individueller Verantwortung, in: ebd., 15 ff. – H. R. **Hemmer**, 40 Jahre Entwicklungstheorie und -politik, in: Zs. für Wirtschafts- und Sozialwissenschaften 110 (1990) 505 ff. – F. **Kamphaus**, Weniger Menschen durch weniger Armut, in: Frankfurter Allgemeine Nr. 58/11 D vom 9. 3. 1992. – Bevölkerung und Wirtschaft. Jahrestagung der Ges. für Wirtschafts- und Sozialwissenschaften – Verein für Socialpolitik [in Vorbereitung].

Laufende Veröffentlichungen: The World Bank Atlas. Hg. International Bank for Reconstruction and Development. Washington. – The World Bank. World Development Report. Washington [dt. u. d. T.: Weltentwicklungsbericht].

B: Probleme der Weltwirtschaft

Zu I und V: Weltwirtschaftsordnung. Die christliche Alternative zum Marxismus. Hg. A. F. **Utz u. a.** Walberberg 1983. – H. H. **Glismann u. a.**, Weltwirtschaftslehre. Bd. 1. Außenhandels- und Währungspolitik. Göttingen ³1986. – J. **Scheide**, St. **Sinn**, Internationale Koordination der Wirtschaftspolitik: Pro und Contra. Kiel 1987. – Armut im Süden durch Wohlstand im Norden? Hg. G. **Alt**, A. **Wrobel-Leipold**. o. O. (München) 1988. – St. **Gill**, G. **Law**, The Global Political Economy. New York 1988. – A. **Lüthi**, Eine langfristige ökonomische Perspektive unter demographischen, ökologischen und technologischen Randbedingungen. Grüsch (Schweiz) 1988. – B. **Balassa**, New Directions in the World Economy. London 1989. – H. **Gröner**, A. **Schüller**, Grundlagen der internationalen Ordnung: GATT, IWF und EG im Wandel – Euckens Idee der Wirtschaftsverfassung des Wettbewerbs als Prüfstein, in: ORDO 40 (1989) 429 ff. – New Institutional Arrangements for the World Economy. Hg. H.-J. **Vosgerau**. Berlin 1989.

Zu II: J. **Donges**, Nicht-tarifäre Handelshemmnisse, in: HdWW. Bd. 3. 1981, 784 ff. – Welthandelspolitik für eine bessere Zukunft – Fünfzehn Empfehlungen. Hg. GATT. Genf 1985. – Strategic Trade Policy and the New International Economics. Hg. P. R. **Krugman**. Cambridge (Mass.) 1986. – A. **Tesche**, Gesamtwirtschaftliche Kosten der Protektion in der Bundesrepublik Deutschland. Köln 1986. – C. **Boonekamp**, Freiwillige Selbstbeschränkungsabkommen, in: Finanzierung und Entwicklung 24 (1987) Nr. 4, 2 ff. – Free Trade in the World Economy. Hg. H. **Giersch**. Tübingen 1987. – The Uruguay-Round. A Handbook on the Multilateral Trade Negotiations. Hg. J. M. **Finger**, A. **Olechowski**. Washington 1987. – H. J. **Hochstrate**, R. **Zeppernick**, Störungen des Welthandels – neuere Entwicklungen, in: WiD 68 (1988) 500 ff. – M. **Kelly u. a.**, Issues and Developments in International Trade Policy. Washington 1988. – H.-P. **Fröhlich**, Das GATT am Scheideweg. Köln 1989. – H. **Grimwade**, International Trade. New Patterns of Trade, Production and Investment. London 1989.

Zu III: Th. **Kampffmeyer**, Die Verschuldungskrise der Entwicklungsländer. Probleme und Ansatzpunkte für eine Lösung auf dem Vergleichswege. Berlin 1987. – P. **Bofinger**, C. **Gerberding**, Das EWS als Modell für die Weltwährungsordnung?, in: WiD 68 (1988) 348 ff. – K. **Schröder**, Der Weg in die Verschuldungskrise, in: PoluZg 1988, B 33–34, 3 ff. – W. **Hankel**, Hintergründe der internationalen Schuldenkrise, in: ebd., 13 ff. – H. **Sangmeister**, Die Auslandsverschuldung Lateinamerikas: Entwicklungskrise ohne Ausweg?, in: ebd. 23 ff. – R. **Tetzlaff**, Weltbank und Währungsfonds als umstrittene „Krisenmanager" in den Nord-Süd-Beziehungen, in: ebd. 36 ff. – Wechselkursstabilisierung, EWS und Weltwährungssystem. Hg. O. **Issing**. Hamburg 1988. – Wechselkursstabilisierung und Währungskooperation. Hg. A. **Gutowski**. Berlin 1988. – R. H. **Hasse**, Ansätze zur Neuordnung des internationalen Währungssystems, in: PoluZg 1989, B 20–21, 33 ff. – B. **Molitor**, Chancen und Möglichkeiten einer internationalen Koordinierung der Wirtschafts- und Finanzpolitik. Tübingen 1990. – P.-G. **Schmidt**, Ansätze zur Bewältigung der internationalen Schuldenkrise, in: Jb. für Neue Politische Ökonomie 9 (1990) 199 ff. – Chr. **Suter**, Schuldenzyklen in der Dritten Welt. Frankfurt/M. 1990.

Zu IV: Weltwirtschaftsprobleme Mitte der 80er Jahre: Energie, Technologie, Umwelt. Hg. Friedrich-Ebert-Stiftung. Bonn 1985. – Verzicht aus Verantwortung: Maßnahmen zur Rettung der Ozonschicht. Hg. Umweltbundesamt. Berlin 1989. – E. U. v. **Weizsäcker**, Erdpolitik. Ökologische Realpolitik an der Schwelle zum Jahrhundert der Umwelt. Darmstadt 1989. – A. K. N. **Reddy**, J. **Goldemberg**, Energy for the Developing World, in: Scientific American 263 (1990), Nr. 3, 63 ff. – M. **Wöhlcke**, Umwelt- und Ressourcenschutz in der internationalen Entwicklungspolitik. Probleme und Zielkonflikte. Baden-Baden 1990.

Laufende Veröffentlichungen: United Nations, Statistical Office. Monthly Bull. of Statistics. New York. – The World Bank. World Debt Tables. Washington. – The World Bank. World Development Report. Washington [dt. u. d. T.: Weltentwicklungsbericht].

J. Heinz Müller † (A), Werner Zohlnhöfer (B)

KAPITEL 7
DIE RELIGIONEN

I. Die Begegnung der Religionen

Daß sich → Religionen nicht nur begegnen, sondern gegenseitig befruchten und teilweise auch vermischen, ist ein in der Religionsgeschichte bekanntes Phänomen. Bei dem dadurch oft anzutreffenden *Synkretismus* handelt es sich um die Herausbildung neuer Erscheinungsformen der alten Religionen. Bei ihnen werden Elemente der einen Religion mit der einer anderen in Einklang gebracht. Entscheidend ist dabei für die neue entstehende religiöse Bewegung, welche Religion die dominante Rolle übernimmt, indem sie Elemente einer anderen Religion in ihrem eigenen Traditionskreis beheimatet. Vorgänge dieser Art kennt die Religionsgeschichte z. B. in der Rezeption altägyptischer Einflüsse in der griechischen Religion, die wiederum die römische Religion befruchtet hat. Auch die Geschichte des → Christentums ist eine Geschichte der Aufnahme, Umbildung und Abwehr außerchristlicher religiöser Einflüsse. Beginnend mit der griechischen Stoa, mit der Gnosis und mit dem Neuplatonismus bildete sich in diesem Prozeß das christliche Dogma heraus. Aber auch die Gestalt der Kirche, ihre Struktur, ihr Kult und ihre mannigfachen Lebensäußerungen erfuhren auf diese Weise ihre Ausprägung.

Die Begegnung der Religionen in der Gegenwart unterscheidet sich von solchen in der Geschichte der Religionen geläufigen Erscheinungen: Sie erfolgt in einem die Religionen umschließenden gemeinsamen *Welthorizont*. Der Rahmen, in dem sich heute Menschen verschiedener Religionen begegnen, ist nicht einfach der durch die Religion selber überlieferte und damit bereits abgesteckte Auslegungshorizont. Auch der Angehörige einer einzelnen Stammesreligion in Schwarzafrika oder in Neuguinea begegnet den Boten des Christentums, des Islams oder einer anderen Religionsgemeinschaft nicht nur in dem ihm durch die eigene Religion gesetzten Verstehenshorizont. Sein Weltbild hat bereits durch zahlreiche Einflüsse von außen „Horizonterweiterungen" erfahren. Mythische Vorstellungen sind ebenso wie die dem Naturgeschehen entnommene zyklische Zeiterfahrung abgelöst durch ein weltweit gültiges chronologisches Zeitmaß und dessen Datierung. Wer in der Lage ist, als gläubiger Hindu die außerindische Welt in seine beruflichen und geschäftlichen Kontakte einzubeziehen, für den erscheint der göttliche Fluß Ganges nicht allein geographisch in einer neuen Perspektive. Die Begegnung mit Menschen anderer Religionen bedeutet in diesem Falle nicht länger die für sein Hindutum unaufgebbare Identität von Religion und geburtsgemeinschaftlicher Zugehörigkeit als Schranke. Der Andere ist für ihn nicht länger der im eigenen Religionssystem nicht unterzubringende „Kastenfremde". Er selber hat die Grenze seiner ihm als Hindu eigenen, religiös sanktionierten Kastenschranke aus beruflichen oder anderen Gründen durchbrochen. Begegnungen zwischen Menschen unterschiedlicher Religionen vollziehen sich heute in einem weltweiten, für die einzelne Religion der Betreffenden oft nicht mehr typischen Rahmen. – Zum Anteil und zur Verteilung der Religionen siehe die Tabelle und die Karte (S. 69).

Für die meisten Menschen in den außerchristlichen Religionen der Gegenwart bedeutet dies, daß sie sich in vieler Hinsicht eines Orientierungsrahmens bedienen, der nicht ihrer eigenen Religion entstammt. Mit der Übernahme westlicher Wertvorstellungen, Fortschritts- und Lebensmuster sowohl für

Religionen der Welt
(Anhänger in 1000)

	1900	in % der Weltbevölkerung	1970	in % der Weltbevölkerung	1990	in % der Weltbevölkerung
Christentum	558 056	34,4	1 216 579	33,7	1 758 778	33,2
Hinduismus	203 033	12,5	465 784	12,9	705 346	13,3
Islam	200 102	12,4	550 919	15,3	934 842	17,6
Buddhismus	127 159	7,8	231 672	6,4	323 350	6,1
Judentum	12 270	0,8	15 186	0,4	17 720	0,3
Sikhs	2 961	0,2	10 612	0,3	18 153	0,3
Stammesreligionen	106 340	6,6	88 077	2,4	99 424	1,9
Neue religiöse Bewegungen	5 910	0,4	76 443	2,1	117 589	2,2
sonstige Religionen *	400 907	24,7	246 407	6,8	221 314	4,2
ohne religiöse Bindung	2 923	0,2	543 065	15,0	866 428	16,4
erklärte Atheisten	226	0,01	165 289	4,6	233 099	4,4
Weltbevölkerung	1 619 887		3 610 034		5 297 042	

* z.B. Shintoismus, Jainismus

Quelle: D.B. Barrett, Annual Statistical Table on Global Mission: 1990, in: International Bull. of Missionary Research 14 (1990) H.1

die Gesellschaft als auch für den einzelnen, haben sich Orientierung und Verhaltensweisen weltweit durchgesetzt, die zumindest die Bedingungen ihres Entstehens der Gültigkeit eines christlichen Welt- und Menschenbildes verdanken. Diese neue Ausgangslage stellt auch die Begegnung von Christen und Menschen anderer Religionen unter eine veränderte, neue Voraussetzung: Eine Art unbewußte „Vorbegegnung" in Gestalt der hier skizzierten gemeinsamen Perspektiven und Orientierungen ist darum jeder expliziten religiösen Begegnung immer schon vorläufig. Vom Zweiten → Vatikanischen Konzil wird dieser Zusammenhang als Voraussetzung für die Begegnung der Kirche mit Menschen anderer Religionen benannt: „In unserer Zeit, da sich das Menschengeschlecht von Tag zu Tag enger zu vereinen sucht und die Beziehungen unter den verschiedenen Völkern sich mehren, erwägt die Kirche mit um so größerer Aufmerksamkeit, in welchem Verhältnis sie zu den nichtchristlichen Religionen steht ... faßt sie vor allem ins Auge, was den Menschen gemeinsam ist und sie zur Gemeinschaft untereinander führt" (Erklärung über das Verhältnis der Kirche zu den nichtchristlichen Religionen „Nostra aetate", Vorwort).

II. Globale Herausforderungen der Religionen: Säkularisierung und Ideologie

Die in der westlichen Welt im 17. u. 18. Jh. unter der Bezeichnung → Aufklärung einsetzende Geistesbewegung zielte auf eine autonome Bestimmung der Welt und des Menschen. Beide büßten im Verlaufe dieses Prozesses ihren im Schöpfungs- und Heilsglauben des Christentums wesentlich angelegten theonomen Bezug ein. Auf der einen Seite war es das Christentum, das die Natur entgötterte und den Menschen in eine neue Freiheit gegenüber allem Geschaffenen (Gen 1, 28 ff.) versetzte. Dieser Freiheit im „weltlichen Umgang" mit der Welt entsprach die Vollmacht, mitgestaltend, forschend und entwickelnd Welt zu verantworten. Auf der anderen Seite konnte sich in den christlichen Ländern in der Neuzeit über diesen legitimen Prozeß solcher → Säkularisierung hinaus ein prinzipieller *Säkularismus* entwikkeln. In ihm wird der Anspruch erhoben, ohne den Legitimationszusammenhang göttlicher Offenbarung „das Ganze von Welt verwirklichen zu können" *(F. Gogarten)*. Die → Religion verliert dabei ihre das Ganze von Welt und Mensch begründende Funktion. Ihre Gültigkeit betrifft dann nur noch einen Teilbereich oder sie beschränkt sich auf die Motivierung ethischer Forderungen.

Für die außerchristlichen Religionen bedeutet der säkulare Einfluß, wie er sich aus der Begegnung mit der westlichen Welt ergeben hat, eine wesentlich neue Orientierung. Aus dem kosmischen *dharma*-Verständnis der *indischen Religionen* resultierte ein den gegenwärtigen Weltzustand begründender und stabilisierender Glaube. Im Unterschied zu religiösen Reformern wie Mahatma *Gandhi* und *Sarvapalli Radhakrishnan* fordern darum säkulare Denker heute eine Trennung von Hindureligion und Hindugesellschaft. „Bevor die Hindus ihren Platz unter den zivilisierten Menschen einnehmen können, müssen zwei Voraussetzungen erfüllt sein: sie müssen ihre Gesellschaft ausrichten auf die modernen Vorstellungen und sich selbst der zahlreichen Lähmungen entledigen, die sie im Blick auf das Leben in jeder Hinsicht wirkungslos sein lassen" *(K. M. Panikkar)*.

Die Identität von Weltbild und *chinesischer Religion* i. S. eines kosmischen Harmoniedenkens, in dem alles Gegensätzliche seine Einheit findet, stand im Hintergrund der radikalen Religionskritik im China → *Mao Tse-tungs*. Religion erschien schlechthin als „Aberglaube", den es angesichts der angestrebten Entwicklung zu überwinden galt. Der Säkularisierungsprozeß geht im nachrevolutionären China, vergleichbar der Entwicklung in anderen kommunistischen Staaten der Welt, in eine ideologisch bestimmte antireligiöse Propaganda über.

Anfängliche Äußerungen *Mao Tse-tungs* (1945) lassen zunächst für China eine tolerante, aufgeklärte Haltung erkennen: „In den befreiten Gebieten Chinas sind alle Religionen erlaubt ... Jedermann ist frei zu glauben oder nicht zu glauben" *(D. E. MacInnis)*. Die Kategorie, unter der die Religion in der ideologischen Auseinandersetzung Chinas erscheint, heißt „Aberglaube". Ihre Eliminierung wird von einem fortschreitenden neuen Bewußtsein der Massen erwartet. Dabei sollen sich die Thesen der Religionskritik von *Karl Marx* bestätigen. Nach ihnen entfallen die Voraussetzungen für die Religion mit den sich ändernden gesellschaftlichen Gegebenheiten. Die Aufgabe der Revolution besteht schließlich im „Aufbau" und in der „andauernden Stärkung der ideologischen Erziehung der Anhänger der Religion" mit dem Ziel, „die Wurzeln zu eliminieren, aus denen Religion entsteht" und „den Tod der Religion herbeizuführen" *(MacInnis)*.

Vor allem wo, wie im Falle des *Lamaismus* in *Tibet,* Religion und nationale Identität zusammenfallen, erscheint die Religion als das wesentliche Hindernis der ideologisch-revolutionären Entwicklung. In der Auseinandersetzung mit dem ideologischen Totalanspruch des chinesischen Kommunismus hat sich die Religion Tibets als die stärkere Kraft behauptet. Aus der Geschichte gewachsene nationale Identität, Religion und Kultur bilden hier, wie die weitere Entwicklung in der Zeit nach Mao Tse-tung erweist, ein Bollwerk gegenüber den sie bedrohenden Ansprüchen der chinesischen Herrschaft.

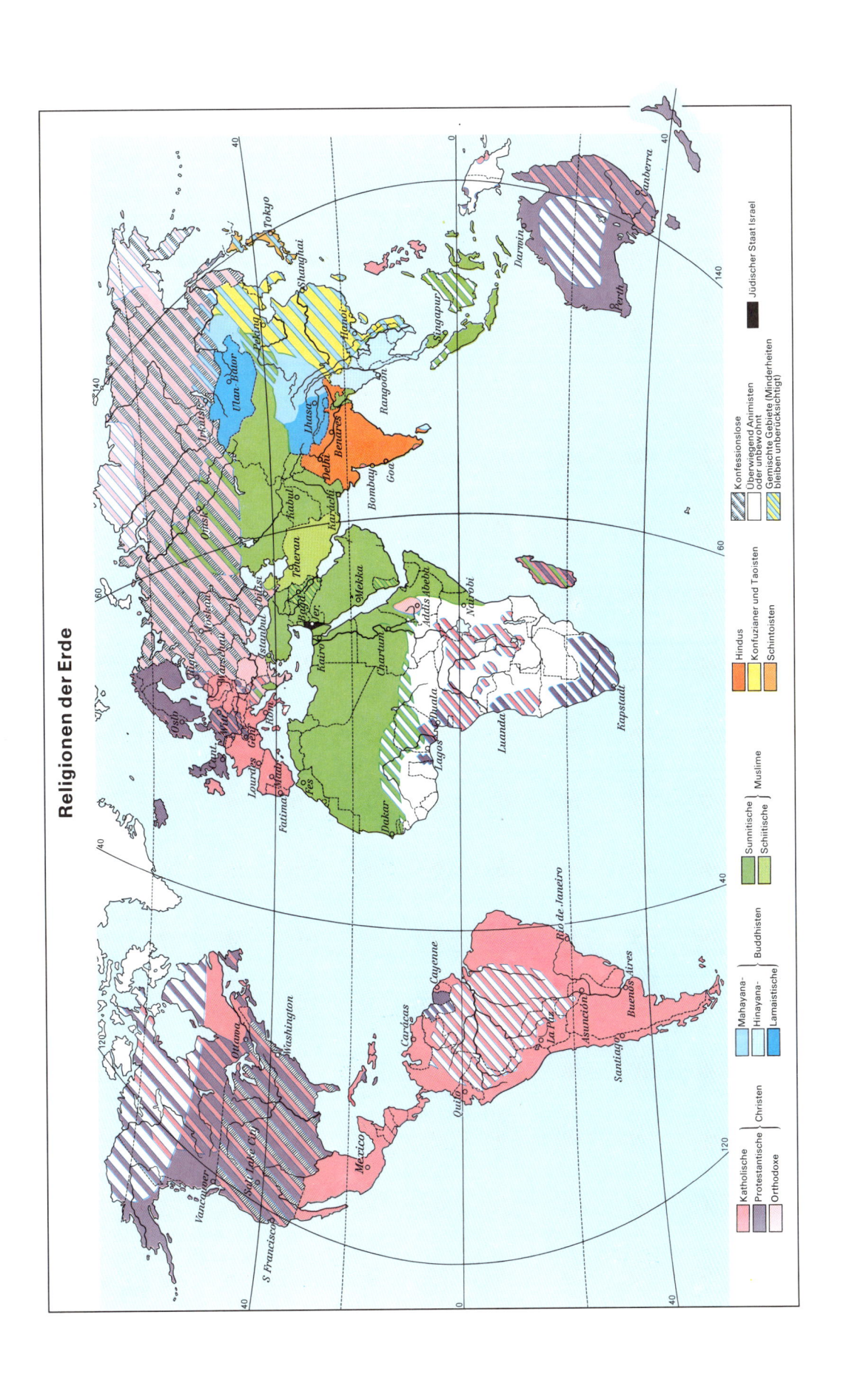

Religionen der Erde

Christen
- Katholische
- Protestantische
- Orthodoxe

Muslime
- Sunnitische
- Schiitische

Buddhisten
- Mahayana-
- Hinayana-
- Lamaistische

- Hindus
- Konfuzianer und Taoisten
- Schintoisten

- Konfessionslose
- Überwiegend Animisten oder unbewohnt
- Gemischte Gebiete (Minderheiten bleiben unberücksichtigt)
- Jüdischer Staat Israel

In der Auseinandersetzung der politisch wirksam gewordenen *Ideologiebewegung des 20. Jh.* mit den Religionen lassen sich in den betreffenden Staaten verschiedene Stufen unterscheiden. (1) Die Anhänger einer Religion werden anfänglich im Ideologiestaat toleriert. (2) Einzelne Religionen werden am Maßstab der Ideologie kritisch beurteilt und hinsichtlich ihrer Nützlichkeit selektiv behandelt. (3) Die Auseinandersetzung zwischen → Ideologie und Religion wird als ein Prozeß fortschreitender „Aufklärung" und Umerziehung gesehen. In ihm entzieht die durch ihre ideologische Zielsetzung bestimmte gesellschaftliche Veränderung die Bedingungen für die Religion. (4) Unterstützt wird dieser Prozeß durch Maßnahmen, die den Anhängern der Religion ihre Ausübung nicht nur erschwert, sondern sie daran zu hindern sucht. (5) Die Stelle der ausgegrenzten legitimen Religion nehmen ersatzweise aus Inhalten der betreffenden Ideologie bestimmte Rituale und Symbolhandlungen ein. Diese Stufen der Auseinandersetzung zwischen Ideologie und Religion können sich unterschiedlich darstellen.

III. Das Verhältnis zum Staat

Mit der Unabhängigkeit der Länder in der Dritten Welt hat sich für bestimmte Religionen eine neue Situation ergeben. Sie mußten in bis dahin unbekannter Weise ihr Verhältnis zu dem neuen Staat und seiner Gesellschaft bestimmen. Das betraf insbes. Religionen, die ihrem Wesen nach durch Geburts- und Volkszugehörigkeit bestimmt sind. In vielen Fällen lag in dieser Frage ein bleibendes Spannungsfeld.

↗ *Indien und der Hinduismus* sind für diesen Konflikt ein Beispiel eigener Art. Der Hindu ist in ein bestimmtes Verwandtschaftssystem und damit in eine Kaste hineingeboren, das innerhalb des Volksganzen seine geheiligten Bezüge hat. Das Land selber genießt als „Mutter Indien" göttliche Verehrung. Die Mobilisierung des Widerstandes aus diesen Kräften des Hindutums gegen die europäischen Kolonialherren ist *Gandhi* gelungen. Die Unabhängigkeit Indiens wurde erreicht, seine Einheit dagegen nicht. Für den Nichthindu blieb auch der Versuch Gandhis, den Hinduismus als Universalreligion zu verstehen, in der auch andere Religionen ihre Gleichberechtigung wie in einem neuen Vaterhaus finden können, nicht nachvollziehbar. Der Versuch, den Hinduismus in dieser Weise als eine die anderen Religionen integrierende und die nationale Einheit beförderende „Religion für alle" zu öffnen, mußte seine Grenzen am Hinduismus selber finden. Die vom bengalischen Dichter *Rabindranath Tagore* stammende Nationalhymne formuliert dieses Selbstverständnis des Hindu, wenn er die Völker von Ost und West und die Vertreter der verschiedenen Religionen, zu den „Stufen des Löwenthrones" wallfahrend, dem „Walter über Bharatas Geschick" „in Liebe vereint" Lobpreis singen läßt. Diese hymnische Vision blieb ebenso unerfüllt wie Gandhis politische Prophezeiung. Der Realpolitiker *Jawarhalal Nehru* hat als sein Nachfolger die Eigenart seiner Väterreligion besser verstanden. Er verzichtete darauf, in ihr weiter das einigende Band der Nation zu sehen und suchte den Weg in den säkularen Staat.

Ein Versuch, den Vielvölkerstaat ↗ *Indonesien* auch religiös auf eine gemeinsame Grundlage zu stellen, wurde von *Achmed Sukarno,* dem Präsidenten des unabhängig gewordenen Staates, unternommen. Das Prinzip des Monotheismus diente dem moslemischen Politiker dazu, auf ihm das sog. „*Pancasila*"-Staatsbekenntnis zu gründen. Es beinhaltet als „Fünf-Säulen"-Staatsphilosophie Werte, die von den Angehörigen der verschiedenen Religionen Indonesiens gemeinsam anerkannt werden sollen: Glaube an den einen Gott, Menschenwürde, Nationalbewußtsein, Demokratie und soziale Gerechtigkeit. Die V. Vollversammlung des Rates der Kirchen in Indonesien 1964 hat sich dieses Programm in der Weise zu eigen gemacht, „daß die Religion im Sinne aller in Indonesien ausgeübten Religionen für die Nation und die Entfaltung des indonesischen Wesens ein unaufgebbares Element ist".

In anderer Weise stellt sich das Problem des Verhältnisses zwischen Religion und neuer Staatszugehörigkeit für das *Judentum* in ↗ *Israel*. Die spannungsvolle Diskussion zwischen den Vertretern eines modernen säkularen Staatswesens und den Repräsentanten des Rechtes der Synagoge macht deutlich, wie sehr das Judentum von Hause aus ist, die das Volksganze umschließt. Im Hintergrund der staatlichen Entwicklung Israels steht die in der Geschichte grundgelegte enge Verbindung von Väterglaube und Landverheißung (Altes Testament). Die durch den russischen Antisemitismus beförderte Bewegung der „Zion Liebenden" wurde seit dem 1. Zionistenkongreß unter *Theodor Herzl* in Basel 1897 zu einer weltweiten jüdischen Heimkehrerbewegung nach Palästina. Verfolgung und Vernichtung großer Teile des europäischen → Judentums durch den Nationalsozialismus beschleunigten den Einwanderungsprozeß. Die Errichtung des Staates Israel (1948) hatte bis in die Gegenwart andauernde feindliche Auseinandersetzungen mit den islamisch-arabischen Nachbarstaaten zur Folge. Innerhalb des Judentums selber versucht der sog. „Antizionismus" dem Gedanken einer Verstaatlichung des Judentums sich zu widersetzen. Er sieht in der Staatswerdung eine Gefährdung des wesentlich religiösen Charakters des Judentums.

Im → *Islam* sind die gesetzlichen Grundlagen für das staatliche Gemeinwesen durch den Koran, durch die Überlieferung *(sunna)* und das religiöse Gesetz *(sharī'a)* bestimmt. Die wesensmäßige Einheit des politischen und des religiösen Bereiches ist bereits in der Person des Stifters angelegt: *Mohammed* verstand sich als „Prophet und Staatsmann" *(M. Watt)*. Der uralte Gegensatz der beiden großen islamischen Richtungen, der sunnitischen und der schiitischen, tritt heute erneut in aktuellen politischen Manifestationen in das Bewußtsein der Weltöffentlichkeit. Die sog. „islamische Revolution", wie sie sich im ↗ *Iran* vollzogen hat, trägt Züge, wie sie für die *shi'a* charakteristisch sind. Der unmittelbar von Allah beauftragte, göttlich inspirierte und dadurch legitimierte Führer vereinigt in sich religiöse und politische Autorität. Von einem militanten missionarischen Auftragsbewußtsein erfüllt, weiß man sich berufen, mit dieser Revolution die Erneuerung des ganzen Islam einzuleiten. Elemente der alten Mahdi-Erwartung verleihen dem Geschehen messianische Züge mit dem Anspruch auf geschichtliche Letzterfüllung.

Anders verhält es sich für den Islam dort, wo er angesichts des Einflusses westlicher Staatsauffassungen an der Synthese von Religion und Politik nicht mehr festzuhalten vermag. Die laizistische Reform in der ↗ *Türkei* unter *Kemal Atatürk* wie auch die Reformbewegungen im modernen ↗ *Ägypten* haben den Weg vorbereitet zu einer neuen Rolle in einer nicht mehr durch das religiöse Gesetz des Islam zu bestimmenden gesellschaftlichen Situation. Zugleich aber wecken solche Reformen die Kräfte des fundamentalistischen Islam, die die Zukunft ihrer Religion ausschließlich in der Allgemeingültigkeit der *sharī'a* gewährleistet sehen.

Einen deutlichen Bruch in der staatstragenden Funktion der Religion erlebte der *Staats-Shinto* in der Nachkriegszeit ↗ *Japans*. Mit der Erklärung des Tenno am Ende des II. Weltkrieges, daß seine göttliche Abstammung lediglich eine mythische Überlieferung sei, wurde in Japan der Weg frei für ein nichtreligiöses Verständnis staatlicher Autorität. Die seit der Meiji-Restauration (1868) erfolgte Öffnung gegenüber dem Westen war begleitet von der religiösen Unterbauung der Autorität des Kaiserhauses. Den Konflikt, den die Verpflichtung auf den Shinto als Staatsreligion nach sich zog, versuchte man mit der Unterscheidung zwischen der offiziellen Staatsreligion und dem der privaten Entscheidung offenen *Sekten-Shinto* zu begegnen. In diesem vom Staat zwar noch beaufsichtigten, aber nicht mehr bestimmten Bereich persönlicher Religion eröffnete sich im modernen Japan der Freiraum für das Entstehen zahlreicher neuer religiöser Bewegungen. Die Diskussion um die Rolle des Staats-Shinto brach für die Japaner wieder auf anläßlich der vom Kaiserhaus in Anspruch genommenen Rituale und im Zusammenhang mit der öffentlichen Förderung bestimmter Tempel, in denen den Helden der Nation göttliche Verehrung erwiesen wird.

In besonderer Weise stellt sich das Problem der neuen staatlichen Einheit im Bereich der *Stammesreligionen*. Die Bindung der Bürger an den neuen Staat erweist sich in vielen Fällen gegenüber der in der Stammeszugehörigkeit liegenden Identität als unterlegen. Einzelne Politiker und Führer der unabhängig gewordenen afrikanischen Staaten haben versucht, Bindungen und Loyalität der ursprünglich religiös begründeten Gemeinschaften der Stämme für das Einheitsbewußtsein des noch jungen Staates fruchtbar zu machen. Beispiele dafür finden sich besonders in Tansania, Kenia, in Senegal und in Ghana. *Julius Nyerere*, erster Staatspräsident des unabhängigen ↗ *Tansania*, versuchte mit Hilfe des sog. *Ujamaah*-Programms das alte Gemeinschaftsideal der Stämme zur Grundlage eines neuen Staatssozialismus zu machen. Für *Jomo Kenyatta*, den Gründungspräsidenten des neuen ↗ *Kenia*, sind es v. a. die ethischen Werte der in der Stammesreligion begründeten mitmenschlichen Bezüge, die dem Individualismus der Neuzeit gegenübergestellt werden („Wir"-Gefüge). *Leopold Senghor*, Dichter und Staatsmann des ↗ *Senegal*, sieht den Beitrag der alten Stammeskulturen Afrikas durch die Begegnung mit dem Christentum in einem globalen Rahmen. „*Négritude*" als Bezeichnung für „die Gesamtheit der kulturellen Werte der schwarzen Welt" wird durch das Christentum nicht nur aufgenommen, sondern gewinnt dadurch ihre Bedeutung für die Menschheit als ganze. Sie gilt als neuer „Humanismus", als ein „Eckstein" jener ‚Zivilisation des Universalen', „die das Gemeinschaftswerk aller Rassen, aller unterschiedlichen Zivilisationen sein wird". Ein anderer Versuch, der jedoch an seinen marxistisch-ideologischen Voraussetzungen scheiterte, war in ↗ *Ghana Kwame Nkrumahs* Synthese von Systemen afrikanischer Gesellschaftsformen mit einem zentral gelenkten Staatssozialismus. Ursprünglich religiöse Symbole und rituelle Handlungen wie etwa das Trankopfer (Libation) an die Ahnen wurden dabei in säkularisierter Form auf den neuen Staatskult übertragen.

IV. Religionen im Wandel

Insofern Religionen Ausdruck von Erfahrungen des „Heiligen" *(R. Otto)* sind, die der Mensch im Laufe seiner Geschichte macht, unterliegen sie in ihrer Gestalt und in ihren Ausdrucksformen auch den jeweils geschichtlichen Bedingungen. Die Geschichte der Religionen ist darum immer gekennzeichnet durch Prozesse der Anpassung an veränderte Situationen und neue Einflüsse. Die Lage der Religionen in der Gegenwart ist davon wesentlich unterschieden; die ursprüngliche Einheit von Kultur, Religion und Gesellschaft ist nicht mehr selbstverständlich. Die weltweit sich ausbreitende wirtschaftlich-technische Zivilisation, der internationale Nachrichtenaustausch (vgl. Globale Perspektiven [G. P.], Kap. 10) und die zunehmenden Möglichkeiten interkultureller Begegnungen (vgl. G. P., Kap. 9) bewirken, daß auch die Religionen nicht mehr als in sich geschlossene Überlieferungszusammenhänge bestehen bleiben. Aufs Ganze gesehen wirkt sich dies in Veränderungen aus, die sich in der folgenden Weise unterscheiden lassen: Im Vergleich zu Erneuerungsbewegungen in früheren Zeiten kommt es zu religiösen Reformen, die Versuche darstellen, die neue Welt- und Lebenserfahrung einer oft radikal veränderten Lebens- und Umweltsituation mit Hilfe der bisherigen religiösen Sinngebung zu beantworten. Neben diesen mehr apologetischen, durch Neuinterpretation und Anpassung gekennzeichneten Reformbewegungen ist das Entstehen neuer religiöser Bewegungen und ihr meist spontanes Wachstum ein Kennzeichen der religiösen Gegenwartslage. In ihnen spielen oft charismatische Gründergestalten eine Rolle, deren übernatürliche Wahrnehmungen (Visionen, Träume, Offenbarungen) den ihren angestammten Religionen entfremdeten und in ihren Gesellschaften entwurzelten Menschen neue religiöse Beheimatung bieten. An dritter Stelle sind Erscheinungsformen der „Wiederkehr" *(E. Benz)* religiöser Verhaltensweisen und Praktiken festzustellen, die auf Grund bereits erfolgter Veränderungen von der allgemeinen Entwicklung überholt zu sein scheinen (schamanistische Praktiken, Geisterkulte, okkulte Riten u. a. m.). Schließlich entwickeln ursprünglich durch Abstammung und Volkszugehörigkeit bestimmte Religionen ein für sie neues universales Selbstverständnis und ein daraus resultierendes missionarisches Sendungsbewußtsein, das sie zugunsten ihrer weltweiten Verbreitung planen und tätig sein läßt. Eine gewisse Gegenläufigkeit zu den genannten Anpassungstendenzen der Religionen an die veränderten Bedingungen heutiger säkularer Lebensweisen zeigen Bewegungen, die die Rückkehr zu den für sie fundamentalen, unaufgebbaren Erscheinungsformen ihrer Religion zu ihrem Programm gemacht haben. Z. T. sind sie ihrerseits Reaktionen auf bereits vorangegangene, die Identität der betreffenden Religion in Frage stellende Reform- und Anpassungsprozesse (so z. B. in Israel, im Iran, in Indien, Japan).

V. Reformen der Religionen

Kennzeichnend für die außerchristlichen religiösen Reformbewegungen ist, daß sie sich auf eine veränderte gesellschaftliche, geistige und politische Situation beziehen, die ihre Wurzeln nicht im eigenen Herkunftszusammenhang der betreffenden Religion hat. Die Reformen beziehen sich darum auf den Versuch, zentrale Inhalte der eigenen Religion so zu interpretieren, daß sie für die Fragen, die sich den Menschen neu stellen, zur Grundlage notwendiger Orientierung zu werden vermögen.

Die Neubesinnung des *Hinduismus* auf seine Rolle zunächst für das neue Indien, dann aber für die moderne Welt, vollzieht sich durch Aktualisierung und Umdeutung zentraler hinduistischer Begriffe. *Dharma,* von Hause aus die im Sein selbst verbürgte göttliche Ordnung für den Kosmos sowohl im Ganzen als auch für das individuelle Dasein, gewinnt nunmehr die Bedeutung eines „Glaubensbekenntnisses" zum Wesen des Hinduismus (*Tagore* in seiner „Tattvabodhini Patrika", 1857). Seitdem finden sich immer wieder unter den Sprechern eines Reformhindutums (so bei *Chandra Chatterji, B. G. Tilak, Gandhi* u. v. a.) Darstellungen, die das „Wesen" des Hinduismus, darin vergleichbar dem christlichen Glauben, in Gestalt eines Bekenntnisses und in Form allgemeingültiger „Lehre" für alle Menschen zugänglich machen wollen. Nicht länger kennzeichnen die für das Hindusein spezifischen Lebensweisen, unterschieden nach Kaste, Geschlecht oder Altersstufe, das *dharma*-geregelte Leben des einzelnen und seiner Gruppe. Nunmehr sind es allgemein gültige, den humanitären Werten des christlichen Westens entsprechende Grundorientierungen von universaler Gültigkeit. Desgleichen wird aus den für den Hindu spezifischen religiösen Erfahrungen wie „Erleuchtung" *(mokṣa)* oder die auf dem Wege bestimmter Disziplinen zu gewinnende innere Schau *(vidyā)* eine Art allgemeine Mystik. Sie ist nicht mehr dem Hindusein vorbehalten, sondern bietet sich als die „Religion in den Religionen" und damit als eine überlegene Glaubenshaltung für alle an. Die radikalste Reform liegt in der Wende von der traditionellen Ergebenheitshaltung hinduistischer Frömmigkeit gegenüber dem schicksalsbedingenden göttlichen *dharma* zur neuen Freiheit individueller Entscheidungs- und Handlungsspielräume. Bezeichnete *karma* zuvor den kausalen Bedingungszusammenhang für die notwendige Akzeptanz vorfindlicher Lebensbedingungen, so wird dem Menschen jetzt die Freiheit zugesprochen, das Joch seines bisher göttlich sanktionierten Schicksals abzuschütteln. Reform bedeutet hier: Herausforderung durch eine Gegenwart, die dazu zwingt, Maßstäbe und Orientierungen für die Neudeutung der eigenen Religion in Geltung zu setzen, die dieser selber nicht mehr zu entnehmen sind.

Reformbewegungen kennzeichnen auch die Lage des *Buddhismus* in diesem Jahrhundert. In seinem Ursprungsland Indien, in dem er fast völlig verschwunden schien, erlebte er in Gestalt einer Protestbewegung gegen das Kastenwesen eine Rückkehr. Unter Führung des Sprechers der Kastenlosen im indischen Parlament, *Bimrao Remdschi Ambedkar,* kam es zu einer Massenkonversion von Hindus zum Buddhismus. Aber auch durch neuen geistigen und religiösen Einfluß ist der Buddhismus in diesem Jahrhundert – wenn auch als verschwindende Minderheit – in Indien wieder präsent (so besonders durch buddhistische Gesellschaften wie die missionarisch aktive „Mahabodhi Society" [1891] und die „Buddha Society" [1922]). In *Sri Lanka* und in *Myanmar* (Birma) erfährt der Buddhismus neuen Aufschwung durch seine geistige und moralische Unterstützung der nationalen Bewegungen. Mit der Identifizierung von Buddhismus und ceylonesischem Nationalismus werden die Angehörigen anderer Religionen wie des Hinduismus, des Christentums und des Islam zu volksfremden, z. T. verachteten Minoritäten. Die Auseinandersetzungen mit den aus Südindien stammenden, seit dem 11. Jh. eingewanderten *Tamilen* tragen von daher den Doppelcharakter einer ethnischen und religiösen Feindschaft.

Einen wichtigen Markstein in der Erneuerung des *Buddhismus* stellt das 1954–56 in Rangun tagende buddhistische Weltkonzil dar. Als 6. in der Geschichte des *Theravada-Buddhismus* wurde es aus Anlaß des 2500jährigen Jubiläums des Eingangs Buddhas in das Nirvāna einberufen. Es war verbunden mit der 3. Weltkonferenz des Buddhismus, in der alle Richtungen und Schulen des Buddhismus zusammenarbeiten. Diese Weltkonferenz stand ganz im Zeichen der Erneuerung und Aktivierung des Buddhismus. Ihre Beschlüsse betrafen den Auf- und Ausbau eines buddhistischen Erziehungs- und Bildungssystems, die Gründung sozialer Hilfswerke, die Wiedereinführung des buddhistischen Kalenders, eines allgemeinen buddhistischen Katechismus u. a. m. Besonders wurde die weltweite missionarische Tätigkeit und Ausbreitung des Buddhismus als gemeinsame Aufgabe herausgestellt. Zur Verwirklichung dieser Ziele wurde u. a. eine eigene „Buddhist Mission for Germany" gegründet. Die Revision des Kanons buddhistischer Texte und der Ausbau zentraler buddhistischer Heiligtümer sind ebenso wie die Aktivierung der Laien weitere Kennzeichen eines Buddhismus, der sich in Analogie zur Weltsendung des Christentums als eine Religion für die Menschheit im Weltmaßstab versteht. Dieses neue Sendungsbewußtsein wird begleitet von der Wiederbelebung bestimmter traditioneller buddhistischer Endzeiterwartungen. Danach rechnet man in der zweiten Hälfte der insgesamt 5000 Jahre währenden Weltperiode des Buddhismus mit dessen weltweiter Erneuerung und Ausbreitung. Diese quasi-eschatologische Orientierung verbindet sich mit einer Ausschau auf die Ankunft eines neuen Buddha, des *Buddha Maitreya.* Auch wenn sich diese Aufbruchstimmung zu einer weltweiten Mission bisher nur in Grenzen als wirksam erweist, so hat doch die Zahl der Aktivitäten von buddhistischen Kreisen und Gesellschaften besonders in westlichen Ländern deutlich zugenommen.

Im Islam setzen Reformbemühungen im 19. Jh. v. a. in Ländern ein, die in ihren Gesellschaften durch westliche Einflüsse bestimmt sind. In *Ägypten* versucht die Bewegung der *Salafiya,* der sog. „Altvordern", sich von der traditionellen islamischen Auslegung und Rechtsprechung zu befreien, indem sie ausschließlich den Koran und die Überlieferungen Mohammeds als Autorität anerkennt. Die Anpassung an zeitgemäße Gegebenheiten soll durch eine flexible Auslegungsmethode erfolgen; sie verwendet Analogien zu früheren Fällen und gibt damit der neuen Lebensweise Raum. Die Reformen beziehen sich v. a. auf die islamische Ethik und Gesetzesauffassungen. Soziale Reformen und Fragen des Ehe- und Familienrechtes stehen im Vordergrund. Aber auch die ursprüngliche islamische Identität von religiöser und politischer Gesetzgebung, wie sie in *Mohammeds* Doppelfunktion als „Prophet und Staatsmann" grundgelegt ist, läßt sich im modernen Staatswesen mit verschiedenen politischen Gruppierungen und pluralen Bevölkerungsteilen nicht mehr aufrechterhalten. In der *Türkei* verbindet sich mit der sog. laizistischen Reform eine Trennung islamischer und staatlicher Zuständigkeiten und auf der Grundlage des schweizerischen Zivilrechts eine neue Rechtsgebung.

Mit der Reform des islamischen Rechts und mit der freien Auslegung des Koran und der Tradition in Anwendung auf die neuen gesellschaftlichen und auf unterschiedliche Situationen geht zugleich eine Erneuerung des allislamischen Anspruchs zusammen. Die ursprüngliche Forderung der Reformer „eines mächtigen islamischen Imperiums, das im Stande sein würde, der europäischen Ausbeutung zu widerstehen" *(Gemaladdin-al-Afgani),* war begleitet von der Zielvorstellung einer „unabhängigen internationalen Entwicklung durch die Bereitstellung liberaler Institutionen". Dem Anspruch der pan-islamischen Bewegung entspricht die Überzeugung, daß der Islam als eine Weltreligion „auf Grund der inneren geistlichen Kraft dieses Glaubens", fähig sei, „sich jeder veränderten Situation jeder Epoche anzupassen" *(C. C. Adams).*

Im *schiitischen* Zweig des Islam, dem sich heute etwa 10% aller Muslime zurechnen, verbindet sich eine eschatologische Aufbruchstimmung mit dem alten islamischen Glauben an eine charismatische Führergestalt. Aus ihr erklären sich die z. T. radikalen Erscheinungsformen einer „islamischen Revolution", wie sie sich unter Führung des Ayatollah *Khomeini* im *Iran* nach dem Ende der Schah-Herrschaft mit ihren Liberalisierungstendenzen vollzogen hat. So unterschiedlich das politische Spektrum der „islamischen Revolution" in den verschiedenen Ländern des Islam aussehen mag, ihre Antriebskräfte verdankt sie dem urislamischen Ideal der Einheit von politischer und religiöser Gemeinschaft.

VI. Neue Religionen

Zu den erstaunlichsten Erscheinungen der Gegenwart zählt das Entstehen neuer religiöser Gemeinschaften in den verschiedenen Weltteilen. In wenigen Jahrzehnten wachsen sie oft zu millionenstarker Anhängerschaft heran. So verschieden der ursprüngliche kulturelle und religiöse Hintergrund in den einzelnen Erdteilen für diese Bewegungen auch ist, so lassen sich doch vergleichbare Wesenszüge an ihnen feststellen. Meist vermischen sich in ihnen Elemente verschiedener Religionen. In dieser Hinsicht bilden sie auf Seiten der Religion eine Entsprechung zu anderen interkulturellen Begegnungsmöglichkeiten der Gegenwart. Ihr synkretistischer Charakter verbindet sich bei vielen mit dem Anspruch, über die geschichtlich gewachsenen großen Religionen der Menschheit hinauszuführen. Mit der Verbindung verschiedener religiöser Überlieferungen und einem gezielten Auswahlverfahren von einander ergänzenden Elementen beanspruchen diese Bewegungen Gültigkeit für den Menschen unserer Zeit. Die Geschichte ihrer Gründer ist oft begleitet von neuen religiösen Offenbarungserlebnissen. Daraus erwachsen neue verbindliche Lehren und heiliges Schrifttum.

In den in *Japan* in diesem Jahrhundert aufbrechenden neuen Religionen spielen v. a. zeitgeschichtliche Erfahrungen eine bestimmende Rolle (Oktoberrevolution 1917, das große Erdbeben in Tokio 1923 und andere Naturkatastrophen, der Abwurf der ersten Atombomben 1945, die Besetzung des Landes durch die Amerikaner). Die traditionellen Religionen des Landes (Staats-Shinto, Buddhismus) ließen angesichts dieser Erfahrungen eine Zukunftsorientierung vermissen. Die nach dem Zusammenbruch des Landes 1945 und nach der uneingeschränkten Einführung der Religionsfreiheit erhoffte Zuwendung Japans zum Christentum hat sich nicht erfüllt. Dagegen bildeten sich neue religiöse Gemeinschaften um einzelne Gründer und Gründerinnen, die sich auf neue Offenbarungen beriefen und durch z. T. wunderhaftes Wirken die Menschen auf sich aufmerksam werden ließen. Bestimmte buddhistische Traditionen von der Zeit des Gesetzeszerfalls und der Aussicht auf eine glücklichere Zukunft Japans *(Lotus-Sutra)* ließen große neue buddhistische Bewegungen entstehen. Die erwartete neue Zeit kündigt sich für die Gläubigen dieser religiösen Gemeinschaften in zeichenhaften Hinweisen in der Gegenwart an. Zu ihnen gehören neben den übernatürlichen Begebenheiten im Umkreis der prophetischen und charismatischen Gründergestalten die Erfahrungen in diesen Gemeinschaften selbst (soziale Einrichtungen, Bildungsinstitutionen, religiöse Feste, seelsorgliche Betreuung einzelner und in Gruppen u. a. m.). Die zu Massenorganisationen angewachsenen Bewegungen wie die *Rissho-Kosei-Kai* und die *Sokagakkai* haben ganze Stadtviertel neu für ihre verschiedenen Aktivitäten errichtet und sind heute landesweit in allen größeren Orten vertreten.

Ein anderer Typus neuer Religionen findet sich gegenwärtig in ↗ *Südamerika*, besonders in ↗ *Brasilien*. Etwa ein Viertel der Bevölkerung dieses Landes hält sich zu den Kultstätten *(terreiros)* der sog. *Umbanda, Makumba* oder auch der *Kimbanguisten*. Die meisten von ihnen sind nominell weiterhin Mitglieder der kath. Kirche oder sehen in diesen Kulten eine „Erweiterung" des kath. Volksglaubens. Tatsächlich aber führen diese die Großstädte netzartig überziehenden Kultstätten bereits ihr eigenständiges religiöses Leben. Die institutionelle Verselbständigung zeigt sich im Aufbau übergreifender Organisationsformen, der Herausgabe eigener „Katechismen" oder der regulierten Ausbildung und Zulassung von Leitern örtlicher Kultstätten *(chefs de terreiros)*. Im Grunde handelt es sich um eine Mischung von ursprünglich afrikanischen mythisch-kultischen Traditionen der aus Westafrika stammenden früheren Sklaven mit alten indianischen Kultgottheiten und Elementen des kath. Volksglaubens. Neben dem *Egun-Fest* (Totenfest ursprünglich afro-brasilianischer Geheimsekten) erfreut sich besonders das Fest der Meeresgöttin *Yemanja* der Beteiligung weiter Teile der Bevölkerung. Aus östlichen Vorstellungen stammt der Glaube an die *Reinkarnation*. In den Kultstätten wird der Kontakt mit „höheren Wesenheiten" gesucht. Bei ihnen handelt es sich um solche Wesen, die „nach harter Erprobung in einem früheren Leben (Inkarnationen) sich zum Geist des Guten emporgehoben haben" *(W. Brackmann)*. Die explosive Ausbreitung dieser Kulte geht Hand in Hand mit einer Zunahme spiritistischer Gesellschaften und Zirkel *(Kardezismus)*. Für die kath. Kirche Südamerikas liegen hier zusammen mit den ungelösten sozialen Spannungen besondere Herausforderungen. Den weithin erfolglosen integralistischen Bemühungen und der vorläufigen Duldung dieser Praktiken neben der Zugehörigkeit zur Kirche stehen zunehmend bewußte Unterscheidungen, Abgrenzungen und Polemiken dieser Bewegungen gegenüber der Kirche entgegen.

Neue religiöse Kultbewegungen stellen auch die sog. *Cargo-Kulte in Neuguinea* dar. Sie brachen in großer Zahl auf, als im Zusammenhang der Kriegshandlungen im Pazifik die Bevölkerung einer Art Zivilisationsschock ausgeliefert war. Der Einbruch einer bis dahin nie erlebten Welt der Technik löste unter den Menschen der melanesischen Inselwelt eine Welle neuer Mythen und Kulte aus, mit deren Hilfe sie die ihnen fremden technischen Güter („Cargo") in ihren Besitz zu bringen versuchen. Die von einzelnen „Propheten" ausgelösten kollektiven Verhaltensweisen und Handlungen (Vernichten von Feldern und Vieh, Abbrennen der eigenen Siedlungen u. a.) sollten dazu dienen, die Macht der Ahnen zu beschwören, um den in Händen der Fremden (Amerikaner, Japaner, Australier) befindlichen Gütersegen der eigenen Gemeinschaft zuzuwenden. Bis in die Gegenwart hinein brechen immer wieder neue Bewegungen dieser Art unter der Bevölkerung Melanesiens auf. Sie machen auch vor den Toren der christlichen Gemeinden nicht halt. Biblische Texte und kirchliche Riten werden dabei in nativistisch-magischem Sinne umgedeutet.

Die Wiederkehr ursprünglich stammesreligiöser Elemente macht sich auch bei den in die Tausende gehenden *schwarz-afrikanischen separatistischen Bewegungen* (sog. *"Independent Churches"*) bemerkbar. Vor allem im ↗ Südlichen Afrika, aber auch in den Ländern ↗ Westafrikas und ↗ Ostafrikas sowie im heutigen ↗ Zaire liegen die Hauptvertretungsgebiete immer neuer Abspaltungen von den meist protestantischen Missionskirchen. Im Mittelpunkt der jeweiligen Gemeinschaft steht die charismatische Gestalt eines Wundertäters, Propheten oder Heilers, der sich auf neue Offenbarungen und auf eine unmittelbare göttliche Beauftragung beruft. Als Selbstbezeichnung behalten sie zumeist das Wort für „Kirche" in der jeweiligen Lokalsprache bei, verbinden es aber mit Bezeichnungen wie *„Heilige Sabbath-Kirche", „Apostolische Prophetische Kirche"* oder anderen Zusätzen, die das besondere Selbstverständnis der betreffenden Gemeinschaft zum Ausdruck bringen. In den Gottesdiensten dieser Gruppen verbinden sich mit biblisch Überliefertem wie Auditionen, Visionen und unmittelbaren Geisterfahrungen Elemente der alten Religionen der betreffenden Ethnien (magische Gegenstände, ekstatische Zustände, Geisterbeschwörungen). In nicht wenigen Fällen greifen diese Bewegungen in ihrer Verbreitung überregional nicht nur in andere Stammesgebiete, sondern auch in andere Staatsgebiete über (z. B. die mehrere Millionen Anhänger umfassende Kimbanguistenkirche mit ihrem Zentrum in Kinshasa).

VII. Das Christentum und die Religionen

Im Verhältnis des Christentums (G. P., Kap. 8) zu den anderen Religionen hat sich auf Grund der genannten globalen Entwicklungen in verschiedener Hinsicht eine neue Situation ergeben.

(1) An die Stelle ursprünglich missionarischer Unternehmungen in den überseeischen Gebieten sind heute Teilkirchen und Diözesanstrukturen mit einem einheimischen Klerus und eigener Hierarchie getreten. Die Bemühungen um wachsende Verwurzelung der Kirchen in den angestammten Kulturen der Völker haben dazu geführt, daß die Christen in diesen Ländern zu einem integralen Bestandteil der Gesamtbevölkerung geworden sind. Vorurteile gegenüber dem fremden Ursprung des Christentums und seiner missionarischen Vermittlung durch Europäer und Nordamerikaner entsprechen weniger den Empfindungen der andersgläubigen Bevölkerungsanteile als einem in der Literatur sich erhaltenden Vorwurfsmotiv.

(2) Wesentliche Elemente christlicher Ethik und des Menschenbildes haben Eingang gefunden in die sich erneuernden Auslegungen und Denkweisen v. a. der östlichen Religionen. In den von christlicher Seite angestrebten Dialogveranstaltungen mit Vertretern anderer Religionen begegnen deshalb nicht nur fremdreligiöse Traditionen. Menschenrechtsfragen, Personenwürde, Friede und soziale Gerechtigkeit sind u. a. aktuelle Dialogthemen, in denen ursprünglich christliche Grundwerte heute auch von Vertretern anderer Religionen in Anspruch genommen und aus der eigenen religiösen Anschauung begründet werden.

(3) Die Christenheit sieht sich heute weltweit mit der Tatsache konfrontiert, daß neben dem Islam auch ursprünglich nichtmissionierende Religionen wie der Hinduismus, der Buddhismus oder der Lamaismus institutionalisierte Aktivitäten zu ihrer weltweiten Ausbreitung entfalten. In internationalen Vereinigungen, in neuen religiösen Gemeinschaften oder in Tagungen und Kursangeboten bieten sie sich besonders den in der Kirche nicht oder nicht mehr beheimateten Menschen als neue Glaubens- und religiöse Praxisgemeinschaften an.

(4) Angesichts dieser Entwicklung steht das Christentum vor einer doppelten Aufgabe: Seinem Wesen und seinem Auftragsverständnis nach (Mt 28, 18–20) richtet es sich auch unter den genannten veränderten Bedingungen mit seiner geschichtserfüllenden Botschaft an alle Menschen. Der Dialog mit den anderen, sich in neuer und moderner Form auslegenden Religionen erhält seine Begründung aus dieser Aufgabe. Angesichts zunehmender Religionsvermischungen (synkretistische Entwicklungen – besonders in Lateinamerika, Schwarzafrika und in jüngeren westlichen Bewegungen, z. B. in der sog. *„New-Age"-Bewegung* [vgl. G. P., Kap. 8, S. 83] und anderen religiös-integralen Bestrebungen) ist das Christentum herausgefordert, seine Identität zu bewahren. Die Bemühungen um besseres Verstehen der anderen Religionen in der gegenwärtigen Weltlage, um Zusammenarbeit und um Toleranz gegenüber ihren Anhängern ist begleitet von der notwendigen Bewahrung und Weitergabe des genuin christlichen Glaubenszeugnisses.

LITERATUR

Allgemein: Die Religionen der Menschheit. Hg. Chr. M. **Schröder.** Bisher 30 Bde. Stuttgart 1960 ff. – Lexikon der Religionen. Begr. von F. **König,** hg. von H. **Waldenfels.** Freiburg i. Br. 1987, ²1988. – Lexikon der Sekten, Sondergruppen und Weltanschauungen. Hg. H. **Gasper.** Freiburg i. Br. 1990.

Zu I: G. **Lanczkowski,** Begegnung und Wandel der Religionen. Düsseldorf 1971. – J.-A. **Cuttat,** Begegnung der Religionen. Einsiedeln 1956 (Orig.: La rencontre des religions. Aubier 1957).

Zu II: H. **Lübbe,** Säkularisierung. Freiburg i. Br. 1965. – H. **Bürkle,** Die Reaktion der Religionen auf die Säkularisierung. Neuendettelsau 1966. – D. E. **MacInnis,** Religious Policy and Practice in Communist China. New York 1972. – H. **Lübbe,** Religion nach der Aufklärung. Graz 1986.

Zu III: S. **Radhakrishnan,** Religion und Gesellschaft. Darmstadt 1953. – H. **Bechert,** Buddhismus, Staat und Gesellschaft in den Ländern des Theravada-Buddhismus. 3 Bde. Frankfurt/M. 1966–73. – L. S. **Senghor,** Négritude und Humanismus. Düsseldorf 1967 (Orig.: Négritude et humanisme. Paris 1964). – J. K. **Nyerere,** Ujamaa. Essays on Socialism. Dar es Salaam 1968. – M. **Wilson,** Religion and the Transformation of Society. A Study in Social Change in Africa. London 1971. – A.-Th. **Khoury,** Einf. in die Grundlagen des Islams. Graz 1978. – H. A. **Fischer-Barnicol,** Die islamische Revolution. Stuttgart 1980. – T. **Nagel,** Staat und Glaubensgemeinschaft im Islam. 2 Bde. Zürich 1981. – Die religiöse Dimension der Gesellschaft. Hg. P. **Koslowski.** Tübingen 1985. – Der Islam in der Gegenwart. Hg. W. **Ende,** U. **Steinbach.** München 1989. – H. J. **Klimkeit,** Der Buddha. Leben und Lehre. Stuttgart 1990.

Zu IV: E. **Benz,** Buddhas Wiederkehr und die Zukunft Asiens. München 1963. – J.-N. **Farquhar,** Modern Religious Movements in India. Delhi 1967. – Die geistige Gestalt des heutigen Judentums. Hg. F. **Henrich.** München 1969. – Tradition and Transition in East Africa. Studies of the Tribal Element in the Modern Era. Hg. P. H. **Gulliver.** London 1969. – Buddhismus der Gegenwart. Hg. H. **Dumoulin.** Freiburg i. Br. 1970. – M. **Friedländer,** Die jüdische Religion. Basel 1971. – Religion im Umbruch. Hg. J. **Wössner.** Stuttgart 1972. – J. S. **Mbiti,** Afrikanische Religion und Weltanschauung. Berlin 1974 (Orig.: African Religions and Philosophy. London 1969). – S. **Ben-Chorin,** Jüdischer Glaube. Tübingen 1975, ²1979. – Literatur zum Judentum. Hg. R. **Salamander.** München 1983. – K. J. **Notz,** Der Buddhismus in Deutschland in seinen Selbstdarstellungen. Frankfurt/M. 1984. – C. **Geertz,** Religiöse Entwicklung im Islam. Frankfurt/M. 1988.

Zu V: O. **Wolff,** Indiens Beitrag zum neuen Menschenbild. Hamburg 1957. – H. **Bechert,** Weltflucht und Weltveränderung. Antworten des buddhistischen Modernismus auf Fragen unserer Zeit. Göttingen 1977. – G. **Rothermund,** Buddhismus für die moderne Welt. Stuttgart 1979.

Zu VI: W. **Kohler,** Die Lotuslehre und die modernen Religionen in Japan. Zürich 1962. – H.-J. **Margull,** Aufbruch zur Zukunft. Chiliastisch-messianische Bewegungen in Afrika und Südostasien. Gütersloh 1962. – D. B. **Barret,** Schism and Renewal in Africa. An Analysis of 6000 Contemporary Religious Movements. Nairobi 1968. – E. **Benz,** Neue Religionen. Stuttgart 1971. – F.-W. **Haack,** Die neuen Jugendreligionen. München 1974. – Kursbuch der Weltanschauungen. Berlin 1981 (Schriften der Carl-Friedrich-von Siemens-Stiftung, Bd. 4).

Zu VII: Das Christentum und die nicht-christlichen Hochreligionen. Begegnung und Auseinandersetzung. Eine internationale Bibliographie. Hg. E. **Benz, M. Nambara.** Leiden 1960. – H. **Bürkle,** Dialog mit dem Osten. Stuttgart 1965. – Secretariatus Pro Non-Christianis, Religions. Fundamental Themes for a Dialogistic Understanding. Rom 1970. – W. **Kapser,** Der christliche Glaube angesichts der Religionen in: Wort Gottes in der Zeit. FS für K. H. Schelkle. Hg. H. Feld, J. Nolte. Düsseldorf 1973, 347ff. – H. **Bürkle,** Einf. in die Theologie der Religionen. Darmstadt 1977. – H. **Küng u. a.,** Christentum und Weltreligionen. München 1984. – Päpstlicher Rat für den interreligiösen Dialog – Kongregation für die Evangelisierung der Völker, Überlegungen zum interreligiösen Dialog und zur Verkündigung des Evangeliums Jesu Christi. Rom 1991.

Horst Bürkle

KAPITEL 8
DIE CHRISTLICHEN KIRCHEN

I. Die Christenheit im heutigen Weltmaßstab

Gegenüber dem Zustand, wie er sich noch am Beginn unseres Jahrhunderts darstellte, haben sich die Gewichte im Wachstumsprozeß der Kirchen statistisch deutlich verschoben (vgl. Tab. 1).

Im 20. Jh. sind zwar diejenigen Gebiete, in denen christliche Missionen tätig waren und christliche Gemeinden bestanden, von Ausnahmen abgesehen, im wesentlichen gleichgeblieben; doch ist eine erheblich stärkere Zunahme in den Ländern Asiens und Afrikas gegenüber den europäischen und nordamerikanischen Ursprungsländern der Christen festzustellen. 1970–90 hat sich die Zahl der Christen in *Afrika* verdoppelt, ebenso in *Südasien,* in *Ostasien* gar verachtfacht, in *Lateinamerika* hat sie um Zweidrittel zugenommen. Diesem rapiden Wachstum steht in *Europa* eine fast gleichbleibende, in einzelnen Ländern eher abnehmende Kirchenmitgliedschaft gegenüber (vgl. Tab. 2).

Die Zunahmen erklären sich zunächst aus der Tatsache, daß die Bevölkerung der Länder in der Dritten Welt gegenüber derjenigen in Europa und in Nordamerika erheblich stärker wächst. In den vorchristlichen und und außerchristlichen religiösen Traditionen Afrikas und Asiens ist Kinderreichtum nicht allein biologisch bedingt. In den Religionen der Stämme verbindet sich mit der Zahl der Nachkommen nicht allein die Frage der Stärke dieser Gemeinschaften und des sozialen Ansehens. Für die Ahnenreligionen gewinnen die Nachfahren im Kult und damit für das zukünftige Schicksal der Verstorbenen wesentliche Bedeutung. Auch in östlichen Hochreligionen spiegelt sich in der Größe der Verwandtschaft nicht nur die Bedeutung der Gruppe wider, die dem einzelnen Menschen seine Identität verleiht. Kinderreichtum ist unmittelbarer Ausdruck einer im Sein selbst liegenden göttlich geordneten Lebensqualität. Das Christentum hat in diesen Ländern an die dortigen Traditionen anknüpfen können, sie aber zugleich im Sinne verantworteter Elternschaft und christlicher Familienethik weitergeführt.

Tabelle 1
Mitglieder christlicher Kirchen in der Welt
(in 1000 und in % aller Christen)

Christen	1900	%	1970	%	1990	%
Römisch-Katholische Kirche	266 419	47,8	672 319	55,3	962 633	54,7
andere Katholische Kirchen	276	0,0	3 134	0,3	3 822	0,2
Protestantische Kirchen	103 056	18,5	233 424	19,2	324 240	18,5
Protestantische kleinkirchliche Gruppen	927	0,2	10 830	0,9	18 275	1,0
Anglikanische Kirche	30 574	5,5	47 557	3,9	53 820	3,1
Orthodoxe Kirche	115 898	20,8	143 403	11,8	179 517	10,2
unabhängige Kirchen Eingeborener	7 743	1,5	58 702	4,8	143 823	8,2
Sonstige Kirchen	33 163	6,0	47 210	3,9	72 648	4,1
Gesamt	558 056	100,0*	1 216 579	100,0*	1 758 778	100,0

* Abweichungen bei den Gesamtsummen ergeben sich aus Rundungen der Einzelwerte
Quelle: D. B. Barret, Annual Statistical Table on Global Mission 1990, in: International Bulletin of Missionary Research 14 (1990) H. 1

Neben dem natürlichen Wachstum, das die Christenheit in den außereuropäischen Gebieten erfahren hat, läßt die Statistik der letzten 20 Jahre im Unterschied zu Europa und zu Nordamerika ein bedeutsames Faktum erkennen: Die Kirchen in diesen Ländern sind missionierende Kirchen. Die starke Zunahme ihrer Mitglieder in dem genannten Zeitraum ist auch auf die Weitergabe christlichen Glaubens und auf die Anziehungskraft der Kirchen durch ihren Dienst und durch ihr Beispiel zurückzuführen. In dieser Hinsicht hat sich im Vergleich zur Lage der Kirchen in den Ursprungsländern des Christentums und in den Basisländern seiner überseeischen Missionen ein Rollenwechsel vollzogen. Aus den früheren Missionsgebieten sind im 20. Jh. nicht nur eigenständige Gliedkirchen unter einheimischer Leitung geworden. Sie haben sich den verpflichtenden Auftrag zur Sendung an die Nichtchristen, dem sie ihre Entstehung verdanken, zu eigen gemacht.

Tabelle 2
Mitglieder christlicher Kirchen in den einzelnen Erdteilen
(in 1000)

	1900	1970	1990	Zunahme 1990 gegenüber 1900 Faktor
Afrika	8 756	115 924	231 054	26,39
Europa	273 788	397 109	408 693	1,49
Lateinamerika	60 025	262 028	437 450	7,29
Nordamerika	59 570	169 247	189 461	3,18
Ostasien	1 763	10 050	84 454	47,90
Südasien	16 347	76 770	143 176	8,76
Ozeanien	4 311	14 669	18 184	4,22
UdSSR	97 002	86 012	107 615	1,11
Insgesamt	521 562	1 131 809	1 619 787	3,10
Weltbevölkerung	1 619 887	3 610 034	5 297 042	3,27
Anteil der Christen in %	32,2	31,4	30,6	–

Quelle: D. B. Barrett, Annual Statistical Tables on Global Mission: 1990, in: International Bull. of Missionary Research 14 (1990) H. 1

In der kath. Kirche stellt überdies die Zahl der Priester- und der Ordensberufe die der westlichen Mutterländer, durch die sie einmal missioniert wurden, weit in den Schatten. Der „Gegenverkehr" hat bereits eingesetzt: Manche von Orden getragene Heime oder Krankenhäuser können heute nur mit Hilfe überseeischer Ordensangehöriger ihre Aufgaben wahrnehmen. Die missionarischen Unternehmungen in den Ländern Asiens und Afrikas liegen fast ausschließlich in den Händen einheimischer Missionare, denen sich europäische Kräfte als „fraternal workers" unterstützend hinzugesellen.

In dieser Entwicklung spiegelt sich nach kath. Verständnis das Wesen der Kirche als das „Geheimnis der Völker". Ihr Wesen und ihr Auftrag gehören nach den Aussagen des II. → Vatikanischen Konzils zusammen. Was sie ihrem verborgenen Sein nach als der Leib ihres Herrn ist, verlangt nach Gestalt und Vermittlung. Die dogmatische Konstitution über die Kirche „Lumen gentium" stellt darum die Aussagen über das Mysterium der Kirche als die dem Glauben allein zugängliche verborgene Wirklichkeit der Einheit in Christus in den Zusammenhang der Bezeugung dieser Wahrheit für die Welt.

Die heute immer stärker ins Bewußtsein der Allgemeinheit tretende Einheit der Menschheit gewinnt in der Einheit der Kirche ihre zeichenhafte Vorgabe. Was sich im Blick auf den spannungsvollen, in vielfacher Hinsicht zerstrittenen Zustand der Menschheit als Wunsch nach Einheit und Versöhnung artikuliert, dem dient die aus dem Geheimnis ihrer Einheit lebende Kirche als zeichenhafte Erfüllung dieses Strebens.

Diese universale Vorwegbezeichnung der Einheit durch die und in der Kirche in bezug auf die Bestimmung der Menschheit hat konkrete Folgen für die kirchlichen Aufgaben in der gegenwärtigen Weltlage.

II. Die Kirchen und die Kulturen

Den Aufgaben der Kirchen in der heutigen Welt entspricht ihre besondere Aufmerksamkeit und Bemühung um Teilnahme am kulturellen Reichtum der Völker und dessen Förderung. Was unter einem früheren eurozentrischen Gesichtspunkt als trennend und „fremdartig" erscheinen konnte, gewinnt im Lichte der zeichenhaften Einheit in der Kirche eine neue integrale Bedeutung. Wie in neutestamentlicher Zeit Juden und Griechen (Gal 3,28) je in ihrer Weise die neue Gemeinschaft der frühen Kirche bildeten, so rückt in der Gegenwart der in der Geschichte der Völker gewachsene kulturelle Reichtum in der Vielfalt ihrer Traditionen ins Bewußtsein. Nur indem sie beteiligt werden, vermögen sie ihren Beitrag im Prozeß der Gestaltwerdung der Weltkirche zu leisten.

Mit der Betonung des Eigenwertes einer jeden Kultur leisten die Kirchen in der heutigen Weltlage nicht allein einen Beitrag zur Begegnung und zum gegenseitigen Verständnis der Völker und der ihnen eigenen Kulturen. Diese mehr und mehr anzutreffende Aufgeschlossenheit, gefördert durch die modernen Informationsmittel und die internationalen Kontaktmöglichkeiten, erhält damit eine innere Sinngebung und Zielsetzung. Zwischen den Kulturen der Menschheit und der Botschaft des Heils bestehen „vielfache Beziehungen". „Denn Gott hat in der Offenbarung an sein Volk bis zu seiner vollen Selbstkundgabe im fleischgewordenen Sohn entsprechend der den verschiedenen Zeiten eigenen Kultur gesprochen". Indem die Kirchen sich in dieser Weise der Aufgabe der „Inkulturation" widmen, führen sie Menschen und Völker aus ihrer geschichtlich bedingten Besonderheit in die auch die Verschiedenheit der Kulturen umgreifende Einheit.

Die Sendung der Kirchen in die Welt (→ Mission) und das Zusammenwachsen der Menschheit zu einer Völkerfamilie stehen damit in einem inneren Zusammenhang. Indem sich die Kirchen der kulturellen Werte der Völker und Ethnien annehmen, wehren sie das moderne Mißverständnis einer uniformen Welteinheitszivilisation ab. In ihr müssen die geschichtlich gewachsenen kulturellen Unterschiede und Werteinstellungen einer oberflächlichen und gemachten „Kultur" des technischen Zeitalters weichen. Sind die Kirchen mit ihrer Botschaft und mit ihrem Wirken einerseits „Bewahrer" der kulturellen Werte, so schützen sie diese zugleich vor einem isolierten, nur auf diese selbst bezogenen Mißverständnis. Nationalistische und rassische Selbstüberhebung in bezug auf die eigene und abwertende Beurteilung anderer Kulturen finden in der neuen Gemeinschaft der Christen keinen Raum. Bewahrung der Identität einer Volksgruppe und ihre Offenheit, sich als Teil der werdenden Menschheitsfamilie zu verstehen, finden sich zeichenhaft in einer Kirche, die um ihres universalen Auftrages willen zur „Inkulturation" bereit ist.

III. Kirchen im Dialog

Zur Beförderung der vom II. Vaticanum der kath. Kirche gestellten Aufgabe, Inkulturation und Universalität miteinander zu verbinden, wurde neben dem „Sekretariat für die Nichtchristen" ein „Päpstlicher Kulturrat" eingerichtet. Entsprechend wurde von den im → Weltrat der Kirchen zusammengeschlossenen nicht-römischen Kirchen eine „Abteilung für den Dialog mit Menschen anderen Glaubens und der Ideologien" geschaffen. Zahlreiche Gespräche mit Vertretern anderer Religionen und Weltanschauungen sind seitens der Kirchen bisher geführt worden. Was sich an Ergebnissen in Form von Resolutionen, Handreichungen und richtungweisenden Instruktionen niedergeschlagen hat und von einer Fülle theologischer Veröffentlichungen begleitet wird, will die Bereitschaft „vor Ort" für diese erst in ihren Anfängen wahrgenommene Aufgabe der Kirchen wecken und ihre Durchführung fördern.

Mit dem Interesse an einer bestimmten Kultur stellt sich für die Kirchen zugleich die Frage nach der Bewertung der ihr zugrundeliegenden und sie bedingenden Religion. Bei Berücksichtigung aller Faktoren, die für das Erscheinungsbild einer Kultur eine Rolle spielen, sind ihre tieferen Quellen in der betreffenden Religion zu suchen. Der Dialog der Kirchen mit den Kulturen der Völker wird darum begleitet vom Dialog mit den anderen Religionen. Auch sie gilt es, als geschichtliche Vorbereitungen mit den ihnen eigenen Heilsverständnissen und Sinnantworten für die ihnen zugehörigen Menschen in bezug auf die Fülle des Heils in Christus genauer zu bestimmen und zu bewerten. Dabei kommen den Kirchen nicht nur die aus den Missionen stammenden Erfahrungen und Erkenntnisse zugute. Sie gründen in oft lebenslangen engen Kontakten der Missionare „vor Ort" und führen zu einem reichen und differenzierten Verstehen der einzelnen Religionen.

Mission und Dialog gehören darum zusammen. Der Dialog steht im Dienste der Zuwendung zu anderen Menschen und ihrer angestammten Kultur im Namen des Evangeliums, das für die ganze Menschheit das Heil bedeutet. Die Gestaltwerdung einer christlichen Kirche in den Kulturen der Völker aber setzt voraus, daß sie Werte beinhalten, die aufgenommen und im Lichte des Evangeliums eine neue Bedeutung erhalten. Hier liegt zugleich das Kriterium für die Überwindung und Ablösung von fremdreligiösen Elementen und Lebenshaltungen, die dem im Wege stehen und sich mit dem christlichen Ethos nicht vereinbaren lassen.

Dieser notwendige Wandlungsprozeß ist oft schon vorbereitet durch Reformen und Veränderungen, die die betreffenden Religionen in der Neuzeit durchlaufen haben (vgl. Globale Perspektiven [G. P.], Kap. 7, IV: Religionen im Wandel). Sie haben christliche und humanitäre Maßstäbe in partieller Weise zum Anlaß von Reformen und Anpassungen an neue Denkweisen der heutigen Menschheit genommen. So konnten ursprünglich religiös sanktionierte Ordnungen wie die Kastenordnung, die besondere Stellung der Frau, rassische und ethnische Gesetze durch ein neues Verständnis der Würde der Person, der Rolle des Geschlechtes und der Toleranz gegenüber anderen Volkszugehörigkeiten abgelöst werden.

Der Dialog, in den die Kirchen eingetreten sind, dient aber zugleich der Vertiefung und Anreicherung der Gestalt, die das Christentum auf Grund seiner Geschichte in den von ihm geprägten Kulturen der westlichen Welt angenommen hat. So werden z. B. durch das Studium der Stammesreligionen alttestamentliche Überlieferungen verständlicher. Seitens der asiatischen Hochreligionen sind der Reichtum an Symbolen, der rituelle Ausdruck, die kontemplativen Wege ins Innere des Menschen (Mystik), bestimmte asketische Disziplinen, aber auch die religiöse Einbeziehung der Natur und des Kosmos Verweise auf biblische Überlieferungen und Zusammenhänge, die dem modernen Menschen z. T. fremd geworden sind.

In der kath. Kirche hat die Erklärung über das Verhältnis der Kirche zu den nichtchristlichen Religionen „Nostra aetate" des II. Vaticanums auf solche Bezüge aufmerksam gemacht. So wird im Blick auf den Hinduismus davon gesprochen, daß die Menschen „das göttliche Geheimnis ... in einem unerschöpflichen Reichtum von Mythen und in tiefdringenden philosophischen Versuchen zum Ausdruck bringen". Sie suchen „durch asketische Lebensformen oder tiefe Meditation oder liebend-vertrauende Zuflucht zu Gott Befreiung von der Enge und Beschränktheit unserer Lage". In bezug auf den Buddhismus wird „das radikale Ungenügen der veränderlichen Welt anerkannt" und das Bemühen um einen Weg, „auf dem die Menschen mit frommem und vertrauendem Sinn entweder den Zustand vollkommener Befreiung zu erreichen ... oder zur höchsten Erleuchtung zu gelangen" trachten (Art. 2). Solche Aussagen gründen auf Erfahrungen, die in der Begegnung und in der Zuwendung der missionierenden Kirchen durch die Jahrhunderte gewonnen werden konnten. Sie finden in der Gegenwart ihre Verdichtung in programmatischen Bemühungen um besseres Verstehen und gegenseitiges Kennenlernen.

IV. Die Kirchen und die Gesellschaften von heute

Probleme, Spannungen und Aufgaben der Menschheit in ihren unterschiedlichen gesellschaftlichen Situationen sind von den christlichen Kirchen zum Anlaß grundsätzlicher Orientierungshilfen und wegweisender Verlautbarungen genommen worden. Hierzu hat die kath. Kirche besonders in der Pastoralkonstitution über die Kirche in der Welt von heute „Gaudium et Spes" (GS) auf der Grundlage der kath. Soziallehre die aktuellen Problemfelder benannt und Orientierung angeboten. In den Vollversammlungen des Weltrats der Kirchen und in den zwischenzeitlich zu bestimmten Themen einberufenen Sonderkonferenzen geht es ebenfalls um Fragen, die die Menschheit heute weltweit bedrängen. Die Kirchen versuchen auf diese Weise ihre Verantwortung über den eigenen Bereich hinaus wahrzunehmen, indem die Perspektiven und die Hoffnung des christlichen Glaubens auf die Schicksale der Menschen hin ausgelegt werden. Es geht darum, „nach den Zeichen der Zeit zu forschen und sie im Lichte des Evangeliums zu deuten" (GS, Art. 4). Voraussetzung dabei ist, daß die Menschheit sich heute mehr denn je als eine Schicksalsgemeinschaft erlebt. In einer Situation, in der ein rapider Wandel der traditionellen Gesellschaftsformen und Wertvorstellungen in den Völkern sich vollzieht, wird die Notwendigkeit einer Orientierung um so dringlicher.

Zu den veränderten Bedingungen, unter denen sich der einzelne heute in seiner Gesellschaft erfährt, gehören insbes. die folgenden: Die traditionellen Gemeinschaften (patriarchalische Familie, Clans, Subkasten, Stämme und Dorfgemeinschaften) mit ihren spezifischen Ordnungssystemen und Bindungen unterliegen einem starken Wandel. In den ehemals ländlich geprägten Bevölkerungen der Drittweltländer wachsen die urbanen Ballungszentren in einem ungeahnten Ausmaß. Dieser Trend zur Verstädterung bedeutet, daß in den nächsten 10 Jahren in den Industrieländern 81%, in den Entwicklungsländern 43% der Bevölkerung Stadtbewohner sein werden. Viele Großstädte in den Entwicklungsländern verwandeln sich an ihren Rändern in große Massenelendsquartiere. Die Kirchen versuchen sich durch gezielte Hilfsprogramme in diesen neuen Siedlungsgebieten der Entwurzelten und Heimatlosen anzunehmen – oft mehr als Zeichen der Nähe zu den Menschen als auf Grund einer realen Möglichkeit, effektive Veränderungen der Verhältnisse herbeizuführen. Einzelne Ordensgemeinschaften und Missionsgesellschaften (*Mutter Teresa* in Indien, Gruppen der *Ökumenischen Kommunität von Taizé* in Afrika u. v. a. ähnlich vor Ort arbeitende Gemeinschaften) leben in diesen Situationen in Solidarität mit den Armen und Entwurzelten.

Die kath. Kirche in den lateinamerikanischen Ländern hat angesichts dieser gesellschaftlichen Prozesse neue Formen kirchlicher Präsenz in Gestalt der „Basisgemeinden" entwickelt. Mangelnde geistliche Versorgung und die Notwendigkeit neuer Gemeinschaftsbindungen in Zusammenhang mit elementarer Glaubensunterweisung ließen in den neuen Wohngebieten „para-gemeindliche" Strukturen entstehen. Sie ergänzen und untergliedern die oft unübersichtlich gewordenen traditionellen Parochialstrukturen. Zellenförmig versuchen sie, „Kirche vor Ort" als enge Gemeinschaft, meist von Laien betreut, über die religiösen Anlässe hinaus auch in gegenseitiger Hilfe und Beratung konkret und erlebbar werden zu lassen. Angesichts wachsender Armut und um sich greifenden sozialen Elends haben sich besonders in Lateinamerika die Bischöfe auf ihrer 2. und 3. Generalkonferenz in *Medellín* (1968) und in *Puebla* (1979) diesen Problemen neben den dringlichen Aufgaben der Evangelisierung Lateinamerikas gewidmet: „In Anerkennung der Solidarität der übrigen Kirchen verbinden wir unsere Anstrengungen mit denen der Menschen, die guten Willens sind, um die Armut an der Wurzel zu beseitigen und eine gerechte und brüderliche Welt zu errichten" (Puebla 1979).

Diese Probleme haben im Sinne einer „Option für die Armen" auch ihren Niederschlag gefunden in theologischen Entwürfen (→ Theologie der Befreiung u. a.). Während sich die einen im Rahmen der offiziellen kath. Soziallehre bewegen und die Grenzen der der Kirche gesetzten politischen Einlassungen respektieren, gehen andere darüber hinaus („Theologie der Revolution"). Die um diese Fragen entfachte, nicht nur innerkirchlich geführte kontroverse Diskussion war 1984 der Anlaß für eine „Instruktion der Kongregation für die Glaubenslehre über einige Aspekte der ‚Theologie der Befreiung'". Sie macht sich die „Sehnsucht" der Menschen nach Recht und Gerechtigkeit angesichts „gehäufter Unterdrückungen kultureller, politischer, rassischer, sozialer und ökonomischer Art" zu eigen. Zugleich aber werden auch die Grenzen bezeichnet, die einer der Kirche verpflichteten Theologie hinsichtlich der politischen Optionen und ihrer klassenkämpferischen Durchsetzung gesetzt sind.

V. Die orthodoxen Kirchen

Im Unterschied zur westlichen Christenheit hat sich ihr östlicher Teil außer in ihrem einstigen Mittelpunkt Byzanz in regional unterschiedlichen Nationalkirchen entfaltet (→ Ostkirchen). Bereits gegen Ende des 1. Jh. hatten sich neben den altkirchlichen Patriarchaten auf dem Balkan und in Osteuropa neue autokephale Regionalkirchen herausgebildet. Bis zum Ende des oströmischen Kaiserreiches (1453) galt der Ökumenische Patriarch von Konstantinopel als das unumstrittene Oberhaupt der seit 1054 von Rom getrennten Christenheit. Mit der Ausbreitung des Islam kamen die altkirchlichen Patriarchate unter osmanische Oberhoheit. Von da an fiel dem Patriarchat in Moskau eine führende Rolle für die orth. Kirchen zu, die erst durch die Verfolgungen in der bolschewistischen Revolution in der Sowjetunion und durch staatliche Gleichschaltung an Bedeutung verlor.

Durch die Bevölkerungsbewegungen dieses Jahrhunderts (Verfolgungen, Exulanten, Auswanderer u. a.) finden sich heute in den meisten Ländern der Welt orth. Gemeinden. Ihre Zahl liegt weltweit bei (1990) ca. 180 Mio. Gläubigen (vgl. Tab. 1). Gegenwärtig haben 14 autokephale bzw. autonome Kirchen volle Communio. Dies sind (nach der Angabe des Patriarchats von Konstantinopel): das *ökumenische Patriarchat*, die Patriarchate von *Alexandrien, Antiochien, Jerusalem, Moskau, Belgrad, Bukarest* und von *Sofia*, ferner die Kirchen von *Zypern, Griechenland, Warschau, Georgien*, der *Tschechoslowakei* und von *Finnland*.

Mit ihrer regionalen Aufgliederung und ihrer nationalen, kulturellen und sprachlichen Vielfalt bilden die orth. Kirchen auf Grund gemeinsamer Tradition, Lehre und liturgischer Praxis neben der röm.-kath. Kirche und den aus der Reformation hervorgegangenen Kirchen den dritten großen Teil der Christenheit. Als gemeinsame Grundlagen der orth. Lehre gelten neben der Bibel die Beschlüsse der 7 ersten ökumenischen Konzilien (→ Konzil) und die Aussagen von Kirchenvätern (bis zum Ende des 11. Jh.). Das Glaubensbekenntnis gilt in der Gestalt des Nizäno-Konstantinopolitanischen Bekenntnisses (451). Entscheidend für die Einheit sind außer den Grundlagen in der Lehre die Feier der „göttlichen Liturgie" (Eucharistiefeier), der Vollzug der sieben Sakramente sowie die Marienverehrung. Symbolhandlungen, Bilderverehrung und der Gebrauch hl. Gegenstände sind in der Frömmigkeit bes. reich ausgeprägt. Der Lehre vom Hl. Geist kommt besondere Bedeutung zu. Die Jahrhunderte hindurch kontroverse Frage des Hervorgehens des Hl. Geistes aus dem Vater und dem Sohn („filioque"), wie sie in der lat. Lehrtradition im Unterschied zu den orth. Kirchen vertreten wird, tritt in den ökumenischen Gesprächen seit dem II. Vaticanum in den Hintergrund. Die meisten orth. Kirchen sind Mitgliedskirchen im Weltrat der Kirchen. Die wachsenden Kontakte zwischen Rom und dem Ökumenischen Patriarchat haben in der seit dem Schisma von 1054 kontroversen Primatsfrage zu einer Annäherung geführt. Der apostolische Vorrang des Stuhles Petri findet Anerkennung, ohne daß daraus kirchenrechtliche Folgen gezogen werden.

VI. Herausforderungen durch regionale Sonderentwicklungen

Die notwendige Entwicklung zur einheimischen Gestalt der Kirchen und zu ihrer Inkulturation erscheint dort besonders dringlich, wo vor- und außerchristliche religiöse Traditionen zu separatistischen oder synkretistischen neuen kirchlichen Gemeinschaften führen. Entwicklungen dieser Art weisen v. a. Afrika und Lateinamerika auf. Die Zahl der *nichtweißen einheimischen Sekten,* die sich als „unabhängige Kirchen" von den Großkirchen und ihren Missionen in Afrika getrennt haben oder als neue Kirchengründungen entstanden sind, wächst weiter. Ihre Anhängerzahl ist in den letzten 20 Jahren um etwa das Zweieinhalbfache gewachsen (vgl. Tab. 1). Bei dieser Entwicklung sind v. a. folgende Faktoren wirksam: Während in der Kolonialzeit und unter der weißen Herrschaft im südlichen Afrika unabhängige kirchliche Gemeinschaften vielfach eine Reaktion auf die versagte politische Unabhängigkeit waren, spielen später und bis in die Gegenwart hinein religiöse Motive die entscheidende Rolle. Traditionelle Elemente der Religionen der Stämme Afrikas verbinden sich mit enthusiastisch-prophetischen Ausdrucksformen. Viele dieser in die Tausende zählenden separatistischen Gruppen, meist von einer charismatischen Gründergestalt („Prophet", „Apostel") ins Leben gerufen, verstehen sich als urchristlicher Gemeindetyp. Unmittelbare neue „Offenbarungen" in Visionen und Auditionen, Wunder wirkende Charismen, Dämonenaustreibungen und Beschwörungen verbinden sich teilweise mit magischen und animistischen Elementen vorchristlicher Religionen. Starken Zulauf verzeichnen die Gemeinschaften, in denen körperliche Heilungen stattfinden. Die Gottesdienste weisen neben einer spontanen Beteiligung der Gläubigen liturgisch üppige Formen und symbolisch-rituellen Reichtum auf. Die biblische Geschichte findet neue örtliche Vergegenwärtigung (Berg Zion, Jerusalem, Teich Bethesda u. a.). In der Materie, im körperlich-seelischen Erfahrungszusammenhang und im Bereich des Übersinnlichen mischt sich ursprüngliche afrikanische Religiosität mit biblischen Vorbildern. Hinzu kommt das Bewußtsein, nicht allein eine von der Kirche der Europäer unterschiedene eigenständige und unabhängige Kirchlichkeit zu besitzen, sondern darüber hinaus den eigentlichen, wahren und ursprünglichen Kirchentyp darzustellen.

Die Kirchen sind durch diese weiter um sich greifenden separatistischen Sonderentwicklungen in doppelter Weise herausgefordert. Die Frage, wie das breite Spektrum vor- und außerchristlicher religiöser Erfahrungen in einem kritischen Selektionsprozeß und im Unterschied zur europäischen Gestalt der Kirchen berücksichtigt zu werden vermag, stellt sich mit großer Dringlichkeit. Zugleich aber geht es angesichts dieser Entwicklungen um die Voraussetzungen für die Einheit der Ökumene. Die Berücksichtigung von besonderen Traditionen und Kulturen im Wachstum einer regionalen Kirche zieht die Frage nach ihrer geordneten Einbindung in die Weltkirche notwendig nach sich.

In der *röm.-kath. Kirche* war die Verwurzelung und Entfaltung der Teilkirchen in den überseeischen Kontinenten zugleich begleitet von der funktionalen Stärkung des Amtes der Einheit (Papsttum). Die Deutsche Bischofskonferenz hat 1983 diesen Zusammenhang von weltkirchlicher Einheit und ortskirchlicher Unterschiedenheit herausgestellt.

Für die zum → *Weltrat der Kirchen* (offizielle dt. Bezeichnung: Ökumenischer Rat der Kirchen, ÖRK) gehörenden nicht-röm.-kath. Kirchen stellt sich die Frage nach der Einheit nicht in dieser Weise. Unter der Voraussetzung des gemeinsamen Christusbekenntnisses sind die Mitgliedskirchen in Lehre, Glaubensausdruck und Organisation unabhängig und autonom. Neue selbständige Kirchengründungen stehen diesem Prinzip einer assoziierten Mitgliedschaft nicht im Wege. Unter diesen Voraussetzungen ist eine Unterscheidung zwischen → „Kirche" und → „Sekte" nicht generell möglich. Sie kann nur aus dem Konfessionsstand einer einzelnen Kirche heraus getroffen werden. Die Entwicklung der zahlreichen Sonderkirchen und separatistischen Gruppen ist hier als ein Prozeß spontanen Gemeindewachstums legitimiert und erscheint als eine Entfaltung in unabhängiger Vielseitigkeit.

VII. Zusammenarbeit und ökumenische Dialoge

Die Anfänge der ökumenischen Bewegung (→Ökumene, ökumenische Bewegung) zu Beginn des 20. Jh. lagen zunächst auf dem Gebiet der praktischen Zusammenarbeit („Life and Work"). Es zeigte sich aber bald, daß diese Fragen nicht losgelöst werden können von den dem Handeln zugrundeliegenden Fragen des Glaubens und der Kirchenverfassung („Faith and Order"). Die durch die Umstände des II. Weltkrieges verzögerte Gründung des ÖRK konnte erst 1948 in Amsterdam vollzogen werden. Das oberste Leitungsorgan des ÖRK ist die *Vollversammlung*. Aus ihr werden das *Präsidium* und der *Zentralausschuß* gewählt. Dieser wählt mit seinen 150 Mitgl. den *Exekutivausschuß*, dem die faktische Leitung zwischen den Vollversammlungen obliegt. Für die Studienarbeit des ÖRK sind 3 Programmeinheiten zuständig („Glauben und Zeugnis", „Gerechtigkeit und Dienst", „Bildung und Erneuerung"). Unter diesen arbeiten verschiedene Kommissionen, von denen den Kommissionen für „Glauben und Kirchenverfassung" und für „Weltmission und Evangelisation" besonderes Gewicht zukommt. Der ÖRK „darf sich nicht auf den Boden einer besonderen Auffassung von Kirche stellen" und vertritt auch „keine bestimmte Lehre über das Wesen der kirchlichen Einheit" (*Toronto-Erklärung,* 1950).

Am deutlichsten haben sich die zwischen den Mitgliedskirchen anbahnenden Verbindungen und die Zusammenarbeit in den vom ÖRK anberaumten großen *Weltkirchenkonferenzen* artikuliert. Auf der Dritten Vollversammlung des ÖRK 1961 in *New Delhi* bestimmten bereits die Themen der aus der Mission hervorgegangenen sog. „Jungen Kirchen" die Tagesordnung. Seitdem spielen die Beiträge aus diesen Kirchen im ökumenischen Gespräch eine zunehmend wichtige Rolle. Eine Verlagerung der theologischen Schwerpunkte zugunsten gesellschaftsverändernder, sozialer sowie politischer Zielvorstellungen hat in den letzten Jahren nicht nur zu starken Kontroversen innerhalb des ÖRK und seiner Mitgliedskirchen geführt. Aus Teilen der evangelikalen Christenheit bildete sich eine zweite ökumenische Bewegung (*World Evangelical Fellowship,* 1951). In biblisch-missionarischem Auftragsverständnis wird hier eine den Traditionen des Pietismus und den christlichen Erweckungsbewegungen im Protestantismus verpflichtete Glaubenshaltung den politisch-gesellschaftlichen Aktionen der Organe des ÖRK gegenübergestellt.

Die röm.-kath. Kirche hat die im Protestantismus entstandene Bewegung zu einem Zusammenschluß der Kirchen begrüßt und fördert sie heute auch durch die Mitarbeit ihrer Vertreter in einzelnen Kommissionen des ÖRK. Auf Grund ihres Verständnisses vom Wesen der Kirche und dem sakramentalen Grund ihrer Einheit ist sie jedoch nicht Mitgliedskirche im ÖRK geworden, sondern nimmt dort einen offiziellen „Beobachterstatus" wahr.

Das II. Vaticanum (Dekret über den Ökumenismus „Unitas redintegratio") gab der Bewegung zur Einheit der Kirche neue Impulse. Von „geistlicher Ökumene" wurde gesprochen, die in der „Bekehrung der Herzen" und in der „Heiligkeit des Lebens" besteht. Gemeinsames Beten für diese Einheit und theologische Arbeit in ihrem Dienste haben zu einer Fülle von gemeinsamen Programmen, gottesdienstlichen Veranstaltungen und theologischen Arbeitsgemeinschaften geführt. Neben dem besseren gegenseitigen Kennenlernen der Kirchen, ihrer Lehre und ihrer gottesdienstlichen Praxis sind dabei auch deutlichere Einsichten in Gemeinsamkeiten des Bibelverständnisses und der Glaubenslehre zutage getreten, aber auch Unterscheidendes ist deutlicher geworden. Im gemeinsamen Kirchenliedgut und in einer einheitlichen Bibelübersetzung werden erste Früchte dieser Bemühungen auch in den Kirchengemeinden sichtbar.

Neben den ökumenischen Dialogen der röm.-kath. Kirche ist es innerhalb der prot. Christenheit im Zuge der Ökumenischen Bewegung zu kirchlichen Zusammenschlüssen gekommen. So schlossen sich in den angelsächsischen Ländern sowie in verschiedenen Teilen Asiens Kirchen unterschiedlicher „Denominationen" zu Unionskirchen zusammen. Von besonderem Gewicht waren die Unionen in der Kirche von Süd- und von Nordindien, die das breite kirchliche Spektrum von Anglikanern, Presbyterianern, Baptisten und Methodisten umfassen.

VIII. Themen der Theologie

Schwerpunkte der theologischen Arbeit liegen in der Gegenwart weniger in theologischen Systementwürfen, die das Ganze der Lehre umfassen, als in bestimmten Themen gegenwärtiger gesellschaftlicher, geistiger und ethischer Problemlagen. Dabei zeigt sich, daß einzelne Schwerpunktthemen hinsichtlich einer weltweiten gemeinsamen Problemlage zusammenhängen. In der Theologie sind die Interessen an historischen Fragen zurückgetreten hinter die Bemühungen, den biblischen Texten im Auslegungshorizont aktueller Fragestellungen neue Aspekte abzugewinnen (soziale Gerechtigkeit, der jüdische Hintergrund des neutestamentlichen Jesusbildes, die Friedens- und die politische Freiheitsthematik, die Stellung der Frau u.a.m.).

Die ethischen Konflikte der modernen, säkularen Gesellschaften spiegeln sich in kontroversen moraltheologischen Positionen wider (→ Geburtenregelung, →Gentechnik, Sterbehilfe [→ Sterben, Sterbehilfe], Fragen der →Wirtschaftsethik, der internationalen Konfliktbewältigung [→ Frieden] u. a. m.). Aufs Ganze gesehen, zeichnet sich in der Theologie der Gegenwart ein anthropozentrischer, vom Menschen und seiner Problemlage ausgehender Ansatz ab. Dieser gewährleistet ihre Aktualität, bedeutet aber zugleich, daß in der Theologie Themen zurücktreten oder unberücksichtigt bleiben, die im Horizont gegenwärtiger Welt- und Lebenserfahrung nicht unterzubringen sind.

Entscheidende Herausforderungen und Impulse für die theologische Arbeit liegen heute in der Begegnung mit anderen Religionen und in der Auseinandersetzung mit neuen religiösen und weltanschaulichen Bewegungen. Hier sind besonders die Theologen herausgefordert, die in außereuropäischen Kulturräumen in enger Berührung mit Menschen anderer Religionen leben und arbeiten. Daß diese Beiträge nicht nur regionale Bedeutung haben, sondern auf weltweites Interesse stoßen, zeigt, daß die Theologie sich in einer globalen Vernetzung findet.

Zu den die Theologie heute weltweit herausfordernden Vorgängen gehören die *synkretistischen Bewegungen* (vgl. G. P., Kap. 7, S. 74). Durch Aufnahme von Elementen und Praktiken aus verschiedenen Religionen, durch Betonung allgemeiner mystischer Erfahrungen oder durch geheime Kenntnisse höherer Welten erheben sie den Anspruch einer den Glauben der Kirche überbietenden oder ergänzenden Religiosität. In Europa und in Nordamerika gewinnen in den sog. *Jugendreligionen* verselbständigte Teile hinduistischer, buddhistischer u. a. religiöser Praktiken an Interesse (Formen der verschiedenen Yoga-Schulen, Meditationsübungen, Zen-Übungen u. a. m.). Mit dem Sammelbegriff der *New-Age-Bewegung* verbinden sich sehr verschiedene, z. T. religiöse Vorstellungen. Wege in die Seele, ein neuer Naturmythos, kosmische Zusammenhänge und Wiedergeburtsvorstellungen sowie eine neue Ganzheitsauffassung des Menschen verbinden sich mit spekulativen Erwartungen eines neuen Weltzeitalters und einem ihm entsprechenden neuen Menschentyp. Zum Teil werden in diesen religiösen und weltanschaulichen „Alternativ"-Bewegungen Themen und Praxisbereiche in Anspruch genommen, die in einer stark rational und worthaft bestimmten Theologie und kirchlichen Praxis unbesetzt blieben.

Der Theologie in den westlichen Ländern kommen diejenigen theologischen Beiträge aus den Kirchen Asiens und Afrikas zugute, die sich im Dialog und in der missionarischen Zuwendung zu den Menschen der dort beheimateten Religionen solcher im Spektrum neuzeitlicher westlicher Theologien rezessiv gewordenen Themenbereiche bereits angenommen haben. Der Symbolreichtum und die rituelle Ausdruckskraft, der Kosmos und seine überirdischen Dimensionen, Raum und Zeit übergreifende mythische Vorstellungen, „Traumwelt und innerer Raum", aber auch die sie begleitenden asketischen, meditativen und kontemplativen Formen der Anbetung führen wieder an biblische und urchristliche religiöse Erfahrungsebenen heran, die dem durch Aufklärung und Rationalismus bestimmten Menschen unzugänglich zu sein scheinen.

Die kath. Theologie nimmt allenthalben in einer Art „nach-modernistischer" Offenheit wieder Themen auf, die ihr seit ihren Anfängen eigen sind, in der Begegnung und Auseinandersetzung mit fremdreligiösen Strömungen aber wieder neu gewichtet werden. In dieser Hinsicht ergänzen sich die regionalen und kulturbezogenen Themenstellungen heutiger Theologie in globaler Weise. Ein jeweils besonderes theologisches Anliegen findet seine Zuordnung zum Ganzen der kirchlichen Aufgabe. Die Theologie bleibt der Kirche als Weltkirche dienend verpflichtet.

LITERATUR

Zu I: Das Zweite Vatikanische Konzil. Konstitutionen, Dekrete und Erklärungen, lat. und dt. Kommentare. Hg. H. S. **Brechter** u. a. 3 Bde. Freiburg i. Br. 1966/68. – Kirche und Dritte Welt im Jahr 2000. Hg. Prospektivgruppe des Schweizerischen Kath. Missionsrates. Zürich 1974. – Gemeinsame Synode der Bistümer in der Bundesrepublik Deutschland. Freiburg i. Br. 1976. – World Christian Encyclopedia. A comparative study of churches and religions in the modern world AD 1900–2000. Hg. D. B. **Barrett**. Oxford 1982. – Wb. des Christentums. Hg. V. **Drehsen**. Gütersloh, Zürich 1988.

Zu II: Das Heil der Welt heute. Ende oder Beginn der Weltmission? Dokumente der Weltmissionskonferenz Bangkok 1973. Hg. Ph. A. **Potter**. Stuttgart 1973. – W. **Bühlmann**, Wo der Glaube lebt. Einblicke in die Lage der Weltkirche. Freiburg i. Br. 1974, ⁷1978. – W. **Künneth**, P. **Beyerhaus**, Reich Gottes oder Weltgemeinschaft? Bad Liebenzell 1975. – Mission nach dem Konzil. Hg. J. **Schütte**. Mainz 1976. – H. **Rzepkowski**. Der Welt verpflichtet. Text und Kommentar des Apostolischen Schreibens Evangelii Nuntiandi. St. Augustin 1976. – J. **Glazik**, Mission – der stets größere Auftrag. Aachen 1979. – Dein Reich komme. Bericht der Weltkonferenz für Mission und Evangelisation in Melbourne 1980. Frankfurt/M. 1981. – G. W. **Peters**, Theologie des Kirchenwachstums. Bad Liebenzell 1982. – **Johannes Paul II.,** Enzyklika „Redemptoris missio". Rom 1991.

Zu III: J. **Beckmann**, Weltkirche und Weltreligionen. Die religiöse Lage der Menschheit. Freiburg i. Br. 1960. – Indische Beitr. zur Theologie der Gegenwart. Hg. H. **Bürkle**, Stuttgart 1966. – Theologie und Kirche in Afrika. Hg. Ders. Stuttgart 1968. – Kultur als christlicher Auftrag. Hg. A. **Paus**, Aachen 1979.– Theologen der Dritten Welt. Hg. H. **Waldenfels**. München 1982. – B. **Bujo**, Afrikanische Theologie in ihrem gesellschaftlichen Kontext. Düsseldorf 1986. – D. J. **Krieger**, Das interreligiöse Gespräch. Methodologische Grundlagen der Theologie der Religionen. Zürich 1986. – Dialog aus der Mitte christlicher Theologie. Hg. A. **Bsteh**. Mödling 1987. – Theologien der Dritten Welt. Hg. C. **Collet**. Immensee 1990. – Päpstlicher Rat für den interreligiösen Dialog und Kongregation für die Evangelisierung der Völker, Dialog und Verkündigung. Rom 1991.

Bibliographie: Towards a Theology of Development. An annotated bibliography. Hg. SODEPAX. Genf 1970.

Zu IV: D. M. **Gill,** Wissenschaft, Glaube und die Zukunft des Menschen. Hg. Ökumenischer Rat der Kirchen. Stuttgart 1970. – De iustitia in mundo, in: AAS 63 (1971) 924; dt. u. d. T.: Gerechtigkeit in der Welt. Das Abstimmungsdokument II der römischen Bischofssynode, in: HK 26 (1972) 36 ff. – G. **Gutiérrez,** Theologie der Befreiung. München, Mainz 1973, ⁹1986. – Gewalt in Jesu Namen? Hg. P. **Beyerhaus,** W. **Künneth.** Bielefeld 1978. – Herausgefordert durch die Armen. Dokumente der Ökumenischen Vereinigung von Dritte-Welt-Theologen 1976–1983. Freiburg i. Br. 1983. – Religion in den Gegenwartsströmungen der deutschen Soziologie. Hg. K.-F. **Daiber,** Th. **Luckmann.** München 1983. – Was wird aus der Kirche? Ergebnisse der 2. EKD-Umfrage über Kirchenmitgliedschaft. Hg. J. **Hanselmann** u. a. Gütersloh 1984 (Lit.). – Instruktion der Kongregation für die Glaubenslehre über die christliche Freiheit und die Befreiung. Hg. Sekretariat der Dt. Bischofskonferenz. Bonn 1986 (Verlautbarungen des Apostol. Stuhls, Nr. 70).

Zu V: E. **Benz,** Geist und Leben der Ostkirche. Hamburg 1957. – G. **Galitis,** G. **Mantzaridis,** P. **Wiertz,** Glauben aus dem Herzen. Eine Einf. in die Orthodoxie. München 1987.

Zu VI: D. B. **Barrett u. a.,** Schism and renewal in Africa. An analysis of six thousand contemporary religious movements. Nairobi 1968. – G. C. **Oosthuizen,** Post-Christianity in Africa. London 1968. – Die Pfingstkirchen. Selbstdarstellungen, Dokumente, Kommentare. Hg. W. J. **Hollenweger.** Stuttgart 1971.

Zu VII: Ökumenische Perspektiven. Im Auftrag des Instituts für ökumenische Forschung in Straßburg. Hg. M. **Lienhard,** H. **Meyer.** Frankfurt/M. 1972 ff. – Ökumenische Dokumentation. Im Auftrag des Instituts für ökumenische Forschung in Straßburg. Hg. G. **Gaßmann,** H. **Mayer.** Frankfurt/M. 1974 ff. – Orientierung Ökumene. Ein Hdb. Hg. H.-M. **Moderow,** M. **Sens.** Berlin 1979. – Dialog der Kirchen. Veröffentlichungen des Ökumenischen Arbeitskreises ev. und kath. Theologen. Bisher 6 Bde. Freiburg i. Br., Göttingen 1982 ff. – Ökumene-Lexikon. Kirchen, Religionen, Bewegungen. Hg. H. **Krüger u. a.** Frankfurt/M. 1983. – J. **Ratzinger,** Kirche, Ökumene und Politik. Einsiedeln 1987.

Zu VIII: Internationale Theologenkommission. Die Einheit des Glaubens und der theologische Pluralismus. Einsiedeln 1973.– Ev. Erwachsenenkatechismus. Kursbuch des Glaubens. Gütersloh 1983. – Franz Kardinal **König,** Der Weg der Kirche. Düsseldorf 1986. – W. **Kasper,** Zukunft aus der Kraft des Konzils. Die außerordentliche Bischofssynode 1985. Freiburg i. Br. 1986.

Horst Bürkle

KAPITEL 9
KULTUR UND TECHNIK

Der → Mensch ist ein Kulturwesen. Das ergibt sich aus unserem Wissen über 5000 Jahre dokumentierter Menschheitsgeschichte, zu der man noch die schriftlose „Vor"-Geschichte hinzurechnen muß, in der schon Kultstätten und Kunstwerke nachzuweisen sind, sowie Ackerbau, Tierhaltung und andere Techniken. Daß Grenzfälle beobachtet oder konstruiert werden können, hebt die Kulturabhängigkeit als Wesenseigenschaft des Menschen so wenig auf, wie die Tatsache, daß es pathologische oder insuffiziente Kulturformen und Kulturzerstörung gibt. Irrelevant ist in diesem Zusammenhang auch das Problem der Evolutionisten, wann und wie denn der Kulturmensch *(homo sapiens sive faber)* in einem „Übergangsfeld" aus dem Tierreich entstanden sei (→ Anthropologie II). Für uns ist relevant, daß der Mensch unseres Weltalters sowohl kulturfähig als auch kulturbedürftig ist. Da er heute alle Teile der Erde, einschließlich der Tiefsee und der Stratosphäre, befährt oder bewohnt und sogar übervölkert, ist seine → Kultur zweifellos ein Phänomen von globaler Bedeutung: Global im Sinne von ubiquitär, überall anzutreffen, und in dem Sinne, daß es die Menschheit und ihre Welt (die Biosphäre) als Ganzes betrifft. Diese allgemeine Feststellung wird man nun freilich differenzieren, sobald man sich Rechenschaft gibt über das historische Zustandekommen der heutigen virtuellen Einheit des Erdballs und sobald man den Kulturbegriff näher analysiert.

I. Pluralität der Weltmächte und der Kulturen

Die Menschen haben immer große Distanzen überbrückt und dadurch ihre Kultur über Kontinente hin ausgebreitet, bis hin zu den Inseln im Pazifik und im Atlantik. Beide Ozeane sind wahrscheinlich schon vor Jahrtausenden ganz überquert worden. Aber andererseits isolieren sich die Kulturen auch voneinander, eben wegen der geographischen Distanz oder aus Autonomie-Bedürfnis. Ihre Abstammung voneinander wird zu einem vagen Mythos oder wird ganz vergessen – und erst eines späten Tages als „Prähistorie" wieder aufgedeckt. (Erst im 18. Jh. enthüllte sich der historische Zusammenhang zwischen dem indischen Sanskrit und den Idiomen der Eroberer Indiens, Portugiesisch, Englisch, sowie deren Religionssprachen Latein und Griechisch: die versunkene Kultureinheit der „Indoeuropäer" wurde bruchstückhaft erkennbar.) Die Isolierung der Kulturen kann auch bedeuten, daß sie verschiedene Elementarstrukturen aufweisen oder daß sie in unterschiedlicher Weise an übergreifenden historischen Entwicklungen teilgenommen haben: Frühneuzeitlich oder gar „steinzeitlich" lebende Nomadenstämme existieren als Wüstenbewohner oder Hinterwäldler in Staaten, die im übrigen Großstädte und moderne Industrieanlagen aufweisen (↗Saudi-Arabien oder, krasser, ↗Brasilien).

Für die Weltgeschichte der Neuzeit und für alle heute existierenden Kulturen wurde v. a. die im Spätmittelalter einsetzende Expansion der Europäer bedeutsam. Ihr Ziel war ↗Asien und waren insbesondere die Kulturgüter Asiens. Die Expansion gelang, sobald man durch die Umfahrung ↗Afrikas die muslimischen „Mauren" flankierte und sobald im Norden das „tatarische Joch" gebrochen war; hinzu kam die (Wieder)-Entdeckung Amerikas, als man Asien über den Atlantik ansteuern wollte.

Es entstanden nun mehrere mächtige, fast erdumspannende „Imperien", in denen ökonomische und missionarische Ziele nebeneinander verfolgt wurden. Sie bereiteten etwas wie eine Weltzivilisation vor, die aber in sich große Differenzen aufwies und sich nicht voll durchsetzte. Diese Weltmächte konkurrierten miteinander, ohne daß eine obsiegen konnte: Portugiesen, Spanier, Engländer, auch Holländer und Franzosen, dann die Nordamerikaner. In Osteuropa vollzog sich die Gegenbewegung der Russen gegen die mongolische Herrschaft; sie führte sie durch Sibirien bis an den Pazifik und ließ sie mit den Engländern und Amerikanern um die Vorherrschaft in Asien ringen. Das 20. Jh. sah dann, nach dem Niedergang der west- und mitteleuropäischen Reiche, eine Art Zweiteilung der Weltmacht zwischen den ↗Vereinigten Staaten von Amerika und der ↗Sowjetunion.

Alle diese europäischen Expansionen sind nicht nur politisch, sondern auch ideologisch und kulturell bedeutsam geworden – aber auf je verschiedene Weise. Auf dem amerikanischen Kontinent hat das Eindringen der Westeuropäer zur Vernichtung oder Reduktion der „indianischen", sich voneinander sehr unterscheidenden Kulturen geführt. Wegen der ethnischen und konfessionellen Unterschiedlichkeit auch der europäischen Gruppierungen, die sich ansiedelten, kam es allerdings nicht zu einer religiösen und kulturellen Ökumene, die ↗Nord- und ↗Südamerika zu einer Einheit gemacht hätte. Die lateinamerikanischen Kulturen, wie der Name sagt unter kath. Ägide entstanden und sich romanischer Sprachen bedienend, beruhen auf Mischbevölkerungen und schließen einige indianische (auch afrikanische) Traditionen, ja Subkulturen ein. In ihrem Alltagsverhalten wie in ihrer Repräsentativkultur unterscheiden sie sich signifikativ von Angloamerika.

Im *Nahen und Fernen Osten* haben sich die alten Kulturen besser erhalten, obwohl sie von den europäischen infiltriert wurden. Die Masse der Menschen ist bei ihren alten Religionen und Sprachen geblieben, hat viele sozioökonomische Strukturen beibehalten. Das gilt zunächst schon für das islamische Kulturgebiet, das (vor der neuzeitlichen christlichen Expansion) im Mittelteil der Alten Welt entstanden ist. Es reicht noch immer vom Mittelmeer und Schwarzen Meer bis Westchina, von Westafrika bis Südostasien.

Nordasien ist in gewisser Hinsicht russifiziert. Aber die anderen volkreichen asiatischen Länder, in denen die Europäer als Siedler zahlenmäßig nur geringe Bedeutung haben, unterscheiden sich jenseits der internationalisierten Städte und Regierungsviertel auf profunde Weise von der europäischen Lebensweise und Mentalität. Und der europäisch-nordamerikanisch-russische Einfluß hat die Verschiedenheit der bodenständigen Kulturen (der „Substrate" der Modernisierung) nicht aufgehoben. ↗Indien und ↗China sind nicht „zum Verwechseln ähnliche" Provinzen der Weltzivilisation geworden. Klimatische, historisch-politische, rassische Differenzen, Gebirgs- und Sprachbarrieren konservieren die Kulturverschiedenheit dieser Großräume. Innerhalb des ehemaligen „Indian Empire" der Briten erwies sich im übrigen das Beharrungsvermögen der religiös geprägten Kulturgruppen und -regionen: Hindus und Muslime mußten schließlich separierte Staaten bilden. – Der erstaunlichste Fall ist ↗Japan. Es setzte sich seit etwa 1860 gegen europäischen und amerikanischen Handelsimperialismus zur Wehr und adaptierte in wenigen Jahrzehnten europäische Zivilisationstechniken, aber auf der Basis eigener kultureller Kräfte, insbesondere seiner Sonderentwicklung des Buddhismus und einer Renaissance seines alten Sonnenkönigtums.

Was schließlich *Schwarz-Afrika* betrifft, so hatte es vor dem Eindringen zuerst islamischer, indischer und dann christlicher Mächte bereits eine große Vielfalt von Kulturen entwickelt, weithin auf Eisenverarbeitung gestützt und von bemerkenswerter Verfeinerung, obschon ohne Schrift. Das Kolonialzeitalter, mit seinem Nebeneinander verschiedener europäischer Mächte und Missionen, zerstörte vieles, hob aber die Vielfalt nicht auf, und man bezeichnet heute nicht nur den afrikanischen Kontinent, sondern viele seiner Staaten als multi-kulturell.

Es drängt sich der Schluß auf, daß Kulturen sich vermischen können, in manchen Bereichen einander ähnlich werden, in anderen Bereichen aber ein starkes Beharrungsvermögen aufweisen. Vielleicht ist das nur die Folge der welthistorischen Tatsache, daß die heutige Welteinheit im Aufeinanderprall von Kulturen entstanden ist, die sich über lange Zeiträume hin autochthon entwickelt hatten. Vielleicht ist es aber auch ein inneres Gesetz, daß Kultur nie global im Sinne von homogen sein kann, sondern immer regional differiert. Möglicherweise differiert sie sogar von Person zu Person.

II. Kultureinheit und Kulturvielheit, Kulturpolitik

Gibt es „die" Kultur? Zweifellos muß man unterscheiden zwischen Kultur im Sinne von persönlicher Aktivität und im Sinne von Institution. In kulturellen Aktivitäten entfaltet sich die Freiheit des Menschen, aber seine Handlungen („Werke") sind oft genug vorgeformt durch kulturelle Muster (engl.: *patterns* oder *regularities*), denen er bewußt oder unbewußt folgt. Kultur stellt Aufgaben, bindet aber auch durch Vorgaben *(J. Stagl).* Sie ist persönliches Leisten, in dem gesellschaftliche und historische Dimensionen sichtbar werden – damit aber auch Begrenzungen.

Das Individuum wird in seiner „endlichen Subjektivität" *(I. Kant)* bestimmt durch eine von menschlichen Kollektiven geschaffene Kultur, nicht nur in bezug auf Gerätschaften, Sprachen, Riten, Verhaltensweisen, sondern auch in der Emotionalität und der Denkweise, in der Auffassung der Wirklichkeit. Seine Kultur ist seine „zweite Natur" geworden, die es nicht abstreifen kann wie ein Kleid. Daher müssen wir auch in unserem Zeitalter des universalen ideologischen und technischen Transfers feststellen, daß historisch-geographisch tief begründete Kulturdifferenzen nicht aufgehoben sind. Die Masse der Hindus bleibt vom Engländer, die Masse der Chinesen vom Russen unterschieden.

Es stellen sich indessen zwei Fragen: Wie lassen sich „Kulturen" gegeneinander abgrenzen und wie groß sind die sie tragenden Menschengruppen? Ferner: Wie abhängig oder unabhängig sind die so abgegrenzten Kulturen voneinander, genügen sie sich selbst?

Offensichtlich kann Kultur im überindividuellen Sinn nur existieren bei einigermaßen konformer Rekrutierung oder Aufzucht (Erziehung, Sozialisation, Enkulturation) und andauerndem Zusammenleben der Kulturträger, d. h. unter einem gewissen Zwang zur Kompatibilität. Das spräche dafür, die ideale Kulturgemeinschaft in der Größenordnung zu begrenzen. Tatsächlich fordert man in größeren Kulturgemeinschaften oft die Erhaltung der relativen Autonomie provinzialer Kulturen oder gewisser Statuskulturen, etwa einer Altersklasse (Jugend) oder eines Berufs (Bauern). Man bezeichnet „abweichende" Gruppen als Sub- oder Sonderkulturen, was streng genommen besagt, daß sie sich nur partiell, vielleicht nur scheinbar von ihrer Suprakultur lösen können.

Zunehmende Bedeutung erlangt die ethnisch oder national begründete *Kulturabgrenzung.* Sie besteht in tatsächlich gegebenen Verschiedenheiten, v. a. der Umgangssprache und der Sitten. Zusätzlich erzeugt das Bedürfnis, die ethnische Identität zu bewahren, neue Kulturdifferenzen gegenüber anderen Ethnien. Im Zuge der Umstrukturierung politischer Gebilde spricht man nicht nur von „*nation-building"* (vgl. Globale Perspektiven [G. P.], Kap. 3), sondern auch von „*Ethnogenese",* d. h. von bewußten Anstrengungen, handlungsfähige und kulturell homogene Ethnien zu entwickeln.

Alles dies paßt durchaus in die weltpolitische Struktur der Gegenwart, die ja „inter-national" ist, d. h. die Nationalstaaten als die legalen Elemente der Politik ansieht. Diese → Nationen sind Gegebenheiten oder Erzeugnisse politischen Geschehens. Sie sind manchmal kulturell inhomogen. In solchen Fällen sind die Supermächte und die internationalen Organisationen – obschon zögernd – bereit, die kulturellen oder ethnischen → Minderheiten zu schützen, falls das nötig und politisch opportun bzw. machbar erscheint (→ Selbstbestimmungsrecht). Es ist dies ein Prinzip, in dem die Ideologie der USA und des revolutionären Rußlands seit langem konvergierten. *Thomas W. Wilson* wie → Lenin propagierten es schon vor dem I. Weltkrieg, jener im Geist der amerikanischen Unabhängigkeitserklärung, dieser im Geist *Michail Bakunins* und eines sich russifizierenden Marxismus. Beide Mächte benützten die Selbstbestimmungsidee, um die Auflösung anderer imperialer Gebilde und die Dekolonisation zu fördern. Beide konnten ohne Anerkennung der Völker/Nationen, und damit der Sprach- und Kulturverschiedenheiten, ihre Welt-Entwicklungspolitik oder die Weltrevolution gar nicht ansetzen.

Offensichtlich ist die Entwicklung neuer kleiner Nationalkulturen kein sich unbewußt vollziehendes, sondern ein politisches, vom Willen bestimmtes Geschehen. Versteht man Kulturen nicht nur als statische, in sich stimmige Gebilde, sondern als dynamische Prozesse, als „Verlaufsgestalten", so wird man sich über die Bedeutung von Kultur- und Sprachpolitik nicht wundern. Die UNESCO veröffentlicht seit 1969 „Studies and Documents on Cultural Policies", Ländermonographien, aus denen man erkennen kann, daß es überall bewußte, staatliche oder „autonome" Kulturpolitik gibt, die im allgemeinen versucht, sich international gebräuchlichen Kategorien mindestens äußerlich anzupassen.

Das dynamische, voluntative Moment der Kultur erschwert die Grenzziehung zwischen „den" Kulturen. Sie sind nach unserer universalhistorischen Erfahrung letztlich wandelbare, durchlässige, fragile Einheiten – obwohl sie relative Konstanz aufweisen und schützende „Krusten" besitzen (in der englischen Terminologie *„cake of custom"*), so daß sie zu Zeiten als „fensterlose Monaden" erscheinen mögen.

Bei aller Anerkennung des Rechtes und der Realität kleiner Kulturen und Subkulturen, kann man nicht verkennen, daß es Suprakulturen, Kultur-Ökumenen, auch eine Eigenart der Kontinente, gibt. Sie sind durch Universalreligionen (→ Religionen) bestimmt oder mitbestimmt: Der Westen durch das → Christentum, Nah- und Mittelost durch den → Islam, der Ferne Osten durch den Buddhismus und „Metakonfuzianismus" (vgl. G. P., Kap. 7 und 8).

Die westliche Zivilisation und ihre säkularen Ideologien scheinen in unserer Zeit überallhin auszustrahlen und den Osten zu dominieren, in größerem Ausmaß als das Christentum selbst. Indessen wissen wir nicht, wie diese Herausforderung aller Weltkulturen letztlich enden wird. Wir können nur festhalten, daß unser Jahrhundert große Persönlichkeiten erlebt hat, die sich der Herausforderung auf ihre Weise stellten und breite Gefolgschaft fanden, etwa in der islamischen Welt *Kemal Atatürk, Khomeini*, in China, *Sun Yat-sen,* → *Mao Tse-tung,* in Indien *Mahatma Gandhi*. Die Prozesse, die sie beförderten, haben erst begonnen.

III. Interferenzen in Teilbereichen der Kultur

Setzt sich das heute im wesentlichen von der Medizin (Psychologie eingeschlossen) und vom technisch-ökonomischen Denken bestimmte praktische Menschenbild des Westens global durch? Ist der nachchristliche aufklärerische → Humanismus in der Tat ein globaler Wert geworden? Wird die europäische Auflösung zentraler Symbole wie der „Strafe" oder der Sozialzellen wie „Familie" auf den Nahen und Fernen Osten übergreifen – oder könnte es umgekehrt kommen?

Möglicherweise ist eine *Weltkultur,* im Sinne eines übereinstimmenden Bewußtseins und gemeinsamer Symbole, Sache einer mächtigen, agilen Oberschicht, die pragmatischen globalen Kontakten ausgesetzt ist. Andererseits können weltweite Bewußtseinslagen durch das „äußere Proletariat" bestimmt werden, also durch Völker oder Kulturen der Randlagen, der gegenwärtigen Machtlosigkeit und Armut.

Wir wissen nicht, was geschehen wird. Was wir zweifellos wahrnehmen können, ist die weltweite Überlagerung wichtiger (und weniger wichtiger) Elemente aus verschiedenen Kulturen. Es gibt solche Kulturinterferenzen heute in allen Kontinenten, durch Migration von Menschengruppen oder durch andere Beeinflussung entstanden.

Man muß nicht unbedingt annehmen, daß in solchen Lagen der Sieg eines Elementes, eine Absorption oder eine Verschmelzung eintreten müsse. Ein Asienforscher *(O. Weggel)* hat mit Recht betont, daß sich Stapelungen, Verschichtungen bilden können, ohne daß die Traditionen einander ausschließen. Europäischer Geschichtsphilosophie im Stile *G. W. F. Hegels* oder funktionalistischem Systemdenken mag eine solche Betrachtungsweise inkonsequent erscheinen.

Im folgenden beschränken wir uns darauf, Hinweise auf fünf Teilbereiche der Weltkultur zu geben: Sprache, (Aus-)Bildung, Medizin, Kunst, Technik.

IV. Die Vielsprachigkeit

Die Kultur hängt an der → Sprache, da diese das Speichern und Vermitteln des Wissens und der „Bedeutungen" (→ Symbole) ermöglicht, da sie die Institutionen ordnet und Vehikel der Enkulturation der Einzelperson ist. Alle Menschen sind sprachfähig, aber die empirisch vorfindlichen Sprachen weichen voneinander ab. Kulturen werden oft als Sprachgemeinschaften definiert, die vom Kulturfremden nicht ohne weiteres „verstanden" werden können, ganz zu schweigen von der phonetisch, semantisch, literarisch korrekten Nachahmung der Sprache. Nun ist aber die Herrschaft einer Sprache in ihrer Kultur, im Rahmen einer Nation oder eines Großstaates selten monolithisch. Es existiert das Phänomen der *Diglossie,* d. h. eine deutliche Abstufung derselben Sprache je nach den Zwecken, den Institutionen, für die sie angewendet wird; die starke Differenz zwischen Koran- und Umgangs-Arabisch ist das bekannteste Beispiel dafür. Es existieren Dialekte, Regiolekte, Soziolekte – auch da, wo → Massenmedien auf deren Nivellierung hinwirken. In anderen Fällen gibt es ein Nebeneinander verschiedener Sprachen in einer Kultur; in Europa muß nur an die Rolle zuerst des Lateinischen und dann des Französischen erinnert werden, in Indien an die fortdauernde Bedeutung des Englischen auch nach der Loslösung vom britischen Empire.

Man muß sich in diesem Zusammenhang vergegenwärtigen, daß in großen Kulturräumen die Einheit und Verständlichkeit der Hauptsprache nur mit Mühe aufrechterhalten werden kann. Das krasseste Beispiel dafür ist wohl China: Wegen der Differenzen der Regiolekte und wegen des Gleichklangs vieler Wörter *(Homonymie)* bediente man sich im Gespräch im Zweifelsfall schriftlicher Aufzeichnungen, da die aus vielen tausend Zeichen bestehende alte Schrift von der Aussprache des Wortes unabhängig war. Vielleicht hat sie deswegen, von einigen Reformen abgesehen, auch die Revolutionen des 20. Jh. überdauert.

Der One World des 20. Jh. ergeht es nicht viel anders als den alten Großreichen. Man sieht sich einer Vielzahl von Sprachen, Redeweisen, Schriften gegenüber, die nicht zusammengeführt, sondern nur von Fall zu Fall gedolmetscht werden können. Sogenannter „Sprachenkampf" ist heute mehr denn je üblich, sei es verdeckt, sei es offen wie in ↗ Belgien oder ↗ Kanada (der Separatismus des frz.-sprechenden Québec). Viele Nationalsprachen erleben eine Intensivierung, eine erhebliche Vermehrung ihres Schrifttums, eine Erweiterung ihres Wortschatzes, der zwar Fremd- und Lehnworte aufnimmt, aber auch eigene Neuschöpfungen für moderne Sachen hervorbringt. Im Nahen Osten kann man feststellen, daß sich Amts- und Handelsverkehr, höhere Schulbildung erheblich (re)arabisiert haben und daß die traditionelle Schrift den westeuropäischen Buchstaben nicht geopfert wird (wie das einst in der kemalistischen Türkei geschah). Auch das hochindustrialisierte Japan, am ganzen Weltmarkt engagiert und an der Rezeption europäischer Kultur interessiert, hält im wesentlichen an seiner hergebrachten Zeichen-/Silben-Schrift fest, wahrt dadurch seine eigenen kulturellen (literarischen) Traditionen und unterscheidet sich, grenzt sich ab.

Angesichts der Sprachvielfalt, zwischen und auch in den Kulturen, interessiert die Frage nach Welt- oder Universalsprachen. Man nimmt an, daß Englisch heute die verbreitetste Sprache ist und offensichtlich ist es die gebräuchlichste Zweitsprache, während Chinesisch, Hindi, Russisch, auch Spanisch mehr auf ihren eigenen (Groß-)Raum beschränkt sind. Zum Beispiel verzichtet die Sowjetunion schon seit *Stalin* grundsätzlich darauf, Russisch als Weltsprache zu propagieren; als eine Art Ausgleich hat sie ein enorm leistungsfähiges Sprachschulungs- und Übersetzungssystem entwickelt.

Trotz seines übergroßen Wortschatzes, seiner schwierigen Orthographie und Phonetik, ist das Englische wegen anderer Eigenschaften (Morphologie, Satzkonstruktion) und wegen des faktischen Einflusses der Angelsachsen heute die Sprache der See- und Luftfahrt, der Naturwissenschaft, aber auch verbreiteter populärer Lieder, die Sprache der meisten internationalen Konferenzen, aber auch zahlloser Begegnungen des internationalen Privatlebens. Man muß das Englische als die wichtigste Verkehrssprache, Gemeinsprache unserer Welt bezeichnen, aber es hat die anderen Kultursprachen nicht verdrängt, kann sie nicht verdrängen – es wird sogar von ihnen bedrängt (etwa vom Spanischen im Süden der USA).

Statt der historisch entwickelten Weltsprachen, wie Englisch oder Spanisch, verwendet man in gewissen Regionen Mischsprachen *(Pidgin),* in denen eine gewisse analogische Erfindungsgabe waltet. Strenger durchdacht, aber weniger verbreitet (jedoch nicht erfolglos) sind die meist von Privatgelehrten erfundenen künstlichen „*Welthilfssprachen*" wie *Esperanto*. Da sie meistens aus Elementen europäischer Sprachen konstruiert oder fusioniert sind, hat man sie gelegentlich als Endstufe des Sprachkolonialismus bezeichnet. Es ist aber möglich, daß auch in Asien oder Afrika künstliche Sprachfusionen und -vereinfachungen konzipiert werden.

Zu unterscheiden von diesen Misch- oder Kunstsprachen, die für alle erlernbar sein sollen, ist die von *René Descartes* und *G. W. Leibniz* entwickelte Idee der vernünftigen Begriffs-Kombinatorik, die das Denken von den Sprachgewohnheiten unabhängig macht und daher global anwendbar ist. In den „Programmen" der Computer ist etwas davon verwirklicht; dieses Schriftsystem verlangt exklusive Ausbildung der „Programmierer", ist aber in der Anwendung automatisiert und bis zu einem gewissen Grad popularisierbar. Der Beweis für die Universalität dieser Verfahrensweise wird geliefert durch automatisiertes Übersetzen eingegebener Texte in andere Sprachen. Das Problem der mangelnden Weltsprache ist hier nicht durch Vereinheitlichung, sondern durch ein Transformationsverfahren gelöst – dem in der Anwendung gewiß Schranken gesetzt sind, denn mystische oder lyrische Texte wird es nicht adäquat übertragen können.

Die elektronische →Datenverarbeitung als Aufzeichnungssystem und sogar als Denkmaschine ist derzeit wohl noch nicht so verbreitet wie die Bild-Ton-Maschine, die Reden und Dialoge samt Gestik und Szenerie „aufnimmt" und weiter „sendet". Auch sie verändert das Verhältnis zur Sprache auf grundlegende Weise, aber anders als der Computer, denn sie reduziert die Bedeutung der Schriftzeichen. Der Sprechakt gewinnt breitere öffentliche Wirkung, die Bedeutung des Schreibens, der Druckkunst, ja der Alphabetisierung wird eingeschränkt; es ist die Weltstunde sekundärer oraler Kultur. Aber deswegen bedeuten Radio, TV, Recorder gerade nicht das Ende der Vielsprachigkeit der Welt, sondern das Andauern des Zwangs zum Dolmetschen. Übersetzungsarbeit spielt hinter den Kulissen des Medienalltags eine große Rolle, sie intensiviert und vergröbert zugleich die Kontakte zwischen den Sprachgemeinschaften der Welt.

V. Erziehung, Ausbildung, Sport

Abgesehen von einem Teil der Entwicklungsländer ist heute in allen Staaten der Welt eine im Mittelwert 8jährige allgemeine Schulpflicht gegeben, wie sie in Europa im Laufe des 19. Jh. eingeführt wurde. Außerdem werden in den vergleichenden Statistiken Einrichtungen der „Sekundarstufe" verzeichnet, sowie eine erstaunlich große (vierstellige) Zahl von tertiären Einrichtungen, also Hochschulen, die über die ganze Welt verteilt sind und zusammen 4 Mio. Lehrkräfte beschäftigen. Hinter diesen drei Kategorien von Institutionen verbergen sich gewiß sehr verschiedene Realitäten, aber man kann doch eine global gültige Signatur unseres Zeitalters feststellen: Die „Alphabetisierung" und die höhere Berufsausbildung auf wissenschaftlicher Basis gelten als unumgängliches Muster.

Inwieweit die Unterrichtsstätten der drei Stufen auch Stätten der Erziehung, der Enkulturation sind, inwieweit sie dabei mit anderen Kulturinstitutionen (Familien, religiösen Gemeinschaften, Berufen) konvergieren oder divergieren – das bleibt offen und müßte von Land zu Land eigens analysiert werden. Im folgenden nur einige Bemerkungen zu den *Universitäten,* die – als Typus im islamischen und im (westlichen) christlichen Mittelalter entwickelt – heute Weltbedeutung haben. Im Nahen Osten und im übrigen Asien, in Afrika konkurrieren zwei Varianten: Die eingepflanzte Hochschule, deren Unterrichtssprache Englisch-Amerikanisch oder Französisch ist (demnächst Deutsch in der Privatuniversität „Naigai-Witten/Herdecke" nördlich Tokio); sie bietet moderne Natur- und Kulturwissenschaft in der originalen okzidentalen Wissenschaftssprache, sowie Orient-Kulturwissenschaft in okzidentaler Bearbeitung (wichtig geworden z. B. für den Buddhismus). Anderseits haben sich traditionale Universitäten erhalten (tausend Jahre alt Al-Azhar in Kairo), und es werden neue nationale Hochschulen gegründet, die so viel wie möglich in ihre eigene Kultursprache übertragen und eigene Traditionen wiederbeleben. Damit wird die im westlichen Europa erst in der Neuzeit eingetretene Nationalisierung der Universitäten im Weltmaßstab wiederholt.

Zu beachten ist, daß viele außereuropäische Hochschulen v. a. speziellen praktischen Wissenschaften gewidmet sind (häufig kritisiert z. B. an der Entwicklung in Indien), daß sie nicht selten die Theologie ausschließen (so in der laizistischen Türkei). Auch dadurch überzeichnen sie nur die Struktur der heutigen westeurop. Universität, die eigentlich zu einer bloßen Dachorganisation zwischen isolierten Fächern geworden ist und sich recht weit entfernt hat von der humanistischen Bildung im Sinne des alten Oxford oder des alten Berlin *W. v.→ Humboldts.*

Trotz allem Trennenden, trotz allen evidenten Schwächen, ja Sünden der modernen Wissenschaften, eröffnet die Verbreitung der Institution Universität große Möglichkeiten gegenseitiger Bereicherung und geordneter Auseinandersetzung zwischen den Geistern. Es ist ein neuer Typ des fahrenden Wissenschaftlers entstanden, der etwas von der Beweglichkeit der mittelalterlichen Scholaren und der Humanisten wiedergewonnen und global ausgedehnt hat.

Was den internationalen Verkehr und Austausch der *Wissenschaften* betrifft, die ja nicht ausschließlich an die Universitäten gebunden sind, so ist in den letzten Jahrzehnten in auffallender Weise das *Kongreßwesen* gefördert, geradezu forciert worden. Es entwickelt standardisierte Formen und spezielle Varianten (*workshop, poster* usw.) und deutet auf eine Veränderung, Flexibilisierung der Kommunikationsweisen zwischen Wissenschaftlern hin, aber auch auf einen latenten Kampf um die Kongreßsprachen. – Was die Hortung, die Speicherung des Wissens und sein Abrufen betrifft, so vermehren sich durch die globale Extension die Schwierigkeiten („Informationsinfarkt" durch Überernährung). Ob die notwendige elektronische Umorganisation und Zentralisation eine größere Freiheit und Effizienz des Recherchierens erbringt oder ob sich deutlicher herausstellt, daß Zugang zu allseitigem, nicht sektoralem Wissen immer auch eine Macht- und Geldfrage ist – das wird sich noch erweisen (vgl. G. P., Kap. 10).

Noch ein Thema sei erwähnt, das administrativ meist bei „Kultur und Erziehung" ressortiert: der *Sport.* Die Verbreitung eines weltgültigen Kanons von Sportarten (neben denen, die national bleiben, etwa japanisches Ringen) geschieht durch Veranstaltungen wie „Weltmeisterschaften", durch die zunächst neuhellenisch-französisch stilisierten „Olympischen Spiele", die – abgesehen von Afrika – nun bereits in allen Kontinenten abgehalten wurden. Das Regelhafte und Ritualistische des Kampfsports, die Bewunderung der Leistung, das Erregungsmoment in bezug auf Sieg oder Niederlage, bei einigen Sportarten auch die Gefahr als versteckte Erinnerung an den Tod – all dies zusammengenommen ist offensichtlich geeignet, Völker verschiedenster Kultur in leidenschaftlichen Festen zu vereinigen. Im Gegensatz zur ursprünglichen Olympiade sind die heutigen Sportfeste nicht sakral, gehen auch nicht auf das Töten von Gladiatoren und Tieren aus wie die antiken Circusspiele – sie halten eine Mittellage zwischen Feierlichkeit und Tumult. Ihr Vorzug im Weltkonzert ist, daß sie an willkürlichen Regeln (Übereinkünften), nicht an existentiellen Inhalten oder Ideologien festgemacht sind, wenngleich politisch-ideologisch motivierte Eingriffe (Zurückweisung von Teilnehmern, anderseits Boykott) immer wieder zu Störungen führen.

Die weite Verbreitung des Leistungs- und des Breitensports deutet nicht nur auf ein gemeinmenschliches Interesse an unterhaltlicher körperlicher Betätigung (Wortsinn von engl. „sport") und an Scheinkämpfen, sondern auch auf den Willen zur Sozialdisziplinierung und Selbstdisziplinierung. Es liegt darin ein asketischer Zug, wenn auch ohne direkten religiösen Bezug.

VI. Die Weltmacht Medizin

Die internationale Medizin ist eine Großorganisation von beachtlicher finanzieller und wirtschaftlicher Bedeutung (→ Gesundheitswesen II) geworden und hat, schon wegen ihrer engen Verbindung mit der Pharmazie (→ Arzneimittel) und dem Gerätebau, industrielle Züge. Sie zieht einen erheblichen Teil der internationalen Forschungskapazität an sich und profitiert von anderen naturwissenschaftlichen Forschungen, insbesondere von der Biologie. Sie profitiert, wie schon oft in der Medizingeschichte, auch von interkulturellen Beziehungen: Asiatische und amerikanische Heilpflanzen werden seit langem benützt. Und heute kann man sich in Provinzstädten westlicher Länder einer „Akupunktur"-Behandlung unterziehen, die auf einem alten neurologischen System der Zentral- und Ostasiaten beruht.

Effizientes medizinisches Wissen gab es bei vielen Völkern, vielleicht mehr als wir durch kulturhistorische Forschung in Erfahrung bringen werden. Europa hat viel von den Griechen, Arabern, Juden übernehmen können und schon im 10. Jh. hat sich die von Benediktinern aus Montecassino betriebene Medizinschule von Salerno gebildet. Bezeichnenderweise ist die Medizin dann eine von den vier Fakultäten der abendländischen Universitäten geworden. Im 19./20. Jh. kumulieren sich die Erfolge dieser europäischen (und amerikanischen) Universitätsmedizin, und sie wird zu einem unentbehrlichen Element des Kultur- und Sozialstaates. Ihre Seuchenbekämpfung und ihre allgemeine Hygiene, ihr obligater Einsatz bei Unfällen, Katastrophen, Kriegen (→ Rotes Kreuz), aber auch die Linderung der gewöhnlichen Krankheiten, die Geburtshilfe, die Erhöhung der Lebenserwartung – das alles geht in die allgemeine Lebenseinstellung, in den Anspruchsstandard des westlichen Menschen ein. Und er verbreitet seine Erwartungen samt der → Weltgesundheitsorganisation über die Welt, wie immer unvollkommen die „ärztliche Versorgung" der Unter- und Mittelschichten in vielen Ländern sein mag.

Die Pioniere dieser Verbreitung waren die Missionare, die nebenbei als ärztliche Helfer fungierten, bis hin zu *Albert Schweitzer,* der von Theologie und Kulturkritik zur hauptberuflichen medizinischen Praxis in Afrika kam. Er überzeugte viele Menschen davon, daß die Ehrfurcht vor dem Leben und der Dienst am Menschen die eigentliche Religion und, wenn man so will, die Kultur sind. Eine Generation nach ihm wurde die in Indien wirkende *Mutter Teresa,* Gründerin der „Missionaries of Charity", zu einer vergleichbaren Leitgestalt des Jahrhunderts.

Der → Arzt hängt archetypisch mit dem Priester zusammen, der Heiler mit dem Heiland; *Jesus, Mohammed, Benedikt* wirkten auch als Heiler. Die geistige und praktische Macht der modernen Medizin gründet in dieser Urbeziehung, so biologistisch oder materialistisch ihre Verfahren geworden sein mögen. Zweifellos ist unsere Epoche durch eine gewisse Idolisierung äußerer Gesundheit gekennzeichnet. Kulturphilosophisch ist nichts gegen diese Verklärung einzuwenden, wenn sie dazu führt, allen Nicht-Gesunden helfen zu wollen. Bemerkenswert ist, daß die Medizin zunehmend in psychiatrische, psychologische, psychosomatische Probleme verwickelt ist, also geistig-geistliches Gebiet (wieder)betreten muß.

Nicht das geringste Problem ist dabei der massenhafte Gebrauch von Rausch-, Aufputsch- und Beruhigungsmitteln, die teils verboten und „entzogen", teils pharmazeutisch legal produziert und ärztlich verschrieben werden. Es ist dies ein Kulturphänomen ersten Ranges und von weltweiter Bedeutung, schon politisch (vom Opiumkrieg in China 1840 bis zum Drogenkrieg der Gegenwart in ↗ Kolumbien), v. a. aber in bezug auf das Bild vom Menschen. Schmerz und Bewußtsein sind Welträtsel, zu denen jede Kultur eine Einstellung finden muß.

Die neuzeitliche westliche Kultur stellt sich gerne als rational dar, wobei man sich auf ein Bewußtsein im Zustand cartesischer heiliger Nüchternheit bezieht, das nicht durch Alkohol oder andere Drogen erweitert ist, die im Abendland viel gebraucht werden, poetisch und ökonomisch integriert sind (Weinkultur; Tabakkonsum seit 1600 zunehmend).

Heute ist man konfrontiert mit bewußtseinsverändernden Drogen aus anderen Kulturen, die längst der Obhut sektiererischer Geheimhaltung entwichen sind und ihren Weg um die Welt machen. Gleichzeitig ist man durch die fortgeschrittene Chemie in der Lage, sowohl bekannte Drogen synthetisch zu erzeugen als auch neue zu erfinden. → Suchtgefahren.

Ein anderes Hauptproblem, in das die Medizin verwickelt wird, ist die menschliche Fortpflanzung, d. h. deren Sicherung, Erleichterung, oder aber Einschränkung. Es ist dies nicht nur eine politisch-demographische Thematik (vgl. G. P., Kap. 6), sondern auch eine kulturelle, da sie die Einstellung zur Familie (→ Geburtenregelung), zu Mitmenschen (Kindern), zu Sexualität (→ Geschlechter) und Erotik stark berührt.

Asiatische Staaten versuchen die Volksvermehrung nicht nur durch propagandistische Aufklärung, sondern auch durch direkten sozialen Druck (China), im Extremfall sogar durch massenweise Zwangs-→ Sterilisationen zu verhindern (Indien). Die Lage ist eher umgekehrt als in Mittel- und Westeuropa, wo man über die Zulassung von Schwangerschaftsabbrüchen streitet, die von den Individuen gewünscht werden (→ Schwangerschaftsabbruch).

Nach langer mentaler Vorbereitung (seit den Alchemisten) wird heute artifizielle Fertilisation nicht nur – wie bisher – an Tieren, sondern auch an Menschen durchgeführt. Und man wird auf die eine oder andere Weise in das Erbgut des Menschen, seine „genetische Ausstattung" eingreifen können (→ Gentechnik, Gentechnologie). Vorläufig sind derartige Errungenschaften der Fortpflanzungsmedizin und der molekularen Humangenetik im Weltmaßstab gesehen ohne praktische Bedeutung. Aber selbst wenn keine breite politische Umsetzung in eine „genetische Tyrannis" erfolgt, ist die symbolische Auswirkung dieser artifiziellen Potenz unabsehbar groß. Die Macht der Kultur über die menschliche Natur hat ein neues Stadium erreicht.

VII. Die Künste

Kunstwerke und Kunsttechniken haben immer die Kulturgrenzen überschritten, seien es nun „Mären" aller Art, seien es Bilder oder Dekors. Die Wege sind vielfältig: Fernreisen und Fernhandel, Krieg und Beute, freiwillige oder tributäre Geschenke. Es bleibt nicht aus, daß das Importierte und Thesaurierte von heimischen Künstlern nachgeahmt, anverwandelt wird.

Diese universale Tendenz der Künste und des Kunstgewerbes bedeutet, für sich allein genommen, keine Verschmelzung der beteiligten Kulturen, v. a. dann nicht, wenn mehr die Formen und Techniken als die Semantiken und Ikonologien transportiert werden. Gleichwohl sieht man im Kunstaustausch jedenfalls ein „völkerverbindendes" Moment, was nach dem II. Weltkrieg durch viele politische Deklarationen und Initiativen zum Ausdruck gebracht wird. Interessanterweise hat sich die → UNESCO in ihrer Anfangsphase stark für die Förderung der formalen Seite der Künste eingesetzt, offensichtlich um deren semantischen, also möglicherweise ideologisch strittigen Implikationen zu entgehen.

Was das Kolonialzeitalter betrifft, so vollzog sich nicht nur der Import, sondern bald auch die bewußte Nachahmung der östlichen Kunst zunächst auf dem Gebiete der Dekoration („Chinoiserie") und der Feinkeramik. Im 19. Jh. wurde der „Exotismus" eigentlich in allen Künsten immer bedeutender. Er ist nicht immer auf den ersten Blick zu erkennen. Gleichwohl ist er in vielen Fällen gut nachzuweisen, so bei der Einwirkung des japanischen Holzschnitts auf die Komposition, die Flecken- und Strichtechnik der bekannten impressionistischen Maler, aber auch eines *Edgar Degas,* eines *Vincent van Gogh.*

Evident ist die exotische Beziehung, wo es zu Reisen der Künstler in andere Kulturen kommt, wie z. B. bei *Paul Gauguin*. Der alte Rom- oder Italienaufenthalt wird nun durch fremdere Eindrücke ersetzt. Zu den frühesten Beispielen gehört hier *Eugène Delacroix,* der bei seinem Marokkoaufenthalt 1832 durch die andersartigen Lichtverhältnisse dieser Kulturlandschaft und durch den anderen Bewegungsablauf im rituellen Verhalten der Menschen nachhaltig beeinflußt wurde.

Im 20. Jh. wurde der sog. *Primitivismus* bedeutend, d. h. die Einwirkung afrikanischer, pazifischer, altindianischer Skulptur und Maskenkunst. Meist ist dies nur eine Hinwendung zur ursprünglichen Formkraft der Primitiven, nicht jedoch eine Übernahme des Ahnen- und Maskenkultes oder des sonstigen ethnologischen Kontextes. Aber bisweilen geht die Herstellung neuer Fetische, Idole, Totems doch über ein bloß ästhetisches Interesse hinaus und in der Aufnahme dieser archaischen Ausdrucksformen offenbart sich eine Krise des Rationalismus wie der Offenbarungsreligion.

In der modernen westlichen Architektur *(Frank Lloyd Wright, Bruno Taut)* ist wiederum der Einfluß Japans auffallend groß: Flexible „offene Grundrisse", Verwendung von austauschbaren „Modulen", enge Verbindung von Haus und Garten. Andererseits ist natürlich die dominante Ausbreitung westlicher Bautechnik und -form über die ganze Welt nicht zu übersehen, wobei sich sowohl deren Vorzüge wie deren Schwächen offenbaren. Im Gegensatz zu den Zeiten, in denen im Orient europäischer Klassizismus kopiert wurde, findet man allerdings heute viel mehr Bauten, die lokale Traditionen und Techniken aufnehmen; ein bekanntes Beispiel ist das Konferenzzentrum in Mekka (1974) von *Rolf Gutbrod.*

Die Künste sind seit der Frühindustrialisierung in ein Zeitalter neuer Reproduktionstechniken eingetreten, die über das systematische Kopieren im hellenistisch-römischen Reich und auch über die Druckgraphik weit hinausgehen. Ausgerechnet der erste Fabrikant von Dampfmaschinen, *Matthew Boulton,* befaßte sich auch mit der fabrikmäßigen Reproduktion von antiken Figuren und von Ölbildern. Heute erleben wir alle Kunstwerke, alte und neue, über perfektionierte Reproduktionen, in einem „Musée imaginaire", in dem sich alle Kulturen der Welt ohne Rücksicht auf Chronologie und Topographie zusammenfinden. Was die *Musik* betrifft, so sind diese Reproduktionen zugleich auch die Interpretation – die früher nicht konserviert werden konnte, sondern von Mal zu Mal neu zu leisten war. Hinzu kommt die *Filmindustrie,* die bewegte Bilder *(movies)* in identischen Kopien weltweit „verleiht".

Die neue Struktur des beliebigen Reproduzierens verändert die Psychologie aller Künste, in der Kreation wie in der Wahrnehmung. Aber auch ökonomische Aspekte sind bedeutsam, häufig in eigenartiger Mischung von freiem Handel, öffentlicher Subvention, Mäzenatentum. Es ist ein weltweiter, riesiger Markt entstanden, in dem einerseits die Originale und qualifizierte Aufführungen teuer bezahlt werden, andrerseits auch die Reproduktionen hohe Auflagen erzielen. Nimmt man angrenzende Phänomene hinzu, wie den „Kulturtourismus", die „Gebrauchsmusik", das industrialisierte Showbusiness, so ergibt sich ein geographisch weites Feld von großer wirtschaftlicher und politischer Bedeutung (→ Kunst II).

Ohne Zweifel wächst in dieser Lage die Internationalität und Universalität der Künste. Es entstehen unabsehbare Impulse und Verbindungen, auch universalistische Kunstideologien.

Man hat programmatisch von einer neuen „Weltmusik" (von *Olivier Messiaen, Karlheinz Stockhausen* u. a.) gesprochen, wenn es um mehr ging als die Übernahme einiger fremdartiger Instrumente und eine Art Zitieren von Fundstücken aus exotischen Volksmusiken. Das Studium außereuropäischer Musik aller Art hat letztlich auf die Grundstrukturen des Komponierens eingewirkt und zu grundlegenden Experimenten ermutigt – während auf einem anderen Strang die klassische europäische Musik alle Kontinente erobert.

VIII. Die Techniken

Da es immer üblich war, Weltepochen durch dominierende Techniken zu charakterisieren (etwa Sammeln oder Ackern, Stein- oder Eisengeräte, hydraulische Organisation, Schrift in Religion und Verwaltung; → Technik, Technologie), wird man im 20./21. Jh. die beschleunigte Metamorphose der teilmaschinisierten Industriekultur (des 19. Jh.) zur neuen Elektronik, zur Biotechnik, zu universaler technoider Welt-Umgestaltung (Verfremdung) als entscheidenden Faktor ansehen. Mit einem Stichwort ist diese neue technische Struktur schwerlich zu bezeichnen, da „die" moderne Technik eine Kumulation von Techniken ist, die sich trotz mancher Interdependenzen auch branchenweise, stückhaft über die Welt verbreiten können.

Man erlebt heute mit einem gewissen Bedauern den Untergang einiger alter Techniken, die durch eine von außen kommende technische Veränderung oder durch den Welthandel obsolet werden. Aber man sollte nicht übersehen, daß in allen neuzeitlichen Kulturen historisch alte Verfahrensweisen mit neueren und neuesten koexistieren, daß es sogar Renaissancen scheinbar abgestorbener Handwerke gibt, die sich in neue Zusammenhänge einordnen. Im übrigen besteht Grund zu der Annahme, daß sich die modernen Techniken gerade dort intensiv und erfolgreich entfaltet haben, wo die Alttechniken gut und vielfältig verbreitet waren, tausendfältiger empirischer Besitz der Bevölkerung. Das gilt nicht nur für England oder Deutschland, sondern auch für Japan, dessen schnelle Rezeption der europäisch-amerikanischen Industriekultur weniger rätselhaft erscheint, wenn man sich vergegenwärtigt, wie hoch seine handwerkliche und manufakturielle Technik Mitte des 19. Jh. entwickelt war, nicht nur in Zentren, sondern in der Winterarbeit der Dörfer usw.

Die Diffusion, der Transfer von Techniken ist ein Vorgang, der auf sehr verschiedene Weise ablaufen kann. Techniken bestehen nicht nur aus Geräten, sondern auch aus deren Handhabungs- und Anwendungsweise. Daher kann das Sprichwort bedeutsam werden: „Wenn zwei dasselbe tun, so ist es nicht dasselbe". Aber wie bei manchen Sprichwörtern, kann das dialektisch so oder so ausschlagen. Im negativen Sinn ergibt sich, daß manche komplexe Techniken in Entwicklungsländern versagen, weil es nicht möglich ist, die zu ihrer Bedienung und Wartung erforderliche Mentalität auf ein anderes Volk zu übertragen. Im positiven Sinn kann sich ergeben, daß asiatische Völker Techniken besser zu verwenden und fortzuentwickeln verstehen als der „Westen", aus dem sie kamen. Das hat Japan in vielen Hinsichten bewiesen. Aber auch in Entwicklungsländern lassen sich einzelne Hochleistungen feststellen, und man beobachtet zudem im Alltag, daß importierte Geräte, etwa moderne Fahrzeuge, mit Virtuosität bedient, repariert, umfunktioniert werden. (Leider gilt das genauso für jene in alle Welt gelieferten modernen Waffen, die man merkwürdigerweise einer „konventionellen" Kriegführung zuordnet, obwohl sie sich ständig ändern.) Teilautomatisierte Techniken können offensichtlich isoliert in einer „Schicht" einer fremden Kultur rezipiert werden, ohne daß sich das Ethos der Rezipienten im gesamten ändert.

Nun ist die moderne Welt nicht nur durch die Häufung und Addition technischer Errungenschaften bestimmt, sondern auch durch die unerbittlichen Interdependenzen, die daraus entstehen. Eine Industrie setzt die andere voraus, und es gibt keine autarken Provinzen mehr. Völker, die sich auf moderne „Entwicklungen" eingelassen haben oder denen sie oktroyiert wurden, können möglicherweise nicht auf halbem Wege einhalten, sondern müssen letztlich ihre ganze Lebenswelt „technisieren", das heißt dann eben doch: anders leben.

Die technischen Entwicklungen haben neben Meliorisationen aber auch Zerstörungen in der Lebenswelt des Menschen bewirkt, nicht nur einzelne Verwüstungen, Vermüllungen, Ausrottungen, sondern global gefährliche Störungen: Vergiftung der Atmosphäre und des Wassers, Vernichtung klimarelevanter Großwälder und unersetzlicher Biotope (→ Umwelt, Umweltschutz). Nicht nur die Industrienationen, sondern gerade auch Entwicklungsländer wirken daran mit. Die ökologische Besinnung (→ Ökologie) und die Verfeinerung aller Techniken, die sich der Wirklichkeit besser anpassen müssen und können, hat eingesetzt. Man muß erkennen, daß Kultur auch Zerstörung ist, sodann Zerstörungsüberwindung, und zuletzt als „gezähmte Zerstörung" *(H. P. Thurn)* verstanden werden muß. Ob diese Erkenntnis sich global durchsetzt und genügend rettende Kräfte freisetzt, wissen wir heute noch nicht.

Großforschung und Großtechnik haben mit großer Politik, mit Groß-Herrschaft über die Welt zu tun. Die Entdeckung der Kernspaltung und ihre Auswertung zu dem gigantischen Unternehmen, Kernwaffen zu produzieren, hat die Menschheit aufgeteilt in Nuklearmächte und andere; dazwischen gibt es allerdings noch kleine klandestine oder potentielle Nuklearstaaten. Das erste und bisher einzige Opfer dieser neuen Waffe war ein asiatisches Land. Die ungeheuerliche Vermehrung des Bestandes an Nuklearwaffen hat später deren Bedeutung geändert oder deutlicher enthüllt: Sie können als Waffen nicht gebraucht werden, vielmehr sind sie eine eschatologische Drohung – die nicht von Gott, sondern von „neuen Pharaonen" *(L. Mumford)* gesetzt wird, denen sich die Naturwissenschaft des 20. Jh. darbot. Wenn Herrschaft, nach *Hegel,* nichts anderes ist als andere durch Todesdrohung in Schach zu halten, dann haben wir es hier (wie *R. Schafarewitsch* gezeigt hat) mit einer Variante zu tun, in der die Herrschenden letztlich sich selbst, Menschheit und Welt zerstören wollen, so wie das Selbstmördersekten (etwa Katharer) als ihr Endziel konzipierten.

Die Erfahrung unseres Jahrhunderts, der Blick in den Abgrund kann eine Umkehr bewirken. Freie Kulturen und die in ihnen wirkenden Techniken dienen dem Leben, nicht dem Tode.

LITERATUR

G. P. **Murdock**, Outline of World Cultures. New Haven (Conn.) 1954, ⁶1983. – E. **Benz**, Buddhas Wiederkehr und die Zukunft Asiens. München 1963. – Transcultural Psychiatry. Ciba Foundation Symposium. Hg. A. V.S. **de Reuck**, R. **Porter.** London 1965. – J. **Schickel**, Große Mauer, Große Methode. Annäherungen an China. Stuttgart 1968. – A. **Bausani**, Geheim- und Universalsprachen. Stuttgart 1970 (Lit.). – Weltkulturen und moderne Kunst. Hg. S. **Wichmann**. München 1972. – C. **Geertz**, The Interpretation of Cultures. New York 1973. – Culture and Cognition: Readings in Cross-Cultural Psychology. Hg. J. W. **Berry**, P. R. **Dasen**. London 1974 (Lit.). – E. **Grassi**, Reisen ohne anzukommen. Eine Konfrontation mit Südamerika. Gütersloh 1974. – L. **Mumford**, Mythos der Maschine. Kultur, Technik und Macht. Wien 1974. – Th. S. **Szasz**, Das Ritual der Drogen. Wien 1978 (Orig.: Ceremonial Chemistry. Garden City [N.Y.] 1974, London 1975). – Th. **Heyerdahl**, Wege übers Meer. Völkerwanderungen in der Frühzeit. München 1978. – Handbook of Intercultural Communication. Hg. M. K. **Asante u.a.** Beverly Hills (Calif.) 1979. – P. **Gallez**, Das Geheimnis des Drachenschwanzes. Die Kenntnis Amerikas vor Kolumbus. Berlin 1980 (Lit.).– I. R. **Schafarewitsch,** Der Todestrieb in der Geschichte. Erscheinungsformen des Sozialismus. Frankfurt/M. 1980. – K. **Fohrbeck**, Kunstförderung im internationalen Vergleich. Köln 1981. – Sun Yat-sen: Founder and Symbol of China's Revolutionary Nation-Building. Hg. G.-K. **Kindermann**. München 1982. – J. O. **Voll**, Islam. Continuity and Change in the Modern World. Boulder (Col.) 1982. – Der Islam in der Gegenwart. Hg. W. **Ende**, U. **Steinbach**. München 1984 (Lit.). – Chr. A. O. **van Nieuwenhuijze**, The Lifestyles of Islam. Leiden 1985. – G. **Décsy**, Statistical Report on Languages of the World as of 1985. Bloomington (Ind.) 1986. – Japan und der Westen. Hg. C. v. **Barloewen**, K. **Werhahn-Mees**. 3 Bde. Frankfurt/M. 1986. – G. **Schweizer**, Abkehr vom Abendland: östl. Traditionen gegen westl. Zivilisation. Hamburg 1986. – C. v. **Barloewen**, Werte in der Kulturphilosophie Nord- und Lateinamerikas. Frankfurt/M. 1989. – Ethnizität im Wandel. Hg. P. **Waldmann**, G. **Elwert**. Saarbrücken 1989 (Lit.). – Kulturelle Integration und Kulturkonflikt in der technischen Zivilisation. Hg. J. Chr. **Papalekas**. Frankfurt/M. 1989. – J.-R. **Ladmiral**, E. M. **Lipiansky**, La communication interculturelle. Paris 1989. – R. A. **Mall**, H. **Hülsmann**, Die drei Geburtsorte der Philosophie. China, Indien, Europa. Bonn 1989 (Lit.). – Technik und Kultur. Hg. W. **Dettmering**, A. **Hermann**. 10 Bde. u. Reg.-Bd. Düsseldorf 1989ff. – O. **Weggel**, Die Asiaten. München 1989 (Lit.). – D. H. **Price**, Atlas of World Cultures. A Geographical Guide for Ethnographic Literature. London 1989. – Global Culture. Nationalism, Globalization and Modernity. Hg. M. **Featherstone**. London 1990. – Th. **Finkenstaedt**, K. **Schröder**, Sprachenschranken statt Zollschranken? Grundlegung einer Fremdsprachenpolitik. Essen 1990. – H. P. **Thurn**, Kulturbegründer und Weltzerstörer. Der Mensch im Zwiespalt seiner Möglichkeiten. Stuttgart 1990 (Lit.). – Wertorientierung und Zweckrationalität. F. Fürstenberg zum 60. Geburtstag. Hg. B. **Scheuringer**. Opladen 1990, Kap. 1. – F. M. **Wimmer**, Interkulturelle Philosophie. Geschichte der Theorie. Bd. 1. Wien 1990 (Lit.). – Zukunft des Fernsehens – Ende der Kultur? Hg. A. **Huter**. Innsbruck 1990. – J. **Stagl**, Eine Widerlegung des kulturellen Relativismus, in: Soziale Welt. Sonder-Bd. 8: Jenseits der Kulturen? Hg. J. Matthes. 1991 (Lit.).

Periodicum: StYb UNESCO. Paris 1963ff.

Bibliographie: HRAF Source Bibliography, cumulative, Hg. HRAF (= Human Relation Area Files). New Haven (Conn.) 1976.

Mohammed Rassem

KAPITEL 10
WELTWEITE KOMMUNIKATION

Stärker als jede andere Entwicklungsphase der menschlichen Gesellschaft wird das 20. Jh. durch → Information und → Kommunikation beeinflußt. Das Schlagwort „Informationsgesellschaft" ist in die Umgangssprache eingezogen. Bei nüchterner Betrachtung erkennt man die *Informationsgesellschaft* als die jüngste Ausprägung der → *Industriegesellschaft*. Einerseits hängt das Funktionieren von Industrie und Wirtschaft wesentlich von der Verfügbarkeit ausreichender Informationsmengen und dem Vorhandensein entsprechender Kommunikationsstrukturen und -kapazitäten ab. Andererseits wird Information aller Anwendungsbereiche in zunehmendem Maß industrieförmig erzeugt, transportiert und verarbeitet. Lediglich die individuelle Kommunikation und das Konsumieren im Teilbereich Massenkommunikation scheinen noch privat und in individueller Lebensgestaltung, also nicht-industriell stattzufinden.

In entwickelten Industriestaaten dürfte bereits die Hälfte der arbeitenden Bevölkerung mit der Erzeugung, dem Transport, der Weiterverarbeitung und Auswertung von Information befaßt sein. Jede Schreibkraft am PC-ausgestatteten Arbeitsplatz könnte mit wenig Aufwand in ein vernetztes Informationssystem übernationaler Reichweite einbezogen werden.

Das Informationsuniversum und die sinnübertragende Übermittlung und Rezeption seiner Inhalte – Kommunikation also – begegnen dem Publikum in verschiedenen Erscheinungsformen:

Massenkommunikation ist nahezu allen vertraut, insofern ihre Kommunikationskanäle, die Massenmedien (→ Presse, → Rundfunk und → Film; → Medien), überall präsent sind und sich mit allgemein verständlichen Inhalten im wörtlichen Sinne „an alle" wenden. Ihr Publikum ist verstreut, allenfalls in differenzierten Zielgruppen ansprechbar oder nachträglich soziologisch kategorisierbar (Publikumsforschung, Leser-, Hörer-, Seheranalysen). Massenkommunikation verläuft in der Regel einbahnig vom Sender (Kommunikator) zum Empfänger (Rezipient) (→ Kommunikation I 2); Rückmeldungen sind möglich, aber mit erheblichem Aufwand verbunden. Massenkommunikation ist eine Art von Versorgungsleistung und wird neuerdings auch vom Gesetzgeber so gesehen („Grundversorgung" durch öffentlich-rechtliche Rundfunkanstalten).

Nicht-Massenkommunikation von Punkt zu Punkt bei jederzeit möglichem Rollentausch zwischen Kommunikator und Rezipient ist primär durch die Nicht-Öffentlichkeit ihrer Inhalte charakterisiert. Ihre Medien sind, vom direkten mündlichen Austausch abgesehen, Brief und Telefon; beide bedienen sich verschiedener technischer Kanäle: Der *Brief* kann als Brief im wörtlichen Sinne, aber auch als Telefax, Fernschreiben, elektronische „Mailbox" bzw. institutionalisierte elektronische Datenübertragung ins Haus kommen; beim *Telefonieren* spielt es nur eine geringe Rolle, ob die Signale über Drähte, Hochleistungskabel, terrestrische oder Satelliten-Funkfrequenzen weitergeleitet werden. Die Nicht-Massenkommunikation dient individuell-privaten sowie im weitesten Sinne beruflichen Zwecken, also Industrie, Wirtschaft, Verwaltung, Verkehr, Gesundheitswesen, Bildung und Wissenschaft, aber auch den Sicherheitseinrichtungen und dem Militär.

Kennzeichnend für die Entwicklung aller Kommunikationssysteme im 20. Jh. sind rasch aufeinanderfolgende technische und organisatorische Veränderungen, die in der Regel Leistungsverbesserungen bewirkten, nämlich größere Reichweiten, höhere Transportkapazitäten und -geschwindigkeiten, Steigerung der Übermittlungsqualität, Sicherung der übermittelten Inhalte, aber auch Vereinfachung des Zutritts (rechtlich, technisch, organisatorisch: Benutzerfreundlichkeit) und nicht zuletzt die Errichtung demokratisch getragener Kontrolle im Dienste des Grundrechts auf Kommunikation. Die Dynamik der Entwicklung läßt sich in einigen global gültigen Grundströmungen zusammenfassen: Technisierung, Kommerzialisierung, Politisierung und Verwissenschaftlichung. Diese Sammelbegriffe decken auch dysfunktionale Entwicklungen ab wie die kommerziell motivierte Nivellierung und Standardisierung der Inhalte, die Schwächung nationaler Kulturidentitäten und die Asymmetrie der Informationsströme zwischen mehr bzw. weniger entwickelten Ländern.

I. Zur Entwicklung internationaler Kommunikationsstrukturen

Wirtschaft, Militärwesen und der Bedarf an allgemeinen öffentlichen Nachrichten („news") bestimmen inhaltlich und formal den Zustand und die Weiterentwicklung nationaler wie übernationaler Kommunikationsstrukturen. Während die Inhalte der drei Sachgebiete getrennt fließen, bewirkt der ihren Funktionen geltende weltweite Bedarf gemeinsam die permanente Weiterentwicklung. Nichts macht dies deutlicher als die Geschichte des ältesten Hochgeschwindigkeitskommunikationsmittels, der *elektrischen Telegraphie,* im Zusammenhang mit der Entstehung der Nachrichtenagenturen.

Das von dem Amerikaner *Samuel Morse* entwickelte Telegraphiesystem und auch andere elektrische Telegraphiesysteme erwiesen sich etwa ab 1835 als gebrauchstauglich; in europäischen Staaten blieb jedoch der Telegraph bis zur Revolution von 1848 der Militärkommunikation vorbehalten. Kaum für private Zwecke freigegeben (in Preußen 1849), wurde er gewerblich genutzt, und zwar für den organisierten Transport von Börsenkursmeldungen von London auf den europäischen Kontinent. Daraus entstanden z. B. die Agenturen „Reuters" und „Wolffsches Telegraphisches Büro" (→ Presse III 3). Allgemeine Nachrichten waren zunächst eine Zugabe, revolutionierten aber rasch die internationale Informationsgebung der Zeitungen.

Die Telegraphie blieb, wie später die Telephonie, lange Zeit drahtgebunden, auch als am Beginn des 20. Jh. drahtlose Verbindungen möglich wurden. Kontinente und Ozeane wurden mit Freileitungen oder Tiefseekabeln (ab 1858) überbrückt. Hoher technischer Aufwand und enormer Kapitaleinsatz dokumentierten das Interesse der Wirtschaft an schnellen Nachrichtenverbindungen zwischen Europa, den USA und den Kolonien. 1914 gab es 540000 km Seekabel. Die von den neuen Leitungen profitierenden Presseagenturen teilten sich die Welt auf, und dabei zeigten sich strategische Muster, deren Bedeutung mit der wachsenden Einflußnahme der Regierungen auf die Agenturen zusammenhing (offiziöse oder staatliche Presseagenturen). Der I. Weltkrieg demonstrierte die politisch-militärische Relevanz wie die Verwundbarkeit der Überseelinien. Ersatz stand bereit: *Drahtlose Telegraphie* und *Telephonie* traten im Großversuch des Ernstfalls aus dem Versuchsstadium heraus und veränderten ab 1919 in zunehmendem Maße die technische Qualität der Linien. Zugleich entstand auf ihrer Grundlage ein neues Medium: der *Rundfunk* als die drahtlose Telephonie „an alle". Auch an seinen Anfängen stand neben dem politischen das wirtschaftliche Interesse.

Öffentliche und private Einrichtungen profitierten wechselseitig von teils wirtschaftlich, teils publizistisch (Fernsehen!) motivierten Innovationen, – nach dem I. wie dem II. Weltkrieg auch und besonders von den Fortschritten der militärischen Nachrichtentechnik. Welche globalen Informationsströme heute die für Existenz, Sicherheit und Wohlergehen der Weltbevölkerung wichtigsten sind, ist Diskussionsgegenstand. Politisch hat die Verbesserung der Nachrichtenverbindungen zwischen den Supermächten die Annäherung zwischen den Machtblöcken Ost und West vorbereitet. Ebenfalls politisch, aber auch im weitesten Sinne moralisch haben die Massenmedien zum Zusammenbruch der spätstalinistischen Gesellschaftssysteme (1989/90) und zu Ansätzen eines Verantwortungsgefühls für die Dritte Welt geführt. Daneben aber besteht die These, daß der permanente, teilweise zeitgleich stattfindende Informationsaustausch der Banken und Börsen die „Weltgesellschaft" *(N. Luhmann)* funktionstüchtig erhalte.

Im Folgenden wird jener Bereich in den Mittelpunkt gestellt, den die meisten Menschen als Teilnehmer und Nutzer kennen: die öffentliche Kommunikation, wie sie in den Massenmedien institutionalisiert ist.

II. Die kommunikative Ausstattung der Erde

Das Netz, das „die Welt verbindet" *(Flemming),* besteht aus technischem Gerät, rechtlichen und politischen Regelungen, funktionsbezogenen Organisationen und unmittelbar der Kommunikation dienenden Meta-Medien (Nachrichtenagenturen, Postverwaltungen, übernationale Telekommunikationsunternehmen etc.). Am Anfang der vielen *Kommunikationsorganisationen* stand die *Post*. Sie übernahm für die ersten Zeitungen Nachrichtenzulieferung und Vertrieb. In vielen Staaten wurden ihr, besonders in Europa, nicht jedoch in Amerika, Telegraph und Telephon wie selbstverständlich zugeordnet, so daß sie mit Aufkommen der Drahtlosigkeit auch bei der Entstehung des Rundfunks mitzusprechen hatte. 1874 schlossen sich die Postverwaltungen vieler Länder zum „Allgemeinen Postverein" (ab 1878 „Weltpostverein") zusammen. Auf die bereits 1865 gegründete „Internationale Telegraphen-Union" geht die seit 1974 als Fachorganisation der UNO operierende „Internationale Fernmelde-Union" (Union Internationale des Télécommunications, UIT) zurück. Ihre Mitglieder können der 1971/1973 entstandenen „International Telecommunication Satellite Organization", INTELSAT, beitreten. Wie „Weltpostverein" und UIT eigentlich rein funktionsorientiert, spiegeln INTELSAT und die Gegengründung INTERSPUTNIK (1971) die politische Teilung der Welt, wie sie für Verleger- und Journalistenzusammenschlüsse jahrzehntelang ebenso selbstverständlich war wie für internationale Verbindungen nationaler Rundfunkanstalten (→ Rundfunk III).

Im Widerspruch zur realen Kommunikationspolitik, wie sie in Sachen →Meinungs- und Informationsfreiheit und Medienfreiheit von den Ländern des ehemaligen Ostblocks bis 1989 betrieben wurde und von zahlreichen Ländern der Dritten Welt weiterhin betrieben wird, finden wir die *kommunikationsbezogenen Grundrechte* in nahezu allen Staatsverfassungen der Gegenwart. Die Texte orientieren sich am Art. 19 UN-Dekl. bzw. Grundsätzen, wie sie im Art. 10 EMRK verankert sind. Die mehr oder minder deutliche Formulierung von Zensurverboten leistet eine gewisse Interpretationshilfe. Die reale Ausgestaltung der Kommunikationsbeziehungen ist in zahlreichen bi- und multilateralen Abkommen sowie daraus folgenden einzelstaatlichen Gesetzen geregelt (Urheberrecht, Rundfunkrecht, Frequenzabkommen [„Wellenpläne"] u. a. m.). Manches davon wird durch technische Entwicklungen rasch überholt. Die Post- oder Rundfunkverwaltungen haben sich den neuen technischen Realitäten gebeugt.

Realitäten im Weltinformationsfluß sind auch die *Nachrichtenagenturen*. Man unterscheidet zwischen *Weltagenturen, internationalen Agenturen* und *nationalen Agenturen* (→ Presse III 3). Die großen Agenturen konstituierten eine eigene Kommunikationsgeopolitik und sind deshalb heute Gegenstand internationaler medienpolitischer Kritik (s. u.).

Die auffälligsten Fortschritte hat im letzten Drittel des 20. Jh. die *Kommunikationstechnik* gemacht. Stellte bereits die Nutzbarmachung der drahtlosen Zeichenübermittlung mit Hilfe elektromagnetischer Schwingungen (*Wilhelm Hertz* 1888, *Guglielmo Marconi* 1897, Rundfunk ab 1920) eine Revolution dar, so erhöhte die Entdeckung differenzierter Leistungsqualitäten der verschiedenen Frequenzbereiche sowohl Reichweiten und Kapazitäten, aber auch politische Nutzungs- wie Mißbrauchschancen der drahtlosen Kommunikation. Seit den 20er Jahren wird die *Kurzwelle* für die funkische Überwindung sehr großer Entfernungen (transozeanisch) eingesetzt, die *Langwelle* für hohe kontinentale Reichweiten und die *Mittelwelle* für die nationale Rundfunkversorgung, jedenfalls solange, bis nach dem II. Weltkrieg die als Ersatzlösung herangezogene *Ultrakurzwelle* ihre Überlegenheit für anspruchsvolle Hörfunksendungen erwies. Seit den 60er Jahren stehen *Kommunikationssatelliten* zur Verfügung, die inzwischen alle Leistungsbereiche der Telebeobachtung, Telemetrie, Telekommunikation und des Rundfunks abdecken. Parallel zu der neuen weltumspannenden Technik haben sich durch die *Verkabelung* von Ballungsgebieten relativ kleinräumige, störungssichere Kommunikationsnetze entwickelt. Für den konventionellen Rundfunk (Hörfunk und Fernsehen von Antenne zu Antenne) hat sich der Begriff „Terrestrischer Rundfunk" durchgesetzt.

Die Darstellung von weltweit gültigen *Quantitäten* in redlicher Vergleichbarkeit ist zur Zeit jedoch nur schwer möglich. Kommunikationstechnische Einrichtungen und tatsächlich stattfindende Kommunikationsvorgänge sind zwar zählbar, aber unter globalem Aspekt nur unzulänglich gezählt. Vorhandene statistische Gesamtüberblicke kranken an der partiellen oder gänzlichen Unvergleichbarkeit ihrer Einzelbeiträge, nicht selten aber auch an der Unzuverlässigkeit ihrer Inhalte. Die längste Erfahrung in der Gewinnung und Verarbeitung entsprechender Daten hat die → UNESCO. Schon kurz nach ihrer Gründung (1945) hat sie damit begonnen, „Reports on the Facilities of Mass Communications" zu erstellen. In ihren Berichtbänden über „World Communications Press, Radio, Film, Television", die später in eigene Rubriken des „UNESCO Statistical Yearbooks" übergingen, spiegelte sich zeitweise eine offensichtlich auch pädagogisch motivierte Verantwortung für die Kommunikationsentwicklung der Welt. So kam es auf der Pariser UNESCO-Konferenz über die Entwicklung der Informationsmedien in Afrika (Report 1962) zur Aufstellung von Minimalerfordernissen für die Medienausstattung afrikanischer Länder: Auf 100 Einwohner müßten, so sagte man damals, zehn Zeitungsexemplare, fünf Hörfunkempfänger und zwei Kino-Plätze entfallen, wenn ein Minimum an Informationsmöglichkeiten gesichert sein sollte. In den 60er Jahren lagen die tatsächlichen Zahlen in den meisten Entwicklungsländern weit unter diesen Vorgaben. Inzwischen hat die Versorgung mit Mediengeräten und -produktionen auf der ganzen Welt eine Eigendynamik gewonnen, die alle Prognosen überholt hat. Transistorradios und Cassettenrecorder sind so billig geworden, daß z. B. die Bevölkerung Liberias 1986 besser mit Radios ausgestattet war als die Rumäniens. Nicht mehr nur fünf Radio-, sondern fünf oder mehr Fernsehempfänger pro 100 Einwohner gab es (1986) in einem guten Fünftel der von der UNESCO gezählten afrikanischen Länder. Die absolut höchste Versorgungsdichte, gemessen an der Zahl der Geräte pro 1000 Einwohner, zählt man in den USA (813), gefolgt von Oman (734), das aufgrund seiner Wirtschaftsstruktur ebenso wie einige andere kleine Öl- oder Inselstaaten eine Sonderstellung einnimmt. Kanada (546), Japan (585), Großbritannien (534) oder die Niederlande (467) können als reichlich bestückte Industriestaaten gelten, aber auch Schwellenländer wie Brasilien (188), Südkorea (188) oder Malaysia (113) notieren Zahlen, die sie quantitativ mit den Staaten an Europas Peripherie vergleichbar machen.

Weniger günstig liest sich die globale *Zeitungsstatistik*. In 34 Ländern oder Territorien der Erde gab es 1984 keine Tageszeitung; allerdings handelt es sich meistens um Inseln oder von außen versorgte Kleinstaaten. Paradoxerweise offenbart sich auf dem Sektor Presse die Unzuverlässigkeit bzw. innere Unvergleichbarkeit der UNESCO-Statistik deshalb besonders deutlich, weil die Methodologie der Pressestatistik höher entwickelt ist als die anderer Gebiete der Medienstatistik.

Der Sachkenner versteht zwar nicht, warum für die Bundesrepublik Deutschland für 1984 gar keine Zeitungszahl genannt wird, weiß aber die Daten der damaligen DDR (39 Zeitungen) oder Österreichs (29; das sind alle Ausgaben der 18 selbständigen Zeitungen) oder der Schweiz (90) richtig einzuordnen, während sehr große Zeitungszahlen wie 1334 für Indien oder 457 für die Türkei Interpretationsprobleme schaffen. Auffällig ist die geringe Zeitungszahl in Afrika; von den in diesem Falle erfaßten 47 Ländern und Territorien haben 22 nur je eine Tageszeitung, während von den 39 asiatischen Ländern alle außer der Mongolei mehr als eine Tageszeitung angegeben haben (Stand: 1984).

Alle genannten Daten verdanken wir dem vorerst letzten mutigen Versuch der UNESCO auf dem Feld der Kommunikationsstatistik, dem „World Communication Report" von 1989. Er ist dem größeren Konzept „Communication and development cooperation" zugeordnet und eine Frucht des „Intergovernmental Programme for the Development of Communication" (IPDC).

Das IPDC, eine UNESCO-Aktivität, 1980 hervorgegangen aus den jahrelangen Diskussionen um eine „Neue Weltinformations- und Kommunikationsordnung" (s. u.), stand und steht vor der Notwendigkeit, Kommunikationsentwicklung ohne ausreichende Kenntnisse im Weltmaßstab vorantreiben zu sollen. Hier sollte der UNESCO-Report Abhilfe schaffen. Zwar konnten sich die – ungenannt bleibenden – Autoren und Kompilatoren auf zahlreiche Quellen stützen. Betrachtet man jedoch deren Auflistung in Verbindung mit der Liste ausgewählter internationaler und regionaler Forschungsinstitute und der umfangreichen Auswahlbibliographie, so können zwei Punkte nicht übersehen werden:
(1) Einige wichtige wissenschaftliche Einrichtungen aus westlichen Ländern waren an der Informationsbeschaffung offenbar nicht beteiligt, und (2) die starke Präsenz von Einrichtungen aus (damals) sozialistischen Ländern steht im umgekehrten Verhältnis zu Wert und Realitätsnähe der dort geleisteten wissenschaftlichen Arbeit – ein Urteil, das nach der Öffnung dieser Länder gefällt, aber nicht ungeprüft auf möglicherweise ebenfalls zweifelhafte Quellen aus anderen Teilen der Welt ausgedehnt werden darf.

Hinter der besonderen Aufmerksamkeit, die die UNESCO seit ihrem Bestehen dem Phänomen Kommunikation schenkt, stehen Faszination und Unbehagen: Faszination, wie sie von einer ans „Wunderbare" (II. Vaticanum: Dekret über die sozialen Kommunikationsmittel „Inter mirifica") grenzenden technischen und wirtschaftlichen Entwicklung ausgeht; Unbehagen an der Befürchtung, durch eben diesen Fortschritt könnte die Asymmetrie der globalen Güter- und Wohlstandsverteilung weiter verstärkt statt gemildert werden.

III. Globale Kommunikationspolitik

Spätestens im I. Weltkrieg wurde deutlich, was drahtlose Kommunikation zu leisten vermag und daß ihrem weitreichenden Einsatz im Konfliktfall mit Verträgen nicht beizukommen ist.

Langwellensender mit kontinentalen Reichweiten, allen voran Radio Moskau (ab 1929), wurden für staatspropagandistische Fremdsprachensendungen herangezogen, und im gleichen Jahr begannen nationale Kurzwellensender (Niederlande, UdSSR, Deutschland) die Ozeane zu überbrücken. Der II. Weltkrieg – und jeder Krieg nach ihm – wurde auch als „Ätherkrieg" ausgetragen. Großsender und Störsender lieferten sich Material- und Energieschlachten mit einem Höhepunkt in der Frühphase des Kalten Krieges. Hörfunk- und Fernsehwellen erwiesen sich auf die Dauer als nicht eingrenzbar.

Zeitlich parallel zum Kalten Krieg wurden immer mehr Länder Asiens und Afrikas, die meisten davon Kolonien oder Mandatsgebiete, unabhängig, von Indien (1947) bis Namibia (1989). Sie bemühten sich mehr oder minder intensiv, eigene Medien aufzubauen. Ihre Aufmerksamkeit für die internationalen Kommunikationsströme und deren Inhalte wurde durch anhaltende Konflikte und durch die Versuche der Ex-Kolonial- wie der Supermächte geschärft, alte Einflußsphären zu sichern und neue zu errichten. Auf der Bühne der UNO und ihrer Sonderorganisationen voll gleichberechtigt, erlebten sie ihre tatsächlich geringe Bedeutung im Weltnachrichtengeschäft als Nachwirkung kolonialer Abhängigkeit. Ihre eigenen, meist regierungsnahen Nachrichtenagenturen hatten keine Chancen im Wettbewerb. Nicht nur der technische und personelle Vorsprung sowie die Platzvorteile der Weltagenturen erwiesen sich als uneinholbar. Auch die journalistischen Konventionen und Maßstäbe der Agenturjournalisten, ihre Rangordnung der „Nachrichtenwerte", wurden als unausgewogen, ja ungerecht erlebt. Als das Fernsehen einzog, wurden die Programme vielfach mit amerikanischen Serien beschickt, was zusätzliche Befürchtungen aufkommen ließ. Man sprach von „Kommunikations-Neokolonialismus" (O. A. Fadeyibi). Die Unzufriedenheit hatte seit 1973 eine Plattform der Diskussion in den Konferenzen der →blockfreien Bewegung. Deren „New Delhi Declaration" (1976) prägte die „inadequacy and imbalance" der internationalen Informationsströme als Kampfformel primär gegen Länder des Westens. 1976 in Colombo wurde „a new international order in the fields of information and communication" zum politischen Ziel erhoben. Gleichzeitig gelang es, das Anliegen der Blockfreien mit den einschlägigen Bestrebungen der UNESCO zu verbinden. Deren Generalkonferenz beschloß auf ihrer 19. Sitzung in Nairobi (1976), „eine Untersuchung aller Kommunikationsprobleme in der heutigen Gesellschaft, im Lichte des technologischen Fortschritts und neuester Entwicklungen in den internationalen Beziehungen unter Berücksichtigung ihrer Komplexität und ihres Umfangs" durchzuführen. Der damalige

UNESCO-Generaldirektor *Amadoú Mahtar M'Bow,* im Bereich Medienpolitik ebenso engagiert wie eigenwillig, setzte für die Durchführung der Untersuchung eine internationale Arbeitsgruppe unter dem Vorsitz des irischen Friedensnobel- und zugleich Leninpreisträgers *Sean MacBride* ein, der von den 16 Mitgliedern dieser Kommission glaubte, daß sie „weitgehend das ideologische, politische, wirtschaftliche und geographische Spektrum dieser Welt" verträten.

Aus heutiger Sicht kann die Installierung der MacBride-Kommission als die Eröffnung einer Entlastungsfront angesehen werden. Im Zentrum der medienpolitischen Auseinandersetzungen in der UNESCO stand nämlich seit Anfang der 70er Jahre die Forderung nach einer „Mediendeklaration", die von den Ostblockstaaten und zahlreichen Ländern der Dritten Welt vorangetrieben, von den Ländern des Westens aber bekämpft wurde, weil sie in ihr ein internationales Instrument zur Gängelung der Kommunikationsfreiheit heraufkommen sahen. Im Mittelpunkt der Diskussion standen zwei Konzepte, nämlich (1) der liberale und bis zum Beginn der 70er Jahre mindestens deklamatorisch unbestrittene „free flow of information" und (2) die aus den Karlsbader Beschlüssen bekannte Staatsverantwortung für die im jeweiligen Staatsgebiet tätigen Medien. Eine solche Staatsverantwortung hätte das Ende der Medienfreiheit bedeutet, die von der UNESCO geschätzte Formel „free *and balanced* flow" jedenfalls Medienbehinderung ermöglicht. Die Kompromißformel „a free flow and a wider and better balanced dissemination of information" versuchte das liberale Prinzip aufrecht zu erhalten und zugleich den Benachteiligungsempfindungen der Entwicklungsländer entgegenzuwirken.

Größeres Verständnis für die internationale Situation schuf dann in der Tat der MacBride-Bericht („Viele Stimmen – eine Welt", 1980), an dem noch gearbeitet wurde, als die 20. Generalkonferenz der UNESCO 1978 in Paris die entschärfte Mediendeklaration annahm („Erklärung über die Grundprinzipien für den Beitrag der Massenmedien zur Stärkung des Friedens und der internationalen Verständigung, zur Förderung der Menschenrechte und zur Bekämpfung von Rassismus, Apartheid und Kriegshetze"). Weder die Deklaration noch der MacBride-Bericht änderten etwas an der Realverfassung der Weltkommunikation. Die von der Konferenz im Zusammenhang mit der Berichtvorlage verabschiedete Resolution nimmt zwar den Gedanken einer „Neuen Weltinformations- und -kommunikationsordnung" (in Parallele zur „Neuen Weltwirtschaftsordnung" 1974; vgl. Globale Perspektiven [G. P.], Kap. 6, S. 65) auf und kritisiert bestimmte Entwicklungen liberaler, kommerziell orientierter Mediensysteme, setzt sich aber auch für einen „freien Fluß und eine ausgeglichenere Verbreitung von Informationen und Ideen" ein und ficht die „Freiheit der Presse und der Information" nicht an.

Der Gedanke der Staatsverantwortung erfuhr keine Unterstützung; das Ende des Kalten Krieges, die Öffnung der Ostblockländer und die Wiedervereinigung Deutschlands haben die Absurdität dieses Gedankens ebenso nachdrücklich aufgezeigt wie die Uneingrenzbarkeit der elektronischen Kommunikation im Satellitenzeitalter.

Diskutierenswert bleibt der in Quantität und Qualität unausgewogene Informationsfluß zwischen hoch und weniger entwickelten Ländern. Die an westlichen Nachrichtenwert-Skalen orientierten Auslandskorrespondenten, insbes. die Berichterstatter der Presseagenturen, halten nur das Aktuelle und damit das vom Üblichen, Normalen, Erwartbaren Abweichende für berichtenswert, und sie orientieren sich bei ihrer Arbeit an den Denkmustern und Erwartungen ihrer Adressaten. So wird die Dritte-Welt-Berichterstattung von Negativ-Meldungen dominiert, die zwar je für sich zutreffen, aber nichts von den Bildern vermitteln, die junge Staaten von sich selbst zu entwerfen bemüht sind. Auch gezielte Aktivitäten wie der Dritte-Welt-Nachrichten-Pool der jugoslawischen Nachrichtenagentur TANJUG oder die Spezialagentur „Inter Press Service" (Hauptsitz Rom) haben keine wirksame Abhilfe schaffen können.

Die Benachteiligung im internationalen Kommunikationsfluß verstärkt sich paradoxerweise durch die Einrichtung moderner Medieninstitutionen in Entwicklungsländern. Wo z. B. Fernsehsysteme aufgebaut werden, kommt die technische Ausrüstung notwendigerweise aus einem der ehemaligen Kolonial-Mutterländer oder aus den USA, Japan oder Deutschland. Da eigene Programmschöpfung teuer bis unerschwinglich ist, werden Programminhalte von dort bezogen, wo sie billig sind, d. h. meistens TV-Konfektion aus den USA. Zur Betroffenheit über die subjektiv als unzulänglich empfundene Präsenz im globalen Nachrichtenangebot gesellt sich die Sorge, die kulturelle Identität (s. u.) auf die Dauer nicht bewahren zu können. Artikuliert wurden diese Argumente aus politischen Gründen auch von jenen Ländern, die unter dem Fehlen einer funktionstüchtigen Kommunikationsinfrastruktur litten und leiden. Ihnen könnte das wenig spektakuläre, aber konkrete Nebenresultat der UNESCO-Diskussion zugute kommen, das (ebenfalls 1980 in Belgrad beschlossene) „International Programme for the Development of Communication" (IPDC). Dessen Aufgabe ist die Verstärkung der praktisch-technischen Hilfe („better access to modern communication technology for developing countries").

IV. Technische und wirtschaftliche Entwicklungen

Scheinbar abgehoben von der realen weltpolitischen Konstellation und den ideologisch befrachteten Diskussionen hat sich die Kommunikationstechnik seit dem Ende des I. Weltkriegs in großer Breite und ungewöhnlich schnell weiterentwickelt.

In Wirklichkeit war sie mindestens auf zwei Feldern fest mit den jeweiligen politischen Systemen verknüpft, nämlich in der Wehr- und der Weltraumtechnik. Beide Bereiche stellten, nachdem die Funkkommunikation ausgereift war, neue Anforderungen an Technologie und Technik; verlangt wurden schnelle Verarbeitung immer größerer Datenmengen, kleinere und leichtere Geräte, höhere Reichweiten, größere Kapazitäten und mehrfach gesicherte Zuverlässigkeit bei der Übertragung. Drei Innovationen und deren systematische Kombination trugen zur Erfüllung dieser Anforderungen bei: die magnetische Ton- und Bildaufzeichnung, der Transistor (und in seiner Folge die Entwicklung miniaturisierter Schalt- und Speichertechniken) und die Anwendung einer neuen „Sprache", die Informationen aller Art in binären Zeichen auszudrücken und in digitalisierter Form der schnellstmöglichen Übermittlung und Auswertung („Elektronische → Datenverarbeitung", EDV) zuzuführen vermag. Die *Magnetaufzeichnungstechnik* erweiterte – schon während des II. Weltkriegs – die Arbeitsmöglichkeiten des Hörfunks, später des Fernsehens, und sie veränderte damit die technische und inhaltliche Arbeit der Rundfunkanstalten. Sie lieferte die Datenträger für EDV auf allen Anspruchsebenen und ließ neue Produkte der Haushaltselektronik möglich werden: Toncassettenrecorder und „Walkmen" sind heute beinahe allgegenwärtig, und in Millionen von Haushalten ergänzen Videorecorder das Fernsehen. Der 1948 erfundene *Transistor* revolutionierte das Funkwesen und ermöglichte (erstmals 1954) die Produktion von transportablen, netzstromunabhängigen Radio-, später auch Fernsehempfängern in enormen Stückzahlen zu niedrigen Preisen. Nicht Zeitung und Zeitschrift, sondern Transistorradios haben zahlreiche Entwicklungsländer zu Medienländern gemacht. Die vom Transistor ausgehende Entwicklung von integrierten Halbleiter-Schaltelementen („*Chips*", seit 1971 mit programmierbarer Logik: *Mikroprozessoren*) ermöglichte die Miniaturisierung der seit den 40er Jahren im Einsatz befindlichen, röhrenbestückten Elektronenrechner bis zum tragbaren Personal Computer als Teil der Konsum-Elektronik. Die anfangs nur für die EDV entwickelte Sondersprache erwies sich, je länger je mehr, als Allzweckmedium. Informationen aller Art lassen sich in ihr niederlegen, verrechnen und ohne Verluste über große Entfernungen transportieren. Elektronisierung und Miniaturisierung haben wesentliche Vorbedingungen für die Weltraumfahrt erfüllt, indem sie die Entwicklung zuverlässiger Steuerungs- und Informationstechniken ermöglichten. Ein Teilbereich der Astronautik, die Plazierung von künstlichen Kommunikationssatelliten auf stabilen Erdumlaufbahnen, eröffnete nach einer kurzen Versuchsphase (1960: Echo 1, 1962: Telstar) eine neue Ebene der Kommunikationstechnik; der Typ des aktiven (d. h. mit Verstärkern ausgestatteten) geostationären, also über einem bestimmten Punkt der Erde scheinbar stillstehenden Satelliten bewährt sich als funktionstüchtigste Variante. Man unterscheidet zwischen Fernmeldesatelliten, die Punkt-zu-Punkt-Verbindungen z. B. für den Telefonverkehr herstellen und damit die transatlantischen Kabelwege entlasten, und Rundfunksatelliten, die wie ein 36000 km hoher Sendemast große ellipsenförmige Gebiete (ganze Länder und Ländergruppen) mit jeweils mehreren Fernseh- und Hörfunkprogrammen so versorgen, daß sie vom Einzelteilnehmer mit Hilfe einer Parabolspiegel-Antenne *direkt* empfangen werden können. Trotz der Bemühungen der „World Administrative Radio Conference" (1977), Positionen und Abstrahlwinkel künftiger Rundfunksatelliten ländergrenzenkonform festzulegen, war mit der technisch unvermeidbaren Überstrahlungskapazität der neuen Sendetechnik die kommunikationspolitische Doktrin der nationalen Rundfunkabschirmung endgültig ad absurdum geführt.

Weitreichende Folgen hatten die neuen Technologien auch im Anwendungsbereich der privaten Punkt-zu-Punkt-Datenübertragung. Post- und Telefonverwaltungen begannen ihre Telekommunikationsnetze (herkömmlicherweise Telegrafie, Telefonie und Fernschreibdienste) zu modernisieren, und zwar zunächst durch erweiterte Nutzung der vorhandenen schmalbandigen Netze. Den Schritt in eine in bezug auf Leistung wie Entfernung entgrenzte Zukunft sollen „diensteintegrierende digitale Fernmeldenetze" (Kürzel ISDN; bei der Deutschen Bundespost 1989 eröffnet) ermöglichen. Innerhalb der Netze soll ein breites Spektrum von vorhandenen und neuen Telekommunikationsleistungen schneller und qualitativ besser von Haus zu Haus erbracht werden können. Entsprechende breitbandtaugliche Netze (ISDN-B) werden erprobt. Hochleistungsfähige Allzweck-Kabel (Glasfasertechnik) sind so weit einsatzbereit, daß 1990 bereits über die „Glasfaser bis ins Haus" gesprochen werden konnte.

Die neuen Techniken revolutionieren – auf vielen Gebieten unbemerkt – Leistungen, Ökonomie, Stil und schließlich auch Kultur der weltumspannenden Kommunikation. Die hinter der industriellen Produktion von neuem Kommunikationsgerät *(Hardware)* und Betriebsintelligenz bzw. Inhalten *(Software)* stehenden Technologien erzwingen auf die Dauer eine Angleichung der Standards. Ungeachtet des Ausbaus von Vorherrschaftspositionen (Audiovisionstechnik: Japan, EDV-Technik: USA und Japan) werden Neuerungen in kurzen Zeitspannen weltweit eingeführt, genutzt und vermarktet. Inzwischen haben Schwellenländer (z. B. Taiwan, Südkorea, einige südostasiatische Staaten) mit Erfolg die Produktion von Haushaltselektronik, insbesondere AV-Hard- und Software aller Art sowie Personal Computer, aufgenommen. Da sich die Technik der öffentlichen Kommunikationssysteme (post-nahe Telekommunikation einerseits, Massenmedien andererseits) angleicht, werden auch die Inhalte weltweit vermarktbar.

Hörfunk und Fernsehen sind trotz ihrer jeweils landesspezifischen Programmgestaltung auf den Griff zu vorgefertigten Inhalten ausländischer Herkunft angewiesen. Finanziell starke Rundfunkanstalten können einen beachtlichen Teil aus eigener oder Auftragsproduktion beisteuern (Eigenproduktion: ARD 1989: 44%, ZDF 1989: 50%, ORF 1987: 37%, SRG 1990: 39%; dazu kommen eigenverantwortete Auftragsproduktionen). Aber auch sie kommen ohne Zukauf von Programm-Material nicht aus. Als Lieferanten sind die USA und bis zu einem gewissen Ausmaß Großbritannien im Vorteil.

Fernsehserien wie „Bonanza", „Dallas" oder „Alf" sind erprobt und preiswert und sie sind offensichtlich nicht deshalb auf den Fernsehschirmen in aller Welt zu finden, weil ihre Urheber den American way of life missionarisch verbreiten wollen, sondern weil sie Geld einbringen und weil immer mehr Fernsehstationen auf immer mehr Kanälen immer mehr Programmzeit mit Inhalt füllen wollen. Dieser Bedarf hat u. a. dafür gesorgt, daß die konventionelle Spielfilmproduktion, düsteren Prognosen zum Trotz, nicht zum Erliegen gekommen ist. Neue Filme werden teils in Kooperation mit dem Fernsehen gedreht, teils von Rundfunkanstalten mitfinanziert. In jedem Falle kann sich der Filmproduzent heute – neben dem Verleih – auf zweite und dritte Vertriebswege über Kabelfernsehen und Videocassetten stützen, die über Videotheken verkauft oder verliehen werden. In knapp der Hälfte der (west-)bundesdeutschen Haushalte stehen Videorecorder, Österreich und die Schweiz nähern sich dieser Marke, in Großbritannien sind 55% der Haushalte damit ausgestattet. Nicht nur Fernsehserien sind international gefragte Handelsgüter, sondern auch Spielfilme. Angesichts der relativen Programmknappheit gilt dies auch für alte Filme. Paketweise werden die Wiederaufführungsrechte gehandelt. Für den Hörfunk spielen Tonträger eine ähnliche Rolle. Schallplattenprogramme bzw. -aufführungsrechte ganzer Marken wechseln von Konzern zu Konzern, und international bekannte Musiker der U-Musik wie der E-Musik haben Schlüsselpositionen der Vermarktung eigenen Gesellschaften vorbehalten, die weltweit operieren. Der Bedarf der Radiosender, die zu 24-Stunden-Programmen tendieren, und die Kaufkraft der jugendlichen Walkman-Hörer wie der erwachsenen High-Fidelity-Anhänger haben die industrialisierte Tonträgerproduktion zu einem international verschachtelten Wirtschaftszweig werden lassen.

Im Bereich der *gedruckten Medien* war jahrhundertelang fast ausschließlich das Buch ein grenzüberschreitendes Handelsgut, während Zeitungen und Zeitschriften überwiegend auf nationale bzw. sprachgleiche Verbreitungsgebiete beschränkt blieben. Schon in den 30er Jahren entstanden im angelsächsischen Raum Medienmischkonzerne: Zeitungsverlage betrieben Radiostationen; Rundfunknetzwerke und Filmgesellschaften produzierten Schallplatten. Nach dem II. Weltkrieg traten auch Zeitschriften- und Buchverlage in diese Konkurrenz ein. Unter dem Dach des größten Kommunikationskonzerns der Welt, Time Warner Inc., finden wir Zeitschriften- und Buchverlage (Time, Time-Life Books), Film- und Fernsehproduktionen (Warner Bros.) und Kabel-TV-Systeme. Der Verlag Bertelsmann expandierte, nachdem er auf dem Leseringmarkt zum Großunternehmen geworden war, zum international tätigen, zweitgrößten Multimedia-Konzern. Beispiele aus Großbritannien (R. Murdoch), Frankreich (Hachette), Japan (Sony) oder Italien (S. Berlusconi) lehren, daß Internationalisierung eine wichtige Strategie und hohe Erträge das primäre Unternehmensziel sind. Absichtsvolle Mission im Dienst einer Ideologie oder auch um eines Lebensstils willen ist kaum auszumachen. Weltweit hat sich die „Eigenrationalität von Medien und Medienkommunikation" (*U. Saxer,* 1989) durchgesetzt. Sie untergräbt Kontrollsysteme, wirkt – trotz ökonomischer Konzentration – politisch dezentralisierend bis deregulierend *(C. Cherry)* und schwächt medienpolitische Intentionen. Auf der anderen Seite ermöglicht sie, technisch wie wirtschaftlich, die Kanalisierung von Informationsströmen und die Entstehung von Informationsspeichern, die als solche ein kommunikationspolitisches Potential darstellen.

V. Offene Fragen zur Perspektive „Weltkommunikation"

Unter der Annahme, daß man von einer „entstehenden Weltgesellschaft" (vgl. G. P., Kap. 2, S. 16) sprechen darf, gilt für ihren derzeitigen Entwicklungszustand im Bereich Kommunikation, daß seine „dynamischen Elemente ... nicht primär politischer, sondern wirtschaftlicher Art sind" *(F. X. Kaufmann).* So hat die 1989 beschlossene EG-Fernsehrichtlinie in den USA nicht deshalb massive Proteste ausgelöst, weil sie der free-flow-of-information-Doktrin widersprechen könnte, sondern weil sie mit ihrer die Rundfunkanstalten der EG-Länder betreffenden Programmquotenregelung (50% europäische Eigenproduktion bei Filmen und Fernsehserien) „den Handel einschränkt". Richtliniensetzung wie

Protest beleuchten die veränderten Interessen der internationalen Medienpolitik; aber angesichts der weltpolitischen Veränderung 1989/90 betrachtet man die Kommerzialisierung der globalen Medienkommunikation mit Gelassenheit.

Hinter der Quotenregelung stehen jedoch nicht nur wirtschaftliche Überlegungen, sondern auch die zwischen 1970 und 1985 intensiv geführte Diskussion über das Problem der nationalen *Kulturidentitäten*. Sie befaßt sich mit einem Teilaspekt der oben (vgl. III) dargestellten medienpolitischen Diskussion der UNESCO: durch die Asymmetrie des Nachrichtenflusses und durch die amerikanische Vorherrschaft auf dem Weltmarkt des Fernsehprogrammhandels würden nicht nur die Entwicklung des nationalen Selbstbewußtseins der Länder der Dritten Welt beeinträchtigt, sondern auch deren kulturelle Identität gefährdet; letzteres gelte generell für alle kleineren Staaten der Erde, deren Ton- und Bildproduktion mit jener der Mediengroßmächte nicht mithalten könne. Insbesondere seien kleinere Staaten in gleichsprachiger Nachbarschaft von größeren („next door giant") bedroht.

Sofern „kulturelle Identität" nicht undefiniert und also politisches Schlagwort bleibt, können dem Begriff verschiedene Konzepte unterlegt werden. Sie reichen von einem ideologisch motivierten Anti-Amerikanismus (kommunistische Positionen der 70er Jahre) über marxistisch-politökonomische Theoreme (Kultur- bzw. Medienimperialismus; *H. I. Schiller*), nationalpädagogische Selbstbehauptungsziele (kanadische Rundfunkpolitik) bis zu Denkanstößen zum „Schutz nationaler kultureller Besonderheiten" bei gleichzeitiger Befreiung vom „Odium nationalistischer Borniertheit" *(W. Hoffmann-Riem)* – und dies im Dienst der Entgrenzung, hin zu einer neuen europäischen Identität.

Wegen dieser vielfältigen Interpretationsmöglichkeit hat sich das Problem der Kulturidentität seit fast drei Jahrzehnten als fruchtbare Anregung der kommunikationswissenschaftlichen Diskussion bewährt, weil es innerhalb verschiedener Forschungsbereiche eine zweite Dimension eröffnete. Das nach dem II. Weltkrieg aufkommende Interesse für internationale Kommunikation wurde zunächst durch beschreibende und vergleichende Studien befriedigt. Die Phase der Entkolonialisierung ließ zahlreiche Arbeiten zu den Kommunikationssystemen der Entwicklungsländer entstehen, die gelegentlich als Feldforschung im Zusammenhang mit kommunikativen Hilfsprogrammen *(W. Schramm)* entstanden.

Die von *K. Nordenstreng* und *T. Varis* 1974 in Umlauf gesetzte Metapher von der „Einbahnstraße", auf der sich Fernseh-Inhalte über die Welt verteilten, erwies sich zusammen mit Begriffen wie *Kultur-* bzw. *Medienimperialismus* (gemeint: amerikanischer Herkunft) als eingängiges Material der Polemik. Die schon in der Frühphase der Entkolonialisierung entstandene (liberale) Annahme, daß Entwicklung auf Modernisierung, gefördert durch Kommunikation, beruhen werde *(D. Lerner)*, verlor um so mehr an Glaubwürdigkeit, je deutlicher sich zeigte, daß (oberflächliche) Modernisierung kaum ein Land der Dritten Welt vor Unruhen und wirtschaftlichen Fehlschlägen schützen konnte. Der Mißerfolg zahlreicher Entwicklungshilfe-Maßnahmen war u.a. auf mißlungene Kommunikation zurückzuführen. Offensichtlich standen nicht vordergründig sprachliche und/oder Medienhindernisse im Wege, sondern Unterschiede der Kulturen (vgl. G. P., Kap. 9, besonders Abschn. II). Christliche Missionare in Asien und Afrika haben schon früh Verwerfungen (Hinweise z. B. bei *Luzbetrak; F.-J. Eilers*, 1967) zwischen „ethnokommunikativen" Stilen, Strukturen und Prozessen beobachtet. Sie beeinflussen den „Austausch von Gedanken und Bedeutungen zwischen Menschen aus verschiedenen Kulturen", d. h. die *interkulturelle Kommunikation (F. J. Eilers*, 1987; *G. Maletzke*, in: H. D. Fischer, J. C. Merrill, 1976). Für die religiöse Kommunikation der christlichen Kirchen waren aus den Kulturunterschieden konkrete Probleme in der Evangelisierung und Liturgie erwachsen, die im wechselseitigen Respekt der Kulturen lösbar zu werden begannen. Für die Analyse der globalen Kommunikation ist im Konzept der interkulturellen Kommunikation ein Instrument entstanden, das einseitige Erklärungsansätze zu integrieren verspricht: Um kulturelle Identität muß nicht notwendigerweise gekämpft, gegen kommunikationstechnische und -wirtschaftliche Strategien nicht polemisiert, für nationale Abgrenzungspolitik nicht plädiert werden, wenn der Ausgangspunkt aller Überlegungen auf der Annahme beruht, daß die Zonen des Gelingens oder Mißlingens von Kommunikation in den Grenzbereichen zwischen *Kulturen* liegen.

Dem Austausch sind Grenzen gesetzt, etwa durch die Zugänglichkeit oder Unzugänglichkeit des Medienangebots einer anderen Kultur, insbesondere aber durch die Sprache. Beim Blick auf weltweite Kommunikation (und das Englische als selbstverständliche Lingua Franca) lange Zeit vernachlässigt, wird das als Hindernis afrikanischer Medienkommunikation bekannte *Sprachenproblem* auch in Europa massenkommunikativ relevant, seitdem Fernsehprogramme verschiedener sprachlicher Herkunft nicht mehr nur in synchronisierter oder untertitelter Auswahl, sondern dank Satellitenausstrahlung komplett in der Ursprungssprache empfangen werden können *(Saxer,* 1990). Internationalisierung des Angebots bewirkt noch lange keine Interkulturalisierung der verschiedenen Publica. Doch könnte, je weiter die politische Einigung Europas voranschreitet, die (politisch wünschenswerte) Schwächung nationaler Identitätsgefühle durch Regionalisierung und die damit verbundene Stärkung regionsbezogener Identitäten aufgewogen werden. Während die Kommunikationstechnologie sich anschickt, die Welt endgültig mit einem Hochleistungsnetz allgegenwärtiger Kommunikationsdienste zu umspannen, und die operationale Sprache dieser Systeme sich vereinheitlicht, wächst zugleich das Selbstbewußtsein kleinerer Räume und traditioneller Kulturen. Nichts deutet darauf hin, daß die „neue elektronische Interdependenz" die ganze Welt in *ein* „globales Dorf" *(M. McLuhan)* verwandelt.

LITERATUR

(Die meisten hier genannten Werke haben den politischen West-Ost-Status vor 1990 zur Grundlage)

Nachschlagewerke: Statistical Yearbook. Hg. UNESCO. Paris 1963 ff. – Hdb. der Weltpresse. Hg. H. J. **Prakke** u. a. 2 Bde. Köln ⁵1970. – New International Information and Communication Order. Sourcebook. Hg. K. **Nordenstreng** u. a. Prag 1986. – World Communication Report. Hg. UNESCO. Paris 1989. – Editor & Publisher. International Yearbook. New York 1989 [seit 1901 unter versch. Titeln]. – World Radio TV Handbook. Hg. J. M. **Frost.** New York 44 (1990). – Stamm. Leitfaden durch Presse und Werbung. Essen 43 (1990) [seit 1947 unter versch. Titeln]. – Internationales Hdb. für Rundfunk und Fernsehen. Hg. Hans Bredow-Institut für Rundfunk und Fernsehen an der Universität Hamburg. 20. Ausg. 1990/91. Hamburg 1990.

Medien, Technik, Wirtschaft: M. **McLuhan,** Die Gutenberg-Galaxis. Das Ende des Buchzeitalters. Düsseldorf 1968 [Orig.: The Gutenberg galaxy. Toronto 1962]. – C. **Cherry,** World Communication: Threat or Promise? A socio-technical Approach. London 1971, Chichester ²1978. – W. A. **Boelcke,** Die Macht des Radios: Weltpolitik und Auslandsrundfunk 1924–1976. Frankfurt/M. 1977. – H. **Höhne,** Report über Nachrichtenagenturen. Neue Medien geben neue Impulse. Baden-Baden 1977, ²1984. – S. W. **Head,** World Broadcasting Systems. A Comparative-Analysis. Belmont (Cal.) 1985. – J. H. **Altschull,** Agenten der Macht. Die Welt der Nachrichtenmedien – Eine kritische Studie. Konstanz 1990. – M. **Hensel,** Die Informationsgesellschaft. Neuere Ansätze zur Analyse eines Schlagworts. München 1990. – Medien in Deutschland. Nationale und internationale Perspektiven. Hg. W. A. **Mahle.** München 1990.

Internationale/Interkulturelle Kommunikation: H. J. **Prakke,** Publizist und Publikum in Afrika. Köln 1962. – F.-J. **Eilers,** Zur Publizistik schriftloser Kulturen in Nordost-Neuguinea. Münster 1967. – International and Intercultural Communication. Hg. H.-D. **Fischer,** J. C. **Merrill.** New York 1970, ²1976 [1. Aufl. u. d. T.: International communication: media, channels, functions]. (Lit.). – Mass Media and National Cultures. A Conference Report and International Bibliography. Leicester 1980 (Lit.). – New Structures of International Communication. The Role of Research. Leicester 1982. – W. **Hoffmann-Riem,** Kulturelle Identität und Vielfalt im Fernsehen ohne Grenzen, in: Media Perspektiven 1985, 181 ff. – F.-J. **Eilers,** Communicating Between Cultures. An Introduction to Intercultural Communication. Rom 1987 (Lit.). – Theories in Intercultural Communication. Hg. Y. Y. **Kim,** W. B. **Gudykunst;** Newbury Park (Cal.) 1988. – Handbook of International and Intercultural Communication. Hg. M. K. **Asante,** W. B. **Gudykunst.** Newbury Park (Cal.) 1989. – Current Issues in International Communication. Hg. L. J. **Martin,** R. E. **Hiebert.** New York 1990. – W. **Meier,** Euronews und Eurofiction. Diskurs über kulturelle, nationale und europ. Identität, in: Medienjournal 14 (1990) 66 ff. – U. **Saxer,** Sprachenbabel in Europas Medien, in: Media Perspektiven 1990, 651 ff.

Kommunikationspolitik: H. I. **Schiller,** Mass Communication and American Empire. Boston 1971. – K. **Nordenstreng,** T. **Varis,** Television Traffic – a One-way Street? A Survey and Analysis of the International Flow of Television Programme Material. Paris 1974. – M. **Schmolke,** Christliche Publizistik – Verantwortung für die internationale Kommunikation, in: Communicatio Socialis 12 (1979) 1 ff. – Viele Stimmen – eine Welt. Kommunikation und Gesellschaft – heute und morgen. Bericht der Internationalen Kommission zum Studium der Kommunikationsprobleme unter dem Vorsitz von S. MacBride an die UNESCO. Konstanz 1981. – B. **Weyl,** Freiheit der Information? Zur Medienpolitik der UNESCO, in: Publizistik 26 (1981) 5 ff. – Fernsehen ohne Grenzen. Grünbuch über die Errichtung des Gemeinsamen Marktes für den Rundfunk, insbesondere über Satellit und Kabel [Mitt. der (EG-)Kommission an den Rat]. Brüssel 1984. – Europäische Gemeinschaften: Richtlinie des Rates vom 3. Oktober 1989 zur Koordinierung bestimmter Rechts- und Verwaltungsvorschriften der Mitgliedstaaten über die Ausübung der Fernsehtätigkeit [EG-Fernsehrichtlinie], in: Media Perspektiven (Dok. II) 1989, 107 ff. – H. J. **Kleinsteuber,** Unfaire Handelspraktiken oder Kulturpolitik?, in: Media Perspektiven 1990, 549 ff.

Entwicklungsländer: D. **Lerner,** The Passing of Traditional Society. New York 1964. – W. **Schramm,** Mass Media and National Development. Stanford (Cal.) 1964. – U. **Otto,** Massenkommunikation in Entwicklungsländern, in: Publizistik 14 (1969) 30 ff. – Church, Communication, Development. Genf 1970. – Church and Communication in Developing Countries. A Bibliography. Compiled by W. **Herzog.** Paderborn 1973 (Communicatio Socialis, Beih. 2). – M. **Kunczik,** Massenmedien und Entwicklungsländer. Köln 1985. – U. **Saxer,** Medienkommunikation und geplanter Gesellschaftswandel, in: Massenkommunikation. Theorien, Methoden, Befunde. Hg. M. Kaase, W. Schulz. Opladen 1989, 85 ff.

Michael Schmolke

EUROPA

I. Europa als geographische Größe

E. ist mit 10,5 Mio. km² nach ↗Australien der kleinste Kontinent der Erde. Er befindet sich auf der Nordhalbkugel und breitet sich zwischen 35° und 72° n. Br. aus.

Auf der Weltkarte tritt E., räumlich gesehen, als Kontinent fast nicht in Erscheinung. Das steht im Gegensatz zu seiner Bedeutung als ein Bevölkerungs- und Wirtschaftsschwerpunkt der Erde. Betrachtet man die Alte Welt, also neben ↗Asien auch ↗Afrika, dann erscheint E. als Subkontinent Asiens, der geomorphologisch mit Afrika auf breiter Front verbunden scheint. Tatsächlich ist E. aber, durch die Kontinentalverschiebung tektonischer Platten, geologisch davon getrennt. Eine enge geologische Verbindung besteht jedoch zwischen E. und Asien, v. a. durch die Hochgebirge des alpidischen Faltengürtels. Auch die Tafelländer Osteuropas gehen, von der Unterbrechung durch den meridional verlaufenden Ural abgesehen, in die Flächen Westsibiriens über.

Nimmt man das *Klima* als Kriterium für die Abgrenzung des Kontinents, läßt sich eine gewisse Eigenständigkeit erkennen. Die Borealzone der skandinav. Länder ist in der Tat eine Fortsetzung der Taiga Asiens mit Podsolböden und Borealklima. Der größte Teil E.s wird aber von der gemäßigten Klimazone eingenommen, die sich im S bis zu den Alpen und weiter nach Südosteuropa ausdehnt, wobei sie sich dort in ein Steppenklima wandelt. Dies bedeutet zwar auch eine Verbindung zu Asien, aber das Steppenklima gehört der gemäßigten Klimazone an, die ihre Hauptverbreitung im westlichen und mittleren Streifen von Gesamteuropa hat. Völlig eigenständig sind zwei andere Klimazonen: einmal die eigentliche gemäßigte Klimazone, mit kühl-feuchten und gemäßigt-temperierten Verhältnissen im zentralen, westlichen und östlichen E.; zum anderen die mediterranen Subtropen, die sich um das Mittelmeer ausdehnen und v. a. für dessen europ. Teil gelten, also die Landschaften und Länder an der Nordumrandung des Mittelmeeres.

Am „europäischsten", am eigenständigsten ist das Klima der kühlgemäßigten Zone. Es weist eine für E. typische Differenzierung in ozeanisch („atlantisch") und kontinental auf. Der extrem ozeanische Westen geht in eine sehr gemäßigte Mitte über, die sich nach O, also gegen die breit entwickelten Landflächen Osteuropas, stufenweise in ein Kontinentalklima wandelt, das immer „asiatischer", d. h. kontinentaler und damit extremer wird. Vom Klima her läßt sich somit eine gewisse sachliche Begründung für E. als Kontinent und als physiogeographischen Raum geben.

Ein anderes Kriterium ist die starke *Zergliederung* des Kontinents. Kein anderer Subkontinent und kein Kontinent der Erde läßt eine so starke Gliederung der Küstenlinien erkennen. Nicht nur durch die dem Kontinent vorgelagerten Britischen Inseln entsteht dieser Eindruck. Auch Nordeuropa, aber auch der Mittelmeerraum, sind stark gegliedert. Unter diesem Aspekt erweist sich E. allein durch die starke Gliederung seiner Küsten als ein Unikum unter den Kontinenten.

Daraus läßt sich folgern, daß E. eigentlich ein „*historischer*" *Erdteil* ist, dessen Abgrenzung auf geographische und historische Konventionen zurückgeht. Darauf weisen u. a. die unterschiedlichen Flächenangaben hin, die auf voneinander abweichende Abgrenzungen des Kontinents zurückgehen. Dabei wird zwar immer eine physiogeographisch-geomorphologische Grenze gezogen, nämlich das Ural-Gebirge und der Ural-Fluß, von denen nur das Gebirge eine geographisch relevante Scheide ist: Hier wandelt sich das Klima der gemäßigten Zone nochmals, und damit ändern sich Bodentypen und Vegetation.

Bei diesem Raum handelt es sich aber bis zu einem gewissen Grade auch um eine Kulturscheide zwischen dem dichtbesiedelten alten Russischen Reich und den bevölkerungsarmen Weiten der westsibirischen Sümpfe. Demgegenüber besteht südlich vom Ural, mit dem Ural-Fluß, überhaupt keine raumfunktionale Begrenzung, denn der Fluß bildete kein Hindernis für die Entwicklung von Kulturen und Reichen im Gebiet der südosteuropäischen Steppen.

Die in der Literatur vorgenommene präzisere Grenzziehung hat keine andere Wertigkeit als die erwähnte: Die konventionell-geographische Abgrenzung geht vom Südfuß des Ural-Gebirges aus (Mugodschar-Berge) und folgt dem Emba-Fluß bis zu dessen Mündung. Die Nordküste des Kaspischen Meeres gilt dann als Fortsetzung der Grenze, die recht unscharf durch die Kuma-Manytsch-Senke markiert wird, um von dort zum Asowschen Meer und – entlang dessen Ostküste – zur Straße von Kertsch, am Schwarzen Meer, zu verlaufen.

Während diese Ostgrenze geographisch und historisch nur schwach zu begründen ist, ist im gesamten S, W und N durch die stark zergliederte Küstenlinie gegen Mittelmeer, Atlantik und Nordmeer eine eindeutige Abgrenzung vorgegeben. Diese starke Zergliederung des Kontinents E. ist wohl dessen Hauptmerkmal, sind doch 19% seiner Fläche Halbinseln (und 8% der Fläche Inseln).

Neben dieser eindeutigen äußeren Gliederung ist E. auch im Inneren eng gekammert, so daß es sowohl an den Küsten als auch in seinen zentralen Teilen als „Kontinent der Kleinräumigkeit" bezeichnet wird oder werden kann. Dieses Phänomen führte frühzeitig zu einer sehr differenzierten Entwicklung von Kulturen. Es zwang zu Völkerwanderungen, weil es periphere und zentrale Räume gab, die funktional als Aktiv- und Passivräume und landschaftsökologisch als offene, begünstigte Becken- und als benachteiligte Berg- und Gebirgslandschaften in Erscheinung traten. Sowohl Neolithiker als auch Kelten oder später Römer, Franken, Alamannen, Sachsen oder andere Völker orientierten sich an diesen natürlichen Lebensräumen. Von da ging auch die Staatenbildung aus. So gesehen ist E. auch der Kontinent der Staaten, um nicht zu sagen der Kleinstaaten. Kein anderer Kontinent weist eine solche Fülle von politischen Territorien auf engem Raum auf wie E. – auch, wenn man es über die letzten 1000 Jahre hinweg betrachtet.

II. Kulturelle Bedeutung

Ein eigener, von ↗Asien abgehobener Erdteil ist E. nicht aufgrund geographischer Gegebenheiten, sondern kraft seiner Prägung durch Geschichte (→Europa I) und Kultur. Sie hat bewirkt, daß der europ. Kontinent v. a. in der Neuzeit zum Zentrum von Wissenschaft, Wirtschaft, Zivilisation wurde – zu jenem Teil der Erde, in dem sich „auf engstem Raum die höchste Kraft des Völkerlebens" zusammendrängte *(W. Schulz)*.

Diese Entwicklung ist vorbereitet in den Mittelmeerkulturen, die dem modernen E. vorausgehen. Schon in der Antike beginnen sich – bei engem räumlichen Zusammenhang – „Orient" und „Okzident" als etwas Verschiedenes zu empfinden. In den „Persern" des *Aischylos* werden die Griechen den Persern mit den Worten vorgestellt: „Keines Menschen Knechte sind sie, keinem Menschen untertan". Und bei *Herodot* erregt Solon das Erstaunen des Perserkönigs Krösus, weil er dem Nahen Osten „philosophierend", allein um der theoretischen Erkenntnis willen, bereist. Hier werden Grundzüge des europ. Zugangs zur Welt sichtbar: politisch in der Freiheit gleichberechtigter Menschen (im Unterschied zu Herrschaft und Knechtschaft in orientalischen Reichen) und philosophisch im freien Erkunden und Wissenwollen (im Gegensatz zu östlicher Weisheit und Versenkung). Das reicht bis in unterschiedliche Körperhaltungen hinein: auf der einen Seite das forschend-erfahrende Unterwegssein, auf der anderen Seite die Meditation und das regungslos gesammelte Sitzen *(K. Löwith)*. Von daher gilt als „europäisch" eine Lebensordnung, die getragen wird von beweglichen, erfinderischen, anpassungsfähigen Menschen; die bestimmt ist von Entdeckungsfreude und rationalem Zugriff auf die Welt; der die Individualität mehr bedeutet als die Masse, die Freiheit mehr als die Macht.

Für Begegnung und Entfaltung von Menschen und Völkern bietet E. günstige äußere Bedingungen. Extreme Klimaunterschiede sind hier ebenso unbekannt wie ausgedehnte Wüsten, Steppen und Ödländer (vgl. I). Besonders der Süden, Norden und Westen sind reich gegliedert: kaum ein anderer Teil der Erde besitzt eine so lange Küstenstrecke und steht mit dem Meer in so enger Verbindung wie Europa. Erzeugnisse der verschiedensten Art, differenziert nach geographisch-klimatischen Zonen, verweisen die Menschen auf Austausch, Handel, arbeitsteilige Kooperation. Die Bevölkerungsdichte gehört traditionell zu den höchsten der Erde.

In diesen äußeren Verhältnissen, aber auch in der inneren Haltung der Europäer liegt es begründet, daß sich E. immer wieder gegen Versuche der Fremdbestimmung, der Aneignung von außen, behauptet hat. Im Lauf der Jahrhunderte hat es sich erfolgreich gegen zahlreiche Eroberer aus dem Osten und Südosten (Perser, Hunnen, Mongolen, Türken) zur Wehr gesetzt. Aber auch Hegemonialbildungen im Inneren waren in E. nie von Dauer: das gilt sowohl für die Ansätze einer span.-dt. Weltmacht im 16. Jh. wie später für die Eroberungen *Ludwigs XIV.*, der Französischen Revolution und *Napoleons* – von den Reichen →*Mussolinis*, →*Stalins*, →*Hitlers* im 20. Jh. nicht zu reden. Auch das Römische Reich und seine mittelalterlichen Fortsetzungen haben dauerhafte Traditionen nur begründet, soweit sie – über die bloße Machtausübung hinaus – Rechtsordnungen und Formen zivilisierten Lebens zu schaffen verstanden. Die europ. Staatenwelt war stets pluralistischer und vielgliedriger als die der byzantinischen, mongolischen, osmanischen und großruss. Nachbarn. Neben Großreichen und Nationen haben im europ. politischen Haushalt immer auch kleine Länder, Stadtstaaten, föderative Gebilde eine besondere Rolle gespielt. „Alles Kolossale und Uniforme ist eindeutig uneuropäisch, und das ist das Geheimnis aller Verfeinerung und aller Eigenart europäischer Zivilisation" *(O. Halecki)*.

Die Entstehung des modernen E., „the Making of Europe" *(Chr. Dawson)*, liegt im Mittelalter. In den Gewichtsverlagerungen der Karolingerzeit, der „Achsendrehung der Weltgeschichte nach Norden" *(H. Pirenne)*, grenzt sich das mittelalterliche E. einerseits vom islamischen Südrand des Mittelmeers, andererseits vom byzantinisch beherrschten Ost- und Südost-E. ab. E. wird nun endgültig ein christlicher Kontinent, der das antike und christliche Erbe des Römischen Reiches antritt (→Abendland, →Christentum III). Aus dem Zerfall der griech. Ökumene gehen die slawischen Völker und Sprachen hervor; aus den Resten des Römischen Reiches erwächst die Sprachen- und Völkervielfalt der Romania; die germanische Welt kommt als kräftiges neues Ferment der Staatenbildung hinzu. So bilden sich im Zusammenleben der europ. Völker im romanisch-germanisch-slawischen Mittelalter die Formen des modernen E. aus: Ebenbürtigkeit der Monarchen und Staaten, Ansätze eines gemeinsamen Rechts, Verbot der Tötung von Kriegsgefangenen, beginnende territoriale Integrität der Staaten. Zu den Patronen des werdenden E. gehören ebenso *Benedikt* wie *Kolumban* und *Bonifatius* und die Slawenapostel *Kyrill* und *Methodius*.

Auch das christliche E. bleibt im Wechselspiel der Universalgewalten in sich spannungsreich und dialektisch und verfestigt sich weder in einer Theokratie noch in östlichen Formen des Cäsaropapismus. Aus dem Kampf der Universalgewalten erwächst kein neues „Drittes Rom" – vielmehr gehen aus ihm die modernen Völker und Staaten hervor. Politisch erscheint die Periode vom 14. bis zum Ende des 16. Jh. als eine Zeit der Pluralisierung, der Auflösung des mittelalterlichen Universalismus, des Hervortretens der Völker. Doch sie begründet zugleich die moderne europäische, aus →Nationen oder Mehrvölkerstaaten bestehende Staatengemeinschaft. Gleichzeitig ist dies der Beginn der europ. Ausbreitung über die bewohnte Welt im Zeitalter der Entdeckungen: erst jetzt bürgert sich der Name E. in der Geschichte ein.

Das neuere E. ist von der christlichen Tradition geprägt, jedoch in „Konfessionen gespalten (Orthodoxe, Katholiken, Protestanten); es ist eine Zivilisationsgemeinschaft, die jedoch oft durch Staatenrivalitäten und -kriege erschüttert wird; es bildet ein zunehmend einheitliches („europazentrisches") Geschichtsbild, ein „Recht der zivilisierten Staaten" und eine gemeinsame europ. Rationalität und Technik (→Technik, Technologie) aus – doch es weckt in den unterworfenen Völkern der Welt in einem langsamen Prozeß zugleich den Wunsch nach Autonomie, Loslösung und Selbstverfügung. Auf dem Weg der Kolonisierung (→Kolonialismus), der Ausbreitung der europ. Zivilisation, des diplomatischen Verkehrs, des Internationalen Rechts entsteht im Lauf der neueren Jahrhunderte ein Weltstaatensystem, in dem die Dynamik E.s globale, den ganzen Erdkreis umspannende Dimensionen gewinnt. Während die älteren Reiche in historischen Sackgassen enden, beginnt mit der europäischen, später internationalen Staatengesellschaft ein Prozeß universeller Verflechtung der Völker und Nationen („Weltgeschichte E.s").

Bis zum I. Weltkrieg bleibt das europ. Staatensystem als Zentrum der Weltpolitik erhalten (neben den europ. Mächten gelten nur die ↗Vereinigten Staaten von Amerika und ↗Japan als Großmächte!); ähnliches gilt für die europ. wirtschaftliche, technische und wissenschaftliche Überlegenheit. Das ändert sich nach 1918. Mit dem revolutionären Rußland (↗Sowjetunion) und dem demokratisch-missionarischen Amerika (*Th. W. Wilson:* „To make the world safe for democracy") treten die Erben E.s in die Weltgeschichte ein. Dann zerstören die Politik *Hitlers* und *Stalins* und der II. Weltkrieg das verhängnisvoll geschwächte E. gänzlich, das nach 1945 zum ersten Mal in seiner Geschichte geteilt wird und unter den jahrzehntelangen Einfluß gegensätzlicher weltpolitischer Blockbildungen gerät (→Ost-West-Konflikt), während sich ↗Asien und ↗Afrika endgültig von seiner Vorherrschaft emanzipieren. Freilich hat auch diese Schwächeperiode die europ. geistig-politische Dynamik nicht brechen können.

Der europ. Völkervielfalt entspricht bis heute die Vielfalt der Sprachen, der Regio- und Soziolekte Europas. Weniger als andere Teile der Welt ist E. von den sprachlichen Unifizierungstendenzen betroffen, die mit der technischen und kommunikativen Vereinheitlichung der Welt Hand in Hand gehen. Daher muß eine hegemoniale Sprachpolitik in E. ihr Ziel verfehlen. Schließt man Mittel- und Ost-E. ein, so dominiert keine Sprache so absolut, daß sich ein „natürliches" Über- und Unterordnungsverhältnis ergäbe. Die russ. und die dt. Sprache stehen mit mehr als 100 Mio. Sprechern an der Spitze; das Englische tritt, verglichen mit seiner sonstigen Dominanz in der Welt, eher zurück; Spanisch, Französisch und Italienisch spielen eine gewichtige Rolle; aber auch die „kleinen Sprachen" vom Griechischen bis zu den skandinavischen Sprachen, vom Niederländischen bis zum Irischen sind von ihren Sprechern nie in Frage gestellt worden. Mittelfristig drängen die slawischen Sprachen stärker in den Vordergrund: schon jetzt sprechen in E. fast so viele Menschen Polnisch wie Spanisch. Daneben behaupten sich das Ungarische, das Rumänische in slawischer Umgebung.

Soll die europ. Einigung (→Europa II) in einen Zusammenschluß freier Staaten münden, so muß sie auf sprachlich-kulturellem Gebiet Leit- und Hegemoniesprachen meiden. Ihr Ziel muß Sprachvielfalt, nicht Spracheinheit sein. Dies allein entspricht europ. Traditionen der Individualität, der Verwirklichung im Einzelnen und Konkreten. Mit dem Gebrauch der Muttersprache beginnt die Entfaltung der menschlichen Persönlichkeit. Im Rechtsstreit ist der Kontrahent im Vorteil, der sich in seiner Muttersprache ausdrücken kann. Das Grundrecht auf Redefreiheit hat auch seine sprachliche Dimension. Die kulturelle Vielfalt ist die dauerhafteste Ressource E.s; sie muß sich in einer Sprachenvielfalt zeigen, die jede Sprachhegemonie vermeidet und deren Ziel ein E. der Muttersprachen ist.

III. Politische Entwicklung

Die Wende vom 19. zum 20. Jh. sah E. auf dem Höhepunkt seiner weltpolitischen Dominanz und zugleich seiner inneren Rivalitäten und Spannungen (→Europa I). Mit dem I. Weltkrieg (→Weltkriege) kündigten sich das Ende des europ. Jahrhunderts und eine das ganze 20. Jh. durchziehende „Krise Europas" *(K. D. Bracher)* an. Die zunächst nach außen gewandte imperialistische Konkurrenz der europ. Großmächte (→Imperialismus) hatte sich nach innen gerichtet und im innereurop. Bürgerkrieg E.s Staaten die Kraft zur Weltmacht genommen. Der Eintritt der ↗Vereinigten Staaten von Amerika in den Krieg und die bolschewistische Revolution 1917 (↗Sowjetunion) symbolisierten die geschichtliche Wende. Der I. Weltkrieg untergrub E.s weltpolitische Hegemonie, sein Konfliktpotential blieb jedoch erhalten, ja verstärkte sich noch. Von den explosiven Themen des 19. Jh., die zur Katastrophe des I. Weltkriegs beigetragen hatten, sollten der Kampf um die Selbstbestimmung der Völker (→Selbstbestimmungsrecht) erst noch ihre schärfste Zuspitzung in der Form der Pervertierung erfahren und mit dem II. Weltkrieg (→Weltkriege) zu einer noch größeren Katastrophe führen. Der →Nationalismus erhielt mit der Zerschlagung Österreich-Ungarns (↗Österreich) und des Osmanischen Reiches sowie mit den Auflösungserscheinungen Rußlands im revolutionären Bürgerkrieg abermals Auftrieb. Auch in den „späten" Nationalstaaten brachte das Ergebnis des Krieges neuen Nationalismus hervor. Besondere Brisanz und Aggressivität nach außen erhielt dieser in ↗Italien und ↗Deutschland durch seine Verbindung mit den totalitären Ideologien des Faschismus und Nationalsozialismus.

Die Folgen des I. Weltkriegs führten in allen beteiligten Staaten zu starken inneren Spannungen. Während die siegreichen westlichen Demokratien sie in ihrem verfassungsrechtlichen Rahmen meisterten, stand Italien, den Mittelmächten Deutschland und Österreich-Ungarn wie auch Rußland nach dem Zusammenbruch ihrer Autokratien ein politischer Irrweg bevor. Der unaufhaltsamen Dynamik des →Demokratie-Gedankens konnten auch sie sich nicht verschließen. Siegreich war jedoch nicht die Demokratie im Gewande des freiheitlichen Verfassungsstaates, sondern die Manipulation und Perversion der Idee der Volksherrschaft zu einer neuen Qualität der Despotie. Innenpolitisch kam es zur pseudodemokratischen Legitimierung von Links- und Rechts- →Diktaturen, „deren Totalanspruch alle bisherigen Formen von Despotismus hinter sich läßt, indem sie mit der Proklamation der völligen 'Einheit' von Staat und Gesellschaft, Bürger und Partei, Volk und Führung das Paradies auf Erden verheißt". Außenpolitisch richtete sich der →Totalitarismus „auf die Erzwingung einer hegemonialen Neuordnung oder weltrevolutionären Zerschlagung des Staatensystems" *(K. D. Bracher).*

→*Hitlers* Eroberungskrieg erzwang nicht nur die Entscheidung zwischen seinem totalitären Regime und dem westlichen Verfassungsstaat, sondern auch zwischen den beiden Formen des Totalitarismus. Das Ergebnis war eine Teilung E.s zwischen der siegreichen Demokratie und der ebenso siegreichen marxistisch-leninistischen Totalitarismus-Variante.

1945 konnte kein Zweifel mehr daran bestehen, daß die Rolle E.s als Hauptbeweger der Weltpolitik beendet war. Zerstoben war die bis dahin „mühevoll durchgehaltene Illusion, daß Europa immer noch das Zentrum der Welt sei und daß das Ringen um →Hegemonie oder Gleichgewicht in Europa zugleich über das Schicksal der übrigen direkt oder indirekt davon abhängigen Kontinente mitentscheide" *(A. Hillgruber).* Am deutlichsten wurde der Machtverlust E.s in der Auflösung der Kolonialreiche.

E. verlor aber nicht nur seinen Einfluß auf den machtpolitischen Gang der Weltgeschichte, sondern wurde seinerseits Objekt außereurop. Mächte. Die USA und die ↗Sowjetunion teilten E. in zwei Einflußsphären, die sich als Blöcke gegenüberstanden, innerhalb derer die Nationalstaaten praktisch ihre Souveränität verloren hatten – zumindest soweit diese die Entscheidung über Krieg und Frieden betraf. Mittelpunkt und Nahtstelle des E. der Blöcke bildete das besiegte und geteilte Deutschland.

Die Beziehungen zwischen den Blöcken waren vom „Kalten Krieg" (→Ost-West-Konflikt) geprägt – einem Zustand der Konfliktaustragung und Konfliktregulierung gleichermaßen. In E. wurde der Konflikt als Kampf der Gesellschaftssysteme vornehmlich auf ideologischem Gebiet ausgetragen, begleitet von der Perzeption militärischer Bedrohung. Reguliert wurde der Konflikt insofern, als man versuchte, durch ein hohes Maß an Abgrenzung in den Beziehungen zwischen beiden Seiten „die kriegerische Sprengung des internationalen Systems, also den Heißen Krieg, zu vermeiden" *(W. Link).* Voraussetzung dafür war eine bipolare Gleichgewichtsstruktur (→Sicherheitspolitik). Diese war in E. allerdings erst gegeben, als nach einigen Jahren sowjetischer Dominanz die Amerikaner Westeuropa ökonomisch stabilisierten und seit 1949 im →Nordatlantikpakt seinen militärischen Schutz garantierten.

Diesseits und jenseits des „Eisernen Vorhangs" wurden – den Grundprinzipien der Gesellschaftssysteme entsprechend – innerhalb der Blöcke unterschiedliche Konzepte der E.politik verwirklicht. Während Osteuropa nach dem traditionellen Ansatz der Hegemonie organisiert wurde, entwickelte sich in Westeuropa eine neuartige Ordnung, die nationalstaatliche Autonomie und überstaatliche Kooperation verband. Der Einigungsprozeß unter dem Schirm der Supermacht USA wurde von freien und gleichberechtigten Partnern getragen, in deren Reihe rasch auch die →Bundesrepublik Deutschland aufgenommen wurde. Eine solche E.politik zog die Lehren aus dem Scheitern des E.s der Nationalstaaten in zwei Katastrophen; sie war zugleich ein Instrument der Bändigung eines zukünftigen Deutschlands und eine Trutzgemeinschaft gegen die Bedrohung der Freiheit durch den Kommunismus.

Dem neuen E.konzept gehörte die Zukunft. Das ausgeblutete Westeuropa erholte sich schnell und wuchs zu einem Erfolgsmodell zwischen- und überstaatlicher Zusammenarbeit heran (vgl. V; →Europa II, →Europäische Gemeinschaften). Die Renaissance der parlamentarischen Demokratie und gewaltige wirtschafts- und sozialpolitische Fortschritte demonstrierten, was eine an den →Menschenrechten orientierte Gesellschaft zu leisten imstande ist. Westeuropa wurde zu einem Magnet der „Freien Welt", dessen Anziehungskraft sich weder autoritäre Regime wie ↗Spanien und ↗Portugal noch die Diktaturen des Ostblocks auf Dauer entziehen konnten.

Wirksam wurde die Ausstrahlung Westeuropas in der Phase der Entspannung der Ost-West-Beziehungen, die in der ersten Hälfte der 60er Jahre einsetzte, nachdem global eine gleichgewichtige Verteilung der Machtpotentiale zwischen den USA und der UdSSR auf der nuklear-strategischen Ebene gegeben war. Die Entspannungspolitik hob den Ost-West-Konflikt nicht auf, baute jedoch die kooperativen Beziehungen beider Seiten aus: im militär- und sicherheitspolitischen Bereich bilateral zwischen den Supermächten (→Abrüstung), auf wirtschafts- und gesellschaftspolitischen Gebieten bilateral zwischen einzelnen Mitgliedsstaaten der Blöcke (z. B. die Ostverträge der Bundesrepublik) und multilateral (z. B. KSZE).

Die E.politik wurde von der Entspannung ambivalent beeinflußt. Auf der einen Seite verlangsamte sich der Prozeß der westeurop. Einigung; Tendenzen des Polyzentrismus und alten nationalstaatlichen Denkens machten sich bemerkbar. Auf der anderen Seite trat das E. abendländischer Prägung (→Abendland) wieder in das Blickfeld. Kleineurop. und gesamteurop. Politik präsentierten sich wieder als umstrittene Alternativen wie in den unmittelbaren Nachkriegsjahren: Integration Westeuropas in der Gegenwart oder Offenhalten der Option einer zukünftigen größeren Einheit Europas. Auch diese Problematik gewann in der →deutschen Frage ihre schärfsten Konturen.

Der Entspannungsprozeß erlitt zwar immer wieder Rückschläge, kam aber nie völlig zum Erliegen. Seit 1985 erhielt er dann durch die Politik des sowjetischen KP-Chefs *Michail Gorbatschow* eine neue Qualität. Einerseits schritt die Entspannung als Regulierung des Ost-West-Konflikts vornehmlich in der Sicherheitspolitik mit größerer Geschwindigkeit voran; andererseits veränderte sich durch die Folgen der sowjetischen Perestrojka im Herrschaftsbereich der UdSSR die Qualität des Ost-West-Konflikts überhaupt. Dem Ost-West-Gegensatz wurde durch den Systemwandel in der UdSSR und die Auflösungserscheinungen des →Warschauer Pakts nach und nach die Substanz entzogen. Ein entscheidender Einschnitt in dieser Entwicklung war das Jahr 1989. Der Sturz der kommunistischen Diktatur in allen Staaten Ostmitteleuropas beseitigte den „Eisernen Vorhang". 1990 wurde mit dem Beitritt der DDR zur Bundesrepublik Deutschland ↗Deutschland wiedervereinigt. Ende 1991 löste sich sogar die UdSSR als staatliche Einheit auf. E. stellt sich wieder in seiner kulturgeschichtlichen Identität (vgl. II) als Ganzes dar und steht damit vor gewaltigen Herausforderungen.

(1) Wird der Demokratisierungsprozeß in den Ländern Ostmittel- und Osteuropas von Erfolg gekrönt sein? Die Antwort hängt wesentlich davon ab, ob das ökonomische West-Ost-Gefälle eingeebnet werden kann (vgl. V). Die Erfüllung der materiellen Existenzbedürfnisse der Menschen schafft erst das Ausmaß von Legitimität, dessen stabile Demokratien bedürfen.

(2) Wie wird sich die Neuordnung E.s gestalten? Führt die Renaissance nationalen Bewußtseins zur Wiederbelebung eines überholt geglaubten Nationalismus oder mündet sie in eine gemeinsame Identität der westlichen Demokratien ein? Nur die Fortsetzung der in Westeuropa begonnenen europ. Einigung kann die Destabilisierung der europ. Ordnung verhindern und eine neue, auf die Freiheit aller gegründete größere Stabilität schaffen.

(3) Welche Rolle wird das E. der Zukunft in der Weltpolitik spielen? Nach Auflösung der Bipolarität und im Zuge des wachsenden Polyzentrismus in der Welt wird E. ein eigenständiger Part nur unter zwei Voraussetzungen zufallen: Zum einen muß es mit einer Stimme sprechen, d. h., der nach 1945 im Westen begonnene Prozeß der integrativen Kooperation muß auf Gesamteuropa ausgedehnt werden. Die hegemoniale Variante europ. Einigung muß ein für allemal zu Ende sein. Dies setzt zum anderen ein Sicherheitssystem voraus, das ein Gegengewicht zur fortbestehenden militärischen Supermacht Rußland enthält. Ein solches Gegengewicht kann allein von den USA ausgehen, deren Teilnahme an einem europ. Sicherheitssystem daher auch in der Zukunft unabdingbar ist.

Das Meistern der europ. Herausforderungen wird wesentlich von der Kraft der Europäischen Gemeinschaft abhängen. Der etwa gleichzeitig mit dem Beginn der sowjetischen Perestrojka anvisierte Ausbau der EG zum einheitlichen Binnenmarkt und zur politischen Union sollte nicht einer scheinbaren Überwindung der Teilung E.s geopfert werden. Umgekehrt: Nur ein starkes, geeintes Westeuropa vermag die Überwindung der europ. Teilung mit Aussicht auf dauerhaften Erfolg zu steuern. Ein stabiles E. bedingt auch die in Gang gesetzte weitere Einebnung des wirtschaftlichen Nord-Süd-Gefälles innerhalb der EG und eine föderalistische Befriedung der innerhalb einzelner europ. Staaten lautgewordenen Autonomieforderungen ethnischer Minderheiten.

IV. Recht

1. Der Begriff des Europarechts

Unter „Europarecht" versteht man die Gesamtheit der Regeln der supranationalen und internationalen Organisationen, die von den Staaten E.s im geographischen und kulturellen Sinn geschaffen wurden. Es umfaßt i. e. S. dabei nur das Europäische Gemeinschaftsrecht, d. h. das Recht der drei Europäischen Gemeinschaften (EWG, EGKS, EURATOM). In einem etwas weiteren Sinne werden auch das Recht des →Europarats, insbes. die →Europäische Menschenrechtskonvention (EMRK), die →Europäische Sozialcharta und das Recht der →Organisation für wirtschaftliche Zusammenarbeit und Entwicklung (OECD), in einem noch weiteren Sinne auch die Regeln der Konferenz für Sicherheit und Zusammenarbeit in Europa (KSZE) und anderer europ. Organisationen dem E.recht zugerechnet.

2. Das gemeinsame europäische Erbe

Auf den ersten Blick wird der Begriff des E.rechts nur durch den gemeinsamen geographischen oder kulturellen Bezugspunkt zusammengehalten. In der neueren Entwicklung wird aber zunehmend die auch materielle Einheit des E.rechts betont. Allen europ. Teilrechtsordnungen liegt in dieser Sicht der gemeinsame „ordre public européen" (H. Mosler) zugrunde. In der Präambel der EMRK wird diese gemeinsame materielle Grundlage als das „gemeinsame Erbe" bezeichnet. Dieser Begriff stellt zwar primär auf die „gemeinsame europäische Verfassungstradition" (so die Rechtsprechung des Europäischen Gerichtshofs – EuGH) ab, bezieht sich aber darüber hinaus auch auf die soziale Marktwirtschaft und v. a. auf das gemeinsame kulturelle, religiöse und philosophische Erbe E.s (vgl. II.).

3. Prinzipien der europäischen Verfassungstradition

Die Prinzipien der gemeinsamen europ. Verfassungstradition werden insbes. vom EuGH einerseits durch einen Vergleich der nationalen Verfassungsregeln, andererseits durch Rückgriff auf die von den Straßburger Organen (Kommission, Gerichtshof der EMRK) ausgelegten Grundrechte der EMRK präzisiert. Dieser „ordre public européen" umfaßt die gemeinsamen Staatszielbestimmungen (Rechtsstaats- und Demokratieprinzip), die Grundrechte und die Grundlagen der (sozialen) Marktwirtschaft:

a) Das Rechtsstaatsprinzip (→Rechtsstaat). Es ist in der Präambel der EMRK *(rule of law)* und im Verfassungsrecht v. a. der deutschsprachigen Staaten E.s ausdrücklich verankert worden; es wird durch die Rechtsprechung des EuGH zunehmend herangezogen, um neue Rechtssätze zu begründen. In den anderen europ. Staaten ist das Rechtsstaatsprinzip zwar i. d. R. in den Verfassungen nicht enthalten; die Unterprinzipien (→Grundrechte, gerichtlicher Rechtsschutz, →Gewaltenteilung, Rückwirkungsverbot) haben aber auch dort verfassungsrechtlichen Rang. Unter Rückgriff auf die Rechtslage in der Bundesrepublik Deutschland bemüht sich die Lehre in fast allen europ. Staaten, im Wege der Rechtsanalogie aus diesen Unterprinzipien auf das einheitliche Rechtsstaatsprinzip *(Etat de droit; stato di diritto; estado de derecho)* zu schließen.

Das Rechtsstaatsprinzip beinhaltet v. a. die Forderung, der Ausübung von Hoheitsgewalt durch – richterlicher Kontrolle unterworfene – Grundrechtsgarantien Schranken zu ziehen. Soweit die Hoheitsgewalt heute noch durch die Mitgliedstaaten ausgeübt wird, sind die Behörden an internationale, europ. und nationale Grundrechte gebunden, deren Einhaltung durch die Gremien der UNO, die Organe der EMRK und durch die nationalen Verfassungs- und Verwaltungsgerichte kontrolliert wird. Soweit dagegen die Hoheitsgewalt auf supranationale Organisationen (EG) übertragen worden ist, greift die analoge Kontrolle durch internationale Gerichte, insbes. durch den EuGH, ein.

In den europ. Staaten und in den internationalen und supranationalen Organisationen auf europ. Gebiet greift ferner das rechtsstaatliche Gewaltenteilungsprinzip. In der seit der Aufklärung entwickelten europ. Tradition beinhaltet dieser Grundsatz die verfassungsrechtliche Verankerung des Satzes „le pouvoir arrête le pouvoir" *(Ch.-L. de Montesquieu)* oder den „checks and balances" *(J. Madison,* Federalist Papers). Dadurch werden die Freiheit der Bürger und die Einhaltung der Verfassung gesichert.

Seit dem 19. Jh. beinhaltet das Rechtsstaatsprinzip ferner die Forderung nach der Existenz einer geschriebenen →Verfassung, deren Rechtssätzen ein höherer Rang als allen anderen Rechtssätzen der Rechtsordnung zukommt. In dieser Verfassung sind die Prinzipien des sozialen Rechtsstaats und der Demokratie zu verankern, um so die Aufrechterhaltung der liberalen Ordnungsprinzipien zu gewährleisten. Seit der Mitte des 20. Jh. wird diese Garantie in E. auch durch die →Verfassungsgerichtsbarkeit und durch die Rechtsprechung internationaler Gerichte verstärkt. Auch diese Prinzipien sind in den „ordre public européen" übernommen worden.

b) Das Demokratieprinzip. Im Gegensatz zum Rechtsstaatsprinzip wird das Demokratieprinzip (→Demokratie II 3) in allen Verfassungen der Mitgliedstaaten der EG, in der EMRK und in der Rechtsprechung des EuGH ausdrücklich erwähnt. Dieser Grundsatz geht von der →Souveränität des Volkes aus, die i. d. R. durch Rückgriff auf das Nationalstaatsprinzip definiert wird. Er fordert zunächst, daß die Gesetzgebung einem Parlament vorbehalten ist, dessen Abgeordnete in allgemeiner, freier, unmittelbarer und geheimer Wahl gewählt werden. Der Grundsatz der Volkssouveränität fordert ferner, daß die Hoheitsgewalt aller Staatsorgane sich in einer kürzeren oder längeren „Legitimationskette" vom Volk ableitet und daß die Ausübung dieser Gewalt letztlich vom Volk kontrolliert wird. Drittens verlangt dieser Grundsatz die Freiheit der Gründung und der Tätigkeit der →politischen Parteien (Mehrparteiensystem) sowie die Freiheit des öffentlichen Meinungsbildungsprozesses (→öffentliche Meinung). Die Verbindung der Meinungs- und Vereinigungsfreiheit (→Meinungs- und Informationsfreiheit, →Vereins-, Vereinigungsfreiheit) mit dem Demokratieprinzip wird in Rechtsprechung und Literatur fast aller Mitgliedstaaten der EG deutlich gesehen.

Das Demokratieprinzip hatte zur Folge, daß in fast allen europ. Organisationen neben dem Ministerrat ein Parlament oder eine europ. Versammlung gebildet wurde. Allerdings wird dieses Parlament bis jetzt nur im Rahmen der EG unmittelbar vom Volk gewählt (→Europäisches Parlament), die parlamentarische Versammlung insbes. des Europarats dagegen von den nationalen Parlamenten beschickt. Auch in der EG ist der Grundsatz der Volkssouveränität bisher nicht voll übernommen worden: Das Parlament hat auch dort weitgehend nur eine beratende Funktion. Da der „ordre public européen" tief im Bewußtsein der europ. Völker verankert ist und damit den Kern eines zukünftigen europ. Bewußtseins bildet, stehen die Regierungen der einzelnen Staaten unter dem starken Druck ihrer öffentlichen Meinung, das Demokratieprinzip auch in der EG voll zu verwirklichen.

c) Die soziale Marktwirtschaft. Die dem „ordre public européen" zugrundeliegende liberale Tradition hatte von Beginn an v. a. auch eine wirtschaftliche

Komponente: Im Sinne der Trennung von →Staat und Gesellschaft fordert sie die Durchsetzung von Freiheit und Eigentum in der (sozialen) →Marktwirtschaft (→soziale Marktwirtschaft); der Selbstregulierungsprozeß der Wirtschaft fördert darüber hinaus auch maximal die heute durch die sozialen Grundrechte geschützten Interessen der Bürger. Die damit verbundene Ordnungskonzeption hat sich zwar bisher nur in den deutschsprachigen Ländern und in den USA voll durchsetzen können; insbes. bleibt umstritten, ob die EG auf den Prinzipien der sozialen Marktwirtschaft beruht. Das Versagen der Zentralverwaltungswirtschaft in den osteurop. Staaten dürfte aber langfristig das Bewußtsein stärken, daß den Grundsätzen der sozialen Marktwirtschaft auch eine verfassungsrechtliche Bedeutung zufällt.

4. Konklusion

Die im „ordre public européen" zusammengefaßten Prinzipien der liberalen Tradition haben sich heute von E. auf fast alle Regionen der Welt durchgesetzt. Das gilt v. a. für das Rechtsstaats- und Demokratieprinzip. Dennoch haben sich diese Grundsätze nur im europ. Bereich und in den ehemaligen brit. Dominions durchgesetzt. Deshalb handelt es sich auch heute noch um eine genuin europ. Rechtskultur.

Der „ordre public européen" hat eine dreifache Funktion: (1) Er bestimmt den Aufbau der europ. Organisationen und ihrer Mitgliedstaaten. (2) Er zieht der Ausübung der Hoheitsgewalt auf der europ. und der nationalen Ebene Grenzen. (3) Er legt die Voraussetzungen eines Beitritts zu und eines Ausschlusses aus den europ. Organisationen fest.

Die Präzisierung des Begriffs des „ordre public européen" wirft schwierige Probleme auf: Einerseits muß in der Rechtsprechung der europ. Gerichte sein Inhalt konkret umrissen werden. Dabei neigt insbes. der EuGH dazu, im Wege der „wertenden" Rechtsvergleichung die Prinzipien der nationalen Rechtsordnungen zu übernehmen, welche die Ziele des Gemeinschaftsrechts effektiv-optimal durchsetzen und den Individualrechtsschutz maximieren. Andererseits muß bei der Präzisierung des Begriffs berücksichtigt werden, daß innerhalb der gemeinsamen europ. Verfassungstradition in den Mitgliedstaaten der europ. Organisationen sich unterschiedliche Wertsysteme ausgebildet haben, welche die gemeinsame Ordnungskonzeption verschieden interpretieren. Infolgedessen besitzen die Mitgliedstaaten bei der Konkretisierung des Begriffs einen breiten Beurteilungsspielraum. Dieser aber wird durch die europ. Rechtsprechung zunehmend beschränkt. Insbesondere ist zu erwarten, daß der durch den EuGH bisher befolgte Grundsatz des Vollzugs des Europäischen Gemeinschaftsrechts nach nationalem Verwaltungsrecht zunehmend durch die Entwicklung von dann auch auf die Mitgliedstaaten anwendbaren „allgemeinen" Rechtsgrundsätzen verdrängt wird. So wird das nationale Verwaltungsrecht als „Konkretisierung des Verfassungsrechts" zunehmend europäisiert.

5. Integration im Rahmen der EG

Während sich die meisten europ. Organisationen auf eine Koordination staatlicher Handlungen unter Verzicht auf einen Eingriff in die staatliche Autonomie beschränken, sind bereits die Gründungsverträge der Europäischen Gemeinschaften auf eine weitergehende Integration, verbunden mit tiefgreifenden Souveränitätseinbußen der Mitgliedstaaten, angelegt. Das bisher umfangreichste Reformwerk im Hinblick auf eine Fortentwicklung der EG stellt die am 1. 7. 1987 in Kraft getretene *Einheitliche Europäische Akte* (EEA) dar. Sie gewinnt v. a. in zwei Richtungen an Bedeutung. Zum einen enthält sie in Titel II Bestimmungen zur Änderung und Ergänzung der Gründungsverträge, zum anderen wird durch Titel III erstmals die bereits seit einiger Zeit praktizierte *Europäische Politische Zusammenarbeit* (EPZ) auf dem Gebiet der Außenpolitik vertraglich verankert. Die EPZ stellt dabei eine neben den Gemeinschaften stehende eigenständige Organisation dar.

In den EWG-Vertrag neu eingeführt werden durch die EEA die Regelungen über die Errichtung des *Europäischen Binnenmarktes,* der bis zum 31. 12. 1992 vollendet werden soll. Der Begriff des Binnenmarktes ist zwar in seiner rechtlichen Bedeutung umstritten, hat jedoch in der Praxis einen wohl nicht vorhergesehenen Integrationsschub ausgelöst. Zudem erweitert die EEA die Kompetenzen der EG für neue Materien. Auch der Begriff der *Wirtschafts- und Währungsunion,* deren 1. Stufe am 1. 7. 1990 in Kraft getreten ist, wird durch die EEA erstmals in den EWG-Vertrag eingefügt. Im institutionellen Bereich hat die EEA zu einem erweiterten Anwendungsbereich von Mehrheitsentscheidungen im Rat geführt. Ein Gericht 1. Instanz trägt zu einer Entlastung des EuGH bei. Die Mitwirkungsrechte des Europäischen Parlaments sind nur in bescheidenem Umfang weiterentwickelt worden.

Greift die Präambel der EEA zum wiederholten Male den Gedanken der *Europäischen Union* auf, so wird damit auf das Ziel einer politischen Union oder gar eines europ. Bundesstaates hingewiesen, wobei die Europäische Union sowohl durch die Änderungen der Gemeinschaftsverträge als auch durch die Institutionalisierung der EPZ gefördert werden soll. Bleiben dabei die unmittelbaren Wirkungen der EEA zum Teil deutlich hinter den Erwartungen an dieses Reformwerk zurück, so zeigt sich in der Praxis, daß es zu einer ständigen Ausweitung der EG-Kompetenzen, verbunden mit einem Souveränitätsverlust der Mitgliedstaaten, kommt. Ihr steht ein wachsendes Demokratiedefizit, bedingt durch die schwache Stellung des Europäischen Parlaments, gegenüber. Insofern bietet eine weitergehende Integration der Mitgliedstaaten der EG nicht nur große Chancen, wie sie insbes. durch den Cecchini-Bericht für den wirtschaftlichen Bereich dargelegt wurden, sondern auch politische Gefahren durch nur mangelhaft ausgeprägte demokratische Kontrollmechanismen. Dies erweist sich nicht zuletzt im Hinblick auf die Herausbildung eines europ. Nationalbewußtseins in einem vielbeschworenen E. der Bürger als Problem und Hemmnis der Integration.

V. Wirtschaft

1. Entwicklung nach dem II. Weltkrieg

a) Allgemeiner Überblick. Wirtschaftlich besteht E. im Prinzip noch heute aus nationalstaatlich organisierten Volkswirtschaften. Die Nachkriegsentwicklung ist aber durch eine ausgeprägte Tendenz zur Bildung größerer Wirtschaftsräume gekennzeichnet. Sie umfassen zwar (noch) nicht ganz E., sondern nur Gruppen von „nationalen Ökonomien", zielen jedoch darauf ab, durch Erleichterungen des grenzüberschreitenden Wirtschaftsverkehrs dem entstehenden Großraum die Vorteile der internationalen Arbeitsteilung zu erschließen.

Die Teilung E.s nach dem II. Weltkrieg führte in West und Ost zu grundverschieden organisierten nationalen Wirtschaftsordnungen: In Westeuropa zu Systemen marktwirtschaftlicher Steuerung mit Privateigentum an Produktionsmitteln (→Marktwirtschaft), in Osteuropa – mit einer gewissen Ausnahme ↗Jugoslawiens – zu Systemen zentraler Planwirtschaft mit öffentlichem Eigentum am Produktivkapital.

Entsprechend unterschiedlich vollzogen sich auch

die Prozesse der wirtschaftlichen →Integration zwischen den beteiligten Volkswirtschaften. Geht es bei Marktsteuerung v. a. darum, den grenzüberschreitenden Wettbewerb von nationalstaatlichen Beschränkungen und Verfälschungen zu befreien, so verlangt die verbindliche Zentralplanung eine umfassende Ex-ante-Koordination der grenzüberschreitenden Arbeitsteilung. Deshalb ist dem →Wettbewerb als Motor wirtschaftlicher Integration bei Marktsteuerung eine Tendenz zur Selbstverstärkung immanent. Dagegen verschärfen die mit langfristiger internationaler Arbeitsteilung verbundenen Unsicherheiten die ohnedies unvermeidbare Überforderung nationaler Planungsinstanzen und führen zu Widerständen und Verzögerungen. Mit entsprechend unterschiedlicher Dynamik verliefen daher auch die bisherigen Integrationsprozesse in West- und Osteuropa.

b) Westeuropa. Die wirtschaftliche Integration Westeuropas war von Beginn an von einem breiten politischen Konsens getragen. Die für alle Bürger der Mitgliedstaaten bald spürbaren Vorteile (verbesserte Marktversorgung, erweiterte Freizügigkeit) und die zunehmende wechselseitige Interessenverflechtung schlossen Krisen und Rückschläge zwar nicht aus, zwangen die Mitgliedstaaten jedoch, Schwierigkeiten stets durch weitere Fortschritte auf dem Wege zur (wirtschaftlichen) Integration (West-)E.s zu überwinden. Dies gilt besonders für die Entwicklung seit Schaffung der EWG (1958). Dabei kam es zunehmend auch zu einer Einschränkung nationalstaatlicher Souveränität zugunsten der E(W)G-Kommission. Die Verschmelzung von EURATOM, EGKS und EWG zu den →*Europäischen Gemeinschaften* (1967) und die *Einheitliche Europäische Akte* (EEA, 1987), die die Vollendung des Binnenmarktes zum 1.1.1993 zum verbindlichen Programm erklärte, verfestigten diese Machtverschiebung im Sinne einer Zunahme auch der politischen Integration.

Den bislang bedeutendsten Schritt auf dem Wege zu einer politischen Union Europas stellt der am (7.2.1992) unterzeichnete *Vertrag von Maastricht* dar. Er sieht eine weitere erhebliche Verlagerung (wirtschafts-)politischer Kompetenzen auf EG-Instanzen vor. Doch ist eine dieser zunehmenden Zentralisierung von Entscheidungskompetenzen in Brüssel entsprechende Institutionalisierung demokratischer Legitimation und Kontrolle nicht vorgesehen – ein Defizit, an dem die Maastrichter Beschlüsse scheitern könnten.

Der wirtschaftliche Erfolg im Innern führte dazu, daß die E(W)G auch für Drittstaaten an Attraktivität gewann, ja für einige Nachbarländer ein Beitritt unabdingbar wurde, wollten sie wirtschaftlich nicht ins Hintertreffen geraten. So kam es neben der Intensivierung des Integrationsprozesses im Innern auch zu einer stufenweisen Erweiterung der EG nach außen (1973 Großbritannien, Dänemark, Irland, 1981 Griechenland, 1986 Spanien und Portugal).

Andere Staaten, die einen Beitritt mit ihrem außenpolitischen Selbstverständnis nicht in Einklang zu bringen vermochten, sahen sich zur Gründung der →*Europäischen Freihandelsassoziation* (EFTA, 1960) veranlaßt, um auch in den Genuß der Vorteile eines größeren Wirtschaftsraumes zu gelangen und ihre Verhandlungsposition der E(W)G gegenüber zu stärken. Die EFTA blieb jedoch bloße Freihandelszone, deren Mitgliedsländer nur über einen relativ kleinen heimischen Markt verfügen, geographisch z. T. weit auseinander liegen und aufgrund nationalstaatlicher Traditionen keine gemeinsamen politischen Ziele verfolgen. Sie vermochte daher keine eigene Dynamik zu entfalten. Nicht zufällig nahm die Zahl der EFTA-Mitglieder deshalb sogar ab (durch Beitritt zur EWG). Immerhin bewirkte die Gründung der EFTA, daß die Nationalstaaten Westeuropas im wesentlichen in zwei größeren Wirtschaftsräumen organisiert sind; lediglich die Türkei, Zypern und Malta gehören noch keinem der Integrationsräume an. Schon 1972 kam es zwischen der EG und den EFTA-Ländern zu einem System von Verträgen, durch die der Warenhandel auch zwischen diesen Wirtschaftsblöcken von Beschränkungen weitgehend befreit wurde. Um den dadurch erreichten hohen Stand wirtschaftlicher Verflechtung nicht zu gefährden, einigten sich die beiden Integrationsgebiete (1991) auf den Vertrag über die Schaffung eines sog. *Europäischen Wirtschaftsraumes* (EWR), der zeitgleich mit der Vollendung des EG-Binnenmarktes zum 1.1.1993 in Kraft treten soll.

c) Osteuropa. Eine Art Kontrastprogramm stellte der Versuch dar, die Volkswirtschaften Osteuropas im →*Rat für gegenseitige Wirtschaftshilfe* (RGW, COMECON 1949) zusammenzuführen. Diesem Versuch einer planwirtschaftlichen Organisation internationaler Arbeitsteilung fehlte von Anfang an aber nicht nur die demokratische Legitimation, sondern auch ein brauchbares Verfahren zur Ermittlung der (relativen) Standortvorteile, die zum Nutzen aller Beteiligten verwirklicht werden sollten. Die resultierende Standortverteilung diente daher mehr den wirtschaftlichen Interessen der den RGW dominierenden UdSSR, als daß sie Kriterien ökonomischer Leistungsfähigkeit folgte; die praktizierte internationale Arbeitsteilung bezweckte weniger eine spürbare Verbesserung der wirtschaftlichen Versorgung der Bevölkerung als die Einbindung der osteurop. Volkswirtschaften in den Einflußbereich sowjetischer Wirtschaftsplanung. Daraus erklärt sich, daß selbst die Regierungen der (meisten) Mitgliedsländer dem RGW gegenüber stets auf Sicherung eines gewissen Autonomiebereichs – gerade auch in ihren außenwirtschaftlichen Beziehungen – bestanden. Gleichwohl orientierte der RGW – in formaler Parallelität zum Integrationsgeschehen in Westeuropa – die Entwicklung der osteuropäischen Volkswirtschaften (mit Ausnahme Rumäniens und Jugoslawiens) auf einen größeren Wirtschaftsraum hin.

Mit dem Zerfall der UdSSR löste sich auch der RGW sehr rasch auf. So sank der Intra-RGW-Handel 1991 auf weniger als die Hälfte des Volumens von 1989. Allein diese Entwicklung stellte die betroffenen Volkswirtschaften vor kurzfristig nicht zu bewältigende Anpassungsprobleme; denn die von den ehemaligen RGW-Staaten nicht mehr abgenommenen Produkte erwiesen sich auch auf dem Weltmarkt weitgehend als nicht wettbewerbsfähig.

2. Dynamik, Leistungsfähigkeit und internationale Verflechtung im Vergleich

a) EG. Die Jahrzehnte seit 1949 waren in West- wie in Osteuropa dem Bemühen gewidmet, den nationalstaatlichen Protektionismus durch Schaffung größerer Wirtschaftsräume zu überwinden. Mit Abstand am erfolgreichsten hat sich dabei die E(W)G erwiesen. Sie ist von einer Zoll- und Agrarunion (für Güter des primären und sekundären Sektors) zunehmend zu einem Gemeinsamen Markt (mit harmonisierten Rahmenbedingungen und →Freizügigkeit der Arbeitskräfte) geworden und strebt bis Ende 1992 die Schaffung eines Binnenmarktes im Sinne eines Wirtschaftsraums „ohne Binnengrenzen" an, „in dem der freie Verkehr von Waren, Personen, Dienstleistungen und Kapital ... gewährleistet ist" (Art. 8 a EEA). Zum anderen hat das →*Europäische Währungssystem* (EWS) seine Bewährungsprobe besser bestanden als erwartet. So waren die Wechselkursschwankungen der EWS-Währungen nach 1979 erheblich geringer als die der

Tabelle 1
Bevölkerung sowie Bruttosozialprodukt (BSP) pro Kopf der Staaten Europas

		Bevölkerung in Mio. E. 1990	BSP pro Kopf in US-$ 1990	Durchschnittl. jährl. Wachstumsrate des BSP pro Kopf 1965-89
EG		324,4		
	Belgien	10,0	15 440	–
	BRD	62,0	18 970*	2,4
	Dänemark	5,1	22 090	1,8
	Frankreich	56,2	19 480	2,3
	Griechenland	10,0	6 000	2,9
	Großbritannien	57,2	16 070	2,0
	Irland	3,5	9 550	2,1
	Italien	57,5	16 850	3,0
	Luxemburg	0,4	28 770	6,1
	Niederlande	14,8	17 330	1,8
	Portugal	10,3	4 890	3,0
	Spanien	38,8	10 920	2,4
EFTA		31,8		
	Finnland	5,0	26 070	3,2
	Island	0,3	21 850	3,4
	Norwegen	4,2	23 120	3,4
	Österreich	7,6	19 240	2,9
	Schweden	8,5	23 680	1,8
	Schweiz	6,6	32 790	4,6
RGW (europ. Teil)		324,9		
	Bulgarien	9,0	2 210	–
	DDR	16,7	–	–
	Polen	37,9	1 700	–
	Rumänien	23,2	1 640	–
	Rußland	151,0	4 610	–
	Litauen	4,7	4 410	–
	Lettland	2,7	4 970	–
	Estland	1,6	4 890	–
	Weißrußland	10,3	4 650	–
	Ukraine	52,2	3 680	–
	Moldawien	4,6	3 320	–
	Tschechoslowakei	15,6	3 140	–
	Ungarn	10,6	2 780	–
Rest-Europa				
	Albanien	3,0	620	–
	Jugoslawien	23,7	2 490	3,2
	Malta	0,4	6 630	7,2
	Türkei	55,0	1 630	2,6
	Zypern	0,7	8 040	–

* mit ehem. DDR
Quellen: The World Bank Atlas 1989; Weltentwicklungsbericht 1991; The Economist v. 11.7.1992; Die Zeit Nr. 37 v. 6.9.1991; Handelsblatt Nr. 218 v. 12.11.1991; Berechnungen des Verfassers.

Nicht-EWS-Währungen, während es in den Jahren davor umgekehrt war; 1980–88 ist die durchschnittliche gewogene Steigerungsrate des Preisniveaus in den dem EWS angehörigen Ländern von 12 auf knapp 3% zurückgegangen. Auch wenn in den 80er Jahren fast alle westlichen Industrieländer der Geldwertstabilisierung hohe Priorität zuerkannten, sind doch die Bemühungen der das EWS tragenden Länder, die EG zu einer Stabilitätsgemeinschaft zu machen, gerade in den letzten Jahren besonders ausgeprägt in Erscheinung getreten. Nach den Beschlüssen von Maastricht soll in den nächsten Jahren der EG-Binnenmarkt zunehmend zu einer Währungs- und Wirtschaftsunion ausgebaut werden. Im Mittelpunkt stehen dabei die –

spätestens für 1999 vorgesehene – Einführung einer einheitlichen Europ. Währung und die Errichtung einer Europ. Zentralbank. Voraussetzung dafür ist freilich, daß der Vertrag in Maastricht von den EG-Mitgliedstaaten ratifiziert wird.

Endlich vermag die EG auch mit bemerkenswerten wirtschaftlichen Ergebnissen aufzuwarten. Die inzwischen – v. a. für „Altmitglieder" – erreichten Pro-Kopf-Einkommen brauchen weltweite Vergleiche nicht zu scheuen, und die Einkommensentwicklung in den später beigetretenen Ländern konnte den positiven Erwartungen weitgehend gerecht werden (vgl. Tab. 1).

Dies ist nicht zuletzt darauf zurückzuführen, daß der zunehmende Abbau der Beschränkungen des grenzüberschreitenden Wirtschaftsverkehrs innerhalb der EG und auch zwischen EG und Drittländern zu einer zunehmenden Nutzung der Vorteile internationaler Arbeitsteilung geführt hat. Das belegt die Höhe des EG-Anteils am Weltexport ebenso wie die des Exportvolumens pro Kopf der Bevölkerung (vgl. Tab. 2).

Tabelle 2
Exportleistung der europäischen Wirtschaftsblöcke 1989 und 1990

		Exporte in Mrd. US-$ (f. o. b.)	Anteil am Weltexport in %	Export pro Kopf in US-$
EG[1]	1989	1135,1	39,0	3484
	1990	1367,9	41,5	3985
EFTA	1989	186,7	6,4	5816
	1990	224,8	6,7	7063
RGW[2]	1989	200,6	7,3	537
	1990	178,7	5,7	475

Nachrichtlich: Weltexportvolumen 1989: 2912,8 Mrd. US-$; 1990: 3339,6 Mrd. US-$

[1] ohne innerdeutschen Handel – [2] europäische RGW-Mitgliedstaaten einschließlich asiatischem Teil der UdSSR
Quellen: IWF, Direction of Trade Statistics 1991; Weltentwicklungsbericht 1991; United Nations, Monthly Bulletin of Statistics; OECD; Monthly Statistics of Foreign Trade 1991; Monatsberichte des Österr. Inst. für Wirtschaftsforschung 1991

Allerdings nahmen von den Gesamtexporten (1990) gut 60% andere EG-Staaten auf. Der – freilich beträchtliche – Rest ging zu 12,6% in Entwicklungsländer, zu 10,3% in EFTA-Staaten, zu 7,1% in die USA und nur zu 2,1% nach Japan (vgl. Tab. 3).

b) *EFTA*. Noch erfolgreicher ist die wirtschaftliche Zwischenbilanz der EFTA-Länder: Sie weisen gegenüber den EG-Staaten nicht nur ein höheres BSP pro Kopf der Bevölkerung aus, sondern auch eine noch weitergehende internationale Handelsverflechtung (vgl. Tab. 1 und 2). Dabei fällt v. a. auf, daß (1990) 57,9% der EFTA-Exporte in die EG, aber nur 13,5% in andere EFTA-Staaten gingen; auch den Exporten in RGW-Länder und nach Japan kommt (mit 4,7% bzw. 2,6%) eine relativ größere Bedeutung zu als in der EG (vgl. Tab. 3).

Dem EFTA-Verbund fehlt jedoch ein verbindendes politisches Ziel, damit auch die Motivation für eine weitergehende wirtschaftliche Integration. Die (meisten) Mitglieder streben daher eine noch engere Verbindung mit der EG an. Ergebnis dieser Bemühungen ist der EWR. Er soll EG und EFTA zu einem im wesentlichen einheitlichen Markt für Waren, Dienstleistungen, Kapital und Arbeitskräften zusammenfassen. Zu diesem Zweck übernehmen die EFTA-Staaten das gesamte (diese Bereiche regelnde) EG-Recht. Auch künftige EG-Politik vermögen die EFTA-Länder nur durch ihre Mitwirkung in Konsultativorganen im Vor-

Europa

Tabelle 3
Exportverflechtungen der europäischen Wirtschaftsblöcke 1989 und 1990
(Anteile der Exporte in %)

von \ nach	EG	EFTA	RGW	USA	Japan	Entwicklungsländer	Sonstige
EG							
1989	59,8	10,4	2,5	7,6	2,0	13,1	4,6
1990	60,6	10,3	2,8	7,1	2,1	12,6	4,5
EFTA							
1989	56,6	13,8	5,3	7,5	2,5	10,5	3,7
1990	57,9	13,5	4,7	6,9	2,6	11,0	3,4
RGW[1] [2]							
1989	15,0	4,5	51,7	1,2	1,8	11,8	14,0[3]
1990	19,6	5,5	48,1	1,4	2,2	11,5	11,7

[1] ohne innerdeutschen Handel – [2] Europäische RGW-Mitgliedstaaten (einschließlich asiatischem Teil der UdSSR) – [3] Davon VR China und Jugoslawien ca. 4,5 Prozentpunkte.

Quellen: IWF, Direction of Trade Statistics 1991; Monatsberichte des Österr. Inst. für Wirtschaftsforschung 1991; Berechnungen des Verfassers.

Tabelle 4
Exporte der europäischen Wirtschaftsblöcke nach Warengruppen[1] 1988
(Anteil in % der gesamten Exporte)

	EG	EFTA	RGW	UdSSR[2]	Welt[2]
Nahrungsmittel, Mineralische Brennstoffe und Rohstoffe	11,4	15,6	34,2	55,5	26,1
Chemische Erzeugnisse	12,2	11,3	6,2	2,7	8,6
Maschinenbauerzeugnisse	38,9	32,5	30,0	15,3	34,5
Bearbeitete[3] und sonstige Waren	37,0	40,5	29,5	26,4	30,9

[1] nach Standard International Trade Classification (SITC, Rev. 2 und Rev. 3) – [2] Daten von 1987 – [3] z. B. Leder, Lederwaren, Papier und Pappe, Möbel, Bekleidung und Schuhe

Quellen: United Nations, Monthly Bulletin of Statistics; Europäische Gemeinschaften, Eurostat; Berechnungen des Verfassers

feld von Gemeinschaftsentscheidungen zu beeinflussen.

c) RWG. Er hat zwar – in relativ begrenzten Wirtschaftsbereichen der Industrie – zu einer engen Verflechtung der Mitgliedsländer geführt, sie gleichzeitig aber weltwirtschaftlich weitgehend isoliert, so daß Wohlstandseffekte kaum zu realisieren sind (vgl. Tab. 1). So war das Exportvolumen pro Kopf der Bevölkerung (1989 im Durchschnitt) in den EFTA-Staaten etwa neunmal, in den EG-Ländern über fünfmal so groß wie in den RGW-Ländern. Zum anderen spielten trotz des geringen Exportniveaus industrielle Erzeugnisse eine signifikant geringere Rolle als im Exportsortiment der EFTA- und EG-Staaten (vgl. Tab. 4).

Auf einen technologischen Rückstand deuten die geringen Lieferungen von RGW- an westliche Industriestaaten hin (vgl. Tab. 3). Symptomatisch für die Leistungsschwäche der ehem. RGW-Länder ist schließlich ihre erhebliche Hartwährungsverschuldung gegenüber dem Westen. Das alles erklärt, warum der RGW die friedlichen Revolutionen in Osteuropa nicht lange überdauern konnte. Zwar standen wechselseitige Abhängigkeiten und entsprechende Lieferverpflichtungen einer völligen Desintegration entgegen. Doch hat der angestrebte Übergang zu freiem Handel zu Weltmarktpreisen auf der Grundlage konvertierbarer Währung(en) den Zerfall beschleunigt. Dafür spricht auch, daß sich die Staaten Osteuropas nach Wiedergewinnung ihrer politischen Handlungsfähigkeit sehr rasch und entschieden der EG zugewandt haben. Die bereits abgeschlossenen Handelsabkommen (mit Ungarn, Polen, der ČSFR) bilden nur den Anfang. Sie sollen – auch nach dem Willen der EG-Kommission – baldmöglichst durch Vereinbarungen über einen weitergehenden Abbau von Handelsschranken bis hin zu Assoziierungsabkommen abgelöst und durch Hilfen für den Aufbau marktwirtschaftlicher Systeme ergänzt werden. Diesem Zweck soll auch die 1990 gegründete Osteuropäische Investitions- und Entwicklungsbank (Sitz in London) dienen.

3. Konturen einer Neuordnung

Somit weisen alle skizzierten Trends in dieselbe Richtung: Die EG ist zum Kristallisationspunkt der sich anbahnenden Neuordnung der Wirtschaft E.s in Ost und West geworden: Die EFTA- und die ehem. RGW-Staaten gruppieren sich gleichsam in konzentrischen Halbkreisen um die EG in dem Bemühen, an der politischen und wirtschaftlichen Dynamik dieses größten Binnenmarktes der Welt zu partizipieren. Die meisten dieser Länder streben auf kurz oder lang eine Vollmitgliedschaft in der EG an.

War der EWR zunächst weithin als Alternative zu einer Erweiterung der EG gedacht, so gilt er inzwischen eher als Vorstufe zum Beitritt für die zahlreicher werdenden EFTA-Länder, die eine EG-Mitgliedschaft anstreben. Die mit der Beteiligung am EWR verbundene Übernahme großer Teile des EG-Rechts und die daraus resultierende engere wirtschaftliche Verflechtung bringen eine weitgehende Annäherung der EFTA-Länder an die EG mit sich. Dadurch wird ein späterer Beitritt praktisch schon vorbereitet und erleichtert. Strebte ursprünglich nur Österreich eine EG-Mitgliedschaft an, so haben v. a. das Ende des Kalten Krieges und die Integrationsfortschritte in der EG dazu geführt, daß heute in allen EFTA-Ländern ein Beitritt – z.T. freilich recht kontrovers – erörtert wird. Die EG könnte durch die Errichtung des EWR jenen politischen Spielraum gewinnen, der für eine (erfolgreiche) Verwirklichung der geplanten Währungs- und Wirtschaftsunion erforderlich erscheint.

Anders stellt sich die Situation der ehem. RGW-Staaten dar. Sie haben nach der Demokratisierung ihrer politischen Systeme noch die ebenso schwierige wie zeitraubende Transformation ihrer Wirtschaftssysteme in Marktwirtschaften zu leisten. Deshalb stehen einem kurzfristigen EG-Beitritt unüberwindliche Hindernisse im Wege. Das schließt jedoch mittel- oder langfristig eine Vollmitgliedschaft in der EG nicht aus, zumal mehrere RGW-Staaten (wie Polen, Ungarn, die ČSFR) schon heute eine solche Option favorisieren. Einen Sonderfall bildet die ehemalige DDR, die mit dem Beitritt zur Bundesrepublik Deutschland uno actu bereits in die EG aufgenommen worden ist. Dagegen dürften sich die Nachfolgestaaten der UdSSR auch langfristig primär auf ihre eigene wirtschaftliche Stärke besinnen. In jedem Falle sollte auch zwischen Ost- und Westeuropa durch Abbau von Beschränkungen des Waren- und Kapitalverkehrs eine enge wirtschaftliche Verflechtung angestrebt werden.

Angesichts dieser Entwicklungen ist die EG mit einem Dilemma konfrontiert: Soll sie der *Intensivierung* der Integration (d. h. der beschleunigten Errichtung der Wirtschafts- und Währungsunion) Priorität geben oder der *Extensivierung* (durch eine frühzeitige Erweiterung größeren Umfangs)? Beides zugleich wird nicht zu verkraften sein. Die Schaffung des „größeren Europa" könnte die Zahl der EG-Mitgliedsländer von heute 12 auf 24 und mehr ansteigen lassen und das bislang praktizierte Entscheidungssystem auf Gemeinschaftsebene funktionsunfähig machen. Andererseits kann Ländern, die beitrittsfähig und -willig sind, die (Voll-)Mitgliedschaft nicht auf Dauer vorenthalten bleiben. Eine Erweiterung der EG setzt daher eine Fortentwicklung der institutionellen Strukturen im Sinne einer gemeinschaftlichen Willens- und Entscheidungsbildung voraus, die der zunehmenden Verlagerung (wirtschafts-)politischer Kompetenzen von nationalen Regierungen auf (supranationale) EG-Instanzen voll gerecht wird. Nur dadurch kann auch einer drohenden Legitimationskrise der bereits erreichten politischen Integration vorgebeugt werden.

Deshalb empfiehlt sich eine Doppelstrategie mit zeitlich versetzten Prioritäten: In einer ersten Phase könnte – unter möglicher Beschränkung auf den harten Kern der zu einer politischen Union bereiten Mitgliedsländer – die Intensivierung Vorrang haben, um die Gemeinschaft wirtschaftlich und politisch zu festigen und zu stärken für die zweite Phase einer Erweiterung um EFTA- und ehem. RGW-Staaten. Dabei dürfte sich nicht vermeiden lassen, daß das „größere Europa" (mit mehr als 400 Mio. E.) für einige Zeit ein „Europa der zwei oder auch drei Geschwindigkeiten" sein wird. Dies braucht kein Nachteil zu sein, solange grundsätzlich jeder europ. Staat die Option hat, sich für das ihm gemäß erscheinende Tempo und Ausmaß der Integration zu entscheiden.

LITERATUR

Zu I:
E. aus dem All. Satellitengeographie unseres Erdteils. Hg. H. **Heuseler.** Stuttgart, Braunschweig 1974. – Harms Hdb. der Geographie. E. Hg. H. **Lehmann.** München ²¹1978. – E. Hg. W. **Sperling.** Frankfurt/M. ²1989. – O. **Bär,** Geographie E. s. Zürich 1991.

Zu II:
Chr. **Dawson,** Die Gestaltung des Abendlandes. Leipzig 1935, N.A. Frankfurt/M. 1961 (Orig.: The making of Europe. London 1932). – G. **Tellenbach,** Vom Zusammenleben der abendländischen Völker im Mittelalter. in: FS für Gerhard Ritter. Hg. R. Nürnberger. Tübingen 1950, 1 ff. – H. **Gollwitzer,** E.bild und E.gedanke. München 1951, ²1964. – J. **Fischer,** Oriens – Occidens – E. Wiesbaden 1957. – O. **Halecki,** E. Grenzen und Gliederung seiner Geschichte. Darmstadt 1957. – D. de Rougemont, E. Vom Mythos zur Wirklichkeit. München 1962 (Orig.: Vingt-huit siècles d'Europe. La Conscience européenne à travers les textes, d'Hésiode à nos jours. Paris 1961). – Der Aufbau E.s. Pläne und Dokumente 1945–1980. Hg. J. **Schwarz.** Bonn 1980. – Katholizismus, nationaler Gedanke und E. seit 1800. Hg. A. **Langner.** Paderborn 1985. – Dokumente zur Geschichte der europ. Expansion. Hg. E. **Schmitt.** 7 Bde. München 1986 ff. – H. **Maier,** Das Problem der Mehrsprachigkeit in einem politisch zusammenwachsenden E., in: Nationalsprachen und die Europäische Gemeinschaft. Hg. M. Hättich, P. D. Pfitzner. München 1989, 79 ff. – Chancen für die europ. Kultur am Ende des 20. Jh. Hamburg 1989. – H. **Maier,** Die vielen Sprachen und die Eine Welt. Stuttgart 1990. – W. **Lepenies,** Aktuelle Probleme der europ. Wissenschaftskultur und Wissenschaftspolitik. Stuttgart 1990.

Zu III:
E. **Nolte,** Deutschland und der Kalte Krieg. München 1974, Stuttgart ²1985. – Europ. Wirtschaftsgeschichte. The Fontana Economic History of Europe. Hg. C. M. **Cipolla,** K. **Borchardt,** 5 Bde. Stuttgart 1976/80. – G. **Craig,** Geschichte E.s 1815–1980. München 1978, ³1989. – K. D. **Bracher,** E. in der Krise. Innengeschichte und Weltpolitik seit 1917. Frankfurt/M. 1979. – A. **Hillgruber,** E. in der Weltpolitik der Nachkriegszeit 1945–1963. München 1979, ³1987. – Hdb. der Europ. Geschichte. Hg. Th. **Schieder,** Bd. 7: E. im Zeitalter der Weltmächte. Stuttgart 1979. – F. **Dreyfus,** R. **Marx,** R. **Poidevin,** Histoire générale de l'Europe de 1789 à nos jours. Paris 1980. – W. **Link,** Der Ost-West-Konflikt. Die Organisation der internationalen Beziehungen im 20. Jh. Stuttgart 1980, überarb. u. erw. A. 1988. – V. G. **Kiernan,** European Empires from Conquest to Collapse, 1850–1960. London 1982. – G. **Ross,** The Great Powers and the Decline of the European States System 1914–1945. London 1983. – K. D. **Bracher,** Zeit der Ideologien. Eine Geschichte politischen Denkens im 20. Jh. Stuttgart 1984. – Wirtschaftliche und politische Integration in E. im 19. und 20. Jh. Hg. H. **Berding.** Göttingen 1984. – Die Identität E.s Hg. W. **Weidenfeld.** München 1985. – G. **Ambrosius,** W. H. **Hubbard,** Sozial- und Wirtschaftsgeschichte E.s im 20. Jh. München 1986. – The **Cook,** J. **Stevenson,** The Longman Handbook of Modern European History, 1763–1985. London 1987. – Europ. Wirtschafts- und Sozialgeschichte vom Ersten Weltkrieg bis zur Gegenwart. Hg. W. **Fischer.** Stuttgart 1987. – A. **Hillgruber,** Die Zerstörung E.s. Beiträge zur Weltkriegsepoche 1914–1945. Berlin 1988.

Zu IV:
Lehrbücher: H.-P. **Ipsen,** Europ. Gemeinschaftsrecht. Tübingen 1972 (Lit.). – H. **Mosler,** Grundrechtsschutz in Europa. Berlin 1977 (Lit.). – G. **Nicolaysen,** Europ. Gemeinschaftsrecht. Stuttgart 1979 (Lit.). – B. **Beutler u.a.,** Die Europ. Gemeinschaft. Rechtsordnung und Politik. Baden-Baden ³1987 (Lit.). – M. **Schweitzer,** W. **Hummer,** E.recht. Frankfurt/M. ³1990 (Lit.). – A. **Bleckmann,** E.recht. Das Recht der Europ. Gemeinschaft. Köln ⁵1990 (Lit.). – Th. **Oppermann,** E.recht. München 1990. – *Kommentare:* Komm. zum EWG-Vertrag. Hg. H. v. d. **Groeben u.a.** 2 Bde. Baden-Baden ³1983 (Lit.). – Komm. zum EWG-Vertrag. Hg. E. **Grabitz.** München [Losebl.-Ausg., Stand 1990] (Lit.). – *Sammelwerke und Beiträge zu Sammelwerken:* H. **Mosler,** Verfassungsgerichtsbarkeit in der Gegenwart, in: Beitr. zum öffentlichen Recht und Völkerrecht 36 (1962). – Gerichtsschutz gegen die Exekutive. Hg. H. **Mosler.** 3 Bde. Köln 1969/71. – A. **Bleckmann,** „European Law", in: EPIL. Bd. 6. 1983, 176 ff. – Grundrechte in E. und USA. Hg. E. **Grabitz.** Kehl 1986. – E.-W. **Böckenförde,** Demokratische Willensbildung und Repräsentation, in: HStRBRD. Bd. 2. 1987, 29ff. – *Zeitschriftenaufsätze:* H. **Mosler,** Begriff und Gegenstand des E.rechts, in: ZaöRV 28 (1968) 481 ff. – A. **Bleckmann,** Vom subjektiven zum objektiven Rechtsstaatsprinzip, in: JöR N.F. 36 (1987) 1 ff. – Ders., Chancen und Gefahren der europäischen Integration, in: JZ (1990) 301 ff.

Zu V:
Kommission der Europäischen Gemeinschaften, Vollendung des Binnenmarktes. Weißbuch der Kommission an den Europäischen Rat. Juni 1985. Luxemburg 1985. – P.-G. **Schmidt,** Hard Currency Indebtedness of the Developed Socialist Countries, in: Intereconomics 20 (1985) 114 ff. – Rat für Gegenseitige Wirtschaftshilfe. Strukturen und Probleme. Hg. Ostkolleg der Bundeszentrale für Politische Bildung. Bonn 1987. – H. **Hauser,** M. **Hösli,** A. **Nydegger,** Die Schweiz vor dem EG-Binnenmarkt, in: Außenwirtschaft 43 (1988) 171 ff. – A. **Khol,** Von der Süderweiterung der EG zur EFTA-Erweiterung?, in: EA 13 (1988) 359 ff. – H. **Mayrzedt,** Zwischenbilanz der europ. Integration, in: Außenwirtschaft 43 (1988) 305 ff. – J. **Pelkmans,** A. **Winters,** Europe's Domestic Market. London 1988. – Der Europ. Binnenmarkt, Perspektiven und Probleme. Hg. O. G. **Mayer u.a.** Hamburg 1989. – W. **Kostrzewa,** R. **Schmieding,** Die EFTA-Option für Osteuropa. Kiel 1989. – B. **May,** Normalisierung der Beziehungen zwischen der EG und dem RGW, in: PoluZG, 1989, Nr. 3, 44 ff. – H. **Giersch,** E. 1992. Ordnungspolitische Chancen und Risiken. Freiburg i. Br. 1990. – R. **Hrbek,** Die EG und die Veränderungen in Mittel- und Osteuropa, in: WiD 70 (1990) 247 ff. – E. im Wandel. Entwicklungstendenzen nach der Ära des Ost-West-Konflikts. Hg. J. **Nötzold.** Baden-Baden 1990. – J. **van Scherpenberg,** Der Vertrag über den Europ. Wirtschaftsraum, in: EA 1991, 710 ff. – Die EG-Staaten im Vergleich. Hg. O. W. **Gabriel.** Bonn 1992. – Abschied von der D-Mark? Hg. W. **Nölling.** Hamburg 1992.

Hartmut Leser (I), *Hans Maier* (II), *Wolfgang Jäger* (III), *Albert Bleckmann* (IV), *Werner Zohlnhöfer* (V)

ALBANIEN

Amtlicher Name	Republika Shqipërisë (Republik Albanien)
Staatsform	Republik
Hauptstadt	Tirana (Tiranë, 240 000 E.)
Fläche	28 798 km²
Bevölkerung	3 180 000 E. (1989; VZ 1979: 2 595 000). – 109 E./km²
Sprache	Albanisch (Amtssprache)
Religion	Muslime (meist Sunniten) rd. 70%; Orthodoxe rd. 20%; Katholiken rd. 10%
Währung	1 Lek = 100 Quintarka

I. Naturräumliche Voraussetzungen

A., an der Westküste der Balkanhalbinsel am Adriatischen Meer gelegen, hat gemeinsame Grenzen im N und O mit ⁊Jugoslawien (476 km), im S mit ⁊Griechenland (256 km). Von ⁊Italien ist es durch die ca. 70 km breite Straße von Otranto getrennt. Dem gebirgigen Landesinnern ist ein früher versumpftes, heute weitgehend melioriertes, relativ breites Küstentiefland und Hügelland vorgelagert. Das Gebirge ist geologisch sehr unterschiedlich aufgebaut (Kalk, Flysch, Serpentin), stark zergliedert und schwer zugänglich. Es erreicht seine größten Höhen an der westl. Grenze zu Jugoslawien (2751 m) und in den *Albanischen Alpen* (2694 m). Intramontane Becken, wie das von Korçë, bilden die bevorzugten Lebensräume im Gebirgsland. Tektonische Störungslinien führen immer wieder zu schweren Erdbeben. Flachküste im N und in der Mitte, gebirgige Längsküste im S bieten wenige Hafenmöglichkeiten. – Das *Klima* ist insgesamt dem subtropischen Winterregenklima mit warmen, trockenen Sommern und regenreichen Wintern zuzurechnen. Mit zunehmender Entfernung von der Küste und größerer Höhe bekommt es aber kontinentale Züge mit größeren Temperaturgegensätzen und häufigeren sommerlichen Niederschlägen, die im Winter als Schnee fallen. A. erhält insgesamt reichliche Niederschläge (in den Albanischen Alpen und nordepirotischen Küstengebieten über 3000 mm). – Die *Flüsse* haben starkes Gefälle (Eignung für Wasserkraftgewinnung) und aufgrund des mediterranen Abflußregimes mit starken Schwankungen der Niederschläge breite Schotterbetten. – *Vegetation und Fauna* sind durch großen Artenreichtum gekennzeichnet. Immergrüne Hartlaubvegetation beschränkt sich auf die Küstennähe und reicht nur in den Flußtälern weiter landeinwärts.

II. Historische und politische Entwicklung

In frühgeschichtlicher Zeit von illyrischen Stämmen bewohnt, trat das Gebiet mit der Gründung der griech. Kolonie *Epidamnus* (*Dyrrhachion*, heute *Durrës*) in die Geschichte ein. Seit 167 v. Chr. war es Teil des Römischen Reiches und wurde zum wichtigsten Durchgangsland (*Via Egnatia*) zwischen West und Ost. Nach der Reichsteilung 395 n. Chr. gehörte das Gebiet des heutigen A. zum Byzantinischen Reich und geriet in eine Randposition, die es auch mit der Einverleibung in das Osmanische Reich behielt.

Der Name *Albaner* (alban. *Shqiptar*, Skipetaren) erscheint zuerst im 11. Jh. Ihr Kernland war vermutlich der *Mati-Gau* in Mittelalbanien, von wo sie sich weit ins heutige Griechenland ausbreiteten. Den seit Ende des 14. Jh. vordringenden Türken konnte *Gjergj Kastriota*, gen. *Skanderbeg,* nur kurze Zeit (1444–68) Widerstand leisten, vermochte aber damit zum ersten Mal die alban. Stämme zu vereinigen und so bis heute zum Nationalhelden zu werden.

In der *Liga von Prizren* (1878) artikulierte sich in Antwort auf die Neuordnung des Balkans auf dem Berliner Kongreß zum ersten Mal alban. Nationalbewußtsein. Die nach Ausbruch des Ersten Balkankrieges ausgerufene Unabhängigkeit (28. 11. 1912) wurde am 29. 7. 1913 von den Großmächten anerkannt. Bis zum Ende des 1. Weltkrieges von den Mittelmächten, im S von den Italienern besetzt, wurde A. von diesen 1919 als selbständiger Staat anerkannt. 1922 bemächtigte sich der Großgrundbesitzer *Ahmed Zogu* der Regierung, die er mit kurzer Unterbrechung durch die revolutionäre, vom Ausland nicht anerkannte Regierung des orth. Bischofs *Fan Noli* (1924) als Staatspräsident (1925), dann als Kg. *Zogu I.* (1928) innehatte. Im April 1939 wurde A. von Italien annektiert.

Nach dem Zusammenbruch Italiens im II. Weltkrieg besetzten dt. Truppen das Land (10.9.1943 – 29.11. 1944). Nach deren Abzug übernahm bei Ausschaltung nationaler Widerstandstruppen im Westen die kommunistische Partei unter *Enver Hoxha (Hodscha)* die Regierung A.s, das sich am 11. 1. 1946 zur Volksrepublik erklärte. Bis zu Titos Bruch 1948 mit Moskau lehnte sich A. eng an Jugoslawien an, dann bis 1961 an Moskau, nach dem Bruch mit Moskau an China, mit dem es 1978 jedoch die Beziehungen abbrach. Seitdem erfolgte eine vorsichtige Öffnung nach Westen. Aus dem COMECON (seit 1949 Mitglied) wurde es 1962 ausgeschlossen, aus dem Warschauer Pakt (seit 1955 Mitglied) trat es 1968 aus. Abschottung und Angst vor Domination von außen (deshalb u. a. gesetzliches Verbot der Auslandsverschuldung) bestimmten die Außenpolitik, konsequente Umwandlung in einen sozialistischen Staat stalinistischer Prägung mit Abschaffung jeglichen Privateigentums an Produktionsmitteln und Verbot (1967) öffentlicher Religionsausübung die Innenpolitik. Eine allgegenwärtige Sicherheitspolizei terrorisierte die Bevölkerung und erstickte jede Opposition. Nach dem Tod *Hoxhas* (11.4.1985), des kultisch verehrten Ersten Sekretärs des ZK der Partei der Arbeit (PPSH), übernahm *Ramiz Alia* die Führung. Von den 1989/90 erfolgenden Umwälzungen in den sozialistischen Staaten Südosteuropas wurde auch A. erfaßt. Nach der Zulassung unabhängiger Parteien Ende 1990 fanden am 31.3./7.4. 1991 die ersten freien Wahlen statt, die der PPSH eine 2/3-Mehrheit der Parlamentssitze (bei 55% Stimmenanteil) brachten. Am 1.5. wurde *Alia* vom Parlament zum Staatspräsidenten gewählt. Am 19. 6. wurde A. als letzter europ. Staat Mitglied der KSZE. Bei den Wahlen im März 1992 gewann die bisher oppositionelle Demokratische Partei (DP) 92 der 140 Parlamentssitze, die Sozialistische Partei, die Nachfolgerin der PPSH, nur noch 38. Am 4. April trat Präsident *Alia* zurück. Sein Nachfolger wurde *Sali Berisha* (DP).

III. Verfassung und Recht

Nach der *Verfassung* vom 29. 12. 1976 war A. eine Sozialistische Volksrepublik (vorher: Volksrepublik), der Marxismus-Leninismus die herrschende Ideologie, die *Partei der Arbeit* (PPSH) die „einzig führende politische Kraft des Staates und der Gesellschaft". Höchstes Staatsorgan war die für 4 Jahre gewählte *Volksversammlung* (250 Abgeordnete). Die von der Massenorganisation der „*Demokratischen Front*", der nahezu alle erwachsenen Albaner angehörten, aufgestellten Vertreter wurden direkt gewählt. Ein *Präsidium* führte die Geschäfte. Dessen Vorsitzender war zugleich *Staatsoberhaupt* (bis dahin identisch mit dem Amt des Ersten Sekretärs der PPSH). Die Volksversammlung ernannte den *Ministerrat,* dessen Vorsitzender Regierungschef war. Alle 3 Jahre gewählte *Volksräte* fungierten als regionale und lokale, an die Weisungen der Volksversammlung und des Ministerrates gebundene Vertretungsorgane. Exekutivkomitees der Volksräte nahmen die Verwaltungsaufgaben in den Distrikten, Dörfern und Stadtbezirken wahr.

Die im April 1991 verabschiedete Verfassung sieht u. a. strikte Trennung von Partei und Staat, Mehrparteiensystem, Religionsfreiheit, Privateigentum, Streikrecht, Minderheitenschutz und die Direktwahl des Staatspräsidenten vor. Im Juli 1992 verbot das Parlament totalitäre Parteien.

Während das *Oberste Gericht* und die *Generalstaatsanwaltschaft* (Organ der Rechtsaufsicht, nicht Anklagebehörde) von der Volksversammlung ernannt wurden, wurden die Richter an den Volksgerichten vom Volk gewählt. Im Rechtsempfinden des Albaners spielt das traditionelle Gewohnheitsrecht noch eine wichtige Rolle. In dem unter der Ägide der PPSH kodifizierten Recht hatten alle Rechtsnormen ausgesprochenen Maßnahmecharakter als Transmissionsriemen zur Durchsetzung ideologischer Vorstellungen, was besonders im StGB von 1977, auch im ZGB von 1982 zum Ausdruck kommt.

IV. Bevölkerungs- und Sozialstruktur

Mit einem Wachstum um fast 0,6 Mio. 1979–89 auf 3,18 Mio. E. weist A. das prozentual (2,06%) höchste *natürliche Bevölkerungswachstum* in Europa auf. Verantwortlich dafür sind sinkende Sterberaten, eine geburtenfördernde Bevölkerungspolitik und noch weithin bestehende traditionelle Lebensformen mit hohen, allerdings kontinuierlich sinkenden Geburtenraten. Dem entspricht die *Altersstruktur:* 33,2% der Bevölkerung waren 1987 unter 15 Jahren, 57,6% 15–59jährig, nur 9,2% älter als 60 Jahre.

Nach den letzten offiziellen Angaben (1989) sind 97,97% der Bevölkerung Albaner; der Rest gehört Minderheiten an, von denen die in Südalbanien (Nordepirus) lebende griech. Minderheit (nach offiziellen Angaben 58 758 Personen, nach griech. Schätzungen weit mehr) die mit Abstand größte ist. Weitere Minderheiten sind die Slawen (Slawomakedonen, Serben, Montenegriner) und sonstige (wohl v. a. die besonders starkem Assimilationsdruck ausgesetzten Aromunen und Roma, deren Zahl mit 6059 Personen [1989] in der Statistik mit Sicherheit zu niedrig angegeben ist). Ein großer Teil des alban. Volkes lebt in ↗Jugoslawien, v. a. in der Provinz Kosovo.

Mit (1989) 35,5% in Städten (= in Orten mit überwiegend nichtagrarischer Tätigkeit der Erwerbsbevölkerung und gewissen zentralen Funktionen) lebender Bevölkerung ist der Anteil städtischer Bevölkerung niedrig. Die *Bevölkerungsverteilung* veränderte sich 1960–90 nur wenig. Zu der recht ausgeglichenen dezentralen Entwicklung trugen eine rigorose Beschränkung der Wohnortwahl, die Gründung von ca. 50 neuen Städten und eine dezentrale Industrialisierung bei.

Für die *sozialen Strukturen* sind starke familiäre Bindungen charakteristisch. Die durchschnittliche Familiengröße betrug 1950 5,8 Personen, 1979 noch 5,6, wobei deutliche Unterschiede zwischen Stadt (4,6 Personen) und Land (6,2 Personen) bestehen. Insbesondere im Bergland des (ehem.) kath. Nordalbanien erhielt sich noch viel Volkskultur. Auf die alten Sippenstrukturen und Fehden weisen die festungsartigen Turmhöfe *(Kulen)* hin.

V. Wirtschaft

A. hat eine staatlich gelenkte Wirtschaft, in der alle Bereiche sozialisiert sind. A. ist, gemessen am Pro-Kopf-Einkommen (1983: 550 US-$), noch immer das am wenigsten entwickelte Land Europas, vermochte aber durch Fortschritte in Landwirtschaft und Industrie seine Versorgungsprobleme mit Nahrungsmitteln, Bekleidung und anderen lebenswichtigen Gütern bis 1990 weitgehend aus eigener Kraft zu meistern. Das gilt z. B. auch für ärztliche Versorgung, Beseitigung des Analphabetentums, was sich nur durch teilweisen Konsumverzicht (z. B. kein privater Pkw-Verkehr) erreichen ließ. Mit dem politischen Umbruch brach die Versorgung der Bevölkerung mit Gütern und Dienstleistungen weitgehend zusammen. A. ist z. Zt. (Mitte 1992) auf Auslandshilfe zum Überleben angewiesen.

Die Kollektivierung der *Landwirtschaft,* die den „Bauern" nur kleinste Flächen (bis 1980: 0,1–0,15 ha, seitdem 0,02 ha) und etwas Kleinvieh zur privaten Wirtschaft ließ, wurde 1967 abgeschlossen. Die Produktion erfolgt durch Staatsfarmen und LPGs, die langfristig in Staatsbetriebe (LPGs „höheren Typs") durch nicht zurückgeforderte staatliche Investitionen umgewandelt werden sollten. 1988 hatten LPGs einen Anteil von 70% an der Agrarproduktion. Durch Neulandgewinnung und Melioration im Küstentiefland und Terrassierungen im Hügel- und Bergland konnte die landwirtschaftlich genutzte Fläche (LN) seit 1945 erheblich erweitert werden. Die Hauptanbaugebiete liegen im Küstentiefland und im Hügelland. 57,3% der LN waren 1987 bewässert. Weizen, Mais, Tabak, Sonnenblumen, Baumwolle, Gemüse, Kartoffeln, Bohnen, Zuckerrüben und Obst sind die wichtigsten Anbaufrüchte. Die Politik der Selbstversorgung mit Brotgetreide führte unter Vernachlässigung der Viehwirtschaft (1987: ca. 1/3 der landwirtschaftlichen Produktion) zu einer „Vergetreidung" der Bergregionen. Die *Forstwirtschaft* trägt bislang noch wenig zum Volkseinkommen bei, aber zwischen 1950 und 1987 wurden fast 200 000 ha, v. a. im Gebirge, aufgeforstet. *Fischerei* wird in keinem nennenswerten Umfang betrieben. Die Landwirtschaft bildete 1987 mit 52% der Erwerbstätigen und 25,2% des BSP immer noch den wichtigsten Wirtschaftsfaktor, dessen Gewicht im letzten Jahrzehnt kontinuierlich zunahm.

Die reichen *Bodenschätze* (v. a. Kupfer-, Chrom- und Eisenerz, Lignit und Erdöl) sowie die nutzbare Wasserkraft (80% der Energieerzeugung stammen aus Wasserkraftwerken an Drin, Mat und Erzen) bilden die Voraussetzung für eine breitgefächerte Industrialisierung (Anteil am BSP 1981: 55%). Wichtigste *Industriezweige* sind Nahrungs- und Genußmittel (1987: 25% des Industrieproduktionswertes), Textil- und Bekleidungsindustrie (darunter Teppichknüpferei), Maschinen- und Ausrüstungsgegenstände, Kupfererzeugung, Stahl, Düngemittel und Erdölprodukte. Die Produktion erfolgt zu einem beträchtlichen Teil in Kombinaten. Abschottung nach außen und Geldmangel führten dazu, daß sie nicht mehr modernen Erfordernissen angepaßt wurde, die Erzeugnisse auf dem Weltmarkt kaum konkurrenzfähig sind. Die völlig veraltete Technologie bedingt zudem große ökologische Probleme. Ein großer Teil der Produktion mußte nach dem Umbruch eingestellt werden.

Der staatlich monopolisierte *Außenhandel* ist noch gering. Wichtige Ausfuhrgüter sind Bergbauprodukte (v. a. Chromerz, Erdöl, Kupfererzeugnisse, Elektrizität), Tabak, Felle, Wolle, Obst und Gemüse, z. T. verarbeitet. Eingeführt werden v. a. Maschinen und Ausrüstungsgegenstände, Brennstoff, Minerale und Metalle und andere Rohstoffe sowie chemische Produkte. Haupthandelspartner waren bisher die Tschechoslowakei, Jugoslawien und andere Staaten Südosteuropas.

Die *Verkehrsinfrastruktur* ist unzureichend und entwicklungshemmend. Erst nach dem II. Weltkrieg begann man mit dem Bau einer *Eisenbahn* (Streckennetz ca. 500 km), die 1985 über Shkodër an das jugoslaw. Streckennetz angeschlossen wurde. Von den ca. 7000 km *Straßen* sind nur die wichtigsten Durchgangsstraßen asphaltiert. Einen internationalen Flugplatz besitzt A. bei Tirana. Wichtigster Hafen ist Durrës, über den 80% der Seetransporte abgewickelt werden.

VI. Kultur, Religion, Bildung

Die albanische *Sprache* ist eine indogermanische Sprache ohne nähere Verwandte in dieser Sprachfamilie, allerdings mit zahlreichen Entlehnungen aus dem Lateinischen und neuromanischen Sprachen sowie dem Serbischen, Griechischen, Türkischen und Bulgarischen. Seit 1908 wird sie mit lat. Buchstaben geschrieben. Sie gliedert sich in zwei Dialekte: das *Gegische*, das in Nordalbanien und im Kosovo, und das *Toskische*, das in Südalbanien, in der Diaspora in Griechenland und in Süditalien gesprochen wird. Dialektgrenze ist der Shkumbin.

Nach dem II. Weltkrieg bekannten sich etwa 70% der Bevölkerung zum sunnitischen Islam, 20% zur orth. Kirche und 10% zur kath. Kirche. Der Islam wurde stark geprägt durch den Derwisch-Orden der Bektaschi. Während die orth. Christen v. a. im S leb(t)en (die nördl. Grenze fällt etwa mit der Dialektgrenze zusammen), leb(t)en die Katholiken v. a. im N (Zentrum Shkodër). Die Islamisierung des christlichen A. begann mit der Eroberung durch das Osmanische Reich. Die religiöse Zersplitterung stand der nationalen Einheit entgegen, was den Schriftsteller und Gelehrten *Pashko Vasa*, einen Führer der „Rilindija" (Wiedergeburt), zu dem Satz veranlaßte: „Seht nicht auf die Kirchen und Moscheen, die Religion des Albaners ist das Albanertum", der von *Enver Hoxha* bei der Begründung des 1967 erlassenen Verbots der öffentlichen Religionsausübung zitiert wurde. A. wurde zum ersten atheistischen Staat der Welt proklamiert. Für die Glaubensgemeinschaften begann eine Zeit schwerer Verfolgung. Etwa 220 Kirchen oder Moscheen wurden zerstört oder in Fabriken, Lagerhallen oder Kulturhäuser umgewandelt. Seit der Aufhebung des Verbots öffentlicher Religionsausübung Ende 1990 erlebt das religiöse Leben eine Renaissance.

Die *öffentliche Erziehung* beginnt im Kindergarten, den aufgrund der Berufstätigkeit der Frauen der größte Teil der Kinder besucht. Die allgemeine Schulpflicht beträgt 8 Jahre. Darauf bauen 4jährige höhere allgemeinbildende Schulen und Fachschulen verschiedener Richtung. Für alle Bereiche wurde ein berufsbegleitendes Bildungssystem organisiert. Die Universität Tirana (1957 gegr.) besitzt 8 Fakultäten (Mechanik und Elektrotechnik, Geologie und Bergbau, Geschichte und Philologie, Ökonomie, Bauingenieurwesen, Naturwissenschaften, Jura und Politik, Medizin). Weitere höhere Bildungseinrichtungen sind u. a. 3 Pädagogische Hochschulen, 2 Landwirtschaftliche Hochschulen, 1 Kunsthochschule und 1 Sporthochschule. Wichtigste Forschungseinrichtung ist die Akademie der Wissenschaften mit 11 Forschungsinstituten. Es besteht Schulgeldfreiheit für alle Bildungseinrichtungen. Analphabeten werden in der offiziellen Statistik nicht mehr ausgewiesen. Ihr Anteil dürfte jedoch zumindest in der älteren Generation noch recht hoch sein.

Es gibt (1989) 45 öffentliche Bibliotheken mit einem nach westl. Standard vollkommen unzureichenden, zensierten Buchangebot, ferner in jeder Stadt Museen mit Dokumentation der Geschichte von den Illyrern bis zur Befreiung des Landes durch die Partisanen 1945 und dessen Aufbau unter Führung der PPSH.

LITERATUR

H. **Louis**, A. Stuttgart 1927. – P. **Bartl**, Die Albaner, in: Historische Bücherkunde Südosteuropa. Hg. M. Benrath. Bd. 1,1. München 1978, 635 ff. – W. **Ruß**, Der Entwicklungsweg A.s. Meisenheim 1979. – A. **Hetzer**, V. S. **Roman**, A. Ein bibliogr. Forschungsber. München 1983. – Beitr.e zur Geographie und Geschichte A.s. Hg. C. **Lienau**, G. **Prinzing**. Münster 1984, ²1986. – The Albanians and their territories. Hg. The Academy of Sciences of the PSR of Albania. Tirana 1985. – A. **Bërxholi**, P. **Qiriazi**, Albania, a geographical view. Tirana 1986. – C. **Lienau**, A. Ein geographischer Überblick und Besonderheiten seiner Raumstruktur, in: Südosteuropa 36 (1987) 665 ff. – **Ders.**, Stadtentwicklung in A. nach 1945., in: Würzburger Geographische Arbeiten 70 (1988) 123 ff. – W. **Höpken**, Erste Ergebnisse der Bevölkerungszählung in A., in: Südosteuropa 38 (1989) 542 ff. – M. **Schmidt-Neke**, Macht und Legitimation in A., in: ebd., 414 ff. – A. **Wildermuth**, Die Krise der alban. Landwirtschaft. Neuwied 1989. – A. im Umbruch. Hg. F.-L. **Altmann**. München 1990; darin: M. **Schmidt-Neke**, Zwischen Kontinuität und Wandel. A.s innenpolitische Situation zu Beginn der 90er Jahre, 11 ff.; J. **Reuter**, Das Kosovo-Problem im Kontext der jugoslawisch-alban. Beziehungen, 81 ff.; Chr. **Höcker-Weyand**, Das alban. Zivilrecht: Zivilges.buch – Familienges.buch – Arbeitsges.buch, 97 ff.; W. **Stoppel**, Zwischen Abschreckung und Erziehung. Straf- und Verfahrensrecht in A., 117 ff.; Ö. **Sjöberg**, Urban Albanie: developments 1965–1987, 171 ff. – Lber. A. 1990. Stuttgart 1990. – J. **Bata**, Auf einem schwierigen Weg. A. nach den ersten freien Wahlen, in: HK 45 (1991) 233 ff. – H. **Toepfer**, Kultivierungsmaßnahmen in der alban. Landwirtschaft, in: Erdkunde 45 (1991) 308ff. – Südosteuropa. Hdb. Hg. K.-D. **Grothusen**. Bd. 8: A. Göttingen (in Vorber.).

Cay Lienau

ANDORRA

Amtlicher Name	Principat d'Andorra (katalan.) Principauté d'Andorre (frz.) Principado de Andorra (span.) (Fürstentum Andorra)
Staatsform	Republik. Condominium des Bischofs von Seo de Urgel (Spanien) und des Präsidenten der Französischen Republik
Hauptstadt	Andorra la Vella (15 700 E.)
Fläche	453 km²
Bevölkerung	49 000 E. (1988; VZ 1975: 26 558). – 108 E./km²
Sprache	Staatssprache: Katalanisch. Verkehrssprachen: Spanisch und Französisch
Religion	fast ausschließlich Katholiken
Währung	Spanische Peseta und Französischer Franc

Das Fürstentum (Prinzipat) A. liegt in den östl. Pyrenäen (mit bis heute provisorischer Grenzziehung). Die Einwohner sind zu 25% Andorraner (ethnisch Katalanen), zu knapp 60% span. und zu 7% frz. Staatsangehörige (Mehrfachstaatsangehörigkeit ist möglich). Das Territorium umfaßt die Talschaft der *Valira* und ihrer Nebenflüsse. Der Pyrenäen-Hauptkamm begrenzt A. im N (bis 3000 m hoch). Einzige Straßenverbindung mit Frankreich ist der *Envalira-Paß* (2408 m). Nach Spanien folgt die Straße dem Valira-Tal.

Das Prinzipat A. ist ein *Condominium*. Die Regierungsgewalt wechselt jährlich zwischen dem span. Bischof von Seo de Urgel und dem frz. Staatspräsidenten (als Rechtsnachfolger der Grafen von Foix). Sie sind durch den Generalvikar von Seo de Urgel und den Präfekten des Dép. Pyrénées-Orientales in Perpignan bzw. durch deren Beauftragte („Vögte": *Viguer episcopal* bzw. *Viguier de France*) in der Hst. A. la Vella repräsentiert. Grundlegende Entscheidungen müssen einstimmig zwischen beiden Principes erfolgen. Die Verfassungsreformen von 1970 (u. a. allg. Wahlrecht für alle [seit 1985 über 18jährigen] Einheimischen; bis dahin nur Wahlrecht der Sippenhäupter) und von 1981 (Zurückdrängung des Einflusses der Coprincipes) haben eine Demokratisierung des überkommenen Feudalsystems eingeleitet. Volksvertretung ist der für 4 Jahre gewählte und alle 2 Jahre hälftig erneuerte *Generalrat* (28 Mitgl.). Er erläßt die Gesetze und ernennt die beiden höchsten Verwaltungsbeamten. Für alle 16- bis 60jährigen Männer besteht Selbstbewaffnungspflicht. Verwaltungsmäßig ist A. in 6 Gemeindebezirke *(Paroisses)* und die Hauptstadt gegliedert. Außenpolitisch wird A. durch Frankreich vertreten. Es ist völkerrechtlich von den UN nicht anerkannt.

Grundlage der *Rechtsordnung* ist das 1748 im „Manual Digest" aufgezeichnete Gewohnheitsrecht. A. hat eigene Zivil- und Strafgerichtsbarkeit, wobei teils frz., teils span. Recht Anwendung findet.

Die Entstehung A.s steht im Zusammenhang mit der Verteidigung des Abendlandes gegen die Mauren im 8. Jh. Die Talschaft war während der langen Belagerung der Spanischen Mark als christliche Bastion stark auf die wirtschaftlichen und kulturellen Beziehungen zum Frankenreich angewiesen. Um das Territorium entstand im 13. Jh. ein Annexionsstreit zwischen den Grafen von Foix und dem Bischof von Urgel, der im *Friedensvertrag von Lérida* (8.9.1278) beigelegt wurde. Er begründete die bis heute gültige Verfassungsstruktur *(Paréage)*.

Die strategisch wichtige Paßstraße schuf die Grundlage für die verkehrswirtschaftliche Bedeutung mit wichtigen Handelsfunktionen, die für das Hoch-MA nachgewiesen sind. Seit Beginn der Neuzeit entwickelten sich Eisenerzeugung (auf der Grundlage lokaler Rohstoffvorkommen) und Textilmanufakturen, die um 1750 ihren Höhepunkt erreichten, danach die Tabakwirtschaft. Im 20. Jh. wurde durch den Grenzhandel, den Tourismus und die Energiewirtschaft (Export von Hydroelektrizität nach Spanien) ein bedeutender Aufschwung erreicht. Die Grenzmarktfunktion hat seit dem Beitritt Spaniens zur EG (1986) an Bedeutung verloren. Die Landwirtschaft, die bis ca. 2000 m Höhe vorwiegend auf Viehwirtschaft ausgerichtet war, ist stark rückläufig. A. gewinnt aufgrund von Steuervorteilen (keine Einkommen-, geringe Eigentumsteuer) zunehmend an Bedeutung als „Steuerparadies" für internationales Kapital. Die Staatseinnahmen stammen aus Konzessionsabgaben der 2 privaten Rundfunkanstalten und der 3 ausländischen Elektrizitätswerke, aus der Umsatzsteuer und dem Verkauf von Briefmarken. A. gehört zum span. und frz. Zoll- und Währungsgebiet.

A. besitzt eigene Primar- und Sekundarschulen (Schulpflicht vom 6.–16. Lebensjahr). Unterrichtssprache ist Katalanisch. – Die fast ausschließlich kath. Bevölkerung gehört zur Diözese Seo de Urgel. Die kath. Kirche ist Staatskirche.

LITERATUR

G. **Rinschede**, A.: Vom abgeschlossenen Hochgebirgsstaat zum modernen Touristenzentrum, in: Erdkunde 31 (1977) 307 ff. – P. **Ponisch**, La Principauté d'Andorre, in: Le Monde vom 19.10.1978. Sonderbeil. A. [mit Abdruck der Paréage von 1278]. – A., in: Katalonien und A. Hg. F. R. **Allemann**, X. v. **Bahder**. Köln 1980, ³1988, 325 ff. – W. **Maus**, Zur Einbeziehung A.s in internationale Verträge, in: RdW (1981) 3, 151 ff. – Th. **Reichart**, A. – eine Landeskunde. Nürnberg 1986 (Nürnberger wirtschafts- und sozialgeographische Arbeiten. Bd. 39).

Alfred Pletsch

BELGIEN

Amtlicher Name	Royaume Belgique (frz.) Koninkrijk België (niederl.) (Königreich Belgien)
Staatsform	konstitutionelle, parlamentarische Erbmonarchie
Hauptstadt	Brüssel (976 536 E.)
Fläche	30 518 km²
Bevölkerung	9 920 000 E. (1988; VZ 1981: 9 848 647). – 325 E./km²
Sprache	Französisch, Niederländisch, Deutsch
Religion	Katholiken 90%; Protestanten 0,9%; Muslime 1,1%; Anhänger anderer Religionen und Religionslose 8,0%
Währung	1 Belgischer Franc (bfr) = 100 Centimes

I. Naturräumliche Voraussetzungen

Auf dem zwischen Nordsee und Rheinischem Schiefergebirge gelegenen belg. Territorium, das im O an ↗Deutschland und ↗Luxemburg, im S an ↗Frankreich, im N an die ↗Niederlande grenzt, konzentrieren sich in zonaler Anordnung alle wichtigen in Westeuropa vorfindlichen Naturräume. Parallel zur Küstenlinie trennt ein junger Dünenstreifen wechselnder Breite das Meer von den Marschen. Deren fruchtbarer, weithin unter Hochwasserniveau gelegener Boden wurde in historischer Zeit angeschwemmt. Meeresströmung, Regressionsphasen und Deichbaumaßnahmen haben die ehem. Lagunenküste wieder weitgehend geschlossen und Wasserflächen landfest und bewohnbar gemacht. Entlang des *Scheldeästuars*, das den Seeverkehr bis tief ins Binnenland ermöglicht, gehen die See- in Flußmarschen über. Binnenwärts dehnt sich die *flandrische Geest* mit einer schwach reliefierten Oberfläche aus, im S mit niedrigen Hügeln tertiären Ursprungs. Unter der leicht welligen, aus quartären Sanden – stellenweise zu Dünen aufgeweht – gebildeten Oberfläche des *Kempenlandes* im NO liegen jungtertiäre Tone und Sande. Erstere werden im nördl. Teil von der Ziegel- und Zementindustrie, letztere im südl. Teil u. a. zur Glasherstellung genutzt. Die natürliche Armut der podsolierten Böden für agrarische Nutzung wurde erst spät durch Kultivierungsmaßnahmen abgeschwächt. Unter dem mächtigen Deckgebirge finden sich Steinkohlelager.

Mit undeutlicher Grenze – aufgrund ihrer aufgelösten Ränder – schließt sich nach S die mittelbelg. Tertiär- und Kreidetafel an. Wo eisenschüssiger Sandstein der Erosion Widerstand bot, wurden einzelne Höhen herauspräpariert. In *Brabant* führte der sandig-tonige Untergrund zu etwas ertragreicheren Böden, die unzusammenhängend von Löß bedeckt sein können. Nach S sind die Tafeln weit und offen sowie von einer geschlossenen Lößauflage bedeckt *(Hennegau, Haspengau)*. Nahezu idealtypisch ist die Börde dort, wo im Untergrund Kalke und Sande anstehen (trockener Haspengau). Überlagert der Löß wasserundurchlässige Tone, ist das Land wasserreicher, die Bodenfeuchtigkeit höher (feuchter Haspengau, Teile des Hennegaus). Im *Maas-Sambre-Tal* haben sich die großen Flüsse bis in die paläozoischen Schichten eingetieft, in denen sich die Steinkohlelager von Lüttich befinden. Diese, in der Grenzzone von Brabantischem und Ardennenmassiv stark gefaltet, waren eine Voraussetzung für die industrielle Entwicklung zwischen Lüttich und Charleroi-Mons.

Die *Ardennen* sind der Westflügel des Rheinischen Schiefergebirges. Sie beginnen mit einer durch den Wechsel breiter, sandiger Rücken und offener Kalkmulden gekennzeichneten Zone *(Condroz)*, die nach NO in das tief eingeschnittene *Herver Land* übergeht. Südlich folgt die feuchte Ausraumulde der *Famenne*. Das Schieferplateau der *Hochardennen* ragt im *Hohen Venn* bis 694 m auf, ist vielfach vermoort und an seinen Rändern tief eingeschnitten. Nach SW zu hat B. Anteil am *Lothringischen Schichtstufenland*.

Das *Klima* ist maritim geprägt; es wird mit der Entfernung zum Meer und der Höhenlage kontinentaler. Ganzjährig fallen im Land durchschnittlich 800 mm, in den Ardennen bis zu 1400 mm Niederschläge, wo dann kurze Wachstumszeiten mit hohem Niederschlag zusammenfallen.

Etwa 20% B.s sind waldbedeckt. In Brabant, im Hennegau und Kempenland herrscht die Kiefer vor, in den Ardennen (4/5 der gesamten Waldfläche) Laubwald.

II. Historisch-politische Entwicklung

1. Vom Abfall des Nordens bis zur staatlichen Unabhängigkeit

Nach dem gewaltsamen Abfall der sieben Nordprovinzen unter *Philipp II.* (↗Niederlande II) blieben die bis 1585 rekatholisierten südl. Niederlande zunächst unter span. Herrschaft und fielen im *Frieden von Utrecht* 1713 an Österreich. Während der Regierungszeit *Maria Theresias* (1740–80) erfolgte wirtschaftlicher Aufschwung, verfestigten sich aber auch die konfessionellen, sprachlichen und sozialen Unterschiede gegenüber dem prot. Norden.

Ob die gescheiterte ständisch-klerikale „Brabanter Revolution" von 1789 gegen die aufgeklärten Reformen *Josephs II.* und deren kurzlebige Gründung, die „Vereinigten Staaten von Belgien" (1790), schon Ausdruck eines belg. Nationalbewußtseins oder lediglich provinzieller Partikularinteressen war, ist umstritten. 1795–1814 begünstigte die Annexion durch Frankreich die weitere sprachlich-kulturelle Romanisierung des belg. Bürgertums ebenso wie das Vordringen bürgerlich-liberaler politischer Ideen. Die 1814 beschlossene, vom Wiener Kongreß (1815) bestätigte Wiedervereinigung B.s einschließlich des bis 1795 selbständigen Fürstbistums Lüttich mit dem Norden zum „*Königreich der Vereinigten Niederlande*" unter dem Oranier *Wilhelm I.* (1815–40) hatte daher keinen Bestand.

Sprachliche und konfessionelle Gegensätze, verfassungspolitische Forderungen des belg. Bürgertums und die intransigente Politik Kg. Wilhelms in den südl. Landesteilen führten nach dem *Brüsseler Aufstand* (25.8.1830) einer 1829 gebildeten Union aus Liberalen und Katholiken zum Bruch. Ein gewählter Nationalkongreß erklärte B. am 4.10.1830 zum unabhängigen Königreich. Die von ihm 1831 beschlossene Konstitution (vgl. III), „der vollendetste und reinste Typus ... einer parlamentarischen und liberalen Verfassung" *(H. Pirenne)*, diente anderen europ. Verfassungsbewegungen zum Vorbild. Nachdem eine Kandidatur des Herzogs von Nemours am brit. Einspruch gescheitert war, wählte der Kongreß 1831 Prinz Leopold von Sachsen-Coburg als *Leopold I.* zum König der Belgier. Erst 1839 anerkannte Wilhelm I. widerwillig die von den Großmächten bereits 1831 in London bestätigte belg. Unabhängigkeit und dauernde Neutralität. B. mußte dafür auf Teile Limburgs und ↗Luxemburgs wieder verzichten, die sich 1830 der belg. Revolution angeschlossen hatten.

2. Neutralitätspolitik und innere Entwicklung im 19. Jahrhundert

Außenpolitisch konnte der neue Staat, der auf einem v. a. von der brit. Diplomatie (Lord *Palmerston*) im eigenen Interesse begünstigten Kompromiß zwischen niederländ. und frz. Interessen beruhte, seine Unabhängigkeit auch gegen spätere Annexionsabsichten Frankreichs (Krise von 1867) bewahren. Innenpolitisch beruhte er auf einem Interessenausgleich innerhalb der kath.-liberalen Union, die das Land bis zu ihrem Zerfall 1847 regierte, um danach wechselnden Parteikonstellationen Platz zu machen. Das Zensuswahlrecht wurde über ein Pluralstimmrecht (1893) bis zu allgemeinen, gleichen Wahlen ab 1921 (für Frauen ab 1949) schrittweise demokratisiert.

Wirtschaftlich fiel B. eine Führungsrolle im Eisenbahnbau und bei der Industrialisierung Kontinentaleuropas zu. Auf Initiative *Leopolds II.* (seit 1865) wurde es mit dem Erwerb des Kongostaates 1908 auch Kolonialmacht. Zum wichtigsten innenpolitischen Problem entwickelte sich neben der Schulfrage „Kulturkämpfe" um die kirchlichen Schulen 1879–84 und noch einmal 1954–57) v. a. die Sprachenfrage. Aus literarisch-intellektuellen Anfängen heraus gewann die *flämische Bewegung* nach 1850 im Kleinbürger- und Bauerntum eine Massenbasis und errang mit den Sprachengesetzen von 1873/88 erste politische Erfolge.

3. Die Zeit der Weltkriege

Als dt. Truppen im I. Weltkrieg B. unter Bruch seiner Neutralität besetzten (König war seit 1909 *Albert I.*), spaltete sich die flämische Bewegung in einen staatsloyalen und einen „aktivistischen" Flügel, der gemeinsam mit der Besatzungsmacht auf eine möglichst weitgehende Trennung Flanderns von Wallonien hinarbeitete. Im *Versailler Vertrag* erhielt B. 1919/20 die Kreise Eupen und Malmedy, in Afrika ↗Ruanda und ↗Burundi als Mandatsgebiet. Seine frühere Neutralität gab es zugunsten einer militärischen Anlehnung an Frankreich auf. Mit Luxemburg schloß es 1921 auf 50 Jahre eine Zoll- und Handelsunion (UEBL).

Ein nach zeitweiliger Verfolgung verstärkt wiederauflebender flämischer Nationalismus, der außer in den traditionellen Parteien nun auch in einer eigenen Sprachenpartei *(Frontpartei/VNV)* zutage trat, führte im Rahmen des fortbestehenden Einheitsstaates nach 1930 zu einer flämisch-wallonischen Doppelkultur mit regionaler Einsprachigkeit (außer in Brüssel und im Sprachengrenzgebiet) und zur Gleichberechtigung beider Landessprachen.

Trotz Rückkehr zur früheren Neutralitätspolitik (1936) seit dem 10.5.1940 erneut von Deutschland besetzt, wurde B. im II. Weltkrieg zunächst durch einen Militärbefehlshaber, seit Juli 1944 durch einen Reichskommissar verwaltet, während seine Regierung sich im

Exil befand. Kg. *Leopold III.* (seit 1934) war als Gefangener im Lande geblieben. Eupen und Malmedy kehrten vorübergehend zu Deutschland zurück. Ein Teil der flämischen Nationalisten und die überwiegend wallonische faschistische *Rex-Bewegung Léon Degrelles* unterstützten die dt. Besatzungsmacht.

4. Belgien in der Nachkriegszeit

Nach relativ kampfloser Befreiung im Aug. 1944 kehrte B. rasch wieder zu wirtschaftlicher Normalität zurück. Wirtschaftlich wie politisch knüpfte es enge Verbindungen zu seinen Nachbarn (Benelux-Union, seit 1.1.1948 als Zollunion, seit 1.1.1960 als Wirtschaftsunion in Kraft), trat früh der NATO (1949) und der europ. Einigung (WEU 1948, Europarat 1949, EGKS 1951, EWS und EURATOM 1957) bei. Die UEBL wurde 1972 und 1982 um jeweils 10 Jahre verlängert. Kleinere Grenzveränderungen auf Kosten Deutschlands wurden 1958 rückgängig gemacht, die Kongokolonie 1960 in die Unabhängigkeit entlassen (⌐Zaire). Die innenpolitisch brisante Königsfrage wurde in einer Volksbefragung 1950 knapp zugunsten einer Rückkehr des seit 1945 im Exil lebenden Kgs. *Leopold III.* entschieden, der jedoch 1951 für seinen Sohn *Baudouin I.* auf den Thron verzichtete. Schrittweise wird der alte Einheitsstaat seit 1970 in (Wirtschafts-)Regionen und (Sprach-)Gemeinschaften aufgeteilt (vgl. III).

Unter dem Druck flämischer, seit 1964 auch wallonischer und dt. Sprachenparteien spalteten sich auch die drei großen Parteien seit 1970 nach Sprachgruppen auf. Stärkste politische Gruppierung sind die Christdemokraten (*Christelijke Volkspartij*, CVP, flämisch; *Parti Social Chrétien*, PSC, frankophon), gefolgt von den Sozialisten (*Socialistische Partij*, SP, flämisch; *Parti Socialiste*, PS, frankophon) und den Liberalen (*Partij voor Vrijheid en Vooruitgang*, PVV, flämisch; *Parti Réformateur Libéral*, PRL, frankophon). Seit 1945 wird B. fast ausnahmslos von Koalitionen regiert. Von 1979 (mit Unterbrechung 1981) war *Wilfried Martens* (CVP) Ministerpräsident, seit 1988 einer Koalition aus CVP/PSC, SP/PS und Volksunion. Bei den vorgezogenen Parlamentswahlen am 24.11.1991 erlitt die Koalition starke Verluste bei deutlichen Gewinnen des rechtsradikalen *Vlaams Blok* und der flämischen und wallonischen *Grünen*. Sie verlor damit die für die Vollendung der Staatsreform notwendige 2/3-Mehrheit. Die im März 1992 gebildete Regierung setzte die bisherige Koalition unter Ministerpräsident Jean-Luc-Dehaene (CVP) fort.

B., das Sitz bedeutender internationaler Organisationen ist (Generalsekretariat der Benelux-Union; Kommission und Ministerrat der EG; NATO-Kommando Europa), hat durch Politiker wie *Paul-Henri Spaak* (u. a. 1957–61 NATO-Generalsekretär), *Gaston Eyskens, Pierre Harmel* und *Leo Tindemans* wichtige Beiträge zur internationalen, v. a. zur Europapolitik geleistet.

III. Verfassung, Verwaltung, Recht

1. Verfassung

Die Verfassung, die vom 7.2.1831 datiert, als B. sich nach der Unabhängigkeit (vgl. II) als *konstitutionelle* und *parlamentarische* Monarchie konstituierte, findet ihr Vorbild in der ersten frz. konstitutionellen Verfassung von 1791 und gründet im Prinzip der Volkssouveränität (Art. 25 Abs. 1). Der Verfassungstext wurde mehrfach (zuletzt durch Ges. vom 15.7.1988) geändert.

Stellung des Monarchen. Die Verfassung sieht eine *erbliche* Monarchie in der Nachfolge *Leopolds I.* von Sachsen-Coburg in direkter, natürlicher, legitimer und männlicher Erbfolge vor. Der *König* ist Staatsoberhaupt im Sinne einer parlamentarischen Monarchie. Seine Funktion spiegelt sich äußerlich in den Kompetenzen Ernennung und Entlassung von Ministern, Oberbefehl über die (auf der Grundlage der allgemeinen Wehrpflicht organisierten) Streitkräfte, Kriegserklärung und Friedensschluß, „Billigung" und Verkündung von Gesetzen, Auflösung und Vertagung der Kammern, Ernennung von Beamten, Verleihen von Orden und Adelstiteln. Trotz dieser verfassungstextlich starken Stellung ist der Monarch in erster Linie „neutraler Hüter" und höchster Repräsentant des Staates.

Regierung und Gesetzgebung. Nach den Regeln der parlamentarischen Demokratie bildet der *Ministerpräsident* mit seinem Kabinett i. d. R. aus den Mehrheitsfraktionen des Abgeordnetenhauses die Regierung. Der *Ministerrat* muß ebenso viele Minister niederländ. wie frz. Sprache aufweisen. Das Parlament besteht aus der *Abgeordnetenkammer* als unmittelbar vom Volk gewähltem Repräsentativkörper, dessen 212 Abgeordnete aufgrund allgemeiner Wahlpflicht alle 4 Jahre gewählt werden. Der *Senat* als zweite Kammer wird für 4 Jahre teils unmittelbar von der Bevölkerung der Provinzen (z. Z. [1991] 106 Senatoren), teils indirekt von Provinzialräten (z. Z. 51 Senatoren) und dem Senat durch Kooptation (z. Z. 26 Senatoren) gewählt. Beide Kammern sind an der Gesetzgebung gleichermaßen beteiligt (Art. 32 Verf.), eine für das moderne Zweikammersystem recht ungewöhnliche Erscheinung; eine Senatsreform wird freilich angestrebt.

Die *Rechtsprechende Gewalt* wird durch unabhängige Richter ausgeübt. Die Verfassung regelt wesentliche rechtsstaatliche Verfahrensgrundsätze sowie die Struktur der Gerichtsbarkeit (s. u. 2). Seit der Verfassungsreform vom 29.7.1980 ist ein Schiedshof *(Cour d'Arbitrage)* als Verfassungsgericht eingerichtet (Art. 107 ter Verf.; Ges. über den Schiedshof vom 28.6.1983). Das Gericht (12 Richter) entscheidet über Nichtigkeitsklagen, die vom Ministerrat, der Exekutive einer Gemeinschaft oder einer Region erhoben werden, über Individualbeschwerden sowie über Richtervorlagen und stellt mit seiner Kompetenz, Normkonflikte zwischen föderativen Einheiten zu schlichten, den Kern einer Verfassungsgerichtsbarkeit dar.

Territorialgliederung des Staates. Die Staatsreformen von 1970, 1980 und seit 1988 haben zu einer Föderalisierung B.s geführt, so daß man nach Abschluß der dritten Phase von einem „Bundesstaat Belgien" sprechen kann. Die heutige Staatsstruktur weist 9 *Provinzen* (Westflandern, Ostflandern, Limburg, Antwerpen, Brabant, Namur, Hennegau, Luxemburg, Lüttich), 4 *Sprachgebiete* (niederländ.; frz.; zweisprachiges Gebiet Brüssel; dt. Sprachgebiet), 3 *Gemeinschaften* (flämische, französische, deutschsprachige) und 3 *Regionen* (flämische, wallonische, Region Brüssel) auf. Die Komplexität und Heterogenität der territorialen Gliederung wird daran deutlich, daß z. B. Brüssel-Hauptstadt eine Region, aber keine Gemeinschaft, das dt. Sprachgebiet zwar eine Gemeinschaft, aber keine Region bildet. Die *Gemeinschaften („Communautés")* haben als Aufgabenbereich die kulturellen, Sprach- und Unterrichtsangelegenheiten sowie das Gesundheits- und Sozialwesen. Sie weisen einen „Rat" *(Conseil)* mit normsetzender Gewalt (Dekrete mit Gesetzeskraft) sowie eine Exekutive auf. Der Flämische Rat ist für die Gemeinschaft und die Region zuständig und indirekt gewählt (z. Z. [1991] 186 Mitgl.); die flämische Exekutive besteht aus höchstens 11 vom Rat gewählten Mitgliedern (Sitz jeweils Brüssel); der Rat der Französischen Gemeinschaft ist ebenfalls indirekt gewählt (z. Z. 132 Mitgl.); die Exekutive besteht aus höchstens 4 Mitgl. (Sitz jeweils Brüssel). Rat und Exekutive der Deutschsprachigen Gemeinschaft haben ihren Sitz in Eupen. Die *Regionen* haben Zuständigkeiten für Raumordnung und Städtebau, Umweltschutz, ländliche Erneuerung und Naturschutz, Wohnungswesen, Wasserwirtschaft, Wirtschafts-, Energie- und Beschäftigungspolitik, Verwaltungsangelegenheiten, öffentliche Arbeiten und Transportwesen. Die Regionen haben ebenfalls dekretierende Gewalt, Brüssel lediglich anordnende Gewalt. Gemeinschaften und Regionen verfügen insgesamt über ca. 40% des Staatshaushalts.

Der *Zentralstaat* bleibt zuständig für Landesverteidigung, auswärtige Angelegenheiten (soweit nicht Kompetenzen von Gemeinschaften und Regionen bestehen), Polizei, Soziales, Landwirtschaft, Währung und Justiz. Auch in B. entfaltet sich mit wachsender Föderalisierung eine Kooperation zwischen Zentralstaat, Gemeinschaften und Regionen (kooperativer Föderalismus).

Das Verhältnis *Staat-Kirche* ist vom Grundsatz der Trennung gekennzeichnet; die Kirchen sind jedoch als Gesellschaften öffentlichen Rechts anerkannt.

2. Recht

Rechtsquellen sind die Verfassung, Gesetzgebung, Gewohnheitsrecht, Gerichtsentscheidungen und internationale Verträge. Das *Zivilrecht* wird wesentlich durch den „Code Napoléon" geprägt. Die *Gerichtsbarkeit* weist einen Kassationshof auf (höchstes Berufungsgericht in Brüssel), fünf Berufungsgerichte (Brüssel, Gent, Lüttich, Antwerpen und Mons), Gerichte erster Instanz, Arbeits- und Handelsgerichte sowie eine Verwaltungsgerichtsbarkeit *(Conseil d'Etat).* Die *Strafverfolgung* wird von der Staatsanwaltschaft *(Ministère public)* wahrgenommen; Vertreter sind der „Procureur General" (1. Instanz) und der „Procureur du Roi" (2. Instanz).

IV. Bevölkerungs- und Sozialstruktur

B. gehört flächen- und bevölkerungsmäßig zu den kleineren, aber am dichtesten besiedelten europ. Staaten. Das *natürliche Bevölkerungswachstum* ist seit den 1970er Jahren weitgehend zum Stillstand gekommen (*Geburten-* und *Sterbeziffer* 1987: 11,8 bzw. 10,7 ‰). Es gibt aber deutliche regionale Unterschiede, die auch noch für 1982–86 (trotz gesunkenen Niveaus) Flandern (0,9 ‰) gegenüber Brüssel (−1,5 ‰) und Wallonien (−0,6 ‰) als wachstumsstärker zeigen. Desgleichen gewinnt Flandern, wenn auch in seinen Teilen unterschiedlich, von der *Migration* stärker als die beiden übrigen Regionen, wobei Brüssel wie andere Agglomerationen deutliche Wanderungsverluste in sein weiteres Umland aufweist.

Das regional differenzierte Wachstum bildet den demographischen Hintergrund jenes Konflikts, der sich aus sprachlichem Unterschied zu sozialem und politischem Gegensatz entwickelt hat (vgl. II und III). Die Entwicklung zugunsten des flämischen Selbstbewußtseins und politischen Durchsetzungsvermögens ergab sich v. a. nach dem II. Weltkrieg aufgrund rascheren Bevölkerungswachstums und wirtschaftlicher Prosperität des nördl. Landesteiles gegenüber dem altindustrialisierten Süden. Waren um 1880 beide Sprachgruppen mit je 2,5 Mio. annähernd gleich stark, so sprechen heute (1986) etwa 3/5 Flämisch. 5,6 Mio. E. leben in der flämischen, 3,2 Mio. in der wallonischen, 0,06 Mio. in der deutschsprachigen Region und 0,9 Mio. in der Region Brüssel. Von den rd. 0,85 Mio. Ausländern stammen 60% aus der EG. Sie leben, aufgrund der in der Hauptstadt konzentrierten europ. Institutionen v. a. dort (rd. 25% der Bevölkerung), sind aber in Wallonien (ca. 12%) stärker vertreten als in Flandern (4%).

Die *Altersstruktur* (1987: unter 15 Jahren: 18,3%; 15–65 Jahre: 67,4%; über 65 Jahre: 14,3%) verändert sich zu Lasten der jüngeren Jahrgänge, gleicht sich aber zwischen den Landesteilen zunehmend an. Die (steigende) durchschnittliche *Lebenserwartung* beträgt ca. 73 Jahre.

Erwerbsstruktur. Von den (1988) rd. 4,03 Mio. Erwerbspersonen (Erwerbsquote: 40,8%) sind 3,6 Mio. Erwerbstätige, von denen 2,8% im primären, 28,7% im sekundären und 68,5% im tertiären Sektor beschäftigt sind. Die Frauenarbeitsquote beträgt 40,0%. Die in den letzten Jahren kontinuierlich gesunkene *Arbeitslosenquote* lag 1989 noch bei über 10%.

Haushalts- und Familienstruktur. In fast 54% der privaten Haushalte leben (1986) nur 1–2 Personen, in rd. 9% 5 und mehr Personen. Während die Zahl der Eheschließungen zurückgegangen ist (1980–87 von 6,7 auf 5,7 je 1000 E.), hat die der Ehescheidungen zugenommen (1980–87 von 15 auf 20 je 10 000 bestehender Ehen).

Siedlungsstruktur. Fünf größere Agglomerationen mit über 350 000 E. (Brüssel, Antwerpen und Gent in Flandern; Lüttich und Charleroi in Wallonien) bilden zusammen mit Städten über 50 000 E. ein relativ dichtes Netz gut ausgestatteter Orte mit höherzentralen Funktionen. Ihre größere Dichte im nördl. Landesteil führt zu Überlappungen der Einflußbereiche, während die regionalen Zentren im S deutlicher separierte Bereiche streifenförmig in die Ardennen hinein ausgebildet haben. Eine außerordentlich dynamische Städteregion wird gegenwärtig durch Antwerpen, Gent, Mechelen und Löwen gebildet, mit Fortsetzung in die Hauptstadtregion, von wo wichtige Verstädterungsimpulse nach Charleroi ausstrahlen. Der N-S gerichteten A(ntwerpen)-B(rüssel)-C(harleroi)-Städteachse steht eine vergleichsweise flächenhafte, zumeist eher funktional denn morphologisch auffällige Verstädterung in großen Teilen Flanderns gegenüber. Sie setzt sich nicht nur bis zur Küste fort, sondern hat besonders die Siedlungen entlang der 65 km langen Küste auch baulich intensiv überformt. Auffällig ist demgegenüber, daß sich im Kempenland trotz starker Bevölkerungszunahme kein größeres Zentrum ausbilden konnte. Der einst industriell geprägte wallonische Städteraum erfährt derzeit eine Neuorientierung zugunsten tertiärer Funktionen.

Das gut ausgebaute *soziale Sicherungssystem* für alle Lohn- und Gehaltsempfänger wird durch Beiträge der Arbeitnehmer und Arbeitgeber sowie durch staatliche Zuschüsse finanziert. Die Leistungen umfassen Alters- und Witwenrenten, Arbeitslosenversicherung, Krankenversicherung, Versicherung gegen Arbeitsunfälle und Berufskrankheiten, ferner Familienzulagen, Erziehungsgeld (auch an alleinerziehende Väter) und Elternurlaub. Versicherungsträger ist das „Zentrale Nationale Amt für Soziale Sicherheit". Im *Gesundheitswesen* besteht eine dichte medizinische Versorgung. Auf 1000 E. kommen 2,4 Ärzte, 0,5 Zahnärzte und 6,8 Krankenhausbetten.

V. Wirtschaft

In B. besteht ein den Grundsätzen der freien Marktwirtschaft folgendes Wirtschaftssystem.

Industrie. Auf der Basis der vorhandenen Steinkohlelagerstätten konnte Wallonien im 19. Jh. an frühere Metallverarbeitung anschließen und im Zuge der Industrialisierung, die von England kommend hier zuerst den europ. Kontinent erreichte, zum wirtschaftlich prosperierenden Landesteil werden. Auch die

Spezialisierung auf die Verhüttung von NE-Metallen (aus dem Kongo) brachte dem Gebiet einen Technologievorsprung. Im Vergleich damit stagnierte Flandern mit seinem einst aufgrund des Textilgewerbes blühenden Städtewesen noch längere Zeit, wenngleich schon frühzeitig mit der Erneuerung der Hafenfunktion und der damit einhergehenden Entwicklung der Verkehrsinfrastruktur Grundlagen für den späteren wirtschaftlichen Aufschwung gelegt wurden.

Insbesondere erfuhr das Kempenland im N nach einer wenig ergiebigen Phase des Kohleabbaus zwischen den Weltkriegen aufgrund des Arbeitskräftepotentials einen erheblichen Industrialisierungsschub. Zugleich geriet infolge der Krise der Schwerindustrie sowie des Kohlebergbaus, der 1984 aufgegeben wurde, die Wallonie zum Problemraum altindustriellen Typs. Hier liegt ein ökonomischer Aspekt des Sprachenstreits. Dieser wirkt auch erschwerend auf die Regionalpolitik: Bemühungen um Strukturverbesserungen in einer der Regionen werden durch Kompensationsforderungen der jeweils anderen behindert.

Landwirtschaft. 45,3% (1,38 Mio. ha) der Gesamtfläche des Landes werden landwirtschaftlich genutzt, davon je rd. 48% als Dauergrünland und Ackerland, 3,4% für intensiven Gartenbau. Weizen- und Zuckerrübenanbau finden sich auf den fruchtbaren Lößböden der Wallonie; ferner werden v. a. Kartoffeln und Futterpflanzen angebaut. Gemüse- und (seltener) Obstanbau orientieren sich an städtischen Märkten und neuen Aktionszentren in verschiedenen Landesteilen. Die Rinderaufzucht, an Weideland und Futterpflanzen gebunden, ist im S des Landes konzentriert (96%); 56% des Milchviehbestandes finden sich in Flandern. Schweine- und Geflügelmast, die unabhängig von der lokalen Futterproduktion, aber mit der hafen- und kanalorientierten Futtermittelindustrie verflochten sind, konzentrieren sich jeweils zu rd. 95% im Norden. 55% der Betriebe bewirtschaften 1–10 ha, 40% 10–50 ha und 5% über 50 ha. In Flandern ist der Anteil der kleineren Einheiten deutlich höher, in Wallonien überwiegen Mittel- und Großbetriebe.

Zunehmende wirtschaftliche Bedeutung hat der *Tourismus.* 1985 wurden 31,1 Mio. Übernachtungen gezählt, davon entfielen knapp 1/3 auf Ausländer. Bevorzugte Zielregion ist Flandern mit seinen historischen Städten und seiner Küstenzone, aber auch das Mittelgebirge.

Das BSP (14 550 US-$/E.) ist in den vergangenen Jahren ständig gewachsen (1986: 2,1%, 1989: 4,5%). An seiner Entstehung waren (1988) der primäre Sektor mit 2,3%, der sekundäre mit 31,9% und der tertiäre Sektor mit 65,8% beteiligt. Im Dienstleistungsbereich erbrachte die Hauptstadtregion den höchsten Beitrag, insbes. im Handel, im Finanzbereich und in den nichtökonomischen Diensten; die höchste Wertschöpfung im Transportwesen wurde in Flandern erzielt. Im industriellen Bereich dominiert der N des Landes (mit Ausnahme der Stahlerzeugung in Wallonien), während beide Regionen nahezu gleichwertigen Anteil an der agrarischen Wertschöpfung haben.

Im *Außenhandel* tauscht B. v. a. Fertigprodukte, Maschinen, Chemieprodukte und Energierohstoffe. Wichtige Importländer sind die Bundesrepublik Deutschland (23,1%), die Niederlande (17,8%), Frankreich (15,8%) und Großbritannien (8,3%), die wichtigsten Exportländer Frankreich (20,0%), Deutschland (19,7%), die Niederlande (15,0%) und Großbritannien (8,7%).

Besondere Probleme sind die hohe *Staatsverschuldung* (1989: 113% des BSP) und der defizitäre *Staatshaushalt* (1989: 6,5% des BSP). – B. ist Mitglied im EWS.

Verkehr. B. besitzt ein dichtes und gutes *Straßennetz* (1987: 14 471 km Staatsstraßen, davon 1568 km Autobahnen; 13 850 km Provinzstraßen). Das *Eisenbahnnetz* (ca. 3500 km, davon fast 2/3 elektrifiziert), seit 1926 von den Belgischen Staatsbahnen betrieben, ist eines der dichtesten in Europa. Eine Besonderheit ist das Überlandstraßenbahnnetz um Charleroi (97 km) und entlang der Küste (68 km). Für die *Binnenschiffahrt* stehen (z. T. auch für Seeschiffe) befahrbare Flüsse und Kanäle (insgesamt 1513 km; 1988) zur Verfügung. Das Kanalnetz (860 km) bewältigt 1/4 des innerbelg. Gütertransports. Die wichtigsten Binnenhäfen sind Brüssel, Gent und Lüttich. Für die *Seeschiffahrt* ist Antwerpen wichtigster Hafen (der zweitgrößte Europas). Daneben haben auch Zeebrügge und Ostende Bedeutung. Der internationale *Flugverkehr* wird hauptsächlich über Brüssel, ferner über Antwerpen, Lüttich, Charleroi und Ostende abgewickelt.

VI. Kultur, Religion, Bildung

Seit den Verfassungsänderungen (1970, 1980, 1988) wurde B. für bestimmte Angelegenheiten in drei Regionen (Flandern, Wallonien, Brüssel) sowie für viele personalgebundene und die meisten kulturellen Angelegenheiten (v. a. den Unterricht) in drei Gemeinschaften aufgeteilt (vgl. III). Die „Flämische Gemeinschaft" umfaßt die Niederländischsprachigen nördl. der Sprachgrenze, die „Französische Gemeinschaft" die Französischsprachigen südl. der Sprachgrenze (Wallonen) und in Brüssel, die „Deutschsprachige Gemeinschaft" die ca. 70 000 Deutschsprachigen der Provinz Lüttich (Eupen-St. Vith). In jeder der Sprachen hat sich eine eigene Literatur entwickelt. Für die Flämische Gemeinschaft seien *Guido Gezelle* (19. Jh.), *Felix Timmermans, Ernst Claes* und *Hugo Claus,* für die Französische Gemeinschaft *Charles De Coster, Maurice Maeterlinck, Emile Verhaeren* und *Michel de Ghelderode* genannt.

Aus historischen Gründen (Identifikation mit der alten Gft. Flandern; flämische Bewegung des 19. und 20. Jh.; vgl. II) hat sich zuerst in der Flämischen Gemeinschaft ein starkes Eigenbewußtsein entwickelt. Daher koinzidieren auf flämischer Seite Region und Gemeinschaft. Die Flamen verfügen seit langem über eine eigene Fahne, einen Nationalfeiertag (11. Juli), ein Nationallied, und seit kurzem auch über ein Nationaldenkmal (Ysertrum in Dixmuiden). Die Französische Gemeinschaft, die sich traditionell stark mit B. identifiziert hat, verfügt gleichfalls über eine eigene Fahne und einen Festtag (27. Sept.).

Presse – Medien. In B. erscheinen 27 Tageszeitungen (1945: 53); von deren Gesamtauflage (ca. 2 Mio.) entfällt die größere Hälfte auf die 11 niederländ., die kleinere Hälfte auf die 15 frz. Titel; die Deutschsprachige Gemeinschaft verfügt über das „Grenz-Echo". Parteiblätter gibt es nicht (mehr), auch keine Boulevardtagespresse. Die beiden großen Kulturgemeinschaften verfügen je über drei Fernsehprogramme, zu denen viele ausländische Programme hinzukommen.

Religion. B. blieb in der Neuzeit ein stark von der Gegenreformation geprägtes röm.-kath. Land. Seit der Mitte des 19. Jh. setzte eine Säkularisierung durch, zuerst in den wallonischen Industriegebieten. 1950 betrug der Kirchenbesuch noch 50%, 1989 war er auf 20% gesunken (in Flandern 25%, Wallonien 16%, Brüssel 9%). Die Zahl der kath. getauften Kinder jedoch belief sich 1989 auf 80% (in Brüssel 45%). 75% der Ziviltrauungen folgt eine kirchliche Trauung (Flandern 90%, Wallonien 75%, Brüssel 45%); 82% der Bevölkerung wurden kirchlich beerdigt (Flandern 90%, Wallonien 75%, Brüssel 65%). Die niedrigen

Prozente in der Hauptstadt erklären sich aus der großen Zahl dort lebender nicht-kath. Ausländer.

Die kath. Kirche ist gegliedert in das Erzb. Mechelen-Brüssel und 7 Bist.; deren Bischöfe bilden eine nationale Bischofskonferenz. Es gibt (1990) ca. 7700 Pfarrgeistliche, 246 Seminaristen (1989: 270), ca. 6900 männliche und ca. 25 000 weibliche Ordensangehörige (incl. der ca. 4400 Missionare, davon 76% aus Flandern, 24% aus dem frz. Teil).

Der Einfluß der kath. Kirche in der Gesellschaft ist immer noch groß. Wichtig sind v. a. die großen kath. sozialen Organisationen, z. B. der Christliche Gewerkschaftsbund (stärker als der sozialistische), der Bauernverband („Boerenbond"), die Caritas Catholica (Krankenhäuser), das kath. Schulwesen. Von den Tageszeitungen sind 14 von kath. Gesinnung (Gesamtaufl. ca. 1 200 000; 68% auf flämischer, 31% auf frz. Seite, und „Grenz-Echo").

Die anderen Kirchen und Religionen umfassen ca. 80 000 Protestanten, 40 000 Orthodoxe, 30 000 Anglikaner. Bei den nicht-christlichen Religionen zählt man ca. 45 000 Juden und ca. 225 000 Muslime. Letztere sind vorwiegend marokkan., aber auch türk. Herkunft.

Trotz der Trennung von Kirche und Staat werden die (anerkannten) Religionen vom Staat subventioniert. Aufgrund Art. 117 der Verfassung trägt der Staat die Gehälter und Pensionen der Geistlichkeit. Auch die kath. Schulen werden sämtlich kraft des Prinzips der Sicherung einer freien Schulwahl vom Staat subventioniert.

Bildung, Schulwesen. Schulpflicht besteht für das 6.–16., Lehrpflicht bis zum 18. Lebensjahr. Die meisten Kinder besuchen die (freiwillige) 3jährige Vorschule. An die 6jährige Primarschule schließt sich eine 6jährige Sekundarschule an oder der Übergang zur Sekundarschule. Diese umfaßt drei je 2jährige Unterrichtszyklen mit eigenen Abschlüssen. Sekundarschulen sind allgemeinbildend, technisch, künstlerisch oder berufsbildend ausgerichtet. Unterrichtssprache ist die Sprache des jeweiligen Sprachbereichs. Die gesamte Schulbevölkerung betrug 1990 2 177 000. Davon entfielen 372 000 auf den prä-elementaren Unterricht, 752 000 auf die Grundschulen, 809 000 auf die Sekundarschulen, 244 000 auf Hochschulen (136 000) und Universitäten (108 000). Die Flämische Gemeinschaft betreut etwa 1 310 000, die Französische Gemeinschaft 870 000 Schüler. Auf flämischer Seite gehen (ohne die Universitäten) 67% aller Schüler in eine kath. Schule, 17% in eine Provinzial- oder Gemeinde-, und 16% in eine Gemeinschafts- (= Staats-)schule. In der Französischen Gemeinschaft besucht fast die Hälfte der Schüler eine kath. Schule.

B. zählt 8 Universitäten (in Brüssel und Löwen seit 1970 in je eine flämische und frz. Universität geteilt). Dazu kommen noch kleinere Teiluniversitäten und andere Einrichtungen mit Hochschulrang sowie je 5 Kunst- und Musikhochschulen. Die größten Universitäten sind die beiden kath. Universitäten in Löwen sowie die Staatsuniversität Gent. Auch die nichtstaatlichen Universitäten beziehen den größten Teil ihrer Mittel vom Staat.

LITERATUR

Zu I, IV, V:
Comité National de Géographie, Atlas de Belgique. Brüssel 1955 ff., ²1988 ff. – H. **Hambloch,** Die Beneluxstaaten. Eine geographische Landeskunde. Darmstadt 1977. – H. **van der Haegen u. a.,** The Belgian Settlement System. Acta Geographica Lovaniensia. Löwen 1982. – D. **Oberesch,** Die wirtschaftliche Integration der Benelux-Staaten. Köln 1983. – Atlas économique de la Belgique. Hg. Chr. **Vandermotten.** Brüssel 1983. – Atlas de Belgique. hg. Institut Belge d'Information et de Documentation. Brüssel 1985. – N. **Lepszy,** W. **Woyke,** B., Niederlande, Luxemburg. Politik, Gesellschaft, Wirtschaft. Opladen 1985. – J. P. **Donnay,** B. **Merenne-Schoumaker,** Essay in Industrial Typology of the Belgian Communes, in: Bull. de la Société belge d'Etudes géographiques. Löwen (1986) H. 1, 9 ff. – Ch. **Christians,** L. **Daels,** Belgium. A Geographical Introduction to its Regional Diversity and its Human Richness. Bull. de la Société Géographique de Liège. Bd. 24. Lüttich 1988. – J. **Schilling,** R. **Täubrich,** B. München 1990. – Modern Belgium. Hg. M. **Boudart u. a.** Brüssel 1990.

Laufende Veröffentlichungen:
Politiek jaarboek. Annuaire Politique. Hg. Belgisch Instituut voor Wetenschap der Politiek. Brüssel [bis 1979 u. d. T.: L'année politique]. – Institut National de Statistique, Annuaire statistique de la Belgique. Brüssel. – Belg. economie in ... Hg. Ministerie van Economische Zaken. Brüssel.

Zu II:
Th. **Luykx,** M. **Platel,** Politieke Geschiedenis van België. 2 Bde. Amsterdam 1964, ⁶1986. – Cahiers/Bijdragen. Hg. Centre de Recherches et d'Etudes historiques de la Seconde Guerre Mondiale. 14 Bde. Brüssel 1970 ff. – J. **Gérard-Libois,** J. **Gotovich,** L'an 40. La Belgique occupée. Brüssel 1971. – H. **Pirenne,** Histoire de Belgique des origines à nos jours. 5 Bde. u. 1 Suppl.-Bd. (1914–1970. Hg. J. Bartier u. a.). Brüssel 1972/75. – La Wallonie. Le pays et les hommes. Hg. H. **Hasquin.** 2 Bde. Brüssel 1976. – F. **Wende,** B., in: Lexikon zur Geschichte der Parteien in Europa. Hg. ders. Stuttgart 1981, 9 ff. – Geschiedenis van Vlaanderen. Hg. E. **Witte.** Brüssel 1983. – X. **Mabille,** Histoire politique de la Belgique. Brüssel 1986. – E. **Witte,** J. **Craeybeckx,** La Belgique politique de 1830 à nos jours. Brüssel 1987. – H. **Todts,** Staat in ontbinding? België: de jaren '80. Löwen 1988. – T. J. **Hermans,** The Flemish Movement. A documentary history 1780–1980. London 1990. – L. **Huyse,** S. **Dhondt,** Onverwerkt verleden. Collaboratie en repressie in België, 1942–1952. Löwen 1991. – *Weitere Lit.:* ↗Niederlande II.

Zu III:
J. **Limpens,** G. **Schrans,** Belgium, in: IECL. Bd. 1: National Reports. Tübingen, Den Haag o. J. [1972] 11 ff. – R. **Senelle,** Die Reform des belg. Staates. Brüssel 1978. – F. **L. M. Van de Craen,** B. nach der zweiten Staatsreform: ein Bundesstaat in Bewährung, in: ZaöRV 41 (1981) 514 ff. – C. M. **Mütter,** Die belg. Staatsreform von 1980, in: JöR N. F. 34 (1985) 145 ff. – F. **Delpérée,** Die Verfassungsgerichtsbarkeit in B., in: Verfassungsgerichtsbarkeit in Westeuropa. Hg. Chr. Starck, A. Weber. Bd. 1. Baden-Baden 1986, 343 ff. – **Ders.,** Droit constitutionnel. Bd. 1: Les données constitutionnelles. Brüssel 1987; Bd. 2 [2 Tle.]: Le système constitutionnel. 1989. – L. P. **Suetens,** Föderalismus in B., in: Föderalismus und Regionalismus in Europa. Hg. F. Ossenbühl. Baden-Baden 1990, 263 ff. – A. **Alen,** B.: Ein zweigliedriger und zentrifugaler Föderalismus, in: ZaöRV 50 (1990) 501 f.

Zu VI:
G. **Hermanowski,** Die moderne flämische Literatur. München 1963. – H. **Domke,** Flandern. Das burgundische Erbe. München 1964, ³1977. – R.-F. **Lissens,** Flämische Literaturgeschichte des 19. und 20. Jh. Köln 1970 [Orig.: De Vlaamse Letterkunde van 1780 tot heden. Brüssel 1967]. – R. **Andrianne,** Literatur und Gesellschaft im französischsprachigen B. Frankfurt/M. 1984. – Nachrichten aus Ostbelgien. Dt. Dichtung in B. Hg. M. **Kohnemann.** Hildesheim 1986. – St. **Grass,** J. **Thomas,** B. Literatur und Politik. Aachen 1987. – A. **Greive,** Das romanischsprachige B., in: Das Königreich B. Geschichte und Kultur. Hg. P.-E. Knabe. Köln 1988, 51 ff. – H. **Vekeman,** Das Niederländisch in Flandern, in: ebd., 83 ff. – H. **Van Uffelen,** Die flämische Literatur, in: ebd., 117 ff. – P.-E. **Knabe,** Die französische Literatur B.s, in: ebd., 173 ff.

Ulrich Ante (I, IV, V), *Klaus Pabst* (II),
Albrecht Weber (III), *Reginald De Schryver* (VI)

BULGARIEN

Amtlicher Name	Republika Balgarija (Republik Bulgarien)
Staatsform	Parlamentarische Demokratie
Hauptstadt	Sofia (1 137 000 E.)
Fläche	110 994 km²
Bevölkerung	9 146 000 E. (1990; VZ 1985: 8 948 000). – 82 E./km²
Sprache	Bulgarisch, Sprachen der Minderheiten
Religion	Orthodoxe Christen 2,4 Mio.; Muslime (Sunniten) rd. 1,0 Mio.; Katholiken 51 000
Währung	1 Lew (Lw) = 100 Stótinki (St)

I. Naturräumliche Voraussetzungen

B. liegt im nordöstl. Teil der Balkanhalbinsel; seine Nachbarländer sind im N ↗Rumänien, im W das ehem. ↗Jugoslawien, im S ↗Griechenland und die ↗Türkei. Die Ostgrenze bildet die Schwarzmeerküste. B. ist durch eine außerordentliche Vielfalt seiner Naturräume ausgezeichnet. Vier Großlandschaften lassen sich unterscheiden. Begrenzt von der Donau im N und dem Vorbalkan im S wird die *Nordbulgarische Platte* durch zahlreiche Flußläufe in Lößplateaus aufgelöst. Die *Dobrudscha* im NO wurde mit ihren Schwarzerdeböden zur „Kornkammer" des Landes. Nach S schließt sich eine breite, über den Vorbalkan ansteigende, W-O verlaufende Gebirgszone an. Sie wird beherrscht von dem markanten *Balkangebirge (Stara Planina)*, das im Botew 2376 m erreicht und nach O zur Schwarzmeerküste abfällt. Die sich im S anschließende *Berg-Becken-Übergangszone* stellt ein Bindeglied zu dem zur thrakischen Masse gehörenden *Rila-Rhodopen-Massiv* dar (*Musala*, 2925 m). Die an Bodenschätzen reichen Rhodopen begrenzen im S das agrarwirtschaftlich bedeutsame *Maritza-Becken*. Generell ist der rasche Wechsel zwischen Gebirgsstöcken und Becken charakteristisch für das Relief Bulgariens. Die durch das Balkangebirge zweigeteilte Küstenzone des Schwarzen Meeres besitzt in breiten Dünenstreifen und Buchten ein günstiges Naturpotential für den Tourismus.

Auch hinsichtlich des *Klimas* verfügt B. von N nach S vom kontinentalen zum mediterranen Klima fortschreitend über eine große Mannigfaltigkeit. Die durchschnittlichen Jahres-Temp. liegen im stärker kontinental geprägten Nordbulgarien bei 10–12°C, im Übergangsbereich zum mediterranen Klima etwa 2–3° höher. Die beträchtlichen Amplituden der Monatswerte erreichen 20–26°C, wobei der kontinentale N bei –1 bis –4° im Winter recht kalt, im Sommer mit 22 bis 24° Juli-Temp. sehr warm bleibt. Der S und die Schwarzmeerzone weisen durchweg positive Jan.-Werte auf. Das Schwarze Meer erreicht bis zu 26° bei anhaltenden Hochdruckwetterlagen im Sommer. Die Niederschläge reichen von 400–800 mm in Nordbulgarien bis zu 1200 mm im Rila-Gebirge. Lang anhaltende Sommerdürren sind sowohl in der oberthrakischen Niederung als auch an der Küste häufig. Kontinentale austauscharme Hochdrucklagen wirken sich besonders in den Becken durch strenge Winterkälte aus. Bezüglich der Luftqualität entstehen in den dichter besiedelten Gebieten bei Inversionswetterlagen beträchtliche Probleme.

Das *hydrographische Netz* entwässert vorwiegend zur Ägäis, der N zumeist über die Donau zum Schwarzen Meer. Die Wasserführung der Flüsse hat ihr Minimum meistens im Sept.; einige trocknen im Sommer aus. Diese Problematik hat zur Anlage zahlreicher Stauseen und Wasserkraftwerke geführt (über 2000 Wasserspeicher).

Vegetation und Böden lassen ebenfalls eine zonale Abfolge von der Steppenzone im N zu mediterranen Pflanzengattungen im SO erkennen. 52% B.s sind landwirtschaftlich genutzt, 32% mit Wald bedeckt.

II. Historisch-politische Entwicklung

680 gründeten Wolga-Bulgaren südl. der Donau das *1. Bulgarische Reich*. Im 9. Jh. wurden die Bulgaren christianisiert. 972 kam die östl., 1018 auch die westl. Reichshälfte unter byzantinische Herrschaft. 1186 entstand das *2. Bulgarische Reich*, das in der 1. Hälfte des 13. Jh. um Makedonien und Albanien erweitert wurde. Ende des 14. Jh. wurde B. Teil des Osmanischen Reiches.

Seit Ende des 18. Jh. entwickelte sich eine bulgar. Freiheitsbewegung. Nach dem Russisch-Türkischen Krieg 1877–78 wurde im *Frieden von San Stefano* (3.3.1878) ein Groß-B. unter Einschluß von Thrakien und Makedonien geschaffen, auf dem Berliner Kongreß im Juli 1878 aber auf ein dem Sultan tributpflichtiges Fürstentum und eine autonome Prov. Ostrumelien reduziert. 1879 verabschiedete eine Notabelnversammlung in Tǎrnowo eine liberale Verfassung und wählte Prinz *Alexander (I.) von Battenberg* (aus dem Hause Hessen-Darmstadt), einen Neffen des russ. Ks. Alexander II., zum Fürsten Bulgariens. Dieser suchte sich von der russ. Bevormundung zu befreien, vollzog 1885 die Vereinigung Ostrumeliens mit B. und schlug einen serb. Angriff zurück. Wegen des anhaltenden Konflikts mit Rußland mußte Alexander 1886 abdanken. Nach der Wahl des Prinzen *Ferdinand von Sachsen-Coburg-Gotha-Koháry* zum Fürsten bemühte sich die bulgar. Politik (*Stefan Stambulow*, Min.-Präs. 1887–94) um die Gewinnung Makedoniens und innere und wirtschaftliche Stabilisierung. 1908 erklärte Ferdinand B.s Unabhängigkeit und nahm den Titel „Zar" an. Nach dem ersten Balkankrieg gegen die Türken 1912 unterlag B. im zweiten und mußte 1913 die Süddobrudscha an Rumänien und fast ganz Makedonien an Serbien abtreten. Es behielt den Ägäiszugang. Im I. Weltkrieg konnte B. ab Sept. 1915 an der Seite der Mittelmächte Deutschland und Österreich-Ungarn nur vorübergehend seinen Traum von einem Großreich verwirklichen. Im *Frieden von Neuilly* (27. November 1919) verlor B. den Ägäiszugang.

Nach Abdankung Ferdinands im Okt. 1918 übernahm nach wechselnden Parteikämpfen und (kommunistischen) Unruhen sein Sohn *Boris III.* als König die Regierung. Durch Heirat mit Prinzessin *Giovanna* (1930), der Tochter Kg. Viktor Emanuels III., näherte er sich Italien, nach Ausschaltung der Makedonierorganisation Jugoslawien (1937 Freundschaftspakt). Unter Beibehaltung parlamentarischer Formen regierte er autoritär mit den Kabinetten *Georgi Kjoseiwanow* und *Bogdan Filow* und suchte B. aus dem II. Weltkrieg herauszuhalten. 1940 erhielt B. von Rumänien die Süddobrudscha zurück. Am 1.3.1941 trat es dem 1940 zwischen Deutschland, Italien und Japan geschlossenen *Dreimächtepakt* bei, erlaubte dt. Truppen gegen territoriale Versprechen den Durchmarsch nach Jugoslawien und Griechenland. Am 13.12.1941 erklärte B. Großbritannien und den USA den Krieg, blieb aber gegenüber der UdSSR neutral. Auch in der Judenpolitik hielt es dt. Druck stand. Nach dem Tod Boris' III.

(28.8.1943) übte ein Regentschaftsrat die Regierung für den minderjährigen *Simeon II.* aus. Vergeblich versuchte B. durch ein Waffenstillstandsersuchen an die Westalliierten und die Kriegserklärung an Deutschland (5.9.1944) der sowjet. Besetzung zu entgehen.

Am 9.9.1944 ergriff die 1942 gebildete „Vaterländische Front" die Macht, die am 28.10.1944 in Moskau einen Waffenstillstand unterzeichnete und an der Seite der Roten Armee bulgar. Truppen gegen Deutschland einsetzte. Durch Sondergerichte, Agrarreformen, Verstaatlichung der Industrie und Banken, manipulierte Wahlen im Nov. 1945, Abschaffung der Monarchie (1946 Volksrepublik) festigte sie ihre Macht. Nach dem *Friedensvertrag von Paris* am 10.2.1947 (Verbleib der Süddobrudscha bei B.) leitete die Regierung *Georgi Dimitrow* eine radikale Sowjetisierung ein: Einführung der Planwirtschaft, Nationalisierung aller Ländereien und des Privatbesitzes an Häusern, Ausschaltung der Opposition (Hinrichtung des Führers der Bauernpartei *Nikola Petkow* wegen Hochverrats am 16.8.1947) und Verabschiedung einer neuen Verfassung (4.12.1947) nach sowjet. Vorbild, Aufbau einer Miliz. Dimitrows Pläne für eine Balkanföderation scheiterten am Veto Stalins. Durch Beitritt zum Kominform (1948) und RGW (1949) wurde B. eng mit der Sowjetunion verbunden. Parteisäuberungen nach dem Tode Dimitrows (2.7.1949) gipfelten in der Hinrichtung des Ersten ZK-Sekretärs der Bulgar. Kommunistischen Partei (BKP) *Traitscho Kostow* (16.12.1949). In der stalinistischen Phase unter Partei- und Regierungschef *Wälko Tscherwenkow* (ab 1950) erfolgte die Kollektivierung der Landwirtschaft (bis 1959). 1950 verließen 45 000 Juden und 150 000 Türken B. 1954 übernahm *Todor Schiwkow* den Parteivorsitz. 1955 trat B. dem Warschauer Pakt bei. 1956 wurde die Entstalinisierung eingeleitet, 1962 Schiwkow auch Ministerpräsident.

Nach einem Putschversuch (1965) bemühte sich das Schiwkow-Regime durch innenpolitische Lockerungen, Förderung des Konsums und nationale Rückbesinnung um eine breitere Basis. 1968 beteiligte sich B. an der sowjet. Intervention in der Tschechoslowakei. Nach Verabschiedung eines neuen Parteiprogramms der BKP 1971 und einer neuen Verfassung wurde *Schiwkow* Staatsratsvorsitzender. Sein Regime bemühte sich um die Entwicklung B.s zu einem modernen Industrie-Agrar-Staat und förderte trotz Spannungen um Makedonien die Zusammenarbeit mit Jugoslawien, Griechenland und der Türkei. Wirtschaftliche Rückschläge, internationaler Prestigeverlust, eine verfehlte Minderheitenpolitik gegenüber den Türken und innenpolitische Stagnation führten angesichts der Veränderungen in Osteuropa (Perestrojka) am 10.11.1989 zur Ablösung Schiwkows durch *Peter Mladenow* als Staatsoberhaupt. Nach politischer und wirtschaftlicher Liberalisierung B.s erhielt die reformierte kommunistische Partei (Bulgarische Sozialistische Partei, BSP) bei freien Wahlen im Juni 1990 die absolute Mehrheit. Min.-Präs. blieb *Andrej Lukanow*. Wichtigste Oppositionspartei wurde die Union Demokratischer Kräfte (UDK), deren Vorsitzender *Schelju Schelew* (seit Dez. 1990 *Filip Dimitrow*) im Nov. zum Staatspräsidenten gewählt wurde (Wiederwahl Jan. 1992). Lukanow trat nach wochenlangen Protesten zurück. Ihm folgte im Dez. der parteilose *Dimiter Popow* an der Spitze der Übergangsregierung (Koalition aus BSP, UDK, Bauernpartei und Unabhängigen). Im Juli verabschiedete das Parlament eine neue Verfassung (vgl. III). Die Parlamentsneuwahlen am 13.10.1991 brachten der UDK einen knappen Sieg vor der BSP. Neuer Ministerpräsident wurde *Filip Dimitrow* (UDK).

III. Verfassung, Verwaltung, Recht

1. Grundlagen

Die Verfassungsentwicklung war bis 1949 durch politische Instabilität, seither durch die Übernahme des Sowjetsystems geprägt. Beide Faktoren behinderten stark das Wachstum einer eigenständigen Rechtsordnung. Unter Abwendung vom türk. Recht orientierte man sich nach der Unabhängigkeit an rechtsstaatlichen Vorbildern v. a. Zentraleuropas. Der kommunistische Umsturz markierte eine tiefe Zäsur; das gesamte Vorkriegsrecht wurde aufgehoben, die Rechtsordnung sowjetisiert. Der Sturz *Schiwkows* am 10.11.1989 leitete eine Übergangsphase ein, in deren Verlauf sich der totalitäre Weltanschauungsstaat in eine parlamentarische Demokratie verwandelte. Am 15.1.1990 wurde das Machtmonopol der KP aufgehoben.

2. Verfassungsordnung

Die Übergangsphase endete mit der Verabschiedung einer neuen Verfassung (12.7.1991) bzw. der Konstituierung eines neuen Parlaments aufgrund der Wahlen vom 13.10.1991. Die bisher geltenden Verfassungsprinzipien „Gewalteinheit", „demokratischer Zentralismus", „sozialistische Demokratie", „sozialistische Gesetzlichkeit" und „sozialistischer Internationalismus" sind durch Bekenntnisse zur Gewaltenteilung, Demokratie, zum Humanismus und zur Rechtsstaatlichkeit ersetzt worden.

B. ist ein Einheitsstaat in der Form einer parlamentarischen Demokratie. Der Gesetzgeber, die aus 400 Abgeordneten bestehende *Volksversammlung* (Sobranje), wird auf 5 Jahre teils nach dem Mehrheits-, teils nach dem Verhältniswahlrecht auf der Grundlage eines Mehrparteiensystems gewählt (WahlG, ParteienG vom 3.4.1990). Die Volksversammlung ist nun ein „Arbeitsparlament". Der als Ersatzparlament tätige „Staatsrat" wurde abgeschafft. Die Aufgaben des *Staatsoberhauptes* und weitere staatsleitende Funktionen (u. a. in der Verteidigung) gingen auf den neu geschaffenen „Präsidenten der Republik" über, der auf 5 Jahre vom Volk direkt gewählt wird; einmalige Wiederwahl ist zulässig. Die Regierung wird vom *Ministerrat* ausgeübt, dessen politische Stellung im Regierungssystem gestärkt wurde. Er bedarf des Vertrauens der Volksversammlung.

Die *Territorialverwaltung* gliedert sich in neun „Gebiete" (einschließlich Sofia) und ca. 290 Großgemeinden. Ihre Organe werden auf der Basis von Wahlen gebildet, doch besteht eine kommunale Selbstverwaltung vorläufig nicht.

Die *Menschenrechte* beginnen nun Geltung zu erlangen (Liberalisierung der Presse; Versammlungs- und DemonstrationsG vom 26.1., StreikG vom 7.3.1990 usw.). Die Verfolgung der muslimischen Minderheiten (Türken, Pomaken) wurde eingestellt, ihre Rechte wurden wiederhergestellt. Zusammen mit der Entideologisierung der Verfassung wurde die Garantie der *Religionsfreiheit* (Art. 53) verstärkt. Der fortgeltende Grundsatz der Trennung von Staat und Kirche wird nicht mehr im Sinne einer Verdrängung der Religion aus der Gesellschaft verstanden, sondern als eine (auch) den Staat bindende Schranke im Interesse freier Entfaltung der Kirche. Eingerichtet wurde eine *Verfassungsgerichtsbarkeit*, die Normenkontrollen und Organstreitigkeiten wahrnimmt. Eine Grundrechtsbeschwerde ist nicht vorgesehen.

3. Zivil- und Wirtschaftsrecht

Eine Privatrechtskodifikation ist bis heute nicht geschaffen worden. Das *Zivilrecht* besteht aus einem Bündel von Gesetzen u. a. „über die Personen und die

Familie", teilweise durch ein Familiengesetzbuch abgelöst, „über das Eigentum" bzw. „das Eigentum der Bürger", „über Schuldverhältnisse und Verträge", „Mietverhältnisse", „über die Beerbung". Die für sozialistische Systeme typische öffentlichrechtliche Überformung des Zivilrechts als Ausdruck des Vorranges staatlicher Interessen bei Einschränkung der Handlungsfreiheit des Individuums prägte auch das bulgar. Zivilrecht. Am nachhaltigsten wirkte sich das bei den Eigentumsbeziehungen aus. Das „persönliche" Eigentum besaß gegenüber dem „sozialistischen" Kollektiveigentum minderen Rang; es war zur Befriedigung der individuellen und familiären Bedürfnisse bestimmt und wurde insofern durch zahlreiche Erwerbs- bzw. Besitzverbote eingeschränkt (z. B. Besitzbeschränkung auf 1 Wohn- und 1 Wochenendhaus). 1990 wurden die Gleichberechtigung aller Eigentumsformen verkündet, die Einschränkungen des Privateigentums aufgehoben und, vertieft durch ein spezielles Kapitel der Verfassung (Art. 13–33), die rechtlichen Voraussetzungen für die Wiederherstellung eines privaten Wirtschaftssektors geschaffen.

Das sozialistische *Wirtschaftsrecht* (Wirtschaftsvertragsrecht, 1987) ist inzwischen weitgehend durch eine gegenüber dem Vorkriegszustand erneuerte Privatrechtsordnung abgelöst worden. Wiederhergestellt wurden 1991 das Gesellschaftsrecht (Handelsgesetz) und ein freiheitliches Genossenschaftsrecht. Hinzu traten Rechtsakte zur Privatisierung der staatlichen Betriebe, zur Sicherung eines freien Wettbewerbs und über ausländische Investitionen, unter weitgehendem Fortfall ihrer Beschränkungen.

4. Strafrecht

Die Strafrechtspolitik lehnte sich bes. eng an das sowjet. Vorbild an. Das Strafgesetzbuch (1968) orientiert sich v. a. an den Strafzwecken der Prävention und der Resozialisierung. Damit verbunden ist eine Tendenz zur Dekriminalisierung von Bagatellsachen und eine Ausweitung der Strafen ohne Freiheitsentzug, wobei die Bedeutung der „Besserungsarbeit" stieg. Zugleich sind die Strafobergrenzen in der Gewalt-, Wirtschafts- und Betäubungsmittelkriminalität erheblich erhöht worden. Das politische Strafrecht wurde 1991 liberalisiert. Der Schutz der Person und der Bürgerrechte ist nun erstrangiges Ziel des Strafrechts.

IV. Bevölkerungs- und Sozialstruktur

Von der Bevölkerung sind ca. 85% slawische Bulgaren. Die türkische Minderheit (während der kommunistischen Ära offiziell: „muslimische Bulgaren") stellt die zweitgrößte Bevölkerungsgruppe. Ihre Mitte der 80er Jahre auf ca. 900 000 geschätzte Zahl hat sich seit dem 1984 begonnenen, seit der Demokratisierung wieder eingestellten Versuch der Assimilierung (u. a. zwangsweise „Bulgarisierung" der Namen; Nov. 1990 durch Gesetz aufgehoben), durch Auswanderung verringert. Außer Zigeunern leben in den Rhodopen die Pomaken (islamisierte Bulgaren). Im Piringebirge stellen Makedonier die Mehrheit der Bevölkerung. Die *Einwohnerdichte* von durchschnittlich 82 E./km² schwankt regional stark und erreicht in den industrialisierten Bezirken beträchtlich höhere Werte (Plowdiw 135, Ruse 117, Warna 122 E./km²), in stärker ruralen Bereichen (Tolbuchin und Jambol) Werte von 54 bzw. 49 E./km².

Die *Bevölkerungsentwicklung* ist durch sinkende Wachstumsraten aufgrund abnehmender Geburtenziffern gekennzeichnet (1906: 4,2%; 1950: 1,5%; im Durchschnitt der Jahre 1980–86: 0,2%). Die *Geburten*- bzw. *Sterbeziffern* betrugen 1975 16,6 bzw. 10,3 ‰, 1989 noch 12,5 bzw. 11,9 ‰. Die *Säuglingssterblichkeit* konnte 1975–89 von 23,2 auf 14,4 ‰ gesenkt werden. Die durchschnittliche *Lebenserwartung* liegt (1988) bei 69 (Männer) bzw. 75 (Frauen) Jahren. Die *Altersstruktur* wird durch einen zunehmenden Anteil älterer Menschen bestimmt. 19,2% der Bevölkerung hatten 1990 das Alter von 60 Jahren überschritten. Für die *Haushaltsstruktur* wird 1980 eine Durchschnittsgröße von 3,2 Personen angegeben.

Infolge zunehmender Urbanisierung, getragen von einer verstärkten Industrialisierung, entwickelte sich eine starke *Binnenwanderung*, vorzugsweise vom Land zur Stadt. Sie führte neben den damit verbundenen Problemen der Verstädterung auch zur Frage einer gesicherten Fortexistenz ländlicher Streusiedlungen. 1946 lebten noch ca. 75% der Bevölkerung auf dem Lande; dagegen wurden 1989 67,6% als Stadtbevölkerung registriert. Besonders stark war der Zuzug in die Städte Sofia, Plowdiw und Plewen. Sofia nahm 1965–80 um ca. 200 000 E. zu.

Innerhalb der städtischen Siedlungen besitzen Sofia und Plowdiw überregionale Funktionen. Bedeutende Industriestandorte sind Weliko Tarnowo, Plewen und Stara Zagora. Neben der Industriefunktion spielen Handel und Verkehr in Warna, Burgas und Ruse eine wichtige Rolle. Sumen, Blagojewgrad und Tolbuchin sind Zentren agrarischer Zonen. An der Schwarzmeerküste wurden in den letzten Jahrzehnten große städtische Touristenzentren entwickelt.

Hinsichtlich der *Beschäftigtenstruktur* führte der Weg in der Nachkriegszeit von einem kleinbäuerlichen Agrarland zur verstärkten Industrialisierung mit produktiver Landwirtschaft. Der primäre Sektor trat in den Hintergrund. War der Anteil landwirtschaftlich Beschäftigter von 1939–48 nur von 83 auf 81% gesunken, so fiel er bis 1984 auf 21,3%. Der primäre Sektor liegt damit deutlich hinter den Bereichen Industrie, Handwerk, Bergbau und Bauwirtschaft, deren Anteil von 7,4 über 13,4 auf 45,4% stieg, ebenso hinter dem tertiären Sektor (33,3%).

V. Wirtschaft

1. Ausstattung mit Rohstoffen und Energie

B. verfügt über eine Reihe von Rohstoffen, die den Industrialisierungsprozeß fördern. Von größerer Bedeutung sind die Vorkommen von Kupfer sowie Blei-Zink-Erzen, bei deren Schmelze Molybdän, Cadmium und Silber anfallen. Die Kupfervorräte werden auf ca. 2,5 Mio. t (Metallgehalt) geschätzt, werden jedoch bei einer jährlichen Produktion von rd. 80 000 t in absehbarer Zeit erschöpft sein. Eisenerz (Förderung 1988: 1,8 Mio. t mit rückläufiger Tendenz) und Manganerz (Förderung 1988: 35 000 t) sind relativ reichlich vorhanden. Auch mit Braunkohle ist B. gut ausgestattet (Jahresproduktion 1988: 35,7 Mio. t). Allerdings handelt es sich vorwiegend um minderwertige Lignite mit geringem Brennwert (über 80% der Gesamtförderung). Für die Energieerzeugung stehen daneben Wasserkraftwerke zur Verfügung, die einen Anteil von 5,7% an der Gesamtenergieerzeugung haben. Auch Kernkraft wird in größerem Maße eingesetzt (Anteil an der Stromerzeugung 1988: 35,6%). Dennoch ist die Energieversorgung seit Jahrzehnten sehr angespannt, neuerdings zusätzlich dadurch, daß die Kernenergieerzeugung reduziert werden muß, weil das Kernkraftwerk bei Koslodnj schwere Sicherheitsmängel aufweist und umgerüstet werden muß.

2. Wirtschaftssystem und Wirtschaftspolitik

Das Wirtschaftssystem war bis 1990 in der Verfassung verankert (insbes. in den Art. 13–33). Es beruhte auf dem „gesellschaftlichen Eigentum" an den Produktionsmitteln. Dies umfaßt das Staatseigentum, das genossenschaftliche und das Eigentum der gesellschaftlichen Organisationen (z. B. der Gewerkschaft oder des kommunistischen Jugendverbands). Privates Eigentum an den Produktionsmitteln gab es nur im kleingewerblichen Bereich und, als Ausnahme, in der sonst in Genossenschaften und Staatsgütern organisierten Landwirtschaft sowie für die Ausführung „häuslicher Produktion seitens der Werktätigen". Die Sozialisierung der Wirtschaft fand auf der Grundlage der Verfassung von 1947 einen schnellen Vollzug. Ein Ges. vom 26.12.1947 legte die Verstaatlichung der gesamten Industrie mit Ausnahme von Kleinbetrieben mit handwerklichem Charakter fest. Bereits 1948 befanden sich 93 % der Produktionskapazitäten des Landes in Staatshand, weitere 2 % gehörten zum genossenschaftlichen Sektor. Mit der Transformation der Eigentumsordnung in der Industrie waren die Grundlagen für die Einführung der sozialistischen Planwirtschaft nach sowjet. Vorbild geschaffen. In der Landwirtschaft setzte der Transformationsprozeß im Rahmen einer Zwangskollektivierung erst in der 2. Hälfte 1948 ein. 1956 waren 77 % der landwirtschaftlichen Nutzfläche und 75 % aller Bauernhöfe kollektiviert; 1960 gab es fast keine privaten Bauern mehr. Deren Anteil an der landwirtschaftlichen Nutzfläche betrug nur noch 0,8 %.

Wichtigstes Planungsorgan war die Staatliche Plankommission. Geachtet wurde auf die bevorzugte Entwicklung der Schwerindustrie; die Konsumgüterindustrie hatte zurückzutreten. Da es sich um eine reine Kommandowirtschaft handelte, waren private Initiativen nicht möglich. Wegen weitgehender Lohnnivellierung fehlte hierzu auch der Anreiz. Die Bulgarische Nationalbank war dem Finanzminister unterstellt und besaß keine Selbständigkeit. Es herrschte ein Monobankensystem ohne selbständige Geschäftsbanken.

Das starre zentralistische System ist mehrmals „Vervollkommnungen" (Reformen) unterzogen worden (erstmals 1964). Diese waren jedoch sehr inkonsequent, nicht auf einen grundlegenden Wandel des Systems angelegt und brachten nur geringe kurzfristige Verbesserungen der Wirtschaftslage. Dies führte zu erneuten Reformbemühungen in den 80er Jahren. 1987 wurde die Schaffung eines zweistufigen Bankensystems eingeleitet. Alle bis 1990 getroffenen Maßnahmen blieben jedoch ein Kurieren an Symptomen und änderten nichts an der Stagnation der Wirtschaft. Nach den erstmals freien Wahlen im Juni 1990 wurde der Übergang zur Marktwirtschaft und die Entstaatlichung der Wirtschaft zum Ziel erklärt. Bisher wurden die umfangreichen Staatssubventionen abgebaut, die Preise zu einem großen Teil freigegeben, die zentrale Planung beseitigt. Anfang 1991 wurde die Rückgabe des enteigneten Bauernlandes innerhalb von drei Jahren beschlossen. Besondere Probleme stellen die Arbeitslosigkeit (offiziell 1991: 8 %) und die Außenverschuldung (11 Mrd. US-$) dar.

3. Außenwirtschaft

Der Außenhandel war bisher vorwiegend auf den RGW-Bereich ausgerichtet. Der RGW-Anteil hat in den Jahren vor der „Wende" sogar zugenommen. 1988 gingen 82,6 % der Ausfuhren (überwiegend Maschinen und Nahrungsmittel) in RGW-Länder, 75,3 % der Einfuhren (v. a. Energie- und mineralische Rohstoffe, Fahrzeuge und Maschinen) kamen von dort. Von dem Zusammenbruch des RGW ist B. von den Ländern Osteuropas am stärksten betroffen. Mit einem Anteil von 62,5 % an den Ausfuhren und 53,5 % an den Einfuhren (1988) war die UdSSR der wichtigste Handelspartner. Mit der EG wurde ein allgemeines Kooperationsabkommen abgeschlossen; ein Assoziierungsabkommen wird angestrebt. Das staatliche Außenhandelsmonopol wurde abgeschafft.

4. Verkehr

B. besitzt eine relativ gute Verkehrsinfrastruktur. Das *Straßennetz* umfaßt (1989) 33 766 km befestigte Straßen, davon 266 km Autobahnen. Seit den 70er Jahren ist eine ca. 1000 km lange Ringautobahn im Bau, die die bisherigen Autobahnen verbinden soll. Das *Eisenbahnnetz* hat eine Streckenlänge von (1989) 4300 km, wovon gut 50 % elektrifiziert sind. *Binnenschiffahrt* wird hauptsächlich auf der Donau betrieben. Haupthäfen sind Lom und Ruse. Für die *Seeschiffahrt* verfügt B. (1989) über 253 Handelsschiffe mit 2,6 Mio. BRT. Hauptseehäfen sind Burgas und Warna. Die Schwarzmeerhäfen werden ausgebaut und modernisiert. Mit dem Gebiet der ehem. UdSSR bestehen zwei Eisenbahnfährverbindungen. Für den internationalen *Flugverkehr* stehen die Flughäfen von Sofia, Plowdiw, Warna und Burgas zur Verfügung.

VI. Kultur, Religion, Bildung

Die bulgar. *Sprache* gehört zum südslawischen Sprachbereich, hat aber ausgeprägte Eigenart (u. a. Verlust der Deklination und des Infinitivs). Das heutige Bulgarisch hat sich aus dem Altbulgarischen (9.–11. Jh.), das der slawisch-orth. Kirchensprache zugrunde liegt, unter dem Einfluß der Volkssprache entwickelt. Geschrieben wird in kyrillischer Schrift.

Die *Volkskunst*, die allein das Ende der mittelalterlichen religiösen Hochkultur nach der osmanischen Eroberung überlebt hatte, wurde seit Mitte des 19. Jh. durch eine von Mitteleuropa adaptierte Kultur verdrängt. Durch das Vordringen industriegesellschaftlicher Massenkultur sowie der verordneten sozialistischen Kulturformen und Inhalte wurde sie nach 1944 noch weiter aufgeweicht, aber nicht völlig beseitigt. Vor allem das bodenständige Kunstgewerbe lebte fort.

In der *Literatur* begann erst mit der „Slawo-Bulgarischen Geschichte" des Athos-Mönchs *Paisij von Chilendar* (1762) ein im Dienste national-kultureller Entwicklung stehender literarischer Neubeginn am Ende der Osmanenherrschaft. In der Folgezeit sowie v. a. nach der staatlichen Unabhängigkeit (1878) orientierte sich die Literatur, die ihren namhaftesten Vertreter in *Iwan Wasow* fand, weitgehend an den verschiedenen europ. Strömungen. War sie auch während der ersten Jahre nach 1944 zunächst noch pluralistisch, so wurde ihr nach 1948 ein strenger „sozialistischer Realismus" stalinistischer Prägung verordnet. Nach der Entstalinisierung (1956) öffnete sich der Weg zu einer Enttabuisierung gewisser Sujets. Probleme der sozialen Beziehungen wurden nun mit größerer Subtilität bearbeitet; vereinzelt kam es auch zu einer Auseinandersetzung mit der stalinistischen Vergangenheit. Diese Entwicklung setzte sich in den 70er und 80er Jahren durch Literaten wie *Jordan Raditschkow, Blaga Dimitrowa* u. a. fort. Eine literarische Dissidenz wie in der UdSSR hat sich aber nicht in gleichem Maße entwickelt. Erst mit den politischen Veränderungen Ende 1989 eröffnete sich auch für die Literatur und Kunst die Möglichkeit einer neuen, von ideologischen Zwängen befreiten Entwicklung.

Größte Glaubensgemeinschaft ist die *orth. Kirche* (1934: 84,8 % der Bevölkerung). Nachdem die Erlangung eines Exarchat-Status eine (teilweise) Befreiung von griech. Dominanz gebracht hatte, wurde die orth. Kirche nach der Unabhängigkeit Staatskirche. Die Verfassung von 1879 garantierte jedoch Religionsfreiheit für alle Konfessionen. Die Trennung von Kirche und Staat, die Enteignung kirchlichen Besitzes und das

Verbot des Religionsunterrichts nach 1944 engten den Handlungsspielraum der Kirche erheblich ein. Nach anfänglichen Konflikten, die zum erzwungenen Rücktritt des Exarchen führten, fanden Kirche und Staat später zunehmend zur Koexistenz.

Zweitgrößte Religionsgemeinschaft ist der *Islam* (1934: 13,5%). Ihm gehören die heute ca. 1 Mio. Türken und Pomaken, der größte Teil der Roma und die zahlenmäßig geringe tartarische Bevölkerung an. Im alten B. in ihrer Religionsausübung kaum behindert, traf die Atheismus-Politik die Muslime nach 1944 erheblich. Die Zahl der Imame verringerte sich von 2715 (1956) auf 570 (1984). Der Staat drängte islamische Alltagskultur und Sitten als „reaktionären religiösen Fanatismus" zurück. Seit der Demokratisierung Ende 1989 deutet sich eine Besserung der Lage der Muslime an.

Quantitativ unbedeutend sind die kath. (1934: 0,8%), prot. (1934: 0,8%), armenische und jüdische Religionsgemeinschaften. Kath. und prot. Geistliche litten als „imperialistische Agenten" besonders unter den politischen Veränderungen nach 1944. Mitte der 70er Jahre verfügte die kath. Kirche nur über 40 Priester und ca. 30 Kirchen. Anfang 1991 nahmen der Vatikan und B. wieder diplomatische Beziehungen auf. Unter den Protestanten (1975: 16 000) sind die „Pfingstler" die größte Gruppe. Die 1934 fast 50 000 Personen starke jüdische Kultusgemeinde ist durch die Auswanderung nach dem II. Weltkrieg auf wenige Tausend zurückgegangen.

Die Frage der realen Religiosität der Bevölkerung läßt sich heute schwer beantworten. Ca. 40% bekannten nach systemkonformen, jedoch wohl untertreibenden soziologischen Umfragen Ende der 1960er Jahre, religiös zu sein.

Das moderne *Bildungssystem* entstand in der 1. Hälfte des 19. Jh., als die zuvor fast ausschließlich von Kirchen und Klöstern getragenen Schulen mehr und mehr durch weltliche abgelöst wurden. Sie waren wichtiges Instrument der bulgar. Nationalbewegung im Kampf gegen die kulturelle Gräzisierung und für die politische Unabhängigkeit. Mit der Eröffnung der Universität in Sofia 1888 wurde der Grundstein für eine akademische Ausbildung gelegt.

Nach der kommunistischen Machtübernahme wurde das Bildungswesen in Organisation, Fächerkanon und Lehrmethoden mehr und mehr dem der UdSSR angeglichen. Erst in den 1970er Jahren trug man national-bulgar. Spezifika stärker Rechnung. In den 70er und 80er Jahren ging man den Weg einer zunehmend polytechnischen Integration von Schule, beruflicher Bildung und Arbeitswelt. Die Zahl der Studenten hat sich von 1950 (46 auf 10 000 E.) bis 1986 (124 auf 10 000 E.) fast verdreifacht. Es gibt 30 Universitäten und Fachhochschulen (1987/88).

LITERATUR

Allgemein:
Südosteuropa-Hdb. Hg. K.-D. **Grothusen.** Bd. 6: B. Göttingen 1990 (Lit.).
Zu I und IV:
Atlas Narodna Republika Bălgarija (Atlas der VR B.). Hg. **Bulgarska akad. na naukite** (Bulgar. Akad. der Wissenschaften). Sofia 1973. – I. **Stefanov u. a.,** B. – Land, Volk, Wirtschaft in Stichworten. Wien 1975. – I. **Sanders u. a.,** Tradition and Modernization. The Case of Bulgaria, in: Tradition and Modernity. Hg. J. G. Lutz u. a. Washington (D. C.) 1982, 147 ff. – G. **Heß,** B., landeskundlicher Überblick. Leipzig 1985. – W. **Höpken,** Demographic Entwicklung und Bevölkerungspolitik in B., in: Südosteuropa 35 (1986) 88 ff. – W. **Oschlies,** B.s Bevölkerung Mitte der 80er Jahre. Köln 1986. – Lber. Staaten Mittel- und Osteuropas 1991. Stuttgart 1991.
Zu II:
A. **Hajek,** B. unter der Türkenherrschaft. Stuttgart 1925. – **Ders.,** B.s Befreiung und staatliche Entwicklung unter seinem ersten Fürsten. München 1939. – J. v. **Königslöw,** Ferdinand von B. Vom Beginn der Thronkandidatur bis zur Anerkennung durch die Großmächte, 1886 bis 1896. München 1970. – F. B. **Chary,** The Bulgarian Jews and the Final Solution 1940–1944. Pittsburgh 1972. – H.-J. **Hoppe,** B. – Hitlers eigenwilliger Verbündeter. Eine Fallstudie zur nationalsozialistischen Südosteuropapolitik. Stuttgart 1979. – R. J. **Crampton,** Bulgaria 1878–1918. Boulder (Col.) 1983. – W.-U. **Friedrich,** B. und die Mächte 1913–1915. Stuttgart 1985.
Zu III.
O. **Luchterhandt,** in: Südosteuropa-Hdb. Bd. 6 [s. o.], 136 ff. (Regierungssystem). – Chr. **Jessel-Holst,** in: ebd., 224 ff. (Rechtssystem).
Zu V:
Die wirtschaftliche Entwicklung in den sozialistischen Ländern Osteuropas. Zur Jahreswende . . . Hamburg 1973 (1974) – 1978/79 (1979) [Forts. unter versch. Titeln]. – L. B. **Berov,** B., Wirtschaftsgeographie im Überblick. Sofia 1984. – J. R. **Lampe,** The Bulgarian Economy in the Twentieth Century. London 1986. – W. **Höpken,** Wirtschaftsreform in B., in: Südosteuropa 36 (1987) 45 ff.
Zu VI:
Dj. **Slijepčevic,** Die bulgar. orth. Kirche 1944–1956. München 1957. – Chr. **Vakarelski,** Bulgar. Volkskunde. Berlin 1969. – Kirche und Staat in B. und Jugoslawien. Hg. R. **Stupperich.** Witten 1971. – Ch. A. **Moser,** A History of Bulgarian Literature, 865–1944. Den Haag 1972. – A Bibliographical Handbook of Bulgarian Authors. Hg. K. L. **Black.** Columbus (Ohio) 1981. – J. **Georgeoff,** Bulgaria, in: World Education Encyclopedia. Hg. Th. Kurian. Bd. 1. New York 1988, 165 ff.

Karl Ruppert (I, IV), *Hans-Joachim Hoppe* (II),
Otto Luchterhandt (III), *Werner Gumpel* (V),
Wolfgang Höpken (VI)

DÄNEMARK

Amtlicher Name	Kongeriget Danmark (Königreich Dänemark)
Staatsform	parlamentarisch-demokratische, konstitutionelle Erbmonarchie
Hauptstadt	Kopenhagen (622 300 E.)
Fläche	43 077 km²
Bevölkerung	5 129 000 E. (1988; VZ 1981: 5 124 000). – 119 E./km²
Sprache	Dänisch
Religion	Evangelisch-Lutherische Volkskirche rd. 90%; Katholiken 22 000
Währung	1 Dänische Krone (dkr) = 100 Øre

I. Naturräumliche Voraussetzungen

D., das kleinste, aber am dichtesten besiedelte Land Nord-↗Europas, gilt von jeher als Brückenland zwischen Nord und Süd. D. ist ein Inselreich. Außer Jütland, das nur durch eine schmale Landbrücke (entlang der Grenze zu ↗Deutschland) mit Mitteleuropa verbunden ist, umfaßt es ca. 490 Inseln, von denen aber nur 108 bewohnt sind. Die seeorientierte Lage zeigt sich schon darin, daß der küstenfernste Ort nur 52 km landeinwärts liegt.

Der naturräumliche Aufbau ist dem des Norddeutschen Tieflandes ähnlich. So kennzeichnen v. a. die Moränen- und Sanderflächen der älteren und jüngeren Vereisungen das flache Land (höchste Erhebungen mit über 170 m im Endmoränengebiet N-Jütlands). Junge Marschenbildungen sind am SW-Saum Jütlands bis nördl. Esbjerg ausgebildet. Bornholm ist der einzige Teil des „eigentlichen" D. (ohne Färöer und ↗Grönland), der Anteil an den Tiefengesteinen (Granite und

Gneise) des Baltischen Schildes hat. Die im Nordatlantik zwischen Schottland und Island gelegenen *Färöer-Inseln* haben einen Untergrund aus tertiärem Basalt. Deren Bodendecke ist sehr schwach und trägt nur spärliche Vegetation. Eine markante Naturraumgrenze bildet in D. die Hauptstillstandslinie der letzten Vereisung. Sie unterteilt Jütland (vom Nordzipfel jenseits des Limfjordes abgesehen) in das westl. Altmoränenland mit nährstoffarmen Böden (Geest) und das östl., stärker reliefierte Jungmoränenland der letzten Kaltzeit. Auch der östl. anschließende Inselbereich wird größtenteils von den jungeiszeitlichen und nährstoffreichen Grundmoränen bedeckt. Hier haben sich bodentypologische Braunerden bzw. Parabraunerden entwickelt.

Makroklimatisch herrschen maritime Züge mit nicht sehr warmen Sommern und relativ milden Wintern (Januarmittel an der W-Küste bei 0,5°C, Julimittel bei ca. 17°C) vor. Beim Jahresgang der Temperatur ist aber eine gewisse Zunahme der Kontinentalität in östl. Richtung zu beobachten. Die durchschnittlichen Niederschläge nehmen von rd. 800 mm in SW-Jütland auf ca. 500 mm in einigen Regionen der Ostseeküste ab.

Nach der potentiell natürlichen *Vegetation* gehört D. zur nordeurop. Laubwaldregion, deren Flora aber schon vor vielen Jahrhunderten durch Rodungen und Allmendlandnutzungen dem Offenland weichen mußte. Heute sind nur knapp 12% D.s von Wald (v. a. Aufforstungen, überwiegend Fichte und Kiefer) bedeckt.

Insgesamt läßt sich D. in folgende Naturraumeinheiten gliedern: (1) W-Jütland, (2) Mitteljütisches Seenland, (3) Thy, (4) Himmerland und Djursland, (5) Vendsyssel, (6) Insel-Dänemark, (7) Bornholm.

II. Historische und politische Entwicklung

Die Staatsbildung D.s vollzog sich vom 9. bis ins 11. Jh. (z. Z. der Wikingerexpansion) in einem Raum, der im Schnittpunkt der nördl. Meere liegt und seit jeher Durchzugsgebiet verschiedenster Volksgruppen zwischen N und S, O und W war. Hauptstützen dieses Seereiches waren Jütland (Cimbrische Halbinsel) und die Insel Seeland. Im 7. und 8. Jh. wanderten die skandinav. Dänen nach Jütland, Insel-D. und S-Schweden ein. Dem Staatsbildungsprozeß seit dem 9. Jh. folgte der Bau des *Danewerks* als Grenzwall gegen das Frankenreich. Mit der Sendung *Ansgars*, des „Apostels des Nordens", begann 826 die Christianisierung D.s; 948 entstanden die ersten Bistümer. *Knut d. Gr.* (1018–35) konnte die engl. Eroberungen und das südl. ↗Norwegen für kurze Zeit mit D. zu einem Großreich vereinigen. Von der Mitte des 12. Jh. bis 1375 (unter *Waldemar I. d. Gr.*, 1157–82; *Waldemar II.*, 1202–42; *Waldemar IV. Atterdag*, 1340–75; sog. *Waldemarszeit*) erreichte D. im Machtkampf um den Ostseeraum eine bedeutende Position (Ausgreifen bis nach Estland), die auch zu einer materiellen und geistigen Blüte führte (z. B. Entwicklung der Stadtkultur, Domkirchenbauten von Ribe, Viborg und Roskilde). Allerdings führte die Niederlage in der *Schlacht von Bornhöved* (1227) zum Zusammenbruch der dän. Vorherrschaft in N-Deutschland. Um die Mitte des 13. Jh. soll das dän. Staatsgebiet ca. 800 000 E. gezählt haben (etwa soviel, wie rd. 500 Jahre später bei der ersten Volkszählung von 1769 angegeben). In der sog. *Unionszeit* (1389–1523) waren D., ↗Schweden und Norwegen in dän. Hand vereinigt. Der *Unionsvertrag von Kalmar* (1397) blieb der einzige erfolgreiche Einigungsversuch in der Geschichte Skandinaviens. Die Kalmarer Union resultierte z. T. aus dem Bestreben, der wachsenden Handelsvormacht der dt. Hanse entgegenzutreten. 1430 wurde Schleswig-Holstein in Personalunion mit D. verbunden. Mit der luth. Reformation 1536 wurde die Macht des geistlichen Adels zugunsten der Krone entscheidend geschwächt. In den Kriegen gegen Schweden wurde D. Schritt für Schritt zurückgedrängt (im *Frieden von Roskilde* 1658 Verlust des fruchtbaren Schonen [Skåne] und der benachbarten Landschaften Halland und Blekinge).

Eine neue Blütezeit erfaßte D. im 18. Jh.; Kopenhagen stieg zu einer der führenden Welthandelsstädte auf. Durch politische bzw. landesplanerische Maßnahmen (Bauernbefreiung, eigener Grundbesitz, großmaßstäbliche Flurbereinigungen etc.) wurde der Grundstein für die Entwicklung einer modernen, marktorientierten Landwirtschaft gelegt. Nach den Napoleonischen Kriegen gingen Norwegen und Helgoland verloren. Bald darauf geriet D., seit 1849 konstitutionelle Monarchie, in territoriale Auseinandersetzungen an seiner S-Grenze. Im Krieg um die Herzogtümer Schleswig-Holstein unterlag es 1864 den Truppen des Deutschen Bundes und mußte im *Wiener Frieden* Schleswig, Holstein und Lauenburg aufgeben. 1915 wurde ein demokratisches Grundgesetz eingeführt. 1918 erhielt ↗Island seine Unabhängigkeit (in Personalunion mit D.). Seither vertrat D. außenpolitische Neutralität.

1920 fand gemäß dem Versailler Vertrag in Schleswig eine Volksabstimmung statt, in der sich die Mehrheit der Nordschleswiger Bevölkerung für eine Rückkehr nach D. entschied. Die Bevölkerungsminoritäten auf beiden Seiten der heutigen Staatsgrenze haben längere Zeit das dt.-dän. Verhältnis erheblich belastet. Belastet wurde es v. a. im II. Weltkrieg, als D., das sich für neutral erklärt und im Mai 1939 einen Nichtangriffspakt mit Deutschland geschlossen hatte, seit 1940 besetzt wurde.

Die unter der Regierung des Liberalen *Knud Kristensen* (1945–47) betriebene Annexion eines Teils von Schleswig-Holstein fand im Folketing keine Mehrheit. D., das 1945 zu den 51 Gründungsmitgliedern der UN gehörte, trat 1949 dem Europarat und der NATO bei, womit die Neutralitätspolitik aufgegeben wurde. 1960 wurde D. Mitglied der EFTA, strebte aber schon seit 1961 Aufnahme in die EWG an, was man allerdings mit der gleichzeitigen Mitgliedschaft des damaligen größten Handelspartners Großbritannien verband. Am 1.1.1973 erfolgte der EG-Beitritt nach einem Volksentscheid (die Färöer und Grönland gehören nicht der EG an), doch wurden am 2.6.1992 in einem Plebiszit mit 50,7% der Stimmen die Maastricher Verträge abgelehnt. Als Mitglied des Nordischen Rates versucht D., die politische und sozioökonomische Zusammenarbeit der nordischen Länder weiter zu stärken. Am 14.1.1972 folgte Königin *Margarete* ihrem Vater *Friedrich IX.* (seit 1947) auf den Thron.

Innenpolitisch ist D. durch eine vielfältige Parteienlandschaft geprägt, die Mehrheitsverhältnisse erschwert und wiederholt zu Minderheitsregierungen führte. Stärkste Parteien sind die „Sozialdemokratische Partei" und die „Konservative Volkspartei", denen mit einigem Abstand die „Sozialistische Volkspartei" und die liberale „Venstre" folgen. Bei den Wahlen im Dez. 1973 erlitten die traditionellen Parteien schwere Einbußen, als die 1972 von *Mogens Glistrup* gegründete „Fortschrittspartei", die sich u. a. gegen den Steuerdruck (Steuerverweigerung!), gegen Bürokratie und Militärausgaben wendet, 15,9% der Stimmen erhielt (1990: 6,5%). Die „Schleswigsche Partei", die Partei der dt. Minderheit, ist seit 1984 nicht mehr im Folketing vertreten. Seit Sept. 1982 regiert eine bürgerliche Minderheitsregierung unter Min.-Präs. *Poul Schlüter*, der nach den Wahlen im Dez. 1990 nur noch die Konservativen und die liberale „Venstre" angehören.

III. Verfassung, Verwaltung, Recht

Grundlage der Rechts- und Staatsordnung D.s – zu dem auch die Färöer und ↗Grönland gehören, die aber einen autonomen Status besitzen (s. u.) – ist die *Verfassung (Grundlov)* vom 5.6.1953 mit dem ThronfolgeG vom 27.3.1953. Danach ist D. eine erbliche demokratisch-parlamentarische Monarchie *(Haus Schleswig-Holstein-Sonderburg-Glücksburg).* Seine Verfassung enthält einen die wichtigsten Menschenrechte umfassenden Grundrechtekatalog. Eine Notstandsverfassung gibt es nicht.

Das *Staatsoberhaupt* (König oder – seit der Gestattung weiblicher Thronfolge 1953 – Königin) ist auf zumeist formell-repräsentative Aufgaben beschränkt: Es vertritt den Staat nach außen und führt im *Staatsrat* (bestehend aus König und Ministern) die Regierungsgeschäfte, für welche die Minister durch ihre Gegenzeichnung die Verantwortung tragen. In Notfällen, wenn das Folketing nicht zusammentreten kann, darf der König verfassungskonforme Gesetze mit vorläufiger Geltung erlassen.

Die *gesetzgebende Gewalt* liegt beim *Parlament (Folketing),* das seit 1953 als Einkammerparlament verfaßt ist und 179 Abgeordnete (davon 2 aus Grönland und den Färöern) zählt, die nach dem Proporzsystem in direkter Wahl auf 4 Jahre gewählt werden. Es bestehen 135 Kreis- und 40 Zusatzmandate. Durch Zusammenlegung der letzteren können auch kleine Parteien ohne Kreismandat ins Folketing gelangen. Seit 1978 beginnt das aktive und passive Wahlrecht mit 18 Jahren. Vom Parlament verabschiedete Gesetze müssen dem Volk zur Abstimmung vorgelegt werden, wenn 1/3 der Abgeordneten dies verlangt. Für die Ablehnung des Gesetzes ist erforderlich, daß eine Mehrheit der Abstimmungsteilnehmer gegen das Gesetz stimmt und diese Mehrheit 30% aller Stimmberechtigten darstellt.

Verfassungsänderungen bedürfen der Zustimmung von 40% der Wahlberechtigten in einer allgemeinen Volksabstimmung. Die Aufgabe von Souveränitätsrechten zugunsten internationaler Organisationen bedarf einer 5/6 Mehrheit im Folketing; wird diese nicht erreicht, kann ein vom Parlament mehrheitlich verabschiedetes Gesetz gleichwohl in Kraft treten, wenn in einer Volksabstimmung nicht die Mehrheit der Abstimmenden (mindestens 30% aller Wahlberechtigten) gegen den Gesetzentwurf stimmt (1972 wurde der Gesetzentwurf zum dän. EG-Beitritt nicht von 5/6 der Abgeordneten, wohl aber von 56% der Abstimmenden gebilligt).

An der Spitze der *Exekutive* steht die vom König ernannte *Regierung,* gebildet aus dem *Staatsminister* (Ministerpräsident) und den übrigen Ministern. Sie ist dem Parlament verantwortlich, das jedem einzelnen Minister das Vertrauen entziehen und ihn so zum Rücktritt zwingen kann. Der Staatsminister kann seiner Abwahl durch ein Mißtrauensvotum mit der Ansetzung von Neuwahlen begegnen. Entsprechend der skandinav. Tradition gibt es einen dem Folketing verantwortlichen *Ombudsman,* dessen Hauptaufgabe in der nicht-gerichtlichen Kontrolle der Verwaltung aufgrund von Bürgerbeschwerden liegt.

Die 1970 umfassend reformierte *Verwaltung* gliedert sich entsprechend der *unitarischen* Struktur in 14 *Amtsbezirke (Amtskommuner)* und 2 *Stadtbezirke* (Kopenhagen und Fredriksberg). Kommunale Interessen und Aufgaben der *Gemeinden* werden durch gewählte Volksvertretungen wahrgenommen; hier besitzen auch Ausländer aktives und passives Wahlrecht. Die Rechte der deutschsprachigen Minderheit wurden wie die der dänischsprachigen in Deutschland 1955 durch Erklärungen der Regierungen gesichert. *Färöer* (seit 1948) und *Grönland* (seit 1978) besitzen einen autonomen Status mit eigener Legislative und Exekutive, Amtssprache und Währung.

Die *rechtsprechende Gewalt* wird von persönlich und sachlich unabhängigen, vom König ernannten Richtern ausgeübt. Gerichtsverhandlungen sind öffentlich und werden in einem mündlichen Verfahren durchgeführt. Nach dem RechtspflegeG von 1978 bestehen drei Instanzen: 85 *Untergerichte,* als Appellationsinstanz für Verfahren der Untergerichte und erste Instanz für bestimmte Verfahren zwei *Landgerichte* (für Jütland und die Inseln) und das *Oberste Gericht* in Kopenhagen. Für Ministeranklagen u. ä. zuständig ist das *Reichsgericht.* Besondere staatliche Gerichte sind das *See- und Handelsgericht* sowie ein *Ständiger Schiedshof für Arbeitssachen.* Es besteht keine eigenständige Verwaltungsgerichtsbarkeit und kein Verfassungsgericht.

Zur *Verteidigung* unterhält D. die seit 1953 in die NATO integrierten Streitkräfte; für Männer besteht allgemeine Wehrpflicht von 9 Monaten. Dänische Kontingente werden oft den UN als Friedenstruppen zur Verfügung gestellt.

Seit der Verfassung von 1849 ist *Religionsfreiheit* garantiert. Der laut Verfassung als „Dänische Volkskirche" bezeichneten, vom Staat „unterstützten" ev.-luth. Kirche (vgl. VI) soll der König angehören. Allgemeine kirchliche Angelegenheiten werden vom Folketing beschlossen und vom Kirchenministerium verwaltet. Neben der ev.-luth. Kirche ist auch den meisten anderen Religionsgemeinschaften vom Staat das Recht verliehen, der Zivilehe gleichgestellte Eheschließungen zu vollziehen.

Das *Privatrecht* ist im Schuld- und Handelsrecht zum großen Teil internordisches Einheitsrecht. Das auch auf internordischen Beratungen beruhende Familienrecht ist von den Grundsätzen der Gleichberechtigung von Mann und Frau sowie der Gleichstellung nichtehelicher mit ehelichen Kindern geprägt. – Für die *Strafrechtspflege* ist die Mitwirkung von Geschworenen kennzeichnend.

IV. Bevölkerungs- und Sozialstruktur

Bei einer durchschnittlichen Bevölkerungsdichte von 119 E./km^2 (1987) leben in den meisten Amtsbezirken Jütlands unter 100 E./km^2, in Kopenhagen dagegen weit über 1000 E./km^2 (vgl. Tab.).

Verwaltungsgliederung und Bevölkerung*

Verwaltungseinheit	Fläche in km^2	Bevölkerung	E./km^2
Stadtbezirke			
Kopenhagen	88	469 706	5328
Frederiksberg	9	86 558	9870
Amtsbezirke			
Kopenhagen	526	606 870	1154
Frederiksborg	1347	339 627	252
Roskilde	891	213 476	240
Westseeland	2984	282 397	95
Storstrøm	3398	257 880	76
Bornholm	588	46 839	80
Fünen	3486	456 483	131
Südjütland	3938	249 805	63
Ribe	3131	216 967	69
Vejle	2997	328 849	110
Ringkøbing	4853	266 088	55
Århus	4561	589 108	129
Viborg	4122	230 760	56
Nordjütland	6173	483 381	78
Insgesamt	43 092	5 124 794	119

* Stand 1987

Quelle: The Statesman's Yearbook 1988–1989. London 1988

Mitte der 1980er Jahre lebten im Großraum Kopenhagen (Hauptstadtbereich und Vorortsgemeinden) knapp 1,4 Mio. (27%) der Bevölkerung. Der Bevölkerungsschwerpunkt liegt also auf der S-Schweden zugewandten Seite der Insel Seeland. Nach einem besonders starken Bevölkerungswachstum von etwa 1850 bis zum Beginn des 20. Jh. und erneut 1940–50, nahm die Zahl nur noch geringfügig zu; mittlerweile stagnieren die Bevölkerungszahlen bzw. gehen sogar zurück. Seit dem 19. Jh. hat sich das Verhältnis von Stadt- und Landbevölkerung nahezu umgekehrt: Anfang des 20. Jh. lag der Anteil der Landbevölkerung bei 3/5 der Gesamtvolkszahl; heute leben 4/5 aller Dänen in Städten bzw. stadtähnlichen Siedlungen. Der rasche Ausbau D.s von einem nahezu Nur-Agrarland zum hoch entwickelten Industriestaat hat den *Urbanisierungsprozeß* maßgeblich gefördert. Allerdings fand zumindest in den 1970er Jahren nicht nur eine Abwanderung aus den Landgemeinden in die Städte, sondern zugleich auch aus den großen Verdichtungsräumen in die Vorortdistrikte sowie in entfernter kleinere Städte statt (Suburbanisierung und „counterurbanization"). Heute verzeichnen die großen Stadtzentren auf Seeland, Fünen oder entlang der Fördenküste O-Jütlands wieder Wanderungsgewinne.

Eine verstärkte *Auswanderung* begann nach 1850; sie kulminierte um 1880 (mit z. T. über 11 000 Personen/Jahr) und ging um 1900 stark zurück. Die wichtigsten überseeischen Zielländer waren die USA, später Kanada und Argentinien. Bis etwa 1930 ist ein kontinuierlicher Auswandererüberschuß zu verzeichnen. Danach wechselten sich Aus- und Einwanderungsüberschüsse häufig ab, in Abhängigkeit von der Konjunkturlage, den Kriegsereignissen und von Restriktionen in den Zielländern.

In der *Altersstruktur* zeigt sich auch in D. eine Überalterung. Auf die Altersgruppen ab 60 entfielen 1985 über 20% der Bevölkerung. Die *Geburtenziffer* betrug 1986 10,8‰ (1955: 17,0‰), die *Sterbeziffer* 11,4‰ (1955: 9,0‰), die *Säuglingssterblichkeit* lag bei 0,7% (1955: 2,5%).

Haushaltsstruktur. 1988 gab es 2,25 Mio. Privathaushalte mit durchschnittlich 2,3 Personen pro Haushalt (1959: 3,3), bedingt durch die relativ hohen Anteile der Ein- und Zweipersonenhaushalte (1988: 33,6 bzw. 32,6%), die v. a. auf die größeren Städte entfallen.

Der sozio-ökonomische Wandel zeigt sich besonders in der veränderten *Erwerbsstruktur.* Während der Anteil des primären Sektors (Land- und Forstwirtschaft, Fischerei) stark gesunken ist (1960: 17,8%; 1987 nur noch 5,6%), der sekundäre Sektor (Bergbau, Industrie, Bau- und Energiewirtschaft) eine geringere Abnahmetendenz zeigt (1960: rd. 37%; 1987: 28%), ist der Anteil des tertiären Sektors beträchtlich gestiegen. Er lag 1987 im Teilbereich Handel, Banken, Versicherungen, Gastronomie bei 23%, im Verkehrs- und Nachrichtenwesen bei 7%, bei den öffentlichen und privaten Diensten bei 35,6%. Diese Durchschnittswerte variieren selbstverständlich von Region zu Region; z. B. zeigen sich beträchtliche Unterschiede zwischen dem hochindustrialisierten O-Jütland und dem mehr ländlich-agraren W-Jütland oder zwischen dem Hauptstadtbereich bzw. der Öresundregion und W-Seeland oder Lolland und Falster. Für skandinav. Verhältnisse registrierte D. in den letzten Jahren eine relativ hohe *Arbeitslosenquote,* die zwar 1986–87 geringfügig sank, aber 1987–88 von 9,6 auf 11,2% anstieg. Die Entwicklungstendenzen in der Erwerbsstruktur lassen sich für die letzten Jahrzehnte insgesamt folgendermaßen skizzieren: (1) starkes Abwandern von Arbeitskräften aus den ländlich-agraren in die städtischen Erwerbszweige; (2) steigende Erwerbstätigkeit der verheirateten Frauen; (3) Rückgang der selbständigen Erwerbstätigen zugunsten einer Zunahme der Angestellten.

Der *soziale Standard* D.s ist einer der höchsten in der Welt. Alle Dänen haben Anspruch auf kostenfreie ärztliche Versorgung sowie auf eine Altersrente vom 67. (Frauen: 62.) Lebensjahr ab.

V. Wirtschaft

Die einheimische *Rohstoffbasis* ist sehr begrenzt. Jütland-D. besitzt nur geringe nutzbare Lagerstätten. Der präglaziale Untergrund, der an wenigen Stellen an die Oberfläche tritt, führt keine relevanten Metall- oder Kohlevorkommen. Von Bedeutung v. a. für die Baustoffindustrie sind die kreidezeitlichen Kalke etwa im Raum Ålborg oder im Bereich der Küstenkliffs Insel-D.s, auch die besonders in Jütland verbreiteten Kiessand- und Tonvorkommen.

Während die *Energieversorgung* 1972 noch zu 92% aus importiertem Erdöl stammte, deckte 1988 die eigene Förderung im dän. Nordseesektor 40% des Bedarfs. 1989 wurden aus den einheimischen Feldern 5,4 Mio. t Erdöl und 2,7 Mio. m³ Erdgas gefördert. Der Energieverbrauch konnte 1972–87 um 4% gesenkt werden. Als alternative Energien sind mehrere Windkraftanlagen errichtet worden (bekanntes Pilotprojekt: der Windpark Oddesund Nord). Vermutlich werden in den nächsten Jahren aber nur 3–4% des Energiebedarfs aus Windkraftanlagen gewonnen werden können.

Die *Landwirtschaft* besitzt auch im internationalen Vergleich einen sehr hohen Entwicklungsstand. Ursächlich dafür sind: günstige Naturraumvoraussetzungen, hohe Betriebs- und Kapitalintensität, spezielle Siedlungs- und Agrargesetzgebungen bzw. Ordnungssysteme, sehr aktive Verbandstätigkeit und Beratungsorgane sowie die Flexibilität der Landwirte. Über 2/3 der Landwirtschaftsfläche entfallen auf Ackerland. Auf den nährstoffreichen Böden des östl. Landesteiles werden vorwiegend Marktfrüchte und z. T. Industriepflanzen (u. a. Raps), in W-Jütland besonders Futtergetreide angebaut. D. ist weltweit der größte Exporteur von Schweinefleisch, der drittgrößte von Butter und der viertgrößte von Käse. Die Ausfuhr von Fleisch und Fleischwaren erreichte 1985–88 18–20 Mrd. dkr pro Jahr und lag damit an der Spitze aller Exportwaren. Daneben spielt der Sektor Milch und Milchprodukte (1988: ca. 4,7 Mio. t Milch) eine bedeutende Rolle. In der Getreideproduktion lag 1988 der Winterweizen (über 8 Mio. t) an der Spitze, gefolgt von der Gerste (5,5 Mio. t). Auch der Zuckerrübenanbau ist bedeutend, zumal D. einen großen Teil des Zuckerbedarfs der nordischen Nachbarländer deckt. Vom Gesamtwert der Agrarproduktion 1988 entfielen über 68% auf tierische Erzeugnisse. Weit über 90% aller Hofstellen werden schon seit Beginn des 19. Jh. von den Eigentümern bewirtschaftet.

D. gilt als der führende *Fischerei*staat der EG. 1988 betrugen Fangmenge und Ersterkaufswert 1,8 Mio. t bzw. 3,4 Mrd. dkr (davon ein großer Teil sog. Industriefisch). Etwa 90% der Fänge werden exportiert. Mitte der 1980er Jahre wurden rd. 10 400 Berufsfischer mit 3300 Fahrzeugen gezählt, die sich v. a. auf die Häfen Jütlands konzentrieren. Daneben spielen Aquakulturen bzw. Teichwirtschaften (Forellenzucht) eine bedeutende Rolle.

Insgesamt dominiert in der *Industrie* die eisen- und metallverarbeitende Industrie. Hierauf entfielen 1987 über 36% der rd. 7300 Industrieunternehmen und ca. 40% aller sekundärwirtschaftlich Beschäftigten (knapp 406 000), gefolgt von der Nahrungs- und Genußmittelindustrie mit knapp 20%. Charakteristisch ist das

Überwiegen kleiner und mittlerer Betriebe (nur 5% aller Industrieunternehmen beschäftigen mehr als 200 Mitarbeiter), ferner die Spezialisierung auf Produkte mit Marktlücken im internationalen Geschäft (z. B. bestimmte elektronische Geräte, genormte Bauelemente, Bio- und Gentechnologie).

Im Weltmaßstab gehören die Dänen zu den wohlhabendsten Völkern. Das *Pro-Kopf-Einkommen* lag 1987 bei 14 930 US-$ (das siebthöchste der Welt). Allerdings ist die gesamtwirtschaftliche Situation schwierig. Sie ist gekennzeichnet durch hohes Lohnniveau, überdurchschnittlich hohe, wachstumshemmende Besteuerung (22% Umsatzsteuer auf alle Waren und Dienstleistungen, 50% Körperschaftsteuersatz) und hohe Kosten für die soziale Sicherheit. Die Folgen sind ein defizitärer Staatshaushalt und eine hohe Auslandsverschuldung. So betrug das Defizit in der Zahlungsbilanz 1986 rd. 34,5 Mrd. dkr. Seit 1987 gibt es ein staatliches Programm zur Sanierung der Wirtschaft. Die Dämpfung der Inlandsnachfrage als Folge der Sparpolitik führte zum Abbau des Haushaltsdefizits, allerdings 1988/89 auch zu einer Rezession.

Zentral- und Notenbank ist die Dänische Staatsbank. D. ist Mitglied des EWS.

Der *Verkehr* besitzt eine sehr leistungsfähige Infrastruktur. Das *Straßennetz* ist sehr dicht (u. a. rd. 600 km Autobahnen und 4000 km Staatsstraßen), und die Dänischen Staatsbahnen bedienen rd. 2500 km *Schienenstrecken.* An den internationalen *Luftverkehr* ist D. v. a. durch den Kopenhagener Flughafen Kastrup angeschlossen, der als der größte Nordeuropas gilt. In der *Seeschiffahrt* besitzt D. eine der modernsten Handelsflotten der Welt. Haupthäfen sind Kopenhagen, Kalundborg und Skælskør auf Seeland, Ålborg und Frederikshavn auf Jütland.

D. als Inselstaat und seine Lage zwischen Mitteleuropa und Skandinavien bedingen eine große Zahl von Brücken und Fährverbindungen. Eisenbahnfähren bestehen nach Norwegen, Schweden und Deutschland. In den nächsten Jahren sollen weitere Großprojekte realisiert werden. Das spektakulärste ist die Verwirklichung des alten Planes einer festen Verbindung zwischen Seeland und Fünen und damit eines Zusammenwachsens von Insel-D. mit Jütland. Als Straßen- und Eisenbahnverbindung über den 15 km breiten Großen Belt ist ein kombinierter Tunnel- und Brückenbau vorgesehen, der 1996 fertiggestellt sein soll. Die Storstrømbrücke, die heute schon Seeland und Falster verbindet und damit an die „Vogelfluglinie" anschließt, ist mit über 3200 m eine der längsten Brücken Europas. 1991 wurde auch die seit langem heftig diskutierte Eisenbahn- und Straßenbrücke über den Öresund zwischen D. und Schweden vereinbart.

VI. Kultur, Religion, Bildung

1. Kultur

Dänisch als selbständige, sich von den nordischen Nachbarn unterscheidende Sprache läßt sich seit dem Hochmittelalter feststellen. Mit den Kulturströmungen in der Folgezeit wurde zugleich eine Reihe von Lehnwörtern übernommen, so im Zuge der Christianisierung oder der Reformation. Nachdem lange Zeit in den einzelnen Landesteilen ausgeprägte Dialekte gesprochen wurden, bildete sich um 1700 das „*dansk rigsmål*" (Reichs- oder Hochsprache) heraus, das heute die dän. Umgangssprache ist. Dänische Beiträge zur Weltliteratur sind z. B. mit Namen wie *Hans Christian Andersen* oder *Søren Kierkegaard* verbunden. 3 Literatur-Nobelpreise wurden an Dänen verliehen.

Die Spuren der dän. *Baukunst* reichen bis in die Wikingerzeit zurück. Grundrisse damaliger Burganlagen sind in Trelleborg, Fyrkat und Aggersborg aufgedeckt worden. Zeugen romanischer Kirchenbaukunst findet man u. a. in Ribe und Viborg. Aus absolutistischer Zeit stammen zahlreiche Herrenhöfe bzw. Schloßbauten vorwiegend im Renaissancestil. Im 20. Jh. haben sich dän. Architekten in der ganzen Welt bewährt. Neben der spezifischen Eigenart dän. Bauens haben sie aufgrund ihrer internationalen Orientierung viele ausländische Projektwettbewerbe gewonnen (z. B. *J. Utzon* für das neue Opernhaus in Sydney).

2. Bildung und Wissenschaft

Auch in der Wissenschaft hat D. hervorragende Leistungen aufzuweisen. Mehrere dän. Wissenschaftler erhielten den Nobelpreis: 3 für Physik (u. a. *Niels Bohr* 1922), 5 für Medizin.

Für die *Schulbildung* besteht Schulpflicht vom 7.–16. Lebensjahr. Die meisten Kinder besuchen eine Vorschulklasse. Die Volksschulen sind kommunal. Es besteht für die Schuljahre 1–6 eine für alle Kinder obligatorische Grundschule, für das 7.–9. (bzw. freiwillige 10.) Schuljahr die stark gegliederte Hauptschule. Den Schülern steht es frei, sich einer Abschlußprüfung zu unterziehen oder nur ein Abgangszeugnis zu erhalten. Etwa 35% absolvieren anschließend eine allgemein studienvorbereitende Ausbildung (meist die 3jährige Gymnasium mit mathematisch-naturwissenschaftlichem und sprachlichem Zweig), ca. 45% eine berufsbezogene Ausbildung. Die Eltern haben großen Einfluß auf Schulfragen.

Es bestehen 5 *Universitäten* in Kopenhagen (1479 gegr.), Århus, Odense, Roskilde und (als jüngste Gründung 1974) in Ålborg, 3 Technische Universitäten und weitere Hoch- und Spezialschulen. Aufgrund des Studentenandrangs mußten in vielen Ausbildungsgängen Zulassungsbeschränkungen eingeführt werden.

Eine besondere Rolle im Bildungswesen spielt, wie in den anderen nordischen Ländern, die *Erwachsenenbildung.* Die erste Volkshochschule überhaupt wurde bereits 1844 von *Nicolai Frederik Severin Grundtvig* in D. gegründet. Mitte der 80er Jahre bestanden über 100 Volkshochschulen, deren Kosten zu rd. 50% staatlich bezuschußt werden.

3. Religion

Nach der Verfassung ist D.s National- oder Volkskirche ev.-lutherisch. Die Reformation wurde 1536 von Luthers kirchlichem Organisator *Johannes Bugenhagen* eingeführt. Nach 1660 wurde der absolutistisch herrschende König Oberhaupt der luth. Staatskirche. Mit Einführung der parlamentarischen Verfassung 1849, die auch die Religionsfreiheit garantierte (vgl. III), wurde die Staatskirken *(Statskirken)* durch die Volkskirche *(Folkekirken)* ersetzt. Kennzeichnend für die heutige „Dänische Volkskirche" ist, daß sie in geistlichen Fragen kein Oberhaupt hat. Auch die Bischöfe haben keine konstitutionell verankerte Autorität. Über 90% der ev. Bevölkerung gehören der Volkskirche an, die in 10 Bistümer *(stifter)* und knapp 100 *Propsteien* eingeteilt ist. Die röm.-kath. Kirche zählt ca. 22 000 Mitgl. (Bistum Kopenhagen).

LITERATUR

Zu I, II, IV, V, VI:
Atlas over Danmark. Hg. N. **Nielsen.** 2 Bde. in Tl.-Bden. Kopenhagen 1949/61 ff. – H. M. und W. **Svendsen,** Geschichte der dän. Literatur. Neumünster, Kopenhagen 1964. – Topografisk Atlas Danmark. Hg. H. und M. **Jensen.** Kopenhagen 1976. – K. H. **Spaude,** Das dän. Rechtswesen. Köln 1976. – K. **Görger,** Struktur des Bankwesens in D. Frankfurt/M. 1977. – R. **Dey,** D., Land zwischen den Meeren. Kunst, Kultur, Geschichte. Köln 1978, ²1978. – E. **Gläßer,** D. Stuttgart 1980. – Chr. W. **Matthiesen,** Trends in the urbanization process. The Copenhagen case, in: Geografisk Tidsskrift 80 (1980)

98 ff. – Entwicklungs- und Planungsprobleme in Nordeuropa. Hg. B. **Butzin**. Paderborn 1981. – W. **Framke**, Geograph. Planung in D., in: GeogrZ 69 (1981) 128 ff. – H. J. **Kolb**, Funktionswandel und Flächennutzung als Folge einer veränderten Bevölkerungs- und Erwerbsstruktur – aufgezeigt an den dän. Inseln Langeland und Strynø. (Diss.) Bonn 1981. – W. R. **Mead**, A Historical Geography of Scandinavia. London 1981. – Luftbildatlas Nordischer Länder. Hg. W. **Tietze**. Neumünster 1981. – Luftbildatlas D. Hg. B. **Furhauge u. a.** Neumünster 1982 (Orig. u. d. T.: Flyfoto-atlas Danmark. Esbjerg 1980). – G.-C. von **Unruh**, W. **Steiniger**, Staats- und Selbstverwaltung in Schleswig-Holstein und D. Husum 1982. – R. **Wenzel**, Das Parteiensystem D.s Entwicklung und gegenwärtige Struktur. Neumünster 1982. – K.-J. **Trede**, Agrarpolitik und Agrarsektor in D. Kiel 1983. – B. **John**, Scandinavia. A New Geography. London 1984. – Dansk litteratur historie. 9 Bde. Hg. P. **Holst.** Kopenhagen 1983/85. – Lber Nordische Staaten 1985. Stuttgart 1985. – Norden. Man and Environment. Hg. U. **Varjo**, W. **Tietze.** Berlin 1987. – V. **Westphal**, D. Ein politisches Reisebuch. Hamburg 1987. – B. **Ring**, Danish in the south and the north. Bd. 2: Denmark. History. Kopenhagen 1988. – Lber. D. 1988. Stuttgart 1988. – E. **Gläßer**, Nordeuropa, in: Fischer Länderkunde. Bd. 8: Europa. Hg. W. **Sperling**, A. **Karger**. Frankfurt/M. 1989, 165 ff. – D. („Mitteilungen", „Marktinformationen", „Dokumentation", jeweils einzelne Ausg.). Hg. Bundesstelle für Außenhandelsinformation (BfA). Köln.

Laufende Veröffentlichungen:
Dän. Revue. Hg. Kgl. Dän. Ministerium des Äußeren. Kopenhagen. – Dän. Rundschau. Soziales, Wirtschaftliches, Kulturelles. Hg. dass. Kopenhagen. – Statistik årbog. Hg. Danmarks Statistik. Kopenhagen. – Yearbook of Nordic Statistics (Nordisk statistisk årsbok). Hg. Nordic Council and the Nordic Statistical Secretariat. Stockholm.

Zu III:
A. **Ross**, O. **Espersen**, Dansk Statsforfatningsret. 2 Bde. Kopenhagen ³1980 (Lit.) – Danish Law. A General Survey. Hg. H. **Gammeltoft-Hansen u. a.** Kopenhagen 1982 (Lit.). – Karnovs Lovsamling. Hg. W. E. v. **Eyben**, H. **Skovgaard**. 2 Bde. Kopenhagen ¹⁰1983 [Komm. mit jährlichen Nachlieferungen]. – H. **Zahle**, Dansk Forfatningsret. 5 Bde. Kopenhagen 1986 (Lit.). – R. **Gralla**, Grundrechtsschutz in D. Frankfurt/M. 1987 (Lit.). – O. **Krarup**, Zur neueren Verfassungsentwicklung in D., in: JöR N. F. 37 (1988) 115 ff. – P. **Germer**, Statsforfatningsret. 2 Bde. Kopenhagen 1988/89 (Lit.). – O. **Petersson**, Die polit. Systeme Nordeuropas. Baden-Baden 1989. – P. **Espersen**, Folkekyrkens styrelse. Kopenhagen 1990 (Lit.)

Ewald Gläßer (I, II, IV, V, VI), *Rainer Hofmann* (III)

DEUTSCHLAND

Amtlicher Name	Bundesrepublik Deutschland
Staatsform	Demokratisch-parlamentarischer Bundesstaat
Hauptstadt	Berlin (3 410 000 E.)
Fläche	356 945 km²
Bevölkerung	79 113 000 E. (1990) . – 222 E./km²
Sprache	Deutsch
Religion	Katholiken 42,9%; Protestanten 41,6%; Muslime 2,7%
Währung	1 Deutsche Mark (DM) = 100 Pfennig

I. Naturräumliche Voraussetzungen

D. ist der am zentralsten gelegene Staat ↗Europas und Kernraum des sowohl geographisch als auch historisch sehr unscharf abgegrenzten „Mitteleuropa". D.s Westteil, die 1949 errichtete Bundesrepublik Deutschland, wurde nach dem II. Weltkrieg zu einem Durchgangsland v. a. für den N-S-Verkehr und die damit verbundenen Handels-und Verkehrsströme. Nach dem Beitritt der DDR 1990 wird es zu einer Überlagerung mit einer W-O-Komponente kommen, die bis Ende des II. Weltkrieges für die Handels- und Verkehrsströme des Dt. Reiches vorherrschte.

D. hat gemeinsame Grenzen mit neun Staaten: im N mit ↗Dänemark, im O mit ↗Polen, im SO mit der ↗Tschechoslowakei, im S mit ↗Österreich und der ↗Schweiz, im W mit ↗Frankreich, ↗Luxemburg, ↗Belgien und den ↗Niederlanden. Als Anrainer von Nord- und Ostsee verfügt es v. a. wegen der Nordseehäfen über einen direkten Zugang zum Atlantik und zum Europa- und Weltschiffahrtsverkehr. Durch das weitreichende und wirtschaftlich starke Hinterland, v. a. im Gebiet der alten Bundesländer, konnte dieser räumliche Standortvorteil bis heute gehalten werden. Er wird wegen des zusätzlichen Hinterlandes, das mit den neuen Bundesländern gegeben ist, gestärkt werden. Die größere W-O-Erstreckung wertet die Landschaften nördl. der Mittelgebirgsschwelle mit ihrer guten Durchgängigkeit und ihrer Einbindung in einen weiträumigen internationalen W-O-Verkehr auf. Diese Tieflandbereiche wurden schon zu Zeiten des Dt. Reiches für den W-O-Austausch genutzt, der zugleich Bestandteil des übernationalen europ. Verkehrs (z. B. Frankreich–Rußland/Sowjetunion) war.

Die Lagebeziehungen werden z. T. von der *Reliefstruktur* gesteuert. D. ist Bestandteil der großen geomorphologischen Strukturen Mitteleuropas bzw. Europas. Dem breiten Tieflandsbereich im N, einem Bestandteil des glazial geformten Nordmitteleuropäischen Tieflandes, das sich zu den ebenfalls eiszeitlich geformten Ebenen Osteuropas öffnet, folgt die Schwelle der dt. Mittelgebirge. Im S schließt sich der schmale Alpensaum an die südwestdt. Teile der Mittelgebirgsschwelle und an das südl. angrenzende Alpenvorland an.

Das *Norddeutsche Tiefland* weist auf einem älteren Gesteinssockel v. a. eiszeitliche Sedimente (Moränen-, Sander-, Flußablagerungen) auf. Sie bilden zwischen *Oder* und *Ems* ein Flachrelief mit nur geringen Höhenunterschieden. In sich sind die Formen des Tieflandes SO-NW strukturiert. Am deutlichsten zeigen das die Urstromtäler von *Ems, Weser, Aller, Elbe* und *Oder* sowie ein Teil von deren Nebenflüssen. Dieses Urstromtalnetz überragen niedrige Sedimentplatten, die auch bodenökologisch über andere Wertigkeiten verfügen. Das Relief des Norddeutschen Tieflandes stellt Infrastrukturen gegenüber kein Hindernis dar und ist siedlungs- und verkehrsfreundlich.

Die *Deutsche Mittelgebirgsschwelle* nimmt den größten Teil der alten sowie den S der neuen Bundesländer ein. Die Höhen und die Raummuster sind stark differenziert und zeigen eine beträchtliche Ungunst für Siedlung, Verkehr und Landwirtschaft. Neben Gebirgsrümpfen aus dem Erdaltertum (u. a. *Harz, Rheinisches Schiefergebirge, Thüringer Wald, Erzgebirge, Odenwald, Schwarzwald, Bayerisch-Böhmischer Wald*) ordnen sich ausgedehnte Schichtkamm-, Schichtstufen- und Schichttafellandschaften aus mesozoischen Sedimentgesteinen an. Im *Fulda-Werra-Weser-Leine-Gebiet* sowie um das *Thüringer Becken* herum handelt es sich um niedrige, oft steilgestellte Schichtkämme und -rippen. Im Bereich der *Süddeutschen Großscholle*, zwischen *Donau, Oberrhein* und der Linie *Thüringer Wald – Bayerisch-Böhmischer Wald*, sind es hingegen Tafel- und Stufenländer, die v. a. im *Schwäbisch-Fränkischen Schichtstufenland* (mit der *Schwäbischen* und *Fränkischen Alb*) bedeutende Höhen erreichen und in der Kultur- und Wirtschaftslandschaft beträchtliche Anpassungen erfordern. Die Gesteine sind überwiegend Sedimentgesteine aus dem Erdmittelalter (u. a. Buntsandstein, Muschelkalk, Keupertone und -sandsteine, Juratone und -kalke sowie Kreidesandsteine). In den Becken finden sich meist jüngere Sedimentdecken aus dem Pleistozän (Eiszeitalter). In die Mittelgebirgsschwelle ist der geologisch junge und mit tertiären und pleistozänen Sedimenten verfüllte Graben des *Oberrheinischen Tieflandes* eingeschaltet. Mit ca. 300 km Länge erweist er sich als Leitlinie für den europ. N-S-Verkehr.

An den *Alpen* hat D. nur einen kleinen Anteil. Sie sind ein Faltengebirge aus dem Tertiär, das während des Eiszeitalters durch die Vergletscherungen wesentlich überformt wurde. – Nördl. der Alpen dehnt sich das *Deutsche Alpenvorland* aus. Es steht, als ehem. Sedimentationsbecken im Vorland des aufsteigenden Gebirges, auch durch die eiszeitlichen Vergletscherungen mit diesem in Verbindung. Die Vorlandvergletscherung erreichte in der vorletzten Kaltzeit, der Riß-Eiszeit, ihren Maximalstand und überschritt sogar an einigen Stellen die *Donau* in Richtung N. Während das Alpenvorland ein verkehrs- u. siedlungsfreundliches Hügelland ist, stellen die Alpen durch ihren W-O-Verlauf ein europ. Verkehrshindernis ersten Ranges dar.

Die drei Großlandschaften (Norddeutsches Tiefland, Deutsche Mittelgebirgsschwelle, Deutsches Alpenvorland mit Alpen) bedingen durch ihre erdgeschichtliche Entwicklung zugleich ein landschaftstypisches *Gewässernetz* und auf die Lockersediment- und Verwitterungsdecken sowie die anstehenden Gesteine bezogene Bodenlandschaften. Da sich D. in der kühl-gemäßigten Klimazone Europas befindet, mit ganzjährigen Niederschlägen (Schwerpunkt Sommer) und winterlichen Schneefällen bei insgesamt ausgeglichenen Temperaturen, deren Amplitude das *Klima* eher als ozeanisches bezeichnen lassen, fließen die Gewässer auch ganzjährig. Sie weisen, trotz beträchtlicher technischer Ausbauten, noch gewisse natürliche Züge im Fließverhalten auf. Hochwässer sind ebenso möglich wie Niedrigwasserstände in trockenen Sommern oder kalten Wintern. Die neuen Bundesländer weisen durch ihre Offenheit gegenüber dem kontinentalen O Europas gewisse kontinentale Klimazüge auf, die sich auch in der häufigeren Vereisung der Oder zu erkennen geben. Die Gewässernetzunterschiede sind in erster Linie natürlich bedingt. In den Karstlandschaften der Mittelgebirgsschwelle herrschen, bei kaum vorhandenen Grundwasservorräten, aber einigen wenigen, dann aber starken Karstquellen an den Talböden, Trockentäler vor. In den Beckenlandschaften und in größeren Flußtälern mit mächtigeren Lockersedimentkörpern befinden sich große wirtschaftlich genutzte Grundwasservorräte. Das gilt für das Norddeutsche Tiefland, die großen Tieflandbuchten in Sachsen-Anhalt und Sachsen sowie das Alpenvorland. Generell sind die Stufenlandschaften mit Sedimentgesteinen wasserärmer als die alten Rumpfgebirge mit Massengesteinen. Da die Hauptbevölkerungs- und Industrieagglomerationen sich in den Tiefland- und Talbereichen befinden, ergeben sich Nutzungskonflikte zwischen Landwirtschaft, Siedlung, Industrie, Verkehr und Wasservorkommen.

Die Gesteinslandschaften sind zugleich *Bodenlandschaften*. Im Norddeutschen Tiefland herrschen auf eiszeitlichen Sedimenten nährstoffarme und durch Krusten im Untergrund („Ortstein") schwer nutzbare Podsole vor. In der Mittelgebirgsschwelle besteht ein sehr abwechslungsreiches Gesteins- und damit Bodenmuster. Auf Kalken entwickelten sich flachgründige Rendzinen. Ansonsten kommen auf ganz verschiedenartigen Substraten Braunerden vor, der klimatisch bedingte Zonenboden der immerfeuchten, thermisch gemäßigten Klimazone Mitteleuropas. Übergänge zu Podsolen gibt es in den höheren und feuchteren Mittelgebirgen, zu Pelosolen in Gebieten mit Ton- und Mergelgesteinen. Braunerden, Parabraunerden und schwarzerdeartige Steppenböden finden sich in den warmen, trockenen Beckenlandschaften mit Löß (*Thüringer Becken, Magdeburger Börde, Halle-Leipziger Tieflandsbucht, Neckarbecken, Oberrheinisches Tiefland* u. a.), die in die Mittelgebirgsschwelle eingeschaltet sind, sowie auf den lößbedeckten Teilen des Alpenvorlandes. Die Alpen zeigen flachgründige, schwer nutzbare Roh- und Schuttböden. An allen grundwassernahen Standorten ist der Gley verbreitet, der bei geregeltem Bodenwasserhaushalt gut genutzt werden kann. Vor allem die ausgedehnten Flußniederungsbereiche des Norddt. Tieflandes und des Alpenvorlandes weisen grundwassergeprägte Böden auf.

Die *Böden* sind überwiegend von hoher Güte und deswegen mittel bis sehr gut für eine Landwirtschaft geeignet. Auch hier bestehen Nutzungskonflikte, weil die sehr guten Böden meist in den Becken- und Tallandschaften der Mittelgebirgsschwelle anzutreffen sind, wo sich zugleich die traditionellen Siedlungs- und Wirtschaftsschwerpunkte befinden. Das Agglomerationswachstum nach dem II. Weltkrieg vollzog sich in beiden dt. Staaten innerhalb dieser historisch bedingten räumlichen Schwerpunkte.

Die *Wald- und Gebirgslandschaften* aller *Mittelgebirge* D.s wurden sehr spät erschlossen, oft erst im Hochmittelalter oder danach (Rodungsnotwendigkeiten, ungünstiges Klima, schlecht nutzbare, weil wenig ertragreiche Böden). Die Waldgebirge sind deswegen auch bis heute untergeordnet besiedelt und wirtschaftlich und infrastrukturell weniger entwickelt als die Beckenschaften. Mit dem Umweltschutzgedanken gewannen jedoch diese soziökonomischen „Passivräume" Bedeutung als Bereiche z. T. wenig beanspruchter Ressourcen mit teilweise naturnaher Vegetation und der Erholungsmöglichkeit für die Bevölkerung der Verdichtungsgebiete. Diesen Räumen wird ein „ökologischer Ausgleichswert" zugesprochen.

Die *Vegetation* D.s ist überwiegend von den Kulturfrüchten der Landwirtschaft und von Forsten bestimmt. Natürliche Vegetation findet sich nur noch an wenigen Sonderstandorten (hohe Hochgebirgsstufen, Felsstandorte der Mittelgebirge, kleine Dünengebiete im Binnenland und an den Küsten).

II. Historische und politische Entwicklung

GESCHICHTE BIS 1949

1. Bis zur Auflösung des Alten Reiches (1806)

Aus dem Verband der Stammesherzogtümer des Ostfrankenreiches bildete sich im 10. Jh. ein dt. (Kaiser-)Reich („*regnum Francorum orientalium*", seit dem späten 13. Jh.: „*regnum Alamaniae*"), in dem sich seit etwa 1500 für die „deutschen Lande" der Name D. durchsetzte. Die dt. Könige führten durch Verbindung mit dem römischen Kaisertum den Titel (seit 982) „*Romanorum Imperator (semper) Augustus*", seit 1535 mit dem Zusatz „*Electus*..." (= gewählter Kaiser). Das (seit 1157) „*Sacrum Imperium (Romanum)*" wurde seit der Wende des 14./15. Jh. als „*Heiliges Römisches Reich Deutscher Nation*" bezeichnet. Es blieb eine Wahlmonarchie, gekennzeichnet durch einen Verfassungsdualismus („Kaiser *und* Reich"), der seitdem die dt. Geschichte durchzieht. Wiederholte Versuche einer Reichsreform zugunsten verstärkter kaiserlicher Kompetenzen scheiterten. Die Territorialmächte entwickelten sich zu souveränen Staaten und erhielten durch den *Westfälischen Frieden* von 1648 ihre Landeshoheit bestätigt. Seit der →*Reformation* des 16. Jh. bestimmte auch die konfessionelle Spaltung des dt. Volkes den weiteren Verlauf seiner Geschichte.

Das Alte Reich, das zuletzt durch den Dualismus zwischen Preußen und Österreich bestimmt war, ist im Gefolge der von der *Französischen Revolution* (1789) ausgehenden und zunächst von *Napoleon* fortgesetzten erfolgreichen Revolutionskriege zerstört worden. Nach Abtrennung aller Gebiete auf dem linken Rheinufer an Frankreich wurden die davon betroffenen Reichsstände durch eine *Säkularisierung* von geistlichem und reichsständischem Gut im rechtsrheinischen D. entschädigt und zahlreiche geistliche und weltliche Fürsten mediatisiert. Der *Reichsdeputationshauptschluß* von 1803 sanktionierte die Aufhebung von 63 Reichsbistümern und -abteien sowie 41 Reichsstädten. Mit der Reichsverfassung wurde auch die kath. Kirchenorganisation zerstört, eingeschlossen deren Bildungs- und Sozialeinrichtungen. Nachdem die 16 dt. Staaten des neu gebildeten, von Napoleon abhängigen *Rheinbunds* auf dessen Druck hin am 1.8.1806 aus dem Reich ausgetreten waren, legte *Franz II.* am 6.8. in Wien die Kaiserkrone nieder und erklärte die Verfassung des Reiches für erloschen.

In den folgenden Jahren kam es in den meisten der nunmehr noch 39 Einzelstaaten durch „Revolution von oben" zu tiefgreifenden Veränderungen in deren Rechts-, Wirtschafts- und Sozialleben. Dadurch wurden herkömmliche Bindungen Alteuropas gelockert, die teilweise durch erhebliche Gebietsgewinne erweiterten Staaten jedoch durch Verfassungsreformen auch innerlich gefestigt und „modernisiert". Im Kampf gegen die frz. Vormacht erwachte ein dt. Nationalbewußtsein, das in den *Befreiungskriegen* 1813/15 zum Sieg über Napoleon und seine Verbündeten beitrug und auf die Schaffung eines dt. Nationalstaats ausgerichtet blieb.

2. 1806/15 bis 1914

Dieses Ziel rückte jedoch nach der von den Großmächten auf dem *Wiener Kongreß* 1814/15 vorgenommenen Neugestaltung →Europas in den Hintergrund. 1815 schlossen sich 37 souveräne Fürsten und 4 Stadtrepubliken zu einer mitteleurop. Defensiv-Föderation im *Deutschen Bund* zusammen. In ihm gewannen jedoch, unbeschadet einer Stimmengewichtung, die eine Majorisierung der Kleinstaaten in der „Bundesversammlung" in Frankfurt am Main verhindern sollte, Österreich und Preußen ein Übergewicht. In der bereits 1819/20 *(Karlsbader Beschlüsse, Wiener Schlußakte)* einsetzenden Ära der *Restauration* („System Metternich") wurden liberale und nationalstaatliche Regungen unterdrückt. Gleichwohl setzte sich, ausgehend von südadt. Mittelstaaten, das Prinzip parlamentarischer Repräsentation allmählich durch. Es führte, verstärkt nach 1849, zur Ausprägung eines besonderen dt. →*Konstitutionalismus.* Kennzeichnend dafür blieb neben der monarchischen Grundlage die Sicherung der Rechtsstaatlichkeit.

Die *Märzrevolution* von 1848 führte nicht zu der vom Frankfurter Paulskirchen-Parlament 1849 (allerdings mit denkbar knapper Mehrheit) angestrebten kleindt. Reichsgründung auf liberal-demokratischer Verfassungsgrundlage. Die alten Gewalten setzten sich rasch wieder durch. Erst dem preußischen Ministerpräsidenten O. v. →*Bismarck* gelang es, ohne vorbedachten „Deutschland-Plan", Österreich zurückzudrängen, 1866 zu besiegen und den 1867 gegründeten *Norddeutschen Bund* 1871, nach dem Sieg über Frankreich, zum *Deutschen Reich* zu erweitern. Das von Preußen dominierte Kaiserreich mit Kolonialbesitz seit 1884, war ein föderativ organisierter, aber unvollendeter Nationalstaat (→deutsche Frage I), in dem der Reichstag nur begrenzten Einfluß besaß. Die Integration des kath. Volksdrittels wurde durch den →*Kulturkampf* verzögert, die der Sozialdemokraten durch das „Sozialistengesetz" (1878). Die rapid wachsende Bevölkerung (1871: 41 Mio., 1910: 64,6 Mio.) profitierte im Wilhelminischen D. (seit 1890) von politischer Stabilität und Wirtschaftswachstum, blieb aber nicht frei vom imperialistisch und darwinistisch bestimmten Zeitgeist.

3. Im Zeitalter der Weltkriege (1914-1945)

Der 1914 mit kalkuliertem Risiko begonnene Krieg sollte die Großmachtstellung D.s in Europa sichern, bewirkte jedoch das Gegenteil. Er weitete sich zum Ersten →Weltkrieg aus und veränderte die innenpolitischen Kräfteverhältnisse zugunsten einer Parlamentarisierung des Regierungssystems. Im Gefolge der militärischen Niederlage des Reiches führte die *Novemberrevolution* von 1918 zum Untergang der Monarchie. Am 9. 11. 1918 übernahmen Arbeiter- und Soldatenräte die öffentliche Gewalt auf republikanischer Grundlage. Ein „Rat der Volksbeauftragten" unter F. →*Ebert* (SPD) sicherte den Übergang zu einer neuen, demokratisch-parlamentarisch fundierten Legalität.

1919 verabschiedete die in Weimar tagende Dt. Nationalversammlung eine mit extremen Freiheitsrechten ausgestattete Verfassung (→*Weimarer Reichsverfassung*). Die neue *Weimarer Republik* blieb jedoch mit der doppelten Hypothek der Niederlage und harten Friedensbedingungen (→*Versailler Vertrag*) belastet und fand nicht die Zustimmung der Mehrheit. Bis Ende 1923 herrschten bürgerkriegsähnliche Unruhen, tobte der Kampf um die „Erfüllungspolitik", erschwerten inflationäre Entwicklungen, Putsche und Regierungskrisen die Identifikation mit der Instabilitätsrepublik. Sie wurde ab Ende 1929, nach fünf „trügerischen Jahren" wirtschaftlicher Scheinblüte, von einer anhaltenden Wirtschaftskrise im Zuge der →*Weltwirtschaftskrise* erschüttert. Deren Folgen kamen Nationalsozialisten und Kommunisten zugute, die 1932 eine „negative Mehrheit" bildeten.

Das mit der Ernennung A. →*Hitlers* zum Reichskanzler am 30.1.1933 beginnende „Dritte Reich" entwickelte sich von einer Diktatur zu einem totalitären Regime. Der →*Nationalsozialismus* fundierte seine Herrschaft durch „Verführung und Gewalt" *(H.-U. Thamer),* durch ein propagandistisch überhöhtes Zusammenspiel von Normen- und Maßnahmestaat („Doppelstaat", *E. Fraenkel).* Eine zunehmende Systematisierung des Terrors („SS-Staat") und lückenlose Überwachung des öffentlichen Lebens verhinderten offene Opposition. Schon geistige Nichtanpassung galt als strafwürdiges Verhalten.

Mit wirtschafts- und außenpolitischen Erfolgen fanden die Nationalsozialisten Zustimmung, auch mit Anfangserfolgen nach Beginn des 1939 von Hitler entfesselten Krieges. Der Zweite →Weltkrieg endete in einem Inferno von Tod und Verwüstung in fast ganz Europa und Teilen Ostasiens. Der Zusammenbruch des weitgehend zerstörten Reiches wurde am 8. 5. 1945 durch Kapitulation der Wehrmacht besiegelt. Das Ausmaß von Deutschen verübter Verbrechen und Massengreuel bestimmt seitdem die geschichtliche Erinnerung. →Judentum I 5, →Konzentrationslager, →Nationalsozialismus IV.

4. Unter Viermächte-Verwaltung (1945-1949)

Nach Besetzung des Reichsgebiets und Verhaftung der Regierung *Karl Dönitz* (23. 5. 1945) übten die USA, Großbritannien, Frankreich und die UdSSR seit dem 5. 6. die „oberste Regierungsgewalt" in D. aus. Das geschah durch einen Alliierten Kontrollrat (→Besatzungsrecht), während eine interalliierte Kommandatur →Berlin verwaltete. Die deutschen Ostgebiete wurden von der *Potsdamer Konferenz* (17.7.–2. 8.) der „Großen Drei" bis zum Abschluß eines Friedensvertrags der poln. bzw. (das nördl. Ostpreußen) sowjet. Verwaltung unterstellt. Mehr als 12 Mio. Deutsche flohen oder wurden aus diesen Gebieten und aus Ostmitteleuropa vertrieben (→Flucht und Vertreibung).

Die Siegermächte konnten sich nicht über eine gemeinsame Deutschlandpolitik verständigen. Frankreich verhinderte dt. Zentralinstanzen und isolierte (ab Febr. 1946) das Saargebiet, erreichte jedoch nicht – ebensowenig die UdSSR – Mitbestimmung über das Ruhrgebiet. Mit der Auseinanderentwicklung getrennter Wirtschafts- und Reparationsräume begann die Spaltung D.s entlang des „Eisernen Vorhangs".

In den drei Westzonen machte die Demokratiegründung rasche Fortschritte. Nach der (Wieder-)Errichtung von Ländern (→Bundesland) wurden, außer in der frz. Zone, länderübergreifende Zusammenschlüsse möglich, 1947 in Frankfurt eine gemeinsame Wirtschaftsverwaltung für die brit. und amerikan. Zone gebildet. Die Besatzungsmächte respektierten zunehmend die Beschlüsse der (1946/47) Länderparlamente. In der sowjet. besetzten Zone (SBZ) unterstützte die Militärregierung die KPD bzw. die aus der Vereinigung (April 1946) der KPD mit der SPD hervorgegangene Sozialistische Einheitspartei Deutschlands (SED) bei der Umgestaltung des öffentlichen Lebens im Sinne kommunistischer Vorstellungen (→„Volksdemokratie").

Im 1947 begonnenen Kalten Krieg der Supermächte (→Ost-West-Konflikt) gewannen deren Einflußgebiete in D. neue Bedeutung. Die Einbeziehung der Westzonen in den am 5. 6. 1947 verkündeten →*Marshallplan* wurde zur Vorstufe einer entsprechenden staatlichen Föderation. Auf deren Errichtung verständigten sich die Westmächte im Frühjahr 1948. Der daraufhin erfolgte Auszug der UdSSR aus dem Kontrollrat (28. 3.) beendete die Viermächte-Verwaltung. Die am 20. 6. 1948 in den Westzonen durchgeführte →*Währungsreform* und die gleichzeitig von *Ludwig* →*Erhard* durchgesetzte Wirtschaftsreform leiteten einen dauerhaften Aufschwung ein. Demgegenüber fiel die auch durch →Reparationen ausgeblutete sowjet. Zone weiterhin zurück. Stalins Blockade der Berliner Westsektoren (24.6.1948–12.5.1949) führte zur Teilung Berlins, vermochte aber nicht, die Westmächte aus der Stadt zu verdrängen.

Deren Angebot zur Teilstaatsgründung nahmen die Regierungschefs der elf Länder am 26.7.1948 an. Der daraufhin am 1.9. nach Bonn einberufene „*Parlamentarische Rat*" verkündete am 23.5.1949 das →„*Grundgesetz*" für die *Bundesrepublik Deutschland* (vgl. II A), die sich nach Wahlen zum 1. Bundestag (14.8.) konstituierte. Im Nachvollzug wurde einige Wochen später, ohne voraufgegangene Wahlen, die sowjet. besetzte Zone in die „*Deutsche Demokratische Republik*" (vgl. II B) umgewandelt.

GESCHICHTE 1949–1990

A. Die Bundesrepublik Deutschland

1. Die Ära Adenauer (1949–1963)

Bundeskanzler (seit 15. 9. 1949) *K.* →*Adenauer* (CDU) suchte nach den ersten Bundestagswahlen vom 14. 8. 1949 mit einer Koalition aus CDU, CSU, FDP und DP (vgl. Tab. 2) der Bundesrepublik außenpolitische Handlungsfähigkeit, Sicherheit und Gleichberechtigung zu verschaffen. Geistige, wirtschaftliche und politische Westintegration sollten jede „Schaukelpolitik" zwischen West und Ost verhindern.

Tabelle 1
Bundestagswahlen [1] 1949–1987 [2]

Tag der Wahl	14.8.1949		6.9.1953		15.9.1957		17.09.1961		19.9.1965		28.9.1969		19.11.1972		3.10.1976		5.10.1980		6.3.1983		25.1.1987	
Wahlberechtigte (in 1000)	31207,6		33202,3		35400,9		37440,7		38510,4		38677,2		41446,2		42058,0		43231,7		44088,9		45328,0	
Wahlbeteiligung (in %)	78,5		86,0		87,8		87,7		86,8		86,7		91,1		90,7		88,6		89,1		84,3	
Wahlergebnis	%	Mandate	%	Mandate	%	Mandate	%	Mandate	%	Mandate	%	Mandate	%	Mandate	%	Mandate	%	Mandate	%	Mandate	%	Mandate
SPD	29,2	131	28,8	151	31,8	169	36,2	190	39,3	202	42,7	224	45,8	230	42,6	214	42,9	218	38,2	193	37,0	193
CDU	25,2	115	36,4	191	39,7	215	35,8	192	38,0	196	36,6	193	35,2	177	38,0	190	34,2	174	38,2	191	34,5	185
FDP [3]	11,9	52	9,5	48	7,7	41	12,8	67	9,5	49	5,8	30	8,4	41	7,9	39	10,6	53	7,0	34	9,1	48
CSU	5,8	24	8,8	52	10,5	55	9,6	50	9,6	49	9,5	49	9,7	48	10,6	53	10,3	52	10,6	53	9,8	49
KPD	5,7	15																				
Parteilose	4,8	3																				
BP	4,2	17																				
DP	4,0	17	3,3	15	3,4	17																
DZP	3,1	10	0,8	3																		
WAV	2,9	12																				
DKP, DRP	1,8	5																				
SSW	0,3	1																				
GB/BHE [4]			5,9	27																		
Die Grünen [5]																			5,6	27	8,3	44
		402		487		497		499		496		496		496		496		497		498		519

SPD = Sozialdemokratische Partei Deutschlands, CDU = Christlich-Demokratische Union, FDP = Freie Demokratische Partei [3], CSU = Christlich-Soziale Union in Bayern, KPD = Kommunistische Partei Deutschlands, BP = Bayernpartei, DP = Deutsche Partei, DZP = Deutsche Zentrumspartei, WAV = Wirtschaftliche Aufbauvereinigung, DKP = Deutsche Konservative Partei, DRP = Deutsche Rechtspartei, SSW = Südschleswigscher Wählerverband, GB = Gesamtdeutscher Block, BHE = Bund der Heimatvertriebenen und Entrechteten [4]

[1] Stimmenanteile (ab 1953: Zweitstimmen) in Prozent der gültigen Stimmen und Zahl der Mandate (ohne Berliner Abgeordnete). Berücksichtigt sind Parteien und ihre Wahlergebnisse nur, wenn sie Mandate erhielten – [2] Ohne die erste gesamtdeutsche Wahl 1990 (vgl. Tab. 5) – [3] 1949 und 1953 zusammen mit Deutsche Volkspartei (DVP) und Bremer Demokratische Volkspartei (BDV) – [4] 1953 erstmals bei Bundestagswahlen vertreten – [5] 1980 erstmals bei Bundestagswahlen vertreten

Quelle: P. Schindler, Datenhandbuch zur Geschichte des Deutschen Bundestages. Hg. Presse- und Informationszentrum des Deutschen Bundestages. Baden-Baden [3] 1984, 1986, 1988.

Die Konsolidierung der Bonner Demokratie (erster Bundespräsident: Th. →Heuss, FDP; vgl. Tab. 3) wurde durch internationale Rahmenbedingungen und außenpolitische Erfolge der Bundesregierung begünstigt (1949 Reduzierung der Demontagen, 1951 Beitritt zur *Europäischen Gemeinschaft für Kohle und Stahl* [EGKS]; →Europäische Gemeinschaften). Sie trugen dazu bei, das Besatzungsstatut zu mildern, das der Alliierten Hohen Kommission Vorbehaltsrechte sicherte. Der internationalen Aufwertung der Bundesrepublik dienten Verträge über →Wiedergutmachung mit Israel (1952) wie über die Regulierung früherer Auslandsschulden (1953) (Tab. 1 u. 2).

Der nach Ausbruch des Korea-Krieges (25. 6. 1950) von den USA verlangte dt. Beitrag zur Verteidigung Europas führte zur Vereinbarung einer *Europäischen Verteidigungsgemeinschaft* (EVG, 27. 5. 1952). Der gleichzeitige *General-* bzw. *Deutschlandvertrag* verpflichtete die Westmächte zur friedlichen Wiedervereinigung D.s und postulierte dessen Westbindung. Die SPD (Vorsitzender: K. →Schumacher) opponierte vergeblich gegen eine Bewaffnung wie gegen die genannten Verträge. Auch gleichzeitige, auf deren Nichtzustandekommen abzielende sowjet. Offerten zu Verhandlungen über ein neutralistisches D. (ohne dessen Ostgebiete) vermochten den Weg in das Westbündnis nicht zu beeinflussen. Seitdem wuchsen allerdings Zweifel, ob die Integrationspolitik zur Wiedervereinigung führen werde.

Mit dem Abflauen des Kalten Krieges seit 1953 änderte sich die internationale Situation. Die Blockmächte suchten nach Interessenausgleich ohne vorherige Lösung der →deutschen Frage. Am 30. 8. 1954 scheiterte die Ratifizierung der EVG an der frz. Nationalversammlung. Daraufhin trat die Bundesrepublik der erweiterten *Westeuropäischen Union* (WEU) bei, während die Aufnahme in den →Nordatlantikpakt das Problem der militärischen Integration löste. Die *Pariser Verträge* (1954) beendeten die Besatzungsherrschaft. Der revidierte Deutschlandvertrag verschaffte der Bundesrepublik Souveränität (5. 5. 1955) und verpflichtete die NATO-Partner, sich für die Wiedervereinigung D.s einzusetzen.

In den Pariser Verträgen hatte *Adenauer* dem weiterhin von Frankreich abhängigen Saargebiet die Möglichkeit politischer Autonomie zugestanden. Da jedoch die über ein „Saarstatut" vereinbarte Volksabstimmung 1955 zu dessen Ablehnung führte, konnte das →Saarland 1957 in die Bundesrepublik eingegliedert werden („Wiedervereinigung im kleinen").

Der Wirtschaftsaufschwung im Zeichen der →sozialen Marktwirtschaft, verkörpert in Bundeswirtschaftsminister *Erhard,* ermöglichte forcierten Wohnungsbau und Milderung von Kriegs- und Kriegsfolgelasten, auch für Ostvertriebene und Flüchtlinge (→Lastenausgleich seit 1952; Wiedergutmachung für Opfer der nat.-soz. Verfolgung und Kriegsgeschädigte) sowie den Abbau sozialer Spannungen (→Mitbestimmung in der Montanindustrie 1951; BetriebsverfassungsG 1952; →Betriebsverfassungsrecht). Das Verbot verfassungsfeindlicher Parteien (1952: Sozialistische Reichspartei, 1956: KPD), das Verschwinden der kleinen Parteien zugunsten der „Volksparteien", aber ebenso *Adenauers* Regierungsführung („Kanzlerdemokratie") wie die verfassungskonforme Opposition der SPD und die vom DGB geförderte Integration der Arbeiterschaft begünstigten die Akzeptanz der „Bonner Demokratie". Ökonomischer Erfolg und sozialer Frieden wiederum stabilisierten die ihnen zugrunde liegende verfassungspolitische Ordnung. Sie beließen dem dt. „Kernstaat" Anziehungskraft („Magnettheorie") für eine Vereinigung des geteilten D.s im Gefolge freier Wahlen.

Seit 1955 drohte der Bundesrepublik im Zuge des Entspannungsdialogs der Weltmächte isoliert zu werden und die Teilung akzeptieren zu müssen. *Adenauers* Besuch in Moskau (1955) führte zur Aufnahme diplomatischer Beziehungen mit der UdSSR (und zur Rückkehr der letzten Kriegsgefangenen), vermochte aber deren Deutschlandpolitik („Zwei-Staaten-Theorie") nicht zu beeinflussen. Die *„Hallstein-Doktrin"* (nach W. →Hallstein benannt) verzögerte eine Aufwertung der DDR, blockierte aber ostpolitische Aktivitäten. Trotz des Interesses der Westmächte am Status quo in der dt. Frage konnte *Adenauer* eine Festschreibung der Teilung und der dt. Ostgrenzen verhindern und die dt. Frage weiterhin offenhalten. Hingegen scheiterten alle Versuche, auch der Bevölkerung in der DDR das Selbstbestimmungsrecht zu verschaffen. Die sowjet. Machthaber demonstrierten durch eine Abfolge von *Berlin-Krisen* (1958–62) und den von ihr – unter Verzicht einer Verdrängung der Westmächte aus West-Berlin – tolerierten Mauerbau der DDR (1961) neues Selbstbewußtsein im Ringen um die Festigung des Status quo in Europa.

Tabelle 2
Bundesregierungen [1]

Wahl-periode	Regierungs-bildung [2]	Bundeskanzler	Koalitionsparteien	Zahl der Mandate [3]
1.	20.9.1949	Adenauer (CDU)	CDU/CSU, FDP, DP	209
2.	20.10.1953	Adenauer (CDU)	CDU/CSU, FDP, DP, GB/BHE [4]	334
	23.7.1955	Adenauer (CDU)	CDU/CSU, FDP [5], DP	315
	31.3.1956	Adenauer (CDU)	CDU/CSU, DP, DA (FVP), DP (FVP) [6]	281
3.	29.10.1957	Adenauer (CDU)	CDU/CSU, DP [7]	287
	1.7.1960	Adenauer (CDU)	CDU/CSU	286
4.	14.11.1961	Adenauer (CDU)	CDU/CSU, FDP [8]	309
	19.11.1962	Adenauer (CDU)	CDU/CSU	241
	11.12.1962	Adenauer (CDU)	CDU/CSU, FDP [9]	308
	17.10.1963	Erhard (CDU)	CDU/CSU, FDP	308
5.	26.10.1965	Erhard (CDU)	CDU/CSU, FDP [10]	294
	28.10.1966	Erhard (CDU)	CDU/CSU	245
	1.12.1966	Kiesinger (CDU)	CDU/CSU, SPD	447
6.	22.10.1969	Brandt (SPD)	SPD, FDP	254
7.	15.12.1972	Brandt (SPD) [11]	SPD, FDP	271
	17.5.1974	Schmidt (SPD)	SPD, FDP	271
8.	16.12.1976	Schmidt (SPD)	SPD, FDP	253
9.	6.11.1980	Schmidt (SPD)	SPD, FDP [12]	271
	4.10.1982	Kohl (CDU)	CDU/CSU, FDP	256
10.	30.3.1983	Kohl (CDU)	CDU/CSU, FDP	278
11.	12.3.1987	Kohl (CDU)	CDU/CSU, FDP	282
12.	2.12.1990	Kohl (CDU)	CDU/CSU, FDP	398

[1] Einschließlich der Bundesregierung nach der ersten gesamtdeutschen Wahl 1990 (vgl. Tab. 5) – [2] Datum der Ministervereidigung – [3] Zu Beginn der Koalition – [4] Am 23.7. Austritt aus der Koalition – [5] 16 FDP-Abgeordnete (Euler-Gruppe), darunter die 4 FDP-Minister, verlassen ihre Fraktion am 23.2.; die FDP tritt am 25.2. aus der Koalition aus – [6] Neuer Koalitionspartner ist die Fraktion der „Arbeitsgemeinschaft Freier Demokraten", später „Demokratische Arbeitsgemeinschaft" (DA), der aus der FDP ausgetretenen Abgeordneten (vgl. Anm.5). Am 26.6.1956 Umbenennung in Freie Volkspartei (FVP), am 14.3.1957 Zusammenschluß mit der DP – [7] 9 Abgeordnete der DP, darunter die beiden Kabinettsmitglieder, verlassen ihre Fraktion – [8] Die 5 FDP-Minister treten zurück – [9] Wiedereintritt der FDP in die Koalition, nachdem Adenauer für den Herbst 1963 verbindlich seinen Rücktritt erklärt hatte – [10] Rücktritt der 4 FDP-Minister – [11] Rücktritt Brandts als Bundeskanzler am 7.5.1974 – [12] Die FDP-Minister verlassen am 17.9.1982 die Koalition. Helmut Kohl wird am 1.10. durch ein konstruktives Mißtrauensvotum zum Kanzler gewählt.

Quellen: P. Haungs, Koalitionen und Koalitionsstrategien in der Bundesrepublik, in: Westeuropas Parteiensysteme im Wandel. Redaktion H.-G. Wehling. Stuttgart 1983. – P. Schindler, Datenhandbuch zur Geschichte des Deutschen Bundestages. Hg. Presse- und Informationszentrum des Deutschen Bundestages. Baden-Baden ³1984, 1986, 1988

Mit der 1957 in den *Römischen Verträgen* erfolgten Gründung der *Europäischen Wirtschaftsgemeinschaft* (EWG) und der *Europäischen Atomgemeinschaft* (EURATOM) (→Europäische Gemeinschaften) stagnierte die wirtschaftspolitische Integration (ohne Großbritannien). Eine Politische Union Westeuropas scheiterte am Widerstand *Ch. de* →*Gaulles* (seit 1958). Gleichwohl gelang es angesichts dessen fester Haltung in den Berlin-Krisen, die Beziehungen zu Frankreich zu vertiefen.

Die weiterhin von *Adenauer* geführte Regierung konnte die innere Konsolidierung fortsetzen, so durch Hilfsmaßnahmen für die Landwirtschaft (1955 „Grüner Plan", Altershilfe für Landwirte 1957), die Rentenreform von 1957 (→Rentenversicherung) sowie durch Gesetze gegen →Wettbewerbsbeschränkung (1957), zur Privatisierung von Bundesvermögen (1959) und zur Regelung der →Sozialhilfe (1961). Die (von der SPD mitgetragenen) Wehrgesetze von 1954/56 bildeten die Grundlage für den Aufbau der →Bundeswehr.

Der wirtschaftliche Aufschwung ermöglichte die Integration von 7,9 Mio. Vertriebenen und Ostflüchtlingen sowie (bis 1961) von 2,6 Mio. DDR-Flüchtlingen. Ein langanhaltender Verteilungswettbewerb ebnete die Wege in Richtung „Wohlfahrtsstaat". Nach ihrer Umorientierung (*Godesberger Programm* 1959) und Anerkennung der NATO (1960) profitierte die SPD vom Autoritätsverlust *Adenauers* nach dessen Rückzug von der Kandidatur für das Amt des Bundespräsidenten (1959) als Nachfolger von *Heuss*, auf den *H.* →*Lübke* folgte (vgl. Tab. 3).

Tabelle 3
Bundespräsidenten

12.9.1949	Theodor Heuss (FDP)
17.7.1954	Theodor Heuss (FDP)
1.7.1959	Heinrich Lübke (CDU)
1.7.1964	Heinrich Lübke (CDU)
5.3.1969	Gustav Heinemann (SPD)
15.5.1974	Walter Scheel (FDP)
23.5.1979	Karl Carstens (CDU)
23.5.1984	Richard v. Weizsäcker (CDU)
23.5.1989	Richard v. Weizsäcker (CDU)

Eine Niederlage der Bundesregierung gegenüber den Ländern im Fernsehstreit (1961) und der Verlust der absoluten Mehrheit der Union 1961, kurz nach dem *Bau der Berliner Mauer* vom 13.8., beschleunigten das Ende der „Ära Adenauer". *Adenauers* 4. Regierung, wiederum mit der FDP, sah sich verstärkt amerikan.-sowjet. Ausgleichsbestrebungen gegenüber. Der am 22. 1. 1963 erfolgte Abschluß eines *dt.-frz. Vertrags* krönte Adenauers Aussöhnungsbestrebungen, erschwerte jedoch eine Europäische Politische Union. Eine vom Bundestag durchgesetzte Präambel des Vertrags unterstrich den bisherigen Kurs der Bündnispolitik.

Angesichts der Auflockerung in der westlichen Allianz, der Stagnation in der Deutschlandpolitik und der Tabuisierung der Grenzfrage verstärkten sich Unbehagen und Kritik an „versäumten Reformen". Die „*Spiegel-Affäre*" (strafrechtliches Eingreifen gegen das Nachrichtenmagazin wegen des Vorwurfs des Landesverrats) vom Okt./Nov. 1962 nutzte die FDP zum Rückzug aus der Koalition, war jedoch in *Adenauers* neugebildeter Regierung (11. 12. 1962) wieder vertreten. Ihr gehörte Verteidigungsminister *F. J.* →*Strauß* nicht mehr an. Nach Verlusten der CDU bei Wahlen in Berlin und in Rheinland-Pfalz einigte sich die Bundestagsfraktion der CDU/CSU am 23.4.1963 auf *Erhard* als Kanzlerkandidaten. Am 16.10.1963, am Tag nach dem Rücktritt *Adenauers*, wurde er vom Bundestag gewählt.

2. Die Regierung Erhard (1963–1966)

Die Bundesrepublik mußte sich in die von den Supermächten fortgesetzte Entspannungspolitik einpassen. Die von Außenminister *Gerhard Schröder* (CDU) forcierte Ostpolitik führte zur Errichtung von Handelsmissionen in Polen und einzelnen Balkanstaaten (1962/63). Hingegen kam die angestrebte Ergänzung der EWG durch engere politische Zusammenarbeit der sechs westeurop. Staaten nicht zustande, auch nicht der Beitritt Großbritanniens und eine verstärkte Partnerschaft mit den USA. Nach Aufnahme diplomatischer Beziehungen zu Israel (1965) brachen die meisten arabischen Staaten ihre Beziehungen zur Bundesrepublik ab.

Die von der bisherigen Koalition getragene und durch die Bundestagswahl 1965 bestätigte Kanzlerschaft *Erhards* mündete nicht in die von ihm erstrebte „formierte Gesellschaft". Desintegrationserscheinungen innerhalb der Koalition resultierten auch aus der Führungsschwäche des „Volkskanzlers", der mit „Maßhalte-Appellen" kein Echo fand. Bereits 1965 begannen unionsinterne Auseinandersetzungen über seine Nachfolge. Eine Rezession nach anhaltender Hochkonjunktur (Sept. 1966: 1,3 Mio. ausländische Arbeitnehmer) kam der SPD zugute. Sie gewann die Landtagswahlen in Nordrhein-Westfalen (10. 7. 1966) und bildete nach dem Sturz der dortigen CDU-Regierung eine Koalition mit der FDP. Gleichzeitig erhielt die 1964 gegründete Nationaldemokratische Partei Deutschlands (NPD) Zulauf. Über Differenzen wegen des seit 1965 verschärften Haushaltsdefizits schied die FDP am 27.10.1966 aus der Bundesregierung aus.

Der isolierte Bundeskanzler verlor weitere Autorität durch den Ausgang der Wahlen in Hessen und Bayern (6./20.11.1966). Seine Fraktion wählte den baden-württembergischen Ministerpräsidenten *Kurt Georg Kiesinger* (CDU) zum Kanzlerkandidaten.

3. Die Große Koalition (1966–1969)

Die von Bundeskanzler *Kiesinger* (1.12.1966) gebildete Große Koalition aus CDU, CSU und SPD mit dem SPD-Vorsitzenden (seit 1964) *Willy Brandt* als Außenminister nahm aufgestaute Kurskorrekturen vor. So wurden die Beziehungen zu Frankreich wieder verbessert, allerdings unter Verzicht auf eine Erweiterung der EWG, der Alleinvertretungsanspruch jedoch noch beibehalten. Nach Aufnahme diplomatischer Beziehungen mit Rumänien und Jugoslawien und dem Austausch von Handelsmissionen mit der ČSSR (1967) blockierte der →Warschauer Pakt eine Fortsetzung dieses Kurses. Die Invasion der ČSSR durch dessen Truppen (21. 8. 1968) belastete die „neue Ostpolitik" der Koalition.

Der Regierung Kiesinger gelang es, die Rezession mit Hilfe eines „Stabilitätsgesetzes" zu überwinden und die Staatsfinanzen zu konsolidieren. Neben einem ParteienG wurden die Rentenversicherung für selbständige Erwerbstätige geöffnet (1967), die umstrittene Notstandsverfassung verabschiedet (1968) und das Strafrecht liberalisiert (1967/68). Hingegen scheiterte die Einführung eines Mehrheitswahlrechts.

Während dieser Jahre veränderte sich die politische Landschaft. Unbehagen an „Restauration" und „Wohlstandsgesellschaft", die Entdeckung einer „Bildungskatastrophe", Reaktionen auf den Anstieg der NPD und neomarxistische Systemkritik entluden sich in einer zunächst von einzelnen Universitäten ausgehenden militanten →außerparlamentarischen Opposition (APO). Das Ausmaß eines tiefgreifenden Wertewandels („Bewußtseinsrevolution", *A. Baring*) trat erst später zutage. Die Systemstabilität wurde vorübergehend erschüttert. Über die Behandlung entsprechender „Straftäter" gingen die Ansichten in der Regierung auseinander. Sie ließ sich zudem durch SED-Propaganda gegen Bundespräsident *Lübke* verunsichern. Dessen vorzeitiger Rücktritt ermöglichte die vorgezogene Wahl (5. 3. 1969) von G. →*Heinemann* (SPD). Sie war das Ergebnis einer Annäherung von SPD und FDP in der Deutschland- und Ostpolitik, die als zentrales Thema im Wahlkampf 1969 einen Koalitionswechsel vorbereitete.

4. Die sozial-liberale Koalition (1969–1982)

a. Die Regierung Brandt-Scheel (1969–1974)

Mit der Regierungsbildung von SPD und FDP unter Bundeskanzler *Brandt* (21.10.1969) erfolgte ein „Machtwechsel" (G. *Heinemann),* der die CDU/CSU als stärkste Fraktion in die Opposition verwies. Die neue Koalition postulierte eine „Demokratisierung" aller Lebensbereiche und aktivierte die Ost- und Deutschlandpolitik. Nach dem noch 1969 erfolgten Beitritt der Bundesrepublik zum *Atomwaffensperrvertrag* forcierte *Brandt* eine Annäherung an die DDR durch Treffen mit Ministerpräsident *Willi Stoph* (19.3./21.5. 1970). Verträge mit der UdSSR und Polen (1970) leiteten eine Normalisierung der gegenseitigen Beziehungen ein.

Ausmaß und Tempo der neuen Ostpolitik waren leidenschaftlich umstritten. Ein Mißtrauensvotum der Unionsfraktion gegen *Brandt,* zugunsten des CDU-Vorsitzenden *Rainer Barzel,* scheiterte am 27.4.1972. Am 17.5. stimmte der Bundestag den Ostverträgen bei weitgehender Stimmenthaltung der Unionsfraktion zu. Inzwischen hatten sich 1971 die vier Hauptsiegermächte von 1945 auf ein Berlin-Abkommen verständigt. Es trat aber erst nach Ratifizierung der Ostverträge mit diesen zusammen (1972) in Kraft.

Um die inzwischen bestehende Pattsituation im Bundestag zu überwinden, ließ *Brandt* am 22.9. nach einem selbst herbeigeführten Mißtrauensvotum das Parlament auflösen und vorgezogene Neuwahlen ansetzen. Nach dem Wahlausgang war die SPD erstmals stärkste Fraktion. Die Fortsetzung der Koalition mit der weiterhin von Außenminister *Walter Scheel* geführten FDP ermöglichte den Abschluß eines *Verkehrsvertrags* wie eines *Grundlagenvertrags* mit der DDR (1972). Daraufhin konnten 1973 die beiden dt. Staaten der UNO beitreten. Ein Vertrag mit der ČSSR (1973) war das letzte Glied in der Kette einer forcierten Entspannungspolitik.

Vergleichbare Erfolge fehlten in der *Innen- und Wirtschaftspolitik,* die von einer Modernisierungs- und Planungseuphorie bestimmt blieb. Angesichts unterschiedlicher Vorstellungen von SPD und FDP über eine Ausdehnung des Sozialbudgets kam es nicht zur Ausweitung der Mitbestimmung. Die 1973 von den arabischen Staaten verursachte Erdölkrise verstärkte den allgemeinen Preisauftrieb. Überzogene Tarifverträge der Gewerkschaft Öffentliche Dienste, Transport und Verkehr beschleunigten die Inflation und schwächten die von zunehmenden Spannungen durchzogene SPD. Deren Fraktionsvorsitzender *Herbert Wehner* drängte auf einen Kanzlerwechsel zugunsten des Finanz- und Wirtschaftsministers *Helmut Schmidt.* Nach der Enttarnung des DDR-Spions *Günter Guillaume* im Bundeskanzleramt trat *Brandt* am 6.5.1974 zurück.

b. Die Regierung Schmidt-Genscher (1974–1982)

Der am 16.5. gewählte Bundeskanzler *Schmidt* (SPD) setzte die Koalition mit der FDP fort, deren bisheriger Vorsitzender *Scheel* am 15.5. zum Bundespräsidenten gewählt worden war. *Schmidt* übernahm nicht auch den SPD-Vorsitz, den *Brandt* (bis 1987) behielt. Die Abstützung des Bundeskanzlers auf die Gewerkschaften vermochte einen innerparteilichen Machtverlust nicht auszugleichen.

Die Außen- und Wirtschaftspolitik der Regierung (Außenminister: *Hans-Dietrich Genscher,* FDP) blieb von internationalen Rahmenbedingungen (Ölkrise, Energieversorgung, Arbeitslosigkeit) bestimmt. Steigende Arbeitslosigkeit in der Bundesrepublik und inflationäre Entwicklungen lösten eine Wachstumskrise aus. Die innenpolitische Diskussion kreiste weiterhin um die Folgen des *„Radikalenerlasses"* von 1972 (Fernhalten von Extremisten aus dem öffentlichen Dienst) sowie bis 1977 um die Bedrohung der inneren Sicherheit durch →*Terrorismus.* Ein 1976 geschaffener Straftatbestand diente ebenso der Bekämpfung „terroristischer Vereinigungen" wie 1977 ein „KontaktsperreG".

Die Regierung führte den außenpolitischen Entspannungskurs fort und befürwortete das Zustandekommen der *Konferenz über Sicherheit und Zusammenarbeit in Europa* (KSZE, „Schlußakte von Helsinki" 1975) und deren Folgekonferenzen. Vereinbarungen mit Polen (1975) und der UdSSR (1978) wurden 1976–80 durch Post- und Verkehrsabkommen mit der DDR ergänzt, die gleichwohl ihre rigorose Abgrenzungspolitik verschärfte.

Im Zuge innen- und wirtschaftspolitischer Reformen wurden 1972 das BetriebsverfassungsG erweitert, 1976 die paritätische Mitbestimmung eingeführt sowie eine Regelung des Schwangerschaftsabbruchs durch Fristenlösung und ein neues Ehe- und Familienrecht beschlossen, die Rentenversicherung saniert (1977). Das bereits 1970 gelockerte Demonstrationsrecht kam dem wachsenden Partizipations- und Demonstrationsbedürfnis entgegen und „offenbarte die eminent gestiegene politische Bedeutung" von Demonstrationen als wirkungsvollster Ausdrucksform im Fernsehzeitalter *(K. D. Bracher).*

Die Fortsetzung des Wertewandels und einer damit einhergehenden Autoritätskrise führten zu Orientierungsproblemen und verstärktem Anspruchsdenken im Wohlfahrtsstaat, bevor Mitte der 70er Jahre ein Umschwung („Tendenzwende") eintrat. 1976 verlor die SPD bei den Bundestagswahlen wieder die Mehrheit an die CDU und CSU – die weiterhin auch die Mehrheit im Bundesrat besaßen –, setzte aber die Koalition mit der FDP fort, ebenso nach der Wahl von 1980, bei der *Strauß* als Kanzlerkandidat der Unionsparteien unterlegen war. Die veränderten Mehrheitsverhältnisse hatten 1979 zur Wahl von *Karl Carstens* (CDU) zum Bundespräsidenten geführt.

Die ökonomische Bedeutung der Bundesrepublik kam im Bonner „Weltwirtschaftsgipfel" (1978) zum Ausdruck. Dabei ging es, wie bei anderen internationalen Konferenzen dieser Jahre, um die Überwindung einer globalen Rezession. Im Zuge einer neuen „Gipfeldiplomatie" gewann *Schmidt* internationale Reputation. Sie ermöglichte es ihm Ende 1979, auch gegen Widerstände aus der SPD, den Nachrüstungsbeschluß der NATO mit Abrüstungs- und Rüstungskontrollmaßnahmen zu verbinden. Der Einmarsch sowjet. Truppen in Afghanistan (Ende 1979) machte die Problematik der Entspannungspolitik deutlich, die auch von der DDR nicht unterstützt wurde. Ein Treffen des Bundeskanzlers mit deren Staatschef *Erich Honecker* in der DDR wurde durch die Verhängung des Kriegsrechts in Polen (13.12.1981) überschattet.

Die andauernde Wirtschafts- und Energiekrise, auch (teilweise gewaltsame) Aktionen gegen den von der Regierung beschlossenen Ausbau der Kernenergie und von Großverkehrsprojekten, verschafften „Bürgerinitiativen" wie neuen antiparlamentarischen Gruppierungen von „Grünen" (seit 1979 erstmals in einigen Landtagen vertreten) und alternativen Bewegungen Auftrieb. Seit Sommer 1981 schwand durch Differenzen über die Sanierung der Staatsfinanzen, aber auch als Folge des Machtverlustes des Bundeskanzlers innerhalb der SPD der Zusammenhalt der Koalition. Mit dem Rücktritt der FDP-Minister am 17.9.1982 amtierte eine SPD-Minderheitsregierung. Am 1.10. wurde *Schmidt* durch ein konstruktives Mißtrauensvotum gestürzt und der CDU-Vorsitzende *Helmut Kohl* zum Bundeskanzler gewählt.

5. Von der „Wende" 1982 bis zur „Oktoberrevolution" in der DDR 1989

Die CDU-CSU-FDP-Koalition begann ihre Tätigkeit mit einer Sanierung der Staatsfinanzen. Durch Ablehnung eines Vertrauensantrags (10. 10. 1982) erreichte *Kohl* Neuwahlen, aus denen die Koalition (Kanzlerkandidat der SPD: *Hans-Jochen Vogel*) am 6. 3. 1983 gestärkt hervorging. Erstmals zogen „Die Grünen" in den Bundestag ein. Der vom Bundeskanzler angestrebte „historische Neuanfang" (politische Wende) sollte ebenso durch Verbesserung der volkswirtschaftlichen Rahmenbedingungen erreicht werden wie durch gezielte finanz- und steuerpolitische Entlastungen, die seit 1986 einsetzten. Selbstverantwortung und Leistungswille sollten gestärkt und die vorgefundene hohe Arbeitslosenquote (10%) verringert werden.
Bereits 1983 setzte ein Wirtschaftsaufschwung ein. Die innere Sicherheit wurde u. a. durch Verbote von Vermummung (1983) und passiver Bewaffnung bei Demonstrationen (1985) sowie durch Verschärfung des TerrorbekämpfungsG (1986) verbessert. Die Wahl von *Richard v. Weizsäcker* (CDU) zum Bundespräsidenten (1984, Wiederwahl 1989) konsolidierte die Koalition. Auf aktuelle Herausforderungen antwortete die Regierung mit Regelung der Parteienfinanzierung (1984) und Errichtung eines Bundesministeriums für Umwelt (1986), auch durch einen Staatsvertrag mit den Ländern über das Nebeneinander von öffentlichrechtlichen und privaten Rundfunk- und Fernsehanstalten (1987). Schwieriger waren die Einigung auf einen praktikablen Datenschutz im Vorfeld der →Volkszählung (1987) und die Bewältigung von Parteispendenaffären (seit 1984).
Soziale Reformen (Vorruhestandsregelung 1984, ErziehungsförderungsG 1985, Babyjahr- bzw. Erziehungsjahr-Rente sowie Erziehungsgeld und -urlaub 1986) konnten infolge anhaltenden Wirtschaftsaufschwungs finanziert werden. Das galt auch für steigende Zahlungen an die DDR im Gefolge verstärkter Zusammenarbeit (erster Milliardenkredit und verbesserter Postverkehr 1983, Reiseerleichterungen 1984, Vergrößerung des Kreditrahmens 1985, Kulturabkommen 1986). Der erste Staatsbesuch des DDR-Staatsratsvorsitzenden *Honecker* (1987) in der Bundesrepublik sollte die Beziehungen weiter „normalisieren".
Kohl unterstützte das Zusammenwachsen der EG bei der Neuordnung des →Europäischen Währungssystems (EWS, 1983) wie durch Förderung des Beitritts von Spanien und Portugal (1986). Die erste Einheitliche Europäische Akte (1987) war eine wichtige Etappe auf dem Wege zur angestrebten Europäischen Politischen Zusammenarbeit (EPZ). In Ausführung des NATO-Nachrüstungsbeschlusses vor 1979 setzte der Bundeskanzler gegen heftige Opposition der SPD und der „Friedensbewegung" die Stationierung neuer amerikan. Mittelstreckenraketen durch (1983).
Die Fortsetzung der Ost- und Entspannungspolitik (1986 Wissenschaftsabkommen mit der UdSSR) wurde durch Besuche *Kohls* in Moskau (1983, 1988) und des sowjet. Staats- und Parteichefs *Michail Gorbatschow* in Bonn (1989) gekrönt. Durch Unterstützung der Abrüstungsbemühungen der Supermächte und Verzicht auf Modernisierung der in der Bundesrepublik stationierten Mittelstreckenraketen (1987) förderte die Bundesregierung den Abschluß internationaler Rüstungskontrollabkommen (1987).
Bei den Bundestagswahlen 1987 erlitt die christlichliberale Koalition Einbußen, konnte aber die Regierung (Außenminister wieder *Genscher*) fortführen und weitere Reformen (darunter ein KostendämpfungsG im Gesundheitswesen 1988) realisieren. Durch Zuzug Hunderttausender von Um- und Aussiedlern aus der UdSSR und aus anderen Staaten Mitteleuropas, seit Sept. 1989 auch von Flüchtlingen aus der DDR, sah sich die Bundesrepublik vor säkulare Herausforderungen gestellt.
War noch die Aufforderung des amerikan. Präsidenten *Ronald Reagan* am 12. 6. 1987 in West-Berlin an Gorbatschow, die Berliner Mauer niederzureißen, als unrealistisch empfunden worden, so wurde sie bereits Ende 1989 Wirklichkeit. Die Folgen der Oktoberrevolution in der DDR (vgl. II B 3) und die vergleichbarer Entwicklungen in anderen Ostblockstaaten veränderten die politische Landschaft in D. sowie in Mittel- und Ostmitteleuropa durch Ausschaltung der jeweiligen sozialistischen Gewaltherrschaft. Der rasche Zerfall der europ. Nachkriegsordnung ermöglichte es, die dt. Frage durch Gewährung des Selbstbestimmungsrechts auch an die Deutschen in der DDR zu lösen.

6. Der Weg zur Einigung Deutschlands (seit Oktober 1989)

Bis 1990 befürworteten in beiden dt. Staaten vornehmlich Anhänger linker Gruppierungen weiterhin die Existenz einer zwar liberalisierten, aber sozialistisch orientierten DDR und die Bildung einer „Vertragsgemeinschaft" zwischen der Bundesrepublik und der DDR. Die Fortdauer der Zweistaatlichkeit entsprach bis zu diesem Zeitpunkt auch den Interessen der vier Hauptsiegermächte von 1945, die sich neben Sonderrechten in Berlin die Verantwortung „in bezug auf Deutschland als Ganzes" vorbehalten hatten.
Seit Dez. 1989 erzeugten die Dynamik der von der Bevölkerung der DDR erstrebten demokratischen Freiheiten und der Sog des in der Bundesrepublik herrschenden wirtschaftlichen Wohlstands einen Druck, der auf rasche staatliche Einigung zielte und diesen Prozeß zunehmend beschleunigte. Die SED-Führung war am 9.11.1989 zur Öffnung der Grenze zur Bundesrepublik gezwungen. Aber weder dieses Nachgeben noch auch Vereinfachungen für Bundesbürger bei Reisen in die DDR (ab 1.1.1990) vermochten den Zustrom von Übersiedlern in die Bundesrepublik zu bremsen (1989: 343 854 Personen, im 1. Halbjahr 1990 weitere 238 384).
Bundeskanzler *Kohl* nutzte die für eine Lösung der deutschen Frage günstige international entspannte Situation wie die wirtschaftliche Stärke der Bundesrepublik. Am 28.11.1989 hatte er im Bundestag (*„10-Punkte-Programm"*) dazu aufgerufen, die Teilung Deutschlands und Europas zu überwinden. Ziel war ein staatlich geeintes und bundesstaatlich gegliedertes D., das mit Zustimmung der Vier Mächte geschaffen werden und zur Stabilisierung friedlicher West-Ost-Beziehungen beitragen sollte. Die Billigung dieses Planes durch den Bundestag am 1.12. machte den Weg frei für Verhandlungen mit den westlichen Alliierten und mit der UdSSR, die Bundeskanzler *Kohl* am 10.2.1990 in Moskau begann.
Deren erfolgreicher Verlauf blieb unabhängig vom

Ausgang einzelner Landtagswahlen in der Bundesrepublik, die im Saarland (28.1.1990) sowie am 13.5. in Nordrhein-Westfalen, wie bisher, aber an diesem Tage auch in Niedersachsen zugunsten der SPD ausgingen; sie bildete in Hannover mit den Grünen die Regierung. Am 16.5. richteten Bund und Länder einen *„Fonds Deutsche Einheit"* (150 Mrd. DM) zur Deckung der öffentlichen Ausgaben für die Wiedervereinigung bis 1994 ein.

Am 18.5.1990 unterzeichnete die Bundesregierung mit der neuen Regierung der DDR, die aus den ersten freien Volkskammerwahlen vom 18.3. hervorgegangen war (Ministerpräsident seit 12.4.: *Lothar de Maizière,* CDU) einen *Staatsvertrag* (am 21./22.6. vom Bundestag und Bundesrat sowie von der Volkskammer angenommen). Auf dessen Grundlage trat am 1.7. die gesamtdeutsche „Währungs-, Wirtschafts- und Sozialunion" in Kraft. Die DDR, in der die D-Mark alleiniges Zahlungsmittel wurde, übernahm die Marktwirtschaft und das Sozialsystem der Bundesrepublik (vgl. V C).

Im Juli gelangten die *„Zwei-plus-Vier-Verhandlungen"* (USA, Frankreich, Großbritannien, UdSSR sowie die beiden dt. Staaten) über die internationalen Aspekte der Einigung D.s und die Fragen der Sicherheit seiner Nachbarstaaten zum Abschluß. Am 12.9. stimmte, nach erneuten Verhandlungen von Bundeskanzler *Kohl* (Mitte Juli) in der UdSSR, auch der Kreml der Einigung zu. Das galt ebenso für die Zuerkennung eigener Souveränität, eingeschlossen den Verbleib bzw. die sicherheitspolitische Einbindung D.s in der NATO und in der EG. (Noch am 27.10.1989 hatte der Warschauer Pakt vor einer Wiedervereinigung D.s gewarnt, und noch am 10.12. war *Gorbatschow* von der Existenz zweier dt. Staaten ausgegangen.) Ein Friedensvertrag wurde nicht mehr als notwendig angesehen, wohl aber eine völkerrechtlich verbindliche Anerkennung der Oder-Neiße-Grenze gefordert (↗Polen II). Der am 23.9. in Moskau abgeschlossene (Freundschafts-)Vertrag mit der UdSSR sah neben einem Nichtangriffspakt regelmäßige Konsultationen der Regierungschefs und eine enge Zusammenarbeit in verschiedenen Bereichen vor. Hinzu kamen, aber größtenteils außerhalb des Vertrags, zusätzliche Finanzhilfen der Bundesrepublik an die UdSSR von insgesamt ca. 40 Mrd. DM.

Am 23.8.1990 beschloß die Volkskammer in Ost-Berlin den Beitritt der DDR zur Bundesrepublik gemäß Art. 23 GG zum 3.Oktober. Daraufhin wurde am 31.8. in Ost-Berlin von Regierungsvertretern der Bundesrepublik und der DDR der Vertrag über die Herstellung der staatlichen Einheit D.s unterzeichnet (*Einigungsvertrag*; vgl. III A). Ihm stimmten am 20.9. Bundestag und Volkskammer zu. Eine Klage von acht Abgeordneten der CDU/CSU-Fraktion gegen den Vertrag, wodurch die Festschreibung der Oder-Neiße-Grenze verhindert werden sollte, wurde Ende Sept. vom BVerfG abgewiesen.

B. Deutsche Demokratische Republik

1. Aufbau und Ausbau nach sowjetischem Modell (1949–1961)

Die von der SED mit Hilfe der „Blockparteien" und „Massenorganisationen" beherrschte und von der UdSSR abhängige Deutsche Demokratische Republik (Staatspräsident: *Wilhelm Pieck*; Ministerpräsident: *Otto Grotewohl*, Stellvertreter: *Walter Ulbricht*) entwickelte sich im Zeichen einer als „antifaschistisch-demokratisch" umschriebenen Revolution nach sowjetischem Vorbild. Der forcierte Ausbau des sozialistisch-planwirtschaftlichen Systems (vgl. IV B) wurde begleitet von der Verfolgung von „Klassenfeinden", der Entmachtung des Mittelstands und der Verdrängung der Kirchen aus dem öffentlichen Leben. Die Kasernierte Volkspolizei bildete seit 1952 den Kern der Nationalen Volksarmee (NVA).

1952 wurden die Länder Brandenburg, Mecklenburg, Sachsen, Sachsen-Anhalt und Thüringen durch 14 Bezirke und den Ostteil Berlins („Hauptstadt der DDR") ersetzt und die Herrschaft der SED als →„demokratischer Zentralismus" bezeichnet. Seit 1950 fanden Scheinwahlen zur Volkskammer statt, die jeweils eine nahezu geschlossene Stimmabgabe für die Kandidaten der von der SED bestimmten „Nationalen Front" (seit 1968 mit Verfassungsrang) bedeuteten. CDU, Liberal-Demokratische Partei (LDP), Deutsche Bauernpartei (DBP) und Nationaldemokratische Partei (NDPD) dienten ebenso als „Transmissionsorgane" der Einheitspartei wie der Freie Deutsche Gewerkschaftsbund (FDGB) und andere „Massenorganisationen".

Seit 1950 betrieb *Ulbricht* als Generalsekretär der SED mit Hilfe des Staatssicherheitsdienstes die „sozialistische Umgestaltung" (Stalinisierung) der DDR durch Indoktrination und Disziplinierung („Säuberungen"). Der nach dem Tod *Stalins* (5.3.1953) von der SED proklamierte „neue Kurs" führte infolge drastischer Erhöhung der Arbeitsnormen am 17.6.1953 zu einem Aufstand in Ost-Berlin und anderen Städten der DDR, der gewaltsam niedergeschlagen wurde. Bei der anschließenden Verfolgung von Regimegegnern entledigte sich *Ulbricht* auch innerparteilicher Kontrahenten. Er konnte nach der 1956 in der UdSSR begonnenen Entstalinisierung seine Machtstellung behaupten.

Die Angleichung der Wirtschafts- und Sozialordnung an das sowjet. Modell (seit 1951 Fünf- bzw. seit 1959 zeitweise Siebenjahrespläne) führte zu einer ständigen Ausweitung des Staatssektors und 1960 zur vollständigen Kollektivierung der Landwirtschaft bei anhaltender wirtschaftlicher Unterversorgung der Bevölkerung. Von 1949 bis zum 13.8.1961 flüchteten 2,7 Mio. Menschen in die Bundesrepublik Deutschland (vgl. IV A und B).

Von Anfang an in den Ostblock eingebunden (seit 1950 →Rat für gegenseitige Wirtschaftshilfe), war die DDR seit 1955 Mitglied des →Warschauer Paktes, nachdem ihr die UdSSR 1954 Souveränitätsrechte eingeräumt hatte und 1955 deren Unabhängigkeit anerkannte. Seitdem zielte die SED-Propaganda nicht mehr auf die Wiederherstellung der Einheit D.s, sondern verstärkte die sowjet. Zwei-Staaten-Theorie. Durch den Bau der Mauer in →Berlin (13.8.1961) und die hermetische Absperrung der Grenze zur Bundesrepublik (Befestigungen, Todesstreifen, Schießbefehl) wurde der Flüchtlingsstrom („Abstimmung mit den Füßen") eingedämmt. In der Folge festigte sich die DDR als Teil der „sozialistischen Staatengemeinschaft".

2. Verfestigung unter Ulbricht und Honecker (1961–1984)

Ulbricht, seit 1960 auch Vorsitzender des neugeschaffenen Verteidigungs- und Staatsrats, suchte durch forcierten Aufbau der Wirtschaft die Versorgungslage der Bevölkerung zu verbessern. Die systemerhaltenden Unterdrückungsmechanismen wurden gelockert bzw. flexibler gehandhabt, die Indoktrination jedoch verstärkt („einheitliches sozialistisches Bildungssystem" 1963, Familiengesetzbuch 1965, Strafgesetzbuch 1968; vgl. III B). Die Einführung einer DDR-Staatsbürgerschaft (1967) und neuer Verfassungen (1968/74), in denen alle Hinweise auf D. oder die dt. Nation verschwanden, unterstrichen die Abgrenzungspolitik.

Einem 1964 mit der UdSSR abgeschlossenen Freundschaftsvertrag folgten 1967 entsprechende Abkommen mit den übrigen Ostblockstaaten (außer Rumänien). Sie verhinderten 1968 nicht die Beteiligung von Truppen der DDR an dem von Moskau gelenkten Einmarsch in die ČSSR. Allmählich erreichte die DDR internationale Anerkennung.

Die letzte Phase ihrer Geschichte bestimmte der Erste Sekretär bzw. (ab 1976) Generalsekretär der SED, *Erich Honecker,* der 1971 *Walter Ulbricht* († 1973) und 1976 auch *Willi Stoph* als Vorsitzender des Staatsrats ablöste (Stoph amtierte wieder, wie bereits 1964–73, als Ministerpräsident). Die innerstaatliche Sonderentwicklung wurde fortgesetzt (1976 Zivilgesetzbuch, 1978 Arbeitsgesetzbuch, 1982 WehrdienstG).

Die von der Bundesregierung *Brandt* seit 1969/70 betriebene D.- und Ostpolitik führte 1972 zum Abschluß eines →*Grundlagenvertrags* mit der DDR. Der daraufhin erfolgte Beitritt beider dt. Staaten zur UNO (1973) bedeutete eine Aufwertung der DDR. Sie unterstützte in verschiedenen Teilen der Welt kommunistische Staaten bzw. Aufstandsbewegungen.

Trotz einer Verdichtung →innerdeutscher Beziehungen und zunehmend höherer finanzieller Leistungen der Bundesrepublik an die DDR – auch für den „Freikauf" politischer Gefangener – verschärfte die SED die Abgrenzung. Dem Ausbau innerdeutscher Grenzsperren, wiederholter Erhöhung des DM-Zwangsumtauschs für Besucher der DDR und Schikanen im „Transitverkehr" parallel gingen Gewaltmaßnahmen gegenüber Regimekritikern, bis hin zu deren Ausbürgerung. Gleichwohl entwickelte sich seit Anfang der 80er Jahre eine eigenständige Friedensbewegung, deren Anhänger sich nach Anerkennung der KSZE-Schlußakte (1975) auch durch die DDR auf die u. a. damit zugestandenen Menschen- und Grundrechte beriefen.

3. Niedergang der DDR (1985–1990)

Nach 35 Jahren bot die DDR ein ambivalentes Bild: trotz Erfolgen in Wirtschaft und Außenpolitik hatte die SED-Führung es nicht vermocht, die Bevölkerung zu einer Zustimmung zu ihrem Regime zu bringen. Der Entzug der vitalen Freiheitsrechte sowie Repressionen gegen opponierende gesellschaftliche Kräfte zur Stabilisierung der Herrschaft machten das Regime nicht akzeptabel. Mit der Wahl *Michail Gorbatschows* am 11. 3. 1985 zum Generalsekretär der KPdSU begann für das starre SED-Regime eine doppelte Herausforderung: *außenpolitisch,* insofern die neue Sowjetführung eine umfassende Abrüstungs- und Entspannungspolitik mit den USA begann, um den →Ost-West-Konflikt zu überwinden, dem die DDR nicht zuletzt ihre Existenz verdankte; *innenpolitisch,* insofern die Ideen von Glasnost und Perestrojka eine Reformbewegung in Gang setzten, die die Herrschaftspositionen der SED gefährdete und die sie daher abzublocken versuchte. Dennoch wirkte sich die sowjet. Reformbewegung zunehmend auf die DDR aus.

Zunächst aber lief die Entwicklung weiter in den Gleisen der vorangehenden Jahre: Der *XI. Parteitag* der SED (17.–21.4.1986) bestätigte die bisherige Linie: Außenpolitisch sollte der Dialog mit dem Westen fortgesetzt, innenpolitisch die Zustimmung der Bevölkerung durch neue sozialpolitische Maßnahmen verbessert werden. Die Jahre 1987/88 brachten dem SED-Regime weiteren internationalen Prestigegewinn: So durch den Besuch *Honeckers* in der Bundesrepublik (7.–11.9.87) und seinen Staatsbesuch in Paris (Jan. 1988) sowie dadurch, daß erstmals mit dem stellvertretenden Außenminister *P. Florin* ein DDR-Politiker die Präsidentschaft der (42.) UNO-Vollversammlung (15. 9. 1987) übernahm. Im Aug. 1988 nahm die DDR diplomatische Beziehungen zur EG auf.

Gleichwohl verschafften sich innenpolitisch zunehmend oppositionellen Strömungen Gehör, v.a. Friedens-, Ökologie- und Menschenrechtsgruppen. Sie wurden indes durchweg von den Sicherheitskräften verfolgt und unterdrückt.

Die Aktionen der Staatssicherheit und Justiz übten einen solidarisierenden Effekt auf die z. T. noch diffusen Oppositionsgruppierungen aus und halfen sie organisatorisch und programmatisch zu konsolidieren. Die ev. Kirche bot diesen Gruppen ideelle und materielle Unterstützung und gewährte ihnen den erforderlichen Schutz gegen eine immer nervöser und rücksichtsloser reagierende Staatsgewalt. Die Kirche nutzte auch jede Gelegenheit, mit der staatlichen Führung ins Gespräch zu kommen und dabei für die politischen Ziele und Vorstellungen oppositioneller Kreise einzutreten (vgl. II B 6).

1989 verstärkte sich die allgemeine Opposition gegen das SED-Regime: am 15.1. forderten Demonstranten in Leipzig Meinungs-, Versammlungs-, Presse- und Reisefreiheit. Sicherheitskräfte unterdrückten die Aktionen gewaltsam. Gegen die Kommunalwahlen am 17.5.1989 wurden massive Vorwürfe wegen Wahlfälschung erhoben; dies und die Solidarisierung der SED mit der KP Chinas nach der blutigen Niederwerfung der studentischen Reformbewegung in Peking im Juni erhöhten die kritische Distanz der DDR-Bevölkerung zum Regime.

Die politische Unzufriedenheit drückte sich in einer zunehmenden Fluchtbewegung aus. Über die Botschaften der Bundesrepublik in Prag, Budapest und Warschau versuchten DDR-Bürger ihr Land zu verlassen. Die Fluchtbewegung schwoll plötzlich an, als am 11.9. 1989 Ungarn seine Grenze nach Österreich öffnete; in 3 Tagen verließen auf diesem Weg 15 000 DDR-Bürger ihre Heimat. Im Okt. konnten Tausende, die in Prag Zuflucht gefunden hatten, nach Westen ausreisen. Schließlich mußte die DDR-Regierung am 9. 11. 1989 die Grenze zur Bundesrepublik öffnen: Bis zum Jahresende 1989 verließen annähernd 350 000 Menschen die DDR.

Gleichzeitig verstärkte sich die Oppositionsbewegung, deren Anhänger zwar in der DDR bleiben wollten, aber umfassende Reformen verlangten, wie die Bürgerbewegungen „Neues Forum", „Demokratie Jetzt" und „Demokratischer Aufbruch". Anfang Okt. 1989 bildete sich die SPD in der DDR neu: Zunächst als „Sozialdemokratische Partei" (SDP), ab Mitte Jan. 1990 als „SPD".

Am 6.10. besuchte *Gorbatschow* aus Anlaß des 40. Jubiläums der DDR Ost-Berlin und sprach mit *Honecker* über die „Veränderungen, die zur Zeit in vielen sozialistischen Ländern ablaufen" und darüber, „daß die SED ... politische Antworten auf die Fragen findet, die auf die Tagesordnung gesetzt sind und die die Bürger bewegen". Sein Satz: „Wer zu spät kommt, den bestraft das Leben", wurde von der Bevölkerung als Aufbruchsignal verstanden.

Die nun fast täglichen Demonstrationen für Reformen wurden politisch immer bewußter; am 9.10. skandierte man anläßlich der Montagsdemonstrationen in Leipzig: „Wir sind das Volk – keine Gewalt!". Die demokratische Bewegung drängte beharrlich auf eine fundamentale Demokratisierung. *Honecker* und das Politbüro versuchten – in Verkennung der bereits eingetretenen Veränderungen – „unbeirrt an den Grundwerten des Sozialismus festzuhalten und gleichzeitig die sozialistische Gesellschaft ständig weiter zu entwickeln". Zu spät signalisierte die SED-Führung Mitte

Okt. Verhandlungsbereitschaft und stellte Verbesserungen der Reisemöglichkeiten in Aussicht. Am 18.10.1989 trat *Honecker* als Staatsratsvorsitzender und Parteichef zurück. Sein Nachfolger *Egon Krenz* kündigte Reformen an. Demonstrativ traf er sich mit führenden Vertretern der ev. Kirche der DDR. Am 3.11. wurde ein Aktionsprogramm für die Erneuerung in Politik, Wirtschaft und Gesellschaft verkündet. Indes war die Glaubwürdigkeit der neuen Führung gering. Am 4.11. demonstrierten in Ost-Berlin auf einer Großveranstaltung von rd. 1 Mio. Menschen namhafte Künstler und Schriftsteller der DDR für einen neuen Dialog mit der Staatsführung. Am 7.11. trat der alte Ministerrat unter *Stoph* zurück, einen Tag später das gesamte Politbüro. Eine neue Parteiführung wurde gesucht, „die aufs Volk hört". *Hans Modrow* (SED) wurde am 13.11. Vorsitzender des neuen Ministerrats.

Am 9.11.1989 öffnete die DDR die Grenzen zum Westen und zu West-Berlin. Diesen Tag feierten die Deutschen als nationales Ereignis. Deutsch-deutsche Gespräche kamen verstärkt in Gang. Am 28.11.1989 verkündete Bundeskanzler *Kohl* Grundsätze und Ziele seiner Deutschlandpolitik in einem „10-Punkte-Programm", das die „Wiedergewinnung der staatlichen Einheit Deutschlands" als höchstes Ziel nannte. Über die Vorstufen einer von *Modrow* vorgeschlagenen dt.-dt. „Vertragsgemeinschaft" und einer Konföderation sollte die bundesstaatliche Ordnung von Gesamtdeutschland erreicht werden. Voraussetzung dafür waren innenpolitische Reformen in der DDR und die Zustimmung der vier Hauptsiegermächte. So wurde z. B. der Führungsanspruch der SED am 1.12.1989 aus der Verfassung gestrichen.

Im Zuge der inneren Reformierung der SED traten am 3. 12. das gesamte inzwischen veränderte Politbüro und das Zentralkomitee, am 6. 12. *Krenz* als Generalsekretär zurück. Das Blocksystem der Parteien löste sich auf – eine wichtige Voraussetzung für die Ausbildung eines pluralistischen Parteienwesens. Am sog. „Runden Tisch" trafen sich – unter Moderation durch Kirchenvertreter – vom 7.12.1989–12.3.1990 Repräsentanten der ehemaligen Blockparteien und der neuen Oppositionsgruppen – z. T. unter Beteiligung von Regierungsvertretern – zur Erörterung verfassungspolitischer Fragen einer neuen politischen Ordnung bzw. einer Vereinigung der beiden Staaten.

Die Regierung *Modrow* trug der Repräsentationskompetenz des „Runden Tisches" insofern Rechnung, als sie je ein Mitglied der in der Volkskammer noch nicht vertretenen Oppositionsgruppen als Minister ohne Geschäftsbereich aufnahm („Regierung der nationalen Verantwortung"). Aufgrund fortdauernder Massendemonstrationen mußten sich „Runder Tisch" und Regierung der DDR auch im Hinblick auf die Wahlen immer stärker mit der dt. Einigung befassen. So bezeichnete *Modrow* am 1.2.1990 in einer Regierungserklärung über „den Weg zur deutschen Einheit" nun auch eine integrierte Bundesrepublik Deutschland als Endziel.

Von großer Bedeutung im Hinblick auf die Wahlen waren Konzentrationen im neuen Parteiensystem der DDR: Die christlich-konservativen Parteien (CDU, „Deutsche Soziale Union" [DSU], „Demokratischer Aufbruch" [DA]) gingen ein Wahlbündnis („Allianz für Deutschland") ein, ebenso die drei liberalen Gruppierungen („Bund Freier Demokraten"). Die Grünen verbanden sich mit dem neugegründeten „Unabhängigen Frauenverband". Oppositionelle Gruppen schlossen sich im „Bündnis 90" zusammen. Die SED, die auf einem Sonderparteitag *Gregor Gysi* zum neuen Vorsitzenden gewählt hatte, benannte sich am 16.12. in „Partei des Demokratischen Sozialismus" (PDS) um.

Die Volkskammer verabschiedete am 20./21.2.1990 ein (nur für die Wahl am 18. 3. geltendes) WahlG, das die Wahl der 400 Abgeordneten nach dem reinen Verhältniswahlrecht ohne Sperrklausel regelte, und ein ParteienG, am 3.5. auch ein WahlG für die Kommunalwahlen im Mai 1990.

Der Weg zur deutschen Einheit war bis zuletzt umstritten: Der „Runde Tisch" beschloß auf seiner letzten Sitzung einen Entwurf für eine neue dt. Bundesverfassung; die zur „Allianz für Deutschland" zusammengeschlossenen Parteien strebten „die Einheit Deutschlands auf der Grundlage des Grundgesetzes" (über Art. 23) an; die SPD war in dieser Frage gespalten: Sie trat einerseits für den „Beitritt" der DDR-Länder nach Art. 23 ein, präferierte zugleich aber eine neue Verfassung auf der Grundlage des Art. 146 GG, die einer Volksabstimmung unterworfen werden sollte. So mußten die Volkskammerwahlen am 18.3. auch über den Weg zur Einheit entscheiden. Sie brachten einen klaren Sieg der „Allianz für Deutschland" (vgl. Tab. 4).

Tabelle 4
Ergebnis der Volkskammerwahlen am 18. März 1990 *

	Anzahl	%	Sitze
Wahlberechtigte	12 377 372		
Wahlbeteiligung	11 538 313	93,22	
Gültige Stimmen	11 475 353		
DA	105 251	0,92	4
DSU	724 760	6,32	25
CDU	4 694 636	40,91	164
Allianz	5 524 647	48,15	193
SPD	2 506 151	21,84	87
PDS	1 873 666	16,33	65
Liberale	606 283	5,28	21
B 90	333 005	2,90	12
DBD	250 943	2,19	9
Grüne	225 234	1,96	8
NDPD	44 435	0,39	2
DFD	38 088	0,33	1
VL	20 180	0,18	1
AJL	14 573	0,13	1
Gesamt			400

DA = Demokratischer Aufbruch – sozial + ökologisch, DSU = Deutsche Soziale Union, CDU = Christlich-Demokratische Union Deutschlands, Allianz = Allianz für Deutschland aus DA, DSU, CDU; SPD = Sozialdemokratische Partei Deutschlands, PDS = Partei des Demokratischen Sozialismus, Liberale = Bund Freier Demokraten – DFP-LDP-F. D. P. Die Liberalen; B 90 = Bündnis 90 – Neues Forum, Demokratie Jetzt, IFM; DBD = Demokratische Bauernpartei Deutschlands, Grüne = Grüne Partei – Unabhängiger Frauenverband (UFV), NDPD = National-Demokratische Partei Deutschlands, DFD = Demokratischer Frauenbund Deutschlands, VL = Aktionsbündnis Vereinigte Linke – Die Nelken; AJL = Alternative Jugendliste DJP-GJ-MJV-FDJ

* Berücksichtigt sind Parteien und ihre Stimmanteile nur, wenn sie Mandate erhielten

Die „Allianz" bildete unter Ministerpräsident *Lothar de Maiziere* mit SPD und Liberalen eine „Große Koalition", um für die weitreichenden politischen Schritte zur dt. Einheit über eine hinreichend große parlamentarische Mehrheit zu verfügen. Obwohl diese Koalition 1990 sukzessive abbröckelte – im Juli verließen die Liberalen die Koalition; im Aug. zog die SPD ihre Minister zurück – reichte die Kraft eben aus für diese zentrale Aufgabe.

Am 21. 6. stimmte die Volkskammer dem Staatsvertrag mit der Bundesrepublik zur „Währungs-, Wirtschafts- und Sozialunion" (mit 302 gegen 82 Stimmen) und der (damit verbundenen) Übernahme zahlreicher Rechtsvorschriften der Bundesrepublik zu (vgl. V C).

Wichtig wurde der Volkskammerbeschluß, die

5 Länder Mecklenburg-Vorpommern, Brandenburg, Sachsen-Anhalt, Sachsen und Thüringen wieder zu errichten (vgl. III B). Erste freie Kommunalwahlen in der DDR bereits am 6. 5. hatten folgendes Ergebnis: CDU 34,4%, SPD 21,3%; PDS 14,6%; FDP 6,7%; Bauernpartei 3,67%, DSU 3,4%. Auf dieser Basis beschloß die Volkskammer am 23. 8. 1990 – mit 294 gegen 62 Stimmen bei 7 Enthaltungen – den Beitritt der DDR-Länder zur Bundesrepublik Deutschland nach Art. 23 GG zum 3. 10. 1990 und einen Wahlvertrag für die ersten gesamtdeutschen Wahlen am 2.12.1990.

Am 20. 9. stimmte die Volkskammer mit deutlicher Mehrheit (299 : 80) dem Einigungsvertrag zu, der zwischen Bundesinnenminister *Wolfgang Schäuble* und DDR-Staatssekretär *Günter Krause* ausgehandelt worden war. Damit waren die *innen*politischen Entscheidungen für den Beitritt der DDR zur Bundesrepublik gefallen. Doch konnte die Vereinigung nur gelingen, weil seit Anfang 1990 auch die UdSSR damit einverstanden war. Auf den Beschluß der gemeinsamen Konferenz von NATO und Warschauer Pakt am 9.3.1990 in Ottawa hin hatten seit März in „2 + 4-Gesprächen" Vertreter beider dt. Staaten mit den vier Hauptsiegermächten von 1945 (Frankreich, Großbritannien, UdSSR und USA) über die internationalen Aspekte der Vereinigung Deutschlands verhandelt. Am 12.9. unterschrieben die sechs Außenminister den „Vertrag über die abschließende Regelung in bezug auf Deutschland", mit dem alle Sonderrechte der Alliierten zum 3.10.1990 (Tag der Wiedervereinigung D.s) erloschen (vgl. II A).

C. Deutschland seit dem 3. Oktober 1990

Am 3.10.1990 trat die DDR der Bundesrepublik Deutschland bei. Dieses historische Ereignis der *Wiedervereinigung* wurde durch einen feierlichen Staatsakt in Berlin unterstrichen und der 3. Oktober zum dt. Nationalfeiertag bestimmt.

Landtagswahlen in den fünf neuen Ländern (Mecklenburg-Vorpommern, Brandenburg, Thüringen, Sachsen-Anhalt und Sachsen) am 14.10.1990 gingen in vier Ländern (Ausnahme: Brandenburg) zugunsten der CDU aus. In Sachsen übernahm sie allein, in den anderen drei Ländern in Koalition mit der FDP die Regierung. In Brandenburg bildete die SPD die Regierung in Koalition mit FDP und Bündnis 90. Am 14.11. erfolgte die Unterzeichnung eines *dt.-poln. Vertrags*, der die Oder-Neiße-Grenze garantierte (am 17.10.1991 vom Bundestag zusammen mit einem *Nachbarschaftsvertrag* ratifiziert). Bereits seit dem Herbst 1990 wurden die Truppen der NATO-Bündnispartner wie derjenigen der UdSSR aus Deutschland abgezogen. Ein *Abrüstungsvertrag* zwischen beiden Militärblöcken (19.11.1990) bedeutete die Krönung langjähriger, aber erst in der 2. Hälfte der 80er Jahre von der UdSSR unter Führung *Gorbatschows* ernsthaft geführter Entspannungsbemühungen zwischen Ost und West.

Der Ausgang der ersten *gesamtdeutschen Bundestagswahl* am 2.12.1990 verschaffte der bisherigen Regierungskoalition von CDU, CSU und FDP einen großen Stimmenvorsprung (vgl. Tab. 5) und bestätigte gleichsam die Einigung Deutschlands.

Der SED-Nachfolgepartei PDS (Partei des Demokratischen Sozialismus) gelang infolge der auf das Gebiet der alten Länder beschränkten 5%-Sperrklausel der Einzug in den Bundestag, den die Grünen in Westdeutschland nicht schafften. Der Kanzlerkandidat der SPD, *Oskar Lafontaine*, führte anschließend die bei der Wahl unterlegene und infolge seiner widersprüchlichen Deutschlandpolitik verunsicherte SPD durch seinen sofortigen Rückzug aus der Bundespolitik in eine Führungskrise. Sie wurde durch die Niederlage der SPD in Berlin (Regierender Bürgermeister seit Frühjahr 1989: *Walter Momper*) bei den Wahlen zum gesamtberliner Abgeordnetenhaus, ebenfalls am 2.12.1990, noch verschärft. Ende Jan. 1991 gelang die Bildung einer Großen Koalition unter Führung des früheren Regierenden Bürgermeisters (1984–87) *Eberhard Diepgen* (CDU).

Nach der Bundestagswahl beauftragte Bundespräsident *Richard v. Weizsäcker*, der am 23. 5. 1989 mit großer Mehrheit wiedergewählt worden war, Bundeskanzler *Kohl* mit der Weiterführung der Regierungsgeschäfte, bevor dieser am 17. 1. 1991 zum vierten Mal zum Bundeskanzler gewählt wurde. Die von ihm erneut gebildete Koalition aus CDU, CSU und FDP sah sich sofort mit den Auswirkungen des vom Irak ausgelösten Krieges am Golf (seit 16. 1.) konfrontiert und vorübergehend im westl. Bündnis isoliert, da D. den von der UNO sanktionierten militärischen Gegenschlag nur mit finanziellen Hilfeleistungen unterstützte.

Innenpolitisch führten die Neuwahlen der Landtage in Hessen (20. 1. 1991) und in Rheinland-Pfalz (21. 4. 1991) mit Koalitionswechseln von der CDU/FDP zu einer Regierung von SPD und Grünen (Hessen) bzw. SPD und FDP (Rheinland-Pfalz) zu einer Änderung der Mehrheitsverhältnisse im Bundesrat zugunsten der SPD-regierten Länder. In Hamburg führte nach den Bürgerschaftswahlen vom 2.6.1991 die SPD die zuvor mit der FDP gebildete Regierung allein fort. In Bremen kam es nach den Bürgerschaftswahlen vom 19.9.1991 zu einer Koalition von SPD und Grünen, in Baden-Württemberg nach den Landtagswahlen vom 5.4.1992 zu einer CDU-SPD-Regierung, während in Schleswig-Holstein die SPD nach der Wahl vom 5.4.1992 weiter allein die Regierung stellt. In Bremen, Baden-Württemberg und Schleswig-Holstein gelangten mit der Deutschen Volksunion bzw. den Republikanern rechtsradikale Parteien in die Landtage. Schwierigkeiten erwuchsen v. a. aus Auseinandersetzungen über die Aufbringung enormer finanzieller Mittel zur wirtschaftlichen Sanierung und zur Angleichung des Rechts- und Verwaltungszustands der fünf neuen Länder an die in Westdeutschland.

Tabelle 5
Ergebnis der Wahl zum 12. Deutschen Bundestag am 2.12.1990

		%	Mandate
Wahlberechtigte	60 436 560		
Wähler	46 995 915		
Wahlbeteiligung		77,8	
Ungültige Zweitstimmen	540 143	1,1	
Gültige Zweitstimmen	46 455 772		
CDU	17 055 116	36,7	268
SPD	15 545 366	33,5	239
FDP	5 123 233	11,0	79
CSU	3 302 980	7,1	51
PDS	1 129 578	2,4	17
Bündnis 90/Grüne	559 207	1,2	8
Übrige	3 740 292	7,9	–
Gesamt			662

CDU = Christlich-Demokratische Union Deutschlands, CSU = Christlich-Soziale Union in Bayern, FDP = Freie Demokratische Partei, PDS = Partei des Demokratischen Sozialismus, SPD = Sozialdemokratische Partei Deutschlands

Quelle: Presse- und Informationsamt der Bundesregierung. Bulletin Nr. 146 vom 19. Dez. 1990, 1531.

III. Verfassung und Rechtsordnung

A. Bundesrepublik Deutschland

1. Grundlagen

Die Bundesrepublik Deutschland wurde durch ihr →Grundgesetz (GG) vom 23.5.1949 auf dem Gebiet der drei westl. Besatzungszonen des Dt. Reiches und Berlins (West) begründet. Sie verstand sich stets politisch-rechtlich als identisch mit dem 1871 gegründeten Dt. Reich, wenn auch die Geltung ihrer Verfassungs- und Rechtsordnung zunächst auf das genannte Gebiet mit den heutigen Ländern →Baden-Württemberg, →Bayern, →Berlin, →Bremen, →Hamburg, →Hessen, →Niedersachsen, →Nordrhein-Westfalen, →Rheinland-Pfalz, →Saarland (ab 1957), →Schleswig-Holstein beschränkt war (Art. 23 GG). Am 3.10.1990 trat die Deutsche Demokratische Republik, der zweite 1949 auf dem Gebiet des Dt. Reiches entstandene dt. Staat (vgl. II B, III B), gem. Art. 23 GG der Bundesrepublik bei (vgl. III C). Durch den „*Einigungsvertrag*" vom 31. 8. 1990 (vgl. III C), dem der Beitritt vorausging, wurde das GG in dem Beitrittsgebiet in Kraft gesetzt. Damit war das grundgesetzliche Gebot der Wiedervereinigung (BVerfGE 36, 1 ff.) erfüllt (deutsche Frage; vgl. II A 6). Weitere Gebiete D.s, die der Bundesrepublik gem. Art. 23 GG beitreten könnten, gibt es nicht mehr. Denn durch Vertrag zwischen der – größeren – Bundesrepublik und der Republik ⁊Polen vom 14.11.1990 wurden die Gebiete des Dt. Reiches jenseits der sog. Oder-Neiße-Linie (→deutsche Ostgebiete) endgültig völker- und staatsrechtlich Polen zugeordnet. Grundsätzlich wurde durch den Einigungsvertrag auch die bundesgesetzliche Rechtsordnung in der ehem. DDR in Kraft gesetzt. Aber dieser legt in seinen Anlagen eine Fülle von Ausnahmen, Übergangsregelungen, Fortgeltung alten Rechts, sogar einige neue Gesetze für dieses Gebiet fest (vgl. III B 6). Soweit Materien in die Gesetzgebungskompetenz der Länder fallen, gilt z. T. altes Recht weiter.

Die Bundesrepublik ist ein freiheitlicher, demokratischer, sozialer, rechtsstaatlicher, bundesstaatlich organisierter Verfassungsstaat. Tragende Grundlage der Organisation des Staates, der Beziehungen zwischen Staat und Bürger und der interpersonalen Beziehungen zwischen den Menschen bzw. sonstigen Rechtspersonen ist gem. Art. 1 Abs. 1 GG die Verpflichtung aller staatlichen Gewalt, die unantastbare Würde des Menschen zu achten und zu schützen. Außerdem gelten in der Bundesrepublik die unmittelbar wirksamen staatlichen Rechtsnormen der →Europäischen Gemeinschaften (→Europarecht). Sie ist außerdem Mitglied der UNO, ihrer Sonderorganisationen und weiterer internationaler Organisationen. Somit ist sie in ein dichtes Netz internationaler Kooperation eingebunden. Durch Vertrag der Bundesrepublik und der DDR mit den vier Hauptsiegermächten v. 12.9.1990 sind deren Rechte in bezug auf Deutschland als Ganzes aufgehoben. Art. 1 legt völkerrechtlich die Grenzen Deutschlands in den Grenzen der Bundesrepublik und der DDR fest, so daß das nördliche Ostpreußen endgültig Bestandteil der UdSSR, nach deren Untergang 1991 Rußlands wurde.

2. Staatliche Organisation

Staatsoberhaupt ist ein von der Bundesversammlung auf 5 Jahre gewählter →*Bundespräsident,* der einmal wiedergewählt werden kann (Art. 54 GG). Seine Befugnisse zu politischem Handeln sind eng begrenzt. Er hat weitgehend nur formelle und repräsentative Zuständigkeiten. Er wirkt durch seine Persönlichkeit, seinen Rat nach innen, sein Wort nach außen. Die Bundesrepublik ist ein →Bundesstaat. Der Bund als Gesamtstaat und die 16 Länder (→Bundesland) besitzen eigene Staatlichkeit. Sie sind republikanisch, demokratisch-parlamentarisch gewaltenteilend organisiert (Art. 20, 28 GG). Sie haben eigene unabgeleitete Staatsgewalt inne. Ihre Ausübung durch je eigene Volksvertretungen, Regierungen und Gerichte regeln für den Bund das GG und für die Länder eigene Landesverfassungen. Alle Staatsgewalt in Bund und Ländern geht vom Volk als Träger der Staatsgewalt aus. Sie wird durch besonderen Organen der Gesetzgebung, der vollziehenden Gewalt und der Rechtsprechung ausgeübt. Volksabstimmungen gibt es im Bund mit einer Ausnahme (im Falle der Neugliederung des Bundesgebietes, Art. 29 Abs. 2–6 GG) nicht, wohl aber in den Ländern. Für den Bund wählen gem. Art. 38 GG alle dt. Staatsangehörigen ab 18 Jahren in gleicher, freier, allgemeiner, geheimer und unmittelbarer Wahl nach einem Mischsystem von Persönlichkeits- und Verhältniswahl die →Abgeordneten des *Deutschen* →*Bundestages* auf 4 Jahre. Für die →Wahlen formulieren Parteien Programme und präsentieren Kandidaten. Zwar sollen die Parteien gem. Art. 21 GG nur „bei der politischen Willensbildung des Volkes mitwirken". Sie sind aber in der Realität weithin selbst zu Trägern politischer Willensbildung geworden (→politische Parteien). Die Zuständigkeiten des Bundestages umfassen die Wahl des Bundeskanzlers, die Kontrolle der Bundesregierung, die Gesetzgebung, die Budgethoheit, die Zustimmung zum Abschluß völkerrechtlicher Verträge, die Einflußnahme auf die Bewältigung der innen- und außenpolitischen Probleme durch Erörterung und Entschließungen. Die Wahl des Bundeskanzlers führt zur Bildung der „Regierungsmehrheit" aus einer oder mehreren der im Bundestag vertretenen Parteien (→Koalition), die auch die übrigen Minister der Bundesregierung stellt. Die Zuständigkeiten der →*Bundesregierung* umfassen v. a. die politische Initiative sowie die Leitung und Führung der inneren und äußeren Politik. Eine hervorgehobene Stellung kommt dem *Bundeskanzler* zu, der gem. Art. 65 GG die Richtlinien der Politik bestimmt. Bundestag und Bundesregierung sind jedoch bei der Wahrnehmung ihrer Zuständigkeiten rechtlich wie praktisch vielfältig miteinander verbunden. Die →*Gesetzgebung* wird zwar vom Bundestag ausgeübt, aber i. d. R. von der Bundesregierung initiiert. Die „Regierungsmehrheit" trägt während der Legislaturperiode die Umsetzung und Durchsetzung der Regierungspolitik in der Gesetzgebung. Ihr steht als politische Alternative die →*Opposition,* d. h. die Abgeordnetenminderheit im Bundestag, gegenüber. Lediglich die →*Rechtsprechung* ist ausschließlich unabhängigen, nur Gesetz und Recht unterworfenen Richtern (Art. 92 GG) anvertraut, wenn sie auch von den Regierungen des Bundes bzw. der Länder, z. T. im Zusammenwirken mit Mitgliedern der Legislative, ernannt werden. Die Rechtsprechung ist entsprechend den differenzierten Rechtsmaterien in mehrere Zweige gegliedert: Zivil- und Strafgerichtsbarkeit (ordentliche →Gerichtsbarkeit), →Arbeitsgerichtsbarkeit, →Verwaltungsgerichtsbarkeit, →Sozialgerichtsbarkeit und →Finanzgerichtsbarkeit. Die Einhaltung des organisatorischen wie des materiellen Verfassungsrechts gewährleisten das →*Bundesverfassungsgericht* (Art. 93 GG) und Verfassungsgerichte der Länder (→Verfassungsgerichtsbarkeit). Diese breit gefächerte, umfassende Rechtsprechung verwirklicht das Verfassungsprinzip der →*Rechtsstaatlichkeit.* Sie bietet einen umfassenden Rechtsschutz der Menschen gegenüber dem Staat, aber auch in ihren Rechtsbeziehungen untereinander.

Das GG verteilt die Aufgaben zwischen Bund und

Ländern. Der *Bund* ist nur zuständig, soweit ihm das GG Aufgaben ausdrücklich zuweist (Art. 30 GG). Ausschließlich sind ihm Außenpolitik (Art. 32) und Verteidigung (Art. 73, 115 a ff.) übertragen. Die Zuweisung der Materien der Gesetzgebung (Art. 73–75) läßt ein deutliches Übergewicht des Bundes erkennen. Außerdem bricht Bundesrecht Landesrecht (Art. 31). Den *Ländern* sind zur ausschließlichen Gesetzgebung nur Schule (→Schulwesen) und Kultur (→Kulturverfassungs- und Kulturverwaltungsrecht), die →Polizei und die eigene Organisation geblieben.

Die →*Verwaltung* hingegen steht überwiegend den Ländern zu, auch soweit es sich um die Ausführung von Bundesgesetzen handelt (Art. 83 ff. GG). Der Bund sichert jedoch durch abgestufte Ingerenzrechte die Einheitlichkeit des Vollzuges der Bundesgesetze. Eine eigene Verwaltung hat er nur in wenigen Bereichen. Auf der untersten Ebene wird die Verwaltung von den *Gemeinden* wahrgenommen (→Gemeinde, politische), die aber nicht nur staatliche Gesetze ausführen, sondern auch das Recht auf →Selbstverwaltung haben (Art. 28 Abs. 2 GG). Unter dem Gesichtspunkt des Bund-Länder-Verhältnisses ist die Judikative nach Instanzen geteilt: Tatsacheninstanzen sind Gerichte der Länder, Revisionsgerichte für Bundesrecht sind →Bundesgerichte (Art. 92 GG). Um die Finanzierung der Aufgaben, abgesehen von „Gemeinschaftsaufgaben" (Art. 91 a–b GG), jeweils durch eigene Mittel sicherzustellen, werden die Steuereinnahmen z. T. durch das GG selbst, z. T. aber auch durch Bundesgesetze, auf Bund und Länder aufgeteilt (→Finanzverfassung und Finanzverwaltung, →Steuer). Außerdem finden →Finanzausgleiche zwischen Bund und Ländern und zwischen den Ländern statt (Art. 104 a ff. GG). Für die 5 neuen Bundesländer (vgl. III C) gelten gem. dem Einigungsvertrag Übergangsregelungen. Die politische Bedeutung des Bundes wächst, die der Länder behauptet sich mühsam. Außerdem wirkt sich die zunehmende Kompetenzausdehnung der EG nachteilig auf die Zuständigkeiten der Länder aus. Andererseits wirken die Länder durch den aus Mitgliedern der Landesregierungen bestehenden *Bundesrat* (Art. 50 ff. GG) bei der Ausübung der Bundesgewalt, insbes. der Gesetzgebung, mit. Die Bewahrung der Funktionsfähigkeit der Bundesstaatlichkeit bedarf insgesamt erheblicher Anstrengungen.

3. Staat – Mensch und Bürger

a) Verfassungsrecht. Im Verhältnis Staat – Mensch wird das Gebot des Art. 1 Abs. 1 GG, die →Menschenwürde zu achten und zu schützen, zunächst in den Grundrechten des GG und der Landesverfassungen konkretisiert, die daher in ihrem Menschenrechtskern als vorstaatlich angesehen werden (Art. 1 Abs. 3 GG). GG und Landesverfassungen positivieren Grundrechte der →Freiheit (Art. 2, 4–13 GG), des →Eigentums (Art. 14, 15), der →Gleichheit (Art. 3), Verfahrensrechte (Art. 18 Abs. 4, 101, 103, 104; →Verfahren, Verfahrensrecht), politische Rechte (Art. 17, 20 Abs. 4, 33, 38). Sie gewährleisten den Grundrechtsträgern unmittelbare subjektiv-öffentliche Rechte gegen rechtswidrige Eingriffe der Staatsgewalt einschließlich des Gesetzgebers und sind gerichtlich, letzten Endes mit der Verfassungsbeschwerde vor dem Bundesverfassungsgericht (Art. 91 Abs. 1 Nr. 4 a) durchsetzbar. Mit Ausnahme der politischen und einiger anderer Grundrechte gelten sie für alle Menschen auf dem Gebiet der Bundesrepublik. Die Freiheitsrechte unterliegen zwar je spezifischen gesetzlichen Einschränkungen, die jedoch durch das GG festgelegt sind, den Wesensgehalt des Grundrechts nicht antasten dürfen und immer verhältnismäßig sein müssen. Dienen die Freiheits- und Gleichheitsrechte als subjektiv-öffentliche Rechte v. a. der Gewährleistung der individuellen Selbstbestimmung, so bilden die politischen Rechte die Verknüpfung zwischen Bürger und staatlich-politischer Organisation. Aber v. a. Meinungsfreiheit (Art. 5; →Meinungs- und Informationsfreiheit), →Versammlungsfreiheit (Art. 8) und Vereinigungsfreiheit (Art. 9; →Vereins-, Vereinigungsfreiheit) haben auch politische Funktion. Soziale Grundrechte enthält das GG mit der Ausnahme des Anspruchs der Mütter auf Schutz und Fürsorge (Art. 6 Abs. 4; →Mutterschutz) nicht; es bestimmt die Bundesrepublik aber allgemein als „Sozialstaat" (Art. 20, 28). In Landesverfassungen finden sich weitere soziale Grundrechte zu Bildung, Naturgenuß, Arbeit, Gesundheitsfürsorge u. a., die aber keine Ansprüche begründen. Rechtswissenschaft und Verfassungsrechtsprechung haben darüber hinaus den Freiheits- und Gleichheitsrechten eine objektive Dimension hinzugefügt. So wird v. a. der Gesetzgeber verpflichtet, dort, wo es aus sozialen Gründen geboten und nach Abwägung mit anderen Zielen möglich ist, auch konkrete Ansprüche auf Leistungen zu begründen.

b) Verwaltungsrecht. Auf der Grundlage der Grundrechte, des Rechtsstaats und des Sozialstaatsprinzips konkretisiert das →Verwaltungsrecht die Beziehungen Staat – Mensch, um das Gebot des Schutzes der Menschenwürde zu verwirklichen. Zum einen muß der Staat die innere Sicherheit gewährleisten; zum anderen plant er; zum dritten erbringt er Leistungen und fördert. Die Rechtsmaterien des Verwaltungsrechts sind entsprechend vielfältig differenziert. Zu herkömmlichen Materien wie Polizeirecht (→Polizei), →Gewerberecht, Bildungsrecht (→Kulturverfassungs- und Kulturverwaltungsrecht), Recht der →Sozialhilfe treten neue hinzu, wie Planungsrecht (→Planung), Umweltrecht (→Umwelt, Umweltschutz), →Wirtschaftsverwaltungsrecht. Die Fülle der Gesetze wächst stetig. Die Verwaltung ist an diese gebunden, hat aber gewisse Gestaltungsspielräume, um auf die konkreten Lagen eingehen zu können. Dieses Tätigwerden der Verwaltung gegenüber dem Bürger wird allgemein durch – fast wörtlich übereinstimmende – Verwaltungsverfahrensgesetze des Bundes und der Länder, sowie in besonderen Bereichen durch Sonderregelungen geregelt. Die Verwaltungsgerichtsbarkeit sichert das in Art. 19 Abs. 4 GG jedermann zugesicherte Recht, gegen Akte oder Unterlassungen der öffentlichen Gewalt, die ihn in seinen Rechten verletzen, die Gerichte anzurufen (VwGO v. 21.1.1960). Außerdem haftet der Staat dem Bürger für sein schadensbegründendes Handeln (Art. 34 GG) (→öffentlich-rechtliche Entschädigungen).

c) Strafrecht. Durch das →Strafrecht erfüllt der Staat, wenn auch als ultima ratio, in besonders nachdrücklicher Weise seine Verpflichtung, den Schutz der unantastbaren Würde des Menschen, aber auch für die Gemeinschaft notwendiger Grundlagen zu gewährleisten, indem er Angriffe auf bestimmte Rechtsgüter des einzelnen und der Gemeinschaft unter Strafe stellt. Aber auch die Würde des Straftäters muß bei der Verfolgung, im Strafprozeß, bei der Verurteilung und im →Strafvollzug gewahrt bleiben. Beiden dienen die im →Strafgesetzbuch (StGB, Fass. v. 10.5.1987) kodifizierten, nach den rechtsstaatlichen Grundsätzen der Klarheit, Eindeutigkeit und Bestimmtheit gestalteten Festlegungen der Strafbarkeit, des Unrechts, der Schuldkriterien, der →Strafen und der mit Strafe bedrohten Handlungen. Der Schutz des Straftäters wird v. a. durch das Recht auf ein in der Strafprozeßordnung (StPO, Fass. v. 7.4.1987) geregeltes Strafverfahren vor dem gesetzlichen Richter, →rechtliches Gehör, die Verbote der Rückwirkung neuer Strafgesetze und der Analogie, den Beweisgrundsatz in dubio pro reo, die Verurteilung gemäß dem Maß der persönlichen →Schuld, die Abschaffung der →Todesstrafe (Art. 102 GG) und die Einschränkung der lebenslänglichen Freiheitsstrafe auf Mord, Vorbereitung eines Angriffskrieges, Hochverrat und →Völkermord gewährleistet. Der Vollzug der Freiheitsstrafen soll neben der Sühne auch der →Resozialisierung dienen (§2 StrafvollzugsG – StVG v. 16.3.1976), insbes. bei jugendlichen Tätern bis 18, u. U. 21 Jahren (JugendgerichtsG – JGG, Fass. v. 11.12.1974; →Jugendstrafrecht).

4. Beziehungen der Rechtspersonen untereinander
a) Das →*Privatrecht* verwirklicht eine auf die Würde des Menschen gegründete freiheitliche Gesellschaftsordnung gleicher Rechtssubjekte. Zwar gelten die Grundrechte nicht unmittelbar, prägen aber als objektives Recht seine Auslegung und Anwendung (BVerfGE 7, 204 ff.). Alle Menschen haben Rechtsfähigkeit mit der Vollendung der Geburt (§1 BGB), das allgemeine Persönlichkeitsrecht (Art. 1 und 2 Abs. 1 GG; →Personenrecht, Persönlichkeitsrechte), volle Geschäftsfähigkeit ab Vollendung des 18. Lebensjahres (§2 BGB), Gleichberechtigung ohne Berücksichtigung persönlicher Merkmale, insbes. des Geschlechts (Art. 3 GG; →Geschlechter), auch im Hinblick auf den fast völlig unbeschränkten Erwerb von Eigentum an beweglichen und unbeweglichen Sachen und seine freie Nutzung (Art. 14 GG). Sie regeln ihre Beziehungen nach dem Grundsatz der →Privatautonomie, der nur aus Gründen des Schutzes bestimmter Gemeinschaftsgüter und Personenkreise oder der →Rechtssicherheit beschränkt ist. So ist das Privatrecht die rechtliche Grundlage der in der Bundesrepublik herrschenden freien, markt- und wettbewerbsorientierten Wirtschaftsform.
b) *Bürgerliches Recht.* Den Kern des Privatrechts bildet das im →Bürgerlichen Gesetzbuch (BGB v. 1. 1. 1900) kodifizierte, seitdem durch Gesetzgebung wie insbes. durch →Richterrecht den gesellschaftlichen Veränderungen angepaßte allgemeine bürgerliche Recht. Es regelt in einem Allgemeinen Teil (1. Buch) u. a. Rechts- und Geschäftsfähigkeit, den →Verein als Grundtyp der juristischen Person, Willenserklärung und Rechtsgeschäft, im Schuldrecht (2. Buch) v. a. das Recht der vertraglichen Schuldverhältnisse, des Ausgleichs ungerechtfertigter Bereicherung und der Schadenszufügung (→Schadensersatz), im →Sachenrecht (3. Buch) den Erwerb des Eigentums und sonstiger dinglicher Rechte an beweglichen und unbeweglichen Sachen, im Familienrecht (4. Buch) Eherecht (→Ehe- und Familienrecht), die Rechtsverhältnisse von Eltern und Kindern auf der Grundlage eines „Sorgeverhältnisses" (→Elternrecht, elterliches Sorgerecht) sowie das Recht zwischen Verwandten und im →Erbrecht (5. Buch) das Recht der gewillkürten und gesetzlichen Erbfolge. Die Privatautonomie prägt diese Rechtsgebiete in unterschiedlicher Weise. Im Recht der vertraglichen Schuldverhältnisse führt sie zu fast unbeschränkter Freiheit des Vertragsschlusses und der Vertragsgestaltung, im Erbrecht zum weitgehenden Vorrang der gewillkürten Erbfolge. In den anderen Materien sind die äußeren Formen i. d. R. zwingend. Aber die innere Gestaltung für die an den Rechtsverhältnissen beteiligten Rechtspersonen ist weitgehend frei. Die Rechtsverwirklichung obliegt den Zivilgerichten gem. GerichtsverfassungsG (GVG, Fass. v. 9. 5. 1975) und Zivilprozeßordnung (ZPO, Fass. v. 12. 9. 1950). Die Privatautonomie setzt sich in einer weitgehenden Dispositionsmöglichkeit der Parteien über Streitgegenstand, Prozeßstoff und Ablauf des Prozesses fort.
c) *Wirtschaftsrecht.* Um den hoch differenzierten geschäftlichen wie organisatorischen Anforderungen der modernen freien, am Markt orientierten Wettbewerbswirtschaft (→Marktwirtschaft) besser gerecht zu werden, hat sich neben dem Bürgerlichen Recht ein differenziertes →Wirtschaftsrecht vom Recht der Kaufleute und →Personengesellschaften (HGB v. 10. 5. 1897) über das Recht der Kapitalgesellschaften, Aktiengesellschaften (AktG v. 6. 9. 1969), Gesellschaften mit beschränkter Haftung (GmbHG v. 20.4.1892 / 20.5.1898 – mehrfach geändert; →Gesellschaftsrecht), Wertpapierrecht und Wettbewerbsrecht zum Banken- und Börsenrecht und weiteren Sondergebieten entwickelt. Zum Teil greift in diesen Bereich auch →öffentliches Recht ein, um Privatautonomie und →Gemeinwohl ins Gleichgewicht zu bringen. Neben dt. Recht wird europ. Recht wirksam.
d) *Arbeitsrecht.* Ein besonderes →Arbeitsrecht der abhängigen, unselbständigen Arbeitnehmer soll deren Schutz, ihre Würde, Freiheit und →soziale Sicherheit in der modernen Arbeitswelt gewährleisten. Bestimmte Grundrechte, die allgemeine Handlungsfreiheit (Art. 2 Abs. 1 GG), →Berufsfreiheit einschließlich freier Wahl des Arbeitsplatzes (Art. 12 GG) und →Koalitionsfreiheit einschließlich des Rechts zu →Arbeitskämpfen (Art. 9 Abs. 3 GG) und das „Sozialstaatsprinzip" (Art. 20, 28 GG) prägen seine verfassungsrechtliche Grundlage besonders aus. Arbeitsrechtsverhältnisse werden zwar privatrechtlich durch Vertrag gem. § 611 BGB nach dem Prinzip der Privatautonomie abgeschlossen. Aber einerseits hat der Gesetzgeber zwingende Arbeitszeit-, Gesundheits-, Kündigungs- u. a. Schutzregelungen getroffen. Andererseits prägen verbindliche, kollektive Tarifverträge (→Tarifrecht) die individuellen Verträge. Zum Arbeitsrecht i. w. S. gehört die Mitwirkung der Arbeitnehmer bis hin zur Mitbestimmung in Betrieben und Unternehmen, um das Zusammenwirken von Arbeitgebern und Arbeitnehmern auch in bezug auf weiterreichende Fragen zu sichern. Der Rechtsschutz ist den Arbeitsgerichten mit Berufsrichtern und Laienrichtern der Arbeitnehmer und Arbeitgeber anvertraut (ArbeitsgerichtsG – ArbGG v. 3.9.1953 / 2.7.1979; →Arbeitsgerichtsbarkeit). Der Lebensunterhalt des abhängigen, unselbständigen Arbeiters und seiner Familie wird schließlich gegen Ausfälle durch Arbeitslosigkeit, Krankheit, Unfall, Arbeitsunfähigkeit oder -einschränkung sowie für das Alter durch Leistungen aus einem öffentlich-rechtlichen, selbst verwaltenden Sozialversicherungssystem (→Sozialversicherung), der Arbeitslosenversicherung (→Arbeitslosenversicherung und Arbeitslosenhilfe), →Kranken-, →Unfall-, →Rentenversicherung, gesichert. Der Rechtsschutz wird durch die →Sozialgerichtsbarkeit (SozialgerichtsG – SGG v. 3.9.1953 / 23.9.1975) wahrgenommen.

5. Staatskirchenrecht
Art. 4 GG garantiert allen Menschen die volle →Religions-, Weltanschauungs- und →Gewissensfreiheit. Sie umfaßt positiv privates und öffentliches, individuelles wie gemeinschaftliches Bekenntnis und Ausübung, nicht nur im kultischen, sondern auch im gesellschaftlichen Bereich. Sie gibt negativ das Recht, zu keinem religiösen Bekenntnis und keiner religiösen Handlung gezwungen werden zu dürfen. Alle staatsbürgerlichen Rechte und Pflichten einschließlich des Zugangs zu öffentlichen Ämtern sind unabhängig von religiösen oder weltanschaulichen Überzeugungen und Auffassungen (Art. 3 Abs. 3, 33 Abs. 3 GG).
Art. 140 GG i. V. m. den fortgeltenden Art. 136–139, 141 WRV regelt das Verhältnis zu den Kirchen und sonstigen Religionsgesellschaften grundsätzlich nach dem Prinzip der Trennung von →Kirche und Staat. Die

Religionsgesellschaften (→Religionsgesellschaften, Religionsgemeinschaften) ordnen und verwalten ihre Angelegenheiten selbständig innerhalb der Schranken des für alle geltenden Gesetzes. Andererseits bestehen mit dem Status der →Körperschaft des öffentlichen Rechts, den die Kirchen besitzen und den auch kleinere Religionsgesellschaften erwerben können, mit der Finanzierung durch →Kirchensteuern (→kirchliches Finanzwesen) und →Staatsleistungen an die Kirchen, mit der vom Staat getragenen →Anstalts- und →Militärseelsorge sowie mit dem →Religionsunterricht als ordentlichem Lehrfach Elemente der Verbindung und der Zusammenarbeit. Weitere, wie z. B. die Existenz →Theologischer Fakultäten, kommen durch das →Reichskonkordat von 1933 und Länderkonkordate mit der röm.-kath. Kirche sowie durch Verträge mit den ev. Kirchen (→evangelische Kirchenverträge) und anderen Religionsgesellschaften, aber auch durch staatliche Gesetze hinzu. Die Tätigkeit der Kirchen reicht über ihren eigenen Bereich hinaus in andere gesellschaftliche Bereiche, v. a. durch soziale Einrichtungen und Hilfswerke, Schulen und Hochschulen, auch durch Stellungnahmen zu allgemeinen Problemen.

B. Deutsche Demokratische Republik

1. Grundlagen

Nach Errichtung der DDR im Okt. 1949 (vgl. II B) entfernte sich deren Rechtsordnung von ihren gesamtdeutschen Ursprüngen immer mehr und zeichnete sich schließlich durch eine eigentümliche Gemengelage von Elementen der dt. Rechtstradition, des rezipierten Sowjetrechts und eigener Versuche zur Schaffung eines originär „sozialistischen" Rechts aus. In der totalitären Einparteidiktatur der Kommunisten kam dem Recht primär die Aufgabe zu, als Instrument ohne Eigenwert die jeweiligen politischen Ziele der SED umzusetzen. Der Primat der Politik gegenüber dem Recht wurde im Prinzip der „sozialistischen Gesetzlichkeit" auf den Begriff gebracht, die sowohl die Bindungswirkung der Rechtsnormen als auch das Gebot der Parteilichkeit ihrer Anwendung zum Inhalt haben sollte. In der Rechtspraxis wurden diese antithetischen Elemente den Schwankungen der von der SED bestimmten politischen Generallinie entsprechend zu verschiedenen Zeiten unterschiedlich akzentuiert. Die totalitäre Einparteidiktatur brach in der friedlichen Revolution vom Okt./Nov. 1989 zusammen. Es folgte eine auf einen rechtsstaatlich-demokratischen Systemwechsel ausgerichtete Übergangszeit. Sie führte im Verlaufe des Jahres 1990 mit atemberaubender Geschwindigkeit zum Beitritt der DDR zur Bundesrepublik Deutschland am 3.10.1990 (vgl. II C).

2. Staats- und Verwaltungsrecht 1949–1989

Die noch stark von der →Weimarer Reichsverfassung (1919) geprägte Gründungsverfassung vom 7.10.1949, die nur ansatzweise marxistisch-leninistisches Gedankengut enthielt, wurde am 6.4.1968 durch eine „sozialistische" Verfassung abgelöst, die ihrerseits am 7.10.1974 eine Totalrevision erfuhr. Seit 1952 begriff sich die DDR als eine „Diktatur des Proletariats", in der das Erkenntnis- und Führungsmonopol der SED zustand. Die führende Rolle der Partei wurde in Art. 1 Abs. 1 Verf. 1968 festgeschrieben und ausdrücklich auch auf den Staat bezogen. Folglich waren alle Staatsorgane und gesellschaftlichen Organisationen der SED untergeordnet und verpflichtet, alle Parteibeschlüsse und -direktiven zu befolgen. Alle politischen Grundentscheidungen wurden in den Führungsgremien der SED (Politbüro, ZK-Sekretariat mit Generalsekretär an der Spitze) getroffen. Die Verfassungs-, Verwaltungs- und Justizorgane nahmen nur den Teil der öffentlichen Gewalt wahr, der dem Staat von der Partei zur Ausübung überlassen wurde.

Der Staatsaufbau wurde von den Organisationsgrundsätzen des →demokratischen Zentralismus und der Gewalteneinheit bestimmt. Als mit dem erstgenannten Grundsatz unvereinbar wurden die Reste der Bundesstaatlichkeit und der kommunalen Selbstverwaltung 1952 beseitigt. Die Bezirke, Kreise und Gemeinden waren fortan nur territoriale Einheiten des zentralistisch aufgebauten Staatsapparats. Nach dem Prinzip der Gewalteneinheit sollte alle staatliche Macht bei den gewählten Volksvertretungen konzentriert sein, doch kam dem „System der Volksvertretungen" in der Praxis eine gänzlich untergeordnete Rolle zu. So war auch die Volkskammer nur eine Akklamationsversammlung. Eine größere Bedeutung hatte der 1960 errichtete Staatsrat v. a. in der Ulbricht-Ära. Meistens unter dem Vorsitz des jeweiligen Parteichefs (Walter Ulbricht 1960–71, Erich Honecker 1976–89) nahm er die Aufgaben eines kollektiven Staatsoberhaupts wahr und fungierte zeitweise als Ersatzparlament. Der ebenfalls 1960 ins Leben gerufene Nationale Verteidigungsrat (Vorsitzender wiederum: Ulbricht 1960–71, Honecker 1971–89) war auf dem Gebiete der Militär- und Sicherheitspolitik von größerem Gewicht. Im übrigen aber wurden Nationale Volksarmee (NVA) und Staatssicherheitsdienst („Stasi") unmittelbar von der Parteizentrale angeleitet.

Im staatlichen Alltag war der Ministerrat (mit in den 70er Jahren relativ konstant 45 Mitgl.) das sichtbarste Verfassungsorgan, der allerdings nicht mit einer Regierung im üblichen Sinne gleichgesetzt werden konnte. Seit 1952 fungierte innerhalb des Ministerrats ein kleineres Präsidium de facto wie ein Wirtschaftskabinett. Der Vorsitzende des Ministerrats war der eigentliche Verwaltungschef der DDR. Er war gegenüber den übrigen Mitgliedern des Ministerrats ebenso weisungs- und disziplinarbefugt wie gegenüber den Vorsitzenden der Räte der Bezirke, Kreise und Gemeinden, so daß alle Direktionsstränge der Verwaltungshierarchie letztlich bei ihm zusammenliefen.

Das Gerichtswesen war ebenfalls hierarchisch strukturiert, indem das Oberste Gericht den Bezirks- und Kreisgerichten wie auch den Militärgerichten gegenüber eine allgemeine Leitungsfunktion wahrnahm. Der Funktionsbereich der Rechtsprechung war auf Straf-, Zivil-, Familien- und Arbeitsrechtssachen begrenzt. Eine Verwaltungs-, Sozial- und Finanzgerichtsbarkeit im materiellen Sinne gab es ebensowenig wie eine Verfassungsgerichtsbarkeit. Unterhalb der staatlichen Gerichtsbarkeit, aber mit ihr verbunden, wirkten in den Betrieben und Wohngebieten „gesellschaftliche Gerichte" (Konflikt- und Schiedskommissionen), die alle Arbeitsrechtssachen, kleinere Strafsachen, Ordnungswidrigkeiten und einfache Zivilsachen behandelten. Die strikt zentralistisch organisierte Staatsanwaltschaft übte unter der Leitung des Generalstaatsanwalts über die Strafverfolgung hinaus eine sog. „allgemeine Gesetzlichkeitsaufsicht" über alle Verwaltungsorgane, Gerichte und Wirtschaftsbetriebe aus.

3. Zivil- und Wirtschaftsrecht 1949–1989

Auf der Suche nach einer originär „sozialistischen" Konzeption entwickelte sich in der DDR an der Stelle des früheren Privatrechts ein Drei-Sektoren-Recht.

Den ersten Sektor bildete das Zivilrecht, das nach mehreren Anläufen im Zivilgesetzbuch vom 19.6.1975 kodifiziert wurde und am 1.1.1976 das BGB ablöste. Es wurde als ein staatliches Leitungsinstrument konzipiert, das in erster Linie zur Befriedigung der materiellen und kulturellen Bedürfnisse der Bürger unter den

Bedingungen einer Zentralverwaltungswirtschaft eingesetzt werden sollte. Folglich war es stark von öffentlich-rechtlichen Regelungstechniken durchsetzt. Die rechtspolitischen Zielsetzungen richteten sich hauptsächlich auf die obrigkeitliche Kontrolle des privaten Güteraustausches, die Daseinsvorsorge und die Vergrößerung der staatlichen Vermögensmasse. Diesen Zielen diente eine Fülle politischer Generalklauseln, hoheitlicher Vorgaben des Vertragsinhalts und staatlicher Genehmigungsvorbehalte im ZGB. Der Geltungsbereich des ZGB war im wesentlichen auf die Vermögensverhältnisse von natürlichen Personen („Bürger") beschränkt, die entweder untereinander oder mit öffentlichen Versorgungseinrichtungen („Betrieb") in Rechtsbeziehungen eintraten. Ausgeklammert blieb das *Familienrecht*, einschließlich das an sich zum Vermögensrecht gehörenden Ehegüter- und Unterhaltsrechts, das im Familiengesetzbuch vom 20.12.1965 geregelt wurde.

Die Rechtsbeziehungen zwischen den „Betrieben" gehörten zum *Wirtschaftsrecht*, das nach einer wechselvollen Geschichte schließlich als eigenständiger Rechtszweig anerkannt wurde. Unter Wirtschaftsrecht verstand man die Gesamtheit der für den „sozialistischen", d. h. im wesentlichen staatlichen und genossenschaftlichen Wirtschaftssektor geltenden Rechtsnormen, die sowohl für die vertikalen Leitungs- und Planungsbeziehungen als auch für die horizontalen Vertragsbeziehungen maßgebend waren. Die kodifikatorische Zusammenfassung dieser Regelungen teils verwaltungsrechtlichen, teils zivilrechtlichen Ursprungs in einem Wirtschaftsgesetzbuch wurde zeitweise angestrebt, doch scheiterten diese Versuche. Insbesondere das Wirtschaftsverwaltungsrecht erwies sich einer dauerhaften und umfassenden Regelung als nicht zugänglich. Demgegenüber wurde das *Wirtschaftsvertragsrecht* in drei einander ablösenden Vertragsgesetzen (1957, 1965, 1982) mit ergänzenden Durchführungsverordnungen umfassend geregelt. Namentlich im letzten VertragsG wurden die Wirtschaftsverträge zu einem bloßen Instrument der Plandurchführung degradiert.

Unter diesen Umständen konnte weder das kleinkarierte Zivilrecht noch das administrativ geprägte Wirtschaftsrecht auf Handelsgeschäfte von DDR-Betrieben mit ausländischen Unternehmen in sinnvoller Weise angewandt werden. Aus diesem Grunde bildete sich ein *Internationales Wirtschaftsrecht* heraus, das im Ges. über internationale Wirtschaftsverträge vom 5.2.1976 und im SeehandelsschiffahrtsG vom selben Tag kodifiziert wurde. Diese Gesetze enthielten auf international-kaufmännische Bedürfnisse zugeschnittenes materielles Handelsrecht, das in Ermangelung vorrangiger völkerrechtlicher Verträge dann zur Anwendung kam, wenn die Vertragspartner DDR-Recht vereinbart hatten oder die im RechtsanwendungsG vom 5.12.1975 enthaltenen Kollisionsnormen des Internationalen Privatrechts auf DDR-Recht verwiesen. Für den intrasystemaren Handel mit den RGW-Ländern stand ein auf Völkervertragsrecht beruhendes Rechtsregime zur Verfügung. Neben diesen neuen Regelungen ruhte das alte *Handelsrecht,* da das HGB von 1897 (bis auf das Seehandelsrecht) und die gesellschaftsrechtlichen Sondergesetze (AktienG 1937, GmbHG 1892, GenossG 1889) nicht aufgehoben wurden.

4. Strafrecht 1949–1989

Nachdem in den 50er Jahren verschiedene Anläufe zur Ausarbeitung eines neuen Strafgesetzbuchs gescheitert waren und die politische Terrorjustiz auf einzelne Sondergesetze gestützt worden war, trat mit dem Strafgesetzbuch vom 12.1.1968 und anderen Gesetzen am 1.7.1968 eine umfassende Strafrechtsreform in Kraft. Das StGB bot sich in seiner ursprünglichen Fassung als eine Mischung aus dt. Tradition und rezipiertem Sowjetrecht, Erkenntnissen der modernen Kriminologie, polizeistaatlich-totalitärem Sicherheitsbedürfnis und ideologisch bedingten Merkwürdigkeiten dar. Allerdings wurden die liberaleren Ansätze mit drei StGB-Novellen 1974, 1977 und 1979 weitgehend zurückgenommen. Die Verschärfungen betrafen v. a. das politische Strafrecht, die Wirtschaftsdelikte, die Rückfalltäter und Fahrlässigkeitstaten. Für die Ausgestaltung der einzelnen Straftatbestände und die angedrohten Strafen war das „Freund-Feind-Denken" charakteristisch. Gegen den „Klassenfeind" wurde mit äußerster Schärfe vorgegangen, während erstmals gestrauchelten Freunden des Sozialismus noch eine Chance gegeben werden sollte. Der ihnen gegenüber hervorgehobene Erziehungsgedanke wurde indes im Zuge der Gegenreformen der 70er Jahre zunehmend vom Präventionsgedanken überlagert.

5. Das Verfassungstransitorium 1989–1990

Infolge der friedlichen Revolution vom Okt./Nov. 1989 wurde die Verfassung von 1968/74 weitgehend obsolet. Dies galt namentlich für ihre materialen Wertentscheidungen und Grundrechtsbestimmungen, die mit der überholten Systemideologie untrennbar verbunden waren, während ihre Vorschriften des Staatsorganisationsrechts den Erfordernissen des Systemwechsels durch Änderungen angepaßt werden konnten. Unter diesen Umständen boten sich für das Verfassungstransitorium bis zur Wiedervereinigung im wesentlichen folgende Alternativen an: (1) Fortgeltung der Verfassung von 1968/74 unter Revolutionsvorbehalt und ihre partielle Änderung im Bedarfsfalle; (2) Wiederinkraftsetzung der Gründungsverfassung von 1949 (s. o. 2); (3) Verabschiedung einer neuen Verfassung für die Übergangszeit etwa nach dem Entwurf, den eine Arbeitsgruppe des Zentralen Runden Tisches im April 1990 vorlegte. Nach einigen Diskussionen entschloß man sich für die erste Alternative, wobei der Revolutionsvorbehalt in Art. 2 Abs. 2 des innerdeutschen Staatsvertrags vom 18. 5. 1990 über die Schaffung einer Währungs-, Wirtschafts- und Sozialunion (vgl. V C) durch die Vereinbarung aktualisiert wurde, alle Vorschriften der DDR-Verfassung über die Grundlagen ihrer bisherigen sozialistischen Gesellschafts- und Staatsordnung insofern nicht mehr anzuwenden, als sie der freiheitlichen, demokratischen, föderativen, rechtsstaatlichen und sozialen Grundordnung entgegenstünden. Dieser Vorbehalt wurde in Ziff. A. I. 2. des begleitenden Gemeinsamen Protokolls über Leitsätze auf die gesamte Rechtsordnung der DDR erstreckt.

Die *staatsorganisatorischen* Veränderungen im Verfassungstransitorium boten folgendes Bild: Am 1.12.1989 wurde das Führungsmonopol der SED aus der Verfassung gestrichen. Bald darauf trat *Egon Krenz* von allen Ämtern (Generalsekretär der SED, Vorsitzender des Staatsrats und des Nationalen Verteidigungsrats) zurück, wobei die Institution des Nationalen Verteidigungsrats sang- und klanglos verschwand. Im Ergebnis der nach der reinen Verhältniswahl durchgeführten Parlamentswahlen am 18.3.1990 konnte sich eine demokratisch legitimierte Volkskammer konstituieren und eine neue Regierung gebildet werden. Der Staatsrat wurde abgeschafft, sein Aufgabenbereich dem Präsidium der Volkskammer übertragen. Die Befugnisse seines Vorsitzenden gingen vorerst auf den Präsidenten der Volkskammer über; zur Bestellung eines Präsidenten der Republik ist es dann nicht mehr gekommen. Am 6.5. fanden demokratische Kommunalwahlen statt, und im Anschluß daran wurde eine „Kommunalverfassung" verabschiedet, die auf Gemeinde- und Landkreisebene die kommunale Selbstverwaltung und eine am Modell der unechten Bürgermeisterverfassung orientierte Verfassung einführte. Die Bezirke sollten in den wiedererrichteten Ländern aufgehen, als welche durch das *LändereinführungsG* vom 22.7. Brandenburg, Mecklenburg-Vorpommern, Sachsen, Sachsen-Anhalt und Thüringen vorgesehen wurden. Diese Länder sind mit der Wiedervereinigung am 3.10. als Gliedstaaten der Bundesrepublik Deutschland entstanden. Die Landtagswahlen fanden am 14.10. statt.

Das Inkrafttreten des *Staatsvertrags* am 30.6. hatte grundlegende Veränderungen in der Rechtsordnung der DDR zur Folge. Auf allen Rechtsgebieten, die von der Errichtung einer Währungs-, Wirtschafts- und Sozialunion betroffen waren, wurden bundesdeutsche Gesetze übernommen oder DDR-Gesetze erheblich abgeändert, um die Voraussetzungen für eine Soziale Marktwirtschaft zu schaffen. So wurde das überkommene Wirtschaftsrecht praktisch auf einen Schlag beseitigt und auf die inländischen Handelsgeschäfte das Ges. über Internationale Wirtschaftsverträge für anwendbar erklärt. Auch im Bereich des Strafrechts wurden wichtige Änderungen beschlossen; namentlich das politische Strafrecht wurde rechtsstaatlichen Anforderungen angepaßt.

6. DDR-Recht im wiedervereinigten Deutschland

Mit dem Beitritt der DDR zur Bundesrepublik Deutschland am 3.10.1990 gemäß Art. 23 S. 2 GG ist das GG (mit kleineren Änderungen) in den fünf neuen Ländern sowie Berlin (Ost) in Kraft getreten (vgl. III C). Damit hat allerdings nicht sogleich auch das gesamte DDR-Recht seine Gültigkeit verloren. Das komplizierte Werk der Rechtsangleichung ist in Art. 8 und 9 des Einigungsvertrages vom 31.8.1990 grundsätzlich und in seinen zwei umfangreichen Anlagen im einzelnen geregelt worden. Die beiden wesentlichen Grundsätze lauten: (1) das Bundesrecht gilt nunmehr auch auf dem Gebiet der früheren DDR; (2) DDR-Recht, das Gegenstände regelt, die nach der Kompetenzordnung des GG zur Gesetzgebungszuständigkeit der Länder gehören, gilt in den Ländern der ehemaligen DDR als Landesrecht fort, sofern es mit dem GG vereinbar ist. Von beiden Grundsätzen gibt es für eine Übergangszeit zahlreiche Ausnahmen. So bleibt etwa die Gerichtsorganisation der DDR vorerst weitgehend erhalten, aber die Kreis- und Bezirksgerichte übernehmen auch die Aufgaben der Verwaltungs-, Finanz-, Arbeits- und Sozialgerichtsbarkeit. Für Rechtsanwaltschaft und Notariat gelten besondere Gesetze. Das Insolvenzrecht der DDR gilt im wesentlichen fort, im Wirtschafts-, Arbeits- und Sozialrecht bleiben manche Regelungen übergangsweise bestehen. Im Kompetenzbereich der Länder sind das Kommunal- und das Polizeirecht die wichtigsten Materien, für die bis zu ihrer Neuregelung durch die Landtage DDR-Recht maßgebend bleibt. Umgekehrt ist die Fortdauer des rechtlosen Zustandes auf dem Gebiet des Verwaltungsverfahrens dadurch vermieden worden, daß die Geltung des VerwaltungsverfahrensG des Bundes längstens bis Ende 1992 auf die Ausführung von Landesrecht erstreckt worden ist. Gewisse Restbestände des DDR-Rechts bleiben also auch im wiedervereinigten Deutschland noch bestehen. Ihre Lebensdauer ist teils durch den Einigungsvertrag befristet, teils ist sie – je nach Gesetzgebungshoheit – der politischen Entscheidung des gesamtdeutschen Bundestags und Bundesrats oder der neuen Landtage überantwortet.

C. Deutschland seit dem 3. Oktober 1990

Am 3.10.1990 wurde die auf dem Gebiet der sowjetischen Besatzungszone des Deutschen Reiches am 7.10.1949 ausgerufene Deutsche Demokratische Republik (vgl. II B, III B) Teil der Bundesrepublik Deutschland. Grundlage waren der Beschluß der Volkskammer der DDR vom 23.8.1990, zum 3.10.1990 „den Beitritt der DDR zum Geltungsbereich des Grundgesetzes nach Art. 23 GG" zu erklären, der „*Vertrag zwischen der Bundesrepublik Deutschland und der Deutschen Demokratischen Republik über die Herstellung der Einheit Deutschlands – Einigungsvertrag*" (EV) – vom 31.8.1990 (BGBl. II 1990, S. 889), das Zustimmungsgesetz des Bundestages mit Zustimmung des Bundesrates zu diesem Vertrag analog Art. 59 II i. V. m. Art. 79 GG v. 23.9.1990 (BGBl. II 1990, S. 885). Vorausgegangen war die Bildung einer *Wirtschafts-, Währungs- und Sozialunion* beider dt. Staaten zum 1.7.1990 (vgl. V C). Die DDR wurde mit den fünf durch Ges. der DDR vom 22.7.1990 („*LändereinführungsG*", GVBl. 1990, I 955) gebildeten Ländern Brandenburg, Mecklenburg-Vorpommern, Sachsen, Sachsen-Anhalt und Thüringen und mit dem Ostteil Berlins (der dem Land Berlin [West] eingegliedert wurde) Teil der Bundesrepublik (vgl. III B 5). Die DDR ging staats- und völkerrechtlich unter. Das GG trat in dem Beitrittsgebiet gem. Art. 3 EV in Kraft. Da die staatliche Einheit vollendet war (vgl. II A 6), wurden die Präambel, Art. 23 und 146 GG geändert bzw. aufgehoben. „Andere Teile Deutschlands", die noch beitreten könnten (Art. 23 S. 2 GG), gibt es nicht mehr, da die Bundesrepublik vertraglich die bestehenden Grenzen endgültig anerkannte und auf Gebietsansprüche verzichtete. Somit sind die östl. der sog. Oder-Neiße-Linie gelegenen Gebiete des Deutschen Reiches in den Grenzen vom 31. 12. 1937 heute Bestandteil der Republik ↗Polen bzw. der Russischen Föderation (↗Sowjetunion).

Um im →Bundesrat ein hinreichendes Gleichgewicht zwischen der großen und der durch den Beitritt gewachsenen Zahl kleinerer Länder zu schaffen, wurde deren Stimmenzahl geändert (Art. 51 Abs. 2 GG). Der neu gefaßte Art. 143 GG läßt in Abs. 1 und 2 für gewisse Fristen (1992 bzw. 1995) dem GG widersprechendes DDR-Recht in Kraft (vgl. III B 6), soweit dieses nicht den Art. 19 Abs. 2 und 79 GG widerspricht. Dazu gehört u. a. vor allem die Fristenregelung der DDR beim →Schwangerschaftsabbruch, auch darin ein Verstoß gegen Art. 1 Abs. 1 GG gesehen werden könnte. Nicht die alte bundesrepublikanische Indikationsregelung, sondern eine Regelung, die den Schutz des ungeborenen Lebens besser gewährleistet, soll bis zum 31. 12. 1992 an die Stelle beider treten. Gem. Abs. 3 i. V. m. Art. 41 EV und dessen Anlage III werden die Enteignungen auf besatzungsrechtlicher oder besatzungshoheitlicher Grundlage 1945-49 aufrechterhalten. Ein Ausgleich ist zu gewährleisten. Spätere Enteignungen sollen hingegen grundsätzlich rückgängig gemacht werden. Das BVerfG hat den Ausschluß der Restitution für verfassungsgemäß gehalten (BVerfGE 84, 90). Durch die Einfügung eines Abs. 2 in Art. 135 a GG wurde weiterhin festgelegt, daß Verbindlichkeiten aus dem „Nachlaß" der DDR nicht oder nicht völlig erfüllt werden müssen. In Art. 7 EV wurden einige überleitende Anpassungen hinsichtlich der Finanzverfassung geregelt, wenn auch Art. 106 und 107 GG (→Finanzverfassung und Finanzverwaltung) grundsätzlich Anwendung finden. Gemäß Art. 5 EV sollten sich Bundestag und Bundesrat, die dafür im Aug. 1991 einen Verfassungsrat mit je 32 Mitgl. bilden, innerhalb von zwei Jahren mit der Frage einer Änderung bzw. Ergänzung des GG befassen, und zwar insbes. in bezug auf das Bund-Länder-Verhältnis, den Raum Brandenburg-Berlin, die Aufnahme von Staatszielbestimmungen. Außerdem sieht der neu gefaßte Art. 146 GG vor, daß gegebenenfalls eine neue Verfassung an die Stelle des GG im Wege der Volksabstimmung gesetzt werden kann. Hauptstadt der Bundesrepublik ist gem. Art. 1 EV Berlin, und aufgrund des Bundestagsbeschlusses vom 20.6.1991 Parlaments- und Regierungssitz.

Am 2.12.1990 fanden in der erweiterten Bundesrepublik die Wahlen zum 12. Deutschen Bundestag statt. Die erste gesamtdeutsch legitimierte Bundesregierung trat am 18.1.1991 ihr Amt an (vgl. II C). Die neuen Länder hatten sich nach den ersten Landtagswahlen am 14.10.1990 vorläufige Gesetze zur Ausübung der Staatsgewalt gegeben. Sie führten alle das parlamentarische Regierungssystem ein. Die von den Landtagen gewählten Ministerpräsidenten haben das Recht der Richtlinienbestimmung und der Ernennung und Entlassung der Minister. Die Gesetzgebung liegt bei den Landtagen. Volksentscheide sind allenfalls für die Annahme der Verfassungen vorgesehen. Als erstes der neuen Länder erhielt Sachsen eine Verfassung (in Kraft seit 27.5.1992). In Brandenburg wurde die Verfassung in einem Volksentscheid am 14.6.1992 angenommen. In Sachsen-Anhalt wurde die Verfassung am 15.7.1992 vom Parlament gebilligt. Verfassungen für die anderen neuen Länder sind in Vorbereitung.

Das Bundesrecht der alten Bundesrepublik ist auf das Beitrittsgebiet ausgedehnt worden (Art. 8 EV). Jedoch sind in der Anlage I des EV Modifikationen für gewisse Übergangszeiten vorgesehen. DDR-Recht bleibt – soweit es Materien des Landesrechts betrifft – als solches in Kraft, wenn es mit GG, Bundesrecht und EG-Recht vereinbar ist (Art. 9 EV i. V. m. Anlage 2). Der Aufbau einer rechtsstaatlich-demokratischen Verwaltung und Justiz führte in allen Bereichen zu „Abwicklungen" alter Verwaltungseinrichtungen und damit verbundenen Entlassungen. Um die Staatswirtschaft der ehem. DDR den Bedingungen der →Sozialen Marktwirtschaft anzupassen, wurden besondere Gesetze erlassen. Eine wichtige Aufgabe bei der Umstrukturierung kommt der Treuhandanstalt zu (vgl. V C). Um investitionshemmende Verzögerungen aus ungeklärten Ansprüchen aus Rückabwicklungen der Enteignungen ab 1949 zu vermeiden, ist das Prinzip der Rückübertragung des EV zugunsten von Investitionen unter bestimmten Voraussetzungen durch den Verweis der Eigentümer auf Entschädigung ersetzt worden (Ges. v. 22.3.1991, BGBl. 1991 I, S. 766).

Die völkerrechtlichen Verhältnisse des einigen D. wurden durch den sog. „Zwei- und Vier-Vertrag" und durch weitere Verträge mit der UdSSR, Polen und anderen Nachbarn geregelt (vgl. II A 6, C).

IV. Bevölkerungs- und Sozialstruktur

A. Bundesrepublik Deutschland

Die Bundesrepublik Deutschland (das Gebiet der alten Bundesländer) hatte eine Fläche von 248 626 km² (Stand: 1.1.1990). Das waren 52,9% der Fläche des Deutschen Reiches (Gebietsstand vom 31. 12. 1937: 470 400 km²). Regional und verwaltungsmäßig war das Bundesgebiet (Stand: 1.1.1990) in 11 Bundesländer, 26 Regierungsbezirke, 328 Kreise (91 kreisfreie Städte und 237 Landkreise) und 8506 Gemeinden gegliedert (Gemeinden einschließlich der Bundesländer Hamburg, Bremen [2 Gemeinden] und Berlin [West] sowie aller kreisfreien Städte und bewohnten gemeindefreien Gebiete).

1. Entwicklung und räumliche Verteilung der Bevölkerung

Bevölkerungsentwicklung. Die Fortschreibung der Ergebnisse der Volkszählung 1987 ergab für den 1.1.1990 62,679 Mio. E. (252 E./km²). Die Bundesrepublik war damit nach der früheren UdSSR das volkreichste Land Europas. Seit der Reichsgründung 1871 hatte sich die Bevölkerung, bezogen auf das alte Bundesgebiet, verdreifacht: von 20,4 Mio. auf fast 63 Mio. Ursache für die Zunahme vor dem II. Weltkrieg waren hauptsächlich die hohen Geburtenüberschüsse von jährlich über 10 je 1000 E., bedingt durch eine – v. a. bis zum I. Weltkrieg – hohe Kinderzahl der Familien bei gleichzeitig rasch sinkender Sterblichkeit. Im Zuge der Industrialisierung Westdeutschlands gab es aber auch eine beträchtliche Ost-West-Wanderung. Sie hatte zur Folge, daß sich der Anteil der Bevölkerung im Bundesgebiet, im Verhältnis zur Bevölkerung des Reichsgebiets, von 49,8% (1871) auf 62,0% (1939) vergrößerte. Der deutliche Anstieg der Bevölkerung 1939–50 um rd. 7 Mio. (16%) (vgl. Tab. 6) trotz der Kriegsverluste beruhte hauptsächlich auf der Aufnahme der Flüchtlinge und Vertriebenen aus den →deutschen Ostgebieten und aus den Siedlungsgebieten der Deutschen im Ausland (bis 1950 rd. 8 Mio.). Für 1950–60 ist die Zunahme der Bevölkerung um rd. 5,5 Mio. zu etwa gleichen Teilen auf einen Geburtenüberschuß und einen Wanderungsgewinn zurückzuführen.

Tabelle 6
Bevölkerungsentwicklung 1939–1990

Jahr	Wohnbevölkerung		
	in 1000	E./km²	
		absolut	1939 = 100
1939[1]	43 008	173	100
1950[2]	49 989	203	116
1955[3]	52 382	211	122
1960[3]	55 433	223	129
1965[3]	58 619	236	136
1970[1]	60 651	244	141
1975[3]	61 829	249	144
1980[3]	61 566	247	143
1985[3]	61 024	245	142
1986[3]	61 066	245	142
1987[3]	61 077	246	142
1988[3]	61 450	247	142
1989[3]	61 990	249	144
1990[3]	63 232	254	147

[1] Jeweils Mai – [2] September – [3] Jeweils Mitte des Jahres

Quelle: StJbBRD 1991, S. 52

Der Wanderungsüberschuß ergab sich hauptsächlich aus der Aufnahme von Deutschen aus der SBZ/DDR und aus Ost-Berlin (bis 1961 rd. 3 Mio.). Außerdem kamen mehrere hunderttausend Spätaussiedler aus Ost- und Südosteuropa. An dem weiteren Bevölkerungszuwachs war der Geburtenüberschuß nur noch bis 1971 beteiligt. Seitdem wurden mehr Sterbefälle als Geburten registriert. Trotzdem nahm die Bevölkerung nicht ab, weil nach 1961 sehr viele Ausländer (v. a. ausländische Arbeitnehmer) aufgenommen wurden. 1961 waren knapp 700 000 (1,1%), Ende 1990 rd. 5,2 Mio. (8,2%) der Gesamtbevölkerung Ausländer (vgl. Tab. 7). Demgegenüber hatte sich die im Bundesgebiet lebende dt. Bevölkerung 1970–90 von 57,9 Mio. auf 57,4 Mio. vermindert.

Die größte Ausländergruppe stellten (Ende 1989) die Türken (1,6 Mio.), gefolgt von Jugoslawen (611 000), Italienern (520 000), Griechen (294 000), Österreichern (171 000) und Spaniern (127 000). Außerdem lebten im Bundesgebiet, neben weiteren

Tabelle 7
Deutsche und Ausländer im Bundesgebiet 1961–1990

Jahr	Wohn-bevölkerung	Davon		
		Deutsche	Ausländer	
		in 1000		%
1961[1]	56 175	55 489	686	1,1
1970[2]	60 907	57 931	2976	4,9
1975[2]	61 746	57 656	4090	6,6
1980[2]	61 653	57 200	4453	7,2
1985[2]	61 020	56 641	4379	7,2
1987[3]	61 238	56 608	4630	7,6
1990[2]	63 726	58 584	5242	8,2

[1] 6. Juni – [2] Jeweils 30. September – 31. Dezember

Quelle: Stat. Bundesamt, Fachserie 1, R. 2: Ausländer 1987

Tabelle 8
Fläche und Wohnbevölkerung der Bundesländer 1987

Land	Fläche		Wohnbevölkerung 1987	
	km²	%	in 1000	%
Baden-Württemberg	35 751	14,4	9286	15,2
Bayern	70 553	28,4	10 903	17,9
Berlin (West)	480	0,2	2013	3,3
Bremen	404	0,2	660	1,1
Hamburg	755	0,3	1593	2,6
Hessen	21 114	8,5	5508	9,0
Niedersachsen	47 439	19,1	7162	11,7
Nordrhein-Westfalen	34 068	13,7	16 712	27,4
Rheinland-Pfalz	19 848	8,0	3631	5,9
Saarland	2569	1,0	1056	1,7
Schleswig-Holstein	15 728	6,3	2554	4,2
Bundesgebiet	248 709	100	61 077	100

Quelle: StJbBRD 1989, S. 44

Tabelle 9
Bevölkerungsentwicklung 1980–1987 in Stadt und Land

Regionstyp	Fläche		Bevölkerung			Veränderung	
			1.1.1980		31.12.1987		
	km²	%	in 1000	%	in 1000	%	
Verdichtete Regionen zusammen	164 000	66	51 848	84	51 651	– 197	– 0,4
Kernstädte	11 000	4	20 335	32	19 646	– 689	– 3,4
Umland	153 000	62	31 513	52	32 005	+ 492	+ 1,6
Ländlich geprägte Regionen	85 000	34	9591	16	9664	+ 73	+ 0,8
Bundesgebiet	249 000	100	61 439	100	61 315	– 124	– 0,2

Quelle: Bundesforschungsanstalt für Landeskunde und Raumordnung

Tabelle 10
Bevölkerungsentwicklung 1980–1987 in Stadt und Land

Regionstyp	Überschuß der Sterbefälle über die Geburten		Wanderungssaldo	
	in 1000	%*	in 1000	%*
Verdichtete Regionen zusammen	– 714	– 1,4	516	1,0
Kernstädte	– 610	– 3,0	– 84	– 0,4
Umland	– 104	– 0,3	600	1,9
Ländlich geprägte Regionen	– 47	– 0,5	120	1,3
Bundesgebiet	– 761	– 1,2	636	1,0

* In % der Bevölkerung am 1.1.1980

Quelle: Bundesforschungsanstalt für Landeskunde und Raumordnung

Tabelle 11
Geburten- und Sterbeziffern 1950–1990

Jahr	Lebendgeborene	Gestorbene	Saldo
	auf 1000 E.		
1950	16,2	10,5	+ 5,7
1960	17,4	11,6	+ 5,9
1970	13,4	12,1	+ 1,3
1980	10,1	11,6	– 1,5
1990	11,5	11,3	+ 0,2

Quelle: Wirtschaft und Statistik 7/1989, S. 230; ebd. 4/1992, S. 216

700 000 Angehörigen anderer europ. Länder, 357 000 Asiaten, 149 000 Afrikaner, 134 000 Amerikaner und 57 000 Staatenlose.

Die *Bevölkerungsverteilung* (vgl. Tab. 8) war ungleichmäßig. Gebiete hoher Bevölkerungsdichte haben sich in den vergangenen 100 Jahren längs der Rheinachse, insbes. am Oberrhein, im Rhein-Neckar- und im Rhein-Main-Raum, im Kölner Raum und im rheinisch-westfälischen Industriegebiet herausgebildet. Auch das nördl. Vorland der Mittelgebirge ist bei Hannover, Braunschweig und Salzgitter durch Verdichtungen gekennzeichnet. Dazu kommen die Räume Hamburg, Bremen, mittlerer Neckar um Stuttgart, München und Nürnberg.

Alle verdichteten Regionen zusammen machten 2/3 der Fläche des Bundesgebietes aus (vgl. Tab. 9.). Auf die „Kernstädte" dieser Regionen entfielen zwar nur 4% der Fläche, aber rd. 1/3 der Bevölkerung des Bundesgebietes. Im Zeitraum 1980–87 verzeichneten alle Regionstypen, v. a. die Kernstädte, mehr Sterbefälle als Geburten. Die Kernstädte hatten außerdem einen negativen Wanderungssaldo. Dadurch nahm ihre Bevölkerung um 3,4% ab. Im Umland und in den ländlichen Regionen dagegen waren durch Zuwanderung Bevölkerungszunahmen zu beobachten (vgl. Tab. 10).

2. Demographische Struktur

Charakteristisch für das generative Verhalten in den vergangenen 100 Jahren ist ein starker Geburtenrückgang, besonders von etwa 1885 bis zum I. Weltkrieg und dann wieder nach 1965. In den anderen Industrieländern verlief die Entwicklung ähnlich. Die in der 2. Hälfte des 19. Jh. in D. geschlossenen Ehen hatten im Durchschnitt 6 lebendgeborene Kinder, die danach bis etwa 1955 geschlossenen Ehen noch etwas über 2, danach 1,6 Kinder. Der Anteil der Ehen mit 3 oder mehr Kindern schrumpfte allmählich von über 50% auf weniger als 20%. Zugleich nahm der Anteil der kinderlosen und 1-Kind-Ehen beträchtlich zu.

Im internationalen Vergleich war in der Bundesrepublik der Geburtenrückgang besonders stark (vgl. Tab. 11). Von den zur Erhaltung des Bevölkerungsstandes (ohne Zuwanderung) erforderlichen Geburten fehlte 1989 1/3 (Nettoreproduktionsrate: 0,67).

Die niedrige Geburtenhäufigkeit der Deutschen hatte 1990 für die dt. Bevölkerung einen Überschuß der Gestorbenen von 62 974 zur Folge. Für die Ausländer betrug der Geburtenüberschuß 76 838. Rechnet man zu den ehelich Geborenen auch die durch nachträgliche Eheschließung der Eltern legitimierten nichtehelichen Kinder, dann waren 1990 über 93% der Lebendgeborenen ehelich.

Die Entwicklung der Heiratshäufigkeit ist für die Entwicklung der Geburtenhäufigkeit ein wesentlicher

Bestimmungsgrund. Ihr starker Rückgang in den vergangenen 20 Jahren kommt in der Abnahme der Zahl der Eheschließungen von (1961) 530 000 (9,4 je 1000 E.) auf (1991) 402 570 (6,3 je 1000 E.) zum Ausdruck. An die Stelle der Ehe ist vielfach die nichteheliche Lebensgemeinschaft getreten. Wahrscheinlich leben heute über 2 Mio. Männer und Frauen aller Familienstände in einer solchen Gemeinschaft. Gestiegen ist die Zahl der Ehescheidungen. In den vergangenen 25 Jahren hatte sich die Scheidungshäufigkeit verdoppelt.

Von den 25- bis unter 30jährigen Männern waren 1970 31%, 1988 aber 59% noch ledig, von den Frauen dieses Alters 1970 13% und 1988 37%. Es gab demnach unter den jüngeren Erwachsenen weit mehr Ledige als früher. Als Folge vermehrter Ehescheidungen hatte sich ferner der Bevölkerungsanteil der Geschiedenen seit 1970 von 1,1 Mio. (1,9%) auf 2,5 Mio. (4,1%) erhöht. Ziemlich unverändert blieb dagegen die Zahl der Witwer (1988: 6,8 Mio.) und Witwen (1987: 4,6 Mio.).

Nach den Sterblichkeitsverhältnissen 1871/80 betrug die mittlere *Lebenserwartung* der Neugeborenen weniger als 40 Jahre. Nach der Sterblichkeit 1986/88 betrug die eines neugeborenen Knaben über 72 Jahre, die eines neugeborenen Mädchens fast 79 Jahre. Diese außerordentlich großen und folgenreichen Veränderungen gehen v. a. auf die Verminderung der Frühsterblichkeit zurück. Ein Beispiel ist der Rückgang der Säuglingssterblichkeit von 25% auf weniger als 1% der Neugeborenen in den vergangenen 100 Jahren. Die weitere Lebenserwartung der 60jährigen hatte sich bei den Männern von 12,1 auf 17,6 Jahre, bei den Frauen von 12,7 auf 22,0 Jahre erhöht.

Die *Wanderungen* über die Grenzen des Bundesgebietes waren bis 1961 durch die Aufnahme der Vertriebenen aus den dt. Ostgebieten und den Siedlungsgebieten der Deutschen im Ausland sowie der Zugewanderten aus der SBZ/DDR bestimmt. Diese Wanderungen waren 1989 auf 751 000 Zuzüge gestiegen, darunter 358 000 aus der DDR. Der Wanderungssaldo betrug für die Ausländer, trotz des 1973 erlassenen Stopps zur Anwerbung von Arbeitskräften, 1980: 246 000, 1986: 132 000 und 1989: 332 000. Innerhalb des Bundesgebietes fanden jährlich über 2,5 Mio. Umzüge in eine andere Gemeinde statt (rd. 40 auf 1000 E.).

Die Entwicklung der *Altersgliederung* der Bevölkerung in den vergangenen 100 Jahren ist gekennzeichnet durch eine starke Abnahme des Anteils der Kinder unter 15 Jahren von ca. 35% um die Hälfte und eine starke Zunahme des Anteils der über 65jährigen von ca. 5% auf das Dreifache. Ziemlich unverändert blieb der Anteil der 15- bis unter 65jährigen mit 60–70%. Diese Entwicklung war in erster Linie Folge des Geburtenrückgangs und des Rückgangs der Sterblichkeit, wodurch immer mehr Personen ein hohes Alter erreichen.

Welche Konsequenzen besondere Ereignisse wie die beiden Weltkriege oder die Wirtschaftskrise um 1932 für die Altersstruktur hatten, verdeutlicht das Schaubild.

Bezüglich der *Haushaltsstruktur* gab es 1989 im Bundesgebiet 27,8 Mio. Privathaushalte von zusammen wohnenden und gemeinsam wirtschaftenden oder alleinlebenden Personen. In den vergangenen Jahrzehnten hatte die Zahl der Haushalte weit schneller als die Bevölkerung zugenommen; zugleich waren die Haushalte kleiner geworden. Das zeigt sich besonders deutlich bei einer Unterscheidung nach Mehrpersonen- und Einpersonenhaushalten (vgl. Tab. 12).

Gleichzeitig sank die Durchschnittsgröße der Mehrpersonenhaushalte von 3,5 auf 3,0 Personen. Gründe

Altersaufbau der Bevölkerung am 25.5.1987 und 27.5.1970
Alter in Jahren

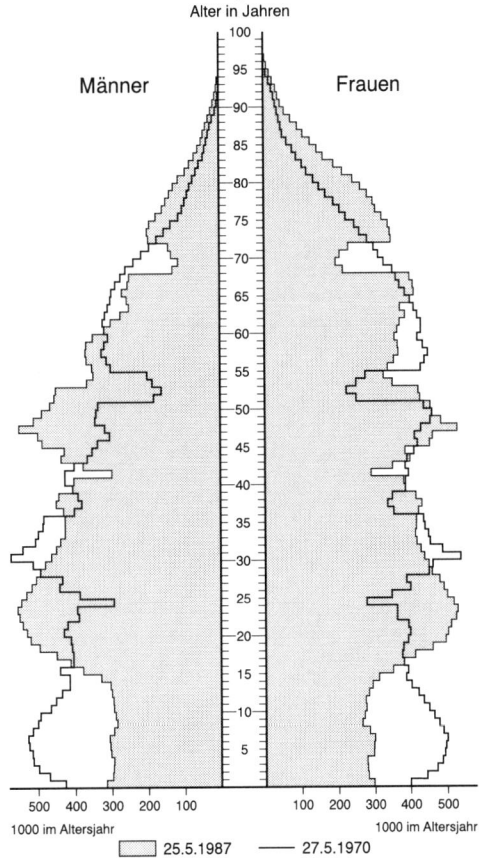

dafür waren u. a.: Die geringer gewordene Kinderzahl der Familien, das weitgehende Verschwinden von häuslichem Dienstpersonal, die Auflösung der Dreigenerationenhaushalte, der Drang nach früher Selbständigkeit der Jungen, der Wunsch nach einer unabhängigen Lebensführung bei den Alten. Der häufigste Haushaltstyp war der Mehrpersonenhaushalt von Eltern oder Elternteilen und ledigen Kindern (38%), gefolgt von den Einpersonenhaushalten (35%), den Haushalten der Ehepaare ohne mitwohnende Kinder (23%). Von den Haushaltsmitgliedern her gesehen wohnten 1987 62% im zuerst genannten Haushaltstyp, 15% allein und 19% im dritten Typ. Nur 3% lebten in einem Dreigenerationenhaushalt (v. a. noch in den ländlichen Gebieten).

Tabelle 12
Privathaushalte 1950–1990

Jahr	Bevölkerung in Privathaushalten	Privathaushalte				
		Zusammen	Mehrpersonenhaushalte	Einpersonenhaushalte		
		in 1000			in % aller Haushalte	in % der Bevölkerung
1950	49 850	16 650	13 421	3 229	19,4	6,5
1961	56 012	19 460	15 450	4 010	20,6	7,2
1970	60 176	21 991	16 464	5 527	25,1	9,2
1982	61 560	25 336	17 410	7 926	31,3	12,9
1987	61 544	27 006	17 652	9 354	34,6	15,2
1990	63 491	28 175	18 326	9 849	35,0	15,5

Quellen: Stat. Bundesamt, Fachserie I, R. 3: Haushalte und Familien 1987, S. 194; Wirtschaft und Statistik 4/1992, S. 222

3. Erwerbsstruktur

Nach dem Stand vom April 1990 bezogen von der Bevölkerung des Bundesgebiets den Lebensunterhalt überwiegend durch eigene Erwerbstätigkeit: 27,1 Mio. (43,0%), davon 17,0 Mio. Männer und 10,1 Mio. Frauen; durch Arbeitslosenunterstützung, Rente, eigene Vermögen und dergleichen: 14,7 Mio. (23,3%), davon 6,5 Mio. Männer und 8,2 Mio. Frauen; durch Angehörige (Eltern, Ehepartner und andere Familienangehörige): 21,3 Mio. (33,7%), davon 7,0 Mio. Männer und 14,3 Mio. Frauen. Die Gesamtzahl der Erwerbstätigen war mit 29,3 Mio., davon 17,6 Mio. Männer und 10,7 Mio. Frauen, etwas größer als die o. g. Zahl, weil sie auch die Personen mit geringfügiger Tätigkeit enthält.

Neben den Erwerbstätigen wurden für April 1990 rd. 2,0 Mio. Erwerbslose (Arbeitssuchende), davon 0,9 Mio. Männer und 1,0 Mio. Frauen, ausgewiesen. Faßt man Erwerbstätige und Erwerbslose zur Gruppe der Erwerbspersonen zusammen, so ergab sich 1990, bezogen auf die 15-65jährigen, für die Männer eine Erwerbsbeteiligung von 82,7%, für die Frauen von 58,5%. Von den 31,3 Mio. Erwerbspersonen waren 2,6 Mio., von den 29,3 Mio. Erwerbstätigen 2,3 Mio. (8%) Ausländer.

In den vergangenen 100 Jahren hat die *Struktur der Beschäftigten* große Veränderungen erfahren. Am auffälligsten ist der Rückgang des Anteils der Beschäftigten in der Land- und Forstwirtschaft von fast 50% in der 2. Hälfte des 19. Jh. auf nur noch 4% hauptberuflich Beschäftigte heute. 1950 waren im Bundesgebiet noch 22% der Beschäftigten in diesem Wirtschaftsbereich tätig. Andererseits machte der Anteil der in Handel und Verkehr sowie in anderen Dienstleistungsbereichen Beschäftigten vor 100 Jahren (trotz des damals zahlreich vorhandenen Hauspersonals) nur knapp 25% und 1950 erst etwa 1/3 aus, 1989 aber über die Hälfte. Vor allem im Zusammenhang mit dem Bedeutungsschwund der Landwirtschaft und dem Entstehen gewerblicher Großbetriebe hatte sich der Anteil der Selbständigen stark auf heute nur noch knapp 9% der Beschäftigten vermindert. Parallel hierzu reduzierte sich der Anteil der mithelfenden Familienangehörigen, der 1939 noch 17% ausmachte, auf 2%. Schon früher handelte es sich hierbei hauptsächlich um Frauen. Während jedoch z. B. 1939 fast 40% der erwerbstätigen Frauen Mithelfende waren, waren es jetzt nur noch 5%. Frauen stellen über 20% der Beamten und über 50% der Angestellten. Unter den Arbeitern, mit einem Beschäftigtenanteil von 38%, waren sie mit 28% vertreten.

Die Zahl der *Sozialhilfeempfänger* hatte sich von 1970 (1,5 Mio.) bis 1990 auf 3,8 Mio. (59 je 1000 E.) mehr als verdoppelt. Von den Hilfeempfängern erhielten 1990 76% laufende Hilfe zum Lebensunterhalt (1970 erst 50%). Die Ausgaben beliefen sich 1990 auf brutto 31,8 und netto auf 25,7 Mrd. DM oder brutto 512 DM/E.

B. Deutsche Demokratische Republik

1. Zahl, Gliederung und Verteilung der Bevölkerung

Nach fast durchgängigem Bevölkerungsrückgang in der SBZ/DDR – eine wohl einzigartige Situation in der jüngeren Staatengeschichte – umfaßte die Wohnbevölkerung 1989 mit 16,4 Mio. E. 2,7 Mio. E. weniger als an ihrem höchsten Stand 1947 mit 19,1 Mio. (1949: 18,8 Mio.). Die Bevölkerungsdichte lag in der Nachkriegszeit zunächst über der von 1939 (155 E./km^2) und sank in den 80er Jahren unter den Vorkriegsstand (1989: 152 E./km^2).

Die einzige größere ethnische Minderheit bildeten ca. 100 000 Lausitzer *Sorben* unter den Deutschen. Im übrigen waren Sachsen, Thüringer, Brandenburger und Mecklenburger in ihren angestammten Regionen jeweils stark vertreten, wenngleich der II. Weltkrieg und die O-W-Nachkriegswanderung früh zu einer erheblichen interregionalen Vermischung geführt hatten. Vergleichsweise nur sehr wenige Ausländer lebten in der DDR. Von insgesamt 196 190 Ausländern (1989) waren 20% im Studium bzw. in der Berufsausbildung.

Die Bevölkerung verteilte sich unterschiedlich über das Territorium (vgl. Tab. 13).

Tabelle 13
Wohnbevölkerung nach Bezirken* (in 1000)

Bezirk	29.10. 1946	31.08. 1950	31.12. 1964	01.01. 1971	31.12. 1981	1989	Differenz 1950/1989
Berlin (Ost)	1174,6	1189,1	1070,7	986,4	1162,3	1279,2	+ 90,1
Rostock	850,6	846,3	834,6	859,4	889,1	909,8	+ 63,5
Schwerin	730,0	691,0	593,5	589,2	590,1	590,2	− 100,8
Neubrandenburg	732,1	715,9	632,7	638,4	620,8	615,8	− 100,1
Potsdam	1223,6	1221,7	1123,8	1133,3	1118,4	1111,2	− 110,5
Frankfurt/O.	609,5	643,5	652,5	681,4	704,8	706,1	+ 62,6
Cottbus	805,0	804,0	831,6	862,5	884,7	875,6	+ 71,6
Magdeburg	1533,7	1518,6	1323,1	1320,2	1262,3	1237,9	− 280,7
Halle/S	2147,9	2118,9	1928,2	1925,2	1821,7	1748,0	− 370,9
Erfurt	1391,7	1367,0	1246,2	1255,2	1236,7	1222,9	− 144,1
Gera	791,2	756,9	733,9	739,3	740,8	728,1	− 28,8
Suhl	573,5	568,7	548,7	552,9	549,1	545,3	− 23,4
Dresden	1951,6	1981,2	1883,8	1876,7	1840,7	1713,1	− 268,1
Leipzig	1649,5	1630,4	1510,7	1491,3	1402,1	1333,1	− 297,3
Chemnitz	2190,3	2333,0	2089,8	2047,3	1918,2	1817,5	− 515,5

* Ergebnisse der Volkszählungen außer 1989 (Jahresende)
Quellen: Bundesministerium für innerdeutsche Beziehungen (Hg.), DDR Hdb. ^{2}1979, S. 193; Stat. Bundesamt (Hg.), DDR 1990 Zahlen und Fakten, 1990, S. 22

Im landwirtschaftlich geprägten N lagen die dünnbesiedelten Gebiete, während der industrialisierte S eine Bevölkerungsdichte über dem Landesdurchschnitt aufwies. Der Berliner Raum nahm mit fast 3000 E./km^2 eine Sonderstellung ein. Aufgrund einer von Beginn an hohen Urbanisierung lebte der überwiegende Bevölkerungsteil in Stadtgemeinden (1950: 71%, 1990: 76,5%). Jeweils 1/4 der Stadtbevölkerung verteilte sich in den 80er Jahren auf die 15 Großstädte und die 186 kleineren Mittelstädte. Von 7567 Gemeinden hatten 1985 6563 Landgemeinden weniger als 2000 E. Verglichen mit dem Vorkriegsstand schrumpfte die Bevölkerung in den Land- und Kleinstädten sowie in den Großstädten (ab 200 000 E.) Berlin (Ost), Leipzig, Dresden, Chemnitz (Karl-Marx-Stadt) und Magdeburg. Verstädterung und ein engmaschiges Siedlungsnetz unterschieden den industriellen S von Brandenburg, Mecklenburg und Vorpommern. Über 2/3 der Mittel- und Großstädte lagen im S. Berlin (Ost) mit seinen „Hauptstadt"-Funktionen führte als Großzentrum die Hierarchie der zentralen Orte an. Es folgten die Messestadt Leipzig und die Kulturstadt Dresden als Oberzentren mit gesamtstaatlicher Bedeutung.

2. Natürliche Bevölkerungsentwicklung

Der Bevölkerungsrückgang wurde durch die natürliche Bevölkerungsbilanz geprägt und ist ansonsten bis zur Abriegelung der dt.-dt. Grenze 1961 und in der 2. Hälfte der 80er Jahre auf hohe Abwanderungen in die damalige Bundesrepublik zurückzuführen. Die Entwicklung wurde durch kriegs- und nachkriegsbedingte Geburtenausfälle, die Abwanderung von Frauen im gebärfähigen Alter sowie eingeschränkte Heiratsmöglichkeiten negativ beeinflußt. Dennoch lag die Geburtenentwicklung 1950 über dem Bestanderhaltungsniveau. Während sich die Zahl der Gestorbenen längerfristig weniger veränderte, verlief die *Geburtenziffer* in Auf-

und Abschwüngen und pendelte zwischen 10 (Geburten je 1000 E.) 1949, 18 (1963), 11 (1973) und 12 (1989). Die Umschwünge im generativen Verhalten lassen sich auf den geringen Generationsabstand, das geringe Alter der Mütter bei der Erstgeburt, auf abweichende geschlechts- und generationsspezifische Erfahrungen und Lebensverhältnisse, auf sozialpolitische Maßnahmen sowie die Legalisierung des Schwangerschaftsabbruchs (1972) zurückführen. Die einfache Reproduktion wurde letztmalig 1971 erreicht. Auffällig sank der Anteil jener, die als 3. und weitere Kinder geboren wurden. Es stieg die Anzahl der Mütter eines Frauenjahrgangs, die mindestens ein Kind geboren haben (hohe Mütterrate). Mithin lag die Geburtenentwicklung bei immer mehr Frauen mit einer durchschnittlich sinkenden Kinderzahl. Die *Säuglingssterblichkeit* sank drastisch von (1950) 72 im 1. Lebensjahr gestorbenen Säuglingen je 1000 Lebendgeborenen auf 19 (1970) und 8 (1989). Von größerer Relevanz war der Schwangerschaftsabbruch. Die *Lebenserwartung* gestaltete sich in der Nachkriegszeit für beide Geschlechter günstig: 1952: 64 Jahre bei Männern, 68 Jahre bei Frauen, 1988 70 bzw. 76 Jahre.

Der Bevölkerungsrückgang ergab sich nicht zuletzt aus einer in Kriegen deformierten *Alters- und Sexualstruktur* (vgl. Tab. 14). Lebten 1949 noch 2,3 Mio. Frauen mehr als Männer, so 40 Jahre später 0,7 Mio. Der Pyramide des Altersaufbaus fehlte eine breite Grundlage nachwachsender Jugendlicher. Seit den 70er Jahren sanken die Anteile der Gruppen der Kinder und der Rentner an der Gesamtbevölkerung.

Tabelle 14
Altersaufbau der Bevölkerung 1946–1989

	Alter im Jahresdurchschnitt in 1000 (Anteil der Männer in %)								Wohnbevölkerung	
	bis 15		15–45		45–65		über 65		insgesamt	15–65
		%		%		%		%		
1946	4535	.	7298	.	4794	42,5	1862	43,8	18488	12092
1950	4202	26,3	7181	37,0	5062	42,7	1944	42,8	18388	12243
1964	4045	26,7	6394	39,5	4097	40,8	2467	38,4	17004	10491
1970	3971	25,9	6819	43,4	3619	38,6	2660	38,2	17068	10438
1980	3271	21,4	7414	48,1	3425	43,6	2630	34,7	16740	10839
1989										

Quellen: Staatl. Zentralverwaltung für Statistik (Hg.), Bevölkerungsstat. Jb. DDR 1966, S. 40; 1979, S. 38; Jb. DDR 1971, S. 433; 1981, S. 346

3. Wanderungsbewegungen

Die große *Ost-West-Wanderung* setzte schon vor Kriegsende 1945 ein. Bis 1950 brachte sie 12,6 Mio. Flüchtlinge, Vertriebene und Umsiedler aus den ehemaligen dt. Ostgebieten und aus Ost- und Südosteuropa in die vier Besatzungszonen. Zu diesem Zeitpunkt stammte in der DDR und in Berlin (Ost) mit 4,6 Mio. Hinzugezogenen jeder vierte Bewohner aus östl. Gebieten. Da viele in den westl. Zonen bzw. Sektoren weiterzogen, sank ihr Anteil an der Gesamtbevölkerung bis 1961 auf schätzungsweise 15%. 1945–61 flüchteten bzw. übersiedelten jährlich zwischen 100 000 und über 300 000 Menschen in die Bundesrepublik (vgl. IV A). Mit der Abriegelung der dt.-dt. Grenze 1961 ging ihre Zahl drastisch zurück, stieg aber in der Schlußphase der DDR (1988–90) erneut an (1989: über 340 000).

Die anfangs starke *Binnenwanderung* war durch Maßnahmen der Bodenreform, Kollektivierung und Industrialisierung der Landwirtschaft, der Verstaatlichung der Industrie und des Dienstleistungswesens sowie ferner durch Industrieansiedlungen bewirkt und schwächte sich seit den 70er Jahren deutlich ab.

4. Familien- und Haushaltsstrukturen

Die Geschlechter lebten überwiegend in auf Ehe beruhenden Familien zusammen, zunehmend auch in nichtehelichen Lebensgemeinschaften. Gleichberechtigung in der Familie sollte durch weibliche Erwerbstätigkeit erzielt werden. Eheschließungen und insbs. Ehescheidungen unterlagen seit 1950 verschiedenen Trendwechseln. Typisch war ein frühes Heiratsalter; auch die Scheidungen fanden überwiegend im Alter zwischen 20 und 30 Jahren statt. Nahezu durchgängig stieg die Scheidungshäufigkeit (1955: 1,4 je 1000 E., 1989: 3,0). Bei leicht steigender Zahl der *Haushalte* veränderte sich deren Zusammensetzung. Die durchschnittliche Haushaltsgröße sank (1981: 2,5 Personen je Haushalt); die Zahl der Einpersonenhaushalte stieg seit den 70er Jahren. Typisch war der Ein- bis Zweigenerationenhaushalt (Kernfamilie).

5. Sozialstruktur

Das von der offiziellen Statistik verwendete Klassen- und Schichtenmodell – Arbeiter, Genossenschaftsbauern, Intelligenz, Sonstige – hat die Sozialstruktur falsch widergespiegelt und insbs. die „Arbeiterklasse" und die „Intelligenz" stark überhöht ausgewiesen. Nach nicht veröffentlichten Daten der Bevölkerungszählung 1981 setzten sich die Beschäftigten zu 54,4% aus Arbeitern, 36,1% aus Angestellten und 9,5% aus Genossenschaftsmitgliedern und Sonstigen zusammen. Der tatsächliche Anteil der Arbeiter kam auf 32% und lag im sozialhistorischen Trend des quantitativen Rückgangs der Arbeiterschaft in Industriegesellschaften. Grundlegend für die soziale Schichtung wurde als Mobilitätsschranke eingesetzte Trennung von ausführender und politikverpflichteter leitender Tätigkeit.

6. Erwerbstätigkeit

Der nachkriegsbedingten Arbeitslosigkeit (Arbeitslosenquote 1950: ca. 5%) folgten Zuwächse und zwischen 1956 und 1961 auch Rückgänge der Beschäftigung. Die Erwerbstätigenzahl wuchs 1949–89 von 7,7 Mio. auf 8,6 Mio., der Anteil an der Gesamtbevölkerung (Erwerbsquote) stieg von 41% auf 57%, eine im internationalen Vergleich hohe Quote. Der Anstieg ist v. a. in der zunehmenden Erwerbsbeteiligung der Frauen (1952: 33%, 1989: 49%) begründet. Arbeitslosigkeit trat seit Ende der 50er Jahre nur noch „versteckt" auf. Während der Anteil der Beschäftigten in Industrie und produzierendem Handwerk stagnierte, ging der Anteil der Land- und Forstwirtschaft drastisch zurück, der des tertiären Sektors wuchs.

7. Gesundheits- und Sozialwesen

Das Gesundheitswesen wurde stark zentralisiert, wie die stetig sinkende Zahl der Krankenhäuser zeigt (1950: 1063, 1990: 537). Die Bettenzahl erreichte 1962 ihren Höhepunkt (207 093; 121 Betten je 10 000 E.). Eine besondere Rolle spielte die medizinische Vorsorge und Betreuung in Ambulatorien und Polikliniken – 1/3 davon in Betrieben – sowie in Gemeindeschwesternstationen, deren Gesamtzahl sich seit 1950 mehr als verdoppelte. Vor allem die Schwangerenversorgung führte zu international anerkannten Erfolgen. Seit 1970 verdreifachte sich die Zahl der Ärzte pro Einwohner (1950: 8 pro 10 000 E., 1988: 24); bei den Zahnärzten verdoppelte sich die entsprechende Relationszahl. Eine ähnlich hohe Betreuungsdichte wurde bei den Kindern im Alter von 1–3 Jahren erreicht, von denen zum Ende der DDR rd. 80% in Kinderkrippen und Heimen für Säuglinge und Kleinkinder betreut wurden. Die Leistungen des Sozialwesens für alte Menschen fielen demgegenüber wesentlich geringer aus.

C. Deutschland seit dem 3. Oktober 1990

Seit dem 3.10.1990 umfaßt die Bundesrepublik Deutschland 357 000 km², gleich 76% der Fläche des früheren Deutschen Reichs (1937: 470 400 km²). Administrativ ist das neue Bundesgebiet in 16 Länder, 26 Regierungsbezirke, 543 Kreise (127 kreisfreie Städte und 426 Landkreise) sowie 16 127 Gemeinden (einschl. der Stadtstaaten Berlin, Bremen [2 Gemeinden], Hamburg sowie aller kreisfreien Städte) gegliedert.

1. Stand und Entwicklung der Bevölkerung

Am 1.1.1990 lebten im heutigen Bundesgebiet 79,113 Mio. Menschen (222 E./km²). Hinsichtlich der Einwohnerzahl steht die Bundesrepublik unter den Staaten der Erde an 12.Stelle.

In den vergangenen 50 Jahren nahm die Bevölkerung um rd. ¹/₃ von 59,8 auf 79,1 Mio. zu (vgl. Tab. 15), doch betraf die Zunahme ausschließlich das alte Bundesgebiet (vgl. IV A).

Tabelle 16
Fläche und Bevölkerung der 16 Bundesländer am 1.1.1990

Land	Fläche		Bevölkerung		
	km²	%	in 1000	%	je km²
Schleswig-Holstein	15729	4,4	2595	3,3	165
Hamburg	755	0,2	1626	2,1	2157
Niedersachsen	47349	13,3	7284	9,2	154
Bremen	404	0,1	674	0,9	1667
Nordrhein-Westfalen	34068	9,5	17104	21,6	502
Hessen	21114	5,9	5661	7,2	268
Rheinland-Pfalz	19849	5,6	3702	4,7	186
Baden-Württemberg	35751	10,0	9619	12,1	269
Bayern	70554	19,8	11221	14,2	159
Saarland	2570	0,7	1065	1,3	414
Berlin	883	0,2	3409	4,3	3860
Mecklenburg-Vorpommern	23835	6,7	1964	2,5	82
Brandenburg	29059	8,1	2641	3,3	91
Sachsen-Anhalt	20444	5,7	2965	3,7	145
Thüringen	16251	4,6	2684	3,4	165
Sachsen	18338	5,1	4901	6,2	267
Bundesrepublik Deutschland	356957	100	79113	100	222

Quelle: StJbBRD 1991, S. 54

Tabelle 15
Bevölkerungsentwicklung im Bundesgebiet 1939–1990

Jahr	Altes Bundesgebiet (249000 km²)			Gebiet der ehem. DDR (108000 km²)			Zusammen (357000 km²)		
	in 1000	je km²	1939 = 100	in 1000	je km²	1939 = 100	in 1000	je km²	1939 = 100
1939	43008	173	100	16745	155	100	59753	167	100
1950	50809	204	118	18388	170	110	69197	194	116
1960	55433	223	129	17188	159	163	72621	206	122
1970	60651	244	141	17068	158	102	77719	218	136
1980	61566	248	143	16740	155	100	78306	219	131
1985	61024	245	142	16640	154	99	77664	218	130
1990*	63232	254	147	16247	150	97	79479	223	133

* 30. Juni

Quelle: Amtliche Statistik und Berechnungen des Verfassers

Im Gebiet der ehem. DDR ist seit 1950 eine Bevölkerungsabnahme zu beobachten, die v. a. auf Abwanderung nach Westdeutschland beruht (vgl. IV B). Hinsichtlich der Verteilung der Fläche und der Bevölkerung auf die 16 Länder bestehen große Unterschiede nach räumlicher Ausdehnung und Einwohnerzahl (vgl. Tab. 16). Abgesehen von den Stadtstaaten Berlin, Bremen und Hamburg liegt die Bevölkerungsdichte v. a. in Nordrhein-Westfalen, aber auch in Hessen, Baden-Württemberg, dem Saarland und in Sachsen über dem Bundesdurchschnitt, v. a. in den norddeutschen Ländern aber erheblich darunter. Städte mit mehr als 1 Mio. E. sind Berlin (3,4 Mio.), Hamburg (1,6 Mio.) und München (1,2 Mio.).

Über 5 Mio. (6,6%) der im neuen Bundesgebiet lebenden Bevölkerung waren Ende 1990 *Ausländer* (in der ehem. DDR nur ca. 180 000).

Die Zahl der *Haushalte* betrug 1988 34,197 Mio. mit 78,606 Mio. Haushaltsmitgliedern (durchschnittlich 2,3 Personen je Haushalt). Von den Haushalten waren 11,563 Mio. (33,8%) Einpersonenhaushalte und 22,634 Mio. (66,2%) Mehrpersonenhaushalte. In den vergangenen Jahren ist insbes. die Zahl der allein in einem Haushalt lebenden Personen in den alten 11 Ländern stark gestiegen.

2. Demographische Struktur

Ende 1989 waren von der Bevölkerung 38,1 Mio. Männer und 41,0 Mio. Frauen. Mehr Frauen als Männer gibt es aber nur unter den über 55jährigen als Folge der höheren Sterblichkeit der Männer und der Männerverluste im II. Weltkrieg.

Ende 1989 waren 17,3 Mio. (21,9%) der Bevölkerung noch keine 20 Jahre alt, 45,7 Mio. (57,8%) 20–59 Jahre alt und 16,1 Mio. (20,4%) 60 Jahre oder älter. Durch die Vergrößerung des Bundesgebiets um die neuen Länder hat sich der Anteil der Kinder und Jugendlichen und der Anteil der Personen im Erwerbsalter etwas vergrößert, der Anteil der nicht mehr erwerbstätigen Älteren dagegen etwas vermindert. Die Ursachen hierfür sind in der Abwanderung jüngerer Menschen aus der ehem. DDR bis 1961 und von Rentnern danach sowie der höheren Kinderzahl in den neuen Ländern zu suchen. Im übrigen zeigt der „Altersbaum" für das vereinigte D., wegen der gemeinsamen Geschichte der beiden dt. Teilstaaten bis vor 40 Jahren, große Übereinstimmung mit dem des alten Bundesgebiets (vgl. Abb.).

In bezug auf die Pluralität *familialer Lebensformen* wird eine rasche Angleichung der Verhältnisse in der ehem. DDR an die im alten Bundesgebiet erwartet. Es macht daher wenig Sinn, z. B. die Kennziffern über Eheschließungen und Kinderzahlen für beide Teile D.s zu addieren. Aussagekräftiger erscheint stattdessen der Hinweis, daß 1987 von den 25- bis 29jährigen Männern im alten Bundesgebiet 43% geheiratet hatten, von den gleichaltrigen Männern in der ehem. DDR aber 65% (Frauen: 65 bzw. 82%). 30- bis 34jährige Frauen im alten Bundesgebiet hatten (je 100) bis zu diesem Alter im Durchschnitt 125 Kinder geboren und 28% waren bis dahin kinderlos geblieben; 100 Frauen dieses Alters in der ehem. DDR hatten im Durchschnitt 166 Kinder und 9% waren kinderlos geblieben. Hierbei spielen u. a. die Auswirkungen unterschiedlicher Ziele und Maßnahmenbündel der Familienpolitik eine Rolle.

Der Rückgang der *Sterblichkeitsrate,* insbes. älterer Menschen, ist in den vergangenen Jahren in den neuen Ländern hinter der Entwicklung im alten Bundesgebiet zurückgeblieben. Über die Ursachen gibt es noch keine gesicherten Erkenntnisse. Doch ist zu erwarten, daß der Rückstand mit qualitativ besserer Ernährung und Beseitigung von Umweltschäden rasch aufgeholt werden wird. In bezug auf die *Säuglingssterblichkeit* gibt es keine Unterschiede.

3. Erwerbsstruktur

Für 1990 wurden für das neue Bundesgebiet 36,8 Mio. Erwerbstätige gezählt, davon 28,4 Mio. aus den alten und 8,4 Mio. aus den neuen Ländern. Damit waren damals rd. 46% der Bevölkerung erwerbstätig. 21,3 Mio. (59%) der Erwerbstätigen waren Männer, 15,0 Mio. (41%) Frauen. In den neuen Ländern gab es mit

Bevölkerung nach dem Alter Ende 1987

Alter in Jahren

Männer — Frauen

☐ Bundesgebiet 1990 ■ ehem. DDR

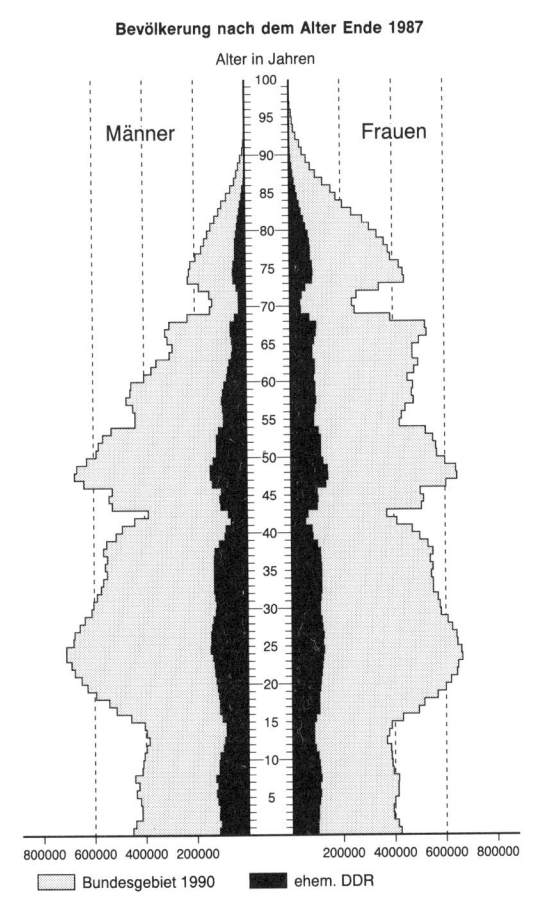

3,9 Mio. fast so viele erwerbstätige Frauen wie Männer (4,5 Mio.), während das Verhältnis in den alten Ländern mit 17,3 Mio. Männern und 11,1 Mio. Frauen etwa 3 : 2 beträgt.

Nach Wirtschaftsbereichen verteilen sich die 36,3 Mio. Erwerbstätigen im neuen Bundesgebiet 1989 wie folgt: Land- und Forstwirtschaft: 1,999 Mio. (5,5%); produzierendes Gewerbe: 15,818 Mio. (43,6%); Dienstleistungen: 18,473 Mio. (50,9%). Charakteristisch für die Struktur der Erwerbstätigen in den neuen Ländern ist ein relativ hoher Anteil von Beschäftigten in der Land- und Forstwirtschaft und ein relativ niedriger in den Dienstleistungsbranchen.

V. Wirtschaft

A. Bundesrepublik Deutschland

1. Grundzüge des Wirtschaftssystems

Das nach dem II. Weltkrieg geschaffene, am Leitbild der →Sozialen Marktwirtschaft ausgerichtete Wirtschaftssystem der Bundesrepublik Deutschland, das seit dem Vertrag über die Währungs-, Wirtschafts- und Sozialunion und dem Einigungsvertrag (vgl. V C) auch für die neuen Bundesländer gilt, stellt eine ordnungspolitische Neuerung dar. Kern des Leitbildes ist die durch ordoliberale Wissenschaftler (u. a. *Franz Böhm, W.* →*Eucken, W.* →*Röpke, A.* →*Rüstow*) konzipierte Wirtschafts- und Sozialordnung, die die Mängel und Mißstände eines ungezügelten liberalistischen ebenso wie die eines sozialistischen Systems vermeidet und es erlaubt, eine weitreichende, rechtsstaatlich gesicherte politische und wirtschaftliche Freiheit mit den sozialstaatlichen Zielen (→Sozialstaat) der sozialen →Gerechtigkeit und →sozialen Sicherheit möglichst konfliktfrei zu verbinden. Um die Verwirklichung dieser Konzeption machten sich v. a. *L.* →*Erhard* und *A.* →*Müller-Armack* verdient.

Konstitutive Elemente dieser Ordnung sind: (1) Eine marktwirtschaftliche Ordnung, wo immer die wirtschaftlichen Ziele durch die Koordinierung der Aktivitäten selbstverantwortlich entscheidender Wirtschaftssubjekte auf durch →Wettbewerb geordneten Märkten erreicht werden können, ohne soziale Ziele zu verletzen. Durch die →Marktwirtschaft sollen die Grundlagen für einen „Wohlstand für alle" und für eine leistungsorientierte Gesellschaft gelegt werden; (2) die Schaffung solcher Rahmenordnungen für die Märkte, durch die deren Offenheit, die Lauterkeit des →Wettbewerbs und die Einhaltung sozialer Normen (Gleichbehandlung gleichartiger Wirtschaftssubjekte, Schutz der Persönlichkeitsrechte im Betrieb, Vermeidung von Diskriminierung) gewährleistet werden. Solche Rahmenordnungen gibt es v. a. für die Arbeitsmärkte, die Unternehmens- und die Betriebsverfassungen; (3) die Errichtung eines Systems sozialen Schutzes auf der Grundlage der ökonomisch hoch effizienten marktwirtschaftlichen Ordnung (vgl. V A 7); (4) ein System wirtschaftspolitischer Gewaltenteilung zwischen Gesetzgeber, Regierung und Zentralnotenbank sowie zwischen Zentralstaat, Ländern, Kreisen und Gemeinden.

Als wesentliche, die Wirtschafts- und Sozialordnung prägende Elemente sind im Bereich der Ordnungsgrundlagen die allgemeine Vertragsfreiheit, das Recht auf Privateigentum auch an Produktionsmitteln, Gewerbefreiheit, Freiheit der Berufs- und Arbeitsplatzwahl, Konsumfreiheit und Wettbewerbsfreiheit anzusehen. Diese Rechte sollen so ausgestaltet werden, daß sie weder die Rechte Dritter noch das Sittengesetz verletzen. Sowohl für die Funktions- und Leistungsfähigkeit der Wirtschaft als auch für den sozialen Gehalt der Wirtschaftsordnung kommt der Wettbewerbsordnung, der Geld-, Kredit- und Währungsordnung, der Arbeits- und Sozialordnung und der Finanzverfassung herausragende Bedeutung zu. Die Ausgestaltung dieser Ordnungen in der Realität wird in hohem Maße den von der ordnungspolitischen Konzeption her geforderten konstitutiven Elementen gerecht.

2. Natürliche Ausstattung

Das Gebiet der alten Bundesrepublik ist rohstoffarm. In nennenswertem Umfang sind nur Stein- und Braunkohle, Eisenerz, Kali und Schwefelkies vorhanden. Der ökonomische Reichtum gründete sich v. a. auf ein wirtschaftlich hochentwickeltes, zur Produktion und Anwendung technischen Fortschritts fähiges Arbeitskräftepotential von rd. 27 Mio. Menschen, auf ein Wirtschaftssystem, das wirtschaftliche Effizienz mit sozialer Stabilität verknüpfte und auf ein quantitativ, technologisch und strukturell international wettbewerbsfähiges Sachkapital.

Von den 24,8 Mio. ha Bodenfläche waren 55,2% landwirtschaftlich genutzt, 29,6% Wald-, 6,0% Gebäude- und dazugehörige Freifläche, 4,9% Verkehrsfläche, 1,8% Wasserfläche und 2,5% sonstige Flächen (StJb BRD 1990). Die Primärenergieversorgung beruhte (1989, in SKE) nur zu 30,0% auf im Inland gewonnener Energie (v. a. Stein- und Braunkohle, Erdgas und Wasserkraft). Wichtigster Energieträger war das Erdöl (40,3%) vor der Steinkohle (19,2%). Der wirtschaftlich bedeutendste Energieträger, die Elektrizität, wurde zu

48,4% aus Stein- und Braunkohle, zu 34% aus Kernenergie, zu 7,8% aus Gas und zu 4,4% aus Wasserkraft gewonnen (StJbBRD 1989). Das durch Nettoinvestitionen erzeugte reproduzierbare Sachvermögen (wirtschaftlich nutzbare Wohn- und gewerblich genutzte Gebäude, Maschinen, Verkehrsanlagen, Verwaltungsgebäude, Krankenhäuser, Bildungseinrichtungen, jedoch ohne dauerhafte Güter und Automobile der privaten Haushalte) wuchs (in Preisen von 1980) von (1960) 2561 Mrd. DM über (1970) 4499 Mrd. DM und (1980) 6792 Mrd. DM auf (1989) 8691 Mrd. DM an. Der Kapitalstock je Erwerbstätigem betrug 1989 319 000 DM. Die Struktur des Sachvermögens (vgl. Tab. 17) macht sichtbar, daß auch unter Abstraktion von dem Wohnzwecken gewidmeten Vermögen das Sachvermögen der Dienstleistungssektoren (einschl. Staat) das industriell genutzte Vermögen überstieg.

Bruttowertschöpfung rd. 40% betrug und in der mehr als die Hälfte aller in einer Periode neu produzierten Güter und Dienstleistungen durch die Dienstleistungssektoren (Tab. 17, Zeilen 5–11) erzeugt wurden. Innerhalb des industriellen Sektors hatten die in den Zeilen 3a–3f angeführten Branchen überdurchschnittliches Gewicht. Das galt v. a. für die exportintensiven Zweige Chemische Industrie, Maschinenbau, Fahrzeugbau und Elektrotechnik, die für die stark exportabhängige Bundesrepublik eine Schlüsselrolle spielten (vgl. V A 6).

b) *Entwicklung.* Das Bruttosozialprodukt, das Nettosozialprodukt und das Volkseinkommen waren real seit 1960 – wenn auch mit unterschiedlich hohen nominalen und realen Wachstumsraten – in fast allen Jahren gestiegen. Nur 1967, 1975 und 1981/82 gab es leichte absolute Rückschläge (vgl. Tab. 18, Zeilen 1–4).

Tabelle 17
Die Verteilung des Sachvermögens und der Bruttowertschöpfung auf Wirtschaftsbereiche
(in Preisen von 1980)

	Anteil am reproduzierbaren Sachvermögen in %	Anteil an der Bruttowertschöpfung in %	
	1987	1960	1986
	1	2	3
1 Land- und Forstwirtschaft, Fischerei	3,2	3,6	2,4
2 Energie- und Wasserversorgung, Bergbau	5,2	4,7	3,1
3 Verarbeitendes Gewerbe darunter in % des verarbeitenden Gewerbes	12,1	32,7	32,2
3a Chemie	13,1	4,9	9,1
3b Eisenschaffende Industrie	5,4	4,8	2,8
3c Maschinenbau	9,1	14,1	11,3
3d Straßenfahrzeugbau	12,3	7,0	11,7
3e Elektrotechnik	8,9	7,4	13,2
3f Ernährungsgewerbe	7,3	8,9	6,0
4 Baugewerbe	0,8	9,3	5,8
5 Handel	3,4	9,8	9,8
6 Verkehr und Nachrichtenübermittlung	6,4	5,4	6,3
7 Kreditinstitute, Versicherungen	1,7	2,4	5,1
8 Wohnungsvermietung	38,7	5,8	6,6
9 Sonstige Dienstleistungen	8,5	11,7	14,7
10 Staat	18,1	11,7	11,9
11 Private Organisationen	1,9	2,9*	2,1*
Alle Wirtschaftsbereiche absolut in Mrd. DM	100 8259,4	100 691,9	100 1559,5

* einschließlich Private Haushalte
Quelle: StJbBRD 1989

Tabelle 18
Ausgewählte Daten zum Sozialprodukt und Volkseinkommen
(Jahresdurchschnittswerte)

		1960/64	1965/69	1970/74	1975/79	1980/84	1985/88
1	BSP nominal in Mrd. DM	359,32	514,16	831,42	1206,70	1615,54	1982,22
2	BSP real in Mrd. DM*	798,54	981,20	1213,92	1364,22	1497,70	1633,95
3	BSP real 1970/74 = 100	65,7	80,8	100	112,3	123,3	134,6
4	Nettosozialprodukt zu Faktorkosten = Volkseinkommen nominal in Mrd. DM	281,60	400,0	651,75	944,44	1240,70	1537,44
5	davon: Löhne und Gehälter in %	63,2	65,5	70,2	71,9	72,7	68,9
5a	aus Unternehmertätigkeit in %	34,0	31,0	25,7	24,4	22,6	26,9
5b	aus Vermögen in %	2,8	3,5	4,1	3,7	4,7	4,2
6	Volkseinkommen je Einwohner in DM	4954	6738	10582	15363	20178	25119
7	Anlageinvestitionen in % des BSP (1)	25,5	24,1	24,5	20,7	21,1	19,5
8	Staatsverbrauch in % BSP	14,4	15,6	17,4	19,8	20,2	19,6
9	Privater Verbrauch in % des BSP	56,5	56,3	54,4	56,4	57,1	55,2
10	Exporte in % des BSP	19,1	21,3	23,9	26,9	31,3	32,9
11	Importe in % des BSP	17,3	18,9	21,1	24,6	29,6	27,6
12	Steuerquote in % des BSP	23,6	23,3	23,6	23,8	23,7	23,3
13	Sozialleistungsquote in % des BSP	21,1	25,9	27,2	32,9	32,8	31,1
14	Verfügbares Einkommen der Privaten Haushalte in Mrd. DM davon gingen:	224,58	329,62	525,89	784,69	1051,26	1245,80
15a	in den privaten Verbrauch in %	90,4	87,8	86,0	87,0	87,7	87,9
15b	in die Ersparnis in %	9,6	12,2	14,0	13,0	12,3	12,1

* in Preisen von 1980

Quelle: Bundesminister für Arbeit und Sozialordnung, Stat. Tb. 1989, Tab. 1.1, 1.17, 1.18, 1.23, 1.4, 1.8, 1.9, 7.4

Das reale BSP war in der Periode 1985/88 doppelt so groß wie im Durchschnitt der Jahre 1960/64. Das nominale Volkseinkommen stieg 1960/64 und 1985/88 auf mehr als das Fünffache, ebenso das Volkseinkommen je Einwohner (Zeilen 4 und 6). Der Anteil der Löhne und Gehälter am Volkseinkommen erhöhte sich bis 1980/84 und sank erst in der letzten Periode leicht (Zeile 5). Der Anteil der Unternehmereinkommen ging langfristig bemerkenswert zurück (Zeile 5a), u. a., weil der Anteil der Einkommen aus Vermögen anstieg (Zeile 5b). Entsprechend dem Anstieg des Volkseinkommens wuchsen auch die verfügbaren Einkommen der Haushalte stark (Zeile 14). Aus Haushaltseinkommen wurden seit 1965 12–14% gespart (Zeile 15b).

c) *Verwendung.* Die Verwendungsstruktur des BSP zeigt – von den Exporten, Importen und Sozialleistungen abgesehen – eine bemerkenswerte Stabilität (Tab. 18, Zeilen 7–13). 54–57% wurden dem privaten Verbrauch zugeführt. Bis 1975 wurden rd. 25% des BSP für Anlageinvestitionen, ca. 15% für den Staatsverbrauch verwendet. Nach 1975 sanken die Anlageinvestitionen auf 20% ab, der Staatsverbrauch stieg auf

3. Entstehung, Entwicklung, Verwendung und Verteilung des Sozialprodukts

a) *Entstehung.* Die Gesellschaft der Bundesrepublik war geprägt durch eine auf industrieller Grundlage beruhende Dienstleistungsgesellschaft (vgl. Tab. 17), in der der landwirtschaftliche Sektor quantitativ ganz geringe Bedeutung hatte, der Anteil der industriellen Produktion (Energie- und Wasserversorgung, Bergbau, verarbeitendes Gewerbe und Baugewerbe) an der

ca. 20% an. Langfristig sehr konstant blieb mit 23–24% die Steuerquote. Deutlich stieg die Exportquote von 19,1 auf 32,9% Anteil der Exporte. Darin zeigt sich die Bedeutung des Exports für das wirtschaftliche Wachstum der Bundesrepublik. Auch die Importquote erhöhte sich deutlich. Einen starken Zuwachs von rd. 10 Prozentpunkten weist die Sozialleistungsquote zwischen 1960/64 und 1975/79 auf. Gründe dafür sind u. a. der (z. T. über-) forcierte Ausbau des Sozialstaates in den 60er Jahren und die seit 1974 aufgetretene hohe Arbeitslosigkeit. Seit Anfang der 80er Jahre gelang es, die Sozialleistungsquote zu stabilisieren.

d) Verteilung. Die Makroverteilung des Volkseinkommens blieb 1960–88 aus der Sicht der Lohn- und Gehaltsbezieher langfristig konstant, da die bereinigte Lohnquote, d. h. der Anteil der Löhne und Gehälter am Volkseinkommen bei rechnerisch konstant gehaltenem Anteil der Arbeitnehmer an den Erwerbstätigen – abgesehen von konjunkturellen Schwankungen (zwischen 68 und 75%) – weder einen fallenden noch einen steigenden Trend erkennen läßt (im Durchschnitt bei 71,5%). Da 1960–88 die Löhne je geleistete Arbeiterstunde (im Bergbau und verarbeitenden Gewerbe) stärker stiegen als das Produktionsergebnis je geleistete Arbeiterstunde und sich die übrigen Löhne und Gehälter ähnlich entwickelten, verbesserte sich die Verteilungsposition der überwiegenden Mehrheit der Arbeitnehmer. 1983 verdienten 36,4% aller Lohnsteuerpflichtigen unter 25 000 DM, 56,4% zwischen 25 000 und 75 000 DM, 7,2% mehr als 75 000 DM; bei den Einkommensteuerpflichtigen betrugen die entsprechenden Werte 19,7%, 67,6% und 12,7%.

4. Währungsordnung und Bankwesen

Grundlage der Geld- und Währungsordnung wurden das Ges. über die →Deutsche Bundesbank, das Ges. über das Kreditwesen und einige Spezialgesetze. Die für die Sicherung der Währung, der Geldwertstabilität und die Geld- und Kreditversorgung der Wirtschaft bedeutendste Institution wurde die mit dem Notenausgabemonopol und mit Instrumenten der Geldvolumensteuerung ausgestattete Bundesbank. Sie ist zwar verpflichtet, die Wirtschaftspolitik der Bundesregierung zu unterstützen, ist jedoch an deren Weisungen nicht gebunden, also in hohem Grade unabhängig. Die Festlegung des Außenwertes der Währung liegt in der Kompetenz der Bundesregierung. Die Bundesbank hat sich stets entsprechend ihrem Auftrag und ganz überwiegend mit Erfolg bemüht, die Stabilität des Geldwertes zu sichern. Neben der Bundesbank erlangte das Bundesaufsichtsamt für das Kreditwesen große Bedeutung. Es ist für die Erteilung und Rücknahme der Erlaubnis für das Betreiben von Bankgeschäften, für die Kreditüberwachung, für die Überwachung der Eigenkapitalausstattung und der Liquidität der Kreditinstitute sowie für die Beseitigung von Mißständen im Kreditwesen zuständig.

Die Mehrzahl der Kreditinstitute sind Universalbanken, d. h. sie betreiben alle Arten von Bankgeschäften (→Banken). Unter den Kreditinstituten gewannen die Großbanken (Deutsche Bank, Dresdner Bank, Commerzbank und deren Berliner Tochterinstitute) sowie die →Sparkassen mit ihren Girozentralen eine dominierende Stellung. Auf sie entfielen 1989 46,3% aller Bankaktiva. Durch die Kumulation verschiedener Funktionen (Kreditversorgung und Beratung der Unternehmungen, Aufsichtsratmitgliedschaften, Unternehmensbeteiligungen, Wahrnehmung von Depotstimmrechten) bei den Universalbanken und durch einen von der Monopolkommission seit 1976 immer wieder kritisch konstatierten Konzentrationsprozeß entstand ordnungspolitischer Handlungsbedarf.

5. Finanzverfassung und öffentliche Finanzwirtschaft

Die Finanzverfassung der Bundesrepublik ist föderativ (→Finanzverfassung und Finanzverwaltung).

Auf der Seite der *Einnahmen* stehen dem Bund die Zölle und die Finanzmonopole (z. B. das Branntweinmonopol) zu, den meisten →Verbrauchsteuern, die Kapitalverkehrsteuer, die Versicherungs- und die Wechselsteuer, den Ländern die →Vermögensteuer, die →Erbschaftsteuer, die Kraftfahrzeugsteuer, die Biersteuer und die Spielbankabgaben, den Gemeinden die →Grundsteuer und – z. T. – die →Gewerbesteuer sowie die Vergnügungs- und die Getränkesteuer.

Von den sog. Verbundsteuern erhalten der Bund von der →Einkommensteuer (einschließlich Lohnsteuer) 42,5%, die Länder 42,5%, die Gemeinden 15%; von der →Körperschaftsteuer Bund und Länder je 50%; von der →Umsatzsteuer 65,5% der Bund und 34,5% die Länder. An der Gewerbesteuer (ohne die Lohnsummensteuer) sind Bund und Länder mit je 7,5%, Gemeinden mit 85% beteiligt. Um größere Einnahmenunterschiede zwischen den Ländern und den Gemeinden auszugleichen, gibt es einen horizontalen →Finanzausgleich.

Von den gesamten Steuereinnahmen entfielen rd. 40% auf die Einkommen- und Lohnsteuer, 25% auf die Umsatzsteuer, je ca. 7–8% auf die Körperschaftsteuer und die Steuer vom Gewerbeertrag und Gewerbekapital, auf alle anderen Steuern geringere Anteile. Die Steuerquote blieb seit 1960 mit ca. 24% des BSP erstaunlich konstant.

Die *Ausgaben* des Bundes, der Länder und der Gemeinden 1987 in Höhe von insgesamt 976 Mrd. DM betrafen zu 8,4% Verteidigung, öffentliche Sicherheit und Rechtsschutz, zu 10,1% Schul- und Hochschulwesen sowie Forschung, zu 51,6% soziale Sicherheit, Gesundheit, Sport und Erholung und zu 10,5% Wohnungswesen, Raumordnung, Wirtschaftsförderung sowie Verkehrs- und Nachrichtenwesen.

Die *Staatsverschuldung* verzeichnete bis Ende der 70er Jahre steigende Zuwachsraten (vgl. Tab. 19), die 1965–74 v. a. durch eine Verschuldung der Länder und der Gemeinden, nach 1975 v. a. durch die wachsende Verschuldung des Bundes verursacht wurden.

Tabelle 19
Entwicklung der Staatsverschuldung seit 1960
(Jahresdurchschnittswerte)

	1960/64	1965/69	1970/74	1975/79	1980/84	1985/88
1a Verschuldung des Bundes* in Mrd. DM	32,2	49,3	65,5	159,1	309,8	437,1
1b Jahresdurchschnittliche Zuwachsrate in %		9,0	9,2	7,3	22,0	12,6	6,5
2a Verschuldung der Länder* und Gemeinden in Mrd. DM	29,5	54,4	90,6	174,2	293,9	391,2
2b Jahresdurchschnittliche Zuwachsrate in %		7,7	12,1	13,5	14,0	10,8	5,3
3a Gesamtverschuldung der öffentlichen Haushalte in Mrd. DM	61,7	103,7	156,1	333,3	603,7	828,3
3b Jahresdurchschnittliche Zuwachsrate in %		8,3	10,2	10,7	17,6	11,7	5,9
4 Von der Gesamtverschuldung entfielen auf den Bund in %	52,2	47,5	42,0	47,7	51,3	52,8
5 Gesamtverschuldung in % des BSP	17,2	20,1	18,8	27,4	37,2	41,7

* jeweils am Jahresende

Quelle: Bundesminister für Arbeit und Sozialordnung, Stat. Tb. 1989, Tab. 1.27

Von der Periode 1970/74 abgesehen, entfiel die öffentliche Verschuldung fast je zur Hälfte auf den Bund einerseits, die Länder und Gemeinden andererseits. Erst in den 80er Jahren gelang es wieder, die Wachstumsraten der Staatsverschuldung zu verringern, ohne jedoch die Schuldenzunahme zu stoppen, so daß in der Periode 1985/88 die jahresdurchschnittliche Staatsschuld 828 Mrd. DM ausmachte (41,7% des BSP). – →Öffentliche Finanzwirtschaft.

6. Außenwirtschaft

Die Exporte von Gütern und Dienstleistungen wurden zu einer immer gewichtigeren Bestimmungsgröße der wirtschaftlichen Entwicklung der Bundesrepublik (vgl. Tab. 18, Zeile 10). Eine Aufschlüsselung der Außenhandelsstruktur nach Güterarten (vgl. Tab. 20) zeigt das abnehmende Gewicht land- und forstwirtschaftlicher sowie bergbaulicher Erzeugnisse (Zeilen 1 und 3); dies bedeutete jedoch keinen absoluten Rückgang, weil sich das Einfuhrvolumen fast verzehnfachte.

Tabelle 20
Struktur des Außenhandels nach Güterarten

		Importe in %			Exporte in %		
		1960	1970	1987	1960	1970	1987
		1	2	3	4	5	6
1	Land- und Forstwirtschaft	25,7	13,6	7,4	0,9	1,3	1,2
2	Nahrungs- und Genußmittelindustrie	8,5	8,2	6,3	1,8	2,4	4,2
3	Bergbau	11,3	9,3	6,7	5,4	2,3	0,7
4	Grundstoff- und Produktionsgüterindustrie	29,0	29,9	26,0	29,3	27,0	23,9
4a	darunter: Chemische Erzeugnisse	5,6	7,4	9,8	12,4	13,4	13,4
5	Investitionsgüterindustrie	11,1	22,4	33,2	52,1	54,2	55,7
6	Verbrauchsgüterindustrie	10,2	13,5	17,5	9,3	11,2	12,1
7	Gesamtwert der Waren in Mrd. DM	42,7	109,6	409,6	47,9	125,3	527,3
8	Wert der Dienstleistungsein- bzw. -ausfuhr in Mrd. DM	13,0	39,6	160,2	11,9	31,8	143,1
9	8 in % von 7	30,4	36,1	39,1	24,8	25,4	27,1

Quelle: StJbBRD

Der in etwa gleichgebliebene Anteil der Einfuhren von Erzeugnissen der Grundstoff- und Produktionsgüterindustrie (Tab. 20, Zeile 4) hängt mit dem Rohstoff- und Halbwarenbedarf einer auf Veredelung abgestellten verarbeitenden Industrie zusammen. Der starke Anstieg importierter Investitions- und Verbrauchsgüter 1960–87 (Zeile 5) wurde dadurch mitverursacht, daß die Zunahme des Außenhandels industrialisierter Länder überwiegend auf der Intensivierung des Güteraustausches zwischen diesen Ländern beruht. 4/5 der Importe stammten aus den westl. Industrieländern, nur rd. 5% aus den bisherigen Staatshandelsländern des Ostblockes, ca. 12% aus dem Rest der Welt.
In der *Struktur der Exporte* dominierten Erzeugnisse der Investitionsgüterindustrie (Tab. 20, Zeile 5). Die Bundesrepublik entwickelte sich zu einem der größten Ausrüster der Weltwirtschaft mit Maschinen. Die Exporte der Grundstoff- und Produktionsgüterindustrie betrafen überwiegend chemische Erzeugnisse (Zeilen 4 und 4 a). 85% der Exporte gingen in die westl. Industrieländer, knapp 5% in die ehemaligen Staatshandelsländer, ca. 10% in die Entwicklungsländer.

7. Sozialpolitik

Schrittweise wurde ein System sozialen Schutzes und →sozialer Sicherung aufgebaut, das weitgehend gegen die sozialen Risiken der Krankheit, des Unfalls, der vorzeitigen Erwerbsunfähigkeit, des Alters, des Todes des Ernährers und der Arbeitslosigkeit schützt und elementaren Interessen der Arbeitnehmer mit Hilfe eines hochentwickelten Arbeitszeit-, Gefahren- und Kündigungsschutzes sowie von Mitbestimmungsrechten in den Betrieben und Unternehmungen (→Mitbestimmung) Rechnung trägt. Sozial orientierte Bildungs-, Familien-, Wohnungsbau- und Vermögenspolitik wurden zu wichtigen Gestaltungsbereichen der →Sozialpolitik. In der →Unfall-, →Kranken-, →Renten- und Arbeitslosenversicherung (→Arbeitslosenversicherung und Arbeitslosenhilfe) sind fast alle Arbeitnehmer erfaßt. Die Beiträge werden, mit Ausnahme der Unfallversicherung, die allein von den Arbeitgebern finanziert wird, je zur Hälfte von Arbeitgebern und Arbeitnehmern aufgebracht und bis zu einer vom Gesetzgeber zu definierenden Bemessungsgrenze einkommensproportional festgelegt. Die Geldleistungen (Kranken- und Arbeitslosengeld, Renten) sind i. d. R. an der Beitragsleistung der Versicherten orientiert. Sie sichern mit durchschnittlich 63–80% der individuellen Arbeitsentgelte den Lebensstandard. Das Sicherungssystem ist jedoch auch solidaritätsorientiert: z. B. sind erwerbslose Familienangehörige eines Mitglieds der gesetzlichen Krankenversicherung ohne Beitragsleistung zum Bezug aller Sachleistungen berechtigt; die Renten vorzeitig erwerbsunfähig Gewordener sind höher, als es den Beitragsleistungen entspricht usw. Als eine Art letztes Auffangnetz fungiert die →Sozialhilfe, auf die jeder Einwohner der Bundesrepublik ohne jede Vorleistung einen Rechtsanspruch hat. Voraussetzung ist – dem Subsidiaritätsprinzip (→Subsidiarität) entsprechend –, daß der Hilfesuchende keine Möglichkeit hat, seine Existenz durch eigenes Einkommen und Vermögen, durch Ansprüche gegen die Sozialversicherung oder gegen unterhaltspflichtige Verwandte zu sichern.

Weitere wichtige Merkmale der Sozialpolitik sind das Prinzip der Selbstverwaltung sozialer Angelegenheiten, d. h. die Mitwirkung der →Arbeitgeberverbände und der →Gewerkschaften an der Verwaltung der Einrichtungen sozialer Sicherung und die Festlegung der Arbeitsbedingungen im Wege der Tarifautonomie (→Tarifrecht), sowie das Prinzip der Pluralität der Trägerschaft wohlfahrtsstaatlicher Einrichtungen (Kindergärten, Krankenhäuser, Altenheime usw.) durch die Verbände der →Freien Wohlfahrtspflege und die Gemeinden (→Gemeinde, politische V).

Das Sozialleistungsvolumen hatte im Durchschnitt der Jahre 1985/89 mit 31,2% des BSP die stattliche Höhe von 633 Mrd. DM erreicht und lag damit höher als das 1969 erwirtschaftete BSP.

B. Deutsche Demokratische Republik

1. Grundzüge des Wirtschaftssystems

Die parteiprogrammatische und verfassungsrechtliche Festlegung auf den Typ „sozialistische Volkswirtschaft" als „historische Überwindung des Kapitalismus" bestimmen Ordnung und Instrumente des Wirtschaftens: (1) *Staatliches Eigentum* an den Produktionsmitteln, (2) die *zentrale Planung und Leitung* der Produktion und Distribution sowie mit geringerer Verbindlichkeit des Konsums, (3) eine zentrale Koordinierung mit Finanz-, Arbeits-, Einkommens- und Sozialpolitik, (4) ein zentral gestaltetes System der *Leistungsanreize*, (5) die stark *eingeschränkte Autonomie* der Betriebe und Haushalte, geringe Aktionsmöglichkeiten der territorialen Verwaltung, des FDGB, der FDJ und anderer Massenorganisationen.

Die zentrale Planung bevorzugte staatliche Festpreise und die Mengenplanung, wodurch ein direkter Preis-Mengen-Zusammenhang verhindert wurde.

In mehreren Enteignungswellen wurde der Anteil des sozialistischen Eigentums (gemessen an der Beschäftigtenzahl) 1945–72 auf 75% gesteigert (in der Industrie bereits bis 1950). Der Anteil des genossenschaftlichen Eigentums schwankte seit der letzten Enteignungswelle 1972 um 9%.

2. Natürliche Ressourcen

Die DDR zählte zu den rohstoffarmen Ländern. Lediglich 35,2% (1989) des Gesamtaufkommens an metallischen *Rohstoffen* entfiel auf die landeseigene Gewinnung. Bei den pflanzlichen und tierischen sowie den mineralischen Rohstoffen konnte auf Importe weitgehend verzichtet werden. Von 1600 mineralischen Lagerstätten entfielen die meisten auf Steine und Erden – die Basis der Baustoff-, Glas- und Keramikindustrie – und auf Steinsalze und Kali. Wichtigster Bodenschatz war die Braunkohle – Rohstoff der *Energieproduktion* und der Chemischen Industrie. Weitere eigene Primärenergieträger waren Erdöl und Kernenergie. Das Gesamtaufkommen an Primärenergie setzte sich zusammen (1988) aus Rohbraunkohle (64,8%), Steinkohle (3,3), Erdöl (16,8), Erdgas (9,0), Kernkraft (2,7) und Wasserkraft (0,2). Es wurde ein hoher Verwertungsgrad der Rohstoffe erreicht, allerdings weitgehend ohne ökologische und ökonomische Rücksichten. Dies trug erheblich bei zur hohen Verschmutzung der Luft (u. a. durch Schwefeldioxid-, Stickoxid- und Staub-Emission), der Flüsse und zur Waldschädigung (seit 1989 über 50%). Hinzu kam die umweltgefährdende Beseitigung von Abfällen.

3. Wirtschaftsentwicklung

Die Praxis einer industriezentristischen Autarkiepolitik nach kriegs- und sowjetwirtschaftlichem Muster stand der effizienten Nutzung der Ressourcen und einer proportionalen wirtschaftlichen Entwicklung entgegen. Wirtschaftliches Wachstum ergab sich bei nur geringem Anstieg der Beschäftigung v. a. aus einer starken Zunahme des Anlagevermögens und des Produktionsverbrauchs.

Gemessen am Sozialprodukt nach westlicher Methode war die *Land- und Forstwirtschaft* mit schwindendem Anteil an der gesamtwirtschaftlichen Wertschöpfung beteiligt (1960: 13%, 1985: 7%) (vgl. Tab. 21).

Nach Bodenreform und Kollektivierung (LPG-Typen I, II, III) wurde seit den 70er Jahren eine rigorose Spezialisierung und Konzentration der Produktion betrieben. Bei steigendem Einsatz von Kapital, Energie, Dünge-, Futter- und Pflanzenschutzmitteln sank die im internationalen Vergleich hohe Besatzzahl an Arbeitskräften. Der entscheidende jährliche Leistungsbeitrag kam vom *Produzierenden Gewerbe* (Industrie und Bauwirtschaft), das seinen Anteil steigerte (1960: 58%, 1985: 67%). – Die *Industriestruktur* wurde nach Kriegsende komplettiert, indem eine Schwermaschinenindustrie aufgebaut und die Grundstoffindustrie ausgebaut wurde. Die in der Vorkriegszeit dominierenden Branchen der Lebensmittel-, Leicht- und Textilindustrie verloren ihre Spitzenpositionen. Der ebenfalls traditionell starke Maschinen- und Fahrzeugbau entwickelte sich zum wichtigsten Industriezweig; überdurchschnittlich wuchsen die Chemische Industrie und der Zweig Elektrotechnik/Elektronik/Gerätebau. Die Strukturveränderungen waren von einer starken Produktionskonzentration begleitet. Die Hauptstandorte lagen in vier relativ engen Ballungszentren: Chemnitz (Karl-Marx-Stadt), Dresden, Halle/Leipzig, Berlin (Ost).

Die Anteile von *Handel und Verkehr* (1960: 12%, 1985: 11%) und der privaten und staatlichen *Dienstleistungen* (1960: 18%, 1985: 15%) lagen unter dem international vergleichbaren Niveau.

4. Währungsordnung

Die materielle Deckung der Währung „Mark der DDR" (M) war durch den Abgleich von Geldemission der Staatsbank und wirtschaftlicher Wertschöpfung zu sichern. Der Währungsstabilität dienten ein bargeldloser Zahlungs- und Verrechnungsverkehr aller Betriebe und Organisationen sowie eine strenge Kreditreglementierung. Der Bargeldumlauf war auf die Konsumtionssphäre beschränkt. Er stieg 1950–89 von 183 M auf 1036 M je Einwohner. Die Spargutshaben erhöhten sich 1970–89 von 52,1 Mio. auf 159,6 Mio. M. Die Kaufkraft der Mark blieb weitgehend stabil (partielle Bargeldentwertung 1967). Die Mark war reine Binnenwährung, der Devisenverkehr staatlich geregelt. Seit Ende der 70er Jahre wurde die D-Mark zunehmend als „zweite Währung" gehandelt. Der grenzüberschreitende Austausch erfolgte im innerdeutschen Handel und im RGW-Handel über Verrechnungseinheiten und feste Wechselkurse, sonst über konvertierbare Fremdwährungen. Nach der Enteignung privater Banken und der Währungsreform 1948 trat ein staatliches *Bankenmonopol* in Kraft (Staatsbank, staatliche und genossenschaftliche Geschäftsbanken, Sparkassen). Den Banken oblag der Zahlungsverkehr, die Sammlung aller freien Gelder und die Regulierung des Bargeldumlaufs.

5. Verwendung des Sozialprodukts

Bei der Verwendung des Sozialprodukts ergaben sich Anteilsverschiebungen zwischen *privatem Verbrauch* und *Investitionen*: Bis Ende der 60er Jahre eine steigende Investitionsquote und eine entsprechend sinkende Konsumquote, danach eine annähernde Konstanz beider Quoten (vgl. Tab. 21).

In den 80er Jahren wuchsen bei nachlassender wirtschaftlicher Leistungskraft die Arbeitseinkommen sowie die unentgeltlichen Zuschüsse zur Wohnungswirtschaft, zum Bildungs- und Sozialwesen („erweiterter" privater Verbrauch) bedeutend schneller als das BIP, wodurch die wirtschaftlichen Disproportionen verschärft wurden.

Tabelle 21
Entstehung und Verwendung des Bruttosozialprodukts [1]
(in Mrd. DM)

	1960	1965	1970	1975	1980	1985
Warenproduzierende Gewerbe	50,2	72,3	96,9	127,9	162,1	
Energie, Bergbau, Wasserwirtschaft	10,0	10,0	11,7	13,4	16,9	
Verarbeitendes Gewerbe	43,4	56,2	76,5	103,5	132,7	
Bauwirtschaft	4,8	6,1	8,7	11,0	12,5	
Land- und Forstwirtschaft	13,4	13,9	14,7	16,2	16,4	
Handel und Verkehr	12,4	14,4	18,3	24,3	28,5	
Dienstleistungen	17,9	21,4	25,1	29,9	35,0	
Alle Wirtschaftsbereiche	101,9	122,0	155,0	198,3	242,0	
Korrekturposten [2]	1,3	3,4	4,9	5,9	8,0	
BSP	100,6	110,6	150,1	192,4	234,0	
Privater Verbrauch	55,2	61,8	76,2	96,6	117,0	
Investitionen (einschl. Vorratsänderung)	22,8	29,4	43,8	54,3	60,6	
Staatsverbrauch und Außenbeitrag	22,6	27,4	20,1	41,5	56,4	

[1] Westliche Methode, zu Preisen von 1980 – [2] Verrechnungen abzüglich Generalreparaturen

Quelle: Hdb. DDR-Wirtschaft. Hg. Deutsches Institut für Wirtschaftsforschung Berlin. Reinbek [4] 1984, S. 363

Die *Geldeinkommen* der Bevölkerung setzten sich v. a. aus Arbeitseinkommen (rd. 80%) und öffentlichen Einkommensübertragungen (Renten, Krankengeld) zusammen. Ausgenommen 1961 (Wachstumskrise) stiegen sie in allen Jahren. Abgesehen von Einzelfällen gab es private Einkommen aus Eigentum und Kapitalvermögen nur noch sehr begrenzt. Das monatliche Durchschnittseinkommen lag zum Schluß bei 1100 Mark bei einem Mindestbruttolohn von 400 Mark. Die Renteneinkommen boten nur eine Mindestsicherung (durchschnittlich 530 Mark je Mitglied eines Rentnerhaushalts). Im Übergangsjahr 1990 kam es durch die Währungsumstellung im Verhältnis 1 : 1 und durch Tarif- und Rentenanhebungen zu einer kräftigen Steigerung des Arbeitseinkommens (ca. 30% der Nettoeinkünfte) und der Renten (über 30%).

6. Öffentliche Finanzwirtschaft, Staatshaushalt

In den maßgeblichen Wirtschaftsbereichen konnte nicht mehr zwischen privater und *öffentlicher Finanzwirtschaft* unterschieden werden. Letztere umfaßte neben der staatlichen Einnahmen- und Ausgabenpolitik auch die Betriebsfinanzen der staatlichen Produktionsstätten sowie die Finanzen und Geschäfte der Banken und Versicherungen („einheitliches sozialistisches Finanzsystem"). Die Finanzautonomie lag weitgehend beim Gesamthaushalt *(Staatshaushalt),* der die Haushalte der Gebietsverwaltungen, den Etat des Zentralstaats und den Sonderetat der Sozialversicherung integrierte. Einbezogen waren auch die Etats der Massenorganisationen. Der Staatshaushalt war wichtiges Instrument der Planung und Leitung der Wirtschaft. Seine Einnahmen ergaben sich aus (1) Abführungen der staatlichen Wirtschaft, die sich aus Quasi-Steuern auf das Anlage- und Umlaufvermögen, die Lohnsumme, den Gewinn sowie auf Konsumgüter zusammensetzten (75%, 1989), (2) aus Steuern der genossenschaftlichen privaten Betriebe sowie Gemeindesteuern (13%), (3) Sozialversicherungsbeiträgen (7%), (4) aus sonstigen Beiträgen und Gebühren (4%). Die Abführung aus dem Nettogewinn entwickelte sich zur ergiebigsten Einnahmequelle. Während die Etatausgaben für die traditionellen staatlichen Leistungsbereiche und für die Sozialversicherung relativ sanken, stieg der Aufwand für Subventionen.

7. Außenwirtschaft

Der hohe Verflechtungsgrad des Wirtschaftsraumes vor dem Krieg sank unter das international übliche Maß, nachdem das staatliche *Außenhandels- und Valutamonopol* errichtet und die Produktionsbetriebe organisatorisch und finanziell von den Außenmärkten strikt getrennt worden waren. Die Außenhandelsergebnisse wurden in einer statistischen Recheneinheit *(Valuta-Mark)* ausgewiesen. Bis zu den Preisturbulenzen auf den Weltmärkten in den 70er Jahren entwickelte sich die *Handelsbilanz* insgesamt mit leichtem Überschuß. Defizite im Westhandel standen Überschüsse im Handel mit sozialistischen und Entwicklungsländern gegenüber. Nach hohen Defiziten gegenüber westl. Ländern sowie der UdSSR wurde 1981 mit einer drastischen Importdrosselung eine grundlegende Wende vollzogen. Rund 2/3 des Außenhandels entfielen auf die RGW-Länder, etwa 25% auf westliche Industrieländer (davon 50% auf den innerdeutschen Handel).

8. Sozialpolitik

Deutsche und sowjetische Traditionen fortführend, zielte die Sozialpolitik bereits in den ersten 15 Jahren darauf ab, soziale Sicherheit und Milderung bzw. Beseitigung von sozialen Härtefällen zu gewährleisten. Darüber hinaus war Sozialpolitik den wirtschafts- und gesellschaftspolitischen Maßnahmen des Staates verpflichtet. Nach sozialpolitischen Gratifikationen für anfängliche Aufbauleistungen hieß dies später v. a., beschäftigungspolitische Effekte zu erzielen. Sozialpolitik hatte seitdem v. a. die Vereinbarkeit von Erwerbstätigkeit und Mutterschaft im Blick. Generell war Sozialpolitik charakterisiert durch arbeitsrechtliche Schutzgesetzgebung, staatliche Lohnpolitik, umfassende Sicherung bei Ausfall des Erwerbseinkommens sowie ein breites Angebot an öffentlichen Gütern und Dienstleistungen. Die übliche Finanzierung aus Beiträgen der Erwerbstätigen und der Betriebe mußte in steigendem Maße durch staatliche Zuschüsse (1960: 20%, 1990: 50%) ergänzt werden (Wandel vom Versicherungs- zum Versorgungsprinzip).

C. Die Währungs-, Wirtschafts- und Sozialunion und der Einigungsvertrag

1. Politische Entwicklung

Vor dem Hintergrund der Entwicklung seit dem 11.9.1989 (Öffnung der Grenze Ungarns für Bürger der DDR nach Österreich) unterbreitete Bundeskanzler *Helmut Kohl* am 6.2.1990 der DDR-Regierung das Angebot einer Währungs-, Wirtschafts- und Sozialunion (WWSU). Die Regierung der DDR unter Ministerpräsident *Hans Modrow* erklärte sich zunächst nur bereit, dieses Angebot zu prüfen. Erst nach den ersten freien Wahlen in der DDR am 18.3.1990 und nach Bildung der neuen DDR-Regierung unter Ministerpräsident *Lothar de Maizière* konnten in einer Expertenkommission unter Leitung von *Günter Krause* (DDR) und *Hans Tietmeyer* (Bundesrepublik) Verhandlungen zur Vorbereitung eines Staatsvertrages aufgenommen werden. Dieser Vertrag konnte bereits am 18.5.1990 unterzeichnet werden. Zentraler Bestandteil war die übergangslose Einführung der Sozialen Marktwirtschaft in der DDR mit der D-Mark als alleinigem Zahlungsmittel ab dem 1.7.1990. Die DDR übernahm alle wichtigen Wirtschaftsgesetze der Bundesrepublik und hob entgegengesetzte Rechts- und Verfassungsvorschriften auf.

2. Die wirtschaftliche Lage der DDR vor der WWSU

Eine der wesentlichen Ursachen für den Verfall des politischen Systems der DDR war die immer deutlicher werdende Wirtschaftsmisere, die in zunehmendem Gegensatz stand zu der prosperierenden Wirtschaft und dem breitgestreuten Wohlstand in der Bundesrepublik. Da keine verläßlichen und vergleichbaren statistischen Angaben für die DDR existierten, war das Wohlfahrtsgefälle jedoch nur schwer in Zahlen faßbar. Schätzungen zufolge betrugen die Produktivität und das Pro-Kopf-Sozialprodukt in der DDR etwa 30–40% des Niveaus in der Bundesrepublik. Außerdem entsprachen Qualität und Vielfalt des Güterangebots in den meisten Sektoren nicht oder nur z. T. den am Markt herrschenden Ansprüchen; insbes. der Wohnungsbestand war in schlechter Verfassung und der Dienstleistungssektor unterentwickelt. Die Lebensqualität wurde darüber hinaus durch ungünstige Arbeitsbedingungen, Infrastrukturprobleme und starke Umweltbelastungen erheblich beeinträchtigt. Die volle Dimension der Wirtschafts- und Umweltprobleme wurde erst nach der Öffnung der Grenzen zunehmend deutlich.

Ursache des wirtschaftlichen Rückstandes der DDR war v. a. das zentralistische Planungssystem (vgl. V B), das die Bereitschaft minderte, Risiken zu übernehmen und Neuerungen durchzusetzen, und einen an den Präferenzen der Konsumenten ausgerichteten Strukturwandel erschwerte. Darüber hinaus hatte die politische Führung der DDR den Umweltschutz über lange Zeit hindurch extrem vernachlässigt.

3. Die Grundlinien der WWSU und ihre Ausgestaltung

Nach der Öffnung der innerdeutschen Grenze wuchs in der DDR-Bevölkerung rasch die Erkenntnis, daß die wirtschaftlichen und sozialen Mißstände nur durch eine grundlegende Änderung der Währungs-, Wirtschafts- und Sozialordnung überwunden werden könnten. Ganz offensichtlich beinhaltete das Mehrheitsvotum bei der Wahl im März 1990 auch eine Entscheidung der Wähler für eine Währungs-, Wirtschafts- und Sozialunion mit der Bundesrepublik als Vorstufe für eine baldige politische Vereinigung. Durch die weitgehende Übernahme der in der Bundesrepublik bewährten Wirtschafts- und Sozialordnung (vgl. V A) sollte die erforderliche Transformation der DDR-Wirtschaft rasch ermöglicht und gesichert werden, um die Lebensverhältnisse der Bevölkerung nachhaltig zu verbessern.

Über die grundsätzliche Bereitschaft zur baldigen Einführung einer WWSU bestand schon vor Beginn der eigentlichen Verhandlungen bei den politischen Parteien auf beiden Seiten weitgehende Einigkeit; über den Inhalt und das Tempo der Verwirklichung gab es jedoch beträchtliche Meinungsunterschiede.

Einzelne Mitglieder der Koalitionsregierung der DDR wehrten sich zunächst v. a. gegen eine unveränderte Übernahme der Wirtschafts- und Sozialordnung der Bundesrepublik; sie drängten insbes. im Bereich der Sozialordnung auf ein Mischsystem mit Übernahme bisheriger DDR-Regelungen. Derartige Vorstellungen und Wünsche scheiterten jedoch am Widerstand der Bundesregierung.

Vor allem in der Bundesrepublik – z. T. auch in der DDR – war zunächst auch umstritten, ob die Verwirklichung der WWSU besser in einem oder in mehreren Schritten erfolgen sollte. Eine schrittweise Einführung der Marktwirtschaft, so wurde argumentiert, hätte möglicherweise soziale Härten in der Übergangsperiode vermindern können. Insbesondere eine verzögerte Einführung der D-Mark auf dem Gebiet der DDR hätte die Option offengehalten, mangelnder internationaler Konkurrenzfähigkeit der DDR-Wirtschaft mit einer Abwertung der DDR-Mark zu begegnen. Gegen eine solche graduelle Lösung sprachen jedoch die damit verbundenen politischen Verzögerungen und Unsicherheiten. Der Vorteil der harten, übergangslosen Lösung war es, den Menschen in Ost- und Westdeutschland Klarheit über die Zukunft zu verschaffen. Dies war nicht nur nötig, um die starke Abwanderung aus der DDR zu bremsen, sondern auch, um den Standort DDR für privates westliches Kapital attraktiv zu machen. Aus diesen Gründen und v. a. auch im Hinblick auf den so ausgelösten Zugzwang zur baldigen vollen politischen Vereinigung gaben beide Regierungen letztlich einer weitgehend stufenlosen Einführung der WWSU Vorrang. Übergangsregelungen wurden auf eine kurze Frist und auf wenige Bereiche beschränkt.

a) *Die Währungsunion.* Mit Wirkung vom 1.7.1990 wurde die D-Mark als Währung in der DDR eingeführt. Hierdurch verlor die bisherige Mark der DDR ihre Gültigkeit als Zahlungsmittel, und die Zuständigkeit für die Geld- und Währungspolitik wurde vom gleichen Tage an in vollem Umfang von der Staatsbank der DDR auf die →Deutsche Bundesbank übertragen. Mit der D-Mark wurde auch das westdeutsche Bankensystem übernommen. An die Stelle des Geldversorgungs- und Kontenverwaltungssystems der Zentralverwaltungswirtschaft trat ein marktwirtschaftliches Bankensystem mit freiem Zugang von Auslandsbanken und der Bankenaufsicht der Bundesrepublik.

Eine Kernfrage in der öffentlichen Diskussion waren die Umstellungsmodalitäten für Strom- und Bestandsgrößen von Mark der DDR auf D-Mark. Für einen niedrigen Umtauschkurs für Unternehmensschulden, Löhne und Spareinlagen sprachen gewichtige ökonomische Argumente: die Förderung der nationalen und internationalen Wettbewerbsfähigkeit der Unternehmen, die Erweiterung des Freiraums für die Bildung einer leistungsorientierten Lohnstruktur in der DDR und die Absorption des in der DDR bestehenden Kaufkraftüberhanges. Ein zu niedriger Umtauschkurs für Spareinlagen erschien jedoch sozial ebensowenig akzeptabel wie ein Umstellungskurs für Löhne und laufende Zahlungen unterhalb von 1 : 1.

Im Staatsvertrag wurde eine Kompromißlösung vereinbart: Sämtliche Stromgrößen (Löhne, Gehälter, Stipendien, Renten, Mieten etc.) wurden zum Kurs 1 : 1 umgestellt, Bestandsgrößen prinzipiell zum Kurs 1 : 2. Je nach Lebensalter konnten jedoch DDR-Bürger pro Kopf Spareinlagen zwischen 2000 und 6000 DDR-Mark ebenfalls zu pari umtauschen. Für die Gesamtbilanz des Kreditsystems der DDR ergab sich hierdurch eine durchschnittliche Umstellungsrate von ca. 1,83 : 1. Durch die asymmetrische Umstellung von Forderungen und Verbindlichkeiten der Banken entstand eine Ausgleichsforderung gegenüber dem Staatshaushalt in der DDR.

b) *Die Wirtschaftsunion.* Ihren Kern bildete die übergangslose Einführung der in der Bundesrepublik geltenden Sozialen Marktwirtschaft in der DDR einschließlich einer weitgehenden Übernahme der Umweltschutzvorschriften. Als wesentliche Elemente der Sozialen Marktwirtschaft nennt der Staatsvertrag Privateigentum, Leistungswettbewerb, freie Preisbildung und grundsätzlich volle Freizügigkeit von Arbeit, Kapital, Gütern und Dienstleistungen. Außerdem sichert der Vertrag die grundlegenden wirtschaftlichen Freiheitsrechte wie Vertrags-, Gewerbe-, Niederlassungs- und Berufsfreiheit. In Verbindung mit der Festschreibung des Rechts der Unternehmen auf freie Entscheidung über Produkte, Mengen, Produktionsverfahren, Investitionen, Arbeitsverhältnisse, Preise und Gewinnverwendung besiegelte der Vertrag damit das Ende der Zentralverwaltungswirtschaft. Darüber hinaus öffnete sich die DDR-Wirtschaft mit dem Vertrag auch gegenüber den Märkten der Bundesrepublik und des westl. Auslands. Lediglich für den Außenhandel mit den RGW-Staaten, die Landwirtschaft, den Umweltschutz und für Strukturanpassungshilfen an Unternehmen wurden Übergangsregelungen vorgesehen.

Nach Abschluß des Staatsvertrages übertrugen die politischen Instanzen der DDR der schon Anfang März 1990 – allerdings damals noch mit anderen Aufgaben – gegründeten Treuhandanstalt in Berlin eine entscheidende Rolle im Umstrukturierungsprozeß der DDR-Wirtschaft. Die Treuhand übernahm alle Volkseigenen Betriebe und Kombinate und erhielt Ende Juni 1990 die Aufgabe, die ca. 8000 Unternehmen wettbewerblich zu strukturieren und zu privatisieren. Die Kombinate sollten aufgelöst und in effiziente Einheiten umgewandelt, nicht-sanierungsfähige Unternehmen jedoch stillgelegt werden. Die Erlöse aus der Privatisierung sollten vorrangig zur Strukturanpassung der Wirtschaft und zur Sanierung des Staatshaushalts eingesetzt werden.

c) *Die Sozialunion.* Auch im sozialen Bereich war eine grundlegende Umgestaltung notwendig. Um eine unwirtschaftliche Kombination zweier Systeme zu vermeiden, wurde das Arbeits- und Sozialrecht der Bundesrepublik vollständig auf das Gebiet der DDR übertragen. Damit galten von Beginn an Koalitionsfreiheit, Tarifautonomie, Arbeitskampfrecht, Betriebsverfassung, Unternehmensmitbestimmung und Kündigungsschutz entsprechend dem Recht der Bundesrepublik; zudem mußten in der DDR Selbstverwaltungskörperschaften des öffentlichen Rechts unter Aufsicht des Staates eingerichtet werden. Es wurde festgelegt, die Renten an die Entwicklung der Nettolöhne auf dem Gebiet der DDR zu koppeln. Die Renten- und Krankenversicherungen sollten zunächst als finanziell eigenständige Institutionen geführt werden; ein horizontaler Ausgleich mit den Systemen in der alten Bundesrepublik war im Staatsvertrag nicht vorgesehen.

d) *Die öffentlichen Haushalte.* Durch die Einführung der Marktwirtschaft mußte die staatliche Haushaltspolitik der DDR grundsätzlich reformiert werden. Wesentliche Bestandteile der alten Haushaltsstruktur waren auszugliedern, so der Sozialversicherungsbereich, die Wirtschaftsunternehmen, die Verkehrsbetriebe sowie die Deutsche Reichsbahn und die Deutsche Post. Darüber hinaus galt es, die Preissubventionen für Güter des täglichen Bedarfs aufzuheben. Lediglich die Preise für die Bereiche Verkehr und Wohnungswesen sowie die private Nutzung der Energie sollten schrittweise mit der Einkommensentwicklung angepaßt werden.

Angesichts des Rückstandes der Wirtschaft in der DDR und der Vielzahl der Aufgaben zur Umstrukturierung gewährte die Bundesrepublik Finanzhilfen. Diese sollten zu einem Teil aus einem speziell geschaffenen *„Fonds Deutsche Einheit"* aufgebracht und für Investitionen verwandt werden. Daneben sollte eine Anschubfinanzierung aus dem Westen die Startschwierigkeiten beim Aufbau der Sozialversicherungen auf dem Gebiet der DDR überwinden helfen.

4. Weiterentwicklung durch den Einigungsvertrag

Mit der WWSU war der erste bedeutsame Schritt in Richtung auf die Herstellung der staatlichen Einheit vollzogen; damit wurde zugleich ein Zugzwang zur raschen Vollendung der politischen Einheit ausgelöst. Nach Klärung der sog. „äußeren Aspekte" sowie dem Abschluß entsprechender internationaler Vereinbarungen wurde der *„Einigungsvertrag"* am 31.8.1990 unterschrieben (vgl. II A). Er übertrug mit dem Beitritt der DDR zur Bundesrepublik gemäß Art. 23 GG am 3.10.1990 das gesamte rechtliche System der Bundesrepublik (vgl. III A), einschließlich des Verwaltungsaufbaus, auf die fünf Länder der vergehenden DDR.

In wirtschaftlicher Hinsicht bedeutsam waren insbes. die Regelungen zur Finanzverfassung, zu den öffentlichen Schulden und Vermögen und zu den sog. „offenen Vermögensfragen". Mit der Vereinigung galt das Finanzsystem der Bundesrepublik (→Finanzverfassung und Finanzverwaltung) auch auf dem Gebiet der ehem. DDR. Es wurden jedoch einige Übergangsregelungen vereinbart. Die Verteilung des Einkommensteueraufkommens auf die Gemeinden sollte sich anfangs nach der Einwohnerzahl, nicht nach der Einkommensteuerleistung richten. Der Vertrag bestimmte ferner, daß die neuen Länder bis Ende 1994 nicht am →Finanzausgleich der Länder der alten Bundesrepublik beteiligt werden. (Eine andere Regelung, nach der die neuen Länder befristet geringere Anteile am Umsatzsteueraufkommen erhalten sollten, wurde bereits Anfang 1991 aufgehoben.)

Das Verwaltungsvermögen der DDR, das nicht für Verwaltungsaufgaben der Länder und Gemeinden bestimmt war, wurde Bundesvermögen und mußte für die Erfüllung von Aufgaben auf dem Gebiet der DDR verwandt werden. Das öffentliche Finanzvermögen wurde je zur Hälfte auf den Bund und die neuen Länder aufgeteilt. Die Schulden der DDR wurden zunächst auf ein Sondervermögen des Bundes übertragen; sie sollen ab 1994 vom Bund, den neuen Ländern und der Treuhandanstalt übernommen werden.

Hinsichtlich der sog. „offenen Vermögensfragen" wurde – entsprechend der „Gemeinsamen Erklärung" beider Regierungen vom 15.6.1990 – bestimmt, daß Vermögen auf dem Gebiet der ehem. DDR, welches nach 1949 durch Enteignung oder Flucht verloren wurde, grundsätzlich zurückzugeben ist. Falls dies nicht möglich ist oder aus wirtschaftspolitischen Aspekten nicht sinnvoll erscheint, soll der ehemalige Eigentümer entschädigt werden.

Der Vertrag enthält auch Bestimmungen zur wirtschaftlichen Förderung der neuen Länder und zur Einbindung der Deutschen Reichsbahn und der Deutschen Post in die Systeme der Bundesrepublik. Er fordert darüber hinaus auch eine Neugliederung der Bundesbank durch den Bundesgesetzgeber innerhalb eines Jahres.

Mit der WWSU wurde der Schutzzaun für die DDR-Wirtschaft abgebrochen. Die alten, politisch bestimmten Produktionsstrukturen erwiesen sich schnell als international nicht konkurrenzfähig. Gleichzeitig zeigte sich sehr bald, daß durch die 40jährige Kommandowirtschaft die Eigenständigkeit und Initiative der Menschen im Osten D.s unterentwickelt waren. Eine „Reinigungskrise" wurde damit unvermeidlich, um neue, auf dem Weltmarkt wettbewerbsfähige und an den Bedürfnissen der Bürger orientierte Wirtschaftsstrukturen entstehen zu lassen.

VI. Kultur, Religion, Bildung

A. Bundesrepublik Deutschland (1949–1991)

Nach dem Ende des Dritten Reiches veränderten sich die kulturellen Entwicklungsmöglichkeiten in Deutschland. Dies geschah unter dem Einfluß der westlichen und der östlichen Siegermächte ebenso wie unter der wachsenden Bereitschaft intellektueller Milieus, die den bisherigen Kulturverlauf weitgehend als „deutschen Sonderweg" einschätzten und teils am westlichen, teils am sowjetischen Modell zu korrigieren versuchten. Die daraus entstehenden Divergenzen verstetigten sich im Gleichlauf mit der Verfestigung der Zweistaatlichkeit in Deutschland. Gleichwohl galten in den Jahren der Teilung Kunst und Kultur bis zuletzt als „eine Grundlage der fortbestehenden Einheit der deutschen Nation" (EV Art. 35).

1. Kultur

a) *Geschichtliche Aspekte.* Zu den frühesten kulturellen Regungen im besiegten Deutschland gehören das *Stuttgarter Schuldbekenntnis* des Rates der EKD vom 19.10.1945, die Besinnung auf das alte Wahre (*F. Meinecke*, 1946) und – nach Jahren der Zensur und der Unterdrückung „undeutscher" Art – Bezeugungen eines „anderen Deutschland" in Literatur, bildender Kunst und Musik. Man knüpfte an das klassische Erbe an und holte Versäumtes nach: ein Gedichtband „De profundis" stellt Gegenwartskunst vor (*Werner Bergengruen* u.a., 1946); deutsche Dichtung des Auslands fand neue, im Fall *Thomas Manns* nicht unumstrittene Aufmerksamkeit. Die Heimkehrergeneration meldete sich mit expressiven Stücken zu Wort (*Wolfgang Borchert*, „Draußen vor der Tür", 1947); *Gertrud von le Fort* und *Reinhold Schneider* gaben der kath. Dichtung neuen Rang. Stürmisch griff man ausländische Entwicklungen auf, besonders den frz. Existenzialismus

(→Existenzphilosophie). In der bildenden Kunst erschienen nach und nach diejenigen wieder, die lange Jahre als „entartet" diffamiert gewesen waren (*Lovis Corinth, Otto Dix, Karl Hofer, Max Beckmann* u. a.); *Willi Baumeister* wurde zum theoretischen und praktischen Wegbereiter des abstrakten Expressionismus (Informelle Kunst, Action Painting), zu dem *Ernst Wilhelm Nay* farbgestische Abstraktion beitrug.

Mit der Überwindung der Trümmerwelt veränderte sich auch die Lage der Kultur; sie wurde aus einem Überlebensmittel zum Konsumgut (*H. M. Enzensberger*). Als der Wiederaufbau abgeschlossen war, verlor die bundesdeutsche Kultur ihre leitende Idee, das entstehende Vakuum (*Wolfgang Koeppen*, „Das Treibhaus", 1958) wurde vorübergehend von neomarxistisch formulierter Systemkritik aufgefüllt. Der Zuwachs an Freiheit, Freizeit und Kommunikation verstärkte den gesellschaftlichen Anteil des Kulturellen („Soziokultur"). Die bildende Kunst entwarf einen „erweiterten Kunstbegriff" *(Joseph Beuys)*. Noch bevor das sozialistische Weltsystem in volle Auflösung geriet, verkündeten die Propheten einer Postmoderne das Gleichgültigwerden der Gegensätze *(P. Feyerabend)*. Indes scheint Sehnsucht nach Orientierung und Verbindlichkeit auch die „neue Unübersichtlichkeit" *(J. Habermas)* des zu Ende gehenden Jahrhunderts zu überdauern.

b) *Kulturverfassung* (→Kulturverfassungs- und Kulturverwaltungsrecht). Der Umgang von Gemeinden, Ländern und Bund mit der Kultur, näherhin mit der Kunst, ist von zwei Seiten her normiert: von der Freiheitsverbürgung (Art. 5 GG) und durch administrative Förderung.

(1) *Städte und Gemeinden* verstehen sich als „Hüter und Pfleger deutscher Kultur" und wollen ihren Bürgern ungestörten Genuß „geistiger Güter" ermöglichen (Deutscher Städtetag, Stuttgarter Richtlinien, 1952). Sie setzten dafür in den 50er Jahren ca. 7% der großstädtischen Haushaltsmittel ein, vorab für Theater und Musikpflege. Ende der 60er Jahre mehrten sich sozialkritische und reformerische Kulturimpulse. Kulturpolitik sollte mit Städtplanung verbunden werden, um das Leben in der Stadt „durch alle und für alle" zu erschließen (Deutscher Städtetag, Leitsatz 1970: „Rettet unsere Städte jetzt!"; 1971: „Wege zur menschlichen Stadt", 1973). Nur wenigen, meist großstädtischen Kulturreferenten gelang es, solche Ziele überzeugend umzusetzen (z. B. Frankfurt a. M., Nürnberg).

(2) Die *Länder* beteiligten sich nach jeweiligen historischen Vorgaben an der Kultur-Förderung: in Nordrhein-Westfalen im Verhältnis zu den Kommunen mit 20 : 80, in Bayern mit 60 : 40. Vormals residenzstädtische Theater sind heute als „Staatstheater" immer in der Zuständigkeit der Länder (z. B. Staatstheater in Stuttgart, die Bayerischen Staatstheater in München), die auch kostenträchtige Bibliotheken, Museen, Orchester unterhalten. Einrichtungen von bundesweiter Bedeutung können von der Gemeinschaft der Länder bezuschußt werden (z. B. Kulturstiftung der Länder [Berlin] seit 1987).

(3) Kulturpflege im Blick auf die Einheit der Nation (z. B. BundesvertriebenenG) und auswärtige Kulturpolitik (→Außenpolitik 3 d) liegen beim *Bund*, der seit den 70er Jahren einem „erweiterten Kulturbegriff" folgt. Die Fördermittel des Bundes sind seit den 80er Jahren zwischen Bonn („Bonn-Vereinbarung 80") und Berlin („Stiftung preußischer Kulturbesitz" u. a.) aufgeteilt.

2. Bildung

a) *Restrukturierung des Bildungswesens (1945–1965).* Nach ihrem Sieg über Deutschland versuchten die westlichen Alliierten eine demokratische Kultur- und Schulentwicklung einzuleiten (Zook-Report, 1946). Während Sozialdemokraten, Kommunisten und Liberale der Politik der Alliierten in mancherlei Hinsicht entgegenkamen (vgl. Kontrollratsdirektive Nr. 54 vom 25. 6. 1947 und Berliner SchulG vom 13. 11. 1947), setzten ihr die Christlichen Demokraten und Christlich-Sozialen in wichtigen Punkten Widerstand entgegen (konfessionelles Schulwesen, Humanistisches Gymnasium). Der bayerische Kulturstreit wurde von den Amerikanern beigelegt, als er die Weststaatsgründung zu überschatten drohte (Okt. 1948).

Zu den positiven Ergebnissen der Einwirkung der Besatzung auf die Bildungsverhältnisse in Deutschland gehören Universitätsgründungen (so Mainz in der frz. Besatzungszone und Saarbrücken). Das →Schulwesen und die →Hochschulen blieben auch unter dem GG in der Zuständigkeit der Länder, die staatskirchenrechtliche Verpflichtungen aus der Zeit der Weimarer Republik einlösen mußten (Weimarer →Reichskonkordat), ohne die nationale Bildungs-Einheit preiszugeben. Die Schulverfassung wurde – von Berlin und Bremen abgesehen – in allen Ländern nach hergebrachtem Muster wiederhergestellt. Aus der achtklassigen Volksschule verzweigten sich nach vier (bzw. sechs) Jahrgängen die weiterführenden Schulen: Mittelschulen („Mittlere Reife" am Ende der 10. Jahrgangsstufe) und höhere Schulen (Abitur am Ende der 13. Jahrgangsstufe). Das Abitur berechtigte zu einem Studium an Wissenschaftlichen Hochschulen, Kunst- und Pädagogischen Akademien. Das von der Volksschule aus zu erreichende berufliche Schulwesen war zum kleineren Teil vollzeitschulisch, zum größeren Teil die betriebliche Lehre ergänzend (→berufliche Bildung). Die Konfessionsschule und die konfessionelle Lehrerbildung im Volksschulbereich gerieten in Verbindung mit Fragen der Landschulreform („Zwergschulen") seit Mitte der 50er Jahre verstärkt unter öffentlichen Druck. Was ehemals eine Errungenschaft des kath. Volksteils in Deutschland gewesen war, erschien jetzt als Ursache sozialstruktureller Verwerfungen (kath. „Bildungsdefizit") und als ein Hemmnis individuellen Bildungsstrebens. Auch entzündete sich immer wieder Kritik am sog. „dreigliedrigen Schulsystem" (höhere Bildung als Privileg des Bürgertums). Der Deutsche Ausschuß für das Erziehungs- und Bildungswesen (1955–65) empfahl erfolgreich, die Volksschuloberstufe zur Hauptschule umzugestalten.

b) *Strukturreformen seit 1965.* Nach mehreren Reformaufrufen (*Georg Picht*, 1964, *Ralf Dahrendorf*, 1965) wurde von Bund und Ländern der „Deutsche Bildungsrat" eingesetzt (1965–75), der eine Erhöhung der Übertrittszahlen und der Abiturientenquoten in Planungsziele umsetzen sollte. Sein „Strukturplan" (1970) wurde von der sozialliberalen Bundesregierung in den Bildungsbericht '70 übersetzt, nachdem jeder zweite seines Jahrgangs zu einem ersten Abschluß (S I), jeder vierte zum Abitur (S II) gelangen sollte. Die Umsetzung dieser Zielwerte in Budgetentscheidungen mißlang jedoch. In wichtigen Einzelfragen (Integrierte Gesamtschule, politische Lern- und Bildungsziele, Lehrerbildung) bestand ein parteipolitisch zugespitzter Konflikt fort. Bis zum Ende der 80er Jahre nahm die regionale Differenzierung und Pluralisierung des Schulwesens zu. Bildungsforscher sprechen von Profilierung und „Strukturdiffusion" der Schularten.

c) *Kooperativer Bildungsföderalismus.* Soweit der Bund an Gesetzgebung und Finanzierung des Bildungswesens beteiligt ist, bemißt sich seine Zuständigkeit nach den Vorschriften über die ausschließliche und konkurrierende Gesetzgebung (Rahmengesetzgebung im Hochschulbereich) sowie über die Gemeinschaftsaufgaben des Bundes und der Länder (Aus- und Neubau von Hochschulen einschließlich Hochschul-Kliniken, Vereinbarungen über Bildungsplanung). Planungsgremien im Bildungsbereich mit Bundesbeteiligung sind u. a. „Wissenschaftsrat" und „Bund-Länder-Kommission für Bildungsplanung und Forschungsförderung". Horizontal koordinieren sich die Kulturverwaltungen der Länder in der „Ständigen Konferenz der Kultusminister der Länder in der Bundesrepublik Deutschland" (KMK), die – nach einer gesamtdeutschen Tagung im Febr. 1948 in Stuttgart/Hohenheim – seit Juli 1948 existiert. Vereinbarungen von 1955 (Düsseldorf) und 1964 (Hamburg) regelten grundlegende Strukturen eines einheitlichen dt. Schulsystems. Es folgten weitere Beschlüsse zur Harmonisierung des Schulrechts (z. B. Anerkennung von Abschlüssen an Gesamtschulen 1983). Im Hochschulbereich arbeiten die Kultusminister mit dem Wissenschaftsrat bzw. der Westdeutschen Rektorenkonferenz zusammen. Diese Kooperation schlägt sich in Vereinbarungen über Numerus-Clausus-Fächer (Staatsvertrag 1972), Inhalte und Formen staatlicher Prüfungen und Hochschulprüfungen nieder.

d) Aufgabenbestand und Schülerströme. 1960 und 1990 gab es in der Bundesrepublik fast die gleichen Schülerzahlen: 8,6 Mio. bzw. 8,9 Mio. Die Spitze lag mit über 12 Mio. in der Mitte der 70er Jahre. Wenn der Schülerbestand nach 30 Jahren wieder zum Ausgangsniveau zurückgekehrt ist, hat sich doch seine innere Struktur erheblich verschoben: 1960: Volksschüler 5,2 Mio., Realschüler 431 Tsd., Gymnasiasten 853 Tsd.; 1990: Grund- und Hauptschüler 3,4 Mio., Realschüler 850 Tsd., Gymnasiasten 1,5 Mio. (Quelle: BMBW Grund- und Strukturdaten 1990/91). Der staatlich-kommunalen Struktur des Schulwesens entsprechend besuchten nur 5,6% der Schüler Privatschulen (→Freie Schulen), darunter 3,1% kath. Schulen (Quelle: Pressedienst der Dt. Bischofskonferenz, Dokumentation v. 21.2.91).

Der Anteil an Schulabsolventen mit einer Studienberechtigung an einem Altersjahrgang lag bis nach dem II. Weltkrieg bei ca. 4%. Diese seit über hundert Jahren stabile Quote stieg über 7,3% (1960) und 24,0% (1980) auf 31,4% (1988) aller 18- bis unter 22jährigen Deutschen.

Die Studentenzahl im bisherigen Bundesgebiet lag 1989 bei 1,5 Mio. Sie wird für 2010 von der KMK auf 1,3–1,7 Mio. geschätzt, mit den neuen Ländern auf 1,5–2 Mio. Der Anstieg wurde bisher durch Hochschulerweiterungen und Neugründungen aufgefangen (1989: 68 Universitäten), durch Numerus-Clausus-Regelungen in Fächern mit geringer Flexibilität und durch Fachstudiengänge (1989: 97 allgemeine Fachhochschulen und 24 Verwaltungs-Fachhochschulen).

Die Bildungsausgaben stiegen (in Prozent des Vorjahres) 1965 um 16,2% (davon Schulen 14%, Hochschulen 21,5%), 1970 um 24,8% (Schulen 18,2%, Hochschulen 30,1%), 1980 um 10,3% (Schulen 9,5%, Hochschulen 10,5%), 1989 um 2,4% (Schulen 2,3%, Hochschulen 1,4%). Der Anteil am BSP allein im Schulbereich wuchs bis Mitte der 70er Jahre auf 3,2% und lag 1989 bei 2,25%.

Zu den ungelösten Problemen der Ausbildungsfreiheit (Art. 12 Abs. 1 GG) gehört die Verbindung von Bildung und Beschäftigung. Seit dem Ende der 80er Jahre wird inmitten eines Qualifikationswandels der Beschäftigungen – ein wachsender Fachkräftemangel registriert. Gleichzeitig stieg der Anteil von Hochschul-Absolventen unter den Arbeitslosen (1975 2,8%, 1986 5,1%).

3. Religion

Etwa gleich große Teile der Bevölkerung in den alten Bundesländern gehören entweder einer ev. Landeskirche oder der röm.-kath. Kirche an. Ihr Anteil ging in jüngster Zeit infolge von Kirchenaustritten und Zuwanderung aus muslimischen Ländern zurück (vgl. Tab. 22), umfaßt aber nach wie vor die überwältigende Mehrheit der Bevölkerung.

Tabelle 22
Religionszugehörigkeit
(in %)

	Volkszählung 1987			Volkszählung 1970
	Deutsche	Ausländer	Insgesamt	Insgesamt
römisch-katholisch	43,7	32,0	42,9	44,6
evangelisch	44,3	4,1	41,6	47,0
evangelisch-freikirchlich	0,7	0,4	0,6	2,0
muslimisch	0,08	38,7	2,7	–
jüdisch	–	–	0,05	0,05
Andere	1,2	13,1	2,0	2,4
ohne Zugehörigkeit oder Angabe	10,0	11,5	10,1	3,9
Summe	100	100	100	100
In 1000 E.	56931	4146	61077	60651

Quelle: Stat. Bundesamt

Dementsprechend ist das kulturelle Vorverständnis von Religion durch die christlichen Kirchen bestimmt, die sich selbst als →Volkskirchen verstehen; eine starke agnostische oder laizistische Bewegung fehlt. Die christlichen Theologen dominieren den wissenschaftlichen Diskurs über Religion.

Verfassungsrechtlich ist der Staat zur Neutralität in religiös-weltanschaulichen Fragen verpflichtet, doch gewährleistet die Glaubens- und Bekenntnisfreiheit gemäß Art. 4 GG in Verbindung mit den aus der Weimarer Reichsverfassung übernommenen Kirchenartikeln (→Religionsfreiheit) eine positive Grundhaltung des Staates zu den Religionsgesellschaften (→Religionsgesellschaften, Religionsgemeinschaften) und deren Recht zur Ordnung ihrer inneren Angelegenheiten (→Kirche und Staat IV). Die beiden großen Kirchen genießen öffentlich-rechtlichen Status und treten als gleichberechtigte Partner in den →Staatskirchenverträgen auf. Ihre im internationalen Vergleich starke ökonomische Position wird durch ein von der staatlichen Finanzverwaltung im Auftrag der Kirchen administriertes →Kirchensteuer-System (→kirchliches Finanzwesen) ermöglicht, beruht aber auch auf der Ergiebigkeit der Spendenbereitschaft für kirchliche Werke.

In ihrer organisatorischen Struktur unterscheiden sich die Kirchen deutlich. Die *katholische Kirche* ist in 21 Diözesen gegliedert (5 Erzb. mit 16 Suffragan-Bist.; →Bistum 5), von denen (1985) die kleinste (Eichstätt) 0,4 Mio., die größte (Köln) 2,5 Mio. Katholiken umfaßte. Erhebliche Bedeutung kommt neben der Diözesanstruktur den →Orden und dem kath. Verbandswesen (→katholische Organisationen) zu. Auf gesamtstaatlicher Ebene sind die Diözesen in der Deutschen Bischofskonferenz bzw. dem Verband der Diözesen Deutschlands, die kath. Laien und Verbände im →Zentralkomitee der deutschen Katholiken organisiert.

Im *Protestantismus* ist die nachreformatorische Polarisierung zwischen dem lutherischen und dem calvinistischen Bekenntnis heute überwunden. Die 18 selbständigen Landeskirchen haben sich zu einem Kirchenbund, der →Evangelischen Kirche in Deutschland zusammengeschlossen. Daneben bestehen gesonderte Vereinigungen der lutherischen (→Vereinigte Evangelisch-Lutherische Kirche Deutschlands) sowie der reformierten und unierten Landeskirchen (Arnoldshainer Konferenz). Die Laien sind weniger organisiert als im Katholizismus (→evangelische Organisationen), sind jedoch in den Synoden vertreten und haben im Präsidium des →Deutschen Evangelischen Kirchentages ein repräsentatives Organ. Die →Freikirchen – ein mit dem Protestantismus seit jeher verbundenes Phänomen – haben ihre unabhängigen Organisationsformen bewahrt. Die Zahl ihrer Mitglieder bleibt zwar gering, doch ist ihr theologischer Einfluß nicht unbeträchtlich.

Der gesellschaftliche Einfluß der christlichen Kirchen ist erheblich. Er äußert sich zum einen in einer starken kulturellen Präsenz durch die →Theologischen Fakultäten, kirchlichen →Akademien und in den Medien; sodann in einer Vielzahl sozialer Einrichtungen (→Deutscher Caritasverband, →Diakonisches Werk), die zu einem unverzichtbaren Element des sozialstaatlich garantierten Dienstleistungssystems geworden sind. Die Kirchen mit ihren Werken gehören zu den größten Arbeitgebern der Bundesrepublik. Hinzu kommen vielfältige öffentliche (→Deutscher Evangelischer Kirchentag, →Deutscher Katholikentag) und eher informelle Einflußnahmen, z. B. über die kirchlichen Vertretungen bei den Regierungen des Bundes und der Länder. Auch auf internationaler Ebene, insbes. im Bereich der Ökumene (→Ökumene, ökumenische Bewegung) kommt den dt. Kirchen erhebliche Bedeutung zu.

Starke Veränderungen sind bei den individuellen Religiositätsmustern zu beobachten. →Kirchengliedschaft und Teilnahme am kirchlichen Leben erreichten in den 50er Jahren in beiden Konfessionen außerordentlich hohe Werte, gingen dann seit Mitte der 60er Jahre zurück und haben sich in den 80er Jahren auf niedrigerem Niveau stabilisiert. Zur Zeit besuchen durchschnittlich 5% der ev. und 25% der kath. Kirchenmitglieder den sonntäglichen Gottesdienst.

Gravierender sind noch die Verschiebungen in den religiösen Orientierungen. Kirchenbindung und religiöses Wissen scheinen insbesondere in den jüngeren Generationen stark rückläufig. Die Religiosität wird privatisiert und entbehrt häufig fester Bezugspunkte (→Bundesrepublik Deutschland V). Die Eltern ziehen sich aus der Aufgabe der Glaubensweitergabe zunehmend zurück und muten diese den kirchlichen Beauftragten zu, die jedoch ohne familiale Unterstützung nicht in der Lage sind, bleibende religiöse Motivationen zu vermitteln.

Das Gesamtbild der religiösen Verhältnisse in der Bundesrepublik ist durch eine recht diffuse allgemeine Zustimmung zur „Religion" und damit auch zu „den Kirchen" zu kennzeichnen, deren moralische Autorität hoch eingeschätzt wird. Gleichzeitig wird diese jedoch nur von einer Minderheit als für sich selbst verbindlich anerkannt, die Mehrheit scheint sie eher um ihrer sozialen Nützlichkeit willen zu bejahen. Die konfessionellen Unterschiede in Einstellung und Verhalten haben sich in den letzten zwei bis drei Jahrzehnten stark eingeebnet, wofür verschiedene Erklärungen gegeben werden. Zum einen ist die integrierende Kraft der konfessionellen Milieus unter dem Einfluß von Wohlstandssteigerung, Mobilität und Fernsehen stark zurückgegangen, zum anderen wird der allgemeine Wertewandel hierfür verantwortlich gemacht. Schließlich kann von einem zunehmenden Auseinandertreten von institutioneller Kirchlichkeit, gesellschaftlichen Kulturmustern der Religion und individuellen Religiositätsstilen *(K. Gabriel)* gesprochen werden. Anstelle der konfessionellen Unterschiede scheint heute eine zwar weniger sichtbare, aber in der empirischen Sozialforschung durchaus feststellbare Differenz in Einstellung und Verhalten zwischen religiös Gebundenen und religiös Ungebundenen an Bedeutung zu gewinnen.

B. Deutsche Demokratische Republik

1. Kultur

Alle Bereiche des kulturellen Lebens waren Instrumente der Machterhaltung bzw. Legitimierung des SED-Regimes und nach „sozialistischen" Gesichtspunkten ausgerichtet. Durch entsprechende Vorgaben, Kaderpolitik, Zensur und „gesellschaftliche Kontrolle" wurde die Gleichschaltung gesichert.

„Gesellschaftspolitisch" willkommene Massenrezeption, z. B. von Theateraufführungen oder Ausstellungen, erreichten die Machthaber durch kollektiven Besuch von Betriebsbelegschaften. Buch- und Kulturclubs wurden zur politischen Indoktrination und Freizeitüberwachung genutzt. Die SED kontrollierte auch einen totalitären Sprachgebrauch (Feindbild). Hingegen gelang es den Machthabern nicht, die Bevölkerung gegen grenzüberschreitende elektronische Medieninformationen und die von ihnen übermittelten „westlichen" Kultureinflüsse abzuschotten.

Als Stütze eigenen Nationalbewußtseins dienten die Pflege des national-kulturellen Erbes und die „Aneignung" der „ganzen" (preußisch-)deutschen Geschichte durch Ausweitung des jahrzehntelang „revolutionär" verengten Geschichtsverständnisses. Museen und Gedenkstätten wurden ausgebaut oder renoviert, andererseits aber viele Baudenkmäler dem Verfall überlassen. Kulturabkommen bzw. Kulturaustausch mußten „dem Frieden dienen". Diese Formel verschaffte der Staatsführung die Möglichkeit, „unerwünschte" kulturelle Veranstaltungen und Publikationen zu verbieten, aber ebenso die Berichterstattung westlicher Journalisten einer Vorzensur zu unterwerfen.

Rein zahlenmäßig wurden erhebliche Kulturanstrengungen unternommen: Es gab (1989) 217 Theater, 805 Filmtheater, 87 Orchester, 33 wiss. Bibliotheken, 13 545 staatliche Allgemeinbibliotheken, 3305 Gewerkschaftsbibliotheken, 751 Museen, 6073 Neuerscheinungen von Büchern. Doch diese Zahlen sagen wenig aus über Qualität und Akzeptanz der Angebote – darunter international herausragende Werke – wie über den Status der „Kulturschaffenden". Signifikanter war der bevorzugte „Westempfang" entsprechender Kulturleistungen durch die Bevölkerung. Umgekehrt gelangte die Bundesrepublik mit einem Teil der Kultur in der DDR dadurch in Kontakt, daß zahlreiche Schriftsteller und Künstler durch Flucht oder Abschiebung in den Westen kamen.

1987 erschienen in der DDR 39 Tageszeitungen mit einer Gesamtauflage von 9,5 Mio. Exemplaren, 30 Wochen- und Monatszeitschriften (9,4 Mio.), 662 Betriebszeitungen (rd. 2 Mio.) und 543 Zeitschriften (28,9 Mio.). Dabei sicherte das Informationsmonopol der SED die gleichförmige Gestaltung der gesamten Presse.

2. Religion

Von den 16,4 Mio. (1989) Einwohnern der DDR (ohne Ost-Berlin: 15,2 Mio.) gehörten höchstens 2/3 einer Religionsgemeinschaft an. Da Staat und Kirche getrennt waren, nach 1964 Religionszugehörigkeit nicht mehr amtlich erfaßt und Kirchensteuer nicht mehr automatisch erhoben wurde, geben die Zahlen (1989) nur Annäherungswerte (ev. Landeskirchen 7,8 Mio., kath. Kirche 1,2 Mio., Freikirchen 200 000 Mitgl.). Die verfassungsrechtlich verbürgte freie Religionsausübung unterlief das SED-Regime durch gezielte Aktionen und propagierte den Kirchenaustritt. Sozialistisch-atheistische Rituale sollten als Religionsersatz dienen.

Die acht *ev. Landeskirchen,* seit 1969 im →Bund der Evangelischen Kirchen in der Deutschen Demokratischen Republik zusammengeschlossen, wurden zunehmend zur „Diasporakirche" und gerieten in die Rolle einer „Kirche im Sozialismus" (Synode des Kirchenbunds 1971). Die Ausbildung zum Pfarrerberuf erfolgte in sechs Sektionen an staatlichen Universitäten und in zahlreichen kirchlichen Anstalten.

Die Bischöfe der *kath. Kirche* (1989: 811 Gemeinden) waren seit 1976 in der Berliner Bischofskonferenz zusammengeschlossen. Sie gliederte sich in folgende Jurisdiktionsbezirke: Ostteil des Bist. Berlin, Bist. Dresden-Meißen, Apostolische Administratur Görlitz (Restgebiet des ehem. Erzb. Breslau) sowie in die kirchlichen Gebiete (bischöfliche Ämter) Schwerin (Anteil des Bist. Osnabrück), Magdeburg (Anteil des Erzb. Paderborn) und Erfurt-Meiningen (Anteil der Bist. Fulda und Würzburg). In Erfurt bestand ein Priesterseminar mit dem Status einer Päpstlichen Fakultät.

Durch aktive Seelsorge und caritative Tätigkeit sowie durch partielle Proteste (so gegen die staatlich geförderte „Jugendweihe"), schließlich durch generelle Nichtanpassung, allerdings bei weitgehendem Rückzug in den kirchlichen Raum, konnte die „kleine Herde" ihre Identität bewahren. Die beiden Kirchenzeitungen in Ost-Berlin und Leipzig durften nur religiös-kirchliche Themen behandeln, der St. Benno-Verlag in Leipzig nur religiöse Literatur veröffentlichen.

Die von beiden Kirchen unterhaltenen caritativen Anstalten und Krankenhäuser existierten nur mit Unterstützung aus der Bundesrepublik. Zahlreiche ev. Kirchen standen für kath. Gottesdienste zur Verfügung. Auch dadurch wurde ein ökumenischer Aufbruch begünstigt. Im „Arbeitskreis christlicher Kirchen in der DDR" (seit 1970) war die kath. Kirche mit Beobachterstatus vertreten. Die Kirchen, insbes. einzelne ev. Kirchen in Großstädten, boten Raum für die seit Anfang 1988 rasch wachsenden christlichen Friedens-, Umwelt- und Menschenrechtsbewegungen. Sie waren die einzigen institutionellen Stützen der unblutigen Revolution.

3. Bildung

Die stark ausgebildete staatliche Vorschulerziehung (1989: 7840 Kinderkrippen und 13 452 Kindergärten) war Folge wie Voraussetzung der hohen Anteils erwerbstätiger Mütter, diente aber auch SED-parteilicher Indoktrination. Schulpflicht bestand ab dem 6. Lebensjahr in einer „Zehnklassigen allgemeinbildenden polytechnischen Oberschule" (1989: 5226). Daran schloß sich eine freiwillige zweijährige „Erweiterte allgemeinbildende polytechnische Oberschule" mit Abiturabschluß (5223) an. Es gab ferner 479 Sonderschulen. Der Besuch der dreijährigen Fachschule setzte den Abschluß der 10. Klasse und eine Berufsausbildung voraus.

Erste Fremdsprache war Russisch. Der spezifische SED-Marxismus-Leninismus wurde durch ein „gesellschaftswissenschaftliches Grundstudium" vermittelt. Die Ausbildung war auf eine „sozialistische" Industriegesellschaft ausgerichtet, „Wehrunterricht" (seit 1978) Schulfach und Betätigung in der FDJ karrierefördernd, vielfach sogar Voraussetzung für die Zulassung zu einem Hochschulstudium.

An den 54 Universitäten und Hochschulen studierten 1989 131 188 Studenten (davon 63 728 Frauen), an 234 Fachschulen 152 700 (107 397 Frauen). Die Zahl der Professoren und Dozenten betrug 7553, die der wissenschaftlichen Mitarbeiter 24 201, die der Lehrkräfte an Fachschulen 11 490. Der Rektor war Vorgesetzter des Lehrkörpers.

Einem Grundstudium folgte ein Forschungsstudium mit Promotionsabschluß (1989: 4545). Während des Studiums war eine militärische Ausbildung bzw. für Frauen eine solche zur Zivilverteidigung obligatorisch. Es gab eigene Kaderhochschulen (Akademie der Staats- und Rechtswissenschaften, Parteischule beim ZK der SED, Militär-, Gewerkschafts- und Polizeihochschulen). An der Akademie der Wissenschaften in Ost-Berlin (nach sowjetischem Vorbild) arbeiteten mehr als 22 000 Wissenschaftler.

C. Deutschland seit dem 3. Oktober 1990

1. Kultur und Bildung

Sowohl aufgrund gemeinsamer kultureller Traditionen als auch eines begrenzten Kulturaustauschs in den Jahrzehnten der Trennung bietet der Bereich der Kultur zahlreiche Anknüpfungspunkte für ein Zusammenwachsen der alten und neuen Bundesländer. Gleichwohl ist das ideologische Erbe des ehem. SED-Staates auch in diesem Bereich virulent. Es kommt vielfach zu einer inhaltlichen Umorientierung; doch ist auch die „Organisation" von Kunst und Kultur in den neuen Ländern änderungsbedürftig (Dezentralisierung). Art. 35 EV bestimmt eine Zuständigkeitsverteilung im Bereich von Kultur und Kunst gemäß dem GG: die Förderung oder Trägerschaft kultureller Einrichtungen obliegt nun den Ländern oder Kommunen, der Bund kann unterstützend tätig werden (ferner Förderung von privater Seite, z. B. Stiftungen).

Auch die →*Bildungspolitik* wird wie im alten Bundesgebiet zur Domäne der Länder im Rahmen ihrer Kulturhoheit (vgl. VI A); neue Landesschulgesetze werden erarbeitet. Nach dem Vorbild der alten Bundesländer (→Schulwesen) werden grundsätzlich mehrgliedrige Schulsysteme eingeführt, jedoch – mit unterschiedlicher Präferenz – auch Gesamtschulsysteme ins Auge gefaßt. Die Neuorganisation des Schulwesens in den neuen Ländern hat bundesweit die Frage nach einer Schulzeitverkürzung bis zum Abitur von 13 auf 12 Jahre (wie in der ehem. DDR üblich) in die Diskussion gebracht. Fragen der Anerkennung von Bildungsabschlüssen und Ausbildungsnachweisen regelt Art. 37 EV, auf der Basis der bisher zwischen den Bundesländern (Beschlüsse der Kulturministerkonferenz) üblichen Anerkennungsverfahren.

Im Bereich der *Universitäten/Hochschulen* bringt die deutsche Einheit tiefgreifende Veränderungen in der ehemaligen DDR. Der Begriff „Abwicklung" steht für eine Evaluation von Instituten, Fakultäten oder auch Hochschulen insgesamt (durch Evaluierungskommissionen des Deutschen Wissenschaftsrates), wobei es sowohl um die Reduzierung personeller Überkapazitäten geht als auch um die Auflösung solcher Hochschulbereiche, die eine Bindung an den Marxismus/Leninismus oder eine besondere Affinität zum SED-Regime hatten. Zahlreichen Instituts-, Fakultäts- und Universitätsschließungen stehen beabsichtigte Neugründungen gegenüber (z. B. in Erfurt, Potsdam, Frankfurt a. d. Oder). Die Autonomie der Hochschulen ist während der laufenden Evaluation bzw. Neuorganisation stark eingeschränkt, da eine Selbsterneuerung der Universitäten bezweifelt wird.

Auch die 60 Institute der größten Forschungseinrichtung der ehem. DDR, der „Akademie der Wissenschaften", mußten sich einer „Abwicklung" unterziehen. Nach Art. 38 EV sollen möglichst viele Einrichtungen fortgeführt werden; die Akademie selber besteht als Gelehrtensozietät weiter und unterliegt nun Berliner Landesrecht.

Der Wegfall der zentralen Organisation und der staatlichen Subvention vieler Kulturbereiche in den neuen Bundesländern hat insgesamt schwerwiegende Konsequenzen, da die Länder und Kommunen für die ihnen nun obliegende Pflege der Kultur finanziell nicht genügend ausgestattet sind. So ist das Überleben zahlreicher kultureller Einrichtungen (Bibliotheken, Theater etc.) in Frage gestellt; auch wandern besonders qualifizierte Kunst- und Kulturschaffende in die alten Bundesländer ab.

Die Neuordnung der Eigentumsverhältnisse in der ehem. DDR betrifft auch das *Pressewesen.* Zeitungs- und Zeitschriftenverlage aus dem alten Bundesgebiet etablierten in kurzer Zeit ein funktionierendes, flächendeckendes Vertriebssystem (insbes. auch regionaler Zeitungen) in den neuen Ländern, wobei die mit der Privatisierung der ehem. DDR-Presseorgane betraute Treuhandanstalt gehalten war, eine mögliche Bildung von Monopolen zu verhindern. Auch das Rundfunksystem in den neuen Ländern wurde den verfassungsrechtlichen Vorgaben gemäß umgestaltet, insbes. hinsichtlich der föderalen Struktur der öffentlich-rechtlichen Rundfunkanstalten. Die Länder Thüringen, Sachsen und Sachsen-Anhalt bildeten den Mitteldeutschen Rundfunk; in Brandenburg wurde der Ostdeutsche Rundfunk gegründet; Mecklenburg-Vorpommern schloß sich dem Norddeutschen Rundfunk an.

2. Religion

Die Auswirkungen der politischen Wiedervereinigung auf die Kirchen stellen sich in organisatorischer Hinsicht wie folgt dar: Auf Bitten der Berliner Bischofskonferenz hat der Papst diese aufgelöst, ihre Mitglieder in die Deutsche Bischofskonferenz integriert und das neugefaßte Statut der Deutschen Bischofskonferenz unter dem 24. 11. 1990 approbiert. Es wurde allerdings eine „Arbeitsgemeinschaft der Bischöfe der Deutschen Bischofskonferenz – Region Ost" gebildet. An der kirchlichen Zirkumskription auf dem Gebiet der ehem. DDR ändert sich vorerst aber nichts. Doch hat im März 1992 die Deutsche Bischofskonferenz auf Vorschlag einer dafür eingesetzten Kommission dem Hl. Stuhl empfohlen, in Verhandlungen mit den staatlichen Partnern folgende Änderungen anzustreben: Die bischöflichen Ämter Erfurt-Meiningen und Magdeburg werden zu Diözesen erhoben und der Kirchenprovinz Paderborn zugeordnet. Das Bistum Berlin wird Erzbistum, die Apostolische Administratur Görlitz Diözese. Zusammen mit dem Bistum Dresden-Meißen bilden sie die neue Kirchenprovinz Berlin. Der Apostolische Administrator in Schwerin verliert seine Jurisdiktion; sein Gebiet bleibt Teil der Diözese Osnabrück.

Die kirchliche Wiedervereinigung auf ev. Seite war von lebhaften Auseinandersetzungen begleitet. Die Auffassung, die Landeskirchen in der ehem. DDR sollten möglichst bald ihre seit der Gründung des Bundes der Evangelischen Kirchen in der DDR 1969 unterbrochene und seitdem ruhende Mitgliedschaft in der EKD wiederaufnehmen, hat sich nicht durchgesetzt. Demgegenüber vollzog sich der Prozeß in drei Schritten: Im Febr. 1991 wurde auf einer gemeinsamen Tagung von EKD- und Kirchenbund-Synode die Vereinigung beschlossen; damit verbunden war die Auflösung des Kirchenbundes. Im Mai 1991 folgte die erste Tagung der gesamtdeutschen Synode, deren Mitglieder zu einem Viertel aus den Gliedkirchen in den fünf neuen Bundesländern kamen. Im Nov. 1991 schließlich wurde der erste Rat der gesamtdeutschen EKD gewählt.

Die Einpassung der Kirchen auf dem Gebiet der ehem. DDR in den vom GG vorgegebenen staatskirchenrechtlichen Rahmen macht insofern Schwierigkeiten, als die Einrichtung des Religionsunterrichts als ordentliches Lehrfach vielfach an der geringen Zahl christlicher Schüler und geeigneter Lehrkräfte vorerst scheitert; zudem lehnen die ev. Kirchen überwiegend die spezifische Form der vom Staat unterstützten →Militärseelsorge ab. Hingegen wurde mit Wirkung vom 1. 1. 1991 auf der Grundlage eines noch von der Volkskammer verabschiedeten und vom Einigungsvertrag bekräftigten Gesetzes das Kirchensteuer-System eingeführt. Ob und inwieweit die in Vorbereitung befindlichen Verfassungen der neuen Bundesländer Normen über das Verhältnis von Staat und Kirche enthalten werden, ist noch nicht abzusehen. Vermutlich wird es auch unter Rückgriff auf das Preußische und das Reichskonkordat bzw. auf den Preußischen Evangelischen Kirchen-Vertrag zu neuen vertraglichen Beziehungen kommen. In Sachsen-Anhalt laufen Vertragsverhandlungen mit den ev. Kirchen.

LITERATUR

Zu I:
Harms Hdb. der Geographie. D. Hg. E. **Schmitt u. a.** München ²⁶1975. D. Landschaften und Städte im Satelliten- und Luftbild. Hg. L. **Beckel.** Braunschweig 1978. – K. **Eckart,** DDR. Stuttgart 1981. – G. **Fuchs,** Die Bundesrepublik D. Stuttgart ⁴1988.

Zu II:
Geschichte bis 1949:
Dt. Geschichte im Überblick. Hg. P. **Rassow.** Stuttgart 1952, ³1973; völlig neu bearb. und hg. von M. **Vogt,** Stuttgart 1987. – O. **Brandt,** A. O. **Meyer,** Hdb. der dt. Geschichte. Neu hg. von L. **Just.** 6 Bde. Konstanz, Frankfurt/M. 1956/85. – E. R. **Huber,** Dt. Verfassungsgeschichte seit 1789. 8 Bde. Stuttgart 1957/91 [einzelne Bde. in 2. bzw. 3. Aufl.]. – M. **Broszat,** Der Staat Hitlers. München 1969, ¹¹1986. – B. **Gebhardt,** Hdb. der dt. Geschichte. 9. Aufl. Hg. H. **Grundmann.** 4 Bde. Stuttgart 1970/76; Tb.-Ausg. 22 Bde. München 1973/90. – Dt. Geschichte. Hg. J. **Leuschner.** 10 Bde. Göttingen 1973/84 [Tb.-Ausg.]; Sonder-Ausg. 3 Bde. 1985. – Lexikon der dt. Geschichte. Hg. G. **Taddey.** Stuttgart 1977, ²1983. – Oldenbourg Grdr. der Geschichte. Hg. J. **Bleicken u.a.** München 1979 ff. [noch unvollständig; einzelne Bde. in 2. bzw. 3. Aufl.]. – H. **Fenske,** Dt. Verfassungsgeschichte. Vom Norddeutschen Bund bis heute. Berlin 1981, ³1991. – Die Deutschen und ihre Nation [= 1763–1961]. 6 Bde. Berlin 1982/89. – [Forts. für MA und frühe Neuzeit:] Das Reich und die Deutschen [= Vom Frankenreich bis 1763]. 5 Bde. Berlin 1987 ff. – Dt. Verwaltungsgeschichte. Hg. K. G. A. **Jeserich u.a.** 6 Bde. Stuttgart 1983/86. – Ploetz. Das Dritte Reich. Hg. M. Broszat, N. **Frei.** Freiburg i. Br. 1983. – Propyläen Geschichte D.s. Hg. D. **Groh.** 9 Bde. Berlin 1983 ff. [noch unvollständig]. – Geschichte der neuesten Zeit vom 19. Jh. bis zur Gegenwart [= 1982]. Hg. M. Broszat u.a. 30 Bde. München 1984/90. – Neue dt. Geschichte. Hg. P. Moraw u.a. 10 Bde. München 1984 ff. [noch unvollständig]. – A. **Hillgruber,** D. unter Viermächteverwaltung (1945–1949), in StL. Bd. 2. ⁷1986, 32 ff. – K. **Repgen,** D., politische Geschichte, in: ebd., 19 ff. – D. **Rebentisch,** Führerstaat und Verwaltung im Zweiten Weltkrieg. Stuttgart 1989.

Bibliographie:
W. **Baumgart,** Bücherverz. zur dt. Geschichte. München ⁷1988 [Tb.-Ausg.].

Geschichte nach 1949:
H. G. **Lehmann,** Chronik der Bundesrepublik D. 1945/49 bis heute. München 1981, ³1989. – Geschichte der DDR, von einem Autorenkollektiv unter Leitung von R. **Badstübner.** Berlin (Ost) 1981, ³1989. – Geschichte der Bundesrepublik D. Hg. K. D. **Bracher u.a.** 5 Bde. [Bd. 5 in 2 Tle.n]. Stuttgart 1981/87. – Die Bundesrepublik D. Hg. Th. **Ellwein,** W. **Bruder.** Freiburg i. Br. 1984, ²1985. – R. **Morsey,** Bundesrepublik D. A: Geschichte 1949–1969, in: StL. Bd. 1. ⁷1985, 936 ff. – K. D. **Bracher,** Bundesrepublik D. B: Geschichte seit 1969, in ebd. 946 ff. – R. **Morsey,** Die Bundesrepublik D. Entstehung und Entwicklung bis 1969. München 1987, ²1990. – R. **Rytlewski,** M. **Opp de Hipt,** Die Bundesrepublik D. in Zahlen 1945/49 –1980. München 1987. – A. **Hillgruber,** Dt. Geschichte 1945–1986. Die „dt. Frage" in der Weltpolitik. Stuttgart ⁶1987 [1. Aufl. u. d. T.: Dt. Geschichte 1945 bis 1972. Frankfurt/M. 1974]. – Vierzig Jahre D.politik im internationalen Kräftefeld. Hg. A. **Fischer.** Köln 1989. – Politisches Geschehen 1989. Chronik der wichtigsten Ereignisse 25. 11. 1988–30. 11. 1989. Hg. Deutscher Bundestag (Wissenschaftliche Dienste). Bonn 1989. – 40 Jahre

Außenpolitik der Bundesrepublik D. Eine Dokumentation. Hg. Auswärtiges Amt. Stuttgart 1989. – Chronik der Ereignisse in der DDR. Hg. I. **Spittmann**. Köln 1989, ⁴1990 [bis 4. 6. 1990]. – U. **Battis u. a.**, D. in Gegenwart und Zukunft. Hg. Bundesministerium für innerdeutsche Beziehungen. Bonn 1990. – E. **Hübner**, H.-H. **Rohlfs**, Jb. der Bundesrepublik D. 1990/91. Stand: 31. 3. 1990 [Chronik bis 30. 6. 1990]. München 1990. – Kurze Chronik der Dt. Frage. Hg. G. **Diemer**. München 1990. – A. **Manoldt u. a.**, (Wieder)Vereinigungsprozesse in D. Stuttgart 1990. – 40 Jahre innerdeutsche Beziehungen. Hg. M. **Haendcke-Hoppe**, E. **Lieser-Triebnigg**. Berlin 1990. – Umbruch in Europa. Die Ereignisse im 2. Halbjahr 1989. Eine Dokumentation. Hg. Auswärtiges Amt. Bonn 1990. – U. **Thaysen**, Der Runde Tisch oder: Wo blieb das Volk? Der Weg der DDR in die Demokratie. Opladen 1990. – H. **Weber**, DDR. Grundriß der Geschichte. Hannover 1991. – **Ders.**, Aufbau und Fall einer Diktatur. Kritische Beiträge zur Geschichte der DDR. Köln 1991. – G. A. **Ritter**, M. **Niehuss**, Wahlen in D. 1946 –1991. München 1991. – Dokumente der Wiedervereinigung D.s Hg. I. v. **Münch** unter Mitarb. von G. **Hoog**. Stuttgart 1991. – Hwb. zur dt. Einheit. Hg. W. **Weidenfeld**, K.-R. **Korte**. Frankfurt/M. 1992.

Zu III A:
Verfassungsrecht: K. **Stern**, Das Staatsrecht der Bundesrepublik D. Völlig neubearb. München Bd. 1: ²1984; Bd. 2: 1980; Bd. 3/1: 1988 [noch unvollständig]. – Hdb. des Staatsrechts der Bundesrepublik D. Hg. J. **Isensee**, P. **Kirchhof**. 7 Bde. Heidelberg 1987 ff. – K. **Hesse**, Grundzüge des Verfassungsrechts der Bundesrepublik Deutschland. Heidelberg ¹⁸1991.
Verwaltungsrecht: E. **Schmidt-Jortzig**, Kommunalrecht. Stuttgart 1982. – H. J. **Wolff**, O. **Bachof**, Verwaltungsrecht I. München ⁹1974. – H. J. **Wolff**, O. **Bachof**, R. **Stober**, Verwaltungsrecht II. München ⁵1987. – **Dies.**, Verwaltungsrecht III. München ⁴1978. – C. H. **Ule**, Verwaltungsprozeßrecht. München ⁹1986. – B. **Drews u. a.**, Gefahrenabwehr. München ⁹1986. – Besonderes Verwaltungsrecht. Hg. I. v. **Münch**. Berlin ⁸1988. – Allg. Verwaltungsrecht. Hg. H.-U. **Erichsen**, W. **Martens**. Berlin ⁸1988.
Strafrecht: R. **Maurach**, H. **Zipf**, Strafrecht. Allg. Teil. Tl.-Bd. 1: Heidelberg ⁷1987. – R. **Maurach**, K. A. **Gössel**, H. **Zipf**, Strafrecht. Allg. Teil. Tl.-Bd. 2: Heidelberg ⁷1989. – R. **Maurach**, F. C. **Schröder**, M. **Maiwald**, Strafrecht. Besonderer Teil. Heidelberg. Tl.-Bd. 1: ⁷1988; Tl.-Bd. 2: ⁶1981. – C. **Roxin**, Strafverfahrensrecht. München ²¹1989.
Privatrecht: K. **Larenz**, Allg. Tl. des dt. Bürgerlichen Rechts. München ⁷1988. – **Ders.**, Lb. des Schuldrechts. München Bd. 1: Allg. Teil. ¹⁴1987; Bd. 2, Hdb. 1: Besonderer Teil. ¹³1986. – F. **Baur**, Lb. des Sachenrechts. München ¹³1985. – J. **Gernhuber**, Lb. des Familienrechts. München ³1980. – H. **Lange**, K. **Kuchinke**, Lb. des Erbrechts. München ³1989. – F. **Kübler**, Handelsrecht. Köln ³1989. – **Ders.**, Gesellschaftsrecht. Heidelberg ³1990. – A. **Söllner**, Grdr. des Arbeitsrechts. München ⁹1987. – L. **Rosenberg**, K. H. **Schwab**, Zivilprozeßrecht. München ¹⁴1986.
Staatskirchenrecht: Hdb. des Staatskirchenrechts der Bundesrepublik D. Hg. E. **Friesenhahn**, U. **Scheuner** i. V. m. **J. Listl**. 2 Bde. Berlin 1974/75. – A. v. **Campenhausen**, Staatskirchenrecht. München ²1983.

Zu III B:
G. **Brunner**, Einf. in das Recht der DDR. München ²1979. – S. **Mampel**, Die sozialistische Verfassung der Deutschen Demokratischen Republik. Komm. Frankfurt/M. ²1982. – Staatsrecht der DDR. Lb. Hg. Akad. für Staats- und Rechtswiss. der DDR. Berlin (Ost) ²1984. – DDR-Hdb. BIB. Wiss. Leitung P. C. **Ludz**. Köln ³1985.

Zu III C:
Verträge und Rechtsakte zur dt. Einheit. Hg. K. **Stern**, B. **Schmidt-Bleibtreu**. 3 Bde. München 1990/91.

Zu IV A:
Bevölkerung und Wirtschaft 1872 –1972. Hg. Stat. Bundesamt. Stuttgart 1972. – Die Bevölkerung der Bundesrepublik D. Demographische Strukturen und Trends. Hg. Bundesinstitut für Bevölkerungsforschung aus Anlaß des Weltbevölkerungsjahres. Wiesbaden 1974. – Ber. über die Bevölkerungsentwicklung in der Bundesrepublik D. 1. Tl: Analyse der bisherigen Bevölkerungsentwicklung und Modellrechnungen zur künftigen Bevölkerungsentwicklung. BT-Drs. 8/4437 vom 8. 8. 1980. – K. **Schwarz**, Ber. 1982 über die demographische Lage in der Bundesrepublik D., in: ZBW 8 (1982) 121 ff. – H. **Korte**, Bevölkerungsstruktur und -entwicklung, in: Die Bundesrepublik D. Hg. W. Benz. Bd. 2. Frankfurt/M. 1983, 12 ff. (Lit.). – W. **Köllmann**, Die Bevölkerungsentwicklung der Bundesrepublik, in: Sozialgeschichte der Bundesrepublik D. Hg. W. Conze, M. R. Lepsius. Stuttgart 1983, 66 ff.
Laufende Veröffentlichungen:
Stat. Jb. für die Bundesrepublik D. Hg. Stat. Bundesamt. Stuttgart. – Stat. Bundesamt, Fachserie 1: Bevölkerung und Erwerbstätigkeit [früher u. d. T.: Fachserie A: Bevölkerung und Kultur]. – Bundeszentrale für politische Bildung, Datenreport . . . Zahlen und Fakten über die Bundesrepublik D. Bonn.

Zu IV B:
K. **Lungwitz**, Über die Klassenstruktur in der DDR. Eine sozialökonomisch-stat. Untersuchung. Berlin (Ost) 1962. – D. **Storbeck**, Soziale Strukturen in Mitteldeutschland. Eine sozialstat. Bevölkerungsanalyse im gesamtdt. Vergleich. Berlin 1964. – Ökonomische Geographie der Deutschen Demokratischen Republik. Bevölkerung, Siedlungen, Wirtschaftsbereiche. Hg. H. **Kohl u. a.**, Gotha ³1976. – H. **Vortmann**, Beschäftigungsstruktur und Arbeitskräftepolitik in der DDR. Köln 1976. – Autorenkollektiv, Zur gesellschaftlichen Stellung der Frau in der DDR. Leipzig 1978. – Aktuelle Bevölkerungsfragen in Ost und West, in der DDR und in der Bundesrepublik. Hg. H. **Harmsen**. Hamburg 1978. – R. **Rytlewski**, D. **Voigt**, Soziale und politische Struktur der DDR im Wandel, in: Deutschland-Archiv. Sonder-H. „30 Jahre DDR" (1979) 155 ff. – Bevölkerungstheorie und Bevölkerungspolitik. Hg. P. **Khalathari**. Berlin (Ost) 1981. – R. **Rytlewski**, M. **Opp de Hipt**, Die Deutsche Demokratische Republik in Zahlen 1945/49–1980. München 1987. – Sozialreport '90. Hg. G. **Winkler**. Berlin (Ost) 1990. – Frauenreport '90. Hg. **ders.** Berlin (Ost) 1990.

Zu V A:
H. **Lampert**, Die Wirtschafts- und Sozialordnung der Bundesrepublik D. München 1965, ¹¹1992 (Lit.). – W. **Glasstetter**, Die wirtschaftliche Entwicklung in der Bundesrepublik D. 1950–1980. Berlin 1977, ²1983. – H. **Lampert**, Die Wirtschaft der Bundesrepublik D., in: HdWW. Bd. 8. 1980, 705 ff. (Lit.). – Zukunftsprobleme der Sozialen Marktwirtschaft. Hg. O. **Issing**. Berlin 1981. – H. **Kistler**, Die Bundesrepublik D. Vorgeschichte und Geschichte 1945 –1983. Bonn 1985. – R. **Klump**, Wirtschaftsgeschichte der Bundesrepublik D. Wiesbaden 1985. – H. **Lampert**, Lb. der Sozialpolitik. Berlin 1985, ²1991 (Lit.). – J. **Frerich**, Sozialpolitik. Das Sozialleistungssystem der Bundesrepublik D. München 1987. – F.-W. **Henning**, Das industrialisierte D. 1914 –1986. Paderborn 1988. – H. A. **Jaeger**, Geschichte der Wirtschaftsordnung in D. Frankfurt/M. 1988. – H. F. **Zacher**, Vierzig Jahre Sozialstaat – Schwerpunkte der rechtlichen Ordnung, in: 40 Jahre Sozialstaat Bundesrepublik D. Hg. N. **Blüm**, H. F. **Zacher**. Baden-Baden 1989, 19 ff.
Laufende Veröffentlichung:
Sachverständigenrat zur Begutachtung der gesamtwirtschaftlichen Entwicklung, Jahresgutachten. Stuttgart.

Zu V B:
W. **Berger**, O. **Reinhold**, Zu den wiss. Grundlagen des neuen ökonomischen Systems der Planung und Leitung. Berlin (Ost) 1966. – Autorenkollektiv, Ökonomisches Lexikon. 3 Bde. Berlin (Ost) 1967, ³1978/80. – W. **Ulbricht**, Zum Ökonomischen System des Sozialismus in der DDR. 2 Bde. Berlin (Ost) 1968. – Autorenkollektiv unter Leitung von G. **Mittag**, Politische Ökonomie des Sozialismus und ihre Anwendung in der DDR. Berlin (Ost) 1969. – G. **Leptin**, Die dt. Wirtschaft nach 1945. Ein Ost-West-Vergleich. Opladen 1970, ³1980. – D. **Graichen u. a.**, Sozialistische Betriebswirtschaft. Lb. Berlin (Ost) 1973, ⁴1980. – R. **Rytlewski**, Organisation und Planung der Forschung und Entwicklung in der DDR. Diss. München 1976. – Hdb. DDR-Wirtschaft. Hg. Dt. Institut für Wirtschaftsforschung Berlin. Reinbek 1977, ⁴1985. – BRD – DDR. Die Wirtschaftssysteme. Hg. H. **Hamel**. München 1977. – R. **Stollberg**, Arbeitssoziologie. Berlin (Ost) 1978. – Autorenkollektiv unter Leitung von G. **Gebhardt**, Sozialistische Finanzwirtschaft. Berlin (Ost) 1981. – H. F. **Buck**, Steuerpolitik im Ost-West-Systemvergleich. Berlin 1982. – Autorenkollektiv unter Leitung von G. **Manz**, Lebensniveau im Sozialismus. Berlin (Ost) 1983. – H. **Leipold**, Eigentum und wirtschaftlich-technischer Fortschritt. Eine dogmenhistorische und systemvergleichende Studie. Köln 1983. – H. E. **Haase**, Das Wirtschaftssystem der DDR. Berlin 1985, ²1990. – H. **Vortmann**, Geldeinkommen in der DDR von 1955 bis zu Beginn der 80er Jahre. Berlin 1985. – Außenwirtschaft der DDR und innerdeutsche Wirtschaftsbeziehungen. Hg. G. **Gutmann**, G. **Zieger**. Berlin 1986. – Lexikon der Sozialpolitik. Hg. G. **Winkler**. Berlin (Ost) 1987. – Wirtschaftsreport. Daten und Fakten zur wirtschaftlichen Lage Ostdeutschlands. Hg. K. **Werner u. a.** Berlin (Ost) 1990. – DDR 1990. Zahlen und Fakten. Hg. Stat. Bundesamt. Stuttgart 1990. – Gesamtdeutsche Eröffnungsbilanz (FS-Analysen, H. 2). Berlin 1991.
Laufende Veröffentlichungen:
Materialien zum Bericht zur Lage der Nation im geteilten Deutschland . . . Hg. Bundesministerium für innerdt. Beziehungen. Bonn. – Forschungsstelle für gesamtdeutsche Wirtschaftliche und Soziale Fragen. FS-Analysen. Berlin.

Zu V C:
Der Vertrag über die Schaffung einer Währungs-, Wirtschafts- und Sozialunion zwischen der Bundesrepublik D. und der Deutschen Demokratischen Republik. Erläuterungen und Dokumente. Hg. Presse- und Informationsamt der Bundesregierung. Bonn 1990. – Vertrag zwischen der Bundesrepublik D. und der Deutschen Demokratischen Republik über die Herstellung der Einheit D.s – Einigungsvertrag. Hg. dass. Bonn 1990. – Monatsberichte der Deutschen Bundesbank. Frankfurt/M. 1990 [diverse Hefte]. – Dt. Inst. für Wirtschaftsforschung, DDR-Wirtschaft im Umbruch. Bestandsaufnahme und Reformsätze. Berlin 1990. – German Unification – Economic Issues. Hg. L. **Lipschitz**, D. **McDonald**, in: International Monetary Fund, Occasional Paper No. 75. Washington 1990. – Sachverständigenrat zur Begutachtung der gesamtwirtschaftlichen Entwicklung, Zur Unterstützung der Wirtschaftsreform in der DDR: Voraussetzungen und Möglichkeiten. BT-Drs. 11/6301 vom 24. 1. 1990. – DDR 1990. Zahlen und Fakten. Hg. Stat. Bundesamt. Stuttgart 1990.

Bibliographien:
Bibliogr. zur dt. Einigung. Wirtschaftliche und soziale Aspekte. Bearb. H. Thomsen. Kiel 1990. – Bibliogr. zum wirtschaftlichen Einigungsprozeß D.s. Hg. Forschungsinst. für Wirtschaftspolitik an der Universität Mainz. Mainz 1991.

Zu VI A 1–2:
Ständige Konferenz der Kultusminister, Kulturpolitik der Länder 1985 bis 1987. Bonn 1988. – R. **Frank**, Kultur auf dem Prüfstand (40 Jahre kommunale Kulturpolitik). München 1990. – Wissenschaftsrat, Eckdaten zur Lage der Hochschulen. Köln. Stand 1990. – Sekretariat der ständigen Konferenz der Kultusminister der Länder in der BRD, Das Schulwesen in der Bundesrepublik D. Bonn 1990. – H. **Glaser**, Kultur und Gesellschaft in der Bundesrepublik (1945 bis 1990), in: PoluZG 41 (1991) B 1–2, 3ff:

Zu VI A 3:
Wirtschaftlicher Wandel, Religiöser Wandel und Wertwandel. Hg. D. **Oberndörfer** u. a. Berlin 1985. – H. **Klages**, Wertorientierungen im Wandel. Frankfurt/M. 1985. – E. **Noelle-Neumann**, R. **Köcher**, Die verletzte Nation. Stuttgart 1987. – Religion, Kirchen und Gesellschaft in D. Hg. F.-X. **Kaufmann**, B. **Schäfers**. Opladen 1988 (Lit.). – F.-X. **Kaufmann**, Religion und Modernität. Tübingen 1989. – Die Kirchen und die Politik. Hg. H. **Abromeit**, G. **Wewer**. Opladen 1989 (Lit.). – K. **Gabriel**, Von der „vordergründigen" zur „hintergründigen" Religiosität. Zur Entwicklung von Religion und Kirche in der Geschichte der Bundesrepublik D., in: 40 Jahre nach dem Neuanfang. Hg. R. Hettlage. München 1990, 255 ff. – A. **Feige**, Kirchenmitgliedschaft in der Bundesrepublik D. Gütersloh 1990 (Lit.).

Zu VI B:
R. **Rytlewski**, M. **Opp de Hipt**, Die DDR in Zahlen 1945/49–1980. München 1987. – H. **Zander**, Die Christen und die Friedensbewegungen in beiden dt. Staaten. Berlin 1989. – Stat. Jb. der DDR '90. Hg. Stat. Amt der DDR. 35. Jg. Berlin 1990. – H.-D. **Schlosser**, Dt. Sprache in der DDR zwischen Stalinismus und Demokratie. Köln 1990. – H. C. **Puschmann**, Caritas in einer marxistischen Umwelt, in: Caritas 1991. Jb. des dt. Caritasverbandes, 37 ff. – M. **Greschat**, Die Kirchen in den dt. Staaten nach 1945, in: Geschichte in Wiss. und Unterricht 42 (1991) 267 ff. – A. **Volze**, Kirchliche Transferleistungen in die DDR, in: Deutschland-Archiv 24 (1991) 59 ff. – K. **Richter**, Die kath. Kirche in den neuen Bundesländern, in: ebd., 564 ff. – „Pfarrer, Christen und Katholiken". Das Ministerium für Staatssicherheit der ehemaligen DDR und die Kirchen. Hg. G. **Besier**, St. **Wolf**. Neukirchen-Vluyn 1991. – Kath. Kirche – Sozialistischer Staat DDR. Dokumente und öffentliche Äußerungen 1945 – 1990. Hg. G. **Lange** u. a. Leipzig 1992.

Zu VI C:
M. **Heckel**, Die Vereinigung der ev. Kirchen in D. Tübingen 1991. – Das Bildungswesen im künftigen Deutschland. Hg. Dt. Gesellschaft für Bildungsverwaltung. Frankfurt/M. 1991. – H. **Kremser**, Der Weg der Kirchen/Religionsgemeinschaften von der sozialistischen DDR in das vereinte Deutschland, in: JöR N.F. 40 (1991/92) 501ff. – R. **Scholz**, Der Auftrag der Kirchen im Prozeß der dt. Einheit, in: Essener Gespräche zum Thema Staat und Kirche 26 (1992) 7ff. – W. **Rüfner**, Dt. Einheit im Staatskirchenrecht, in: ebd., 60ff.

Hartmut Leser (I), *Rudolf Morsey* (II bis B 1–2, C, VI B), *Theo Stammen* (II B 3), *Heinhard Steiger* (III A, C), *Georg Brunner* (III B), *Karl Schwarz* (IV A, C), *Ralf Rytlewski* (IV B, V B), *Heinz Lampert* (V A), *Hans Tietmeyer* (V C), *Paul-Ludwig Weinacht* (VI A 1–2), *Franz-Xaver Kaufmann* (VI A 3), *Burkhard Haneke* (VI C 1), *Alexander Hollerbach* (VI C 2)

ESTLAND

Amtlicher Name	Eesti (Estland)
Staatsform	Republik
Hauptstadt	Tallinn (Reval, 506 000 E.)
Fläche	45 215 km²
Bevölkerung	1 565 700 E. (VZ 1989). – 35 E./km²
Sprache	Estnisch, Russisch
Religion	mehrheitlich evangelisch-lutherisch, Orthodoxe
Währung	Kroon

I. Naturräumliche Voraussetzungen

E. grenzt im S an die Republik ↗Lettland, im O an die Russische Föderation, wobei der Peipus-See und die Narva die Grenze bilden. Im N und W ist die Ostsee eine natürliche Grenze. Das Land ist in 15 Landkreise *(maakond)* eingeteilt, diese in Gemeinden *(vald).* Das Territorium gehört zur Osteuropäischen Ebene, weist aber markante Höhenunterschiede zwischen dem niedrigeren westl. und dem höheren östl. Teil auf. Dem Festland vorgelagert sind die Inseln *Saaremaa* (Ösel), *Hiiumaa* (Dagö), *Muhu* (Mohn) und *Vormsi* (Worms). Die Landoberfläche wird von Sander- und Moränenablagerungen der jüngsten Vereisung eingenommen, die bis 200 m, in Hochestland bis 318 m *(Suur Munamägi)* ansteigen. Sie lagern auf kalkigen Sedimenten des Erdaltertums (Ordovizium) auf, welche im N in einer bis zu 58 m hohen Steilstufe, dem sog. *Glint,* zur Ostsee abfallen.

Das *Klima* ist durch den Übergang von maritim-ausgleichenden Einflüssen der Ostsee zu kontinentalen Bedingungen gekennzeichnet. Die Hst. Tallinn (Reval) weist im kältesten Monat Febr. eine Monatsmittel-Temp. von −5,9° auf, im wärmsten Monat Juli von 16,5°. Die jährlichen Niederschlagsmengen (durchschnittlich 559 mm) verteilen sich ungleichmäßig mit einem Maximum im Sommer (Aug.) und einem Minimum im Hochwinter. Wegen der starken Durchfeuchtung und vergleichsweise geringen Verdunstung sind die meisten Böden ausgelaugte Bleicherden; nur in Hochestland sind die Bodenqualitäten etwas besser. Weit verbreitet sind Moore, um deren Erhaltung sich der Naturschutz bemüht. Naturräumlich gehört der größte Teil E.s zum N der Mischwaldzone; die ursprünglich fast das gesamte Land einnehmende Bewaldung ist in historischer Zeit durch Rodungen zurückgedrängt worden. Schutzgebiete sind der Lahemaa-Nationalpark, ein Biosphären- und ein Gewässerreservat, fünf staatliche und 56 weitere Naturschutzgebiete.

II. Historische und politische Entwicklung

Der N E.s wurde im Zuge der Christianisierung durch Dänemark, der S durch den dt. Schwertbrüderorden erobert. An die Errichtung der Burg Reval durch *Waldemar II.* schloß sich eine Stadtgründung dt. Kaufleute 1230 an. 1346 erwarb der Dt. Orden Nordestland von Dänemark. Dadurch wurde das gesamte estn. Siedlungsgebiet Bestandteil der mit dem Dt. Reich verbundenen livländischen Konföderation. Die Reformation, die E. 1524 ev.-luth. werden ließ, entzog dem Orden und den Bistümern ihre Grundlagen.

Wegen der russ. Invasion unter *Iwan IV.* „d. Schrecklichen" unterwarfen sich Reval und die nördl. Landteile 1551 Schweden. Nordestland besaß daher eine Sonderstellung gegenüber dem poln. Livland (unter Einschluß Südestlands), das 1621 *Gustav II. Adolf* eroberte. Der Fortbestand der korporativ-ständischen Autonomie E.s und Livlands unter einer dt.-balt. Oberschicht wurde im *Nordischen Krieg* von *Peter I. d. Gr.* bestätigt (*Nystädter Frieden* 1721).

Das nationale Erwachen der Esten verstärkte sich in der 2. Hälfte des 19. Jh. Durch bäuerliches Grundeigentum entstand ein estn. und lett. Besitzbauerntum. Die Wiederherstellung der von *Gustav II. Adolf* errichteten Univ. Dorpat 1802 als dt. Landesuniversität durch Zar *Alexander I.* begünstigte die Herausbildung einer Intelligenz. Die verstärkte Russifizierung seit Ende des 19. Jh. führte zu einer Radikalisierung in der Revolution von 1905. Der Forderung nach Autonomie entsprach die Provisorische Regierung nach der „Februarrevolution" von 1917. Sie schuf ein „Gouvernement Estland", das durch Einbeziehung des nördl. Teils Livlands das gesamte estn. Siedlungsgebiet umfaßte.

Nach der „Oktoberrevolution" 1917 erklärte sich der aus Wahlen hervorgegangene Landtag E.s *(maapäev)* am 15. (28.) 11. 1917 zum Träger der obersten Gewalt. Ein „Komitee zur Rettung Estlands" verkündete die Unabhängigkeit der neuen Republik *(Eesti Vabariik)* mit der Hst. Tallinn (Reval). Nach der Besetzung E.s durch dt. Truppen begann eine provisorische Regierung ihre Tätigkeit.

Die sowjet. Regierung mußte im *Friedensvertrag von Brest-Litowsk* (3. 3. 1918) und dem dt.-russ. Ergänzungsvertrag vom 27. 8. 1919 die Loslösung E.s zugestehen. Estn. Truppen schlugen die Rote Armee zurück. 1920 erkannte die Sowjetregierung die Unabhängigkeit E.s an, das 1922 Mitglied des Völkerbunds wurde. Zur Konsolidierung trugen die Einführung des parlamentarisch-demokratischen Systems und eine Agrarreform bei.

Nach einer Verfassungsänderung (Volksabstimmung 16. 10. 1933) zugunsten eines Präsidialsystems verhängte der Staatsälteste *Konstantin Päts* 1934 den Ausnahmezustand, um eine Machtergreifung der rechtsradikalen Freiheitskämpferbewegung zu verhindern. 1937 erfolgte die Rückkehr zu einer Demokratie mit stärker autoritären Zügen unter Päts (seit 1938 Staatspräsident).

E.s Defensivbündnis mit Lettland (1923) wurde 1934 zu einem Staatenbund weiterentwickelt. Trotz Nichtangriffsverträgen mit der UdSSR 1932 und dem Dt. Reich vom 7. 6. 1939 gelang es nicht, die Unabhängigkeit zu wahren. Durch das geheime Zusatzprotokoll zum „Hitler-Stalin-Pakt" vom 23. 8. 1939 gehörte E. zur sowjet. Interessensphäre und mußte aufgrund des Beistandspakts vom 28. 9. 1939 der UdSSR Militärstützpunkte gewähren. Es begann die Umsiedlung der Deutsch-Balten nach Deutschland. Am 15. 6. 1940 besetzte die Rote Armee E., das als „Estnische Sozialistische Sowjetrepublik" (ESSR) annektiert wurde. Bei Massendeportationen fanden auch führende Politiker, darunter *Päts,* den Tod.

Der Sowjetisierungsprozeß wurde durch die dt. Besetzung während des II. Weltkriegs unterbrochen, in der E. als Generalkommissariat zum „Reichskommissariat für das Ostland" gehörte. Nach erneuter Eroberung durch die Rote Armee 1944/45 wurden estn. Gebiete der RSFSR angegliedert. Der Anteil der Titularnation, der vor 1939 88,2 % betrug, verminderte sich bis 1989 auf 61,5 %, derjenige der Russen stieg von 8,2 % auf 30,3 %. Die Überfremdung wurde durch Russifizierung des Bildungswesens verstärkt.

Dem Streben nach staatlicher Selbständigkeit bot ab 1985 *Michail Gorbatschows* Reformpolitik Entfaltungsmöglichkeiten. Seit 1987 erhobene Forderungen nach Reformen führten nach einem Wechsel in der bisherigen Partei- und Staatsführung der ESSR Anfang Okt. 1988 zur Bildung einer Volksfront *(Eestimaa Rahvarinne),* die anderen Republiken zum Vorbild diente. Sie wurde bei einem Sängerfest in Tallinn derart unterstützt, daß man von einer „singenden Revolution" spricht. Die Deklaration der Souveränität E.s am 16. 11. 1988 bildete das Vorbild für Souveränitätserklärungen anderer Unionsrepubliken.

Nach einem Sieg der demokratischen Kräfte in Wahlen zum Obersten Sowjet der ESSR am 18. 3. 1990 und nach Umwandlung der ESSR in eine „Republik Estland" erklärte der neugewählte Oberste Rat am 30. 3. 1990 deren Unabhängigkeit nach dem Vorbild ↗Litauens, dem ↗Lettland folgte. Die drei Republiken gründeten am 12. 5. 1990 einen „Baltischen Rat", der die „Baltische Entente" von 1934 wiederbelebte.

Der Versuch der sowjet. Zentralgewalt, die Verselbständigung der drei Republiken aufzuhalten, scheiterte v. a. an *Boris Jelzin,* dem Parlamentsvorsitzenden (Mai 1990) und Präsidenten der RSFSR (seit Juni 1991). Nach Abschluß eines Grundlagenvertrags zwischen der RSFSR und der Republik E. am 12. 1. 1991 votierten in einer Volksbefragung am 3. 3. 1991 78 % der Wähler für die Unabhängigkeit Estlands. Sie wurde im Beschluß des Obersten Rates vom 20. 8. 1991 bekräftigt, am 24. 8. 1991 von Jelzin für die RSFSR bestätigt und am 6. 9. 1991 von Gorbatschow für die UdSSR anerkannt. E. wurde Mitglied der UNO und der KSZE; im Europarat erhielt es den „besonderen Gaststatus".

Im Mittelpunkt der Innenpolitik E.s stehen die Probleme des Übergangs zur Marktwirtschaft, der Staatsangehörigkeit, der neuen Verfassung und der Minderheitenschutzes. Im *Obersten Rat der Republik* dominiert die Volksfront und die Bewegung „Freies Estland" (Parlamentspräsident: *Arnold Rüütel*). Mit ihm sind mehr die Linksparteien verbunden. Auf der anderen Seite versteht sich der *Kongreß (Eesti Kongress),* der am 24. 2. 1990 durch diejenigen Bürger gewählt worden ist, die vor 1939 die estn. Staatsangehörigkeit besaßen, als der legitime Vertreter des Volkes Estlands. Er stützt sich auf die Nationale Unabhängigkeitspartei und weitere Rechts- und Mittelparteien (Vorsitzender: *Tunne Kelam*).

III. Verfassung und Recht

Im Zuge der Staatsbildung wurde für E. als unabhängige demokratische Republik von der Konstituierenden Versammlung am 4. 6. 1919 eine vorläufige Staatsordnung angenommen, die eigentliche Verfassung (mit 89 Artikeln) am 15. 6. 1920 verabschiedet. Sie war auf Gewaltenteilung aufgebaut und enthielt einen ausführlichen Grundrechtsteil. Weiteres Kennzeichen war die Geltung des parlamentarischen Systems. Bemühungen um eine Verfassungsreform mit dem Ziel der Einführung des Amtes eines Staatspräsidenten scheiterten zunächst (Volksabstimmungen Aug. 1932 und Juni 1933). Im Okt. 1933 gelang es jedoch dem rechtsradikalen Freiheitskämpferverband, in einer Volksabstimmung mit großer Mehrheit einen Entwurf durchzusetzen. Die Neufassung der Verfassung ist jedoch nicht in vollem Umfange in Kraft getreten, da der Staatsälteste *Konstantin Päts* am 12. 3. 1934 den Ausnahmezustand verhängte (später bis zum 12. 9. 1938 verlängert). Er erreichte aufgrund einer erneuten Volksabstimmung im Febr. 1936 die Einberufung einer verfassunggebenden Nationalversammlung, von der am 17. 8. 1937 eine neue Verfassung angenommen wurde. Sie sah das Präsidialsystem mit einem starken Staatspräsidenten und zwei Kammern der Staatsversammlung vor. Für das Abgeordnetenhaus galt das Mehrheitswahlrecht. Der Staatsrat als Oberhaus wies besonders ausgeprägte berufsständische Elemente auf. Eine autoritäre Tendenz war auch in der Einschränkung verfassungsmäßiger Grundrechte und Betonung der Pflichten zu sehen.

Die zwangsweise Einverleibung der ESSR in die Sowjetunion am 6. 8. 1940 wurde durch die Annahme der Verfassung der ESSR am 25. 8. 1940 bekräftigt. Sie entsprach dem Vorbild der Verfassung der UdSSR von 1936, wies aber eine Reihe von Abweichungen auf, die durch die zeitweilige Beibehaltung des Privateigentums und durch die marktwirtschaftliche Struktur E.s bedingt waren. Mit der Sowjetisierung war auch die Übertragung der sowjet. Staatsangehörigkeit verbunden. Mit Dekret vom 6. 11. 1940 wurden die Gesetzbücher der RSFSR eingeführt, insbes. die zivil-, straf- und prozeßrechtlichen Kodifikationen. Die Sowjetisierung, die durch die dt. Besetzung seit 1941 unterbrochen worden war, wurde seit 1944 an zielbewußt fortgeführt. Durch die Entwicklung der Planwirtschaft auf staatssozialistischer Grundlage bei gleichzeitiger Abschaffung des Privateigentums wurde eine völlige Anpassung an die Rechts- und Verfassungsordnung der UdSSR erreicht. Auf der Grundlage der neuen Verfassung der UdSSR von 1977 erfolgte die Annahme der Verfassung der ESSR vom 14. 4. 1978.

E. war die erste balt. Republik, in der die Forderung nach realer Souveränität und damit staatlicher Selbständigkeit konkrete Gestalt annahm. In einer Deklaration des Obersten Sowjets E.s über die Souveränität vom 16. 11. 1988 wurde unter Berufung auf das in den UN-Menschenrechtspakten verankerte Selbstbestimmungsrecht der Völker die volle Hoheitsgewalt der estn. Titularnation auf ihrem Territorium beansprucht und gleichzeitig der Vorrang der Gesetze der ESSR gegenüber den Unionsgesetzen erklärt. In einer anschließenden Verfassungsänderung wurden die Menschenrechtspakte zum integralen Bestandteil der Rechtsordnung der ESSR bestimmt. Privateigentum wurde zugelassen; das Land, die Atmosphäre, die Boden- und Naturschätze, alle Produktions-, Transport- und Kommunikationsmittel sowie alle Staatsbetriebe wurden zum Alleineigentum der ESSR erklärt. Gesetze und andere normative Akte der UdSSR sollten künftig erst nach ihrer Registrierung in Kraft treten. Durch das Sprachgesetz vom 22. 1. 1989 wurde Estnisch als Staatssprache festgelegt.

Am 30. 3. 1990 faßte der Oberste Rat den Beschluß „Über den staatlichen Status Estlands", in dem die Wiederherstellung der Republik E. in einer Übergangsperiode angekündigt wurde. In einem Ges. „Über die Symbolik Estlands" vom 8. 5. 1990 wurden die ersten sechs Artikel der Verfassung von 1937 wieder in Kraft gesetzt und die „Grundlagen der vorläufigen Regierungsordnung Estlands" in einem Ges. vom 18. 5. 1990 festgelegt. Diese drei Gesetze stellen zusammen eine provisorische Verfassung E.s in einer Übergangsperiode dar. Alle in E. geltenden normativen Akte sollen bis zu ihrer Aufhebung oder Änderung in der Übergangsperiode weitergelten, sofern sie dieser provisorischen Verfassung nicht widersprechen. Auf dieser Grundlage gelten ältere Gesetze fort, zahlreiche neue Gesetze zur Aus- und Umgestaltung der Rechtsordnung wurden erlassen. Einen Schwerpunkt bildet das Wirtschaftsrecht, insbes. die rechtliche Regelung der Unternehmenstätigkeit und der Privatisierung: UnternehmensG vom 17. 11. 1989, BankenG vom 28. 12. 1989, EigentumsG vom 13. 6. 1990, Ges. über die Privatisierung der Staatsbetriebe für Dienstleistungen, Handel und Verpflegungseinrichtungen vom 22. 10. 1990, Ges. über die Grundlage der Eigentumsreform vom 13. 6. 1991. Am 28.6.1992 wurde in einem Referendum die neue Verfassung angenommen.

Im Beschluß über die staatliche Unabhängigkeit E.s vom 20. 8. 1991, durch den die endgültige Loslösung von der Sowjetunion erfolgte, ist die Ausarbeitung einer neuen Verfassung vorgesehen. Sie soll durch eine verfassunggebende Versammlung (je zur Hälfte aus Vertretern des Obersten Rates und des Kongresses [vgl. II]) erfolgen. Nach ihrer Annahme durch ein Referendum sollen auf ihrer Grundlage Parlamentswahlen stattfinden. Mit der anschließenden Bildung der höchsten Repräsentativorgane soll die Übergangsperiode abgeschlossen werden. Über die Struktur der künftigen Verfassung bestanden unterschiedliche Auffassungen: Die Vertreter des Obersten Rates befürworten eine starke Stellung des Staatspräsidenten, der durch das Volk unmittelbar gewählt wird, die Vertreter des Kongresses dagegen ein größeres Gewicht des Regierungschefs im Rahmen eines parlamentarischen Systems. Der endgültige Verfassungsentwurf, der einem Referendum unterliegt, sieht die Wahl des Staatspräsidenten durch das Parlament *(riigikogu)* vor.

IV. Bevölkerungs- und Sozialstruktur

Die Volkszählung vom 12. 1. 1989 ermittelte 1 565 700 E., die zu 72% in städtischen Siedlungen leben, fast 1/3 allein in der Hauptstadt. Aus einer *Geburtenziffer* von 15,4‰ (1989) und einer *Sterbeziffer* von 11,7‰ ergibt sich ein natürlicher Bevölkerungszuwachs von 0,37%. In den 80er Jahren ist die Sterblichkeit leicht zurückgegangen, und der natürliche Bevölkerungszuwachs hat bei nahezu unveränderter Geburtenhäufigkeit etwas zugenommen. Die *Lebenserwartung* lag Ende der 80er Jahre bei 66,4 bzw. 75,1 Jahren (Männer/Frauen), die durchschnittliche Familiengröße bei 3,1 Personen.

Die wichtigsten Einschnitte in der Bevölkerungsentwicklung brachten im 19. Jh. die Auswanderung von Esten nach Rußland und Nordamerika, im 20. Jh. die Rückwanderung von Baltendeutschen und Russen nach dem I. Weltkrieg, die Deportation von Esten im II. Weltkrieg und die politisch gesteuerte Zuwanderung von Russen, Ukrainern und Weißrussen nach der Angliederung E.s an die UdSSR. Dadurch hat sich die ethnische Zusammensetzung stark verschoben. Während 1934 noch 88,2% der Bevölkerung des damals unabhängigen E.s Esten waren, nahm der Anteil der Russen bis 1959 auf 20,1% zu, der Anteil der Esten auf 74,6% ab. Die Volkszählung 1989 registrierte 61,5% Esten und 30,3% Russen. Russisch bestimmt sind v. a. das Industriegebiet um Kohtla-Järve und die Grenzstadt Narva. Tallinn hatte 1989 46,8% Esten und 41,6% Russen. Dagegen wird der ländliche Raum zu 87% von Esten bewohnt.

1989 waren 814 000 Personen (51,4% der Gesamtbevölkerung) erwerbstätig (davon 55% Frauen), 42% im produzierenden Gewerbe und Bauwesen, 12% in der Landwirtschaft, 18% im Gesundheits- und Bildungswesen, 17% im Verkehrswesen und Handel. Die restlichen Erwerbstätigen arbeiten in der Verwaltung und in anderen Dienstleistungsbereichen. In den zurückliegenden Jahrzehnten hat sich das Schwergewicht deutlich von der Landwirtschaft zum produzierenden und Dienstleistungsgewerbe verschoben.

Die *soziale Sicherung* ist zwar in der Sowjetzeit institutionell verwirklicht worden, von den Leistungen her jedoch unzureichend. Im Vergleich mit der ehem. UdSSR wies E. in den zurückliegenden Jahrzehnten aber die günstigsten Werte für verschiedene Wohlstandsindikatoren und Ausstattungsmerkmale auf.

V. Wirtschaft

Die *Wirtschaftsverfassung* ist durch den Übergang von der Zentralverwaltungswirtschaft sowjet. Typs zu einer Marktwirtschaft mit freiem Unternehmertum gekennzeichnet. Bis Mitte der 80er Jahre hatten sich die Behörden um eine immer stärkere Konzentration in großen staatlichen oder kollektiven Betriebseinheiten bemüht. Seit der Anspruch auf Wiedererlangung der Unabhängigkeit erhoben wurde, wird das private Unternehmertum gefördert. Besonders weit gediehen ist die Privatisierung in der Landwirtschaft (März 1991: 3673 Bauernwirtschaften mit zusammen 96 000 ha = 6,9% der landwirtschaftlichen Nutzfläche) und im Dienstleistungssektor. Schwierig dürfte v. a. die Privatisierung der industriellen Großbetriebe im nordöstl. E. und in Tallinn werden. Am Aufbau der Privatwirtschaft ist in zunehmendem Maß finn. Kapital beteiligt.

Ressourcen. Von der Gesamtfläche (4,52 Mio. ha) sind 1,36 Mio. ha (30,2%) landwirtschaftliche Nutzfläche, davon 926 000 ha Weideland. Von den Bodenschätzen werden die Ölschiefer bei Kohtla-Järve (geschätzte Vorräte: 15 Mrd. t) für die Energiegewinnung genutzt; 90% der abgebauten Menge (23–24 Mio. t/Jahr) werden in zwei Großkraftwerken verstromt. Ein großer Teil der Elektrizität wird in den Raum St. Petersburg und nach Lettland geliefert. Eine Ausweitung des Abbaus von Phosphoriten (geschätzte Reserven 0,7 Mrd. t) für eine Aufbereitung in der Düngemittelindustrie scheiterte Ende der 80er Jahre am Widerstand der national-ökologischen Bewegung. Die chemische Industrie von Maardu, die zur Kapazitätsauslastung Phosphorite von der Halbinsel Kola verarbeitet, verursacht starke Luft-, Wasser- und Bodenverunreinigungen im Großraum Tallinn. Insgesamt ist E. auf die Zufuhr fast aller industriellen Roh- und Grundstoffe angewiesen.

Währung. Im Juni 1992 wurde der bis dahin noch geltende sowjet. Rubel durch eine eigene Währung *(Kroon)* abgelöst. E. hofft, sich dadurch von der Hyperinflation in der ehem. UdSSR befreien zu können.

Industrie. Dem Bruttoproduktionswert nach dominiert die Konsumgüterindustrie. Leichtindustrie (exportorientierte Baumwollverarbeitung in Narva und Tallinn) und Nahrungsmittelindustrie (neben der Verarbeitung von landwirtschaftlichen Erzeugnissen Fischindustrie in Tallinn und Pärnu) sind mit jeweils ca. 25% an der industriellen Gesamtproduktion beteiligt, gefolgt vom Maschinenbau (15%; Instrumentenherstellung, Elektrotechnik, Elektronik, Anlagenbau für die Erdöl- und Erdgas- sowie die Nahrungsmittelindustrie; Konzentration auf Tallinn). Die chemische Industrie hat die Folgen einer rückständigen Umwelttechnologie zu überwinden. Auf regionalen Rohstoffen beruhen Holzverarbeitung und Papierherstellung.

Landwirtschaft. Ihr Anteil am BSP beträgt 18,3%. Sie ist auf Großviehhaltung mit Mast- und Milchproduktion ausgerichtet, verfügt aber auch über relativ günstige Anbaugebiete im SO. Die hohen Anforderungen an Mastvieh konnten bisher auf der eigenen Futterbasis nicht befriedigt werden. Der Getreideanbau liefert Durchschnittserträge von 19 dt/ha; der Kartoffelanbau war in den 80er Jahren leicht rückläufig, während der Viehbesatz etwas zugenommen hat. Die Milchviehhaltung soll noch verstärkt werden.

Der *Außenhandel* zeigt bei deutlicher Abhängigkeit von Importen eine negative Bilanz. 1988 standen Importen von 3,7 Mrd. Rbl (davon 3,0 Mrd. Rbl aus den anderen Unionsrepubliken) Exporte von 3,0 Mrd. Rbl (davon 2,7 Mrd. Rbl innerhalb der UdSSR) gegenüber, wobei Brenn- und Rohstoffe etwa 40% der Importe ausmachten, während der Export von Nahrungsmitteln und Maschinen bestimmt wird. Wichtigste Außenhandelspartner außerhalb der ehem. UdSSR sind Finnland, Deutschland und die ČSFR. Die Aufgabe des sowjet. Außenhandelsmonopols förderte zunächst die Aufnahme von Handelsbeziehungen zu den nordeurop. Staaten. Mit Rußland wurde ein Wirtschaftsvertrag geschlossen, der zur Basis eines verstärkten Warenaustauschs werden kann.

Das *Verkehrswesen* ist relativ gut entwickelt. E. weist mit 64,1 km je 100 km^2 Landesfläche ein recht dichtes Netz an befestigten Straßen, mit 1030 km Streckenlänge ein gut ausgebautes Eisenbahnnetz auf. Beim Gütertransport dominiert nach der Menge der transportierten Güter die Eisenbahn, doch ist der Anteil des Lkw-Transports relativ hoch. Der Personenverkehr wird überwiegend mit Autobussen abgewickelt; der Besatz mit Privat-Pkw (135 auf 1000 E.) lag Ende der 80er Jahre erheblich über dem sowjet. Durchschnitt und kennzeichnet den höheren Lebensstandard. Wachsende Bedeutung für den Export hat der Hafen von Tallinn.

VI. Kultur, Religion, Bildung

Die (mit lat. Buchstaben geschriebene) estn. Sprache bildet mit dem Finnischen und einigen anderen kleineren Sprachen die ostseefinn. Gruppe der finnougrischen Sprachen, die nicht mit den indogermanischen verwandt sind. Seit archaischen Zeiten haben sich in ihr bis in die jüngste Vergangenheit eine reich überlieferte Volksdichtung und ein Brauchtum erhalten, die heute noch – allerdings weitgehend künstlich – gepflegt werden. Seit dem späten Mittelalter wurden die Esten, die in den früheren Provinzen E. und dem nördl. Teil Livlands siedelten, dem Gebiet, das 1918 den selbständigen Staat E. bildete, vom Schwertritterorden und vom Dt. Orden christianisiert. Seit den 20er Jahren des 16. Jh. drang das Christentum in der Gestalt des luth. Protestantismus, dessen Repräsentanten die zahlenmäßig kleine Herrenschicht der Deutschbalten war, ins einfache Volk. Im Gefolge dieser Missionierung entstanden durch Übersetzungen von kirchlich-religiösen Texten ins Estnische durch Vertreter der dt. Geistlichkeit die Grundlagen einer estn. Schriftsprache. In ihr entwickelte sich seit dem Beginn des 19. Jh. mit Hilfe der dt. Pastoren, seit Mitte des 19. Jh. von Esten, rasch eine schöne Literatur, die schon zu Beginn des 20. Jh. das Niveau der übrigen europ. Literaturen erreichte. Auch in der Musik und in den bildenden Künsten wurden die seit dem Mittelalter in der Hansestadt Reval (Tallinn) und in anderen Städten wie z. B. Dorpat (Tartu) durch die Deutschbalten initiierten Traditionen (Gotik, Barock, Jugendstil usw.) weiterentwickelt, seit dem 20. Jh. auch selbständig. Das heutige E. wurde kulturell zu einem europ. Land mit dem für die Länder des Ostseeraums typischen Gepräge.

1922 gab es in E. 867 137 (78%) Lutheraner (davon 86% Esten), 209 094 (19%) Orthodoxe (davon 12% Esten), 5214 (0,5%) Baptisten, 4639 (0,4%) Juden (die unter der dt. Besetzung im II. Weltkrieg fast völlig ausgerottet wurden) und 2536 (0,2%) Katholiken (meist Litauer und Polen). 1931 bestanden 151 ev.-luth. Gemeinden (davon 117 auf dem Lande), die 16 Propsteien zugeordnet waren (darunter je eine deutsche und schwedische). Die früheren Konsistorien von E. und Livland wurden 1919 durch einen einmal jährlich zusammentretenden Kirchentag ersetzt. Er wählte ein aus je 3 Geistlichen und Laien bestehendes Konsistorium, dem ein Bischof vorstand, der von einem schwed. und einem finn. Erzbischof ordiniert wurde. Die orth. Gemeinden gründeten eine selbständige

„Estnische Apostolisch-Orthodoxe Kirche", die ein Erzbischof leitete, der 1923 vom Patriarchen von Konstantinopel zum Metropoliten erklärt wurde. Die russ.-orth. Gemeinden bildeten ein eigenes Bistum.

Für die Zeit nach dem II. Weltkrieg gibt es keine verläßlichen Zahlen über die Religionszugehörigkeit der Bevölkerung Estlands. Trotz Verfolgung und Unterdrückung durch die sowjet. Okkupanten bekennt sich aber heute die Mehrheit der estn. Bevölkerung zum ev.-luth. Glauben. Ein Ausdruck für die Wiederbelebung des kirchlichen Lebens in jüngster Zeit ist u. a. der beträchtliche Anstieg der Zahl der Taufen (1987: 1832, 1990: 18 606) in den 146 Gemeinden. Im Juni 1990 wurde auf der Generalsynode der Ev.-Luth. Kirche E.s die Rückkehr zur Kirchenordnung von 1919 beschlossen, im Juni 1991 die Theologische Fakultät der Universität Tartu wiedereröffnet. Die zahlreichen im Zuge der sowjet. Unterwanderungspolitik eingeschleusten Russen gehören vermutlich nur zu einem geringen Teil noch der russ.-orth. Kirche an, während die alteingesessenen russ. und estn. Orthodoxen ihren Glauben weitgehend bewahrt haben.

Zwischen den beiden Weltkriegen gab es eine obligatorische Grundschule (6 Jahre vom 8.–14. Lebensjahr) und eine Ergänzungsschule (1–2 Jahre). An ihrer Stelle konnten aber auch Berufsschulen für Gewerbe (1–3 Jahre), Handel (3 Jahre), ein Technikum (5–6 Jahre), eine Kunstgewerbeschule (6 Jahre) oder (mit Schulgeldzahlung) ein Gymnasium verschiedener Richtungen (5 Jahre) gewählt werden. 1931/32 bestanden 1269 Grundschulen und 68 Gymnasien. Mitte der 30er Jahre löste in den neusprachlichen Gymnasien Englisch als erste Fremdsprache das Deutsche ab. Bis 1932 wurden Absolventen der Grundschulen 6 Jahre lang in Lehrerseminaren zu Grundschullehrern ausgebildet, seitdem nur noch Absolventen von Gymnasien in einem 2jährigen Pädagogium. Seit 1918 ist die 1632 von *Gustav II. Adolf* gegründete Universität in Dorpat (Tartu), die, 1802 als deutschsprachige wiedereröffnet, seit 1889 russischsprachig war, estnischsprachige Staatsuniversität. Daneben gab es 5 (7) weitere Hochschulen. Während der sowjet. Okkupation, in deren Gefolge Tausende von Lehrern und Professoren in die Emigration gingen oder deportiert wurden, wurde das alte Bildungssystem völlig zerstört und seit 1944/45 in Etappen dem sowjet. angeglichen. 1946 wurde nach sowjet. Muster eine Akademie der Wissenschaften mit 3 Abteilungen in Tallinn gegründet. In den kommenden Jahren soll das gesamte Bildungssystem neu strukturiert werden, teilweise in Angleichung an die Zeit zwischen den Weltkriegen, teilweise an das in den westeurop. Ländern.

LITERATUR

Zu I, IV, V:
T. U. **Raun**, Estonia and the Estonians. Stanford 1987. – The Baltic States. A Reference Book. Tallinn, Riga, Vilnius 1991. – K. **Ludwig**, Das Baltikum. E., Lettland, Litauen. München 1991. – R. **Götz**, U. **Halbach**, Daten zur Geographie, Bevölkerung, Politik und Wirtschaft der nichtruss. Republiken der UdSSR. Köln 1991 (Sonderveröff. des Bundesinst. für ostwiss. und internationale Studien). – Economic Survey of the Baltic States. The Reform Process in Estonia, Latvia and Lithuania. London 1992.

Zu II:
R. **Wittram**, Balt. Geschichte. Die Ostseelande Livland, E., Kurland 1180–1918. München 1954. – B. **Meissner**, Die Sowjetunion, die balt. Staaten und das Völkerrecht. Köln 1956. – M. **Hellmann**, Balt. Länder, in: StL. Bd. 1. ⁶1957, 857 ff. – G. v. **Rauch**, Geschichte der balt. Staaten. Stuttgart 1960, München ³1990. – Von den balt. Provinzen zu den balt. Staaten. Beiträge zur Entstehungsgeschichte der Republiken E. und Lettland 1917–1918. Hg. J. v. **Hehn** u. a. 2 Bde. Marburg 1971/77. – Die Balt. Nationen. E., Lettland, Litauen. Hg. B. **Meissner**. Köln 1990, ²1991.

Zu III:
St. v. **Czekey**, Die Verfassungsentwicklung E.s 1929–1934, in: JöR N. F. 23 (1935) 411 ff. – W. **Meder**, Die Verfassung E.s vom 17. August 1937, in: Zs. für osteurop. Recht N. F. 4 (1937/38) 205 ff. – B. **Meissner**, Die Sowjetunion, die balt. Staaten und das Völkerrecht. Köln 1956. – L. **Schultz**, Die Entwicklung des Verfassungsrechts in den balt. Staaten E., Lettland, Litauen seit 1940, in: JöR N. F. 12 (1963) 295 ff. – **Ders.**, Die Verfassungsentwicklung der balt. Unionsrepubliken, in: Bundesstaat und Nationalitätenrecht in der Sowjetunion. Hg. F.-Chr. Schroeder, B. Meissner. Berlin 1974, 97 ff. – H.-J. **Uibopuu**, Die Verfassungs- und Rechtsentwicklung der balt. Staaten 1988–1990, in: Berichte des Bundesinstituts für ostwiss. und internationale Studien. Köln 1990, Nr. 61. – Die Balt. Nationen. E., Lettland, Litauen. Hg. B. **Meissner**. Köln 1990, ²1991.

Zu VI:
Eesti entsüklopeedia. Hg. R. **Kleis** u. a. Bd. 2. Dorpat 1933, 607 ff., 614 ff. – R. **Wittram**, Balt. Kirchengeschichte. Göttingen 1956. – Zur gegenwärtigen Lage des Bildungswesens in den Balt. Sowjetrepubliken E. und Lettland. Bearb. C. J. **Kenéz**, in: Dokumentation Ostmitteleuropa N. F. 12 (1986) H. 3/4. – E. **Schmidt**, Kõrgema hariduse areng Nõukogude entsüklopeedia. Hg. G. Naan u. a. Bd. 2. Reval 1987, 344 ff. – M. **Kleibrink**, Die kath. Kirche im Baltikum, in: Acta Baltica 25/26 (1989) 29 ff. – F. **Scholz**, Die Literaturen des Baltikums. Ihre Entstehung und Entwicklung. Opladen 1990. – E. **Benz**, Neue Freiheit nach langer Unterdrückung. Die Kirchen in den balt. Staaten, in: HK 46 (1992) 33 ff.

Jörg Stadelbauer (I, IV, V), *Boris Meissner* (II, III), *Friedrich Scholz* (VI)

FINNLAND

Amtlicher Name	Suomen Tasavalta (finn.) (Land der Finnen) Republiken Finland (schwed.) (Republik Finnland)
Staatsform	Parlamentarisch-demokratische Republik
Hauptstadt	Helsinki (490 000 E.)
Fläche	338 127 km²
Bevölkerung	4 984 000 E. (1990; VZ 1989: 4 974 383). – 15 E./km²
Sprache	Finnisch, Schwedisch
Religion	Ev.-Lutherische Kirche rd. 90%; Orthodoxe Kirche 1%; konfessionslos 9%
Währung	1 Finnmark (Fmk) = 100 Penniä

I. Naturräumliche Voraussetzungen

F., im NO ↗Europas beiderseits des Polarkreises gelegen, hat gemeinsame Grenzen mit ↗Schweden im W, mit ↗Norwegen im N, mit der ↗Sowjetunion im O. Als Teil des *Baltischen Schildes* besteht F. aus einem präkambrisch gefalteten, im Paläozoikum gehobenen Urgesteinsmassiv, dessen Gneise und Granite bis zum Tertiär abgetragen wurden, während Quarzite als flache Härtlingsrücken aus dem kuppigen Gelände herausragen. Der mächtige Abtragungsschutt wurde während der pleistozänen Vereisungen weitgehend beseitigt, so daß F. eine mittlere Höhe von nur 150 m aufweist. Im äußersten NW hat es Anteil am Hochgebirge der *Skanden* (höchster Berg der *Haltiatunturi*, 1324 m). In Mittellappland bildet der *Maanselkä* mit seinen Schuttmengen die Wasserscheide zwischen Ostsee und Eismeer. Eine Kälteperiode zu Ende des Gotiglazials führte vor ca. 10 000 Jahren zum Aufbau der Endmoränenstaffeln des *Salpausselkä*. Die bis zu 3000 m mächtige Inlandvergletscherung hatte F. in die Erdkruste gepreßt, so daß es nach dem Abschmelzen des Eises durch Druckentlastung zu einer Landhebung von über 300 m kam. Die durch die ausschürfende Tätigkeit des Eises geschaffenen Seensysteme des *Näsijärvi*, *Päijänne* und *Saima* wurden nicht durch den Salpausselkä, sondern durch darunter liegende Gesteinsrücken aufgestaut. Die Landhebung hat im Postglazial nicht nur die Fließrichtung und Einzugsbereiche der Flüsse stark verändert, sondern bedingt v. a. in Nordfinnland bis heute starke Vermoorungen in den Wäldern.

Charakteristisch sind die über 55 000 inselreichen Seen (ca. 10% der Gesamtfläche), v. a. im Bereich der Finnischen Seenplatte.

Der Küste vorgelagert sind zahlreiche Schärenhöfe, die ihre Oberflächenformen ebenfalls der abtragenden Wirkung der Gletscher verdanken. Am weitesten in die Ostsee vorgeschoben sind die *Ålandinseln* (finn. *Ahvenanmaa*) am Eingang des Bottnischen Meerbusens (ca. 6500 Inseln und Schären mit 1442 km^2).

Im Lee der Skanden weist F. ein kontinentales *Klima* mit hohen sommerlichen Temperaturen und Niederschlagsmaxima und tiefen Wintertemperaturen auf. Bottnischer und Finnischer Meerbusen wirken sich im Küstenbereich mildernd aus. Die Vereisung der Küstengewässer findet meist im Febr./März ihren Höhepunkt. Aufgrund kontinentaler, atlantischer oder polarer Witterungseinflüsse können sich zu jeder Jahreszeit aperiodische Temperaturschwankungen und Niederschlagsverhältnisse einstellen. In Lappland kann es im Sommer zu Temperaturen um 30°C, im Winter von unter −40°C kommen.

Vegetation. Mit Ausnahme des Finnischen Arms im NW und eines größeren Gebietes nördl. des Inari-Sees gehört F. zum borealen Nadelwaldgürtel, in dem auf glazigenen Böden Fichte und Kiefer ca. 82% des Waldbestandes ausmachen. Fjeldbirkenwald und Zwergstrauchheiden weisen arktisch-alpine Florenelemente auf.

Die naturräumliche Gliederung unterscheidet für F. folgende Einheiten: im S und W das *nordostbaltische Küstentiefland*, im Zentrum die *Finnische Seenplatte*, im N das *Inari-Becken* und im NW das *Finnmark-Plateau*, während Teile Ostfinnlands nordöstl. der Seenplatte zur *Russischen Tafel* gehören.

II. Historische und politische Entwicklung

F. war seit der Mitte des 12. Jh. über 650 Jahre ein Teil ↗Schwedens. Nach dem russ.-schwed. Krieg (1808–09) wurde es dem russ. Reich angegliedert, hat aber während der sog. *Autonomiezeit* (1809–1917) als Großfürstentum eine weitgehend selbständige Stellung ausbauen und seine eigenen politischen, rechtlichen und sozialen Institutionen behaupten können.

1917 nutzte F.s knappe bürgerliche Landtagsmehrheit die Oktoberrevolution mit der einseitigen *Unabhängigkeitserklärung* (6.12.) zur Trennung von Rußland, in Verhandlungen mit *Lenin* zugestanden (31.12.1917) und per Dekret am 28.1.1918 sanktioniert wurde. Die Verwirklichung der staatlichen Unabhängigkeit mußte in einem Bürgerkrieg im Frühjahr 1918 gegen linke Revolutionäre und Teile der im Lande stationierten russ. Verbände gewaltsam durchgesetzt werden. Gemeinsam mit dt. Hilfstruppen unter Graf *Rüdiger v. d. Goltz* gelang es General *Carl Gustav v. Mannerheim* bis Ende April 1918, Südfinnland mit der Hauptstadt Helsinki zurückzugewinnen. Im *Frieden von Dorpat* (14.10.1920) mußte die junge Republik (Verfassung vom 21.6.1919) die Teilung der Karelischen Landenge akzeptieren und auf die Einbeziehung der jenseits der alten Grenze siedelnden finn. Bevölkerung verzichten.

In der Innenpolitik sorgten eine Landreform (1918) und ein Landbeschaffungsprogramm (*Lex Kallio*, 1922) für die Entschärfung der sozialen Lage auf dem Lande. Die finn. Demokratie erwies sich gefestigt genug zur Abgrenzung gegen jeglichen Extremismus (1930 Abwehr der nationalistischen Lapua-Bewegung). Ein scharfer Antikommunismus einte alle Parlamentsparteien in der Frontstellung gegen das bolschewistische Rußland. Die Kommunistische Partei war verboten, die Sozialdemokraten schlugen unter *Väinö Tanner* einen reformistischen Legalitätskurs ein.

In der Außen- und Sicherheitspolitik boten weder die Zusammenarbeit mit den baltischen Staaten und mit Polen noch die Anlehnung an den Völkerbund und schließlich ab 1935 die betont skandinav. Orientierung den erhofften Rückhalt. Das Verhältnis zu Schweden war durch die Åland-Frage und den Sprachenstreit in den 20er Jahren belastet. Das Heraufkommen des Nationalsozialismus in Deutschland brachte F. in eine gefährliche Lage. Im geheimen Zusatzprotokoll des *Hitler-Stalin-Paktes* von 1939 wurde es der russ. Interessensphäre zugeordnet. Den sowjet. Gebietsforderungen widersetzten sich die Finnen in einem aussichtslosen heroischen Abwehrkampf während des sog. Winterkrieges (1939/40). Die im *Frieden von Moskau* (12.3.1940) erzwungenen Gebietsabtretungen holte sich die Armee unter Feldmarschall *Mannerheim* im sog. *Fortsetzungskrieg* 1941–44 im Verbund mit dt. Truppen vorübergehend wieder zurück. 1944 mußte sich die Regierung vor den heranrückenden sowjet. Truppen zu einem Waffenstillstand (19.9.1944) bequemen und aktiv an den Kriegshandlungen gegen den einstigen Verbündeten beteiligen *(Lappland-Krieg)*. Sie ersparte damit dem Land eine Besetzung durch die Rote Armee, hatte aber zur Überwachung der Friedensbemühungen eine von der UdSSR dominierte Alliierte Kontrollkommission (1944–47) in Helsinki zu akzeptieren.

Der *Pariser Friedensvertrag* (10.2.1947) bestätigte die Grenzen von 1941 und die Abtretung des Gebietes von Petsamo sowie die Verpachtung des Marinestützpunktes Porkkala auf 50 Jahre an die UdSSR (vorzeitig zurückgegeben 1955), legte dem Land eine hohe Kriegsentschädigung von 300 Mio. US-$ auf und verlangte ein gerichtliches Vorgehen gegen die „Kriegsschuldigen". 400 000 Übersiedler aus den Abtretungsgebieten mußten mit Bauernstellen versorgt und eingegliedert werden. Die Ablösung der Reparationsverpflichtungen besorgte einen nachhaltigen Investitionsschub, der dem Agrar- und Holzland die rasche Umstellung auf neue Wachstumsbranchen erleichterte (vgl. V) und die Urbanisierungstendenzen beschleunigte. Der konservative Politiker *Juho Kusti Paasikivi* verstand es als Min.-Präs. (1944–46), die Kommunisten in Volksfrontregierungen (1944–48) einzubinden. Als Staats-Präs. (1946–56) konnte er durch freiwillige Garantieverpflichtungen (sowjet.-finn. Freundschafts-, Kooperations- und Beistandspakt vom 6.4.1948) das Vertrauen des westlichen Auslands. Sie sind im westlichen Ausland zu Unrecht als Bindung an den großen Nachbarn („Finnlandisierung") diskreditiert worden. Diese sog. Paasikivi-Linie, die sein Nachfolger *Urho Kaleva Kekkonen* (1956–81) von der Bauernpartei konsequent fortführte, ermöglichte es F., in den Jahren des Kalten Krieges politisch zu überleben und sich aus den Interessengegensätzen der Großmächte herauszuhalten. F. pflegte gute Kontakte und wirtschaftliche Beziehungen zu beiden Seiten (seit 1955

Mitglied des Nordischen Rates, seit 1961 der EFTA assoziiert [1986 Vollmitglied], 1974 Freihandelsabkommen mit der EWG) und empfahl sich durch seinen von Kekkonen betonten Neutralitätskurs als Mittler zwischen den Blöcken (1989 Mitglied des Europarats). Die besondere außenpolitische Situation behinderte aber lange F.s Mitgliedschaft in internationalen Organisationen. Seit 1972 eröffneten vom finn. Boden aus die KSZE-Konferenzen (→Abrüstung) folgenreiche Umstrukturierungsprozesse in Europa. Den neuen Präsidenten *Mauno Koivisto* (seit 1982) stellten erstmals in der Nachkriegsgeschichte die Sozialdemokraten. Seit 1987 bestand eine Koalition der konservativen Nationalen Sammlungspartei (Min.-Präs.: *Harri Holkeri*), Sozialdemokratischen Partei, Schwedischen Volkspartei (Vertretung der schwedischsprachigen Minderheit) und der die Interessen der Kleinbauern vertretenden Landvolkpartei. Nach deutlichen Verlusten der Sammlungspartei und der Sozialdemokraten, größeren Gewinnen der agrarischen Zentrumspartei bei den Wahlen im März 1991, bildete der Zentrumspartei unter Min.-Präs. *Esko Aho* eine Koalition mit der Nationalen Sammlungspartei, Schwedischen Volkspartei und Christlichen Volkspartei. Am 20.01.1992 unterzeichneten F. und die UdSSR einen Nachbarschaftsvertrag, der den Pakt von 1948 ersetzt. Unter dem Eindruck einer wirtschaftlichen Rezession, die durch den weitgehenden Wegfall des Osthandels ausgelöst wurde, billigte der Reichstag am 18.3.1992 den Beitrittsantrag zur EG.

III. Verfassung, Verwaltung, Recht

Grundlage der Rechts- und Staatsordnung sind die *Verfassung* vom 17.7.1919 (zuletzt geändert am 28.7.1989) und die in Verfassungsrang stehende *Reichstagsordnung* vom 13.1.1928; danach ist F. eine demokratisch-parlamentarische Republik. Die Verfassung enthält einen die wichtigsten Menschenrechte umfassenden Grundrechtskatalog.

Staatsoberhaupt ist der in mittelbarer Wahl von 300 unmittelbar nach dem Proporzsystem gewählten Wahlmännern auf 6 Jahre gewählte *Staatspräsident* (einmalige Wiederwahl ist möglich). Er ist Oberbefehlshaber der Streitkräfte, und ihm obliegt die völkerrechtliche Vertretung F.s (Staatsverträge bedürfen jedoch parlamentarischer Billigung). Seine starke verfassungsrechtliche Stellung ist gekennzeichnet durch seine Befugnisse gegenüber dem Parlament (Einberufung zu außerordentlichen Sitzungen, Recht der Auflösung und Anordnung von Neuwahlen, Gesetzesinitiativrecht) und sein aufschiebendes Vetorecht: Bestätigt er einen vom Parlament gefaßten Gesetzesbeschluß nicht, kann das Gesetz nur in Kraft treten, wenn ein neugewähltes Parlament es erneut beschließt.

Die *Legislative* liegt bei dem als Einkammerparlament verfaßten *Reichstag*, dessen 200 Abg. auf 4 Jahre direkt nach dem Proporzsystem gewählt werden; aktives und passives Wahlrecht beginnen mit 18 Jahren. Das ausgeprägte Mehrparteiensystem erfordert durchgehend Koalitionsregierungen. Vom Reichstag beschlossene Verfassungsänderungen treten erst in Kraft, wenn sie vom neugewählten Reichstag mit 2/3-Mehrheit gebilligt sind; nur wenn ein Antrag auf Verfassungsänderung vom Reichstag mit 5/6-Mehrheit als dringlich erklärt wurde, kann dieser selbst die Verfassungsänderung mit 2/3-Mehrheit beschließen.

Die *Exekutive* liegt, sofern nicht Rechte des Staatspräsidenten berührt sind, bei der Regierung *(Staatsrat)*, deren vom Präsidenten ernannte Mitglieder, der *Staatsminister* (Ministerpräsident) wie die Fachminister, das Vertrauen des Reichstags besitzen müssen; dessen Bestehen wird in der Praxis bis zu einem ausdrücklichen Mißtrauensvotum, das sich auch gegen einen einzelnen Minister richten kann, unterstellt. Dem schwed. Vorbild folgend obliegt dem *Justizkanzler*, der nicht Mitglied der Regierung ist, die oberste Aufsicht über die Einhaltung der Gesetze. Er ist zugleich oberster Staatsanwalt und fungiert als Rechtsberater von Präsident und Regierung (Überprüfung von Gesetzesvorlagen auf Verfassungsmäßigkeit). Ein vom Reichstag ernannter *Ombudsman* sorgt für die nicht-gerichtliche Kontrolle der Gesetzmäßigkeit der Verwaltung aufgrund von Bürgerbeschwerden.

Die zweistufige *Verwaltung* gliedert sich entsprechend der unitarischen Struktur in 12 *Provinzen*, denen jeweils ein vom Präsidenten ernannter *Landeshauptmann* vorsteht. Unterste Verwaltungseinheit sind die über 400 *Land- und Stadtgemeinden*, deren erhebliche Selbstverwaltungsaufgaben (u. a. Erziehungs-, Sozial- und Verkehrswesen) von nach dem Proporzsystem auf 4 Jahre gewählten *Gemeinderäten* ausgeübt werden. Weitgehende Autonomie genießen die schwedischsprachigen *Ålandinseln*, die über eigene Legislative und Exekutive verfügen. Die im SW und W des Landes ansässige schwedischsprachige Minderheit wird durch eine international als vorbildlich anzusehende Sprach- und Schulgesetzgebung geschützt.

Die *Judikative* wird von persönlich und sachlich unabhängigen Richtern ausgeübt. Das *Gerichtssystem* folgt dem schwed. Vorbild: Unterste Instanz der ordentlichen Gerichtsbarkeit sind die mit einem Berufsrichter und 5–7 Schöffen besetzten *Bezirksgerichte* und die aus dem Bürgermeister und Beisitzern bestehenden *Stadtgerichte;* ihnen übergeordnet sind 6 nach regionalen Gesichtspunkten eingerichtete *Berufungsgerichte*. Der *Oberste Gerichtshof* hat seinen Sitz in Helsinki. An der Spitze der *Verwaltungsgerichtsbarkeit* steht der *Oberste Verwaltungsgerichtshof* in Helsinki. In jeder Provinz gibt es ein für Verwaltungsstreitverfahren zuständiges *Provinzgericht*. Die beiden obersten Gerichte können in gewissem Umfang Gesetze auf ihre Verfassungsmäßigkeit überprüfen. Für Anklagen gegen den Präsidenten, Regierungsmitglieder und hohe Richter ist das aus den Präsidenten der obersten Gerichte und der Berufungsgerichte bestehende *Reichsgericht* zuständig. Daneben gibt es besondere Gerichte, u. a. für arbeits- und versicherungsrechtliche Streitigkeiten.

Die Ausrufung des *Kriegszustands* durch Präsident und Parlament stärkt die Befugnisse der Exekutive und ermöglicht die Einschränkung verschiedener Grundrechte. Durch den Pariser Friedensvertrag von 1947 und den Freundschafts- und Beistandspakt mit der UdSSR von 1948 (vgl. II) sind die Streitkräfte auf 40 000 Mann beschränkt. Die allgemeine Wehrpflicht beträgt 8 Monate. Finnische Kontingente werden oft den UN als Friedenstruppen zur Verfügung gestellt.

Religionsfreiheit ist durch die Verfassung garantiert. Bei weitem bedeutendste Religionsgemeinschaft ist die ev.-luth. Kirche (vgl. VI), die in der Verfassung ausdrücklich erwähnt und deren innerkirchliche Normsetzung durch eine dafür zuständige Kirchenversammlung garantiert wird. Deren Beschlüsse können vom Reichstag nur gebilligt oder abgelehnt, aber nicht geändert werden. Anerkannt sind des weiteren die orth. und die röm.-kath. Kirche. Andere Religionsgemeinschaften werden nach einem im ReligionsfreiheitsG vom 10.11.1922 geregelten Verfahren vom Staatsrat registriert. Anerkannte Religionsgemeinschaften besitzen die Befugnis, der Zivilehe gleichgestellte Eheschließungen zu vollziehen.

Das *Zivilrecht* gründet sich auf das schwed. ZGB von 1734, das seit 1919 in vielen Bereichen im Zuge internordischer Kooperation reformiert wurde; dies gilt v. a. für das Schuld- und Handelsrecht. Das auch auf nordischen Beratungen beruhende Familienrecht ist von den Grundsätzen der Gleichberechtigung von Mann und Frau sowie der Gleichstellung nichtehelicher mit ehelichen Kindern geprägt. Auch im *Strafrecht* sind die modernen skandinav. Konzepte (Zurückdrängen von Freiheits- durch Geldstrafen u. ä.) weitgehend übernommen worden. Geschworene sind nur in den Gerichten 1. Instanz beteiligt.

IV. Bevölkerungs- und Sozialstruktur

Die Urheimat der Finnen wird im Wolga-Kama-Gebiet vermutet. Von dort wanderten sie um 1000 v. Chr. ins Baltikum ein, wo sie bis zur Zeitenwende in enger Nachbarschaft mit ostgotischen Volksgruppen lebten. Die german.-finn. Lehnwortbeziehungen weisen auf hohen kulturellen und wirtschaftlichen Einfluß der Ostgoten hin. Die verschiedenen finn. Volksgruppen (*Ostseefinnen, Tavasten, Karelier*) wanderten dann über die Ladoga-Enge oder den Finnischen Meerbusen in Südfinnland ein, wo sie die dort nomadisierenden Vorfahren der heutigen *Sami (Lappen)* allmählich nach N abdrängten. Während des MA wanderten aus Schweden Bauern und Fischer ein, die bis heute an der Süd- und Westküste eine wichtige schwedischsprechende Volksgruppe darstellen. Die Sami bilden in Nordlappland eine ethnische Minderheit (ca. 2400 Personen), von der nur noch ein kleiner Teil die traditionelle, mit der Rentierhaltung verbundene Wirtschafts- und Lebensweise beibehalten konnte.

Im 18./19. Jh. führte ein hoher Geburtenüberschuß bei beschränkten wirtschaftlichen Möglichkeiten in Land- und Forstwirtschaft zur Kolonisation peripherer Gebiete in Ost- und Nordfinnland, zur Waldrodung in Nord- und Mittelschweden und Ostnorwegen sowie zu hohen Auswanderungsquoten nach Übersee. Bei sehr gleichmäßiger Bevölkerungszunahme (1850: 1,64, 1900: 2,66, 1960: 4,44, 1989: 4,96 Mio. E.), mit seit den 1950/60er Jahren aber nur noch geringen Zuwachsraten (im Durchschnitt 1950–55: 1,1%; 1960–65: 0,6%; 1980–87: 0,5%), kam es zu einer einseitigen Verteilung der Bevölkerung, die sich in den agrarisch intensiv genutzten Gebieten Südwestfinnlands konzentriert und dort Dichten von 20–50 E./km² erreicht. Weite Gebiete Lapplands weisen dagegen eine Dichte unter 1 E./km² auf. Die Abschaffung der hohen Agrarsubventionen 1968 führte zu erheblicher Landflucht und Auswanderung, v. a. nach Schweden. Anfang der 70er Jahre hatte F. eine negative Bevölkerungsbilanz.

Der gegenwärtige räumliche Strukturwandlungsprozeß einer spätindustriellen Gesellschaft in F. ist durch weitere N-S-Wanderungen geprägt, da nur das industrialisierte Städtedreieck Helsinki-Tampere-Turku durch Ausbau des sekundären und quartären Wirtschaftssektors die Arbeitsplatzangebote bietet, die den Anspruch auf hohen Lohn-, Wohn- und Freizeitwert einlösen. Dieser Prozeß verstärkt die großräumigen Disparitäten insofern, als „Industriefinnland" sich durch moderne Technologie eine spezialisierte Wirtschaftsform schafft, andererseits die „Peripherie" nur begrenzt mit der Entwicklung in den Gunstgebieten Südwestfinnlands Schritt halten kann. Konzentration und Weiterentwicklung von Infrastruktur und Industrie im S entzieht den Randgebieten Ausbildungskapazitäten, was zu minderqualifizierter Arbeitskraft und zu einem Mangel an industriellen Arbeitsplätzen führt. Die positiven planerischen Effekte im Großraum Helsinki sind nicht auf das ganze Land übertragbar. Der Anteil städtischer Bevölkerung stieg von 9,3% (1880) über 48% (1968) auf inzwischen 62% an, während die Bevölkerung im ländlichen Raum überdies teilweise überaltert ist. Die ländliche Siedlungsstruktur ist aufgrund einiger Bodenreformen durch Einzelhöfe geprägt, die sich meist locker an Flußläufen, Seeufern oder Verkehrswegen aufreihen.

Die *Altersstruktur* hat sich bei gesunkener *Geburtenziffer* (1950: 24,5 ‰; 1988: 12,8 ‰) und *Sterbeziffer* (1950: 10,2 ‰; 1988: 9,9 ‰) sowie gestiegener *Lebenserwartung* (76 Jahre) verschlechtert. Der Anteil der bis 15jährigen betrug 1987 19% (1950: 30%), der der über 65jährigen 13% (1950: 6,6%).

Ein hoher Bildungsstand durch ein gut ausgebautes Schulwesen (vgl. VI) und vorbildliche Einrichtungen der Erwachsenenbildung sind für F. ebenso charakteristisch wie die hohe Erwerbsquote durch einen wesentlichen Anteil weiblicher Arbeitskräfte.

Bis zum Ende der 60er Jahre konnte F. sein *System der sozialen Sicherheit* dem der anderen skandinav. Ländern angleichen. Die 1937 eingeführte, 1956 reformierte Volksrentenversicherung wurde 1961 durch die Erwerbsrentenversicherung, 1964 durch eine allgemeine Krankenversicherung ergänzt. Unter dem Einfluß der Arbeitnehmerorganisationen wurde die soziale Sicherheit als Teil der Reformpolitik angesehen und in den 80er Jahren immer wieder angepaßt. Der Anteil der Sozialausgaben stieg von 1950 8% auf heute 25% des BSP.

V. Wirtschaft

Die Wirtschaftsentwicklung basiert auf sozialer Marktwirtschaft eines überwiegend freien Unternehmertums; nur 21% der industriellen Wertschöpfung und 14% der Arbeitskräfte entfallen auf staatlich kontrollierte Betriebe. Der Übergang vom Agrarland zur Industrienation wurde teilweise durch die Reparationsleistungen an die UdSSR nach dem II. Weltkrieg beschleunigt. Erst in den 60er Jahren überstieg die Zahl der Industriebeschäftigten die des Primärsektors; inzwischen dominiert der Tertiärsektor (vgl. Tab.).

Erwerbstätige Bevölkerung nach Sektoren
(in %)

	1960	1970	1980	1990
Land- und Forstwirtschaft	38	24	13	8,5
Verarbeitendes Gewerbe und Baugewerbe	30	34	35	30,8
Dienstleistungen	32	42	52	60,7

Quelle: Labour Force Survey. Central Statistical Office. Helsinki 1991.

Die Internationalisierung der Wirtschaft zeigt sich seit den 70er Jahren an hohen Direktinvestitionen im Ausland (inzwischen ca. 2500 finn. Tochtergesellschaften), insbes. in Schweden, den USA, Großbritannien und der Bundesrepublik Deutschland.

Kühles Klima und eine kurze Vegetationsperiode bedingen in der *Landwirtschaft* eine starke Hinwendung zur Viehhaltung. Ca. 50% der landwirtschaftlichen Nutzfläche (insgesamt 2,54 Mio. ha, rd. 7,5% der Gesamtfläche) werden zum Getreideanbau, meist Gerste und Hafer als Futtergetreide, genutzt, 40% mit Graspflanzen bestellt oder beweidet. In guten Erntejahren kann F. einen hohen Selbstversorgungsgrad erreichen. Seit 1960 ist die Zahl der Betriebe um 44% zurückgegangen bei gleichzeitiger Aufstockung der Betriebsflächen von durchschnittlich 8 auf 13 ha. Statistisch entfallen auf jeden der ca. 190 000 Betriebe 35 ha Wald. Das Waldbauerntum mit seiner traditionellen Waldarbeit im Winter mußte seit den 70er Jahren aufgrund neuer Technologien bei der Holzernte, verbunden mit ganzjährigen Arbeitsplätzen in der Forstwirtschaft, aufgegeben werden. Die Nahrungsmittelindustrie hat einen hohen Stellenwert und ist exportorientiert.

Die rd. 21 Mio. ha *Wald* (rd. 2/3 der Gesamtfläche) bestehen zu 45% aus Kiefer, zu 37% aus Fichte und zu 18% aus Birke und anderen Laubhölzern. Fast 2/3 befinden sich in Privatbesitz. Planmäßige und effektive Bestandspflege läßt einen jährlichen Einschlag von ca. 50 Mio. m^3 zu. Die *holzverarbeitende Industrie* mit 1/5 der Industriebeschäftigten und des Gesamtwertes der Industrieproduktion gilt immer noch als Hauptpfeiler der Wirtschaft. Waren 1950 noch 3/4 des Exportes Rund-, Schnittholz und Zellstoff, so schrumpfte dieser Anteil auf inzwischen 28% (1990), während auf Papier, Karton und andere hochveredelte Produkte 72% des Exportes entfallen. Der Anteil der Holzindustrie am Gesamtexport sank von 69% (1960) auf 38% (1990). Dennoch ist sie mit 10% am Außenhandel beteiligt. Im Zuge des internationalen Wettbewerbs kam es in letzter Zeit zu zahlreichen Unternehmensfusionen. Viele Unternehmen exportieren heute neben Holzprodukten auch Holzernteausrüstungen, Papiermaschinen, Kontrollsysteme und forstwirtschaftliches Planungs-Know-how in alle Welt.

F. verfügt nur über geringe *Energierohstoffe*. Wasserkraft, Torf und Holz decken nur ca. 30% des Primärenergiebedarfs. Mit 32% liegt Erdöl, überwiegend aus der ehem. UdSSR importiert, an der Spitze. Der Anteil der Kernenergie beträgt 16%.

Für die *Metallindustrie* besitzt F. eine gute *Rohstoffbasis* durch Vorkommen an Kupfer-, Nickel-, Zink- und Chromerzen. Mit einer Jahresproduktion von ca. 2,5 Mio. t Rohstahl kann es die Werftindustrie, den Fahrzeugbau und das Baugewerbe versorgen. Die Metallverarbeitung erfolgt überwiegend in Klein- und Mittelbetrieben mit hoher Flexibilität. Der *Maschinenbau* ist auf Papiermaschinen spezialisiert, aber auch auf vielen anderen Sektoren tätig (Bergbauausrüstungen, Land- und Forstmaschinen, Kran- und Liftbau). *Elektro- und Elektronikindustrie* zählen zu den Branchen mit den höchsten Zuwachsraten der letzten Jahre. Die Elektronikindustrie produziert nicht nur Fernsehgeräte, Computer, Kommunikationssysteme und Meßgeräte, sondern ist auch für Automation, Kontrollsysteme und Robotereinsatz in vielen Industriezweigen bedeutsam. Die *Werftindustrie* hat sich auf den Bau von Eisbrechern, Fähr- und Kreuzfahrtschiffen sowie Ölbohrinseln für arktische Gewässer spezialisiert, mußte sich aber auch der weltweiten Rezession anpassen. Im *Fahrzeugbau* ist die Produktion von PKW, LKW, Lokomotiven und Waggons zu nennen. Seit den 70er Jahren gewinnen die *Chemische* und *Pharmazeutische Industrie* sowie die *Kunststoffproduktion* an Bedeutung.

Finn. Design betrifft nicht nur die exportierende Textil-, Leder- und Möbelindustrie, sondern prägt die industrielle Formgebung in allen Branchen und gilt als wichtiges Verkaufsargument im Exportmarketing. Möbel, Glas und Keramik bestimmen weltweit das Image finn. Industrieprodukte.

Bei einer hohen *Erwerbsquote* von fast 53% konnte aufgrund der guten Konjunkturlage die *Arbeitslosigkeit* bis 1989 mit 3–4% sehr niedrig gehalten werden. Am Beginn der 90er Jahre flacht aber die Wachstumskurve aufgrund der politischen Veränderungen in Osteuropa, insbes. der Sowjetunion als wichtigem Handelspartner, ab, verbunden mit einem Rückgang der relativ hohen Inflationsrate von ca. 6% (1990). Obwohl schon über 80% des Handels mit westl. Ländern abgewickelt werden, stellt der zusammenwachsende EG-Markt für das EFTA-Mitglied F., das den EG-Beitritt anstrebt, eine Herausforderung für die Wirtschaft dar. – Das BSP/E. (1988: 18 610 US-$) gehört zu den höchsten in der Welt.

Verkehr. Ein gut ausgebautes Straßen- und Eisenbahnnetz sorgen für eine der Bevölkerungsdichte entsprechende Erschließung des Landes. Das *Straßennetz* (ca. 76 000 km, davon ca. 42 000 befestigte Reichsstraßen) erfordert erhebliche Investitionen für den Unterhalt (Frostschäden). Für den Personenverkehr sind zahlreiche Buslinien charakteristisch, die im N und O lange Strecken bedienen. Das hauptsächlich in N-O-Richtung verlaufende *Eisenbahnnetz* umfaßt 5878 km (davon ca. 25% elektrifiziert). Die *Binnenschiffahrt* ist regional begrenzt. Sie dient auf den, oft durch Kanäle verbundenen Seen, v. a. dem Holztransport und Personenverkehr (Tourismus). Für den Güterverkehr ist die *Küstenschiffahrt* noch von Bedeutung. Die wegen F.s geopolitischer Lage wichtige *Seeschiffahrt* wird v. a. über die im S gelegenen Häfen Helsinki, Turku, Kotka und Hamina abgewickelt. Fährverbindungen bestehen mit Schweden und Deutschland. Der *Luftverkehr* hat große Bedeutung für den innerfinn. Personenverkehr. Internationaler Flughafen ist Helsinki-Vantaa.

VI. Kultur, Religion, Bildung

Neben einer ehemals breiten Volkskultur (mit Sonderformen im orth. Karelien und unter den ethnisch gesondert stehenden Lappen), die durch die technologische Entwicklung, einhergehend mit Urbanisierung, überlebt ist, neuerdings in Heimatvereinen jedoch wieder gepflegt wird, verfügt F. (seit dem 19. Jh.) über ein hochentwickeltes, mannigfaltiges Kulturleben, dem im musikalischen und darstellenden Bereich (Malerei, Design, Architektur) auch internationale Anerkennung zuteil geworden ist. Dem literarischen Bereich blieb sie, von Ausnahmen abgesehen, gemessen an seiner Originalität, Entwickeltheit und seiner nationalen Bedeutung, außerhalb F.s nicht zuletzt aufgrund der Sprachbarriere weitgehend verwehrt. Die finnische *Sprache* gehört zum finnisch-ugrischen Zweig der uralischen Sprachfamilie, die mit keiner anderen – auch nicht mit der indogermanischen – verwandt ist.

F., das in seinem historischen Raum seit der Christianisierung im 12. Jh. – im W durch Rom von Schweden, im O durch Byzanz von Rußland aus – über Jahrhunderte hinweg kirchlich (und kulturell) zweigeteilt war, hat heute in dieser Hinsicht eine ziemlich homogene Gesellschaft. Fast 90% der Finnen gehören der ev.-luth. Kirche an (bei in den letzten 20 Jahren leicht rückläufigem Anteil), die, ohne den Status einer Staatskirche zu besitzen (vgl. III), in 8 Bistümern (eines für den finnlandschwed. Bevölkerungsanteil) zu den größten luth. Kirchen der Welt zählt. Der orth. Kirche gehören nur noch 1,1% der Bevölkerung an (mit Zuwachs in den letzten Jahren, primär durch Konversion), weitere 9% sind konfessionslos, der Rest verteilt sich auf die röm.-kath. Kirche (Bist. Helsinki), auf Freikirchen und andere Religionsgemeinschaften.

Der gesellschaftliche Einfluß der luth. Kirche war über Jahrhunderte beträchtlich. Mit dem Wirken des Reformators *Mikael Agricola* (Mitte 16. Jh.) verbindet sich die Begründung der finn. Schriftsprache. Das auf die Reformation folgende „Zeitalter der Orthodoxie" (bis 18. Jh.) ist durch intensive Volksbildungsarbeit gekennzeichnet. Das Erwachen des nationalen Selbstbewußtseins während der russ. Zeit (Mitte 19. Jh.) steht deutlich mit den großen religiösen Volks- bzw. Erweckungsbewegungen (Erweckte, Laestadianer, Evangelische, Beter u. a.) in Verbindung, die bis heute – als organischer Bestandteil der Landeskirche – besonders in den ländlichen Regionen großen Einfluß besitzt. Seit Mitte des 19. Jh. gibt es verschiedene Missionsgesellschaften. Nach der Trennung von Schule und Kirche – das Aufsichtsrecht über den Religionsunterricht blieb ihr erhalten – und der Säkularisierung konzentriert sich das kirchliche Wirken in der Gesellschaft v. a. auf soziale Bereiche und Verwaltungsaufgaben (Standesamt, Führen des Bevölkerungsregisters u. a.). Trotz der geringen Teilnahme am Gottesdienst (2,5%) und eines eher negativen Ansehens der Kirche haben kirchliche Zeremonien an den Marksteinen des Lebenswegs (Taufe, Konfirmation, Trauung, Bestattung) weiterhin Gültigkeit. In sich ist die Kirche relativ homogen, Konflikte, wie zuletzt wegen der Frauenordination (seit 1986), sind selten.

Die Zentren des orth. Glaubens lagen in den östl. Landesteilen, die nach dem II. Weltkrieg zum größten Teil an die UdSSR abgetreten wurden. Die orth. Kirche ist trotz ihrer geringen Größe zweite Volkskirche, autonom und einflußreicher, als es ihre Größe vermuten läßt.

Das *Schulwesen,* das auf durchgreifenden Reformen in den 70er Jahren fußt und ganz überwiegend von den Kommunen getragen wird, umfaßt eine 9jährige Gesamtschule, an die sich eine 3jährige gymnasiale Oberstufe oder eine bis zu 5 Jahren dauernde Berufsfachschule anschließt. F. besitzt ein dichtes Netz von *Hochschulen* mit 8 Universitäten, 11 Fachhochschulen und der Sibelius-Akademie. Von den fast 100 000 Studierenden sind mehr als die Hälfte Frauen. Die früher traditionell an Deutschland orientierte Wissenschaft ist heute deutlich nach den angelsächsischen Ländern ausgerichtet.

LITERATUR

Zu I, IV, V:
Suomi, A general handbook on the geography of Finland. Hg. Geographical Society of Finland. Helsinki 1952. – J. G. **Granö,** Die geographischen Provinzen F.s, in: GeogrRd 3 (1955) 81 ff. – W. R. **Mead,** Finland. London 1968. – W. **Evers,** F. Ein sozioökonomischer Strukturber., in: Geographisches Tb. 1975/76 und Jahrweiser für Landeskunde. Wiesbaden 1975, 9 ff. – R. **Dey,** F. heute. Düsseldorf ⁵1980. – B. **Butzin,** F.s Bevölkerung im Wandel, in: Slg. Hirt. Geographie. H. 1. Kiel 1982. – K. **Segert,** Der Außenhandel F.s mit der Sowjetunion. Frankfurt/M. 1985. – Norden – Man and Environment. Hg. U. **Varjo,** W. **Tietze.** Berlin 1987. – Finnfacts Institut, F. auf dem Weg in die Neunziger. Helsinki 1988. – Lber F. 1988. Stuttgart 1988. – Business Finland 1990. Hg. R. **Lantto.** Vantaa 1989.

Zu II:
E. **Jutikkala,** K. **Pirinen,** Geschichte F.s. Stuttgart 1964, ²1976. – J. H. **Wuorinen,** A History of Finland. New York 1965. – J. **Hodgson,** Communism in Finland. Princeton 1967. – J. **Barros,** The Åland Islands question. New Haven 1968. – M. **Jakobson,** Finnish Neutrality. London 1968. – U. **Wagner,** F.s Neutralität. Hamburg 1974. – G. **Maude,** The Finnish Dilemma. Neutrality in the Shadow of Power. London 1976. – G. R. **Ueberschär,** Hitler und F., 1939–1941. Wiesbaden 1978. – L. A. **Puntila,** Politische Geschichte F.s 1809–1977. Helsinki 1980 (Orig.: Suomen poliittinen historia, 1809–1966. Helsinki 1975). – H. P. **Krosby,** Friede für Europas Norden. Die sowjet.-finn. Beziehungen von 1944 bis zur Gegenwart. Düsseldorf 1981. – D. **Kirby,** Finland in the Twentieth Century. London 1984. – R. **Allison,** Finland's Relations with the Soviet Union, 1944–1984. London 1985. – T. **Polvinen,** Between East and West. Finland in International Politics, 1944–1947. Minneapolis 1986. – O. **Petersson,** Die politischen Systeme Nordeuropas. Baden–Baden 1989. – D. **Arter,** Politics and Policy-Making in Finland. Brighton, New York 1987. – R. **Alapuro,** State and Revolution in Finland. Berkeley 1988. – J. **Paasivirta,** Finland and Europe. The early years of independence 1917–1939. Helsinki 1988. – T. J. **Paloposki,** Quellenkunde zur Geschichte F.s. Wiesbaden 1988 (Orig.: Suomen historian lähteet. Helsinki 1972). – Finland. People, Nation, State. Hg. M. **Engman,** D. **Kirby.** London 1989.

Zu III:
The Finnish Legal System. Hg. J. **Uotila.** Helsinki 1966, ²1985 (Lit.). – P. **Kastari,** The Status and Powers of the President in Finland, in: JöR N. F. 19 (1970) 281 ff. – M. **Hidén,** I. **Saraviita,** Statsförfattningsrätten. Helsinki 1982, ²1989 (Lit.). – M. **Hidén,** Bestand und Bedeutung der Grundrechte in F., in: JöR N. F. 32 (1983) 201 ff. – J. **Vikström,** Neueste Entwicklungen im Verhältnis von Staat und Kirche in F., in: ZevKR 29 (1984) 560 ff. – K. **Törnudd,** Finland and the International Norms of Human Rights. Dordrecht 1986 (Lit.).

Zu VI:
G. **Sentzke,** Die Kirche F.s. Göttingen 1935, Helsinki ³1968. – B. **Collinder,** Finnisch als Kultursprache. Hamburg 1965, ²1968 [Orig.: Finskan som kultursprak. Stockholm 1962]. – K. **Laitinen,** F.s moderne Literatur. Hamburg 1969 [Orig.: Suomen kirjallismus 1917–1967. Helsinki 1967]. – H. **Haarmann u. a.,** Die finn.-ugrischen Sprachen. Hamburg 1974. – V. **Anttila,** I. **Talve,** Finn. Volkskunde. Hamburg 1980. – A. **Fried,** Literatur und Politik in F. Hamburg 1982. – Ev.-luth. Kirche in F. Hg. Informationszentrum der ev.-luth. Kirche F.s Helsinki 1984. – F. Hg. A. **Körner u. a.** Gießen 1984 (Studien zum Bildungswesen Nord- und Westeuropas). – H. **Heino u. a.,** The Evangelic-Lutheran Church in Finland 1984–1987. Tampere 1989.

Horst M. Bronny (I, IV, V), *Edgar Hösch* (II), *Rainer Hofmann* (III), *Eberhard Winkler* (VI)

FRANKREICH

Amtlicher Name	République Française (Französische Republik)
Staatsform	Demokratische Republik
Hauptstadt	Paris (Agglomeration: 10 601 000 E.)
Fläche	552 000 km² (mit Korsika, ohne Übersee-Départements)
Bevölkerung	56 556 000 E. (VZ 1990).– 104 E./km²
Sprache	Französisch (Amtssprache), ferner Regionalsprachen: Baskisch, Bretonisch, Elsässisch, Katalanisch, Korsisch, Okzitanisch
Religion	Katholiken rd. 80%; Muslime rd. 4%; Protestanten rd. 1%; Juden rd. 1%
Währung	1 Französischer Franc (FF) = 100 Centimes

I. Naturräumliche Voraussetzungen

Flächenmäßig ist F. das größte Land West- ↗Europas. Natürliche Grenzen bilden im S das Mittelmeer, im W der Atlantik, im N der Ärmelkanal. Gemeinsame Staatsgrenzen hat F. im SW mit ↗Spanien, im N mit ↗Belgien und ↗Luxemburg, im O mit ↗Deutschland, der ↗Schweiz und ↗Italien. Zum Staatsgebiet in Europa gehört auch die Mittelmeerinsel *Korsika.* – Zu den *überseeischen Hoheitsgebieten* vgl. III.

Die naturräumlichen Strukturen sind, trotz großer Vielfalt im Detail, sehr übersichtlich. Fast 1/6 des Territoriums wird vom *Zentralmassiv (Massif Central)* im S eingenommen, das im Rahmen der herzynischen Gebirgsbildung vor rd. 350 Mio. Jahren aufgefaltet, dann wieder eingerumpft wurde. Während der Alpenentstehung im Tertiär wurde das Gebirge erneut gehoben. Dabei kam es entlang großer Bruchlinien zu starkem Vulkanismus, der die Basaltmassive der Auvergne und des Velay aufbaute. Diese stellen heute die höchsten Erhebungen dar (im *Puy de Sancy* 1886 m).

Vom Zentralmassiv aus lassen sich zwei große Faltungsrichtungen alter Gebirgsmassive verfolgen, die den gesamten europ. Kontinent durchziehen: nach NO der *variskische Bogen*, dessen SW-NO gerichtete Streichrichtung in den *Ardennen* und im *Rheinischen Schiefergebirge* ihre Fortsetzung findet; nach NW der *herzynische Bogen*, der das *Armorikanische Massiv* (Bretagne) durchzieht und sich jenseits des Kanals auf den Britischen Inseln ausprägt. Daß diese Gebirgslandschaften heute bei weitem nicht die Höhen des Zentralmassivs erreichen, hängt an der geringeren Heraushebung während des Tertiärs. Vom geologischen Alter her sind sie indessen miteinander vergleichbar.

Sehr viel jünger sind das Hochgebirge der *Alpen* (im *Mt.-Blanc-Massiv* 4810 m) und der *Französische Jura* (im *Crêt de la Neige* 1728 m), die erst während der alpidischen Gebirgsbildung aufgefaltet wurden. Auch die *Pyrenäen* (im *Pic de Vignemale* 3298 m), obwohl überwiegend aus sehr alten Gesteinen aufgebaut, wurden im Zuge dieser Gebirgsbildung erneut herausgehoben und bilden eine markante morphologische Barriere zur Iberischen Halbinsel.

Die zweite morphologische Großform des Landes sind die *Beckenlandschaften*: das *Pariser Becken (Nordfranzösische Becken)* und das *Aquitanische Becken (Garonne-Becken)*. Wie in einer großen Schüssel haben sich die aus den umgebenden Gebirgslandschaften verwitterten Materialien in den verschiedenen Phasen des Erdmittelalters (Mesozoikum) in diesen Becken in mächtigen Sedimentpaketen abgelagert, wobei deren geologische Eigenschaften aufgrund unterschiedlicher Verwitterungsbedingungen wechselten. Teilweise wurden die Beckenlandschaften auch durch Meere überspült, so daß sich mächtige Kalksedimente bilden konnten.

Im Verlauf der tertiären Hebung der Randgebirge wurden diese Gesteinsschichten randlich mit angehoben. Es entstanden *Schichtstufenlandschaften*, die besonders in Nordost-F. eine charakteristische Landschaftsformation darstellen. Aber auch in West-F. geht das Pariser Becken in mehreren Stufen in das Armorikanische Massiv über. Die morphologischen Verhältnisse des Aquitanischen Beckens sind denen des Pariser Beckens weitgehend vergleichbar. Das *Rhônetal* zwischen Zentralmassiv und Alpen ist dagegen Teil eines Grabeneinbruchs, der, vom Mittelmeer ausgehend, ganz Europa durchzieht. Über die ca. 30 km breite Senke der *Burgundischen Pforte* zwischen *Vogesen* (im *Großen Belchen* 1423 m) und dem *Jura* findet er Anschluß an den Oberrheingraben und setzt sich bis nach Skandinavien fort.

Auch die *Küstenformen* an den insgesamt ca. 3120 km langen Küsten sind differenziert. Die *Mittelmeerküste* ist im östl. Teil durch den Steilabfall der Seealpen sowie die durch tiefe Taleinschnitte *(Calanquen)* zerschnittene Steilküste der provenzalischen Kalkalpen gekennzeichnet, während sich westl. des Rhônedeltas bis an die Pyrenäen ein versumpftes Küstenland mit eingelagerten Brackwasserseen erstreckt.

Die fast geradlinig verlaufende *Atlantikküste* entlang des *Golfs von Biscaya* ist durch einen markanten Dünenwall gekennzeichnet, mit den höchsten Dünen Europas (z. B. die *Düne von Pilat* bei Arcachon, 114 m). Die bretonische Küste ist demgegenüber stark zerklüftet mit tiefen Taleinschnitten *(abers)* und zahlreichen Buchten. Wiederum geradlinig verläuft die Steilküste entlang des Ärmelkanals, wo Kreideschichten in bis zu 200 m hohen Steilwänden gegen das Meer hin abbrechen.

Den Küsten vorgelagert sind zahlreiche Inseln, bes. im Bereich der Bretagne. F.s größte Mittelmeerinsel, *Korsika*, ist durch ein 2500 m tiefes Meeresbecken vom 170 km entfernten Mutterland getrennt, vom it. Festland dagegen durch ein eher seichtes Meer.

Das *hydrographische System* ist überwiegend dem Atlantik und dem Mittelmeer tributär. Bedeutendster Fluß im SO ist die *Rhône*, die große Teile des Alpenraumes und des östl. Zentralmassivs zum Mittelmeer hin entwässert. In ihrem Mündungsgebiet hat sie ein weitläufiges Delta aufgeschüttet *(Camargue)*. Im SW stellen die *Garonne*, in Zentral-F. die *Loire* und in Nord-F. die *Seine* die größten Flüsse dar. Sie entwässern in großen Ästuaren in den Atlantik bzw. Ärmelkanal. Im NO bildet der *Rhein* zwischen Basel und Karlsruhe die Grenze zwischen F. und Deutschland.

Aufgrund seiner landschaftlichen Großgliederung hat F. seit frühester Zeit den Charakter eines Durchgangs- und Verbindungslandes zwischen dem Mittelmeerraum und Zentral- bzw. W-Europa. Dies gilt auch für die natürlichen Faktoren wie Klima und Vegetation.

Das *Klima* wird ganz überwiegend durch den ozeanischen Einfluß des Atlantiks geprägt. Insbes. West-F. ist gekennzeichnet durch Regen zu allen Jahreszeiten, wobei Starkregen vergleichsweise selten sind. Am stärksten trägt die bretonische Halbinsel Kennzeichen des maritimen Klimas. Die Durchschnitts-Temp. von Brest liegt z. B. im Jan. bei 8 °C (entspricht dem Wert von Nizza). Nach O hin wird das Klima rasch kontinentaler mit Abnahme der Jahresniederschlagssumme und Zunahme der Temperaturextreme. Im Zentrum des Pariser Beckens liegen die durchschnittlichen Niederschläge bei nur 550 mm/Jahr. Der maritime Einfluß macht sich jedoch auch hier noch v. a. im Winter bemerkbar, in dem die Temperaturen nur selten unter den Nullpunkt fallen. Im Bereich des Lothringischen Schichtstufenlandes zeigt das Klima jedoch schon mitteleurop. Züge, wobei in den ostfrz. Mittelgebirgen im allgemeinen über mehrere Wochen auch mit sicheren Schneedecken gerechnet werden kann. Der S wird bereits stark durch das Mittelmeerklima geprägt. Dies gilt zwar auch für den aquitanischen SW, v. a. aber für die Gebiete südl. des Zentralmassivs, die durch das Gebirge von den atlantischen Tiefdruckgebieten abgeschirmt werden. Côte d'Azur, Provence und Languedoc erhalten im Sommer zwar gelegentlich Starkregen, sind aber sonst durch große Trockenheit und hohe Temperaturen gekennzeichnet.

Vegetation. Unter dem maritimen Einfluß finden sich auf den sauren Böden des Armorikanischen Massivs verschiedene Eichenarten (Stiel-, Traubeneiche) sowie ausgedehnte Heideflächen. Das Pariser Becken ist weitgehend waldfrei, da die natürlichen Eichen-, Buchen- und Eschenwälder schon früh der Kulturnahme durch den Menschen zum Opfer gefallen sind. Erst in Ost-F., insbes. im Bereich der Mittelgebirge und des Stufenlandes, finden sich Eichen-, Buchen- und Tannenwälder in Abhängigkeit von Bodenverhältnissen und Höhenlage. Mit (1989) 27,2% Waldanteil an der Flächennutzung zählt F. zu den waldärmeren Ländern Europas.

Pflanzengeographisch gehört der größte Teil F.s zum Florenreich Nord- und Mitteleuropas (sog. *Holarktis*). Im S erfolgt jedoch der Übergang zum subtropischen Florenreich *(Paläoaridis)* mit deutlichen Unterschieden zwischen dem aquitanischen und dem mediterranen Landesteil. Im Aquitanischen Becken findet sich die Steineiche bis zur Garonne, vereinzelt sogar bis an die Loire. Auf den sauren Böden des Pyrenäenvorlandes wächst auch die Korkeiche. Andererseits findet sich die für Mitteleuropa typische Hainbuche bis in die Gegend von Toulouse. In den höheren Lagen der Pyrenäen sind ausgedehnte Buchen- und Tannenwälder kennzeichnend. Eine Besonderheit stellt das geschlossene Waldgebiet der *Landes* im SW F.s zwischen Garonne und Gironde dar, ein durch den Menschen angelegtes Waldareal von fast 40 000 ha Seestrandkiefern, das v. a. wegen seiner Harzgewinnung bekannt ist.

Im Bereich des mediterranen Süd-F. ist die natürliche mediterrane Hartlaubvegetation einer mehrtausendjährigen Zerstörung durch den Menschen zum Opfer gefallen. Heute finden sich verbreitet Ersatzgesellschaften, v. a. Garrigue (auf kalkigem Untergrund) und Macchie (auf sauren Böden). Der Charakterbaum in den Becken und Ebenen ist der Ölbaum, der zum natürlichen mediterranen Baumbestand ebenso gehört wie Aleppokiefer, Pinie oder Steineiche. Mit dem Übergang in die Alpen treten die mediterranen Florenelemente zurück und machen wiederum Eichen-, Buchen-, Tannen- und Fichtenwäldern Platz, jedoch reichen gerade in den Seealpen wärmeliebende Baumarten je nach Exposition und Untergrund bis in große Höhen.

II. Historische und politische Entwicklung

1. Mittelalter und frühe Neuzeit

Das 843 *(Teilungsvertrag von Verdun)* entstandene *Westfränkische* Reich bildete den Kern des späteren F.s, das ab 1300 seine Grenzen nach O und NO ausdehnen konnte. Während zunächst ein schwaches (bis 987 meist karolingisches) Königtum starken Partikulargewalten (Lehensfürstentümern) gegenüberstand, gelang es den *Kapetingern* (987–1328) ab ca. 1060, die Zentralgewalt stark auszubauen und in Europa eine Vormachtstellung zu erringen (1309–77 Papsttum in Avignon unter frz. Einfluß). Die außerordentliche kulturelle (Cluny, Romanik, Gotik, Wissenschaft) und wirtschaftliche Blüte begann schon unter dem schwachen Königtum. F. wurde im *Hundertjährigen Krieg* (1337–1453) gegen England schwer erschüttert, bis nach Niederlagen und Bürgerkrieg durch das Eingreifen von *Jeanne d'Arc* 1429 die Wende kam. 1438 wurde mit der *Pragmatischen Sanktion von Bourges* im Verhältnis von Staat und Kirche die Grundlage des *Gallikanismus* (nationalkirchliche Selbständigkeit, weitgehende jurisdiktionelle Unabhängigkeit vom Papst) gelegt und ab 1453 die Konsolidierung im Inneren vorangetrieben.

Unter den Königen der *Renaissancezeit* (von *Ludwig XI.* bis zum Tod *Heinrichs II.,* 1461–1559) wurden die zentrale Verwaltung und das Steuerwesen vereinheitlicht, die königliche Herrschaft – auch über die Kirche (Konkordat 1516) – gefestigt, Kunst und Kultur (Loireschlösser) gefördert. Die Außenpolitik richtete sich gegen die habsburgische Umklammerung im S und O.

Die Monarchie und die Einheit wurden durch die 1562 beginnenden 8 *Religionskriege (Hugenottenkriege)* der Calvinisten (= Hugenotten, weniger als 10% der Bevölkerung) gegen die kath. Partei gefährdet. Erst *Heinrich IV.* aus dem Haus *Bourbon* (das seitdem regierte) konnte 1598 (Religionsfreiheit durch das *Edikt von Nantes*) den Konflikt beenden, die Zentralgewalt wieder festigen und die Wirtschaft fördern. Ab 1624 setzten die Kardinalpremiers *Richelieu* und *Mazarin* unter Ludwig XIII. und Ludwig XIV. sein Werk fort und bauten die „absolutistische" Monarchie weiter aus. Außenpolitisch gelang es, die Macht der Habsburger im Reich (Dreißigjähriger Krieg) und in Spanien entscheidend zu schwächen und F.s Vormachtstellung zu begründen.

Der Höhepunkt des höfischen →Absolutismus wurde unter *Ludwig XIV.* 1661 (Selbstregierung) erreicht. Der „Sonnenkönig", von ganz Europa als Vorbild nachgeahmt, hielt alle Fäden in der Hand und bildete den strahlenden Mittelpunkt seines streng durch Zeremonien geregelten Hofes in Versailles, um den sich ein Teil des Adels scharte, der dadurch besser zu beherrschen war. Allerdings war dieser „Absolutismus" besonders auf Provinz- und Lokalebene durch zahlreiche Faktoren eingeschränkt. Innenpolitisch versuchte Ludwig XIV. die religiöse Einheit der Untertanen zu erzwingen (Konflikt mit dem Papsttum, Jansenismus, Verfolgung der Hugenotten); außenpolitisch suchte er Ruhm durch Eroberungskriege. Sein Hegemoniestreben stieß jedoch schon beim *Spanischen Erbfolgekrieg* (1701–14) auf europaweiten Widerstand, während sein Land 1715 vor dem Ruin stand.

Wenn es auch unter *Ludwig XV.* (1715–74) *André Hercule Kardinal de Fleury* gelang, durch Friedenspolitik und Aufbauarbeit das Land wieder zu konsolidieren, so verlor es doch ab 1741 durch unglückliche Kriege v. a. gegen England *(Siebenjähriger Krieg* 1756–63) weiter an Terrain in Europa und Übersee und verschuldete sich immer mehr. Während die nötigen sozialen und administrativen Reformen am Widerstand der Privilegierten scheiterten, vermochte *Ludwig XVI.*, geschwächt durch soziale und wirtschaftliche Spannungen des Landes sowie durch Hungersnot und die Kritik der →Aufklärung, die finanziellen Probleme nicht mehr zu bewältigen und berief 1789 die Generalstände nach Versailles ein.

2. Von der Großen Revolution 1789 bis 1870

Nach der Bildung der Nationalversammlung (Repräsentation der Nation), dem *Sturm auf die Bastille* (14. 7. 1789) und der Annullierung aller Feudalrechte und Privilegien, legte die berühmte *Erklärung der Menschen- und Bürgerrechte* die Freiheit und Gleichheit aller vor dem Gesetz fest. Die *Constituante* schuf 1791 die erste geschriebene Verfassung Europas. Der König wurde gestürzt und hingerichtet (21. 9. 1792). →Französische Revolution.

Die *Erste Republik* (1792–1804) wurde durch Bürgerkriege und den Kampf gegen eine europ. Koalition schwer in Mitleidenschaft gezogen. Den Schwierigkeiten begegnete *Maximilian de Robespierre* (Wohlfahrtsausschuß) durch Terrorherrschaft, der Zehntausende zum Opfer fielen. Die schwierige Lage unter dem Direktorium (1795–99) beendete *Napoleon Bonaparte* 1799 durch Staatsstreich; er wurde Erster Konsul und 1804 Kaiser der Franzosen. Er schloß Frieden nach außen (1801 in *Lunéville* mit Österreich und dem Reich, 1802 in *Amiens* mit Großbritannien) und stellte im Innern Ruhe her, beendete den Kirchenkampf der Revolution (Konkordat 1801), vollendete die administrative Zentralisierung F.s und stellte das Rechtswesen auf neue Grundlagen (Kodifikationen 1804–10). Während der geniale Feldherr durch erfolgreiche Kriegszüge F. zum Großreich mit 44 Mio. E. und zum Herrn des Kontinents machte, sicherte er seine Militärdiktatur im Innern durch Staatspolizei, Spitzeltum und Propaganda. Eine Wirtschaftskrise, der gescheiterte Rußlandfeldzug (1812) und die verlorene *Völkerschlacht bei Leipzig* 1813 führten 1814 zum Sturz (1815 nochmals für 100 Tage Rückkehr).

In den Jahren bis 1870 entstand im Laufe der *Restaurationsmonarchie* (1814–30), der *Juli-Monarchie* (1830–48), der *Zweiten Republik* (1848–52) und des *Zweiten Kaiserreiches* (1852–70), z. T. in Auseinandersetzung mit oppositionellen Kräften, das parlamentarische Regime. Diese Zeit war zunächst geprägt durch das Bürgertum (Zensuswahlrecht), die Revolution von 1830 und die von 1848, durch Ausrufung der Republik mit vorerst sozialistischen Tendenzen, Niederschlagung von Arbeiteraufständen (durch *Eugène Cavai-*

gnac) und die Wahl *Louis Napoléon Bonapartes* zum Präsidenten (10. 12. 1848). Er verlängerte nach dem Vorbild seines Onkels durch einen Staatsstreich die Amtszeit und ließ sich am 7. 11. 1852 als *Napoleon III.* zum Kaiser einsetzen. Beide Schritte wurden durch Plebiszite mit überwältigender Mehrheit gebilligt. Bis 1860 führte er ein autoritäres und diktatorisches Regime, das er in einer zweiten Periode bis 1870 immer mehr liberalisierte. Wirtschaftlich erlebte F. einen Aufschwung durch Ausbau der Industrie, der Eisenbahnen und durch große Baumaßnahmen v. a. in Paris. Außenpolitisch machte Napoleon F. wieder zum wichtigsten Faktor Europas. Der *Deutsch-Französische Krieg* (1870/71), bei dem der Kaiser nach der Kapitulation von Sedan in Gefangenschaft geriet, beendete seine Herrschaft.

3. Dritte und Vierte Republik (1870 bis 1958)

Die *III. Republik* (1870–1940) war zunächst angesichts der vielen Monarchisten eine „Republik ohne Republikaner" mit der Hauptstadt Versailles. Sie wurde im Frühjahr 1871 unter *Adolphe Thiers* durch den Pariser Kommuneaufstand erschüttert, der F. in zwei Lager spaltete. Nach einem Konflikt mit dem monarchistischen Präsidenten *Patrice Maurice Mac Mahon,* Hzg. von Magenta, setzte sich 1875 (mit 353 : 352 Stimmen) die republikanische Staatsform durch; das Grundgesetz, eine kurze und anpassungsfähige Verfassung, wurde geschaffen. Als 1879 die Republikaner (*Léon Gambetta*) an die Macht kamen, wurde Paris wieder Hauptstadt, die Marseillaise die Nationalhymne. In den folgenden Jahrzehnten, in denen sich die Regierungen weitgehend an die Oberschichten anlehnten, nahm der Gegensatz der antiklerikalen republikanischen Führungsschichten zur kath. Kirche zu, der seit 1901 zu antikirchlichen Gesetzgebung und schließlich 1905 zur strikten *Trennung von Kirche und Staat* führte (vgl. III; Laizismus). F. wurde regiert von der radikalsozialistischen, von Freimaurern beherrschten Partei.

Die Zeit vor 1914 war geprägt durch den Ausbau des Kolonialreiches, den Abschluß der *Entente cordiale* mit Großbritannien 1904 und den *Dreierverband* (1907, zusätzlich Rußland), durch Krisen und zunehmenden Nationalismus. Im I. →Weltkrieg, als F. alle Kräfte aufbieten *(union sacrée)* und einen hohen Blutzoll entrichten mußte, war die Restitution von Elsaß-Lothringen das wichtigste Ziel. Die schwere Krise von 1917 wurde von *Georges Clemenceau* überwunden, der auch bei den Friedensverhandlungen (→*Versailler Vertrag* 1919) eine große Rolle spielte. Der Vertrag bildete eine wichtige Basis für die weitere Politik F.s zur Beseitigung der dortigen Kriegsfolgen bis 1933. Die wirtschaftlichen, finanziellen und gesellschaftlichen Probleme (Streiks) wurden durch die Weltwirtschaftskrise verstärkt, die politische Stabilität gefährdet (häufiger Wechsel brüchiger Koalitionen des Vielparteiensystems). Allerdings bildete die Verwaltungsbürokratie angesichts des labilen Parlamentarismus einen wichtigen Kontinuitätsfaktor. Die Zeit 1934–40 war gekennzeichnet durch Schwierigkeiten (Finanzkrise, Links- und Rechtsradikalismus, Unruhen) und die Volksfront-Regierung (weitreichende Sozialgesetzgebung, Streiks, Fabrikbesetzungen, einseitige Appeasementpolitik).

Im II. Weltkrieg erlitt F. im Juni 1940 eine vernichtende militärische Niederlage gegen Hitler-Deutschland. Die III. Republik löste sich auf (Verfassungsänderung 10. 7. 1940) und übergab die Macht an Marschall *Henri-Philippe Pétain,* der am 22. 6. den Waffenstillstand unterzeichnete. F. wurde in eine besetzte und eine „freie" Zone eingeteilt, in der Pétain in Vichy, unterstützt von *Pierre Laval,* residierte. Der autoritäre und monokratische „État français" hatte eine gewisse Kollaboration mit Hitler-Deutschland und, in Reaktion auf die Schwäche der III. Republik, eine „nationale Revolution" zum Ziel. Während die Position *Pétains* nach der Besetzung ganz F.s durch die Deutschen (Nov. 1942) und die alliierte Landung in F. (Juni 1944) immer schwächer wurde, nahm die Macht *Ch. de* →*Gaulles,* des Führers des „Freien Frankreichs" der Résistance und der Exilregierung, zu. Er bildete nach der Befreiung des Landes am 5. 9. 1944 eine Regierung aus verschiedenen Parteien und Widerstandsgruppen und setzte die Wiederherstellung von Staatsautorität und Parteiensystem durch. 1945, als zum ersten Mal die Französinnen wählen durften, wurde der Verfassungsentwurf vom Volk abgelehnt und erst der zweite am 13. 10. 1946 mit knapper Mehrheit angenommen.

Die erste Periode dieser *IV. Republik,* in der das Parlament die zentrale Rolle spielte, war geprägt durch den *Tripartismus,* d. h. drei fast gleich große Parteien: *Parti Communiste* (PC), *Section Française de l'Internationale Ouvrière* (SFIO – Parti Socialiste) und kath. *Mouvement Républicain Populaire* (MRP, Volksrepublikaner), die zusammen regierten. Nach Ausschaltung des PC 1947 bildeten SFIO und MRP wechselnde Koalitionen mit kleinen Parteien. 1952 trat die laizistische SFIO aus der Regierung aus, die in einer Koalition mit den Gaullisten (*Rassemblement du Peuple Français,* RPF) eine prokirchliche Schulpolitik betrieb. Wegen den Mißerfolge im Indochinakrieg (*Genfer Verträge* 20./21. 7. 1954; Unabhängigkeit von ↗Kambodscha, ↗Laos und ↗Vietnam) wurde 1954 diese Regierung durch eine Linkskoalition unter *Pierre Mendès-France* ersetzt, die aber schon 1955 wegen der Probleme in Nordafrika (↗Algerien) gestürzt wurde. Ab 1956 war die Republik aufgrund der Wahlergebnisse praktisch nicht mehr regierbar, so daß in dieser Krisenzeit (wirtschaftliche und soziale Schwierigkeiten, Kolonialkriege) labile Minderheitskabinette den Verfall des Regimes nicht aufhalten konnten. Trotzdem betrieb man eine konstruktive Außenpolitik (Beitritt zur NATO 1949, zur SEATO 1954) und spielte eine führende Rolle in der europ. Einigungsbewegung (Beitritt zur Westeuropäischen Union [WEU] 1948, zum Europarat 1949, zur EGKS 1951, zur EWG und zu EURATOM 1957), v. a. durch *R.* →*Schuman* (MRP). Allerdings lehnte die Mehrheit der Nationalversammlung 1954 die Europäische Verteidigungsgemeinschaft (EVG) mit supranationaler, militärischer Integration ab. Die Versöhnung mit Deutschland wurde tatkräftig vorangetrieben (*Pariser Verträge* 1954, *Saarvertrag* 1956, Angliederung des Saargebietes an die Bundesrepublik Deutschland 1957). Die krisengeschüttelte IV. Republik (in 14 Jahren 26 Kabinette) konnte sich jedoch in der explosiven Situation von 1958 (im Mai-Putsch in Algerien) nicht mehr halten. Deshalb wurde *de Gaulle* am 1. 6. zum Ministerpräsidenten gewählt mit der Aufgabe, die Verfassung zu ändern.

4. Die Fünfte Republik (seit 1958)

Die am 28. 9. 1958 mit überwältigender Mehrheit (79,2%) vom Volk angenommene neue Verfassung (vgl. III) räumte dem Präsidenten wesentliche zusätzliche Befugnisse ein, die in der Praxis seit dessen Wahl durch das Volk (1965) noch erweitert wurden. Mit der neuen Verfassung wurde die „Union Française" in die „Communauté Française" umgewandelt. Die Kolonien hatten sich für einen Verbleib darin ausgesprochen.

Der ersten Periode der V. Republik drückte *de Gaulle* seinen Stempel auf, der als Nationalheld der Résistance-Zeit und durch Abstimmungen (1958 Referendum, 1965 Direktwahl) besonders legitimiert war.

Im Okt. 1958 gründete er die *Union pour la Nouvelle République* (UNR). Er beendete bis 1960 die Entkolonisierung, setzte die Selbstbestimmung ↗Algeriens gegen gewaltige Widerstände (Militärputsch am 22. 4. 1961) durch (*Vertrag von Evian* 18. 3. 1962) und ließ sich seinen Kurs, wie einst die Bonapartes, durch Plebiszite absegnen (1962: 90,8%). De Gaulle führte seine Politik unter dem Primat der Außenpolitik (möglichst unabhängiges Europa der Vaterländer unter F.s Führung, Veto gegen den EWG-Beitritt Großbritanniens, *dt.-frz. Freundschaftsvertrag* 1963, Lösung F.s aus der militärischen Nato-Integration, Förderung der *Force de frappe* [Atomstreitmacht], Ostpolitik). Gleichzeitig hatte er mit wachsenden innenpolitischen Schwierigkeiten zu kämpfen, so daß bei knapper Parlamentsmehrheit wegen ungelöster wirtschaftlicher und sozialer Probleme im Mai 1968 Unruhen ausbrachen. Sie weiteten sich durch einen Generalstreik zu einer Staatskrise aus, die nur durch drastische Lohnerhöhungen überwunden wurde. Dadurch gelang es dem Premierminister *Georges Pompidou* (vgl. Tab. 2), die Gewerkschaften von den linksradikalen Kräften (besonders Studenten) zu trennen. Obwohl die Gaullisten (*Union des Démocrates pour la République,* UDR) bei den Wahlen am 23./30. 6. 1968 die absolute Mehrheit errangen, trat *de Gaulle* nach dem für ihn ungünstig verlaufenden Referendum (Senats- und Regionalreform nur 47,6% Ja-Stimmen) am 28. 4. 1969 zurück.

Tabelle 1
Regierungen der V. Republik

	Rücktritt	Ministerpräsident	Partei
8.1.1959	11.4.1962	Michel Debré	UNR
14.4.1962	10.7.1968	Georges Pompidou	UNR
10.7.1968	20.6.1969	Maurice Couve de Murville	UDR
24.6.1969	5.7.1972	Jacques Chaban-Delmas	UDR
6.7.1972	24.5.1974	Pierre Messmer	UDR
28.5.1974	25.8.1976	Jacques Chirac	UDR
25.8.1976	13.5.1981	Raymond Barre	parteilos
21.5.1981	17.7.1984	Pierre Mauroy	PS
17.7.1984	17.3.1986	Laurent Fabius	PS
20.3.1986	10.5.1988	Jacques Chirac	RPR
12.5.1988	15.5.1991	Michel Rocard	PS
15.5.1991	2.4.1992	Edith Cresson	PS
2.4.1992		Pierre Bérégovoy	PS

UNR = Union pour la Nouvelle République (Nov. 1967 in UDR umbenannt) – UDR = Union des démocrates pour la Ve République – RPR = Rassemblement pour la République – PS = Partie Socialiste

Zum Nachfolger wurde der Gaullist *Pompidou* gewählt (vgl. Tab. 2), der die wirtschaftlichen und sozialen Spannungen durch einen „modernen Gaullismus" zu überwinden versuchte. Er betrieb eine flexiblere Politik den USA gegenüber und stimmte 1972 dem Beitritt Großbritanniens zur EG zu. Bei der nach seinem Tod (2. 4. 1974) fälligen Neuwahl errang der Kandidat der seit 1972 bestehenden →Volksfront, *François Mitterrand*, im ersten Wahlgang die meisten Stimmen, gefolgt von *Valéry Giscard d'Estaing* (Unabhängiger Republikaner), der von einem Teil der Gaullisten unterstützt wurde, und von *Jacques Chaban-Delmas* (Gaullist). Bei der Stichwahl (19. 5. 1974) wurde schließlich Giscard mit nur 50,8% zum Präsidenten gewählt. Er ernannte den Gaullisten *Jacques Chirac* zum Regierungschef. Nach Differenzen mit diesem wurde im Aug. 1976 der parteilose Wirtschaftswissenschaftler *Raymond Barre* Premierminister. Giscard versuchte, Reformen zu verwirklichen, den Linken entgegenzukommen und die Bipolarität der zwei politischen Blöcke (Rechte und Linke) zu überwinden, mußte aber seit dem Rücktritt Chiracs laufend gegen die Uneinigkeit der gespaltenen Regierungsmehrheit kämpfen. Während diese bei den Wahlen am 19. 3. 1978 noch 50,47% und 288 Mandate (von 491) erringen konnte, nahm trotz wirtschaftlicher Erfolge die Unzufriedenheit mit Giscard zu. Als bei den Präsidentschaftswahlen am 10. 5. 1981 im 2. Wahlgang *Mitterrand* mit 51,75% siegte, stand er einer rechtsgerichteten Mehrheit der Nationalversammlung gegenüber. Trotzdem ernannte er am 21. 5. 1981 den Sozialisten *Pierre Mauroy* zum Premierminister und löste am 22. 5. 1981 die Kammer auf. Bei den Wahlen (Juni 1981) erhielt die vereinigte Linke, begünstigt durch das Mehrheitswahlrecht, eine breite absolute Mehrheit. Diese ermöglichte der Regierung Mauroy, der seit 1947 zum ersten Mal wieder kommunistische Minister angehörten, ihre „neue Politik" zu verwirklichen. Wichtigste Ziele waren die Verstaatlichung von Schlüsselindustrien und Privatbanken, Abschaffung der Todesstrafe, Dezentralisierung F.s (Regionen), Wahlrechtsänderungen, Einschränkung der (meist kath.) Privatschulen u. a. Die früher bekämpfte starke Stellung des Präsidenten wurde von den Linken akzeptiert, so daß Mitterrand, wie seine Vorgänger, die dominierende Rolle spielte.

Tabelle 2
Staatspräsidenten (nach 1945)

Vincent Auriol (PS)	1947–54
René Coty (PR)	1954–59
Charles de Gaulle (UNR)	1959–69
Georges Pompidou (UDR)	1969–74
Valéry Giscard d'Estaing (UDF)	1974–81
François Mitterrand (PS)	seit 1981

PS = Partie Socialiste – PR = Partie Républicain – UNR = Union pour la Nouvelle République (Nov. 1967 in UDR umbenannt) – UDR = Union des Démocrates pour la Ve République – UDF = Union pour la Démocratie Française (seit 1978)

Nachdem der Sozialist *Laurent Fabius* 1984 neuer Premierminister geworden war, fanden am 16. 3. 1986 Parlamentswahlen, nun zum ersten Mal in der V. Republik nach dem Verhältniswahlrecht, statt. Der oppositionelle Bürgerblock gewann mit 291 von 575 Sitzen die absolute Mehrheit, bei starken Verlusten der Linken und beachtlichen Gewinnen der rechtsextremen „Nationalen Front" *(Jean-Marie Le Pen)*. Angesichts dieser Wahlniederlage ernannte Mitterrand nach dem Rücktritt Fabius' *Chirac* zum Premierminister. Damit stand zum ersten Mal in der V. Republik dem Präsidenten eine gegnerische Parlamentsmehrheit gegenüber. Es begann das interessante Experiment der „Cohabitation". Im Mittelpunkt des Regierungsprogramms standen Maßnahmen, um die innere Sicherheit zu stärken, die „neue Politik" der Volksfrontregierung rückgängig zu machen, die Wirtschaft zu liberalisieren und zu stärken, die Devisenbewirtschaftung zu lockern, die Zinsen zu senken und den Finanzmarkt zu modernisieren. Gegen die Stimmen der Opposition wurde das Mehrheitswahlrecht wieder eingeführt und die Privatisierung von 65 staatlichen Unternehmen beschlossen. Da *Mitterrand* mehrmals sein Veto einlegte, kam es zu Differenzen mit *Chirac*, der – wie auch *Barre* – bei den Präsidentschaftswahlen 1988 gegen Mitterrand antrat. Dieser konnte jedoch bei der Stichwahl (8. 5. 1988) 54,02% der Stimmen erringen. Nach dem Rücktritt Chiracs ernannte Mitterrand den gemäßigten Sozialisten *Michel Rocard* zum Premierminister. Da dieser in der Nationalversammlung keine Mehrheit fand, wurde sie aufgelöst. Bei den Neuwahlen am 5./12. 6. 1988 erhielt aber keiner der beiden Blöcke die absolute Mehrheit, so daß Rocard in mühsamen Koalitionsverhandlungen zur Verbreiterung seiner politischen Basis

Minister in sein Kabinett aufnehmen mußte, die nicht zur Linken gehörten. Im Mai 1991 wurde Rocard von der Sozialistin *Edith Cresson* als Premierministerin abgelöst. Diese trat nach der Niederlage ihrer Partei bei den Regionalwahlen schon am 2.4.1992 wieder zurück. Nachfolger wurde der bisherige Wirtschafts- und Finanzminister *Pierre Bérégovoy* (Sozialist).

III. Verfassung, Verwaltung, Recht

1. Verfassung

Die geltende Verfassung vom 4. 10. 1958 (vgl. II), seitdem mehrfach geändert, zuletzt am 18.6.1976, steht im Zeichen der Kontinuität der frz. Verfassungsentwicklung. Ihre Präambel hat die Menschenrechtserklärung von 1789 nochmals verkündet, insbes. deren Art. 16: „Eine Gemeinschaft, in welcher die Garantie der Rechte nicht gewährleistet und die Gewaltenteilung nicht festgesetzt wird, hat keine Verfassung". F. ist somit eine Republik und ein Rechtsstaat. Wichtige rechtliche Regelungen überläßt die Verfassung ausdrücklich verfassungsergänzenden Gesetzen, den *Lois organiques*. Sie betreffen die Organisation von Verfassungsorganen und die Rechtsstellung der Richter. Ein entspr. Gesetz kann gegen den Senat nur mit absoluter Mehrheit von der Assemblée Nationale beschlossen werden und unterliegt automatisch einer Überprüfung durch den Conseil constitutionnel.

a) Frankreich als Republik. Nach Art. 2 Verf. ist F. „eine unteilbare, religionsneutrale, demokratische und soziale Republik".

(1) F. ist eine „*unteilbare Republik*", d. h. ein Einheitsstaat. Dennoch ist es kein rein zentralistischer Staat. Art. 72 Abs. 1 lautet: „Gebietskörperschaften der Republik sind die Gemeinden, die Départements und die Übersee-Gebiete. Jede andere Gebietskörperschaft wird durch Gesetz geschaffen". Durch Gesetze vom 2. 3. 1982 und 6. 1. 1986 wurden die (seit 1956 bestehenden) *Regionen* als weitere, neue Art von Gebietskörperschaften gebildet. Die *Übersee-Gebiete* (*Territoires d'Outre-Mer*, T. O. M.) nehmen eine besondere Stellung innerhalb der Republik ein: sie besitzen Verwaltungsautonomie und eine beschränkte Gesetzes- bzw. Verordnungsautonomie. Übersee-Gebiete sind ↗*Französisch-Polynesien,* ↗*Neukaledonien* und ↗*Wallis und Futuna.* Gemeinden, Départements und Regionen haben nur Verwaltungsautonomie gem. Art. 72 Abs. 2: „Sie verwalten sich selbst durch gewählte Räte und nach Maßgabe des Gesetzes". Im Mutterland bestehen (1991) 22 Regionen, 96 Départements und 36538 Gemeinden (die oft kommunale Zweckverbände gebildet haben). An der Spitze des Départements steht der vom Präsidenten der Republik ernannte Präfekt. *Korsika* besitzt seit 1982 einen Sonderstatus, seit 1991 als eine besondere „Collectivité territoriale", gehört aber weiterhin zur Metropole und ist wie Paris eine besondere „Collectivité territoriale de la métropole". *Übersee-Départements* (*Départements d'Outre-Mer*, D. O. M.) und gleichzeitig Übersee-Regionen sind ↗*Guadeloupe,* ↗*Französisch-Guayana,* ↗*Martinique* und ↗*Réunion*; sie sind ebenfalls in Gemeinden unterteilt. Übersee-Gebiete sind ferner die *Collectivités territoriales* ↗*Saint-Pierre und Miquelon* sowie ↗*Mayotte* und die australischen und antarktischen Gebiete (*Les Terres Australes et Antarctiques Françaises*, T. A. A. F.).

(2) F. ist eine *religionsneutrale Republik* (République laïque): Staat und Kirche sind getrennt. Dieses Prinzip wurde zum ersten Mal durch Ges. vom 9.12. 1905 festgesetzt. Seitdem erhält die kath. Kirche kein Geld vom Staat. Die vor Inkrafttreten des Gesetzes gebauten Kirchen gehören den Gemeinden bzw. den Départements und dem Staat und stehen sog. Kultvereinen (*associations cultuelles*) zur Verfügung. In den öffentlichen Schulen darf kein Religionsunterricht erteilt werden, Gymnasien mit einem Internat, Krankenhäuser, Armee und Haftanstalten können aber eigene Seelsorger haben. Privatschulen, insbes. konfessionelle Schulen, erhalten i. d. R. vom Staat finanzielle Hilfe. Die Trennung von Staat und Kirche gilt nicht für die drei Départements Bas-Rhin, Haut-Rhin und Moselle; hier gilt das Napoleonische Konkordat vom 15. 7. 1801 weiter und kann als Verfassungsgewohnheitsrecht betrachtet werden.

(3) F. ist eine *demokratische Republik.* Es hatte zuerst eine parlamentarische Demokratie entwickelt (III. Republik), dann plebiszitäre Elemente eingeführt: (verfassunggebende Volksabstimmung; (IV. Republik), ferner die legislative Volksabstimmung und v. a. die unmittelbare Wahl des Präsidenten der Republik (V. Republik). Heute ist F. eine parlamentarische Republik mit einem starken Präsidenten.

Der *Präsident der Republik* wird unmittelbar für 7 Jahre durch das Volk gewählt. Er kann die Nationalversammlung auflösen und eine Volksabstimmung über eine Verfassungsänderung oder einen Gesetzentwurf mit bestimmten Gebieten (Organisation des Staates, Ratifizierung eines völkerrechtlichen Vertrags) veranstalten. Er ernennt den Premierminister und, auf dessen Vorschlag, die Minister (darf aber kein Regierungsmitglied absetzen); er führt den Vorsitz im Ministerrat und in weiteren Gremien, z. B. im Verteidigungsrat und im Hohen Richterrat. Er ist auch Oberbefehlshaber der auf der Grundlage der allgemeinen Wehrpflicht organisierten Streitkräfte.

Seit 1875 besteht das *Parlament* aus zwei Kammern, der Nationalversammlung und dem Senat. Die *Nationalversammlung (Assemblée Nationale)* wird unmittelbar durch das Volk gewählt; die Legislaturperiode beträgt fünf Jahre. Die 577 Abgeordneten (davon 22 aus den Übersee-Gebieten bzw. Übersee-Départements) werden in einzelnen Wahlkreisen nach dem Mehrheitswahlsystem gewählt; nur beim zweiten Wahlgang reicht die relative Mehrheit. Der *Senat* wird nur mittelbar vom Volk gewählt. Das aktive Wahlrecht haben Mitglieder der Regionalräte, der Départementsräte und v. a. Vertreter der Gemeinderäte (i. d. R. 1 Vertreter je 1000 E.). Die 322 Senatoren werden einzeln nach dem Mehrheitswahlsystem gewählt, wenn das Département 4 Senatoren oder weniger hat, nach dem Verhältniswahlsystem, wenn es 5 oder mehr Senatoren hat. Ein Drittel des Senats wird jedes dritte Jahr neu gewählt. Die überseeischen Gebiete bzw. Überseedépartements stellen 13, der Hohe Rat der Auslandsfranzosen 12 Senatoren.

Die wichtigste Kammer ist die *Nationalversammlung.* Nur sie kann die Regierung stürzen, ein Gesetz nach Scheitern eines Vermittlungsverfahrens zwischen den beiden Kammern verabschieden, wenn die Regierung es beantragt. Bei der Verabschiedung eines Gesetzes kann die Regierung mit der Abstimmung über einen Text die Vertrauensfrage verbinden; der Text gilt als angenommen, wenn innerhalb der folgenden 24 Stunden kein Mißtrauensantrag eingebracht wird oder keine absolute Mehrheit der Abgeordneten zugunsten des gestellten Mißtrauensantrags erreicht wird. Der Senat kann die Regierung nicht stürzen; er hat ein Vetorecht nur gegenüber einer Verfassungsänderung.

(4) F. ist eine *soziale Republik.* Dieses Staatsziel wird insbes. durch soziale Rechte näher festgelegt.

b) Frankreich als Rechtsstaat. Die Präambel der Verfassung von 1958, die von der Rechtsprechung als geltendes Verfassungsrecht betrachtet wird, lautet: „Das französische Volk verkündet feierlich seine Verbundenheit mit den Menschenrechten und den Grundsätzen der nationalen Souveränität, so wie sie in der Erklärung von 1789 niedergelegt und in der Präambel der Verfassung von 1946 bestätigt und ergänzt worden sind". Die Menschenrechte, die in der Erklärung von 1789 verkündet wurden, sind u. a.: Gleichheit, allgemeine Freiheit, Sicherheit, Meinungs- und Kommunikationsfreiheit und Eigentum. Die Präambel der Verfassung von 1946 enthält insbes. das Asylrecht, die Koalitionsfreiheit und das Streikrecht sowie verschiedene „soziale Grundrechte"; sie hat weiter „den durch die Gesetze der Republik anerkannten Grundsätzen" Verfassungsrang zuerkannt, insbes., nach der verfassungsgerichtlichen Rechtsprechung, der Vereinsfreiheit, der Unterrichtsfreiheit und dem Anspruch auf rechtliches Gehör.

Die Verfassung hat ein besonderes Gericht zu Überprüfung der Verfassungsmäßigkeit der vom Parlament verabschiedeten Gesetzestexte geschaffen: den *Conseil constitutionnel.* Von seinen 9 Mitgl. werden je 3 vom Präsidenten der Republik, der Nationalversammlung und des Senats für 9 Jahre ernannt. Das Antragsrecht haben der Präsident der Republik, der Premierminister, die Präsidenten der beiden Kammern sowie 60 Abgeordnete bzw. Senatoren.

Bis zum 15.6.1992 hat der Conseil constitutionnel 256 Entscheidungen über die Verfassungsmäßigkeit von Gesetzen (die meisten seit der Verfassungsreform von 1974) gefällt, ferner genau 100 Entscheidungen, die eine Gesetzesvorschrift als verfassungswidrig erklärten. Somit hat sich eine umfangreiche verfassungsgerichtliche Rechtsprechung entwickelt. Der Conseil constitutionnel kann ferner insbes. über die Verfassungsmäßigkeit von völkerrechtlichen Verträgen, die noch nicht ratifiziert sind, und über Wahlanfechtungen entscheiden.

Verwaltungsgerichte prüfen die Verfassungsmäßigkeit bzw. Gesetzmäßigkeit von Rechtsverordnungen und von Verwaltungsakten (nicht aber die Verfassungsmäßigkeit von Gesetzen). 1990 wurde vom Präsidenten der Republik eine Verfassungsänderung vorgeschlagen: danach hätten die obersten Gerichte die konkrete Normenkontrolle durch den Conseil constitutionnel in Gang bringen können; der Senat hat aber den entsprechenden Entwurf abgelehnt.

Nach Art. 55 Verf. „haben in Kraft getretene völkerrechtliche Verträge einen höheren Rang als Gesetze, insoweit sie durch die andere Partei angewandt werden". Deshalb verweigern ordentliche Gerichte wie Verwaltungsgerichte die Anwendung eines Gesetzes, das gegen einen völkerrechtl. Vertrag verstößt.

2. Recht

a) Gerichtsverfassung. Nach einer längeren Entwicklung, die in der Französischen Revolution begann und mit dem Ges. vom 24. 5. 1872 endete, ist die frz. Gerichtsorganisation durch die Unterscheidung zwischen ordentlichem Rechtsweg und Verwaltungsrechtsweg gekennzeichnet. Die ordentlichen Gerichte sind Zivilgerichte und Strafgerichte.

Zivilgerichte erster Instanz sind das *Tribunal de Grande Instance* (mit allgemeiner Zuständigkeit) und das *Tribunal d'instance* (mit Sonderzuständigkeit). Zivilgerichte zweiter Instanz sind 29 *Cours d'appel.*

Strafgerichte erster Instanz sind *Polizeigerichte,* die über „contraventions" (Straftaten, die mit weniger als 2 Monaten Gefängnis bestraft werden) urteilen, *Tribunaux correctionnels,* die schwere Straftaten aburteilen, und *Cours d'assises* (Schwurgerichte), die für schwere Verbrechen zuständig sind und aus einer Jury und einem Berufsrichter bestehen. Urteile der Polizeigerichte und der Tribunaux correctionnels können mit der Berufung zur Strafkammer der Cour d'appel angefochten werden.

An der Spitze steht die *Cour de cassation* (5 Zivilkammern, darunter eine handelsrechtliche und eine arbeits- und sozialrechtliche, eine Strafkammer). Sie überprüft nur die Rechtsanwendung; wird der Beschwerde stattgegeben, so wird das angefochtene Urteil lediglich aufgehoben.

Die ordentlichen *Richter* und die *Staatsanwälte* werden durch einen Wettbewerb unter den „maîtres en droit" ausgewählt und in der Nationalen Richterhochschule 2 Jahre lang weitergebildet. Die Richter sind unabhängig, aber ihre Beförderung steht unter dem Einfluß ihrer Vorgesetzten, einschließlich des Justizministers. Der Hohe Richterrat ist nur an den wichtigsten Beförderungsentscheidungen beteiligt.

Das *Zivilprozeßrecht* ist seit dem 1. 1. 1976 im *„Nouveau Code de procédure civile"* enthalten.

Verwaltungsgerichte sind der *Conseil d'État* (Staatsrat), die 5 *Cours administratives d'appel* (Verwaltungsgerichtshöfe) und die 31 *Tribunaux administratifs* (Verwaltungsgerichte). Der Conseil d'Etat übt gleichzeitig beratende und rechtsprechende Funktion aus. Er ist Rechtsberater der Regierung. Als Gericht urteilt er erstinstanzlich über die wichtigsten Entscheidungen der Regierung und der Minister, ist aber Revisionsgericht gegenüber den Entscheidungen der Cours administratives und, bei Anfechtungsklagen, sogar Berufungsgericht gegenüber Urteilen der Tribunaux administratifs. Diese und die Cours administratives d'appel können neue schwierige Rechtsfragen dem Conseil d'Etat vorlegen, bevor sie selbst ein Urteil fällen. Das Prozeßrecht, das diese Gerichte anwenden, ist seit 1973 im *„Code des tribunaux administratifs et des cours administratives d'appel"* enthalten. Die Verwaltungsrichter werden i. d. R. durch Wettbewerb ausgewählt und dann in der „Ecole Nationale d'Administration" weitergebildet; sie sind unabsetzbar.

b) Gesetzbücher. Grundlage des bürgerlichen Rechts bildet noch heute der *„Code civil"* von 1804; nur das Familienrecht hat tiefgreifende Reformen erfahren (s. u.). Die Systematik des „Code civil" unterscheidet sich von der des dt. BGB. Er ist gegliedert in die Bücher Personenrecht und Familienrecht (ohne Ehegüterrecht), Sachenrecht (ohne die dinglichen Sicherheiten), Schuldrecht und Erbrecht. Es gibt keinen Allgemeinen Teil. Die Rechtsprechung hat viele Regelungen des „Code civil" fortgebildet, insbes. im Haftungsrecht. Der Inhalt des „Code civil" ist durch das Fehlen des Abstraktionsprinzips (keine Unterscheidung zwischen kausalem und dinglichem Geschäft), durch die Generalklauseln des Haftungsrechts und die scharfe Trennung von Vertrags- und Delikthaftung charakterisiert.

Das *Familienrecht* hat sich in den letzten 30 Jahren stark entwickelt. Das Eherecht ist nun durch die Gleichberechtigung von Mann und Frau gekennzeichnet; gesetzlicher Güterstand ist die Errungenschaftsgemeinschaft. Neben dem traditionellen Verschuldensprinzip gilt heute im Scheidungsrecht auch das Zerrüttungsprinzip. Im Erbrecht werden weiterhin Ehegatten- und Ehebruchkinder gesondert behandelt.

Das *Handelsrecht* ist im *„Code de commerce"* von 1807 enthalten. Er behandelt in vier Büchern den Handel im allgemeinen (I), das Seerecht (II), den Konkurs (III) und die Handelsgerichtsbarkeit (IV). Die Handelsgesellschaften sind durch Ges. vom 24. 7. 1976 geregelt. Im Mittelpunkt des Handelsrechts steht der Begriff des Handelsgeschäfts, nicht der des Kaufmanns. Grundsätzlich sind die Handelsgerichte in erster Instanz zuständig und ist das Handelsrecht anwendbar, wenn der Prozeß ein Handelsgeschäft zum Gegenstand

Tabelle 3
Die Bevölkerungsentwicklung seit 1851
(in Mio.)

Region	1851	1891	1911	1936	1954	1962	1968	1975	1982	1990
Ile-de-France	2,24	4,13	5,34	6,79	7,32	8,47	9,25	9,88	10,07	10,66
Champagne-Ardenne	1,24	1,26	1,21	1,13	1,13	1,21	1,28	1,34	1,35	1,35
Picardie	1,53	1,49	1,46	1,35	1,39	1,48	1,58	1,68	1,74	1,81
Haute-Normandie	1,18	1,19	1,20	1,22	1,27	1,40	1,50	1,56	1,66	1,74
Centre	1,79	1,93	1,87	1,72	1,76	1,86	1,99	2,15	2,26	2,37
Basse-Normandie	1,53	1,30	1,18	1,11	1,16	1,21	1,26	1,31	1,35	1,39
Bourgogne	1,68	1,68	1,56	1,38	1,37	1,44	1,50	1,57	1,60	1,61
Nord-Pas-de-Calais	1,85	2,61	3,03	3,20	3,38	3,66	3,82	3,91	3,93	3,96
Lorraine	1,65	1,66	1,93	1,87	1,96	2,19	2,27	2,33	2,32	2,31
Alsace	1,05	1,09	1,22	1,22	1,22	1,32	1,41	1,52	1,57	1,62
Franche-Comté	1,01	0,94	0,91	0,84	0,86	0,93	0,99	1,06	1,08	1,10
Pays de la Loire	2,28	2,37	2,33	2,17	2,32	2,46	2,58	2,77	2,93	3,06
Bretagne	2,30	2,52	2,60	2,40	2,34	2,40	2,47	2,60	2,71	2,79
Poitou-Charentes	1,49	1,51	1,47	1,34	1,39	1,45	1,48	1,53	1,57	1,60
Aquitaine	2,21	2,29	2,26	2,16	2,21	2,31	2,46	2,55	2,66	2,79
Midi-Pyrénées	2,60	2,39	2,14	1,93	1,98	2,06	2,18	2,27	2,33	2,43
Limousin	0,93	0,99	0,96	0,80	0,74	0,73	0,74	0,74	0,74	0,72
Rhône-Alpes	3,28	3,56	3,58	3,61	3,63	4,02	4,42	4,78	5,02	5,34
Auvergne	1,49	1,55	1,46	1,29	1,25	1,27	1,31	1,33	1,33	1,32
Languedoc-Roussillon	1,41	1,54	1,53	1,51	1,45	1,56	1,71	1,79	1,93	2,11
Provence-Alpes-Côte d'Azur	1,46	1,65	1,94	2,56	2,42	2,82	3,30	3,68	3,94	4,26
Corse	0,24	0,28	0,26	0,32	0,18	0,18	0,21	0,23	0,24	0,24
Gesamt*	36,45	39,93	41,45	41,91	42,71	46,43	49,71	52,59	54,33	56,61

* wegen Rundung der Einzelwerte geringe Abweichung der Gesamtsumme

Quelle: Institut National de la Statistique et des Etudes Economiques. Population de la France. Recensement Général de la Population de 1977, 1984, 1990. Paris 1977/90

hat. Bei den Aktiengesellschaften ist die Trennung von Leitungs- und Aufsichtsfunktionen auch nach der Novelle von 1976 fakultativ geblieben. Das Wettbewerbsrecht ist in der *Ordonnance* (gesetzesvertretende Verordnung) vom 1.12.1986 enthalten und wird hauptsächlich durch eine unabhängige Behörde, den *Conseil de la Concurrence* (Wettbewerbsrat), gehandhabt.

Das *Strafrecht* ist im „*Code pénal*" von 1810 erhalten, der bald durch ein neues StGB abgelöst werden wird. Grundlage der Strafverfolgung wurde die „Code de procédure pénale" (Strafprozeßordnung) von 1958. Die Straftaten sind eingeteilt in: *crimes* (Verbrechen), *délits* (Vergehen) und *contraventions* (Übertretungen). Als *Hauptstrafen* kommen in Betracht: lebenslängliche Freiheitsstrafe (die Todesstrafe wurde durch das Ges. vom 9.10.1981 abgeschafft), Zuchthaus von 5 bis 20 Jahren, Gefängnis und Geldstrafe.

Das *Strafverfahren* ist in drei Phasen eingeteilt: (1) Ermittlungen durch die „police judiciaire" (Kriminalpolizei), die unter der Aufsicht der Staatsanwaltschaft steht (mit der Möglichkeit einer vorläufigen Festnahme, deren Dauer auf 24 Stunden, bei Zustimmung des Staatsanwalts oder Untersuchungsrichters auf höchstens 48 Stunden begrenzt ist) und die Ingangsetzung der Strafverfolgung durch den Staatsanwalt (hier gilt das Opportunitätsprinzip) oder durch den Verletzten; (2) gerichtliche Untersuchung, die vom Untersuchungsrichter („juge d'instruction") geführt wird und mit Untersuchungshaft verbunden sein kann; (3) mündliche und öffentliche Hauptverhandlung und das Urteil.

IV. Bevölkerungs- und Sozialstruktur

Die bevölkerungsgeographische Struktur F.s ist uneinheitlich, sowohl hinsichtlich der ethnischen Vielfalt als auch der regionalen Verteilung. Beide sind das Ergebnis eines langen Entwicklungsprozesses.

Die *ethnische Vielfalt* spiegelt sich in einer Reihe von kulturellen Besonderheiten, bes. an der Peripherie des Landes. Ein wesentlicher Aspekt ist dabei die

Sprachensituation. Linguistisch wird F. in das Sprachgebiet der *Langue d'oïl* im N und der *Langue d'oc* im S unterschieden. Hierbei handelt es sich jedoch lediglich um Dialektentwicklungen. Daneben bestehen eigenständige Sprachgebiete, die sich mit ethnischen Strukturmerkmalen decken. So hat sich im W der bretonischen Halbinsel das *Bretonische* erhalten, eine Sprache keltischen Ursprungs. Besonders im ländlichen Raum wird es bis heute vielerorts als Alltagssprache verwendet. Zu den sprachlichen Besonderheiten zählt auch das *Eskuara* im Baskenland, das von rd. 100 000 baskischen Franzosen und ca. 500 000 baskischen Spaniern gesprochen wird. Es handelt sich um eine nichtindogermanische Sprache. Ebenfalls beiderseits der Pyrenäen wird *Katalanisch* gesprochen, eine romanische Sprache wie das *Okzitanische* und *Provenzalische*, die im mediterranen Landesteil neben Französisch verbreitet sind. Im Gebiet der ehem. Gft. Nizza hat sich das *Italienische* erhalten. Eine sprachliche Besonderheit ist ferner das *Elsässische*, ein niederalemannischer Dialekt. Ganz im N reicht das *Flämische* von ↗Belgien in das frz. Territorium hinein. In fast allen Gebieten ethnischer Reliktgruppen ist heute im Zuge einer Tendenz zum →Regionalismus eine starke Rückbesinnung auf die kulturelle Eigenständigkeit zu beobachten.

In den letzten Jahrzehnten hat sich das ethnische Mosaik im Zuge der Entkolonialisierung erneut ausgeweitet und damit landesweit ein neues Konfliktpotential verursacht. Vor allem die Zuwanderung aus den nordafrikan. Staaten hat in vielen Städten oder Stadtvierteln zu einer regelrechten *Maghrebisierung (Arabisierung)* geführt. Besonders in den südfrz. Großstädten, v. a. in Marseille, erreichen diese Ausländergruppen heute Anteile bis zu 10% der Bevölkerung. Teilweise aus den Konflikten mit diesen Gruppen heraus erklärt sich eine starke anti-arabische Bewegung, die sich u. a. auch in einem deutlichen Rechtsradikalismus mit starken rassistischen Merkmalen niederschlägt.

Die *demographische Entwicklung* weist im Verlauf der letzten beiden Jahrhunderte zahlreiche Besonderheiten auf (vgl. Tab. 3).

1801 betrug die Bevölkerung F.s über 28 Mio., fast 1/4 der damaligen Gesamtbevölkerung Europas. Als Folgen der Revolution und der wirtschaftlichen Entwicklungsschwierigkeiten zu Beginn des 19. Jh. sanken dann die Geburtenzahlen rasch ab und zählten in der 2. Jahrhunderthälfte zu den niedrigsten des Kontinents. Lediglich aufgrund stark fallender Sterberaten nahm die Gesamtbevölkerung dennoch zu, jedoch in sehr viel geringerem Umfang als in den übrigen europ. Staaten. In einigen Landesteilen, v. a. in der Bretagne, waren aber auch in dieser Phase hohe Bevölkerungsüberschüsse zu verzeichnen. Zu Beginn des 20. Jh. hatte F. rd. 40 Mio. E., eine Zahl, die sich bis nach dem II. Weltkrieg kaum mehr veränderte.

Seither hat die Bevölkerung jedoch aus mehreren Gründen kräftig zugenommen. Im Zuge der Entkolonialisierung fand eine starke Rückwanderung der ehem. Kolonialfranzosen in das Mutterland statt, zugleich eine Zuwanderung von ca. 5 Mio. Ausländern. Entscheidend ist aber auch die Familienpolitik des Staates mit hohen Kindergeldleistungen und Steuererleichterungen für kinderreiche Familien. Die *Geburtenrate* ist eine der höchsten in Europa, sinkt aber in den letzten Jahren wieder (1989: 13,8 ‰; 1975: 14,9 ‰). Die *Sterberate* beträgt (1989) 9,4 ‰ (1975: 8,8 ‰). 1950–75 nahm die Bevölkerung um mehr als 10 Mio. Menschen zu (im Durchschnitt 1960–70: 11,1 ‰). Seither hat sich das Wachstum zwar verlangsamt, jedoch bis in die jüngste Zeit weiter fortgesetzt (im Durchschnitt 1970–80: + 6,1 ‰; 1980–89: 4,4 ‰). Zu den 56,6 Mio. E. kommen rd. 1,3 Mio. in den überseeischen Départements und Territorien. Die *Altersstruktur* weist in den Jahrzehnten seit dem II. Weltkrieg eine deutliche Verjüngung auf, hat sich inzwischen aber verschlechtert. 1990 betrug der Anteil der bis 20jährigen 27,4 % an der Bevölkerung, der über 20–65jährigen 58,4 %, der über 65jährigen 14,2 %. Die *Lebenserwartung* ist gestiegen, bei Männern von durchschnittlich 62,9 Jahren (1950) auf 72,0 (1988), bei Frauen von 68,5 auf 80,3 Jahre. Bei allen demographischen Strukturdaten bestehen große regionale Unterschiede (vgl. Tab. 4).

Tabelle 4
Demographische und erwerbsstrukturelle Merkmale 1970–1990

	1970	1980	1990
Bevölkerung gesamt (in 1000)	50528	53731	56615
davon:			
unter 20 Jahre (in %)	33,2	30,6	27,4
20–64 Jahre (in %)	54,0	55,4	58,4
65 Jahre und darüber (in %)	12,8	14,0	14,2
Geburtenrate (pro 1000 E.)	16,7	14,9	13,8
Sterberate (pro 1000 E.)	11,5	10,2	9,4
Erwerbsbevölkerung			
davon:			
Primärsektor (in %)	15,1	9,8	6,8
Sekundärsektor (in %)	38,9	35,5	33,3
Tertiärsektor (in %)	46,0	54,7	59,9
Arbeitslosenquote (in %)	2,0	9,4	8,8

Quelle: Institut National de la Statistique et des Etudes Economiques. Population de la France. Recensement Général de la Population de 1990. Paris 1990

F. zählt heute zu den vergleichsweise dünn besiedelten Ländern des Kontinents. Bei einer durchschnittlichen *Bevölkerungsdichte* von 104 E./km² bestehen auch hier große regionale Unterschiede. Rd. 1/5 der Gesamtbevölkerung konzentriert sich allein im Großraum Paris. Weitere bedeutende Konzentrationsräume befinden sich im nordfrz. Industrierevier, im Elsaß, im Großraum Lyon und entlang der Mittelmeerküste mit Schwerpunkten in Marseille und Nizza. Dem stehen Entleerungsgebiete gegenüber, aus denen schon seit Jahrhunderten starke Abwanderungen erfolgen. Hierzu zählen insbes. die Gebirgslandschaften, aber auch das strukturschwache SW des Landes sowie die Bretagne, aus der allein 1850–1950 über 1 Mio. Menschen abgewandert sind. Hauptzielgebiet der Abwanderung war die Ile-de-France, die im gleichen Zeitraum einen Wanderungszuwachs von über 5 Mio. Menschen erfuhr. Aufgrund dieser Veränderungen sind weite Teile F.s heute nur sehr dünn besiedelt. In einigen Départements des Zentralmassivs, der Alpen oder der Pyrenäen liegt die Bevölkerungsdichte unter 30 E./km². In den 80er Jahren hat sich die Dynamik des Verlagerungsprozesses verlangsamt. Vor allem die Zuwanderung in die Pariser Region hat sich deutlich abgeschwächt, und innerhalb dieser Region ist eine Bevölkerungsverlagerung aus dem Zentrum in die äußeren Wachstumsringe zu erkennen. So nahm die Einwohnerzahl der Stadt Paris (Ville de Paris) 1975–90 ab, die der Départements der Grande Couronne z. T. stark zu (vgl. Tab. 5).

Tabelle 5
Die Bevölkerungsentwicklung in der Region Paris seit 1962
(in 1000 und Veränderung in %)

Departement	1962	1968	1975	1982	1990	1968–1975 %	1975–1982 %	1982–1990 %
Ville de Paris	2790	2591	2291	2176	2152	–11,6	–5,0	–1,1
Petite Couronne								
Hauts-de-Seine	1382	1462	1437	1387	1392	–1,7	–3,5	+0,4
Seine-St-Denis	1084	1252	1323	1324	1381	+5,7	+0,1	+4,3
Val-de-Marne	975	1121	1218	1193	1216	+8,7	–2,1	+1,9
Grande Couronne								
Seine-et-Marne	524	604	755	887	1078	+25,0	+17,5	+21,5
Yvelines	687	853	1080	1196	1307	+26,6	+10,7	+9,3
Essone	479	674	923	988	1085	+36,9	+7,0	+9,8
Val d'Oise	548	693	838	920	1050	+21,0	+9,8	+14,1
Gesamt	8469	9250	9865	10073	10661	+6,6	+2,1	+5,8

Quelle: Institut National de la Statistique et des Etudes Economiques. Ile-de-France 1990

Bevölkerungswachstum zeigt auch das mediterrane F., das im Zuge der jüngeren wirtschaftlichen Entwicklungen (Industrie, Tourismus) an Attraktivität gewonnen hat, zunehmend aber auch als Alterswohnsitz eine Rolle spielt.

Mit der räumlichen Verlagerung der Bevölkerung geht der Wandel der *Bevölkerungsverteilung zwischen Stadt und Land* eng einher.

Noch 1851 lebten 3 von 4 Franzosen in ländlichen Gemeinden; der urbane Anteil lag bei 25,5 %. Erst am Vorabend des II. Weltkrieges waren die Anteile zwischen Land- und Stadtbevölkerung ausgeglichen. Seither hat sich eine deutliche Verlagerung zugunsten der Stadtbevölkerung ergeben. Mit einem urbanen Anteil von knapp 75 % ist heute das Verhältnis gegenüber 1851 genau umgekehrt.

Waren es zunächst die Industriezentren und größeren Städte, die von diesem Wandel profitierten, so hat sich auch diesbezüglich die Situation inzwischen ins Gegenteil verkehrt. Ähnlich wie in Paris haben alle Großstädte F.s seit 1968 deutliche Bevölkerungsverluste hinnehmen müssen. Demgegenüber verzeichneten die Mittelstädte (20 000–50 000 E.) in den letzten 20 Jahren prozentual die stärksten Zunahmen. Der durch die rasche Verstädterung verursachte hohe Wohnraumbedarf stellt bis heute eines der gravierendsten Probleme der frz. Stadtplanung dar.

Der *erwerbsstrukturelle Wandel* der Bevölkerung, der gleichfalls im Zusammenhang mit der räumlichen Verlagerung der Bevölkerung steht, hat sich, gemessen an anderen west- und mitteleurop. Ländern, erst vergleichsweise spät vollzogen. Aufgrund der politischen und wirtschaftlichen Verhältnisse im 19. Jh. in Verbindung mit einem geringen Bevölkerungswachstum blieb F. lange Zeit ein Agrarland. Entsprechend hoch war der Erwerbsbevölkerungsanteil des *primären Sektors*, der an der Schwelle zum 20. Jh. fast 50% betrug. Von 27% (1954) ist dann ein stetiger Rückgang auf knapp unter 7% (1990) zu beobachten. Demgegenüber nahm der Anteil der Erwerbspersonen im *sekundären Sektor* allmählich zu (Höchststand 1974: 39,4%). Rationalisierung und Automatisierung ließen den Anteil bis 1990 wieder auf $1/3$ der Erwerbsbevölkerung abfallen. Einzig der *tertiäre Sektor* weist z. Z. Zunahmen auf (Anteil im Landesdurchschnitt 1990 rd. 60%). Regional ergeben sich jedoch erhebliche Unterschiede. Besonders der SW und W sind bis heute durch überdurchschnittliche Erwerbstätigkeit im Agrarsektor gekennzeichnet, während in der Pariser Region über 70% der Erwerbsbevölkerung dem Dienstleistungsbereich angehören.

Die großen regionalen Unterschiede in der Bevölkerungsstruktur spiegeln sich auch in den *Gesellschaftsstrukturen* und im gesellschaftlichen Verhalten. Geradezu klassisch ist der Gegensatz zwischen Paris und dem übrigen Frankreich. Diese Polarisierung ist auf vielen gesellschaftlichen und wirtschaftlichen Ebenen zu beobachten. Die großen sozialen Gegensätze in der französischen Gesellschaft gehen auf eine lange historische Entwicklung zurück, deren Wurzeln im mittelalterlichen Feudalsystem liegen. Kein anderes europ. Land weist eine so hohe Zahl von Landsitzen, Schloß- und Burgenanlagen auf wie F., eine Struktur, die trotz der durch die Französische Revolution verursachten Wandlungen bis heute deutlich erkennbar ist. So besteht nach wie vor eine sehr schmale Spitze einer Führungselite auf politischem und wirtschaftlichem Gebiet, überwiegend ausgebildet in den Eliteschulen des Landes, den Grandes Ecoles. Auf der anderen Seite steht eine breite Basis der unteren gesellschaftlichen Schichten, während die für andere europ. Länder charakteristische Mittelschicht nur schwach ausgebildet ist. Aus dieser Struktur lassen sich einige Besonderheiten des politischen Verhaltens der Franzosen ableiten. An der gesellschaftlichen Basis ist eine gewisse Skepsis und Opposition gegenüber der Führungsschicht stark ausgebildet, ganz gleich, welcher politischen Couleur diese angehört. Dies dokumentiert sich z. B. darin, daß es in kaum einer anderen europ. Nation seit der Französischen Revolution eine vergleichbare Vielfalt politischer Wandlungen gab. Es zeigt sich auch in relativ starken Fluktuationen im Wahlverhalten, obwohl sich Zonen politischer Tradition durchaus erkennen lassen. Zu den Regionen mit sozialistischer Tradition gehören insbes. der südl. Landesteil und das nördl. Industrierevier. Demgegenüber gelten die Bretagne, Elsaß-Lothringen und die Auvergne als konservatives Wählerreservoir.

V. Wirtschaft

F. zählt heute zu den wichtigsten Wirtschaftsnationen der Welt. Diese Bedeutung verdankt es einer dynamischen Entwicklung v. a. nach dem II. Weltkrieg, während es vorher in vielen Wirtschaftsbereichen als vergleichsweise rückständig galt.

Dies trifft besonders für die *Landwirtschaft* zu. Die landwirtschaftlich genutzte Fläche umfaßt (1989) 30,7 Mio. ha (56,5% der Landfläche), davon 19,1 Mio. ha Ackerland (62,7%) und 11,6 Mio. ha Dauergrünland (37,3%). Gemäß der Naturausstattung lassen sich verschiedene Agrarlandschaftstypen unterscheiden. Offene Ackerbaulandschaften *(Campagne)* kennzeichnen das Pariser Becken und seine Randbereiche. Hier dominieren größere Betriebe, überwiegend mit Getreide- und Zuckerrübenanbau. Normandie und Bretagne sowie die historischen Landschaften Vendée und Maine sind sehr stark durch Viehwirtschaft geprägt. Die typische Heckenlandschaft *(Bocage)* des „westeuropäischen Grünlandgürtels" herrscht hier vor, ebenso in weiten Teilen des westl. Zentralmassivs. Die Siedlungslandschaft zeigt offene Gehöfte mit vielen Einzelgebäuden; die durchschnittliche Betriebsgröße liegt unter der im Pariser Becken.

Für die Agrarlandschaft Südfrankreichs ist der Weinbau typisch, wobei im aquitanischen Teil große Domänen dominieren. Im mittelmeerischen Landesteil herrschen Kleinbetriebe vor, die sich in dichtbebauten Dörfern konzentrieren. Neben dem Weinbau spielen hier seit der Antike Olivenkulturen eine wichtige Rolle. Die extensiven Viehwirtschaftsformen der Gebirgsgegenden sind heute allgemein rückläufig.

Der starke Rückgang der landwirtschaftlichen Erwerbsbevölkerung in den letzten Jahrzehnten ging mit einer Modernisierung und Intensivierung einher. Ehemals rückständige Agrargebiete wie die Bretagne zählen heute zu den intensivsten Europas. Besonders Schweine- und Geflügelintensivmast, aber auch der Gemüseanbau (Blumenkohl, Artischocken, Erbsen) haben große Bedeutung. In den südfrz. Weinbaugebieten nimmt der Anteil der Qualitätsweine auf Kosten der Massenweinproduktion ständig zu. Durch moderne Bewässerungsanlagen hat sich v. a. im mediterranen Landesteil der Obst- und Gemüseanbau beträchtlich ausgeweitet.

Die Zahl der Landwirtschaftsbetriebe hat 1967–89 von rd. 1,7 Mio. auf rd. 1,0 Mio. abgenommen (vgl. Tab. 6). Bei einer durchschnittlichen Betriebsgröße von 25,5 ha werden über die Hälfte der Betriebe im Nebenerwerb bewirtschaftet, ein im Vergleich zu anderen EG-Staaten niedriger Wert. Besonders in Zentralfrankreich ist der Anteil von großen Pachtbetrieben kennzeichnend. Zur Peripherie hin nehmen die durchschnittlichen Betriebsgrößen ab, bei zunehmenden Anteilen von Familienbetrieben und Nebenerwerbsstellen.

Industrie. Als Industrienation nimmt F. heute weltweit die 5. Position ein (bezogen auf die Summe des absoluten Produktionswertes der Industriegüter). Dabei ist das Land aufgrund seiner *Bodenschätze* nicht a priori zum Industrieland vorbestimmt. Außer Eisenerz, Bauxit und Uran sind kaum nennenswerte Erzlagerstätten verfügbar. Noch geringer sind die *Primärenergiereserven*. Kleine Erdölvorkommen finden sich im Aquitanischen Becken, Erdgas am Fuß der Pyrenäen (Lacq), Kohle in einigen kleineren Vorkommen im Zentralmassiv und im N des Landes.

Der Übergang vom Agrar- zum Industriestaat erfolgte in mehreren Phasen. Im vorindustriellen Zeitalter nahm F. aufgrund eines hochentwickelten Manufakturwesens innerhalb Europas eine führende Position ein. Als in anderen Nationen die Industrialisierung einsetzte, befand sich F. in einem tiefgreifenden politischen Umbruch. Die Napoleonische Schutzpolitik isolierte das Land zusätzlich gegenüber Einflüssen von außen. Die demographische Stagnation im 19. Jh. war ein weiterer Negativfaktor. Vor allem zwischen 1850 und 1914 büßte F. seine ehem. Führungsrolle ein.

Der Entwicklungsrückstand gegenüber anderen Industrieländern, die Zerstörungen durch den I. Weltkrieg und die Auswirkungen der Weltwirtschaftskrise führten in den 30er Jahren zu Planungseingriffen des Staates, die sich nach dem II. Weltkrieg verstärkt fortsetzten. Die traditionellen Industriezweige, v. a. die Textilindustrie (z. B. in Lille/Roubaix/Tourcoing, in

Tabelle 6
Betriebsgrößen der französischen Landwirtschaft

	Betriebe (in 1000)			Betriebsgrößen in % (1985)					
	1983	1985	1988	unter 5 ha	5–10 ha	10–20 ha	20–50 ha	50–100 ha	über 100 ha
Ile-de-France	10,4	9,6	9,7	24,4	6,8	6,8	18,3	21,0	22,8
Champagne-Ardenne	34,9	34,1	35,5	42,1	5,3	4,3	13,1	20,8	14,5
Picardie	25,0	23,1	24,1	20,3	5,3	7,6	26,3	23,9	16,6
Haute-Normandie	26,3	24,7	23,3	25,5	10,1	12,5	26,5	18,2	7,1
Centre	58,8	55,9	53,0	22,8	7,8	11,8	23,1	24,0	12,4
Basse-Normandie	58,8	55,5	54,2	23,6	11,9	18,3	33,1	11,1	2,0
Bourgogne	41,2	38,7	37,9	21,8	8,9	9,6	21,1	25,6	13,0
Nord-Pas-de-Calais	33,1	30,9	31,2	21,9	7,3	16,2	38,7	13,5	2,4
Lorraine	29,0	27,1	27,0	30,9	8,1	9,7	18,0	21,4	11,9
Alsace	24,3	23,2	22,5	46,0	13,3	14,7	19,6	5,7	0,7
Franche-Comté	22,2	20,7	19,7	24,1	7,0	9,9	31,3	23,4	4,3
Pays de la Loire	98,9	92,3	86,6	23,3	8,2	13,4	40,6	13,6	1,0
Bretagne	109,1	100,9	92,5	24,3	11,7	21,7	37,8	4,3	0,1
Poitou-Charente	61,2	57,0	56,2	23,9	8,0	13,2	32,4	18,6	3,9
Aquitaine	85,5	80,4	77,6	22,0	16,2	25,9	29,1	5,8	1,1
Midi-Pyrénées	95,9	90,1	87,9	18,2	11,6	21,3	34,5	11,5	2,8
Limousin	33,0	30,6	29,4	12,4	12,6	21,6	34,4	16,3	2,8
Rhône-Alpes	99,0	93,7	86,2	30,3	16,2	20,6	25,3	6,5	1,1
Auvergne	51,6	48,0	43,7	12,8	9,0	17,8	36,3	19,0	5,1
Languedoc-Roussillon	75,5	70,1	68,8	53,1	13,3	15,4	11,6	4,4	2,3
Provence-Alpes-Côte d'Azur	50,2	48,0	44,6	54,1	14,2	14,6	11,7	3,4	2,0
Corse	5,7	5,1	5,1	31,5	12,3	18,8	23,6	9,8	4,0
Gesamt	1129,6	1059,5	1016,8	27,4	11,0	16,4	28,3	12,6	4,3

Quelle: Institut National de la Statistique et des Etudes Economiques. Statistiques et Indicateurs des Régions Françaises, Paris 1990

den Vogesen, in der Normandie) verloren an Bedeutung. Demgegenüber etablierten sich allmählich der Maschinen- und Fahrzeugbau, v. a. die Automobilherstellung. In den 70er und 80er Jahren erfuhren insbes. die Hochtechnologieindustrien (Luft- und Raumfahrt, Elektrotechnik/Elektronik) einen großen Bedeutungszuwachs.

Eines der Hauptprobleme besteht in der Behebung des Energiedefizits, das erst in der jüngsten Entwicklungsphase gemindert worden ist. Großprojekte zur Hydroenergiegewinnung (z. B. Regulierung der Rhone) reichten dabei nicht aus, so daß F. zum wichtigsten Kernenergieproduzenten Europas wurde. Der Anteil der Kernenergie am nationalen Energieverbrauch liegt heute bei knapp 60%, mit steigender Tendenz.

Zu den strukturellen Problemen der Industrie zählt auch die ungleiche Verteilung der Standorte. Die mit Abstand bedeutendste Industriestadt des Landes ist Paris. Die zentrale verkehrsgeographische Lage im Zentrum aller großen Straßen- und Schienenverbindungen sowie der Anschluß an die Küstenhäfen über die Seine stellten günstige Standortfaktoren für die Industrieentwicklung des 19. und 20. Jh. dar. Die Weltausstellungen 1855, 1867, 1878, 1889 und 1900 waren wichtige Impulse für die Industrieentwicklung der Stadt. Namentlich ab der Jahrhundertwende begann die Entwicklung der Automobil- und Elektroindustrie, die sich in hohem Maße in Paris konzentrierten und dessen starken Bevölkerungszuwachs mitverursachten.

Die Konzentration hielt auch in der Folgezeit an; 1970 z. B. waren 70% der optischen Industrie, 60% der Automobilindustrie, 55% der Elektro- und Elektronikindustrie, des Flugzeugbaus und der pharmazeutischen Industrie in der Ile-de-France konzentriert. Die Konzentration verschiedener Zweige des tertiären Sektors (Banken, Versicherungen, Hochschulen etc.) lag prozentual teilweise noch deutlich höher. Diese Ballung hat zu dem berühmten Schlagwort „Paris et le désert français" geführt. Sie zwingt seit langem Wirtschaftsunternehmen und Politiker zum Handeln. Innerhalb des Agglomerationsraumes sind heute deutliche Entflechtungen erkennbar. Aus dem Innenstadtbereich sind besonders die kleineren Industrieunternehmen fast verschwunden, die sich an der Peripherie angesiedelt haben. Auch der tertiäre Sektor ist von diesen Wandlungen betroffen. Große Baukomplexe mit Bürohochhäusern und Versorgungseinrichtungen entstanden in den Stadtrandbereichen (z. B. La Défense). Noch weiter in den Außenbezirken wurde die Konzeption der „Villes Nouvelles" verwirklicht. Planungsprinzip dieser „Neuen Städte" ist die Schaffung neuen Wohnraums sowie von Arbeits- und Versorgungsmöglichkeiten außerhalb oder am Rande der Agglomeration. Die fünf Neuen Städte Cergy-Pontoise, Marne-la-Vallée, Melun-Sénart, Evry und St.-Quentin-en-Yvelines haben mit heute 650 000 E. und etwa 250 000 Arbeitsplätzen zu einer Entlastung geführt, obwohl das Planungsziel von 2 Mio. E. im Jahr 2000 kaum realisierbar sein dürfte.

In der Ile-de-France hat sich somit eine „Dekonzentration" vollzogen. Einer Entlastung der Innenstadt steht eine verstärkte Ansiedlung wirtschaftlicher Unternehmen in den Randbereichen gegenüber. Diese Verlagerung entspricht nur teilweise den Intentionen der Politik der „Décentralisation", die vor dem Hintergrund des starken zentral-peripheren Wirtschaftsgefälles in F. seit dem II. Weltkrieg immer wieder propagiert worden ist. Diese Politik schlug sich zunächst in der sog. „Régionalisation" nieder. Grundgedanke war die Schaffung von Wirtschaftsregionen mit jeweils 1–2 Wachstumspolen (*pôle de croissance*), die Rückkoppelungseffekte in der gesamten Region auslösen sollten. 1960 wurden per Gesetz 21 "Programmregionen" eingerichtet (inzwischen mit Korsika 22). Eines der Grundprobleme dieser Reform ist, daß die neuen Regionen lediglich Zusammenfassungen mehrerer Départements und nicht gewachsene Wirtschaftsräume darstellen, und daß ihnen wenig Selbstbestimmung ihrer Entwicklung eingeräumt wurde. Zwar gibt es inzwischen Regionalparlamente (vgl. III), gleichwohl blieb die zentralistische Verwaltungsstruktur das bestimmende Merkmal des Landes, d. h. praktisch alle Entscheidungen, Geldzuweisungen etc. erfolgen von der Hauptstadt aus.

Weitere wichtige Maßnahmen bestanden in einem Subventions- und Förderungsplan für industrielle Ansiedlungen mit besonders hohen Prämien in den strukturschwachen Landesteilen. Sie flankierten teilweise die regionalen Förderungsprogramme, die durch die EG entwickelt worden sind. Die Erfolge der Dezentralisierungspolitik sind nicht überall überzeugend. Der größte Teil dezentralisierter Betriebe hat sich in einem Radius von 300 km um Paris angesiedelt.

Von einer Homogenität seines Wirtschaftsraumes ist F. noch weit entfernt. Die Industrieschwerpunkte, die sich im 19. Jh. auf der Grundlage von Textil- und Schwerindustrie entwickelt haben, sind heute durch erhebliche Strukturprobleme gekennzeichnet. Dies betrifft das lothringische Schwerindustriegebiet ebenso wie das Industrierevier Nord um Valenciennes/Cambrai sowie den Großraum Lille. Auch zahlreiche kleinere Zentren der Schwerindustrie, etwa am Rande des Zentralmassivs (Alès, Décazeville, Saint-Etienne, Le Creusot), haben sich teilweise nur mit staatlichen Hilfen erhalten können bzw. sind heute unbedeutend. Vor allem die weltweiten Veränderungen auf dem Stahlsektor haben diese traditionellen, in ihren Strukturen veralteten Zentren schwer getroffen. Gleichzeitig verlagerten sich die Schwerindustriestandorte an die Küsten, etwa nach Dünkirchen am Kanal oder an das Mittelmeer mit dem Europort Fos westl. von Marseille.

Als einziger wirtschaftlicher Gegenpol zur Ile-de-France hat sich in den letzten Jahrzehnten das Industriedreieck Lyon-Grenoble-Saint-Etienne dynamisch entwickelt, wobei der Chemie-/Parachemiebereich, der Fahrzeug- sowie die Baustoffindustrie hervorzuheben sind. Außerdem sind wichtige Forschungs- und Lehrinstitutionen in diesem Raum konzentriert. Die Bedeutungszunahme des Flugzeugbaus und das Raumfahrtprogramm haben v.a. in Toulouse ein starkes wirtschaftliches Wachstum ausgelöst.

Im Rahmen der Décentralisation haben auch andere Verlagerungen stattgefunden. Die Automobilindustrie machte in den 60er Jahren den Anfang mit der Gründung von Zweigwerken in Rennes (Citroën). Die Peugeot-Werke haben sich von ihrem Mutterwerk in Sochaux-Montbéliard aus auf mehrere Standorte in Ostfrankreich verlagert (z. B. nach Mülhausen, Vesoul, Bart, Beaulieu-Valentigney u. a.). Auch der High-Tech-Bereich hat in den letzten Jahrzehnten eine gewisse Entflechtung erfahren. So entstand z. B. in dem Industriepark von Sophia-Antipolis im Hinterland von Nizza das frz. Gegenstück zum Silicon-Valley (USA). Auch wenn es sich bei vielen der neuen Betriebe um Zweigniederlassungen handelt und auch gelegentlich wieder Schließungen nach Ablauf der Steuererleichterungen erfolgt sind, so sind doch vielerorts regionale Wachstumsimpulse von diesen Initiativen ausgelöst worden.

Zu den Besonderheiten der frz. Wirtschaftsentwicklung gehört die starke Beeinflussung durch den *Staat als Planungsinstitution* und als Unternehmer. Daß der Staat bei der ausgeprägten zentralistischen Struktur planend in die Wirtschaft eingreift, läßt sich in F. spätestens seit dem Absolutismus beobachten. Auch das 19. Jh. war durch einen staatlichen Protektionismus und Dirigismus gekennzeichnet, der sich im 20. Jh. noch verstärkte. Der Wiederaufbau nach dem II. Weltkrieg verband sich mit einer Verstaatlichungswelle in wichtigen Wirtschaftsbereichen während der ersten Regierungsphase *Ch. de Gaulles* (1945–47), die entsprechende Vorkriegsmaßnahmen fortsetzte. Der Energiebereich (Kohle, Gas, Elektrizität, Kernkraft), wichtige Unternehmen des Dienstleistungsbereichs (Post, Eisenbahn, Fluggesellschaft, Pariser Verkehrsbetriebe) sowie wichtige Industriebetriebe (Automobilwerke Renault, Flugzeugindustrie, Eisen und Stahl, Rüstung, Aluminium, Glasindustrie, Elektronik, Chemie u. a.) gerieten unter die Kontrolle des Staates. Auch einige Großbanken und Versicherungen verloren ihren Status als Privatunternehmen.

Vor allem zur Verwirklichung der Dezentralisierungspolitik wurde auch der alle 4 Jahre neu abgefaßte „Plan für die wirtschaftliche und soziale Entwicklung" wichtig, der seit 1958 (Beginn der V. Republik) die wichtigsten Orientierungslinien der wirtschaftlichen Entwicklung festlegt. Die Schwerpunktsetzungen innerhalb der einzelnen Pläne variieren seither beträchtlich. Der gravierendste Kurswechsel erfolgte mit der Übernahme der Regierung durch die Sozialisten 1981. Unter Staatspräsident *F. Mitterrand* wurde eine neue Verstaatlichungswelle eingeleitet, die wichtige Großunternehmen der Wirtschaft erfaßte. Gleichzeitig wurden die Sozialleistungen drastisch erhöht, mit der Konsequenz, daß Kapitalflucht und Staatsverschuldung explosionsartig zunahmen. Inzwischen sind zahlreiche dieser Maßnahmen rückgängig gemacht worden, auch der vorgesehene Ausstieg aus der Kernenergie, der die Wirtschaft vor ernsthafte Probleme gestellt hätte.

Ein Wirtschaftszweig, dessen Aufschwung von diesen Fluktuationen scheinbar unberührt blieb, ist der *Tourismus.* Ausgehend von ersten Kuraufenthalten vorwiegend engl. Familien Ende des 18. Jh. entwickelte sich zunächst entlang der Côte d'Azur im 19. Jh. eine exklusive Fremdenverkehrsinfrastruktur. Mit einem Phasenverzug von einigen Jahrzehnten folgten einige Orte der Biscaya-Bucht und entlang der normannischen Küsten dieser Entwicklung. Vorherrschend war anfangs der Winteraufenthalt; erst im Verlauf des 20. Jh. begann der Sommertourismus zu überwiegen. Dieser erfuhr v. a. nach dem II. Weltkrieg im Zuge des Massentourismus den endgültigen Durchbruch, verbunden mit der Überbauung vieler Strandabschnitte durch Appartementhochhäuser, weitläufige Villenareale, neue Hafenanlagen des Marina-Typs, Yacht-, Surf-, Segelschulen u. a. Seit Ende der 60er Jahre hat auch der Wintersport einen boomartigen Aufschwung genommen, so daß der Fremdenverkehr insgesamt heute eine der wichtigsten Devisenquellen F.s ist.

In allen Wirtschaftsbereichen zeigen sich somit im Verlauf der letzten Jahrzehnte tiefgreifende Veränderungen (zur gesamtwirtschaftlichen Entwicklung vgl. Tab. 7). Sie wurden teilweise im Rahmen der staatlichen Dezentralisierungspolitik bewußt eingeleitet, entsprechen teilweise aber auch den allgemeinen wirtschaftlichen Wandlungsvorgängen. Kennzeichnend bleibt nach wie vor ein großes Ungleichgewicht zwischen den verschiedenen Regionen. Der Großraum Paris ist bis heute der wirtschaftliche Schwerpunkt des Landes, jedoch erhielten die Teilregionen inzwischen mehr Autonomie in der Selbstverwaltung ihrer wirtschaftlichen und politischen Belange.

Die Disparitäten zeigen sich u. a. in der *Arbeitsmarktsituation,* die seit Jahren einen deutlichen Zentrum-Peripherie-Gegensatz aufweist. 1986 lag z. B. die Arbeitslosenquote bei einem Landesmittel von 10,5% im Gebiet der Région Parisienne unter 8,5%, demgegenüber in den altindustrialisierten Gebieten im N und NO sowie im mediterranen Teil F.s über 12,5%. Ähnliche regionale Abweichungen betreffen das BSP pro Kopf der Bevölkerung, das 1986 im Landesdurchschnitt umgerechnet 30 385 DM betrug. Die regionalen Abweichungen erreichen hier bis zu 40%.

Die *Außenwirtschaft* ist in den letzten Jahrzehnten konstant durch ein wachsendes Defizit der Handelsbilanz gekennzeichnet, was zeitweilig sogar zu Devisen-

Tabelle 7
Ökonomische Basisdaten 1961–1990

	1961–70[1]	1971–80[1]	1981–90[1]	1991
Wachstum des BIP (in %)	5,6	3,3	2,1	2,5
Wachstum der Bruttoanlageinvestitionen (in %)[2]	7,8	2,5	1,8	3,3
Entwicklung der Verbraucherpreise (in %)[3]	4,3	9,8	6,4	3,6
Arbeitslosenquote (in %)[3]	2,0[7]	4,3	9,4	8,7
Handelsbilanz[4] (in Mrd. ECU)	– 0,8[8]	– 11,2[9]	– 13,7[10]	17,3[11]
Leistungsbilanz[5] (in % des BIP)	0,2	0,3	– 0,5	– 0,4
Lohnquote[6] (in %)	72,8	73,9	73,6	69,9

[1] Angaben für 1961–70, 1971–80, 1981–90 sind jährl. Durchschnittswerte. Für 1990 Schätzwert auf Grundlage verfügbarer Statistiken – [2] Reale Entwicklung (preisbereinigt) – [3] in % der zivilen Erwerbsbevölkerung – [4] Saldo zwischen Ein- und Ausfuhren – [5] Zusammenfassung der Bilanzen des Warenhandels (Handelsbilanz), des Dienstleistungsverkehrs sowie der Übertragungen – [6] Anteil der Bruttoeinkommen aus unselbständiger Arbeit am Volkseinkommen in %, bereinigt mit dem Anteil der Selbständigen an den Erwerbstätigen – [7] 1964/70 – [8] 1961/73 – [9] 1974–81 – [10] 1982/90 – [11] 1990

Quelle: Frankreich Jahrbuch 1991, 262

beschränkungen geführt hat. In der Anfangsphase der Ära *Mitterrand* wurde mit einem ganzen Bündel restriktiver Maßnahmen versucht, F.s Stellung in der internationalen Wirtschaft zu stärken (z. B. Franc-Abwertung 1982). Tatsächlich gelang es bis Mitte der 80er Jahre, das fast chronische Außenhandelsdefizit vorübergehend zu reduzieren, das sich seither jedoch weiter vergrößert. F. hat somit zwar eine wichtige, wenn auch nicht unbedingt gefestigte Stellung in der europ. Wirtschaftsstruktur, wobei im Hinblick auf den Wegfall der Binnenschranken in Europa ab 1993 zunehmende Sorge um die wirtschaftliche Stabilität des Landes artikuliert wird.

VI. Kultur, Religion, Bildung

1. Kultur

F. wird geprägt durch den Primat des Politischen. So war auch die sprachliche Einigung das Ergebnis einer politischen Entscheidung: die Ordonnanz von Villers-Cotterêts (1539) legte fest, daß alle Rechtsangelegenheiten in der frz. Volkssprache verhandelt werden sollten. (Zur heutigen Sprachensituation vgl. IV.) Der linguistische Patriotismus fand in Werken wie *Joachim du Bellays* „Défense et illustration de la langue française" (1549) Ausdruck. *Franz I.* verdankte man die Gründung des heutigen „Collège de France" (1530) als eines Zentrums humanistischer Bildung. Die Integration von Kultur und Politik wurde durch die Funktion von Paris auch als kulturelles Zentrum verstärkt.

Der humanistische Geist des Renaissance manifestierte sich in der *Literatur*, in den Romanen von *François de Rabelais. Michel de Montaignes* „Essais" verstanden sich als Entwurf einer philosophischen Anthropologie, die auf der Basis einer skeptischen Grundhaltung und geschärfter Selbstbeobachtung Belege der Vielschichtigkeit und Wandelbarkeit des Menschen sammelte. Montaigne wurde so auch zum Begründer der Tradition der frz. Moralistik.

Die gesellschaftliche Integration der Literatur verstärkte sich im 17. Jh. Die „Académie française" (1635; →Akademien) wurde zu einem Instrument der staatlichen Kulturpolitik und trug zum Prestige und zur Professionalisierung der Schriftsteller bei. Die Literatur wurde nun zum dominanten Paradigma des kulturellen Lebens, und sie erscheint bis heute als repräsentativer Ausdruck der Nation. Zu den herausragenden Autoren des Jahrhunderts zählte *Pierre Corneille*. Am gesellschaftlichen Ideal des „Honnête homme" orientierten sich ebenfalls *Molières* Komödien. Er schuf den neuen Typus der Charakter-Komödie. In *Racines* Tragödien fand das klassische Theater seine Vollendung. Gegen Ende des Jahrhunderts wurde in der „Querelle des Anciens et des Modernes" das Zeitalter Ludwigs XIV. als der Antike ebenbürtig hingestellt.

Im 18. Jh. wurden Kultur und Sprache der frz. Klassik zum transnationalen Ideal der aristokratischen Gesellschaft Europas. Eine europaweite Ausstrahlung eignete auch der Literatur der frz. Aufklärung, die mit den Instrumenten des Empirismus und des Rationalismus die überkommenen Ansichten der Kritik unterzog. *Ch.-L. de →Montesquieu* begründete in „De l'esprit des lois" (1748) die Gesetzlichkeit auf allgemeinen Normen, nicht mehr auf dem Willen eines Herrschers. *Voltaire* griff die Auswüchse des Fanatismus und des Aberglaubens an. Einer ähnlichen Intention folgten die Werke von *Denis Diderot*. Die von ihm initiierte „Encyclopédie" war vom Fortschrittsoptimismus getragen und wollte durch eine systematische Darstellung des Wissens, insbes. auch des naturwissenschaftlichen und technischen Wissens, ein auf Vorurteilen beruhendes Denken abbauen. Den aufklärerischen Fortschrittsoptimismus teilte *J.-J. →Rousseau* nicht, der in seinem Erziehungsroman „Emile" einen individuellen und im „Contrat social" einen gesellschaftlichen Weg der Reform wies und in den „Confessions" die Gattung der Autobiographie begründete.

Die Umwälzung der Französischen Revolution veränderte die traditionelle literarische Gattungshierarchie, die auf Ständeklausel und Stiltrennung beruhte. Diese Vorgaben durchbrach zuerst das Theater *Victor Hugos*, aber auch der Roman von *Honoré de Balzac*. Ähnlich wie in den realistischen Romanen von *Stendhal* und *Gustave Flaubert* wurde jetzt erstmals die eigene Zeit als historisch empfunden; der Roman avancierte zu einem wesentlichen Instrument der Wirklichkeitsbewältigung. *Flauberts* Intention, das absolute Kunstwerk zu schaffen, verfolgte im Bereich der Lyrik die hermetische Dichtung *Stéphane Mallarmés*, der neben *Charles Baudelaire* und *Arthur Rimbaud* zum Begründer der modernen Lyrik wurde. Auf der Basis der wissenschaftlichen Milieu- und Vererbungstheorie entwarf *Emile Zola*, der Begründer des frz. Naturalismus, ein Panorama der Gesellschaft des Zweiten Kaiserreiches, während zu Beginn des 20. Jh. *André Gide* einen neuen Typus des psychologischen Romans konzipierte. Neue Wege wies *Marcel Proust* mit seinem Romanzyklus „A la recherche du temps perdu", wenn er die erlebte, innere Zeit zum Instrument einer subjektiven Wirklichkeitserfassung machte. Einer transsubjektiven Welt wandten sich indes die Schriftsteller des „Renouveau catholique" *(Paul Claudel, Georges Bernanos, François Mauriac)* zu, die religiöse Probleme thematisierten, während die politische Dimension in den Romanen von *Louis Aragon* und *André Malraux* im Vordergrund stand. Einer existentialistischen Perspektive waren die Werke von *Jean-Paul Sartre* und *Albert Camus* verpflichtet, indes *Eugène Ionesco* und *Samuel Beckett* die Erfahrung des Absurden auch auf formaler Ebene übersetzten. Diese Literatur prägte auch das frz. Theater. Formal neue Wege beschritt seit den 50er Jahren der „Nouveau Roman" *(Alain Robbe-Grillet, Michel Butor, Claude Simon)*, mit einer von der phänomenologischen Methode ausgehenden deskriptiven Technik.

In der *Philosophie* prägte *René Descartes* im 17. Jh. nicht bloß nachhaltig das neuzeitliche Denken, sondern schuf auch die Voraussetzungen für die naturwissenschaftliche Betrachtung der Welt. Die Aufklärungsphilosophie wurde weitgehend von Schriftstellern getragen, ähnlich wie der Existentialismus, der sich seit den 1930er Jahren in den Werken von *Albert Camus* und v. a. von *Sartre* äußerte (→Existenzphilosophie). Anfang der 60er Jahre wurde der Existentialismus abgelöst durch das strukturalistische Denken (→Strukturalismus), das die traditionelle Subjektphilosophie radikal in Frage stellte *(Claude Lévi-Strauss, Foucault)*. Der post-strukturalistische Ansatz geht indes von der These einer multiplen Vernunft aus *(Jacques Derrida, Jean-François Lyotard)*.

Die *Malerei* institutionalisierte sich mit der Gründung der „Académie Royale de Peinture" 1648, in der *Charles Le Brun* eine führende Funktion innehatte. Diese klassizistische Richtung, für die *Nicolas Poussins* Werk als Vorbild galt, hielt sich an eine strenge Hierarchie der Sujets, innerhalb der die Allegorien- und Historienmalerei den höchsten Rang einnahm. Im 18. Jh. wurde die höfische Kunst abgelöst durch die aristokratisch-großbürgerliche städtische Tendenz der Rokoko-Malerei *(Jean-Antoine Watteau, Jean-Baptiste Chardin, Jean-Honoré Fragonard)*. Nach der 2. Hälfte des Jahrhunderts setzte sich eine neo-klassizistische Tendenz durch. Die romantische Malerei fand ihren Höhepunkt in *Eugène Delacroix*. *Gustave Courbets* Realismus stellte eine Wende dar. Mit dem Impressionismus *(Edouard Manet, Edgar Dégas, Claude Monet, Pierre-Auguste Renoir)* setzte eine neue Behandlung von Licht- und Farbeindrücken ein, während *Paul Cézanne* die Tendenz zur Flächigkeit weiterentwickelte. Gegen Ende des 19. Jh. wurde Paris zum eigentlichen Zentrum moderner Malerei und zog zahlreiche nichtfranzösische Künstler wie *Pablo Picasso, Vincent van Gogh* und *Marc Chagall* an. Im Dialog mit *Georges Braque* entwickelte Picasso ab 1907 in Paris den Kubismus, während der literarische Surrealismus in den 20er Jahren *Max Ernst, Salvador Dalí* und *Jean Miró* anregte. Nach 1945 setzte sich in F. die abstrakte Malerei *(Jean Fautrier, Nicolas de Staël)* durch, gegen die zu Beginn der 60er Jahre der Neue Realismus eines *Yves Klein* reagierte, während *Daniel Buren* seit den 70er Jahren sich an der Materialität der Kunst orientierte.

In der *Architektur* wurde im 17. Jh. die frz. Schloßbaukunst, als deren Höhepunkt *Louis Le Vaus* 1661 begonnene Residenz von Versailles galt, zum europ. Modell. Das alte kaiserliche Rom bestimmte die urbanistischen Vorstellungen zur Zeit der Französischen Revolution und des Empire. Unter dem Präfekten *Georges Eugène Haussmann* entstand im Zweiten Kaiserreich das moderne Paris mit den breiten Boulevards. Von England wurde die Technik der Eisenkonstruktion übernommen, die man bei der Gare du Nord, den Markthallen von *Victor Baltard* und 1889 beim Eiffelturm anwandte. Die Architektur des 20. Jh. stand zunächst im Zeichen des Schweizers *Le Corbusier*, der den modernen funktionalen Wohnungsbau entwickelte und mit der Kapelle von Ronchamp (1955) die sakrale Baukunst erneuerte. Die neuesten Baudenkmäler gehen zumeist auf internationale Zusammenarbeit zurück, so das UNESCO-Gebäude *(Marcel Breuer, Pier Luigi Nervi, Bernard Luis Zehrfuss)*, der Sitz des P.C.F. *(Oscar Niemeyer)* und das Centre Georges Pompidou *(Renzo Piano, Ernesto Nathan Rogers)*. Dieser funktionalistischen Architektur antworteten Ende der 70er Jahre die postmodern konzipierten Siedlungen des Katalanen *Ricardo Bofill* in der Umgebung von Paris. Unter der Ägide von Präsident *Mitterrand* wurde das urbanistische Bild von Paris nachhaltig geprägt durch Bauten, die meist von nicht-französischen Architekten stammen.

2. Religion

Nach der Volkszählung von 1989 bekennen sich ca. 46 der 56,6 Mio. Franzosen zu einer Religion, davon 80% zur kath. Kirche. Religiöse Minderheiten sind ca. 2,4 Mio. Muslime, 800 000 Protestanten (meist Reformierte), ca. 700 000 Juden, ca. 500 000 orth. Christen. Die ev. Kirchen sind in der „Fédération Protestante de France" zusammengeschlossen. Nach Umfragen von 1989 können nur 14% der Katholiken als regelmäßig praktizierend angesehen werden. Die kath. Kirche ist in 17 Erzb. mit 73 Bist., 2 exemte Erzb., 1 exemtes Bist. und die freie Prälatur „Mission de France" (Pontigny) gegliedert. Seit 1905 sind Staat und Kirche getrennt. In Elsaß-Lothringen gilt ein auf dem Napoleonischen Konkordat (1801) beruhendes System der Verbindung von Kirche und Staat. Religionsfreiheit ist gewährleistet. Eine Streitfrage bildete bis in die 80er Jahre die Schulfrage. Die kath. Kirche unterhält ca. 20 000 Privatschulen (2 Mio. Schüler). Durch das Gesetz Debré von 1959 wurde die Frage des Religionsunterrichts in den Schulen und der Status der Privatschulen (auch die Frage der Subventionen) geregelt.

3. Bildung

Das Bildungssystem ist durch die Begriffe „Education" und „Instruction" bestimmt. Im Zentrum steht eine transitiv verstandene Vermittlung von Kulturtechniken und gesellschaftsbezogenen Normen. Das Erziehungssystem ist streng zentralistisch organisiert und enthält sowohl egalitäre wie elitäre Züge. Es wird durch vier Grundprinzipien geprägt: Freiheit (mit der Zulassung von Privatschulen), Unentgeltlichkeit, Laizität (Neutralität in Gewissensfragen, kein Religionsunterricht innerhalb des Schulprogramms) und allgemeine Verbindlichkeit (Schulpflicht vom 6.–16. Lebensjahr). An der Spitze des Schulsystems steht das Erziehungsministerium (über 1 Mio. Mitarbeiter). Das nationale Bildungswesen ist in 25 „Académies", die den Regionen entsprechen, gegliedert, jeweils von einem „Recteur" geleitet, dem alle Bildungseinrichtungen der Verwaltungseinheit unterstehen. Die Kindergärten (ab dem 2. Lebensjahr; ganztägig) sind Teil des Schulsystems und werden von den meisten Kindern besucht. Die Primarschule dauert 5 Jahre. Darauf folgt die 4jährige Sekundarschule. Die 3jährige gymnasiale Ausbildung im Lycée wird mit dem Baccalauréat abgeschlossen. Die Berufsschule (Lycée professionnel) als Ganztagsschule wird von 2/3 der Berufsschüler frequentiert, die duale Lehrlingsausbildung von 1/3. Das Hochschulsystem ist dual. Die Universitäten stehen jedem offen, führen zu den Abschlußexamen der Licence und der Maîtrise. Äußerst selektiv sind indes die „Grandes Ecoles", die nur 10% der Kandidaten aufnehmen. Die Absolventen bilden die Elite der frz. Politik, Verwaltung und Wissenschaft. Eine Karriere im Bereich der Forschung ist innerhalb des „Centre National de Recherche Scientifique" (C. N. R. S.) möglich.

LITERATUR

Zu I, IV, V:

H. **See,** Frz. Wirtschaftsgeschichte. 2 Bde. Jena 1930/36. – J. F. **Gravier,** Paris et le désert français. Décentralisation, Equipement, Population. Paris 1947. – R. **Dion,** Histoire de la vigne et du vin en France des origines au XIXe siècle. Paris 1959. – J. B. **Thompson,** Modern France. A social and economic geography. London 1970. – G. **Chabot,** Géographie régionale de la France. 2 Bde. Paris 1975. – Histoire de la France rurale. Hg. G. **Duby,** R. **Wallon.** 4 Bde. Paris 1975/77. – M. **Baleste,** L'économie française. Paris 1976. – Atlas et géographie de la France moderne. Hg. L. **Papy.** 16 Bde. Paris 1976/83. – R. **Calmes u. a.,** L'espace rural français. Paris 1978. – A. **Pletsch,** F. Stuttgart 1978, ³1987. – F. – eine Länderkunde. Hg. K. **Hänsch.** Hamburg 1978. – J. de **Lanversin,** La région et l'aménagement du territoire. Paris 1979. – P. **Barrère,** M. **Cassou-Mounat,** Les villes françaises. Paris 1980. – J. **Bastié,** Paris und seine Umgebung. Kiel 1980. – J. H. **Tuppen,** France. Folkestone 1980. – R. **Beteille,** La France du vide. Paris 1981. – B. **Schmidt u. a.,** F.-Lexikon. Schlüsselbegriffe zu Wirtschaft, Gesellschaft, Politik, Geschichte, Kultur, Presse- und Bildungswesen. 2 Bde. Berlin 1981/83. – U. **Birner,** Regionalisierung und Dezentralisierung in F. Konstanz 1982. – D. **Menyesch,** H. **Uterwedde,** F. – Wirtschaft, Gesellschaft, Politik. Opladen 1982. – Ph. **Roudié,** La France – agriculture, forêt, pêche depuis 1945. Paris 1983. – G. **Halmes,** Regionalpolitik und Regionalismus in F. 1964–1983. Unter besonderer Berücksichtigung der Dezentralisierungspolitik der Linksregierung seit 1981. Frankfurt/M. 1984. – Der Ländliche Raum in F. und in der Bundesrepublik Deutschland. Hg. J. **Nebel,** A. **Pletsch.** Braunschweig 1985. – R. **Riemenschneider,** Dezentralisation und Regionalismus in F. um die Mitte des 19. Jh. Bonn 1985. – Der Städtische Raum in F. und in der Bundesrepublik Deutschland. Hg. J. **Klasen,** J. **Nebel,** A. **Pletsch.** Braunschweig 1985. – R. **Ammon,** Der frz. Wirtschaftsstil. München 1989. – Paris im Wandel. Hg. A. **Pletsch.** Braunschweig 1989. – U. **Wickert,** F. – die wunderbare Illusion. Hamburg 1989. – Lber. F. 1989. Stuttgart 1989. – F. – ein regionalgeographischer Überblick. Hg. J. **Maier,** G. **Wackermann.** Darmstadt 1990. – Industriegeographie der Bundesrepublik Deutschlands und F.s in den 1980er Jahren. Hg. W. **Brucher,** R. **Grotz,** A. **Pletsch.** Braunschweig 1991.

Zu II:

Handbücher und allgemeine Darstellungen:
E. **Lavisse,** Histoire de France illustrée des origines à la Révolution. 9 Bde. Paris 1911/31. – Ders., Histoire de France contemporaine. 10 Bde. Paris 1920/22. – J.-J. **Chevallier,** Histoire des institutions et des régimes politiques de la France de 1789 à nos jours. Paris 1952, ⁶1981. – Histoire de France. Hg. M. **Reinhard.** 2 Bde. Paris 1954/55. – A. **Cobban,** A History of Modern France. 2 Bde. Harmondsworth 1957/61, N. A. in 3 Bde.n 1965. – R. **Rémond,** La vie politique en France depuis 1789. 3 Bde. Paris 1965–69. – Hdb. der Europ. Geschichte. Hg. Th. **Schieder.** 7 Bde. in 8. Stuttgart 1968/87. – Histoire de France. Hg. G. **Duby.** 3 Bde. Paris 1970/72. – Histoire économique et sociale de la France. Hg. F. **Braudel,** E. **Labrousse.** 4 Bde. Paris 1970/82. – G. **Dupeux,** La société française, 1789–1970. Paris 1972. – R. **Mousnier,** Les institutions de la France sous la monarchie absolue. 1598–1789. 2 Bde. Paris 1974/80. – Histoire de la France rurale. Hg. G. **Duby,** A. **Wallon,** 4 Bde. Paris 1975/76. – W. **Mayer,** F. vom Ancien Régime zur Moderne. Stuttgart 1980. – J. **Voss,** Geschichte F.s. Bd. 2: Von der frühneuzeitlichen Monarchie zur Ersten Republik, 1500–1800. München 1980. – M. **Erbe,** Geschichte F.s von der Großen Revolution bis zur Dritten Republik, 1789–1884. Stuttgart 1982. – I. **Mieck,** Die Entstehung des modernen F., 1450–1610. Stuttgart 1982. – P. C. **Hartmann,** Frz. Verfassungsgeschichte der Neuzeit (1450–1980). Darmstadt 1985 (Lit.). – Geschichte F.s. Hg. J. **Favier.** 6 Bde. Stuttgart 1989 ff. (Lit.) (Orig.: Histoire de France. Paris 1984/88).

Bibliographien:
Bibliogr. annuelle de l'Histoire de France. Année 1955 ff. Paris 1956 ff. – L.-N. **Malclès,** Manuel de bibliogr. Paris ³1976.

Zu III:

Verfassung
G. **Ziebura,** Die V. Republik. F.s neues Regierungssystem. Köln 1960. – A. v. **Campenhausen,** Staat und Kirche in F. Göttingen 1962. – H. **Steinberger,** Problematik und Bedeutung der frz. Verfassungsänderung vom Herbst 1962 über die Wahl des Präsidenten der Republik durch das Volk, in: ZaöRV 24 (1964) 575 ff. – P. C. **Mayer-Tasch,** I. **Contiades,** Die Verfassungen der nichtkommunistischen Staaten Europas. München ²1975, 186 ff. – H. W. **Ehrmann,** Die Entwicklung der Verfassungsgerichtsbarkeit in F. der Fünften Republik, in: Der Staat 20 (1981) 373 ff. – A. **Kimmel,** Die Nationalversammlung in der V. frz. Republik. Köln 1983. – M. **Fromont,** Der frz. Verfassungsrat, in: Verfassungsgerichtsbarkeit in Westeuropa. Hg. Chr. Starck, A. Weber. Baden-Baden 1986, 309 ff. – E. **Savoie,** F., in: Grundrechte in Europa und den U.S.A. Bd. 1. Hg. E. Grabitz. Kehl 1986, 203 ff. – A. **Kimmel,** Verfassung der Republik F., in: Die Verfassungen der EG-Mitgliedstaaten. München 1987, 94 ff. – M. **Fromont,** Die Institution der politischen Partei in F., in: Parteienrecht im europäischen Vergleich. Hg. D. Th. Tsatsos. Baden-Baden 1990, 219 ff.

Recht
M. **Fromont,** Rechtsschutz gegenüber der Verwaltung in Deutschland, F. und den Europäischen Gemeinschaften. Köln 1967. – M. **Ferid,** Das frz. Zivilrecht. 2 Bde. Frankfurt/M. 1971. – G. **Hubrecht,** Das frz. Zivilrecht. Berlin 1974. – M. **Ferid,** J. **Sonnenberger,** Das frz. Zivilrecht. Heidelberg Bd. 2 ²1986, Bd. 3 ²1987. – H. J. **Sonnenberger,** E. **Schweinberger,** Einf. in das frz. Recht. Darmstadt ²1986. – V. **Constantinesco,** U. **Hübner,** Einf. in das frz. Recht. München ²1988.

Zu VI:

Kultur:
P. **Bénichou,** Morales du Grand Siècle. Paris 1963, ²1988. – Frz. Malerei. Bd. 2. Von Le Nain bis zu Fragonard. Hg. J. **Thuillier.** Genf 1964 [Übers. aus: La Peinture française. Hg. A. Châtelet u. a. 3 Bde. Genf 1962/64]. – Manuel d'histoire littéraire de la France. Hg. P. **Abraham,** R. **Desné.** 8 Bde. Paris 1965/82. – P.-H. **Simon,** Histoire de la littérature française au XXe siècle. 2 Bde. Paris 1967. – P. **Trotignon,** Les philosophes français d'aujourd'hui. Paris 1967, ³1977. – G. **Zeltner-Neukamm,** Das Wagnis des frz. Gegenwartsromans. Reinbek 1970. – C.-E. **Magny,** Histoire du roman français depuis 1918. Paris 1971. – A. **Tronche,** H. **Gloaguen,** L'Art actuel en France. Paris 1973. – W. **Engler,** Lexikon der frz. Literatur. Stuttgart 1974, ²1984. – Frz. Aufklärung, Bürgerliche Emanzipation, Literatur und Bewußtseinsbildung. Hg. W. **Schroeder.** Leipzig 1974. – R. **Huyghe,** La relève de L'imaginaire. La peinture française au 19e siècle. Paris 1976. – R. **Bray,** La formation de la doctrine classique. Paris 1978, ²1983. – E. **Berns,** Denken in Parijs. Alphen aan de Rijn 1979, Brüssel ²1981. – Literatur der Résistance und Kollaboration in F. Hg. K. **Kohut,** 3 Bde. Wiesbaden 1982/84. – M. **Frank,** Was ist Neostrukturalismus? Frankfurt/M. 1983. – Philosophy in France today. Hg. A. **Montefiore.** Cambridge 1983. – E. **Köhler,** Vorlesungen zur Geschichte der frz. Literatur. 5 Bde. Stuttgart 1983/87. – Littérature française. Hg. C. **Pichois.** 9 Bde. Paris 1984/86. – Frz. Klassik, Theorie – Literatur – Malerei. Hg. F. **Nies,** K. **Stierle.** München 1985. – Chr. **Descamps,** Les Idées philosophiques contemporaines en France. Paris 1986. – M. **Esslin,** Das Theater des Absurden. Reinbek 1987. – B. **Waldenfels,** Phänomenologie in F. Frankfurt/M. 1987. – B. **Taureck,** Frz. Philosophie im 20. Jh. Reinbek 1988. – Frz. Literaturgeschichte. Hg. J. **Grimm.** Stuttgart 1989. – J. **Jurt u. a.,** Französischprachige Gegenwartsliteratur 1918–1986/87. Tübingen 1989. – H. A. **Jahn,** Das neue Paris. Dortmund 1991.

Bibliographie:
Bibliogr. de la Littérature française du Moyen-Age à nos jours. Hg. Société d'Histoire Littéraire de la France. Paris 1966/80 [Forts. u. d. T.: Bibliogr. de la Littérature française (XVIe – XXe siècles). Paris 1985 ff.].

Religion:
A. **Latreille,** R. **Rémond,** Histoire du catholicisme en France. Paris 1957, ²1965. – A. **Coutrot,** F. G. **Dreyfus,** Les forces religieuses dans la société française. Paris 1965. – A. **Dansette,** Histoire religieuse de la France contemporaine. Paris 1965. – Radioscopie de l'Eglise en France. Hg. G. **Defois.** Paris 1980. – G. **Cholvy,** Histoire religieuse de la France contemporaine. Toulouse 1985. – J.-M. **Mayeur,** Dictionnaire du monde religieux dans la France contemporaine. Paris 1985. – R. **Virgoulay,** Les courants de pensée du catholicisme français. Paris 1985. – J.-M. **Donegani,** Catholicismes de France. Paris 1986.

Bildung:
A. **Prost,** Histoire de l'enseignement en France, 1800–1967. Paris 1968. – A. G. **Delion u. a.,** L'éducation en France. Paris 1973. – Histoire générale de l'enseignement et de l'éducation en France. Hg. L.-H. **Parias.** Paris 1981. – L'Histoire de l'enseignement. XIXe – XXe siècles. Guide du chercheur. Hg. Th. **Charmasson.** Paris 1986. – H. G. **Grosse,** H.-H. **Lüger,** F. verstehen. Darmstadt 1987. – M. **Launay,** L'Eglise et l'école en France. XIXe – XXe siècles. Paris 1988. – P. **Bourdieu,** La Noblesse d'Etat. Grandes Ecoles et esprit de corps. Paris 1989. – F. **Gilsoul-Bézier,** Connaissance du système éducatif français. Paris 1989.

Alfred Pletsch (I, IV, V), *Peter C. Hartmann* (II), *Michel Fromont* (III), *Joseph Jurt* (VI)

GIBRALTAR

Amtlicher Name	Gibraltar
Staatsform	Britische Kronkolonie
Fläche	5,8 km²
Bevölkerung	30 000 E. (1988; VZ 1981: 26 479). – 4615 E./km²
Sprache	Englisch (Amtssprache), Spanisch (Umgangssprache)
Religion	Katholiken 75 %; Anglikaner 8 %; Muslime 8,5 %; Juden 2,5 %
Währung	1 Gibraltar-Pfund (Gib£) = 100 New Pence (p)

G. liegt auf einer schmalen Halbinsel im S der Iberischen Halbinsel, im NO der Straße von G., ist knapp 5 km lang, ca. 1,3 km breit und mit ⟶Spanien über eine Sandnehrung verbunden, auf der eine 1 km tiefe neutrale Zone eingerichtet ist. Der Name geht zurück auf den arabischen Feldherrn *Tärig ibn Ziyád* (Djebel Tärig = Berg Tarik), der von hier aus 711 die maurische Eroberung der Iberischen Halbinsel begonnen hatte.

Die Halbinsel G. besteht aus einem nach O einfallenden (426 m hohen) Sedimentklotz aus Jurakalken. Während der Ostabfall extrem schroff und unzugänglich ist, fällt die Westseite (zur Bucht von Algeciras) mit der (1160 gegr.) Stadt stufenweise ab. Zu Beginn des 20. Jh. wurde der Felsen untertunnelt, um die Verbindung zwischen der Ost- und Westseite zu erleichtern; mit dem anfallenden Material konnte die Siedlungsfläche auf der Westseite um 26 ha erweitert werden. In den etwa 60 km langen Tunnelstraßen befinden sich Krankenhäuser und Geschäfte. Die Wasserversorgung ist schwierig: das auf großen Auffangflächen gesammelte Regenwasser wird in Zisternen gespeichert, die in die Felsen gesprengt worden sind; als Brauchwasser wird auch entsalztes Meerwasser genutzt.

Im Zuge der Reconquista kam G. erst 1462 zu Spanien, 1704 im Spanischen Erbfolgekrieg zu England. 1830 wurde G. brit. Kronkolonie. Seit der Öffnung des Suez-Kanals (1869) gewann G. strategische Bedeutung, weil nun die Hauptroute zu den brit. Kolonien in Ostafrika und in Südasien durch das Mittelmeer verlief. Spanien, das mehrfache Versuche zur Rückeroberung unternommen hatte, forderte seit den 1960er Jahren erneut die Rückgabe. Ein Referendum 1967 erbrachte eine Mehrheit von 95 % für den Verbleib bei Großbritannien. 1969 schloß Spanien die Grenzen, mußte aber die Blockade unter den Protesten der betroffenen Grenzgänger 1985 wieder aufheben. Die Auseinandersetzungen sind neuerdings entschärft worden und haben zu pragmatischen Regelungen geführt.

Am 30.5.1969 erhielt G. eine neue *Verfassung* und damit den Status eines Dominion. Bis auf Außen- und Verteidigungspolitik und innere Sicherheit besteht Autonomie. 1981 wurde den Bewohnern die volle brit. Staatsbürgerschaft zuerkannt. Die brit. Regierung ernennt den *Gouverneur,* der vom *Gibraltar Council* unterstützt wird (5 vom Parlament ernannte und 4 ex-officio-Minister) und den Chefminister beruft. Das *Parlament* wird auf 4 Jahre nach dem Mehrheitswahlrecht gewählt.

Die *Bevölkerung* besteht überwiegend aus „Gibraltarians", einem bunten Gemisch aus mediterranen Volksgruppen. Näherhin gelten als „Gibraltarians" alle vor 1925 in G. Geborenen und deren Nachkommen. Der weitaus größte Teil der Bewohner ist röm.-kath. und gehört zum (exemten) Bistum Gibraltar. Es besteht auch ein anglikanisches Bistum. – Das Schulsystem ist am brit. Vorbild orientiert.

Da keine Möglichkeiten zur landwirtschaftlichen Nutzung bestehen, muß die Versorgung von außen erfolgen. Die bescheidene Nahrungsmittelindustrie verarbeitet Tabak, Getränke und Konserven. Die Haupteinnahmen stammen aus der Versorgung der internationalen Schiffahrt und der Militärbasis, aus dem sprunghaft gestiegenen Tourismus und dem Re-Exporthandel (z. B. Mineralölprodukte). Große Anstrengungen wurden zur Entwicklung des Hotelgewerbes unternommen. Der Außenhandel ist stark defizitär. Von den Beschäftigten sind ca. 1/3 Gastarbeiter.

G. besitzt nur eine kleine Handelsflotte, wird aber von zahlreichen Schiffen angelaufen (Kreuzfahrten; Umschlagplatz für Container).

LITERATUR

E. **Bradford**, The history of a fortress. London 1971. – H. **Eisemann**, Der Streit um G. Königstein/Ts. 1974.

Peter Weber

GRIECHENLAND

Amtlicher Name	Helliniki Dimokratia Hellás (Republik Griechenland)
Staatsform	Parlamentarisch-demokratische Republik
Hauptstadt	Athen (886 000 E.; Agglomeration rd. 3 Mio.; Groß-Athen mit Piräus rd. 3,3 Mio.)
Fläche	131 990 km²
Bevölkerung	10 070 000 E. (1990; VZ 1989: 10 256 464). – 76 E./km²
Sprache	Griechisch (Neugriechisch)
Religion	Orthodoxe Kirche rd. 97 %
Währung	1 Drachme (Dr.) = 100 Lepta

I. Naturräumliche Voraussetzungen

G. hat eine Halbinsellage auf der weit in das östl. Mittelmeer vorstoßenden Balkanhalbinsel. Gemeinsame Grenzen hat es im N mit ⟶Albanien, ⟶Jugoslawien und ⟶Bulgarien, im NO mit der ⟶Türkei. Der Westküste vorgelagert sind die vorwiegend gebirgigen *Ionischen Inseln,* die sich von *Kerkyra (Korfu)* im N bis *Antikythira* im S erstrecken. Mit den *Ägäischen Inseln* bildet G. eine natürliche Brücke zwischen Europa und Kleinasien. Zu diesen gehören die *Nördlichen Sporaden* (mit den Inseln des *Dodekanes,* vor der kleinasiat. Küste, u. a. *Rhodos*) und die *Kykladen* (mit über 200 gebirgigen Inseln). Am Südrand der Ägäis liegt *Kreta* (8300 km²), das im Innern aus bis fast 2500 m hohen Gebirgen besteht, zwischen die sich fruchtbare Becken und Ebenen schieben. Von der Staatsfläche G.s entfallen ca. 25 000 km² (fast 20 %) auf ca. 2000 Inseln (fast 200 davon bewohnt).

Die Oberflächengestalt des festländischen G. ist durch außerordentliche Vielfalt gekennzeichnet. Charakteristisch sind die enge Verzahnung von Land und Meer, Kleinkammerung mit von Bergen umgebenen Küstenhöfen und intramontanen Becken und große Höhenunterschiede auf engem Raum. Erst in Nordgriechenland wird die Landschaft weiter, ist die Verzahnung von Land und Meer weniger eng. Die Küstenlänge beträgt ca. 15 000 km. Nur wenige Punkte liegen weiter als 100 km vom Meer entfernt. Rückgrat des Landes bildet das tertiäre Faltengebirge des *Pindos,* das sich über Kreta und Karpathos als Inselbogen nach Kleinasien hinüberzieht. Es lehnt sich an eine in der Ägäis zerbrochene alte kristalline Masse an, die im *Olymp* (2917 m) zum höchsten Berg G.s aufsteigt. Zwischen Ebene und Gebirge vermitteln vielfach jungtertiäre Hügelländer. G. ist ein erdbebenreiches Land. Die Zone der größten Erdbebenaktivität verläuft entlang der großen tektonischen Bruchlinien von den Ionischen Inseln über den südägäischen Inselbogen nach Kleinasien mit aktivem Vulkanismus auf den Inseln Santorin und Nisyros.

Das *Klima,* subtropisches Winterregenklima mit warmen, trockenen Sommern und relativ milden und regenreichen Wintern, wird durch Relief und Exposition stark differenziert. Die Westhälfte des Landes empfängt im Durchschnitt mehr als doppelt so viele Niederschläge wie die Osthälfte, ist in der Gesamtheit ihrer Klimaeigenschaften maritimer. Im Winter sind Winde aus westl. Richtungen, im Sommer aus nördl. Richtungen vorherrschend. Als *Etesien (Meltemi)* erfahren letztere von Juni–Sept. über den Ägäischen Meer ihre deutliche Ausprägung mit typischem jahres- und tageszeitlichen Verlauf.

Charakteristisch ist die jahreszeitlich stark unterschiedliche Wasserführung der *Flüsse.* Auf der Westseite zumeist perennierend, führen in der Osthälfte nur die größeren, z. T. aus anderen Klimagebieten kommenden Flüsse das ganze Jahr über Wasser. Der natürliche Mangel an Feuchtgebieten macht diese, wo vorhanden (z. B. Flußdelten von Evros und Nestos), zu wertvollen Lebensräumen für Pflanzen und Tieren. Sie unterliegen aber wachsendem Druck durch Landwirtschaft, Industrie und Tourismus.

Die typische mediterrane *Vegetation* mit immergrünen Hartlaubgewächsen beschränkt sich auf die Inseln und eine mehr oder weniger breite Zone entlang der Küsten und reicht nur auf dem Peloponnes weit ins Landesinnere und in größere Höhen. Charakteristisch ist die große Artenfülle und der große Anteil an Endemiten. Umwandlung in Ackerland und jahrtausendelange Nutzung durch Beweidung und Holzentnahme führten in großen Teilen des Landes zur Beseitigung des Waldes oder zu seiner Degradierung zu Macchie und Phrygana mit der Folge starker Bodenerosion.

II. Historische und politische Entwicklung

Nach der Eroberung Konstantinopels durch die Osmanen 1453 und dem Untergang des byzantinischen Reiches mußten die Griechen nahezu ein halbes Jahrtausend ohne eigenen Staat unter islamischer Herrschaft ausharren. Nur innerhalb der vom griech. Patriarchen geführten Konfessionsgemeinschaft *(millet)* der orth. Balkanchristen und in den gemeindlichen Selbstverwaltungseinrichtungen hielten sich eigene Organisationsformen mit beschränkter Kompetenz. Erst im Freiheitskampf von 1821–29, dem eine gesamteurop. Philhellenenbegeisterung schließlich zum Erfolg verhalf, konnte dem türk. Sultan ein eigener Staat der Hellenen abgerungen werden. Ihm wurden aber von den Signatarmächten Großbritannien, Frankreich und Rußland im *Londoner Protokoll* vom 3. 2. 1830 zunächst enge Grenzen gezogen; er umfaßte nur die zentral- und südgriech. Landschaften, Euböa und die Kykladen. Die Ionischen Inseln blieben noch bis 1864 unter brit. Protektorat. Thessalien und das Gebiet von Arta wurden 1881 hinzugewonnen. Die Balkankriege 1912/13 brachten mit Nordgriechenland (Makedonien und Saloniki), Epirus, den ägäischen Inseln vor der kleinasiat. Küste und Kreta einen Zuwachs um 70%. Im *Vertrag von Neuilly* 27.11.1919 mußte Bulgarien noch das südl. Mazedonien, Italien im *Pariser Friedensvertrag* (10.2.1947) den Dodekanes abtreten.

Konstantinopel blieb außerhalb der Landesgrenzen des griech. Nationalstaates, obwohl der Traum aller Hellenen, die Wiedererrichtung des byzantinischen Großreiches (die „Große Idee"), nicht aufgegeben wurde. Er hat die Außenpolitik in der zweiten Hälfte des 19. Jh. wiederholt zu voreiligen kriegerischen Unternehmungen (u. a. Unterstützung der Aufstände auf Kreta 1866–69 und 1896–97) verleitet, die 1893 im Staatsbankrott endeten. Schließlich kostete der mißglückte Feldzug 1920–22 gegen die Türkei über 1 Mio. griech. Flüchtlingen die Heimat und bürdete G. im *Frieden von Lausanne* (24.7.1923) enorme Entschädigungslasten und schwierige Integrationsprobleme auf.

Die Griechen hatten sich nur unwillig mit dem aufgezwungenen monarchischen System unter landfremden Herrschern abgefunden. Kg. *Otto I.* (1833–62), Sohn des bayer. Kg. Ludwig I., mußte 1862 einer nationalen Erhebung weichen. Die nachfolgende dän. Dynastie aus dem Hause Schleswig-Holstein-Sonderburg-Glücksburg (seit Kg. *Georg I.,* 1863–1913) geriet in Konflikt mit der liberalen ententefreundlichen Parlamentsmehrheit unter Min.-Präs. *Eleutherios Venizelos,* als *Konstantin I.* (1913–17, 1920–22), der Schwager Ks. Wilhelms II., während des I. Weltkriegs einen Neutralitätskurs durchzuhalten versuchte. Die „Spaltung" der Nation in liberale Venizelos-Anhänger und royalistische Antivenizelisten ließ das Land nicht mehr zur Ruhe kommen und verhinderte stabile innenpolitische Verhältnisse während der Zwischenkriegszeit. Die liberale Regierung hatte in den 20er Jahren wohl zukunftsweisende Reformmaßnahmen eingeleitet, doch den Dauerstreit um die Staatsform konnte sie nicht beilegen. Er hielt auch nach dem Plebiszit von 1924 zugunsten der Republik weiter an. Kg. *Georg II.* (seit 1922) ging ins Exil. Am 2.6.1927 erhielt G. eine parlamentarisch-demokratische Verfassung. Die sich verschärfenden Polarisierungen nutzten Offiziersclique wiederholt zu Putschversuchen.

Nach dem Wahlsieg der Royalisten von 1935 wurde die Monarchie wieder eingeführt. General *Joannis Metaxas* errichtete mit Billigung des zurückgekehrten *Georgs II.* 1936–41 ein autoritäres Regime nach it. und dt. Vorbild. Diese „Diktatur des 4. August 1936" ging in den Wirren der folgenden Kriegsereignisse unter. Den it. Vorstoß im Epirus 28.10.1940 hatte die griech. Armee zwar abgewehrt, doch der Einmarsch it. und bulgar. Verbände am 6.4.1941 zwang sie zur Kapitulation. Der König und die Regierung wichen zunächst nach Kreta aus, das aber gegen dt. Luftlandetruppen nicht gehalten werden konnte.

Gegen die it. (bis 1943) und die dt. Besatzung, unter der es zu Massenerschießungen und Judendeportationen kam, trugen kommunistische und republikanische Widerstandsgruppen einen erbitterten Kleinkrieg aus. Er mündete nach dem Abzug der dt. Truppen in den blutigen Bürgerkrieg (1946–49), in dessen Verlauf jede Chance auf einen tragfähigen nationalen Konsens verspielt wurde. *Georg II.* kehrte nach einem Plebiszit für die Monarchie im Sept. 1946 zurück. Im *Pariser Frie-*

den (10.2.1947) erhielt G. den Dodekanes zurück. Im Zeichen der Truman-Doktrin (1947) und des beginnenden Kalten Krieges wurde die griech. Linke aus dem politischen Leben der Nachkriegsjahre ausgegrenzt (die Kommunistische Partei erst 1974 zugelassen). Unter der Führung der konservativen „Griechischen Sammlung" des Marschalls *Alexandros Papagos* wurde G. in die westl. Verteidigungs- (NATO) und Wirtschaftsgemeinschaft (EWG) integriert. 1955–63 suchte die beherrschende politische Bewegung, die „Nationalradikale Union" (griech. Abk. ERE) unter *Konstantin Karamanlis,* Antikommunismus und Westorientierung mit einem vorausschauenden Wirtschaftsförderungsprogramm zu verbinden. Sie hatte Erfolge in der Modernisierung der unterentwickelten Infrastruktur des Landes, versagte aber bei der Einlösung der immer stürmischer eingeforderten Demokratisierung. 1964 stellte nach ihrem Wahlsieg die „Zentrumsunion", zu der sich liberale und sozialdemokratisch orientierten Gruppierungen 1961 zusammengefunden hatten, mit *Georgios Papandreou* den Ministerpräsidenten. Sie geriet 1963 mit dem König (*Paul I.,* 1947–64) in einen Verfassungskonflikt, der 1967 den Putsch konservativer Offiziere unter Oberst *Georgios Papadopoulos* provozierte. Die Junta zwang Kg. *Konstantin II.* (seit 1964) in die Emigration und rief am 1.6.1973 die Republik aus.

Im Juli 1974 leiteten die Verschärfung des ↗Zypern-Konfliktes und die Invasion türk. Truppen in Nordzypern, die G. vorübergehend – bis 1980 – wieder aus der Kommandostruktur der NATO ausscheiden ließ, das Ende des Obristenregimes ein. Der aus dem Exil zurückkehrende *Karamanlis* gründete die Sammlungsbewegung „Neue Demokratie" (ND) und führte als Min.-Präs. (1974–80) und als Staats-Präs. (1980–85) das Land zur Demokratie zurück. Ein Plebiszit bestätigte am 8.12.1974 die republikanische Staatsform. Am 1.1.1981 wurde G. Vollmitglied der EG. Im gleichen Jahr versuchte *Andreas Papandreou* mit seiner „Panhellenischen Sozialistischen Bewegung" PASOK der Politik eine neue Orientierung zu geben. Er wurde von einer Aufbruchstimmung breiter Bevölkerungskreise, die sich mehr Mitspracherechte und eine ausgewogenere Sozialpolitik erhofften, an die Spitze getragen, konnte aber in den Jahren der alleinigen Regierungsverantwortung (1981–89) die weitreichenden Versprechungen nicht einlösen. 1989 mußte er einem Zweckbündnis der Kommunisten und Konservativen weichen. Er hinterließ ein hochverschuldetes, von Mißwirtschaft, Korruption und Skandalen zerrüttetes Land. Nach ihrem knappen Wahlsieg im April 1990 sind die liberal-konservativen Politiker der ND unter Min.-Präs. *Konstantin Mitsotakis* und unter dem im Mai wiedergewählten Präsidenten *Karamanlis* zu einem schwierigen Neubeginn angetreten.

III. Verfassung, Recht, Verwaltung

1. Die Verfassungsordnung

Die geltende Verfassung wurde von der verfassunggebenden Versammlung am 7.6.1975 verabschiedet. Sie löste die Verfassung von 1952, die durch den Militärputsch vom 21.4.1967 außer Kraft gesetzt worden war, ab. Art. 25 garantiert die Rechte des Menschen sowohl „als Individuum wie auch als Mitglied eines sozialen Ganzen". Die Verfassung enthält einen ausführlichen Katalog der klassischen liberalen Grundrechte und einige eher programmhafte Sozialrechte. Auf der Ebene der Staatsorganisation sieht sie – allerdings erst nach ihrer Revision 1986 – ein eher klassisches parlamentarisches Regierungssystem vor. G. ist ein demokratischer Einheitsstaat mit Dreiteilung der Funktionen und freier Parteigründung. Es ist ferner ein Rechtsstaat mit sozialstaatlichen Elementen. Art. 110 legt die Grundsätze fest, die einer Verfassungsrevision nicht zugänglich sind: republikanische parlamentarische Demokratie, Gewaltenteilung, Grundrechte. Ein äußerst kompliziertes Verfahren sieht u. a. vor, daß eine Verfassungsrevision von zwei Parlamenten beschlossen werden muß.

Die Verfassung von 1975 wurde am 6. März 1986 revidiert. Dabei wurden in der Hauptsache Kompetenzen des Präsidenten der Republik auf das Parlament und auf die Regierung übertragen. Nach wie vor ist jedoch politisch heftig umstritten, ob die griech. Demokratie eine starke neutrale Gewalt an der Spitze des Staates braucht.

Mit der Revision von 1986 erhielt G. auch ein neues *Notstandsrecht* (Art. 48). Im Gegensatz zum früheren stark präsidentenabhängigen Notstandsrecht entscheidet jetzt das Parlament über den Notstand.

2. Die demokratischen Institutionen

Das *Parlament.* Die Verfassung sieht einen Rahmen von 200–300 Abgeordneten vor. Die genaue Zahl setzt der einfache Gesetzgeber fest. Die Abgeordneten werden in gleicher, unmittelbarer, geheimer, allgemeiner Wahl für 4 Jahre gewählt. Der einfache Gesetzgeber hat die Möglichkeit, für höchstens 1/20 der gesetzlichen Zahl der Abgeordneten eine nationale Listenwahl vorzusehen (Art. 54 Abs. 3). Derzeit werden 12 Abgeordnete so gewählt. Parteien mit mehr als 17% der Stimmen erhalten zusätzliche Sitze. Das Wahlsystem ist eine Mischung aus Verhältnis- und Persönlichkeitswahl. Das aktive Wahlrecht besitzen alle griech. Staatsbürger ab dem vollendeten 18. Lebensjahr (es besteht Wahlpflicht), das passive Wahlrecht ab dem 25. Lebensjahr (Art. 55).

Für die Abgeordneten gilt das Prinzip des freien Mandats. Sie genießen ferner Indemnität und Immunität. Der Präsident der Republik kann das Parlament vorzeitig auflösen, (1) wenn zwei Regierungen zurückgetreten sind oder durch Mißtrauensvotum abgelöst wurden und die Zusammensetzung des Parlaments eine Regierungsstabilität nicht verspricht (Art. 41 Abs. 1), (2) wenn die Parlamentsauflösung von der Regierung mit der Begründung beantragt wird, ein erneutes Volksmandat sei notwendig, um einer Angelegenheit von nationalem Interesse zu begegnen (Art. 41 Abs. 2).

Das *Gesetzgebungsverfahren* entspricht dem üblichen Standard. Ein spezielles Verfahren ist vorgesehen, wenn ein Gesetzesentwurf oder eine Gesetzesvorlage von der Regierung als dringend vorgelegt wird oder wenn es sich um eine Kodifikation handelt. Das Instrumentarium der *parlamentarischen Kontrolle* besteht aus dem Rechenschaftsbericht der Regierung, den parlamentarischen Fragerechten, der Einsetzung eines Untersuchungsausschusses und dem Mißtrauensvotum (Art. 84).

Der *Präsident der Republik* wird vom Parlament für 5 Jahre gewählt; einmalige Wiederwahl ist zulässig. Wählbar ist jeder stimmberechtigte griech. Bürger, der das 40. Lebensjahr vollendet und einen griech. Vater hat und seit mindestens 5 Jahren die griech. Staatsbürgerschaft besitzt (Art. 31). Die wichtigsten Zuständigkeiten des Präsidenten sind: die völkerrechtliche Vertretung des Staates, die Ernennung und Ablösung des Ministerpräsidenten und (auf dessen Vorschlag) der Minister, die Einberufung und Auflösung des Parlaments, das Verordnungsrecht. Er ist Oberbefehlshaber der Streitkräfte und ernennt und entläßt die Beamten. Der Präsident ist politisch, zivilrechtlich und strafrechtlich für sein Handeln verantwortlich. Er kann wegen Hochverrats und vorsätzlicher Verfassungsverletzung bestraft werden (Art. 49). Seine Amtshandlungen sind grundsätzlich gegenzeichnungsbedürftig.

Die *Regierung.* Der Ministerrat besteht aus dem Ministerpräsidenten und den Ministern. Ein Grundproblem besteht in der üblicherweise großen Zahl der Regierungsmitglieder. Ministeramt und Abgeordnetenmandat sind vereinbar. Die Regierung bestimmt die allgemeine Politik des Staates im Rahmen der Verfassung. Dabei kommt dem Ministerpräsidenten eine besondere Rolle zu. Nach Art. 82 Abs. 2 garantiert er die Einheit der Regierung und leitet die Regierungsgeschäfte. Die Bildung der Regierung vollzieht sich nach Maßgabe eines komplizierten Verfahrens, das die einzelnen Initiativen des Staatspräsidenten genau bestimmt (Art. 37). Zum Ministerpräsidenten wird nur derjenige ernannt, von dem der Staatspräsident mit Sicherheit annehmen kann, daß er im Parlament über eine absolute Mehrheit verfügen wird. Andernfalls muß sich der Staatspräsident mit Sondierungsaufträgen um eine Mehrheitsbildung bemühen. Seit der Revision von 1986 hat dieser nicht mehr das Recht, eine Regierung, die das Vertrauen des Parlaments genießt, zu entlassen.

3. Gesellschaftliche Kräfte

Politische Parteien. Die Verfassung garantiert das Recht auf Gründung *von* und freies Wirken *in* politischen Parteien unter der Bedingung, daß ihre Organisation und ihre Aktivitäten dem „freien Funktionieren der demokratischen Staatsordnung" dienen (Art. 29 Abs. 1). Ein Verbot politischer Parteien ist aber nicht vorgesehen. 1984 wurden durch Gesetz Regelungen über die Parteienfinanzierung und die Veröffentlichung der Wahlausgaben getroffen.

Staat und Kirche. Die „Östlich-Orthodoxe Kirche Christi" ist die vorherrschende Religion (vgl. VI). Sie ist Körperschaft des öffentlichen Rechts. Der Staat kann durch Gesetz Angelegenheiten, die die Kirche – auch ihre innere Verwaltung – betreffen, regeln, ausgenommen dogmatische Fragen (Art. 72 Abs. 1). Jede andere Religion kann ihren Kultus frei ausüben (Art. 13). „Proselytismus ist verboten".

4. Rechtsordnung

Die Rechtsordnung ist allgemein dem kontinentaleurop. Rechtskreis zuzuordnen, der durch Trennung zwischen privatem und öffentlichem Recht gekennzeichnet ist. Durch die ununterbrochene Überlieferung des Corpus Juris und der Basiliken ist, historisch betrachtet, die Zivilistik, ja das Rechtsdenken überhaupt, von einer autochthonen, von der orth. Kirche getragenen, römisch-byzantinischen Tradition geprägt worden. Der Kontakt mit der Tradition des gemeinen Rechts erfolgte erst nach der Bildung des griech. Staates (1831) und nach der Gründung einer juristischen Fakultät (1837) in der 2. Hälfte des 19. Jh. durch die Rezeption der Pandektistik. Während heute das Zivil- und Strafrecht eher am mitteleurop. Modell orientiert sind, macht sich im Verwaltungsrecht grundsätzlich frz. Einfluß immer mehr bemerkbar.

Die wichtigsten Rechtsmaterien sind kodifiziert, so das Zivilrecht im ZGB von 1946 (mit wichtigen Neuerungen im Bereich des Familienrechts 1982 und 1983), die Zivilgerichtsbarkeit in der ZPO von 1835 (i. d. F. von 1968), das Strafrecht im StGB von 1833 (i. d. F. von 1950), und die Strafgerichtsbarkeit in der StPO von 1835 (i. d. F. von 1950). Das HGB von 1835 ist noch in Kraft, wurde allerdings durch einschlägige Gesetze u. a. im Bereich des Gesellschafts-, Wertpapier-, Versicherungs-, Konkurs-, Banken-, Wettbewerbs-, Urheberrechts und des gewerblichen Rechtsschutzes ergänzt. Vor allem in diesen Bereichen, ebenso wie im Arbeits-, Sozialversicherungs- und Steuerrecht, gilt es, das griech. Recht dem Recht der EG anzupassen.

An der Spitze der dreistufig aufgebauten Zivil- und Strafgerichtsbarkeit steht der Kassationshof *(Aeropag).* Oberstes Verwaltungsgericht ist der *Staatsrat.* Wenn das Gesetz keine andere Möglichkeit gerichtlichen Schutzes gegen Verwaltungsakte vorsieht, können diese beim Staatsrat angefochten werden. Der Richter ist verpflichtet, von der Anwendung eines von ihm als verfassungswidrig angesehenen Gesetzes Abstand zu nehmen (Art. 93 Abs. 4). Außer der inzidenten (konkreten) Normenkontrolle ist eine sehr spezifische Art von abstrakter Normenkontrolle durch den Obersten Sondergerichtshof als Verfassungsgericht vorgesehen (Art. 100 Abs. 1 e).

5. Verwaltung

Die Staatsverwaltung ist nach dem Prinzip der Dezentralisierung aufgebaut. Es bestehen 10 Regionen mit 51 Verwaltungsbezirken *(Nomoi).* Der Heilige Berg Athos besitzt einen privilegierten Status als eine besondere Verwaltungsregion. Der Präfekt ist das wichtigste regionale Staatsorgan; er hat weitreichende Befugnisse und ist der Regierung gegenüber verantwortlich. Die Präfektur (mit einem Verwaltungsbezirksrat) stellt zugleich im Verhältnis zur Gemeinde eine zweite Ebene der kommunalen Selbstverwaltung dar.

IV. Bevölkerungs- und Sozialstruktur

Bevölkerungsentwicklung und -struktur. Die Einwohnerentwicklung seit der Staatsgründung verlief, bedingt durch Gebietsveränderungen, Zwangsumsiedlungen nach 1922 (vgl. II), massive Auswanderung und Rückwanderung (s. u.) diskontinuierlich. Die mittlere Bevölkerungsdichte (75 E./km^2) verbirgt, daß die Bevölkerungsverteilung außerordentlich ungleich ist. Fast die Hälfte der griech. Bevölkerung lebt in den Agglomerationen Athen und Thessaloniki (vgl. Tab. 1). Das

Tabelle 1
Einwohner nach Regionen
(in 1000)

	1961	1971	1981	1991	Entwicklung (in %)		
					1961/71	1971/81	1981/91
Groß-Athen	1853	2540	3027	3097	+ 37,1	+ 19,2	+ 3,2
Übriges Mittelgriechenland und Euböa	969	991	1097	1235	+ 2,3	+ 10,7	+ 12,6
Peloponnes	1096	987	1013	1077	− 10,0	+ 2,6	+ 6,3
Ionische Inseln	213	184	183	191	− 13,6	− 0,5	+ 4,4
Epirus	353	310	325	339	− 12,2	+ 4,8	+ 4,3
Thessalien	692	661	696	731	− 4,5	+ 5,3	+ 5,0
Makedonien	1896	1891	2122	2263	− 0,3	+ 12,2	+ 6,6
Thrakien	357	330	345	338	− 7,6	+ 4,5	− 2,0
Ägäische Inseln	477	418	429	456	− 12,4	+ 2,6	+ 6,3
Kreta	483	457	502	537	− 5,4	+ 9,8	+ 7,0
Griechenland	8389	8769	9740	10264	+ 4,5	+ 11,1	+ 5,4

Quellen: National Statistical Service of Greece, Statistical Yearbook of Greece 1984. Athen 1984, S. 17 f.; unveröffentlichte Daten des National Stat. Service 1991

Wachstum der Agglomerationen durch Binnenwanderung hält an, schwächte sich aber zwischen 1981 und 1991 ab. Das Diagramm der *Altersstruktur* zeigt noch annähernd Bienenkorbform mit einer etwas breiteren Basis (Anteil der unter 15jährigen 1988: 19,8%, der 15–45jährigen: 41,9%, der 45–65jährigen: 24,7%, der über 65jährigen 13,7%). Die Entwicklung von *Geburten-* und *Sterberaten* in den letzten Dezennien (Geburtenrate 1960: 18,9 ‰, 1970: 16,5 ‰, 1980: 15,4 ‰, 1989: 10,1 ‰; Sterberate 1960: 7,3 ‰, 1970: 8,4 ‰, 1980: 9,1 ‰, 1989: 9,2 ‰) läßt ein Ausklingen des Bevölkerungswachstums erkennen (1970–80: 9,7%, 1981–89: 3,5%). Stark gesunken ist die *Säuglingssterblichkeit* (1960: 40,1 ‰, 1989: 9,9 ‰). 1981 lebten noch 30% der Bevölkerung in ländlichen Siedlungen, 58% dagegen in Städten. Der Anteil der städtischen Bevölkerung wächst kontinuierlich; zugleich damit setzen sich städtische Verhaltensweisen immer mehr durch. Die früher übliche Mitgift *(proika)* ist aber immer noch verbreitet (heute oft in Form von Immobilien).

Volksgruppen, Minderheiten. Nach 1951 letztmalig veröffentlichten Erhebungen gaben 95,6% der Bevölkerung Griechisch, 2,4% Türkisch, 0,2% Pomakisch und 1,8% andere Sprachen als Muttersprache an. Der Anteil der *Muslime* (Türkophone, slawophone *Pomaken* sowie *Zigeuner*) dürfte seitdem etwa gleich geblieben sein. Sie bilden v. a. in den thrakischen Bezirken Xanthi und Rodopi, wo sie 1922/23 von dem erzwungenen Bevölkerungstausch zwischen G. und der Türkei ausgenommen blieben, mit ca. 50% ein wichtiges Bevölkerungselement. Nur die Muslime sowie die nach den Vernichtungsaktionen des II. Weltkrieges noch übrig gebliebenen wenigen Juden genießen gesetzlichen – im Falle der Muslime recht restriktiv gehandhabten – Minderheitenschutz, nicht dagegen die romanisch-sprachigen, heute weitgehend gräzisierten *Aromunen (Wlachen)*, die wie die griechisch-sprachigen *Sarakatsanen* ursprünglich als nomadische Schaf- und Ziegenhirten zwischen Sommerweidegebieten im Gebirge (wo sie ihre festen Dörfer haben) und den Winterweidegebieten im Tiefland hin- und herzogen und z. T. noch ziehen, heute jedoch überwiegend in den Städten seßhaft sind. Ferner erhielten sich v. a. in Grenzgebieten Nordgriechenlands albanisch-sprachige und slawophone Volksgruppen, die aber weitgehend gräzisiert sind. Eine kaum integrierte Volksgruppe bilden die Zigeuner. In Thrakien leben ca. 10 000 muslimische Zigeuner (turko-giftoi). Von den altansässigen Griechen unterscheiden sich in ihrer Volkskultur immer noch die Flüchtlinge aus Kleinasien (insbes. Pontier von der Schwarzmeerküste, v. a. aus der Gegend um Trapzon, und von den Küsten des Ägäischen und Marmara-Meeres), v. a. aus Ostthrakien. Sie mußten im Rahmen des Bevölkerungsaustausches 1922/23 ihr Land verlassen und fanden außer in Athen v. a. in Nordgriechenland eine neue Heimat.

Sozialstruktur. Merkmale der Gesellschaft sind die nach wie vor bestehenden engen familiären Bindungen und die Notwendigkeit persönlicher Beziehungen für die Erreichung von Zielen, im politischen Bereich als Klientelismus bezeichnet. Er ist ein in die osmanische Zeit zurückreichendes Element der politischen Kultur, charakterisiert durch Patronage und Personalismus.

Eine Antwort auf als unzureichend empfundene Lebensbedingungen ist bereits seit der 2. Hälfte des 19. Jh. die *Auswanderung.* Bis 1980 hatten über 1 Mio. Griechen ihr Land zunächst v. a. in Richtung USA, später auch Kanada und Australien verlassen, davon die Mehrzahl aus Süd- und Mittelgriechenland und von den Inseln. Viele kehrten im Alter in ihre Heimat zurück. Ab Ende der 50er Jahre trat die auf Zeit angelegte *Arbeitsmigration* („Gastarbeiterwanderung"), v. a. mit dem Ziel Bundesrepublik Deutschland, hinzu. Auch daran waren etwa 1 Mio. Menschen beteiligt, überwiegend aus dem nordgriech. Regionen Epirus, Makedonien und Thrakien. Die meisten kehrten in die Heimatbezirke zurück, ohne dort allerdings die erhofften wirtschaftlichen Impulse zu bringen.

V. Wirtschaft

Bodenschätze sind in großer Vielfalt vorhanden, aber von sehr unterschiedlicher Qualität und Abbauwürdigkeit. Nur Asbest, Bauxit, Nickel und Lignit sind von einiger Bedeutung. In den letzten Jahren ist aber die Ausbeute von Bauxit (eines der wichtigsten Vorkommen in Europa) und Lignit (von geringem Heizwert, aber noch zur Verstromung geeignet) stark gestiegen. Erdöl wird seit Anfang der 80er Jahre gefördert. Die bekannten Vorkommen sind gering; weitere Vorkommen werden im Festlandsockel der Ägäis vermutet (Anlaß für Streitigkeiten zwischen G. und der Türkei). Unter den Steinen und Erden sind der weiße Marmor vom Pentelikon und der grüne Marmor von Paros zu nennen.

Die inländische *Energieerzeugung* ist 1979–86 um ca. 60% gewachsen. Sie basiert zu 69% auf Braunkohle, zu 15% auf Erdöl und zu 16% auf Kohlenwasserstoff, Steinkohle und hydroelektrischer Energie. Ein großer Teil der Energierohstoffe muß importiert werden. Die künftige Versorgung setzt v. a. auf einen Ausbau der Solarenergie.

Die Wirtschaft ist durch zunehmende Staatstätigkeit gekennzeichnet. Auch wächst der Anteil der Schattenwirtschaft, in der v. a. selbständig Erwerbstätige ihr Einkommen finden.

G. ist noch stark agrarisch geprägt. 27% der Erwerbstätigen sind in der *Landwirtschaft* beschäftigt. 2/3 der Gesamtfläche werden agrarisch genutzt (2,9 Mio. ha als Ackerland, ca. 1,1 Mio. als Dauerkulturen incl. Rebland, 5,2 Mio. als Wiesen und Weiden). Haupterzeugnisse sind Weizen, Zuckerrüben, Mais, Gerste, Reis, Tabak, Tomaten, Baumwolle, ferner Zitrusfrüchte, Oliven, Obst und Weintrauben. Ca. 95% der Betriebe sind Familienbetriebe. Die durchschnittliche Betriebsgröße beträgt ca. 3,5 ha. – Ca. 20% der Gesamtfläche sind bewaldet. Der *Wald* ist aber nach jahrhundertelangem Raubbau (Holz für den Schiffbau), durch Erosion, Beweidung und Brände stark beeinträchtigt. Es gibt Bemühungen zur Aufforstung. Die Nutzung ist gering. Wichtiges Produkt ist das Harz der Aleppokiefer. – Die volkswirtschaftliche Bedeutung der *Fischerei* ist rückläufig. Probleme sind: Überfischung, steigende Kosten für Treibstoff und Schiffbau. Spezialität ist die Schwammfischerei, die aber auch rückläufig ist (früher Monopol G.s).

Die *Industrie* ist zu 90% Kleinindustrie mit Betrieben bis zu 9 Beschäftigten. Haupterzeugnisse sind: Nahrungsmittel, Getränke, Tabak, Leder, Bekleidung, Gummi, Plastikwaren.

Das BSP, das real von 429 Mrd. Dr. (1980) auf 486 Mrd. Dr. (1990) stieg, ist mit 4790 US-$/E. nach Portugal das zweitschlechteste in der EG. Die durchschnittliche jährliche Zuwachsrate von 1,1% ist also sehr niedrig, die des Pro-Kopf-Einkommens wegen der Bevölkerungszunahme noch etwas geringer (1980–88: 0,6% p. a.).

Die *Bruttoinvestitionen* sanken als Anteil des BSP von 21,6% (1980) auf 18,9% (1990). Das beruht auf dem Rückgang des privaten Sektors und insbes. auf der Abnahme der Verkehrsinvestitionen. Während 1980 die Investitionen noch ungefähr durch die Ersparnis im Inland aufgebracht werden konnten, war das 1985 bei weitem nicht mehr möglich.

Bei der *Wertschöpfung* dominieren Dienstleistungen mit einem Anteil von 57,9% (1990) an der gesamten Wertschöpfung. Der Anteil der Industrie liegt niedrig (1990: 30,4%). Das gilt auch für die Landwirtschaft, bei der sogar ein Anteilsrückgang zu verzeichnen ist (1980: 14%; 1990: 11,7%).

Im letzten Jahrzehnt stiegen die *Steuereinnahmen*

Tabelle 2
Wertschöpfung nach Wirtschaftsbereichen
(in %)

	1980	1988
Land-, Forstwirtschaft und Fischerei	14,1	13,3
Industrie	22,2	21,5
davon:		
verarbeitendes Gewerbe	20,8	19,5
Dienstleistungen	63,7	65,3

Quelle: National Statistical Service of Greece, Provisional National Accounts of Greece. Athen Sept. 1989, S. 45

erheblich von 30,7% (1980) auf 39,7% (1988) des BSP. Gut ein Drittel davon stammt aus direkten, der Rest aus indirekten Steuern. G. erhält erhebliche Zuschüsse von der EG in Höhe von ca. 10% seiner Staatsausgaben. Trotzdem wuchsen die Staatsschulden ständig und erreichten 1989 105% des BSP. Weitere erhebliche Steigerungen sind zu erwarten.

Im Zentrum des *Geld- und Währungswesens* steht die Bank von Griechenland. Unter ihr arbeiten private und staatliche Banken. Andere Institutionen sind von einer Tätigkeit im Bankbereich ausgeschlossen. Der Kapitalmarkt ist wenig entwickelt. Seit 1982 sind die geldpolitischen Funktionen zwischen der Regierung und der Bank von G. aufgeteilt. Die Regierung legt die Grundzüge der Wirtschafts- und Geldpolitik fest, die Notenbank führt sie aus. G. ist Mitglied im EWS. Gegenüber dem US-$ fiel der Devisenkurs der Drachme von 42,4 Dr. (1980) auf 158,5 Dr. (1990), also um rd. 274%. Die dadurch eröffneten besseren Exportchancen konnte die Wirtschaft aber nur sehr beschränkt nutzen, v. a. weil seit 1981 Löhne und Gehälter stark stiegen, was sich in einer hohen Inflationsrate auswirkte. Sie lag in der ersten Hälfte der 80er Jahre bei gut 20% p. a., danach bei ca. 15%. Gegenwärtig versucht die Regierung, mit einem umfassenden Programm die Inflationsrate weiter zu drücken.

Die *Handelsbilanz* ist seit langem negativ. Das Defizit wird aber durch die positive Dienstleistungsbilanz teilweise ausgeglichen, v. a. durch Einnahmen aus dem Fremdenverkehr (Anstieg der Einnahmen von 1881 Mio. US-$ [1981] auf 2396 Mio. US-$ [1988] um ca. 27%). Das Zahlungsbilanzdefizit fiel von 2,4 Mio. US-$ (1981) auf knapp 1 Mio. US-$ (1988), hat aber neuerdings wieder stark steigende Tendenz. Der Grund liegt in der Zunahme des Handelsbilanzdefizits und im relativen Rückgang des Saldos der Dienstleistungsbilanz. Das alles beruht auf der laufenden Steigerung der inländischen Nachfrage, insbes. nach importierten Konsumgütern, den wirtschaftlichen und strukturellen Problemen des Staatssektors, der Steigerung der Produktionskosten und v. a. auf der politischen Instabilität des Landes. Die wichtigsten Importgüter sind Konsumgüter industrieller Fertigung und Maschinen. Bei den Ausfuhren dominieren Nahrungsmittel und Textilien.

Seit 1981 ist die Regierung bemüht, ein nationales *Gesundheitssystem* (E. S. Y.) zu etablieren, um die Leistungen insbes. in den ländlichen und halbstädtischen Gebieten zu verbessern. Aus organisatorischen und ökonomischen Gründen hatte dies aber nicht den erhofften Erfolg. Die Ausgaben für die *Sozialversicherung* sind seit 1980 weit stärker gestiegen als die Einnahmen. Das Defizit wird durch das Staatsbudget und durch Anleihen gedeckt. Wegen der schweren Belastung der Staatsfinanzen und der Desintegration des Sozialversicherungssystems (über 300 Kassen für ca. 3,5 Mio. Erwerbstätige) strebt die Regierung eine grundlegende Reform an. Im Sept. 1990 erfolgten einschneidende Änderungen.

Die Oberflächengestalt G.s (70% Gebirge) erschwert sowohl den *Verkehr* innerhalb des Landes erheblich als auch den über die Landesgrenzen hinaus. Schiffbare Flüsse fehlen ganz. Die *Eisenbahn* hat eine Gesamtlänge von 2577 km (davon 2/3 internationale Spurweite). Hauptstrecken sind: Athen-Thessaloniki und die Peloponnes-Volos-Kalambaka-Bahn. – Die *Straßen* (insgesamt über 40 000 km, davon ca. 90% asphaltiert) sind im Vergleich zur Eisenbahn verhältnismäßig gut ausgebaut (daher Personenverkehr v. a. mit Bussen). – Die *Schiffahrt* spielt eine Rolle für die Verbindung zwischen dem Festland und den Inseln bzw. interinsular und hat große Bedeutung in der Hochseeschiffahrt (1990 der Tonnage nach an 7. Stelle in der Welt, bei der Tankerflotte an 5. Stelle), die mit ihren Deviseneinnahmen gesamtwirtschaftlich wichtig ist. Wichtigste Häfen sind Piräus, Saloniki und Volos. – Im *Luftverkehr* werden im Inlandsverkehr 9 Städte angeflogen, dazu zahlreiche Inseln. Internationaler Flughafen ist Athen-Hellinikon.

VI. Kultur, Religion, Bildung

Die *Kultur* Neugriechenlands bildet aus historischen und geographischen Gründen die natürliche Folge der antik-griech. und byzantinischen Kulturtraditionen, die vom neugriech. Geist befruchtet wurden. G. als Grenzland zwischen dem Abendland und dem Osten ist auch den kulturellen Einflüssen dieser zwei Welten ausgesetzt. Kontinuität griech. Kultur macht sich v. a. in der Sprache, in der Literatur, in den bildenden Künsten, im Volksleben und in der Volkskunst bemerkbar. Dem ständigen Streit zwischen der *Reinsprache (Katharevousa)* und der *Volkssprache* wurde durch Beschluß des griech. Parlaments, der die neugriech. Volkssprache *(Dimotiki)* 1975 zur offiziellen Sprache des Landes bestimmte, ein Ende bereitet.

Literatur. Der erste große Lyriker Neugriechenlands ist *Dionysios Solomos* (1798–1857). Unter seinen Gedichten, die in einer lebendigen und ursprünglichen Volkssprache geschrieben sind, finden wir auch die Nationalhymne. Ein weiterer bedeutender Dichter seiner Generation ist *Kostis Palamas* (1859–1943). Die westeurop. literarischen Einflüsse, u. a. des Parnaß, des Symbolismus, machen sich bei diesen Dichtern bemerkbar. Eine Wende in der griech. Poesie bedeutet *Konstantinos Kavafis* (1863–1933) aus Alexandria, der als Vorläufer der modernen griech. Dichtung gelten kann, die offiziell mit *Giorgos Seferis* (1900–71; 1963 Nobelpreis für Literatur) beginnt. Der schlichte Stil und das freie Versmaß sind Hauptcharakteristika seiner Poesie. Weiterhin sind zu erwähnen: *Odysseas Elytis* (geb. 1911; Nobelpreis 1979); aus dem Bereich der Prosa v. a. *Nikos Kazantzakis* (1883–1957) und *Antonis Samarakis* (geb. 1919).

Die *bildenden Künste* in Neugriechenland zeigen bei ihren Hauptvertretern altgriech., byzantinische Einflüsse, auch solche aus der neugriech. Volkskunst. Die Generation der Künstler von 1863–80 stand fast ausschließlich unter dem Einfluß der Münchener Schule. Danach war der frz. Einfluß dominierend. Heute entdeckt man in der neugriech. Kunst fast alle europ. Richtungen, wie z. B. Realismus, Symbolismus, Surrealismus, Konstruktivismus, Abstrakte Kunst etc.

Die *Presse* ist das Sprachrohr der politischen, sozialen und wirtschaftlichen Entwicklungen der neugriech. Gesellschaft. Die Pressefreiheit ist durch Art. 14 der Verfassung garantiert. Nach einer Statistik des Presse- und Informationsbüros der Regierung von 1979 erscheinen 1649 Zeitungen und Zeitschriften aller Art, 115 Tageszeitungen, davon 12 große politische Tageszeitungen in Athen, z. B. TO VIMA (Die Tribüne),

Kathimerini (Die Tägliche); TA NEA (Die Neuigkeiten), Elevtherotypia (Die freie Presse). *Hörfunk und Fernsehen* unterliegen nach Art. 15 der Verfassung unmittelbarer Kontrolle des Staates.

Religion. Die *orth. Kirche* („Östlich-Orthodoxe Kirche Christi") setzt die Tradition der ursprünglichen christlichen Gemeinde fort. Das Zentrum ihres liturgischen Lebens bildet die heilige Liturgie des Chrysostomos. Fast 97% der Griechen sind orth. Christen in 80 Bistümern. Die orth. Kirche ist eine autokephale Nationalkirche, die sich aus politischen und historischen Gründen 1833 vom griech. Patriarchat in Konstantinopel trennte, ihre Autokephalie jedoch erst 1850 erlangte. Unter der Jurisdiktion des Patriarchats von Konstantinopel stehen Kreta (8 Metropolien) und der Dodekanes (4 Metropolien). Die Kirche G.s wird durch die „Hl. Synode der Hierarchie", die einmal im Jahr (Okt.) zusammentritt, regiert. Darüber hinaus ist Regierungsorgan der Kirche „eine permanente Synode" von 12 Metropoliten (jährlich wechselnd). Nach Art. 3 der Verfassung ist „die orthodoxe Kirche die vorherrschende Religion Griechenlands" (vgl. III). – Die *kath. Kirche* zählt ca. 42 000 Gläubige des lat. Ritus, in der *„Unierten griechischen Kirche"* ca. 2000 Gläubige. Darüber hinaus gibt es noch eine *„Armenische apostolische Kirche"* mit ca. 10 000 Armeniern. Die *ev. Kirche* hat ca. 15 000 Mitglieder (in 30 Gemeinden). 1936 gründete die Amtskirche Griechenlands als Gegenmaßnahme zu den religiösen Bruderschaften wie: ZOI (Leben), Anaplasis, Sotir u. a., eine eigene Institution („Apostoliki Diakonia") zur Wahrung und Pflege des orth. Kirchenlebens.

Bildung. Der Besuch der Vorschulen, der nicht obligatorisch ist, beginnt mit 3 1/2 Jahren. Die Schulpflicht beträgt insgesamt 9 Jahre: 6 Jahre Volksschule und 3jähriges Gymnasium. Nach Abschluß des Gymnasiums folgt das 3jährige Lyzeum, dessen Besuch das Bestehen einer selektiven Aufnahmeprüfung erfordert. Das Abitur der allgemeinbildenden und klassischen Lyzeen berechtigt zur Bewerbung an Universitäten und Hochschulen; die Abschlußzeugnisse der technischen und beruflichen Lyzeen ermöglichen die Bewerbung an Höheren Fachschulen. Es gibt 16 Universitäten und Hochschulen.

Die *Volksbildung* läßt noch immer viel zu wünschen übrig. Die Erwachsenenbildung erfolgt durch die „Apostoliki Diakonia" mit starkem religiösen Inhalt sowie durch einzelne Ministerien.

LITERATUR

Allgemein:
Südosteuropa-Hdb. Hg. K.-D. **Grothusen**. Bd. 3: G. Göttingen 1980 (Lit.).

Zu I und IV:
A. **Philippson**, Die griech. Landschaften. 4 Bde. Frankfurt/M. 1950/59. – B. **Kayser**, K. Thompson, Social and economic atlas of Greece. Athen 1964 (engl., frz., griech.). – I. **Horvat u.a.**, Vegetation Südosteuropas. Stuttgart 1974. – I. **Banco**, Studien zur Verteilung und Entwicklung der Bevölkerung von G. Bonn 1976. – H. **Hermanns**, C. **Lienau**, G. – ein europ. Entwicklungsland?, in: Die Erde 113 (1982) 133 ff. – **Diess.**, Rückwanderung griech. Gastarbeiter und Regionalstruktur ländlicher Räume in G. Münster 1982. – Geologie von G. Hg. V. **Jacobshagen**. Stuttgart 1986. – Europapark in Nordost-G.? Hg. C. **Lienau**. Münster 1989. – **Ders.**, G. Geographie eines Staates der europ. Südperipherie. Darmstadt 1989. – G. Hg. B. **Hoffmann**. Rieden a. Forggensee 1990. – Lber. G. 1990. Stuttgart 1991.

Zu II:
J. **Campell**, Ph. **Sherrard**, Modern Greece. London, New York 1968. – D. **Dakin**, The Unification of Greece 1770–1923. London 1972. – H. **Richter**, G. zwischen Revolution und Konterrevolution (1936–1946). Frankfurt/M. 1973. – Historia tou hellenikou ethnus. 15 Bde. in 16. Athen 1970/78. – D. A. **Zakythinos**, The Making of Modern Greece. From Byzantium to Independence. Oxford 1976. – Chr. M. **Woodhouse**, Modern Greece. A short history. London 1977, ⁴1986. – W. H. **McNeill**, The Metamorphosis of Greece since World War II. Chicago 1978. – R. **Clogg**, A short history of modern Greece. Cambridge 1979. – A. **Vakalopulos**, Griech. Geschichte von 1204 bis heute. Köln 1985. – H. **Fleischer**, Im Kreuzschatten der Mächte. G. 1941–1944. 2 Bde. Frankfurt/M. 1986. – P. **Tzermias**, Neugriech. Geschichte. Eine Einführung. Tübingen 1986. – R. **Clogg**, Parties and elections in Greece. London 1987. – P. **Giakoumis**, Zwischen den Fronten? Die Sicherheitspolitik G.s 1945–1986. Münster (Westf.) 1987.

Zu III:
G. **Papadimitriou**, Die Grundrechte der neuen griech. Verfassung, in: EuGRZ 3 (1976) 150 ff. – D. **Tsatsos**, Die neue griech. Verfassung. Heidelberg 1980. – Ph. **Spyropoulos**, Die Beziehungen zwischen Staat und Kirche in G. Diss. Freiburg i. Br. 1981. – N. **Kaltsogia-Tourniviti**, Greece: The Struggle for Democracy. Constitutional and Political Evolutions since 1964, in: JöR N. F. 32 (1983) 297 ff. – P. **Dagtoglou**, Die griech. Verfassung von 1975, in: ebd. 355 ff. – J. **Iliopoulos-Strangas**, Grundrechtsschutz in G., in: ebd., 395 ff. – I. Th. **Kassaras**, Die griech. Verfassung von 1975. Heidelberg 1983. – A. **Manessis**, L'évolution des institutions politiques de la Grèce, in: Les Temps Modernes 41 (1985) 772 ff. – Introduction to Greek Law. Hg. K. D. **Kerameus**, Ph. J. **Kozyris**. Deventer 1988. – Griech. Recht im Wandel. Hg. H. **Fenge**, N. **Papantoniou**. Baden-Baden 1991.

Zu V:
K. **Kioukis**, Die Industrialisierung als Mittel zur wirtschaftlichen Entwicklung G.s unter besonderer Berücksichtigung der regionalen Struktur. Diss. Freiburg i. Br. 1979. – G. **Dimopoulos**, Greek Monetary and Banking Developments, in: International Economic Association, 9th World Congress. Bd. 4. Hg. Economic Research Center Athens. Athen 1989, 229ff. – St. A. **Sarantidis**, The effect of devaluation of Gross Domestic Product in Greece 1970–86, in: ebd., 105ff. – G. E. **Dracos**, Some lines of action in the Greek public sector, in: ebd., 133ff.

Laufende Veröffentlichungen:
Economic Surveys. Greece. Hg. OECD. Paris. – National Statistical Service of Greece. Provisional National Accounts of Greece. Athen. – Ders., Statistical Yearbook of Greece. Athen. – Bank of Greece, Monthly Statistical Bulletin. Athen.

Zu VI:
U. **Diepgen**, Massenmedien, in: Südosteuropa-Hdb. [s. o.], 400 ff. – F. **Heyer**, Kirchen und Religionsgemeinschaften, I. Die orthodoxe Kirche, in: ebd., 425 ff. – M. **Kelpanides**, Schulsystem und Volksbildung, in: ebd., 448 ff. – I. **Rosenthal-Kamarinea**, Neugriech. Literatur, in: ebd., 496 ff. – Chr. **Christou**, Bildende Kunst, in: ebd., 531 ff.

Cay Lienau (I, IV), *Edgar Hösch* (II),
Dimitris Th. Tsatsos, Penelope Foundethakis (III),
Konstantin Kioukis (V), *Evangelos Konstantinou* (VI)

GROSSBRITANNIEN

Amtlicher Name	United Kingdom of Great Britain and Northern Ireland (Vereinigtes Königreich von Großbritannien und Nordirland)
Staatsform	Parlamentarisch-demokratische Monarchie
Hauptstadt	London (Greater London) 6 770 000 E.
Fläche	244 432 km²
Bevölkerung	57 236 000 E. (1989; VZ 1981: 55 678 000). – 234 E./km²
Sprache	Englisch
Religion	Anglikaner rd. 65%; Protestanten rd. 17%; Katholiken rd. 15%
Währung	1 Pfund Sterling (£) = 100 pence

G., Inselstaat im NW ↗Europas, vom Festland seit ca. 3000 Jahren durch die schmale Straße von Dover getrennt, umfaßt die östl. der beiden großen Britischen Inseln mit den Landesteilen *England, Wales* und *Schottland*, das auf der westl. Insel gelegene, an die Republik ↗Irland grenzende *Nordirland* und die kleineren Britischen Inseln: die *Kanalinseln (Normannischen Inseln)* vor der frz. Küste (Jersey, Guernsey, Alderney, Sark), die *Shetland-* und *Orkney-Inseln* vor Nordschottland, die *Hebriden* vor der Westküste Schottlands, die Inseln *Man* (in der Irischen See) und *Wight* (vor der Südküste Englands). Sie bilden (außer den Kanalinseln und Man, die direkt der Krone unterstehen) mit einigen abhängigen Gebieten (vgl. Tab. 1) das „Vereinigte Königreich von Großbritannien und Nordirland".

Tabelle 1
Von Großbritannien abhängige Gebiete

Europa	*Asien*
Gibraltar*	Britisches Territorium im Indischen Ozean (British Indian Ocean Territory)
Nordamerika	
Bermudas*	
Karibik	Hongkong*
Anguilla*	*Ozeanien*
Cayman-Inseln*	Pitcairn
Jungfern-Inseln*	Canton und Enderbury (von G. verwaltet)
Montserrat*	
Turks- und Caicos-Inseln*	*Antarktis*
Südamerika	Südgeorgien und Südsandwich-Inseln
Falkland-Inseln*	
Afrika	
Sankt Helena*	

* Siehe die einzelnen Artikel

I. Naturräumliche Voraussetzungen

1. Reliefgliederung und Geologie

Entlang einer Linie von der Mündung des River Exe im SW über die Severnmündung bis zur Mündung des Tees im NO gliedert sich G. hinsichtlich der geologischen Entwicklung und Reliefgestaltung in zwei grundlegend verschiedene Teile: in *Highland Britain*, nördl. und westl. dieser Linie, und in *Lowland Britain*, östl. und südl. der Trennlinie.
Neben vor- und zwischengelagerten Tieflandebenen umfaßt *Highland Britain* die Bergländer von Südwestengland und Wales (*Snowdon*, 1085 m, höchster walisischer Berg), die *Penninen*, die *Cumbrian Mts.* des Lake District (*Scafell Pike*, 978 m, höchster engl. Berg), das südschott. Bergland, die *Cheviot Mts.*, die nordschott. Berglande (*Ben Nevis*, 1343 m, höchster schott. und brit. Berg) sowie das nordirische Bergland. Während der kaledonischen und variskischen Gebirgsbildung wurden diese Bergländer mehrfach gefaltet und in mehreren Phasen gehoben; anschließend unterlagen sie einer lang andauernden flächenhaften Abtragung und wurden teilweise zu Rumpfflächen umgebildet. Gebirgsbildungen, Hebungen und Abtragung ließen die Gebirgszüge zugleich in kleinere Reliefräume zerfallen. Markanteste Verwerfungslinien sind die *Great Glen Fault* (Kaledonischer Graben), die die nördl. schott. Hochlande von den *Grampian Mts.* abtrennt, sowie die *Highland Boundary Fault* und die *Southern Boundary Fault*, die die mittelschott. Senke von den nördl. bzw. südl. Bergländern abgrenzen. Highland Britain erhielt seine endgültige morphologische Prägung durch die pleistozänen Vereisungen, die G. nach S bis zu einer Linie von der Severn- bis zur Themsemündung bedeckten. Wichtige Vereisungszentren waren alle über 600 m gelegenen Teile des nordirischen Berglandes und der nordschott. Hochlande, die *Grampian Mts.*, das südschott. Bergland, die *Cheviot Mts.*, der *Lake District*, die westl. *Penninen* sowie das mittlere und nördl. Wales. Sie sind die Hauptgebiete glazialer Erosions- und Akkumulationsformen (Kare, Trogtäler, Moränen usw.); an der schott. Westküste gehen die Trogtäler in Fjorde über. Im Binnenland sind die glazial übertieften Hohlformen meist mit Seen gefüllt; die größten sind *Loch Lomond* (71,2 km², 189 m Tiefe) und *Loch Ness* (56,2 km², 228 m Tiefe). Ein großer Teil dieser Seen dient heute der Wasserkraftnutzung und Trinkwassergewinnung.

In *Lowland Britain* wurden die mesozoischen Schichten während der alpidischen Faltungsphase schräggestellt und in der Folgezeit zu einer stark gegliederten Schichtstufenlandschaft erodiert. Die markantesten Landstufen sind die jurassischen der *Cotswold Hills, Lincoln Edge* und *Cleveland Hills* sowie die Kreidekalkstufen der *Chiltern Hills, Lincoln Wolds* und *Yorkshire Wolds*. Im SO wurden die Kreideschichten leicht aufgewölbt und treten in den *North* und *South Downs* zutage. Die Schichtstufen sind dann markant ausgebildet, wenn mehrere harte Schichten aufeinander lagern. Treffen hingegen mehrere mürbe Schichten zusammen, werden die Schichtstufen von weiten Tälern unterbrochen, deren toniger Untergrund *(clay)* Grundlage der verbreiteten Ziegelindustrie wurde. Die in den Juraschichten enthaltenen Eisensteine waren zudem von großer Bedeutung für den Eisenerzbau. Der Wechsel wasserundurchlässiger und -durchlässiger Schichten rief schließlich unterschiedliche Quellhorizonte hervor. Östl. und südl. der Schichtstufenlandschaft wird das Relief von Lowland Britain durch zwei, mit tertiären Sanden und Tonen sowie quartären Schottern gefüllte geologische Becken (*Londoner Becken* und *Hampshire Becken*) bestimmt sowie durch Marschengebiete, von denen die teilweise unter dem Meeresspiegel liegenden *Fenlands* am Wash die ausgedehntesten sind.

Die lange geologische Entwicklung, der morphologische Formenreichtum sowie andauernde Landhebungen im NW bzw. Absenkungen im SO haben vielfältige Küstenformen hervorgebracht: Kliffküsten z. B. in Nordschottland, Nordirland und Südengland, Sand- und Kiesstrände v. a. entlang der Ostküste, Riasküsten (ertrunkene Flußtäler) im SW von Wales und England, Fjordküsten im nordwestl. Schottland.

2. Klima

G. verdankt sein im ganzen mildes, ozeanisches Klima der Lage in der Westwindzone, den umgebenden Meeren mit den Ausläufern des Golfstromes sowie der langen N-S-Erstreckung der Hauptinsel (1224 km), in der der maritime Einfluß durch zahlreiche Meeresarme und Buchten weit eindringen kann. Die Jan.-Temperaturen nehmen als Folge der Ozeanität in Nordirland und auf der Hauptinsel von O nach W von 1°C auf 7 °C zu, die Julitemperaturen von S nach N von 17 °C auf 10 °C ab (vgl. Tab. 2). Reliefbedingt sind die Niederschläge in den exponierten Bergländern der Westküsten am höchsten (in Nordwestschottland über 2500 mm), während die östl. und v. a. die südöstl. Landesteile mit bis über 200 regenfreien Tagen besonders begünstigt sind.

Tabelle 2
Temperaturen und Jahresniederschläge

Station	Temperatur in °C		Jahresniederschlag in mm
	Januar	Juli	
Renfrew (b. Glasgow)	3,6	14,9	1033
Aberdeen	2,8	13,7	861
Ben Nevis	− 4,8	5,4	4338
Scilly	7,4	15,8	810
Portsmouth	5,6	17,8	706
Felixstowe	4,4	17,2	531

Nach dem jahreszeitlichen Witterungsgeschehen ergeben sich vier typische Hauptregionen: (1) Die Westküsten von Wales, Nordirland und Schottland sind (extrem) feucht bei kühlen Sommern und milden Wintern. (2) Das zentrale und östl. Schottland, die nordöstl. Penninen und Nordostengland sind gekennzeichnet durch kühle Sommer, kühle bis kalte Winter und mittlere bis hohe Niederschläge. (3) Warme Sommer, milde Winter und mäßige Niederschläge sind typisch für Südwales und Südengland. (4) Das südl. und östl. Mittelengland sowie Südostengland weisen bei relativer Trockenheit warme Sommer und kühle Winter auf.

3. Böden und Vegetation

Unterhalb und oberhalb der natürlichen Waldgrenze (300–600 m je nach Lage) ist in allen Bergländern die Bodenbedeckung gering bzw. dünn. Auf sauren Podsolen breitet sich Heidevegetation *(moorlands)* aus; ist die Entwässerung gering, treten Gleiböden und Deckenmoore *(blanket bogs)* auf. In beiden Fällen überwiegt die Nutzung als Naturweide für die Schafhaltung. Auf den Karbonkalken der mittleren und nördl. Penninen entwickelten sich nährstoffreiche Grasländer. Als Grasland genutzte Gleiböden überwiegen auch in den Tälern der Schichtstufenlandschaft, während auf ihren Plateaus die kalkhaltigen Braunerden ackerbaulich genutzt werden. Der Wechsel kalkhaltiger und sandiger eiszeitlicher Ablagerungen führt im SO und in den Tiefebenen, die den Bergländern vorgelagert sind, zu einem kleinräumigen Wechsel von Braunerden, Podsolen und Gleiböden. Humusreiche und fruchtbare Marschböden bestimmen die Fenlands.

Die ursprüngliche Waldvegetation (Eichen-Buchenwald, in den nördl. Bergländern mit Birken und Kiefern durchsetzt) ist durch menschlichen Einfluß (Ausweitung der Landwirtschaft seit dem frühen Mittelalter, industrieller Holzbedarf) auf wenige Relikte reduziert. Seit 1919 werden, vorwiegend mit ausländischen Nadelhölzern, Aufforstungen betrieben, gegenwärtig mit Schwerpunkt in Nordschottland und Wales; dennoch beträgt der Waldanteil nur ca. 8%.

II. Historische und politische Entwicklung

1. Von den Anfängen bis zur Glorious Revolution

Mit der Besetzung durch die Römer im 1. Jh. n. Chr. rückte die von keltischen Stämmen (u. a. den *Briten*) besiedelte Insel in das Spannungsfeld der europ. Geschichte. Die Provinz *Britannien* umfaßte im wesentlichen die Gebiete des späteren England und Wales. Längere Friedensperioden ermöglichten eine umfassende Romanisierung, die allerdings einheimische Traditionen keineswegs zum Verschwinden brachte. Im 5. Jh. brach die imperiale Herrschaft zusammen.

Nach der Landnahme durch germanische Stämme (*Angeln, Sachsen* und *Jüten*) bildeten sich angelsächsische Kleinkönigreiche, unter denen seit dem späten 7. Jh. *Northumbria* und wenig später *Mercia* besondere Bedeutung erlangten. Hingegen stand der Aufstieg von *Wessex* (*Alfred d. Gr.*, 871–889) bereits im Zusammenhang mit den Eroberungszügen der Wikinger. Unter *Knut d. Gr.* (1016–35) wurde England vorübergehend Bestandteil eines großen skandinavischen Reiches (⟶Dänemark II). Als *Eduard d. Bekenner* (1042–66) kinderlos starb, wählten die Großen des Landes den mächtigen Earl of Wessex, *Harold Godwineson*, zum Nachfolger. Dieser wurde in der *Schlacht von Hastings* (1066) von dem Invasionsheer des normannischen Herzogs *Wilhelm (d. Eroberer)* besiegt, der damit seinen Erbanspruch auf den engl. Thron durchsetzte. Die normannische Eroberung führte zum Austausch der adligen Führungsschicht und zur Neuverteilung des Lehnsbesitzes *(Doomesday-Book)* zugunsten der Gefolgsleute Wilhelms I.

Auf die normannische Dynastie folgte nach einer Periode der Kronwirren die lange Reihe der angevinischen Könige aus dem Hause *Plantagenet* (1154–1399). Während der Regierungszeit *Heinrichs II.* († 1189) umschloß deren Territorium neben England fast den gesamten Westen Frankreichs. Bereits unter seinen Söhnen ging der größte Teil der kontinentalen Besitzungen (1214) verloren. Die kostspieligen Kriege um das frz. Erbe waren ein wesentlicher Grund für den zunehmenden Widerstand der Magnaten, die dem glücklosen *Johann I. (ohne Land)* in der *Magna Charta Libertatum* (1215) eine Bestätigung ihrer Rechte abtrotzten. Unter *Eduard I.* (1272–1307) wurde das Fürstentum Wales endgültig dem engl. Königreich eingegliedert, wobei die vorübergehend errungene Herrschaft über Schottland bald wieder verlorenging. Als *Eduard III.* (1327–77) Ansprüche auf die frz. Krone erhob, kam es zum *Hundertjährigen Krieg* (1339–1453). Der Sieg von *Azincourt* (1415) bezeichnete den Höhepunkt der engl. Machtstellung auf dem Kontinent. Aber bereits 1453 hatte England fast sämtliche kontinentalen Besitzungen erneut verloren. Im Inneren beendete der Kampf rivalisierender Adelscliquen (*Rosenkriege*, 1455–85) die Zeit der Magnatenanarchie.

Heinrich VII. (Beginn des Hauses *Tudor*) leitete die Konsolidierung der Königsherrschaft ein. Die Loslösung von Rom unter *Heinrich VIII.* (1509–47) war eine der folgenreichsten Umwälzungen der engl. Geschichte. Die *Suprematsakte* (1534) erklärte den König zum geistlichen Oberhaupt. Die Auflösung der Klöster (1536–39), deren Vermögen der Krone anheimfiel, führte zu einer Eigentumsumschichtung. Sie begünstigte den kleinen Landadel *(gentry)* und legte die Grundlagen für den späteren gesellschaftlichen und politischen Aufstieg der *country gentlemen*. Während unter *Eduard VI.* (1547–53) die Reformation weiter gefestigt wurde, versuchte die mit *Philipp II.* von Spanien verheiratete *Maria I.* (1553–58) den Katholizismus wiederherzustellen. Endgültig setzte sich die Reformation unter *Elisabeth I.* (1558–1603) durch (Enthauptung *Maria Stuarts,* 1587). Der *Sieg über die Armada* (1588) brach die span. Vormachtstellung und öffnete die nordamerikan. Küsten für die beginnende engl. Kolonisation. – ↗Nordamerika, ↗Kanada, ↗Vereinigte Staaten von Amerika.

Mit *Jakob I.* (1603–25) aus dem Hause *Stuart,* der Schottland und England in Personalunion vereinigte, begann eine jahrzehntelange Auseinandersetzung zwischen Krone und Parlament. Der König versuchte, seinen Machtanspruch auszubauen *(Divine Right of Kings)* und auch ohne Mitwirkung des Unterhauses Finanzquellen zu erschließen. Zwar akzeptierte *Karl I.* (1625–49) die *Petition of Right* (1628), nach der keine Steuererhebung ohne Zustimmung des Parlaments und keine Verhaftung ohne Prüfung der Rechtmäßigkeit *(Habeas Corpus)* erfolgen durfte, aber schon wenig später richtete er sich darauf ein, unabhängig zu regieren (1629–40). Erst Unruhen in Schottland und Irland nötigten ihn, erneut ein Parlament *(Long Parliament)* einzuberufen, dem es gelang, den Machtzuwachs der Krone zu begrenzen *(Grand Remonstrance,* 1641). Es kam zum Verfassungskonflikt, der sich zum Bürgerkrieg steigerte, wobei schließlich das Parlamentsheer *Oliver Cromwells* siegte. Der König wurde hingerichtet (1649), die Republik ausgerufen. Die *Navigationsakte* (1651) unterband den holländ. Zwischenhandel für Importe nach England und festigte Englands Stellung als überseeische Handelsmacht.

Nach dem Tode Cromwells (1658) forderte das Long Parliament *Karl II.* (1660–85) zur Rückkehr auf. Unter *Jakob II.* (1685–88) verschärfte sich der Widerstand des Parlaments gegen absolutistische und katholisierende Tendenzen der Krone. Als mit der Geburt eines Thronfolgers der Fortbestand einer kath. Dynastie drohte, suchten *Whigs* und *Tories* die Unterstützung des Erbstatthalters der Niederlande, *Wilhelm von Oranien.* Dieser bestieg, nachdem Jakob II. geflohen war, zusammen mit seiner Gemahlin *Maria,* als *Wilhelm III.* den engl. Thron (1689–1702). Die *Glorious Revolution* (1688) beendete den Kampf zwischen Krone und Parlament. Sie festigte die Machtstellung von Aristokratie und Gentry und sicherte die prot. Thronfolge. Verfassungsreformen *(Bill of Rights,* 1689; *Triennial Act,* 1694) schufen die Voraussetzungen dafür, daß England im Zeitalter des monarchischen Absolutismus damit beginnen konnte, die Monarchie in ein parlamentarisches System einzubinden.

2. Durchbruch zur Weltmacht

Nach dem Tode der Königin *Anna* (1702–14) ging die Thronfolge auf *Georg I.* (1714–27) aus dem Hause *Hannover* über. Bis zum Regierungsantritt Königin *Viktorias* (1837) blieb die brit. Krone in Personalunion mit dem dt. Kurfürstentum/Königreich verbunden. Aus dem weltweiten Ringen der europ. Mächte im 18. Jh. ging *Großbritannien* (Bezeichnung seit der Realunion mit Schottland, 1707) als die überlegene See-, Kolonial- und Handelsmacht hervor. Die Seeverbindung nach Nordamerika und die weltweiten Handelsrouten rückten es in das Zentrum weltumspannender Beziehungen. Es war künftig darauf bedacht, Hegemonialbestrebungen kontinentaler Mächte, besonders Frankreichs *(Spanischer Erbfolgekrieg; Österreichischer Erbfolgekrieg),* einzudämmen und sich durch eine *balance of power* in Europa den Rücken für seine maritim-koloniale Expansion freizuhalten. Im *Siebenjährigen Krieg* (1756–63) konnte G. (mit Preußen verbündet) Frankreich daran hindern, zugleich europ. Hegemonial- und koloniale Weltmacht zu werden. Der *Friede von Paris* (1763) besiegelte den Triumph der brit. Seegeltung: G. gewann fast den gesamten nordamerikan. Kolonialbesitz Frankreichs hinzu und verstärkte seinen Einfluß im karibischen und indischen Bereich. Allerdings wurde durch den Abfall der amerikan. Kolonien *(Unabhängigkeitserklärung* 1776) und durch die Herausforderung der Französischen Revolution die nunmehr weltweite Vorrangstellung G.s erneut in Frage gestellt. Nach vier *Koalitionskriegen* und wechselndem Schlachtenglück *(Trafalgar* 1805; *Kontinentalsperre* 1806) gelang es schließlich, im Bündnis mit Rußland, Preußen und Österreich, die *Napoleonischen Kriege* (1803–15) siegreich zu bestehen.

Die auf dem *Wiener Kongreß* (1814/15) neu etablierte europ. Ordnung stellte das kontinentale Gleichgewicht wieder her und gestand G. zugleich die führende Rolle auf den Weltmeeren zu. Die äußere Machtstellung wurde durch den zunehmenden wirtschaftlichen Vorsprung gestützt, den die *industrielle Revolution* herbeiführte. Die damit einhergehenden gesellschaftlichen und politischen Veränderungen trugen, zusammen mit einem rapiden Anstieg der Bevölkerung, zur Auflösung alter sozialer Ordnungen bei. Der Übergang von der ständischen zur modernen Gesellschaft vollzog sich dabei in mehreren Etappen. Die Herrschaft der Aristokratie und des niederen Adels wurde keineswegs sofort zugunsten des aufsteigenden Bürgertums beseitigt. Trotzdem verhinderten die Anpassungsfähigkeit der politischen Eliten *(Katholikenemanzipation* 1829, *Wahlrechtsreformen* 1832 bzw. 1867) und die beginnende *Sozialgesetzgebung* (Reform des *Poor Law,* Fabrikgesetze), daß die erheblichen sozialen Spannungen *(Chartismus, Anti Corn Law League)* in eine revolutionäre Situation einmündeten.

Während der Regierungszeit Königin *Viktorias* (1837–1901) erreichte G. den Höhepunkt seiner Weltmachtstellung. Es wurde das Zentrum eines weltumspannenden *Empire,* dessen Netzwerk formeller und informeller Abhängigkeiten dazu diente, seinen Einfluß durch eine an brit. Interessen orientierte Friedensordnung *(Pax Britannica)* weltweit zu sichern. Der Stellenwert Europas blieb dabei für die brit. Politik eher begrenzt. Dennoch konnte sie im Zeitalter nationaler Staatsgründungen nicht darauf verzichten, die europ. Verhältnisse mitzugestalten. Da G. davon ausging, daß die europ. Ordnung hinreichend flexibel sein müsse, um auch nationale Forderungen berücksichtigen zu können (Neutralität ↗Belgiens 1831), geriet es in ein zunehmendes Spannungsverhältnis zu den am Status quo der Wiener Ordnung orientierten konservativen Festlandsmächten, v. a. zu Rußland. Der brit.-russ. Antagonismus *(Krimkrieg* 1853–56) wurde erst am Ende des Jahrhunderts vom Gegensatz zum Deutschen Reich abgelöst. Dessen Entstehung (1871) und frühe Entwicklung (Politik der Saturiertheit) hatte G. zunächst wohlwollend betrachtet. Als aber am Ende der Bismarck-Ära das Kaiserreich dazu überging, einen Anspruch auf Weltgeltung zu erheben (Kolonial- und Flottenpolitik), führte die dadurch ausgelöste dt.-brit. Rivalität zum Aufbau gegeneinander gerichteter Bündnissysteme. Schwierigkeiten im überseeischen Imperium, der Verlust der Führungsposition und die wachsende Konkurrenz der neuen Wirtschaftsmächte Deutschland und USA leiteten schließlich den Niedergang der brit. Weltmachtstellung ein, den der I. Weltkrieg beschleunigte.

Innenpolitisch erlebte das *Vereinigte Königreich* (Union mit ↗Irland, 1800) im 19. Jh. den stürmischen Wandel zur →Industriegesellschaft, die Entstehung moderner Gewerkschaften sowie die Metamorphose der alten Adelsfraktionen (Whigs und Tories) zur liberalen bzw. konservativen Massenpartei *(Labour Party* erst seit 1900/1906). Gleichzeitig trat eine grundlegende Veränderung der parlamentarischen Monarchie ein, deren demokratische Legitimierung mit der Entmachtung des *House of Lords* (1911) und der zögerlichen Einführung des allgemeinen, gleichen Wahlrechts (1918/28/48) ihren Abschluß fand. Neben der sozialen Frage blieb das Verhältnis zu Irland *(Home Rule)* ein Dauerproblem, das auch nach der Proklamation des irischen Freistaats (1922; ↗Irland II) bis in die Gegenwart hinein nicht gelöst werden konnte.

3. Das 20. Jahrhundert

Der I. Weltkrieg führte zu tiefgreifenden Veränderungen gesellschaftlicher Strukturen und verstärkte die Tendenz zu staatlicher Zentralisierung und Kontrolle (Kriegskabinett unter *David Lloyd George* seit 1916). G. gehörte zu den Verlierern auf der Siegerseite. Da Deutschland keine ernsthafte Bedrohung mehr darstellte, erstrebte G. eine Friedenssicherung auf der Grundlage europ. Gleichgewichtspolitik. Die Umstellung auf Friedenswirtschaft führte zu schweren Erschütterungen (Arbeitslosigkeit, Streiks). Als unter diesen Schwierigkeiten die Kriegskoalition (1922) zerbrach, gelang es auch den nachfolgenden konservativen Kabinetten *(Andrew Bonar Law, Stanley Baldwin)* nicht, die zerrütteten Staatsfinanzen zu sanieren und wirkungsvolle Reformen durchzuführen (Generalstreik von 1926). Nach dem Scheitern der zweiten Labour-Regierung *(James Ramsey MacDonald)* während der *Weltwirtschaftskrise* (1931) regierte bis 1940 eine Koalition aus Konservativen, Liberalen und einer Labour-Abspaltung mit wechselnden Kabinetten.

Den inneren Krisen der Zwischenkriegszeit entsprach die geschwächte Stellung G.s in der internationalen Mächtekonstellation, die sich v. a. in der Auflösung seines Kolonialreichs zeigte. Nach verschiedenen Neuordnungsversuchen markierte das *Statut von Westminster* (1931) den Übergang vom *Empire* zum freiwilligen Verbund faktisch souveräner Staaten unter der brit. Krone *(Commonwealth of Nations;* vgl. III). In Europa trug die umstrittene *Appeasementpolitik* der 30er Jahre *(Neville Chamberlain)* dazu bei, den aggressiven Kurs Hitlers zu ermutigen *(Münchner Abkommen,* 1938).

Dem dt. Angriff auf Polen jedoch folgte die brit. Kriegserklärung (3. 9. 1939). Obwohl G. nach der Kapitulation Frankreichs allein stand, gelang es ihm unter der entschlossenen Führung *Winston Churchills,* einen dt. Erfolg im Luftkrieg *(Battle of Britain)* erfolgreich zu verhindern. Der II. Weltkrieg überforderte die brit. Ressourcen, zumal ein großer Teil der Streitkräfte im Fernen Osten gebunden war. Erst der dt. Rußlandfeldzug und der Kriegsbeitritt der USA führten zur entscheidenden Entlastung.

Nach den Entbehrungen des Krieges setzte die Labour-Regierung unter *Clement Attlee* (vgl. Tab. 3) trotz enormer wirtschaftlicher Schwierigkeiten (Kriegsschulden, Stopp des amerikan. Leih- und Pachtprogramms) auf staatliche Sozial- und Interventionspolitik, führte eine einheitliche Sozialversicherung und einen kostenlosen Gesundheitsdienst *(National Health Service)* ein und verstaatlichte zugleich die Bank von England, die Eisen-, Kohle- und Stahlindustrie sowie große Teile der Transport- und Energiewirtschaft (vgl. V). Diese Politik der *mixed economy* und des *welfare state* blieb in ihren Grundzügen trotz späterer Reprivatisierungen erhalten. Der wirtschaftliche Aufschwung, den G. unter den konservativen Regierungen *Churchill, Anthony Eden, Harold Macmillan, Alec Douglas-Home* (1951–64) erlebte, konnte mit dem vergleichbarer Industrieländer nicht mithalten. Schon der Labour-Regierung *Harold Wilson* (1964–70) gelang es nicht, die ungezügelte Streik- und Tarifpolitik der Gewerkschaften durch eine rechtliche Regelung der Tarifbeziehungen einzudämmen. Als dies von der Regierung *Edward Heath* (1970–74) mit dem *Industrial Relations Act* (1971) versucht wurde, scheiterte sie am Widerstand der *Trade Unions.* Erst Premierministerin *Margaret Thatcher* (1979–90) konnte eine grundlegende Änderung des Gewerkschaftsrechts herbeiführen und die Zahl der Arbeitskämpfe reduzieren. Bei den Bemühungen, Überlastungen des Sozialstaates abzubauen und die Wettbewerbsfähigkeit der Wirtschaft zu erhöhen, setzte der *Thatcherismus* einerseits darauf, die Marktwirtschaft durch Subventionsabbau und Reprivatisierung zu aktivieren und andererseits Staatsaufgaben zu reduzieren, ohne daß es bisher gelang, den Modernisierungsrückstand gegenüber anderen Staaten der EG einzuholen.

Tabelle 3
Premierminister seit 1945

1945–1951	Clement Attlee (L)
1951–1955	Winston Churchill (C)
1955–1957	Anthony Eden (C)
1957–1963	Harold Macmillan (C)
1963–1964	Sir Alec Douglas-Home (C)
1964–1970	Harold Wilson (L)
1970–1974	Edward Heath (C)
1974–1976	Harold Wilson (L)
1976–1979	James Callaghan (L)
1979–1990	Margret Thatcher (C)
seit 1990	John Major (C)

C = Conservative and Union Party – L = Labour Party

Außenpolitisch geriet G. nach dem II. Weltkrieg zunehmend in die Rolle eines Juniorpartners der USA. Selbst der Aufbau eines eigenen Nuklearpotentials reichte nicht aus, um im beginnenden →*Ost-West-Konflikt* eine Sonderrolle *(Churchills* Konzept der drei Kreise: Commonwealth, USA, Europa) zu begründen. Die fortschreitende *Entkolonisierung* führte zur weiteren Auflösung des Empire. Sie brachte zunächst den asiat. Staaten des Kolonialreiches (↗Indien, ↗Pakistan, Ceylon [↗Sri Lanka], Burma [↗Myanmar], später ↗Malaysia) die Unabhängigkeit, setzte sich in der Karibik (↗Karibische Inseln und nördliches Südamerika), im Mittelmeer und in ↗Afrika fort und fand 1980 mit der Aufnahme von ↗Simbabwe in das Commonwealth ihren Abschluß. Dennoch blieb die koloniale Vergangenheit auch weiterhin eine Bürde: Im *Falklandkrieg* (1982) verhinderte G. nur unter erheblichen Opfern die Annexion der ↗Falkland-Inseln durch Argentinien.

Die weltweiten Bindungen G.s sowie seine Weigerung, nationale Souveränitätsrechte zugunsten supranationaler Institutionen zu verzichten, erschwerten ebenfalls seinen Weg in die EWG. Die brit. Regierung gehörte nicht zu den Unterzeichnern der Römischen Verträge (1957). Die von ihr bevorzugte →*Europäische Freihandelsassoziation* erwies sich als wenig tragfähig. 1961 scheiterte ihr erstes Beitrittsgesuch zur EWG am frz. Veto. Erst zehn Jahre später fand die Regierung *Edward Heath* mit knapper Mehrheit die Zustimmung des Unterhauses. Die dennoch fortdauernde Kontroverse konnte erst durch eine Volksstimmung (1975: 67,2% für den Verbleib in den →*Europäischen Gemeinschaften*) beendet werden. 1989 wurde mit dem Bau eines brit.-frz. *Kanaltunnels* begonnen, der die Insel direkt mit dem Festland verbinden wird. Während die Labour-Opposition in den 80er Jahren ihre antieurop. Haltung weitgehend aufgab, stützte ein großer Teil der Konservativen den kritischen Kurs der Premierministerin *Thatcher.* Sie weigerte sich bis zum Okt. 1990, dem →*Europäischen Währungs-System* (EWS) beizutreten und die geplanten Phasen der weiteren Integration *(Delors-Plan)* zu unterstützen. In Maastricht (1991) stimmte ihr Nachfolger dann unter Vorbehalten (Ablehnung der Sozialcharta) den Vereinbarungen über einen künftigen engen Zusammenschluß Europas zu.

Im Rahmen seiner Deutschlandpolitik hat G. in der Nachkriegszeit wesentlich zur Konsolidierung der Westzonen (Bizone 1947), zur Gründung der Bundesrepublik Deutschland (*Londoner Sechsmächte-Konferenz,* 1948) und deren politischer und militärischer Westintegration (Nato-Initiative, 1954) beigetragen und dabei die von ihm bei Kriegsende noch abgelehnte Teilung Deutschlands in Kauf genommen. Es hat allerdings die Kontinuität dt. Staatlichkeit ebenso akzeptiert wie den Alleinvertretungsanspruch der Bundesrepublik und sich im *Deutschlandvertrag* (1954) zur Forderung der Wiedervereinigung bekannt, in die es jedoch, trotz des Friedensvertragsvorbehalts im →*Potsdamer Abkommen* (1945), die Gebiete jenseits der Oder-Neiße-Linie nicht einbezog. Nach dem Bau der Berliner Mauer (1961) ging auch G. zunehmend von der Realität zweier dt. Staaten aus. Es begrüßte die Ostpolitik der Regierung Brandt/Scheel, achtete aber zugleich im *Viermächteabkommen* (1971) darauf, daß die Verantwortlichkeit der Alliierten für Berlin und für Deutschland als Ganzes erhalten blieb. Der Fall der Mauer (1989) wurde in G. uneingeschränkt begrüßt. Dies galt nicht in gleicher Weise für die dt. Einheit selbst. Die Befürchtung, das geeinte Deutschland könne eine Gefahr darstellen und das europ. Gleichgewicht grundlegend verändern, basiert einerseits auf negativen historischen Erfahrungen, ist andererseits aber auch durch die Distanz zur europ. Integration begründet, wie sie der Politik M. Thatchers zugrunde lag, die am 28.11.1990 von *John Major* abgelöst wurde. Dieser errang am 9.4.1992 für die konservative Partei den 4. Wahlsieg in Folge.

III. Verfassung und Recht

1. Verfassungsrechtliche und verfassungspolitische Grundlagen

a) Das Regierungssystem ist eine Erbmonarchie (Haus *Windsor;* Königin seit 1952 *Elisabeth II.*) mit parlamentarisch-demokratischer Regierungsform. Das monarchische Staatsoberhaupt muß der Anglikan. Kirche angehören und darf nicht kath. verheiratet sein. Zentraler Faktor des politischen Prozesses ist der Widerstreit von Regierung und Opposition, der in der Verfassungspraxis ein Zweiparteiensystem etabliert hat. Ein wesentlicher Grund für die Existenz dieses Systems liegt im brit. Wahlrecht, d. h. in der relativen Mehrheitswahl, nach dem jeder der 650 Wahlkreise einen auf längstens 5 Jahre gewählten Abgeordneten ins Unterhaus entsendet. Dabei gehört es zu den *conventions* und *established practices,* daß der Monarch nach den Wahlen den Fraktionsführer der Mehrheitspartei im Unterhaus mit der Regierungsbildung beauftragt und zum *Premierminister* ernennt. Dieser schlägt dem Monarchen die Mitglieder des Kabinetts zur Ernennung vor.

Das Regierungs- und Wahlsystem, dessen heutige Gestalt sich im wesentlichen zwischen 1870 und 1914 entwickelt hat *("Westminster-Modell"),* ist der Rahmen für das verfassungsrechtliche System Großbritanniens. Spätere Änderungen wurden mit Vorbehalt gewertet und als Abweichung von der Norm betrachtet. Dabei wird aber häufig übersehen, daß auch das Westminster-Modell nur ein bestimmtes Stadium einer kontinuierlichen verfassungsrechtlichen und verfassungspolitischen Entwicklung darstellt.

b) Verfassungs- und Rechtssystem. Die Verfassung läßt sich weder auf ein geschriebenes einheitliches Verfassungsdokument, gar eine einzelne Urkunde stützen noch historisch auf ein bestimmtes Jahr zurückbestimmen. Das Verfassungsrecht *(Constitutional Law)* findet sich vielmehr in einer Reihe von Gesetzen. Regelungen enthalten u.a. die *Magna Charta Libertatum* (1215), die *Petition of Right* (1628), die *Habeas-Corpus-Akte* (1679), die *Bill of Rights* (1689), der *Act of Settlement* (1701), die *Schottische Unionsakte* (1707), die *Representation of the Peoples Acts* (1832, 1918, 1928, 1948), die *Parliament Acts* (1911, 1949), das *Westminster-Statute* (1931). So sind z. B. in dem *Representation of the Peoples Act* 1948 die Voraussetzungen der Wahlen zum Unterhaus oder in den *Parliament Acts* das Verhältnis zwischen Oberhaus und Unterhaus – wenn auch nicht umfassend und abschließend – geregelt. Ein anderer Teil des Verfassungsrechts ist nicht einmal gesetzlich niedergelegt, sondern besteht und entfaltet seine Wirksamkeit in „conventions". Ein Verstoß dagegen wäre nicht rechtswidrig, würde aber ein Signal setzen, daß das ganze verfassungsrechtliche System in eine Krise gerät.

Neben den Parlamentsgesetzen und Konventionen gibt es noch eine dritte Kategorie verfassungsrechtlich relevanter – ungeschriebener – Regeln: Übliche Praktiken *(established practices)* in der Verfahrensweise, z. B. bei der Auswahl der Unterhaus-Kandidaten oder bei der Organisation der Kabinettsarbeit. Alle drei Kategorien von Verfassungsrecht – laws, conventions, practices – sind – angefangen von der *Habeas-Corpus-Akte* 1679 und dem damit verbundenen Schutz vor Freiheitsentzug ohne gerichtliches Verfahren über die seit 1708 etablierte Konvention, daß das monarchische Staatsoberhaupt die Gesetzgebung nicht durch sein Veto hindert, bis zur aktuellen Entwicklung im parlamentarischen Verfahren der Ausgabenkontrolle – unsystematisch über die brit. Verfassungsgeschichte verstreut.

Im übrigen besteht das Verfassungsrecht großenteils aus dem richterlichen Gewohnheitsrecht, dem *Common Law,* d. h. den Gerichtsentscheidungen über Verfassungsfragen *(Judicial Precedent).* Schließlich findet sich Verfassungsrecht in den geschriebenen Gesetzen *(Statutory Laws).* Wenngleich das geschriebene Gesetz eindeutig Vorrang hat, unterscheiden sich die Verfassungsgesetze aber weder von der Form noch von der Quelle her vom sog. „einfachen" Gesetzesrecht.

Von den Quellen der Verfassung zu unterscheiden sind die *Verfassungsprinzipien.* Hierzu gehört primär die Unterordnung der Staatsgewalt unter das Recht, die *Rule of Law,* die dem kontinentalen Rechtsstaatsprinzip entspricht. Ihre wesentlichen Merkmale sind: Rechtsgleichheit aller Bürger und Unabhängigkeit der Gerichte. Andere Prinzipien betreffen die loyale Respektierung der Krone als Institution, den Grundsatz der Parlamentssouveränität und das Postulat der Verschränkung der Gewalten *(Fusion of powers).*

Verfassungsrechtlich und -politisch wesentlich ist die Doktrin der *Parlamentssouveränität,* deren Systematisierung am Ende des 19.Jh. auf *A. F. Dicey* zurückzuführen ist. Die uneingeschränkte legislative Kompetenz des Parlaments ist die Basis der Verfassung und die grundsätzliche Legitimationsgrundlage noch für die heutige Herrschaftsordnung Großbritanniens. Auch ein gewisser Funktionsverlust des Parlaments im Verlaufe des 20.Jh. wird nicht als ernstzunehmende Gefährdung der Parlamentssouveränität gesehen. Die legislative Souveränität bedeutet theoretisch eine schrankenlose sachliche und örtliche Regelungsbefugnis: Das Parlament kann Gesetze beliebigen Inhalts erlassen und aufheben. Es sind keine Rechtsnormen denkbar, die den Gesetzen des Parlaments Schranken setzen könnten, es existiert kein höherrangiges Recht. Neben dem Parlament gibt es auch keine Institution, die eine gesetzliche Regelung des Parlaments aufheben oder durch eine andere ersetzen könnte. Insbes. können die Gerichte ein Gesetz nicht für nichtig erklären. Schließlich kann das Parlament sich nicht für die Zukunft an eine bestimmte Regelung binden („Parliament cannot bind its successors").

Das Parlament besteht aus drei Teilgewalten: dem Monarchen, dem Oberhaus und dem Unterhaus *(King/Queen-in-Parliament, House of Lords, House of Commons).* Nur durch ihr Zusammenwirken kommt ein Gesetz (ein *Act of Parliament)* zustande, wobei alle drei getrennt handeln müssen, also nicht nur lediglich zustimmen dürfen. Die Gesetze werden allerdings nicht vom Monarchen, dem Oberhaus und dem Unterhaus erlassen, sondern vom King/Queen-in-Parliament. Das House of Lords umfaßt erbliche Lords (1991: 803), ernannte Lords (348) sowie 26 Diözesanbischöfe der Anglikanischen Kirche.

Für das *Verhältnis von Kirche und Staat* ist grundlegend und für ganz G. gemeinsam die Anerkennung der Religionsfreiheit als Individualgrundrecht. Die institutionelle Ordnung weist indes unterschiedliche Gestaltungen auf. In *England* ist die *Anglikanische Kirche* Staatskirche *(Church of England* als „established church"), der Monarch ihr „supreme governor" (vgl. VI). Sie genießt eine Reihe von Prärogativen, untersteht andererseits in grundlegenden Fragen der Gesetzgebungshoheit des Parlaments. Die Bischöfe werden auf Vorschlag eines kirchlichen Wahlgremiums nach Zustimmung des Regierungschefs von der Krone ernannt. 26 Diözesanbischöfe haben einen Sitz im House of Lords. Finanzielle Unterstützung vom Staat erhält die Anglikanische Kirche nicht; ein Kirchensteuersystem gibt es ebenfalls nicht. Alle anderen Kirchen und Religionsgemeinschaften sind freie Vereinigungen ohne speziell anerkannten Status. Neben der röm.-kath. Kirche zählen dazu insbes. die klassischen Freikirchen der Baptisten und Methodisten. Trotz des Bestehens einer Staatskirche ist für England religiöser Pluralismus charakteristisch. – In *Schottland* ist Staatskirche die auf den calvinistisch gesonnenen Reformator *John Knox* zurückgehende *Presbyterianische Kirche (Reformed Church of Scotland).* Ihre volkskirchliche Prägung ist stärker als diejenige der Anglikanischen Kirche. – Im Unterschied zu England und Schottland gibt es weder in *Wales* noch in *Nordirland* eine „established church".

2. Recht

Ein einheitliches Rechtswesen gibt es in G. nicht. „Englisches" Recht gibt es nur in England und Wales; das nordirische System weist keine tiefgreifenden Unterschiede auf. Gänzlich unterschiedlich ausgestaltet ist immer noch das schott. Rechtssystem, trotz des seit 1707 gemeinsamen Parlaments. Das Gerichtswesen entwickelte sich zu einer recht komplexen Organisation. Wesentlich ist die grundsätzliche Trennung von Straf- und Zivilgerichtsbarkeit und sonstigen Spezialgerichten für besondere Materien.

a) Rechtsquellen. Im Gegensatz zu Kontinental-Europa, wo das durch Parlamente beschlossene Gesetzesrecht gegenüber dem ungeschriebenen Recht deutlich dominiert, treten neben dieses Gesetzesrecht *(Statute Law)* als wichtigste Rechtsquellen das Gewohnheitsrecht *(Common Law)* und das Billigkeitsrecht *(Equity).*

Das *Common Law* (Gemeines Recht) ist das aus der Rechtsprechung der Gerichte sich ergebende „Richter-Recht"; d.h., in der Gesellschaft allgemein anerkannte Regeln, Gewohnheiten, Gebräuche und Usancen erwachsen durch richterliche Entscheidungen zu verbindlichen Rechtsnormen. Das Common Law hat Vorrang vor örtlich geltendem oder andersartigem und speziellem (z.B. kanonischem) Recht, auch vor neuerem Gewohnheitsrecht. Aus den Gegensätzen zu anderen Institutionen ergibt sich seine Bedeutung:
(1) *Common Law und Civil Law:* In diesem Fall ist Common Law gleichzusetzen mit *Law of England (Law of the Land);* als Civil Law ist ihm das römische Recht gegenüberzustellen. – (2) *Common Law und Equity:* In dieser Gegenüberstellung tritt dem strikten Recht ein zu seiner Korrektur erforderliches und geeignetes Billigkeitsrecht gegenüber, das sich im Laufe der Jahrhunderte allerdings selbst wieder weitgehend in Präjudizien verfestigt hat. – (3) *Common Law und Statute Law:* In diesem Gegensatz tritt das in gerichtlichen Entscheidungen enthaltene Richter-Recht, das *Case Law* (Fall-Recht) neben das förmlich statuierte (gesetzte = geschriebene) Recht, d.h. die an Einzelfällen herausgearbeiteten Auslegungen und Rechtsgrundsätze treten neben die geschriebenen generell-abstrakten Regelungen. Das Common Law selbst ist im wesentlichen Case Law, d. h. ein auf der Entscheidung einzelner Fälle und auf der weiteren Anwendung dieser vorgegebenen Fälle (Präjudizien) auf andere, neue Fälle beruhendes Recht. Es entwickelt sich in der Auseinandersetzung mit früheren, grundsätzlich bindenden Fallentscheidungen anläßlich eines neuen Falles weiter, während das *Statute Law* die abstrakte generelle Regelung künftiger Fälle durch den Gesetzgeber in den Vordergrund stellt.

Die Notwendigkeit und das Bedürfnis nach Ergänzung des Common Law wegen seines begrenzten Umfangs an Prozeßgründen und wegen seiner fehlenden Adaption an gesellschaftliche und wirtschaftliche Entwicklungen führten zur Entwicklung des *Equity Law* (Billigkeitsrechts). Ursprünglich ging es allein um die Möglichkeit von Petitionen an den Souverän, wenn der Bürger sich durch den strikten Formalismus des Common Law ungerecht behandelt sah. Die Prärogative der Krone gab der →Billigkeit Platz und half den Mängeln des Common Law ab, d. h. Equity bildete ein Korrektiv des Common Law. Equity bedeutete nur einen ergänzenden Rechtsschutz („equity follows the law"). Heute stehen die Rechtsgrundsätze der „Equity" neben denen des „Common Law" und sind wie diese in Entscheidungssammlungen zusammengefaßt. Die Gerichte dürfen beide Rechtsgrundsätze anwenden, den Regeln der Equity ist aber im Konfliktfall Priorität einzuräumen.

Statute Law (Gesetzesrecht). Im Gegensatz zum kontinental-europ. Recht ist das von der Legislative gesetzte Recht – ursprünglich nur eine Rechtsquelle von nachrangiger Bedeutung – dazu bestimmt, die Regelungskomplexe des Case Law zu vervollständigen oder aber durch z.B. gesellschaftlich-ökonomische Entwicklungen notwendig gewordene Ergänzungen oder Änderungen zu bewirken. Hierzu gehören die typischen Parlamentsgesetze und die nachgeordnete Rechtsetzung, d. h. Rechtsverordnungen (z. B. *statutory instruments),* zumeist aufgrund eines Parlamentsgesetzes von einem Ministerium erlassen, oder die sog. *by laws,* d.h. die aufgrund einer parlamentsgesetzlichen Ermächtigung z. B. von Kommunalbehörden erlassenen Regelungen. Die Bedeutung der Parlamentsgesetze ist heute unvergleichlich größer als früher; sie können auch als Rechtsquelle höchste Autorität beanspruchen. Typisch brit. ist es aber, daß sie nicht lange nach ihrem Inkrafttreten durch einen Kreis von sie verbindlich auslegenden Richtersprüchen umfaßt werden, die ihren Inhalt konkretisieren und festlegen. Damit tritt letztlich wieder das Case Law in den Vordergrund.

Das Nebeneinander der verschiedenen Rechtsquellen wird zunehmend als unbefriedigend empfunden, insbes. in den sich schnell entwickelnden technischen Sachbereichen der modernen Industriegesellschaft. Reformbemühungen gelten der systematischen Überarbeitung verschiedener Rechtsmaterien und der Prüfung von deren Kodifikationsmöglichkeit, z. B. im Straf- oder Mietrecht. Zu den Gremien mit diesen Aktivitäten gehören das *Law Reform Committee,* v. a. aber die *Law Commission,* die jährlich dem Parlament berichtet.

b) Gerichtsbarkeit. An ihrer Spitze steht als höchstes Appellationsgericht in Zivil- und Strafsachen das *House of Lords,* das indes nur in Fällen von grundsätzlicher Bedeutung und zu prinzipiellen Rechtsfragen angerufen werden kann. In aller Regel nehmen an den Sitzungen des Oberhauses als Gericht nur die sog. *Law Lords* („Lords of appeal in ordinary") teil. Der Vorsitzende des Oberhauses, der *Lord Chancellor,* ist zugleich oberster Richter; er gehört dem Kabinett an und ist mit Teilfunktionen eines Justizministers betraut.

Unterhalb der Oberhausebene steht als doppelfunktionaler oberster Gerichtshof der *Supreme Court of Justice,* der den *High Court of Justice* und den *Court of Appeal* umfaßt. Beide sind sowohl für Zivil- wie für Strafsachen zuständig.

Unterste Gerichte in der *Strafgerichtsbarkeit* sind die *Magistrates Courts,* denen häufig ein Laienrichter vorsteht. Nach der Definition des „Magistrates Courts Act 1980" wird heute unter diesem Gericht der Friedensrichter *(Justice of the Peace)* oder der Berufsrichter *(Stipendiary Magistrate)* verstanden, die ganz überwiegend die Strafgewalt im Bereich der Kleinkriminalität ausüben. Unterste Gerichte der Zivilgerichtsbarkeit sind die (ca. 340) *County Courts* (Grafschaftsgerichte), die in kleinen Fällen entscheiden und mit jeweils einem oder zwei Berufsrichtern besetzt sind. Vom County Court ist die Berufung zum High Court of Justice statthaft, der auch erstinstanzlich in größeren Zivilsachen angerufen wird.

Neben den genannten Gerichten bestehen noch Spezialgerichte wie der *Coroner's Court,* der Todesfälle untersucht, Militär- und Kirchengerichte. Letztere besitzen den Status öffentlicher Gerichte, da England eine Staatskirche hat.

Die wichtigste Gruppe unter den besonderen Gerichten *(Special Courts)* bilden die *Administrative Tribunals* (Verwaltungsgerichte), eher Verwaltungskontroll-Ausschüsse mit quasirichterlichen Funktionen. Schranken der administrativen Tätigkeit der Exekutive können zum einen durch Parlamentsgesetze, zum anderen durch Common-Law-Prinzipien aufgestellt werden. Administrative Anordnungen dürfen einerseits weder Parlamentsgesetzen noch den sie ausführenden untergesetzlichen Normen widersprechen; andererseits müssen in diesem Zusammenhang die Auslegungsgrundsätze der *natural justice* (natürlichen Gerechtigkeit) beachtet werden. Dazu gehören zwei Grundsätze: Niemand kann Richter in eigener Sache sein; und: die entscheidende Behörde muß die betroffene Partei anhören.

Bis heute werden in der Justiz bei den im Common Law geschulten Richtern Tendenzen deutlich, die Disziplin *Verwaltungsrecht* zu ignorieren, es allenfalls als Privileg der Verwaltung und eine umfassendere gerichtliche Kontrolle als unvereinbar mit dem engl. Recht anzusehen. Zunehmend, insbes. durch die Einflüsse der EG, gewinnt jedoch die Erkenntnis Raum, daß Verwaltungskontrolle sich nicht in politischer Beherrschung der Verwaltung erschöpfen darf. Trotz aller Bemühungen und Fortschritte erscheint aber der Weg zu einem eigenständigen Verwaltungsrecht im kontinental-europ. Sinne noch relativ weit, zu einer eigenständigen Verwaltungsgerichtsbarkeit noch weiter.

c) Justizpersonal. Der Anwaltsstand ist nach Stellung und Funktion differenziert, wobei die kleinere Gruppe (ca. 2200) die *Barrister* bilden, die vor den höheren Gerichten plädieren. Sie werden forensisch tätig in Fällen, die ihnen von etwas weniger renommierten Kollegen, den *Solicitors,* vorgelegt werden. Barristers haben keinen unmittelbaren Kontakt mit den eigentlichen Mandanten, sie sind auf die Mitarbeit der Solicitors angewiesen, haben aber erheblich höhere Gebührenansprüche als diese und genießen als Berufsstand größeres Ansehen. Vorsichtige gesetzliche Schritte zur Bildung eines einheitlichen Anwaltsstands wurden 1991 eingeleitet.

Nach mindestens 10jähriger erfolgreicher Tätigkeit kann der Barrister vom Lordkanzler zum „Q. C./K. C." *(Queen's/King's-Counsel,* d. h. Mitglied des Kronrats) ernannt werden. Aus dem Kreis der Barrister wiederum rekrutiert sich der oberste Berufsrichterstand, was zu einer gewissen kollegialen Homogenität dieser Berufsgruppen führt. Diese ca. 200 auf Lebenszeit berufenen Richter genießen höchstes gesellschaftliches Prestige: Unabhängigkeit, Unbestechlichkeit und Würde sollen dessen Grundlage bilden.

d) Rechts- und Verfassungsreform. In den letzten Jahren wird die Frage diskutiert, ob das engl. Recht – wie andere westl. Rechtsordnungen auch – einen *Grundrechtskatalog* in Form einer Bill of Rights brauche, in dessen Rahmen sich jeder rechtlich relevante Akt, also auch die legislative Tätigkeit des Parlaments, halten müsse. Die Gegner eines geschriebenen Grundrechtskatalogs lehnen entweder eine kodifizierte Verfassung gänzlich ab mit dem Argument, der einzelne genieße bereits ausreichenden Rechtsschutz, oder aber sie räumen zwar dessen Unzulänglichkeit, damit die Notwendigkeit einer Veränderung ein, die aber auch durch weniger einschneidende Maßnahmen erreicht werden könne. Der entscheidende Gesichtspunkt für die immer noch überwiegende Ablehnung eines Grundrechtskatalogs dürfte indessen sein, daß es unmöglich sei, der freien, souveränen Entscheidung des Parlaments einen vorgefaßten Willen zur Beachtung bestimmter Grundsätze voranzusetzen *(W. v. Simson).* Kritiker halten dem entgegen, daß das Parlament schon heute nicht mehr souverän sei und insbes. nicht an den internationalen Verpflichtungen – z. B. Europaratskonventionen und v. a. den Verträgen über die EG – vorbeigehen könne.

3. Das Commonwealth of Nations

Mit G. nach wie vor politisch, kulturell und wirtschaftlich verbunden sind die Staaten des Commonwealth of Nations. Dieses entstand – als Verband unabhängiger Staaten ohne eigene Völkerrechtssubjektivität – ursprünglich aus einer Umwandlung des British Empire in eine freie Verbindung der 6 souveränen Staaten G., Kanada, Australien, Neuseeland, Südafrika und Irland. Für deren rechtliches Verhältnis zueinander wurden maßgebend die Empire-Konferenz von 1926 (sog. *Balfour-Formel)* und das *Westminster-Statut* vom 11. 12. 1931. Im Zuge der Entkolonialisierung nach dem 2. Weltkrieg erwarben zahlreiche unabhängig gewordene Staaten die Mitgliedschaft im Commonwealth (so Indien und Pakistan 1947, Ceylon 1948). Irland trat 1949, die Republik Südafrika 1961, Pakistan 1972 aus der Gemeinschaft wieder aus. Pakistan ist aber seit 1989 wieder Mitglied. Derzeit (1992) zählt das Commonwealth 50 Mitgliedstaaten (vgl. Tab. 4). Neben dem Vereinigten Königreich erkennen 12 weitere Staaten den Inhaber der brit. Krone als Staatsoberhaupt an.

Tabelle 4
Mitgliedstaaten des Commonwealth *

Europa	Nigeria
Vereinigtes Königreich von Großbritannien und Nordirland [1]	Sambia
	Seschellen
Malta	Sierra Leone
Zypern	Simbabwe
	Swasiland [2]
Amerika	Tansania
Antigua und Barbuda	Uganda
Bahamas	
Barbados	*Asien*
Belize	Bangladesch
Dominica	Brunei [2]
Grenada [1]	Indien
Guyana [1]	Malaysia [2]
Jamaika [1]	Malediven
Kanada [1]	Pakistan
St. Kitts und Nevis [1]	Singapur
St. Lucia [1]	Sri Lanka
St. Vincent und die Grenadinen [1]	*Australien und Ozeanien*
Trinidad und Tobago	Australien [1]
	Kiribati
Afrika	Nauru
Botswana	Neuseeland [1]
Gambia	Papua-Neuguinea [1]
Ghana	Salomonen [1]
Kenia	Samoa [2]
Lesotho [2]	Tonga [2]
Malawi	Tuvalu [1]
Mauritius	Vanuatu
Namibia	

* siehe die einzelnen Artikel
1 = Länder unter dem britischen Monarchen als Staatsoberhaupt
2 = Länder mit eigenem Monarchen als Staatsoberhaupt

Regelmäßig finden Commonwealth-Konferenzen als Konferenzen der Staats- und Regierungschefs statt. Seit 1965 besteht in London ein Commonwealth-Sekretariat als zentrale Informations- und Kooperationsstelle, ferner wurde (1971) ein Commonwealth-Fonds für technische Zusammenarbeit eingerichtet. Hingegen besteht der Zusammenhalt durch eine gemeinsame Währung (Sterlingblock) nicht mehr.

IV. Bevölkerungs- und Sozialstruktur

1. Bevölkerungsentwicklung und -verteilung

Das Vereinigte Königreich gehört zu den bevölkerungsreichsten Staaten der Erde (an 15. Stelle). Die Landessprache ist *Englisch*. 19% der Einwohner von Wales sprechen *Walisisch*, nur 2% der Schotten, vornehmlich auf der Insel Skye und den Äußeren Hebriden, *Gälisch*. Gälische Idiome auf der Insel Man (Manx) und in Cornwall (Cornish) sind nur noch in Resten vorhanden.
Gegen Ende des 17. Jh. hatten England und Wales 5,5 Mio., Schottland ca. 1 Mio. E.; 10% von ihnen lebten in Städten, vorwiegend in London. Im Verlauf der Industrialisierung stieg die Einwohnerzahl von 11,9 (1801) auf 38,2 Mio. (1901). Dieser natürliche Zuwachs war begleitet von regionalen Wanderungen, die zu einer Umverteilung der Bevölkerung führten. Zahl und die Größe der Städte wuchsen zu Lasten der ländlichen Gebiete. Das natürliche Bevölkerungswachstum wurde, besonders 1880–90 sowie zwischen 1900 und dem I. Weltkrieg, gemindert durch eine starke Emigration nach Übersee (v. a. nach Australien, Kanada, Neuseeland, Südafrika und in die USA). Diese Emigrationsverluste kehrten sich nach dem II. Weltkrieg mit der Auflösung des Empire in Gewinne um, als verstärkt meist farbige Einwohner des New Commonwealth einwanderten. 1971, als 1,5 Mio. Farbige in G.

lebten, wurde die Einwanderung gesetzlich begrenzt. Während bis 1983 die Emigrationsverluste wieder zunahmen, standen im Zeitraum 1983–87 946 000 Auswanderern 1,1 Mio. Einwanderer gegenüber, 20% davon aus Commonwealth-Ländern. Gegenwärtig liegt der Anteil Farbiger an der Bevölkerung bei 6%; 24% von ihnen stammen aus Indien, 11% aus Pakistan, 15% aus der Karibik. Die Mehrzahl lebt in den Verdichtungsräumen um Manchester, Leeds, Liverpool und Birmingham, vorwiegend jedoch im Großraum London (14,3% der Bevölkerung). Trotz der Phasen verstärkter Einwanderung verlangsamte sich das Bevölkerungswachstum seit Beginn des 20. Jh. zunehmend (1921–31: 4,7%, 1965–75: 2,7%, 1981–89: 1,7%).
Als Folge sinkender *Heiratsquoten*, eines höheren Heiratsalters (Frauen 1970: 22, 1987: 24 Jahre) und eines höheren Alters bei der ersten Geburt (1981: 25, 1987: 27 Jahre) sank die *Geburtenziffer* von 16,1‰ (1970) auf 13,6‰ (1989), die durchschnittliche *Haushaltsgröße* von 2,8 (1971) auf 2,52 (1987) Personen. 1980–87 stieg die *Scheidungsquote* von 12% auf 13%, die Zahl der außerehelichen Geburten von 11% auf 23%, die der außerehelichen Schwangerschaften auf 35,6%, von denen mehr als 1/3 (1987: 156 200) durch gesetzlich erlaubten Abbruch beendet wurden. 19% aller Frauen zwischen 18 und 49 Jahren leben in außerehelichen Gemeinschaften.
Die *Lebenserwartung* (Männer/Frauen) stieg von 69/75 Jahren (1970) auf 73/78 Jahre (1988). Die *Säuglingssterblichkeit* sank von 18,5‰ (1970) auf 8,4‰ (1989); die *allgemeine Sterberate* liegt seit 40 Jahren bei rd. 12‰. Als Folge rückläufiger Geburtenraten und steigender Lebenserwartung veränderte sich die *Altersstruktur* ungünstig. So sank der Anteil der Einwohner unter 16 Jahren von 23% (1970) auf 19% (1988) und stieg derjenigen über 65 Jahre von 13% auf 16%.
Hinter der durchschnittlichen *Bevölkerungsdichte* (234,7 E./km^2) stehen erhebliche Disparitäten in der räumlichen Verteilung, die von 4285 E./km^2 im Großraum London bis zu weniger als 1 E./km^2 im nordwestl. Schottland reichen. Die Mehrzahl der Bevölkerung lebt im Dreieck zwischen Liverpool, Leeds und London mit den (inzwischen aufgelösten) „metropolitan counties" Greater London (6,768 Mio. E.), West Midlands (2,642 Mio., davon Birmingham 1,008 Mio.), Greater Manchester (2,589 Mio., davon Manchester 451 000), West Yorkshire (2,053 Mio., davon Leeds 711 000), Merseyside (1,481 Mio, davon Liverpool 492 000) und South Yorkshire (1,303 Mio., davon Sheffield 539 000). Weitere Verdichtungsräume sind die „metropolitan counties" Tyne & Wear (1,139 Mio.), Newcastle (282 000), die mittelschott. Senke mit Glasgow (734 000) und Edinburgh (440 000), Südwales mit Cardiff (279 000) sowie die Gebiete um Bristol (394 000) und Belfast (302 000). Seit 1970 verlieren die Kerngebiete aller Verdichtungsräume aufgrund unzureichender Wohnverhältnisse zugunsten der Randzonen sowie der ländlichen bzw. ländlich-kleinstädtischen Gebiete an Bevölkerung, seit Beginn der 1980er Jahre zudem die strukturschwachen Altindustriegebiete zugunsten des wirtschaftlich wachsenden SO, wo wiederum die Bevölkerung v. a. in den Gemeinden außerhalb des Großraumes London zunimmt.

2. Siedlungsnetz

G. gehört zu den am stärksten verstädterten Ländern der Erde. Während der römischen Siedlungsperiode wurde die Grundlage des Siedlungs-, v. a. des Städtesystems in Lowland Britain gelegt. Die wichtigsten Städte waren London, York, Chester, Lincoln und Gloucester; hinzu traten kleinere Verwaltungsstädte wie Canterbury, Winchester, Exeter und Leicester sowie der Badeort Bath. Sie blieben auch nach dem Abzug der Römer bewohnt. Die Grenze zwischen Lowland und Highland Britain erwies sich als Kulturgrenze; die Penninen und das südschott. Bergland waren lediglich römische Militärbezirke mit Kastellen, die übrigen Bergländer blieben Rückzugsgebiete der Kelten.

In der angelsächsischen Siedlungsperiode wurde im wesentlichen der ländliche Raum durch mehrere Phasen der Landnahme erschlossen und eine Vielzahl von Dörfern gegründet. Von den Hauptstädten der Königreiche abgesehen, waren nur wenige Siedlungen durch Burgen geschützt und von Mauern umgeben.

Burgen und Bischofssitze wurden jedoch in normannischer Zeit Keimzellen befestigter städtischer Siedlungen mit besonderen königlichen Privilegien (v. a. Marktrechte), deren Namen meist auf -burgh oder -borough (-bury) enden. Eine ähnliche Entwicklung fand auch in Schottland und Wales statt (Edinburgh, Glasgow, Stirling, Caerphilly u. a.). Aus diesen Marktorten entwickelten sich bis ins frühe 18. Jh., v. a. in der Tudorzeit, in der auch die Universitätsstädte Oxford und Cambridge ihren wesentlichen Ausbau erfuhren, kleinere Handels-, Manufaktur- und Administrationszentren (Grafschaftshauptorte).

Mit der Entwicklung des Überseehandels nahmen besondere Orte an der West- und Südwestküste einen wirtschaftlichen Aufschwung (Glasgow, Liverpool, Bristol, Southampton u. a.). Seine entscheidende Prägung erhielt das Siedlungsnetz vom Beginn des 19. Jh. bis in die 1930er Jahre durch das Wachstum der Industriestädte, v. a. gefördert durch die flächenverbrauchende Ausbreitung (stereotyper) Wohnviertel in niedriger Bauweise. In den schott. Hochlanden wurden gleichzeitig zur wirtschaftlichen Förderung des ländlichen Raumes kleinere Städte gegründet. Ab der Mitte des 19. Jh. entwickelten sich weiterhin die wichtigsten brit. Seebäder (z. B. Blackpool, Brighton). Das Ausufern der Großstädte *(urban sprawl)* zu begrenzen war das Ziel der *New Towns,* die seit dem II. Weltkrieg am Rande der Ballungsräume, v. a. aber um London (Harlow, Hatfield, Stevenage, Crawley u. a.) gebaut wurden. Dieses Konzept wurde in der jüngsten Vergangenheit jedoch abgelöst von Maßnahmen zur städtebaulichen Erneuerung der zentralen Teile der Ballungsräume, bes. in den strukturschwachen Altindustriegebieten. Unterhalb des national dominierenden Großraumes London sind diese Ballungsräume die wichtigsten Städtekonzentrationen. Ihnen folgen die singulären Großstädte (z. B. Edinburgh, Cardiff, Bristol, Nottingham, Belfast), Regionalstädte wie Inverness, Aberdeen, Norwich und Brighton, Mittelstädte mit bes. Funktionen und Grafschaftshauptorte (z. B. Perth, Dundee, Bath, Chester, Oxford, Cambridge, Londonderry) sowie eine Vielzahl von Kleinstädten als Versorgungszentren im ländlichen Raum, die wiederum in den Lowlands von Dörfern unterschiedlicher Form, v. a. Straßendörfern, in den Grasländern der Schichtstufenlandschaft und in Highland Britain von Einzelhöfen und Weilern geprägt wird.

3. Erwerbs- und Sozialstruktur

1978–87 sank die Zahl der Erwerbstätigen von 24,6 Mio. (Erwerbsquote: 44,1%) auf 24,1 Mio. (Erwerbsquote: 42,4%). Dieser Rückgang ist die Folge zunehmender Überalterung der Bevölkerung, v. a. aber einer sektoralen Veränderung der Wirtschaftsstruktur. Seit 1978 gingen im Bergbau und im produzierenden Gewerbe, dabei v. a. im Fahrzeugbau, in der Textilindustrie sowie in der Eisen- und Stahlindustrie, ca. 2 Mio. Arbeitsplätze verloren, während im Dienstleistungssektor, bes. im Bank- und Versicherungsgewerbe, im Gesundheits- und Erziehungswesen, im Einzelhandel und im Tourismus, ca. 1 Mio. Arbeitsplätze neu geschaffen wurden. Bei der abhängigen Beschäftigung sank der Anteil des sekundären Sektors von 31,1% auf 23,4%; dagegen stieg der des tertiären Sektors von 58,8% auf 68,3%. Gefördert durch staatliche Finanzierungsprogramme zur Betriebsgründung nahm zeitgleich der Anteil der Selbständigen an den Erwerbstätigen von 7,4% auf 11,4% zu. Mit dem Verlust industrieller Arbeitsplätze war ein Rückgang der Vollzeitbeschäftigung für Männer um 13,6% verbunden, während die Ausweitung des Dienstleistungssektors eine Zunahme der Teilzeitarbeit für Frauen um 11,6% bewirkte. Männliche Arbeiter stellen daher auch den größten Anteil an den registrierten Arbeitslosen, deren Zahl – trotz mehrfacher definitorischer Einschränkungen – von 1,2 Mio. (1978) auf 3,2 Mio. (1987) anstieg (Arbeitslosenquote: 4,9% bzw. 13,3%); die Arbeitslosenquote der farbigen Bevölkerung liegt knapp doppelt so hoch.

Der sektorale Strukturwandel war verbunden mit einer regionalen Umverteilung der Arbeitsplätze. Die Zahl der industriellen Arbeitsplätze sank v. a. in den Midlands, in den nördl. Regionen, in Südwales und in Mittelschottland, wobei der Verlust von Vollarbeitsplätzen für Männer regional zwischen 12,0% und 21,7% schwankt. Die Mehrzahl der neuen Arbeitsplätze in den High-Tech-Industrien und den Dienstleistungsgewerben entstand dagegen in den Regionen East Anglia, South West und South East. Infolgedessen liegen die Schwerpunkte der Arbeitslosigkeit, z. T. mit Quoten über 18%, außer in Nordirland und Südwales auch in den Verdichtungsräumen South Yorkshire, Tyne & Wear, Merseyside und Glasgow; hier beträgt zudem der Anteil männlicher Langzeitarbeitsloser an den Arbeitslosen zwischen 43,7% und 50,9%.

Nach dem sozio-ökonomischen Status entfallen (1989) 7,2% der Erwerbstätigen auf höhere, 17,1% auf mittlere und 27,3% auf untere Angestellte, Beamte und Selbständige, 27,2% auf Facharbeiter, 12,3% auf angelernte und 8,9% auf ungelernte Arbeiter.

V. Wirtschaft

1. Natürliche Ausstattung mit Rohstoffen

G. verfügt, abgesehen von den sehr umfangreichen Steinkohle-, Rohöl- und Gasvorkommen zur Energieerzeugung (s. u. 3), noch über Erzressourcen, die einst seine Industrialisierung begünstigten.

2. Grundzüge des Wirtschaftssystems

G. ist seit dem 1. 1. 1973 Mitglied der EG. Wie alle übrigen Mitgliedstaaten hat auch die brit. Wirtschaft davon erheblich profitiert. Es kann daher auch keine generelle brit. Ablehnung zur EG konstatiert werden, auch wenn die Europapolitik *Margret Thatchers* diesen Anschein vermittelt hatte. Ihr Konzept war ein Europa, das auf freiwilliger Kooperation zwischen unabhängigen souveränen Staaten gegründet ist.

Das Wirtschaftssystem ist als freie Marktwirtschaft zu bezeichnen. Die staatliche Reglementierung beschränkt sich auf makroökonomische Maßnahmen (z. B. Staatsausgaben, Steuerpolitik, Kreditkontrollen) zur Beeinflussung des Wirtschaftswachstums und der Arbeitsmarktsituation. Zu diesem Zweck wurde bei Amtsübernahme durch die konservative Regierung 1979 u. a. ein umfangreiches Privatisierungsprogramm beschlossen. Ende 1989 waren bereits 29 staatliche Unternehmen privatisiert (mit ca. 800 000 Arbeitsplätzen). Gegenüber 1979 halbierte sich der staatliche Sektor. Mit Einbeziehung des Haushaltsjahres 1989/90 flossen hierdurch nahezu 30 Mrd. £ in die Staatskasse. Auch die anderen mit dem Privatisierungsprogramm verbundenen Ziele konnten verwirklicht werden. Die privatisierten Unternehmen arbeiten jetzt durchweg wirtschaftlicher und konnten in die Gewinnzone übergeführt werden (in einigen Fällen wurde vor dem Verkauf eine Sanierung vorgenommen). Der Anteil der Bevölkerung, der Aktien besitzt, erhöhte sich von 7% (1979) auf 20% (1989).

Zu den bedeutendsten Privatisierungen sind zu rechnen: British Telecom, British Airways, Associated British Ports, British Rail, British Gas, British Petroleum, Britoil, British Steel, Rolls-Royce, Rover Group, British Shipbuilders. Ende 1989 wurde die Privatisierung der Elektrizitäts- und Wasserwirtschaft trotz heftiger Diskussionen in der brit. Öffentlichkeit in Angriff genommen.

3. Die wichtigsten Wirtschaftszweige

Wesentlich zur Veränderung der Struktur der Wirtschaft seit Mitte der 70er Jahre haben die Öl- und Gasexplorationen in der Nordsee mit ihren Zulieferindustrien beigetragen. Wie auch in anderen westl. Industriestaaten expandierten die neuen Technologien (wie die Elektronik- und Mikroelektronik) und der Dienstleistungsbereich (vgl. Tab. 5 und 6).

Tabelle 5
Bruttosozialprodukt 1988
(nach Wirtschaftszweigen und Beschäftigung)

	in Mio. £	in %	Beschäftigung in 1000	in %
Land- und Forstwirtschaft, Fischerei	5625	1,4	294	1,3
Energie- und Wasserwirtschaft	21 845	5,5	477	2,2
Produzierendes Gewerbe	93 433	23,7	5187	23,5
Bauwirtschaft	25 745	6,5	1018	4,6
Dienstleistungen	270 162	68,5	15 094	68,4
abzüglich Finanzdienstleistungen	−22 204	−5,6	–	–
BSP zu Marktpreisen (korrigierter Wert)	401 861	100	22 070	100

Quellen: Britain 1990, An Official Handbook. Hg. Her Majesty's Stationary Office, S. 243; Central Statistical Office. Monthly Digest of Statistics. Juni 1990, S. 21

a) *Land- und Forstwirtschaft, Fischerei.* Ihr Beitrag zum BSP 1988 betrug 5,6 Mrd. £ (1,4%). In diesen Bereichen arbeiten ca. 1,3% aller Beschäftigten. Zu 57% ist G. Selbstversorger mit Nahrungsmitteln. Unter Berücksichtigung aller nationalen Staatsbeihilfen wurde die Landwirtschaft im Haushaltsjahr 1988/89 mit 253 Mio. £ subventioniert. Zur Stützung der Agrarpreise im Rahmen der EG-Agrarpolitik wurden 1240 Mio. £ aufgewendet. – In der *Forstwirtschaft* waren 1988 ca. 22 050 Personen beschäftigt, in der holzverarbeitenden Industrie weitere 9550. G. verfügt über 2,3 Mio. ha kultivierte Waldfläche (9,5% der Landfläche). – Die *Fischindustrie* lieferte 1988 insgesamt 733 000 t Seefisch. Ende 1987 gab es 17 000 festangestellte Fischer und mehr als 5000 gelegentlich Beschäftigte. In Fischfarmen produzierten 1988 5000 Beschäftigte weitere 34 000 t.

b) *Industrie.* Der Anteil des produzierenden Gewerbes am BSP (1988: insgesamt 93,4 Mrd. £) und an der Beschäftigung betrug 1988 jeweils ca. 24%. Der Produktionssektor verzeichnete in den 80er Jahren, mit Ausnahme des Textil- und Bekleidungsbereichs, hohe Zuwachsraten. Produktivitätssteigerungen gingen jedoch auf Kosten der Beschäftigung (1979: 7,1 Mio., 1988: 5,2 Mio.). Sektoren wie Elektronik, Meßgeräte und Luftfahrttechnik (nicht gesondert ausgewiesen) verzeichneten ebenfalls Zuwächse. In diesen Bereichen rangiert G. unter den drei größten Produzenten innerhalb der EG; in der Luftfahrtindustrie sogar weltweit.

c) *Energiewirtschaft.* Seit 1970 fördert G. Erdöl aus der Nordsee. Die *Öl- und Gasreserven* im off-shore-Bereich erstrecken sich auf eine Fläche von 651 650 km^2; für 96 512 km^2 wurden bereits Produktionslizenzen vergeben. 1988 wurden auf brit. Ölfeldern 114,4 Mio. t Erdöl und Gas gefördert. G. steht damit an 7. Stelle aller ölfördernden Länder.

Die *Kohleförderung* läßt sich bis in das 13. Jh. zurückverfolgen. 1988/89 wurden insgesamt 103,8 Mio. t Steinkohle gefördert. Damit ist G. größter Kohleproduzent in der EG. Mit dem „Coal Industry Nationalisation Act" 1946 wurde die Kohleindustrie 1947 in Staatseigentum überführt. Die Konservative Regierung will sie nach ihrer Wiederwahl reprivatisieren. (Zur Produktion von Primärenergie vgl. Tab. 7.)

Tabelle 6
Produktionsindex nach Wirtschaftszweigen
(1985 = 100)

	gewichtet per 1000	Produktionsindex		
		1982	1988	1989
Land- und Forstwirtschaft, Fischerei	19	95,0	97,0	98,0
Energie- und Wasserwirtschaft	309	91,6	99,3	89,8
Produzierendes Gewerbe, davon:	344	91,1	114,1	119,3
Metallverarbeitung	26	92,5	122,0	125,0
andere Mineralien und mineralische Produkte	35	93,5	117,4	119,8
Chemie und chemische Produkte	71	84,9	113,6	118,9
Maschinenbau und verwandte Zweige	295	90,4	112,9	120,6
Nahrungs- und Genußmittel	91	89,9	105,6	106,0
Textil und Bekleidung, Schuhe, Lederwaren	47	89,2	102,3	98,9
Anderes produzierendes Gewerbe	126	90,5	126,4	132,1
Dienstleistungen, davon:	578	90,8	114,9	119,0
Handel, Gastgewerbe und Instandhaltung	134	87,1	118,0	121,0
Transportgewerbe, Telekommunikation	70	89,8	120,0	127,0
Andere Dienstleistungen	374	92,4	113,0	117,0
BSP zu Preisen von 1985	1000	91,0	113,0	115,9

Quelle: Central Statistical Office, Monthly Digest of Statistics, Juni 1990, S. 10, 46

Tabelle 7
Produktion von Primärenergie
(in Mio. therms* und in %)

	1987	1988	1989	1989 in %
Kohle	25 085	25 177	24 291	28,0
Rohöl und Flüssiggas	53 621	49 774	39 902	45,8
Erdgas	17 338	16 692	16 284	18,7
Wasser- und Kernkraft, Nettoimporte	5046	5813	6537	7,5
Insgesamt	101 090	97 456	87 014	100

* 1 therm = 29,3071 kWh

Quelle: Central Statistical Office, Monthly Digest of Statistics, Juni 1990, S. 50

G. ist seit 1980 Energieselbstversorger. Vom Gesamtenergieverbrauch (vgl. Tab. 8) entfielen 59,3% auf den Industrie- und Transportsektor, 27,3% auf private Haushalte und 13,3% auf andere Verbraucher.

Tabelle 8
Energieverbrauch 1989
(in Mio. therms* und in %)

		%
Kohle	3923	6,6
andere feste Brennstoffe, aus Kohle gewonnene Brennstoffe	2723	4,6
Gas	18413	31,1
Strom	8834	15,0
Erdöl	25174	42,7
Insgesamt	59067	100

* 1 therm = 29,3071 kWh

Quelle: Central Statistical Office, Monthly Digest of Statistics, Juni 1990, 51

d) *Dienstleistungen.* Im Zuge der verstärkten Internationalisierung der Kapitalflüsse in den 60er und 70er Jahren entwickelte sich London zu einem der großen internationalen Finanzplätze. Bei Transaktionen auf dem Londoner Kapitalmarkt fällt den *Discount Houses* (s.u. 4a) eine wichtige Rolle zu. London entwickelte sich darüber hinaus zum führenden Versicherungsplatz in der Welt (eingeschlossen Rückversicherungen). Hier werden schätzungsweise 20% aller weltweiten Versicherungsgeschäfte abgeschlossen. Im Dienstleistungsbereich insgesamt wurden 1988 mehr als 270 Mrd. £ (68,5% am BSP) erwirtschaftet (1960: 45%). 68,4% aller Beschäftigten beziehen aus dem Servicebereich ihr Einkommen. Allein im Finanzdienstleistungsbereich wurden 1988 22,2 Mrd. £ (5,5%) zum BSP erwirtschaftet. Der Beschäftigungsanteil betrug ca. 5%.

4. Bankenwesen und Währungsordnung

a) *Bankenwesen.* Gesetzliche Grundlage für den brit. Finanzdienstleistungsbereich sind der *Financial Services Act* (1986), der *Building Societies Act* (1986) und der *Banking Act* (1987). Aufsichtspflichten obliegen der Bank of England, der Building Societies Commission, dem Handels- und Industrieministerium (DII), dem Securities and Investment Board und den staatlich anerkannten self-regulating organisations (SROs).

Die *Bank of England* wurde 1694 gegründet. Wesentliche Aufgabe der Staatsbank ist die Ausführung der von der Regierung erlassenen geldpolitischen Maßnahmen, sie ist also nicht unabhängig. Darüber hinaus obliegt ihr die Ausgabe von Banknoten (Münzausgabe fällt in die Zuständigkeit der Royal Mint), die Bereitstellung von Finanzdienstleistungen für das Bankensystem und dessen Aufsicht. Als Vertreter der Regierung verwaltet sie die Staatsfinanzen.

Die *Geschäftsbanken* sind als Universalbanken tätig. Spezielle *Handelsbanken (Merchant Banks)* bieten der Wirtschaft Beratungsdienste und sind bei der Kapitalbeschaffung behilflich. – *Discount Houses,* die es nur in der Londoner City gibt, agieren als Bindeglied zwischen der Bank of England und den übrigen Banken, indem sie den Fluß der Transaktionen sichern. – Ende 1988 waren 131 *Bausparkassen (Building Societies)* registriert. Sie stellen den größten Teil der Kredite für den Erwerb von Wohneigentum bereit. Etwa 70% aller Erwachsenen haben ein Konto bei einer Bausparkasse. – Die *Staatliche Sparkasse (National Saving Bank)* bietet Sparmöglichkeiten bei den 20000 Postämtern. Zinseinkünfte aus National Savings sind steuerfrei.

Währungsordnung. In der Geldpolitik setzte im Mai 1988 in Anbetracht eines schwachen Pfundes, einer steigenden Inflationsrate und einer übermäßig stark expandierenden privaten Nachfrage eine Phase rigoroser Anhebungen der kurzfristigen Zinsen ein. Die „*base-landing-rate*" lag im Aug. 1990 mit 15% doppelt so hoch wie in der Ausgangssituation. Im Hinblick auf die inflationsbeschleunigten Wirkungen einer Pfundabwertung wurde das Mittel der Zinserhöhung von der Regierung eingesetzt, um bestimmte Wechselkursniveaus zu verteidigen.

Am 8.10.1990 trat G. (noch unter der Regierung Thatcher) als Vollmitglied dem EWS bei. Bis dahin hatte das brit. Pfund am EWS insoweit teilgenommen, als es im Rahmen des ECU-Korbes bewertet worden war.

5. Volkseinkommen, Ausgaben und Ersparnisbildung

Das verfügbare persönliche Einkommen stieg von 206,1 Mrd. £ (1983) auf 341,8 Mrd. £ 1989 (vgl. Tab. 9). Dessen Index (1985 = 100) erhöhte sich 1989 auf 118,5. Die Ausgaben privater Haushalte betrugen 324,4 Mrd. £ (vgl. Tab. 9). Die Sparquote betrug lediglich 5,1%. Damit liegt G. weit unter dem Durchschnitt westl. Industrieländer.

Tabelle 9
Persönliches Einkommen, Ausgaben und Ersparnisbildung 1989
(in Mio. £)

Persönliches Einkommen vor Steuern	431204
Einkommensteuerzahlungen	53484
Sozialversicherungsbeiträge	32864
Andere Transferzahlungen	3022
Verfügbares persönliches Einkommen	341834
Ausgaben privater Haushalte	324477
Ersparnisbildung	17357
Verfügbares Einkommen zu Preisen von 1985	284257
Index 1985 = 100	118,5

Quelle: Central Statistical Office, Monthly Digest of Statistics, Juni 1990, S. 11

6. Öffentliche Finanzwirtschaft

Die Sanierungsbemühungen der Thatcher-Regierung hatten die hohen Budgetdefizite der vergangenen zwei Jahrzehnte zum Ende des Haushaltsjahres 1987/88 (Haushaltsjahr vom 1. April bis 31. März) in einen Überschuß in Höhe von 3 Mrd. £ verwandelt. Dazu beigetragen hatten eine maßvolle Ausgabenpolitik, wachstumsbedingte höhere Steuereinnahmen und die Erlöse aus dem Verkauf staatlicher Betriebe (Privatisierungserlöse 1988: 6 Mrd. £). Trotz einer umfassenden Steuerreform mit Steuerausfällen von netto 4 Mrd. £ wurde im Haushaltsjahr 1988/89 ein Überschuß in Höhe von 14 Mrd. £ erzielt (zu den Einnahmen und Ausgaben 1989/90 vgl. Tab. 11).

Das BSP 1989 wurde wie folgt erarbeitet (in Mio. £):

Tabelle 10
Entstehung des Bruttosozialprodukts
(in Mio. £ und in %)

	Mio. £	%
Einkommen aus unselbständiger Arbeit	280503	63,5
Unternehmensgewinne	72386	16,4
Erlöse aus staatlichen Unternehmen (Privatisierungserlöse)	6608	1,5
Bruttogewinne staatlicher Unternehmen	133	0,03
Andere Einkommen	82084	18,6
Volkseinkommen insgesamt	441714	100

Der Staatshaushalt wird vom Schatzkanzler *(Chancellor of the Exchequer)* vorbereitet und dem Parlament vorgelegt. Der Haushalt 1990/91 (vgl. Tab. 10) ist weiterhin auf Geldwertstabilität ausgerichtet. Angesichts der labilen konjunkturellen Lage an der Grenze zur Rezession, einer hohen Inflationsrate (fast 10% zur Jahresmitte 1990) und der geringen Sparquote konzentrieren sich die steuerlichen Maßnahmen auf die Förderung der Ersparnisbildung. Für kleine und mittlere Unternehmen ist allerdings eine fiskalische Entlastung vorgesehen.

Tabelle 11
Öffentliche Einnahmen und Ausgaben im Haushaltsjahr 1989/90
(in Mrd. £)

Einnahmen		Haushaltsentwurf 1990/91
Einkommensteuer	48,7	55,0
Körperschaft-, Kapitalertrag–, Erdöl-, Erbschaft- und Wechselsteuer	27,7	27,0
Mehrwertsteuer	29,7	32,1
Verbrauchsteuern und Zölle	29,3	31,2
Gemeindesteuer	20,9	23,4
Andere Steuern und Lizenzgebühren	4,4	4,4
Sozialversicherungsbeiträge	33,1	35,9
Zinseinkünfte und Dividenden	7,2	6,4
Andere Einkünfte	2,5	3,1
Insgesamt	203,5	218,5
Ausgaben		
Sozialversicherung	47,0	52,0
Nationaler Gesundheitsdienst (NHS) und Sozialdienste	20,0	22,1
Verteidigung	20,6	21,2
Regionalhilfen	39,4	42,4
Unterstützung für Kommunen	38,0	41,8
Subventionen für staatliche Unternehmen	1,6	1,4
Privatisierungserlöse	– 4,2	– 5,0
Reserve	–	3,0
Selbstfinanzierung der Kommunen	13,9	13,6
Zinsen für Staatsschulden	17,7	17,0
Korrekturen	3,9	3,4
Insgesamt	197,7	212,9

Quelle: Chancellor of the Exchequer, Financial Statement and Budget Report 1990/91, März 1990

Tabelle 12
Leistungsbilanz 1985–1989
(in Mio. £)

	1985	1986	1987	1988	1989
Handel:					
Einfuhren	81 119	82 019	90 350	101 587	115 638
Ausfuhren	77 991	72 656	79 446	80 772	92 526
Handelsbilanz	– 3128	– 9363	– 10 904	– 20 815	– 23 112
Bilanz der Dienstleistungen, Kapitalerträge und unentgeltlichen Übertragungen	+ 6293	+ 9318	+ 6552	+ 5855	+ 4045
Leistungsbilanz	+ 3165	– 45	– 4352	– 14 960	– 19 067

Quelle: Central Statistical Office. Monthly Digest of Statistics, Juni 1990, S. 106

Die Haushaltsüberschüsse werden ausschließlich zur Tilgung der Staatsschulden verwendet. Die Staatsverschuldung im Ausland ist kontinuierlich gestiegen (1986: 44,4 Mrd. £, 1987: 55,7 Mrd. £, 1988: 67,7 Mrd. £, 1989: 79,9 Mrd. £). Die offiziellen Reserven (ohne Goldreserven) sind ebenfalls gestiegen (1986: 15,0 Mrd. SDR's, 1988: 32,7 Mrd. SDR's), gingen aber in 1989 gegenüber 1988 deutlich zurück.

7. Außenhandel

a) *Entwicklung.* Die brit. Leistungsbilanz hat sich 1985–89 kontinuierlich verschlechtert (vgl. Tab. 12).

Die Gründe für diese negative Entwicklung sind folgende: (1) Die überaus starke Inlandsnachfrage – besonders in 1988 – hat die Importe stärker steigen lassen als die Exporte. (2) 1988 und 1989 sind die Überschüsse aus der Ölbilanz infolge von unfallbedingten Ausfällen, von Preisrückgängen und durch gestiegene Inlandsnachfrage zurückgegangen. (3) Die internationale Wettbewerbsfähigkeit brit. Waren hat sich von dem in der Vergangenheit vollzogenen Rückzug aus einigen Konsumgüterbereichen (wie Automobile und Automobilteile, Textilien und Bekleidung, Elektronik) noch nicht wieder erholt.

b) *Nach Waren- und Ländergruppen.* Die Nahrungsmittelausfuhr hatte 1989 einen Anteil an der Gesamtausfuhr von 7% (1985: 6,5%). Deutliche Veränderungen im Vierjahreszeitraum gab es insbes. bei Brennstoffen. Hier verringerte sich der Exportanteil von 24,8% (1985) auf 9,1% (1989). Bei den Halbfertigwaren erhöhte sich im gleichen Zeitraum von 24% auf 28,5%, bei Fertigwaren von 44,7% auf 55,3%.

Auf der Importseite ist der Nahrungsmittelanteil an den Gesamtimporten 1985–89 mit 9–10% mehr oder weniger unverändert geblieben. Die Roh- und Brennstoffimporte verringerten sich von 20% auf 10,5%. Während der Anteil der Halbfertigwaren mit 26% unverändert blieb, stiegen die Fertigwaren-Importe kräftig an (von 42,7% auf 53,3%).

G. wickelt seinen Außenhandel überwiegend mit den anderen Industriestaaten ab (vgl. Tab. 13).

Tabelle 13
Ausfuhren und Einfuhren 1989 nach Ländergruppen
(in Mio. £ und in %)

	Ausfuhren		Einfuhren	
	in Mio £	in %	in Mio. £	in %
EG-Länder	47 140	51,0	63 495	52,9
andere westeuropäische Länder	8120	8,8	15 349	12,8
Nordamerika	14 346	15,5	15 185	12,7
andere Industrieländer	5409	5,9	9295	7,7
erdölexportierende Länder	5833	6,4	2314	1,9
Entwicklungsländer	9721	10,5	12 139	10,1
sozialistische Länder	1786	1,9	2281	1,9

Quelle: Central Statistical Office. Monthly Digest of Statistics, Juni 1990, S. 94

8. Grundmerkmale der Sozialpolitik

Das brit. Sozialsystem unterscheidet den staatlichen Gesundheitsdienst *(National Health Service,* NHS), den Sozial- und Hilfsdienst *(personal social service)* und die Sozialversicherung *(social security).*

Der *National Health Service* fußt auf dem Prinzip eines umfassenden Systems aus öffentlichen Mitteln finanzierter Dienste und fällt unter die Zuständigkeit der Zentralregierung. Alle Steuerzahler, Arbeitgeber und Arbeitnehmer tragen zur Finanzierung bei. Rd. 81% der Aufwendungen für den Gesundheitsdienst stammen aus dem allgemeinen Steueraufkommen; der Rest wird aus Beiträgen zum staatlichen Gesundheitsdienst gedeckt, die zusammen mit den Beiträgen zur Sozialversicherung abgeführt werden, sowie aus dem Aufkommen von Gebühren für bestimmte Leistungen. Zur Überwindung der Defizite fördert die konservative Regierung den Aufbau einer privaten Gesundheitsversorgung.

Die *Sozial- und Hilfsdienste* werden größtenteils von den Kommunalbehörden und caritativen Organisationen finanziert und gestaltet. Sozialarbeiter leisten Unterstützung für ältere Menschen, Behinderte und hilfsbedürftige Kinder. Die Zentralregierung beteiligt sich finanziell und planerisch im Rahmen gemeinsamer Projekte.

Die *Sozialversicherung,* die unter die alleinige Zuständigkeit der Zentralregierung fällt, wurde 1986 einer tiefgreifenden Reform unterzogen. Das Sozialversicherungssystem sichert einen Mindestlebensstandard, indem es in Erwerbsunfähigkeitszeiten ein Einkommen gewährleistet, Hilfe für Familien gewährt und zu den mit einer Behinderung einhergehenden Kosten einen Beitrag leistet. Sie schließt damit Renten, Arbeitslosenunterstützung, Familienhilfen und finanzielle Unterstützung Behinderter ein. Eine staatliche Altersrente wird bei Aufgabe der Berufstätigkeit an Frauen mit vollendetem 60. und an Männer mit vollendetem 65. Lebensjahr gezahlt.

VI. Kultur, Religion, Bildung

Die kulturelle Bedeutung G.s ist bedingt durch seine Doppelrolle als Teil des abendländischen Kulturkreises und Mutterland einer aus dem brit. Weltreich entstandenen und heute im Commonwealth of Nations verbundenen Völkergemeinschaft. Dem entspricht eine gewachsene Traditionskraft ebenso wie die Assimilationsoffenheit für Impulse anderer Kulturen. Die engl. *Sprache* als „lingua franca" unserer Zeit, das engl. Rechtssystem insbes. des *Common Law* (vgl. III), um das sich heute mit einem Drittel der Länder der Welt die größte Rechtsfamilie der Erde schart, aber auch die Schrittmacherrolle G.s für die Entwicklung des modernen *Sports* (aus England Cricket, Rugby, Fußball und Spielregeln des Tennis; aus Schottland Golf) unterstreichen Einflußbreite und Stärke einer Kultur, zu deren weltweiter Verbreitung in der Vergangenheit die politische und wirtschaftliche Expansion und in der Gegenwart v. a. die Sprache selbst beitrugen, die unter den meistgesprochenen Sprachen an zweiter Stelle steht. Einfluß, Originalität und Vielfalt der Kultur G.s werden in ihrer Weltgeltung durch Namen – hier stellvertretend für viele andere genannt – wie die der Dichter *William Shakespeare, John Milton* und *George Bernard Shaw,* der Philosophen *Thomas Hobbes, John Locke* und *David Hume,* der Künstler *Christopher Wren, William Turner* und *Henry Moore,* aber auch der Naturforscher *Isaak Newton, James Watt, Charles Darwin,* der Mediziner *William Harvey* und *Joseph Lister* sowie der Juristen *Thomas More, William Blackstone* und *Frederic William Maitland* eindrucksvoll bestätigt.

1. Die gegenwärtige Kulturlandschaft

Die internationale Kulturmetropole London ist das eigentliche Zentrum der englischsprachigen Kulturwelt mit über 50 von über 300 professionellen *Theatern* in Großbritannien. Auf Londoner Bühnen sind Schauspieler wie *Laurence Olivier, John Gielgud, Alec Guinness* und in ihrer Nachfolge *Kenneth Branagh* zu Weltruhm gekommen. In London finden vielfältige Ereignisse des *Musiklebens* einschließlich der allsommerlichen „Henry Wood Promenade Concerts" statt. London besitzt allein fünf Orchester internationalen Rangs, und die einzelnen Regionen G.s entwickeln mit Festwochen hohe Ausstrahlungskraft (Edinburgh, Glyndebourne). Der Schatz elisabethanischer Musik *(Thomas Tallis, William Byrd, John Dowland, Henry Purcell),* das Werk moderner Komponisten *(Edward Elgar, Benjamin Britten)* und nicht zuletzt die lebendige Tradition anglikanischer Kirchenmusik gehören mit weltberühmten Chören und einer kraftvollen geistlichen Liedgutdichtung zur Kultur des Abendlandes. G. hat auch als europ. Jazzmetropole und in den 60er und 70er Jahren in der Pop- und Rockmusik *(Beatles, Rolling Stones)* Maßstäbe gesetzt.

G. besitzt rd. 1750 *Museen* und zahlreiche Galerien, darunter das „British Museum" (gegr. 1753), die „National Gallery", die „National Portrait Gallery" und die „Tate Gallery" (alle in London) sowie das älteste öffentliche Museum der Welt, das „Ashmolean Museum" in Oxford (gegr. 1683). Schließlich ist London nach New York der bedeutendste Platz für den internationalen Kunstmarkt (Christie's und Sotheby's).

G. hat mit seiner Hauptstadt ein international bedeutendes *Bücher- und Medienzentrum.* Es besitzt mit der „British Library" die zweitgrößte Bibliothek der Welt und auch ein ausgeprägtes Verlagswesen (Buchpublikationen 1990: über 62 000). Die angesehenen *Tageszeitungen* sind trotz der Konkurrenz anderer Medien einflußreich geblieben (z. B. der „Daily Telegraph" mit 1990 durchschnittlich 1,1 Mio. verkauften Exemplaren, der „Guardian", die [seit 1785 erscheinende] „Times", der [1986 gegr.] „Independent" und die [auch in Frankfurt/M. gedruckte] „Financial Times"), desgleichen die Massenblätter (z. B. die „Sun" [3,9 Mio.], der „Daily Mirror"). Die Mehrheit der Tageszeitungen tendiert im politischen Spektrum nach rechts. Sie gehören zusammen mit den großen Wochenblättern („Economist", „Spectator", „New Statesman") zu den über 7000 Presseerzeugnissen, unter denen die *Kunst-, Theater-, Literatur- und Kulturblätter* (u. a. „Apollo", „Burlington", „Times Literary Supplement") hohes Ansehen genießen. Mit London hat G. auch ein Weltzentrum des *Rundfunks und Fernsehens.* Bis in die Nachkriegsjahre hatte die weltweit angesehene „British Broadcasting Corporation" (BBC) das Sendemonopol; seit den 50er Jahren sind ein privater Senderverbund aus 15 Regionalanstalten („Independent Television", ITV) und seit den 70er Jahren ein privates Rundfunknetz hinzugekommen.

2. Religion

Trotz fortgeschrittener Säkularisierung haben die *Kirchen* eine bedeutende Position im Leben G.s bewahren können. Weltweit rangiert G. (mit Nordirland) mit 49,9 Mio. Christen (86,9%) an 6. Stelle der Länder mit (nominell) größter christlicher Bevölkerung. Davon gehörten nach letzten (1981) inoffiziellen Schätzungen 32,5 Mio. zur anglikanischen Staatskirche, 8,6 Mio. zum Protestantismus und 7,5 Mio. zur kath. Kirche. Allerdings ist bei fallender Tendenz nicht einmal jeder siebente Erwachsene G.s eingeschriebenes Mitglied einer christlichen Kirche, während die Mitgliedschaft in anderen religiösen Bewegungen (Jugendreligionen und Sekten) und nichtchristlichen Religionen zunimmt, besonders bei den Muslims (1970: 250 000; 1990: 1 Mio.).

Seit der Loslösung Englands von Rom durch *Heinrich VIII.* (1534) und erneut unter *Elisabeth I.* (1559) gibt es in England die *anglikanische Staatskirche (Church of England;* vgl. III) unter der Autorität des Souveräns *(Royal Supremacy).* Sie besteht aus den beiden Kirchenprovinzen Canterbury (29 Bist.) und York (14 Bist.) und seit 1970 aus der für beide Kirchenprovinzen zuständigen Generalsynode. Die beiden Erzbischöfe und die 24 ranghöchsten Bischöfe haben im Oberhaus des brit. Parlaments Sitz und Stimme. In Liturgie und Riten folgt die Staatskirche seit dem 19. Jh. vorwiegend kath. Traditionen, im Bekenntnis weitgehend protestantischen. Der Klerus ist vom Priester an aufwärts männlichen Geschlechts (1991). In der Generalsynode haben die Anhänger der Frauenordination aber an Einfluß gewonnen. Die Einführung der Frauenordination, die in Teilen der mit dem Erzbischof von Canterbury (bis 1991 *Robert Runcie,* seither *George*

Leonard Carey) in Gemeinschaft lebenden anglikanischen Kirchen der Welt (*Anglican Communion*, rd. 55,3 Mio. Gläubige) schon verwirklicht ist, könnte bald innerhalb und außerhalb der Staatskirche zu einer Belastungsprobe für die angestrebte größere Einheit mit Rom und der Orthodoxie werden.

Ferner gibt es die (presbyterianisch verfaßte) *Church of Wales*, die (ebenso verfaßte) offizielle *Kirk of Scotland*, die (hochkirchliche) *Episcopal Church of Scotland* sowie Gemeinschaften verschiedener prot. Richtungen. Seit 1850 (Wiederherstellung der Hierarchie durch Rom) gibt es auch wieder die bis zur Katholikenemanzipation 1829 jahrhundertelang unterdrückt gewesene *kath. Kirche* in *England und Wales* (5 Erzb., 17 Bist.) und in *Schottland* (2 Erzb., 6 Bist.). Die Katholiken in *Nordirland* gehören der kirchlichen Hierarchie Irlands an (↗Irland VI).

3. Bildung

a) Es gibt keine Vorschulpflicht, doch sind die kommunal oder subsidiär (v. a. kirchlich) getragenen Einrichtungen der *Früherziehung* für die unter 5jährigen inzwischen flächendeckend. In England und Wales besuchten 1984 41,1% der Kinder zwischen 2 und 4 Jahren derartige Einrichtungen, davon rd. 1/3 ganztags.

b) Im *schulischen Primar- und Sekundarbereich* gibt es staatliche Schulen (1990: 35 000), die überwiegend kommunal und lokal (in Schottland regional) organisiert, Privatschulen, die vom Staat weitgehend unabhängig sind (1990: 2400), und seit 1988 staatliche Schulen, die sich unmittelbar dem Secretary of State for Education in London (bzw. dem schott. Education Department) unterstellt haben und von diesem getragen werden. 1990 besuchten von rd. 8 Mio. Schülern G.s 92,7% eine staatliche und 7,3% eine Privatschule.

Schulpflicht besteht für alle 5–16jährigen. Mit 5 Jahren treten die Kinder in den 6jährigen (in Schottland 7jährigen) *Primarbereich* der Grundschule (1990: 25 600 *primary schools*) ein und bleiben dort bis zum Übergang in den Sekundarbereich. Der Primarbereich wird auch von Privatschulen (s. u.) abgedeckt.

Der *Sekundarbereich* (1990: 4900 *secondary schools*) erfaßt in der Sekundarstufe I die Schulpflichtigen (d. h. 11–16jährigen), in der Sekundarstufe II die nicht mehr Schulpflichtigen, die einen in den Tertiarbereich führenden Abschluß anstreben. Der klassische dreigliedrige Sekundarbereich (aus *modern schools* [Hauptschulen], *technical schools* [Realschulen] und *grammar schools* [Gymnasien]) wurde in den 70er Jahren zugunsten der von der Labour Party favorisierten Gesamtschule *(comprehensive school)* stark zurückgedrängt. Deren Anteil im staatlichen Schulwesen beträgt heute in England 85,8%, in Wales 98,6%, in Schottland 99%.

Alle Schüler des Sekundarbereichs machen am Ende der Schulpflichtzeit *(Sekundarstufe I)* eine Abschlußprüfung (bis 1987: *Ordinary Level, O-Levels*), seither das *General Certificate of Secondary Education, GCSE*).

Der sich am Ende der Schulpflichtzeit anschließende Bereich der Weiterbildung *(Further Education)* umfaßt einerseits das (2jährige) Oberstufensystem der Sekundarstufe II, andererseits *Colleges* mit teils allgemeinbildenden, teils berufsbildenden Lehrprogrammen. Von den nicht mehr Schulpflichtigen setzten (1983) weniger als 1/3 der Schüler aus der staatlichen Gesamtschule, dagegen 2/3 aus den wenigen noch vorhandenen staatlichen grammar schools und aus dem Privatschulbereich ihre Schulausbildung in der Sekundarstufe II fort.

Ans Ende der *Sekundarstufe II* gelangte Schüler können in einer Abschlußprüfung das *General Certificate of Education* (*Advanced Level*, die sog. *A-Levels*) erwerben. Diese sind die Regeleintrittskarte für den Tertiarbereich, insbes. den Universitätszugang, gewähren jedoch kein Recht auf Zugang zu bestimmten Universitäten. Deren angesehenere können sich ihre Studenten aussuchen. Für die meisten Schüler G.s führt heute der Weg in die qualifizierten Berufe über das staatliche Regelsystem der Gesamtschule. Die Chancen der Schüler, überhaupt die erforderlichen drei A-Levels zu erreichen, sind dort sind aber gering; sie betrugen 1981 bei den Absolventen *aller* staatlichen Schulen nur 7,1%, bei den Privatschulen dagegen 45,3% (dieser Trend hat sich weiter zugunsten letzterer verschoben).

Es sind daher heute mehr denn je die *Privatschulen (independent schools)*, um die sich Eltern mit entsprechenden Möglichkeiten frühzeitig bemühen müssen. Sie werden oft als Internate *(boarding schools)* geführt, decken teils den Primarbereich, teils (auch) den gesamten Sekundarbereich ab und vermitteln den Schülern in der Sekundarstufe II eine unserer gymnasialen Oberstufe vergleichbare Ausbildung. Die angesehensten dieser Internate sind die rd. 200 mißverständlich so genannten *Public Schools*, zu denen in England Winchester (gegr. 1382), Eton (1440), Shrewsbury (1552), Rugby (1567), Harrow (1567), Charterhouse (1611) und Marlborough (1843), in Schottland Gordonstoun (1934) gehören: die engl. mit der Staatskirche verbunden, die schott. interkonfessionell, die Mehrzahl nach wie vor (1991) nur für Jungen bestimmt. Aus ihnen rekrutieren sich auch heute (1991) noch ganz überproportional viele Studenten der angesehensten Universitäten und führende Persönlichkeiten des öffentlichen Lebens (rd. 9/10 der 27 Minister der Regierung *John Major* (1991) und auch der höchsten Richter G.s haben eine solche Public School besucht). Die Wahlen 1992 haben dieses Bild nicht verschoben.

c) Der *Tertiarbereich* umfaßt unter dem Namen *Higher Education* die 44 *Universitäten* G.s (35 in England, 1 in Wales, 8 in Schottland) mit (1988/89) 330 000 Studenten (Frauenanteil 43%; Anteil ausländischer Studenten 14,8%), dazu die *Open University* (Fernuniversität), 31 *Fachhochschulen (Polytechnics)* und 486 *weitere Institutionen* mit tertiarem Bildungsangebot *(Colleges of Higher Education)*. 1990/91 hat die Gesamtzahl aller im tertiaren Bereich Eingeschriebenen bei steigender Tendenz die Marke von 1 Mio. hinter sich gelassen.

Bis 1945 hatte es in G. nur 17 Universitäten gegeben, darunter die beiden ältesten Englands, Oxford (1249) und Cambridge (1284), sowie in Schottland St. Andrews (1411) und Edinburgh (1583). Nach 1945 kamen 27 Neugründungen hinzu, darunter die unumstritten erfolgreiche *Open University*. Die Universitäten sind von unmittelbarer staatlicher Einflußnahme frei und bekommen ihre Mittel von einer in ihrer Unabhängigkeit gesetzlich verankerten Zentraleinrichtung aufgrund externer Begutachtung.

Die beiden ältesten Universitäten G.s stellen nach wie vor mit Abstand die meisten Führungskräfte in Staat, Staatskirche und Gesellschaft. Sie sind unter den europ. Universitäten in vielen Disziplinen in den fünf Spitzenpositionen zu finden.

LITERATUR

Zu I und IV:
The British Isles. A Systematic Geography. Hg. J. W. **Watson**, J. B. **Sissons**. London 1964 (Lit.). – H. **Jäger**, G. Darmstadt 1976 (Lit.). – H. **Heineberg**, G. Stuttgart 1983 (Lit.). – St. **Fothergill**, J. **Vincent**, The State of the Nation. An Atlas of Britain in the Eighties. London 1985. – H.-W. **Wehling**, Das schottische Hochland. Köln 1987. – R. **Hudson**, A. M. **Williams**, Divided Britain. Lon-

don 1989. – The North-South Divide. Regional Change in Britain in the 1980s. Hg. J. **Lewis**, A. **Townsend**. London 1989.

Zu II:
The Oxford History of England. Hg. G. **Clark**. 15 Bde. Oxford 1943/65. – English Historical Documents. Hg. D. C. Douglas. 12 Bde. London 1953 ff., ²1979 ff. – The Pelican History of England. 9 Bde. Harmondsworth 1956 ff., ⁴1967 ff. – K. **Kluxen**, Geschichte Englands. Stuttgart 1968, ²1976. – The New History of England. Hg. A. G. **Dickens**, N. **Gash**. 10 Bde. Cambridge (Mass.) 1977/86 (noch nicht vollst. erschienen). – A Dictionary of British History. Hg. J. P. **Kenyon**. London 1981. – L. C. B. **Seaman**, A New History of England 410–1975. Brighton 1981. – G. **Niedhart**, Einf. in die engl. Geschichte. München 1982. – K. O. **Morgan**, The Oxford Illustrated History of Britain. Oxford 1984. – England-Ploetz. G.s Geschichte zum Nachschlagen. Freiburg i. Br. 1985. – P. **Wende**, Geschichte Englands. Stuttgart 1985. – G. **Niedhart**, Geschichte Englands im 19. und 20. Jh. München 1987. – K.-F. **Krieger**, Geschichte Englands von den Anfängen bis zum 15. Jh. München 1990.

Zu III:
W. S. **Holdsworth**, A History of English Law. Bd. 1–17. London 1903/72, ⁷1956 ff. – G. **Radbruch**, Der Geist des Engl. Rechts. Göttingen ⁵1964. – D. **Henrich**, Einf. in das engl. Privatrecht. Darmstadt 1971. – R. **Wiesner**, Administrative Tribunals in G. Berlin 1974. – W. v. **Simson**, Verfassungszweifel in England, in: Einigkeit und Recht und Freiheit. FS K. Carstens. Hg. B. Börner u. a. Bd. 2. Köln 1984, 853 ff. – J. **Harvey**, L. **Bather**, The British Constitution and Politics. London ⁵1985. – A. **Geisseler**, Reformbestrebungen im Engl. Verfassungsrecht. Frankfurt/M. 1985. – O. H. **Phillips**, Constitutional and administrative law. London ⁷1987. – D. **Blumenwitz**, Einf. in das anglo-amerikan. Recht. München ³1987. – H. W. R. **Wade**, Administrative Law. Oxford ⁵1989. – D. C. M. **Yardley**, Introduction to British constitutional law. London ⁷1990. – M. H. W. **Koch**, Zur Einf. eines Grundrechtskatalogs im Vereinigten Königreich von G. und Nordirland. Berlin 1991.

Zu V:
M. **Hein**, Struktur des Bankwesens in G. Frankfurt/M. 1967, ⁴1989. – P. **Mathias**, The first industrial Nation. An economic history of Britain 1700–1914. London 1969. – G. **Hausmann**, Ursachen und praktische Auswirkungen der Reform des notenbankpolitischen Instrumentariums der Bank of England vom Sept. 1971. Würzburg 1976 (Diss.). – C. H. **Lee**, The British economy since 1700: a macroeconomic perspective. Cambridge 1986. – G. **Wolf**, Wechselseitige Beeinflussung von gesamtwirtschaftlicher Entwicklung und öffentlichem Haushalt. Bonn 1986. – W. P. **Kennedy**, Industrial structure, capital markets and the origins of British economic decline. Cambridge 1987. – J. **Driffill**, The term structure of interest rates: structural stability and macroeconomic policy change in the UK. London 1990. – H.-P. **Fröhlich**, Das Thatcher-Jahrzehnt: eine wirtschaftspolitische Bilanz. Köln 1990. – M. **Miller**, Britain's return to gold and entry into the EMS: expectations, joining conditions and credibility. London 1990. – C. **Graham**, Privatizing public enterprises: constitutions, the state, and regulation in comparative perspective. Oxford 1991.

Zu VI:
J. L. **Irwin**, Modern Britain. An Introduction. London 1976, ²1987. – A. H. **Halsey**, Change in British Society. Oxford 1978, ³1986. – The Educational Systems in the European Community. A guide. Hg. L. **Elvin**. Windsor 1981. – A. **Sampson**, The Changing Anatomy of Britain. London 1982. – Die engl. Welt. Geschichte, Gesellschaft, Kultur. Hg. R. **Blake**. München 1983 [Orig.: The English world. London 1982] (Lit.). – Contemporary British Society. Hg. N. **Abercrombie**, A. **Warde**. Cambridge 1988. – British Social Trends since 1900. A Guide to the Changing Social Structure of Britain. Hg. A. H. **Halsey**. London ²1989. – Restructuring Britain. The Changing Social Structure. Hg. C. **Hamnett u. a.** London 1989. – British Social Attitudes. Special international report. Hg. R. **Jowell u. a.** Aldershot 1989. – University Entrance. The Official Guide 1991. London ⁴1990.

Periodica:
Britain. An Official Handbook. London. – Central Statistical Office, Monthly Digest of Statistics. London. – Economic Trends. London. – Social Trends. London. – General Household Survey. London. – Chancellor of the Exchequer, Financial Statement and Budget Report. London. – Mortality Statistics. London. – Population Trends. London. – Employment Gazette. London. – Regional Trends. London. – Organisation for Economic Co-operation and Development, OECD-Wirtschaftsberichte: G. Paris. – Digest of Welsh Statistics. Cardiff. – Scottish Health Statistics. Edinburgh. – Health and Personal Social Services Statistics for England. London. – Scottish Economic Bull. London. – Health and Personal Social Services Statistics for Wales. Cardiff. – Northern Ireland Annual Abstract of Statistics. Belfast [soweit nichts anderes angegeben, alle hg. von HMSO = Her Majesty's Stationary Office].

Hans Werner Wehling (I, IV), *Adolf M. Birke* (II),
Dieter C. Umbach (III), *Elfi Bierbrauer* (V),
Dieter Giesen (VI)

IRLAND

Amtlicher Name	Poblacht na h'Éireann (irisch) Republic of Ireland (engl.) (Republik Irland)
Staatsform	parlamentarisch-demokratische Republik
Hauptstadt	Dublin (920 000 E.)
Fläche	70 284 km²
Bevölkerung	3 540 000 E. (1989; VZ 1986: 3 541 000). – 50 E./km²
Sprache	Irisch und Englisch
Religion	Katholiken rd. 94%; Anglikaner (Church of Ireland) 3,2%; Presbyterianer 0,5%; Juden 0,8%
Währung	1 Irisches Pfund (Ir£) = 100 New Pence (p)

I. Naturräumliche Voraussetzungen

Die Rep. I. liegt am maritimen NW-Saum ↗Europas, auf der gleichnamigen Insel (mit 84% der Fläche), der westl. der beiden großen Britischen Inseln. Die Irische See, die die Insel von ↗Großbritannien trennt, ist ca. 200 bis nur ca. 20 km breit. Fast 1/3 der Oberfläche erstreckt sich über ein zentrales, von abgetorften Mooren durchsetztes Tiefland, wo die Erhebungen gewöhnlich unterhalb von 150 m ü. d. M. bleiben. Rd. 90% I.s sind niedriger als 300 m, der Rest entfällt auf ein großenteils randliches, 300–500 m hohes Plateau- und Bergland und wenige höhere Bereiche (im SW im *Carrauntoohil* 1038 m). Kein Punkt der Insel ist weiter als ca. 80 km vom Meer entfernt. An der fast 2000 km langen Küste der Republik I. mit ihren vielen Buchten besteht eine hohe Standortgunst für Häfen.

Das *Klima* wird durch die Lage in der Westwindzone und durch den Atlantik mit Ausläufern des Golfstroms bestimmt, so daß es hochmaritim ist. Immer wieder ziehen Tiefdruckgebiete, selten durch längere Hochs unterbrochen, im Wechsel von Kaltfront, Aufheiterung und Warmfront aus W vorüber. An der Küste im S erlaubt das Jan.-Mittel von 7°C eine fast mediterrane Vegetation; die Juli-Mittel erreichen 15–16°C. Stürme sind häufig, Windstillen und Nebel selten. Die Jahresniederschläge schwanken zwischen 750 mm im trockensten Tiefland um Dublin und 2000–3000 mm in westl. Gebirgen. Größter Fluß ist der wasserreiche *Shannon* (ca. 370 km), der in nordsüdl. Richtung den Staat in trägem Lauf durchquert. Er bildet eine landschaftliche Grenze zwischen dem stärker atlantischen W ärmerer und den mittleren und östl. Landesteilen mit vorwiegend günstiger Naturausstattung. Neben einem guten Dutzend großer Seen gibt es Hunderte von kleinen.

Die meisten *Böden* sind aus Ablagerungen der Eiszeit hervorgegangen, deren fruchtbare Geschiebelehme im östl. Teil des zentralen Tieflandes in Verbindung mit ausgeglichenen Niederschlägen intensive Grünlandwirtschaft wie ertragreichen Ackerbau erlauben. Auch die übrigen Tiefländer, ausgenommen die Landschaften westl. des Shannon, besitzen vorwiegend Braunerden mit guter Eignung für Landwirtschaft. Tieflandmoorböden mit größter Ausdehnung im W, Deckenmoore sowie steinige Böden der Bergländer und mancher Kalkplateaus sind nur für extensive Schafhaltung oder Aufforstungen geeignet. Wegen des maritimen Klimas liegt jedoch die Waldgrenze zwischen Meeresspiegelniveau im äußersten W und 600 m im Innern.

II. Historische und politische Entwicklung

In den letzten vorchristlichen Jahrhunderten wanderten Kelten (*Gaelen;* lat. Name *Scoti*) nach I. ein. Sie nannten das Land *Ériu* (lat. Name *Hibernia*). Ihr bedeutendstes Erbe ist die irische (gaelische) Sprache, die aber heute nur noch von ca. 55 000 Personen als Muttersprache gesprochen wird.

Die in der 1. Hälfte des 5. Jh. begonnene Christianisierung der Insel mit maßgebendem Anteil von *St. Patrick* („Apostel Irlands") war um 500 beendet. Im 6.–12. Jh. erlebte I. eine Blütezeit in Kunst und Wissenschaft, getragen von den zahlreichen Klöstern. Irische Missionare (*„Iroschottische Mission"*) waren entscheidend an der Christianisierung Schottlands, Islands und des Kontinents beteiligt.

Die Besetzung von Küstenstrichen durch die *Wikinger* führte dort zu erfolgreichen Stadtgründungen (795 bis ins 11. Jh.; u. a. Dublin, Waterford), ferner zu bedeutenden Neuerungen in Wirtschaft (z. B. Dubliner Münze), Verkehr und Handel. Damals verlagerten sich die Schwerpunkte von Siedlung, Wirtschaft, Verkehr und Politik vom zentralen I. zur östl. und südöstl. Küste. Die irische Eroberung der Wikingerstädte blieb ein Zwischenspiel, denn 1169 landeten die aus Wales kommenden *Anglonormannen* an der SO-Küste und eroberten fast 2/3 des Landes. Diese Invasion erfolgte mit Einwilligung Kg. *Heinrichs II.* von England, der bald die Oberherrschaft beanspruchte. Seine anglonormannischen Vasallen überzogen I. östl. der Flüsse Bann (Nord-I.) und Shannon mit einem Netz von befestigten Städten und Burgen. Im W und NW hatten sich heimische Stammesfürstentümer erhalten; im anglonormannischen Bereich entwickelten sich Grundherrschaften von Adel und Kirche zu Organisations- und Steuerungszentren im ländlichen Raum. 1297 tagte das erste repräsentative angloirische Parlament in Dublin.

Die um 1300 einsetzende irisch-gaelische Gegenoffensive führte in Verbindung mit Wirtschaftskrisen und Epidemien im verkleinerten engl. Kulturraum zu einer Rückwanderung nach Britannien. Ende des 15. Jh. erneuerte England seinen Herrschaftsanspruch. Ab 1543 verstärkte sich die engl. Militärmacht sowie, daß es zu blutigen Unterwerfungskriegen, Aufständen und gewaltsamer Reformation, bes. unter Königin *Elisabeth I.* (1588–1603), kam. Mit der Unterwerfung der letzten irisch-gaelischen Stammesfürsten im N (Munster) bis 1603 war die Eroberung I.s abgeschlossen. Nun wurden auch die entferntesten Landstriche mit engl. Verwaltungs- und Herrschaftsorganisation überzogen, viele gaelische und altengl. Großgrundbesitzer enteignet, ihre Ländereien brit. Unternehmern übereignet, die darauf neue Siedlungen („plantation towns") mit Einwanderern aus England und Schottland gründeten. Seitdem hat sich in Nord-I. ein puritanisch geprägter Protestantismus etabliert. Ein Aufstand der enteigneten kath. Landbesitzer veranlaßte *Oliver Cromwell* 1649 mit Truppen in Dublin zu landen. Er verheerte I. in einem blutigen Feldzug. Von Konfiskationen waren wiederum gaelisch-irische und kath.-altengl. Grundherren betroffen. Eine neue Welle planmäßiger Besiedlung mit Protestanten aus England setzte in allen Landesteilen ein. Angloirische Protestanten bildeten überwiegend die Oberschicht bei noch immer breiter kath. Mehrheit. Die Auflösung des (prot.) irischen Parlaments (1801) unter *William Pitt d. J.* und die Gründung des „Vereinigten Königreichs von Großbritannien und I." sicherte die Vorherrschaft der Protestanten, die 90% des Bodens besaßen. Auch die rechtliche Gleichstellung der Katholiken 1829 vermochte das noch auf Jahrzehnte hinaus kaum zu ändern.

Bereits der amerikan. Unabhängigkeitskrieg und die Französische Revolution hatten zu einem Erwachen des irischen Nationalismus geführt, der sich unter *Daniel O'Connell* mit den Anliegen der kath. Bevölkerung verband, so daß eine heftige Agitation gegen die Union mit England einsetzte (1869 Aufhebung der anglikanischen Staatskirche für I.). Dagegen kam es in Nord-I. zu einer mehrheitlichen Befürwortung der Union; sie dauert bis heute fort. Unter Führung des irischen Abgeordneten im Parlament in Westminster, *Charles Stuart Parnell*, erreichte der Widerstand der irischen Nationalpartei einen ersten Höhepunkt. Die 1912 vom Londoner Unterhaus beschlossene, durch den Kriegsausbruch 1914 suspendierte Selbstverwaltungsakte (*Home Rule Bill*) für I. führte zu scharfer Opposition der nordirischen Protestanten. Der niedergeschlagene *Osteraufstand* der *Sinn Féin-Bewegung* 1916 in Dublin mit Ausrufung der Irischen Republik war das Vorspiel zu blutigen brit.-irischen Auseinandersetzungen (1919–21), die durch den anglo-irischen Vertrag vom 6.12.1921 beendet wurden. Im gleichen Jahr eröffnete Kg. *Georg V.* (seit 1910 Kg. von Großbritannien und Irland, seit 1921 von Großbritannien und Nordirland) im losgelösten Nordirland (Ulster) ein eigenes Parlament. 1922 konstituierte sich der „Irische Freistaat" innerhalb des Britischen Empire (später Commonwealth of Nations). Vorkämpfer und Vollender der Unabhängigkeit war *Eamon De Valera*: führend am Osteraufstand beteiligt, seit 1917 Führer der Sinn Féin, seit 1926 der Fianna Fail, 1932–48, 1951–54 und 1957–59 Min.-Präs., 1959–73 Staatspräsident.

Im II. Weltkrieg neutral, löste I. 1948 die letzten verfassungsrechtlichen Bindungen an Großbritannien und erhielt am 18.4.1949 als „Republik" die volle Unabhängigkeit. – I. wurde 1949 Mitgl. des Europarates, am 1.1.1973 Vollmitglied der EG, zusammen mit Nordirland und Großbritannien, mit denen es kulturell und wirtschaftlich noch immer eng verbunden ist. In einem Referendum im Juni 1992 wurden die Maastrichter Verträge mit 69% der Stimmen gebilligt. I. ist als einziges EG-Land nicht Mitglied der NATO.

Die großen Parteien *Fianna Fail* (liberal-konservativ) und *Fine Gael* (christdemokratisch), beide aus der Unabhängigkeitsbewegung hervorgegangen, wechselten sich bislang in der Führung der Regierung ab. Die Parlamentswahl vom 15.6.1989 ergab für das Repräsentantenhaus folgende Sitzverteilung: Fianna Fail 77, Fine Gael 55, Labour Party 15, Progressive Demokraten 6, Workers Party 7, Sonstige 6. *Charles J. Haughey* bildete sein 4. Kabinett. Wegen einer Telefonabhöraffäre mußte er im Febr. 1992 zurücktreten. Premierminister wurde *Albert Reynolds*. Staatspräsidentin ist seit 1990 *Mary Robinson*.

III. Verfassung, Recht, Verwaltung

Die heutige Verfassung (*Bunreacht*) trat am 29.12.1937 in Kraft. Danach ist I. eine souveräne, unabhängige und demokratische Republik. Als *Staatsgebiet* wird „die ganze Insel Irland, ihre Inseln und Hoheitsgewässer" bezeichnet, der Geltungsbereich der republikanischen Gesetze aber auf das Gebiet der 20 unabhängigen Grafschaften (also ohne NO-Ulster) beschränkt.

Der Ideengehalt der maßgeblich von *De Valera* beeinflußten Verfassung beruht auf dem Versuch einer Verwirklichung des christlichen Staatsdenkens. Dies kommt besonders im Grundrechtsteil und in den „Leitenden Grundsätzen der Sozialpolitik" zum Ausdruck. Die Stellung der kath. Kirche ist bes. hervorgehoben, doch genießen alle Glaubensgemeinschaften gleiche Rechte und Freiheiten. Eine Staatskirche darf nicht geschaffen werden.

Staatsoberhaupt ist der auf 7 Jahre in direkter Wahl vom Volk gewählte Präsident *(Uachtarán);* Wiederwahl ist einmal zulässig. Ihm obliegen u. a.: Aufsicht über die Verfassung, Oberkommando über die (aus Freiwilligen bestehenden) Streitkräfte, Ausfertigung der Gesetze, Ernennung der von der Ersten Kammer nominierten Ministerpräsidenten und der Minister, Eröffnung und Auflösung des Parlaments auf Vorschlag des Ministerpräsidenten.

Das *Parlament (Oireachtas)* besteht aus dem Präsidenten und zwei Kammern: Die *Erste Kammer,* das Repräsentantenhaus *(Dáil Éireann),* zählt 166 Mitgl., die vom Volk gewählt werden, die *Zweite Kammer,* der Senat *(Seanad Éireann),* 60 Mitglieder. Von diesen werden 11 vom Ministerpräsidenten ernannt, 6 von den Universitäten, die übrigen durch ein besonderes Gremium von 1109 Mitgl. gewählt. Sie vertreten die Bereiche (1) Kunst, Erziehung, nationale Sprache, Literatur u. ä., (2) Landwirtschaft, Fischerei u. ä., (3) organisierte und unorganisierte Arbeiterschaft, (4) Industrie und Handel, (5) öffentliche und sonstige soziale Dienstleistungen. Die Wahldauer des Dáil beträgt höchstens 5 Jahre. Spätestens 90 Tage nach seiner Auflösung hat die Wahl zum Senat stattzufinden. Die *Regierung* hat mindestens 7, höchstens 15 Mitgl.; ihre Geschäfte werden vom Premier-Min. *(Taoiseach)* geleitet; sein Vertreter heißt *Tánaiste.* Die Ressortchefs werden in ihren Amtsgeschäften durch Staats-Min. unterstützt.

Die *Rechtsordnung* beruht auf dem engl. Common Law und seinen Änderungen durch die republikanische Gesetzgebung, auf der Verfassung und der konfessionell beeinflußten Einzelgesetzen, z. B. Verbot der Ehescheidung (durch ein Referendum 1986 bekräftigt). Die Richter werden von der Regierung nominiert, vom Präsidenten ernannt, sind unabhängig und nur der Verfassung und dem Gesetz verpflichtet. Das Gerichtswesen ist dreistufig gegliedert in District Court, Circuit Court, High Court. Letzte Appellationsinstanz ist der Supreme Court, der, auf Vorschlag des Präsidenten, auch eine Normenkontrolle ausübt.

Verwaltung. I. ist in 27 *Counties* (Grafschaften) und 5 *County Boroughs* (Stadtgrafschaften: Dublin, Cork, Limerick, Galway, Waterford) gegliedert. Ihre Aufgaben werden durch für jeweils 5 Jahre gewählte Gremien wahrgenommen. Unterhalb der County-Ebene bestehen *Borough, Urban District* und *Town* als Verwaltungseinheiten (eine mittlere Stufe fehlt). Alle drei lassen sich mit „Stadt" übersetzen: sie unterscheiden sich aber durch ihren rechtlichen Status. Die historischen Provinzen (Leinster, Munster, Connacht und der zur Republik gehörende kleinere Teil von Ulster) haben weder legale noch administrative Funktion, werden aber in der amtlichen Statistik und im Schrifttum oft zur Bezeichnung größerer Raumeinheiten benutzt. Neuerdings spielt auch die Einteilung in 9 Planungsregionen eine Rolle.

IV. Bevölkerungs- und Sozialstruktur

Die Bevölkerungszahl auf dem Gebiet der heutigen Republik I. liegt weit unter der, die sie in der 1. Hälfte des 19. Jh. erreicht hatte (1841: 6,53 Mio.), Folge der „Großen Hungersnot" (1845–49) und der Massenauswanderungen. Bis 1961 sank sie auf 2,82 Mio. Dank einer der höchsten *Geburtenraten* in Europa (1988: 15,3 ‰) und geringer *Sterberate* (8,9 ‰) verzeichnet I. seitdem aber wieder ein *Bevölkerungswachstum* (im Durchschnitt 1980–87: 4,2%). Allerdings hat sich aufgrund der andauernden hohen *Arbeitslosenquote* (1990: 17,3%) die *Auswanderung* gegenüber den vorangegangenen Dekaden verstärkt (1990: 31 000 Personen). Die hohe Geburtenrate ist auch der Grund für die günstige *Altersstruktur:* 47% der Bevölkerung sind jünger als 25 Jahre. Die *Lebenserwartung* (Männer: 70,1 Jahre; Frauen 75,6) liegt geringfügig unter der einiger anderer westeurop. Länder, die *Säuglingssterblichkeit* (10 ‰) etwas darüber. Die *Haushaltsstruktur* ist durch einen geringen Anteil der Ein-Personen-Haushalte (17%) und einen noch hohen Anteil der Haushalte mit 4 und mehr Personen (32%) charakterisiert. Die *Erwerbstätigkeit* (Anteil der zivilen Erwerbspersonen an der Gesamtbevölkerung) erreicht (1987) 36,6%; 30,9% der Erwerbstätigen sind Frauen.

Aufgrund fehlender Meldepflicht bei Zu- und Fortzügen Einheimischer ist die *Binnenwanderung* nur mangelhaft zu erfassen. An ihr sind v. a. Angehörige des tertiären Sektors beteiligt. Aus strukturschwachen ländlichen Räumen, namentlich, wenn sie für die Landwirtschaft ungünstig sind, wandern jüngere Altersgruppen ab. Oft sind es unverheiratete junge Frauen, die in der wachsenden Touristenbranche einen Arbeitsplatz suchen. Die Folge ist der hohe Männerüberschuß v. a. auf vielen Inseln im W, mittel- und langfristig mit der Gefahr totaler Entvölkerung. In den unterschiedlichen Wachstums- und Dichtezahlen der Bevölkerung spiegeln sich Wirtschaftskraft und Wohlstand und damit Anziehungskraft der Regionen wider. So betrug das Bevölkerungswachstum in der durch die Hst. Dublin und durch ihre Lage an der Gegenküste zu Großbritannien begünstigten Provinz Leinster 1971–81 19,5%, in Munster im S mit der zweitgrößten Agglomeration (Cork) 13,2%, in dem westl. gelegenen Connacht nur 8,6% und in den drei restlichen Countys von Ulster nur 11,1%. Während in der Hst. Dublin (1986: 920 000 E.) 1971–81 erstmals im Stadtkern die Bevölkerung zurückgegangen ist, ist sie im unmittelbar anschließenden suburbanen Raum stark gestiegen (1989: 1,021 Mio. E.). Darin kommt die erhebliche Urbanisierung der gesamten Gft. Dublin zum Ausdruck. Weitere Agglomerationen und zugleich Oberzentren im Städtesystem sind Cork (150 000 E.), Limerick (80 000 E.), im W Galway (42 000 E.) und im S Waterford (40 000 E.). Alle Städte mit 10 000–30 000 E. sind voll entwickelte Mittelzentren, zahlreiche Städte mit 5000–10 000 E. Mittel- oder Unterzentren. Unterhalb gibt es die große Gruppe weiterer Kleinzentren und ländlicher Mittelpunktsgemeinden, letztere oft nur mit wenigen 100 E., da Streu- und Einzelsiedlungen weit verbreitet sind.

Das *System der sozialen Sicherheit* ist umfassend ausgebaut (u. a. Alters-, Witwen-, Invalidenrente, Arbeitslosen- und Arbeitsunfähigkeitsunterstützung). Seit 1974 sind praktisch alle Arbeitnehmer vom 16. Lebensjahr an, unabhängig von der Einkommenshöhe, sozialversicherungspflichtig. Die Finanzierung erfolgt durch Beiträge der Arbeitnehmer und Arbeitgeber und durch staatliche Zuschüsse. Für über 66jährige gibt es besondere Versorgungspläne. Freiwillige, staatlich unterstützte Sozialräte koordinieren die Sozialarbeit der Organisationen in freier Trägerschaft. Alle Bereiche des *Gesundheitswesens* mit Altenfürsorge sind gut ausgebaut; Minderbemittelte genießen freie Heilbehandlung.

V. Wirtschaft

Das Wirtschaftssystem ist gekennzeichnet durch Freie Marktwirtschaft mit sozialstaatlichen Regelungen. Das BIP wurde erwirtschaftet (1988) zu 38% von der Industrie, zu 10% von Land- und Forstwirtschaft sowie Fischerei, zu 19% von Handel und Verkehr, zu 6% von öffentlicher Verwaltung/Militär.

I. hat nur eine schmale *Rohstoffbasis*. Wichtiger Rohstoff ist Torf, der zur Energieerzeugung, als Heizmaterial und als Dünger verwendet wird. Die geringen Kohlevorkommen sind meist von schlechter Qualität. 1978 wurde die Produktion in dem 1973 entdeckten Erdgasfeld von Kinsale Head aufgenommen. Seit den 1960er Jahren werden auch Metallerze abgebaut: Kupfer, Blei, Silber und v. a. Zink.

Die *Energieversorgung* stammt (1988) zu 59,2% aus Einfuhren (Öl 46,8%; Steinkohle 12,4%), zu 40,8% aus einheimischen Ressourcen (Erdgas 20,8%; Torf 17,8%; Wasserkraft 2,2%). Das halbstaatliche „Electricity Supply Board" (ESB), das die Elektrizität bereitstellt, betreibt 28 Kraftwerke.

Nur noch 14,5% der Erwerbstätigen arbeiten (1988) in *Land- und Forstwirtschaft*. 68% der Bodenfläche werden intensiver landwirtschaftlich genutzt. Die Zahl der Betriebe von 20–80 ha wächst kräftig, die der kleineren Betriebe nimmt stark ab. Das klimabegünstigte Dauergrünland nimmt über 90% der landwirtschaftlichen Nutzfläche ein, so daß die Viehhaltung mit Abstand dominiert. Durch die EG-Mitgliedschaft sind die Absatzmärkte für Schlachttiere, Fleisch und Milcherzeugnisse erheblich erweitert worden. 12% der Agrarbetriebe sind als Hügel- und Berglandfarmen durch die Landesnatur benachteiligt, so daß hier v. a. Schafe gehalten werden. Die produktivsten Agrargebiete mit durchschnittlichen Betriebsgrößen von 30 ha und mehr (u. a. Weizen, Kartoffeln, Braugerste, Zuckerrüben) liegen im klimabegünstigten Tiefland im O und S. Hier wie im Hinterland von Dublin und Cork finden sich die größten Handelsgärtnereien. Große landwirtschaftliche Genossenschaften (bis über 6000 Mitgl.) gehören zu den bedeutendsten Wirtschaftsunternehmen. Sie sind führend als Hügel- und im Agrargroßhandel wie im Agrarexport. Der an Fläche zunehmende *Wald* (ca. 5,5% der Landesfläche), vorwiegend Anpflanzungen nordamerikan. Nadelhölzer, erreicht bei maritimem Klima den vierfachen Holzzuwachs des kontinentaleuropäischen. Die durch die EG geförderte *Fischerei* exportiert 1/3 ihrer Produkte. Dank hoher Gewässerdichte ist die Binnenfischerei mit zahlreichen Farmen bedeutend.

Die weitgehend moderne *Industrie* beschäftigt 29% aller Arbeitnehmer. Wichtigste Antriebskraft für die Modernisierung wurde die 1949 gegr. „Industrial Development Authority" (IDA), eine autonome, durch den Staat finanzierte Körperschaft. Sie fördert Neugründungen einheimischer und ausländischer Betriebe (darunter aus fast allen EG-Staaten und aus weiteren wichtigen Industriestaaten). Viele der modernen Betriebe ausländischen Unternehmen mit weltbekannten Namen gehören Branchen der Hochtechnologie an. Die erfolgreiche Industrialisierung war eine Voraussetzung für I.s EG-Mitgliedschaft. In der modernisierten Altindustrie I.s haben sich in den Bereichen Nahrungs- und Genußmittel, mit Getränkeherstellung, Textilien und Bekleidung, Glaserzeugung, Schuhe und Leder bedeutende Betriebe des traditionellen Bereichs erhalten. Zwar besteht eine deutliche Industriekonzentration in den großen Hafenstädten, doch hat die Standortpolitik der IDA mit der Anlage zahlreicher Industrieparks nach dem Prinzip der dezentralen Konzentration zu einer Streuung der Betriebe über die Mittel- und viele Kleinzentren im gesamten Staatsgebiet gesorgt. Die Nähe der meisten Betriebe zu einem Hochseehafen, die engl. Sprache und die westl. Brückenlage I.s sind günstige Standortfaktoren. – Ein wichtiger Wirtschaftsfaktor mit günstiger Entwicklung ist auch der *Fremdenverkehr* (Umsatz 1988: 2,6 Mrd. DM).

Dank hoher Leistungen der Landwirtschaft und insbes. der Industrie verzeichnete I. 1985 erstmals einen seitdem stark wachsenden Ausfuhrüberschuß. Bei den Importen wie den Exporten haben die EG-Länder den höchsten Anteil. Die Zahlungsbilanz ist neuerdings (1990) positiv.

1989 ist das BSP (14 343 DM pro Kopf) um 4% gestiegen, die Inflationsrate 1981–90 von 20,4% auf 2,7% gesunken. Die Staatsausgaben konnten zwar um 3% gesenkt werden, doch stellt die hohe Staatsverschuldung weiterhin ein ernstes Problem dar. Trotz insgesamt günstiger wirtschaftlicher Entwicklung gehört I. zu den ärmeren EG-Ländern.

Zentral- und Notenbank ist die „Central Bank of Ireland". I. ist seit 1979 Mitglied des EWS.

Verkehr. Die *Eisenbahn* spielt wegen ihrem Rückzug aus der Fläche (1960: Schienennetz 4010 km, 1988: 1944 km) im Personenverkehr nur noch eine untergeordnete Rolle, bleibt aber im Güterverkehr wichtiger Verkehrsträger. Sie verbindet (fast ausschließlich im Dieselbetrieb) außerhalb der Agglomeration Dublin die Oberzentren, manche Mittelzentren und alle größeren Fähr- und Hochseehäfen. Das dichte *Straßennetz* (1988: 92 303 km; davon 15 965 Hauptstraßen) wird ständig modernisiert. Die *Seeschiffahrt* ist v. a. im Verkehr mit Großbritannien wichtig, auf den ca. 2/3 des Güterumschlags über See entfallen. Wichtigste Häfen sind Dublin, Cork, Limerick und Waterford. Im *Luftverkehr* besitzt I. mit den Flughäfen Dublin, Shannon, Cork und Knock hervorragenden Anschluß an die internationale Luftfahrt.

VI. Kultur, Religion, Bildung

Der röm.-kath. Kirche gehören in den Erzbistümern Armagh, Cashel, Dublin, Tuam 94% der Bevölkerung an. Die kirchliche Gliederung wird durch die politische Teilung der Insel nicht berührt: Der Erzb. von Armagh, Primas von ganz I., residiert in Nordirland. Der Church of Ireland (Anglikanische Kirche) gehören in den Provinzen Armagh und Dublin 3,2% der Bevölkerung an; 0,5% sind Presbyterianer, 0,2% Methodisten und 0,8% Juden. Die Angehörigen der verschiedenen Glaubensbekenntnisse leben (anders als in Nordirland) friedlich miteinander. Viele Protestanten nehmen eine gehobene gesellschaftliche Stellung ein.

85% der 4–5jährigen Kinder besuchen eine Vorschule. Für die Grundschulausbildung, einschließlich Sonderschulen (Schulpflicht vom 7.–15. Lebensjahr), gibt es 3502 Staatsschulen, ferner Privatschulen mit staatlicher Unterstützung, die von ca. 30% der Grundschüler besucht werden. Die Sekundärschulen werden, mit Beihilfen und unter Aufsicht des Staates, überwiegend von religiösen Orden getragen. Die meisten dieser Anstalten, die vielfach aus der Tradition der engl. Grammar School kommen, entsprechen annähernd einem dt. Gymnasium. Berufsschulen verbinden allgemeine und technische Fächer, Gesamtschulen (Comprehensive Schools) mit einer Mittel- und einer Oberstufe bieten allgemeine und technische Fächer und können je nach Abschluß, wie andere Sekundarschulen, zur Hochschulreife führen. Manche Gesamtschulen sind durch die ihnen nach Organisation und Zielsetzung nahestehenden Gemeinschaftsschulen (Community Schools) ersetzt worden. Die Verfassung erlaubt auch die Schulausbildung „zu Hause". Unterrichtssprache ist meist englisch.

Nominell und rechtlich bestehen nur zwei Universitäten: Trinity (Dublin) und die dezentrale National University of Ireland mit 3 Colleges in Dublin, Cork und Galway, die jedoch nach Studentenzahl (5000–9000) und Gliederung in Fakultäten einer Universität entsprechen. Kirchliche Hochschule (auch mit nichttheologischen Fächern) ist das St. Patrick's College in Maynooth. In Dublin gibt es ferner eine Medizinische und eine Kunsthochschule mit Promotionsrecht. Lehrer für Primarschulen werden an 5 Pädagogischen Hochschulen (4 in Dublin) ausgebildet; für Lehrer technischer Fächer besteht ein College in Limerick. In den letzten Jahren haben im Zusammenhang mit der Industrialisierung und Technisierung die Fachhochschulen (Colleges of Technology, of Art and Design, of Industrial Relations u. ä.), von denen fast alle neben technischen und naturwiss. Fachbereichen u. a. auch betriebswirtschaftliche besitzen, wachsende Bedeutung erlangt (rd. 50% aller Studenten).

Weitere Einrichtungen von Bildung und Wissenschaft sind ebenfalls meistens in Dublin konzentriert, u. a.: Nationalmuseum, Nationalbibliothek, Nationalgalerie, Royal Irish Academy, Nationaltheater (Abbey Theatre), Symphonieorchester des Irischen Rundfunks (RTE). Die hohe Musikalität der Iren führt zu einer breiteren Pflege der Musik. Kunst- und Theaterfestspiele finden in Dublin, Opernfestspiele in Wexford, das Internationale Chor- und Volkstanzfestival in Cork statt. In der *Literatur,* v. a. in den Bereichen des Romans und des Theaters, weist I. Namen von Weltrang auf *(James Joyce, William Butler Yeats, Samuel Beckett).* In Dublin erscheinen fünf (u. a. Irish Times), in Cork zwei Tageszeitungen.

LITERATUR

J. H. **Whyte,** Church and State in Modern Ireland, 1923–1979. Totowa (N. J.) 1971, ²1980. – A New History of Ireland. Hg. T. W. **Moody u.a.,** bisher 6 Bde. Oxford 1976 ff. (Lit.). – D. **Murphy,** Die Entwicklung der politischen Parteien in I. Opladen 1982. – D. **Roche,** Local Government in Ireland. Dublin 1982. – C. H. **Huber,** Das irische Parteiensystem. Bonn 1983. – Ireland. A Cultural Encyclopaedia. Hg. B. de **Breffny.** London 1983. – Neuere Forschungen zur Sozialgeographie von I. Hg. R. J. **Bender.** Mannheim 1984. – M. P. **Tieger,** I. München 1984, ²1990. – K. S. **Bottigheimer,** Geschichte I.s. Stuttgart 1985. – T. **Brown,** Ireland. A social and cultural history, 1922 to the present. Ithaca (N. Y.) 1985. – D. G. **Morgan,** Constitutional Law of Ireland. Blackrock 1985. – Irish Historic Town Atlas. Hg. J. H. **Andrews,** A. **Simms.** Dublin 1986 ff. – Länderbericht I. 1987. Hg. Stat. Bundesamt. Stuttgart 1987. – H. **Jäger,** I. Eine geographische Landeskunde. Darmstadt 1990.

Laufende Veröffentlichungen:
The Statesman's Year-Book. Hg. J. Paxton. London. Statistical Abstract of Ireland. Hg. Central Statistics Office. Dublin. – Administration Yearbook and Diary. Hg. Institute of Public Administration. Dublin.

Bibliographien:
Modern Ireland. A Bibliography on Politics, Planning, Research and Development. Hg. M. O'Shannon. London 1981. – J. **Schneider,** R. **Sotscheck,** I. Eine Bibliogr. selbständiger deutschsprachiger Publikationen, 16. Jh. bis 1989. Darmstadt 1988.

Helmut Jäger

ISLAND

Amtlicher Name	Lydveldid Island (Republik Island)
Staatsform	Parlamentarisch-demokratische Republik („konstitutionelle Republik")
Hauptstadt	Reykjavik (95 800 E.)
Fläche	103 000 km²
Bevölkerung	256 000 E. (1990; VZ 1970: 204 930). – 2,5 E./km²
Sprache	Isländisch
Religion	Protestanten 97%; Katholiken 1%
Währung	1 Isländische Krone (ikr) = 100 Aurar

I. Naturräumliche Voraussetzungen

I. (die sog. „Feuerinsel am Polarkreis") liegt unmittelbar südl. des Polarkreises, von der norweg. Küste rd. 1000 km, von Schottland ca. 800 km, von Grönland knapp 300 km entfernt. Die Insel ist überwiegend unbewohnt (nur 15% besiedeltes Land). In der Hauptsache liegen die heute besiedelten Räume (vgl. IV) unter 200 m NN. Nur 1% I.s werden als kultiviertes Areal, ca. 20% als Naturweiden ausgewiesen. Völlig unbewohnt ist das zentrale Hochland mit einer durchschnittlichen Höhe von 500 m. Über fast vegetationslosen Schuttflächen erheben sich hier Vulkane und Plateaugletscher (oft vom Eis bedeckte Vulkane) bis über 2100 m. Gletscher umfassen insgesamt 11% der Inselfläche. Der *Vatnajökull* ist mit rd. 8300 km² Ausdehnung und bis über 1000 m Eismächtigkeit der bei weitem größte Gletscher Europas.

I. ist die größte Vulkaninsel der Erde mit einem ungewöhnlich reichen vulkanischen Formenschatz. Geologisch ist es das jüngste Land Europas, das sich erst vor 16 Mio. Jahren zu bilden begann, als Spalten im Mittelatlantischen Rücken Lava förderten, die sich bis über den Meeresspiegel ausbreitete. Seit der Besiedlung der Insel wurden die Bewohner immer wieder mit aktivem Vulkanismus und mit Erdbeben konfrontiert. In der Siedlungsgeschichte brachen mindestens 30 Vulkane insgesamt ca. 150mal aus mit häufig katastrophalen Folgen für die Bevölkerung (z. B. Ausbruch der *Laki-Spalte,* 1783). Bekanntestes Beispiel für den aktiven Vulkanismus der Gegenwart ist die Insel *Heimaey* an der Südküste, auf der 1973 ein Vulkanausbruch das fischereiwirtschaftlich bedeutende Zentrum zu vernichten drohte. Positive Folgen des Vulkanismus für das Wirtschaftsleben liegen in den mit ihm verbundenen Energieressourcen (Geothermalenergie; s. u.). Zu den durch vulkanische Wärme erhitzten heißen Quellen gehören die *Geysire* (Springquellen), die periodisch Wasser und Dampf emporschleudern.

Das kühl-ozeanische *Klima* ist durch die Wirkung des „Golfstroms" (Nordatlantikdrift) milder als der Breitenlage entspricht. Nebel, Stürme und Regen sind häufig (Jahresniederschlag 500–850 mm). Die Sommer sind kühl (10–11 °C im Durchschnitt), die Winter mild (an der Küste +1 bis –1 °C). Die *Vegetation* beschränkt sich nach der weitgehenden Vernichtung der Birkenwälder fast ausschließlich auf Gras, Moose und niedrige Sträucher.

II. Geschichte

Irische Mönche ließen sich als erste Siedler vornehmlich an der Südostküste nieder. Die Landnahme durch norweg. *Wikinger* begann 874 im Bereich der heutigen Hst. Reykjavik (= „Rauchbucht"). Über die erste Periode der isländ. Geschichte, die *Landnahmezeit* (874–930), berichtet ausführlich das „Landnámabók" (Anf. 13. Jh.). 930 erfolgte die Gründung des *Althing,* einer parlamentsähnlichen Institution mit oberster gesetzgebender und richterlicher, aber nicht exekutiver Gewalt, die in Thingvellir jährlich zwei Wochen zur Mittsommerzeit tagte. Um 930 sollen auf I. schon 20 000 Menschen gelebt haben. Diese Kolonisation erfaßte größere Gebiete als heute besiedelt sind. Aus der *Sagazeit* (930–1030) geben die im 12. und 13. Jh. aufgezeichneten *Sagas* (eine Art Familien- oder Sippengeschichten) u. a. Kenntnis von den Grönland- und Vinlandfahrten *Eriks des Roten* und seines Sohnes *Leif Eriksson,* der nahezu 500 Jahre vor Kolumbus ↗Nordamerika entdeckte. Gegen Ende des 10. Jh. wurde das Christentum eingeführt und im Jahr 1000 durch das Althing zur Staatsreligion erhoben. Anfangs unterstand die isländ. Kirche dem Erzb. Bremen, 1104–54 dem Erzb. Lund, dann dem Erzb. Trondheim. Die immer stärker werdende Abhängigkeit von ↗Norwegen führte 1264 zur Unterwerfung unter dessen Herrschaft. 1380 fiel Norwegen zusammen mit I. an die dän. Krone, die seit 1537 die Reformation einführte. Die Oberhoheit ↗Dänemarks dauerte bis in das 20. Jh.; sie war für I. eine Zeit wirtschaftlichen und sozialen Niedergangs; u. a. brachten die an dän. Gesellschaften vergebenen Handelsrechte der Bevölkerung bittere Armut. Auch die seit dem Spätmittelalter sich häufigenden Naturkatastrophen (Vulkanausbrüche, Mißernten) forderten ebenso wie Epidemien (Pest, Pocken) große Opfer, so daß die Bevölkerung zeitweise stark dezimiert wurde.

Gegen Ende des 18. Jh. (Lockerung des dän. Handelsmonopols 1786) verbesserten sich die Lebensbedingungen. Gleichzeitig wuchsen die Bestrebungen nach Wiedergewinnung der Unabhängigkeit. Eine neue Verfassung 1874 gab I. Teilautonomie und dem (1800 abgeschafften, 1843 in beratender Funktion erneuerten) Althing gesetzgebende Gewalt zurück. Am 1.12.1918 erlangte I. seine Souveränität als Königreich in Personalunion mit Dänemark zurück. Im II. Weltkrieg befanden sich brit. und US-amerikan. Streitkräfte auf der Insel; die USA errichteten den bis heute bestehenden Luftstützpunkt Keflavik. Am 24.5.1944 sprach sich die Bevölkerung in einem Referendum für eine Auflösung der Unionsakte mit Dänemark und für eine Republik auf demokratischer Grundlage aus, die am 17.6.1944 ausgerufen wurde. – I. ist Mitglied u. a. der NATO, der EFTA, des Europarats und der Nordischen Rats. I. besitzt keine eigenen Streitkräfte. Es wird vertraglich im Rahmen der NATO von den USA verteidigt.

Traditionell stärkste politische Kraft ist die konservativ-bürgerliche Unabhängigkeitspartei, die aber seit 1956 in Opposition stand. Nach den Wahlen im April 1991 bildete sie mit den Sozialdemokraten die Regierung. Staatspräsidentin ist seit 1980 (Wiederwahl 1984 und 1988) *Vigdis Finnbogadóttir* (parteilos).

III. Verfassung, Recht, Verwaltung

Nach der Verfassung von 1944 (geändert am 5.4.1968) ist I. eine „konstitutionelle Republik". Das Parlament *(Althing,* auf 4 Jahre gewählt, besteht aus 2 Kammern: dem Oberhaus *(Efri deild)* mit 20 aus der Mitte des Parlaments gewählten Abgeordneten und dem Unterhaus *(Nedri deild)* mit 43 Abgeordneten. Beide Kammern, die oft gemeinsam tagen, besitzen Gesetzesinitiative. Das erstmals 1987 angewandte neue Wahlrecht soll Ungleichheiten zwischen den Wahlkreisen besser ausgleichen. Als *Staatsoberhaupt* und Chef der Exekutive amtiert der ebenfalls für 4 Jahre direkt gewählte *Staatspräsident,* der auch den *Ministerpräsidenten* ernennt (i. d. R. Chef einer Koalitionsregierung) und den Vorsitz im Ministerrat führt. Ist sein Amt nicht besetzt, wird er vom *Staatsrat* (Ministerrat und Präsident des Obersten Gerichtshofs) vertreten.

Das *Recht* beruht auf mittelalterlich-skandinav. Recht, das durch Einzelgesetze fortentwickelt wurde. Die Richter sind unabhängig. Untere Stufe der Gerichtsbarkeit sind die Gerichte in den Städten und Landkreisen, obere Stufe ist der Oberste Gerichtshof in Reykjavik als Appellationsgericht. Für den Fall der Ministeranklage durch das Parlament ist ein Staatsgerichtshof aus Mitgliedern des Althing und des Obersten Gerichtshofes vorgesehen.

Die *Verwaltung* besteht auf der unteren Ebene aus 221 Gemeinden (mit gewählten Parlamenten), von denen 23 „kreisfreie" Städte sind, während die übrigen 198 zu 23 „Landkreisen" *(sýslur)* zusammengefaßt sind.

IV. Bevölkerungs- und Sozialstruktur

Die Bevölkerung besteht fast ausschließlich aus Isländern. I. hat die geringste Einwohnerdichte aller europ. Staaten. Besiedelte Räume sind in erster Linie Südwestisland mit dem Hauptstadtbereich Reykjavik und den südöstl. bzw. nördl. benachbarten Ebenen (rd. 50%). Weitere Siedlungsstandorte konzentrieren sich auf die inneren Fjordarme im Nord- und Ostisland. Nur wenige Siedlungen haben eine etwas küstenfernere Lage, z. B. das in ca. 300 m Höhe liegende Myvatn-Gebiet und das südöstl. benachbarte Mödrurdalur, wo sich bei 460 m der höchstgelegene Hof I.s befindet.

Nach der Volkszählung von 1703, die als die erste „moderne" ihrer Art in Europa gilt, lebten in I. 50 358 Menschen; Bauern und andere von der Agrarwirtschaft Abhängige (insgesamt ca. 35 000) bestimmten die Lebens- und Wirtschaftsverhältnisse. 1786 bewohnten nur noch 38 400 Menschen die Insel. Seit Ende des 19. Jh. vollzog sich im Zuge des wirtschaftlichen Aufschwungs (bedingt v. a. durch die Fischwirtschaft) eine starke, kontinuierlich verlaufende Bevölkerungszunahme. Die *Geburtenziffer* ist mit rd. 15 ‰ im Vergleich zu anderen europ. Staaten hoch, die *Sterbeziffer* (7 ‰) gering, die *Lebenserwartung* mit 79,7 Jahren bei Frauen und 73,7 bei Männern eine der höchsten in der Welt. Die *Altersstruktur* ist sehr günstig (Anteil der unter 15jährigen: 26%, der über 65jährigen: 10%).

Mit der starken Mobilität und der Umstrukturierung von einer ländlich-agraren zu einer städtischen Bevölkerung haben sich auch die *Erwerbsverhältnisse* grundlegend gewandelt. Mitte der 1980er Jahre waren nur noch rd. 11% der Erwerbstätigen im Primärsektor (Landwirtschaft und Fischfang) tätig (1970: 18%). Der sekundäre Sektor stagniert bei rd. 25%; der tertiäre Sektor steigt dagegen beträchtlich an.

I.s Bevölkerung lebt heute in einem Wohlfahrtsstaat mit umfassender sozialer Betreuung, der allerdings auch problematische Entwicklungszüge angenommen hat. Die sozialen Leistungen mußten in den letzten Jahren mit starker Belastung der wenig diversifizierten Volkswirtschaft, zunehmender Auslandsverschuldung und mit hohen Inflationsraten bezahlt werden.

V. Wirtschaft

I. besitzt keine nennenswerten mineralischen Rohstoffe. Der Agrarproduktion sind wegen der rauhen Naturraumvoraussetzungen enge Grenzen gesetzt. Die wichtigsten landwirtschaftlichen Ausfuhrgüter, Schafwolle und Fellwaren, hatten Anfang der 1980er Jahre nur einen Anteil von 5% am Gesamtexportwert. Für die einheimische Bevölkerung selbst aber darf die Bedeutung der Landwirtschaft nicht unterschätzt werden, wenn auch nur noch (um 1990) 6% der Erwerbstätigen in ihr beschäftigt sind (1900: 70%). Dabei hat ein Strukturwandel von der einstigen Subsistenzwirtschaft zur marktorientierten Agrarproduktion mittels Mineraldüngereinsatz, Kultivierung von Naturweiden und Mooren, Mechanisierung und Intensivierung sowie Forcierung der Milchviehhaltung stattgefunden. Die traditionelle Schafhaltung (Anfang der 1980er Jahre ca. 2 Mio. Tiere während der sommerlichen Weidezeit) ist zurückgegangen, u. a. auch aus landschaftsökologischen Gründen, da die extensive Schafweidewirtschaft die Vegetation immer mehr in Mitleidenschaft zieht. Eine wichtige Position in der Landwirtschaft besitzen die geothermal beheizten Glashauskulturen (v. a. bei Hveragerdi südöstl. Reykjavik).

In diesem Jahrhundert ist das Wirtschaftsleben von der Fischereiwirtschaft bestimmt worden. In den 1960er Jahren erbrachten Fischprodukte bis zu 97% der Exporterlöse, um 1990 noch rd. 70%. Der Anteil sank durch das Bemühen um eine Diversifizierung der industriellen Produktion. Für den großen Fischreichtum in den isländ. Gewässern sind in erster Linie die in Temperatur und Salzgehalt sehr unterschiedlichen Meeresströmungen verantwortlich. Die Fangerträge sind (u. a. wegen Überfischung) schwankend. Zur Sicherung der einheimischen Fischereiwirtschaft wurden die isländ. Hoheitsgewässer 1972 auf 50 und 1975 auf 200 sm ausgedehnt, was zu Konflikten („Kabeljaukriege") v. a. mit Großbritannien, auch mit der Bundesrepublik Deutschland und mit Norwegen (Streit über die Hoheitsrechte um die Insel Jan Mayen, sog. „Loddekrieg") führte. Die aber immer noch überragende Stellung der Fischwirtschaft im Außenhandel zwingt den Staat zu einer weiteren Diversifizierung der gewerblich-industriellen Produktion (z. B. stromintensive Aluminiumerzeugung und Edelstahlerzeugung). Nur so hat der isländ. „Wohlfahrtsstaat" (gemessen am BSP/E. von 20 160 US-$ gehörte I. 1988 zu den sechs reichsten Ländern der Welt) eine Zukunft. Zunehmende Bedeutung gewinnt auch der Fremdenverkehr als Wirtschaftsfaktor (Zunahme seit 1981 um über 80%).

Der Energieverbrauch pro Kopf der Bevölkerung ist einer der höchsten der Welt. 97% der elektrischen Energie stammen aus Wasserkraft. 75% der Bevölkerung sind mit geothermaler Heizenergie für Wohnungen, Gewächshäuser usw. versorgt, deren Gewinnung weiter gesteigert werden soll.

Verkehr. I. besitzt keine Eisenbahnen. Das *Straßennetz* (1989: ca. 12 700 km, davon ca. 2/3 „Hauptstraßen") ist in den besiedelten Küstenregionen gut ausgebaut, die Kraftfahrzeugdichte relativ hoch (1987: 485 PKW je 1000 E.). Eine wichtige Rolle spielt der *Luftverkehr* sowohl für den innerisländ. Verkehr (fast 100 kleine Flughäfen) als auch für die internationale Anbindung der geographisch abgelegenen Insel. Hauptflughäfen sind Reykjavik und Keflavik. Die *Schiffahrt* wird einerseits durch die Fischereiwirtschaft bestimmt, andererseits durch die für den Güterverkehr wichtige Küstenschiffahrt. Alle 72 Häfen sind eisfrei. Wichtigster Hafen ist Reykjavik.

VI. Kultur, Religion, Bildung

Kulturell zeigt I. eine starke Eigenständigkeit und große Vielfalt, insbes. in der Literatur. Eine traditionelle Volkskultur hat sich nur in Resten erhalten. Die Sprache ist sehr arm an Fremdwörtern und bewahrte sich weitgehend ihre mittelalterliche Struktur.

In religiöser Hinsicht dominiert die ev.-luth. Kirche als verfassungsmäßige Staatskirche (rd. 93% der Bevölkerung). Rd. 4% gehören luth. Freikirchen, rd. 1% der kath. Kirche (seit 1968 exemtes Bist. Reykjavik) an. Die Verfassung garantiert Religionsfreiheit. Gesetze, die Staatskirche betreffend, unterliegen zusätzlich einem Referendum.

Das Bildungswesen ist sehr gut ausgebaut. Seit 1907 besteht Schulpflicht (7.–15. Lebensjahr); rd. 60% der Schüler besuchen weiterführende Schulen. Der Unterricht findet ganztägig Mai–Okt. statt. In abgelegenen Gebieten bestehen Internate oder Unterricht wird hier durch „Wanderlehrer" erteilt. Trotz allgemeinen hohen Bildungsstandards ist die Analphabetenquote (26%) wegen der schwierigen Unterrichtsverhältnisse noch groß. In Reykjavik, dem kulturellen Zentrum I.s, existiert seit 1911 eine Universität, doch studiert ca. 1/4 der isländ. Studenten im Ausland. Ferner bestehen je 1 technische, landwirtschaftliche und Musikhochschule sowie Lehrerbildungsanstalten.

LITERATUR

W. **Schutzbach**, I. Feuerinsel am Polarkreis. Bonn 1967, ³1985. – M. **Schwarzbach**, H. **Noll**, Geologischer Routenführer durch I. Bonn 1971. – F. K. v. **Linden**, H. **Weyer**, I. Bern 1974, ²1980. – H. **Preusser**, The Landscapes of Iceland: Types and Regions. Den Haag 1976. – V. **Wille**, Die räumliche Planung in I., in: Raumforschung und Raumordnung 38 (1980) 233 ff. – P. **Selacek**, Ökonomische Grundlagen und Wirkungen der Aluminiumverhüttung auf I., in: ZfW geogr. 25 (1981) H. 2, 60 ff. – H. R. **Bárdason**, I. Porträt des Landes und Volkes. Reykjavik 1982. – J.-F. **Venzke**, Geoökologische Charakteristik der wüstenhaften Gebiete I.s. Paderborn 1982. – E. **Gläßer**, Nordeuropa, in: Fischer Länderkunde. Bd. 8: Europa. Hg. W. Sperling, A. Karger. Frankfurt/M. 1984, Neuausg. 1989, 164 ff. – R. **Glawion**, Die natürliche Vegetation I.s als Ausdruck des ökologischen Raumpotentials. Paderborn 1985. – E. **Gläßer**, A. **Schnütgen**, I. Darmstadt 1986. – Lber. I. 1986. Stuttgart 1986. – B. **Sigurdsson**, Geschichte und Gegenwartsgestalt des isländ. Kirchenrechts. Frankfurt/M. 1986. – Norden. Man and Environment. Hg. U. **Varjo**, W. **Tietze**. Berlin 1987. – A. **Schnütgen**, I. Vulkaninsel zwischen Europa und Amerika. Köln 1988.

Laufende Veröffentlichungen:
Dt.-Isländ. Jb. Mit-Hg. Dt.-Isländ. Gesellschaft e. V. Köln. Köln. – Iceland Rev. (A Quarterly Publication on Iceland Industries, Exports, Social and Cultural Affairs). Reykjavik.

Bibliographien:
J. J. **Horton**, Iceland. Oxford 1983. – J.-F. **Venzke**, Bibliogr. zur Physischen Geographie I.s. Bochum 1985.

Ewald Gläßer

ITALIEN

Amtlicher Name	Repubblica Italiana (Italienische Republik)
Staatsform	Parlamentarisch-demokratische Republik
Hauptstadt	Rom (Roma, 2 804 000 E.)
Fläche	301 279 km²
Bevölkerung	57 700 000 E. (1990; VZ 1981: 56 557 000). – 192 E./km²
Sprache	Italienisch, regionale Amtssprachen Deutsch (Südtirol), Französisch (Aostatal)
Religion	Katholiken über 99%
Währung	1 Italienische Lira (Lit) = 100 Centesimi

I. Naturräumliche Voraussetzungen

I. erstreckt sich von den Alpen aus ca. 1000 km weit nach S ins mittlere Mittelmeer, das es in 3 Becken, das Tyrrhenische Meer, Adriatische Meer und Ionische Meer, teilt. Dem Festland vorgelagert sind eine Reihe von zum Staatsgebiet gehörenden Inseln: *Sizilien, die Liparischen (Äolischen)* und *Pelagischen Inseln, Pantelleria, Sardinien* und die *Toskanischen Inseln* mit *Elba*. Gemeinsame Grenzen hat I. im NW mit ↗Frankreich, im N mit der ↗Schweiz und ↗Österreich, im NO mit ↗Jugoslawien. Innerhalb des Staatsgebietes liegen ↗San Marino und die ↗Vatikanstadt.

Infolge der zentralen Lage I.s im Mittelmeerraum und der ausgeprägten N-S-Erstreckung bestimmt der subtropische Jahresgang der *Klimafaktoren* das naturräumliche Gefüge: Winterregen und Sommertrockenheit unterliegen einer nord-südl. Differenzierung. Die Jahresmittel der Niederschläge nehmen von 1600 mm in der Lombardei (Herbstmaximum) auf 520 mm in Westsizilien (Wintermaximum) ab. In gleicher Richtung steigen die Jahresmittel-Temp. (von 13 °C auf 18 °C) sowie die potentielle Verdunstung an. Die Interferenz dieser Elemente bewirkt in der Poebene einen noch fast mitteleurop. Witterungsjahresgang; südl. des Apennin setzt mit 2 vollariden Monaten (Verdunstung größer als der Niederschlag) mediterranes Klima ein, das sich nach S verstärkt (Tarent: 5 aride Monate). Der hygrische N-S-Kontrast ist ferner durch nach S zunehmende Unsicherheit der jährlich fallenden Niederschlagsmengen mit entsprechend erhöhtem Agrarrisiko gekennzeichnet. Diese klimatischen Bedingungen zwangen bereits in der Antike zu diffizilen Anpassungsleistungen in der Landwirtschaft, um das im Mezzogiorno niedrigere Feuchteangebot durch spezielle Formen des Feldbaus optimal ausnutzen zu können. Nach S zunehmend, fallen die Niederschläge überwiegend als Starkregen mit geringer Versickerung und hohem Oberflächenabfluß. Folgen sind Bodenerosion und jahreszeitlich extrem wechselnde Abflußrhythmen *(Torrenten)*. Positiv wirken generell die hohen Wintertemperaturen im S (Jan.-Mittel 8–9 °C) auf den landwirtschaftlichen Anbau, der somit innerhalb der EG über Standortvorteile verfügt.

Die Klimaprovinzen werden durch das *Relief* kleinräumlich differenziert: Tertiär gehobene Hochgebirgsformationen bilden die *Südalpen* und zentrale Teile des *Kalkapennin (Abruzzen* 2480 m ü. d. M., *Gran Sasso* 2900 m, *Aspromonte* 1950 m). Randlich lagern sich aus Kalk, Mergel und Tonen bestehende erosionsanfällige Berglandketten mit sanfteren Oberflächenformen an (z. B. Toskana, Basilikata, Innersizilien). Intramontane Becken untergliedern die Gebirgsregionen vielfältig. Quartär entstandene Schotter- und Schwemmlandebenen (Flußsystem des *Po*) sowie schmale Küstenniederungen bilden den vierten wichtigen Relieftyp. Flach lagernde Kalktafeln gestalten einen weiteren, morphologisch in sich wenig modifizierten Oberflächenbereich (Murge, Apulien). An tektonischen Schwächelinien bestimmt tertiär-quartärer *Vulkanismus* (Bolsener See, Albaner Berge, Roccamonfina) mit seinen noch aktiven Erscheinungen *(Ätna, Stromboli, Flegräische Felder, Vesuv)* die Reliefentwicklung ebenso wie Erdbeben und schnell wechselnde vertikale Küstenbewegungen (Golf von Pozzuoli).

Die kleinräumliche Differenzierung der naturgeographischen Grundlagen wird durch die *Bodentypen* bestimmt. Während die Küstenzonen sowie die Poebene auf Basis jüngerer Sedimente über generell günstige pedologische Standorte verfügen, bieten die Kalkmergel des Berglandes weitgehend schwierige landwirtschaftliche Bedingungen: Rutschungen *(Frane)* und Bodenerosion erschweren den Anbau. Die Kalkmassive der Hochgebirge haben mit schlecht verwitterten und selektiv erosionsgeschädigten Rohböden die schlechteste agrarische Ausgangsbasis. Karstprozesse degradieren solche Standorte weiter.

Die räumliche Differenzierung von Relief und Klimaelementen bildet ein natürliches, allerdings anthropogen überformtes Höhenprofil der *Vegetation* mit nach S jeweils ansteigenden Grenzen zwischen den einzelnen Stufen. Mediterrane Pflanzengemeinschaften (Hartlaubgewächse, z. B. Steineiche, sowie Straucharten wie Erdbeerbaum, Baumheide, Zistrosen, Oleaster) prägen die Fußstufe bis 600 m ü. d. M. im N, bis 800 m im S. Als Kulturpflanzen dominieren Ölbaum, Rebe, Agrumen und früher Maulbeerbaum (Seidengewinnung). Darüber steigen mitteleurop. laubwerfende Eichen an (früher Grundlage intensiver Waldweide), regional von dichten Edelkastanienbeständen (Frucht- und Holznutzung) durchsetzt. Weiterhin folgen Buchen bis 1600/1800 m und Kiefernarten bis zur oberen klimatischen Waldgrenze (2200 m in den Südalpen, 2400 m am Ätna). Die oberhalb liegenden Matten eignen sich nur noch als sommerliche Weideflächen. Seit über 2000 Jahren wird die natürliche Pflanzendecke intensiv anthropogen überformt. Rodungen ohne Nachforstung lieferten Energie (Holzkohle) und Baumaterial, Feuer erneuerte zwar die kurzfristige Weidekapazität, reduzierte jedoch über Jahrhunderte den Vegetationsbestand. Die variantenreiche, jahreszeitlich wechselnde Weidewirtschaft *(Transhumanz)* vernichtete höherwüchsige Pflanzenbestände flächenhaft und irreversibel. Torrentieller Starkregen setzte über Bodenerosion diese Degenerationskette der montanen Ökosysteme fort. Die dadurch verminderte Speicherkapazität der Roh- und Skelett-Böden schwächte die Leistungsfähigkeit des Grundwasserhaushaltes. So ist in der Pflanzenformation der „Niederen Macchie" letztlich eine anthropogene Degradationsstufe des ursprünglichen Waldes zu sehen. Sie ist heute zwar eine besondere Form der mediterranen Kulturlandschaft, zeugt jedoch von der jahrhundertelangen, grundlegenden Störung der natürlichen Grundlagen des Wirtschaftsraumes. Allerdings ist nach Rückgang der Beweidung wieder ein quasinatürliches ökologisches Gleichgewicht eingetreten, das teilweise bereits zur Regeneration höherer Wuchsformen der Vegetation geführt hat. Mit Aufforstungsprogrammen versucht man seit 1950, besonders in Süditalien, die seit Jahrhunderten eingetretenen Schäden rückgängig zu machen und dem Landschaftshaushalt seine ursprüngliche Leistungsfähigkeit wieder zurückzugeben.

Bildete der *Wasserhaushalt* (Grundwasser, Karstwassersysteme, Umfang der Quellschüttung) in seiner jahreszeitlichen Differenzierung und abhängig von der hohen Niederschlagsunsicherheit bereits in der Vergangenheit ein hohes Risiko der Landwirtschaft, so ist seine Leistungsfähigkeit infolge Bevölkerungszunahme, Verstädterung, gestiegenen Bedarf von Industrie, Gewerbe, Tourismus weiter eingeengt worden. Seit 1950 wurden in den zentralen und südl. Apenninälern zwar zahlreiche Wasserspeicher angelegt und über Fernleitungen mit den Küstenniederungen verbunden. Die stark ausgedehnte agrare Bewässerungswirtschaft verfügt deshalb neben den auch im Sommerhalbjahr schüttungsreichen Karstquellsystemen am Fuß des Kalkapennin über noch ausreichende Reserven. Zudem sind wassersparende Tropfverfahren mit geringer Verdunstung teilweise an die Stelle traditioneller Oberflächenberieselung getreten.

Problematisch ist die Wasserversorgung der ständig wachsenden Stadtregionen. Die umfangreiche Verfügbarkeit von Trink- und Brauchwasser fördert die nahezu unkontrollierte und z. T. genehmigungslos verlaufende Verstädterung, die im Randbereich von Verdichtungsräumen mit steigenden Flächenansprüchen und Bodenpreisen auf landwirtschaftliche Gebiete übergreift. Völlig unzureichend ist die Brauchwasserentsorgung der meisten Ballungs- und Küstenräume. Nicht nur Flüsse der Küstenzone, sondern auch küstennahe Meeresgewässer sind deshalb auf große Strecken mit Schadstoffen extrem belastet. Insgesamt zeigt die starke Überlastung der Hydrosysteme, besonders in weiten Teilen der Küstenniederung, eine gravierende Destabilisierung des Landschaftshaushaltes an.

II. Historische und politische Entwicklung

1. Kommunen und Signorien, Prinzipate und Staatensystem

Friedrich II. hatte die normannische Staatsordnung ausgebaut und die kaiserliche Verwaltung I.s verfestigt, aber bald nach seinem Tode (1250) befreiten sich die Päpste von der staufischen Umklammerung. Doch weder die frz. Könige noch die Päpste (letztere 1309–76 im „Exil" von Avignon) konnten I. einigen, Romzüge *Heinrichs VII.* (1310–13) und *Ludwigs d. Bayern* (1328–33) die Kaisermacht nicht wiederherstellen.

Während der S unter dem Hause *Aragón* (seit 1282) in feudalen Immobilismus zurückfiel, entstanden in Ober- und Mittel-I. zahlreiche Stadtstaaten (Kommunen), in denen bürgerliche Oberschichten zur Regierung kamen, gestützt u. a. auf ihre seit dem 11. Jh. erwachsene wirtschaftliche Macht und Modernität. Daneben bestanden die patrizischen Republiken Venedig und Genua weiter.

Pluralismus und Regionalismus wurden politische Grundlagen der sich im 14. Jh. *(Trecento)* durch die Sprache *Dantes* wie durch die von *Petrarca* begründete humanistische Kultur (vgl. VI) konstituierenden i. Nation. Seit der 2. Hälfte des 14. Jh. wurde die Kommunalverwaltung mehr und mehr durch die *Signoria* ersetzt: Ein Stadtherr (Signore) trat an die Spitze. Solche Signori (*Visconti* in Mailand, *Scaliger* in Verona, *Este* in Ferrara, *Gonzaga* in Mantua) tendierten zur erblicher Herrschaft, welche etliche von ihnen zum Prinzipat ausbauen konnten, gerade die neuen Herrscher waren um kulturelle Legitimierung bemüht und förderten Künstler und Humanisten.

In Mailand erreichte *Giangaleazzo Visconti* († 1402) die größte Ausdehnung seiner Macht, welcher aber Venedig durch die Eroberung der *Terra ferma* (bis Bergamo und Brescia!) Grenzen setzte. In Mittel-I. behauptete Florenz Selbständigkeit wie auch republikanische Verfassung, welche erst *Cosimo Medici* seit 1434 faktisch zur Signoria umgestaltete; die meisten toskanischen Städte waren schon unterworfen. Die Päpste konnten seit der Beendigung des Schismas (1415) den Kirchenstaat wiederherstellen. Der *Friede von Lodi* (1454) schuf ein Gleichgewicht zwischen den fünf größeren Staaten (Kgr. Neapel, Kirchenstaat, Htm. Mailand, Republiken Venedig und Florenz), die seitherige Stabilität (u. a. erstmals mittels moderner Diplomatie) bekräftigte die Weltgeltung Italiens. Nach dem Ausgriff *Karls VIII.* von Frankreich nach Neapel (1494) begann ein über 50jähriger Kampf zwischen Frankreich und Habsburg-Spanien, welchen zunächst *Karl V.*, dann *Philipp II.* (*Friede von Cateau-Cambrésis* 1559) für sich entscheiden konnten. In der damaligen Krise, die den Hintergrund für N. →Machiavellis und Francesco Guicciardinis Reflexionen über Staat und Macht bildete, ist die oft beschworene *libertà d'Italia* untergegangen.

2. Fremde Herrschaft, politische Dekadenz, Reformismus

Die span. Herrschaft über Mailand, Neapel, Sizilien und Sardinien war bestimmt von Absolutismus, Feudalismus und Klientelismus; an die Stelle pluralistischer Renaissance-Kultur trat gegenreformatorischer Rigorismus. Begrenztes Eigengewicht behielten nur der Kirchenstaat, Venedig und Toskana (infolge der Unterwerfung von Siena seit 1559 Groß-Htm.), dazu Savoyen. Die wirtschaftliche Regression war auch Konsequenz des osmanischen Vordringens und der Verlagerung des Welthandels zum Atlantik. Das Gründungsland der europ. Moderne fiel an den Rand des Kontinents zurück.

Doch brachte I. die Barockkultur hervor (vgl. VI) und führte sie zu ihren Höhepunkten. Die auch auf humanistischen Traditionen beruhende →Aufklärung wurde nicht nur rezipiert, sondern von einer Minderheit eigenständig gefördert. Sie war in I. praktisch intendiert, oft auch im Sinne kirchlicher Reformen. Bereits die Aufklärer erstrebten die Rückkehr I.s in die gesamteurop. Entwicklungen, welche noch das politische Leitmotiv des Risorgimento (s. u. 3) werden sollte.

Die Herrschaftswechsel der 1. Hälfte des 18. Jh. ermöglichten aufgeklärte Politik. Zwar wurde I. zunächst im *Spanischen Erbfolgekrieg* (1701–14) wieder europ. Kriegsschauplatz, aber seit 1714 gehörte Mailand mit dem größeren Teil der Lombardei zu Österreich, 1737 wurde die Toskana habsburgische Sekundogenitur; Sardinien war seit 1718 mit Savoyen-Piemont vereinigt.

Der *Friede von Aachen* (1748) schuf eine gleichgewichtige Ordnung. Österreich hatte darin mit dem Besitz der Lombardei und Triests wie der indirekten Herrschaft über die Toskana und bald auch über Modena eine halbhegemoniale Stellung; im S entstand das bourbonische Kgr. Neapel-Sizilien; eine andere bourbonische Linie erhielt Parma. Auch Piemont war erheblich vergrößert worden. Die habsburgischen und die bourbonischen Monarchen begannen (gestützt auch auf einheimische Eliten in Mailand, Florenz und Neapel) eine entschlossene Reformpolitik im Sinne des aufgeklärten →Absolutismus. Am weitesten ging die Modernisierung in der Lombardei unter *Maria Theresia* sowie unter deren zweitem Sohn *Peter Leopold* in der Toskana, welche zwischen 1765 und 1790 zum aufklärerischen Musterland wurde, einschließlich eines Verfassungsprojekts. Die Entstehung einer reformistischen adelig-bürgerlichen Elite wurde gefördert, der gesellschaftliche Einfluß der Kirche auf ein vernünftiges Maß begrenzt und zugleich deren Reform auf episkopalistischer Grundlage in Angriff genommen.

3. Französische Zeit und Risorgimento

Das ganze festländische I. geriet seit 1796 unter die Hegemonie des revolutionären, dann napoleonischen Frankreichs. Die alten Dynastien, Venedig und die weltliche Herrschaft des Papstes wurden gestürzt und Republiken mit Verfassungen nach dem Vorbild des Direktoriums gegründet, als größte die *Repubblica Cisalpina* (seit 1802 *Repubblica Italiana*). 1805 faßte *Napoleon* die Halbinsel in drei politischen Organismen zusammen: Kgr. I. (Lombardei, Venetien, große Teile Mittel-I.s) und Kgr. Neapel; die übrigen Regionen wurden mit Frankreich vereinigt.

Nur eine Minderheit war jakobinisch-republikanisch gesinnt, in Neapel wurde sie von der bourbonischen Restauration 1799 grausam dezimiert. Nach der Einführung bürgerlicher Ordnung durch Bonaparte konsolidierte sich die aufgeklärte Elite, welche Liberalisierung und Säkularisierung, gelegentlich auch schon den Nationalstaat wollte. Andererseits formierten sich die den alten Dynastien verbundenen konservativen Kräfte, welche in den Unterschichten breite Zustimmung fanden.

Der *Wiener Kongreß* stellte 1815 die alte Ordnung wieder her; ↗Österreich wurde noch gestärkt (Kgr. Lombardo-Venetien), Piemont-Sardinien um Ligurien (Genua) vergrößert. Piemont, der Kirchenstaat und Neapel (nunmehr „Kgr. beider Sizilien") führten seitdem eine reaktionäre Politik, welche die Gründung revolutionärer Geheimbünde *(Carbonari)* und erste Aufstände (1820, 1821, 1831) provozierte; aber v. a. richtete sich die langsam erstarkende nationale Bewegung gegen die österr. „Fremdherrschaft".

1831 verkündete *Giuseppe Mazzini* („*Giovine Italia*") das radikale Programm einer unitarischen Republik I. und zugleich eines Bundes der europ. Völker. Gemäßigte Reformer in den 1840er Jahren plädierten für eine evolutionäre Umgestaltung *(Vincenzo Gioberti)*, *Cesare Balbo* (1847 mit *Camillo Cavour* Gründer der Zs. „Risorgimento") für eine Führungsrolle Piemonts.

Als erster Monarch kam jedoch Pp. →*Pius IX.* (seit 1846) den Moderati entgegen; im Kirchenstaat, in Toskana und Piemont wurden 1848 Verfassungen gewährt. Aber die Revolution hatte weitergehende liberale und nationale, teils auch demokratische Ziele. *Karl Albert* von Piemont drang in die Lombardei ein, wurde aber infolge der Niederlage bei *Custoza* (25.7. 1848) zum Rückzug gezwungen. Die Führer der Revolution waren uneinig, die konservativen Kräfte setzten sich letztes Mal durch. Karl Albert mußte nach einem weiteren gescheiterten Angriff 1849 zugunsten seines Sohnes *Viktor Emanuel II.* abdanken, die Römische Republik *Mazzinis* und *Garibaldis* wurde von frz. Truppen unterdrückt. Aber die nationale Idee hatte unerwartete Kraft bewiesen.

Nur Piemont behielt die Verfassung. *Cavour* (seit 1850 Min., 1852 Min.-Präs.), der realistische Lösungen nach westeurop. Vorbild anstrebte, erreichte weitere wirtschaftliche wie politische Modernisierung (parlamentarisches System); er gewann damit die meisten Liberalen und selbst manche Republikaner für eine nationale Einigung unter Viktor Emanuel. 1857 wurde die „Società Nazionale" gegründet. Von *Napoleon III.* erlangte *Cavour* 1858 (gegen Abtretung von Nizza und Savoyen) die Zusage frz. Hilfe in einem Krieg gegen Österreich. Dieser begann im Mai 1859, die Österreicher erlitten im Juni schwere Niederlagen. Gleichzeitig stürzte die von Cavour mitgesteuerte nationale Revolution die Monarchien in Toskana und Modena sowie die päpstliche Regierung in der Emilia-Romagna. Zwar wollte *Napoleon III.* nun nur die Vereinigung der Lombardei mit Piemont zugestehen (*Friede von Zürich* 1859), aber die Regierungen in Mittel-I. organisierten Plebiszite, bei denen die große Mehrheit der allein befragten Oberschichten ebenfalls für den Anschluß stimmte. 1860 unternahm *Giuseppe Garibaldi* den „Zug der Tausend" nach Sizilien, welcher zum Sturz des bourbonischen Königreichs führte. Garibaldi ging es auch um eine politische Linksverschiebung, welche *Cavour* vereitelte. 1861 proklamierte in Turin das erste aus nahezu ganz I. entsandte Parlament *Viktor Emanuel II.* zum König von Italien. Venetien blieb österr., Rom und Latium päpstlich. Aber durch Beteiligung am preuß.-österr. Krieg und infolge des dt.-frz. Krieges konnte I. schon 1866 resp. 1870 auch diese Gebiete gewinnen. 1871 wurde Rom Hauptstadt Italiens.

I.s *Risorgimento* (Wiedererstehung) hat erheblich zur Nationalisierung Europas beigetragen, besonders auch Deutschlands. Die Unterstützung anderer Nationalbewegungen durch Garibaldiner und Mazzinianer hat internationale Solidaritäten geschaffen.

4. Liberales Königreich, Imperialismus, Nationalismus

Das Kgr. I. beruhte auf einer liberalen Führungsschicht, welche dem Land einen rigiden Zentralismus aufzwang und ein rigoroses Zensuswahlrecht anwandte (1861 waren nur ca. 2%, seit 1881 ca. 7% der männlichen Bevölkerung wahlberechtigt); bis 1876 regierte eine rechtere, seitdem eine linkere Gruppierung. Von Anfang an bestanden Integrationsprobleme, weil der S auf ein liberal-kapitalistisches System nicht vorbereitet war und die Katholiken sich aus Solidarität mit dem seines Staates beraubten Papst dem neuen Staat verweigerten.

Die Agrarkrise der 1880er Jahre ruinierte den S und wurde eine Hauptursache dafür, daß zwischen 1876 und 1914 ca. 3,6 Mio. Italiener ausgewandert sind. Aber die Regierungen forcierten den Ausbau schwerindustrieller Zentren und bemühten sich um Teilhabe am ↗Imperialismus. Auch zu diesem Zweck hatte I. nach der Besetzung von Tunis durch Frankreich (1881) im *Dreibund* (1882) Anlehnung an die Mittelmächte Deutschland und Österreich-Ungarn gesucht. Nach Landnahmen am Roten Meer (1884/85) betrieb *Francesco Crispi* seit 1887 die Eroberung ganz Ostafrikas, die aber 1896 in ↗Äthiopien scheiterte; immerhin behielt I. Eritrea und ↗Somalia. Seit den 1890er Jahren verschlechterte sich das Verhältnis zu Österreich infolge des „*Irredentismus*" (Streben nach Annexion der „unerlösten" italienischsprachigen Gebiete Trentino, Triest, Friaul, Istrien), auch verschärften sich innere Krisen, nun bes. zwischen liberaler „classe dirigente" und Industriearbeiterschaft. Den Regierungen stand seit 1896 eine kämpferische Sozialistische Partei gegenüber; die kath. Opposition verblieb wegen des päpstlichen Verbots der Wahlbeteiligung noch außerhalb des Parlaments.

Seit der Jahrhundertwende führte der linksliberale *Giovanni Giolitti* eine konsequente Politik der Demokratisierung und der Reformen, 1913 wurde das fast allgemeine Wahlrecht eingeführt. Doch Nationalismus und Imperialismus schufen eine Rechtsfront, welche wiederum Expansionspolitik und ein it. Mittelmeerimperium postulierte. Sie drängte Giolitti in den Krieg gegen die ↗Türkei (1911/12), welcher ↗Libyen und den

Dodekanes (⇗Griechenland) einbrachte, und erreichte mit Hilfe des neuen Wahlrechts 1913 eine Rechtsverschiebung. Die Regierung *Antonio Salandra-Giorgio Sidney Sonnino* trat 1915 in den Krieg gegen Österreich (1916 auch gegen Deutschland) ein, mit weitgespanntem imperialistischem Programm. Die politische Elite zerfiel 1914/15 in Neutralisten und Interventionisten; unter letzteren tat sich B. ⇗*Mussolini,* bis dahin radikaler Sozialist, mit nationalrevolutionärer Agitation hervor.

Die Teilhabe am Sieg war mit ca. 680 000 Gefallenen, finanziellem Bankrott und mit maßlosem Nationalismus teuer bezahlt. Zwar erhielt I. im *Friedensvertrag von Saint-Germain* (10. 9.) 1919) das Trentino und Südtirol, Triest, Julisch-Venetien, Istrien und Teile Dalmatiens; aber andere alliierte Zusagen von 1915 blieben unerfüllt. Das Land wurde unregierbar. Aufgrund des neuen Verhältniswahlrechts brachten weder die Liberalen noch die Massenparteien der Sozialisten und nun auch der Katholiken („Partito Popolare Italiano", P. P. I., unter Don *Luigi Sturzo*) eine Koalition zustande. In den sozialen Konflikten präsentierten sich Mussolinis Fasci (seit Ende 1921 „Partito Nazionale Fascista") als Kraft der Ordnung.

5. Die Zeit des Faschismus

Drei Phasen sind zu unterscheiden: 1922–26 Machtergreifung und Fundierung des Systems, 1926–36 „Normalisierung" und breiter Konsens (mit Höhepunkt nach der Verständigung mit dem Hl. Stuhl in den *Lateranverträgen* 1929; vgl. VI 2; ⇗Vatikanstadt), 1936–43 Expansionspolitik und zunehmende Ideologisierung im Bündnis mit Hitler-Deutschland, aber auch zunehmende innere Desintegration. *Mussolini* ist *Hitlers* Vorbild gewesen; aber der Faschismus war und blieb wesentlich weniger radikal als der →Nationalsozialismus, weil er nicht auf Rassismus beruhte und bei aller Brutalität gegen Gegner (wie gegen nationale Minderheiten, so in Südtirol) keinen Massenterror inszenierte; auch ist Mussolini mit den traditionellen Eliten dauerhafte Kompromisse eingegangen.

Mussolinis außenpolitische Ziele blieben die des älteren Nationalismus, die er zum Mythus eines erneuerten römischen Imperiums zusammenfaßte. Zunächst trat er v. a. revanchistisch (gegen die Friedensverträge von 1919) auf; seit ca. 1930 versuchte er, das „Gewicht auf die Waagschale" zwischen den Westmächten und Deutschland zu bilden. 1934 band der „Duce" Österreich und Ungarn eng an I. und verteidigte die österr. Unabhängigkeit, um dt. Balkan-Aspirationen zu vereiteln. Erst durch die Eroberung Äthiopiens (1935/36, daraufhin Proklamierung des „Impero") geriet er in Gegensatz zu den Westmächten (Völkerbund-Sanktionen). Engere Zusammenarbeit mit Hitler-Deutschland seit dem Spanischen Bürgerkrieg (1936–39) führte über die *„Achse" Rom – Berlin* (Vertrag vom 25. 10. 1936) und den *Antikominternpakt* (Beitritt am 6. 11. 1937) zum *Stahlpakt"* (22. 5. 1939). Kurz zuvor war ⇗Albanien erobert worden. In den II. Weltkrieg ist I. erst im Juni 1940 eingetreten. Schon durch Niederlagen in Griechenland und Ägypten wurde es zum Satelliten Deutschlands. Im Sommer 1941 ging Ostafrika verloren, in Nordafrika mußten die dt. und it. Truppen seit Okt.–Nov. 1942 den Rückzug antreten, im Juli 1943 landeten amerikan. Truppen in Sizilien.

Rassendekrete (1938) und Kriegseintritt hatten den Konsens bereits geschwächt, die Niederlagen zerstörten ihn. Seit 1942 standen alte und neue Oppositionsgruppen auf, 1943 brachen Streiks aus. Zugleich erstarkte eine Fronde aus faschistischen Politikern um *Dino Grandi* und Graf *Galeazzo Ciano*, welche den faktisch verlorenen Krieg beenden wollten, um die Staatskontinuität zu erhalten. Als der Faschistische Großrat sich am 24./25. 7. 1943 gegen Mussolini wandte, ließ Kg. *Viktor Emanuel III.* ihn verhaften und ernannte Marschall *Pietro Badoglio* zum Ministerpräsidenten; der Faschismus brach zusammen. Am 3. 9. kapitulierte I. gegenüber den Alliierten, aber sogleich nach dem Waffenstillstand (8. 9.) besetzten dt. Truppen Ober- und Mittelitalien. Der von ihnen befreite Mussolini trat an die Spitze der „Repubblica Sociale Italiana", die völlig von Hitler abhing; nun erst wurden Juden aus I. deportiert.

Das Kgr. I. (seit Okt. 1943 im Krieg gegen Deutschland) bestand im S weiter und vergrößerte sich infolge des alliierten Vormarsches; seit Juni 1944 war Rom wieder Hauptstadt. Die im „Comitato di Liberazione Nazionale" (C. L. N.) verbundenen Parteien, darunter die 1942 anstelle des P. P. I. gegründete „Democrazia Cristiana" (DC), brachten eine demokratisierende Entwicklung in Gang. Die gegen Mussolinis Republik und gegen die Deutschen kämpfende *Resistenza* ist erst in der Schlußphase des Krieges Massenbewegung geworden, wurde aber schon damals als „zweites Risorgimento" gewertet. Nach der Kapitulation der Wehrmacht wurde Mussolini von Partisanen gefangengenommen und am 28.4. 1945 erschossen.

6. Italien als demokratische Republik

Der Krieg hatte I.s Großmachtstellung zerstört, auch die innenpolitischen Gewichte verändert. Nur im Antifaschismus waren die C. L. N.-Parteien sich einig. Aber zwischen 1943 und 1946 formierten sich zwei große Blöcke: die „Democrazia Cristiana", welche unter *A.* →*De Gasperi* klassenübergreifende Integrationspartei wurde (seit 1946 auch stärkste Partei ist) und die Sozialisten (PSI) unter *Pietro Nenni* sowie die Kommunisten (PCI) unter *Palmiro Togliatti* (seit den 50er Jahren zweitstärkste Partei) (vgl. Tab. 1). Dazwischen behaupteten sich kleine Mittelparteien: Liberale (PLI), Republikaner (PRI) und (seit 1947) Sozialdemokraten (PSDI).

Viktor Emanuel III. hatte sich im April 1944 zurückgezogen; sein Sohn wurde Statthalter, im Mai 1946 König *(Humbert II.).* Aber das Plebiszit vom 2. 6. 1946 entschied (mit 12,7 gegen 10,7 Mio. Stimmen) für die Republik. Die gleichzeitig gewählte Konstituante erarbeitete, mit konsensstiftenden Kompromissen zwischen kath., liberaler und sozialistischer Staatsauffassung, eine neue Verfassung, welche parlamentarische Demokratie (mit plebiszitären Elementen) verankerte und reformistische Grundprinzipien formulierte. Die Verfassung trat am 1.1.1948 in Kraft (vgl. III).

Stabilisierend wirkte auch der *Pariser Friedensvertrag* (10. 2. 1947). Freilich mußte I. darin auf die Kolonien verzichten und den Dodekanes an Griechenland, Istrien an ⇗Jugoslawien abtreten; Triest wurde Freistaat (bis 1954), für Südtirol Autonomie verabredet. Die Westmächte, bes. die USA, haben I. beim Wiederaufbau unterstützt; die dafür von ihnen geforderte West-Integration entsprach den Wünschen der DC-Mehrheit unter De Gasperi und der Liberalen unter *Luigi Einaudi. De Gasperi* (Min.-Präs. 1945–53) regierte seit 1947 mit den kleinen Mittelparteien *(Centrismo), Einaudi* wurde 1948 Präs. der Republik (vgl. Tab. 2).

Es folgten fast zwei Jahrzehnte eines enormen Aufschwungs, der das noch weithin agrarische I. allzu schnell zu einer potenten Industrienation umformte. Er beruhte aber auf einseitiger Option für die Großindustrie, auf dem Bündnis von Regierungen, Staatsindustrien und Banken wie auf der Ausnutzung noch billiger Arbeitskräfte; zu den Folgen gehörten Binnen-

Italien

Tabelle 1
Parlamentswahlen: Mandatsverteilung 1948–92

	1948	1953	1958	1963	1968	1972	1976	1979	1983	1987	1992
DC	304	262	273	260	265	267	263	262	225	234	206
Ligen											56
MSI	6	29	24	27	24	56	35	30	42	35	34
PCI	183[1]	143	140	166	177	179	227	201	198	177	107
PNM	14	40	25	8	6						
PLI	19	13	17	39	31	20	5	9	16	11	17
PR							4	18	11	13	
PRI	9	5	6	6	9	15	14	16	29	21	27
PSDI	33	19	22	33		29	15	20	23	17	16
PSI		75	84	87	91[2]	61	57	62	73	94	92
RC											35
La Rete											12
Verdi											16
Sonstige	5	3	4	4	27	3	10	12	13	28	12
Insgesamt	573	589	595	630	630	630	630	630	630	630	630

DC = Democrazia Cristiana; Ligen = Bürgerbewegung; MSI = Movimento Sociale Italiano; PCI = Partito Comunista Italiano, ab 1991 PDS = Partito democratico della Sinistra; PNM = Partito Nazionale Monarchico; PLI = Partito Liberale Italiano; PR = Partito Radicale; PRI = Partito Repubblicano Italiano; PSDI = Partito Socialista Democratico Italiano; PSI = Partito Socialista Italiano, ab 1990 PSI Unità socialistica; RC = Rifondazione comunista; La Rete = Bürgerbewegung; Verdi = Grüne

[1] Wahlbündnis zwischen PSI und PCI – [2] 1966–69 waren PSI und PSDI als Partito Socialista Unificato (PSU) vereinigt

Tabelle 2
Staatspräsidenten

Luigi Einaudi	–	1948–55
Giovanni Gronchi	(DC)	1955–62
Antonio Segni	(DC)	1962–64
Giuseppe Saragat	(PSDI)	1964–71
Giovanni Leone	(DC)	1971–78
Sandro Pertini	(PSI)	1978–85
Francesco Cossiga	(DC)	1985–92
Oscar Luigi Scalfaro	(DC)	seit 1992

wanderung und soziale Entwurzelung, Urbanisierung und Säkularisierung. Es fehlte die sozialpolitische Flankierung, die reformistischen Postulate der Verfassung blieben unerfüllt (so Ges. über die Pflichtmittelschule erst 1963, über die Regionen 1968–77). Die staatlichen Strukturen wurden nicht angepaßt, die 1950 erstmals organisierte Hilfe für den S (Cassa per il Mezzogiorno) war ungenügend; die kulturelle Führung ging an die Linke, welche den Resistenza-Mythos instrumentalisierte.

Die Erweiterung der Regierung um die Sozialistische Partei (*Centro-Sinistra* seit 1962/63), seitens der DC von *Amintore Fanfani* und *Aldo Moro* durchgesetzt, reichte demgegenüber nicht aus. Inflation, Stagnation und Arbeitslosigkeit sowie politische Polarisierungen führten, auch im Zuge des europ. Umbruchs von 1968, zu einer akuten Systemkrise mit schnell wechselnden Regierungen. Die Krise, in der die Kommunisten unter *Enrico Berlinguer* sich als Ordnungskraft für einen „Historischen Kompromiß" (zwischen PCI und DC) empfahlen, wurde durch rechten und v. a. ultralinken Terrorismus verschärft; in ihrem Schatten erstarkten Verbrechersyndikate wie Mafia und Camorra. Sozialpolitische Reformen (Statuto dei Lavoratori, 1970) griffen nur langsam. Erst nach der Ermordung des DC-Präsidenten *Moro* durch die „Brigate Rosse" (1978) begann ein Umdenkungsprozeß, unterstützt durch erneuten wirtschaftlichen Aufschwung. Politische Stabilisierung erreichte die breite Koalition aus DC, PSI, PRI, PSDI und PLI (seit 1981), in der das Amt des Ministerpräsidenten an *Giovanni Spadolini* (PRI), 1983 an *Bettino Craxi* (PSI), seit 1987 aber wieder an DC-Politiker ging (seit 1988 *Giulio Andreotti*). 1987 gewannen die DC 33,8, der PSI 14,2, die kleinen Mittelparteien 8,8 % der Stimmen. Der PCI erlitt Verluste (26,9 %) und befindet sich in einer Identitätskrise. Er formierte sich im Febr. 1991 neu als „Partito Democratico della Sinistra" (PDS; Demokratische Partei der Linken). Nach den Wahlen 1992 wurde *Giuliano Amato* (PSI) Ministerpräsident einer Koalition aus DC, PSI, PSDI und PLI.

I.s politische Kultur ist geprägt von Individualismus, Pragmatismus und Kompromißfähigkeit. Die Republik und deren Verfassung werden von den meisten Italienern akzeptiert, aber die politische Macht ist fragmentiert. Die Mehrheiten sind entsprechend fragil, die Parteien zu mächtig. Hauptprobleme sind die durch den N-S-Gegensatz verschärfte Diskrepanz zwischen der dynamischen Gesellschaft und dem rückständigen, korruptionsanfälligen Staatsapparat, die enorme Staatsverschuldung sowie hohe Jugendarbeitslosigkeit in den letzten Jahren, zudem weiteres, gefährliches Erstarken von Mafia und Camorra, welche nicht wenige Sektoren des Staates und der Parteien unterwandert haben. Zu den Konsequenzen gehören auch extrem regionalistische Protestbewegungen im N (*Leghe*), die eine Föderalisierung I.s fordern. – I. ist Mitglied u. a. der NATO, der WEU, der EG und des Europarats.

III. Verfassung, Verwaltung, Recht

1. Die Verfassungsordnung

Die von einer verfassunggebenden Versammlung ausgearbeitete Verfassung trat am 1.1.1948 in Kraft. Sie wurde mehrfach, jedoch nicht grundsätzlich geändert. Das Verfahren der Verfassungsänderung enthält hohe Barrieren. Die republikanische Staatsform selbst kann nicht Gegenstand einer Verfassungsänderung sein.

Statt einer Präambel sind in den ersten 12 Artikeln „Grundprinzipien" festgelegt, die „das Antlitz der Republik prägen" und allen Einzelbestimmungen zur interpretatorischen Grundlage dienen sollen. Sie zeichnen das Bild eines fortschrittlichen Rechts- und Sozialstaats. Der Staat bekennt sich zu den allgemeinen Grundsätzen des Völkerrechts. Der Krieg wird verworfen, die Eingliederung in internationale Organisationen, die dem Frieden und der Gerechtigkeit zwischen den Völkern dienen, wird versprochen, den damit verbundenen Beschränkungen der eigenen Souveränität im voraus zugestimmt.

Der erste Teil der Verfassung hat Rechte und

Pflichten des Bürgers zum Inhalt. Dabei wird dem Schutz des arbeitenden Menschen besonderes Augenmerk geschenkt. Dem Arbeiter in all seinen Lebensstationen wird Schutz und Hilfe der Gemeinschaft versprochen. Die Organisation der Arbeiter in Gewerkschaften wird gewährleistet, ebenso „im Rahmen der Gesetze" das Streikrecht. Über die Aussperrung sagt die Verfassung nichts; ihre Zulässigkeit ist umstritten. Für die Wirtschaftspolitik gilt der Grundsatz der freien Privatinitiative und des Privateigentums. Weitgehende Ermächtigungen ermöglichen staatliche Eingriffe, um die private und die staatliche wirtschaftliche Betätigung in den Dienst sozialer Ziele zu stellen. Unternehmen, die wesentliche öffentliche Dienste erbringen oder Monopolstellungen erlangt haben, können auf den Staat überführt werden.

Als *Bürgerpflichten* werden das Wahlrecht, die Treuepflicht gegenüber Staat, Verfassung und Gesetz, die Steuerpflicht und die „heilige Pflicht" zur Verteidigung des Vaterlandes genannt. Es besteht allgemeine Wehrpflicht. Die Wehrdienstverweigerung ist verfassungsrechtlich nicht gewährleistet, doch dürfen Wehrpflichtige, die aus Gewissensgründen den Waffengebrauch ablehnen, einen zivilen Ersatzdienst ableisten.

I. ist eine *parlamentarische Demokratie*, doch enthält die Verfassung auch plebiszitäre Elemente. Sie bekennt sich zum Einheitsstaat, will aber die „lokalen Autonomien" anerkennen und fördern und die staatliche Verwaltung nach Möglichkeit dezentralisieren. Darauf beruht das in der Verfassung eingehend geregelte, in der Praxis aber noch nicht befriedigend vollzogene System der „*Regionalisierung*" des Landes. Das Staatsgebiet ist danach in *20 Regionen* eingeteilt, die als autonome Körperschaften mit eigenen Machtbefugnissen und Funktionen bezeichnet werden, aber nicht Gliedstaaten, sondern Selbstverwaltungskörper höherer Ordnung sind. Sie besitzen ausgedehnte Zuständigkeiten in Gesetzgebung und Verwaltung auf den Gebieten der Wirtschaft, der Landwirtschaft, des Sozialwesens und der Kultur, können eigene Abgaben erheben und erhalten Anteile an den Staatseinnahmen. Ihre Organe sind der *Regionalrat* (Parlament), die *„Giunta"* (Regierung) und deren *Präsident*. Jede Region hat eine eigene Verfassung (Statut).

5 Regionen haben ein „Spezialstatut", das jeweils auf die historischen oder die geographisch-ethnischen Sonderverhältnisse der Region abgestimmt ist. Im *Aostatal*, in *Südtirol* und in *Friaul-Venetien* gibt es einen starken anderssprachigen Bevölkerungsanteil; auf *Sardinien* und *Sizilien* galt es, Autonomiebestrebungen Rechnung zu tragen. Besondere Schwierigkeiten haben sich in Südtirol ergeben, die auch durch Vereinbarungen zwischen I. und – dem seit dem sog. *Gruber-De Gasperi-Abkommen* von 1946 als „Schutzmacht" wirkenden – Österreich nicht ganz behoben worden sind. Doch hat der Staat auch den beiden in dieser Region bestehenden Provinzen Bozen und Trient einen Sonderstatus eingeräumt, der den Bedürfnissen der überwiegend deutschsprachigen Provinz Bozen einigermaßen entgegenkommt.

Unterhalb der Regionen ist die überkommene Gliederung des Staatsgebiets in *Provinzen* und *Gemeinden* beibehalten worden; eine dem dt. Landkreis entsprechende Verwaltungsstufe gibt es nicht.

Das Parlament besteht aus zwei Kammern, der *Kammer der Abgeordneten (Camera dei Deputati)* und dem *Senat*. Die Mitglieder beider Kammern (630 bzw. 315) werden vom Volk unmittelbar nach dem – im einzelnen verschieden ausgestalteten – Verhältniswahlrecht auf 5 Jahre gewählt. Das aktive Wahlalter beträgt für die Kammer 18, für den Senat 25 Jahre, das passive Wahlalter 25 bzw. 40 Jahre. Der Senat ist „auf regionaler Grundlage" zu wählen, so daß jeder Region eine Mindestzahl von Senatoren gesichert ist. Ihm gehören außerdem auf Lebenszeit alle ehemaligen Staatspräsidenten sowie 5 vom Staatspräsidenten berufene, um das Gemeinwohl besonders verdiente Bürger an. Der Präsident des Senats ist der Stellvertreter des Staatspräsidenten. Die it. Form des Zweikammersystems ist durch die weitgehende Gleichheit der Kompetenzen der beiden Kammern geprägt; die Gesetzgebung erfordert übereinstimmende Beschlüsse beider Kammern.

Die *Staatsregierung* besteht aus dem Ministerpräsidenten und den Ministern. Dem *Ministerpräsidenten* steht die Richtlinienkompetenz zu. Die Regierung bedarf des Vertrauens beider Kammern des Parlaments; ein Mißtrauensvotum – gegen die Regierung im ganzen oder gegen einen einzelnen Minister – erfordert namentliche Abstimmung. Als Hilfsorgane der Regierung wirken für die Wirtschafts- und Sozialgesetzgebung der *„Nationalrat für Wirtschaft und Arbeit"*, ferner der (dem frz. „Conseil d'Etat" nachgebildete) *Staatsrat* und der *Rechnungshof*, der auch das Recht der präventiven Rechtmäßigkeitskontrolle aller Regierungsakte besitzt.

Der *Staatspräsident*, der eine vergleichsweise starke Stellung innehat, wird auf 7 Jahre von einer Wahlversammlung gewählt (Wiederwahl ist möglich), die aus den beiden Kammern des Parlaments und 3 Vertretern jeder Region besteht. Der Staatspräsident hat außer den üblichen Prärogativen des Staatsoberhaupts bedeutsame politische Funktionen: Gesetzentwürfe der Regierung können nur mit seiner Zustimmung im Parlament eingebracht werden; gegen alle Gesetzesbeschlüsse hat er ein aufschiebendes Vetorecht. Er kann Botschaften jeden Inhalts an die Kammern richten und jederzeit das Parlament oder eine seiner Kammern auflösen. Er ernennt und vereidigt den Ministerpräsidenten und auf dessen Vorschlag die Minister, bevor sie sich dem Parlament zur Erlangung des Vertrauens vorstellen. Der Staatspräsident führt den Vorsitz im *Höheren Richterrat* und beruft 5 Mitgl. des Verfassungsgerichtshofs. Er ist Oberbefehlshaber der Streitkräfte und Vorsitzender des Obersten Verteidigungsrates.

Die Unabhängigkeit der *rechtsprechenden Gewalt* hat in der Verfassung auch organisatorischen Ausdruck gefunden: Der *Richterstand* wird zu einem „selbständigen, von jeder anderen Gewalt unabhängigen Stand" erklärt. Sein Selbstverwaltungsorgan ist der *„Höhere Rat der Richterschaft"*. Unter dem Vorsitz des Staatspräsidenten gehören ihm 20 von den Richtern selbst gewählte Berufsrichter sowie 10 Mitgl. an, die die beiden Kammern in gemeinsamer Sitzung aus der Reihe der Universitätsprofessoren und der älteren Rechtsanwälte wählen. Der Präsident und der Generalstaatsanwalt des Kassationsgerichtshofs sind kraft Amtes Mitglieder des Rates. Diesem obliegen alle Entscheidungen, die den persönlichen Status der Richter betreffen.

Ein wesentliches Element des politischen Systems ist der *Verfassungsgerichtshof*. Er besteht aus 15 hauptamtlichen Richtern, die ausschließlich dem Kreis der Berufsrichter, der ordentlichen Universitätsprofessoren des Rechts und der Rechtsanwälte mit mindestens 20jähriger Berufspraxis entnommen werden. 5 Richter werden von den beiden Kammern des Parlaments in gemeinsamer Sitzung gewählt, 5 von den Richtern der obersten Gerichtshöfe aus ihrer Mitte bestellt und 5 vom Staatspräsidenten berufen. Die Amtszeit beträgt 9 Jahre und kann nicht verlängert werden. Die Richter wählen aus ihrer Mitte den Präsidenten. Dem Verfassungsgerichtshof obliegt v. a. die Prüfung der Verfassungsmäßigkeit der Gesetze des Staates und der Regionen. Sie vollzieht sich ausschließlich im Verfahren der sog. *Inzidentnormenkontrolle,* d. h. auf Antrag eines Gerichts, für dessen Entscheidung es auf die Gültigkeit einer Gesetzesnorm ankommt. Es gibt weder eine abstrakte Normenkontrolle noch eine Verfassungsbeschwerde des einzelnen Bürgers. Der Gerichtshof entscheidet auch über Konflikte zwischen Staat und Regionen und zwischen den Regionen.

Alle Bürger haben das Recht, sich frei in politischen Parteien zusammenzuschließen. Ein Parteiengesetz gibt es nicht; die teilweise Finanzierung der Parteien aus Mitteln des Staatshaushalts ist vorgesehen. Die Neugründung der Faschistischen Partei ist ausdrücklich verboten. Trotzdem hat sich unter dem Namen „Movimento Sociale Italiano" (MSI) eine „neofaschistische" Partei gebildet, die im Parlament ansehnlich vertreten ist.

Trotz des im ganzen unverändert gebliebenen Parteigefüges (vgl. II) ist Regierungswechsel häufig. Die Unstetigkeit des Regierungssystems hat den Ruf nach einer „Reform der Institutionen" wach werden lassen. Ein dazu von einer Kommission des Parlaments 1985 vorgelegter Bericht ist jedoch bisher ohne praktisches Ergebnis geblieben.

Die Verfassung gewährleistet *Glaubens- und Bekenntnisfreiheit* (Art. 19) und gestattet, daß die nichtkath. Religionsgemeinschaften sich – im Rahmen der allgemeinen Rechtsordnung – nach ihren eigenen Statuten organisieren können. Das Verhältnis zur kath. Kirche ist in Art. 7 geregelt. Er nimmt die in den Lateranverträgen von 1929 getroffenen Regelungen zunächst hin, sieht aber vor, daß künftige Änderungen dieser Verträge einer Verfassungsänderung nicht mehr bedürfen. Zu solchen vertraglichen Regelungen ist nach langen Verhandlungen in der „Vereinbarung" vom 18. 2. 1984 gekommen, die durch Ges. vom 25. 3. 1985 ratifiziert und samt einem Zusatzprotokoll in Vollzug gesetzt worden ist. Der Grundsatz, wonach die kath. Religion alleinige Staatsreligion ist, wird ausdrücklich als „nicht mehr in Geltung stehend" bezeichnet. Der Staat stellt die Erteilung des kath. Religionsunterrichts in allen Schulen weiterhin sicher, da er die Grundsätze des Katholizismus als „Teil des historischen Erbes des italienischen Volkes" ansieht. „In Achtung der Gewissensfreiheit und der erzieherischen Verantwortung der Eltern" ist jedoch jedem das Recht gewährleistet zu entscheiden, ob er von dem Religionsunterricht Gebrauch machen will oder nicht.

2. Das Recht

I. stand in der ersten Hälfte des 19. Jh. ganz unter dem Einfluß des frz. Rechts; das Zivilgesetzbuch von 1865 war weithin eine Übersetzung des „Code Civil" von 1804. Später kam es zu einem engeren Anschluß namentlich an die dt. und schweizer. Zivilrechtsgesetzgebung. Der nach langen Vorarbeiten 1942 in Kraft getretene *Codice civile* regelt in 6 Büchern (2969 Artikel) außer dem Zivilrecht i. e. S. auch weite Teile des Handels-, Arbeits- und Wirtschaftsrechts sowie des gewerblichen Rechtsschutzes. Es wird durch eine Reihe von Nebengesetzen ergänzt, so die Konkurs- und Vergleichsordnung von 1842, das Wechsel- und ScheckG von 1933, das UrheberrechtsG von 1941. Von besonderer Bedeutung ist das Ges. Nr. 300 vom 20. 5. 1970 über „den Schutz der Freiheit und Würde der Arbeiter, über die Freiheit der Gewerkschaften und ihre Betätigung in den Betrieben sowie über die Arbeitsvermittlung", das sog. *Statuto dei lavoratori.*

Bei der Regelung des *Eherechts* hatte der Staat im Konkordat von 1929 der kath. Kirche gegenüber bestimmte Verpflichtungen übernommen, die dem kanonischen Recht Rechnung trugen. Der Wandel der gesellschaftlichen Anschauungen hat jedoch auch hier zu Veränderungen geführt. Durch ein Ges. von 1970 ist das Institut der Ehescheidung eingeführt worden. Die Regelung ist besonders wichtig für die in I. sehr häufigen „Konkordatsehen", d. h. die in den Formen des kanonischen Rechts vor dem Geistlichen geschlossenen Ehen, die durch „Transkription" in das staatliche Standesamtsregister auch bürgerlich-rechtliche Wirkung erlangt haben. Hier kann der staatliche Richter bei Vorliegen der gesetzlichen Voraussetzungen nur die Beendigung der bürgerlich-rechtlichen Wirkungen aussprechen. Im RatifikationsG zum neuen Konkordat von 1984 ist das Verfahren im einzelnen geregelt.

1975 ist eine allgemeine Reform des *Familienrechts* vorgenommen worden; sie hat v. a. die in der Verfassung gewährleistete Gleichberechtigung der Frau verwirklicht.

Das *Strafrecht* ist in dem am 1. 7. 1931 in Kraft getretenen *Codice penale* umfassend geregelt. Das Werk gilt als fortschrittlich; die Spuren des faschistischen Staatsdenkens sind nicht so ausgeprägt, daß sich eine Gesamtreform bisher als vordringlich erwiesen hätte. Einige Grundprinzipien des modernen Strafrechts finden sich bereits in der Verfassung. Kriminalpolitisch folgt das Gesetzbuch einem System der „Zweispurigkeit"; neben der Schuld spielt die soziale Gefährlichkeit des Täters eine Rolle, neben die Strafe tritt die sichernde Maßregel.

Im Zusammenhang mit den Kodifikationen des Zivil- und des Strafrechts ist auch das *Verfahrensrecht* neu geregelt worden. Da das Ziel einer Straffung und Beschleunigung des Verfahrens offenbar durch die *Zivilprozeßordnung* von 1940 nicht erreicht werden konnte, wird neuerdings eine Reform angestrebt. – Eine neue *Strafprozeßordnung* ist am 24. 10. 1989 in Kraft getreten. In Anlehnung an anglo-amerikan. Verfahrensregeln und unter Verwertung moderner wissenschaftlicher Erkenntnisse und praktischer Erfahrungen soll die Effizienz der Strafverfolgung gesteigert und damit v. a. eine wirksamere Bekämpfung des organisierten Verbrechertums erreicht werden.

Die *Gerichtsverfassung* beruht auf einem Dekret von 1941. Zivilrechtliche Bagatellsachen entscheidet der ehrenamtliche, nicht juristisch vorgebildete *Friedensrichter.* Bei den mit Berufsrichtern besetzten Gerichten ist unterste Instanz der *Pretore* (Einzelrichter); darüber stehen die *Tribunali,* die in Kammern mit 3 Richtern entscheiden. Reine Rechtsmittelgerichte sind die *Appellationsgerichtshöfe* (Senate mit 5 Richtern) und der *Kassationsgerichtshof* (Senate mit 7 Richtern). Bei den oberen Gerichten besteht eine Staatsanwaltschaft *(Pubblico Ministero).* In jedem Appellationsgerichtsbezirk bestehen Schwurgerichte *(Corti di Assise)* erster und zweiter Instanz; Berufs- und Laienrichter entscheiden gemeinsam über die Schuld- und die Straffrage. Die *Jugendgerichte* 1. und 2. Instanz sind mit je 2 Berufs- und Laienrichtern besetzt; einer der Laienrichter muß eine Frau sein. Die Rechtsanwälte *(Avvocati* und *Procuratori)* gehören zu den freien Berufen; sie sind in einem Stand zusammengeschlossen, der über die berufliche Disziplin der zugelassenen Anwälte wacht.

Weder das materielle *Verwaltungsrecht* noch das *Verwaltungsverfahrensrecht* sind in großen Gesetzen einheitlich geregelt. Die Verfassung sieht die Einrichtung einer Verwaltungsgerichtsbarkeit vor. Seit 1971 bestehen Verwaltungsgerichte 1. Instanz in den Regionen *(Tribunali Amministrativi Regionali – TAR);* sie entscheiden in der Besetzung mit 3 Richtern. Rekurs-Instanz ist der Staatsrat.

IV. Bevölkerungs- und Sozialstruktur

1. Allgemeine Bevölkerungsentwicklung

Die Bevölkerungszahl entwickelte sich zwar ähnlich wie im übrigen Europa, jedoch phasenverschoben hinsichtlich des demographischen Übergangs vom Agrar- zum Industrieland. Sie stieg von 1700 (13,4 Mio.) bis 1800 (18,3 Mio.) um ca. 1/3; danach wurde die Wachstumskurve zunehmend steiler. Zwischen 1861 (26,3 Mio.) und 1961 erfolgte trotz negativen Wanderungssaldos von ca. 8 Mio. fast eine Verdoppelung auf 50,5 Mio. Während der zurückliegenden drei Jahrzehnte erhöhte sich die Wohnbevölkerung bei gleichzeitig weiterer Emigration auf 57,4 Mio. (1988). Seit 1980 ist ein Trend zur Stagnation erkennbar, der auf schneller Anpassung des generativen Verhaltens an mittel- und westeurop. Leitbilder der Lebensgestaltung basiert. In den letzten Jahren erreichte Norditalien mit besonders niedriger Geburtenrate eine Extremposition in Europa. Weitere wichtige Merkmale der Bevölkerungsentwicklung sind die Unterschiede des demographischen Verhaltens der einzelnen Landesteile (N, Mitte, S), die seit 1900 ständig angestiegenen Migrationsgewinne der Küstenniederungen und großen industriellen Verdichtungsräume sowie die intensiven bevölkerungsgeographisch-ökonomischen Verflechtungen mit Mitteleuropa. Größere *ethnische Gruppen* sind: 1,5 Mio. Sarden, 700 000 Friulaner, 520 000 Rätoromanen, 300 000 Deutsche, 200 000 Franco-Provenzalen (Aosta, Piemont), 100 000 Slawen, 90 000 Albaner, 15 000 Griechen. Etwa 30 Mio. Italiener leben im Ausland. Angesichts der seit zwei Jahrtausenden erfolgten Aufnahme ethnisch, rassisch, religiös und kulturell verschiedenartiger Einwandererströme kann von einer national homogenen Bevölkerung – trotz der seit 1945 starken innerit. räumlichen Mobilität – nicht gesprochen werden, auch wenn die staatliche Einigung über ein Jahrhundert zurückliegt.

2. Bevölkerungsverteilung

Die heutige demographische Situation wird stark von schnell veränderter räumlicher Verteilung geprägt. 1861 zeichneten sich nur die industrialisierten Stadtregionen im N, z. B. Mailand, Turin, Teilbereiche der Lombardei, die toskanische Küste sowie die agrarisch intensiv genutzte Küstenzone Kampaniens durch hohe Bevölkerungsdichte aus. Ab 1900 setzte Abwanderung aus den Gebirgsräumen und von S nach N ein. Trotz dieser Umverteilung konnten die einzelnen Landesteile wegen stets höherer Geburtenüberschüsse in Süditalien und sinkenden natürlichen Zuwachses im N ihren jeweiligen Anteil an der Gesamtbevölkerung zwischen 1871 und 1981 fast bewahren: N: 45%, Mitte: 17/19%, S (und Inseln): 38/35%. Absolut verdoppelten sich die Einwohnerzahlen während dieses Zeitraumes, im N von 12,3 auf 25,5 Mio., in Mittelitalien von 4,7 auf 10,9 Mio., im S von 10,3 auf 20,9 Mio. Der starke Anstieg der Bevölkerungsdichte in den monozentrischen und bandartigen Verstädterungsarealen führte im Kontrast zu den Abwanderungsgebieten zu starken regionalen Dichteunterschieden: Lombardei 370 E./km², Emilia 170, Kampanien 417, Basilikata 62, höhere Apenninbereiche 20. 1950–89 stieg der Anteil der Stadtbevölkerung von ca. 40 auf fast 70%.

3. Natürliche Bevölkerungsentwicklung

Das generative Verhalten unterschied sich seit Beginn des 20. Jh. bis Mitte der 30er Jahre durch auf über 14 ‰ ansteigende *Geburtenüberschüsse* erheblich von mitteleurop. Vergleichswerten. Nach dem II. Weltkrieg erfolgte infolge Absinkens des natürlichen Wachstums von 7,1 ‰ auf 1,5 ‰ während der 70er Jahre die Anpassung um so schneller (Geburtenüberschuß absolut: 1940: 515 000, 1988: 31 000). Während bis 1900 die Geburtenüberschüsse im Mezzogiorno und in Nord- und Mittelitalien gleich hoch waren (ca. 11 ‰), stiegen sie danach im S wegen sinkender Sterberaten an und sanken im N kontinuierlich ab. Noch nach dem II. Weltkrieg (1950/60) bestand ein extremer regionaler Kontrast: 14,3 ‰ (S) und 4,5 ‰ (N und Zentrum). Trotz starker Wanderungsgewinne sank der natürliche Wachstumssaldo in Norditalien bis gegen Ende der 70er Jahre auf knapp über dem Nullwert ab, nach 1980 sogar darunter (Lombardei, Emilia, Toskana). Durch Wohlstandsanpassung, Einkindfamilie, Doppelverdienste, hohe Ausbildungskosten und Legalisierung des Schwangerschaftsabbruchs (1978) ergab sich ein generatives Verhalten wie in Mitteleuropa.

Erst 1989 registrierte man wieder leicht steigende Geburtenziffern, da die geburtenstarken Jahrgänge in die Phase der Familiengründung eintraten. In Süditalien lösten sich die demographischen Leitbilder nur langsam und phasenverschoben von vorindustriellen Normen mit Großfamilien, generationenübergreifender Arbeitsverfassung im ländlichen Raum und feudalsozialen Strukturen der Städte. Selbst in der urbanisierten Provinz Neapel sank die Geburtenrate 1965–85 nur von 27 ‰ auf 20 ‰. Erst ab 1970 begann auch im Mezzogiorno die nachholende demographische Anpassung. 1987 betrug, unter Beibehaltung eines noch immer markanten Abstandes, das natürliche Wachstum im S 4,8 ‰, in Nord- und Mittelitalien –2,1 ‰.

Entsprechend unterscheidet sich die Entwicklung des *Altersaufbaus*. Im N wird bis 2000 der Anteil der bis 15jährigen von 15% (1987) auf 11% (Italien insgesamt von 18% auf 14%), der Erwerbsfähigen nur geringfügig abnehmen, der Anteil der über 65jährigen von 15% auf 22% ansteigen (Italien insgesamt von 13% auf 18%). Parallel geht die Zunahme der *Lebenserwartung* (bei Geburt): 1955: Frauen 67, Männer 64; 1987: Frauen 80, Männer 74 Jahre. Damit hat sich das generative Verhalten in nur vier Jahrzehnten aus noch stark agrargesellschaftlichen Wertvorstellungen in postindustrielle gewandelt, fast schneller als in jedem anderen Land Europas. Nirgends sind seine räumlichen Unterschiede so stark ausgeprägt.

4. Wanderungsprozesse

Die räumliche Differenzierung des generativen Verhaltens wurde durch drei Migrationstypen verstärkt. Die *Massenauswanderung* nach Übersee setzte um 1880 ein und dauerte mit Unterbrechungen bis ca. 1960. Etwa 20 Mio., überwiegend Angehörige jüngerer Altersgruppen, verließen in dieser Zeit I., rd. 12 Mio. kehrten, großenteils alterswohnsitzorientiert, wieder zurück. Push- und Pullfaktoren, begrenzte Arbeitsmärkte und wirtschaftliche Aufstiegsmöglichkeiten sind nur zwei Aspekte der kontrastreichen Motivationsfelder. *Binnenwanderungen* vom Gebirge in die Küstenniederungen führten seit Mitte der 20er bis in die 70er Jahre zur absoluten Verminderung der montanen Siedlungssubstanz, allerdings stets verbunden mit Remigration und Kapitalrücktransfers (Hausbau). Die Verdichtung der Küstensäume (junge „Marina-Siedlungen" ab 1920) resultierten daraus ebenso wie eine O-W-Wanderung von der adriatischen zur tyrrhenischen Küstenzone. Eng damit verflochten, nahm das Gewicht der städtischen Ballungsräume zu, die ab 1970 den Einwohnerüberschuß an ihre Peripherie verloren. Großräumlich wurden diese Wanderungen durch die per Saldo für die meisten inneren Mezzogiorno-Regionen bevölkerungszehrende S-N-Migration (Ziele: Lombardei, Piemont, Rom) überlagert. Auch sie war mit umfassender familiärer Wechselmobilität und partiellem, generationenübergreifendem Festhalten an heimischen Landwirtschaftsbetrieben verbunden. Die rezessionsbedingte Rückwanderung in die Herkunftsgebiete verstärkte sich ab 1975 und füllte in einigen Gebirgsprovinzen die Einwohnerverluste teilweise wieder auf, oft sichtbar an reger Bauaktivität.

In gleichen Bahnen entfaltete sich die *Gastarbeitermigration.* 1950–70 beteiligten sich daran ca. 4 Mio. Süditaliener und übertrugen vielfältige mitteleurop. Lebensformen und Sozialkonflikte zurück in den Mezzogiorno, u. a. die Entscheidung gegen ausschließlich agrare Existenzsicherung. Sie hat den steigenden Zuzug neuer, überwiegend illegaler Gastarbeiter aus dem Maghreb und Westafrika zur Folge („clandestini"; 1989 ca. 1 Mio.), die gegen Niedriglohn überwiegend in der Landwirtschaft arbeiten. Trotz der räumlichen und sozialen Mobilität blieb das geschichtlich differenzierte, bevölkerungsgeographisch breite Spektrum regionalistischer Daseinsweisen und ethnosozialer Bewußtseinsformen erhalten.

5. Erwerbsstruktur und Arbeitsmarkt

Die Zahl der offiziell registrierten *Erwerbspersonen* in der *Landwirtschaft* nahm von 8,6 Mio. (1955) auf 2,2 Mio. (1988) ab (vgl. Tab. 3), im N um 80%, im S um 66%. Im *sekundären Sektor* stieg die Erwerbstätigkeit in allen Landesteilen im gleichen Verhältnis, insgesamt von 5,8 auf 6,8 Mio. Der *Dienstleistungssektor* wuchs von 5,3 Mio. auf 12,0 Mio. (1988) am schnellsten (prozentuale Aufgliederung der drei Sektoren 1988: 11/30/59%).

Diese Daten berücksichtigen nicht die statistisch nicht erfaßbaren Zweit- und Drittberufe sowie die Schattenwirtschaft (ca. 3 Mio. zuzüglich etwa 2 Mio. Erwerbspersonen, die offiziell arbeitslos gemeldet sind). 1,5 Mio. Jugendliche suchen eine Erstbeschäftigung. Die Jugendarbeitslosigkeit, welche durch eine hohe Zahl von Schülern und Studenten verschleiert wird, ist das größte Sozialproblem. Eine dem EG-Standard vergleichbare Berufsqualifikation (Lehrlingsausbildung) fehlt z. Z. noch. Soweit die *Arbeitslosenquoten* erfaßbar sind, liegen ihre Werte im N und im Zentrum bei 6–8%, im S um 16–18% und steigen in der Basilikata und in Sardinien auf 20%. Hier erreicht die Jugendarbeitslosigkeit dramatische Rekorde (45–50% der Arbeitslosen) und markiert damit das zukünftig wichtigste Problem der Erwerbsstrukturpolitik. Die Schattenwirtschaft bietet unter diesen Umständen, obwohl steuerschädlich, relativ krisenresistente Formen der Existenzsicherung. Die Zahl der vollkommen Arbeitslosen wird deshalb auf nicht höher als 1 Mio. geschätzt.

6. Familien- und Gesellschaftsstruktur

Die Anzahl der *Haushalte* mit 4 und mehr Personen liegt weit über dem EG-Mittelwert und zeigt damit die noch nicht abgeschlossene Lösung von agrargesellschaftlichen Leitbildern. Während der N und die zentralen Landesteile jedoch hinsichtlich Familiengröße, Eheschließung, Scheidungsquote, überwiegend höherer sozialer Eigenständigkeit der Frau und Abtreibungshäufigkeit an mitteleurop. Werte angenähert sind, zeigen diese Indikatoren südl. von Latium mehr traditionale Normen an. Der nördlichen, sozial oft schon isolierten, Kleinfamilie steht hier ein größerer Verband gegenüber, der weitere Verwandtengrade einschließt und sozial eng mit anderen, z. T. abhängigen Gruppen klientelmäßig und vertikal zum Einkommensstandard in Beziehung steht.

Übertragen auf die *Gesellschaftsstruktur* zeigt der höhere Anteil von ökonomisch Selbständigen im N einen ähnlich landesweiten Unterschied (generell ist in Italien jeder 3. Erwerbstätige selbständig). Im Mezzogiorno hat die gesellschaftliche Mobilität zwar seit 1950 ebenfalls zugenommen, im sozialen Gefüge wirken jedoch die früheren feudalen Strukturen mit starken Kontrollsystemen und Herkunftsbindungen noch nach. In Norditalien setzte um 1970 in allen Zivilisationsbereiche umfassender Modernisierungsschub ein, der leistungsorientierte soziale Mobilität förderte. Darauf basierend wurden die großen Metropolen der Poebene europaweit in zahlreichen Wirtschaftsbranchen, Modeformen und Lebensstilen leitbildbestimmend.

V. Wirtschaft

1. Ressourcen, Energiewirtschaft

I. besitzt nur begrenzte industriemäßig nutzbare Rohstoffe. Wichtigste Bodenschätze sind *Erdöl* im SO Siziliens, bei Pescara und in der Poebene, *Erdgas* im mittleren und südöstl. Teil der Poebene, in der Adria vor Rimini/Pesaro, südl. Pescara am Ostrand des Apennin, in der Basilikata und in Sizilien. Die Erdgasreserven werden auf 300 Mrd. m³ geschätzt, d. h. auf 10% der EG-Vorräte (1987). *Eisenerze* baute man auf Elba und bei Cogne (Aostatal) ab. Die Förderung von *Blei* und *Zink* (im SW Sardiniens) und *Schwefel* (in Innersizilien) ist rückläufig; die Kohlegewinnung ist eingestellt.

Die Erzeugung *elektrischer Energie* hat sich 1939–75 versiebenfacht und stieg seitdem um 33%. An der Stromerzeugung (1987: netto 190 Mrd. kWh) sind die Wasserkraft mit 22%, das geothermische Kraftwerk (Larderello in der Toskana) mit 1%, Kernkraftwerke, die nach der Tschernobyl-Katastrophe bis auf zwei stillgelegt wurden, z. Z. nur mit 2% beteiligt. Der ursprüngliche Plan für 10 Kernkraftwerke wird nicht weiterverfolgt. Der „klassische" Energierohstoff Steinkohle spielt als Import, überwiegend aus USA und Großbritannien (1987: ca. 19 Mio. t), eine Rolle. Braunkohle förderte man bis 1987.

Seit 1950 wurden Erdöl und Erdgas für die Energieerzeugung in Wärmekraftwerken und die petrochemische Industrie immer wichtiger. Der Eigenverbrauch

Tabelle 3
Entwicklung der Beschäftigten nach Wirtschaftssektoren
(in 1000)

Sektoren	Nord- und Mittelitalien						Mezzogiorno*						Italien insgesamt
	1951		1971		1990		1951		1971		1990		1990
		%		%		%		%		%		%		%
Primärsektor	4900	37,1	1800	13,7	927	6,2	3700	57,0	1800	32,0	968	15,0	1895	8,9%
Sekundärsektor	4500	34,0	6400	48,5	5350	36,0	1300	20,0	1900	32,7	1495	23,2	6845	32,1%
Tertiärsektor	3800	28,9	5000	37,8	8574	57,8	1500	23,0	2100	35,3	3990	61,8	12564	59,0%
	13200		13200		14851		6500		5800		6454		21304	100%

* Mezzogiorno umfaßt hier die Regionen: Kampanien, Abruzzen, Molise, Apulien, Kalabrien, Basilikata, Sizilien, Sardinien

Quelle: ISTAT

an Rohöl betrug 1980/87 jährlich ca. 76 Mio. t (1987: 83), wovon nur 3,9 Mio. t Eigenförderung sind (vorwiegend bei Ragusa/Gela). Zahlreiche Raffinerien entstanden nach 1960 küstennah in Nord- und Süditalien (Brindisi, Augusta-Siracusa, Milazzo). Die Raffineriekapazität lag 1987 bei 118 Mio. Jahres-t Rohöl und damit weltweit an 4. Stelle. Ein Teil der Erdölderivate geht wieder in den Export. Die Erdgasförderung beträgt (1987) 0,6 Mio. TJ (ca. 10% der EG), der Inlandsverbrauch 1,5 Mio. TJ. Ein weitverzweigtes Pipelinenetz durchzieht die Poebene, die südl. Küstensäume, aber auch das Gebirge, und bewirkt zahlreiche dezentrale neue Standorte für Petrochemie und Energiegewinnung. Gas hat per Flaschentransport die Holzkohle als Hausbrand vollständig ersetzt.

2. Grundzüge des Wirtschaftssystems

a) Der *produzierende Sektor* läßt sich hinsichtlich der vorherrschenden Rechts- und Betriebsformen in 4 Bereiche gliedern. Seit Beginn einer Politik der *Staatsbeteiligungen* entwickelten sich zahlreiche Konzerne, die große Teile ganzer Produktionsbranchen beherrschten. 1933 wurde das staatliche „Istituto per la Ricostruzione Industriale" (IRI) gegründet, das über Finanzierungsgesellschaften heute Stahlindustrie (Finsider), Elektrizitätswirtschaft (Finelettrica), Schiffbau, Handelsmarine, große Teile des Rundfunks (RAI) und der Fluggesellschaft Alitalia sowie der Autobahnen steuert. Das IRI ist mit fast 600 000 Beschäftigten eine der größten Holdings der Welt. Daneben stehen staatliche Großbanken. Der staatliche Erdöl- und Erdgaskonzern ENI („Ente Nazionale Idrocarburi") basiert auf der 1926 gegr. AGIP und umfaßt den Gesamtbereich der Energiewirtschaft, große Teile der Petrochemie sowie die Transportsysteme (Pipelines, SNAM). In jüngerer Zeit traten auch Kapitalbeteiligungen im Ausland hinzu. Kennzeichnend ist für die Politik aller Staatsbetriebe seit 1950 der Versuch, wirtschaftliche Aktivitäten dort zu fördern, wo Privatkapital risikobedingt nicht investitionsbereit war, so z. B. im Mezzogiorno. Man hoffte, durch die Gründung von staatlichen Großbetrieben in Süditalien Entwicklungsimpulse auslösen und die nachfolgende Ansiedlung privater Betriebe stimulieren zu können. Andererseits waren Effizienz und Rendite der öffentlichen Holdings meist gering, bei der verlustbringenden Schwerindustrie bis heute.

Die *private Großindustrie* entwickelte sich in den ersten Nachkriegsjahren zunächst langsamer, verbuchte aber nach den Krisenperioden der 70er Jahre ab 1985 breites Wachstum mit großen Exporterfolgen bei verminderten Beschäftigtenzahlen. Waren diese Großbetriebe, deren Standorte vorwiegend in den Verdichtungsräumen der Poebene die dort günstigen Bedingungen ausnutzen, zunächst kapitalmäßig noch isoliert, so wurde besonders seit dem jüngsten Aufschwung und im Hinblick auf den gemeinsamen Binnenmarkt in Europa eine immer stärkere Kapitalverflechtung gesucht, die auch über Branchengrenzen hinweggreift. Die mächtigsten, meist von wenigen Familien und Unternehmerpersönlichkeiten nach kapitalistischen Regeln gelenkten Wirtschaftsimperien sind Fiat, Agnelli, Pirelli, De Benedetti, Zanussi (Elektro), Mediobanca, Ferruzzi (Agrobusiness), Montedison (Chemie), Italmobiliare und Olivetti. Sie verfügen heute über vielfältige Kapital- und Produktionsbeziehungen in andere Industrieländer.

Neben den industriellen Großunternehmen kommt der *Mittel- und Kleinindustrie* erhebliche regionale beschäftigungspolitische und krisenresistente Bedeutung zu. Hierzu zählen Firmen mit 100–200 Beschäftigten, aber auch Kleinstbetriebe mit weniger als 10 Mitarbeitern, deren Anteil landesweit noch zu Beginn der 70er Jahre fast 90% des gesamten produzierenden Sektors ausmachte. Seitdem ist nur ein leichter Rückgang zu erkennen. Der große Umfang dieser Kleinunternehmen erklärt sich aus dem wirtschaftsgeschichtlichen Werdegang einzelner Gewerbebranchen, der hohen Flexibilität in Krisenperioden, v. a. aber aus der phantasiereichen Eigeninitiative kleiner Unternehmer, im Grenzbereich zwischen Handwerk und Industrie die Gängelung durch die schwerfällige staatliche Bürokratie zu umgehen.

Ein vierter Teilbereich des produzierenden Sektors muß heute in der *Schattenwirtschaft* (economia sommersa) gesehen werden. Ihr steuerlich nicht erfaßter Beitrag zum BIP dürfte bei 25–30% liegen. In der breit gefächerten Übergangszone zwischen Kleinindustrie, Handwerk und Handel expandierte in den letzten zwei Jahrzehnten ein Wirtschaftssystem, das umfassende Beschäftigungsmöglichkeiten im Zweit- und Drittberuf und für Existenzsuchende bietet sowie im Rahmen branchenübergreifender Arbeitsteilung von feinmaschigen Beziehungen zu größeren industriellen Unternehmen profitiert.

Die räumliche Verteilung von Standorten industrieller Unternehmen, Agglomerationsvorteilen, Höhe der Investitionssummen, Zahl der neu entstandenen Arbeitsplätze, Modernitätsgrad der technischen Ausstattung und Innovationsvermögen lassen unverändert die traditionelle wirtschaftsräumliche Disparität zwischen dem N und einzelnen zentralen Regionen einerseits und dem Mezzogiorno andererseits erkennen, obwohl seit 1950 mit umfangreichen Aufwendungen (national und europ. Regionalfonds) eine Minderung dieses sozioökonomischen Kontrastes durch Aufwertung industrieller Standortbedingungen angestrebt wurde. Auch die Verbesserung der Infrastruktur (Straßen und Autobahnen, Stromversorgung, Erdgas- und Erdölpipelines, Fernwasserleitungen und Industrieflächenangebote) konnten die regionalen Unterschiede nicht wesentlich beseitigen.

b) Der *Agrarsektor* zeichnet sich im EG-Vergleich durch starke Ambivalenz aus. Traditionellen, wenig wandlungsfähigen Strukturen stehen moderne Produktionszweige mit industrieller Verarbeitung und Exportorientierung gegenüber. Beide Elemente finden sich in den 5 *Agrarlandschaftstypen* und Betriebssystemen: (1) mediterrane Fruchtbaum- und Rebkulturen (*coltura mista*, meist bei sehr geringen Betriebsgrößen, z. T. mit hohem Pachtflächenanteil), (2) spezialisierte Monokulturen (Obst, stark mechanisiert und chemisiert), (3) Getreidewechselwirtschaft im trockenen Landesinnern, (4) Bewässerungsflächen in den Küstensäumen und in der Poebene auf teils traditioneller, teils technologisch fortgeschrittener Basis, (5) Weidewirtschaft als ehemals rein transhumane Viehhaltung im Bergland sowie Viehzucht in modernen Betriebsformen.

Die wichtigsten *Veränderungen der Betriebs- und Bodennutzungssysteme* seit 1950 sind: Vereinfachung der Fruchtfolgen und Polykulturen in Richtung auf geringere Anzahl und weniger arbeitsintensive Produkte; Verminderung der Beschäftigtenzahl von 8,6 Mio. (42%, 1951) auf 2,2 Mio. (11%, 1988); Zunahme der Doppelexistenzen und Nebenerwerbsbetriebe, seit Beginn der 80er Jahre mit schrittweiser Beendigung der generationenübergreifenden familiären Arbeitsorganisation. Der Rückgang der Kleinbetriebe (1–10 ha) von 6,5 Mio. (1951) auf 1,4 Mio. (1988) führte zwar zu erheblicher Strukturverbesserung, dennoch stellt diese Größengruppe noch immer 84,1% (1985) aller landwirtschaftlichen Betriebe mit einem Anteil von 34% an der Landwirtschaftsfläche. Damit steht I. neben Griechenland innerhalb der EG auf dem schlechtesten Rang. Die Verringerung des Ackerlandes von 15 Mio. ha (1951) auf 8 Mio. ha (1988) bewirkte zwar das Ausscheiden von Grenzertragsflächen und deren gleichzeitige ökologische Sicherung, die mittlere jährliche Weizenerntemenge nahm jedoch nur von 8 Mio. t (1950/55) auf 10 Mio. t (1983/88) zu. Ähnlich geringe Zuwachsraten weist auch die Viehwirtschaft mit Milch- und Fleischproduktion auf. So liegt der Selbstversorgungsgrad im Getreidesektor bei 81%, bei Fleisch um 70%, bei Milch weit darunter, bei pflanzlichen Fetten und Ölen bei 46% (1988). Der geringe Produktivitätsgrad hängt nur teilweise vom hohen naturräumlich-klimatischen Risiko ab, sondern mehr von den anhaltend ungünstigen Betriebsstrukturen einschließlich traditioneller Pachtverfassungen, starker Flurzersplitterung infolge Realerbteilung, von geringer Bodenpflege und – trotz guter Verkehrsinfrastruktur – von unverändert schwieriger Vermarktungsorganisation. Der Import von Agrarprodukten umfaßt deshalb wertmäßig etwa das Doppelte der landwirtschaftlichen Ausfuhr.

Eine gesamtwirtschaftlich interessante Entwicklung vollzog sich in den traditionellen Getreidebaugebieten mit jahrhundertealtem aufwandextensivem und ertragsarmem Trockenfeldbau. Hier versucht man seit einem Jahrzehnt vermehrt, die ehemalige Schwarzbrachfläche zwischen Winter und Frühjahr mit Luzerne und anderen Futterpflanzen zu bestellen. Stickstoffanreicherung des Bodens und verbreiterte Nahrungsbasis für die Viehhaltung verändern damit die wirtschaftliche Basis in benachteiligten Regionen.

Bei einer raumbezogenen Bewertung des Agrarstrukturwandels kristallisieren sich leistungsfähige Zweige der Landwirtschaft in Norditalien (Poebene) heraus, die denjenigen in Mittel- und Süditalien hinsichtlich Produktivität, Ertragsmengen und marktorientierter Innovationsfähigkeit weit überlegen sind.

c) Im *Dienstleistungssektor* vollzogen sich die größten quantitativen Veränderungen. Die Beschäftigtenzahl stieg von 5,3 Mio. (1951 = 26%) auf 12,0 Mio. (1988 = 59%). Die tatsächlichen Werte liegen wegen Erfassungsschwierigkeiten und Schattenwirtschaft darüber. Problematisch ist der hohe Anteil der öffentlichen Verwaltung (3,5 Mio. Staatsbedienstete), die bei geringer Dienstzeiteffizienz nur über wenig Produktivität verfügt. Der Handel bietet im unscharfen Übergangsbereich zur economia sommersa eine variantenreiche Palette von Existenzmöglichkeiten.

3. Wertschöpfung der Wirtschaftsbereiche

1961-87 ergaben sich folgende Änderungen beim Beitrag zum BIP: Die *Landwirtschaft* verringerte sich relativ von 17,4% auf 4,0% (ca. 39 Bio. Lit von insgesamt 982 Bio. Lit, 1987), die *Industrie* sank bei absoluter Zunahme relativ von 43,3% auf 34,0% (1987: ca. 330 Bio. Lit, einschließlich Bauwesen) ab. Die wertmäßig wichtigsten Anteile stammen vom Maschinen- und Fahrzeugbau, vom Textil-, zunehmend auch vom Elektronikbereich sowie von der Chemie, stark absinkend von Schwerindustrie und Schiffbau. Um 1/3 wuchs der *Dienstleistungssektor* sowohl relativ als auch absolut von 39,3% auf 60,9%. Hierzu steuert der Fremdenverkehr ca. 65 Bio. Lit bei, der Auslandstourismus (1988) 18 Bio. Lit (= 26 Mrd. DM). Der Anteil des Staatshaushaltes am BIP liegt angesichts seiner starken Verflechtung in Wirtschaftsunternehmen mit ca. 60% im EG-Vergleich sehr hoch.

4. Regionale Differenzierung des BIP

Die regionale Differenzierung des BIP zeigt die wirtschaftsräumlichen Unterschiede und deren Verhältnis zum Gesamtgebiet der EG. Hiernach lagen 1983/86 (gemessen am BIP/E.) Piemont und Lombardei bis zu 20%, Emilia, Teile Veneziens, Ligurien sowie die Großräume Florenz, Rom und Neapel bis zu 10% über dem EG-Mittelwert. Darunter folgen in einer mittleren Gruppe die zentrale Poebene, Umbrien, die Adriaküste und Teile Latiums (bis –20%). Die übrigen Provinzen rangieren z. T. weit unterhalb des EG-Mittelwertes: Die Gebirgsregionen Abruzzen und Molise sowie Teile Campaniens bis zu –40%; Kalabrien, Basilikata, der größte Teil Siziliens und Sardiniens weisen BIP-Pro-Kopf-Anteile auf, die bis zu 60% unter dem EG-Mittel liegen. Eine ähnliche regionale Bewertung ergibt sich aus der Verteilung des Kaufkraftstandards und unterstreicht die unverändert periphere wirtschaftsräumliche Lage I.s innerhalb der EG.

5. Öffentliche Finanzwirtschaft

Trotz der günstigen gesamtwirtschaftlichen Entwicklung seit Mitte der 80er Jahre, welche I. innerhalb der OECD nach Überholung Frankreichs und Großbritanniens auf den 4. Rang der Industriestaaten anhob, wies der Staatshaushalt einen kontinuierlichen Negativsaldo auf (größenordnungsmäßig etwa die Hälfte der Ausgaben). Die Steuerlastquote wurde deshalb erhöht und steht mit durchschnittlich 47% in der vordersten Gruppe der EG-Länder.

6. Außenwirtschaft

Im Außenhandel spiegelt sich die gesamtwirtschaftliche Struktur. Die Mittelwerte 1980/85 zeigen ein Übergewicht der Agrar- und Nahrungsmitteleinfuhr (11,2 Mrd. US-$) über die Ausfuhr (5,3 Mrd. US-$) dieser Branchen. Ab 1986 verschlechterte sich dieses Verhältnis noch, während in den 50er Jahren beide Posten ausgeglichen waren. Die Einfuhr von Rohstoffen erreichte das Sechsfache des Ausfuhrwertes. Der Erdölimport (24 Mrd. US-$) kostete etwa ebensoviel wie der Exportüberschuß von Maschinen-, Fahrzeugbau-, Produktionsmittel- und Textil-/Lederindustrie zusammen. Die sinkenden Erdölpreise sowie die Einnahmen des Ausländertourismus reduzierten das Handelsdefizit ab 1986, auch die Leistungsbilanz erscheint günstiger als früher. Die wichtigsten Handelspartner sind Deutschland (knapp 20% der gesamten Einfuhr) und Frankreich, gefolgt von den Niederlanden, USA und Großbritannien.

7. Währungsordnung, Bankwesen

Die it. Lira (seit 1979 im Verbund des EWS) unterlag 1985 einer Abwertung um 2%. Geplant ist die Umstellung auf die „schwere Lira" = 1000 alte Lit. Der Kapitalverkehr mit dem Ausland soll bis 1992 voll liberalisiert werden. Die Staatsbank kontrolliert gemeinsam mit einem interministeriellen Ausschuß den Kreditmarkt. Neben ihr fungieren 6 Banken öffentlichen Rechts sowie 3 weitere mit Staatsbeteiligung. Die übrigen 460 Banken unterliegen staatlicher Aufsicht.

VI. Kultur, Religion, Bildung

1. Kultur

I. hat das Erbe der römischen Antike bewahrt und seit dem späten 13. Jh. (Duecento: 13. Jh., Trecento: 14. Jh. usw.) eine eigenständige Sprache, Kunst und Kultur entwickelt. Seitdem ist die it. Nation bis zum Ende des 18. Jh. im wesentlichen als kulturelle Einheit verstanden worden, deren Grundkräfte die Rom-Idee und die von *Dante*, *Petrarca* und *Boccaccio* geschaffene Literatursprache waren; ihre Werke gelten gerade der Neuzeit als Monumente der Weltliteratur.

In schöpferischer Auseinandersetzung mit der Antike hat I., besonders die Toskana, im Trecento und im

Quattrocento die von *Petrarca* vorbereitete, die europ. Neuzeit einführende Kultur des *Humanismus* und der *Renaissance* hervorgebracht, welche die Nähe zur Natur suchte und auf Autonomie und Würde des Individuums ausgerichtet war. Die wichtigsten Zentren waren Florenz, in dessen Akademie auch das neuzeitliche Studium der platonischen Philosophie begann, Venedig (bes. für die Malerei), seit dem letzten Viertel des 15. Jh. das päpstliche Rom, welches alle künstlerischen Kräfte der Hochrenaissance an sich zog, zeitweise auch Neapel. Ebenso sind in I. der *Manierismus* und, im Zusammenhang der Gegenreformation, der *Barock* entstanden. Dieser hat in Rom und in Venedig seine größten, nach ganz Europa wirkenden Leistungen erbracht: in den bildenden Künsten, in der Urbanistik sowie in der Musik, deren sämtliche große Gattungen aus dem I. des 17. und 18. Jh. stammen.

Entsprechend dem säkularen Pluralismus I.s waren auch andere Städte an diesen Entwicklungen beteiligt. Sie besitzen bis heute alle urbane Zentren mit menschlichem Maß und eine außerhalb I.s selten anzufindende Fülle von Kunstwerken, so Arezzo, Bergamo, Bologna, Ferrara, Mantua, Palermo, Padua, Parma, Pavia, Siena, Verona, Vicenza. I. war das Land der ältesten (Bologna, Padua) und der meisten mittelalterlichen Universitäten; der *Humanismus* entwickelte sich mehr an den Höfen. Seine Grundlegung neuzeitlicher Wissenschaft gab auch wichtige Anstöße für die Anfänge der politischen Wissenschaft (N. →*Machiavelli, Francesco Guicciardini*) wie der empirischen Naturwissenschaften. Aber die Gegenreformation verhinderte die weitere Evolution; abgesehen von den bildenden Künsten und von der Musik blieb die it. Kultur des 17. und 18. Jh. eher statisch.

Seit der Spätantike war Rom das Zentrum des lat. Christentums; der *Katholizismus* hat I.s Kultur und das Sozialverhalten der Italiener entscheidend geprägt. Doch die massive Präsenz der Kirche und ihr Anspruch gesellschaftlicher Normensetzung, dazu ebenfalls Erinnerungen an Antike und Humanismus haben auch starke laizistische Gegenkräfte hervorgerufen. Vollends seit dem *Risorgimento* (vgl. II 2), welches genuine Beiträge zum europ. Liberalismus hervorgebracht hat (zuletzt durch *Benedetto Croce*), stehen einander gegenüber die „Italia cattolica" und die „Italia laica"; letztere spaltete sich seit dem letzten Drittel des 19. Jh. in eine bürgerlich-liberale und eine sozialistisch-marxistische Richtung. Das moderne I. ist darüber zu einem Land des kulturellen Pluralismus, des Dialogs und der Kompromisse geworden. In der Zeit nach dem II. Weltkrieg, in die die politische Führung an die kath. „Democrazia Cristiana" (DC) kam (vgl. II 6), behauptete lange die Linke die kulturelle Hegemonie, welche erst im letzten Jahrzehnt durch die Weltkrise des Kommunismus erschüttert worden ist.

Gegenwärtig erbringt I. Leistungen von europ. Rang in der erzählenden *Literatur*, welche durch die Reflexion von Faschismus, Antifaschismus und Resistenza auch das besondere politische und gesellschaftliche Engagement der zeitgenössischen it. Kultur bezeugt, sowie in allen *bildenden Künsten,* dazu in Mode und Design. Charakteristisch ist die Mäßigung der modernen Formen durch die bewußte Einbeziehung traditioneller ästhetischer Elemente. – Auch beim *Film,* der nach den großen Werken der 1950er bis 1970er Jahre (v. a. *Neorealismus*) stagnierte, beginnt anscheinend ein neuer Aufschwung.

2. Religion

a) Die *kath. Kirche* hat trotz organisatorischer Fragmentierung (1988: 213 Erzb. und Bist.) und tiefgehender regionaler Unterschiede die sozialen und politischen Verhältnisse I.s insgesamt bis nach dem II. Weltkrieg sehr stark geprägt. Ihrer Hilfe war auch der schnelle Aufstieg der DC, deren politische Unabhängigkeit freilich →Pius XII. einzuschränken suchte, zur stärksten Regierungspartei mit zu verdanken.

Die Beziehungen von *Staat und Kirche* blieben lange geregelt durch die *Lateranverträge* von 1929, von denen der Hauptvertrag die kath. Religion als Staatsreligion und die Souveränität des Papstes über den Vatikanstaat (↗Vatikanstadt) anerkannt hatte; das Konkordat hatte der kath. Kirche u. a. in den Bereichen von Ehe und Schule gesellschaftliche Monopole eingeräumt. Die Verfassung der it. Republik vom 1. 1. 1948 rezipierte in Art. 7 die Lateranverträge, anerkannte aber in Art. 8 die Freiheit der anderen Bekenntnisse.

Der wirtschaftliche, soziale und kulturelle Modernisierungsschub, den I. seit den 1950er Jahren erlebte, bewirkte jedoch auch einen Prozeß schneller und weitgehender Säkularisierung, deren deutlichste Indikatoren die Volksentscheide über die bis dahin durch das Konkordat verhinderte Ehescheidung (1974) und über die Liberalisierung der Abtreibung (1978, 1980) gewesen sind. Zwar gehören weiterhin ca. 90% der Bevölkerung der kath. Kirche an, aber die Zahl der praktizierenden Katholiken dürfte zwischen 30 und 40% liegen.

Aus diesen Veränderungen, aber ebenso aus der Neubestimmung des Verhältnisses von Kirche und Staat durch das 2. Vatikanische Konzil und aus dessen Anerkennung der Religionsfreiheit sind weitgehende Konsequenzen gezogen worden: In einem neuen, das Laterankonkordat modifizierenden Vertrag (18. 2. 1984) bekennen sich Staat und Kirche zur Souveränität beider im je eigenen Kompetenzbereich und zur Zusammenarbeit zum Wohle der Menschen und des Landes; die Kirche verzichtete auf ihre Privilegien, der Staat auf seine Mitspracherechte (Art. 1–3). Die bürgerliche Wirkung der kirchlich geschlossenen Ehe bleibt anerkannt (Art. 8), ebenso das Recht der Kirche zur Errichtung von Privatschulen und zur Erteilung des Religionsunterrichts in den öffentlichen Schulen, der jedoch nicht mehr obligatorisch ist (Art. 9). Wegen der Verwaltung der Kirchengüter und der Revision staatlicher Finanzleistungen wurden weitere Verhandlungen vereinbart (Art. 7). Diese haben die Einführung einer freiwilligen, auf die Einkommensteuer anzurechnenden Kirchensteuer sowie eine zentralistische Verwaltung der kirchlichen Vermögen erbracht, welche gleichmäßige Verteilung garantieren soll, freilich auch weitere Einschränkung lokaler Institutionen bedeutet und viele Stiftungen ihren ursprünglichen Zwecken entfremdet. Auch darin zeigt sich, daß die Kirche I.s direkt vom Papst abhängt, welcher „Primas von I. und Metropolit der römischen Kirchenprovinz" ist. Erst seit 1964 besteht eine Bischofskonferenz, deren Präsident und Sekretär nicht gewählt, sondern vom Papst ernannt werden.

Abgesehen von der besonderen Bindung an den Papst gehören zum Proprium des it. Katholizismus eine große Vielfalt caritativer, sozialer und politischer Aktivitäten, tiefe Verwurzelung im Volksglauben und in den Traditionen der verschiedenen Regionen; dazu das Nebeneinander konservativer, institutionell verfestigter Mehrheiten und reformistischer, sich ebenfalls auf lange it. Traditionen (von *Franziskus* über *Ludovico A. Muratori* und *Antonio Rosmini-Serbati* bis zur sozialreformerischen Linken in der DC) berufender Minderheiten. In unserem Jahrhundert hat dieser Katholizismus dem Rassismus widerstanden und u. a. eine Persönlichkeit wie →*Johannes XXIII.* hervorgebracht.

b) Nach dem Vorbild des Vertrags von 1984 hat I. auch Verträge mit den *anderen Glaubensgemeinschaf-*

ten geschlossen, welche erst dadurch volle Gleichberechtigung erhielten. Dem „Verband der evangelischen Kirchen in Italien" (seit 1967) gehören als größte Gruppen die in der Geschichte Piemonts und Savoyens verwurzelten *Waldenser* (ca. 30 000) und die *Methodisten* (ca. 10 000) an. Bis heute prägen die Minoritätserfahrungen das Bewußtsein der Evangelischen. Ökumenisches Denken beginnt nur langsam.

Die *jüdische Gemeinschaft* war seit dem Risorgimento gesellschaftlich integriert. Sie hat unter dem 1943/44 nach I. exportierten Rassismus des „Dritten Reiches" sehr gelitten; sie zählt heute ca. 35 000 Mitglieder.

Infolge der neueren Einwanderungsbewegungen besteht inzwischen auch eine *muslimische Gemeinde* mit ca. 150 000 Mitgliedern (große Moschee bei Rom), die ebenfalls Körperschaft des öffentlichen Rechts ist.

3. Bildung

Die in der Verfassung vom 1. 1. 1948 (Art. 114–133) vorgesehene, seit den 1970er Jahren verwirklichte Regionalisierung (vgl. III 1) erstreckt sich nicht auf das staatliche Bildungswesen. Dieses ist weiterhin zentralistisch und untersteht dem *Ministero della Pubblica Istruzione,* dem als Organ abgestufter Mitsprache der *Consiglio Superiore della Pubblica Istruzione* beigegeben ist. Lediglich die Autonomen Regionen resp. Provinzen erhielten inzwischen partielle Zuständigkeiten für Schulverwaltung und Unterrichtsgestaltung. Grundlegend ist das SchulG vom 31. 12. 1962, welches die in Art. 34 der Verf. vorgesehene Pflichtmittelschule einführte und damit die bis dahin nur 5jährige Schulpflicht auf 8 Jahre verlängerte.

Das *Schulwesen* ist dreistufig: Auf die 5jährige Grundschule *(Scuola elementare)* folgt die 3jährige Mittelschule *(Scuola media),* deren Abschlußzeugnis *(Licenza media)* zum Besuch aller weiterführenden Schulen berechtigt. Diese sind das 5jährige Gymnasium: altsprachlich *(Liceo classico)* oder naturwissenschaftlich *(Liceo scientifico),* daneben als Schulversuch auch neusprachlich *(Liceo linguistico),* das 4jährige musische Gymnasium *(Liceo artistico)* sowie die 5jährigen Berufsfachschulen *(Istituti tecnici),* welche eine fachgebundene Hochschulreife vermitteln. Daneben bestehen gewerbliche Kunstschulen *(Istituti d'arte)* und die (nicht obligatorischen) Berufsschulen *(Istituti professionali),* außerdem noch die Lehrerbildungsanstalten *(Istituti magistrali),* doch soll demnächst auch die Ausbildung der Grundschullehrer in Hochschulen erfolgen.

Das lange sehr traditionale *Hochschulwesen* hat seit den 1970er Jahren kräftig expandiert: Es bestehen ca. 50 *Università degli Studi* (Universitäten mit mehreren Fakultäten), *Istituti universitari* und *Istituti Politecnici,* Kunstakademien, Konservatorien und Ingenieurschulen, ferner die *Scuola normale superiore* in Pisa und Universitäten für Ausländer in Perugia und Siena. Von den älteren Universitäten gelten als besonders angesehen die von Bologna, Florenz, Neapel, Padua und Rom (Sapienza), von den im 20. Jh. gegründeten die von Mailand und Venedig.

Es gibt viele private, meist kath. Schulen, bes. Gymnasien, und in Mailand eine kath. Universität, inzwischen mit Fakultäten auch in anderen Städten. Im weiteren Sinne sind auch die päpstlichen Universitäten in Rom zu nennen. Andere private Universitäten bestehen in Mailand (Wirtschaftswissenschaften) und Rom.

LITERATUR

Zu I:
E. **Turri,** L'Italia allo specchio: le recenti trasformazioni del paesaggio e la crisi del rapporto società-ambiente in Italia, in: Communità. Riv. Inf. culturale 31 (1977) 1 ff. – Möglichkeiten, Grenzen und Schäden der Entwicklung in den Küstenräumen des Mittelmeergebietes. Hg. H. **Popp,** F. **Tichy.** Erlangen 1985. – H. G. **Mensching,** Ökosysteme – Zerstörung in vorindustrieller Zeit, in: Ökologische Probleme im kulturellen Wandel. Hg. H. Lübbe, E. Stöcker. Paderborn 1986, 15 ff. – H.-G. **Wagner,** Das Mittelmeergebiet als subtropischer Lebensraum. Zur Wechselwirkung ökologischer und sozioökonomischer Hemmnisse seiner Entwicklung, in: Geoökodynamik 9 (1988) 103 ff.

Zu II:
B. **Croce,** Geschichte I.s 1871–1915. Berlin 1928 (Orig.: Storia d'Italia dal 1871 al 1915. Bari 1928, ¹⁴1966). – A. **Omodeo,** Die Erneuerung I.s und die Geschichte Europas 1700–1920. Zürich 1951 (Orig.: L'età del Risorgimento italiano. Messina 1931, Neapel ⁹1965). – M. **Seidlmayer,** Geschichte I.s. Stuttgart 1962, ²1989. – E. **Nolte,** Der Faschismus in seiner Epoche. München 1963, ⁷1986. – A. **Wandruszka,** Österreich und I. im 18. Jh. München 1963. – **Ders.,** Leopold II. 2 Bde. Wien 1963/65. – F. **Chabod,** Die Entstehung des neuen I. Reinbek 1965 (Orig.: L'Italia contemporanea, 1918–1948. Rom 1964). – R. **De Felice,** Mussolini. 7 Bde. Turin 1965/90. – B. **Croce,** Geschichte Europas im 19. Jh. Frankfurt/M. 1968 (Orig.: Storia d'Europa nel secolo decimonono. Bari 1932, ¹¹1964). – R. **Romeo,** Cavour e il suo tempo. 3 Bde. in 4. Bari 1969/77, ²⁻⁴1984. – Storia d'Italia. Hg. R. **Romano,** C. **Vivanti.** 6 Bde. Turin 1972/76. – W. **Goez,** Geschichte I.s in Mittelalter und Renaissance. Darmstadt 1975, ³1988. – Storia dell'Italia contemporania. Hg. R. **De Felice.** 7 Bde. Neapel 1976/83. – G. **Candeloro,** Storia dell'Italia moderna. 11 Bde. Mailand ¹⁻⁴1977/86. – P. **Villani,** Italia napoleonica. Neapel 1978. – G. **Galasso,** L'Italia come problema storiografico. Turin 1979. – R. **De Felice,** Die Deutungen des Faschismus. Hg. J. Schröder. Göttingen 1980 (Orig.: Le interpretazioni del fascismo. Bari 1969, ⁵1974). – R. **Lill,** Geschichte I.s in der Neuzeit. Darmstadt 1980, ⁴1988. – Historical Dictionary of Fascist Italy. Hg. P. E. **Cannistrato.** Westport (Conn.) 1982. – L. **Valiani,** L'Italia di De Gasperi. Florenz 1982. – G. **Procacci,** Geschichte I.s und der Italiener. München 1983 (Orig.: Storia degli italiani. Bari 1975). – Th. **Wieser,** P. **Spotts,** Der Fall I. Frankfurt/M. 1983, N. A. München 1988. – M. **Clark,** Modern Italy 1871–1982. London 1984. – H. **Hearder,** Italy in the Age of the Risorgimento 1790–1870. London 1984. – G. **Spadolini,** Giolitti, un'epoca. Mailand 1985. – D. **Carpanetto,** G. **Ricuperati,** L'Italia del Settecento. Bari 1986 (engl.: Italy in the Age of Reason. London 1987). – U. **Corsini,** R. **Lill,** Südtirol 1918–1946. Bozen 1988. – R. **Lill,** Deutschland – I. 1943–1945. Tübingen 1990.

Zu III:
G. **Sciascia,** Die Verfassung der it. Republik vom 27. Dez. 1947 und ihre Entwicklung bis 1958, in: JöR F. 8 (1959) 139 ff. – M. **Cappelletti,** Der it. Zivilprozeß, in: RabelsZ 30 (1966) 254 ff. – G. **Sciascia,** Die Entwicklung der It. Verfassung (1959–1966), in: JöR N. F. 16 (1967) 207 ff. – G. **Luther,** Einf. in das it. Recht. Darmstadt 1968. – H.-J. **Trappe,** Die verfassungsrechtliche Stellung der politischen Parteien in I., in: JöR N. F. 18 (1969) 151 ff. – W. **Grunsky,** It. Familienrecht. Frankfurt/M. 1971, ²1978. – G. **Amato,** Die Funktionen der Regierung nach dem it. Verfassungsrecht, in: JöR N. F. 29 (1980) 111 ff. – A. **Pizzorusso,** The Italian Constitution: Implementation and Reform, in: JöR N. F. 34 (1985) 105 ff. – T. **Ritterspach,** Die it. Verfassung – nach vierzig Jahren, in: ebd. 37 (1988) 65 ff. – M. **Maiwald,** A. **Ippoliti,** Eine neue Strafprozeßordnung für I., in: JZ 44 (1989) 874 ff.

Zu IV:
F. **Schinzinger,** Mezzogiornopolitik. Berlin 1970. – H. **Achenbach,** Nationale und regionale Entwicklungsmerkmale des Bevölkerungsprozesses in I. Kiel 1981. – Lber I. 1987. Stuttgart 1989. – H.-G. **Wagner,** Die Apenninen-Halbinsel, in: Fischer Länderkunde. Bd. 9. Europa. Hg. W. **Sperling,** A. **Karger.** Frankfurt/M. 1989, 339 ff.

Zu V:
H.-G. **Wagner,** I. Wirtschaftsräumlicher Dualismus als System, in: Geographisches Tb. und Jahrweiser für Landeskunde 1975/1976. Hg. E. Meynen. Wiesbaden 1975, 57 ff. – C. **Berberis u. a.,** L'artigianato in Italia e nella comunità economia europea. Mailand 1980. – Wirtschaftliche Entwicklung und Investitionspolitik in Süditalien. Hg. A. **Amatucci,** H.-R. **Hemmer.** Saarbrücken 1981. – K. **Rother,** Das Mezzogiorno-Problem, in: GeogrRd 34 (1982) 154 ff. – G. **Aberle,** H.-R. **Hemmer,** Verkehrsinfrastrukturinvestition und Regionalentwicklung in Süditalien. Hamburg 1988. – Lber EG-Staaten 1988. Stuttgart 1988. – H.-G. **Wagner,** I. – Grundzüge des wirtschaftsräumlichen Strukturwandels 1950–1988, in: ZfWgeogr 33 (1989) 151 ff.

Periodicum:
Annuario Statistico Italiano. Hg. Istituto Centrale di Statistica. Rom.

Zu VI:
M. **Seidlmayer** [s o. II]. – Storia d'Italia [s. o. II], bes. Bde. 5–7. – R. **Lill,** Geschichte I.s in der Neuzeit [s. o. II], 438 ff. (Lit.). – C. **Chiellino u. a.,** I. Bd. 2: Wirtschaft, Gesellschaft, Politik. Kultur. München 1983. – G. **Alberigo,** Il Cristianesimo in Italia. Rom 1989.

Horst-Günter Wagner (I, IV, V), *Rudolf Lill* (II, VI), *Theo Ritterspach* (III)

JUGOSLAWIEN

Das bisherige J. hat im Laufe des Jahres 1992 als Staat im Sinne des Völkerrechts aufgehört zu existieren. Die seit 1990 zunehmenden Unruhen weiteten sich zu einem Bürgerkrieg zwischen den nach Unabhängigkeit strebenden Teilrepubliken und dem von der jugoslaw. Bundesarmee unterstützten Serbien aus. Nachdem im Juni 1991 das Bundesparlament auf Betreiben Serbiens die Autonomie der Regionen *Kosovo* und *Wojwodina* aufgehoben hatte, erklärten sich nach Volksabstimmung *Slowenien* und *Kroatien* am 25. 6. 1991, *Bosnien-Herzegowina* am 3. 3. 1992 für unabhängig. Die drei ehem. Republiken wurden von den EG-Staaten anerkannt. Die Ausrufung einer „*Bundesrepublik Jugoslawien*" durch *Serbien* und *Montenegro* am 27. 4. 1992, die sich als Nachfolgestaat J.s betrachtet, besiegelte den Zerfall. Im Nov. 1991 erklärte *Makedonien* mit dem Inkrafttreten einer neuen Verfassung seine Souveränität. – Der folgende Artikel beschreibt das ehem. J., weil nur dafür aktuelles Datenmaterial zur Bevölkerungs-, Sozial- und Wirtschaftsstruktur vorliegt und die zukünftigen Organisationsstrukturen erst vage erkennbar sind. Die ethnischen, sozialen und kulturellen Differenzen innerhalb J.s, die zum Zerfall führten, werden in den Kapiteln II (Historische und politische Entwicklung), IV (Bevölkerungs- und Sozialstruktur) und VI (Kultur, Religion, Bildung) angesprochen.

I. Naturräumliche Voraussetzungen

Das ehem. J. grenzte im NW an ↗Österreich und ↗Italien, im N an ↗Ungarn, im O an ↗Rumänien und ↗Bulgarien, im S an ↗Griechenland und ↗Albanien. Von den der Adriaküste (2092 km) vorgelagerten 1233 Inseln sind 66 bewohnt.

Das vielfältig gegliederte Relief J.s läßt sich zu 5 Großlandschaften zusammenfassen: Der NW umfaßt den Übergangsbereich zwischen den südl. Ostalpen (*Julische Alpen* [mit dem *Triglav*, 2863 m, höchste Erhebung des Landes], *Karawanken, Steiner Alpen*) zum Pannonischen Tiefland. Die Talfurchen der nach SO entwässernden Flüsse und die tektonisch vorgezeichneten Becken waren Leitlinien für die Inwertsetzung des Raumes. Südöstl. der relativ niedrigen (600 m) und verkehrsgeographisch wichtigen Senke Ljubljana – Postojna *(Adelsberger Pforte)* schließt sich das *Dinarische Gebirge* an (3/4 der Landesfläche). Zahlreiche NW-SO gerichtete Gebirgsketten kulminieren in Küstennähe und fallen nach NO zu den Flüssen *Save* und *Morava* ab. Die Hügellandschaft am Rande des Pannonischen Beckens wird landeinwärts durch ein Bergland abgelöst, das sich auf Bosnien und Teile des westl. Serbiens erstreckt und zahlreiche Erzlagerstätten enthält („Bosnisches Erzgebirge"). Die Kalkhochflächen des Hochkarstes im W werden durch Kalkketten akzentuiert (*Durmitor,* 2525 m) und durch die für die Karstlandschaft charakteristischen *Poljen* (langgestreckte Becken mit relativ ebenem Grund) und kreisrunden, trichterförmigen *Dolinen* geformt. Die Niederschläge versickern rasch im zerklüfteten Kalkgestein; oberirdische Abflüsse existieren kaum, aber ausgeprägte unterirdische Höhlen- und Karstwassersysteme. Während der N der Karstzone noch weitgehend vegetationsbedeckt ist, bleiben weite Bereiche des südl. und küstennahen Karstes ohne Boden- und Vegetationsdecke. Anthropogene Einflüsse (Holzbedarf, Ziegenweide) haben zur Entwaldung entscheidend beigetragen. Dem Steilabfall im W ist der schmale adriatische Küstensaum vorgelagert, eine enge Verzahnung von Land, Meer und Inseln. Das *Pannonische Tiefland* um *Donau, Save* und *Theiß* bildet die Fortsetzung der ungar. Ebene. Aus der Weite der Aufschüttungsebenen ragen nur wenige flache Mittelgebirge (z. B. *Fruška Gora*) hervor. In der *Morava-Vardar-Zone,* im SO und S, kommt die für Südosteuropa typische Reliefgliederung im Wechsel von tektonisch beeinflußten Becken und Gebirgsschollen besonders deutlich zum Ausdruck. In der Grenzzone zwischen Dinariden und Karpaten sind die tektonischen Bewegungen noch nicht zur Ruhe gekommen (Erdbeben Skopje, 1963). Die Morava-Vardar-Furche wurde zur verkehrsgeographischen Leitlinie zwischen Pannonien und dem mediterranen Raum.

Das *Klima,* das im N noch atlantische Einflüsse erkennen läßt (Ljubljana: Jan. 1,6 °, Juli 19,8 °C), wechselt im O zu den kontinentalen Zügen des Pannonischen Beckens (Belgrad: Jan. –0,2 °, Juli 22,6 °C). Der mediterrane Einfluß bleibt auf einen nur wenige Kilometer breiten Küstensaum (Dubrovnik: Jan. 8,6 °, Juli 24,6 °C) und in seiner submediterranen Ausprägung auf Teile Makedoniens beschränkt. Das Dinarische Gebirge trägt gemäßigt kontinentale Züge. Von großer Bedeutung für das Klima sind Einflüsse des Reliefs (Inversionen in den Becken) und der lokalen Luftströmungen (z. B. *Bora*). Die Niederschläge schwanken zwischen den Trockengebieten Zentralmakedoniens (300 mm) und dem Gebirge oberhalb der Bucht von Kotor (über 4000 mm).

Die *Umweltsituation* gilt in weiten Teilen J.s als belastet. Problemgebiete sind die Standorte industrieller Verarbeitung mineralischer Rohstoffe in den Beckenlagen. Zahlreiche Fließgewässer sind stark verschmutzt. Nur wenige Städte verfügen über Kläranlagen. An der Adria sind kleine Buchten, in die industrielle und kommunale Abwässer eingeleitet werden, besonders belastet.

II. Historische und politische Entwicklung

1. Vorgeschichte und Staatsgründung

Das am 1. 12. 1918 proklamierte „Königreich der Serben, Kroaten und Slowenen" (ab 1929: Königreich Jugoslawien) entstand durch Vereinigung der südslawisch besiedelten Teile Österreich-Ungarns sowie der Königreiche Serbien und Montenegro. Eine jugoslaw. Nation gab es weder damals noch in der Folgezeit. Im neuen Staat (mit knapp 12 Mio. E.) lebten über 15 Nationen und Nationalitäten (vgl. Tab. 1), die sich in drei Glaubensbekenntnisse (Orthodoxe, Katholizismus und Islam) gliederten (vgl. VI).

Die kath. Slowenen im N hatten über ein Jahrtausend im Verband der österreich. Erbländer gelebt. Das mittelalterliche Königreich der südl. anschließenden Kroaten war zu Beginn des 12. Jh. mit dem ungar. Königreich in Personalunion vereinigt worden und mit diesem 1526 ebenfalls unter die Herrschaft der Habs-

Tabelle 1
Bevölkerung Jugoslawiens nach Nationen und Nationalitäten 1921-1981
(absolut und in %)

	1921	%	1948	%	1971	%	1981	%
Serbokroaten	8 911 509	74,4	–	–	–	–	–	–
Serben	.	.	6 547 117	41,5	8 143 246	39,7	8 140 452	36,3
Kroaten	.	.	3 784 353	24,0	4 526 782	22,1	4 428 005	19,7
Muslime	.	.	808 921	5,1	1 729 932	8,4	1 999 957	8,9
Montenegriner	.	.	425 703	2,7	508 843	2,5	579 023	2,6
Makedonier	.	.	810 126	5,1	1 194 784	5,8	1 339 729	6,0
Slowenen	1 019 997	8,5	1 415 432	9,0	1 678 032	8,2	1 753 554	7,8
Albaner	439 657	3,8	750 431	4,8	1 309 523	6,4	1 730 364	7,7
Ungarn	467 658	3,9	496 492	3,1	477 374	2,3	426 866	1,9
Deutsche	505 790	4,2	57 180	0,4	12 785	0,1	.	.
Sonstige	640 300	5,2	676 343	4,3	941 671	4,5	2 026 761	9,0
Insgesamt	11 984 911	100	15 772 098	100	20 522 972	100	22 424 711	100

Quelle: Definitioni rezultati popisa stanovništva od 31.1.1921 g. Sarajevo 1932, S. 190; Jugoslavija 1918–1988. Statistički godišnjak. Belgrad 1989, S. 44ff.

burger geraten. Die Bevölkerung der jenseits von Save und Donau gelegenen Landesteile Bosnien-Herzegowina, Serbien, Montenegro und Mazedonien hatten vier bis fünf Jahrhunderte dem osmanisch-türk. Reich angehört. Mit den zwei serbischen Aufständen zu Beginn des 19. Jh. war der Durchbruch zur nationalen Emanzipation und zur allmählichen „Verwestlichung" vollzogen worden, wobei sich der junge serb. Staat zunehmend als Vorkämpfer der südslawischen Befreiung und Vereinigung – allerdings mit unverkennbar großserb. Zielsetzung – verstand. Diese großserb. Tendenz stand von Anfang an in einem Spannungsverhältnis zu den im 19. Jh. sich formierenden Nationalideologien der anderen jugoslaw. Völker.

Die Herausbildung eines integrativ-südslawischen Nationalismus hatte unter diesen Voraussetzungen wenig Chancen. Daß sich Serben, Kroaten, Montenegriner und bosn. Muslime seit Mitte des 19. Jh. derselben Schriftsprache bedienten und daß sie sich (gleich Slowenen und Mazedoniern) auf eine gemeinsame Abstammung berufen konnten, reichte nicht aus, die seit Jahrhunderten gewachsenen Unterschiede zu überbrücken. Nur die vor und während des I. Weltkriegs ausgebildete gemeinsame Gegnerschaft serb., kroat. und slowen. Führungseliten gegen Österreich-Ungarn, der Zerfall der Doppelmonarchie und die territorialen Expansionsgelüste Italiens ließen den Wunsch nach Zusammenhalt aufkommen und führten zur übereilten Gründung des jugoslaw. Staates.

2. Strukturelle und politische Instabilität in der Zwischenkriegszeit

Das neue Königreich unter der serb. Dynastie *Karadjordjević* erwies sich als spannungsgeladenes Gehäuse widerstrebender nationaler, politischer, kultureller und wirtschaftlicher Bestrebungen. Während Kroaten und Slowenen für eine föderative Gliederung des gemeinsamen Staates oder für großzügige Autonomierechte kämpften, strebten die serb. Politiker einen starken zentralistischen Staat an. Da die Serben die relative Bevölkerungsmehrheit besaßen und ihr Staat zu den Siegermächten des Weltkrieges zählte, konnten sie den ehemals habsburgischen Südslawen ihren Willen aufzwingen. Die Chancen für eine freiwillige und wechselseitige jugoslaw. Integration wurden damit jedoch verspielt. Die Machthaber in Belgrad erlagen mehr und mehr ihrem großserb. Hegemoniestreben: Montenegriner, Mazedonier und bosn. Muslime wurden ohne ihr Befragen zu Serben deklariert, Kroaten und Slowenen in die politische Defensive gedrängt, und die ethnischen Minderheiten (Albaner, Deutsche, Ungarn, Türken etc.) sahen sich einer rigiden Nationalitätenpolitik ausgesetzt. Abgesehen von den komplizierten nationalen Verhältnissen und der ethnischen Gemengelage in weiten Teilen des neuen Staates wurde die Integration auch durch das scharfe wirtschaftliche und kulturelle Entwicklungsgefälle von N nach S erschwert. Die Vereinheitlichung der unterschiedlichen Steuer- und Währungssysteme, der Ausbau der Infrastruktur und die Investitionspolitik der öffentlichen Hand sorgten für neue Konflikte. Die Vorstellung, daß ein Volk auf Kosten des anderen lebe bzw. daß Slowenen und Kroaten zugunsten der Serben bzw. der Landesteile südlich von Save und Donau „ausgebeutet" würden, öffnete der nationalen Agitation Tür und Tor.

Die offene nationale Frage, die Schwierigkeiten bei der Überwindung der ökonomischen Rückständigkeit, das ausgeprägte Nord-Süd-Gefälle sowie die Ineffizienz und Korruption der zentralstaatlichen Verwaltung ließen das Land nicht zur Ruhe kommen. Das in der ersten jugoslaw. Verfassung von 1921 verankerte parlamentarische System erwies sich als funktionsunfähig. Nachdem der populäre Führer der kroatischen Opposition *Stjepan Radić* am 20. 6. 1928 dem Attentat eines pro-serb. Parlamentariers zum Opfer gefallen war, hob Kg. *Alexander* am 5. 1. 1929 die Verfassung auf. Aber weder unter seiner Diktatur noch unter dem 1931 oktroyierten Scheinparlamentarismus machte die innere Konsolidierung Fortschritte. Am 9. 10. 1934 wurde Alexander anläßlich eines Staatsbesuchs in Frankreich von mazedon. und kroat. Extremisten ermordet. Die nach seinem Tod fortgesetzten autoritären Regime vermochten keinen Ausweg aus der Krise zu finden. Auch der im Aug. 1939 erzielte serb.-kroat. Kompromiß (Einrichtung eines autonomen kroat. Landesteils) führte zu keiner grundlegenden Entspannung, da er zu spät kam, zu halbherzig war und nur mit Vorbehalten oder Ablehnung aufgenommen wurde.

3. Zerschlagung und Wiedererrichtung Jugoslawiens im Zweiten Weltkrieg

Bei der Vorbereitung des für Frühjahr 1941 geplanten Griechenland-Feldzuges versuchte *Hitler,* das seit Kriegsbeginn neutrale J. in das Bündnissystem der „Achsenmächte" zu integrieren. Auf dt. Druck hin trat die Belgrader Regierung am 25. 3. 1941 dem *Dreimächtepakt* bei, wurde jedoch zwei Tage später durch einen Putsch serb. Offiziere gestürzt (König wurde *Peter II.*). Hitler gab daraufhin Order, J. „militärisch und als Staatsgebilde zu zerschlagen". Der Angriff vom 6. 4. endet zwölf Tage später mit der bedingungslosen Kapitulation der jugoslaw. Armee. Der Staat wurde in ein Mosaik annektierter, besetzter und scheinsouveräner Territorien zerstückelt: Bedeutende

Tabelle 2
Die Bevölkerung in den Republiken nach den wichtigsten Nationen und Nationalitäten 1981
(in % der jeweiligen Republik)

	Serbien				Kroatien	Bosnien Herzegowina	Makedonien	Slowenien	Montenegro	Jugoslawien
	1	2	3	4						
Serben	66,4	85,4	13,2	54,4	11,6	32,0	2,3	2,2	3,3	36,3
Kroaten	1,6	0,6	0,6	5,4	75,1	18,4	0,2	2,9	1,2	19,7
Muslime	2,3	2,7	3,7	0,2	0,5	39,5	2,1	0,7	13,4	8,9
Slowenen	0,1	0,1	0	0,2	0,5	0,1	6,0	90,5	0,1	7,8
Makedonier	0,5	0,5	0,1	0,9	0,1	0	67,0	0,2	0,1	6,0
Montenegriner	1,6	1,4	1,7	2,1	0,2	0,3	0,2	0,2	68,5	2,6
Albaner	14,0	1,3	77,4	0,2	0,1	0,1	19,8	0,1	6,5	7,7
Ungarn	4,2	0,1	0	18,9	0,6	0	0,0	0,5	0	1,9
Sonstige	9,3	7,9	3,3	17,7	11,3	9,6	8,4	2,7	6,9	9,1
Gesamtbevölkerung in 1000	9314	5694	1584	2035	4601	4124	1909	1892	584	22425

1 = Republik Serbien insgesamt – 2 = Engeres Serbien – 3 = Provinz Kosovo – 4 = Provinz Wojwodina
Quelle: Jugoslavija 1918–1988. Statistički godišnjak. Belgrad 1989, S. 44 ff.

Teile des Staatsgebietes fielen an Deutschland, Italien, Ungarn und Bulgarien; Serbien kam unter nationalsozialistische Besatzung, und auf dem Territorium Kroatiens sowie Bosniens und der Herzegowina entstand ein „Unabhängiger Staat Kroatien" unter Führung der bislang illegalen kroat.-faschistischen *Ustascha-Bewegung*. Staatschef („Poglavnik") wurde *Ante Pavelić*. Die willkürliche Aufteilung des Landes, die Ausrottungspolitik der Ustascha gegenüber den Serben und das rücksichtslose Vorgehen der Besatzungsmächte trieben immer mehr Menschen in den Widerstand, der sich in einen konservativ-monarchistischen Flügel mit großserb. Ausrichtung und einen kommunistisch organisierten Flügel mit jugoslaw. Orientierung aufspaltete. Eine Einigung zwischen der von *Draža Mihailović* geführten serb. *Tschetniki-Bewegung* und der von *Josip Broz-Tito* befehligten jugoslaw. Volksbefreiungsbewegung scheiterte und leitete zu einem blutigen Bürgerkrieg über. Das von der Volksbefreiungsbewegung verkündete Programm nationaler Gleichberechtigung für alle jugoslaw. Völker und das Versprechen auf Errichtung eines föderativen Staates verschaffte Tito wachsenden Zulauf. Damit entstand die einzige kommunistische Widerstandsbewegung im besetzten Europa, die sich aus eigener Kraft die Macht erkämpfte.

4. Aufbau und Krise des jugoslawischen Selbstverwaltungssozialismus

Die föderative Umgestaltung J.s bei Kriegsende – 6 Republiken (Slowenien, Kroatien, Bosnien-Herzegowina, Serbien, Montenegro und Makedonien) sowie 2 Autonome Provinzen (das mehrheitlich von Albanern bewohnte Kosovo und die national gemischt-besiedelte Wojwodina) innerhalb der Republik Serbien – erfüllte gewiß nicht alle Wünsche der jugoslaw. Völker, da es eine derartige Lösung nicht gab und angesichts der komplizierten Siedlungsverhältnisse nicht geben konnte (vgl. Tab. 2).

Aber es war ein bemerkenswerter Neuanfang, der die Möglichkeit einer konstruktiven Weiterentwicklung bot. Obwohl die KPJ eine stalinistische Organisation war und J. als föderative Volksrepublik nach sowjetischem Muster aufgebaut wurde, kam es 1948 zum Bruch mit Stalin, da Tito nicht bereit war, J. in einen sowjetischen Satellitenstaat zu verwandeln. Die jugoslaw. Kommunisten sahen sich gezwungen, ein eigenständiges Sozialismus-Modell zu entwickeln. Der von Experimenten, Stagnationen und Rückschlägen begleitete Auf- und Ausbau des Selbstverwaltungsmodells erstreckte sich bis zur vierten Nachkriegsverfassung von 1974 und dem Ges. über die vereinte Arbeit von 1976 (vgl. III). In der Praxis erwies sich der Selbstverwaltungssozialismus als ineffizient und unpraktikabel. Mit ökonomischen Rückschlägen kamen auch die alten nationalen Gegensätze wieder zum Durchbruch. 1971 löste eine nationale Massenbewegung in Kroatien die erste schwere Belastungsprobe nach dem Krieg aus. Nach Titos Tod (4. 4. 1980) nahmen die desintegrativen Tendenzen zu. Die Sonderinteressen der durch die Verfassung von 1974 gestärkten föderativen Einheiten, die sich verschärfende ökonomische Krise, die Zerrissenheit und Unfähigkeit des „Bundes der Kommunisten Jugoslawiens" (BdKJ), die blutigen Zusammenstöße zwischen Albanern und Serben im Kosovo-Gebiet sowie die unterschiedlichen Vorstellungen der politischen Führungsschichten in Serbien, Slowenien und Kroatien über einen Ausweg aus der Krise machten J. seit Anfang der 90er Jahre praktisch unregierbar und leiteten den Zerfall des Staates ein.

III. Verfassung, Verwaltung, Recht

1. Grundlagen

Die rechts- und Verfassungsentwicklung des ehem. J. wird wesentlich durch die Vielfalt seiner Nationalitäten und deren politische Schicksale im Verlaufe der Neuzeit bestimmt. Seit der Staatsgründung (1918) befindet sich die politische Ordnung in der Spannung zwischen unitarischen, föderalistischen und separatistischen Bestrebungen. Die Errichtung eines kommunistischen Einparteistaates (1945) hat das fundamentale Verfassungsproblem nicht wirklich gelöst. Auf sehr unterschiedlichen Grundlagen – türk.-islamischem, autochthonem Gewohnheits-, österr.-ungar. Recht – beruhend, ist die Schaffung einer einheitlichen Rechtsordnung insgesamt nur mühsam fortgeschritten. Durch das entschiedene Föderalisierungskonzept der Bundesverfassung vom 21. 2. 1974 hat der Gegenprozeß einer nationalen Differenzierung des Rechts neue Dynamik entfaltet und ist inzwischen in rein nationalstaatliche Entwicklungen eingemündet.

2. Verfassungsordnung

Das ehem. J. war ein Bundesstaat, dessen Regierungssystem sich auf Republik- und Bundesebene seit 1988/89 im Übergang zu einer parlamentarischen Demokratie auf der Basis eines Mehrparteiensystems befand. Der BdKJ, der nach 1969/71 infolge einer effektiven Föderalisierung seinen monolithischen Charakter eingebüßt hatte, hat mit der Annahme von Parteiengesetzen auf Republik- und Bundesebene (25. 7. 1990) seine verfassungsrechtliche Suprematie verloren. Seit der Verfassungsreform vom Nov. 1988 befand sich die realitätsferne Konzeption eines an der marxistischen Utopie vom „Absterben des Staates" und an der Arbeiterselbstverwaltung orientierten emanzipatorischen Sozialismus auf dem Rückzug und wich in einem widersprüchlichen Prozeß, der von Slowenien und Kroatien angeführt wurde, insgesamt der Orientierung an dem westlichen Modell des demokratischen Verfassungsstaates, das für den Bund jedoch gegenstandslos geworden ist.

Seit dem Tode ↗Titos, dessen Präsidentschaft auf Lebenszeit die Einheit des Staates am stärksten gesichert hatte, hat sich die Macht auf die 6 Republiken (vgl. II) verlagert. Zugleich begünstigte die Dezentralisierung eine Annäherung der 2 autonomen Provinzen, Kosovo und Wojwodina, an den Rechtsstatus von Republiken. Dieser Prozeß wurde 1989 auf einer Woge des (groß-) serb. Nationalismus durch die faktische Abschaffung der Autonomie (Änderung der Verfassung Serbiens mit – teils erzwungener – Zustimmung beider Provinzparlamente) gestoppt, eine Maßnahme, die im Kosovo freilich nur mit Hilfe von Notstandsmaßnahmen durchzusetzen ist.

Die Gesetzgebungskompetenzen des Bundes beschränkten sich auf die klassischen zentralstaatlichen Materien (Verteidigung, Äußeres, Nachrichtenwesen, Währung usw.); im übrigen lagen die Gesetzgebungskompetenzen bei den Republiken bzw. Provinzen, die faktisch auch das Übergewicht bei der Ausführung der Bundesgesetze hatten. Darüber hinaus war ihre Mitentscheidung an den Bundesangelegenheiten institutionell stark ausgebaut. Sich vertiefende Gegensätze zwischen den Republiken hatten infolgedessen die Handlungsfähigkeit der Bundesorgane empfindlich geschwächt.

Der Gesetzgeber im Bund war die auf 4 Jahre gewählte *Bundesversammlung.* Sie bestand aus zwei Kammern, dem *Bundesrat,* gebildet von 220 Delegierten der Gemeindeversammlungen aus den Republiken/Provinzen (30 je Republik, 20 je Provinz) und dem *Rat der Republiken und autonomen Provinzen,* dessen 88 Mitgl. die Parlamente jener Territorialeinheiten entsandten (12 je Republik, 8 je Provinz). Die Delegierten konnten nur einmal wiedergewählt werden (Rotationsprinzip). Im Parlamentspräsidium lösten sich die Vertreter der Republiken (Provinzen) jährlich ab. Da das Schwergewicht der Kompetenzen beim Bundesrat lag, „hinkte" das Zwei-Kammer-System. Während im Bundesrat die Mehrheit entschied, war in der anderen Kammer Einstimmigkeit, darüber hinaus die Zustimmung der Republiken und Provinzen selbst erforderlich.

Das *„Präsidium"* J.s wirkte als (kollektives) *Staatsoberhaupt.* In dieses Organ entsandte jede Republik (Provinz) einen Vertreter mit 5jähriger Amtsperiode. Der Vorsitz rotierte jährlich. Die Aufgaben der *Bundesregierung* erfüllte der *Bundesexekutivrat.* Er war als Organ der Bundesversammlung konzipiert und von ihrem Vertrauen abhängig. Seine Mitglieder, u. a. der Vorsitzende (Ministerpräsident) und die Bundessekretäre (Minister), wurden auf 4 Jahre gewählt. Dem Bundesparlament durften sie nicht angehören.

Das *Verfassungsgericht des Bundes* (seit 1963) wirkte als Staatsgerichtsbarkeit, übte eine Normenkontrolle aus und entschied Organstreitigkeiten. Das Antragsrecht war breit gestreut. Der *Grundrechtsschutz,* indirekt über Eingaben an das Gericht möglich, spielte keine nennenswerte Rolle. Zwar proklamierte die Bundesverfassung die Grund- und Menschenrechte, aber freiheitsfeindliche ideologische Grundrechtsvorbehalte (vgl. Art. 203 Bundesverf.) und darauf abgestimmte Strafnormen (vgl. Art. 133 Bundes-StGB) sowie allgemeine Gesetzesvorbehalte haben eine Effektuierung der Menschenrechte stark behindert. Slowenien und Kroatien sind seit 1989/90 in wichtigen Bereichen zu einer menschenrechtskonformen Praxis übergegangen. Die *Religionsfreiheit* war verfassungsrechtlich garantiert, doch unterlag ihre Ausübung bisher aufgrund der weltanschaulichen Ausrichtung des Systems und des marxistisch-laizistisch interpretierten Prinzips der Trennung von Staat und Kirche (Art. 174 Abs. 2 Bundesverf.) in Gesetz und Praxis empfindlichen Beschränkungen, wenngleich die religionspolitische Situation insgesamt wesentlich liberaler als in den anderen kommunistischen Balkanstaaten war. In Slowenien, Kroatien, Bosnien-Herzegowina und Mazedonien sind die Restriktionen mit der Herausbildung freiheitlicher Verfassungsstrukturen inzwischen weggefallen.

Der *Staatsaufbau in den Republiken* und die Konstituierung ihrer Organe wurde entscheidend durch die Lebensbereiche Arbeit, Wohnen und gesellschaftliche Organisationen bestimmt. Auf dort jeweils abgehaltenen Basisversammlungen wurden Delegierte gewählt, die das Parlament in Gestalt von drei Räten bildeten: „*Rat der vereinigten Arbeit*", „*Rat der Gemeinden*" und „*Gesellschaftspolitischer Rat*". Sie entschieden je nach Gegenstand gemeinsam oder getrennt.

3. Zivil- und Wirtschaftsrecht

Eine Kodifikation des Privatrechts gibt es nicht. In der Vorkriegszeit galten regional verschiedene Rechte, unter denen das österr. ABGB, das auch dem serb. ZGB zugrunde lag, die wichtigste Rolle spielte. Die Kompetenz für das bürgerliche Recht lag seit 1974 grundsätzlich bei den Republiken (Provinzen), kraft seiner Verantwortung für die Wirtschaftseinheit hinsichtlich der Grundlagen des Eigentums- und des Schuldrechts (ObligationenG, 1978) dagegen beim Bund. Die Republiken (Provinzen) haben die betreffenden Rechtsgebiete teilweise durch Übernahme und Novellierung früherer Bundesgesetze, z. B. im Eherecht, geregelt. Zivil- und Wirtschaftsrecht standen bis in die jüngste Zeit unter dem beherrschenden Einfluß der marxistischen Theorie des gesellschaftlichen Selbstverwaltungssozialismus. Eine nunmehr marktwirtschaftlich orientierte Politik setzte dagegen verstärkt auf Privatinitiative, Vielfalt der Unternehmensformen, Unternehmerfreiheit und private Kapitalinvestitionen und hat zu einem Bündel von Gesetzen geführt (UnternehmensG; Joint-VentureG; BankenG; Gewerbegesetze). Das Ges. über die vereinigte Arbeit (1977), ein Kernstück des Selbstverwaltungssozialismus, wurde durch ein Ges. über grundlegende Rechte aus Arbeitsverhältnissen abgelöst, das die unternehmerische Gestaltungsfreiheit stärkte (1989). Ein Verfassungsamendment ermöglichte die gesetzliche Einführung des Streikrechts (1988). Seit 1990 entfalteten die Bundesgesetze gegenüber den Republiken kaum noch Wirkung.

4. Strafrecht

Die Kompetenz für den Allgemeinen Teil und einige Spezialmaterien (z. B. Staatsschutz) lag beim Bund (StGB, 1976), im übrigen bei den Republiken (Provinzen), die 1977 eigene Strafgesetze erlassen haben, seit 1990 auch Materien des Allgemeinen Teils regelten. Sie fußten auf dem Bundes-StGB (1951), berücksichtigten aber daneben durch die Erfassung von Straftaten gegen die Selbstverwaltung, Arbeitsverhältnisse, „Menschenrechte" und Umwelt Systemeigenheiten und neuere Problemlagen.

IV. Bevölkerungs- und Sozialstruktur

Das ehem. J. ist bezüglich seiner Bevölkerungs- und Sozialstruktur ein Mosaik. Seine ethnographische Heterogenität ist weit vielschichtiger, als die bisherige Gliederung in 6 Staaten und 2 Provinzen vermuten läßt (vgl. Tab. 1 und 2). Von 23,4 Mio. E. (VZ 1991) entfielen auf Serbien 41,53% (davon Kosovo 7,07%, Wojwodina 9,07%), Kroatien 20,52%, Bosnien-Herzegowina 18,39%, Makedonien 8,51%, Slowenien 8,44% und Montenegro 2,61%. Das jährliche *Bevölkerungswachstum* ist seit 1965 von 0,9 auf 0,7% (1988) zurückgegangen. Es verteilt sich sehr ungleich auf die einzelnen Republiken. So stieg z. B. der Bevölkerungsanteil Kosovos 1948 – 81 von 4,6 auf 7,1%, Makedoniens von 7,3 auf 8,5%, während er für Slowenien bzw. Kroatien um 0,7 bzw. 3,4% sank. Das natürliche Wachstum basiert auf einer (rückläufigen) *Geburtenziffer* von 15,3 und einer *Sterbeziffer* von 9,2 ‰ (1987). Die *Säuglingssterblichkeit* konnte 1975–87 von 39,7 auf 26,2 ‰ gesenkt werden. Die *Altersquote* (Anteil der über 65jährigen) ist mit 8,2 ‰ (1988) im Vergleich zu anderen südosteurop. Ländern gering. Die *Lebenserwartung* hat sich bei Frauen auf 75 Jahre, bei Männern auf 69 Jahre erhöht (1987). Alle diese Landeswerte bedürfen einer vielfachen Differenzierung. So reicht die Altersquote von 4,6% im Kosovo bis 11,4% in Kroatien, und 1961–81 stieg der Durchschnitt in ganz J. um 2,9%, in Kroatien um 4,0%, während er im Kosovo um 0,1% zurückging. Noch heute ist die Geburtenziffer im Kosovo etwa doppelt so hoch wie im Landesdurchschnitt.

Charakteristisch für die bevölkerungsgeographische Mannigfaltigkeit ist das Zusammenleben unterschiedlicher ethnischer Gruppen in den Republiken. Überdies nennt die Volkszählung 1981 auch 2 Mio. Muslime (oft Sammelbezeichnung für Einwohner, die sich keiner Nationalität zurechnen wollen) sowie 1,73 Mio. Albaner, 0,43 Mio. Ungarn und 101 000 Türken. Als „Jugoslawen" bekannten sich lediglich 1,219 Mio. Nur 76% der Serben und 78% der Kroaten leben in den nach diesen Nationalitäten benannten Republiken.

Der Dichtewert von 92,9 E./km² (1989) basiert auf einer großen Spannweite zwischen 169,7 im Kosovo und 45,3 im dünnbesiedelten Montenegro. Die unterschiedliche Dynamik des Bevölkerungswachstums wird in der Veränderung dieser Werte sichtbar, die 1948–81 im Kosovo von 67,3 auf 145,5, in Kroatien nur von 64,9 auf 81,4 gewachsen sind.

Immer noch leben viele Einwohner auf dem Lande, obwohl sich der Anteil 1971–85 von 61,4 auf 53,7% verringert hat. Die großen Zentren wachsen beträchtlich (Belgrad 1971–81 um 342 000 E. auf 1,09 Mio.; Zagreb um 84 000 auf 650 000). In den Hauptstädten der Republiken und Provinzen leben ca. 35% der Stadtbevölkerung.

Große Veränderungen sind in der *sozialen Struktur der Bevölkerung* eingetreten. Zu Beginn der 80er Jahre betrug die Zahl der Erwerbspersonen 9,36 Mio. Dem landwirtschaftlichen Sektor wurden 1948 noch 67,2%, 1981 nur noch 28,8% zugerechnet (Slowenien: 10,1%, Kosovo: 43,4%). Im sekundären Sektor wurden 55,5% Erwerbspersonen erfaßt. Beträchtliche Wanderungsbewegungen existieren vom Land in die Städte, zu den Industriezentren, z. T. aber auch ins Ausland. Der Vergleich der Agrarquote mit der Verstädterungsquote zeigt, daß viele Dörfer städtischen Charakter angenommen haben. Dabei ist die Landwirtschaft vielfach zum Nebenerwerb geworden. Parallel zur naturräumlichen Heterogenität kennzeichnen Vielgestaltigkeit der Lebensformen und Sozialstrukturen das Raumgefüge. Regionale Disparitäten lassen sich in erster Näherung einem N-S-Gefälle zuordnen. Beträchtliche Entwicklungsunterschiede bestehen zwischen dem stärker industriegesellschaftlich orientierten N und dem erst allmählich der Agrargesellschaft entwachsenden S. Kontraste existieren im ökonomischen Entwicklungsniveau, im Bildungsgefälle, im demographischen Verhalten, in den Familienstrukturen, im Infrastrukturbereich, im Gesundheitswesen usw.

Die außerordentliche Vielfalt von Nationen, gesellschaftlichen Gruppen, Religionen, Sprachen und Schriften, die kulturellen und mentalitätsbedingten Eigenheiten, die beträchtlichen Unterschiede im Lebensstandard bedeuten ein vieldimensionales Spannungsfeld zahlreicher Konfliktmöglichkeiten. Sie führten auch das Ende des Vielvölkerstaates herbei.

V. Wirtschaft

1. Natürliche Ausstattung

Das ehem. J. verfügte über eine größere Anzahl mineralischer *Roh- und Brennstoffe.* Dazu gehören Eisenerz (Jahresförderung 1988: 5,5 Mio. t, Hauptlagerstätten in Bosnien), Kupfererz (Produktion: 30,1 Mio. t, vorwiegend in Nordostserbien), Blei-Zink-Erze (Produktion: 3,8 Mio. t, vorwiegend in Serbien), Bauxit (Produktion: 3,0 Mio. t, Vorkommen in Dalmatien und Herzegowina). Außerdem sind Vorkommen von Pirit, Antimon, Mangan und Chrom vorhanden.

An *Energieträgern* verfügt J. v. a. über Lignite (Jahresförderung 1988: 60,4 Mio. t; Gesamtkohlenförderung: 72,6 Mio. t), über Rohöl (1988: 3,7 Mio. t), Erdgas (1988: 3,0 Mrd. m³) sowie über Wasserkraft. Deren Anteil an der Gesamtenergieerzeugung belief sich (1988) auf 30,9% (1965: 58%) und entlastete somit die Energiebilanz des Landes. Der Anteil der Kernkraft lag (1988) bei 4,9%.

Wichtigste Gebiete *landwirtschaftlicher Nutzung* sind die Niederungen der Donau, Theiß und Save, wo sich der größte Teil des Ackerbaus konzentriert. Die waldreichste Region ist Bosnien.

2. Wirtschaftssystem

Die besondere Schwierigkeit der jugoslaw. Volkswirtschaft bestand in der Zusammenfügung von acht Teilmärkten (6 Republiken, 2 Autonome Provinzen) mit Menschen unterschiedlicher Nationalität und Wirtschaftsmentalität. Ökonomisch sehr heterogene Gebilde von unterschiedlichem wirtschaftlichem Entwicklungsstand (unterentwickelter S, entwickelter N) wurden zu einem Staat zusammengefügt. Seit seiner Gründung 1918 war seine Wirtschaftsproblematik weitgehend eine Integrationsproblematik. Dies fand auch im nach dem II. Weltkrieg geschaffenen Wirtschaftssystem des Selbstverwaltungssozialismus seinen Ausdruck.

1943–50 war in J. ein zentralistisches System nach dem Vorbild der Sowjetunion installiert. Die Produktionsmittel waren sozialisiert, der Wirtschaftsprozeß wurde zentral geplant und geleitet. Nach dem Ausschluß J.s aus dem Kominform (1948) wurde das zentralistische System Schritt für Schritt abgebaut. Am 27. 6. 1950 wurde das „Grundgesetz über die Verwaltung wirtschaftlicher Betriebe" durch das Bundesparlament verabschiedet. Es war die Grundlage für die Einführung der Arbeiterselbstverwaltung. Sie hat zahlreiche Veränderungen erfahren und war in der Verfassung, insbes. in der von 1974, sowie im „Gesetz über die vereinte Arbeit" von 1976 detailliert geregelt. Die Unternehmen erhielten formal ein hohes Maß an Autonomie, in der Praxis gab es jedoch eine Vielzahl von Interventionen durch Partei, Staat und Kommunen. Die Leitung der Unternehmen erfolgte durch einen

Arbeiterrat, dessen Beschlüsse von einem „kollektiven" (Verwaltungsausschuß) und einem „individuellen" Leitungsorgan (Direktor) ausgeführt wurden. Es wurde unterschieden zwischen „Organisationen der Vereinten Arbeit" und „Grundorganisationen der VA", die mehr oder weniger selbständige Unternehmenseinheiten darstellten. Die einzelnen Ebenen waren durch Selbstverwaltungsabkommen verbunden. Es gab zwar einen Bundesgesellschaftsplan und Wirtschaftspläne der Republiken, die jedoch für die Unternehmen nur indikativen Charakter hatten. Kleine Privatunternehmen waren zugelassen. Das äußerst komplizierte Bankensystem mit einer jugoslaw. und 6 Republik-Nationalbanken war zweistufig.

In der *Landwirtschaft* wurde zunächst eine volle Kollektivierung angestrebt. Davon wurde zwar nach dem Bruch mit der UdSSR abgegangen; landwirtschaftliche Genossenschaften und Staatsgüter wurden jedoch vom Staat bevorzugt. Durch verschiedene materielle Anreize sollten die Kleinbauern zur Kooperation mit dem sozialistischen Sektor angeregt werden. Endziel war eine vergesellschaftete Landwirtschaft. Der private Grundbesitz war auf 10 ha pro Familie beschränkt.

Der Selbstverwaltungssozialismus führte, besonders nach dem Tod Titos, zu chaotischen Zuständen in der Wirtschaft. Die Inflationsrate stieg auf über 2000 % im Jahresdurchschnitt (Ende der 80er Jahre), die Arbeitslosigkeit auf ca. 17 %. Dies führte zu erneuten Änderungen von Verfassung und Wirtschaftsgesetzen, wobei die Vielzahl der Gesetze und ihre ständigen Änderungen die Wirtschaft verunsicherten. Zum 1. 1. 1990 wurde eine Währungsreform durchgeführt (10 000 alte Dinar wurden zu 1 neuen Dinar), die Landeswährung wurde konvertierbar und an die Deutsche Mark gekoppelt. Durch diese Maßnahme konnte die Inflation vorübergehend gestoppt werden. – Private Kapitaleigner wurden zu Investitionen ermuntert, den privaten Unternehmen Förderung zugesagt, der Zufluß ausländischen Kapitals durch eine liberale Gesetzgebung angeregt. Die Arbeiterselbstverwaltung wurde zunächst für Unternehmen mit ausländischer Beteiligung, schließlich 1989 ganz aufgehoben (vgl. III), das Bankensystem reformiert. Bundesregierung und Republiken bekannten sich zur Marktwirtschaft.

3. Wirtschaftspolitik

Die Wirtschaftspolitik war auf Industrialisierung und Überwindung des Entwicklungsrückstands der südl. Teilrepubliken ausgerichtet, doch hat sich trotz erheblicher Investitionen die N-S-Schere noch weiter geöffnet. Der Anteil der in der Industrie Beschäftigten ist auf 31 % angestiegen (Landwirtschaft: 28,7 %). Der Anteil der Industrie am BSP belief sich (1987) auf 47,5 % (Landwirtschaft: 14,8 %). Am stärksten industrialisiert sind Slowenien und Kroatien (Schwer- und Verbrauchsgüterindustrien). Ein weiterer Schwerpunkt ist der Ausbau der verkehrs- und energiewirtschaftlichen Infrastruktur. Größtes Projekt war der Donaustaudamm mit Wasserkraftwerk bei Djerdap (Eisernes Tor). Straßen und Häfen wurden ausgebaut, wobei westeurop. Standard jedoch noch nicht erreicht ist. Das Eisenbahnnetz umfaßte (1985) 9283 km (davon 3534 km elektrifiziert). Die Landwirtschaftspolitik war auf Steigerung der Erträge durch vermehrten Kapitaleinsatz und Verbleib der jungen Generation auf dem Land gerichtet. Der private Bauer wurde dem Genossenschaftsbauern gleichgestellt, der erlaubte private Grundbesitz auf 20 ha erweitert. Stark gefördert wurde seit den 60er Jahren der Ausbau des Fremdenverkehrs (v. a. Tourismus an der Adria), der als Devisenbringer große Bedeutung hat. 1985 wurden rd. 8,5 Mio. Touristen gezählt; seitdem stagniert die Zahl wegen Versorgungsmängeln und politischen Unruhen. Weitere wirtschaftspolitische Ziele waren die Beseitigung der Inflation und der Arbeitslosigkeit sowie die Hebung der Arbeitsproduktivität.

4. Außenwirtschaft

Der Außenhandel ist stetig gewachsen. Wichtigste Partner waren die UdSSR und die (alte) Bundesrepublik Deutschland. Das geeinte Deutschland wird in Zukunft wichtigster Handelspartner sein. In die EG-Länder gingen 36,8 % der Exporte, von dort kamen 38,8 % der Importe. Der Handels- und Kooperationsvertrag mit der EG von 1980 hatte das Land näher an die Gemeinschaft herangeführt; aber auch mit dem RGW bestanden enge Handelsbeziehungen, nicht zuletzt wegen dessen Aufnahmefähigkeit für in Westeuropa schwer absetzbare Industriegüter. 33,7 % der Exporte und 27,1 % der Importe wurden mit dem RGW-Bereich abgewickelt (alle Zahlen für 1988). Der Zerfall des RGW und die Neuorientierung seiner Mitgliedsländer wird auch für J. Konsequenzen haben. J. ist bei den Industriestaaten stark verschuldet. Ende der 80er Jahre gelang es jedoch, den Schuldenstand zu verringern.

VI. Kultur, Religion, Bildung

Der Vielvölkerstaat des ehem. J. ist durch ein kaum vermittelbares Neben- und Gegeneinander unterschiedlicher Kulturkreise gekennzeichnet, deren Entstehen historisch bis auf die Spaltung des Römischen Reiches im frühen Mittelalter (Rom/Byzanz) zurückgeht, dann aber insbes. in der politischen, kulturellen und religiösen Opposition zwischen dem Habsburger und dem Osmanischen Reich wurzelt.

Kulturell lassen sich (mit *H. Büschenfeld*) in etwa folgende Großräume unterscheiden: (1) Ein abendländisch-österr. geprägter Kulturkreis (Slowenien, der größte Teil Kroatiens und die Wojwodina), der schon äußerlich an vielen barocken Baudenkmälern und Stadtbildern erkennbar ist. (2) Ein überwiegend orientalisch-türk. geprägter Kulturkreis (Bosnien-Herzegowina, Teile Serbiens, des Kosovo und Mazedonien). (3) Besondere venezianische Kulturkreiseinflüsse, die sich auch heute noch an der kroat. Adriaküste geltend machen. (4) Ein montenegrisch-serb. Kulturraum (im inneren Serbien und in Montenegro). In diesem wie auch im orientalisch-türk. Kulturkreis sind noch deutlich Einflüsse der byzantinischen Kunst zu bemerken.

Volkstums- und Kulturkreiszugehörigkeit hängen vielfach mit der jeweils dominierenden Religionszugehörigkeit zusammen. So kommt z. B. der kath. Kirche in Slowenien und Kroatien besondere Bedeutung als Sachwalterin der Volkskultur und Nationalinteressen zu, während in Serbien der serb.-orth. Kirche geradezu die Erhaltung der nationalen Identität und Einheit der Serben zugeschrieben wird. Ähnlich bedeutend für die „mazedonische Identität" ist die orth. Kirche in Mazedonien, die sich 1965 vom Patriarchat in Belgrad löste. In Bosnien-Herzegowina (über 44 % Muslime) entwickelte sich im Laufe der Jahrhunderte „eine muselmanische Enklave zwischen serbisch-orthodoxen und römisch-katholischen Nachbarn mit einer eigenen Lebensform und Kultur" *(Chr. v. Kohl)*. In allen muslimisch geprägten Regionen J.s machen sich im übrigen seit den 70er Jahren Re-Islamisierungs-Tendenzen bemerkbar.

Auch wenn zwischen den Kulturkreisen eine starke Durchmischung stattgefunden hat, so liegen den Anfang der 90er Jahre hervorgebrochenen Nationalitäten- bzw. Volksgruppenkonflikten und regionalen Unabhängigkeitsbestrebungen auch und nicht zuletzt die religiös-kulturellen Unterschiede der vielfältigen Ethnien J.s zugrunde. Gerade in den historisch am stärksten mit der westeurop.-abendländischen Kultur verbundenen Republiken Slowenien und Kroatien formierte sich jenes Verlangen nach Autonomie, das schließlich zum Zerfall des Vielvölkerstaates führte.

Kulturelle und religiöse Spannungen bestehen insbes. zwischen Orthodoxen, Katholiken und Muslimen, den drei dominierenden (unter insges. über 30) Glaubensgemeinschaften. Allerdings bemühen sich in den blutigen Volksgruppenkonflikten 1990/91 auch die Kirchenleitungen bzw. die religiösen Führer um Versöhnung.

Serb.-orth. sind im ehem. J. 34,6% der Bevölkerung, 26% röm.-kath., 10,4% Muslime und 29% gehören anderen Religions- oder Konfessionsgruppen (Juden, Protestanten u. a.) an bzw. sind ohne Bekenntnis. Die bis in die jüngste Zeit herrschende kommunistische Staatsideologie führte immer wieder zu – regional unterschiedlich intensiven – Diskriminierungen von Angehörigen der Glaubensgemeinschaften, auch wenn die Bundesverfassung Glaubens- und Religionsfreiheit garantierte (vgl. III). Die Hierarchie der kath. Kirche ist in die Erzb. Zagreb, Split, Rijeka, Belgrad, Bar, Ljubljana, Sarajewo und Zadar mit 15 Suffr.-Bist. gegliedert. Es besteht eine gemeinsame jugoslaw. Bischofskonferenz. Das serb.-orth. Patriarchat in Belgrad ist untergliedert in die Metropolien Belgrad, Zagreb, Sarajewo und Cetinje; Sitz des mazedon. Archiepiskopats ist Ohrid-Skopje. Religiöse Zentren der Muslime befinden sich in Zagreb, Sarajewo und Priština.

Das *Schulwesen* ist in eine Primar- und eine Sekundarstufe gegliedert. Obligatorisch ist die 8jährige Grundschule (Primarschule) mit bundeseinheitlichen Lehrplänen. Das daran anschließende Schulsystem umfaßt neben dem Gymnasium (4 Jahre) verschiedene technische Schulen (2 – 4 Jahre), Schulen für qualifizierte Arbeiter (3 Jahre) sowie Kunstschulen (4 Jahre) und Lehrerkollegien (5 Jahre). J. besitzt 19 Universitäten, die von Absolventen der Gymnasien, der Lehrerkollegien und der mittleren technischen Schulen besucht werden können. 1971–85 ging die Analphabetenquote bei den 15jährigen und älteren von 16,5 auf 8,8% zurück. Es besteht aber ein beträchtliches Bildungsgefälle zwischen Stadt (4,8%) und Land (15,4%), ebenso noch ein stark geschlechtsspezifisches (Männer: 3,5%, Frauen: 13,9%) und altersspezifisches (15–20jährige: 1,2%, 55–65jährige: 29,8%) Bildungsgefälle.

LITERATUR

Allgemein:
Südosteuropa-Hdb. Hg. K.-D. **Grothusen**. Bd. 1: J. Göttingen 1975 (Lit.).
Zu I und IV:
H. **Büschenfeld**, J. Stuttgart 1981. – Industrialisierung und Urbanisierung in sozialistischen Staaten Südosteuropas. Hg. K. **Ruppert**. Kallmünz 1981. – Beitr. zur Landeskunde J.s. Hg. **ders.** Kallmünz 1983. – F. **Wenzler**, Raumplanung in J., in: Raumordnung und Raumplanung in europäischen Ländern (Akad. für Raumforschung und Landesplanung. Beiträge Bd. 86). Hannover 1985, 1 ff. – **Ders.,** Raumplanung als Instrument des Umweltschutzes in J. (Akad. für Raumforschung und Landesplanung). Hannover 1989. – H. **Büschenfeld**, Binnenwanderung in J., in: GeogrRd 42 (1990) 576 ff. – Chr. v. **Kohl**, J. München 1990. – Lber. J. 1990. Stuttgart 1990.
Zu II:
J. Hg. W. **Markert**. Köln 1954 (Lit.). – Südosteuropa-Hdb. [s. o.]. – H. **Sundhaussen**, Geschichte J.s 1918 – 1980. Stuttgart 1982 (Lit.). – P. **Bartl**, Grundzüge der jugoslaw. Geschichte. Darmstadt 1985 (Lit.).
Zu III:
F. **Mayer**, I. **Kristan**, E. **Schweißguth**, Staat-Verfassung-Recht-Verwaltung, in: Südosteuropa-Hdb. [s. o.], 33 ff. – Chr. **Höcker-**

Weyand, J., in: Verfassungen kommunistischer Staaten. Hg. G. **Brunner**, B. **Meissner**. Paderborn 1979, 115 ff. [mit Verfassungstext]. – I. **Kristan**, Die Föderative Verfassung J.s, in: JbOstR 26 (1985) 2. Hdb., 275 ff.
Zu V:
Südosteuropa-Hdb. [s. o.]. – G. **Leman**, Das jugoslaw. Modell. Frankfurt/M. 1976. – D. **Kiefer**, Entwicklungspolitik in J. München 1979. – Th. **Eger**, Das regionale Entwicklungsgefälle in J. Paderborn 1980. – H. **Lydall**, Yugoslav Socialism. Theory and Practice. Oxford 1984. – Die jugoslaw. Wirtschaft. Gegenwart und Zukunft. Hg. W. **Gumpel**. München 1988.
Zu VI:
J. G. **Reißmüller**, J. Vielvölkerstaat zwischen Ost und West. Düsseldorf 1971. – G. **Stadtmüller**, Geschichte Südosteuropas. München 1976. – R. **Grulich**, Kreuz, Halbmond und Roter Stern. Zur Situation der kath. Kirche in J. München 1979. – H. **Büschenfeld**, J. Stuttgart 1981.

Karl Ruppert (I, IV), *Holm Sundhaussen* (II),
Otto Luchterhandt (III), *Werner Gumpel* (V),
Burkhard Haneke (VI)

LETTLAND

Amtlicher Name	Latvija (Lettland)
Staatsform	Republik
Hauptstadt	Riga (916 500 E.)
Fläche	64 500 km²
Bevölkerung	2 687 000 E. (VZ 1989). – 41,7 E./km²
Sprache	Lettisch, Russisch
Religion	mehrheitlich evangelisch-lutherisch
Währung	Lettischer Rubel (Lat)

I. Naturräumliche Voraussetzungen

L. umfaßt große Teile der historischen Landschaften Kurland und Livland sowie – als eigentliches L. – Semgallen am Unterlauf und Lettgallen am Oberlauf der Daugava (Westliche Düna). Es grenzt im N an ↗Estland, im O an die Russische Föderation, im SO an Weißrußland, im S an ↗Litauen. Im NW und W bildet die Ostsee mit dem Rigaischen Meerbusen eine natürliche Grenze.

Das Territorium gehört zur Osteuropäischen Ebene, weist aber Höhenunterschiede zwischen dem Tal der *Daugava* und dem hügeligen Gebiet der *Livländischen* (Lettischen) *Schweiz* (*Vidzeme*) an der *Gauja* (Livländischen Aa) auf, obwohl nur 2,5 % der Landesfläche höher als 200 m liegen (höchster Punkt der *Gazinkalns,* 312 m). Das Relief wird von Ablagerungen der jüngsten Vereisung bestimmt. Die Hügelländer im zentralen und östl. Teil gehören zum Baltischen Höhenrücken. Er erhebt sich über Sedimenten des Erdaltertums, welche an der Gauja aufgeschlossen sind. Die Niederung am Unterlauf der Daugava und *Leilupe* ist durch glaziale Ausräumung entstanden. Die Ostseeküste hat für die Anlage von Häfen (Liepaja/Libau, Ventspils/Windau) große Bedeutung.

Das *Klima* ist durch den Übergang von maritim-ausgleichenden Einflüssen der Ostsee zu kontinentalen Bedingungen gekennzeichnet. Die Hst. Riga weist im kältesten Monat Jan. eine Monatsmittel-Temp. von – 5 °C auf, im wärmsten Monat Juli von 16,8 °C. Die jährlichen Niederschlagsmengen (durchschnittlich 559 mm) verteilen sich auf alle Monate, mit einem Maximum im Sommer (Juli/Aug.). Wegen der starken Durchfeuchtung und vergleichsweise geringen Verdunstung sind die meisten Böden mehr oder weniger ausgelaugte Bleicherden; nur auf Geschiebemergeln sind die Bodenqualitäten etwas besser. Seen und künstliche Reservoire nehmen 1,7 % der Landesfläche ein. Der Gauja-Nationalpark und 5 Naturschutzgebiete sind die wichtigsten Schutzzonen des Landes. Ein Regionalpark entsteht im nördl. Vidzeme. Die Ostseeküste ist durch die Einleitung ungeklärter Abwässer in hohem Grad belastet.

II. Historische und politische Entwicklung

Die Missionierung unter den Liven wurde vom Augustinermönch *Meinhard,* dem späteren Bischof von Livland, 1180 begonnen und von seinen Nachfolgern unter den Letten fortgesetzt. Bischof *Albert,* der 1201 Riga gründete, schuf den Schwertbrüderorden, der 1237 im Dt. Orden aufging und die lett. Stämme und die Esten unterwarf. Die livländische Konföderation, mit dem Reich verbunden, brach nach dem Sieg der Reformation 1561 zusammen. Die korporativ-ständische Ordnung, in der der dt.-balt. Adel und die dt.-balt. Kaufmannschaft dominierten, gewährleistete die kulturelle Zugehörigkeit des Landes zum abendländischen Europa und sicherte die eigenständige Entwicklung der lett. und estn. Bevölkerungsmehrheit.

Livland i. e. S. (L. von der Düna nordwärts und Südestland) fiel nach Abwehr des russ. Einbruchs 1582 an Polen-Litauen und wurde 1626 von *Gustav II. Adolf* Schweden einverleibt; das Htm. Kurland blieb unter der Oberlehnshoheit des Königs von Polen. Durch Übergang Livlands zur russ. Herrschaft im *Nordischen Krieg* wurde die Autonomie nicht berührt. *Peter I. d. Gr.* bestätigte 1710 die ständischen Privilegien (*Nystädter Frieden* 1721). Das Htm. Kurland kam im 18. Jh. unter russ. Einfluß und wurde 1795 dem Russ. Reich einverleibt.

Die drei Ostseeprovinzen (auch Kurland) wiesen im 19. Jh. eine ähnliche Entwicklung auf (nationales Erwachen der Letten, geistig-kultureller Aufschwung, Bauernbefreiung 1817/19, Agrarreform). Die Russifizierung Ende des 19. Jh. verschärfte den beginnenden Nationalitätenkampf bis zur Revolution von 1905.

Im I. Weltkrieg wurde zunächst Kurland durch dt. Truppen besetzt, schließlich ganz L. und Estland. Die „Oktoberrevolution" 1917 gab den politischen Kräften L.s Auftrieb, die eine Loslösung von Rußland befürworteten. Im *Friedensvertrag von Brest-Litowsk* (3. 3. 1918) wurde die Abtrennung Kurlands und Rigas sowie die Besetzung Livlands, ebenso wie Estlands, durch eine „deutsche Polizeimacht" vorgesehen. Die Sowjetregierung verzichtete dann (27. 8. 1918) auf die Staatshoheit in diesem Bereich. Der Zusammenbruch des dt. Kaiserreichs schuf die Möglichkeit, einen Nationalstaat zu errichten. Ein „Volksrat Lettlands" proklamierte am 18. 11. 1918 L. als unabhängigen demokratisch-republikanischen Staat und ernannte eine Provisorische Regierung unter *Karlis Ulmanis.*

Der gegen die sowjet. Bolschewisten geführte Freiheitskrieg endete mit dem Friedensvertrag zwischen der RSFSR und der „Lettischen Demokratischen Republik" vom 11. 8. 1920, deren Unabhängigkeit auch Deutschland und die Westalliierten anerkannten. Die Regierungen wurden überwiegend vom Bauernbund (Vorsitzender: *Ulmanis*) und dem schwächeren demokratischen Zentrum gestellt. Das Auftreten der rechtsradikalen „Feuerkreuzler" und kommunistischen Umtriebe veranlaßten Ulmanis zu einem Staatsstreich (15. 5. 1934) und anschließender autoritärer Regierungsführung. Trotz Nichtangriffsverträgen mit der UdSSR (1932) und Deutschland (7. 6. 1939) wurde L. im geheimen Zusatzprotokoll zum „Hitler-Stalin-Pakt" vom 23. 8. 1939 der sowjet. Interessensphäre zugeteilt und die Umsiedlung der Deutsch-Balten in das Reich begonnen. Unter dem Bruch des Beistandspakts vom 5. 10. 1939 besetzte die Rote Armee am 17. 6. 1940 L., das unter einer prosowjet. Regierung in eine „Lettische Sozialistische Sowjetrepublik" (LSSR) umgewandelt und von der UdSSR annektiert wurde.

Der Sowjetisierungsprozeß wurde durch den dt. Angriff auf die UdSSR am 22. 6. 1941 unterbrochen, L. dem „Reichskommissariat für das Ostland" unterstellt. Nach erneuter Besetzung durch die Rote Armee 1944/45 und der Abtretung östl. Gebiete L.s an die RSFSR wurden die kommunistische Einparteiherrschaft in einem totalitären Sinn ausgebaut und Massendeportationen vorgenommen (auch *Ulmanis* fand in der UdSSR den Tod). Der Anteil der Russen nahm bis 1989 von 10,6 auf 34,0% zu, das Bildungswesen wurde russifiziert. Nach 1953 vermochten sich Letten im Führungskader der KP L.s bis in die 80er Jahre nicht durchzusetzen.

In L. stärkte, ebenso wie in Estland, die Intelligenz mit ihrem Eintreten für Menschen- und Bürgerrechte das Nationalbewußtsein. Für den von ihr angestrebten Wandel schufen *Michail Gorbatschows* Reformen die Grundlage. Im Okt. 1988 kam es zur Gründung der Volksfront L.s („Latvijas Tautas fronte", LTF). Der Oberste Sowjet der LSSR deklarierte am 28. 7. 1989 die Souveränität L.s und beschloß Verfassungsänderungen. Nach freien Wahlen zum Obersten Sowjet der LSSR am 18. 3. 1990 kam es zur Umwandlung der LSSR in die „Republik Lettland" (Deklaration vom 4. 5. 1990) und im „Baltischen Rat" zur Wiederherstellung der „Baltischen Entente" von 1934.

Nach blutigen sowjet. Gewaltmaßnahmen im Jan. 1991 schloß der russ. Parlamentsvorsitzende *Boris Jelzin* am 13. 1. 1991 mit dem lett. Parlamentsvorsitzenden *Anatolijs Gorbunovs* einen politischen Grundlagenvertrag. In der Volksbefragung am 3. 3. 1991 sprachen sich 74% für die staatliche Unabhängigkeit des Landes aus, die der Oberste Rat am 21. 8. 1991 erneut erklärte und die nach der RSFSR auch die UdSSR anerkannte. Bereits vorher hatte die Wiederherstellung der diplomatischen Beziehungen durch die westl. Staaten und die Bundesrepublik Deutschland begonnen. L. wurde Mitglied der UNO und der KSZE; im Europarat erhielt es den „besonderen Gaststatus".

Unter den zahlreichen politischen Parteien dominieren die Sozialdemokraten (LSDSP) und der Bauernbund L.s (LZS). Die meisten demokratischen Parteien, einschließlich der Reformkommunisten, gehören der Volksfront an.

III. Verfassung und Recht

Bei der Staatsbildung fungierte die „Politische Plattform des Volksrates Lettland" vom 14. 12. 1918 als vorläufige Verfassung. Am 15. 2. 1922 verabschiedete die verfassunggebende Versammlung die Verfassung der „Republik Lettland". Sie war ein reines Organisationsstatut, da ein Grundrechtsteil fehlte. Das größere Gewicht lag im Parlament *(Saeima),* das den Staatspräsidenten wählte. Im Zuge des Staatsstreichs vom Mai 1934 wurde die demokratische Verfassung von 1922 außer Kraft gesetzt und mit Hilfe des Kriegszustandes ein autoritäres Regime errichtet. Zu einer neuen 1934 angekündigten Verfassung ist es nicht gekommen. Vielmehr wurden Staatspräsident *Karlis Ulmanis* durch Ges. vom 19. 3. 1936 umfangreiche Vollmachten übertragen.

Die zwangsweise Einverleibung der LSSR in die Sowjetunion am 5. 8. 1940 kam in der Annahme der Verfassung vom 25. 8. 1940 zum Ausdruck. Sie entsprach weitgehend dem Vorbild der Verfassung der UdSSR von 1936. Verbunden waren damit die Übertragung der sowjet. Staatsangehörigkeit und die Sowjetisierung der Rechtsordnung durch Inkrafttreten der Gesetzbücher der RSFSR (Dekret vom 6. 11. 1940) und die Einführung des sowjet. Gerichtssystems. Nach der Beendigung der seit 1941 bestehenden dt. Besetzung 1944/45 führte die weitere Sowjetisierung mit der endgültigen Beseitigung des Privateigentums und der Herausbildung einer zentralen Planwirtschaft zur völligen Angleichung an die Verfassungs- und Rechtsordnung der UdSSR. Nach dem Modell der neuen UdSSR-Verfassung von 1977 erhielt die LSSR am 18. 4. 1978 ebenfalls eine neue Verfassung.

Die weitere Stärkung des Zentralstaats auf Kosten der Unionsrepubliken gab in L., wie in den beiden anderen balt. Republiken, dem Streben nach mehr Autonomie und Selbständigkeit Auftrieb. Es führte zur Annahme der Deklaration über die Souveränität L.s vom 28. 7. 1989. In ihr beanspruchte das Volk L.s die Hoheitsgewalt über das Territorium der LSSR mit dem Vorrang der lettländ. Gesetze. Die Unionsgesetze sollten nur in Kraft treten, wenn sie vom Obersten Sowjet L.s ratifiziert wurden. Mit der Souveränitätserklärung war eine umfangreiche Verfassungsänderung vom 30. 8. 1989 verbunden. Bereits am 25. 5. 1989 war das Sprachgesetz, in dem Lettisch zur Staatssprache bestimmt wurde, angenommen worden. Am 4. 5. 1990 verabschiedete der Oberste Sowjet der LSSR eine im Vergleich zu den Unabhängigkeitserklärungen Estlands und Litauens umfangreiche Deklaration „Über die Wiederherstellung der Unabhängigkeit der Republik Lettland". Darin wurde zur Betonung der staatlichen Kontinuität die Verfassung von 1922 wieder in Kraft gesetzt, jedoch mit Ausnahme von vier Grundsatzartikeln (1, 2, 3, 6) bis zur Verabschiedung einer neuen Verfassung suspendiert. In der Übergangsperiode sollten die Normen der Verfassung der LSSR und anderer Gesetzgebungsakte weitergelten, soweit sie den vier Grundsatzartikeln nicht widersprachen.

Am 20. 6. 1991 wurde der Entwurf eines „Grundgesetzes der Republik Lettland in der Übergangsperiode" in erster Lesung angenommen. Er sollte neben den Grundsatzartikeln und der Deklaration vom 4. 5. 1990 die verfassungsmäßige Grundlage bis zur Inkraftsetzung der neuen Verfassung bilden. Eine Änderung in der Verfassungslage wurde durch den August-Putsch 1991 in der Sowjetunion bewirkt. Kurz vor seiner Niederschlagung verabschiedete der Oberste Rat am 21. 8. 1991 ein „Verfassungsgesetz über den staatlichen Status der Republik Lettland". In ihm wurde die in der Deklaration vom 4. 5. 1990 vorgesehene Übergangsperiode für beendet erklärt. Um kein rechtliches Vakuum bis zur Annahme der neuen Redaktion der Verfassung von 1922 entstehen zu lassen, verfügte der Oberste Rat am 29. 8. 1991, daß „bis zur Vervollständigung der Gesetzgebung der Republik Lettland" die bisherigen Rechtsnormen der LSSR weiter anzuwenden sind, soweit sie dem Verfassungsgesetz vom 21. 8. 1991 nicht widersprechen. Auf dieser Grundlage gelten ältere Gesetze wie das ZGB und die ZPO von 1964 sowie das StGB und die StPO von 1961 fort. Im übrigen ist auf allen Gebieten eine lebhafte gesetzgeberische Aktivität im Gange. Einen Schwerpunkt zur Wiederherstellung einer marktwirtschaftlichen Ordnung bilden die Unternehmensgesetze vom 12. 12. 1990 und 5. 3. 1991 sowie die Gesetze über die Bodenreform vom 21. 11. 1990 und die Denationalisierung von Hauseigentum vom 30. 10. 1991. Einigkeit besteht darüber, daß die Verfassung von 1922 die Grundlage der künftigen Verfassungsordnung bilden soll. Sie wurde durch das Verfassungsgesetz vom 10. 12. 1991 über die Menschen- und Bürgerrechte ergänzt.

IV. Bevölkerungs- und Sozialstruktur

Die Volkszählung vom 12. 1. 1989 ermittelte 2 687 000 E., die zu 71% in städtischen Siedlungen leben, 1/3 allein in der Hauptstadt. Aus einer *Geburtenziffer* von 14,5‰ (1989) und einer *Sterbeziffer* von 12,1‰ ergibt sich ein natürlicher Bevölkerungszuwachs von nur 0,24%. In den 80er Jahren ist die Sterblichkeit leicht zurückgegangen, und der natürliche Zuwachs hat bei geringfügig ansteigender Geburtenhäufigkeit etwas zugenommen. Die *Lebenserwartung* liegt bei 65,3 bzw. 75,2 Jahren (Männer/Frauen).

Die wichtigsten Einschnitte in der Bevölkerungsentwicklung brachten im 19. Jh. die mit dem Aufschwung der Hafenstadt Riga verbundene Verstädterung, die einen ersten Zuwanderungsschub von Russen nach sich zog, im 20. Jh. die Rückwanderung von Baltendeutschen und Russen nach dem I. Weltkrieg, die Deportation von Letten in den 40er Jahren und die Zuwanderung von Russen nach der Angliederung L.s an die UdSSR. Dadurch hat sich die ethnische Zusammensetzung stark verschoben. Während 1935 noch 75,7% der Bevölkerung des damals unabhängigen L.s Letten und 10,6% Russen waren, stieg der Anteil der Russen bis 1959 auf 26,6%, der der Letten ging auf 62,0% zurück. Die Volkszählung von 1989 registrierte 52,0% Letten und 34,0% Russen. Letztere bestimmen v. a. das Stadtgebiet von Riga (1989: 47,3% Russen, 36,4% Letten) und einige ostlett. Landkreise.

1989 waren 1,317 Mio. Personen (49% der Gesamtbevölkerung) erwerbstätig (davon 55% Frauen), 35,1% im produzierenden Gewerbe und Bauwesen, 19,7% in der Landwirtschaft, 13,7% im Gesundheits- und Bildungswesen, 10,6% im Verkehrswesen und Handel. Die restlichen Erwerbstätigen arbeiten in der Verwaltung und in anderen Dienstleistungsbereichen. In den zurückliegenden Jahrzehnten hat sich das Schwergewicht etwas von der Landwirtschaft zum produzierenden Bereich und seit Mitte der 80er Jahre zum Dienstleistungsbereich verschoben.

Die *soziale Sicherung* ist zwar in der Sowjetzeit institutionell verwirklicht worden, von den Leistungen her jedoch unzureichend. Im Vergleich zur ehem. UdSSR wies L. in den letzten Jahrzehnten aber relativ günstige Werte für verschiedene Wohlstandsindikatoren und Ausstattungsmerkmale auf.

V. Wirtschaft

Die *Wirtschaftsverfassung* ist durch die Transformation der Zentralverwaltungswirtschaft sowjet. Typs in eine Marktwirtschaft mit freiem Unternehmertum gekennzeichnet. Besonders weit gediehen ist die Privatisierung in der Landwirtschaft (März 1991: 7749 Bauernwirtschaften mit zusammen 142 250 ha = 5,5% der landwirtschaftlichen Nutzfläche) und im Dienstleistungssektor. Schwierig dürfte v. a. die Privatisierung der industriellen Großbetriebe im Großraum Riga und in den Ostseehäfen werden. Am Aufbau der Privatwirtschaft ist in zunehmendem Maß ausländisches, u. a. schwed. Kapital beteiligt. Im Rahmen der UdSSR zeichnete sich L. durch ein überdurchschnittliches Pro-Kopf-Nationaleinkommen aus, das wesentlich auf der industriellen Spezialisierung beruhte.

Ressourcen. Von der Gesamtfläche (6,45 Mio. ha) entfallen 2,57 Mio. ha (39,8%) auf die landwirtschaftliche Nutzfläche, davon 1,68 Mio. ha auf Ackerland, 264 200 ha auf Wiesen und 599 800 ha auf Weideflächen. L. verfügt über keine nennenswerten Bodenschätze. Für die Energiegewinnung wichtig ist das hydroenergetische Potential, das an der Daugava in drei Wasserkraftwerken genutzt wird. Auch ein Teil der Torfvorkommen dient der Energiegewinnung. Bescheidene Erdölvorkommen wurden im westl. Kurland erbohrt. Insgesamt ist L. auf die Zufuhr fast aller industriellen Roh- und Grundstoffe angewiesen.

Währung. Im Juli 1992 wurde als eigene Währung der Lettische Rubel (Lat) eingeführt. L. hofft, sich dadurch von der Hyperinflation in der ehem. UdSSR befreien zu können.

Industrie. Die industriellen Rohstoffe kamen bisher v. a. aus Rußland. 1/4 der Produktion wird exportiert; ebenso muß 1/4 der benötigten Industrieprodukte importiert werden. Zu den wichtigsten Industriegütern gehören einige Produkte des hochspezialisierten Apparatebaus (Telephonanlagen, Radios, Waschmaschinen, Kühlschränke, Melkanlagen) und der Fahrzeugindustrie (Mopeds, elektrische Eisenbahnwaggons, Autobusse), doch ist die internationale Konkurrenzfähigkeit beschränkt. Im Zusammenhang mit der agrarwirtschaftlichen Entwicklung hat die Nahrungsmittelindustrie große Bedeutung erlangt. Die chemische Industrie produziert Düngemittel und Kunstfasern. Die auf Flachsverarbeitung ausgerichtete Textilindustrie hat an Bedeutung verloren. Die Möbel- und Papierherstellung beruht großenteils auf importiertem Holz. Wichtigste Industriestandorte sind neben der starken Konzentration auf die Hst. Riga (Maschinenbau und Gerätebau) die Hafenstädte Liepaja und Ventspils sowie Valmiera und Daugavpils. Große Bedeutung hat die Fischereiwirtschaft, die jedoch unter der zunehmenden Verschmutzung der Ostsee leidet.

Landwirtschaft. Sie hat einen Anteil von 17% am BSP. Während die Produktion der Tierhaltung gegenüber dem Vorkriegsstand bis 1989 fast verdoppelt wurde, wuchs die Pflanzenproduktion 1939–89 nur um 14%, weil mit der Kollektivierung nach dem II. Weltkrieg ein drastischer Produktivitätsrückgang verbunden war. Weder umfangreiche Entwässerungsarbeiten noch hohe Düngergaben konnten den Ausfall ausgleichen. Für die Tierhaltung (71% des landwirtschaftlichen Produktionswertes) ist eine Futterzufuhr von außerhalb erforderlich. Die landwirtschaftliche Privatproduktion betrug 1989 1/4 der Milch- und Fleischproduktion. Unter den Anbaufrüchten dominieren die Futterbau und die Gerste, die die Hälfte der Getreidefläche (1989: 685 000 ha) einnimmt. Auf guten Böden können Zuckerrüben angebaut werden, dazu kommt ein bedeutender Kartoffelanbau (auf 85 000 ha).

Außenhandel. Die Außenhandelsbilanz ist negativ. Importen von 5,6 Mrd. Rbl (davon für 4,6 Mrd. Rbl aus den anderen Republiken der UdSSR) standen 1989 Exporte für 4,9 Mrd. Rbl (4,5 Mrd. Rbl in die Republiken der UdSSR) gegenüber. Die Aufgabe des sowjet. Außenhandelsmonopols förderte zunächst die Aufnahme von Handelsbeziehungen zu den nordeurop. Staaten. Mit Rußland wurde ein Wirtschaftsvertrag geschlossen, der zur Basis eines verstärkten Warenaustauschs werden und insbes. der Sicherung der Rohstoffzufuhren dienen kann. Zu den wichtigsten Ausfuhrgütern gehörte bisher – im Transit aus Rußland – das Erdöl über den Ölhafen von Ventspils. Die Hauptexportgüter stammen aus der Nahrungsmittelindustrie, dem Maschinen- und Gerätebau sowie der Leichtindustrie.

Das *Verkehrswesen* ist relativ gut entwickelt. Das Straßennetz ist mit 28,8 km je 100 km² Landesfläche etwas dünner als in den benachbarten Republiken, aber weitaus dichter als in Rußland oder Weißrußland. Mit 2397 km Streckenlänge besteht ein gut ausgebautes Eisenbahnnetz. Beim Gütertransport dominiert nach der Menge der transportierten Güter der Lkw-Transport vor der Seeschiffahrt, die die höchste Transportleistung (1989: 65,2 Mrd. tkm von insgesamt 89 Mrd. tkm) erbringt. Beim Personenverkehr herrscht der Transport mit Autobussen im Nahbereich, der Eisenbahntransport im Fernverkehr vor. Der Flughafen von Riga weist eine zunehmende Zahl von Direktverbindungen in das westl. Ausland auf. Wichtigste Hafenstädte sind Riga, Liepaja und Ventspils.

VI. Kultur, Religion, Bildung

Die (mit lat. Buchstaben geschriebene) lett. Sprache, die mit der litauischen eine eigene Sprachgruppe innerhalb der indogermanischen Sprachen bildet, zeichnet sich durch besondere Altertümlichkeiten ihrer Struktur aus. Seit archaischen Zeiten haben sich in ihr bis in die jüngste Vergangenheit eine reich überlieferte Volksdichtung und ein Brauchtum erhalten, die heute noch – allerdings weitgehend künstlich – gepflegt werden. Seit dem späten Mittelalter wurden der südl. Teil Livlands und Kurland, die 1918 den selbständigen Staat L. bildeten, vom Schwertritterorden und vom Dt. Orden christianisiert. Seit den 20er Jahren des 16. Jh. drang das Christentum in der Gestalt des luth. Protestantismus, dessen Repräsentanten die zahlenmäßig kleine Herrenschicht der Deutschbalten war, ins einfache Volk. Im Gefolge dieser Missionierung entstanden mit Übersetzungen von kirchlich-religiösen Texten ins Lettische durch Vertreter der dt. Geistlichkeit die Grundlagen einer Schriftsprache, aus der sich seit der 2. Hälfte des 18. Jh. mit Hilfe zunächst der dt. Pastoren, seit Beginn des 19. Jh. auch von Letten eine schöne Literatur entwickelte, die schon gegen Ende des 19. Jh. das Niveau der übrigen europ. Literaturen erreichte. Dichter wie *Jānis Rainis* (1865–1929), *Kārlis Skalbe* (1879–1945) u. a. sind über L. hinaus bekannt geworden. In der Musik und in den bildenden Künsten wurden die seit dem Mittelalter in der Hansestadt Riga und anderen Städten, wie z. B. in der Residenzstadt Mitau (Jelgava), durch die Deutschbalten initiierten Traditionen (Gotik, Barock, Jugendstil usw.) weiterentwickelt, seit dem 20. Jh. auch selbständig. Das heutige L. wurde kulturell zu einem europ. Land mit dem für die Länder des Ostseeraums typischen Gepräge.

1935 waren 55,1% der Bevölkerung L.s Lutheraner. Der südöstl. Teil Livlands, das sog. *Lettgallen* mit einer eigenen, dem Lettischen eng verwandten Sprache, hatte bis 1772 zu Polen-Litauen gehört und war mehrheitlich kath. geblieben. Hier wohnte und wohnt die Mehrzahl der Katholiken L.s (24,5%). Der Anteil der Orthodoxen betrug 8,9%, der Altgläubigen 5,5%, der Juden 4,8% und der anderer Glaubensbekenntnisse 1,0%. 1919 gab es 194 ev.-luth. Gemeinden (davon 18 deutsche und 1 estnische), 1934 311 (davon 49 deutsche). Die früheren Konsistorien von Livland und Kurland wurden 1919 durch gewählte Kirchenvorstände ersetzt. Seit 1922 wurden die von diesen Gremien gewählten Bischöfe vom schwed. Erzbischof in Uppsala eingesetzt. Seit 1932 gab es einen lett. Erzbischof.

Die Katholiken gehörten in Lettgallen zur Diözese Mogilev, in Kurland zur Diözese Kaunas. 1918 wurde ein Ire als erster kath. Bischof in Riga eingesetzt, 1922 der lett. Bischof zum Erzbischof ernannt, nachdem im gleichen Jahr ein Konkordat mit dem Hl. Stuhl abgeschlossen worden war. Unter den Katholiken waren in L. 1930 74,94% Letten, 12,94% Polen, 5,54% Litauer und 4,94% Weißrussen, von den Orthodoxen 1934 37,4% Letten und 62,6% Russen, die in 153 Gemeinden (davon 78 lettische) lebten. Seit 1926 ist die orth. Kirche L.s autokephal. Von den insgesamt 96 802 Altgläubigen waren 94% Russen, die übrigen Weißrussen und Letten.

Für die Zeit nach dem II. Weltkrieg gibt es keine verläßlichen Zahlen über die Religionszugehörigkeit der Bevölkerung. Die Juden waren unter der dt. Besetzung zum größten Teil ermordet worden. Trotz jahrzehntelanger Verfolgung und Unterdrückung durch die sowjet. Okkupanten bekennt sich heute die Mehrheit der lett. Bevölkerung in Livland und Kurland zum ev.-luth., in Lettgallen zum kath. Glauben. Die Ev.-Luth. Kirche beschloß im April 1989 die Rückkehr zur Kirchenordnung von 1928. Im Juni 1990 wurde die Theologische Fakultät an der Universität Riga wiedereröffnet. 1991 gab es 256 ev.-luth. Gemeinden (1988: 202). Die kath. Kirche umfaßte 1991 186 Gemeinden (1988: 179) im Erzb. Riga und dem Suffr.-Bist. Liepāja (Libau). Die zahlreichen im Zuge der sowjet. Unterwanderungspolitik eingeschleusten Russen gehören vermutlich nur zu einem geringen Teil noch der russ.-orth. Kirche an, während die alteingesessenen russ. und lett. Orthodoxen und die Altgläubigen ihren Glauben weitgehend bewahrt haben. 1991 bestanden 90 orth. Gemeinden (1988: 86).

Zwischen den beiden Weltkriegen gab es eine Vorschule (2 Jahre), eine Grundschule (6 Jahre vom 9.–15. Lebensjahr) und eine Ergänzungsschule (2 Jahre). An ihrer Stelle konnten aber auch eine Berufsschule (2 Jahre), eine technische Berufsschule (3 Jahre) oder mit Schulgeldzahlung ein Gymnasium verschiedener Richtungen (4 Jahre) gewählt werden. Bis 1934 war die erste Fremdsprache Deutsch, danach Englisch. Von den 1929 Grundschulen waren 1937/38 1500 lett., 167 russ., 72 dt., 62 jüdisch, die übrigen poln., lit., estn. oder gemischt. Seit 1920 gab es 4 Lehrerseminare, seit 1925 ein zentrales Pädagogisches Institut für Absolventen höherer Schulen. Von den 112 höheren Schulen (davon 76 Gymnasien, 12 Handelsschulen, 4 Lehrerseminare) waren 1937/38 87 lett., 10 jüdisch, 8 dt., 3 russ., 2 poln. und je eine lit. und gemischt. 1940/41 bestanden die 1919 gegründete Universität in Riga und 6 Hochschulen, seit 1950 9 Hochschulen (Landwirtschaftsakademie, Kunstakademie u. a., davon 7 in Riga). Während der sowjet. Okkupation, in deren Gefolge Tausende von Lehrern und Professoren in die Emigration gingen oder deportiert wurden, wurde das alte Bildungssystem völlig zerstört und seit 1944/45 in Etappen dem sowjet. angeglichen. 1946 wurde nach sowjet. Muster eine Akademie der Wissenschaften mit 3 Abteilungen in Riga gegründet. In den kommenden Jahren soll das gesamte Bildungssystem neu strukturiert werden, teilweise in Angleichung an die Zeit zwischen den Weltkriegen, teilweise an das in westeurop. Ländern.

LITERATUR

Zu I, IV, V:
The Baltic States. A Reference Book. Tallinn, Riga, Vilnius 1991. – K. **Ludwig,** Das Baltikum. Estland, L., Litauen. München 1991. – R. **Götz,** U. **Halbach,** Daten zur Geographie, Bevölkerung, Politik und Wirtschaft der nichtruss. Republiken der UdSSR. Köln 1991 (Sonderveröff. des Bundesinst. für ostwiss. und internationale Studien). – Economic Survey of the Baltic States. The Reform Process in Estonia, Latvia and Lithuania. London 1992.

Zu II:
R. **Wittram,** Balt. Geschichte. Die Ostseelande Livland, Estland, Kurland 1180–1918. München 1954. – B. **Meissner,** Die Sowjetunion, die balt. Staaten und das Völkerrecht. Köln 1956. – M. **Hellmann,** Balt. Länder, in: StL Bd. 1. ⁶1957, 857 ff. – G. v. **Rauch,** Geschichte der balt. Staaten. Stuttgart 1960, München ³1990. – Von den balt. Provinzen zu den balt. Staaten. Beiträge zur Entstehungsgeschichte der Republiken Estland und L. 1917–1918, 1918–1920. Hg. J. v. **Hehn** u. a. 2 Bde. Marburg/Lahn 1971/77. – Die balt. Nationen. Estland, L., Litauen. Hg. B. **Meissner.** Köln 1990, ²1991.

Zu III:
B. **Meissner,** Die Sowjetunion, die balt. Staaten und das Völkerrecht. Köln 1956. – L. **Schultz,** Die Entwicklung des Verfassungsrechts in den balt. Staaten Estland, L., Litauen seit 1940, in: JöR N. F. 12 (1963) 295 ff. – **Ders.,** Die Verfassungsentwicklung der balt. Unionsrepubliken, in: Bundesstaat und Nationalitätenrecht in der Sowjetunion. Hg. F.-Chr. Schroeder, B. Meissner. Berlin 1974, 97 ff. – H.-J. **Uibopuu,** Die Verfassungs- und Rechtsentwicklung der balt. Staaten 1988–1990, in: Berichte des Bundesinst. für ostwiss. und internationale Studien. Köln 1990, Nr. 61. – Die balt. Nationen. Estland, L., Litauen. Hg. B. **Meissner.** Köln 1990, ²1991.

Zu VI:
P. H. **Poelchau,** Die ev. luth. Kirche L.s, in: Neue kirchliche Zs. (1929) 677 ff. – Latviešu konversācijas Vārdnīca. Hg. A. **Švābe u. a.** 21 Bde. Riga 1934 ff. – Latvju Enciklopēdija. Hg. A. **Švābe.** 3 Bde. Stockholm 1950/55. – R. **Wittram,** Balt. Kirchengeschichte. Göttingen 1956. – Latvia. Country and People. Hg. J. **Rutkis.** Stockholm 1967. – Latvijas padomju enciklopēdija. Hg. P. **Jērāns.** Bd. 5,2. Riga 1984. – Latvia. Hg. V. V. **Simanis.** St. Charles (Ill.) 1984. – Zur gegenwärtigen Lage des Bildungswesens in den Balt. Sowjetrepubliken Estland und L. Bearb. C. J. **Kenéz,** in: Dokumentation Ostmitteleuropa N. F. 12 (1986) H. 3/4. – M. **Kleibrink,** Die kath. Kirche im Baltikum, in: Acta Baltica 25/26 (1989) 29 ff. – F. **Scholz,** Die Literaturen des Baltikums. Ihre Entstehung und Entwicklung. Opladen 1990. – E. **Benz,** Die Kirche und die Unabhängigkeitsbestrebungen in Litauen und L., in: Informationen und Berichte. Hg. Albertus-Magnus-Kolleg Königstein. 1991, H. 7, 8 ff. – **Ders.,** Neue Freiheit nach langer Unterdrückung. Die Kirchen in den balt. Staaten, in: HK 46 (1992) 33 ff.

Jörg Stadelbauer (I, IV, V), *Boris Meissner* (II, III), *Friedrich Scholz* (VI)

LIECHTENSTEIN

Amtlicher Name	Fürstentum Liechtenstein
Staatsform	Konstitutionelle Erbmonarchie auf parlamentarischer und demokratischer Grundlage
Hauptstadt	Vaduz (4874 E.)
Fläche	160 km^2
Bevölkerung	28 452 E. (VZ 1990). – 158 E./km^2
Sprache	Staatssprache: Deutsch
Religion	Katholiken 87%; Protestanten 8%; andere Konfessionen oder konfessionslos 5%
Währung	1 Schweizer Franken (sfr) = 100 Rappen

L. liegt im Alpengebiet zwischen der ↗Schweiz und ↗Österreich, auf dem rechten Rheinufer am Westabhang der Ostalpen und im Ostteil der Alpenrheintalebene (St. Galler Rheintal) zwischen Fläscherberg im S und Eschener Berg (Schellenberg) im N. Im W bildet der Rhein die Grenze zum Kt. St. Gallen; im S grenzt L. an den Kt. Graubünden, im O und N an Vorarlberg. 2/3 des Landes sind ausgesprochene Gebirgslagen, die vom westl. Seitenkamm der Rätikonkette (*Drei Schwestern,* 2055 m) eingenommen werden. Das milde Klima in der Talebene wird stark durch den oft stürmischen Föhn beeinflußt. Die Niederschläge sind über das ganze Jahr verteilt, wobei das Maximum im Sommer liegt.

Die erste geschichtlich nachweisbare Bevölkerung waren Kelten. Später lebten hier Römer, dann Alamannen. 1342 teilten die Brüder *Hartmann* und *Rudolf von Werdenberg-Sargans* vertraglich die Güter der Gft. Sargans: die rechtsrheinischen Besitzungen bildeten die neue (bald Gft. genannte) Herrschaft *Vaduz*. Die ihr 1396 durch Kg. Wenzel verliehene Reichsunmittelbarkeit war für die spätere Souveränität des Landes von entscheidender Bedeutung. 1699 erwarb das österr. Haus L. (dessen mährischer Linie *L.-Nikolsburg* das heutige Fürstenhaus entstammt) die Herrschaft *Schellenberg,* 1712 die Gft. Vaduz, die zum Reichsfürstentum L. erhoben wurden. 1806 erhielt L. als Mitglied des Rheinbundes von Napoleon die staatliche Unabhängigkeit zugesichert. 1815–66 war L. Mitglied des Dt. Bundes, blieb nach dessen Auflösung souverän, lehnte sich jedoch an Österreich (Zollvertrag 1852–1919), nach dem I. Weltkrieg an die Schweiz an (1921 Anschluß an das Schweizer Post- und Fernmeldewesen, jedoch eigene Briefmarken; 1923 Zollunion). Diplomatisch wird L. seit 1919 von der Schweiz (zuvor von Österreich) vertreten. L. ist Mitglied der EFTA (seit 1991 Vollmitglied), des Europarats, seit 1990 der UNO.

Gemäß *Verfassung* vom 5.10.1921 ist L. eine konstitutionelle Erbmonarchie auf demokratischer und parlamentarischer Grundlage. In der Verfassung sind die Grund- und Freiheitsrechte genau umrissen. Die Staatsgewalt ist dualistisch im Fürsten und im Volk verankert. *Staatsoberhaupt* ist der Fürst (seit 1989 *Hans Adam II.;* bereits seit 1984 Stellvertreter seines Vaters *Franz Josef II.,* der seit 1938 regiert hatte). Er vertritt den Staat nach außen. Die Regierung, die höchsten Staatsbeamten sowie die Richter werden von ihm auf Vorschlag des Landtages eingesetzt. Gesetze bedürfen der Sanktion des Fürsten. Er kann in Notfällen durch Notverordnungen regieren, hat das Begnadigungsrecht und eröffnet und schließt den Landtag. Der auf 4 Jahre nach dem Verhältniswahlrecht gewählte *Landtag* (Parlament) mit 25 Abgeordneten wirkt bei der Gesetzgebung mit, besitzt das Referendums- und Initiativrecht und berät u. a. über das Budget, Steuern, Kredite und öffentliche Abgaben. Es besteht Wahlpflicht für alle Wahlberechtigten über 20 Jahre (Frauenwahlrecht seit 1984). Führende Parteien sind die „Vaterländische Union" (VU) und die „Fortschrittliche Bürgerpartei" (FBP), die, fast gleich stark, in einer Koalition regieren und sich in ihrer Programmatik kaum unterscheiden. Andere Parteien scheiterten bislang an der 8%-Sperrklausel. Der *Regierung* obliegt die gesamte Staatsverwaltung. Der Regierungschef ist Vorsitzender eines Fünferkollegiums. Die vom Fürsten sanktionierten Gesetze bedürfen seiner Gegenzeichnung.

Die dreistufige *Gerichtsbarkeit* wird durch „verpflichtete Richter" ausgeübt. Alle Gerichte haben ihren Sitz in Vaduz. Zivil-, Straf- und Prozeßrecht sind nach österr., das Sachenrecht nach schweizer. Vorbild kodifiziert. L. besitzt ein eigenständiges Gesellschaftsrecht.

Verwaltungsmäßig ist L. in 11 Gemeinden gegliedert, die ihre Vermögen und Einkünfte selbst verwalten.

1980–88 hat die Wohnbevölkerung L.s um 11,7% zugenommen (durchschnittliche jährliche Wachstumsrate: 1,3%). Rd. 55% des Zuwachses sind auf natürliches Wachstum (Geburten- und Sterbeziffer 1987: 13 bzw. 7 ‰), 45% auf Wanderungsgewinne zurückzuführen. Die meisten Einwohner leben in den Gemeinden Vaduz, Schaan, Balzers und Triesen. Die amtliche Statistik unterscheidet „Liechtensteiner" und „Ausländer". Der größte Teil der Ausländer stammt aus der Schweiz. Der Erwerb der Staatsbürgerschaft ist sehr erschwert, um L. vor „Überfremdung" zu schützen. – Die Bevölkerung ist überwiegend röm.-kath. und gehört zum Bistum Chur.

24,3% der Gesamtfläche sind (1988/89) landwirtschaftliche Kulturfläche, 15,7% Alpweiden, 34,8% Waldfläche und 25,2% unproduktives und überbautes Land. Das Hauptgewicht der *Landwirtschaft* (2,8% der Beschäftigten; 1941: 34%) liegt bei der Viehhaltung bzw. Milchwirtschaft und dem Ackerbau. Ferner spielen Obst-, Reb-, neuerdings auch Gemüseanbau eine Rolle. Auch die *Forstwirtschaft* ist relativ bedeutend. Der wichtigste Arbeitgeber ist der *sekundäre Sektor* (52% der Beschäftigten, darunter ca. 3/4 Ausländer und Grenzgänger; 1987), in dem zahlreiche Klein- und Mittelbetriebe vorwiegend in der Metallverarbeitung, im Maschinen- und Apparatebau und in der Elektronik tätig sind. Hochwertige Produkte werden auch in der nichtmetallverarbeitenden Industrie hergestellt. Aufgrund des äußerst kleinen Binnenmarktes ist die Industrie stark auf den Export angewiesen. Wichtigster Handelspartner ist die Schweiz. Hauptausfuhrgüter sind Industrieprodukte (u. a. Meßgeräte, Keramikprodukte, Textilerzeugnisse, Pharmazeutika), ferner Wein, Obst, Holz und Vieh. Der Außenhandel erbringt einen hohen Exportüberschuß. Rd. 45% der Beschäftigten sind im *tertiären Sektor* tätig. Große wirtschaftliche Bedeutung hat auch der *Fremdenverkehr* (mit starkem Tages- und Ausflugstourismus). Wegen des niedrigen Steuersatzes auf Gewinne domizilieren über 30 000 ausländische Firmen in L. (meist sog. „Briefkastenfirmen").

Haupteinnahmequellen des Staates sind Steuern und Zölle und der Verkauf der landeseigenen Briefmarken. Das BIP/E. gehört zu den höchsten in Europa.

L. hat ein gut ausgebautes Straßennetz. Ein Straßentunnel verbindet das Rhein- und Seminatal. Eine Eisenbahnlinie (der Österr. Bundesbahn) besteht zwischen Buchs und Feldkirch (Strecke Paris-Wien).

Staatssprache ist Deutsch, Umgangssprache eine alemannische Mundart, die den Dialekten des St. Galler Rheintales und Vorarlbergs ähnelt. Religiöses und weltliches Brauchtum wird intensiv gepflegt. Die meisten Liechtensteiner sind tief in ihren Heimatgemeinden verwurzelt. Der Staat unterstützt finanziell die zahlreichen Ortsvereine. Es gibt 2 Tageszeitungen: das „Liechtensteiner Vaterland" (Organ der VU) und das „Liechtensteiner Volksblatt" (Organ der FBP).

L. besitzt ein ausgebautes *Schulwesen* (Primar-, Ober-, Realschulen, ein Gymnasium), ferner ein Abendtechnikum, eine Musikschule und ein Heilpädagogisches Zentrum. Schulpflicht besteht vom 6.–14. Lebensjahr.

LITERATUR

H. **Wille,** Staat und Kirche im Fürstentum L. Freiburg (Schweiz) 1972. – D. J. **Niedermann,** L. und die Schweiz. Eine völkerrechtliche Untersuchung. Vaduz 1976. – M. F. **Broggi u. a.,** Fürstentum L. Zürich 1978. – L. – Fürstliches Haus und staatliche Ordnung. Hg. V. **Press,** D. **Willoweit.** Vaduz, München 1987. – M. F. **Broggi,** Landschaftswandel im Talraum L.s Vaduz 1988. – Statistisches Jahrbuch 1989. Fürstentum L. Hg. Amt für Volkswirtschaft. Vaduz 1989. – J. **Kühne,** Zur Struktur des Liechtenstein. Rechts, in: JöR N. F. 38 (1989) 379 ff. [409 ff.: Verfassungstext in der gültigen Fassung]. – O. **Seger,** Überblick über die Liechtenstein. Geschichte. Vaduz o. J.

Hans Elsasser, Daniela Diener-Roth

LITAUEN

Amtlicher Name	Lietuva (Litauen)
Staatsform	Republik
Hauptstadt	Vilnius (Wilna, 592 000 E.)
Fläche	65 200 km²
Bevölkerung	3 673 000 E. (VZ 1989). – 56,3 E./km²
Sprache	Litauisch (Amtssprache), Russisch
Religion	mehrheitlich römisch-katholisch
Währung	Rubel

I. Naturräumliche Voraussetzungen

L. grenzt im O an Weißrußland, im S an ↗Polen, im SW an das zur Russischen Föderation gehörende Gebiet von Kaliningrad (Königsberg). Im W bildet die Ostsee eine natürliche Grenze.

Das Territorium gehört zur Osteuropäischen Ebene, weist aber markante Höhenunterschiede zwischen dem etwas höheren, westl. *(Hochland von Zemaiten)* und östl. Teil *(Baltischer Landrücken)* sowie den zentralen Niederungsgebieten auf. Die Landoberfläche wird von Ablagerungen der jüngsten Vereisung eingenommen, die in *Zemaiten* bis 234 m, im östl. L. nahe der Grenze zu Weißrußland bis 294 m *(Juozapine-Hügel)* ansteigen. Sie lagern auf Sedimenten des Erdaltertums auf, welche nur vereinzelt aufgeschlossen sind.

Das *Klima* ist durch den Übergang von maritim-ausgleichenden Einflüssen der Ostsee zu kontinentalen Bedingungen gekennzeichnet. Die Hst. Vilnius (Wilna) weist im kältesten Monat Jan. eine Monatsmittel-Temp. von –5,3° auf, im wärmsten Monat Juli von 17,9°. Die jährlichen Niederschlagsmengen (Vilnius durchschnittlich 598 mm) verteilen sich relativ gleichmäßig über die Monate (mit einem Maximum im Sommer). Wegen der starken Durchfeuchtung und geringen Verdunstung besteht 1/3 der Böden aus ausgelaugten Bleicherden; nur auf Moränenhügeln sind die Bodenqualitäten etwas besser (Geschiebemergel). Weit verbreitet sind Seen und Moore, um deren Erhaltung sich der Naturschutz bemüht. Nach der großräumigen Landschaftsgliederung gehört L. zur Mischwaldzone.

II. Historische und politische Entwicklung

Nach der ersten Staatsbildung unter *Mindowe* (lit. *Mindaugas*) im 13. Jh. gelang eine dauerhafte Staatsgründung Anfang des 14. Jh. unter Großfürst *Gedimin (Gediminas)*. Von seinen Söhnen behauptete *Kynstute (Keistutis)* den W L.s gegenüber dem Dt. Orden, während *Olgerd (Algirdas)* in Wilna (Vilnius) die lit. Herrschaft bis Smolensk und Kiew ausdehnte. Seit 1386 war L. in Personalunion, seit der *Lubliner Union* von 1569 in Realunion mit Polen verbunden, von wo aus die Christianisierung erfolgte. Durch spätere Teilungen Polens gelangten die ostslawischen Gebiete des Großfürstentums L. und L. selbst zum Russischen Reich.

Der Anstoß zum nationalen Erwachen im 19. Jh. ging von der „litauischen Bewegung" aus. Die früh einsetzende Russifizierung mit antikath. Stoßrichtung führte zu starker Beteiligung des lit. Bauerntums (Bauernbefreiung 1861) am 2. polnischen Aufstand 1863/64. Priesterseminare und andere Bildungseinrichtungen trugen zur Stärkung des Nationalbewußtseins bei.

In Verbindung mit der Revolution von 1905 forderte ein „Großer Litauischer Landtag" territoriale Autonomie. Im I. Weltkrieg wurde L. 1915 durch dt. Truppen besetzt. Ein „Litauischer Landesrat" *(Taryba)* erklärte am 11. 12. 1917 „die Wiederherstellung eines unabhängigen lit. Staates mit der Hauptstadt Wilna" und verkündete am 16. 2. 1918. L. wurde vom Dt. Reich nach Abschluß des *Friedensvertrages von Brest-Litowsk* am 23. 3. 1918 anerkannt.

Die Bolschewisten vermochten L. nicht wiederzugewinnen. Dessen Selbständigkeit akzeptierte die RSFSR im Friedensvertrag mit L. vom 12. 7. 1920. Polen annektierte jedoch 1920 dessen Ostteil (Wilnagebiet), L. 1923 das überwiegend von Deutschen bewohnte Memelgebiet. 1926 schloß L. mit der UdSSR einen Nichtangriffspakt. Hauptstadt blieb Wilna, provisorische Hauptstadt wurde Kauen (Kaunas). Der „Bund der Nationalisten" *(Tautininku sajunga)* hatte maßgebenden Anteil am Staatsstreich vom 17. 12. 1926 (Staatspräsident *Anton Smetona*, Ministerpräsident *Augustin Voldemaras*). Nach dem Sturz von Voldemaras 1929 errichtete Smetona ein autoritäres Regime. 1938 wurde L. von Polen gezwungen, auf Wilna als Hauptstadt zu verzichten; am 22. 3. 1939 mußte das Memelgebiet an das Dt. Reich übertragen. Dessen Führung stimmte im geheimen Zusatzprotokoll zum „Hitler-Stalin-Pakt" vom 28. 9. 1939 der Einbeziehung L.s in die sowjet. Interessensphäre zu.

Die Litauen-Deutschen wurden nach Deutschland umgesiedelt. L. mußte der UdSSR Militärstützpunkte gewähren und erhielt dafür das 1920 von deren Truppen eroberte Wilnagebiet. Am 15. 6. 1940 wurde L. durch die Rote Armee besetzt und nach einer kommunistischen Machtergreifung in eine „Litauische Sozialistische Sowjetrepublik" (LitSSR) umgewandelt.

Nach der Besetzung durch dt. Truppen am 22. 6. 1941 gehörte L. zum „Reichskommissariat Ostland". Die erneute sowjet. Besetzung L.s 1944/45 führte zu dessen Sowjetisierung, eingeschlossen forcierte Industrialisierung und Unterdrückung v. a. der kath. Kirche.

Der Anteil der lit. Titularnation (Vorkriegszeit 80,6%) hat sich trotz der Erweiterung um das Wilnagebiet bis 1989 nur auf 79,6% verringert, derjenige der Russen von 2,3 auf 9,4% zugenommen. Die mit der Russifizierung verbundene Überfremdung stieß aufgrund des kath. Charakters L.s auf Widerstand. Eine religiöse und nationale Dissidentenbewegung und der hohe Anteil Litauer an der kommunistischen Partei wirkten sich in nationaler Hinsicht günstig aus.

Im Zeichen von Perestrojka und Glasnost wurde am 3. 7. 1988 die „Litauische Bewegung für Perestrojka" *(Sajudis)* als Volksfront gebildet (1. Kongreß 22./23. 10. 1988). Den Vorsitz übernahm *Vytautas Landsbergis*, den der reformorientierten kommunistischen Partei *Algirdas Brazauskas*. Der Oberste Sowjet der LitSSR deklarierte am 18. 5. 1989 die Souveränität L.s. Ende 1989 trennte sich die reformkommunistische Mehrheit unter Brazauskas von der KPdSU.

Nach dem Sieg der demokratischen Kräfte bei freien Wahlen zum Obersten Sowjet der LitSSR am 27. 2. 1990 wurde die LitSSR in die „Republik L." umgewandelt (Parlamentsvorsitzender: *Landsbergis*).

Der „Oberste Rat" beschloß am 11. 3. 1990 die Wiederherstellung Litauens. Diesem Vorbild folgten Estland und Lettland. *Michail Gorbatschow* versuchte vergeblich, die fortschreitende Verselbständigung aufzuhalten. Bei der Volksbefragung am 9. 2. 1991 stimmten 90,5% für die Unabhängigkeit. Der russ. Parlamentsvorsitzende *Boris Jelzin* solidarisierte sich mit den balt. Staatsoberhäuptern, die am 12. 5. 1990 einen „Baltischen Rat" (nach dem Vorbild der „Baltischen Entente" von 1934) gebildet hatten. Im Grundlagenvertrag zwischen der RSFSR und L. vom 29. 7. 1991 wurde die Unabhängigkeit L.s von Rußland anerkannt, nach dem Moskauer Putsch auch vom Staatsrat der UdSSR (6. 9. 1991).

Nach den westl. Staaten und der Bundesrepublik Deutschland nahmen auch zahlreiche andere Staaten diplomatische Beziehungen mit L. auf. L. wurde Mitglied der UNO und der KSZE; im Europarat erhielt es den „besonderen Gaststatus". Die mit dem Übergang zur Marktwirtschaft zu meisternden Schwierigkeiten werden durch den geringeren Umfang der Schwerindustrie und durch die günstigere nationale Struktur verringert. Umstritten ist der künftige Charakter des politischen Systems und die Autonomie der poln. Minderheit.

Die Entwicklung der Parteien ist weniger vorangeschritten als in Estland und Lettland. *Landsbergis'* Neigung zu einem autoritären Führungsstil führte zur Bildung eines oppositionellen „Litauischen Zukunftsforums". Mit ihm sind Frau *Prunskiene,* die von *Gedminas Vagnorius* als Regierungschef abgelöst wurde, und die Reformkommunisten (Demokratische Arbeitspartei) verbunden. *Landsbergis* strebt die Wahl zum Staatspräsidenten und ein Präsidialsystem an, das „Zukunftsforum" ein parlamentarisch-demokratisches System.

III. Verfassung und Recht

L. hatte während seiner Unabhängigkeit als demokratische Republik sechs Verfassungen. Zunächst galten die vorläufigen Verfassungen vom 2. 11. 1918, 4. 4. 1919 und 10. 6. 1920. Die 4. (eigentliche) Verfassung vom 1. 8. 1920 war durch eine starke Stellung des Parlaments charakterisiert, das den Staatspräsidenten wählte. Nach dem Staatsstreich vom Dez. 1926 wurde sie durch die 5. Verfassung vom 1. 8. 1928 ersetzt. Durch sie wurden die Rechte des nunmehr von besonderen Vertretern des Volkes gewählten Staatspräsidenten auf Kosten der Volksvertretung erweitert und bestimmte Rechte der Staatsbürger eingeschränkt. Auch die 6. Verfassung vom 11. 2. 1938 blieb auf dieser autoritären Linie. Die Machtstellung des Präsidenten wurde weiter gestärkt; er „führte" den Staat, dessen Qualifizierung als ‚demokratisch' wegfiel.

Die Einverleibung L.s in die Sowjetunion am 3. 8. 1940 kam in der Verfassung vom 25. 8. 1940 zum Ausdruck. Sie entsprach weitgehend dem Vorbild der Verfassung der UdSSR von 1936. Verbunden war damit die Übertragung der sowjet. Staatsangehörigkeit. Wie in Estland und Lettland wurden auch in L. die Gesetzbücher der RSFSR in Kraft gesetzt. Auf der Grundlage der neuen Verfassung der UdSSR von 1977 kam es am 21. 4. 1978 zur entsprechenden Verfassung der LitSSR. Sie war mit einer weiteren Stärkung der Bundesgewalt verbunden und gab in L., wie in den beiden anderen balt. Republiken, dem Streben nach mehr Autonomie und Selbständigkeit Auftrieb. Dies kam in der Souveränitätserklärung vom 18. 5. 1989 zum Ausdruck; ihr war das Sprachgesetz vom 25. 1. 1989 vorausgegangen, das Litauisch zur Amtssprache bestimmte. Im gleichzeitigen Verfassungsänderungsgesetz, das eine eigene Staatsangehörigkeit vorsah, wurde festgelegt, daß in L. nur Gesetze gelten sollten, die vom eigenen Obersten Sowjet oder durch Referendum angenommen werden. Unionsgesetze sollten zu ihrer Geltung der Bestätigung und Registrierung bedürfen.

Am 11. 3. 1990 wurde vom Obersten Rat L.s der Akt „Über die Wiederherstellung des Litauischen Staates" angenommen. In ihm wurde festgestellt, daß der Beschluß des Litauischen Landesrates vom 16. 2. 1918 über die Gründung des lit. Staates niemals seine Rechtskraft eingebüßt habe. Die Unabhängigkeitserklärung ergänzten vier Gesetze vom gleichen Tag. In einem dieser Gesetze wurde der offizielle Staatsname „Republik Litauen" wieder eingeführt und als Staatswappen der traditionelle Vytis (Reiter) bestätigt, in einem anderen Gesetz die Verfassung vom 12. 5. 1938 unter Suspendierung der Vorschriften über den Staatspräsidenten, das Parlament, den Staatsrat und die Staatskontrolle wieder in Kraft gesetzt. Diese Regelung diente aber lediglich der Betonung der staatsrechtlichen Kontinuität, da durch die gleichzeitige Einführung eines „Provisorischen Grundgesetzes" die Geltung der alten Verfassung aufgehoben wurde. Dieses Grundgesetz folgte im Aufbau dem Vorbild der bisherigen Verfassung der LitSSR, entsprach aber den Erfordernissen einer pluralistischen Demokratie. Die Gesetze der LitSSR und ihnen nachgeordnete Rechtsakte blieben in Kraft, soweit sie nicht dem „Provisorischen Grundgesetz" widersprachen. Mit dieser Maßgabe galten das ZGB von 1964, das StGB von 1961 und die Prozeßgesetzbücher fort. Der Gerichtsaufbau und der Status der Richter wurde durch Ges. vom 13. 2. 1990 geregelt; ein neues Ges. über die Staatsanwaltschaft wurde am 27. 7. 1990 verabschiedet.

Auf der Grundlage des Provisorischen Grundgesetzes ist eine umfassende gesetzgeberische Aktivität auf allen Gebieten im Gange. Hervorzuheben sind gesetzliche Regelungen über die Privatisierung, so Gesetze über das Verfahren zur Wiederherstellung des Eigentumsrechte der Bürger vom 18. 6. 1991 und über die Landreform vom 25. 7. 1991.

Umstritten ist der Charakter der künftigen Verfassung, an der von einer Verfassungskommission des Obersten Rates gearbeitet wird. Anhänger des Präsidialsystems und des parlamentarischen Systems stehen sich gegenüber.

IV. Bevölkerungs- und Sozialstruktur

Die Volkszählung vom 12. 1. 1989 ermittelte 3 673 000 E., die zu 68% in städtischen Siedlungen leben, fast 28% in den beiden größten Städten Vilnius und Kaunas. Aus einer *Geburtenziffer* von 15,3‰ (1989) und einer *Sterbeziffer* von 10,2‰ ergibt sich ein natürlicher Bevölkerungszuwachs von 0,51%. In den 80er Jahren hat sich die Sterblichkeit wenig verändert, doch der natürliche Zuwachs hat bei leicht rückläufiger Geburtenhäufigkeit etwas abgenommen. Die *Lebenserwartung* liegt bei 67,7 bzw. 76,6 Jahren (Männer/Frauen).

Die wichtigsten Einschnitte in der Bevölkerungsentwicklung brachten im 20. Jh. die Deportation von Litauern in den 40er Jahren, die Repatriierung von Polen und die Zuwanderung von Russen nach der Angliederung L.s an die UdSSR. Dadurch hat sich die ethnische Zusammensetzung jedoch insgesamt kaum verschoben; L. ist immer zu 4/5 von Litauern bewohnt worden. 1923 waren 80,6% der Bevölkerung des damals unabhängigen L.s Litauer, 2,3% Russen. Der russ. Anteil ist bis 1959 auf 8,5%, bis 1989 auf 9,4% angewachsen, doch hielt sich der Anteil der Litauer bei 79,3 bzw. 79,6%. Der Anteil der poln. Bevölkerung betrug 1989 noch 7,0%. Russisch bestimmt sind v. a. das Industriegebiet um Mazeikiai und der Standort des Kernkraftwerks von Ignalina. Vilnius hatte 1989 einen Anteil von 50,5% Litauern, 20,2% Russen und 18,8% Polen.

1989 waren 1,8 Mio. Personen (50,4% der Gesamtbevölkerung) erwerbstätig (davon 53% Frauen), 37,9%

im produzierenden Gewerbe und Bauwesen, 23,2% in der Landwirtschaft, 8,7% im Gesundheits- und Bildungswesen, 14,1% im Verkehrswesen und Handel. Die restlichen Erwerbstätigen arbeiten in der Verwaltung und in anderen Dienstleistungsbereichen. In den zurückliegenden Jahrzehnten hat sich das Schwergewicht von der Landwirtschaft etwas zum produzierenden Gewerbe und Dienstleistungssektor verschoben, doch ist die Agrarerwerbsquote immer noch sehr hoch. 1989 gab es mit 109,5 individuell Erwerbstätigen je 10 000 E. bereits den vierfachen Anteil, der in der gesamten UdSSR erreicht wurde.

Die *soziale Sicherung* ist zwar in der Sowjetzeit institutionell verwirklicht worden (staatliche Sozialversicherung, kommunale Sozialhilfe), von den Leistungen her jedoch unzureichend. Im Vergleich zur ehem. UdSSR wies L. in den zurückliegenden Jahrzehnten aber günstigere Werte für einzelne Wohlstandsindikatoren und Ausstattungsmerkmale auf.

V. Wirtschaft

Die *Wirtschaftsverfassung* ist durch den Übergang von der Zentralverwaltungswirtschaft sowjet. Typs zu einer Marktwirtschaft mit freiem Unternehmertum gekennzeichnet. In der Landwirtschaft hat eine Reprivatisierung eingesetzt, die selbständige Bauernbetriebe an die Stelle von Kollektiv- und Staatsgütern setzen will (März 1991: 2900 Bauernwirtschaften mit zusammen 48 000 ha = 1,4% der landwirtschaftlichen Nutzfläche); daneben entstehen neue Genossenschaften und Bauernvereinigungen. Auch in Dienstleistungssektor sind bereits erste Privatbetriebe entstanden. Besonders schwierig dürfte die Privatisierung der industriellen Großbetriebe werden. Am Aufbau der Privatwirtschaft ist in zunehmendem Maß ausländisches Kapital beteiligt.

Ressourcen. Von der Gesamtfläche (6,5 Mio. ha) entfallen 3,5 Mio. ha (53,8%) auf die landwirtschaftliche Nutzfläche, davon 2,3 Mio. ha auf Ackerland, 0,3 Mio. auf Wiesen und 0,8 Mio. ha auf Weiden. Die günstigsten Anbaubedingungen werden in Zentrallitauen, die ungünstigsten im O angetroffen. L. ist arm an Bodenschätzen. Ein großer Teil des elektrischen Stromes, der im Kernkraftwerk von Ignalina produziert wird, fließt nach Rußland und Weißrußland; die Brennstoffe für die Wärmekraftwerke in Vilnius, Kaunas, Elektrenai und Mazeikiai müssen aus Rußland eingeführt werden. Insgesamt ist L. auf die Zufuhr fast aller industriellen Roh- und Grundstoffe angewiesen.

Währung. Es gilt noch (Sept. 1992) der sowjet. Rubel. Eine eigene Währung (Lit) ist vorgesehen. L. hofft, sich dadurch von der Hyperinflation in der ehemaligen UdSSR befreien zu können.

Industrie. L. ist ein Industrie- und Agrarstaat, in dem die Industrie (ohne Bauwesen) einen Anteil von 35,9%, die Landwirtschaft von 29,6% am Nationaleinkommen hat. Die wichtigsten Industriezweige sind die metallverarbeitende Industrie (25,7% des industriellen Produktionswertes; hauptsächlich Herstellung von Präzisionsgeräten, Haushaltsartikeln und Baumaschinen sowie Ausrüstungen für die Nahrungsmittelindustrie), die Nahrungsmittelindustrie (21,9%, Verarbeitung von Fleisch, Milch und Fisch) und die Leichtindustrie (20,8%, Textilindustrie, Schuhherstellung). Die auf die Möbelherstellung spezialisierte Holzverarbeitung reicht in das 19. Jh. zurück. Die chemische Industrie produziert v. a. Plastikartikel und synthetische Fasern sowie Düngemittel.

Landwirtschaft. Ihr Anteil am BSP beträgt 21,2%. Sie kombiniert Pflanzenbau (31%) und Tierhaltung (69% des Bruttosozialproduktionswertes). Von der Aussaatfläche wird etwa die Hälfte von Getreide eingenommen (1989: 1,1 Mio. ha). Der Flachsanbau ist stark zurückgedrängt worden (28 000 ha). Bei Getreide und Kartoffeln konnten die Flächenerträge in der zweiten Hälfte der 80er Jahre deutlich gesteigert werden (Getreide 32,4 dt/ha, Kartoffeln 161 dt/ha). Mit einer Milchleistung von 3800 kg/Jahr ist die Milchviehhaltung im Vergleich zur ehem. UdSSR relativ leistungsfähig.

Der *Außenhandel* weist einen negativen Saldo auf. Einfuhren von 7,5 Mrd. Rbl (davon 6,2 Mrd. Rbl aus den anderen Unionsrepubliken) standen 1989 Ausfuhren für 6,0 Mrd. Rbl (davon 5,4 Mrd. Rbl innerhalb der UdSSR) gegenüber. Die Aufgabe des sowjet. Außenhandelsmonopols förderte zunächst die Aufnahme von Handelsbeziehungen zu den nord- und mitteleurop. Staaten. Der mit Rußland geschlossene Wirtschaftsvertrag soll zur Basis eines verstärkten Warenaustauschs werden. Wichtigste Ausfuhrgüter sind Produkte der Leicht- und Nahrungsmittelindustrie.

Das *Verkehrswesen* ist recht gut entwickelt. So weist L. mit 50,8 km je 100 km² Landesfläche ein relativ dichtes Netz an befestigten Straßen und Wegen, mit 2000 km Streckenlänge ein gut ausgebautes Eisenbahnnetz auf. Beim Gütertransport dominiert nach der Transportleistung die Eisenbahn mit 72,4% (von insgesamt 30,1 Mrd. tkm Transporten im Binnenland), nach den transportierten Mengen der Lkw-Transport (1989: 89,3% von insgesamt 390 Mio. t). Für den Personentransport ist der Autobusverkehr dominant (Anteil von 55,8% der Passagiere, v. a. im Vorortverkehr). Eisenbahnstrecken verbinden L. mit Moskau und Kaliningrad, St. Petersburg, Riga und Grodno. Eine hervorragende Rolle als Seehafen spielt Klaipėda, von dem seit 1986 auch eine direkte Fährverbindung nach Deutschland (Mukran) besteht.

VI. Kultur, Religion, Bildung

Die lit. Sprache bildet mit der lettischen eine eigene Gruppe innerhalb der indogermanischen Sprachen, die sich durch besondere Altertümlichkeit auszeichnet. Im Vergleich zum Lettischen hat das Litauische in Laut- und Formenlehre einen älteren Sprachzustand bewahrt. Seit archaischen Zeiten haben die Litauer eine reiche Volksdichtung sowie ein Brauchtum überliefert, die heute noch – allerdings weitgehend künstlich – gepflegt werden. 1251 wurde L. durch die Bekehrung Kg. *Mindowes* (*Mindaugas*) christianisiert. Ein Kleiner Teil der Litauer, die im Memelland und östl./südöstl. von Königsberg wohnten, wurde 1525 protestantisch. Die Protestanten, bes. die Calvinisten, erzielten auch in L.-Polen große Erfolge. In der Zeit der Gegenreformation wurde L. wieder ein vorwiegend kath. Land. Erst seit dieser Zeit drang das Christentum auch in die unteren Volksschichten. Es entstanden Übersetzungen von kirchlich-religiösen Texten ins Litauische, in Preußisch-L. von prot., im übrigen L. vorwiegend von kath. Geistlichen. Versuche, im 18. Jh. und zu Beginn des 19. Jh. Texte der Literatur in lit. Sprache zu schaffen (*Kristijonas Donelaitis*, 1717–80), schlugen fehl, weil noch kein Leserpublikum vorhanden war. 1864–1904 behinderte die zaristische Regierung durch ein Druckverbot von Büchern in lat. Lettern die Entwicklung der lit. Literatur stark. Dennoch erreichte diese schon zu Beginn des 20. Jh. allgemein-europ. Niveau und entfaltete sich zwischen den Weltkriegen zu großer Blüte. Seit dem Beginn der 60er Jahre spielte sie durch die Erschließung neuer Inhalte und Formen eine Vorreiterrolle in der Literatur der Sowjetunion. Auch in der Musik und in den bildenden Künsten setzte seit der Jahrhundertwende eine vehemente Entwicklung zu eigenen Ausdrucksformen ein, nachdem L. in den Jahrhunderten zuvor Anteil an der westeurop. Kunst gehabt hatte (Gotik, Barock usw.).

1928 waren von der Bevölkerung 80,5% Katholiken, 8,8% Lutheraner (einschließlich des Memellandes), 2,5% Orthodoxe, 7,3% Juden. 1919 gab es die Bist. Vilnius (Wilna), Seinai und Žemaiten, die den Erzbistümern Mogilev, Warschau und Wärmland zugeteilt waren. Der Vatikan hatte 1922 L. zwar de jure anerkannt, aber es gab wegen der Zuordnung der Bist. Vilnius, das von Polen annektiert worden war, Schwierigkeiten mit dem Hl. Stuhl, so daß dieser erst 1926 das Erzb. Kaunas als exemte Kirchenprovinz mit 4 Suffr.-Bist. (Telšiai, Panevėžys, Vilkaviškis, Kaišiadorys) einrichtete. Nach dem Konkordat von 1927 gab es Unstimmigkeiten über dessen Auslegung, die erst 1937 beigelegt wurden. Seit der ersten sowjet. Okkupation (1940) und bes. nach der zweiten (1944) war die Kirche heftigen Verfolgungen ausgesetzt. Sämtliche Klöster wurden aufgelöst, zahlreiche Kirchengebäude verstaatlicht, viele Priester und Bischöfe verschleppt; den Eltern wurde eine religiöse Unterweisung ihrer Kinder untersagt. 1940 gab es 716 kath. Kirchen (davon 38 in Wilna, 17 in Kaunas), 1964 602 (12 in Wilna, 8 in Kaunas). Während der sowjet. Okkupation war die kath. Kirche eine tragende Kraft des Widerstandes. Jetzt erlebt sie eine Renaissance. In einem Restitutionsakt vom 12. 6. 1990 wurde die Selbständigkeit der kath. Kirche wieder anerkannt, auf dieser Grundlage ein Abkommen zwischen Kirche und Staat geschlossen. 1991 wurde die kirchliche Hierarchie neu geordnet. Sie umfaßt jetzt das Erzb. Kaunas mit den Suffr.-Bist. Telšiai (mit der Prälatur Klaipėda [Memel]) und Vilkaviškis sowie die neu errichtete Kirchenprovinz Vilnius mit den Suffr.-Bist. Panevėžys und Kaišiadorys. Zuvor hatte der Hl. Stuhl den til. Teil des auch Gebiete in Weißrußland und Polen umfassenden Erzb. Vilnius verselbständigt und die diplomatischen Beziehungen zu L. wiederhergestellt.

1938 bestanden 55 luth. Gemeinden mit 30 000 lit., 26 000 dt. und 14 000 lett. Gläubigen. Die erste aus von Laien gewählten Pastoren bestehende Synode fand 1919 in Kaunas statt. Seit 1920 wurden getrennte Synoden für Litauer, Deutsche und Letten einberufen. Die Calvinisten zählten 15 000 Gläubige in 13 Gemeinden. Ihre erste Synode fand 1919 statt. 1925–36 gab es an der Universität Kaunas eine ev.-theologische Fakultät. – 1938 belief sich die Zahl der Juden auf 168 000. Ende 1939 kamen weitere 70 000 aus dem Wilnagebiet hinzu.

Ende 1989 wurde in die Verfassung (der noch Sozialistischen Sowjetrepublik) die Gewissens- und Religionsfreiheit aufgenommen, der Religionsunterricht in den Schulen wieder zugelassen, im Febr. 1990 vom Parlament die Rückgabe kirchlicher Gebäude beschlossen.

Während es 1919 nur etwa 900 Grundschulen gab, war ihre Zahl bereits 1929/30 auf 2368 angestiegen (davon 2158 lit., 122 jüdische, 25 poln., 16 dt., 13 russ., 7 lett. und 45 gemischte), bis 1940 auf 2743. 1919 bestanden 38 höhere Schulen, 1937/38 31 staatliche und 29 private Gymnasien. Auf 6 Klassen Grundschule folgten 7 Klassen Gymnasium verschiedener Richtung. Seit 1936 wurde Französisch statt Deutsch erste Fremdsprache in den neusprachlichen Gymnasien. 1922 übernahm L. die Universität Wilna (die 1918 wiedereröffnet werden sollte, dann aber als polnische ins Leben gerufen worden war) und verlegte einige Fakultäten von Kaunas dorthin. Daneben gab es 8 Hochschulen. Durch die sowjet. Besatzung wurden 1940 1089 Lehrer verschleppt, die jüdischen Schulen geschlossen, lit. Bücher eingestampft, Kunstschätze verwüstet oder nach Moskau transportiert, 1943 von der deutschen Besatzung die Universitäten, Hochschulen und Lehrerseminare geschlossen. Seit 1944/45 wurde das Bildungssystem in Etappen dem sowjet. angeglichen und 1946 nach sowjet. Muster eine Akademie der Wissenschaften mit 3 Abteilungen in Wilna gegründet. In den kommenden Jahren soll das gesamte Bildungssystem neu strukturiert werden, teilweise in Angleichung an die Zeit zwischen den Weltkriegen, teilweise an das in den westeurop. Ländern.

LITERATUR

Zu I, IV, V:
The Baltic States. A Reference Book. Tallinn, Riga, Vilnius 1991. – K. **Ludwig,** Das Baltikum. Estland, Lettland, L. München 1991. – R. **Götz,** U. **Halbach,** Daten zur Geographie, Bevölkerung, Politik und Wirtschaft der nichtruss. Republiken der UdSSR. Köln 1991 (Sonderveröff. des Bundesinst. für ostwiss. und internationale Studien). – Economic Survey of the Baltic States. The Reform Process in Estonia, Latvia and Lithuania. London 1992.

Zu II:
P. **Klimas,** Der Werdegang des Lit. Staates. Berlin 1919. – M. **Hellmann,** Grundzüge der Geschichte L.s und des lit. Volkes. Darmstadt 1966, ⁴1990. – G. **Rhode,** L. vom Kampf um seine Unabhängigkeit bis zur Gründung der Sowjetrepublik 1917–1944, in: HdEurG. Bd. 7/2. 1979, 1062 ff. – Die Balt. Nationen. Estland, Lettland, L. Hg. B. **Meissner.** Köln 1990, ²1991.

Zu III:
P. **Klimas,** Der Werdegang des Lit. Staates. Berlin 1919. – J. **Robinson,** Der lit. Staat und seine Verfassungsentwicklung, in: JöR N. F. 16 (1928) 132 ff. – H. **Meyer,** Die Entwicklung des lit. Verfassungsrechts, in: Zs. für osteurop. Recht N. F. 5 (1938/39) 235 ff. – Das Recht der besetzten Ostgebiete. Estland, Lettland, L., Weißruthenien und Ukraine. Hg. A. **Meyer.** München 1943. – B. **Meissner,** Die Sowjetunion, die balt. Staaten und das Völkerrecht. Köln 1956. – L. **Schutz,** Die Entwicklung des Verfassungsrechts in den balt. Staaten Estland, Lettland, L. seit 1940, in: JöR N. F. 12 (1963) 295 ff. – **Ders.,** Verfassungsentwicklung der balt. Unionsrepubliken, in: Bundesstaat und Nationalitätenrecht in der Sowjetunion. Hg. F.-Chr. Schroeder, B. Meissner. Berlin 1974, 97 ff. – H.-J. **Uibopuu,** Die Verfassungs- und Rechtsentwicklung der balt. Staaten 1988–1990, in: Berichte des Bundesinst. für ostwiss. und internationale Studien. Köln 1990, Nr. 61. – Die Balt. Nationen. Estland, Lettland, L. Hg. **Meissner.** Köln 1990, ²1991.

Zu VI:
R. **Wittram,** Balt. Kirchengeschichte. Göttingen 1956. – Lietuviu enciklopedija. Hg. V. **Maciūnas.** Bde. 15 und 35. Boston 1968. – Lietuviškoji tarybinė enciklopedija. Hg. J. **Zinkus.** Wilna 1976 ff. – V. St. **Vardys,** The Catholic Church, Dissent and Nationality in Lithunia. Boulder (Col.) 1978. – Šiuolaikinė Katalikybė: Filosofija, ideologija, politika. Hg. **Gaidys u. a.** Wilna 1981. – La cristianizzazione della Lituania. Hg. P. **Rabikauskas.** Vatikanstadt 1989. – M. **Kleibrink,** Die kath. Kirche im Baltikum, in: Acta Baltica 25/26 (1989) 29 ff. – F. **Scholz,** Die Literaturen des Baltikums. Ihre Entstehung und Entwicklung. Opladen 1990. – E. **Benz,** Die Kirchen und die Unabhängigkeitsbestrebungen in L. und Lettland, in: Informationen und Berichte. Hg. Albertus-Magnus-Kolleg Königstein. 1991, H. 7, 8 ff. – **Ders.,** Neue Freiheit nach langer Unterdrückung. Die Kirchen in den balt. Staaten, in: HK 46 (1992) 33 ff.

Jörg Stadelbauer (I, IV, V), *Boris Meissner* (II, III),
Friedrich Scholz (VI)

LUXEMBURG

Amtlicher Name	Großherzogtum Luxemburg Grand-Duché de Luxembourg Grousherzogdem Letzebuerg
Staatsform	parlamentarisch-demokratische, konstitutionelle Erbmonarchie
Hauptstadt	Luxemburg (Luxembourg, 76 600 E.)
Fläche	2586 km^2
Bevölkerung	378 400 E. (1989; VZ 1981: 365 000). – 146 E./km^2
Sprache	Französisch, Deutsch und Letzebuergisch als „amtliche" Arbeitssprachen; Französisch als Gesetzessprache
Religion	Katholiken rd. 95%; Protestanten 3900
Währung	1 Luxemburgischer Franc (lfr) bzw. Franc luxemburgeois (Flux) = 100 Centimes

I. Naturräumliche Voraussetzungen

L. grenzt im W und N an ↗Belgien, im O an ↗Deutschland, im S an ↗Frankreich. Es hat Anteil v. a. an zwei großen naturräumlichen Einheiten: Mit seinem nördl. Landesteil, dem *Ösling,* gehört es zu den Hochardennen, dem westl. Ausläufer des Rheinischen Schiefergebirges. Es ist ein Plateau mit einem Hauptniveau von 500–550 m ü. d. M., dessen Untergrund aus Sandsteinen und Schiefern aufgebaut ist. Die Flüsse entspringen flachen Quellmulden und haben sich (z. B. *Our* und *Sauer),* Mäander bildend, tief eingeschnitten. Dadurch ist das Plateau stark gegliedert. Der natürliche Buchenbestand wird auf aufgegebenen landwirtschaftlichen Flächen mit Fichten durchsetzt. In fünf deutlichen Niveaus erfolgt der Übergang zum *Gutland,* einem offenen Stufenland, das zum Schichtstufensystem des Pariser Beckens gehört. Die aus dem Schichtwechsel präparierten Folgen von Ebenheiten und Stufen reichen bis zur Landmarke der Doggerstufe im S. Deren Minette-Lagerstätten bildeten die Basis der luxemburg. Eisen- und Stahlindustrie. Ein kleinerer, eigenständiger Naturraum ist das *Moseltal* mit seinen Weinbergen.

Das *Klima* ist dem maritim-kontinentalen Übergangstypus zuzuordnen. Die Winter sind lang und kühl (mittlere Jan.-Temperatur 0° – 1° C, Julimittel um 17–18 °C). Aufgrund der Exposition fallen im Gutland um 1000 mm Niederschlag/Jahr, im Ösling 800–950 mm, durch Leewirkung im Moseltal nur 700 mm.

II. Historische und politische Entwicklung

Keimzelle der Stadt und des Großherzogtums L. war die „Lützelburg". Die Gft. L. erwarb im 12. und 13. Jh. umfangreiche Gebiete. Seit 1308 stellten die Luxemburger dt. Könige und Kaiser und herrschten seit 1311 auch als Könige in Böhmen. *Karl IV.* erhob L. 1354 zum Herzogtum, das 1441/43 an Burgund, mit diesem 1477 an die Habsburger fiel (1555 an deren span. Linie). 1659 mußte L. im *Pyrenäenfrieden* die lothring. Gebiete an Frankreich abtreten. 1684–97 unterstand ganz L. frz. Herrschaft, war seit 1714 wieder habsburgisch (Teil der österr. Niederlande) und wurde 1795 durch das revolutionäre Frankreich als „Wälderdepartement" annektiert.

Auf dem Wiener Kongreß wurde L. 1815 als autonomes Großherzogtum konstituiert, in Personalunion mit den Niederlanden, aber als Mitglied des Dt. Bundes. Sein Gebiet betrug nur noch 1/4 des früheren Herzogtums. Östliche Gebiete verlor es an Preußen. Die Hst. L. wurde Bundesfestung mit preuß. Besatzung. 1839 kam der französischsprachige Teil als Provinz L. an das Kgr. Belgien. Der deutschsprachige Teil erhielt 1841 eine eigene (landständische) Verfassung. Nach der Auflösung des Dt. Bundes (1866) wurde L. unabhängig, aber zur Neutralität verpflichtet (*Londoner Vertrag* vom 11. 5. 1867). 1868 erhielt es eine parlamentarische Verfassung (vgl. III), 1890 mit *Adolf v. Nassau-Weilburg* eine eigene Dynastie. 1842–1919 gehörte L. dem Dt. Zollverein an. In beiden Weltkriegen wurde es unter Verletzung seiner Neutralität von Deutschland besetzt. Im II. Weltkrieg wurden 12% der arbeitsfähigen Bevölkerung deportiert, ca. 12 000 Luxemburger in die Dt. Wehrmacht zwangsrekrutiert. Schwere Schäden erlitt der N noch Ende 1944 durch die dt. Ardennen-Offensive.

Die Erfahrungen der Weltkriege veranlaßten L., seine Sicherheit künftig in Bündnissen zu sehen. 1948 beendete es die Neutralität und trat 1949 der NATO bei.

Nachdem L. und Belgien bereits am 25. 7. 1921 auf 50 Jahre eine Zoll- und Handelsunion geschlossen hatten (UEBL, 1972 und 1982 um jeweils 10 Jahre verlängert), gründeten L., Belgien und die Niederlande nach dem II. Weltkrieg die Benelux-Union (seit 1. 1. 1948 als Zollunion, seit 1. 1. 1960 als Wirtschaftsunion in Kraft).

L., 1945 Gründungsmitglied der UN, wurde 1949 Mitglied des Europarates, 1951 der EGKS, 1954 der WEU. Mit der Wahl der Stadt L. zum Sitz der Hohen Behörde wurde der Grundstein dafür gelegt, daß sie zu einer der „europäischen Hauptstädte" (gleichrangig neben Brüssel und Straßburg) avancierte, was 1957 durch Beitritt zur EWG und zu EURATOM unterstrichen wurde (die Verfassungsänderung von 1956 ermöglichte dies), ebenso als Sitz des Gerichtshofs der EG (1958) und des Sekretariats des Europäischen Parlaments.

Stärkste Partei der Nachkriegszeit ist die „Christlich-Soziale Volkspartei" (CSV), die – ausgenommen 1974–79 – den Regierungschef stellte, in Koalition mit der „Demokratischen Partei" (DP), 1964–68 und seit 1984 mit der „Luxemburgischen Sozialistischen Arbeiterpartei" (LSAP). 1974–79 bestand eine Koalition aus LSAP und DP unter *Gaston Thorn* (DP), dem entschiedenen Verfechter der europ. Integration (1981–84 Präs. der EG-Kommission). 1956–74 und 1979–84 war *Pierre Werner* (CSV) Regierungschef. Der von ihm 1970 im Auftrag des Rats der EG vorgelegte Bericht *(Werner-Plan)* hatte die stufenweise Verwirklichung der Wirtschafts- und Währungsunion zum Inhalt. Min.-Präs. ist seit 1984 *Jacques Santer* (CSV).

III. Verfassung, Recht, Verwaltung

Nach der Verfassung vom 17. 10. 1868 (mehrfach geändert, zuletzt 1983) ist das Großherzogtum L. eine konstitutionelle Erbmonarchie. Die staatliche Organisation sieht Gewaltenteilung vor, jedoch ist nur die Judikative vollständig von den übrigen Gewalten unabhängig. Der Großherzog (1919–64: Großherzogin *Charlotte,* seit 1964: *Jean)* ist das *Staatsoberhaupt.* Zusammen mit der Regierung hat er die Exekutivgewalt inne (System der doppelten Exekutive). Er vertritt das Land nach außen, hat das Recht zur Einberufung und

Auflösung der Deputiertenkammer, zur Gesetzesinitiative, das Verordnungsrecht und ein Vetorecht bei Gesetzen. Seine Person gilt als unverletzlich und kann politisch nicht verantwortlich gemacht werden. Jede seiner verfassungsrechtlichen Maßnahmen muß von einem Minister gegengezeichnet werden, damit von diesem politisch verantwortet werden. Das Recht des Großherzogs, die Regierung zu ernennen, wird dadurch begrenzt, daß diese ihre Politik mehrheitlich in der Kammer absichern muß. Faktisch übt der Großherzog in politischen Fragen große Zurückhaltung.

Der *Staatsrat* (21 vom Großherzog auf Lebenszeit ernannte Mitglieder, dazu Angehörige der Dynastie) ist beratendes Organ. Zu Gesetzesvorlagen muß er – vor Behandlung in der Kammer – Gutachten abgeben.

Die *Deputiertenkammer* übt mit dem Großherzog die Legislative aus. Die Abgeordneten werden auf 5 Jahre nach dem Verhältniswahlrecht gewählt (aktives Wahlrecht ab dem 18. Lebensjahr mit Wahlpflicht bis zum 60. Jahr, passives Wahlrecht ab dem 21. Lebensjahr). Gegenüber der Regierung kann die Kammer v. a. mit dem Budgetrecht Kontrolle ausüben. Ein Mißtrauensvotum ist rechtlich unverbindlich. Der Großherzog kann die Kammer für 1 Monat vertagen; löst er sie auf, muß sie binnen 3 Monaten neu gewählt werden.

Verwaltung: L. ist in 3 Distrikte (L., Grevenmacher, Dietkirch), 12 Kreise (Kantone) und 126 Gemeinden gegliedert. Die Interessen der Gemeinden werden unter der Oberaufsicht der Zentralgewalt durch den auf 6 Jahre gewählten Gemeinderat wahrgenommen. Die Zuständigkeiten der Gemeinden beziehen sich auf die inneren Angelegenheiten. Zur Wahrung der gesamtstaatlichen Interessen hat der ordentliche Gesetzgeber aber erhebliche verfassungsrechtliche Einwirkungsmöglichkeiten. Der Bürgermeister, der nicht Verwaltungschef ist, wird vom Großherzog ernannt.

Grundlage der *Rechtsordnung* sind die – nur geringfügig veränderten – Napoleonischen Gesetzbücher. Die ordentliche *Gerichtsbarkeit* ist gegliedert in Friedensgerichte (in den Kantonalstädten), 2 Bezirksgerichte (in Luxemburg und Dietkirch) für Zivil-, Handels- und Strafsachen und als Berufungsinstanz für die Friedensgerichte sowie in den Obergerichtshof. Dieser ist Berufungsinstanz für die Bezirksgerichte und Kassationshof für die Urteile letzter Instanz.

IV. Bevölkerungs- und Sozialstruktur

Während im Ösling nur niedrige Dichtewerte zu beobachten sind, ist das Gutland (68% des Landes) als der gewichtigere Siedlungs- und Wirtschaftsraum dichter besiedelt. In der hier gelegenen Hst. L. lebt allein 1/5 der Gesamtbevölkerung. 1821–1988 hat die Gesamtbevölkerung um 64% zugenommen. Hauptgründe dafür sind die Industrialisierung im 19. bis zur Mitte des 20. Jh. (1821: 134 000 E.; 1947: 291 000 E.), nach dem II. Weltkrieg der Ausbau der Hst. zu einem der Verwaltungszentren der EG und zu einem internationalen Bankplatz. In beiden Phasen sind erhebliche Ausländerzuwanderungen bedeutsam. Der Ausländeranteil ist 1947–88 kontinuierlich gestiegen (von 10 auf 27%). Die Ausländer sind mit einer Geburtenziffer von 13 ‰ und einer Sterbeziffer von 4 ‰ im Vergleich zu den Luxemburgern (1988: je 11 ‰) die generativ dynamischere Gruppe. Waren früher v. a. die Industrien im S Zielgebiet der Wanderungen, ist es nun die Hauptstadt, die damit auch den größten Zuwachs aufweist. Das Industriegebiet im S bleibt hinter dem Landesdurchschnitt zurück, und der Ösling verliert an Bevölkerung. 67% der Bevölkerung leben in städtischen Siedlungen, fast die Hälfte in den zehn größten Städten. In der *Altersstruktur* ist der Anteil der unter 15jährigen (16,8%) größer als der der über 65jährigen (13,5%).

Die *Haushaltsstruktur* ist gekennzeichnet durch ein Überwiegen der 1- bis 2-Personenhaushalte (1986: 52,2%), während der Anteil der Haushalte mit 4 und mehr Personen nur 27,6% beträgt. Sie entspricht damit in etwa dem Durchschnitt der EG-Länder. Die *Familienstruktur* ist in den 80er Jahren durch ein leichtes Absinken der Eheschließungen (1980–87: von 5,9 auf 5,3 je 1000 E.) und durch einen stärkeren Anstieg der Ehescheidungen (1980–87: von 16 auf 20 je 10 000 bestehender Ehen) gekennzeichnet.

Erwerbsstruktur. Waren im letzten Viertel des 19. Jh. noch rd. 60% der Erwerbstätigen in Land- und Forstwirtschaft beschäftigt, so 1988 nur noch 3,7%. In der Industrie sind 32,6% beschäftigt. Der hohe Anteil an Erwerbstätigen im Dienstleistungssektor (63,8%) unterstreicht den Einfluß des internationalen Standorts. Etwa 4% der Beschäftigten sind internationale Beamte und 12% Grenzpendler.

Die Stadt L. nimmt die Funktionen eines Oberzentrums wahr, Esch an der Alzette kann als Sekundärzentrum angesehen werden. Neben diesen wichtigeren zentralen Orten bestehen nur kleinere Städte mit Funktionen in Verwaltung, Handel oder Fremdenverkehr. Der aus anderen Ländern bekannte sozialökonomische Funktionsverlust alter Stadtzentren, der mit dem Wachstum der Umlandgemeinden einhergeht, gilt auch für Luxemburg.

L. besitzt ein umfassend ausgebautes *soziales Sicherungssystem*, das dem in Deutschland ähnlich ist.

V. Wirtschaft

Für die wirtschaftliche Entwicklung des marktwirtschaftlich orientierten Landes, das über keine Kohle-, aber Erzlager mit geringem (20–35%) Fe-Gehalt verfügt, war das Thomasverfahren entscheidend, das ab 1877 im großen Umfang die Verarbeitung der phosphathaltigen Minetteerze ermöglichte. Die als Nebenprodukt anfallende Thomasschlacke wurde exportiert, mußte aber auch verbilligt an die Landwirtschaft für umfangreiche Kultivierungsarbeiten im Ösling abgegeben werden. Die eisenschaffende und -verarbeitende *Industrie* (v. a. ARBED-Konzern), die um Esch an der Alzette, Düdelingen, Differdingen und Rodingen ein Industriegebiet ausbildete, hat lange Zeit die wirtschaftliche Struktur L.s geprägt. Noch 1970 war sie mit fast 60% an der industriellen Wertschöpfung beteiligt, derzeit (1987) sind es weniger als 1/3. 1982 wurde die Erzförderung stillgelegt. Eisenerz und Koks wurden nun aus dem Ruhrgebiet, auch aus Belgien und dem Saarland importiert. Wichtige Beiprodukte der Stahlerzeugung sind Schlackedünger und Elektrizitätsgewinnung.

Erst in den 1960er Jahren wurde mit der Diversifizierung der *industriellen Produktion* begonnen, um die durch die Schwerindustrie gegebene wirtschaftliche Verwundbarkeit (Stahlkrise 1975) zu mindern. Neue Arbeitsplätze in der chemischen Industrie, der Reifen-, Kunststoffaser- und Zigarettenherstellung entstanden, v. a. mit amerikan. Kapital. Von gewisser Bedeutung sind ferner die Textil-, Keramik- und Lebensmittelbranchen. Der Anteil der Industrie sowohl an den Erwerbstätigen als auch am Sozialprodukt (34,1%) ist gesunken.

L. als Sitz zentraler Einrichtungen der EG, aber auch seine Bedeutung als Bankplatz machten den *tertiären Sektor* zum wichtigsten Wirtschaftsbereich. Sein Anteil an der Wertschöpfung beträgt rd. 64% (1987).

Von untergeordneter Bedeutung ist die *Landwirtschaft* (Anteil am Sozialprodukt 1986: 2,6%). Die Zahl der Betriebe nahm seit Gründung der EWG um 60%

ab. Von den noch (1987) ca. 3600 Betrieben (v. a. Rinder- und Schweinezucht) haben ca. 75% über 10 ha. Der Weinbau an der Mosel hat sich in den letzten Jahrzehnten von Verschnittweinen auf Qualitätsweine umgestellt.

Der *Staatshaushalt,* 1980–83 noch leicht defizitär, weist seit 1984 dank kräftig gestiegener Einnahmen einen positiven Finanzierungssaldo aus. – Bei einer negativen *Handelsbilanz* ergibt sich (1988) eine aktive *Zahlungsbilanz.*

L. besitzt keine eigene Notenbank. Die *Währungspolitik* wird von Belgien und dessen Notenbank bestimmt. Die „Caisse d'Épargne de l'État" und die „Banque Internationale à Luxembourg" haben aber das Privileg, Münzen und Banknoten bis 100 lfrs auszugeben.

L. hat eine insgesamt gesunde Wirtschaftsstruktur und -entwicklung. Das BSP/E. liegt an der Spitze, die Arbeitslosenquote ist die geringste (Durchschnitt 1980–88: 1,4%) der EG-Staaten. Die Inflationsrate ist 1982–87 kontinuierlich gesunken (von 9,4 auf - 0,1%), seitdem aber wieder angestiegen.

Verkehr. Die Eisenbahn war Voraussetzung für die Industrie des Landes. 1945 entstand aus drei Gesellschaften die heutige Staatsbahn (CFL), an der auch die belg. und die frz. Staatsbahn beteiligt sind. Das Schienennetz ist (1987) 270 km lang (davon 162 km elektrifiziert). Ein rd. 5000 km langes *Straßennetz,* davon rd. die Hälfte Staatsstraßen (64 km Autobahnen), ist die Grundlage für eine relativ hohe PKW-Dichte (443 PKW/1000 E.) und LKW-Dichte (27 LKW/1000 E.). L. ist Standort internationaler Speditionen. Über die seit 1964 kanalisierte Mosel hat die *Binnenschiffahrt* Verbindung zu den über den Rhein erschließbaren Schiffahrtswegen. Sie konnte den Transport einiger Massengüter von der Schiene abziehen. Der *Luftverkehr* (internationaler Flughafen L.-Findel) hat in kurzer Zeit erheblich an Bedeutung für den Personen- und Frachtverkehr gewonnen, v. a. durch eine nicht an die IATA gebundene Preispolitik.

VI. Kultur, Religion, Bildung

Die Verfassung garantiert freie Religionsausübung. Gehälter und Pensionen der Kultusdiener trägt der Staat. Die röm.-kath. Bevölkerung (ca. 97% der einheimischen Bevölkerung) gehört zum Bistum L. (1870 errichtet, seit 1908 exemt). Der Bischof wird nur dann Staatsbeamter, wenn er in L. geboren ist. Die ev. Kirche, aus der preußischen Militärgemeinde hervorgegangen und zunächst der Weimarer Landeskirche angeschlossen, ist seit 1894 vom Staat unabhängig.

In L. besteht Schulpflicht für alle 6–15jährigen Kinder (6 Klassen Primärunterricht, danach 3 Komplementarklassen). Alle 5jährigen luxemburg. Kinder müssen seit 1976 die Vorschule besuchen. Die öffentlichen Schulen gewähren Lernmittel-, Schulgeld- und Transportmittelfreiheit, kostenlose Unfallversicherung und schulmedizinische Betreuung. In der 1. Klasse wird in Deutsch unterrichtet, ab der 2. Klasse auch in Französisch, an den Gymnasien (6 Jahre und vorausgehende Orientierungsklasse) weitgehend in Französisch. Das „Letzeburgesche", ein westfränkischer Dialekt, wurde durch Ges. vom 24. 2. 1984 zur „Nationalsprache" erklärt. L. besitzt keine voll ausgebaute Universität. Seit 1969 werden bestimmte ausländische Vollstudiengänge anerkannt. Einige Berufe müssen ein Zusatzstudium absolvieren, das die Landesspezifika berücksichtigt.

In L. erscheinen 5 (gemischtsprachige) Tageszeitungen. Radio Luxembourg und Radio-Télé Luxembourg (RTL) sind Privatbetriebe, die in mehreren Sprachen weite Teile Europas abdecken.

LITERATUR
A. **Calmes,** Histoire contemporaine du Grand-Duché de Luxembourg. 5 Bde. Luxemburg 1932–1957. – P. **Majerus,** Das Staatswesen im Großherzogtum L. Luxemburg 1970. – Atlas du Luxembourg. Hg. Ministère de l'Education nationale. Luxemburg 1971. – R. **Riley,** G. **Ashworth,** Benelux. An Economic Geography of Belgium, the Netherlands and Luxembourg. London 1975. – H. **Hambloch,** Die Beneluxstaaten. Darmstadt 1977. – F. **Hoffmann,** Sprachen in L. Wiesbaden 1979. – M. **Veit,** L. Heroldsberg 1979. – P. **Majerus,** Les institutions de l'Etat luxembourgeois. Mise à jours par M. Majerus. Luxemburg 1982. – D. **Oberesch,** Die wirtschaftl. Integration der Benelux-Staaten. Köln 1983. – P. **Dosterst,** L. zwischen Selbstbehauptung und nationaler Selbstaufgabe. Die deutsche Besatzungspolitik und die Volksdeutsche Bewegung 1940–1945. Luxemburg 1985 (Diss. Freiburg i. Br. 1984). – N. **Lepszy,** W. **Woyke,** Belgien, Niederlande, L. Politik, Gesellschaft, Wirtschaft. Opladen 1985. – J. **Nottrot,** L. Beitr. zur Stadtgeographie einer europäischen Hauptstadt und eines internationalen Finanzplatzes. Innsbruck 1985. A. **Pauly,** Les cultes au Luxembourg. Un modèle concordataire. Luxembourg 1989. – Studia Luxemburgensia. FS H. Stoob zum 70. Geb. Hg. F. B. **Fahlbusch,** P. **Johanek.** Warendorf 1989. – M. **Erbe,** Belgien, Niederlande, L. Geschichte des niederländischen Raumes. Stuttgart 1990.
Periodica:
Annuaire statistique du L. Hg. STATEC Luxembourg, Luxemburg. – Bull. du STATEC. Hg. STATEC. Luxemburg N.S. [vorher u. d. T.: Bull. statistique]. – Annuaire officiel d'administration et de législation. Hg. Ministère d'état. Service central de législation. Luxemburg. – Stat. Jb. Regionen. Hg. Stat. Amt der Europäischen Gemeinschaften. Luxemburg [vorher unter verschiedenen Titeln].
Bibliographie:
Bibliographie Luxembourgeoise. 1944 ff. Luxemburg

Ulrich Ante

MALTA

Amtlicher Name	Repubblika T'Malta Republic of Malta (Republik Malta)
Staatsform	Republik im Commonwealth of Nations
Hauptstadt	Valletta (14 000 E.)
Fläche	316 km²
Bevölkerung	351 300 E. (1989, VZ 1986: 345 418 [davon Malta 319 736; Gozo und Comino 25 682]). – 1111 E./km²
Sprache	Maltesisch und Englisch (Amtssprachen), Italienisch
Religion	Katholiken
Währung	1 Maltesische Lira (Lm) = 100 Cents

Die Republik M., mit den Inseln *M.* (246 km²), *Gozo/Ghawdex* (67 km²), *Comino/Kemmuna* (3 km²) und *Cominotto,* liegt im östl. Teil der Straße von Sizilien, ca. 100 km südl. von dessen Küste, 350 km nördl. von Libyen. Das Relief wird von verkarsteten Kalktafeln (140–250 m ü. d. M.) ohne regelmäßig durchflossenes Gewässernetz gebildet. Die Küsten fallen im W und S kliffartig steil zum Meer ab und verfügen nur über schmale Strände; im NO und SO, wo sich die größte Bucht (Marsaxlokk/Marsa Scirocco) befindet, sind sie flacher.

Das südmediterrane *Klima* wird im Sommer durch den maritimen Einfluß gemildert und garantiert mit Winterregen (Jahresmittelwert 520 mm) und Jan.-

Temp. um 12,5°C günstige landwirtschaftliche Nutzungsbedingungen. Die *Böden* bieten jedoch infolge der historischen Erosionsprozesse, des Wassermangels und der Windgefahren oft eine schwierige Ausgangssituation.

M. ist seit prähistorischer Zeit dicht besiedelt. Es stand später unter der Herrschaft Karthagos, Roms, der Araber, Siziliens, des Johanniter-(Malteser-)Ordens (1522–1798), Frankreichs, schließlich Großbritanniens (Kronkolonie seit 1814) in strategisch günstiger Lage als Stützpunkt im Mittelmeerraum und auf dem Weg in den Nahen Osten. 1947 erhielt M. innere Selbstverwaltung und wurde am 21.9.1964 unabhängig, blieb jedoch Mitglied des Commonwealth. Die Stationierungsverträge für das brit. Militär und die NATO liefen 1967–71 aus. Am 13.12.1974 wurde M. Republik. Politisch lehnte es sich in den 70er Jahren unter der Regierung des Premier-Min. *Dom Mintoff* (Labour Party) an China und andere sozialistische Staaten an und pflegte seit Beilegung des Streits um marine Erdölgebiete (1978) auch gute politische und wirtschaftliche Beziehungen zu Libyen (Freundschaftsvertrag 1984). 1971–87 versuchte die Labour-Regierung innenpolitische Krisen und wirtschaftliche Probleme durch starken Staatseinfluß zu lösen. Nach ihrem Wahlsieg 1987 strebte die Nationalist Party unter Premier-Min. *Edward („Eddie") Fenech Adâmi* eine innere Liberalisierung, außenpolitisch die Anlehnung an Europa (Mitglied im Europarat) und die EG an (Assoziierungsabkommen 1971, Antrag auf Mitgliedschaft), der es sich als Brücke zu den nordafrikan. Märkten empfiehlt. In einem Verfassungszusatz bekräftigte M. 1987 seine Neutralität und Blockfreiheit.

Die *Verfassung* von 1964 (1974 durchgreifend revidiert) garantiert die wichtigsten Grund- und Freiheitsrechte. *Staatsoberhaupt* ist der *Präsident,* auf 5 Jahre vom Parlament gewählt, *Regierungschef* (Premier-Min.) ist der Führer der stärksten Partei im *Einkammerparlament,* das nach Mehrheitswahlrecht (mit Zusatzmandaten für die prozentual stärkste Partei) ebenfalls für 5 Jahre gewählt wird (65 Sitze, ohne Zusatzmandate). Die bestimmenden politischen Kräfte sind die Nationalist Party (Partit Nazzyonalista; 1987: 35 Sitze) und die Malta Labour Party (Partit tal-Haddiema; 34 Sitze).

Das *Recht* ist im Zivilrecht römisch, im öffentlichen Recht stark brit. beeinflußt. Einfache Vergehen werden von Polizeirichtern abgeurteilt. Obergerichte (mit besonderen Berufungskammern) urteilen in schwereren Zivil- und Strafsachen. Außerdem besteht ein Verfassungsgericht.

Die *Bevölkerung* setzt sich ethnisch aus den Nachkommen von Phöniziern, Normannen, Arabern, Spaniern, Italienern, Franzosen und Engländern zusammen. Die relativ konstanten *Geburtenziffern* (16,0 ‰) und *Sterbeziffern* (9,0 ‰) bedeuten eine hohe *natürliche Bevölkerungszunahme* (seit 1967 ca. 10‰). Sie bringt erhebliche Probleme des Arbeitsmarktes sowie der schulischen und beruflichen Ausbildung mit sich. Die *Altersstruktur* läßt jedoch schon eine Verringerung der Altersgruppen unter 25 Jahren erkennen. Die Bevölkerungsdichte ist sehr hoch. Auswanderung und Remigration (Australien, USA, Kanada) gleichen sich seit 1975 weitgehend aus. Der städtische Bevölkerungsanteil liegt mit 95% hoch; allein über 60% wohnen in der Agglomeration um die Hst. Valletta.

Wirtschaft. M. ist noch weitgehend ein Agrarland. Von den 130 km² landwirtschaftlicher Nutzfläche werden ca. 85% im Trockenfeldbau und 5% mit Bewässerung bewirtschaftet, 10% sind Öd- oder Weideland. Die überwiegend kleinbäuerlichen Betriebe (bis 5 ha) verfügen nur über geringe Mechanisierung. Im Zusammenhang mit den schwierigen Bodenverhältnissen kann deshalb die Versorgung mit Grundnahrungsmitteln nicht sichergestellt werden. Die notwendigen Importe können nur zu 10% mit Agrarexporten (Tomaten, Wein, Zitrusfrüchte) bezahlt werden. Auch die Fischerei vermag den heimischen Bedarf nicht zu decken. Die gewerbliche Wirtschaft ist durch die hohen Kosten der Erdölimporte für Stromerzeugung (die künftig auf Kohlebasis erfolgen soll) und Meerwasserentsalzungsanlagen stark belastet. Die verkehrsgeographische Gunstlage soll durch das 1989 beschlossene Großprojekt eines Freihafens in Marsaxlokk für den internationalen Verteilverkehr genutzt werden. Die Leichtindustrie hat mit 40% bereits einen wesentlichen Anteil am Exportvolumen (Textilien, Lederprodukte ca. 40%, seit 1984 zunehmend auch Maschinen, Fahrzeuge und Elemente für Elektrogeräte mit ca. 20%). Die staatliche Werftindustrie Valletta, seit dem Rückzug des brit. Militärs 1979 von Krisen erschüttert, konnte sich nach Errichtung eines Trockendocks stabilisieren und ist heute der größte industrielle Arbeitgeber. Industrieansiedlung erfolgt nach brit. Vorbild in 10 Industrieparks; die Förderung hochentwickelter Technologie steht im Vordergrund. Die Masse der gewerblichen Betriebe ist jedoch handwerklicher Art mit 1–5 Beschäftigten. Der Beitrag des produzierenden Gewerbes (25% aller Beschäftigten in Handwerk, Baugewerbe, Industrie) zum BIP wird auf 30% geschätzt.

Der Tourismus verbessert seit 1980 die Deviseneinnahmen zunehmend (jährlich rd. 800 000 Besucher). Die touristische Infrastruktur soll weiter ausgebaut werden. Der Dienstleistungssektor umfaßt ca. 50% aller Erwerbspersonen – ein für die gesamtwirtschaftliche Entwicklung M.s sehr hoher Bestand – und weist besonders in der Staatsverwaltung einen Überbesatz auf.

Das BSP/E. beträgt nach Weltbankangaben 4100 US-$ (1987), so daß M. zu den Ländern der mittleren Einkommenskategorie zählt. Mit ca. 125 000 offiziell gemeldeten Erwerbspersonen (36% der Gesamtbevölkerung) ist die Erwerbsquote bislang relativ gering.

Kulturell ist M. arab.-brit.-sizilian. geprägt mit zunehmender maltes. Eigenständigkeit. Entsprechend vielgestaltig ist die lat. geschriebene maltes. Sprache auf semitischer Grundlage mit arab., maghrebin., sizilian. und engl. Elementen. Das *Schulwesen* (Schulpflicht vom 6.–16. Lebensjahr) ist staatlich mit stärkerem Anteil privater, meist von der kath. Kirche getragener Schulen und folgt weitgehend engl. Vorbild. Die Analphabetenquote beträgt noch rd. 15%. In Valletta besteht eine Universität. 98% der Bevölkerung sind röm.-kath. (Erzb. Valletta mit Bist. Gozo); die kath. Kirche spielt auch im öffentlichen Leben eine große Rolle. Die laizistische Politik der Labour-Regierungen (Gesetze über die Abschaffung der Privatschulen und über die Nationalisierung der Kirchengüter) führte in der 1. Hälfte der 80er Jahre zu einem schweren Konflikt zwischen Staat und Kirche, der 1985 beigelegt wurde, nachdem der Verfassungsgerichtshof die Gesetze für verfassungswidrig erklärt hatte.

LITERATUR

B. **Nehring**, Die Maltes. Inseln. Tübingen 1966. – I. **Tetzlaff**, M. und Gozo. Köln 1977, ²1988. – E. **Gerada**, C. **Zuber**, M. Paris 1979. – R. **King**, Recent Developments in the Economic Geography of M. Nimwegen 1979. – M. **Vassallo**, From lordship to stewardship. Religion and social change in M. Den Haag 1979. – J.-M. **Miossec**, L'Archipel maltais. Montpellier 1980. – W. **Oeckl**, Kolonialherrschaft contra Selbstbestimmung nach politischer Emanzipation: M. München 1981. – J. R. **Thackrah**, M. (Bibliography). Oxford 1985. – Lber. M. 1987. Stuttgart 1987.

Horst-Günter Wagner

MONACO

Amtlicher Name	Fürstentum Monaco Principauté de Monaco (frz.) Principato di Monaco (it.)
Staatsform	konstitutionelle erbliche Monarchie
Hauptstadt	Monaco-Ville (1 234 E.)
Fläche	1,95 km²
Bevölkerung	ca. 27 000 E. (1987; VZ 1982: 27 000), davon ca. 80% Ausländer (47% Franzosen, 17% Italiener). – 13 846 E./km²
Sprache	Staatssprache: Französisch; Umgangssprachen: Monegasco, Italienisch, Englisch
Religion	ca. 90% Katholiken
Währung	Französischer Franc

Das Fürstentum M. liegt nahe der it. Grenze an der Riviera, umgeben vom frz. Dép. Alpes-Maritimes. Es ist nach der Verf. vom 17.12.1962 eine konstitutionelle Erbmonarchie (Haus *Grimaldi*; seit 1949 Fürst *Rainier III.*). Von den Einwohnern sind ca. 80% Ausländer. Die Hst. M. liegt auf einem ca. 800 m langen, 150 m breiten Felssporn der frz. Seealpen. Um den alten Hafen erstreckt sich die Gemeinde La Condamine, an der Südflanke der Seealpen die Stadt Monte-Carlo. Durch künstliche Aufschüttung wurde die Fläche seit 1959 um 31 ha vergrößert (Anlage des Stadtteils Fontvieille mit Stadion und neuen Hafenanlagen).

Der *Nationalrat* (18 Mitgl., auf 5 Jahre direkt gewählt), das Parlament, besitzt seit der Verf. von 1962 erweiterte Rechte. Die *Regierung* wird unter der Autorität des Fürsten von 1 Staats-Min. (Vorschlagsrecht Frankreichs) und 3 Regierungsräten ausgeübt. Beratende Organe sind der Kronrat, der Staatsrat und der Wirtschaftsrat. – Für die 3 Teilgemeinden M., Monte-Carlo und La Condamine besteht ein gemeinsamer Gemeinderat (16 Mitgl.). – Die *Rechtsordnung* lehnt sich eng an die französische an. Die Rechtsprechung erfolgt auf der Grundlage des „Code Louis" von 1919. Außenpolitisch wird M. durch Frankreich vertreten. M. ist nicht Mitglied der UN, aber mehrerer UN-Sonderorganisationen.

Um 600 v. Chr. legten die Phönizier einen Hafen an, der in der Römerzeit (Herculis Monoeci portus) ausgebaut wurde. Als eigenes Territorium tritt M. erst im Hoch-MA in Erscheinung. 1191 wurde den Genuesern der Besitz von M. als Gegenleistung für dessen eigene Territorialinteressen in Italien bestätigt. Während des Kampfes zwischen Guelfen und Ghibellinen wurde M. im 13. Jh. ein Stützpunkt der Kirchenpartei der Guelfen. Deren Repräsentant, der Genueser Adelige *Francesco Grimaldi*, übernahm 1297 Monaco. Die Grimaldi lösten sich später von Genua und regierten ab 1454 in M., seit 1641 mit Unterbrechungen unter dem Schutz Frankreichs. 1659 nahm *Onorato II. Grimaldi* den Fürstentitel an (seit 1731 Linie *Goyon de Matignon-Grimaldi*). 1792 sprachen sich die Bürger für eine Republik und den Anschluß an Frankreich aus. 1815 wurde das Fürstentum wiederhergestellt, dessen Schutz 1861 wieder Frankreich übernahm, das dafür die Städte Rocquebrune und Menton erhielt (Schutzvertrag zuletzt 1953 erneuert). Bei Aussterben der Grimaldi fällt M. an Frankreich.

Unter Fürst *Carlo III.* erfolgte seit 1862 die Anlage Monte-Carlos, 1863 die Gründung einer Aktiengesellschaft, die auch die Konzession für die Spielbank erhielt. Damit begann der boomartige Aufschwung M.s, das als einer der reichsten Staaten Europas gilt. Da M. keine direkten Steuern erhebt, ist es ein „Steuerparadies" für Reiche aus ganz Europa. Die Haupteinnahmen des Staates stammen aus dem Tourismus (hohe Umsatzsteuer), dem Verkauf von Briefmarken, dem Tabakmonopol, nur noch zum geringen Teil aus den Spielbankabgaben. Exportiert werden u. a. Kosmetika, Arzneimittel, elektronische Geräte. M. ist seit 1865 in Zoll-, seit 1925 in Währungsunion mit Frankreich verbunden. Es besitzt eigenes Münzrecht. M. hat Anschluß an das frz. Eisenbahn- und durch die Autobahn entlang der Côte d'Azur an das frz. und it. Straßennetz.

M. verfügt über eine reiche kulturelle Infrastruktur. Berühmt sind das Ozeanographische Museum und die Oper in Monte-Carlo. Es ist Sitz je einer privaten Rundfunk- und Fernsehgesellschaft und der internationalen Rundfunkmissionsgesellschaft „Trans World Radio".

Das *Schulsystem* ist in das frz. integriert. Neben staatlichen Primar- und Sekundarschulen bestehen Privatschulen. – Die Bevölkerung ist ganz überwiegend katholisch. Seit 1887 hat M. ein eigenes Bistum (seit 1981 Erzbistum).

LITERATUR

G. **Handely-Taylor,** Bibliography of M. London 1968. – J. **Hermitte,** Fonction d'accueil et developpement dans la principauté de M., in: Acta Geographica 2 (1970) 86 ff. – J.-B. **Robert,** Histoire de M. Paris 1973. – M. **Veit,** M. wächst durch Landgewinnung, in: ZfWgeogr 17 (1973) 81 ff. – J.-J. L. **Tur,** Les micro-états européens – M., Saint-Marin, Liechtenstein. Paris 1975. – A. L. **Sanguin,** La retraction territoriale et l'enserrement de la Principauté de M., notes de Géographie Politique, in: Mediterranée 1 (1980) 151 ff. – M. – Côte d'Azur, in: Merian 34 (1981) H. 5.

Alfred Pletsch

NIEDERLANDE

Amtlicher Name	Koninkrijk der Nederlanden (Königreich der Niederlande)
Staatsform	Parlamentarische Monarchie
Hauptstadt	Amsterdam (696 500 E.)
Regierungssitz	Den Haag (444 000 E.)
Fläche	41 864 km²
Bevölkerung	15 Mio. E. (1990; VZ 1971: 13 060 115). – 358 E./km²
Sprache	Niederländisch, Friesisch (in der Prov. Friesland) als Amtssprachen
Religion	Katholiken 36%; Protestanten 26%; Muslime rd. 2%; Konfessionslose 35%
Währung	1 Holländischer Gulden (hfl) = 100 Cents

I. Naturräumliche Voraussetzungen

Die N. liegen im W ↗Europas an der Nordsee und im Mündungsbereich von *Rhein, Maas* und *Schelde.* Über diese schiffbaren Flüsse sind sie mit dem Hinterland verbunden. Gemeinsame Grenzen haben die N. im O mit ↗Deutschland, im S mit ↗Belgien. 27% des Landes liegen unter dem Meeresspiegel. Seine naturräumlichen Einheiten sind durch das nordische Eis im Pleistozän und das Meer in der Nacheiszeit entstanden. Die Saaleeiszeit bedeckte die nördl. N. und hinterließ eine Grundmoränendecke, die stellenweise von mächtigen Stauwällen umkränzt ist. Nach S lagern sich von Rhein und Maas aufgebaute Schotterplatten mit Decksandauflagen an. Diese wie auch die nördl. Altmoränenareal wurden von der nachfolgenden Weichseleiszeit nicht mehr erreicht, wohl aber periglazial überformt. Hierbei wurde auf die aus kreidezeitlichen Gesteinen aufgebaute *Limburgische Platte* Löß aufgeweht. Die Sandebene der östl. N. wird von der durch Rhein und Maas gebildeten Schwemmlandebene untergliedert, in der die von Deichen eingefaßten Tieflandflüsse fließen. Die „sandigen" N. tauchen im N und W über eine Flachmoorzone unter die marinen Alluvione des Küstenstreifens. Hinter einem nacheiszeitlichen Strandwall lagerte das Meer Sedimente auf Torf, so daß die ehem. Lagune zugeschüttet wurde. Dieser Strandwall ist heute von einem nahezu geschlossenen, bis zu 5 km breiten und z. T. über 50 m hohen Dünengürtel bedeckt, der wegen seines Süßwasserkörpers für die Bodenkultur besonders wichtig ist. Er setzt sich nach N in den Westfriesischen, nach S in den Seeländischen Inseln fort.

Das früher immer wieder im N und im S eindringende Meer – z. T. durch Landsenkungen begünstigt – erforderte Schutzanlagen, die dann auch der Neulandgewinnung dienten. Im Bereich des offenen Meeres (Nordküste, ehem. Zuidersee, Deltagebiet) unterstützte man die Schlickanlandungen. Hinter dem Dünenwall, wo sich durch natürliche Sackungen, auch durch Torfabbau, flache Seen *(Plassen)* ausgebildet hatten, wurde die für die N. kennzeichnende *Einpolderung* angewandt. Es ist etwa soviel Fläche dem Meer abgerungen und durch Trockenlegung von Seen geschaffen worden, wie seit der Zeitrechnung durch Sturmfluten verloren gegangen war. Das umfänglichste Projekt ist die teilweise Trockenlegung der *Zuidersee.* In dem so geschaffenen *Ijsselmeer* entstanden 1927–68 der *Wieringermeer-Polder,* der *Nordostpolder* sowie die Polder *Ostflevoland* und *Südflevoland* (insgesamt 165 000 ha Neuland). Über die Trockenlegung der *Markerwaard,* deren fertiggestellter Deich eine weitere Straßenverbindung zwischen den westl. und östl. Landesteilen bildet, wurde eine Entscheidung hinausgeschoben. War die Poldernutzung anfänglich für den ländlichen Siedlungsraum und die Agrarwirtschaft bestimmt, treten bei den jüngeren Poldern neben Fragen des Umweltschutzes auch Funktionen als Siedlungs- und Naherholungsräume für die Dekonzentration der Randstad (= Ringstadt) Holland in den Vordergrund. 1986 wurden als zweite große nationale Aufgabe zum Sturmflutschutz die *Deltawerke* fertiggestellt. Mit einem System von Dämmen und Schleusen wurde nach der Sturmflutkatastrophe von 1953 das Rhein-Maas-Schelde-Delta weitgehend abgeriegelt, so daß heute nur noch die Westerschelde (Zufahrt nach Antwerpen) und die Nieuwe Waterweg nach Rotterdam ungeschützt sind, dessen mögliche Sperrwerksicherung derzeit in der Diskussion ist.

Als Mündungsgebiet von Rhein und Maas sind die N. besonders von der Verschmutzung dieser Flüsse betroffen. Da in den 60er Jahren die Wasserversorgung aufgrund der Rheinverschmutzung zunehmend auf die Maas abgestellt wurde, erweist sich nun deren wachsende Schadstoffbelastung als erhebliches Problem.

Das gemäßigte maritime *Klima* mit milden Wintern (im kältesten Monat mit Temperaturen im Mittel um den Gefrierpunkt) und kühlen Sommern (im Mittel um 17°C) zeigt keine großen regionalen Differenzierungen. Vorherrschende westl. und südwestl. Winde bringen Feuchtigkeit, wobei fehlende prägnante Reliefunterschiede eine relativ gleichmäßige Niederschlagsverteilung (Jahresmittel 620–760 mm) begünstigen.

Neben umfangreichen Erdgas- und Erdöllagerstätten finden sich Salzvorkommen in Overijssel und Kalkmergel in Südlimburg. Aufgrund des Mangels an Natursteinen haben Tone und Lehme größere Bedeutung. Die Kohlelagerstätten werden seit 1975 nicht mehr genutzt.

II. Historische und politische Entwicklung

1. Politische Entstehung

Eine gesamtniederländ. politisch-kulturelle Identität entwickelte sich nach der schrittweisen Zusammenfassung der wirtschaftlich früh entwickelten, ehemals lotharingischen Territorien Flandern, Brabant, Hennegau, Namur, Limburg, Holland und Seeland im 14. und 15. Jh. durch die Herzöge von Burgund. Durch Heirat 1477 habsburgisch geworden und später vergrößert, fielen die durch Seehandel und Tuchindustrie wohlhabenden N. 1556 *Philipp II.* von Spanien zu, dessen gegenreformatorische und antiständische Politik 1568 zum Aufstand (seit 1572 unter *Wilhelm v. Oranien*) und 1581 *(Abschwörungsakte)* zur Abspaltung der seit 1579 in der *Utrechter Union* vereinigten sieben prot. Nordprovinzen führte (Holland, Seeland, Utrecht, Geldern, Overijssel, Friesland, Groningen). Ihre Unabhängigkeit von Spanien und Loslösung vom Reich wurden im *Westfälischen Frieden* 1648 formell anerkannt.

2. Aufstieg und Niedergang der See- und Handelsmacht

Während sich die ständische Legislative der *„Generalstaaten"* und die vom städtischen Patriziat eingesetzten Regenten der führenden Provinz Holland lange Zeit in teils blutige Machtkämpfe mit der Statthalterfamilie der Oranier als Inhabern der militärischen Exekutivgewalt verwickelten, stieg die *Republik der Vereinigten Niederlande* wirtschaftlich zeitweise zur führenden See- und Handelsmacht Europas (Vereinigte Ostindische Kompagnie 1602, Westindische Kompagnie 1621) und zur Kolonialmacht in Afrika (Kapland; ↗Südafrika), Mittelamerika (↗Guyana, ↗Niederländische Antillen, ↗Suriname) und Ostindien (↗Indonesien) auf. Nach dem Verlust dieser Rolle an England (Seekriege 1652–54 und 1664–67) sank sie trotz erfolgreicher Verteidigung zu Lande gegen Ludwig XIV. *(Friede von Utrecht* 1713) außenpolitisch zu einer Macht zweiten Ranges herab.

3. Das Königreich der Vereinigten Niederlande

1795 von frz. Revolutionstruppen besetzt und als „Batavische Republik" nach frz. Vorbild neu organisiert, wurden die N. 1806 unter Napoleons Bruder *Louis Bonaparte* Königreich und 1810 von Frankreich annektiert. Der *1. Pariser Vertrag* stellte 1814 ihre Selbständigkeit wieder her und vereinigte sie mit den ehemals österr. Südprovinzen und dem Fürstbistum Lüttich zum „Königreich der Vereinigten Niederlande". Das Experiment dieser Wiedervereinigung scheiterte jedoch an den inzwischen verfestigten konfessionellen, politischen und sprachlichen Gegensätzen zwischen N und S und der starren Innenpolitik Kg. *Wilhelms I.* 1839 mußte dieser die schon 1830 revolutionär erkämpfte, 1831 von den Großmächten bestätigte Unabhängigkeit ↗Belgiens anerkennen, behielt jedoch Limburg, mit dem er (bis 1866) dem Deutschen Bund beitrat, und in Personalunion den Ostteil des Groß-Htm. ↗Luxemburg (bis 1890).

4. Das 19. Jahrhundert

Von neuem in die nun bewußt akzeptierte Rolle eines europ. Kleinstaats mit freilich erheblichem Kolonialbesitz zurückgeworfen, gaben sich die N. unter Führung *Johan Rudolf Thorbeckes* 1848 eine liberale, nach einem Verfassungskonflikt 1866–68 nochmals im Sinne verstärkter Parlamentsbefugnisse revidierte Verfassung. Auseinandersetzungen um Wahlrecht, Konfessionsschulen und Sozialgesetze führten nach 1870 zur Gründung zweier prot. Konfessionsparteien (*Anti-Revolutionäre Partei* und *Christlich-Historische Union*), kath. Wählergemeinschaften (seit 1926 *Römisch-Katholische Staatspartei*) sowie einer am dt. Vorbild orientierten *Sozialdemokratie* (1882/94). Schrittweise Lockerungen des Wahlrechts (1917 allgemeines gleiches Wahlrecht, 1919 auch für Frauen) begünstigten diese Partei, aber auch eine Zersplitterung des Parteiwesens. Außenpolitisch waren die N. 1899 und 1907 Gastgeber der beiden *Haager Friedenskonferenzen*.

5. Weltkrieg und Wirtschaftskrise

Dank ihrer seit 1830 verfolgten Neutralitätspolitik gelang es den N., sich aus dem I. Weltkrieg herauszuhalten. Vorwürfe wegen der Asylgewährung an Ks. *Wilhelm II.* (1918) sowie belg. Territorialforderungen führten in der Nachkriegszeit jedoch zu Spannungen mit Belgien und dessen Alliierten. Seit 1931 zwang die Weltwirtschaftskrise zur Aufgabe der bisherigen Freihandelspolitik. Sie begünstigte außerdem die Entstehung von Protestparteien wie der National-Sozialistischen Bewegung *Anton Musserts,* die (allerdings nur bei den Provinzialständewahlen) 1935 knapp 8% Wählerstimmen erhielt.

6. II. Weltkrieg und deutsche Besetzung

Der unprovozierte dt. Einmarsch am 10.5.1940, die Bombardierung Rotterdams noch nach der Kapitulation am 14. Mai, v. a. aber die Deportation von ca. 100 000 Juden und 300 000 niederländ. Zwangsarbeitern nach Deutschland sowie die Härte der dt. Zivilverwaltung unter „Reichskommissar" *Arthur Seyss-Inquart* führten zu zahlreichen Streiks und anderen Widerstandsaktionen. Zusammen mit den Schrecknissen des letzten Kriegs- und Hungerwinters 1944/45, als dt. Truppen und brit. Luftangriffe weite Teile des Landes unter Wasser setzten und den größten Teil der Industrieanlagen und Verkehrswege zerstörten, hinterließen sie tiefsitzende, bis heute nicht völlig abgebaute Vorbehalte gegenüber Deutschland. Königin *Wilhelmina* und die legitime Regierung des Landes befanden sich 1940–45 im Londoner Exil.

7. Seit 1945

Nach dem Kriege schlossen sich die N. unter Aufgabe ihrer Neutralität der NATO und der WEU sowie der Europabewegung (EG, Europarat) an. Mit Belgien und Luxemburg ergab sich in der bereits 1944 geschlossenen *Benelux-Union* (seit 1948 als Zollunion, seit 1.1.1960 als Wirtschaftsunion in Kraft) eine besonders enge wirtschaftliche und politische Zusammenarbeit. 1948/49 durchgesetzte „Grenzkorrekturen" gegenüber Deutschland (Elten, Selfkant) wurden 1963 im Rahmen des *Deutsch-Niederländischen Ausgleichsvertrages* von 1958 größtenteils wieder rückgängig gemacht.

Innenpolitisch zeigte sich bis Ende der 1970er Jahre eine Tendenz zu gesellschaftlicher Permissivität und zum Wohlfahrtsstaat, zunächst noch unter Beibehaltung der traditionellen, heute aber zunehmend in Frage gestellten „Versäulung", der nach konfessionellen oder ideologischen Gesichtspunkten getrennten, aber parallelen Organisation aller öffentlichen Lebensbereiche gesellschaftlicher Gruppen (vgl. VI). Die drei konfessionellen Parteien schlossen sich nach starken Stimmenverlusten 1973/80 zum *Christlich-Demokratischen Appell* (CDA) zusammen, während die Sozialdemokratie sich 1946 mit kleineren linkskath. und prot. Gruppen zur *Partei der Arbeit* (PvdA) verbunden hatte. Soziale Probleme ergaben sich v. a. aus dem Verlust Niederländisch-Indiens (1945; ↗Indonesien II), aus der dadurch verursachten Einwanderung ehem. Kolonialbewohner und der wirtschaftlichen Umstrukturierung seit 1960 (u. a. Aufgabe des niederländ. Bergbaus). – Staatsoberhaupt ist Königin *Beatrix*, die ihrer Mutter, Königin *Juliana* (seit 1948), 1980 auf den Thron gefolgt war. Seit 1989 amtiert eine Regierung der Großen Koalition aus CDA und PvdA unter Min.-Präs. *Rudolphus F. M.* (Ruud) *Lubbers* (CDA).

III. Verfassung, Verwaltung, Recht

1. Grundlagen

Die geltende Verfassung („Grondwet") trat am 17.2.1983 in Kraft. Sie ist das Ergebnis einer Totalrevision der Verfassung von 1815, hält aber im wesentlichen an der niederländ. Verfassungstradition fest. Neu ist ein vorangestellter Grundrechtskatalog. Die Verfassung beschränkt sich auf knappe Grundregeln und überläßt alles weitere dem Gesetzgeber. Für die außereurop. Teile des Königreiches (↗*Niederländische Antillen* und *Aruba*) gilt sie nur subsidiär; vorrangig findet insoweit das „Statut für das Königreich der Niederlande" von 1954 (mit Änderungen von 1975 und 1985) Anwendung.

2. Staatsform

Das Königreich der N. ist ein dezentral verwalteter Einheitsstaat; auch die außereurop. Teile haben nicht den Status eines Bundeslandes. Der europ. Teil ist in 12 *Provinzen* gegliedert. An der Spitze der Provinzverwaltung steht ein vom König ernannter Kommissar, der auch der gewählten Provinzvertretung (sog. *Provinzialstaaten*) vorsitzt. Die Provinzen sind in *Gemeinden* unterteilt (Landkreise sind unbekannt). Der Bürgermeister der Gemeinde wird vom König ernannt, der Gemeinderat direkt gewählt; die Verfassung erlaubt ausdrücklich das aktive und passive Kommunalwahlrecht für Ausländer. Sie garantiert die Verwaltungsautonomie der Gebietskörperschaften, aber Bestand, Grenzen und Aufgaben der Provinzen und Gemeinden können durch einfaches Gesetz geändert werden.

Die N. sind eine (erbliche) parlamentarische Monarchie *(Haus Oranien-Nassau).* Die Verfassung regelt eingehend die Erbfolge und die Regentschaft für den Fall, daß der König sein Amt nicht ausüben kann oder der Nachfolger noch minderjährig ist.

Obwohl eine entsprechende Staatsgrundnorm in der Verfassung fehlt, ergibt sich aus den einzelnen Verfassungsartikeln, daß die N. ein demokratischer und sozialer Rechtsstaat sind. Nicht zufällig aber fehlt eine Bestimmung darüber, daß alle Macht vom Volke ausgeht. Souverän ist der Monarch, der Gedanke der Volkssouveränität hat in den N. nie Wurzeln gefaßt.

3. Regierung

Die Regierung besteht aus dem *König* und den *Ministern.* Der König ist unverletzlich, die Minister sind verantwortlich. Erstmals erwähnt die Verfassung von 1983 den schon zuvor existierenden *Ministerrat,* dem alle Minister angehören und der faktisch die Regierungspolitik bestimmt. Der dem Ministerrat vorsitzende *Ministerpräsident* ist primus inter pares ohne Richtlinienkompetenz.

Die Verfassung enthält keine Regelung für die Bildung der Regierung oder ihre vorzeitige Ablösung. In der Praxis beauftragt der König einen Politiker der stärksten Parlamentsfraktion *("Formateur")* mit der Regierungsbildung. Ist eine regierungsfähige Mehrheit nur schwer zu finden, kann auch ein sog. *„Informateur"* vorgeschaltet werden, der später nicht Ministerpräsident wird. Der König ernennt und entläßt die Minister. Aufgrund ungeschriebenen Rechts können beide Kammern des Parlaments gemeinsam mit einfacher Mehrheit die Entlassung eines Ministers verlangen.

4. Volksvertretung

Das Parlament *("Generalstaaten")* besteht aus 2 jeweils für 4 Jahre gewählten Kammern. Die 150 Abgeordneten der 2. Kammer werden nach dem Verhältniswahlprinzip direkt, die 75 Mitgl. der 1. Kammer durch die Provinzialstaaten gewählt. Mitglieder der Regierung dürfen keiner der beiden Kammern angehören. Gesetze bedürfen der Annahme durch beide Kammern und der Bestätigung durch den König. Plebiszitäre Formen der Volksbeteiligung kennt die Verfassung nicht. Der Abschluß und die Kündigung völkerrechtlicher Verträge, die ebenso wie verbindliche Beschlüsse internationaler Organisationen Vorrang vor den Gesetzen haben, bedürfen der Zustimmung des Parlaments. Der nur einfachgesetzlich geregelte innere oder äußere Notstand, der die Exekutivgewalt sehr weitgehend in die Hände der Streitkräfte legt, wird von der Regierung ausgerufen, ist aber binnen 3 Tagen zu beenden, nachdem das Parlament seine Fortdauer abgelehnt hat. Beide Kammern können vom König aufgelöst werden.

5. Staatsrat

Der vom König ernannte Staatsrat berät unter seinem Vorsitz die Regierung und das Parlament gutachtlich über Gesetzesvorlagen und völkerrechtliche Verträge. Obwohl formal Teil der Exekutive, fungiert eine Abteilung des Staatsrates als Verwaltungsgericht.

6. Rechtsprechung

Die Rechtsprechung in Zivil- und Strafsachen obliegt der in vier Instanzen gegliederten ordentlichen Gerichtsbarkeit mit dem „Hohen Rat" an der Spitze. Die Richter werden vom König auf Lebenszeit ernannt, die des „Hohen Rates" auf Vorschlag der 2. Kammer. Die Gerichte sind nicht befugt, die Verfassungsmäßigkeit von Gesetzen und völkerrechtlichen Verträgen zu prüfen. Neu ist die Abschaffung der Todesstrafe.

7. Grundrechte und Grundpflichten

Als Grundpflicht nennt die Verfassung lediglich die allgemeine Wehrpflicht; Wehrdienstverweigerung aus Gewissensgründen ist möglich. Der neu aufgenommene Grundrechtskatalog enthält alle in modernen und rechtsstaatlichen Verfassungen üblichen Gewährleistungen. Einschränkungen bedürfen einer ausdrücklichen gesetzlichen Grundlage. Neben den „klassischen" Grundrechten finden sich „soziale" Grundrechte, die schon wegen des Fehlens einer richterlichen Normenkontrolle eher Staatszielbestimmungen sind (z. B. Vollbeschäftigung und Umweltschutz).

8. Organisation der Interessen

Die Verfassung erwähnt weder die politischen Parteien noch die Parlamentsfraktionen. Ein Parteiengesetz fehlt. Charakteristisch für das Streben nach einvernehmlichem Interessenausgleich sind ständige Beratungsgremien und öffentlich-rechtliche Berufs- und Gewerbeverbände. Prominentes Beispiel ist der aus Arbeitgeber- und Arbeitnehmervertretern gebildete *Sozialökonomische Rat,* der gleichzeitig Wirtschaftsverband und Beratungsorgan für die Regierung ist und (zusammen mit der ebenfalls paritätischen *„Stiftung der Arbeit"*) auch eine wesentliche Rolle bei der Festlegung der Lohn- und Arbeitsbedingungen spielt.

9. Staat und Kirche

Die Verfassung garantiert die Religions- bzw. Weltanschauungsfreiheit, enthält aber keine weiteren „Kirchenartikel". Staat und Kirche sind streng getrennt; es wird keine Kirchensteuer erhoben.

10. Bürgerliches Recht und Strafrecht

Das BGB von 1838 ist noch stark vom frz. „Code civil" geprägt. Seit 1947 laufende Reformarbeiten lassen eine engere Anlehnung an das dt. BGB erkennen. Das geänderte Personen- und Familienrecht wurde schon 1970 bzw. 1976 eingeführt; zum 1.1.1992 traten die Bücher über Vermögensrecht, Sachenrecht und den allgemeinen Teil des Schuldrechts sowie Teile des Buches über Besondere Verträge in Kraft. Im StGB ist der Katalog der Straftaten jenem des dt. StGB weithin vergleichbar. Bei den Strafen und Maßnahmen stehen Erziehung und Resozialisierung im Vordergrund. Im Strafprozeßrecht gilt das Opportunitätsprinzip.

IV. Bevölkerungs- und Sozialstruktur

Die N. sind einer der dichtest besiedelten Staaten der Erde (in der Prov. Südholland mit über 1100 E./km^2). Trotz der relativ geringen Fläche sind die regionalen Unterschiede der *Bevölkerungsverteilung* aufgrund der Verstädterung recht groß. Der wichtigste Konzentrationsraum ist die Randstad Holland im Westen. 44% der Bevölkerung leben in den Provinzen Utrecht, Nord- und Südholland auf nur 1/5 der Fläche. Seit Mitte der 60er Jahre wurde das *Bevölkerungswachstum* von den Großstädten auf sog. Wachstumskerne gelenkt, so daß 1987 71% der Bevölkerung in Gemeinden mit 5000–100 000 E. lebten. Das beträchtliche Bevölkerungswachstum (1939: 7,9 Mio.; 1960: 12,2 Mio.; 1989: 14,6 Mio. E.) beruht v. a. auf einer hohen natürlichen Wachstumsrate nach dem II. Weltkrieg. Sie resultiert aus einer für Europa hohen *Geburtenrate* (1989: 12,7‰) und niedriger *Sterberate* (1989: 8,7 ‰), insbes. rasch abnehmender *Säuglingssterblichkeit* (1989: 6,8 ‰; 1988: 7,5 ‰), worin sich nicht zuletzt der hohe Lebensstandard und die soziale Sicherung des Landes äußern, in die auch die ländlichen Räume einbezogen sind. Die Geburtenüberschüsse bewirken eine *Altersstruktur* mit (1987) einem Anteil der unter 15jährigen von 18%, der 15–65jährigen von 69% und der über 65jährigen von 13%.

Die in der Nachkriegszeit noch relativ geringe Industrialisierung begünstigte größere *Auswanderungen,* denen mit der Auflösung des niederländ. Kolonialreiches (1975) wiederum *Einwanderungen* von Niederländern und Bewohnern der ehem. Überseegebiete gegenüberstanden. War in den 70er Jahren der westl. Landesteil ein Abwanderungsgebiet der *Binnenwanderung* zugunsten der peripheren Räume, hat sich dies gegenwärtig verändert. Der O hat Wanderungsgewinne gegenüber dem W und N, der W aus dem N und S.

52% der Bevölkerung sind *Erwerbspersonen,* davon knapp 5% in den Bereichen Landwirtschaft, Fischerei und Forsten, 26% in der Industrie. Der hohe Anteil von Erwerbspersonen im tertiären Sektor verdeutlicht den Strukturwandel in der Wirtschaft der Niederlande.

Hinsichtlich der *Siedlungsstruktur,* auf die die Maßnahmen zur Neulandgewinnung großen Einfluß haben (vgl. I), bleibt innerhalb der Randstad die Aufgabe, ihr „Grünes Herz" von weiterer Besiedlung zugunsten agrarischer und Naherholungsnutzung frei zu halten. In den Städten konzentriert man sich auf Erneuerung und auf die Revitalisierung ihrer ursprünglichen Funktion verlustig gegangener Areale (z. B. aufgelassene Hafenbereiche in Amsterdam und Rotterdam). Eine besondere Aufgabe ist mit der Neugestaltung der Fehnkolonien in den peripheren Landesteilen von Groningen und Drenthe gegeben.

Das gut ausgebaute, zuletzt 1986 reformierte *soziale Sicherungssystem* umfaßt Leistungen u. a. bei Krankheit, Arbeitslosigkeit, Unfall, Invalidität, ferner Altersrenten und Kindergeld. Die Finanzierung erfolgt durch Beiträge der Arbeitgeber und Arbeitnehmer und durch staatliche Zuschüsse.

V. Wirtschaft

Seit dem 16. Jh. rechneten die N. zu den Seefahrernationen. Sie waren ein Agrar- und Handelsland mit erheblichen Impulsen durch das Kolonialreich. Wichtiger Standortfaktor war die Lage zwischen dem Meer und einem durch Wasserwege erschlossenen, wirtschaftlich aktiven Hinterland. Eine nur schmale Basis an Bodenschätzen hemmte die frühzeitige Entwicklung moderner industrieller Produktionen. Frühe industriell-gewerbliche Aktivitäten waren schiffbauorientiert oder verarbeiteten und exportierten Güter aus den Kolonien. Die Umstrukturierung in ein Industrie- und Handelsland begann Ende des 19. Jh., wurde gefördert durch Gründungen großer, international operierender Konzerne in der Zwischenkriegszeit und setzte sich nach dem II. Weltkrieg fort. Sie war beeinflußt von dem Verlust der Kolonien und dem wirtschaftlichen Aufschwung im dt. Rhein-Hinterland. Große Arbeitskraftreserven (Bevölkerungswachstum) mit hohem Bildungs- und bis 1963 relativ niedrigem Lohnniveau, dann auch die Entdeckung der Erdöl- und Erdgaslagerstätten im N und O sowie im Offshore-Bereich seit 1960 machten die N. zu einem auch für ausländische Investoren interessanten Standort, was durch einen intensiven Ausbau der Infrastruktur gefördert wurde.

Die *Landwirtschaft* bearbeitet eine landwirtschaftliche Nutzfläche (LF) von 2,02 Mio. ha (= 55% der Fläche ohne Binnengewässer), 330 000 ha sind forstwirtschaftlich genutzt. Von der LF werden (1987) rd. 39% als Ackerland, 55% als Dauergrünland und 6% zum Gartenbau verwendet. Seit 1960 ist die LF um 13% zurückgegangen, die Zahl der Betriebe reduziert sich um über 60% auf unter 133 000, so daß die mittlere Betriebsgröße deutlich zugenommen hat. Daß dennoch etwa 1/4 der Betriebe bis 5 ha, weitere 45% 5–20 ha und 4% 50 und mehr ha bearbeiten, erklärt sich durch die hohe Zahl von Gewächshausbetrieben. In den Marsch- und Seengebieten Frieslands, um das Ijsselmeer und entlang der Flüsse findet sich bevorzugt das Dauergrünland. Der Ackerbau hat seine günstigen Standorte auf den Kleiböden, wird aber auch auf den Grundmoränenböden im NO betrieben. Entsprechend finden sich Weizen, Zuckerrüben, Kartoffeln, auch Gerste, Roggen und Hafer. Einen deutlichen Wandel zeigen die ehem. Mischbetriebe in Nordbrabant, auf den sandigen Standorten im O, auch auf der westflandrischen Geest. Unter dem Einfluß der Futtermittelimporte entsteht hier eine hochintensive Stalltierhaltung. So konzentrieren sich z. B. in Nordbrabant neben Massenhühnerhaltungen 40% des Schweinebestandes (1986), womit auch gravierende Umweltprobleme verbunden sind. Auf die dichte und rasch gewachsene Bevölkerung haben sich die N. mit den für sie charakteristischen Gartenbau- und Gewächshausbetrieben eingestellt. Während die Freilandflächen schrumpfen, nehmen die sehr kapitalintensiven Flächen unter Glas zu. Dabei hat sich das „Westland" als Gemüseanbaugebiet in einem auch andere Landesteile erfassenden Ausdehnungsprozeß behaupten können. Blumenkulturen und Blumenzwiebelerzeugung haben ein Zentrum im nordholländ. Dünengebiet. Gemüseanbau und Blumenkulturen sind heute stark exportorientierte Wirtschaftszweige. Mit 245 000 land- und forstwirtschaftlich Erwerbstätigen (4,7%) werden 4,6% des BSP erarbeitet (1987). Der Wertanteil von Nahrungsmitteln (incl. Getränke und Tabak) am Export beträgt 20,3%.

Industrie. In der Phase der Industrialisierung bis in die 60er Jahre konzentrierten sich die wichtigsten Industrien im W der N. auf der Basis der jeweiligen Rohstoffimporte. Lagespezifisch war der Schiffbau, während die Metall- incl. Elektroindustrie gestreut war. Chemische Industrien fanden sich insbes. in O (Salzvorkommen und Kartoffelstärke als Grundlage). Außerhalb des Küstenraumes orientierte sich die Nahrungs- und Genußmittelindustrie v. a. an den heimischen Rohstoffen aus dem Agrarsektor. Die Textilindustrie – aus flandrischer Tradition entstanden – hat ihren Mittelpunkt um Enschede; synthetische Fasern werden in Südlimburg (chem. Industrie auf Kokerei-, dann Erdgasbasis) verarbeitet, die Bekleidungsindustrie konzentrierte sich in den großen Städten im W, auch in Groningen und Südlimburg. In der Phase der industriellen Emanzipation suchten ausländische Investoren über die N. den Zugang zum wachsenden EG-Markt und knüpften v. a. an die Hafenindustrialisierung an. Es entstand ein erheblicher Zentrum-Peripherie-Gegensatz, der durch Strukturkrisen an älteren Industriestandorten verschärft wurde. Die regionale Wirtschaftspolitik verfolgte das Konzept der räumlichen Streuung von Arbeitsplätzen und erschwerte bis Anfang der 80er Jahre Investitionen in den westl. und mittleren Niederlanden. Vielfach konnten damit einseitig industriell bestimmte Räume verhindert werden, auch durch Verlagerungen von staatlichen Dienststellen in den N und nach Südlimburg. In den 70er Jahren setzte die Phase der Neustrukturierung ein. Einerseits verfolgt man den Ausbau des Dienstleistungssektors, der die ausgeprägten internationalen Handels- und Verkehrsfunktionen der N. unterstreicht, andererseits gibt man eine regionale Wirtschaftspolitik, die auf die Stützung der peripheren Räume abhob, zugunsten technologisch hochentwickelter Branchen auf. Dadurch gerät das industrielle Wachstumspotential im W des Landes wieder stärker in den Blick. Derzeit werden ca. 35% des BSP in der Industrie erwirtschaftet.

Außenhandel. Eine Exportquote von ca. 60% des BSP verweist auf die starke weltwirtschaftliche Verflechtung. 1987 standen Importen von 184 477 Mio. hfl (davon: 64% aus EG-Ländern; 11,7% für Energie) Exporte von 187 574 Mio. hfl (davon: 74,7% in EG-Länder; 12,2% für Energie) gegenüber.

Dem *Tourismus* bieten die N. Ziele an der Nordseeküste, auf den Westfriesischen Inseln und zu den alten holländ. Städten; die Binnengewässer geben reiche Möglichkeiten für den Wassersport. 1987 wurden (in Hotels) 3,1 Mio. ausländische Besucher registriert, davon rd. 20% aus der Bundesrepublik Deutschland, 18% aus Großbritannien und 13% aus den USA.

Verkehr. Das Schienennetz von 2800 km Länge ist überwiegend elektrifiziert. Das Land (Motorisierungsgrad 337 PKW/1000 E.) ist mit 54 500 km *Überlandstraßen* (davon rd. 2000 km Autobahnen), die wegen der zahlreichen Brückenbauten teuer sind, recht dicht erschlossen. Die Landesnatur begünstigt ein ausgedehntes *Binnenwasserstraßennetz* (v. a. Kanäle), von dem 4830 km regelmäßig benutzt werden. Wichtigster Wasserweg ist der Rhein. Die Binnenschifffflotte umfaßt (1988) 5220 Frachtschiffe mit eigener Triebkraft und 985 ohne eigene Triebkraft mit einer Tragfähigkeit von insges. 5,9 Mio. t. Für die *Seeschiffahrt* sind Haupthäfen Rotterdam (Europoort; dem Güterumschlag nach der größte Hafen der Erde) und Amsterdam. Die Handelsflotte umfaßt (1988) 3,7 Mio. BRT. Der Großflughafen Amsterdam-Schiphol wird zunehmend als Wirtschaftsschwerpunkt ausgebaut.

VI. Kultur, Religion, Bildung

Die niederländ. Gesellschaft war jahrzehntelang in weltanschaulich bestimmten „Blöcken" („zuilen" – Säulen) organisiert, die sich gegeneinander abschotteten. Katholiken schickten ihre Kinder nur in kath. Schulen, wählten die Katholische Volkspartei, lasen nur kath. Zeitungen, hörten oder sahen den kath. Rundfunk. Auch für Sport und Freizeit gab es entspr. Vereinigungen. Die kath. Kirche der N. galt bis etwa 1960 als besonders papsttreu und missionarisch. Wallfahrten, Prozessionen, Marienkult waren demonstrative Ausdrucksformen religiösen Lebens. Ein entspr. Profil galt für die prot. Kirchen, für die Humanisten und die Sozialisten.

Geschichtlich hat diese „Versäulung" in dem Befreiungskampf der Niederländer gegen Spanien im 16. und 17. Jh. ihren Ursprung. Das seit dem 19. Jh. zu beobachtende Erstarken der kath. Kirche beruht auf einem überproportionalen Anwachsen der kath. Bevölkerung. Doch ein noch nicht abgeschlossener Veränderungsprozeß seit den letzten 40 Jahren könnte als eine Entwicklung von der „Versäulung" zur „Entsäulung" bezeichnet werden (vgl. II). Ins Wanken kamen die „Säulen" im II. Weltkrieg mit dem kollektiv erlebten Unrecht der dt. Besatzung. Doch erst die Erneuerungsbewegung in der größten prot. Kirche, der „Hervormde Kerk", und der allgemeine Säkularisierungsprozeß brachten ernsthaft Bewegung in die Säulenstruktur: der zwanghafte Druck, die eigene Identität durch strenges Reglement und straffe Disziplin zu bestimmen, wich Offenheit und Toleranz. Die kath. Bischöfe versuchten zwar, mit ihrem „Mandement" von 1954 die Gläubigen unter Androhung des Sakramentenausschlusses vom Zutritt zu sozialistischen Vereinigungen abzuhalten, doch wurde dadurch der Prozeß der „ontzuiling" nur beschleunigt. Im Gefolge des II. Vatikanischen Konzils schließlich forderte man eine radikale Erneuerung in einer „pluriformen" Kirche. Im Okt. 1966 stellte Kardinal *Bernhard Alfrink* den umstrittenen „Nieuwe Katechismus" vor, den das Höhere Katechetische Institut in Nimwegen im Auftrag der Bischöfe erarbeitet hatte. Er wurde in über 30 Sprachen übersetzt. Auf einem „Pastoralkonzil" 1968–70 wurden Fragen der Theologie, der Moral, der Glaubenspraxis und der Weltverantwortung diskutiert, u. a. die Forderung nach einer „Entkopplung" von Priestertum und Zölibat erhoben. Hintergrund dafür war die Laisierungswelle, von der die niederländ. Kirche 1965–75 getroffen wurde; sie verlor in diesem Zeitraum über 1300 Priester.

Die großen Veränderungen brachten auch Unsicherheit und Desorientierung. Argwöhnisch beobachten einige Nachbarkirchen und die römische Kurie die Entwicklung. Die Medien vermittelten das Bild einer rebellierenden Kirche, die sogar ein Schisma mit Rom in Kauf nehmen würde. Tatsächlich kam es zu schweren Spannungen und zu einer Polarisierung, die bis heute anhält. Viele Katholiken fühlten sich von Rom mißverstanden und bevormundet; manche resignierten und verließen die Kirche. Konservative Katholiken sammelten sich in Gruppen wie „Confrontatie" oder in der „Stiftung für Papst und Kirche", die progressiveren fanden Rückhalt in Gruppen wie „Marienburg" oder der „Acht-Mei-Beweging". Um den Auflösungsprozeß zu begrenzen, besetzte Rom freiwerdende Bischofssitze nur mit Klerikern, die als papsttreu galten. Die kath. Kirche ist heute die größte Religionsgemeinschaft (36%). Sie umfaßt das Erzb. Utrecht mit 6 Suffr.-Bistümern. Der Anteil der prot. Kirchen (insbes. die Hervormde Kerk) beträgt 26%. 2,2% sind Muslime. Groß ist der Anteil der Konfessionslosen: 35%.

Reste der Säulenstruktur finden sich heute noch in der Politik (CDA), in den Medien, in der nichtstaatlichen Entwicklungshilfe sowie im Gesundheits- und Erziehungswesen.

Die Schulen befinden sich überwiegend in privater Trägerschaft, werden aber bis zu 100% vom Staat finanziert. Schulpflicht besteht vom 6.–16. Lebensjahr, davon i. d. R. 6 Jahre Grundschule. Daran schließt die 4–6jährige allgemeinbildende oder berufsbildende Sekundarstufe an (1. Jahr für alle Schultypen gleich). Es gibt 8 Universitäten (darunter 2 kirchliche: eine katholische in Nimwegen und eine „gereformeerde" in Amsterdam), 4 staatliche Hochschulen (3 technische und 1 landwirtschaftliche) sowie die Universität Brabant in Tilburg (bis 1989 kath. Hochschule). Für die kirchliche Ausbildung bestehen 8 theologische Hochschulen. Trotz fortschreitender Entkirchlichung schicken Eltern ihre Kinder häufig in private konfessionelle Schulen.

LITERATUR

Zu I, IV, V:
H. **Hambloch,** Die Beneluxstaaten. Eine geographische Landeskunde. Darmstadt 1977 (Lit.). – A Profile of Dutch Economic Geography. Hg. M. **De Smit,** E. **Wever.** Assen 1985. – R. **Tamsma,** The Netherlands in Fifty Maps. Amsterdam 1988. – J. **Schilling,** R. **Täubrich,** N. München 1988. – Lber. N. 1990. Stuttgart 1990.

Laufende Veröffentlichungen:
IDG-Bulletin. Hg. Informatie- en Documentatie-Centrum voor de Geographie van Nederland. Utrecht [dt. Ausg.]. – Statistical Yearbook of the Netherlands. Hg. Netherlands Central Bureau of Statistics. Den Haag. – Regionen. Stat. Jb. Hg. Stat. Amt der EG. Luxemburg.

Zu II:
Algemene Geschiedenis der Nederlanden. Red. D. P. **Blok** u.a. 15 Bde. Utrecht 1949/58, völlige Neubearb. Haarlem 1977/82 [behandelt auch Belgien und Luxemburg] (Lit.). – Acta Historiae Neerlandica. Bd. 1 ff. Leiden 1966 ff. – H. de **Buck,** Bibliogr. der Geschiedenis van Nederland. Leiden 1968. – K. **Kwiet,** Reichskommissariat N. Stuttgart 1968. – F. **Petri,** J. **Schöffer,** J. J. **Woltjer,** Geschichte der N. Holland, Belgien, Luxemburg. München 1991 (HdEurG, Tb.-Ausg.; Lit.). – L. de **Jong,** Het Koninkrijk der Nederlanden in de tweede wereldoorlog. 13 Bde. s'Gravenhage 1969/88. – H. **Lademacher,** P. van **Slooten,** N., in: Lexikon zur Geschichte der Parteien in Europa. Hg. F. Wende. Stuttgart 1981, 403 ff. – H. **Lademacher,** Geschichte der N. Darmstadt 1983 (Lit.). – N. **Lepszy,** W. **Woyke,** Belgien, N., Luxemburg. Politik, Gesellschaft, Wirtschaft. Opladen 1985. – H. **Lademacher,** Zwei ungleiche Nachbarn. Wege und Wandlungen der dt.-niederländ. Beziehungen im 19. und 20. Jh. Darmstadt 1989. – N.-Studien. Hg. H. **Lademacher,** L. **Geeraedts.** Bd. 1ff. Münster 1991ff. – Zentrum für N.-Studien: Jahrbuch 1 (1990). Münster 1991.

Zu III:
T. **Koopmans,** Compendium van het Staatsrecht. Deventer ⁴1984. – C. A. J. M. **Kortman,** Das niederländ. Grundgesetz vom 17. Februar 1983, in: JöR N. F. 33 (1984) 175 ff.– C. W. **van der Pot,** A. M. **Donner,** Handboek van het Nederlandse Staatsrecht. Zwolle ¹²1989. – C. A. J. M. **Kortman,** Constitutioneel recht. Deventer 1990. – Renaissance der Idee der Kodifikation: Das neue Niederländ. Bürgerliche Gesetzbuch. Hg. F. **Bydlinski,** Th. **Mayer-Maly,** J. W. **Pichler.** Wien 1991.

Zu VI:
M. **van der Plas,** Uit het rijke Roomsche Leven. Baarn 1963,

Nachdr. 1977. – **Ders. u. a.,** Diese holländischen Katholiken. Graz 1969. – O. J. **de Jong,** Nederlandse Kerkgeschiedenis. Nijkerk 1972. – I. M. G. **Thurlings,** De wankele zuil – Nederlandse katholieken tussen assimilatie en pluralisme. Deventer 1978. – W. **Goddijn,** H. **Smets,** G. **van Tillo,** Opnieuw: God in Nederland. Amsterdam 1979. – L. **Laeyendecker,** Soziologie des Katholizismus in den N., in: Zur Soziologie des Katholizismus. Hg. K. Gabriel, F.-X. Kaufmann. Mainz 1980, 166 ff. – Kerk in Nederland. Hg. C. **Augustijn.** Delft 1984. – E. G. **Hoekstra,** M. H. **Ipenburg,** Wegwijs in gelovig Nederland. Kampen 1987. – R. **Auwerda,** De kromstaf als wapen – Bisschopsbenoemingen in Nederland. Baarn 1988. – W. **Goddijn,** Kerk en kudde Tussentijdse balans van een geloofsgemeenschap. Baarn 1989.

Ulrich Ante (I, IV, V), *Klaus Pabst* (II),
Torsten Stein (III), *Hans Peter Gohla* (VI)

NORWEGEN

Amtlicher Name	Kongeriket Norge (Königreich Norwegen)
Staatsform	Konstitutionelle Monarchie auf parlamentarisch-demokratischer Grundlage
Hauptstadt	Oslo (457 818 E.)
Fläche	323 895 km² (ohne Außenbesitzungen)
Bevölkerung	4 242 000 E. (1990; VZ 1980: 4 092 340). – 13 E./km²
Sprache	Norwegisch
Religion	Ev.-Luth. Staatskirche über 90%
Währung	1 Norwegische Krone (nkr) = 100 Øre

I. Naturräumliche Voraussetzungen

N. liegt im W der Skandinav. Halbinsel. Gemeinsame Grenzen hat es im O mit ↗Schweden, im NO mit ↗Finnland und Rußland. Als Außenbesitzungen gehören zu N. der stark vergletscherte Gebirgsarchipel *Svalbard* (Spitzbergen) im Europäischen Nordmeer (6200 km²), die (näher an Grönland gelegene) Vulkaninsel *Jan Mayen* (380 km²) und einige kleinere Inseln in der Arktis und Antarktis. N. ist in Europa der Fläche nach das fünftgrößte Land und mit einer Ausdehnung über 14 Breitengrade das Land mit der größten Längserstreckung (ca. 1750 km). Die Länge der festländischen Uferlinie wird auf 20 000 km geschätzt, von denen etwa 1/3 über den Polarkreis nach N hinausreicht. Die westnorweg. Küstenzone *(strandflate)* ist gekennzeichnet durch die in ein Labyrinth von ca. 150 000 Inseln *(Schärengarten)* aufgelöste Küstenplattform, über der unvermittelt der Steilanstieg zu der Hochfläche einsetzt. In den stark verzweigten, steilwandigen *Fjorden* dringt das Meer tief ins Land ein.
Trotz der hohen Breitenlage unterscheiden sich die *Klimaverhältnisse* aufgrund der „Warmwasserheizung" der Nordatlantikdrift grundsätzlich von denen anderer Räume auf gleicher Breitenlage. Diese klimatische Gunst (z. B. eisfreie Häfen bis zur Varangerhalbinsel) war und ist die wichtigste Voraussetzung für die Siedlungs- und Wirtschaftsgeschichte der West- und Nordküsten. In kaum einem anderen Land findet man einen so ausgeprägten west-östl. wie nord-südl. klimatischen Formenwandel, was die Einstrahlungsverhältnisse (z. B. Mitternachtssonne etwa ab dem Polarkreis mit einer Dauer am Nordkap von rd. 80 Tagen), die Temperaturabläufe, Niederschlagsmengen oder die Dauer der Schneebedeckung betrifft.

N. ist überwiegend ein Gebirgsland, in dem mehr als die Hälfte der Fläche über 500 m und etwa 1/4 höher als 1000 m ü. d. M. liegen. Die höchsten Erhebungen (zugleich ganz Nordeuropas) konzentrieren sich auf das mittlere *Vestland* im sog. alpinen Fjell bei knapp 2500 m. Hier erstrecken sich auch die größten Gletscher des festländischen Europa. Mit Ausnahme der westnorweg. Küstenplattform und einiger Gebiete im nordöstl. *Finnmark* sind die wenigen Flachlandregionen nur im südl. Landesteil lokalisiert: (1) um den Oslofjord bzw. -graben bis zum Mjösasee, (2) beiderseits des Trondheimsfjordes, (3) im südwestl. gelegenen Jaeren südl. Stavanger. Diese drei Gebiete sind aufgrund ihrer Gunstfaktoren (gute Böden infolge glazialer und postglazialer, mariner Sedimente) zugleich N.s Hauptagrarregionen. Das weithin vorherrschende ungünstige Naturraumpotential (zum großen Teil Grundgebirge des Baltischen Schildes sowie jüngere Gesteine der Kaledoniden im W) ist auch dafür verantwortlich, daß nur ca. 3% der Landesfläche als kultiviertes Agrarareal ausgewiesen werden. Unter 30% entfallen auf produktiven Wald (hauptsächlich Nadelwald), der sich auf das Östland und das innere Tröndelag konzentriert. Fjellbirken und Kiefern dringen am weitesten nach N vor.

II. Historische und politische Entwicklung

Der Name „Norwegen" (der „Weg nach Norden", ursprünglich der Seeweg entlang der Küste) beinhaltet einen dominanten Zug der Landesgeschichte. Denn lange Zeit waren die wechselseitigen Beziehungen über die Seewege zu den südl. und westl. Ländern stärker als die zu den östlichen. Gegen Ende der Völkerwanderungszeit trat N. in das hellere Licht der Geschichte. Die Wikingerexpansionen führten u. a. zur Besiedlung ↗Islands, der Südwestküste ↗Grönlands sowie der Ostküste ↗Nordamerikas. Nach der *Schlacht am Hafrsfjord* 872 vermochte Kg. *Harald I. Schönhaar* (860–933) erstmals ein vereinigtes norweg. Reich zu bilden. *Olaf II. (der Heilige,* 1015–30) konnte die Reichseinheit gegen die Dänen wiederherstellen und die Christianisierung vollenden. *Trondheim (Nidaros),* lange Zeit Krönungsstätte, wurde geistliches Zentrum des Landes. Im 12. und 13. Jh. wurde *Bergen* als wichtigstes Handelszentrum an der Westküste die eigentliche Hauptstadt des Königreiches, deren Funktionen um 1300 auf *Oslo* übertragen wurden. Für den politischen und wirtschaftlichen Niedergang seit dem 14. Jh. werden die Unionen mit ↗Schweden (seit 1319) und ↗Dänemark (seit 1380), die Übernahme des norweg. Handels durch Hansekaufleute und nicht zuletzt die verheerenden Pestkatastrophen verantwortlich gemacht. Die Macht und das Handelsmonopol der Hanse in N. (bis etwa 1550) sind auch darauf zurückzuführen, daß der Adel in N. nicht die Rolle spielte wie z. B. in Mitteleuropa und daß sich damals kein Bürgertum wie in anderen europ. Staaten entwickelte. 1537 wurde N. zur dän. Provinz erklärt, die Reformation nach dän. Vorbild eingeführt (1607 durch die luth. Kirchenordnung abgeschlossen). Nach dem Ende der *Kalmarer Union* (1523), in der N., Dänemark und Schweden seit 1397 vereinigt waren, blieb N. in Personalunion mit Dänemark verbunden (bis 1814). Das 1624 vom Feuer zerstörte und danach wieder aufgebaute Oslo wurde mit der Festung Akershus in *Christiania* (nach dem Dänenkönig Christian IV.) umbenannt, bis das norweg. Parlament 1924 den alten Namen wieder einführte.

Nach den Napoleonischen Kriegen trat Dänemark im *Kieler Vertrag* von 1814 N. an Schweden ab, der aber von den Norwegern nicht anerkannt wurde. Eine Nationalversammlung in *Eidsvoll* gab dem Land am 17.5.1814 eine neue Verfassung. N. blieb aber mit Schweden in Personalunion verbunden, bis es 1905 seine Unabhängigkeit erreichte. Prinz Karl von Dänemark wurde als *Haakon VII.* König in N. (bis 1957).

Zu Beginn des I. Weltkrieges erklärte sich N. neutral, wurde aber durch die brit. Blockade und den dt. U-Bootkrieg hart getroffen. 1920 erhielt N. im *Vertrag von Sèvres* die Oberhoheit über Spitzbergen (Svalbard) und die Bäreninsel, kurz danach auch über einige Gebiete im Südpolarraum, v. a. wegen der Walfanginteressen des Landes sowie der Antarktisexpeditionen (besonders durch *Roald Amundsen* 1911).

Auch zu Beginn des II. Weltkrieges erklärte sich N. neutral; die Neutralität war jedoch von Anfang an aufgrund der strategischen Lage und der Ausfuhr schwed. Erze über Narvik gefährdet. Seit dem 9.4.1940 wurde N. von dt. Truppen besetzt; die Königsfamilie und die Regierung flohen nach London ins Exil. Der dt. Besatzung und der 1933 von *Vidkun Quisling* gegr. faschistischen Partei gelangen es nicht, größere Unterstützung in der Bevölkerung zu erlangen. Mit der Niederlage Deutschlands im Mai 1945 war auch die Befreiung N.s verbunden. Die Nachkriegspolitik führte das Land nicht zuletzt infolge des durch die UdSSR ausgeübten Druckes in die NATO. 1960 trat N. der EFTA bei. Es ist ferner u. a. Mitglied im Nordischen Rat und im Europarat. Gegen einen EG-Beitritt sprachen sich 1972 in einem Referendum 53,5 % der Wähler aus. (Mit der EG besteht aber seit 1973 ein Freihandelsabkommen.) Ein künftiger Beitritt ist nach wie vor politisch heftig umstritten.

Stärkste politische Gruppierungen sind die *Arbeiterpartei*, eine sozialdemokratische Partei nach skandinav. Modell, und die konservative *Høyre*, in größerem Abstand gefolgt von der *Zentrumspartei*, der *Christlichen Volkspartei* und der *Sozialistischen Linkspartei*. Bei den Wahlen 1989 konnte sich die populistische *Fortschrittspartei* als drittstärkste Partei etablieren. Die parlamentarischen Mehrheitsverhältnisse sind seit einigen Jahren labil. Seit 1981 besteht im Storting eine bürgerliche Mehrheit; stärkste Fraktion ist aber weiterhin die Arbeiterpartei. Sie stellt seit Nov. 1990 eine Minderheitsregierung unter *Gro Harlem Brundtland* (bereits 1981 und 1986–89 Ministerpräsidentin), nachdem die seit Okt. 1989 von der Høyre geführte Koalition (mit der Christlichen Volkspartei und dem Zentrum) unter *Jan Peder Syse* an den Gegensätzen in der EG-Frage gescheitert war. – König ist seit 1991 *Harald V.*, der seinem Vater *Olaf V.* (seit 1957) auf den Thron folgte.

III. Verfassung, Verwaltung, Recht

Die am 17.5.1814 verabschiedete *Verfassung* (zuletzt geändert am 5.5.1980) ist eine der wenigen Verfassungen aus jener Zeit, die noch heute in Kraft sind. Nach ihr ist N. eine konstitutionelle erbliche Monarchie (Haus Schleswig-Holstein-Sonderburg-Glücksburg); seit 1990 gilt auch die weibliche Thronfolge. Die 1814–1905 bestehende Personalunion mit Schweden hat auf die Verfassungsentwicklung Einfluß gehabt und zur Stärkung der Macht des Stortings auf Kosten der Autorität des Königs, der in Stockholm regierte, geführt.

Die Verfassung enthält nur wenige Bestimmungen über den *Schutz bürgerlicher Freiheiten*. So vermißt man Normen über die Versammlungsfreiheit und die Freizügigkeit. Dagegen ist die Pressefreiheit normiert. Verhaftungen dürfen nur in den gesetzlich bestimmten Fällen erfolgen; die Vorführung des Verhafteten innerhalb einer bestimmten Zeit vor einem Richter ist aber nicht als Verfassungsgebot aufgenommen worden. Ausdrücklich wird das Verbot der Rückwirkung von Gesetzen ausgesprochen.

Die Verfassung bekennt sich zum Grundsatz der Gewaltenteilung. Während das Volk die Gesetzgebung der Gewalt durch das Storting ausübt, kommt die Exekutive dem König zu und die Rechtsprechung unabhängigen Gerichten, von denen in der Verfassung selbst nur das Verfassungs-(Reichs-)gericht und das Oberste Gericht erwähnt werden.

Staatsoberhaupt ist der *König,* der auch oberster Befehlshaber der Streitkräfte ist, das Begnadigungsrecht wahrnimmt und die Beamten ernennt. Er übt die *Regierung* mit Hilfe eines aus dem *Ministerpräsidenten* und mindestens 7 weiteren Mitgliedern bestehenden Staatsrats aus. Nach Art. 12 der Verfassung wählt er selbst den Staatsrat, jedoch muß die Regierung das Vertrauen des Storting haben. Alle vom König nach Beratung im Staatsrat gefaßten Beschlüsse müssen, um gültig zu sein, vom Ministerpräsidenten gegengezeichnet werden. Der König ist auch Oberhaupt der Staatskirche (vgl. VI).

Das *Parlament (Storting)* wird alle 4 Jahre nach dem Proporzsystem gewählt und besteht aus 165 Abgeordneten. Mitglieder des Staatsrats können nicht Abgeordnete sein. Aktiv wahlberechtigt ist jeder Bürger, der im Wahljahr das 18. Lebensjahr vollendet hat; passiv wahlberechtigt ist, wer das 18. Lebensjahr vollendet und 10 Jahre in N. gewohnt hat. Das Storting tritt im allgemeinen jährlich in Oslo zusammen. Der König hat das Recht, unter außergewöhnlichen Umständen ein außerordentliches Storting außerhalb des ordentlichen Termins einzuberufen. 1/4 der Abgeordneten bilden das *Lagting* (Oberhaus), die übrigen das *Odelsting* (Unterhaus). Die Tings halten ihre Sitzungen getrennt. Neben seiner Gesetzgebungsmacht hat das Storting auch Kontrollrechte, so darf es sich die Protokolle des Staatsrats und alle öffentlichen Berichte und Dokumente vorlegen und über abgeschlossene völkerrechtliche Verträge informieren lassen.

Gesetzesvorlagen müssen im Odelsting eingebracht und dort angenommen werden, bevor sie dem Lagting zur Entscheidung zugestellt werden. Hat dieses eine Vorlage zweimal abgelehnt und zurückgegeben, wird über sie vom ganzen Storting mit 2/3-Mehrheit entschieden. Der vom Lagting oder Storting gebilligte Gesetzesbeschluß wird dem König zur Sanktion vorgelegt; billigt er ihn nicht, darf er ihn nicht erneut von dem zu dieser Zeit tagenden Storting vorgelegt werden. Die vom König gebilligten Gesetze werden in seinem Namen ausgefertigt.

Nach schwed. Vorbild gibt es das Amt des vom Storting ernannten *Ombudsmans* (je 1 für die Kontrolle der Staats- und Regionalverwaltung, der Landesverteidigung, für die Gleichberechtigung von Mann und Frau und für den Schutz von Kindern und Jugendlichen).

Die *Verwaltung* gliedert sich in die beim König und den Ministerien liegende Zentralverwaltung und in die (staatliche) Verwaltung der 19 Provinzen *(Fylker)* sowie in die bei den Städten und Kreisen (Landgemeinden) ruhende Gemeinde-(selbst)verwaltung.

Die *Rechtsprechung* liegt bei unabhängigen Gerichten. Die erste Instanz bilden die *Stadt- und Gemeindegerichte,* über denen 5 *Lagmanngerichte* stehen. Letzte Instanz in Zivil- und Strafsachen ist das *Oberste Gericht,* dessen Spruchkörper mit je 5 Richtern besetzt sind. Das *Reichsgericht*, das aus Mitgliedern des Obersten Gerichts und des Lagtings besteht, entscheidet über vom Odelsting gegen Mitglieder des Staatsrats, des Obersten Gerichts oder des Stortings wegen strafbarer Amtsvergehen erhobene Anklagen. *Sondergerichte* sind das *Arbeitsgericht* und das *Sozialgericht*, das über Einsprüche gegen Verwaltungsbeschlüsse nach dem Sozial- und RentenversicherungsG entscheidet und von dem der Rechtsweg zu den ordentlichen Gerichten gegeben ist. Das *Strafverfahren* kennt die Beteiligung von Laien. Bei den Stadt- und Gemeindegerichten entscheiden 2 Laien und ein Berufsrichter über die Schuld- und Straffrage, bei den Lagmannsgerichten eine nur über die Schuldfrage urteilende Jury von 10 Laien.

Das *Privatrecht* ist in Ermangelung eines Zivilgesetzbuchs in Einzelgesetzen geregelt, neben denen aber auch noch bisher nicht aufgehobene Normen des „Norske Lov" von 1687, des Gesetzbuchs Kg. *Christians V.*, gelten. Auf weiten Gebieten des Privatrechts ist es durch Zusammenarbeit mit den anderen skandinav. Staaten zu einer Rechtsangleichung gekommen.

IV. Bevölkerungs- und Sozialstruktur

N. ist dünner besiedelt als das übrige Nordeuropa. Mehr als 80% aller Norweger wohnen in einem Abstand von weniger als 15 km zur Küste, v. a. in den stark urbanisierten Gebieten des Oslo-Grabens, entlang der Süd- bzw. Südwestküste sowie beiderseits des inneren Trondheimsfjordes. Trotz einer demographischen Dezentralisierung in den 70er Jahren („counterurbanization") gibt es große bevölkerungsgeographische Disparitäten, d. h. starke Gegensätze zwischen städtisch-zentralen Kernen und peripheren Landesteilen. Allein im Großraum Oslo und in benachbarten Teilen von Østland leben rd. 30% der Bevölkerung. Viele Gemeinden an der Peripherie verzeichnen einen überdurchschnittlich hohen Anteil alter Menschen, was u. a. zu Problemen bei der Bewältigung kommunaler Aufgaben führt. Die Urbanisierung ist unverändert stark. Mitte der 80er Jahre wohnten über 70% der Bevölkerung in „Dichtorten" („tettsteder" mit mehr als 200 E.). Geprägt wird die Binnenwanderung aber auch von einer saisonalen Rückwanderung zu den begehrten Zweitwohnsitzen. So gab es bereits Anfang der 80er Jahre über 300 000 Freizeithäuser (davon allein 50 000 rund um den Oslofjord).

Die rasche Bevölkerungszunahme v. a. in der 2. Hälfte des 19. Jh. und in den ersten Jahrzehnten dieses Jahrhunderts führte zu großen Auswanderungswellen. 1866–1915 wanderten rd. 750 000 Norweger nach Nordamerika aus. In den letzten Jahren lagen die Zahlen zwischen 15 000 und 19 000, während die Zuwanderung 21 000–31 000 pro Jahr betrug.

Nordnorwegen, speziell die Provinz Finnmark, nimmt demographisch und ethnisch eine Sonderstellung ein. Hier hat sich mit den *Samen* (Lappen) die wichtigste Bevölkerungsminderheit Nordeuropas erhalten. Aufgrund des unterschiedlich starken Assimilierungsgrades und der Anwendung der samischen Sprache ist deren genaue Zahl schwer anzugeben. Man schätzt sie auf heute rd. 20 000 Menschen, von denen aber nur maximal 10% von einer semi-nomadischen Rentierwirtschaft leben. Im Inneren Finnmarks, v. a. in Kautokeino und Karasjok, sind noch Siedlungen mit überwiegend samischer Bevölkerung anzutreffen. Die lange Zeit vom Staat betriebene „negative" Samenpolitik gehört der Vergangenheit an (u. a. war Landverkauf an Samen bis 1965 nahezu ausgeschlossen). In mehreren Organisationen versuchen heute die Samen N.s, Schwedens und Finnlands ihre traditionellen Wirtschafts- und Kulturformen zu pflegen und auszubauen.

Die *Bevölkerungsentwicklung* unterlag in den letzten Jahrzehnten einem starken Wandel. In den 80er Jahren betrug die natürliche Wachstumsrate nur noch 0,3% p. a., bei einer *Geburtenziffer* von (1988) 14 ‰ und einer *Sterbeziffer* von 11 ‰. Die *Altersstruktur* wird zunehmend ungünstiger. Der Anteil der bis 15jährigen beträgt (1988) 19%, der 15–45jährigen 45%, der 45–65jährigen 19% und der über 65jährigen 16%. Die *Lebenserwartung* liegt für Männer bei 72,9, für Frauen bei 79,6 Jahren.

Für die *Erwerbsstruktur* ergibt sich folgendes Bild: Von 2,1 Mio. Erwerbstätigen (1988) entfielen 6,3% auf die Land- und Forstwirtschaft sowie Fischerei, 1,1% auf Erdölgewinnung und Bergbau, 16,2% auf die verarbeitende Industrie, 8,8% auf die Bauwirtschaft, Energie- und Wasserversorgung, 17,8% auf Warenhandel und Gastronomie, 16,2% auf Transport, Nachrichtenwesen, Banken u. ä. sowie 33,5% auf öffentliche, soziale und private Dienstleistungen. Rd. 2,3% der Erwerbstätigen waren als Arbeitslose registriert. In den einzelnen Landesteilen verzeichnen die Wirtschaftssektoren sehr unterschiedliche Anteile an den Erwerbstätigen. So spielen z. B. in den Binnen- und Peripherräumen die agrarwirtschaftlich Tätigen noch eine große Rolle; sie werden hier massiv unterstützt, um v. a. das bestehende Siedlungsmuster am Leben zu erhalten.

Das *Gesundheits- und Sozialwesen* basiert auf den Prinzipien des sog. Wohlfahrtsstaates. Die obligatorische Volkspension (*Folketrygden*) umfaßt Leistungen wie Alters- und Invalidenrente, Kranken-, Berufsunfall- und Arbeitslosenversicherung, die hauptsächlich aus öffentlichen Mitteln finanziert werden.

V. Wirtschaft

Aufgrund seiner *Ressourcen* verfügt N. über eine vielfältige Bergbautradition. Für die neuzeitliche Wirtschaftsentwicklung waren als wichtigste festländische Bodenschätze die Eisenerze und Pyrite (Schwefelkiese) sowie die häufig damit verbundenen Buntmetalle grundlegend. Der Steinkohlenbergbau auf Spitzbergen förderte in den Nachkriegsjahren pro Jahr über 500 000 t. Heute sind aber der Erz- und Kohlebergbau aus Rentabilitätsgründen schrumpfende Wirtschaftszweige (Eisenerz 1986: 2,4 Mio. t, 1988: 1,8 Mio. t; Kohle 1988: 276 000 t), die schon Anfang der 80er Jahre nur noch 0,4% zum BSP beitrugen.

Der bedeutendste Reichtum der modernen norweg. Industrie ist, abgesehen vom aktuellen Öl- und Gasboom im Off-shore-Bereich, die *Hydroelektrizität*. N. besitzt rd. 23% des Wasserkraftpotentials des Kontinents. Das Potential wird für 1987 auf über 170 000 GWh geschätzt, von denen gut 60% genutzt sind. Ein weiterer Ausbau ist aber unter ökologischen Gesichtspunkten sehr umstritten. Aufgrund der naturräumlichen Voraussetzungen (Reliefenergie, hohe Niederschläge) entwickelte sich Westnorwegen zur wasserkraftintensivsten Region.

Seit den spektakulären Funden im Ekofisk-Feld 1969 und dem Förderungsbeginn 1971 ist N. ein Erdöl- und Erdgasland, wodurch dessen sozio-ökonomisches Gefüge weitgehend verändert wurde. 1987 wurden in neun norweg. Feldern südl. 62° n. Br. über 50 Mio. t Öl und rd. 30 Mio. Sm³ (Standard-m³) Gas gefördert. Schon 1975 erzielte N. einen Exportüberschuß an Öl und Gas, der rasch stieg, während der Eigenverbrauch schon seit Jahren bei nur rd. 9 Mio. t jährlich liegt. Nach Schätzungen von 1986 befinden sich im norweg.

Sektor bis 62° n. Br. zwar nur 1,4% der Weltöl- und 2,5% der Weltgasreserven; es handelt sich aber um hochwertige Qualitäten, zudem in einer politisch relativ sicheren Zone. Auf der Grundlage des sog. „Jahrhundertvertrags", 1986 zwischen der staatlichen Ölgesellschaft „Statoil" und sechs europ. Importeuren unter Federführung der Ruhrgas AG geschlossen, sollen von 1993 bis über das Jahr 2020 hinaus insgesamt 450 Mrd. m³ Gas geliefert werden, davon allein an Deutschland jährlich 8 Mrd. m³. Nördlich 62° n. Br. sind seit 1980 die ersten Blöcke vor der Tröndelag-, Nordland- und Tromsküste vergeben worden. Allerdings treten in Nordnorwegen viel schwierigere Produktionsbedingungen auf, die auch größere ökologische Gefahren implizieren.

Die bedrohlichen Haushaltsdefizite konnten in den letzten Jahren nur durch die Öleinnahmen ausgeglichen werden. Damit spielt heute die internationale Ölpreisentwicklung eine gravierende Rolle in der norweg. Volkswirtschaft. Bereits um 1985 hatte der Ölsektor einen Anteil von rd. 20% am BSP; 1990 wurden über 40% des Gesamtexports von Öl und Gas bestritten. Die Bemühungen um eine „Norwegisierung" der Ölwirtschaft sind v. a. auf eine noch stärkere staatliche Kontrolle, z. B. bei der Konzessionsvergabe, auf die Besteuerung der multinationalen Ölgesellschaften und auf eine weitreichende Beteiligung norweg. Firmen im Off-shore-Gebiet konzentriert. In diesem Zusammenhang ist auch die Exportfähigkeit norweg. Offshore-Techniken hervorzuheben. Die norweg. „Go-slow-Politik" beim Ausbau der Off-shore-Felder versucht darüber hinaus, zunehmende soziale Konflikte und auch Umweltbeeinträchtigungen zu minimieren (u. a. hinsichtlich der wichtigen Fischwirtschaft).

Formen und Standorte der traditionellen *Festlandindustrien* basieren auch heute noch im wesentlichen auf der Hydroelektrizität. So ist N. nach Deutschland mit mehr als 20% der zweitgrößte Primäraluminiumhersteller Westeuropas. Der Konzern „Norsk Hydro" (größtes norweg. Industrieunternehmen mit rd. 12 000 Mitarbeitern im Lande) gilt als der zweitgrößte Magnesiumproduzent der Welt. Er ist auch in zahlreichen anderen stromintensiven Industriezweigen involviert (z. B. Kunstdüngerproduktion und Ferrolegierungen). Der norweg. Export basiert, neben Erdöl und Erdgas, im wesentlichen auf den Produkten stromintensiver Industriezweige.

Bezüglich der traditionellen Wirtschaftsbranchen sind die Fisch- und Holzwirtschaft hervorzuheben. *Fischerei und Fischverarbeitung* sind gerade in den westl. und nördl. Landesteilen immer noch ein wichtiger Wirtschaftszweig. N. gilt heute als einer der führenden Staaten in der Aquakultur (Zuchtlachsproduktion). Die *Holzwirtschaft* versorgt v. a. die eigene holzverarbeitende und Zellstoffindustrie. Große Anstrengungen werden bei der Wiederaufforstung unternommen.

Die wertmäßig hohen und dem Export übersteigenden Importe sind auf Rohstoffe, zunehmend aber auf Konsum- und Investitionsgüter zurückzuführen. Den Bedarf an Nahrungsmitteln möchte N. in Zukunft zu knapp 50% aus der eigenen Landwirtschaft decken, was aufgrund begrenzter räumlicher Möglichkeiten, der massiven und teuren Subventionspolitik sowie der zunehmenden Verstädterung gerade in den agraren Gunsträumen schwierig sein dürfte. Das BSP/E. (1989: 22 025 US-$) ist eines der höchsten in der Welt.

Bezüglich der *Verkehrsinfrastruktur* hat N. gerade in den letzten Jahrzehnten große Anstrengungen bei deren Ausbau unternommen, um die Diskrepanzen zwischen Zentrum und Peripherie zu mildern. Das *Eisenbahnnetz* (1988: 4168 km Streckenlänge, davon 2422 km elektrifiziert; größtenteils nur eingleisig) umfaßt nur wenige Linien, hauptsächlich im S mit Oslo als Zentrum. Grenzüberschreitende Linien verbinden Oslo mit Stockholm und Göteborg sowie Trondheim mit Östersund in Schweden. Die Strecke Kiruna (Schweden)-Narvik dient vornehmlich dem Erztransport. Eine durchgehende Nord-Süd-Verbindung fehlt, ebenso beim *Straßennetz* (1988: ca. 87 000 km, davon ca. 60% befestigt), dessen häufige Unterbrechungen durch Fähren überbrückt werden. Der innernorweg. *Luftverkehr* ist gut ausgebaut. Internationaler Flughafen ist Fornebu bei Oslo. Die *Seeschiffahrt* hat eine lange Tradition. Die Handelsflotte (mit [1990] 23,4 Mio. BRT eine der größten in der Welt) konnte vor dem Öl- und Gasgeschäft über Jahre das Defizit in der Handelsbilanz ausgleichen. Wichtigste Häfen sind Oslo, Porsgrunn, Stavanger, Bergen, Trondheim, Mo i Rana, Tønsberg, ferner Narvik und Kirkenes für den Erztransport. Besondere Bedeutung für die *Küstenschiffahrt* hat die ganzjährig und täglich befahrene „Hurtigrute" zwischen Bergen und Kirkenes (ca. 2500 km). Die Schiffe, die kombiniert Fracht und Passagiere befördern, legen in über 30 Küstenorten an. *Fährverbindungen* bestehen mit Dänemark, Schweden, Deutschland und Großbritannien.

VI. Kultur, Religion, Bildung

1. Kultur

Die heutigen norweg. *Sprachen* haben ihre Wurzeln im Altnorwegischen (ca. 1050–1370), im Mittelnorwegischen (ca. 1370–1525) und im Neunorwegischen (nach ca. 1525). Während der Unionszeit mit Dänemark vom 14.–19. Jh. war das Norwegische einem starken Einfluß des Dänischen ausgesetzt. Es entstand das sog. „Riksmål" (später „Bokmål" genannt), dem um 1850 aus nationalen Gründen das „Landsmål" (jetzt „Nynorsk") entgegengesetzt wurde. Beide Sprachformen erhielten offiziellen Charakter auch im Schulwesen, und der Sprachenstreit ist bis heute nicht ganz ausgefochten. Die Samen haben ihre eigene Sprache finnisch-ugrischen Ursprungs bewahrt.

Die *Literatur* stand nach der Befreiung von der dän. Oberherrschaft zunächst im Zeichen der Nationalromantik (v. a. *Henrik Wergeland*, 1808–45). In den Vordergrund der europ. Literatur rückte N. mit der gesellschaftskritischen Literatur des Realismus und Naturalismus. Bedeutende Vertreter waren u. a. *Henrik Ibsen* (1828–1906), *Bjørnstjerne Bjørnson* (1832–1910), *Jonas Lie* (1833–1908), *Alexander Kielland* (1849–1906), *Arne Garborg* (1851–1924). *Knut Hamsun* (1859–1952), *Johan Falkberget* (1879–1967) und *Sigrid Undset* (1882–1949) wandten sich in ihren Erzählungen dem Leben verschiedener Volksgruppen zu. Bjørnson, Hamsun und Undset haben den Literaturnobelpreis erhalten. Nach Erlangung der vollen Souveränität blühte die Dichtung in Landsmål mehr und mehr auf. Ihre hervorragendsten Vertreter sind *Olaf Duun* (1876–1939) und *Tarjei Vesaas* (1897–1970).

Die *Volksmusik* hat eine alte Tradition, die auch die bedeutenden Musiker und Komponisten des Landes, so *Ole Bull* (1810–80), *Halfdan Kjerulf* (1815–68) und *Edvard Grieg* (1843–1907), den Hauptvertreter der nationalromantischen Musik in N., inspiriert hat.

In der neuzeitlichen *bildenden Kunst* N.s überragt *Edvard Munch* (1863–1944), der einer der entscheidenden Anreger des Expressionismus war.

Einzigartiger Beitrag zur mittelalterlichen *Baukunst* sind die Stabkirchen (von ursprünglich rd. 800 nur noch 25–30 erhalten). Von den größeren Kirchbauten in Stein ist die Nidaroskathedrale in Trondheim die bedeutendste; sie gilt als Nationalheiligtum des Landes. Andere bedeutende sakrale und profane Bauwerke sind die Domkirche in Stavanger, die Marienkirche und die Håkonshalle in Bergen. Zahlreiche Holzbauten in Blockbauweise und mit individueller Ornamentik geben in den altbesiedelten Bauerntälern ein eindrucksvolles Zeugnis der einstigen Volksbaukunst. Auch im *Kunstgewerbe* (z. B. Emaillearbeiten, Textilkunst, Holzschnitzerei) wirken alte Traditionen fort.

Das Kulturleben wird vielfältig gefördert, auch durch einen besonderen staatlichen Kulturfonds.

2. Religion

Die ev.-luth. Kirche ist nach Art. 2 der Verfassung Staatskirche, der über 90% der Bevölkerung angehören. Sie umfaßt 10 Bist., die in Propsteien, Kirchspiele und Kirchengemeinden gegliedert sind. Zahlreiche norweg. Missionsgesellschaften sind in verschiedenen Ländern tätig. Die Katholiken gehören dem Bist. Oslo und den Prälaturen Trondheim und Tromsø an.

3. Bildung und Wissenschaft

Bereits 1739 wurde der obligatorische Besuch der Volksschule eingeführt. Heute ist die 9jährige Volksschule in die 6jährige Grundschule (barneskole) und 3jährige Jugendschule (ungdomsskole) gegliedert. Die 3jährige Höhere Schule mit dem Ziel der Reifeprüfung setzt den Besuch der Grundschule voraus. Daneben gibt es Berufsschulen und Sonderschulen. Entsprechend skandinav. Tradition besteht ein System gut ausgebauter Volkshochschulen. – N. hat 4 Hochschulen mit Universitätsstatus: Oslo (seit 1811), Bergen (seit 1948), Trondheim (1910 als TH gegr.), Tromsø (seit 1969), ferner die Landwirtschaftliche Hochschule in Ås südl. Oslo, die Handelshochschule in Bergen, je eine Architektur-, Musik-, Sport- und veterinärmedizinische Hochschule und die Kunstakademie in Oslo sowie mehrere Lehrerhochschulen.

Wissenschaft und Forschung können auf große Erfolge u. a. auf den Gebieten der Ozeanographie, Meeresbiologie, Meteorologie, der Physik und Medizin zurückblicken. 1969 erhielt *Odd Hassel* den Nobelpreis für Chemie, 1989 *Trygve Haavelmo* den für Wirtschaftswissenschaften. Mit der Erforschung der Arktis und Antarktis bleiben Namen wie *Fridtjof Nansen* (1861–1930), der 1922 den Friedensnobelpreis für seine humanitären Bemühungen erhielt, *Roald Amundsen* (1872–1928) und *Otto Sverdrup* (1854–1930) verknüpft.

LITERATUR

Zu I, II, IV, V, VI:
E. **Gläßer**, N. Darmstadt 1978. – E. **Gläßer u.a.**, Die norweg. Ölwirtschaft. Aktuelle Strukturen und Perspektiven, in: Praxis Geographie 17 (1978) H. 7/8, 46 ff. – W. **Imber**, Norway. Oslo 1980. – V. Frhr. v. **Malchus**, M. **Kosonen**, Raumordnung und Regionalplanung in europ. Ländern. Tl. 2: Skandinavien. Hannover 1981. – W. R. **Mead**, Historical Geography of Scandinavia. London 1981. – B. **John**, Scandinavia. A New Geography. London 1984. – E. **Gläßer**, J. **Schwackenberg**, Meeresbewirtschaftung und Aquakultur in Nordeuropa, in: GeogrRd 37 (1985) 492 ff. – J. Chr. **Hansen**, Regional disparities in present-day Norway, in: Norsk Geografisk Tidsskrift 39 (1985) 109 ff. – National atlas of Norway. Hg. Norges Geografiske Oppmåling. Oslo 1985 ff. – J. **Schwackenberg**, Die Fischwirtschaft im norweg. Vestland. Sozio-ökonomische Strukturen und Entwicklungen in einer traditionellen Fischereiregion. Köln 1985. – R. **Lindemann**, N. Räumliche Entwicklungen in einem dünnbesiedelten Land. Stuttgart 1986. – L. B. **Sather**, Norway. Oxford 1986. – W. **Rotholz**, Die politische Kultur N.s. Baden-Baden 1986. – Norden. Man and Environment. Hg. U. **Varjo**, W. **Tietze**. Berlin 1987. – E. **Gläßer**, Zur agrarwirtschaftlichen Problematik in Nordnorwegen, in: ZAgeogr 6 (1988) 71 ff. – O. **Holm**, Die öl- und gaswirtschaftliche Entwicklung N.s und ihre Auswirkungen auf die sozio-ökonomische Struktur der westl. Landesteile. Köln 1988. – R. **Lindemann**, Die Agrarpolitik in N., in: ZfWgeogr 33 (1989) 58 ff. – L. **Münzer**, Agrarpolitik und Agrarstruktur in N. nach 1945 – Das Beispiel Hedmark. Marburg 1989. – O. **Petersson**, Die politischen Systeme Nordeuropas. Baden–Baden 1989. – Lber. N. 1991. Stuttgart 1991.

Laufende Veröffentlichungen:
N. – Wirtschaft in Zahlen. Hg. Bundesstelle für Außenhandelsinformation. Köln. – Rapporter. Hg. Statistisk Sentralbyrå. Oslo. – Statistisk årbok. Hg. Statistisk Sentralbyrå. Oslo. – Tatsachen über N. Hg. NORINFORM. Oslo.

Zu III.
B. **Morgenstierne**, Das Staatsrecht des Königreichs N. Tübingen 1911 (Das öffentl. Recht der Gegenwart. Bd. 13). – A. **Taranger**, Norweg. Bürgerkunde (Verfassung und Verwaltung). Greifswald 1925. – Administration of Justice in Norway. A brief summary. Hg. The Royal ministry of Justice. Oslo 1957, ²1980. – F. **Korkisch**, Einf. in das Privatrecht der nordischen Länder. Bd. 1. Darmstadt 1977. – Grunnloven vår 1814 til 1981. Hg. T. **Andenaes.** Oslo 1981. – G.-Chr. v. **Unruh**, Die Eigenart der Verfassung des Königreichs N., in: JöR N. F. 38 (1989) 277 ff. [mit Textanhang].

Ewald Gläßer (I, II, IV, V, VI), *Gerhard Schmidt* (III)

ÖSTERREICH

Amtlicher Name	Republik Österreich
Staatsform	Parlamentarisch-demokratische Bundesrepublik
Hauptstadt	Wien (1,5 Mio. E.)
Fläche	83 856 km²
Bevölkerung	7 761 700 E. (1990; VZ 1981: 7 555 338). – 93 E./km²
Sprache	Deutsch
Religion	Katholiken über 80%; Protestanten 5%; Muslime 120 000; Orthodoxe 90 000; Altkatholiken 24 000; Juden 7500
Währung	1 Schilling (S) = 100 Groschen

I. Naturräumliche Voraussetzungen

Ö. ist ein Binnen- und Durchgangsland im südl. Mitteleuropa. Gemeinsame Grenzen hat es im N mit ↗Deutschland und der ↗Tschechoslowakei, im O mit ↗Ungarn, im S mit ↗Jugoslawien und ↗Italien, im W mit der ↗Schweiz und mit ↗Liechtenstein. Rund 2/3 der Landesfläche gehören zu den Alpen. Die gegenüber den Westalpen niedrigeren Ostalpen (höchste Gipfel um 3000 m bei stärkerer Zertalung durch breite, durchgängige Täler) werden überwiegend von Ö. eingenommen. Außer den Alpen hat Ö. Anteil am Alpenvorland und an den angrenzenden Großlandschaften (Europäische Mittelgebirgsschwelle, Ungarisches Tiefland und benachbarte Tiefebenen). Einerseits zwingt dies zu zahlreichen Nachbarschaftskontakten, andererseits erfordert ein so unstrukturiertes Gebilde ohne „natürliche" Grenzen auch viele infrastrukturelle und administrative Aufwendungen.

Die *Alpen,* deren Hochgebirgscharakter auch Staat, Wirtschaft, Verkehr, Siedlung und Außenkontakte beeinflußt, gehören dem europ. Faltengebirgsgürtel an. Er entstand im Tertiär und gliedert sich innerhalb Ö.s in die aus kristallinen Gesteinen bestehenden *Zentralalpen* und die vom Karstformenschatz bestimmten *Nördlichen Kalkalpen.* Nach O senken sich die Alpen allmählich ab. Ein mit tertiären Sedimenten verfüllter Vorlandbereich schließt sich an. Auch das nördl. *Alpenvorland* (Ober- und Niederösterreich) weist ähnliche sanfte Formen auf. Es ist ebenfalls mit tertiären Alpensedimenten verfüllt und bildet ein teilweise lößbedecktes fruchtbares Hügel- und Bergland mit gebietsweise glazialer Überformung. Nördl. der Donau schließt sich das zur Böhmischen Masse gehörende, aus kristallinen Gesteinen aufgebaute *Mühl- und Waldviertel* an, das an das Hügelland des *Weinviertels* grenzt, das ebenfalls Lößdecken trägt. Die Ebenen um die *March* leiten zu den Hügeln des *Burgenlandes* über, die in die *Ungarische Tiefebene* – um den Neusiedler See – übergehen.

Wasserhaushalt. Fast die ganze Landesfläche gehört dem Donau-Einzugsgebiet an, ausgenommen das westl. Vorarlberg, das zum Rhein entwässert. Die Alpenflüsse sind überwiegend nach O oder NO gerichtet. Ihr Abflußregime ist glazial oder nival mit starken Hochwasserabflüssen durch Schneeschmelze im Frühjahr. Fast alle Flüsse haben innerhalb des Hochgebirges bzw. Berglandes große Gefälle, die früh für eine wirtschaftliche Erschließung (Wasserkraft, Flößerei) sorgten. Die Wasserbewirtschaftung ist v. a. in den Alpen stark ausgebaut (Speicherseen). Auch sonst befinden sich an den Flüssen zahlreiche Laufkraftwerke.

Das *Klima* ist generell ozeanisch, was z. T. durch die Lage in der gemäßigten Klimazone Europas, aber auch durch den Hochgebirgscharakter Ö.s bedingt ist. Die östl. Landesteile, Beckenlandschaften und die breiten Talebenen zur Ungarischen Tiefebene weisen ein kontinental getöntes, steppenhaft anmutendes Klima mit langen Vegetationszeiten auf, in dem Sonderkulturen (v. a. Wein und Obst) gedeihen. Auch die Niederschläge drücken den Gegensatz zwischen Alpen- und Beckenlandschaften im O/NO aus. Während in den Alpen bis über 2000 mm Niederschlag/Jahr fallen, sind es in den östl. und nordöstl. Landesteilen um 500–600 mm/Jahr, also eher der Steppenzone entsprechend.

Die *Böden* der Alpen sind flachgründig. Podsole und Gebirgsrohböden herrschen vor. In den Kalkalpen sind es Rendzinen. Auf den Lössen und vergleichbaren Lockersedimentdecken haben sich Braun- und Parabraunerden entwickelt. Die kontinentale Klimatönung belegen die Steppenböden mit Schwarzerdecharakter.

Die *Vegetation* ist anthropogen stark verändert. Trotzdem gibt es in den Alpen, deren Vegetation eine deutliche Höhenstufung erkennen läßt, die sich auch in den Siedlungs- und Landnutzungshöhenstufen wiederfindet, in Hochlagen Standorte mit natürlichen Vegetationsresten. Auch die Auewälder der Tiefebenen weisen lokal noch natürliche Bestände auf.

Die Besiedlungs- und Kulturgeschichte des heutigen Ö. wurde von dem Gegensatz Alpen-voralpiner Raum geprägt. Die Alpen erweisen sich als Verkehrs- und Kommunikationshindernis, aber nicht in der extremen Weise wie in den Westalpen, z. B. der Schweiz, weil die Täler breiter, damit durchgängiger und die Pässe niedriger sind. Eng abgeschirmte Talschaften wie in den Westalpen gibt es in den Ostalpen in viel geringerem Umfang. Trotzdem kanalisierten die Täler und Pässe den Verkehr – auch den großräumigen Durchgangsverkehr im europ. Maßstab. Vor allem der Westteil der österr. Alpen ist eng mit dem europ. N-S-Verkehr verbunden. Die Unterschiede in der Besiedlungsdichte zwischen Alpen und Alpenvorland sind ähnlich deutlich wie in anderen Alpenländern, bes. der Schweiz. Eine der großen Verkehrsleitlinien ist der Donauraum, der zudem von dem zentralen Ort Wien bestimmt ist und den Balkanverkehr kanalisiert.

II. Historische und politische Entwicklung

1. Vom Mittelalter bis zum Untergang der Donaumonarchie

Der Name „*Ostarrichi*", 996 erstmals urkundlich erwähnt, bezeichnete ursprünglich das Gebiet der bayer. Ostmark an der Donau, das ab 976 von Markgrafen aus dem Geschlecht der *Babenberger* regiert wurde. Unter ihrer Herrschaft erfolgte nach beständiger Gebietserweiterung 1156 im „*Privilegium minus*" die Erhebung zum Herzogtum. Nach ihrem Aussterben kurzfristig unter der Herrschaft des Böhmen-Kg. *Ottokars II. Přemysl,* fiel das Land nach dessen Niederlage und Tod in der *Schlacht bei Dürnkrut* 1278 an seinen Bezwinger *Rudolf I. von Habsburg* (seit 1273 dt. Kg.), der damit die Hausmacht seines Geschlechts begründete.

Rudolfs Nachfolger erweiterten ihre Herrschaft kontinuierlich. 1335 wurden Kärnten und Krain, 1363 Tirol, 1374 Teile Istriens, 1375 Teile Vorarlbergs, 1382 Triest erworben. *Rudolf IV.* (1358–65) hatte bereits so viel politische Macht, daß er mittels des gefälschten „*Privilegium maius*" (1358/59) Sonderrechte für Ö. durchsetzen und den Erzherzogtitel annehmen konnte. 1438 ging die dt. Kaiserkrone auf die Habsburger über. Eine bes. erfolgreiche Heiratspolitik begründete schließlich die Großmachtstellung des Habsburgerreiches: 1477 Erwerb der burgund. Länder; 1496 fiel das span. Weltreich an die Habsburger, 1515 sicherten sie sich vertraglich das Erbe der Jagiellonen: Böhmen, Mähren, Schlesien und Ungarn.

Karl V. (1519–56, Ks. seit 1530) teilte die Herrschaft über dieses Weltreich mit seinem Bruder *Ferdinand* (I.), dem er 1521/22 die Regentschaft über die habsburgischen Erblande übertrug, der damit zum Begründer der österr. Linie der Habsburger wurde. Der ungeheure Machtzuwachs rief Frankreich als Gegner auf den Plan und leitete eine lange Phase des Zweifrontenkrieges gegen Franzosen und Türken ein, in dem Ö. die Hauptlast der Verteidigung der Reichsgrenzen trug. 1529 wurde der erste Ansturm der Türken vor Wien abgewehrt. Im 16. Jh. lagen die Habsburger im Streit mit den österr. Ständen, die auch für den Protestantismus eintraten, der unter *Maximilian II.* (1564–76) seinen Höhepunkt erreichte. Im *Dreißigjährigen Krieg* waren die Habsburger die führende Macht der *Gegenreformation*, die sie in ihrem Einflußbereich konsequent durchsetzten. Der damit einhergehende Sieg des *Absolutismus* bedeutete eine Stärkung ihrer Stellung in Ö., während das Kaisertum im Reich eine Schwächung erfuhr.

Nach Abwehr des zweiten Ansturms der Osmanen 1683 vor Wien setzte eine Gegenoffensive ein, in deren Verlauf der türk. Machtbereich entscheidend zurückgedrängt wurde. Ö. stieg in den Rang einer europ. Großmacht auf, womit auch eine kulturelle Hochblüte einherging (Barock). Im *Spanischen Erbfolgekrieg* (1701–13/14) ging zwar Spanien an die Bourbonen verloren, Ö. gewann aber die span. Besitzungen in Italien (Neapel, Sardinien, Mailand) und die span. Niederlande hinzu. Im *Österreichischen Erbfolgekrieg* (1740–48) und im *Siebenjährigen Krieg* (1756–63), in welchem *Maria Theresia* (1740–80) ihr in der „*Pragmatischen Sanktion*" ihres Vaters *Karls VI.* (1713) festgelegtes Erbrecht gegen die Ansprüche Kg. *Friedrichs II.* von Preußen verteidigen mußte, wobei Schlesien verloren ging, wurde der preuß.-österr. Antagonismus grundgelegt. Er bestimmte die dt. Geschichte für lange Zeit. *Joseph II.* (1780–90, seit 65 Mitregent) suchte durch Reformen im Geist des aufgeklärten Absolutismus einen zentralistischen Staat zu schaffen und führte ein extremes Staatskirchentum ein *(Josephinismus).* In der Zeit der Kriege gegen das revolutionäre Frankreich erklärte Ks. *Franz II.* (1792–1835) angesichts der Auflösungstendenzen im Reich unter dem Druck *Napoleons I.* Ö. (das 1797 im *Frieden von Campo Formio* u. a. seinen niederländ. Besitz verloren hatte) zum Kaisertum (1804) und legte anläßlich der Gründung des Rheinbundes die dt. Kaiserkrone nieder (1806). Im

Wiener Kongreß (1815) wurde die Rolle Ö.s als europ. Großmacht wiederhergestellt, im Innern ein absolutistisches, mit polizeistaatlichen Methoden regierendes Regime („System →Metternich") errichtet.

Die *Revolution 1848* war in Ö. bereits von deutlichen nationalen Tendenzen gekennzeichnet. Nach der Niederlage im Hegemonialkrieg gegen Preußen 1866 unter *Franz-Joseph I.* (1848–1916) wurde Ö. schließlich aus dem Dt. Bund ausgeschlossen und verlor mit Venetien seine letzten it. Gebiete. Der Verlust der hegemonialen Rolle in Deutschland machte eine innenpolitische Verständigung mit den nichtdt. Nationalitäten notwendig, erfolgte aber nur mit den Ungarn. Mit dem österr.-ungar. „Ausgleich" wurde 1867 der frühere Einheitsstaat in die Doppelmonarchie „*Österreich-Ungarn*" umgewandelt. Die Ungarn wurden damit neben den Deutschen zur zweiten Herrschaftsnation, was einen unüberbrückbaren Gegensatz zu den anderen, besonders den slawischen Nationalitäten heraufbeschwören sollte. Die Nationalitätenkonflikte konnten nicht gelöst werden und führten schließlich in der Niederlage des I. Weltkrieges zur Auflösung der Habsburgermonarchie (letzter Kaiser: *Karl I.*).

Am 12.11.1918 wurde die Republik „*Deutsch-Österreich*" proklamiert und zu einem Bestandteil der dt. Republik erklärt. Als territorial kleinster Nachfolgestaat der ehem. Monarchie umfaßte Ö. nach den Bestimmungen des *Friedensvertrages von Saint-Germain* (10.9.1919) im wesentlichen die historischen Kernlande des alten Reiches. Die Siegermächte untersagten einen Anschluß an Deutschland und setzten den Namen „Republik Österreich" fest. Als besonders schmerzvoll wurde die Abtretung Südtirols an Italien empfunden.

2. Erste Republik

Die Geschichte der 1. Republik bis 1938 ist geprägt von den Konflikten um die nationale Identität des neuen Kleinstaates. Dessen Bevölkerung konnte sich lange nicht mit dem Verlust des einstigen Großreiches abfinden, was in immer wieder auflebenden Debatten um die Lebensfähigkeit Ö.s und einen Anschluß an Deutschland zum Ausdruck kam. Ein sich bis zum Bürgerkrieg polarisierender Gegensatz zwischen Arbeiterbewegung und bürgerlichem Lager bestimmte die Innenpolitik der 1. Republik. Nach einer kurzen Phase der Kooperation der beiden Großparteien (Christlichsoziale und Sozialdemokraten), in der eine Verfassung ausgearbeitet und grundlegende Sozialgesetze verabschiedet wurden, zerbrach diese Koalition. Es begann eine systematische Verdrängung der Sozialdemokratie aus allen ihren Einflußsphären durch die bürgerlichen Parteien.

Die nach den Bedingungen des Völkerbundes durchgeführte Sanierung von Wirtschaft, Währung und Staatshaushalt, deren negative Folgen durch die Weltwirtschaftskrise noch verschärft wurden, führte zu Massenarbeitslosigkeit und Verelendung breiter Bevölkerungsschichten. In dem sich zuspitzenden Verteilungskampf reagierten das Bürgertum, aber auch Finanz- und Wirtschaftskreise mit der Zuwendung zu autoritären, antidemokratischen Regierungsmodellen. Diese wurden in Ö. von zwei Bewegungen propagiert: den sich am it. Faschismus orientierenden Heimwehren und dem Nationalsozialismus. 1933 schaltete der christlichsoziale Bundeskanzler *E.* →*Dollfuß* das Parlament aus und begann unter Mißbrauch des Notverordnungsparagraphen der Verfassung „autoritär" zu regieren. Im Febr. 1934 erhoben sich Teile der Arbeiterschaft zu einem bereits aussichtslos gewordenen bewaffneten Widerstand, der rasch niedergeschlagen wurde. Die Zerstörung der parlamentarischen Demokratie, die Zerschlagung der politischen Organisationen der Arbeiterbewegung im Bürgerkrieg und die Errichtung der Diktatur des →„Ständestaates" durch Dollfuß 1933/34 lösten die sozialen und wirtschaftlichen Probleme nicht.

Der Zweifrontenkrieg des autoritären Regimes gegen die immer offener von Deutschland unterstützten, terroristisch agierenden Nationalsozialisten und die in die Illegalität gedrängte Arbeiterbewegung schwächte jedoch die Abwehrkräfte gegen Hitler-Deutschland. Im Juli 1934 wurde Dollfuß das Opfer eines nat.-soz. Putschversuches, der jedoch niedergeschlagen werden konnte. Das im Inneren gespaltene und durch die starke Anlehnung an das faschistische Italien auch außenpolitisch isolierte Ö. leistete schließlich gegen die dt. Okkupation am 12.3.1938 keinen Widerstand, nachdem Bundeskanzler *K.* →*Schuschnigg* am Tag zuvor zurückgetreten war.

3. Österreich im „Großdeutschen Reich"

Ö. wurde in das Dt. Reich als „Ostmark" eingegliedert. Seine wirtschaftlichen Ressourcen und sein Arbeitskräftepotential halfen, den Rüstungsvorsprung des Dt. Reiches zu halten. Eine Volksabstimmung über den bereits vollzogenen Anschluß ergab unter massiver Propaganda und Einschüchterung der Gegnerschaft 99,7% Ja-Stimmen. Das Ergebnis kann nicht als repräsentativ gelten, zweifellos identifizierte sich aber ein beträchtlicher Teil der Bevölkerung mit dem Nationalsozialismus. Dementsprechend schwierig waren die Bedingungen für den Widerstand gegen das NS-Regime, der in Relation zu seiner Effizienz einen hohen Blutzoll zahlen mußte. Österreicher nahmen als Soldaten der Wehrmacht am dt. Hegemonialkrieg teil, ein überproportional hoher Anteil war auch in NS-Massenverbrechen verstrickt. Dennoch wurde Ö. von den Alliierten nach dem Zusammenbruch des Dt. Reiches 1945 als erstes Opfer der dt. Expansionspolitik behandelt und seine Selbständigkeit wiederhergestellt.

4. Zweite Republik

Der Befreiung von der NS-Herrschaft folgte bis zur Erringung des Staatsvertrages 1955 eine 10jährige Besatzung durch die vier alliierten Siegermächte. Von den Bedingungen der Nachkriegszeit wurde das politische System Ö.s weit über diese Zeit hinaus geprägt. Unter dem Druck der wirtschaftlichen und politischen Verhältnisse und in Erinnerung der Konflikte der 1. Republik entwickelte sich in der 2. Republik eine Zusammenarbeit der großen politischen Lager. Sie fand ihre typische Ausformung in Regierungskoalitionen der beiden Großparteien →*Österreichische Volkspartei* (ÖVP) und →*Sozialistische Partei Österreichs* (SPÖ) (vgl. Tab. 1), v. a. aber in der Institution der „Sozialpartnerschaft" (vgl. V). Dadurch wurden jedoch wesentliche Entscheidungen in parlaments- und regierungsferne Gremien wie Kammern und Interessenverbände verlagert. Die durch den Ost-West-Konflikt verzögerte Einigung der Siegermächte über einen *Staatsvertrag* brachte am 15.5.1955 die Wiedererringung der vollen Souveränität. Die am 26.10.1955 beschlossene *immerwährende Neutralität* Ö.s bestimmt seither die Leitlinien der Außenpolitik.

Die Phase der Regierungskoalitionen zwischen ÖVP und SPÖ seit 1949 unter den Bundeskanzlern *L.* →*Figl*, *J.* →*Raab*, *A.* →*Gorbach* und *Josef Klaus* (alle ÖVP), deren wichtigste Repräsentanten auf seiten der SPÖ *K.* →*Renner* und *A.* →*Schärf* waren (die beide auch Bundespräsidenten wurden; vgl. Tab. 2), endete 1966, als die ÖVP die absolute Mehrheit erreichte und eine Alleinregierung unter Klaus stellte. Sie wurde 1970 von einer sozialistischen Minderheitsregierung unter Bundeskanzler *Bruno Kreisky* abgelöst, der 1971 eine abso-

Tabelle 1
Regierungen Österreichs

im Amt seit	Bundeskanzler	Koalition
27.4.1945	Karl Renner (SPÖ)	SPÖ, ÖVP, KPÖ
20.12.1945	Leopold Figl (ÖVP)	ÖVP, SPÖ, KPÖ
8.11.1949	Leopold Figl (ÖVP)	ÖVP, SPÖ
28.10.1952	Leopold Figl (ÖVP)	ÖVP, SPÖ
2.4.1953	Julius Raab (ÖVP)	ÖVP, SPÖ
20.6.1956	Julius Raab (ÖVP)	ÖVP, SPÖ
16.7.1959	Julius Raab (ÖVP)	ÖVP, SPÖ
3.11.1960	Julius Raab (ÖVP)	ÖVP, SPÖ
11.4.1961	Alfons Gorbach (ÖVP)	ÖVP, SPÖ
27.3.1963	Alfons Gorbach (ÖVP)	ÖVP, SPÖ
2.4.1964	Josef Klaus (ÖVP)	ÖVP, SPÖ
19.4.1966	Josef Klaus (ÖVP)	ÖVP
21.4.1970	Bruno Kreisky (SPÖ)	SPÖ
4.11.1971	Bruno Kreisky (SPÖ)	SPÖ
28.10.1975	Bruno Kreisky (SPÖ)	SPÖ
5.6.1979	Bruno Kreisky (SPÖ)	SPÖ
24.5.1983	Fred Sinowatz (SPÖ)	SPÖ, FPÖ
16.6.1986	Franz Vranitzky (SPÖ)	SPÖ, FPÖ
21.1.1987	Franz Vranitzky (SPÖ)	SPÖ, ÖVP
17.12.1990	Franz Vranitzky (SPÖ)	SPÖ, ÖVP

FPÖ = Freiheitliche Partei Österreichs; KPÖ = Kommunistische Partei Österreichs; ÖVP = Österreichische Volkspartei; SPÖ = Sozialistische Partei Österreichs, ab 1991 Sozialdemokratische Partei Österreichs.

Tabelle 2
Bundespräsidenten

20.12.1945	Karl Renner (SPÖ)
21.6.1951	Theodor Körner (SPÖ)
22.5.1957	Adolf Schärf (SPÖ)
22.5.1963	Adolf Schärf (SPÖ)
9.6.1965	Franz Jonas (SPÖ)
9.6.1971	Franz Jonas (SPÖ)
8.7.1974	Rudolf Kirchschläger (parteilos; SPÖ-Kandidat)
8.7.1980	Rudolf Kirchschläger (parteilos; SPÖ-Kandidat)
8.7.1986	Kurt Waldheim (parteilos; ÖVP-Kandidat)
8.7.1992	Thomas Klestil (ÖVP)

glied des Europarats. Zum Bundespräsidenten wurde am 24.5.1992 *Thomas Klestil* (ÖVP) gewählt

III. Verfassung und Recht
1. Verfassungsrecht

Verfassungsrecht ist in Ö. in den Verfassungsgesetzen des Bundes und der Länder, den in einfachen Gesetzen enthaltenen Verfassungsbestimmungen sowie in den verfassungsändernden Staatsverträgen enthalten: Die wichtigste Quelle ist das *Bundes-VerfassungsG* (B-VG) vom 1.10.1920, das trotz weiterer Novellen als „B-VG i. d. F. der Novelle 1929" bezeichnet wird.

Als *tragende Prinzipien* der Verfassung gelten: (1) Das *republikanisch-demokratische* Prinzip. Es ist durch weitgehend mittelbar demokratisch organisierte Gesetzgebung, eingeschränkte Möglichkeiten der Partizipation des Volkes an den Staatsfunktionen und den „Parteienstaat" gekennzeichnet. (2) Das *bundesstaatliche* „Baugesetz". Merkmale dafür sind die Aufteilung der Staatsfunktionen in Gesetzgebung und Vollziehung, der Bundesrat, der Finanzausgleich, die verschiedenen Kooperationsmöglichkeiten. Das Staatsgebiet umfaßt 9 Bundesländer. (3) Das *gewaltenteilende* Prinzip. Es ist formell-organisatorisch ausgerichtet und äußert sich in der unabhängigen Gerichtsbarkeit, Selbstverwaltung, den Unvereinbarkeitsnormen und Kontrolleinrichtungen. (4) Das *rechtsstaatliche* „Baugesetz". Ausdruck sind die Gesetzesgebundenheit der Vollziehung sowie Rechtsschutzeinrichtungen. (5) Das *liberale* Prinzip. Es zeigt sich in der Ausgestaltung der Grundrechte. Die „Bauprinzipien" können mit den Quoren von Verfassungsgesetzen (1/2 Anwesenheit, 2/3 Zustimmung) und einer zwingend durchzuführenden Volksabstimmung geändert werden.

lute Mehrheit erreichte und bis 1983 SPÖ-Kabinette führte. Nach dem Verlust der absoluten Mehrheit bildete die SPÖ unter der Führung von *Fred Sinowatz* eine Koalitionsregierung mit der →Freiheitlichen Partei Österreichs (FPÖ), die bis dahin von der Regierungsbeteiligung ausgeschlossen gewesen war. Nach einem durch Stimmverluste ausgelösten Rechtsruck innerhalb der FPÖ wurde diese „kleine Koalition" von der SPÖ nicht fortgesetzt. Die Wahlen 1986 (vgl. Tab. 3) brachten mit dem Einzug der Grün-Alternativen eine vierte Partei ins Parlament. Die Regierungsbildung im Jan. 1987 ergab eine Neuauflage der großen Koalition von SPÖ (die im Juni 1991 ihren alten Namen „Sozialdemokratische Partei Österreichs" wieder annahm) und ÖVP unter Bundeskanzler *Franz Vranitzky*, die nach den Wahlen im Okt. 1990 fortgesetzt wurde. Deren Hauptvorhaben sind neben Budgetkonsolidierung und wirtschaftspolitischen Reformen der Vollbeitritt zur EG unter Wahrung der Neutralität. Ö. ist auch Mit-

Tabelle 3
Stimmanteile und Mandate der Parteien im Nationalrat

Partei	ÖVP		SPÖ		FPÖ[1]		KPÖ[2]		Grüne[3]	
Wahltag	in %	Mandate	in %	Mandate	in %	Mandate	in %	Mandate	in %	Mandate
25.11.1945	49,80	85	44,60	76			5,42	4		
9.10.1949	44,03	77	38,71	67	11,67	16	5,08	5		
22.2.1953	41,26	74	42,11	73	10,95	14	5,28	4		
13.5.1956	45,96	82	43,04	74	6,52	6	4,42	3		
10.5.1959	44,19	79	44,79	78	7,70	8				
18.11.1962	45,43	81	44,00	76	7,05	8				
6.3.1966	48,35	85	42,56	74	5,35	6				
1.3.1970[4]	44,69	78	48,40	81	5,45	6				
10.10.1971	43,12	80	50,04	93	5,45	10				
5.10.1975	42,80	80	50,60	93	5,41	10				
6.5.1979	41,90	77	51,03	95	6,06	11				
24.4.1983	43,22	81	47,65	90	4,98	12				
23.11.1986	41,29	77	43,13	80	9,73	18			4,82	8
7.10.1990	32,14	60	43,03	80	16,60	33			4,53	10

[1] vor 1956 v. a. Wahlpartei der Unabhängigen – [2] oft zusammen mit anderen Linksparteien (1949: Linksblock; 1953: Österr. Volksopposition) – [3] Die Grüne Alternative Liste F. Meissner-Blau, 1983 erstmals bei Nationalratswahlen vertreten – [4] aufgrund der Nachwahl vom 4.10.1970 berichtete Mandatszahlen

FPÖ = Freiheitliche Partei Österreichs; Grüne = Die Grüne Alternative; KPÖ = Kommunistische Partei Österreichs; ÖVP = Österreichische Volkspartei; SPÖ = Sozialistische Partei Österreichs, ab 1991 Sozialdemokratische Partei Österreichs.

Ö. hat sich 1955 durch Bundesverfassungsgesetz zur *immerwährenden Neutralität* bekannt.

Die *Finanzaufteilung* zwischen den Gebietskörperschaften ist in einem eigenen *Finanz-VerfassungsG* geregelt. Auf dieser Grundlage ergehen in Abständen von ca. 4–5 Jahren Finanzausgleichsgesetze.

Die *Gesetzgebung* des Bundes üben der Nationalrat und der Bundesrat gemeinsam aus. Die Grundsätze der Wahl des *Nationalrates* sind in Art. 26 B-VG und in der Nationalratswahlordnung 1971 geregelt. Das *aktive* Wahlrecht besitzen alle österr. Staatsbürger (auch Auslandsösterreicher), welche am Stichtag der Wahl das 19. Lebensjahr vollendet haben; ihnen steht das gleiche, unmittelbare, geheime und persönliche Wahlrecht nach den Grundsätzen der Verhältniswahl zu. Das *passive* Wahlrecht ist an die Vollendung des 21. Lebensjahres geknüpft. Der Nationalrat besteht aus 183 Mitgl.; seine Gesetzgebungsperiode dauert 4 Jahre.

Die Länder sind durch den *Bundesrat* in der Bundesgesetzgebung vertreten. Seine Mitglieder werden durch die Landtage entsandt; ihre Zahl richtet sich nach der Bevölkerungsentwicklung. Der Bundesrat hat grundsätzlich ein suspensives *Vetorecht*, ein absolutes bei Zuständigkeitsverschiebungen zu Lasten der Länder, in Ausnahmefällen (etwa BudgetG) überhaupt kein Mitwirkungsrecht.

Nationalrat und Bundesrat bilden zusammen die *Bundesversammlung*, welche für den Bundespräsidenten betreffende Angelegenheiten und die Beschlußfassung über eine Kriegserklärung zuständig ist.

Die *Landtage* werden nach den gleichen Grundsätzen wie der Nationalrat alle 5, in Ober-Ö. alle 6 Jahre gewählt. Gegen Gesetzesbeschlüsse der Landtage steht der Bundesregierung ein i. d. R. suspensives Veto zu.

Auf Bundes- und Landesebene sind auch Einrichtungen der *direkten Demokratie* (Volksabstimmung, Volksbegehren, Volksbefragung) vorgesehen.

Dem Nationalrat und den Landtagen stehen das *Mißtrauensvotum* sowie die politische, rechtliche und finanzielle (mit Hilfe des Rechnungshofes), dem Bundesrat die politische und rechtliche *Kontrolle* zu. Die Mitglieder der Gesetzgebungsorgane genießen *freies Mandat* und *parlamentarische Immunität*.

Zu den *obersten Vollzugsorganen* zählt der *Bundespräsident* als Staatsoberhaupt. Er wird vom Bundesvolk auf 6 Jahre gewählt (Wiederwahl nur einmal in unmittelbarer Folge), ist politisch dem Bundesvolk und rechtlich der Bundesversammlung verantwortlich.

Daneben steht der Staatsleitung dem *Bundeskanzler*, dem *Vizekanzler* und den übrigen *Bundesministern* zu, die zusammen die *Bundesregierung* bilden. Sie werden vom Bundespräsidenten ernannt und entlassen und sind vom Vertrauen der Nationalratsmehrheit abhängig. Im übrigen erfolgt die Verwaltung des Bundes teils durch Organe des Bundes (unmittelbare), teils der Länder und Gemeinden (mittelbare Bundesverwaltung).

Die oberste Verwaltung in den *Bundesländern* obliegt den *Landesregierungen*. Ihre Mitglieder (*Landeshauptmann*, *-stellvertreter* und *Landesräte*) sind den Landtagen politisch und rechtlich verantwortlich. Die übrige Landesverwaltung wird teils durch Landesorgane (unmittelbare), teils durch Bundes- und Gemeindeorgane (mittelbare Verwaltung) besorgt. Die Verwaltungsaufgaben werden von Berufsbeamten bzw. Vertragsbediensteten wahrgenommen. Auf Bezirksebene sind *Bezirkshauptmannschaften* eingerichtet.

Auf unterster Ebene sind die *Gemeinden* als Selbstverwaltungskörper tätig. Städte mit eigenem Statut besorgen auch die Geschäfte der Bezirksverwaltung. Organe der Gemeindeverwaltung sind der vom Gemeindevolk gewählte *Gemeinderat*, der den *Bürgermeister* und *Gemeindevorstand* wählt.

Ab 1991 wird pro Bundesland ein *Verwaltungssenat* eingerichtet, der v. a. wegen faktischer Amtshandlungen und Verwaltungsübertretungen angerufen werden kann. In oberster Instanz sind der *Verwaltungs-* und *Verfassungsgerichtshof* zuständig.

Die *Gerichtsbarkeit* fällt in die ausschließliche Bundeszuständigkeit und wird i. d. R. durch berufsmäßige Organe (meist Richter) ausgeübt, die mit den Garantien der Unabhängigkeit, weitgehender Unabsetzbarkeit und Unversetzbarkeit ausgestattet sind. Man unterscheidet *Bezirks-*, *Kreis-*, *Landes-*, *Oberlandesgerichte* sowie als oberste Instanz den *Obersten Gerichtshof*.

Die *Volksanwaltschaft* (3 vom Nationalrat gewählte Mitgl.) dient als Kontroll- und Rechtshilfeorgan für Mißstände in der gesamten Verwaltung des Bundes und meist auch jener der Länder.

Das B-VG enthält keinen eigenen Grundrechtskatalog. *Grundrechtsbestimmungen* finden sich v. a. in einzelnen B-VG-Artikeln, dem *StaatsgrundG* (StGG) 1867 über die allg. Rechte der Staatsbürger, in den *Staatsverträgen von St-Germain* 1919 und *Wien* 1955, der →*Europäischen Menschenrechtskonvention* samt Zusatzprotokollen sowie in einzelnen internationalen Abkommen und einfachen Bundesgesetzen (z. B. im Zivildienst- und DatenschutzG). Ö. hat die Zuständigkeit der Europäischen Kommission und des Europäischen Gerichtshofes für Menschenrechte anerkannt. Innerstaatlich ist der Grundrechtsschutz v. a. durch die Verfassungsgerichtsbarkeit gewährleistet.

2. Recht

Das *Zivilrecht* ist großteils im →*Allgemeinen Bürgerlichen Gesetzbuch* (ABGB) 1811 geregelt. Tragendes Grundprinzip ist die →*Privatautonomie*. Sie äußert sich v. a. in der Vertrags- und Testierfreiheit.

Der Großteil des *Eherechts* ist im EheG 1938 geregelt. Es sieht die obligatorische Zivilehe sowie eine Reihe von Scheidungsmöglichkeiten (Schuld- bzw. Zerrüttungsprinzip) vor. Der gesetzliche Güterstand während bestehender Ehe folgt dem System der Gütertrennung. Die Ehepartner sind in der Ehe und im Kindschaftsrecht prinzipiell gleichberechtigt.

Das *Schadenersatz-Recht* des ABGB wird dominiert vom Prinzip der Verschuldenshaftung; Sondergesetze enthalten Modifizierungen, die dem Prinzip der Gefährdungshaftung folgen. Das *AmtshaftungsG* (AHG) 1948 sieht eine Haftung des Staates für Schäden durch Vollzugsorgane vor.

Sozialstaatlichen Gründen dienen v. a. das *MietrechtsG* (MRG) 1982, das eine Reihe von Kündigungs- und Mietzinsbeschränkungen vorsieht sowie das *KonsumentenschutzG* (KSchG) 1978.

Das *Arbeitsrecht* ist weitgehend in Spezialgesetzen geregelt, die vom Prinzip des Arbeitnehmerschutzes geprägt sind (z. B. *ArbeitsverfassungsG* 1974).

Rechtsangelegenheiten mit Auslandsbezug werden nach dem *Ges. über das internationale Privatrecht* (IPR-G) 1978 jener Rechtsordnung unterstellt, zu der die stärkste Beziehung besteht.

Im *Handelsrecht* gilt seit 1939 das dt. *HGB*, das durch die 4. EinführungsVO (EVHGB) den Bestimmungen des ABGB angepaßt wurde (zum *Sozialrecht* vgl. IV).

Für die Entscheidung in *Zivilrechtsangelegenheiten* sind die ordentlichen Gerichte zuständig. Das Verfahren ist hauptsächlich in der *Zivilprozeßordnung* (ZPO) 1895 geregelt und grundsätzlich dreistufig organisiert. Für die *Zwangsvollstreckung* sind die *Exekutionsordnung* (EO) 1896, für das *Insolvenzrecht* die Konkursordnung 1914, die Ausgleichsordnung 1934 und die Anfechtungsordnung 1914 zu nennen.

Das *Justizstrafrecht* ist weitgehend im *Strafgesetz-*

buch (StGB) 1973 normiert. Besonderheiten sind für Jugendliche nach dem *JugendgerichtsG* (JGG) 1961 vorgesehen. Die Todesstrafe wurde 1950 im ordentlichen, 1968 auch im standgerichtlichen Verfahren abgeschafft.

Das *Strafverfahren* richtet sich im wesentlichen nach der *Strafprozeßordnung* (StPO) 1975. Die Gerichtsorganisation entspricht – mit Ausnahme der für schwere Delikte eingerichteten Schöffen- und Geschworenengerichte – dem zivilrechtlichen Verfahren.

Das *besondere Verwaltungsrecht* setzt sich aus einer Fülle von bundes- und landesrechtlichen Bestimmungen zusammen, wobei die Bundesgesetze in Anzahl und Bedeutung überwiegen.

Das materielle *Verwaltungsstrafrecht* fällt in die Zuständigkeit der Verwaltungsbehörden und ist weitgehend in den einzelnen Verwaltungsgesetzen normiert.

Das *Verwaltungs(-straf)verfahren* ist weitgehend einheitlich durch Bundesgesetz gestaltet. Zu nennen sind das *EinführungsG zu den Verwaltungsverfahrensgesetzen* (EGVG) 1950, das *Allgemeine VerwaltungsverfahrensG* (AVG) 1950, das *VerwaltungsstrafG* (VStG) 1950 und das *VerwaltungsvollstreckungsG* (VVG) 1950. Der Instanzenzug ist i. d. R. zweigliedrig. Daran schließt sich die Kontrolle durch den Verwaltungs- und Verfassungsgerichtshof.

IV. Bevölkerungs- und Sozialstruktur

1. Bevölkerung

Die regionale Verteilung der Bevölkerung zeigt längerfristig einen wachsenden Anteil der westl. Bundesländer Salzburg, Tirol und Vorarlberg, in denen seit 1910 ungefähr eine Verdopplung der Bevölkerung stattgefunden hat (vgl. Tab. 4). Der stärkste Rückgang erfolgte in Wien (1910: noch fast 1/3 der Gesamtbevölkerung, 1988 nur noch weniger als 1/5). Anfang 1989 lebten 45,0% der Wohnbevölkerung in Gemeinden mit weniger als 5000 E., 70,5% in Gemeinden mit weniger als 100 000 E., 29,5% in den fünf größten Städten Wien, Graz, Innsbruck, Linz und Salzburg. Der Anteil der ausländischen Bevölkerung beträgt im Bundesdurchschnitt 3,9%, wobei Wien (8,1%) und Vorarlberg (10,1%) bes. hohe Anteile aufweisen.

1989 gab es bei einer *Geburtenziffer* von 11,5 ‰ und einer *Sterbeziffer* von 10,9 ‰ einen leichten Geburtenüberschuß (vgl. Tab. 5). Über 1/5 der Lebendgeburten stammte aus nichtehelichen Lebensgemeinschaften. Die *Säuglingssterblichkeit* betrug 8,3 ‰. Während nach dem II. Weltkrieg bis Anfang der 70er Jahre ein starker Geburtenüberschuß bestand, war der Saldo in den letzten 20 Jahren nahezu ausgeglichen.

Tabelle 4
Bevölkerungsstand nach Bundesländern
(in 1000)

Land	1910	1951	1988	darunter Ausländer (1988)	%
Burgenland	292	276	267	3,2	1,2
Kärnten	371	474	542	8,3	1,5
Niederösterreich	1425	1400	1429	40,5	2,8
Oberösterreich	853	1108	1300	32,8	2,5
Salzburg	214	327	465	20,3	4,3
Steiermark	957	1109	1181	13,8	1,2
Tirol	304	427	614	27,3	4,4
Vorarlberg	145	193	316	31,8	10,1
Wien	2083	1616	1482	120,6	8,1
Österreich	6648	6933	7596	298,7	3,9

Quelle: Österr. Stat. Zentralamt, Stat. Hdb. für die Republik Österreich 1990.

Tabelle 5
Natürliche Bevölkerungsbewegung 1989 nach Bundesländern
(Absolutwerte und Raten auf je 1000 E.)

Land	Lebendgeburten	je 1000	Gestorbene	je 1000	Geburtenüberschuß je 1000
Burgenland	2706	10,1	3107	11,6	– 1,5
Kärnten	6241	11,5	5456	10,1	1,4
Niederösterreich	15835	11,1	16921	11,8	– 0,8
Oberösterreich	16326	12,5	12530	9,6	2,9
Salzburg	5859	12,5	4115	8,8	3,7
Steiermark	12929	11,0	12720	10,8	0,2
Tirol	7969	12,9	4936	8,0	4,9
Vorarlberg	4361	13,6	2401	7,5	6,1
Wien	15704	10,6	20658	13,9	– 3,3
Österreich	87930	11,5	82844	10,9	0,7

Quelle: Österr. Stat. Zentralamt, Stat. Hdb. für die Republik Österreich 1990.

Tabelle 6
Altersstruktur der Bevölkerung
(in 1000 und in %)

Jahr	Insgesamt in 1000	unter 15 Jahre in 1000	in %	15–60 Jahre in 1000	in %	über 60 Jahre in 1000	in %
1910	6648	1984	29,8	4037	60,7	626	9,4
1951	6933	1578	22,7	4282	61,8	1073	15,7
1988	7596	1330	17,5	4722	62,2	1543	20,3
2000*	7734	1316	17,0	4780	61,8	1637	21,2

* Prognosewert

Quelle: Österr. Stat. Zentralamt, Stat. Hdb. für die Republik Österreich 1990.

Die *Altersstruktur* (vgl. Tab. 6) zeigt für 1988 folgendes Bild: Der Anteil der 0–20jährigen betrug 17,5% der Gesamtbevölkerung, der der 15–60jährigen 62,2%, der der über 60jährigen 20,3%. Letzterer liegt in Ö. höher als in fast allen anderen Staaten der Erde. Die durchschnittliche *Lebenserwartung* bei der Geburt betrug 72 Jahre für Männer und 79 Jahre für Frauen. Damit setzt sich ein langfristig steigender Trend fort (1951: Männer 62 Jahre, Frauen 68 Jahre). Obwohl der Anteil der erwerbsfähigen Personen in diesem Jahrhundert nahezu stabil geblieben ist, hat sich eine starke Verschiebung von der jüngsten Altersgruppe hin zu den Älteren ergeben. Während der Anteil der Jüngeren um über 10%-Punkte rückläufig war, ist jener der Älteren um nahezu denselben Anteil gestiegen. Nach einer Prognose des Österr. Stat. Zentralamtes ist bis zum Jahre 2000 bei Bevölkerungsniveau und Altersstruktur nur mit geringfügigen Veränderungen zu rechnen.

2. Familienstruktur

1988 entfielen auf die 2,087 Mio. Familien 2,494 Mio. im Haushalt lebende Kinder (davon 1,314 Mio. unter 15 Jahre), somit im Bundesdurchschnitt knapp mehr als ein Kind pro Familie (1,2). Von den 2,912 Mio. Haushalten waren 28,3% Ein-Personen-Haushalte. Die durchschnittliche Haushaltsgröße betrug 2,56 Personen; noch 9,7% hatten mehr als 5 Personen.

1989 betrug die Zahl der *Eheschließungen* 5,6 auf 1000 E., die der *Ehescheidungen* 2,0 auf 1000 E. Langfristig ist die Zahl der Eheschließungen rückläufig, die der Ehescheidungen steigend (1951: 9,1 Eheschließungen und 1,5 Ehescheidungen pro 1000 E.).

3. Struktur von Beschäftigung und Arbeitslosigkeit

1989 waren 3,438 Mio. *Erwerbstätige* registriert. Bezogen auf die Bevölkerung im erwerbsfähigen Alter (15–65jährige) ergibt dies eine Erwerbsquote von 70%. Die Erwerbsquote der Männer ist in den vergangenen 30 Jahren deutlich gefallen (1955: 92%; 1988: 78%), die der Frauen gestiegen (von 48% auf 55%). Der Anteil der *selbständig Erwerbstätigen* (1989: 12,5%; 1955: 33,1%) ist weiterhin leicht rückläufig. Knapp 47% aller Selbständigen waren in der Landwirtschaft beschäftigt (1955 noch rd. 2/3). Die Zahl der *unselbständig Erwerbstätigen* erreichte 1989 mit 2,862 Mio. einen neuen Höchststand. 58,8% davon waren Männer, 41,2% Frauen. Der Anteil der Arbeiter betrug 45,4% (darunter 33,7% Frauen), jener der Angestellten und Beamten 54,6% (darunter 47,4% Frauen). Die Zahl der unselbständigen Ausländer betrug 167 381 oder 5,8% (1973: 8,7%). Davon kamen 54,2% aus Jugoslawien, 23,4% aus der Türkei und 7,4% aus der Bundesrepublik Deutschland. 1988 waren im Primärsektor 1,1% aller unselbständig Beschäftigten tätig, im Sekundärsektor 37,9% und im Tertiärsektor 59,4%.

Während in den 70er Jahren die *Arbeitslosenquote* nie über die 2% gestiegen war, stieg sie 1989 auf 5,0% im Jahresdurchschnitt. Der Höchststand von 1987 (5,6%) wurde somit zwar unterschritten, dennoch verharrt die Arbeitslosenquote trotz steigender Beschäftigung auf hohem Niveau. Neben einem größeren Arbeitskräfteangebot sind dafür auch strukturelle Faktoren verantwortlich. Dies zeigt sich v. a. im Anstieg der durchschnittlichen Arbeitslosendauer.

4. Das soziale Sicherungssystem

Den Kern des Sozialsystems stellt die *Sozialversicherung* dar, die sich in Kranken-, Pensions- und Unfallversicherung gliedert, wobei es je nach Berufsgruppe unterschiedliche Regelungen gibt. Die Sozialversicherung ist gesetzlich im Allgemeinen SozialversicherungsG 1955 (ASVG) und in seinen zahlreichen Novellierungen geregelt. Die Verwaltung erfolgt über 28 Selbstverwaltungskörper (zusammengefaßt im Hauptverband der österr. Sozialversicherungsträger). Maßnahmen im Bereich der Arbeitsmarktverwaltung (Arbeitslosenversicherung, Arbeitsmarktförderung) und des Familienlastenausgleichs fallen in die Kompetenz des Bundes. Die Länder und Gemeinden sind v. a. auf dem Gebiet der Sozialhilfe und der sozialen Dienste tätig.

Die *Sozialausgaben* betrugen 1990 (Bundesvoranschlag) 481 Mrd. S (26,6% des BIP). An den Gesamtausgaben der Sozialversicherung (1990: 279,9 Mrd. S, vorläufiges Gebarungsergebnis) hatten die Ausgaben der Krankenversicherungen einen Anteil von 26,2%, der Unfallversicherungen von 3,2%. Den größten Anteil nehmen mit 70,6% die Ausgaben für die Pensionsversicherungen ein. Die Gesamteinnahmen der Sozialversicherung bestanden zu 77% aus Beiträgen der Versicherten, zu 16,3% aus Bundesbeiträgen und zu 6,0% aus sonstigen Einnahmen (Vermögenserträgnissen, Kostenbeteiligungen der Versicherten etc.).

Anfang 1989 gab es 23 907 freiberufliche Ärzte (3,1 je 1000 E.). Davon waren 31,8% praktische Ärzte, 34,3% Fachärzte, 10,6% Zahnärzte und 23,3% in Berufsausbildung (Jungmediziner). In den 330 Krankenanstalten waren (1988) weitere 11 411 Ärzte tätig. Es standen etwas über 81 000 Betten zur Verfügung (10,7 je 1000 E.). Dabei konzentrierte sich die Gesundheitsversorgung auf die Bundeshauptstadt.

V. Wirtschaft

1. Ausstattung mit natürlichen Ressourcen

Die land- und forstwirtschaftliche Betriebszählung von 1980 weist 302 579 Betriebe mit einer selbstbewirtschafteten Gesamtfläche von 7 325 863 ha aus. Davon entfallen 19,8% auf Ackerland, 26,6% auf Grünland und 41,4% auf Waldfläche. Der Rest entfällt auf Weingärten, Obstanlagen und unproduktive Flächen. Neben umfangreichen Holzvorräten verfügt Ö. über nennenswerte Vorräte an Eisen-, Wolfram-, Blei- und Zink- sowie Antimonerz. Bedeutende nichtmetallische Rohstoffvorkommen sind Gips und Anhydrit, Graphit, Magnesit, Dolomit, Talk, Kaolin, Ton sowie Quarz und Quarzsand. Ö. verfügt ferner über bedeutende Salzvorkommen. Energieressourcen sind in Form von Braunkohle, Erdöl und Erdgas, in geringem Umfang von Ölschiefer vorhanden. Bei allen Energieträgern ist die Inlandproduktion langfristig rückläufig und muß zunehmend durch Importe ersetzt werden. Große Bedeutung kommt daher der Nutzung der Wasserkraft zur Elektrizitätserzeugung zu (1989: 72% der inländischen Erzeugung).

2. Grundzüge des Wirtschaftssystems

Bei grundsätzlich marktwirtschaftlicher Orientierung ist Ö. ein Beispiel für eine gemischte Wirtschaft im Zusammenwirken privater, gemeinwirtschaftlicher und staatlicher Organisationsformen. Hinsichtlich der Eigentumsstrukturen der Wirtschaft ergeben sich Besonderheiten v. a. im Hinblick auf bedeutende Anteile des Auslandskapitals und des gemeinwirtschaftlichen und öffentlichen Sektors. Für die Industrie kann in grober Annäherung davon ausgegangen werden, daß etwa je 1/3 der Beschäftigten in Unternehmen arbeitet, die in ausländischem oder inländischem Privateigentum und in gemeinwirtschaftlichem bzw. öffentlichem Eigentum stehen. Insgesamt beschäftigt der gemeinwirtschaftlich-öffentliche Bereich rd. 470 000 Menschen (18% aller unselbständig Beschäftigten), der verstaatlichte Sektor rd. 85 000.

Eine Besonderheit hinsichtlich der wirtschaftspolitischen Entscheidungsstrukturen stellt das System der *„Wirtschafts- und Sozialpartnerschaft"* dar. Es handelt sich dabei im wesentlichen um eine Form freiwilliger und umfassender, gesamtwirtschaftlich orientierter Einkommenspolitik, getragen von den Interessenvertretungen der Arbeitnehmer, der Unternehmer und der Landwirtschaft unter Mitwirkung der für Wirtschaftsfragen zuständigen Mitglieder der Bundesregierung. Kernstück dieses Systems ist die „Paritätische Kommission" mit ihren Unterkommissionen für Lohn- und Preisfragen und dem „Beirat für Wirtschafts- und Sozialfragen". Die umfassende Einbeziehung der Wirtschaftsverbände in eine Vielzahl wirtschaftspolitischer Entscheidungen hat dazu beigetragen, daß in Ö. ein erhebliches Maß an wirtschaftlicher Stabilität und sozialer Konfliktfreiheit erreicht werden konnte.

3. Wertschöpfung und Wirtschaftsstruktur

1990 entstanden 3,5% der Wertschöpfung in der Land- und Forstwirtschaft, 39,8% im industriell-gewerblichen Bereich, 41,5% im Dienstleistungssektor und 15,2% im Bereich öffentlicher Dienste (vgl. Tab. 7). Die wichtigsten Bereiche des industriell-gewerblichen Sektors sind die Metallerzeugung und -verarbeitung, die Bauwirtschaft und die Nahrungsmittelindustrie. Mittelfristig zeigt sich ein abnehmender Anteil der Land- und Forstwirtschaft sowie der Industrie und ein zunehmender Anteil des Dienstleistungsbereichs an der gesamten Wertschöpfung. Große Bedeutung hat der Fremdenverkehr. Er ist nach dem produzierenden Gewerbe

Tabelle 7
Wertschöpfung nach Wirtschaftsbereichen
in % der gesamten Wertschöpfung
(auf Basis von Preisen 1983)

	1970	1980	1990
Land- und Forstwirtschaft	5,7	3,6	3,5
Bergbau	0,6	0,5	0,3
Sachgüterproduktion	29,6	27,4	29,0
Energie- und Wasserversorgung	2,8	3,3	2,8
Bauwesen	8,1	8,4	7,7
Handel	16,2	16,0	18,1
Verkehr-, Nachrichtenübermittlung	4,9	5,6	6,9
Vermögensverwaltung	9,3	13,0	18,4
Sonstige Dienste	3,3	3,3	4,5
Imputierte Bankdienstleistungen *	−3,1	−4,4	−6,4
Öffentliche Dienste	14,1	13,2	15,2

* Imputierte Bankdienstleistungen: Gegenwert des Netto-Ertrages der Banken aus dem Zinsengeschäft, der in der Wertschöpfung der übrigen Bereiche nicht enthalten ist und zur Vermeidung von Doppelzählungen daher abgesetzt werden muß.

Quelle: Österr. Stat. Zentralamt, Österreichs Volkseinkommen.

der zweitwichtigste Wirtschaftsfaktor und der wichtigste Devisenbringer.

Wesentlich deutlicher spiegelt sich diese Entwicklung in den Beschäftigtenzahlen der drei Sektoren wider. 1951–88 ging der Anteil der Beschäftigten in der Land- und Forstwirtschaft an der Gesamtzahl der Beschäftigten von 34,6% auf 7,9% zurück, blieb in der Industrie mit 37,4% nahezu gleich (1951: 37,6%; Höchststand 1971: 42,2%) und stieg im Dienstleistungssektor von 27,8% auf 54,6%.

4. Geldwesen

Träger der Geld- und Währungspolitik ist der Bund, der jedoch wesentliche Kompetenzen an die Oesterr. Nationalbank (OeNB) übertragen hat (→Notenbanken). An ihr sind neben der Republik Ö. die Sozialpartner bzw. ihnen nahestehende Unternehmen beteiligt. Der OeNB obliegt u. a. die Regelung des inländischen Geldumlaufes, der Zahlungsausgleich mit dem Ausland und v. a. die Wahrung der Stabilität der Währung.

Nach dem Zerfall des Systems fixer Wechselkurse wurde der Schillingkurs bis 1976 in Relation zu einem Korb wertbeständiger Währungen möglichst stabil gehalten. Mitte 1976 wurde er erstmals allein an der DM orientiert, und seit 1981 ist der DM-Schilling-Kurs praktisch konstant („Hartwährungspolitik"). Diese Politik führte zu einer deutlichen Aufwertung des Schillings gegenüber den meisten österr. Handelspartnern: Der nominelle effektive Wechselkurs (Index der Wechselkursbewegungen des Schillings zu allen Währungen, gewichtet nach Außenhandelsanteilen) stieg 1979–87 um 34,3%. Die Inflationsrate lag im Fünfjahresdurchschnitt 1970–75 bei 6,8%, 1975–80 bei 5,8%, 1980–85 bei 5,2% und 1985–89 bei 1,7% und damit deutlich unter den entsprechenden Preissteigerungsraten der europ. OECD-Länder.

5. Inlandsprodukt und Einkommensverteilung

Das BSP betrug 1988 insgesamt 1564,7 Mrd. S (94,6 Mrd. US-$). Dies entspricht einem BSP pro Kopf von 206 800 S (12 457 US-$). Unter den OECD-Staaten lag Ö. somit an 13. Stelle (nach Kaufkraftparitäten an 18. Stelle). Das Volkseinkommen (zu Faktorkosten) betrug 1988 1154 Mrd. S. Davon entfielen rd. 71,5% auf Brutto-Entgelte für unselbständige Arbeit, 7,5% auf unverteilte Gewinne der Kapitalgesellschaften, 28,3% auf Einkünfte aus Besitz und Unternehmung und −7,3% auf Zinsen für die Staats- und Konsumentenschuld.

In bezug auf die *funktionelle Einkommensverteilung* zeigt sich bei längerfristiger Betrachtung ein tendenzieller Anstieg der (unbereinigten) Lohnquote von 59,9% (1960) auf einen Höchstwert von 75,9% (1981), seither wieder ein Rückgang auf 71% (1988). Da aber auch der Anteil der unselbständig Erwerbstätigen an der Gesamtzahl der Erwerbstätigen zugenommen hat, ergibt sich eine schwächer ausgeprägte Entwicklung der diese Strukturverschiebungen berücksichtigenden „bereinigten" Lohnquote, die 1960–88 von 65,4% auf 68,2% leicht zunahm (Höchstwert 1978: 74,6%).

Über die *personelle Einkommensverteilung* gibt es nur wenige empirische Befunde. Bezüglich der sich unmittelbar auf den Arbeits- und Gütermärkten ergebenden Primärverteilung zeigen sich im Zeitablauf nur geringe Änderungen. Die Wirkung öffentlicher Umverteilungsmaßnahmen dürfte dagegen tendenziell zu einer größeren Egalität der Sekundärverteilung der Einkommen geführt haben, wobei diese Verteilungswirkungen v. a. von der Ausgabenseite des öffentlichen Sektors ausgehen (Bundesministerium Finanzen, 1987).

6. Der öffentliche Sektor

Der Zentralstaat spielt im öffentlichen Sektor Ö.s zwar eine größere Rolle als in anderen föderalistisch organisierten Staaten, wie etwa der Schweiz oder der Bundesrepublik Deutschland, aber nur weniger als die Hälfte der gesamten öffentlichen Bruttoausgaben (und nur rd. 42% der Gesamteinnahmen) entfallen auf den Bund (vgl. Tab. 8). Die Einnahmenverteilung erfolgt über das FinanzausgleichsG, das als paktiertes BundesG, d. h. unter Einbeziehung von Ländern und Gemeinden, alle sechs Jahre beschlossen wird.

Tabelle 8
Bruttoausgaben des öffentlichen Sektors 1988
(in Mrd. S)

Bund	557,3
Länder (ohne Wien)	139,7
Gemeinden (ohne Wien)	97,7
Wien	88,1
Sozialversicherungsträger	266,6
Übrige	57,4
insgesamt	1206,8

Quelle: Arbeitsbehelf zum Bundesfinanzgesetz für das Jahr 1990, 1. Teil.

Die *Abgabenquote* (Anteil der Steuern und Sozialversicherungsbeiträge am BIP) betrug 1988 41,5%, die *Steuerquote* 30%. Mit diesen Werten liegt Ö. etwa im Mittelfeld der OECD-Staaten. Ö. weist ein stark ausgebautes System sozialer Transferleistungen auf. Bezogen auf einen Arbeitnehmerhaushalt (Alleinverdiener mit 2 Kindern) mit durchschnittlichem Einkommen, betrug 1984 die direkte Steuer- und Sozialversicherungsbelastung 22,9% des Bruttoeinkommens, die „Netto-Belastungsquote" unter Hinzurechnung der Familienbeihilfe dagegen nur 9,6%, der drittniedrigste Wert innerhalb der OECD-Staaten.

Laut Voranschlag weist der *Bundeshaushalt* 1990 bei Gesamtausgaben von 549 Mrd. S und Gesamteinnahmen von 486 Mrd. S ein Nettodefizit von 63 Mrd. S (= 3,6% des BIP) auf. Die größten Ausgabenanteile entfielen 1988 auf die Bereiche Soziale Wohlfahrt und Gesundheit (24,8%). Die wichtigsten Einnahmen waren 1988 die aus der Mehrwertsteuer (28,4%), der Lohnsteuer (21,4%) und der veranlagten Einkommensteuer (5,6%). Die Finanzschuld des Bundes stieg von 28,3 Mrd. S (1965) auf 746,7 Mrd. S (1988). Der Anteil der Auslandsverschuldung an der Gesamtverschuldung stieg von 15,4% (1965) auf 32% (1981) und konnte seither auf 20,2% (1986) reduziert werden. Die Finanzschulden der Länder betrugen 1986 84 Mrd. S, jene der Gemeinden 105 Mrd. S.

7. Außenwirtschaft

Ö. weist als kleiner Industriestaat eine hohe und rasch wachsende außenwirtschaftliche Verflechtung auf. Die Exportquote i. w. S. (Exporte von Gütern und Dienstleistungen in % des BIP) stieg 1964–88 von 25,5% auf 41,2%, jene i. e. S. (nur Warenexporte) von 16,5% auf 24,4%. Die entsprechenden Importquoten erhöhten sich von 25,5% (bzw. 21,5%) auf 41,2% (bzw. 28,8%). Der Leistungsbilanzsaldo betrug 1988 –6,4 Mrd. S. Von den Gesamtexporten von 653 Mrd. S 1988 entfielen 268 Mrd. S (41%) auf Exporte von Fertigwaren, davon 176 Mrd. S (27%) auf Exporte von Konsumgütern. Bei den Importen von 1988 659 Mrd. S sind die wichtigsten Einzelkategorien die Energie-, Fahrzeug- und Maschinenimporte.

Hinsichtlich der regionalen Streuung weist der Außenhandel eine starke Konzentration auf Westeuropa auf. 75% der Gesamtexporte und 76% der Gesamtimporte entfielen 1988 auf Westeuropa, 9,1% der Exporte und 6,4% der Importe jeweils auf Osteuropa. Die wichtigsten Außenhandelspartner sind die Bundesrepublik Deutschland (Anteil an den Gesamtexporten 1988: 35%), Italien (10,4%) und die Schweiz (7,2%). Der Anteil Ö.s am gesamten Welthandel beträgt ca. 1%, wobei es in den vergangenen Jahren gelungen ist, diesen Anteil auszuweiten. Ö. ist seit 1960 Mitglied der EFTA. Seit 1973 besteht ein Freihandelszonenvertrag mit der EG, der zu einem vollständigen Abbau der Zölle für industriell-gewerbliche Güter bis zum 1.7.1977 führte. Ö. ist ferner Mitglied des GATT und der OECD.

8. Verkehr

Obwohl rd. 2/3 des Staatsgebietes in den Alpen liegen, gehört Ö. zu den verkehrsmäßig am besten erschlossenen Ländern Europas. Ein auf den Hauptstrecken gut ausgebautes (überwiegend elektrifiziertes) Eisenbahnnetz (ca. 6000 km) und ein dichtes Straßennetz (darunter ca. 1400 km Autobahnen) sorgen für eine sehr gute interne und externe Verkehrsanbindung. Hinzu kommen die noch ausbaufähige Donau-Schiffahrt sowie 6 internationale Flughäfen. Die Verkehrserschließung ist insbes. im Alpenraum auch als Teil der touristischen Infrastruktur zu sehen.

Nach dem II. Weltkrieg mußte Ö. aufgrund des zunehmenden europ. Personen- und Güteraustausches durch seine Lage die Rolle des – neben der Schweiz – wichtigsten europ. Transitlandes übernehmen und, zusätzlich zu den seit dem 19. Jh. die Alpen querenden Eisenbahnlinien, leistungsfähige Autobahnen für den Alpentransitverkehr bauen (u. a. Brenner- und Tauernroute). Dieser die Alpen querende Verkehr in N-S- bzw. N-SO-Richtung besteht aus den 3 Komponenten Tourismus, Güterverkehr zwischen Nord- und Mitteleuropa und dem Mittelmeerraum (Italien, Jugoslawien, Griechenland) sowie dem Ausländer-, u. a. „Gastarbeiter"-Reiseverkehr zwischen Deutschland und Südosteuropa. Da er jährlich hohe Zuwachsraten aufweist (u. a. Verdopplung des alpenquerenden Güterverkehrs im Laufe der 80er Jahre) und seit langem zu gravierenden Beeinträchtigungen der betroffenen Bevölkerung (Lärm- und Abgasbelastungen) und der Umwelt führt, gehört die Suche nach Lösungsmöglichkeiten für die alpinen Verkehrsprobleme zu den wichtigsten raumplanerischen Aufgaben in Ö. (z. B. Bau eines Brenner-Basistunnels). Der Regulierung des Alpentransits soll auch das Abkommen dienen, das Ö. (wie auch die Schweiz) mit der EG geschlossen haben (im Dez. 1991 paraphiert).

VI. Kultur, Religion, Bildung

1. Voraussetzungen des österreichischen Nationalbewußtseins

Das zentrale politische Problem der Habsburgermonarchie in der Neuzeit bestand darin, daß der Staatsbildungsprozeß weitgehend erfolgreich war, der dazugehörige Nationbildungsprozeß jedoch mißlang. Zwar bildeten sich im Laufe des 19. Jh. „Nationalitäten" entlang ihrer Sprachgrenze zu vollentwickelten Nationen aus, jedoch quer zu und in Konflikt mit dem Gesamtstaat. In diesem Prozeß formierten sich auch die deutschsprachigen Österreicher analog zu anderen Nationen als „Deutsche". Als Angehörige der „herrschenden Nation" entwickelten sie die stärkste Bindung an den Gesamtstaat. So bildete sich bei ihnen gewissermaßen eine doppelte *Identität* heraus: Eine starke deutsche, die durch Herkunft, Sprache, Erziehung und Bildung vermittelt wurde, und eine schwächere österreichische, die sich auf die Donaumonarchie bezog und in der Dynastie ihre Personalisierung fand.

In der Oberschicht (Aristokratie, Offizierskorps, Großbürgertum, auch in der kath. Kirche) wurde die österr. Identität als „übernational" verstanden, als eigene „Kultur", die die Identität der Nationalitäten lange Zeit erfolgreich überlagerte. Mit den politischen Lagern entstand seit 1880 ein ausgedehntes Interventions- und Patronagesystem, das praktisch alle Lebensbereiche umfaßte.

In der Monarchie standen die Parteien noch in Konkurrenz zu den herrschenden Eliten: Hof-, Hocharistokratie, Kirche. In der Republik entfielen diese Sozialisationsagenturen, und die Parteien gewannen eine monopolähnliche Stellung in der politischen Meinungsbildung. Die Erste Republik, der „Staat wider Willen", erlebte eine *Legitimitätskrise;* ihr fehlte eine „Zivltheologie", wie sie der Habsburgermythos gewesen war. Die Verfassung von 1920 löste kaum republikanischen Bürgerstolz aus; der größere Teil des politischen Katholizismus lehnte die Volkssouveränität ab. Der „Transfer des Sakralen" auf die Republik mißlang; daher die weitverbreitete Anschlußstimmung, auch der hohe Gewaltpegel in der Zwischenkriegszeit. – Der „Ständestaat" versuchte die Legitimitätskrise durch Berufung auf die Sozialenzyklika „Quadragesimo Anno" (1931) und durch eine massive Ö.-Ideologie zu überwinden, jedoch ohne Erfolg.

Warum scheiterte die Demokratie in der Ersten, warum war sie in der Zweiten Republik einigermaßen erfolgreich? 1918 wie 1945 ging es um einen neuen Staatsbildungsprozeß. Beide Male löste sich eine kleine Republik aus einem größeren Reich, wobei eine schwerwiegende Desintegration erfolgte. Die neuen *Integrationsfaktoren* waren: die Bürokratie, die politischen Parteien, die Länder. Die soziale Integration in der Ersten Republik wirkte eher zu den Lagern, nur schwach zur Republik, zum Staat hin. Tragische Folge der mißlungenen politischen Integration war der zweifache Bürgerkrieg des Jahres 1934. – Stand die 1. Republik vor der Frage: Wie werden aus Monarchisten Republikaner, so stand die 2. Republik vor der Frage: Wie erzieht man Faschisten zu Demokraten?

2. Kirche und Politik, religiöse Verhältnisse

Voraussetzung für die gelungene „Demokratisierung" nach 1945 war eine geänderte Einstellung der Kirche der säkularisierten Gesellschaft und dem Staat gegenüber. In der Ersten Republik wurde der traditionelle

Anspruch des politischen Katholizismus auf die Einheit von Thron und Altar, von kath. Staat und kath. Gesellschaft nie ganz aufgegeben. Unter historischem Zugzwang wurde lediglich eine Position des Minus malum bezogen. Erst das Bekenntnis zu einer „freien Kirche in einem freien Staat" im *Mariazeller Manifest* (1952) entkrampfte auch das Verhältnis zur SPÖ. In der Folge konnten offene Verfassungsfragen durch Konkordatsänderungen (→Österreichisches Konkordat) geregelt werden (z. B. 1962 der Status kirchlicher Privatschulen). Unter *Franz Kardinal König* versuchte die kath. Kirche nicht mehr, dem längst fälligen ProtestantenG (1961) zu widersprechen.

Etwa über 80% der Bevölkerung gehören der röm.-kath. Kirche an (Erzb. Wien und Salzburg mit 7 Bist.). Rd. 5% sind Protestanten (Ev. Kirche Augsburgischen und Helvetischen Bekenntnisses). Die Verfassung (Art. 15 StGG) gewährt allen staatlich anerkannten Kirchen und Religionsgemeinschaften paritätisch religiöse Korporationsrechte (u. a. Religionsfreiheit). Für die nicht anerkannten Religionsgesellschaften bietet die österr. Rechtsordnung keine gesetzliche Grundlage. Sie können sich nur als sog. Hilfsvereine mit religiösem Teilzweck organisieren. Ihre Anhänger genießen aber individuelle Religionsfreiheit. – →Kirche und Staat VIII, →Österreich V.

3. Bildungswesen

Trotz hoffnungsvoller Ansätze durch die Reformen unter *Otto Glöckel* nach 1918 verzögerte sich die Schaffung eines modernen Bildungswesens in dem traumatischen Zwischenkriegsklima. Sie erfolgte erst nach der Konsolidierung der österr. Gesellschaft und nationalen Identitätsfindung. Die Bewältigung der Bildungsexplosion – immer mehr Schüler entschieden sich für eine über die Schulpflicht hinausgehende Bildungslaufbahn – ist aber auch im Lichte der Entwicklung Ö.s zu einem modernen Industriestaat zu sehen. 1974 wurde in einem *SchulunterrichtsG* das gesamte Schulwesen nach modernen pädagogischen Gesichtspunkten neu geregelt. Darin wurden zum ersten Mal in der österr. Bildungsgeschichte das partnerschaftliche Zusammenwirken von Lehrern, Schülern und Eltern und das Mitwirkungs- und Mitspracherecht der Schüler festgelegt. – Als Folge gesellschaftlicher Veränderungen kann auch das *Universitäts-Organisations-Gesetz* (UOG) von 1975 interpretiert werden. Mit ihm erst wurde die alte „Ordinarien-Universität" den Erfordernissen des 20. Jh. angepaßt.

Das Bildungswesen gliedert sich in die *Volks-* oder *Grundschule* (4 Jahre), die *Mittelschule* (4 Jahre; bis 1985/86: Hauptschule) mit anschließendem 9. Schuljahr (Polytechnischer Lehrgang) und in die *Allgemeinbildende Höhere Schule* (8 Jahre; Abschluß mit der Matura). Die allgemeine Schulpflicht beträgt 9 Jahre. Seit der Reformierung der Mittelstufe als Mittelschule hat diese gleiche Lehrpläne wie die Unterstufe der Allgemeinbildenden Höheren Schule.

1987 besaßen von den über 15jährigen Personen 42,1% einen Pflichtschulabschluß, 32,9% eine Lehrlingsausbildung, 9,2% hatten eine mittlere berufsbildende Schule, 4,6% eine höhere berufsbildende Schule, 6,5% eine allgemeinbildende höhere Berufsschule abgeschlossen. Der Anteil der Akademiker betrug 4,7%.

Es bestehen 12 *Universitäten* (Wien, Graz, Innsbruck, Linz, Salzburg, je 1 TU in Wien und Graz, die Universität für Bodenkultur, die Wirtschaftsuniversität, die Veterinärmedizinische Universität, alle in Wien, die Montanuniversität in Leoben, die Universität für Bildungswissenschaften in Klagenfurt), 6 Kunsthochschulen (darunter die Akademie für bildende Künste und die Hochschule für Musik und darstellende Kunst in Wien, das „Mozarteum" in Salzburg) und zahlreiche hochschulverwandte Lehranstalten.

4. Kunst und Kultur

Die geistig-kulturelle Atmosphäre im heutigen Ö. ist nur als Folge des Zusammenbruchs der Donaumonarchie verständlich. Klassischen Ausdruck fand diese durch *Claudio Magris* in dem Buch „Der habsburgische Mythos in der österreichischen Literatur" (1966). Als Folge des patriarchalisch-idyllisch-konservativen Denkens wurden im 19. Jh. das Nicht-Handeln, das Verzichten, Charakteristika der österr. Dichtung. Dieser typisch „österreichische Zustand" wurde, wenn auch resignierend, bejaht. Begriffe wie Freiheit und Demokratie wurden abgelehnt, dem Fortschritt stand man skeptisch gegenüber. Der „habsburgische Mythos" findet sich auch nach dem Zusammenbruch der Doppelmonarchie noch bei einer Reihe von Schriftstellern, bis er im Sarkasmus und der Ironie *Robert Musils* und *Heimito v. Doderers* endgültig ausklingt.

Symbolisiert der Staatsvertrag von 1955 eine politische Wende, so markiert die Wiedereröffnung des Wiener Burgtheaters 1955 mit *Franz Grillparzers* Drama „König Ottokars Glück und Ende" und der Staatsoper im gleichen Jahr mit *Ludwig van Beethovens* „Fidelio" einen Neubeginn des österr. Kunstschaffens. In Wiener Kaffeehäusern versammelten sich wieder die „österreichischen" Literaten. Heimgekehrte Emigranten unterstützten und förderten eine neue Generation von Schriftstellern, die den deutschsprachigen Raum durch ihren unverkennbaren Ton in der Lyrik und in der Erzählung bereicherten.

Auch die bildenden Künste zeigen einen Aufbruch. Anfang 1956 prägte der Kunstkritiker *Johann Muschik* den Begriff „Wiener Schule des Phantastischen Realismus". Er bezeichnete damit eine Gruppe von damals noch kaum bekannten Malern, die einen neuen, typisch „österreichischen", Stil kreierten; verträumt und farbenfroh, hintergründig und dämonisch zugleich. – →Österreich VI.

LITERATUR

Zu I:
H. **Gsteu,** Länderkunde Ö.s. Innsbruck ⁴1971. – Harms Hdb. der Geographie. Landeskunde Ö. Hg. A. **Leidlmair.** München ²1986. – Ö. Land-Volk-Wirtschaft in Stichworten. Hg. L. **Scheidl.** Wien ⁴1987. – Ö. Hg. S. **Gerlach.** Stuttgart 1988.

Zu II:
E. **Zöllner,** Geschichte Ö.s. Von den Anfängen bis zur Gegenwart. München 1961, ⁷1984. – Das neue Ö. Geschichte der Zweiten Republik. Hg. E. **Weinzierl,** K. **Skalnik.** Graz 1975. – Ö. 1918–1938. Geschichte der Ersten Republik. Hg. E. **Weinzierl,** K. **Skalnik.** 2 Bde. Graz 1983. – Austrofaschismus. Beiträge über Politik, Ökonomie u. Kultur 1934–1938. Hg. E. **Tálos,** W. **Neugebauer.** Wien 1984, ⁴1988. – E. **Bruckmüller,** Nation Ö. Sozialhistorische Aspekte ihrer Entwicklung. Wien 1984. – **Ders.,** Sozialgeschichte Ö.s Wien 1985. – NS-Herrschaft in Ö.: 1938–1945. Hg. E. **Tálos,** E. **Hanisch,** W. **Neugebauer.** Wien 1988. – R. A. **Kann,** Geschichte des Habsburgerreiches. 1526 bis 1918. Wien 1990.

Bibliographien
Österr. Historische Bibliogr. 1965 ff. Salzburg, Santa Barbara (Calif.) 1967 ff.; 1945–1964. 3 Tle. und Reg.-Bd. Salzburg, Santa Barbara (Calif.) 1985. – P. **Malina,** G. **Spann,** Bibliogr. zur österr. Zeitgeschichte 1918–1985. Eine Auswahl. Wien 1985.

Zu III:
Verfassung:
Systematische Darstellungen: R. **Walter,** Österr. Bundesverfassungsrecht. Wien 1972. – **Ders.,** Grdr. des österr. Bundesverfassungsrechts. Wien 1976, ⁶1988. – Das österr. Bundes-Verfassungsgesetz und seine Entwicklung. Hg. H. **Schambeck.** Berlin 1980. – L. K. **Adamovich,** B.-Chr. **Funk,** Österr. Verfassungsrecht. Wien 1982, ³1985. – W. **Posch,** Einf. in das österr. Recht. Darmstadt 1985. – F. Ermacora, Österr. Verfassungsentwicklung von 1978–1990, in: JöR N.F. 40 (1991/92) 537ff. – *Kommentar:* H. R. **Kle-**

catsky, S. **Morscher,** Das österr. Bundesverfassungsrecht. Wien ³1982.

Recht:
Systematische Darstellungen: A. und A. **Ehrenzweig,** System des österr. allgemeinen Privatrechts. 6 Bde. Wien 1920/25, ²1928/57; 3. Aufl., bisher 3 Bde. 1983 ff. – H. **Koziol,** R. **Welser,** Grdr. des bürgerlichen Rechts. 2 Bde. Wien 1970/71, 1987/88. – D. **Kienapfel,** Grdr. des österr. Strafrechts. Besonderer Tl. 2 Bde. Wien 1978, ³1990. – R. **Walter,** H. **Mayer,** Grdr. des österr. Verwaltungsverfahrensrechts. Wien 1978, ⁵1991. – **Dies.,** Grdr. des Besonderen Verwaltungsrechts. Wien 1981, ²1987. – W. **Fasching,** Lb. des österr. Zivilprozeßrechts. Wien 1984, ²1990. – *Kommentare:* Komm. zum Allg. bürgerlichen Gesetzbuch (6 Bde. in 8 und Erg.-Bd.). Wien ²1950/77. – O. **Leukauf,** H. **Steininger,** Komm. zum Strafgesetzbuch. Eisenstadt 1979, Erg.-H. 1985. – Komm. zum ABGB. Hg. P. **Rummel.** 2 Bde. Wien 1983/84, Bd. 1 ²1990. – *Gesetzessammlungen:* Österr. Gesetze. Slg. des Zivil-Handels-Straf- und Verfahrensrechts. Hg. F. **Bydlinski.** Wien, München 1980 ff. [Losebl.-Ausg.]. – Österr. Verfassungs- und Verwaltungsgesetze. Hg. H. **Schäffer.** Wien 1981 ff. [Losebl.-Ausg.].

Zu IV–V:
E. **Bodzenta u. a.,** Ö. im Wandel. Gesellschaft, Wirtschaft, Raum. Wien 1985. – B. **Ederer u. a.,** Eigentumsverhältnisse in der österr. Wirtschaft, in: WuG 11 (1985), Sonderh. 5. – Vom Nachzügler zum Vorbild (?). Österr. Wirtschaft 1945–1985. Hg. H. **Kramer,** F. **Butschek.** Wien, Stuttgart 1985. – Österr. Strukturberichterstattung. Gutachten des österr. Instituts für Wirtschaftsforschung. Kernbericht 1984. 5 Bde. Wien 1985. – Bundesministerium für Finanzen, Staatliche Verteilungspolitik in Ö. Wien 1987. – Bundesstelle für Außenhandelsinformation, Ö.: Wirtschaft in Zahlen und Wirtschaftsdokumentation. Köln 1988. – Hdb. der österr. Wirtschaftspolitik. Hg. H. **Abele u. a.** Wien 1989 (Lit.). – Lber. Ö. 1989. Stuttgart 1989. – E. **Nowotny,** Der öffentliche Sektor. Berlin ²1990 (Lit.).

Laufende Veröffentlichungen:
Stat. Hdb. für die Republik Ö. Hg. Österr. Stat. Zentralamt. Wien. – Stat. Nachrichten. Hg. dass. Wien. – Bericht über die soziale Lage. Hg. Bundesministerium für Arbeit und Soziales. Wien. – Monatsberichte des Österr. Instituts für Wirtschaftsforschung. Wien.

Zu VI:
C. **Magris,** Der habsburgische Mythos in der österr. Literatur. Salzburg 1966. – Kirche in Ö. 1918–1965. Hg. F. **Klostermann u. a.** 2 Bde. Wien 1966/67. – P. M. **Zulehner,** Säkularisierung von Gesellschaft, Person und Religion. Religion und Kirche in Ö. Wien 1973. – E. **Hanisch,** Die Ideologie des Politischen Katholizismus in Ö. 1918–1938. Wien 1977. – F. **Heer,** Der Kampf um die österr. Identität. Wien 1981. – E. **Bruckmüller,** Nation Ö. Sozialhistorische Aspekte ihrer Entwicklung. Wien 1984. – Inst. für kirchliche Sozialforschung. Die kath. Kirche in Ö. Wien 1985.

Hartmut Leser (I), *Gustav Spann* (II),
Herbert Schambeck (III), *Ewald Nowotny* (IV, V),
Franz Horner (VI)

POLEN

Amtlicher Name	Rzeczpospolita Polska (Republik Polen)
Staatsform	Parlamentarische Demokratie
Hauptstadt	Warschau (1 651 000 E.)
Fläche	312 683 km²
Bevölkerung	38,5 Mio. E. (1990; VZ 1988: 37,9 Mio.). – 123 E./km²
Sprache	Polnisch
Religion	röm. Katholiken über 90 %; Orthodoxe 500 000; Protestanten 280 000; „Polnische Katholiken" 60 000; Altkatholiken 30 000; Juden 12 000
Währung	1 Złoty (Zł) = 100 Groszy

I. Naturräumliche Voraussetzungen

P., das gemeinsame Grenzen im W mit ↗Deutschland, im S mit der ↗Tschechoslowakei, im N mit ↗Litauen, im N und O mit der ehem. ↗Sowjetunion (Gebiet Königsberg, Weißrußland, Ukraine) hat und im N von der Ostsee begrenzt wird, ist mit Ausnahme des südl. Gebirgssaumes (Sudeten, Karpaten) ein Tiefland. Etwa 75% der Staatsfläche liegen unter 200 m, 91% unter 300 m und nur 3% sind Mittel- und Hochgebirge. Trotz dieser Höhenverhältnisse ist P. kein ausgesprochenes Flachland.

Die Oberflächenformen des Tieflandanteils sind (wie andere naturräumliche Strukturen, z. B. Bodenarten, Gewässer, z. T. Vegetationsbedeckung, auch die agrarische Nutzung) von der Inlandvereisung im Pleistozän geprägt. Das ist besonders gut im nördl. Drittel P.s zu erkennen. Hier herrschen Naturräume vom Typ des Jungmoränenlandes vor; die Geländeformen sind noch relativ frisch, die Gliederung der „glazialen Serie" ist gut ausgeprägt. Der Ausgleichsküste an der Ostsee mit Steilküstenabschnitten und Strandseen in Pommern und Haffs und Nehrungen im Weichselmündungsgebiet folgt als erstes Glied der „glazialen Serie" nach S eine Zone von Grundmoränenplatten mit lehmig-tonigen und i. d. R. fruchtbaren Böden, diesen die Zone der Endmoränengirlanden des *Baltischen Landrückens* (z. B. *Pommersche* und *Kaschubische „Schweiz"*). Hier ist der 329 m hohe *Turmberg* bei Danzig (Gdańsk) die höchste Erhebung im Tieflandanteil des Landes. Im unruhigen Relief zwischen Moränenwällen, -kuppen und -hügeln oder in schmalen, tiefen Rinnen liegen Seen glazialer Entstehung (z. B. *Pommersche, Masurische Seenplatte*). Der Endmoränenzone nach S vorgelagert ist eine gelegentlich unterbrochene Zone glazialer Vorschüttsande. Die „Sander"flächen sind meist von ausgedehnten Kiefernforsten bedeckt, die die „Heide" genannt werden (am bekanntesten die *Tucheler Heide [Bory Tucholskie]* westl. der unteren Weichsel). Den Abschluß der „glazialen Serie" nach S bildet die breite *(Thorn-Eberswalder-)Urstromtalung,* die auch heute noch von einzelnen Flußabschnitten genutzt wird *(Weichsel [Wisła]* unterhalb von Thorn [Toruń], *Brahe [Brda], Bromberger Kanal, Netze [Noteć], Warthe [Warta]).*

Der S des Tieflandanteils ist Altmoränenland, d. h. aufgebaut aus den Lockermaterialien älterer Eiszeiten. Charakteristisch sind das Nebeneinander und die enge Verzahnung unterschiedlicher Glazialformen und glazialer Lockermaterialien: tonig-lehmige Grundmoränenplatten oder solche mit stark sandiger Bedeckung; ackergünstiges Land wechselt mosaikartig mit ungünstigem. Den Übergang zu den südl. Gebirgen bildet eine Zone von Lößböden, die im schles. Sudetenvorland die größte Breite erreicht. Ihr entlang führten von altersher Straßen von Ost- nach Mittel- und Westeuropa (Kiew, Krakau [Kraków], Breslau [Wrocław], Leipzig).

In der Gebirgsschwelle im S durchragt ein älteres geologisches Stockwerk das Tafelland der Deckgebirges. In den (West- und Mittel-)*Sudeten* ist es ein Teil des paläozoischen Fundaments mit vorwiegend Gneisen, kristallinen Schiefern und Granitmassiven wie in der *Schneekoppe (Śnieżka,* mit 1602 m höchste Erhebung der Sudeten).

An der Großformung sind auch einzelne intramontane Becken wie die von Hirschberg [Jelenia Góra] und Glatz [Kłodzko] beteiligt. Das sind auch die bevorzugten Lebens- und Wirtschaftsräume; aus ihnen führen leicht gangbare Paßstraßen ins benachbarte Böhmen und Mähren.

Der poln. Anteil an den *Karpaten* besteht im höchsten Teil, der *Hohen Tatra (Wysokie Tatry;* im *Rysy*

2499 m, höchster Punkt P.s), aus einem kristallinen Kern mit einem Sedimentmantel aus vorwiegend Kalken und Sandsteinen, im Gebirgsvorland aus leicht erodierbarem Flysch.

P. liegt im Übergangsbereich zwischen ozeanischem und kontinentalem *Klima*. Der ozeanische Einfluß macht sich mit Westwinden und reichlichen Sommerniederschlägen, der kontinentale mit heißen Sommern, kalten und z. T. niederschlagsreichen Wintern bemerkbar.

Vegetation. Ca. 28% P.s sind bewaldet. Laubwälder finden sich in den Grundmoränenlandschaften des N und im S in den Beskiden. In den trockenen Gebieten (Diluvialplatten) herrschen Kiefernwälder und Heide vor. In den Sudeten und den höheren Teilen der Karpaten ist Nadelwald (Fichte) verbreitet. Das Urwaldgebiet *(Puszsza Białowieska)* im O wurde zum Nationalpark erklärt.

II. Historische und politische Entwicklung

1. Von den Anfängen bis zum I. Weltkrieg

Die poln. Staatsbildung durch die Dynastie der *Piasten* ging von Gnesen als dem Zentrum des Stammes der *Polanen* aus. *Mieszko I.* nahm 966 das lat. Christentum an. Die in der Auseinandersetzung mit den ottonischen Kaisertum um die Jahrtausendwende erreichte Machtstellung P.s ging im 12. und 13. Jh. wieder verloren. Die Erneuerung des Königtums unter *Kasimir d. Gr.* (1333–70) war mit einer weitgehenden Machtausweitung nach O verbunden. Die Heirat des litauischen Großfürsten *Jagiełło* mit der Polenerbin *Hedwig* schuf 1386 die Grundlage für die Machtentfaltung des jagiellonischen Doppelreiches *Polen-Litauen* und für das „Goldene Zeitalter" unter den beiden letzten Jagiellonen (1506–72). Zugleich entwickelte sich P. seit der Mitte des 15. Jh. zu einem Adelsstaat und im Zeitalter der Wahlkönige (1572–1795) zu einer Adelsdemokratie, die mit dem „Liberum veto" (seit 1652) um der „goldenen Freiheit" des Adels willen die Schwächung des Staates in Kauf nahm. Mit dem *Kosakenaufstand* und der Besetzung durch ↗Schweden in der Mitte des 17. Jh. verlor P. seine Vormachtstellung in Osteuropa. Im 18. Jh. führte die offene Einmischung Rußlands, dann auch Preußens und Österreichs, zur völligen Aufteilung P.s durch diese drei Mächte (1772, 1793, 1795). Ihrer Politik der Einstaatlichung widersetzte sich die Gesellschaft mit Aufständen (u. a. 1794 unter *Tadeusz Kósciuszko*) und nach 1863 mit „organischer Arbeit". Der demokratisierten und polonisierten Nation gelang am Ende des I. Weltkrieges, in dem die Teilungsmächte unterlegen waren, mit Hilfe der Westmächte die Wiedererrichtung des Staates.

2. Die Zweite Republik (1918–1944)

Der neue Staat erhielt auf Kosten dt. Gebiete einen „Korridor" zur Ostsee, schloß seit 1921 Ostoberschlesien, seit 1938 auch das Olsagebiet (↗Tschechoslowakei II) ein und erreichte zur UdSSR eine Grenze weit östl. der sog. *Curzon-Linie*. Die Instabilität des parlamentarischen Systems (1921–26) vermochten *Józef Piłsudski* und seine Nachfolger mit autoritären Regierungsformen nicht zu überwinden. Die Konzeption eines „dritten Europas" zwischen Deutschland und der UdSSR überschätzte die Kräfte Polens. Hitler einigte sich am 23.8.1939 mit Stalin über eine neue Teilung des Landes *(„Hitler-Stalin-Pakt")*. Nach dem schnellen Erfolg des am 1.9.1939 begonnenen dt. Angriffs auf P., der II. ↗Weltkrieg auslöste, und nach dem Einmarsch der Roten Armee am 17. September nach Ostpolen wurde die *Curzon-Linie* als Grenze zwischen beiden Interessengebieten festgelegt. In den „eingegliederten Gebieten" und im Generalgouvernement betrieb das NS-Besatzungsregime die Vernichtung der Intelligenz (→Konzentrationslager, →Nationalsozialismus IV) sowie die Deportation und Versklavung der übrigen Bevölkerung. In dem von der ↗Sowjetunion annektierten östl. P. wurden ca. 1,5 Mio. Angehörige der poln. Führungsschichten deportiert, tausende poln. Offiziere bei Katyn ermordet.

Nach dem dt. Angriff auf die UdSSR 1941 beharrte Stalin auf der „ethnisch richtigen" Curzon-Linie als Westgrenze der UdSSR und fand dafür 1943 in *Teheran* die grundsätzliche Zustimmung Churchills und Roosevelts. Für P. westl. dieser Linie ließ er 1944 eine kommunistisch beherrschte Gegenregierung zur Exilregierung in London bilden. In *Jalta* verlangten die Westmächte im Febr. 1945 nur eine Umbildung der Provisorischen Regierung durch Beteiligung demokratischer Kräfte. Sie erkannten im Juli die Regierung der Nationalen Einheit mit nur zwei exilpoln. Vertretern an. Auf der *Potsdamer Konferenz* (17. 7.–2. 8.; Potsdamer Abkommen) stimmten sie einer Übergabe Ostdeutschlands östl. von Oder und Lausitzer Neiße „zur Verwaltung" sowie einer „geordneten" Umsiedlung der Deutschen zu. →deutsche Ostgebiete.

3. Polen als Volksdemokratie (1944/45–1989)

a) Sowjetisierung (1947–1956). Mit der gewaltsamen Behinderung der oppositionellen „Polnischen Volkspartei" (PSL) bei den Sejmwahlen im Jan. 1947 errang die „Polnische Arbeiterpartei" (seit Dez. 1948: „Polnische Vereinigte Arbeiterpartei", PVAP) die alleinige Macht. Versuche mit einem „eigenen Weg" zum sozialistischen Staat, der die Zwangskollektivierung der Landwirtschaft vermeiden und auf die kath. Kirche Rücksicht nehmen wollte, wurden durch die Ausschaltung *Władysław Gomułkas* 1949 beendet. Unter dem „Moskauer" *Bolesław Bierut* wurde 1949–53 die Angleichung von Staat und Gesellschaft an das sowjetische Vorbild vollzogen.

b) Systemkrisen (1956–1976). Im Okt. 1956 leitete ein blutig unterdrückter Arbeiteraufstand in Posen eine zweite Ära *Gomułka* (1956–70) ein. Die anfängliche innenpolitische Liberalisierung wurde bald zurückgenommen. Im Laufe der Vorbereitung auf die Tausendjahrfeier P.s (1957–66) bewies die Kirche, der nach dem Versöhnungsbrief der poln. an die dt. Bischöfe vom Nov. 1965 vorgeworfen wurde, die Umorientierung P.s nach Osten durch eine Annäherung an den Westen in Frage zu stellen, zunehmend ihren Einfluß auf die Gesellschaft. Nach den niedergeschlagenen Studentendemonstrationen für mehr Freiheit im Geistes- und Kulturleben im März 1968 und der anschließenden antizionistischen Kampagne gegen jüdische Intellektuelle lösten im Dez. 1970 wiederum blutig unterdrückte Arbeiterstreiks den Sturz *Gomułkas* aus. Gleichzeitig brachte der *Warschauer Vertrag* (7.12.1970) mit der Bundesrepublik Deutschland die de-facto-Anerkennung der *Oder-Neiße-Linie* als Westgrenze Polens. Parteichef *Edward Gierek* (1970–80) fand aufgrund beachtlicher wirtschaftlicher Erfolge, innenpolitischer Liberalisierung und der angestrebten Normalisierung im Verhältnis zur Kirche Vertrauen im In- und Ausland. Ökonomische Schwierigkeiten seit der Mitte der 70er Jahre veranlaßten im Juni 1976 erneut starke Preiserhöhungen. Der allgemeine Protest wurde wiederum gewaltsam unterdrückt.

c) Opposition und „Solidarität" (1976–1989). Mit dem 1976 von Intellektuellen gegründeten „Komitee zur Verteidigung der Arbeiter" (KOR) und anderen Untergrundgruppen formierte sich eine politische Opposition außerhalb der Partei. Nach der Wahl des Krakauer Erzb. *Karol Wojtyła* zum Papst (Johannes

Paul II., 1978) nahm der moralische Einfluß der Kirche weiter zu. Ihre Rolle als Gegenspielerin des von der Partei gelenkten Staates wurde durch beharrliche Bemühungen um Vermittlung zwischen Staat und Gesellschaft abgelöst. Die 1980 gegen erneute Preiserhöhungen streikenden Arbeiter forderten auch die Wiedereinstellung entlassener Streikführer und die Zulassung unabhängiger Gewerkschaften. Unter Vorsitz von *Lech Wałęsa* entstand in Danzig ein überbetriebliches Streikkomitee. Es schloß mit der Regierung am 31.8.1980 ein Abkommen und erreichte die Registrierung der Unabhängigen Selbstverwalteten Gewerkschaft „Solidarität" mit 8 Mio. Mitgliedern. Die nach der Ablösung Giereks entstandenen Auseinandersetzungen innerhalb der in ihrem Machtmonopol bedrohten Partei sowie zwischen Partei und „Solidarität" beendete Min.-Präs. und Parteichef General *Wojciech Jaruzelski* am 13.12.1981 mit der Ausrufung des Kriegszustandes. Er wurde 1983 wieder aufgehoben, aber politisch-ideologische und wirtschaftliche Stabilisierungsversuche sowie erneute Vertrauenswerbung durch Zulassung neuer gesellschaftlicher Vereinigungen und einer neuen Gewerkschaft bei gleichzeitiger Ausgrenzung der sog. extremistischen Opposition schufen eine fast ausweglose Lage.

Die Politik der Perestrojka in der UdSSR seit 1985 ermöglichte den reformfreudigen Kräften in der Partei 1988/89 eine Wende zur „sozialistischen parlamentarischen Demokratie". Gespräche am „Runden Tisch" zwischen Regierung und Opposition einschließlich der noch verbotenen „Solidarität" führten im Juni 1989 zu teilweise freien Wahlen, aus denen im Sept. eine von der wieder zugelassenen „Solidarität" geführte Allparteienregierung unter *Tadeusz Mazowiecki* hervorging.

4. Die dritte Republik (seit 1989)

Am 9.12.1990 wurde *Wałęsa* in direkter Wahl (im 2. Wahlgang mit 74,25% der Stimmen) zum Staatspräsidenten gewählt. Seit dem 4.1.1991 amtierte eine neue Regierung unter *Jan Krzysztof Bielecki*. Die ersten völlig freien Parlamentswahlen am 27.10.1991 führten im Sejm zu keinen klaren politischen Verhältnissen. Von den dort vertretenen 29 politischen Gruppierungen wurde die Demokratische Union (UD), die 12,31% der Stimmen erhielt, stärkste Fraktion, gefolgt vom Bündnis der Demokratischen Linken (SLD; 11,98%), der Nachfolgepartei der Kommunisten und der Katholischen Wahlaktion (WAK; 8,73%). Seit dem 23.12.1991 führte *Jan Olszewski* die Minderheitsregierung einer Mitte-Rechtskoalition. Ihm folgte am 5.6.1992 *Waldemar Pawlak* (Bauernpartei), der aber keine regierungsfähige Koalition zustandebrachte. Seit dem 10.7.1992 ist *Hanna Suchocka* Ministerpräsidentin einer Koalition aus 7 Parteien, die aus der „Solidarität" hervorgegangen sind. – Seit Nov. 1991 ist P. Mitglied des Europarats.

Der am 14.11.1990 geschlossene dt.-poln. *Grenzvertrag* über die endgültige Anerkennung der poln. Westgrenze und ein am 17.6.1991 unterzeichneter *Nachbarschaftsvertrag* wurden am 17. bzw. 18.10.1991 mit großen Mehrheiten von beiden Parlamenten ratifiziert.

III. Verfassung, Verwaltung, Recht

1. Verfassungsordnung

P., das Land mit der ältesten modernen Verfassung Europas (3.5.1791), ist heute ein in nationaler Hinsicht weitgehend homogener Einheitsstaat. Es hat die Staatsform einer parlamentarischen Demokratie. Nach wie vor gilt die Verfassung vom 22.7.1952 / 10.2.1976, die jedoch auf der Grundlage eines Abkommens zwischen Regierung und Opposition am „Runden Tisch" (6.4.1989) wesentlich geändert wurde; alle verbalen und normativen Elemente der kommunistischen Ideologie („Volksrepublik", „sozialistisch" usw.) wurden entfernt, der „demokratische Rechtsstaat" proklamiert. Die Verfassung folgt den Prinzipien der Menschenrechte, Gewaltenteilung, des Pluralismus und der Sozialstaatlichkeit. Die Garantie des Privateigentums gehört wieder zu den Grundlagen der Wirtschaftsordnung.

Das nunmehr ständig tagende und als Arbeitsorgan konzipierte *Parlament* besteht (seit 1989) aus zwei Kammern, Sejm und Senat. Die 460 Mitgl. des *Sejm* werden auf 4 Jahre nach Mehrheitswahlrecht gewählt. 1989 waren als Übergangslösung (bis zu den Wahlen 1991) die Sitze im Verhältnis 65% zu 35% auf Regierungskoalition (Kommunisten; Blockparteien) und Opposition („Solidarität") ohne Rücksicht auf das konkrete Stimmenverhältnis aufgeteilt worden. In den *Senat* entsenden die 49 Wojewodschaften je 2 bzw. (Warschau [Warszawa] und Kattowitz [Katowice]) je 3 Mitgl. (insges. 100). Einsprüche des Senats können nur mit 3/4-Mehrheit zurückgewiesen werden. An die Stelle des Staatsrates ist als *Staatsoberhaupt* ein mit starken staatsleitenden Initiativrechten und Entscheidungsbefugnissen ausgestatteter, auf 6 Jahre (1990) vom Volk direkt gewählter *Präsident* getreten. Seine einmalige Wiederwahl ist zulässig. Die *Regierungsgeschäfte* nimmt der vom Vertrauen des Sejm abhängige *Ministerrat* wahr, dem der Präsident nach frz. Vorbild vorsitzen kann.

Seit 1985 besteht ein *Verfassungsgerichtshof*, dessen Kompetenzen auf die abstrakte Normenkontrolle beschränkt sind. Seine 12 Mitgl. werden auf 8 Jahre vom Parlament gewählt. Wiederwahl ist ausgeschlossen. Durch eine strikt an Rechtsstaatlichkeit orientierte Rechtsprechung hat das Gericht seine politische Unabhängigkeit bewiesen. Die Judikatur kommt durch die Vorlagebefugnis des „Bürgerbeauftragten" auch dem Grundrechtsschutz zugute, obwohl eine Verfassungsbeschwerde nicht vorgesehen ist. Zur Sicherung der Unabhängigkeit der (Instanz-)Gerichte wurde ein vom Parlament bestellter *Landesjustizrat* geschaffen, der das Vorschlagsrecht für die auf Lebenszeit zu ernennenden Richter besitzt. Seit 1980 gibt es eine *Verwaltungsgerichtsbarkeit*, die vom Hauptverwaltungsgericht in Warschau mit 6 instanziell gleichgestellten regionalen Außenstellen ausgeübt wird.

Die von der Verfassung verkündeten *Grund- und Menschenrechte* sind 1989/90 durch zahlreiche Gesetze hinsichtlich Versammlungen, Vereinigungen (Gewerkschaften), Parteien, Presse usw. über die bereits bestehenden Ansätze hinaus effektuiert worden.

Nach langen Verhandlungen mit dem Episkopat wurden im Mai 1989 (paktierte) Gesetze über die Beziehungen des Staates zur kath. Kirche und über die Glaubens- und Gewissensfreiheit verabschiedet. Ausgehend von den Prinzipien weltanschaulicher Neutralität, der Trennung, der Kooperation und Koordination von Kirche und Staat enthalten sie umfassende Garantien der individuellen und korporativen Religionsausübung, wobei der herausragenden nationalen Stellung der kath. Kirche begrenzt Rechnung getragen wird.

Territorial ist P. in *Wojewodschaften* sowie *(Land-) Gemeinden* und *Städte* gegliedert, deren (1950 abgeschaffte) kommunale Selbstverwaltung 1990 wiederhergestellt wurde. Ihre Organe werden auf der Basis lokaler Wahlen gebildet.

2. Zivil- und Wirtschaftsrecht

Entsprechend dem unterschiedlichen politischen Schicksal des 1918 wiederhergestellten Staatsgebietes war das *Zivilrecht* Vorkriegspolens stark zersplittert. Dieser Zustand wurde erst 1964 durch ein Zivilgesetzbuch und ein – nach sowjetischem Vorbild – separates Gesetzbuch über Familien- und Vormundschaftsrecht beendet. Die kirchlichen Kompetenzen im Eherecht waren schon 1945/46 abgeschafft worden. Zwar unterlag die Zivilrechtskodifikation einer gewissen sozialistischen Ausrichtung, z. B. durch die Hervorhebung und Privilegierung des staatlichen bzw. gesellschaftlichen und die Schwächung individuellen (bäuerlichen und persönlichen) Eigentums, durch starke Einschränkungen der Vertragsfreiheit, durch neue, auf die Planwirtschaft zugeschnittene Vertragstypen (z. B. Liefervertrag) oder die Befugnis des Ministerrates, für bestimmte Beziehungen allgemeine Vertragsbedingungen festzulegen; gleichwohl hielt man aber an der Konzeption eines einheitlichen Zivilrechts fest.

Die in den 80er Jahren schrittweise erfolgte Einleitung der Wirtschaftsreform hat insbes. durch die rechtliche Verselbständigung der Staatsbetriebe zu einer Abkehr von der Konstruktion eines einheitlichen staatlichen Eigentumsfonds und mit dem Übergang zur Marktwirtschaft inzwischen zur Gleichberechtigung aller Eigentumsformen geführt. 1987 wurde ein KartellG verabschiedet, kraft dessen der Finanzminister eine Antimonopolkontrolle ausübt. Er kann Unternehmenszusammenschlüssen widersprechen und Entflechtungsmaßnahmen durchführen. Das Gesellschaftsrecht, im HGB von 1934 geregelt und für OHG, GmbH, AG niemals außer Kraft gesetzt, beginnt in novellierter Fassung seine alte Bedeutung wiederzuerlangen. Hinzugetreten ist ein Gesetz über Gesellschaften mit ausländischer Beteiligung *(joint venture)*. Die Privatisierung der Staatsbetriebe geschieht in verschiedenen Verfahren (Verkauf, Versteigerung, Verpachtung, Kupon-Ausgabe usw.), stößt aber wegen der Kapitalschwäche der Bürger auf große Hindernisse.

3. Strafrecht

Das geltende Strafgesetzbuch von 1969 weist zwar gewisse Einflüsse des Sowjetrechts auf, steht aber ganz überwiegend in der poln. Tradition (StGB 1932). Dazu treten nicht wenige eigenständige Neuerungen. Der Allgemeine Teil bekennt sich zu den klassischen rechtsstaatlichen Prinzipien des Strafrechts (nulla poena/nullum crimen sine lege; Analogieverbot). Er geht von einem materiellen Verbrechensbegriff im Sinne gesellschaftlicher Gefährlichkeit aus. Die Straftaten zerfallen in Verbrechen und Vergehen. Ein eigenes Gesetzbuch gilt für Übertretungen (1971). Für einige besonders schwere Staats- und Militärverbrechen ist die Todesstrafe vorgesehen. Sie wurde bisher jährlich in 5–10 Fällen verhängt. Das politische und das Wirtschaftsstrafrecht befinden sich in einer Phase der Liberalisierung. Darüber hinaus haben die Vorbereitungen für eine umfassende Straf- und Strafprozeßrechtsreform begonnen.

IV. Bevölkerungs- und Sozialstruktur

Die heutige Bevölkerungs- und Sozialstruktur ist gekennzeichnet durch die Bevölkerungsverschiebungen bzw. Wanderungsbewegungen im Gefolge des II. Weltkriegs. Während ca. 2,5 Mio. Deutsche aus den ostdt. Gebieten (Pommern, Schlesien, Ostpreußen), die an P. fielen, vertrieben wurden bzw. flüchteten (→Flucht und Vertreibung), mußten ca. 1,5 Mio. Polen aus den früheren – nun sowjetischen – ostpoln. Wojewodschaften umgesiedelt werden, insgesamt eine starke O-W-Verschiebung der poln. Bevölkerung. Polnische Reemigranten (1,5 Mio.) aus dem westl. Ausland verstärkten zusätzlich den Prozeß eines nahezu vollständigen Bevölkerungsaustauschs in den ehem. deutschen Ostgebieten.

Gesicherte statistische Angaben über die ethnische Zusammensetzung der poln. Bevölkerung existieren nicht, da das Bestehen von Minderheiten bis in die 80er Jahre aus politischen Gründen weitgehend geleugnet wurde und starke Polonisierungsbestrebungen herrschten. Neben kleineren nationalen Minderheiten, v. a. in Ost- und Westpolen (Ukrainer und Weißrussen, Russen, Slowaken, Sinti und Roma, Litauer, Tschechen u. a.), leben in Ober-, weniger in Niederschlesien, rd. 0,8–1 Mio. Deutsche und sog. „Autochthone" (ehemals dt. Staatsbürger, die nach dem II. Weltkrieg für die poln. Staatsbürgerschaft optierten). Wegen der jahrzehntelangen sprachlich-kulturellen Polonisierung und der in Oberschlesien historischen ethnischen Mischung ist eine genaue Zahl nicht anzugeben, auch schwankt die Zuordnung je nach wirtschaftlicher und politischer Lage. Seit der Lockerung der Restriktionen Mitte der 80er Jahre ist aus dem Personenkreis der Deutschstämmigen ein starkes Auswanderungspotential entstanden (1989 rd. 250 000).

Die Bevölkerungsstruktur ist insgesamt durch eine hohe Land-Stadt-Wanderung geprägt. Das *natürliche Bevölkerungswachstum* beträgt 0,57 % p. a. (in den Städten 0,46, auf dem Land 0,74). Die Tendenz ist sinkend (1980: 0,96; Stadt 0,92; Land 1,03), da die noch relativ hohen *Geburtenziffern* langsam zurückgehen (1987: noch 16,1 ‰) und gleichzeitig die *Sterbeziffer* aus Altersstrukturgründen zunimmt (1987: 10,1 ‰). Die *Lebenserwartung* beträgt bei Frauen 76, bei Männern 67 Jahre. Die *Familienstrukturen* deuten – trotz Veränderungen in den 80er Jahren – nach wie vor auf relativ traditionelle Verhaltensweisen hin (hohe Heirats- und niedrige Scheidungsraten, hohe durchschnittliche Kinderzahlen pro Familie).

Die *Bevölkerungsdichte* ist regional sehr unterschiedlich. Die südl., v. a. südwestl. Wojewodschaften sind aufgrund ihrer günstigeren wirtschaftsgeographischen Voraussetzungen signifikant dichter besiedelt (z. B. Kattowitz [Katowice] 597 E./km^2; Krakau [Kraków] 374 E./km^2) als die Wojewodschaften in den geringindustrialisierten nördl. bzw. östl. Landesteilen (z. B. Suwaki 44 E./km^2; Łomża 51 E./km^2). Besondere Bevölkerungskonzentrationen finden sich in der Hauptstadtregion (Warschau [Warszawa] 642 E./km^2) sowie in der Wojewodschaft Łódź (754 E./km^2). Derzeit findet ein starker Verstädterungsprozeß bzw. die Abwanderung aus den agrarisch geprägten Regionen des Landes statt. 1970 lebten 52,3 % der Bevölkerung in Städten, 1987 bereits 60,9 %. Schätzungen gehen dahin, daß um das Jahr 2000 mehr als 3/4 der Bevölkerung in den städtisch-industriellen Agglomerationen leben werden. Die ländlichen Gebiete verlieren gegenwärtig insbes. jüngere, berufstätige und vergleichsweise gut ausgebildete Bevölkerungsgruppen.

Die *Beschäftigungsstruktur* ist durch Industrialisierung und Deagrarisierung gekennzeichnet. 1950 waren ca. 54 % der Bevölkerung in der Landwirtschaft, 21 % in der Industrie, je 5 % in Bauwirtschaft und Transport (einschließlich Kommunikation) beschäftigt, 1988 nur noch 28,5 % der Beschäftigten (4,9 Mio. von 17,1 Mio.) in der Land- und Forstwirtschaft (ein im mitteleurop. Vergleich extrem hoher Wert), 28,5 % in der Industrie, 7,9 % in der Bauwirtschaft, 6 % in Transport und Kommunikation. Es herrscht versteckte Arbeitslosigkeit; die Landwirtschaft ist noch immer mit Arbeitskräften überbesetzt.

Das ländliche *Siedlungsnetz* weist eine starke Zersplitterung auf; die meisten der über 40 000 Dörfer haben nur 100–500 E. Die ohnehin geringe Effizienz der Landwirtschaft (schlechte Infrastruktur und geringe

Mechanisierung) wird durch die bevorzugte wirtschaftspolitische Unterstützung der Industrialisierungsprozesse und die Abwanderung leistungsfähigen Arbeitskräftepotentials aus den ländlichen Regionen noch verstärkt.

Mit dem intensiven Verstädterungsprozeß gehen infrastrukturelle Schwierigkeiten, nicht zuletzt erhebliche Wohnungsprobleme einher, die durch den forcierten staatlichen Wohnungsbau allenfalls gemildert werden konnten. Auch bestehen in den städtischen Ballungsgebieten (insbes. aber in kleineren Städten) Versorgungsprobleme, etwa bei der Wasser- und Stromversorgung, bei Transportkapazitäten im Personenverkehr sowie im Bereich der sozialen Infrastruktur, so im Gesundheits- und Schulwesen.

Soziale Sicherung. Es gibt ein einheitliches Rentenversicherungssystem für Arbeiter und Angestellte. Die durchschnittliche Altersrente betrug 1988 57% des Durchschnittseinkommens, sank jedoch im 1. Quartal 1990 auf ca. 45%. Anfang 1990 wurde ein haushaltsfinanziertes Arbeitslosenunterstützungssystem eingeführt. Auch die Krankenversicherung ist staatlich organisiert und soll eine allgemeine Grundversorgung garantieren (ärztliche Leistungen kostenlos). De facto gibt es in dünn besiedelten ländlichen Räumen Versorgungslücken, während in den Industriegebieten durch die Betriebe und Gewerkschaften (Betriebskrankenhäuser) eine bessere Versorgung gewährleistet ist. Neben dem staatlichen Gesundheitsdienst existieren ärztliche Privatpraxen, die gegen Bezahlung einen besseren Standard bieten.

V. Wirtschaft

1. Natürliche Ressourcen

P. besitzt reichhaltige Vorkommen an Stein- und Braunkohle, Kupfer, Schwefel und Salz. Es gehört zu den weltgrößten Produzenten dieser Rohstoffe (1988: 4. Platz bei Schwefel, 5. bei Braun- und Steinkohle, 9. bei der Kupferproduktion).

Der Energiebedarf wird im wesentlichen durch die heimischen Kohle- und Erdgasvorkommen gedeckt; lediglich Erdöl und teilweise Erdgas müssen eingeführt werden. Die Stromversorgung wird durch Kohlekraftwerke sichergestellt. Der Bau eines ersten Kernkraftwerks wurde 1990 suspendiert.

P. verfügt über eine landwirtschaftliche Fläche von 18,7 Mio. ha (davon ca. 14,7 Mio. ha Ackerland und ca. 4 Mio. ha Weideland). Die Waldfläche beträgt 8,9 Mio. ha (28,3% der Gesamtfläche).

2. Wirtschaftssystem

Nach dem II. Weltkrieg wurde ein ineffizientes planwirtschaftliches System nach sowjet. Vorbild errichtet. Die z. T. großangelegten Reformmaßnahmen der Jahre 1956, 1971, 1980–81 und 1988–89 scheiterten, da sie nicht an den Ursachen der krisenhaften Erscheinungen in der Wirtschaft ansetzten. Man hat dabei erfolglos versucht, einige Marktelemente in das zentralgeplante System zu implementieren. So konnte auch der Beinahe-Zusammenbruch der Wirtschaft Anfang der 80er Jahre nicht verhindert werden, als das Nationaleinkommen pro Kopf 1978–82 um mehr als 25% zurückging. Erst im Herbst 1989, nach der Machtübernahme durch die nichtkommunistische Regierung, wurde unter der Leitung von Finanzminister *L. Balcerowicz* ein radikales Wirtschaftsreformprogramm ausgearbeitet und zum 1.1.1990 eingeführt. Es hat nicht die Korrektur des sozialistischen Wirtschaftssystems, sondern die schnellstmögliche Errichtung einer westl. orientierten Marktwirtschaft zum Ziel.

Der *„Balcerowicz-Plan"* basiert auf einem Schock-Therapie-Ansatz: Am 1.1.1990 wurden fast alle Preiskontrollen aufgehoben, die staatlichen Subventionen weitgehend abgebaut, die Zentralbankfinanzierung des Staatshaushalts verboten und der Regierung die Verpflichtung auferlegt, das Haushaltsdefizit von 8% des BIP auf unter 1% zu verringern. Darüber hinaus ist die Zentralbank zu einer restriktiven Geldpolitik übergegangen, die Landeswährung ist partiell konvertibel geworden; die Gleichstellung aller Wirtschaftssektoren wurde auch in der Praxis vollzogen, die bestehenden Restriktionen im Außenhandel wurden abgebaut. Die Ergebnisse des Jahres 1990 deuten auf einen Erfolg der radikalen Reformstrategien hin. Die monatliche Inflationsrate ging von 79,6% (Jan. 1990) auf 3% (April 1991) zurück; der Außenhandel in konvertiblen Währungen wies 1990 ein Plus von 3,8 Mrd. US-$ auf; die Versorgungslage hat sich deutlich verbessert. Die Belebung im Privatsektor (+8,5% bei der Industrieproduktion) wurde 1990 von einem Rückgang der Industrieproduktion im ehem. sozialistischen Sektor von 24% begleitet. Von Arbeitslosigkeit waren im Dez. 1990 knapp über 6% der Erwerbstätigen betroffen.

3. Volkseinkommen

Das BIP hat 1989 gegenüber 1988 real nur geringfügig (um 0,2%) zugenommen und ging 1990 – im ersten Jahr der radikalen marktwirtschaftlichen Transformation – um 12% zurück. Das reale, nach Kaufkraftparitäten berechnete BIP pro Kopf betrug nach Schätzungen der UNO 1987 4160 US-$ (etwa 1/3 des Niveaus der Bundesrepublik Deutschland). Die Industrie trug (1988) dazu mit 42,0%, die Land- und Forstwirtschaft mit 13,2% und die Bauwirtschaft mit 9,7% bei. Der gesamttertiäre Sektor (Handel, Verkehr, Telekommunikation und Dienstleistungen i. e. S.) hat einen Anteil von 33,1%. Der Anteil der privaten Unternehmen (inkl. Landwirtschaft) am BIP stieg von 18,8% (1988) auf schätzungsweise 31% (1990). Der Anteil des privaten Sektors in einzelnen Wirtschaftszweigen betrug im März 1991 75% im Handel (1988: 2,9%), 17,5% (4%) in der Industrie und über 80% in der Landwirtschaft. 1989 waren 11% der Beschäftigten außerhalb der Landwirtschaft und 81% in der Landwirtschaft im privaten Sektor tätig (insgesamt 34% aller Erwerbstätigen).

4. Währungsordnung

Der Złoty ist seit dem 1.1.1990 partiell konvertibel. Die sog. Inländerkonvertibilität gewährt jedem Deviseninländer das Recht, Złoty-Guthaben zum Zwecke der Importe von Gütern und Dienstleistungen frei in fremde Währungen umzutauschen. Der Wechselkurs des Zloty ist an den US-$ gebunden; zwischen beiden Währungen besteht ein fester Umtauschkurs.

P. hat seit 1989 ein zweistufiges Bankwesen mit einer Zentralbank und staatlichen Geschäftsbanken. Seit Dez. 1989 sind auch private inländische und ausländische Banken zugelassen. Seit Aug. 1989 befand sich P. in einer Hyperinflationsphase. Die durchschnittliche monatliche Inflationsrate bis Dez. 1989 betrug 34%, was einer jährlichen Inflationsrate von mehr als 3000% entspricht. Dank der stabilitätsorientierten Wirtschaftspolitik gelang es 1990, eine Trendwende herbeizuführen, so daß die Preissteigerung 1990 (Dez. zu Dez.) bei 249% lag und 1991 voraussichtlich bei 50% liegen wird.

Die wichtigsten Steuern sind die Körperschaftsteuer und die Umsatzsteuer, die (1988) 38% bzw. 32% des Staatseinkommens ausmachten. Für 1992 wurde eine große Steuerreform angekündigt. Zum 1.1.1992 wird eine einheitliche, mit progressivem Tarif ausgestattete

Einkommensteuer eingeführt. Gleichzeitig ist die Einführung der Mehrwertsteuer anstelle der stark differenzierten Umsatzsteuer vorgesehen. Die interne Staatsverschuldung Anfang 1990 ist unerheblich. Die Bruttostaatsverschuldung gegenüber westl. Gläubigern beträgt (1990) dagegen ca. 46 Mrd. US-$. Etwa 2/3 davon sind Verpflichtungen gegenüber öffentlichen Kreditgebern, 1/4 gegenüber Privatbanken. Im März 1991 haben die im sog. „Pariser Club" organisierten öffentlichen Gläubiger eine Grundsatzentscheidung über den Erlaß von mindestens der Hälfte der poln. Auslandsschulden getroffen.

5. Außenwirtschaft

Auf die RGW-Länder entfielen 1988 46,6% der Exporte und 47,3% der Importe, auf die hochentwickelten Länder 43,3% bzw. 45,9%, auf die Entwicklungsländer 10,1% bzw. 7,8%. Im Zuge der wirtschaftlichen Umgestaltung nimmt die Bedeutung des Handels mit den Ländern der westl. Hemisphäre immer stärker zu, so daß 1990 knapp über 79% der Exporte und 78% der Importe auf die westl. Länder bzw. die Entwicklungsländer entfielen. Bei den Ausfuhren in die (noch) RGW-Länder dominieren (1. Quartal 1990) Maschinenbauerzeugnisse (61,3%) und Erzeugnisse der chemischen Industrie (10,5%) sowie Energierohstoffe (9,5%), bei den Einfuhren ebenfalls Maschinenbauerzeugnisse (44,8%) und Energierohstoffe (30,8%). Maschinenbauerzeugnisse (23,5%), Eisen und Stahl (24,6%), Energierohstoffe (11,1%) und Agrarerzeugnisse (20,6%) überwiegen bei den Westexporten. Importiert werden v. a. Maschinenbauerzeugnisse (45,3%), Chemieerzeugnisse (15,1%) und Konsumgüter (10,4%). Die Westexporte zeichnen sich durch hohe Rohstoff- und Arbeitsintensität aus, die Westimporte sind technologie- und forschungsintensiv.

6. Verkehr

Das *Eisenbahnnetz* (1989: 26 644 km, davon sind 11 000 km elektrifiziert) ist relativ gut entwickelt. Die Eisenbahndichte ist höher als z. B. in Frankreich, Großbritannien oder Italien. Das öffentliche *Straßennetz* hat (1989) eine Gesamtlänge von 160 000 km; nur wenige Abschnitte sind Schnellstraßen bzw. Autobahnen. Die *Binnenschiffahrt* spielt eine geringe Rolle. 1989 wurden auf ca. 4000 km schiffbaren Wasserstraßen lediglich 14 Mio. t Güter transportiert. In der *Seeschiffahrt* sind (1989) 249 Schiffe mit 4,1 Mio. DWT registriert. Die Umschlagskapazitäten der poln. Ostseehäfen Stettin (Szczecin), Swinemünde (Swinoujscie), Danzig-Gdingen (Gdansk Gdynia) liegen bei über 50 Mio. t jährlich. Der *Flugverkehr* spielt immer noch eine eher untergeordnete Rolle. Der Warschauer Flughafen wird gegenwärtig (1991) ausgebaut, um den kommenden Anforderungen entsprechen zu können.

VI. Kultur, Religion, Bildung

1. Kultur

P. ist aufgrund seiner Geschichte in einem spezifischen Sinn eine Kulturnation. Mit dem Verlust der Eigenstaatlichkeit Ende des 18. Jh. ergab sich die Aufgabe, mit Hilfe von Kultur, Religion und Bildung das geistige Überleben der Nation zu sichern. So wurde, zumal durch die Romantik, die nationale Erniedrigung durch die Schaffung ästhetischer Werte nationalen Inhalts kompensiert. Die daraus resultierende kulturelle Prägung, von *Stanisław Wyspiański* (1869–1907), einem Dichter und Maler des „Jungen Polen", als „fatale Kraft" bezeichnet, verhinderte bei einem Mangel an Realitätssinn für das politisch Machbare die Anpassung an die faktischen Verhältnisse.

Vor dem Hintergrund der geschichtlichen Erfahrungen ergeben sich als wesentliche Elemente poln. Kultur ein ausgeprägter Sinn für Freiheit und kulturelle Identität sowie eine starke Bindung an die kath. Kirche als schützenden Hort der Nation.

Die Entwicklung nach dem II. Weltkrieg erklärt sich aus dem Widerspruch zwischen dem tradierten kulturell-religiösen Selbstverständnis der Nation und dem ihr aufgezwungenen politischen System. Ziel der kommunistischen Kulturpolitik war es, das überlieferte Kulturverständnis ideologisch zu überwinden und Kultur, Religion und Bildung im Sinne des kommunistischen Systems zu instrumentalisieren. In der Phase des Stalinismus (1949–56) wurden das Bildungsmonopol des Staates durchgesetzt sowie die kulturelle und religiöse Freiheit durch Kontroll- und Zensurmaßnahmen weitgehend eingeschränkt. Mit dem „Polnischen Oktober" (1956) begann eine Entwicklung, durch die das sozialistische Bildungs- und Kulturmonopol schrittweise überwunden wurde. Mit dem Ende kommunistischer Herrschaft (1989) wurde die kulturelle Autonomie zurückgewonnen und die Spaltung der offiziellen von der unabhängigen bzw. der Exilkultur überwunden.

Die poln. Kultur hat in allen ihren Bereichen Leistungen von Weltrang aufzuweisen. Nobelpreisträger für Literatur sind: *Henryk Sienkiewicz* (1905), *Władysław Stanisław Reymont* (1924), *Czesław Miłosz* (1980). Von der Nachkriegsliteratur finden u. a. Werke von *Zbigniew Herbert* und *Tadeusz Różewicz* (Lyrik), *Jerzy Andrzejewski, Kazimierz Brandys, Kornel Filipowicz* und *Jarosław Iwaszkiewicz* (Prosa) Beachtung. In der Musik genießen *Witold Lutosławski* und *Krzysztof Penderecki* Weltruhm. Bedeutend ist auch die poln. Filmkunst *(Agnieszka Holland, Krzysztof Kieślowski, Andrzej Wajda, Krzysztof Zanussi)*. Dagegen ist die neuere bildende Kunst außerhalb P.s weniger präsent *(Bożena Jankowska, Alan Rzepka, Janusz Przybylski)*.

2. Religion

Die 1000jährige, durch Reformation und Aufklärung nicht unterbrochene Einheit von Religion und Nation macht P. zu einem kath. Land mit geringen religiösen Minderheiten. Auch gegenüber dem industriellen Säkularisierungsprozeß hat sich die kath. Kirche bislang als stabil erwiesen. Sie prägt das religiös-nationale Selbstverständnis, das in vielfältigen Symbolen – v. a. im Nationalheiligtum Tschenstochau (Czestochowa) mit der Ikone der Schwarzen Madonna – seinen Ausdruck findet.

Im Nachkriegspolen war das sozialistische System trotz Unterdrückung der Kirche (Gleichschaltungsversuche, Verstaatlichung der Caritas, Beschlagnahme kirchlichen Besitzes, Verfolgung von Bischöfen, Priestern, Mönchen und Nonnen; →verfolgte Kirche I 3) nicht in der Lage, die Einheit von Religion und Nation aufzulösen. Während das politische System einen wachsenden Autoritätsverlust erlitt, gewann die Kirche unter Leitung von Primas Kardinal *Stefan Wyszyński* zunehmend an Gewicht (Millennium 1966; Papstwahl von *Karol Wojtyła* 1978 [Johannes Paul II.], 4 Papstbesuche 1979, 1983, 1987, 1991). Nach der Ratifizierung des Warschauer Vertrags zwischen P. und der Bundesrepublik Deutschland (1970) wurde 1972 die Kirchenorganisation (7 Erzb., 21 Bist.) u. a. durch die Errichtung neuer Bist. in ehem. dt. Gebieten geregelt. Noch vor dem Zusammenbruch kommunistischer Herrschaft hat die kath. Kirche mit der gesetzlichen Regelung ihrer Beziehungen zum Staat vom 23.5.1989 ihre volle Freiheit und gesellschaftliche Wirksamkeit zurückgewonnen. Die Kirche erhält enteignetes Grundvermögen zurück (nicht aber die anderen Konfessionen). Der Religionsunterricht an Schulen wurde wieder eingeführt. Mit der Entwicklung zu gesellschaftlichem Pluralismus wird sie allerdings auch zunehmend mit den Problemen westlicher Gesellschaften konfrontiert werden.

3. Bildung

P. kann für sich in Anspruch nehmen, mit der Gründung der „Kommission für Nationale Erziehung" (1773) das erste europ. Bildungsministerium geschaffen zu haben. Die Kommission sah ihre Aufgabe darin, auf der Grundlage nationaler Tradition, des Christentums und der Aufklärung zu einer moralischen Erneuerung der Nation beizutragen.

Dieses traditionelle Bildungsverständnis geriet nach dem II. Weltkrieg in Widerspruch zur sozialistischen Bildungspolitik. Trotz eines breiten Ausbaus des Bildungswesens auf allen Ebenen bedingte dieser Widerspruch eine permanente Bildungskrise, die durch Reformbemühungen wie die des V. Parteitags der PVAP (1971) nicht zu beheben war. Erst mit Überwindung des kommunistischen Bildungsmonopols (1989) zeichnen sich Möglichkeiten einer Synthese zwischen dem tradierten Bildungsverständnis und den bildungsmäßigen Erfordernissen einer modernen Gesellschaft ab.

Im Schulwesen besteht Schulpflicht vom 7.–15. Lebensjahr. Ca. 80% der Schüler besuchen Sekundarschulen (v. a. technische und Berufsschulen), davon ca. 20% allgemeinbildende Sekundarschulen, die nach 4 Jahren mit der Reifeprüfung abschließen. Seit Herbst 1989 gibt es auch private und kirchliche höhere Schulen. Für die Zulassung zum Hochschulstudium sind Aufnahmeprüfungen obligatorisch. Es gibt 92 Hochschulen, davon 11 mit Universitätsrang, darunter als älteste Krakau (Kraków, 1364 gegr.). In Lublin besteht neben der staatlichen eine kath. Universität.

LITERATUR

Zu I und IV:
E. **Buchhofer**, P. Raumstrukturen – Raumprobleme. Frankfurt/M. 1981. – P. 1980 bis 1984. Dauerkrise oder Stabilisierung? Strukturen und Ereignisse in Politik, Gesellschaft, Wirtschaft. Hg. D. **Bingen**. Baden-Baden 1985. – A. **Kapala**, P. Stuttgart 1989. – Lber. P. 1989. Stuttgart 1989.

Zu II:
H. **Roos**, Geschichte der Poln. Nation 1918–1985, fortgef. v. M. **Alexander**. Stuttgart 1961, ⁴1986 [1. Aufl. u. d. T.: Geschichte der Poln. Nation 1916–1960]. – G. **Rhode**, Geschichte P.s. Ein Überblick. Darmstadt 1965, ³1980 [1. Aufl. u. d. T.: Kleine Geschichte P.s.]. – HdEurG. Bd. 1, 1976, 902 ff. Bd. 2, 1987, 1042ff. Bd. 3, 1971, 1003 ff. Bd. 4, 1968, 690 ff. Bd. 5, 1981, 677 ff. Bd. 7, Tl. 2, 1979, 978 ff. (Lit.). – E. **Meyer**, Grundzüge der Geschichte P.s, Darmstadt 1969, ²1977. – J. K. **Hoensch**, Geschichte P.s, Stuttgart 1983 (Lit.). – R. W. **Fuhrmann**, P. Hdb. Geschichte, Politik, Wirtschaft. Vollst. überarb. und erg. Neuaufl. Hannover 1990. – Länderbericht P. Hg. W. **Wöhlke**. Bonn 1991 (Lit.).

Zu III:
P. Hg. Johann-Gottfried-Herder Institut. München 1976 (Länderberichte Osteuropa. Bd. 2); darin S. 75 ff.: H.-Chr. **Reichel**, S. **Lammich**, Die Rechtsordnung. – S. **Lammich**, P., in: Verfassungen der kommunistischen Staaten. Hg. G. Brunner, B. Meissner. Paderborn 1980, 329 ff. (mit Verfassungstext). – G. **Brunner**, Politischer Systemwandel und Verfassungsreformen in Osteuropa. Bergisch Gladbach 1990.

Zu V:
A. **Åslund**, Private Enterprises in Eastern Europe. The nonagricultural private sector in Poland and the GDR, 1945–86. London 1985. – Z. **Landau**, J. **Tomaszewski**, Wirtschaftsgeschichte P.s im 19. und 20. Jahrhundert. Hg. und Übers. B. Puchert. Berlin 1986. – A. **Hoessli**, Planlose Planwirtschaft. Krisenzyklus und Reformmodelle in P. Hamburg 1989. – Lber. P. 1989. Stuttgart 1989. – S. **Jakubowicz**, Wer rettet P.s Wirtschaft? Das Ringen um die Arbeiterselbstverwaltung. Freiburg i. Br. 1989. (Orig. u. d. T.: Rady pracownicze W. Polsce). – Poland, economic management for a new era. Hg. The World Bank. Washington 1990. – D. H. **Kemme**, Economic reform in Poland. The aftermath of martial law 1981–88. Greenwich (Conn.) 1991. – Transforming economic systems. The case of Poland. Hg. M. **Kremer u. a.** Heidelberg 1992.

Zu VI:
G. **Castellan**, Gott schütze P.! Geschichte des poln. Katholizismus 1795–1982. Übers. H. Neumann. Freiburg i. Br. 1983 (Lit.). – S. **Oster**, Bildungspolitische Entwicklung und Schulreformversuche der siebziger Jahre in P., in: Bildungssysteme in Osteuropa – Reform oder Krise? Hg. O. **Anweiler**, F. **Kuebart**. Berlin 1983, 62 ff. – K. **Richter**, Volkskirche. Bedeutung für Kirche und Theologie in P., in: Pastoraltheologische Informationen 6 (1986) H. 1, 94 ff. – W. **Schlott**, An der Bruchstelle zwischen Schule und Gesellschaft: Kulturelle Erziehung in P., in: Staatliche Steuerung und Eigendynamik im Bildungs- und Erziehungswesen osteurop. Staaten und der DDR. Hg. O. Anweiler. Berlin 1986, 160 ff. (Lit.). – Die politische Kultur P.s Hg. G. **Meyer**, F. **Ryszka**. Tübingen 1989 (Lit.).

Adolf Karger (I, IV), *Hans-Jürgen Karp* (II),
Otto Luchterhandt (III), *Wojciech Kostrzewa* (V),
Theo Mechtenberg (VI)

PORTUGAL

Amtlicher Name	Republica Portuguesa (Portugiesische Republik)
Staatsform	Republik
Hauptstadt	Lissabon (807 937 E.)
Fläche	92 389 km² (einschl. Azoren und Madeira)
Bevölkerung	10 410 000 E. (1988; VZ 1981: 9 833 000). – 113 E./km²
Sprache	Portugiesisch
Religion	Katholiken 95%; Protestanten rd. 40 000
Währung	1 Escudo (Esc) = 100 Centavos

I. Naturräumliche Voraussetzungen

P. liegt auf der Iberischen Halbinsel (mit knapp 1/6 der Fläche). Es grenzt im N und O an ↗Spanien, im W und S an den Atlantischen Ozean. Kennzeichnend für den Naturraum P.s ist sein kleinräumiger Wechsel und damit seine Vielgestaltigkeit. Die Gliederung der Oberflächenformen ist eng mit den geologischen Grundstrukturen der Halbinsel verknüpft. Die größte Bedeutung kommt den altgefalteten und zu einem riesigen Block konsolidierten Gesteinen der „Iberischen Masse" zu (gut 2/3 der Fläche). Diese ist entlang einer Aufwölbungslinie, die vom äußersten NW der Halbinsel in südöstl. Richtung verläuft, angehoben.

Es lassen sich drei Landesteile unterscheiden: *Nordportugal* umfaßt die sehr alten Gesteinskomplexe (vorwiegend Granite und Schiefer) vom portugies.-span. Grenzfluß *Minho* (Miño) bis zum Hauptscheidegebirge der *Serra da Estrêla* (1991 m) im S. Dieser gebirgige Nordteil ist v. a. zur Küste hin stark zertalt, während die binnenwärtigen Landesteile *(Tras-os-Montes, Ober-Beira)* wenig gegliederte Hochflächen (um 800 m) umfassen. – *Mittelportugal* wird geologisch durch jüngere Gesteine aufgebaut und umfaßt die küstennahen Räume von der *Douro-* bis zur *Sado-*Mündung. Dieser Landesteil weist nur im zentralen *Estremadura* eine größere Reliefgliederung mit Höhen bis über 500 m auf, während *Küsten-Beira* und *Ribatejo* durch wenig gegliederte Tiefländer unter 200 m charakterisiert sind. – *Südportugal* besteht aus zwei gegensätzlichen

Teilräumen: Der *Alentejo* setzt sich vorwiegend aus weitgespannten Flächen zusammen, die durchweg unter 400 m Höhe aufweisen. Die *Algarve* im äußersten S ist durch das algarvische Gebirge (*Serra de Monchique*, 900 m) vom Alentejo abgegrenzt; diesem sterilen Schiefergebirge ist zur Küste die *Nieder-Algarve* vorgelagert.

Die zu P. gehörende Inselkette der *Azoren* und die Insel *Madeira* im Atlantischen Ozean sind vulkanischen Ursprungs mit teils noch aktiven Vulkanen.

Auch hinsichtlich des *Klimas* lassen sich drei Bereiche unterscheiden: Südlich des *Tejo* ist i. e. S. der mediterrane Klimatyp vertreten, der durch mittlere Jahresniederschläge zwischen 300 und 900 mm charakterisiert ist. 2/3 davon fallen im Winterhalbjahr. Die Temperaturen sinken nur selten unter den Gefrierpunkt. Idealtypisch ist das Mediterranklima im Küstenbereich der *Nieder-Algarve* ausgebildet; kleinräumig tritt es auch in den Becken und Tälern des Oberen Dourogebietes in Nordportugal auf. Im NW vom Minho bis zur Douro-Mündung herrscht dagegen ein vom Atlantik geprägtes Klima vor; die regenreichen Westwinde führen bei der stärkeren Reliefgliederung zu Niederschlägen bis zu 3000 mm/Jahr. In den übrigen Landesteilen behält das Klima mediterranähnliche Grundzüge.

Entsprechend den klimatischen Gegebenheiten ist die *Vegetation* im nördl. P. durch sommergrüne Mischwälder (Eichen, Buchen), Heidevegetation und – v. a. in den Höhenlagen – durch Nadelwälder geprägt; im südl. P. ist die mittelmeerische Pflanzenwelt mit immergrünen Hartlaubgewächsen mit niedrigen Baum- und Buschformationen bestimmend.

II. Historische und politische Entwicklung

1. Staatswerdung

Seit der Frühzeit erlebte P. südl. und nördl. des Mondego eine unterschiedliche Entwicklung. Im N trafen seit 900 v. Chr. einwandernde *Kelten* auf die *Castro-Kultur*. Hier konzentrierte sich der Widerstand halbnomadisierender Stämme (*Lusitaner*) gegen die erst unter *Augustus* abgeschlossene römische Eroberung. Der stärker romanisierte S stand länger unter arabischer Herrschaft (711–1248), wohingegen der N bereits 868 als leonesische Gft. *Portucale* wieder von christlichen Fürsten regiert wurde. Aus dieser Gft., mit der Kg. *Alfons VI.* von Asturien-León 1095 *Heinrich von Burgund* belehnte, entstand das heutige Portugal. Heinrichs Sohn führte seit 1139 als *Alfons I.* den Königstitel. 1297 wurden die endgültigen Staatsgrenzen P.s mit León und Kastilien vertraglich festgelegt. Die Besiedlung der im Zuge der Wiedereroberung (*Reconquista*) gewonnenen Gebiete mit freien Bauern verhinderte die vollständige Ausbildung des Lehnswesens. Seit 1254 waren die Vertreter der Städte zur *Curia Regia* (aus der die *Cortes* entstanden) geladen. Die starke Stellung der Kirche und der Ritterorden, deren Macht und Besitz die Krone zu begrenzen suchte, führte zu heftigen Auseinandersetzungen mit dem Papsttum.

2. Das Haus von Avis

1383 starb die Linie der burgund. Könige aus. Gegen die Vereinigung mit Kastilien erhob sich mit Hilfe des Bürgertums und engl. Truppen *Johann I.*, Großmeister des Avisordens. Die *Schlacht von Aljubarrota* (1385) sicherte P.s Unabhängigkeit. 1386 erneuerte Johann I. das seit 1308 bestehende Bündnis mit England. Er begründete den modernen Verwaltungsstaat und begann mit der überseeischen Expansion P.s, das die erste europ. Kolonialmacht wurde. Sein dritter Sohn, *Heinrich der Seefahrer* († 1460) förderte die Entdeckungsfahrten entlang der afrikan. W-Küste (↗Guinea-Bissau, ↗São Tomé und Principe, ↗Angola) und im Atlantik (Madeira 1419, Azoren 1427, Kapverdische Inseln [↗Kap Verde]). 1488 umsegelte *Bartolomeu Dias* das Kap der Guten Hoffnung. *Vasco da Gama* entdeckte 1497/98 den Seeweg nach Indien (erreichte dabei auch ↗Mosambik). Von ↗Indien (Goa, Damão, Diu: Estado Portugues da India) und vom Indischen Ozean aus (↗Malediven, Ceylon [↗Sri Lanka] gelangten die Portugiesen bis nach ↗Ost- und ↗Südostasien (↗Macao, Timor [↗Indonesien]). Das portugies. Handelsimperium in Afrika und Asien beruhte auf befestigten Stützpunkten. In ↗Brasilien (1500 von *Pedro Alvares Cabral* entdeckt) ging man 1532 von der Handels- zur Siedlungskolonisation über. Gestützt auf päpstliche Bullen grenzte P. seine Interessensphäre in Übersee gegenüber Kastilien in den Verträgen von *Alcáçovas* (1479), *Tordesillas* (1494) und *Zaragozza* (1529) ab. Die Herrscher des Hauses Avis verfolgten, mit Unterstützung des im Überseehandel engagierten Bürgertums, eine absolutistische Politik. Unter *Emanuel I.* (1495–1521) erlebte P. eine kulturelle Blütezeit (vgl. VI). 1497 kam es unter span. Einfluß zur Vertreibung der Juden aus P.; 1536 wurde die Inquisition eingeführt. Bereits unter *Johann III.* (1521–57) mehrten sich die Anzeichen, daß P. seine Kräfte überfordert und die Nutzung der eigenen Ressourcen vernachlässigt hatte.

3. Absolutismus und Aufklärung

Als 1580 das Haus von Avis ausstarb, trat der span. Habsburger *Philipp II.* (*Philipp I.* von P.) das Erbe an. Während der Personalunion mit ↗Spanien verlor P. den größten Teil seiner Besitzungen in Afrika und Asien durch verstärkte Angriffe der Niederländer, Engländer und Franzosen. 1640 erhob sich der Herzog von *Bragança* gegen die span. Herrschaft und ließ sich als *Johann IV.* zum König krönen. Im *Spanischen Erbfolgekrieg* (1701–1713/14) trat P. 1703 der Großen Allianz bei und schloß mit England den *Methuen-Vertrag*. Gold- und Diamantenfunde in Brasilien (seit 1693) verhalfen P. unter *Johann V.* (1706–50) zu einer kulturellen Blüte und zur Stärkung des monarchischen Absolutismus. Den Höhepunkt aufgeklärter Politik bildete das umfassende Reformwerk *Pombals*, Minister *Josephs I.* (1750–77). Pombal betrieb auch den Wiederaufbau Lissabons nach dem furchtbaren Erdbeben vom 1.11.1755.

4. Der Niedergang der Monarchie

1807 wurde P. von napoleonischen Truppen besetzt. Die königliche Familie floh mit engl. Hilfe nach Brasilien. *Johann VI.* kehrte erst 1821 zurück und beschwor 1822 eine liberale Verfassung. Im gleichen Jahr erklärte Brasilien seine Unabhängigkeit unter dem Thronfolger *Peter* (IV.) als Kaiser von Brasilien (*Peter I.*, 1822–31). 1823 kam es zu einem Aufstand absolutistischer Kräfte. Peter IV. erließ daher 1826 von Brasilien aus eine gemäßigte Charta und dankte zugunsten seiner Tochter *Maria II.* (1826/34–53) unter der Regentschaft seines Bruders *Michael* ab. Dieser proklamierte sich 1828 zum König, hob die Charta auf und errichtete bis 1834 ein absolutes Regime. Die folgenden Jahre waren durch Auseinandersetzungen zwischen Konservativen (Anhängern der Charta) und Liberalen (Befürworter der Verfassung von 1822/36) geprägt. 1851 erzielte man einen Kompromiß, der beide Gruppen abwechselnd an der Macht beteiligte (*Regeneração*). Der Versuch in den 70er und 80er Jahren, in Afrika die Basis für ein neues Kolonialreich zu schaffen, führte 1890 nicht nur zur Konfrontation mit England und einem Prestigeverlust der Krone, sondern überforderte auch die wirtschaftlichen Möglichkeiten des agrarisch geprägten Landes.

5. Demokratie, Diktatur und erneut Demokratie

1910 wurde die Republik ausgerufen, ohne daß dies die politischen und sozialen Spannungen verringert hätte. 1911–26 amtierten 44 parlamentarische Regierungen. Die Teilnahme am I. Weltkrieg an der Seite Großbritanniens und die Rezession der Nachkriegszeit belasteten P. zusätzlich. Ein Militärputsch 1926 brachte General *António de Fragosa Carmona* an die Macht (1928–51 Präsident). Er berief den kath. Ökonomen *António de Oliveira Salazar* zum Finanz-Min. (1932–68 Premier-Min.). Dieser sanierte die Staatsfinanzen und entwickelte eine auf Militär und Geheimpolizei gestützte autoritäre, korporativistische Staatsordnung (*Estado Novo*, Verfassung von 1933). Im *Spanischen Bürgerkrieg* (1936–39) unterstützte er die Partei General *F. Francos*. Im II. Weltkrieg blieb P. neutral. Salazars Herrschaft stabilisierte die politischen Verhältnisse, ohne daß es zu wirtschaftlicher und sozialer Modernisierung gekommen wäre. Wachsende soziale Spannungen und eine kompromißlose Politik gegenüber den afrikan. Befreiungsbewegungen führten 1974 („Revolution der Nelken") zur Absetzung *Marcelo Caetanos*, des Nachfolgers Salazars, durch eine Offiziersrevolte am 25.4.1974. 1974–76 erlangten die afrikan. Kolonien ihre Unabhängigkeit.

1976 erhielt P. eine neue, demokratische Verfassung (vgl. III). Der zunächst verfolgte sozialistische Kurs wurde nach mehrfachen Regierungswechseln (Min.-Präs. seit 1985 *Anibal Cavaco Silva*, Sozialdemokratische Partei; Staats-Präs. seit 1986 *Mario Soares*, Sozialistische Partei) im Hinblick auf den EG-Beitritt (1986) liberalisiert (vgl. V). P. ist ferner Mitglied u. a. der NATO (1949), des Europarats (1976) und der WEU (1989).

Wahlen zur Nationalversammlung¹
(Mandate)

	25.4.1976	2.12.1979	5.10.1980	25.4.1983	6.10.1985	19.7.1987	6.10.1991
PPD/PSD	73	75²	82²	75	88	148	135
CDS	42	42²	46²	30	22	4	5
PPM		5²	6²				
PSP	107	74³	66³	101	57	60	72
UEDS, ASDI		3³	8³				
UDP	1	1	1				
PCP	40⁴						
APU		44	41	44	38⁵		
CDU						31	17
PRD					45	7	
PSN							1
Übrige		6					
gesamt	263	250	250	250	250	250	230

¹Berücksichtigt sind nur Parteien, die Mandate erhielten – ²Demokratische Allianz aus PSD, CDS, PPM – ³Republikanisch-Sozialistische Front aus PSP, UEDS, ASDI – ⁴1979 zur APU – ⁵1985 zur CDU

APU = Aliança Povo Unido. – ASDI = Associação Social-Democrato Independente. – CDS = Partido do Centro Democratico Social. – CDU = Coligação Democrática Unitaria (Linkskoalition). – PCP = Partido Comunista Português (Kommunisten). – PPD/PSD = Partido Popular Democrático/Partido Social-Democrata (Sozialdemokraten). – PPM = Partido Popular Monárquico (Monarchisten). – PRD = Partido Renovador Democrático. – PSN = Partei der Nationalen Solidarität (Rentnerpartei). – PSP = Partido Socialista Português (Sozialisten). – UDP = União Democrático Popular – UEDS = União de Esquerda, para a Democracia Socialista.

III. Verfassung, Recht, Verwaltung

1. Verfassung

In der Folge der Revolution vom 25.4.1974, die die Epoche des autoritären „Estado Novo" (vgl. II) beendete, hat P. nach anfänglichen Rückschlägen seine verfassungsrechtliche Entwicklung in die Bahnen des demokratischen und sozialen Rechtsstaats gelenkt. Eine aus allgemeinen, gleichen und geheimen Wahlen hervorgegangene Konstituante verabschiedete die am 25.4.1976 in Kraft getretene neue Verfassung, die 1982 und 1989 weiterentwickelt und von der anfänglichen Festlegung auf einen „Übergang zum Sozialismus" und ein damit verbundenes inneres Spannungsverhältnis entlastet wurde.

P. ist nach Art. 1 der Verfassung eine auf die Menschenwürde und den Volkswillen gegründete souveräne Republik, die sich für den Aufbau einer freien, gerechten und solidarischen Gesellschaft einsetzt. Die Festlegung auf den Einheitsstaat ist mit der Achtung der Grundsätze der Autonomie der örtlichen Selbstverwaltungskörperschaften und der Dezentralisierung der öffentlichen Verwaltung verbunden. Die *Azoren* und *Madeira* haben als autonome Regionen eine Sonderstellung. Die ehem. Kolonie ↗Macao, jetzt „chinesisches Territorium unter portugiesischer Verwaltung", soll Ende 1999 an China zurückgegeben werden.

In dem auf 298 Artikel ausgedehnten Verfassungstext bildet der umfangreiche Grundrechtsteil einen besonderen Schwerpunkt. Es handelt sich um die „Rechte, Freiheiten und Garantien" sowie um den Titel über ökonomische, soziale und kulturelle Rechte (und Pflichten). Im ersten Bereich (und bei ihrer Natur nach analogen Grundrechten) geht es um unmittelbar anzuwendendes sowie die öffentlichrechtlichen (und privatrechtlichen!) Einrichtungen bindendes Recht, dessen Verständnis auch in der Wesensgehaltsgarantie Einflüsse des Bonner Grundgesetzes erkennen läßt. Im zweiten Bereich handelt es sich vielfach nur um entsprechende Staatszielbestimmungen (mit Festlegungen des dafür aufgegebenen Programms). Die die Grundrechte betreffenden Verfassungs- und Rechtsvorschriften sind in Übereinstimmung mit der UN-Dekl. auszulegen und anzuwenden. Auch die EMRK hat Geltung erlangt.

Die *Organisation des Staates* zeigt eine Mischform aus präsidialen und parlamentarischen Elementen. Der direkt vom Volk auf 5 Jahre gewählte *Präsident* der Republik ist nicht nur Repräsentant des Staates. Er kann das über Parteilisten (Verhältniswahl ohne Sperrklausel) vom Volk auf 4 Jahre gewählte *Parlament* (Einkammersystem) auflösen. Er ernennt den Premierminister seiner Wahl. Die *Regierung* ist auch dem Parlament verantwortlich (parlamentarische Erzwingung des Rücktritts). Gegenüber Gesetzen hat der Präsident ein Vetorecht, doch kann das Parlament die Verkündung des Gesetzes erzwingen.

Die Regelung der *Rechtsetzungskompetenz* unterscheidet ausschließliche Zuständigkeiten des Parlaments, Gesetzesverordnungen der Regierung im Rahmen gesetzlicher Ermächtigungen durch das Parlament sowie originäre Kompetenzen der Regierung. Die 1989 eingeführte Möglichkeit des Volksentscheids ist begrenzt auf bestimmte Materien und setzt eine Anordnung durch den Präsidenten voraus (auf Vorschlag des Parlaments oder der Regierung). Die bei Unantastbarkeit bestimmter Rechte an enge Voraussetzungen geknüpfte (und zeitlich begrenzte) Ausrufung des Staatsnotstandes bzw. des Belagerungszustandes obliegt dem Präsidenten nach entsprechender Autorisierung durch das Parlament und Anhörung der Regierung. Der Präsident ist auch Befehlshaber der Streitkräfte.

Die *Gerichte* sind unabhängige Hoheitsorgane. Die ordentliche Gerichtsbarkeit besteht aus erst- und zweitinstanzlichen Gerichten sowie dem *Obersten Gerichtshof*. Es gibt den *Obersten Verwaltungsgerichtshof* und die weiteren Verwaltungs- und Finanzgerichte sowie Militärgerichte. Das seit 1983 tätige *Verfassungsgericht* dient v. a. der (abstrakten oder konkreten, präventiven oder nachträglichen) Normenkontrolle. Normenkontrolle obliegt auch den anderen Gerichten im Rahmen ihrer jeweiligen Verfahren. Es gibt keine Verfassungsbeschwerde. Ein unabhängiges Organ eigener Art ist der „provedor de Justiça" (Ombudsman).

Der *Staat und die Kirche(n)* sind seit 1910 getrennt. Das Verhältnis zur röm.-kath. Kirche wird durch das Konkordat von 1940 bestimmt. Durch ein Zusatzprotokoll ist die seit dem 25.4.1974 geforderte (und inzwischen realisierte) Erstreckung des bürgerlichen Scheidungsrechts auch auf die kanonisch-rechtlich geschlossenen Ehen ermöglicht worden.

2. Rechtssystem

Das durch die Kodifikationen des 19. Jh. (in Ablösung der jahrhundertealten Epoche der „Ordonnanzen") gestaltete Recht ist seither in vielen Teilen erneuert worden, zuletzt v. a. im Zeichen des neuen Verfassungsrechts.

Zivilrecht. Das alte ZGB von 1867, das Originalität mit Einflüssen v. a. des frz. Code Civil verband, ist durch das neue ZGB von 1966 (in seinem Aufbau dem dt. BGB folgend) abgelöst worden (teilweise reformiert unter dem Einfluß der neuen Verfassung). Auch auf Nebengebieten sind Neuerungen zu verzeichnen (so etwa das neue Gesetzbuch über Handelsgesellschaften von 1986). Das Zivilverfahren richtet sich noch nach der ZPO von 1961, eine Gesamtrevision ist im Gange.

Grundlegend reformiert sind das *Strafrecht* und das Strafverfahrensrecht. Das neue StGB von 1982 zeigt deutliche Einflüsse des dt. Rechts, die auch zur Einführung des Ordnungswidrigkeitenrechts geführt haben. Die Gestaltung der modernen Kriminalpolitik steht zugleich in Verbindung mit einer besonderen eigenen Tradition: Abschaffung der Todesstrafe schon 1867 (abgesehen von Androhungen im Militärstrafrecht, die 1976 beseitigt wurden) und der lebenslangen Strafen durch die Reform von 1884. Auch auf Nebengebieten (so etwa Wirtschafts- und Drogenstrafrecht) liegen Neuregelungen vor, ebenso für den Strafvollzug. Auf dem Gebiet des Strafverfahrens gilt die neue StPO von 1987, die im Geiste der neuen Verfassung und der modernen Verfahrensprinzipien gestaltet ist.

3. Verwaltung

P. ist in 18 Festlands- und 4 Inseldistrikte (Azoren und Madeira) gegliedert, an deren Spitze jeweils ein ernannter Gouverneur steht. Die Distrikte sind in städtische oder ländliche Amtsbezirke und Gemeinden unterteilt, welche von gewählten Bezirks-, Stadt- und Gemeinderäten geführt werden.

IV. Bevölkerungs- und Sozialstruktur

Die Bevölkerung ist seit dem ersten Gesamtzensus im 19. Jh. relativ kontinuierlich gewachsen, von 3,83 Mio. (1864) auf 8,29 Mio. E. (1960). Das mittlere jährliche Wachstum von 1,7% resultierte aus räumlich kaum differenzierbaren Zuwachsraten. Erst seit den 60er Jahren kam es zu stark gegensätzlichen demographischen Prozessen mit Verdichtung in den Küstenräumen und Stagnation und rückläufigen Bevölkerungsentwicklungen in den binnenwärtigen Peripherräumen. In den ökonomisch und demographisch dynamischen Küstendistrikten (Aveiro, Braga, Lissabon, Porto, Setúbal) mit einem Flächenanteil von 17,6% wohnten 1970 56,7% der Bevölkerung (288 E./km^2), auf der Restfläche (82,4%) dagegen nur 43,3%. In den fünf Küstendistrikten erhöhte sich die Bevölkerungsdichte von 358 (1980) auf 383 E./km^2 (1985), andererseits stagnierte sie in den peripheren Regionen bei 50 E./km^2.

Hinsichtlich der natürlichen Bevölkerungsentwicklung gleicht sich P. allmählich westeurop. Verhältnissen an. Die *Geburtenraten* sind seit den 60er Jahren kontinuierlich geringer geworden, lagen im Mittel der Jahre 1980–85 mit 17,1 ‰ aber immer noch recht hoch. Die *Sterberaten* waren dagegen in den 60er Jahren (7,7 ‰) niedriger als in den 80er Jahren (9,7 ‰), so daß sich das natürliche Bevölkerungswachstum durchschnittlich von 1,6 % (1960–65) auf 0,25% (1985–90) verlangsamte.

Dank systematischer Verbesserung der medizinischen Versorgung (insbes. im peripheren Hinterland) konnte die *Säuglingssterblichkeit* von 7,6% (1960–65) auf 2,0% (1980–85) gesenkt werden. Wichtig für diese Entwicklung waren insbes. die erweiterten Einrichtungen zur ambulanten medizinischen Versorgung; 1987 wurden 3096 auf dem Festland und 150 auf den Azoren und Madeira gezählt (20% mehr als 1975). Auch die Versorgung mit Ärzten hat sich verbessert: 1975 kamen auf einen Arzt 838 E., 1987 nur noch 389. Die *Lebenserwartung* stieg 1965–87 bei Männern von 63 auf 70, bei Frauen von 69 auf 77 Jahre. Der *Altersaufbau* spiegelt ebenfalls den demographischen Übergang wider. Der Anteil der Jugendlichen unter 20 Jahren machte 1970 noch 37,0% aus und sank bis 1985 auf 32,0% ab; andererseits stieg der Anteil der über 60jährigen von 14,5% (1970) auf 17,0% (1985).

Der natürliche Zuwachs der Bevölkerung hat in Verbindung mit begrenzten Nahrungsressourcen zu starken Wanderungsprozessen geführt. Seit den 20er Jahren hat sich eine Binnenwanderung, die vom Land in die Städte gerichtet ist, in den Agglomerationsraum Lissabon/Setúbal herausgebildet. Andererseits spielt die Auswanderung eine bedeutende Rolle. 1875–1974 sind ca. 4 Mio. Portugiesen (allein 1960–75 ca. 1 Mio.) ausgewandert. Die Emigrationsziele waren in Anpassung an die politisch-ökonomischen Strukturen unterschiedlich: Bis zu Beginn der 60er Jahre waren Brasilien und Venezuela Hauptzielländer, bis 1970 Frankreich, 1971–73 die Bundesrepublik Deutschland, seitdem Kanada und die USA. Es kann angenommen werden, daß heute ca. 4 Mio. Portugiesen im Ausland leben mit den Schwerpunkten Brasilien (1,2 Mio.) und Frankreich (0,9 Mio.).

Der Rückgang der Emigration seit 1975 hat sich auch auf die *Erwerbstätigkeit* ausgewirkt. Der Anteil der Erwerbspersonen an der Gesamtbevölkerung stieg von 39,3% (1970) auf 46,1% (1987) an, wobei der Anteil der männlichen Erwerbsbevölkerung von 62,0% auf 55,3% zurückging, der der weiblichen von 18,8% auf 37,4% extrem stark zunahm.

V. Wirtschaft

Die wirtschaftliche Entwicklung nach der „Revolution" von 1974 war zunächst durch politische Unruhen und die anschließende Verstaatlichung von Banken, Versicherungen und Großunternehmen bestimmt. Seit 1980 wurden Ausgleichszahlungen für verstaatlichte Unternehmen (v. a. ausländische Banken) geleistet, um Hemmnisse für ausländische Investitionen zu beseitigen; das war zugleich Voraussetzung für P.s Beitritt zur EG (1.1.1986) mit wichtigen ökonomischen Konsequenzen (z. B. Einführung der Mehrwertsteuer). Schwerpunkt der Investitionspolitik ist seitdem die Investitionsförderung durch aktive Unterstützung des öffentlichen Sektors sowie durch steuerliche Maßnahmen. Im April 1992 trat P. dem EWS bei.

1. Land- und Forstwirtschaft, Fischerei

1987 waren noch 22% aller Erwerbstätigen in der Landwirtschaft beschäftigt. Der Agrarsektor trägt aber nur mit 6,5% zum BIP bei. P. produziert nur ca. die Hälfte der Nahrungsmittel im eigenen Land. 1984–87 ist die Erzeugung (verglichen mit dem Indexansatz von 1979/81) zwar um 11% gewachsen (unter Berücksichtigung des Bevölkerungswachstums netto um 8%), doch noch 1987 mußte der Staat rd. 1,4 Mrd. US-$ für die Einfuhr von Nahrungsmitteln bereitstellen. 1986 wurden ca. 22% der Gesamtfläche als Ackerland genutzt. Der Anteil der bewässerten Fläche liegt bei 14% der landwirtschaftlichen Nutzfläche. Die bedeutsamsten Bewässerungsflächen liegen nördl. des Tejo.

Die *Betriebsgrößen* sind unausgeglichen: 50% der Betriebe bearbeiten nur ca. 5% der landwirtschaftlichen Nutzfläche. 1979 (Jahr der letzten landwirtschaftlichen Betriebszählung) verfügten 44% der Betriebe über weniger als 1 ha. Starke regionale Unterschiede sind typisch: Im N dominiert Klein- und Kleinstbesitz in Form von Subsistenzwirtschaften, im S der Großgrundbesitz (Latifundien). Eine Ausnahme bildet die Algarve mit kleinbetrieblicher Besitzstruktur. Auf Madeira sind sogar 98% der Betriebe kleiner als 1 ha. Ein besonderes Problem stellt die niedrige Flächenproduktivität dar (Weizen 14,7 dt/ha, Mais 21,8 dt/ha im Mittel der Jahre 1985/88).

Dem *Weinanbau* kommt besondere Bedeutung zu. Er liefert ca. 10% der agrarischen Bruttoproduktion. 12% der Weine werden exportiert: insbes. der Portwein (90% in EG-Länder) und die Dessertweine der Insel Madeira. Der Tomatenanbau findet vorwiegend in Großbetrieben im S statt. Die Tomaten werden überwiegend zu Tomatenmark für den Export verarbeitet.

Viehhaltung findet vorherrschend in den nördl. Landesteilen statt. Der durchschnittliche Rindviehbestand liegt bei nur 2,5 Tieren (Azoren 9,6).

Der *Wald* nimmt ca. 40% des portugies. Territoriums ein (45% der Waldfläche sind Kiefern, 40% Kork- und Steineichen, fast 10% Eukalypten). Die Korkproduktion deckt 50% des Weltverbrauchs. 87% der Waldflächen sind Privat-, 10% Gemeindebesitz. Dem relativ hohen Holzeinschlag (durchschnittlich jährlich ca. 9 Mio. m³) stehen Aufforstungsmaßnahmen gegenüber, die im Mittel der Jahre 1981–85 9000 ha betrugen (v. a. Strandkiefer und Eukalyptus).

Die traditionelle *Seefischerei* ist nur wenig effektiv. 1987 landeten die 17 980 Fischereifahrzeuge mit 210 300 BRT) nur 361 000 t Seefische an, die zu 95% aus festlandnahen Gewässern stammten. Nachteilig wirkte sich auch das Ausbleiben der Sardinenschwärme aus. 1977 wurde die portugies. Fischereizone von 12 auf 200 Sm ausgeweitet.

2. Produzierendes Gewerbe

Die Erwerbstätigen im produzierenden Gewerbe (1986: 33,7%) trugen 37% zum BIP bei. Die Standorte der verarbeitenden Industrie sind küstennah auf die Gebiete um Porto-Braga und Lissabon-Setúbal konzentriert. Charakteristisch ist die kleinindustrielle Struktur mit einer Dominanz von Betrieben mit weniger als 20 Mitarbeitern. Arbeitsintensive Betriebe der Textil- und Bekleidungs-, der Leder- und Schuhherstellung herrschen vor. Die Schwerindustrie hat nur geringe Bedeutung. Zunehmendes Gewicht erhält die Chemische Industrie, deren Produktion 1984–88 um 104% zunahm. Auch die Bauwirtschaft ist geprägt durch kleine Betriebseinheiten; die durchschnittliche Betriebsgröße liegt bei 20 Beschäftigten. 12 000 Betriebe hatten (1987) weniger als 10 Mitarbeiter.

Der *Bergbau* hat nur untergeordnete Bedeutung (weniger als 2% der im produzierenden Gewerbe Beschäftigten). Die wichtigsten Bergbauerzeugnisse sind Wolframerze und Schwefelkies (Pyrit). Beachtliche Pyritlagerstätten finden sich im Alentejo (Aljustrel).

Die *Energiewirtschaft* ist durch hohe Abhängigkeit vom Erdöl charakterisiert. Dessen Anteil an der Energieerzeugung lag 1987 bei 70%. Wichtigster heimischer Energieträger ist die Wasserkraft mit 16% Anteil.

Dem *Fremdenverkehr* kommt eine wachsende wirtschaftliche Bedeutung zu. So stiegen die Deviseneinnahmen von (1977) 405 Mio. auf (1987) 2,15 Mrd. US-$, die Zahl der Auslandsgäste stieg von (1970) 3,34 auf (1987) 16,17 Mio. 1988 kamen 75,4% aller Touristen aus Spanien (v. a. Kurzbesucher), 7,1% aus Großbritannien, 3,5% aus der Bundesrepublik Deutschland. Mit der Zunahme des Tourismus ging der Ausbau des Beherbergungsgewerbes einher (1970: 100 000 Betten; 1987: 150 000, jeweils ohne Ferienkolonien). Der Tourismus weist drei Schwerpunkte auf: die Algarve, den Raum Lissabon (mehr als 2/3 aller Übernachtungen) und die Insel Madeira.

Seit den 80er Jahren steigt das BIP kontinuierlich; 1980–86 betrug die durchschnittliche jährliche Wachstumsrate 23,3%. Inflationsbereinigt ergaben sich 1980–88 durchschnittliche Zuwachsraten von 1,4%/E.

Seit Jahren ist der *Staatshaushalt* ausgeglichen, allerdings nur auf Kosten erhöhter Staatsverschuldungen. 1987 stieg die Neuverschuldung auf 623 Mrd. Esc., d. h. auf 97% der Kapitaleinnahmen. Die Sanierung der Staatsfinanzen soll auf der Basis der Steuerreform von 1989 (höhere Einnahmen aus direkten Steuern) sowie durch Reprivatisierung der meist defizitären Staatsbetriebe erreicht werden.

Der *Außenhandel* verdoppelte sich 1983–88 auf 25,6 Mrd. US-$. Allerdings ist die Handelsbilanz traditionell defizitär. Die Steigerung der Inlandsnachfrage, insbes. im Gefolge des EG-Beitritts, verstärkte den Importsog.

Die fast gleichbleibende hohe *Inflationsrate* (1988: 11%) gefährdet immer wieder konzertierte Aktionen zwischen Regierung und Gewerkschaften. Mitte der 80er Jahre waren daher die Reallöhne – trotz deutlich gestiegener Nominallöhne – empfindlich abgesunken. 1989 wurden darum die Mindestlöhne erheblich erhöht.

3. Verkehr

Die Verkehrssysteme weisen eine einseitige küstenorientierte Struktur auf. Die Wirtschaftsschwerpunkte um Porto und Lissabon binden den größten Teil der Verkehrsinfrastrukturen an sich, während das Landesinnere und die Verbindungen nach Spanien unvollständig erschlossen sind.

Das *Straßennetz* (ca. 34 000 km) ist nur zwischen Lissabon und Porto autobahnähnlich ausgebaut. Der Bestand an Personenkraftwagen hat sich 1970–87 von 509 000 auf über 2 Mio. erhöht. Diese sehr hohe Verkehrsbelastung erklärt u. a. auch die extrem hohe Zahl an Straßenverkehrsunfällen (1987: 84 198 Unfälle mit 2341 Toten).

Besonders problematisch ist die Situation der *Eisenbahn*. Von dem gesamten Streckennetz (ca. 3600 km) ist lediglich die Strecke von Lissabon nach Porto (350 km) durchgängig zweispurig und elektrifiziert.

Die *Binnenschiffahrt* hat nur geringe Bedeutung (Länge der benutzten Binnenwasserstraßen 1988: 124 km). Auch die *Küstenschiffahrt* ist wenig entwickelt. Dagegen hat die *Seeschiffahrt* bis heute große Bedeutung, auch für den Verkehr zwischen dem Festland und den portugies. Außenbesitzungen. Der Außenhandel wird überwiegend über See abgewickelt. P.s eigene Handelsflotte ist aber relativ klein, so daß der Seeverkehr v. a. durch ausländische Schiffe erfolgt. Haupthafen ist für den N Porto (Porto de Leixoes), für den S Lissabon.

Der *Luftverkehr,* der hauptsächlich über die drei Großflughäfen Lissabon, Faro und Porto abgewickelt wird, weist eine beachtliche Entwicklung auf: 1975–87 konnte Lissabon die Zahl der Fluggäste um 39%, Faro gar auf das Achtfache steigern. Porto nahm eine mittlere Position ein. Auf den Azoren stieg die Zahl der Fluggäste auf knapp das Doppelte, auf Madeira auf über das Doppelte.

VI. Kultur, Religion, Bildung

1. Kultur

Mehr als 160 Mio. Menschen sprechen Portugiesisch als Muttersprache, ca. 10 Mio. in P., 140 Mio. in ↗Brasilien. Allein deshalb muß Portugiesisch (Brasilianisch fälschlicherweise) als Weltsprache bezeichnet werden. Portugiesisch ist aus dem Lateinischen entstanden und hat sich im NW der Iberischen Halbinsel zwischen dem 6. und 9. Jh. herausgebildet. Unter den romanischen Sprachen ist es konservativ (Erhaltung des offenen e und o). Das ma. Portugiesisch *(Galicisch-Portugiesisch)* dehnte sich nach S ins Algarve parallel zur Reconquista aus. Im Zeitalter der Entdeckung (vgl. II) breitete sich das Portugiesisch nach Afrika, Asien und Amerika aus; es war auch Instrument der Mission. Die moderne Norm entstand seit dem 16. Jh. durch die Humanisten und klassischen Schriftsteller. Man unterscheidet kontinentales, insuläres und überseeisches Portugiesisch. Heute ist, trotz Sprachabkommen, die Eigenentwicklung des brasilian. Portugiesischs deutlich. Angola, Mosambik, Guinea, Kap Verde und Timor folgten der Norm P.s, während Portugiesisch in Goa unterging. Das Portugiesisch hat sich stets als anpassungsfähiges, wenn auch schwer erlernbares Kommunikationsmittel erwiesen.

Die portugies. Kultur ist untrennbarer Bestand der europäischen, was Eigenheiten nicht ausschließt. In der *Architektur* brachte der *Emanuelstil* im Übergang von der Spätgotik zur Renaissance eine Hochblüte der Kunst. Er zeichnet sich durch Überfülle der Bauornamentik aus, sowohl an kirchlichen Bauten (Hieronymitenkloster Lissabon, Klosteranlagen von Batalha und Tomar) als an Palästen. Ganz eigenständig ist die Kunst der Kachel *(Azulejo),* die im Barock zu höchster Vollendung gelangte und auch in Übersee zu finden ist. Ein Höhepunkt der *Malerei* wie mit *Nuno Gonçalves* (14. Jh.) wurde später nicht mehr erreicht. Die *Folklore*-Tradition ist lebendig; Musik, Tanz und Trachten bieten reiche Ausdrucksmöglichkeiten lokaler Eigenart einer aus religiösen Ursprüngen (Wallfahrt) entstandenen Volkskultur, die heute Interesse bei Touristen weckt. Charakteristisch ist *Fado-Musik,* während Musik sonst nicht zu den herausragenden Seiten der portugies. Kultur zählt. Die *Literatur,* ganz in der rhetorischen Tradition der romanischen Kultur stehend, hat einen hohen Rang seit dem Mittelalter: Lyrik (Liebes- und Spottlieder), Epik *(Luís de Camões),* religiöse Literatur *(António Vieira)* und im 20. Jh. *Fernando Pessoa.*

Das 20. Jh. bedeutete zunächst Stillstand, Mangel an Innovation, deren Grund z. T. die starke Einflußnahme eines undemokratischen Staates war. Der Salazarismus verhinderte die Entstehung eines kritischen Theaters und Films wie auch eines freien Journalismus. Die Mehrzahl der Schriftsteller *(Aquilino Ribeiro, Miguel Torga, José Régio, António Sérgio),* Intellektuellen und Künstler verharrte in Opposition zum Staat. Emigranten gingen nach Amerika und in europ. Länder.

Seit der Revolution von 1974 sucht P. auch kulturell den Anschluß an Europa. Durch seine Sprache nimmt es an der Weltgeltung der brasilian. Literatur teil. Die verfilmte Literatur *(Telenovela)* trägt hierzu bei und prägt die Sprachmoden der jungen Generation. Unter den lebenden Schriftstellern ragen hervor: *Almeida Faria, José Cardoso Pires, José Saramago, Lídia Jorge.* – Ein modernes Kommunikationswesen (Presse, Rundfunk, Fernsehen, Film) ist im Entstehen begriffen und entwickelt sich im europ. Verbund.

2. Religion

Der kath. Kirche gehören über 90% der Bevölkerung an. Indes praktizieren weit weniger den Glauben. Antiklerikalismus ist duldsamem Desinteresse gewichen. Die kirchliche Hierarchie besteht aus den 3 Kirchenprovinzen Braga, Évora, Lissabon (Patriarchat) mit 12 Bistümern. Die Azoren und Madeira gehören zur Kirchenprovinz Lissabon. Die kath. Kirche hat während der Salazarzeit wenig zur Lösung der sozialen Frage beigetragen. Den neuen Entwicklungen in der Theologie steht sie abwartend gegenüber.

3. Bildung

Das Bildungswesen folgt dem Stufenschema elementare, höhere und akademische Bildung. Es ist vorrangig staatlich-zentralistisch, erlaubt indes private Einrichtungen aller Art. Es besteht allgemeine Schulpflicht von 7–14 Jahren. Vordringliche Aufgabe der Elementarschulen (8 Schuljahre) ist die Alphabetisierung und Vermittlung der Kulturtechniken. Die Anzahl der Schulen ist seit 1950 erheblich vermehrt worden. Die Analphabetenrate (bezogen auf die Bevölkerung über 14 Jahren) ging stark zurück (1960: 38%, 1989: 16%). Im weiterführenden Bereich bestehen neben Gymnasien technische Schulen; es fehlt aber das Berufsschulwesen. Abend- und Weiterbildungskurse sind auf Städte beschränkt. Die Demokratisierung seit 1974 führte zunächst zu Qualitätsminderung. Hohes Ansehen genießen in Lissabon die ausländischen Schulen.

Die älteste Universität wurde 1288 in Lissabon gegründet (1377 nach Coimbra verlegt). Der neuen Universitätsgründung in Lissabon 1911 folgten weitere: TU Lissabon, Universität Porto. Eine starke Zunahme der Studentenzahl führte zur Gründung weiterer Universitäten (Minho, Algarve, Évora). In Lissabon entstanden die Universidade Nova sowie die kath. Universität Portugals. Zukunftaufgabe ist der Ausbau des quartären Bereichs.

P. verfügt über große Bibliotheken (Nationalbibliothek, Ajuda, Bibliothek der Akademie der Wissenschaften in Lissabon, Biblioteca Geral der Universität Coimbra) und Archive (Torre do Tombo, Coimbra, Porto, Braga). Große Verdienste um die Wissenschafts- und Kulturförderung hat die *Calouste Gulbenkian-Stiftung.*

LITERATUR

Zu I, IV, V:
H. **Lautensach,** Iberische Halbinsel. München 1964, ²1969. – H. **Strelocke,** P. Studienreiseführer mit Landeskunde. Stuttgart 1969. – B. **Freund,** P. Stuttgart 1979, ³1981. – P. **Weber,** P. Räumliche Dimension und Abhängigkeit. Darmstadt 1980. – Lber P. 1989. Stuttgart 1990.

Zu II:
E. G. **Jacob,** Grundzüge der Geschichte P.s und seiner Übersee-Provinzen. Darmstadt 1969. – V. **Magalhães-Godinho,** L'économie de l'empire portugais aux XVe et XVIe siècles. Paris 1969. – Y. **Bottineaux,** Le P. et sa vocation maritime. Histoire et civilisation d'une Nation. Paris 1977. – J. **Serrão,** Dicionário de História de P. 6 Bde. Porto 1979. – História de P. Hg. J. H. **Saraiva.** 6 Bde. Lissabon 1983 ff. – M. **Halperin Pereira,** Política y económia. P. en los

siglos XIX y XX. Barcelona 1984. – P.s Wirken in Übersee. Atlantik, Afrika, Asien. Beitr. zur Geschichte, Geographie und Landeskunde. Hg. R. **Ptak,** M. **Kuder.** Bammental 1985. – Spanien-Ploetz. Span. und portugies. Geschichte zum Nachschlagen. Bearb. K.-J. **Ruhl.** Freiburg i. Br. 1986. – J. **Medina,** Historia contemporânea de P. 5 Bde. Genf 1988.

Laufende Veröffentlichungen:
Portugies. Forschungen der Görres-Gesellschaft. Reihe 1: Aufsätze zur portugies. Kulturgeschichte. Münster 1960 ff., bisher 19 Bde. Reihe 2: Monographien. Münster 1961 ff., bisher 7 Bde. Reihe 3: Vieira-Texte und Vieira-Studien. Münster 1972 ff., bisher 7 Bde.

Zu III:
Gesamte Thematik in enzyklopädischer Erschließung: Polis. Enciclopédia Verbo da Sociedade e do Estado. Hg. Sociedade Científica da Universidade Católica Portuguesa. 5 Bde. Lissabon 1983/87. – *Staat und Verfassung:* J. J. **Gomes Canotilho,** Direito Constitucional. Coimbra 1977, ⁵1991. – J. **Miranda,** Manual de Direito Constitucional. 4 Bde. Coimbra 1981/88; Bd. 1 ⁴1990, Bd. 2 ²1988, Bd. 3 ²1988, Bd. 4 1988. – A. **Thomashausen,** Der Freiheitsbegriff, die Grundrechte und der Grundrechtsschutz in der neuen Portugies. Verfassung vom 2. April 1976, in: EuGRZ (1981) 1 ff. – **Ders.,** P., in: Grundrechte in Europa und USA. Hg. E. Grabitz. Bd. 1. Kehl 1986, 561 ff. – *Zivilrecht:* F. A. **Pires de Lima,** J. M. **Antunes Varela,** Código Civil anotado. 4 Bde. 1967/75; Bd. 1 ⁴1987, Bd. 2 ³1986, Bd. 3 ²1987. – *Strafrecht:* M. L. **Maia Gonçalves,** Código Penal Português. Coimbra 1983, ⁶1992. – **Ders.,** Código de Processo Penal. Coimbra 1987, ⁴1991. – P. **Hünerfeld,** Strafrechtsdogmatik in Deutschland und P. Ein rechtsvergleichender Beitrag zur Verbrechenslehre und ihrer Entwicklung in einem europäischen Zusammenhang. Baden-Baden 1981. – *Rechtsgeschichte:* M. J. **de Almeida Costa,** História do Direito Português. Coimbra 1989. Sämtliche angeführten Titel enthalten weiterführende Literaturhinweise.

Zu VI:
A. J. **Saraiva,** O. **Lópes,** História da literatura portuguesa. Porto 1950, ¹¹1979 (1. Aufl. ohne O. Lópes). – S. da **Silva Neto,** História da língua portuguesa. Rio de Janeiro 1952, ³1973. – Dicionário de literatura: literatura portuguesa, literatura brasileira, literatura galega, estilistica literária. Hg. J. do **Prado Coelho.** 5 Bde. Porto ³1978 (1. Aufl. 1960 in 2 Bdn. u. d. T.: Dicionário das literaturas portuguesa, galega e brasileira). – J. **Augusto França,** A arte e a sociedade portuguesa no século XX. Lissabon 1972. – L. **Siegesmund,** P. in Europa und Übersee. Nürnberg 1973. – A. am **Zehnhoff,** P. Kultur und Landschaft. Ein Begleiter zu den Kunststätten von Porto bis zur Algarve-Küste. Köln 1974, ³1979. – Dicionário de história de P. Hg. J. **Serrão.** 6 Bde. Lissabon 1975/78. – H. **Strelocke,** P. Köln 1982. – C. **Cunha,** L. F. **Lindley Cintra,** Nova gramática do português contemporáneo. Lissabon 1984, ⁴1987. – História da arte em P. Hg. P. **Dias.** 13 Bde. Lissabon 1986/88. – H. **Siepmann,** Portugies. Literatur des 19. und 20. Jh. Darmstadt 1987.

Periodicum:
Anuário estatístico de P. Lissabon.

Peter Weber (I, IV, V), *Renate Pieper* (II),
Peter Hünerfeld (III), *Rolf Nagel* (VI)

RUMÄNIEN

Amtlicher Name	Republica România (Republik Rumänien)
Staatsform	Parlamentarische Republik
Hauptstadt	Bukarest (2,2 Mio E.)
Fläche	237 500 km²
Bevölkerung	23,2 Mio. E. (1990; VZ 1977: 21 559 416). – 98 E./km²
Sprache	Rumänisch (Amtssprache), Sprachen der Minderheiten
Religion	Rumän.-orth. Kirche 70%; Katholiken 10%; Protestanten 3%
Währung	1 Leu (l) = 100 Bani

I. Naturräumliche Voraussetzungen

R. grenzt im N und NO an die ehem. ↗Sowjetunion, im W an ↗Ungarn und ↗Jugoslawien, im S (größtenteils entlang der Donau) an ↗Bulgarien. Im SO hat es Anteil an der Schwarzmeerküste (244 km). *Karpatenbogen* und *Transsilvanisches Becken* sowie die Ebenen und Hügel des *rumän. Tieflandes* sind die markanten Leitlinien des Reliefs. In den *Süd- und Südostkarpaten* überschreiten – glazial überformt – mehrere Gipfel 2500 m *(Moldoveanu,* 2544 m), während die *Ostkarpaten* sowie das *Apusenigebirge* meist den Charakter hoher Mittelgebirge haben. Kontrastreich heben sich die weiten Ebenen im S und W ab, die von wenig eingetieften Zuflüssen zur *Donau* im S und zur *Theiß* im W gegliedert werden. Lößbedeckte Ebenen und Hügelländer bieten eine hervorragende Basis für agrarische Nutzung.

Um das *Transsilvanische (Siebenbürgische) Becken* (300–600 m) legen sich fast ringförmig die Gebirgsketten der *Ost- und Südkarpaten,* im W das *Apusenigebirge* mit dem *Bihormassiv* und den *Banater Bergen.* Für die Besiedlung sind die Beckenlagen von besonderer Bedeutung. Außerhalb des Karpatenbogens hat R. beträchtlichen Anteil am Hügelland der *Moldau,* der Donautiefebene *(Walachei)* und der *Pannonischen Ebene.* In das von zahlreichen Altwasserarmen durchzogene Donaudelta teilt sich R. mit der Ukraine. Die trockenen Plateaus der Dobrudscha gehören zum kontinentalsten Bereich R.s (Steppe). Der maritime Einfluß des Schwarzen Meeres reicht nur wenig ins Landesinnere.

Vulkanische Ablagerungen und Mineralquellen erinnern an die junge Vergangenheit der Faltengebirge, tektonische Bewegungen führen immer wieder zu Erdbeben. Die geologische Mannigfaltigkeit ist die Basis für zahlreiche, wirtschaftlich in begrenztem Maße verwertbare Lagerstätten (z. B. Erdöl im südl. und östl. Karpatenvorland).

R. ist dem Bereich eines feuchteren, von NW nach SO zunehmend kontinentaler werdenden *Klimas* mit heißem Sommer und kaltem Winter zuzurechnen. Die Hitze von über 50 Tropentagen pro Jahr (Maximum über 30°C) in der rumän. Tiefebene wird im Gebirgsbereich beträchtlich abgemildert. Für die Walachische Ebene typische Klimawerte weist Bukarest auf (Jan.: 2,7°, Juli: 23,2°); demgegenüber betragen die Werte für Cluj (Klausenburg) im Siebenbürger Becken –3,9° und 19,9°C. Hochdruckwetterlagen sind im Winter für anhaltende Kälteperioden und umweltbelastende Inversionslagen ursächlich. Die Niederschlagsverteilung steht in enger Abhängigkeit von Relief und zunehmender Kontinentalität (Dobrudscha unter 400 mm, Walachei 400–600 mm, Transsilvanien 600–700 mm, Karpaten über 1300 mm p. a.). In den südl. Ebenen ist die Wasserführung der Flüsse sehr unausgeglichen. Eine Ausnahme macht infolge ihres alpinen Einzugsgebietes die *Donau.* Zahlreiche Staudämme (Donaukraftwerk Eisernes Tor) und Kanalbauten dienen der Energiegewinnung und Verbesserung der hydrographischen Situation. Seit 1984 verbindet der *Donau-Schwarzmeer-Kanal* den Seehafen Constanța auf kürzestem Wege mit der Donau.

In Abhängigkeit von Höhe und Klima zeigt die *Vegetation* im Gebirge einen deutlichen Stockwerksaufbau (Waldgrenze bei 1400–1800 m). Infolge anthropogener Einwirkungen sind die Hügelländer waldarm, die Steppenbereiche im S und O zur reinen Agrarlandschaft umgeformt.

II. Historische und politische Entwicklung

Der moderne rumän. Staat ist nach der gemeinsamen Fürstenwahl von 1859 aus der Vereinigung der Donaufürstentümer *Moldau* und *Walachei* unter *Alex-*

andru Cuza 1861 geschaffen worden. Unter dem 1866 berufenen Herrscher *Karl (Carol) I.* von Hohenzollern-Sigmaringen (bis 1914) erreichte R. auf dem *Berliner Kongreß* 1878 die volle Unabhängigkeit von der osmanischen Herrschaft. Das Kgr. R. (seit 1881) zählte 1918 dank der geschickten Diplomatie *Ion I. C. Brătianus* zu den größten Kriegsgewinnern auf dem Balkan. Die in den *Pariser Vorortverträgen* (1919) festgeschriebenen Grenzregelungen schufen einen großrumän. Vielvölkerstaat. Die hinzugewonnenen Randgebiete (Siebenbürgen, Ost-Banat, Bukowina, Bessarabien, Dobrudscha) wurden allerdings wegen ihrer heterogenen ethnischen Struktur zu einer nur schwer integrierbaren Krisenzone. Gegen Revisionsforderungen der Anrainer suchte R. Rückhalt in der von Frankreich protegierten *Kleinen Entente* (R., Tschechoslowakei, Jugoslawien, 1921).

Im Parteiengefüge der 20er Jahre dominierten zunächst die Nationalliberalen der Brüder *Ion d. J.* (Ionel) und *Vintilă Brătianu*. Nach der Wahlniederlage von 1928 mußten sie der Nationalen Bauernpartei *Iuliu Maniuş* das Feld überlassen. Die Auswirkungen der Weltwirtschaftskrise und der Dauerkonflikt mit dem Königshaus verhalfen radikalen Gruppierungen vorübergehend zu Einfluß und Macht. Den drohenden Grenzrevisionen hatte Kg. *Carol II.* (seit 1930), der nach dem Staatsstreich vom 10.2.1938 ein autoritäres Regime (Königsdiktatur) führte, vergeblich durch eine Annäherung an das nat.-soz. Deutschland zu begegnen versucht. Nachdem im *II. Wiener Schiedsspruch* (30.8.1940) Nordsiebenbürgen an Ungarn abgetreten werden mußte, berief der bedrängte König General *Ion Antonescu* zum „Staatsführer", der ihn am 6.9.1940 zur Abdankung zugunsten seines Sohnes *Michael* zwang. Im *Vertrag von Craiova* (7.9.1940) mit Bulgarien verzichtete R. auf die Süddobrudscha.

Das Experiment eines „Nationallegionären Staates", der die autoritäre, antisemitische und nationalistische Legionärsbewegung in die Regierungsverantwortung einbinden sollte, war nur von kurzer Dauer. Der neue Machthaber entledigte sich nach dem gescheiterten Putschversuch der „Eisernen Garde" (21.–23.1.1941) des gefährlichen Partners und bewährte sich während der Kriegsjahre als Vasall Deutschlands. Für die Beteiligung am Rußland-Feldzug Hitlers wurde Antonescu mit dem Gebiet zwischen Dnjestr und südl. Bug (Transnistrien) belohnt. Am 23.8.1944 ließ ihn angesichts der hoffnungslosen militärischen Lage Kg. *Michael* überraschend inhaftieren und an die UdSSR ausliefern. R. wechselte die Fronten (Kriegserklärung an Deutschland) und schloß in Moskau einen Waffenstillstand (12.9.1944).

Auf die Nachkriegsentwicklung konnten weder der König, der 1947 zur Abdankung gezwungen wurde und ins Exil ging, noch die traditionellen bürgerlichen Parteien nennenswerten Einfluß ausüben. Durch die Anwesenheit der sowjet. Besatzungsmacht war der Weg zur Volksrepublik (ausgerufen am 30.12.1947) vorgezeichnet. Über die in der „Nationaldemokratischen Front" zusammengeschlossene Koalitionsregierung der Linksparteien, die sich mit einer radikalen Bodenreform (23.3.1945) einführte und im *Pariser Friedensvertrag* vom 10.2.1947 Nordsiebenbürgen behaupten konnte, sicherten sich die Kommunisten ein wachsendes Mitspracherecht. Im innerparteilichen Machtkampf behielten schließlich die „einheimischen" Führungskader unter *Gheorghe Gheorghiu-Dej* über die Moskauer Emigrantengruppe um *Ana Pauker* und *Vasile Luca* die Oberhand.

1965 begann mit der Berufung zum Generalsekretär der Partei der Aufstieg *Nicolae Ceauşescus*. Während er in den Außen- und Wirtschaftsbeziehungen auf Eigenständigkeit und Unabhängigkeit von sowjet. Bevormundung bedacht war und sich als selbstbewußte nationalrumän. Führerpersönlichkeit profilierte, überzog er das Land mit dem von der „Securitate" kontrollierten stalinistischen Terrorregime eines immer skrupelloseren Familienclans. Schon in der Verfassung vom 21.8.1965 hatte sich R. „Sozialistische Republik" genannt. Ceauşescu mußte seine allen durchgreifenden Reformmaßnahmen abgeneigte Prinzipientreue mit einer schweren Wirtschafts- und Finanzkrise in den 80er Jahren erkaufen. Von der Demokratisierungswelle in den osteurop. Staaten wurde R. erst verspätet, aber mit umso heftigeren Eruptionen erfaßt. Am 22.12.1989 wurde Ceauşescu nach blutigen Unruhen und Massendemonstrationen gestürzt und zusammen mit seiner Frau *Elena* von einem Militärtribunal zum Tode verurteilt und hingerichtet. Die Regierungsverantwortung übernahm eine „Front zur Nationalen Rettung" (FSN), deren demokratische Legitimierung noch aussteht und deren Verbindungen zum alten Regime manche Zweifel wecken. Bei den Parlaments- und Präsidentschaftswahlen am 20.5.1990 erreichte sie unter *Ion Iliescu* die absolute Mehrheit der Stimmen. Im Nov. 1990 schlossen sich einige der größten Oppositionsbewegungen zur „Bürgerallianz" zusammen. Nach Bergarbeiterdemonstrationen für bessere Lebensbedingungen im Okt. 1991 wurde *Teodor Stolojan* von Iliescu an Stelle von *Petre Roman* zum Ministerpräsidenten einer „Regierung der nationalen Einheit" berufen.

III. Verfassung, Verwaltung, Recht

1. Grundlagen

Die mit der Staatsgründung 1861 (vgl. II) einsetzende moderne *Verfassungsentwicklung* durchlief verschiedene Stadien: konstitutionelle Monarchie, (dualistisches) parlamentarisches System in den 20er Jahren, nach 1930 autoritäre Regime, nach dem II. Weltkrieg Etablierung des kommunistischen Weltanschauungsstaates bis hin zur Einparteienherrschaft, seit den 70er Jahren das autokratische und despotische Regime *Nicolae Ceauşescus*, seit dem Umsturz Dez. 1989 die populistisch-autoritäre Herrschaft *Ion Iliescus*.

Die *Rechtsentwicklung* stand zunächst unter dem dominierenden Einfluß romanischer sowie mitteleurop. Vorbilder. Die infolge des Gebietszuwachses nach 1918 eingetretene Rechtszersplitterung konnte teilweise noch vor der kommunistischen Machtergreifung durch Kodifikationen überwunden werden.

2. Verfassungsordnung

R. ist ein Einheitsstaat. Das *Regierungssystem* befindet sich seit dem Sturz Ceauşescus in einem unsicheren Übergangsstadium. Die Verfassung von 1965 wurde am 8.12.1991 durch eine neue Verfassung abgelöst. Die gegenwärtige Verfassungswirklichkeit weist einerseits, trotz der förmlichen Abschaffung der kommunistischen Selbstdarstellung des Staates, eine gewisse Kontinuität mit bisherigen Herrschaftspraktiken auf, andererseits aber starke freiheitliche Elemente, nämlich die Anerkennung eines gesellschaftlichen und politischen Pluralismus in Form eines Mehrparteiensystems unter Einschluß einer parlamentarischen Opposition und Gewaltenteilung.

Die *Gesetzgebung* obliegt dem *Parlament,* das aus zwei Kammern, der *Abgeordnetenkammer* und dem *Senat* besteht und nach Verhältniswahlrecht gewählt wird. Die Vertretung der nationalen Minderheiten ist sichergestellt. Unter den zahlreichen Parteien (ParteienG vom 31.12.1989) nimmt die an die Stelle der KP getretene „Front zur nationalen Rettung" die beherrschende Stellung ein. Das Vermögen der KP wurde verstaatlicht.

Der Staatspräsident beauftragt ein Mitglied der stärksten Fraktion mit der *Regierungsbildung.* Die Regierung bedarf der Bestätigung durch beide Kammern und ist dem Parlament verantwortlich (Mißtrauensvotum). Sie hat eine begrenzte selbständige Rechtsetzungskompetenz im Wirtschafts- und Sozialbereich. *Staatsoberhaupt* ist der vom Volk direkt gewählte *Staatspräsident,* der nach frz. Vorbild mit starken staatsleitenden Befugnissen ausgestattet ist. Er darf keiner Partei angehören. Spätestens 1 Jahr nach Inkrafttreten der Verfassung muß eine neue Präsidentenwahl stattfinden (1992). Die die alten Siedlungsstrukturen bedrohende Gebietsreform (April 1989) wurde aufgehoben und die *Territorialeinteilung* von 1968 (Kreise, Städte, Gemeinden) im wesentlichen wiederhergestellt. Bestrebungen, zur kommunalen Selbstverwaltung zurückzukehren, steht die Neuerrichtung eines zentralen (Regierungs-)Amtes für die einheitliche Leitung der örtlichen Verwaltung entgegen.

Die *Menschenrechte,* bisher massiv verletzt, sind zunächst durch Dekrete zur Vereinigungs-, Versammlungs-, Demonstrations- und Ausreisefreiheit usw. und nun durch einen liberalen Grundrechtsabschnitt, allerdings unter Aufrechterhaltung manipulierbarer Vorbehalte, effektuiert worden.

Die *Religionsgemeinschaften,* bislang aufs Äußerste beschränkt (vgl. VI), können sich unter Einschluß der früher verbotenen kath. Unierten Kirche wieder frei entfalten. Das (staatliche) Kultdepartement wurde aufgelöst. Nach wie vor ist allerdings das Statut der orth. Kirche R.s Gegenstand gesetzlicher Regelungen (Diözesangliederung; 22.2.1990).

Eingeführt wurde ein *Verfassungsgericht,* das eine (präventive) Normenkontrolle gegen Gesetzesbeschlüsse und eine (konkrete) Normenkontrolle auf Verfassungsbeschwerden von Bürgern innerhalb eines Verfahrens auf Vorlage des Gerichts wahrnimmt.

3. Zivil- und Wirtschaftsrecht

Das Zivil- und Wirtschaftsrecht befindet sich in einem Umstellungsprozeß auf die Bedürfnisse einer vorwiegend von Privatinitiative gesteuerten Marktwirtschaft. Das dem „Code civil" nachgebildete Zivilgesetzbuch von 1864 war nach 1945 im kommunistischen Sinne insbes. durch Einschränkungen des Eigentums, Vertrags- und Gesellschaftsfreiheit umgestaltet worden. Das Ehe- und Familienrecht wurde 1953 durch ein besonderes, mehrfach novelliertes Gesetzbuch geregelt. Ferner hat der Übergang zur Wohnraumbewirtschaftung zu Sonderbestimmungen im Mietrecht geführt.

Die durch die zentrale Planwirtschaft geförderte Verselbständigung des Wirtschaftsrechts gegenüber dem Zivilrecht hat seinen stärksten Niederschlag in einem WirtschaftsvertragsG (1988) gefunden, das die Rechtsbeziehungen zwischen Produktions- bzw. Dienstleistungsbetrieben abschließend regelte. Nach dem Umsturz von 1989 wurde zunächst vorsichtig Privatinitiative in Form individueller Gewerbebetriebe, Kleinunternehmen, Familienbetriebe, Wirtschaftsvereine und Genossenschaften gestärkt. Inzwischen wurde das WirtschaftsvertragsG weitgehend aufgehoben, anstelle des HGB von 1887 ein neues Gesellschaftsrecht eingeführt (1991), gleichzeitig das Recht ausländischer Investitionen liberalisiert und durch ein UmwandlungsG und weitere Rechtsakte in mehreren Wellen die Privatisierung der Staatsbetriebe in Gang gesetzt. Vorschriften gegen Wettbewerbsbeschränkungen traten hinzu (1990). Der praktische Erfolg der Bestimmungen ist begrenzt.

4. Strafrecht

Das geltende StGB von 1968, das an die Stelle des StGB von 1938 getreten ist, stand völlig im Dienst der sozialistischen Staats- und Gesellschaftsordnung. Dementsprechend waren Staatssicherheit, öffentliche Ordnung und sozialistisches Eigentum Rechtsgüter vorrangigen Schutzes. Das StGB unterscheidet nicht zwischen Verbrechen und Vergehen, sondern geht von der einheitlichen Straftat aus. Es normiert Täterstrafrecht auf der Basis des Schuldprinzips. Eine Reform bzw. Liberalisierung des Strafrechts ist bisher nur punktuell erfolgt. Zwar wurde nach dem Umsturz die Todesstrafe vorläufig, d. h. bis zur Entscheidung durch eine Volksabstimmung, abgeschafft, aber zum Schutze öffentlicher Institutionen (Staatsorgane, Parteien usw.) wurden neue Strafbestimmungen eingeführt und die Strafrahmen bei allen Vermögensdelikten drastisch erweitert. Durch Einfügung neuer Tatbestände wurde der Schutz der Privatsphäre verbessert.

IV. Bevölkerungs- und Sozialstruktur

Die Bevölkerung ist in den letzten Jahrzehnten ständig gewachsen (1966–80 um 16%; 1980–89 jährlich um ca. 0,4%). 1989 lebten in R. über 45% Einwohner mehr als am Ende der II. Weltkrieges. 1989 lag die (sinkende) *Geburtenziffer* bei 16 ‰, die *Sterbeziffer* bei 10,7 ‰. Die *Säuglingssterblichkeit* sank 1975–89 von 34,7 auf 26,9 ‰, die durchschnittliche *Lebenserwartung* stieg auf 72 Jahre. Bezüglich der *Altersstruktur* hat der Überalterungsprozeß noch nicht die Dimension westeurop. Länder erreicht; 1990 betrug der Anteil der unter 15jährigen 23,3%, der über 60jährigen 15,6%.

90% der Bevölkerung sind Rumänen. Die Zahl der Ungarn wird auf knapp 2 Mio., die der dt. Minderheitengruppe (Siebenbürger Sachsen, Banater Schwaben) um die Mitte der 80er Jahre auf 270 000 geschätzt (bei anhaltender Verringerung durch Rückwanderung; Anfang 1992 nur noch 119 000). Weitere Minderheiten sind Zigeuner (rd. 230 000) sowie kleinere Nationalitäten wie Ukrainer, Serben, Bulgaren u. a.

Die *Bevölkerungsdichte* weist große räumliche Disparitäten auf. In manchen Kreisen in den Karpaten erreicht sie nicht einmal 60 E./km², während für stärker verstädterte Gebiete Dichten über 100 E./km² charakteristisch sind. Trotz zeitweiliger Zuzugsrestriktionen wuchs die Bevölkerungszahl in der Region Bukarest stark an. Das Verhältnis Stadt- zur Landbevölkerung (1948 noch 23:77) verschiebt sich infolge der forcierten Industrialisierung ständig zugunsten der Städte (1989: 53,2% der Bevölkerung). Im Vergleich zu den übrigen Ländern Südosteuropas ist der Anteil der Landbevölkerung jedoch immer noch sehr hoch. Zu dieser Entwicklung hat auch die (nach dem Sturz des Ceaușescu-Regimes gestoppte) staatliche Siedlungspolitik beigetragen, die unter dem Begriff „Systematisierung" eine radikale Veränderung von mehr als der Hälfte der 13 150 Dörfer zugunsten von industrialisierten Agrozentren erstrebte. Urbanisierung und dezentrale Konzentration als Grundprinzip der Territorialplanung sowie die Kollektivierung der Landwirtschaft waren Voraussetzungen für diese Entwicklung. Die Hst. Bukarest, das politische, wirtschaftliche und kulturelle Zentrum des Landes, überragt alle anderen Städte um ein Vielfaches an Einwohnerzahl und ist auch der größte Industriestandort.

Die *Beschäftigungsstruktur* hat sich stark verändert. 1955–87 sank die Quote des primären Sektors von 70 auf 27%, während die des sekundären Sektors von 17 auf 48 und des tertiären Sektors von 13 auf 25% wuchs. Bereits 1978 überstieg die Zahl der Beschäftigten in der Industrie diejenige in der Landwirtschaft.

Die mit dem politischen Wandel seit Ende 1989 einhergehenden sozio-ökonomischen Veränderungen haben bisher nicht zu einer Verbesserung der Lebensverhältnisse geführt. Dementsprechend ist der materielle Lebensstandard der Bevölkerung auf einem niedrigen Niveau. Das Pro-Kopf-Einkommen beträgt nur 35% des EG-Durchschnittes. Das einst reiche Agrarland wurde durch eine verfehlte Wirtschaftspolitik zum armen Industriestaat.

V. Wirtschaft

1. Natürliche Ausstattung

R. verfügt über eine Reihe von natürlichen Rohstoffen, darunter über Vorkommen an Eisen-, Chrom- und Manganerzen, Bauxit, Kupfer, Blei, Quecksilber, Antimon, Zinn, Wismut und Molybdän. Auch Gold- und Silbervorkommen sowie Salzlagerstätten sind vorhanden. Die Vorkommen sind allerdings überwiegend nicht groß und vielfach wirtschaftlich nicht nutzbar. Von besonderer Bedeutung für den Industrialisierungsprozeß ist das Vorhandensein von Energieträgern wie Erdöl, Erdgas und Kohle. Die Erdölerzeugung (1991: 6,8 Mio. t) ist jedoch seit Jahren rückläufig und deckt nicht den Eigenbedarf. Die Erdgasförderung konnte dagegen laufend gesteigert werden (1991: 24,4 Mrd. m³). Die Kohleförderung lag 1991 bei 32,4 Mio. t, davon waren über 70% Lignite. Auch hier sind die Vorkommen beschränkt. Über 80% der Elektrizität wird durch Wärmekraftwerke erzeugt.

Zur natürlichen Ausstattung gehören auch die Strände am Schwarzen Meer, die ein wichtiges Fremdenverkehrspotential darstellen. Der in den 70er Jahren bedeutende internationale Tourismus ist jedoch wegen gravierender Qualitätsmängel und Versorgungsschwierigkeiten seit Jahren rückläufig.

2. Wirtschaftssystem

Nach dem II. Weltkrieg wurde eine sozialistische Planwirtschaft installiert und in der Verfassung verankert. Sie war gekennzeichnet durch die Beseitigung des privaten Eigentums an den Produktionsmitteln und eine zentrale staatliche Planung mit zentraler Preissetzung und staatlichem Außenhandelsmonopol sowie weitgehender Kollektivierung der Landwirtschaft. Es kam zu Fehlallokationen bei Kapital- und Ressourceneinsatz mit verheerenden Folgen für die Wirtschaft. Seit Juli 1967 wurden mehrmals Schritte in Richtung auf eine Reform des Wirtschaftsverwaltungssystems unternommen. Sie brachten allerdings keine anhaltende Verbesserung der Lage. Angekündigte Dezentralisierungsmaßnahmen wurden nicht verwirklicht.

Nach der Revolution im Dez. 1989 wurde der Übergang zur Marktwirtschaft verkündet. Privates Eigentum an Produktionsmitteln ist wieder möglich. Privatunternehmen dürfen bis zu 20 Personen beschäftigen. Im Juli 1991 beschloß das Parlament die Privatisierung der Staatsbetriebe in Industrie, Handel und im Dienstleistungssektor über einen Treuhandfonds. Im Agrarsektor ist bislang nur eine Teilprivatisierung der LPGs vorgesehen, nicht die der Staatsgüter. Ausländische Investitionen sind möglich. Die imperative Planung wird durch eine indikative ersetzt, den Unternehmen Autonomie gewährt. Wegen des Mangels an privatem Kapital werden für die Entstaatlichung zwei bis drei Jahrzehnte angesetzt. Die Preisbildung wird für einige Güterkategorien zunächst reglementiert bleiben. Die Preise für Grundnahrungsmittel wurden aber inzwischen drastisch erhöht. Das staatliche Außenhandelsmonopol ist beseitigt. Im Nov. 1991 wurde der Wechselkurs des Leu freigegeben.

In der *Landwirtschaft* wurde die Diskriminierung der verbliebenen Privatbetriebe aufgehoben, neue sollen gegründet werden. Allerdings dürfen keine fremden Arbeitskräfte beschäftigt werden. 25% der landwirtschaftlichen Nutzfläche sollen künftig von privaten Bauern bewirtschaftet werden. Alle Betriebe, auch die verbliebenen LPGs, erhalten Autonomie. Der Staat strebt jedoch (ebenso wie bei den Staatsgütern) ihre Umwandlung in Aktiengesellschaften an. Einziger Aktionär ist zunächst der Staat; später sollen 30% der Aktien über Genußscheine an die Bevölkerung verteilt und 70% zum Handel freigegeben werden. Das Produktionsspektrum der Landwirtschaft ist vielseitig und umfaßt Getreide, Hackfrüchte, Obst, Gemüse, Wein und umfangreiche Viehzucht. Die Erträge der sozialisierten Landwirtschaft stagnierten jedoch seit Jahren, so daß bei umfangreichen Exporten die Versorgung der Bevölkerung nicht gewährleistet war. Die Landwirtschaft trug 1989 noch rd. 16% zum BSP bei, verglichen mit 60% für das produzierende Gewerbe. – Der Dienstleistungssektor ist unterentwickelt.

3. Wirtschaftspolitik

Die Wirtschaftspolitik war in der Vergangenheit weitgehend am sowjet. Vorbild orientiert. Der Schwerindustrie wurde Vorrang vor der Konsumgüterindustrie eingeräumt, die Landwirtschaft bei der Vergabe von Investitionsmitteln vernachlässigt. Die Folgen waren schwere Disproportionen in der wirtschaftlichen Entwicklung mit Versorgungsengpässen. Die auf Outputmaximierung angelegte extensive Industrialisierungsstrategie führte zu einer Überalterung der Produktionskapazitäten und zu niedriger Arbeitsproduktivität. Rumän. Produkte waren international nicht wettbewerbsfähig. Der Staat deckte die gestiegenen Ausgaben großenteils durch Geldschöpfung, was zunächst zu einer gestauten, nach der Preisfreigabe zur offenen Inflation führte. Verkehrs- und Energiewirtschaft, das Fernmeldewesen sowie Wohnungs- und Gesundheitswesen sind völlig überaltert und nicht mehr in der Lage, dem Bedarf der Wirtschaft und der Bevölkerung zu genügen.

4. Außenwirtschaft

Außenwirtschaftlich hatte sich R. zunächst an die UdSSR und die RGW-Staaten gebunden. Infolge von Ceauşescus Emanzipationsbestrebungen sank der Handelsanteil dieser Länder auf unter 33,8% (1980), stieg aber in den 80er Jahren erneut auf 60% an, da rumän. Erzeugnisse im W kaum noch absetzbar waren. Wichtigster Handelspartner war die UdSSR mit einem Handelsanteil von (1988) 33% (1980 erst 17%). R. hatte sich im Westen mit 6,7 Mrd. US-$ verschuldet (Ende 1987), ohne dadurch seine Wirtschaftslage zu verbessern. Mit Importbeschränkungen und Räumung des Binnenmarktes, die das Land noch mehr in den Ruin trieben, gelang es, die Schulden bis 1989 zu tilgen. – R. trat als erstes RGW-Land 1980 mit der EG in Verbindung (Kooperationsvertrag). 1988 nahm es diplomatische Beziehungen zur EG auf.

5. Verkehr

Hauptverkehrsträger ist die *Eisenbahn* (Streckennetz 1989: ca. 11 300 km, davon ca. 3600 elektrifiziert) mit ca. 40% Anteil des Gütertransports und ca. 55% der Personenbeförderung an der Gesamttransportleistung. Daran ist der *Straßenverkehr* (Straßennetz 1989: ca. 73 000 km, davon ca. 14 700 km Autobahnen und Nationalstraßen) mit ca. 3% beteiligt. Für die *Binnenschiffahrt* ist die Donau mit dem 1984 eröffneten, ca. 64 km langen Donau-Schwarzmeer-Kanal (der den Weg zum Schwarzen Meer um 400 km verkürzte) wichtigster Wasserweg. Die Binnenschiffahrt hat aber nur gut 1% Anteil an der Gesamttransportleistung. Wichtigste Binnenhäfen sind Brăila, Giurgiu und Galaţi. Für die *Seeschiffahrt* ist Constanţa der bedeutendste Hafen (für Schiffe bis 150 000 BRT). Die in den letzten Jahrzehnten stark vergrößerte Handelsflotte umfaßt (1990) ca. 4 Mio. BRT (1970: 0,34 Mio.). Für den *Luftverkehr* sind Bukarest-Otopeni und Constanţa-Kogalniceanu die wichtigsten internationalen Flughäfen.

VI. Kultur, Religion, Bildung

R. ist – immer noch – ein Land am Schnittpunkt zweier Weltkulturen, an der Trennlinie von Orient und Okzident, Rom und Byzanz. Das Rumänen, Serben, Bulgaren, Albanern und Griechen gemeinsame thrakische Erbe fand seinen Niederschlag in alten Formen des Brauchtums und der Volkskunst. Von der römischen Eroberung und Kolonisierung des Raumes zwischen den Karpaten und dem Schwarzen Meer zeugt die eindeutig romanische Sprache, deren Wortschatz den Einfluß Roms auf die Entwicklung von Ackerbau und Handwerk, Recht und Gesellschaft erkennen läßt. Zu den prägenden Elementen der politischen Kultur gehören auch das byzantinische Herrschaftsmodell und die traditionell staatsnahe orth. Kirche.

Von den großen geistigen Umbrüchen der westeurop. Geistesgeschichte – Renaissance, Reformation und Aufklärung – blieben die Rumänen der Fürstentümer Walachei und Moldau weitgehend isoliert. Die von den Habsburgern im 18. Jh. mit Erfolg betriebene Politik, einen Teil der rumän. Bevölkerung Siebenbürgens zum Übertritt zum Katholizismus zu bewegen, zeitigte jedoch eine überraschende Wirkung: Die geistlichen und geistigen Führer der so entstandenen rumän. Unierten Kirche leiteten einen Prozeß der nationalen Wiedererweckung sowie der Rückbesinnung auf die lat. Wurzeln der rumän. Sprache und Zivilisation ein. Beginnend mit dem 19. Jh. verstärkte sich der Einfluß Frankreichs, Österreichs und Deutschlands auf die geistige und politische Elite der 1859 „Vereinigten Rumänischen Fürstentümer" sowie des späteren Königreichs.

Die nach Ausrufung der Volksrepublik am 31.12.1947 erfolgte zwangsweise kommunistische Umgestaltung des Landes hinterließ in Kunst und Kultur, im Erziehungswesen und im religiösen Leben tiefe Spuren. Kunst und Kultur wurden durch die alleinregierende KP und unter dem Druck sowjetischer Berater zu reinen Propaganda- und Indoktrinierungsinstrumenten umfunktioniert und ihrer nationalen Inhalte beraubt. Ein großer Teil der bedeutendsten Vertreter der künstlerischen und geistigen Elite wurde verhaftet, deportiert oder ermordet, die Überlebenden wurden jahre-, gar jahrzehntelang mit Berufsverboten belegt.

Von demselben klassenkämpferischen und antinationalen Geist war auch die grundlegende Umgestaltung des Unterrichtswesens bestimmt. Zwar konnte der Analphabetismus in wenigen Jahren abgebaut werden, doch behinderte eine dogmatische marxistisch-leninistische Ideologie nicht nur die Wissensvermittlung im Bereich der geistes- und gesellschaftswiss. Fachrichtungen, sondern auch die freie Entfaltung der naturwiss. Lehre und Forschung.

Die prinzipielle Gegnerschaft der neuen kommunistischen Machthaber zur Religion bekamen die 14 im Nachkriegsrumänien zugelassenen Konfessionen in unterschiedlicher Weise zu spüren. Während sich die Spitzen der orth. Staatskirche zum Werkzeug der politischen Führung machen ließen und somit der privilegierte Stellung der Orthodoxie sichern halfen, wurde die kath. Unierte Kirche Ende 1948 aufgelöst bzw. der orth. Kirche angegliedert. Die röm.-kath. Kirche wurde jahrzehntelang nur geduldet und in ihrer Tätigkeit stark behindert. Ca. 70% der Bevölkerung werden der rumän.-orth. Kirche, ca. 10% der kath. Kirche (in je 1 Erzb. für die Katholiken des lat. und des rumän. Ritus mit jeweils 4 Bist.), ca. 3% den prot. Kirchen zugerechnet.

Eine Wende zu einer liberaleren und betont nationalen Kultur- und Bildungspolitik erfolgte zu Beginn der 60er Jahre. *Nicolae Ceauşescu* führte die von *Gheorghe Gheorghiu-Dej* übernommene Politik anfangs fort, bis er im Zuge der von ihm 1971 eingeleiteten sog. „Kleinen Kulturrevolution" Kunst und Kultur erneut auf ihre Propagandafunktion reduzierte und in den Dienst einer zunehmend einseitigen, offensiv nationalistischen Ideologie sowie des ausufernden Personenkults stellte. Die Kirchen wurden in Ceauşescus System scheindemokratischer politischer Partizipation eingegliedert. Dadurch verloren v. a. die traditionellen Kirchen an Einfluß, während die prot. Kirchen sich eines wachsenden Zulaufs erfreuten.

Die neue Führung der „Front zur Nationalen Rettung" (1989) hat insbes. im Bereich von Kultur und Kunst, Bildung und Religion umwälzende Veränderungen bewirkt bzw. zugelassen. Presse und Kultur sind frei von staatlicher Gängelung, aber auch ohne die bisher gewährten staatlichen Subventionen. Schulen und Hochschulen (darunter 7 Universitäten) haben einen hohen Grad an Autonomie erlangt. Die wohl wichtigste Errungenschaft im kirchlichen Bereich ist die Wiederzulassung der Unierten Kirche, die ihre Gotteshäuser bisher jedoch nicht zurückerhalten hat. Neu ist auch der gewachsene politische Einfluß von Künstlern, Professoren und Geistlichen in Regierung und Opposition.

LITERATUR

Allgemein:
Südosteuropa-Hdb. Hg. K.-D. **Grothusen**. Bd. 2: R. Göttingen 1977 (Lit.).

Zu I und IV:
Atlas Republica Socialistă România. Hg. Academia Republicii Socialiste Romania. Bukarest 1979. – W. **Heller**, Regionale Disparitäten und Urbanisierung in Griechenland und R. Göttingen 1979 (Diss. Göttingen 1978). – F. **Grimm**, R., landeskundlicher Überblick. Leipzig 1985. – Lber. R. 1986. Stuttgart 1986. – Atlas Ost- und Südosteuropa. Hg. Österr. Ost- und Südosteuropa-Institut. Wien 1990. – Osteuropa-Special. Hg. Deutsche Bank. Frankfurt/M. 1990. – Lber. Staaten Mittel- und Osteuropas 1991. Stuttgart 1991.

Zu II:
N. **Iorga**, Histoire des Roumains et de la Romanité orientale. 10 Bde. in 11. Bukarest 1937/45. – A. **Hillgruber**, Hitler, König Carol und Marschall Antonescu. Die dt.-rumän. Beziehungen 1938–1944. Wiesbaden 1954, ²1965. – St. A. **Fischer-Galati**, The New Rumania. From People's Democracy to Socialist Republic. Cambridge (Mass.) 1967. – **Ders.**, The Socialist Republic of Romania. Hg. C. C. Giurescu. Bukarest 1972, ²1974. – C. C. und D. C. **Giurescu**, Geschichte der Rumänen. Bukarest 1980. – D. **Ghermani**, Die nationale Souveränitätspolitik der SR R. 1. Tl.: Im Rahmen des sowjet. Bündnissystems. München 1981. – E. **Illyes**, National Minorities in Romania: Change in Transylvania. New York 1982. – K. P. **Beer**, Zur Entwicklung der Parteien- und Parlamentssystems in R., 1928–1933. 2 Bde. Frankfurt/M. 1983. – R. **Castellan**, Histoire de la Romanie. Paris 1984. – M. **Shafir**, Romania. London 1985. – R. **Florescu**, Rumania. A history. Beckeham 1986. – A. **Heinen**, Die Legion „Erzengel Michael" in R. Soziale Bewegung und politische Organisation. Ein Beitr. zum Problem des internationalen Faschismus. München 1986. – A. U. **Gabanyi**, Die unvollendete Revolution. R. zwischen Diktatur und Demokratie. München 1990.

Zu III:
F. **Mayer**, G. H. **Tontsch**, I. **Iovănas**, Staat – Verfassung – Recht – Verwaltung, in: Südosteuropa-Hdb. [s. o.], 42 ff. – P. **Leonhardt**, R., in: Verfassungen der kommunistischen Staaten. Hg. G. Brunner, B. Meissner. Paderborn 1979, 350 ff. [mit Verfassungstext]. – A. U. **Gabanyi**, R.s unvollendete Revolution, in: Südosteuropa 39 (1990)

165 ff. – M. **Shafir**, Romania, in: Forward the Rule of Law, RFE/RL Research Report Vol. 1 (No 27) 1992, 34 ff.

Zu V:
N. V. **Gianaris**, The Economies of the Balcan Countries. New York 1982.

Laufende Veröffentlichungen:
Anuarul statistic. Bukarest. – Die wirtschaftliche Entwicklung in den sozialistischen Ländern Osteuropas. Zur Jahreswende ... Hg. K. **Bolz**. Hamburg.

Zu VI:
N. **Iorga**, Geschichte der Rumänen und ihrer Kultur. Hermannstadt 1929 [Orig.: Histoire des Roumains et de leur civilisation. Paris 1920]. – A. U. **Gabanyi**, Partei und Literatur in R. seit 1945. München 1975. – E. **Dimitriu u. a.**, A Concise History of Education in Romania. Bukarest 1981. – M. **Miclescu**, Probleme und Perspektiven der Bildungsreform in R., in: Bildungssystem in Osteuropa – Reform oder Krise? Hg. O. **Anweiler**, F. **Kuebart**. Berlin 1983, 111 ff.

Karl Ruppert (I, IV), *Edgar Hösch* (II),
Otto Luchterhandt (III), *Werner Gumpel* (V),
Anneli Ute Gabanyi (VI)

SAN MARINO

Amtlicher Name	Serenissima Repubblica di San Marino (Republik San Marino)
Staatsform	Republik
Hauptstadt	San Marino Città (4363 E.)
Fläche	61 km²
Bevölkerung	23 000 E. (1988; VZ 76: 19 000). – 376 E./km²
Sprache	Italienisch, Romagnol
Religion	überwiegend Katholiken
Währung	Italienische Lira und Lira von San Marino

S. M. liegt am Ostabfall des Umbrischen Apennin, im Grenzbereich der it. Regionen Emilia-Romagna und Marche, 25 km südwestl. von Rimini, mit dem es durch eine Autobahn verbunden ist. Die maximale SW-NO-Ausdehnung seiner 1463 festgelegten Grenzen beträgt 12 km. Das Staatsgebiet erstreckt sich um den 750 m hohen *Monte Titano* (Kalkmassiv, umgeben von weicherem Flysch), auf dem die von mehreren Mauern umschlossene und von drei Burgen überragte mittelalterliche Bergstadt *San Marino Città* liegt. Am Bergfuß befinden sich neuere Viertel und weitere neun Gemeinden.

Die demokratische Grundordnung (erstmals 886 bezeugt) begründete die politische und territoriale Eigenständigkeit dieser kleinsten und ältesten Republik der Erde. Die Unabhängigkeit wurde wiederholt von den Päpsten, 1815 auch vom Wiener Kongreß, 1862 von Italien bestätigt (mehrfach erneuert). Die heutige Verfassung basiert auf den „Leges Statutae" von 1600 (Änderungen 1939 und 1971). Volksvertretung ist der *Große und Generalrat* (Consiglio Grande e Generale; Einkammerparlament) mit 60 für 5 Jahre gewählten Abgeordneten (Consiglieri), aus deren Reihen für jeweils 6 Monate zwei regierende *Kapitäne* (Capitani reggenti) als Staats- und Regierungschef gewählt werden. Die Regierung (*Staatsrat;* Congresso di Stato) besteht aus 10 Mitgliedern. Als weiteres Verfassungsorgan besteht der *Rat der XII* (Consiglio dei XII) aus dem Staatsrat und den beiden Kapitänen. Stärkste politische Gruppierungen sind die Christdemokraten (PDCS; 1988: ca. 45% Stimmenanteil), gefolgt von den Kommunisten (PCS). Sie bilden eine Koalition, während die Sozialisten, über 40 Jahre bis 1986 Koalitionspartner, in der Opposition stehen.

Verwaltungsmäßig ist S. M. in 10 Gemeindebezirke gegliedert. Mit Italien verbindet S. M. diplomatische Vertretung sowie Zoll-, Wirtschafts- und Währungsunion (daneben eigene Lira-Münzen). Außenpolitisch versucht es seine Unabhängigkeit zu stärken. So wurde 1968 der völkerrechtliche Schutzmachtstatus Italiens aufgehoben. S. M. ist blockfrei, entsendet einen UNO-Sonderbeobachter und gehört verschiedenen UNO-Sonderorganisationen an.

S. M. ist im europ. Vergleich relativ dicht besiedelt. Die jährlich im Durchschnitt um 0,4% wachsende Bevölkerung spricht ein romagnolisches Italienisch. Sie gehört fast ausschließlich der röm.-kath. Kirche an (Bistum S. M. – Montefeltro, Suffragan von Ravenna-Cervia). – Es gibt seit den 50er Jahren ein gut ausgebautes *soziales Sicherungssystem,* das durch den Staat, die Arbeitgeber und die Sozialversicherungssteuer der Arbeitnehmer finanziert wird. Es besteht ein eigenes, im Strafrecht 2stufiges, im Zivilrecht 3stufiges *Justizsystem*. Oberste Instanz ist der Rat der XII.

Das sommertrockene Klima mit Winterregen erlaubt traditionelle Landwirtschaft auf ca. 4500 ha mit Getreide, Obst-Mischkulturen, Weinbau und Oliven sowie Viehhaltung. Etwa 100 kleinere gewerbliche Betriebe (Metall, Mechanik, Holz, Elektronik) gewährleisten den Eigenbedarf. Kunsthandwerkliche Keramik trägt zu den Exporterlösen bei. Der wichtigste Wirtschaftszweig ist der Fremdenverkehr mit entsprechenden gastronomischen Einrichtungen und jährlich ca. 2,5 Mio. Touristen in der malerischen Altstadt (v. a. Tagesausflügler aus den Badeorten der Adria). Der erwerbstätige Teil der Bevölkerung findet auch in den it. Küstenstädten Beschäftigung. Etwa 20 000 Sanmarinesen leben wegen des heimischen Arbeitsplatzmangels ständig in Italien und den USA. Die Staatseinnahmen basieren auf Zollentschädigung seitens Italiens (größter Einnahmeposten), Briefmarken- und Sammelmünzenverkauf sowie Tabak- und Einkommensteuer.

Das hochstehende schulische und berufliche *Bildungssystem* soll durch die Gründung einer Universität ergänzt werden.

LITERATUR

G. **Zani**, Il territorio ed il castello di S. M. attraverso i secoli. Faenza 1963. – Th. **Veiter**, Die Republik S. M. – staats- und völkerrechtliche Entwicklung, in: Gedenkschr. für Friedrich Klein. München 1977, 535 ff. – K. **Landfried**, S. M., in: PolLexEur. Bd. 2, 106 ff. – N. **Matteini**, The Republic of S. M. S. M. 1981. – R. **Chiarelli**, Rimini und S. M. Stuttgart 1988. **Periodicum:** Annuario della Repubblica di S. M. Hg. Segretariato de Stato per gli Affari esteri S. M. Città.

Horst-Günter Wagner

SCHWEDEN

Amtlicher Name	Konungariket Sverige (Königreich Schweden)
Staatsform	Parlamentarisch-demokratische Monarchie
Hauptstadt	Stockholm (672 000 E., Agglomeration 1 482 000)
Fläche	449 964 km²
Bevölkerung	8 600 000 E. (1990; VZ 1980: 8 320 438). – 19 E./km²
Sprache	Schwedisch
Religion	Ev.-Luth. Staatskirche 95%; Katholiken rd. 140 000
Währung	1 Schwedische Krone (skr) = 100 Öre

I. Naturräumliche Voraussetzungen

S., im N ↗Europas auf der Skandinavischen Halbinsel gelegen, grenzt im W an ↗Norwegen, im NO an ↗Finnland, im O und S an die Ostsee (Küstenlänge 7600 km), im SW an das Kattegat. Es erstreckt sich von N nach S über 1574 km, von O nach W über 499 km. 9% der Fläche sind Seen und Flüsse, 16% Gebirge, 54% Waldland, lediglich 8% kultiviertes Land. 15% S.s liegen nördl. des Polarkreises. Neben vielen kleinen und kleinsten Inseln (*Schären*) besitzt S. mit *Gotland* (3001 km²) und *Öland* (1344 km²) zwei größere Ostseeinseln, die aufgrund ihres günstigen Klimas Ferienzentren bilden. Höchste Erhebung ist der *Kebnekaise* im nördl. Grenzgebiet zu Norwegen (2111 m).

Nordschweden (Norrland) umfaßt mehr als die Hälfte der Landesfläche. Es wird durch die Abdachung vom *Skandinavischen Gebirge* entlang der norweg. Grenze, dem eingerumpften Rest des Kaledonischen Faltengebirges, über die Zone des präkambrischen *Baltischen Schildes* zum Bottnischen Meerbusen geprägt und in fast regelmäßigen Abständen durch Flüsse *(Tornälv, Angermanälv, Dalälv)* gegliedert. *Mittelschweden* zwischen Göteborg im W und Stockholm im O ist eine Senke mit nacheiszeitlichen Meeres- und Flußablagerungen. Mit den fruchtbaren Böden, dem hier weit nach O vordringenden atlantischen Einfluß und den großen Seen (*Vänern* 5582 km², *Vättern* 1912 km², *Mälaren* 1140 km²) bildet es den Kernraum Schwedens. Die großen Seen sind miteinander und durch den *Götakanal* (380 km) mit der Ostsee verbunden. Das *Südschwedische (Småländische) Bergland*, von Moränen überdeckt und von Seen und Mooren durchzogen, steigt mit seinem felsigen Untergrund nochmals auf über 350 m an. Das im S und SW angrenzende *Schonen* ist eine flache Grundmoränenlandschaft mit fruchtbaren Böden, die die besten Voraussetzungen für eine ackerbauliche Nutzung bieten.

Trotz der Lage zwischen 55° und 69° n. Br. (vergleichbar Alaska und Grönland) ist das *Klima* wegen des Atlantischen Stroms relativ mild. Das Skandinavische Gebirge im W bildet eine Regenbarriere, die auf der Ostseite nur geringe Niederschläge (ca. 1000 mm/Jahr im Hinterland des Kattegat, aber nur 500 mm auf gleicher Höhe an der Ostseeküste, im N z. T. weniger als 400 mm) zur Folge hat. Hauptniederschlagsmonate sind Juli und August. Insgesamt hat S. ein kontinentales Klima. Dabei nimmt der Grad der Kontinentalität von SW nach NO zu. Im Winter findet sich in der nördl. Landeshälfte von Dez. bis Ende März eine zusammenhängende Schneedecke.

Die *Vegetation* ist im atlantischen Bereich durch Laubwälder gekennzeichnet, die im kontinentalen Bereich in Nadelwälder übergehen. Im N folgt auf eine Birkenzone die Tundra.

II. Historische und politische Entwicklung

Tacitus' „Germania" erwähnt (c. 44) die *Suinones*, die dem ganzen Land später den Namen gaben. Um 300 lassen sich *Svear* und *Götar* unterscheiden, die die uppländischen *Ynglingerkönige* in der *Vendelzeit* (550–800) unter ihrer Herrschaft vereinigten. In der *Wikingerzeit* (800–1060) stießen schwed. „Waräger" Handel treibend und kämpfend über Wolga und Dnjepr bis zum Kaspischen Meer und nach Byzanz vor. Dabei lernten sie das Ostchristentum kennen und siedelten sich in Rußland an. Etwa gleichzeitig begann *Ansgar*, Erzb. von Hamburg-Bremen, in S. zu missionieren (830 und 850).

Mittelalter (bis 1520). Mit der Errichtung des Erzb. Uppsala 1164 war die Missionszeit beendet. S. gliederte sich in Landschaften, die eigene Rechtsbereiche mit einem gewählten „Rechtsprecher" bildeten, der auf dem Landsthing jährlich das geltende Recht vortrug und in Prozessen Recht wies. Die Uppländer wählten am Morastein bei Uppsala den König, dem die Landschaften auf seiner Königsumfahrt *(Eriksgata)* huldigten. Anschließend krönte ihn der Erzb. von Uppsala. Der Regent *Birger Jarl* (1250–66) befestigte Stockholm, schloß Handelsverträge mit Lübeck und Hamburg, zog dadurch Deutsche ins Land und förderte die Wirtschaft. Er und sein Sohn *Magnus (Ladulås = Scheunenschloß*, 1275–90) erließen Landfriedensgesetze. Der *Reichsrat* aus Prälaten und Hochadeligen wurde seit 1280 zur festen Einrichtung. Die *Alsnösatzung* gewährte dem Adel für seine Kriegsdienste 1279 Steuerfreiheit. Damit begann die Zeit der adeligen Standesprivilegien. Auch die Kirche war privilegiert. Durch ihren Einfluß wirkte sie auf die Landschaftsrechte ein und sorgte für ihre Aufzeichnung. Nach 1347 trat neben sie das gemeine Landrecht, 1357 das gemeine Stadtrecht. Im *Unionsvertrag von Kalmar*, der 1397 S., ↗Dänemark und ↗Norwegen vereinigte, band sich die Krone dem Adel gegenüber durch staatsrechtliche Garantien. 1477 gründete Erzb. *Jakob Ulfsson* in Uppsala die erste schwed. Universität.

Vasazeit (1521–1653). Nach dem *Stockholmer Blutbad* (1520), mit dem *Christian II.* (1513–23) die Adelsopposition beugen wollte, brach ein Aufstand los, der die Union beendete. *Gustav I. Vasa* (1523–60) förderte die Reformation (vgl. VI.), zog seit 1527 (Reichstag von Västerås) die Kirchengüter ein, ordnete Heer, Finanzen und Verwaltung neu und schuf den neuzeitlichen schwed. Nationalstaat. Seit 1590 wurde der *Reichstag* zum ständigen Verfassungsorgan, gegliedert in vier Stände (Adel, Geistliche, Bürger, Bauern). Der seit 1626 im *Ritterhaus* zusammengefaßte Adel besetzte die leitenden Staatsämter und genoß vermehrte Privilegien. Nach der Verfassung von 1634 wurde die Regierung von 5 Kollegien geführt, deren Leiter die Vormundschaftsregierung bildeten.

In der *karolinischen Zeit* (bis 1718) wurde S. zu einer europ. Großmacht dank dem Wirken *Gustav II. Adolf* (1611–32) und seines Reichskanzlers *Axel Oxenstierna*, der im *Frieden von Brömsebro* 1645 Jämtland, Härjedalen, Halland, Gotland und Ösel gewann. Im *Westfälischen Frieden* 1648 erwarb S. Vorpommern (mit Stettin und der Odermündung), Wismar, die

Htm.er Bremen und Verden (Elbe- und Wesermündung) und für seine dt. Besitzungen die Reichsstandschaft. Königin *Christine,* die ihrem Vater Gustav II. Adolf den Thron gefolgt war, dankte 1654 zugunsten ihres Vetters *Karl X. Gustav* aus dem Hause *Pfalz-Zweibrücken* ab. Sie konvertierte zur kath. Kirche. Im *Frieden von Roskilde* 1658 fielen Schonen und Halland endgültig an Schweden. *Karl XI.* (1660–97) machte das Land zu einem absolutistisch regierten Staat. Er maßregelte 1680 die Ratsaristokratie, schloß sie von den höchsten Ämtern aus und stellte den Reichsrat kalt. Die Souveränitätserklärung von 1693 vollendete den Absolutismus.

Mit dem Tode *Karls XII.* 1718 begann die *Freiheitszeit,* in der die Staatsgewalt auf die Stände überging. Nach den Verfassungen von 1719/20 regierte der König (*Friedrich I.,* 1720–51) mit dem Reichsrat, beide kontrolliert durch den Reichstag. Dieser beschloß 1734 ein neues Reichsgesetzbuch.

Die *gustavianische Zeit* (1772–1809) sah 1772 den Staatsstreich *Gustavs III.* (1771–92) aus dem Hause *Holstein-Gottorf* (seit 1751). Der König beschränkte die Rechte des Reichstages, beschnitt 1789 durch die „Vereinigungs- und Sicherheitsakte" das Ämterrecht des Adels, hob den Reichsrat auf und verbesserte die Stellung der Bauern.

19. und 20. Jahrhundert. Nach dem Verlust Finnlands 1809 setzten adelige Beamte und Offiziere *Gustav IV. Adolf* (seit 1792) ab. Eine neue Verfassung führte die Gewaltenteilung ein. Der *Reichstag,* aus den 4 alten Ständen bestehend, tagte periodisch. Er hatte die Steuerhoheit, erließ mit dem König zusammen die Gesetze und kontrollierte die Regierung. Der Reichsrat entstand als *Staatsrat* neu. Der König ernannte und entließ seine 9 Mitglieder, von denen 3 verantwortliche Minister waren. Seit 1818 regiert das Haus *Bernadotte. Karl XIV. Johann* (1818–44) hielt S. neutral, und seit 1855 wurde Neutralität zum dauernden Grundsatz schwed. Politik. 1814–1905 waren S. und Norwegen in Personalunion verbunden. Die Verfassungsreform von 1866 beseitigte den Ständestaat, führte das Zweikammersystem (bis 1971) und das einkommensabhängige Wahlrecht ein. Das allgemeine gleiche Wahlrecht (auch für Frauen) gilt seit 1921. Um die Jahrhundertwende entstanden landesweit politische Parteien.

Die Sozialdemokraten regierten 1932–76 fast ununterbrochen allein. Min.-Präs. war 1946–69 *Tage Erlander,* 1969–76 und 1982–86 *Olof Palme* (bei einem Attentat ermordet). 1976–78 und 1979–82 regierte eine bürgerliche Koalition unter *Thorbjörn Fälldin,* dazwischen 1978–79 eine liberale Koalition unter *Ola Ullsten.* 1986 folgte eine sozialdemokratische Minderheitsregierung unter *Ingvar Carlsson.* Nach erheblichen Einbußen der Sozialdemokraten bei der Wahl am 15.9.1991 bildete der Konservative *Carl Bildt* eine bürgerliche Minderheitsregierung. – König ist seit 1973 *Karl XVI. Gustav,* der seinem Vater *Gustav VI.* (seit 1950) auf den Thron folgte.

1951 gründete S. mit Dänemark und Norwegen den *Nordischen Rat* in Stockholm. Es ist Mitglied der EFTA, am 1.7.1991 hat es den Beitritt zur EG beantragt. Schwed. Streitkräfte waren wiederholt an Einsätzen der UN-Friedenstruppe beteiligt.

III. Verfassung, Verwaltung, Recht

Die schwed. *Verfassung* ist in drei Grundgesetzen festgelegt. Das Ges. über die Regierungsform vom 28.2.1974 (mit Änderungen vom 18.11.1976) ist die eigentliche Verfassung, die durch die Grundprinzipien der repräsentativen parlamentarischen Demokratie gekennzeichnet ist. Das ThronfolgeG von 1810, ergänzt durch Ges. vom 15.11.1979, bestimmt, daß ab 1980 das erste Kind des Königs ohne Rücksicht auf das Geschlecht Thronfolger wird. Das PresseG von 1949 i. d. F. v. 18.11.1976 enthält Bestimmungen über die Pressefreiheit und den freien Zugang jedes schwed. Bürgers zu amtlichen Akten. Eine Änderung oder Aufhebung dieser Grundgesetze ist nur durch zwei gleichlautende Beschlüsse des Reichstages, zwischen denen eine Wahl liegen muß, möglich.

Die Verfassung gewährleistet die üblichen liberalen *Grundrechte.* Zu den absoluten, nicht durch Gesetz einschränkbaren Grundrechten zählen u. a. Religionsfreiheit, Verbot der Todes- und Körperstrafen, Recht auf gerichtliche Überprüfung eines Freiheitsentzuges. Andere Grundrechte, z. B. das der freien Meinungsäußerung, Versammlungsfreiheit oder Schutz vor Freiheitsentzug können nach Maßgabe des Prinzips der Verhältnismäßigkeit durch Gesetz eingeschränkt werden. Die Verfassung kennt auch bestimmte soziale Grundrechte, die zur Grundlage der demokratischen Staatsform gerechnet werden, wie Achtung der Würde und Freiheit des einzelnen, Recht auf Arbeit, Wohnung und Ausbildung sowie gleiche Rechte für Männer und Frauen und den Schutz des Privat- und Familienlebens.

Obwohl S. eine Monarchie ist, hat der *König* als Staatsoberhaupt keine politische Macht; entsprechend dem Grundsatz der parlamentarischen Demokratie kommen ihm nur zeremonielle Aufgaben zu. Die politische Macht liegt bei dem vom Reichstag auf Vorschlag des Reichstagspräsidenten gewählten *Ministerpräsidenten* und der *Regierung (Staatsrat),* die aus von diesem berufenen Ministern besteht. Der alle 3 Jahre direkt nach dem Verhältniswahlrecht gewählte *Reichstag* (seit 1971 nur noch eine Kammer) besteht aus 349 Abgeordneten. Das aktive und passive Wahlalter beträgt 18 Jahre. Eine Partei erhält nur Sitze, wenn sie landesweit mindestens 4% oder 12% der Stimmen in einem Wahlkreis auf sich vereinigt. Der Reichstag tritt jährlich zu einer Session zusammen und wählt aus seinen Reihen Ausschüsse, die die in den Reichstag eingebrachten Angelegenheiten vor der Entscheidung durch das Plenum vorbereiten.

Auf regionaler Ebene wird in den 24 *Provinzen (län)* die staatliche Verwaltung durch Provinzialregierungen ausgeübt, an deren Spitze ein von der Zentralregierung auf 6 Jahre ernannter Regierungspräsident steht.

Die Verfassung räumt den *Gemeinden* einen großen Anteil hoheitlicher Aufgaben ein. Neben 284 lokalen sog. *Primärgemeinden* gibt es eine ganze Provinz umfassende sog. *Landthingsgemeinde,* der alle Einwohner der in der Provinz gelegenen Gemeinden angehören. Sie wählen den Provinziallandtag *(landsting).* Die Landthingsgemeinden und die lokalen Gemeinden sind für eine große Zahl öffentlicher Arbeitsgebiete und Dienstleistungen verantwortlich. Zur Bewältigung dieser Aufgaben steht ihnen das Recht zur Erhebung einer kommunalen Einkommensteuer sowie von Abgaben für ihre Dienstleistungen zu; außerdem erhalten sie für Dienstleistungen, zu denen sie durch Gesetz verpflichtet sind, Zuschüsse aus dem Staatshaushalt. Auch für die Gemeinden gilt das Prinzip der repräsentativen Demokratie sowie allgemeines und gleiches Stimmrecht. Ausländer, die mindestens 3 Jahre in S. ansässig sind, sind bei den kommunalen Wahlen aktiv und passiv wahlberechtigt.

Die *Gesetzgebung* obliegt dem Reichstag. Der Regierung steht die Befugnis zu, Verordnungen zu erlassen. Das Gesetzgebungsverfahren beginnt regelmäßig mit der Einsetzung einer Enquêtekommission durch den zuständigen Fachminister. Die durchweg sehr gründlichen Untersuchungsberichte und die dazu eingeholten Stellungnahmen von Körperschaften und Organisationen sind die Grundlage für die Gesetzesvorlage des Fachministers, die von der Regierung dem Reichstag zugeleitet wird. Nach Beratung im Ausschuß und Beschlußfassung im Plenum wird das Gesetz von der Regierung verkündet.

Rechtsprechung. Das Gerichtswesen ist dreistufig aufgebaut. Eingangsinstanz in Straf- und Zivilsachen sind die *Tingsgerichte,* gegen deren Entscheidung Berufung zu den *Hofgerichten* eingelegt werden kann. Der *Oberste Gerichtshof* entscheidet über gegen Urteile der Hofgerichte eingelegte Rechtsmittel, soweit diese zur Verhandlung vor dem Gerichtshof zugelassen worden sind. Während beim Obersten Gerichtshof nur Berufsrichter mitwirken, ist bei den anderen Instanzen die auf alter Tradition aufbauende Laienbeteiligung sehr stark. Das Gerichtsverfahren ist im Prozeßgesetz geregelt. Die Ermittlungen in Strafsachen werden von der Staatsanwaltschaft geführt, die auch den Anklage vor Gericht vertritt. Beschlüsse der Verwaltungsbehörden können entweder bei der übergeordneten Behörde oder vor den *Verwaltungsgerichten,* die ebenfalls dreistufig gegliedert sind, angefochten werden.

Das Rechtsleben kennt seit langem zwei besondere *Kontrollinstanzen.* Der von der Regierung ernannte *Justizkanzler* ist oberster Ratgeber der Regierung in Rechtsfragen, vertritt den Staat in Zivilprozessen und überwacht die Tätigkeit der Verwaltungsbehörden und Gerichte, deren Unabhängigkeit in der Rechtsprechung aber nicht angetastet wird, sowie die Presse. In vielem überschneidet sich sein Aufgabenbereich mit dem der verschiedenen *Ombudsmänner,* die vom Reichstag für jeweils 4 Jahre gewählt werden. Ihre Hauptaufgabe ist die Überwachung der Rechtsanwendung durch Gerichte und Verwaltungsbehörden und Untersuchung von Amtsmißbrauch. Weder die Ombudsmänner noch der Justizkanzler haben aber eine eigene unmittelbare Entscheidungsbefugnis im Sinne einer richterlichen Funktion.

Das *Privatrecht* ist in Ermangelung eines Zivilgesetzbuchs in Einzelgesetzen geregelt, neben denen aber auch noch bisher nicht aufgehobene Normen des *Schwedischen Reichsgesetzbuchs* von 1734 *(Sveriges Rikes Lag)* Gültigkeit haben. Zahlreiche Einzelgesetze sind durch eine internordische Zusammenarbeit weiterentwickelt worden, so daß es auf weiten Gebieten des Privatrechts zu einer Rechtsangleichung der skandinavischen Staaten gekommen ist. Das gilt für das Ehe- und Kindschaftsrecht ebenso wie für das Schuld- und Handelsrecht.

IV. Bevölkerungs- und Sozialstruktur

Ethnisch ist die Bevölkerung sehr homogen. 95% der Einwohner sind Schweden. Die Finnen bilden die größte Ausländergruppe. In Lappland lebt eine Minderheit von ehemals nomadischen *Samen* (Lappen), die zur Erhaltung ihrer zur finno-ugrischen Gruppe gehörigen Sprache und ihrer Kultur staatliche Förderung erhält.

Die *regionale Verteilung der Bevölkerung* ist sehr unterschiedlich. Den dünnbesiedelten Gebieten insbes. im N stehen die Metropolitanregionen Stockholm (1,5 Mio. E.), Göteborg (716 000 E.) und Malmö (463 000 E.) gegenüber (über 30% der Einwohner S.s). Acht sog. Mittelstädte haben mehr als 100 000 E. Mittelschweden und die Westküste sind am dichtesten besiedelt. Ca. 17% der Einwohner leben in dünn besiedelten Gebieten, 83% in sog. *tätorter* (Siedlungen mit mehr als 200 E.).

Die *natürliche Bevölkerungsentwicklung* zeigt nur geringe, zudem abnehmende Wachstumsraten (im Durchschnitt 1970–75: –0,37%; 1980–85: –0,1%). 1988 betrug die *Geburtenziffer* 13,3 ‰, die *Sterbeziffer* 11,5 ‰, die *Säuglingssterblichkeit* 5,8 ‰, die *Lebenserwartung* bei Frauen 80, bei Männern 74 Jahre. Trotz eines leichten Anstiegs der Fruchtbarkeitsrate von 1,6 auf 1,8 Geburten je Frau im gebärfähigen Alter in den 80er Jahren zeigt die *Altersstruktur* bei den jüngeren Jahrgängen abnehmende Tendenz (Anteil der unter 15jährigen 1988: 18%), bei den über 65jährigen dagegen steigende Tendenz (Anteil 1988: 18%, einer der höchsten in der Welt).

Außenwanderungen. Die rasche Bevölkerungszunahme im 19. Jh. führte zu einer Auswanderungswelle insbes. nach Nordamerika. Seit den 40er Jahren des 20. Jh. ist S. dagegen ein Einwanderungsland. Heute sind mehr als 1 Mio. E. Einwanderer, oder mindestens ein Elternteil ist Einwanderer. Aufgrund des 1954 geschlossenen Abkommens über einen gemeinsamen nordischen Arbeitsmarkt kommen die meisten Einwanderer aus anderen nordischen Ländern. Etwa die Hälfte davon sind Finnen, die v. a. Ende der 60er Jahre zuwanderten. Mitte der 60er Jahre gab es eine Zuwanderungswelle südosteurop. Arbeitskräfte, die nach 1967 durch die Einführung einer Arbeitserlaubnis gebremst wurde. Seit den 70er Jahren ist der Anteil von Flüchtlingen aus Lateinamerika und Vorderasien stark angestiegen.

Die Ende des 19. Jh. einsetzende Industrialisierung hatte große *Binnenwanderungen* aus den ländlichen in die städtischen Bereiche zur Folge, die durch die Entwicklung zur postindustriellen Gesellschaft verstärkt wurden. Nach einer Phase der Sub- und Counterurbanization ist seit der 2. Hälfte der 80er Jahre wieder eine zunehmende Reurbanisation und Metropolisierung festzustellen.

Familien- und Haushaltsstruktur. Die Kleinfamilie ist die häufigste Lebensgemeinschaft. Die durchschnittliche Kinderzahl je Ehe (einschließlich nichtehelicher Lebensgemeinschaften) liegt bei weniger als 2 Kindern. Insbesondere in den Großstädten nimmt der Anteil von Ein-Personen-Haushalten zu (1980: 32,8%). Die Zahl der *Eheschließungen* ging 1960–80 zurück (von 6,7 auf 4,5 je 1000 E.), nahm in den 80er Jahren aber wieder zu (1988: 5,2). Die Zahl nichtehelicher Lebensgemeinschaften stieg dagegen an (heute jedes 5. Paar). Der Anteil außerehelich geborener Kinder ist hoch (1987: 50%). Die *Scheidungsrate* hat sich seit 1960 verdoppelt.

Erwerbsstruktur. Die Zahl der Erwerbspersonen betrug 1987 4,42 Mio. Den größten Anteil daran hatten die öffentlichen Dienste (vgl. Tab. 1).

Die Quote der (offenen) *Arbeitslosigkeit* beträgt 1–2%. Von den 4,3 Mio. Beschäftigten übt ca. 1/4 eine Teilzeitbeschäftigung aus. Seit den 60er Jahren

Tabelle 1
Gliederung der Beschäftigten nach Wirtschaftsbereichen 1987
(in %)

Land- und Forstwirtschaft, Fischerei	5,0
Bergbau	0,3
Industrie	21,4
Energie- und Wasserversorgung	0,8
Baugewerbe	5,9
Handel und Gaststätten	13,0
Transport und Verkehr	6,8
Banken, Versicherungen, private Dienste	7,1
öffentliche Dienste	37,0
sonstige	2,6

Quelle: Statistik årsbok 1989. Hg. Statistiska Centralbyran. Stockholm 1988

nimmt die Zahl erwerbstätiger Frauen zu. Ausbildung und steigende Lebenshaltungskosten bei gleichzeitigem Ausbau der öffentlichen Kinderbetreuung schufen dazu die Voraussetzungen. Die Frauenerwerbsquote (Anteil an den 16- bis 64jährigen) stieg von 55% (1966) auf 82% (1988). Die Zunahme entfällt v. a. auf Teilzeitbeschäftigungen im öffentlichen Sektor. Die grundrechtlich verankerte Gleichberechtigung von Männern und Frauen ist auch im beruflichen Bereich weithin verwirklicht.

Die Unterschiede der Vermögensverhältnisse, bei Einkommen und sozialem Status sind aufgrund der staatlichen Ausgleichspolitik weniger ausgeprägt als in vergleichbaren Staaten. Die Mehrheit der Bevölkerung zählt zur Mittelschicht qualifizierter Facharbeiter, Angestellter und Beamter. Das öffentliche Ausbildungssystem (vgl. VI) garantiert gute berufliche Aufstiegschancen.

Das *Sozialsystem*, eines der fortschrittlichsten in der Welt, kennzeichnet den schwed. Wohlfahrtsstaat. Die Altersversorgung umfaßt ab dem 65. Lebensjahr eine staatlich finanzierte Grundrente (seit 1914) für jeden Staatsbürger sowie eine durch Abgaben der Arbeitgeber finanzierte Zusatzrente, die sich am durchschnittlichen Arbeitseinkommen der 15 bestbezahlten Jahre bemißt. Eine Arbeitsunfallversicherung besteht seit 1901, eine Arbeitslosenversicherung seit 1935. Seit 1955 gibt es eine obligatorische Krankenversicherung, seit 1963 eine Lebensversicherung für Arbeitnehmer über 21 Jahren. Andere soziale Transferleistungen sind Kindergeld (bis zum 16. Lebensjahr), Schülerbeihilfe (bis zum 20. Lebensjahr) und Wohngeld für einkommensschwache Familien. Bei der Geburt eines Kindes haben die Eltern zusammen ein Anrecht auf 15 Monate Urlaub (seit 1974 auch Vaterschaftsurlaub). 12 Monate lang erhalten sie 90% ihres Lohnes, die restlichen 3 Monate ein Tagegeld (wie Erwerbslose auch). Einige Monate können für eine spätere Zeit innerhalb der ersten 8 Jahre des Kindes aufgespart werden. Für die Betreuung kranker Kinder oder anderer pflegebedürftiger Familienangehöriger können bis zu 60 Tage pro Kind unter 12 Jahren freigenommen werden.

V. Wirtschaft

Von den *natürlichen Ressourcen* sind v. a. die Eisenerzvorkommen in Nord- und Mittelschweden von großer Bedeutung. Sie gehören nach Menge und Qualität zu den ergiebigsten und besten der Welt. Abgebaut werden ferner die NE-Metalle Blei, Kupfer, Zink, Gold und Silber. S. verfügt auch über umfangreichere Uranvorkommen. Die Wälder sind wichtige Rohstoffgrundlage für die holzverarbeitende und Papierindustrie.

Importabhängig ist S. dagegen bei den *Energiequellen*. Etwa 55% des Energiebedarfs werden importiert. S. verfügt lediglich über Wasserkraft durch die Flüsse im N des Landes (ein weiterer Ausbau stößt allerdings auf den Widerstand von Naturschützern) sowie über erneuerbare Energierohstoffe (Holz u. a.), die rd. 15% des Energiebedarfs decken und deren Anteil in Zukunft gesteigert werden soll. Die Abhängigkeit vom Öl konnte vermindert werden (1970: 70% des Energiebedarfs; 1987: 46%), indem Öl durch einen erhöhten Anteil elektrischer Energie ersetzt wurde. Die in einem Volksentscheid 1980 beschlossene, inzwischen wieder umstrittene Stillegung der 12 Kernreaktoren bis zum Jahre 2010 würde die Energieversorgung vor große Probleme stellen.

Das *Wirtschaftssystem* kann als Marktwirtschaft mit staatlicher Lenkung gekennzeichnet werden. Bahn, Post und Fernmeldewesen, ein Teil der Energieversorgung sind staatlich. Auch soziale Dienstleistungen wie das Gesundheits- und das Bildungswesen sind staatlich bzw. kommunal. Etwa 90% der Unternehmen befinden sich jedoch in Privatbesitz. In den 70er Jahren hat der Staat aus arbeitsmarktpolitischen Gründen viele Betriebe aus Krisenbranchen (Bergbau, Stahl, Schiffbau, Textil, Holz) übernommen. Teilweise wurden sie seitdem wegen mangelnder Rentabilität stillgelegt (alle Großwerften) oder auch reprivatisiert.

Nach 1945 erlebte die von Kriegsfolgen nicht betroffene Wirtschaft zunächst eine Blütezeit. Der Ausbau des Wohlfahrtsstaates erhöhte den Anteil des öffentlichen Sektors an der Volkswirtschaft. In den 70er Jahren wurden die traditionellen rohstoffbasierten (Erz, Stahl, Holz) und arbeitsintensiven (Textil und Bekleidung) Industrien Opfer des weltwirtschaftlichen Strukturwandels. Die um 1980 eingeleitete industrielle Erneuerung veränderte auch die Industriestruktur zugunsten qualitativ hochwertiger Erzeugnisse.

In der *Wertschöpfung* ging der Beitrag von Bergbau und Industrie seit 1970 zurück, während der sonstiger und kommunaler Dienstleistungen stieg (vgl. Tab. 2).

Tabelle 2
Beitrag der Wirtschaftsbereiche zum BSP
(in % zu Festpreisen 1980)

	1970	1986
Land- und Forstwirtschaft, Fischerei	4,6	3,7
Bergbau und Industrie	27,1	24,1
Strom-, Gas- und Wasserversorgung	1,9	3,7
Hoch- und Tiefbau	9,5	7,8
Handel, Gaststätten	12,9	12,0
sonstige Dienstleistungen*	22,3	24,0
staatliche Verwaltung	6,4	5,6
kommunale Verwaltung	15,3	19,1

* Verkehr, Fernmeldewesen, Banken, Versicherungen, Grundstücksverwaltungen usw.

Quelle: Svenska institutet, Schwedens Wirtschaft. Stockholm 1988, S. 2

In der *Verwendung des BSP* erhöhte sich der Anteil des öffentlichen Sektors durch den Ausbau des Wohlfahrtsstaates bis 1982 auf 29,5% (1970: 24%) und betrug 1987 26,9%. Am BSP 1977 hatten Löhne, Gehälter und Sozialabgaben mit 75% den höchsten Anteil, der seitdem aber auf unter 60% zurückging. Von den Bruttoinvestitionen entfielen 1987 88% auf die Wirtschaft, 3,3% auf den Staat und 8,6% auf die Gemeinden.

Die Defizite im *Staatshaushalt* konnten seit 1982/83 (866 000 Mio. skr) kontinuierlich verringert werden (1987/88 um 11 031 Mio. skr). Von den *Staatseinnahmen* entfielen 1987/88 auf Steuern, Abgaben und Zölle 88% (davon 23,5% auf Einkommen- und Körperschaftsteuern, 19,5% auf gesetzliche Sozialabgaben, 23% auf die Mehrwertsteuer, 17% auf Steuern auf alkoholische Getränke, Tabak, Energie usw., 5% auf die Eigentumsteuer). Die Einnahmen aus sonstiger staatlicher Tätigkeit betrugen 9%, sonstige Einnahmen 3%. Die Staatsverschuldung belief sich 1987/88 auf über 597 621 Mio. skr (71 026 skr/E.).

Außenhandel. Als Industrieland mit einem sehr begrenzten Binnenmarkt ist S. in hohem Maße auf den *Export* angewiesen. Durch verschiedene Abwertungen zwischen 1978 und 1982 hat die Regierung versucht, die internationale Wettbewerbsfähigkeit der Wirtschaft zu sichern. Rd. 50% der industriellen Güter werden exportiert. Dabei haben sich die Gewichte von den ursprünglich dominierenden rohstofforientierten Wirtschaftszweigen in den vergangenen Jahrzehnten zugunsten hochtechnischer Produkte der Elektro-, Transport- oder Maschinenbauindustrie verlagert. Die größten Anteile am Exportwert besaßen Maschinenbau (16%), Fahrzeugbau (16%), Elektroindustrie (11%), Pappe- und Papierindustrie (11%).

Bei den *Importen* sind die Anteile von elektrischen Geräten und Computern (14,5%), Fahrzeugen (13%), Maschinen (12,5%) und chemischen Produkten (12%) am größten. Beachtenswert ist auch der Import von Rohöl und Ölprodukten mit 6%. In der regionalen Verteilung der Ex- und Importe ist S. mit jeweils mehr als 50% mit den EG-Staaten verflochten, knapp 1/5 entfallen auf die USA. Die Direktinvestitionen im Ausland sind in den 80er Jahren deutlich angestiegen, auch hier v. a. in der EG und in den USA, aber auch in Brasilien und Südostasien. Die Ergebnisse der Leistungsbilanz wechselten in den letzten Jahren, wobei nicht zuletzt der Ölpreis von Einfluß war.

Vollbeschäftigung ist zentrales Ziel der Wirtschafts- und Sozialpolitik aller politischen Kräfte. Mit einem differenzierten System arbeitsmarktpolitischer Mittel (Arbeitsvermittlung, Umzugsbeihilfen, Notstandsarbeiten, Jugendlichenarbeitsgruppen, Vorruhestandsregelungen, Umschulung und Weiterqualifikation) versucht die Arbeitsverwaltung, Angebot und Nachfrage auf dem Arbeitsmarkt in Einklang zu bringen. Die regionalen Disparitäten innerhalb des Landes auszugleichen ist trotz großer Anstrengungen seit 1964 nicht gelungen.

Die großen Entfernungen innerhalb des Landes geben dem *Verkehr* eine besondere Stellung. S. ist eines der Länder mit der größten Autodichte (1988: 412 PKW je 1000 E.). Ca. 75% aller inländischen Pkm entfielen 1987 auf den PKW, 12% auf Busse, 6% auf die Bahn, 4% auf das Flugzeug, das im Personenverkehr eine erhebliche Rolle spielt. Im inländischen Güterverkehr entfallen rd. 48% von insgesamt 52 000 Mio. tkm auf den LKW, 35% auf die Bahn und 17% auf Schiffstransporte.

Das *Straßennetz,* das besonders gut in Süd- und Mittelschweden ausgebaut ist, umfaßt (1987) ca. 207 000 km (davon ca. 14 000 km Reichsstraßen, ca. 84 000 km Provinzstraßen und ca. 71 000 km mit öffentlichen Mitteln geförderte Privatstraßen). Die Insel Öland ist mit dem Festland durch die mit 6070 m längste Straßenbrücke Europas verbunden. Das *Eisenbahnnetz* hat eine Länge von (1987) 11 715 km (davon 7464 km elektrifiziert). Die „Lapplandbahn" dient dem Erztransport von Luleå am Bottnischen Meerbusen nach Narvik am Atlantik. Eine S. und Dänemark verbindende kombinierte Eisenbahn- und Straßenbrücke über den Öresund soll in den 90er Jahren realisiert werden. Für die *Binnenschiffahrt* stehen neben schiffbaren Flüssen (besonders im N) zahlreiche Kanäle zur Verfügung, die eine durchgehende Verbindung zwischen West- und Ostküste und der Binnenseen untereinander darstellen. Für die *Seeschiffahrt* besitzt S. eine der weltweit modernsten Handelsflotten mit (1989) 2,17 Mio. BRT. Haupthäfen sind Göteborg und Helsingborg an der Westküste, Malmö, Trelleborg, Norrköpping und Stockholm an der Ostküste. Zahlreiche Fährverbindungen (darunter Eisenbahnfähren) bestehen mit Deutschland, Dänemark, Finnland, Norwegen, den Niederlanden und Großbritannien. Der innerschwed. *Luftverkehr* ist stark ausgebaut. Internationale Flughäfen sind Stockholm, Göteborg und Malmö.

VI. Kultur, Religion, Bildung

1. Kultur

Die Kultur ist überwiegend durch westeurop. Einflüsse geprägt, ungeachtet der langen Grenze S.s nach Osten. Die *Sprache* (Hoch- bzw. Schriftschwedisch) geht auf verschiedene Dialekte, v. a. den des Mälargebietes, zurück und verdankt sich nicht zuletzt dem literarischen Werk des Reformators *Olaus Petri,* insbes. seiner Übersetzung des Neuen Testamentes (1526).

Die moderne *Literatur* gewann durch den Dramatiker *August Strindberg* (1849–1912) internationale Bedeutung. Exponenten der neueren Literatur sind *Erik Axel Karlfeldt* (1864–1931), *Selma Lagerlöf* (1858–1940) und *Pär Lagerkvist* (1891–1974), die den seit 1901 von der „Schwedischen Akademie" verliehenen Literatur-Nobelpreis erhielten.

Von internationaler Bedeutung ist der schwed. *Film,* herausragend hier *Ingmar Bergman.* Im Bereich der *Bühnenkunst* sind v. a. das Königliche Dramatische Theater und die Königliche Oper (beide in Stockholm) erwähnenswert, aber auch die zahlreichen „Wanderbühnen". Die *Musikkultur* insgesamt erfährt Unterstützung durch das „Staatliche Institut für Reichskonzerte". Überhaupt wird das kulturelle Leben traditionell stark durch die staatliche Kultur- und Baupolitik sowie durch staatliche Förderleistungen geprägt.

Pressewesen. Auch Zeitschriften religiöser und politischer Organisationen sowie Kulturzeitschriften werden staatlich gefördert. Mit der verfassungsmäßigen Garantie der Pressefreiheit 1766 hat S. das älteste derartige Pressegesetz der Welt. Die Bestimmungen zur Presseethik sind jedoch vergleichsweise streng (Institution eines „Presseombudmans"). Die meisten Zeitungen (ca. 200) stehen traditionell stark politischen Parteien oder anderen gesellschaftlichen Organisationen nahe.

2. Religion

1210 wurde *Erik Knutsson* (1208–16) durch den Erzb. von Uppsala gekrönt und damit die Einheit von Staat und Kirche befestigt. Die *Reformation* stand von Anfang an im Dienst der nationalen Einigung und der Befreiung von der Macht der Kirche. Sie wurde von Kg. *Gustav I. Vasa* (1523–60) mit Hilfe der Reformatoren *Olaus Petri* (†1552) und *Laurentius Andreae* (†1552) durchgeführt. 1593 wurden auf dem Reichstag in Uppsala die „Confessio Augustana" und die drei altkirchlichen Glaubensbekenntnisse als Richtnorm für die Deutung der Bibel angenommen.

Zu Beginn des 17. Jh. war die *schwed. Kirche* als luth. Nationalkirche etabliert. Das ReligionsfreiheitsG von 1952 gewährt das Recht, aus ihr auszutreten. Seit 1958 gibt es Bestrebungen, Kirche und Staat zu trennen; z. Z. ist die schwed. Kirche jedoch noch Staatskirche, d. h. in allen wesentlichen Fragen von Parlament und Regierung abhängig (z. B. Ernennung der Bischöfe). Ihr höchstes, gewähltes Gremium – die Kirchensynode *(Kyrkomöte)* – hat u. a. in internen Fragen vom Staat gewährte Eigenständigkeit. Die schwed. Kirche umfaßt 13 Diözesen, mit Uppsala als Sitz des Erzb. (als primus inter pares). Sie hat in großem Umfang traditionelle liturgische Formen aus vorreformatorischer Zeit bewahrt und in den letzten Jahren erneuert: Bischofsamt, apostolische Sukzession, Gottesdienst. Sie umfaßt sowohl evangelikale Erweckungsbewegungen, konservative luth. sowie hochkirchliche Gruppen (v. a. im Klerus). Seit 1958 hat sie Frauen im Priesteramt. – Die *kath. Kirche* in S. existierte nach der Gründung des religiös-politischen Einheitsstaates zunächst nur an ausländischen Botschaften. Mit der Einwanderung im 18. Jh. konnten ihr ausländische Arbeiter und Einwanderer angehören (Gesetz von 1781); Schweden konnten ihr jedoch erst nach 1860 beitreten. Mit der Einwanderungswelle nach dem II. Weltkrieg und der 1952 gewährten Religionsfreiheit begann das Wachstum der kath. Kirche, das bis heute anhält. 1953 wurde das Bist. Stockholm errichtet (seit 1783 Apostolisches Vikariat). Die kath. Kirche besteht z. Z. aus 37 Gemeinden mit ca. 140 000 Mitgl. (1,6% der Gesamtbevölkerung). – Religionssoziologische Studien zeigen, daß der Prozeß der *Säkularisierung* in der westl. Welt in S. am weitesten fortgeschritten ist.

3. Bildung

Die *Schulausbildung* beginnt mit der 9jährigen Grundschule (seit 1962), die zu Fachschulen oder zum Gymnasium weiterleitet. 1967 beschloß der Reichstag die weitgehende Integration der Berufsausbildung in die Ausbildung des Gymnasiums, so daß die gymnasiale Ausbildung (4 Jahre) nun auch Fachschule und Berufsschule umfaßt. *Universitätsausbildung* geschieht heute an den traditionsreichen Universitäten von Uppsala (gegr. 1477) und Lund (1688) und den neueren Universitäten von Göteborg (1954), Stockholm (1960), Umea (1963), Linköping (1975) sowie an Hochschulen, die den Universitäten gleichgestellt sind. Die Universitätsreformen von 1969 und 1974 setzten das Programm der Anpassung der höheren Ausbildung an die Erfordernisse des Arbeitslebens fort. Neben dem staatlich organisierten Bildungs- und Ausbildungswesen hat S. (wie ganz Skandinavien) seit Beginn des 19. Jh. ein reiches *Volksbildungswesen* ausgebaut. Dazu gehören die Bildungsangebote von zahlreichen religiösen, politischen und sozialen Organisationen und der kommunalen Volkshochschulen. Die über das ganze Land verbreiteten Volksbibliotheken leisten einen wichtigen Beitrag zur Volksbildung.

LITERATUR

Allgemein:
Tatsachen über S. Hg. Schwed. Institut. Stockholm 1967 ff. [versch. Hefte, ständig überarbeitete Neuaufl.]. – Lber. S. 1988. Stuttgart 1988.

Zu I:
Die Nordischen Länder. Hg. A. **Sömme.** Braunschweig 1967. – G. **Austrup,** S. München 1988.

Zu II:
N. **Herlitz,** Grunddragen av det svenska statsskickets historia. Stockholm 1928, ⁶1964 (deutsch: Grundzüge der schwed. Verfassungsgeschichte. Rostock 1939). – E. **Håstad,** Sveriges historia under 1900-talet. Stockholm 1958, ⁷1966. – S. **Carlsson,** J. **Rosén,** Svensk historia. 2 Bde. Stockholm 1961/62, ⁴1980/83 (Lit.). – N. **Runeby,** Monarchia mixta. Uppsala 1962. – N. **Andrén,** Power-balance and Non-Alignment. A Perspective on Swedish Foreign Policy. Stockholm 1967. – G. **Behre,** Svenska rikets uppkomst. Göteborg 1968 (Lit.). – M. **Roberts,** The Early Vasas. A History of Sweden 1523–1611. Cambridge 1968. – K. **Samuelsson,** Från stormakt till välfärdsstat. Stockholm 1968. – P.-E. **Brolin,** Kalmarunionen och dess betydelse i Sveriges historia. Göteborg 1969. – A. E. **Imhof,** Grundzüge der nordischen Geschichte. Darmstadt 1970, ²1985. – H. **Schück u.a.,** Riksdagen genom tiderna. Stockholm 1985. – D. **Strauch,** Kirche, Königtum und Kaufleute im mittelalterlichen S., in: FS der Rechtswiss. Fakultät zur 600-Jahr-Feier der Universität Köln. Köln 1988, 135 ff. (Lit.). – I. **Andersson,** J. **Weibull,** Schwed. Geschichte im Abriß. Stockholm ³1989.

Zu III:
Das Zivil- und Strafprozeßgesetz S.s. Übers. u. eingel. von G. **Simson.** Berlin 1953. – W. **Haller,** Der schwed. Justitieombudsman. Zürich 1964. – E. **Holmberg,** N. **Stjernquist,** Vär författning. Stockholm 1974, ⁷1988. – G. **Petrén,** H. **Ragnemalm,** Sveriges grundlagar och tillhörande författningar med förklaringar. Stockholm ¹²1980. – F. **Korkisch,** Einf. in das Privatrecht der nordischen Länder. Bd. 1. Darmstadt 1977. – An Introduction to Swedish Law. Hg. S. **Strömholm.** Stockholm 1981, ²1988. – O. **Petersson,** Die politischen Systeme Nordeuropas. Baden-Baden 1989.

Zu IV:
G. **Alexandersson,** Das städtische Siedlungssystem Nordeuropas, in: GeogrRd 37 (1985) 515 ff. – B. **Butzin,** Zentrum und Peripherie im Wandel. Erscheinungsformen und Determinanten der „Counterurbanization" in Nordeuropa und Kanada. Paderborn 1986. – B. **Henningsen,** Der Wohlfahrtsstaat S. Baden-Baden 1986. – Fungerande regioner i samspel. Slutbetänkande av 1987 års regionalpolitiska kommitté. Stockholm 1989.

Zu V:
R. **Meidner,** A. **Hedborg,** Modell S. Erfahrungen einer Wohlfahrtsgesellschaft. Frankfurt/M. 1984. – Svenskt näringsliv i geografiskt perspektiv. Hg. G. **Törnqvist.** Stockholm 1986. – OECD, Sweden. Paris 1987. – Some Data about Sweden. Hg. Skandinaviska Enskilda Banken. Stockholm 1989.

Laufende Veröffentlichung:
Statistisk årsbok. Hg. Statistiska Centralbyrån. Stockholm.

Zu VI:
S. heute. Hg. Schwed. Institut. Stockholm 1962. – R. **Dey,** S. heute – Ein Land öffnet sich der Zukunft. Wien 1987. – Grundzüge der neueren skandinavischen Literaturen. Hg. F. **Paul.** Darmstadt 1982. – R. **Zeitler,** S. – Kunstdenkmäler und Museen. Stuttgart 1985. – G. **Werner,** Die Geschichte des schwed. Films. Frankfurt/M. 1988. – S. im Überblick. Hg. Schwed. Institut. Stockholm ⁴1989.

Peter Sedlacek (I, IV, V), *Dieter Strauch* (II),
Gerhard Schmidt (III), *Franz-Josef Holin* (VI)

SCHWEIZ

Amtlicher Name	Schweizerische Eidgenossenschaft (Confoederatio Helvetica) Suisse (frz.), Svizzera (ital.), Svizzra (rätoroman.)
Staatsform	Parlamentarisch-demokratischer Bundesstaat
Hauptstadt	Bern (136 000 E.)
Fläche	41 293 km²
Bevölkerung	6 750 500 E. (1990; VZ 1980: 6 365 372). – 163 E./km²
Sprache	Landessprachen: Deutsch, Französisch, Italienisch (Amtssprachen), Rätoromanisch
Religion	Katholiken 47,6%; Protestanten 44,3%
Währung	1 Schweizer Franken (sfr) = 100 Rappen

I. Naturräumliche Voraussetzungen

Die S., Binnenstaat und Durchgangsland am Rande Mitteleuropas, hat mit ihren Nachbarländern (↗Deutschland im N, ↗Österreich und ↗Liechtenstein im O, ↗Italien im S, ↗Frankreich im W) gemeinsam, daß alle, wenn auch in unterschiedlichem Maße, Anteil an den Alpen haben.

Die S. weist eine Großlandschaftsgliederung in *Jura, Mittelland* und *Alpen* auf. Während die Alpen ihr Bild im Ausland prägen, ist das Mittelland der Hauptverkehrs-, Wirtschafts- und Siedlungsraum des Landes. Die Gebirgsgliederung strukturiert die Kulturlandschaft, die zusätzlich durch die ethnischen Unterschiede differenziert ist.

Die Naturlandschaft ist von der Alpenentstehung geprägt. Das gilt auch für den Jura und das Mittelland. Während die Alpen während des Tertiärs zu einem Faltengebirge aufstiegen, wurde im Vorland sedimentiert und durch Fernwirkung der Jura aufgeschoben.

Die *Alpen* sind W-O- bzw. WSW-ONO- gegliedert. Dies drückt sich im Verlauf der großen Täler und des Alpenrandes aus. 2/3 des Landes werden von den Alpen eingenommen, wobei ein großer Teil ein schwer zugängliches Steilrelief darstellt, mit Gipfeln zwischen

3000 und über 4000 m. Längs- und Quertäler enden, auch bei längerem Verlauf, in Talschlüssen, an deren Enden sich Pässe befinden, die seit der frühen Besiedlung den innerschweizer. und überregionalen Verbindungen dienten. Viele entsprechen nicht mehr den modernen Verkehrsbedürfnissen, so daß das Alpenstraßen- und -bahnnetz, auch durch Tunnels ergänzt, auf wenige wichtige Linien konzentriert ist. Sie haben europ. Bedeutung und dienen dem überregionalen Verkehr (Handel, Tourismus).

Das *Mittelland*, das Alpenvorland zwischen Genfer See und Bodensee, ist glazial überformt. Flußterrassen, Moränen und Lößdecken bilden ein Hügel- und Bergland auf tertiärem Untergrund. Während die Bodenbildung in den Alpen wegen der späten Eiszeiten und dem Hochgebirgsklima wenig entwickelt ist, finden sich im Mittelland z. T. tiefgründige Braun- und Parabraunerden, dort, wo der Bodenwasserhaushalt gestört ist, auch Pseudogleye und an Grundwasserstandorten Gleye. Der Nutzungswert ist unterschiedlich. Die Vegetation wird von ausgedehnten Fichtenforsten bestimmt, welche die natürlichen Laubmischwälder verdrängt haben. Das Kulturlandschaftsmuster des Mittellandes ist von einem Wechsel Grünland, Ackerland, Wald geprägt. Die Grünlandanteile nehmen gegen die Alpen hin zu, da mit zunehmender Höhe aus klimatischen Gründen Ackerbau nur schwer möglich ist.

Der *Jura* ist ein hohes Mittelgebirge mit Bergen bis zu 1600 m. Dadurch empfängt er auch viele Niederschläge. Die Grünlandnutzung herrscht vor. Der in *Falten-*, *Plateau-* und *Tafeljura* gegliederte schweizer. Juraanteil weist ein kleinräumiges, reliefangepaßtes Kulturlandschaftsmuster auf, das sich bis in den Verlauf der kleinen Verkehrswege hin auswirkt. Täler und Hochbecken sind Leitlinien der Siedlung und des Verkehrs. Die Hauptrichtung wird von den Faltenbögen des Jura vorgegeben. Die Kalkgesteine haben den Jura zu einer Karstlandschaft mit Dolinen, Höhlen, Trockentälern und Karstquellen werden lassen.

Das *Klima* der S. gehört der thermisch gemäßigten humiden Zone Europas. Generell ist es ozeanisch geprägt. In den inneralpinen Becken und Längstälern kommen extreme Trockengebiete (um 500 mm Niederschlag/Jahr) vor. Sie sind, durch Windschutz, auch thermisch begünstigt. Die Südalpentäler weisen eine submediterrane Klimatönung auf. Dies drückt sich auch in wärmeliebenden Kulturen und einer üppigen submediterranen Vegetation aus. Klimabegünstigt ist auch die Nordwestschweiz, soweit sie mit dem Klimagunstraum des Oberrheingrabens verbunden ist.

Der *Wasserhaushalt* der einzelnen Landschaften richtet sich auch nach der Speicherfähigkeit der Gesteine aus. Die Alpen sind wasserreich, abgesehen von den Nördlichen Kalkalpen. Sie weisen, wie der Jura, ein Karstwasserregime auf. Die großen Täler der Alpen und des Mittellandes und der Hochrhein verfügen über mächtige Talbodenfüllungen mit großen Grundwasserressourcen. Hier bestehen Nutzungskonflikte wegen der dichten Besiedlung und zahlreichen Verkehrsinfrastrukturen. Die zunehmende Zersiedlung und Verdichtung in den Talgebieten verstärken diese Konflikte. Durch die Hochgebirgsnatur sind viele Teile des Landes nicht nutzbar, so daß der Nutzungsdruck größer als in Nachbarstaaten ist.

Durch die enge Kammerung des Landes, die zu einer sehr kleinräumigen Kulturlandschaft führte, werden auch auf kleinem Raum Höhendifferenzierungen von *Böden, Klima und Vegetation* deutlich, die sich auch in höhengebundenen Nutzungsstufen ausdrücken. Bis ca. 800 m ü. d. M. reicht die Stufe der Sonderkulturen und wärmeliebenden Holzgewächse, bis ca. 1500 m eine Laubwaldstufe, die von der bis 1800/2000 m reichenden Nadelwaldstufe abgelöst wird. Darüber folgt die Mattenstufe, die bis an die Schneegrenze (2500/3200 m) reicht. Vom Alpenrand bis zu den Zentralalpen steigen die Klima-, Vegetations- und Nutzungshöhenstufen an, bedingt durch den Massenerhebungseffekt des Hochgebirges. Trotz der Kleinheit des Landes wird eine dreidimensionale landschaftsökologische Gliederung deutlich, auch wenn sie zunehmend durch den anthropogenen Nutzungsdruck verwischt wird.

II. Historische und politische Entwicklung

Der österr. Schriftsteller *Hans Weigel* hat für die S. die These vom Triumph der Geschichte über die Geographie aufgestellt. Diese Feststellung – so einleuchtend sie auf den ersten Blick ist – verschleiert die Wirklichkeit. Die Vielfalt der S. in den Tälern und Regionen, in Geographie und Klima, in Sprachen und Konfessionen verleitet dazu, die Landschaft in erster Linie als einheitssprengende Kraft anzusehen. Gewiß, Berge und Täler bilden eine der wichtigsten Ursachen der Vielfalt. Man kann indessen in den Bergen auch ein verbindendes Element sehen: die S. als alpiner Paßstaat im westl. Mitteleuropa.

Die S. ist ein europ. Binnenland. Sie besitzt keinen direkten Zugang zu einem Weltmeer. Dieser Nachteil wird dadurch aufgewogen, daß die S. das klassische Durchgangsland für den N-S-Transit im westl. Mitteleuropa darstellt (vgl. V). Diese zentrale Lage in den N-S-Verkehrsströmen bildet das Fundament für ihre Entstehung.

Das populäre Geschichtsbild setzt den Anfang der Eidgenossenschaft mit dem Dreiländerbund am Gotthard 1291 an. Am Beginn steht nach dieser Geschichtserzählung der *Waldstätterbund* von Uri, Schwyz und Unterwalden, der *Rütlischwur, Wilhelm Tell* und die *Schlacht am Morgarten* – alles Orte, Personen und Ereignisse in der Alpenregion der heutigen Zentralschweiz. Als Landfriedensbund stellte der Waldstätterbund von 1291 zu seiner Zeit keine spektakuläre Einzelerscheinung dar. Daraus entstand bis zur Mitte des 14. Jh. die achtörtige *Eidgenossenschaft*. Entscheidend war dabei, daß sich Städte wie Zürich und Bern mit dem Bauernbund der Waldstätte zusammenschlossen und an der Südwestecke des Reiches ein Bündnissystem entstehen ließen, das unter dem Namen Eidgenossenschaft überlebte. Nach dem *Schwabenkrieg* von 1499 löste sich die Eidgenossenschaft faktisch, im Westfälischen Frieden von 1648 völkerrechtlich vom Reich und bildete fortan einen selbständigen Staat.

Das eidgenössische Staatswesen stellte ein schwer überblickbares Bündnissystem unterschiedlicher Partner dar: gleichberechtigte Orte (Kantone), zugewandte Verbündete und Untertanengebiete gehörten dazu. Im Zeitalter des Absolutismus war die Eidgenossenschaft nicht in der Lage, ein modernes Staatswesen zu entwickeln. Die Zentraladministration mit dem Vorort Zürich war äußerst schwach; eine eigentliche Regierung bestand nicht, bloß ein beratendes Organ in der Art eines Delegierten-Kongresses *(Tagsatzung);* auch eine gemeinsame Armee existierte nur in Ansätzen (Grenzschutz). Kurzum: eine Zentralgewalt konnte sich nicht durchsetzen. Noch heute stellt die lokale und kantonale Selbstverwaltung eines der herausragendsten Merkmale des politischen Systems dar. Vor dem Hintergrund dieser politischen Kultur konnte sich keine eigentliche Metropole entwickeln. Zürich stellt das größte Ballungs- und Wirtschaftszentrum dar, Metropole ist es trotzdem nicht; die Bundesverwaltung befindet sich in Bern, und kulturelle Schwerpunkte verteilen sich auf das ganze Land.

Die geopolitische Zentrallage im westl. Mitteleuropa führte zu einer engen Verflechtung der S. mit ihren Nachbarn. Nachdem die alte Eidgenossenschaft zu Beginn des 16. Jh. ihre Spannungen zu Österreich-Habsburg bereinigt und mit Frankreich eine Art von ewigem Friedens- und Allianzvertrag geschlossen hatte, begann für das Land eine lange Periode des äußeren Friedens. Aus der inneren Brüchigkeit der in einen katholischen und einen reformierten Teil gespaltenen Eidgenossenschaft und aus der äußeren Labilität des europ. Staatensystems resultierte die außenpolitische Maxime der *Neutralität*. Wenn man von den *Bündner Wirren* im 17. Jh. absieht, konnte die S. auf diese Weise von der frühen Neuzeit bis zur Französischen Revolution am Ende des 18. Jh. weitgehend aus den europ. Kriegen heraushalten. Erst die Revolutionswirren und die Napoleonischen Kriege zogen sie für kurze Zeit in den Strudel der großen europ. Politik hinein. Nach dem Zusammenbruch der Napoleonischen Hegemonie kehrte sie wieder zur traditionellen Politik des neutralen „Stillsitzens" zurück.

Durch den *Wiener Kongreß* von 1815 erhielt die S. ihre bis heute noch gültigen äußeren Grenzen. Die Völkergemeinschaft anerkannte die *immerwährende Neutralität* als außenpolitische Maxime und hielt ausdrücklich fest, daß sie im Interesse Europas liege. Vom strategischen Interesse der Großmächte an einem neutralen Alpenraum profitierte die S. in den Krisen des Deutsch-Französischen Krieges 1870/71, im I. und im II. Weltkrieg. Eine kriegsverschonte, dem internationalen Verkehr und der Wirtschaft offene S. war den Mächten im 20. Jh. mehr wert als eine aufwendige militärische Eroberung. Mit der Globalisierung der Weltpolitik, die v. a. den Nord-Süd-Konflikt ins Zentrum rückt, verloren Europa und damit auch die S. an strategischer Bedeutung (↗Europa III). Der Zusammenbruch des sowjetischen Imperiums in Mittel- und Osteuropa veränderte schließlich die außenpolitische Stellung grundlegend. Seit 1990 rückt die S. von ihrem bisherigen Sonderstatus langsam ab und nähert sich stärker als bisher der europ. und internationalen Ordnung an. Noch ist das Land nicht Mitglied der UNO, da das Schweizervolk 1986 in einer Volksabstimmung den Beitritt ablehnte, arbeitet aber in deren nichtpolitischen Sonderorganisationen mit. 1959/60 gehörte die S. zu den Gründungsmitgliedern der EFTA und schloß 1972 ein Freihandelsabkommen mit der EWG. Sie ist seit 1963 Mitglied des Europarats. Gegenwärtig bewegt sich die S. auf die EG zu, vorerst über den Zwischenschritt des EWR. Am 26.5.1992 hat sie den EG-Beitritt beantragt.

Nach mehreren revolutionären und gegenrevolutionären Bewegungen im Zeitraum von 1798 bis 1848 bildete sich die moderne S. heraus. Wichtige verfassungsgeschichtliche Daten waren die Jahre 1803, 1815 und 1848. 1803 stellte die von Napoleon diktierte *Mediationsverfassung* in zahlreichen Bereichen die alten staatenbündischen Strukturen wieder her. Die politische Grundstruktur der modernen S. geht auf das Jahr 1848 zurück, als sich der heute noch bestehende Bundesstaat formierte, dessen 26 Kantone und Halbkantone ein gewisses Maß an Autonomie bewahren konnten. Die Totalrevision der Bundesverfassung von 1874, gegen den Widerstand der kath.-konservativen Bevölkerung durchgesetzt, führte die Zentralisierung (so etwa im Rechts- und Militärwesen) und die Demokratisierung weiter. Die neue Verfassung verankerte das Referendum auf Bundesebene.

Die S. ist am Ende des 20. Jh. eines der reichsten Länder der Welt. Das war bis weit ins 19. Jh. nicht der Fall. In der frühen Neuzeit bildete sie ein verhältnismäßig armes, von Viehzucht und Ackerbau geprägtes Land mit kleinen wohlhabenden Städten. Aus der frühindustriellen Textilmanufaktur entwickelten sich zu Beginn des 19. Jh. allmählich moderne Industrien. Auf diese Weise entstand bis zum I. Weltkrieg der moderne Industriestaat, der sich nach 1945 zur Dienstleistungsgesellschaft wandelte (vgl. V).

Mit dem hohen Lebensstandard hängt zusammen, daß die S. seit dem ausgehenden 19. Jh. von einem Auswanderungs- zu einem Einwanderungsland wurde (vgl. IV). In den 1970er und 1980er Jahren löste die Einwanderung von ausländischen Arbeitskräften und von Flüchtlingen Abwehrreaktionen in der Form von fremdenfeindlichen Strömungen aus.

Im Vergleich zu den europ. Nachbarländern ist das politische Leben der S. durch direktdemokratische Eigenarten gekennzeichnet (vgl. III). Seit 1919 veränderte sich die Parteienlandschaft nur wenig. Die bestimmenden politischen Gruppierungen sind die →Freisinnig-Demokratische Partei der Schweiz (FDP), die →Christlichdemokratische Volkspartei der Schweiz (CVP), die →Sozialdemokratische Partei der Schweiz (SPS) und die gewerblich-bäuerlich orientierte Schweizerische Volkspartei (SVP) (vgl. Tab. 1).

1959 entstand die berühmte Zauberformel der Landesregierung *(Konkordanz)*, die sich seither aus je 2 Vertretern von FDP, CVP und SPS und 1 Vertreter der SVP zusammensetzt. Zusammen mit dem Bundesrat (als Kollegialregierung), der vom Parlament nicht gestürzt werden kann, verleiht die außerordentliche parteipolitische Kontinuität dem politischen System trotz der direktdemokratischen Einflußmöglichkeiten eine außergewöhnliche Stabilität.

III. Recht und Verfassung

1. Rechtsrelevante Kennzeichnungen der Schweiz

Die S. entwickelte sich jahrhundertelang von vielfältigen bündischen Geflechten und nach einem einheitsstaatlichen Zwischenspiel (1798–1803) zu einem reinen Staatenbund (1815), der schließlich vom voll ausgebauten *Bundesstaat* (Bundesverfassung = BV vom 12.9.1848, rev. am 29.5.1874) abgelöst wurde. Es war der erste in Europa, nach den USA der zweite in der Welt. Die S. war – und das wirkt staatsrechtlich in vielen Belangen nach – nie Monarchie, nie ständestaatlich geformt und erlebte keine absolutistisch-totalitärstaatliche Herrschaft. Sie war immer – auch als dies in Europa zu den Seltenheiten gehörte – *Republik* auf genossenschaftlicher Basis und ohne Staatsoberhaupt. Damit war ständig die *Demokratie* ein Merkmal der Schweiz. Zunächst in repräsentativen Formen ausgestaltet, bildete sie sich im 19. Jh. zur „halbdirekten" *„Referendumsdemokratie"* fort: Die Aktivbürgerschaft hat, neben mannigfachen Wahlrechten, in vielerlei Sachfragen, über die die Parlamente befinden, Endentscheidungs- und Initiativrechte, die ausgiebig wahrgenommen werden. Die Gliedstaaten sind in sog. politische *Gemeinden* (insgesamt rd. 3000) untergliedert, die eine ausgedehnte Autonomie genießen.

Ethnische, kulturelle, sprachliche, konfessionelle, wirtschaftliche Vielgestaltigkeit, ferner die geographisch-topographisch und sicherheitspolitisch komplizierte Lage, schließlich die wirtschaftlichen Abhängigkeiten vom Ausland bei einem lebhaften Selbständigkeitsbewußtsein führen in der S. zu spannungsreichen Grundsituationen, die Recht und Politik veranlassen, sich dauernd um *Integration und Stabilisierung* zu bemühen. Deshalb herrschen konsensuale Verfahren der staatlichen Willensbildung, der föderale und gruppenpolitische Kompromiß, die möglichst einver-

Tabelle 1
Stimmanteile und Mandate der Parteien im Nationalrat

Wahltag	29.10.1947		27./28.10.1951		30.10.1955		25.10.1959		27.10.1963		29.10.1967		31.10.1971		11./12.10.1975		20./21.10.1979		23.10.1983		18.10.1987		20.10.1991	
Partei	in %	Mandate	in %	Mandate	in %	Mandate	in %	Mandate	in %	Mandate	in %	Mandate	in %	Mandate	in %	Mandate	in %	Mandate	in %	Mandate	in %	Mandate	in %	Mandate
FDP[1]	23,0	52	24,0	51	23,3	50	23,7	51	24,0	51	23,2	49	21,5	49	22,2	47	24,1	51	23,3	54	22,9	51	20,9	44
CVP[2]	21,2	44	22,5	48	23,2	47	23,3	47	23,4	48	22,1	45	21,0	44	21,1	46	21,5	44	20,6	42	20,0	42	17,8	36
SPS[3]	26,2	48	26,0	49	27,0	53	26,3	51	26,6	53	23,5	51	22,8	46	24,9	55	24,4	51	22,8	47	18,4	41	19,0	43
SVP[4]	12,1	21	12,6	23	12,1	22	11,6	23	11,4	22	11,0	21	10,0	21	9,9	21	11,6	23	11,1	23	11,0	25	11,8	25
LPS[5]	3,2	7	2,6	5	2,2	5	2,3	5	2,2	6	2,3	6	2,1	6	2,4	6	2,8	8	2,8	8	2,7	9	3,0	10
DP[6]	2,9	5	2,2	4	2,1	4	2,2	4	1,8	4	1,4	3	0,8	2										
LdU[7]	4,4	8	5,1	10	5,5	10	5,5	10	5,0	10	9,1	16	7,6	13	6,1	11	4,1	8	4,0	8	4,2	9	2,7	6
PdA[8]	5,1	7	2,7	5	2,6	4	2,7	3	2,2	4	2,9	5	2,5	5	2,4	4	2,1	3	0,9	1	0,8	1	4,2	2
EVP[9]	0,9	1	1,0	1	1,1	1	1,4	2	1,6	2	1,6	3	2,2	3	2,0	3	2,2	3	2,1	3	1,9	3	1,9	3
NA[10]											0,6	1	}7,2	4		7	2,5	2	1,3	2	}3,5	4	2,9	3
REP[11]															3,0	4	0,6	1						
POCH[12]																	1,7	2	2,2	3	3,5	4		
GPS[13]																			2,9	3	4,8	9	6,4	14
APS[14]																					5,1	8		
sonstige	1,0	1																1	4,0	3	6,8	3	4,4	4

[1] Freisinnig-Demokratische Partei der Schweiz. – [2] Christlichdemokratische Volkspartei der Schweiz (seit 1970); seit 1957 Konservativ-christlichsoziale Volkspartei, davor Schweizerische Konservative Volkspartei. – [3] Sozialdemokratische Partei der Schweiz. – [4] Schweizerische Volkspartei; bis 1971 Bauern-, Gewerbe- und Bürgerpartei, BGB. – [5] Liberale Partei der Schweiz; bis 1977 Liberaldemokratische Union der Schweiz. – [6] Demokratische Partei der Schweiz; 1971 fusionierte der Großteil mit der BGB zur neuen SVP. – [7] Landesring der Unabhängigen. – [8] Partei der Arbeit. – [9] Evangelische Volkspartei. – [10] Nationale Aktion für Volk und Heimat; 1991 SD/NA = Schweizer Demokraten/Nationale Aktion. – [11] Schweizerische Republikanische Bewegung. – [12] Progressive Organisationen der Schweiz. – [13] Grüne Parteien der Schweiz. – [14] Autofahrerpartei.

nehmliche statt der konkurrierenden und dezidierenden Bewältigung staatlicher Probleme vor („*Konsensdemokratie*"). Begleitet sind sie von variantenreichen Leitprinzipien, so dem Kollegialprinzip in beinahe allen Entscheidungsorganen, der Bevorzugung der Nebenamtlichkeit und der Laien für öffentliche Ämter (ziviles „*Milizsystem*"), befristeter Amtsausübung bei möglicher Wiederwahl, der Vorliebe für politische statt für richterliche Konfliktlösungen.

Die S. ist ein *Kleinstaat* mit demokratiebegünstigenden Verengungen und staatspolitischen Schwächen oder Gefährdungen. Sie begegnet diesen u. a. mit der völkerrechtlich anerkannten immerwährenden und bewaffneten *Neutralität*. Die S. gehört seit 1963 dem Europarat an und hat 1974 die Europäische Menschenrechtskonvention ratifiziert. Durch die selbstbindenden Maximen der *internationalen Solidarität* und Disponibilität sucht sie aktiv und real zur internationalen Friedens- und Sicherheitsordnung beizutragen.

2. Verfassungsrechtliche Grundentscheidungen

Die S. hat die „Strukturprinzipien", die den modernen Staat westlicher Prägung als *materialen Verfassungsstaat* kennzeichnen, längst aufgenommen und in beharrlichen Rechtsentwicklungen weit vorangeführt.

Die ausgeprägte *Demokratie* ist egalitär ausgerichtet. Das Mehrheitsprinzip wird eingerahmt von der betonten Rücksichtnahme auf Minderheiten.

Die *föderative Ordnung* weist 26 Gliedstaaten (*Kantone*, auch *Stände* genannt) auf, wovon für 6 sog. *Halbkantone* die Teilnahmerechte an der Willensbildung im Bunde leicht reduziert sind. Die Kantone sind einander rechtsstrukturell stark angenähert, in den Einzelheiten jedoch reich differenziert. Gegenüber dem Bund gilt trotz ihrer vielfältigen Unterschiede eine absolute Gleichheit der Kantone. Für den Finanzausgleich hingegen greift eine relative Gleichheit Platz. Die nuancenreiche politische Kultur hat ihr Schwergewicht immer noch in den Gliedstaaten, freilich mit zunehmenden Einebnungen und einem Trend zur Abwanderung in den Bund.

Für die *Aufgabenerfüllung* hat sich ein komplex verflochtenes Verbundsystem (vernetzter Föderalismus im Gegensatz zum dualistischen Trennungstyp) herausgebildet. Meistens sind beide Gemeinwesen engagiert. Häufig wird der Bund rechtsetzend und kontrollierend tätig, während den Gliedstaaten der Vollzug überantwortet wird. Der Bund erbringt ihnen dafür erhebliche finanzielle Beitragsleistungen. Den Gliedstaaten bleiben indessen beachtliche Aufgabengebiete zur eigenen freien Gestaltung (autonome materielle Bereiche, Organisations- und Finanzautonomie). Sie schließen unter sich in allen Funktionsbereichen interkantonale Verträge (sog. *Konkordate*) ab und schaffen interkantonale Institutionen.

Die *Rechtsstaatlichkeit* ist durch Bund und Kantone hindurch fest verwurzelt. Freiheitsrechte, weitere Grundrechte, vielfältige Gewaltenteilungen, Legalitätsprinzip, Ersatzleistungssysteme sind eingerichtet und geschützt. Das den Rechtsstaat dominant behütende Organ ist der Gesetzgeber. Doch weiten sich die Verfassungs- und Verwaltungsgerichtsbarkeit seit den 1960er Jahren schrittweise aus.

Die *Sozialstaatlichkeit* ist in einem dichten Netz ausgebreitet und hat die soziale Sicherheit ansehnlich gefestigt (vgl. IV). Die staatliche Wirtschaftsgestaltung hält ein funktionsfähiges System der Sozialen Marktwirtschaft (vgl. V) mit maßvollen staatlichen Interventionen bei einer grundrechtlich gesicherten Wirtschaftsfreiheit im Gange. Ökologische Sicherheit ist aufkommendes Großthema für Recht und Politik.

3. Regierungssystem

Ein „*gemischtes Regierungssystem*" im Bund wie in den Kantonen schlägt einen Mittelweg zwischen dem parlamentarischen und einem präsidentiellen Modell ein, das in die Referendumsdemokratie (s. o. 1) eingepaßt ist.

Im *Bund* besteht das *Parlament (Bundesversammlung)* aus zwei einander gleichgestellten und mit gleichen Zuständigkeiten ausgestatteten Kammern: Der das Gesamtvolk repräsentierende, auf 4 Jahre im Proporzwahlsystem gewählte *Nationalrat* zählt 200 Mitglieder (aktives und passives Wahlrecht seit 1991: 18 Jahre). Der die Gliedstaaten in ihrer Gleichheit darstellende *Ständerat* umfaßt 46 Mitglieder. Jeder volle Kanton stellt 2, jeder Halbkanton 1 Abg. durch Volkswahl je nach Kantonalwahlrecht. Die Mitglieder beider

Kammern stimmen „ohne Instruktion", d. h. rechtens bindungsfrei. Die ausgedehnten Zuständigkeiten der Bundesversammlung konzentrieren sich auf Verfassungsgebung, Gesetzgebung, Staatsvertragsgenehmigungen, Budgetaufstellungen, Wahlen und Beaufsichtigungen, die ersten 3 Blöcke unter dem erwähnten Referendumsvorbehalt, eine Verfassungsnormierung zudem mit der Möglichkeit der Initiierung durch 100 000 Stimmberechtigte.

Die *Regierung (Bundesrat)* besteht aus 7 einander gleichgestellten Mitgliedern, die in Einzelwahlen durch die Bundesversammlung auf 4 Jahre gewählt werden (vgl. II). Wiederwahl ist zulässig und üblich. Der jährlich wechselnde Vorsitzende *(Bundespräsident)* ist ohne Prärogativen. Jedes Regierungsmitglied steht einem *Departement* vor.

Die Regierung und ihre Mitglieder sind keinem Mißtrauensvotum ausgesetzt und können während der Amtsdauer nicht abberufen werden. Das Parlament andererseits kann nicht aufgelöst werden. Damit ist die Staatsleitung institutionell stabilisiert, und mit der organisatorischen Trennung der beiden Gewalten verbindet sich funktionell ein enges koordinativ-kooperatives Zusammenwirken in beinahe allen Zuständigkeitsbereichen des Parlaments.

Das *Regierungssystem in den Kantonen* stimmt mit demjenigen des Bundes weitgehend überein. Abweichend sind insbes. die Volkswahl der *Regierungen (Regierungsrat* oder *Staatsrat)* und die durchgängige Beschränkung auf Einkammerparlamente. Die Initiativ-und Referendumsrechte des Volkes sind gegenüber denjenigen im Bunde erweitert oder erleichtert wahrnehmbar. 5 Kantone (Ob- und Nidwalden, Glarus und beide Appenzell) versammeln die Stimmberechtigten für Wahlen, gewisse Sachentscheidungen und einzelne Beratungen zu jährlichen *Landsgemeinden.*

4. Rechtsordnung

Die *Bundesverfassung* von 1874, die bisher über 100 Teilrevisionen erfahren hat, enthält in 177 Artikeln das geschriebene Verfassungsrecht des Bundes. Daneben gibt es einiges ungeschriebenes Verfassungsrecht (5 Grundrechte, Rechtsgrundsätze und organisatorische Festlegungen). Jeder Gliedstaat hat eine geschriebene *Kantonsverfassung,* die seine Staatlichkeit belegt. Sie darf Bundesrecht nicht widersprechen, hat demokratische Entscheidverfahren einzurichten und braucht die Gewährleistung durch den Bund; im übrigen gestalten die Gliedstaaten ihr Verfassungsrecht autonom.

Das übrige objektive Recht erlassen entweder der Bund oder die Kantone und gelegentlich die Gemeinden. Das *Zivilrecht* ist fast ausschließlich Bundesrecht. Es ist weitgehend kodifiziert im Zivilgesetzbuch (ZGB von 1907, in Geltung seit 1912), zu dem systematisch das Obligationenrecht (OR von 1881/1912/1936) gehört. Das *Strafrecht* ist seit 1937 als Bundesrecht kodifiziert und seit 1942 in Kraft. Vorher war es vorwiegend Recht der Kantone, das seither noch bei Verwaltungsdelikten und Übertretungen ergehen kann. Das *Verwaltungsrecht* als öffentliches Recht nimmt den Hauptteil des Bundesrechts und des kantonalen Rechts ein. Ein Allgemeiner Teil fehlt, auch für einzelne Sachgebiete. Das *Organisations- und Verfahrensrecht* erlassen der Bund für seine, die Kantone für ihre Organe, so daß die Gliedstaaten eigenem Verfahrensrecht auch da folgen, wo sie Bundesrecht anwenden.

Normenkontrollen gegenüber Bundes*gesetzes*recht sind ausgeschlossen (Art. 113 Abs. 3 BV), wohl aber bestehen sie gegenüber kantonalen Erlassen und Verordnungsrecht des Bundes.

Die überwiegend von den Kantonen wahrgenommene *Rechtspflege* durch Gerichte und teilweise durch die Verwaltung ist zwei- oder dreistufig. Sie führt in Zivil-, Straf- und Verwaltungssachen – mit gewissen Einschränkungen und mit unterschiedlichen Rechtsmitteln – letztinstanzlich an Instanzen des Bundes, namentlich an das *Bundesgericht.* Die Militärjustiz wird durch besondere Militärgerichte des Bundes ausgeübt.

5. Das Verhältnis von Staat und Kirche

Das Verhältnis von Staat und Kirche ist sowohl bundes- als auch kantonalrechtlich geregelt. Art. 49 und 50 BV enthalten die maßgebenden Bestimmungen über die Glaubens- und Gewissensfreiheit sowie den Schutz des religiösen Friedens. Dem Bund ist die Genehmigung der Errichtung und gebietsmäßigen Veränderung von Bistümern vorbehalten (Art. 50 Abs. 4). Die Wahlfähigkeit als Mitglied des Nationalrats ist auf Schweizer Bürger weltlichen Standes beschränkt (Art. 75). Demgegenüber wurden bei einer Teilrevision der Bundesverfassung (1973) das Jesuitenverbot und das Verbot, neue Klöster zu errichten, aufgehoben.

Mit Ausnahme der Kantone Genf und Neuenburg, in denen der Grundsatz der Trennung von Kirche und Staat gilt und in denen die Kirchen auf den privatrechtlichen Bereich verwiesen sind, besteht in allen übrigen Kantonen das Prinzip der Staatskirchenhoheit in verschiedenen Erscheinungsformen. Überwiegend besitzen die ev.-ref. Kirche und die röm.-kath. Kirche eine öffentlich-rechtliche Stellung. Die öffentlich-rechtlich anerkannten Kirchen haben das Recht, Steuern zu erheben. In allen Kantonen mit Staatskirchenhoheit besteht in den Kirchgemeinden das Recht der Pfarrwahl. Die sechs Bistümer der kathol. Kirche (Basel, St. Gallen, Chur, Sitten, Lausanne-Genf-Freiburg, Lugano) sind unmittelbar dem Hl. Stuhl unterstellt. In den beiden erstgenannten Bistümern hat das jeweilige Domkapitel das Recht der Bischofswahl, in Chur wählt das Domkapitel aus einem Dreiervorschlag des Hl. Stuhles, im übrigen gilt das freie Ernennungsrecht des Papstes.

IV. Bevölkerungs- und Sozialstruktur

1. Bevölkerungsentwicklung und -verteilung

Zwischen 1850 (kurz nach der Gründung des Schweizer. Bundesstaates) und 1910 erhöhte sich die Bevölkerung von 2,39 Mio. auf 3,75 Mio., wozu eine starke Zuwanderung beitrug. In den Kriegs- und Zwischenkriegsjahren verlangsamte sich ihr Wachstum. Die Jahrzehnte nach dem II. Weltkrieg – mit ihrer wirtschaftlichen Hochkonjunktur – führten erneut zu einer Zunahme, wozu wiederum eine starke Zuwanderung von Ausländern beitrug (vgl. Tab. 2).

Die S. weist einen höheren Anteil an Ausländern als die umliegenden Länder auf. Vor dem I. Weltkrieg kamen die Einwanderer hauptsächlich aus Deutsch-

Tabelle 2
Bevölkerungsentwicklung und natürliche Bevölkerungsbewegung

	Bevölkerung in Mio.	Ausländeranteil in %	Lebendgeburten je 1000 E.	Gestorbene je 1000 E.	Geburtenüberschuß je 1000 E.
1850	2,393	3,0	29,4	23,0	6,4
1880	2,846	7,4	29,6	21,9	7,7
1900	3,315	11,6	28,6	19,3	9,3
1920	3,880	10,4	20,9	14,4	6,5
1941	4,266	5,2	16,9	11,1	5,8
1960	5,362	10,8	17,6	9,7	7,9
1980	6,358	14,5	11,5	9,3	2,3
1990	6,796	17,4	12,5	9,5	3,0

Quelle: Stat. Jahrbücher der Schweiz

land und Frankreich, in den 1950er und 1970er Jahren v. a. aus südeurop. Ländern. Bis heute sind die Italiener die stärkste Ausländergruppe (vgl. Tab. 3).

Tabelle 3
Ständige ausländische Wohnbevölkerung nach Nationalität
(in %)

Jahr	1880	1900	1960	1980	1990
Deutsche	45,1	43,9	16,0	9,7	7,5
Franzosen	25,4	15,3	5,4	5,2	4,6
Italiener	19,7	30,5	59,2	47,1	33,9
Österreicher	6,3	6,4	6,5	3,6	2,6
andere	3,5	3,9	12,9	34,4	48,6
davon:					
Spanier				10,9	10,4
Jugoslawen				4,9	12,6
Türken				4,3	5,8

Quelle: Stat. Jahrbücher der Schweiz

Die *Bevölkerungsverteilung* auf die vier Landessprachen hat sich in diesem Jahrhundert nur geringfügig verändert. Der Anteil der Bevölkerung dt. Muttersprache verringerte sich 1900–80 von 69,7% auf 65,0%, der der französischsprachigen Bevölkerung von 22,0% auf 18,4%. Die Sprachgrenze zwischen Deutsch- und Welschschweiz blieb weitgehend konstant. Gefährdet erscheint dagegen das Rätoromanische, dessen Verbreitungsgebiet einen deutlichen Rückgang erlitt (1900: 1,2%, 1980: 0,8%). Aufgrund der Einwanderung ausländischer Arbeiter und ihrer Familien hat der Anteil der Wohnbevölkerung mit it. Muttersprache zugenommen (1900: 6,8%, 1980: 9,8%). Gestiegen ist auch der Anteil an Personen mit „anderer Muttersprache" (1900: 0,3%, 1980: 6,0%).

Die *Bevölkerungsentwicklung* verlief regional sehr unterschiedlich. Abwanderung aus ländlichen Gebieten und Zuwanderung in Städte und Agglomerationen haben dazu geführt, daß sich die Bevölkerung heute in einem dichtbesiedelten Band zwischen Jura und Voralpengebiet von Genf bis an den Bodensee konzentriert. Während 1850 der Anteil der Bergbevölkerung (= Wohnbevölkerung in über 700 m Höhe) noch 25,5% der Gesamtbevölkerung betrug, sank ihr Anteil bis 1980 auf 11%. Viele Land- und Berggemeinden haben eine Entvölkerung erlebt. 1980 zählten 42% aller schweizer. Gemeinden absolut weniger Einwohner als 1880. Angestiegen sind Bevölkerungszahl und -anteil städtischer Gebiete: 1985 lebten 61,4% der Schweizer Wohnbevölkerung in Agglomerationen und Städten über 10 000 E. Allein die fünf größten Agglomerationen (Basel, Bern, Genf, Lausanne, Zürich) umfaßten 1985 33,1% der Bevölkerung. In den letzten Jahren haben allerdings mittelgroße Städte und einige Tourismusregionen ein überdurchschnittliches Bevölkerungswachstum erlebt („Peri-Urbanisierung").

2. Bevölkerungsbewegung und Altersstruktur

Analog anderen europ. Ländern erlebte auch die S. nach 1965/66 einen deutlichen Geburtenrückgang. Der Index der Geburtenhäufigkeit (IGF) sank 1965–80 von 2,6 auf 1,5 Geburten pro Frau und verharrte in den 80er Jahren auf einem niedrigen Niveau (1988: 1,57). Der Geburtenrückgang spiegelt einerseits eine Verzögerung der Familiengründung. Andererseits kam es zu einer deutlichen Verringerung der Familiengröße auf 2–3 Kinder. Während von den 1916/20 geborenen Frauen 45% noch 4 und mehr Kinder zur Welt brachten, sind es bei den 1946/50 geborenen Frauen nur noch 7%.

Bisher wies die S. trotz geringen Geburtenniveaus noch einen positiven Geburtenüberschuß auf (vgl. Tab. 2). Bei gleichbleibender Entwicklung ist (gemäß Schätzungen des Bundesamtes für Statistik) jedoch nach dem Jahre 2002/03 mit einem zunehmenden Geburtendefizit zu rechnen, insbes. weil die Sterbeziffern aus demographischen Gründen ansteigen werden.

Wie in anderen europ. Ländern nahm die Lebenserwartung bisher kontinuierlich zu. Gemäß der Sterbetafel 1986/87 betrug die durchschnittliche Lebenserwartung bei Männern 73,8, bei Frauen 80,5 Jahre.

Das demographische Altern der schweizer. Wohnbevölkerung wurde bisher durch die Einwanderung v. a. junger Ausländer gebremst. Das geringe Geburtenniveau und eine politisch bedingte Begrenzung der Einwanderung dürften in den nächsten Jahrzehnten zu einer verstärkten demographischen Überalterung führen (vgl. Tab. 4).

Tabelle 4
Altersstruktur der Wohnbevölkerung
(Altersgruppen in %)

Jahr	0–19	20–39	40–64	65 +
1900	40,5	31,2	22,5	4,8
1941	30,2	31,9	29,4	8,5
1980	27,2	30,7	28,3	13,8
1990	23,3	31,2	30,9	14,6

Quelle: Stat. Jahrbücher der Schweiz

3. Haushalts- und Familienstruktur

Die langfristige Entwicklung zur Kleinfamilie setzte sich fort. Zählten 1960 noch 21% aller Privathaushalte 5 oder mehr Personen, waren es 1989 nur noch 5%. Gestiegen ist dagegen der Anteil der Ein-Personen-Haushalte.

Ab Mitte der 70er Jahre sanken die Heiratsziffern, v. a. aufgrund eines Trends zur nichtehelichen Lebensgemeinschaft, stiegen in den letzten Jahren allerdings wieder an (vgl. Tab. 5).

Tabelle 5
Heirats- und Scheidungsziffern

Jahr	Erstheiratshäufigkeit pro 100 Frauen	Scheidungshäufigkeit pro 100 Ehen	Wiederverheiratungen pro 100 Geschiedene	
			Frauen	Männer
1960	97	13	63	74
1970	87	15	60	69
1980	65	27	47	52
1990	75	33	59	66

Quelle: Bundesamt für Statistik, Bevölkerungsbewegung der Schweiz

Die Familienhaushalte i. e. S. haben eine Verkleinerung erfahren. Dazu beigetragen haben namentlich:
(1) Der Anteil an (Ehe-)Paaren ohne im Haushalt mitlebende Kinder erhöhte sich stark (1960–80 von 24% auf 34% aller Familienhaushalte). Verringerte Kinderzahl, früher Wegzug von Jugendlichen aus dem Elternhaus sowie verlängerte Lebenserwartung tragen zur Ausdehnung der Nach-Eltern-Phase bei.
(2) Der Anteil an Familien mit Verwandten und fremden Personen verringerte sich. Drei-Generationen-Haushalte und die Wohngemeinschaft unter Verwandten wurden zu Ausnahmen. Umfaßten 1960 rd. 25% aller Familienhaushalte eine verwandte und/oder fremde Person, sank der Anteil bis 1988 auf weniger als 5%.
(3) Die durchschnittliche Kinderzahl pro Familie hat sich – als Folge des Geburtenrückgangs – wesentlich reduziert.
(4) Die Zahl der alleinerziehenden Mütter und Väter ist – als direkte Folge der erhöhten Scheidungshäufigkeit – deutlich gestiegen. 1988 umfaßten schätzungs-

weise 10–12% der Familien mit Kindern nur einen Elternteil (überwiegend alleinerziehende Mütter). Während die Zahl der ledigen Mütter kaum gestiegen ist, hat sich in den letzten Jahrzehnten die der geschiedenen alleinerziehenden Frauen stark erhöht.

Nach 1966/67 erlebt die S. eine „Scheidungsexplosion". Seit den 1980er Jahren wird nahezu jede dritte Ehe geschieden (vgl. Tab. 5).

4. Beschäftigung und Sozialstruktur

Die Entwicklung zur Dienstleistungsgesellschaft hat sich in den letzten Jahrzehnten fortgesetzt (vgl. Tab. 6).

Tabelle 6
Beschäftigte nach Wirtschaftssektoren
(in %)

	1888	1910	1960	1980	1990
Primärsektor	38	27	15	7	6
Sekundärsektor	41	45	46	40	35
Tertiärsektor	21	28	39	53	59

Quelle: Stat. Jahrbücher der Schweiz

Neben internationalen Dienstleistungen (Banken, Tourismus usw.) nahmen auch die Arbeitsplätze im Bereich von Bildung und Gesundheit anteilmäßig zu. Insbesondere stieg der Anteil der Büroarbeitsplätze an der Gesamtzahl der Arbeitsplätze deutlich von 21% (1955) auf 40% (1986).

Die Beschäftigungsstruktur ist durch zwei Merkmale gekennzeichnet: Zum einen liegt die Arbeitslosigkeit sehr niedrig; sie stieg auch in der Rezession der späten 70er und frühen 80er Jahre nur regional in stärkerem Maße. Für die Vollbeschäftigung sind flexible industrielle Strukturen ebenso verantwortlich wie die „Reservefunktion" ausländischer Arbeitnehmer. Zum anderen hat die S. eine vergleichsweise geringe Müttererwerbstätigkeit; insbes. die Erwerbsquote von Frauen der mittleren Altersgruppen liegt unter derjenigen anderer europ. Länder.

Vollbeschäftigung, zusammen mit einem relativ hohen Lohnniveau, führt dazu, daß die S. als wohlhabende Mittelstandsgesellschaft bezeichnet werden kann. Aufgrund der Einwanderung von Fremdarbeitern – die die soziale Grundschicht bilden – haben viele Schweizer in den letzten Jahrzehnten einen deutlichen sozialen Aufstieg erfahren (z. B. in Angestelltenberufe).

Allerdings ist auch in der S. eine nicht unbeträchtliche, wenn auch versteckte Armut zu finden. Je nach Armutsdefinition wird heute eine Zahl von 150 000 bis 550 000 wirtschaftlich armen Personen geschätzt. Besonders von der „neuen Armut" betroffen sind alleinerziehende Elternteile und spezifische Gruppen von Rentnern und Jugendlichen.

5. Gesundheits- und Sozialwesen

Analog anderen europ. Staaten erfuhr auch die S. einen raschen Ausbau des Gesundheits- und Sozialwesens, wodurch z. B. eine umfassende gesundheitliche Versorgung der Bevölkerung gewährleistet ist (1987: 165 Ärzte auf 100 000 E.). Aber auch in der S. stiegen die Gesundheitskosten überdurchschnittlich an (Ausgaben der Krankenversicherung: 1970: 1,9 Mrd. sfr, 1987: 9,6 Mrd. sfr).

Die letzten zwei Jahrzehnte brachten einen deutlichen Ausbau der Sozialversicherungen, namentlich der Altersversorgung, die auf dem „Drei-Säulen-Prinzip" beruht: staatliche Alters- und Hinterlassenenversicherung (AHV) – berufliche Vorsorge (Pensionskassen) – steuerlich begünstigtes privates Sparen. 1960–87 stieg der Gesamtaufwand der Sozialversicherungen von 4,4 auf 61,3 Mrd. sfr, dadurch ihr Anteil am BSP von 11,9% auf 23,0%. Im Vergleich zu anderen Ländern ist das schweizer. Sozialwesen stärker föderalistisch aufgebaut, und privaten bzw. halbprivaten Trägern kommt eine hohe Bedeutung zu.

V. Wirtschaft

1. Produktionsfaktoren

Die S. gehört zu den entwickelten Industriestaaten, die nicht gut mit natürlichen Ressourcen ausgestattet sind. Die aus der dichten Besiedlung entstehende Knappheit an *Boden* hat im Rahmen der grundsätzlich privatwirtschaftlichen Eigentumskonzeption zu mannigfachen interventionistischen Regelungen geführt. Die primär wohlstandsbedingte Erhöhung der Nachfrage nach Boden und Wohnraum hat relativ hohe Bodenpreise, v. a. in den städtischen Agglomerationen, induziert.

Der *Energiebedarf* kann nur zu 15% aus inländischen Quellen gedeckt werden, vorwiegend aus Wasserkraft. Der größte Teil der Einfuhren entfällt auf Rohöl und Erdölprodukte. Die Energiepolitik ist deshalb – erfolgreich – auf Erdölsubstitution ausgerichtet (vgl. Tab. 7).

Tabelle 7
Anteil der Primärenergieträger am Gesamtenergieeinsatz
(in %)

	1976	1988
Total (TJ)*	790 590	1 038 490
Rohöl und Erdölprodukte	70	50
Wasserkraft	15	16
Kernkraft	10	23
Gas	3	6
Holz, Abfälle, Kohle	2	5

* TJ = Terajoule

Der Endenergieverbrauch ist in der Nachkriegszeit mit der raschen wirtschaftlichen Entwicklung ungefähr im gleichen Verhältnis wie das BIP gestiegen. Am Endverbrauch (1988) partizipierten die Haushalte (30,7%) und der Verkehr (30,3%) etwa zu gleichen Teilen, die Industrie mit 19,1%, Gewerbe, Landwirtschaft und Dienstleistungen mit 19,9%.

Auch beim Produktionsfaktor *Arbeit* besteht eine bemerkenswerte Auslandsabhängigkeit (1960: 16,4% ausländische Arbeitnehmer von 2,72 Mio. Erwerbstätigen, 1988: 22,9% von 3,22 Mio.). Seit Anfang der 60er Jahre wurde deshalb eine zunehmend restriktivere Einwanderungspolitik befolgt. Den größten Anteil an Arbeitskräften absorbiert der Dienstleistungssektor (1988: 1,79 Mio.), gefolgt vom sekundären (1,22 Mio.) und vom primären Sektor (0,21 Mio.). Die Erwerbsquote schwankte seit 1975 um 47%, liegt bei Männern höher (60%), bei Frauen tiefer (35%). Die *Arbeitslosenquote* war in der Nachkriegszeit ausgesprochen niedrig. Sie oszillierte um 1% (1988: 0,7%): Reflex einer relativ hohen beruflichen und regionalen Mobilität sowie eines hohen Ausbildungsstandes der Arbeitskräfte.

Die S. besitzt eine ausgebaute Arbeitsgesetzgebung sowie eine dezentral aufgebaute Gewerkschaftsstruktur (Anpassungselastizitäten an regionale und betriebsindividuelle Verhältnisse). Die einzuhaltenden Regeln der Arbeitnehmer und Arbeitgeber in Konfliktfällen sind im sog. *Friedensabkommen* (1937) festgelegt; es stipuliert die allgemeine Friedenspflicht, weshalb Streiks selten sind. Zufolge der Arbeitskräfteknappheit sind die Löhne, damit auch die Lohnkosten, im internationalen Vergleich hoch.

Die Stärke des Produktionsfaktors *Kapital* spiegelt sich in einer hohen Investitionsquote (1960–88 zwischen 25% und 28%). Auch der Faktor „Wissen" ist zufolge eines vielgliedrigen Berufsschulsystems auf vergleichsweise hohem Niveau.

2. Grundzüge des Wirtschaftssystems

Die Wirtschaftsordnung läßt sich dem Typ der Marktwirtschaft zurechnen. Die Wirtschaftsverfassung atmet den Geist liberalen Ordnungsdenkens: Garantie der Handels- und Gewerbefreiheit (Bundesverfassung Art. 31), der Vereins- und Verbandsfreiheit (Art. 56) sowie des privaten Eigentums (Art. 22ter). Die Vertragsfreiheit ist unter Beachtung der in den Wettbewerbsgesetzen (KartellG auf der Basis der Mißbrauchsbekämpfung, Ges. gegen den unlauteren Wettbewerb und wettbewerbspolitisch motivierte Preisüberwachung) enthaltenen Einschränkungen ebenfalls garantiert. Aus diesen individuellen Freiheitsrechten folgt das Prinzip der Privatwirtschaft. Der Staat hat im Produktionssektor lediglich eine subsidiäre Stellung. Rohstoffarmut und die liberale Wirtschaftsverfassung haben zur Entstehung einer vorwiegend mittelständischen Industrie mit einem hohen Spezialisierungsgrad und starker außenwirtschaftlicher Orientierung geführt.

Die wirtschaftspolitischen Kompetenzen spiegeln die föderative Staatsordnung und ihre dreistufige Gliederung (Bund, Kantone, Gemeinden; vgl. III). Die wichtigsten liegen beim Bund. Sie sind in der Verfassung positiv und abschließend formuliert. Der Bund hat in der Wirtschaftspolitik das Prinzip der Ordnungskonformität (wettbewerbsneutrale Wirtschaftspolitik) zu beachten, von dem er nur abweichen darf, wenn das Ziel mit anderen Mitteln nicht zu erreichen ist, z. B. in der Agrarpolitik (Agrarprotektionismus) sowie in der Strukturpolitik. Die Finanzordnung weist eine dezentrale Struktur auf (s. u. 4).

3. Der monetäre Sektor

Der *Schweizerischen Nationalbank* (Notenbank) sind als Aktiengesellschaft öffentlich-rechtliche Funktionen übertragen (Regelung des Geldumlaufs und des Zahlungsverkehrs). Dafür steht ihr ein modernes Instrumentarium zur Verfügung. Seit dem Übergang zu flexiblen Wechselkursen (1973) verfolgt sie eine im Kern monetaristische Politik: Sicherung monetärer Stabilität (gemessen an der Binnenkaufkraft der Währungseinheit) als Hauptziel durch eine entsprechende Geldmengenpolitik. Von dieser Linie ist sie nur zufolge der Dollar-Krise Ende der 70er Jahre (Wechselkurspolitik) sowie nach dem Börsencrash im Okt. 1987 (erhöhte Versorgung der Wirtschaft mit Liquiditäten) abgewichen, weshalb jeweils prompt die Inflationsrate bis gegen 6% bzw. 5% anstieg. Die Aufrechterhaltung der Konvertibilität des Frankens gehört zu den währungspolitischen Prinzipien. Die S. nimmt in der sog. Zehnergruppe aktiv an der internationalen Währungspolitik teil. Am 29.5.1992 trat sie dem IWF und der Weltbank bei.

Die S. besitzt ein leistungsfähiges und vielschichtiges *Bankensystem* (1988: 626 Institute mit 4199 Niederlassungen). Dieser Sektor expandierte in vergangenen Dezennium außerordentlich rasch, wozu das Auslandsgeschäft einen erheblichen Beitrag geleistet hat. Innerhalb des Bankensektors ist ein deutlicher Konzentrationsprozeß zu beobachten. Die S. gehört zu den „klassischen" Kapitalexportländern (hohe Sparquote); in den 80er Jahren betrug der Kapitalexport jährlich 40–50 Mrd. sfr. Der Bankensektor untersteht staatlicher Aufsicht (Bankenkommission). Das Bankgeheimnis ist zivil- und strafrechtlich geschützt. Rechtshilfeabkommen mit anderen Ländern haben es allerdings relativiert. Dem Bankensektor kommt sowohl als Arbeitgeber wie auch in seinem Beitrag an der gesamtwirtschaftlichen Leistung (Wertschöpfung, Ertragsbilanz) große Bedeutung zu.

4. Die Finanzordnung

Der föderative Staatsaufbau spiegelt sich insbes. in der Finanzordnung. Von den Einnahmen und Ausgaben des Staates entfallen rd. 1/3 je auf den Bund, die Kantone und die Gemeinden. Der Bund besitzt eine limitierte Steuerhoheit: die ihm zustehenden Steuern sind in der Verfassung aufgeführt; es sind dies die (1) *Verbrauchsteuern* (1988: 37% der Einnahmen des Bundes): Warenumsatzsteuer (gemischte Einphasensteuer), Zölle (v. a. Einfuhrzölle), Tabaksteuer, Biersteuer, Steuer auf Branntweine; (2) *Einkommen- und Vermögensteuern* (1988: 36% der Einnahmen des Bundes): Direkte Bundessteuer auf das Einkommen natürlicher Personen sowie Kapital- und Ertragsteuer für juristische Personen, Verrechnungssteuer (zur Verhinderung von Steuerhinterziehungen), Stempelsteuer, Militärpflichtersatz, Verkehrsabgaben.

Die Kantone als ehem. Republiken verfügen über die ursprüngliche Steuerhoheit. Sie haben davon einen extensiven Gebrauch gemacht (große Steuervielfalt). Die Gemeinden besitzen eine delegierte Steuerhoheit (Regelung in den Kantonsverfassungen).

Der Bund nimmt an der Finanzierung eines sehr großen Bereichs der Staatsaufgaben teil, weshalb er sich zu einem Transferhaushalt gewandelt hat (2/3 der Ausgaben sind Transferausgaben). Ein horizontaler und vertikaler Finanzausgleich sorgen dafür, daß die finanzstarken Regionen den finanzschwachen bei der Erfüllung ihrer Aufgaben helfen.

Die Ausgaben des Bundes sind ebenfalls in der Verfassung abschließend geregelt. Die wichtigsten Positionen sind: soziale Wohlfahrt (1988: 21,1%), Landesverteidigung (18,6%), Verkehr und Energie (14%), Bildung und Forschung (11,7%). Bei den Kantonen und Gemeinden entfallen die wichtigsten Positionen auf Bildung (föderatives Bildungssystem), Gesundheitswesen und soziale Wohlfahrt.

Die öffentlichen Haushalte sind zufolge der raschen wirtschaftlichen Entwicklung sowie der Tendenz zur Übertragung von immer neuen Aufgaben an die öffentliche Hand v. a. während der 70er Jahre und der ersten Hälfte der 80er Jahre in die Defizitzone geraten (zuerst die Kantone und Gemeinden, später auch der Bund). Als Konsequenz rigoroser Sparmaßnahmen und steigender Einnahmen konnte dieser Trend gebremst werden. Die Defizite haben sich allerdings in einer steigenden Verschuldung niedergeschlagen.

Die Expansion der öffentlichen Haushalte verlief in der Nachkriegszeit auch in der S. streckenweise schneller als das Wachstum des BSP, weshalb die Staatsquote zunahm: 1960: 27% (brutto) bzw. 17% (netto; ohne Staatsbetriebe), 1988: 40% bzw. 30%. Erhebliche Anstrengungen bei der Bremsung des Ausgabenwachstums in den 70er und 80er Jahren haben zu einer Stabilisierung geführt.

5. Außenwirtschaft

Die S. weist als kleine, offene Volkswirtschaft eine hohe Außenhandelsintensität auf. Die Exporte erreichen 40%, die Importe 41% des BSP. Aus strukturellen Gründen (Rohstoffarmut und Nahrungsmittelimporte; Selbstversorgungsgrad: 60%–65% kalorienmäßiger Anteil der Inlandproduktion) ist die Handelsbilanz normalerweise passiv. Die Dienstleistungsbilanz und die Netto-Kapitalerträge aus dem Ausland (Auslandsinvestitionen) schließen dagegen i. d. R. mit einem Überschuß ab, der das Handelsbilanzdefizit mehr als kompensiert. In der Ertragsbilanz steht deshalb ein stark positiver Saldo (vgl. Tab. 8).

Tabelle 8
Ertragsbilanz
(in Mrd. sfr.)

	1987	1988
Einnahmen		
1. Warenverkehr	69,51	76,25
2. Dienstleistungen	20,73	20,80
3. Faktoreinkommen	27,71	28,77
davon: Kapitaleinkommen	26,74	27,75
Außenbeitrag zum BSP (1+2+3)	117,96	125,84
4. Schenkungen	2,85	2,85
Ertragsbilanz	**120,81**	**128,69**
Ausgaben		
1. Warenverkehr	78,05	85,53
2. Dienstleistungen	10,29	10,94
3. Faktoreinkommen	16,57	17,63
davon: Kapitaleinkommen	11,34	11,63
4. Schenkungen	5,08	5,42
Ertragsbilanz	**110,00**	**119,55**
Saldo		
1. Warenverkehr	− 8,54	− 9,28
2. Dienstleistungen	10,44	9,86
3. Faktoreinkommen	11,14	11,14
davon: Kapitaleinkommen	15,40	16,12
4. Schenkungen	− 2,23	− 2,58
Ertragsbilanz	**10,81**	**9,14**

Der *Außenhandel* erlebte in der Nachkriegszeit eine rasante Entwicklung. 1945 standen die Warenexporte (Importe) noch bei 1,47 (1,23) Mrd. sfr, 1989 jedoch bei 67,48 (74,06) Mrd. sfr. Die regionale Verteilung zeigt ein absolutes Schwergewicht in Europa bzw. in den OECD-Ländern. Rd. 2/3 der Ausfuhren werden von Europa (v. a. von den EG-Ländern), 1/3 von außereurop. Gebieten aufgenommen. Ähnlich wie bei den Ausfuhren ist auch die regionale Aufteilung der Importe (vgl. Tab. 9).

Tabelle 9
Importe – regionale Verteilung
(in Mrd. sfr.)

	1987	1988	in %
Europa	61,00	65,98	80
Davon			
EG	54,23	58,72	
EFTA	5,31	5,91	
BRD	25,80	28,06	
Frankreich	8,11	8,74	
Afrika	1,39	1,56	2
Asien	6,66	7,94	9
Amerika	5,98	6,79	8
Ozeanien/Australien	0,13	0,13	1
Total	75,17	82,40	

Strukturelle Faktoren prägen die Aufteilung des Außenhandels nach Warengruppen: hohe Anteile der Rohstoffe (Rohstoffarmut), Konsumgüter (Agrargüter, Autos) sowie von Investitionsgütern, die im Inland nicht hergestellt werden, dominieren. Eine kleine Volkswirtschaft mit nur wenigen natürlichen Ressourcen hat die Neigung, Exportgüter mit hoher Wertschöpfung herzustellen; daraus entsteht ein Exportsortiment mit hohem Spezialisierungsgrad (vgl. Tab. 10).

6. Nationale Buchhaltung

Die S. besitzt keine voll ausgebaute Nationale Buchhaltung (NB); insbes. fehlt ein eigenständiges Produktionskonto, weshalb Angaben über die Wertschöpfung einzelner Branchen lediglich auf Schätzungen beruhen. Die Hauptaggregate der NB umfassen (vgl. Tab. 11):

Tabelle 10
Gliederung des Außenhandels nach Warengruppen 1988

	Mrd. sfr.	in %
Exporte		
Rohstoffe, Halbfabrikate	26,82	36
Investitionsgüter	26,44	36
Konsumgüter	20,76	28
Importe		
Rohstoffe, Halbfabrikate	29,81	36
Energie	2,96	4
Investitionsgüter	21,09	25
Konsumgüter	28,73	35

Tabelle 11
Hauptaggregate der Nationalen Buchhaltung
(in Mrd. sfr.)

	1950	1980	1988
BSP	19,99	177,34	282,74
real (1980 = 100)	34,70	100,00	116,70
BISP*	19,58	170,33	268,75
real	35,50	100,00	115,80
Volkseinkommen	17,05	149,72	239,59
real	11,40	100,00	160,00

* Bruttoinlandsozialprodukt

Die Anteile der Einkommensarten am Volkseinkommen haben sich in den 80er Jahren kaum verändert (vgl. Tab. 12).

Tabelle 12
Volkseinkommen nach Einkommensarten 1988

	Mrd. sfr.	in %
Vermögens- und Unternehmereinkommen	51,80	21,6
Geschäftseinkommen	24,80	10,4
Arbeitnehmereinkommen	162,93	68,0
Total	239,60	100,0

Aus den Pro-Kopf-Aggregaten ist ablesbar, daß die S. zu den Ländern mit dem höchsten Wohlstand gehört (vgl. Tab. 13).

Tabelle 13
Pro-Kopf-Aggregate
(in sfr.)

	1981	1988
BSP		
nominal	30 172	42 402
real (Preise 1980)	28 230	31 036
Volkseinkommen		
nominal	25 496	35 931
Verfügbares Haushaltseinkommen		
nominal	18 858	26 093
real	17 691	20 258
Endkonsum private Haushalte		
nominal	17 994	23 548
real	16 887	18 280
BISP*		
nominal	57 544	81 515
real	53 804	59 833

* Bruttoinlandssozialprodukt

Der größte Teil des Sozialprodukts nach der Verwendungsart entfällt auf die privaten Haushalte, eine relativ konstante Größe. Dagegen schwanken die Investitionen in einzelnen Perioden beträchtlich. Die wirtschaftliche Entwicklung der S. beruht indessen nicht zuletzt auf einer im Durchschnitt hohen Investitionsrate (vgl. Tab. 14).

Tabelle 14
Das Sozialprodukt nach Verwendungsarten 1988

	Mrd. sfr.	in %
Endkonsum privater Haushalte	157,01	58,4
Endkonsum Staat	35,04	13,0
Bruttoinvestitionen	75,88	28,2
Exporte	97,62	
./. Importe	96,80	0,3
BISP *	268,75	100,0

* Bruttoinlandssozialprodukt

7. Verkehr

Die S. besitzt eine lange Tradition als Zielgebiet für Sommer- und Wintertourismus und als Durchgangsland für den alpenquerenden Verkehr. Während der Tourismus stagniert und auch nicht die gleiche volkswirtschaftliche Bedeutung hat wie etwa in Österreich (wenn er auch in gewissen alpinen Regionen der wichtigste Erwerbszweig ist), nimmt der *Transitverkehr* weiter zu, insbes. in den Verbindungen Nordwesteuropa – Italien. Um die dadurch bedingten starken Umweltbelastungen abzubauen, wurden in den letzten Jahren Maßnahmen gegen den Straßen-Schwerlastverkehr ergriffen (Tonnagebeschränkungen, Nachtfahrverbote); andererseits befinden sich Eisenbahnbasistunnels in der Alternativplanung (Gotthard, Lötschberg, Splügen), um den Gütertransitverkehr in Zukunft weitgehend auf die Schiene verlagern zu können. Dies ist u. a. auch Inhalt des Abkommens über die Regulierung des Alpentransits, das im Dez. 1991 von der S. (ebenso Österreich) und der EG paraphiert wurde. Bezüglich des *Binnenverkehrs* ist die S. – neben Österreich – das verkehrsmäßig am besten erschlossene Gebirgsland der Welt. Sie besitzt sowohl im Bahn- (rd. 5000 km Streckenlänge) als auch im Straßenverkehr (72 000 km Hauptstraßen) sehr dichte Netze. Für den grenzüberschreitenden Verkehr spielen daneben die *Rheinschiffahrt* (Im- und Exporthafen Basel) sowie der *Luftverkehr* mit 3 internationalen Flughäfen (Zürich, Basel und Genf) eine große Rolle.

VI. Sprache, Kultur, Religion, Bildung

Die offizielle Bezeichnung als „Schweizerische Eidgenossenschaft" (lat.: „Confoederatio Helvetica" [CH]) weist darauf hin, daß die S. keine einheitliche Sprach- und Kulturgemeinschaft darstellt. Eine schweizer. Kultur i. e. S. des Wortes existiert nicht. Gemeinsam ist den Schweizern eine politische Kultur mit besonderen Eigenarten wie Lokalautonomie, Föderalismus, direktdemokratischen Volksrechten und Republikanismus. Die kulturelle Vielfalt nach Sprachen, Konfessionen und Regionen zwang die Schweizer zum internen Ausgleich und Kompromiß, der ein herausragendes Merkmal ihrer Politik wurde.

Die schweizer. Identität ist gespalten; der Schweizer lebt in doppelter Loyalität: Politisch ist er Staatsbürger der „Willensnation" S., kulturell gehört er – mit Ausnahme der kleinen Minderheit der Rätoromanen – der jeweils benachbarten dt., frz. oder it. Kulturgemeinschaft an. Dank ihrer Mehrsprachigkeit ist die S. eine kulturelle Drehscheibe im westl. Mitteleuropa.

1. Sprache

Die Bundesverfassung hält fest, daß Deutsch, Französisch und Italienisch Amtssprachen der Eidgenossenschaft sind. Als Nationalsprache trat 1938 das Rätoromanische hinzu. (Zur Sprachverteilung vgl. IV 1.)

Das Verhältnis der vier Sprachengruppen ist keineswegs spannungslos. Von Zeit zu Zeit führt v. a. das Verhältnis der dt. und der frz. S. zu Reibereien, weil sich die Welschschweizer von den Deutschschweizern in wirtschaftlicher und politischer Hinsicht dominiert fühlen. Französisch wird in den westl. Kantonen Genf, Neuenburg, Waadt und Jura sowie in Teilen der Kantone Freiburg und Wallis sowie in drei Bezirken von Bern gesprochen. Das Italienische ist im Kanton Tessin und in einzelnen Tälern des Kantons Graubünden verbreitet. Durch die moderne wirtschaftliche Entwicklung wurde der deutschsprachige Einfluß in der it. Südschweiz größer. Am meisten hat das Rätoromanische in den Talschaften Graubündens um seine kulturelle Identität zu kämpfen.

2. Kultur

In verschiedenen Bereichen der Kultur nimmt die S. im europ. Kontext eine bedeutende Stellung ein. Dies gilt für frühere Epochen (*J.* →*Calvin, U.* →*Zwingli, J.-J.* →*Rousseau, J. H.* →*Pestalozzi, Francesco Borromini, Johann Kaspar Lavater* u. a.) wie auch für das 19. und 20. Jh. Die Malerei ist durch Namen wie *Arnold Böcklin, Ferdinand Hodler* oder *Paul Klee* repräsentiert, die Plastik durch *Max Bill*, die Literatur durch *Gottfried Keller, Jeremias Gotthelf, Conrad Ferdinand Meyer, Charles Ramuz, Max Frisch, Friedrich Dürrenmatt* u. a., die Musik durch *Arthur Honegger, Frank Martin, Othmar Schoeck, Rolf Liebermann*, die Architektur durch *Le Corbusier, Max Bill* u. a. *Jacob Burckhardt* hat die Kulturhistorie, *Carl Gustav Jung* die Psychoanalyse, *Jean Piaget* die Psychologie, *Karl Barth* und *Hans Urs v. Balthasar* haben die Theologie entscheidend geprägt.

3. Religion

Zur kulturellen Vielfalt gehören auch die religiös-konfessionellen Unterschiede. Reformation und Gegenreformation führten die konfessionelle Spaltung der S. herbei, die seit dem 16. und 17. Jh. die kulturelle Landschaft mitbestimmen. Die Wohnbevölkerung gehört heute vorwiegend der röm.-kath. und der ev.-ref. Kirche an. Daneben gibt es kleinere Religions- und Konfessionsgruppen, darunter die Christkatholiken (Trennung 1872 von den Römisch-Katholiken; Bischofssitz: Bern) und die Israeliten. Konfessionsstatistik (1980): Protestanten 50,4% der Schweizer (44,3% der gesamten Wohnbevölkerung), Römisch-Katholiken 43,6% (47,6%), Christkatholiken 0,3% (0,3%), Israeliten 0,2% (0,3%) sowie andere und Konfessionslose 5,5% (7,5%).

Wirtschaftlich und politisch waren lange Zeit die prot. Landesteile tonangebend. Die Kulturkämpfe im 19. Jh. entfremdeten die kirchentreuen Katholiken dem 1848 gegründeten, national-liberal geprägten modernen Bundesstaat. Erst nach dem II. Weltkrieg löste sich die kath. Inferioritätsstellung auf, auch wenn heute noch Restbestände sichtbar sind. Wie der dt. und der niederländ. Katholizismus zog sich in der Zeitperiode 1850–1950 der Schweizer Katholizismus in eine ghettoähnliche Sondergesellschaft von Vereinen und Parteien zurück, um von dort aus die langsame Emanzipation zu erkämpfen. Zu erwähnen sind in diesem Zusammenhang der „Volksverein" und die „Volkspartei" (heute: CVP). Katholikentage fanden 1903–54 in unregelmäßigen Abständen statt. Die Blütezeit erlebte das kath. Milieu 1920–50. Am deutlichsten vollzog sich der Übergang zum offenen Katholizismus in der „Synode 72", die in der ersten Hälfte der 70er Jahre ein Aggiornamento der kath. Kirche in der S. anstrebte. Die 6 Bistümer unterstehen als Immediatbistümer unmittelbar dem Apostolischen Stuhl.

4. Bildung

Das *Schulwesen* fällt in die Autonomie der Kantone und ist daher vielgestaltig. Die Berufsbildung ist durch Bundesgesetze geregelt. Schulpflicht besteht bis zum 9. Schuljahr, doch gibt es auch darüber hinaus obligatorischen Schulbesuch. Die Schulorganisation kann nur vereinfacht skizziert werden: Primarschule, Sekundarschule plus Abschlußjahr dauern i. d. R. vom 6./7. Lebensjahr an. Außer den Gymnasien gibt es, kantonal verschieden, Lehrerseminar, Handelsschule, ganztägige Berufsschule sowie Lehre mit begleitender Berufsschule. Neben 7 kantonalen *Universitäten* – die älteste ist Basel (1460) – bestehen 2 Eidgenössische Technische Hochschulen (Zürich, Lausanne) sowie die Hochschule für Wirtschafts- und Sozialwissenschaften in St. Gallen.

LITERATUR

Zu I:
E. **Egli**, Die S., eine Landeskunde. Bern 1947, ⁴1970. – H. **Gutersohn**, Geographie der S. in 3 Bänden. Bern 1958/69; Bd.1–2 ²1969/71. – R. **Lebeau**, La Suisse. Paris 1975. – W. **Nigg**, S. Land – Volk – Wirtschaft in Stichworten. Kiel 1975. – S. aus der Vogelschau. Mitarbeiter F. **Bachmann u. a.** Zürich 1976. – U. **Wiesli**, Die S. Darmstadt 1986. – O. **Bär**, Geographie der S., eine Landeskunde. Zürich 1989.

Zu II:
E. **Gruner**, Die Parteien in der S. Bern 1969, ²1977. – E. **Bonjour**, Geschichte der schweizer. Neutralität. 9 Bde. Basel 1970/76. – Hdb. der Schweizer Geschichte. 2 Bde. Zürich 1972/77, ²1980. – Hdb. der schweizer. Außenpolitik. Hg. A. **Riklin u. a.** Bern 1975. – Geschichte der S. und der Schweizer. 3 Bde. Basel 1982/83 (Studienausg. [in 1 Bd.] 1986). – J.-F. **Bergier**, Die Wirtschaftsgeschichte der S. Zürich 1983, aktualisierte Neuaufl. Braunschweig 1990. – Hdb. Politisches System der S. Hg. A. **Riklin**. 3 Bde. Bern 1983/86.

Zu III:
Verfassung:
W. **Burckhardt**, Komm. der schweizer. Bundesverfassung vom 29. Mai 1874. Bern ³1931. – Z. **Giacometti**, Das Staatsrecht der schweizer. Kantone. Zürich 1941. – F. **Fleiner**, Z. **Giacometti**, Schweizer. Bundesstaatsrecht. Zürich 1949, Nachdr. 1979. – J.-F. **Aubert**, Traité de droit constitutionnel suisse. 2 Bde. und Erg.-Bd. Neuchâtel 1967/82. – L. **Carlen**, Das Verhältnis von Staat und Kirche in der S., in: Hdb. des kath. Kirchenrechts. Hg. J. Listl u. a. Regensburg 1983, 1097 ff. – U. **Häfelin**, W. **Haller**, Schweizer. Bundesstaatsrecht. Zürich 1984, ²1988. – Komm. zur Bundesverfassung der Schweizer. Eidgenossenschaft. Hg. J.-F. **Aubert u. a.** 4 Bde. Basel, Zürich, Bern 1987 ff. [Losebl.-Ausg.]. – Beiträge zu aktuellen Verfassungsproblemen der S., in: JöR N. F. 40 (1991/92) 1ff.

Zivilrecht:
Komm. zum Schweizer. Zivilgesetzbuch. 48 Tle. Zürich ¹⁻³1909 ff. [Zürcher Komm.]. – Komm. zum Schweizer. Privatrecht. 51 Tle. Bern ¹⁻³1910 ff. [Berner Komm.]. – Schweizer. Privatrecht/Traité de droit privé suisse. Hg. M. **Gutzwiller u. a.** 8 Bde. Basel 1967 ff. – M. **Guldener**, Schweizer. Zivilprozessrecht. Zürich ³1979. – P. **Tuor**, Das Schweizer. Zivilgesetzbuch. Bearb. B. Schnyder. Zürich ¹⁰1986. – Th. **Guhl**, Das Schweizer. Obligationenrecht. Bearb. H. Merz, M. Kummer, A. Koller, J. N. Arney. Zürich ⁸1991. –

Strafrecht:
G. **Stratenwerth**, Schweizer. Strafrecht. Allg. Tl. Bd. 1: Die Straftat. Bern 1982; Allg. Tl. Bd. 2: Strafen und Massnahmen. Bern 1989; Besonderer Tl. Bd. 1: Straftaten gegen Individualinteressen. Bern ³1983; Besonderer Tl. Bd. 2: Straftaten gegen Gemeininteressen. Bern ³1984. – R. **Hauser**, Kurz-Lb. des schweizer. Strafprozessrechts. Basel ²1984.

Verwaltungsrecht:
M. **Imboden**, R. A. **Rhinow**, B. **Krähenmann**, Schweizer. Verwaltungsrechtsprechung. 2 Bde. Basel ⁵1976, Erg.-Bd. 1991. – A. **Grisel**, Traité de droit administratif suisse. 2 Bde. Neuchâtel 1984. – F. **Gygi**, Verwaltungsrecht. Eine Einf. Bern 1986. – P. **Moor**, Droit administratif. 2 Bde. Bern 1988/91. – U. **Häfelin**, G. **Müller**, Grundriß des allg. Verwaltungsrechts. Zürich 1990.

Zu IV:
R. **Levy**, Die schweizer. Sozialstruktur. Zürich 1982. – F. **Höpflinger**, Bevölkerungswandel in der S. Zur Entwicklung von Heiraten, Geburten, Wanderungen und Sterblichkeit. Grüsch 1986. – Frauen und Männer: Fakten, Perspektiven, Utopien. Hg. Eidgenössische Kommission für Frauenfragen. Bern 1987. – Szenarien zur Entwicklung der Wohnbevölkerung der S., 1986–2025. Hg. Bundesamt für Stat. Bern 1987. – B. I. **Buhmann**, Wohlstand und Armut in der S. Eine empirische Analyse für 1982. Grüsch 1988 (Diss. Basel 1988). – Der Sozialstaat unter der Lupe. Wohlstandsverteilung und Wohlstandsumverteilung in der S. Hg. R. L. **Frey**, R. E. **Leu**. Basel 1988. – G. **Sheldon**, Die Dynamik der Arbeitslosigkeit in der S. Bern 1989. – J. H. **Sommer**, F. **Höpflinger**, Wandel der Lebensformen und soziale Sicherheit in der S. Grüsch 1989. – Weichenstellungen. Lebensformen im Wandel und Lebenslage junger Frauen. Hg. F. **Höpflinger**, D. **Erni-Schneuwly**. Bern 1989.

Zu VI:
Die Kunstdenkmäler der S. Bd. 1 ff. Basel 1927 ff. – R. **Pfister**, Kirchengeschichte der S. 3 Bde. Zürich 1964/84. – A. **Weldler-Steinberg**, Geschichte der Juden in der S. vom 16. Jh. bis nach der Emanzipation. 2 Bde. Zürich, Goldach 1966/70. – Kunstführer durch die S. Begr. von H. Jenny. Hg. Gesellschaft für Schweizer. Kunstgeschichte. 3 Bde. Bern ⁵1971/82. – U. **Altermatt**, Der Weg der Schweizer Katholiken ins Ghetto. Zürich 1972. – F. R. **Allemann**, 25mal die S. Panorama einer Konföderation. München 1977. – Die viersprachige S. Hg. R. **Schläpfer**. Zürich 1982. – Religion – Politik – Gesellschaft in der S. Hg. U. **Altermatt**. Freiburg (Schweiz) 1987 ff. – Ars Helvetica. Die visuelle Kultur der S. Hg. F. **Deuchler**. Disentis 1987 ff. – R. **Astorii**, La conferenza episcopale Svizzera. Freiburg (Schweiz) 1988. – U. **Altermatt**, Katholizismus und Moderne. Zur Sozial- und Mentalitätsgeschichte der Schweizer Katholiken im 19. und 20. Jh. Zürich 1989, ²1991.

Hartmut Leser (I), *Urs Altermatt* (II, VI), *Kurt Eichenberger* (III), *François Höpflinger* (IV), *Willy Linder* (V)

SOWJETUNION

Ende 1991 hat die S. als Staat im Sinne des Völkerrechts zu existieren aufgehört. Nachdem bereits am 6. 9. 1991 die drei baltischen Staaten *Estland, Lettland* und *Litauen* vom Staatsrat der damals noch existierenden S. anerkannt und am 17. 9. 1991 in die UNO aufgenommen worden waren, schlossen am 8. 12. 1991 *Rußland*, die *Ukraine* und *Weißrußland* einen Vertrag über die Bildung einer „*Gemeinschaft Unabhängiger Staaten*" (GUS), dem am 21. 12. 1991 weitere acht ehemalige Unionsrepubliken als Gründungsmitglieder beitraten (vgl. III). Mit Ausnahme der drei baltischen Staaten und der Republik *Georgien* sind die anderen elf bisherigen Unionsrepubliken der S. in der GUS zusammengeschlossen. Georgien hat noch keine endgültige Entscheidung über einen Beitritt gefällt. Die GUS stellt nur eine sehr lockere Gemeinschaft ohne eigenständige Staatlichkeit dar. Der folgende Artikel beschreibt die ehem. Sowjetunion. Obwohl es sich inzwischen um ein historisches Staatsgebilde handelt, wird die Bezeichnung „S." beibehalten, weil nur für sie aktuelles Datenmaterial zur Bevölkerungs-, Sozial- und Wirtschaftsstruktur vorliegt und weil auch die überkommenen Organisationsstrukturen so unzureichend transformiert sind, daß gültige Aussagen kaum gemacht werden können. Darüberhinaus sind Estland, Lettland und Litauen in eigenen Artikeln behandelt. Zusätzliche Autonomie-, Souveränitäts- oder gar Unabhängigkeitsansprüche, wie sie von *Tartarien* (Tatarstan) oder *Tschetschenien* (Tschetschnja) erhoben werden, sowie einseitige, innerhalb der GUS oder auf internationaler Basis nichtanerkannte Deklarationen zur Eigenständigkeit (z. B. *Transnistrien*) können keine gesonderte Behandlung finden, spiegeln sich aber in der ethnischen Differenzierung (vgl. IV) wider.

I. Naturraum

Die ehem. S. war mit einem Sechstel Anteil an der Festlandfläche der flächengrößte Staat der Erde. Ihr Territorium reichte von arktischen Kältewüsten im N bis zu kontinentalen Wüsten- und Oasenlandschaften im S, von der östl. Umrahmung der Ostsee über die ganze Breite des eurasiat. Kontinents bis zum Pazifischen Ozean. Die Entfernung vom westlichsten Punkt (nördl. Ostpreußen, heute Gebiet Kaliningrad) zur Südspitze der Halbinsel Kamtschatka beträgt rd. 9100 km, die N-S-Erstreckung zwischen der Jamal-Halbinsel in Westsibirien und dem südl. Turkmenien ca. 4100 km. Gemeinsame Grenzen hatte die S. im W mit ↗Norwegen, ↗Finnland, ↗Polen, der ↗Tschechoslowakei, ↗Ungarn und ↗Rumänien, in Vorderasien mit der ↗Türkei und ↗Iran, in Zentral- und Ostasien mit ↗Afghanistan, der VR ↗China, der ↗Mongolei und Nord-↗Korea. Durch die Unabhängigkeit der baltischen Staaten ↗Estland, ↗Lettland und ↗Litauen sind im Sept. 1991 gemeinsame Grenzen mit diesen Staaten und die Exklave Kaliningrader Gebiet entstanden. Zum Staatsterritorium Rußlands gehören die arktischen Inselgruppen *Franz-Josef-Land, Sewernaja Semlja* und die *Neusibirischen Inseln*, außerdem der Inselbogen der *Kurilen*, deren südlichste Teilgruppe zwischen Rußland als Folgestaat der S. und Japan umstritten ist.

Innerhalb des Gebietes der ehem. S. gibt es zwar sehr unterschiedliche Naturräume, kontrastreiche Kleingliederungen aber nur in den Gebirgen im S und in Sibirien. Typischer sind weit ausgedehnte, niedrige Flach- und Hügellandschaften mit sehr allmählichen landschaftlichen Übergängen.

Den Kernraum bildet aufgrund der historischen Erschließung und der heutigen Raumorganisation die *Osteuropäische Ebene*, ein weites, flachwelliges, vereinzelt auch hügeliges Gebiet. Die über einem kristallinen Gesteinsfundament und Ablagerungen aus dem Erdaltertum *(Russische Tafel)* und dem Erdmittelalter anstehenden Lockersedimente entstanden im Eiszeitalter. Von NW nach S lassen sich Ablagerungen von drei verschiedenen Eiszeiten nachweisen. Die jüngeren (in den *Waldai-Höhen* bis 343 m hoch) und die jüngsten, die nördl. von St. Petersburg in die finn. Salpausselkä übergehen, sind unruhig im Relief, die älteren, die die Höhenzüge von Smolensk und Moskau, bei Klin und Dmitrov bilden und die mittelruss. Höhen aufbauen, außerordentlich weitflächige, wenig markante Erhebungen. Sie sind aber wegen des relativ trockenen Untergrundes wichtige Leitlinien für Verkehr, Besiedlung und Landwirtschaft, während die dazwischenliegenden Senken der Flüsse *Dnjepr* (mit *Pripjat), Don, Oka* und *Wolga (Polessje, Oka-Don-Ebene)* lange gemieden wurden, soweit nicht die Flüsse als Verkehrswege günstig waren. Südl. an die eigentlichen eiszeitlichen Ablagerungen schließt sich ein Lößgürtel aus kalkreichem Feinmaterial an. Unter den klimatischen Bedingungen der Nacheiszeit entstand daraus die fruchtbare Schwarzerde. Im hohen N dominieren Abtragungsformen der Eiszeit; vom Eis glattgeschliffene Buckel tauchen hier aus dem kristallinen Gesteinsuntergrund auf. Der Erzreichtum der Halbinsel *Kola* ist in diesem kristallinen Gestein (v. a. im Gebirgszug der *Chibinen*) verborgen, wie auch die ukrain. Eisenerze im S ihre relative Zugänglichkeit dem Auftreten des kristallinen Untergrundes dicht unter der Erdoberfläche verdanken. In der Mitte Rußlands, im Raum Tula-Kursk, wölbt sich der kristalline Untergrund ebenfalls auf, bleibt aber unter den eiszeitlichen Ablagerungen verdeckt. Die in jüngerer Zeit dort erschlossenen Erze der *Kursker Magnetanomalie* liegen wegen dieser Aufwölbung eines hochgradig eisenhaltigen kristallinen Gesteinskörpers dicht unter der Erdoberfläche.

Nach O steigt die Landoberfläche kaum merklich zum *Ural* an, einer relativ flachen Gebirgsschwelle (im *Narodnaja* 1895 m hoch). Auf der O-Seite ist der rd. 2000 km lange, in einer weitgespannten S-Form von N nach S verlaufende Ural durch einen markanten Geländeabfall zum *Westsibirischen Tiefland* begrenzt. Das Gebirge zeigt weitgestreckte Hochflächen und einzelne tiefer eingeschnittene Täler. Der mittlere Abschnitt zwischen Jekaterinburg und Tscheljabinsk ist weniger stark herausgehoben und dadurch gut zugänglich. Erzvorkommen haben auch hier wesentlich zur Erschließung und Herausbildung eines der ersten „Industrie"-Gebiete unter Peter d. Gr. beigetragen.

In der südl. Umrahmung des europ. Teils der ehem. S. bilden die *Karpaten,* die den erst 1945 an die S. gefallenen „ungarischen" Teil der Ukraine (obere Theiß-Ebene) vom Osteuropäischen Tiefland trennen, ein waldreiches Mittelgebirge (im *Gowerla* bis 2061 m hoch). Eine geologische Fortsetzung findet es im *Jajla-Gebirge* (1545 m) der südl. Krim, das eines der subtropischen touristischen Vorzugsgebiete von den weiten Schwemmlandflächen der Südukraine und der Nordkrim trennt, die mit jungen Bewässerungsanlagen in Wert gesetzt werden konnten. Südöstl. des *Don* und südl. der *Kura-Manytsch-Senke* steigt das Tiefland zum *Stawropoler Plateau* an, einer wenig gegliederten Steppenfläche, die dem Großen Kaukasus vorgelagert ist.

Der *Große Kaukasus* setzt sich im westl. Teil aus mehreren parallelen Gebirgsketten zusammen und geht nach O in das aus vielen Gebirgszügen, tiefeingeschnittenen Talschluchten und relativ dicht besiedelten Plateaus bestehende *Daghestan* über. Das Gebirge steigt in den beiden aus der frühen Erdneuzeit stammenden Vulkanen *Elbrus* (zwei Gipfel von 5642 und 5621 m Höhe) und *Kasbek* (5033 m) sowie einer Reihe anderer Gipfel der zentralen Gebirgskette über die Schneegrenze an und ist daher im W teilweise vergletschert. Auch das südl. anschließende *Transkaukasien* mit den Schwemmlandebenen von *Rioni* und *Kura,* einer Reihe von Beckenlandschaften und einem stark gegliederten Gebirgsland *(Kleiner Kaukasus),* das nach SW in das *Armenische Hochland* übergeht, ist ein geologisches Unruhegebiet. Das schwere Erdbeben von Spitak im Dez. 1988 hat daran erinnert, daß hier mehrere Erdkrustenplatten aneinanderstoßen und daß die generell von S nach N gerichteten Bewegungen immer wieder Erdbeben auslösen. Auch der relativ junge Vulkanismus im Armenischen Hochland, welches von einer Vielzahl junger Aschenvulkane übersät ist und sich im Massiv des *Aragaz* bis 4090 m erhebt, hängt mit der anhaltenden Bewegung der Erdkruste zusammen. Nach S grenzt die vom *Arax* durchflossene *Ararat-Ebene* Armenien gegen die Türkei ab. Nach SO senkt sich die Osteuropäische Ebene zum *Kaspischen Meer* ab, das erst in der Erdneuzeit vom Schwarzen Meer abgetrennt wurde.

Im Gegensatz zur Osteuropäischen Ebene ist die *Westsibirische Niederung* eine weite Senke, in der mehrere tausend Meter mächtige jüngere Ablagerungen über den Gesteinen des Erdaltertums und des Erdmittelalters liegen. Sie sind das Speichergestein für Erdöl- und Erdgasvorkommen, die zwar gering an Zahl, aber reich an Mengen sind. Eine flache Geländeschwelle nördl. von Surgut teilt das von *Ob, Irtysch* und *Tobol* entwässerte Gebiet kaum merklich in zwei Teile. Die Kontinentalität nimmt im Vergleich zum Land westl. des Ural zu, und Kaltlufteinbrüche aus dem Polargebiet haben ungehinderten Zugang. Daher sinken die Temperaturen im Winter tief ab, während im Sommer die niedere Lage des Gebietes und die Feuchtigkeitsansammlung in weiten Senken ausgedehnte Sumpfgebiete zu idealen Brutplätzen für Mücken werden läßt. Die Erschließung steht daher vor großen Problemen.

Der *Jenissej* bildet die Landschaftsgrenze zum *Mittelsibirischen Bergland*, in dem eine weitgespannte Basaltdecke Gesteinen aus dem Erdaltertum aufliegt und die Nutzung der in den Randsenken dieser älteren Gesteinsvorkommen eingelagerten reichen Kohlevorkommen verhindert. Sowohl im N *(Anabar-Massiv)* wie im S *(Aldan-Bergland)* tritt das kristalline Fundament zutage, dessen Vererzung sowohl den Kupfer-, Zink- und Bleierzabbau bei Norilsk wie die Eisenerznutzung von Schelesnogorsk bei Bratsk und in der Lagerstätte Tajeschnoje in Südjakutien ermöglicht. Nach O senkt sich das Bergland zum *Jakutischen Becken* ab, das von der *Lena* durchflossen wird und mit nur etwa 300 mm Niederschlag im Jahr eine deutliche Trockeninsel bildet. Östl. steigen mehrere Gebirgsketten (*Werchojansker* und *Tscherskoi-Gebirge*, Bergländer von *Kolyma* und *Tschuktschen* sowie im S das *Stanowoi-Gebirge*) auf. Sie liegen im Bereich ewiger Bodengefrornis, sind durch Vorgänge des Bodenfließens umgestaltet worden und gehören zu den winterkältesten Regionen der Erde. Nur Gold- und Diamantenvorkommen ermöglichen neben der extensiven Rentierweide eine wirtschaftliche Nutzung.

Im *Fernen Osten* löst sich der Kontinentalblock zu den Halbinseln *Tschuktschen* und der von jungem Vulkanismus geprägten *Kamtschatka* auf, die sich im Inselbogen der *Kurilen* fortsetzt. Als binnenländisches Gebirge trennt der *Sichote-Alin* im S einen schmalen, kaum besiedelten Küstenstreifen von der *Ussuri-Senke,* die nach N in die weite Ebene des *Amur* übergeht.

Der S Sibiriens weist eine Folge von Gebirgs- und Beckenlandschaften auf. Während die Gebirge reich vererzt sind, wurden die Becken im ausgehenden Erdaltertum zu Ablagerungssenken von Pflanzenresten, aus denen die Kohle entstand *(Kusnezker Becken)*. Die tektonische Furche des *Baikalsees*, an der die eurasiat. Kontinentalplatte mit der *Amur-*, *Ochotskischen* und *Nordamerikanischen Platte* zusammenstößt, birgt die umfangreichsten Süßwasserreserven der Erde, deren Qualität allerdings durch die Einleitung von Abwässern aus der Holzverarbeitung geschmälert wird. Da die Grenzen der ehem. S. nicht identisch mit den Wasserscheiden der Gebirge sind, haben sich Kulturräume über die aktuellen Grenzen hinweg herausgebildet, wie v. a. der Grenzraum zur Mongolei, aber auch – westl. anschließend – Kasachstan und Mittelasien zeigen.

Kasachstan ist von Westsibirien durch die flache *Turgaj-Kasachische Schwelle* getrennt, ein alt angelegtes Berg- und Hügelland, dessen reiche Erz- und Kohlevorkommen erst teilweise erschlossen sind. Nach S schließt sich die *Kaspisch-Turanische Niederung* an, deren Gesteine Erdöl und Erdgas speichern. Mit der Erschließung dieser Bodenschätze hat eine vollständige Umbewertung dieses früher nur höchst extensiv von nomadisierenden Gruppen beweideten Raumes stattgefunden. Historische Kulturzentren reihen sich am Fuß und im Vorland der *mittelasiatischen Hochgebirge* (*Tienschan*, bis 7439 m im *Pik Pobedy; Kopetdag*) auf, wo Oasenkulturen eine uralte Tradition haben. An die Hochgebirgsketten schließen sich der *Transalai* (*Pik Lenina*, 7134 m) und das *Hochland von Pamir* (*Pik Kommunisma*, 7495 m) mit wüstenartigen Lebensbedingungen an.

Während die Gliederung in Großräume im wesentlichen den geologischen Strukturen folgt, ist die räumliche Differenzierung von *Böden und Vegetation* und der daraus resultierende Landschaftscharakter von den klimatischen Bedingungen abhängig, insbes. von der Wärmeverteilung. Hier zeigt die Osteuropäische Ebene eine regelhafte Abfolge unterschiedlicher Naturräume von N nach S: die an die arktischen Eiswüsten südl. anschließende *Tundra* weist einen schütteren Pflanzenbewuchs mit Flechten und Moosen auf, in geschützten Lagen kommen bereits Birken, meist mit Krüppelwuchs, vor. Mit zunehmendem Baumanteil in der Vegetationsbedeckung erfolgt nach S in der *südlichen Tundra* der Übergang zum Waldland. Die *Taiga* wird durch Nadelgehölze charakterisiert, wobei im W die Fichte, im O die Lärche dominiert. Die Böden sind nährstoffarme Bleicherden (Podsol). In der *südlichen Taiga* beginnt der Bewuchs mit breitblättrigen Laubbäumen, bis schließlich ein Gleichgewicht zwischen Nadel- und Laubbäumen in der *Mischwaldzone* erreicht wird. Diese nimmt an der Westgrenze der ehem. S. den Raum zwischen St. Petersburg und Brest ein, keilt aber nach O aus und setzt sich östl. des Ural nur inselhaft mit deutlicher Dominanz der Nadelbäume fort. Sie wird weithin durch podsolierte Böden gekennzeichnet, die nach S in graubraune Waldböden übergehen. Ein schmaler Streifen von Laubwäldern schließt sich an diesen Keil südwärts an. Während diese Mischwald- und Laubwaldzone vor der Erschließung weitgehend schwer durchdringbares Waldland war, ist die südl. anschließende *Waldsteppe* von Natur aus ein Mosaik von Wald auf etwas feuchteren und steppenartigen Grasformationen auf etwas trockeneren Standorten. Dank der fruchtbaren Schwarzerden wurde dieser Landstrich beim Vordringen der slawischen Besiedlung nach S gerodet, so daß er heute weithin offenes Land darstellt. Auch das Mischwald- und Laubwaldgebiet war weitflächigen Rodungen und partiellen Wiederbewaldungen unterworfen. Diese Überformung durch wirtschaftliche Nutzungen gilt auch für die *Steppe*, deren Inkulturnahme mit der nach S zunehmenden Trockenheit und dem Übergang von der Gras- zur Trockensteppe problematisch wird. Der Niederschlagsmangel behindert die Landwirtschaft und verlangt Bewässerungsanlagen. Die nach SO anschließenden Gebiete von *Halbwüste* und *Wüste* in der Turan-Kaspischen Niederung entziehen sich wegen ihrer Trockenheit und der großen Schwankungen zwischen den Niederschlagssummen einzelner Jahre fast vollständig einem ertragversprechenden Anbau. Bei fehlender Dränage weisen die Böden im Bewässerungsgebiet hochgradige oberflächliche Versalzungserscheinungen auf.

Die klimatische Differenzierung Nord- und Mittelasiens modifiziert dieses Bild: Die Laubbäume verlieren in Westsibirien aufgrund der langen Winterkälte ihre Bedeutung. Die Nadelwälder der Taiga sind wegen des Spindelwuchses der Lärche relativ licht und außerdem von ausgedehnten Sumpfgebieten durchsetzt. Das jakutische Lenabecken ist mit über 300 mm Jahresniederschlagssumme ein Trockengebiet. Westl. des Baikalsees bildet sich regelmäßig ein auf starker Abkühlung beruhendes Kältehoch aus, dessen Wirkung von Einbrüche arktischer Kaltluft noch verstärkt wird und das sich weit nach W ausdehnen und bis Mitteleuropa auswirken kann. Der Dauerfrostboden, der weite Teile Sibiriens und des Fernen Ostens einnimmt, erschwert und verteuert alle Erschließungs- und Bauvorhaben. An der Ostseite des eurasiat. Kontinents macht sich dagegen der jahreszeitliche Wechsel bemerkbar, der für den chines. Monsun bestimmend ist. Die trockensten Räume liegen im Innern Mittelasiens, wo im langjährigen Durchschnitt kaum 100 mm Jahresniederschlagssumme erreicht werden, die Sommertemperaturen aber weit über 40 °C ansteigen, so daß die verfügbare Feuchtigkeit durchweg verdunstet. Die Hochgebirge können das Defizit mit ihren in Glet-

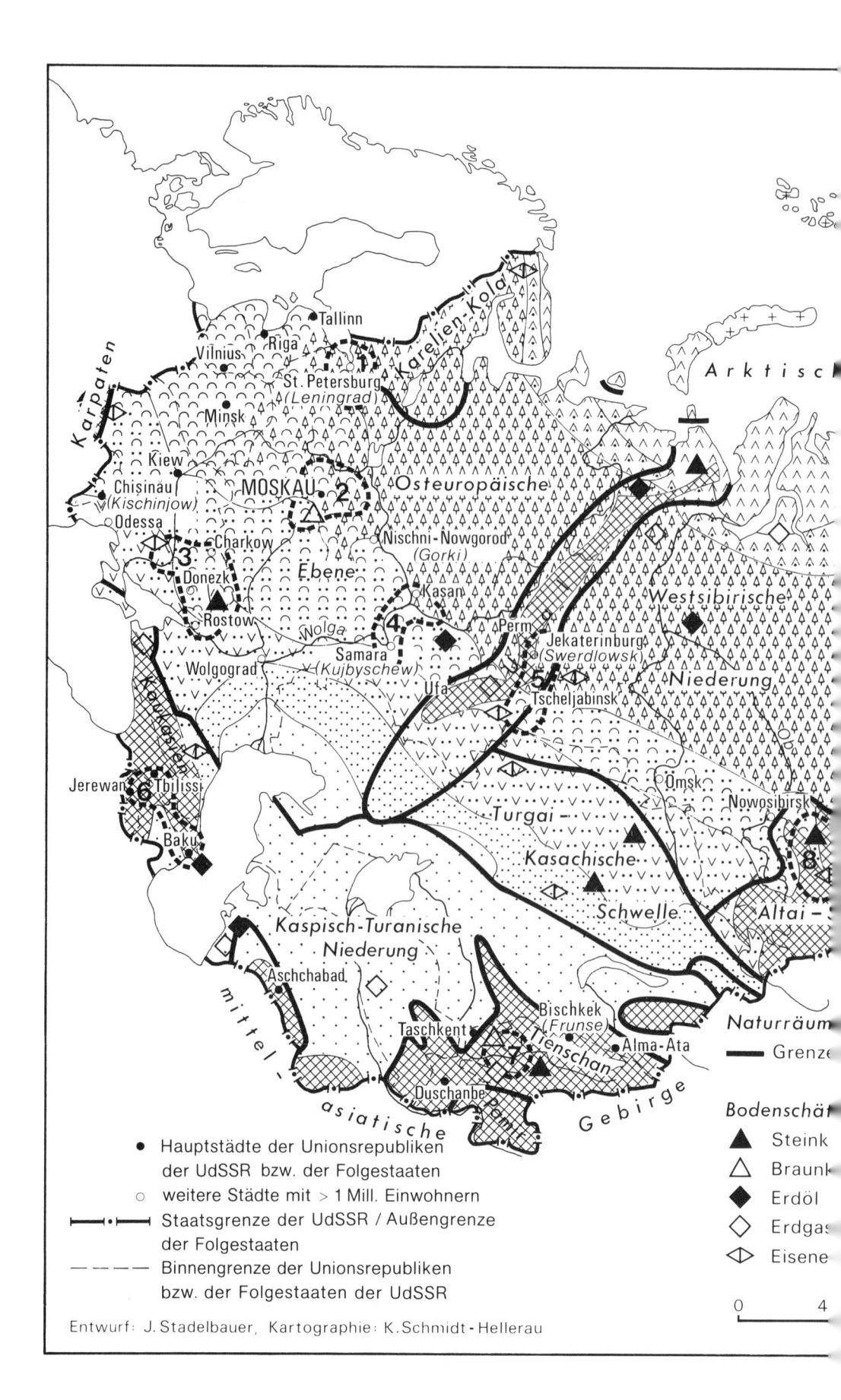

Hauptstädte der Unionsrepubliken der UdSSR bzw. der Folgestaaten
○ weitere Städte mit > 1 Mill. Einwohnern
Staatsgrenze der UdSSR / Außengrenze der Folgestaaten
Binnengrenze der Unionsrepubliken bzw. der Folgestaaten der UdSSR

Naturräum
Grenze

Bodenschä
▲ Steink
△ Braunk
◆ Erdöl
◇ Erdgas
⬩ Eisene

Entwurf: J. Stadelbauer, Kartographie: K. Schmidt - Hellerau

Inseln

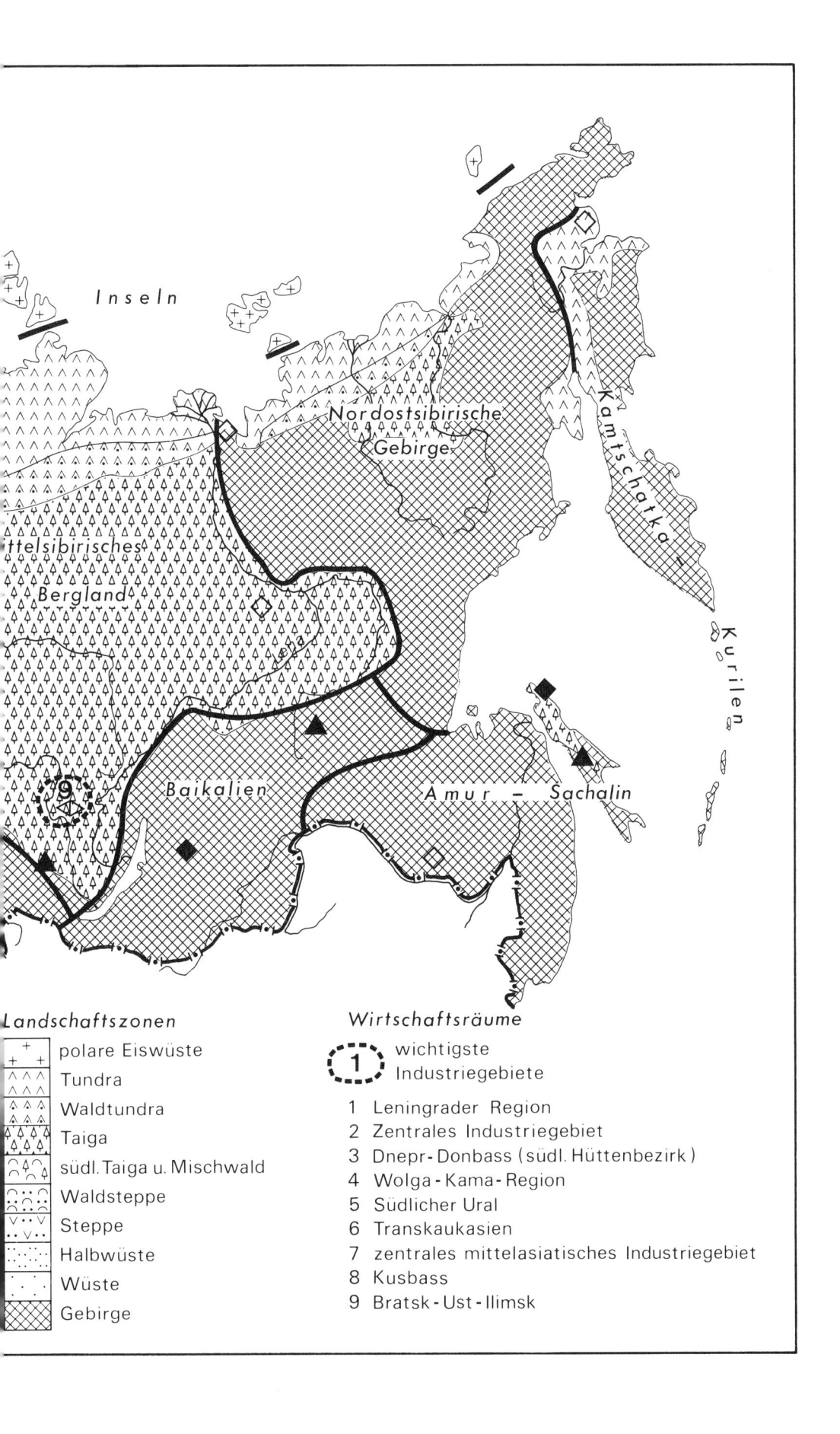

Nordostsibirische Gebirge

Mittelsibirisches Bergland

Kamtschatka

Kurilen

Baikalien

Amur — Sachalin

Landschaftszonen

- polare Eiswüste
- Tundra
- Waldtundra
- Taiga
- südl. Taiga u. Mischwald
- Waldsteppe
- Steppe
- Halbwüste
- Wüste
- Gebirge

Wirtschaftsräume

- (1) wichtigste Industriegebiete

1 Leningrader Region
2 Zentrales Industriegebiet
3 Dnepr-Donbass (südl. Hüttenbezirk)
4 Wolga-Kama-Region
5 Südlicher Ural
6 Transkaukasien
7 zentrales mittelasiatisches Industriegebiet
8 Kusbass
9 Bratsk-Ust-Ilimsk

scherform gebundenen Wassermassen nur teilweise ausgleichen. Die von Schnee- und Gletscherschmelze im Gebirge gespeisten Flüsse *Amudarja* und *Syrdarja* sind im Tiefland Fremdlingsflüsse, denen so viel Wasser für Bewässerungszwecke entnommen wird, daß der *Aralsee* eine katastrophale Wasserspiegelabsenkung aufweist. Der W Transkaukasiens ist das einzige nennenswerte feucht-subtropische Gebiet der ehem. S.; mit intensivem Tee- und Zitrusfrüchteanbau hat es überregionale Bedeutung.

II. Historische und politische Entwicklung

1. Das Kiewer Reich

Die Geschichte des ostslawischen Siedlungsraumes beginnt mit dem im 9. Jh. entstandenen *Kiewer Reich* (die *Rus*). Mit Byzanz frühzeitig vertraglich verbunden, hat v. a. *Wladimir I. (d. Hl.;* 978-1015) den Reichsausbau mit erfolgreichen Kriegszügen vorangetrieben. Die Annahme des byzantinischen Christentums (988) ermöglichte ihm den Eintritt in die christliche „Familie der Könige" *(F. Doelger)* des Mittelalters.

Langfristig bildete die Entscheidung für das Christentum nach griech.-orth. Ritus die Grundlage für eine eigenständige Entwicklung *Rußlands*. Unter Großfürst *Jaroslaw Mudryj („der Weise";* 1019-54) wurden Feldzüge gegen Polen und Byzanz geführt, erfolgte die älteste russ. Rechtskodifikation *(„Russkaja Prawda")* und fiel mit der Einsetzung des Metropoliten *Ilarion* ohne Rücksicht auf Byzanz eine grundlegende kirchenpolitische Entscheidung (1051). Nach dem Tod Jaroslaws begann der Zerfall des Kiewer Reiches.

Schon unter *Wladimir II. Monomach* (1113-25) hatten sich innerhalb der Rus zwei weitere Machtzentren herausgebildet: im NW die „Stadtrepublik" *Nowgorod*, im SW die – 1199 vereinten – Fürstentümer von *Wladimir Wolynsk* und *Galitsch*. Aus dem Kiewer Reich wurde Mitte des 13. Jh. eine tributpflichtige Provinz des *Mongolischen Reiches* der Goldenen Horde. Als einigende Elemente der Rus blieben die gemeinsame Sprache und die Kirche bedeutsam; politisch wichtig wurde die schrittweise Siedlungsverlagerung in die nördl. und nordöstl. Waldgebiete des Kiewer Reiches.

2. Der Moskauer Staat

Die Verschiebung des politischen Schwerpunktes erfuhr 1299 eine Bestätigung durch die Übersiedlung des Metropoliten nach *Wladimir*. In der Auseinandersetzung zwischen den aufstrebenden Teilfürstentümern *Twer* und *Moskau* konnte das tatarenfreundliche Moskau seine Vorrangstellung weiter ausbauen, als *Iwan I.* („Kalita" = Geldsack; 1328-41) seiner Dynastie den Großfürstentitel sicherte und *Dmitrij Donskoj* (1359 bis 1389) erstmals über die Tataren siegte (1380).

Der stetige Aufstieg *Moskaus* vollzog sich in Konkurrenz mit dem seit 1386 in Personalunion mit Polen verbundenen Großfürstentum *Litauen*. *Iwan III.* (1462-1505) konnte die Vormachtstellung Moskaus durch eine zielstrebige *„Sammlung des russischen Landes"* (Jaroslawl, Rostow, Nowgorod, Twer, Wjatka) sichern. Nach der türk. Eroberung Konstantinopels sah er sich als legitimer Erbe von Byzanz und wurde darin von der traditionalistisch-machtkirchlichen Richtung der Orthodoxie unterstützt. Seitdem übernahmen die Großfürsten die byzantinische Weltreichsidee (Moskau als „Drittes Rom") und beanspruchten den Kaisertitel (russ. *Zar*). Nach Beendigung der tatarischen Herrschaft (1480) gelang zwischen 1500 und 1505 die Zurückdrängung Litauens sowie die Eroberung der Fürstentümer Tschernigow, Nowgorod-Sewerskij und – zeitweise – Smolensk.

Iwans Sohn *Wasilij III.* (1505-33) führte die „Sammlung des russischen Landes" zu Ende (u. a. Pskow, Rjasan, Smolensk). Seit *Iwan IV.* („*Grosnyj*" = „der Schreckliche"; 1533-84), dem ersten „Zaren von ganz Rußland", begann die Modernisierung des Moskauer Reiches. Mit der Einverleibung der Khanate Kasan (1552) und Astrachan (1556) sowie der Herstellung von Abhängigkeitsverhältnissen für Sibirien (1555) und die Große Nogaier Horde (1557) wurde Rußland zum Vielvölkerstaat imperialen Zuschnitts. Die zweite, „schreckliche" Phase von Iwans Herrschaft begann 1565 mit der Bildung der *Opritschnina*, einem Staat im Staate mit einer „besonderen Polizeitruppe" *(H.-J. Torke)*, deren terroristischem Wüten Tausende zum Opfer fielen. 1581 erschlug der mißtrauische Zar seinen Sohn Iwan und beendete damit die Herrschaft der *Rjurikiden*.

Boris Godunow († 1605) übte nach dem Tode Iwans IV. die Regentschaft für dessen Sohn *Fjodor I.* aus und nahm 1588 offiziell den Titel eines Regenten an. Nach Fjodors Tod (1598) ließ sich der Machthungrige zum Zaren wählen und leitete innenpolitisch eine Phase der Erholung ein. Im Krieg mit Schweden (1590-93) sicherte er dem Moskauer Staat einen verbreiterten Zugang zur Ostsee, zudem stabilisierte er die 1579 begonnene Eroberung Sibiriens.

Eine selbstbewußte Außenpolitik der seit 1613 regierenden Dynastie *Romanow* gegenüber Schweden und Polen führte unter *Aleksej Michajlowitsch* (1645 bis 1676) zu territorialen Erweiterungen des Reiches (u. a. 1654 Angliederung der Ukraine) und einer bedeutsamen Kodifizierung des geltenden Rechts, aber auch zu schweren sozialen Konflikten. Die Reform der isolierten russ. Kirche 1654/55 und 1666/67 mit der Korrektur von Kirchenbüchern und Riten sowie der Forderung nach Abkehr von nationalkirchlichen Traditionen fand in weiten Kreisen des Klerus und der Laien keine Zustimmung. Von der dem Staat verbundenen Kirche trennten sich in einer religiösen Spaltung *(Raskol)* die sog. Altgläubigen.

3. Das St. Petersburger Imperium

Peter I. („der Große"; 1672–1725), der seit 1689 allein regierte, eroberte 1696 Asow von den Türken, erhielt jedoch auf einer ersten großen Europareise (1697) nicht die gewünschte Unterstützung für seine Kreuzzugspläne gegen das Osmanische Reich. Daraufhin trat er der dän.-sächs.-poln. Allianz gegen Schweden bei und setzte damit seinen zweiten außenpolitischen Schwerpunkt auf die Verbesserung der russ. Position an der Ostsee. Im *Nordischen Krieg* (1700–21) übernahm Rußland die Vormachtstellung im Ostseeraum; ihre Sicherung gelang Peter mit der Gewinnung von Ingermanland, Livland, Estland und Teilen Kareliens. Mit dem Ausbau der seit 1703 errichteten Marinebasis zur Residenz *St. Petersburg* (seit 1711) blieb Europa das zentrale Interessenfeld petrinischer Außenpolitik. Peter hinterließ ein verändertes Reich, das jenen Mittelpunkt der russ. Geschichte bildet, „der in sich die Ergebnisse der Vergangenheit und die Anlage der Zukunft zugleich enthält" *(W. O. Kljutschewski)*.

Unter den Nachfolgern Peters erwies sich sein Reformwerk als stabil. Die expansive Außenpolitik wurde mit dem *Türkenkrieg* (1735–39) fortgesetzt und das Gebiet der Saporoger Kosaken, dazu erneut Asow, dem Reiche einverleibt. Kaiserin *Elisabeth* (1741–62) führte Rußland an der Seite Österreichs und Frankreichs in den *Siebenjährigen Krieg*, der trotz militärischer Erfolge (1760 Einnahme Berlins) keinen politischen Nutzen brachte.

Nach dem Mord an dem nur 6 Monate regierenden *Peter III.* 1762 folgte ihm seine Gattin *Katharina II.* („*die Große*"; † 1796) aus dem Hause *Anhalt-Zerbst* auf den Thron. Sie gab sich zunächst aufklärerisch, ohne auf Verschärfung und Ausdehnung der bäuerlichen Leibeigenschaft zu verzichten. In zwei *Türkenkriegen* (1768-74, 1787-92) gelang es, den Zugang zum Schwarzen Meer und das Interventionsrecht bei der Pforte (Friede von *Kütschük Kainardsche* 1774) zu erringen, zudem die Krim und das Küstenland am Schwarzen Meer bis zum Dnjestr (*Friede von Jassy* 1792) zu erwerben. Die *Polnischen Teilungen* (1772-95) brachten weiteren bedeutenden Gebietszuwachs im Westen.

Unter *Alexander I.* (1801-25) wurde Rußland im Gefolge der militärischen Auseinandersetzung mit *Napoleon* zur beherrschenden Macht im europ. Mächtekonzert. Als Verfechter der *Heiligen Allianz* trug es auf dem *Wiener Kongreß* (1814/15) wesentlich zur Neuordnung des Kontinents bei, annektierte Grusinien 1801, Finnland 1809 und „Kongreßpolen" 1815. In der Revolution von 1848/49 spielte sich Zar *Nikolaus I.* (1825-55) als „Gendarm Europas" auf (Intervention in Ungarn 1849). Die unter ihm begonnene Verlagerung der Expansion Rußlands nach Asien konnte nicht darüber hinwegtäuschen, daß sich die zarische Autokratie seit dem *Krimkrieg* (1853/54-56) in einer Krise befand.

Reformen (Bauernbefreiung 1861; Verwaltungsreformen 1864 und 1870; Justizreform 1864; Heeresreform 1874) unter *Alexander II.* (1855-81) haben die Entstehung einer revolutionären Bewegung nicht verhindern können. Nachdem in den 70er Jahren der Marxismus in die Zirkel der Intelligenzja Einzug gehalten hatte, formierten sich Ende des Jahrhunderts der *Allgemeine Jüdische Arbeiterbund* (1897) und die *Sozialdemokratische Arbeiterpartei Rußlands* (1898) als Ausdruck einer oppositionellen Arbeiterbewegung.

Als die imperialistische Fernostpolitik Moskaus zum *Russisch-Japanischen Krieg* (1904/05) führte, brach eine schwere innere Krise aus. Die *Revolution von 1905* erreichte ihre Höhepunkte in dem von einem gewählten Arbeiterrat *(Sowjet)* ausgerufenen Generalstreik im Okt. und in Straßenkämpfen in Moskau im Dez. 1905. Den Ansturm auf die Autokratie suchte *Nikolaus II.* (1894-1917) durch Zugeständnisse an die liberale Opposition abzuwehren. Mit dem am 17. (30.) 10. 1905 erlassenen Manifest *(„Oktobermanifest")* wurden den Untertanen wichtige Grundrechte gewährt, außerdem über das in Prinzip zugesagte allgemeine Wahlrecht hinaus versprochen, die vorgesehene Staatsduma mit dem Gesetzgebungsrecht und mit Kontrollrechten gegenüber der Verwaltung auszustatten.

Die Revolution von 1905 erschütterte die Autokratie, der Ausbruch des I. Weltkrieges leitete ihr Ende ein. Der Widerstand gegen den Krieg wurde zunächst von einem aufbrandenden Nationalismus überlagert. In bürgerlichen Kreisen gab man sich zudem der Hoffnung hin, die Allianz mit den westl. Demokratien werde dazu beitragen, das Zarenreich in einen liberalen Rechtsstaat umwandeln zu können.

Nach Anfangserfolgen beim Angriff auf Ostpreußen erlitt die Narew-Armee Ende Aug. 1914 bei *Tannenberg* eine vernichtende Niederlage, die auf Dauer auch durch Erfolge gegen Österreich und die Türkei nicht aufgewogen werden konnte. Bis zum Waffenstillstand 1918 war eine Wende des militärischen Geschehens nicht in Sicht.

Angesichts der Unfähigkeit der Autokratie zur Bewältigung der inneren Probleme drängte das 1915 aus zahlreichen Parteien der Staatsduma gebildete politische Zweckbündnis des „*Progressiven Blocks*" vergeblich auf politische Veränderungen. Im Winter 1916/17 spitzte sich die innenpolitische Krisensituation zu. Nach einer Demonstration am 23. 2. (8. 3.) 1917 in Petrograd *(Februarrevolution)* mußte *Nikolaus II.* am 2. (15.) 3. 1917 abdanken. (Am 16. 7. 1918 wurden er und seine Familie in Jekaterinburg ermordet.)

Nach dem Sieg der Revolution trat eine *Provisorische Regierung* für die Einberufung einer Konstituierenden Versammlung ein, während aus dem Gefängnis befreite Arbeiter und sozialistische Dumaabgeordnete ein „*Provisorisches Exekutivkomitee des Arbeiterdeputiertenrates*" bildeten, aus dem am 28. 2. (13. 3.) 1917 der „*Sowjet der Arbeiter- und Soldatenputierten*" hervorging. Mit der Ankunft →*Lenins*, der im Frühjahr 1917 mit Unterstützung der Berliner Reichsleitung aus der Schweiz nach Petrograd gelangt war, nahm die aufrührerische Stimmung im Lande erheblich zu. Der Berufsrevolutionär versuchte alles, um seine Konzeption einer Sowjetrepublik politisch durchzusetzen. Mit der Wahl *Leo Trotzkis* zum Vorsitzenden des Revolutionären Militärkomitees bekamen die *Bolschewiki* ein Instrument zur zielstrebigen Vorbereitung des bewaffneten Aufstandes in der Hand. Ihr Staatsstreich begann in der Nacht vom 25. 10. (7. 11.) 1917 *(Oktoberrevolution)* und führte zur gewaltsamen Ablösung der Provisorischen Regierung.

4. Der Sowjetstaat
a. Die Anfänge unter Lenin

Die am 26. 10. (8. 11.) 1917 gebildete Sowjetregierung hob den privaten Besitz an Grund und Boden ohne Entschädigung auf und legalisierte damit den Prozeß der wilden Landaufteilung. Das Angebot eines Friedens „ohne Annexionen und Kontributionen" berücksichtigte pazifistische Friedenslosungen im Westen und untermauerte die Absicht einer weltweiten Revolutionierung bestehender Herrschaftsverhältnisse. Die bei den Wahlen zur Konstituante am 12. (25.) 11. 1917 erzielte antibolschewistische 2/3-Mehrheit konnte nicht wirksam werden, weil ein Gewaltakt der neuen Machthaber den Anfängen einer parlamentarischen Demokratie ein Ende setzte.

Während innenpolitisch eine im Dez. 1917 gebildete „Allrussische Außerordentliche Kommission zur Bekämpfung von Konterrevolution und Sabotage" („*Tscheka*") gegen alle oppositionellen Kräfte mit brutalem Terror vorging, erwies sich Anfang 1918 die Einleitung von Friedensverhandlungen mit den Mittelmächten als Existenzfrage für das Sowjetregime. Es mußte die harten dt.-österr. Bedingungen im *Frieden von Brest-Litowsk* (3. 3. 1918) anerkennen.

Die „Atempause" des Friedensschlusses war nur kurz. Zwar wurde nach dem Zusammenbruch der Mittelmächte der Diktatfrieden annulliert, jedoch erforderten Hungersnot, Bürgerkrieg und die im Sommer 1918 einsetzende Intervention der westl. Alliierten sofortiges Handeln der neuen Regierung. Die dadurch erforderliche totale Konzentration der Macht entsprach einer jahrhundertealten Tradition, das Land vermittels einer Zentralbürokratie und eines Netzes von Kontrollsystemen zu regieren.

Bei der Durchsetzung ihrer Vorstellungen von einer neuen kommunistischen Gesellschaft unter den Bedingungen des Bürgerkrieges („Kriegskommunismus") nahmen die *Bolschewiki* eine außenpolitische Isolierung in Kauf. Eine vermeintlich weltrevolutionäre Entwicklung sollte im März 1919 durch die Gründung der III. (Kommunistischen) Internationale *(Komintern)* gefördert werden.

In der Phase des Kriegskommunismus wurden die Verstaatlichung sämtlicher Produktionsmittel, die Nationalisierung des Außenhandels sowie die zentrale

Planung und Lenkung aller Wirtschaftsvorgänge durchgesetzt. Bis zum Frühjahr 1918 wurden das Privatvermögen in der Montan- und Metallindustrie enteignet sowie die Verkehrsunternehmen, die Elektrizitätswirtschaft, die Textilindustrie und die Zuckerfabriken verstaatlicht, 1919/20 sämtliche Handels- und Handwerksbetriebe konfisziert und durch eine staatliche Verteilerorganisation ersetzt.

Das Fiasko der Wirtschaftspolitik machte sich zuerst auf dem Lande bemerkbar. Mit brutaler Gewalt durchgeführte „Requisitionen" von Getreide durch die KP hatten zur Folge, daß die Bauern aufhörten, das Land zu bebauen und 1920/21 zu Zehntausenden in antikommunistischen Guerillaeinheiten kämpften.

Die angespannte innenpolitische Lage spitzte sich dramatisch zu, als Matrosen im *Kronstädter Aufstand* im März 1921 die Macht der KP in Frage stellten. Die Erhebung wurde von der *Roten Armee* in erbitterten Kämpfen niedergeschlagen. Gleichzeitig scheiterte der Versuch, im Gegenzug zur poln. Intervention von 1920 die Fackel der Weltrevolution nach Westen zu tragen. Das gemischte Wirtschaftssystem der „*Neuen Ökonomischen Politik*" (NÖP) sollte den Bauern ökonomische Anreize bieten, um die landwirtschaftliche Produktion wieder in Gang zu bringen und zu steigern. Der freie Markt- und Geldverkehr wurde legalisiert und 1924 die Naturalsteuer durch eine reine Geldsteuer ersetzt (*G. Stökl:* „Rückfall in den Kapitalismus").

Für die weitere Entwicklung des Sowjetstaates waren Beschlüsse des *X. Parteikongresses* der Kommunistischen Partei Rußlands *(Bolschewiki)* von 1921 von Bedeutung: Verbot der Fraktionsbildung und Ablehnung von Kontrollfunktionen der Gewerkschaften gegenüber der Wirtschaft. Der Wandel der Bolschewiki zu einer Partei der Funktionäre wurde in der Ernennung *Stalins* zu ihrem Generalsekretär augenfällig. Er nahm die Säuberung des Parteiapparates von allen oppositionellen Elementen vor und setzte nach dem Prinzip des „demokratischen Zentralismus" dem Politbüro ergebene Parteisekretäre auf allen Ebenen ein. Die am 30.12.1922 aus dem Zusammenschluß der Russischen Sozialistischen Föderativen Sowjetrepublik (RSFSR) mit der Ukrainischen, Weißrussischen und Transkaukasischen Sowjetrepublik entstandene „*Union der Sozialistischen Sowjetrepubliken*" (UdSSR) wurde zu einem zentralistisch regierten und russ. bestimmten Einheitsstaat, auch wenn in der Verfassung von 1923 formal das föderative Prinzip festgeschrieben war.

Das außenpolitische Grundprinzip des neuen Staates bildete die These *Lenins* von der zeitweiligen Parallelexistenz des sozialistischen Sowjetrußland mit seiner kapitalistischen Umwelt. Die Beendigung der außenpolitischen Isolierung gelang mit der Regelung der Beziehungen zum Deutschen Reich (Vertrag von *Rapallo* 1922).

Auf die außenpolitische Praxis wie auf die weitere Ausprägung der S. hat *Lenin* († 21.1.1924) aus Krankheitsgründen nur noch begrenzt Einfluß nehmen können. Ihn beunruhigten die großruss.-chauvinistische Praxis der bolschewistischen Nationalitätenpolitik, die immer stärkere Bürokratisierung des Parteiapparates, die wachsende Machtfülle Stalins und dessen Rivalität mit *Trotzki* sowie die Gefahr einer Spaltung der Partei.

b. Despotische Herrschaft unter Stalin

Im Machtkampf um die Nachfolge Lenins erreichte Stalin (→Stalin, Stalinismus) als Generalsekretär der Partei bis 1927/28 die Kaltstellung der „linken" wie der „rechten" Opposition. Seine Alleinherrschaft seit Ende 1929 folgte seiner erstmals 1924 verkündeten Doktrin vom *„Aufbau des Sozialismus in einem Lande"*.

Die im Laufe des ersten Fünfjahrplans (1928/29 bis 1932/33) einsetzende Umstrukturierung der Gesellschaft begann mit Eingriffen in die seit der NÖP von der groß- und mittelbäuerlichen Schicht („Kulaken") geprägte, ertragsmäßig erstarkte *Landwirtschaft*. In einem „Bauernkrieg" wurden jene Bauern, die es zu bescheidenem Besitz gebracht hatten, ausgerottet. Die *Zwangskollektivierung* führte zu erheblichen Ertragseinbußen und einer dadurch ausgelösten Hungerkatastrophe, die ca. 11 Mio. Menschen das Leben kostete. Bis 1931 waren 61% aller Bauernwirtschaften in *Kolchosen* oder *Sowchosen* aufgegangen, die Bauern damit zu Landarbeitern proletarisiert worden.

Parallel dazu wurde ein gigantisches *Industrialisierungsprogramm* durchgesetzt, dessen Hauptgewicht von Anfang an bei der Schwerindustrie lag. Die S. kaufte 1932 beinahe die Hälfte des Weltexports an Maschinen, die sie v. a. mit den Erlösen aus Holz- und Getreideexporten bezahlte. Durch ein System zweiseitiger *Nichtangriffsverträge* (1932 mit Finnland, Lettland, Estland, Polen und Frankreich), später durch *Maksim Litwinows* Politik der „*kollektiven Sicherheit*" außenpolitisch abgesichert, bürdete der Umwälzungsprozeß der Arbeiterschaft große Entbehrungen auf. Der Leistungssteigerung und Ausbeutung diente das 1931 im Zeichen des Kampfes gegen „kleinbürgerliche Gleichmacherei" wiedereingeführte Akkordprinzip.

Stalins „Revolution von oben" veränderte die S. weitaus gründlicher als Lenins Oktoberumsturz. Der „riesenhafte Schichtwechsel in der gesellschaftlichen Struktur" (*G. v. Rauch*) wurde von einem unvorstellbaren Terror in mehreren „Säuberungen" begleitet. Zwischen 1936 und 1938 waren ca. 8. Mio. Sowjetbürger inhaftiert. In der Roten Armee wurde 1937/38 ein großer Teil des Offizierskorps und der Generalität „liquidiert", *Trotzki* 1940 in Mexiko ermordet.

Für die Alleinherrschaft Stalins war seit 1934 ein „Sowjetpatriotismus" charakteristisch, der sich 1936 in einer neuen Verfassung niederschlug. Darin wurde die führende Rolle der KPdSU in allen Bereichen des staatlichen und gesellschaftlichen Lebens verankert. Zur Erzeugung einer „patriotischen Reichsgesinnung" (*Stökl*) gehörte auch das Bemühen, großruss.-nationale und marxistisch-leninistische Elemente miteinander zu verbinden und eine historische Kontinuität zur sowjet. Gegenwart herzustellen. Die Rehabilitierung von Helden der russ. Geschichte kam dem maßlosen Personenkult um Stalin entgegen.

Nach dem Scheitern der Politik der „kollektiven Sicherheit" im Zuge des Versuchs der Beilegung des chin.-jap. Konflikts 1937 dachte Stalin an Existenzsicherung durch Interessenausgleich mit den aggressiven Mächten in Asien und Europa. Vor die Frage gestellt, entweder die Verträge mit den Westmächten energisch auszubauen, oder aber sich mit diesen zu vergleichen, wählte er das vermeintlich kleinere Übel in Form eines Nichtangriffspaktes mit dem „Dritten Reich" Hitlers am 23.8.1939 und eines Neutralitätspaktes mit Japan am 13.4.1941.

Es gibt Hinweise darauf, daß der Kreml mit einem dt. Angriff etwa ab 1942 rechnete. Das erklärt sein Interesse an einer Verlängerung des Krieges zwischen Deutschland und den Westmächten. Der *Hitler-Stalin-Pakt* ermöglichte jene „Atempause", mit der sich die sowjet. Seite unter Leugnung der Existenz des Geheimen Zusatzprotokolls lange Zeit rechtfertigte. Diese Sicht verharmlost jedoch die mit dem Vertrag intendierte grundlegende Veränderung Ostmitteleuropas durch Zuordnung Bessarabiens, Finnlands, Estlands und Lettlands, später auch Litauens zum sowjet. Machtbereich und durch Ankündigung einer vierten Teilung Polens. Nicht minder wichtig war das dt.-sowjet. Abkommen für die Kriegführung und Kriegswirtschaft des „Dritten Reiches".

Nach dem dt. Überfall vom 22. 6. 1941 konnte die sowjet. Armee den Angriff erst im Sept. 1941 vor Leningrad und im Dez. vor Moskau zum Stehen bringen. Erwartungen auf politische Selbständigkeit in den baltischen Ländern und in der Ukraine stand eine harte dt. Besatzungspolitik entgegen. Nach der *Schlacht bei Stalingrad* im Winter 1942/43 ging das Gesetz des Handelns auf die sowjet. Armee über, die das Land bis Ende 1944 freikämpfte.

Die seit dem Sommer 1941 existierende Zusammenarbeit mit den Westmächten („Anti-Hitler-Koalition") gewann ab 1942 durch westliche Materiallieferungen für die sowjet. Kriegführung an Bedeutung. Die Enttäuschung Stalins über das Ausbleiben der „Zweiten Front" ließ für Moskau vorübergehend die „Deutsche Karte" interessant werden (Sonderfriedensbemühungen; Nationalkomitee „Freies Deutschland" 1943), ehe ab Frühherbst 1943 eine kurzfristige Phase interalliierter Solidarität zu einer Serie von Konferenzen der „Großen Drei" (*Teheran* 1943, *Jalta* und *Potsdam* 1945; →Potsdamer Abkommen) führte. Dort erreichte Stalin eine weitgehende Verwirklichung der sowjet. Nachkriegspläne: Wiederherstellung der Westgrenze von 1941, d. h. unter Einbeziehung der Gebietsgewinne aus dem Hitler-Stalin-Pakt, sowie Einflußnahme auf die künftige politische Neugestaltung Europas. Dabei setzte er mit seiner rigorosen Sowjetisierungspolitik in Ostmittel- und Südosteuropa das Bündnis mit den westl. Alliierten einer erheblichen Belastung aus. Die wachsende internationale Kritik an dieser Politik in dem nach 1945 entstehenden Satellitengürtel zwischen Ostsee und Schwarzem Meer verstärkte das Bestreben der Moskauer Führung, die Koalition mit den Westmächten zu beenden und ein Wiederaufbrechen der „inneren Widersprüche der kapitalistischen Welt" in einem Dritten Weltkrieg zu erwarten.

Die Neuordnung der internationalen Beziehungen der S. erfolgte in nüchterner Einschätzung des amerikan.-sowjet. Kräfteverhältnisses mit dem Ziel, die erreichte militärische Stärke auszubauen und darüber hinaus ein atomares Gleichgewicht mit den USA anzustreben. Der erste Fünfjahrplan nach dem Krieg (1946–50) sollte das Vorkriegsniveau in Industrie und Landwirtschaft mindestens wiederherstellen. Der Rückzug der sowjet. Truppen aus der Mandschurei und aus den pers. Nordprovinzen begrenzte das weltpolitische Engagement auf Linien, die den eingeschränkten eigenen Möglichkeiten entsprachen.

Der sowjet. Alltag blieb von einem außerordentlich niedrigen Lebensstandard und von stalinistischer Repression bestimmt. In den Straf- und Zwangsarbeitslagern befanden sich zeitweise bis zu 10 Mio. Menschen. Als im Jan. 1953 einige Kremlärzte unter der Beschuldigung, für den Tod führender Funktionäre verantwortlich zu sein, verhaftet wurden, drohte eine neue Säuberungswelle, jedoch beendete Stalins Tod am 5. 3. 1953 die sich ausbreitende Furcht.

c. Veränderungen unter Chruschtschow

Nach dem Tode Stalins trat an die Stelle des Alleinherrschers zunächst eine kollektive Führung. Die von *Georgi Malenkow* eingeleitete Politik des „*Neuen Kurses*" orientierte sich stärker als bisher an den Wünschen der Bevölkerung nach besserer Versorgung; v. a. wurden Maßnahmen zur Ertragssteigerung in der Landwirtschaft ergriffen. Im kulturellen Bereich zeichneten sich Liberalisierungstendenzen ab (*Tauwetter*). N. S. →*Chruschtschow*, seit 1953 Erster Sekretär des ZK der KPdSU, konnte ab März 1958 die Führung von Partei und Staat wieder in einer Hand vereinigen. Auf dem *XX. Parteitag* der KPdSU von 1956 prangerte er Machtmißbrauch wie Verbrechen Stalins an und gab damit einen ersten Anstoß zur *Entstalinisierung* der Sowjetgesellschaft.

Die der innenpolitischen Liberalisierung entsprechende Auflockerung der außenpolitischen Atmosphäre trug dazu bei, in den Ländern des sowjet. Einflußbereiches in Ostmittel- und Südosteuropa freiheitliche Regungen zu ermutigen. Während es mit Waffengewalt unterdrückten Streiks vom Sommer 1956 in Polen ermöglichten, in den sowjet.-poln. Beziehungen „das Prinzip der Ebenbürtigkeit und der Selbständigkeit" durchzusetzen, führte die Freiheitsbewegung in ↗Ungarn im Herbst 1956 zu einem Aufstand, der durch die Sowjetarmee blutig niedergeschlagen wurde.

Bis zur Erlangung des Rüstungsgleichgewichts zwischen Ost und West verhielt sich die S. (*„friedliche Koexistenz"*) durchaus kooperativ („kompromißlerische" Deutschlandpolitik 1953, Abschluß des Waffenstillstandes in ↗Korea 1954, Staatsvertrag mit ↗Österreich 1955, Aussöhnung mit →Tito 1955). Als Moskau das angestrebte Gleichgewicht Mitte der 50er Jahre für erreicht hielt, wurde *Chruschtschow* unter dem Eindruck sowjet. Rüstungsüberlegenheit („Sputnikschock" 1957) in der Berlin- (Ultimatum 1958) und Deutschlandfrage (Friedensvertragsentwurf 1959) offensiv. Bemühungen um ein Arrangement mit den USA brachten nur vorübergehend 1959 eine Entspannung („Geist von Camp David"). Das Scheitern der Pariser Gipfelkonferenz im Mai, der Rückzug der sowjet. Delegation von der Genfer Abrüstungskonferenz im Juni und *Chruschtschows* Auftritt vor der Vollversammlung der UNO im Okt. 1960 deuteten eher auf Konfrontation, bis Moskau nach der durch die Errichtung sowjet. Raketenbasen auf Kuba ausgelösten Krise von 1962 zur Koexistenzpolitik zurückkehrte.

Trotz Gewinns an Prestige und Einfluß nicht zuletzt in der Dritten Welt, wurde die S. im Innern zunehmend mit den Problemen einer entwickelten Industriegesellschaft konfrontiert. Zudem entstand eine zahlenmäßig schwer faßbare, von nonkonformistischen Schriftstellern geprägte *Dissidentenbewegung*. Nach dem im Okt. 1961 verabschiedeten neuen Programm der KPdSU sollte schon bis 1980 in der S. die kommunistische Gesellschaft „im wesentlichen" verwirklicht sein. Doch Chruschtschows Prognosen, die S. könne in der landwirtschaftlichen Produktion die führende Rolle im Weltmaßstab übernehmen, waren unrealistisch, und seine 1960-63 eingeleiteten Kampagnen zur *Neulandgewinnung* v. a. in Kasachstan ein Fehlschlag. 1963 konnte eine Hungerkatastrophe nur durch Weizenkäufe im „kapitalistischen" Ausland verhindert werden.

Zum Sturz Chruschtschows im Okt. 1964 trugen tiefgreifende Veränderungen in der kommunistischen Weltbewegung bei. Konferenzen ihrer Vertreter 1957 und 1960 hatten eine Aufspaltung des internationalen Kommunismus (*„Polyzentrismus"*) offenkundig gemacht. Die Forderung nach Gleichberechtigung erhob v. a. die KP ↗Chinas, die seit 1958 mit der Einrichtung der „Volkskommunen" ideologische Differenzen mit der KPdSU ausgelöst hatte. Auch machtpolitische Gegensätze taten sich auf. Ab 1962 kam es in den beiderseitigen Beziehungen zu einer ernsten Krise, die Chinas Kommunisten durch ideologische Polemik und eine Verleumdungskampagne zuspitzten.

d. Stabilität und Stagnation unter Breschnew

Nach Chruschtschows Sturz zeigten sich unter dem zunächst in den Vordergrund tretenden Duumvirat von *Leonid Breschnew*, dem Ersten Sekretär (ab 1966 Generalsekretär) des ZK der KPdSU, und Min.-Präs. *Alexej Kossygin* kurzfristig Anzeichen einer Verbesserung des Lebensstandards. Einer damit verbundenen Lockerung in der angespannten Atmosphäre der Sowjetgesellschaft standen jedoch bald wieder restaurative Tendenzen gegenüber. So wurde die vorherrschende Rolle der Partei wiederhergestellt. Weitere Rehabilitierungen von Opfern des Stalinismus unterblieben, und die Rolle Stalins, insbes. im „Großen Vaterländischen Krieg", fand eine zunehmend positive Würdigung.

Im wirtschaftlichen Bereich verlangsamte sich, nach hohen Zuwachsraten in der Industrieproduktion bis in die 70er Jahre hinein, das Wachstumstempo spürbar. An den wesentlichen Merkmalen der Zentralverwaltungswirtschaft wurde festgehalten. In der Landwirtschaft konnte die überdurchschnittliche Steigerung der Produktion ab 1966 nicht über die Anfälligkeit gegenüber ungünstigen Witterungsbedingungen hinwegtäuschen, so daß ab 1975 regelmäßig Getreidezukäufe im „kapitalistischen" Ausland unerläßlich wurden.

Großer Wert wurde unter *Breschnew*, der seit Mitte der 70er Jahre im Führungskollektiv eine Vorrangstellung einnahm, auf ein neues Erscheinungsbild des Sowjetstaates gelegt. Entsprechend ihrer *Verfassung vom 7. 10. 1977* stellte sich die S. nunmehr als „ein sozialistischer Staat des ganzen Volkes" dar. In Abkehr von den utopischen Vorstellungen des Parteiprogramms der KPdSU vom Okt. 1961 hieß es in der Verfassungspräambel von 1977, daß in der S. die „entwickelte sozialistische Gesellschaft" aufgebaut worden sei, in der eine „neue historische Gemeinschaft von Menschen – das Sowjetvolk" existiere. Damit blieb den einzelnen Unionsrepubliken für eigene, ihrem beschränkt souveränen Status entsprechende politische Gestaltungsmöglichkeiten kein Spielraum. Es entsprach der Zielsetzung der *Nationalitätenpolitik* Breschnews, die nationalen Elemente der einzelnen Völker und Nationalitäten des Sowjetstaates dem Ideal des „Sowjetvolkes" unterzuordnen.

Unbeschadet des 1977 auch in der Verfassung festgeschriebenen Führungsanspruchs der KPdSU gewann trotz staatlicher Unterdrückungsmaßnahmen eine innere Opposition *(„demokratische Bewegung")* zunehmend an Bedeutung. Zunächst auf dem mutigen Handeln einzelner Wortführer *(Alexander Solschenyzin, Andrej Sacharow)* beruhend und der Unterstützung durch die öffentliche Meinung des westl. Auslands sicher, nahm die Oppositionsbewegung Ende der 60er Jahre neue Organisationsformen an. Neben der Menschenrechtsbewegung, die nach der Unterzeichnung der *KSZE-Schlußakte von Helsinki 1975* an Bedeutung gewann, bestanden zahlreiche oppositionelle Gruppierungen. Diese *Dissidentenbewegungen* formulierten ihre Programme und Ziele keineswegs umstürzlerisch oder utopisch, sondern orientierten sich i. d. R. an den elementaren menschlichen Grundrechten (→Bürgerrechtsbewegungen 3).

Im Unterschied zur Stagnation und Repression im Inneren zeigte sich die S. außenpolitisch unter *Breschnew* in der Wahrnehmung ihrer Interessen nicht ohne Dynamik. Dabei waren imperiale Züge, auch bestimmt durch das ausgeprägte Rivalitätsverhältnis gegenüber den USA und der VR China, unverkennbar. Sie drückten sich u. a. in der Beteiligung an dem kostspieligen nuklearen Rüstungswettlauf und in einer überdimensionalen Raketenrüstung, aber auch in der militärischen Intervention gegen den Reformkommunismus in der ↗Tschechoslowakei (1968) und in der Besetzung ↗Afghanistans (1979) aus.

Das innenpolitische Klima trug weitgehend neostalinistische Züge, die sich in einem systematischen Russifizierungsprozeß und einer repressiven Religionspolitik, zudem in einer Zensur fast stalinistischen Ausmaßes gegenüber nichtkonformistischen Schriftstellern, Künstlern und Wissenschaftlern äußerten.

e. Ende der Sowjetunion unter Gorbatschow

Nach Breschnews Tod (1982) folgten in kurzen Abständen der 69jährige *Juri Andropow* († 1984) und der 72jährige *Konstantin Tschernenko* († 1985) als Generalsekretäre nach, ehe im März 1985 *Michail Gorbatschow* an die Spitze der Parteihierarchie rückte. Er besaß keine eigene Gefolgschaft und hielt zu dem besonders unter Breschnew bedeutsamen Patronagesystem wechselseitiger Förderung und Abhängigkeit Distanz. Wie seine beiden Vorgänger sah er sich einer beträchtlichen Erblast gegenüber: einem dramatisch wachsenden wirtschaftlichen Problemdruck, enormen Rüstungslasten und dem ungelösten Afghanistan-Problem; hinzu kamen Inkompetenz, Amtsmißbrauch und Korruption in der Funktionärsschicht. Gorbatschow entschloß sich daher – ohne festes Konzept – zu einem radikalen und umfassenden Umbau der Sowjetgesellschaft *(„Perestrojka")*. Zur Unterstützung dieses Erneuerungsprozesses von historischer Dimension wurde ein bis dahin in der S. nicht gekanntes Maß an Öffentlichkeit und Offenheit *(„Glasnost")* zugelassen. Mit deren Hilfe haben sich rasch die Anfänge einer öffentlichen Meinung ausgebildet.

Neben einem neuen *Parteiprogramm* (1986) gehörten ein drastischer Personalwechsel v. a. in den höheren Funktionen des Partei- und Staatsapparates, eine *Verfassungsreform* (1988; vgl. III), neue Wahlgesetze, lebendige Massenmedien und energische Versuche zur Bewältigung der stalinistischen Vergangenheit zu den Merkmalen des angestrebten Umbaus. Einer drohenden Dekomposition des Vielvölkerstaates S. sollte offenbar mit einer Commonwealth-Lösung entgegengewirkt werden. Die Generallinie einer „beschleunigten sozialökonomischen Entwicklung des Landes" zielte jedoch vorrangig auf die Modernisierung sämtlicher Volkswirtschaftszweige, ohne daß der dringend erforderliche wirtschaftliche Aufschwung und eine notwendige Verbesserung in den Lebensumständen der Bevölkerung erreicht worden wären.

Die Liberalisierung der Sowjetgesellschaft führte dazu, bisher allenfalls intern erörterte Problemfelder (z. B. Nationalitätenfrage, Stalinismus, ökologische Probleme) so intensiv ins Licht der öffentlichen Diskussion zu rücken, daß v. a. das Aufbegehren einzelner Republiken (Estland, Lettland, Litauen, Moldawien, Georgien und Armenien, gefolgt von den ostslawischen Kernlanden Ukraine und Weißrußland) gegen die Moskauer Zentralgewalt der S. die weitere Existenzgrundlage entzog. Auch ein im wesentlichen vom Staatssicherheitsdienst sowie den reaktionären Partei- und Staatsfunktionären getragener Putschversuch vom 19./21. 8. 1991 konnte den Zerfall der S. nicht mehr aufhalten. Neun ihrer ehem. Republiken schlossen sich im Dez. 1991 vertraglich zu einer „Gemeinschaft Unabhängiger Staaten" (GUS) zusammen (vgl. III 5), deren Zukunft infolge der beträchtlichen zwischenstaatlichen Spannungspotentiale ungewiß ist.

Unzweifelhaft von historischer Bedeutung war Gorbatschows – im Zusammenwirken mit *Eduard Schewardnadse* gestaltete – Außenpolitik. Es wurde nicht nur eine enge Zusammenarbeit auf politischem, wirtschaftlichem, kulturellem und militärischem Gebiet mit dem bisherigen Hauptrivalen USA eingeleitet, sondern auch den Beziehungen zu den Staaten der „sozialistischen Staatengemeinschaft" gemäß den Prinzipien von Gleichberechtigung und Nichteinmischung eine neue Qualität verliehen. Nach den dadurch möglichen politischen Veränderungen 1989/90 in ↗Polen, ↗Ungarn, der DDR (↗Deutschland), der ↗Tschechoslowakei, in ↗Bulgarien und – bedingt – in ↗Rumänien, konnte schon vor dem Ende der S. von einem sowjet. Einflußbereich in Ostmittel- und Südosteuropa nicht mehr gesprochen werden. Gorbatschows Perestrojka erwies sich damit außenpolitisch als wesentliche Voraussetzung für den Abbau des →Ost-West-Konflikts.

III. Verfassung, Recht, Verwaltung

1. Grundlagen

Nach den ideologischen Vorgaben sollte in der 1922/24 gegründeten und Ende 1991 untergegangenen S. ein sozialistisches und dann kommunistisches Gemeinwesen errichtet werden, in dem Staat und Recht absterben sollten. Die tatsächliche Entwicklung ist anders verlaufen. Das Recht starb zwar nicht ab, ihm wurde aber in Anbetracht des Vorrangs politischer Zweckmäßigkeitserwägungen nur eine sekundäre Rolle beigemessen. Seine abgeschwächte Normativität wurde im Konzept der *„sozialistischen Gesetzlichkeit"* auf den Begriff gebracht, das die antithet. Elemente der Bindungswirkung der Rechtsnormen und der Parteilichkeit ihrer Anwendung zugleich propagierte.

Das sowjet. Recht ist in zwei großen Wellen kodifiziert worden. In der ersten 1922/24 wurde der mit der ersatzlosen Aufhebung des zaristischen Rechts 1918 geschaffene Zustand der Rechtslosigkeit im Zeichen der „Neuen Ökonomischen Politik" (NÖP) allmählich in geordnetere Verhältnisse übergeleitet. Mit der Herausbildung der Terrorherrschaft *Stalins* ab 1928 (→Stalin, Stalinismus) fiel dieses teils durch traditionell kontinental-europ. Begrifflichkeit, teils durch revolutionäre Neuerungen geprägte Sowjetrecht der praktischen Mißachtung anheim, obwohl die Verfassunggebung von 1936 das Gegenteil suggerieren sollte. Die zweite Kodifikationswelle ereignete sich in der reformerischen Ära →*Chruschtschows* und brachte 1958/64 eine gewisse Rechtssicherheit mit sich. In der folgenden, durch partielle Restalinisierung gekennzeichneten Ära *Leonid Breschnews* wurde das kodifikatorische Werk formell fortgesetzt, aber auf inhaltliche Reformen weitgehend verzichtet. So stellte auch die neue Verfassung von 1977 im wesentlichen eine juristische Festschreibung der faktischen Verhältnisse und damit eine Rechtsbereinigung dar.

Die unter *Michail Gorbatschow* eingeleiteten Reformen haben eine neue Phase der Rechtsentwicklung eröffnet. Seit dem Sommer 1988 galt der Aufbau eines „sozialistischen Rechtsstaats" als oberstes rechtspolitisches Ziel. In erster Linie ging es um die Errichtung eines formellen Gesetzesstaates, in dem das gesetzte Recht der politischen Zweckmäßigkeit vorgehen sollte. Dieses Recht sollte allerdings auch gewissen materiellen Gerechtigkeitsvorstellungen entsprechen. Die Entwicklung befand sich im Aug. 1991, als der gescheiterte Putschversuch der reformfeindlich-kommunistischen Kräfte den Untergang der S. einleitete, im Fluß: eine Reihe von Reformgesetzen war bereits verabschiedet worden, noch mehr standen auf der Tagesordnung. Die größte Schwierigkeit liegt auch in den Nachfolgestaaten der S. bei der praktischen Durchsetzung der rechtsstaatlich konzipierten Gesetze, da eine derartige Rechtskultur weder bei den Organen der Rechtsanwendung noch bei der breiten Masse der Bevölkerung vorhanden ist.

2. Verfassungsordnung

a) Das politische System verwandelte sich unter *Gorbatschow* aus einer totalitären Einparteidiktatur zu einem autoritären System mit zunehmendem politischen Pluralismus und diffusen Strukturen. Der Übergang zu einer funktionsfähigen Demokratie wurde wegen der Rückständigkeit der politischen Kultur, des Widerstandes der reaktionären Kräfte, der Unentschlossenheit Gorbatschows und der unbewältigten Nationalitätenprobleme des Vielvölkerstaates nicht vollzogen. Eine der wichtigsten Entwicklungen stellte der fortschreitende Autoritätsverfall der KPdSU dar, mit dem die Entstehung autonomer politischer Vereinigungen, Bewegungen und Parteien einherging. Diese Entwicklung wurde mit der Verfassungsreform vom 14. 3. 1990 auf Unionsebene (in den baltischen Republiken schon zuvor) legalisiert, indem der Führungsanspruch der KPdSU gestrichen und die Herausbildung eines Mehrparteiensystems ermöglicht wurde. Die rechtlichen Grenzen des somit anerkannten politischen Pluralismus wurden im Ges. vom 9. 10. 1990 „über die gesellschaftlichen Vereinigungen", das ein Parteien- und Vereinsgesetz zugleich war, näher bestimmt. Sie verliefen praktisch bei gewaltsam angestrebten verfassungswidrigen und sezessionistischen Zielen. Es wurde nicht nur auf eine „sozialistische" Orientierung, die ursprünglich als Merkmal der Verfassungsmäßigkeit erwogen worden war, verzichtet; das Gesetz erklärte vielmehr solche Parteien für verboten, die u. a. den „Klassenhaß" propagierten.

Parallel zu dieser Entwicklung vollzog sich eine Verlagerung der politischen Macht von der KPdSU auf den Staat, dessen im Entstehen begriffene neue Strukturen wiederum durch widersprüchliche Tendenzen gekennzeichnet waren. Einerseits entfalteten die halbdemokratisch gewählten parlamentarischen Gremien seit Mitte 1989 eine beachtliche Eigendynamik und beeinflußten die politischen Grundentscheidungen zunehmend. Andererseits baute Gorbatschow mit den Verfassungsreformen vom 1. 12. 1988, 14. 3. 1990 und vom 26. 12. 1990 seine Machtposition im Zentralstaat zu einer solchen Dominanz aus, daß man von einer autokratischen Gegentendenz sprechen mußte. Diese wurde noch dadurch gefördert, daß Gorbatschow die Ämter des Staats- und Parteichefs in seiner Person vereinigte. Zugleich verflüchtigte sich der autokratische Zug angesichts der anarchisch wuchernden regionalen Partikulargewalten.

b) Die Nationalitätenprobleme des Vielvölkerstaates sollten nach den Vorstellungen *Lenins* im Rahmen des *Sowjetföderalismus* und der *Sowjetautonomie* auf der Grundlage des Territorialprinzips gelöst werden. Die Folge dieser Konzeption war es, daß nur diejenigen Volksgruppen in den (formalen) Genuß eines verfassungsrechtlichen Status gelangen konnten, die in einer eigenen Gebietseinheit organisiert waren; auch große Volksgruppen, aber ohne eigene Gebietseinheit (z. B. Deutsche, Krimtataren), blieben schutzlos. Die S. gliederte sich in 15 Gliedstaaten (Unionsrepubliken) und 38 autonome Gebietseinheiten (20 Autonome Republiken, 8 Autonome Gebiete, 10 Autonome Bezirke). Tatsächlich stellten diese föderativen Gliederungen eine Fassade dar, da das Prinzip des →demokratischen Zentralismus, die gänzlich unbestimmte verfassungsmäßige Kompetenzordnung und eine Generalklausel zugunsten der Union eine zentralistische Staatsorganisation bewirkten.

Die im Zuge der Reformen *Gorbatschows* ausbrechenden Nationalitätengegensätze sowie der seit 1988 schwelende und im Frühjahr 1990 explodierende baltische Verfassungskonflikt machten die existentielle Notwendigkeit einer bundesstaatlichen Reform sichtbar. Doch sie kam zu spät und blieb hinter den politischen Realitäten zurück. Das am 3. 4. 1990 verabschiedete SezessionsG richtete für die Realisierung des in Art. 72 Verf. verbrieften Austrittsrechts der Unionsrepubliken kaum zu überwindende Hürden auf und war für die baltischen Republiken, die ihre Unabhängigkeit gerade proklamiert hatten, unakzeptabel. Das KompetenzabgrenzungsG vom 26. 4. 1990 versuchte, die Staatsgewalt zu dezentralisieren, die Kompetenzen der einzelnen „Föderationssubjekte" klarer zu regeln und vertragliche Sonderregelungen zu ermöglichen. Auch war eine gewisse Neigung erkennbar, das Territorial- durch Elemente des Personalitätsprinzips aufzulockern und Angehörigen von Volksgruppen ohne eigene Gebietseinheit im kulturellen Bereich Rechte einzuräumen. Am deutlichsten war dies an der Sprachengesetzgebung von 1989/90 zu beobachten.

c) Im Vergleich zur ursprünglichen Konzeption der bis zum Schluß geltenden Verfassung von 1977 wurde das System der *obersten Unionsorgane* durch die Verfassungsreformen vom 1. 12. 1988, 14. 3. 1990 und vom 26. 12. 1990 grundlegend verändert. Mit den Kongreßwahlen vom Frühjahr 1989 traten an die Stelle des volksgewählten Obersten Sowjets der UdSSR zwei parlamentarische Körperschaften: (1) der *Kongreß der Volksdeputierten,* dessen 2250 Delegierte zu je 1/3 vom Volk in unitarischen Wahlkreisen, in nationalen Gebietseinheiten (je 32 pro Unionsrepublik, je 11 pro Autonome Republik, je 5 pro Autonomes Gebiet, je 1 pro Autonomer Bezirk) und durch etablierte gesellschaftliche Organisationen auf die Dauer von fünf Jahren gewählt wurden; (2) der aus den beiden Kammern des Unions- und des Nationalitätensowjets bestehende *Oberste Sowjet,* dessen 542 Deputierte vom Kongreß aus seiner Mitte gewählt wurden und alljährlich bis zu 1/5 erneuert werden sollten. Der prinzipiell allzuständige Kongreß sollte jährlich mindestens einmal zusammentreten, um Verfassungsänderungen und besonders wichtige Gesetze zu beschließen sowie sonstige Grundentscheidungen zu treffen. Der Oberste Sowjet war demgegenüber als „ständig tätiges Gesetzgebungs- und Kontrollorgan" (Art. 111 Abs. 1 Verf.), also als Arbeitsparlament für die laufende Gesetzgebungstätigkeit konzipiert, das jährlich zweimal zu ordentlichen Sitzungen von je 3-4 Monaten einzuberufen war. *Staatsoberhaupt* der S. war seit dem 15. 3. 1990 der *Präsident der UdSSR.* Mit der Schaffung dieses Amtes wurden das Präsidium und der Vorsitzende des Obersten Sowjets auf die Funktionen eines bloßen Parlamentsvorstandes beschränkt. An sich sollte der Präsident unmittelbar vom Volk für 5 Jahre gewählt werden, aber die erste Wahl Gorbatschows erfolgte ausnahmsweise durch den Kongreß. Eine vorzeitige Amtsenthebung wegen Verfassungs- oder Gesetzesverletzungen konnte nur durch den Kongreß mit 2/3-Mehrheit beschlossen werden. Die Befugnisse des offenbar am amerikan. Vorbild orientierten Präsidenten waren beträchtlich und beinhalteten u. a.: eine umfassende Personalkompetenz, indem die Inhaber aller wichtigen Verfassungsämter ausschließlich von ihm ernannt wurden, auch wenn zuvor zum Teil eine Wahl durch den Obersten Sowjet vorgesehen war; die Koordinierung der gesamten Staatstätigkeit als Inhaber der Exekutivgewalt; das Recht, Botschaften an den Kongreß und Informationen an den Obersten Sowjet zu richten; das Recht der Gesetzesinitiative und ein Vetorecht gegenüber Gesetzesbeschlüssen, das nur mit 2/3-Mehrheit in beiden Kammern des Obersten Sowjets überwunden werden konnte; die Befugnis, Rechtsverordnungen der Regierung aufzuheben; die Rechtsetzungsbefugnis in der Form von Erlassen (Ukase) „auf Grund und in Durchführung der Verfassung und der Gesetze"; die Notstandsgewalt; den Oberbefehl über die Streitkräfte sowie die Ernennung und Entlassung des Oberkommandos; die völkerrechtliche Vertretung; die Entscheidung in Staatsangehörigkeits- und Asylangelegenheiten. Als Beratungs- und Koordinierungsgremien des Präsidenten wurden im März 1990 ein von ihm ernannter *Präsidialrat* (seit Dez. 1990: Sicherheitsrat) und ein aus den Staatshäuptern der Unionsrepubliken bestehender *Föderationsrat* errichtet. Im Dez. 1990 wurde dem Präsidenten ein Vizepräsident zur Seite gestellt. Im Unterschied zum amerikan. und in Übereinstimmung mit dem frz. Präsidialsystem war die sowjet. *Exekutive* dualistisch strukturiert: Dem Präsidenten nachgeordnet wirkte eine *Regierung* (bis Dez. 1990: Ministerrat; seither: Ministerkabinett) mit einem eigenen Regierungschef (bis Dez. 1990: Vorsitzender des Ministerrats; seither Premierminister), die sowohl dem Präsidenten als auch dem Obersten Sowjet verantwortlich war. Die Regierung wurde zuletzt durch den Präsidenten mit Zustimmung des Obersten Sowjets gebildet. Dieser konnte der Regierung mit 2/3-Mehrheit das Mißtrauen aussprechen, das diese zum kollektiven Rücktritt verpflichtete. Zu den parlamentarischen Elementen des sowjetischen Präsidialsystems gehörte auch die Regelung, daß im Falle eines Gesetzgebungsnotstandes der Präsident den Kongreß um die Wahl eines neuen Obersten Sowjets ersuchen konnte. Zur Sicherung der Verfassungsstaatlichkeit sah die Verfassungsreform von 1988 die Errichtung eines *Komitees für Verfassungsaufsicht* vor, dessen Mitglieder auf Vorschlag des Vorsitzenden des Obersten Sowjets vom Kongreß gewählt wurden. Seine Aufgaben bestanden vornehmlich in der abstrakten Normenkontrolle und der Behandlung bundesstaatlicher Streitigkeiten.

d) Die Organisation der obersten Staatsorgane in den mit einer begrenzten Verfassungsautonomie ausgestatteten 15 *Unionsrepubliken* und 20 *Autonomen Republiken* entsprach im wesentlichen der Staatsorganisation auf Unionsebene. Beim Nachvollzug der jüngsten Verfassungsreformen wurde ihnen ein größerer Gestaltungsspielraum eingeräumt, dessen Nutzung 1989 zu einigen Abweichungen führte. So verzichteten fast alle Gliedrepubliken auf die Einführung eines Kongresses und hielten am volksgewählten Obersten Sowjet als einziger gesetzgebender Körperschaft fest. Allein die RSFSR übernahm das Kongreßsystem der Union und gliederte ihren Obersten Sowjet zugleich in zwei Kammern (Republiks- und Nationalitätensowjet). Dem vielfach kritisierten Beispiel, einen Teil der Deputierten durch gesellschaftliche Organisationen wählen zu lassen, folgten nur Kasachstan und Weißrußland in begrenztem Umfang. Das Amt eines Staatspräsidenten wurde 1990/91 – mit Ausnahme der balt. Republiken und Weißrußlands – überall eingeführt, jedoch mit unterschiedlicher Machtfülle ausgestattet.

e) Die *territoriale Verwaltungsorganisation* wies in den einzelnen Gliedstaaten manche Unterschiede auf. Die lokale Ebene bildeten überall die *Bezirke (rajon),* die einem Landkreis entsprachen, und die *Städte,* die entweder einem Bezirk unterstellt oder bezirksfrei waren. Innerhalb der Bezirke bestanden – außer den Städten – *Ortschaften* und *Dörfer,* während die *Großstädte* in Stadtbezirke aufgeteilt waren. In den drei baltischen Republiken, der Moldau und Armenien gab es keine weiteren Gebietseinheiten. Eine regionale Verwaltungsebene in Gestalt von *Gebieten* und *Gauen* war in der RSFSR, der Ukraine, Weißrußland und den fünf zentralasiatischen Unionsrepubliken anzutreffen. In der RSFSR bestanden die autonomen Gebiete und Kreise innerhalb eines Gaues oder Gebiets und bildeten somit eine zweite Regionalstufe. Die autonomen Gebiete in Georgien, Aserbaidschan und Tadschikistan waren demgegenüber unmittelbar der Unionsrepublik unterstellt.

Die *Organisationsstruktur* der genannten Gebietseinheiten folgte einem einheitlichen Muster. Als

Volksvertretung wurde alle 5 Jahre (bis 1990: alle 2 1/2 Jahre) ein *Sowjet* gewählt, der einen Vollzugsausschuß als kollektives Exekutivorgan bestellte; letzterem unterstanden die Fachorgane (Abteilungen, Verwaltungen usw.). Der eigentliche Verwaltungschef war der *Vorsitzende des Vollzugsausschusses*. Für die gegenseitige Zuordnung der Verwaltungsorgane war bis zuletzt das Prinzip des „demokratischen Zentralismus" in der besonderen Ausprägung der „doppelten Unterstellung" maßgebend. Dies bedeutete, daß jeder Vollzugsausschuß horizontal seinem Sowjet und vertikal dem nächsthöheren Vollzugsausschuß unterstellt war. Entsprechendes galt für die Fachorgane. In der Praxis dominierte immer die vertikale Unterordnung, was eine zentralistische Verwaltungshierarchie bewirkte. Diese sollte im Zuge einer Verwaltungsreform aufgelockert werden, die darauf abzielte, den einzelnen Gebietseinheiten die Selbstverwaltung und eine finanzielle Selbständigkeit einzuräumen. Die Prinzipien der örtlichen Selbstverwaltung wurden in einem Unionsgesetz vom 9. 4. 1990 niedergelegt und sollten durch die gliedstaatlichen Gesetzgeber konkretisiert werden.

f) Die *Gerichtsorganisation* beruhte auf dem Gedanken der Einheitsgerichtsbarkeit und war in ihren Grundzügen in den Unionsgrundlagen der Gesetzgebung über die Gerichtsverfassung vom 13. 11. 1989 geregelt. Die Einzelheiten waren in den Gerichtsverfassungsgesetzen der Unionsrepubliken enthalten, deren Gerichtsaufbau – je nach territorialer Verwaltungsgliederung – zwei- oder dreistufig war: (1) Volksgerichte in den Bezirken und bezirksfreien Städten, (2) Gebiets- und Gaugerichte, Gerichte der autonomen Kreise und Gebiete, Oberste Gerichte der Autonomen Republiken, (3) Oberstes Gericht der Unionsrepublik. An der Spitze stand das Oberste Gericht der UdSSR, dem in bezug auf die nachgeordneten Gerichte besondere Leitungsbefugnisse zustanden, die über die herkömmlichen Rechtsprechungsaufgaben hinausgingen. Die genannten Gerichte waren für Zivil-, Straf- und Verwaltungsrechtssachen zuständig. Eine Sondergerichtsbarkeit bildete die Militärstrafgerichtsbarkeit, die von zweistufig aufgebauten Militärtribunalen ausgeübt wurde und an der Spitze beim Militärkollegium des Obersten Gerichts der UdSSR mündete. Für die Entscheidung wirtschaftsrechtlicher Streitigkeiten zwischen staatlichen Unternehmen war die *Staatsarbitrage* zuständig, die eine justizförmige Verwaltungseinrichtung darstellte. Arbeitsrechtliche Streitigkeiten wurden zunächst von betrieblichen Schlichtungskommissionen behandelt; konnten diese den Streit nicht durch Vergleich beilegen, so konnte das außerbetriebliche Gewerkschaftskomitee oder das Volksgericht als Entscheidungsinstanz angerufen werden. Zu erwähnen sind schließlich die Kameradengerichte und die Minderjährigenkommissionen, die Erscheinungsformen der gesellschaftlichen Gerichtsbarkeit darstellten und hauptsächlich für Unrechtshandlungen von geringem Gewicht zuständig waren.

Mit der Verfassungsreform vom 1. 12. 1988 und dem RichterG vom 4. 8. 1989 wurden wesentliche Schritte zur Stärkung der *richterlichen Unabhängigkeit* und der Hebung des traditionell niedrigen Sozialprestiges des sowjet. Richtertums unternommen. Zwar wurde der Richter auf Lebenszeit nicht eingeführt, aber die richterliche Amtsperiode von 5 auf 10 Jahre verlängert. Der Bestellungsmodus erfuhr einschneidende Veränderungen, indem der schließlichen Richterwahl durch den jeweils höheren Sowjet eine recht komplizierte Ausleseprozedur vorgeschaltet wurde, an der das Justizministerium, das Oberste Gericht und eine Richtervertretung beteiligt waren.

Ein ernsthaftes Hindernis auf dem Wege der rechtsstaatlichen Justizreform stellte die besondere Machtposition der *Staatsanwaltschaft* dar, der zufolge der Richter in der traditionellen sowjet. Praxis meist nur als Antragvollstrecker der Anklagebehörde fungierte. Diese Machtposition war u. a. in der Leninschen Konzeption der strikt zentralistisch organisierten Staatsanwaltschaft mit dem Generalstaatsanwalt der UdSSR an der Spitze begründet, wonach diese nicht nur eine Strafverfolgungs- und Anklagebehörde ist, sondern im Rahmen der sog. „allgemeinen Aufsicht" eine umfassende Rechtsaufsicht über Verwaltung, Justiz, Wirtschaft usw. ausüben sollte.

g) Die in der Verfassung verkündeten *Grundrechte* und -pflichten spielten bis 1990 kaum eine praktische Rolle. Dies begann sich mit der Errichtung des Komitees für Verfassungsaufsicht zu ändern, dessen Tätigkeit Anfang 1990 aufnahm und in der Folgezeit darauf hinwirkte, daß die völkerrechtlichen Menschenrechtsverpflichtungen der S. ernst genommen werden. In der Verwaltungs- und Justizpraxis der letzten Jahre wurden zahlreiche Menschenrechtsverletzungen abgestellt, die zuvor systematisch praktiziert worden waren. Die vielfach erhobene Forderung, die sowjet. Rechtsordnung mit den Anforderungen des Völkerrechts und eines gewandelten Menschenrechtsverständnisses in Einklang zu bringen, konnte vom Gesetzgeber nur ansatzweise in Angriff genommen werden.

h) Auf dem Gebiet der in Art. 52 Verf. nur recht unzulänglich gewährleisteten und in der Praxis traditionell unterdrückten *Gewissens- und Religionsfreiheit* hatte sich seit 1987 eine dramatische und erfreuliche Entwicklung angebahnt, die am 1. 10. 1990 zur Verabschiedung eines Unionsgesetzes „über die Gewissensfreiheit und die religiösen Organisationen" führte. Diese Entwicklung war in starkem Maße durch die Internationalisierung der Menschenrechtsfrage und den KSZE-Prozeß beeinflußt, indem die Religionsfreiheit in jüngster Zeit in den Vordergrund rückte. Dies äußerte sich auch darin, daß das neue Gesetz, das die erste umfassende unionsweite Regelung darstellte, den völkerrechtlichen Verträgen Vorrang gegenüber der innerstaatlichen Gesetzgebung einräumte. Die neue Regelung beruhte auf dem Trennungsprinzip und wohl auch auf der weltanschaulichen Neutralität des Staates, da das Weltanschauungs- und Führungsmonopol der kommunistischen Partei mit der Zulassung des Mehrparteiensystems hinfällig geworden war. Dem Staat wurde die Finanzierung religiöser Organisationen ebenso untersagt wie diejenige der atheistischen Propaganda. Inhaltlich entsprach sie den völkerrechtlichen Mindestanforderungen des Art. 18 IPbürgR von 1966 und gewährleistete die individuelle und kollektive Religionsausübungsfreiheit. Den gesetzlichen Prototyp der „religiösen Organisationen" stellten die als „religiöse Gesellschaften" bezeichneten Kirchengemeinden dar, die bei mindestens zehn Mitgliedern durch behördliche Registrierung ihres Statuts die Rechtspersönlichkeit erlangten; die eigentlichen Kirchen waren unter der Bezeichnung „religiöse Vereinigung" als korporative Zusammenschlüsse dieser „religiösen Gesellschaften" konzipiert. Eine Staatsaufsicht im überkommenen Sinne sollte es nach der Neuregelung nicht mehr geben. Der Rat für die Angelegenheiten der Religionen beim Ministerrat der UdSSR sollte in ein staatliches Informations-, Konsultations- und Expertenzentrum umgewandelt werden.

3. Zivil- und Wirtschaftsrecht

a) Das *Zivilrecht*, das bis zum Untergang der S. in den Unionsgrundlagen der Zivilgesetzgebung vom 8. 12. 1961 und in den 1963/64 erlassenen Zivilgesetzbüchern der 15 Unionsrepubliken weitgehend inhaltsgleich geregelt war, war in starkem Maße am dt. Pandektensystem orientiert. So gliederten sich alle Zivilgesetzbücher in die Teile Allgemeiner Teil, Eigentumsrecht (statt Sachenrecht), Schuldrecht (unterteilt in einen allgemeinen und einen besonderen Teil) und Erbrecht – von den zivilrechtlichen Nebengebieten waren das Urheberrecht, das Patentrecht und das Internationale Privatrecht als eigenständige Teile in die Zivilgesetzbücher integriert. Ausgegliedert war das *Familienrecht,* das in den Unionsgrundlagen der Ehe- und Familiengesetzgebung vom 27. 6. 1968 und den 1969/70 erlassenen Familiengesetzbüchern der Unionsrepubliken enthalten war. Auf dieser Konzeption beruhte auch die jüngste Zivilrechtsreform, die am 31. 5. 1991 in der Verabschiedung neuer Unionsgrundlagen mündete. Sie sollten Anfang 1992 in Kraft treten, doch hierzu ist es nicht mehr gekommen.

b) Weit vordringlicher war eine Reform des *Wirtschaftsrechts,* worunter man herkömmlicherweise die vertikalen und horizontalen Rechtsbeziehungen innerhalb des staatlichen Sektors der zentralen Planwirtschaft verstand. Während das vertikale Planungs- und Wirtschaftsverwaltungsrecht in zahlreichen kurzlebigen Normen geregelt war, fand auf die horizontalen Vertragsbeziehungen zwischen den staatlichen Unternehmen grundsätzlich das Zivilrecht Anwendung, das allerdings durch verschiedene Sonderregelungen modifiziert wurde. Als dritte Rechtsmasse kam das Unternehmens- und Betriebsverfassungsrecht hinzu, das im Zuge der Wirtschaftsreformen *Gorbatschows* im Ges. über das Staatsunternehmen vom 30. 6. 1987 eine unzulängliche und änderungsbedürftige Neuregelung erfuhr.

Mit dem seit 1990 halbherzig angestrebten Übergang zur begrenzten Marktwirtschaft ergab sich ein Reformbedarf auf verschiedenen Ebenen. Zunächst mußte das rigide Wirtschaftsrecht im überkommenen Sinne durch Lockerung oder gar Abschaffung der Plangebundenheit, durch Einführung der Unternehmensautonomie und der Vertragsfreiheit umgestaltet werden. Die vom Gesetzgeber in dieser Richtung unternommenen Schritte zeitigten kaum praktische Auswirkungen. Des weiteren mußte der privatwirtschaftlichen Initiative Entfaltungsspielraum zugestanden werden. Mit dem Ges. über die individuelle Arbeitstätigkeit vom 19. 11. 1986 wurde nur eine nebenberufliche Erwerbstätigkeit in beschränktem Umfang zugelassen, aber keine nennenswerte Änderung erzielt. Von wesentlich größerer Tragweite war das KooperationsG vom 26. 5. 1988, auf dessen Grundlage sich mindestens drei Personen zu einer hauptberuflichen privaten Erwerbstätigkeit in der Form einer Genossenschaft zusammenschließen konnten. Obwohl dem insgesamt recht liberalen Gesetz das Normativsystem zugrunde lag, hatten die privaten Genossenschaften in der Praxis mit erheblichen Schwierigkeiten zu kämpfen, die u. a. aus bürokratischen Widerständen, einem durch Sozialneid geprägten Milieu und dem organisierten Verbrechen herrührten. An diesen Realitäten vermochte das Anfang 1991 in Kraft getretene UnternehmensG vom 4. 6. 1990 nicht viel zu ändern, das zumindest theoretisch die Gewerbefreiheit einführte. Mit der Zulassung von gemeinsamen Unternehmen mit ausländischer Beteiligung durch die Joint-Venture-Gesetzgebung Anfang 1987 wuchs das Bedürfnis nach einem Gesellschaftsrecht, das es in der S. seit 1962 auch in einer antiquitierten Form nicht mehr gab. Auf Unionsebene erließ die Regierung am 19. 6. 1990 ein vorläufiges Statut über die Aktiengesellschaften und Gesellschaften mit beschränkter Haftung, das bis zu einer gesetzlichen Neuregelung der Materie als Rechtsgrundlage für die Kapitalgesellschaften dienen sollte.

Ein rudimentäres Recht der Personengesellschaften sollte mit den erwähnten Unionsgrundlagen der Zivilgesetzgebung von 1991 zur Verfügung gestellt werden. Ungeachtet dieser Improvisationen auf Unionsebene, schufen einige Unionsrepubliken ihr fortgeschritteneres Gesellschaftsrecht. Schließlich bedurfte die überkommene „sozialistische" Eigentumshierarchie mit den unterschiedlichen Rechtsregimen unterliegenden Formen des staatlichen, genossenschaftlichen und persönlichen Eigentums einer dringenden Reform. Mit dem EigentumsG vom 6. 3. 1990 und der Verfassungsreform vom 14. 3. 1990 wurde zunächst eine Kompromißlösung erzielt, die das Privateigentum zwar nach wie vor nicht ausdrücklich zuließ, aber unter dem Deckmantel differenzierter Eigentumsformen verschiedene Möglichkeiten einer privatwirtschaftlichen Nutzung von Produktionsmitteln eröffnete. Auch hier preschten einige Unionsrepubliken ohne Rücksicht auf den Unionsgesetzgeber vor und führten das Privateigentum ein. Besonders umstritten war die Zulassung des privaten Grundeigentums, die der konservative Unionsgesetzgeber durch die Favorisierung der Pacht zu vermeiden trachtete. In diesem Sinne wurden die Unionsgrundlagen der Pachtgesetzgebung vom 23. 11. 1989 und der Bodengesetzgebung vom 28. 2. 1990 konzipiert, die dem Landpächter eine eigentümerähnliche Rechtsstellung vermittelten. Der dringend notwendige weitere Schritt einer Privatisierung staatlicher Unternehmen wurde mit dem GrundlagenG über die Entstaatlichung und Privatisierung von Unternehmen vom 1. 7. 1991 in höchst unzulänglicher Weise in Angriff genommen.

4. Strafrecht

Unter rechtsstaatlichen Gesichtspunkten vorrangig reformbedürftig war das durch unbestimmte Straftatbestände und drakonische Strafen geprägte sowjet. Strafrecht. Seine Rechtsgrundlagen bildeten bis zum Untergang der S. die Unionsgrundlagen der Strafgesetzgebung vom 25. 12. 1958 und die 1959/61 erlassenen Strafgesetzbücher der Unionsrepubliken. Die Unionsgrundlagen enthielten nur den Allgemeinen Teil, nicht aber einzelne Straftatbestände. Deren Vereinheitlichung erfolgte im Bedarfsfalle durch besondere Unionsstrafgesetze. Auf diese Weise wurden namentlich das politische Strafrecht und das Militärstrafrecht in zwei Unionsgesetzen vom 25. 12. 1958 geregelt, deren Straftatbestände dann in die Strafgesetzbücher der Unionsrepubliken wortgleich übernommen wurden. Im Vordergrund der jüngsten Reformbestrebungen standen die Einschränkung und Präzisierung des strafbaren Verhaltens, die Reduzierung des Anwendungsbereichs der Todesstrafe und die Abschaffung oder inhaltliche Veränderung der auf zaristischer Tradition beruhenden Verbannung. Als erster Schritt wurde 1989 das politische Strafrecht teilweise reformiert. In diesem Zusammenhang wurde vornehmlich die berüchtigte „antisowjetische Agitation und Propaganda", die in der Vergangenheit zur willkürlichen Verfolgung von Dissidenten herangezogen worden war, zu einem durch das Merkmal der Gewalt präzisierten Aufruf zum Hochverrat umgestaltet. Am 2. 7. 1991 verabschiedete dann der Oberste Sowjet neue Unionsgrundlagen der Strafgesetzgebung, die am 1. 7. 1992 in Kraft treten sollten.

5. Das Ende der Sowjetunion

Der gescheiterte Putschversuch der orthodox-kommunistischen Kräfte vom 19./21. 8. 1991 hat das Ende der KPdSU und den Zerfall der S. bewirkt. Wegen ihrer Verwicklung in den Putsch wurde die KPdSU in den meisten Unionsrepubliken verboten oder suspendiert, während die republikanischen Organisationen im islamischen Zentralasien unter neuen Namen versuchen, die Macht zu erhalten. Die einzelnen Unionsrepubliken proklamierten in rascher Folge – sofern sie es nicht schon vorher getan hatten – ihre Unabhängigkeit. Die Bemühungen *Gorbatschows*, mit Hilfe eines Unionsvertrags die Reste einer Zentralgewalt und damit seine eigene Macht zu retten, mußten fehlschlagen, da sie auf einer falschen Einschätzung der realpolitischen Vorgänge beruhten. In der verfahrenen Situation ergriff schließlich der russ. Staatspräsident *Boris Jelzin* die Initiative zur Gründung einer „Gemeinschaft Unabhängiger Staaten" (GUS). Der handstreichartig vorbereitete Gründungsvertrag wurde am 8. 12. 1991 von Rußland, der Ukraine und Weißrußland unterzeichnet. Als weitere Gründungsmitglieder traten ihm am 21. 12. die Moldau, Armenien und die sechs islamischen Republiken (Aserbaidschan, Kasachstan, Usbekistan, Kirgisien, Tadschikistan, Turkmenistan) bei. Während das im Bürgerkrieg befindliche Georgien einen Beitritt noch erwägt, steht fest, daß sich die balt. Republiken ↗Estland, ↗Lettland und ↗Litauen nicht an der GUS beteiligen werden. Damit war das Ende der S. besiegelt. Dem sich zunächst heftig wehrenden Staatspräsidenten *Gorbatschow* blieb letztlich nichts anderes übrig, als am 25. 12. zurückzutreten. Am nächsten Tag erklärte der nur noch von wenigen Abgeordneten getragene Oberste Sowjet der UdSSR seine Selbstauflösung.

Vorerst ist es kaum möglich, die Rechtsnatur der GUS, die durch eine Wirtschaftsgemeinschaft ergänzt werden soll, genauer zu bestimmen. Denn der Gründungsvertrag skizziert nur einen groben Rahmen, der durch zahlreiche Einzelvereinbarungen ausgefüllt werden muß. Sofern die GUS sich als beständig erweist, wird sie eine Staatenverbindung eigener Art sein, in der Elemente eines Staatenbundes, einer internationalen Organisation und einer politischen Union enthalten sein werden. Ungewiß ist auch das Schicksal der Rechtsordnungen in den Nachfolgestaaten der Sowjetunion. Im Gründungsvertrag der GUS ist vorgesehen, daß Unionsrecht nirgends mehr angewandt wird. Sollte diese Bestimmung ernst genommen werden, so würden mit dem ersatzlosen Wegfall des Unionsrechts große Lücken in den Rechtsordnungen der einzelnen Republiken aufgerissen, die die jeweiligen nationalen Gesetzgeber erst allmählich schließen könnten. Aus diesem Grunde hat das russ. Parlament anläßlich der Ratifizierung des GUS-Vertrags beschlossen, daß das Unionsrecht weitergelten solle, sofern es nicht dem russ. Recht widerspricht.

IV. Bevölkerungs- und Sozialstruktur

1. Bevölkerung und Nationalitäten

Die Volkszählung vom 12. 1. 1989 ermittelte für die S. 286,7 Mio. E. (vgl. Tab. 1). Der durchschnittliche jährliche *Geburtenüberschuß* beträgt 0,7–0,8%. Der *natürliche Zuwachs* hat sich zwar in den 80er Jahren etwas verlangsamt (von 1980: 0,8 auf 1989: 0,76%), doch läßt der 1989 im Vergleich zu 1979 deutlich höhere Anteil der 20-39jährigen (31,1% gegenüber 28,7%) für die 90er Jahre eine weitere Zunahme der Gesamtbevölkerung erwarten. Noch immer haben, bedingt durch die Ausfälle der Kriegszeit und durch eine höhere Lebenserwartung, Frauen mit 52,7% einen überdurchschnittlichen Anteil.

Der Wert für die mittlere *Bevölkerungsdichte* ist wenig aussagekräftig, denn auf dem Territorium der ehem. S. liegen einerseits 25 Millionenstädte (15,6% der Gesamtbevölkerung) und einige dicht besiedelte Verwaltungsgebiete mit Dichten über 300 E./km² (v. a.

Tabelle 1
Demographische Grunddaten

Republik	Gesamtbevölkerung 1989 in 1000	Bevölkerungsdichte 1989 E./km²	Geburten 1988 je 1000 E.	Sterbefälle 1988 je 1000 E.
RSFSR*	147400	8,6	16,0	10,7
Estland	1573	34,9	15,9	11,8
Lettland	2680	42,1	15,4	12,1
Litauen	3690	56,6	15,3	10,2
Weißrußland	10200	49,1	16,0	10,1
Ukraine	51707	85,7	14,5	11,7
Moldawien	4338	128,7	20,9	9,7
Georgien	5443	78,1	17,3	9,0
Armenien	3288	110,3	21,6	10,3
Aserbaidschan	7038	81,3	26,5	6,8
Turkmenien	3534	7,2	36,0	7,8
Usbekistan	19905	44,5	35,1	6,8
Tadschikistan	5109	35,7	40,0	7,0
Kirgisien	4290	21,6	31,2	7,4
Kasachstan	16536	6,1	24,6	7,7
UdSSR gesamt	286731	12,8	18,2	7,3

* Russische Föderation

Quelle: Naselenie SSSR 1988. Stat. ežegodnik. Moskau 1989.

in den Oasen Mittelasiens), andererseits weitgehend siedlungsleere Räume in den kontinentalen Wüsten und im hohen N. Nur 34,0% der Bevölkerung leben in Gebieten, die als ländlich klassifiziert werden, 66,0% in Städten, die allerdings bei niedrigen Einwohnerzahlen und abseits der Ballungsräume noch recht ländlichen Charakter haben.

Im Lauf des 20. Jh. unterlag die *Bevölkerungsentwicklung* großen Schwankungen. Der I. Weltkrieg, der Bürgerkrieg und die Hungersnot von 1921/22 brachten einen starken Bevölkerungsrückgang. Erst 1926 (erste Volkszählung in der S.) waren die Verluste eines Jahrzehnts aufgeholt (167 Mio. E.). Nach rascher Bevölkerungszunahme in der 2. Hälfte der 20er Jahre bewirkte die Kollektivierung neue Verluste, an die sich eine strukturell bedingte Hungersnot wegen Futtermangels anschloß. Die „Säuberungen" der 30er Jahre trugen dazu bei, daß die Zuwachsraten trotz bevölkerungspolitischer Fördermaßnahmen bis zum II. Weltkrieg niedrig blieben. Dieser rief gewaltige Verluste hervor, auch indirekt durch den Rückgang der Geburtenziffern. 1946 wurde die Bevölkerung auf 173 Mio. geschätzt. Seit Ende der 40er Jahre nahm sie kontinuierlich zu, doch gingen die Steigerungsraten deutlich zurück. Die verbesserten hygienischen Bedingungen in Mittelasien und anderen Gebieten mit traditionell hohen Geburtenraten und ein gleichzeitiger Rückgang der Geburtenzahl in weiten Teilen der europ. S. führten zu regionalen Veränderungen. Die erste Volkszählung nach dem II. Weltkrieg ergab 1959 trotz der beginnenden Abnahme bei der Geburtenziffer wegen des noch stärkeren Rückgangs der Sterblichkeit eine Bevölkerung von 208,8 Mio. Schätzungen der direkten und indirekten Bevölkerungsverluste auf dem Territorium der ehem. S. zwischen der Oktoberrevolution 1917 und dem Kriegsende 1945 ergeben rd. 44 Mio. Menschen. Davon entfallen 25 Mio. auf den II. Weltkrieg, 14 Mio. auf den Bürgerkrieg und 5 Mio. auf den stalinistischen Terror.

Die Volkszählungen von 1970 (241,7 Mio.) und 1979 (262,4 Mio.) dokumentieren die Folgen reduzierter Sterblichkeit und leicht gestiegener *Lebenserwartung* (derzeit bei Männern rd. 65, bei Frauen 73–74 Jahre). Allerdings sind auch zyklische Entwicklungen zu berücksichtigen (Geburten von Kindern der relativ geburtenstarken Generation der 50er und beginnenden 60er Jahre), die Mitte der 80er Jahre zu einem Anschwellen des natürlichen Bevölkerungszuwachses (1986: 1,02%) führten. Der *Wanderungssaldo* ist unbedeutend; selbst die Aussiedlerbewegung der Gegenwart macht sich prozentual kaum bemerkbar.

Wichtiger sind die *regionalen Entwicklungen* (vgl. Tab. 1). Die höchste Geburtenziffer weist *Tadschikistan* auf (1988: 40 ‰). Seit 1970 (34,8 ‰) ist dieser Wert fast kontinuierlich gestiegen; gleichzeitig hat sich die Sterblichkeit wenig verändert. Daher hat Tadschikistan mit 3,3% fast den vierfachen Zuwachswert der Union. 1970-89 wuchs die Bevölkerung von 2,9 auf 5,1 Mio., wobei der Zuwachs im ländlichen Raum deutlich über dem in den Städten liegt. Da im ländlichen Raum nur eine geringe Migrationsbereitschaft besteht, ist die Bevölkerungszunahme fast ausschließlich auf den natürlichen Zuwachs zurückzuführen. Die Knappheit an Landreserven wirkt sich bereits in der Landflucht aus. Die niedrigste Geburtenrate und den geringsten natürlichen Zuwachs weist derzeit die *Ukraine* auf (wo jedoch eine relativ hohe Bevölkerungsdichte herrscht): 14,5 Geburten und 11,7 Sterbefälle je 1000 E. ergeben einen positiven Saldo von 0,28% (1/3 des Unionswertes). Während die Geburtenrate seit 1970 fast unverändert blieb, nahm die Sterblichkeit v. a. in den 70er Jahren zu. Insgesamt wuchs die Bevölkerung 1970-89 von 47,1 auf 51,7 Mio. Die anderen Unionsrepubliken liegen zwischen den beiden Extremen. Dabei folgen die baltischen Republiken und Weißrußland, im Mittel auch die Russische Föderation eher dem ukrainischen Modell, die Republiken Mittelasiens und Aserbaidschan in abgeschwächter Form dem Tadschikistans. Georgien, Armenien und Kasachstan liegen in der Mitte.

Entsprechend unterschiedlich sind die *Familienstrukturen*. Familien in städtischen Siedlungen sind im Durchschnitt kleiner als diejenige im ländlichen Raum. Der bereits in den 70er Jahren sichtbare Rückgang der durchschnittlichen Familiengröße (1979: 3,5 Personen/Familie) hat sich seither fortgesetzt.

Größer als die Stadt-Land-Unterschiede sind wiederum die *regionalen Unterschiede*. Erhöhte Lebenserwartung und verringerte Säuglingssterblichkeit haben die Familiengrößen in Mittelasien weiter zunehmen lassen; wo in *Tadschikistan* 1989 durchschnittlich 6,1 Personen (1959: 4,7) zu einer Familie gehörten, waren es in *Lettland* und *Estland* durchschnittlich nur 3,1. Auch die Lebensgewohnheiten, die hohe Scheidungsrate, die Berufstätigkeit der Frauen und der allgemeine Trend zur Kernfamilie spielen eine Rolle. In Mittelasien hat sich dagegen die traditionelle Großfamilie v. a. auf dem Land erhalten.

Die S. war ein *Vielvölkerstaat*. Bei der Volkszählung 1989 wurden über hundert unterschiedliche Volkszugehörigkeiten, „Nationalitäten", erfaßt. Darunter stellen die Russen mit 145,5 Mio. gerade noch etwas mehr als die Hälfte der gesamten sowjetischen Bevölkerung (50,6%). 21 weitere Nationalitäten haben je mehr als 1 Mio. Angehörige, darunter die Deutschen etwas über 2 Mio. (vgl. Tab. 2). Zwar sind alle Titularnationen der ehem. Unionsrepubliken in dieser Gruppe, doch liegen die Völker an der mittleren Wolga zahlenmäßig z. T. deutlich über den schwächsten Titularnationen.

Da die Verbreitungsgebiete der einzelnen Nationalitäten nicht identisch mit den nach ihnen benannten Territorien sind, besteht eine Fülle von *Nationalitätenkonflikten*. Offen ausgebrochen sind sie Ende der 80er Jahre in Kaukasien (zwischen Armeniern und Aseri um das Autonome Gebiet von Nagorny Karabach, zwischen Georgiern und Abchasen in der Abchasischen ASSR, zwischen Georgiern und Osseten) und in Mittelasien (zwischen Kirgisen und Usbeken im Gebiet von Osch). Auch die Nationalitäten ohne eigenes

Tabelle 2
Nationalitäten 1970-1989
(Völker mit mehr als 1 Mio. Angehörigen 1989)

Nationalität	Angehörige in 1000			Zuwachs 1989 in % von 1970	Anteil an der Gesamtbevölkerung 1989 in %
	1970	1979	1989		
Russen	129015	137397	145155	12,5	50,6
Ukrainer	40753	42347	44186	8,4	15,4
Usbeken	9195	12456	16698	81,6	5,8
Weißrussen	9052	9463	10036	10,9	3,5
Kasachen	5299	6556	8136	53,5	2,8
Aseri	4380	5477	6770	54,6	2,4
Tataren	5931	6185	6649	12,1	2,3
Armenier	3559	4151	4623	29,9	1,6
Tadschiken	2136	2898	4215	97,3	1,5
Georgier	3245	3571	3981	22,7	1,4
Moldawier	2698	2968	3352	24,2	1,2
Litauer	2665	2851	3067	15,1	1,07
Turkmenen	1525	2028	2729	79,0	0,95
Kirgisen	1452	1906	2529	74,2	0,88
Deutsche	1846	1936	2039	10,5	0,71
Tschuwaschen	1694	1751	1842	8,7	0,64
Letten	1430	1439	1459	2,0	0,51
Baschkiren	1240	1371	1449	16,9	0,51
Juden	2151	1762	1378	− 35,9	0,48
Mordwa	1263	1192	1154	− 8,4	0,40
Polen	1240	1151	1126	− 9,2	0,39
Esten	1007	1020	1027	2,0	0,36

Quelle: SSSR v cifrach v 1989 godu. Moskau 1990.

Territorium – meist im II. Weltkrieg der Kollaboration mit den dt. Truppen beschuldigt und deportiert – stellen neue Forderungen (Deutsche, Krimtataren, Gagausen) oder werden in den Gebieten ihrer Zwangsansiedlung verfolgt (Mes'cheten in Mittelasien). Seit 1988 entwickelte sich die Nationalitätenfrage zu einem brennenden innenpolitischen Problem, das zum Zerfall der S. beitrug.

Da der natürliche Bevölkerungszuwachs bei den bereits zahlenmäßig starken islamischen Völkern Mittelasiens und Kaukasiens am höchsten, bei den weniger starken prot. Völkern Ostmitteleuropas am geringsten ist, wird sich das Bevölkerungsgewicht allmählich etwas verlagern. Vor allem war am Ende der Sowjetzeit das noch knappe Übergewicht der Russen bedroht.

Der Nationalitätenvielfalt entspricht der Sprachenreichtum. Über 120 *Sprachen*, von denen einige bis heute schriftlos blieben, sind registriert. Zahlenmäßig am bedeutendsten sind die *ostslawischen Sprachen* (Russisch, Weißrussisch, Ukrainisch). Ebenfalls zur indoeuropäischen Sprachfamilie gehören die *baltische Sprachgruppe* (Lettisch, Litauisch), das romanische Moldawisch, ferner das Deutsche, Griechische und Armenische sowie in der *iranischen Sprachgruppe* das Ossetisch und Tadschikisch. Im NW und NO des europ. Teils der ehem. S. ist die *finnougrische Gruppe* (Estnisch, Karelisch, Komi, Udmurtisch, Mordwa, Tschuwaschisch) der uraloaltaischen Sprachfamilie zuzuordnen, zu der auch die zahlreichen *Turksprachen* (Aserbajdschanisch, Turkmenisch, Usbekisch, Kirgisisch, Kasachisch, Tatarisch, Baschkirisch, Uigurisch, Jakutisch) gehören. Die *mongolische Sprachfamilie* ist mit Kalmückisch und Burjätisch vertreten. Eine isolierte Sprachfamilie bildet das *Kaukasische* (Georgisch, Tscherkessisch, Abchasisch, Sprachen Dagestans). Das *Russische* hat sich unter politischem Druck zur Verkehrssprache der ehem. S. entwickelt. In den Republiken ist die Sprache der Titularnation Amtssprache. Außer dem Georgischen und Armenischen (eigenständige Buchstabenschriften) sowie dem Estnischen, Lettischen und Litauischen (lat. Schrift) werden die Sprachen mit *kyrillischen Schriftzeichen* geschrieben. Erneute Schriftreformen sind vorgesehen.

Der *Anteil der wichtigsten Nationalitäten* an der Bevölkerung der einzelnen ehem. Unionsrepubliken ist sehr unterschiedlich. Während Armenien und Litauen (93,3 bzw. 79,6%) besonders hohe Anteile der Titularnation verzeichnen, haben die Kasachen erst 1989 wegen ihrer höheren Geburtenrate das bisherige Übergewicht von Russen und Ukrainern in Kasachstan gebrochen. Estland und Lettland (61,5% Esten, 52,0% Letten) stehen unter dem Überfremdungsdruck zuwandernder Russen und versuchen, durch Sprachgesetze die Eigenständigkeit und kulturelle Identität zu festigen. Die Bevölkerung der Ukraine ist traditionell gemischt (72,7% Ukrainer, 22,1% Russen). In Mittelasien und Kaukasien haben sich noch relativ bedeutende Slawenanteile aus der Zeit der Kolonisation im 19. Jh. erhalten, die jedoch seit einigen Jahren zurückgehen, so daß das Gewicht der Titularnationen gestärkt wird. Die Autonomen Republiken und Gebiete weisen oft nur einen deutlich unter der Hälfte liegenden Anteil der Titularnation an der jeweiligen Gesamtbevölkerung auf. Ein besonders krasses Beispiel ist das Autonome Gebiet der Juden (Birobidschan) im Fernen Osten, dessen Bevölkerung nur zu 4,2% aus Juden besteht. Die Deutschen sollen ihre bis zum II. Weltkrieg bestehende Territorialität (damals in der ASSR der Wolgadeutschen) zurückerlangen. Aber die Rücksiedlung, auch die anderer im II. Weltkrieg deportierter ethnischer Gruppen, ruft Konflikte mit den jetzigen Siedlern in den entsprechenden Gebieten hervor.

Ein Ausgleich zwischen den unterschiedlichen nationalen und demographischen Bedingungen könnte durch *Binnenwanderungen* erfolgen. Tatsächlich ist die Wanderungsbereitschaft aber regional unterschiedlich. Während die großen Erschließungsaufgaben in Kasachstan und Sibirien beträchtliche durch Zwang, emotionale Motivation oder materielle Anreize stimulierte Zuwanderungen hervorgerufen haben, bewirkte die Unvertrautheit mit der jeweiligen Umwelt und die mangelhafte Aufklärung über die zu erwartenden Arbeitsbedingungen auch starke Rückwanderungen. Heute erfolgt über die Hälfte der Wanderungen spontan, d. h. außerhalb staatlicher Lenkung. Noch immer ist zumindest regional eine beträchtliche Zuwanderung in die Städte zu beobachten. Attraktiv sind darüber hinaus Gebiete mit höherem Lebensstandard (ehem. baltische Republiken) oder mit sehr hohen materiellen Anreizen (Sibirien). Die Wanderungsbereitschaft der islamischen Bevölkerung Mittelasiens tritt deutlich hinter die der religiös weniger gebundenen Bevölkerungsgruppen zurück. Vor allem die mittelasiatische Landbevölkerung verhält sich weitgehend immobil. Daraus ergeben sich Probleme für den Arbeitsmarkt, weil die Immobilität eine – bislang noch wenig erfolgte – Ansiedlung von arbeitsintensiven Industriebetrieben im ländlichen Raum erfordert.

2. Merkmale der Sozialstruktur

Die in der ehem. S. übliche Einteilung der Bevölkerung nach der *Sozialstruktur* (früher: „Klassenstruktur") ist relativ aussagearm, da die Gruppe der „Arbeiter und Angestellten" (61,8 + 26,2%) mit den Sowchosbeschäftigten auch einen großen Teil der in der Landwirtschaft Tätigen umfaßt, während Kolchosbauern und genossenschaftlich organisierte Handwerker gesondert aufgeführt werden (12,0%). Der Anteil der Einzelbauern und individuellen Handwerker war 1987 noch völlig unbedeutend, dürfte aber mit der Zulassung von Privateigentum rasch zunehmen. Die Entwicklung zeigt einen Anstieg beim Anteil der Angestellten (1959: 18,1%, 1970: 21,9%).

1988 waren 160 Mio. Menschen (57% der Gesamtbevölkerung) erwerbstätig. 39% der *Beschäftigten* (ohne Auszubildende) sind im produzierenden Gewerbe und im Bauwesen tätig, 19% in der Landwirtschaft unter Einschluß des Privatsektors, 19% im Gesundheits- und Bildungswesen, je 8% im Verkehrswesen und Handel, 2% in der Verwaltung außerhalb der genannten Wirtschaftszweige, die restlichen 5% in der Wohnraumwirtschaft und in anderen Dienstleistungsbereichen. Diese Werte sind nicht ohne weiteres mit entsprechenden Daten in westl. Statistiken vergleichbar. Steigendes Gewicht erhält der tertiäre Sektor. Waren 1970 noch 77,2% der Beschäftigten in produzierenden Wirtschaftsbereichen (Industrie und Gewerbe, Landwirtschaft, Bauwesen, Verkehrswesen, Handel) tätig und nur 22,8% in nichtproduktiven, so verschob sich die Gewichtung bis 1988 auf 72,4 zu 27,6%. Der Zuwachs an Beschäftigungsmöglichkeiten 1986–88 ergab sich fast durchweg im Dienstleistungsbereich.

Die *soziale Mobilität* ist nicht so groß, als daß sie den ideologisch lange Zeit propagierten Aufstieg von Arbeiterkindern über Schulausbildung und Studium ermöglicht hätte. Auf weiterführenden Schulen und Hochschulen studieren überproportional viele Jugendliche aus mittleren und höheren Schichten. Eine deutliche Selektion tritt nochmals während des Studiums ein, das von zahlreichen Arbeiterkindern nicht abgeschlossen wird. Die soziale Lage der Eltern ist auch bei der Wahl und den Eintrittsmöglichkeiten in einzelne Studiengänge mitentscheidend. Sozialer Aufstieg aus dem ländlichen Milieu ist noch heute fast nur bei gleichzeitiger Zuwanderung in Städte möglich. In größeren Städten bestimmt i. d. R. die soziale Position des Vaters die Chancen der Kinder.

Die *Entlohnung der Arbeit* weist zunehmend Unterschiede auf. Noch immer wird die hochspezialisierte Tätigkeit im mechanisierten Bereich der Industrie am höchsten, die Tätigkeit im Bildungswesen oder anderen Dienstleistungen relativ schlecht vergütet. Qualifizierte Fachkräfte im produzierenden Gewerbe werden deutlich besser als Angestellte entlohnt. Die Hauptunterschiede ergeben sich jedoch nicht zwischen den Beschäftigungsgruppen Arbeiter, ingenieurtechnisches Personal und Angestellte, sondern zwischen den Branchen. Bei einem monatlichen Durchschnittseinkommen von 240 Rbl in der gesamten Volkswirtschaft erreichten 1989 Arbeiter im Bauwesen z. B. 307 Rbl, im produzierenden Gewerbe 253 Rbl, Beschäftigte im Gesundheitswesen nur 161,50 Rbl. Das Durchschnittseinkommen der Kolchosbauern betrug 196 Rbl, aber durch Verkäufe aus der privaten Nebenwirtschaft hatten sie Zusatzeinkommen (1988 im Durchschnitt 1387 Rbl je Familie und Jahr). Für Männer und Frauen gelten zwar die gleichen Entlohnungsrichtlinien bei gleicher Arbeit, doch werden Frauen im Durchschnitt mit niedriger bewerteten Tätigkeiten betraut. 59,7 Mio. Sowjetbürger empfingen 1989 eine Pension, deren Mindesthöhe auf 70 Rbl/Monat festgelegt ist. Im Gegensatz zu den Löhnen sind die Steigerungsraten bei den Renten sehr bescheiden geblieben. Nach den Preisreformen vom April 1991 wurden Ausgleichszahlungen verfügt, die generell ca. 60 Rbl/Monat ausmachen. Die bei der Auflösung der S. bestehende Hyperinflation wurde nur teilweise durch weitere Lohnerhöhungen ausgeglichen.

Die *soziale Sicherung* ist zwar gesetzlich umfassend gewährleistet, im Hinblick auf die faktischen Leistungen aber noch unzureichend. Das Arbeitsrecht sieht unentgeltliche Berufsvorbereitung, Mindestentlohnung (auch in der kollektivierten Landwirtschaft), Mindestversorgung im Krankheitsfall, bei Arbeitsunfähigkeit und im Alter vor. Die Arbeitszeit beträgt im Normalfall 41 Stunden/Woche, der Mindesturlaubsanspruch 15 Tage/Jahr (bezogen auf die 6-Tage-Woche).

Die Kosten der Sozialversicherung wurden bisher von Betrieben und Behörden getragen. Soziale Vorschriften, die die Arbeitnehmer in neuen, nach marktwirtschaftlichen Prinzipien entstandenen Betrieben schützen, bestehen (1991) noch nicht. Ein junges Problem sind die *Arbeitslosen,* die erst seit dem 1. 7. 1991 offiziell registriert werden. Arbeitslosigkeit tritt v. a. in den dicht besiedelten ländlichen Gebieten Mittelasiens hervor, fehlt aber auch in den großen Industriezentren nicht.

Im *Gesundheitswesen* ist die Krankenversorgung zwar prinzipiell kostenlos, doch ist das Versorgungsnetz mit Krankenhäusern und Ärzten lückenhaft, die Bereitstellung von Medikamenten unzureichend. Die *Säuglingssterblichkeit* lag 1989 bei 23 ‰ der Lebendgeborenen.

Nicht Geldmangel, sondern das zu geringe Warenangebot ist heute eines der sozialpolitischen Hauptprobleme auf dem Gebiet der ehem. UdSSR. Die *Versorgungssituation* ist 1990/91 durch eine tiefe Krise gekennzeichnet. Sie ist weniger ein Produktions- als ein Verteilungsproblem und bildet vermutlich einen Teil der innenpolitischen Auseinandersetzungen beim Übergang von der bisherigen Zentralverwaltungs- zur Marktwirtschaft. Die Krise darf nicht darüber hinwegtäuschen, daß die Ausstattung der Haushalte mit langlebigen Konsumgütern in den 70er und 80er Jahren zugenommen hatte. Bei Rundfunk- und Fernsehgeräten ist mit 96 bzw. 103 Apparaten je 100 Familien bereits eine gewisse Sättigung eingetreten, Kühl- und Gefrierschränke erreichen 92, Nähmaschinen 65, Fahrräder (mit Mopeds) 58, Autos 17 je 100 Familien. Sowohl zwischen ländlichen und städtischen Räumen als auch zwischen den einzelnen Republiken und nach der Sozialstruktur bestehen große Unterschiede.

Besondere Probleme wirft die Versorgung mit *Wohnraum* auf. Während Lettland um 39% über dem Unionsdurchschnitt liegt, erreicht Aserbaidschan nur 66, Tadschikistan nur 53% des Unionsdurchschnittes der Wohnfläche, die durchschnittlich einem Einwohner zur Verfügung steht. Kleinräumige Disparitäten sind noch größer. Dazu kommen erhebliche Ausstattungsunterschiede. 1988 standen dem Sowjetbürger in Städten im Durchschnitt 9,4 m^2 Wohnfläche (ohne Bad, Küche, Flur) zur Verfügung (Turkmenien: 7,0; Estland: 12,0 m^2), im ländlichen Raum 12,3 m^2, mit Unterschieden zwischen 5,9 (Tadschikistan) und 18,0 m^2 (Estland).

Freizeitaktivitäten spielen unter diesen Lebensbedingungen eine besondere Rolle. Der größte Teil der Erwerbstätigen hat 3–3,5 Wochen Urlaubsanspruch. Unter den Freizeitbeschäftigungen dominiert das Fernsehen, gefolgt von Lesen und Sport. Für die Wochenenderholung ist die Erschließung stadtnaher Freizeiträume wichtig, darunter der Ausbau von sog. Datschensiedlungen im Umkreis großer Städte, wo in den Gärten auch ein Teil der Selbstversorgung erwirtschaftet werden kann. Das touristische Angebot für den Jahresurlaub ist zwar in den beiden letzten Jahrzehnten deutlich gestiegen, konnte jedoch nicht mit der Nachfrage Schritt halten. Während diese sich auf die klimatisch attraktiven Südgebiete am Schwarzen Meer und in Kaukasien konzentriert, versucht das Angebot, auch andere, vielfach näher an den städtischen Agglomerationen liegende Erholungsgebiete zu erschließen. Aufenthalte in Sanatorien und Erholungsheimen decken etwa 1/5 der gesamten Urlaubszeit der Erwerbsbevölkerung.

V. Wirtschaft

1. Wirtschaftsverfassung

Die S. befand sich 1990/91 in einer Phase des Übergangs von einer zentral gelenkten Kommandowirtschaft zu einer Marktwirtschaft. Nach dem Zerfall der S. existieren in den Folgestaaten Elemente beider Wirtschaftsverfassungen nebeneinander. Dazu kommt aus der Tradition des bisherigen dualen Wirtschaftssystems eine bedeutende →Schattenwirtschaft, die bisweilen chaotische Wirtschaftszustände entstehen läßt.

Die bisherige *Wirtschaftsentwicklung* hatte die Verstaatlichung der Produktionsmittel in den Vordergrund gerückt. Dennoch konnte sich immer auch ein privater Sektor erhalten. Darüber hinaus spielte ein genossenschaftlicher Sektor v. a. in der Landwirtschaft eine große Rolle. Im Agrarwesen war die Verstaatlichung des Bodens bereits in der Oktoberrevolution 1917 vorgenommen worden; die von Banken, Industriebetrieben und Handel folgte nach. Das erste sowjet. Wirtschaftssystem war der *Kriegskommunismus* bis 1921 mit strikter zentralistischer Wirtschaftslenkung (vgl. II 4 a). Die folgende Phase der *Neuen Ökonomischen Politik* (NÖP, bis 1928) verband sozialistische Grundüberlegungen mit Marktmechanismen (v. a. beim Handel, Handwerk und in der kleinbäuerlichen Landwirtschaft). Grundlegend für die Entwicklung bis in die Gegenwart wurde die Einführung der administrativen →Planwirtschaft unter *Stalin* (→Stalin, Stalinismus), die mit den ersten Fünfjahresplänen die Industrialisierung forcierte und gleichzeitig die Kollektivierung der Landwirtschaft einleitete. Seither wurden die Wirtschaftsziele administrativ vorgegeben. Damit setzte ein Strukturwandel ein, der insbes. die Schwerindustrie förderte, damit auch Verstädterung und Landflucht hervorrief. Die Wirtschaft baute v. a. auf dem Einsatz der natürlichen Ressourcen und der Arbeitskraft auf, während ökonomische Instrumente zur Intensivierung vernachlässigt wurden. Sozialwesen, Infrastruktur und Umweltbelange mußten gegenüber der Produktionssteigerung zurücktreten. Nach dem II. Weltkrieg ging die Dynamik des Wandels zurück, die Planvorgaben konnten nicht mehr eingehalten, die Pläne mußten teilweise vorzeitig abgebrochen werden. Seit *N. Chruschtschow* wurde mehrfach versucht, mit Reformmaßnahmen das wirtschaftliche Wachstum zu fördern und Modernisierung zu betreiben. Dazu gehörten die Betonung des Konsumgütersektors und der Versuch einer Dezentralisierung von Wirtschaftsentscheidungen. Die 1957 durchgeführte territoriale Reorganisation in 105 regionalen „Volkswirtschaftsräten" *(sovnarchozy)* wurde Anfang der 60er Jahre wieder rückgängig gemacht, das zentralistische System erneut gefestigt. Massive Wachstumsrückgänge leiteten Chruschtschows Sturz ein. In der 2. Hälfte der 60er Jahre folgte eine neue Konsumorientierung, die eine Hebung des Lebensstandards nach sich zog, ehe rückläufige Zuwachsraten zur Krise führten. Geringes Wachstum, mangelnde Innovationsbereitschaft, Versorgungsmängel, beginnende Inflation und die Ausbreitung einer Schattenwirtschaft kennzeichneten die Krise, die durch die Reformen unter *Michail Gorbatschow* seit 1985 überwunden werden sollte. Erst die Diskussion über die Einführung der Marktwirtschaft seit 1987 stellt aber die Zentralverwaltungswirtschaft grundsätzlich in Frage.

Bei den *Eigentumsformen* dominiert bislang noch der staatliche Sektor. Die Staatsbetriebe des produzierenden Gewerbes, des Handels und der Landwirtschaft, die jeweils Zweigministerien unterstehen, arbeiten zwar nach dem Prinzip der Eigenverantwortlichkeit und sollen zur Eigenfinanzierung übergehen, unterliegen jedoch bürokratischer Lenkung. Die Rentabilität bereitet Schwierigkeiten, da keine Auffangmechanismen für unrentable Betriebe bestehen, die bisher subventioniert wurden. Das BetriebsverfassungsG von 1988 regelt die Wirtschaftsbeziehungen der Betriebe und läßt auch nicht-staatliche Unternehmen zu, doch ist deren Zahl und v. a. gesamtwirtschaftliche Bedeutung derzeit noch gering. Die Gesamtzahl der staatlichen Industriebetriebe beträgt nur 46 000, da viele Großbetriebe über zahlreiche Zweigwerke verfügen oder als Kombinate mit starker innerbetrieblicher Aufgabenteilung organisiert sind. Zu den staatlichen Industriebetrieben kommen, ebenfalls auf der Basis von staatlichem Eigentum, 23 500 *Sowchose* (Sing.: Sowchos, von russ. *sovetskoe choz*jajstvo; ältere dt. Bezeichnung: die Sowchose), die über 106,2 Mio. ha Aussaatland und große extensiv bewirtschaftete Weideflächen verfügen. Während der Großhandel überwiegend in Staatsbetrieben organisiert ist, steht der staatliche Einzelhandel in einzelnen Branchen in Konkurrenz zu genossenschaftlichen Formen, im Lebensmittelbereich zu dem überwiegend von Privaten beschickten Kolchosmarkt. Über 2/3 des Einzelhandelsumsatzes entfallen auf den staatlichen Sektor.

Die *genossenschaftliche Eigentumsform* war v. a. in der Landwirtschaft vertreten, wo der *Kolchos* (von russ. *kol*lektivnoe *choz*jajstvo; ältere dt. Bezeichnung: die Kolchose) formal als Kollektivbetrieb galt. Das zu bewirtschaftende Land wurde der Gemeinschaft der Kolchosmitglieder *(kolchozniki)* auf Dauer zur Nutzung überlassen, wobei sich der Staat die Kontrolle einer rationellen Nutzung vorbehielt. Dadurch wich die Verfügungsgewalt des Kolchos über die Produktionsmittel deutlich von einer Genossenschaft ab. Innerhalb des Kolchos war eine Verpachtung an kleinere Kollektive oder Familien möglich, die auf eigene Rechnung arbeiteten. Der Kolchos schloß mit Lieferbetrieben von agrartechnischen Gütern sowie – zum Absatz der eigenen Produktion – mit Aufkauforganisationen Lieferverträge, konnte aber bis zu 30% seiner Produktion auf freien Märkten absetzen. Über die Vertragsmenge hinausgehende Produktionsmengen wurden vom Staat i. d. R. zu höheren Aufkaufpreisen übernommen. Da diese bisher zentral festgelegt wurden, entschieden politische Gremien letztlich über die Rentabilität der Landwirtschaft. 1990 bewirtschafteten rd. 29 100 Kolchose ca. 90,9 Mio. ha Ackerland. 48,1 Mio. Rinder (davon 15,0 Mio. Kühe) waren eine wichtige Wirtschaftsbasis. Genossenschaftliche Eigentumsformen gibt es in der Landwirtschaft außerdem bei den *Kooperativen* im Garten- und Obstbau. Genossenschaftlich arbeiteten auch die Kooperativen, die sich seit Mitte der 80er Jahre im Dienstleistungssektor entwickelten, in geringerem Umfang auch Einrichtungen von Handel und Handwerk. Zunehmende Bedeutung haben Wohnbaugenossenschaften.

Ein *privater Unternehmenssektor* ist im Entstehen. Nur in der Landwirtschaft hat es bereits immer eine private Nebenwirtschaft gegeben. Vom Produktionswert her wird fast 1/3 der Agrarproduktion von Privatproduzenten erzeugt, obwohl die verfügbare Aussaat- und Gartenbaufläche weniger als 5% der gesamten Acker- und Gartenfläche ausmacht. In allen Wirtschaftsbereichen war bislang die Beschäftigung von familienfremden Arbeitskräften durch Privatpersonen untersagt. Die neuere Betriebsgesetzgebung erlaubt dagegen auch Privatbetriebe.

Neben der offiziell zugelassenen Privatwirtschaft gibt es eine beträchtliche *Schattenwirtschaft,* die organisatorische Mängel der Staatsbetriebe durch nicht systemkonforme Transaktionen ausgleicht. Auf ihr beruht ein bedeutender (allerdings zahlenmäßig nicht faßbarer) Teil der Rohstoff- und Halbfabrikatbeschaffung der staatlichen Betriebe. Im Handel sind die Übergänge von legalen zu illegalen Wirtschaftsaktivitäten fließend. Schwarzarbeit wird v. a. im Dienstleistungsbereich und im Handwerk geleistet.

Die Beteiligung von ausländischem Kapital an sowjet. Betrieben *(joint ventures)* stößt derzeit noch auf rechtliche Probleme des Erwerbs von Boden und Anlagen und der Rückübertragung von Gewinnen (in Devisen) ins Ausland. Mit der Ausweisung von Wirtschaftssonderzonen sollen Anreize für ausländische Investitionen geschaffen werden.

Kernelement der bisherigen zentralistischen *Planung* war der *Fünfjahresplan,* der von einem Parteitag der KPdSU aufgestellt und verabschiedet wurde. Er war ebenso wie die zusätzlichen Jahrespläne das zentrale Instrument, an dem KPdSU, Staatliches Plankomitee *(Gosplan)* und Ministerrat mitwirkten. Hauptziel war die Planstabilität, da Planänderungen sich wegen der geringen Flexibilität des Systems auf das gesamte Wirtschaftsgefüge auswirkten. Die Weitergabe der mehrfach veränderten Direktiven an die Betriebe erfolgte über nachgeordnete Zweigbehörden und Regionalverwaltungen. Daraus hatte sich ein sektoraler „Egoismus" entwickelt, der zum Horten von Ressourcen und zur Behinderung von horizontalen Wirtschaftsverflechtungen führte. Dadurch wurde auch die Verbindung von zweiglicher und regionaler Planung erschwert. Inzwischen hat der bisherige Planungsmechanismus an Bedeutung verloren. Die momentane Krise führte dazu, daß die Ziele des 12. Fünfjahresplanes 1986–90 bei weitem nicht erreicht werden konnten. Ein (13.) Fünfjahresplan wurde nicht mehr aufgestellt.

Die *Preise* für Güter und Dienste wurden bisher zentral festgelegt und sollten eher sozialpolitischen Zielsetzungen als ökonomischen Knappheitsbedingungen entsprechen. Tatsächlich wird aus politischen Erwägungen z. T. an Preisen festgehalten, die bei weitem nicht den Produktionskosten entsprechen. Die Folge sind Nachfrageüberhänge und Verzerrungen, die Auswirkungen auf das gesamte Wirtschaftssystem haben.

Zur Überwindung der Kommandowirtschaft wurden Ende der 80er Jahre sehr unterschiedliche *Reformkonzepte* vorgelegt, die den Übergang zu einer Marktwirtschaft vorsehen. Die Reformphase begann 1985, doch haben sich die Bestrebungen um eine Reform v. a. 1987 verstärkt. Die damals beschlossene „radikale Umgestaltung der Wirtschaftsleitung" galt zunächst der Selbständigkeit der Betriebe und der Reduktion von bürokratischen Einflüssen. Auf der Grundlage einer eigenen Bilanzierung sollten die Betriebe Entlohnung und Investitionstätigkeit am Gewinn orientieren. Das UnternehmensG von 1987 bestimmt, daß die Kontrollziffern, durch die der Betrieb weiterhin in das Planungssystem eingebunden ist, keinen Direktivencharakter mehr haben, sondern weiten Spielraum für Entscheidungen lassen. Der Druck auf das zentralistische System wurde verstärkt durch die 1988 einsetzenden Nationalitätenkonflikte und durch die seit 1990 formulierten Erklärungen über die politische und wirtschaftliche Unabhängigkeit einzelner Republiken. 1990 wurde der Beschluß gefaßt, in rd. zwei Jahren den Übergang zur Marktwirtschaft zu vollziehen, ein im Okt. 1990 ein BankenG als rechtliche Grundlage für die Gründung von Geschäftsbanken verabschiedet.

2. Ressourcen

Von der Gesamtfläche der ehem. S. (2227,5 Mio. ha, ohne Asowsches und Weißes Meer) entfallen 604,9 Mio. ha (27,2%) auf die *landwirtschaftliche Nutzfläche,* davon 227,7 Mio. ha auf *Ackerland,* 333,3

Mio. ha auf *Weideland* (ohne Rentierweidegebiete), 814,3 Mio. ha (36,6%) auf *Wälder*. Da Dauerfrostboden fast die Hälfte des Staatsgebietes bedeckt und wüstenhafte Bedingungen die Nutzung in Mittelasien und Kasachstan einschränken, unterliegt die landwirtschaftliche Nutzung starken natürlichen Restriktionen. Die wichtigsten Agrargebiete konzentrieren sich im sog. Agrardreieck von der Westgrenze der ehem. S. zwischen Schwarzem Meer und Karelien bis zu einzelnen Ackerbauinseln westl. des Baikalsees sowie in den intensiv bewirtschafteten Feuchtgebieten oder Oasen Kaukasiens und Mittelasiens. Die kontinentale Lage ausgedehnter Ackerflächen bewirkt große Witterungsschwankungen zwischen den einzelnen Jahren; die Trockenheit macht ausgedehnte Bewässerungsprojekte erforderlich. Die Waldressourcen sind zwar die ausgedehntesten der Erde, können aber in Sibirien wegen der hohen Erschließungskosten nur unzulänglich genutzt werden, während im nördl. Rußland eine Übernutzung stattfindet.

Die Ressourcen für die *Energiegewinnung* konzentrieren sich ebenfalls auf die asiatischen Teilgebiete. Die *Kohle*vorräte werden auf 5600 Mrd. t Steinkohle und 3500 Mrd. t Braunkohle geschätzt, wovon jedoch derzeit nur 255 Mrd. t wirtschaftlich ausgebeutet werden können. Die wichtigsten erschlossenen und genutzten Vorkommen befinden sich mit Steinkohle im Kusnezker Becken (23,5% Anteil an der sowjet. Kohleförderung), im Donez-Becken (16%), bei Karaganda (3%) und Ekibastuz (1,5%) sowie – mit Braunkohle – im Becken von Kansk-Atschinsk (28,5%). Knappheit besteht nur bei der Belieferung mit Kokskohle. 1988 wurden 599 Mio. t Steinkohle und 172 Mio. t Braunkohle gefördert (16,9 bzw. 13,5% der Weltförderung). Die Vorräte an *Erdöl* werden auf 8 Mrd. t geschätzt (davon über 2/3 in Westsibirien). Der größte Teil der Reserven kann nur mit großem technischen Einsatz, d. h. unter den heutigen Bedingungen unrentabel, gefördert werden. Die S. war mit 624 Mio. t Jahresförderung (1987 und 1988 als bisheriger Höchststand; 1989 und 1990 Rückgang um jeweils 3–5%) der wichtigste Erdöllieferant der Erde. Auch bei den *Erdgas*vorräten, deren Gesamtumfang auf das 50fache der derzeitigen Förderung geschätzt wird, steht Westsibirien an der Spitze (fast 3/4 der erkundeten Reserven). Die Förderung belief sich 1988 auf 770 Mrd. m³. Über die Hälfte kommt aus Westsibirien (Gebiet Tjumen). Für die Energiegewinnung sind schließlich die *hydroenergetischen Ressourcen* überaus wichtig. Ungünstig ist ihre regionale Verteilung, denn über 80% des Potentials befinden sich im asiatischen Teil der ehem. S. Daher wird die Wasserkraft trotz großer Kraftwerkkaskaden noch unzureichend genutzt. 1988 entfielen nur 13,5% der Stromerzeugung auf Wasserkraftwerke, dagegen 12,7% auf Kernkraftwerke.

Die S. verfügte über fast alle denkbaren *mineralischen Rohstoffe*. Besonders günstig ist die Situation bei einigen Erzen wie Eisenerz, Mangan und Vanadium. Die Eisenerzvorkommen der Ukraine, der Kursker Magnetanomalie und des Ural liegen zudem verhältnismäßig verkehrsgünstig. Auch die südukrainischen Manganvorkommen können leicht in den Verhüttungsprozeß und in den Außenhandel einbezogen werden. Die Buntmetallvorkommen (Blei, Zink, Kupfer) konzentrieren sich stärker auf weniger günstige Lagen des asiat. Territoriums. Rohstoffe für die Aluminiumherstellung stehen in unzureichendem Maß zur Verfügung, so daß ein Teil der hydroenergetischen Ressourcen nicht genutzt werden kann. Mit den ostsibirischen Goldreserven hatte die S. weltweit den 2. Rang nach Südafrika eingenommen. Asbest, Kali und Phosphate ergänzen das Spektrum von Bodenschätzen.

3. Währung und Finanzen

Die *Währung* war bisher eine nicht konvertierbare Binnenwährung, deren Außenhandelskurs staatlich fixiert wurde (1990: 1 Rbl ca. 2,75 DM). Die inflatorische Entwicklung seit Mitte der 80er Jahre zwang den Staat, im Okt. 1989 als Maßnahme gegen die zunehmenden Schwarzmarktaktivitäten einen Touristenwechselkurs (Sept. 1991: 1 Rbl ca. 0,054 DM) einzuführen, wie er bereits 1957-61 bestanden hatte. Am 1. 11. 1990 erfolgte außerdem für Investitionsvorhaben ausländischer Unternehmen eine drastische Abwertung des Außenhandelskurses auf etwa 1/3 des bisherigen Wertes (Mitte 1991: 1 Rbl ca. 0,98 DM). Die Wirtschaftsreformen streben die volle Konvertibilität des Rubel an. Im Handel mit den Staaten des RGW existierte als Verrechnungseinheit der sog. Transfer-Rubel. Die Folgestaaten der S. streben teilweise eigene Währungen an.

Das *Finanzwesen* wurde bisher zentral gelenkt. Die Staatsbank war zugleich Emissionsbank, Geschäftsbanken waren ihr nachgeordnet. Zusätzlich zu den schon einige Zeit bestehenden Banken für einzelne Wirtschaftszweige sind seit 1988 weitere Geschäftsbanken entstanden, die teilweise auch regionale Aufgaben wahrnehmen. Die Sparkassen haben bislang keine Bankfunktion; sie verwalten nur die Spareinlagen der Bevölkerung (Ende 1989: 338,9 Mrd. Rbl).

Der *Staatshaushalt* hatte 1989 ein Volumen von 492,4 Mrd. Rbl Einnahmen (davon 22,5% aus Umsatzsteuern, 23,4 aus Abgaben der Staatsbetriebe, 8,4% aus Steuereinnahmen von der Bevölkerung, 13,4% aus dem Außenhandel) und 481,4 Mrd. Rbl Ausgaben (davon 40,5% für die Wirtschaft, 31,6% für soziale und kulturelle Aufgaben, ca. 15% für das Militärwesen). Er umfaßt je etwa zur Hälfte Einnahmen und Ausgaben des Unionshaushaltes und der Haushalte der Republiken und nachgeordneter Gebietskörperschaften.

Die *Kapitalinvestitionen* erreichten 1989 mit 219,4 Mrd. Rbl einen neuen Höchststand. Davon entfielen 88,2% auf Staatsbetriebe, 7,7% auf Kolchose, der Rest auf Konsumgenossenschaften, genossenschaftliches und individuelles Bauwesen. Besonders hohe Investitionen kamen in den beiden zurückliegenden Jahrzehnten der Landwirtschaft zugute. Die Industrie mußte zurücktreten; dort wurde v. a. im Brennstoff- und Energiebereich investiert. Die Verzögerung der Inbetriebnahme von Anlagen und die Aufsplitterung von Investitionen im Bauwesen gelten als wichtige Hemmnisse für die Wirtschaftsentwicklung.

4. Volkswirtschaftliche Gesamtleistung

Die gesamte volkswirtschaftliche Leistung der ehem. S. wurde mit dem *Gesellschaftlichen Gesamtprodukt* (GG) wiedergegeben, das im Gegensatz zum BSP die Werte der materiellen Produktion addiert (nicht jedoch nicht-produktive Dienstleistungen), aber Zwischenprodukte einrechnet. Das GG wuchs 1980-89 von 1078,5 auf 1568,6 Mrd. Rbl. Das produzierte Nationaleinkommen (GG abzüglich Materialeinsatz und Abschreibungen) stieg von 619 auf 924 Mrd. Rbl, reine Produktionswert der in Betrieben zur Güterherstellung produzierten Waren von 349,5 auf 589,2 Mrd. Rbl. Zugleich erhöhten sich die Produktionsanlagenfonds von 1150,3 auf 1883,8 Mrd. Rbl. Westliche Umrechnungen dieser volkswirtschaftlichen Aggregate sind problematisch.

Mit Ausnahme der 2. Hälfte der 60er Jahre (8. Fünfjahresplan) sind wesentliche Kennziffern der volkswirtschaftlichen Leistung seit den 50er Jahren fast kontinuierlich gesunken. Während das produzierte Nationaleinkommen in den 50er Jahren noch durchschnittliche Jahressteigerungen von 10% erreichte, lagen sie Mitte der 80er Jahre nur bei 3–4%. Eine ähnliche Entwicklung nahm die Industrieproduktion, während bei der Landwirtschaft starke Schwankungen zwischen den einzelnen Fünfjahresperioden auftraten. Die Reformen von 1985 brachten nur eine kurzfristige Belebung des Wirtschaftswachstums. Einem Aufschwung 1986 folgte ein erneuter Rückgang 1987 und 1988, schließlich eine bis 1990/91 rasch sich beschleunigende Wirtschaftskrise. Nach westlichen Schätzungen liegt das Wachstum noch deutlich unter den in sowjet. Veröffentlichungen genannten Werten (offiziell 1986–88 durchschnittl. ca. 3,8%, nach CIA nur 1,7%). Am deutlichsten wird die Krisensituation in der unsicheren Versorgung der Bevölkerung mit Lebensmitteln und Konsumgütern, in Mängeln beim Verkehrswesen, in der Beschleunigung der Inflation und im wachsenden Defizit des Staatshaushaltes. 1990–92 kam es zu einer dramatischen Verschlechterung der Wirtschaftslage. Das produzierte Nationaleinkommen sank um 4%. Die Rohstoffgewinnung und die Schwerindustrie, v. a. das Transport- und Bauwesen erlebten einen besonders starken Einbruch.

5. Die Wirtschaftsbereiche

Die *Industrie* ist nach wie vor der wichtigste Wirtschaftsbereich (vgl. Tab. 3), obwohl ihr Beitrag zum Bruttonationalprodukt 1980–89 von 42 auf 34% zurückging, während Landwirtschaft (!) und Dienstleistungssektor zunahmen. Bis heute dominiert die Produktionsgüter- über die Konsumgüterindustrie (sog. Gruppen „A" bzw. „B" mit [1989] 74 bzw. 26% Anteil an der Industrieproduktion). Die zentralistische Leitung wird daraus ersichtlich, daß 62% der industriellen Produktion von Betrieben stammen, die Unionsministerien unterstehen, nur 7% von Betrieben, die ausschließlich Republikbehörden oder lokalen Organisationen angehören.

Tabelle 3
Produktion ausgewählter Industriegüter

Güter	1928	1950	1965	1980	1989	1990
Stahl (Mio. t)	4,3	27,3	91,0	147,9	160	154
Kohle (Mio. t)	35,5	261,1	577,7	716,4	740	703
Erdöl (Mio. t)	11,6	37,9	242,9	603,2	607	571
Erdgas (Mrd. m³)			127,7	435,2	796	815
elektr. Strom (Mrd. kWh)	5,0	91,2	507	1294	1722	1726
Maschinen[1] (in 1000)	2,0	70,6	186	216		
Traktoren (1000 Stück)		31,6[2]	355	555	532	495
Zement (Mio. t)	1,8	10,2	72,4	125,0	140	137
Baumwollstoff (Mrd. lfd. m)	2,7	3,9	7,1			
dto. (Mrd. m²)			5,5	7,1	8,1[3]	7,8
Konserven (Mrd. Stück)	1,1[2]		7,1	15,3	20,9	20,6
Schuhe (Mio. Paar)	58,0	203,0	468	743	827	843
Papier (1000 t)	838[2]		3231	5288	6315[3]	6154

[1] Spanende Maschinen — [2] 1940 — [3] 1988

Quellen: Narodnoe chozjajstvo SSSR 1922–1982. Moskau 1983; SSSR v cifrach v 1988 godu. Moskau 1989; SSSR v cifrach v 1989 godu. Moskau 1990; Narodnoe chozjajstvo SSSR v 1990 godu. Moskau 1991.

Die Investitionspolitik hat bis in die jüngste Zeit die Grundstoff- und Produktionsmittel- gegenüber der Konsumgüterindustrie begünstigt. Das stärkste Wachstum im 12. Fünfjahresplan (1986-90) weisen Maschinenbau und Schwerchemie auf, zu Beginn der Planperiode auch die Fleisch- und Milchproduktion. Erst seit 1989 hat sich der Investitionsschwerpunkt zugunsten der Konsumgüterindustrie verschoben.

Zwischen den Republiken der ehem. S. bestehen große Unterschiede hinsichtlich des Industrialisierungsgrades, der räumlichen Verteilung der Standorte, der Produktionstiefe und des Wachstums. Mißt man den Industrialisierungsgrad an der Beschäftigtenquote (hier: Industriebeschäftigte – ohne Bauwirtschaft – im industriellen Produktionsbereich je 100 Beschäftigte), so werden die höchsten Werte in der Ukraine (36,5) und in Weißrußland (35,4), die niedrigsten in Mittelasien (Turkmenistan 15,6, Tadschikistan 19,3) erreicht (sowjet. Durchschnittswert: 32,2). Die regionale Verteilung der Standorte begünstigt die traditionellen Industriegebiete (für die Schwerindustrie das Donbass und die benachbarten ostukrainischen Standorte, den Ural, das Kusnezker Becken, den Moskauer und St. Petersburger Raum), die Hauptstädte der Unionsrepubliken und – in markanter Bedeutungsabstufung – der nachgeordneten Verwaltungsgebiete. Dazu kommen neue Standorte in den Gebieten junger Raumerschließung. Mit dem raumplanerischen Instrument der *Territorialen Produktionskomplexe* (TPK) wurde versucht, bei der Erschließung peripherer Räume sich selbst verstärkende regionale Industrialisierungsprozesse einzuleiten. TPK sind v. a. in Sibirien zur zentralgeleiteten Rohstofferschließung eingerichtet worden. In ihnen sollen Komplexplanungen sowohl einige wenige Großproduktionen für den unionsweiten Bedarf als auch Zulieferproduktionen, Dienstleistungen und landwirtschaftliche Produktion initiieren. Ihre Effizienz ist umstritten. Die Produktionstiefe der Betriebe knüpft an das Konzept der Kombinate an.

Die *Landwirtschaft* (mit vor- und nachgeordneter Industrie sowie dem Handel verwaltungsmäßig im agrarindustriellen Komplex zusammengefaßt) hat zwar in den beiden zurückliegenden Jahrzehnten ständig steigende Investitionssummen auf sich gezogen, doch konnten die Versorgungsmängel nicht behoben werden. Auch mehrere umfassende Entwicklungs- und Regionalprogramme hatten nicht den gewünschten Effekt. Das Lebensmittelprogramm von 1982 erreichte das Ziel einer ausreichenden Nahrungsversorgung ebenfalls nicht, weil das Interesse der Großbetriebe an Innovationen mangelhaft blieb. Neu eingeführte Pacht- und Vertragssysteme wurden nur unbefriedigend aufgegriffen, weil die Eigentumsfrage unverändert bleibt; eine Privatisierung der Landwirtschaft ist Teil der Reformziele und des Transformationsprozesses.

Agrarbetriebe umfassen zwar mit insgesamt 1,05 Mrd. ha 47,3% der Landesfläche, doch nur etwa die Hälfte dieser Fläche wird landwirtschaftlich genutzt (s. o.). Unter den Republiken der ehem. S. verfügen die RSFSR, die Ukraine und Kasachstan über die ausgedehntesten Ackerbauflächen, während Turkmenistan einen relativ großen Anteil am Weideareal stellt. Allerdings werden auch Flächen, die nur mit extensiver Wanderweide bewirtschaftet werden können, dabei berücksichtigt. Nach den Hauptkulturarten sind die RSFSR (67,5 Mio. ha) und Kasachstan (24,6 Mio. ha) die Hauptgetreideanbaugebiete, während die traditionelle „Kornkammer" Ukraine heute bei den technischen Kulturen (Zuckerrübe, Sonnenblume) nach der RSFSR (5,5 Mio. ha) an zweiter Stelle (3,7 Mio. ha) steht. Regional bedeutende Getreideanteile weisen trotz ungünstigerer Bodenbedingungen auch die baltischen Republiken auf, wo v. a. intensivere Bewirtschaftungsformen eingeführt wurden.

Die Getreideproduktion (vgl. Tab. 4), Indikator für die Leistungsfähigkeit der sowjet. Agrarwirtschaft und die Versorgungslage der Bevölkerung, unterlag starken Schwankungen. Nach einer maximalen Ernte 1978 (237,4 Mio. t) fiel die Bruttoproduktion 1981 bis auf

158,2 Mio. t. Die Erholung der folgenden Jahre blieb bescheiden; erst 1990 war wieder eine ähnlich hohe Bruttoproduktion wie 1978 zu erwarten. Allerdings erreichte ein großer Teil der Ernte wegen Lagerungs-, Transport- und Verpackungsschwierigkeiten nicht die Abnehmer. Die höchsten Durchschnittserträge wurden in einzelnen Verwaltungsgebieten der Ukraine (1987 bis über 40 dt/ha), in Nordkaukasien und im Baltikum erreicht. Dagegen unterliegen die Flächenerträge in Kasachstan starken witterungsbedingten Schwankungen. Von den technischen Kulturen hat die Zuckerrübe ihre größte Bedeutung in der Ukraine (1988: 55,8% der sowjet. Ernte bei Flächenerträgen, die mit 290 dt/ha etwas über dem sowjet. Durchschnitt [261 t] lagen). Der Baumwollanbau in Mittelasien (insbes. Usbekistan mit 60% Anteil an der sowjet. Baumwollanbaufläche und -ernte) mußte in den 80er Jahren Ertragsrückgänge hinnehmen, nicht zuletzt aufgrund des Raubbaus am Boden durch Überdüngung und Bodenversalzung durch ineffektive Bewässerung. Der Futterbau hat kontinuierlich zugenommen (1989: 74,8 Mio. ha). Der Anbau von Kartoffeln und Gemüse stagniert in den Kolchosen und Sowchosen, so daß Privatproduzenten einspringen müssen, um den Bedarf halbwegs zu decken. Der staatliche Aufkauf von Obst, der im Durchschnitt der Jahre 1981–85 noch bei 11,9 Mio. t/Jahr gelegen hatte, fiel 1989 auf 8,25 Mio. t zurück.

Tabelle 4
Fläche und Produktion landwirtschaftlicher Güter

Güter	1928	1950	1965	1980	1989	1990
Getreide						
Mio. ha		102,9	128,0	126,6	112,3	109,5
Mio. t	73,3	81,2	125,5	176,2	196,7	218,0
Kartoffeln						
Mio. ha		8,6	8,6	6,9	6,0	5,8
Mio. t	46,4	88,6	88,7	67,0	72,2	63,6
Zuckerrüben						
Mio. ha		1,3	3,9	3,7	3,3	3,3
Mio. t	10,1	20,8	72,3	81,0	97,4	81,7
Baumwolle						
Mio. ha		2,3	2,4	3,2	3,3	3,2
Mio. t	0,8	3,5	5,7	9,1	8,6 *	8,3
Fleisch						
(Mio. t)	4,9	4,9	10,0	15,1	20,1	20,0
Milch (Mio. t)	31,0	35,3	72,6	90,9	108,5	108,4
Eier						
(Mrd. Stück)	10,8	11,7	29,1	67,9	84,9	81,7

* Rohbaumwolle; umgerechnet auf Baumwollfasern: 2,7 Mio. t

Quellen: Sel'skoe chozjajstvo SSSR. Moskau 1971, 1988; SSSR v cifrach v 1989 godu. Moskau 1990; Narodnoe chozjajstvo SSSR v 1990 godu. Moskau 1991

Der Viehbestand hat sich in den 80er Jahren kaum verändert. Er betrug 1990 118,3 Mio. Rinder (davon 41,7 Mio. Kühe), 78,9 Mio. Schweine und 144,5 Mio. Schafe und Ziegen. Die private Tierhaltung hat bei den Rindern einen Anteil von 20,4% (Kühe 31,7%), bei den Schweinen von 19,3, bei Schafen und Ziegen von 24,8%. Seuchen und winterlicher Futtermangel führen zu erheblichen Verlusten. Nach der regionalen Differenzierung dominiert in den dichter besiedelten Gebieten die Rinderhaltung, während die trockenen Südgebiete die Weideareale für Schafe und Ziegen bieten. Die Rentierhaltung im hohen N Sibiriens hat sich, soweit Pachtverträge von Kolchosen und Sowchosen mit einzelnen Familien geschlossen wurden, von der starren Organisation gelöst und bemüht sich um eine ökologisch angepaßte Wanderweidewirtschaft.

Die Produktion aus der Tierhaltung stieg in den 80er Jahren kontinuierlich an. Vor allem die Fleischproduktion erhöhte sich gegenüber 1980 um fast 1/3, die Milchproduktion um nahezu 1/5. Rein rechnerisch müßte sich die Versorgungssituation verbessert haben, doch entstehen auch hier durch unzureichende Verpackung, Lagerung, Transport und Verteilung große Verluste.

Die Steigerung des Beitrags der Landwirtschaft zum Bruttonationalprodukt (1980: 13, 1989: 18%) beruhte v. a. auf der Neufestlegung von Aufkaufpreisen für ihre Erzeugnisse. Zu den heutigen Hauptproblemen gehören neben den rechtlichen Fragen von Bodeneigentum und Produktionsmitteln und neben den Mängeln bei der Vermarktung der Nahrungsmittel v. a. die geringe Arbeitsproduktivität, die Schädigung der ökologischen Grundlagen (Überdüngung, unzureichende Meliorationsmaßnahmen, unangepaßte Technik) und betriebliche Managementfragen.

Der *Dienstleistungssektor* wurde lange Zeit vernachlässigt und erst in jüngerer Zeit ausgebaut. In den größeren Städten sind mittlerweile Dienstleistungszentren entstanden. Der Einzelhandel umfaßte einen staatlichen, genossenschaftlichen und privaten Sektor. Der Gesamtumsatz wuchs 1980–88 von 159,4 auf 375,7 Mrd. Rbl und wurde 1988 in 736 000 Einrichtungen erbracht.

6. Außenhandel

Er stellt bis heute den Export von Rohstoffen und den Import hochwertiger Produktionsgüter in den Vordergrund. Nach schlechten Getreideernten mußte die S. regelmäßig zusätzlich (Futter-)Getreide in größeren Mengen auf dem Weltmarkt kaufen. Mit dieser Verteilung folgte sie ihrem bisherigen Bestreben, im Konsumgütersektor möglichst autark zu wirtschaften. Dies zeigt sich auch im vergleichsweise geringen Umfang des Außenhandels, der bis 1988 staatliches Monopol war. Mit den aktuellen Reformen setzt man auf eine Belebung durch unmittelbare Handelsbeziehungen von Betrieben zu Auslandsunternehmen.

Nach dem II. Weltkrieg stieg das Außenhandelsvolumen kontinuierlich an. Dabei nahm auch der Anteil am Sozialprodukt ständig zu. In den 80er Jahren wuchs der Außenhandel von (1980) 94,1 auf (1989) 140,4 Mrd. Rbl. 1980 entstand noch ein Exportüberschuß von 5,1 Mrd. Rbl, 1989 dagegen ein negativer Saldo von -3,8 Mrd. Rbl. Der Anteil der sozialist. Staaten wuchs bis Mitte der 80er Jahre auf 2/3 (1987: 67%) und sinkt seither ab. Der Handel mit den westl. Industriestaaten, der 1980 bereits 1/3 des Außenhandelsvolumens umfaßt hatte, steigt nach Rückgang allmählich wieder, während der Handel mit den Entwicklungsländern in den 80er Jahren mit geringen Schwankungen zwischen 11 und 13% lag. Das Exportgeschäft wies bisher ein leichtes Übergewicht der sozialist. Länder auf, beim Import traten die westl. Industrieländer leicht überproportional hervor. Hier spielt u. a. die bisherige Abhängigkeit der Staaten Ostmitteleuropas von der Brennstoffversorgung aus der ehem. S. eine große Rolle, während bei den Importen Maschinen, Werksausrüstungen, aber auch Produkte der Chemischen Industrie und Nahrungsmittel dominieren. Der Zusammenbruch des Sowjetsystems 1991/92 lähmt auch den Außenhandel.

7. Verkehr

Das Gebiet der ehem. S. verfügt über ein Verkehrsnetz, das regional dicht ausgebaut und leistungsfähig ist, in den peripheren Regionen jedoch noch erweitert werden muß. Beim Gütertransport dominiert nach der Menge der transportierten Güter der Lkw-Transport mit einem Anteil von 52,3% vor der Eisenbahn (31,1%) und dem Transport in Pipelines (9,4%).

Berücksichtigt man die Leistung (in tkm), dann verschiebt sich die Gewichtung zugunsten von Eisenbahn (47,6%) und Pipelines (35,3%), während der Lkw-Transport nur 1,8% der Gesamtleistung erbringt. 1960 waren auf den Eisenbahntransport noch 82,3% der gesamten Gütertransportleistung entfallen. Die Erschließung der mittelasiatischen und westsibirischen Erdöl- und Erdgaslagerstätten und ihre Anbindung an das industrielle Zentrum durch Pipelines bewirkten eine Verschiebung. Ferntransporte spielen bei der Landesgröße eine weitaus größere Rolle als Nahtransporte. Heute wird die Wirkung der Transportkosten auf die Produktionskosten eingesehen, nachdem sie lange Zeit vernachlässigt worden war. Die durchschnittliche Transportweite war ein strukturelles Problem für die Massengütertransporte in der S. und bleibt es für die GUS-Staaten. Das Gütertransportvolumen stieg 1980–88 von 11,9 auf 13,2 Mrd. t, die Transportleistung von 6480,5 auf 8251,6 Mrd. tkm. Unter den beförderten Gütern nehmen Erdöl und Erdölprodukte mit fast 1/4 der erbrachten Leistung den ersten Rang ein. Steinkohle und Koks machen nahezu 1/10 aus, Erze und Metalle sowie Holz, Düngemittel, Getreide und Baumaterialen folgen.

Beim *Personenverkehr* dominiert nach dem Passagieraufkommen der Nahverkehr. Das gesamte Volumen stieg 1980-88 von 69,1 auf 82,5 Mrd. Passagiere, von denen 1988 allein 61,5% mit Autobussen befördert wurden, weitere 30,9% mit Straßenbahn, Trolleybus und Metro. Gemessen an der Transportleistung verschiebt sich aufgrund der weiten Beförderungswege für die einzelnen Passagiere das Bild zugunsten von Autobus (36,8% unter Einbeziehung von inner- und zwischenstädtischen Transporten), Eisenbahn (31,7%) und Flugzeug (16,5%). Die gesamte Transportleistung stieg 1980-88 von 1051 auf 1303 Mrd. Pkm. Das *Eisenbahnnetz* (Gesamtlänge 257 900 km, davon 147 400 für den allgemeinen Verkehr, 53 900 km elektrifiziert) ist im europ. Teil der ehem. S. radial auf Moskau orientiert, ergänzt durch Diagonalstrecken zwischen dem S und den Ostseehäfen. Für die Erschließung Sibiriens und des Fernen Ostens bildet die Transsibirische Eisenbahn (Moskau – Tscheljabinsk – Irkutsk – Wladiwostok) die Basis, die 1974-84 durch die Bajkal-Amur-Magistrale (BAM, Tajschet – Komsomolsk am Amur) eine Ergänzung erfuhr. Mittelasien ist durch die Strecke Orenburg – Taschkent und die Turkestan-Sibirische Eisenbahn angebunden, Transkaukasien v. a. durch eine über Baku führende Strecke. Das *Fernstraßennetz* (Gesamtlänge 1,8 Mio. km, davon 1,3 Mio. km mit festem Belag) weist ein ähnliches Grundmuster auf und wurde vielfach parallel zu den Eisenbahnstrecken ausgebaut. Besonders dicht ist es in den westlichen Unionsrepubliken und in Transkaukasien; in Sibirien übernimmt es die flächenhafte Erschließung und bindet auch Jakutsk und Magadan über Fernstraßen an. Flüsse und Kanäle bilden im europ. Teil ein zusammenhängendes Netz von *Binnenschiffahrtswegen*, wobei das Wolga- und Dnjepr-System über die meisten Flußhäfen verfügen. Die sibirischen Flüsse sind prinzipiell schiffbar, werden aber nur abschnittsweise intensiv genutzt, wobei der Ob am wichtigsten ist. Wichtige *Seehäfen* hatte die ehem. S. in der Barentssee (Murmansk), an der Ostsee (St. Petersburg, Tallinn, Riga, Klaipeda), am Schwarzen Meer (u. a. Odessa, Cherson, Kertsch, Noworossijsk, Poti, Batumi) und im Fernen Osten (Wladiwostok, Nachodka). Im *Luftverkehr* hatte die Luftfahrtgesellschaft „Aeroflot" bislang eine Monopolstellung im Binnenverkehr (Netzlänge 915 100 km). Die wichtigsten Zentren sind Moskau, St. Petersburg und Kiew, dazu Nowosibirsk für Sibirien, Taschkent für Mittelasien, Mineralnye Wody und Sotschi-Adler für die Erholungsgebiete Kaukasiens. Große Teile der Erschließungsräume des N sind nur auf dem Luftweg zugänglich.

VI. Kultur, Religion, Bildung

1. Kultur

Die Oktoberrevolution war großenteils als Befreiung vom alten Regime und der intellektuellen Einengung empfunden worden, hatte aber auch zu einer ersten Emigrationswelle geführt. In den frühen 20er Jahren brachte die intellektuelle Freizügigkeit zahlreiche kreative und experimentierfreudige Strömungen (Avantgarde) hervor, v. a. in Literatur, bildender Kunst, Architektur und Filmschaffen. Dabei stand die Auseinandersetzung mit der Revolution im Vordergrund. Die sowjet. *Kulturpolitik* bemühte sich seit den ausgehenden 20er Jahren um eine umfassende Unterordnung des kulturellen Lebens unter die Doktrin des Marxismus-Leninismus. Ergebnis der politischen Umorientierung war seit den 30er Jahren der sog. „sozialistische Realismus". Kunst wurde der Ideologie und Politik untergeordnet, Parteilichkeit zum führenden Prinzip erhoben. Die organisatorische Gleichschaltung erfolgte durch die Schaffung von Verbänden, die einer strikten politischen Kontrolle unterlagen. Der Terror des Stalinregimes galt in den Jahren 1936-38 auch Künstlern, die zunächst die Revolution begrüßt hatten.

Ende der 50er Jahre ermöglichte die politische Führung unter *N.* →*Chruschtschow* eine kurze Tauwetterperiode. Im Anschluß an die Abrechnung Chruschtschows auf dem XX. Parteitag der KPdSU mit dem Stalinismus (1956) bemühten sich v. a. Schriftsteller um eine Aufarbeitung der Stalinzeit. Die Zeit 1964-85 ist geprägt durch eine Stagnation des offiziellen Kulturbetriebs. Es entstand jedoch eine „zweite", inoffizielle Kultur. Ihr gehörten zahlreiche Dissidenten an, von denen einige ausgebürgert wurden. Mitte der 80er Jahre entstand mit der Politik von „Glasnost" und „Perestrojka" eine neue Offenheit, die nicht nur neue Kulturströmungen, sondern auch den Beginn einer Aufarbeitung der sowjet. Geschichte erlaubte. Die Zensur wurde offiziell abgeschafft, die Medien konnten frei über Mißstände und soziale Verwerfungen berichten.

Literatur. Bis zum Beginn der stalinistischen Repressionen um 1928 ist die frühe Sowjetliteratur durch eine große Vielfalt gekennzeichnet, die Futuristen *(Wladimir Majakowski),* Konstruktivisten *(Ilja Selwinskij),* proletarische Schriftsteller *(M. Gerassimow)* und vom Symbolismus geprägte Erneuerer *(Aleksandr Blok)* umfaßte. Zahlreiche Autoren mußten jedoch emigrieren, so daß sich u. a. in Berlin, Paris und Prag eine zweite russische Literatur etablierte. Unter den nichtkommunistischen Schriftstellern in Rußland wurden die „*Serapionsbrüder*" seit 1921 in Petrograd (Leningrad) bekannt.

Die massive Unterdrückung schriftstellerischer Vielfalt begann mit der Gründung des Einheitsverbandes 1932. Zu den Verfolgten der Stalinzeit gehören der jüdische Dichter *Ossip Mandelstam* und *Boris Pilnjak*. *Maksim Gorkij,* 1931 aus der Emigration zurückgekehrt und Vorsitzender des Schriftstellerverbandes, fiel 1936 dem stalinistischen Terror zum Opfer. Gefördert wurde die sog. „Produktionsliteratur" aus der Industriewelt wie *Nikolaj Ostrowskijs* Roman „Wie der Stahl gehärtet wurde" und der Landwirtschaft wie *Michail Scholochows* „Der stille Don" und „Neuland unterm Pflug".

Als Initialzündung für die Tauwetterperiode gilt der Roman „Tauwetter" von *Ilja Ehrenburg. Aleksandr Solschenizyns* Novelle „Ein Tag im Leben des Iwan

Denissowitsch" (1962) wurde für die *Tauwetterperiode* kennzeichnend, mit der der Autor im Vorgriff auf sein Hauptwerk „Archipel GULag" die Aufarbeitung der stalinistischen Vergangenheit begann. *Boris Pasternak* vollendete 1957 seinen Roman „Doktor Schiwago", überschritt damit aber die Grenzen der relativen Freiheit; die Publikation im Ausland wurde in der offiziellen S. zum Skandal, Pasternak trotz seiner Würdigung durch den Nobelpreis für Literatur (1958) geächtet. *Anatolij Rybakows* Roman „Die Kinder des Arbat", großenteils bereits Ende der 50er und in den 60er Jahren entstanden, konnte erst 1987 erscheinen. Viele Schriftsteller begannen im Selbstverlag (Samisdat) oder im Ausland (Tamisdat) zu veröffentlichen. Daraus erwuchs erneut eine „zweite Literatur", die in der Zeit weiterer Einschränkungen unter *Leonid Breschnew* besonders wichtig wurde. *Jossif Brodskij* (Nobelpreis für Literatur 1987) wurde 1964 zu fünf Jahren Zwangsarbeit verurteilt, *Solschenizyn* 1974, *Lew Kopelew* 1981 ausgebürgert. Dennoch konnten in der Stagnationsphase mit Werken von *Juri Trifonow* und *Tschingis Aitmatov* Romane und Erzählungen publiziert werden, die einen wesentlichen Teil der sowjet. Gegenwartsliteratur vorbereiteten.

Seit den 70er Jahren tritt die „Dorfprosa" mit engem regionalen Bezug in Erscheinung. Dabei werden auch erstmals ökologische Fragestellungen und politisch bedingte Konflikte aufgearbeitet *(Walentin Rasputin)*. Der Kirgise *Aitmatov* verbindet ökologische Gedanken mit der Forderung nach ethnischer Identität. Er wurde Mitte der 80er Jahre mit den Reformbestrebungen auch politisch aktiv. Seit den 70er Jahren erschienen in der S. erste Ausgaben von Schriftstellern, die dem stalinistischen Terror zum Opfer gefallen waren, Ende der 80er Jahre begann eine umfassende Rezeption der Literatur aus der Unterdrückungszeit und der russ. Emigrationsliteratur.

Musik. Auch sie mußte durch die Emigration bedeutender Künstler einen Einbruch hinnehmen. *Igor Strawinsky* hatte schon 1910 Rußland verlassen, *Sergej Prokofieff* emigrierte 1918, kehrte aber 1936 zurück. *Dimitrij Schostakowitsch* wagte es, sich mit seiner Oper „Die Lady Macbeth" gegen die gleichmacherischen Direktiven der Kunstpolitik zu stellen. Der 1932 bei der Gleichschaltung der Kunstverbände entstandene Komponistenverband hat es verstanden, wenigstens bescheidene Freiräume zu erhalten. Größere Experimentierfreude als die russ. Komponisten zeigten Musiker aus den ethnisch geprägten Randgebieten, die Elemente der Volksmusik aufgriffen und mit Entwicklungen der internationalen Musik verknüpften. Internationale Anerkennung erlangte der Armenier *Aram Chatschaturian*.

Bildende Kunst. Unmittelbar vor der Oktoberrevolution hatte sich in Rußland bereits eine zur Moderne führende Kunstrichtung entwickelt *(Wassilij Kandinski, Michail Larionow, Natalja Gontscharowa)*. Die zunächst als Befreiung der Intellektuellen angesehene Revolution ließ zahlreiche Künstler aus Westeuropa zurückkehren, von denen etliche Rußland aber vor Ende des Bürgerkriegs wieder verließen (z. B. *Kandinski, Marc Chagall*).

1931 begann die politische Gleichschaltung in einzelnen Dachverbänden (ein einheitlicher Künstlerverband wurde erst 1957 gegründet). Mit dem grundlegenden ZK-Beschluß von 1932 wurde eine Unifizierung der Kunst in der Richtung des „sozialistischen Realismus" begonnen, dessen Grundlage die Heraushebung des „positiven Helden" wurde. Lenin- und Stalinbilder oder Genrebilder aus dem Alltag auf dem Land bzw. dem Arbeiterleben in der Fabrik stellten idealisierend die gewünschte Lebensweise des Sowjetmenschen dar. An die offizielle Kunst knüpften die monumentalen Denkmäler an, die an die revolutionären Ereignisse, an den Sieg der S. über die deutschen Truppen oder an frühere historische Begebenheiten erinnern.

Die *Tauwetterperiode* förderte nicht nur eine künstlerische Emanzipation in Rußland, sondern auch parallele Entwicklungen in den Randrepubliken, insbes. im Baltikum und in Transkaukasien. Gegenstandslosigkeit blieb jedoch weitgehend untersagt, nur in Armenien konnte sich eine abstrakte Malerei entwickeln. Seit den 70er Jahren wird verstärkt auf Themen der Geschichte und Folklore zurückgegriffen. Zunächst als „zweite Kultur", dann auch mehr an die Öffentlichkeit tretend, entstand ein Pluralismus, der schließlich auch westl. Kunstströmungen aufgriff und bis zur Pop Art führte. Die Präsentationsmöglichkeiten dieser „nichtoffiziellen" Künstler blieb jedoch auf private Zirkel beschränkt.

Baukunst. In den 20er Jahren wurden noch mit großer Experimentierfreude Ideen des Bauhauses und des Funktionalismus aufgegriffen und in einzelnen Verwaltungs- und Wohngebäuden umgesetzt (z. B. Zentrales Telegraphenamt in Moskau, Swerdlow-Platz in Charkow). Anfang der 30er Jahre erfolgte jedoch die Festlegung auf einen monumental-neoklassizistischen Stil, für den der Grundsatz „national in der Form, sozialistisch im Inhalt" gelten sollte und der v. a. an staatlichen Verwaltungsgebäuden, aber z. B. auch an Sanatorien und Kulturhäusern nachvollziehbar ist. Die Umgestaltung einzelner Städte, insbes. Moskaus, führte zu monumentalen Fassaden, deren Eintönigkeit durch vertikale und horizontale Gliederungen überspielt werden sollte. Die älteren Moskauer Metrostationen kombinierten die verschiedenen monumentalen Stil- und Ausstattungsmerkmale.

In der *Tauwetterperiode* der späten 50er Jahren fand die Architektur zur Einfachheit zurück. Vor allem die ausgedehnten Wohnviertel spiegeln wider, daß wegen wachsender Wohnungsnot Massenproduktion an die Stelle von großartigen Einzelobjekten treten mußte. Seit den 60er Jahren kam die industrielle Bauweise mit vorgefertigten Bauelementen zur Anwendung. Für die klimatischen Großzonen wurden unterschiedliche „Typenprojekte" entwickelt. Seit Ende der 70er Jahre bemüht man sich um die Erhaltung älterer Bausubstanz.

Film. Lenins Einschätzung des Films als wichtigster der Kunstformen führte zu einer politischen Förderung dieses Mediums, die ihm in den 20er Jahren Weltgeltung verschaffte. Bedeutendster Vertreter wurde *Sergej Eisenstein* („Panzerkreuzer Potemkin", 1925). Seit 1928 nahm die Partei verstärkt Einfluß auf den Film, bis auch er 1935 in den Dienst staatlicher Propaganda gestellt wurde. Patriotische und monumental-historisierende Darstellungen kennzeichnen die Zeit vor und während des II. Weltkriegs. Die *Tauwetterperiode* ermöglichte es, auch Probleme der sowjet. Alltags aufzugreifen und damit gesellschaftliche Fragen zu erörtern. Erst die neue Kulturpolitik erlaubte eine Wiederbelebung des freien Filmschaffens, wobei auch die Randrepubliken deutlich hervortreten, insbes. Georgien.

Medien. Nachdem die Medienvielfalt der frühen 20er Jahre beseitigt worden war, dienten die Medien in erster Linie den politischen Zielen der KPdSU. Unter den Zeitungen hatten die „Prawda" (Erscheinen eingestellt) und „Iswestija" unionsweit verbreitete Ausgaben, dazu kamen Tageszeitungen der wichtigsten gesellschaftlichen Organisationen und Berufsgruppen („Trud", Organ des Gewerkschaftsverbandes; „Komsomolskaja Prawda", Tageszeitung des Jugendverbandes; „Selskaja Schisn", Zeitung für die Landbevölkerung; „Krasnaja Swjosda", Zeitung des Militärs usw.). Unter den Wochenzeitungen profilierten sich die zeitweise kritische und kulturpolitisch aktive „Literaturnaja Gaseta", die Frauenzeitschriften „Rabotniza" und „Krestjanka" und die Illustrierte Ogonjok sowie die satirische Zeitschrift „Krokodil". In jeder Unionsrepublik wurden Tageszeitungen und Zeitschriften sowohl in der Sprache der namengebenden Nationalität wie in russ. Sprache, auch in den Sprachen der wichtigsten Minderheiten herausgegeben. Die meisten regionalen und lokalen Zeitungen konnten sich erst seit wenigen Jahren von der zentralen Parteipresse des Moskauer Zentrums unabhängig machen. Nach der offiziellen Abschaffung der Zensur veränderten fast alle Zeitungen und Zeitschriften ihr Profil, unabhängige Zeitungen konnten sich etablieren. Besonders kritisch berichten die „Komsomolskaja Prawda", die „Nesavisimaja Gaseta" und „Argumenty i fakty". Der Moskauer Rundfunk verbreitete ein unionsumfassendes Programm, ferner ein Unterhaltungs- und ein Bildungsprogramm, dazu ein Lokalprogramm und ein Programm für Seeleute und Russen im Ausland. Regional- und Lokalprogramme werden in allen wichtigen Sprachen der ehem. S. gesendet und haben seit Ende der 80er Jahre Bedeutung. Im Fernsehen Rußlands werden überall das zentrale Moskauer Programm und wenigstens ein Regional- sowie ein Bildungsprogramm ausgestrahlt. In jüngster Zeit entstanden kommerzielle Rundfunk- und Fernsehsender.

2. Religion

Die ehem. S. vereinigte als Vielvölkerstaat (vgl. IV) eine Bevölkerung mit sehr unterschiedlichen Religionen und Glaubensrichtungen. Die Verfassung sieht strikte Trennung von Religion und Staat vor. Die Glaubensfreiheit wurde formal in allen Versionen der Sowjetverfassung garantiert, doch zielte die politische Festlegung des Marxismus-Leninismus auf eine Durchsetzung des Atheismus ab. Daher lief die Religionspolitik zeitweise auf eine Verfolgung aller Glaubensrichtungen hinaus. Nach der Oktoberrevolution wurden zahlreiche Kirchen, Moscheen und andere Sakralbauten geschlossen, enteignet und oft zu Produktionsstätten und Lagerräumen entweiht. Die Bedrohung der S. im II. Weltkrieg führte zwar *Stalin* zu einer Verständigung mit den orth. Kirchenführern, doch setzte bald nach dem Krieg eine erneute Verfolgung der Glaubensgemeinschaften ein. Eine religiöse Unterrichtung von Kindern und Jugendlichen war nur im privaten Bereich möglich, während das staatliche Bildungswesen dem Atheismus verpflichtet war. Glaubensgemeinschaften mußten sich offiziell vom Staat registrieren lassen; 1961-86 sank die Zahl der registrierten religiösen Vereinigungen in der S. von 22 700 auf rd. 15 000. Erst seit Mitte der 80er Jahre ist mit den aktuellen Reformen eine weitgehende Lockerung eingetreten, die Glaubensgemeinschaften können sich reorganisieren und neu formieren. Seit Ende der 80er Jahre wurden zahlreiche Sakralbauten zurückgegeben, der Neubau von Kirchen und Moscheen ist wieder möglich. Ein neues Religionsgesetz garantiert die freie Glaubensausübung (vgl. III).

Christliche Kirchen. Die *russische Orthodoxie* ist die größte und am weitesten verbreitete Glaubensgemeinschaft. Oberhaupt der aus rd. 70 Bistümern und über 7000 Gemeinden bestehenden kirchlichen Hierarchie ist der Patriarch mit Sitz im Moskauer Danilow-Kloster. 1961 bestanden in der S. 37 russ.-orth. Eparchien. Schätzungen über die Zahl der Gläubigen schwankten damals zwischen 30 und 75 Mio.; exakte Zahlenangaben sind auch heute nicht möglich. Es zeigt sich aber, daß die orth. Kirche die Zeit der Verfolgung überstanden hat und eine starke gesellschaftliche Kraft darstellt, was auch bei den Millenniumsfeiern 1988 zur Erinnerung an die Einführung des Christentums in der Kiewer Rus deutlich wurde. Von der Orthodoxie des Moskauer Patriarchen abgespalten haben sich seit 1666 die nicht zusammenfassend organisierten Altgläubigen *(Raskolniki).* Außerdem entstanden immer wieder neue Sekten, deren Angehörige im 19. Jh. teilweise aus Zentralrußland in Randgebiete umgesiedelt wurden; sie sind auch in Lettland, Litauen und Weißrußland vertreten.

Die *georgische Orthodoxie* wurde nach dem politischen Anschluß Georgiens an das Russische Reich (1801) der russ.-orth. Kirche unterstellt. 1917 wurde zwar die formelle Unabhängigkeit wiederbegründet, doch erst Anfang 1990 die vollständige Autokephalie geschaffen. Die Verfolgung der georgischen Christen war schon in den 30er Jahren entschärft worden, so daß sich die georgische Kirche auf Anhänger in allen Altersschichten stützen kann.

Die autokephale *armenische Kirche* hatte sich bereits auf dem Konzil von Chalkedon (451) von der Ostkirche abgespalten. Ihr Oberhaupt, der Katholikos von Etschmiadzin, begreift sich als geistliches Haupt aller armenischen Christen, auch der in der Diaspora lebenden Auslandsarmenier. Nach dem Krieg konnten die Christen in Armenien relativ ungehindert ihre Religion ausüben. Der Sitz des Katholikos hielt ständig die Verbindung zu den Auslandsarmeniern, von denen der armenischen Kirche eine bedeutende materielle Unterstützung zufließt.

Eine *nationale orth. Kirche* besteht in der Ukraine und wird seit kurzem vom Moskauer Patriarchen als selbständig anerkannt.

Die *katholische Kirche* hat ihren stärksten Rückhalt in Litauen und bei großen Teilen der weißruss. und poln. Bevölkerung in den westl. Republiken, außerdem bei den Deutschen in Kasachstan. Die erst seit dem II. Weltkrieg zur S. gehörenden Gebiete erlebten eine besonders harte Kirchenverfolgung (→verfolgte Kirche I). In Litauen wurde die Kirche zu einem bedeutenden Träger der Dissidentenbewegungen während der Breschnew-Zeit. Auch in der westl. Ukraine mit Zentrum Lwiw (Lemberg, russ. Lwow) war der Katholizismus von Verfolgungen betroffen, viele Gläubige wurden zum Übertritt in die orth. Kirche gezwungen oder deportiert. Erst in jüngster Zeit wird die kath. Kirche wieder anerkannt. Seit April 1991 erfolgt ein systematischer Wiederaufbau der kirchlichen Hierarchie. In den nunmehr unabhängigen Staaten ↗Estland, ↗Lettland, ↗Litauen wurde sie neugeordnet. Moskau wurde erstmals Sitz eines Erzbischofs in Rußland. Die Neuordnung Weißrußlands schuf die 3 Diözesen Minsk-Mogiljow, Pinsk und Grodno. Neugeschaffen wurden auch die Bist. Nowosibirsk (für Sibirien) und Karaganda (für Kasachstan). In der Ukraine wurde die gesamte kath. Hierarchie sowohl des byzantinischen als auch des lat. Ritus wiederhergestellt. Gleichzeitig ist auch die kath. Kirche des byzantinischen Ritus in Weißrußland und Rußland begründet worden. Mit den rd. 5 Mio. Angehörigen des byzantinisch-ukrainischen Ritus wird die Gesamtzahl der Katholiken in der ehem. S. auf 10 Mio. geschätzt.

Estland und Lettland sind traditionell durch den *Protestantismus* geprägt, der sich unter schwed. Herrschaft ausgebreitet hatte. Mit der Angliederung Lettgallens 1940 an Lettland hat sich dort allerdings ein leichtes Übergewicht des Katholizismus gegenüber der luth. Kirche herausgebildet. Die Gesamtzahl der prot. Gemeindemitglieder im Baltikum lag Mitte der 80er Jahre bei etwa 600 000, hat seither aber unter dem Einfluß des nationalen Engagements wieder zugenommen. Die Zahl der luth. Rußlanddeutschen betrug zur gleichen Zeit ca. 200 000. Kleine pietistische Gruppen leben unter den Nachkommen der dt. Siedler an der Wolga und in der Südukraine fort, die nach dem dt. Angriff auf die S. im II. Weltkrieg nach Kasachstan, Sibirien und Mittelasien deportiert wurden. Die größte europ. Gruppe bildet der *Bund der Evangeliumschristen/Baptisten,* dem lange Zeit die staatliche Registrierung als Glaubensgemeinschaft und damit das Recht der Religionsausübung verweigert wurde. In der 2. Hälfte der 80er Jahre lag die Zahl der Gläubigen bei 500 000.

Kleinere religiöse Gruppen wie die *Duchoborzen, Molokanen* und *Mennoniten* waren im 19. Jh. an die Randgebiete des Russischen Reichs umgesiedelt und später teilweise zur Auswanderung gezwungen worden. Sie haben heute wieder an Gewicht gewonnen.

Juden. Ihre Zahl ist wegen der anhaltenden Auswanderung, insbes. nach Israel, rückläufig. Die früheren Siedlungsgebiete der Ostjuden zwischen Lettland und dem Schwarzen Meer mußten schon vor Jahrzehnten aufgegeben werden, so daß dort nur noch kleine Gruppen anzutreffen sind. Bedeutendere mosaische Gemeinschaften gibt es in Moskau, Kiew und Tbilisi.

Islam. Er ist die zweitgrößte Glaubensgemeinschaft in der ehem. S. und zählt nach unterschiedlichen Schätzungen wenigstens 20-40 Mio. Anhänger. Während die meisten Muslime Mittelasiens, Kaukasiens und der mittleren Wolga Sunniten sind, gehören die Aseri zu den Schiiten. Die islamische Organisation geht von den Muftis in Ufa (für das Wolgagebiet und Sibirien), Taschkent (für Mittelasien und Kasachstan), Buinak (für Nordkaukasien) und Baku (für Transkaukasien) aus, wobei dem Mufti von Taschkent die Führungsrolle zufällt. Islamische Hochschulen existieren in Buchara und Taschkent. Die Zahl der geöffneten Moscheen war 1961-86 von 2307 auf 751 zurückgegangen, hat sich aber wieder deutlich erhöht. In Nordkaukasien spielen islamische Bruderschaften eine bedeutende Rolle.

Buddhismus. Zu den Buddhisten gehören mehrere Völker im südl. Sibirien, insbes. die Burjaten, außerdem die westl. des Wolgadeltas siedelnden Kalmücken, die auf eine Einwandererwelle aus Mittelasien zurückgehen. Die Gesamtzahl der Gläubigen wurde in den 70er Jahren auf 200 000 geschätzt. Die zentrale geistliche Leitung hat ihren Sitz in Iwolginsk (Burjätische ASSR).

Naturreligionen. Bei vielen kleinen Völkern Nordeurasiens und Südsibiriens bestand bis in die Zeit nach der Oktoberrevolution ein ausgeprägtes Schamanentum, das von der stalinistischen Politik brutal unterdrückt wurde, sich aber als Teil der ethnischen Identität bis in die Gegenwart halten konnte.

3. Bildung

Die S. verfügte über ein mehrstufiges Bildungssystem, das aber auf den einzelnen Stufen eine relativ geringe Auswahlmöglichkeit bot. Es wurde auf der ideologischen Basis des Marxismus-Leninismus von der KPdSU dominiert.

Wegen des weit verbreiteten Analphabetismus gehörte die Förderung eines allgemeinbildenden, obligatorischen und unentgeltlichen Unterrichts zu den Grundforderungen der Oktoberrevolution. Die anfängliche Vielzahl experimenteller Schulformen wurde bis Mitte der 30er Jahre gleichgeschaltet und Bildung auf die Parteiziele festgelegt. Das Schulwesen gliederte sich in die vierklassige Grundschule, siebenklassige (unvollständige) Mittelschule und zehnklassige (vollständige, d. h. zur Hochschulreife führende) Mittelschule. In den nicht-russ. Randgebieten verband sich damit eine Russifizierungspolitik, die über die Förderung russ. Sprachkenntnisse deutlich hinausreicht.

Unter *Chruschtschow* wurden erste Reformen durchgeführt, die v. a. eine engere Verbindung von Bildung und Produktion anstrebten und einen 8jährigen Schulbesuch in der unvollständigen allgemeinbildenden polytechnischen Arbeitsmittelschule vorsahen. Daran schloß sich im Normalfall eine berufsqualifizierende Ausbildung in Abend- bzw. Schicht-Mittelschulen, Arbeits-Mittelschulen mit Produktionsunterricht oder mittleren Fachschulen an. Mit den in den 60er Jahren eingeleiteten Reformen sollte der Zunahme wissenschaftlicher Inhalte und ihrer Anwendung Rechnung getragen werden. Zugleich sollten alle Jugendlichen die Möglichkeit erhalten, mit dem Besuch der vollständigen Mittelschule einen zum Hochschulstudium qualifizierenden Abschluß zu erhalten. Das Berufsschulwesen wurde um weitere Schultypen ergänzt, wobei v. a. die technischen Lehranstalten eine qualifizierende Berufsausbildung zu vermitteln hatten. Ein vordringliches Problem ist die Abwanderung der unterbezahlten Lehrer und das Absinken des Unterrichtsniveaus. Die meisten Schüler nehmen zusätzlichen Privatunterricht. In jüngster Zeit sind in den Großstädten erste private Lyzeen für zahlende Schüler entstanden.

Mitte der 80er Jahre wurden im Rahmen einer neuen Bildungsreform u. a. neue Lehrpläne festgelegt. Ende der 80er Jahre trat an die Stelle der bisherigen Ministerien für das Hochschul- und das Schulwesen ein Staatskomitee für den gesamten Bildungsbereich.

Ein Netz von Vorschuleinrichtungen überzieht das Gebiet der ehem. S., ist aber in den Städten stärker als in ländlichen Gebieten ausgebaut. Derzeit stehen rd. 150 000 Krippen (ab 2 Monaten) und Kindergärten für 17,3 Mio. Kinder zur Verfügung.

Die Einschulung in die 4jährige Grundschule wurde mit den Reformen der 80er Jahre vom 7. auf das 6. Lebensjahr vorverlegt. Die Anfangsstufe der „allgemeinbildenden Mittelschule" führt über 4 Schuljahre, die unvollständige Mittelschule über 5 Jahre zu einem Abschluß, mit dem der Übergang in eine beruflich-technische Mittelschule, eine mittlere Fachschule oder in die Oberstufe möglich ist, die nach zwei (im Baltikum drei) Klassen mit der Hochschulreife abschließt. Ein Teil der Mittelschulen ist als Ganztagsschule organisiert; sog. „Sonderschulen" betonen den Unterricht in einer Fremdsprache oder in einem anderen Fach. Insgesamt gibt es 131 000 Schulen mit 43 Mio. Schülern und 3,2 Mio. Lehrern (Schuljahr 1988/89). Die Streusiedlungen in großen Teilen des nördl. Rußland erfordern zahlreiche Klein- und Zwergschulen. Während in den Städten nur 10% der Schulen bis 400 Schüler haben, sind es 71% der Schulen im ländlichen Raum, in der Russischen Föderation sogar 84%. Beim Fremdsprachenunterricht überwiegt heute der Englisch-Unterricht, der von 54,7% der 26,2 Mio. Fremdsprachen lernenden Schüler besucht wird; es folgt der Deutschunterricht (33,6%).

Das *Hochschulwesen* umfaßt außer den Universitäten (69) eine große Zahl an spezialisierten Fachhochschulen (898) und Instituten, denen die Heranbildung qualifizierter Arbeitskräfte obliegt. Die Zulassung zum Hochschulstudium beruht auf Berechnungen des voraussichtlichen Absolventenbedarfs in einzelnen Fachrichtungen und auf einem Aufnahmeprüfungsverfahren. Die Universitäten haben in erster Linie Lehr-, erst in zweiter Linie Forschungsaufgaben. An Hochschulen und Instituten werden Direkt-, Abend- und Fernstudium unterschieden. Trotz eines Rückganges seit den 70er Jahren ist der Anteil der Fernstudierenden mit

34% der insgesamt 5 Mio. Studierenden immer noch sehr hoch. Seit Anfang 1991 haben viele Hochschulen Selbstverwaltung erhalten. Mit der Neuorganisation werden auch Lehrpläne umgestellt und Studiengebühren eingeführt.

Die wissenschaftliche Forschung ist auf die Institute der *Akademie der Wissenschaften* (bisher eine Akademie für die UdSSR und die RSFSR sowie in jeder Unionsrepublik, dazu eine Sibirische Abteilung und zahlreiche regionale Filialen) und auf „Wissenschaftliche Forschungsinstitute" konzentriert, die i. d. R. Fachministerien zugeordnet sind und teilweise in engem Kontakt mit den Anwendern arbeiten. Das Akademiewesen geht auf die 1724 gegründete Kaiserliche Akademie der Wissenschaften zurück und wurde seit den 30er Jahren zum führenden sowjet. Forschungsapparat gestaltet. Der Präsident der Akademie der Wissenschaften hatte Ministerrang, die Ordentlichen und Korrespondierenden Mitglieder gehörten zur Oberschicht der Sowjetgesellschaft. Sie genießen teilweise internationales Ansehen. Der Akademie der Wissenschaften angeschlossen ist ein Allunions-Institut für wissenschaftliche und technische Information (VINITI), das systematisch Fachzeitschriften aus aller Welt auswertet und in Referatezeitschriften indirekt zugänglich macht. Das Akademiewesen umfaßt weitere spezialisierte Akademien für Landwirtschaft, Medizin und Pädagogik.

LITERATUR

Zu I:
Atlas SSSR [Atlas der UdSSR]. Moskau 1923, ³1983. – L. S. **Berg,** Die geographischen Zonen der S. 2 Bde. Leipzig 1958/59 [Orig.: Geografičeskie zony Sovetskogo Sojuza. Moskau. Bd. 1: 1931, ³1947, Bd. 2: 1952]. – Prirodnye uslovija i estestvennye resursy SSSR [Natürliche Bedingungen und Naturressourcen der S.]. Hg. I. P. **Gerasimov** u.a. 15 Bde. Moskau 1963/72. – P. E. **Lydolph,** Geography of the U.S.S.R. New York 1964, ³1977. – Sovetskij Sojuz [Die S.]. 22 Bde. Moskau 1966/72. – H.-J. **Franz,** Physische Geographie der S. Gotha 1973. – C. D. **Harris,** Guide to Geographical Bibliographies and Reference Works in Russian on the Soviet Union. Chicago (Ill.) 1975. – P. E. **Lydolph,** Climates of the Soviet Union. Amsterdam 1977. – J. U. **Gerloff,** A. **Zimm,** Ökonomische Geographie der S. Gotha 1978. – A. **Karger,** unter Mitarb. v. J. **Stadelbauer,** S. Frankfurt/M. 1978, 1987. – P. E. **Lydolph,** Geography of the U.S.S.R. Topical analysis. Elkhart Lake (Wis.) 1979. – J. C. **Dewdney,** USSR in maps. London, New York 1982. – J. **Radvanyi,** Le géant aux paradoxes. Fondements géographiques de la puissance soviétique. Paris 1982. – L. **Symons** u.a., The Soviet Union. A Systematic Geography. Totowa (N. J.) 1983. – A. **Karger,** C. Ch. **Liebmann,** Sibirien. Strukturen und Funktionen ressourcenorientierter Industrieentwicklung. Köln 1986. – H.-U. **Bender,** J. **Stadelbauer,** S. Stuttgart 1987. – J. **Radvanyi,** L'URSS en Révolution. Paris 1987. – Siberia: Problems and Prospects for Regional Development. Hg. A. **Wood.** Beckenham 1987. – J. H. **Bater,** The Soviet Scene. A Geographical Perspective. London 1989. – J. **Radvanyi,** L'URSS: Régions et Nations. Paris 1990.

Zu II:
K. **Stählin,** Geschichte Rußlands von den Anfängen bis zur Gegenwart. 4 Bde. Stuttgart 1923, Nachdr. 1974. – G. **Vernadsky,** M. **Karpovich,** A History of Russia. 5 Bde. New Haven (Conn.) 1943/69. – B. H. **Sumner,** Survey of Russian History. London 1944, ²1947. – G. v. **Rauch,** Geschichte der S. Stuttgart ⁸1990 [Wiesbaden ¹⋅²⁴1955/63 u. d. T.: Geschichte des bolschewistischen Rußlands]. – G. **Stökl,** Russische Geschichte von den Anfängen bis zur Gegenwart. Stuttgart 1962, ⁵1990. – C. **Goehrke** u.a., Rußland. Frankfurt/M. 1972. – M. **Heller,** A. **Nekrich,** Geschichte der S. Bd. 1: 1914-1939, Bd. 2: 1940-1980. Königstein/Ts. 1981/82. – Hdb. der Geschichte Rußlands. Hg. M. **Hellmann u.a.** 3 Bde. Stuttgart 1981 ff. – Lexikon der Geschichte Rußlands. Hg. H.-J. **Torke.** München 1985. – H.-H. **Nolte,** Rußland/UdSSR. Hdb. Geschichte, Politik, Wirtschaft. Hannover 1991.

Zu III:
G. **Geilke,** Einf. in das Sowjetrecht. Darmstadt 1966, ²1983. – W. **Meder,** Das Sowjetrecht. Grundzüge der Entwicklung 1917-1970. Frankfurt/M. 1971. – Encyclopedia of Soviet Law. Hg. F. J. M. **Feldbrugge** u. a. Leiden 1973, ²1985. – G. **Brunner,** Politische Soziologie der UdSSR. 2 Bde. Wiesbaden 1977. – W. E. **Butler,** Soviet Law. London 1983, ²1988. – Hdb. der Sowjetverfassung. Red. M. **Fincke,** 2 Bde. Berlin 1983. – O. **Luchterhandt,** Die S. auf dem Wege zum Rechtsstaat, in: JöR N. F. 39 (1990) 157 ff.

Zu IV:
H. **Carrère D'Encausse,** Risse im roten Imperium. Das Nationalitätenproblem in der S. Wien 1979 [Orig.: L'empire éclaté. Paris 1979, ²1990]. – C. **Schmidt-Häuer,** Das sind die Russen. Wie sie leben, wie sie wurden. Hamburg 1980. – Sh. **Akiner,** Islamic Peoples of the Soviet Union. London 1983, ²1986. – W. **Teckenberg,** Gegenwartsgesellschaft: UdSSR. Stuttgart 1983. – B. **Kerblay,** M. **Lavigne,** Les Soviétiques des Années 80. Paris 1985, ²1987. – B. **Meissner,** Sowjetgesellschaft am Scheideweg. Beitr. zur Sozialstruktur der S. Köln 1985. – Länderbericht S. Hg. H. G. **Bütow.** München 1986, Bonn ²1988. – G. **Simon,** Nationalismus und Nationalitätenpolitik in der S. Baden-Baden 1986. – S. 1988/89. Perestrojka in der Krise? Hg. Bundesinst. für ostwiss. und internationale Studien. München 1989. – R. A. **Mark,** Die Völker der S. Ein Lexikon. Opladen 1989. – T. **Saslawskaja,** Die Gorbatschow-Strategie. Wirtschafts- und Sozialpolitik in der UdSSR. Wien 1989. – G. **Trautmann,** S. im Wandel. Wirtschaft, Politik und Kultur seit 1985. Darmstadt 1989. – H. **Carrère D'Encausse,** La gloire des nations ou la fin de l'empire soviétique. Paris 1990. – E. **Stölting,** Eine Weltmacht zerbricht. Nationalitäten und Religionen der UdSSR. Frankfurt/M. 1990. – H. **Smith,** Die neuen Russen. Reinbek 1991.

Zu V:
T. **Shabad,** Basic Industrial Resources of the USSR. New York 1969. – K.-E. **Wädekin,** Sozialistische Agrarpolitik in Osteuropa. 2 Bde. Berlin 1974/78. – L. **Dienes,** T. **Shabad,** The Soviet Energy System: Resource Use and Policies. New York 1979. – A. **Karger,** Die S. als Wirtschaftsmacht. Frankfurt/M. 1979, ³1983. – P. **Rostankowski,** Agrarraum und Getreideanbau in der S. 1948-1985. Berlin 1979. – J. **Pallot,** D. J. B. **Shaw,** Planning in the Soviet Union. London 1981. – Soviet Natural Resources in the World Economy. Hg. R. G. **Jensen** u.a. Chicago (Ill.) 1983. – A. **Nove,** The Soviet Economic System. London 1984. – J. **Bethkenhagen,** H. **Clement,** Die sowjet. Energie- und Rohstoffwirtschaft in den 80er Jahren. München 1985. – J. **Cole,** T. **Buck,** Modern Soviet Economic Performance. Oxford 1986. – Ekonomičeskaja i social'naja geografija SSSR [Wirtschafts- und Sozialgeographie der S.]. 2 Bde. Moskau 1986/87. – C. J. **Zumbrunnen,** P. **Osleeb,** The Soviet Iron and Steel Industry. Totowa (N. J.), London 1986. – L. **Dienes,** Soviet Asia. Economic Development and National Policy Choices. Boulder (Col.) 1987. – V. **Litvin,** The Soviet Agro-Industrial Complex. Structure and Performance. Boulder (Col.) 1987. – E. A. **Hewett,** Reforming the Soviet Economy: Equality versus Efficiency. Washington 1988. – A. **Aganbegjan,** Ökonomie und Perestroika, Gorbatschows Wirtschaftsstrategien. Hamburg 1989.

Zu VI:
Die sowjet. Bildungspolitik seit 1917. Dokumente und Texte. Hg. O. **Anweiler,** K. **Meyer,** Heidelberg 1961. – W. **Kolarz,** Die Religionen in der S. Überleben in Anpassung und Widerstand. Freiburg i. Br. 1963 [Orig.: Religion in the Soviet Union. New York 1961]. – Johannes **Chrysostomus,** Kirchengeschichte Rußlands der neuesten Zeit. 3 Bde. München 1965/68. – Religion and Atheism in the USSR and Eastern Europe. Hg. B. R. **Bociurkiw,** J. W. **Strong.** London 1975. – W. **Kasack,** Lexikon der Russ. Literatur ab 1917. Stuttgart 1976, Erg.-Bd. München 1986. – J. **Holthusen,** Russ. Literatur im 20. Jh. München 1978. – A. **Bennigsen,** Ch. **Lemercier-Quelquejay,** Les Musulmans Oubliés. L'Islam en URSS Aujourd'hui. Paris 1981. – P. **Roth,** Die kommandierte öffentliche Meinung. Sowjet. Medienpolitik. Stuttgart 1982. – A. **Bennigsen,** M. **Broxup,** The Islamic Threat to the Soviet State. London 1983. – W. **Kasack,** Die russ. Literatur 1945-1982. München 1983. – Religionen in der UdSSR. Unbekannte Vielfalt in Geschichte und Gegenwart. Hg. O. **Basse,** G. **Stricker.** Zollikon 1989. – H. **Haumann,** Geschichte der Ostjuden. München 1990.

Laufende Veröffentlichungen:
Berichte des Bundesinstituts für ostwiss. und internationale Studien. Köln [etwa wöchentlich ein Heft]. – Die UdSSR in Zahlen. Moskau [ausführliches Orig.: Narodnoe chozjajstvo SSSR v … godu. Statističeskij ežegodnik = Die Volkswirtschaft der UdSSR im Jahr … Statistisches Jb. Moskau]. – Osteuropa-Recht. Stuttgart [vierteljährlich]. – Osteuropa-Wirtschaft. Stuttgart [vierteljährlich]. – Osteuropa. Zs. für Gegenwartsfragen des Ostens. N. F. Stuttgart [monatlich]. – Soviet Economy. Silver Springs (Md.) [vierteljährlich]. – Soviet Geography: Rev. and translation. [jährlich 10 Hefte]. – Soviet Studies. Glasgow [vierteljährlich].

Jörg Stadelbauer (I, IV, V, VI), *Alexander Fischer* (II), *Georg Brunner* (III)

SPANIEN

Amtlicher Name	Reino de España (Königreich Spanien)
Staatsform	Parlamentarische Monarchie
Hauptstadt	Madrid (3,1 Mio. E.)
Fläche	504 750 km²
Bevölkerung	39,2 Mio. E. (1990; VZ 1981: 37,7 Mio.). – 78 E./km²
Sprache	Spanisch (Kastilisch; Staatssprache), Katalanisch, Galicisch, Baskisch weitere Amtssprachen
Religion	Katholiken ca. 98%
Währung	1 Peseta (Pta) = 100 Céntimos

I. Naturräumliche Voraussetzungen

S. liegt auf der Iberischen Halbinsel (mit rd. 5/6 der Fläche). Gemeinsame Grenzen hat es im N mit ↗Frankreich und ↗Andorra, im SW mit ↗Portugal, im S mit ↗Gibraltar. Zum Staatsgebiet gehören ferner die *Balearen* und die *Kanarischen Inseln*, in Nordafrika die Städte *Ceuta* und *Melilla, Peñon de Vélez, Alhucemas* und *Chafarinas*. Vom festländischen S. liegen 55% in einer Höhenlage zwischen 500 und 1000 m, rd. 17% oberhalb von 1000 m. An der Atlantikküste (Gesamtlänge 1481 km) sind im N und NW *Riasküsten* (= vom Meer überflutete Flußtäler) mit guten Naturhäfen verbreitet. An der 1663 km langen Mittelmeerküste ist ein stetiger Wechsel von flachen Anschwemmungsküsten und steilen Felsküstenpartien anzutreffen.

Das innere Hochland *(Meseta)* nimmt fast 2/3 der Gesamtfläche ein und bildet einen fast quadratischen Block, der mit durchschnittlich 0,3% Neigung nach W hin zum Atlantik abfällt. Das *Kastilische Scheidegebirge* (*Sierra de Gredos*, 2592 m und *Sierra de Guadarrama*, 2430 m) teilt diesen Block in eine *Nordmeseta* (im Mittel 800 m hoch) und *Südmeseta* (im Mittel 650 m hoch). Die Nordmeseta (Altkastilien) wird nach N durch das *Kantabrische Gebirge* (2648 m), die Südmeseta nach S durch die *Sierra Morena* (1323 m) abgeriegelt. Die asymmetrische Struktur der beiden Mesetas wird verstärkt durch zwei große Depressionen: im NO das *Ebro-Becken*, im SW die *Guadalquivir-Niederung*.

An das zentrale Hochland schließen sich *Randlandschaften* an, die als Küstenschwellen bezeichnet werden können und die den Zugang von den Küstensäumen zum Landesinnern nicht unerheblich behindern. Im N sind es die Gebirgslandschaften von Galicien, Asturien, das *Baskische Bergland*, die *Pyrenäen*, das *Katalonische Bergland* sowie das *Iberische Randgebirge*. Die südöstl. Randlandschaften schließen die Küstenräume Murcia und Valencia sowie Andalusien ein, das in Hoch- und Niederandalusien untergliedert ist. Die *Betische Kordillere* und die südl. *Sierra Nevada* (mit dem höchsten Gipfel des span. Festlandes, *Mulhacón* 3478 m) gehören zu Hochandalusien.

Die *Balearen* (5014 km²), eine Inselgruppe im westl. Mittelmeer, bestehen aus der Hauptinsel *Mallorca* (3411 km²), aus *Menorca* (683 km²), *Ibiza, Formentera* und kleineren Felseninseln. Die *Kanarischen Inseln* (7242 km²) bilden eine Gruppe von 13 Inseln vor der nordwestafrikan. Küste (darunter *La Palma, Teneriffa* [mit dem *Pico de Teide,* 3718 m, dem höchsten Berg S.s], *Gran Canaria, Fuerteventura* und *Lanzarote*), die vulkanischen Ursprungs sind.

Die Reliefgliederung des festländischen S. wirkt sich auf das *Gewässernetz* aus. Durch die Kippung des Meseta-Komplexes nach W entsteht bezüglich der Einzugsgebiete der großen Flußsysteme eine auffallende Asymmetrie: fast 70% der Iberischen Halbinsel entwässern nach W zum Atlantik (u. a. *Duero, Tajo, Guadalquivir*), nur gut 30% zum Mittelmeer (u. a. der *Ebro*). Das mediterrane Abflußsystem ist durch starkes Gefälle und durch stoßweise Wasserführung geprägt, deren Folgen breite Flußtäler im Unterlauf sind mit weiten Schotter-Talsohlen, die in den heißen Sommern weitgehend austrocknen und im Herbst und Frühjahr zu reißenden Strömen *(ramblas)* werden können.

Charakteristisch für das *Klima* ist der extreme Gegensatz zwischen dem ariden SO zwischen Alicante und Almería (Gata: 122 mm Jahresniederschlag) und dem vollhumiden NW (Santiago: 1637 mm). Der größte Teil der Halbinsel wird durch das mediterrane Klimaregime beherrscht ("subtropische Winterregengebiete"), das durch trockene und heiße Sommer und kühl-gemäßigte und feuchte Winter gekennzeichnet ist. Dieser jahreszeitliche Gegensatz basiert auf dem winterlichen Einfluß der Tiefdruckgebiete im Rahmen der außertropischen Westwindzone und dem sommerlichen Einfluß des Azorenhochs. Innerhalb dieses sommertrockenen mediterranen Klimas gelten zwei wichtige Differenzierungen: Zum einen muß auf die stark kontinentalen Züge in den Binnenlandschaften verwiesen werden, zum andern auf die Verteilung der winterlichen Niederschläge (für die zentralen und östl. Teile der Halbinsel) auf zwei Niederschlagsmaxima (ein absolutes Maximum im Herbst und ein sekundäres im Frühjahr). Der Nordsaum der Halbinsel (Galicien, Asturien, Baskenland und Pyrenäen) ist durch ein immerfeuchtes, ozeanisches Klima geprägt. Hier kommt es in keiner Jahreszeit zu einem Wasserdefizit, zumal eine ausgeprägte sommerliche Dürrezeit fehlt.

Die *Böden* sind zum großen Teil Roterdeböden *(Terra Rossa)* über anstehenden Kalken oder die weitverbreiteten Kalkkrusten in der Osthälfte der Iberischen Halbinsel.

Die *Vegetation* ist den klimatischen Gegensätzen angepaßt: In den trockensten Bereichen des SO sind Esparto- und Halfagras sowie Zwergpalmen-Assoziationen vorherrschend; diese natürliche Strauch- und Büschelgrassteppe ist stellenweise (Elche) von Dattelpalmoasen durchsetzt. Sonst wird die SO-Hälfte durch vollmediterrane, kälteempfindliche Vegetationselemente bestimmt, wobei Steineiche und Ölbaum, Oleander und Erdbeerbaum, Johannisbrotbaum und Agrumen, Pinie und Wacholder typische Vertreter sind. Durch jahrtausendelange Nutzung, insbes. durch die Wanderherdenwirtschaft, haben sich weitflächig degradierte Formen der Vegetation gebildet, die zwischen der buschig-dichten Macchie und der offen-niedrigen Garrigue in dauernden Übergängen entwickelt sind. In den semiariden Bereichen setzen sich die Garriguen v. a. aus trockenresistenten aromatischen Kräutern und Halbsträuchern wie Rosmarin, Thymian, Lavendel und Zistrosen zusammen. Im immerfeuchten Nordsaum S.s gleicht die Pflanzenwelt derjenigen Mittel- und Westeuropas: Sommergrüner Laubwald und atlantische Heiden (Besenginster, Calluna und Erica).

Bodenschätze. In enger Anpassung an geologisch-tektonische Strukturen finden sich die metallischen und nicht-metallischen Mineralien vorzugsweise in den Gebirgsräumen, wobei innerhalb der alten Iberischen Masse als Folge jüngerer Faltungen Mineralisierungsprozesse stattgefunden haben, die hier zu beachtlichem

Metallreichtum geführt haben. Dagegen sind die jüngeren Gebirge, die bei der alpidischen Faltung entstanden sind – wie v. a. die Pyrenäen und das Iberische Randgebirge – auffallend arm an Bodenschätzen. Lediglich die Betische Kordillere im S ist aufgrund der vulkanischen Beeinflussung mit nicht unbeträchtlichen metallischen Mineralien ausgestattet. Die großen Sedimentationsbecken (von Meseta, Ebro und Guadalquivir) sind fast frei von Minerallagerstätten.

II. Historische und politische Entwicklung

1. Frühzeit

Im Unterschied zu den seit 900 v. Chr. einwandernden Kelten wurden die im S und O der Iberischen Halbinsel siedelnden Stämme von den Griechen als *Iberer* bezeichnet. Griechen, Phönizier und Karthager gründeten an der Mittelmeerküste Kolonien. Hier landeten 218 v. Chr. römische Truppen. Die Römer konnten aber wegen des anhaltenden Widerstandes der autochthonen Stämme die Eroberung der Halbinsel erst unter *Augustus* (bis 19 v. Chr.) vollenden. Bereits der Apostel *Paulus* soll zwischen 63 und 67 in der sehr wichtigen römischen Provinz Hispania missioniert haben. (Im 2.Jh. sind vielerorts christliche Gemeinden nachweisbar.) Gegen die seit 409 nach Hispanien eindringenden Sueben, Alanen und Vandalen sandte Rom die Westgoten, die Toledo zu ihrer Residenz erhoben. 711 riefen rivalisierende westgotische Adelige muslimische Truppen aus Nordafrika, die das Westgotenreich in kurzer Zeit einnahmen.

2. Die arabische Herrschaft (Al-Andalus)

Zunächst wurde die Halbinsel von arabischen Gouverneuren regiert. 756 errichtete *Abd ar-Rahman I.*, der letzte überlebende *Umayyade*, in Córdoba ein unabhängiges Emirat. *Abd ar-Rahman II.* erklärte sich 929 zum Kalifen. 1031 zerfiel das Kalifat von Córdoba, das zeitweilig auch den N Marokkos beherrschte, in kleine Königreiche. 1086–92 eroberten die *Almoraviden*, marokkanische Berberstämme, das islamische Spanien. Auch das Almoravidenreich teilte sich bald in Kleinkönigtümer auf, die ihrerseits von einer zweiten berberischen Reformbewegung, den *Almohaden*, 1130–63 erobert wurden. Unter dem Druck der Christen und der Unruhen im O des Maghreb zerfiel Al-Andalus zum dritten Mal in Herrschaften, von denen das *Nasriden*-Königtum in Granada (1237–1492) das letzte der muslimischen Reiche auf der Halbinsel war.

3. Die Reconquista

718 wählten westgotische Adelige *Pelayo* zum Fürsten, der um 722 arabische Truppen in den asturischen Bergen bei *Covadonga* schlug. Dieses Treffen markierte den Beginn der christlichen Rückeroberung *(Reconquista)* der Halbinsel, in deren Verlauf sich sechs eigenständige Herrschaften ausbildeten, die seit dem 12. Jh. teilweise zusammenwuchsen: Die asturischleonesische Monarchie dehnte sich nach W und S aus. Hiervon spaltete sich im SO Kastilien ab. 1230 kam es unter kastilischer Vorherrschaft wieder zur Verbindung der beiden Reiche. Im W erlangte ↗Portugal 1139 seine Unabhängigkeit von León-Kastilien. Die *Franken* hatten im 8. Jh. den östlichen Pyrenäenraum erobert. Hieraus entwickelte sich die Gft. Barcelona, die seit 1137 mit dem in den mittleren Pyrenäen entstandenen Kgr. Aragón in Personalunion verbunden war. Die Basken erlangten frühzeitig ihre Unabhängigkeit von Arabern und Franken (Kgr. Navarra seit 905). Zu Beginn des 10. Jh. hatten die Christen den Duero erreicht, und 1212 errang ein christliches Heer bei *Navas de Tolosa* einen entscheidenden Sieg, so daß Mitte des 13. Jh. die Reconquista weitgehend beendet war. Die Besiedlung der im Zuge der Rückeroberung gewonnenen Gebiete mit freien Bauern verhinderte die vollständige Ausbildung des Lehnswesens in León-Kastilien und sicherte den Städten umfangreiche Rechte. Bereits *Alfons X.* von Kastilien (1252–84) war um die Stärkung des Königtums im Sinne einer frühabsolutistischen Politik bemüht. Während der wirtschaftlichen und sozialen Krise Kastiliens im 14. und 15. Jh. konnte der Adel dynastische Auseinandersetzungen zur Festigung seiner Position nutzen. Das seit 1369 in Kastilien regierende Haus der *Trastamara* herrschte seit 1412 auch in Aragón. In der stärker vom Frankenreich beeinflußten und vom Lehnswesen geprägten Krone Aragón stieß die Ausbildung einer absoluten Monarchie auf den Widerstand der Stände der drei rechtlich weitgehend unabhängigen Teilreiche Aragón, Katalonien und Valencia.

4. Das spanische Weltreich

Der Vertrag von *Alcáçovas* (1479) sicherte die Matrimonialunion von Kastilien und Aragón unter den kath. Königen *Isabella I.* (1474–1504) und *Ferdinand II.* (1479–1516). Mit einem umfassenden Reformprogramm stärkten sie die Stellung der Krone. Der Papst richtete 1478 die Inquisition als königliches Tribunal ein, die einzige gemeinsame Institution Aragóns und Kastiliens. 1492 erfolgte die Ausweisung der Juden und die Eroberung des letzten maurischen Reiches von Granada. Damit war die politisch-religiöse Einheit S.s nahezu hergestellt. Im gleichen Jahr erreichte der in kastilischem Auftrag segelnde Genuese *Christoph Kolumbus* die Karibik. Gestützt auf päpstliche Bullen, grenzte man gegenüber Portugal die Interessensphären in Amerika *(Vertrag von Tordesillas,* 1494) und im Pazifik *(Vertrag von Zaragozza,* 1529) ab. Die folgenden Eroberungen schufen innerhalb von 50 Jahren die Grundlagen des span. Kolonialreichs in Amerika (↗Mittelamerika, ↗Karibische Inseln und nördliches Südamerika, ↗Südamerika). 1565 wurden in Asien die ↗Philippinen erobert. Um die Vorherrschaft im westl. Mittelmeer zu erreichen, erwarb S. Stützpunkte an der afrikan. Küste. Außerdem setzte Ferdinand 1503 die aragonesischen Ansprüche in Neapel durch und annektierte 1512 den span. Teil des Kgr. Navarra.

Unter der Herrschaft seines Enkels, Ks. *Karls V.* (Karl I. in S.; 1516–56), kam es 1520/21 zur Erhebung des *Comunidades.* In seinen Kriegen gegen Frankreich, bei der Türkenabwehr im Mittelmeer und den Auseinandersetzungen im Reich stützte sich Karl V. zunehmend auf kastilische Truppen, Gelder und Berater. Mit der Einnahme Mailands erlangte S. eine dominierende Stellung in ↗Italien. Karls Sohn *Philipp II.* (1556–98) erbte S. mit seinen Kolonien, Italien und die ↗Niederlande. Er erhob Madrid zur Hauptstadt seines Imperiums. Philipps Kampf gegen den Islam (Seesieg von *Lepanto* 1571) und den Protestantismus verband sich mit dem Bestreben, S. die Vormachtstellung in Europa und Amerika zu sichern. 1580 fiel die portugies. Krone an Philipp II., 1609 wurden die *Morisken* aus S. vertrieben.

Unter *Philipp IV.* (1621–65) begann der Zerfall des span. Reiches. 1640 erklärte Portugal seine Unabhängigkeit, 1648 mußte S. die niederländischen Generalstaaten anerkennen. Der *Pyrenäenfrieden* 1659 mit Frankreich besiegelte endgültig das Ende der span. Vormachtstellung in Europa. In ↗Brasilien und in der Karibik gründeten andere europ. Mächte Kolonien. Unter *Karl II.* (1665–1700) verlor S. weitere Gebiete aus dem burgundischen Erbe an Frankreich. Im *Spanischen Erbfolgekrieg* (1701–13/14) konnte der Bourbone *Philipp V.* seine Ansprüche unter Verzicht auf die span. Niederlande, Italien und ⇗Gibraltar sowie durch Konzessionen im Monopolhandel mit Hispanoamerika durchsetzen. Aragón verlor durch die gescheiterte Parteinahme für *Erzherzog Karl* seine Sonderrechte. Die Regierungszeit der Herrscher aus dem Hause *Bourbon* stand im Zeichen der Reformpolitik des aufgeklärten →Absolutismus. 1767 erfolgte die Vertreibung der Jesuiten aus S. und seinen Kolonien. Wichtigster Bündnispartner in der europ. Politik war Frankreich (Bourbonische Familienpakte 1733, 1743, 1761). Unter dem Eindruck der →Französischen Revolution beteiligte sich S. 1793 am *1. Koalitionskrieg*, trat ab 1795 auf die Seite Frankreichs und verlor 1805 seine Flotte bei *Trafalgar*.

5. Liberale und Konservative

1808 dankte *Ferdinand VII.* zugunsten von Napoleons Bruder *Joseph Bonaparte* ab. In ihrem Guerillakrieg gegen die frz. Besatzung (1808–14) wurden die Spanier von engl. Truppen unterstützt. 1812 verabschiedeten die in *Cádiz* tagenden Cortes (Ständeversammlung) eine liberale Verfassung, die von *Ferdinand VII.* (1814–33) bei seiner Rückkehr wieder aufgehoben wurde. Das Machtvakuum in S. löste die Unabhängigkeitsbewegungen in den hispanoamerikan. Kolonien aus, so daß 1824 nur noch ⇗Kuba und ⇗Puerto Rico sowie in Südostasien die ⇗Philippinen unter span. Herrschaft standen. Gegen die Thronfolge von Ferdinands Tochter *Isabella II.* (1833–68) erhob sich sein Bruder *Karl* (*1. Karlistenkrieg* 1833–39). Die *Karlisten*, Befürworter einer absoluten Monarchie, fanden ihre Anhänger in den ländlichen Regionen Navarras, des Baskenlandes, Aragóns und Kataloniens. Unter der Regentschaft *Maria Christinas* (1833–40) und der Regierung Isabellas, die 1844 für mündig erklärt wurde, lösten sich die verschiedenen Flügel der Liberalen mit Unterstützung des Militärs ab. Vier Verfassungen wurden in dieser Zeit erarbeitet. Außenpolitische Interventionen und die Weigerung Isabellas, progressive Liberale an der Regierung zu beteiligen, lösten eine Offiziersrevolte *(Septemberrevolution)* aus, die Isabella 1868 absetzte. Zur Lösung der Thronfolgefrage bot man nach der fehlgeschlagenen Kandidatur des Prinzen *Leopold von Hohenzollern-Sigmaringen* (die zum dt.-frz. Krieg führte) 1870 die Krone *Amadeus d'Aosta* an, der jedoch angesichts der zahlreichen Widerstände 1873 abdankte. Daraufhin verkündete der Cortes im Febr. 1873 die Republik. Innerhalb eines Jahres waren vier Präsidenten im Amt, die Karlisten besetzten Nord-S. (*3. Karlistenkrieg* 1872–76), während man in Katalonien einen eigenen Staat proklamierte. In dieser Situation wurde der Sohn Isabellas II., *Alfons XII.* (1875–85), zum König ausgerufen.

Die Restaurationsphase war durch politische Stabilität und wirtschaftliche Erholung gekennzeichnet. Konservative und Liberale wechselten einander in der Regierung ab. 1886 übernahm Königin *Maria Christina* für ihren Sohn *Alfons XIII.* (1886–1931) die Regentschaft. Eine von den USA unterstützte Unabhängigkeitsbewegung auf Kuba mündete in den *span.-amerikan. Krieg*. Im *Frieden von Paris* (1898) verlor S. die Philippinen, Kuba und Puerto Rico an die USA. Diese Niederlage erschütterte das Land und rief heftige Kritik an der Restaurationszeit hervor. 1902 wurde *Alfons XIII.* für mündig erklärt. Die Industrialisierung verschärfte den baskischen und katalanischen Regionalismus. Während im Baskenland und in Madrid die marxistisch orientierte Gewerkschaftsbewegung ihre Anhänger fand, schlossen sich die katalanischen Industrie- und die andalusischen Landarbeiter anarcho-syndikalistischen Strömungen an. Militärische Interventionen in ⇗Marokko sollten seit 1904 Ersatz für das verlorene Kolonialreich schaffen. Durch seine Neutralität erlebte S. während des I. Weltkriegs einen gewissen wirtschaftlichen Aufschwung. Die dann folgende Depression verschärfte die sozialen Probleme. 1923 putschte General *José Antonio Primo de Rivera* und errichtete eine Diktatur.

6. Vom Bürgerkrieg zur Demokratie

Bei Gemeindewahlen im April 1931 siegten die Republikaner in den größeren Städten. Als daraufhin die Republik ausgerufen wurde, verließ *Alfons XIII.* das Land. Auch die 2. Republik konnte dem Regionalismus, der sich mit anarchischen bzw. marxistischen Strömungen verband, nicht begegnen. Die zunehmende Radikalisierung entlud sich, als nach dem Wahlsieg der *Volksfront* im Juli 1936 in Marokko eine Militärrevolte ausbrach, die auf das Mutterland übergriff und den *Spanischen Bürgerkrieg* (1936–39) auslöste. Die Aufständischen erklärten General F. →Franco zum Chef der Nationalspanischen Regierung. Die Unterstützung durch Deutschland, Italien und Portugal verhalf ihnen 1939 zum Sieg. Die Volksfront erhielt Hilfe von der UdSSR und durch internationale Brigaden. Frankreich, Großbritannien und die USA sahen von einer direkten Intervention ab. Im II. Weltkrieg gelang es S., seine Neutralität zu wahren.

Die außenpolitische Isolierung S.s nach der Niederlage der Achsenmächte wurde durch den Kalten Krieg beendet. Der 1956 begonnene Rückzug aus Afrika wurde 1975 weitgehend abgeschlossen. Ungelöst ist bis heute der Konflikt mit Großbritannien um ⇗Gibraltar. Innenpolitisch beruhte der Neue Staat Francos auf der Verbindung konservativer, korporatistischer Positionen mit faschistischen Vorstellungen. 1937 bildete Franco die „Falange" zur Einheitspartei um. 1947 wurde S. zum Königreich erklärt. Vertikale Syndikate erfaßten alle Zweige der Wirtschaft. Ein Konkordat mit dem Vatikan (1953) festigte die Position der Kirche im Erziehungswesen und sah die Mitsprache des Staates bei der Besetzung der Bistümer vor (vgl. VI). Ende der 60er Jahre erfolgte die Radikalisierung der baskischen Separatistenorganisation ETA. Nach dem Tode Francos wurde am 22.11.1975 *Juan Carlos I.* von Bourbon zum König ausgerufen. Er leitete den Übergang zu einer parlamentarischen Demokratie ein. Die ersten freien Wahlen seit 1936 am 15.6.1977 brachten eine Mehrheit (34% der Stimmen) für die Demokratische Zentrumsunion (UCD) von Min.-Präs. *Adolfo Suárez* (vgl. Tab. 1), die sich in den nächsten Jahren auflöste. Am 27.12.1978 trat die in einem Referendum gebilligte neue Verfassung (vgl. III) in Kraft. 1981 scheiterte ein Militärputsch. Seit 1982 stellt die Spanische Sozialistische Arbeiterpartei (PSOE) unter *Felipe González Márquez* die Regierung. – Seit 1977 ist S. Mitglied des Europarats, seit 1982 der NATO, seit 1986 der EG, seit 1989 der WEU.

III. Verfassung, Verwaltung, Recht

Mit der Verfassung vom 29.12.1978 hat sich S. als sozialer Rechtsstaat konstituiert, der sich zu den Grundsätzen der Freiheit, Gerechtigkeit, Gleichheit und des politischen Pluralismus bekennt (Art. 1). Staat und Kirche sind getrennt. Die kath. Kirche ist zwar als einzige Religionsgemeinschaft in Art. 16 namentlich genannt, aber den übrigen Kirchen gleichgestellt.

Die Verfassung enthält im Titel I einen umfangreichen Katalog von Grundrechten und -pflichten. Die Grundrechte sind unmittelbar bindend (Art. 53). Zu ihrer Durchsetzung ist die Verfassungsbeschwerde vor dem Verfassungsgericht *(recurso de amparo)* gegeben.

Tabelle 1
Kongreßwahlen 1977-1989[1]
(Mandate)

	15.6.1977	1.3.1979	28.10.1982	22.6.1986	29.10.1989
UCD	165	167	12		
PSOE	118	121	201	184	176
PCE	20	23	5[2]		
AP (PP)	16	10[3]	106	105[4]	106[5]
PSP/FPS	6				
CC	13				
PNV	8	7	8	6	5
CiU		9	12	18	18
CdS			2	19	14
HB		3	2	5	4
ERC		1	1		
EE		1	1	2	2
IU				7[2]	17
Übrige	4	8		4	8
gesamt	350	350	350	350	350

[1]Berücksichtigt sind nur Parteien, die Mandate erhielten – [2]PCE seit 1986 bei IU – [3]CD (Coalición Democrática), Koalition der AP mit kleineren Parteien – [4]CP (Coalición Popular), Koalition der AP mit kleineren Parteien – [5]PP (Partido Popular), Nachfolgepartei der AP

AP = Alianza Popular. – CC = Katalanische Gemeinschaft. – CDS = Centro Democrático y Social. – EE = Euskadiko Ezkerra (baskische Linke). – ERC = Esquerra Republicana de Cataluna (republikanische Linke Kataloniens). – HB = Herri Batasuna (baskische extreme Linke). – IU = Izquierda Unido (Vereinigte Linke). – PCE = Partido Comunista Español. – PNV = Partido Nacionalista Vasco (baskische Nationalisten). – PP = Partido Popular (früher AP). – PSOE = Partido Socialisto Obrero Español. – PSP/FPS = Sozialistische Einheit (Wahlbündnis aus PSP = Partido Social Popular und FPS = Föderation Sozialistischer Parteien). – UCD = Unión de Centro Democrático.

Außerdem bestellt das Parlament einen Ombudsmann (*Defensor del Pueblo*), dem gegenüber der Verwaltung eine Aufsichtsfunktion zur Einhaltung der Grundrechte zukommt. Ähnliche Institutionen finden sich auch in manchen Comunidades Autónomas.

Die *Staatsform* ist die einer parlamentarischen Monarchie. Staatsoberhaupt ist der Monarch. Die Krone ist erblich, wobei männliche Nachkommen weiblichen vorgehen.

Das *Parlament (Cortes Generales)* besteht aus zwei Kammern, dem *Abgeordnetenhaus (Congreso de los Diputados)* und dem *Senat*. Abgeordnete und Senatoren werden für jeweils 4 Jahre in allgemeiner, freier, gleicher, unmittelbarer und geheimer Wahl gewählt, rd. 40 Senatoren jedoch von den Parlamenten der Comunidades Autónomas. Aktives und passives Wahlrecht stehen nur span. Staatsangehörigen zu. Bei der Gesetzgebung kommt dem Senat ein Einspruchsrecht zu, das aber je nach Sachlage durch einfaches oder absolutes Mehrheitsvotum des Abgeordnetenhauses überwunden werden kann. Gesetze, welche die Grundrechte konkretisieren oder die Statuten der Comunidades Autónomas und das Wahlrecht betreffen, werden als Organgesetze *(leyes orgánicas)* bezeichnet. Sie bedürfen einer absoluten Mehrheit im Abgeordnetenhaus.

Der *Regierungschef (Presidente del Gobierno)* wird vom Abgeordnetenhaus gewählt und vom König ernannt. Die *Minister* werden auf seinen Vorschlag vom König ernannt. Die Regelung des Mißtrauensvotums läßt den Einfluß des GG erkennen. Ein Mißtrauensvotum kann nur zur Abstimmung gestellt werden, wenn es von mindestens 1/10 der Abgeordneten eingebracht und gleichzeitig ein Kandidat als Regierungschef vorgeschlagen wird. Er wird vom König ernannt, wenn das Mißtrauensvotum vom Abgeordnetenhaus angenommen wird. Wird es abgelehnt, so können die Abgeordneten, die den Vorschlag eingebracht haben, in derselben Legislaturperiode kein weiteres Mißtrauensvotum einbringen.

Ähnlich wie im dt. Recht, das auch hier einen gewissen Einfluß hatte, kommt dem *Verfassungsgericht* eine herausgehobene Stellung zu. Ihm gehören 12 Richter an, von denen je 4 vom Abgeordnetenhaus und vom Senat (mit einer Mehrheit von 3/5 der Mitgl. dieser Kammern) sowie 2 von der Regierung und 2 vom Generalrat der Rechtsprechenden Gewalt vorgeschlagen werden. Sie werden vom König für 9 Jahre ernannt (jeweils 1/3 alle 3 Jahre). Sie können Mitglieder politischer Parteien oder Gewerkschaften sein, dürfen dort aber keine leitende Funktion innehaben. Die Verfassungsrichter wählen aus ihrer Mitte den Präsidenten des Gerichts für jeweils 3 Jahre. Das Gericht hat über die Verfassungskonformität von Gesetzen und im Rang gleichstehender Normen zu entscheiden auf Antrag des Regierungschefs, des Ombudsmanns, der Abgeordneten und Senatoren, der Regierungen der Comunidades Autónomas und ihrer Parlamente sowie auf Vorlage eines Gerichts. Außerdem entscheidet es über die Verfassungsbeschwerde, die jede natürliche oder juristische Person sowie der Ombudsmann einlegen kann. Weiterhin ist es zur Entscheidung von Streitigkeiten zwischen dem Staat und den Comunidades Autónomas berufen.

In der Verfassung wird S. nicht als Bundesstaat bezeichnet. Den 17 *Comunidades Autónomas*, die in etwa den Ländern in der Bundesrepublik vergleichbar sind, kommen jedoch eine Reihe von legislativen und exekutiven Zuständigkeiten zu. Die Verfassungen der Comunidades Autónomas werden jeweils durch ein Autonomiestatut in der Form eines Organgesetzes des span. Parlaments und das von der jeweiligen Comunidad gesetzte Verfassungsrecht gebildet. Den Rahmen für die Zuständigkeitsverteilung zwischen dem span. Staat und den Comunidades geben die Art. 148, 149 der Verfassung. Er wird indessen in den einzelnen Comunidades noch unterschiedlich ausgefüllt. Die Comunidades sind in 50 Provinzen gegliedert. Die Eigenständigkeit der Gemeinden garantiert Art. 137, die finanzielle Basis dieser Selbständigkeit Art. 142. Auch die Eigenständigkeit der Provinzen ist durch die Verfassung verbürgt. Ihre Bedeutung ist indessen eher gering, soweit sie nicht auf einer historischen Tradition beruht.

Aus der Ablehnung einer bundesstaatlichen Ordnung und gleichzeitiger Gewährung weitgehender, aber im Einzelfall sehr unterschiedlicher Autonomie an die Comunidades Autónomas, hat sich eine etwas unübersichtliche Struktur ergeben. So haben einige Comunidades eigene Polizeieinheiten (insbes. das Baskenland mit seinem Terrorismusproblem), die Steuerhoheit ist unterschiedlich geregelt, die Zuständigkeiten im Hochschulwesen und im Strafvollzug sind verschieden usw. Grundsätzlich ist es aber nicht Aufgabe der Comunidades, die Gesetze des span. Staates auszuführen. Die Zentralregierung unterhält daher nach wie vor alle Verwaltungszweige bis zur untersten Ebene. Da die Comunidades ebenfalls Verwaltungsapparate aufgebaut haben, ergibt sich daraus eine gewisse Duplizität der Verwaltungsstruktur. Die Gründe der unterschiedlichen Ausgestaltung der Autonomierechte liegen zum einen in der Geschichte der Regionen, zum andern in ihrer unterschiedlichen Wirtschaftskraft.

Diese Unterschiede kommen auch in den Bezeichnungen zum Ausdruck, welche die Comunidades Autónomas, ihre Regierungen und Parlamente führen. So wird die Bezeichnung Comunidad Autónoma (z. B. *Comunidad Autónoma de la Rioja*) oder *Comunidad* (z. B. *Comunidad Valenciana*) oder auch „Fürstentum" *(Principado de Asturias)* oder die herkömmliche Bezeichnung der Region (Katalonien, Aragonien usw.) verwendet, im Baskenland *Euskadi* oder *País Vasco*. Die *Parlamente* werden im allgemeinen als *Parlamento*, aber auch als *Junta General* (Fürstentum Asturien), *Asamblea* (Extremadura, Madrid), *Asamblea Regional* (Kantabrien, Murcia), *Diputación Foral* (Navarra), *Diputación General* (La Rioja), *Diputación Regional* (Kantabrien), *Cortes* (Castilla und León, Valencia, Aragonien, Castilla – La Mancha) bezeichnet, das baskische Parlament als *Legebiltzarra*. Die *Regierungen* werden mehrheitlich *Gobierno* genannt, in Aragonien indessen *Diputación General*, in Katalonien *Consell Executiu* und in Navarra *Diputación Foral*. Der Regierungschef des Baskenlandes führt die Bezeichnung *Lehendakari*.

Amtssprache ist in ganz S. die span. (kastilische) Sprache. Daneben sind jedoch auch die Regionalsprachen, das Baskische, Katalanische und Galicische als Amtssprachen in den betreffenden Regionen anerkannt (das Katalanische z. B. auch in der Comunidad Autónoma der Balearen).

Eine besonders eingehende Regelung hat die *Rechtsprechende Gewalt (Poder Judicial)* erfahren. Als Selbstverwaltungsorgan der Justiz sieht die Verfassung den *Generalrat der Rechtsprechenden Gewalt (Consejo General del Poder Judicial)* vor. Er besteht aus 20 Mitgliedern (12 Richter und 8 Anwälte oder andere Juristen mit mehr als 15 Jahren Berufserfahrung. Je die Hälfte der Richter und der anderen Juristen werden vom Abgeordnetenhaus und vom Senat gewählt. Der Rat wählt den Präsidenten des Obersten Gerichts *(Tribunal Supremo)*, der auch Vorsitzender des Rates ist, aber nicht aus der Richterlaufbahn kommen muß. Für diese Wahlen ist eine 3/5-Mehrheit erforderlich. Die Amtszeit des Rates und seines Vorsitzenden beträgt 5 Jahre. Die Selbstverwaltung der Richterschaft ist indessen nicht unbeschränkt. Wichtige Zuständigkeiten im Bereich der Rechtspflege liegen nach wie vor beim Justizministerium. Der Generalrat hat auch keine Zuständigkeit für die Staatsanwälte, deren Laufbahn von der richterlichen völlig getrennt ist. Richtern und Staatsanwälten ist die Zugehörigkeit zu politischen Parteien und Gewerkschaften nicht gestattet, wohl aber zu Berufsorganisationen.

Das in S. althergebrachte Recht der *Popularklage* ist jetzt in der Verfassung verankert. Auch soll das Volk an der Rechtsprechung durch die Institution der Geschworenen beteiligt werden. Zu diesem sehr umstrittenen Programmsatz der Verfassung ist bisher jedoch noch keine gesetzliche Regelung ergangen. Eine gewisse Laienbeteiligung an der Rechtspflege stellen die *Friedensrichter (Jueces de Paz)* dar, denen auf dem flachen Lande zivil- und strafrechtliche Zuständigkeit in Bagatellangelegenheiten zukommt.

Die Rechtsprechende Gewalt wird von Gerichten des Zentralstaats ausgeübt. Die *Gerichtsorganisation* ist im GerichtsverfassungsG von 1985 geregelt und kennt (ähnlich wie in Deutschland) vier Stufen. Die unterste Ebene bilden die mit Einzelrichtern besetzten *Juzgados* und seit neuestem der *Juez de lo Penal*. Alle höheren Gerichte sind Kollegialgerichte. Auf Provinzebene bestehen die *Audiencias Provinciales*, auf der Ebene der Comunidades Autónomas die *Tribunales Superiores de Justicia*. Revisionsgericht ist das *Tribunal Supremo* mit Sitz in Madrid.

Erstinstanzliche Zuständigkeit für ganz S. hat innerhalb der *ordentlichen Gerichtsbarkeit* die *Audiencia Nacional*. Dieses Gericht ist, soweit es Strafgericht ist, umstritten, weil es in gewisser Weise die Nachfolge des *Tribunal de Orden Público* der Franco-Zeit angetreten hat: Es ist wie dieses für Terrorismusdelikte zuständig (aber auch für Rauschgiftdelikte, Auslieferung u. a.).

Die ordentliche Gerichtsbarkeit entscheidet auch in arbeits- und sozialrechtlichen sowie in verwaltungsrechtlichen (einschließlich der steuerrechtlichen) Angelegenheiten *(principio de unidad jurisdiccional)*.

Neben der ordentlichen Gerichtsbarkeit gibt es die *Militärgerichtsbarkeit*, die in den letzten Jahren völlig erneuert und auf ihre eigentlichen Aufgaben im Bereich der Streitkräfte beschränkt wurde. Revisionsinstanz ist auch in Militärgerichtssachen das Oberste Gericht.

S. ist eines der wenigen Länder, die noch eine Zweiteilung der *Anwaltschaft* kennen. Man bedarf regelmäßig im Verfahren zweier Beistände: des Prokurators *(procurador)*, der den Verkehr mit dem Gericht vermittelt, und des eigentlichen Rechtsanwalts *(abogado)*, der berät, die Schriftsätze abfaßt und plädiert. Eine staatliche Gebührenordnung gibt es nur für die Prokuratoren, nicht für die Anwälte.

Das *Bürgerliche Gesetzbuch*, der *Código Civil* von 1899, folgt in Aufbau und Inhalt weitgehend dem frz. Code Civil: Das 1. Buch behandelt das Personenrecht, das 2. das Sachenrecht, das 3. den Eigentumserwerb. Im Gegensatz zum frz. Vorbild schließt sich jedoch ein 4. Buch über das Obligationen- und Vertragsrecht an. Nach der Rückkehr zur Demokratie sind im Bereich des Zivilrechts verschiedene Teilreformen erfolgt. Insbesondere wurde die Möglichkeit der Ehescheidung eröffnet.

Das *Strafgesetzbuch*, der *Código Penal* von 1944, ist eine mehrfach umgeänderte Fassung des Código Penal von 1848. Vorarbeiten für ein neues StGB war bisher noch kein Erfolg beschieden. Lediglich eine Reihe von Teilreformen wurden verabschiedet. Anfang 1992 hat das Justizministerium einen Vorentwurf für einen Código Penal veröffentlicht. Der Einfluß der dt. Strafrechtswissenschaft ist in S. traditionell stark.

Die *Zivilprozeßordnung (Ley de enjuiciamiento civil)* stammt von 1881, die *Strafprozeßordnung (Ley de enjuiciamento criminal)* von 1882. Zahlreiche Reformen der letzten Jahre hatten das Ziel, die überlange Dauer vieler Verfahren, ein ständiges Übel der span. Justiz, abzukürzen. Vorentwürfe für völlig neue Prozeßordnungen sind in Arbeit. Dabei gewinnt auch das dt. Prozeßrecht Einfluß.

Im Strafverfahren kommt der Tätigkeit des Untersuchungsrichters große Bedeutung zu, während der Staatsanwalt im Hintergrund steht. Ob Reformversuche, dem Staatsanwalt eine aktivere Rolle zuzuweisen, Erfolg haben werden, ist noch offen.

Auf nationaler Ebene sind die *Policía Nacional* und die militärisch (ähnlich der frz. Gendarmerie) organisierte und kasernierte *Guardia Civil* (in der Öffentlichkeit durch den Dreispitz bekannt) tätig, die insbes. auf dem Land und als Straßenverkehrspolizei eingesetzt wird. Daneben gibt es im Baskenland und in Katalonien eine eigene Landespolizei, in den größeren Gemeinden eine Gemeindepolizei.

IV. Bevölkerungs- und Sozialstruktur

Die Bevölkerung hat 1950–87 um gut 11 Mio. E. zugenommen (mittlere jährliche Zunahme: ca. 1%), die Bevölkerungsdichte von 55,4 auf 76,8 E./km². Allerdings bestehen erhebliche regionale Unterschiede. Zwischen den beiden letzten Volkszählungen (1970 und 1981) ist z. B. in den Regionen Alt- und Neu-Kastilien und Estremadura die Dichte von 25,9 auf 24,6 E./km² zurückgegangen, dagegen in den Regionen Katalonien, Madrid und Valencia von 188,9 auf 227,6 E./km² gestiegen.

Ethnisch weist S. eine sehr vielfältige Bevölkerung auf. Deutliche Unterschiede bestehen zwischen *Kasti-*

liern (Spaniern i. e. S.), *Andalusiern, Asturiern* und *Aragoniern. Basken* (vermutlich Reste der Urbevölkerung) und *Katalanen* (mit eigener romanischer Schrift- und Literatursprache), in geringerem Maße auch die den Portugiesen nahestehenden *Galicier (Gallegos),* nehmen nach Volkstum und Sprache eine Sonderstellung ein, ebenso die hispanisierten *Sinti und Roma.*

Natürliche Bevölkerungsbewegung. Die Geburtenrate hat sich in der Nachkriegszeit bis 1975 auf einem hohen Niveau zwischen 15 ‰ und 20 ‰ gehalten und ist dann kontinuierlich abgesunken bis auf 10,5 ‰ (1989). Die *Sterberate,* die in den 60er und 70er Jahren eine schwach sinkende Tendenz aufwies, ist seitdem wieder leicht gestiegen (1960: 8,6 ‰, 1970: 8,3 ‰, 1980: 7,7 ‰, 1989: 8,3 ‰). Die *Säuglingssterblichkeit* sank von (1970) 2,8% auf (1989) 0,8%. Die *Lebenserwartung* hat sich stark erhöht: von (1940) 50,1 Jahren auf (1985) 73,1 Jahre. Bezüglich der *Altersstruktur* nahm der Anteil der Jugendlichen unter 15 Jahren von 27,9% (1970) auf 21,1% (1988) ab; der der über 65jährigen stieg von 9,7% (1970) auf 12,7% (1988) an.

In der *Haushaltsstruktur* überwiegen noch stark die Mehrpersonen-Haushalte (1987: 1–2 Personen 31,8%, 3–4 Personen 43,6%, 5 und mehr Personen 24,7%).

Wanderungsbewegungen. Die *Binnenwanderung* hat erst nach 1950 das gesamte Staatsgebiet erfaßt. 1950–60 wanderten aus 40 Provinzen mehr als 1,8 Mio. E. ab, hingegen über 1 Mio. E. in den übrigen 10 Provinzen zu. Sie verstärkte sich noch in der Folgezeit (zwischen 1960 und 1970 verloren 34 Provinzen 2,6 Mio. E. durch Abwanderung) und allein 1982–84 waren 1,06 Mio. Spanier an ihr beteiligt. Wenige Provinzen (Madrid, Barcelona, Valencia und die baskischen Küstenprovinzen) erzielen hohe Wanderungsgewinne; viele Provinzen leiden unter kontinuierlicher Abwanderung. Zu den gleichbleibenden Grundmustern der Binnenwanderung gehörten lange Zeit auffallende regionale Präferenzen: die Abwanderer aus Altkastilien und von den Kanarischen Inseln orientierten sich weitgehend auf Madrid, die Migranten aus Andalusien auf Barcelona, die aus Estremadura auf die baskischen Provinzen. Seit Beginn der 80er Jahre ist eine Umorientierung festzustellen. Die traditionellen Abwanderungsprovinzen weisen ein ausgeglichenes Wanderungssaldo auf, bisherige Anziehungspole wie Barcelona und die baskischen Küstenprovinzen Wanderungsverluste.

Die vorwiegend als Landflucht ausgebildete Binnenwanderung beeinflußt entscheidend den *Urbanisierungsprozeß:* 1960 lebten 56,6% der Bevölkerung in Städten (= Orte mit mehr als 10 000 E.), 1985 bereits 77,4%. Besonders ausgeprägt war das Wachstum des Bevölkerung in den Großstädten. In den 20 größten Städten lebten 1970 29% der Bevölkerung. Die eigentlichen Wachstumspole sind im Zuge des Suburbanisierungsprozesses die Stadtregionen. Madrid ist mit 3,1 Mio. E. (1988) die größte Stadt, gefolgt von Barcelona mit 1,7 Mio. E. (1988), wobei die Agglomeration Barcelona fast 4 Mio. E. zählt. Die größten Zuwachsraten weisen jedoch die nächstgrößeren Städte auf: 1960–86 wuchs Valencia um 51%, Sevilla um 52%, Saragossa um 82%, Malaga um 77%, Bilbao um 41% und Las Palmas um 96%.

Bis in die 60er Jahre war die traditionelle *Auswanderung* in die ehem. span. Kolonien charakteristisch. Ab 1960 orientierte sich die „neue" Emigration auf die hochindustrialisierten Länder Westeuropas, wobei von 1962–83 offiziell 1,085 Mio. Arbeitsemigranten gezählt wurden. Die Wahl der Zielländer der „Gastarbeiterwanderungen" wurde von zwischenstaatlichen Verträgen und traditionellen Präferenzen genau so beeinflußt wie von konjunkturellen Entwicklungen. Sowohl hinsichtlich der Altersstruktur als auch der Sexualproportion der Emigranten sind deutliche Unterschiede zwischen der Übersee-Emigration und der westeurop. Arbeitsemigration festzustellen: während nach Übersee meist ganze Familien auswanderten, waren an den „Gastarbeiterwanderungen" überwiegend männliche Arbeitskräfte beteiligt.

Erwerbsstruktur. Auffallend ist der niedrige Anteil der Erwerbspersonen an der Gesamtbevölkerung. Trotz beachtlicher ökonomischer Veränderungen liegt er in den letzten 20 Jahren fast unverändert bei 35%. Die Veränderungen im Gewicht der Wirtschaftssektoren sind bemerkenswert. 1950 war noch die Hälfte aller Erwerbstätigen im primären Sektor beschäftigt, 1988 nur noch jeder 7. Erwerbstätige. Der Wandel vom Agrar- zum Industrieland ist eng verknüpft mit dem Verstädterungsprozeß. Allerdings ist die sozioökonomische Umstrukturierung ungleich verlaufen und hat die weiten Binnenräume nur punktuell erfaßt. Der hohe Anteil der Erwerbstätigen im tertiären Sektor (1988: 53,2%), insbes. die Aufblähung des Dienstleistungsbereichs in industriell schwach entwickelten Regionen (wie in Andalusien), weist auf das Problem eines hohen Verstädterungsgrades bei gleichzeitiger wirtschaftlicher Unterentwicklung hin.

Die Unausgewogenheit der Sozialstruktur kommt auch in den sehr unterschiedlichen Einkommen zum Ausdruck, über die die privaten Haushalte in den verschiedenen Regionen verfügen. In Regionen mit hoher Dynamik in der Industrie und im tertiären Bereich (Balearen, Madrid, Katalonien) liegt das Einkommen der privaten Haushalte erheblich über dem der Binnenregionen (Estremadura, Neukastilien, Andalusien).

V. Wirtschaft

1. Wirtschafts- und Sozialordnung

S. hat mit dem Übergang zur Demokratie und dem Inkrafttreten der neuen Verfassung (1978) die ordnungspolitischen Weichen für die Wirtschaft neu gestellt. Hatte früher der Staat eine Schlüsselrolle im wirtschaftlichen Geschehen gespielt (direkt als Herr öffentlicher Unternehmen, 1964–76 indirekt über eine indikative Wirtschaftsplanung), so kommen jetzt die Grundprinzipien der →Sozialen Marktwirtschaft stärker zum Tragen. In vielen Bereichen besteht ein funktionstüchtiger Wettbewerb; hierzu haben verschiedene Privatisierungs- und Deregulierungsmaßnahmen der Regierung beigetragen sowie der Umstand, daß S. am 1.1.1986 Vollmitglied der EG geworden ist und sich seitdem mehr und mehr der Auslandskonkurrenz öffnen muß.

Es herrschen überwiegend freie Preisbildung, Vertrags- und Gewerbefreiheit sowie Privateigentum an den Produktionsmitteln. Das Bankgeheimnis wurde allerdings abgeschafft. Die zur Staatsholding (Instituto Nacional de Industria) gehörenden Unternehmen müssen unter Wettbewerbsbedingungen wirtschaften. Für ausländische Unternehmen, auch von außerhalb der EG, besteht seit 1986 in den meisten Bereichen Niederlassungsfreiheit und das Recht, sich an span. Gesellschaften, auch mehrheitlich, zu beteiligen; lediglich in der Stromversorgung, der Rüstungsindustrie und im Großbankensektor beschränkt der Staat ausländische Investitionen. Auf dem Arbeitsmarkt gelten Tarifautonomie, Streikrecht und das Recht zur Aussperrung. Die Lohnbildung erfolgt im allgemeinen über kollektive Tarifverträge zwischen dem Arbeitgeberverband (CEOE) und den verschiedenen Gewerkschaften mit den „Comisiones Obreras" (kommunistisch) und der „Union General de Trabajadores" (sozialistisch) an der Spitze; trotz Tarifautonomie wird die Zentralregierung häufig an den Verhandlungen beteiligt.

Das *öffentliche Finanzwesen* wurde mit der Steuerreform 1977–78 grundlegend modernisiert. Das Steuerrecht folgt weitgehend den in den anderen EG-Ländern praktizierten Grundsätzen. Wichtigste Einnahmequellen des Staates sind die Einkommensteuer und die 1986 eingeführte Mehrwertsteuer. Die allgemeine Steuerlastquote, bezogen auf das BIP, betrug 1991 30,5% (1980: 12,5%). Die 17 Autonomen Regionen (vgl. III) beziehen ihre öffentlichen Einnahmen überwiegend aus Übertragungen der Zentralregierung, nur zum kleinen Teil aus eigenen Steuern.

Die *Geldordnung* ist ähnlich gestaltet wie in den anderen westl. Ländern, d. h. zweistufig mit dem Banco de España als oberster nationaler Währungsbehörde und einem Kreditwesen, zu dem sechs private überregionale Großbanken, zahlreiche Handels- und Industriebanken sowie mehrere öffentlich-rechtliche Kreditinstitute und die Sparkassen gehören. Seit 1979 sind einige ausländische Geschäftsbanken zugelassen. Am 19.6.1989 trat S. dem EWS bei. Die geldpolitische Steuerung erfolgt durch den Banco de España, die geldpolitischen Ziele bestimmt aber die Zentralregierung.

Die Verfassung (Art. 41) schreibt die Institutionalisierung öffentlicher *sozialer Sicherungssysteme* vor. Den größten Teil der Sozialleistungen erbringen die Renten-, Kranken- und Arbeitslosenversicherung. Die Finanzierung erfolgt über Beiträge der Arbeitgeber und der Arbeitnehmer (AN niedriger) sowie durch staatliche Zuschüsse. Die Sozialleistungen gelten, trotz erfolgter Aufbesserungen in den letzten zehn Jahren, als unzureichend. Die Renten sind, gemessen an den Durchschnittseinkommen der Erwerbstätigen, sehr niedrig. Viele Arbeitslose müssen sich trotz staatlicher Hilfen ein Einkommen in der →Schattenwirtschaft sichern. Die verbreitete Unzufriedenheit mit der Funktionsweise der gesetzlichen Krankenversicherung veranlaßt viele Pflichtversicherte, auch eine private Krankenversicherung zu haben.

2. Ressourcenpotential und Infrastruktur

S. besitzt nur geringe *Rohstoffvorkommen*. Bei den mineralischen Rohstoffen übersteigt der Verbrauch deutlich die eigene Erzeugung, auch dort, wo es nennenswerte Vorkommen gibt (z. B. Eisenerz). Als Nettoexporteur ragt das Land mit seinen Quecksilbervorkommen heraus, die zu den größten der Welt zählen. Die nutzbare Forstfläche ist sehr gering (etwa 5% der Gesamtfläche des Landes), der Ertrag liegt bei weniger als 1/5 des westeurop. Durchschnitts. Als Korkproduzent steht S. nach Portugal an zweiter Stelle in der Welt, wobei dieser Wirtschaftsbereich sehr exportorientiert ist. Als ein Langküstenstaat verfügt S. über reiche Fischgründe (bes. im NW). Dank der Gunst der Natur ist S. eines der bevorzugten Ziele des *Ausländertourismus* (seit 1960). Dieser Wirtschaftsbereich trägt wesentlich zur Beschäftigung und zum Ausgleich der Zahlungsbilanz bei; die Deviseneinnahmen aus dem Fremdenverkehr betragen über 40% derjenigen aus dem Warenexport.

Bei der *Verkehrsinfrastruktur* gibt es Defizite. Das Eisenbahnnetz umfaßt (1986) 14 862 km (überwiegend Breitspur); das sind 27 km je 1000 km² (Bundesrepublik Deutschland: 122 km). Viele Strecken sind veraltet und nicht elektrifiziert. Mit Finanzhilfen aus dem Europäischen Strukturfonds sollen das Eisenbahnnetz modernisiert, die Spur auf Normalbreite umgestellt und Hochgeschwindigkeitsstrecken eingeführt werden (Strecke Madrid – Sevilla April 1992 eröffnet). Das Straßennetz umfaßt (1988) 323 207 km (davon Autobahnen: 2276 km); das sind 640 km je 1000 km² (Bundesrepublik: 2000 km). 1960–74 war das Straßennetz nachhaltig ausgebaut und verbessert worden, danach kaum noch. Erst seit 1986 nehmen die Straßenbauinvestitionen wieder deutlich zu. Auch hier trug der EG-Strukturfonds zur Finanzierung maßgeblich bei.

3. Grundlinien des Entwicklungsprozesses

S. ist wirtschaftlich lange Zeit hinter der Entwicklung in Westeuropa zurückgeblieben. Das Wachstumstempo war langsamer, das Realeinkommensniveau niedriger, das Angebot an produktiven Arbeitsplätzen kleiner als anderwärts. Bis in die 50er Jahre hatte das Land eine binnenmarktorientierte, protektionistische Entwicklungsstrategie betrieben, dadurch die im Welthandel vorhandenen Chancen der wohlfahrtssteigernden Spezialisierung nicht genutzt und zwangsläufig den Anschluß an die weltwirtschaftliche Entwicklung verpaßt.

Eine erste ordnungspolitische Wende wurde 1959 eingeleitet: mit einem umfassenden Programm zur Stabilisierung der Wirtschaft und einer graduellen Öffnung für Importe und ausländische Direktinvestitionen („apertura"). 1959 wurde S. Mitglied der OEEC (seit 1960: OECD), 1960 des GATT und der Weltbank. 1962 beantragte es die Assoziierung mit der EWG, erreichte aber nur ein handelspolitisches Präferenzabkommen (1970). Seither hat die Wirtschaft drei Phasen durchlaufen: eine Wachstumsphase (60er Jahre), eine Stagnationsphase (70er Jahre) und eine Anpassungsphase (80er Jahre).

In den 60er Jahren sprach man von einem „Wirtschaftswunder". Das reale BIP stieg um gut 7% (die zweithöchste Wachstumsrate unter den OECD-Ländern, nach Japan), die Industrieproduktion um durchschnittlich 9%, der Tourismussektor um rd. 11%. Der Beschäftigungsgrad war hoch (allerdings auch dank einer starken Auswanderung von Arbeitskräften; vgl. IV). Gegenüber den europ. Industrieländern verringerte sich der Abstand im Lebensstandard deutlich, v. a. in den drei großen Ballungsgebieten Baskenland, Katalonien und Madrid.

Das Ende der Wachstumsphase fiel zeitlich mit der ersten Ölpreisexplosion (1973–74) zusammen. Die eigentlichen Gründe liegen aber in den fortdauernden Strukturschwächen in Landwirtschaft und Industrie, die die vorausgegangene Expansion verdeckt hatte, und in einem Übermaß an staatlichen Eingriffen in die Wirtschaft. Die nach Francos Tod (Nov. 1975) entstandenen politischen Unsicherheiten und die allgemein einsetzenden Verteilungskämpfe taten ein übriges, um der Wirtschaft die Flexibilität zu nehmen, der sie zur Anpassung an die veränderten energiepolitischen Rahmenbedingungen dringend bedurfte. Es begann eine mehrjährige Phase des Investitionsattentismus (die Investitionsquote sank 1974–84 kontinuierlich), das reale BIP stieg nur noch wenig (1975–80 um durchschnittlich 1,5%). Viele Unternehmer gaben auf, viele mußten den Konkurs erklären. Hohe Arbeitslosigkeit baute sich auf und blieb bestehen (1991: 15,8%). Die Staatsverschuldung nahm rapide zu (das Defizit im öffentlichen Haushalt stieg 1975–85 von 0 auf 6,7% des BIP). Die Inflation beschleunigte sich kräftig (auf nahezu 30% in 1977).

Die Phase der strukturellen Anpassung der Wirtschaft fällt im wesentlichen in die Ära der sozialistischen Zentralregierung (seit Ende 1982). Die Gesundung der Wirtschaft sollte erreicht werden durch Bekämpfung der Inflation, auch unter Inkaufnahme einer Stabilisierungsrezession, und durch Umstrukturierung der Industrie, was den Abbau von Produktionskapazitäten und die Freisetzung von Arbeitskräften einschloß, namentlich in den strukturschwachen Branchen (allen voran die Textilindustrie, die Stahlindustrie und der Schiffbau). Außerdem ist die Umorganisierung und Modernisierung der öffentlichen Unternehmen eingeleitet worden, auch eine Reihe von Privatisierungen, z. B. die Übernahme des größten span. Automobilwerks (Seat) durch den Volkswagen-Konzern (1986). Die Inflationsrate ist tatsächlich deutlich zurückgegangen (1991: 5,9%, nur 1,4 Prozentpunkte oberhalb des EG-Durchschnitts). Das staatliche Budgetdefizit hat sich relativ verringert (1991: 2,7% des BIP), allerdings nicht dank einer zurückhaltenden Ausgabenpolitik, sondern durch eine ständig steigende Steuerquote. Der strukturelle Anpassungsstau ist kürzer geworden, chronisch unrentable Betriebe wurden geschlossen, andere finanziell saniert. Zahlreiche öffentliche Unternehmen erwirtschaften seit 1988 wieder Gewinne. Das langfristig angelegte, in seinen Grundzügen angebotsorientierte Reformprogramm hat die Regierung wiederholt in Konflikt mit den Gewerkschaften gebracht, im Dez. 1988 kam es sogar zu einem landesweiten Generalstreik gegen diese Wirtschaftspolitik, doch insgesamt hat sich der Kurswechsel ausgezahlt. Die Investitionen haben wieder angezogen, das Land erhöhte seine Attraktivität für ausländische Investoren. Eine neue Generation von dynamischen Unternehmern wächst heran. Die Beschäftigungsmöglichkeiten sind deutlich besser geworden. 1985–91 waren die Wachstumsraten höher als im EG-Durchschnitt (4,2% verglichen mit 2,8%). Gemessen an der Kaufkraft der Einkommen liegt der Lebensstandard gegenwärtig bei 75% des durchschnittlichen Lebensstandards in der EG.

4. Strukturwandel und Außenhandel
S. hat sich in den vergangenen drei Jahrzehnten von einem Agrarland in ein junges Industrieland verwandelt. Gemessen an den Beiträgen zur Entstehung des BIP hat die Landwirtschaft stark an Boden verloren, während die Industrie das größte Gewicht hat (vgl. Tab. 2).

Tabelle 2
Bruttoinlandsprodukt nach Wirtschaftsbereichen
(in %, konstante Preise)

Sektor	1960	1970	1980	1989
Land- und Forstwirtschaft, Fischerei	23,6	12,4	7,7	5,2
Bergbau	1,9	1,6	1,3	0,9
Verarbeitende Industrie	28,6	29,8	29,5	27,2
Energie- und Wasserversorgung	2,5	2,7	2,2	2,7 *
Baugewerbe	4,4	9,4	9,2	7,6
Verkehr, Nachrichtenübermittlung	6,4	6,9	6,3	5,4 *
Banken, Versicherungen, Wohnungsvermietung	3,1	9,3	14,5	16,7 *
Handel	9,1	13,3	15,5	19,9 *
Gastgewerbe	2,5	4,6	4,4	4,7 *
Sonstige Dienstleistungen (einschließlich Staat)	17,9	10,0	9,4	12,5

* 1987

Quelle: Instituto de Estudios Fiscales, Madrid; OECD, Paris, United Nations, New York

Hierzu paßt auch die fortschreitende Tertiarisierung der Wirtschaft, die sich in den gestiegenen Anteilen der Dienstleistungsbereiche zeigt. Neben dem intersektoralen Strukturwandel gibt es den intrasektoralen, v. a. innerhalb der Verarbeitenden Industrie: weg von energieintensiven und arbeitsintensiven Produktionen zu solchen, die mehr Sachkapital und zunehmend moderne Technologien inkorporieren. Zu den Wachstumsbranchen zählen die Nahrungsmittelindustrie, der Straßenfahrzeugbau, die Metall- und die Elektroindustrie; schrumpfende Branchen sind u. a. die Textil-, Lederwaren- und Schuhindustrie sowie der Schiffbau.

Der Strukturwandel zeigt sich im Außenhandel sowohl gütermäßig als auch regional. Der Anteil der Agrarerzeugnisse an der gesamten Warenausfuhr ist stark gesunken, der der Industriewaren kräftig gestiegen; bei den Importen entfällt der Hauptanteil ebenfalls auf Industriegüter (vgl. Tab. 3).

Tabelle 3
Außenhandel nach Produktgruppen
(in %)

Warenausfuhr	1970	1991
Agrarprodukte	35,0	14,8
Bergbauerzeugnisse	5,5	4,5
Industriewaren	59,5	80,7
Wareneinfuhr		
Agrarprodukte	15,1	10,2
Bergbauerzeugnisse	13,3	10,8
Industriewaren	71,6	79,0

Quelle: Banco de España, Madrid

Sowohl bei den Exporten als auch bei den Importen gewinnen Investitionsgüter zunehmend an Gewicht. Dies trägt zur Modernisierung der Produktionskapazität bei, wodurch wiederum die internationale Wettbewerbsfähigkeit der Unternehmen gestärkt wird. Die Exportquote beträgt reichlich 12% (1990), ist damit zwar doppelt so hoch wie Anfang der 70er Jahre, aber für ein Land mit der Bevölkerungsgröße und dem Entwicklungsstand S.s eher als niedrig einzustufen. Seit dem Beitritt zur EG bilden die Länder der EG die wichtigsten Handelspartner S.s (vgl. Tab. 4). Da aber die Importe schneller steigen als die Exporte, besteht das traditionelle Handelsbilanzdefizit fort.

Tabelle 4
Außenhandel nach Regionen
(in %)

	Europäische Gemeinschaft	Vereinigte Staaten	Lateinamerika	Rest der Welt
Warenausfuhr				
1973	48,5	13,9	7,0	30,6
1986	60,1	9,2	4,9	25,8
1991	70,9	4,9	3,2	21,0
Wareneinfuhr				
1973	43,2	16,1	7,3	33,4
1986	50,2	9,9	7,0	32,9
1991	59,9	8,0	4,5	35,6

Quelle: Banco de España, Madrid

Seit 1988 ist auch die Leistungsbilanz wieder passiv (1984–87 hatte sie Überschüsse ausgewiesen); 1991 belief sich das Defizit auf 16 Mrd. US-$, reichlich 3% des BIP. In den vergangenen Jahren hat S. in großem Umfang ausländisches Privatkapital angezogen, auch aus der Bundesrepublik Deutschland. Solange nicht nur die Importe insgesamt, sondern auch die von Investitionsgütern kräftig zunehmen, und solange gleichzeitig die Exporte deutliche Zuwachsraten verzeichnen, löst das Leistungsbilanzdefizit keine unmittelbaren Zahlungsbilanzprobleme aus. Tatsächlich ist die Peseta trotz der defizitären Leistungsbilanz unter Aufwertungsdruck geraten (die Währung wurde seit Ende 1982 nicht mehr abgewertet). Gleichwohl ist der Zufluß von ausländischem Kapital auf Dauer nicht gesichert. In Fachkreisen wird vermutet, daß S. ein Leistungsbilanzdefizit nur dann bewältigen kann, wenn es in der Größenordnung von 1–2% des BIP gehalten wird.

VI. Kultur, Religion, Bildung

1. Historische Voraussetzungen des nationalen Bewußtseins

Im 19. Jh. bildeten sich in S. zwei konträre Auffassungen von Staat und Gesellschaft: Liberalismus und Sozialismus. Klassischen Ausdruck fand diese Situation durch *Donoso Cortés* im „Essay über Katholizismus, Liberalismus und Sozialismus" (1851). Die Kirche stand den Strömungen, die zunächst vom liberalen Ideal und später vom sozialistischen Aufbegehren geprägt waren, abwehrend gegenüber. Wenn auch zwischen 1935–45 Faschismus, Nationalsozialismus oder Kommunismus Entwicklung und zeitbedingte Formulierungen beeinflußten, ist es unrichtig, die Eigenständigkeit der span. Meinungsbildung zu verkennen. Der Bürgerkrieg (1936–39) wurde zu einem weltanschaulichen Kampf, in dem die antikirchlichen Kräfte eine der größten modernen Christenverfolgungen verursachten. Rund 8000 Priester, Ordensgeistliche und Nonnen wurden ermordet. Dieses Blutbad veranlaßte nicht weniger inhumane, wenn auch kontrolliertere Reaktionen der Gegenseite. Eine Aufrechnung der beiderseitigen Einbußen ist noch immer ein unmögliches Unterfangen. Die neue Phase der span. Geschichte, deren vorläufigen Schlußpunkt die Verfassung von 1978 (vgl. III) bildet, ist das Produkt eines Kompromisses.

2. Religiöse Verhältnisse und die Stellung der katholischen Kirche

Im Kräfteverhältnis der Nachkriegszeit kam der Kirche aus außen- und innenpolitischen Gründen eine führende Stellung zu, hielt sich doch der Staat *Francos* nicht zuletzt dank der Unterstützung des Vatikans. Die dementsprechend im Grundgesetz von 1945 („Fuero de los españoles") verankerte Dominanz des Katholizismus als Staatsreligion erfuhr 1953 Bestätigung in einem →Konkordat, das der Regierung das Vorschlagsrecht für die Nominierung der Bischöfe zugestand, andererseits die privilegierte Stellung der Kirche sanktionierte, die Seelsorge finanziell absicherte und die kirchliche Zuständigkeit für Eheschließungen und Scheidungsrecht festlegte. Bereits auf diesem Höhepunkt der Kooperation von Kirche und Staat, die man wenige Jahre später schon als *Nationalkatholizismus* abwertete, äußerten sich Zweifel an dem Erfolg der damit verfolgten Rechristianisierung der Besiegten. Streben nach geistiger Erneuerung, Abbau des Freund-Feind-Verhältnisses gegenüber den Besiegten, beides gefördert durch das II. Vatikanische Konzil, offenbarten schon 10 Jahre später eine Mutation der kulturellen Meinungsbildung. Sie wurde vertieft in der Zs. „Cuadernos para el diálogo" (1963; Direktor: *Ruiz Giménez*). Der Meinungswechsel der Geistlichkeit kam 1971 in einer gemeinsamen Versammlung von Bischöfen und Klerus („Asamblea Conjunta") zum Ausdruck. Die Bischöfe erklärten sich 1973 in einem Hirtenschreiben über „Kirche und politische Gemeinschaft" für eine Trennung von Kirche und Staat sowie für Freiheit des religiösen Bekenntnisses. Gesetzlichen Niederschlag fand die Entwicklung in 4 Abkommen des Staates mit dem Vatikan (1979), welche das Konkordat von 1953 ersetzten. In ihnen wird die freie Tätigkeit der Kirche im caritativen Sektor, im Unterrichtswesen, in den Bereichen des Eherechts und der religiösen Betreuung des Heeres anerkannt. Mit diesen Abkommen stimmt die neue Verfassung überein, die die rechtlichen Voraussetzungen absichert.

Der religionspolitische Wandel, dessen Inspirator Kardinal *Tarancón* war, kam 1982 zum Abschluß. Das Verhalten des Kirchenvolkes in diesem Prozeß ist schwer zu beurteilen. Statistische Angaben der Kirche von 1989 registrieren starke Säkularisierung, Rückgang der Zahl von Welt- und Ordensgeistlichen. Die Kirche unterhält trotzdem zahlreiche Kindergärten, Primarschulen und höhere Lehranstalten. Für das Gesamtbild ist die Seminaristen-Kurve 1939–89 bezeichnend. Sie nahm zunächst langsam zu, erreichte 1951 eine Steigerung von 405% gegenüber 1939 und hielt sich bis 1966/67 mit über 8000 Seminaristen jährlich stabil. Bei dem 1966/67 einsetzenden Abstieg fiel die Kurve 1979/80 auf 1505, d. h. im Durchschnitt jährlich 506 weniger. Ab 1980 nimmt die Zahl wieder zu, 77 im Jahresdurchschnitt, im Vergleich zu 1939 ein Zuwachs von 24%.

Die Jurisdiktion der katholischen Kirche ist in 11 Metropolitan-Bist. mit 52 Suffr.-Bist. und in 2 exemte Bist. gegliedert.

3. Bildungswesen und Reformversuche

Die Schaffung einer staatlichen Basis für die Entwicklung eines fortschrittlichen Bildungswesens verzögerte sich in dem traumatischen Klima nach dem Bürgerkrieg. Das Ges. über „Die neue span. Universität" wurde erst am 17.4.1943 erlassen. Inhaltlich berührte es nicht das geltende Bildungssystem, das auf das 19. Jh. zurückgeht. Es versuchte vielmehr die Absicherung des religiösen Fundaments, sei es im Unterricht, sei es mittels Errichtung von Studentenheimen (Colegios Mayores). Die wissenschaftliche Forschung wurde dem 1939 gegründeten Forschungsrat („Consejo Superior de Investigaciones Científicas") übertragen, der die frühere „Kommission für Studienerweiterung und wissenschaftliche Forschung" (Junta) ablöste. Einer ihrer Stipendiaten, der Naturwissenschaftler und Mitglied des Opus Dei *José María Albareda*, förderte den Ausbau des Forschungsrates und die Erneuerung der durch Tod oder Emigration der Professoren verarmten Universitäten, teils mit Erfolg, teils aus Mangel an Mitteln scheiternd.

Eine wesentliche Änderung des Bildungswesens erfolgte erst 25 Jahre später, als die Sozialstruktur und die finanzielle Sanierung eine Reform erlaubten („Grundgesetz über Erziehung und Finanzierung der Erziehungsreform" vom 4.8.1970). Ziel ist die Demokratisierung der Bildungsmöglichkeiten, Anerkennung des Anspruchs auf Erziehung und Schaffung der technischen Voraussetzungen für praktische Berufsausbildung. Diese Phasen des Systems entsprechen der üblichen modernen Ordnung, mit der Absicht, individuellen und kollektiven Berufswünschen durch größere Elastizität entgegenzukommen. Die kostenlose Grundschulausbildung wird gewährt, die der höheren Schulbildung prinzipiell angestrebt. Neben den staatlichen Schulen wird ein privates Schulsystem anerkannt, soweit es den sachlichen Anforderungen entspricht. Aufgrund der Konkordatsverpflichtungen ist zwar der weltanschauliche Respekt vor der christlichen Lebensanschauung und der geschichtlichen Tradition gewahrt, aber kaum mehr.

Die Universitäten genießen, zumindest theoretisch und grundsätzlich, administrative und wissenschaftliche Autonomie. Der Schwerpunkt der Forschung liegt in den Fachbereichen (Departamentos). Die Koordinierung der Hochschulen vollzieht eine „Junta de Universidades", die Vorform einer Rektorenkonferenz.

Die Verfassung von 1978 brachte die Anerkennung der Länderautonomie, die u. a. in der Dezentralisierung des Bildungssystems und den dadurch ermöglichten Varianten in Sprache und Lehrplan zum Ausdruck kam. Parallel damit verlief eine finanziell stark geförderte Vermehrung der Ausbildungsstätten aller Grade. So wurde die Zahl der Universitäten und Technischen

Hochschulen mehr als verdoppelt. Von rd. 30 befinden sich allein in Madrid 6, in Barcelona 4. Drei kirchliche Hochschulen bestehen in Madrid (Jesuiten), Salamanca (von der Kirche) und Pamplona (Opus Dei). Die Zunahme der Studenten und Professoren veranlaßte den Ersatz der Fakultäten durch Fachbereiche. Für eine stärkere Demokratisierung und zusätzliche Beschaffung von Mitteln wurden „Consejos sociales" eingeführt, eine Art beratender und gesellschaftlicher Ausschüsse. Die diesbezüglichen Gesetze und Dekrete wurden von der sozialistischen Regierung ab 1983 geschaffen (s. Ley de Reforma Universitavia [L.R.U.], 28.8.1983 und Ley Orgánica Reguladora de Educación [LODE], 3.7.1985). Das Ges. über das Höhere Schulwesen, für das bisher vergeblich ein Konsens aller Parteien angestrebt wird, steht noch aus. Konfliktiv ist die religiöse Präsenz in den Bildungsinstitutionen (Streit um den Stellenwert des Religionsunterrichts sowie Gewährung der Subvention für kirchliche Privatschulen).

4. Kulturelle Bekundungen und kritische Maßstäbe zur geistigen Situation

Was Kultur als Ausdruck spontanen und freien Entfaltungsstrebens im Vergleich mit den institutionell gestützten Potenzen in S. war, zeigt ein Blick auf die Leistungen der „Generation von 98", einer Gruppe von Spaniern, die um die Jahrhundertwende führend wurde und eine Hochkultur in den Geistes- und Naturwissenschaften hervorbrachte. An diese knüpfte die Gesellschaft 1939 an, wenn auch nicht immer unbehindert, da die z. T. antiklerikalen und anarchistischen Elemente dieser Kultur beim Staat und Kirche auf Widerstand stießen. So dauerte es Jahre, bis eine freie Erörterung der großen Verdienste von *Miguel de Unamuno* und *José Ortega y Gasset* für die nationale Bewußtseinsbildung möglich wurde, obwohl *Manuel García Morente* und *Xavier Zubiri* dafür den Weg schon vorher geebnet hatten. In einer Fülle von Memoiren, Autobiographien und Rechtfertigungen, z. B. von *Pedro Laín Entralgo*, *Julián Marías* oder *José Luis López Aranguren* zeigt sich diese Entwicklung v. a. seit 1975. Es entstand aber keine neue eindeutige Gruppenbildung. Bei vielfach vorwiegender Indifferenz fehlte die Artikulierung einer allgemein akzeptierten Einstellung zu Religion und Bildung. Die Tätigkeit der christlichen Laienbewegungen, wie etwa der „Asociación Católica", der „Asociación Católica de Propagandistas" oder des „Opus Dei", konnten diese Haltung nicht überwinden. Die Sprecher der heutigen Kultur erkennen die staatlichen Anstrengungen im Bildungswesen an, kritisieren jedoch ihre betont materielle Zielsetzung, die sich in der Vernachlässigung humanistischer Bildungsinhalte (Lateinunterricht) und in der mangelhaften Förderung der Grundlagenforschung in den Naturwissenschaften zeigt.

Soweit die *Literatur* die Zeit von 1930 bis 1989 reflektiert, erreichte sie bes. in der Lyrik hohes Niveau (*Juan Ramón Jiménez, Federico García Lorca, Vicente Aleixandre, Miguel Hernández* in der kastil., *Carles Riba, Salvador Espriu* und *Josep Vicenç Foix* in der katalan. Literatur). Ob die epischen Leistungen von *Camilo José Cela, Ramón José Sender* oder *Miguel Delibes* gleiche Höhe besitzen, ist umstritten. Vielfalt und Reichtum dieser Prosa werden seit Jahrzehnten durch südamerikan. Autoren vermehrt, die die Weite der hispanischen Welt einbringen und an die imperiale Vergangenheit erinnern. Bemerkenswert ist das *Theaterschaffen* von *José Maria Pemán* und *Antonio Buero Vallejo*. An das Theater García Lorcas knüpfen die großen *Filmschöpfer* an, z. B. *Luis Buñuel, Carlos Saura* und *Luis García Berlanga*. In der *Malerei* halten eine nahtlose Höhenlinie *Pablo Picasso, Salvador Dalí* und *Juan Miró*, bzw. später *Eduardo Vicente* und *Antonio Tàpies*. In der *Plastik* genießt *Eduardo Chillida* internationale Anerkennung. Für die *Musikkultur* zeugen *Joaquín Rodrigo* und *Cristóbal Halffter*. Bei vielen dieser Persönlichkeiten ist das Erlebnis des Bürgerkrieges und seiner Folgen grundlegend und führt oft zu einer schroffen Frontstellung gegen gesellschaftliche Normen.

LITERATUR

Zu I und IV:
H. **Lautensach,** Iberische Halbinsel. München 1964, ²1969. – T. **Breuer,** S. Stuttgart 1982, ²1987. – G. **Mertins,** Regionale Bevölkerungsentwicklung in S. seit 1950, in: GeogrRd 38 (1986) 38 ff. – Lber. S. 1987. Stuttgart 1988.

Zu II:
B. **Sánchez Alonso,** Fuentes de la historia española e hispanoamericana. 3 Bde. Madrid 1919, ³1952 [1. Aufl. in 1 Bd.]. – Historia de España. Hg. R. **Menéndez Pidal,** seit 1980: J. M. **Jover Zamora.** 37 Bde. Madrid 1935 ff. [z. T. in verschiedenen Aufl.n]. – Diccionario de Historia de España. Hg. G. **Bleiberg.** 3 Bde. Madrid ²1968/69 [1. Aufl. in 2 Bde.n 1952]. – L. **García de Valdeavellano,** Historia de España. Madrid 1952, ⁴1968. – C. **Sánchez Albornoz,** España. Un enigma histórico. Buenos Aires 1956, ²1962. – A. **Castro,** S. Vision und Wirklichkeit. Köln 1957 [Orig.: La realidad histórica de España. Mexiko 1954]. – J. H. **Elliott,** Imperial Spain. 1469–1716. London 1963. – J. **Lynch,** Spain under the Habsburgs. 2 Bde. Oxford 1964. – R. **Carr,** Spain, 1808–1975. Oxford 1966, ²1982 [1. Aufl. u. d. T.: Spain, 1808–1939]. – D. **Nohlen,** Span. Parlamentarismus im 19. Jh. Meisenheim 1969. – J. **Vicens Vives,** Geschichte S.s. Stuttgart 1969 (Orig.: Aproximación a la historia de España. Barcelona 1952, ⁷1970). – S.-Ploetz. Bearb. K.-J. **Ruhl.** Freiburg i. Br. 1986. – J. **Lynch,** Bourbon Spain, 1700–1808. London 1989. – J. **Pérez,** Ferdinand und Isabella. S. zur Zeit der kath. Könige. München 1989 (Orig.: Isabelle et Ferdinand, rois catholiques d'Espagne. Paris 1988). – W. L. **Bernecker,** Sozialgeschichte S.s im 19. und 20. Jh. Frankfurt/M. 1990.

Laufende Veröffentlichungen:
Span. Forschungen der Görres-Gesellschaft. Reihe 1: Gesammelte Aufsätze zur Kulturgeschichte S.s. Münster 1928 ff. [bisher 32 Bde.]; Reihe 2: Monographien. Münster 1931 ff. [bisher 23 Bde.].

Zu III:
Quellen:
Constitución Española 1978–1988. 3 Bde. Hg. L. **Aguiar de Luque,** R. **Blanco Canales.** Madrid 1988 [darin: die span. Verf. und die Verf.en der Comunidades Autónomas samt den dazu ergangenen Entscheidungen des Verfassungsgerichts u. a. Materialien]. – Deutsche Übersetzung des Código Civil. Hg. Bundesstelle für Außenhandelsinformation. Köln 1979.
E. **Gimbernat Ordeig,** Der Allg. Teil des span. Strafrechts, in: Das ausländische Strafrecht der Gegenwart. Bd. VI. Hg. E. Mezger u. a. Berlin 1982, 301 ff. – K.-P. **Sommermann,** Der Schutz der Grundrechte in S. nach der Verfassung von 1978. Berlin 1984. – M. **Busch,** Autonomie und Föderalismus. Eine Studie zur span. Verfassung von 1978 unter besonderer Berücksichtigung des Grundgesetzes der Bundesrepublik Deutschland. Pfaffenweiler 1988. – P. **Cruz Villalón,** Landesbericht S., in: Grundgesetz und dt. Verfassungsrechtsprechung im Spiegel ausländischer Verfassungsentwicklung. Hg. Chr. Starck. Baden-Baden 1989, 193 ff. – K.-P. **Sommermann,** Der richterliche Schutz der Grundrechte in S., in: Richterliche Verfassungskontrolle in Lateinamerika, S. und Portugal. Hg. H.-R. Horn, A. Weber. Baden-Baden 1989, 23 ff. – Spezielle Aspekte der autonomen Gemeinschaften in S. Hg. W. **Blümel.** Speyer 1992.

Zu V:
J. **Linz u. a.,** España: un presente para el futuro. 2 Bde. Madrid 1984. – J. B. **Donges,** La industria española en la transición. Barcelona 1985. – E. **Dürr,** H. **Kellenbenz,** W. **Ritter und Mitarbeiter,** S. auf dem Weg nach Europa? Bern, Stuttgart 1985. – E. **Bueno Campos u. a.,** La empresa española: estructura y resultados. Madrid 1987. – E. **Albi Ibáñez,** J. A. **Rodríguez Ondarza,** J. J. **Rubio Guerrero,** Nuevas reformas fiscales – Una experiencia para España. Madrid 1988. – A. **López-Claros,** The Search for Efficiency in the Adjustment Process – Spain in the 1980s. Washington 1988. – España, economia. Hg. J. L. **García Delgado.** Madrid 1989. – S. **Marín-Retortillo u. a.,** Pasado, presente y futuro de las Comunidades Autónomas. Madrid 1989. – La localización industrial en España. Factores y tendencias. Hg. J. **Aurioles Martín,** J. **Cuadrado Roura.** Madrid 1989. – A. **Carbonell Romero,** Las infraestructuras

en España. Cariencas y soluciones. Madrid 1990. – Economía española de la transición y de la democracia. Hg. J. L. **García Delgado.** Madrid 1990. – J. **Villaverde Castro,** Los desequilibrios regionales en España. Madrid 1991. – Lber. S. 1991. Stuttgart 1991.

Zu VI:
J. G. M. de **Carvajal,** C. **Corral,** Iglesia y Estado en España. Madrid 1980. – J. M. **García Escudero,** Ya Medio Siglo de Historia (1935–1985). Madrid 1984. – El sistema educativo español (CIOE). 1988. – El Postconcilio en España. Hg. J.M. **Laboa.** Madrid 1988. – Catalunga 77–88. Sociedad, Economía, Politica, Cultura. Fundació Bofill. Barcelona 1989.

Peter Weber (I, IV), *Renate Pieper* (II), *Kurt Madlener* (III), *Juergen B. Donges* (V), *Hans Juretschke* (VI)

TSCHECHOSLOWAKEI

Amtlicher Name	Česka a Slovenská Federatívná Republika (Tschechische und Slowakische Föderative Republik)
Staatsform	Föderative Republik
Hauptstadt	Prag (1 215 000 E.)
Fläche	127 876 km²
Bevölkerung	15 674 000 E. (1990; VZ 1980: 15 283 000). – 123 E./km²
Sprache	Tschechisch in der ČR, Slowakisch in der SR als Amts- und Unterrichtssprache
Religion	Röm. Katholiken 75%; Protestanten 8%; Orthodoxe; Hussiten
Währung	1 Tschechoslowakische Krone (Koruna, Kčs) = 100 Heller (Haleru)

I. Naturräumliche Voraussetzungen

Die T., ein Binnenstaat in Mitteleuropa, mit einer W-O-Erstreckung von 767 km und einer N-O-Erstreckung von 276 km, hat gemeinsame Grenzen (insgesamt 3471 km) im W und N mit ↗Deutschland, im S mit ↗Österreich und ↗Ungarn, im NO mit ↗Polen, im O mit der ↗Sowjetunion. Das Gebiet gehört zwei grundsätzlich verschiedenen geologischen Einheiten an: der Böhmischen Masse im W und dem System der Westkarpaten in den mittleren und östl. Landesteilen. Die *Böhmische Masse* gehört zur Europäischen Mittelgebirgsschwelle. An einer scharfen geologischen Grenze, die Mähren durchzieht, beginnen die *Westkarpaten.* Ihr Bau läßt sich mit dem der Alpen vergleichen, die gleichzeitig in der Erdneuzeit entstanden sind. In den Niederungen und Becken wurde im Pleistozän Löß abgelagert. Der höchste Punkt der T. ist die *Gerlsdorfer Spitze (Gerlachovskýštit;* 2655 m) in der *Tatra (Tatry),* der niedrigste (94 m) befindet sich in der Ostslowakei, wo der Fluß *Bodrog* die Staatsgrenze quert. Die Landschaften besitzen überwiegend Mittelgebirgscharakter. Ebenen und Hügelländer (bis 200 m) nehmen 14%, Mittelgebirge und Hochländer (200–600 m) 62%, höhere Bergländer (600–1000 m) 20%, das Hochgebirge (über 1000 m) 4% des Staatsgebietes ein.

Die T. liegt im Übergangsgebiet zwischen dem maritimen und dem kontinentalen *Klima* Europas. Kontinentale Komponenten sind stärker ausgeprägt in den Niederungen und Becken, während die Bergländer und Gebirge durchwegs feuchter und in der Temperaturabfolge ausgeglichener sind. Der Wechsel der Jahreszeiten ist typisch, dazu kommt eine intensive zyklonale Tätigkeit und ein häufiger Wechsel der Luftmassen. Im Jahresmittel beträgt die Temp. 9,6°C, mit beträchtlichen Abweichungen entsprechend den Höhenlagen, die langjährige durchschnittliche Niederschlagsmenge 735 mm.

Als Binnenland erstreckt sich die T. beiderseits der Europäischen Hauptwasserscheide. 39% des Staatsgebietes entwässern zur Nordsee (über die Elbe und ihre Nebenflüsse, u. a. die Moldau), 7,2% zur Ostsee (über die Oder) und 53,8% zum Schwarzen Meer (über die Donau). Durch den hohen Wasserbedarf der Industrie, der Energiewirtschaft und der Siedlungen sind die Flüsse stark verunreinigt und fließen ungeklärt in die Nachbarstaaten ab.

Böden. Schwarzerden, die sich auf Löß gebildet haben, bedecken weniger als 8% der Landesfläche und 12% der landwirtschaftlich genutzten Fläche. Mehr als die Hälfte der Fläche nehmen weniger ertragreiche Podsole und braune Waldböden ein. Am aufwendigsten ist die Nutzung der Gebirgsböden. Durch intensive Bewirtschaftung, besonders in den letzten Jahrzehnten, ist der Bodenfond sehr belastet.

Die Mannigfaltigkeit des Pflanzenwuchses entspricht den Verhältnissen Mitteleuropas. Die Höhenstufen der natürlichen *Vegetation* sind, besonders in den Karpaten, ausgeprägt. Die obere Waldgrenze liegt dort bei ca. 1550 m. Es gibt (1990) 1993 geschützte Gebiete, darunter 6 z. T. grenzüberschreitende Nationalparks. Die fortschrittliche Naturgesetzgebung greift in der Praxis nicht. Die Umweltschäden, insbes. Waldschäden, haben ein katastrophales Ausmaß angenommen.

II. Historische und politische Entwicklung

1. Staatsentstehung 1918

Die Tschechoslowakische Republik (ČSR) wurde am 28.10.1918 ausgerufen. Damals zerfiel Österreich-Ungarn (↗Österreich II) in national strukturierte Staaten. Die im 19. Jh. stark angewachsene tschech. Nationalbewegung hatte schon lange das Wiederaufleben einer Autonomie der historischen böhm. Länder im Rahmen des Habsburgerreiches gefordert. Erst im I. Weltkrieg strebte die Gruppe tschech. Politiker unter *Thomas Masaryk* im alliierten Exil gemeinsam mit einer Untergrundbewegung in der Heimat das Ziel staatlicher Selbständigkeit an. Der neue Staat sollte auch die Slowaken Oberungarns einschließen, deren nationale Bewegung erst wenige Jahrzehnte alt war. Die Gunst der Stunde und der Sieg der Alliierten über die Mittelmächte ermöglichten die Staatsgründung.

2. Staatliche Traditionen

Die T. ist im wesentlichen aus zwei Teilen mit unterschiedlicher territorialer Tradition zusammengesetzt: im W des Staates aus den *„Böhmischen Ländern"* (Böhmen, Mähren, Schlesien), die als „historische Länder" eine mitteleurop. Vergangenheit hatten (im 14. Jh. hatte z. B. Ks. *Karl IV.* sein Machtzentrum in Prag) und sich seit 1526 in zunehmender Abhängigkeit im Verband der Habsburgermonarchie befanden; im O aus der *Slowakei,* dem Siedlungsgebiet der Slowaken in Oberungarn, freilich ohne traditionelle Grenzen nach S hin. Der östlichste Teil der T. zwischen den beiden Weltkriegen, der meist von Ruthenen (= Ukrainern) bewohnte *Karpato-Ukraine,* hatte bis 1918 ebenfalls zu Ungarn gehört.

3. Nationalitätenprobleme

Die T. war und ist von nationalen Grenzen und Mischzonen durchzogen. In der Zeit der Ersten Republik (1918–38) wurde von der Staatsführung die Idee des *„Tschechoslowakismus"* vertreten: Tschechen und Slowaken bildeten demnach eine Nation, die der „Tschechoslowaken", die als (gemeinsam) mehrheitliches, „staatstragendes" Element den sog. Minderheiten gegenüberstanden. Unter den Minderheiten war die der Deutschen mit 22,5% die zahlreichste; sie siedelte v. a. in den Randgebieten der böhm. Länder, die im Friedensvertrag von St. Germain (1919) der ČSR und nicht Deutsch-Österreich zugesprochen worden waren. Der Tschechoslowakismus erwies sich indes wegen der bereits zu weit fortgeschrittenen Eigennationalität der Slowaken als gescheiterter Versuch eines „nation building": 1939 war der slowak. Separatismus eine der Ursachen für die Zerstörung der ČSR.

Nach dem II. Weltkrieg wurde der Tschechoslowakismus nicht mehr offiziell vertreten; die T. galt und gilt auch heute als Staat der Tschechen und Slowaken. Wegen der Vertreibung fast aller Deutschen und der Hälfte der Ungarn aus der ČSR nach 1945 hatte die T. nur noch wenige nationale Minderheiten. Die Gleichberechtigung der Slowaken wurde erst stufenweise erreicht: durch die Föderalisierung des bis dahin einheitlichen Staates 1968 und vollends durch die Umwandlung in eine „Tschechische und Slowakische Föderative Republik" (ČSFR) 1990.

4. Entwicklung des politischen Systems

Die *Erste Republik* von der Staatsgründung 1918 bis 1938 (unter den Staatspräsidenten *Tomáš G. Masaryk* und seit 1935 *Edvard Beneš*) war dank der besonders in den böhm. Ländern guten ökonomischen und soziologischen Voraussetzungen ein – gemessen an der mittel- und osteurop. Umgebung – erstaunlich stabiler Staat, dessen demokratische Staatsform auch dann bestehen blieb, als ringsum autoritäre Regime entstanden waren.

Zwischen dem *Münchener Abkommen* vom 30.9.1938, aufgrund dessen die ČSR das *Sudetenland* auf. Forderung und internationalen Druck hin an das Dt. Reich abtreten mußte, und der vorläufigen Zerschlagung der T. am 15.3.1939 (Einmarsch dt. Truppen) datiert man die *Zweite Republik*. In dieser Phase bildete die militärisch wehrlos gewordene T. Züge eines autoritären Staates aus, die Existenz der T. aber angesichts der Bedrohung durch das Dt. Reich nicht mehr retten konnten.

Am 15.3.1939 wurde nach der Unabhängigkeitserklärung des Slowakischen Staates das „*Protektorat Böhmen und Mähren*" im Verband des Dt. Reiches errichtet, damit der letzte Rest der Selbständigkeit der T. beseitigt. Weitere Gebiete wurden abgetrennt, so v. a. die Karpato-Ukraine und die südl. Slowakei an ⟶Ungarn, das Olsagebiet an ⟶Polen (von diesem bereits Okt. 1938 besetzt). Bis zum Kriegsende 1945 *(Ära der „Okkupation")* verfolgte das NS-Regime v. a. die jüdische Bevölkerung, aber auch die tschechische sowie politische Gegner aller Nationalitäten.

Die Befreiung bzw. Besetzung der T. im Mai 1945 durch sowjetische Truppen, in Westböhmen durch amerikanische – voraufgegangen war ein Aufstand in der Slowakei im Aug. 1944 und im Mai 1945 in Prag – ermöglichte die Restauration der T. in den Vorkriegsgrenzen mit Ausnahme der jetzt an die UdSSR angegliederten Karpato-Ukraine. In der Phase der „*Volksdemokratie*" (bis 1948) – Staatspräsident war wieder der aus dem Londoner Exil zurückgekehrte *Beneš* – war das parlamentarische System bestimmt durch die „Nationale Front", die alle Parteien umfaßte und keine Opposition erlaubte; darin errangen die Kommunisten eine immer stärkere Stellung.

Ende Febr. 1948 übernahmen im Gefolge einer Regierungskrise die Kommunisten die Herrschaft. *Beneš* verweigerte bald darauf angesichts der beginnenden kommunistischen Gleichschaltung die Unterzeichnung der neuen Verfassung und trat zurück (Nachfolger: *Klement Gottwald*, bis 1953). Am 11.7.1960 erhielt die T. eine neue Verfassung (Staatsname jetzt „Tschechoslowakische Sozialistische Republik", ČSSR; Staatspräsident 1957–68: *Antonín Novotný*). Die kommunistische Herrschaft wurde kurzzeitig gemildert im „*Prager Frühling*" des Jahres 1968, einem von einer innerkommunistischen Reformbewegung, v. a. von *Alexander Dubček*, getragenen Versuch der Abstreifung stalinistischer Strukturen, die jedoch durch die Intervention der Sowjetarmee und Truppen anderer Warschauer Paktstaaten unterdrückt wurde. In den folgenden 20 Jahren der sog. „Normalisierung" war das kommunistische Regime in der T. von Erstarrung gekennzeichnet (Staatspräsident seit 1968 *Ludvík Svoboda*, seit 1975 *Gustáv Husák*, Parteichef seit 1969), während in anderen „sozialistischen" Ländern sich bereits die Demokratisierung ausbreitete.

So führte im Nov. 1989 der geringfügige Anlaß einer von der Polizei niedergeschlagenen Studentendemonstration zum Durchbruch einer →Bürgerrechtsbewegung („Charta 77") und zum Sturz des Kommunismus. Nach der Ernennung eines mehrheitlich nichtkommunistischen Kabinetts am 10.12.1989 und dem Rücktritt der kommunistischen Führungsspitze wurde am 29. Dezember *Václav Havel* zum ersten nichtkommunistischen Staatspräsidenten seit 1948 durch die Bundesversammlung gewählt, *Dubček* am 28. Dezember zum Parlamentspräsidenten. Am 29.3.1990 wurde das Wort „sozialistisch" aus dem Namen des Staates getilgt; am 20.4.1990 entschied sich die Bundesversammlung für „Tschechische und Slowakische Föderative Republik" (ČSFR) als neuen Staatsnamen. Nach den ersten freien Parlamentswahlen nach 44 Jahren (8./9.6.1990) und der Bildung einer Koalitionsregierung aus dem „Tschechischen Bürgerforum" und dessen slowak. Partnerorganisation „Öffentlichkeit gegen Gewalt" sowie aus 6 Unabhängigen und 1 Vertreter der slowak. „Christlich-Demokratischen Bewegung" wurde *Havel* am 5.7.1990 von der Volkskammer in seinem Amt als Präsident bestätigt. Im Juni 1991 verließen die letzten sowjet. Truppen das Land. Nach den Volkskammerwahlen am 5./6.6.1992 wurde *Havel* vom neuen Parlament nicht wieder zum Staatspräsidenten gewählt (3.7.1992). Unmittelbar nachdem das slowak. Parlament sich in einer „Deklaration" für eine selbständige Slowakei ausgesprochen hatte (17.7.1992), trat er vor Ablauf seiner Amtszeit zurück. Ende Juli vereinbarten der tschech. und der slowak. Ministerpräsident, bis zum 30.9.1992 einen Gesetzentwurf einzubringen, der das „Ende der Föderation" besiegeln soll. – Die T. ist Mitglied des Europarats. – Im Vertrag zwischen Deutschland und der T. über gute Nachbarschaft und freundschaftliche Zusammenarbeit vom 27.2.1992 wurde, wie schon im Vertrag zwischen der Bundesrepublik Deutschland und ČSSR vom 11.12.1973, das Münchener Abkommen für nichtig erklärt.

III. Recht und Verfassung

1. Grundlagen

Die 1918 entstandene, aus Territorien unterschiedlicher geschichtlicher Entwicklung zusammengesetzte T. (vgl. II) wurde als straff organisierter Einheitsstaat verwaltet, blieb jedoch bis 1938/39 seiner demokratischen Verfassung treu. Regional teilweise als Gewohnheitsrecht fortgeltende österr., ungar., dt. und russ. Regelungen bzw. Gesetze machten die Rechtseinheit zu einem Problem, das vor dem II. Weltkrieg nicht mehr gelöst wurde.

Nach der kommunistischen Machtergreifung (Febr.

1948) wurden die Prinzipien des totalitären Weltanschauungsstaats (ideologisch-politische Parteilichkeit, Gewaltenkonzentration, Planwirtschaft mit allmächtigem Staatseigentum) in der „sozialistischen" Verfassung vom 11.7.1960 festgeschrieben. Die Rechtsordnung wurde vollständig nach sowjetischem Vorbild umgestaltet und im Zeichen einer „sozialistischen Gesetzlichkeit" bei Bedarf zum Opfer einer ungehemmten politischen Zweckmäßigkeit.

2. Verfassungsordnung

Die Staatsordnung hat nach dem Zusammenbruch der kommunistischen Herrschaft (Dez. 1989) rasch den Übergang zu einer rechtsstaatlich geformten, parlamentarischen Demokratie auf der Grundlage der Menschenrechte, eines weltanschaulich-politischen Pluralismus und sozialer Marktwirtschaft, vollzogen. Im Vorgriff auf eine neue Bundesverfassung verabschiedete das Parlament im Jan. 1991 einen Grundrechtekatalog. Auch im übrigen wurde die formell fortgeltende Verfassung von 1960 grundlegend umgestaltet. Der Staat ist seit der Föderalisierung, die als einzige Reform des „Prager Frühlings" (Verfassungsgesetze vom 27.10.1968) die Reaktionszeit überdauert hat, ein aus den beiden Gliedstaaten „Tschechische Republik" (ČR) und „Slowakische Republik" (SR) zusammengesetzter Bundesstaat. Dies unterstreicht auch die Änderung des Staatsnamens in „Tschechische und Slowakische Föderative Republik" (19.12.1989). Gegen eine Majorisierung der Slowaken (ca. 1/3 der Bevölkerung) sind in der Verfassung (Art. 17) Vorkehrungen getroffen. Dies hat aber nicht verhindern können, daß die ČSFR nunmehr (Mitte 1992) auf Druck der Slowakei ihrer Auflösung entgegengeht.

Die *Gesetzgebung* erfolgt durch die in zwei Kammern – *Volkskammer* (150 Mitgl.) und *Kammer der Nationen* (je 75 Mitgl. aus der ČR und SR) – gegliederte *Bundesversammlung*, die, zusammen mit den Parlamenten der Teilrepubliken (*Nationalräten;* 200 bzw. 150 Mitgl.), nach Verhältniswahlrecht auf 5 Jahre gewählt wird (WahlG vom 27.2.1990). Zur Wahl können sich nur politische Parteien (Bewegungen) stellen, die mindestens 10 000 Mitgl. (Anhänger) nachweisen können (ParteienG vom 23.1.1990). Es gilt eine 5%-Sperrklausel. Der auf 5 Jahre gewählte *Präsident* (unmittelbare Wiederwahl nur einmal möglich) verfügt neben den Repräsentationsaufgaben nach frz. Vorbild über starke Befugnisse im Bereich der Regierung. Er ist auch Oberbefehlshaber der Streitkräfte. Die von ihm ernannte *Bundesregierung* ist vom Vertrauen des Parlaments abhängig und kann, ebenso wie jeder Minister, durch (destruktives) Mißtrauensvotum abgesetzt werden. Die *Regierungen der Teilrepubliken* werden von den Parlamentspräsidien ernannt; sie sind den Nationalräten verantwortlich.

Die *Territorialverwaltung* gliedert sich in 12 Bezirke (7 und die Stadt Prag in der ČR, 3 und die Stadt Preßburg in der SR) mit 112 Kreisen und in die Gemeinden. Ihre Organe, die örtlichen „Nationalräte", werden durch Wahl bestimmt, verfügen aber (vorläufig) über keine Autonomie.

Die 1968 konzipierte, aber nicht konstituierte *Verfassungsgerichtsbarkeit* des Bundes wurde 1991/92 eingeführt. Von je 7 Tschechen und Slowaken paritätisch besetzt, entscheidet das Gericht im Verfahren abstrakter Normenkontrollen sowie über Kompetenz- und Organstreitigkeiten im Verhältnis zwischen Bund und Republiken.

Die unter der kommunistischen Herrschaft leerlaufenden *Grund- und Menschenrechte* sind durch Gesetze zur Versammlungs- und Demonstrationsfreiheit, Vereinigungsfreiheit (Vereine, Gewerkschaften, Parteien), Presse- und Ausreisefreiheit, überwölbt durch den neuen Grundrechtsteil, effektuiert worden. Im Bereich der *Religionsfreiheit*, die durch einschneidende Verbote und darüber hinaus eine scharfe antireligiöse, in den 80er Jahren terroristisch gewordene Staatsaufsicht unterdrückt worden war, hat sich die Situation nach dem Sturz des Regimes grundlegend verändert. Das wurde v. a. durch die Auflösung der Religionsaufsichtsbehörden und eine Liberalisierung der Verwaltungspraxis bewirkt. Die repressive Religionsgesetzgebung von 1949–51 ist im Juli 1991 durch ein Gesetz über die Religionsfreiheit und die Kirchen abgelöst worden. Es bringt eine durchgreifende Liberalisierung. Glaubensgemeinschaften bedürfen staatlicher Registrierung, deren Verweigerung gerichtlich angefochten werden kann.

3. Zivil- und Wirtschaftsrecht

Bereits kurz nach dem kommunistischen Umsturz wurden das bis dahin geltende österr. ABGB (1811) zusammen mit dem HGB (1862) durch ein ZGB ersetzt (1950), das nach sowjetischem Vorbild Familienrecht (Familiengesetzbuch von 1949) und Arbeitsrecht ausgliederte und das einheitliche Eigentumsrecht in ein höherwertiges „sozialistisches" und ein von diesem durch „gesellschaftlich nützliche Arbeit" abgeleitetes „persönliches Eigentum" aufteilte. Die in den 50er Jahren abgeschlossene Sozialisierung der Wirtschaft führte zur Abtrennung des Wirtschaftsrechts in Form eines Wirtschafts- und eines Außenhandelsgesetzbuches vom Zivilrecht, das 1964 in einem neuen ZGB zusammengefaßt und auf die ökonomischen Beziehungen bei der persönlichen Bedarfsbefriedigung des Bürgers reduziert wurde. Das Sachenrecht wurde konzeptionell verworfen, sein Gegenstand teils abgeschafft, teils durch (schuldrechtliche) Nutzungsrechte ersetzt, eine ideologisch motivierte Maßnahme, die sich in der Praxis jedoch nicht bewährte und durch ZGB-Novelle von 1982 mit der Wiedereinführung der Reallasten, des Besitzes, der Ersitzung, des Nachbarrechts usw. weitgehend korrigiert wurde.

Kernmaterien des *Wirtschaftsrechts* bildeten neben den planungsrechtlichen Grundlagen und dem Wirtschaftsgesetzbuch Gesetze über die Staatsbetriebe, über verschiedene Typen von Genossenschaften, über Unternehmen mit ausländischer Kapitalbeteiligung *(Joint Venture).* Sie waren 1987/88 im Zuge einer technokratisch begrenzten Wirtschaftsreform überarbeitet worden. Der nach der Revolution von 1989 angekündigte Übergang zu einer sozialen Marktwirtschaft hat das Zivil- und Wirtschaftsrecht tiefgreifend verändert.

4. Strafrecht

In der Vorkriegszeit hatten in Böhmen, Mähren, Schlesien, in der Slowakei und in der Karpato-Ukraine aus dem 19. Jh. stammende österr. und ungar. Strafgesetze gegolten. Die Rechtseinheit brachte hier erst das StGB von 1950, das mit seiner Orientierung an der „gesellschaftlich gefährlichen Handlung" als Strafbarkeitskriterium und seinen rechtsstaatlichen Prinzipien widersprechenden konturenlosen Tatbeständen v. a. der sozialistischen Revolutionierung des Gemeinwesens und der Ausschaltung ihrer politischen Gegner diente. Angestoßen durch Änderungen in der sowjetischen Kriminalpolitik, wurde 1961 das grundsätzlich noch heute geltende StGB erlassen. Es beseitigte die Unterscheidung von Haupt- und Nebenstrafen, führte aber zugleich gewisse Erleichterungen in das Sanktionssystem ein. Das Instrumentarium zum Schutze des „sozialistischen Eigentums" wurde verschärft. Grundsätzlich folgte das StGB der Konzeption eines Schuldstrafrechts; wenn der Täter gesellschaftlich nicht mehr als gefährlich galt, hingegen einem (auch von der Schuld befreienden) Tatstrafrecht.

Bereits unmittelbar nach dem Sturz des kommunistischen Regimes wurde der Besondere Teil des StGB weitreichend verändert und das StGB neu bekanntgemacht (Okt. 1990). Die nach sowjetischem Vorbild reich entfalteten Tatbestände des Staatsschutz- und des Wirtschaftsstrafrechts wurden teils gestrichen, teils rechtsstaatlich eingeengt, die gegen die Religionsausübung gerichteten Bestimmungen, insbes. Art. 178, aufgehoben. Die Todesstrafe wurde zugunsten lebenslanger Freiheitsstrafe abgeschafft.

IV. Bevölkerungs- und Sozialstruktur

Von der Gesamtbevölkerung leben (1989) 33,7% in der Slowakei. Nach dem Ende des II. Weltkrieges sind 2,7 Mio. Sudeten- und Karpatendeutsche gewaltsam ausgewiesen worden. In den tschech. Landesteilen ist der Bevölkerungsstand von 1930 noch nicht wieder erreicht worden. Die Bevölkerung der Slowakei ist seitdem als Folge höherer Fertilität um fast 1,94 Mio. angestiegen. Das jährliche *natürliche Bevölkerungswachstum* lag 1981–85 bei 0,3%. Der *Geburtenüberschuß* betrug 1990 1,7 ‰ (in der ČR 0,1, in der SR 4,8 ‰) bei einer *Geburtenrate* von 13,4 und einer *Sterberate* von 11,7 ‰. Die *Lebenserwartung* liegt (1987) für Männer bei 67,6, für Frauen bei 75,1 Jahren. Die *Altersstruktur* ist mit (1988) einem Anteil der bis 15jährigen von 24%, der 15–30jährigen von 21% und der über 65jährigen von 12% noch recht günstig.

Die *Bevölkerungsdichte* beträgt im Landesdurchschnitt 123 E./km^2 (ČR: 131 E./km^2; SR: 108 E./km^2). In den Industriegebieten werden hohe Verdichtungen erreicht; in ländlichen, besonders abgelegenen Gebieten ist die Abwanderung beträchtlich.

1930 lebten auf dem Gebiet der heutigen T. 53% Tschechen, 23,6% Deutsche, 16,4% Slowaken, 4,3% Magyaren, 0,8% Ukrainer und Russen. Juden, Sinti und Roma wurden nicht als eigene Nationalitäten anerkannt. Die Tschechen und Slowaken sind heute gleichberechtigte Staatsvölker. 1987 verteilten sich die Nationalitäten wie folgt: 63,2% Tschechen (in der ČR 94,1%), 31,8% Slowaken (in der SR 86,7%), 3,8% Magyaren, 0,5% Polen, 0,4% Ukrainer und Russen und 0,3% Deutsche.

Die bürgerliche Gesellschaftsordnung hat sich seit der Machtergreifung der Kommunisten völlig verändert. Namentlich die Zahl der Selbständigen ist durch die Verstaatlichung von Industrie, Handel und Dienstleistungen und durch die Sozialisierung von Landwirtschaft und Handel stark zurückgegangen. Der Grad der *Erwerbstätigkeit,* darunter auch der Anteil der Frauen, liegt sehr hoch (79%) und hat seit 1980 noch zugenommen. Von den 7,873 Mio. Erwerbstätigen (1990) waren 5,787 Mio. im Bereich der materiellen Produktion beschäftigt, darunter 2,87 Mio. im produzierenden Gewerbe (37,3%) und 907 000 in Land- und Forstwirtschaft (12%). Überproportional hat der Zuwachs der Beschäftigten im Dienstleistungssektor wie auch in Wissenschaft, Kultur und Gesundheitswesen.

Bisher war die T. eine Industriegesellschaft sozialistischen Typs, die seit dem Umsturz 1989 großen Belastungen ausgesetzt ist. Als Erbe der Vorkriegszeit ist das hohe Sozialprestige der Geistesschaffenden und der Künstler charakteristisch, die bei der Formierung der neuen Gesellschaft eine hervorragende Rolle spielen.

Die *Siedlungsstruktur* ist bestimmt durch die ungleichmäßige Verteilung der Bevölkerung und damit durch den Gegensatz von industriellen Ballungsgebieten und ländlichen Räumen mit teilweise noch traditioneller Lebensweise. Es gibt nur zehn Städte mit mehr als 100 000 Einwohnern. Allerdings leben ca. 3/4 der Bevölkerung in Städten. Die Tendenz ist zunehmend, wobei der Zuzug in die mittleren Städte überwiegt. Meist sind jüngere Menschen an der Binnenwanderung beteiligt, was zu einer Überalterung in den dörflichen Landstrichen führt.

Entsprechend der herrschenden Ideologie nahm die *soziale Sicherung* durch den Staat einen hohen Rang ein. 1952 wurde das gesamte Gesundheitswesen verstaatlicht; medizinische Behandlungen sind gebührenfrei. Weitere sozialpolitische Maßnahmen betreffen die Gesundheitsvorsorge, die Familienförderung, besonders die Vergünstigungen für Mutter und Kind, sowie die Fürsorge für Alte und Behinderte.

V. Wirtschaft

Die *Wirtschaftsstruktur* der T. war zwischen den beiden Weltkriegen leistungsfähig und in hohem Maße spezialisiert, litt allerdings unter Disproportionen, denn die Karpatenländer waren sehr unterentwickelt, was sich in der Folgezeit nur wenig änderte. Mit der Machtergreifung der Kommunisten 1948 wurde eine Zentralverwaltungswirtschaft sowjetischen Typs eingeführt. 1949 war die T. eines der Gründungsmitglieder des RGW (COMECON). Im Zuge der Fünfjahrpläne wandelten sich die wirtschaftspolitischen Ziele und Instrumente. Wie die neue Wirtschaftspolitik, die eine Annäherung an die Marktwirtschaft vorsieht, funktionieren wird, läßt sich noch nicht absehen. Erste Maßnahmen in Richtung Marktwirtschaft waren Anfang 1991 die Preisfreigabe für über 80% aller Waren, was z. T. zu enormen Preissteigerungen führte, und der Beginn der sog. „kleinen Privatisierung" im Einzelhandel (durch Auktionen über Privatisierungskomitees). Im Herbst 1991 begann die „große Privatisierung", bei der die Bevölkerung am Aktienkapital von Großbetrieben (direkt oder über Investitionsfonds) beteiligt werden soll.

Rohstoff- und Energieversorgung. Im Industriezeitalter gewannen die Kohlelager steigende Bedeutung. Nach dem II. Weltkrieg wurde in Nordböhmen für die UdSSR Uran geschürft. Der Bergbau auf Metalle ging immer mehr zurück, so daß die T. heute weitgehend von Einfuhren abhängig ist. Von der Steinkohleförderung (ca. 25,5 Mio. t jährlich) entfallen 90% auf das Ostrau-Karwiner Revier, das ca. 1/5 des oberschlesischen Kohlebeckens umfaßt; die Reviere bei Trautenau (Trutnov), Kladno und Pilsen (Plzeň) treten dahinter zurück. Bedeutender ist der Abbau von Braunkohle, v. a. in den nordwestböhmischen Becken am Fuße des Erzgebirges (ca. 100 Mio. t jährlich). Der forcierte Abbau führte zu nachhaltigen Umweltschäden. Erdöl und Erdgas werden in geringem Maße am Unterlauf der March (Morava) gefördert; deshalb besteht eine große Abhängigkeit von den Einfuhren aus der ehem. UdSSR, die über Fernleitungen abgewickelt werden.

Die Elektrizitätserzeugung hat sich 1950 von 9,3 Mrd. kWh auf 86,6 Mrd. kWh verzehnfacht. 68,3% stammen aus der Kohleverfeuerung. An den Flüssen Moldau (Vltava) und Waag (Váh) wurden Wasserkraftwerke gebaut. Wasserkraft liefert 5% der Elektrizität. Der Anteil der Kernkraft an der Stromerzeugung (28,4%) soll noch gesteigert werden.

Die *Landwirtschaft* erbringt weniger als 1/10 des Nationaleinkommens; dennoch beträgt der Anteil der Selbstversorgung 85–90%. Ca. 795 000 Menschen sind in ihr beschäftigt (10,1% der Beschäftigten). Die landwirtschaftlich genutzte Fläche beträgt 6,736 Mio. ha (ca. 53% der Gesamtfläche), davon sind 4,728 Mio. ha (70,1%) Ackerland. Durch die in den 50er Jahren durchgeführte Zwangskollektivierung hat sich das

Flurbild tiefgreifend verändert. Nur 5% des landwirtschaftlichen Bodens werden privat bewirtschaftet. Die Maßnahmen zur Privatisierung gehen nur langsam voran. Die wichtigsten landwirtschaftlichen Erzeugnisse sind Körnerfrüchte, Kartoffeln, Zuckerrüben, Futtermittel und Schlachtvieh. Bedeutende Sonderkulturen sind der Hopfenanbau (Saazer Land), der Weinbau (Südmähren, Süd- und Ostslowakei) und der Gartenbau, oft im Umkreis der großen Städte und Ballungsgebiete. Im Gebirge überwiegt die Weidewirtschaft. Besonders hervorzuheben ist die gut organisierte traditionelle Teichwirtschaft, v. a. in Südböhmen.

In den 70er Jahren zählte die T. zu den 15 führenden Industriegebieten der Erde, hat diese Stellung aber inzwischen eingebüßt. Die *Industrie* erbrachte bis 1989 ca. 60% des Nationaleinkommens; ca. 2,87 Mio. Menschen (36,5% der Beschäftigten) arbeiten im industriellen Sektor. Das Produktionsprogramm ist vielseitig und stark exportbezogen. Alle Produktionsmittel wurden seit 1948 verstaatlicht, die Schwerpunkte der Produktion von der verarbeitenden Industrie auf die Schwerindustrie und einige Schlüsselindustrien verlegt, was schwere Schäden im Wirtschaftskörper und auch im Umweltbereich nach sich zog. Der wichtigste Industriezweig ist der Maschinenbau einschließlich des Fahrzeugbaus, dessen Standorte über das ganze Land gestreut sind. Die Bedeutung der chemischen und elektrotechnischen Industrie steigt, ist aber hinter den internationalen Standards zurückgeblieben. Die Leichtindustrie, besonders die Erzeugung von Textilwaren und Schuhen (Bat'a in Zlín), ist in ihrer Bedeutung stark zurückgegangen. Stark exportorientiert sind die Glas- und Musikinstrumentenerzeugung sowie die Bierbrauerei. Das ebenfalls verstaatlichte Bauwesen ist in hohem Maße industrialisiert. Handwerk und Kleingewerbe haben ihre frühere Bedeutung völlig eingebüßt.

Die T. ist ein beliebtes Fremdenverkehrsland. Neben den westböhmischen Bädern ist namentlich die Tatra ein Ziel des internationalen *Tourismus*. Das stark entwickelte Zweitwohnungswesen führt zu einem starken Wochenend-Reiseverkehr.

Das *Sozialprodukt* stieg 1980–90 von 1123,8 Mrd. Kčs auf 1742 Mrd. Kčs, das produzierte *Nationaleinkommen* von 486,3 Mrd. Kčs auf 673 Mrd. Kčs (von 31 760 Kčs/E. auf 42 987 Kčs/E.).

Die *Tschechoslowakische Staatsbank* ist die Zentralbank mit Sitz in Prag und Preßburg. Bis 1989 waren alle Banken verstaatlicht. Der Devisenhandel ist staatliches Monopol. Neben dem amtlichen Kurs gibt es Sonderkurse mit einem Aufschlag, z. B. für Touristen, und einen umfangreichen Schwarzmarkt.

Die *Finanzwirtschaft* war bislang Bestandteil der zentralen Volkswirtschaftsplanung im Rahmen der Fünfjahrpläne. Die wichtigsten Staatseinnahmen bilden die Umsatz- und Betriebssteuer der Wirtschaftsunternehmen (fast 2/3 der Gesamteinnahmen). Zukünftig wird ein Anstieg der individuellen Steuerleistungen zu erwarten sein. 1988 sah der Plan für die Staatsausgaben einen Sparkurs vor. Die Netto-West-Verschuldung für 1988 wird mit 3,955 Mrd. US-$, die gesamte Auslandsverschuldung für Ende 1990 mit 7,6 Mrd. US-$ angegeben.

Im seit einigen Jahren leicht defizitären *Außenhandel* sind die ehem. UdSSR und die Länder des früheren „sozialistischen Lagers" derzeit noch die wichtigsten Handelspartner. Seit 1970 wurden die Handelsbeziehungen zur EG und besonders zur Bundesrepublik Deutschland beträchtlich erweitert. Auch unter den Entwicklungsländern gibt es einige wichtige Handelspartner. Ausgeführt werden hauptsächlich Maschinen und Ausrüstungen sowie Konsumgüter, eingeführt überwiegend Brenn- und Rohstoffe.

Verkehr. Die T. ist ein wichtiges Transitland in Mitteleuropa. Wichtigster Verkehrsknoten ist Prag. Hauptverkehrsträger ist die *Eisenbahn*. Ihr Streckennetz hat eine Länge von 13 111 km, davon sind 3909 km elektrifiziert. Das überörtliche *Straßennetz* umfaßt über 73 000 km. Das Liniennetz der Autobusse hat eine Länge von fast 307 500 km und erreicht damit quantitativ einen Spitzenstandard. Die Autobahntrasse Prag-Preßburg (Bratislava) ist seit einigen Jahren vollendet und wird nach O sowie nach W zur bayerischen Grenze weitergeführt. Die *Binnenschiffahrt* ist wegen der schwankenden Wasserführung der Flüsse (475 km schiffbar) unbedeutend. Für die *Seeschiffahrt* besitzt die T. eine Hochseeflotte mit derzeit 14 Schiffen. Sie hat ihren Heimathafen in Stettin (Szczecin) und verfügt auch in Hamburg über einen Freihafen. Der innerstaatliche *Luftverkehr* verbindet 11 Städte. Hauptflughäfen im internationalen Verkehr sind Prag und Preßburg (Bratislava).

VI. Kultur, Religion, Bildung

1. Kultur

Die *tschechische Sprache,* ein Zweig der westslawischen Sprachengruppe, wird in Böhmen und Mähren gesprochen. Sie entstand aus dem Altslawischen. Unter Ks. Karl IV. wurde die Rechtschreibung durch Einführung der diakritischen Zeichen vereinfacht. Seit dem 17. Jh. sank das Tschechische, obwohl noch amtliche Landessprache, zur bäuerlichen Umgangssprache ab. Unter Ks. Joseph II. begann eine neue Intelligenz die verwilderte Volkssprache zu pflegen. Die Sprache wurde von zahlreichen Fremdwörtern und Germanismen gereinigt. – Die *slowakische Sprache,* ebenfalls ein Zweig der westslawischen Sprachengruppe, ist eng mit der tschechischen verwandt. Als Schriftsprache wurde sie erst Mitte des 19. Jh. eingeführt.

Bei der Gründung der T. 1918 gehörten Böhmen und Mähren-Schlesien zur mitteleurop. Kulturlandschaft, während die Slowakei infolge magyarischer Unterdrückungsmaßnahmen kulturell stark vernachlässigt war. In der Zwischenkriegszeit stieg das Interesse an der frz. Kultur. Dennoch blieb Deutsch bei Tschechen und Slowaken die am meisten gesprochene Fremdsprache.

Nach 1948 kam es durch die Machtübernahme der Kommunisten zu einer grundlegenden inhaltlichen und institutionellen Umgestaltung von Kultur und Bildung. Der „Prager Frühling" 1968 erfaßte nicht nur die beiden staatstragenden Völker, sondern auch die nationalen Minderheiten. Dessen Niederschlagung beendete die Reformansätze. In der in den 70er Jahren im kirchlichen, kulturellen und wissenschaftlichen Raum entstandenen →Bürgerrechtsbewegung ragten die „Charta 77", später das „Bürgerforum" heraus. Die von ihnen getragene sanfte Revolution vom Herbst 1989 führte zum Sturz des kommunistischen Regimes und zu einer pluralistischen Gesellschaftsordnung (vgl. II).

2. Religion

Durch die Mission der römisch-fränkischen Kirche wurde das Land in den westeurop. Kulturkreis eingefügt. Den kirchlichen Reformbestrebungen des 14. Jh., die in die hussitische Revolution mündeten, und dem später ins Land strömenden Protestantismus folgte die meist gewaltsame Rekatholisierung Böhmens und Mährens. Aufklärung und erwachendes Nationalbewußtsein der Tschechen im 19. Jh. mit seinem aufgeklärten Kirchentum ließen einen spezifischen tschech. Katholizismus entstehen. Die Zeit nach 1945 war trotz der grundsätzlichen Garantie von Religionsfreiheit durch die Verfassung von einem harten Kampf des Staates gegen die Kirchen gekennzeichnet, in dem die Religionsgemeinschaften bis zur politischen Wende von 1989, abgesehen von der kurzen Zeit des „Prager Frühlings", brutal unterdrückt wurden.

Der *Römisch-katholischen Kirche* gehören ca. 75% der Bevölkerung in den Erzb. Prag, Olmütz (Olomouc) und Tyrnau (Trnava) mit 9 Bist. und in 1 Bist. für die Katholiken des byzantinischen Ritus an. Zur *Griechisch-katholischen Kirche* gehören die Katholiken des byzantinisch-slawischen Ritus. Die *Evangelische Kirche der Böhmischen Brüder* umfaßt die bis 1918 selbständigen luth. und ref. ev. Gemeinden. Sie ist heute die bedeutendste Gemeinschaft ev. Christen. Weitere christliche Kirchen sind u. a.: die *Slowakische Evangelische Kirche des Augsburger Bekenntnisses,* die *Reformierte Kirche in der Slowakei,* die *Schlesische Evangelische Kirche des Augsburger Bekenntnisses,* die tschechoslowak. *Hussitische Kirche,* die nach 1918 von ehemaligen röm.-kath. Geistlichen gegründet wurde, die *Brüderunität* der Baptisten, die *Orthodoxe Kirche in der Tschechoslowakei.* – Die Geistlichen aller Kirchen wurden seit 1950 in eigenen, vom kommunistischen Regime beaufsichtigten Theologischen Fakultäten ausgebildet, die 1990 größtenteils wieder in die Universitäten eingegliedert wurden.

3. Bildung

Die Vorschulerziehung in Kindergärten wurde bisher zu 80% vom Staat, zu 16% von Betrieben und zu 4% von Genossenschaften finanziert. Mit 6 Jahren treten die Kinder in die 9jährige Grundschule. Begabte Schüler und Schülerinnen können 269 mathematische und 203 Schulen mit Fremdsprachen besuchen. Deutsch wird dort in 382 Klassen (1989) unterrichtet. Für die nationalen Minderheiten gibt es 20 mit poln., 245 mit ungar. und 18 mit ukrain. Muttersprache, ferner eigene Schulen für Kinder der Roma. Begabte Jugendliche können nach 8jähriger Grundschule in 4 Jahren zur Hochschulreife gelangen. Daneben gibt es Fachmittelschulen für Ökonomie, Landwirtschaft, Bibliothekswesen, Musik, Sport und Tanz. Das SchulG vom 3.5.1990 hat die kommunistischen Parteischulen und die marxistisch-leninistischen Lehranstalten aufgehoben. Das gesamte Schulwesen befindet sich im Umbruch.

Es gibt 5 Universitäten, in Prag (1348 als erste in Mitteleuropa gegr.), Brünn (Brno), Olmütz (Olomouc), Preßburg (Bratislava) und Kaschau (Kosice), außerdem 3 Medizinische Fakultäten, 2 Hochschulen für Veterinärwesen, 11 Technische Hochschulen (darunter 1 für Verkehrswesen), 7 Pädagogische Fakultäten, 7 Ökonomische Hochschulen und 7 Kunstakademien bzw. Kunsthochschulen. Die beiden Akademien der Wissenschaften in Prag und in Preßburg gehörten zum engsten Mitarbeiterstab des ZK der KP und suchen jetzt nach einer neuen Stellung in der demokratischen Gesellschaft.

Sonstige kulturelle Institutionen. Der Staat unterhält 14 philharmonische Orchester, von denen die Tschechische Philharmonie, das Symphonische Orchester der Hauptstadt Prag und die Slowakische Philharmonie in Preßburg die bekanntesten sind. 13 Städte besitzen eigene Opernbühnen. Ein dichtes Netz von professionell bespielten Theatern findet sich im ganzen Land.

LITERATUR

Zu I, IV und V:
A. **Luza,** The Transfer of the Sudeten Germans. London 1964. – R. **Urban,** Die sudetendeutschen Gebiete nach 1945. Frankfurt/M. 1964. – M. Blazek, Die Konzentration der Industrie in der T., in: FS L. Scheidl. Tl. 1. Wien 1965, 207 ff. – V. **Häufler,** Changes in the Geographical Distribution of Population in Czechoslovakia. Prag 1966. – M. **Blazes u. a.,** ČSSR. Land, Volk, Wirtschaft in Stichworten. Wien 1971. – J. **Demek u. a.,** Geography of Czechoslovakia. Prag 1971. – E. K. **Keefe u. a.,** Area Handbook for Czechoslovakia. Washington (D. C.) 1972. – K. A. **Sedlmeyer,** Landeskunde der T. Frankfurt/M. 1973. – H. **Förster,** Umweltprobleme in der T., in: Osteuropa 24 (1974) 205 ff. – Lber. Osteuropa: T. München 1977. – J. **Kosta,** Abriß der sozialökonomischen Entwicklung der T. 1945–1977. Frankfurt/M. 1978. – W. **Sperling,** T. Beitr. zur Landeskunde Ostmitteleuropas. Stuttgart 1981. – H. **Förster,** Wirtschaftsräumliche Strukturen in der T., in: Wirtschafts- und sozialwissenschaftliche Ostmitteleuropa-Studien 6 (1983) 9 ff. – W. **Oschlies,** Böhmens Haine und Flure sterben. Zur Umweltkatastrophe in der T. Köln 1984. – R. **Hemmerle,** Sudetenland – Lexikon. Mannheim ²1985. – H. **Förster,** Regionale Aspekte der Industrialisierungsprozesse in der T., in: Wirtschafts- und sozialwissenschaftliche Ostmitteleuropastudien 12 (1986) 133 ff. – Z. **Lukas,** Entwicklungstendenzen der Landwirtschaft, in: ebd., 67 ff. – F. L. **Altmann,** Wirtschaftsentwicklung und Strukturpolitik in der T. nach 1968. München 1987. – A. **Andrle,** V. **Srb,** Atlas obyvatelstva ČSSR [Bevölkerungsatlas der T.]. Prag 1987. – V. **Matousek,** A. **Slepicka,** Siedlungsstrukturelle Entwicklung und Raumplanung in der T. Hannover 1988. – W. **Sadler,** Zur Entwicklung von Industrie und Industriegebieten in der ČSSR, in: Zs. für den Erdkundeunterricht 41 (1989) 121 ff. – Lber. T. Stuttgart 1988.

Periodica:
Bohemia. Zs. für Geschichte und Kultur der böhmischen Länder. München. – Osteuropa Wirtschaft. Stuttgart. – Statisticka rocenka České a slovenské federativné republiky [Statistisches Jb. der T.]. Prag.

Zu II:
J. K. **Hoensch,** Geschichte der Tschechoslowak. Republik 1918–1978. Stuttgart 1966, ²1978. – Hdb. der Geschichte der böhmischen Länder. 4 Bde. Hg. K. **Bosl.** Stuttgart 1967/74 (Lit.). – F. **Seibt,** Deutschland und die Tschechen. Geschichte einer Nachbarschaft in der Mitte Europas. München 1974. – J. **Kosta,** Abriß der sozialökonomischen Entwicklung der T. 1945–1977. Frankfurt/M. 1978. – L. **Lipscher,** Verfassung und politische Verwaltung in der T. 1918–1939. München 1979. – G. **Rhode,** T. von der Unabhängigkeitserklärung bis zum „Prager Frühling" 1918–1968, in: HdEurG Bd. 7, Tl. 2. 1979, 920 ff. (Lit.). – J. K. **Hoensch,** Geschichte Böhmens. Von der slavischen Landnahme bis ins 20. Jh. München 1987 (Lit.).

Zu III:
E. **Schmied,** Die Entwicklung des tschechoslowak. Strafrechts seit 1961, in: Jb. für Ostrecht 20 (1979) 49 ff. – H. **Slapnicka,** T., in: Verfassungen der kommunistischen Staaten. Hg. G. **Brunner,** B. **Meissner.** Paderborn 1979, 416 ff. [mit Verfassungstext]. – M. **Knappová,** Zur neueren Entwicklung des tschechoslowak. Zivilrechts, in: Jb. für Ostrecht 26 (1985) 51 ff.

Zu VI:
J. **Rabas,** Die Situation der Kirche in der ČSSR, in: Freiheit des Geistes? Hg. A. Domes. Bonn 1972, 73 ff. – Situation der Kath. Kirche in der T. Dokumente, Ber. e. Hg. Schweizerische National-Kommission Justitia et Pax. Freiburg (Schweiz) 1976. – R. **Urban,** Probleme des tschechoslowak. Schulwesens, in: Dokumentation Ostmitteleuropa N. F. 2 (1976). – T. Hg. Collegium Carolinum. München 1977. – Czech Ecumenical Fellowship, Ecumenical Council of Churches in the Czech Socialist Republic. Prag 1981. – P. **Musyl,** Ernüchterung, aber auch Hoffnung. Der kirchliche Neuaufbau in der ČSFR, in: HK 45 (1991) 470 ff.

Walter Sperling (I, IV, V), *Hans Lemberg* (II),
Otto Luchterhandt (III), *Horst Glassl* (VI)

UNGARN

Amtlicher Name	Magyar Köztársaság (Ungarische Republik)
Staatsform	Parlamentarische Republik
Hauptstadt	Budapest (2 114 000 E.)
Fläche	93 033 km²
Bevölkerung	10 450 000 E. (VZ 1990). – 112 E./km²
Sprache	Ungarisch
Religion	mehrheitlich röm. Katholiken; ferner: Reformierte; Lutheraner; griechische Katholiken; Orthodoxe
Währung	1 Forint (Ft) = 100 Filler

I. Naturräumliche Voraussetzungen

Für den Binnenstaat U. im SO Europas, der im W an ↗Österreich, im N an die ↗Tschechoslowakei, im O an die ehem. ↗Sowjetunion, im S und SW an das ehem. ↗Jugoslawien grenzt, ist die flache Beckenlage im mittleren Donaubecken, umrahmt von *Alpen, Karpaten* und *Dinariden,* charakteristisch. 82,9% der Gesamtfläche liegen unter 200 m Höhe, nur 2,3% steigen im relativ kleinen Mittelgebirgsbereich (5%) über 400 m an (höchste Erhebung *Kékes* [1014 m] im *Matragebirge*). Das Relief wird überwiegend durch ebene Flächen (68%) und Hügelländer (27%) geprägt.

In Abhängigkeit vom Relief lassen sich folgende *Großlandschaften* ausgliedern:

Alföld (große Tiefebene) und *Kisalföld* (kleine Tiefebene) sind sedimentgefüllte Becken geologisch junger Entstehung mit quartären Ablagerungen als Oberfläche. Das Alföld im SO umfaßt nahezu die Hälfte Ungarns. Es wird durch Donau und Theiß gegliedert, deren geringes Gefälle einen hohen Grundwasserstand zur Folge hat. – Ein breiter Sandrücken (Dünen) im *Donau-Theiß-Zwischenstromland* liegt zwischen den Überschwemmungsflächen von Donau im W und Theiß im O. Lößvorkommen bieten gute agrarwirtschaftliche Nutzungsmöglichkeiten (Schwarzerde). Das wesentlich kleinere Kisalföld im NW wird durch Schwemmkegel der Donau, Donauarme und Auwälder gegliedert. – Das *Transdanubische Hügelland* zwischen Donau und *Balaton* (Plattensee) ist durch tektonisch vorgezeichnete, N-S verlaufende Täler geprägt. Inselartig ragt das *Mecsek-Gebirge* bis zu 682 m hervor. – Das *Transdanubische Mittelgebirge* erstreckt sich vom Donauknie nach SW und besteht im wesentlichen aus triassischen Kalken mit Bauxit- und Braunkohlen- sowie Manganerzlagern. In einer geologisch vorgezeichneten Nahtlinie zum südl. anschließenden *Transdanubischen Hügelland* liegt der flache *Balaton* (Plattensee). Mit 25–28°C sommerlicher Wassertemperatur ist er das wichtigste Naturpotential für das größte Fremdenverkehrsgebiet Ungarns. – Östl. der Donau setzt sich das Mittelgebirge in Richtung der SW-NO verlaufenden Hauptbruchlinie weiter fort (Thermalquellen). Bodenschätze boten den Ansatz für industrielle Entwicklung.

Für das gemäßigt warme *Klima* sind vier Bestimmungsfaktoren wichtig: (1) die nach O zunehmende Kontinentalität; (2) die Modifikation durch atlantische Luftströmungen; (3) in geringem Maße mediterrane Einflüsse; (4) die Beckenlage. Beträchtliche Schwankungen zwischen Tag- und Nacht- sowie Sommer- und Wintertemperaturen (Monatsdurchschnitte: Jan. –1,5°, Juli 21,5°) sowie durch das Relief modifizierte, von W (über 800 mm) nach O (unter 500 mm) abnehmende Niederschläge kennzeichnen die klimatische Situation. Föhnerscheinungen an den Beckenrändern tragen zu hoher Sonnenscheindauer bei.

Hydrographische Leitlinien sind *Donau* und *Theiß*, typische Tieflandflüsse mit geringem Gefälle. Die Wasserführung der Theiß schwankt extrem. Häufige Überschwemmungen waren seit vielen Jahrzehnten eine Ursache für Flußregulierungen, die z. B. die Theiß von 1419 km auf 955 km verkürzten. Während im Donaueinzugsbereich die industrielle Wassernutzung im Vordergrund steht, wird die Theiß besonders zur Bewässerung landwirtschaftlicher Kulturen herangezogen.

Die natürliche *Vegetation* ist mitteleurop. geprägt. Der ursprünglichen Waldsteppe der Tiefebene stehen stark mediterran beeinflußte Buchen- und Eichenwälder im Transdanubischen Hügelland sowie die Laubwälder des Mittelgebirges gegenüber. Beträchtliche Anstrengungen wurden zur Ausweisung von Schutzgebieten unternommen. 557 000 ha (6% der Fläche U.s) umfassen 4 Nationalparks, 37 geschützte Landschaften, 115 Reservate von nationaler und 792 von lokaler Bedeutung.

II. Historische und politische Entwicklung

Seit 895 nahmen die *Magyaren*, aus Südrußland kommend, den Donau-Karpaten-Raum in Besitz. Unter *Géza I.* (um 971–997) wurden die ungar. Stämme geeint, unter *Stephan I. d. Hl.* (997–1038) christianisiert. Im 11. und 12. Jh. dehnte U. seine Herrschaft auf Kroatien, Dalmatien, den nördl. Balkanraum und Galizien aus. Nach dem Aussterben der *Arpaden* regierten 1308–87 die *Anjous.* Unter dem Luxemburger *Sigismund* (1387–1437, seit 1410 dt. Kg., seit 1433 dt. Ks.) begannen die ersten Einfälle der Türken, die nach der Niederlage und dem Tod *Ludwigs II.* in der *Schlacht bei Mohács* (1526) den größten Teil des Landes besetzten (1541) und bis zum Türkenkrieg 1683–99 behaupteten. Die erfolgreiche Rückeroberung brachte den *Habsburgern* 1687 das Erbrecht auf die ungar. Krone, das sie gegen eine wachsende Adelsopposition durchsetzen mußten. Der ungar. Freiheitskampf 1848/49 unter *Lajos Kossuth* wurde von österr. und russ. Truppen niedergeschlagen. Der „Ausgleich" von 1867 schuf die Doppelmonarchie Österreich-U. (↗Österreich II) und ermöglichte im ungar. Reichsteil die Herausbildung eines ungar. Nationalstaates.

Unter den Nachfolgestaaten der ehem. österr.-ungar. Monarchie zählte U. zu den größten Verlierern des Versailler Systems. Im *Friedensvertrag von Trianon* (4.6.1920) verlor U. von den 22. Mio. E. im ehem. östl. transleithanischen Reichsteil 14 Mio., und sein auf den engeren magyarischen Siedlungsraum beschränktes Territorium war auf 1/3 der ursprünglichen Bestandes geschrumpft. Nahezu 3 Mio. Magyaren mußten jenseits der neuen Landesgrenzen als nationale Minderheiten – verteilt auf vier Nachbarstaaten – leben. Neben der strittigen Grenzziehung belastete die ungleiche Bodenverteilung die innenpolitische Situation. Durch den Wegfall der Randgebiete mit vorherrschend bäuerlichem Klein- und Mittelbesitz hatte sich das numerische Übergewicht des Großgrundbesitzes verstärkt; ein Massenheer von Landarbeitern und Kleinstbauern sorgte für sozialen Zündstoff in dem Land der 3 Mio. Bettler. Nach dem Scheitern des kurzlebigen Experimentes der Räterepublik *Béla Kuns* (21.3.1919 – 1.8.1919) hatten restaurative Kräfte unter dem von der Nationalversammlung am 1.3.1920 zum Reichsverweser des Kgr. U. gewählten Admiral *Nikolaus Horthy* die Oberhand gewonnen. Durchgreifende soziale Reformen wurden daher in der Zwischenkriegszeit weitgehend zurückgestellt. Die Außenpolitik war konsequent auf eine Revision der harten Friedensbedingungen ausgerichtet. Sie suchte durch Anlehnung an →*Mussolini* und →*Hitler* günstigere Grenzregelungen zu erreichen. Die Rückgewinnung der Südslowakei und der südl. Karpaten-Ukraine im *I. Wiener Schiedsspruch* (2.11.1938), der restlichen Karpaten-Ukraine (15.3.1939), Nordsiebenbürgens und des Szeklerlandes im *II. Wiener Schiedsspruch* (30.8.1940) mußten allerdings mit dem Beitritt zum *Antikominternpakt* (13.1.1939) und der Teilnahme an den dt. Angriffskriegen in Südosteuropa und gegen die Sowjetunion teuer bezahlt werden. Horthy suchte sich vergeblich in der Endphase des Krieges vor der heranrückenden Roten Armee von seinem Verbündeten zu trennen. Er mußte am 19.3.1944 die Besetzung des Landes durch dt. Truppen hinnehmen und wurde nach geheimen Waffenstillstandsverhandlungen (*Moskauer*

Vereinbarung, 11.10.1944) entmachtet und bis zum endgültigen Abzug der dt. Truppen (4.4.1945) durch den faschistischen Pfeilkreuzlerführer *Férencz Szálasi* ersetzt.

Am 21.12.1944 wurde im Schutze der sowjet. Truppen im ostungar. Debrecen eine Provisorische Nationalversammlung konstituiert. Sie beauftragte Generaloberst *Béla Dálnoki Miklós* mit der Bildung einer Provisorischen Regierung aus Kommunisten und Vertretern der Sozialdemokraten, der Kleinlandwirte und der Bauernpartei (22.12.). Obwohl in den Parlamentswahlen vom 7.11.1945 die gemäßigte Kleinlandwirtepartei die absolute Mehrheit (57%) erreicht hatte und mit *Zoltán Tildy* den ersten Präsidenten der am 1.2.1946 proklamierten ungar. Republik stellte, gewannen die Kommunisten unter ihrem Generalsekretär *Mátyás Rákosi* rasch die Oberhand und leiteten die Sowjetisierung des Landes ein. Sie hatten noch im März 1945 eine radikale Bodenreform durchgesetzt und nutzten ihre Stellung im Innenministerium zur Zerschlagung der bürgerlichen Parteien. Die Sozialdemokraten wurden auf dem Vereinigungsparteitag am 12.–14.6.1948 zur Fusion gezwungen. Rákosi baute sich eine diktatorische Machtposition auf in einem rigorosen stalinistischen System, das auch den Konflikt mit der kath. Kirche nicht scheute (Schauprozeß gegen den Primas von Ungarn, *Joseph Kardinal Mindszenty* 3.1.–8.2.1949) und jegliche innerparteiliche oppositionelle Regung brutal unterdrückte (Prozeß und Todesurteil gegen den ehem. Minister *László Rajk*, 16.–24.9.1949). Im *Pariser Friedensvertrag* (10.2.1947) mußte U. wieder auf die Gebietserwerbungen der Kriegsjahre verzichten. Es wurde außenpolitisch eingebunden in die bilateralen Vertragssysteme der UdSSR, Mitglied der Kominform, des RGW und des Warschauer Paktes.

Mit der Verfassung vom 18.8.1949 wurde U. *Volksrepublik*. Die noch zögernden Entstalinisierungsversuche in der UdSSR unter *Nikita Chruschtschow*, die am 21.7.1956 zum Sturz *Rákosis* führten, lösten nach Studentendemonstrationen schließlich eine allgemeine revolutionäre Erhebung gegen das kommunistische Regime aus (23.10.–11.11.). Sie konnte erst durch den Einsatz sowjet. Panzer (4.11.) niedergeschlagen werden. Mit der Liquidation des Volksaufstands wurde als Vertrauensmann Moskaus *János Kádár* betraut. Er leitete als Ministerpräsident und Parteisekretär (bis zu seiner überraschenden Ablösung am 22.5.1988) einen evolutionären Entwicklungsweg ein und brachte mit beachtlichen innovatorischen Impulsen umfassende Reformprozesse in Gesellschaft und Wirtschaft in Gang.

Den Übergang von einem „Gulaschkommunismus" mit enormer Auslandsverschuldung zu einem neuen demokratischen U. ermöglichten schließlich reformistische Kräfte innerhalb der Kommunistischen Partei. Sie beendeten 1988 die Ära Kádár durch Abwahl und nötigten in einem mutigen Schritt ihre Partei, auf das Machtmonopol zu verzichten und die Grenzen zu öffnen. U. wurde so zum Vorreiter einer demokratischen Bewegung, die in wenigen Monaten auf die benachbarten Staaten des sozialistischen Lagers übergriff und das Ende der kommunistischen Alleinherrschaft in Ostmittel- und Südosteuropa bedeutete. Dazu trug auch die Öffnung der Grenzen, v. a. für DDR-Flüchtlinge, bei.

Die ersten freien Parlamentswahlen (25.3./8.4.1990) brachten den Reformern allerdings eine herbe Enttäuschung, ebenso der wiederbegründeten Kleinlandwirtepartei und den Sozialdemokraten. Seit den Parlamentswahlen regiert eine Koalition aus dem national-konservativen *Demokratischen Forum* (164 Abgeordnete), dem *Bund Freier Demokraten* (92) und der *Christlich-Demokratischen Volkspartei* (21) unter Min.-Präs. *József Antall* (Demokratisches Forum). Am 3.8.1990 wurde der Schriftsteller *Arpéd Göncz* (Bund Freier Demokraten) vom Parlament zum Staatspräsidenten gewählt (bereits seit dem 2. Mai Parlamentspräsident und geschäftsführendes Staatsoberhaupt). – Ende 1990 trat U. dem Europarat bei.

III. Verfassung, Verwaltung, Recht

1. Grundlagen

Mit der Parteikonferenz vom Mai 1988, die dem Kádár-Regime ein Ende bereitete (vgl. II), beschleunigte sich der politische Reformprozeß dramatisch. Innerhalb der Einheitspartei übernahmen die radikalreformerischen Kräfte die Führung, die sich den Übergang zu einem demokratisch-rechtsstaatlichen Mehrparteiensystem zum Ziele setzten und am 13.6.1989 Verhandlungen mit den neu entstehenden Oppositionsparteien am „Dreieckigen Tisch" aufnahmen. In Vollziehung der am 18. September fixierten Verhandlungsergebnisse setzte das Parlament zum 23.10.1989 eine Verfassungsrevision und weitere „Eckgesetze" in Kraft, auf deren Grundlage am 25.3./ 8.4.1990 erstmals freie Parlamentswahlen stattfinden konnten (vgl. II).

2. Verfassungsordnung

Die Republik U. hat nunmehr ein *parlamentarisches Regierungssystem*. Träger der gesetzgebenden Gewalt ist das *Parlament (Országgyűlés)*; es besteht aber auch die Möglichkeit der Volksgesetzgebung, die u. a. durch ein Volksbegehren erzwungen werden kann. Das Parlament wird vom Volk für 4 Jahre nach einem komplizierten Wahlsystem (Kombination aus Mehrheits- und Verhältniswahl) gewählt. Es besteht eine Sperrklausel von 4%. Neben den 386 gewählten Abgeordneten sollen dem Parlament Vertreter der national-ethnischen Minderheiten angehören. Den Auftrag zur *Regierungsbildung* erteilt der Staatspräsident nach Anhörung aller Parlamentsfraktionen. Die parlamentarische Investitur der Regierung erfolgt durch die absolute Mehrheit aller Abgeordneten, die in einem Abstimmungsgang über die Wahl des *Ministerpräsidenten* und die Annahme des Regierungsprogramms beschließen. Im Juni 1990 ist nach dt. Vorbild das konstruktive Mißtrauensvotum eingeführt worden, so daß die Regierung nur dadurch gestürzt werden kann, indem das Parlament mit absoluter Mehrheit einen neuen Ministerpräsidenten wählt. Auch eine abgelehnte Vertrauensfrage löst die Rücktrittsverpflichtung der Regierung aus.

Die Rechtsstellung des *Staatspräsidenten* ist eher als schwach zu kennzeichnen. Das Verfassungsgericht hat in einer aufsehenerregenden Entscheidung vom Sept. 1991 seine Befugnisse restriktiv ausgelegt. Diese umfassen den formalen Oberbefehl über die Streitkräfte, die Gesetzesinitiative, ein suspensives Vetorecht gegenüber Gesetzesbeschlüssen, ein eng begrenztes Recht zur Parlamentsauflösung und besondere Befugnisse im Staatsnotstand. Die meisten Akte bedürfen der Gegenzeichnung. Nach einem wechselvollen innenpolitischen Streit fiel die Entscheidung für die Bestellung des Präsidenten durch das Parlament für 4 Jahre und gegen die direkte Volkswahl. Im Falle einer Verfassungs- oder Gesetzesverletzung kann der Präsident vom Parlament vor dem Verfassungsgericht angeklagt werden.

Seit Anfang 1990 besteht ein *Verfassungsgericht*, dessen 15 Mitgl. vom Parlament mit 2/3-Mehrheit gewählt werden. Seine Aufgaben bestehen in einer umfassenden Normenkontrolle, die auch von dem einzelnen Bürger mittels der Verfassungsbeschwerde und der Popularklage in Gang gebracht werden kann. Weitere Verfassungsorgane sind der *Bürgerrechtsbeauftragte* und der *Rechnungshof.* Im Falle des Ausnahmezustandes kann ein Verteidigungsrat als Notparlament und -regierung eingerichtet werden.

Die *Verwaltungsgliederung* besteht aus zwei Ebenen. Die *regionale Ebene* bilden 19 *Komitate* und die Hst. Budapest. Die *lokale Ebene* besteht aus Städten und Gemeinden sowie den Stadtbezirken von Budapest. Seit der Kommunalreform und den Kommunalwahlen vom Herbst 1990 bilden diese regionalen und lokalen Gebietskörperschaften gleichgeordnete Selbstverwaltungen unter der Rechtsaufsicht von Regierungsbeauftragten, die ihrerseits dem Innenminister unterstehen. Es wird zwischen Selbstverwaltungsaufgaben und übertragenen staatlichen Verwaltungsaufgaben unterschieden. Kommunalorgane sind die volksgewählte Vertretungskörperschaft (Rat) und der Bürgermeister, der in größeren Gemeinden vom Rat, in kleineren Gemeinden vom Volk gewählt wird und sowohl Ratsvorsitzender als auch Verwaltungschef ist.

Die in drei Stufen gegliederte allgemeine *Gerichtsbarkeit* mit dem Obersten Gericht an der Spitze ist für Straf-, Zivil-, Wirtschafts- und Verwaltungsrechtssachen zuständig. Als besondere Gerichte bestehen zur Zeit nur Arbeitsgerichte, von denen der Instanzenzug letztlich zum Obersten Gericht führt. Die Errichtung einer institutionell verselbständigten Verwaltungsgerichtsbarkeit wird z.Zt. erwogen. Der gerichtliche Verwaltungsrechtsschutz wird jedenfalls seit 1991 auf der Basis der Generalklausel umfassend gewährt. Das *Oberste Gericht* übt eine über die Einzelfallentscheidung hinausgehende Leitungsfunktion in bezug auf die gesamte Rechtsprechung aus. Die *Richter* werden – mit Ausnahme des Präsidenten des Obersten Gerichts, der vom Parlament gewählt wird – vom Staatspräsidenten auf unbestimmte Zeit ernannt. Die richterliche Unabhängigkeit ist im wesentlichen gewährleistet, soll aber noch stärker abgesichert werden. Die nach sowjetischem Vorbild eingeführte allgemeine Gesetzlichkeitsaufsicht der *Staatsanwaltschaft* ist in den letzten Jahren zunehmend auf die Funktionen einer Strafverfolgungs- und Anklagebehörde reduziert worden. Richter und Staatsanwälte dürfen neuerdings keiner politischen Partei angehören.

Die Verfassung enthält einen *Grundrechtskatalog,* der auf der Konzeption angeborener und unveräußerlicher Menschenrechte beruht und inhaltlich den völkerrechtlichen Vorgaben der Internationalen Menschenrechtspakte voll entspricht.

3. Zivil- und Wirtschaftsrecht

Das Privatrecht kann zum dt. Rechtskreis gezählt werden, obgleich es einige nationale Besonderheiten bewahrt hat. Traditionell war es überwiegend ein durch Richterrecht geprägtes Gewohnheitsrecht. Erstmals wurde es 1959 in dem auch heute geltenden Zivilgesetzbuch (Ges. Nr. IV/1959) kodifiziert, das in einer Mischung aus Institutionen- und Pandektensystem in die vier Teile des Personen-, Eigentums-, Schuld- und Erbrechts zerfällt. Das Familienrecht ist im Ges. Nr. IV/1952 separat geregelt. Beide Gesetzbücher sind inzwischen vielfach geändert worden, um die sowjetsozialistischen Restbestände zu entfernen, der Privatautonomie und den Bedürfnissen eines freien rechtsgeschäftlichen Verkehrs sukzessive Geltung zu verschaffen.

Auf die Erfordernisse der angestrebten Marktwirtschaft ist das Ges. Nr. VI/1988 über die Wirtschaftsgesellschaften zugeschnitten, das die herkömmlichen Handelsgesellschaften (OHG, KG, GmbH, AG) auch ausländischen Investoren zur Verfügung stellt. Eine Umwandlung der staatlichen Betriebe in diese Rechtsformen ermöglicht das Ges. Nr. XIII/1989. Die Stellung der Einzelunternehmer ist im Ges. Nr. V/1990 auf der Basis der Gewerbefreiheit geregelt worden (vgl. V). Auch ein modernes Wettbewerbs-, Kartell-, Konkursrecht u. a. liegt inzwischen vor.

4. Strafrecht

Das überkommene Strafrecht wurde nach den unter sowjetischen Einflüssen stehenden einzelgesetzlichen Eingriffen der 50er Jahre zweimal in einem eigenständig „sozialistischen" Sinne kodifiziert (Ges. Nr. V/1961 und Nr. IV/1978). Das letztere Strafgesetzbuch ist seither vielfach geändert worden, um es den völkerrechtlichen Vorgaben der Internationalen Menschenrechtspakte und den Anforderungen des Rechtsstaats anzupassen.

IV. Bevölkerungs- und Sozialstruktur

Die Grenzen U.s wurden nach dem I. Weltkrieg ohne Rücksicht auf die Verteilung der ethnischen Gruppen festgelegt. Dadurch und infolge der politischen Ereignisse nach dem II. Weltkrieg (Auswanderung) leben heute ca. 6 Mio. Ungarn außerhalb der Staatsgrenzen, z. T. in Nachbarstaaten, aber auch in Nord- und Südamerika, Israel und Australien. Von der Gesamtbevölkerung sind 96,6% Ungarn, 1,6% dt. und 1,1% slowak. Nationalität, ferner ca. 320 000 Zigeuner und Angehörige weiterer kleinerer Volksgruppen.

Nach dem II. Weltkrieg hatte in demographischer Hinsicht das Absinken der jährlichen *Geburtenziffer* von 21‰ (1947/50) auf 11,4‰ (1989) die größte Bedeutung. Die *Sterbeziffer* lag 1989 bei 13,3‰, die durchschnittliche Kinderzahl bei 1,8 pro Familie. 1980 waren 35,6% aller Familien kinderlos. Seitdem steigt jedoch der Anteil von Familien mit 2 Kindern wieder leicht. Die Bevölkerungszahl ist aber seit 1981 rückläufig (Jahresdurchschnitt: –1‰), trotz stark gesunkener *Säuglingssterblichkeit* (1975–89: von 32,8 auf 15,8‰). Schätzungen rechnen mit einem Rückgang um 300 000 E. bis zum Jahre 2000. Räumliche Disparitäten der Bevölkerungsentwicklung blieben z. T. bestehen, auch wenn die Unterschiede geringer wurden. Traditionelle generative Muster haben sich z. B. im NO (Hajdú-Bihar) erhalten, wo bei überdurchschnittlicher Fruchtbarkeit die Bevölkerung noch wächst. In stärker industrialisierten Gebieten mit junger Bevölkerung (z. B. Komárom, Veszprém) ist die Bilanz ausgeglichen; im südl. Transdanubien nimmt die Bevölkerungszahl ab; in der Region Budapest wird sie durch Geburtenüberschüsse junger Zuwanderer beeinflußt. Die durchschnittliche *Lebenserwartung* blieb seit 1970 relativ konstant (bei Männern 66, bei Frauen 74 Jahre). In der *Altersstruktur* steigt der Anteil der über 60jährigen (1949–90 von 11,6 auf 19,0%). Den demographischen Wandel reflektiert auch die Veränderung der *Haushaltsstruktur.* Während die Zahl der privaten Haushalte 1960–84 von 3,079 Mio. auf 3,831 Mio. wuchs, sank gleichzeitig die durchschnittliche Zahl der Personen pro Haushalt auf 2,7. Entsprechend der allgemeinen Tendenz der Industrieländer stieg der Anteil der Ein-Personen-Haushalte von 14,5 auf 19,6%. Mehrgenerationenhaushalte gibt es nur noch selten.

Von der *Binnenwanderung* profitieren v. a. die größeren Städte, insbes. die Region Budapest. Auch im Fremdenverkehrsgebiet Balaton wächst die Bevölkerung. Kleinere Siedlungen in Transdanubien haben jedoch im letzten Jahrzehnt z. T. über 20% ihrer Bevölkerung verloren. Der Dichtewert für ganz U. hat leicht sinkende Tendenz, besonders im Alföld. Das Maximum eines Komitats erreichte 1986, nach der Region Budapest, Komárom (142), das Minimum Somogy (58). Von der Abwanderung sind insbes. die Tanyas (ländliche Außensiedlungen) betroffen. Die Bevölkerung des Komitats Budapest wuchs 1970–86 um rd. 4%; die Hauptstadt weist eine überragende Konzentration von politischen, wirtschaftlichen und kulturellen Aktivitäten auf und beherbergt rd. 20% der ungar. Bevölkerung. Insgesamt überwiegt die Stadtbevölkerung mit 63,0% (1988). Die in der ursprünglichen zentralörtlichen Hierarchie nachfolgenden Städte liegen heute außerhalb U.s (z. B. Zagreb, Preßburg), so daß nur Miskolc und Debrecen mehr als 200 000 E. zählen.

Der gesamtgesellschaftliche Wandel wird in der *Beschäftigtenstruktur* sichtbar. Die Erwerbsquote beträgt 58,3%. 1988 waren in der Land- und Forstwirtschaft 18,8%, in der Industrie und im Baugewerbe 38,0%, im tertiären Sektor 43,2% der Beschäftigten tätig. Der Anteil der im primären Sektor Tätigen lag 1949 noch bei 53,9%, die Zahl der im sekundären Sektor Tätigen hat sich 1930–80 verdoppelt. Daran wird die Dynamik dieses Prozesses deutlich. Mit Umschichtung in der Beschäftigtenstruktur lief die Konzentration der Arbeitsplätze in großen Siedlungen parallel. Die Folge war auch die Entwicklung von Netzstrukturen im Pendelverkehr. Der Anteil der Tagespendler betrug 1988 24% der Erwerbstätigen. Nach Budapest pendeln täglich 205 000 Arbeitskräfte. U. folgt damit der sozioökonomischen Entwicklung westeurop. Länder.

V. Wirtschaft

Wichtigste *Rohstoffvorkommen* sind Braunkohle und hochwertiges Bauxit. Auch Erdöl und Erdgas werden gefördert, ferner Mangan, Dolomit und Kaolin. Die Eisenerzvorkommen sind erschöpft. Die Vorkommen an Energieträgern reichen nicht aus, um den Bedarf zu decken, so daß umfangreiche Importe von Erdöl, Erdgas und Steinkohle erforderlich sind. 46% der Elektrizitätserzeugung kommen aus Kernkraft.

Nach dem II. Weltkrieg wurde ein planwirtschaftliches *Wirtschaftssystem* installiert: Das Privateigentum an den Produktionsmitteln wurde beseitigt (Dez. 1949), der Handel verstaatlicht bzw. genossenschaftlich organisiert, die Wirtschaft über Fünfjahrpläne gelenkt. Die Preisbildung erfolgte zentral durch ein staatliches Preiskomitee bzw. durch Fixierung der nach zentralen Richtlinien erstellten Preise. Die Landeswährung war nicht konvertibel, ihr Wechselkurs wurde ebenfalls zentral festgesetzt. Der Außenhandel war beim Staat monopolisiert. Wichtigste Lenkungsorgane der Wirtschaft waren die Staatliche Plankommission, die Industrieministerien und die Wirtschaftsvereinigungen. Die Landwirtschaft war in Kollektiv- bzw. Staatsgütern organisiert und wurde von einem Agrarministerium geleitet.

Seit 1968 wurde versucht, das zentralistische System durch Reformmaßnahmen flexibler zu gestalten. Anfang der 70er Jahre erfolgte jedoch eine Rezentralisierung. Danach gab es eine Vielzahl weiterer Reformansätze, die jedoch alle nicht an den Grundfesten des sozialistischen Systems rüttelten. Nach den politischen Umwälzungen (vgl. II) wurde 1988 die Marktwirtschaft zum wirtschaftspolitischen Programm erklärt (zu den entsprechenden Gesetzgebungen vgl. III). Die Verfassung von 1989 enthält aber, im Unterschied zu ihrer Vorgängerin, keine Festschreibung des Wirtschaftssystems. Die Privatisierung v. a. der staatlichen Großbetriebe wird von der „Staatlichen Vermögensagentur" durchgeführt; kleinere Staatsbetriebe wurden von Privatpersonen ohne öffentliche Ausschreibung („spontane Privatisierungen") übernommen. Auslandskapital wird durch eine liberale Gesetzgebung in das Land geholt. Joint ventures und Unternehmen, die sich zu 100% in ausländischer Hand befinden, sind möglich. Privatbetriebe dürfen bis zu 500 Personen beschäftigen. Ausländer werden wie Inländer behandelt. Die imperative Planung wurde durch eine indikative ersetzt, die Preisbildung weitgehend (zu 85%) freigegeben. Im März 1991 beschloß die Regierung ein umfangreiches wirtschaftliches Reformpaket (u. a. volle Konvertibilität des Forint ab 1993).

Die *Landwirtschaft* beschäftigt (1988) knapp 20% der Erwerbstätigen und liefert ca. 15% des BSP. Etwa 15% der landwirtschaftlichen Produktion werden in Staatsgütern, 48% in LPGs und 36% in privaten Betrieben (Haus-, Neben- und Privatwirtschaften) erbracht. Auf letztere entfallen 11,5% der landwirtschaftlich genutzten Bodenfläche. Auch für die Landwirtschaft wird die Wiedereinführung privatwirtschaftlicher Verhältnisse propagiert. Es wird angestrebt, die Verhältnisse von vor 1947 wiederherzustellen oder bei mangelndem Willen der Bauern zur Selbständigkeit die LPGs in echte Genossenschaften oder Kapitalgesellschaften umzuwandeln. Die Bauern haben nunmehr das Recht zum Austritt aus der Genossenschaft. Beschränkungen für den Kauf und Verkauf von Grund und Boden sind seit 1989 aufgehoben. Die Umgestaltung des Agrarsystems hat zu einer wesentlich besseren Versorgung der Bevölkerung mit Lebensmitteln geführt.

Dem sowjet. Vorbild folgend, wurde nach dem II. Weltkrieg eine Wirtschaftspolitik der forcierten *Industrialisierung* betrieben. Diese war verbunden mit einer Bevorzugung der Schwer- vor der Leichtindustrie, woraus ein spürbarer Konsumgütermangel und ein Kaufkraftüberhang resultierten. Die extensive Industrialisierung führte zu einer Überalterung der Produktionskapazitäten und zu mangelnder weltwirtschaftlicher Wettbewerbsfähigkeit. Das Ergebnis waren „quasientwickelte Strukturen" *(F. Janossy)*: Der Beitrag der Industrie zum BSP nahm zu, jedoch bei stagnierendem technischen Entwicklungsstand.

Im Zeitpunkt des Übergangs zur Marktwirtschaft ist U. als Schwellen- oder Agrar-Industrieland zu bezeichnen. Die neue Wirtschaftspolitik verfolgt das Ziel einer Beseitigung der durch die sozialistische Mißwirtschaft entstandenen Fehlstrukturen, einer Lösung der Umweltproblematik, einer Modernisierung der Industrie und einer Wiedereingliederung in die Weltwirtschaft. Die Volkswirtschaft soll sich gleichgewichtig entwickeln; private Initiative wird gefördert.

Auf Grund seiner Einbindung in den RGW war der Außenhandel U.s stark auf dessen Mitglieder orientiert. Noch 1988 wurden 44,3% der Importe und 45,5% der Exporte mit diesen Ländern abgewickelt, mit den Ländern der EG dagegen 25,4% der Importe und 22,6% der Exporte. Wichtigste Handelspartner sind die UdSSR und Deutschland. U. bemüht sich erfolgreich um eine regionale Umorientierung seines Außenhandels in Richtung westl. Industrieländer, insbes. Westeuropas. Das staatliche Außenhandelsmonopol wurde abgeschafft. Die vom kommunistischen Regime zu verantwortende hohe Auslandsverschuldung (1990: 22 Mrd. US-$) stellt für die demokratische Regierung eine schwere Bürde dar. Sie glaubt, die Wirtschaftsprobleme durch eine enge Bindung an die EG lösen zu können und strebt dort die Mitgliedschaft an. 1989 haben U. und die EG ein 10jähriges Kooperationsabkommen abgeschlossen, das dem Land zahlreiche Privilegien einräumt, Mitte Dez. 1991 ein Assoziierungsabkommen.

U. besitzt zwar eine gute *Verkehrsinfrastruktur,* die

aber in der Zeit des Sozialismus stark vernachlässigt wurde. Für die Güterbeförderung ist die *Eisenbahn* der wichtigste Verkehrsträger (Anteil an der Gesamtverkehrsleistung 1990: 40,3%). Das Schienennetz wurde allerdings 1970–90 um 1359 auf 8038 km verkürzt (ca. 2200 km sind elektrifiziert). Das *Straßennetz* wurde in diesem Zeitraum um nur 195 km auf 29 741 km erweitert. Davon sind 267 km Autobahnen. Der Anteil des Güterkraftverkehrs an der Gesamtverkehrsleistung beträgt 11,9%. Einen bedeutenden Anteil an der Verkehrsleistung haben auch die *Binnenschiffahrt* (35,9%), v. a. auf Donau und Theiß (schiffbare Wasserstraßen insgesamt ca. 1600 km), und der *Rohrleitungstransport* (11%). Das Rohrleitungssystem ist in den vergangenen Jahrzehnten stark ausgebaut worden (1990: 7111 km).

VI. Kultur, Religion, Bildung

Die ungar. *Sprache* (Magyar) gehört zum ugrischen Zweig der finnisch-ugrischen Sprachfamilie. Sie wird auch von den Ungarn in Jugoslawien, Rumänien und in der Tschechoslowakei gesprochen. Ihr Aufbau ist grundverschieden von allen indoeurop. Sprachen. Als Schriftsprache tritt sie Anfang des 13. Jh. (sog. Grabrede „Halotti beszéd") hervor. Deutsch wird nur von 20% der ca. 200 000 Ungarndeutschen gesprochen. Außerdem gibt es kleinere Gruppen Slowaken, Kroaten, Serben, Rumänen und ca. 320 000 Zigeuner, die sich ihrer Muttersprache bedienen.

Die Ungarn waren das erste Volk, dem es gelang, im Donaubecken vor 1100 Jahren einen dauerhaften Staat zu gründen (vgl. II). Mit der Einwurzelung in die westl. Kultur durch die Übernahme des Christentums nach lat. Ritus fand das aus verschiedenen ethnischen Gruppen bestehende Völkergemisch seine Identität, die sich nicht auf die eigene ethnische Struktur, sondern auf die besondere Kultur bezieht. Ausschlaggebend für die weitere Entwicklung waren die großen europ. Kulturwellen, die bis U. vordringen konnten: Die Romanik (ungar. Königsmantel, 1031), die Gotik (königliche Burg in Esztergom [Gran]), die Renaissance (Palast des Königs Matthias Corvinus in Visegrád, Bakócz-Kapelle in Esztergom; illuminierte Handschriften: sog. „Corvinen"), der Barock (Schloß Eszterházy in Eisenstadt und Fertöd; Schloß des Prinzen Eugen in Ráckeve). Auch Humanismus, Reformation und Gegenreformation (im 17. Jh. schuf Kardinal *Péter Pázmány* die ungar. Prosa) haben die ungar. Kultur befruchtet. Alle Kunstrichtungen nach der Jahrhundertwende (Jugendstil, Bauhaus usw.) fanden starken Nachhall in Ungarn. *László Moholy-Nagy, Victor de Vasarély* und *Marcel Breuer* wurden außerhalb U.s wichtig für die moderne Kunst. In der *Musik* besitzt U. in der Volksmusik ein bedeutendes Erbe, auch in der Zigeunermusik. Die großen Erneuerer der ungar. Musik im 20. Jh. waren *Béla Bartók* und *Zoltán Kodály*, die durch ihre Sammlertätigkeit und die ihres Kreises die Volksmusik erschlossen und diese auch in ihr eigenes Schaffen integrierten.

Die kulturelle Entwicklung wurde durch die Machtübernahme der Kommunisten 1948 schlagartig abgebrochen. Die totalitäre Ideologie wirkte sich nicht nur auf die Politik, sondern auf das gesamte gesellschaftliche, kulturelle („sozialistischer Realismus") und kirchliche Leben aus. Das „sozialistische Lager" wurde von „Mitteleuropa" gelöst. Die Ungarn verstehen sich kulturell aber als Mitteleuropäer. Auch nach der Niederwerfung der Revolution 1956 gelang es der Staatsideologie nicht, die marxistische Weltanschauung für die Situation des einzelnen zu konkretisieren und anziehend zu machen.

Die Anzahl der Ungarn, die sich Christen nennen, ist erheblich kleiner geworden. 1949 gab es 70,5% Katholiken, 21,9% Reformierte, 5,2% Lutheraner und 2,7% griech. Katholiken, ferner 1,5% Juden. Die allgemeine Säkularisierung zeigte in U. ihre Wirkungen wie in vielen anderen Ländern Europas, wenn auch nicht in dem Ausmaß, in dem man es hätte erwarten müssen. Die Tendenz zur Säkularisierung wurde sogar um 1978 angehalten. Während sich bis dahin immer weniger Menschen (36,3% der Befragten) als religiös eingestuft haben, bezeichnen sich gegenwärtig etwa 60% der Ungarn als religiös, obwohl 1948 ein massiver Kampf gegen die Kirchen ausbrach. Die religiösen Orden wurden aufgehoben, die Kirchen ihrer Infrastruktur beraubt, ihre Tätigkeit auf den Kirchenraum eingeengt, der Religionsunterricht unmöglich gemacht. Der Priestermangel in der kath. Kirche ist enorm, der Priesternachwuchs der 3 Erzbist. und 8 Bist. (alle seit 1976 wieder besetzt) steht an der vorletzten Stelle in Europa (mit Ausnahme des der einzigen griech.-kath. Diözese, die 8mal soviel Seminaristen hat wie die lat. Diözesen). Die seit 1978 im theologischen Fernstudium ausgebildeten 2000 Laien werden noch nicht in die kirchliche Arbeit einbezogen. Die Schäden, die das Zwangsregime angerichtet hat, lassen auch bezüglich des religiösen Ausstrahlungsradius der Kirchen keine Illusionen zu, zumal diese in U. keinen entscheidenden Anteil an der politischen Entwicklung der letzten Jahre hatten. Gewisse klerikale, restaurative und nationalistische Tendenzen sind erkennbar. Es fehlt weitgehend der Bezug zu neuen eigenständigen gesellschaftlichen Entwicklungen.

Im *Bildungsbereich* besteht Schulpflicht vom 6.–16. Lebensjahr. Nach dem Besuch der Grundschule (6.–14. Lebensjahr) stehen 4 verschiedene Sekundarschultypen für die Weiterbildung zur Verfügung, entweder zur technisch-praktischen Ausbildung oder mit dem Schwerpunkt Allgemeinbildung und Sprachen. Es bestehen 9 Universitäten, 9 Technische Hochschulen und weitere Hochschulen.

Ziel der neuen Kulturpolitik ist die Abschaffung des staatlichen Bildungsmonopols, der marxistischen Ideologie als Grundlage der gesamten Bildung und die Herstellung der kulturellen und religiösen Freiheit.

LITERATUR

Allgemein:
Südosteuropa-Hdb. Hg. K.-D. **Grothusen.** Bd. 5: U. Göttingen 1987 (Lit.).

Zu I und IV:
G. **Markos**, U. Land-Volk-Wirtschaft in Stichworten. Wien 1971. – M. **Pécsi**, B. **Sárfalvi**, Physical and Economic Geography of Hungary. Budapest 1977. – Statist. Tb. U.s 1988. Hg. Statist. Zentralamt U. Budapest 1989. – National Atlas of Hungary. Hg. Ungar. Akad. der Wiss. Budapest 1989. – Lber. U. 1992. Stuttgart 1992.

Zu II:
Th. v. **Bogyay**, Grundzüge der Geschichte U.s Darmstadt 1967, ³1977. – I. T. **Berend**, G. **Ránki**, Underdevelopment and economic growth. Studies in Hungarian social and economic history. Budapest 1979. – T. **Hajdu**, The Hungarian Soviet Republic. Budapest 1979. – B. **Kovrig**, Communism in Hungary. From Kun to Kádár. Stanford (Calif.) 1979. – G. **Schöpflin**, Hungary between prosperity and crisis. London 1981. – H. **Fischer**, Politik und Geschichtswissenschaft in U. Die ungar. Geschichte von 1918 bis zur Gegenwart in der Historiographie seit 1956. München 1982. – I. **Völgyes**, Hungary. A Nation of contradictions. Boulder (Col.) 1982. – J. K. **Hoensch**, Geschichte U.s 1867–1983. Stuttgart 1984. – The First war between socialist states: The Hungarian Revolution of 1956 and its impact. Hg. B. K. **Király u.a.**, New York 1984. – M. **Molnár**, De Béla Kun à János Kádár. Soixante-dix ans de communisme hongrois. Paris 1987. – Die Geschichte U.s. Von den Anfängen bis zur Gegenwart. Hg. P. **Hanák**. Budapest, Essen 1988. – G. **Schöpflin**, R. **Tökés**, I. **Völgyes**, Leadership Change and Crisis in Hungary, in: Problems of Communism 37 (1988) Sept.–Oct., 23 ff. – The Hungarians. A divided nation. Hg. St. **Borsody.** New Haven

1988. – P. A. **Toma,** Socialist authority. The Hungarian experience. New York 1988. – J. K. **Hoensch,** U. Hdb. Geschichte, Politik, Wirtschaft. Hannover 1991.

Zu III:
G. **Brunner,** Die Verfassungsentwicklung in U. seit der Verfassungsrevision von 1972, in: JöR N. F. 30 (1981) 279 ff. – **Ders.,** Die neue Verfassung der Republik U., in: Jb. für Politik 1 (1991) 297 ff.

Zu V:
Z. **Szabó-Raducziner,** Pläne, Märkte und laufende Prozeßpolitik in U. Bern 1988.

Laufende Veröffentlichungen:
Die wirtschaftliche Entwicklung in den sozialistischen Ländern Osteuropas zur Jahreswende ... Hamburg. – Statistical Yearbook of internal trade. Budapest. – OECD Economic Surveys – Hungary. Paris.

Zu VI:
Mi a magyar? (Was ist ungarisch?). Hg. G. **Szekfü.** Budapest 1939. – Hdb. des ungar. Katholizismus. Hg. J. **Morel,** E. **András.** Wien 1975.

Karl Ruppert (I, IV), *Edgar Hösch* (II),
Georg Brunner (III), *Werner Gumpel* (V),
Thomas Nyíri (VI)

VATIKANSTADT

Amtlicher Name	Stato della Città del Vaticano (Staat der Vatikanstadt) Status Civitatis Vaticanae (Vatikanstadt)
Staatsform	absolute Wahlmonarchie
Fläche	0,44 km²
Bevölkerung	rd. 400 Staatsbürger
Sprache	Latein, Italienisch (Amtssprachen)
Währung	1 Vatikan-Lira = 100 Centesimi (Parität zur ebenfalls gültigen italienischen Währung)

Der „Staat der V.", der kleinste Staat der Erde, liegt innerhalb des Staatsgebiets →Italiens im NW der Stadt Rom auf dem rechten Tiberufer, von der Leoninischen Mauer dreiseitig umgeben. Je 1/3 des Territoriums nehmen die vatikanischen Gärten, die Straßen und Plätze sowie Gebäude (u. a. Petersdom, Apostolischer Palast) ein. Nicht zum Staatsgebiet gehören die Immobilien in der Stadt Rom und deren Umgebung mit dem Privileg der Exterritorialität und der Befreiung von Enteignung und Besteuerung (z. B. die Kirchen San Giovanni in Laterano, Santa Maria Maggiore, San Paolo fuori le mura oder die päpstliche Sommerresidenz in Castel Gandolfo) sowie jene Liegenschaften, die von der Enteignung und Besteuerung durch den it. Staat ausgenommen sind (u. a. die Päpstliche Universität Gregoriana, das Bibelinstitut und das Orientalische Institut).

Zahlreich sind die bedeutenden Institutionen von Kunst und Wissenschaft, u. a.: Vatikanische Museen (mit der Sixtinischen Kapelle und Pinakothek), Vatikanische Bibliothek, Vatikanisches Archiv, Päpstliche Akademie der Wissenschaften.

Der Staat der V. ist im Rahmen der *Lateranverträge* aus der politischen Vereinbarung (Trattato) hervorgegangen, die zwischen dem →Heiligen Stuhl und dem Kgr. Italien am 11.2.1929 getroffen und am 7.6.1929 ratifiziert worden ist. Zweck der Staatsgründung war es, dem Hl. Stuhl durch ein eigenes Territorium eine international unanfechtbare Souveränität zu sichern.

Von seiner Entstehung her hat sich die V. als ein vom Hl. Stuhl zu unterscheidendes Völkerrechtssubjekt verstanden, das alle wesentlichen Staatsaufgaben wahrnimmt, wenngleich in besonderer Hinordnung auf den geistlichen Sendungsauftrag des Hl. Stuhles als oberstes Leitungsorgan der kath. Kirche. Wichtigstes Staatsziel ist deshalb die Dienstfunktion der V. gegenüber dem Hl. Stuhl.

Als absolutem Wahlmonarchen steht dem →Papst gemäß Art. 1 des Staatsgrundgesetzes die volle gesetzgebende, ausführende und rechtsprechende Gewalt über die V. zu, die er teils persönlich, teils durch Vertretungsorgane ausübt. Solche sind für die *Gesetzgebung* der Kardinalstaatssekretär und mit Einschränkungen eine aus bis zu 7 Kardinälen bestehende „Päpstliche Kommission für den Staat der V.". Ihr obliegt auch die *Verwaltung* der V., wobei sie sich je nach Aufgabenbereich verschiedener Generaldirektionen bedient, über die ein Spezialbevollmächtigter wacht, dem der Generalsekretär des Governatorats zur Seite steht. In der *Rechtsprechung* wird das staatliche vom kanonischen Rechtsbereich unterschieden. Den ersten regelt eine am 27.11.1987 modifizierte Gerichtsordnung, während Johannes Paul II. am selben Tag durch Motuproprio „Quo civium iura" ein erstinstanzliches Kirchengericht für den Teil der Diözese Rom geschaffen hat, der sich auf vatikan. Staatsgebiet befindet.

Die V. schließt als gleichberechtigter Partner mit anderen Staaten internationale Verträge (→internationales Vertragsrecht) ab, die keine →Konkordate sind; sie tritt internationalen Konventionen bei und übt das mit dem Hl. Stuhl gekoppelte aktive und passive Gesandtschaftsrecht aus (→päpstliches Gesandtschaftswesen). Die diplomatische Anerkennung aufgrund gegenseitiger Akkreditierung von Nuntien oder Pro-Nuntien bzw. Botschaftern erfolgt seitens des Hl. Stuhles sowohl im Namen der Kirche als auch kraft der souveränen Völkerrechtssubjektivität der V., wobei die geistliche Komponente meistens den Vorrang hat. Das gilt auch für die Teilnahme des Hl. Stuhles an internationalen Konferenzen, bei welchen er entweder als oberstes Leitungsorgan der kath. Kirche vertreten ist oder die Interessen der V. wahrnimmt oder ggf. aufgrund seiner doppelten Rechtspersonalität anwesend ist.

LITERATUR

J. **Puente Egido,** Personalidad internacional de la Ciudad del Vaticano. Madrid 1965. – H. F. **Köck,** Die völkerrechtliche Stellung des Hl. Stuhls, dargestellt an seinen Beziehungen zu den Staaten und internationalen Organisationen. Berlin 1974. – W. **Schulz,** Lo Stato della Città del Vaticano e la Santa Sede, in: Apollinaris 51 (1978) 661 ff. – **Ders.,** Leggi e disposizioni usuali dello Stato della Città del Vaticano. 2 Bde. Rom 1981/82. – S. **Carmignani Caridi,** Curia Romana e Stato della Città del Vaticano, in: Studi in onore di L. Spinelli. Hg. G. Dalla Torre. Modena 1990, 259ff. (Lit.). – W. **Schulz,** Die neuen vatikan. Gerichtsordnungen, in: Fides et Ius. FS G. May. Hg. W. Aymans u. a. Regensburg 1991, 237ff.

Periodicum:
Annuario Pontificio. Città del Vaticano.

Winfried Schulz

AMERIKA

NORDAMERIKA

I. Geographische Lage und Größe

Die Teile des Doppelkontinents Amerika sind durch eine schmale Landbrücke verbunden. An der ca. 200 km breiten Stelle, dem *Isthmus von Tehuantepec* in ↗Mexiko, wird die physisch-geographische Grenze zwischen N. und ↗Südamerika gesehen. Einschließlich des ↗Arktischen Archipels (u. a. mit Ellesmere Island, Victoria Island, Baffin Island) und ↗Grönlands hat N. danach eine Größe von 23,5 Mio. km². Bekannter ist die Unterteilung nach den vorherrschenden ehem. europ. Kolonialmächten in das vorwiegend brit. beeinflußte „Angloamerika" (↗Großbritannien) und in das von ↗Spanien und ↗Portugal geprägte „Lateinamerika" bzw. „Iberoamerika". Die Bereiche teilen sich an der Grenze USA/Mexiko, am Rio Grande del Norte, wobei allerdings eine kulturelle Übergangszone besteht. Auch muß die frz. bestimmte Provinz Quebec in Kanada als Besonderheit herausgestellt werden. Der Kulturerdteil Angloamerika umfaßt somit die ↗Vereinigten Staaten von Amerika und ↗Kanada, zusammen 19,3 Mio. km².

Die *N-S-Erstreckung* führt über fast 60 Breitengrade, von Ellesmere Island (83° n. Br.) bis Key West/Florida (25° n. Br.), eine Luftlinie von über 6600 km. Die größte O-W-Entfernung wird auf einer Linie von Neufundland bis zu den Aleuten erreicht, eine Luftlinie von fast 8000 km. Diese Ausdehnung hat zur Folge, daß die Länder in mehrere *Zeitzonen* unterteilt sind: Kanada in sechs mit einem Zeitunterschied von etwa fünf Stunden, die USA in vier. Für Wirtschaft und Verkehr bedarf es daher einer guten Abstimmung, zumal die Zeitzonen vielfach nicht mit administrativen Grenzen übereinstimmen.

II. Naturräumliche Einheiten

1. Geologisch-morphologische Regionen

Die Landschaften N.s lassen sich in wenige Regionen zusammenfassen: Geologisch ältester Teil ist der *Kanadische Schild*, der große Bereiche des N im Umkreis der Hudson Bay einnimmt. Das flachwellige Relief wird von anstehenden Felsen und Hohlformen mit Sümpfen und zahlreichen Seen bestimmt. Das Gestein (Granite, Gneise u. a.) birgt Erzlager, v. a. Buntmetalle. Dieser seit langem stabile Festlandskern *(Kraton)* setzt sich in der Tiefe nach W und S fort. Er wird hier überlagert von mächtigen Sedimenten, die im Verlauf der Erdgeschichte bis ins Tertiär abgelagert wurden. Zu den umgebenden Ebenen gehören das *St.-Lorenz-Tiefland*, *Südontario* und das *Zentrale Tiefland* der USA im Bereich der Großen Seen und des Mississippi/Missouri. Dieses geht im S in die *Küstenebene* über, die sich um den Golf von Mexiko legt und die Halbinsel Florida einschließt. Im W schließen sich die *Inneren Ebenen* an, die den Kontinent vom Arktischen Meer bis zum S durchziehen und hier in die Küstenebenen übergehen. Sie setzen sich aus weiträumigen Plateaus zusammen, deren Höhenlagen von 500–1500 m nach W ansteigen und die durch Stufen getrennt sind. In einem äußeren Ring schließen sich Gebirgszüge an: die arktischen *Innuitians* im hohen N (bis 2600 m), die *Appalachen* im O und die *Kordilleren* an der pazifischen Seite. Die älteren *Appalachen*, die sich von Neufundland bis in den SO der USA erstrecken, sind ein weitgehend abgetragenes Rumpfgebirge. Einzelne Höhenzüge heben sich heraus: im N die *White Mountains* (1917 m), im S die *Great Smoky Mountains* (höchste Erhebung der *Mt. Mitchell*, 2017 m). Der Eindruck eines Mittelgebirges wird auch durch ein dichtes Waldkleid gewonnen, das über 1000 m hinaufreicht. Anders sind die geologisch jüngeren und den Alpen vergleichbaren *Kordilleren* im W gestaltet. Sie durchziehen den Kontinent von N nach S und erreichen eine maximale Breite von 1500 km. Deutlich heben sich drei Zonen ab: die östl. Kette der *Rocky Mountains* mit Höhen von über 4000 m, eine Folge von intermontanen Becken und Plateaus und die stark gegliederten Küstenketten, in deren Bereich die höchsten Erhebungen (Alaskakette mit *Mt. McKinley*, 6193 m) und größten Vertiefungen *(Death Valley*, 86 m unter Meeresspiegel) liegen. Die Region ist relativ instabil, was sich durch Vulkanismus (1980 Ausbruch des *Mt. St. Helens* im Kaskadengebirge) und Erdbeben (wie zuletzt im Okt. 1989 im Großraum von San Francisco) zeigt. Reiche Bodenschätze, nutzbare Wasserkräfte und Wälder sowie v. a. attraktive Landschaften zeichnen die Gebirge aus.

2. Klima und Vegetation

Die N-S-Erstreckung der Gebirge hat bedeutende Auswirkungen auf das *Klima*. Da der Kontinent in der Westwindzone liegt, weist der pazifische Küstenraum im Luv der Gebirge hohe Winterniederschläge von über 2000 mm/Jahr auf; im Lee gehen sie dagegen auf unter 500 mm/Jahr zurück, was in den Great Plains zu Dürrekatastrophen führen kann. Der O ist mit mehr als 1000 mm/Jahr wieder als humider zu bezeichnen. Höhe und Verlauf der Temperaturen ändern sich dagegen in N-S-Richtung. Die Zonen reichen von der Arktis bis zu den Tropen an der Südspitze Floridas; kalt- bzw. warm-gemäßigte Klimate herrschen vor. Weite Bereiche liegen im kontinental geprägten Inneren des Kontinents mit starken Gegensätzen zwischen Sommer und Winter. Nur in den unmittelbaren Küstenlandschaften sind die Temperaturen ausgeglichener und allgemein milder. Hinzu kommt, daß die offenen Inneren Ebenen einen ungehinderten Austausch von Luftmassen zulassen, d. h., kalte Polarluft kann bis

Florida vordringen und hier erhebliche Schäden in den Obstplantagen verursachen, feucht-warme Luft bis weit nach Norden. Im Gefolge des Luftaustausches treten Temperaturstürze, Blizzards und Tornados auf. Die Südküsten sind dagegen von tropischen Wirbelstürmen, den Hurricans, bedroht.

Entsprechend den Klimaunterschieden ist die natürliche *Vegetation* gegliedert: im N herrschen offene Tundra und ein borealer Nadelwaldgürtel vor, im O und in den westl. Gebirgen bestimmen Waldformationen mit wechselnden Baumarten das Bild. Die trockenen inneren Bereiche, die Prärien und Plains, waren vor der Kultivierung eine natürliche Grassteppe, deren Bewuchs nach W abnahm. Ebenfalls findet sich in den intermontanen Becken eine spärliche Vegetation, die der Trockenheit angepaßt ist; hier kommen auch Wüsten vor.

3. Gewässernetz

Durch das Großrelief liegt die Hauptwasserscheide des Kontinents weit im W, in den Rocky Mountains. Nur der Bereich der Kordilleren mit den wichtigsten Flüssen *Yukon, Fraser, Columbia* und *Colorado* entwässert in den Pazifik; der weitaus größere Teil des Landes dagegen nach N, S und O, also letztlich in den Atlantischen Ozean. Den größten Einzugsbereich hat der *Mississippi* mit 3,2 Mio. km^2, der zusammen mit seinem größten Nebenfluß, dem *Missouri*, rd. 6400 km lang ist. Direkt in den Atlantik mündet der *St.-Lorenz* (1270 km lang), der die Wasser der *Großen Seen* (Gesamtfläche 245 200 km^2) aufnimmt. Die Verbindung ist zu einem Großschiffahrtsweg ausgebaut worden. Beeinträchtigt wird der Wert allerdings durch die Vereisung, die im Durchschnitt 3,5 Monate von Dez. bis April beträgt, ferner durch Höhenunterschiede, die zwischen *Erie-* und *Ontariosee* rd. 100 m ausmachen und durch den *Welland-Kanal* überwunden werden müssen. Sie werden eindrucksvoll durch die Niagarafälle demonstriert. Für acht bis neun Monate im Jahr ist der *Mackenzie*, mit 4240 km Länge bei einem Einzugsgebiet von 1,8 Mio. km^2 der größte Fluß Kanadas, durch Eis für die Schiffahrt blockiert. Er mündet mit einem breiten Delta ins nördl. Eismeer.

III. Kulturräumliche Entwicklungen und Gliederungen

1. Ureinwohner und Landung der Wikinger

Die ersten Bewohner N.s sind wahrscheinlich während der letzten Eiszeit um 40 000 v. Chr. aus Asien über die trockene Beringstraße gekommen. Weitere Einwanderungswellen folgten. Die bedeutendsten Kulturen haben sich im SW entwickelt. Als erste Europäer gelangten um 1000 n. Chr. Wikinger an die Atlantikküste, wie es Ausgrabungen auf Neufundland belegen. Allerdings sind ihre Entdeckungen in Vergessenheit geraten.

2. Europäische Einflüsse

Als europ. Mächte den Kontinent entdeckten und die ersten Siedlungen entstanden, lebten in N. ca. 2 Mio. Menschen, die Indianer genannt wurden. Bereits im 16. Jh. landeten *Spanier* in Florida und gründeten als erste Stadt St. Augustine (1565). Ferner drangen sie von Mexiko aus nach N vor, wo in Santa Fé eine bedeutende Handelsstation entstand. Der span. Einfluß konnte jedoch nur von wenigen Plätzen, besonders von Missionen, ausgehen, eine stärkere Besiedlung des Landes war nicht möglich. In der gleichen Zeit befuhren *Franzosen* den St.-Lorenz-Strom (*Jacques Cartier*, 1534) und gründeten später mit der Stadt Quebec (1608) die Kolonie Neufrankreich. Von hier aus drangen sie über die Großen Seen zum Mississippi und bis zu dessen Mündung vor. Wie Neuspanien im W, so entstand im Inneren des Kontinents *Louisiana*, ein riesiger, unscharf begrenzter Raum. Anders als im dicht besiedelten St.-Lorenz-Tal zeugen in Louisiana nur wenige Orte von der frz. Präsenz (z. B. Dubuque, St. Louis, gegr. 1764, oder New Orleans, 1718). Auch Frankreich war nicht in der Lage, eine größere Zahl von Einwanderern nach Amerika zu schicken. Als dritte europ. Macht griff *England* in N. ein. Entdecker wie *John Cabot*, *Martin Frobisher* u. a. hatten Ende des 15. und im 16. Jh. den engl. Anspruch begründet. Ein ausschlaggebender Vorteil Englands war, daß aus dem übervölkerten Land gleich Kolonisten einwandern konnten, die Siedlungen anlegten und mit Hilfe von privaten Handelskompanien zu wirtschaften begannen. Eine erfolgreiche Besitznahme ging von zwei Stellen aus: von Virginia, wo 1607 Jamestown und später Williamsburg als Zentren angelegt wurden, und ferner von der Landung der Pilgerväter (1620) in der Bucht von Boston, wo die Kolonie *Neuengland* entstand. Dem schnell erstarkenden engl. Einfluß unterlagen weitere europ. Rivalen, so *Schweden*, das im Bereich des Delaware eine Kolonie unterhielt, und *Holland*, das Siedler im Bereich des Hudson ansetzte und auf Manhattan als Zentrum Neuamsterdam, das spätere New York, gründete (1626). Auch im N und NW des Kontinents setzte sich die engl. Kolonisation durch; die 1670 gegr. „Hudson's Bay Company" beherrschte einen großen Bereich im Inneren, *James Cook*, der 1678 an der pazifischen Küste landete, ebnete dort den Weg für engl. Kolonien. Die hier gleichzeitig bestehenden russ. Handelsinteressen und -kontrollen, die von Alaska bis Nordkalifornien reichten, wurden zurückgedrängt. – Zur Herausbildung der staatlichen Einheiten ↗Vereinigte Staaten von Amerika (II), ↗Kanada (II).

3. Kulturräumliche Einheiten

In den meisten Provinzen Kanadas herrschen engl. Sprache und Traditionen vor, ausgenommen die Provinz Quebec. Sie ging aus der Kolonie *Neufrankreich* hervor, die nach seinem militärischen Sieg im *Frieden von Paris* (1763) an England fiel. Jedoch blieben Rechts- und Besitzverhältnisse, Religion, Sprache und kulturelle Eigenständigkeit bestehen, und es konnte sich hier ein besonderer Kulturraum erhalten. Über 80 % der Bewohner bekennen sich auch heute zur frz. Herkunft und Sprache, so daß Quebec einen besonderen Status hat. Ein weiterer von Franzosen geprägter Siedlungsraum liegt am unteren Mississippi mit New Orleans als Zentrum. Hierher wurden nach 1755 frz. sprechende Akadier, sog. *Cajuns*, aus dem atlantischen Bereich Kanadas zwangsweise umgesiedelt. Allerdings konnten sich Kulturraum und Sprache am Mississippi nicht so geschlossen behaupten; span. Einflüsse drangen besonders in die Städte New Orleans oder Mobile vor, weitere Zuwanderungen sowie die Industrialisierung haben in neuerer Zeit eine gewisse Auflösung bewirkt. Das span. Erbe im SW zeigt sich nicht nur an vielen Ortsnamen, sondern auch an alten Missionsstationen, an riesigen Viehzuchtbetrieben *(Ranchos)* von unregelmäßiger Begrenzung und nicht zuletzt an den sog. *Hispanics*, den Bürgern span./mexikan. Herkunft, von denen allerdings viele erst in neuerer Zeit eingewandert sind. Ebenfalls an Namen und Kirchen erkennt man auch die Siedlungsgebiete bestimmter Volksgruppen, die z. B. aus Deutschland, Schweden oder der Ukraine, v. a. in den Mittleren Westen eingewandert sind, sich jedoch heute weitgehend integriert haben. Ein bedeutender kulturräumlicher Gegensatz, der die Geschichte des Landes nachhaltig beeinflußte, hat sich in den USA zwischen dem NO und den südöstl. Staaten herausgebildet. Plantagenwirtschaft mit Sklaverei beherrschte lange Zeit den S, während sich in den Neuenglandstaaten vom Beginn der europ. Besiedlung an eine vielseitige gewerbliche Wirtschaft und Handel durchgesetzt haben. Hier begann die Industrialisierung, die mit einer starken Verstädterung verbunden war. Wenn auch besonders nach 1910 zahlreiche Nachkommen der Sklaven in die Industriestädte des N wanderten, blieben die Schwarzen im S konzentriert (1910: 89 %, 1980: 53 %). Dies drückt sich auch in geringeren Einkommen und einem hohen Anteil armer Bevölkerung aus. Noch sind die in der Geschichte verwurzelten Gegensätze nicht überwunden; ein Ausgleich bahnt sich erst allmählich an.

LITERATUR

J. H. **Paterson**, North America. A Geography of the United States and Canada. New York 1960, [8]1989 (Lit.). – C. W. **Stearn u. a.**, The Geological Evolution of North America. New York 1960, [3]1979. – C. B. **Hunt**, Natural Regions of the United States and Canada. San Francisco 1967, [2]1974 (1. Aufl. u. d. T.: Physiography of the United States). – B. **Hofmeister**, N. Frankfurt/M. 1970, N. A. 1988 [Fischer Länderkunde 6] (Lit.). – M. **Yeates**, B. J. **Garner**, The North American City. New York 1971, [4]1990 (Lit.). – N. im Kartenbild. Hg. K. **Lenz** u. a. Berlin 1976. – Our Continent. A Natural History of North America. Hg. National Geographic Society. Washington 1976. – St. S. **Birdsall**, J. W. **Florin**, Regional Landscapes of the United States and Canada. New York 1981, [3]1985. – P. **Guinnes**, M. **Bradshaw**, North America: A Human Geography. London 1985, [2]1986. – M. A. **Goldberg**, J. **Mercer**, The Myth of the North American City. Vancouver 1986. – North America. The Historical Geography of a Changing Continent. Hg. R. D. **Mitchell**, P. A. **Groves**, Totowa (N. J.) 1987 (Lit.). – G. **Raeithel**, Geschichte der nordamerikan. Kultur. 3 Bde. Weinheim 1987/89. – B. M. **Fagan**, Die ersten Amerikaner. München 1990 (Orig.: The Great Journey. New York 1987). – The Making of the American Landscape. Hg. M. P. **Conzen**. Boston 1990.

Karl Lenz

BERMUDAS

Amtlicher Name	Bermudas
Staatsform	Britische Kronkolonie mit innerer Autonomie (self governing Dependency)
Regierungssitz	Hamilton (3000 E.)
Fläche	54 km²
Bevölkerung	56 000 E. (1988). – 1040 E./km²
Sprache	Englisch
Religion	Anglikaner rd. 50 %; Katholiken 15 %; Afrikanisch-Methodistische Kirche
Währung	1 Bermuda-Dollar (BD$) = 100 Cents

Die B. sind ein isolierter Archipel im Westatlantik, knapp 1000 km vom nordamerikan. Festland entfernt, bestehend aus ca. 360 Inseln und größeren Sandbänken. Dank des Golfstroms sind die B. weltweit die am weitesten nördl. gelegenen Koralleninseln. Der Massenkalkkomplex ruht auf einem submarinen Vulkansockel und weist mit seinen zahlreichen Sandstrandbuchten eine äußerst bewegte Küstenlinie auf. Die starke Verkarstung als Ergebnis des maritim-subtropischen Klimas führte zur Bildung von Höhlenstrukturen. Die Durchschnitts-Temp. schwanken zwischen 17°C im Jan. und 26°C im Juli; die Jahresniederschläge betragen durchschnittlich 1460 mm. Als „Bermuda-Dreieck" wird insbes. ein für die Schiffahrt und Luftfahrt unfallträchtiges Seegebiet bezeichnet, das von den B., Puerto Rico und Florida begrenzt wird. Die Ursachen sind ungeklärt.

Entdeckt wurden die B. 1503 vom span. Seefahrer *Juan de Bermúdez*. Die Inseln blieben jedoch zunächst unbewohnt. Erst 1612 begannen die Engländer mit der Kolonisation, nachdem dort 1609 das Flaggschiff des Admirals *Sir George Somers* gestrandet war. Die B. gelten heute als die erste und damit älteste Kolonie Großbritanniens (seit 1684 Kronkolonie). Nach der Verfassung vom 8.6.1968 erlangten die Inseln innere Autonomie. Höchster Repräsentant ist der Gouverneur als Vertreter der brit. Krone. Der Premier führt ein zwölfköpfiges Kabinett. Es besteht ein Zweikammerparlament (House of Assembly und Legislative Council), das nach dem Mehrheitswahlrecht gewählt wird. Stärkste Partei ist die v. a. von Weißen getragene „United Bermuda Party". Die Rechtsordnung und die Verwaltung (einschließlich der Gliederung in 9 *Parishes*) entsprechen brit. Tradition. Ca. 3,6 km² Fläche sind seit 1941 als Luftwaffen- und Marinestützpunkt an die USA verpachtet.

Nur rd. 20 Inseln sind bewohnt. 37 % der Bevölkerung sind Weiße, vorwiegend europ. Abstammung, der größte Teil Farbige (Nachkommen afrikan. Sklaven). Das Bevölkerungswachstum ist in den 80er Jahren sehr maßvoll (unter 1 % pro Jahr). Der überwiegende Teil der Bevölkerung lebt in kleinstädtischen Siedlungen und ist im Handels- und Dienstleistungsbereich beschäftigt (daneben zahlreiche Pensionäre). Es gibt ca. 40 Kirchen und Religionsgemeinschaften, wobei neben der afrikan.-methodistischen und der röm.-kath. Kirche (ca. 15 %; Bist. Hamilton, Suffr. von Kingston, Jamaika) die anglikanische Kirche dominiert (über 50 %). Das Bildungswesen ist nach engl. Vorbild organisiert; es besteht Schulpflicht vom 5.–16. Lebensjahr.

Wirtschaftliche Bedeutung erlangten die B. durch den Seehandel. Der Schiffbau profitierte lange von auf den Inseln geschlagenem Zedernholz. Bis in die 30er Jahre hatte der Gemüseexport in die USA Bedeutung. Heute wird die Wirtschaft hauptsächlich vom Fremdenverkehr (40 % des BSP) bestimmt (über 600 000 Touristen jährlich). Auf Grund besonderer Steuergesetze gelten die B. auch als bedeutsames „Steuerparadies". Zahlreiche internationale Gesellschaften, z. B. Versicherungen, sind dort registriert. Verarbeitendes Gewerbe hat sich so gut wie nicht entwickelt. Fast alle Produkte, von Lebensmitteln über Textilien, Maschinen bis zu Mineralölprodukten, müssen eingeführt werden; entsprechend hoch sind die Lebenshaltungskosten. Doch auch das BSP/E. erreicht mit 13 070 US-$ (1985) eine beachtliche Höhe. Ein stabilisierender Wirtschaftsfaktor sind die brit. und US-amerikan. Militärstützpunkte. – Die größten Inseln sind durch Brücken verbunden. Haupthafen ist Hamilton (Bermuda Island), internationaler Flughafen Kindley Fields (St. David's Island).

LITERATUR

W. S. **Zuill**, The Story of B. and Her People. London 1973. – B. **Archer**, Tourism in the Bahamas and B. Bangor (Wales) 1977. – S. J. **Hayward** u. a., B.'s Delicate Balance: People and the Environment. Hamilton 1981.

Hans-Dieter Haas

GRÖNLAND

Amtlicher Name	Grönland, Grønland Kalâtdlit Nunât (eskimoisch = Land der Menschen)
Staatsform	Autonome Region Dänemarks
Hauptstadt	Nuuk (dän. Godthåb; 12 426 E.)
Fläche	2 175 600 km² [davon nur ca. 341 799 km² (= 15,7 %) eisfrei]
Bevölkerung	55 000 E. (1988). – 0,025 E./km²
Sprache	Dänisch und Eskimoisch
Religion	Protestanten, Herrnhuter, Katholiken
Währung	1 Dänische Krone (dkr) = 100 Øre

G., geographisch Teil ↗Nordamerikas, ist mit einer N-S-Erstreckung von 2670 km und einer maximalen W-O-Ausdehnung von 1050 km die größte Insel der Erde. Ca. 80 % der Fläche sind mit Inlandeis bedeckt (bis über 3000 m mächtig). Die eisfreien Küstensäume bilden ein von zahlreichen Schären, Buchten und Fjorden zerschnittenes Land, das nur in den tieferen Lagen begrünt ist.

Lediglich im südl. und mittleren Teil der W-Küste erlaubt das *Klima* eine Dauerbesiedlung größeren Ausmaßes. Der südwestl. Küstensaum bis zur Disko-Insel ist der klimatisch begünstigtste Teil; z. B. werden bei Ivigtut noch durchschnittlich knapp 10 °C im Juli und –7,4 °C im Jan. gemessen; aber nur Juli und Aug. gelten als völlig frostfrei. Das Temperaturminimum auf dem Inlandeis beträgt –66,1 °C. Vor der O-Küste bringt der kalte Ostgrönlandstrom große Mengen Packeis nach S, so daß hier der Zugang stark behindert oder unmöglich ist. Die jährlichen Niederschläge nehmen von S nach N schnell ab (bei Ivigtut durchschnittlich rd. 1130 mm, im nordwestl. Upernavik 230 mm). Da die Niederschläge häufig zu gering sind, wurden Bewässerungssysteme für das kultivierte Grasland angelegt.

Die natürliche *Vegetation* weist sowohl Vertreter der arktisch-alpinen Flora der Alten wie auch der Neuen Welt auf. In den geschützten inneren Fjordregionen des SW gedeihen sogar einige Fjellbirkengehölze und Weidengebüsche; sonst sind auf den Permafrostböden Zwergstrauchheiden und Moore verbreitet.

Als Gesteine sind v. a. präkambrische Gneise und Granite verbreitet. Einige mesozoische und tertiäre Schichten v. a. an der W-Küste enthalten Kohleflöze (bis 1972 auf der Disko-Insel abgebaut). Bleiglanz-, Zink-, Kupfer- und Molybdänerze wurden zeitweilig u. a. bei Mestersvig und Marmorilik gewonnen. Uran- und Thoriumlagerstätten sind zumindest für Narssaq bekannt. Eine 1989 an der O-Küste entdeckte Goldmine soll sehr reichhaltig sein. Exploration und Fördermenge von Bodenschätzen sind in den letzten Jahren aber nur langsam vorangeschritten, u. a. wegen der Autonomie- bzw. Unabhängigkeitsbestrebungen.

Die *Geschichte* G.s ist in ihrer Frühzeit durch mehrere Phasen der Be- und Entsiedlung geprägt. Die seit ca. 2600 v. Chr. eingewanderten *Eskimokulturen* wurden infolge ungünstiger Klimaepochen mehrfach ausgelöscht. Eine Siedlungskontinuität ist erst seit ca. 900 n. Chr. nachweisbar (neoeskimoische *Thule-Kultur*). Damals herrschten auf G. günstigere Klimabedingungen als heute, was einen größeren Wildreichtum bedeutete (Seesäuger, Moschus, Ren u. a. als Lebensgrundlage von Jägerkulturen). Ab 982 n. Chr. erreichten die *Wikinger* unter *Erik dem Roten* G. und blieben für fast 500 Jahre an der SW-Küste, wo man Anbau und Viehwirtschaft betreiben konnte; die Insel bekam den Namen G. (Grünland). Zwischen den südwestgrönländ. Siedlungen und der nordostamerikan. Küste entwickelte sich ein enger Kontakt (Vinlandreisen). Bekannte Wikingersiedlungen in SW-G. waren Brattahlid und Gardar (seit 1126 Sitz des Bistums G.). 1261 ordneten sich die grönländ. Wikinger der norweg. Krone unter. Obwohl schon im 15. Jh. Verbindungen zwischen G. und Europa durch Walfänger verschiedener Nationen bestanden, begann erst 1721 unter der dän.-norw. Monarchie eine weitere Kolonisation der Insel; z. B. wurden Handels- und (ev.-luth.) Missionsstationen (Missionar und Naturforscher *Hans Egede*) gegründet. Der Handel wurde monopolmäßig von der Königlich-Dänischen Handelsgesellschaft betrieben. Er umfaßte v. a. Felle und Tran, als Importwaren Genußmittel und Waffen. Daraus ergaben sich zahlreiche Negativfolgen für Eskimo (Eigenname *Inuit*) und Grönländer (Mischlinge zwischen Eskimo und Europäern). Eine Gegenbewegung setzte im 19. Jh. ein. Bei der Trennung Dänemarks und Norwegens 1814 blieb G. bei Dänemark (Zugehörigkeit 1933 vom IGH bestätigt). Die Erforschung des eisbedeckten Landesinnern begann Ende des 19. Jh. (1. Durchquerung 1888 durch *Fridtjof Nansen*), u. a. durch *Knud Rasmussen* (1912–33 sieben Thule-Expeditionen).

Nach 1920 erwies sich das alte Wirtschaftssystem, das im wesentlichen auf Jagd und Fang beruhte, als unhaltbar. Fischerei und Fischverarbeitung rückten in den Vordergrund, moderne Technik hielt Einzug. Die Bevölkerung wuchs 1900–50 von ca. 12 000 auf 25 000 Personen. Nach dem II. Weltkrieg erfolgte eine weitgehende Umstrukturierung in allen sozio-ökonomischen Bereichen. Mit der Verfassungsänderung vom 5.6.1953 wurde G. voll in das dän. Königreich integriert. Die „Dänisierung" rief aber auch Kritik in G. hervor. Sie äußerte sich z. B. 1972 beim EG-Referendum Dänemarks: Während im Mutterland 63 % für den EG-Beitritt votierten, stimmten die Grönländer mit 71 % dagegen (u. a., um die Kontrolle über die eigenen Fischgewässer nicht zu verlieren). Am 17.1.1979 votierten in einem Referendum über das Selbstverwaltungsstatut auf G. 70 % für die Teilautonomie. Am 1.2.1985 verließ G. die EG, der es heute als außereurop. Hoheitsgebiet Dänemarks assoziiert ist. G. ist seit 1985 „autonome Region" Dänemarks, dessen Regierung nur für die Außen-, Verteidigungs- und Währungspolitik zuständig ist. Die USA unterhalten in Thule einen Militärstützpunkt.

Staatsoberhaupt ist die dän. Königin. Das *Parlament (Landsting)* wird auf 4 Jahre gewählt und wählt seinerseits die *Regierung (Landsstyre)*. Zwei Linksparteien (Koalitionsregierung) bestimmen das politische Leben: die pragmatische *Siumut-* und die radikale *Inuit Ataqatigiit-Partei*. Letztere erstrebt die volle Unabhängigkeit, während die *Atassut-Partei* für die weitere Zugehörigkeit zu Dänemark eintritt. G. entsendet 2 Abgeordnete in das dän. Folketing. – Die *Rechtsordnung* ist in das dän. Rechtssystem integriert.

Grundlage der *Wirtschaft* (und damit des Exports) sind Fischfang und Fischverarbeitung, Jagd und Bergbau. G. erhält finanzielle Hilfen von Dänemark und von der EG (als Ausgleich für Fischereirechte von EG-Staaten in grönländ. Gewässern).

Der *Binnenverkehr* erfolgt mit Hunde- und Motorschlitten oder mit Küstenschiffen. Haupthafen ist die Hst. Nuuk (dän. Godthåb). Straßen gibt es nur innerörtlich. Durch den Flughafen bei Søndre Strømfjord ist G. an das internationale Flugnetz (Polarroute) angeschlossen.

Die traditionelle Lebensweise der Eskimo als Jäger und Fischer hat sich nur im N und O G.s erhalten, im übrigen stark der der Europäer assimiliert. Es gibt aber eine Rückbesinnung auf die eigene Tradition, eine Betonung der kulturellen Gemeinsamkeiten mit den Eskimo in Kanada, Alaska und Sibirien und eine bewußte Pflege der alten Volkskunst. Kulturtechnische Erfindungen der Eskimo sind Iglu, Anorak, Tranlampe, Kajak und Hundeschlitten.

Die Christen auf G. gehören zumeist der dän.-luth. Staatskirche (mit eigenem Bischof), ferner der Herrnhuter Brüdergemeine an. Die kath. Gemeinde, die seit 1968 besteht, gehört zum Bist. Kopenhagen.

G. besitzt eigene Grundschulen (es besteht Schulpflicht) und Mittelschulen, ein Lehrerseminar und eine Schule zur Ausbildung von Facharbeitern, ferner eine Volkshochschule. Die Ausbildung leidet stark unter dem Mangel an einheimischen Lehrern. Hauptunterrichtssprache ist Eskimoisch.

LITERATUR

F. **Gad**, The History of Greenland. 3 Bde. London 1970/82. – H. **Becker**, Siedlungswüstungen in Westgrönland, in: Erdkunde 29 (1975) 214 ff. – G. **Stäblein**, G. Ein Entwicklungsland in der Arktis, in: Geographisches Tb. und Jahrweiser für Landeskunde 1977/78. Wiesbaden 1977, 27 ff. – B. **Butzin**, Selbstverwaltung in G. Zwischen Modernisierungszwang und Wohlstandsdiktatur, in: GeogrRd 32 (1980) 92 ff. – T. W. **Böcher u. a.**, Grønlands Natur. Kopenhagen 1981. – A. **Nörrevang**, J. **Lundö**, G.s Natur. Kopenhagen 1981. – H. **Steinert**, Tausend Jahre Neue Welt. Auf den Spuren der Wikinger in G. und Amerika. Stuttgart 1982. – F. **Hegels**, Fang und Fischerei vor der Westküste G.s Voraussetzungen des sozio-ökonomischen Strukturwandels. Bochum 1984. – W. **Driesen**, Die Herrnhuter Brüdergemeine in G. Missionsarbeit von 1733-1900. Leverkusen 1986. – H. **Bronny**, B. **Butzin**, Greenland, in: Norden – Man and Environment. Hg. U. Varjo, W. Tietze. Berlin 1987, 484 ff. – T. **Capelle**, Die Eroberung des Nordatlantik. Archäologie am Rande des Meeres. Neumünster 1987. – H. J. **Kolb**, Schwierigkeiten wirtschaftlicher Nutzung in G. – eine Unterrichtseinheit mit Materialien für die Sekundarstufe II, in: Geographie und Schule 10 (1988) 22 ff.

Laufende Veröffentlichung:
Grønland: Hg. Ministeriet for Grønland. Kopenhagen.

Ewald Gläßer

KANADA

Amtlicher Name	Canada
Staatsform	Konstitutionelle, parlamentarische Demokratie
Hauptstadt	Ottawa (300 100 E.; Ottawa-Hull 819 000 E.)
Fläche	9 976 139 km²
Bevölkerung	25 309 000 E. (VZ 1986). – 2,8 E./km²
Sprache	Englisch, Französisch
Religion	Katholiken rd. 47%; Protestanten rd. 30 %; Anglikaner rd. 11%
Währung	1 Kanadischer Dollar (kan$) = 100 Cents

I. Naturräumliche Voraussetzungen

Mit rd. 10 Mio. km² (einschließlich der Seengebiete) ist K. flächenmäßig nach Rußland das zweitgrößte Land der Erde. Es umfaßt, mit Ausnahme von Alaska (USA), ⌐Grönland und ⌐Saint-Pierre und Miquelon, ⌐Nordamerika (rd. 45% der Fläche) nördl. der USA und erstreckt sich von O nach W über 5500 km, von N nach S über 4600 km Luftlinie. Der *Trans-Canada Highway,* der St. John's an der Atlantikküste mit Victoria am Pazifischen Ozean verbindet, ist 7800 km lang.

1. Geologische und morphologische Regionen

Der Naturraum läßt sich in drei Einheiten unterteilen: (1) Geologisch ältester Teil ist der im weiten Umkreis um die Hudson Bay gelegene *Kanadische Schild,* der über 40% der Landfläche einnimmt. Der Untergrund enthält zahlreiche nutzbare Metallerze und Mineralien; die Oberfläche ist relativ eben mit anstehenden Felsen, zahlreichen Seen und Flüssen, die sich zur Energiegewinnung eignen. Um den Schild liegen (2) *Tiefländer,* wie in der Arktis, in Südontario und am St. Lorenz, sowie im W die *Inneren Ebenen.* Diese bestehen aus Sedimenten, in denen Erdöl und Erdgas sowie Kalisalz enthalten sind. Einen äußerst Ring bilden (3) *Gebirgszüge*: im SO, die bis 1200 m ansteigenden *Appalachen,* im äußersten N die *Innuitians* (bis 2600 m), im W die *Kordilleren,* die im *Mt. Logan* (5951 m) die höchste Erhebung K.s erreichen. Das Gebirge weist drei Längszonen auf, die *Rocky Mountains* im O, die mit zahlreichen Seen und Gletschern zugleich Hauptwasserscheide des Kontinents sind, intermontane Plateaus in der Mitte und die pazifischen Küstengebirge, die wiederum in mehrere Ketten gegliedert sind. Appalachen und Kordilleren besitzen bedeutende Vorkommen an Buntmetallerzen und Kohlenlager. Im Pleistozän war das Gebiet K.s fast ganz vom Inlandeis bedeckt, was durch glaziale Formen und Eisstauseen belegt ist. – Zum *Gewässersystem* ⌐Nordamerika I.

2. Klima und Vegetation

Klimatisch gehört nur der äußerste S zur kühlgemäßigten Zone. Ihre inneren Bereiche sind kontinental von großen Temperaturgegensätzen geprägt (Winnipeg: durchschnittliche Werte im Juli 19,7 °, im Jan. –18,3 °C). Die engeren Küstengebiete werden dagegen maritim beeinflußt (Vancouver: Juli 17,4 °, Jan. 2,4 °C). Im Luv des Küstengebirges und durch Westwinde herrschen hier die höchsten Niederschläge mit über 1000 mm (max. über 6000 mm) vor. Zum Landesinneren nehmen sie bis auf unter 400 mm in den Prärien ab, um an der Atlantikküste wieder anzusteigen (Halifax 1380 mm). Der nördl. Teil K.s gehört der subarktischen bzw. arktischen Klimaregion an. Die frostfreie Zeit beschränkt sich hier auf wenige Wochen im Sommer; extreme Werte können –50 °C erreichen. Der Boden ist bis in große Tiefen gefroren (Permafrost), nur im Sommer taut die oberste Schicht auf. Entsprechend besteht nur lokal und im Sommer eine Vegetation. Die offene Tundra geht nach S in den borealen Nadelwaldgürtel über. Dieser erstreckt sich über 5000 km vom Atlantik bis Alaska und setzt sich v. a. aus Fichten, Lärchen, Tannen, Birken und Pappeln zusammen. In den Wäldern überwintern große Herden von Karibus, die im Sommer nach N ziehen; zahlreich sind Hirsche und besonders kleinere Pelztiere, wie Biber, Marder, Fuchs etc. Im W geht der boreale Nadelwald in Gebirgswälder mit Fichten, Tannen, Kiefern und Zedern über. Die Baumvegetation erreicht hier weitaus größere Ausmaße und ist bedeutender Holzlieferant. Im SO besteht ein artenreicher Mischwald, in dem neben Nadelbäumen u. a. Birken, Buchen, Ahorn und Ulmen vorkommen. Allerdings ist der Wald in großen Bereichen, wie im St.-Lorenz-Tal, in Südontario und auf Prince-Edward-Island, dem Kulturland gewichen. Umgewandelt ist auch die natürliche

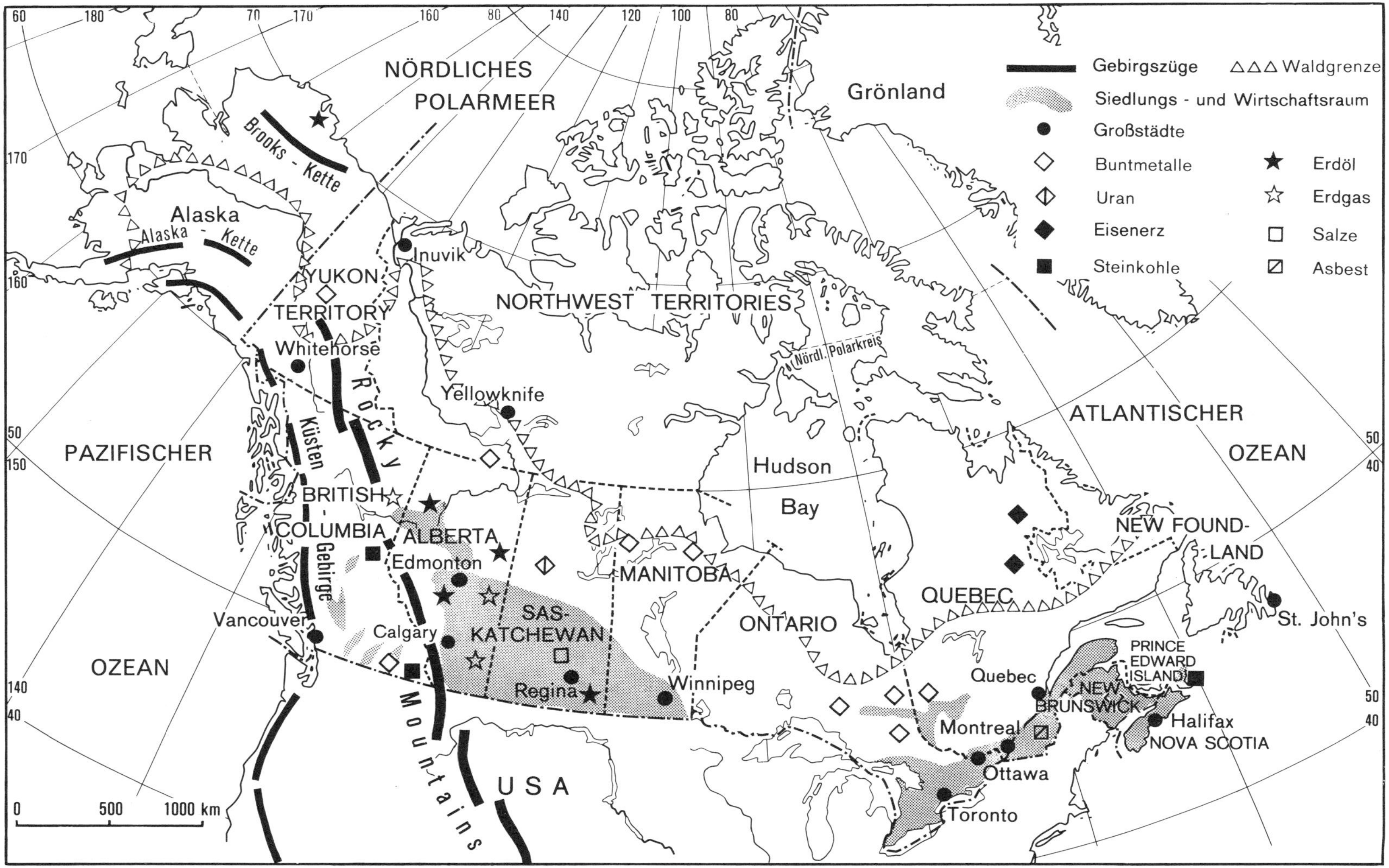
Gebirgszüge
△△△ Waldgrenze
Siedlungs - und Wirtschaftsraum
Großstädte
Buntmetalle
Uran
Eisenerz
Steinkohle
Erdöl
Erdgas
Salze
Asbest
NÖRDLICHES POLARMEER
Grönland
ATLANTISCHER OZEAN
PAZIFISCHER OZEAN
Alaska
Brooks - Kette
Alaska - Kette
YUKON TERRITORY
NORTHWEST TERRITORIES
Nördl. Polarkreis
BRITISH COLUMBIA
ALBERTA
SAS-KATCHEWAN
MANITOBA
ONTARIO
QUEBEC
NEW FOUND-LAND
PRINCE EDWARD ISLAND
NEW BRUNSWICK
NOVA SCOTIA
Hudson Bay
USA
Rocky Mountains
Küsten Gebirge
Inuvik
Whitehorse
Yellowknife
Edmonton
Calgary
Vancouver
Regina
Winnipeg
Toronto
Ottawa
Montreal
Quebec
Halifax
St. John's
0
500
1000 km

Grassteppe der Prärien im Landesinneren, deren fruchtbare Braun- und Schwarzerden v. a. mit Weizen bebaut werden.

3. Natürliches Potential und Naturschutz

Zu dem umfangreichen Potential zählen reiche Erzvorkommen im Kanadischen Schild und in den Gebirgen; Erdöl und Erdgas sowie Ölsande in den Inneren Ebenen. Schwer zu messen sind Holzbestände und der Fischreichtum vor den Küsten und in den zahlreichen Binnenseen. Viele Flüsse eignen sich zur Gewinnung von Hydroenergie. Für die Landwirtschaft stehen große Flächen mit guten Böden zur Verfügung; allerdings wird der Anbau durch das Klima im N begrenzt. Hier sind auch Holznutzung und Bergbau nur mit hohem technischen Aufwand möglich und bei den langen Transportwegen äußerst kostspielig. Der Verkehr auf Straßen, Schienen und den Wasserwegen wird durch Eis und Schnee behindert und erfordert auch in den Städten jährlich hohe finanzielle Aufwendungen.

Landschafts- und Naturschutz haben seit langem Bedeutung. Ein erster Nationalpark wurde 1885 in den Rocky Mountains bei Banff eingerichtet. 1990 bestanden 34 Nationalparks mit einer Fläche von rd. 180 000 km^2; hinzu kommen zahlreiche Naturparks der Provinzen, Wildschutzgebiete etc. Zuständig für den Umweltschutz ist das „Department of the Environment" in Ottawa. An der Südgrenze besteht eine enge Zusammenarbeit mit den USA.

II. Historische und politische Entwicklung

Als die Europäer im 16. und frühen 17. Jh. den Raum des heutigen K. entdeckten, lebten dort einige tausend *Eskimos* und etwa 200 000 *Indianer*. Diese waren in mehr als 50 Stämme unterteilt, die sich in Sprache, Kultur und Lebensweise unterschieden. Bekannt sind die Fischer und Jäger am Pazifischen Ozean, die nomadisierenden Prärie-Indianer, die v. a. von Büffeln lebten, die ebenfalls jagenden Waldindianer und Ackerbau treibende Stämme im O wie die *Huronen*. Sie bauten u. a. Mais, Bohnen und Sonnenblumen an und lebten in Dörfern.

1. Frühe Entdeckungen und Pelzhandel

Zwar landeten um 1000 n. Chr. *Wikinger* an der Ostküste, was durch Siedlungsfunde in Neufundland belegt ist, doch blieben diese frühen Entdeckungen ohne Folgen. 1497 befuhr *John Cabot* die Ostküste und berichtete von einem ungewöhnlichen Fischreichtum, was zahlreiche Fischer aus Europa anlockte. Folgenreich waren die Fahrten von *Jacques Cartier* (1534–41), die ihn in den St. Lorenz-Strom führten, und auf denen er das Land für Frankreich in Besitz nahm. Eine Expedition unter *Samuel de Champlain* führte zur Gründung der Kolonie *Neufrankreich* und der Stadt *Quebec* (1608). Von hier und von *Montreal* (gegr. 1642) aus betrieb man Pelzhandel mit den Indianern. Die Engländer organisierten ihn von der Hudson-Bay aus (1610/11 von *Henry Hudson* entdeckt). Zu diesem Zweck gründeten sie 1670 die *Hudson's Bay Company,* die vom engl. König mit umfangreichen Ländereien ausgestattet wurde. Die konkurrierenden Unternehmen legten im Inland zahlreiche Stützpunkte an, Waldläufer und Expeditionen drangen bis zum Nordmeer (*Samuel Hearn,* 1770; *Alexander Mackenzie,* 1790) und zur pazifischen Küste vor (Mackenzie, 1793; *Simon Fraser,* 1808). In der gleichen Zeit nahm *James Cook* die Westküste für die brit. Krone in Besitz (1778). Die arktische Inselwelt wurde durch die Suche nach einer Nordwest-Passage bekannt, die *Roald Amundsen* als erster 1903–06 durchfuhr. Die Periode des Pelzhandels dauerte bis weit ins 19. Jh.; 1821 schlossen sich die engl. und frz. Unternehmen zusammen; beide konnten verstärkt den europ. Markt v. a. mit Biber-, Marder-, Otter- und Fuchsfellen beliefern.

2. Besiedlung im 17./18. Jahrhundert, das Ende Neufrankreichs

Seit Ende des 17. Jh. nahmen Besiedlung und Anbau im St. Lorenz-Tal zu. Man übertrug das frz. *Seigneurial-System:* die Fluren wurden in langgestreckte Hufen unterteilt, die Höfe in Reihen an Flüssen und Wegen angelegt. Das bedeutendste politische Ereignis im 18. Jh. war die Aufgabe der Kolonie Neufrankreich. Nach einem Sieg durch den engl. General *James Wolfe* bei Quebec (1759) fiel sie im *Frieden von Paris* (1763) an England. Im *Quebec-Act* von 1774 wurden jedoch die Rechte der Franzosen auf eigene Sprache, Kultur und Religion anerkannt. Damit endeten auch die Auseinandersetzungen in den Kolonien am Atlantik, die in der Zwangsumsiedlung von französischstämmigen *Akadiern* durch England gipfelten. In der gleichen Zeit wurde die engl. Bevölkerung durch sog. *Loyalisten,* die nach der amerikan. Revolution (1776) ihrem König die Treue hielten und nach K. auswichen, verstärkt. Sie siedelten sich an verschiedenen Plätzen am Atlantik, besonders aber in Ontario, an. Der Versuch der USA, K. im Kampf gegen Großbritannien (1812–14) zu erobern, scheiterte. Seit Mitte des 19. Jh. hatte sich auch am Pazifischen Ozean eine engl. Kolonie gebildet, die durch Goldfunde am Klondike (1858) und Fraser (1863) verstärkt wurde.

3. Dominion of Canada und die Besiedlung des Westens

Die Zeit schien reif, die getrennten Siedlungsräume zusammenzuschließen. Im *British North America Act* von 1867 (vgl. III) schuf man das „Dominion of Canada" mit weitgehender Selbstbestimmung, nicht aber völliger Unabhängigkeit vom engl. Mutterland. Einrichtungen, wie z. B. im Rechtswesen, wurden als Vorbild übernommen. Eine starke föderalistische Ordnung sollte das Verhältnis von Bund und Provinzen bestimmen. 1868 konnte das umfangreiche Gebiet der Hudson's Bay Company erworben werden; weitere Kolonien (wie *British Columbia* 1871) schlossen sich an. Zu dieser Zeit hatte K. 3,7 Mio. E.; von ihnen lebten 76% in den Provinzen Quebec und Ontario, 21% in den Atlantischen Provinzen und nur 3% im W und N. Die nächste Aufgabe war, eine verbindende Bahnlinie mit British-Columbia am Pazifik herzustellen (1885 vollendet), das dem Kanadischen Bund nur unter dieser Auflage beigetreten war. Die Bahn förderte wesentlich die Kolonisation der Präriegebiete, die etwa 1870–1930 erfolgte. Bereits seit 1896 wurde unter Premierminister *Wilfrid Laurier* eine zielgerichtete Einwanderungspolitik betrieben. Bis 1911 stieg die Bevölkerung K.s auf 7,2 Mio. an. Die Landnahme der Prärien hatte allerdings auch ihre Opfer: Die Büffel wurden restlos ausgerottet, die Indianer in Reservate gedrängt. Die *Métis,* aus Verbindungen zwischen Indianerfrauen und Franzosen stammend, rebellierten 1869/70 und 1885 vergebens gegen die anglokanad. Übermacht. Ihr Anführer *Louis Riel* wurde nach einem Gerichtsverfahren 1885 hingerichtet.

4. Vom Dominion zur Nation

Mit der erfolgreichen Kolonisation, dem Bevölkerungswachstum und der seit den 1890er Jahren fortschreitenden Industrialisierung begann K. seine Stellung zu festigen. Die Teilnahme kanad. Truppen am I. Weltkrieg und erhebliche wirtschaftliche Leistungen zur Versorgung der Alliierten verstärkten das Ansehen des Landes innerhalb des Empire und brachten gleichzeitig die Loslösung vom Mutterland voran. Die *Empire-Konferenz* von 1923, in der den Dominien selbständiges Handeln in internationalen Belangen zugebilligt wurde, setzte diese Tendenz fort. 1931 erhielt K. im *Statute of Westminster* die Unabhängigkeit und Gleichberechtigung innerhalb des Commonwealth.

Einen Rückschlag brachten die 30er Jahre: Geldverfall, Produktionsverluste, Arbeitslosigkeit und Elend sowie Dürrekatastrophen in der Landwirtschaft der Prärien stellten Wirtschaft und Politik vor schwere Aufgaben. Aufkommenden Tendenzen zur regionalen Zersplitterung suchte die Regierung durch zentrale Maßnahmen zu begegnen, z. B. im Bankwesen, im Weizenhandel mit der Wiedererrichtung des „Canadian Wheat Board" und bei der Eisenbahn mit der Gründung der „Canadian National Railways". Bei Ausbruch des II. Weltkrieges erklärte K. von sich aus Deutschland den Krieg und spielte als Partner Großbritanniens und der USA eine wichtige Rolle. Nach dem Krieg schloß sich 1949 Newfoundland K. an. Am 17. 4. 1982 verkündete Königin *Elisabeth II.* in Ottawa die neue Verfassung (vgl. III).

5. Internationales Wirken nach dem Krieg

Mit gestärktem Selbstvertrauen und entschlossen, die Isolation zu überwinden, beteiligte sich K. aktiv am weltpolitischen Geschehen der Nachkriegszeit. Es gehörte zu den Gründungsmitgliedern der Vereinten Nationen, und kanad. Politiker arbeiteten an deren Charta mit. Kanad. Truppen waren an zahlreichen UN-Friedensaktionen beteiligt. Für seine Bemühungen um einen Ausgleich im Mittleren Osten erhielt der Diplomat und spätere Ministerpräsident (1963–67) *Lester B. Pearson* 1957 den Friedensnobelpreis. Weitere Aktivitäten galten der Gründung und dem Aufbau der NATO und dem nordamerikan. Luftverteidigungssystem NORAD in enger Abstimmung mit den USA. Die weltweite Geltung und zunehmende Bedeutung K.s konnte vor dem Hintergrund eines starken Wirtschaftswachstums, hoher Investitionen und einer Zunahme im Handel gewonnen werden. Nach außen sichtbar wurden die Erfolge u. a. durch die Weltausstellungen (Expo) in Montreal (1967) und Vancouver (1986) oder auch durch die Olympischen Spiele in Montreal (Sommer 1976) und Calgary (Winter 1988).

6. Regierung und Parteien

Innenpolitisch konnte K. trotz der Konflikte seine Demokratie stärken. Seit langem wird die Regierung von der *Liberal Party* und der *Progressive Conservative Party* gestellt. Während deren Ursprünge im 19. Jh. liegen, sind die Vorläufer der sozialdemokratisch orientierten *New Democratic Party* (gegr. 1961) in den 30er Jahren in den Prärien gegründet worden. Weitere Parteien beschränken sich auf Provinzebene. Bei der letzten Wahl am 21. 11. 1988 erhielt die Progressive Conservative Party 43% der Stimmen (169 Mandate), die Liberal Party 32% (83 Mandate), die New Democratic Party 20% (43 Mandate). Premierminister ist seit 1984 *Brian Mulroney* (Progressive Conservative Party).

7. Der Quebec-Konflikt

Die größte innenpolitische Krise und Herausforderung in neuester Zeit ist die drohende Separation der Provinz Quebec. Hier konzentrieren sich über 80% der Frankokanadier; frz. Sprache und Kultur sind bestimmend. Die allgemein schlechtere sozio-ökonomische Stellung der Franko- gegenüber den Anglokanadiern hatte schon in den 60er Jahren zu einer „stillen Revolution" geführt, die offen ausbrach, als 1976 die „Partie Québécois" unter *René Lévesque* die Provinzregierung übernahm. Sie setzte sich für eine weitgehende Unabhängigkeit Quebecs ein und erließ Sprachgesetze, durch die das Französische gegenüber dem Englischen bevorzugt und zur verbindlichen Amtssprache wurde. Zahlreiche Unternehmen verlagerten daraufhin ihre Hauptsitze nach Ontario. Die Frage einer teilweisen Lösung Quebecs aus dem kanad. Staatsverband wurde 1980 in einem Referendum entschieden: 60% der Bevölkerung Quebecs stimmten für seinen Verbleib. Die *Partie Québécois* mußte 1985 die Provinzregierung an die Liberalen abtreten. Allerdings fordern auch diese eine stärkere Eigenständigkeit, einen besonderen Status, der den frankophonen Charakter der Provinz sichert. Der Konflikt mit Quebec spielt auch in der kanad. Verfassung eine wichtige Rolle. In der 1867 bei der Proklamation des Dominion of Canada verkündeten Verfassung verblieben gewisse gesetzgeberische Mitspracherechte beim Britischen Parlament. Der unter dem liberalen Premierminister *Pierre Elliott Trudeau* (1968–79 und 1980–84) 1982 verabschiedeten neuen Verfassung stimmte Quebec nicht zu. Eine Vermittlung, die *Mulroney* 1990 versuchte (sog. *Meech Lake-Accord*) kam nicht zustande, blieb umstritten, so daß der innenpolitische Konflikt weiter besteht.

III. Verfassung und Recht

1. Verfassungsentwicklung

Die Staatsordnung in K. war zunächst geprägt durch Gesetzgebung und Organisationsakte der Mutterländer, insbes. durch den *Quebec Act 1774, Constitution Act 1791* (Teilung in Unter- und Ober-K.) und *Union Act 1841* (Vereinigung von Ober- und Unter-K.). Die Zusammenfassung der brit. Besitzungen in N Amerikas zu einem Gesamtstaat erfolgte durch ein Reichsgesetz *(imperial statute)*, den *British North American Act* 1867, der aber zunächst nur für die Provinzen Ontario und Quebec (das eigentliche K.), New Brunswick und Nova Scotia (die Maritimes) galt. Später kamen als weitere Gebiete mit dem Status einer Provinz bzw. eines Bundesterritoriums hinzu: Manitoba und die North West Territories (1870), British Columbia (1871), Prince Edward Island (1873), die Yukon Territories (1898), Alberta und Saskatchewan (1905), Newfoundland (1949).

Heute ist K. in 10 Provinzen (mit eigenen Parlamenten und Selbstverwaltung) und in 2 Territorien unter Bundesverwaltung (Yukon Territory, Northwest Territories) gegliedert.

Durch den *British North America Act* erhielt K. zwar eine weitergehende Selbstregierung als zuvor, blieb aber Kolonie. Der Prozeß der Lösung vom Mutterland war langsam. Ab 1931 *(Statute of Westminster)* beschränkte sich die Zuständigkeit des Britischen Parlaments für K. im wesentlichen auf die Änderung der Verfassung, und diese erfolgte auch nur noch auf kanad. Antrag. Bis 1949 war der brit. Kronrat *(Privy Council)* höchste Gerichtsinstanz. Erst 1982 hat das brit. Parlament nach einem langen innerkanad. Streit die volle Verfassungsautonomie gewährt *(patriation)*. Geblieben ist die staatsrechtliche Bindung an die brit. Krone. *Staatsoberhaupt* ist nach wie vor der brit. Monarch.

Die geltende Verfassung besteht im wesentlichen noch aus dem British North America Act, der mehrfach geändert und 1982 grundlegend ergänzt wurde (nunmehr *Constitution Act 1982*). Rechtlich gesehen gilt die Verfassung in ganz Kanada. Sie kann durch den kanad. Gesetzgeber geändert werden, allerdings in einem sehr komplizierten Verfahren, das für bestimmte Fragen Einstimmigkeit der Provinzen erfordert, jedenfalls eine Änderung ohne Mitwirkung von Quebec und Ontario unmöglich macht. Politisch leidet sie darunter, daß Quebec ihr nicht zugestimmt hat. Ein Versuch, Quebec im Rahmen einer weiteren Verfassungsreform auch politisch einzubinden, die den besonderen Charakter der Gesellschaft von Quebec *(distinct society)* betonte, ist 1990 letztlich gescheitert. Der Vorrang der Verfassung vor dem einfachen Gesetz beruhte zunächst auf dem Vorrang des imperial statute vor allen Rechtsakten der Kolonie. Dies hat sich auch auf die neue Verfassungslage übertragen. Insofern unterscheidet sich die Lage in K. von der in ↗Großbritannien, wo es eine geschriebene Verfassung mit Vorrang vor dem Gesetz nicht gibt. Allerdings wirkt die brit. Tradition der Souveränität des Parlaments auch in K. fort. Die Verfassung von 1867 war im wesentlichen ein Organisationsstatut, enthielt kaum inhaltliche Bindungen für den Gesetzgeber. Dies hat sich erst 1982 mit der Einführung einer Grundrechtscharta in die Verfassung geändert, was einen tiefgreifenden Wandel darstellt.

Der *British North America Act* gründete einen Bundesstaat, verteilte Befugnisse zwischen dem Bund (dominion) und den Provinzen. Daneben regelt er die Staatsorganisation in Bund und Provinzen.

2. Die Staatsorganisation

K. ist eine konstitutionelle Monarchie mit parlamentarischem System nach brit. Muster. Vertreter der brit. Krone ist der auf Vorschlag des Premierministers ernannte *Governor General* (in den Provinzen der *Lieutenant Governor*). Ihm steht ein *Kronrat* zur Seite. Der politisch entscheidende Teil der Exekutive ist der *Premierminister* mit seinem Kabinett (formell ein Ausschuß des Kronrats). Er ist abhängig vom Vertrauen des *Parlaments*. Dieses besteht auf Bundesebene aus dem House of Commons und dem Senat. Die (1991: 295) Mitglieder des *House of Commons* werden in unmittelbarer Wahl nach einem Mehrheitswahlrecht auf 5 Jahre gewählt. Die Verteilung der Abgeordneten auf die Provinzen folgt in etwa den Bevölkerungsanteilen. Die 104 Mitgl. des *Senats* werden vom Governor in Council ernannt, praktisch also vom Premierminister bestimmt, und zwar auf Lebenszeit (mit einer Altersgrenze von 75 Jahren). Die Verteilung auf die Provinzen folgt einem Schlüssel, der das Gleichgewicht der geographischen Regionen anstrebt, also die bevölkerungsschwächeren Gebiete in Ost- und West-K. bevorzugt. Die Stellung des Senats ist politisch sehr schwach. Lediglich nach einem Regierungswechsel kann er sich als ein Mittel der politischen Opposition profilieren, da in ihm die alte Mehrheit fortwirkt. Eine echte Repräsentation der Provinzen stellt er angesichts seiner Abhängigkeit von der Bundesregierung nicht dar. Deshalb gibt es vielfältige Bemühungen zu seiner Reform.

3. Die Entwicklung des Rechtssystems

Die großen Siedlergruppen lebten nach unterschiedlichem Recht. Dies führte in K. früh zu Spannungen. Die engl. Siedler brachten das *Common Law* mit. Gemäß dem *Quebec Act* von 1774 durften die frz. Siedler weiterhin nach frz. Zivilrecht leben, lediglich das Strafrecht war brit. Recht. Das Zivilrecht in Quebec wurde kodifiziert, zunächst in einer Kompilation 1772, sodann im *Code Civil* 1866, der stark unter dem Einfluß des Code Napoléon steht. 1867 schloß sich eine Prozeßgesetzgebung an, die sich wiederum am frz. Vorbild orientierte. Die Bildung eines Bundesstaates 1867 machte den Fortbestand unterschiedlicher Rechtsmassen möglich. Das Zivilrecht blieb im wesentlichen eine Gesetzgebungsmaterie der Provinzen, während das Strafrecht in die Zuständigkeit des Bundes fällt. Deshalb gilt im englischsprachigen K. weiterhin Common Law, in Quebec Zivilrecht frz. Ursprungs (in einer Neukodifikation von 1974).

Vom Zivilrecht abgesehen, war die Kompetenzaufteilung der Verfassung von 1867 an sich zentralistisch angelegt. Die Rechtsprechung behielt jedoch wesentliche Fragen der Gesetzgebung den Provinzen vor, wobei freilich die Kompetenzabgrenzung im einzelnen sehr kompliziert ist, was in vielen Fällen zusammengehörige Fragen unterschiedlichen Zuständigkeiten zuweist. Dies macht umfassende gesetzliche Regelungen einzelner Materien wie des Sozial-, Arbeits- und Umweltrechts sehr schwierig. Da eine Bereinigung der in jahrzehntelanger Rechtsprechung in komplizierter Weise gezogenen Kompetenzgrenzen durch Verfassungsänderung politisch nicht möglich war, ist diese Lage ein Grundproblem aller modernen Gesetzgebung in K. geblieben. Auch hier dringt das Gesetzesrecht gegenüber dem Common Law vor. Dabei blickt K. aufgrund seiner besonderen geographischen und historischen Lage auf die USA, Großbritannien und Frankreich. Grundsätzliche Vorarbeiten für Gesetzesreformen werden im Bund und in den Provinzen durch unabhängige Kommissionen *(law reform commissions)* geleistet. Jedoch ist deren Einfluß in den Provinzen größer gewesen als im Bund.

4. Grundrechtsschutz

Gemäß brit. Tradition kannte die Verfassung von 1867 keine Grundrechte. Es gab lediglich gewisse Garantien für konfessionelle Schulen. Nach dem II. Weltkrieg kam auch in K. die Debatte um einen besseren Schutz der Grundrechte in Gang. Dies führte zunächst zu Gesetzgebung in den Provinzen, dann 1962 zur *Bill of Rights* des Bundes, die zwar eine Reihe von Grundrechten schützt, aber keinen Verfassungsrang besitzt. Auf der Ebene des Bundes und der Provinzen wurde der Gedanke des Schutzes vor Diskriminierung im Wege der einfachen Gesetzgebung weiter vorangebracht. Seit Mitte der 60er Jahre war mit den Bestrebungen zur Erneuerung und Ergänzung der Bundesverfassung auch der Gedanke eines verfassungsrechtlichen Schutzes der Grundrechte verbunden. Er konnte erst durch die Verfassungsreform 1982 verwirklicht werden, die die *Canadian Charter of Rights and Freedoms* zu einem Bestandteil der Verfassung machte. In ihr werden Gewissens- und Religionsfreiheit, Meinungsfreiheit, Versammlungs- und Vereinigungsfreiheit, Rechte demokratischer Teilhabe, Freizügigkeit und prozessuale Grundrechte garantiert. Sie enthält auch einen allgemeinen Gleichheitssatz. Daneben enthält die Charter auf die kanad. Verhältnisse zugeschnittene Regelungen über Amts- und Schulsprache (wobei letztere der Hauptstreitpunkt war). Sie garantiert jedem anglo- oder frankophonen Kanadier, daß er seine Kinder in seiner Sprache erziehen lassen kann. Quebec kann also zugezogene Anglo-Kanadier nicht im Wege einer frankophonen Erziehung assimilieren. Die Verfassung anerkennt das Recht des Gesetzgebers, den Grundrechten Schranken zu ziehen. Die Gerichte haben sich aber als befugt angesehen, die Grenzen jener gesetzgeberischen Schrankenziehungsbefugnis genau zu überprüfen. Eine weitere kanad. Besonderheit ist die Möglichkeit, daß der Gesetzgeber durch eine förmliche Erklärung bestimmte Gesetze von dem Vorrang der Grundrechtscharta ausnehmen kann, freilich nicht von den Rechten auf demokratische Teilhabe, Freizügigkeit und den Sprachbestimmungen. Davon ist bis jetzt hauptsächlich in Quebec Gebrauch gemacht worden, um die politische Ablehnung der Verfassungsreform von 1982 zu dokumentieren. Quebec hat seinerseits eine in wesentlichen Punkten gleichlautende, ja weitergehende Grundrechtscharta geschaffen. An dem materiellen Standard des Grundrechtsschutzes hat sich also durch den Gebrauch der sog. *override clause* in Quebec nichts geändert. Die neue Grundrechtscharta hat in vielfältiger Weise die Gerichte beschäftigt und schon bald zu einer Reihe von Leitentscheidungen des Supreme Court geführt, die z. T. wesentliche Gesetzesänderungen notwendig machten, so etwa in der Frage der Abtreibung, des Schutzes der Sonntagsruhe und des Einwanderungsrechts. Eine wichtige Rolle spielte v. a. die Auseinandersetzung um die Sprachenregelungen in Quebec. Die auf eine starke Assimilation der anglophonen Kanadier in Quebec zielende Schulsprachenregelung wurde rasch für verfassungswidrig erklärt. Jedoch wurde auch die weitere Regelung des Sprachengesetzes von Quebec, wonach öffentliche Anschläge, Werbung und ähnliches nur in französisch erfolgen dürfen, vom Supreme Court als Verstoß gegen die Meinungsfreiheit für verfassungswidrig erklärt. Dies hat in Quebec eine tiefe politische Krise hervorgerufen. Der Prozeß einer Umgestaltung der Rechtsordnung als Folge der Einführung eines Grundrechtsschutzes ist noch nicht abgeschlossen.

Das *Verhältnis zwischen Staat und Kirchen* ist im wesentlichen durch die Glaubensfreiheit bestimmt. Die Religionsgemeinschaften sind staatsfrei organisiert. Dennoch war die Gesetzgebung von Bund und Provinzen durch christliche Traditionen geprägt, etwa in Gesetzen zum Schutz der Sonntagsruhe. In der heutigen multikulturellen Gesellschaft K.s wird eine solche einseitige Orientierung an christlicher Tradition unter Berufung auf die Religionsfreiheit in Frage gestellt.

5. Gerichtswesen

Die Gerichte besitzen eine hohe Bedeutung für die Ausgestaltung und Entwicklung der Rechts- und Verfassungsordnung. Dies beruht einmal auf ihrer wichtigen Rolle in einem System des Common Law, zum anderen darauf, daß sie auch Verfassungsstreitigkeiten zu entscheiden haben, nach dem British North America Act von 1867 im wesentlichen Streitigkeiten über die Kompetenzverteilung zwischen Bund und Provinzen, nach dem Constitution Act 1982 auch hinsichtlich der Beachtung der Grundrechte durch Exekutive und Legislative. Dabei besteht für die Gerichte nicht nur die Möglichkeit einer Inzidentkontrolle der Beachtung der Verfassung im Rahmen konkreter Rechtsstreitigkeiten; den Obergerichten des Bundes und der Provinzen können von den Regierungen auch Fragen zur Begutachtung vorgelegt werden.

Grundsätzlich ist die Gerichtsbarkeit der ersten beiden Instanzen Sache der Provinzgerichte, wobei freilich deren Richter von der Bundesregierung ernannt werden. Für bestimmte bundesrechtliche Streitigkeiten gab es früher den in erster Instanz zuständigen *Exchequer Court*, der 1970 unter dem Namen *Federal Court* neu organisiert wurde und zwei Instanzen umfaßt *(trial division, appeal division).* Sowohl von den Gerichten der Provinzen als auch vom Federal Court führt die Berufung an das oberste Gericht des Bundes, den *Supreme Court.* Auch dessen Richter werden vom Governor General in Council ernannt, also praktisch vom Premierminister bestimmt. Ein geordnetes Richterwahlverfahren gibt es bislang nicht. Auch in dieser Frage war eine Verfassungsreform bislang nicht möglich.

IV. Bevölkerungs- und Sozialstruktur
1. Demographische Merkmale

Das *Bevölkerungswachstum* weist in den letzten hundert Jahren unterschiedliche Raten auf. Ein besonders hohes Wachstum erfolgte in dem Jahrzehnt 1901–11 von 4,5 auf 7,2 Mio. (34%) und in der frühen Nachkriegszeit 1951–61 von 14,0 auf 18,2 Mio. (30%). Danach ging der Zuwachs stark zurück (1976–86: 10%). Abgenommen haben sowohl das natürliche Bevölkerungswachstum als auch die Einwanderung. Während die *Sterberate* mit ca. 7 ‰ in letzter Zeit relativ konstant blieb, sank die *Geburtenrate* von 28,9‰ (1947) auf 14,7‰ (1986). Die Zahl der *Einwanderer* hat seit den 50er Jahren abgenommen, ist aber in letzter Zeit von ca. 84 000 (1985) auf 212 400 (1990) wieder angestiegen.

Die *Bevölkerungsverteilung* ist regional sehr unterschiedlich. Für das gesamte Landareal beträgt sie 2,8 E./km^2; doch sind weite Gebiete im N kaum besiedelt, während sich die Bevölkerung im S konzentriert. Der Schwerpunkt liegt mit etwa 60% der Gesamtbevölkerung in den Zentralprovinzen Ontario und Quebec; auf den atlantischen Bereich entfallen rd. 10%, auf den W knapp 30% (vgl. Tab. 2). Ein stärkeres Wachstum weisen die westl. Provinzen Alberta und British-Columbia auf; ebenso Ontario, das nach wie vor Hauptziel der Immigranten ist (1988: 55%). Da die Einwanderer in neuerer Zeit überwiegend in die Städte ziehen und es zudem eine Land-Stadt-Wanderung gibt, ist der Anteil der Stadtbevölkerung auf 76,5% (1986) angestiegen. Dagegen ging die auf Farmen lebende Bevölkerung auf weniger als 4% zurück; die übrige Landbevölkerung, die v. a. im Umkreis der Städte lebt, erreicht etwa 20%.

Geburtenrückgang und höhere *Lebenserwartung* (1987: Männer 73,3, Frauen 80,2 Jahre) haben die *Altersstruktur* zugunsten älterer Jahrgänge verschoben. Der Anteil der unter 15jährigen betrug 1987 (1951) 21% (30%), der 15–45jährigen 49% (44%), der 45–65jährigen 19% (18%) und der über 65jährigen 11% (8%). Für die *Haushaltsstruktur* ist kennzeichnend die Abnahme der durchschnittlichen Haushaltsgröße von 4 (1951) auf 2,8 Personen (1986). Die Zahl der Einpersonen-Haushalte hat sich 1971–86 mehr als verdoppelt und beträgt 1,9 Mio. (25% aller privaten Haushalte). Die Tendenz ist weiter steigend, da die Zahl älterer Menschen wächst, die Heirats- und Geburtenziffern sinken. Die Ehescheidungsraten nehmen dagegen, besonders in Großstädten, erheblich zu.

2. Ethnisches Profil

Die eingeborene Bevölkerung setzt sich aus *Indianern*, *Métis* (Personen mit indianischen und europäischen Vorfahren) und *Eskimos (Inuit)* zusammen. Ihre Gesamtzahl wird mit 712 000 (1986) angegeben (knapp 3% der Bevölkerung), davon ca. 550 000 Indianer, 129 000 Métis und über 33 000 Eskimos. Die Zahl der Indianer war nach der europ. Besiedlung zunächst erheblich zurückgegangen; hohe (inzwischen aber wieder rückläufige) Geburtenzahlen und zunehmende Lebenserwartung haben in neuerer Zeit zu einem Anstieg geführt. Etwa 70% der in 576 „bands" zusammengeschlossenen Indianer leben in Reservaten, die überwiegend im nördl. Breiten liegen. Der Lebensraum der Eskimos ist die Arktis; sie sind heute weitgehend in Siedlungen konzentriert.

Dominierende Gruppen sind die *Anglo- und Frankokanadier*, Nachfahren der aus den Gründernationen England und Frankreich eingewanderten Bevölkerung. Ca. 46% der Kanadier geben ihre Herkunft ganz oder überwiegend mit britisch, ca. 29% mit französisch an (1986) (vgl. Tab. 1).

Tabelle 1
Ethnische Zugehörigkeit, Umgangssprachen der Bevölkerung nach Provinzen/Territorien 1986
(in 1000 und in %)

Provinzen/ Territorien	E. in 1000	ethnische Zugehörigkeit in %*			Umgangssprachen in %	
		englisch	französisch	deutsch	englisch	französisch
Newfoundland	568	94	4	0,2	99	0,4
Prince Edward Island	127	81	16	0,4	97	3
Nova Scotia	873	78	13	2,5	96	3
New Brunswick	710	57	40	0,5	68	31
Quebec	6540	8	81	0,4	12	83
Ontario	9114	58	11	3,2	87	4
Manitoba	1071	45	11	9,2	87	3
Saskatchewan	1010	50	9	13,0	94	1
Alberta	2375	55	9	7,8	92	1
British Columbia	2889	60	7	5,2	91	1
Yukon Territory	24	57	10	3,8	97	1
Northwest Territories	52	29	7	2,1	66	2
Kanada	25354	46	29	3,6	69	24

* Die Zahlen können nicht mehr exakt gegeben werden, da seit 1981 Mehrfachnennungen möglich sind; diese sind hier einbezogen. In der Umgangssprache ist deutsch kaum noch vertreten; für Kanada liegt der Anteil bei 0,4%.

Quelle: Canada Year Book 1990.

Die Anteile sind seit den 30er Jahren leicht zurückgegangen, bedingt durch die starke Einwanderung aus anderen Ländern besonders in der Nachkriegszeit. Die Stellung der dominierenden Gruppen wird durch die Aufteilung der *Sprachen* ergänzt: Fast 70% der Kanadier (über 17 Mio.) nennen Englisch als Umgangssprache, ca. 24% (rd. 6 Mio.) Französisch (vgl. Tab. 1). Bei der Muttersprache liegen die Anteile bei 60 bzw. 24%. In der Provinz Quebec leben über 80% aller Frankokanadier, der Rest lebt überwiegend in einem engeren Umkreis, v. a. im nördl. New Brunswick und in Ontario. Innerhalb Quebecs bekennen sich über 80% der 6,5 Mio. E. zur frz. Herkunft; als Umgangssprache steht hier Französisch mit Abstand (fast 85%) an der Spitze. Gegenüber dieser Geschlossenheit sind die Anglokanadier nach Wohngebiet und Sprache weit verbreitet; Schwerpunkte sind die Atlantischen Provinzen, British-Columbia und Ontario. Eine Auflösung dieser Verteilung ist nicht erkennbar; der Trend führt eher zu einer weiteren Konzentration des Französischen in Quebec. Eine Durchmischung, besonders die angestrebte Zweisprachigkeit, kann lediglich in Gebieten, die an Quebec grenzen, und in den Ballungsräumen von Montreal und Ottawa festgestellt werden.

Neben Indianern, Eskimos sowie Anglo- und Frankokanadiern gibt es ca. 70 weitere Ethnien. Von einigen frühen Landungen, wie etwa einer dt. Gruppe in Nova Scotia um 1750 abgesehen, hat sich die Bevölkerungsvielfalt besonders nach 1870 in den Präriegebieten entwickelt. In neuerer Zeit sind v. a. die Großstädte Ziele von Immigranten aus aller Welt. Stärkste Gruppe sind nach wie vor die Deutschen (einschließlich der deutschstämmigen Mennoniten), deren Anteil 900 000 Personen (fast 4%) beträgt. Dabei wird der Abstand zu den dominierenden Gruppen deutlich (vgl. Tab. 1). Es folgen mit ca. 3% Italiener, die besonders in den 50er und 60er Jahren einwanderten und sich überwiegend in den Städten niederließen. Bis ins 19. Jh. geht die Einwanderung von Ukrainern und Russen zurück, die heute einen Anteil von 2% haben. Jedoch stagniert deren Zahl, da in neuerer Zeit keine Einwanderungen mehr erfolgten. Neu ist der starke Anstieg von Einwanderern aus Asien, besonders aus Ost- und Südostasien. Unter den Einwanderern der 80er Jahre erreichten sie Anteile von über 40% (1990: 52%). Sie kommen v. a. aus Vietnam, Indien, von den Philippinen und v. a. aus Hongkong. Gleichzeitig nahmen Immigranten von den Karibischen Inseln und aus Südamerika zu, was die Vielfalt in den Städten bereichert. Aufnahme und Eingliederung der Menschen sind bisher friedlich und verständnisvoll verlaufen. Einfluß darauf hatte auch die Politik des *Multikulturalismus,* mit der man den Einwanderern ihre Bindungen an die Herkunftsländer weitgehend erhalten möchte (vgl. VI).

3. Soziale Situation

K. bietet seiner Bevölkerung insgesamt einen sehr hohen Lebensstandard. Weniger Anteil daran hat allerdings die eingeborene Bevölkerung. Ihre wirtschaftliche und soziale Abhängigkeit von der dominierenden Gesellschaft besteht seit langer Zeit und ist auch heute nicht überwunden. Schulbildung und Berufsaussichten liegen unter dem Durchschnitt, entsprechend sind die Einkommen niedriger, und der Anteil der Sozialhilfeempfänger ist weitaus höher als bei der übrigen Bevölkerung. Erst allmählich und besonders bei der jüngeren Generation werden sich Verbesserungen einstellen und auswirken. Verstärkt ist das politische Selbstbewußtsein, zumal in der Verfassung von 1982 ausdrücklich die Rechte der Eingeborenen anerkannt sind. Eigene Territorien im N werden in der „Dene Declaration" von 1975 und von der „Inuit Tapirisat" (1976) gefordert. Bis in die neueste Zeit lagen die Durchschnittseinkommen bei Frankokanadiern deutlich unterhalb derjenigen der Anglokanadier und anderer Gruppen. Auch bei ihnen war ein allgemeiner Bildungsrückstand vorhanden. Seit den 60er Jahren konnte dieser allerdings beträchtlich abgebaut werden, und die Einkommen besonders bei den Jüngeren haben sich inzwischen angenähert.

Regional besteht ein deutliches Einkommensgefälle zwischen Ontario und den Atlantischen Provinzen, die am unteren Ende der Skala des Pro-Kopf-Einkommens liegen. Während in Ontario der kanad. Einkommensdurchschnitt von 16 927 kan$ um 1875 kan$ übertroffen wird, liegt der Durchschnitt in Newfoundland um 5482 kan$ darunter (1986). Im W lag lediglich Alberta über dem Durchschnitt, British-Columbia kam fast heran; insgesamt sind hier jedoch die Unterschiede nicht so gravierend. Die regionalen sozialen Disparitäten (vgl. Tab. 2) sind wirtschaftlich begründet und haben v. a. im atlantischen Bereich zu verschiedenen Hilfsprogrammen der Bundesregierung geführt (vgl. V).

Tabelle 2
Regionale Disparitäten 1986

Provinzen/ Territorien	Bevölkerung in %	BSP pro Kopf Kanada = 100	industrielle Wertschöpfung* in %	Pro Kopf-Einkommen Kanada = 100
Newfoundland	2,2	59,6	0,5	67,6
Prince Edward Island	0,5	58,0	0,1	71,1
Nova Scotia	3,4	71,9	1,6	80,8
New Brunswick	2,8	69,1	1,3	75,8
Quebec	25,8	91,2	25,2	94,8
Ontario	35,9	112,0	54,6	111,0
Manitoba	4,2	89,0	2,4	92,4
Saskatchewan	4,0	85,0	1,0	91,4
Alberta	9,4	122,5	5,4	103,4
British Columbia	11,4	97,6	7,8	98,8
Yukon Territory und Northwest Territories	0,3	147,5	0,01	98,6

* 1985

Quelle: Statistics Canada; K. im Spannungsfeld regionaler Gegensätze. Hg. R. Vogelsang. Bochum 1990.

V. Wirtschaft

1. Die Entwicklung der wirtschaftlichen Grundlagen

Die Wirtschaftsentwicklung K.s, das heute zu den führenden Industrienationen gehört, war stark von *Rohstoffen (staple goods)* abhängig, die nach der Entdeckung bekannt wurden. Fischer stießen auf reiche Bestände an *Kabeljau*, die sie gesalzen oder getrocknet nach Europa brachten. Es folgten *Tierfelle* besonders vom Biber, die frz. und engl. Handelsgesellschaften von den Indianern eintauschten und verschifften. Seit dem frühen 19. Jh. löste *Holz* den Pelzhandel ab. Es wurde nicht nur im Lande selbst zunehmend als Baustoff benötigt, sondern besonders aus den Wäldern der Appalachen für den Schiffbau nach England exportiert. Mit der Kolonisation Südontarios und der Prärie wurde *Weizen* ein wichtiges Exportgut nach Europa. In der 2. Hälfte des 19. Jh. kamen Metallerze hinzu. Sie wurden auch auf dem Binnenmarkt zunehmend benötigt. Wichtige Impulse gingen vom Bau der *Eisenbahn* aus, deren Streckennetz sich seit der Fertigstellung der ersten Interkontinentalstrecke (1885) schnell vergrößerte.

In der gleichen Zeit verstärkte sich die *Industrialisierung*. Die *Eisen- und Stahlindustrie* nahm um die Jahrhundertwende an den drei Standorten Hamilton (Ontario), Sault St. Marie (Ontario) und Sydney (Nova Scotia) ihre Produktion auf. Ein weiterer wichtiger Wachstumsfaktor war die *Automobilindustrie*, die aus den USA in das angrenzende Südontario vordrang, wo amerikan. Firmen Zweigwerke errichteten. Damit wurden auch die bis zum I. Weltkrieg maßgebenden langfristigen *Investitionen* aus Großbritannien durch Kapital aus den USA abgelöst. Während das Verhältnis Großbritanniens zu den USA 1910 noch 77 : 19% betrug, kehrte es sich bis 1930 auf 36 : 61% um und lag 1980 bei 7 : 69%. Südontario und der Ballungsraum von Montreal in Quebec entwickelten sich zur industriellen und gesamtwirtschaftlichen Kernregion Kanadas.

2. Die Wirtschaftssektoren

Die *Landwirtschaft* ist mit über 80% der Anbaufläche in den Prärieprovinzen konzentriert, auf Ontario entfallen knapp 10%. Zu Farmen gehören (1986) 68 Mio. ha Land, davon sind 46 Mio. ha in Kultur genommen, der Rest ist Naturweide, Wald oder Ödland. Unter den Anbaufrüchten nimmt Weizen den ersten Platz ein, gefolgt von Futterpflanzen und Gerste; Rinder- und Schweinezucht sowie die Geflügelproduktion herrschen in der Viehwirtschaft vor. Kennzeichen der Landwirtschaft sind ein hoher Grad der Mechanisierung und die Anwendung agrarwissenschaftlicher Forschungen, die auf zahlreichen Versuchsfarmen durchgeführt werden. Land, das nicht mehr rentabel zu bearbeiten ist, wird aufgegeben. Die Anzahl der Betriebe nimmt laufend ab (1941: 733 000; 1986: 293 000). Es werden v. a. kleinere Subsistenzbetriebe aufgegeben, was zur Vergrößerung der bestehenden Farmen führt. In den Prärien liegt die Durchschnittsgröße einer Farm bei 340 ha, im einzelnen geht sie jedoch weit darüber hinaus. Noch überwiegen Familienfarmen, teilweise leben die Besitzer auch in einem nahe gelegenen Ort und leihen Maschinen und Bearbeiter aus (sog. *non-resident farmers*). Die Produkte der Landwirtschaft tragen erheblich zum Export bei.

Obwohl auch für die *Fischwirtschaft* günstige Voraussetzungen bestehen, ist ihre Produktivität an der Atlantikküste eingeschränkt, wo eine wenig ergiebige Küstenfischerei (Kabeljau und Hering) vorherrscht. Am Pazifischen Ozean konnten dagegen modern ausgerüstete Fangflotten und Verarbeitungsbetriebe entstehen, was besonders auf die hochwertigen Lachsbestände zurückzuführen ist. Der Fang muß hier aber wegen der Gefahr einer Überfischung kontingentiert werden.

Eine starke Stellung hat die *Holzwirtschaft*, die auf großen Waldarealen in den Gebirgen und in der Subarktis basiert. Rund 4 Mio. km² (ca. 40% der Landfläche K.s) sind Waldfläche. Davon werden 2,4 Mio. km² als nutzbar eingeschätzt. Die Bedeutung der Holzwirtschaft nahm seit den 20er Jahren durch die Produktion von Zellulose und Papier, die zum großen Teil exportiert werden, erheblich zu. Bauholz wird überwiegend in British-Columbia gewonnen, wo geeignete Bestände an Fichten, Tannen u. a. zur Verfügung stehen. Landwirtschaft, Fischwirtschaft und Holzwirtschaft sind mit (1986/88) ca. 5% am BSP und mit ca. 6% (Landwirtschaft 3,5%) an den Erwerbstätigen beteiligt.

Für die Binnenwirtschaft wie für den Export ist der *Bergbau* ein wichtiger Wirtschaftszweig. Er trägt mit ca. 6% zum BSP bei. Über 40 Bodenschätze werden abgebaut, von denen verschiedene, z. B. Zink, Nickel, Uranerz, Molybdän, Asbest, vorderste Plätze in der Weltförderung einnehmen.

An Brennstoffen stehen Erdöl, Erdgas und Stein- und Braunkohle zur Verfügung. Von der *Erdölförderung* (1990: 97 Mio. t) entfallen fast 80% auf die Provinz Alberta. Damit kann der Bedarf K.s im wesentlichen gedeckt werden; allerdings sind ausgedehnte Pipelines nötig, um das Hauptverbrauchsgebiet im O zu versorgen. Umfangreiche Reserven bergen die ölhaltigen Sande bei Fort McMurray (Alberta), deren Nutzung jedoch erst begonnen hat. Intensive Explorationen im N und an der Atlantikküste haben bisher noch nicht zu größeren Erfolgen geführt. Seit den 70er Jahren ist die *Kohleförderung* besonders im östl. Gebirgsrand reaktiviert worden. Von den (1989) über 70 Mio. t Kohle (davon ca. 39 Mio. t Steinkohle, ca. 32 Mio. t Braunkohle) wird ein großer Teil v. a. nach Japan exportiert.

Energiewirtschaft. K. gehört zu den Ländern mit dem höchsten Pro-Kopf-Energieverbrauch. Dank vielfältiger Energieträger kann es jedoch den Bedarf decken und eine längerfristige Energiepolitik betreiben. Bemerkenswert ist der hohe Anteil an Hydroenergie (mit 65% an der Elektrizitätserzeugung, 1987), für deren Gewinnung günstige Möglichkeiten bestehen. Besonders in der Provinz Quebec, die ihren Strombedarf zu 97% aus der Wasserkraft deckt, sind in letzter Zeit große Anlagen an den östl. Zuflüssen zur James Bay errichtet bzw. projektiert worden. 20% beruhen auf Wärmekraft (Erdöl 1,9%, Erdgas 1,3%, Kohle 16,3%, sonstige Energieträger 0,5%), 15% auf Kernkraft.

Die Branchenstruktur der *verarbeitenden Industrie* ist relativ ausgeglichen. Sie erwirtschaftet (einschließlich Bauwirtschaft) ca. 28% des BSP und beschäftigt ca. 24% der Erwerbstätigen. Nach dem Produktionswert ergibt sich folgende Reihenfolge der führenden Zweige (1985): Transportmittel und -teile (17,4%), Nahrungs- und Genußmittel (15,1%), Erdöl- und Kohleprodukte (9,8%), chemische Produkte (7,3%), Zellulose und Papier (7,3%), Eisen und Stahl (6,8%). Kern der *Transportmittelindustrie* sind große Betriebe der Autoproduktion. Bedeutsam ist auch eine expansive *Luftfahrtindustrie*, die bei Klein- und Mittelstreckenflugzeugen Weltgeltung besitzt. Mitgetragen von den Universitäten und Forschungsstätten in Toronto und Waterloo haben sich in diesem Raum Ontarios Firmen der High-Technology angesiedelt, ebenso in der Hst. Ottawa. Regional ist die industrielle Wertschöpfung zu rd. 80% in den Zentralprovinzen

Ontario und Quebec konzentriert (vgl. Tab. 2), und hier v. a. in dem Städteband von Windsor bis Quebec, der sog. „Main Street". Herausragen die Ballungsräume von Toronto und Montreal. Im W haben die Standorte Vancouver und Edmonton sowie mit Abstand Winnipeg und Calgary Bedeutung erlangt. In den Großstädten befinden sich ebenfalls die Einrichtungen des tertiären Sektors, wie Hauptverwaltungen von Banken und Versicherungsgesellschaften, Verwaltungen von Konzernen, Handel und Verkehr sowie eine große Anzahl weiterer Dienstleistungsbetriebe. Von ihnen wurde das Wachstum der Städte in besonderem Maße bestimmt (vgl. Tab. 3). Der tertiäre Sektor stellt (1986/88) den größten Anteil sowohl am BSP (ca.61%) als auch an den Erwerbstätigen (ca. 70%).

Tabelle 3
Metropolen über 500 000 Einwohner

	Bevölkerung 1981 in 1000	Bevölkerung 1991 in 1000	Wachstum 1981/91 in %
Toronto	2999	3893	29,8
Montreal	2828	3127	10,6
Vancouver	1268	1603	26,4
Ottawa-Hull	718	921	28,3
Edmonton	657	840	27,9
Calgary	593	754	27,2
Winnipeg	585	652	11,5
Quebec City	576	646	12,2
Hamilton	542	600	10,7

Quelle: Canada Year Book 1985; Statistics Canada, Census 1991

Der starken Wirtschaftskraft der Zentralprovinzen mit ihren Ballungsräumen stehen die Atlantischen Provinzen mit weitaus geringeren Anteilen gegenüber (vgl. Tab. 2).

Die Ungleichheit hat sich seit langem herausgebildet. Verschiedene Aktionen der Bundesregierung zur Wirtschaftsförderung haben bisher keinen nachhaltigen Erfolg gebracht. Die 1987 gegründete „Atlantic Canada Opportunities Agency" soll mit hohem Kapitalaufwand die Möglichkeiten einzelner Regionen gezielt aktivieren und ausbauen. Die westl. Provinzen Alberta und British-Columbia konnten aufgrund ihrer reichhaltigen Ressourcen den Abstand zum Kernraum verringern.

3. Außenhandel

Im *Export* sind die Anteile der Rohstoffe und der Halbfertigüter, zu denen u. a. Bauholz, Zellulose und Papier sowie bestimmte chemische Stoffe gehören, relativ hoch, was von einer stark rohstofforientierten Industrie zeugt (vgl. Tab. 4). Hochwertige Endprodukte, deren Anteile am Verkaufserlös in letzter Zeit allerdings stark zugenommen haben, sind v. a. Fahrzeuge und Kommunikationsausrüstungen.

Im *Import* überwiegen dagegen die teuren Fertigprodukte. Die Dominanz des Handelspartners USA (vgl. Tab. 5) beeinflußt sicher auch die Warenstruk-

Tabelle 4
Struktur des Exports
(Verkaufserlös in %)

	1983	1987
Lebende Tiere	0,4	0,3
Nahrungs- und Genußmittel *	11,2	8,3
Rohstoffe	15,8	13,5
Halbfertigprodukte	33,4	33,7
Fertigprodukte	39,0	44,0

* In verschiedenen Stadien der Bearbeitung.
Quelle: Canada Year Book 1990.

Tabelle 5
Anteile der wichtigsten Handelspartner
(in %)

	1983		1987	
	Import	Export	Import	Export
Vereinigte Staaten von Amerika	71,5	72,8	68,0	75,6
Europäische Gemeinschaft *	8,2	7,7	11,6	7,6
davon				
Großbritannien	2,4	2,8	3,7	2,4
Bundesrepublik Deutschland	2,1	1,3	3,0	1,3
Japan	5,8	5,2	6,5	5,7

* In heutiger Zusammensetzung.
Quelle: Canada Year Book 1990.

tur. Die Handelsbilanz ist relativ ausgeglichen; in den letzten Jahren lag der Export stets etwas höher als der Import.

Insgesamt ist die kanad. Wirtschaft stark vom Export abhängig. Er macht ca. 30% des BSP (1986: 321 Mrd. kan$) aus, und über 2 Mio. Arbeitsplätze sind direkt oder indirekt von der Exportwirtschaft abhängig. Um den Handel mit den USA abzusichern, trat 1989 ein Freihandelsabkommen in Kraft. Danach werden Zölle und Handelsschranken schrittweise abgebaut, der Energiemarkt und bilaterale Investitionen stark liberalisiert. Ob das Abkommen die kanad. Wirtschaft auf dem US-Markt wettbewerbsfähiger macht, ist umstritten. Auf jeden Fall ist K. auch an einer Ausdehnung des Handels mit anderen, v. a. den europ. Ländern interessiert, um die nach wie vor starke außenwirtschaftliche Abhängigkeit von den USA und vom dortigen Konjunkturverlauf zu lockern.

VI. Kultur, Religion, Bildung

1. Kultur

Die kanad. Gesellschaft ist durch Einwanderung aus aller Welt multikulturell, wenn auch die Kulturen und Traditionen der Gründernationen Frankreich und England dominieren. Die Vielseitigkeit wird durch die Politik des *Multikulturalismus* gefördert, die besonders in den 1950er Jahren aufgenommen wurde und verstärkt seit 1971 praktiziert wird. Die Bindungen der Menschen an ihre Herkunftsländer sollen erhalten bleiben. Sitten und Gebräuche, Sprachen und Religionen werden gepflegt; es gibt eigene Vereine, Zeitschriften und Fernsehprogramme. Die Bedenken, daß sich dadurch die Bewohner nicht als Kanadier fühlen, wurden aufgegeben; gerade im kulturellen Pluralismus wird das typisch Kanadische gesehen.

Kunst und Kultur werden aus mehreren Quellen unterstützt: von der Bundesregierung, den Provinzen und Gemeinden sowie von privaten Stiftungen und Mäzenen. Vom „Canada Council" (1957 gegr.) werden kulturelle Institutionen und Künstler durch Stipendien gefördert (1987/88 über 80 Mio. kan$). Die Ausgaben der Provinzen sind nach Größe und Wirtschaftskraft unterschiedlich (in Ontario über 450 Mio. kan$). Besonders seit Mitte dieses Jahrhunderts erlebte K. eine starke Aufwertung seiner kulturellen Darstellung, zunehmend auch international. Die Bewegung erhielt durch das 100jährige Bestehen des kanad. Staates (1967) wie auch durch Jubiläen einzelner Provinzen einen besonderen Anschub.

Wohl am frühesten vollzog sich der Übergang von einer europ. beeinflußten zu einer charakteristisch kanad. Kunst in der *Malerei*. Sie wurde seit Anfang des 20. Jh. zunächst von einigen Künstlern, dann in den 20er Jahren von der berühmten „Group of Seven" aus Toronto ausgeübt. Inspiriert von der Schönheit und den Farben der Natur entwickelten *Tom Thomson* und andere einen Stil, der als typisch kanad. gilt. Nach dem Durchbruch kamen andere Kunstrichtungen auf, Montreal wurde zu einem weiteren Zentrum der Malerei. – Zunehmend kamen auch Indianer und Eskimos als Künstler zur Geltung, letztere durch Schnitzereien, u. a. aus Speckstein.

In der *Architektur* wurden in den 50er und 60er Jahren neue Bestrebungen erkennbar, wofür von der Weltausstellung in Montreal (Expo 1967) wichtige Innovationen ausgingen. Erhaltung und Restaurierung historischer Bauwerke und Stadtviertel, aber auch neue moderne Formen kennzeichnen den Aufbruch. Beispiele sind der Place Ville Marie in Montreal, das Rathaus in Toronto (1965 von *Viljo Revell*) oder die Simon Fraser-Universität in Burnaby (Vancouver); dazu gehört auch der von *Moshe Safdie* entworfene Wohnkomplex Habitat 67 in Montreal. Inzwischen sind zahlreiche weitere eindrucksvolle Bauten in vielen Städten hinzugekommen: Geschäftshäuser, Einkaufszentren, Wohnanlagen, Universitätsbauten, Kirchen, Konferenz- und Kulturzentren; sie zeugen von der Vielfalt und Aufgeschlossenheit der kanad. Gesellschaft.

Das *Theater* wurde durch Gründungen und Aufführungen in Quebec (1951: Théâtre du Nouveau-Monde in Montreal) sehr gefördert, ebenso durch die seit 1953 stattfindenden Shakespeare-Festspiele in Stratford (Ontario). Heute bestehen in vielen Großstädten Theater. Nach wie vor gehen besondere Impulse von der frankophonen Provinz Quebec aus, was auch für den *Film* gilt. Eine wichtige Rolle spielt das 1939 gegr. „National Film Board".

Sehr beachtet und gefördert werden *Musik* und *Tanz*. Aus Montreal und Toronto kommen international bekannte Orchester; führende Ballettensembles sind das Royal Winnipeg Ballet (gegr. 1938 als älteste Gruppe), das National Ballet of Canada in Toronto (1951) und Les Grands Ballets Canadiens in Montreal (1958).

In der *Literatur* wurden vor und nach dem II. Weltkrieg verstärkt kanad. Themen aufgegriffen und damit eine Eigenständigkeit begründet. Der Trend verstärkte sich. Werke kanad. Schriftsteller und Lyriker wurden häufiger übersetzt. Eine der ausgewiesensten Autoren K.s ist heute *Margaret Atwood,* deren Romane und Schriften auch international bekannt sind.

Kulturelle Institutionen. Die Darstellung und Bewahrung des nationalen Erbes in Museen, Archiven und Bibliotheken erfolgte verstärkt seit der ersten Hälfte dieses Jahrhunderts. Von besonderem Einfluß waren das Jubiläum 1967 und die 1973 gegr. „Heritage Canada Foundation". 1984 gab es rd. 1700 Museen aller Art, darunter viele – wie z. B. die Rekonstruktion alter Handelsstationen oder Forts –, die mehr lokale Bedeutung haben. Zu den über K. hinaus bekannten gehören das Anthropologische Museum in Vancouver, das Royal Ontario Museum und das Ontario Science Centre in Toronto, in Ottawa das National Arts Centre (1969 eröffnet), die National Gallery (1988) und das Museum of Civilization (1989). Größte Bibliothek K.s und eine der größten der Welt ist die Universitätsbibliothek Toronto.

2. Religion

In K. besteht verfassungsmäßig Religionsfreiheit und Trennung von Staat und Kirche. Rd. 47% der Bevölkerung gehören der röm.-kath. Kirche an (im frankokanad. Quebec über 88%). Die kirchliche Hierarchie besteht aus 16 Erzb. mit 47 Suffragan-Bist., 1 exemten Bist., ferner je 1 exemten Bist. der Maroniten und Melkiten. Etwa 41% der Kanadier sind Protestanten, v. a. in der 1925 aus mehreren Gruppen (u. a. Methodisten, Kongregationalisten, Teilen der Presbyterianer) hervorgegangenen „United Church of Canada" und in der anglikanischen Kirche. Eine religiöse Vielfalt besteht besonders im W, wo u. a. Mennoniten, Doukhoborzen, Presbyterianer und Pfingstgemeinden ansässig sind. Kanadier jüdischen Glaubens leben hauptsächlich in Ontario und Quebec. Mit den asiat. Einwanderern nehmen gegenwärtig bisher wenig vorhandene religiöse Bekenntnisse zu: Islam, Hindu, Sikh, Buddhismus u. a. Rd. 7% der Kanadier geben keine Religion an.

3. Bildungswesen

Es wird durch die Provinzen bestimmt und finanziert, der Bund zahlt ebenfalls im Rahmen des Finanzausgleichs. Er unterhält auch Primarschulen für Indianer und Eskimos. Wenn auch der Aufbau des Schulwesens grundsätzlich einheitlich ist, bestehen zwischen den Provinzen im einzelnen zahlreiche Unterschiede. Schulpflicht besteht meist vom 6. oder 7. bis zum 15. oder 16. Lebensjahr. Grund- und Oberschule bieten Basiswissen, aber auch schon Kurse mit besonderen Programmen. Sie werden durch Konfessions- und andere Privatschulen ergänzt. Danach können Colleges mit besonderen Ausrichtungen besucht werden oder Universitäten. Als älteste Hochschule gilt das King's College in Halifax (gegr. 1789); in Quebec gehen die Vorläufer der Université Laval (gegr. 1852) auf ein 1663 entstandenes Seminar zurück. Heute (1991) bestehen 65 Universitäten (1939: 28), die Abschluß-Diplome vergeben und z. T. miteinander verbunden sind. Die Zahl der Studenten betrug 1986/87 475 400 (15,4% der Bevölkerung zwischen 18 und 24 Jahren). Hinzu kommen 287 500 Teilzeithörer, die Zusatz- oder Ergänzungskurse belegen. Die Universitäten unterscheiden sich nach Größe und Schwerpunkten im Angebot, in Quebec auch nach Sprachen. So wird in Montreal in 2 der 4 Universitäten in frz. Sprache gelehrt. Die meisten Hochschulen sind gut und modern ausgestattet und großzügig nach engl. Vorbild auf einem Campus angelegt.

LITERATUR

Zu I, II, IV, V, VI:
D. **Jenness,** The Indians of Canada. Ottawa 1932, ⁷1977. – J. B. **Bird,** The Natural Landscapes of Canada. Toronto 1972, ²1980 (Lit.). – G. A. **Nader,** Cities of Canada. 2 Bde. Toronto 1975/76. – D. G. **Creighton,** Dominion of the North. A History of Canada. Toronto 1977. – A. R. M. **Lower,** Colony to Nation. A History of Canada. Toronto 1977. – R.-O. **Schultze,** Politik und Gesellschaft in K. Meisenheim 1977. – Two Nations, Many Cultures. Ethnic Groups in Canada. Hg. J. L. **Elliott.** Scarborough 1978, ²1983 (Lit.). – L.-E. **Hamelin,** Canadian Nordicity. Montreal 1979. – W. L. **Marr,** D. G. **Paterson,** Canada: An Economic History. Toronto 1980 (Lit.). – J. **Overbeek,** Population and Canadian Society. Toronto 1980. – A Geography of Canada. Heartland and Hinterland. Hg. L. D. **McCann.** Scarborough 1982, ²1987. – W. C. **Wonders,** Regions and Regionalism in Canada, in: Zs. der Gesellschaft für K.-Studien 2 (1982) 7 ff. – Historical Statistics of Canada. Hg. F. H. **Leacy.** Ottawa ²1983. – A. **Blackbourn,** R. G. **Putnam,** The Industrial Geography of Canada. London 1984. – Canadian Encyclopedia. 4 Bde. Hg. J. H. **Marsh.** Edmonton 1985 (3 Bde.), ²1988. – The North. Hg. M. S. **Whittington.** Toronto 1985. – K. Geschichte, Politik, Kultur. Hg. W. **Klooss,** H. **Lutz.** Berlin 1986. – D. J. **Savoie,** Regional Economic Development. Canada's Search for Solutions. Toronto 1986 (Lit.). – The National Atlas of Canada. Hg. Surveys and Mapping Branch, Department of Energy, Mines and Resources. Ottawa 1986. – Historical Atlas of Canada. Bd. 1: From the Beginnings to 1800. Hg. R. C. **Harris.** Toronto 1987; Bd. 3: Adressing the Twentieth Century. Hg. D. **Kerr,** D. W. **Holdsworth.** Toronto 1990. – J. **Curtis,** L. **Tepperman,** Understanding Canadian Society. Toronto 1988. – W. T. **Easterbrook,** H. G. J. **Aitken,** Canadian Economic History. Toronto 1988. – K. **Lenz,** K. Eine Geographische Landeskunde. Darmstadt 1988 (Lit.). – J. **Livingston,** T. **Fitzharris,** Canada: A Natural History. Markham

(Ont.) 1988. – K. **McNaught,** The Penguin History of Canada. London 1988 (Lit.). – The New Canadian Political Economy. Hg. W. **Clement,** S. G. **Williams.** Kingston 1989. – R. **Kembel,** The Canadian City. St. John's to Victoria. Montreal 1989. – K. Wirtschaft, Gesellschaft, Politik in den Provinzen. Hg. H. **Nassmacher,** H. **Uppendahl.** Opladen 1989. – J. L. **Robinson,** Concepts and Themes in the Regional Geography of Canada. Vancouver 1989. – K. in der Geographischen Forschung der 80er Jahre. Hg. R. **Vogelsang.** Bochum 1989. – K. **Valaskakis,** Canada in the Nineties. Meltdown or Renaissance? Ottawa 1990. – K. im Spannungsfeld regionaler Gegensätze. Hg. R. **Vogelsang.** Bochum 1990. – R. O. **Schultze** u. a. K. Gesellschaftl. Landeskunde. Literatur. Würzburg 1991. – Lber. K. 1991. Stuttgart 1991.

Laufende Veröffentlichungen:
Canada. The official handbook of present conditions and recent progress. Hg. Statistics Canada. Ottawa. – The Canada Year Book. Official statistical annual of the resource, history, institutions and social and economic conditions of Canada. Hg. Statistics Canada. Ottawa.

Zu III::
A. **Tremblay,** Précis de droit constitutionnel. Montreal 1982. – E. **McWhinney,** The Canada Act and the Constitution Act 1982, in: JöR N. F. 32 (1983) 625ff. (mit Text). – G. **Rémiltard,** Le fédéralisme canadien. Montreal 1983. – G. L. **Gall,** The Canadian Legal System. Toronto ²1983. – P. **Hogg,** Constitutional Law of Canada. Toronto ²1985. – M. **Bothe,** La protection des droits fondamentaux au Canada, in: JöR N. F. 35 (1986) 267ff.

Karl Lenz (I, II, IV, V, VI), *Michael Bothe* (III)

SAINT-PIERRE UND MIQUELON

Amtlicher Name	Saint-Pierre et Miquelon
Staatsform	Collectivité territoriale Frankreichs
Hauptstadt	Saint-Pierre (5415 E.)
Fläche	242 km²
Bevölkerung	6300 E. (1987; VZ 1982: 6041). – 26 E./km²
Sprache	Französisch
Religion	überwiegend Katholiken
Währung	Französischer Franc

Die zu Frankreich gehörende Inselgruppe liegt ca. 25 km südl. von Neufundland im Atlantik. Sie umfaßt *Saint-Pierre, Miquelon* (eig. zwei, durch eine schmale Nehrung verbundene Inseln: M. und *Langlade*) sowie 6 weitere kleinere Inseln. Die Höhenlage beträgt ca. 200 m ü. d. M. Die Inseln gehören zum Gebirgssystem der Appalachen (↗Nordamerika). Die Küsten sind meistens steile Kliffs. Häufige Nebel, Eisgang und starke Meeresströmungen haben im Bereich der Inseln zu zahlreichen Schiffsunglücken geführt. Das rauhe *Klima* (mittlere Jahres-Temp. 5 °C, lange schneereiche Winter) und karge Böden lassen nur eine dürftige Vegetation mit Moosen und Flechten, Eiben- und Wacholderbüschen zu. Die zahlreichen kleinen Seen und Moore weisen eine reiche Fisch- und Vogelfauna auf. Wichtigster Nutzungsraum sind die vor den Küsten gelegenen flachen Schelfe, die sog. *Neufundlandbänke,* mit ihren reichen Fischbeständen.

Um 1520 wurden die Inseln von portugies. Fischern entdeckt, 1534 von *Jacques Cartier* für Frankreich in Besitz genommen. Im 18. Jh. wechselte der Besitz wiederholt zwischen Frankreich und England, bis die Inseln im *Vertrag von Gent* (1814) endgültig an Frankreich fielen. 1946 wurden sie zum Überseeterritorium, 1976 zum Übersee-Département Frankreichs erklärt; seit 1985 sind sie eine „Collectivité territoriale".

Neben *Gouverneur* und *Staatsrat* besteht ein *Conseil général,* dessen 14 Abgeordnete alle 5 Jahre direkt gewählt werden. Je 1 Abgeordneter gehört der Nationalversammlung und dem Senat in Paris an. – Im *Rechtswesen* gilt frz. Recht.

Die französischstämmige, fast ausschließlich kath. *Bevölkerung* lebt überwiegend auf St-P., v. a. in der gleichnamigen Hauptstadt.

Der wichtigste Zweig der *Wirtschaft* ist nach wie vor die Fischerei. Einen Höhepunkt hatte sie um 1900, als Frankreich weitgehende Fischereirechte in den kanad. Gewässern besaß. Zur Fangsaison kamen zahlreiche Fischer aus St-Malo. Nach einem Rückgang ist die Fischwirtschaft einschließlich der Verarbeitung in jüngster Zeit modernisiert worden. Gefangen und exportiert wird v. a. Kabeljau. Das Handwerk hat sich besonders auf Schiffsreparaturen und Bootsbau eingestellt, der Hafen von St-P. dient auch als Schutzhafen. Ein blühender Handel besteht mit frz. Waren, die nach Kanada verkauft werden. Damit setzt man eine Tradition fort, denn schon während der Prohibition (1920–33) waren die Inseln Zentren für einen illegalen Handel mit Spirituosen in die USA. Erwerbsgrundlage ist auch der Tourismus. Frankreich wendet jährlich erhebliche finanzielle Mittel für Wirtschaft und Bevölkerung auf, so daß der Lebensstandard relativ hoch ist.

Ein noch ungelöster Konflikt ist um die Fischereizonen entstanden: Seit 1977 beansprucht Kanada eine Zone von 200 sm, die sich mit der von Frankreich festgelegten Zone im Umkreis der Inseln überschneidet.

Verkehrsmäßig sind St-P. und M. besonders mit den kanad. Städten Sydney und Halifax (Nova Scotia) durch Schiffs- und Fluglinien verbunden.

LITERATUR

J. Y. **Ribault,** Histoire des îles St-P.-et-M. (St-Pierre 1968).

Karl Lenz

VEREINIGTE STAATEN VON AMERIKA

Amtlicher Name	United States of America (Vereinigte Staaten von Amerika)
Staatsform	Bundesstaatlich verfaßte Präsidialrepublik
Hauptstadt	Washington D. C. (620 000 E.)
Fläche	9 372 000 km²
Bevölkerung	248 600 000 E. (VZ 1990). – 27 E./km²
Sprache	Englisch
Religion	Protestanten 33,1 %; Katholiken 22,1 %; Juden 2,4 %; Orthodoxe 1,7 %
Währung	1 US-Dollar (US-$) = 100 Cents

I. *Naturräumliche Voraussetzungen*

Die Fläche der USA umfaßt insgesamt ca. 9,372 Mio. km² (davon Binnenwasserfläche und Anteil an den Großen Seen: ca. 360 000 km² = ca. 3,8 %), das ent-

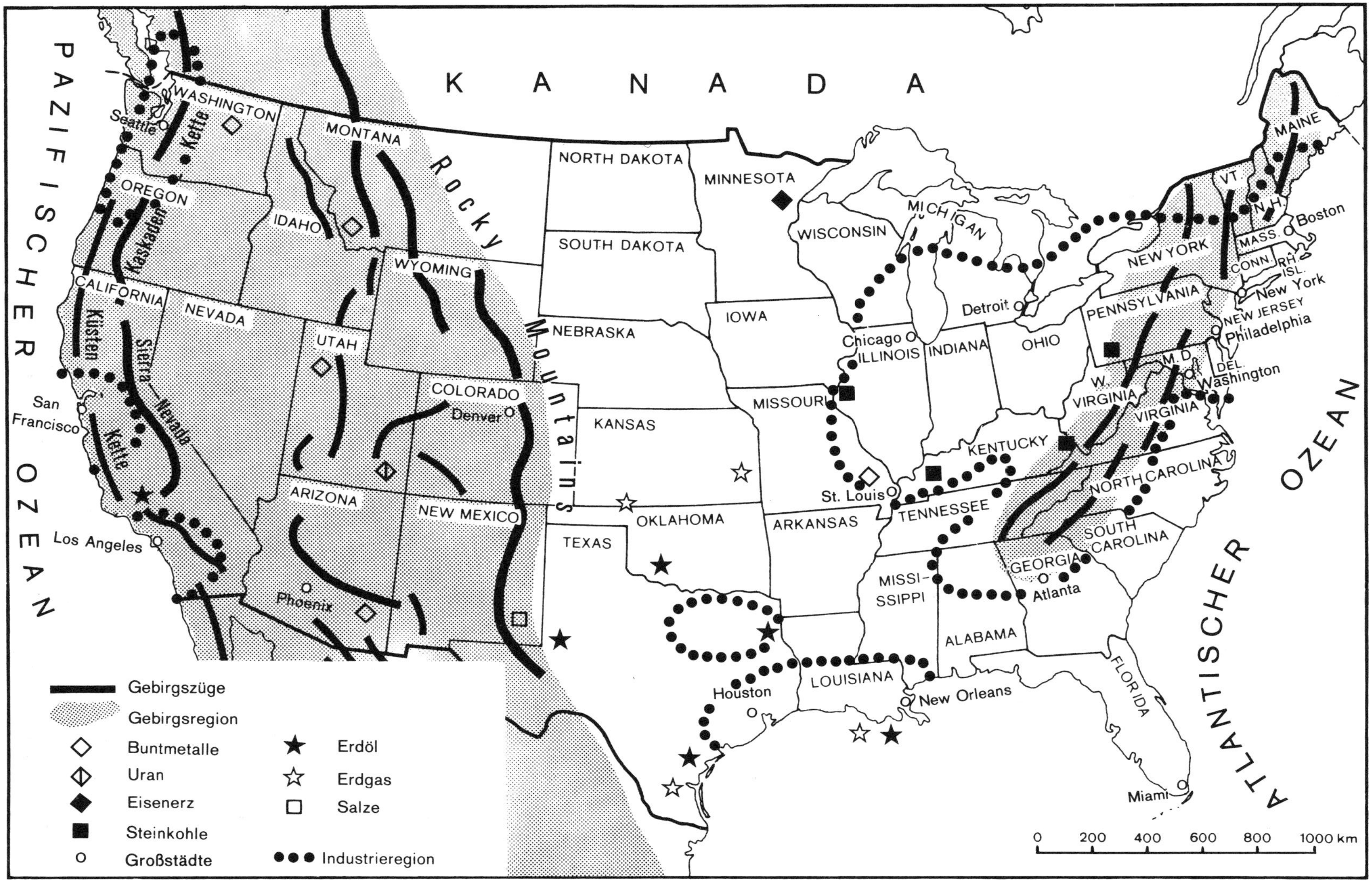
KANADA
PAZIFISCHER OZEAN
ATLANTISCHER OZEAN
Rocky Mountains
Küsten Kette
Sierra Nevada
Kaskaden Kette
WASHINGTON
OREGON
CALIFORNIA
NEVADA
IDAHO
MONTANA
WYOMING
UTAH
ARIZONA
COLORADO
NEW MEXICO
NORTH DAKOTA
SOUTH DAKOTA
NEBRASKA
KANSAS
OKLAHOMA
TEXAS
MINNESOTA
IOWA
MISSOURI
ARKANSAS
LOUISIANA
WISCONSIN
MICHIGAN
ILLINOIS
INDIANA
OHIO
KENTUCKY
TENNESSEE
MISSISSIPPI
ALABAMA
GEORGIA
FLORIDA
SOUTH CAROLINA
NORTH CAROLINA
VIRGINIA
W. VIRGINIA
PENNSYLVANIA
NEW YORK
NEW JERSEY
M.D.
DEL.
CONN.
RH. ISL.
MASS.
VT.
N.H.
MAINE
Seattle
San Francisco
Los Angeles
Phoenix
Denver
Houston
New Orleans
St. Louis
Chicago
Detroit
Atlanta
Miami
Washington
Philadelphia
New York
Boston
Gebirgszüge
Gebirgsregion
Buntmetalle
Uran
Eisenerz
Steinkohle
Großstädte
Erdöl
Erdgas
Salze
Industrieregion
0 200 400 600 800 1000 km

spricht etwa 6,3% der Landoberfläche der Erde. 48 der 50 Bundesstaaten bilden ein zusammenhängendes Territorium, 2 (*Alaska* und *Hawaii*) liegen isoliert. Der District of Columbia (mit der Hst. Washington) hat einen Sonderstatus (Washington D. C.). Hinzu kommen in der Karibik ↗*Puerto Rico*, die ↗*Jungferninseln*, im pazifischen Ozean ↗*Amerikanisch-Samoa*, ↗*Guam*, die ↗*Nördlichen Marianen, Midway-Inseln* und *Wake-Inseln*. Die UNO-Treuhandgebiete der USA im Pazifik erhielten seit 1981 weitgehend Unabhängigkeit (↗*Marshallinseln*, ↗*Mikronesien*, ↗*Palau*). Hoheitsrechte besitzen die USA in der Panamakanal-Zone (↗*Panama*). Die 48 das Stammland bildenden Bundesstaaten grenzen im N an ↗*Kanada*, im S an ↗*Mexiko*. Im O und W werden sie durch den Atlantik bzw. Pazifik begrenzt. Das Stammland (ohne Alaska) erstreckt sich zwischen 66°57' und 124°44' w. L. sowie zwischen 49°23' und 25°7' n. Br. Im Vergleich zu Europa ist diese Landfläche weit nach S vorgeschoben und liegt i. ü. S. zwischen Heidelberg und der Zentralsahara, Alaska in skandinav. Breiten. Hawaii ist den Tropen zuzurechnen. Strategisch gesehen weisen die USA eine günstige Verteidigungslage auf: die Entfernung zu Europa beträgt ca. 5000 km, zur asiat. Küste ca. 8000 km (von Alaska abgesehen). Südamerika liegt ca. 2000 km entfernt. Die O-W-Erstreckung der USA über mehr als 4000 km (ohne Alaska) ist Grund für die vier Zeitzonen.

Naturräumlich lassen sich die USA in folgende *Großräume* untergliedern:

a) Die *Atlantische Küstenebene*, an die sich im W das *Piedmont-Plateau* anschließt. Ebenso hinzuzuzählen ist die *Golfküstenebene* mit dem unteren Mississippital.

b) Der Mittelgebirgsraum der *Appalachen*, untergliedert in (von O nach W) den Gebirgszug des *Blue Ridge*, das *Große Tal*, das *Alleghenyplateau* (im N) und das *Cumberlandplateau* (im S). Zu diesem mittelgebirgigen Naturraum wird auch das weiter im W befindliche *Ozark-Plateau* gezählt, das durch die Ebene des Unteren Mississippi vom Appalachenraum getrennt ist.

c) Das *Zentrale Tiefland (Central Plains)* läßt sich gliedern in die im Bereich des oberen Mississippi und der Großen Seen gelegene feuchtere Tiefebene sowie in die sich westl. anschließenden *High-* oder *Great Plains*, die im Vergleich zur Tiefebene höher gelegen und trockener sind. Die Central Plains, heute größtes landwirtschaftliches Produktionsgebiet der Erde, waren vor ihrer Kultivierung eine fast geschlossene Prärieflächen. Die pleistozänen Vereisungen reichten in Zentral-Ost-USA am weitesten nach S, nämlich bis etwa zum 40. Breitengrad. Die stark übertieften Großen Seen (ca. 242 000 km², davon Anteil der USA ca. 157 000 km²) sind Relikte dieser Vereisung (letzte Vereisung: „Wisconsin") und bilden das größte Süßwasser-Reservoir der Erde.

d) Der *Westen* mit den trockenen Prärien *(Great Plains)*, den *Rocky Mountains*, Gebirgsbecken und -plateaus sowie dem *Küstengebirge*. Die Gebirgsketten sind Teil des sich entlang der Westküste Amerikas von Alaska bis Feuerland erstreckenden Hochgebirgssystems und des zirkumpazifischen Faltengebirgszuges, entstanden im Tertiär. Bei einer Gesamtbreite von bis zu 1600 km umschließt dieser Gebirgsraum des Westens in seiner Mitte die sog. *Intermontane Region*. Sie läßt sich in drei Räume gliedern: (1) Das feuchte *Columbia-Plateau* zwischen den Rocky Mountains im O und dem Kaskadengebirge im W mit einer mittleren Höhe von 1100 m (im S maximal 1800 m, im N nur noch 300 m). Tertiäre Basalt-Lavadecken, die eine Fläche von ca. 500 000 km² bedecken, werden hier rezent durch fluviatile Kräfte, v. a. Schmelzwässer, umgestaltet. Die ehem. Steppenlandschaft wird heute für den Weizenanbau (Dry farming und Bewässerungsfeldbau) genutzt. (2) Das halbwüstenhafte *Große Becken* (546 000 km²) eingebettet zwischen das östl. gelegene Wasatch-Gebirge und die Sierra Nevada im W. Kreidezeitliche Faltungen und ihr Aufbrechen im frühen Tertiär schufen die typischen schräggestellten Pultschollen. Der in 1280 m Höhe liegende *Great Salt Lake* (Großer Salzsee) ist ebenso wie die übrigen kleineren Salzseen Relikt ehemals sehr großer glazialer Seen. (3) Das *Colorado-Plateau*, ein ausgedehntes Tafelland südöstl. des Großen Beckens mit einer Fläche von ca. 112 000 km² (Höhenlage 1830–3050 m). Faltungen fehlen hier völlig, jedoch untergliedern Brüche, Verwerfungen und tief eingeschnittene Täler *(Grand Canyon)* die (Schicht-)Tafellandschaft in einzelne Schollen. Eine lange Phase der Senkung seit Beginn des Tertiärs wurde beendet durch eine starke kurzzeitige Hebung am Anfang des Quartärs. Der über 300 km lange *Grand Canyon* hat eine Breite von 6–30 km und eine Tiefe von bis zu 1800 m. Deutlich läßt sich die Schichtenabfolge vom Perm (teilweise mit Auflage aus dem Mesozoikum) bis zum Präkambrium verfolgen.

Das *Küstengebirge* ist Teil des N-S streichenden Hochgebirgssystems. Es schließt die Intermontane Region zur Pazifikküste ab und besteht wiederum aus zwei Hauptgebirgszügen: der *Küstenkordillere* entlang der Pazifikküste und dem im Landesinneren parallel verlaufenden *Kaskadengebirge* (im N) bzw. der *Sierra Nevada* (im S). Der *Mount Whitney* (4418 m) in der Sierra Nevada bildet die höchste Erhebung der USA (ohne Alaska). Zwischen dem südl. Teil der Küstenkordillere und der Sierra Nevada erstreckt sich auf einer Länge von über 700 km das kalifornische Längstal.

Da im Gebiet des Küstengebirges die pazifische Platte mit der amerikan. kollidiert (Subduktionszone), ist die Westküste der USA tektonisch gesehen sehr unruhig *(San-Andreas-Verwerfung)*. Erdbeben und Vulkantätigkeit sind die Folge, z. B. der Ausbruch des *Mount St. Helens* im 18.5.1980, bei dem große Flächen unter einer bis zu 17 m dicken Aschendecke begraben wurden. Das große Erdbeben vom 18.4.1906 verwüstete weite Teile der Stadt San Francisco und kostete rd. 1000 Menschenleben, das Beben vom 17.10.1989 mit einer Stärke von 7,0 auf der Richter-Skala richtete vergleichsweise geringe Schäden an. Es forderte dennoch etwa 60 Menschenleben.

e) Alaska, 1867 von Rußland für 7,2 Mio. $ gekauft, ist mit über 1,5 Mio. km² der größte, zweitjüngste Bundesstaat (seit 3.1.1959) der USA. Das Staatsgebiet Kanadas trennt Alaska vom Stammland der USA ab. Der an Erdgas und Erdöl reiche Bundesstaat reicht im NW bis auf 85 km an die sibirische Gegenküste heran. Abgesehen von einem schmalen Küstenstreifen am Pazifik herrscht ein arktisches, kontinental geprägtes Klima. Alaska wird wie das gesamte W Nordamerikas von mehreren Gebirgsketten durchzogen, die hier aus NS nach W umbiegen. Mit 6193 m ist der *Mount McKinley* in der stark vergletscherten *Alaska Range* der höchste Berg der USA. Die küstenparallele Alaska Range findet ihre Fortsetzung in der *Alaska-Halbinsel* und noch weiter westl. in der vulkanischen *Aleuten-Kette*, die auch gegenwärtig tektonisch aktiv ist (Erdbeben). Nördlich des Pazifischen Gebirgssystems erstreckt sich das *Yukonbecken*, benannt nach dem gleichnamigen Strom, der in das Bering-Meer mündet. Im N wird das Yukonbecken durch die ca. 1000 km lange *Brooks Range* begrenzt, die v. a. im O stärker vergletschert ist (höchste Erhebung 2816 m). Die Küstenebene am Nordpolarmeer ist im W 250 km breit und verschmälert sich in östl. Richtung bis auf 15 km.

f) Hawaii ist der 50. und jüngste Bundesstaat (seit 21.8.1959) der USA. Die Inselkette, bestehend aus acht größeren sowie mehreren kleineren Inseln und Atollen, liegt im Pazifischen Ozean unter 20° n. Br. ca. 4500 km von der kalifornischen Küste entfernt. Die girlandenartige NNW-streichende Inselgruppe hat eine Ausdehnung von 2300 km bei einer Gesamtfläche von 16 760 km². Die Hawaii-Inseln verdanken ihre Entstehung einer Reihe pliozäner, teilweise noch aktiver Vulkane, wie dem *Mauna Loa* auf der Insel Hawaii (über 4000 m). Da sie sich aus einer Erdtiefe von mehr als 5000 m aufbauen (insgesamt also 9 km), kann man die Vulkane Hawaiis als die höchsten der Erde bezeichnen. Die fruchtbaren jungvulkanischen Böden ermöglichen eine intensive Landwirtschaft. Die versteppten Westseiten der Inseln können nur extensiv genutzt werden. Von den Flächen alter Lavaströme abgesehen, sind die Nord- und Osthänge bis zu 3000 m dicht bewaldet.

Klima und natürliche Vegetation der USA lassen sich vereinfacht in drei Bereiche gliedern:

a) Im *Südosten* dominiert ozeanisches und damit warmgemäßigtes, ständig feuchtes Klima. Die Sommer sind warm bis heiß, die Winter mild (Julimittel in New Orleans 27,4 °C, Januarmittel 11,7 °C). Jedoch sind, wie fast im gesamten Stammland der USA, wegen der N-S ausgerichteten Gebirgsstrukturen und fehlender O-W-Barrieren verheerende Kälteeinbrüche aus dem Polargebiet bis tief in den S im Winterhalbjahr möglich („Cold waves", „Northers", „Blizzards"). Die Jahresniederschläge betragen im SO 1250–2500 mm, stellenweise auch mehr. 200 bis über 240 Tage im Jahr frostfrei. Die natürliche Vegetation besteht überwiegend aus Auen- und Sumpfwäldern. Lediglich im Mississippital dominiert ein subtropischer Feuchtwald. Die roten und gelben Böden des SO sind wegen ihrer Humusarmut für den Ackerbau wenig geeignet. Nur das im Mississippital vorzufindende alluviale Schwemmland ist fruchtbar, jedoch sehr hochwassergefährdet.

b) Im *Nordosten* herrscht ein ständig feuchtes festländisches Klima mit warmen Sommern und kalten bis gemäßigten Wintern (Julimittel in New York 23,1 °C, Januarmittel –1,0 °C). Die jährlichen Niederschläge liegen zwischen 750 und 1500 mm. 80–200 Tage im Jahr sind frostfrei. Natürliche Vegetation besteht aus Misch- und Laubwald, im W aus Waldsteppen. Überwiegend graubraune und braune podsolierte Böden, im äußersten N Bleicherden, im W tschernosjomartige Böden der nördl. Prärien, dienen als hochwertiges Acker- und Weideland.

c) Der niederschlagsarme *Westen,* der etwa jenseits des 100. Längengrades beginnt, läßt sich dreiteilen: (1) In der N-S gerichteten *Steppen-Klimazone* östl. der Rocky Mountains treten warme, mäßig feuchte Sommer und kalte, trockene Winter auf. Die jährliche Niederschlagsmenge beträgt 250–750 mm, im O bis zu 1000 mm. Die Anzahl der frostfreien Tage differiert zwischen N (80) und S (bis zu 240 Tagen) stark. Die natürliche Vegetation besteht aus Kurz- und Langgrasprärien. Kastanienfarbige Böden sowie Schwarzerden ermöglichen nur im östl. Teil intensive agrarische Nutzung, im W dominiert Wald- und Weidewirtschaft. (2) In der *Becken- und Gebirgsregion* wechselt trockenes Steppenklima und feuchteres Mischwaldklima. Die Jahresniederschläge liegen im Bereich von unter 250 mm bis kaum über 500 mm. Die natürliche Vegetation besteht aus Halbwüsten, Nadelwald und Trockensteppe. Wasserarme Gebirgs- und Sandböden lassen agrarische Nutzung kaum zu. (3) In der *pazifischen Küstenregion* herrscht subtropisches Klima: Warme, trockene Sommer und kühle, feuchte Winter (Julimittel San Francisco 15,3°C, Januarmittel 9,7°C). Die Niederschläge betragen im N 1000–2500 mm (bei 160 frostfreien Tagen). Natürliche Vegetation sind Hartlaubgewächse im Wechsel mit Nadel- und Laubwald. Die Böden erfordern für agrarische Nutzung nach S hin zunehmende Bewässerung. – Zum *Gewässersystem* ↗Nordamerika II 3.

II. Historische und politische Entwicklung

1. Besiedlung und Kolonialzeit (1607–1763)

Im Unterschied zu Süd- und Zentralamerika, wo der Ankunft der Europäer die rasche Eroberung gefolgt war, gelang die dauerhafte Besiedlung ↗Nordamerikas erst seit Beginn des 17. Jh. (Gründung von *Jamestown* und der Kolonie *Virginia* 1607). Auch hier stand die Erschließung aber im Zeichen europ. Großmachtrivalität. England mußte seinen Vormachtanspruch gegen Spanien, die Niederlande und bis 1763 gegen Frankreich behaupten. Nach anfänglichen Schwierigkeiten („starving times") nahmen die engl. Kolonien einen schnellen wirtschaftlichen und demographischen Aufschwung. Mitte des 18. Jh. zählten die 13 Festlandskolonien bereits 1,2 Mio. E. (incl. 1/5 afrikan. Sklaven). Neben ökonomischen Anreizen (Arbeitskräftemangel, freies Land) bot Nordamerika zahlreichen religiösen Dissidenten Zuflucht (Puritaner, Quäker, Hugenotten, engl. Katholiken). Für die Ureinwohner wurde die Berührung mit den Europäern zur Katastrophe. Eingeschleppte Seuchen und blutige Kämpfe gegen die militärisch überlegenen und stammesmäßige Rivalitäten geschickt ausnutzenden Siedler führten in kurzer Zeit zur Vernichtung oder Verdrängung der Küstenstämme.

Wirtschaftlich teilten sich die Kolonien grob in das puritanisch-kommerzielle Neuengland und den auf Großgrundbesitz und ab ca. 1700 immer mehr auf Sklaverei gegründeten Süden. Trotz aller regionalen Vielfalt bildete sich eine Kolonialgesellschaft mit starker Mittelklasse und politischem Selbstbewußtsein heraus. Begünstigt wurde die Tradition repräsentativer Selbstregierung von den Auseinandersetzungen zwischen Krone und Parlament in England, die 1688 mit der „Glorious Revolution" zugunsten des Parlaments entschieden wurden. Dessen Anspruch auf ein Repräsentationsmonopol für alle brit. Untertanen und das ab 1651 praktizierte merkantilistische System, das Handel und Produktion der Kolonien zugunsten des Mutterlandes reglementierte, erzeugten jedoch langfristig ein Konfliktpotential, das dank der permanenten Kriege und der relativ laxen Kolonialadministration in der ersten Hälfte des 18. Jh. noch latent blieb.

2. Grundzüge der Geschichte 1763–1900

Der Versuch der brit. Krone, die Kolonien durch Besteuerung und Zölle an den Kosten des Siebenjährigen Krieges zu beteiligen, führte ab 1763 zum Konflikt mit den selbstbewußten Kolonisten, der 1775 zur bewaffneten Konfrontation eskalierte. Am 4.7.1776 erklärten die „Vereinigten Staaten von Amerika" ihre Unabhängigkeit, die 1783 nach einem wechselvollen Krieg von London anerkannt wurde. 1781 hatten sich die 13 Staaten in den *„Articles of Confederation"* als Staatenbund organisiert, doch führten die materiellen Lasten der Revolution bald zum Ruf nach Stärkung der Bundesgewalt. Die 1787 beschlossene und bis 1791 von allen Einzelstaaten ratifizierte Bundesverfassung errichtete einen gewaltenteiligen Bundesstaat mit einem Zweikammersystem und einem Präsidenten an der Spitze der Exekutive (vgl. III). Die Kompetenzen des Bundes waren freilich umstritten. Während *Alexander Hamilton* und die *Federalists* eine starke, wirtschaftlich aktive Zentralgewalt wünschten, traten die Republikaner mit *Thomas Jefferson* an der Spitze für die Rechte der Einzelstaaten und das Ideal einer agrarischen Demokratie ein. Obwohl die *Federalists* ihre Staatsorganisationsprinzipien weitgehend durchsetzten, erzielten ihre Kritiker mit der Verabschiedung eines Grundrechtskatalogs *(Bill of Rights)* als Teil der Verfassung einen bedeutenden Erfolg.

Trotz der Warnungen des ersten Präsidenten *George Washington* (1789–97; vgl. Tab. 1) kam es schnell zur Herausbildung sich heftig bekämpfender politischer Parteien.

Tabelle 1
Die Präsidenten der Vereinigten Staaten von Amerika

1	1789–1797	George Washington (F)
2	1797–1801	John Adams (F)
3	1801–1809	Thomas Jefferson (D)
4	1809–1817	James Madison (D)
5	1817–1825	James Monroe (D)
6	1825–1829	John Quincy Adams (D)
7	1829–1837	Andrew Jackson (D)
8	1837–1841	Martin van Buren (D)
9	4.3.–4.4.1841	William Henry Harrison (W)
10	1841–1845	John Tyler (D)
11	1845–1849	James K. Polk (D)
12	1849–1850	Zachary Taylor (W)
13	1850–1853	Millard Fillmore (W)
14	1853–1857	Franklin Pierce (D)
15	1857–1861	James Buchanan (D)
16	1861–1865	Abraham Lincoln (R)
17	1865–1869	Andrew Johnson (D)
18	1869–1877	Ulysses S. Grant (R)
19	1877–1881	Rutherford B. Hayes (R)
20	4.3.–19.9.1881	James A. Garfield (R)
21	1881–1885	Chester A. Arthur (R)
22	1885–1889	Grover Cleveland (D)
23	1889–1893	Benjamin Harrison (R)
24	1893–1897	Grover Cleveland (D)
25	1897–1901	William McKinley (R)
26	1901–1909	Theodore Roosevelt (R)
27	1909–1913	William H. Taft (R)
28	1913–1921	Woodrow Wilson (D)
29	1921–1923	Warren G. Harding (R)
30	1923–1929	Calvin Coolidge (R)
31	1929–1933	Herbert C. Hoover (R)
32	1933–1945	Franklin D. Roosevelt (D)
33	1945–1953	Harry S. Truman (D)
34	1953–1961	Dwight D. Eisenhower (R)
35	1961–1963	John F. Kennedy (D)
36	1963–1969	Lyndon B. Johnson (D)
37	1969–1974	Richard M. Nixon (R)
38	1974–1977	Gerald R. Ford (R)
39	1977–1981	James E. Carter (D)
40	1981–1989	Ronald W. Reagan (R)
41	seit 1989	George H. Bush (R)

F = Föderalist, D = Demokrat, R = Republikaner, W = Whig

Mit *Jeffersons* Wahl zum Präsidenten (1800) wurde erstmals ein friedlicher Regierungswechsel vollzogen. Bis zur Mitte der 1820er Jahre etablierte sich unter den Präsidenten *James Madison* (1809–17) und *James Monroe* (1817–25) ein Grundkonsens über die Notwendigkeit einer starken Bundesregierung – nicht zuletzt eine Folge des erneuten Krieges mit Großbritannien (1812-14). Der demokratisch-egalitäre Impuls wurde von *Andrew Jackson* und seinen Anhängern vertreten, die sich 1828 zur *Democratic Party* formierten. Die *Jacksonian Democracy* war gekennzeichnet durch Ausweitung des Wahlrechts, Herausbildung des Zweiparteiensystems (Demokraten vs. konservative *Whigs*) und hemmungslose Ämterpatronage *(spoils system)*. Im Konflikt mit South Carolina um das Recht der Einzelstaaten zur Annullierung von Bundesgesetzen erwies sich Jackson als entschiedener Verteidiger der Union.

Im Brennpunkt des sektionalen Konflikts stand die *Sklavereifrage,* die in der Verfassung ungelöst geblieben und 1820/21 durch den *Missouri Compromise* (Zulassung Missouris als Sklavenstaat) noch einmal zeitweilig entschärft worden war. Je radikaler die Abolitionisten im Norden gegen die Sklaverei agitierten, um so erbitterter klammerte sich der Süden an seine „besondere Einrichtung" als Grundlage seiner agrarisch-konservativen Gesellschaft. Seit 1850 spitzte sich der Streit über die Ausbreitung der Sklaverei in die westlichen Territorien und die vom Norden geforderten Schutzzölle immer mehr zu. Als 1860 der Führer der rein nordstaatlichen Republikaner, *Abraham Lincoln,* zum Präsidenten gewählt wurde, erklärten insgesamt elf Südstaaten ihre *Sezession* und gründeten die „Konföderierten Staaten von Amerika". Der Bürgerkrieg (1861–65) – mit ca. 600 000 Toten der verlustreichste Krieg der US-Geschichte – endete mit dem Sieg des wirtschaftlich und zahlenmäßig überlegenen Nordens. Die folgende Wiedereingliederung *(Reconstruction)* des Südens in die Union wurde nach Lincolns Ermordung (14.4.1865) von den radikalen Republikanern bestimmt, deren oft korruptes Besatzungsregime bei den weißen Südstaatlern auf einhellige Ablehnung stieß. Den Schwarzen brachte der Bürgerkrieg zwar das Ende der Sklaverei und die formalen Bürgerrechte (Amendment XIII–XV), aber die nach dem Ende der militärischen Besetzung (1877) im Süden etablierte Rassentrennung bedeutete für sie allgegenwärtige rechtliche, politische und soziale Diskriminierung.

Zu den wichtigsten Determinanten der US-Geschichte gehört die Expansion auf dem nordamerikan. Kontinent. Zwei Aspekte dieses Prozesses griffen ineinander: die Sicherung der eigenen Vorherrschaft gegen europ. Kolonialmächte *(Monroe-Doktrin,* 1823) und das ständige Vorschieben der Siedlungsgrenze *(Frontier)* nach Westen. Durch die Abtretung aller einzelstaatlichen Landansprüche an den Kongreß, die rechtliche Vorbereitung weiterer Einzelstaatsgründungen *(Northwest Ordinance)* und den Kauf Louisianas von Frankreich (1803) war die Voraussetzung für die Erschließung des Westens geschaffen worden. Mit der Annexion von Texas (1845), dem Kompromiß mit England über Oregon und der nach dem Krieg mit Mexiko (1846–48) vorgenommene Angliederung Kaliforniens und Neu Mexikos war Mitte des 19. Jh. die kontinentale Expansion abgeschlossen. Unter Berufung auf die „offenkundige Bestimmung" *(Manifest Destiny)* des weißen Mannes erfolgte die Inbesitznahme des Landes fast ohne Rücksicht auf die Ureinwohner, deren Interessen von der Bundesregierung nicht wirksam geschützt wurden. Sie wurden in Reservate zwangsumgesiedelt, Widerstand wurde meist gewaltsam gebrochen. Auch wenn das Leben der Siedler oft wenig mit dem Mythos des Westens gemein hatte und die Bedeutung der *Frontier* für die Entwicklung der amerikan. Gesellschaft überschätzt worden ist, spielt sie für die kollektive Identität der Amerikaner bis heute eine wichtige Rolle.

Nach dem Bürgerkrieg stiegen die USA rasch zur führenden Industrienation auf. Triebfedern dieser Entwicklung waren der Eisenbahn- und Bergbau, die Stahlerzeugung sowie bahnbrechende technische Erfindungen. Der Laissez-faire-Kapitalismus des *Gilded Age* führte zur Herausbildung monopolistischer Großunternehmen *(Trusts)* mit immenser wirtschaftlicher und politischer Macht, während sich die sozialen Probleme der Industrialisierung v. a. in den schnell wachsenden Städten zeigten, wo sich die Masse der „neuen Einwanderer" aus Süd- und Osteuropa drängte. Die Stadtverwaltungen befanden sich meist in den Händen berüchtigter „Bosse" und ihrer „Parteimaschinen", die Bundesregierungen beschränkten ihre Aktivitäten auf die Wahrung konservativer Wirtschaftsinteressen. Die wachsenden sozialen Spannungen riefen freilich auch Reformkräfte auf den Plan. Agrarischer Protest organisierte sich in der *Populist Party* (1892). 1886 wurde die *American Federation of Labor* (AFL) als erster nationaler Gewerkschaftsverband gegründet. Politisch am wirksamsten war jedoch das *Progressive Movement,* eine nicht zuletzt von Intellektuellen inspirierte Reformbewegung, die neben Selbsthilfeprojekten erstmals auch energisch die soziale Verantwortung des Bundes einforderte, in seiner Betonung der öffentlichen Moral aber auch deutlich repressive Züge entfaltete.

3. Die Grundlagen der modernen Gesellschaft und der Aufstieg zur Weltmacht (1900–1941)

a. Vom Progressivismus zum New Deal

Ihren Höhepunkt erlebte die Reformbewegung während der Präsidentschaft *Theodore Roosevelts* (1901–08). Neben dem verstärkten Kampf gegen die *Trusts* wurden erste Umwelt- und Verbraucherschutzgesetze erlassen. Roosevelts aktivistischer Regierungsstil leitete zugleich die Entwicklung zur modernen, „imperialen" Präsidentschaft ein. Kennzeichnend für die *Progressive Era* (1901–17) war auch das Emanzipationsstreben der Afroamerikaner (1909 Gründung der *National Association for the Advancement of Colored People*) und der Frauen (Frauenwahlrecht 1920). Der demokratische Präsident *Woodrow Wilson* (1913–21) trat ebenfalls mit einem ehrgeizigen Reformprogramm an. Durch Amerikas Verwicklung in den I. Weltkrieg verlor der progressive Impuls jedoch an Kraft, und ab 1918 dominierten die Konservativen wieder die Politik. Unter dem Motto „Zurück zur Normalität!" betrieben die republikanischen Administrationen der 1920er Jahre die Rückkehr zum Laissez faire und eine die Großwirtschaft begünstigende Steuer- und Zollpolitik. Zur „Normalität" gehörten freilich auch ausgeprägte nativistische und repressive Tendenzen, die sich in Kommunistenhysterie *(Red Scare),* Gewalttaten des rassistischen Geheimbundes *Ku Klux Klan,* verschärften Einwanderungsbestimmungen und in der (wenig effektiven) *Prohibition* (1919–33), dem Verbot der Herstellung, des Transports und Verkaufs alkoholischer Getränke, manifestierten.

Angestoßen von der Kriegskonjunktur entfaltete sich während der *Roaring Twenties* eine fast ununterbrochene Prosperität. Der Einsatz neuer Produktionsmethoden machte die USA zur modernsten Industriegesellschaft der Welt, in der die völlige Beseitigung der Armut nur noch eine Frage der Zeit zu sein schien. Der Wohlstand war indessen sehr ungleich verteilt und beruhte häufig auf bedenklicher Verschuldung. Der gefährlichste Aspekt des Booms war das 1928 einsetzende Spekulationsfieber, das im Börsenkrach vom 24.10.1929 („Schwarzer Donnerstag") mündete.

Die von beispiellosem Elend begleitete Große Depression stellte das amerikan. Fortschrittsmodell radikal in Frage. Präsident *Herbert Hoover* (1929–33) blieb jedoch herkömmlichen Konzepten verhaftet und lehnte direkte staatliche Maßnahmen gegen die Krise ab. Der 1932 mit großer Mehrheit gewählte Demokrat *Franklin D. Roosevelt* (1933–45) nahm dagegen mit seinem als *New Deal* berühmt gewordenen Krisenprogramm für amerikan. Verhältnisse radikale Eingriffe in das Wirtschaftsleben vor. Neben einer Neuordnung des Kreditwesens wurden Arbeitsbeschaffungsmaßnahmen und staatliche Großprojekte zur Eindämmung der Industrie- und Agrarproduktion zur Eindämmung der Überschüsse reguliert. Mit dem SozialversicherungsG von 1935 legte Roosevelt zugleich die Grundlage des modernen amerikan. Sozialstaats. Der *New Deal* war freilich heftig umstritten. Insbesondere der konservative Oberste Gerichtshof stemmte sich der Kompetenzausweitung des Bundes entgegen. Auch wird man kaum von einem durchschlagenden ökonomischen Erfolg sprechen können – die Depression wurde endgültig erst durch die Kriegskonjunktur überwunden –, aber die historische Bedeutung der Tatsache, daß den Amerikanern neues Vertrauen in ihr Regierungs- und Gesellschaftssystem gegeben wurde, kann kaum hoch genug veranschlagt werden.

b. Außenpolitik im Zeitalter der Weltkriege

Hatte sich die US-Außenpolitik im 19. Jh. hauptsächlich auf die Sicherung hemisphärischer Hegemonie und handelspolitischer Gleichberechtigung konzentriert, so traten die USA mit dem Krieg gegen Spanien (1898) und besonders seit dem Amtsantritt *Th. Roosevelts* in den Kreis der imperialistischen Großmächte, ohne allerdings das Prinzip der Bündnisfreiheit aufzugeben. Beim Beginn des I. Weltkriegs erklärte Präsident *Wilson* die USA für neutral. Ihre enge wirtschaftliche Verflechtung mit der Entente und der Konflikt über den dt. U-Bootkrieg führten jedoch im April 1917 zum Kriegseintritt. Wilson erklärte den Krieg zum Kreuzzug für die Demokratie, doch sein im →Völkerbund konkretisiertes Modell universaler Friedenssicherung wurde auf der Pariser Friedenskonferenz nur begrenzt verwirklicht, und das Scheitern der Friedensverträge im US-Senat (März 1920) führte schließlich zum Rückzug der USA aus Europa. Die Weltwirtschaftsmacht Amerika war nicht bereit, sicherheitspolitische Verantwortung zu übernehmen, sondern beschränkte ihr Engagement auf die Wahrung ihrer Wirtschafts- und Finanzinteressen. Unter Friedenssicherung wurde ökonomische Stabilisierung (*Dawes-Plan* 1924), Abrüstung (*Washingtoner Flottenabkommen* 1922) und Kriegsächtung (*Briand-Kellogg-Pakt* 1928) verstanden; oberste Maxime jedoch blieb die Wahrung außenpolitischer Handlungsfreiheit.

In den 30er Jahren wurde der Handlungsspielraum Präsident *F. D. Roosevelts* gegenüber der Herausforderung durch die revisionistischen Mächte Deutschland, Italien und Japan durch eine rigide Neutralitätsgesetzgebung stark eingeengt. Nach Beginn des II. Weltkrieges kam es zu einer erbitterten Debatte über die amerikan. Haltung. Während die *Internationalisten* mit Roosevelt an der Spitze das nationale Interesse der USA militärisch, politisch und ökonomisch global definierten und in einem Sieg der Achsenmächte eine Bedrohung auch der amerikan. Demokratie erblickten, bestritten die *Isolationisten* – eine parteiübergreifende Koalition verschiedenster Überzeugungen und Interessen –, daß die vitalen Interessen der Nation bedroht seien, solange kein Angriff auf die westliche Hemisphäre erfolge. Immerhin gelang es Roosevelt, die Unterstützung für die Alliierten bis 1941 ständig auszuweiten (*Leih- und Pachtgesetz* vom März 1941). Erst der japan. Angriff auf *Pearl Harbor* (Hawaii) am 7.12.1941 und die nachfolgende dt. Kriegserklärung (11.12.1941) machten die USA zur kriegführenden Macht, die ihr gesamtes militärisches und wirtschaftliches Potential zur Geltung bringen konnte.

4. Seit dem II. Weltkrieg

a. Kalter Krieg und Wohlstandsgesellschaft

Die USA gingen aus dem II. Weltkrieg als militärisch und ökonomisch stärkste Macht hervor. Die mit dem →*Marshallplan* (1947) anerkannte Verantwortung für den Wiederaufbau Europas und das gleichzeitig verkündete Ziel der Eindämmung des Kommunismus (*Truman-Doktrin,* 1947) führten erstmals zu einem weltweiten Engagement in permanenten Allianzen (→Nordatlantikpakt, 1949). Kalter Krieg und →Ost-West-Konflikt haben bis Ende der 80er Jahre die US-Weltpolitik entscheidend bestimmt.

Wirtschaftlich, sozial und demographisch brachte der Weltkrieg tiefgreifende Umwälzungen (Urbanisierung, neue Industrien) mit sich, die die Grundlage für die Entstehung der Wohlstandsgesellschaft der 50er Jahre schufen. Der Übergang zur Friedenswirtschaft gelang dank staatlicher Hilfen („G. I. Bill" = Studienfinanzierung für Kriegsteilnehmer) und freigesetzter Kaufkraft unerwartet schnell. Präsident *Harry S. Truman* (1945–53) versuchte, an die Reformpolitik seines Vorgängers anzuknüpfen, sah sich jedoch dem Widerstand des konservativen Kongresses gegenüber. Sein 1948 verkündetes *Fair Deal* Programm fiel dann v. a. den Kosten des *Korea-Krieges* (1950–53) zum Opfer, der die Inflation anheizte und die Truman-Administration politisch lähmte.

Die Wahl *Dwight D. Eisenhowers* zum Präsidenten (1953–61) symbolisierte den Wunsch der Amerikaner nach Sicherheit und Führungsstärke. Der „dynamische Konservatismus" des populären Kriegshelden stand für einen von der weißen Mittelklasse geprägten sozialen und politischen Konsens, der angesichts des beeindruckenden ökonomischen Erfolgs die Probleme der US-Gesellschaft für weitgehend gelöst hielt. Extremen Ausdruck fand das Sicherheitsbedürfnis in der antikommunistischen Hysterie der späten 40er und frühen 50er Jahre, als Kommunismus zum Inbegriff aller realen oder eingebildeten Gefahren durch Subversion und äußere Aggression wurde. Zwar brachten die besonders von Senator *Joseph McCarthy* betriebenen Untersuchungen kaum Ergebnisse, doch wurden weite Bereiche des öffentlichen Lebens vom Ungeist der Denunziation infiziert.

Die bedeutendste politische Bewegung der 50er Jahre war der Kampf der Afroamerikaner gegen die diskriminierende Rassentrennung im Süden. Nachdem der Oberste Gerichtshof 1954 die Rassentrennung in Schulen für verfassungswidrig erklärt hatte, versuchte die →Bürgerrechtsbewegung durch Prozesse und zivilen Ungehorsam (Boykotte, Sitzstreiks) die Gleichberechtigung der Schwarzen durchzusetzen, traf jedoch auf den erbitterten Widerstand des weißen Rassismus.

Ende der 50er Jahre zeigte sich die Eisenhower-Administration gegenüber drängenden Problemen wie dem →Rassenkonflikt und der nach wie vor verbreiteten Armut zunehmend immobil. Demgegenüber nahm Präsident *John F. Kennedy* (1961–63) mit seinem Aufruf, zu „neuen Grenzen" aufzubrechen, die Herausforderung durch die sozialen Probleme wie durch die zeitweilige sowjetische Überlegenheit in der Raumfahrt (Apollo-Programm) an. Die Energien seiner Regierung wurden zunächst jedoch von einer neuen Zuspitzung des Kalten Krieges absorbiert (*Berlin-Krise*, 1961; *Kuba-Krise*, 1962). Als Kennedy sich durchgreifenden inneren Reformen und internationaler Entspannung zuwenden wollte, fiel er am 22.11.1963 einem Attentat zum Opfer.

b. Die Vertrauenskrise der 60er und 70er Jahre
Kennedys Nachfolger *Lyndon B. Johnson* (1963–69) setzte die nationale Trauer geschickt in eine dynamische Reformpolitik um, die durch wirksame Bürgerrechtsgesetze und einen „Krieg gegen die Armut" den gefährdeten sozialen Konsens wiederherstellen sollte. Johnsons Sozialgesetzgebung erzielte große Fortschritte, doch wurde seine Vision der „Großen Gesellschaft" zunehmend von der Eskalation des fragwürdigen und kostspieligen *Vietnam-Krieges* überschattet, der v. a. die Jugend immer mehr dem Staat entfremdete. Ihren Höhepunkt erreichte die Polarisierung 1968, als die USA nach der Ermordung des gemäßigten Schwarzenführers *Martin Luther King* (4.4.1968) von den heftigsten Rassenunruhen ihrer Geschichte erschüttert wurden. Der demokratische Nominierungskonvent in Chicago war von tagelangen Zusammenstößen zwischen der Polizei und jugendlichen Demonstranten begleitet, nachdem der aussichtsreichste Bewerber, *Robert F. Kennedy*, zuvor ermordet worden war. Die politische Konfrontation war auch Ausdruck eines tiefen sozio-kulturellen Bruchs zwischen der traditionelle Werte bewußt negierenden „Gegenkultur" und der „schweigenden Mehrheit".

Daß diese weiterhin konservativ dachte, zeigte die Wahl des Republikaners *Richard M. Nixon* (1969–74), der sich als Kandidat von „Recht und Ordnung" empfahl und einen „ehrenvollen Frieden" in Vietnam versprach. Außenpolitisch erzielten Nixon und sein Sicherheitsberater und späterer Außenminister *Henry A. Kissinger* mit der Öffnung gegenüber der VR China und Rüstungskontrollabkommen (SALT I; →Abrüstung) mit der Sowjetunion spektakuläre Erfolge. Der als „Vietnamisierung" bezeichnete Rückzug aus Indochina bedeutete jedoch de facto eine militärische Niederlage. Den Wirtschaftsproblemen (Inflation, Handels- und Leistungsbilanzdefizite) begegnete die Nixon-Administration mit dirigistischen Maßnahmen (Lohn- und Preisstopp) und der Freigabe der Wechselkurse. Die seit langem erkennbare Tendenz zur Zentralisierung unkontrollierter Macht im Weißen Haus kulminierte 1973/74 in der *Watergate-Affäre*, als nach und nach enthüllt wurde, daß der Präsident kriminelle Wahlkampfaktionen seiner Mitarbeiter gedeckt hatte. Am 8.8.1974 trat Nixon als erster US-Präsident von seinem Amt zurück, um einer Amtsenthebung (impeachment) zuvorzukommen.

Weder der schwache Übergangspräsident *Gerald Ford* (1974–77) noch der religiöse Moralist *James E. („Jimmy") Carter* (1977–81) vermochten die politische Vertrauenskrise zu überwinden oder die anhaltenden Wirtschaftsprobleme in den Griff zu bekommen. Carters Amtszeit wurde zudem von außenpolitischen Krisen (Ölkrise, Geiselkrise im Iran, sowjetische Invasion Afghanistans) überschattet, die ihn mit dem Makel der Führungsschwäche belasteten.

c. Die konservative Wende der Ära Reagan
Die Präsidentschaft *Ronald W. Reagans* (1981–89) bedeutete zwar keine „konservative Revolution", doch traf das Versprechen, die Nation durch Rückbesinnung auf traditionelle Tugenden zu neuer innerer und äußerer Stärke zu führen, auf breite Resonanz. Massive Aufrüstung sollte Amerikas Entschlossenheit demonstrieren, jeder Bedrohung notfalls auch militärisch entgegenzutreten. In Lateinamerika kam es wieder zu direkten Interventionen (↗Grenada, 1983) und verdeckten Operationen (↗Nicaragua). Im Ost-West-Konflikt schlug Reagan militante Töne an und leitete mit seiner Strategischen Verteidigungsinitiative *(SDI)* die Militarisierung des Weltraums ein. Nach dem Kurswechsel der UdSSR ab 1985 erwies sich die Reagan-Administration jedoch als flexibel und kooperativ und vereinbarte sogar erstmals ein Abrüstungsabkommen mit Moskau (*INF-Vertrag, 1987*).

Durch umfangreiche Steuersenkungen, Kürzung der zivilen Staatsausgaben und Abbau investitionshemmender Vorschriften sollten die Inflation gestoppt, neues Wachstum und Arbeitsplätze geschaffen werden, was nach einer anfänglichen Rezession auch gelang. Die Kehrseite dieser Politik waren die infolge gekürzter Sozialausgaben wieder stark angestiegene Armut und ein gigantisches Haushaltsdefizit (1986: 221

Mrd. $). Binnen weniger Jahre wurden die USA durch hohe Handelsbilanzdefizite und Kapitalimport zur weltgrößten Schuldnernation.

Während der Präsidentschaft Reagans hat der Konservatismus in den USA klar die Meinungsführerschaft übernommen. Religiöse Fundamentalisten („Moral Majority") gewannen wieder an Einfluß. Den Geißeln der amerikan. Gesellschaft, Drogen und Kriminalität, begegnete man vornehmlich mit verschärften Strafandrohungen bis hin zum Rückgriff auf die Todesstrafe. Andererseits wuchs aber der politische Einfluß von Frauen und Afroamerikanern in den 80er Jahren deutlich, und die Regierung Reagan war in heiklen Fragen wie dem Streit um die Abtreibung sehr zurückhaltend.

Trotz vieler Widersprüche in seiner Politik und einiger Affären wie den 1986/87 aufgedeckten illegalen Waffengeschäften mit Iran blieb Reagan ein sehr populärer Präsident, der in einer von den Massenmedien beherrschten politischen Kultur die Kommunikation mit den Wählern perfekt inszenierte. Der Wahlsieg von Vizepräsident *George Bush* 1988 kann nur als Mandat zur Fortsetzung des innen- und außenpolitischen Kurses der Reagan-Ära gewertet werden.

III. Verfassung und Recht
1. Verfassungsordnung
a. Entwicklungsgeschichte

(1) *Bis zur Unabhängigkeit.* Die Rechts- und Verfassungsgeschichte der USA beginnt mit der Gründung engl. Kolonien an der nordamerikan. Ostküste seit dem Anfang des 17. Jh. (vgl. II 1). Die Siedler gründeten neue Gemeinwesen nach engl. Rechtsvorstellungen, aus denen sich im Laufe des 18. Jh. dreizehn relativ selbständige Kolonien von New Hampshire im N bis Georgia im S herausgebildet hatten. Ihre Rechtsordnungen bestanden aus dem mitgebrachten engl. gemeinen Recht *(common law),* aus den von der engl. Krone gewährten verfassungsähnlichen Kolonialchartern, aus Gesetzgebungsakten der kolonialen Vertretungskörperschaften und schließlich den allem übergeordneten Gesetzen des Parlaments in London. In das *common law* waren durch die Rechtsprechung der engl. Gerichte im Laufe der Zeit Vorstellungen von Freiheitsrechten *(rights of Englishmen)* eingegangen, durch die die Engländer sich vor allen Völkern ausgezeichnet glaubten.

In der Alltagswirklichkeit sahen sich die Kolonisten zunehmend fremdbestimmt. Das engl. Parlament beschränkte insbes. den expandierenden Überseehandel und erlegte zusätzliche Zölle und Steuern auf. Da die Kolonisten zu ihm nicht wahlberechtigt waren, sprachen sie dem engl. Parlament das Gesetzgebungsrecht für die Kolonien ab. Beeinflußt vom Gedankengut der europ. Aufklärung erklärten sie schließlich am 4.7.1776 ihre Unabhängigkeit.

(2) *Entstehung des Verfassungsstaates.* Die Idee des Verfassungsstaates, der durch ein geschriebenes, von der Souveränität des Volkes getragenes Grundgesetz konstituiert wird und in dem alle Staatsgewalt nur nach Maßgabe und in den Grenzen der Verfassung ausgeübt werden darf, ist erstmals in Amerika verwirklicht worden.

Zunächst gaben sich die dreizehn nun unabhängig gewordenen Gemeinwesen geschriebene Verfassungen, die zumeist aus zwei getrennten, aber aufeinander bezogenen Teilen bestanden: einem Katalog von Grundrechten, die als Staatsfundament angesehen wurden, und einem darauf aufbauenden organisationsrechtlichen Teil, der Bestellung, Aufbau und Aufgaben der Staatsorgane regelte. Nach dem Scheitern eines Staatenbundes entwarf ein Delegiertenkongreß 1787 eine Bundesverfassung (BV), die am 21.6.1788 in Kraft trat. 1791 kamen zehn Ergänzungsartikel *(Amendments* [Am.]) hinzu, die v. a. einen Grundrechtskatalog *(Bill of Rights)* enthielten. Mit mittlerweile 26 Am. gilt diese BV noch heute fort.

b. Struktur der Bundesverfassung

(1) *Föderalismus.* Ziel der Amerikaner war die Entwicklung einer Bundesform, die einerseits die Gliedstaaten nicht entmachtete, andererseits eine genügend starke Zentralgewalt für alle Aufgaben sicherte, die von den einzelnen Staaten nicht effektiv wahrgenommen werden konnten (v. a. Verteidigung sowie Handel zwischen den Staaten und mit dem Ausland). Die Lösung lag in einem bundesstaatlichen System, das die Staatsgewalt vertikal zwischen einer übergeordneten Bundesgewalt und nachgeordneten Einzelstaaten aufteilt, die in ihrem jeweiligen Kompetenzbereich aus eigenem Recht unmittelbar auf den einzelnen Bürger einwirken können. Dabei hat der Bund nur die in der BV zugewiesenen Kompetenzen, während die übrigen den Einzelstaaten verbleiben. Die ursprünglich eng umgrenzten Bundesgesetzgebungskompetenzen sind in der Praxis im Laufe der Zeit durch erweiternde Auslegung der Kompetenznormen erheblich ausgedehnt worden.

Das Verhältnis Bund – Gliedstaaten wird durch die Überordnung des Bundes bestimmt, soweit dessen Kompetenz reicht. Art. I Abs. 10 BV behält dem Bund u. a. den Abschluß völkerrechtlicher Verträge, das Zollregime und die Wehrhoheit vor. Nach Art. IV Abs. 4 gewährleistet er jedem Gliedstaat die republikanische Regierungsform und den Schutz gegen Invasionen sowie mit Zustimmung der Einzelstaatsorgane gegen interne Aufstände. Die BV, die Bundesgesetze und völkerrechtlichen Verträge gelten unmittelbar in den Gliedstaaten und genießen Vorrang vor dem dortigen Recht (Art. VI Abs. 2).

Das Verhältnis der Gliedstaaten untereinander regeln Art. IV Abs. 1 und 2 BV. Danach sind die Hoheitsakte jedes Staates in jedem anderen anzuerkennen, und seine Bürger haben in anderen Staaten jeweils die gleichen Rechte wie die dort Beheimateten.

Die wichtigste Änderung der BV in föderalistischer Hinsicht brachten nach 1865 die Am. XIII–XV, die neben der Abschaffung der Sklaverei allen Menschen, besonders aber den Schwarzen, das Bundesbürgerrecht verliehen und ihre Grundrechte einschließlich des Wahlrechts gegen gliedstaatliche Eingriffe schützten. Alle drei Zusatzartikel gaben dem Bund die Kompetenz, geeignete Durchsetzungsnormen zu erlassen.

Neueren Datums ist die Praxis des Bundes, mittelbar auf die Gliedstaaten einzuwirken. Insbesondere werden finanzielle Zuschüsse des Bundes von der Bedingung abhängig gemacht, daß der Empfängerstaat bestimmte Maßnahmen ergreife *(cooperative federalism).*

Obwohl der amerikan. Föderalismus im Laufe der Zeit Zentralisierungstendenzen gezeigt hat, die insbes. seit den 30er Jahren *(„New Deal";* vgl. II 3) zu einer erheblichen Ausweitung der Bundesmacht geführt haben, sind die Gliedstaaten als selbständige Organismen lebensfähig geblieben. Jüngst ist es sogar zu einer gewissen Rückverlagerung von Aufgaben auf sie gekommen.

(2) *Demokratie.* In den USA hat die repräsentative Demokratie auf allen Ebenen von Beginn an als die einzig legitime Regierungsform gegolten. Ihre Kennzeichen sind die Volkssouveränität und die Ausübung der Staatsgewalt durch auf Zeit gewählte Vertreter des Volkes. Der Kongreß als Legislativ- und der Präsident als Exekutivorgan des Bundes gehen aus periodischen

Volkswahlen hervor, die dem Modell des relativen Mehrheitswahlsystems folgen. Sie sind insofern dem Volk gegenüber periodisch politisch verantwortlich. Die Richter nehmen aus rechtsstaatlichen Gründen einen Sonderstatus ein.

Das Ideal der repräsentativen Demokratie wurde bis in die jüngste Vergangenheit dadurch verletzt, daß die nach Art. I Abs. 4, S. 1 BV für die Ausgestaltung des Wahlmodus zuständigen Gliedstaaten das Wahlrecht der Minderheiten durch allerlei Machenschaften bis hin zur bewußt unrepräsentativen Wahlkreiseinteilung faktisch stark einschränkten. Seit den 60er Jahren sind der Supreme Court (S. Ct.) und der Kongreß entschieden dagegen vorgegangen. Das Am. XXIV z. B. schaffte 1964 die mißbrauchte Wahlsteuer ab. Elemente unmittelbarer Demokratie fehlen auf Bundesebene, während in den Einzelstaaten häufiger Referenden stattfinden.

(3) *Rechtsstaatlichkeit.* Der Gedanke, daß das Recht herrschen müsse, nicht der Mensch, ist in den USA tief verwurzelt. Der Vorrang des Rechts vor politischer Macht und persönlicher Willkür wird auf vielfältige Weise zu gewährleisten, die Staatsgewalt sorgsam zu umgrenzen *(limited government)* versucht. So bindet die BV alle Bundes- und Gliedstaatsorgane einschließlich der Legislativen (Art. VI Abs. 2). Sie selbst ist nach Art. V nur schwer abänderbar: 2/3 beider Häuser des Kongresses müssen zustimmen und 3/4 der Gliedstaaten den Verfassungszusatz ratifizieren. Den Vorrang der Verfassung sichert das richterliche Prüfungs- und Verwerfungsrecht auch gegenüber Legislativakten, das der S. Ct. früh aus der BV entwickelt hat. BV und Gliedstaatsverfassungen erkennen zahlreiche gerichtlich durchsetzbare Grundrechte an, zu denen die Kommunikationsfreiheiten (Am. I), strafprozessuale Garantien (Am. IV: richterlicher Haft- und Durchsuchungsbefehl; Am. V: Schweigerecht des Angeklagten; Am. VI: öffentliches Geschworenenverfahren und anwaltliche Vertretung), der Gleichheitssatz (Am. XIV Abs. 1) sowie der Grundsatz gehören, daß staatliche Eingriffe in Leben, Freiheit und Eigentum nach einem gehörigen Verfahren *(due process of law)* zulässig sind (Am. V; XIV Abs. 1). Keines dieser Rechte ist freilich absolut, sondern im Prinzip aus Gemeinwohlgründen einschränkbar *(ordered liberty).*

Institutionelle Vorkehrungen gegen Machtmißbrauch schafft neben dem Föderalismus v. a. ein ausgeklügeltes System der *horizontalen Gewaltenteilung* im Bund wie in den Gliedstaaten: Gesetzgebung, Vollziehung und Gerichtsbarkeit werden verschiedenen Organen zugeordnet, die sich gegenseitig kontrollieren und ausbalancieren *(checks and balances).* Vollziehende Gewalt und Rechtsprechung sind an die Gesetze gebunden. Die Exekutive bedarf zu Eingriffen in Leben, Freiheit und Eigentum einer gesetzlichen Grundlage.

Die *Richter* sind unabhängige Wächter über die Verfassungs- und Gesetzmäßigkeit der Amtsführung der anderen Organe. Auf Bundesebene und in vielen Gliedstaaten werden sie zur Wahrung ihrer Unabhängigkeit auf Lebenszeit ernannt und können nur wegen schwerer Straftaten amtsenthoben werden *(impeachment).* Die Bundesrichter werden vom Präsidenten nominiert und vom Senat bestätigt (Art. II Abs. 2 S. 2 BV). Einige Staaten kennen eine Richterwahl auf Zeit.

(4) *Sozialstaat.* Die BV kennt weder soziale Grundrechte noch ein Sozialstaatsgebot. Doch sind seit den 30er Jahren zahlreiche Bundesgesetze erlassen worden, die dem sozialen Ausgleich dienen. So existieren heute Renten- und Arbeitslosenversicherung sowie Krankenversicherung für Alte und Bedürftige, die freilich unterfinanziert sind (vgl. IV 4, V 6).

(5) *Verhältnis Staat – Religion.* Die Amerikaner verstehen sich als religiöses Volk, halten jedoch Religion für eine Privatangelegenheit, die den Staat nichts angehe. Allgemein kann man das Verhältnis von Staat und Religion als freundschaftliche Trennung charakterisieren *(benevolent neutrality).* Diese hat im Am. I Ausdruck gefunden, das dem Bund (und über das Am. XIV Abs. 1 auch den Gliedstaaten) untersagt, eine Religion zu „etablieren" sowie die freie Religionsausübung zu untersagen. Das Etablierungsverbot, das ursprünglich die Staatskirche verhindern sollte, hat in der Rechtsprechungspraxis eine wesentlich größere Reichweite erhalten. Der S. Ct. läßt das Etablierungsverbot meist durchgreifen, wenn der angegriffene Staatsakt entweder keinen weltlichen Zweck hat, wenn seine Hauptwirkung darin besteht, religiöses Verhalten zu fördern oder zu behindern, oder wenn er eine exzessive Verwicklung des Staates mit der Religion herbeiführt. Die Religionsausübungsfreiheit verpflichtet den Staat primär zur religiösen Neutralität. Er darf niemanden wegen seiner Religion oder ihrer Ausübung bzw. seiner atheistischen Haltung benachteiligen oder bevorzugen. Andererseits stellt die Religionsfreiheit niemanden generell von der Beachtung allgemeiner Gesetze frei.

c. Staatsorganisation in Bund und Gliedstaaten

Die USA sind eine *Präsidialdemokratie,* in der Exekutive (Präsident) und Legislative (Kongreß) annähernd gleich starke, voneinander unabhängige, aber auf ständige Kooperation angewiesene Gegenspieler sind, zu denen eine starke Gerichtsbarkeit tritt.

(1) *Legislative.* Die gesetzgebende Gewalt des Bundes überträgt Art. I BV dem *Kongreß,* der aus *Senat* und *Repräsentantenhaus* besteht. Die 435 Repräsentanten verteilen sich entsprechend der Einwohnerzahl auf die Gliedstaaten; sie werden alle gleichzeitig auf 2 Jahre gewählt. Im *Senat* (100 Mitgl.) hat dagegen jeder Staat 2 Senatoren, die seit 1913 (Am. XVII) auf 6 Jahre ebenfalls direkt gewählt werden, wobei alle 2 Jahre eine Neuwahl für jeweils 1/3 der Senatoren stattfindet.

Die Hauptaufgaben des *Kongresses* liegen im Bereich der Gesetzgebung. Die Gesetzesinitiative steht nur den Mitgliedern eines der beiden Häuser zu. Ein Bundesgesetz kommt zustande, wenn ihm Senat und Repräsentantenhaus mehrheitlich zustimmen und der Präsident es unterzeichnet. Der Präsident hat ein Vetorecht, das durch einen neuen Gesetzesbeschluß überwunden werden kann, wenn dieser von 2/3 der vorhandenen Stimmen in beiden Kammern getragen wird (Art. I Abs. 7 S. 2 BV). Der Kongreß darf seine Regelungskompetenzen auf die Exekutive delegieren, muß jedoch dem Delegatar hinreichende Maßstäbe für die abgeleitete Rechtssetzung vorgeben. Der S. Ct. billigt Delegationen jedoch nahezu ausnahmslos. Eine Kontrolle über die Exekutive übt der Kongreß auch kraft seines Budgetrechts aus (Art. I Abs. 9 S. 7 BV).

Der Kongreß tritt mindestens an jedem 3. Jan. zusammen. Er kann vom Präsidenten zu außerordentlichen Sitzungen einberufen werden. Seine Arbeit erfolgt in den *standing committees.*

(2) *Exekutive.* Art. II Abs. 1 BV überträgt die Exekutivmacht des Bundes einem auf 4 Jahre gewählten und nach dem Am. XXII nur einmal wiederwählbaren *Präsidenten.* Er wird durch einen mit ihm gewählten *Vizepräsidenten* vertreten (Am. XXV), der ihm bei dessen Tod folgt. Die beiden politisch maßgeblichen Parteien (Demokraten und Republikaner) ermitteln durch parteiinterne Vorwahlen *(presidential primaries)* oder Parteiversammlungen in den Gliedstaaten ihre Präsidentschaftskandidaten und nominieren sie einige

Monate vor der Wahl durch einen nationalen Parteikonvent. Die BV sieht eine indirekte Wahl durch ein vom Volk gewähltes Wahlpersonenkollegium *(electoral college)* vor (Am. XII); in der politischen Realität ist die Stimmabgabe durch dieses Kollegium zur reinen Formsache geworden; nach der Volkswahl der Wahlpersonen stehen die zukünftigen Amtsinhaber praktisch bereits fest, obwohl die Wahlpersonen in ihrer Stimmabgabe durch das gliedstaatliche Recht nur selten gebunden werden. Der Präsident ist dem Kongreß gegenüber nicht politisch verantwortlich. Er kann aber für schwere Straftaten seines Amtes enthoben werden *(impeachment)*. Das Repräsentantenhaus verfaßt dazu die Anklage, der Senat urteilt unter dem Vorsitz des Obersten Richters; zur Verurteilung bedarf es einer Zweidrittelmehrheit der abgegebenen Stimmen. Der Präsident ist der alleinige Inhaber der Exekutivgewalt. Alle Bundesminister *(Secretaries;* Ministerien: *Departments)* und andere Bundesfunktionäre leiten ihre Befugnisse nur von ihm ab. Sie werden von ihm mit Zustimmung des Senats ernannt und nach eigenem Ermessen entlassen.

Im Inneren ist es Aufgabe des Präsidenten, für die getreue Ausführung der Gesetze zu sorgen (Art. II Abs. 3 BV). Die Verwaltungskompetenz des Bundes ist an seine Gesetzgebungskompetenz gekoppelt. Tatsächlich sind weite Bereiche der Bundesverwaltung von Dutzenden gesetzlich errichteter unabhängiger Bundeskommissionen *(independent agencies)* übernommen worden, die in der BV nicht vorgesehen sind. Da sie gleichzeitig Legislativ-, Exekutiv- und Judikativfunktionen ausüben, geraten sie in ein gewisses Spannungsverhältnis zum Gewaltenteilungsgrundsatz, doch hat die Rechtsprechung sie für verfassungsgemäß befunden. Ihre Maßnahmen unterliegen einer eingeschränkten gerichtlichen Kontrolle.

Über die präsidentiellen Außenkompetenzen sagt Art. II Abs. 2 S. 2 BV nur, daß er mit Zustimmung einer Zweidrittelmehrheit des Senats Staatsverträge schließen kann, die nach Art. VI Abs. 2 den Status eines Bundesgesetzes haben. Widerstände im Senat haben immer wieder bewirkt, daß von der Exekutive gewünschte Staatsverträge nicht abgeschlossen werden konnten (z. B. Versailler Vertrag, Menschenrechtskonventionen). Darüber hinaus nimmt der Präsident die gesamte auswärtige Gewalt der USA wahr. Er darf etwa nach eigenem Ermessen Staatsverträge kündigen und Verwaltungsabkommen ohne Zustimmung des Senats abschließen. Ein steter Streitpunkt zwischen Präsident und Kongreß ist die Verteilung der Militärgewalt. Einerseits bestimmt Art. I Abs. 8 S. 11, daß eine Kriegserklärung allein dem Kongreß zukommt; andererseits führt der Präsident den Oberbefehl über die Streitkräfte (Art. II Abs. 2 S. 1). Der Präsident genießt keine Immunität gegenüber bundesgerichtlichen Anordnungen.

(3) *Judikative.* Bund wie Gliedstaaten besitzen eine voll ausgebaute mehrstufige Gerichtsbarkeit, wobei die Rechtsprechungskompetenz bei den Gliedstaaten liegt, wenn die BV nicht ausnahmsweise die *Bundesgerichte* für zuständig erklärt. Diese sind v. a. in Streitfällen zur Entscheidung berufen, in denen es um die Anwendung von Bundesrecht geht, und in solchen, in denen die Streitparteien verschiedenen Gliedstaaten angehören und deshalb ein „neutrales" Bundesgericht zur Verfügung haben sollen. Während das *Oberste Bundesgericht* (Supreme Court) als oberste Instanz für alle Bundesrechtsfragen in der BV selbst vorgesehen ist, fällt die Errichtung und Ausgestaltung der (zweistufigen) *unteren Bundesgerichtsbarkeit* in das Ermessen des Bundesgesetzgebers (Art. III Abs. 1 BV). Der aus einem Präsidenten *(Chief Justice)* und acht gleichberechtigten Beisitzern bestehende S. Ct. entscheidet seit 1988 ausschließlich nach eigenem Ermessen, welche Fälle er zur Überprüfung annimmt *(writ of certiorari)*. Er darf Entscheidungen der Bundesgerichte überprüfen, außerdem solche der obersten gliedstaatlichen Gerichte, soweit diese bundesrechtliche Fragen aufwerfen. Seine daneben bestehende erstinstanzliche Zuständigkeit (Art. III Abs. 2 BV) hat keine große praktische Bedeutung.

Der S. Ct. hat sehr früh das Recht für sich in Anspruch genommen, Bundesgesetze wegen Verstoßes gegen die BV für verfassungswidrig zu erachten, und auf diese Weise einerseits den Vorrang der Verfassung gesichert, andererseits seine eigene Stellung als deren letztverbindlicher Interpret ausgebaut. BV und Bundesrecht gewinnen ihren praktisch relevanten Inhalt vornehmlich durch die Spruchpraxis des S. Ct., die alle nachgeordneten Gerichte bindet. Ihr ist es gelungen, die 200 Jahre alte BV flexibel genug zu erhalten, um ihr fortdauernde Geltungskraft zu sichern. Wie weit der S. Ct. seine große Macht ausübt, hängt von dem Selbstverständnis seiner jeweiligen Mehrheit ab, das seit jeher zwischen richterlichem Aktivismus und richterlicher Selbstbeschränkung geschwankt hat. In politischen, insbes. außen- und verteidigungspolitischen Fragen erlegt sich die Rechtsprechung große Zurückhaltung auf *(political question doctrine)*.

In den *unteren Gerichtsinstanzen* spielen im Bund und in den Gliedstaaten traditionell mit Laien besetzte *Juries* eine große Rolle, und zwar in Straf- wie in Zivilprozessen. Die Berufsrichter entstammen fast durchweg dem Anwaltstand. Auch die gesamte juristische Ausbildung in den USA zielt auf das Berufsbild des Anwalts.

(4) *Gliedstaaten.* Die Gliedstaaten, bei denen nach wie vor das Schwergewicht der Staatstätigkeit liegt, sind in ihrem organisatorischen Aufbau dem Bund sehr ähnlich. Ihre Legislativorgane bestehen aus einem *Repräsentantenhaus* und einem *Senat* (nur in Nebraska 1 Kammer). An der Spitze der Exekutive steht ein vom Volk gewählter *Gouverneur*, die Gerichtsbarkeit gipfelt in einem Obersten Gerichtshof. In Einzelheiten bestehen jedoch gerade bei der Rechtspflege nicht unerhebliche Unterschiede. Die Gliedstaaten gliedern sich in Kreise *(counties)* und Gemeinden, an die regelmäßig bestimmte Legislativ-, Exekutiv- und Rechtsprechungskompetenzen delegiert werden.

2. Rechtsordnung
a. Überblick

Die Rechtsordnung besteht aus dem Bundesrecht, dem Recht des District of Columbia (mit der Hst. Washington), den Rechtsordnungen der 50 Gliedstaaten sowie denen der „territories" (z. B. ↗Puerto Rico). Die Verteilung der Rechtssetzungskompetenzen durch die BV bewirkt, daß die Kernmaterien des Rechts (Zivil-, Handels-, Gesellschafts-, Straf- und Prozeßrecht) weitgehend gliedstaatlich geregelt sind. Da die Gliedstaaten in sehr enger Verbindung zueinander stehen, kommt es häufig zu grenzüberschreitenden Sachverhalten, bei denen das Kollisionsrecht festlegt, nach welcher gliedstaatlichen Rechtsordnung ein Streitfall zu entscheiden ist.

Teilweise bestehende erhebliche Abweichungen der gliedstaatlichen Rechtsordnungen versucht man durch Ausarbeitung von einheitlichen Mustergesetzen (z. B. *Uniform Commercial Code*) zu bereinigen, deren Verabschiedung den einzelstaatlichen Legislativen anempfohlen wird.

Da mit Ausnahme Louisianas, dessen Recht dem frz. System folgt, die gliedstaatlichen Rechtsordnungen zur Rechtsfamilie des *common law* gehören, zeichnen sie sich durch die besondere Bedeutung des richterlich entwickelten Fallrechts *(case law)* aus (vgl. Globale Perspektiven, Kap. 5). Rechtssicherheit ist dadurch gewährleistet, daß die unteren Gerichte in gleichgelagerten Fällen an früher ergangene Entscheidungen übergeordneter Gerichte desselben Verbandes gebunden sind *(stare decisis)*. Das daneben bestehende umfängliche Gesetzesrecht nimmt nicht die Form breit angelegter systematischer Gesetzbücher an, sondern enthält nur Vorschriften für bestimmte Einzelbereiche, deren Anwendung und Abstimmung aufeinander Aufgabe der Rechtsprechung bleibt. Einen ersten Einstieg in die Lösung rechtlicher Probleme bieten die beiden großen Enzyklopädien „Corpus Iuris Secundum" (über 100 Bände) und „American Jurisprudence Second" (über 80 Bände). Einzelne Rechtsgebiete werden in systematischer Form in den „Restatements of the Law" dargeboten, die vom American Law Institute herausgegeben werden.

b. Bundesrecht

Quellen des Bundesrechts sind neben der BV die Bundesgesetze und das Bundesrichterrecht. Daneben existieren zahlreiche sekundäre Rechtsakte (Verordnungen) der unabhängigen Bundeskommissionen. Die gängigsten systematisierten Sammlungen der geltenden Bundesgesetze sind die vielbändigen Werke „United States Code" und „United States Code Annotated", die fortlaufend auf dem neuesten Stand gehalten werden. Schwerpunkte des Bundesgesetzesrechts liegen im Kartellrecht *(antitrust)*, Urheberrecht und Konkursrecht. Durch die weite Auslegung der Bundesgesetzgebungskompetenz zur Regulierung des zwischengliedstaatlichen Handels gibt es heute daneben eine Vielzahl bundesgesetzlicher Regelungen auf den verschiedensten Gebieten, die (z. T. nur recht schwache) Berührungspunkte mit dem Handel haben (z. B. im Arbeits-, Wertpapierrecht und im Bereich der Bürgerrechte).

Das aus der Rechtsprechung der Bundesgerichte hervorgehende gemeine Bundesrecht *(federal common law)* reicht somit so weit wie die Gesetzgebungskompetenz des Bundes. In allen Fällen, in denen ein Bundesgericht zur Entscheidung über eine Streitigkeit berufen ist, die materiell nach Gliedstaatsrecht beurteilt werden muß, hat es grundsätzlich das Gesetzes- und Fallrecht des Staates anzuwenden, in dem es seinen Sitz hat, und ist dabei an die Rechtsprechung der gliedstaatlichen Gerichte gebunden.

c. Charakteristika wichtiger Rechtsgebiete

(1) *Zivilrecht*. Dessen zentrale Gebiete sind das Recht der Verträge *(law of contracts)*, der Quasi-Verträge, das Deliktsrecht *(law of torts)*, das Sachenrecht *(property law)*, das Familienrecht *(family law)* und das Erbrecht *(law of succession/of decedent's estate)*. Das Vertragsrecht ist v. a. dadurch gekennzeichnet, daß aus einem Vertrag nur unter besonderen Umständen auf Erfüllung geklagt werden kann, typischerweise dagegen nur auf Schadensersatz wegen Nichterfüllung. Nach dem Deliktsrecht schuldet jeder Ersatz des materiellen und immateriellen Schadens (Schmerzensgeld), der einen anderen durch eine unerlaubte Handlung verletzt, wobei regelmäßig Verschulden in Form von Vorsatz oder Fahrlässigkeit nachgewiesen sein muß. Das Sachenrecht wird durch die Spaltbarkeit der Eigentumsrechte in *legal interests* und *equitable interests* geprägt. Die Personen des Rechtstitelinhabers und des Nutzungsberechtigten können auseinanderfallen; dadurch wird die Rechtsfigur des *trust* möglich, mit deren Hilfe jemand Vermögensteile für bestimmte Zwecke verselbständigen kann.

(2) *Zivilprozeßrecht*. Charakteristisch sind hier Parteienprinzip *(adversary proceeding)* und Geschworenenverfahren *(jury trial)*. Den Prozeßparteien obliegt die Beibringung des Tatsachenmaterials; sie können dazu vom jeweiligen Gegner in weitem Umfang Offenlegung von Informationen verlangen *(pretrial discovery)*. Während Rechtsfragen dem rechtskundigen Richter vorbehalten sind, entscheidet die Laienjury über die Tatsachen und ggf. die Höhe des Schadensersatzes, die außerordentlich hohe Beträge erreichen kann. Auch die siegreiche Prozeßpartei trägt ihre Anwaltskosten regelmäßig selbst.

(3) *Strafrecht und Strafprozeßrecht*. Im Strafrecht, in dem weitgehende Sicherungen für ein faires Verfahren sich mit einem vergleichsweise harten materiellen Recht verbinden, hat v. a. die seit Jahren heftig geführte Todesstrafendiskussion über die Landesgrenzen hinaus Interesse gefunden. Rechtlich spitzt sich die Problematik auf die Frage zu, ob die Todesstrafe generell oder jedenfalls unter bestimmten Umständen grausam und ungewöhnlich ist und deshalb das Grundrecht im Am. VIII verletzt.

IV. Bevölkerungs- und Sozialstruktur

1. Bevölkerungsentwicklung

1790 hatten die USA 3,9 Mio. E. (ohne Indianer), 1890 63 Mio., 1957 151 Mio. und 1978 220 Mio. Nach den vorläufigen (angefochtenen) Ergebnissen der Volkszählung von 1990 leben in den USA 249,6 Mio. E. Sie sind damit nach der VR China und Indien die drittgrößte Nation der Welt. Die *Geburtenrate* ist tendenziell ständig gefallen (um 1800: ca. 55 ‰, 1900: 32 ‰, 1986: 15 ‰), ebenso die *Sterberate* (1900: 17 ‰, 1986: 9 ‰). Dadurch hat sich die *Altersstruktur* verschlechtert. 1986 betrug der Anteil der bis 15jährigen 22 % (1960: 31%), der 15-30jährigen 24 % (20%), der 30-45jährigen 23 % (20%), der 45-60jährigen 19 % (20%), der über 65jährigen 12 % (9%). Trotz eines relativ geringen Geburtenüberschusses von (1986) 0,6 % wächst die Bevölkerung in einem erheblich stärkeren Maße. Grund dafür ist, daß die USA ein Einwanderungsland (das bedeutendste der Erde) sind. Die *Säuglingssterblichkeit* ging 1982-86 von 11,5 auf 10,4 ‰ zurück. Die *Lebenserwartung* der Männer stieg nach Erkenntnissen der Weltbank 1965–85 um 4 auf 72 Jahre, die der Frauen sogar um 6 auf 80 Jahre.

Einwanderung und Ethnische Gruppen. Der niemals unterbrochene Einwanderungsstrom kann in mehrere Phasen unterteilt werden: (1) Die erste Phase führte bis 1880 v. a. West-, Mittel- und Nordeuropäer nach Amerika, bis 1830 überwiegend Engländer, die mit ihrer christlich und ökonomisch geprägten Lebenseinstellung maßgeblich die Entwicklung der Gesellschaft in den USA mitbestimmten. Der sich immer weiter in den W ausbreitende Siedlungsraum wurde zum Schmelztiegel der Volksgruppen. Noch heute bilden die Nachkommen der ersten Einwanderer *(Old Stock Americans)* mit 43 % der Einwohner die bedeutendste Bevölkerungsgruppe. Zwischen 1619 und 1808 (Verbot des Sklavenimports) wurden 800 000–900 000 Sklaven aus Afrika in die USA verschleppt. (2) Die zweite Phase von 1881–1920 betraf, bedingt durch das knapper werdende Farmland und die erstarkende Industrie, v. a. die großen Städte im NO. Etwa die Hälfte der 23,5 Mio. Einwanderer dieser Phase kam aus Süd- und Osteuropa (v. a. aus Italien, Rußland und Polen), ein anderer großer Teil aus Asien und Lateinamerika. Von Einwanderern dieser Zeit gebildete Wohnviertel bestehen vielfach noch heute (z. B. Chinatown [New York]). Aus Angst vor Überfremdung wurden seit 1921 die Einwanderung beschränkende Gesetze erlassen. (3) Seit Ende des II. Weltkrieges nimmt der Anteil der Europäer an der jährlichen Gesamteinwanderung (1987: 601 516) immer weiter ab (1987: nur ca. 10%), die der Asiaten (1987: 43%) und Lateinamerikaner (1987: 41%) dagegen immer stärker zu. Die 1991 gültige Einwanderungsquote liegt bei jährlich insgesamt 700 000 zugelassenen Immigranten. Hinzu kommt eine große Zahl illegaler Einwanderer, die v. a. in den städtischen Agglomerationen nach Arbeit suchen. Man schätzt sie bis heute auf ca. 10 Mio., darunter vermutlich allein 2/3 Mexikaner.

1990 lebten in den USA über 30 Mio. *Schwarze* (13,2% Zuwachs seit 1980), im wesentlichen Nachkommen der einstigen Sklaven. Ihr Anteil liegt heute relativ konstant bei 12% (1790 und 1850: 19% bzw. 16%). Obwohl sie offiziell gleichberechtigte Mitglieder der amerikan. Gesellschaft sind, stellen sie einen relativ hohen Anteil an den sozial schwächeren Schichten. Eine weitere bedeutende ethnische Gruppe bilden die (1990) 22,4 Mio. E. (9% der Bevölkerung) span. Ursprungs *(Hispanics)*, darunter allein ca. 13 Mio. Mexikaner. Besonders in den grenznahen Bundesstaaten zu Mexiko ist ihr Anteil an der Gesamtbevölkerung sehr hoch. Eine kleinere Minderheit (3% der Bevölkerung) bilden die 7,3 Mio. *Asiaten* (107,9% Zuwachs seit 1980), v. a. aus China, Japan und von den Philippinen. Sie haben sich größtenteils an der Westküste, auf Hawaii und in New York (Chinatown) angesiedelt.

Die Nachkommen der *Ureinwohner (Indianer,* incl. *Inuit* [Eskimos] und Aleuter) sind die Gruppe mit dem stärksten Geburtenüberschuß. Ihre Zahl erhöhte sich von (1970) 828 800 auf (1990) 2 Mio. (ca. 0,8% der Bevölkerung). Jeder zweite erwerbsfähige Indianer ist heute arbeitslos. Viele Indianer leben in den ihnen zugewiesenen Reservaten in Abhängigkeit von der Wohlfahrtshilfe. Statistisch ist die indianische Bevölkerung seit 1950 etwa um das Sechsfache gestiegen. Allerdings ist dabei zu berücksichtigen, daß die Erhebungsmethoden geändert wurden. Seit 1960 ging die Zensusbehörde zum Prinzip der ethnischen Selbstbestimmung über. Das neue Selbstbewußtsein veranlaßte viele Indianer, sich als solche zu deklarieren. Andererseits ist es besonders in ressourcenreichen Reservationen wegen der Tantiemen sehr attraktiv geworden, einen indianischen Rechtstitel zu besitzen, so daß viel Mißbrauch mit der Deklaration als Indianer betrieben wurde. So wurden insbes. Weiße durch Korruption zum „Indianer". Andererseits warten viele in der Stadt lebende Indianer und ca. 250 nicht anerkannte Indianergemeinschaften (Tribes, Bands, Communities) mit 180 000–250 000 Mitgl. auf eine offizielle Anerkennung. Von ihnen leben über 70% im Gebiet östl. des Mississippi. Das „Bureau of Indian Affairs" (BIA) setzt einen Mindestanteil Indianerblut als Anerkennungskriterium voraus, überläßt die Entscheidung über die Höhe des Anteils letztlich aber den einzelnen Stämmen.

Bevölkerungsverteilung. Bei einer durchschnittlichen Bevölkerungsdichte von 26,1 E./km² für die USA insgesamt bestehen regional große Unterschiede (vgl. Tab. 2).

Die größte Bevölkerungskonzentration findet sich in einem stark industrialisierten Gürtel, der sich von südl. der Großen Seen bis an die Ostküste und von hier in südl. Richtung bis etwa Washington erstreckt. Allein hier liegen 4 der 8 US-amerikan. Millionenstädte (New York, Chicago, Philadelphia, Detroit). Auf den 13% der Staatsfläche, die der Manufacturing Belt umfaßt, leben (1986) 40% der Bevölkerung. Sieht man von Washington D. C. ab, befindet sich mit New Jersey hier auch der am dichtesten besiedelte Staat dieser Region (377,8 E./km²). Lediglich Florida und

Tabelle 2
Fläche, Bevölkerung und Bevölkerungsdichte nach Bundesstaaten[1]

Region/Staat	Fläche km²	Bevölkerung in 1000 1980	Bevölkerung in 1000 1986[3]	E./km² 1986
New England	172 679	12 349	12 737	73,8
Maine	86 156	1125	1173	13,6
New Hampshire	24 032	921	1027	42,7
Vermont	24 900	511	541	21,7
Massachusetts	21 455	5737	5832	271,8
Rhode Island	3139	947	975	310,6
Connecticut	12 997	3108	3189	245,4
Middle Atlantic	276 002	36 787	37 279	135,1
New York	136 583	17 558	17 772	130,1
New Jersey	20 168	7365	7619	377,8
Pennsylvania	119 251	11 864	11 888	99,7
East North Central	783 181	41 683	41 738	53,3
Ohio	115 998	10 798	10 752	92,7
Indiana	94 309	5490	5504	58,4
Illinois	149 885	11 427	11 552	77,1
Michigan	251 493	9262	9145	36,4
Wisconsin	171 496	4706	4785	27,9
West North Central	1 346 887	17 185	17 576	13,0
Minnesota	224 329	4076	4214	18,8
Iowa	145 752	2914	2851	19,6
Missouri	180 514	4917	5066	28,1
Norddakota	183 117	653	679	3,7
Süddakota	199 730	691	708	3,5
Nebraska	200 349	1570	1598	8,0
Kansas	213 096	2364	2460	11,5
South Atlantic	722 417	36 959	40 916	56,6
Delaware	5294	594	633	119,6
Maryland	27 091	4217	4463	164,7
District of Columbia	179	638	626	3497,2
Virginia	105 586	5347	5787	54,8
Westvirginia	62 758	1950	1918	30,6
Nordcarolina	136 412	5882	6333	46,4
Südcarolina	80 582	3122	3377	41,9
Georgia	152 576	5463	6104	40,0
Florida	151 939	9746	11 675	76,8
East South Central	471 240	14 667	15 209	32,3
Kentucky	104 659	3661	3729	35,6
Tennessee	109 152	4591	4803	44,0
Alabama	133 915	3894	4052	30,3
Mississippi	123 514	2521	2625	21,3
West South Central	1 133 643	23 746	26 863	23,7
Arkansas	137 754	2286	2372	17,2
Louisiana	123 677	4206	4501	36,4
Oklahoma	181 185	3025	3305	18,2
Texas	691 027	14 229	16 685	24,1
Mountain	2 236 617	11 373	13 021	5,8
Montana	380 847	787	819	2,2
Idaho	216 430	944	1002	4,6
Wyoming	253 322	470	507	2,0
Colorado	269 594	2890	3267	12,1
Neumexiko	314 924	1303	1479	4,7
Arizona	295 259	2718	3319	11,2
Utah	219 887	1461	1665	7,6
Nevada	286 352	800	963	3,4
Pacific	2 386 397	31 800	35 737	15,0
Washington	176 479	4132	4462	25,3
Oregon	251 418	2633	2698	10,7
Kalifornien	411 047	23 668	26 981	65,6
Alaska	1 530 693	402	534	0,3
Hawaii	16 760	965	1062	63,4
gesamt[4]	9 529 063	226 549	241 076	25,3

[1]Ohne Armeeangehörige im Ausland. Volkszählungsergebnis – [2]Einschließlich der Großen Seen – [3]Stand: Jahresmitte – [4]Ohne überseeische Besitzungen

Quellen: Lber. Vereinigte Staaten 1989. Stuttgart 1989; Stateman's Yearbook 1990–1991

Kalifornien haben noch eine relativ hohe Bevölkerungsdichte. Die übrigen Gebiete – die Staaten im Bereich der Great Plains und des amerikan. Hochgebirgssystems – sind, abgesehen von einigen städtischen

Agglomerationen, dünn besiedelt. Vielfach beträgt die Dichte 30–10 E./km², z. T. weniger.

Binnenwanderung. Zum einen ist die Abwanderung großer Teile der schwarzen Bevölkerung aus den Südstaaten in die verstädterten, stark industrialisierten Bereiche von Bedeutung. Zum anderen ist der Exodus weißer Rentner aus dem Manufacturing Belt in den sonnigen Süden (Sunbelt) verantwortlich für die Neugründung ganzer Städtegenerationen. Während sich die Abwanderung der Schwarzen abgeschwächt hat, dauert der Zuzug der Ruheständler, aber zunehmend auch jüngerer Bevölkerungsschichten nach W (Kalifornien, Arizona) an. Innermetropolitane Wanderungsbewegungen, insbes. die Suburbanisierung seit den 50er Jahren und die Counterurbanisierung seit Ende der 60er Jahre, führen immer noch dazu, daß sich ethnische Gruppierungen und Ghettobildungen, insbes. der Schwarzen im Zentrum der Städte, verstärken. Die finanziell besser gestellten weißen Bevölkerungsschichten ziehen in die fast rein weißen, ständig wachsenden Vororte, abgesehen von einigen innerstädtischen Aufwertungen durch Umwandlung ehemals anders genutzter Bauten zu Luxuswohnungen („Gentrification"). Gerade die Millionenstädte haben gegen die Zählergebnisse von 1990 protestiert, denn sie bescheinigen z. B. Chicago einen Bevölkerungsverlust von 7,4% (von 3 Mio. 1980 auf 2,78 Mio. 1990). Mit den Bevölkerungsverlusten in den Kernstädten gehen aber auch veränderte politische Einflüsse und geringere staatliche finanzielle Zuwendungen einher, obwohl die Nutzung der Infrastruktur und der sozio-kulturellen Einrichtungen der Metropolen durch das Umland weiterhin zunimmt. Auch New York hat die Zählergebnisse von 1990 nicht anerkannt. Seine Einwohnerzahl blieb mit rd. 7 Mio. relativ konstant.

Während der O der USA generell Verluste erleidet (Philadelphia von 1,68 auf 1,58 Mio.), wächst insbes. die Bevölkerung Kaliforniens unaufhörlich (um 23% in 10 Jahren). Von den 30 am schnellsten gewachsenen Städten (1980–90) liegen 18 in Kalifornien. Auch die Kalifornien benachbarten Wüstenstaaten Arizona und Nevada haben großen Bevölkerungszuwachs (Arizona um 33%, Nevada um 49%). Wichtige Gründe für den Zug nach W waren zunächst für die militärischen und technisch-innovativen Unternehmen die günstigen Klimafaktoren und die weiträumige Situation. Diesem Standortvorteil folgten zunehmend Bauunternehmer, die neue Siedlungen errichteten. In der ersten Phase der „Rentner- und Sonnenstädte", wurden – von Florida aus nach W übernommen – Siedlungen ohne Schulen und Arbeitsplätze, nur für Personen über 52 Jahre, gebaut. Inzwischen haben die Sonnenstädte der zweiten Generation, wie Lake Havasu City (Arizona) einen multifunktionalen und für alle Altersstufen offenen Charakter.

2. Haushalts- und Familienstruktur

Während die Zahl der Haushalte 1970–89 von 63,4 Mio. auf 92,8 Mio. stieg, ging die mittlere Haushaltsgröße von 3,14 auf 2,62 Personen zurück. Die Zahl der Einpersonen-Haushalte wuchs im gleichen Zeitraum um über 100% (von 10,85 Mio. [1970] auf 22,7 Mio. [1989]). Unterschieden nach Ethnizität liegt die mittlere Haushaltsgröße bei den Weißen am niedrigsten (1988: 2,64 Personen), bei den Schwarzen (mit 2,87) und den Hispanics (mit 3,4) am höchsten. Hier gibt es immer noch die größte Zahl Vierpersonen-Haushalte (20,8% aller hispanischen Haushalte), obwohl auch in dieser Gruppe der Anteil der Zweipersonen-Haushalte nunmehr an erster Stelle steht (22%). Bei den Weißen dominieren die Zweipersonen-Haushalte jedoch wesentlich stärker (32,2%), gefolgt von den Einpersonen-Haushalten (24%). Vierpersonen-Haushalte liegen nur bei 15,5%. Bei den Schwarzen hingegen liegen Einpersonen-Haushalte an erster Stelle (25,9%), gefolgt von den Zweipersonen-Haushalten (24,9%). Vierpersonen-Haushalte liegen bei 15,8%. Aufgrund des hohen und ständig wachsenden Anteils an Einpersonen-Haushalten, die den Mittelwert der Haushaltsgröße herabdrücken, liegt die tatsächliche Familiengröße bei den Familien mit Kindern über den genannten Werten. Sie spiegeln jedoch die ethnischen Unterschiede wider: Weiße: 1970 3,5 Personen, 1988 3,12; Schwarze: 4,13 bzw. 3,49 Personen; Hispanics: 4,28 bzw. 3,79 Personen. Die nichtweißen Bevölkerungsgruppen haben also ihre Familiengröße verhältnismäßig drastisch reduziert.

Im *Eheschließungs- und Scheidungsverhalten* hat sich in den letzten Jahrzehnten ein starker Wandel vollzogen: hin zu späterer Heirat und zu häufigerer Scheidung. Allerdings hat sich der Anstieg der Scheidungsraten in den letzten Jahren verlangsamt.

Die *Single-Rate* bei den Schwarzen lag schon immer höher als bei den Weißen, gegenüber den Hispanics zunächst niedriger, liegt jedoch seit 1980 weit darüber.

Beim *Heiratsalter* sind Heiraten vor dem 20. Lebensjahr selten; i. d. R. wird erst ab Mitte 20 geheiratet. 1988 waren bei den Männern im Alter von 18–19 nur 2,7% verheiratet, bei den Frauen 9,3%; in der Altersgruppe 25–29 Jahre 51,4% bzw. 62,2%. Die höchste Quote liegt bei der Altersgruppe 40–44 Jahre mit 76,6%. Die Differenz läßt darauf schließen, daß der Anteil geschiedener und später alleinlebender Frauen wesentlich größer als bei den Männern ist. Tatsächlich liegen die *Scheidungsquoten* bei den Männern nur in den Altersstufen von 35–44 über 10% (Maximum 10,9%), während die Quote bei den Frauen im Alter von 30–54 darüber liegt, in der Gruppe der 40–44jährigen gar bei 14,8%. Die Scheidungsquoten ist bei den Weißen und den Hispanics fast gleich hoch (1988: 7,7 bzw. 7,4%), bei den Schwarzen deutlich höher (10,0%). Die meisten Scheidungen fielen sowohl bei Männern als auch bei Frauen 1970 in die Lebensjahre von 46–64, 1988 in die Lebensjahre von 30–44. Eine Ehe in den USA dauert im Schnitt 7 Jahre.

Die Zahl der *Ehen zwischen Personen unterschiedlicher ethnischer Herkunft* hat in den vergangenen Jahrzehnten ständig zugenommen (1970: 0,3 Mio. bei 44,6 Mio. Ehen, 1988: 0,95 Mio. bei 52,6 Mio. Ehen), liegt jedoch insgesamt nur bei ca. 2% aller Ehen.

3. Erwerbsstruktur

Sowohl die Gesamtzahl der Arbeitskräfte als auch die Erwerbsquote ist in den letzten Jahren generell gestiegen. Besonders auffällig ist die rasch wachsende Rate der Frauenbeschäftigung. Bei den weißen Arbeitnehmern im Zivilsektor (Civilian Labor Force) stieg die Gesamtzahl der arbeitenden männlichen Bevölkerung von 46 Mio. (1970) auf 58,3 Mio. (1988); die tatsächliche Erwerbsquote (Participation Rate) fiel jedoch leicht, von 80% auf 76,9%. Bei den weißen Arbeitnehmerinnen stieg die Gesamtzahl von 27,5 auf 46,4 Mio., die Erwerbsquote von 42,6 auf 56,4%.

Bei den schwarzen Arbeitnehmern sind die Tendenzen ähnlich. Die Gesamtzahl der männlichen Arbeitnehmer stieg von 5,2 auf 6,6 Mio.; die Erwerbsquote sank von 76,5 auf 71,0%. Bei den Arbeitnehmerinnen ist die Gesamtzahl inzwischen gleich hoch wie bei den Männern. Sie stieg von 4,0 auf 6,6 Mio.; die Erwerbsquote, obwohl von 49,5% auf 58% deutlich angestiegen, liegt aber noch unter derjenigen der schwarzen Männer, jedoch ein wenig über derjenigen der weißen Frauen.

Insgesamt gesehen, ist der Anteil der Arbeit suchenden Frauen kontinuierlich gestiegen. Das betrifft sowohl alleinstehende als auch verheiratete Frauen aller Altersstufen. Nahmen 1960 erst 34,8% aller Frauen am Arbeitsmarkt teil, so 1970 bereits 42,6%, 1980 51,1% und 1988 55,9%.

Im Zusammenhang mit der Technologisierung der Wirtschaft haben sich einerseits die Disparitäten zwischen Arbeitnehmern mit höheren und niedrigeren Einkommen verstärkt – die Zahl der Arbeitnehmer mit mittlerem Einkommen schrumpft –, andererseits sind in die schlechter bezahlten Positionen verhältnismäßig mehr Frauen nachgerückt. Im Durchschnitt erhalten Frauen nur 59% der Bezüge der Männer. 45,5% der Frauenhaushalte mit abhängigen Kindern liegen unterhalb der Armutsgrenze.

Die *Arbeitslosenquote*, die 1980–88 tendenziell gesunken war, ist seit 1989 wieder gestiegen (Ende 1991 auf 6,8%). Besonders betroffen von Arbeitslosigkeit sind die Schwarzen und die Hispanics.

4. Soziale Sicherung

Das soziale Netz ist wesentlich weniger eng geknüpft als z. B. in Deutschland. Daher ist der private Versicherungssektor von großer Bedeutung. Wer sich eine private Versicherung nicht leisten kann und langfristig ohne Arbeit ist, erhält, von Lebensmittelmarken und finanziellen Vergünstigungen auf dem Wohnungsmarkt sowie von medizinischer Versorgung abgesehen, keine finanzielle Unterstützung. 1989 wurde der Anteil der Amerikaner, die unterhalb der Armutsgrenze leben, auf 13% geschätzt. Diese Grenze wird jährlich neu festgelegt. Sie lag 1989 bei einem Jahreseinkommen von 5980 $ für Alleinstehende, bei 8020 $ für ein Ehepaar ohne Kinder, bei 10 060 $ für einen Dreipersonen-Haushalt und bei 12 100 $ für eine Familie mit 2 Kindern.

Der Maßnahmenkatalog zur *Alters- und Sozialversicherung* ist zeitlich und regional ständigen Wandlungen unterworfen. Das erste Sozialversicherungsprogramm, das noch heute den wichtigsten Bestandteil des sozialen Netzes bildet, entstand 1935 unter Präsident *Franklin D. Roosevelt* mit dem *Social Security Act*. Während der Zeit der großen Arbeitslosigkeit (Great Depression) wurde per Gesetz zum ersten Mal in bestimmten Berufssparten eine prozentuale Abgabe vom Verdienst erhoben, die später Ansprüche an eine Renten-, Hinterbliebenen- und Invaliditätsversicherung gewährleisten sollte. Dieses Sozialprogramm, das 1937 in Kraft trat, erfaßt inzwischen fast 95% aller Arbeitsplätze. Allerdings haben Langzeitarbeitslose, obwohl den Erwerbstätigen zugerechnet, daran keinen Anteil.

Das soziale Netz, das sich gegenwärtig aus ca. 40 000 einzelnen privaten und öffentlichen Diensten bzw. Dienststellen zusammensetzt, kostet derzeit ca. 1 Bio. $ pro Jahr. Das sind durchschnittlich 20% des amerikan. BSP (1989). Ca. 2/3 der Mittel kommen von der Bundesregierung. Bundesstaaten, Städte und Gemeinden tragen mit ca. 1% ihrer Steuereinnahmen (rd. 300 Mrd. $) bei. Altersrenten wurden zum ersten Mal 1940 gezahlt. Heute beträgt die Altersrente einheitlich 537 $. Das Rentenalter liegt derzeit i. d. R. bei 65 Jahren. Es soll bis zum Jahre 2000 auf 67 Jahre angehoben werden. Vorruhestandsregelungen ab 62 Jahren bleiben möglich, jedoch unter höheren Abstrichen als bisher (gegenwärtig 80% der Vollrente). Für 15% aller Rentenberechtigten ist die Sozialrente das einzige Einkommen; 26% leben überwiegend (zu 90%) von der Rente, bei 62% macht sie etwa die Hälfte des monatlichen Einkommens aus.

Die Höhe der *Arbeitslosenunterstützung* ist in den einzelnen Bundesstaaten unterschiedlich geregelt. In 12 Staaten werden darüber hinaus Familienzulagen gewährt. Fällt das Jahreseinkommen eines Arbeitnehmers und seiner Familie unter die Armutsgrenze, kommen zusätzliche Sozialprogramme in Betracht. Arbeitslosenunterstützung wird maximal 26 Wochen nach Eintritt der Arbeitslosigkeit gezahlt. Bei generell hoher Arbeitslosigkeit kann diese Zeitspanne um 13 Wochen verlängert werden. Dies ist der Fall, wenn die Arbeitslosenquote im betreffenden Bundesstaat 13 Wochen lang bei durchschnittlich mindestens 6% gelegen hat. Liegt sie darunter, jedoch über 5% und ist außerdem gegenüber den beiden Vorjahren deutlich gestiegen (um mind. 20%), kann ebenfalls für maximal 39 Wochen Arbeitslosenunterstützung gezahlt werden.

5. Gesundheitswesen

Es gibt kein einheitliches System der Gesundheitsfürsorge. Ca. 75% der Bevölkerung sind durch die Arbeitgeber, Gewerkschaften oder private Versicherungen versorgt; ca. 15% haben überhaupt keinen Krankenversicherungsschutz. Um wenigstens einen Teil dieser Härtefälle aufzufangen, wurden 1965 zwei staatliche Einrichtungen geschaffen. Die eine, MEDICARE, ist eine Krankenversicherung für ältere Menschen, die inzwischen ca. 13% der Bevölkerung betreut. Die andere, MEDICAID, übernimmt die Gesundheitsfürsorge für Bedürftige und Behinderte, die keinen Anspruch auf MEDICARE haben. MEDICAID betreut ca. 8% der Bevölkerung. Bedürftigkeit ist in den meisten Bundesstaaten u. a. dann gegeben, wenn das Einkommen unter der Armutsgrenze liegt.

Die Aufwendungen für das Gesundheitswesen sind 1967–87 von 51 Mio. auf 497 Mio. $ gestiegen. Der Zuwachs von 6,3% auf 11,2% des BSP bedeutet die höchste sektorale Zunahme am BSP. Die Pro-Kopf-Ausgaben stiegen im gleichen Zeitraum von 247 auf 1973 $.

Die medizinische Versorgung ist insgesamt gut. Bei den praktischen Ärzten kommt im Durchschnitt 1 Arzt auf 434 Patienten, bei den Zahnärzten 1 Arzt auf 1678 Patienten. Das Angebot zwischen urbanem und ländlichem Raum ist aber noch sehr ungleich.

Die Zahl der Krankenhausbetten ist von (1976) 1 671 125 Betten (in 7172 Krankenhäusern) auf (1984) 1 339 000 Betten (in 6872 Krankenhäusern) stark gesunken (Angaben der American Hospital Association). Der Grund dafür dürfte v. a. in veränderten medizinischen Behandlungsmethoden und der damit verbundenen kürzeren Verweildauer in Krankenhäusern liegen. So ist trotz gestiegener Patientenzahl und reduzierter Bettenzahl auch die Auslastung der Betten geringer.

V. Wirtschaft

1. Ausstattung mit natürlichen Ressourcen und mit Energie

Die USA sind reich ausgestattet mit natürlichen Ressourcen. Fruchtbare Böden und günstige klimatische Verhältnisse bilden die Grundlage für eine vielseitige und dank hoher Kapitalausstattung und günstiger Betriebsgrößen sehr effiziente Landwirtschaft. Die USA besitzen Vorkommen nahezu aller wichtigen Bodenschätze (vgl. Tab. 3). Rund 20% aller in der Welt gewonnenen Rohstoffe stammen aus den USA. Dennoch reicht die Produktion nicht aus, um den Eigenbedarf zu decken, so daß Rohstoffe in erheblichem Umfang importiert werden müssen.

Nach der VR China sind die USA zweitgrößter Kohleproduzent der Welt (Jahresförderung 1988: 869 Mio. t). Der größte Teil (25,6%) der nachgewiesenen

Tabelle 3
Produktion ausgewählter Rohstoffe 1988

Rohstoff	Produktionsmenge	Anteil an der Weltproduktion in %	Anteil an den Weltreserven in %
Erdöl	462,5 Mio. t	15,3	3,8
Erdgas	425,7 Mio. t	24,5	4,7
Kohle	869,1 Mio. t	21,5	25,6
Baryt	406 Tsd. sh. t	8,8	18,1
Bleierz	390 Tsd. t^2	11,5	14,7
Eisenerz	58,4 Mio. lg. t^2	6,4	5,1
Golderz	6,6 Mio. Feinunzen	12,0	9,6
Kupfererz	1,44 Mio. t^2	16,9	16,3
Molybdänerz	75 Mio. lb^2	39,7	49,2
Phosphatgestein	46 Mio. t	30,1	9,4
Schwefel	10,55 Mio. t	18,8	11,4
Silbererz	45 Mio Feinunzen^2	10,5	11,1
Zinkerz	245 Tsd. t^2	3,4	13,6
Hüttenproduktion			
Rohstahl	101,6 Mio. sh. t	11,8	–
Aluminium	3,9 Mio. t	23,1	–
Magnesium	155 Tsd. sh. t	42,6	–

^{1} = Öläquivalent, ^{2} = Metallgehalt
1 lb. = 453,59 g. 1 sh. t = 0,907 t, 1 lg. t = 1,2016 t

Quelle: U.S. Bureau of Mines, Mineral Commodity Summaries 1989. Washington 1989

Weltkohlereserven liegt in den USA. Sie reichen bei gegenwärtiger Jahresförderung rd. 300 Jahre. Auch in der Erdölförderung belegen die USA Platz zwei in der Weltrangliste hinter der UdSSR. Die nachgewiesenen Ressourcen (3,8% der Weltreserven) werden allerdings in knapp 10 Jahren erschöpft sein. Sollten bis dahin keine neuen Vorkommen entdeckt werden, müßten die USA auf die umfangreichen Teersand- bzw. Ölschiefervorkommen zurückgreifen, wenn sie nicht vollständig von Importen abhängig werden wollen.

Die USA sind die mit Abstand größte energieverbrauchende Nation der Erde mit einem Primärenergieverbrauch von (1988) 1941 Mio. t Öläquivalent (Westeuropa: 1311 Mio. t). Pro Kopf bedeutet dies einen Primärenergieverbrauch von 8 t Öläquivalent (Westeuropa: 3,2 t). 1988 entfielen 40,7% des Primärenergieverbrauchs auf Erdöl, 23,7% auf Erdgas, 24,7% auf Kohle, 7,5% auf Kernenergie und 3,4% auf Wasserkraft. Die Elektrizitätserzeugung betrug 1987 2489 Mrd. kWh. Wärmekraftwerke leisteten mit 70,6% den größten Beitrag. Der Verbrauch betrug 1987 2440,5 Mrd. kWh. Haushalte waren daran mit 34,8%, die Industrie mit 34,7%, der Handel mit 27,0% beteiligt.

2. Grundzüge des Wirtschaftssystems

Das Wirtschaftssystem ist ein marktwirtschaftliches System. Freies Unternehmertum auf der Basis von Privateigentum und die Koordination der Wirtschaftspläne bei freier Preisbildung auf Wettbewerbsmärkten sind dominierende Ordnungselemente. Verfassungsrechtliche Basis des Wirtschaftssystems sind die garantierten persönlichen Freiheiten, der Schutz des Privateigentums sowie die garantierte Vertragsfreiheit. Über die explizit in der Verfassung festgelegten, klassischen Aufgaben hinausgehende Staatsaktivitäten werden v. a. aus der *Interstate Commerce-Klausel* sowie der *Wohlfahrtsklausel* der Verfassung abgeleitet.

Wie in allen Industrieländern ist auch in den USA das Ausmaß der Staatseingriffe in den Wirtschaftsprozeß langfristig gestiegen. Die ökonomischen Aktivitäten des Staates umfassen die Bereitstellung öffentlicher Güter, die Beseitigung vermuteter Marktunvollkommenheiten, die soziale Sicherung, verteilungspolitische Korrekturmaßnahmen sowie die Stabilisierungspolitik. Träger der staatlichen Aktivitäten sind neben den Gebietskörperschaften eine Vielzahl unabhängiger, mit weitreichenden Entscheidungskompetenzen ausgestatteter Regulierungskommissionen.

3. Wertschöpfung in den wichtigsten Wirtschaftsbereichen

Die USA sind auf dem Weg zur Dienstleistungsgesellschaft weit fortgeschritten (vgl. Tab. 4).

Der Dienstleistungssektor erwirtschaftet einen ständig steigenden Anteil am BIP, während die Beiträge von Landwirtschaft, Bergbau und Industrie zurückgehen. Trug die *Landwirtschaft* (einschließlich Forstwirtschaft und Fischerei) 1950 noch 7,3% zum BIP bei, so sank dieser Anteil bis 1988 auf nur noch 2,1%. Trotz dieses relativen Bedeutungsverlusts bleiben die USA nach China und Indien drittgrößter Produzent von Agrargütern. Die wichtigsten Anbauprodukte sind Mais, Weizen, Sojabohnen und Zuckerrohr, die bedeu-

Tabelle 4
Bruttoinlandsprodukt nach Sektoren in jeweiligen Preisen
(in Mrd. $ und in % des BIP)

	1950		1960		1970		1980		1987	
	Mrd. $	in % des BIP	Mrd. $	in % des BIP	Mrd. $	in % des BIP	Mrd. $	in % des BIP	Mrd. $	in % des BIP
Land- und Forstwirtschaft, Fischerei	20,8	7,3	21,7	4,2	29,9	3,0	77,2	2,9	94,9	2,1
Bergbau	9,3	3,2	12,8	2,5	18,7	1,9	107,3	4,0	85,4	1,9
Bauindustrie	13,2	4,6	24,3	4,7	51,4	5,1	137,7	5,1	218,5	4,8
verarbeitendes Gewerbe	84,0	29,3	144,4	28,1	252,3	25,0	581,0	21,6	853,6	18,9
Transport und Versorgungsdienste	26,6	9,3	47,3	9,2	88,4	8,8	240,8	9,0	408,2	9,1
Groß- und Einzelhandel	51,5	18,0	85,7	16,7	168,7	16,7	438,8	16,4	740,4	16,4
Finanzdienste	32,2	11,2	72,8	14,1	145,8	14,4	400,6	15,0	775,4	17,2
staatliche Dienste	24,2	8,4	54,2	10,5	134,0	13,3	322,1	12,0	535,3	11,9
Dienste i. e. S.	24,2	8,4	51,4	10,0	120,2	11,9	374,0	14,0	793,5	17,6
BIP*	286,0		514,6		1009,3		2679,5		4504,3	

* ohne statistische Restgröße

Quelle: Economic Report of the President 1989. Washington 1989

Tabelle 5
Kennzahlen zur Landwirtschaft

	Anzahl der Farmen in 1000	Durchschnittsgröße in Acres	Beschäftigte in 1000	Entwicklung der Arbeitsproduktivität (1977 = 100)	Nettofarmeinkommen in Mrd. $	Nettoexporte von Agrarprodukten in Mrd. $
1960	3963	297	7057	37	11,2	1,0
1970	2949	374	4523	66	14,4	1,5
1975	2521	420	4342	89	25,5	12,6
1980	2433	427	3705	113	16,1	23,9
1985	2275	446	3115	151	32,2	9,1
1987	2176	461	2897	150 *	46,3	8,2

* 1986

Quelle: U.S. Department of Commerce, Bureau of the Census, Statistical Abstract of the United States. Washington 1989

Tabelle 6
Struktur des verarbeitenden Gewerbes
(Beitrag zum BIP 1987)

	Mrd. $	in %
verarbeitendes Gewerbe insgesamt	853,6	100 0
Gebrauchsgüter	480,0	56,2
Holz und Holzprodukte	27,7	3,2
Möbel und Einrichtungsteile	15,0	1,8
Stein-, Ton- und Glasprodukte	27,5	3,2
Metallerzeugung	36,4	4,3
Metallprodukte	60,3	7,1
Maschinen (ohne elektrische Maschinen)	81,2	9,5
elektrische u. elektronische Ausrüstungen	85,0	10,0
Kraftfahrzeuge und -ausrüstungen	49,9	5,8
sonstige Transportausrüstungen	56,0	6,6
Präzisionsinstrumente u. verwandte Produkte	27,0	3,2
sonstige	13,9	1,6
Verbrauchsgüter	373,6	43,8
Lebensmittel und verwandte Produkte	74,0	8,7
Tabakverarbeitung	15,5	1,8
Textilprodukte	20,0	2,3
Bekleidung	22,5	2,6
Papier und Papierprodukte	39,5	4,6
Druck- und Druckerzeugnisse	58,2	6,8
chemische Produkte	77,1	9,0
Erdöl- und Kohleprodukte	33,6	3,9
Gummi- und Plastikprodukte	30,0	3,5
Leder und Lederprodukte	3,3	0,4

Quelle: U.S. Department of Commerce, Bureau of Economic Analysis, Survey of Current Business, July 1988. Washington 1988

Tabelle 7
Zwischenstädtischer Fracht- und Personenverkehr nach Verkehrsträgern

Jahr	Verkehrsvolumen	Anteil der Verkehrsträger in %				
	Frachtverkehr					
	Mrd.tkm	Eisenbahn	Kraftfahrzeuge	Binnenschiffahrt	Pipelines	Luftverkehr
1970	1936	39,82	21,28	16,48	22,26	0,17
1980	2487	37,47	22,32	16,37	23,64	0,19
1988	2793	37,02	25,20	15,54	21,91	0,33
	Personenverkehr					
	Mrd.Pkm	Eisenbahn	Private Automobile	Busse		Luftverkehr
1970	1181	0,93	86,88	2,12		10,08
1980	1558	0,71	83,44	1,73		14,6
1988	1968	0,66	80,59	1,17		17,58

Quelle: U.S. Department of Commerce, Bureau of the Census, Statistical Abstract of the United States 1990. Washington 1990

tendsten tierischen Produkte Rind- und Kalbfleisch, Geflügel, Schweinefleisch und Milch. Die landwirtschaftliche Produktion übersteigt den Eigenbedarf, so daß die USA bedeutender Nettoexporteur von Agrargütern sind (vgl. Tab. 5).

Der Beitrag der *Industrie* zum BIP sank 1950–88 von 34 auf 24%. Dabei blieb der der Bauindustrie mit knapp 5% nahezu unverändert. Der relative Bedeutungsverlust der Industrie ist daher auf das verarbeitende Gewerbe zurückzuführen, dessen Beitrag zum BIP 1950–88 um fast 10% abnahm. Das verarbeitende Gewerbe ist stark diversifiziert. Wichtigste Industrien sind der Maschinenbau, die elektrotechnische Industrie, die Automobilindustrie, die Nahrungsmittelindustrie und die Chemische Industrie (vgl. Tab. 6).

Der *Dienstleistungssektor* hat im langfristigen Trend an Bedeutung gewonnen. Die stärkste Entwicklung nahm in den letzten 20 Jahren der Bereich Dienste i. e. S., wozu u. a. Gesundheits- und soziale Dienste gehören, v. a. aufgrund steigender Inanspruchnahme von Gesundheitsleistungen. Die Finanzdienstleistungen erhielten in den 80er Jahren einen deutlichen Schub als Folge der Deregulierungen im Finanzsektor. Der Beitrag staatlicher Dienste zur gesamtwirtschaftlichen Wertschöpfung stieg bis zum Beginn der 70er Jahre ständig an, ist seit Ende der 70er Jahre aber wieder rückläufig, nachdem sich in der Diskussion um die Rolle des Staates in der Wirtschaft die Kräfte durchsetzten, die den Staatseinfluß tendenziell zurückdrängen wollten.

Die wirtschaftlich dynamischste Region seit Anfang der 60er Jahre war die südöstl. Küstenregion, gefolgt von den Staaten des SW und der pazifischen Küstenregion. Den größten Bedeutungsverlust mußte die Industrieregion um die Großen Seen hinnehmen, gefolgt von den Staaten der mittleren Atlantikküste und dem agrarisch strukturierten mittleren W. Generell läßt sich feststellen, daß die alten industriellen Kerngebiete der USA sich eher unterdurchschnittlich entwickelten, während neue Industrieregionen und Dienstleistungszentren im SO, SW und am Pazifik entstanden. Die Entwicklung des SW hängt aufgrund der Dominanz der Erdöl- und Erdgasindustrie eng mit Energiepreisbewegungen zusammen. Bis 1980 war der SW die wachstumsstärkste Region, verlor im Zuge rückläufiger Energiepreise in den 80er Jahren aber etwas an Bedeutung. Auch in den Pazifikstaaten blieb das Wirtschaftswachstum seit 1982 hinter dem der USA insgesamt zurück. Wachstumsstärkste Region der 80er Jahre war die südöstl. Atlantikküste, v. a. die Staaten Florida und Georgia. Die Neuenglandstaaten und die Staaten der mittleren Atlantikküste, die sich in den 60er und 70er Jahren unterdurchschnittlich entwickelten, wiesen in den 80er Jahren wieder eine überdurchschnittliche Dynamik auf.

Der *Verkehrssektor*. Für das Funktionieren einer hochindustrialisierten Volkswirtschaft von der räumlichen Ausdehnung der USA ist ein effizientes Verkehrssystem unverzichtbar. Insbesondere der auch heute noch privatwirtschaftlich organisierten *Eisenbahn* kam im Zuge der Industrialisierung der USA große Bedeutung zu (größte Ausdehnung des Streckennetzes 1916 mit knapp 430 000 km). Mit der Verbreitung des Automobils und des Flugzeugs hat sie als Transportmittel an Bedeutung verloren (1988: 241 000 Streckenkilometer), ist aber im Frachtverkehr immer noch der bedeutendste Verkehrsträger (Beförderungsleistung 1988: 1034 Mrd. tkm). Ihr Marktanteil aber auch in den letzten Jahren weiter rückläufig (vgl. Tab. 7).

Das *Straßennetz* hat eine Streckenlänge von 6,2 Mio. km. 1988 waren 140,7 Mio. PKW registriert (572

PKW/1000 E.), ferner 42,8 Mio. Busse und LKW. 3550 Gesellschaften betrieben 1987 den zwischenstädtischen Busverkehr. Am Frachtverkehr hatten Kraftfahrzeuge 1988 mit 704 Mrd. tkm einen Marktanteil von 25 % an der Beförderungsleistung aller Verkehrsträger. Im Personenverkehr sind private Automobile mit einem Marktanteil von 81 % (1988) an den insgesamt geleisteten 1968 Mrd. Pkm mit Abstand das bedeutendste Transportmittel. Das Automobil mußte aber in den letzten 20 Jahren Marktanteilsverluste zu Lasten des Flugzeugs hinnehmen (vgl. Tab. 7).

Dem *Luftverkehr* kommt wegen der räumlichen Ausdehnung der USA besondere Bedeutung zu. Gemessen an der gesamten Beförderungsleistung (Fracht und Personen) hatten amerikan. Fluggesellschaften 1987 einen Anteil von 40 % am Weltluftverkehr. Im Zuge der Deregulierung des Verkehrssystems erzielten die Luftverkehrsgesellschaften seit Ende der 70er Jahre erhebliche Produktivitätsgewinne, indem sie ihr Streckennetz von Linienverbindungen auf ein Drehscheibenkonzept umstellten. Bestimmte Verkehrsknotenpunkte werden als Drehscheiben (sog. *Hubs*) sternförmig angeflogen, Fracht und Passagiere dort gesammelt, neu verteilt und an die Zielorte gebracht. Der Auslastungsgrad der Maschinen konnte dadurch gesteigert werden.

Ölpipelines haben mit dem Rückgang der Ölförderung seit Mitte der 80er Jahre geringfügig Marktanteile am Frachtverkehr eingebüßt (vgl. Tab. 7).

Der *Binnenschiffahrt* stehen ca. 40 000 km ausgebaute Binnenwasserstraßen zur Verfügung, v. a. konzentriert im Stromgebiet des Mississippi (Mississippi, Missouri, Illinois und Ohio) und in den Großen Seen, die seit dem Ausbau des Sankt-Lorenz-Stroms auch von der Seeschiffahrt erreicht werden können. Einschließlich Küstenschiffahrt betrug die Beförderungsleistung der Binnenschiffahrt 1987 410,7 Mrd. tkm, wovon 61 % auf das Stromgebiet des Mississippi, 18 % auf die Großen Seen entfielen. Aufgrund ihrer geographischen Lage erfolgt ein Großteil des Außenhandels der USA auf dem Seeweg. Wertmäßig wickelten die USA 1988 ca. 60 % ihrer Importe und 40 % ihrer Exporte auf dem Seeweg ab. Das über die *Seeschiffahrt* transportierte Einfuhrvolumen betrug 1988 500 Mio. t. Hiervon entfielen allein 230 Mio. t auf Rohöl und 97 Mio. t auf Ölprodukte. Am Exportvolumen von 388 Mio. t hatten Agrarprodukte mit 30 % und Kohle mit 22 % die größten Anteile. Von den 64 946 Seeschiffen, die 1989 Häfen der USA anliefen, entfielen nur 7,4 % der Tonnage auf US-Schiffe.

Bis Mitte der 70er Jahre war das Verkehrswesen relativ stark reguliert. Dann erfolgten weitreichende Deregulierungen im Luft-, Straßentransport- und Busverkehr. Ihr Grundgedanke war, durch Öffnung der Märkte mittels Abbau von Marktzutrittsschranken die Markteffizienz zu erhöhen und so zu einer besseren Versorgung der Nachfrager mit Transportleistungen beizutragen. Kostensenkungen, Produktivitätssteigerungen und eine Verbreiterung des Angebots hinsichtlich des Preis-/Qualitätsspektrums waren Folgen der Deregulierungen. Hinsichtlich der Marktstruktur hatten sie je nach Verkehrsträger unterschiedliche Auswirkungen. Im Luftverkehr nahm der Konzentrationsgrad ab, im Eisenbahnsektor dagegen zu. Die Zahl der Fluggesellschaften stieg von 39 (1970) auf 67 (1988); die Zahl der Eisenbahngesellschaften *(Class I linehauling companies)* sank von 71 (1970) auf 17 (1988). Im Güterkraftverkehr waren dagegen keine deutlichen Veränderungen im Konzentrationsgrad erkennbar. Insgesamt haben die Deregulierungen die Effizienz des Verkehrssystems erhöht.

4. Finanzsystem, Geldpolitik

Das Finanzsystem der USA besteht aus einem mit hoheitlichen Funktionen ausgestatteten Notenbanksystem, dem Federal Reserve System, das als Träger der Geld- und Währungspolitik an gesamtwirtschaftlichen Zielen orientiert ist, und aus einem Bankensystem auf privatwirtschaftlicher Basis. Daneben existieren weitere Unternehmen, die als finanzielle Mittler oder Makler fungieren (z. B. Versicherungen, Investmentfonds, Wertpapiermakler). Das *Federal Reserve System,* geschaffen 1913 mit dem *Federal Reserve Act,* besteht aus zwölf regionalen Federal Reserve-Banken und dem siebenköpfigen *Board of Governors* an der Spitze. Es emittiert die Landeswährung Dollar und fungiert als „Lender of last resort" für die Geschäftsbanken. Die Notenbank ist unabhängig von Weisungen der Regierung, muß aber vor dem Kongreß Rechenschaft über ihren geldpolitischen Kurs ablegen. Die geldpolitischen Entscheidungen treffen der *Board of Governors* und das *Federal Open Market Committee,* dem neben den Mitgliedern des Board of Governors die Präsidenten der Reserve Banks angehören, von denen stets nur fünf stimmberechtigt sind. Nach dem *Federal Reserve Reform Act* von 1977 ist die Notenbank verpflichtet, die Ziele „maximale Beschäftigung, stabile Preise und moderate langfristige Zinssätze" zu verfolgen.

Hinsichtlich des Erfolges in der Erreichung des Zieles *Preisniveaustabilität* lassen sich seit den 50er Jahren verschiedene Phasen unterscheiden. Von 1950 bis Mitte der 60er Jahre herrschte mit einer durchschnittlichen Inflationsrate von knapp 1,8 % p. a. praktisch Preisniveaustabilität. Ab Mitte der 60er Jahre beschleunigte sich das Inflationstempo. Die Inflationsrate erreichte im Anschluß an die beiden Ölpreisschocks jeweils zweistellige Zuwachsraten (1974: 11,0 %; 1980: 13,5 %). Vor allem eine zu expansive Geldpolitik, die das Preisstabilitätsziel dem Beschäftigungsziel unterordnete, wird für die starke Geldentwertung in den 70er Jahren verantwortlich gemacht. Mit Beginn der 80er Jahre wurde die Geldpolitik wieder stärker auf die Inflationsbekämpfung ausgerichtet. Nach 1982 betrug die Inflationsrate im Durchschnitt 4 % p. a.

Seit Ende der 60er Jahre sank der Außenwert des Dollar deutlich, z. T. als Reflex des sinkenden Binnenwertes, z. T. auch bedingt durch die sinkende Rolle als Leitwährung. Ein Großteil der Abwertung des Dollar – gemessen auf handelsgewichteter Basis gegenüber den G 10-Ländern (den 10 wichtigsten Industrieländern) – fand bereits in den letzten Jahren des Festkurssystems von Bretton Woods (→internationale Währungspolitik) statt (17 % 1967–Anfang 1973). Seit dem Übergang zu flexiblen →Wechselkursen im März 1973 bis Anfang 1990 sank der Außenwert des Dollar unter starken Schwankungen um weitere 7 %. Der Wertverlust auf handelsgewichteter Basis resultiert aus Abwertungen gegenüber preisstabileren Währungen (z. B. DM, Yen, sfr) und Aufwertungen zu weniger stabilen Währungen (z. B. Lira, Pfund Sterling).

Das *Bankensystem* ist ein Spezialbankensystem mit weitgehender Arbeitsteilung zwischen verschiedenen Institutsgruppen. Durch den *Glass-Steagall Act* von 1933 wurde es den Geschäftsbanken verboten, im Effektenemissionsgeschäft privater Schuldner tätig zu werden, während es den *Investment Banks* verboten wurde, Geschäfte der *Commercial Banks* zu betreiben. Deren Geschäftsschwerpunkt liegt in der Vergabe von Krediten an Unternehmen und der Refinanzierung durch Sicht-, Termin- und Spareinlagen. Von den Commercial Banks unterscheidet man die Sparinstitutionen *(Thrift Institutions).* Zu ihnen gehören die *Savings and Loan Associations* und die *Mutual Savings Banks,* die primär in der Wohnungsbaufinanzierung tätig sind und sich vorwiegend durch Spareinlagen refinanzieren, sowie die *Credit Unions,* deren Schwerpunkt im Konsumentenkreditgeschäft liegt (vgl. Tab. 8).

Tabelle 8
Bilanzsumme und Einlagen nach Bankengruppen 1988
(in Mrd. $)

Bankengruppe	Bilanzsumme	scheckfähige Einlagen	Spareinlagen und Termineinlagen unter 100 000 $	Termineinlagen über 100 000 $
Commercial Banks	2938,2	551,3	1069,4	418,6
Savings and Loan Associations	1359,9	41,7	818,5	112,2
Mutual Savings Banks	280,0	32,5	118,6	63,6
Credit Unions	196,2	19,2	156,9	2,3

Quelle: Board of Governors of the Federal Reserve System, Flow of Funds Accounts, Financial Assets and Liabilities Year-End, 1965–1988. Washington 1989

Banken und Sparinstitutionen können auf Basis bundesstaatlicher *(State Banks)* oder nationaler *(National Banks)* Genehmigung operieren (sog. *Dual Banking).* Dies hat u. a. Konsequenzen für die Zuständigkeit in der Bankenaufsicht. Der *MC Fadden Act* von 1927 verbietet Aktivitäten über die Grenzen der Bundesstaaten hinaus. Darüber hinaus beschränken einige Bundesstaaten die Errichtung von Zweigstellen, die alle Bankgeschäfte tätigen, weiter auf eine bestimmte Region innerhalb des Staates *(Limited Branching)* oder verbieten diese sogar vollständig *(Unit Banking).* Zur Umgehung der restriktiven Bestimmungen bezüglich der Zweigstellenerrichtung sowie der Trennung des Bankgeschäfts von sonstigen Finanzgeschäften haben sich *Bank Holding Companies* herausgebildet. Durch Finanzinnovationen und hierauf folgende gesetzliche Reformen haben sich die Unterschiede zwischen den einzelnen Bankengruppen etwas verwischt. Zudem erlauben einige Staaten inzwischen das Interstate Banking.

5. Sozialprodukt, Volkseinkommen, Einkommens- und Vermögensstruktur

Gemessen am Sozialprodukt pro Kopf (1989: 20 903 US-$) sind die USA eine der reichsten Nationen der Erde. Der Wohlstand basiert neben der reichlichen Ausstattung mit natürlichen Ressourcen auf dem umfangreichen Kapitalstock und dem sich darin spiegelnden hohen technologischen Wissensstand der amerikan. Gesellschaft. Der große Binnenmarkt sowie die Möglichkeit der freien unternehmerischen Entfaltung zählen ebenfalls zu den günstigen Bedingungen, die die USA an die Spitze der Industrienationen geführt haben. (Zur langfristigen Wohlstandsentwicklung vgl. Tab. 9.)

Der Wohlstandsvorsprung der USA sinkt allerdings seit den 60er Jahren. So nahm das reale Sozialprodukt pro Kopf 1960–86 um durchschnittlich 2,0% p. a. zu, während die Industrieländer insgesamt einen Zuwachs von 2,7% p. a. erzielten. Aber nicht nur das Pro-Kopf-Sozialprodukt, auch das reale Sozialprodukt selbst wuchs während dieser Zeit weniger stark als in den Industrieländern insgesamt. Das Dahinschmelzen des Wohlstandsvorsprungs der USA ist z. T. direkte Folge des hohen Entwicklungsstandes. Er macht es immer schwieriger, Produktivitätsfortschritte zu erzielen. Als eine technisch führende Industrienation können die USA zudem ihr Wachstum nicht in gleichem Umfang wie weniger entwickelte Staaten durch den Import von technologischem Wissen steigern. Auch der Trend zur Dienstleistungswirtschaft erschwert Produktivitätsfortschritte. Daneben wurde das Wachstum während der 70er Jahre durch zwei Ölpreisschocks, durch akzelerierende Inflation und darauf folgende restriktive Konjunkturpolitik sowie durch zunehmende Regulierungsdichte behindert. Nach Überwindung der Rezession zu Beginn der 80er Jahre gelang eine Revitalisierung des Wachstums.

Tabelle 9
Langfristige Wohlstandsentwicklung der Wirtschaft

Jahrzehnt	Bruttosozialprodukt in Preisen von 1982 Änderung in % p. a.	verfügbares Einkommen pro Kopf in Preisen von 1982 Änderung in % p. a.	Konsum pro Kopf in Preisen von 1982 Änderung in % p. a.	Entwicklung der Konsumentenpreise Änderung in % p. a.
1930–39	0,1	−0,7	−0,5	−
1940–49	4,5	2,6	2,4	−
1950–59	3,9	2,1	1,7	2,0
1960–69	4,1	2,7	2,7	2,3
1970–79	2,8	2,2	2,2	7,1
1980–89	2,6	1,6*	1,9*	5,5

* 1980–1988

Quelle: Economic Report of the President. Washington 1989

Tabelle 10
Sozialprodukt, Volkseinkommen und verfügbares Einkommen
(in Mrd. $)

	1950	1960	1970	1980	1985	1988
BSP	288,3	515,3	1015,5	2732,0	4014,9	4880,6
privater Konsum	192,1	330,7	640,0	1732,6	2629,0	3235,1
Bruttoinvestitionen	55,1	78,2	148,8	437,0	643,1	750,3
Staatsverbrauch	38,8	100,6	218,2	530,3	820,8	968,9
Exporte von Gütern und Diensten	14,5	29,9	68,9	351,0	370,9	547,7
Importe von Gütern und Diensten	12,3	24,0	60,5	318,9	448,9	621,3
Preisindex des BSP (1982 = 100)	23,9	30,9	42,0	85,7	110,9	121,3
Volkseinkommen	239,8	424,9	832,6	2203,5	3234,0	3972,6
Löhne und Gehälter	155,4	296,7	618,3	1638,2	2367,5	2907,6
Gewinne und Vermögenseinkommen	81,4	116,9	173,1	364,5	547,4	672,1
Nettozinseinkünfte	3,0	11,3	41,2	200,9	319,0	392,9
verfügbares Einkommen	207,5	358,9	715,6	1918,0	2838,7	3477,8
Ersparnis der privaten Haushalte	12,6	20,8	57,7	136,9	125,4	144,7

Quelle: Economic Report of the President 1989. – U.S. Department of Commerce, Bureau of Economic Analysis, Survey of Current Business, July 1989. Washington 1989

Das BSP wird zu 65% für den privaten Konsum, zu etwa 18% für Investitionen und zu 20% für Staatskäufe verwandt. Der Anteil der Ausgaben des Staates für Güter und Dienste ist seit Mitte der 70er Jahre auf etwa 20% zurückgegangen (vgl. Tab. 10).

Seit den 70er Jahren entfallen fast 3/4 des Volkseinkommens auf Lohn- und Gehaltszahlungen. In den 50er Jahren lag die Lohn- und Gehaltsquote dagegen bei 66%. Der Anteil der Gewinneinkommen ist in der gesamten Nachkriegszeit deutlich rückläufig. Bemerkenswert ist der trendmäßige Anstieg der Zinseinkommensquote, die sich seit 1950 etwa alle zehn Jahre verdoppelt hat und Ende der 80er Jahre bei 10% des Volkseinkommens lag. Das mittlere Haushaltseinkommen betrug 1989 28 906 US-$, wobei das von Weißen mit 30 406 US-$ um 68% über dem schwarzer Haushalte und um 39% über dem von Haushalten hispanischer Abstammung lag. Die (gemessen am Einkommen) 40% der ärmsten Familien bezogen 1989 etwa 15% des gesamten Einkommens, etwas weniger als die 5% der reichsten Familien, die 17,9% des gesamten Einkommens bezogen. Die reichsten 20% der Familien bezogen mit 44,6% fast die Hälfte des Gesamteinkommens. Neben der Einkommensdifferenzierung nach Rasse ist eine deutliche Differenzierung der Einkommen nach Bildungsstand und Geschlecht feststellbar.

Das reproduzierbare Nettosachvermögen der USA

belief sich Ende 1988 auf 12 971,1 Mrd. US-$. Hiervon entfielen 1805,9 Mrd. US-$ auf dauerhafte Konsumgüter und 4235,3 Mrd. US-$ auf Wohnbauten. Der Nettokapitalstock in Höhe von 6929,9 Mrd. US-$ befand sich zu 37% in staatlichem (Gebäude und Gebäudeausstattungen, militärische und sonstige Anlagen) und zu 63% in privatem Besitz. Der private Kapitalstock verteilt sich in etwa gleichmäßig auf Wirtschaftsbauten und auf Maschinen und Anlagen. Das mittlere Nettovermögen der privaten Haushalte betrug 1988 35 752 US-$. Das verzinsliche Finanzvermögen belief sich auf etwa 30% des Nettovermögens. Auch bei der Vermögensverteilung ist eine eindeutige Differenzierung nach Rasse und Bildungsniveau feststellbar.

6. Öffentliche Finanzwirtschaft, wichtige Steuern, Staatsschulden

Dem föderalen Aufbau der USA entsprechend besteht eine Aufgaben- und Kompetenzverteilung zwischen den Gebietskörperschaften. Die umfassendsten Aufgaben kommen dem Bund zu, der folglich den größten Teil der Staatsausgaben tätigt.

Wichtigste Ausgabenkategorie des Bundes (einschließlich Sozialversicherung) sind Verteidigung (1990: 24,7%), Einkommenssicherung, soziale Sicherheit und Wohlfahrt (48,3%) und Nettozinszahlungen (14,7%). Der Anteil der Verteidigungsausgaben war in der Nachkriegszeit rückläufig, der für die soziale Sicherung nahm deutlich zu. Besonders dynamisch entwickelten sich in den letzten 20 Jahren die Ausgaben für Gesundheit (MEDICARE und MEDICAID; vgl. IV), für Alters-, Hinterbliebenen- und Invalidenrenten und in den 80er Jahren die Nettozinszahlungen auf die rasch wachsende Staatsschuld. Haupteinnahmequelle für den Bundeshaushalt ist die Einkommensteuer (1990: 56% der Einnahmen). Sozialversicherungsbeiträge trugen mit 35,9% zu den Einnahmen bei. Indirekte Steuern sind mit 3,4% für den Bundeshaushalt von relativ geringer Bedeutung.

Mit fast 30% der Gesamtausgaben in Höhe von 825 Mrd. US-$ waren die Bildungsausgaben 1988 die wichtigste Ausgabenkategorie der Staaten und Gemeinden, gefolgt von den Ausgaben für soziale Sicherung (10,5%), Gesundheit und Krankenhäuser (7,5%) und Straßen (6,7%). Aufkommensstärkste Steuer der Staaten und Gemeinden ist die Umsatzsteuer (17,7% der Einnahmen), vor der Vermögensteuer (15,0%) und der Einkommensteuer (17,7%). Zuschüsse des Bundes trugen mit 13,3% zu den Einnahmen in Höhe von 885 Mrd. US-$ von Staaten und Gemeinden bei.

Der Bundeshaushalt schließt seit Anfang der 70er Jahre mit einem Defizit ab (vgl. Tab. 11), während die übrigen Gebietskörperschaften Überschüsse erzielen. Im Rahmen der Steuersenkungen unter Präsident *Ronald Reagan* bei gleichzeitiger Ausgabenausweitung nahm das Haushaltsdefizit Anfang der 80er Jahre eine für Friedenszeiten ungewohnte Größe an (zeitweise auf über 6% des BSP). Die hohen Defizite führten zu einem raschen Wiederanstieg der Staatsschuld. War die Bruttoverschuldung des Bundes in Relation zum BSP seit Ende des II. Weltkrieges von knapp 123% auf 33% gesunken, so stieg die Quote seit 1981 wieder deutlich an (Ende 1990: 56,7%).

7. Außenwirtschaft

Aufgrund des großen Binnenmarktes ist die Einbindung der USA in die internationale Arbeitsteilung geringer als die der meisten anderen Industrienationen. Dennoch sind die Anteile der Exporte bzw. Importe von Gütern und Diensten am BSP von 5,0 bzw. 4,3% 1950 auf 12 bzw. 12,9% 1989 gestiegen. Trotz der relativ geringen Bedeutung des Außenhandels für die amerikan. Wirtschaft sind die USA der Welt größter Ex- und Importeur mit Anteilen an den weltweiten Warenex- und -importen von 11,3 bzw. 15,6% (1988). Langfristig betrachtet ist der Weltmarktanteil an den Exporten deutlich rückläufig (1960: 18%), während der Marktanteil an den Weltimporten im Trend gestiegen ist (1960: 12%). Bis zu Beginn der 80er Jahre schloß die Leistungsbilanz in den meisten Jahren mit geringen Überschüssen ab. Ab 1983 kam es im Zusammenhang mit einer Aufwertung des Dollar zu massiven Defiziten, die ihren Höhepunkt 1987 mit einem Defizit von 143 Mrd. US-$ erreichten, seitdem aber wieder zurückgehen.

Dem Entwicklungsstand der USA entsprechend haben industriell gefertigte Güter mit einem Anteil von je 80% an den Warenaus- bzw. -einfuhren (1988) die größte Bedeutung für den US-Außenhandel. Agrargüter haben einen Anteil von 11% an der Ausfuhr und 5% an der Einfuhr. Auf Brennstoffe, v. a. Öl, entfallen etwa 11% der Einfuhren (vgl. Tab. 12).

Tabelle 12
Außenhandel nach Gütern 1988
(in %)

	Export	Import
Lebensmittel und lebende Tiere	7,8	5,2
Getränke und Tabak	1,5	1,1
Rohstoffe	8,2	2,9
Mineralöle und Schmierstoffe	3,1	11,0
Öle und Fette	0,4	0,1
Chemische Erzeugnisse	10,5	4,0
Maschinen und Transportausrüstungen	44,9	43,1
Sonstige Güter des verarbeitenden Gewerbes	15,4	29,6
Sonstiges	8,2	2,9

Quelle: U.S. Department of Commerce, United States Trade. Washington 1989

Tabelle 11
Entwicklung des Bundeshaushalts und der Staatsschuld

Fiskaljahre		1950	1960	1970	1980	1985	1988
Ausgaben	in Mrd. $	42,6	92,2	195,6	590,9	946,3	1064,0
Einnahmen	in Mrd. $	39,4	92,5	192,8	517,1	734,1	909,0
Überschuß (+)/Defizit (−)	in Mrd. $	−3,1	+0,3	−2,8	−73,8	−212,3	−155,1
Staatsverschuldung	in Mrd. $	256,9	290,5	380,9	908,5	1817,0	2707,3
in % des BSP		96,3	57,3	38,5	34,0	45,9	55,5
in Händen von Privaten	in Mrd. $	219,0	236,8	283,2	709,3	1499,4	2117,8
in % des BSP		82,1	46,7	28,6	26,6	37,9	43,4

Quelle: Economic Report of the President 1989. − Board of Governors of the Federal Reserve System, Federal Reserve Bulletin. Washington. lfd. Jahrgänge

Tabelle 13
Außenhandel nach Regionen
(in %)

Export			Import		
	1980	1988		1980	1988
Industrieländer	60,2	64,1	Industrieländer	51,1	63,0
Kanada	17,9	22,0	Japan	12,6	20,3
Japan	9,2	11,7	Kanada	16,7	18,5
EG	26,1	23,6	EG	15,6	19,2
Großbritannien	5,7	5,7	Bundesrepublik	4,8	6,0
Bundesrepublik	5,0	4,4	Großbritannien	4,0	4,1
Niederlande	3,9	3,1	Frankreich	2,2	2,8
Frankreich	3,4	3,1	Italien	1,8	2,6
Entwicklungsländer	35,9	33,2	Entwicklungsländer	46,3	34,7
NIC's *	6,5	10,8	NIC's	7,2	14,3

* Südostasiatische Schwellenländer (Newly Industrializing Countries): Südkorea, Taiwan, Hongkong und Singapur.

Quelle: U.S. Department of Commerce, United States Trade. Washington, lfd. Jahrgänge

Etwa 40% der Industriegüterexporte und 27% der Industriegüterimporte fallen in den Hochtechnologiebereich. Fast 2/3 des Außenhandels werden mit Industrieländern abgewickelt. Der Handel mit Entwicklungsländern ist während der 80er Jahre spürbar gesunken (vgl. Tab. 13, S. 388).

Haupthandelspartner sind Kanada und Japan. Im Zuge der Schuldenkrise haben die lateinamerikan. Länder als Handelspartner an Bedeutung verloren. Deutlich gewachsen ist dagegen die Bedeutung der ostasiat. Schwellenländer, die als Exportmarkt inzwischen fast die Bedeutung Japans erreichen und ihren Anteil an den Importen in den 80er Jahren verdoppeln konnten.

VI. Kultur, Bildung, Religion

1. Kultur

Die Kultur der USA weist eine Kontinuität und einen inneren Zusammenhang auf, der von europ. Beobachtern häufig verkannt wird. Charakteristische Kulturmerkmale wie Individualismus, Expansionsstreben und Ethnozentrismus reichen bis in die Kolonialzeit zurück. Allerdings standen die neugegründeten Vereinigten Staaten vor der Aufgabe, nach der politischen auch ihre kulturelle Unabhängigkeit zu erringen. *Ralph Waldo Emerson,* der einflußreichste und repräsentativste amerikan. Denker, schrieb 1841: „In der Erziehung jedes Menschen kommt der Punkt, wo er zu der Überzeugung gelangt, daß Mißgunst Unwissen ist und Nachahmung Selbstmord ...". Die Idee kultureller Eigenständigkeit führte langfristig zur Lösung von europ. Vorbildern. Am erfolgreichsten geschah dies zunächst in der *Literatur.* Die *„American Renaissance"* im zweiten Drittel des 19. Jh. brachte so bedeutende Schriftsteller wie *Edgar Allan Poe, Nathaniel Hawthorne, Herman Melville* und *Walt Whitman* hervor.

Das *Bildungswesen* sollte, von europ. Vorstellungen und historischem Ballast möglichst befreit, eine amerikan. denkende, patriotisch empfindende und moralisch gefestigte Elite für Politik und Verwaltung heranziehen.

Im *religiösen Bereich* versuchten Unitarier und andere aufgeklärte Theologen die puritanisch-calvinistischen Dogmen abzuschütteln und jenseits von Erbsünde, Trinität und Prädestination die Vorstellung von der Perfektionierbarkeit des Menschen zu verwirklichen. Aufklärung und Säkularisierung hatten freilich ihre Grenzen. Der Fundamentalismus wurde bei verschiedenen religiösen Erweckungsbewegungen bestimmend.

In der *Philosophie* fragten die *Transzendentalisten* nach Erkenntnissen, die hinter den Dingen liegen und erstrebten einen Seinszustand jenseits von Zeit und Raum. *Emerson* strebte ein Einswerden mit dem All an und wollte als „transparenter Augapfel" direkte Erfahrungen erleben, ohne Umweg über Dogmen, Propheten, Geschichte oder Tradition. In der Vorstellung Emersons brauchte der Mensch keinen Vermittler mehr zwischen sich und dem Metaphysischen. Die Suche nach Selbsterfüllung endete in absoluter Beziehungslosigkeit, der Individualismus schlug in Solipsismus um. Der Transzendentalist *Henry David Thoreau* setzte seine Suche nach persönlicher und ethischer Autonomie ins Politische um und distanzierte sich von einem Staat, der seiner Ansicht nach unmoralische Kriege führte. Diesen Staat konfrontierte er mit seiner These vom zivilen Ungehorsam.

Neuhegelianer um den deutschstämmigen *Henry Brokmeyer* legten Hegels logische Schemata an die amerikan. Geschichte an und versuchten damit innere Widersprüche und Konflikte wie den Bürgerkrieg zu erklären. Der Idealismus des *Josiah Royce* stellte Gemeinschaft und Solidarität als zentrale Tugenden heraus, um den extremen Individualismus der Emerson-Schule zu überwinden.

Der Begriff →*Pragmatismus* wurde von dem Philosophen *Charles S. Peirce* geprägt. Die Schule der Pragmatisten wollte in ihr Denken stets den Handlungsaspekt, die Beweglichkeit unserer Welt und die Dynamik menschlichen Werdens einbeziehen. Ideen wurden als Handlungspläne begriffen. Peirce interessierte an einer Hypothese nicht ihre theoretische Bedeutung, sondern die wahrnehmbaren Folgen in Form verifizierbarer Voraussagen. Seine pragmatische (oder pragmatizistische) Methode sollte die Mängel beheben, die nach seiner Auffassung Rationalismus und Empirismus anhafteten. Das Praktische bezog sich auf die Folgen von Ideen und nicht, wie in zahlreichen vulgarisierten Auslegungen des Pragmatismus, auf materielle Konsequenzen. Auch *William James* begriff Ideen als Handlungsanweisungen. In seinem philosophischen Hauptwerk „Pragmatismus" (1907) stellte er Wahrheiten als veränderbar hin. Theorien sollten experimentellen Charakter tragen, Ideen die Möglichkeiten der Zukunft ausloten. Die Anarchie hätte James der Tyrannei vorgezogen. Insofern stand auch er in der Tradition Emersons.

Der dritte im Dreigestirn der großen Pragmatisten war der lange überschätzte *John Dewey*. Er betonte ebenfalls den vorwärtsgerichteten Charakter des Denkens. Ideen dienten dazu, Hindernisse beiseitezuschaffen und verkrustete Denkmuster zu überwinden. So würde die Philosophie in der Hand der Menschen zu einem Instrument sozialer Aktion im Dienste der Erziehung zur Demokratie. Das amerikan. Bildungssystem sollte Freiheit, Unabhängigkeit und geistige Autonomie vermitteln und dabei ein Maß an Respektlosigkeit und Ikonoklasmus dulden. Gleichwohl orientierten sich die USA in Wissenschaft und Bildung zeitweise an europ. Vorbildern. Eine große Zahl bedeutend gewordener Amerikaner hat an dt. Universitäten studiert. Die Johns-Hopkins Universität (1876) zu Baltimore ist in ihrem Bemühen, die Einheit von Forschung und Lehre herzustellen, dt. Modellen nachgestaltet.

In der *Belletristik* vertraten *William Dean Howells* und *Henry James* die Richtung des *Realismus. Mark Twain* führte die Tradition des amerikan. Humors zu einem seither nicht mehr erreichten Höhepunkt. Der *Naturalismus* präsentiert sich um die Wende zum 20. Jh. als eine literarische Strömung, die aus einem oberflächlich verstandenen Evolutionsgedanken heraus einen pessimistischen Realismus pflegte.

In der *Malerei* hatte sich im Lauf des 19. Jh. aus einer Vielzahl von Einflüssen bei *Thomas Eakins, Winslow Homer* oder *Albert Ryder* ein erkennbarer Stil herausgebildet. In der *Architektur* überwanden *Dankmar Adler* und *Louis Sullivan* den bis dahin vorherrschenden Eklektizismus. Die Konkurrenz zwischen Chicago und New York belebte die Bautätigkeit. Die Wolkenkratzer von Sullivan, der ein Walt Whitman der Architektur sein wollte, sollten nicht bloß hoch sein, sondern Höhe an sich repräsentieren – als Symbol für die befreite menschliche Seele.

Eine eigenständige *Musik* war im Entstehen begriffen. Amerikanische Komponisten bezogen schwarzafrikanische, kreolische, indianische und karibische Elemente in ihre Werke ein. Showboats und Minstrelshows gerieten zu eigentümlichen amerikan. Formen der Unterhaltung. *Phineas T. Barnum* entwickelte eine eigene Konzeption des Zirkus.

Das *Zeitungswesen* erlebte in der 2. Hälfte des 19. Jh. eine Entwicklung vom persönlichen Journalismus zur Massenpresse.

Der *Film* gehört zu den eindrucksvollsten Erzeugnissen amerikan. Kulturschaffens. Zu den ersten richtungsweisenden Regisseuren, die *Thomas Alva Edisons* „Vision von Bewegung" realisierten, zählen *Edwin Porter* und *David W. Griffith* („Birth of a Nation", 1915). Die Filmstadt Hollywood absorbierte zahlreiche europ. Talente. Amerikaner jüdischer Herkunft waren als Filmschaffende besonders erfolgreich. Die Filmgeschichte kennt spektakuläre Publikumserfolge wie „Gone With the Wind" (1939) nach dem Roman von *Margaret Mitchell* sowie die Filmkomödien von *Charlie Chaplin* und den *Marx Brothers*.

Die *Fotografie*, von manchen „die demokratischste aller Künste" genannt, hat bereits zur Bürgerkriegszeit wertvolle dokumentarische Aufgaben erfüllt. Dem New Yorker *Alfred Stieglitz* kam in der Geschichte der Fotografie eine epochemachende Bedeutung zu. *Walker Evans* hat den typisch amerikan. Stil der *straight photography* zur Perfektion gebracht. *Lewis Hine*, *Dorothea Lange* und andere haben sich der sozialen Fotografie verschrieben.

In der *bildenden Kunst* spielte der *Realismus* mit der Ästhetik des Häßlichen. Einsamkeit und Beziehungslosigkeit des Menschen in der modernen Stadt war das große Thema von *Edward Hopper*, den viele für den amerikanischsten aller Maler halten. Nach dem II. Weltkrieg bedienten sich die abstrakten Expressionisten, allen voran *Jackson Pollock*, der Ästhetik des Zufälligen. New York wurde um diese Zeit zur Kunsthauptstadt der Welt. Die *Pop Art* lebte von „Reproduktionen des Alltäglichen", die lakonisch wiedergegeben oder ironisch verfremdet wurden. Massenartikel, Verpackungsmaterial, Ausschnitte aus Comics fügten sich zu *Collagen* zusammen. Die Grenzen zwischen Kunst und Kommerz verschwammen. Das Kunstwerk verlor seinen einmaligen Charakter, konnte vielmehr in Serie produziert werden. Die Pop Artists schienen die Moral der Business-Welt unkritisch zu übernehmen und satirisierten doch die Leere und Vergeblichkeit modernen Lebens.

Der lange Zeit unverstandene *Charles Ives* gilt heute als Amerikas bedeutendster Komponist sinfonischer Musik. In seinem bekanntesten Werk, der „Concord Sonata" (1915), erwies er den neuengl. Transzendentalisten seine Reverenz. Seine polytonale Musik gab dem Zufall einen gewissen Spielraum *(Aleatorik)*. Zufallsorientiert waren auch die Kompositionen des Avantgardisten *John Cage*. Die Neigung der Amerikaner zum Synkretismus bestätigte *George Gershwin*, dessen Werke sich als eine Mischung aus Jazz, klassischer Musik und Schlagermelodien darbieten. Der *Jazz*, aus *Blues* und *Ragtime* erwachsen, ist Amerikas originärster Beitrag zur internationalen Musik. Westafrikanische, afro-amerikan. und europ. Elemente verbanden sich zu einer Musikform, die von der Spannung zwischen Fundamental- und Melodierhythmus lebt und daraus ihren vorwärtsstrebenden Effekt bezieht. Die Stilarten reichen von *New Orleans Jazz* über *Dixieland*, *Swing* und *Bebop* bis zu *Cool Jazz* und *Free Jazz*. Zu den wichtigsten Interpreten gehören *Louis Armstrong*, *Duke Ellington*, *Charlie Parker*, *Ella Fitzgerald*, *John Coltrane* und *Oscar Peterson*. *Musicals* wie „My Fair Lady" oder „Oklahoma" erscheinen als amerikatypische Umformungen der Operette. *Spirituals* aus der schwarzamerikan. Subkultur sind während der Bürgerrechtsbewegung und des Vietnam-Kriegs aktualisiert und als Protestlieder gesungen worden („We shall overcome"). Schwarzamerikanische Wurzeln hatte auch der *Rock'n'Roll*.

In der *Architektur* setzte sich im 20. Jh. unter europ. Einfluß der *International Style* durch. *Frank Lloyd Wright* teilte mit dieser Stilrichtung die Begeisterung für das freie Experimentieren mit dem Raum. Sein wichtigstes Gestaltungsprinzip lautete „from within outward". Er hegte eine Vorliebe für die Horizontale; seine „Prairie Houses" fügten sich organisch und beinahe unauffällig in die Landschaft ein.

Die *Lost Generation* verband der Eindruck, daß der I. Weltkrieg doch nicht bewirkt hatte, Amerikas hohen Idealen weltweit Geltung zu verschaffen. Schriftsteller, Künstler und Intellektuelle setzten sich in den 1920er Jahren aus Europa ab, weil ihnen ihr eigenes Land kulturell und ästhetisch nicht mehr attraktiv genug war. Der markanteste und erfolgreichste Vertreter der Lost Generation, *Ernest Hemingway*, frönte einem Männlichkeitskult und versuchte, nach einem privaten Code zu leben. *William Faulkner* brachte als Epiker des Südens literarisches Renommee für eine Region, die seit dem Bürgerkrieg als kulturelles Brachland gegolten hatte. Er verstand es wie kein zweiter, seinen persönlichen Beziehungskonflikt zwischen Nähe und Distanz zu transponieren auf das prekäre Verhältnis zwischen den dynamischen Nordstaaten und dem eher statisch angelegten Süden. *Ezra Pound* und später *Robert Lowell* verhalfen der amerikan. Lyrik zu Weltgeltung.

Der *proletarische Realismus* der 1930er Jahre sympathisierte mit kommunistischen Grundsätzen und Lebensformen. Bei aller Bewunderung für die Sowjetunion verhinderten die kulturellen Merkmale des Individualismus, des Wettbewerbsdenkens und das allgemeine Distanzbewußtsein eine dauerhafte Solidarität unter sozialistischen Vorzeichen. Gerade kommunistisch gesinnte Schriftsteller und Publizisten entwickelten sich zu vehementen Antikommunisten. Einen privaten Anarchismus pflegte *Henry Miller*, dessen Bücher bis in die 1960er Jahre hinein in den USA verboten waren. Miller sprach in seinen Romanen freimütig sexuelle Themen an und verfolgte dabei die Absicht, sein und seiner Leser Realitätsgefühl zu erhöhen. *Eugene O'Neill* setzte mit seinen psychoanalytisch durchtränkten Theaterstücken neue Maßstäbe. Der Broadway feierte die Bühnenerfolge von *Tennessee Williams*, *Arthur Miller* und *Edward Albee*. *Jack Kerouac*, *Allen Ginsberg* und andere Dichter der *Beat Generation* bekundeten ihren Überdruß an allen gesellschaftlichen Formen und Konventionen. Zu den wichtigsten schwarzamerikan. Autoren zählen *Langston Hughes*, *Richard Wright* und *Ralph Ellison*.

Der Soziologe *David Riesman* vertrat in „The Lonely Crowd" (1950) die These, der moderne Mensch sei ein „außengeleiteter Typ", der sich im Alltag konformistisch an den schwankenden Erwartungen anderer orientiere, statt wie früher an seinem Gewissen oder der Tradition. Das Interesse an *Psychologie* und *Psychoanalyse* war überdurchschnittlich groß, weil diese Disziplinen dem alten amerikan. Glauben an die Perfektionierbarkeit des Menschen entgegenzukommen schienen. Die klassische Psychoanalyse wurde von Neofreudianern entsexualisiert und in optimistischer Richtung umgeformt. *Erik Erikson* erteilte mit seiner Identitätslehre dem frühkindlichen Determinismus eine Absage.

Aus der Unzufriedenheit mit der Welt der Erwachsenen und aus dem Protest gegen den Vietnamkrieg entstand in den 1960er Jahren eine hauptsächlich von Studenten und anderen jungen Menschen getragene Gegenkultur, die sich gegen Materialismus, Imperialismus, Bürokratisierung und blinden Fortschrittsglauben wandte. Gewaltlosigkeit, Kooperation, Bewußtseinserweiterung und kommunale Tugenden innerhalb einer direkten Demokratie sollten die alten Tugenden ablösen.

Die Betonung individueller Freiheit ist eine Konstante in der Entwicklung der amerikan. Kultur. Sie hat in letzter Zeit zu dem Vorwurf geführt, die Amerikaner würden eine narzißtische Grundhaltung zeigen. Man darf darüber nicht verkennen, daß wichtige politische und soziale Ziele der jüngsten Vergangenheit von Gruppen verwirklicht worden sind: Black Power, Red Power, Women's Liberation, Gay Liberation. Die amerikan. Kultur ringt heute um ihre Identität. Amerikaner sind nach wie vor vom Bewußtsein der Einzigartigkeit ihrer Kultur durchdrungen, spüren aber, daß ihr Beharren auf dem Exzeptionalismus der Taubheit gegenüber anderen Kulturen und Lebensformen Vorschub leistet und in der Welt auf immer weniger Verständnis stößt.

2. Bildung

In der Erziehung wurde mit den 1920er Jahren durch →Behaviorismus von *John B. Watson* der Glaube an die Formbarkeit, ja an eine absolute Konditionierbarkeit der Kinder auf die Spitze getrieben. Erziehung geriet mehr und mehr zu einer Sache für Experten; die Eltern fühlten sich entmündigt. In einer Einwandererkultur wie der amerikanischen fungierten die Kinder schon immer als die kulturellen Eltern ihrer biologischen Eltern. Erziehung wurde zu einem „magischen Symbol" und zu einer Voraussetzung für Erfolg im Leben. Der Anteil der Amerikaner mit höherer Schulbildung oder einem College-Abschluß nahm ständig zu.

Nach dem II. Weltkrieg redete der Kinderarzt *Benjamin Spock* einer permissiven oder auch anti-autoritären Erziehung das Wort. Sein „Common Sense Book of Baby and Child Care" (1946) wurde zu einem der größten Bucherfolge. Die schulische Erziehung war demokratisch angelegt, sie sollte assimilationsfördernd, praktisch und lebensnah orientiert sein. In den 1950er Jahren wurden die Stimmen lauter, die meinten, dieses pädagogische Konzept ginge zu Lasten der Qualität. Stattdessen sollte das egalitäre Bildungsideal abgelegt und die Herausbildung einer geistigen Elite wieder in den Vordergrund gerückt werden, um international konkurrenzfähig zu bleiben.

Gelegentlich aufflammender Anti-Intellektualismus kann nicht darüber hinwegtäuschen, daß die USA eine bildungsfreundliche, wenn nicht bildungshungrige Nation sind. Das zeigen u. a. das weitgefächerte Stipendienwesen und die Forschungsförderung von öffentlicher Hand oder durch private Stiftungen wie die Rockefeller- oder die Ford-Foundation. Die Ausgaben des Bundes für das gigantische Bildungssystem beliefen sich 1988 auf über 24 Mrd. $.

Das *Schulwesen* umfaßt die Vorschulen *(Nursery schools)*, die Grundschulen *(elementary schools)*, die Sekundarstufen *(high schools)* sowie die Berufsschulen *(vocational schools)*. Etwa 43% der 18–24jährigen Amerikaner haben einen High-School-Abschluß, knapp 8% ein Examen an einem der *undergraduate colleges* abgelegt. Die Studierenden sind i. d. R. 21 Jahre alt, wenn sie eine der *graduate schools* an den Universitäten beziehen.

Das Schulwesen ist Angelegenheit der Bundesstaaten, die Verwaltung liegt bei den Gemeinden und ländlichen Bezirken. Schulpflicht besteht i. d. R. vom 7.–16. Lebensjahr. Die Niveauunterschiede zwischen den einzelnen (staatlichen oder privaten) *Universitäten*, die ca. 2000 akademische Grade verleihen, sind beträchtlich. Elitehochschulen wie Stanford, Berkeley, Princeton, Harvard, Columbia, das Massachusetts Institute of Technology oder die Harvard Business School gehen schon bei der Zulassung hochgradig selektiv vor.

Zu den Defiziten des Erziehungs- und Bildungswesens gehören das starke Leistungsgefälle zwischen armen und gut dotierten Bildungseinrichtungen, ein verbreiteter funktionaler Analphabetismus, schwere disziplinäre Probleme an den Schulen sowie die Drogengefährdung von Schülern.

3. Religion

Bis zur Unabhängigkeit hatte sowohl der in den nördl. Kolonien vorherrschende Kongregationalismus wie der im Süden dominante Anglikanismus im Rahmen religiöser Erweckungsbewegungen Boden an Methodisten, Baptisten und andere Freikirchen oder Sekten verloren. Die revolutionären Wortführer bezeichneten sich überwiegend als Deisten. Das koloniale Erbe machte sich am deutlichsten in der Fortsetzung der separatistischen Tradition bemerkbar. Seit den Gründerjahren der Union spaltete sich von den größeren Kirchen wegen organisatorischer oder dogmatischer Differenzen eine Vielzahl von Unterkirchen ab, so daß es bis zum Ende des 19. Jh. allein zwölf verschiedene Gruppen von Presbyterianern, dreizehn von Baptisten, sechzehn von Lutheranern und siebzehn von Methodisten gab. Dazu kamen Holländisch-Reformierte, Katholiken, Moravier, Adventisten, Shakers, Amish, Campbellites, Mennoniten, Quäker, Mormonen und andere Denominationen. Viele von diesen bildeten wieder Subsekten. Das religiöse Leben wird bis heute durch einen stark voluntaristischen Grundzug geprägt, d. h. durch die Bereitschaft, Dogmen auf recht unkomplizierte Weise zu variieren, einen spirituellen Neuanfang zu wagen und dabei persönliche religiöse Bedürfnisse zu befriedigen.

In den USA zählt man heute über 2500 Glaubensgemeinschaften. Eine zahlenmäßige Aufschlüsselung ist schwierig, da die einzelnen Glaubensgemeinschaften unterschiedliche Kriterien bei der Erfassung ihrer Gläubigen anlegen und nicht immer mit derselben Sorgfalt zu Werke gehen. Die größte Gruppe bilden nach wie vor die *Protestanten* (v. a. Baptisten, Methodisten, Lutheraner, ferner Reformierte, Mormonen, Zeugen Jehovas, Pentecostals). Die *röm.-kath. Kirche* (1991: 33 Erzb. mit 150 Bist.) hat sich von einer Kirche der Einwanderer aus Mittel- und Südeuropa zu einer Konfession der Mittel- und obere Mittelschicht entwickelt. Rund 60% aller Amerikaner fühlen sich einer Glaubensgemeinschaft zugehörig (1989). Die Tendenz ist steigend. Juden und Christen suchen in Kirchen und Synagogen auch sozialen Umgang und ethnische Identifizierungsmöglichkeiten.

Die →„*Zivilreligion*" (civil religion) verbindet eine Reihe unscharf definierter religiöser Vorstellungen mit dem patriotischen Glauben an die amerikan. Nation, ihre Werte und Mythen. Diese Haltung nimmt mit der Verehrung der Gründerväter (George Washington, Thomas Jefferson, John Adams) ihren Anfang und findet heute noch bei quasi-religiösen Zeremonien wie etwa der Amtseinführung (inauguration) neugewählter Präsidenten ihren Ausdruck.

LITERATUR

Zu I:
W. D. **Thornbury**, Regional Geomorphology of the West and its Tributaries. Washington 1965. – Climatic Atlas of the United States. Hg. C. Rd. **Smith.** Washington 1968. – H. **Blume**, Vereinigte Staaten von Amerika. Eine geographische Landeskunde. 2 Bde. Darmstadt 1975, ²⁻³1979/88. – H. J. **Kramm**, H. **Brunner**, Geographie der USA. Gotha 1977, ²1982. – K. **Schipull**, Die Cedar Mesa-Schichtstufe auf dem Colorado-Plateau – ein Beispiel für die Morphodynamik arider Schichtstufen, in: Zs. für Geomorphologie 24 (1980) 318 ff. – Applied Geomorphology. Hg. R. G. **Craig**, J. L. **Craft.** London 1982. – Late-Quaternary Environments of the United States. Hg. H. E. **Wright**, St. C. **Porter.** 2 Bde. London 1984.

Zu II:
S. E. **Morison u. a.,** The Growth of the American Republic. 2 Bde. New York 1930, ⁷1980. – Documents of American History. Hg. H. S. **Commager.** New York 1934, ⁸1968. – Th. A. **Bailey,** A diploma-

tic history of the American people. New York 1940, Englewood Cliffs (N. J.) ¹⁰1980. – E. **Angermann,** Die Vereinigten Staaten von Amerika seit 1917. München 1966, ⁷1983. – Harvard Guide to American History. Hg. F. **Freidel.** 2 Bde. Cambridge (Mass.) 1974. – H. R. **Guggisberg,** Geschichte der USA. Stuttgart 1975, ²1988. – W. H. **Chafe,** The Unfinished Journey. America Since World War II. New York 1986. – A. M. **Schlesinger,** The Cycles of American History. Boston (Mass.) 1986. – D. W. **Grantham,** Recent America. The United States Since 1945. Arlington Heights (Ill.) 1987. – USA-Ploetz. Geschichte der Vereinigten Staaten zum Nachschlagen. Bearb. G. **Holtmann,** unter Mitarb. von W. **Lindig.** Freiburg i. Br. ²1988. – P. **Lösche,** Amerika in Perspektive. Politik und Gesellschaft der Vereinigten Staaten. Darmstadt 1989. – Länderbericht USA I, II. Hg. W. P. **Adams.** Bonn 1990. – Die Vereinigten Staaten von Amerika. Hg. W. P. **Adams u. a.** Bd. 1: Geschichte, politische Kultur, politisches System, Wirtschaft. Frankfurt/M. 1990.

Zu III:

A. **Hamilton u. a.,** The Federalist, on the new constitution. New York 1788 [zahlreiche folgende Ausg.]. – The Records of the Federal Convention of 1787. Hg. M. **Farrand.** 4 Bde. New Haven (Conn.) 1911, New Haven, London 1937. – A. H. **Kelly u. a.,** The American Constitution. Its Origins and Development. New York 1948, ⁷1990. – E. **Fraenkel,** Das amerikan. Regierungssystem. Köln 1960, Wiesbaden ⁴1981. – A. P. **Stokes,** L. **Pfeffer,** Church and State in the United States. New York 1964. – A. E. **Sutherland,** Constitutionalism in America. New York 1965. – H. J. **Abraham,** Freedom and the Court. New York 1967, ⁵1988. – D. **Blumenwitz,** Einf. in das anglo-amerikan. Recht. München 1971, ⁴1990. – L. **Henkin,** Foreign Affairs and the Constitution. Mineola 1972. – H. **Steinberger,** Konzeption und Grenzen freiheitlicher Demokratie. Berlin 1974. – P. **Hay,** Einf. in das amerikan. Recht. Darmstadt 1975, ³1990. – L. H. **Tribe,** American Constitutional Law. Mineola 1978, ²1988. – G. **Treffer,** Amerikan. Kommunalrecht. München 1984. – G. **Gunther,** Constitutional Law. Mineola ¹¹1985. – R. J. **Pierce u. a.,** Administrative Law and Process. Mineola 1985. – Religion and the State. Hg. J. E. **Wood, jr.** Waco 1985. – Encyclopedia of the American Constitution. Hg. L. W. **Levy u. a.** 4 Bde. New York 1986. – R. D. **Rotunda u. a.,** Treatise on Constitutional Law. Substance and Procedure. 3 Bde. St. Paul (Minn.) 1986. – N. **Schmid,** Das amerikan. Strafverfahren. Heidelberg 1986. – W. **Brugger,** Grundrechte und Verfassungsgerichtsbarkeit in den Vereinigten Staaten von Amerika. Tübingen 1987. – E. S. **Corwin,** The Constitution of the United States. Analysis and Interpretation. Washington (D.C.) 1987. – H. **Steinberger,** 200 Jahre amerikan. Bundesverfassung. Berlin 1987. – D. P. **Currie,** Die Verfassung der Vereinigten Staaten von Amerika. Frankfurt/M. 1988. – J. **Heideking,** Die Verfassung vor dem Richterstuhl. Berlin 1988. – A. T. v. **Mehren,** Law in the United States: A General and Comparative View. Deventer 1988. – Modern Legal Systems Cyclopedia. Hg. K. R. **Redden.** Bd. 1, Tl. 1 Buffalo (N. Y.) 1988. – H. **Schack,** Einf. in das US-amerikan. Zivilprozeßrecht. München 1988.

Laufende Veröffentlichung:

Annals of the Congress of the United States. Washington.

Zu IV:

St. L. **Barsby,** D. R. **Cox,** Interstate Migration of the Elderly. Toronto 1975. – D. J. **Morgan,** Patterns of Population Distribution: A Residential Reference Model and its Dynamic. Dallas 1978. – F. N. **Nagel,** G. **Oberbeck,** Neue Formen städtischer Entwicklung im Südwesten der USA – Sonnenstädte der zweiten Generation, in: Beitr. zur Stadtgeographie I. Städte in Übersee. Hg. Geographische Gesellschaft Hamburg. Wiesbaden 1982, 37 ff. – G. **Rudzitis,** Residential Location Determinants of the Older Population. Chicago 1982. – Population Change and the Economy: Social Science, Theories and Models. Hg. M. **Issermann.** Boston (Mass.) 1986. – C. **Abbot,** The new Urban America. Growth and Politics in Sunbelt Cities. Chapel Hill (NC) 1987. – I. **Mose,** Armut in den USA, in: GeogrRd 39 (1987) 481 ff. – Lber. Vereinigte Staaten 1989. Stuttgart 1989. – K. **Frantz,** Counting the uncountable? Bevölkerungsstatistische Fragen im Zusammenhang mit den US-amerikan. Indianern, in: Arbeiten zur Kulturgeographie der USA. Hg. H. W. Windhorst. Vechta 1990, 67 ff. – E. **Lichtenberger,** Die Auswirkungen der Ära Reagan auf Obdachlosigkeit und soziale Probleme in den USA, in: GeogrRd 42 (1990) 476 ff. – V. P. **Miller,** J. M. **Quigley,** Segregation by Racial and Demographic Groups: Evidence from the San Francisco Bay Area, in: Urban Studies 27 (1990) 3 ff. – The Statesman's Year-book 1990-1991. Hg. J. **Paxton.** Suffolk 1990 [und frühere Jg. e]. – G. **Tönnies,** Tendenzen der Urbanisierung in den Vereinigten Staaten, in: Der nordatlantische Raum. FS G. Oberbeck. Hg. F. N. Nagel. Stuttgart 1990, 83 ff. – Das Sozialwesen in den USA. Hg. US Information Service, Embassy of the United States of America. Bonn 1990.

Zu V:

J. A. **Pechman,** Federal Tax Policy. Washington 1966, ⁴1986. – H. **Boesch,** USA. Werden und Wandel eines kontinentalen Wirtschaftsraumes. Bern, München 1973. – H. J. **Kleinsteuber,** Die USA. Politik, Wirtschaft, Gesellschaft. Hamburg 1974, ²1984. – G. G. **Kaufman,** The U. S. Financial System. Money, Markets and Institutions. Englewood Cliffs (N. J.) 1980, ³1986. – How Capitalistic is the Constitution? Hg. R. A. **Goldwin,** W. A. **Shambra.** Washington 1982. – Regulation. Process and Politics. Hg. Congressional Quarterly, Inc. Washington 1982. – Saving Social Security. Hg. J. **Berger.** New York 1982. – Ph. J. **Bryson,** Vereinigte Staaten: Wirtschaftspolitik in der freien Marktwirtschaft, in: Wirtschaftspolitik im Systemvergleich. Hg. D. **Cassel.** München 1984, 197 ff. – J. E. **Gaumitz,** The Social Security Handbook. New York 1984. – C. H. **Pritchett,** Constitutional Law of the Federal System. Englewood Cliffs (N. J.) 1984. – F. S. **Mishkin,** The Economics of Money, Banking and Financial Markets. Boston (Mass.) 1986. – The U. S. Constitution and the Supreme Court. Hg. St. **Anzovin,** J. **Podell.** New York 1988. – U. S. Bureau of Mines, Mineral Commodity Summaries 1989. Washington 1989.

Laufende Veröffentlichungen:

Board of Governors of the Federal Reserve System, Federal Reserve Bulletin. Washington. – Ders., Flow of Funds Accounts. Washington. – Economic Report of the President. Washington. – U. S. Department of Commerce, Bureau of Economic Analysis, Survey of Current Business. Washington. – U. S. Department of Commerce, Bureau of the Census, Statistical Abstract of the United States.- Washington. – U. S. Department of Commerce, International Trade Administration, United States Trade. Washington.

Zu VI:

H. L. **Mencken,** The American Language. New York 1919, ⁴1947. – V. L. **Parrington,** Main Currents of American Thought. 3 Bde. New York 1927–30. – H. N. **Smith,** Virgin Land. New York 1950. – F. O. **Matthiessen,** American Renaissance. New York 1954. – G. **Chase,** Die Musik Amerikas. Berlin 1958 [Orig.: America's music. New York 1955]. – C. **Bode,** Antebellum Culture. Carbondale (Ill.), London 1970. – D. **Riesman u. a.,** The Lonely Crowd. New Haven (Conn.) 1970. – P. **Slater,** The Pursuit of Loneliness. Boston (Mass.) 1970. – Q. **Anderson,** The Imperial Self. New York 1971. – K. **Rexroth,** American Poetry in the 20th Century. New York 1971. – Religion in the American Experience. Hg. R. T. **Handy.** New York 1972. – S. **Bercovitch,** The Puritan Origins of the American Self. New Haven (Conn.) 1975. – R. **Sklar,** Movie-Made America. New York 1975. – E. **Genovese,** Roll Jordan Roll – the World the Slaves Made. New York 1976. – E. **Barnouw,** Tube of Plenty – the Evolution of American Television. London 1977. – C. **Degler,** Place over Time – the Continuity of Southern Distinctiveness. Baton Rouge 1977. – S. **Sontag,** On Photography. New York 1977. – W. **Blair,** H. **Hill,** America's Humor. New York 1978. – J. **Collier,** The Making of Jazz. London 1978. – J. **Flink,** The Car Culture. Cambridge (Mass.) 1978. – A. **Inkeles,** Continuity and Change in the American National Character, in: Tocqueville Rev. (1980) 22 ff. – J. T. J. **Lears,** No Place of Grace. New York 1981. – M. **Whiffen,** F. **Koeper,** American Architecture. London 1981. – J. **McAleer,** Ralph Waldo Emerson. Boston (Mass.) 1984. – St. **Koch,** Stargazer – Andy Warhol's World and his Films. New York 1985. – J. **Meyrowitz,** No Sense of Place. New York 1985. – G. **Raeithel,** Geschichte der nordamerikan. Kultur. 3 Bde. Berlin 1987/89. – Die Vereinigten Staaten von Amerika. Hg. W. P. **Adams u. a.** Bd. 2: Gesellschaft, Außenpolitik, Kultur, Religion, Erziehung. Frankfurt/M. 1990.

Frank N. Nagel (I, IV), *Manfred Berg* (II),
Helmut Steinberger, Thomas Giegerich (III),
Hans Peter Peters (V), *Gert Raeithel* (VI)

SÜDAMERIKA

I. Geographische Lage und Größe

Unter S. wird hier der Teil des Doppelkontinents Amerika verstanden, der alle Länder außer den ↗Vereinigten Staaten von Amerika, ↗Kanada, ↗Saint-Pierre und Miquelon sowie ↗Grönland (↗Nordamerika) umfaßt: S. i. e. S., die Länder der mittelamerikan. Landbrücke (↗Mittelamerika) und die karibische Inselwelt (↗Karibische Inseln und nördliches Südamerika). Kulturgeographisch wird dieser Raum als „*Lateinamerika*" oder „*Iberoamerika*" bezeichnet, da die überwiegende Mehrheit der Länder von iberischen (span. und portugies.) Kultureinflüssen geprägt ist. S. umfaßt in dieser Gestalt 22 Mio. km² (15 % der Festlandsfläche der Erde). Der nördlichste Punkt an der Grenze zwischen Mexiko und USA liegt bei 32°N, der zugleich auch der westlichste ist (117° 20'W). Nach S reicht S. bis zum *Kap Hoorn* in 55° 59'S. Der östlichste Punkt liegt am *Kap Branco* (bei Recife) in 34° 46'W.

II. Naturräumliche Einheiten

1. Geologie und Relief

Die geologische Entwicklung S.s i.e.S. formte drei Relieftypen:
(1) Die *Anden (Cordillera de los Andes)* sind ein N-S-gerichtetes Kettengebirge mit parallel laufenden Gebirgssträngen, zwischen denen tiefe Talzüge, größere und kleinere Hochbecken und zentrale Plateau-Landschaften eingeschaltet sind (z. B. Altiplano von ↗Bolivien). Die Gebirgsbildung ist Folge der Kollision von Platten der Erdkruste, wobei die von W. driftenden ozeanischen Platten unter die kontinentalen S.s abtauchten und die Ränder zu Gebirgsfalten aufwarfen. Dieser Prozeß begann in der frühen Tertiärzeit und dauert bis heute an. Vulkanismus und Erdbeben sind Zeugen der jüngsten geologischen Aktivität. Die höchsten Erhebungen erreichen 6000–7000 m ü. d. M. *(Aconcagua* in ↗Argentinien, 6958 m; *Chimborazo* in ↗Ecuador, 6267 m). Die innerhalb der markanten und z. T. vergletscherten wasser- und mineralreichen Gebirgszüge liegenden, von vulkanischen Förderprodukten geprägten Flächen, Hochtäler und gestuften Abhänge sind Gunstfaktoren für den Lebensraum des Menschen. In ↗Kolumbien, ↗Peru und Bolivien waren sie der Entwicklung früher Hochkulturen förderlich.
(2) Östlich der Anden liegen *Bergländer,* die von kristallinen Gesteinen des paläozoischen *Gondwanalandes* aufgebaut und von mesozoischen Deckschichten überlagert sind. Die Bergländer von ↗Guyana, ↗Brasilien und *Patagonien* (in ↗Chile und ↗Argentinien) haben Mittelgebirgscharakter mit Höhen zwischen 1000 und 1500 m, aus denen vereinzelt größere *(Itatiaia* in Brasilien, 2787 m; *Roraima* in Guyana, 2810 m) aufragen. Die Durchragungen des Gebirgssockels wurden von der Erosion zu Zuckerhut-Kegelbergen, die zerschnittenen Deckschichten im Innern zu Tafelbergen modelliert, deren unterschiedliche Gesteinswiderständigkeit Bruch- und Schichtstufen entstehen ließ.
(3) Die von den großen Flüssen *Orinoco, Amazonas* und *Paraguay-Paraná* durchflossenen *Tiefebenen* sind von tertiären und quartären Schwemmsedimenten aufgefüllt, deren Höhen kaum mehr als 10–200 m ü. d. M. aufsteigen. Der Amazonas entwässert ein Einzugsgebiet von ca. 7 Mio. km² und gilt als der wasserreichste Strom der Erde. Abflußlose Gebiete liegen im N Mexikos, auf dem Altiplano von Bolivien und in der *Atacama-Wüste* (Nordchile).

Die *zentralamerikanische Landbrücke* wird von zwei Gebirgssystemen gebildet, die noch im Tertiär durch einen breiten NW-SO-verlaufenden Meeresarm getrennt waren. Das heute landfeste Senkungsfeld mit Seebecken *(Nicaragua-See),* Horsten und Gräben ist von einer Serie noch tätiger und erloschener Vulkane durchsetzt, die zwischen Guatemala und Costa Rica aufgereiht sind. Das mittlere Mexiko wird von einer O-W-gerichteten Verwerfung gequert, der tätige und erloschene Vulkane aufsitzen, deren fruchtbare Ablagerungen eine frühe Besiedlung begünstigten. Den Bergländern sind küstenwärts z. T. weite Ebenen angegliedert, unter denen die Kalktafel der Halbinsel *Yucatan* (Mexiko) die ausgedehnteste ist.

In der *Karibischen See* ist eine bogenförmig angeordnete Inselwelt aufgereiht *(Große Antillen, Kleine Antillen),* deren Gebirge vorwiegend aus metamorphen Schiefern aufgebaut sind, an die sich seit dem Erdmittelalter Kalksedimente anlagerten, die die ebenen Teile der Inseln bilden. Junger Vulkanismus *(Mt. Pelée,* Martinique) zeugt von intensiver geologischer Aktivität.

Mineralische *Rohstoffe* werden in S. seit der Kolonialzeit ausgebeutet. Gold- und Silbervorkommen liegen im andinen Bereich, in den Bergländern von Guyana und Brasilien, Eisenerz-Vorkommen in Brasilien und ↗Venezuela, Kupfer in ↗Chile, Bauxit in Guyana, ↗Suriname und ↗Jamaika, Zinnerze in Brasilien, Zink in Peru und Mexiko, Erdöl in Venezuela, Peru, Ecuador, Argentinien und Mexiko. Kohlevorkommen sind bescheiden, dagegen ist das Wasserkraftpotential Lateinamerikas groß und macht etwa 1/5 des Gesamtpotentials der Erde aus. Brasilien, die La-Plata-Staaten und Mexiko beziehen hohe Anteile ihrer Energie aus der Wasserkraft. Das gemeinsam von Brasilien und Paraguay errichtete Wasserkraftwerk von Itaipú ist das weltweit größte.

2. Klima

Der größte Teil S.s liegt in den Tropen und Subtropen. Lediglich die Südspitze des Kontinents reicht in das kühlgemäßigte Klima der außertropischen Westwindzone. In den Tropen und Subtropen wird das Klima bestimmt durch den *Passat-Kreislauf*, in dessen Konvergenz-Zone in der Nähe des Äquators die höchsten mittleren Niederschlagsmengen (2000–8000 mm) meist aus gewittrigen Konvektionsvorgängen und monsunalen bzw. passatischen Steigungsregen an den Gebirgsabdachungen fallen (Amazonien, Teile Kolumbiens, Ecuadors, Panamas). In den randlichen Tropenbereichen konzentriert sich die Regenzeit durch den sich ändernden Sonnenstand unter Verringerung der Regenmenge und Verkürzung ihrer Dauer auf die Sommermonate, während in den Wintermonaten Trockenzeit herrscht, so in Mexiko, Zentralamerika, in der Karibik, in Venezuela, Mittel- und Südostbrasilien und auf den Hochländern von Peru und Bolivien. An der Westseite der Anden verursachen föhnartig herabfallende Passatwinde unter dem Einfluß des pazifischen Hochdruckgebietes die trockenste Wüste der Erde *(Atacama).* Über dem kühlen Humboldt-Strom bildet sich eine nässende Nebeldecke über eine Strecke von fast 2000 km, die nur spezialisierten Pflanzen an der Küste Lebensmöglichkeit bietet (Feuchtluft-Küstenwüste). Große Teile Argentiniens, Uruguay wie auch das nördl. Mexiko liegen in der Sommerregenzone der Subtropen. Niederkalifornien (Mexiko) und Mittelchile haben mediterranes Klima mit winterlichen Niederschlägen aus der Westwinddrift und sommerlicher Trockenheit durch östl. Winde. In Patagonien bestimmt die Westwinddrift das kühlgemäßigte Klima mit scharfem Gegensatz einer feuchten Luvseite in Westpatagonien und einer trockenen Lee-Seite in Ostpatagonien.

Die *Karibik und das nördliche Mittelamerika* werden häufig durch *Hurrikane* heimgesucht. Ebenso verursachen kalte Nordwinde *(Nortes)* auf der zentralamerikan. Landbrücke und kalte Südwinde in Argentinien *(Pamperos)* und Südbrasilien *(Surasos)* Schäden und Ernteverluste.

Da mit zunehmender Höhenlage die mittlere *Temperatur* von 27°C in Meereshöhe bis auf 0°C in etwa 5000 m Höhe (Gletschergrenze) abnimmt, entstehen Temperaturhöhenstufen, in S. als *tierra caliente, tierra templada, tierra fría* und *tierra helada* bezeichnet, die die menschlichen Siedlungs- und Lebensbereiche nach Höhenzonen differenzieren.

3. Vegetation

Das Pflanzenkleid des *tropischen* S.s ist in seinen Lebens- und Wuchsformen in groben Zügen an die Dauer und jahreszeitliche Verteilung von Regen- und Trockenzeiten und an die abnehmende Wärmestufung mit der Meereshöhe in den Gebirgen angepaßt. Die regionale Abfolge gliedert den Raum in immergrüne und halbimmergrüne *Regenwälder*, regengrüne *Feuchtwälder* und *Feuchtsavannen*, regengrüne *Trockenwälder* und regengrüne *Dorn- und Sukkulenten-Formationen* und schließlich *Halbwüsten* und *Wüsten*, die unterschiedlich intensiven menschlichen Einfluß aufweisen. In der Wärmeabstufung mit der Höhe kann man Waldformationen des Tieflandes von denen des Berg- und Höhenwaldes unterscheiden. Die Waldgrenze steigt von den inneren Tropen in Höhen von 3000–3600 m gegen die Randtropen leicht an (bis z. T. 4000 m) und sinkt dann kontinuierlich bis an die Grenzen des Kontinents in Richtung auf die Pole ab. In Patagonien liegt die Waldgrenze unter 1000 m. In den waldlosen Hochgebirge der feuchten Tropen *(Páramo)* wächst tundren- und heideartige Vegetation mit Büschelgräsern, Wollschopfgewächsen, Polsterfluren und Rosetten-Pflanzen; in den Trockenräumen der Puna Perus und Boliviens sowie in Mexiko, im nördl. Chile und Argentinien wachsen horstartige Hartgräser, Schopf-Pflanzen (Puya), Zwergsträucher, Hartpolster-Pflanzen und Sukkulenten (Kakteen, Yucca). In den Stufen erhöhter Feuchtigkeit an den waldbestandenen Hängen gedeihen Baumfarne und üppige Epiphyten-Bestände mit Orchideen und Bromelien.

Die thermische Höhengliederung limitiert die Anbaustufen der wichtigsten tropischen *Agrarprodukte:* In den Warmtropen gedeihen Bananen, Papaya, Kakao, Maniok, Reis und Baumwolle. In den ausgedehnten Binnenländern liegen große Weideflächen als degradierte Formationen der natürlichen Vegetationsbestände. In den höheren Wärmestufen der tierra templada werden Kaffee, Zitrusfrüchte sowie Avocado, Chirimoya angebaut. Im kühlen Land der tierra fría ist der Mais, das ursprüngliche Indianer-Korn, das Hauptprodukt, zu dem sich seit der Kolonialzeit Weizen und Gerste hinzugesellen sowie viele Gemüse- und Obstsorten einheimischer und europ. Provenienz. In Peru und Bolivien dienen Knollenpflanzen (z. B. Kartoffel, Oca, Ulluco und Izaño) seit altersher als Hauptnahrungspflanzen der indianischen Hochkulturvölker.

In den Subtropen kennzeichnen Trockenwälder, Kakteen-Steppen, Halbsträucher sowie Busch- und Gras-Formationen die natürliche Vegetation in Mittel-Chile, Argentinien (Chaco, Monte, Pampa) und Nordmexiko. Üppige, kaltgemäßigte Regenwälder gedeihen auf der Luvseite Westpatagoniens, Trockensteppen mit Horstgräsern und Zwergsträuchern auf der Leeseite Ostpatagoniens. Die landwirtschaftlichen Anbauprodukte in den Subtropen und kühlgemäßigten Bereichen entsprechen weitgehend denen der europ. Subtropen mit Weizen als Getreide, Weinreben und Oliven im chilen. Winterregengebiet sowie Rinder- und Schafzucht in der Pampa und in Ostpatagonien.

III. Anthropogeographisch-kulturräumliche Grundzüge

1. Bevölkerung

In S. leben (1989) ca. 440 Mio. Menschen (ca. 9 % der Weltbevölkerung). Das sind im Mittel 20 E./km^2 mit sehr unterschiedlicher räumlicher Verteilung. Allein in Brasilien (ca. 145 Mio. E.) und Mexiko (ca. 85 Mio. E.) lebt die Hälfte der Bevölkerung des Kontinents. Ballungsräume liegen in der Nähe der Küste (Buenos Aires [Zona metropolitana] 1985 ca. 12,5 Mio. E., São Paulo [Aglomeración metropolitana] 1985 ca.15,2 Mio.) und in den Anden in klimatisch günstigen Höhen (Mexiko-Stadt [Distrito Federal, 2500 m] 1986 ca. 19,4 Mio., Bogotá [2640 m], Quito [2850 m] und La Paz [3700 m]). In der Provinz Amazonas leben nur 1,3 E./km^2, in El Salvador 243 E./km^2, in der Aglomeración São Paulo 1750 E./km^2, im engeren Stadtbezirk 5000 E./km^2.

Die mittlere *Wachstumsrate* ging in S. inzwischen auf 2,3 % zurück. Sie ist in ländlichen Gebieten höher als in den Städten und schwankt von Land zu Land beträchtlich (Honduras 3,5 %, Argentinien 1 %). Der Anteil der 15jährigen beträgt in den tropischen Ländern über 40 %, in den außertropischen unter 35 %.

Die *ethnische Vielfalt* der Bevölkerung – größtenteils Erbe der Kolonialzeit – ist geprägt durch die Mischung dreier Grundrassen: *Indianer (Indios)*, die im gesamten S. unterschiedliche soziokulturelle Gemeinschaften entwickelt haben (Hochkulturen im Andenraum, Jäger und Sammler in den Tiefländern des Kontinents und in der Karibik, nomadisierende, halbseßhafte Völkerstämme im außertropischen S.). *Europäer*, die nach der Entdeckung den Kontinent bevölkerten, vorwiegend Spanier und Portugiesen, denen Franzosen und Holländer besonders in der Karibik folgten. *Schwarzafrikaner*, die als Sklaven in der Kolonialzeit in der Karibik und in den tropisch geprägten Küsten des Gesamtkontinents die Kolonisierung mittrugen. In den alten Hochkulturländern zwischen Mexiko und Bolivien verschmolzen die weißen und indianischen Bevölkerungsanteile zu einer Mischrasse *(Mestizen)*, die in den Andenländern zum Staatsvolk geworden ist. Geschlossene indianische Bevölkerungsgruppen sind teils integriert wie in Mexiko, Kolumbien und Ecuador, teils verharren sie in ihren traditionellen Siedlungsgebieten wie in Mexiko, Guatemala, Peru und Bolivien, teils leben sie als geschlossene Ethnien im Rückzugsgebiet der Wälder und Gasländer des Tieflandes. In der Karibik ist die Mischung zwischen weißer und schwarzer Bevölkerung beträchtlich. Die weiße Bevölkerung dominiert in den außertropischen Ländern des „Cono Sur". Je einheitlicher die rassisch bedingte Hautfarbe der Bevölkerung eines Landes ist, um so geringer sind Schicht- und Rassen-Vorurteile synonym.

2. Sprachen

In allen Ländern haben sich die Sprachen der ehemaligen Kolonialherren als Amts- und Verkehrssprache durchgesetzt. Ca. 270 Mio. Bewohner sprechen Spanisch, ca. 150 Mio. Portugiesisch, der Rest (ca. 20 Mio.) spricht Englisch, Französisch und Niederländisch. Von regionaler Bedeutung sind *Quechua* im Andenhochland zwischen Ecuador und Bolivien, *Aymara* in Bolivien, *Chibcha* in Kolumbien, *Tupi-Guarani* in Paraguay, *Maya* in Guatemala und Yucatan sowie *Nahua* auf dem Hochland Zentral-Mexikos. Reliktvölker in den Waldgebieten des Amazonas-Tieflandes wie auch die *Araukaner* in Chile/Argentinien haben eigene Stammessprachen.

3. Religion

Mehr als 90 % der Bevölkerung bekennen sich zum kath. Glauben. Die *kath. Kirche* beherrscht trotz fortschreitender Säkularisierung das soziokulturelle Leben. Das II. Vatikanische Konzil leitete eine Bewußtseinsänderung *(Concientización)* ein, verbunden mit einer weiten Auslegung der kath. Sozialllehre, die auch den politischen Anspruch auf soziale Gerechtigkeit, Gleichheit und Freiheit (→Theologie der Befreiung) beinhaltet. Die *luth.-ev. Kirche* faßte mit dem Strom der Neusiedler (v. a. Deutsche) im 19. Jh. in Brasilien, Argentinien und Chile Fuß. Sie hat in freier Religionsausübung eigene Erziehungs- und Sozialgemeinschaften aufgebaut. Die Zahl der Protestanten beträgt annähernd 10 Mio. Missionsbewegungen aus Großbritannien und Nordamerika missionieren unter der ländlichen Bevölkerung v. a. mit dem Ziel der Förderung eines Gemeinschaftslebens mit beträchtlichem Leistungsethos im Bereich der Entwicklungsprobleme. *Synkretistische Kultformen*, bei denen Elemente des kath. Ritus vermischt wurden mit den magisch-polytheistischen Kulten der indianischen Urreligionen im Gebiet der alten Hochkulturen und mit afrikan. Kulten in Brasilien und der Karibik, die mit den Sklaven Eingang in die Neue Welt gefunden hatten, stoßen bei der einfachen Bevölkerung nach wie vor auf große Resonanz *(Macumba, Condomblé* in Brasilien, *Voodoo* in der Karibik).

IV. Politische Geschichte, kulturelle und wirtschaftliche Entwicklung

a) Die europ. Entdecker Amerikas trafen in der Neuen Welt auf drei unterschiedlich entwickelte indianische Kulturgruppen: (1) *Hochkulturen* in Mesoamerika und in den Anden *(Azteken, Maya, Inka, Chibcha)* mit hierarchisch gegliederter, arbeitsteiliger Sozial- und Wirtschaftsstruktur sowie politisch-religiösen Ordnungsprinzipien. (2) *Sammler und Jägerstämme* mit Wanderfeldbau im tropischen Tiefland der Karibik und S.s *(Aruak, Kariben, Tupi-Guarani).* (3) *Wildbeuter-Stämme*, die keinen Feldbau kannten, im S des Kontinents *(Araukaner).*

Im Bereich der Hochkulturen führte die Eroberung durch die *Spanier* zwischen 1492 und 1540 zu einem gewaltsamen Wechsel der Eliten, die durch ein neues Herrschaftssystem mit Privilegien der Eroberer ersetzt wurden. Die lokalen indianischen Gemeinwesen blieben Träger des neuen Regimes. Mischprozesse im biologischen Sinn *(Mestizisierung)* und Übernahme europ. Kulturelemente (Religion, Sprache, Ernährungsgewohnheiten, gewerbliche Techniken sowie Nutzpflanzen, Nutztiere und Gebräuche) stützten die Kolonisation. Das politische Ziel der span. Krone, die Integration der Eingeborenen in eine europ. geprägte Gesellschaft und die Bekehrung zum Christentum, wurde in der Praxis mißbraucht als Mittel zum Erwerb von Besitz im Sinne einer feudalen Grundherrschaft *(Encomienda-System).* Die demographische Katastrophe war Folge von Seuchen, Zwangsarbeiten und Adaptationsschwierigkeiten der Indianer-Bevölkerung.

Die *Portugiesen* trafen im östl. Tiefland auf geschlossene Wildbeutergruppen mit einfachem Ackerbau, deren soziale Ordnung durch die Kolonisierung zusammenbrach unter rascher Dezimierung der Bevölkerung. Durch den Import schwarzafrikan. Sklaven wurde die Erschließung des Küstenlandes durch Plantagenwirtschaft (Zuckerrohr) erfolgreich.

b) Die Spanier bauten ihre *Kolonial-Verwaltung* durch die Einrichtung von Vizekönigreichen aus: *Neu-Spanien* (1535 Mexiko, Zentralamerika und Kuba). *Peru* (1543) umfaßte alle Gebiete der span. Interessensphäre nach dem *Vertrag von Tordesillas* (1494) im Subkontinent. Davon wurden 1739 ausgegliedert: das Vizekönigreich *Neu-Granada* (heutige Staaten: Venezuela, Panama, Kolumbien, Ecuador), *Rio de La Plata* (1776 heutige Staaten: Bolivien, Paraguay, Argentinien). Missions-Staaten *(Reduktionen)* im Tiefland dienten als Bollwerk gegen die portugies. Expansion (z. B. 1609 Jesuitenstaat ↗Paraguay).

Regierungsorgane des 1524 in Madrid gegründeten *Indienrats (Consejo de Indias)* waren in den Kolonien Vizekönige, Gouverneure (Träger der Militär-, Zivil-, Finanz-Verwaltung) und der *Cabildo* (mit dem *Corregidor* an der Spitze) als leitende Beamte der Krone, daneben die hohe Klerus. Kaufleute, Händler, Handwerker in der Stadt und Grundbesitzer auf dem Land beherrschten das wirtschaftliche Leben. Die bäuerliche Bevölkerung und Landarbeiter sowie die Arbeiter in den städtischen Gewerben bildeten die unterste Klasse.

Das *Wirtschaftssystem* war ausgerichtet auf die Ausbeute von Edelmetallen (Gold und Silber) und die Erzeugung landwirtschaftlicher Güter. Agrarische Großbetriebe waren die binnenmarktorientierte und extensiv-bewirtschaftete *Hacienda* bzw. *Estancia* mit Lohnarbeit und Schuldknechtschaft und die *Plantage,* vorwiegend in den warmtropischen küstennahen Gebieten beider Kolonialreiche als kapitalintensiver, exportorientierter Betrieb mit Negerskavenarbeiterschaft (Anbau von Zuckerrohr, Tabak, Kakao, Baumwolle etc.).

c) Das Gedankengut der *Aufklärung* und der Französischen Revolution von der Gleichheit und Freiheit aller Menschen, getragen von den *Kreolen*, führte zwischen 1810 und 1824 zur *Loslösung der Kolonien* vom Mutterland, wodurch Spanisch-Amerika in 18 selbständige Republiken zerfiel. Nur ↗Brasilien ging aus den Wirren als einheitliche, selbständige Monarchie hervor (1822, Ks. *Peter* (Pedro) *I.;* Republik 1889).

Die Umwälzungen durch die Unabhängigkeitskriege vermochten keine wesentlichen Änderungen der grundlegenden Herrschaftsstruktur und der sozialen Schichtung zu schaffen. Das Militär blieb Garant der herrschenden Ordnung. Die Kirche büßte an Einfluß ein. Die liberale Diktatur mit dem „Caudillo" als Leitfigur wurde durchweg herrschendes politisches System. Politisch kollidierte die liberale und antiklerikale Haltung der Intellektuellen in der Stadt häufiger mit der konservativen des ländlichen Grundbesitzers. Das Hacienda-System entartete und führte zu immer stärkerer Abhängigkeit der Arbeiter, Pächter und Kleinbauern.

d) Die *technologische Überlagerung* (American Way of Life) führte Ende des 19. Jh. zum wirtschaftlichen Aufschwung mit Hilfe fremden Kapitals und einer europ. Masseneinwanderung in die ABC-Staaten (Argentinien, Brasilien, Chile).

Die Landwirtschaft, außer dem exportorientierten Großbetrieb, hielt mit der modernen Wirtschaftsentwicklung nicht Schritt, da die Agrarstruktur der Kolonialzeit fortlebt. Klein- und Kleinstbesitz überwiegt nach der Betriebszahl, nach der Betriebsfläche aber das *Latifundium*. Landflucht und Verstädterung sind seitdem Hauptproblem im ländlichen Raum.

Die politisch-wirtschaftliche Übermacht des Nachbarn USA rief in S. Widerstände hervor. Epochen der Annäherung – hauptsächlich während der beiden Weltkriege – führten 1948 in Bogotá unter dem Einfluß der USA zur Gründung der „Organización de los Estados Americanos" (OEA); *Organisation amerikanischer Staaten* (OAS).

Auch *John F. Kennedys „Allianz für den Fortschritt"* (1961) weckte Erwartungen auf Verbesserungen der sozialen und wirtschaftlichen Lage. Demgegenüber verfestigen hispanoamerikan. Solidaritätsbekundungen mit der Besinnung auf die eigene Tradition die latente innere Ablehnung der angelsächsischen Welt. Zugleich trüben die militärischen Interventionen der USA in lateinamerikan. Konflikträumen das politische Verhältnis. Auch die Versuche von Zusammenschlüssen einzelner Länder zur Verbesserung der Wirtschaft waren bisher unterschiedlich erfolgreich: Die *„Asociación Latinoamericana de Libre Comercio"* (ALALC; Lateinamerikanische Freihandelszone; engl. Abk. LAFTA) 1960 und als deren Nachfolgeorganisation die *„Asociación Latinoamericana de Integración"* (ALADI; Lateinamerikanische Integrationsassoziation) 1980 mit dem Ziel wirtschaftlicher Zusammenarbeit zur Förderung des Handels, arbeitsteiliger Produktion und Binnenzollabbau; *„Sistema Económico Latinoamericano"* (SELA; Lateinamerikanisches Wirtschaftssystem) als Vertretung der lateinamerikan. Wirtschaftsinteressen nach außen. Auch die gemeinsamen Märkte von Staatengruppen S.s wie der *„Grupo Andino"* (Andengruppe, Andenpakt) 1969, der *„Tratado de Cooperación Amazonica"* (Amazonas-Pakt) 1978, die *„Cuenca de La Plata"* (La-Plata-Gruppe) 1969, der *„Mercado Común Centroamericano"* (MCCA; Gemeinsamer Zentralamerikanischer Markt) 1969 sowie *„Caribbean Common Market"* (CARICOM; Karibische Gemeinschaft) 1973 erfüllten nicht die Erwartungen. Gegenwärtig (1991) planen die MCCA-Staaten (Costa Rica, El Salvador, Guatemala, Honduras, Nicaragua) und Mexiko die Schaffung einer *mittelamerikan. Freihandelszone* bis 1996; Argentinien, Brasilien, Paraguay und Uruguay einen *„Gemeinsamen Markt im südlichen Südamerika"* (Mercosur) bis 1995. – Der Koordinierung der Maßnahmen zur wirtschaftlichen Entwicklung in S. dient die *„Comisión Económica para América Latina y el Caribe"* (CEPALC; UN-Wirtschaftskommission für Lateinamerika und die Karibik), der (1991) 33 lateinamerikan. Staaten sowie Frankreich, Großbritannien, Kanada, die Niederlande, Portugal, Spanien und die USA angehören.

Das ständige Scheitern der Entwicklungsstrategien hat in vielen Ländern zum Guerillakrieg geführt. Als Gegenbewegung entstanden nach 1960 Militär-Regime (Brasilien 1964, Bolivien 1964, Argentinien 1966, Peru 1968, Chile 1973). Das Scheitern der Entwicklungskonzepte wird mit dem Oberbegriff der *„Dependenz-Theorie"* umschrieben mit der Aussage, daß der Wohlstand in den Industrieländern mit der →Ausbeutung der Dritten Welt erkauft werde. Auch die Kirche hat sich mit der *Befreiungstheologie* in die Diskussionen zur Verteidigung der sozialen und politischen Grundrechte eingeschaltet. Zugleich hemmen Krisenherde die wirtschaftliche und soziale Entwicklung. Zur Zeit wird eine allgemeine Redemokratisierung Lateinamerikas eng verknüpft mit der Lösung des Problems der hohen Verschuldung der Länder.

V. Kultur-, wirtschafts- und sozialräumliche Strukturen heute

Die differenzierte naturräumliche Ausstattung und die historischen Entwicklungsprozesse schufen ein kulturräumliches Strukturschema küsten- und hauptstadtnaher *Aktivräume* mit hoher Bevölkerungszahl, starker Wirtschaftsentwicklung gegenüber peripheren Binnengebieten mit schwacher Infrastruktur, geringer Bevölkerung und extensiver Landwirtschaft als *Passivräume*. Stärkere Entwicklungen fanden zunächst in den außertropischen Ländern Uruguay, Argentinien und Chile statt. Doch folgten nach dem II. Weltkrieg Brasilien und Mexiko, die zu den führenden Industrienationen des Kontinents wurden. Mit der Industrialisierung hat sich die Exportstruktur verändert. Die traditionelle Abhängigkeit von einem Exportprodukt wie Kaffee in Kolumbien und Brasilien, Erdöl in Venezuela, Bananen und Kakao in Ecuador, Kupfer in Chile und Zinn in Bolivien hat sich diversifiziert. Zugleich geht von den Kernräumen die Erschließung der Binnenräume aus. Sie dehnt sich in jüngster Zeit vorwiegend auf Kosten der riesigen Regenwaldflächen, besonders in Brasilien und Mexiko sowie in den Tieflandregionen der Andenländer aus. Die Agrarreformen (Mexiko 1917, Bolivien 1953, Chile 1967, Peru 1969) haben nur Teillösungen erbracht. Die genossenschaftlich orientierte Veränderung der Betriebsstruktur hat beachtenswerte Verbesserungen herbeigeführt (Mexiko).

Die *Beschäftigten* in den drei Wirtschaftssektoren verteilen sich im Mittel S.s auf 16 % im primären, 23 % im sekundären und 52 % im tertiären Sektor (Weltbank 1985). Die Landwirtschaft hat nur in strukturschwachen Ländern (Paraguay, Honduras) noch Werte über 50 %, das Schwellenland Mexiko 36 %, Chile und Argentinien 11 %. Positive Handelsbilanzen weisen Brasilien und Mexiko auf. Die *Schuldendienstquote*, d. h. die Tilgung und Zinsen in Prozent der Jahresexporte steigt in allen Ländern rapide an. 1977 waren es für den Gesamtkontinent 28,2 %, 1986 bereits 46 %. Parallel dazu nimmt die staatliche *Inlandsverschuldung* zu wie auch die durchschnittliche *Inflationsrate* mit 1000 % (1989). Das Pro-Kopf-Einkommen in S. bewegt sich im unteren Drittel des Weltdurchschnitts (Andenstaaten unter 400 US-$ jährlich; Höchstwert Venezuela 1600 US-$).

Verkehrsnetze von Schienenwegen und Straßen entstanden bisher nur in Mexiko und im S des Kontinents, verdichtet in Südbrasilien und um Buenos Aires. Diese Staaten sind auch durch ältere Schienenwege und jüngere Straßenbauten untereinander verbunden. Der panamerikan. „Highway" ist noch immer an der Landenge von Panama unterbrochen. Das Fernstraßennetz erfährt in der jüngsten Zeit eine große Ausweitung in den Erschließungsräumen Brasiliens (Amazonas). Der Flugverkehr ist in vielen Fällen das einzige Mittel schneller Kommunikation.

Die Zusammenschau aller natur- und kulturräumlichen Aspekte läßt eine räumliche Gliederung des Kontinents in folgende *Großregionen* zu: ↗Mittelamerika, ↗Karibische Inseln und nördliches Südamerika, ↗Andenstaaten, ↗La Plata-Staaten, ↗Brasilien.

LITERATUR

Süd- und Mittelamerika. Hg. R. **Konetzke**. Frankfurt/M. 1965, [13]1990. – G. **Sandner**, H.-A. **Steger**, Lateinamerika. Frankfurt/M. 1973, [11]1989. – Landflucht und Verstädterung in Chile. Hg. W. **Lauer**. Wiesbaden 1976. – HDW. Bd. 2–3. 1982. – Lateinamerika. Hg. H.-G. **Wehling**. Stuttgart 1982; darin: H. **Wilhelmy**, Lateinamerika. Ein Halbkontinent zwischen Tradition und Fortschritt, 11 ff.; H. **Pietschmann**, Lateinamerika. Ein historischer Abriß, 42 ff.; G. **Kohlhepp**, Bevölkerungswachstum und Verstädterung in Lateinamerika; 60 ff.; **ders.**, Landwirtschaft und Agrarreformen, 111 ff.; H.-W. **Krumwiede**, Die kath. Kirche in Lateinamerika, 141 ff. – Lexikon Dritte Welt. Hg. D. **Nohlen**. Reinbek 1984. – H. **Wilhelmy**, A. **Borsdorf**, Die Städte S.s 2 Bde. Stuttgart 1984/85. – Ökologische Probleme in Lateinamerika. Hg. G. **Kohlhepp**, A. **Schrader**. Tübingen 1987. – W. **Lauer**, W. **Erlenbach**, Die tropischen Anden. Geoökologische Raumgliederung und ihre Bedeutung für den Menschen, in: GeogrRd 39 (1987) 86 ff. – Kurzber. über Lateinamerika. Hg. Deutsch-Südamerikanische Bank. Hamburg 1988, H. 3; 1990, H. 1. – Lateinamerika-Ploetz. Hg. G. **Kahle**. Freiburg i. Br. 1989. – Lateinamerika. Informationen zur politischen Bildung. Nr. 226. Hg. Bundeszentrale für politische Bildung. Bonn 1990. – Politisches Lexikon Lateinamerika. Hg. P. **Waldmann**, H.-W. **Krumwiede**. München ³1992.

Laufende Veröffentlichungen:
FAO Quarterly Bull. of Statistics. Rom. – Weltbank, The World Bank Atlas. Washington. – Dies., Weltentwicklungsbericht. Washington. – Yearbook of Food and Agricultural Statistics (geteilt in: Production Yearbook und Trade Yearbook). Rom.

Wilhelm Lauer

MITTELAMERIKA

I. Naturräumliche Aspekte

Die Landbrücke zwischen den Teilen des amerikan. Doppelkontinents (↗Nordamerika, ↗Südamerika) gehört zu einem mächtigen, von Alaska bis Feuerland verlaufenden Gebirgssystem. Der über 1000 km breite, noch zum Kontinent gehörende nördl. Teil wird von ↗Mexiko eingenommen, der schmalere südl. Bereich von 7 Kleinstaaten: ↗Guatemala, ↗Belize, ↗Honduras, ↗El Salvador, ↗Nicaragua, ↗Costa Rica und ↗Panama, wo die Breite des Festlandes unter 100 km sinkt. Neben der Brückenfunktion zwischen N und S ergeben sich dort, wo die zentralen Gebirge durch querverlaufende Senken unterbrochen werden, auch günstige Verbindungsmöglichkeiten für den interozeanischen Austausch.

Der N *Mexikos* wird durch das 1000–2000 m ü. d. M. liegende Hochland geprägt, das an seinen Rändern im O und W durch die steil nach außen abfallenden, tief eingeschnittenen Randgebirge der *Sierra Madre Oriental* bzw. *Sierra Madre Occidental* und nach S durch mächtige über 5000 m aufragende junge Vulkane begrenzt wird (*Pico de Orizaba*, 5747 m; *Popocatépetl*, 5452 m etc.). An die Senke des Río Balsas schließen sich die Gebirge der *Sierra Madre del Sur* (2200–3000 m) bis zum Isthmus von Tehuantepec an.

Die an beiden Küsten dem zentralen Massiv vorgelagerten Tiefländer gehen nach O in das verkarstete Kalkplateau der Halbinsel *Yucatán* über. Im W schließt sich die *Sierra Madre von Chiapas und Guatemala* an, die über 4000 m aufragt und durch Hochtäler und Becken gegliedert ist. Zwischen der Motagua- und Nicaragua-Senke liegt ein unregelmäßig geformtes Bergland, das durch tertiäre vulkanische Lockermassen und Ergußgesteine aufgebaut wird. Mit der *Cordillera de Talamanca* schließt sich im Übergangsbereich zwischen Costa Rica und Panama wieder ein über 3000 m aufragender Gebirgssockel an. Südlich der Panama-Senke leiten weniger hohe schmale Gebirgsbögen nach ↗Kolumbien über.

Die pazifische Begrenzung der Bergländer des südl. Zentralamerika zwischen Chiapas und Westpanama bildet eine Kette quartärer und rezenter Vulkane, die an eine tektonische Schwächezone gebunden sind. Die häufigen Erdbeben und Eruptionen verursachen in den zumeist dicht besiedelten Randzonen immer wieder Schäden.

Klima und Vegetation. Die zentralen Gebirgszüge trennen einen immerfeuchten karibischen von einem wechselfeuchten pazifischen Bereich. Während im SO hohe Niederschlagsmengen von 4000–6000 mm erreicht werden, besteht im N und NW ein hohes Wasserdefizit, das zur Steppen- und Wüstenbildung führt und Anbau nur bei künstlicher Bewässerung ermöglicht *(Baja California)*. Die Massenerhebung der zentralen Gebirge bewirkt eine markante Temperaturgliederung mit einem typischen Stockwerkbau der natürlichen Vegetation und des Anbaus. Die unterste Stufe bildet die *tierra caliente,* das ganzjährig heiße Tiefland mit Temperaturen über 22°C im Jahresmittel. Auf der immerfeuchten karibischen Seite treffen wir den artenreichen tropischen Regenwald und als wichtige Kulturpflanzen Kakao und Banane. Die laubwerfenden Feucht- und Trockenwälder der wechselfeuchten pazifischen Tiefländer sind bereits stärker durch anthropogene Einflüsse degradiert. Für die Landwirtschaft wichtige Anbaupflanzen sind Baumwolle und Zuckerrohr, daneben wird seit kolonialspan. Zeit in großem Umfange Weidewirtschaft betrieben. Zwischen 700 und 800 m Höhe schließt sich die warmgemäßigte *tierra templada* an, mit dichter Besiedlung und intensiver landwirtschaftlicher Nutzung. Wichtigste Anbaukultur in dieser Zone ist der Kaffee. Im südl. Bereich der Landbrücke besteht die natürliche Vegetation aus Eichen-Mischwäldern, während nördl. der Nicaragua-Senke Kiefernarten dominieren. Die kühle Höhenstufe der *tierra fría* beginnt bei 1800 m mit Jahresmitteltemperaturen unter 16°C. Mais, Bohnen und in den höheren Bereichen Weizen und Gerste sind wichtige Anbaupflanzen. Über 3200 m setzt bei Temperaturen unter 10°C das Strauch- und Höhengrasland der *tierra helada* ein, das bis in die vegetationslosen Bereiche der ganzjährig schneebedeckten Gipfel hinaufreicht.

II. Geschichte

Die zentralamerikan. Landbrücke ist ein Siedlungsraum indianischer Völker, die bereits Jahrhunderte vor der span. Eroberung Hochkulturen entwickelten. Erste Kontakte, die *Kolumbus* mit der autochthonen Bevölkerung hatte, bezogen sich allerdings auf primitive Waldindianer, die von Wurzelknollen, Früchten und ihrer Jagdbeute lebten. Auch diese Gruppen waren einbezogen in einen Fernhandel, der Edelmetalle, Kultgeräte und Genußmittel wie Kakao umfaßte.

Eine höhere Bevölkerungsverdichtung wurde durch den Anbau von Mais und Gemüse in den Hochländern erreicht, wo sich auf dieser Basis differenzierte Gesellschaftsformen entwickelten. Im zentralen Hochland von Mexiko hatten die *Azteken* ihr Reich um die Hauptstadt *Tenochtitlán* (das heutige Mexiko-Stadt) errichtet und benachbarte Stämme tributpflichtig gemacht. Ausgehend vom Hochland Guatemalas hatten die *Maya* ihr Siedlungsgebiet in die östl. Tiefländer von Copán bis Petén und Yucatán ausgedehnt und um eindrucksvolle Tempelstädte organisiert.

Beide Hochkulturen zeugen von einer ständisch aufgebauten Gesellschaft, die aus Bauern und Handwerkern, hohen Beamten und Priestern sowie den Für-

Mittelamerika

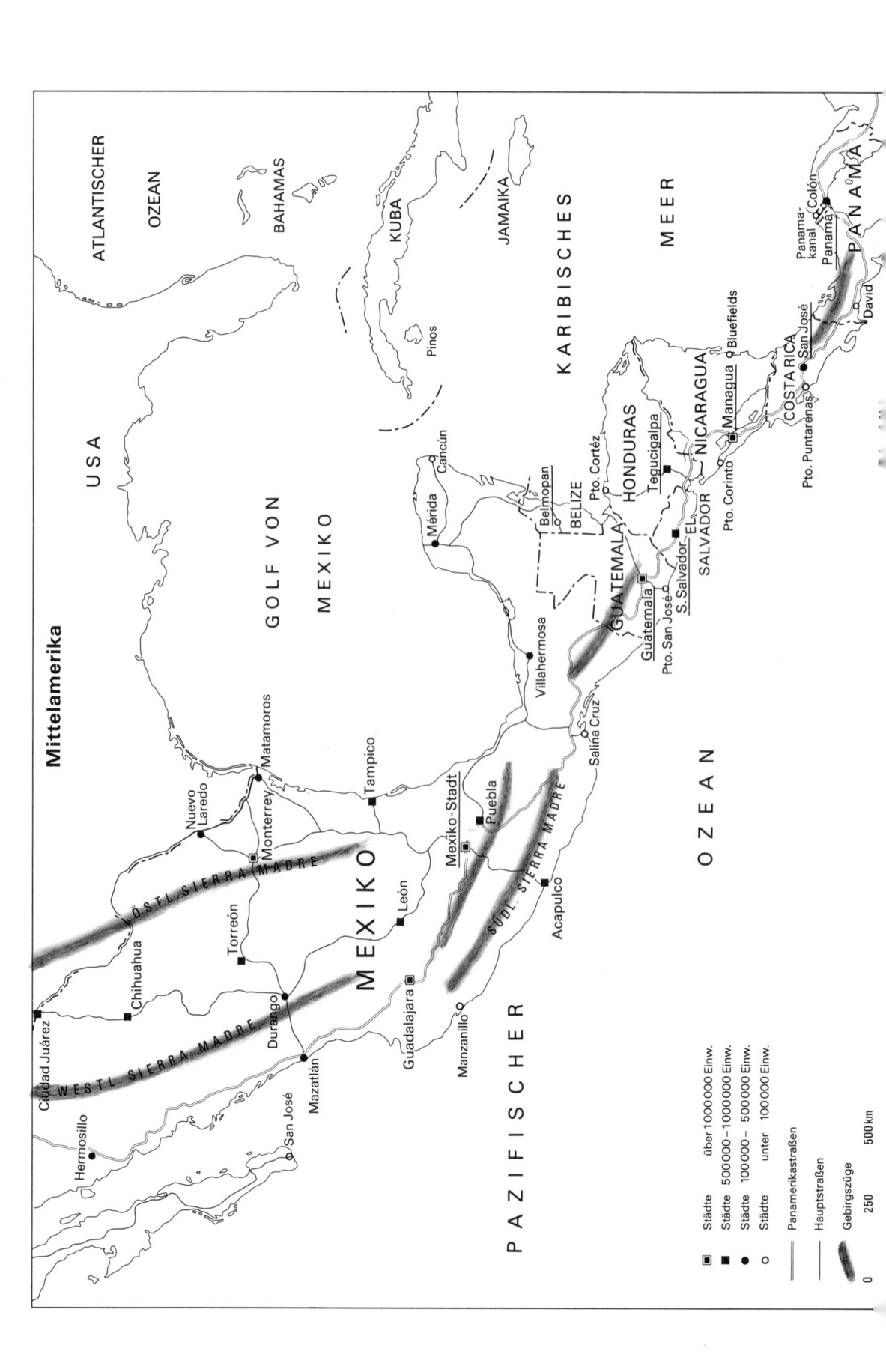

Städte	über 1 000 000 Einw.
Städte	500 000 – 1 000 000 Einw.
Städte	100 000 – 500 000 Einw.
Städte	unter 100 000 Einw.

— Panamerikastraßen
— Hauptstraßen
Gebirgszüge

0   250   500 km

sten bestand. Während die technologischen Innovationen für den Bau von Geräten, Waffen und Maschinen beschränkt blieben, waren die architektonischen, künstlerischen und wissenschaftlichen Leistungen hervorragend. Insbesondere die astronomischen Beobachtungen, Kalenderberechnungen, Hieroglyphenaufzeichnungen und Tempelbauten zeugen von einer geistigen und kulturellen Blüte. Die Absichten der zahlenmäßig weit unterlegenen span. Eindringlinge wurden allerdings nicht richtig eingeschätzt und ihr Vordringen deshalb nicht verhindert. Innerhalb von nur 2 Jahren gelang es *Hernán Cortés* ab 1519 das Aztekenreich zu erobern, während der Widerstand der Mayafürsten erst 1546 gebrochen war.

In der 1. Hälfte des 16. Jh. wurde die karibische Küste Zentralamerikas durch Expeditionen span. Seefahrer erforscht, und 1513 querte *Vasco Núñez de Balboa* als erster den Isthmus von Panama, von wo aus die Erkundung der pazifischen Küstenregion und der Aufbau der Kolonien fortgesetzt wurde. Die nördl. Besitzungen der span. Krone, die weit in das Gebiet der heutigen USA hineinreichten, wurden 1535 unter die Hoheit des Vizekönigs von *Neuspanien* mit Sitz in Mexiko gestellt, und im südl. Bereich festigte sich die *Audiencia de Guatemala,* die von Chiapas bis Costa Rica reichte.

Panama nahm wegen der transisthmischen Verkehrsfunktion eine Sonderstellung ein; es stand nur vorübergehend unter guatemaltekischer Verwaltung, war teilweise selbst Zentrum einer Audiencia und wurde später Bogotá zugeordnet. Im heutigen *Belize* setzten sich 1638 brit. Händler und Siedler fest, deren Nutzungsrechte durch die Spanier zwar toleriert, deren Hoheitsanspruch aber nicht anerkannt wurde. Die span. Krone behielt sich ansonsten das Handelsmonopol vor und bezog neben Edelmetallen insbes. Kakao, Edelhölzer sowie Farbstoffe wie Indigo und Cochenille aus der Neuen Welt.

1810 begannen in *Neuspanien* die Unabhängigkeitskämpfe, die nach einer Einigung zwischen Klerus, Besitzaristokratie und Rebellen am 28.9.1821 zur Loslösung vom Mutterland führten. Die bestehenden internen Machtverhältnisse wurden dadurch zunächst kaum verändert. In den folgenden 50 Jahren kam es aber durch Aufstände sowie Auseinandersetzungen zwischen konservativen und liberalen Gruppierungen zu Bürgerkriegen und einer anhaltenden politischen und territorialen Instabilität.

Die ehem. *Audiencia de Guatemala* und ihre Provinzen schlossen sich zunächst dem mexikan. Großreich an, bildeten aber 1823 eine eigene Föderation, die zwischen 1838 und 1841 wieder zerfiel. Nur Chiapas blieb bei Mexiko, während die ehem. Provinzen *Guatemala, Honduras, Nicaragua, Costa Rica* und das erst im 18. Jh. von Guatemala abgetrennte *El Salvador* eine nationalstaatliche Entwicklung anstrebten. Panama schloß sich ↗Kolumbien an; *Belize* wurde von Großbritannien eingebunden und erhielt 1862 den Status einer Kronkolonie (Britisch-Honduras). 1981 erlangte es seine volle Unabhängigkeit, die aber weiterhin durch Ansprüche Guatemalas belastet ist.

Den wechselnden Regierungen in *Mexiko* gelang es nicht, das Großreich zusammenzuhalten. 1835 erklärte Texas seine Selbständigkeit und schloß sich wenig später den USA an. Der darauf mit dem nördl. Nachbarn geführte Krieg hatte für Mexiko katastrophale Folgen. Ca. 50 % seines Territoriums gingen bis 1853 an die USA verloren (Neumexiko, Arizona, Kalifornien, Nevada, Colorado und Texas). Auch der Versuch Frankreichs, ein Kaiserreich unter der Führung Erzherzog *Maximilians von Österreich* in Mexiko zu errichten, scheiterte 1867. In der Folge wurden liberale Reformen durchgesetzt, die insbes. die Macht der Kirche einschränkten und unter dem Diktator *Porfirio Díaz* (1877–80, 1884–1911) einen Ausbau der Infrastruktur sowie eine Modernisierung der Wirtschaft einleiteten.

Auch in den *zentralamerikan. Kleinstaaten* vollzogen sich seit dem letzten Drittel des 19. Jh. ähnliche Entwicklungen. Die liberalen „*Caudillos*" schufen durch die Aufteilung des Kirchen- und Staatslandes sowie die Auflösung des Kommunalbesitzes zum Nachteil der indianischen Kleinbauern die Voraussetzungen für die weitere Expansion der Agrarexportwirtschaft. Es entstanden insbes. in Guatemala und El Salvador riesige Besitzungen einheimischer Kaffeeproduzenten. Hinzu kamen ausländische Interessen für die Bananenproduktion, die insbes. in Costa Rica, Panama, Honduras und Guatemala Fuß faßten und mit dem Namen „*United Fruit Company*" verbunden sind.

Die wirtschaftliche Macht der besitzenden Schichten wird bis heute durch Koalitionen mit dem Militär gegen das Aufbegehren der proletarischen Massen stabilisiert. Während 1910 eine Revolution in *Mexiko* erfolgte, der mit einiger Verzögerung auch eine Agrarreform folgte, haben sich die Verhältnisse in den Kleinstaaten bis zum Ende des II. Weltkrieges nur wenig verändert. In *El Salvador* wurde 1932 ein Landarbeiter- und Bauernaufstand niedergeschlagen, wobei zwischen 17 000 und 30 000 Personen umgekommen sein sollen. In *Nicaragua,* wo die liberalen Reformen erst später realisiert wurden und 1909–33 eine Besetzung durch die USA erfolgte, wurde ein Aufstand unter der Führung von *Augusto César Sandino* durch dessen Ermordung 1934 beendet. Der Führer der Nationalgarde *Anastasio Somoza García* machte sich zum Herrscher; seine Familie bestimmte bis 1979 die Geschicke des Kleinstaates.

III. Neuere politische Entwicklung

Während der beiden ersten Nachkriegsjahrzehnte vollzogen sich in den Ländern M.s bei stark wachsender Bevölkerung und Verstädterung ein Ausbau der Infrastrukturen und eine Modernisierung der Wirtschaft, ohne daß zugleich das politische und gesellschaftliche System angepaßt wurden. Reformansätze scheiterten in *Guatemala* 1954 durch die Vertreibung des gewählten Präsidenten *Jacobo Arbenz Guzmán* unter Einflußnahme der USA. Die traditionelle Allianz zwischen Agraroligarchie, exportorientierten Handelseliten und Militär wurde in den meisten Staaten aufrechterhalten. Oppositionsparteien wie Christ- und Sozialdemokraten wurden unterdrückt.

Selbst in *Mexiko* war die Monopolstellung der seit 1928/29 herrschenden Revolutionspartei nicht durch die Erweiterung des Spielraumes für andere politische Kräfte diversifiziert worden. Mitte der 60er Jahre kam es deshalb auch in diesem Lande zu Unruhen, die durch militärischen Einsatz unterdrückt wurden. Die wachsende Konzentration von Reichtum und Macht in den zahlenmäßig begrenzten Eliten und die zunehmende Verarmung der Massen verschärften das Konfliktpotential.

Durch die Unterdrückung der Protestbewegungen verlagerten sich die Aktivitäten in den Untergrund und nahmen immer gewaltsamere Formen an. Mit Ausnahme von *Costa Rica,* wo 1948 die wenig blutig verlaufene Revolution zur Schaffung einer neuen Verfassung und Einrichtung eines funktionsfähigen demokratischen Systems führte, und von *Belize,* wo ab Mitte der 60er Jahre schrittweise der Übergang vom Kolonialregime zur Selbstverwaltung vollzogen wurde, sind durch freie Wahlen legitimierte Regierungen die Ausnahme geblieben.

Bei zunehmender Radikalisierung und Gewaltanwendung wuchsen insbes. in *Nicaragua, El Salvador* und *Guatemala* vereinzelte Aktionen von Guerrilleros und paramilitärischen Gruppen in Bürgerkriegsdimensionen hinein. Nach der Ermordung des Führers der demokratischen Opposition *Pedro Joaquín Chamorro* 1978 in Nicaragua, schlossen sich die bürgerlichen Protestgruppen mit den marxistischen Untergrundkämpfern zusammen und errangen in einem Volksaufstand den Sieg gegen das nicht mehr von den USA unterstützte Somoza-Regime.

Durch dieses Ereignis gewannen die regionalen Konflikte zunehmend internationale Bedeutung und wurden durch ideologische und materielle Interventionen von außen zu weltpolitischen Auseinandersetzungen auf dem Hintergrund der N-S- bzw. O-W-Konflikte. Die Maßnahmen der Reagan-Administration zur Isolierung *Nicaraguas* sowie zur militärischen und wirtschaftlichen Stabilisierung *El Salvadors* wurden durch die globalen Sicherheitsinteressen der USA und die als „*Domino-Theorie*" umschriebene Gefahr der Ausbreitung kommunistischer Satellitenstaaten begründet.

Mexiko, das traditionelle Sympathien für die Reformbewegung in M. gezeigt hat, aber selbst in starker wirtschaftlicher Abhängigkeit von den USA steht, fiel eine Vermittlerposition im Konflikt zu, die zusammen mit *Venezuela, Kolumbien* und *Panama* als *Contadora-Initiative* Gewicht erlangte. Der 1984 vorgelegte Friedensplan, der Rüstungsabbau und Abzug der ausländischen Militärberater vorsah, fand aber weder bei den USA noch bei ihren Verbündeten El Salvador, Honduras und Costa Rica Anklang, während Nicaragua Kooperationsbereitschaft signalisierte. Erst die Initiative der zentralamerikan. Präsidenten auf Vorschlag des späteren Nobelpreisträgers *Oscar Arias* ermöglichte die Einleitung eines Friedensprozesses, der freie Wahlen in *Nicaragua* und Aussichten auf eine Lösung in *El Salvador* eröffnete.

Panama, wo Ende der 60er und Anfang der 70er Jahre Unruhen im Zusammenhang mit der Kanalproblematik ausbrachen, wurde durch die Politik des reformorientierten Generals *Omar Torrijos Herrera* befriedet. Der in den 80er Jahren dominierende Militärdiktator *Manuel Antonio Noriega Morena,* dem Verbindungen zum Drogenkartell nachgesagt werden, konnte durch die Proteste der bürgerlichen Opposition nicht zum Abdanken bewegt werden und wurde Ende 1989 durch eine militärische Intervention der USA entmachtet. Nach der Ablösung der sandinistischen Regierung durch freie Wahlen 1990 werden zur Zeit alle Länder Zentralamerikas durch bürgerliche Koalitionen geführt.

IV. Bevölkerungs- und Sozialstruktur

Auf der zentralamerikan. Landbrücke lebten um 1990 ca. 115 Mio. Menschen, gut 3/4 davon in Mexiko, der Rest in den 7 Kleinstaaten, die nur Einwohnerzahlen zwischen 2,5 und 5 Mio. erreichen, abgesehen von Guatemala mit ca. 9 Mio. und Belize, dessen Bevölkerung wegen der hohen Abwanderung in die USA nur langsam zunimmt und noch bei ca. 200 000 liegt. In den übrigen Ländern hat nach dem II. Weltkrieg ein extremes *Bevölkerungswachstum* eingesetzt, bedingt durch stark gesunkene *Sterberaten* (auf 7 ‰) bei weiterhin hohen bzw. nur langsam abnehmenden *Geburtenraten* (zwischen 30–40 ‰). Waren für die Verdoppelung der Bevölkerung *Mexikos* nach 1860 70 Jahre erforderlich, so ab 1930 noch 30 Jahre und ab 1960 nur noch 20 Jahre. Allein in Mexiko erhöht sich die Einwohnerzahl jährlich um 1,5 Mio. Hieraus resultiert eine starke Zunahme der abhängigen Bevölkerungsgruppen im jüngeren und höheren Alter. Schulische und medizinische Versorgung sowie Wohnungsbeschaffung, angemessene Ernährung und Entlohnung sind trotz vielfältiger Bemühungen und auswärtiger Hilfsprogramme nicht gewährleistet. Bei insgesamt noch niedrigen Einwohnerdichten im Landesdurchschnitt ist die Tragfähigkeit vieler Lebensräume bereits überschritten, und es kommt zur Schädigung der natürlichen Ressourcen bzw. zur Abwanderung.

Die *räumliche Verteilung der Bevölkerung* weist starke regionale Unterschiede auf. Den dichtbesiedelten Hochländern der tierra templada und den seit vorspan. Zeit erschlossenen wechselfeuchten Tiefländern stehen die nur teilweise bewohnten Trockengebiete und tropischen Regenwälder gegenüber. In den meisten Ländern vollzog sich neben der ausgeprägten *Land-Stadt-Wanderung* auch eine *Migration in die Neulanderschließungsgebiete,* die allerdings an Bedeutung verliert, da die geeigneten Flächen weitgehend besetzt sind und die Regierungen beginnen, die unkontrollierte Waldzerstörung und Ressourcenvernichtung zu begrenzen.

Höchste Zuwachsraten haben deshalb die Städte erfahren, insbes. die Metropolen, wie der Fall *Mexiko* zeigt, dessen Hauptstadtbezirk gegen Ende des 20. Jh. annähernd 30 Mio. E. umfassen wird. Die Ver- und Entsorgung dieser Agglomeration ist bereits heute nicht mehr gewährleistet. Verkehrsprobleme, Smog und Kriminalität sind Begleiterscheinungen eines kaum noch zu steuernden Wachstums mit sich verschärfenden Disparitäten. Während die Klein- und Mittelstädte stagnieren, polarisiert sich die Dynamik in den Großstädten. So ist Acapulco von 23 000 E. (1940) auf über 500 000 angewachsen. Die ausgedehnten Randstädte aus Hüttenvierteln besitzen weder unter formalen noch sozialen Kriterien urbanen Charakter. Staatliche Koordination und Planung stehen den sich verstärkenden Expansionsprozessen machtlos gegenüber. Dezentralisierungsbemühungen sind bisher gescheitert.

Die *Bevölkerungszusammensetzung* der Länder M.s ist uneinheitlich. Die politische und wirtschaftliche Macht liegt allerdings in den Händen der hellhäutigen, spanischsprachigen und kath. Gruppen, die nur in *Costa Rica* zugleich auch die Mehrheit des Staatsvolkes bilden. *Indianer* dominieren zahlenmäßig noch in Guatemala; sie leben in geschlossenen Siedlungsgebieten im Bergland, sind in den letzten Jahren aber auch verstärkt in die Städte gewandert, ohne daß sie dort bisher stärker gesellschaftlich und politisch integriert wurden. In *Mexiko,* wo die Zahl der Indianer auf 20 Mio. geschätzt wird, bestehen allerdings auch im Bewußtsein der Eliten stärkere Bezüge zu den autochthonen Kulturen und Traditionen. Die Nachfahren der indianischen Hochkulturen leben aber hier ähnlich marginalisiert wie in den Kleinstaaten, wo Restvölker in die peripheren Berg- und Regenwaldregionen abgedrängt wurden und nur in Ausnahmefällen den Schutz von Reservaten oder eingeschränkte Autonomie besitzen (z. B. in Panama und Nicaragua).

Schwarze, Mulatten und *Zambos* stellen in den karibischen Küstenregionen die wichtigste Bevölkerungsgruppe dar. Sie sind zumeist erst im 19. Jh. als Arbeitskräfte für Verkehrsprojekte und den Plantagenausbau ins Land gekommen und mit Ausnahme von *Belize,* wo sie die einflußreichste ethnische Gruppe bilden, ebenfalls politisch marginalisiert. Da sie in vielen Küstengemeinden die Mehrheit bilden und auch in den Städten geschlossene Quartiere bewohnen, haben sie ihre eigene Lebensform bewahrt. Sie sprechen engl. Dialekte und gehören prot. Kirchen an. Sie ernähren sich nicht von Mais und Bohnen, sondern vorwiegend von Reis und Knollenfrüchten. Durch die

Ausdehnung des staatlichen Schulsystems, die wachsende ökonomische Verflechtung und die zunehmende Abwanderung in die binnenländischen Agglomerationen, zeigen sich allerdings auch hier Auflösungserscheinungen der Eigenständigkeit.

V. Wirtschaft

Bei einer Betrachtung der ökonomischen Strukturen und des Entwicklungspotentials auf der Landbrücke ist gesondert auf Mexiko und auf die Kleinstaaten einzugehen, da trotz der ähnlichen physischen Voraussetzungen und der gemeinsamen kolonialspan. Vergangenheit deutliche Unterschiede bestehen, die aus der Landesgröße und der eigenständigen Entwicklung der Gesellschaften in den letzten 150 Jahren resultieren.

Mexiko hat wegen des Reichtums an mineralischen Rohstoffen, der Größe des Binnenmarktes und der Nachbarschaft zu den USA bereits seit Beginn dieses Jahrhunderts in Teilräumen einen Industrialisierungs- und Modernisierungsprozeß mitgemacht. Neben der traditionellen Bergbauproduktion (Silber, Schwefel, Blei, Zink und Antimon) hat es insbes. durch die Erschließung von Erdöllagern ökonomisches Gewicht erhalten und mit dem Konzept der importsubstituierenden Industrialisierung Teilerfolge erzielt. Eine weitere Wachstumsbranche stellt der Tourismus dar.

Der *Landwirtschaft* wurde im Rahmen der staatlichen Entwicklungsplanung weniger Aufmerksamkeit geschenkt. Er ist deshalb in einen modernen, hochentwickelten und in einen traditionellen Bereich gespalten. Künstliche Bewässerung, Düngung, Mechanisierung und verbessertes Saatgut haben die Erträge des marktorientierten Sektors enorm gesteigert, während die Produktion der Kleinbauern in vielen Fällen nicht zur Subsistenz ausreicht. – ↗Mexiko V.

Die Wirtschaftskrise der 70er Jahre hat Mexiko ähnlich getroffen wie die *Kleinstaaten,* deren Entwicklung zusätzlich durch die Erhöhung der Erdölpreise beeinträchtigt wurde, so daß zeitweise der gesamte Agrarexport für die Begleichung der Energierechnung erforderlich war. Im Gegensatz zu Mexiko fehlen mineralische Energieträger und abbauwürdige Erze auf der südl. Landbrücke weitgehend. Das *Agrarpotential* ist aber wegen der ausgeprägten thermischen Höhenstufung und der wechselnden Niederschlagsverteilung auch in den Kleinstaaten differenziert und erlaubt den Anbau einer breiten Palette tropischer Kulturpflanzen. Allerdings sind in den meisten Ländern nur wenige Agrarprodukte für den Export von Bedeutung, wodurch sich eine hohe Abhängigkeit von den Schwankungen der Weltmarktpreise ergibt. Wichtigstes Exportprodukt ist der Kaffee. Er erlangte nach der Trennung von Spanien seine herausragende Bedeutung und wird bis heute vorwiegend nach Europa und in die USA geliefert. Gegen Ende des 19. Jh. trat die in Plantagen an der immerfeuchten karibischen Abdachung erzeugte Banane als weiteres hochwertiges Exportprodukt hinzu. Wegen ihrer leichten Verderblichkeit und der Bedeutung eines integrierten Transport- und Vermarktungsnetzes monopolisierten ausländische Kapitalgesellschaften das Fruchtgeschäft weitgehend und bauten im Hinterland der Exporthäfen ausländische Privilegien eine Enklavenwirtschaft aus, die von den häufig korrupten Regierungen nicht zu kontrollieren war. Diese sozioökonomischen und politischen Verhältnisse haben in der Bezeichnung „Bananenrepublik" ihren Niederschlag gefunden. Nach der Revolution in Kuba gewann auch Zuckerrohr an Bedeutung, weil die USA ihren Bedarf jetzt in den anderen mittelamerikan. Ländern deckten. Daneben wurde der Baumwollanbau in den wechselfeuchten Tiefländern ausgeweitet und die bisher meist extensiv betriebene Rinderhaltung verbessert. Erst in den letzten Jahren wird intensiv an einer Diversifizierung der Agrarexporte durch den Anbau von Früchten, Blumen und Grünpflanzen gearbeitet.

Im Gegensatz zur Modernisierung der Agrarexportwirtschaft ist eine *Industrialisierung* der Kleinstaaten bis zum Ende des II. Weltkrieges unterblieben. Neben dem Fehlen von Rohstoffen und billiger Energie wirkte sich in diesem Zusammenhang auch die geringe Größe der Märkte nachteilig aus. Zur Überwindung der strukturellen Entwicklungshindernisse schlossen sich 1960 auf Empfehlung der Wirtschaftskommission der UN für Lateinamerika und die Karibik (CEPALC) *El Salvador, Guatemala, Honduras* und *Nicaragua* zum „*Gemeinsamen zentralamerikanischen Markt*" (MCCA) zusammen, dem 1962 auch *Costa Rica* beitrat. Nicht einbezogen waren *Belize*, das noch keine volle Souveränität erlangt hatte, und *Panama* wegen der Kanalzonenproblematik, die erst 1977 durch einen bilateralen Vertrag mit den USA gelöst wurde. Gegenwärtig (1991) planen die MCCA-Staaten und Mexiko die Schaffung einer mittelamerikan. Freihandelszone bis 1996.

Die Integration wurde durch den Aufbau gemeinsamer Außentarife und den Wegfall der Binnenzölle initiiert und entwickelte sich im ersten Jahrzehnt positiv. Eine allgemeine Zunahme des Handelsaustauschs, hohe Wirtschaftswachstumsraten und eine Diversifizierung der Produktionsstruktur bezeugen dies. Wegen der ungleichen Verteilung der Vor- und Nachteile der Integration ergaben sich aber bald Konflikte zwischen den Mitgliedsländern. Die weiter entwickelten Partner Guatemala und El Salvador konnten den größten Teil der neuen Industrien an sich binden, während Honduras und Nicaragua weniger Erfolg hatten und deshalb mehr Waren aus den Nachbarländern kaufen mußten, als sie selbst lieferten. Hieraus resultierten wachsende Zahlungsbilanzdefizite. Auch die kriegerischen Auseinandersetzungen zwischen Honduras und El Salvador 1969 sind durch Disparitäten im Rahmen der Integration mitverursacht worden.

Während in den 70er Jahren die Zollunion eine stabilisierende Wirkung hatte, verfielen die intraregionalen Austauschbeziehungen in der Folge der Weltwirtschaftskrise, der speziellen Verschuldungsproblematik und der Auswirkungen der Bürgerkriege. Bedingt durch die Restrukturierungsprogramme der Weltbank und eine Öffnung zum Weltmarkt ist das importsubstituierende Integrationsmodell auch in den Kleinstaaten aufgegeben worden, und landesspezifische Exportförderprogramme erhielten Priorität. Die Situation ist auch nach einer weitgehenden Befriedung der Konfliktherde in Panama, Nicaragua, Guatemala und El Salvador ungewiß, weil die erforderlichen Kredite für eine Wiederbelebung der Wirtschaft nur spärlich fließen.

LITERATUR

T. L. **Karnes**, The failure of union. Central America 1924–1960. Chapel Hill (N. C.) 1961. – G. **Sandner**, Die Hauptstädte Zentralamerikas. Heidelberg 1969. – N. **Davies**, Die Azteken. Meister der Staatskunst, Schöpfer hoher Kultur. Düsseldorf 1974, Reinbek 1989 [Orig.: The Aztecs. A history. London 1973]. – M. W. **Helms**, Middle America. A cultural history of heartland and frontiers. Englewood Cliffs (N. J.) 1975. – H. **Nuhn u. a.**, Zentralamerika. Karten zur Bevölkerungs- und Wirtschaftsstruktur mit Erläuterungen. Hamburg 1975. – E. **Torres-Rivas u. a.**, Centroamérica hoy. Mexico 1975. – M. **Mols**, H. W. **Tobler**, Mexico. Die institutionalisierte Revolution. Köln 1976. – R. C. **West**, J. P. **Augelli**, Middle America. Its lands and peoples. Englewood Cliffs (N. J.) 1976. – R. W. **Fox**, J. W. **Huguet**, Population and urban trends in Central America and Panama. Washington 1977. – R. **Weyl**, Geology of Central America. Berlin ²1980. – M. **Mols**, Mexico im 20. Jh. Politisches System, Regierungsprozeß und politische Partizipation. Paderborn

1981. – H. **Wilhelmy**, Welt und Umwelt der Maya. München 1981. – P. E. **Feinberg**, Central America. International dimensions of the crises. New York 1982. – J. **Scott**, Urban and spatial development in Mexico. London 1982. – Mexico, der Weg in die Krise. Hg. A. v. **Gleich u. a.** Diessenhofen 1983. – Political change in Central America. Internal und external dimensions. Hg. W. **Grabendorff u. a.** Boulder (Col.) 1984. – W. **Lafeber**, Inevitable revolutions. The United States in Central America. New York 1984. – Krisengebiet M. Interne Probleme, weltpolitische Konflikte. Hg. H. **Nuhn**. Braunschweig 1985. – G. **Sandner**, Zentralamerika und der Ferne Karibische Westen: Konjunkturen, Krisen und Konflikte 1503–1984. Stuttgart 1985. – V. **Bulmer-Thomas**, The political economy of Central America since 1920. New York 1987. – J. **Dunkerley**, Power in the Isthmus. A political history of modern Central America. New York 1988. – A. **Guerra-Borges**, Desarrollo e integración en Centroamérica: del pasado a las perspectivas. Mexico 1988. – P. **Harff**, Mexiko. Wirtschaftsstruktur und Entwicklungspolitik. Bremen 1988. – Politisches Lexikon Lateinamerika. Hg. P. **Waldmann**, H.-W. **Krumwiede**. München ³1992.

Helmut Nuhn

BELIZE

Amtlicher Name	Belize
Staatsform	Parlamentarische Monarchie im Commonwealth of Nations
Hauptstadt	Belmopan (4000 E.)
Fläche	22 965 km²
Bevölkerung	184 000 E. (1989; VZ 1980: 143 000). – 8 E./km²
Sprache	Englisch (Amtssprache), Spanisch, engl. Kreolisch, Carib, Maya
Religion	Katholiken 62 %; Anglikaner 12 %; Methodisten 6 %; andere Protestanten 5 %; Mennoniten 4 %
Währung	1 Belize-Dollar (Bz-$) = 100 Cents

B. liegt an der karib. Küste ↗Mittelamerikas, im SW der Halbinsel Yucatán, landseits begrenzt von ↗Guatemala im W und S und ↗Mexiko im N. Der landwirtschaftlich extensiv genutzte N (*Corozal*) besteht aus Kalkhügelland mit Savannenklima, der mittlere S aus den Ausläufern der zentralamerikan. Kordillere (*Maya-Berge* bis 1000 m, Trockenwald). Im Mittelland und am Küstensaum herrschen tropische Fluß- und Küstensedimentierungen vor, ca. 1/4 der Landfläche ist Sumpfland. Die Küstenzone besteht aus Riffkalken, die in 30 km Entfernung eine vorgelagerte Inselkette (*Cays*) bilden.

B. (bis Juni 1973 *Britisch-Honduras*) wurde von brit.-karib. Siedlern ab 1638 zum Holzeinschlag besiedelt, 1862 brit. Kronkolonie. Die Geschichte ist vom Territorialstreit mit Guatemala bestimmt. In mehreren Verträgen suchten die Parteien ab 1670 bis 1859 die Hoheitsfrage zwischen Großbritannien und Spanien bzw. Guatemala zu regeln. Die spätere Anfechtung des Vertrags von 1859 durch Guatemala ist Ursache für die bis in die jüngste Zeit völkerrechtlich nicht endgültig abgesicherte Position des Territoriums. Eine gescheiterte internationale Schlichtungsbemühung (1965–68), die militärische Konfrontation 1972–75 und der Abbruch der ab 1977 mit Guatemala geführten Verhandlungen führten am 21.9.1981 zur Ausrufung der Unabhängigkeit, die seither von Großbritannien durch Beibehaltung einer Truppenpräsenz gesichert wird. Nachfolgeverhandlungen 1983 und 1985 führten zunächst zu einem modus vivendi, der im Juli 1991 durch die staatliche Anerkennung seitens Guatemalas beendet wurde. – B. gehört dem CARICOM und seit 1991 der OAS an.

Innenpolitisch hatte sich seit 1950 schrittweise eine volle interne Autonomie entwickelt. Lange Zeit war das Parteienspektrum von der sozialdemokratischen People's United Party (PUP) und mehreren kleineren Parteien liberaler bzw. konservativer Prägung bestimmt. 1984–88 stellte die United Democratic Party (UDP) erstmals die Regierung, 1989 wieder die PUP.

Nach der *Verfassung* vom 21.9.1981 ist B. konstitutionelle Monarchie im Rahmen des Commonwealth mit dem brit. Monarchen als Staatsoberhaupt, vertreten durch einen Generalgouverneur. Die *Legislative* besteht aus dem *Abgeordnetenhaus* (28 Sitze, nach Mehrheitswahlrecht für 5 Jahre gewählt) und dem *Senat* (8 vom Generalgouverneur ernannte Mitgl.). Die *Verwaltung* gliedert sich in 6 Bezirke (ernannter District Commissioner, gewählte Bezirksausschüsse); 6 Stadtgemeinden haben gewählte „town boards", Dorfgemeinden auf 2 Jahre gewählte Dorfräte. Für die Indio-Gemeinden wird das Alcalde-System aufgrund der Verfassungsgarantie von 1884 beibehalten. – Das *Rechtssystem* folgt (mit Sonderregelungen) dem brit. Common Law.

B. gehört zu den dünn besiedelten Kleinstaaten des zirkumkarib. Raums. Obwohl potentiell Siedlungsraum verfügbar ist, hat die ethnische Gliederung der Gesellschaft (Proporzwahrung) die Einwanderung bisher eingeschränkt. 40 % der Bevölkerung sind *Creoles* (englischsprachige Küstenbevölkerung karib. Ursprungs), 33 % *Hispanos* (spanischsprechende Mestizen im N und im Mittelland an der guatemaltek. Grenze), 10 % *Indios* und 8 % *Black Caribs* (an der Südküste). Weiße haben nur einen Anteil von 4 %, darunter ca. 4000 deutschsprachige Mennoniten in zwei geschlossenen Siedlungsgebieten des Landesinnern. Der Großteil der Bevölkerung konzentriert sich an der mittleren Küste um Belize City (mit 53 % der Gesamtbevölkerung) und im Bezirk Corozal. Das *natürliche Bevölkerungswachstum* hält sich seit 1970 bei jährlich rd. 3,2 % bei einer *Geburtenziffer* von (1986) 36 ‰ und einer *Sterbeziffer* von 4 ‰. Die *Altersstruktur* ist durch einen hohen Anteil der unter 15jährigen (46 %) und geringen Anteil der über 60jährigen (6,5 %) gekennzeichnet. Daher ist der Anteil der Erwerbspersonen an der Gesamtbevölkerung (1987: 32 %) relativ klein.

Es besteht ein ausgebautes staatliches *Gesundheitswesen*. Seit 1981 wurde mit Unterstützung der ILO ein *Sozialversicherungssystem* eingeführt, das Versicherungsleistungen (Altersrente, Krankheits- und Unfallkosten) und Mutterschaftshilfe einschließt, aber erst einen Teil der Bevölkerung erfaßt.

Die *Wirtschaft* verfügt über eine wenig entwickelte Ressourcenbasis. Industrie (12 % des BIP, 10 % der Erwerbstätigen) und Infrastruktur sind unterentwickelt; die Landwirtschaft (18 % des BIP, 37 % der Erwerbstätigen) bildet die Hauptbasis. Bei den wenigen Exportgütern (Zucker 39 %, Zitrusfrüchte und Bananen 28 %) besteht eine starke Abhängigkeit von Auslandsmärkten. Eine verstärkte Diversifizierung des Anbaus landwirtschaftlicher Exportprodukte hat den Export von Forstprodukten (nur noch rd. 1 %) zurückgedrängt. Wachsende Bedeutung erhält der Tourismus. Haupthandelspartner sind die USA (Einfuhr 58 %, Ausfuhr 45 %) und die EG-Länder (18 bzw. 39 %). Zunehmende Probleme entstehen durch den schwer kontrollierbaren Anbau und den Export von Rauschmitteln, dessen Erlös auf 55 Mio. US-$ (rd. 26 % des

BIP) geschätzt wird. Das BIP beträgt 1460 US-$/E. im Jahr. Die Preisinflation lag seit 1980 bei durchschnittlich 6,1 % p. a. Das gesamtwirtschaftliche Wachstum betrug 1980–89 durchschnittlich 3,6 % p. a.

Kulturell gehörte B. zum Kerngebiet der Maya-Kultur und weist rd. 20 archäologische Fundstätten bzw. Tempelanlagen auf, mehrheitlich aus der frühklassischen Periode (um 600 n. Chr.). 62 % der Bevölkerung sind Katholiken (Bist. Belize City-Belmopan, Suffr. von Kingston, Jamaika), 12 % Anglikaner, 6 % Methodisten, 9 % andere Protestanten und Mennoniten. – Das Bildungswesen, weitgehend von kirchlichen Einrichtungen aufgebaut, wird gegenwärtig zu 50 bzw. 70 % staatlich subventioniert. Durch allgemeine Schulpflicht (6–14 Jahre) und Schulgeldfreiheit wurde früh eine relativ breite Volksbildung erreicht (nur 7 % Analphabeten). Im Hochschulbereich besteht in B. ein Department der University of the West Indies (Kingston, Jamaica). Ein geplantes Universitäts-Kolleg (BELCAST) wird als berufliche Fachhochschule weitergeführt.

LITERATUR

C. H. **Grant**, The Making of Modern B. New York 1978. – H. F. **Illy**, B., in: HDW. Bd. 3. 1982, 268 ff. – K. **Leuteritz**, Das unabhängige B. und seine Verfassung, in: VRÜ 16 (1983) 151 ff. – O. N. **Bolland**, B. – A new Nation in Central America. Boulder (Col.) 1986. – A. **Shoman**, Party Politics in B. 1950–86. Belize 1987. – A. J. **Fernandez**, B.: Case Study for Democracy in Central America. Aldershot 1989. – Lber. B. 1989. Stuttgart 1989. – M. **Rauschert**, Abenteuer B. Bonn 1989. – R.-O. **Schultze**, C. **Will**, B., in: PolLexLat. ³1992, 43ff.

Ulrich Fanger

COSTA RICA

Amtlicher Name	Rebública de Costa Rica (Republik Costa Rica)
Staatsform	Präsidialrepublik
Hauptstadt	San José (245 000 E.)
Fläche	51 100 km²
Bevölkerung	2 941 000 E. (1989; VZ 1984: 2 417 000). – 57,5 E./km²
Sprache	Spanisch
Religion	Katholiken 83%; Protestanten 16%
Währung	1 Costa-Rica-Colón = 100 Centesimos

C. R. bildet den ↗Nicaragua (im NW) und ↗Panama (im SO) verbindenden Teil des zentralamerikan. Isthmus (↗Mittelamerika). Es gliedert sich zu je ca. 1/3 in Gebirge (bis zu 3819 m Höhe), Hügelländer/intramontane Becken und Tiefebenen. Die zentralen Gebirgsmassive wirken als Klimascheide zwischen der wechselfeuchten pazifischen und der dauerfeuchten atlantischen Seite. C. R. gehört zu den 10 regenreichsten Ländern der Erde. Siedlungsschwerpunkt des Landes ist die *Meseta Central* (20 x 60 km auf rd. 1100 m Höhe) mit fruchtbaren Ablagerungsböden und mildem Klima. Der N (Guanacaste/San Carlos) ist Trockenbis Feuchtsavanne mit extensiver Vieh- und Landwirtschaft. Die 150 km breite atlantische Abflachung trägt noch weitgehend tropischen Regenwald und ist Plantagenzone.

C. R., 1502 von *Kolumbus* entdeckt, seit 1561 von Spanien kolonisiert, wurde 1821 unabhängig, war bis 1836 Teil der kurzlebigen „Zentralamerikanischen Föderation" und konstituierte sich 1848 als selbständige Republik. Die politische Entwicklung im 19. Jh. war durch eine Abfolge personalistischer Regime und außenpolitischer Konflikte gekennzeichnet. Unter liberalen Präsidentschaften erfolgte ab 1886 der Aufbau des Schul- und Pressewesens. Grundlegende Reformen des Finanzwesens und der Aufbau der Infrastruktur trugen zur Konsolidierung der Wahldemokratie und der Verfassungsordnung bei, die seither nur noch zweimal durchbrochen wurde (1917/18, 1946/48). Bis 1990 gingen von 45 Staatschefs 17 aus freien Wahlen hervor, darunter alle Präsidenten seit 1949.

Der Bürgerkrieg 1948 wirkte sich für die funktionierende parlamentarische Demokratie festigend aus. Zwei Parteigruppen haben sich in den letzten Jahrzehnten herauskristallisiert und bilden in einer Gegenüberstellung von Mitte/Links (Partido Liberacion Nacional, PLN) und konservativ/liberal (Partido Unificacion Social Cristiano, PUSC) zwei annähernd gleichstarke Lager, die sich in ihren wirtschafts- und ordnungspolitischen Grundvorstellungen nur wenig unterscheiden. Nach zwei Regierungen der PLN (1982, 1986) ging aus den Wahlen 1990 eine neue Regierung des PUSC (51,4% der Stimmen) unter Präs. *Rafael A. Calderón Fournier* hervor. Außenpolitisch hat sich C. R. 1983 durch die Erklärung dauernder Neutralität und seit 1986 durch die Bemühungen zur Friedenssicherung in den Nachbarländern (u. a. Arias-Initative) ausgezeichnet (Friedensnobelpreis für Präs. *Oscar Arias Sánchez*, 1987). – C. R. ist Mitglied u. a. der OAS und im SELA.

Die seit dem 7. 11. 1949 geltende (9.) *Verfassung* (eine neue ist in Vorbereitung) sieht ein Präsidialsystem mit ausgeprägten Kontrollbefugnissen der Legislative (Einkammerparlament mit 57 Abg) vor; sie fixiert eine eindeutige Trennung der drei Gewalten und enthält einen breiten Grundrechtskatalog. Parlaments-, Präsidentschafts- und Gemeinderatswahlen finden alle 4 Jahre in einem Wahlgang statt (Wahlpflicht ab 18 Jahren). Präsident und Vizepräsident werden in relativer Mehrheitswahl direkt gewählt (Wiederwahl ausgeschlossen). Für Parlament und Gemeinderäte gilt das Verhältniswahlsystem; Abgeordnete sind nicht für die folgenden Amtsperioden wiederwählbar.

Die *Verwaltung* ist in 7 Provinzen, 81 Kantonskreise und 329 Distritos (Unterbezirke) gegliedert. Die Provinzgouverneure und Kreisdirektoren werden vom Staatspräsidenten ernannt; die ehrenamtlichen Sprecher der Unterbezirke sind wählbar. Auf beiden Ebenen bestehen gewählte Ratsversammlungen.

Die *Rechtsordnung* beruht im wesentlichen auf span. und frz. Vorbildern. Höchstes Rechtsprechungsorgan ist der Oberste Gerichtshof. Er ist letzte Instanz in Zivil- und Strafsachen, seit 1989 auch Verfassungsgerichtshof. Im übrigen besteht die Gerichtsbarkeit aus Gerichten erster Instanz in den 7 Provinzhauptorten, je zwei Appellationsgerichten in Straf- und Zivilsachen und Friedensrichtern in größeren Orten. Verwaltungsgerichtsverfahren führen über zwei Instanzen zum I. Senat des Obersten Gerichtshofs.

Die *Bevölkerung* hat sich seit 1900 etwa vervierfacht. In allen Landesteilen überwiegen Weiße und Mestizen (zusammen 94%). Als kaum integrierte Minderheit bewohnen Indios zumeist Rückzugsgebiete im Talamanca-Bergland. Flüchtlingsströme aus den kriegsgefährdeten Nachbarländern verschärfen seit 1980 die sozialen Probleme. Die Siedlungsdichte (1900: 6 E./km²) hat inzwischen 57,5 E./km² erreicht; der Verstädterungsprozeß (1980: 46%; 1990: 54%) setzt sich fort. Im zentralen Hochland konzentrieren sich auf 1/5 der Landesfläche über 50% der Bevölkerung (1988: 208 E./km²).

Die rückläufige Entwicklung der *Geburtenziffern* (25,5‰) und *Sterbeziffern* (4,2 ‰) hat zu einem Rückgang des natürlichen *Bevölkerungswachstums* von 3,1% (1965–70) auf 2,4% (1985–90) p. a. geführt, die *Lebenserwartung* beträgt 74,7 Jahre, die *Säuglingssterblichkeit* 14,7‰. Jünger als 15 Jahre sind (1990) 36,4% (1973: 44%) der Bevölkerung. Die *Erwerbsquote* lag 1987 bei 37,5% (Männer: 54%, Frauen: 21%).

Soziale Unterschiede zeigen nicht die starken Gegensätze wie in den meisten Ländern Lateinamerikas. Die Existenz einer breiten Mittelschicht ist das Erbe der bäuerlichen Kolonisierung. Seit Beginn des 20. Jh., verstärkt seit den 50er Jahren, geht jedoch der Umfang der ländlichen Mittelschicht zurück zugunsten einer wachsenden städtischen Mittelklasse, während zugleich Klassenunterschiede deutlicher hervortreten, die zunehmend nach sichtbaren Wohlstandsmerkmalen definiert werden. Arbeitsrecht und Sozialwesen sowie die rechtliche und soziale Stellung der Frau wurden früher gesichert als in den meisten Nachbarländern.

Der allgemeine Standard von *Hygiene und Gesundheitsfürsorge* ist im Vergleich zum übrigen Lateinamerika sehr hoch. Die ärztliche Versorgung hat sich im Landesdurchschnitt auf 1 Arzt je 1011 E. verbessert. Es bestehen 39 Kliniken mit 7400 Betten. Außerhalb des zentralen Hochlandes ist die Versorgung mit stationären Einrichtungen noch uneinheitlich.

C. R. fehlen Energierohstoffe und eine hinreichende mineralische Rohstoffbasis. Es verfügt potentiell über eine ausreichende Selbstversorgungsbasis; 10% des Staatsgebiets sind Ackerland, weitere rd. 30% Wiesen- und Weideland. Der Aufbau einer einheimischen *Industrie* begann nach dem II. Weltkrieg und erreichte ab 1959 wachsende Dynamik. In einzelnen Bereichen (Chemie und Pharmazie) wurde eine Führungsstellung innerhalb Zentralamerikas erlangt. Diese Entwicklung ging einher mit der Erschließung von Wasserkraft als Hauptenergieträger (80,6% der Elektrizitätsgewinnung). Zusammen mit Guatemala war C. R. zunächst Hauptnutznießer des Mittelamerikanischen Gemeinsamen Marktes (MCCA, Beitritt 1963). Nach dessen faktischem Zusammenbruch, den Auswirkungen der zweiten Energiekrise und dem wirtschaftlichen Niedergang in den Nachbarländern geriet C. R. ab 1981 in eine tiefe Wirtschaftskrise. Die galoppierende Preisinflation (1981–84) konnte seither zurückgeführt werden (Inflationsrate 1991: 25%). Die Außenverschuldung brachte jedoch das Land in die Gruppe der höchstverschuldeten Länder Lateinamerikas (Ende 1990: 3,46 Mrd. US-$). Die Schuldendienstzahlungen betrugen 1990 rd. 13% der Exporterlöse und Transferzuflüsse aus Dienstleistungen. Solides wirtschaftspolitisches Management ist seit der Regierung unter *Luis Alberto Monge Alvarez* (1982–86) zu verzeichnen, doch beruht die relative Stabilisierung auf außergewöhnlichen Hilfszahlungen der USA.

Das BIP zu Marktpreisen lag 1990 bei 5,62 Mrd. US-$ (pro Kopf 1950 US-$). An der Wertschöpfung (BIP zu Faktorkosten) waren 1989 Land- und Forstwirtschaft mit 17,9% (26% der Erwerbstätigen), Industrie/Energie/Bau mit 26,7% (26,1%), Tertiärsektor/Verkehr und Tourismus mit 55,3% (46,1%) beteiligt.

C. R. ist traditionell Agrarexportland. Bei der Ausfuhr herrschen weiterhin landwirtschaftliche Produkte (81,5% der Erlöse) vor, v. a. Bananen, tropische Früchte, Kaffee. Das Handelsbilanzdefizit ist stetig auf über 474 Mio. US-$ (1990) angestiegen. Wichtigste Handelspartner sind die USA (Import: 43%, Export: 52,5%), die Staaten der EG (12,8% bzw. 24%, davon Deutschland allein 4,6% bzw. 13%) und Japan (Import: 6,7%).

Seit 1984 strebt C. R. den Abbau der Staatsquote, eine verstärkte Exportorientierung seiner gewerblichen Wirtschaft und die Ausweitung nichttraditioneller Agrarexporte an.

Verkehr. Das *Eisenbahnnetz* (1984: 833 km) besteht v. a. aus den beiden Hauptlinien Puerto Limón – San José und Puntarenas – San José. Das *Straßennetz* ist sehr dicht, aber nur 10% sind asphaltiert; 663 km sind Teil des Panamerican Highway. Wichtigste Häfen für die *Seeschiffahrt* sind Puntarenas (Pazifik) und Puerto Limón (Atlantik). Internationaler *Flughafen* ist Juan Santamaria bei San José.

Zum kulturellen Hintergrund des Landes gehört die Bedeutung der vorkolumbianischen Indianerkulturen. C. R. war zwischen dem 7. und 11. Jh. Kreuzweg und Treffpunkt von Wanderungsbewegungen und Kultureinflüssen aus dem N und S. Das kulturelle Leben der Gegenwart läuft in Formen südeurop. Prägung ab.

C. R. ist durch die Tradition der röm.-kath. Religion geprägt, die vorherrschend bleibt (83% der Bevölkerung in 1 Erzb., 3 Bist. und 1 Apostolischen Vikariat). Bekenntnisfreiheit ist verfassungsrechtlich verankert. Protestantische Kirchen bestehen seit 1891. Sie haben seit 1960 durch Missionierung ihre Anhängerzahl (16%) verdreifacht.

In der Volksbildung hat C. R. durch hohe staatliche Bildungsaufwendungen eine Spitzenposition auf dem Subkontinent. Alphabetisierung (94%), Einschulung und Schulbesuchsdauer weisen hohe Raten auf. Dennoch gibt es weiterhin ein Bildungsgefälle zwischen Stadt und Land. Schulpflicht besteht vom 6.–12. Lebensjahr. An die 6jährige Grundschule schließt sich eine Sekundarstufe an, die aus einem 3jährigen allgemeinbildenden und einem 2jährigen berufsorientierten Zyklus besteht. Es bestehen 77 (v. a. private) Berufsbildungszentren, 5 Fachhochschulen und 4 Universitäten.

LITERATUR

J. **Fuchs**, C. R. und seine Verfassung in Vergangenheit und Gegenwart, in: Verfassung und Recht in Übersee 11 (1978) H. 1, 177 ff. – H. **Nuhn**, Regionalisierung und Entwicklungsplanung in C. R. Hamburg 1978. – W. K. **Knabe**, C. R., in: PolLexLat. ²1982, 89 ff. – U. **Fanger**, C. R., in: HDW. Bd. 3. ²1982, 43 ff. – **Ders.**, C. R.: Politische Stabilität und Wirtschaftskrise, in: Krisengebiet Mittelamerika – Interne Probleme, weltpolitische Konflikte. Hg. H. Nuhn. Braunschweig 1985, 150 ff. – C. R.: Politik, Gesellschaft und Kultur eines Staates mit ständiger aktiver und unbewaffneter Neutralität. Hg. A. **Maislinger**. Innsbruck 1986. – J. **Fuchs**, Die Verfassung der Republik C. R., in JöR N. F. 35 (1986) 425ff. [mit Text]. – W. **Hein**, C. R.: Kaffee-Exportwirtschaft als Ausgangspunkt sozioökonomischer Entwicklung?, in: Nord-Süd Aktuell 2 (1988) H. 4, 478 ff. – W. **Lutterbach**, C. R.s Grenzen der Autonomie – Zur Außenpolitik eines Kleinstaates in Mittelamerika. Saarbrücken 1989. – A. A. **Tissoco**, Völkerrechtliche Grundlagen dauernder Neutralität. Die dauernde aktive und demilitarisierte Neutralität C. R.s unter der Satzung der Vereinten Nationen. Baden-Baden 1989. – Lber. C. R. 1990. Stuttgart 1990. – Entwicklungsprobleme C. R.s Hg. L. **Ellenberg**, A. **Bergmann**. Saarbrücken 1990. – A. **Spitta**, C. R., in: PolLexLat. ³1992, 88ff.

Ulrich Fanger

EL SALVADOR

Amtlicher Name	Rebública de El Salvador (Republik El Salvador)
Staatsform	Präsidialrepublik
Hauptstadt	San Salvador (455 000 E.)
Fläche	21 041 km²
Bevölkerung	5 400 000 E. (1989; VZ 1971: 3 555 000). – 243 E./km²
Sprache	Spanisch
Religion	Katholiken rd. 85%; Protestanten 10–15%
Währung	1 El-Salvador-Colón = 100 Centesimos

Naturräumliche Voraussetzungen. E. S. ist flächenmäßig der kleinste Staat in Südamerika und der einzige Staat ↗Mittelamerikas ohne Zugang zum Atlantik. Die Küste am Pazifik ist 321 km lang. Im N grenzt E. S. an ↗Guatemala, im O und SO an ↗Honduras, im S (Golf von Fonseca) an ↗Nicaragua. Das zentrale Hochland säumen zwei von O nach W verlaufende Bergketten; hier liegen die Hst. San Salvador und die wichtigsten größeren Städte, wie Santa Ana, San Miguel und Zacatecoluca. Von den mehr als 25 Vulkanen sind 3 noch schwach aktiv. Die Zentralregion liegt 200–1000 m ü. d. M. und zeichnet sich durch fruchtbare Vulkanböden und feucht-gemäßigtes Klima aus. Das Zentrum des Kaffeeanbaus liegt im W; in der fruchtbaren Küstenebene ist Baumwollproduktion angesiedelt. Das *Klima* an der Küste (0–600 m ü. d. M.) ist feuchtheiß, in mittleren Höhenlagen (600–1200 m) gemäßigt, in den Hochlagen (1200–2700 m) kühl. Die Regenzeit (Mai–Okt.) wechselt mit einer Trockenperiode (Nov.–April). Das *hydrographische System* besteht aus einer Reihe von Seen sowie dem 350 km langen Flußlauf des *Río Lempa* mit seinen zahlreichen Nebenflüssen.

Historische und politische Entwicklung. Die präkolumbische Zivilisation von E. S. läßt sich bis ins 1. Jh. zurückverfolgen. 1524–28 eroberten die Spanier nach blutigen Auseinandersetzungen das Gebiet von Cuscutlán und gründeten die Stadt San Salvador. 1542 wurde das Gebiet in das Generalkapitanat Guatemala eingegliedert. Nach der 1821 erfolgten Unabhängigkeitserklärung von der span. Krone gehörte E. S. zusammen mit den anderen 4 ehem. Provinzen Guatemala, Honduras, Nicaragua und Costa Rica der Zentralamerikanischen Föderation an, die jedoch 1841 auseinanderfiel. Nach langwierigen und verlustreichen Kämpfen zwischen Konservativen (Großgrundbesitzer und Kirche) und Liberalen (städtisches Besitz- und Bildungsbürgertum und Agrarbourgeoisie) trennte sich E. S. mit einer neuen Verfassung definitiv von der Föderation.

Kennzeichnend für die Politik seit der Unabhängigkeit sind ständige Interventionen des Militärs und Cliquenkämpfe innerhalb der Oligarchie und des Offizierskorps. Die politische Allianz von Militär und Oligarchie hat ihre sozialökonomische und politische Stellung nicht nur erhalten, sondern seit dem 1981 durch die Generaloffensive der linken Guerillabewegung *Frente Farabundo Martí para la Liberación Nacional* (FMLN) ausgelösten Bürgerkrieg mit Hilfe der von den USA gewährten Wirtschafts- und Militärhilfe noch ausgebaut. Während die 1984–89 regierenden Christdemokraten (*Partido Demócrata Cristiano*, PDC) unter Präs. *Napoleón Duarte* ihre v. a. städtische Basis verlor und die geplanten Reformen gegen die Opposition der rechtsextremen ARENA-Partei *(Alianza Republicana Nacionalista),* die 1988 die Parlamentsmehrheit errang, nicht durchsetzen konnte, verstärkte das Militär durch Terroranschläge, Todesschwadronen und Massaker an der Zivilbevölkerung die Repression, ohne jedoch die FMLN entscheidend schlagen zu können. 1989 gewann *Alfredo Cristiani* die Präsidentschaftswahlen für ARENA. – E. S. ist u. a. Mitglied des MCCA, der OAS und im SELA.

Verfassung, Recht, Verwaltung. E. S. ist nach der *Verfassung* vom Dez. 1983 eine Präsidialrepublik. Der Präsident wird für 5 Jahre direkt gewählt. Die 84 Abgeordneten des Einkammerparlaments werden für 3 Jahre nach dem Verhältniswahlrecht gewählt. Das *Recht* beruht auf span.-frz. Vorbild. Der Rechtsprechung dienen Gerichte in den Provinzen sowie ein Oberstes Gericht, dessen Richter vom Parlament für 3 Jahre gewählt werden. E. S. ist in 14 Provinzen eingeteilt, die von Gouverneuren verwaltet werden.

Bevölkerungs- und Sozialstruktur. E. S. ist der dichtest besiedelte Staat Mittelamerikas. Die Bevölkerung wächst dank hoher Geburtenüberschüsse rasch (*Geburtenziffer* 1988: 36 ‰, *Sterbeziffer* 8 ‰), obwohl ca. 1 Mio. Salvadorianer (meist illegal) in die USA emigriert, weitere ca. 250 000 vor dem Bürgerkrieg in die Nachbarländer geflohen sind (ca. 500 000 Menschen befinden sich innerhalb des Landes auf der Flucht) und im Bürgerkrieg über 80 000 Menschen umkamen. Die Einwohnerzahl hat sich in knapp 30 Jahren nahezu verdoppelt (1961: 2,5 Mio., 1989: 5,4 Mio.). Die *Altersstruktur* ist für lateinamerikan. Länder typisch (Anteil der bis 15jährigen 44%, der über 65jährigen 4%; 1990). *Ethnisch* besteht die Bevölkerung zu 85% aus Mestizen, zu 10% aus Weißen meist span. Abstammung und zu 5% aus Indios. Die *Sozialstruktur* ist extrem polarisiert: Bezogen auf die Erwerbsbevölkerung (ca. 1,9 Mio.) sind 0,3% Unternehmer, 10,8% gehören zu den kleinen Selbständigen oder zur lohnabhängigen Mittelschicht, 57,2% zur Unterschicht. Der Rest sind Rentner, Unterbeschäftigte, Flüchtlinge, Marginalisierte.

Wirtschaft. E. S. ist noch immer, trotz forcierter Industrialisierung (Nahrungsmittelverarbeitung, Textil und Bekleidung, Chemie) im Rahmen des MCCA, ein typisches Agrarexportland mit Kaffee als Hauptprodukt (rd. 50% der Gesamtausfuhren 1988) sowie Baumwolle und Zuckerrohr. Der Anteil der Landwirtschaft am BIP betrug 1988 14%, an der Erwerbstätigkeit rd. 35%. Infolge des Bürgerkriegs ist das BIP insgesamt gesunken; gegenüber einem durchschnittlichen jährlichen Wachstum von 5,5% (1970–75) bzw. 1% (1975–80) ging es 1980 um 8,7%, 1982 um 5,3% zurück. Trotz der leichten Erholung zwischen 1985–88 (1988: + 2,7%) lag es noch um 7% unter dem Niveau von 1980 und ging 1989 wieder um 1,0% zurück. Gleichzeitig lag die Inflationsrate 1984–89 durchschnittlich bei 21,4% p. a. Unter diesen Umständen verschlechterten sich die Lebensbedingungen der Bevölkerungsmehrheit im Vergleich zu den 70er Jahren erheblich. Ihr Überleben ist vielfach nur durch Überweisungen von Angehörigen in den USA möglich (jährlich 1,4 Mrd. US-$). Der Bürgerkrieg hat zu schweren Deformationen der Wirtschaft geführt (sinkende Investitionsraten, steigende Arbeitslosenquoten; rd. 30% Ende der 80er Jahre), verbunden mit verbreiteter Unterbeschäftigung. Entsprechend wuchs die Bedeutung des informellen Sektors in San Salvador und anderen Städten. Während sich der Anteil der Militärausgaben am Staatshaushalt 1979–86 von 8,7% auf 28,3% erhöhte, sanken die Ausgaben für Erziehung von 20,1% auf 15,29%, für das Gesundheitswesen von 10,1% auf

7,10%. Die Handelsbilanz ist seit langem defizitär (1988: Export 573 Mio. US-$, Import 975 Mio. US-$), die Auslandsverschuldung hoch (1988: 1,68 Mrd. US-$ = 31,5% des BSP).

Kultur, Religion, Bildung. Volks- und Amtssprache ist Spanisch; daneben haben örtlich indianische Sprachen Bedeutung. Das Schulwesen ist teils staatlich, teils privat organisiert. Schulpflicht besteht vom 6.–14. Lebensjahr. Der Schulbesuch, der kostenlos ist, leidet aber stark unter dem Bürgerkrieg (1988 Einschulungsrate nur 72%). Die Analphabetenrate ist noch hoch (1985: 32% der über 10jährigen). Rd. 85% der Bevölkerung sind Katholiken (Erzb. San Salvador mit 7 Suffr.-Bist.), 10–15% gehören prot. Sekten an. E. S. hat 2 Universitäten: die Universidad de El Salvador (U. E. S.) und die von Jesuiten geleitete Universidad Centroamericana José Simeón Cañas (UCA). Weder die Kirche noch die Hochschulen wurden vom Bürgerkrieg verschont. 1980 wurde Erzb. *Oscar A. Romero,* 1989 wurden der Rektor der UCA, *Ignacio Ellacuría S. J.,* sowie weitere an der UCA lehrende Jesuiten vom Militär ermordet. Nach Verhandlungen im Laufe des Jahres 1991 kam es im Jan. 1992 unter UN-Vermittlung in Mexiko-Stadt zur Unterzeichnung eines Friedensabkommens zwischen der Regierung und der FMLN.

LITERATUR

V. **Sieglin,** E. S., in: Zentralamerika. Hg. D. Boris, R. Rausch. Köln 1983, 129 ff. – J. **Didion,** Salvador. London 1983. – J. **Cáceres u. a.,** E. S.: una historia sin lecciones. San José (Costa Rica) 1988. – S. **Montes,** Clases y movimientos sociales en E. S., in: Realidad económico-social. Nr. 4. San Salvador 1988. – M. **Lungo Uclés,** E. S. en los 80: contrainsurgencia y revolución. 1990. – Lber. E. S. 1991. Stuttgart 1991. – L. **Ring-Eifel,** Bürgerkrieg, Friedensgespräche, Wahlen. Die unsichere Lage in E. S., in: HK 45 (1991) 140 ff. – W. L. **Bernecker,** Th. **Fischer,** E. S., in: PolLexLat. ³1992, 124 ff.

Renate Rausch

GUATEMALA

Amtlicher Name	Rebública de Guatemala (Republik Guatemala)
Staatsform	Präsidialrepublik
Hauptstadt	Ciudad de Guatemala (1 100 000 E.)
Fläche	108 889 km²
Bevölkerung	8 946 000 E. (1989; VZ 1981: 6 054 000). – 80 E./km²
Sprache	Spanisch
Religion	Katholiken über 90%; Protestanten rd. 1%
Währung	1 Quetzal = 100 Centavos

Naturräumliche Voraussetzungen: G. wird im NW und N von ↗Mexiko, im O von ↗Belize, ↗Honduras und dem Karibischen Meer (Küstenlänge 170 km), im SO von ↗El Salvador, im S vom Pazifik (Küstenlänge 240 km) begrenzt (↗Mittelamerika). Die *Hochlandregion* im Bereich der zentralamerikan. Kordilleren nimmt die größte Fläche ein. Sie wird gegliedert durch die parallel zum Pazifik verlaufende vulkanische *Sierra Madre* (mit mehreren noch tätigen Vulkanen) und im NO durch die karstige *Sierra de Cuchumatanes.* Dazwischen liegt der Kernraum von Besiedlung und indianisch-mestizischer Landschaft, der im S von der das Land durchquerenden geologischen Bruchlinie des *Río Motagua* begrenzt wird; von ihr ging das schwere Erdbeben vom 4.2.1976 aus, das ca. 23 000 Tote forderte. Entlang der Pazifikküste erstreckt sich ein rd. 60 km breiter Schwemmlandstreifen, einer der beiden Schwerpunkte moderner landwirtschaftlicher Produktion (Baumwolle, Viehzucht, Zuckerrohr). Auf der Atlantikseite nehmen die feuchttropischen Tieflandgebiete und die Kalktafel des *Petén* (Yucatan-Halbinsel) knapp die Hälfte des Landes ein, sind aber nur von rd. 6% der Gesamtbevölkerung besiedelt.

Historische und politische Entwicklung. Unter span. Kolonialherrschaft war G. 1524–1821 ein halbautonomes Generalkapitanat innerhalb des Vizekönigreichs Neu-Spanien (Mexiko), nach der Unabhängigkeitserklärung (15. 9. 1821) bis 1824 Teil des mexikan. Reichs, dann bis 1838 Hauptteil der kurzlebigen Zentralamerikanischen Föderation. 1839 konstituierte sich G. als Republik. Die politische Entwicklung im 19. Jh. war zunächst durch ein langjähriges autoritär-konservatives System, 1871–75 durch eine liberale Reformperiode gekennzeichnet. Personalistische Regime unter Militäreinfluß herrschten in den folgenden Jahrzehnten vor, in denen ausländische Wirtschaftsinteressen die Abhängigkeit von den USA verstärkten und die Staatsführung sich zunehmend auf eine Interessenvertretung der Kaffee-Oligarchie und ihrer militärischen Schutzmacht reduzierte. Machtwechsel erfolgten wechselweise durch Palastrevolten der Streitkräfte und beeinflußte Wahlgänge. Ihre Zuspitzung fand diese Entwicklung in der Diktatur von *Jorge Ubico* (1931–44), die im II. Weltkrieg revolutionäre Gegenkräfte auf den Plan rief. Seit 1945 erlebte G. einen Umschwung zum Sozialismus (*Juan José Arévalo* und *Jacobo Arbenz Guzmán* 1944–54), den von den USA unterstützten bewaffneten Aufstand (unter Oberst *Castillo Armas,* 1954), Versuche erneuter Redemokratisierung und sozialer Reform (1966–70) und zahlreiche Putschversuche und militärische Staatsstreiche (1973, 1982, 1983). 1978–82 erreichten die Aktionen links- und rechtsextremistischer Terror- bzw. Guerilla-Organisationen einen Höhepunkt. Unterstützung erhielten die Gruppen von Kuba bzw. den USA. 1982 gaben sich die drei Guerilla-Organisationen FAR (Fuerzas Armadas Rebeldes, Südküste und Hauptstadtregion), EGP (Ejercito Guerillero de los Pobres, westl. Hochland) und ORPA (Organisación Revolucionaria del Pueblo Armado, mestizische Landwirtschaftszonen im NO und Verapaz) in der URNG (Unidad Revolucionaria Guatemalteca) einen gemeinsamen Überbau. Der Bürgerkrieg soll bis 1991 ca. 100 000 Tote gefordert haben. Seit 1983 haben internationaler Druck, die krisenhafte Entwicklung in Nachbarländern und die angestrebte Vermittlerrolle im zentralamerikan. Schlichtungsprozeß eine schrittweise Rückkehr zur verfassungsmäßigen Ordnung („recambio") eingeleitet. 1985 (Präs. *Marco Vinicio Cerezo Arévalo,* DCG) und 1990/91 (Präs. *Jorge Serrano Elias,* MAS) konnten erstmals formal einwandfreie Wahlen durchgeführt werden. Unter den 20 politischen Parteien sind stärkste Gruppen die Democracia Cristiana de Guatemala (DCG, Mitte-links), die 1985–90 die Regierung stellte, und die Unión del Centro Nacional (UCN, rechts-liberal). Das in der Präsidentschaftswahl 1990/91 siegreiche Movimiento Acción Social (MAS) verfügt mit 18 von 116 Abgeordneten über eine nur sehr schwache parlamentarische Basis, die zur Bildung einer Mehrparteien-Koalition zwang. Die UCN erhielt als stärkste Fraktion 41, die DCG 27 Sitze. Seit März 1990 wurden die Friedensgespräche zwischen der Regierung und der URNG wieder aufgenommen, die aber bis April

1992 nur zu einem Teilabkommen (Acuerdo de Querataro) führten. Auf Beschluß der Regierung wurde am 27.7.1991 der Territorialkonflikt mit Belize beigelegt; im Okt. 1991 nahmen beide Länder diplomatische Beziehungen auf. – G. ist Mitglied u. a. des MCCA, der OAS und im SELA.

Verfassung, Recht, Verwaltung. Nach der Verfassung vom 30. 5. 1985 (in Kraft seit Jan. 1986) – der 4. in 25 Jahren – hat G. eine repräsentative republikanische Regierungsform mit Präsidialsystem und Gewaltenteilung. Zu den Neuerungen gehören die klare Umschreibung der Grundrechte, die Stärkung der Rechtsprechungsorgane durch finanzielle Autonomie, die Schaffung eines Obersten Wahlgerichtshofs und die Einführung der Volksbefragung. Die Präsidentschaftskandidatur ist nicht mehr an ein bestimmtes religiöses Bekenntnis gebunden. Präsident und Vizepräsident, die Kongreßabgeordneten, die Gemeindeverwaltungen und die 20 Abg. zum 1987 geschaffenen Zentralamerikan. Parlament (PARLACEN) werden in einem Wahlgang für 5 Jahre gewählt (Wahlpflicht ab 18 Jahren, soweit schreib- und lesefähig, für Analphabeten lediglich Wahlrecht). Präsident und Vizepräsident können nicht wiedergewählt werden.

Die *Legislative* bildet ein Einkammerparlament. Von den 116 Abg. werden 87 durch relative Mehrheitswahl direkt, 29 durch Verhältniswahl über eine Landesliste bestimmt.

Die *Rechtsordnung* (Codigo Civil von 1877/1964 und Codigo Penal von 1898) ist von der span. und frz. Rechtstradition beeinflußt. Höchste Instanz der Rechtsprechung ist der Oberste Gerichtshof, zu dem eine Verfassungs- und eine Verwaltungskammer gehören. Ihm sind 12 Appellationsgerichte nachgeordnet. Die Richter werden vom Kongreß auf 4 Jahre bestimmt und sind wiederwählbar. In den Provinzhauptstädten bestehen Zivil- und Strafgerichte erster Instanz, deren Amtsträger durch den Obersten Gerichtshof ernannt werden. Örtliche Friedensgerichte sind für Bagatellfälle zuständig.

Die zentralstaatliche *Verwaltungsstruktur* gliedert sich in 22 Bezirke (departamentos) mit den von der Exekutive ernannten Gouverneuren und den Sonderbezirk der Hauptstadt mit einem gewählten Oberbürgermeister. Die 22 Bezirke umfassen insgesamt 330 Gemeinden mit gewählten Selbstverwaltungsorganen.

Bevölkerungs- und Sozialstruktur. Die Bevölkerungsentwicklung war in jüngster Vergangenheit durch leicht rückläufige Wachstumsraten (1950–85: 3,1%, 1980–86: 2,9% p. a.) und kriegsbedingte Fluchtbewegungen ins Ausland (rd. 250 000 Personen) geprägt. Die *Geburten-* und *Sterbeziffern* lagen 1988 bei 37,9 bzw. 7,6 ‰; die *Lebenserwartung* beträgt 62,6 Jahre. Die *Altersstruktur* hat sich seit 1950 nur wenig verändert: der Anteil der unter 15jährigen beträgt (1990) 45%, der über 65jährigen 3%. G. weist mit 30,8% eine verhältnismäßig niedrige *Erwerbsquote* mit geringer Frauenerwerbstätigkeit auf.

In den Verdichtungsräumen des zentralen und westl. Hochlandes konzentrieren sich 3/4 der landwirtschaftlich tätigen Bevölkerung (300 E./km^2), während das nördl. Tiefland die geringste Siedlungsdichte (5,4 E./km^2) aufweist. Eine Binnenwanderung, die sich an den Erntezyklen in den Plantagen der Pazifikküste und im SO orientiert, und teilweise politisch bedingte Abwanderungen haben zu einer beschleunigten Verstädterungstendenz (40% Stadtbevölkerung) geführt.

Die *demographische und soziale Gliederung* wird von einer ausgeprägten Heterogenität der Volksgruppen bestimmt. Nebeneinander bestehen indianische Stammes- und Sprachgruppen (Anteil an der Gesamtbevölkerung ca. 47%), hispanisierte, wirtschaftlich und politisch dominierende Ladino-Bevölkerung sowie eine beträchtliche Zwischengruppe, die – obwohl im Erscheinungsbild oftmals rein indianisch – teilweise hispanisierte Lebens- und Sprachgewohnheiten übernommen hat. Ladinos bilden v. a. die städtische Mittel- und Oberschicht und dominieren in Verwaltung, Handel und Gewerbe.

Wirtschaft. G. verfügt über zahlreiche Bodenschätze, die aber bis auf Nickel, Antimon, Eisen und Blei nicht systematisch abgebaut werden. Erdölvorkommen im Grenzgebiet zu Mexiko werden seit Ende der 70er Jahre erschlossen. Wichtigster Wirtschaftszweig ist die *Landwirtschaft* (1990: 25,6% des BIP; 54% der Beschäftigten). Von der Landesfläche werden 28% landwirtschaftlich genutzt, davon rd. 1,3 Mio. ha als Ackerland (75 000 ha künstlich bewässert), 485 000 ha als Dauerkulturen und 1,3 Mio. ha als Weideland/Dauerwiesen. Kaffee (26% des Exportwerts 1989), Bananen (7,9%), Baumwolle (7,5%) und Zucker (4,3%) sind die entscheidenden Ausfuhrgüter. 88% der Betriebe haben weniger als 7 ha. Die Großbetriebe mit rd. 65% der landwirtschaftlichen Nutzfläche sind auf Ausfuhrerzeugnisse spezialisiert, die Vielzahl der Kleinbetriebe (minifundios) erzeugt überwiegend für die Selbstversorgung bzw. den Inlandsmarkt. Der *Industriesektor* (1990: 14,9% des BIP; knapp 14% der Erwerbstätigen) hatte sich nach 1960 zunächst dynamisch entwickelt, erlitt aber durch die Rezessionen 1971 und ab 1978 Rückschläge. Gleichwohl ist G. innerhalb des MCCA mit rd. 1/3 der Industriekapazität führend. Seit 1987 erzielte der Industriesektor wie die Gesamtwirtschaft wieder Zuwachsraten (1987/89 jährlich rd. 3,2%). Den Schwerpunkt des verarbeitenden Gewerbes bildet die Nahrungs- und Genußmittelverarbeitung (rd. 50% des Produktionswerts). Mit der Textil- und Lederverarbeitung (20% des Produktionswerts) vereinigt sie 57% der industriell Beschäftigten auf sich. Es folgen der Bereich Chemie/Kunststoffe und Holz- und Papierverarbeitung. Der Handel ist mit 24,4%, das Verkehrs- und Kommunikationswesen mit 7,8%, die Energieversorgung mit 2,5% am BIP beteiligt.

Das BIP zu Marktpreisen stieg 1975–89 von 3,64 Mrd. Q auf 23,6 Mrd. Q (Wachstum 1989: 4,1%, 1990: 3,2%). Das reale Pro-Kopf-Einkommen lag 1990 bei 1070 US-$. Der *Staatshaushalt* ist seit Jahren defizitär. Seit 1985 werden die Defizite v. a. durch Kreditaufnahme im Ausland finanziert. Dementsprechend hat die öffentliche Auslandsverschuldung seit 1983 stark zugenommen (1965: 318 Mio. US-$; 1990: 2,77 Mrd. US-$). Die Schuldendienstverpflichtungen lagen 1988 bei 13,9% der Exporterlöse.

Im *Außenhandel* ist G. stark von der Entwicklung der terms of trade am Weltmarkt abhängig, die sich seit 1978 ungünstig entwickelten und i. d. R. negative Handelsbilanzen zur Folge hatten. Ab 1988 konnte die Exportdynamik wiedergewonnen werden; die Handelsbilanz ist aber weiter defizitär. Wichtigste Handelspartner sind die USA (Import/Export-Anteile: 28/37%), die EG-Staaten (16/18%, insbes. Deutschland), Mexiko (7/6%) und die MCCA-Länder.

Kultur, Religion, Bildung. Offizielle Landessprache ist Spanisch; indianische Sprachen haben nicht den Rang anerkannter oder landesweit gebräuchlicher Verkehrssprachen erlangt, da G. durch das Nebeneinander von 17 Maya-Sprachstämmen mit weiteren 5 Dialektformen gekennzeichnet ist. Daneben besteht eine kleine arawak-karibische Sprach- und Kulturzone (Creole).

Kulturell war G. in vorkolumbianischer Zeit Kernraum der Maya-Kulturen. Der Reichtum an archäologischen Stätten und Fundobjekten geht auf diese Kulturen zurück. Im Hochland hat sich die Volkskunst-Tradition der nachklassischen Kulturen erhalten (insbes. Textilhandwerk und Keramik) und die span.

Kolonialkunst nachhaltig beeinflußt. Koloniale Architektur des 16.–18. Jh. ist trotz der Erdbebenschäden in weiten Teilen des Hochlandes vorhanden. In der Literatur hat sich eine auf vorkolumbianische Maya-Dichtkunst *(Popol Vuh)* zurückreichende Tradition erhalten, die über eine eigenständige Kolonialliteratur bis in die Gegenwart weiterwirkt.

In G. gilt Trennung von Staat und Kirche. Traditionell bekennen sich über 90% der Bevölkerung zur kath. Kirche (Erzb. G. mit 7 Suffr.-Bist.). In den indianischen Siedlungszonen hat die Vermischung mit überlieferten vorhispan. Glaubensformen einen eigentümlichen Synkretismus herausgebildet. Seit den 50er Jahren ist die zunehmende Hinwendung zu basisorientierten Religionsgruppen (13 prot. Missionssekten; kath. Katechetengruppen und „Acción Catolica") festzustellen.

Obwohl 1980–86 ein nennenswerter Ausbau ländlicher Schulzentren erfolgte, bleibt die Leistungsfähigkeit des *Bildungswesens* deutlich hinter der mittelamerikan. Nachbarländer zurück. Die Ursachen liegen in der schwierigen sprachlichen Gliederung des indianischen Binnenlandes, den relativ geringen Bildungsaufwendungen (i. d. R. 11–13% des Staatshaushalts) und in der traditionellen Schwerpunktsetzung auf dem städtischen Schulsektor. Trotz wiederholter Alphabetisierungskampagnen hat sich die Analphabetenrate seit 1950 (72%) nur auf 45% der über 15jährigen reduziert. Der Schulbesuch ist kostenlos. Schulpflicht besteht vom 7.–14. Lebensjahr; deren Durchsetzbarkeit ist aber praktisch auf die städtischen Bereiche begrenzt geblieben. An die 6jährige Grundschule schließen zwei 3jährige Sekundarschulzyklen an (allgemeinbildender Zyklus und berufsorientierter oder akademisch spezialisierter). Es bestehen 5 Hochschulen.

LITERATUR

R. **Adams**, Crucifixion by Power. Essays on Guatemalan national social structure. Austin (Tex.) 1970. – H. O. **Spielmann**, Ursachen, Merkmale und Bedeutung der Bevölkerungsverschiebungen in G. Hamburg 1973. – C. **Smith**, Beyond Dependency Theory: National and regional patterns of underdevelopment in G. Guatemala 1978. – W. B. **Franklin**, G. Oxford 1981 [Bibliogr.]. – U. **Kneer**, A. **Scheuermeier**, G., in: HDW. Bd. 3 ²1982, 85 ff. – P. **Calvert**, G. A nation in turmoil. Boulder (Col.) 1985. – U. **Karpen**, Die Verfassung von G. vom 30. 5. 1985, in: JöR N. F. 36 (1987) 527 ff. [mit Text der Verf.]. – Lber. G. 1989. Stuttgart 1989. – D. **Apunn u. a.**, G. Geschichte und Gegenwart, in: Lateinamerika-Report 1/1990. München 1990. – G. Gesellschaftssysteme im Umbruch, in: Lateinamerika. Analysen, Daten, Dokumentation. Nr. 14. Hg. Institut für Iberoamerika-Kunde. Hamburg 1990. – M. **Riekenberg**, Zum Wandel von Herrschaft und Mentalität in G. Köln 1990. – U. **Fanger**, G., in: PolLexLat. ³1992, 142ff.

Ulrich Fanger

HONDURAS

Amtlicher Name	República de Honduras (Republik Honduras)
Staatsform	Demokratische Präsidialrepublik
Hauptstadt	Tegucigalpa (640 000 E.)
Fläche	112 088 km²
Bevölkerung	4 981 000 E. (1989; VZ 1974: 2 657 000). – 44,4 E./km²
Sprache	Spanisch
Religion	Katholiken über 90%; Protestanten rd. 3%
Währung	1 Lempira = 100 Centavos

Naturräumliche Voraussetzungen: H., auf der zentralamerikan. Landbrücke gelegen, grenzt im NW an ↗Guatemala, im SW an ↗El Salvador, im S und SO an ↗Nicaragua (↗Mittelamerika). Zu H. gehören die Bahía-Inseln in der Karibik, die auf einem großen Korallenriff liegen. 650 km Küstenlänge zum Karibischen Meer (Golf von H.) stehen nur 80 km am Pazifik (Golf von Fonseca) gegenüber; dies erklärt die zum Atlantik orientierte Entwicklung des Landes. H. gliedert sich in 3 Naturräume: Westhonduras, ein jahreszeitlich trockenes Mittelgebirgsland vulkanischen Ursprungs (1000–1800 m hoch); Osthonduras, wo sich die zentralamerikan. Kordillere in mehrere Gebirgsketten (bis 2590 m) aufteilt und mit ihren Querausläufern zahlreiche Beckenlandschaften bildet, und in die *tropische Tiefebene* (Plantagenzone) an der Mosquito-Küste mit den Lagunen und Sümpfen der Flüsse *Rio Patuca* und *Coco*. Das *Klima* im O und NO ist tropisch mit ganzjährigen Niederschlägen, die nach SW hin abnehmen. Mehr als 1/3 der Landesfläche ist noch mit tropischem Regenwald bedeckt, der durch Brandrodung und Abholzung bereits schwer geschädigt ist.

Historische und politische Entwicklung. Die nordwestl. Randgebiete H. gehörten in vorkolumbianischer Zeit zum Kulturraum der Maya. Seit der span. Eroberung 1524 war H. Teil des Generalkapitanats Guatemala. Nach dem Ende der span. Kolonialherrschaft (Erklärung der Unabhängigkeit 1821) und dem Scheitern der 1825 gebildeten Zentralamerikan. Föderation wurde H. am 5. 11. 1838 selbständige Republik. Der größte Teil des 19. Jh. war eine Zeit gescheiterter Föderationsversuche, Grenzkonflikte und bürgerkriegsähnlicher Machtkämpfe. Erst unter der Präsidentschaft von *Marco Aurelio Soto* und der Verlegung des Regierungssitzes nach Tegucigalpa (1880) begann eine Periode politischer und wirtschaftlicher Stabilisierung (mit zunehmenden ausländischen Investitionen) unter dem Einfluß der neugegründeten Liberalen Partei. Bestimmend waren um die Jahrhundertwende nordamerikan. Fruchtgesellschaften, die H. zum größten Bananenproduzenten der Welt machten. Auseinandersetzungen zwischen den Liberalen (vorwiegend reformgesonnene Gruppen des entstehenden Bürgertums) und Konservativen (Großgrundbesitzer und ein Großteil des Klerus) setzten sich im 20. Jh. fort. Die Formation zweier großer Parteigruppierungen ist nach der Umgründung der Konservativen zur Nationalpartei (PN, 1920) bis heute erhalten geblieben. Vier Jahrzehnte lang stellten die PN und die Liberalen in einem faktischen Zwei-Parteien-System die politischen Führungsgruppen und die Regierungen bis zur Diktatur von General *Tiburcio Carías Andino* (1939–48) und der anschließenden Phase militärischer Machtübernahme. Diese fand 1980 mit der Neuwahl zur verfassunggebenden Versammlung und mit den Wahlen 1982 einen Abschluß. Seither hat sich die zivile Demokratie allmählich gefestigt. Auf zwei Regierungen unter Führung der Liberalen Partei (*Roberto Suazo Cordova*, 1982–86; *José S. Azcona de Hoyo*, 1986–90) folgte 1990 eine Minderheitsregierung der PN unter *Rafael Leonardo Callejas Romero*. Seit Anfang der 80er Jahre bis 1990 wurde H. in den Regionalkonflikt um Nicaragua verwickelt. Ein entspr. Aufbau des Militärapparats mit US-Unterstützung hat die Streitkräfte erneut zu einem innenpolitischen Machtfaktor werden lassen, der sich Abrüstungsmaßnahmen auch nach den mittelamerikan. Friedensvereinbarungen (1990–91) widersetzte. Seit 1983 hatte sich an der Atlantikküste eine marxistische Aufstandsbewegung gebildet. Im Mai 1991 stellte die größte dieser Gruppen den bewaffneten Kampf ein und erklärte ihre Bereitschaft, sich an den nächsten Parlamentswahlen (Nov. 1993) zu beteiligen. Mit El Salvador besteht ein historischer Streit um die Festlegung der Landesgrenze und um Inseln im Golf von Fonseca. – H. ist Mitglied u. a. des MCCA, der OAS und im SELA.

Recht, Verfassung, Verwaltung. Nach der seit dem 11. 1. 1982 geltenden Verfassung (der 13.) hat H. eine repräsentative republikanische Regierungsform mit Präsidialsystem, Gewaltenteilung, zentraler Staatsverwaltung in 18 Verwaltungsbezirken (departamentos) und begrenzter Autonomie der 282 Gemeinden. Der *Staatspräsident* wird für 4 Jahre direkt gewählt (ohne Wiederwahlmöglichkeit). Die *Legislative* (Einkammerparlament) setzt sich nach der Wahl vom Nov. 1989 aus 128 Abg. zusammen, die in relativer Mehrheitswahl auf 4 Jahre gewählt werden. 3 Parteien sind z. Z. im Parlament vertreten: Partido Liberal (PL, 71 Sitze), Partido Nacional (PN, 55 Sitze) und Partido de Innovación y Unidad (PINU, 2 Sitze). Es gilt Wahlpflicht für alle Staatsbürger ab 18 Jahren (Frauenwahlrecht seit 1955).

Die *Judikative* besteht aus örtlichen Friedensgerichten, 18 Gerichten erster Instanz und 5 Appellationsgerichten. Die 9 Richter des Obersten Gerichtshofs werden vom Präsidenten auf 6 Jahre ernannt.

Bevölkerungs- und Sozialstruktur. Trotz rapidem Bevölkerungswachstum in den letzten Jahrzehnten (Vervierfachung der Bevölkerung seit 1950) ist H. vergleichsweise schwach besiedelt und hat daher stets Anziehungskraft auf die illegale Einwanderung, insbes. aus El Salvador, ausgeübt. Die durchschnittliche jährliche Wachstumsrate seit 1980 betrug 3,6%, v. a. aufgrund der hohen *Geburtenziffer* von 40 ‰ p. a. im Durchschnitt der 80er Jahre; die Lebenserwartung beträgt 62 (Männer) bzw. 66 (Frauen) Jahre. Die Verstädterung hat verhältnismäßig spät eingesetzt, inzwischen aber rd. 42% erreicht (Anteil der Stadtbevölkerung); mit schnell anwachsenden Ballungsräumen um San Pedro Sula und der Hst. Tegucigalpa. Über die Hälfte der Bevölkerung lebt als Kleinbauern oder Plantagenarbeiter in ländlichen Siedlungen. Rd. 90% der Bevölkerung sind span.-indianische Mischlinge (Mestizen, Ladinos), 5% reine Indios (z. T. hispanisiert), die v. a. in den unzugänglichen Teilen des Berglandes leben, ca. 5% Schwarze, Nachfahren karib. Kontraktarbeiter im karib. Küstentiefland und auf den vorgelagerten Inseln.

Wirtschaft. H. verfügt über vielfältige *Rohstoffvorkommen* – insbes. Gold, Silber, Kupfer, Blei, Zink und Antimon –, jedoch war die Bedeutung des Bergbaus wegen geringer Rentabilität rückläufig. In der *Energieerzeugung* entfallen 48% auf Wasserkraftwerke, der Rest auf importierte Energieträger.

Die *Landwirtschaft* ist der bedeutendste Wirtschaftszweig. Sie trägt 20% zum BIP bei und erbringt rd. 65% der Exporterlöse (davon Bananen und Kaffee 1990 55%). Die großflächige Gebirgsstruktur läßt aber nur auf 1/3 der Landesfläche landwirtschaftliche Nutzung zu. Von der kleinbäuerlichen Subsistenzwirtschaft leben fast 70% der Bevölkerung. Trotz großen Waldbestandes (ca. 1/3 der Fläche) spielt die *Forstwirtschaft* nur eine geringe Rolle (starke Preiskonkurrenz auf dem internationalen Holzmarkt). Der Beitrag des *verarbeitenden Gewerbes* zum BIP erreichte 1989 rd. 25% (v. a. Nahrungsmittelverarbeitung, Textilherstellung, Lederverarbeitung und Konsumgüter aus Holz).

Für das *gesamtwirtschaftliche Wachstum* bestand während der 70er Jahre eine günstige Konjunktur (BIP 1970–80: durchschnittlich +5,5% p. a.), dagegen sind die 80er Jahre durch Stagnation (BIP 1980–89: +2% p. a., 1990: −1%), wachsende Arbeitslosigkeit (1988: 14,5%) und schwache Spar- und Investitionsraten gekennzeichnet. Das reale Pro-Kopf-Einkommen betrug 1990 936 US-$. Im Außenhandel ist der US-Markt vorrangig (Anteil am Exportwert 1989: 65%, am Importwert 39%). Passive Handels- und Leistungsbilanzen sind seit längerer Zeit kennzeichnend (Handelsbilanz 1990: −71 Mio. US-$; Leistungsbilanz: −310 Mio. US-$). Dank umfangreicher Transferleistungen der USA (1985–89 jährlich ca. 4,6% des BIP) konnte H. dennoch eine relativ große finanz- und währungspolitische Stabilität einhalten. Die gesamte Auslandsschuld hat sich auf ca. 3,5 Mrd. US-$ (1990) erhöht. Erfolgreich waren 1990 Verhandlungen über das Schuldenmanagement; die Kreditwürdigkeit bei internationalen Finanzierungsinstituten wurde wiederhergestellt (Abkommen mit den Ländern des Pariser Club).

Die *Verkehrsinfrastruktur* ist infolge der schwierigen natürlichen Bedingungen unterentwickelt, doch hat sich das Straßennetz seit 1970 mehr als verdreifacht (17 431 km, davon 2051 asphaltiert). 3 Bahnstrecken (1780 km) verbinden im karib. Tiefland die Plantagenzonen mit den Häfen (Haupthafen: Puerto Cortés) und Wirtschaftszentren.

Kultur, Religion, Bildung. Landes- und Umgangssprache ist Spanisch; in der karib. Küstenzone sind Misquito-Dialekte als Regionalsprachen und Englisch als Umgangssprache gebräuchlich. 90–95% der Bevölkerung sind Katholiken (Erzb. Tegucigalpa mit 6 Suffr.-Bist.), der Rest Anglikaner, Protestanten (Mährische Brüder, Anhänger von Missionssekten). Traditionelle Glaubensvorstellungen sind bei den indianischen Siedlungsgruppen in synkretistischer Vermischung mit dem Katholizismus erhalten. Das Bildungssystem umfaßt eine 6jährige Grundschule mit Schulpflicht (7–13 Jahre) und kostenlosem Unterricht. Darauf baut ein weitgehend privates 6jähriges Sekundarschulwesen auf. Die Einschulungsrate konnte verbessert werden (1980: 74%; 1990: 91%). Die Analphabetenquote ging 1982–90 von 41% auf rd. 27% zurück. Es bestehen 4 Universitäten und 3 Fachhochschulen. Ein starkes Bildungsgefälle zwischen Stadt- und Landregion ist weiterhin kennzeichnend.

LITERATUR

H., a country study. Hg. J. D. **Rudolph.** Washington (D.C.) 1981, ²1983. – G. **Dieke,** H., in: HDW. Bd. 3. ²1982, 101 ff. – H. am Scheideweg. Hg. M. **Minkner.** Bonn, Hamburg 1983 (Friedrich-Naumann-Stiftung: Entwicklungspolitische Texte). – J. A. **Morris,** H. Caudillo politics and military rulers. Boulder (Col.) 1984. – H. confronts its future. Contending perspectives on critical issues. Hg. B. **Rosenberg,** P. L. **Shepherd.** Boulder (Col.) 1986. – J. A. **Bueso,** Subdessarrollo hondureño. Tegucigalpa 1987. – A. **Kückelhaus,** Agrarkonflikt und Agrarreform in H. Aachen 1987. – Lber. H. 1989. Stuttgart 1989. – W. **Dietrich,** H., in: PolLexLat. ³1992, 171ff.

Ulrich Fanger

MEXIKO

Amtlicher Name	Estados Unidos Mexicanos (Vereinigte Mexikanische Staaten)
Staatsform	Präsidiale bundesstaatliche Republik
Hauptstadt	Mexiko Stadt (Ciudad de México, 19 400 000 E.)
Fläche	1 928 201 km²
Bevölkerung	88 600 000 E. (1990; VZ 1980: 66 847 000). – 42 E./km²
Sprache	Spanisch
Religion	Katholiken rd. 96,1%; Protestanten rd. 3%
Währung	1 Mexikanischer Peso (mex$) = 100 Centavos

I. Naturräumliche Voraussetzungen

M. liegt zwischen dem Pazifischen Ozean im W und dem Atlantischen Ozean *(Golf von M.)* im O. Gemeinsame Grenzen hat es im N mit den ↗Vereinigten Staaten von Amerika (großenteils entlang des Rio Grande), im SO mit ↗Guatemala und ↗Belize. Der nördl. Wendekreis verläuft mitten durch Mexiko. Es ist daher ein randtropisches Land im Einflußbereich des Nordostpassats.

M. gehört der Fläche nach zu den größten Ländern der Erde. Es ist das drittgrößte lateinamerikan. Land nach Brasilien und Argentinien. Auch die vertikale Erstreckung ist außergewöhnlich: sie reicht vom Meeresspiegel bis zu 5742 m Höhe am *Pico de Orizaba*. Über die Hälfte M.s liegt über 1500 m hoch.

Den Kernraum bildet das zentrale mexikan. Hochland *(Altiplano)*, das von 2500 m im S auf unter 1000 m im N abfällt. Es wird durch die randlichen Bergländer der westl. und östl. *Sierra Madre* begrenzt. Im S trennt der jungvulkanische Gebirgszug der *Sierra Neovulcanica* das Hochland vom S Mexikos. Der südl. Teil des Hochlandes *(mesa central)* bildet mit den Hochbecken von M.-Stadt, Puebla und Toluca das wirtschaftliche und demographische Zentrum des Landes.

Nach S fällt das Hochland entlang einer W-O verlaufenden Hauptstörungszone zur Rio-Balsas-Senke, dem *Gran Valle del Sur*, ab. Südöstl. davon bis zur Landenge von Tehuantepec erstrecken sich die *südl. Sierra Madre* mit Höhen über 2000 m und das stark zerklüftete und erodierte Bergland von Oaxaca. Östl. des Isthmus von Tehuantepec erhebt sich M. im Bergland von Chiapas nochmals über 2000 m.

Den Hoch- und Bergländern sind mehr oder weniger breite Küstentiefländer (Golfküstenebene, pazifische Küstenebene) vorgelagert. In der Halbinsel *Yucatán* erreicht das Küstentiefland mit rd. 450 km seine größte Breite. Die verkarstete flache Kalktafel trennt den Golf von M. von der Karibik.

Aufgrund seiner großen meridionalen und vertikalen Erstreckung zeichnet sich M. durch eine vielfältige dreidimensionale *Klimagliederung* aus. Im N hat es Anteil an der randtropisch-subtropischen Trockenzone mit 10–12 ariden Monaten, im S (südl. Golfküstenregion) an den immerfeuchten Tropen mit ganzjährigen Niederschlägen. Die *Sonora-Wüste* und das *Colorado-Delta* gehören zu den trockensten Gebieten des Landes. Im äußersten pazifischen NW reicht M. gerade noch in das südkalifornische Winterregengebiet hinein. Die Mitte des Landes liegt im Bereich der wechselfeuchten äußeren Tropen mit winterlicher Trockenzeit und sommerlicher Regenzeit ohne ausgeprägte thermische Jahreszeiten. Aride und semiaride Gebiete machen gut die Hälfte M.s aus, wobei Wüsten- und Halbwüstengebiete rd. 30%, Dornstrauchsteppen und Dornsavannen rd. 20% des Landes einnehmen. Für weite Gebiete des nördl. M.s stellt das Wasserdargebot den ökologischen Minimumfaktor dar.

Die große Höhenerstreckung bedingt eine klimaökologisch bedeutsame Gliederung in thermischen Höhenstufen vom tropischen Regenwald der Golfküstenebene bis zur Gletscherzone der Vulkankegel. Die heiße Zone *(tierra caliente)* nimmt das unterste Höhenstockwerk bis ca. 800 m ein (Grenze des Kakaoanbaus), die Zone tropischer Tieflandwälder und Fruchtkulturen. Darüber folgt bis 1800 m (Grenze des Kaffee- und Zuckerrohranbaus) die gemäßigte Zone *(tierra templada)* mit tropischen Bergwäldern. Nach oben schließt bis zur Baumgrenze in 4000 m Höhe die kühle Zone *(tierra fria)* mit Eichen- und Kiefernwäldern an. Oberhalb der Baumgrenze in 4000 m Höhe dehnen sich die Hochgebirgsgrasländer (Gras-Puna, Zacatonales) der kalten Zone *(tierra helada)* aus. Die klimatische Schneegrenze wird in rd. 5000 m Höhe erreicht. Nur die höchsten Vulkankegel ragen über die Schneegrenze in die Höhe ewigen Schnees *(tierra nevada)* empor.

II. Historische und politische Entwicklung

Das moderne M. basiert auf indianischen Traditionen und kolonialspan. Erbe. Die vorspan. Kulturepoche umfaßt einen Zeitraum von rd. 3000 Jahren und wird in drei große Abschnitte gegliedert: die *vorklassische Periode* (1500 v. Chr.–200 n. Chr.) ist durch die *Olmeken-Kultur* der Golfküste *(La Venta)* geprägt. Sie ist die erste Hochkultur der Neuen Welt mit einem nachhaltigen Einfluß auf die nachfolgenden Kulturen der *klassischen Periode* (200–900). Von diesen übte die Kultur von Teotihuacán (200 v. Chr.–650 n. Chr.) den größten Einfluß im zentralen Hochland aus. Das Kultzentrum von Teotihuacán (50 km nordöstl. Mexiko-Stadt) stellt mit ihrer monumentalen Sonnenpyramide die eindrucksvollste Anlage dar. Gleichzeitig entwickelte sich im Hochtal von Oaxaca die Kultur von *Monte Alban* und in Yucatán und Chiapas die Kultur der *Mayas*. Die *nachklassische Periode* (900–1500) ist durch das Eindringen kriegerischer Nomadenstämme aus dem trockenen N, die sog. *Chichimiken*, in den Kulturraum des zentralen Hochlandes gekennzeichnet. Die bedeutendsten von ihnen waren neben den *Tolteken* (Tula) die *Azteken*, die 1325 auf einer Insel im Texcoco-See an der Stelle der heutigen Stadt M. *Tenochtitlán* gründeten und innerhalb von 200 Jahren zu einem „Venedig der Neuen Welt" ausbauten. Tenochtitlán war bei der Eroberung durch die Spanier Hauptstadt des Aztekenreiches, das vom Atlantik zum Pazifik und vom N M.s bis zur Landenge von Tehuantepec reichte.

1521 eroberte der Spanier *Hernán Cortés* das legendäre Zentrum des Aztekenreiches und baute auf seinen Ruinen die neue Hauptstadt des *Vizekönigreichs Neuspanien* auf. Auch in der Kolonialzeit konzentrierte sich die politische und ökonomische Macht in der Hauptstadt. Als Nachfolger der Aztekenkaiser beherrschten die span. Vizekönige von M.-Stadt aus das hierarchisch-zentralistisch aufgebaute Vizekönigreich. Der Zentralismus des heutigen M. hat seine Wurzeln im aztekischen und kolonialspan. Erbe. Die zentral gesteuerte Administration hat zur patrimonialen Bevormundung und politischen Apathie der mestizischen Massen geführt. Auch die Bestechlichkeit der Amtsinhaber hat ihre Wurzeln in der Kolonialzeit. Von damals werden auch heute noch öffentliche Ämter als Pfründe angesehen.

Im Unabhängigkeitskampf 1810–21 versuchte sich M. von der kolonialen Abhängigkeit zu befreien und politische Souveränität zu erlangen. Mit der Unabhängigkeitserklärung vom 21. 2. 1821 vollzog sich die endgültige Ablösung von der span. Krone. General *Agustín de Itúrbide* riß 1822 die Macht an sich (Ks. *Agustín I.*), wurde aber bereits 1823 gestürzt, und der Nationalkongreß rief die Republik aus. Es folgten fünf Jahrzehnte Anarchie und Chaos eines von außen beeinflußten Bürgerkrieges. Es war ein Kampf zwischen Föderalisten und Zentralisten, Liberalen und Konservativen. Die Konservativen waren an einem starken Zentralstaat interessiert, während die Liberalen eine Republik mit föderaler Ordnung anstrebten. M. wurde zum Spielball ausländischer Interessen. Im Krieg mit den USA (1846–48) verlor es ungefähr die Hälfte seines Territoriums: Texas, Neumexiko, Arizona und Nordkalifornien. 1863 wurde M. durch die frz. Armee besetzt und *Maximilian von Habsburg* als Kaiser eingesetzt, bis er 1867 vom rechtmäßigen Präsidenten *Benito Juárez* (1858–72) besiegt wurde. Die von Juárez durchgeführte Trennung von Staat und Kirche (vgl. VI) führte zu einem heftigen Bürgerkrieg zwischen Liberalen und Klerikalen (1858–61).

1876 ergriff *Porfírio Díaz* die Macht. Unter seiner autoritären Präsidentschaft (1877–1910), dem „Porfiriat", entwickelte sich M. zu einer klassischen Entwicklungsdiktatur Lateinamerikas. Es war der Beginn einer modernen industriestaatlichen Entwicklung mit kräftigem Aufblühen der Wirtschaft. Dank der Modernisierungs- und Entwicklungserfolge wurde M. zu einem international gesuchten Anlageland. Da von der Entwicklung und Modernisierung v. a. die Oberschichten profitierten, verschärften sich die sozialen Spannungen. Die Ausdehnung des Großgrundbesitzes auf Kosten der Kleinbauern führte zur Verarmung und Schuldknechtschaft der Campesino-Bevölkerung.

Das erstarrte politische System des Porfiriats brach schließlich in der mexikan. Revolution (1910–20) zusammen, einem blutigen Bürgerkrieg, der aber letztlich zu grundlegenden politischen und sozio-ökonomischen Veränderungen und zu der heute noch gültigen Verfassung von 1917 (vgl. III) führte.

Die Zeit 1920–40 wird als Spätrevolution bezeichnet, eine Phase der Konsolidierung und des wirtschaftlichen Wiederaufbaus, in der sich auch das politische Regime der Revolutionspartei (*Partido Revolucionario Institucional*, PRI) herausbildete, die bis heute an der Macht ist. Sie ist eine Sammlungspartei aller revolutionären Gruppen mit dem Ziel, die Massen in das Regime einzubinden. Neben der Institutionalisierung der politischen Kräfte kam es insbes. unter *Lázaro Cárdenas* (1934–40) zu bedeutenden Reformen, v. a. auf dem Agrarsektor. Fast 20 Mio. ha Land wurden an Dorfgemeinschaften (*Ejidos*) verteilt. Durch die Agrarreformen konnten die sozialen Spannungen auf dem Lande abgebaut werden. Die PRI ist heute eine der bestorganisierten Parteien Lateinamerikas. Sie hat entscheidend zur politischen Stabilität des Landes nach 1940 bis heute beigetragen. Seit ihrer Gründung 1928/29 hat sie alle Staatspräsidenten gestellt und nimmt bis heute eine monopolartige Machtstellung ein. Bei der letzten Wahl im Aug. 1991 erhielt sie 320 der 500 Parlamentssitze. Ihr Organisationsprinzip folgt der Sozialstruktur: Die Arbeiter sind im Arbeitersektor, die Bauern im Bauernsektor, der Mittelstand im „sector popular" integriert. Weitere Parteien haben bis in die 70er Jahre nur dazu gedient, die Fassade eines demokratischen Parteienpluralismus zu wahren. Politisches Gewicht konnten in den 70er Jahren nur die Partei der nationalen Aktion (*Partido Acción Nacional*, PAN) und seit der Präsidentenwahl 1988 die neu gegründete Partei *Frente Nacional Democrático* (FND) von *Guauhtémoc Cárdenas* erreichen. Das permanente Machtmonopol einer Partei hat zu einer Erstarrung des politischen Systems geführt, das mit seinen Strukturen hinter den sozio-ökonomischen Entwicklungen einer pluralistischen Industriegesellschaft zurückgeblieben ist. Präsident ist seit 1988 *Carlos Salinas de Gortari*.

Die politische Stabilität des Landes hatte nach 1940 zu einem Wirtschaftsaufschwung geführt, der gern als „mexikanisches Wunder" bezeichnet wird. Politische Stabilität und ökonomische Prosperität konnten aber nicht über den Mangel an demokratischer Partizipation der breiten Massen hinwegtäuschen, wie die Studentenunruhen von 1968 gezeigt haben. Heute befindet sich M. in einer ökonomischen und politischen Krise. – M. ist Mitglied u. a. der OAS, ALADI und im SELA.

III. Verfassung, Verwaltung, Recht

1. Verfassung

Von allen anderen lateinamerikan. Staaten unterscheidet sich M. durch die seit den 20er Jahren durchgehaltene politische Stabilität (vgl. II). Sie beruht zum einen auf der nunmehr über 60jährigen Einparteienherrschaft der „Partido Revolucionario Institucional" (PRI), zum anderen auf der geglückten Verfassunggebung von 1917.

Die zuletzt 1991 novellierte, nach der Revolution 1910 erlassene Verfassung vom 5. 2. 1917 ersetzte jene von 1857. Sie verfügte erstmals freie Wahlen, schob mit dem strikten Verbot der Wiederwahl des Präsidenten allen Diktaturversuchen einen Riegel vor und atmete von Anfang an als eine moderne, sozialstaatliche Ordnung die nachrevolutionäre Aufbruchstimmung am Beginn des 20. Jh. Mit 136 Artikeln ist die Verfassung relativ knapp, wenngleich einige Vorschriften in der US-amerikan. Tradition sehr lang sind. M. ist eine repräsentative Demokratie – mit Zügen der democracia dirigida –, hat ein Präsidialsystem und ist bundesstaatlich gegliedert.

Der Vorrang der Verfassung ist durch das Recht der Verfassungsbeschwerde (*Amparo*) gegen Exekutivakte, aber auch gegen Gerichtsurteile und Gesetze, ferner durch das richterliche Prüfungsrecht der Verfassungsmäßigkeit von Gesetzen gesichert. Die Verfassung kennt Bundes- und Landesrecht, Rechtsverordnungen und Verwaltungsvorschriften. Es gibt die Institution des „verbindlichen Richterrechts", wonach Präjudizien Gerichte derselben Ebene und Untergerichte binden.

M. besteht nach Art. 42 aus 31 Staaten und dem Bundesdistrikt der Hauptstadt. Die Staaten haben eigene Vertretungskörperschaften und für 6 Jahre gewählte Gouverneure. Der Gouverneur des Bundesdistrikts wird vom Staatspräsidenten ernannt. Bundesrecht findet Anwendung, wenn es ausdrücklich so angeordnet ist oder wenn der Bund an einem Rechtsstreit beteiligt ist. Jeder Staat hat ein eigenständiges Zivil- und Strafrecht. Der Bundesdistrikt ist wegen seiner Größe und Bedeutung als Regierungssitz einflußreichster Teil der Republik; seine Gesetzgebung in Zivil- und Strafsachen hat vielfach Modellcharakter.

Die *Legislative* besteht aus *Abgeordnetenhaus* und *Senat*. Ersterem gehören 500 Mitgl. an, wovon 300 nach Mehrheits-, 200 nach Verhältnis-Wahlrecht für 3 Jahre gewählt werden. Die je 2 Senatoren jedes Staates – 1 des Bundesdistrikts – (auf 6 Jahre gewählt) haben nicht im entferntesten die Machtstellung der US-amerikan. Senatoren. Nach Art. 111 hat der Senat das Recht der Präsidentenanklage; 1977/78 wurden seine Kontrollbefugnisse noch erweitert.

Der *Präsident* wird vom Volk gewählt und hat während seiner strikt auf 6 Jahre begrenzten Amtszeit sehr weitgehende Amtsbefugnisse. Er ernennt u. a. die Richter der Obersten Gerichtshöfe, die diplomatischen Vertreter mit Zustimmung des Senats, die Minister, Gouverneure und den Generalstaatsanwalt ohne dessen Zustimmung.

Die *Gerichtsbarkeit* ist nicht als Dritte Gewalt ausgestaltet, sondern der Exekutive untergeordnet. Es gibt Bundes- und Landesgerichte. Der *Oberste Gerichtshof* des Bundes ist ein entscheidender verfassungsrechtlicher Faktor. Eine seiner Hauptaufgaben ist es, die Verfassung schöpferisch auszulegen und anzupassen. Auf Bundesebene gibt es ein *Verfassungsgericht*. Es entscheidet v. a. in Fragen umstrittener Kompetenzabgrenzung zwischen Bundes- und Landesgesetzgebung und in Amparo-Verfahren.

Die in Art. 3 garantierten *Grundrechte* auf Religionsfreiheit, Bildung, Eigentum, die Ausbeutung von Bodenschätzen etc. spiegeln den langen revolutionären Kampf gegen die Machtkonzentration in den Händen der Kirche, der reichen Landbesitzer und (seit 1930) der großen Ölgesellschaften. In idealistischem, aufklärerischem Schwung beginnt der Grundrechteteil mit den Bildungs- und Wissenschaftsgarantien. Es folgen die klassischen, liberalen Grundfreiheiten von Arbeit, Gewerbe, Beruf, Freizügigkeit und die Justizgrundrechte. Die Verfassung von 1917 ist die erste Verfassungsurkunde der Welt, die eine ausführliche und detaillierte Regelung sozialer Grundrechte enthält. Der Riesenartikel 123 enthält umfangreiche Arbeitnehmerschutzrechte (u. a. Schutz der Arbeitszeit, Mutterschaftsurlaub, Mindestlöhne, Beteiligung der Arbeitnehmer am Gewinn, Arbeitsunfall- und Berufskrankheitsschutz, Schutz des Koalitions- und Streikrechts). Auch die Auflösung der Latifundien zugunsten der Schaffung kleinerer landwirtschaftlicher Einheiten ist erschöpfend geregelt.

Bis zur Änderung von 1991 war die Verfassung laizistisch geprägt. Die zeitweise kämpferisch eingehaltene Trennung von Staat und Kirche weicht nun einem freundlicheren Umgang (vgl. VI). Das neue Recht anerkennt die Kirchen als religiöse Vereinigungen. Sie dürfen Besitztümer erwerben und verwalten – historische Gebäude, Klöster und religiöse Kunstschätze gelten weiterhin als nationales Eigentum – sowie in Privatschulen Religionsunterricht erteilen. Priester dürfen sich zwar nicht in öffentliche Angelegenheiten einmischen oder in öffentliche Ämter wählen lassen, sie erhalten jedoch das Wahlrecht. Es gibt kein Konkordat zwischen M. und dem Hl. Stuhl und auch keine diplomatischen Beziehungen, seit 1990 aber einen persönlichen Gesandten des mexikan. Präsidenten beim Hl. Stuhl und einen Apostolischen Delegaten des Hl. Stuhls bei der mexikan. Regierung.

Für den *Ausnahmezustand* enthält Art. 136 die Bestimmung, daß die Verfassung ihre Geltung auch dann nicht verliert, wenn ihre Beachtung durch eine Rebellion unterbrochen wird. Sobald das Volk wieder frei ist, wird die Verfassungsgeltung fortgesetzt.

2. Recht

Das Recht läßt US-amerikan., frz., it., span., aber auch dt. Einfluß erkennen.

a) Privat-, Handels- und Wirtschaftsrecht. Es gibt keine bundeseinheitliche Kodifikation des Privatrechts. Jeder Staat hat sein eigenes ZGB. Allerdings hat das ZGB des Bundesdistrikts vom 26. 5. 1928 Vorbildfunktion. Die meisten Staaten haben ihr Zivilrecht daran ausgerichtet. Spezialmaterien des Zivilrechts, wie das Urheberrecht, sind bundeseinheitlich geregelt. Das HGB von 1889 ist durch das span. und it. Recht beeinflußt. Das Privat- und Wirtschaftsrecht wird durch die grundrechtlichen Garantien der Vereinigungsfreiheit (Art. 9), des Eigentums, der Vertragsfreiheit u. a. geprägt. Art. 14 IV enthält eine allgemeine Auslegungsregel für das Privatrecht und wirkt in besonderer Weise rechtsvereinheitlichend.

Das staatliche Engagement in der Wirtschaft ist umfassend. Nicht nur ist der Staat nach Art. 27 der Eigentümer von Mineralien und anderen Bodenschätzen, auch von Wasser; er erteilt auch alle Schürf- und sonstige Nutzungskonzessionen. Staatliche Eingriffe in die Wirtschaft erfolgen (Art. 131) durch Antitrust- und Außenhandelskontrollmaßnahmen, Maßnahmen zur Sicherung der Stabilität der Wirtschaft u. a. Nach Art. 26 soll der Staat v. a. durch Pläne für ein ausgewogenes Wirtschaftswachstum sorgen. Neben den staatlichen gibt es auch ausdrücklich erwähnte gesellschaftliche Aktivitäten im Wirtschaftsleben (landwirtschaftliche Produktionsgenossenschaften, Kooperative, Unternehmen in Arbeitnehmerhand).

b) Strafrecht. Wie im Zivilrecht gilt auch im Strafrecht der Vorrang der Gesetzgebung der Staaten, deren Gesetzbücher allerdings nach dem für den Bundesdistrikt geltenden Gesetzbuch vom 14. 8. 1931 entworfen worden sind. Hinzu kommt, daß wesentliche rechtsstaatliche Grundsätze in der Verfassung geregelt sind. Ferner haben Bund und Staaten Vereinbarungen dahingehend geschlossen, daß wegen bestimmter Delikte Bestrafte ihre Strafe in Bundesgefängnissen verbüßen. Vergleichbares gilt für die Einrichtungen von Jugendstrafanstalten, und die verfassungskräftige Sicherung der Rechte des Angeklagten im Strafverfahren kommt einer bundeseinheitlichen Strafprozeßordnung gleich. Die Darstellungen des mexikan. Strafrechtes legen Wert darauf, wesentliche Normen bis auf die Aztekenzeit zurückzuführen. Der Einfluß der dt. Strafrechtsdogmatik fand auf dem Weg über das it. Recht statt. Das StGB von 1931 ist von *F. v. Liszt* und *Ernst v. Beling* beeinflußt.

c) Internationales Privatrecht und internationales Recht. Die Verfassung bestimmt, daß nur Mexikaner und mexikan. Gesellschaften direkt Eigentum an Land und Wasser oder die Konzession zum Ausbeuten von Bodenschätzen erwerben können. Ölbohrungen durch Ausländer sind verboten. Durch Ges. von 1973 sind ausländische Investitionen begrenzt. Aktienveräußerungen an Ausländer bedürfen behördlicher Genehmigung. Das Verfahren zur Vollstreckung ausländischer Urteile (Exequatur) ist schwierig ausgestaltet. Im übrigen gestaltet M. seine internationalen Beziehungen weltoffen. Präsident *Luis Álvarez Echeverría* (1970–76) gab mit seiner Charta der wirtschaftlichen Rechte und Pflichten der Staaten der Diskussion über die Neue Weltwirtschaftsordnung einen wesentlichen Impuls. Präsident *López Portillo y Pacheco* (1976–82) lud im Okt. 1981 zum ersten Nord-Süd-Gipfel nach Cancún ein. Er hatte erhebliche Auswirkungen auf die Entwicklung des Völkerrechtsdenkens.

IV. Bevölkerungs- und Sozialstruktur

M. ist nach Brasilien das bevölkerungsreichste Land Lateinamerikas. Die Bevölkerung ist aber extrem ungleich verteilt. Die höchsten *Bevölkerungsdichten* werden im südl. Teil des Hochlandes (mesa central) erreicht, wo auf nur 15% der Staatsfläche über 50% der Bevölkerung leben. Im Bundesdistrikt von M.-Stadt leben gut 7000 E./km^2 und in den angrenzenden Bundesstaaten M. und Morelos noch 560 bzw. 260 E./km^2. Über die Hälfte des Landes ist dünn besiedelt bis siedlungsleer, v. a. die Wüsten- und Halbwüstengebiete im NW und die tropischen Regenwaldgebiete im SO. Eine mittlere Bevölkerungsdichte unter 10 E./km^2 weisen die nordwestl. Bundesstaaten (Niederkalifornien-Süd, Sonora und Chihuahua) sowie im äußersten SO Quintana Roo auf.

Die demographische Situation ist auch durch das rapide *Bevölkerungswachstum* seit den 30er Jahren gekennzeichnet. 1930–60 hat sich die Einwohnerzahl von 16,6 Mio. auf 34,9 Mio. mehr als verdoppelt, 1960–80 auf 66,8 Mio. innerhalb von 20 Jahren erneut fast verdoppelt. Die durchschnittliche jährliche *Wachstumsrate* 1960–80 lag bei 3,3%; neuerdings (1985–90) ist sie auf 2,2% zurückgegangen.

Lagen in den 20er Jahren *Geburten- und Sterberaten* auf hohem Niveau (45 ‰ bzw. 30 ‰ p. a.), so ging bis 1970 die Sterberate bei gleichbleibend hohen Geburtenraten (49 ‰) auf 10 ‰ zurück. Der starke Rückgang der Sterblichkeit (1988: 6 ‰), insbes. der Säuglingssterblichkeit, ist auf die Verbesserung der medizinischen Versorgung und der hygienischen Verhältnisse zurückzuführen. Ein deutlicher Rückgang der Geburtenrate ist erst seit Ende der 70er Jahre zu verzeichnen (1988: 28 ‰). Damit könnte der Höhepunkt der Bevölkerungsexplosion überschritten sein.

Eine Folge des raschen Bevölkerungswachstums bezüglich der *Altersstruktur* ist der hohe Anteil junger Menschen. 1985 waren 42,2% der mexikan. Bevölkerung unter 15 Jahre und 53,6% unter 20 Jahre alt. Der Anteil der Bevölkerung im wirtschaftlich produktiven Alter zwischen 20 und 60 Jahren betrug nur 41,2%, der Anteil der über 65jährigen nur 4%. 1990 waren 37% unter 15 Jahren, 4% 65 Jahre und älter. Die wachsende Bevölkerung erfordert einen hohen Aufwand, der von einer relativ kleinen Gruppe wirtschaftlich aktiver Menschen erwirtschaftet werden muß.

Das rapide Bevölkerungswachstum ist mit *Landflucht* und *Verstädterung* verbunden. 1965 lebten bereits 70% der Bevölkerung in Städten (1960 erst 51%). Die Ursachen für die Landflucht liegen in dem steigenden Bevölkerungsdruck und der Unterentwicklung des ländlichen Raumes sowie in der Attraktivität der Städte (Arbeitsplätze, Ausbildungsmöglichkeiten, Hoffnung auf sozialen Aufstieg). Von diesem Verstädterungsprozeß ist besonders M.-Stadt betroffen. 1970–86 nahm die Einwohnerzahl der Zona Metropolitana von 8,8 Mio. auf 17,8 Mio. zu. Um 1990 geht man von ca. 20 Mio. E. aus. Bereits heute leben über 25% aller Mexikaner in der Verdichtungszone von M.-Stadt, der größten städtischen Agglomeration der Welt. Das Bevölkerungswachstum, das auch große ökologische Probleme schafft, übersteigt die Wirtschaftskraft und hat zu hoher Arbeitslosigkeit, Unterbeschäftigung und Verelendung großer Massen geführt. Die Folge sind ausgedehnte inner- und randstädtische Elendsquartiere.

In der ethnischen Zusammensetzung spiegelt sich die *biologisch-ethnische Entwicklung* seit der span. Eroberung des Landes wider. Über 90% der Mexikaner sind Mestizen, Mischlinge unterschiedlichen Grades zwischen Indianern und Weißen vorwiegend span. Abstammung. Die Zahl der reinblütigen Indianer ist ebenso ständig zurückgegangen wie die der Kreolen.

M. ist durch krasse *soziale Gegensätze* gekennzeichnet. Die Zahlen über die Einkommensverteilung, wonach die oberen 10% etwa soviel verdienen wie die restlichen 90%, verdeutlichen die sozialen Spannungen. Die Inflation der 80er Jahre hat zudem zu einem realen Einkommensschwund und damit zu einer Verschlechterung der Lebenssituation der Unter- und Mittelschicht geführt. M. ist zu einer verzerrten Gesellschaft mit unerhörtem Reichtum und Privilegien einer kleinen Oberschicht, mit Hunger, Armut und Verelendung einer immer breiter werdenden Unterschicht geworden.

V. Wirtschaft

M. gehört zu den wirtschaftlich bedeutendsten Ländern Lateinamerikas. Es steht an der Schwelle von einem unterentwickelten Agrarland zu einem modernen Industrieland. Noch rangiert die Land- und Forstwirtschaft (incl. Fischerei) hinsichtlich der Beschäftigtenzahl (25,8%) vor dem industriellen Sektor (20,5%), aber nach dem überbesetzten Dienstleistungssektor (53,7%). Bezüglich des Produktionswertes aber steht der Agrarsektor mit 9% des BIP nur an 3. Stelle hinter dem produzierenden Gewerbe und dem Dienstleistungsbereich.

Das *Wirtschaftssystem* M.s enthält kapitalistisch-marktwirtschaftliche und sozialistisch-planwirtschaftliche Elemente. In dieser „gemischten Wirtschaft" befinden sich wichtige Industriezweige wie Bergbau, Energie, Petrochemie und Eisen- und Stahlindustrie im Staatsbesitz (rd. 700 staatliche und halbstaatliche Betriebe mit 4 Mio. Beschäftigten). Da die Staatsbetriebe vielfach unrentabel arbeiten und ihre Verluste den Staatshaushalt belasten, wurde mit umfangreichen Privatisierungen begonnen.

Eines der gravierenden wirtschaftlichen Entwicklungsprobleme liegt darin, daß die *Landwirtschaft* heute nicht mehr in der Lage ist, den Nahrungsmittelbedarf im Lande zu decken. Die Nahrungsmittelproduktion hat trotz günstiger natürlicher Voraussetzungen mit dem Bevölkerungswachstum nicht Schritt halten können. M. ist immer mehr von einem Agrarexport- zu einem Agrarimportland geworden. Bereits 1985 ergab sich in der Handelsbilanz bei landwirtschaftlichen Produkten ein Defizit von rd. 100 Mio. US-$. Die Schwierigkeiten sind v. a. auf die agrarsozialen Verhältnisse zurückzuführen. Wenigen Großgrundbesitzern steht die Masse der Klein- und Kleinstbetriebe gegenüber (51% der landwirtschaftlichen Betriebe mit nur 3,5% der Landwirtschaftsfläche). 50,7% M.s sind landwirtschaftlich genutzt (fast 100 Mio. ha, davon ca. 25 Mio. ha Ackerland und ca. 75 Mio. ha Dauergrünland). Die Hauptanbaugebiete liegen in der Zentralregion und in den Küstenebenen am Pazifik und Golf von Mexiko. Die semiariden Savannen- und Steppengebiete des nördl. Hochlandes und nordwestpazifischen Raumes werden vorwiegend weidewirtschaftlich genutzt (Rinder, Schafe). In den südl. Bergländern (südl. Sierra Madre, Oaxaca, Chiapas) herrscht Subsistenzwirtschaft vor.

Die wichtigsten Anbauprodukte für die Versorgung der einheimischen Bevölkerung sind Mais, Hirse, Weizen, Hülsenfrüchte, Kartoffeln, Gemüse, Obst; für den Export v. a. Kaffee, Baumwolle, Tomaten, Obst und Gemüse. Kaffee ist das wichtigste Agrarexportprodukt. Er wird v. a. in Chiapas, Oaxaca und Veracruz angebaut.

Die *Wälder* nehmen 23% der Staatsfläche ein. Wegen schlechter Erschließung der Bergregionen wird der Waldreichtum bisher forstwirtschaftlich nur wenig genutzt. Die *Holzwirtschaft* trägt daher nur mit 2,4% zum BIP bei und kann den Inlandsbedarf nicht befriedigen.

Auch in der *Fischereiwirtschaft* stecken noch bedeutende ungenutzte Nahrungsreserven. Gemessen an den marinen Ressourcen sind die Erträge gering mit rd. 10% des natürlichen Potentials, da es an Fangflotten und ausreichenden Kühl- und Verarbeitungsanlagen fehlt.

Aufgrund seiner großen und vielfältigen *Bodenschätze* gehört M. zu den bedeutendsten Bergbauländern der Welt. Es besitzt nicht nur reichhaltige Vorkommen an mineralischen Bodenschätzen, sondern gehört auch zu den wichtigsten Erdöl- und Erdgasländern. M. ist weltweit der größte Silberproduzent und nimmt bei der Förderung und Verarbeitung von Flußspat, Zink, Mangan, Strontium, Antimon, Wismut, Blei und Graphit eine führende Stelle ein. Die wirtschaftlich größte Bedeutung aller Bodenschätze hat seit der ersten Energiekrise 1973 das *Erdöl* erlangt. Bezüglich der Fördermengen liegt M. weltweit an 4. Stelle (1990). Mit nachgewiesenen Reserven von 70 Mrd. Barrel (5,5% der Weltreserven) gehört es zu den 10 erdölreichsten Ländern. Die Erdölfelder liegen an der Golfküste und auf dem Kontinentalschelf vor der Küste. Die reichsten Vorkommen finden sich in der Bucht von Campeche. An der Golfküste liegen auch ergiebige Erdgasfelder, deren Reserven mit 2170 Mrd. m³ angegeben werden.

Auf der Basis der Bodenschätze konnte sich schon früh eine bedeutende *Industrie* entwickeln, so daß M.

heute zu den industriell fortschrittlichsten Ländern Lateinamerikas gehört. Die wichtigsten Industriezweige sind neben der Petrochemie die Eisen- und Stahlindustrie, der Kraftfahrzeugbau, Nahrungsmittel- und Textilindustrie und die Baustoffindustrie. Bergbau und verarbeitende Industrie tragen mit 35,4% (1988) zum BIP bei. Von 1973 bis zur Wirtschaftskrise 1982 wurden bei der Industrieproduktion jährliche Wachstumsraten von durchschnittlich 6,2% erzielt. Besonders kräftig entwickelten sich die Stahl- und Kraftfahrzeugindustrie und die Petrochemie.

Fast die Hälfte der Industrieproduktion konzentriert sich auf den Verdichtungsraum von M.-Stadt. Weitere Industriezentren sind Monterrey, Guadalajara und Toluca. An der Golfküste (Veracruz, Tabasco, Chiapas) hat der Erdölboom seit den 70er Jahren zu neuen Industriestandorten auf Erdölbasis (Raffinerien, Petrochemie) geführt. Im Grenzbereich zu den USA haben sich ausländische (v. a. US-amerikan.) Produktions- und Montagebetriebe als Lohnfertigungsbetriebe (Maquiladora) angesiedelt.

Um den mit der Industrialisierung rasch wachsenden Energiebedarf zu decken, war ein erheblicher Ausbau der *Energiewirtschaft* notwendig. Die Erzeugung elektrischer Energie hat sich seit 1970 verdreifacht. Rd. 78% der elektrischen Energie werden in Wärmekraftwerken vorwiegend auf Ölbasis, rd. 22% in Wasserkraftwerken erzeugt. Vom Wasserkraftpotential M.s werden damit nicht einmal 15% genutzt.

Mit (1987) 5,4 Mio. ausländischen Touristen (davon 80% aus den USA) gehört M. zu den bedeutendsten Urlaubsländern der Dritten Welt. Mit 2,7 Mrd. US-$ ist der *Fremdenverkehr* nach dem Erdölexport und den Gastarbeiterüberweisungen aus den USA der drittwichtigste Devisenbringer des Landes. Das touristische Potential ist bisher erst in Ansätzen erschlossen. Ausbau und Förderung des Fremdenverkehrs genießen in den staatlichen Programmen höchste Priorität.

Der wichtigste *Handelspartner* M.s sind die USA (66,4% des mexikan. Außenhandels). Es folgen die EG-Länder (rd. 14%) und Japan (rd. 6%).

Mit *Auslandsschulden* von 107,5 Mrd. US-$ (1987) gehört M. zu den am höchsten verschuldeten Ländern der Welt. Auslandsverschuldung, Kapitalflucht und hohe Inflationsraten führten das Land seit 1982 in eine tiefgreifende ökonomische Krise. Die *Inflationsrate* erreichte 1987 159%. Da die Lohnentwicklung deutlich hinter der Teuerung zurückblieb, verringerte sich die Kaufkraft beträchtlich, worunter besonders die Unter- und Mittelschicht zu leiden hatten. Um die Inflation einzudämmen, vereinbarte die Regierung *Miguel de la Madrid Hurtados* 1988 im Rahmen eines Solidaritätspaktes mit den Sozialpartnern einen Lohn- und Preisstopp, der unter Präsident *Salinas de Gortari* im Rahmen des Stabilitäts- und Wachstumspaktes von 1989 fortgesetzt wird.

Verkehr. M. besitzt ein gut ausgebautes Straßennetz, während das Streckennetz der Eisenbahn unzureichend und veraltet ist. Daher laufen rd. 95% des Personenverkehrs und 80% des Gütertransports über die Straße. Das *Straßennetz* umfaßt ca. 230 000 km (davon ca. 45% befestigt). Die Hauptverkehrsstraßen gehen radial von M.-Stadt aus. Mit ca. 3500 km Länge führt auch die „Carretera Panamericana" über M.-Stadt von der Grenze zu den USA (Ciudad Juárez) zur Grenze nach Guatemala (Cuauhtémotec). Das *Eisenbahnnetz* (ca. 26 000 km) soll modernisiert und ausgebaut werden. Die 1979 fertiggestellte, ca. 300 km lange Strecke (Alpha-Omega-Linie) auf dem Isthmus von Tehuantepec zwischen den Seehäfen Salina Cruz und Coatzacoalcos, v. a. für den Containerverkehr, verkürzte den Weg für Seefracht zwischen der West- und Ostküste der USA um ca. 4000 km gegenüber dem Weg durch den Panamakanal. Für die *Küsten- und Seeschiffahrt* bestehen zahlreiche Häfen an der Atlantik- und der Golfküste. Die wichtigsten sind Mazatlán, Manzanillo, Acapulco und Salina Cruz am Pazifik, Tampico, Veracruz, Coatzacoalcos und Dos Bocas (Erdölhäfen) am Golf. Im *Luftverkehr* verfügt M. über ein gut ausgebautes Binnennetz. Wichtigste Flughäfen für den internationalen Luftverkehr sind Benito Juárez (M.-Stadt), Guadalajaro und Acapulco.

VI. Kultur, Religion, Bildung

1. Kultur

Der mexikan. Schriftsteller *Octavio Paz,* der 1990 den Nobelpreis für Literatur erhielt, hat die Gebrochenheit einer Kultur hervorgehoben, die zwischen rückwärtsgewandter Orientierung an vorkolumbianischen Hochkulturen, dem span.-kath. Erbe (M. ist die größte spanischsprachige Nation) und dem vorherrschenden US-amerikan. Einfluß nach ihrer Identität sucht. Die mit der Revolution von 1910 einsetzende Rückbesinnung auf die eigenen Ursprünge kommt z. B. in der monumentalen Wandmalerei von *José Clemente Orozco, Diego Rivera* und *David Alfaro Siqueiros,* in den Gedanken des Philosophen und Bildungspolitikers *José Vasconcelos* und in der Konzeption des Anthropologischen Museums zum Ausdruck. Auch Schriftsteller wie *Juan Rulfo, Carlos Fuentes* und *Luis Spota* kreisen um das mexikan. Selbstverständnis. Der Begründer der modernen Malerei in M., *Rufino Tamayo,* fand dagegen zunächst nur im Ausland Anerkennung. Die Blütezeit staatlicher Förderung nach dem „Kulturbruch" von 1968 ging nicht zuletzt wegen der Wirtschaftskrisen schnell zu Ende. Heute koexistieren keineswegs konfliktfrei kosmopolitane moderne Kunst, traditionelle Volkskultur, z. B. indianische Trachten oder Mariachi-Musik, die zu touristischer Folklore zu verkommen drohen, und leicht konsumierbare Massenkultur US-amerikan. Prägung, die der übermächtige Medienkonzern „Televisa" verbreitet. Die Alltagskultur wird durch den „machismo" und ein besonderes mexikan. Verhältnis zum Tod geprägt, greifbar im Brauchtum des Allerseelentages.

2. Religion

96,15% der Bevölkerung sind kath. getauft (31. 12. 1987), wobei der einsprachig-indianische Anteil (ca. 3%) „christlich-heidnische" Mischreligionen praktiziert und sich der Kontrolle durch den Klerus entzieht. Mit den fast gänzlich einheimischen 7648 Diözesan- und 3102 Ordenspriestern wird ein Verhältnis Bevölkerung/Priester erreicht, das dem lateinamerikan. Durchschnitt entspricht. Die kirchliche Organisation umfaßt 14 Erzb., 55 Bist., 7 Prälaturen und 1 Apostolisches Vikariat. Die aktuelle Problemlage hat ihre Wurzeln in der engen Verbundenheit von Kirche und Kolonialsystem, der Krise der Kolonialkirche in der Unabhängigkeit, der Enteignung der Kirchengüter und der Trennung von Kirche und Staat während der „Reforma" (liberale Verfassung 1857, Reformgesetze 1859), der kirchenfeindlichen Verfassung der Revolution (1917) und dem Guerillakrieg der „cristeros" (1926–29), in dem sich der Konflikt zwischen dem Antiklerikalismus der Revolutionäre (v. a. Präsident *Plutarco Elias Calles,* 1924–28) und dem Bestreben kath. Laienverbände und der Hierarchie nach „Restauration der christlichen Ordnung" entlud. Zwar gelang es der Kirche in den halblegalen Freiräumen des „modus vivendi" von 1929 ihr Überleben als Institution und ihren Einfluß auf die Bevölkerung zu sichern, sie verharrte jedoch lange in einer defensiv-konservativen

Ängstlichkeit gegenüber politischen und sozialen Problemen, die erst seit der lateinamerikan. Bischofskonferenz in Puebla und dem ersten Besuch Pp. *Johannes Paul II.* (1979) einer selbstbewußteren Haltung gewichen ist. Inzwischen kritisiert sie offen Korruption und Machtmonopol der PRI, was beim zweiten Papstbesuch (1990) antiklerikale Polemiken provozierte. Im Dez. 1991 erreichte die Kirche die Revision der Verfassung und damit eine weitgehende Normalisierung des anachronistisch gewordenen feindlichen Staat-Kirche-Verhältnisses. Im Innern spaltete sich die Kirche in 4 z. T. unversöhnliche Gruppen: eine neu an Bedeutung gewinnende vorkonziliar-traditionalistische Gruppe bildet das extreme Gegengewicht zum befreiungstheologisch orientierten Sektor, der Sympathien für die linken Oppositionsparteien zeigt. Zwischen beiden können sich die der rechten Opposition (PAN) nahestehende und die auf ein korporatistisches Verhältnis zur PRI verpflichtete Gruppe in vielen Fragen einigen und als große Mehrheit der „Mitte" behaupten. Stärker noch als durch das Verhältnis zum Staat oder durch die internen Konflikte müßte sich die mexikan. Kirche durch den fortschreitenden gesellschaftlichen Differenzierungsprozeß herausfordern lassen, der das selbstverständliche Gewicht des Religiösen, die traditionelle Volksfrömmigkeit (u. a. Verehrung der Nationalheiligen „Jungfrau von Guadalupe") und das Monopol des Katholizismus in Frage stellt. Ein Anzeichen dafür ist die Zunahme prot. Sekten US-amerikan. Herkunft, die die geringen Erfolge der erst ab 1860 einsetzenden Mission der etablierten prot. Kirchen in den Schatten stellt.

3. Bildung und Erziehungswesen

Im Vergleich zu den Industriestaaten ist das Bildungsniveau niedrig und entspricht nicht den Anforderungen moderner Entwicklung: 65,6% (Bevölkerung über 25) haben keinen Schulabschluß, 17,2% nur die 6jährige Primarschule, für die allein Schulpflicht besteht, 11,8% die 3jährige Sekundarschule und 5,3% eine Hochschulausbildung erfolgreich abgeschlossen. Unter den 42 Universitäten ist die Universidad National Autónoma de Mexico (UNAM) in M.-Stadt die größte mit 340 000 Studenten (1985). Bis heute leidet das überwiegend staatliche Schulwesen am Widerspruch zwischen den schulischen Erziehungszielen und der autoritären Politik des Regimes, deren Repression auch unabhängige Lehrergewerkschaften trifft. Die Analphabetenquote konnte bei den über 15jährigen von 25,8% (1970) auf 9,7% (1985) gesenkt werden. Nach der Legalisierung durch die Verfassungsänderung 1991 wird die Bedeutung kath. Schulen und kirchlicher Hochschulen zunehmen.

LITERATUR

Zu I, II, IV, V:
Historia moderna de M. Hg. D. **Cosío Villegas.** 8 Bde. Mexico 1956/74. – H.-G. **Gierloff-Emden,** M. Eine Landeskunde. Berlin 1970. – J. **Bazant,** A concise history of M. from Hidalgo to Cardenas. Cambridge (Mass.) 1977. – Wirtschaft und gesellschaftliches Bewußtsein in M. seit der Kolonialzeit. Hg. H. A. **Steger u. a.** München 1980. – V. G. **Lehr,** Der mexikan. Autoritarismus. München 1981. – D. **Nohlen,** V. **Lehr,** M., in HDW. Bd. 3. ²1982, 119 ff. – M. Der Weg in die Krise. Hg. A. v. **Gleich u. a.** Diessenhofen 1983. – M. Die versteinerte Revolution. Hg. I. **Buche u. a.** Göttingen 1985. – D. **Story,** The Mexican ruling party. New York 1986. – M. **Ehrke,** Der staatliche Sektor der mexikan. Wirtschaft. Zürich 1986. – M. C. **Meyer,** W. L. **Sherman,** The course of Mexican history. New York 1979, ³1987. – P. **Harff,** M. Wirtschaftsstruktur und Entwicklungspolitik. Bremen 1988. – Lber. M. 1990, Stuttgart 1990. – M. **Mols,** H.-J. **Lauth,** M., in: PolLexLat. ³1992, 213 ff.

Zu III:
Panorama de Derecho Mexicano. Hg. Instituto Del Derecho Comparado. 2 Bde. Mexico 1967. – H. R. **Horn,** M. Revolution und Verfassung. Hamburg 1969. – I. **Villalobos,** Derecho Penal Mexicano, Parte General. Mexico ³1975. – H. **Fix-Zamudio,** Verfassungskontrolle in Lateinamerika, in: JöR N.F. 25 (1976) 649 ff. – M. **Mols,** H. W. **Tobler,** M. Die institutionalisierte Revolution. Köln 1976. – J. E. **Herget,** J. **Camil,** An Introduction to the Mexican Legal System. Buffalo (N.Y.) 1978. – P. C. **Stanchina,** Das Verhältnis von Staat und Kirche in M. seit der Revolution von 1910/1917 bis heute. München 1978. – G. E. **Glos,** The Mexican Law, in: Comparative Law. Hg. ders. Littleton (Col.) 1979, 711 ff. – H. R. **Horn,** Grundzüge des mexikan. Verfassungsrechts, in: JöR N.F. 29 (1980) 479 ff. [mit engl. Übers. der wesentlichen Verfassungsbestimmungen]. – M. **Mols,** M. im 20. Jh. Paderborn 1981. – J. F. **Ruiz-Massieu,** D. **Valades,** Nuevo Derecho Constitucional Mexicano. Mexico 1983. – Mexico. A Country Study. Washington 1985. – J. **Carpizio,** Das mexikan. Präsidialsystem. München 1987. – Richterliche Verfassungskontrolle in Lateinamerika, Spanien und Portugal. Hg. H-R. **Horn,** A. **Weber.** Baden-Baden 1989. – H. **Fix-Zamudio,** J. F. **Ruiz-Massieu,** Mexico, in: IECL. Bd. 1. National Reports, L/M. Tübingen [o. J.], 63 ff. J. **Winkelmann,** Kommunale Selbstverwaltung in M. Baden-Baden 1990.

Zu VI:
R. **Nebel,** Altmexikan. Religion und christliche Heilsbotschaft. Immensee (Schweiz) 1983. – E. **Weiß,** Schule zwischen Staat und Gesellschaft (M. 1920 bis 1976). München 1983 (Lit.). – Ch. **Clemm,** Quetzalcóatl und Pepsicóatl. „Lo Mexicano" und die Amerikanisierung der mexikan. Kultur. München 1984 (Diss.). (Lit.) – Religión y política en México. Hg. M. de la **Rosa,** Ch. **Reilly.** Mexico 1985. – Imagen de México. Der Beitrag M.s zur Kunst des 20. Jh. Hg. E. **Billeter.** Frankfurt / M. 1987. – G. **Kruip,** Entwicklung oder Befreiung? Elemente einer Ethik sozialer Strukturen am Beispiel ausgewählter Stellungnahmen aus der kath. Kirche M.s (1982–1987). Saarbrücken 1988 (Lit.). – B. **Barranco Villafán,** R. **Pastor Escobar,** Jerarquía católica y modernización en México. Mexico 1989 (Lit.). – Les relaciones iglesia – estado en México. Mexiko D. F. 1991.

Gerd Sommerhoff (I, II, IV, V), *Ulrich Karpen* (III),
Gerhard Kruip (VI)

NICARAGUA

Amtlicher Name	República de Nicaragua (Republik Nicaragua)
Staatsform	Präsidialrepublik
Hauptstadt	Managua (1985: 682 100 E.)
Fläche	130 682 km²
Bevölkerung	3 700 000 E. (1989; VZ 1971: 1 878 000). – 28 E./km²
Sprache	Spanisch
Religion	Katholiken rd. 87%; Protestanten rd. 3%
Währung	1 Córdoba (C$) = 100 Centavos

Naturräumliche Voraussetzungen: N., auf der mittelamerikan. Landbrücke gelegen, grenzt im N an ↗Honduras, im S an ↗Costa Rica (↗Mittelamerika). Die zentrale, von NW nach SO verlaufende Bergkette (500–1500 m, im N über 2000 m) bedingt die Teilung des Landes in einen pazifischen und einen atlantischen Teil. Im pazifischen Tiefland mit dem *Managua-See* (1134 km²) und dem *Nicaragua-See* (8430 km²) liegt seit vorkolonialer Zeit der Schwerpunkt von Bevölkerung und Wirtschaft. Aus der Küstenebene steigt eine Kette von Vulkankegeln auf, deren Ausbrüche, verbunden mit Erdbeben, immer wieder in die Geschicke des Landes eingegriffen haben, zuletzt 1972 mit der fast völligen Zerstörung der Hst. Managua. Die dünn besiedelte Abdachung zum Atlantik, traditionell *Mos-*

quitia genannt, ist noch zum großen Teil von Regenwald bedeckt, der an der Küste in Kiefernsavannen und Mangrovensümpfe übergeht. Wasserreiche Flüsse ergießen sich in das Karibische Meer. Das *Klima* ist tropisch heiß mit hohen Niederschlagsmengen (Managua 1213, Bluefields 3870 mm/Jahr). Am Pazifik gibt es eine Trockenzeit von Dez.–April, während die Atlantikregion überwiegend dauerfeucht ist.

Historische und politische Entwicklung. Die Ostküste wurde 1502 von *Kolumbus* auf seiner 4. Reise entdeckt. In der Kolonialzeit war N. mit seiner zahlreichen Indianerbevölkerung ein Schwerpunkt der span. Herrschaft in Zentralamerika (dem Generalkapitanat Guatemala unterstellt). Nach der Proklamation der Unabhängigkeit (15. 9. 1821) bildete es zusammen mit den vier benachbarten Provinzen die „Zentralamerikanische Föderation", aus der es 1838 austrat und sich zur „Republik N." erklärte. Die Mosquitia blieb ein brit. Protektorat. Im pazifischen Kernland kämpften die Städte León (liberal) und Granada (konservativ) in grausamen Bürgerkriegen um die Vorherrschaft im Staat. In der konservativen Epoche der „Dreißig Jahre" trat ab 1857 eine Stabilisierung der staatlichen Entwicklung ein. Die liberale Revolution von Präsident *José Santos Zelaya* (1893) brachte die endgültige Eingliederung der Mosquitia und Ansätze zur Modernisierung des Landes (Eisenbahnbau, Förderung des Kaffee-Exports), die aber durch die US-Intervention von 1909 und erneute Bürgerkriege unterbrochen wurden. Gegen die militärische Besetzung des Landes durch die USA protestierte als nationale Guerilla *Augusto César Sandino* 1927–33. Nach der Ermordung Sandinos konnte der liberale Caudillo *Anastasio Somoza García* eine dauerhafte Diktatur errichten. Die Herrschaft der Familie Somoza wurde erst 1979 durch einen Volksaufstand unter Führung der Sandinistischen Befreiungsfront (*Frente Sandinista de Liberación Nacional*, FSLN; gegr. 1961) beendet, der einzigen Guerilla Lateinamerikas, die nach der kuban. Revolution an die Macht kam. Der Zerfall der Koalition gegen Somoza, die auch konservative, liberale und christliche Kräfte umfaßte, begann 1980 und wurde von US-Präsident *Ronald W. Reagan* gefördert, der im sandinistischen N. ein „zweites Kuba" erblickte. Die USA verhängten ein Handels- und Finanzembargo und finanzierten den Aufbau bewaffneter Oppositionsgruppen (*Contra*), die von Honduras und Costa Rica aus einen Guerillakrieg führten. Dieser Krieg, der die Wirtschaft ruinierte und über 50 000 Menschenleben forderte, konnte erst im Rahmen des zentralamerikan. Friedensprozesses 1987/88 (↗Costa Rica) beendet werden. Die führende Stellung der FSLN wurde in den Wahlen zur verfassunggebenden Versammlung 1984 bestätigt (67% der Stimmen); Staatspräsident wurde der frühere Guerillakommandant *Daniel Ortega Saavedra*. Die Wahlen im Febr. 1990 brachten hingegen überraschenden Sieg der Oppositionskandidatin *Violeta Barrios de Chamorro*. Ihre Kandidatur wurde von dem Wahlbündnis UNO (*Unión Nacional Opositora*) unterstützt, das aus 14 kleineren, politisch sehr heterogenen Parteien bestand und 55% der Stimmen erhielt. Die FSLN (41%) konnte sich als stärkste Oppositionspartei behaupten. – N. ist Mitglied u. a. des MCCA, der OAS und im SELA.

Verfassung, Recht, Verwaltung. Nach der *Verfassung* von 1986/87 ist N. eine präsidiale sozialistische Republik. Der Präsident und das Einkammerparlament werden direkt für 6 Jahre gewählt. Die Verfassung garantiert die Grundrechte, die politischen Freiheiten und die Gewaltenteilung. An der traditionellen Übermacht der Exekutive änderte sich allerdings mit der neuen Verfassung wenig, denn dem Präsidenten wurden sogleich neue Sondervollmachten übertragen. – Das *Rechtswesen* ist nach span. und frz. Vorbild kodifiziert. – Die *Landesverwaltung* gliedert sich in 17 Provinzen, deren Gouverneure von der Regierung ernannt werden. Für die beiden neugeschaffenen Provinzen im O des Landes (Atlántico Norte und Sur) ist ein Autonomiestatus mit eigenen Provinzparlamenten zur politischen Vertretung der indianischen und afrokaribischen Bevölkerung vorgesehen.

Bevölkerungs- und Sozialstruktur. Von der Bevölkerung sind 69% Mestizen, 14% Weiße, 13% Schwarze und Mulatten, 4% Angehörige indianischer Ethnien an der Atlantikküste (Miskito, Sumu und Rama).

N. hat die niedrigste *Bevölkerungsdichte* in Zentralamerika (28 E./km²). Besonders dünn ist die Atlantikregion besiedelt. Die Bevölkerungszahl hat sich aufgrund hoher *Geburtenziffern* in den letzten 20 Jahren verdoppelt (durchschnittliche Wachstumsrate 1985–90: 3,36%). 57% der Bevölkerung leben in Städten. Besonders schnell wächst die Hst. Managua (1990: über 1 Mio. E.). Die medizinische Versorgung wurde nach 1979 durch den Aufbau des staatlichen Gesundheitsdienstes verbessert (Impfkampagnen, Bau von 320 Gesundheitsposten), erlebt aber wegen der Wirtschaftskrise einen Verfall.

Wirtschaft. N. ist ein rohstoffarmes Land; die wenig entwickelte Wirtschaft ist agrarisch orientiert (rd. 1/2 der Erwerbstätigen) und hängt vom Export einiger Agrarprodukte ab. Wichtigstes Ausfuhrgut ist seit dem 19. Jh. der Kaffee. Bananen, tropische Hölzer und Gold haben ihre Bedeutung verloren. Die Verstädterung und der Entwicklungsschutz im Rahmen des MCCA (seit 1961) haben das Gewicht des verarbeitenden Gewerbes und der Dienstleistungen wachsen lassen. Außerdem gelang es, die Agrarexporte zu steigern und zu diversifizieren (Baumwolle, Zucker, Rindfleisch u. a.).

Die Wirtschaftspolitik nach 1979 war von ehrgeizigen Entwicklungsprojekten und einer aktiven Rolle des Staates geprägt (Übernahme der Besitzungen der Familie Somoza, Verstaatlichung von Banken und Außenhandel, Aufbau eines staatlichen und genossenschaftlichen Sektors neben der Privatwirtschaft). Von zentraler Bedeutung war die Agrarreform, die 1982–89 eine neue Eigentumsstruktur schuf (Verteilung von ca. 1,5 Mio. ha Land), aber unvollendet blieb und ihre Ziele (v. a. Steigerung der Produktivität) verfehlte. 1981–91 hat N. einen wirtschaftlichen Niedergang erlebt, dessen Hauptursache im Bürgerkrieg gesehen werden muß (BIP zu konstanten Preisen – 10%, pro Kopf – 33%). Die Auslandsschuld ist von 2,6 auf 8 Mrd. US-$ angewachsen. 1989 mußte die Regierung ein Austeritätsprogramm einleiten, um die Staatsfinanzen zu sanieren und die Hyperinflation (1988: 33 000%) einzudämmen. Rezession, erhöhte Arbeitslosigkeit und ein starker Verfall der Reallöhne waren die Folge. Heute leben rd. 80% der Nicaraguaner in extremer Armut.

Verkehr. Der Außenhandel geht fast ausschließlich über den Pazifikhafen Corinto. Im Gegensatz zu den anderen Staaten Mittelamerikas baute N. nie eine Eisenbahn zum Atlantik; auch die Straßenverbindung endet 70 km vor der Atlantikküste und überläßt den Anschluß an den Hafen Bluefields/El Bluff unzuverlässiger Flußschiffahrt. Das Straßennetz ist völlig unzureichend (nur 1600 km asphaltiert). Das früher wichtige Eisenbahnnetz am Pazifik verfällt.

Kultur, Religion, Bildung. Seit dem 18. Jh. hat sich eine mestizisch/kleinbäuerliche Volkskultur herausgebildet, in der indianische Elemente nur noch untergeordneter Bedeutung sind. Spanisch als Volks- und Amtssprache und die Kultur Lateinamerikas sowie die politische Zugehörigkeit zu Zentralamerika sind wesentliche Elemente der nationalen Identität. Die indianischen Tieflandethnien am Atlantik und die schwarzen Creoles von Bluefields wurden nie in die Nation integriert und haben ihre eigene Sprache und Kultur beibehalten; in einem konfliktreichen Prozeß wächst erst heute das Bewußtsein, daß N. ein multiethnisches Land ist.

87% der Einwohner gehören der röm.-kath. Kirche an (Erzb. Managua mit 4 Suffr.-Bist.). Diese hat den Bedeutungsverlust durch die laizistischen Reformen der liberalen Ära nur langsam überwinden können. Durch die Aktivität der Basisgemeinden und die Teilnahme an der Opposition gegen Somoza in den 70er Jahren ist ihr jedoch eine bedeutende Rolle im politischen Leben zugewachsen. Unter den anglo-karib. Einflüssen in der Mosquitia ist der Protestantismus hervorzuheben. Die wichtigste Kirche ist hier die *Iglesia Morava*, die durch die Mission der Herrnhuter Brüdergemeine (seit 1849) ins Leben gerufen wurde.

Die Volksbildung befindet sich in einem schlechten Zustand. Zwar wurde die Analphabetenquote von 43% (offizielle Angabe für 1971) durch die Alphabetisierungskampage von 1980 auf 13% gesenkt. Da jedoch die Mittel zur Nachbereitung und zum Ausbau des Schulwesens fehlen, nimmt der Analphabetismus wieder zu. Es besteht Schulpflicht vom 6.–13. Lebensjahr. Es gibt 2 Universitäten (in Managua und León).

LITERATUR

F. **Terán**, J. **Incer**, Geografía de N. Managua 1964. – H. **Weber**, N. The Sandinista Revolution. London 1981. – W. **Lutterbach**, N., in: HDW. Bd. 3. 1982, 152 ff. – R. L. **Woodward**, N. Oxford 1983 (Bibliogr.). – Krisengebiet Mittelamerika. Interne Probleme – weltpolitische Konflikte. Hg. H. **Nuhn**. Braunschweig 1985. – Mosquitia – die andere Hälfte N.s. Hg. K. **Meschkat**. Hamburg 1987. – J. **Fuchs**, Die Verfassungsentwicklung in N., in: JöR N. F. 37 (1988) 621ff. – Lber. N. 1991. Stuttgart 1991.– H.-W. **Krumwiede**, N., in: PolLexLat. ³1992, 227 ff.

Volker Wünderich

PANAMA

Amtlicher Name	República de Panamá (Republik Panama)
Staatsform	Präsidiale Republik
Hauptstadt	Panama (440 000 E.)
Fläche	77 082 km²
Bevölkerung	2 420 000 E. (1990; VZ 1980: 1 825 000). – 31 E./km²
Sprache	Spanisch (Amtssprache), Englisch (Verkehrssprache), indianische Sprachen
Religion	Katholiken 92 %; Protestanten 6 %
Währung	1 Balboa (B/.) = 100 Centésimos

P. nimmt den schmalsten Teil der durch zentrale Gebirgszüge gebildeten Landbrücke zwischen Nordamerika und Südamerika ein (↗Mittelamerika). Im W grenzt es an ↗Costa Rica, im O an ↗Kolumbien. Die ausgeprägte Senke im mittleren Teil bietet eine natürliche Leitlinie für den transisthmischen Verkehr und hat seit der kolonialspan. Frühzeit die Geschicke des Landes bestimmt. Während die Gebirge im W 2000–3000 m aufragen (in dem im W aufgesetzten Vulkan *Chiriquí* 3475 m) und eine deutliche Schranke zwischen den immerfeuchten karib. und wechselfeuchten pazif. Regionen bilden, erreichen die Küstenkordilleren im O nur 800 m und schließen ein zentrales Tiefland mit wasserreichen Flüssen ein.

Nachdem *Rodrigo de Bastidas* 1501 die Ostküste entdeckt und *Kolumbus* 1502 die erste span. Niederlassung gegründet hatte, wurde P. als Teil des Vizekönigreichs Neugranada span. Kolonie. 1513 durchquerte *Vasco Núñez de Balboa* den Isthmus und entdeckte den Pazifischen Ozean. Nach der Unabhängigkeitserklärung 1821 schloß sich P. der Föderation Groß-↗Kolumbien an. 1903 trennte sich die Provinz von Kolumbien unter dem Einfluß der USA, die ihre Interessen für den Bau eines interozeanischen Kanals bei der Zentralregierung in Bogotá nicht hatten durchsetzen können. Kurz nach der Unabhängigkeitserklärung erfolgte die Unterzeichnung des *Vertrages Hay-Bunau Varilla*, der den USA die Rechte zum Bau, Betrieb und Schutz der Wasserstraße übertrug und zugleich die Einrichtung eines 10 Meilen breiten Korridors vorsah, der als *Panama-Kanalzone* unter nordamerikan. Hoheit blieb. Das für P. ungünstige Kanalstatut wurde 1936 und 1955 modifiziert. Erst 1964 kamen nach nationalistischen Ausschreitungen Verhandlungen über eine grundlegende Neuregelung der Beziehungen in Gang, die 1977 zur Unterzeichnung eines neuen Kanalabkommens führten (seit 1979 in Kraft). Hierin ist die Rückgabe der Kanalzone sowie die Übergabe der Kanalverwaltung an P. nach einer Phase gemeinsamer Verantwortlichkeit gegen Ende des Jahrhunderts vereinbart. Die USA behalten Militärstützpunkte und haben sich weitere Sonderrechte zum Schutz des Kanals vorbehalten.

Die in einem Referendum gebilligte *Verfassung* von 1983 garantiert die demokratischen Grundrechte. Nach ihr ist P. eine präsidiale Republik. Der *Präsident* wird seit 1984 (wieder) direkt für 5 Jahre gewählt. Er ernennt die Minister, Provinzgouverneure, obersten Richter und den Oberbefehlshaber der Nationalgarde. Die *Legislative* gliedert sich in die nur einmal jährlich tagende *Nationalversammlung*, deren Mitglieder in den Corregimentos für 6 Jahre gewählt werden und den *Legislativrat*, der 1978 neu geschaffen wurde und die Hauptgesetzgebungstätigkeit ausübt. Er besteht aus 38 durch die Nationalversammlung bestimmten Mitgliedern und 19 direkt gewählten Abgeordneten. Eine Sonderstellung nahm bis 1990 die *Nationalgarde* ein. Seit dem Putsch von 1968 bestimmte ihre Führung das politische Leben weitgehend. Dies galt insbes. für den reformfreudigen General *Omar Torrijos*, aber auch für den korrupten Nachfolger *Manuel Antonio Noriega*, der Ende 1989 durch eine militärische Intervention der USA gestürzt wurde und in Florida wegen vermuteter Drogendelikte angeklagt ist. Staatspräsident *Guillermo Endara* (seit 1989) hat 1990 die Auflösung der Nationalgarde angekündigt. – Die *Rechtsprechung* basiert auf span. und frz. Ideengut. Neben dem Obersten Gerichtshof bestehen Magistratsgerichte und 1 Appellationsgericht. – Die *Verwaltung* gliedert sich in 9 Provinzen, 67 Distrikte, 510 Corregimentos und 2 autonome indianische Bezirke.

Die *Bevölkerung* hat sich in den letzten 25 Jahren verdoppelt. Die *Geburtenrate* lag 1988 bei 25 ‰, die *Sterberate* bei 4 ‰, was einem natürlichen Zuwachs von 2,1% entspricht. Die *Lebenserwartung* hat sich für Männer von 62 Jahren (1965) auf 70 Jahre (1984) erhöht. Annähernd die Hälfte der Bevölkerung konzentriert sich im Agglomerationsraum Panama-Colón, wo die Einwohnerzahl überproportional steigt. Die weitgehend siedlungsleeren Räume an der karib. Abdachung und im Darién sind Rückzugsgebiete der indianischen Bevölkerung (Guaymí, Cuna, Chocó). In den westl. Landesgebieten dominieren Mestizen, in den

Städten der Zentralregion Schwarze und Mulatten, die seit Mitte des 19. Jh. als Bauarbeiter ins Land gekommen sind. Die politische und wirtschaftliche Macht liegt in der Hand der weißen Oberschicht und der ausländischen Interessen. – Das *soziale Sicherungssystem* ist fortschrittlich, erfaßt aber einen Teil der Bevölkerung und ist mit großen Finanzierungsschwierigkeiten belastet. Das *Gesundheitswesen* ist hinsichtlich der Versorgung mit Krankenhäusern, Ärzten und ländlichen Gesundheitsposten im Vergleich zu den meisten Nachbarländern, auch Dank der Unterstützung durch die USA, vorbildlich. Allerdings sind die hygienischen Verhältnisse besonders in den ländlichen Gebieten noch unzureichend.

Die *Wirtschaft* wird in starkem Maße durch tertiäre Funktionen bestimmt (Beitrag zum BIP 1987: 58%). Nach wie vor von herausragender Bedeutung ist der (67 km, mit Zufahrtsrinnen 81 km lange, 90–300 m breite) interozeanische Kanal, für dessen Bau flottenstrategische Gesichtspunkte mitbestimmend waren und der 1914 fertiggestellt wurde. Er verkürzt den Seeweg von New York nach San Francisco um 15 000, nach Tokio um 13 000 km. Technisch veraltet und wegen seiner Abmessungen für moderne Großschiffe nicht befahrbar, sank die Zahl der Schiffspassagen bei rückläufigem Frachtaufkommen von 14 400 (1980) auf 12 075 (1988). Dies steht auch im Zusammenhang mit der 1982 zum Transport des Alaska-Öls eröffneten Pipeline von Pto. Armuelles nach Chiriquí Grande.

Die Freihafenzone in Colón sowie liberale Gesetze und geringe Steuern haben die Entwicklung des internationalen Finanzzentrums in Panama-City begünstigt (1970: 23 Banken, 1987: 121). Durch die Schuldenkrise in Lateinamerika, die politischen Spannungen mit den USA und deren Embargo sanken die Einlagen aber von 50 Mrd. US-$ bis Ende 1988 auf ca. 10 Mrd. US-$; 30 Institute gaben ihre Lizenzen zurück. Durch die Krise wurde auch der Bausektor stark getroffen. Ebenfalls wurde das verarbeitende Gewerbe, das noch vorwiegend auf landwirtschaftliche Produkte und Konsumgüter des täglichen Bedarfs ausgerichtet ist, negativ beeinflußt. Weniger betroffen ist der Agrarsektor, der sogar einen relativen Bedeutungszuwachs verzeichnet (1989: 18,3 % des BIP).

Verkehr. Das *Straßennetz* umfaßt (1985) ca. 10 000 km, von denen ca. 1/3 befestigt ist. Leitlinien sind die Carretera Panamericana, die im W nach Costa Rica führt, im O in Richtung Kolumbien bis auf ein Teilstück über Panama City hinaus aber erst geplant ist, sowie die Schnellstraße Panama City-Colón. Die *Eisenbahn* hat nur geringe Bedeutung. *Binnenschiffahrt* ist nur auf dem Unterlauf weniger Flüsse möglich. Für P. selbst ist die *Küstenschiffahrt* an der karib. Küste wichtig. Die *Seeschiffahrt* wird vom Kanalverkehr dominiert. Über 12 000 Schiffe ausländischer Reeder sind in P. registriert und nutzen die Vorteile (u. a. geringere Steuerbelastung) der „Billig-Flagge". *Internationaler Flughafen* ist Omar Torrijos bei Panama-City.

Kultur, Religion, Bildung. In einem jungen Kleinstaat, dessen Entwicklung stark durch ökonomische Faktoren und ausländische Interessen gesteuert wird, bestehen ungünstige Voraussetzungen für die Entwicklung eines eigenständigen kulturellen Lebens. Der kath. Kirche, der der größte Teil der Bevölkerung angehört (1 Erzb., 4 Bist., 1 Prälatur), kommt noch eine gewisse Bedeutung zu. Positiv wirkte sich der US-amerikan. Einfluß auf das Schulwesen aus (Schulpflicht vom 7.–15. Lebensjahr). Auf allen Schulebenen bestehen neben den staatlichen auch private Einrichtungen. Die Analphabetenquote lag, bezogen auf die Bevölkerung über 15 Jahre, 1985 bei 11,8 % (in den Städten wesentlich niedriger). P. besitzt 3 Universitäten, darunter 1 katholische. Die Zahl der Studenten hat sich seit 1975 nahezu verdoppelt.

LITERATUR

A. **Castillero Calvo**, La sociedad panameña. Panama 1970. – D. **McCullough**, The path between the seas: The creation of the P. Canal 1870–1914. New York 1977. – W. **LaFeber**, The P. Canal. The crisis in historical perspective. New York 1978 [Neuausg. 1989]. – O. **Jaén Suárez**, La población del Istmo de P. del siglo XVI al siglo XX. Panama 1979. – A. **Ebbecke-Nohlen u. a.**, P., in: HDW. Bd. 3. ²1982, 176 ff. – St. **Ropp**, Leadership and political transformation in P.: Two levels of regime crisis, in: Central America – Crisis and Adoption. Hg. St. Ropp, J. Morris. Albuquerque 1984, 227 ff. – E. **Süssdorf**, P.: Vom Nadelöhr der Weltschiffahrt zum internationalen Finanzzentrum, in: Krisengebiet Mittelamerika. Hg. H. Nuhn. Braunschweig 1985, 138 ff. – J. M. **Hogan**, The P. Canal in American politics. Carbondale (Ill.) 1986. – Lber. P. 1987. Stuttgart 1987. – B. **Wolf**, Die P.kanal-Frage in ihrer globalen Verflechtung, in: AdV 25 (1987) 129 ff. – P. Probleme des Kanals und der politischen Entwicklung. Hg. Inst. für Iberoamerika-Kunde. Königswinter 1988. – Atlas Nacional de la República de P. Hg. Instituto Geográfico Nacional. Panama 1988. – R. **Soler**, P. Historia de una crisis. Mexico 1989. – Desarrollo polarizado y política de descentralización en América Central. El caso de P. Hg. H. **Nuhn**. A. **McKay**. Hamburg 1990. – K.-D. **Hoffmann**, P., in: PolLexLat. ³1992, 240ff.

Helmut Nuhn

KARIBISCHE INSELN UND NÖRDLICHES SÜDAMERIKA

I. Naturraum

Die Region wird in einen Festlands- und einen Inselbereich unterteilt.

In dem 2,5 Mio. km² großen *Festlandsbereich* des nördl. Südamerikas lassen sich drei große Naturräume unterscheiden: (1) Das Gebirgsland der *Anden* teilt sich in ↗Kolumbien fingerförmig in drei Kordilleren auf, die von Längstälern untergliedert werden und deren Flüsse ins Karibische Meer münden. Die Ostkordillere biegt im N nach O ab und verläuft in ↗Venezuela küstenparallel. (2) Östl. der Andenkette und südl. der Küstenkordillere schließt sich das savannenbedeckte, von Flußnetzen bestimmte *Tiefland des Orinoco- und Amazonasbeckens* an. (3) Das *Bergland von Guayana*, das aus den alten kristallinen Schilden des präkambrischen Grundgebirges besteht, umfaßt den SO Venezuelas und die Guayanaländer (↗Französisch-Guayana, ↗Guyana, ↗Suriname). Die Gebirgsräume der Anden, die in Kolumbien auf über 5000 m anstei-

Nördliches Südamerika

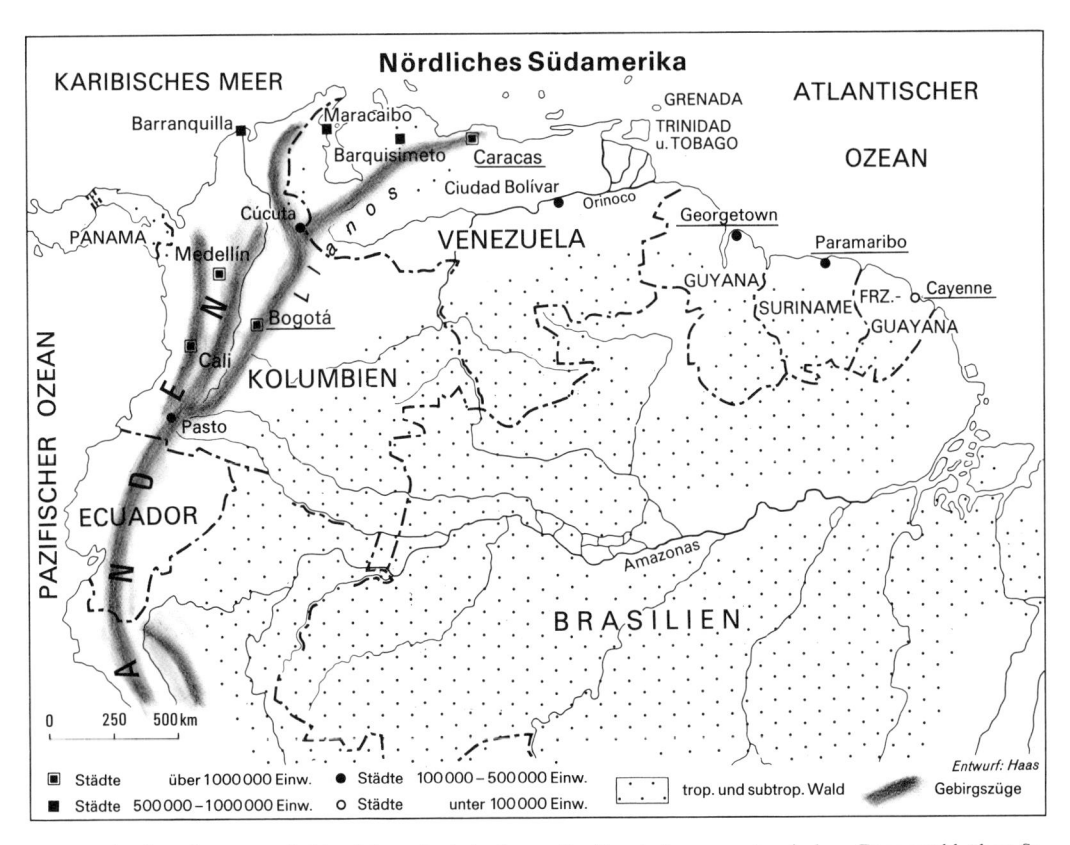

KARIBISCHES MEER — Barranquilla, Maracaibo, Barquisimeto, Caracas, GRENADA, TRINIDAD u. TOBAGO — ATLANTISCHER OZEAN
PANAMA, Cúcuta, Ciudad Bolívar, Orinoco, VENEZUELA, Georgetown, Paramaribo
Medellín, Bogotá, KOLUMBIEN, GUYANA, SURINAME, FRZ.-GUAYANA, Cayenne
Cali, Pasto, ECUADOR, Amazonas, BRASILIEN
PAZIFISCHER OZEAN, ANDEN, Llanos

0 250 500 km

Entwurf: Haas

- ■ Städte über 1 000 000 Einw.
- ● Städte 100 000 – 500 000 Einw.
- ■ Städte 500 000 – 1 000 000 Einw.
- ○ Städte unter 100 000 Einw.
- trop. und subtrop. Wald
- Gebirgszüge

gen, sowie das *Cauca-* und *Magdalenatal* sind die Kernräume für Siedlung und Wirtschaft.

Der *Inselbereich* besteht einerseits aus den aus Bruchschollen und Kalkplatten (tropischer Kegelkarst z. B. auf ↗Kuba und ↗Jamaika) aufgebauten sowie von Tälern, Tiefebenen und Brüchen gegliederten *Großen Antillen*, die in Längsrichtung von Kuba bis nach ↗Puerto Rico reichen. Nordwestl. dieser zentralen Inselkette liegt der aus Korallenkalk aufgebaute *Bahama-Archipel* (↗Bahamas); südöstl. erstrecken sich die aus Vulkankegeln oder Platten von Korallenkalk aufgebauten *Kleinen Antillen*.

Klimatisch wird die Region von den immerfeuchten Tropen im S und den wechselfeuchten Tropen weiter nördl. bestimmt. Sie liegt im Bereich der innertropischen Konvergenzzone, die mit dem Sonnenstand wandert und in der die Passatströmungen zusammenfließen, konvergieren, aufsteigen und häufig mit Gewittern verbundene Konvektionsregen bringen. In Äquatornähe herrschen tropische Regenklimate mit 9–12 humiden Monaten. Weiter nördl. dagegen besteht ein ausgeprägter Gegensatz zwischen Regen- und Trockenzeit.

Modifiziert wird die zonale Gliederung durch das Relief und die Exposition. In den Anden und den Gebirgszonen der Antillen lösen sich Höhenstufen ab, die in die *Tierra caliente* (bis unter 800 m), die *Tierra templada* (bis unter 1800 m), die *Tierra fría* (bis unter 2100 m) und die *Tierra helada* (über 2100 m) gegliedert werden. Auf den Antillen wird das Klima durch die Lage zum NO-Passat bestimmt: die nordöstl. Hänge der Bergketten und Vulkankegel fangen im Luv die Luftmassen auf, die Stau- und Steigungsregen verursachen. Die Lee- bzw. Südseiten sind trocken. Auch die flachen Inseln haben ein semi-arides Klima. Den Niederschlägen und der Höhenlage entsprechend reicht die Vegetation vom tropischen Regenwald über Savannen bis zu Halbwüstenvegetationen.

Die *Böden* sind in den tropischen Tiefländern überwiegend lateritisch (durch Eisenoxid tiefrot gefärbt) und nährstoffarm. In höheren Lagen besteht ein kleinräumiges Mosaik von Bodenarten und Bodentypen, die von lokalen Bedingungen, etwa Vulkanaschen und dem Wasserhaushalt, abhängen.

Die Region liegt in ihrem nördl. Teil im Bereich tropischer Wirbelstürme (Hurrikane) und ist zusätzlich besonders von Erdbeben und Vulkanausbrüchen bedroht. Damit ist sie wie kaum eine andere Weltregion den drei gefährlichsten Naturrisiken ausgesetzt.

II. Geschichte, Kultur, Religion

In vorkolumbianischer Zeit gliederte sich die Region in zwei Kulturkreise, den der Hochkulturen in den Anden (*Chibcha*) und den der zirkumkarib. Stammesgesellschaften der *Tainos* und *Kariben*. Nach der Entdeckung durch *Kolumbus* setzte die Kolonisation und Unterwerfung ein, zunächst durch Spanier von Santo Domingo aus. ↗Kuba, ↗Puerto Rico und ↗Jamaika waren bis 1520 erobert, wenige Jahre später das heutige ↗Kolumbien und ↗Venezuela. Die neuen Reichtümer wurden den Spaniern bald von anderen europ. Mächten streitig gemacht, die sich seit dem frühen 17. Jh. erfolgreich gegen Spanien durchsetzen konnten. England war erstmals Ende des 16. Jh. durch *Francis Drake* präsent. Abenteurer, Freibeuter und „Buccaneers" beherrschten das Karibische Meer bis ins 18. Jh.

Die neuen Kolonialmächte (v. a. England, Frankreich und die Niederlande) führten mit der Plantagenwirtschaft der Zuckerrohrmonokultur auf der Basis von Sklavenarbeit eine der erfolgreichsten Wirtschaftsformen der damaligen Zeit ein. ↗Haiti, ↗Barbados und

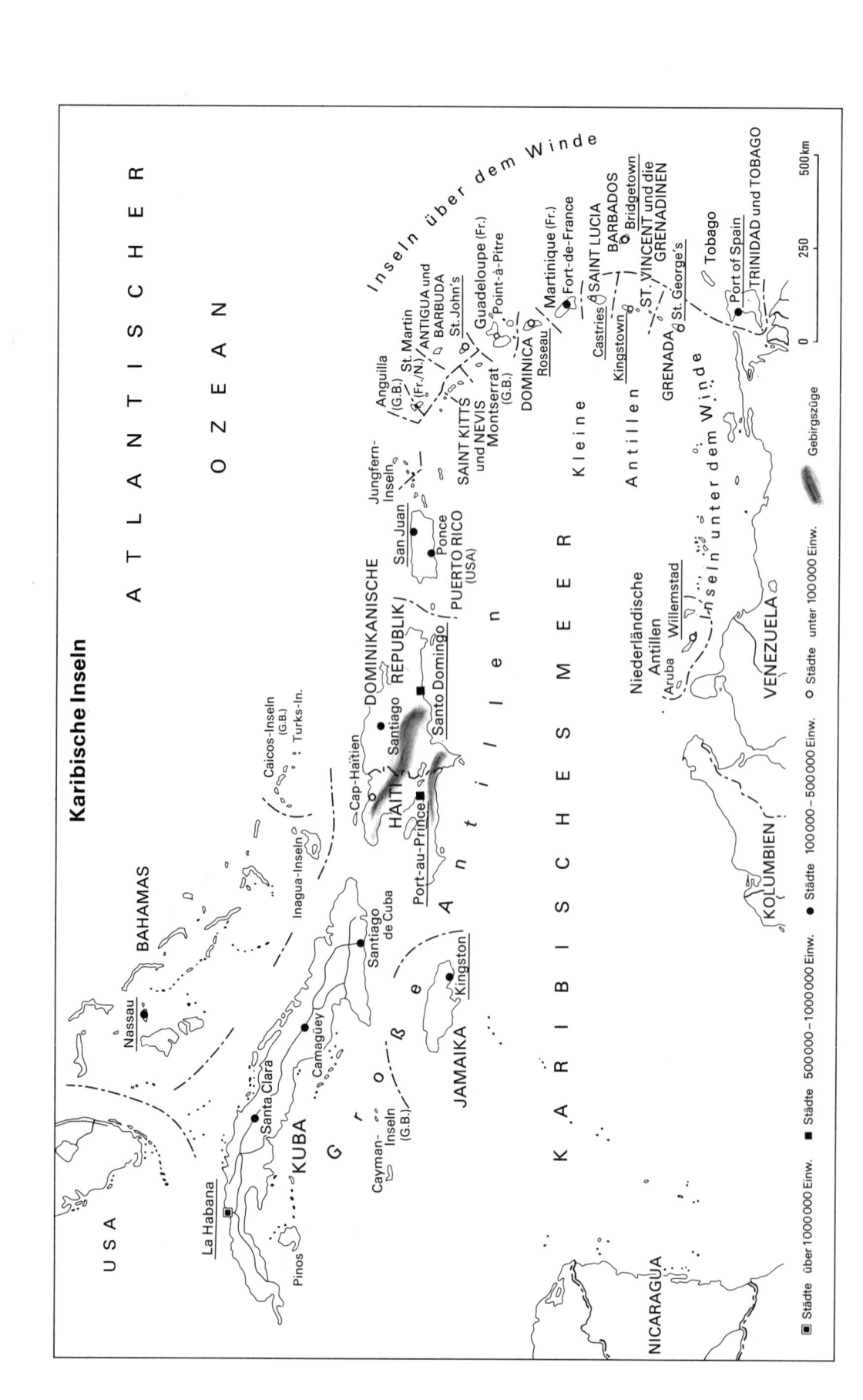

Karibische Inseln

Jamaika gehörten durch die gnadenlose Ausbeutung menschlicher und natürlicher Ressourcen zu den ertragreichsten Teilen der Welt. Frankreich verschleppte allein nach Saint-Domingue (heute Haiti) innerhalb von weniger als 100 Jahren mehr als 500 000 afrikan. Sklaven. Europäische Rivalitäten wurden mehrfach im Karibischen Meer ausgetragen. Die Inseln wechselten ihre Kolonialherren häufig, was zu einer beispiellosen Aufsplitterung in Kolonien engl., span., frz., dän. und holländ. Prägung führte. Die span. Besitzungen stagnierten jedoch.

In *Kolumbien* wurden die Anden, in *Venezuela* die Küstenkordillere nur dünn besiedelt. Die Tieflandbereiche überließ man kath. Missionaren. Die Inselwirtschaften *Kubas, Santo Domingos* und *Puerto Ricos* litten unter dem span. Handelsmonopol bzw. dem konsequent angewandten Merkantilismus. Sie waren dünn besiedelt und wirtschaftlich kaum in Wert gesetzt.

Eine politische und ökonomische Zäsur stellt die Französische Revolution dar, zu deren unmittelbaren Folgewirkungen die Unabhängigkeit *Haitis* gehörte. Die Sklavenwirtschaft begann sich politisch und ökonomisch zu überleben und wurde im brit. Einflußbereich ab 1833, im span. Ende des 19. Jh. abgeschafft. Die seit 1810 einsetzenden Unabhängigkeitsbestrebungen führten *Kolumbien* (damals Neugranada), *Venezuela* und ↗*Ecuador* in die politische Freiheit (Zerfall Großkolumbiens 1830). Spanien entdeckte dadurch den Wert seiner wichtigsten, noch nicht unabhängigen Kolonie *Kuba* und übernahm das Zuckerrohrplantagen-Wirtschaftssystem der Franzosen und Briten Ende des 18. Jh. Nachdem *Haiti* als Zuckerlieferant ausgefallen war, wurde Kuba die „Zuckerinsel". Die Sklaverei erlebte hier ihren Höhepunkt erst zu Beginn des 19. Jh.

Die unabhängig gewordenen Staaten auf dem Kontinent und *Haiti* waren mit sich selbst durch rivalisierende Caudillos und Kaiser (Haiti) beschäftigt. Das schon damals relativ überbevölkerte, expansionistische Haiti provozierte jahrelang Großbritannien und Frankreich, die erfolglos Haitis neu erworbene Freiheit bedrohten. Haiti erhob Anspruch auf den dünn besiedelten, ehemals. span. Ostteil der Insel *Hispaniola* und hielt diesen auch 1822–44 besetzt. Die ↗*Dominikanische Republik* wurde dadurch erst 1844 de facto unabhängig. Die Sklavenbefreiung auf den brit. Inseln und den holländ. Besitzungen erzwang eine neue Arbeitsorganisation, die durch billige Kontraktarbeiter aus Asien bewerkstelligt wurde. Das span. *Kuba* importierte ebenfalls asiatische Arbeitskräfte, aber auch schon im 19. Jh. verarmte Haitianer.

Ab dem ersten Drittel des 19. Jh. wuchs der Drang der USA nach S, der sich früh auf Kuba bemerkbar machte und vorläufig im *Spanisch-Amerikan. Krieg* 1898 eskalierte. *Kuba* und *Puerto Rico* kamen dadurch in den unmittelbaren Einflußbereich ihres erstarkenden nördl. Nachbarn. 1903 wurde ↗*Panamá* auf US-amerikan. Drängen unabhängig von Kolumbien. Wenige Jahre später intervenierten amerikan. Truppen in *Haiti* (1915–34) sowie der *Dominikanischen Republik* (1916–24) und hielten beide Staaten besetzt. Auf *Kuba* besaßen die USA bis 1934 Interventionsrecht. Die junge Republik erlebte seit Beginn des 20. Jh. eine Reihe durch die USA geduldeter Diktatoren. 1934 übernahm General *Fulgencio E. Batista y Zaldívar* die Macht (1940–44 und erneut 1952–59 Präsident). *Puerto Rico* blieb besetzt und wurde 1917 als Territorium der USA organisiert, wodurch die Bevölkerung das Bürgerrecht und eine beschränkte Selbstverwaltung erhielt, die 1952 in einen Commonwealth-ähnlichen Status umgewandelt wurde. Der indirekte Anschluß an die USA ermöglichte seit den 50er Jahren eine rasante Industrieentwicklung. In der *Dominikanischen Republik* gelangte 1930 *Rafael Leónida Trujillo y Molina* an die Macht, die er autoritär-diktatorisch mit großer Brutalität für seine eigenen Interessen bis 1961 ausnutzte. In *Haiti* hielten die innenpolitischen Wirren bis zur Machtübernahme *François Duvaliers* 1957 an. Die europ. Besitzungen (v. a. der Kleinen Antillen) verloren seit dem 19. Jh. zunehmend an Bedeutung für die Mutterländer, die sich seit Ende des 19. Jh. im Rahmen des aufblühenden Imperialismus mehr für Afrika und Asien interessierten, wodurch die karib. Kolonien relativ an Wert verloren.

Venezuela hatte unter den Befreiungskriegen gegen Spanien stark gelitten. Seine wirtschaftlichen Grundlagen waren größtenteils zerstört. Zwischen 1830 und 1935 wurde das Land von sich befehdenden Caudillo-Diktatoren beherrscht unter denen *José Antonio Páez, Antonio Guzmán Blanco* und *Juan Vicente Gómez* herausragen. Sie regierten das Land wie Privatbesitz länger als ein halbes Jahrhundert. 1914 begann in Venezuela das Erdölzeitalter und verhalf der Volkswirtschaft zu einer enormen Expansion. Der traditionelle Regionalismus wurde durch die mit dem Erdöl verbundene Modernisierung abgeschwächt. 1945 brachte ein unblutiger Umsturz die radikal-demokratische „Acción Democrática" unter Führung *Rómulo Betancourts* an die Macht. Die Demokratie wurde 1948 erneut durch eine Militärdiktatur unter General *Marcos Pérez Jiménez* abgelöst. Erst ab 1958 konnten sich durch freie Wahlen legitimierte Regierungen wieder durchsetzen.

In *Kolumbien* begann 1830 der fast 150 Jahre andauernde Kampf zwischen den eher zentralistisch, der kath. Kirche zugeneigten Konservativen und den föderalistischen, auf Trennung von Kirche und Staat bedachten Liberalen. Die Liberalen wurden 1880 von dem konservativen Staatspräsidenten *Rafael Núñez* abgelöst und gelangten erst 1930 wieder an die Regierung (bis 1946). Kolumbien war inzwischen längst ein zentralistisch organisierter Einheitsstaat, doch blieben die Gegensätze zwischen Liberalen und Konservativen bestehen und eskalierten nach der Ermordung des liberalen Präsidentschaftskandidaten 1948 in einem blutigen Bürgerkrieg, der sog. „Violencia". Erst ein Militärputsch unter General *Gustavo Rojas Pinilla* beendete 1953 den Krieg, der über 200 000 Menschen das Leben gekostet hatte. Die Militärdiktatur befriedete das Land jedoch nicht. Die wirtschaftsräumlichen Strukturen und agrarwirtschaftlichen Verhältnisse, gekennzeichnet durch den Gegensatz von Großgrundbesitz und Minifundien, wandelten sich seit der Unabhängigkeit nur zögerlich.

Kultur/Sprache und Religion. Hauptumgangs- und Amtssprache ist in den Ländern ständiger span. Besiedlung (Kuba, Dominikanische Republik, Venezuela, Kolumbien) *Spanisch*. *Englisch* dominiert in den ehem. brit. Kolonien und in den verbliebenen Kronkolonien sowie als zweite Sprache neben Spanisch auf Puerto Rico. *Französisch* wird in ↗Französisch-Guayana, ↗Guadeloupe und ↗Martinique gesprochen. Auf Haiti war es lange Zeit Amtssprache, doch ist hier *Créole*, eine Mischsprache aus afrikan. sowie frz. Elementen, weitaus gebräuchlicher. Auf den Kleinen Antillen, die zeitweise frz. waren, erhielten sich Französisch und *Créole*. Auf den ↗Niederländischen Antillen ist *Papiamento* Amtssprache. Dort, wo im 19. Jh. asiat. Kontraktarbeiter angeworben wurden (↗Trinidad und Tobago, ↗Suriname etc.), spielen *Hindi* und *Javanisch* eine große Rolle.

Aus der kolonialen Vergangenheit leitet sich auch die *ethnische und religiöse Zusammensetzung* ab. Auf den Inseln mit span. Tradition herrscht, ebenso wie auf dem Festland, der *Katholizismus* vor. Auf den Inseln mit engl. Vergangenheit sind die *anglikanische Kirche* sowie *prot. Glaubensgemeinschaften* vertreten. In den letzten Jahrzehnten gewannen *Erweckungsbewegungen (Rastafari)* zunehmend an Bedeutung. Obwohl Haiti offiziell kath. ist, hängt die Bevölkerung überwiegend *Voodoo-Kulten* an. In den Ländern mit asiat. Bevölkerungsanteilen spielen der *Islam* und der *Hinduismus* eine Rolle.

Kulturell orientieren sich die einzelnen Länder jeweils an ihrem ehem. Mutterland sowie an den USA, sind jedoch teilweise bemüht, eigene Traditionen zu pflegen bzw. zu entwickeln. Hierbei spielen die religiösen Haltungen (Rasta, Voodoo) eine identitätsstiftende, kulturelle Rolle. Nationalen Musik- und Tanzformen, wie z. B. dem *Reggae* auf Jamaika oder dem *Merengue* in der Dominikanischen Republik und auf Puerto Rico, kommt zunehmend Bedeutung als Ausdruck der Volkskultur zu. Bei den Eliten herrschen jedoch von außen übernommene Kultur- und Wertnormen vor.

Die ethnische Heterogenität und kulturelle Fragmentierung des karib. Raumes erlaubte nicht das Aufkommen einer gemeinsamen karib. Identität. Nur Gesellschaften ähnlicher Traditionen haben ein Zusammengehörigkeitsgefühl, wie z. B. die spanisch- und englischsprachigen Länder und Inseln. Eine afro-karib. Identität ist am stärksten auf den ehem. brit. Inseln verbreitet; in der Dominikanischen Republik etwa wird diese Tradition nicht anerkannt. Der karib. Raum darf aber wegen seiner Vielfalt, die ihn einmalig macht, als Kulturerdteil bezeichnet werden.

III. Politische Entwicklung

Die 50er und 60er Jahre leiteten eine Entwicklung ein, die der Region eine neue politische Qualität verschaffte. Nach einem gescheiterten Putschversuch 1953 führte *Fidel Castro* in *Kuba* seit 1956 eine Guerillabewegung an, die am 1.1.1959 den diktatorisch regierenden *Batista* in die Flucht schlug. Die neue Regierung leitete anfangs ein nationalistisches, soziales Reformprogramm ein, das bald einen sozialistischen Charakter bekam, den privaten Großgrundbesitz sowie amerikan. Eigentum verstaatlichte, die Massenmedien staatlich lenkte und 1965 in ein Machtmonopol der „Einheitspartei der Sozialistischen Revolution" einmündete. Die Maßnahmen führten zu schweren Spannungen mit den USA und erreichten mit der (gescheiterten) Invasion von Exil-Kubanern (Schweinebucht) 1961 ihren Höhepunkt. Die Annäherung an die UdSSR und die Lieferung sowjet. Raketen an Kuba (1962) stürzte die Weltmächte in eine schwere Krise. Mit dem Abzug der sowjet. Raketen wurde der Konflikt beigelegt. Das sozialistische Revolutionsregime gestaltete die unterentwickelte Gesellschaft in Teilbereichen erfolgreich um. Das gesamte Land, insbes. die Wirtschaft, blieb jedoch stark abhängig von der UdSSR. Die Unterstützung Castros für revolutionäre Unabhängigkeitsbestrebungen und sozialistisch orientierte Bewegungen in Lateinamerika und Afrika – einschließlich der Gewährung militärischer Unterstützung – sowie seine autoritäre Innenpolitik verstärkten die Spannungen mit den USA.

In der *Dominikanischen Republik* wurde der Diktator *Trujillo* 1961 ermordet. Politische Instabilität bestimmte nach einer kurzen demokratischen Phase unter dem gewählten Präsidenten *Juan Bosch* (1962) die Entwicklung. Amerikan. sowie OAS–Truppen besetzten 1965 die Insel. Nach Verabschiedung einer neuen Verfassung gelangte der einstige Vertraute Trujillos, *Joaquín Videla Balaguer*, an die Macht (1966–78). Seit Ende der 70er Jahre verliefen die Wahlen frei. Das Land leidet jedoch seit Mitte der 80er Jahre unter einer schweren wirtschaftlichen Krise, die soziale Spannungen (1984, 1990) zur Folge hat.

Das benachbarte *Haiti* litt bis 1986 unter der Diktatur der Familie *Duvalier*. Es gelang bisher nicht, demokratische Traditionen aufzubauen.

Puerto Rico entwickelte sich seit 1950 zu einem der erfolgreichsten Wirtschaftsräume der Region, begünstigt durch Industrieentwicklung, die Möglichkeit der Einwohner, in die USA abzuwandern, und durch US-Subventionen. Der politische Status der Insel bleibt offen. Bei der Wahl zwischen Unabhängigkeit, Umwandlung in einen US-Staat und dem gegenwärtigen, commonwealth-ähnlichen Status („Estado Libre Asociado") zieht die Mehrheit der Bevölkerung z. Z. den letzteren vor.

Großbritannien entließ seit 1962 seine karib. Kolonien in die Unabhängigkeit (als erste *Jamaika* und *Trinidad und Tobago*). Die unabhängig gewordenen Staaten blieben Mitglieder des Commonwealth (↗Großbritannien, Tab. 4). Sie hatten schon 1958 eine Karibische Föderation (West Indies Federation) angestrebt, die jedoch bereits 1962 an inneren Streitigkeiten scheiterte. 1967 schlossen sich die ehem. brit. Kolonien zu einer Freihandelszone *(CARIFTA),* 1973 zu einem gemeinsamen Markt *(CARICOM)* zusammen. Die Commonwealth-Inseln der Kleinen Antillen erhielten die Unabhängigkeit erst in den 70er (↗Bahamas, ↗Grenada, ↗Dominica, ↗Saint Lucia, ↗Saint Vincent und die Grenadinen) und zu Beginn der 80er Jahre (↗Antigua und Barbuda, ↗Saint Kitts und Nevis). Die politische Entwicklung blieb fast auf allen Inseln parlamentarisch und demokratisch stabil. Eine Mehrparteienlandschaft mit großem Einfluß der Gewerkschaften bestimmt die Politik. Lediglich in ↗*Guayana* hatte das Westminster-Modell vor dem Hintergrund ethnischer Rivalitäten Probleme, sich durchzusetzen. Bedeutendere Konflikte traten nur in *Grenada* (1980–83) sowie in *Trinidad und Tobago* (1990) auf. Die kleineren Inseln, wie z. B. die *brit.* ↗*Jungferninseln,* ↗*Montserrat* und die ↗*Cayman-Inseln,* blieben als Kolonien mit innerer Selbstverwaltung unter der Herrschaft Großbritanniens. Ihre Kleinheit macht die Unabhängigkeit unwahrscheinlich. Die frz. Kolonien ↗*Guadeloupe,* ↗*Martinique* und ↗*Französisch-Guayana* erhielten 1946 Département-Status und entsenden als Teile Frankreichs im staatsrechtlichen Sinn Abgeordnete in das frz. Parlament. Auch die ↗*Niederländischen Antillen* sind heute autonomer Teil der Niederlande (mit einem Sonderstatus für *Aruba*). ↗*Suriname* wurde 1975 vollständig unabhängig.

In *Venezuela* konnte sich nach 1958 eine parlamentarische Demokratie entwickeln. Zwei Parteien bestimmten das politische Leben: die sozialdemokratisch orientierte „Acción Democrática" (AD) und die christlich-soziale Partei „Comitado de Organización Política Electoral Independente" (COPEI), die auch immer der Regierungschefs stellten. Obwohl Venezuela eine präsidiale Bundesrepublik ist, blieb die Verwaltung zentralistisch organisiert und in der Hst. Caracas konzentriert. Erst Ende der 80er Jahre erzwangen mangelnde Effizienz und die Verschuldungskrise eine Staatsreform, die in ihrem Kern den Bundesstaaten sowie den Gemeinden eine größere Autonomie zubilligt.

In *Kolumbien* schlossen sich 1957 (nach der „Violencia" zu Beginn der 50er Jahre) die Liberalen und Konservativen zur Nationalen Front („Frente de Transformación Nacional", FTN) zusammen und vereinbarten, bis 1974 alle vier Jahre abwechselnd den Präsidentschaftskandidaten zu stellen. Seit Ende des Abkommens stellte die Liberale Partei die Mehrheit der Regierungschefs. 1990 gewann ihr Kandidat *Cesar*

Karibische (Westindische) Inseln: politische Gliederung			
Territorium	politische Zugehörigkeit	Territorium	politische Zugehörigkeit
Bahamas Bahamas Turks- und Caicos-Inseln	Großbritannien	Antigua und Barbuda Montserrat Guadeloupe	Großbritannien Frankreich
Große Antillen Kuba Cayman-Inseln Jamaika Haiti Dominikanische Republik Puerto Rico	Großbritannien Großbritannien USA	*Windward Islands* Dominica Martinique Saint Lucia Barbados Saint Vincent und die Grenadinen Grenada Trinidad und Tobago	Frankreich
Kleine Antillen (1) Inseln über dem Winde *Leeward Islands* Amerikanische Jungferninseln Britische Jungferninseln Anguilla Niederländische Antillen (Nordgruppe) Saint Kitts und Nevis	USA Großbritannien Großbritannien Niederlande	(2) Inseln unter dem Winde Niederländische Antillen (Südgruppe) = Aruba Curaçao Bonaire	Niederlande Niederlande Niederlande

Gaviría Trujillo die Präsidentschaftswahlen. Trotz der Reduzierung der Polaritäten zwischen Liberalen und Konservativen erreichte das Land keine politische Stabilität. Seit den 60er Jahren kämpft eine Guerillabewegung mit dem Ziel, die sozio-ökonomischen Verhältnisse im Land revolutionär zu verändern. 1989 trat ein Amnestiegesetz für die Guerillagruppen in Kraft, das bei Waffenniederlegung den Verzicht auf Strafverfolgung regelt. Nachhaltiger als die Guerillabewegung beeinflußt die Drogenmafia und ihr prominentester Exponent, das „Kartell von Medellín", die Geschicke des Landes. Nachdem die USA im Rahmen ihres „Drogenkrieges" erreichten, daß Mitglieder des Kokain-Kartells von der kolumbian. Justiz an die USA ausgeliefert werden können, erklärte die Drogenmafia der Regierung den Krieg. Seit 1989 reißen die Attentate nicht ab. Drogen sind bei weitem, wenn auch illegal, das wichtigste Exportprodukt des Landes. Sie erreichen ein Exportvolumen von über 4 Mrd. US-$; der Kaffee, das traditionelle Exportprodukt, bringt nur rd. 1,4 Mrd. US-$ ein.

Bei aller politischen und gesellschaftlichen Instabilität der Region dürfen die inneren Ursachen, wie soziale Spannungen, zunehmendes Elend, korrupte sowie unfähige Regierungen, nicht aus dem Auge verloren werden. Gewalt in ihren vielfältigen Formen spielte in der Region immer eine bedeutende Rolle.

IV. Bevölkerungs- und Sozialstruktur

In kaum einer anderen Weltregion liegen Staaten so heterogener Größe und Struktur so eng nebeneinander. Das gilt besonders für die Bevölkerungs- und Sozialstruktur und hier v. a. für die *ethnische Zusammensetzung. Kolumbien* und *Venezuela* besitzen am ehesten ein südamerikan. Profil (Kolumbien: 60 % Mestizen, 20 % Weiße, 14 % Mulatten, 4 % Schwarze und 2 % Indios). In *Surinam, Guyana* und auf *Trinidad* liegt der Anteil der Asiaten, bedingt durch den früheren Import von Kontraktarbeitern, zwischen 30 % und über 50 %, bei variierenden Anteilen von Schwarzen, Europäern und Mulatten. In der *Dominikanischen Republik* dominieren die Mulatten (60 %; 25 % Schwarze,

15 % Weiße). In *Haiti, Jamaika, Barbados* und auf den meisten der Kleinen Antillen liegt der Anteil der Schwarzen zwischen 70 % und 90 %, bei einer größeren Minderheit von Mulatten und einer sehr kleinen von Weißen. Auf *Kuba* und *Puerto Rico* beträgt der Anteil der weißen Bevölkerung 70 %–80 %; Mulatten bilden eine größere, Schwarze eine kleine Minderheit.

Die Heterogenität setzt sich bei der *Bevölkerungsentwicklung und Bevölkerungsverteilung* im städtischen bzw. ländlichen Raum fort. Nur *Französisch-Guayana, Venezuela* und die *Dominikanische Republik* haben Wachstumsraten über 2 %; auf *Puerto Rico* und *St. Kitts und Nevis* geht die Bevölkerungszahl abwanderungsbedingt sogar zurück. Alle Länder, außer Venezuela, sind in der Tendenz Abwanderungsländer. Viele ihrer Bürger leben in den USA, in Frankreich, Großbritannien und in den Niederlanden. Abwanderungen reduzieren fast überall das natürliche Bevölkerungswachstum beträchtlich und verdecken teilweise die noch hohen Geburtenraten, die im Altersaufbau der jeweiligen Länder am deutlichsten hervortreten. Besonders in der *Dominikanischen Republik*, auf *Haiti, Puerto Rico*, in *Venezuela* und auf vielen Antilleninseln dominiert die Jugend immer noch überproportional bei der Alterszusammensetzung der Bevölkerung. Nur *Kuba* verzeichnet traditionell relativ niedrige Geburtenraten.

In den letzten Jahrzehnten erlebte die Region den Wandel von einer überwiegend ländlichen in eine vielfach dominant städtische Bevölkerung. Die höchsten *Verstädterungsquoten* erreichen *Kuba* (71 %) und *Venezuela* (83 %); auf der anderen Seite stehen Länder wie *Dominica* (25 %) und *Haiti* (29 %), wo die Mehrheit der Einwohner noch auf dem Lande lebt. Tendenziell nahm die Verstädterung in allen Ländern schneller zu als das Bevölkerungswachstum. Die Land-Stadt-Wanderung begünstigt besonders die Hauptstädte. Caracas, Bogotá und Santo Domingo gehören zu den besonders schnell wachsenden Großstädten der Welt.

In der *Erwerbsstruktur* erlebte die Region in den letzten Jahrzehnten eine starke Abnahme der relativen Bedeutung der Landwirtschaft und eine kräftige Zunahme tertiärer Aktivitäten. *Haiti*, das ärmste Land der westl. Hemisphäre, bildet eine Ausnahme (65 % der Erwerbstätigen in der Landwirtschaft; in fast allen anderen Ländern ist der Dienstleistungssektor der bedeutendste Arbeitgeber). Die Industrie (inkl. Bergbau) konnte bisher nur in *Suriname, Guyana* sowie in *Trinidad und Tobago* eine größere Rolle als Arbeitgeber spielen. Immerhin ist sie aber u. a. in *Venezuela, Barbados, Kuba* und *St. Kitts und Nevis* hinsichtlich der Arbeitsplätze bedeutender als die Landwirtschaft.

Mit dem sozio-ökonomischen Umbau begann sich das traditionelle Rollenbild der Geschlechter zu wandeln. Mit der Tertiärisierung der Wirtschaft verbindet sich eine überproportionale Integration von Frauen in den Arbeitsmarkt. Das weitverbreitete, traditionell übersteigerte Selbstbewußtsein der Männer *(Machismo)* wird dadurch abgeschwächt, zumal im karib. Raum die matrifokale Familie schon eine große Rolle spielt, da die Familienverhältnisse beim Überwiegen der Konsensehen *("common-law-marriage")* der Mutter mehr soziale und familiäre Bedeutung einräumen als dem Vater.

Marginalität, die u. a. in hoher Arbeitslosigkeit und Unterbeschäftigung, in unzureichender Versorgung mit sozialen Dienstleistungen (Gesundheit, Bildung) und infrastrukturellen Grundleistungen (Wasser, Elektrizität, Abwässer) zum Ausdruck kommt, bestimmt das Leben der großen Bevölkerungsmehrheit. Die ungleiche Einkommensverteilung begünstigt eine kleine, sehr reiche Elite (z. B. traditionell Großgrundbesitzer).

Dagegen vergrößert sich die Mittelschicht (Beamte, Angestellte, mittelständische Unternehmer) nur langsam. Der Alltag der breiten Masse, die in städtischem Elend bzw. in ländlicher Armut lebt, ist v. a. vom Überlebenskampf im informellen Sektor (Kleinhändler, Straßenverkäufer, Prostitution), von Krankheit und z. T. noch vom Hunger (in *Haiti*) bestimmt. Am offensichtlichsten treten diese Erscheinungen in den Großstädten, wie Kingston, Santo Domingo und Bogotá, hervor. Noch entbehrungsreicher ist das Leben auf dem Lande. Lediglich auf einigen kleinen Inselterritorien, wie z. B. den *Cayman-Inseln,* den *Bahamas,* den brit. und *US-Jungferninseln,* außerdem auf *Puerto Rico* und, mit Einschränkungen, auf *Kuba* gelang es, die Unterentwicklung als Ergebnis struktureller Gebrechen mehr oder weniger zu überwinden. Selbst im reichen Erdölland *Venezuela* besteht Armut fort, wie es z. B. die wuchernden Elendsviertel an den Berghängen an Caracas belegen. Die Verschuldungskrise der 80er Jahre verschärfte die sozialen Gegensätze und führte vielfach zu – gerade für die ärmere Bevölkerung – schmerzlichen Anpassungsmaßnahmen.

V. Wirtschaft

Die *natürlichen Ressourcen* sind in der Region ungleich verteilt. Außerdem sind viele Länder der Region durch ihre Kleinheit benachteiligt, so daß sich voll ausgebaute Volkswirtschaften nicht entwickeln können. Dabei sind nicht nur Ressourcen im traditionellen Sinne knapp, sondern es fehlt vielfach auch an bewirtschaftungsfähigen Flächen. In Nachbarschaft zu rohstoffreichen Ländern wie *Venezuela* (u. a. Erdöl, Bauxit, Eisenerze), *Kolumbien* (Kohle), *Trinidad und Tobago* (Erdöl/Erdgas), *Guyana* (Bauxit) und *Suriname* (Bauxit) liegen die *Kleinen Antillen,* die nicht nur durch Rohstoffarmut, sondern auch durch ihre Lage in der Hurrikanzone benachteiligt sind. Eine Mittelstellung nehmen die *Großen Antillen* mit *Kuba* (Nickel), *Puerto Rico* (Kupfer), *Jamaika* (Bauxit) und der *Dominikanischen Republik* (Ferronickel, Gold) ein. Klima und Naturschönheiten spielen auf den kleinen Inseln als Ressourcen für den Tourismus eine große Rolle.

Traditionell kommt der *Landwirtschaft* die größte Bedeutung zu. In fast allen Ländern der Region, die über ausreichende Flächen verfügen, war und ist die Plantagenwirtschaft – bzw. in *Kolumbien* der auf Pflanzungen organisierte Kaffeeanbau – wirtschaftsbestimmend. Die Zuckerrohrmonokultur spielt zwar z. B. auf *Kuba,* in der *Dominikanischen Republik,* auf *Jamaika, Barbados* und *Trinidad und Tobago* nicht mehr die frühere Rolle, ist aber immer noch außerordentlich wichtig in bezug auf den Zuckeranteil an den Exporten (Kuba 80 %, Dominikanische Republik 20 %). Die Landwirtschaft, die Grundnahrungsmittel für den lokalen Bedarf produziert, ist dagegen schwach entwickelt, sieht man von Subsistenzbauern ab. Bergbauprodukte (Erdöl, Bauxit) sind in den rohstoffreicheren Ländern von strategischer Bedeutung, wie z. B. in *Venezuela, Suriname, Guyana* und *Jamaika*. Die Rolle des Bergbaus als Arbeitgeber ist bescheiden. Im Außenhandel aber z. T. sehr groß (Jamaika 60 %). Zucker und mineralische Rohstoffe unterliegen starken Weltmarktpreisschwankungen und erlauben keine langfristige Planung.

Seit den 30er Jahren *(Venezuela, Kolumbien)* und besonders nach dem II. Weltkrieg setzten viele Länder auf eine importsubstituierende *Industrialisierung,* die in den 70er und 80er Jahren verstärkt durch Exportorientierung abgelöst wurde. Als Vorbild diente vielfach *Puerto Rico*. Über Steueranreize, Anlage von Industrieparks und den zollfreien Import von Rohstoffen und Halbfertigwaren bauten z. B. die *Dominikanische Republik* und *Barbados* Industriefreihandelszonen aus und warben um ausländisches Kapital. Diese exportorientierte Industrialisierung ist arbeitsintensiv, jedoch kaum in die nationalen Wirtschaften integriert. Einige kleine Inseln (z. B. *Aruba, Curaçao, St. Croix*) verarbeiten Erdöl für den Export von Mineralölprodukten.

Als vierte Säule der Wirtschaft ist der *Tourismus* anzusehen. Er ist auf einigen kleineren Inseln strukturbestimmend und erbringt den Hauptanteil der Devisen. Auf den *Bahamas,* einem Extrembeispiel, trägt er über 70 % zum BSP bei.

Die *Fischereiwirtschaft* spielt in allen Ländern, sieht man von Kuba ab, trotz der Meeresnähe eine untergeordnete Rolle. Die Fischgründe des Karibischen Meeres sind weniger ergiebig als oft angenommen.

Zwischen den Ländern herrschen große *Wohlstandsunterschiede,* bezogen auf das *BSP/E*. Mitte der 80er Jahre. Auf der einen Seite stehen Territorien wie die *Bahamas* (1989: 11 370 US-$), *Puerto Rico* (6010 US-$), *Trinidad und Tobago* (3160 US-$), *Guadeloupe* (6339 US-$ [1984]) und *Barbados* (6370 US-$) mit hohem Pro-Kopf-Einkommen, gefolgt von Entwicklungsländern mit mittlerem Einkommen wie *Venezuela* (2450 US-$) und *Kolumbien* (1190 US-$). Ärmer sind *Jamaika* (1260 US-$) und die *Dominikanische Republik* (790 US-$), am ärmsten ist *Haiti* (400 US-$). Obwohl diese Zahlen bekanntlich nichts über den Verteilungsaspekt aussagen, geben sie eine gewisse Orientierung.

Große volkswirtschaftliche Probleme bilden in fast allen Ländern der fehlende Geldwertstabilität, verhindertes Wachstum (in den 80er Jahren) und die internationale Verschuldung. Stark von *Inflation* sind die *Dominikanische Republik* (über 30 %), *Kolumbien* (24 %), *Jamaika* (19 %), *Kuba* (15 %) und *Venezuela* (11 %, jeweils um 1990) betroffen. Dabei führten in Venezuela Anpassungsprogramme (z. B. Subventionskürzungen, Importbeschränkungen) zu einer Senkung der Inflationsrate. Die kleineren Inselterritorien, wie *St. Lucia* (4 %), *Barbados* (6 %) und *Grenada* (5 %), konnten bisher eine höhere Inflation vermeiden. Sie verzeichneten auch die größten jährlichen *Wachstumsraten* (*St. Kitts und Nevis* 3,6 %, *St. Vincent und die Grenadinen* 5,7 %, *Dominica* 4,4 %). Auf der anderen Seite stehen Länder mit negativen Wachstumsraten wie *Trinidad und Tobago* (–6,1 %), *Guyana* (–4,4 %) und *Haiti* (–0,2 %). In *Venezuela* (0,9 %), *Jamaika* (0,6 %) und *Suriname* (1,1 %) stagniert das Wachstum. Überlagert werden die Inflation und die Wachstumskrisen von der *Verschuldung*. *Venezuela* (30,0 Mrd. US-$ = 49 % des jährlichen BSP), *Kolumbien* (15,3 Mrd. US-$ = 42,1 % des BSP), *Jamaika* (3,5 Mrd. US-$ = 127,2 % des BSP), die *Dominikanische Republik* (3,3 Mrd. US-$ = 77,3 % des BSP) und *Kuba* sind hiervon am stärksten betroffen, aber auch in den kleineren Volkswirtschaften macht die Auslandsschuld zwischen 15 % (*Suriname*) und 25 % (*St. Vincent*) des jährlichen BSP aus. In massive Schwierigkeiten gerieten alle Länder, mit Ausnahme der erdölexportierenden (*Venezuela, Trinidad und Tobago*), durch die Ölpreiserhöhungen in den 70er und 80er Jahren. Ihre negative Devisenbilanz wurde zusätzlich mit teuren Erdölimporten belastet.

Die meisten Länder haben eine freie, privatwirtschaftlich organisierte *Wirtschaftsordnung*. Staatliche Eingriffe in Teilbereichen, wie z. B. Devisenbewirtschaftung, Preiskontrollen für bestimmte Grundnahrungsmittel und Subventionen, sind jedoch üblich, wenn auch bei den internationalen Geldgebern unerwünscht. In kleinen und mittleren Volkswirtschaften kommt dem Staat, im Rahmen politischer Patronage- und Klientelsysteme, eine herausragende Rolle als großer Arbeitgeber zu. Ergebnisse dieser Politik sind häufig Ineffizienz der öffentlichen Verwaltungen, Korruption sowie ein aufgeblähter tertiärer Sektor. Eine Ausnahme von der marktwirtschaftlichen Regel bildet seit 1959 *Kuba,* das seine Wirtschaft immer erfolgloser planwirtschaftlich lenkt und keine Anstalten macht, der Wirtschaft größere Freiräume zuzugestehen. Andere Länder, wie *Jamaika* in den 70er Jahren und *Grenada* (1980–83), experimentierten kurzzeitig mit staatswirtschaftlichen Planungsmethoden, gaben sie jedoch, jeweils nach einem Regierungswechsel, wieder auf. Auch *Guyana,* das massive Verstaatlichungen vorgenommen hatte, liberalisierte seit Ende der 80er Jahre das geschwächte Wirtschaftssystem.

Um internen Engpässen, hauptsächlich jedoch um der Enge der nationalen Märkte zu begegnen, gründeten die Staaten *wirtschaftliche Zusammenschlüsse* und Entwicklungsbanken. Nach dem Scheitern der *ALALC/LAFTA* (Asociación Latinoamericana de Libre Comercio/Latin American Free Trade Association) entstand 1980 *ALADI* (Asociación Latinoamericana de Integración), die Lateinamerikanische Integrationsvereinigung, mit dem Ziel, den Handelsverkehr zu fördern. Nur *Venezuela* und *Kolumbien* waren Gründungsmitglieder. Beide Länder sind auch Mitglieder der *CAF* (Corporación Andina de Fomento), der Entwicklungsgesellschaft für die Anden, zur Förderung von Projekten im Transportwesen und in der Landwirtschaft. Für den karib. Raum von Bedeutung ist der *CARICOM* (Caribbean Community, auch *CCM,* Caribbean Common Market), die Karibische Gemeinschaft. Nachdem die politische Integration der West Indies Federation gescheitert war, schlossen sich die Commonwealth-Staaten 1967 zu einer Freihandelszone (*CARIFTA,* Caribbean Free Trade Association) zusammen, die 1973 in den gemeinsamen Markt *CARICOM* umgewandelt wurde. Eine besondere supranationale Organisation unter seinem Dach bildet der Zusammenschluß der ostkarib. Staaten (*ECCM,* East Caribbean Common Market). Freihandel, gemeinsamer Außenzoll, wirtschaftliche Integration und Unterstützung für die schwächer entwickelten Staaten standen auf dem Programm. Das starke Entwicklungsgefälle innerhalb der Gruppe und der extrem geringe Regionalhandel – die Produktionspaletten der Länder sind sich sehr ähnlich – erfüllten jedoch nicht die Erwartungen. Seit Jahren wird diskutiert, ob auch die *Dominikanische Republik* Mitglied werden soll.

Von großer Bedeutung erweisen sich die regionalen *Entwicklungsbanken.* Eine dieser Banken ist die *CDB* (Caribbean Development Bank) mit Sitz in Barbados, die dem CARICOM angeschlossen ist. Ihr Kapital stammt aus staatlichen Einrichtungen sowie aus Fremdmitteln der USA und Deutschlands. Die wichtigste supranationale Kreditanstalt ist die Interamerikanische Entwicklungsbank (*IDB,* Banco Interamericano de Desarrollo, *BID*), der neben den Staaten Amerikas auch nichtamerikan., v. a. europ. Staaten angehören. Auf Initiative der *OAS* (Organization of American States) entstand sie 1959. Ihr Hauptanliegen ist es, den Regierungen Kredite für die Finanzierung von Projekten zur wirtschaftlichen Entwicklung und technischen Hilfe bereitzustellen. Größter Kapitalgeber sind die USA; sie haben auch 34,5 % der Stimmen, die lateinamerikan. Mitglieder zusammen 53,5 %. Dem *SELA* (Sistema Económico Latinoamericano, Lateinamerikanisches Wirtschaftssystem) gehören (1992) 26 Staaten Lateinamerikas und der Karibik an. Es nimmt hauptsächlich Koordinationsaufgaben für eine einheitliche Rohstoffpolitik und für Entwicklungsprogramme wahr. *Venezuela* ist Gründungsmitglied der *OPEC.*

LITERATUR

R. **Glusa,** Zur politischen Geographie Westindiens. Diss.: Münster 1961. – J. **Macpherson,** Caribbean Lands. Geography of the West Indies. London 1963, Harlow ⁴1980. – W. G. **Demas,** The Economics of Development in Small Countries with Special Reference to the Caribbean. Montreal 1965. – H. **Blume,** Die Westindischen Inseln. Braunschweig 1968, ²1973. – F. **Henriques,** Hautfarbe und Status im Karib. Raum, in: Bild der Wissenschaft 9 (1972) 126 ff. – I. **Hawkins,** The Changing Face of the Caribbean. Barbados 1976. – F. W. **Knight,** The Caribbean. The Genesis of a Fragmented Nationalism. New York 1978. – E. **Oppens,** Karibik. Mittelmeer der Neuen Welt. München 1978. – M. **Cross,** Urbanization and Urban Growth in the Caribbean. Cambridge 1979. – Der Karib. Raum. Selbstbestimmung und Außenabhängigkeit. Hg. Inst. für Iberoamerika-Kunde / Dokumentations-Leitstelle Lateinamerika. Hamburg 1980. - J. **Andermatt** u. a., Karib. Inseln. München 1982, ²1990. – Problems of Caribbean Development. Regional Interaction, International Relations, and the Constraints of Small Size. Hg. U. **Fanger** u. a. München 1982. – HDW. Bd. 3. 1982. – PolLexLat. ²1982. – M. **Wöhlke,** Die Karibik im Konflikt entwicklungspolitischer und hegemonialer Interessen. Baden–Baden 1982. – F. **Gewecke,** Die Karibik. Zur Geschichte, Politik und Kultur einer Region. Frankfurt/M. 1984. – N. A. **Graham** u. a., The Caribbean Basin to the Year 2000. Demographic, Economic, and Resource-Use Trends in Seventeen Countries. Boulder (Col.) 1984. – Politics, Public Administration and Rural Development in the Caribbean. Hg. H. F. **Illy.** München 1984. – H.-D. **Haas,** Die Karib. Staaten. Wirtschaftsentwicklung zwischen traditioneller Außenorientierung und Integrationsbestrebungen, in: GeogrRd 37 (1985) 276 ff. – **Ders.** u. a., Karib. Klein- und Mikrostaaten. Wirtschaftliche Außenabhängigkeit und Integrationsbestrebungen. Tübingen 1985. – G. **Sandner,** Zentralamerika und der ferne Karib. Westen. Konjunkturen, Krisen und Konflikte 1503–1984. Stuttgart 1985. – M. **Elliot,** Backyard Beauty: a Survey of the Caribbean, in: The Economist 308 (1988) Nr. 7562. – B. **Ratter,** Die Rolle der Raumperzeption in der nationalen Seerechtspolitik – Das Beispiel der Großen Antillen, in: GeogrZ 76 (1988) 225 ff. – Urbanization, Planning and Development in the Caribbean. Hg. R. B. **Potter.** London 1989 – D. **Watts,** The West Indies. Patterns of Development, Culture and Environmental Change since 1492. New York 1990.

Hans-Dieter Haas, Thorsten Sagawe

ANGUILLA

Amtlicher Name	Anguilla
Staatsform	British Dependency
Hauptstadt	The Valley (2000 E.)
Fläche	91 km²
Bevölkerung	7 000 E. (1987). – 77 E./km²
Sprache	Englisch
Religion	Anglikaner 42,2 %; Protestanten 47,9 %; Katholiken 1,7 %
Währung	1 Ostkaribischer Dollar (EC$) = 100 Cents

A. gehört zu den nördlichsten der Inseln über dem Winde der Kleinen Antillen (↗Karibische Inseln und nördliches Südamerika). Es ist 91 km² groß bei einer Länge von 28 km und einer Breite von 6–8 km. Das Territorium von A. umfaßt weitere Inseln mit zusammen rd. 64 km². Das flache A. liegt auf einer untermeerischen Bank und wird von miozänen Kalken sowie roten und gelben Lehmen gebildet (Koralleninsel). Nur an wenigen Stellen treten vulkanische Basisgesteine zutage (bis 68 m ü. d. M.). In der Mitte der Insel liegt ein Salzsee. Trotz der Lage in den wechselfeuchten Tropen herrscht aufgrund des Reliefs und des Untergrunds ein gewisser Wassermangel. Die Insel verfügt nur über eine eintönige Buschlandschaft; doch zeichnen sich die ausgedehnten Strandgebiete und die ihnen vorgelagerten Korallenriffe durch große Schönheit aus.

Kolumbus entdeckte A. auf seiner 2. Reise 1493. 1650 besetzte Großbritannien die Insel. Ihre Bewohner wanderten jedoch 1689 in das benachbarte Antigua aus. 1871–1956 gehörte A. zur „West Indian Federal Colony" der Leeward Islands, 1958–62 zur „Westindischen Föderation", seit 1967 zu den „West Indies Associated States" (de jure bis 1980, schon 1969 einseitig ausgetreten). Die Intervention brit. Truppen verhinderte damals einen politischen Alleingang der Insel.

Seit der neuen *Verfassung* von 1982 ist A. eine „British Dependency" mit einer Legislative (dem alle 4 Jahre gewählten *House of Assembly*, 12 Mitgl.), einem 6köpfigen *Executive Council* sowie einem Gouverneur, der die brit. Krone vertritt. Es gilt brit. Recht.

Über 60 % der *Bevölkerung* sind afrikan. Abstammung, 30 % Mulatten und 5 % Weiße. Unter den religiösen Bekenntnissen sind Anglikaner, Protestanten und Katholiken (Bist. St. John's-Basseterre, Suffr. von Castries, [St. Lucia]) vertreten. – Das Bildungswesen umfaßt Primar- und 5jährige Sekundarschulen (Schulpflicht besteht vom 9.–14. Lebensjahr). Sozialstatistiken liegen nicht vor. Fest steht, daß die Masse der Bevölkerung ein Leben am Existenzminimum führt (BSP/E. 1980: 1539 US-$).

Die *Wirtschaft* des bevölkerungsarmen A. wird vom überbesetzten tertiären Sektor und von der Bauwirtschaft sowohl bezüglich des Sozialproduktes als auch der Beschäftigten dominiert. Die industriellen Ansätze haben kaum das Anfangsstadium überschritten und sind eher handwerklicher Natur. Die Landwirtschaft produziert Gemüse, Obst und tropische Knollenfrüchte für den lokalen Markt; ebenso spielen Fischfang und Geflügelhaltung eine gewisse Rolle. Nahrungsmittel müssen in großem Umfang importiert werden. Haupthandelspartner sind Großbritannien und die benachbarten CARICOM-Staaten. Die Außenhandelsbilanz ist stark defizitär. Ausfuhrgüter sind Fisch, Vieh und Phosphate. Der Tourismus hat sich in den letzten Jahren entwickelt. Der Außenverkehr erfolgt über den Hafen Road Bay und den Flughafen Wallblake.

LITERATUR

C. L. **Petty**, A. Where there's a Will, there's a Way. East End (Anguilla) 1984. – R.-O. **Schultze**, C. **Will**, A., in: PolLexLat. ³1992, 339ff. *Weitere Lit.:* ↗Saint Kitts und Nevis.

Hans-Dieter Haas, Thorsten Sagawe

ANTIGUA und BARBUDA

Amtlicher Name	Antigua and Barbuda
Staatsform	Parlamentarische Monarchie im Commonwealth of Nations
Hauptstadt	St. John's (36 000 E.)
Fläche	442 km²
Bevölkerung	85 000 E. (1988; VZ 1970: 66 000). – 192 E./km²
Sprache	Englisch (Amtssprache), Kreolisch
Religion	Anglikaner; Katholiken 12 %
Währung	1 Ostkaribischer Dollar (EC$) = 100 Cents

Der aus zwei Hauptinseln bestehende Staat A. u. B. liegt im N der Inseln über dem Winde der Kleinen Antillen (↗Karibische Inseln und nördliches Südamerika). A. hat eine Fläche von 280 km² (17 km in N-S-Richtung, 21 km in W-O-Richtung), B. von 160 km². Mit der unbewohnten Nebeninsel *Redonda* erreicht A. u. B. eine Fläche von 442 km². A. besteht im Südwestteil aus vulkanischem Gestein, der übrige Teil, wie auch B., aus Kalksteinebenen. Der höchste Punkt auf A. liegt 400 m, auf B. 61 m. ü. d. M. Das Klima ist heiß und relativ trocken. Entsprechend der Lage in den wechselfeuchten Tropen fallen die meisten Niederschläge Mai–November.

A. wurde 1493 von *Kolumbus* auf seiner 2. Reise entdeckt und nach der Kirche Santa María de la Antigua in Sevilla benannt. 1632 besetzten Engländer die Insel und integrierten sie in ihr Kolonialsystem. Sie führten die Zuckerplantagenwirtschaft auf der Basis der Sklavenarbeit ein. 1871–1956 gehörten A. u. B. zur „West Indian Federal Colony" der Leeward Islands, 1958–62 zur „Westindischen Föderation", seit 1967 zu den „West Indies Associated States" (mit innerer Autonomie). Seit 1.11.1981 ist A. u. B. als parlamentarische Monarchie im Rahmen des brit. Commonwealth unabhängig. Staatsoberhaupt ist der brit. Monarch, vertreten durch den einheimischen Gouverneur. Das *Parlament* besteht aus zwei Kammern (zu je 17 Mitgl.), dem ernannten *Senate* und dem auf 5 Jahre gewählten *House of Representatives*. Die Politik bestimmt der Regierungschef als Vertreter der jeweiligen Mehrheitspartei. B. besitzt Teilautonomie und ein eigenes Parlament („B. Council"). Es gilt brit. Recht. Der Ostkaribische „Supreme Court of Judicature" in Castries (St. Lucia) verwaltet die Justiz. Auf A. u. B. bestehen eigene Magistratsgerichte. – A. u. B. ist Mitglied u. a. im CARICOM, der OAS und OECS und AKP-Staat.

Bevölkerung. Die Bevölkerungsdichte ist relativ hoch, ebenso das Bevölkerungswachstum (1,4 % im Durchschnitt 1980–88; Geburten- und Sterbeziffer 1985: 15 bzw. 5 ‰). 92 % der Bevölkerung sind Schwarze, je 3,5 % Mulatten und Weiße. Die Mehrheit der Bevölkerung sind Anglikaner, 12 % Katholiken (Bist. S. John's-Basseterre, Suffr. von Castries [St. Lucia]). Kulturell ist A. u. B. stark von England geprägt. Das Schulwesen ist mit Vor-, Grund- und Höheren Schulen relativ gut ausgebaut (Schulpflicht vom 5.–16. Lebensjahr). Die Analphabetenquote liegt bei rd. 10 %.

Die *Wirtschaft*, damit auch der Export, war bis in die 60er Jahre vom Zuckerrohr geprägt. Seit den 70er Jahren wurde der Fremdenverkehr ausgebaut. Hinzu kam 1982 eine Erdölraffinerie. Die Landwirtschaft ist nur noch mit weniger als 10 % am BSP (BSP/E. 1988: 3690 US-$) vertreten, Dienstleistungen (Fremdenverkehr), Handel und Banken dagegen mit über 60 %. Auf B. spielen Fischfang, Obst- und Gemüseanbau sowie Geflügelhaltung eine wichtige Rolle. Die Industrialisierungsansätze (Textilien, Bekleidung) sind – sieht man von der kapitalintensiven Erdölverarbeitung und dem Baugewerbe ab – bescheiden. Die Außenhandelsbilanz ist stark defizitär. Bedeutendste Devisenquelle ist der Tourismus. Arbeitslosigkeit und Unterbeschäftigung sind die größten Probleme für die Entwicklung des Inselstaates. Das soziale Sicherungssystem ist noch ungenügend ausgebaut. Der Außenverkehr erfolgt hauptsächlich über den Tiefwasserhafen der Hst. St. John's und den Coolidge Airport auf Antigua.

LITERATUR

R.-O. **Schultze**, A. u. B., in: HDW. Bd. 3. 1982, 237 ff. – B. **Dyde**, A. and B.: The Heart of the Caribbean. London 1986. – D. B. **Weaver**, The Evolution of a ‚Plantation'. Tourism Landscape on the Caribbean Island of A., in: Tijdschrift voor Economische en sociale Geografie 79 (1988) 319 ff. – O. **Zachariah**, Uncontrolled Growth: Rururban Sprawl in A., in: Caribbean Geography 2 (1988) H. 3, 203 ff. – R. **Berleant-Schiller**, Hidden places and Creole forms: naming the Barbudan landscape, in: Professional Geographer 43 (1991) 92ff. – R.-O. **Schultze**, C. **Will**, A. u. B., in: PolLexLat. ³1992, 14ff.

Hans-Dieter Haas, Thorsten Sagawe

BAHAMAS

Amtlicher Name	The Commonwealth of the Bahamas (Bund der Bahamas)
Staatsform	Parlamentarische Monarchie im Commonwealth of Nations
Hauptstadt	Nassau (140 000 E.)
Fläche	13 878 km²
Bevölkerung	247 000 E. (1989; VZ 1985: 231 000). – 18 E./km²
Sprache	Englisch
Religion	Baptisten 29%; Anglikaner 21%; Katholiken 26%; Methodisten 7%
Währung	1 Bahama-Dollar (B$) = 100 Cents

Die B. sind ein den Großen Antillen (↗Karibische Inseln und nördliches Südamerika) vorgelagerter Archipel mit ca. 700 (davon 30 bewohnten) Inseln und 2000 Riffen. Sie erstrecken sich über 1000 km bis nach Südflorida. Hauptinseln sind *New Providence* (207 km²) und *Grand Bahama* (1373 km²). Den geologischen Untergrund bilden die aus Kalk aufgebauten *Bahama-Bänke*. Die Inseln sind flach und meist weniger als 30 m hoch (höchster Punkt auf *Cat Island*, 130 m). Das Klima ist subtropisch, die Niederschläge sind relativ gering (Nassau: im Jahresmittel 1185 mm).

Kolumbus entdeckte auf seiner 1. Reise am 12.10.1492 am mittleren Ostsaum des Archipels die Insel *San Salvador (Guanahani, Watling's Island)* als erstes Land in der Neuen Welt. Die Ureinwohner, die indianischen *Lucayos*, wurden schon bald ausgerottet. Seit dem 17. Jh. wurden die B. von Engländern und Negersklaven besiedelt. 1729 übernahm Großbritannien den strategisch wichtigen Archipel endgültig. Ende des 18. Jh. besiedelten engl. Loyalisten aus den unabhängig gewordenen USA die B. und führten kurzzeitig zusammen mit der Sklaverei den Baumwollanbau ein. Großbritannien räumte B. schon früh gewisse Selbstverwaltungsrechte ein. Ab 1959 wurde das Wahlrecht schrittweise demokratisiert. 1964 erhielten die B. innere Autonomie und am 10.7.1973 die Unabhängigkeit. Sie eine parlamentarische Monarchie im Commonwealth. Staatsoberhaupt ist der brit. Monarch, vertreten durch einen Generalgouverneur. Es besteht ein Zweikammerparlament (*Senate* mit 16 auf 5 Jahre ernannten und *House of Assembly* mit 49 ebenfalls auf 5 Jahre gewählten Abgeordneten). Regierungschef ist der Premierminister. Das Rechtswesen ist nach brit. Vorbild aufgebaut. – Die B. sind Mitglied der OAS, des CARICOM und AKP-Staat.

Die *Bevölkerung*, von der 60% in Städten (davon 140 000 in der Hst. Nassau auf New Providence) leben, besteht aus 70% Schwarzen, 18% Mulatten, 12% Weißen. Das Bevölkerungswachstum ist mit über 2% p. a. (Durchschnitt der 80er Jahre) relativ hoch (Geburten- und Sterbeziffer 1986: 24 bzw. 5 ‰) und verschärft die sozialen Probleme (Arbeitslosigkeit). 29% der Bevölkerung sind Baptisten, 21% Anglikaner, 26% Katholiken (Bist. Nassau, Suffr. von Kingston [Jamaika]), 7% Methodisten. Kulturell sind die B. stark von England und den USA beeinflußt. Das Schulwesen ist nach engl. Vorbild aufgebaut. Schulen aller Stufen bis zur Hochschule („College of the Bahamas") werden vom Staat und von freien Trägern betrieben. Die noch hohe Analphabetenquote (rd. 10–12%) weist auch im Bildungsbereich auf die starken sozialen Gegensätze hin.

Wirtschaft. Die B. haben ein hohes BSP/E. (1988: 10 570 US-$), an dem die Landwirtschaft mit 8%, die Industrie mit 11% beteiligt sind. Hauptwirtschaftszweig ist der Fremdenverkehr mit 60% der Erwerbstätigen und einem Anteil von 70–80% am BSP. Heute weisen die B. mit jährlich über 3 Mio. die größte Zahl von Touristen aller Karibikstaaten auf. Außerdem sind sie ein „Steuerparadies"; durch Filialbetriebe und Briefkastenfirmen entwickelten sie sich zu einem internationalen Finanzzentrum. Die Industrieentwicklung wird staatlich gefördert; es bestehen u. a. Textil-, Kunststoff- und Zementproduktion, Holz-, Zucker-, Lebensmittel- und andere Leichtindustrien. Der Außenhandel ist leicht defizitär. Importiert werden v. a. Rohstoffe und Lebensmittel, exportiert Fischerei- sowie Mineralölprodukte, Rum, Salz, Holz und Zement. – Ein nennenswertes *Verkehrsnetz* gibt es nur auf den größeren Inseln. Für den interinsularen Luftverkehr bestehen zahlreiche Landeplätze. Internationale Flughäfen sind Nassau und Freeport (Grand Bahama), wichtigste Seehäfen Nassau, Freeport und Matthews Town (Inagua).

LITERATUR

P. **Albury**, The Story of the B. London 1975. – F. C. **Evans**, R. N. **Young**, The B. Cambridge 1976. – R.-O. **Schultze**, B., in: HDW. Bd. 3. 1982, 241 ff. – F. **Ungefehr**, Tourismus und Offshore-Banking auf den B. Frankfurt/M. 1988. – Lber. B. 1990. Stuttgart 1990. – W. L. **Bernecker**, M. **Glatz**, B., in: PolLexLat. ³1992, 32ff.

Hans-Dieter Haas, Thorsten Sagawe

BARBADOS

Amtlicher Name	Barbados
Staatsform	Parlamentarische Monarchie im Commonwealth of Nations
Hauptstadt	Bridgetown (10 000 E.; als Agglomeration 100 000 E.)
Fläche	430 km²
Bevölkerung	254 000 E. (1988; VZ 1980: 249 000). – 591 E./km²
Sprache	Englisch (Amtssprache), „Bajan"
Religion	Anglikaner 85%; andere Gemeinschaften (Methodisten, Mährische Brüder) 6%; Katholiken 7%
Währung	1 Barbados-Dollar (BDS$) = 100 Cents

B. (36 km lang, 24 km breit) ist die östlichste Insel der Kleinen Antillen (↗Karibische Inseln und nördliches Südamerika). Sie besteht größtenteils aus tertiären Korallenkalken. Im bergigen N erreicht die *Mount Hillaby* 340 m Höhe. Klimatisch gehört B. zu den wechselfeuchten Randtropen mit mittlerer Jahres-Temp. von 26,7 °C und einer Hauptregenzeit Juli–Nov. (Jahresmittel: 1169 mm). Die ursprüngliche Waldvegetation wurde schon früh durch Kulturland ersetzt.

B. wurde zu Beginn des 16. Jh. von Spaniern entdeckt, die die indianische Bevölkerung verschleppten, 1625 von England annektiert und neu besiedelt. Nach einer kurzen Episode kleinbäuerlicher Landwirtschaft entwickelte sich B. zum Idealtyp der kolonialzeitlichen Plantagenwirtschaft auf der Basis von Sklavenarbeit und Zuckerrohranbau. 1885 wurde B. selbständige Kolonie, 1958–62 gehörte es der „Westindischen Föderation" an. Am 30.11.1966 erhielt es die Unabhängigkeit als parlamentarische Monarchie im Commonwealth. Staatsoberhaupt ist der brit. Monarch, vertreten durch einen einheimischen Generalgouverneur. Das *Zweikammerparlament* besteht aus dem *Senate* mit 21 ernannten und dem *House of Assembly* mit 27 für 5 Jahre gewählten Abgeordneten. Die Mehrheitspartei stellt den Premierminister (Regierungschef). Das Rechtssystem entspricht brit. Vorbild. Der Gouverneur ernennt den Präsidenten des „Barbados Supreme Court". – B. ist Mitglied u. a. der OAS, des CARICOM, im SELA und AKP-Staat.

B. weist die dichteste Besiedlung des karibischen Inselraumes und ganz Amerikas auf. 40% der *Bevölkerung* leben in der Hauptstadtagglomeration Bridgetown. Die ethnische Struktur (92% Schwarze, 5% Mulatten und 3% Weiße) leitet sich aus dem kolonialzeitlichen Gesellschaftssystem ab. Trotz eines Rückgangs der natürlichen Bevölkerungszunahme auf rd. 1% p. a. in den 80er Jahren herrscht – wie schon seit dem 19. Jh. – starke Auswanderung, um der Überbevölkerung zu begegnen. Die durchschnittliche Lebenserwartung beträgt 75 Jahre, die Säuglingssterblichkeit liegt bei 13 ‰.

Die *Wirtschaft* erreicht ein BSP/E. von 5990 US-$ (1988) und wird von der Landwirtschaft (Exportprodukt Zucker), von jungen Konsumgüterindustrien und vom Fremdenverkehr bestimmt. Der Anteil der Landwirtschaft am BSP lag 1988 bei 7%, jener der Industrie bei 30%. 1988 fanden 7% der Erwerbstätigen ihren Unterhalt in der Landwirtschaft, 25% in der Industrie. Die Wirtschaftslandschaft der gesamten Insel wird immer noch vom Zuckerrohranbau geprägt. Die Industrie ist exportorientiert und wird durch Steuer- und Zollbefreiungen sowie Gewerbezonen gefördert. Vorherrschende Branchen sind die Textil- und Bekleidungsindustrie sowie die Montage von elektrotechnischen Geräten. Auch eine noch nicht voll erschlossene Erdöl- und Erdgasproduktion existiert. Von größter Bedeutung ist seit den 70er Jahren die Expansion des Fremdenverkehrs, der, zusammen mit Banken und Handel, das BSP und die Erwerbsstruktur mit über 60% dominiert. Der Außenhandel ist stark defizitär. Wichtigste Exportgüter sind Elektronikbauteile (17%), Zucker und Melasse (10%), Bekleidung (10%) und Erdöl (13%). – Der Hafen von Bridgetown gehört zu den bedeutendsten Überseehäfen im mittelamerikan. Raum. Regelmäßige Schiffahrtslinien bestehen zu den anderen Karibik-Inseln. Nahe Bridgetown liegt der internationale Flughafen Grantley Adams.

Kulturell ist B. engl.-afrikan. geprägt. Die Mehrheit der Bevölkerung gehört der anglikanischen Kirche an. Außerdem sind Methodisten, Katholiken (Bist. Bridgetown, Suffr. von Port of Spain [Trinidad und Tobago]) und Mährische Brüder vertreten. Das Bildungswesen ist – mit staatlichen und Privatschulen – nach engl. Muster gut ausgebaut; Analphabetismus existiert kaum noch (2%). Der Berufsbildung dienen mehrere Colleges der „University of the West Indies" in Kingston (Jamaika).

LITERATUR

O. P. **Starkey,** The Economic Geography of B. Westport (Conn.). 1973. – F. A. **Hoyos,** B. A History from the Amerindians to Independence. London 1978. – R.-O. **Schultze,** B., in: HDW. Bd. 3. 1982, 252 ff. – G. **Dann,** The Quality of Life in B. London 1984. – Lber. B. 1989. Stuttgart 1989. – H. **Bürskens,** Der Tourismus auf B., in: GeogrRd 42 (1990) 26 ff. – W. L. **Bernecker,** B., in: PolLexLat ³1992, 38 ff.

Hans-Dieter Haas, Thorsten Sagawe

CAYMAN-INSELN

Amtlicher Name	Cayman Islands
Staatsform	Britische Kronkolonie (British Dependency)
Hauptort	Georgetown (8900 E.)
Fläche	259 km²
Bevölkerung	25 000 E. (1988). – 97 E./km²
Sprache	Englisch
Religion	Mehrheitlich Presbyterianer; ferner Anglikaner und Katholiken
Währung	1 Kaiman-Dollar (CI$) = 100 Cents

Die C.-I. bestehen aus der Hauptinsel *Grand Cayman*, aus *Cayman Brac* und dem fast unbewohnten *Little Cayman*. Sie liegen 160 km südl. von ↗Kuba bzw. 160 km nordwestl. von ↗Jamaika am Rande des *C.-Grabens* im Karibischen Meer (↗Karibische Inseln und nördliches Südamerika). Die Inseln ragen nur 10–15 m aus dem Meer und sind aus Korallenkalken und Kalksanden aufgebaut. Das randtropische Klima ist heiß mit rd. 1400 mm Jahresniederschlägen.

Die damals unbewohnten C.-I. wurden 1503 von *Kolumbus* auf seiner 4. Reise entdeckt. Später waren sie zeitweise Stützpunkte karib. Freibeuter und wurden 1670 zusammen mit Jamaika im *Vertrag von Madrid* England zugesprochen. Aufgrund ihrer Lage waren sie Anlaufhafen zur Proviant- und Süßwasseraufnahme. Haifisch- und Schildkrötenfang spielten eine wichtige Rolle. Eine stärkere Besiedlung setzte ab 1734 ein. Traditionell verdingten sich die Siedler als Seeleute. Die früh eingeleitete Bindung an Jamaika dauerte verwaltungsmäßig bis 1962. Durch das Scheitern der „Westindischen Föderation" wurden die C.-I. brit. Kronkolonie mit beschränkter Selbstverwaltung. Ende der 70er Jahre stellte eine Delegation der UNO fest, daß die Bevölkerung wenig Interesse an einer völkerrechtlichen Unabhängigkeit habe.

Nach der Verfassung von 1972 liegt die Exekutive beim Gouverneur, der die brit. Krone vertritt. Das *Executive Council* (7 Mitgl.) wird teils ernannt, teils gewählt, die gesetzgebende Versammlung (*Legislative Assembly*, 12 Mitgl.) gewählt. Es besteht ein eigenes Gerichtssystem (brit. Recht).

Die *Bevölkerung*, die hauptsächlich auf Grand C. in der Hst. Georgetown lebt, setzt sich zu 60% aus Schwarzen, zu je 20% aus Mulatten und Weißen zusammen. Durch die wirtschaftliche Prosperität wurden aus den C.-I., die lange Zeit von Abwanderungen betroffen waren, Einwanderungsinseln, so daß das jährliche Bevölkerungswachstum, einschließlich hoher Geburtenüberschüsse, 4,3% (1980–86) beträgt. Der Religionszugehörigkeit nach sind die Bewohner v. a.

Presbyterianer, daneben Anglikaner. Der Fremdenverkehr und die Effekte als „Steueroase" veränderten die traditionellen sozio-kulturellen Verhältnisse stark. Aufgrund der hohen Steuereinnahmen konnten das Bildungs- und Sozialwesen relativ gut ausgebaut werden.

Die *Wirtschaft*, die früher v. a. auf Fischerei beruhte, erhielt seit den 50er Jahren beachtliche Impulse, die das BSP auf ca. 5000 US-$/E. ansteigen ließen. Haupteinnahmequelle ist der Fremdenverkehr (Erholungs-, Kreuzfahrt- und Tauchsporttourismus). Die C.-I. verfügen über Hotelkapazitäten für über 400 000 Touristen pro Jahr. Von größerer Bedeutung als der Fremdenverkehr wurde die 1966 eingeführte neue Steuergesetzgebung, die die C.-I. zu einer „Steueroase" für internationales Finanzkapital („offshore-business") machte. Finanzierungsunternehmen (Hunderte von Banken und Versicherungsgesellschaften, ca. 17 000 „Briefkastenfirmen") siedelten sich nominell an, sind aber außerhalb der Inseln tätig. Die Einnahmen aus den Lizenzen betragen ca. 25% der Gesamteinnahmen des öffentlichen Haushalts. Die Bedeutung des traditionellen „turtle farming" (Schildkrötenfang) ging zurück, seit Meeresschildkröten nach dem Internationalen Artenschutzabkommen geschützt sind.

LITERATUR

A. J. A. **Douglas**, The C. Islands, in: GeogrJ 95 (1940) 126 ff. – J. H. S. **Billmyer**, The C. Islands, in: GeogrR 36 (1946) 29 ff. – E. **Doran**, Land Forms of Grand C. Island, British West Indies, in: Texas J. of Science 6 (1954) 360 ff. – R.-O. **Schultze**, C.-I., in: HDW. Bd. 3. 1982, 470 ff. – W. B. **Walker**, C. Islands, in: International Banking Centres. Hg. B. Brown. London 1982, 49 ff. – G. **Sandner**, Die C.-I.: Die Umwandlung der „Inseln, die die Zeit vergaß" zum Ferienparadies und zur internationalen Steueroase, in: Ders., Zentralamerika und der Ferne Karibische Westen. Konjunkturen, Krisen und Konflikte 1503–1984. Stuttgart 1985, 31ff.

Hans-Dieter Haas, Thorsten Sagawe

DOMINICA

Amtlicher Name	Commonwealth of Dominica (Dominikanischer Bund)
Staatsform	Republik im Commonwealth of Nations
Hauptstadt	Roseau (11 000 E.; als Agglomeration 20 000)
Fläche	751 km²
Bevölkerung	81 000 E. (1988; VZ 1981: 75 000). – 108 E./km²
Sprache	Englisch (Amtssprache), frz. Kreolisch (Patois)
Religion	Katholiken 80%; Anglikaner; Methodisten
Währung	1 Ostkaribischer Dollar (EC$) = 100 Cents

D. ist eine Insel der Kleinen Antillen zwischen ↗Martinique im S und ↗Guadeloupe im N (↗Karibische Inseln und nördliches Südamerika). Sie ist vulkanischen Ursprungs, gebirgig und von zahlreichen Flußtälern durchschnitten, wobei die Gebirgszüge (höchster Gipfel der *Morne Diablotin*, 1477 m) von N nach S in Längsrichtung verlaufen. Tropische Bergwälder bestimmen die von hohen Niederschlägen (im Bergland über 6000 mm p. a.) begünstigte üppige Vegetation. D. wird während der Regenzeit (Juni–Okt.) von Hurrikanen und starken Gewitterregen bedroht, die häufig großen Schaden verursachen.

D. wurde von *Kolumbus* 1493 auf seiner 2. Reise an einem Sonntag entdeckt und erhielt davon den Namen. Die indianische Urbevölkerung leistete lange Widerstand gegen Besiedlungsversuche. D. war im 18. Jh. zwischen Großbritannien und Frankreich umstritten. 1805 wurde sie endgültig brit. (seit 1854 Kronkolonie), gehörte 1883–1939 zur „Leeward Islands Colony", ab 1940 zur Verwaltung der Windward Islands, 1958–62 zur „Westindischen Föderation" und seit 1966 zu den „West Indies Associated States". Seit dem 3.11.1978 ist D. unabhängige Republik mit einem vom Parlament gewählten Präsidenten als Staatsoberhaupt. Das Einkammerparlament *(House of Assembly)* hat 21 auf 5 Jahre gewählte und 9 ernannte Abgeordnete. Seit den 80er Jahren regiert die konservative „Dominica Freedom Party" (DFP). Es gilt brit. Recht. Die Justizverwaltung untersteht dem Ostkaribischen „Supreme Court of Judicature" in Castries (St. Lucia). – D. ist Mitglied u. a. der OAS, OECS, des CARICOM und AKP-Staat.

Die *Bevölkerung* ist zu zwei Dritteln afrikan. Herkunft. Mulatten und Kreolen bilden eine beachtliche, Weiße sowie karib. Indianer kleine Minderheiten. Diese letzte urkarib. Gemeinschaft lebt in einem Reservat im O der Insel. Das Bevölkerungswachstum liegt bei 1,3% (im Durchschnitt 1980–88) bei einer Geburtenziffer von rd. 22 ‰. Die Lebenserwartung beträgt nach offiziellen Angaben 74 Jahre, die Säuglingssterblichkeit 2% (nach Angaben der Weltbank 5,5%).

Die *Wirtschaft*, die – abgesehen von Bimsstein – über keine abbauwürdigen mineralischen Rohstoffe verfügt, nutzte bisher hauptsächlich die Entwicklungspotential in der Landwirtschaft, die 1/3 aller Erwerbstätigen beschäftigt und am BSP (1988: 1650 US-$/E.) mit 23% beteiligt ist. Wichtigste Anbau- und Exportprodukte sind Bananen, Kakao, Kokosnüsse (Kopra), Gemüse und Fruchtsäfte. Die Ansätze zu industrieller Entwicklung sind bescheiden (Agro-, Textil- und Zementindustrie). Der Außenhandel ist defizitär. Haupthandelspartner ist Großbritannien (rd. 50%). Der Tourismus ist im Vergleich zu den Nachbarinseln schwach entwickelt, da D. nicht über weiße Sandstrände verfügt. Unterbeschäftigung und Arbeitslosigkeit sind die Hauptprobleme. Für den Außenverkehr stehen die Seehäfen von Roseau und Portsmouth sowie 2 Flughäfen bei Roseau zur Verfügung.

Kulturell ist D. engl.-frz. geprägt. Etwa 80% der Bevölkerung sind Katholiken (Bist. Roseau, Suffr. von Castries [St. Lucia]), die übrigen Anglikaner und Methodisten. Das Schulwesen ist noch im Aufbau. Schulpflicht besteht vom 5.–15. Lebensjahr, doch werden bisher nicht alle Kinder eingeschult. Die Analphabetenquote beträgt nach offiziellen Angaben 5% (nach Angaben der Weltbank 40%). Neben Primar- und Sekundarschulen bestehen 2 höhere Schulen. Auf D. befindet sich eine Abteilung der University of the West Indies (Jamaika).

LITERATUR

F. **Nuscheler**, D., in: HDW. Bd. 3. 1982, 278 ff. – U. **Zelinsky**, D., in: PolLexLat. ²1982, 97 ff. – L. **Honychurch**, The D. Story, Roseau 1984. – D. Länderbericht, in: The Courier. European Community, Africa, Caribbean, Pacific 100 (1986) 48 ff. – R. A. **Myers**, D. Oxford 1987 (World bibliographical Series. Bd. 82). – W.-D. **Sahr**, D., in: PolLexLat. ³1992, 98ff.

Hans-Dieter Haas, Thorsten Sagawe

DOMINIKANISCHE REPUBLIK

Amtlicher Name	República Dominicana (Dominikanische Republik)
Staatsform	Präsidiale Republik
Hauptstadt	Santo Domingo (1 410 000 E.)
Fläche	48 734 km^2
Bevölkerung	6 867 000 E. (1988; VZ 1981: 5 648 000). – 141 E./km^2
Sprache	Spanisch
Religion	Katholiken über 90%
Währung	1 Dominikanischer Peso (dom $) = 100 Centavos

Die D. R. nimmt mit ca. 260 km N-S- und ca. 370 km O-W-Erstreckung die östl. 2/3 der Insel *Hispaniola* ein, die sie sich mit ↗Haiti teilt; sie ist der zweitgrößte Staat des karib. Kernraums (↗Karibische Inseln und nördliches Südamerika). Im O ist sie durch die 60 km breite *Mona-Passage* von ↗Puerto Rico getrennt. Durch die D. R. verlaufen von NW nach SO vier durch Täler und Ebenen voneinander getrennte Bergketten. Der *Pico Duarte* (3175 m) in der Zentralkordillere ist die höchste Erhebung im karib. Kernraum. Im SW, am *Lago de Enriquillo*, liegt der tiefste Punkt 37 m u. d. M. Die starken Reliefunterschiede modifizieren das tropisch-wechselfeuchte Klima und verursachen starke Vegetationsunterschiede, die vom tropischen Regenwald im N mit hohen sommerlichen Niederschlägen bis zu Wüstenformationen im SW im Lee des NO-Passates reichen. Im Tiefland betragen die Jahresdurchschnitts-Temp. 25,6 °C, im „kältesten" Monat Febr. 23,8 °C. Periodisch wird das Land von Hurrikanen heimgesucht; auch schwere Erdbeben sind aus historischer Zeit bekannt.

Kolumbus entdeckte die von ihm *Española* genannte Insel auf seiner 1. Reise 1492 und leitete die span. Kolonisation ein. Die ursprüngliche Indianerbevölkerung, ca. 300 000 *Tainos,* war schon bis 1520 fast völlig ausgerottet. Das Zentrum der Insel bildete die 1496/1498 gegründete Hst. Santo Domingo, die für zwei Jahrzehnte die wichtigste Stadt der Neuen Welt war. Sie hatte als erste Stadt der westl. Hemisphäre eine Kathedrale, Krankenhäuser und eine Universität. Mit der Abnahme des Goldbergbaus und der Besiedlung des Festlandes verlor die Insel trotz Sklavenimporten und Zuckerrohranbau für die Spanier rasch an Bedeutung, so daß sich im 17. Jh. im Westteil frz. Abenteurer niederließen, was 1697 zur Teilung Hispaniolas in einen span. und einen frz. Teil (Haiti) führte. Die Selbständigkeit von Spanien erreichte die D. R. 1821, blieb aber bis 1844 von Haiti besetzt. 1861–63 schloß sie sich kurzzeitig noch einmal Spanien an und ist seitdem endgültig unabhängig. Als Folge dauernder Revolutionen besetzten die USA 1916–24 die D. R. Bis zur Diktatur von *Rafael Leónida Trujillo y Molina* (1930–61) kam es erneut häufig zu Putschen. Seit 1961 ist das Land um eine Demokratisierung bemüht, die nach Militärputschen und einer US-amerikan. Militärintervention erst langsam ab 1966 gelang. Eine neue Qualität erhielt die Demokratie, als 1978 das autoritäre Regime des Präsidenten *Joaquín Videla Balaguer* (1960 von Trujillo eingesetzt; 1966, 1970 und 1974 wiedergewählt) abgewählt wurde. Präsident wurde *Antonio Guzmán Fernández.* Ihm folgte 1982 *Salvador Jorge Blanco.* Beide gehören dem oppositionellen sozialistischen „Partido Revolucionario Dominicano" (PRD) an. Dessen herausragender Politiker ist seit den 60er Jahren *Juan Bosch* (1962 in den ersten freien Wahlen zum Präsidenten gewählt, aber bereits 9 Monate später vom Militär gestürzt), der auch als einer der bedeutendsten Schriftsteller und Historiker des span.-karib. Raums gilt. Seit 1986 ist *Balaguer* erneut Präsident (Wiederwahl 1990). Er gehört der konservativen Mehrheitspartei „Partido Reformista Social-Cristiano" (PRSC) an. – Die D. R. ist Mitglied der OAS und im SELA.

Nach der *Verfassung* vom 18.11.1966 ist die D. R. eine Präsidialrepublik mit einem für 4 Jahre direkt gewählten *Präsidenten.* Die *Legislative* (Zwei-Kammer-Parlament) besteht aus dem *Abgeordnetenhaus* und dem *Senat,* deren 120 bzw. 27 Mitgl. ebenfalls für 4 Jahre gewählt werden. Die *Verwaltungsgliederung* besteht aus dem Hauptstadtdistrikt Santo Domingo und 26 Provinzen (mit 97 Kreisen). An der Spitze der Provinzialverwaltungen steht ein von der Zentralregierung ernannter Gouverneur. Die *Rechtsordnung* ist vom frz. Recht geprägt, auch bezüglich des Gerichtswesens. Der Oberste Gerichtshof wird vom Senat gewählt.

Die schnell wachsende *Bevölkerung* (2,4% p. a.), von der 58% in Städten leben (1990), davon 1/5 in der Hauptstadtregion von Santo Domingo, verteilt sich sehr ungleich über das Land. Zweitwichtigste Stadt ist Santiago de Los Caballeros (ca. 400 000 E.). Der Geburtenüberschuß ist sehr hoch; die *Geburtenrate* bzw. *Sterberate* betrug in den 80er Jahren im Durchschnitt 31 bzw. 7 ‰ pro Jahr. Die *Säuglingssterblichkeit* lag noch bei rd. 7,5 %. Die *Lebenserwartung* stieg infolge verbesserter medizinischer Versorgung auf 66 Jahre. Aus wirtschaftlichen Gründen ist die Auswanderung zu (1990 rd. 1 Mio. Dominikaner in die USA bzw. nach Puerto Rico). Etwa 60% der Bevölkerung sind Mulatten, 25% Afroamerikaner und 15% Weiße meist span. Abstammung.

Die *Wirtschaft* war bis in die 60er Jahre allein vom *Agrarsektor* bestimmt mit einem deutlichen Übergewicht des Zuckerrohranbaus (neben kleinbäuerlicher Subsistenzwirtschaft). Seitdem wird ihre Diversifizierung erfolgreich angestrebt. Die *Industrie* konnte durch ausländisches Kapital, v. a. über steuerbegünstigte, exportorientierte Industriefreihandelszonen, stark ausgebaut werden. Bei den Branchen dominiert die arbeitskraftintensive Bekleidungsindustrie. Für den einheimischen Markt (Importsubstitution) wird eine breite Palette von Gebrauchs- und Verbrauchsgütern erzeugt. Der *Bergbau* (Ferronickel und Gold) nahm seit den 60er Jahren besonders in der Devisenbilanz stark an Bedeutung zu. Seit den 80er Jahren ist der internationale *Fremdenverkehr* ein Wachstumsbereich, nachdem die attraktiven Küstenregionen für den Tourismus erschlossen wurden. Trotz dieser Dynamik gehört das Land mit einem BSP (1988) von 680 US-$/E. zu den ärmeren Entwicklungsländern. Der Anteil der Landwirtschaft am BSP liegt bei 17%; es sind aber in ihr noch über 40% der Erwerbstätigen beschäftigt. Das Ausbleiben einer effektiven Bodenreform erlaubte keine Produktivitätssteigerungen; das Land wird immer stärker von Lebensmittelimporten abhängig. Die Schwierigkeiten werden in der Auslandsverschuldung (1987: 3071 Mio. US-$ = 66,3% des BIP) ebenso deutlich wie in der stark negativen Handelsbilanz. Hauptausfuhrprodukte sind trotz zunehmender Industrieexporte agrarische und mineralische Rohstoffe: Zucker (21%), Roheisen- und Ferronickel (16%), Kaffee (12%). Haupthandelspartner sind nach den USA (49%), Venezuela und Mexiko die EG-Länder und Japan. Die wirtschaftlichen Schwierigkeiten übersetzen sich in soziale Defizite, u. a. im Bildungs- und Gesundheitssystem. Zu den sozioökonomischen Problemen kommen durch die massiven Entwaldungen (Holzkohlegewinnung, kleinbäuerliche Landwirtschaft) und die damit verbundenen Erosions- und Desertifikationserscheinungen zunehmend ökologische.

Das *Verkehrsnetz* ist gut ausgebaut. Das Straßennetz umfaßt ca. 17 700 km Straßen. Der internationale Flugverkehr wird über den Großflughafen Las Américas und die Flughäfen bei Puerta Plata und Punta Caña abgewickelt. Haupthafen ist Santo Domingo.

Kulturell ist die D. R. span.-afrikan. geprägt. Spanisch ist die Landessprache; eine Minderheit haitianischer Abstammung spricht Créole. Über 90% sind Katholiken (Erzb. Santo Domingo mit 8 Bist.). Der Katholizismus gilt als Staatsreligion. Es herrscht jedoch Religionsfreiheit. Neben prot. Minderheiten gewinnen afro-amerikan. Kulte an Bedeutung. Das Schulwesen ist staatlich (daneben kirchliche Schulen). Es besteht Schulpflicht (7–14 Jahre), doch beträgt die Analphabetenquote noch rd. 25%, da das Netz der Schulen größere Lücken aufweist. Die D. R. besitzt 6 Universitäten.

LITERATUR

S. **Rodman**, Quisqueya. A history of the Dominican Republic. Seattle (Wash.) 1964. – S. de **La Fuente Garcia**, Geografia Dominicana. Santo Domingo 1976. – I. **Bell**, The Dominican Republic. Boulder (Col.) 1981. – U. **Fanger**, D. R., in: PolLexLat. ²1982, 100 ff. – A. **Hildenbrand**, R. **Sturm**, D. R., in: HDW. Bd. 3. 1982, 287 ff. – H. **Hoetink**, The Dominican Republic. Baltimore 1982. – H. J. **Wiarda**, M. J. **Kryzanek**, The Dominican Republic: A Caribbean Crucible. Boulder (Col.) 1982. – J. K. **Black**, The Dominican Republic: Politics and Development in an Unsovereign State. London 1986. – Th. **Sagawe**, Die industrieräumliche Entwicklung in der D.nR. München 1987. – C. **Rudel**, La République dominicaine. Paris 1989. – Lber. D. R. 1990, Stuttgart 1990. – S. **Krippner-Stikklas**, D. R., in: PolLexLat. ³1992, 101ff.

Hans-Dieter Haas, Thorsten Sagawe

FRANZÖSISCH-GUAYANA

Amtlicher Name	Guyane Française (Französisch-Guayana)
Staatsform	Französisches Überseedépartement (Département d'Outre-Mer)
Regierungssitz	Cayenne (41 000 E.)
Fläche	91 000 km²)
Bevölkerung	114 678 E. (VZ 1990). – 1,3 E./km²
Sprache	Französisch (Amtssprache), frz. Kreolisch
Religion	Katholiken 90%; Protestanten; Naturreligionen
Währung	Französischer Franc

F.-G. liegt an der Nordküste Südamerikas (↗Karibische Inseln und nördliches Südamerika), grenzt im S und O an ↗Brasilien, im W an ↗Suriname. Hinter einem ca. 30 km breiten Küstenstreifen erhebt sich ein Hochland. Zahlreiche Flüsse durchqueren das mit Tropenwäldern bedeckte Land zum Atlantik. Das Klima ist ganzjährig feucht–heiß (Jahresdurchschnitts-Temp. um 27°C, mittlerer Jahresniederschlag rd. 3800 mm).

F.-G. wurde um 1500 von Spaniern entdeckt, von Niederländern und ab 1604 an der Küste von Franzosen besiedelt. 1654–77 war es von England, 1809–17 von Portugal besetzt; seitdem ist es französisch. 1852–1945 war F.-G. berüchtigte frz. Strafkolonie. Die Bewohner sind seit 1848 frz. Staatsangehörige und seit 1877 im frz. Parlament vertreten. Seit 1946 ist F.-G. Überseedépartement (D. O. M.). Frankreich wird durch einen „Commissaire de la République" vertreten. Er wird von einem Generalrat mit 19 und dem Regionalrat mit 31 Mitgl. unterstützt (jeweils für 6 Jahre direkt gewählt). F.-G. entsendet 2 gewählte Vertreter in die Nationalversammlung und 1 in den Senat. Die frz. Parteien haben Regionalvertretungen in F.-G. Daneben bestehen Parteien und Gruppierungen, die autonomistisch, teilweise separatistisch orientiert sind. Bei den Regionalwahlen 1982 und 1986 erhielt die autonomistische „Parti Socialiste Guyanais" über 40% der Stimmen. F.-G. ist in 2 Arrondissements mit 20 Gemeinden gliedert. Es gilt frz. Recht; Appellationsgericht in Fort-de-France (Martinique).

Bei nur sehr geringer Dichte ist die Verteilung der *Bevölkerung* sehr ungleichmäßig. Allein in der Hst. Cayenne leben rd. 36%, weitere 12% in Kourou. Die Bevölkerungszunahme 1982–90 betrug rd. 2,0% p. a. Das Inland ist nur sehr dünn von Indianern besiedelt. Die ethnischen Gruppen sind sehr vielfältig: neben einer Mehrheit von Mulatten leben Chinesen und Inder, Nachkommen schwarzafrikan. Sklaven („Buschneger"), Indianer (Tupí-Guaraní) und eine kleine weiße Minderheit. Dazu kommen als nichtständige Einwohner frz. Beamte, Soldaten und Raketentechniker. Fast 90% der Bevölkerung sind kath. (Bist. Cayenne, Suffr. von Fort-de-France [Martinique]); daneben gibt es kleine prot. Gruppen sowie Anhänger von Naturreligionen.

Wirtschaft. Regierungshilfen und Subventionen bestimmen das relativ hohe BSP (1984: 4160 US-$/E.) zu 70%. Den wichtigsten Wirtschaftssektor bilden Dienstleistungen und Handel. Die Landwirtschaft ist trotz der großen Landreserven, ebenso wie die Industrie (Rumproduktion), nur schwach entwickelt. Sie erzeugt Zuckerrohr, Bananen, Reis sowie tropische Knollenfrüchte. Wichtigste Ressource sind die Holzreserven, deren Nutzung jedoch durch die ungenügende Infrastruktur stark behindert wird. F.-G. verfügt über begrenzte Bauxitvorkommen. In den letzten Jahren wurde die Fischereiwirtschaft, besonders die Krabbenzucht, ausgebaut. Fremdenverkehr ist nur gering entwickelt. Das Zentrum für Weltraumforschung (seit 1966) mit Abschußbasis in Kourou führt hochqualifizierte Wissenschaftler und Techniker in das Land. Die Handelsbilanz ist stark defizitär; Haupthandelspartner sind Frankreich und die USA. Hölzer und Krabben machen mehr als 3/4 des Exportwertes aus. Größtes soziales Problem ist die Arbeitslosigkeit. Die allmähliche Annäherung an die Arbeits- und Sozialgesetzgebung des Mutterlandes fängt die Probleme teilweise auf. Dennoch wandern viele Einwohner nach Frankreich aus. – Für den Außenverkehr stehen die Seehäfen Degrad-des-Cannes, Kourou, Cayenne und Saint-Laurent-du-Maroni sowie der Internationale Flughafen Rochambeau bei Cayenne zur Verfügung.

Kulturell ist der Gegensatz zwischen der Bevölkerung der Küstenstädte und des Landesinnern nach wie vor sehr groß. Das Schulwesen ist nach frz. Vorbild relativ gut ausgebaut. Die „Université des Antilles-Guyane" unterhält in Cayenne eine Abteilung.

LITERATUR

F. **Schwarzbeck**, F.-G. Heidelberg 1982. – K. **Ziemer**, F.-G., in: HDW. Bd. 3. 1982, 457 ff. – G. **Scherm**, Die Guayana-Länder. Entwicklungstendenzen und Entwicklungsstrategien im Vergleich, in: GeogrRd 37 (1985) 306 ff. – B. **Cherubini**, Patrimoine régional et aménagement rural en Guyane française, in: Les Cahiers d'Outre-Mer 41 (1988) 379 ff. – B. **Klimmeck**, F.-G., in: PolLexLat. ³1992, 330ff.

Hans-Dieter Haas, Thorsten Sagawe

GRENADA

Amtlicher Name	State of Grenada
Staatsform	Parlamentarische Monarchie im Commonwealth of Nations
Hauptstadt	St. George's (10 000 E.; als Agglomeration rd. 30 000)
Fläche	344 km²
Bevölkerung	102 000 E. (1990; VZ 1981: 89 000). – 297 E./km²
Sprache	Englisch (Amtssprache), engl. und frz. Kreolisch
Religion	Katholiken 64%; Anglikaner 22%; Hindus 5%
Währung	1 Ostkaribischer Dollar (EC$) = 100 Cents

G. liegt am südlichsten Rand der Kleinen Antillen (↗Karibische Inseln und nördliches Südamerika). Es umfaßt die Hauptinsel *Grenada* (mit der Hst. St. George's) und die Grenadinen-Inseln *Carriacou, Ronde* und *Petit Martinique*. Die Hauptinsel (34 km lang, 19 km breit) ist vulkanischen Ursprungs, gebirgig (im Nordteil am *Mt. St. Catherine* 840 m hoch). Entsprechend der Lage in den wechselfeuchten Tropen verzeichnet G. hohe Niederschläge (im Gebirge bis 5000 mm jährlich) und besitzt viele Wasserläufe sowie einen kleinen Kratersee.

G. wurde 1498 von *Kolumbus* auf seiner 3. Reise entdeckt (von ihm *Concepción* genannt). Der Widerstand der Indianerbevölkerung gegen die Kolonisation war bis 1651 erfolgreich. Anschließend wurde G. von Franzosen besiedelt, 1783 endgültig dem brit. Kolonialreich einverleibt (Kronkolonie seit 1877). 1958–62 war es Mitglied der „Westindischen Föderation", seit 1967 der „West Indies Associated States", strebte jedoch unter dem späteren Premierminister *Eric Gairy* die Unabhängigkeit an, die es am 7.2.1974 erlangte. G. ist seitdem eine parlamentarische Monarchie im Commonwealth mit einem *Zweikammerparlament* (*Senate* mit 15 ernannten und *House of Assembly* mit 15 für 5 Jahre gewählten Mitgl.). Staatsoberhaupt ist der brit. Monarch, vertreten durch einen einheimischen Generalgouverneur. Regierungschef ist der Premierminister. 1979 stürzte die Oppositionspartei „New Jewel Movement" das Gairy-Regime. *Maurice Bishop* führte außenpolitisch eine Annäherung an das sozialistische Lager durch. Nach seiner Ermordung intervenierten die USA und andere Karibikstaaten militärisch (1983) und verhinderten eine weitere Annäherung an Kuba. Seit 1990 regiert der „National Democratic Congress" (NDC). Das Rechtssystem orientiert sich am brit. Vorbild. – G. ist Mitglied u. a. der OAS, des CARICOM, im SELA, der OECS und AKP-Staat.

G. besitzt eine hohe Bevölkerungsdichte. Die *Bevölkerung*, die zu 65% in städtischen Siedlungen lebt, v. a. auf der Hauptinsel, dort vornehmlich in der Hauptstadt, besteht zu 84% aus Afroamerikanern, zu 11% aus Mulatten, 5% Indischstämmigen und weniger als 1% Weißen. Das jährliche Bevölkerungswachstum ist hoch (im Durchschnitt der 80er Jahre: 2%). Die Lebenserwartung erhöhte sich auf durchschnittlich 69 Jahre. 64% der Bevölkerung sind Katholiken (Bist. St. George's, Suffr. von Castries [St. Lucia]), 22% Anglikaner, 5% Hindus. Das Schulwesen ist nach engl. Muster relativ gut ausgebaut (Schulpflicht vom 6.–14. Lebensjahr). Es existieren mehrere Technische Lehranstalten für die Berufsausbildung, eine Lehrerbildungsanstalt und eine Filiale der „University of the West Indies" (Kingston, Jamaika). Trotz der aktiven Sozialpolitik in den 80er Jahren beträgt die Analphabetenquote noch 10%.

Wirtschaft. Die Landwirtschaft ist am BSP (1988: 1370 US-$/E.) mit 25%, die Industrie mit 20% beteiligt. In der Landwirtschaft sind 30% der Erwerbstätigen, in der Industrie 15% beschäftigt. Die Arbeitslosenquote ist sehr hoch. Die landwirtschaftliche Produktion umfaßt Bananen, Zuckerrohr, Kakao sowie v. a. Muskatnüsse und ist durch subsistenzwirtschaftliche Kleinbetriebe gekennzeichnet. Die noch wenig ausgebaute Industrie verarbeitet vorrangig landwirtschaftliche Produkte. Der Fremdenverkehr ist durch die geringen Hotelbettenkapazitäten behindert: 2/3 der Auslandsgäste sind Kreuzfahrtteilnehmer. Der Außenhandel ist stark defizitär. Hauptausfuhrprodukte sind Muskatnüsse (30% der Weltproduktion), Kakao und Bananen. – Tiefseehafen ist St. George's, Internationaler Flughafen Point Salines.

LITERATUR

F. **Nuscheler**, G., in: HDW. Bd. 3. 1982, 301 ff. – U. **Zelinsky**, G., in: PolLexLat. ²1982, 132 ff. – J. S. **Brierley**, A Review of Development Strategies and Programmes of the People's Revolutionary Government in G., 1979–83, in: GeogrJ 151 (1985) 40 ff. – T. **Thorndike**, G. London 1985. – W.-D. **Sahr**, G., in: PolLexLat. ³1992, 138ff.

Hans-Dieter Haas, Thorsten Sagawe

GUADELOUPE

Amtlicher Name	Guadeloupe
Staatsform	Französisches Überseedépartement (Département d'Outre-Mer)
Regierungssitz	Basse-Terre (14 000 E.; als Agglomeration 37 000)
Fläche	1779 km²
Bevölkerung	386 987 E. (VZ 1990). – 217 E./km²
Sprache	Französisch (Amtssprache), Kreolisch
Religion	Katholiken 95%; protestantische Sekten
Währung	Französischer Franc

Das frz. Überseedépartement G. ist ein Archipel der Kleinen Antillen zwischen ↗Dominica im S und ↗Montserrat im N (↗Karibische Inseln und nördliches Südamerika). Die Hauptinsel besteht aus zwei Teilen:

Die westl. Insel *Basse-Terre* (848 km², 45 km lang, 23 km breit) ist vulkanischen Ursprungs und durch einen 30–120 m breiten Kanal von der flachen Kalkinsel *Grande-Terre* (568 km²) getrennt. Von der Insel *Saint-Martin* (Sint Maarten) gehört der Südteil zu den ↗Niederländischen Antillen. Basse-Terre wird vom Vulkan *La Soufrière* (1467 m) überragt, der mit dichtem Tropenwald bedeckt ist. Grande-Terre ist fast waldlos und wasserarm. Die Jahresdurchschnitts-Temp. betragen 26°C, die Jahresniederschläge je nach Höhenlage zwischen 2300 mm auf Grande-Terre und 4000 mm auf Basse-Terre.

Kolumbus entdeckte 1493 auf seiner 2. Reise den von Kariben bewohnten Archipel und benannte ihn nach einem Heiligtum in Estremadura. Frankreich besetzte ihn 1635. 1674 wurde G. frz. Kolonie. Trotz engl. Versuche, G. zu besetzen, ist es seit 1816 endgültig frz. und hat seit 1871 eine Vertretung im frz. Parlament. Seit 1946 ist G. Überseedépartement (D. O. M.). Frankreich wird durch einen „Commissaire de la République" vertreten, der von einem direkt gewählten *Generalrat* (42 Mitgl.) und dem *Regionalrat* (39 Mitgl.) unterstützt wird. G. entsendet 4 gewählte Vertreter in die frz. Nationalversammlung und 2 in den Senat. Die frz. Parteien haben Regionalvertretungen auf G.; daneben existieren lokale Parteien und autonomistische Bewegungen, die in den 60er Jahren die Unabhängigkeit forderten (1967 blutige Demonstrationen). Verwaltungsmäßig ist G. in 3 Arrondissements mit 34 Gemeinden eingeteilt. Es gilt frz. Recht.

Die *Bevölkerung* wohnt zu ca. 90% auf den 2 Hauptinseln. Ethnisch dominieren Mulatten (77%) sowie Schwarze (10%). Außerdem gibt es eine indische Minderheit, deren Vorfahren nach Abschaffung der Sklaverei (1835) einwanderten, auf einigen kleineren Inseln noch Nachkommen frz. Pflanzer aus dem 17. Jh. Die Geburtenrate ist hoch (Ende der 80er Jahre ␣d. 22 ‰ jährlich). Das starke natürliche Bevölkerungswachstum wird durch Auswanderung nach Frankreich gemindert. Die Bevölkerung ist fast ausschließlich kath. (Bist. Basse-Terre, Suffr. von Fort-de-France, Martinique). Neuerdings etablieren sich jetzt. prot. Sekten. Das Schulwesen ist nach frz. Vorbild relativ gut ausgebaut. In G. bestehen mehrere Abteilungen der Université des Antilles-Guyane.

Wirtschaft. Das BSP (1984: 6339 US-$/E.) wird zu 80% im Verwaltungs- und Dienstleistungssektor erwirtschaftet, wo 65% der Bevölkerung ihren Unterhalt finden. In der Landwirtschaft dominiert der Zuckerrohr- und Bananenanbau. Die Industrie ist nur schwach entwickelt. Traditionsreich ist die Rumproduktion. Der Fremdenverkehr bildet den wichtigsten Wirtschaftszweig. Importiert werden v. a. Nahrungsmittel, Maschinen und Fahrzeuge, Rohstoffe; exportiert Zucker, Bananen und Rum. Größtes soziales Problem ist die Arbeitslosigkeit. Die schrittweise Annäherung an die Arbeits- und Sozialgesetzgebung des Mutterlandes fängt die unterentwickelten Strukturen auf. – Wichtigster Hafen und Flughafen ist Pointe-à-Pitre.

LITERATUR

J. **Benoist u. a.,** L'archipel inachevé. Culture et société aux Antilles françaises. Montreal 1972. – G. **Lasserre u. a.,** Géographie de G. et Martinique. Caen 1973. – Die Überseeischen Départements: G. in: Informationsbll. der Frz. Botschaft [Bonn] 25 (1975) Nr. 150, 9 ff. – F. **Schwarzbeck,** Französische Antillen: G. und Martinique, in: Pol-LexLat. ²1982, 329 ff. – K. **Ziemer,** Frz. Antillen, in: HDW. Bd. 3. 1982, 448 ff. – N. **Stamm,** Kolonie an der langen Leine?, in: Bll. des Informationszentrums Dritte Welt [Freiburg i. Br.] (1989) Nr. 158, 36 ff.

Hans-Dieter Haas, Thorsten Sagawe

GUYANA

Amtlicher Name	Cooperative Republic of Guyana (Kooperative Republik Guyana)
Staatsform	Präsidiale Republik im Commonwealth of Nations
Hauptstadt	Georgetown (195 000 E.)
Fläche	214 969 km²
Bevölkerung	1014 000 E. (1989; VZ 1980: 759 000). – 5 E./km²
Sprache	Englisch (Amtssprache), Hindi, Portugiesisch, verschiedene Indianersprachen
Religion	Protestanten 18%; Anglikaner 16%; Katholiken 18%; Hindus 34%; Muslime 9%
Währung	1 Guyana-Dollar (G$) = 100 Cents

G., an der Nordküste Südamerikas gelegen (↗Karibische Inseln und nördliches Südamerika), grenzt im O an ↗Suriname, im W an ↗Venezuela, im S an ↗Brasilien. Hinter einem ca. 70 km breiten Küstenstreifen, der z. T. durch Deiche vor Überschwemmungen geschützt werden muß, liegt ein hügeliges bis gebirgiges Binnenland, das von tropischem Regenwald und Savannen bedeckt ist. Höchste Erhebung ist der *Roraima* (2810 m), wichtigster Fluß der *Essequibo*. Das Klima ist tropisch-äquatorial, d. h., vom SW abgesehen, immerfeucht mit Temperaturen im Jahresmittel zwischen 24–28°C. Die Jahresniederschläge betragen an der Küste 2000–3000 mm, im Landesinnern 1500 mm.

G. wurde 1499 von Spaniern entdeckt. 1581 entstand die erste holl. Siedlung. Nach der brit. Besetzung Surinames wurde G. 1814 endgültig an Großbritannien abgetreten *(Britisch-Guayana)*. Nach Abschaffung der Sklaverei (1833) wurden asiatische, meist indische Kontraktarbeiter nach G. geholt. Bis heute besteht ein Grenzkonflikt zwischen G. und Venezuela, das den Westteil von G. (2/3 des Territoriums) bis zum Essequibo beansprucht. Nach der Erstellung zweier Verfassungen und Wahlen sowie einem von brit. Truppen niedergeschlagenen Aufstand wurde G. am 26.5.1966 unabhängig. Seit der Verfassungsreform 1970 ist G. „Kooperative Republik" im Commonwealth. Durch die neue Verfassung vom 6.10.1980 hat G. ein Präsidialsystem. Ziel der Reformen war ein sozialistischer Einheitsstaat, doch bestehen Elemente der brit. Verfassungstradition fort. Der Einfluß der Militärs ist stark. Von den 65 Mitgliedern des *Einkammerparlaments* werden 53 direkt gewählt, 2 vom *National Congress of Local Democratic Organs*, je 1 von den 10 *Regional Democratic Councils* für 5 Jahre ernannt. – Das *Recht* ist am brit. Vorbild orientiert. Niederländ.-röm. Einflüsse existieren im Grundeigentumsrecht. Auf lokaler Ebene bestehen Magistratsgerichte. Ein Appellationsgerichtshof und ein Hoher Gerichtshof bilden den Obersten Gerichtshof. *Verwaltungsmäßig* ist G. in 10 Distrikte eingeteilt. – G. ist u. a. Mitglied des CARICOM, im SELA und AKP-Staat.

Die *Bevölkerung* ist bei sehr geringer durchschnittlicher Dichte sehr ungleich verteilt und konzentriert sich auf den Küstenstreifen. Im Binnenland leben fast ausschließlich indianische Stammesgesellschaften, die Subsistenzlandwirtschaft betreiben. 40% der Bevölkerung leben in Städten. Ethnisch setzt sich die Bevölkerung zu 51% aus Indern, 32% aus Schwarzen, 5% aus Indianern, 2% aus Weißen und zu 1% aus Chinesen zusammen (Rest Mischlinge). Das jährliche Bevölkerungswachstum beträgt rd. 0,8%. Die Lebenserwartung liegt bei 66 Jahren, die Säuglingssterblichkeit bei 36 ‰. Größtes soziales Problem ist die Arbeitslosigkeit, v. a. unter den städtischen Jugendlichen.

Die *Wirtschaft* basiert auf der Landwirtschaft (Reis, Zucker) und dem Bauxitbergbau. Zucker wird zu Rum, Bauxit zu Tonerde verarbeitet; andere Industrien sind bisher kaum entwickelt. Das BSP/E. betrug 1989 nur 400 US-$. Die Landwirtschaft hatte daran einen Anteil von 29%, die Industrie von 11%. 1986 arbeiteten 36% der Erwerbspersonen in der Landwirtschaft, 20% in der Industrie. Die Handelsbilanz ist negativ. Hauptexportgüter sind Zucker (über 35%), Bauxit und Aluminiumoxid (über 30%) sowie Rum und Reis. Importiert werden v. a. Energierohstoffe, Maschinen und Nahrungsmittel. – Das Straßennetz ist v. a. auf den Küstenstreifen konzentriert. Binnenschiffahrt führt ins Landesinnere. Hauptseehäfen sind Georgetown und New Amsterdam.

Kulturell ist G. durch die ethnische Heterogenität der Bevölkerung geprägt. Das betrifft auch die Religionszugehörigkeit: 52% sind Christen (18% Protestanten, 16% Anglikaner, 18% Katholiken [Bist. Georgetown, Suffr. von Port of Spain, Trinidad und Tobago]), 34% Hindus, 9% Muslime. Das Bildungswesen ist staatlich (Privatschulen wurden 1976 aufgehoben) und umfaßt alle Stufen von der Vorschule bis zur „University of Guyana". Schulpflicht besteht vom 5.–14. Lebensjahr. Die Analphabetenquote ist mit 4% der über 15jährigen sehr gering.

LITERATUR

K. F. S. **King**, Land and People in G. Oxford 1968. – G. A Composite Monograph. Hg. B. **Irving**. Hato Rey (Puerto Rico) 1972. – F. **Schwarzbeck**, U. **Zelinsky**, G., in: PolLexLat. ²1982, 150 ff. – H. **Sellin**, J. **Siegelberg**, G., in: HDW. Bd. 3. 1982, 313 ff. – G. **Scherm**, Die Guayana-Länder. Entwicklungstendenzen und Entwicklungsstrategien im Vergleich, in: GeogrRd 37 (1985) 306 ff. – C. **Baber**, H. B. **Jeffrey**, G. London 1986. – L. **Peake**, G.: a country in crisis, in: Geography. J. of the Geographical Association 72 (1987) 356 ff. – B. **Klimmeck**, G., in: PolLexLat. ³1992, 153ff.

Hans-Dieter Haas, Thorsten Sagawe

HAITI

Amtlicher Name	République d'Haïti (Republik Haiti)
Staatsform	Präsidiale Republik
Hauptstadt	Port-au-Prince (800 000 E.)
Fläche	27 750 km²
Bevölkerung	6 368 000 E. (1987; VZ 1982: 5 054 000). – 229 E./km²
Sprache	Französisch (Amtssprache), Kreolisch
Religion	Katholiken 80%; Protestanten und Anglikaner 20%
Währung	1 Gourde (Gde.) = 100 Centimes

H. nimmt das westl. Drittel der Antilleninsel *Hispaniola* ein, die sie sich mit der ↗Dominikanischen Republik teilt (↗Karibische Inseln und nördliches Südamerika). Im W trennt die 90 km breite *Windward-Passage* das Land von ↗Kuba. H. wird durch drei westöstl. verlaufende Gebirgszüge unterteilt (im *Pic La Selle* 2680 m), die durch langgestreckte Senken, Täler und Becken voneinander getrennt sind. Das *Klima* wird durch die Lage in den wechselfeuchten Randtropen (mit geringen saisonalen Temperaturunterschieden) und durch die Höhenunterschiede bestimmt. Die Nordseiten der Gebirge, die dem NO-Passat ausgesetzt sind, erhalten hohe Niederschläge (2000 mm jährlich); wenige Kilometer südl. im Lee herrschen dagegen semi-aride Verhältnisse. Die Jahresdurchschnitts-Temperatur beträgt in Port-au-Prince 26,3 °C. Das ursprünglich waldbedeckte Land gehört inzwischen zu denjenigen Ländern, die am stärksten von Abholzung und Entwaldung sowie den damit verbundenen Desertifikationserscheinungen (Erosion, Dürren) betroffen sind.

Kolumbus entdeckte die von ihm *Española* genannte, von *Taino-Indianern* besiedelte Insel auf seiner 1. Reise (1492) und gründete die erste temporäre span. Siedlung *(Navidad)* im N des heutigen Haiti. Das Desinteresse Spaniens an seiner ersten Kolonie lud jedoch schon Ende des 16. Jh. europ. Abenteurer zur Besiedlung ein. Ab Mitte des 17. Jh. wurde der frz. Einfluß so stark, daß sie 1697 an Frankreich abgetreten und als *Saint-Domingue* dessen ertragreichste Kolonie wurde. Als Arbeitskräfte wurden bis ca. 1790 500 000 afrikan. Sklaven auf die Insel verschleppt, deren ökonomische Grundlage die Plantagenwirtschaft mit Zuckerrohr-, Kaffee- und Indigoanbau bildete. Durch die Wirren der Französischen Revolution begünstigt, wurde H. nach heftigen Kämpfen 1804 durch *Jean Jacques Dessalines*, der sich selbst zum Kaiser ernannte, unabhängig. Unglücklich durchgeführte wirtschaftliche Reformen, Bürgerkriege sowie die politische Rolle der Armee stürzten den jungen Staat in schwere, permanente Krisen (mehrfacher Wechsel zwischen Monarchie und Republik, zeitweilige Vereinigung mit der Dominikanischen Republik). 1915–1934 besetzten die USA H. militärisch, ohne daß die sozialen, rassischen und wirtschaftlichen Gegensätze behoben werden konnten. 1957 gelangte der Diktator *François Duvalier* („Papa Doc") – gestützt auf die „schwarze Elite" und den „neuen Mittelstand" – an die Macht und erklärte sich 1964 zum Präsidenten auf Lebenszeit. Nach seinem Tod 1971 ging das Amt an seinen Sohn *Jean-Claude Duvalier* („Baby Doc"), der 1986 durch einen Volksaufstand und unter dem Druck der USA aus dem Land vertrieben wurde. Eine Militärjunta übernahm die Macht. Nach einer Volksabstimmung am 29.3.1987 wurde eine neue Verfassung (die 29.) angenommen. Eine demokratisch gewählte Regierung unter Präsident *Leslie Manigat* blieb 1988 nur kurz im Amt und wurde von den Militärs gestürzt. Nach friedlichen Wahlen im Dez. 1990 (unter internationaler Beobachtung) löste im Febr. 1991 der Salesianerpriester *Jean-Bertrand Aristide* (nach einem kurz zuvor fehlgeschlagenen Putschversuch) die Interims-Staatspräsidentin *Ertha Pascal Trouillot* (seit März 1990) ab, wurde aber schon am 1. Okt. bei einem erneuten Militärputsch abgesetzt und floh nach Venezuela. – H. ist Mitglied der OAS und im SELA.

Formaldemokratische Verfassungen standen bisher im Gegensatz zu den realen Machtverhältnissen der präsidialen Republik und waren aufgrund diktatorischer Staatsführung einflußlos. Nach der *Verfassung* von 1987 ist H. eine Präsidialrepublik mit einem für 6 Jahre gewählten *Einkammerparlament* (59 Abgeordnete) und dem für 5 Jahre direkt gewählten Präsidenten. Die *Verwaltung* ist in 9 Départements eingeteilt. Die *Rechtsordnung* folgt dem frz. Vorbild. Der Präsident ernennt die Richter, die unabsetzbar sind. Parteien sind zugelassen, aber ihre Bildung ist noch im Fluß.

Von der *Bevölkerung* lebt ca. 1/3 in Städten. Das *Bevölkerungswachstum* wurde für 1980–90 auf 1,8% p. a. geschätzt, da die *Geburtenziffer* mit rd. 35 ‰ sehr hoch ist. Aufgrund mangelhafter hygienischer Bedingungen und verbreiteter Unterernährung beträgt die *Säuglingssterblichkeit* noch rd. 13%; die durchschnittliche *Lebenserwartung* liegt bei 55 Jahren. Die Bevölkerung setzt sich zu über 90% aus Gruppen afrikan. Abstammung und zu rd. 8% aus Mulatten zusammen. Die Masse der Bevölkerung fristet ein Leben unterhalb des Existenzminimums. Um dieser Armut zu entkommen, gibt es seit Jahrzehnten die starke Auswanderung in die USA, in die Dominikanische Republik sowie in andere Inselstaaten der Karibik.

H. gehört mit einem BSP/E. von 360 US-$ (1988) zu den ärmsten Entwicklungsländern der Welt und gilt als ärmstes Land der westl. Hemisphäre. Dominiert wird die *Wirtschaft* von der hauptsächlich kleinbäuerlichen Landwirtschaft, die am BSP mit 32%, an den Erwerbstätigen mit 66% (jeweils Mitte der 80er Jahre) beteiligt ist. Die landwirtschaftliche Produktion (Bananen, Hirse, Maniok, Mangos) geht nur geringfügig über eine Subsistenz hinaus. Lediglich die wenigen Großbetriebe produzieren für den Export, wobei sich der Kaffeeanbau auf Klein- und Mittelbetriebe stützt. Die Bergbauproduktion (Bauxit) wurde zu Beginn der 80er Jahre eingestellt, andererseits die exportorientierte, lohnkostenintensive Leichtindustrie in dem Niedriglohnland ausgebaut. Ihre Produkte (Bekleidung, Sportartikel, Spielwaren) machen inzwischen (1987) über die Hälfte des Exportwertes (261 Mio. US-$) aus. Ansätze einer Tourismusentwicklung wurden durch die politischen Unruhen weitgehend vernichtet. Die Handelsbilanz ist chronisch negativ; Hauptaußenhandelspartner sind die USA (75%) und die EG-Länder (10%). Mit den Nachbarstaaten, z. B. der Dominikanischen Republik, bestehen wenig offizielle Handelsverbindungen, jedoch ein blühender Schmuggel. Die Wirtschaft belastet eine Auslandsschuld von (1987) 674 Mio. US-$ (ca. 30% des BSP). Der sehr schwachen Wirtschaft entsprechen enorme Defizite im sozialen Bereich. – Die *Verkehrsinfrastruktur* ist sehr rückständig. Nur knapp 20% der ca. 3700 km Straßen sind befestigt. Haupthafen und Internationaler Flughafen ist Port-au-Prince.

Kulturell ist H. afrikan. geprägt. Amtssprache ist Französisch, das auch in Presse und Literatur verwendet, jedoch nur von ca. 10% der Bevölkerung gesprochen wird. Als Volkssprache gleichberechtigt und weiter verbreitet ist das Créole. Offiziell gehören rd. 80% der Bevölkerung der kath. Kirche (2 Erzb. mit 6 Bist.) an, 20% prot. Kirchen bzw. der anglikanischen Kirche. Weit verbreitet (bei mindestens 70% der Bevölkerung) sind die Voodoo-Kulte. Das Schulwesen ist nach frz. Muster aufgebaut und besteht aus 6 Jahren Primar- und 7 Jahren Sekundarunterricht in frz. Sprache. Die Schulpflicht kommt wegen der Armut der Bevölkerung und der Defizite im Bildungswesen praktisch kaum zum Tragen. Die Analphabetenquote ist daher mit 77% außerordentlich hoch. Es existiert eine Universität.

LITERATUR

U. **Fleischmann**, Aspekte der sozialen und politischen Entwicklung H.s. Stuttgart 1971. – G. **Anglade**, L'espace haïtien. Montreal 1975. – G. **Caprio**, H. – wirtschaftliche Entwicklung und periphere Gesellschaftsformation. Frankfurt/M. 1979. – W. **Donner**, H. – Naturraumpotential und Entwicklung. Tübingen 1980. – R. **Nonnenmann**, H. – Probleme der Wirtschaftsentwicklung in einem Land der Dritten Welt. München 1980. – U. **Fleischmann**, H., in: HDW. Bd. 3. 1982, 328 ff. – F. J. **Chambers**, H. [Bibliography] Oxford 1983. – D. **Nicholls**, H. in Caribbean Context: Ethnicity, Economy and Revolt. London 1985. – R. **Nonnenmann**, H. – Räumliche und gesellschaftliche Disparitäten, in: GeogrRd 37 (1985) 296 ff. – U. **Kuhlmann**, H.: Von einer Diktatur zur anderen?, in: EA 43 (1988) 625 ff. – G. **Pierre-Charles**, The Democratic Revolution in H., in: Latin American Perspectives 15 (1988) H. 3, 64 ff. – Lber. H. 1990. Stuttgart 1990. – W. **Stikklas**, H., in: PolLexLat. ³1992, 162ff.

Hans-Dieter Haas, Thorsten Sagawe

JAMAIKA

Amtlicher Name	Jamaica (Jamaika)
Staatsform	Parlamentarische Monarchie im Commonwealth of Nations
Hauptstadt	Kingston (104 000 E.; als Agglomeration 633 500)
Fläche	10 990 km²
Bevölkerung	2 500 000 E. (1990; VZ 1982: 2 206 000). – 227 E./km²
Sprache	Englisch
Religion	Protestanten (v. a. Baptisten, Adventisten) und Anglikaner 75%; Katholiken 8%; Hindus, Muslime
Währung	1 Jamaika-Dollar (J$) = 100 Cents

J., die drittgrößte Insel der Großen Antillen (240 km lang, 60–80 km breit), liegt 180 km südl. von ↗Kuba und 200 km westl. von ↗Haiti (↗Karibische Inseln und nördliches Südamerika). Ein zentrales Faltengebirge tertiären Ursprungs, Teil der zerbrochenen Antillen-Kordillere, erstreckt sich von WNW nach SSO und tritt im W in der Mitte der Insel und im O in den *Blue Mountains* (bis 2292 m hoch) fensterartig an die Oberfläche. Die westl. 2/3 J.s sind aus jungen Kalktafeln gebildet, die z. T. bis auf 900 m ansteigen; den Südteil nehmen streckenweise Küstenebenen ein. Karsterscheinungen bestimmen vielfach den Formenschatz („Cockpit Country"). Das tropisch-wechselfeuchte Klima wird stark vom NO-Passat beeinflußt. Trockenster Monat ist Febr., regenreichster Oktober. Im Luv des Passats erreichen die Niederschläge in den Blue Mountains über 4000 mm; die Südseite der Insel ist weitaus trockener (1000 mm). Die Temp. schwankt zwischen 24,4 °C im Febr. und 27,5 °C im Juli. Periodisch wird J. von Hurrikanen heimgesucht, die häufig schwere Verwüstungen verursachen.

J. wurde 1494 von *Kolumbus* auf seiner 2. Reise entdeckt (von ihm *Santiago* genannt) und 1509 von Spanien in Besitz genommen. Die Indianer waren schon 1520 fast ausgerottet. Die Insel spielte im span. Kolonialreich eine sehr untergeordnete Rolle und war daher kaum besiedelt. Nachdem den Engländern die Eroberung Hispaniolas mißlang, vertrieben sie 1655 die Spanier aus Jamaika. Bis 1672 herrschten Piraten unter *Henry Morgan*. 1672–1807 war J. Zentrum des brit. Sklavenhandels und neben ↗Barbados reichste brit. Besitzung in Westindien. Der Reichtum basierte auf Zuckerrohrplantagen, die von Sklaven bewirtschaftet wurden. 1866 wurde J. Kronkolonie. 1944 trat eine neue Verfassung in Kraft, die das allgemeine Wahlrecht und innere Autonomie garantierte. 1958–62 war J. Mitglied der Westindischen Föderation. Am 6.8.1962 erlangte es die Unabhängigkeit, der seit 1959 die vollständige innere Autonomie vorausgegangen war. Seitdem werden die Regierungen abwechselnd von der sozialdemokratisch orientierten People's National Party (PNP) und der konservativen Jamaican Labour Party (JLP) gestellt. Beide Parteien haben ihren Ursprung in Gewerkschaftsbewegungen, mit denen sie auch heute eng verbunden sind. Premierminister *Michael Manley* (PNP) verfolgte in den 70er Jahren eine sozialistisch orientierte Wirtschaftspolitik mit Anlehnung an Kuba. Nach deren Scheitern wurde er 1980 von *Edward Seaga* (JLP) abgelöst. Seit seiner Wiederwahl 1989 war *Manley* bemüht, das politisch und sozial gespaltene Land zu versöhnen und setzte – im Gegensatz zu seiner früheren Politik – auf gute Beziehungen zu den USA. Er trat im März 1992, auch als Vorsitzender der PNP zurück. Trotz sozialer Unruhen, Streiks und gelegentlicher Gewalt gilt die parlamentarische Demokratie auf J. als gefestigt.

Nach der *Verfassung* von 1962 ist J. parlamentarische Monarchie im Commonwealth mit dem brit. Monarchen als Staatsoberhaupt, vertreten durch einen einheimischen Generalgouverneur. J. hat ein *Zweikammerparlament:* Das *Repräsentantenhaus* (60 Sitze) wird nach dem Mehrheitswahlrecht gewählt; der *Senat* besteht aus 21 Senatoren, die vom Generalgouverneur, teils auf Vorschlag der Regierung (13), teils der Opposition, ernannt werden. Beide Häuser wählen den Premierminister als Regierungschef. Das Parlaments- und Regierungssystem folgt, wie auch das Rechtssystem, eng dem brit. Vorbild. – Die *Verwaltung* J.s ist in 14 „parishes" (Kreise) eingeteilt. – J. ist Mitglied der CARICOM, der OAS, im SELA und AKP-Staat.

J. ist eines der am dichtesten bevölkerten Länder Amerikas. Die *Bevölkerung* lebt zu 52% in Städten. Die Hst. Kingston hat in ihren Verwaltungsgrenzen 104 000 E.; die städtische Agglomeration (mit St. Andrews) wird (1985) auf 633 500 E. geschätzt. 77% der Bevölkerung sind Schwarze (Jamaicans), 18% Mulatten; daneben gibt es Minderheiten von Indern (1,3%), Chinesen und Weißen. Die Bevölkerungszunahme ist relativ stark (in den 80er Jahren ca. 1,4% p. a.), da sich aus einer Geburtenziffer von 26 ‰ und einer Sterbeziffer von nur 6 ‰ (jeweils 1987) ein hoher Geburtenüberschuß ergibt. Er wird nur zum kleinen Teil durch Auswanderung kompensiert. Aufgrund des relativ guten öffentlichen Gesundheitswesens sank die Säuglingssterblichkeit auf 1% und stieg die durchschnittliche Lebenserwartung auf 74 Jahre.

Wirtschaft. Noch zu Beginn der 50er Jahre beschäftigte die Landwirtschaft die Mehrheit der Erwerbsbevölkerung und war am BSP mit 1/4 beteiligt. Dies hat sich seitdem grundlegend gewandelt. Am BSP (1988: 1080 US-$/E.) hat sie nur noch einen Anteil von 5,6%; Industrie und Bergbau sind mit 37,6%, der Handel mit 20,2%, die übrigen Bereiche mit 36,8% beteiligt. In der Landwirtschaft sind (1988) aber noch 31,5% der Erwerbspersonen, in der Industrie 16,2%, die Mehrzahl ist im tertiären Sektor beschäftigt. Die Wirtschaft beruht heute auf dem Bauxitbergbau, dem Zuckerrohranbau und dem Fremdenverkehr. J. nimmt mit einer Jahresförderung von rd. 7,5 Mio. t (1988) die 3. Stelle unter den Bauxitproduzenten der Welt ein. Die Zuckerindustrie, die jährlich etwa 2–3 Mio. t Zuckerrohr verarbeitet, wird seit Mitte der 80er Jahre modernisiert. Seit den 70er Jahren ist man bestrebt, die Produktpalette von Zuckerrohr zu erweitern. Der Tourismus ist inzwischen wichtigster Devisenbringer. Die verarbeitende Industrie hat einen Anteil von 15,9% am BSP. Sie wird seit den 40er, verstärkt seit den 60er Jahren staatlich gefördert. Wichtigster Industriezweig ist die Nahrungsmittelverarbeitung. Ferner werden Textilien, Tabakwaren, Baustoffe und Konsumgüter produziert. In jüngster Zeit ist J. bemüht, sich zu einem Bankzentrum des karib. Raums zu entwickeln. Die Außenhandelsbilanz ist stark negativ. Wichtigste Exportprodukte sind Bauxit und Aluminiumoxid (60%), Zucker sowie Bananen. Größtes Problem ist, neben der hohen Arbeitslosigkeit, die Auslandsverschuldung (1987: 141% des BSP).

Verkehr. Das *Straßennetz* (ca. 16 000 km, davon ca. 1/3 befestigt) ist relativ gut ausgebaut. Das *Eisenbahnnetz,* mit den Hauptverbindungen von Kingston nach Montego Bay (im NW) und Port Antonio (im NO), wurde in den 80er Jahren modernisiert. Für die *Seeschiffahrt* stehen die Häfen Kingston, Port Royal und Montego Bay (v. a. für Importe), Port Antonio, Port Rhoades, Port Kaiser und Ocho Rios (v. a. für Exporte) zur Verfügung. Internationale *Flughäfen* sind Kingston und Montego Bay.

Kulturell mischen sich in J. anglo-afrikan. und karib. Elemente. Konfessionell dominieren mit 75% der Bevölkerung Protestanten (v. a. Baptisten, Adventisten) und Anglikaner; 8% sind Katholiken. Dem Erzb. Kingston mit 1 Suffraganbist. auf J. unterstehen auch die Bist. in Belize, auf den Bahamas und Bermudas und die Mission auf den Turks- und Caicos-Inseln. Erweckungsbewegungen (Rastafari) und afro-karib. Kulte haben wachsenden Zulauf. Daneben gibt es größere Hindu- und Muslimgruppen. Das Schulwesen ist nach engl. Vorbild aufgebaut und wurde in den letzten Jahren stark erweitert, hält jedoch nicht Schritt mit der stark wachsenden Kinderzahl, so daß die Schulpflicht (7.-15. Lebensjahr) noch nicht überall durchgesetzt werden kann. Die Analphabetenquote beträgt noch rd. 25%. Neben der „University of the West Indies", die auch Abteilungen in benachbarten Karibikstaaten unterhält, bestehen mehrere Fachhochschulen und Lehrerbildungsanstalten.

LITERATUR

A. **Leemann**, J., in: ZfWgeogr 16 (1972) 9 ff. – C. **Stone**, Class, Race and Political Behaviour in Urban Jamaica. Kingston 1973. – H.-D. **Haas**, Die Industrialisierungsbestrebungen auf den Westindischen Inseln unter besonderer Berücksichtigung von J. und Trinidad. Tübingen 1976 (Tübinger Geographische Studien, H. 68). – A. **Kuper**, Changing Jamaica. London 1976. – B. **Floyd**, Jamaica. London 1979. – R. **Sturm**, J., in: HDW. Bd. 3. 1982, 343 ff. – K. E. **Ingram**, Jamaica. Oxford 1984 [Bibliogr.]. – P. **Sherlock**, Keeping Company with Jamaica. London 1984. – Jamaica. Länderbericht, in: The Courier. European Community, Africa, Caribbean, Pacific 109 (1988) 19 ff. – Lber. J. 1989. Stuttgart 1989. – G. **Lennert**, J., in: PolLexLat. ³1992, 181ff.

Hans-Dieter Haas, Thorsten Sagawe

JUNGFERNINSELN

Die J. liegen als nordwestl. Inselgruppe der Kleinen Antillen östl. von ↗Puerto Rico auf einem submarinen Sockel (↗Karibische Inseln und nördliches Südamerika). Sie bilden die östl. Fortsetzung der Kordilleren der Großen Antillen, sind gebirgig und haben semihumides bis semiarides Klima (mittlere Jahres-Temp. 25,6 °C, mittlere Jahresniederschläge 1500 mm). Süßwassermangel wird durch Meerwasserdestillation behoben.

Kolumbus entdeckte auf seiner 2. Reise 1493 die heutige Insel *St. Croix* und nannte sie *Santa Cruz.*

Amerikanische Jungferninseln

Amtlicher Name	Virgin Islands of the United States (Amerikanische Jungferninseln)
Staatsform	Organized Unincorporated Territory
Regierungssitz	Charlotte Amalie (12 000 E.)
Fläche	344 km^2
Bevölkerung	120 000 E. (1990; VZ 1985: 108 000). – 340 E./km^2
Sprache	Englisch (Amtssprache), z. T. Französisch auf St. Thomas, Spanisch auf St. Croix
Religion	Protestanten; Katholiken; Anglikaner
Währung	US-Dollar

Die US-J. umfassen die Hauptinsel *St. Thomas* (83 km^2), *St. John* (52 km^2) und *St. Croix* (192 km^2) sowie rd. 50 (meist unbewohnte) Nebeninseln. Wegen ihrer herausragenden strategischen Bedeutung wurden die Inseln zeitweise von Spaniern, Engländern, Franzosen, Dänen, Brandenburgern und von Seeräubern in Besitz genommen bzw. bewohnt. Seit 1666 waren sie dän. Kolonie, bis sie 1917 für 25 Mio. $ von den USA gekauft wurden. Seitdem bilden sie ein mit den USA vereinigtes, aber nicht integriertes Territorium („Organized Unincorporated Territory"). Die Einwohner sind seit 1927 US-Staatsbürger. Bis 1931 unterstanden die Inseln der US-Marine-Verwaltung, seitdem werden sie vom Innenministerium verwaltet. 1936–54 hatte jede Insel einen Inselrat, dem ein vom US-Präsidenten ernannten Gouverneur verantwortlich war. Dann wurden die Inselräte durch eine zentrale Regierung ersetzt, die ein gewählter Gouverneur leitet. Zwei Stellvertreter haben ihren Sitz auf St. Croix und St. John. Ein *Einkammerparlament* (15 Senatoren) wird alle 2 Jahre gewählt. Die J. sind durch einen nicht-stimmberechtigten Abgeordneten im US-Kongreß vertreten. Versuche, die Verfassung von 1954 in Richtung auf stärkere Autonomie zu ändern, scheiterten mehrfach bei Referenden. Die Rechtsprechung ist in die der USA integriert.

Die *Bevölkerung* lebt zu je rd. 45% auf St. Croix und St. Thomas; einzige größere Stadt ist die Hst. Charlotte Amalie auf St. Thomas. Die Bevölkerung wächst durch hohe Geburtenüberschüsse rasch. Ethnisch setzt sie sich aus 64% aus Schwarzen, 19% aus Mulatten und 17% aus Weißen zusammen, religiös aus Protestanten, Anglikanern und Katholiken (Bist. St. Thomas, Suffr. von Washington). Es besteht Schulpflicht. Das Bildungswesen ist nach US-amerikan. Muster von der Vorschule bis zur Universität gut ausgebaut.

Das BSP erreichte (1984) 8800 US-$/E. Wichtigster Wirtschaftszweig ist der Fremdenverkehr (1986: 1,5 Mio. Touristen), der ursprünglich nur auf St. Thomas (z. T. Nationalpark) konzentriert war. Die Landwirtschaft ist wegen der ungesicherten Wasserversorgung bedeutungslos und mit weniger als 1% am BSP beteiligt. Steuervergünstigungen und die zollfreie Einfuhr von Rohstoffen und Halbfabrikaten stimulierten die industrielle Entwicklung. Auf St. Croix hat sich v. a. Rohstoffindustrie angesiedelt; Verarbeitung von Bauxit zu Tonerde, die weltweit größte Erdölraffinerie, Rumdestillation. Wachstumsbranchen sind exportorientierte Industriezweige, die u. a. Uhren, Textilien und Pharmazeutika herstellen. Die Industrie trägt inzwischen fast 20% zum BSP bei, der tertiäre Sektor fast 80%. Die Handelsbilanz ist defizitär.

Britische Jungferninseln

Amtlicher Name	The British Virgin Islands (Britische Jungferninseln)
Staatsform	Britische Kronkolonie (British Dependency)
Regierungssitz	Road Town (9200 E.)
Fläche	153 km^2
Bevölkerung	13 000 E. (1987). – 85 E./km^2
Sprache	Englisch
Religion	Anglikaner; Protestanten
Währung	US-Dollar

Die brit. J. umfassen 40 Inseln, von denen 15 bewohnt sind. Hauptinseln sind *Tortola* (54 km^2, mit der Hst. Road Town), *Anegada* und *Virgin Gorda*.

Die Inseln wechselten im 16. und 17. Jh. mehrfach den Besitzer, wurden seit 1648 von Holländern besiedelt und 1666 von Engländern übernommen. Sie gehörten 1871–1956 zur „West Indian Federal Colony" der Leeward Islands. 1967 trat eine neue Verfassung in Kraft (1977 geändert), die der Kronkolonie beschränkte innere Autonomie mit einem *Legislativrat* und einem *Exekutivrat* gewährte. Staatsoberhaupt ist der brit. Monarch, vertreten durch einen Gouverneur. Es gilt brit. Recht. – Die brit. J. sind Mitglied der OECS.

Ethnisch setzt sich die *Bevölkerung* aus 66% Schwarzen, 33% Mulatten und einer weißen Minorität zusammen. Das Bevölkerungswachstum ist sehr hoch (in den 80er Jahren rd. 3% p. a.). *Kulturell* ist der brit. Einfluß groß. In religiöser Hinsicht dominieren Anglikaner und Angehörige prot. Kirchen. Das Schulsystem ist nach brit. Muster ausgebaut.

Während im 19. Jh. Zuckerrohr- und Tabakanbau dominierten, ist heute wichtigster Wirtschaftszweig der Tourismus mit 60% der Erwerbstätigen und über 45% des BSP. Die Bedeutung der Landwirtschaft ging in den letzten Jahren ständig zurück. Angebaut werden lediglich Bananen und Gemüse, so daß die Inseln sehr stark von Lebensmittelimporten abhängen. Die Außenhandelsbilanz ist extrem defizitär. Wichtigste Handelspartner sind die USA (55%), Großbritannien sowie Trinidad und Tobago. Steuerbefreiungen regen einen Zufluß von Finanzkapital an. Außerdem werden die landschaftlich reizvollen Inseln für Wohlhabende zu einem Zweitwohnsitz, v. a. für Pensionäre, vornehmlich aus den USA.

LITERATUR

Amerikanische Jungferninseln:
K. de **Albuquerque**, J. L. **McElroy**, West Indian Migrants to the United States Virgin Islands, in: The International Migration Rev. 16 (1982) 57, 61 ff. – D. **Nohlen**, US-J.-I., in: HDW. Bd. 3. 1982, 488 ff. – R. **Walter**, Die Insel St. Thomas. Dreh- und Angelpunkt in der Karibik, in: Karibik. Wirtschaft – Gesellschaft – Geschichte. Hg. H.-A. Steger, J. Schneider. München 1982, 145 ff. – W. W.

Boyer, America's Virgin Islands. Durham (N. C.) 1983. – K. de **Albuquerque**, J. L. **McElroy**, Race and Ethnicity in the United States Virgin Islands, in: Ethnic Groups 6 (1984/85) H. 2/3, 125 ff. – G. **Lennert**, J./US-Virgin Islands, in: PolLexLat. ³1992, 365ff.

Britische Jungferninseln:
G. T. **Eggleston**, Virgin Islands. Princeton (N. J.) 1959. – I. **Dookhan**, A History of the British Virgin Islands. Epping 1975. – J. E. **Moore**, Everybody's Virgin Islands. New York 1979. – R.-O. **Schultze**, J.-I./Leeward Inseln, in: HDW. Bd. 3. 1982, 472 ff. – **Ders.**, C. **Will**, Virgin Islands, in: PolLexLat. ³1992, 351ff.

Hans-Dieter Haas, Thorsten Sagawe

KOLUMBIEN

Amtlicher Name	República de Columbia (Republik Kolumbien)
Staatsform	Präsidialrepublik
Hauptstadt	Santafé de Bogotá (5 300 000 E., Agglomeration)
Fläche	1 138 914 km²
Bevölkerung	32 978 000 E. (1990; VZ 1985: 27 838 000). – 29 E./km²
Sprache	Spanisch
Religion	Katholiken 95%
Währung	1 Kolumbianischer Peso (kol$) = 100 Centavos

I. Naturräumliche Voraussetzungen

K., flächenmäßig der viertgrößte Staat ↗Südamerikas, im W vom Pazifischen Ozean, im N vom Karibischen Meer begrenzt (↗Karibische Inseln und nördliches Südamerika), hat Anteil an allen Klima- und Vegetationszonen der Tropen. Gemeinsame Grenzen hat es im O mit ↗Venezuela und ↗Brasilien, im S mit ↗Peru und ↗Ecuador, im NW mit ↗Panama. Zu K. gehören auch die Inselgruppe *San Andrés und Providencia* (Karibik) sowie die Inseln *Gorgona* und *Malpelo* (Pazifik).

Den einzelnen Höhenstufen entsprechen vertikal abgestufte Klimazonen, deren Jahresmittel-Temp. von 24–28 °C (*tierra caliente*, bis 1000 m), 17,5–24 °C (*tierra templada*, 1000–2000 m), 12–17,5 °C (*tierra fría*, 2000–3000 m), unter 12 °C (*tierra helada*, 3000 bis 4400/4800 m) bis zum Dauerfrostbereich (*tierra nevada*, über 4800 m) differieren.

Leitlinien der *naturräumlichen Großgliederung* sind die drei, z. T. vulkanbesetzten Kordillerenzüge der Anden: *Westkordillere* (*Cumbal*, 4764 m), *Zentralkordillere* (*Nevado del Huila*, 5750 m, *Tolima*, 5216 m, *Nevado del Ruiz*, 5400 m, bei dessen letztem Ausbruch, am 13. 11. 1985, ca. 23 000 Menschen starben), *Ostkordillere* (*Cocuy*, 5493 m) mit den sie trennenden, z. T. tief eingeschnittenen Längstälern des *Río Cauca* und *Río Magdalena*. Die Hochtäler, Hochbecken und Hanglagen zwischen 1000 und 3000 m sind die Hauptwirtschaftszonen des Landes. Im N tauchen die Kordilleren in ein breites, feuchtheißes Küstentiefland, das größtenteils aus Ablagerungen des Magdalena und Cauca besteht und z. T. periodisch überschwemmt wird. Am Karibischen Meer erhebt sich daraus horstartig das mit 5775 m höchste Küstengebirge der Erde, die *Sierra Nevada de Santa Marta*. Die östl. und südöstl. Tiefländer, d. h. die zum Orinoco entwässernden Feuchtsavannen der *Llanos Orientales* und die immergrünen Regenwälder des Amazonienanteils K.s umfassen ca. 57% der Staatsfläche und sind – von den östl. Andenvorländern abgesehen – sehr dünn besiedelt. Gleiches gilt für die feuchtheiße pazifische Küstenebene, die mit z. T. bis zu 10 000 mm/Jahr zu den niederschlagsreichsten Regionen der Erde zählt, sowie für die semiaride Halbinsel *Guajira* im NO.

II. Historische und politische Entwicklung

1499 wurde die Küste von *Alonso de Hojeda* und *Amerigo Vespucci* entdeckt. Von Teilregionen des karibischen Küstentieflandes abgesehen, wurde K. 1536–39 für Spanien erobert. Zunächst zum Vizekönigreich ↗Peru gehörend, bildete es endgültig seit 1739 mit ↗Ecuador und ↗Venezuela das *Vizekönigreich Neugranada* mit Sitz in Bogotá. Nach der Unabhängigkeitserklärung am 20. 7. 1810 und dem Befreiungskrieg unter *Simón Bolívar* proklamierte dieser 1819 die nach Kolumbus benannte Republik K. (*Groß-K.* aus Neugranada und Venezuela), der sich 1821 Panama, 1822 Ecuador anschlossen. Groß-K. zerfiel 1830.

Für die politische Entwicklung K.s ist der Gegensatz zwischen Liberalen und Konservativen bezeichnend. Im 19. Jh., als die Unterschiede ausgeprägter waren, neigten die Konservativen überwiegend autoritären und zentralistischen Grundsätzen zu, die Liberalen dem Gedankengut des europ. Liberalismus. 1832 konstituierte sich Neugranada als selbständige Republik. Blutige Bürgerkriege waren die Folge der Gegensätze zwischen Zentralisten und Föderalisten (1861: Vereinigte Staaten von K.), die auch nach der Konstituierung eines Einheitsstaates unter dem ursprünglichen Namen Republik K. (1886) bis Anfang des 20. Jh. anhielten. Die ideologischen Unterschiede zwischen den beiden Parteien verblaßten in der Folgezeit. Unter dem Druck der USA wurde Panama 1903 von K. losgelöst.

Nach einer Phase der Stabilisierung brach mit dem Mord (9. 4. 1948) an dem populären liberalen Führer *Jorge Eliézer Gaitán* der Bürgerkrieg *(violencia)* zwischen Liberalen und Konservativen wieder aus, der bis Mitte der 50er Jahre ca. 200 000 Tote gefordert haben soll. In der wachsenden innenpolitischen Krise führte das unblutige Intermezzo der Militärdiktatur des Generals *Gustavo Rojas Pinilla* (1953–57) wieder zu einer Annäherung der beiden großen Parteien, die sich 1958 für 16 Jahre in der „Nationalen Front" zusammenschlossen und in dieser Zeit alle 4 Jahre abwechselnd den Präsidenten stellten. Gleichzeitig erfolgte eine paritätische Besetzung der Regierungen und aller politischen Vertretungskörperschaften. Diese Proporzregelung wurde erst 1978 abgeschwächt. An den Kongreßwahlen 1972 konnten sich erstmals wieder andere Parteien beteiligen. Bei Liberalen und Konservativen (seit 1987: Sozialkonservative Partei) ist nach 1974 an die Stelle der geringer gewordenen konzeptionellen Unterschiede der Wettbewerb der einzelnen Parteifraktionen getreten. Bei den nach der Verabschiedung der neuen Verfassung (4. 7. 1991) vorgezogenen Neuwahlen am 27. 10. 1991 behaupten sich die Liberalen, trotz Verlusten, als stärkste Partei. Dabei war die Wahlbeteiligung, wie üblich (ca. 30% und darunter) wieder äußerst gering. Zum Präsidenten und Regierungschef war im Mai 1990 *César Gavira Trujillo* gewählt worden. – K. ist Mitglied u. a. der OAS, des Andenpakts, der ALADI und im SELA.

Die politische und wirtschaftliche Entwicklung K.s wird seit Jahrzehnten durch Gewaltkriminalität, Korruption, Manipulation etc. der Guerillas und v. a. der Rauschgift-Mafia geprägt. Von größerer Bedeutung waren vier, überwiegend im ländlichen Bereich operierende paramilitärische *Guerilla-Organisationen:* das Kuba-orientierte „Ejército de Liberación Nacional"

(ELN), das maoistische „Ejército Popular de Liberación" (EPL), das auch in Großstädten aktive „Movimiento" (M-19) und die bereits seit Anfang der 50er Jahre bestehenden „Fuerzas Armadas Revolucionarias de Colombia" (FARC), aus der 1985 die als marxistisch geltende „Union Patriótica" (UP) hervorging. Nach verschiedenen gescheiterten Befriedungsversuchen der Regierung („Waffenstillstand" 1984, „Friedensvertrag" 1986, Amnestiegesetz 1989) stellten bis Mitte 1991 die Guerilla-Gruppen den bewaffneten Kampf z. T. ein, nachdem ihnen Amnestie und Beteiligungen am politischen Leben zugesichert worden waren und nachdem bereits Ende 1990 Regierungstruppen militärische Einrichtungen der FARC, der stärksten Guerilla-Gruppe, zerstört hatten.

Die *Rauschgift-Mafia* entstand mit dem Marihuana-Boom Ende der 60er/Anfang der 70er Jahre und baute ab 1974 mit dem Umstieg auf das lukrativere Kokaingeschäft ihre Machtposition erheblich aus, v. a. durch Bestechungen von Politikern, Militärs, Richtern. Die Mafia ist straff organisiert (Kartelle von Medellín und Cali) und verfügt über modernst ausgerüstete Mördergruppen, die skrupellos gegen den Drogenhandel engagiert bekämpfende Politiker, Militärs, Richter, Journalisten u. a. vorgehen. Den Höhepunkt des staatsbedrohenden Kampfes bildete die Ermordung des liberalen Präsidentschaftskandidaten Luis Carlos Galán am 18. 8. 1989, nach der die Regierung drastische Bekämpfungsmaßnahmen ergriff. Seit dem Beschluß, Drogenhändler, die von den USA gesucht werden, nicht mehr dorthin auszuliefern, und nachdem denen, die sich der Justiz stellten, Strafmilderung in Aussicht gestellt wurde, haben sich mehrere Drogenbosse gestellt.

III. Verfassung, Verwaltung, Recht

Seit 1958 ist K. (neben ↗Venezuela) das einzige lateinamerikan. Land, in dem sich die Demokratie ohne Militärputsche hält, wenngleich es sich um eine oligarchische Proporzdemokratie (Konservative und Liberale) eigener Art handelt, die zudem seit 1958 fast ununterbrochen vom Ausnahmezustand überlagert ist. Das Hauptproblem ist die alltägliche Gewalt (durch linke Guerilla, rechte Todesschwadronen und den Terror der Drogenmafia), die Durchsetzbarkeit von Verfassung und Recht. Mehr als 100 Richter wurden ermordet.

1. Verfassung

Die Verfassung vom 4.8.1986, die mit nicht unbeträchtlichen Änderungen bis 1991 galt, wurde nach eingehenden Verfassungsberatungen durch die am 4.7.1991 beschlossene und am 6.7.1991 verkündete neue Verfassung abgelöst. Sie umfaßt 380 Artikel.

K. ist ein rechtsstaatlicher, dezentralisierter Einheitsstaat. Es gliedert sich in Departements, Distrikte, Städte und Gemeinden sowie autonome Eingeborenenterritorien. Die Gouverneure der Departements sowie die Leiter der übrigen Verwaltungseinheiten werden vom Präsidenten ernannt, die regionalen Vertretungskörperschaften hingegen gewählt, seit 1988 auch die Bürgermeister.

Die *Legislative* (Kongreß) besteht aus *Abgeordnetenhaus* und *Senat*. Ersterem gehören aus jedem Departement 2 Abgeordnete, ferner je 1 Abgeordneter für je 250 E. an, dem Senat 100 direkt gewählte Senatoren und 2 Senatoren, die die Eingeborenenterritorien vertreten. Außer dem Gesetzgebungs- und Budgetrecht haben beide Häuser das Recht der Präsidentenanklage.

K. ist eine Präsidialrepublik. Der *Präsident* wird auf 4 Jahre direkt gewählt. Er bildet mit den Ministern die *Exekutive*. Seine Machtstellung entspricht deutlich der lateinamerikan. Caudillo-Tradition. Er ernennt die Gouverneure, hohen Beamten und Militärs. Auch haushaltsrechtlich ist seine Stellung gegenüber dem Parlament dominierend. Seine Akte bedürfen der ministeriellen Gegenzeichnung, und er wird durch die „Contraloria General" kontrolliert.

Die *Judikative* besteht in der Spitze aus Oberstem Gericht – mit nachgeordneten Distrikt- und Gemeindegerichten – und Staatsrat. Hinzu kommen Militär- und Disziplinargerichte. Das Oberste Gericht kooptiert seine Mitglieder. Es hat Revisionsaufgaben und ist „Hüter der Verfassung". Es kann auf Antrag von Bürgern unter Einschaltung des Generalstaatsanwaltes in Normenkontrollverfahren eintreten. Es kann auch die Verfassungsmäßigkeit von Exekutivhandlungen überprüfen, sogar im Notstandsfall. In die Aufgabe eines Verfassungsgerichts teilt sich der Oberste Gerichtshof mit dem Staatsrat, der vorbereitend Gesetzentwürfe und im Verwaltungsstreitverfahren Verordnungen und Regierungsdekrete überprüfen kann.

Die *Menschenrechte* der Verfassung sind im Zuge der Bekämpfung der Guerilla-Bewegung nicht immer eingehalten worden. Die Verfassung enthält die klassischen Freiheitsrechte, u. a. auch die Aufhebung der Sklaverei, auch soziale Grundrechte – etwa das Recht auf öffentliche Hilfe – und Grundpflichten – z. B. die Arbeitspflicht. Viele Grundrechte stehen unter ausdrücklichem Ausnahmezustandsvorbehalt.

Dem *Staat-Kirche-Recht* ist ein eigener Titel der Verfassung gewidmet. Handlungen, die gegen die christliche Moral verstoßen, sind nach näherer Bestimmung durch Strafgesetze verboten. Der Priesterberuf ist unvereinbar mit der Ausübung öffentlicher Ämter (ausgenommen im Erziehungs- und Wohlfahrtswesen). Die Einzelheiten des Staat-Kirche-Verhältnisses sind im Konkordat vom 2. 7. 1975 geregelt.

Die Rechte des Präsidenten sind auch im *Ausnahmezustand* begrenzt. Er bedarf für Verordnungen der ministeriellen Gegenzeichnung und muß dem Parlament die Gründe für die Ausrufung des Notstands erläutern. Verordnungen müssen dem Obersten Gerichtshof zur Überprüfung der Verfassungsmäßigkeit übersandt werden.

2. Recht

a) Privat-, Handels- und Wirtschaftsrecht. Es gilt das ZGB vom 26. 5. 1873, mit zahlreichen Novellen. Das Eigentum ist nach der Verfassung ausdrücklich sozial verpflichtet. Familieneigentum ist erlaubt. Es wird für unpfändbar und unveräußerlich erklärt. Die Vertragsfreiheit ist gesetzlich in bezug auf landwirtschaftlich genutzten Grund und Boden sowie Wohnungseigentum stark beschränkt. Erst seit 1976 gibt es die gesetzliche Möglichkeit, die Zivilehe zu scheiden. Es gilt das HGB von 1971, mit starken korporativen Elementen. Die Gründung von Handelsgesellschaften ist frei, doch unterliegt sie einer stringenten Kontrolle durch Gesellschaftsaufsichtsbehörden. Der Staat übernimmt in hohem Maße Verantwortung für die Wirtschaft: durch die Festsetzung von Minimallöhnen, Koalitions- und Streikverbot, Zwangsschlichtung, die Befugnis, Gewerkschaften anzuerkennen und die Anerkennung auch wieder zu entziehen sowie durch beträchtliche Planungsaktivitäten.

b) Strafrecht. Es gilt das StGB vom 24. 4. 1936. Es ist deutlich den Ideen der défense sociale verpflichtet. Sicherungsmittel spielen eine große Rolle. Die Strafrechtspraxis ist durch „militärische Korsettierung" gekennzeichnet. Im Schatten des seit 1958 nahezu durchgängig verhängten Ausnahmezustandes und des Anti-Guerilla-Kampfes sind „politische Straftatbestände" der Militärgerichtsbarkeit überantwortet worden.

c) *Internationales Privatrecht und internationales Recht.* Die Vorschriften des kolumbian. IPR sind überwiegend im ZGB geregelt. Das Land ist 1921 der Montevideo-Konvention des Internationalen Verfahrens beigetreten. Es gilt das Territorialitätsprinzip. Gesellschaften operieren nach kolumbian. Recht. Das Internationale Vertragsrecht K.s ist durch die Bekämpfung des Rauschgifthandels geprägt. Es gibt verschärfte Ausweisungsverträge, die sogar – in Abweichung vom üblichen internationalen Recht und seiner Praxis – die Ausweisung eigener Staatsbürger erlauben und erfordern, so z. B. der Vertrag zwischen K. und den USA von 1979.

IV. Bevölkerungs- und Sozialstruktur

Nach Brasilien und Mexiko ist K. das bevölkerungsreichste Land Südamerikas. 48% der Bevölkerung sind Mestizen, 24% Mulatten, 20% Weiße, 6% Schwarze, 2% Indianer und andere. Im andinen Bereich leben fast 75% der Bevölkerung; weitere 18% in der Karibischen Region und nur ca. 7% in den noch relativ gering erschlossenen Tiefländern im NW, SO und O. Der *Verstädterungsprozeß* ist weiter fortgeschritten: 1960 lebten rd. 48% der Bevölkerung in Städten, 1975 bereits 61% und 1990 sogar 70%. Allein in den 4 größten Agglomerationen Bogotá, Medellín, Cali und Barranquilla konzentrierten sich ca. 1/3 aller Kolumbianer. Die Land-Stadt-Wanderung hat nachgelassen; bis 1970/80 machte sie in vielen Großstädten über die Hälfte des Bevölkerungswachstums aus. Die Arbeitsplatzsuche ist nach wie vor der entscheidende Wanderungsgrund.

Die durchschnittliche *Geburtenziffer* ging von 44,6 ‰ (1960–65) auf 31,0 ‰ (1980–85) zurück. Gleichzeitig sank die durchschnittliche *Sterbeziffer* von 12,2 ‰ auf 7,7 ‰. Damit verlangsamte sich das *natürliche Bevölkerungswachstum* von 3,2 auf 2,1% (1985–90). Gleichzeitig verringerte sich die *Säuglingssterblichkeit* von 85 ‰ auf 50 ‰. Die *Altersstruktur* ist noch immer durch einen sehr hohen, aber sinkenden Anteil der unter 15jährigen gekennzeichnet: 1990: 36% gegenüber 44% in 1973 und 47% in 1964. Die *Lebenserwartung* stieg 1965–85 für Frauen von 59 auf 67 und für Männer von 54 auf 63 Jahre.

Erwerbsstruktur. Die offizielle Erwerbsquote beträgt (1989) 32% (Männer 48%), dürfte jedoch wegen der vielen nicht erfaßten informell Beschäftigten weit höher liegen. Von den Erwerbspersonen sind 30% in der Landwirtschaft und Fischerei beschäftigt, ca. 20% im produzierenden Gewerbe (einschließlich Energie-, Bauwirtschaft) und rd. 50% im stark aufgeblähten Dienstleistungsbereich. Insgesamt ist ein Überangebot an unqualifizierten Arbeitskräften charakteristisch. Unterbeschäftigung und Saisonarbeit bzw. die tage- oder stundenweise Arbeitskontraktierung sind weit verbreitet. Ca. 1 Mio. Kolumbianer sollen, meistens illegal, in Venezuela arbeiten.

Gesundheitswesen und soziale Sicherung. Die medizinische Versorgung ist für den größten Teil der Bevölkerung noch immer unzureichend, v. a. bestehen große regionale und soziale Unterschiede. Die Zahl der Ärzte ist zwar 1970–83 um 134% auf rd. 22 000 gestiegen, sie konzentrieren sich aber zu 3/4 auf die Großstädte. Gleiches gilt für die 753 (1983) allgemeinen Krankenhäuser und Kliniken. Die 2282 Gesundheitsposten (1983) sind zwar räumlich weit verbreitet, werden aber überwiegend mit medizinischem Hilfspersonal betreut. Unzureichende Ernährungs- und Wohnbedingungen sind die Hauptursachen für die weite Verbreitung u. a. von Tuberkulose, Malaria, Ruhr und Typhus. Eine staatliche *Sozialversicherung* ist seit Jahren im Aufbau, erfaßt jedoch erst einen geringen Teil der Erwerbstätigen. Leistungen werden bei Krankheit, Invalidität und Arbeitslosigkeit gewährt.

V. Wirtschaft

K. verfügt bei einigen *Bodenschätzen* über z. T. riesige Lagerstätten. Die auf rd. 18 Mrd. t geschätzten Kohlevorkommen (über 40% der Reserven Lateinamerikas) sind größtenteils noch ungenutzt. Das Hauptabbaugebiet (60% im Tagebau) liegt seit 1982 bei El Cerrejón auf der Guajira-Halbinsel (Nordostkolumbien). Ca. 49% der geförderten Kohle werden exportiert. Beim Erdöl war K. bis 1975 autark und exportierte sogar Rohöl. Erst nach der Entdeckung neuer Erdölfelder konnte der Export 1985/86 wieder aufgenommen werden. Die wichtigsten Vorkommen liegen im Magdalena-Graben und im östl. Andenvorland. K. ist der größte Goldproduzent in Lateinamerika; noch 1986 lagen die Gold-Exporterlöse hinter Kaffee an 2. Stelle. K. gehört weltweit zu den wichtigsten Smaragdexporteuren.

Die *Energieversorgung* ist in den letzten 20 Jahren durch die Errichtung neuer Kraftwerke und den Ausbau des Versorgungsnetzes sichergestellt worden. 66% der Elektrizitätserzeugung entfallen auf Wasserkraftwerke. Das infolge der hohen Reliefenergie der Anden große Wasserkraftpotential ist bis jetzt nur zu ca. 5% genutzt. Künftig soll v. a. Erdgas als Energieträger genutzt werden; die größten Vorkommen liegen im NO (La Guajira).

Landwirtschaft. Ca. 27% des Landes sind landwirtschaftlich genutzt. Hauptanbauprodukt ist Kaffee. K. ist nach Brasilien der zweitgrößte Kaffeeproduzent der Welt (1989: 664 000 t = 11,0% der Weltproduktion). Es werden v. a. milde Sorten angebaut. Allerdings ging der Anteil am Exportwert seit 1950 (80%) stetig zurück (1960: 72%, 1970: 63%), in den letzten Jahren v. a. aufgrund starker Weltmarktpreisschwankungen (1975: 47%, 1986: 53%), und sank nach der Aussetzung des Exportquoten-Preismechanismus im Juli 1989 durch die Internationale Kaffeeorganisation – trotz staatlicher Stützungsmaßnahmen – auf rd. 35% (1989). Wichtigste Abnahmeländer sind Deutschland und die USA. Über 2/3 der noch überwiegend kleinen Kaffeeanbaubetriebe liegen (zwischen 600 und 1500/1600 m) an den Kordillerenhängen der andinen Region. Weitere wichtige Anbauprodukte und Devisenbringer sind Bananen und Schnittblumen.

Die *verarbeitende Industrie* konzentriert sich auf die Agglomerationen von Bogotá, Medellín (die traditionelle Industriemetropole, v. a. Textilien, Bekleidung), Cali, sowie – mit Abstand – Barranquilla, die zusammen ca. 75% der Industriebetriebe und -beschäftigten sowie ca. 70% der industriellen Wertschöpfung auf sich vereinigen.

Das *Bruttoinlandsprodukt* hat im letzten Jahrzehnt um durchschnittlich 3,3% p. a. zugenommen, hervorgerufen v. a. durch Produktionssteigerungen in der Landwirtschaft und in der verarbeitenden Industrie sowie bei der Förderung von Erdöl, Kohle, Erdgas und Gold. Jedoch ergibt sich in jüngster Vergangenheit ein Rückgang des Anteils der Landwirtschaft am BIP (vgl. Tab.), v. a. zugunsten des warenproduzierenden Gewerbes (mit schnell steigenden Anteilen des Bergbaus).

Der Umfang der Schattenwirtschaft wird auf rd. 60% des offiziellen BIP geschätzt (Zunahme allein 1980–87: ca. 48%), v. a. so stark angestiegen durch Kokaanbau, -verarbeitung, den Kokainhandel sowie durch das Einschleusen von „Narkodollars" in den Finanz- und Dienstleistungssektor.

Das *Bruttosozialprodukt* betrug 1989 1240 US-$/E.; jedoch ist dessen Verteilung äußerst ungleich. Offiziell gelten 50% der Kolumbianer als „arm", von denen

Tabelle
Bruttoinlandsprodukt zu Marktpreisen
(absolut und in %)

	Mrd. Pesos	Land-/Forst- wirtschaft, Fischerei	warenproduzierendes Gewerbe		Handel, Gast- gewerbe	Verkehr, Nachrichten- übermittlung	Übriges
				davon			
				verarbeitendes Gewerbe	Bergbau, Erdöl			
1975	405,1	23,9	29,2	79,5	5,8	13,3	8,4	25,2
1980	1579,1	19,4	31,6	73,4	7,3	13,3	8,8	26,9
1982	2497,3	18,8	30,9	68,7	8,4	13,7	8,3	28,3
1984	3856,6	17,4	33,3	66,5	9,9	13,9	8,2	27,2
1986	6407,3	17,2	35,4	64,7	14,3	13,8	8,3	25,3

Quelle: Lber. Kolumbien 1988. Stuttgart 1988

54% auf dem Land wohnen, aber auch 8% in der Hst. Bogotá. Jene „armen 50%" hatten 1988 einen Anteil von 14% am Gesamteinkommen aller Haushalte, die obersten 10% aber einen solchen von 55%, die oberen 20% von 67%.

Im *Tourismus* haben Drogenterror und zunehmende Unsicherheit (Diebstahl, Raub) einen Rückgang der Auslandsgäste und der Deviseneinnahmen hervorgerufen (1980–88; – 36% bzw. – 51%). Zentrum des Fremdenverkehrs, auch für Kolumbianer, ist die Karibikküste.

Verkehr. Die naturräumliche Gliederung K.s erschwert den Ausbau des Straßen- und Schienennetzes, so daß dem Luftverkehr, v. a. für die Personenbeförderung, erhöhte Bedeutung zukommt. Infolge des mit ausländischer Finanzhilfe ausgebauten Straßennetzes und der Mißwirtschaft sind die Beförderungsleistungen der *Eisenbahn* (ca. 3400 km Streckennetz) heute nur noch von untergeordneter Bedeutung. Derzeit umfaßt das *Straßennetz* ca. 118 000 km (davon ca. 30% asphaltiert), auf dem der größte Teil des inländischen Fracht- und Personenverkehrs abgewickelt wird. Ca. 5000 km entfallen auf die „Carretera Panamericana". Für die *Binnenschiffahrt* stehen ca. 7000 km schiffbare Flüsse zur Verfügung, davon ca. 1500 km auf dem Río Magdalena. Für die *Seeschiffahrt* sind Haupthäfen Cartagena, Barranquilla und Santa Marta am Karibischen Meer, Buenaventura und Tumaco am Pazifik.

VI. Kultur, Religion, Bildung

Die ältesten kolumbian. Kulturen lassen sich in Puerto Hormiga an der Karibikküste nachweisen. Im Land existieren keine bemerkenswerten Denkmäler, doch sind reichliche Funde von Steinwerkzeugen, Töpferei und Idolen aus Metall überliefert.

Landessprache ist Spanisch, das von der gesamten Bevölkerung gesprochen wird. Auf dem Gebiet der *Literatur* findet man in den letzten Jahrzehnten eine neue kulturelle Bewegung; repräsentativ dafür ist *Gabriel García Márquez*. Die Romane „Hundert Jahre Einsamkeit" (1970), für den er 1982 den Literatur-Nobelpreis erhielt, wie auch „Liebe in Zeiten der Cholera" (1986) schildern eine Welt der Hoffnungslosigkeit und Gewalt, für die Hoffnung und Liebe einziger Ausweg sind. Márquez behauptet nach vielen Veröffentlichungen, darunter die letzte „Der General in seinem Labyrinth" (1989), eigentlich nur *ein Buch* geschrieben zu haben.

1984 erschienen 31 Tageszeitungen, ferner 388 periodisch erscheinende Publikationen. 1984 waren insgesamt 468 Rundfunkstationen registriert. Das Fernsehen (15 Kanäle) wird staatlich betrieben.

Religion. Zur röm.-kath. Kirche bekennen sich 95% der Bevölkerung. Die Zahl der Protestanten wird mit rd. 200 000, die der Juden mit 20 000 angegeben. Die Hierarchie der kath. Kirche ist gegliedert in 12 Erzbist., 40 Bist., 8 Apostolische Vikariate, 2 Freie Prälaturen, 5 Apostolische Präfekturen (insgesamt 67 kirchliche Jurisdiktionsbereiche). Mehr als die Hälfte der kolumbian. Fläche gehört zur Missionskirche. Trotz ihrer enormen Ausdehnung leben dort nur 10% der Bevölkerung. Die Kirche verwirklichte 1968 in Medellín den Lateinamerikan. Bischofsrat (CELAM), der den Aufbau von Basisgemeinden unterstützte, die im Kampf gegen Ungerechtigkeit als Frucht der Arbeit unter den Armen in der Stadt und auf dem Land entstanden waren. Die Bischöfe Lateinamerikas prangerten die Verflechtungen von Politik und Drogenmafia, Korruption, Destabilisierung und Eskalierung der Gewalt im Lande an. In den folgenden Jahren entstanden mehrere Oppositionsbewegungen gegen *die* kolumbian. Bischöfe, die im Einklang mit der herrschenden Oberschicht die konservative Linie der Kirche aufrechtzuerhalten suchten und die Theologie der Befreiung bekämpften.

Bildung. Es besteht Schulpflicht für alle Kinder von 7–12 Jahren. Sie kann jedoch wegen des Mangels an Schulen und Lehrern nicht durchgesetzt werden. Die Analphabetenquote konnte 1973–85 von 19,2% auf 11,9% der über 15jährigen Bevölkerung gesenkt werden. Für Unterrichtszwecke, auch für die Erwachsenenbildung, werden seit einigen Jahren Fernsehen und Rundfunk herangezogen. Außerdem wurde mit der Umgliederung der weiterführenden Schulen begonnen, um den Bedarf an gewerblichen und landwirtschaftlichen Facharbeitern decken zu können. 1983 gab es 33 101 Grundschulen, 4195 (meist private) Mittel- und Höhere Schulen. Für diese Schulen gab es 197 Lehrerbildungsanstalten. Von den 214 Hochschulen waren 65 staatliche Einrichtungen. Die größten Universitäten befinden sich in Bogotá und Medellín (dort auch je eine Päpstliche Universität). Es gibt Institutionen zur Förderung der Auslandsstudien für Postgraduierte wie der ICETEX sowie für die Berufsausbildung wie der SENA.

LITERATUR

Zu I, II, IV, V:
W. **Brücher**, Probleme der Industrialisierung in K. Tübingen 1975 (Lit.). – G. **Mertins**, K. Zur Bevölkerungs- und Wirtschaftsstruktur, in: Geographisches Tb. 1977/78. Hg. E. Ehlers, E. Meynen. Wiesbaden 1977, 114 ff. – U. **Zelinsky**, Parteien und politische Entwicklung in K. unter der Nationalen Front. Meisenheim am Glan 1978. – K. **Meschkat u. a.**, K. Geschichte und Gegenwart eines Landes im Ausnahmezustand. Berlin 1980. – P. **Moßmann**, Staat, innergesellschaftliche Machtblöcke und Bauernbewegung in K., in: Staat und Entwicklung. Hg. R. Hanisch, R. Tetzlaff. Frankfurt/M. 1983, 1964 ff. – C. **Leinenbach**, Die Rolle der Automobilindustrie im Industrialisierungsprozeß von K. und Venezuela. Saarbrücken 1984. – J. H. **Wolff**, Bürokratische Politik. Der Fall K. Berlin 1984. – K. **Töpper**, Kapitalakkumulation und politische Herrschaft in K. Baden-Baden 1985 (Lit.). – M. **Deas**, The troubled course of Colombian peacemaking, in: Third World Quarterly 8 (1986) 34 ff. – Th. **Kampffmeyer u. a.**, Nichttraditionelle Exporte K.s. Eine Analyse von Erfolgsfällen. Berlin 1986. – J. J. **Echavarria**, Colombia 1970–85, Management and consequences of two large external

shocks. London 1987. – G. **Mertins,** Jüngere industrielle Entwicklung in den Andenländern. Dargestellt am Beispiel von Peru und K., in: GeogrRd 39 (1987) 74 ff. – **Ders.,** Phasen der Agrar„reform" in K., 1961–1986, in: Erdkundliches Wissen 90 (1988) 296 ff. – Lber. K. 1988. Stuttgart 1988. – G. **Deismann,** G. **Eggers,** K. Wirtschaftliche Grundlagen und Wirtschaftspolitik. Bremen 1989 (Lit.). – H.-W. **Krumwiede,** R. **Stockmann,** K., in: PolLexLat. ³1992, 188ff.

Laufende Veröffentlichungen:
Banco de la República, Annual report. Bogotá. – Boletin de estadística. Hg. Departamento Administrativo Nacional de Estadística. Bogotá [vorher unter verschiedenen Titeln]. – Colombia estadística. Hg. dass. Bogotá.

Zu III:
Colombia. A Country Study. Hg. H. I. **Blutstein.** Washington 1964, ³1977 [1. Aufl. u. d. T.: Area handbook for Colombia]. – L. C. **Pérez,** Tratado de Derecho Penal. Bd. 1. Bogotá 1967, ²1975. – J. A. **Ramírez Suárez,** W. **Prieur Koelling,** Die verfassungsrechtliche Entwicklung in K., in: JöR N. F. 19 (1970) 413 ff. – H. **Devis Echandia,** C. **Bueno-Guzmán,** Colombia, in: IECL. Bd. 1. National Reports, C. 1979, 63 ff. – M. **Maurer,** Organisations- und Verfahrensstrukturen in der Strafrechtspflege K.s. Frankfurt/M. 1980. – P. **Moßmann,** Entwicklungspolitik „von unten" oder Bürgerkrieg, in: VRÜ 15 (1982) 299 ff. – J. H. **Wolff,** Bürokratische Politik: Der Fall K. Berlin 1984. – D. **Uribe Vargas,** Constituciones de Colombia. Bd. 3. Madrid 1985. – G. **Arenas Sánchez,** Cincuenta Años Bajo la Constitución del 86. Bogotá 1986.

Zu VI:
W. **Weber,** Pastoral der Erneuerung. Frankfurt/M. 1977. – H. **Helfritz,** Südamerika. Präkolumbian. Hochkulturen und die Kunst der Kolonialzeit. Köln 1982. – Das Leben. Erklärung der Vollversammlung der Bischofskonferenz, in: Weltkirche 9 (1989) 249 ff.

Günter Mertins (I, II, IV, V), *Ulrich Karpen* (III),
Leonardo Lujambio (VI)

KUBA

Amtlicher Name	República de Cuba (Republik Kuba)
Staatsform	Sozialistische Republik
Hauptstadt	Havanna (2 100 000 E.)
Fläche	110 861 km²
Bevölkerung	10 495 000 E. (1989; VZ 1981: 9 724 000). – 94 E./km²
Sprache	Spanisch
Religion	Katholiken rd. 90%; Protestanten; Juden
Währung	1 Kubanischer Peso (kub$) = 100 Centavos

I. Naturräumliche Voraussetzungen

K. ist mit 1290 km Länge und 70–200 km Breite die größte Insel der Großen Antillen (↗Karibische Inseln und nördliches Südamerika) und die sechstgrößte der Welt. Von den USA ist es durch die 160 km breite Floridastraße, von Mexiko durch die 200 km breite Yucatánstraße getrennt. Die Morphologie der Insel dominieren Flachländer und Ebenen. Die 3500 km lange Küste ist auffällig stark durch Buchten, Nehrungen und Sandstrände gegliedert. Ihr vorgelagert sind Korallenriffe, die sich z. T. zu flachen Korallenkalk- und Sandinseln *(Cays)* aufgebaut haben (insges. 3175). Im Gegensatz zu den anderen Inseln der Region verfügt K. über einen sehr breiten Schelf, auf dem an der Südwestküste die *Isla de los Pinos,* heute *Isla de la Juventud* genannt, liegt. K. weist vier voneinander isolierte Gebirgsregionen auf: (1) Die *Sierra de los Organos* im NW besteht aus Kalk und wird durch tropische Kegelkarstformen *(Mogotes)* charakteristisch geprägt (300–700 m ü. M.). (2) Das *Bergland von Havanna und Matanzas* im westl. Drittel der Insel erreicht 500 m. (3) Die *Sierra Excambray* als mittelkuban. Bergland steigt an der Südküste bis auf 700 m an. (4) Die *Sierra Maestra* in Ostkuba erstreckt sich im S küstenparallel und erreicht am *Pico Turquino* 1972 m. An die Sierra Maestra schließt sich im O das *Bergland von Baracoa* an. Die Ebenen Ostkubas werden von denen im W durch das *Hügelland von Santa Clara* im Zentralteil getrennt.

K. hat tropisch-wechselfeuchtes *Klima.* Wärmster Monat ist in Havanna der Aug. mit 27,7°C Durchschnitts-Temp., kältester Monat der Jan. mit 21,3°C. Durch Kaltlufteinbrüche aus dem N kann es zu spürbaren Abkühlungen kommen. Die Niederschlagsverhältnisse bestimmt der NO-Passat. Die Gebirgsregionen auf der Luvseite erhalten über 2000 mm, das übrige K. 1000–1500 mm. Die Regenzeit fällt in die Monate Juni bis Oktober. K. liegt im Bereich der Hurrikane-Zugbahnen. Die tropischen Zyklone suchen allerdings das östl. K. weniger heim als das westliche.

Vegetation. Der tropische Regenwald wurde durch anthropogene Einflüsse stark zurückgedrängt; offenes Land war allerdings auch schon vor der Landnahme – insbes. in den Ebenen – weit verbreitet. An den Küsten findet man Mangroven- und Sumpfwälder. Die größte Sumpfregion liegt auf der Zapatahalbinsel 60 km südl. von Matanzas. An den Nord- und Nordwestseiten der Gebirge im südöstl. K. stehen Pinienwälder.

II. Historisch-politische Entwicklung

Als *Kolumbus* am 28.10.1492 an der Nordostküste landete, war die Insel, die er *Juana* nannte und für das asiat. Festland hielt, schon seit ca. 1000 v. Chr. von verschiedenen Indianergesellschaften *(Tainos, Ciboneys)* besiedelt, die um 1510 112 000 Menschen zählten. Die faktische Eroberung und Erschließung begann unter *Diego Velásquez* 1511. Die span. Kolonialverwaltung etablierte unverzüglich das „Encomienda-System", wodurch die indianische Bevölkerung bald ausgerottet war. Während Havanna als span. Flottenstützpunkt aufblühte, vegetierte das restliche K. in ländlicher Armut. Erst die Besetzung 1762–63 durch die Briten, die den Freihandel etablierten, dynamisierte die Wirtschaft; Zuckerrohrplantagen ersetzten nun die weitgehend subsistenzorientierte Landwirtschaft. Neue Städte wurden gegründet, und die Bevölkerungszahl stieg von gut 172 000 (1774) auf über 272 000 (1791). Das Bevölkerungswachstum ging weitgehend auf afrikan. Sklavenimporte zurück. Frz. Flüchtlinge aus dem unabhängigen Haiti strömten nach Ostkuba und führten den Kaffeeanbau und ihre Sklaven ein. Mit der Umwidmung der Flächen für eine exportorientierte Landwirtschaft – zuerst Tabak, dann Zucker, schließlich Kaffee – stieg der Bedarf an Nahrungsmittelimporten stark. Inzwischen war K. durch die Einfuhr von 750 000 Sklaven 1763–1862 zur „Zuckerinsel" geworden, die um 1860 fast 1/3 der Weltproduktion lieferte. Das span. Mutterland schuf die Sklaverei erst 1880–86 graduell ab. Sklavenaufstände (1832–38), Anschlußbestrebungen an die USA, zwei Befreiungskriege (1868–78, 1895–98) und der Spanisch-Amerikanische Krieg von 1898 ließen K. im 19. Jh. nicht zur Ruhe kommen.

K. erhielt im *Pariser Frieden* vom 10.12.1898 die Unabhängigkeit von Spanien und 1901 die erste Verfassung. Durch das in ihr festgelegte Recht der USA, bei Bedarf zu intervenieren *(Platt-Amendment),* blieb K. trotz der formalen Unabhängigkeit in einem protektoratähnlichen Status. Noch heute haben die USA an der Bucht von Guantánamo ein 112 km² großes Gebiet als

Militärstützpunkt gepachtet, das von K. zurückgefordert wird. Erst 1933 wurde das Interventionsrecht, von dem die USA mehrere Male Gebrauch gemacht hatten (1906–09, 1912, 1917), abgeschafft. Nachdem 1933 die Diktatur des Präsidenten General *Gerardo Machado y Morales* mit dessen Sturz endete, etablierte sich die „Schattenmilitärregierung" des späteren Diktators *Fulgencio Batista y Zaldívar*. 1940 entstand nach den sozialen Unruhen der 30er Jahre eine sozialstaatlich anmutende 2. Verfassung. Demokratische Spielregeln blieben aber Theorie, und 1952 gelangte *Batista* durch einen Staatsstreich an die Macht. Schon 1953 wuchs der Widerstand gegen ihn und eskalierte 1956 im Guerillakrieg unter Führung von *Fidel Castro*, der Batista am 1.1.1959 von der Insel vertrieb. Das Revolutionsregime leitete unverzüglich weitgehende Reformen ein, die schließlich in eine revolutionäre Umgestaltung K.s im sozialistischen Sinne mündeten. Die USA brachen 1961 die diplomatischen Beziehungen ab, verhängten ein (seit Febr. 1962) totales Handelsembargo und unterstützten einen militärischen Umsturzversuch, als am 17.4.1961 Exilkubaner am „Playa Girón" (Schweinebucht) eine erfolglose Invasion durchführten. K., das am 2.12.1961 zur sozialistischen Republik auf der Grundlage des Marxismus-Leninismus erklärt wurde, schloß sich immer stärker der UdSSR an. Die (bald wieder aufgegebene) Stationierung sowjet. Raketen auf der Insel führte im Sept. 1962 zu einer schweren weltpolitischen Krise. 1964 wurde K. aus der OAS ausgeschlossen.

Während die wirtschaftliche Entwicklung sich als wenig erfolgreich erwies, waren die sozialen Veränderungen so tiefgreifend, daß K. heute im Bildungs- und Gesundheitswesen zu den am besten ausgestatteten Ländern Amerikas zählt. K.s außenpolitisches Engagement in anderen Entwicklungsländern (z. B. militärische Interventionen in Afrika, u. a. in ↗Angola) belastete zunehmend seine Beziehungen zu den USA. Seit Ende der 80er Jahre geriet K. durch sein Festhalten am Kommunismus in wachsende außenpolitische Isolierung. Die Reformen in der UdSSR lehnte Castro ab, und der Druck aus den USA nahm zu.

Die Kommunistische Partei (PCC), die während der Revolution kaum eine Rolle gespielt hat, machte Castro erst im Rahmen der Radikalisierungspolitik 1965 als Einheitspartei zum Rückgrat seiner Politik. Seit 1959 ist der „maxímo lider" als Vorsitzender des Ministerrats Regierungschef, seit 1965 Generalsekretär der „PCC". Als Vorsitzender des Staatsrats hat er seit 1976 die Funktion des Staatschefs in einer sozialistischen, autoritär beherrschten Republik inne. Die Rolle der Militärs in der Politik nahm durch das außenpolitische Engagement in den 70er und 80er Jahren an Bedeutung zu.

III. Recht und Verfassung

Nach der 1. Verfassung von 1901, die sich stark an die der USA anlehnte, der 2. Verfassung von 1940 und dem „Grundgesetz der Revolution" von 1959, das sich theoretisch daran anlehnte, wurde eine 3. Verfassung erarbeitet, die, orientiert an der der UdSSR von 1936, marxistisch-leninistischen Prinzipien folgt. Sie wurde durch eine Volksabstimmung 1976 in Kraft gesetzt. Die Verfassung erklärt K. zu einer sozialistischen Republik, definiert die Verantwortlichkeiten der staatlichen Organe, garantiert die Grundrechte und Freiheiten der Bürger im Rahmen ihrer Pflichterfüllung gegenüber dem Staat sowie die „Konsolidierung einer kollektiven Ideologie". Die Verfassung etabliert ein semiparlamentarisches *Einkammerparlament*, das nach gleichem Muster sowohl auf nationaler als auch auf lokaler Ebene funktioniert. Höchstes Organ als *Legislative* ist die *Nationalversammlung,* die die Wirtschafts- und Sozialpolitik bestimmt, den Haushalt verabschiedet, die Geld- und Kreditpolitik definiert sowie die Richtlinien für die Innen- und Außenpolitik festlegt. Sie wählt die Mitglieder des Staatsrats und des Ministerrats, den Präsidenten, Vize-Präsidenten sowie die Richter des Obersten Gerichtshofs. Die 499 Abgeordneten werden aufgrund einer Verfassungsreform vom Juli 1992 künftig direkt gewählt. Damit soll das Regierungssystem perfektioniert, aber nicht politisch reformiert werden. Vielmehr wurden durch die Verfassungsreform die Vollmachten des Staats- und Regierungschefs noch erweitert. Der *Staatsrat* besteht aus 31 Mitgliedern, sein Vorsitzender ist gleichzeitig Staats- und Ministerpräsident. Das Gremium bestimmt die Politik, wenn die Nationalversammlung nicht zusammentritt. Es kann Gesetze außer Kraft setzen und den Ministerrat umbilden. Alle Mitglieder des Staatsrats sind gleichzeitig Mitglieder des Politbüros des Zentralkomitees der PCC. Der 4. Parteitag beschloß die Abschaffung des ZK-Sekretariats und der stellvertretenden ZK-Mitglieder, um den Parteiapparat zu straffen. Das vom neuen ZK (225 ordentliche Mitgl.) zu wählende Politbüro übernimmt vom Sekretariat die Aufgabe der parteiinternen Verwaltung. Der *Ministerrat* nimmt die Funktion des höchsten staatlichen Exekutiv- und Verwaltungsorgans wahr. Er bestimmt administrative Abläufe, setzt Gesetze durch, leitet die Außenpolitik und entwirft den jährlichen Staatshaushalt. Durch die Quasi-Identität von Partei und Staat kommt den Massenorganisationen, wie z. B. den Komitees zur Verteidigung der Revolution, herausragende Bedeutung zu, die rechtliche, politische und persönlich-individuelle Konsequenzen hat.

Die Bürger wählen die Gemeindeparlamente direkt, diese die Provinzparlamente. Beide verfügen über legislative und exekutive Funktionen, wählen die lokalen Richter und verwalten über Komitees die lokale Wirtschaft bzw. die Betriebe sowie die sozialen Einrichtungen. Mitglieder der Gemeindeparlamente sind gehalten, ihren Wählern ständig Rechenschaft zu liefern und werden bei ungenügender Leistung abgewählt. Das aktive Wahlalter liegt bei 16 Jahren.

Die *Verwaltung* K.s ist in den Zentralstaat, 14 Provinzen und 168 Gemeinden gliedert.

Das *Rechtssystem* entspricht der dreiteiligen Verwaltungsgliederung. Es ist nicht unabhängig; die Gerichte sind den jeweiligen Volksversammlungen verantwortlich, die die Richter jederzeit abwählen können. – K. hatte in den 80er Jahren eine der geringsten Kriminalitätsquoten der Welt. Prostitution, Glücksspiel und Drogenhandel gelten offiziell als Mangel politischen Bewußtseins. Hauptanliegen der Justiz ist die Wiedereingliederung von Delinquenten in die Gesellschaft. Höchste Gefängnisstrafe sind 30 Jahre. Die Todesstrafe ist üblich. Jeder für schuldig Befundene hat Berufungsrecht zur nächsthöheren Instanz. Das Rechtssystem, im Straf- und Zivilrecht vergleichsweise fortschrittlich, disqualifiziert sich durch die hohe Anzahl politischer Gefangener, die auf bis zu 10 000 geschätzt wird.

IV. Bevölkerungs- und Sozialstruktur

Bei einer durchschnittlichen Bevölkerungsdichte von 94 E/km² verteilt sich die Bevölkerung sehr ungleich über die Insel. 71% leben in Städten (bei einem allerdings sehr weit gefaßten Stadtbegriff), in der Hst. Havanna 2,1 Mio. E., in der zweitgrößten Stadt Santiago de Cuba 358 000. Das Bevölkerungswachstum lag in den 80er Jahren bei 0,9% p. a. Das generative Verhalten der Bevölkerung entsprach schon früh modernen Mustern. In den 80er Jahren lag die Geburtenziffer bei 16 ‰, die Sterbeziffer bei 6 ‰ p. a. Die Säuglingssterblichkeit betrug nur 14 ‰. Die durchschnittliche Lebenserwartung stieg von 33 Jahren (1900) auf 64 Jahre (1960) und erreichte 1984 76 Jahre. 1987 waren nur 24% der Bevölkerung unter 15 Jahre alt, 31% 15–30, 20% 30–45, 17% 45–65 und 8% über 65 Jahre alt.

Ethnisch setzt sich die Bevölkerung zu 70% aus Weißen (meist span. Abstammung), zu 17% aus einer euro-afrikan. Mischbevölkerung, zu 12% aus Schwarzen und aus einer chines. Minorität zusammen. Bis in die 50er Jahre galt K. als Einwanderungsland. Im ersten Drittel des 20. Jh. strömten 700 000 Menschen, vornehmlich aus Spanien und den benachbarten Karib. Inseln, in die junge Republik. Die politischen Veränderungen induzierten seit 1959 eine Abwanderung, die bis heute die Millionengrenze überstiegen hat. Allein in Florida leben über 700 000 Exilkubaner.

Hauptanliegen der Revolution war es, die sozioökonomischen, rassischen und wirtschaftsräumlichen Disparitäten abzubauen, die v. a. zwischen städtischen und ländlichen Räumen bestanden. Die entsprechenden Entwicklungsunterschiede konnten in allen Bereichen durch eine aktive Sozial- und Raumordnungspolitik stark reduziert werden. Die hohe Arbeitslosigkeit wurde weitgehend abgebaut, wozu aber Auswanderung und Militärdienst entscheidend beitrugen. Die Zerschlagung des Privateigentums und eine durchgreifende Landreform änderten die Vermögens- und Einkommensverteilung grundlegend und führten zu weitgehender sozialer Nivellierung. In den 70er Jahren verdienten die reichsten 5% der Bevölkerung nur rd. 10%, die ärmsten 10% rd. 4% des Nationaleinkommens. Zur ersten Gruppe gehören hochrangige Funktionäre, Diplomaten, anerkannte Künstler und Wissenschaftler, zur zweiten Gruppe Teile der armen Landbevölkerung und der städtischen Unterschicht. Trotz ihrer Armut werden jedoch ihre Grundbedürfnisse befriedigt.

Die Sozialgesetzgebung und das Arbeitsrecht waren z. T. schon vor 1959 gut entwickelt. Die staatliche Sozialversicherung erfaßt alle Arbeitnehmer und gliedert sich in Alters-, Invaliditäts-, Sterbe-, Unfall- und Krankenversicherung. Das Gesundheitswesen ist flächendeckend organisiert und von relativ guter Qualität. Größte soziale Probleme sind die Wohnungsnot sowie die gravierenden Versorgungsengpässe.

V. Wirtschaft

Die Wirtschaft, in der der Staat alle Produktionsmittel kontrolliert und als fast alleiniger Arbeitgeber auftritt, funktioniert als extreme Planwirtschaft mit zentraler Lenkung. Selbst informelle Klein- und Einmannbetriebe entgingen 1968 nicht der Verstaatlichung. Das BSP (1984: 918 US-$/E.) verzeichnete zu Beginn der 80er Jahre Wachstumsraten von rd. 5% p. a., die jedoch seitdem stark zurückgegangen sind. Die *Landwirtschaft* bildet das Rückgrat der Wirtschaft. Sie beschäftigt (1985) 23% aller Erwerbstätigen und trägt mit 65% (1983) zum BSP bei. Ihr Herzstück ist die Zuckerwirtschaft auf fast 70% der landwirtschaftlichen Nutzfläche. Sie ist jährlich mit 70–80% am Export beteiligt. Ziel seit Ende der 60er Jahre ist die 10-Mio.-t-Ernte. Die tatsächlichen Ernteergebnisse liegen jedoch zwischen 6 und 8 Mio. t p. a. Bis zur politischen Wende in der UdSSR war der Absatz des Zuckers zu einem über dem Weltmarktpreis liegenden Festpreis durch die UdSSR garantiert. Die Zuckerwirtschaft ist mit allen ihren Komponenten höchst mechanisiert und rationalisiert. Neben dem Zuckerrohr nimmt der Tabakanbau hinsichtlich Flächennutzung und Exportwert eine zentrale Stellung ein. Im Grundnahrungsbereich bemühten sich die Fünf-Jahres-Pläne seit 1968 in der Reisproduktion um Autarkie, was jedoch bisher nicht gelang. Daneben werden in Form intensiver, stadtnaher Landwirtschaft tropische Früchte, Obst und Gemüse angebaut. Auch die Viehwirtschaft wird intensiv betrieben. Produktionsgenossenschaften haben nach der Revolution, verstärkt nach 1975, nicht nur den Großgrundbesitz, sondern auch die kleinbäuerliche Landwirtschaft abgelöst. Eine Wiederzulassung der freien Bauernmärkte der Jahre 1980–86 wurde vom 4. Parteitag abgelehnt. Die *Fischereiwirtschaft* erlangte seit 1959 eine wichtige Stellung; ihre Ergebnisse stiegen 1958–83 auf fast das 10fache. Die Fischereiflotte agiert weltweit, da die lokalen küstennahen Gewässer relativ fischarm sind.

Die *Industrie* beschäftigt 25% (1985) der Erwerbstätigen und ist mit 10% (1983) am BSP beteiligt. Zuckerherstellung, Tabakverarbeitung und die Nahrungsmittelindustrie (Weizenmühlen, Fruchtsäfte, Fleischkonserven) sind die traditionellen Industriezweige. Außerdem spielen die Textil- und Bekleidungsindustrie eine Rolle. Wachstumsbranchen waren in den 80er Jahren die Konsum- und Investitionsgüterindustrie. Radios, Fernsehgeräte, Kühlschränke und Computer wurden über die Importsubstitutionsstrategie ebenso hergestellt wie Erntemaschinen und Lastkraftwagen. Entwicklungsstrategisch bemüht sich die Planung, Landwirtschaft und Industrie über Verflechtungen zu integrieren. Priorität genießen deshalb die Düngemittelindustrie und der Landmaschinenbau.

K. ist reich an *Bodenschätzen*, von denen gegenwärtig Nickel- und Kupferlagerstätten besondere Bedeutung besitzen. Auf der Basis des Nickelbergbaus (1988: 44 000 t) entstand Schwerindustrie. Kleine Stahlfabriken verarbeiten Eisenerze, Raffinerien das importierte Erdöl.

In den 80er Jahren wurde zunehmend die Bedeutung des internationalen *Fremdenverkehrs* als Devisenbringer erkannt und K. zu einer preisgünstigen Destination innerhalb des karib. Raumes entwickelt.

Die *Außenhandelsbilanz* ist stark negativ. Haupthandelspartner waren bisher die UdSSR (rd. 60% des Exportwertes), die ehem. DDR sowie die übrigen RGW-Staaten. Der US-amerikan. Markt ist K. seit dem Handelsembargo zu Beginn der 60er Jahre versperrt.

Die kuban. Wirtschaft leidet an einer hohen *Auslandsverschuldung*. Schätzungen schwanken zwischen 20 und 45 Mrd. US-$. Allein gegenüber der UdSSR soll sie 24 Mrd. US-$ betragen. K. gehört zu den am höchsten subventionierten Entwicklungsländern der Welt. Die Alimentierung durch die UdSSR und andere RGW-Länder machte rd. 30% des BSP aus. Planwirtschaft und Kollektivierung führten K. in eine produktionswirtschaftliche Sackgasse. Um so stärker ist K. seit Ende der 80er Jahre durch die Auflösung des „Ostblocks" betroffen, mit dem es als Vollmitglied des RGW ca. 85% seines Außenhandels abwickelte. Die politischen Veränderungen in der UdSSR und in Osteuropa stürzten K. in eine in diesem Ausmaß für das Land bisher unbekannte Wirtschaftskrise, die auch die Versorgung der Bevölkerung mit Grundnahrungsmitteln stark beeinträchtigt.

Verkehr. K. ist verkehrsmäßig gut erschlossen. Von den ca. 34 000 km *Straßen* (1984) sind rd. 30% befestigt. Hauptverbindung ist die Carratera Central, die Pinar del Rio im W mit Santiago de Cuba im O verbindet. Das *Eisenbahnnetz* umfaßt (1987) ca. 5000 km. Daneben gibt es fast 13 000 km für die Zuckerindustrie. Für die *Seeschiffahrt* stehen 30 Häfen zur Verfügung, von denen der wichtigste Havanna ist. Internationale *Flughäfen* sind Havanna, Santiago de Cuba, Camagüey und Varadero. Der See- und Luftverkehr hat in letzter Zeit erheblich abgenommen. Ausländische Schiffahrts- und Fluglinien haben ihren Verkehr eingestellt oder eingeschränkt. Bis 1990 war die staatliche Reederei DSR der ehem. DDR in Rostock eine der wichtigsten Schiffahrtslinien.

VI. Kultur, Religion, Bildung

K.s Kultur ist eine komplexe Synthese europ., span., afrikan. und karib. Traditionen. Die zentralen Elemente der gegenwärtigen Kulturpolitik beziehen sich zum einen auf die sozialistische Interpretation der kolonialzeitlichen Vergangenheit, zum anderen auf moderne Formen sozialistisch-karib. Kultur. Die Kulturszene leidet unter der staatlichen Bevormundung, kann aber trotzdem in Malerei, Musik und Literatur zur Spitze des karib. Raums gezählt werden.

K. versteht sich nicht als atheistischer, sondern als laizistischer Staat. Die Verfassung von 1976 garantiert Religionsfreiheit. Statistisch sind 85–90% der Bevölkerung röm.-kath. (Erzb. San Cristóbal de la Habana und Santiago de Cuba mit 5 Suffraganbist.), doch schätzt man den Anteil der Agnostiker auf 49%, den der bekennenden Katholiken auf 42%. Protestanten und Juden bilden ebenso eine Minderheit wie die auf 6% geschätzten Atheisten. Afro-kuban. Kulte spielen bei denjenigen Bevölkerungsteilen eine Rolle, die sich ethnisch und kulturell mit Afrika verbunden fühlen. Schon vor der Revolution 1959 galt in dem ursprünglich kath. K. die Bindung der Gläubigen an die Kirche als schwach. Lange Zeit stützte die kath. Kirche die Eliten und vernachlässigte ihre pastoralen Aufgaben. Nach 1959 litt das Verhältnis von Staat und Kirche u. a. darunter, daß kath. Gruppen 1961 aktiv an der Invasion in der Schweinebucht beteiligt waren. Seit Mitte der 80er Jahre verbessert sich das Verhältnis, und eine Annäherung wird erkennbar.

Das Regime betrachtet das Bildungs- und Erziehungswesen neben dem Gesundheitssektor als Kernelement der gesellschaftlichen Entwicklung. Die ersten Jahre nach der Revolution widmeten die neuen Herrscher Alphabetisierungskampagnen und verpflichteten Studenten, Lehrer und die gebildete Elite zum Unterricht. Lehrerausbildung und der Bau von Schulen erhielten Priorität, so daß sich die Zahl der Schulen, Lehrer und Schüler schon in den 60er Jahren mehr als verdoppelte. Es besteht Schulpflicht von 6–14 Jahren. Inzwischen liegt offiziell die Alphabetenquote der 10–50jährigen bei 98%. Bildung und Erziehung, die kostenlos für jeden angeboten werden, waren jedoch nicht nur Selbstzweck, sondern zielten darauf ab, ein sozialistisches Bewußtsein zu schaffen. Die Qualität der Ausbildung in Stadt und Land hat sich angeglichen. In allen Bildungsbereichen legt das System Wert auf eine duale Ausbildung, die aus akademisch-theoretischen und handwerklich-praktischen Komponenten besteht. Im Hochschulbereich verfügen alle Provinzen über akademische Institute und eine medizinische Hochschule. Es gibt 4 Universitäten (Havanna, Santiago de Cuba, Santa Clara und Camagüey). Von den ca. 200 000 Studenten (1983/84) studieren u. a. 35% lehrberufliche Studiengänge, 14% technische Fächer, 9% Medizin, 8% Wirtschaftswissenschaften, 8% Agrarwissenschaften, 4% Mathematik/Naturwissenschaften. Marxismus-Leninismus ist Pflichtfach. Nach Erlangung der Hochschulreife (12 Jahre) unterziehen sich die Studienplatzanwärter u. a. einem persönlichen Gespräch, in dem ihre politisch-ideologischen Auffassungen beurteilt werden. Die Qualität kuban. Naturwissenschaft und Medizin genoß internationale Anerkennung, sie ist jedoch neuerdings auch stark vom wirtschaftlichen Niedergang betroffen, abgesehen davon, daß die Ideologisierung des Bildungswesens keine Freiheit der Wissenschaften erlaubt.

LITERATUR

H. **Blume,** Die Westindischen Inseln. Braunschweig 1968, ²1973. – K.-H. **Kimmig,** K., in: HDW. Bd. 3. 1982, 359 ff. – R. K. **Furtak,** K.s sozialistischer Entwicklungsweg: Selbstanspruch und Leistung, in: Entwicklungsstrategien in Lateinamerika in Vergangenheit und Gegenwart. Hg. I. Buisson, M. Mols. Paderborn 1983, 131 ff. – C. **Brundenius,** Revolutionary Cuba: The Challenge of Economic Growth with Equity. Boulder (Col.) 1984. – H. **Thomas,** The Cuban Revolution: 25 Years Later. Epping 1984. – H. **Blume,** K. – Die karibische „Zuckerinsel", in: GeogrRd 37 (1985) 286 ff. – P. **Gey,** Planwirtschaft in K., in: Sozialismus und Industrialisierung. Die Wirtschaftssysteme Polens, Jugoslawiens, Chinas und K.s im Vergleich. Hg. ders. u. a. Frankfurt/M. 1985, 263 ff. – B. **Denk,** Das kuban. Entwicklungsmodell und die sowjetische Entwicklungshilfe an K. Frankfurt/M. 1986. – J. D. **Rudolph,** Cuba. A Country Study. Washington 1987. – F. **Hönsch,** K. – Zuckerinsel der Karibik. Gotha 1988. – L. A. **Perez,** Cuba. Between Reform and Revolution. New York 1988. – Lber. K. 1987. Stuttgart 1988. – J. **Bähr,** G. **Mertins,** Regionalpolitik und -entwicklung in K. 1959–1989, in: GeogrRd 41 (1989) 4 ff. – Th. **Herr,** Kirche auf Cuba. Christentum und Marxismus am Wendepunkt? St. Ottilien 1989. – Chr. **Mühlmann,** K., in: PolLexLat. ³1992, 202 ff.

Hans-Dieter Haas, Thorsten Sagawe

MARTINIQUE

Amtlicher Name	Martinique
Staatsform	Französisches Überseedépartement (Département d'Outre-Mer)
Regierungssitz	Fort-de-France (100 000 E.)
Fläche	1100 km²
Bevölkerung	359 572 E. (VZ 1990). – 327 E./km²
Sprache	Französisch (Amtssprache), Kreolisch
Religion	überwiegend Katholiken
Währung	Französischer Franc

M. (60 km lang, maximal 25 km breit) ist die zweitgrößte Insel der Kleinen Antillen und liegt zwischen ↗Dominica im N und ↗Saint Lucia im S. M. ist vulkanischer Entstehung und sehr gebirgig (im N mit dem Vulkan *Mt. Pelée* 1397 m hoch). 1902 zerstörte der Vulkan die frühere Hst. St. Pierre völlig, verwüstete große Teile von M. und forderte ca. 30 000 Tote. Die Berge sind größtenteils bewaldet. Das Klima ist tropisch-feucht mit Jahresdurchschnitts-Temp. von 26°C und Niederschlägen zwischen 2040 mm und 3000 mm im Gebirge. M. wird von Wirbelstürmen heimgesucht.

Kolumbus entdeckte die Insel auf seiner 4. Reise 1502. Die frz. Besiedlung begann 1635. 1740 wurde M. Kolonie, in die zahlreiche Negersklaven importiert wurden. In der 2. Hälfte des 18. Jh. bedrohten brit. und niederländ. Angriffe die Insel, die jedoch nach vorübergehender brit. Besetzung 1816 als frz. Kolonie anerkannt wurde. Nach Sklavenrevolten wurde die Sklaverei 1848 abgeschafft. Als billige Arbeitskräfte wurden indische Kontraktarbeiter ins Land geholt. Seit 1946 ist M. frz. Überseedépartement (D. O. M.). Frankreich wird durch einen „Commissaire de la République" vertreten, der von einem *Generalrat* (44 Mitgl.) und dem *Regionalrat* (41 Mitgl.) unterstützt wird. M. entsendet 4 gewählte Vertreter in die frz. Nationalversammlung und 2 in den Senat. Die frz. Parteien haben Regionalvertretungen auf M.; eine Minderheitspartei setzt sich für die Unabhängigkeit der Insel ein. Das Rechtswesen ist französisch.

M. ist sehr dicht besiedelt. 1/3 der *Bevölkerung* lebt in der Hst. Fort-de-France. Ethnisch dominieren Schwarze (87 %); daneben besteht eine größere indische und eine kleinere weiße Minderheit. Das Bevölkerungswachstum betrug trotz hoher Geburtenüberschüsse nur rd. 0,1 % im Durchschnitt der 80er Jahre, da eine beträchtliche Auswanderung, v. a. nach Frankreich, stattfand. Die Bevölkerung ist überwiegend kath. (Erzb. Fort-de-France). Das Schulwesen ist nach frz. Vorbild gut ausgebaut (Schulpflicht von 6–16 Jahren). Hochschulbildung wird durch eine Abteilung der Université des Antilles-Guyane vermittelt. Größtes soziales Problem ist die Arbeitslosigkeit. Die schrittweise Annäherung an die Arbeits- und Sozialgesetzgebung des Mutterlandes fängt die unterentwickelten Strukturen auf.

Wirtschaft. Ein BSP/E. von 7050 US-$ (1986) belegt den relativ hohen Lebensstandard. Die Landwirtschaft ist am BSP mit 6 %, das verarbeitende Gewerbe mit 10 % beteiligt. In der Landwirtschaft werden Zuckerrohr, Bananen, Ananas und andere tropische Früchte erzeugt. Die schwach ausgebildete Industrie beschränkt sich hauptsächlich auf die Rum- und Zementherstellung. Der Fremdenverkehr ist der bedeutendste Wirtschaftsfaktor. Die Handelsbilanz ist stark defizitär. Sie wird durch Deviseneinnahmen im Tourismus und Hilfen des Mutterlandes ausgeglichen. Bananen machen die Hälfte des Exportwertes aus; importiert werden v. a. Lebensmittel, Rohstoffe und Industrieprodukte. – Haupthafen ist Fort-de-France, Internationaler Flughafen Lamentin.

LITERATUR

C. de **Miras,** L'économie martiniquaise: croissance ou excroissance?, in: Rev. Tiers Monde [Paris] 29 (1988) 114, 365 ff. – A. L. **Gastmann,** The French West Indies, in: Urbanization, Planning and Development in the Caribbean. Hg. R. B. Potter. London 1989, 237 ff. – *Weitere Lit.:* ↗Guadeloupe.

Hans-Dieter Haas, Thorsten Sagawe

MONTSERRAT

Amtlicher Name	Montserrat
Staatsform	Britische Kronkolonie (British Caribbean Dependency)
Hauptort	Plymouth (1500 E.)
Fläche	98 km²
Bevölkerung	12 000 E. (1986). – 122 E./km²
Sprache	Englisch
Religion	Anglikaner; Protestanten; Katholiken rd. 15%
Währung	1 Ostkaribischer Dollar (EC$) = 100 Cents

M. (18 km lang, 9 km breit) gehört zu den nördl. Inseln der Kleinen Antillen (↗Karibische Inseln und nördliches Südamerika). M. ist vulkanischen Ursprungs und liegt auf einer untermeerischen Bank. Höchste Erhebung ist der *Soufrière* (914 m) im S der Insel. M. hat ganzjährig feuchtes Tropenklima. Die mittleren Jahresniederschläge betragen 1600 mm, die mittleren Jahres-Temp. 26°C. Weltbekannt wurde M. durch eine 1897–1900 andauernde Erdbebenperiode.

Kolumbus entdeckte M., die „Smaragdinsel", 1493 auf seiner 2. Reise. 1632 besiedelten zuerst irische Katholiken die Insel, die seitdem – mit kurzen Unterbrechungen – zu Großbritannien gehört. 1871–1956 gehörte M. zur „West Indian Federal Colony" der Leeward Islands, 1958–62 zur „Westindischen Föderation". Nach deren Scheitern blieb es auf eigenen Wunsch im Kolonialstatus und hielt sich auch der Gruppe der „West Indies Associated States" fern. Die Verfassung von 1960 wurde 1989 durch eine neue ersetzt. Heute ist M. brit. Kronkolonie mit beschränkter innerer Autonomie. Staatsoberhaupt ist der brit. Monarch, vertreten durch einen Gouverneur. Ein *Vollzugsrat* und ein *Gesetzgebender Rat* bestimmen die innere Politik. 2 Gerichte urteilen nach brit. Recht. – M. ist Mitglied des CARICOM und der OECS.

Ethnisch besteht die *Bevölkerung* zu 93% aus Schwarzen, zu 6% aus Mulatten sowie aus einer weißen Minderheit. Das Bevölkerungswachstum ist mit rd. 0,8% im Jahresdurchschnitt (80er Jahre) gemäßigt; doch ist M. angesichts der geringen Erwerbsmöglichkeiten als überbevölkert zu bezeichnen. Die Masse der Bevölkerung lebt am Rande des Existenzminimums. Viele Einwohner wandern daher nach Großbritannien oder auf benachbarte Inseln aus. Geldüberweisungen unterhalten den zurückgebliebenen Familienmitgliedern. Kulturell ist M. stark brit. beeinflußt. Konfessionell dominieren Anglikaner und Protestanten. Ca. 15% sind Katholiken (Bist. Saint John's-Basseterre [St. Lucia]). Das Schulwesen ist nach brit. Vorbild gut ausgebaut.

Wirtschaft. M. gehört zu den ärmeren Entwicklungsländern in der Karibik (BSP/E. 1984: 2 500 US-$). Der Fremdenverkehr ist wichtigster Erwerbszweig und trägt fast 1/4 zum BSP bei. Die Landwirtschaft spielt eine geringe Rolle. Sie produziert Baumwolle für den Export und einige Grundnahrungsmittel (Obst, Gemüse) für den Eigenbedarf. Die verarbeitende Industrie ist exportorientiert und beschränkt sich auf Druckereierzeugnisse, Plastikartikel, Textilien und elektronische Geräte. Die Handelsbilanz ist stark defizitär. Die Industrie ist zu etwa 2/3 am Export beteiligt. Nahrungsmittel, Maschinen und Rohstoffe müssen in großem Umfang importiert werden. – Tiefwasserhafen ist Plymouth, Internationaler Flughafen Blackburne.

LITERATUR

H. A. **Fergus,** M.: Emerald Isle of the Caribbean. London 1983. – S. **Knox,** The Caribbean's Emerald Isle M., in: The Caribbean and West Indies Chronicle 100 (1984) I ff. – R. O. **Schultze,** C. **Will,** M., in: PolLexLat. ³1992, 348f.

Hans-Dieter Haas, Thorsten Sagawe

NIEDERLÄNDISCHE ANTILLEN

Amtlicher Name	1. Union der Niederländischen Antillen 2. Aruba
Staatsform	1. Union: Konstitutionelle, parlamentarisch-demokratische Monarchie als autonomer Teil der Niederlande 2. Aruba: Konstitutionelle, parlamentarisch-demokratische Monarchie als Teil der Niederlande mit erweiterter Autonomie (Sonderstatus)
Hauptstadt	1. Union: Willemstad (auf Curaçao) (70 000 E.; als Agglomeration rd. 150 000) 2. Aruba: Oranjestad (17 000 E.)
Fläche	1. Union: 799 km² 2. Aruba: 190 km²
Bevölkerung	1. Union: 198 000 E. (1989). – 248 E./km² 2. Aruba: 68 000 E. (1989). – 358 E./km²
Sprache	1. Union: Niederländisch (Amtssprache), Papiamento, Englisch 2. Aruba: Niederländisch (Amtssprache), Papiamento
Religion	1. Union: Katholiken 75%; Protestanten 15% 2. Aruba: Katholiken über 90%
Währung	1. Union: 1 Niederländische-Antillen-Gulden (NAfl) = 100 Cents 2. Aruba: Arubanischer Florin (Afl)

Die N.n A. bestehen aus zwei Inselgruppen der Kleinen Antillen (↗Karibische Inseln und nördliches Südamerika) mit je drei Inseln. Die eine Gruppe (ABC-Inseln: *Aruba* [190 km²], *Bonaire* [288 km²] und *Curaçao* [443 km²]) liegt vor der Küste ↗Venezuelas, die andere (*Saba* [13 km²], *Sint Eustatius* [21 km²] und *Sint Maarten* [34 km²]) 900 km nördl. zwischen ↗Saint Kitts und Nevis im S und ↗Anguilla im N. Die ABC-Inseln, aufgebaut aus alttertiären Kalken und Korallenkalken, sind durch flache, bis auf 375 m ansteigende Hügel geprägt. Die Landschaft von Saba (*Mount Scenerz,* 870 m) und Sint Eustatius geht auf stark zerklüftete, erloschene Vulkane zurück. Die Inseln haben ein tropisch-maritimes Klima mit im Jahresmittel 26–28°C Temp., aber geringen Niederschlägen (500–700 mm). Flüsse mit ständiger Wasserführung fehlen. Brunnen, Zisternen und Meerwasserentsalzungsanlagen, in Dürreperioden Schiffe, versorgen die Inseln mit Wasser.

Die Inseln wurden Ende des 15. Jh. von Spaniern entdeckt und im 17. Jh. von Holländern in Besitz genommen, blieben jedoch lange zwischen Spaniern, Briten und Holländern umstritten. Curaçao wurde erst 1816 endgültig niederländisch. 1954 wurden die N.n A. Bestandteil der Niederlande mit innerer Selbstverwaltung. 1977 entschied sich die Mehrheit der Bewohner Arubas für die Unabhängigkeit. Seit 1986 bestehen die N.n A. politisch aus der „Union der Niederländischen Antillen" und Aruba. Beide sind Teile der Niederlande. Staatsoberhaupt ist der niederländ. Monarch, vertreten durch je 1 Gouverneur für die Union und für Aruba. Aruba besitzt einen Sonderstatus mit wesentlich erweiterter Autonomie. Es strebt für 1996 die Unabhängigkeit an, doch wurde dieses Verlangen 1991 vorerst zurückgezogen. Die je eigenen Parlamente („Staten") und Ministerpräsidenten der Union und Arubas werden in einem Vielparteiensystem vom Volk gewählt. Als Teil der Niederlande sind die N.n A. mit der EG assoziiert. – Es gilt niederländ. Recht.

Die N.n A. sind relativ dicht besiedelt. 164 000 E. leben auf Curaçao, 68 200 auf Aruba, 10 100 auf Bonaire, 21 000 auf Sint Maarten, 1500 auf Sint Eustatius, 1000 auf Saba. Ethnisch dominieren Schwarze (über 90%); daneben gibt es Minderheiten von Indianern, Indern und Weißen. Das Bevölkerungswachstum ist aufgrund hoher Geburtenüberschüsse beträchtlich (Ende der 80er Jahre rd. 1,2% p. a.).

Die *Wirtschaft* (BSP 1984: 6 148 US-$/E.) basiert auf dem Fremdenverkehr (25% des BSP, wichtigster Arbeitgeber) sowie internationalen Bank- und Devisengeschäften. Außerdem verfügen die Inseln über Schiffswerften und Reparaturdocks. Die Rohölverarbeitung befindet sich in einer Krise. 1985 wurde die Raffinerie auf Aruba geschlossen, die auf Curaçao stark verkleinert. Die verarbeitende Industrie (Lebensmittel, Rum, Textilien) steckt noch in den Anfängen. Größtes soziales Problem ist die auf 35% geschätzte Arbeitslosigkeit. Als Zukunftsaufgabe gilt die Umstrukturierung der Wirtschaft durch den Aufbau neuer Industrien. – Wichtigster Hafen ist Willemstad (Curaçao). Internationale Flughäfen befinden sich auf Curaçao und Sint Maarten.

Kulturell unterscheiden sich die Inseln entsprechend ihrer Besiedlungsgeschichte. So ist, neben dem niederländischen, auf Aruba, Bonaire und Curaçao der spanische, auf Saba, Sint Eustatius, Sint Maarten der brit.-frz. Einfluß größer; dazu treten schwarzafrikan. und auf Aruba indianische Traditionen. Amtssprache ist das Niederländische, gesprochen wird jedoch auf Aruba, Bonaire und Curaçao überwiegend Papiamento, eine indian.-span.-niederländ. Mischsprache, auf den anderen Inseln v. a. englisch. Rd. 75% der Bevölkerung sind röm.-kath. (Bist. Willemstad, Suffr. von Port of Spain [Trinidad und Tobago]), 15% protestantisch.

LITERATUR

J. **Hartog**, Curaçao. A Short History. Aruba ²1967. – C. Ch. **Goslinga**, A Short History of the Netherlands Antilles and Surinam. Den Haag 1979. – D. **Nohlen**, Von den Niederlanden abhängige Gebiete, in: HDW. Bd. 3. 1982, 483 ff. – H. **Oestreich**, Die N.n A. unter dem Winde. Zur Wirtschaftsentwicklung im Spannungsfeld von Erdölindustrie und Tourismus, in: ZfWgeogr 28 (1984) 112 ff. – Aruba. Länderbericht, in: The Courier. European Community, Africa, Carribean, Pacific 112 (1988) 27 ff. – Netherlands Antilles. Länderber., in: ebd. 113 (1989) 31 ff. – B. **Klimmeneck**, N. A., in: PolLexLat. ³1992, 353ff.

Hans-Dieter Haas, Thorsten Sagawe

PUERTO RICO

Amtlicher Name	El Estado Libre y Asociado de Puerto Rico (span.) Commonwealth of Puerto Rico (engl.)
Staatsform	Autonomes, mit den USA assoziiertes Gebiet
Regierungssitz	San Juan (rd. 460 000 E.; als Agglomeration rd. 1 Mio. E.)
Fläche	8897 km²
Bevölkerung	3 599 000 E. (VZ 1990). – 405 E./km²
Sprache	Spanisch und Englisch (Amtssprachen), Spanisch mehrheitlich Muttersprache
Religion	Katholiken 90%
Währung	US-Dollar

P. R. bildet den Endpunkt der Großen Antillen im O und leitet zum Inselbogen der Kleinen Antillen über (⟶Karibische Inseln und nördliches Südamerika). Es umfaßt die Insel *Puerto Rico* sowie die kleinen Inseln *Vieques, Culebra* und *Mona*. Die Hauptinsel (ca. 160 km lang, 56 km breit) besteht zu 75% aus Gebirgen (höchster Punkt am *Cerro de Punta,* 1341 m). Es herrscht wechselfeuchtes Tropenklima. Im N und O fallen zwischen 1200 und 1500 mm, in der Mitte in höheren Lagen bis zu 2000 mm und im S im Lee des NO-Passats teilweise nur 900 mm mittlerer Jahresniederschlag. Trockenster Monat ist Febr., niederschlagreichster Oktober. Das jährliche Temperaturmittel beträgt 25°C.

Die Westküste wurde von *Kolumbus* auf seiner 2. Reise 1493 entdeckt. 1508 nahm *Ponce de León* die Insel für Spanien in Besitz. Die indianische Urbevölkerung *(Taino)* war bald vernichtet. Lange Zeit führte P. R. ein Schattendasein im span. Kolonialreich. Erst ab Mitte des 17. Jh. verfügte die span. Krone, die Hst. San Juan zu befestigen. Das wirtschaftliche Überleben stellten eine extensive Viehwirtschaft und der Zuckerrohranbau in kleineren Betriebseinheiten sicher. Afrikanische Sklaven wurden schon relativ früh, aber in geringer Zahl auf die Insel gebracht. Nachdem Spanien seine Kolonien auf dem Festland im 19. Jh. verloren hatte, widmete es P. R. größere Aufmerksamkeit, förderte den Kaffeeanbau und später die Zuckerplantagenwirtschaft. Wichtigste Arbeitskräfte waren neben Sklaven (Abschaffung der Sklaverei 1873) landlose Bauern, die zu einer Art Zwangsarbeit herangezogen wurden. 1897 gewährte Spanien P. R. Autonomie, mußte es aber nach dem Spanisch-Amerikanischen Krieg 1898 an die USA abtreten. Durch den *Jones Act* 1917 wurde P. R. Territorium der USA; die Bürger erhielten die US-amerikan. Staatsbürgerschaft. 1952 wurde das Gebiet als „Commonwealth of Puerto Rico" mit den USA assoziiert und erhielt volle innere Autonomie.

Verfassung, Verwaltung, Recht. P. R. besitzt eine Art „Zwitterstatus": So sind die Puertoricaner zwar US-Staatsbürger, jedoch mit eingeschränkten Bürgerrechten und -pflichten (u. a. ohne Stimmrecht bei US-Wahlen). Die Exekutive bildet ein für 4 Jahre direkt gewählter Gouverneur (Resident Commissioner). Die Volksvertretung wird in allgemeiner Wahl für 4 Jahre gewählt und besteht aus einem *Zweikammerparlament* mit einem *Senat* (27 Mitgl.) und einem *Abgeordnetenhaus* (51 Mitgl.). Drei Parteien bestimmen die politische Entwicklung, deren Programm sich im wesentlichen aus ihrer Haltung zum völkerrechtlichen Status P. R.s ergibt: Die Popular Democratic Party (PPD) hält am Commonwealth-Status fest; die New Progressive Party (PNP) tritt für die Staatlichkeit der Insel innerhalb der USA ein; die Puerto Rico Independence Party (PIP), die ein parlamentarisches Schattendasein führt, für die volle Unabhängigkeit. Diese wird auch wiederholt vom „Decolonization Committee" der UN gefordert, bisher aber von der UN-Vollversammlung abgelehnt. Die Bevölkerung hat sich 1967 und 1982 in Referenden für die Beibehaltung des gegenwärtigen Status ausgesprochen. Das wird auch im Wahlverhalten deutlich: Meist gewinnt die PPD mit großer Mehrheit. Die *Verwaltung* ist in Municipios mit direkt gewählten Exekutiven und Legislativen gegliedert. Die *Gerichtsorganisation* ist vierstufig mit dem Obersten Gerichtshof, Ober-, Distrikt- und Friedensgerichten, die (span., US-amerikan. und frz. beeinflußten) Landesrecht anwenden; das Bundesdistriktsgericht (Richter vom US-Präsidenten ernannt) verhandelt auf der Grundlage des amerikan. Bundesrechts.

Von der *Bevölkerung* leben 67% in Städten. Die Bevölkerungsdichte ist hoch. Jährlich wandern bis zu 30 000 Menschen in die USA ab. Diese Abwanderung wird aber durch einen Einwanderungsstrom aus der ⟶Dominikanischen Republik kompensiert, von der aus die Menschen über die Mona-Passage illegal nach P. R. einsickern. Der Geburtenüberschuß sinkt langsam (Ende der 80er Jahre um rd. 1,2% p. a.). Ethnisch sind rd. 80% der Bevölkerung Weiße (meist spanischstämmig), rd. 20% Schwarze und Mulatten.

Wirtschaft. Bis Ende der 40er Jahre galt P. R. als die ärmste Insel der Großen Antillen. Riesige Zuckerrohrplantagen dominierten die Landwirtschaft und die Insel. Seit Beginn der 50er Jahre steht P. R. im Zeichen der Industrialisierung. Dank billiger Arbeitskräfte und der Lage innerhalb des amerikan. Zollgebietes, aber außerhalb der amerikan. Steuerhoheit. Die Industrie bildet heute die Haupteinnahmequelle und beschäftigt 20% der Erwerbspersonen. Wichtigste Branchen sind Textilien und Bekleidung, Nahrungsmittelverarbeitung, elektrische und elektronische Ausrüstungen, Maschinen und Erdölverarbeitung. Die Landwirtschaft ist am BIP nur mit 2%, an der Beschäftigung mit 5% (1986) beteiligt. Die Verdrängung der kleinbäuerlichen Landwirtschaft durch Plantagenbetriebe macht P. R. seit Jahrzehnten zunehmend von Nahrungsmittelimporten abhängig. Der Tourismus gewinnt an Gewicht, u. a. deshalb, weil die Industrieentwicklung seit 1977 durch die Angleichung der Mindestlöhne an US-Standards an Bedeutung eingebüßt hat. Ende der 80er Jahre erreichte P. R. ein BSP/E. von rd. 6000 US-$. P. R. liegt mit seiner Entwicklung aber noch weit unter den ärmsten Bundesstaaten der USA. Mitte der 80er Jahre lebten 62% der Bevölkerung unterhalb der in den USA festgesetzten Armutsgrenze, die Hälfte der Bevölkerung erhielt US-Nahrungsmittelmarken. Die Arbeitslosigkeit betrug noch über 20%. Besonders im Landesinnern und an der Südküste ähnelt P. R. eher einem Entwicklungsland als einem an die USA angeschlossenen Gebiet. Die USA tragen durch Wirtschaftshilfe über 30% zum BSP bei. Der öffentliche Sektor stellt mit 24% die meisten Arbeitsplätze. P. R. exportiert (1986) Güter im Wert von 11,5 Mrd. US-$ und importiert für 10,1 Mrd. US-$. Hauptausfuhrgüter sind zu 2/3 Industrieerzeugnisse (elektrische Geräte, Schuhe, Textilien, Chemikalien); Zucker, Tabak und Rum machen über 20% aus. – P. R. besitzt ein sehr gut ausgebautes Straßennetz (1982: ca. 13 800 km asphaltierte Straßen). Wichtigste Häfen sind San Juan, Ponce und Mayagüez; Internationaler Flughafen ist v. a. San Juan.

Kulturell ist P. R. – trotz des zunehmenden US-amerikan. Einflusses – noch stark span. geprägt. 20% der Einwohner sind zweisprachig, die Mehrheit hat Spanisch als Muttersprache. Auch die Presse- und Literatursprache ist überwiegend spanisch. Konfessionell sind über 90% Katholiken (Erzb. San Juan de Puerto Rico mit 4 Bist.). Daneben gibt es kleine prot. Gemeinden. Seit 1899 besteht Schulpflicht, doch beträgt die Analphabetenquote noch über 10%. Das Unterrichtswesen ist nach US-amerikan. Vorbild organisiert. P. R. besitzt 3 Universitäten und mehrere Colleges.

LITERATUR

P. **Bloch**, Kleine Landeskunde von P. R., in: GeogrRd 11 (1959) 152 ff. – Portrait of a Society. Readings on Puerto Rican Sociology. Hg. E. **Fernández Méndez**. Rio Piedras 1972. – The Puerto Ricans. A documentary History. Hg. K. **Wagenheim**. New York 1973. – R. **Picó**, The Geography of P. R. Chicago 1974. – K. **Röhrbein**, R. **Schultz**, P. R. Inselparadies der Wallstreet oder unabhängiger Staat? Berlin 1978. – P. **Jackson**, Social and Spatial Aspects of Puerto Rican Migration, in: Singapore J. of Tropical Geography 1 (1980) 37 ff. – D. **Nohlen**, P. R., in: HDW. Bd. 3. 1982, 491 ff. – R. **Carr**, P. R.: A Colonial Experiment. New York 1984. – P. R.: The Search for a National Policy. Hg. R. J. **Bloomfield**. Boulder (Col.) 1985. – The Political Status of P. R. Hg. P. S. **Falk**. Lexington (Mass.) 1986. – B. **Wallach**, P. R.: Growth, Change, Progress, Development, in: Focus 39 (1989) 27 ff. – H. **Reimann**, P. R., in: PolLexLat. ³1992, 359ff.

Hans-Dieter Haas, Thorsten Sagawe

SAINT KITTS und NEVIS

Amtlicher Name	Federation of Saint Kitts and Nevis (Föderation Saint Kitts und Nevis)
Staatsform	Parlamentarische Monarchie im Commonwealth of Nations
Hauptstadt	Basseterre (15 000 E.)
Fläche	261 km²
Bevölkerung	49 000 E. (1988; VZ 1980: 43 309). Davon St. Kitts 37 000; Nevis 12 000 E. – 188 E./km²
Sprache	Englisch
Religion	Anglikaner 36%; Methodisten 32%; Katholiken 10%
Währung	1 Ostkaribischer Dollar (EC$) = 100 Cents

Die Föderation St. K. u. N. (früher offiziell: St. Christopher und Nevis) liegt in der Nordgruppe der Kleinen Antillen (↗Karibische Inseln und nördliches Südamerika). *St. Kitts* (36 km lang, 9,5 km breit) und *Nevis,* durch eine 3 km breite, von Riffen erfüllte Meerenge getrennt, sind vulkanischen Ursprungs und erreichen mit dem Vulkan *Mount Misery* auf St. Kitts 1156 m. Gemäß der Lage in den wechselfeuchten Tropen variieren die Niederschläge zwischen 1200 mm im Lee und 3500 mm im immerfeuchten Luv des NO-Passats. Die Temp. liegen bei 26 °C im Jahresdurchschnitt.

Kolumbus entdeckte die Inseln 1493 auf seiner 2. Reise. Seit 1605 von Großbritannien besetzt, setzte die Besiedlung 1623 ein („Mother Colony of the British West Indies"). Nach wechselvoller Geschichte (zeitweise von Frankreich beansprucht) wurden sie 1713 endgültig brit., gehörten 1871–1956 zur „West Indian Federal Colony" der Leeward Islands, 1958–62 zur „Westindischen Föderation", seit 1967 zu den „West Indies Associated States". Am 19.9.1983 wurden sie unabhängig. Als „Souveräner demokratischer Föderativstaat" blieb St. K. u. N. nach der Unabhängigkeit als parlamentarische Monarchie Mitglied des Commonwealth. Staatsoberhaupt ist der brit. Monarch, vertreten durch einen einheimischen Generalgouverneur. Das *Einkammerparlament House of Assembly* besteht aus 11 für 5 Jahre gewählten Abgeordneten und 3 vom Generalgouverneur ernannten Senatoren. Der Premierminister (Regierungschef) wird von der Mehrheitspartei gestellt. N. besitzt ein eigenes Regionalparlament (*Nevis Assembly,* 8 Mitgl.) und das Recht der Sezession. Es gilt brit. Recht. Oberster Gerichtshof ist der „East Caribbean Supreme Court of Judicature" in Castries (St. Lucia). – St. K. u. N. ist Mitglied der OAS, des CARICOM, der OECS und AKP-Staat.

Die *Bevölkerung* ist zu rd. 40% städtisch. Ethnisch dominieren mit über 80% Schwarze und Mulatten. Daneben bestehen europ., ind. sowie chines. Minderheiten. Das jährliche Bevölkerungswachstum beträgt (Durchschnitt 1980–88) – 0,3%.

St. K. u. N. ist wirtschaftlich und sozial im Vergleich zu den benachbarten Inseln noch wenig entwickelt. Das BSP (1988: 2630 US-$/E.) wird zu rd. 10% in der Landwirtschaft, zu 23% in der Industrie und zu 22% im Tourismus erwirtschaftet. 1980 arbeiteten 25% aller Erwerbstätigen in Landwirtschaft und Fischerei, 29% in der Industrie (seitdem geringe Veränderungen). Die Landwirtschaft produziert in Plantagenwirtschaft Zucker, Baumwolle (auf N.) und Erdnüsse, für den Eigenbedarf Reis, Süßkartoffeln und Gemüse. Die Leichtindustrie konzentriert sich auf Getränke, Rum, Textilien sowie auf die Montage von im Ausland vorgefertigten Elektrogeräten. Der Fremdenverkehr gewinnt zunehmend an Bedeutung (v. a. Kreuzfahrtteilnehmer). Die Außenhandelsbilanz ist negativ. Hauptausfuhrgüter sind Zucker und Melasse (56%), Baumwolle, Bekleidung und elektrische Geräte; eingeführt werden Nahrungsmittel, Maschinen und Energierohstoffe. – Basseterre besitzt einen Tiefwasserhafen, nahebei einen internationalen Flughafen.

Kulturell ist St. K. u. N. brit.-afrikan. geprägt. 36% der Bevölkerung sind Anglikaner, 32% Methodisten und 10% Katholiken (Bist. Saint John's-Basseterre, Suffr. von Castries [St. Lucia]). Erweckungsbewegungen wie Rastafaris gewinnen an Bedeutung. Das Schulwesen ist nach engl. Vorbild organisiert; es besteht Schulpflicht. Die Analphabetenquote liegt bei rd. 10%.

LITERATUR

M. **Lyndersay**, The Challenge of Change in St. K.-N., in: The Caribbean and West Indies Chronicle 99 (1983) II ff. – B. C. **Richardson**, Caribbean Migrants: Environment and Human Survival on St. K. and N. Knoxville 1983. – J. **Gordon**, N.: Queen of the Caribees. London 1985. – R.-O. **Schultze**, C. **Will**, St. K. u. N., in: PolLexLat. ³1992, 276 ff.

Hans-Dieter Haas, Thorsten Sagawe

SAINT LUCIA

Amtlicher Name	Saint Lucia (engl.) Sainte-Lucie (frz.)
Staatsform	Parlamentarische Monarchie im Commonwealth of Nations
Hauptstadt	Castries (50 000 E.)
Fläche	622 km²
Bevölkerung	150 000 E. (1990; VZ 1980: 115 153). – 241 E./km²
Sprache	Englisch (Amtssprache), frz. Kreolisch (Patois)
Religion	Katholiken rd. 90%; Methodisten; Anglikaner; Baptisten; Sieben-Tage-Adventisten
Währung	1 Ostkaribischer Dollar (EC$) = 100 Cents

St. L. liegt im S der Kleinen Antillen (⤴Karibische Inseln und nördliches Südamerika). Die Insel ist vulkanischer Entstehung und (im *Mt. Gimie*) bis 958 m hoch. Die buchtenreiche Küste hat weiße Sandstrände. Die Jahres-Temp. liegen bei durchschnittlich 26 °C und variieren kaum, die Jahres-Niederschläge im Bergland im Luv bei 3500 mm, im Lee bei 1200 mm (Regenzeiten Mai–Aug. und Nov.–Dez.). In den höheren Lagen hat sich tropischer Regenwald erhalten.

St. L. wurde um 1500 entdeckt. Englische Siedlungsversuche scheiterten im frühen 17. Jh. am Widerstand der indianischen Bevölkerung *(Kariben).* Später besiedelten Franzosen die Insel und führten die Sklaverei ein. Bis 1814 blieb St. L. zwischen Engländern und Franzosen umstritten und wurde dann endgültig britisch. 1885–1956 gehörte es als Kronkolonie verwaltungsmäßig zu den Windward Islands, war 1958–62 Mitglied der „Westindischen Föderation", ab 1967 der „West Indies Associated States" mit innerer Autonomie. Am 22.2.1979 erlangte es die volle Souveränität. St. L. blieb als parlamentarische Monarchie Mitglied des Commonwealth. Staatsoberhaupt ist der brit. Monarch, vertreten durch einen einheimischen Generalgouverneur. Dieser ernennt auf Vorschlag der Regierung und der Opposition den *Senat* (2. Kammer; 11 Mitgl.). Die Volksvertretung *(House of Assembly)* besteht aus 17 für 5 Jahre gewählten Mitgliedern. Der Premierminister (Regierungschef) wird von der Mehrheitspartei gestellt. Es gilt brit. Recht. Oberster Gerichtshof ist der „East Caribbean Supreme Court of Judicature" in Castries. Verwaltungsmäßig ist St. L. in 10 Gemeinden (parishes) gegliedert. – St. L. ist Mitglied der OAS, des CARICOM, der OECS und AKP-Staat.

St. L. ist dicht besiedelt. Über die Hälfte der *Bevölkerung* lebt in Städten (etwa 1/3 in der Hst. Castries). Rd. 85% sind Schwarze und Mulatten, der Rest Weiße, Inder und Chinesen. Aufgrund hoher Geburtenziffern (rd. 30 ‰ p. a.) sind Bevölkerungswachstum und Anteil der Jugendlichen hoch.

Die *Wirtschaft* ist wenig entwickelt. Das BSP (1989: 1810 US-$/E.) wird zu 14% in der Landwirtschaft, zu 21% in der Industrie und zu 30% im Fremdenverkehr erwirtschaftet. Die Arbeitslosigkeit ist hoch. 1985 arbeiteten 25% aller Erwerbstätigen in der Landwirtschaft, 20% in der Industrie. Bezüglich der Devisenbilanz ist der Fremdenverkehr (überwiegend Kreuzfahrtteilnehmer) wichtigster Erwerbszweig. Die Landwirtschaft produziert Bananen, Mangos, Kokosnüsse und Süßkartoffeln. Die Leichtindustrie wurde ausgebaut (Getränke, Möbel, Rum, Speiseöl) und diente anfangs der Importsubstitution. Seit den 80er Jahren profitiert St. L. von der „Caribbean Basin Initiative", die die exportorientierte Industrie belebt. Die Außenhandelsbilanz ist stark negativ. Hauptausfuhrgüter sind Bananen (52%), Kokosöl (7%), Textilien (16%) und Papierprodukte (11%). Eingeführt werden v. a. Maschinen, Düngemittel und Nahrungsmittel. Die Auslandsverschuldung beträgt 15% des Sozialproduktes. Tiefwasserhäfen sind Castries (im NW) und Vieux Fort (im S), internationale Flughäfen Hewanorra bei Vieux Fort und Castries.

Kulturell ist St. L. frz. und brit. beeinflußt. Konfessionell sind ca. 90% der Einwohner Katholiken (Erzb. Castries), der Rest Methodisten, Anglikaner, Baptisten und Adventisten. Seit den 70er Jahren breiten sich Erweckungsbewegungen wie die Rastafari aus. Schulen werden vom Staat und von den Kirchen unterhalten. Es besteht Schulpflicht vom 5.–15. Lebensjahr, doch wird sie nicht überall durchgesetzt. Die Analphabetenquote ist stark gesunken, beträgt aber noch rd. 10%. Die „University of the West Indies" in Kingston (Jamaika) unterhält in St. L. eine Abteilung.

LITERATUR

F. **Nuscheler,** St. L., in: HDW. Bd. 3. 1982, 390 ff. – F. **Stang,** P. **Nagel,** St. L. – Strukturen und Entwicklungsprobleme eines Insel-Kleinstaates, in: Geowissenschaften in unserer Zeit 2 (1984) H. 4, 117 ff. – G. **Ellis,** St. L. London 1985. – W.-D. **Sahr,** Agroecosystems of smallfarmers and their socioeconomic impact. Saarbrücken 1987. – Lber. St. L. 1989. Stuttgart 1989. – St. L. Länderbericht, in: The Courier. European Community, Africa, Caribbean, Pacific 116 (1989) 37 ff. – W.-D. **Sahr,** St. L., in: PolLexLat. ³1992, 279ff.

Hans-Dieter Haas, Thorsten Sagawe

SAINT VINCENT und die GRENADINEN

Amtlicher Name	Saint Vincent and the Grenadines (Saint Vincent und die Grenadinen)
Staatsform	Parlamentarische Monarchie im Commonwealth of Nations
Hauptstadt	Kingstown (34 000 E.)
Fläche	388 km²
Bevölkerung	114 000 E. (1989; VZ 1980: 98 000). – 294 E./km²
Sprache	Englisch (Amtssprache), engl. Kreolisch
Religion	Anglikaner 47%; Methodisten 28%; Katholiken 13%
Währung	Ostkaribischer Dollar (EC$) = 100 Cents

Die Hauptinsel St. V. und die Grenadinen-Inseln gehören zu den Windward Islands der Kleinen Antillen (⤴Karibische Inseln und nördliches Südamerika). St. V. ist gebirgig, vulkanischen Ursprungs und wird von dem 1234 m hohen Vulkan *Soufrière* überragt. Bei dessen Ausbruch 1912 starben 2000 Menschen. Es herrscht tropisch-heißes Meeresklima. Die Niederschläge variieren zwischen 1500 mm an der Küste und über 3000 mm im Gebirge. Die kleinen Inseln sind wesentlich trockener. Auf den Höhen besteht tropischer Regenwald.

Wahrscheinlich wurde die Inselgruppe 1498 von *Kolumbus* auf seiner 3. Reise entdeckt. Seit 1627 wurde sie von Großbritannien beansprucht. Die Indianerbevölkerung *(Kariben)* leistete lange Widerstand. Eine dauerhafte Besiedlung setzte Ende des 18. Jh. ein. Anfangs zwischen Frankreich und Großbritannien umstritten, wurde St. V. 1783 endgültig britisch. Die koloniale Wirtschaft basierte auf Zuckerrohrplantagen und Sklavenarbeit. 1885–1956 gehörte St. V. verwaltungsmäßig zu den Windward Islands, 1958–62 zur „Westindischen Föderation", seit 1969 zu den „West Indies Associated States" (mit innerer Autonomie) und wurde am 27.10.1979 unabhängig. St. V. ist seitdem parlamentarische Monarchie im Commonwealth. Staatsoberhaupt ist der brit. Monarch, vertreten durch einen einheimischen Generalgouverneur, der den Premierminister ernennt. Die Volksvertretung besteht aus dem *House of Assembly* mit 13 für 5 Jahre gewählten Abgeordneten und aus 6 vom Generalgouverneur ernannten Senatoren. Es gilt brit. Recht. Oberster Gerichtshof ist der „East Caribbean Supreme Court of Judicature" in Castries (St. Lucia). St. V. ist Mitglied der OAS, des CARICOM, der OECS und AKP-Staat.

Bevölkerung. St. V. ist überbevölkert. Ethnisch dominieren Schwarze mit über 70%; Mulatten machen 22%, Inder 3% aus. Daneben gibt es eine weiße Minderheit. Das jährliche Bevölkerungswachstum beträgt ca. 1,5%. Die Lebenserwartung liegt bei 70 Jahren, die Säuglingssterblichkeit bei 27 ‰. Konfessionell sind 47% der Bevölkerung Anglikaner, 28% Methodisten und 13% Katholiken (Bist. Kingstown, Suffr. von Castries [St. Lucia]). Starken Zulauf erhalten Erweckungsbewegungen (Shakers, Rastafaris). Kulturell ist St. V. stark brit. geprägt. Das Schulwesen ist nach brit. Vorbild relativ gut ausgebaut, die Analphabetenquote mit 4% gering.

Wirtschaft. St. V. gehört zu den ärmeren karib. Staaten. Das BSP liegt bei (1988) 1200 US-$/E. Die Landwirtschaft erwirtschaftet davon 20%, die Industrie 10%. Die Landwirtschaft beschäftigt 42% aller Erwerbstätigen. Für den Export werden Bananen und Pfeilwurz (zur Herstellung u. a. von Computerpapier) angebaut, für den einheimischen Markt Süßkartoffeln, Gewürze, Kakao und Kokosnüsse. In den 70er Jahren wurde der Industrialisierung Vorrang eingeräumt. Es entstanden v. a. Holz- und Papierverarbeitungs- und Nahrungsmittelindustrien. Der Fremdenverkehr, benachteiligt durch schwarzen Vulkansand an einigen Küstenstreifen, konzentriert sich auf die kleinen Grenadinen, die als „Seglerparadies" gelten. Der Außenhandel ist defizitär. Die Auslandsschuld erreicht 25% des BSP. – Haupthafen ist Kingstown, Hauptflughafen Arnos Vale nahe der Hauptstadt.

LITERATUR

F. **Nuscheler**, St. V., in: HDW. Bd. 3. 1982, 401 ff. – St. V. and the Grenadines. Länderbericht, in: The Courier. European Community, Africa, Caribbean, Pacific 115 (1989) 39 ff. – R.-O. **Schultze**, C. **Will**, St. V. u. die Grenadinen, in: PolLexLat. ³1992, 283 ff. –

Hans-Dieter Haas, Thorsten Sagawe

SURINAME

Amtlicher Name	Republiek van Suriname (Republik Suriname)
Staatsform	Präsidiale Republik
Hauptstadt	Paramaribo (200 000 E.)
Fläche	163 265 km²
Bevölkerung	392 000 E. (1988; VZ 1980: 352 041). – 2 E./km²
Sprache	Niederländisch (Amtssprache), Hindustani, Javanisch (weitere Hauptsprachen), Sranang Tongo (Umgangs- und Mischsprache)
Religion	Katholiken 22%; Mährische Brüder 16%; Hindus 28%; Muslime 20%
Währung	1 Suriname-Gulden (Sfl) = 100 Cents

S. liegt an der Nordküste Südamerikas (➚Karibische Inseln und nördliches Südamerika). Es grenzt im W an ➚Guyana, im O an ➚Französisch-Guayana, im S an ➚Brasilien. Naturräumlich ist S. durch einen flachen, ca. 50 km breiten Küstenstreifen und das allmählich im S bis knapp 900 m aufsteigende *Tumac-Humac-Gebirge* gekennzeichnet, das mit dichten tropischen Regenwäldern bestanden ist. Zwischen Küste und Gebirge liegt ein Savannenstreifen. Das Klima ist tropisch-äquatorial, d. h. es ist immerfeucht mit ganzjährig hohen Temperaturen (im Jahresmittel 24–28°C). Die Jahresniederschläge betragen an der Küste 2000–3000 mm.

Die Küste wurde 1499 durch *Alonso de Hojeda* entdeckt. Holländische und brit. Kolonisationsversuche scheiterten im 17. Jh. 1667 erhielten die Niederlande im *Frieden von Breda* von England S. und das heutige Guyana im Tausch gegen Neu-Amsterdam (New York). Zwischen 1799 und 1814 besetzte Großbritannien mehrmals das Land. 1814 wurde S. von Guyana abgetrennt und endgültig niederländisch. Die Sklaverei wurde 1863 abgeschafft. Als billige Arbeitskräfte für die Zuckerrohrplantagen wurden Kontraktarbeiter aus Indien und Java eingeführt. 1954 wurde S. mit neuer Verfassung gleichberechtigter Bestandteil der Niederlande, und kam zu Beginn der 70er Jahre am 25.11.1975 unabhängig. Nach Unruhen aufgrund ethnischer und sozialer Spannungen, Militärputschen, Verfolgung Oppositioneller (Ausnahmezustand 1980–86) sowie verstärkten Guerillaaktivitäten erreichte das Wahlbündnis „Neue Front für Demokratie und Entwicklung" (FDO) 1987 in den ersten freien und geheimen Wahlen seit zehn Jahren einen hohen Wahlsieg. Die Grundlagen für diese Wahl wurden zuvor durch die Bildung einer Nationalversammlung mit Gesetzgebungsbefugnis (1985) geschaffen. Die Guerillaaktivitäten endeten jedoch nicht. Im Dez. 1990 putschte das Militär erneut. Durch Einbußen bei den Wahlen im Mai 1991 verlor das FDO-Bündnis die bisherige 2/3-Mehrheit, damit auch die Voraussetzung für eine Verfassungsänderung, die die Mitbestimmungsrechte des Militärs aufheben könnte.

S. ist nach der *Verfassung* von 1987 eine Republik mit starker Stellung des für 5 Jahre direkt gewählten Präsidenten. Das Militär hat Mitbestimmungsrechte. Die ebenfalls für 5 Jahre gewählte *Nationalversamm-*

lung (Einkammerparlament mit 51 Mitgl.) bildet die Legislative. S. ist in 9 Distrikte gegliedert. – Das *Rechtssystem* entspricht dem niederländ. Vorbild. – S. ist Mitglied der OAS, im SELA, des Amazonas-Pakts und AKP-Staat.

S. ist insgesamt dünn besiedelt. Die *Bevölkerung* konzentriert sich auf die Küstenebene, wo die Dichtewerte bei 10–15 E./km^2 liegen. Weite Teile im Innern des Landes werden nur von kleinen Gruppen indianischer Stammesgesellschaften bewohnt. In der Hst. *Paramaribo* leben über 50% der Bevölkerung. Die ethnische Zusammensetzung ist sehr vielgestaltig. Ungefähr 37% sind ind., 31% afrikan., 15% indones. Abstammung. Kleinere Minderheiten bilden die Morronen (9–10%, „Buschneger"), Indianer (3%), Europäer (4%) und Chinesen. Aufgrund hoher Geburtenüberschüsse liegt das natürliche jährliche Bevölkerungswachstum bei 2,5–3% p. a. (Ende der 80er Jahre); die Lebenserwartung beträgt 70 Jahre, die Säuglingssterblichkeit liegt bei 36 ‰. Die sozial und ethnisch motivierten Unruhen in der Zeit der Unabhängigkeit führten zu einer sehr starken Auswanderung in die Niederlande. Heute leben dort rd. 160 000 Surinamer. Die Bevölkerungsverluste wurden zeitweise durch Einwanderer aus dem benachbarten Guyana kompensiert.

Die *Wirtschaft* verzeichnete in den 80er Jahren eine ungünstige Entwicklung mit zeitweise abnehmendem Sozialprodukt. Das BSP/E. lag 1990 bei 3020 US-$. Die Landwirtschaft ist an ihm mit 10%, die Industrie mit 47% beteiligt. 1988 arbeiteten etwa 17% aller Erwerbstätigen in der Landwirtschaft, 35% in Industrie und Bergbau und ca. 50% im tertiären Bereich. Wichtigste Anbauprodukte sind Reis und Bananen. Hauptquellen des landwirtschaftlichen Wachstums sind großbetrieblich organisierte Reisfarmen. Sie dienen vornehmlich dem Export. Für den internen Bedarf dominiert der Anbau von Zuckerrohr, Gemüse und Südfrüchten.

Die verarbeitende Industrie konzentriert sich auf die Herstellung von Nahrungsmitteln, Bau- und Kunststoffen, Holzwaren und Bekleidung. Wesentlichster Wirtschaftszweig ist der Bergbau. S. verfügt über große Bauxitlager, die im O des Landes abgebaut werden. S. hat eine integrierte Aluminiumindustrie, in der das Bauxit zu Tonerde und schließlich zu Aluminium verarbeitet wird. Flußkraftwerke können billige Energie zur Aluminiumgewinnung bereitstellen. Außer Bauxitlagerstätten entdeckte man Eisen-, Kupfer- und Manganerze, daneben Nickel, Platin und Diamanten. In jüngster Zeit hofft man auf die Zunahme der Erdölausbeute. Die Importe machten (1985) 282 Mio. US-$, die Exporte 315 Mio. US-$ aus. Bauxit, Tonerde und Aluminium erreichen 57% der Exporte, gefolgt von Reis und Bananen (zusammen 20%) und Holz. Haupthandelspartner sind die EG-Länder, die USA, Brasilien und Japan. Durch die engen Bindungen an die Niederlande hatte S. Zugang zu hohen Entwicklungskrediten, erhielt aber nach den politischen Verfolgungen zu Beginn der 80er Jahre keine Entwicklungshilfe mehr. Sie wurde erst wieder nach Rückkehr zu demokratischen Verhältnissen aufgenommen. Die Auslandsschulden betrugen 1985 15% des BSP. Die Sozialindikatoren entsprechen denen eines Entwicklungslandes mit mittlerem Einkommen. – Wichtigster Seehafen ist Paramaribo, internationaler Flughafen Zanderij bei Paramaribo.

Die *Kultur* spiegelt S.s ethnische, sprachliche und religiöse Vielfalt wider. Das Niederländische wird nur von einer Minderheit (37%) gesprochen. Weitere Hauptsprachen sind Hindustani (32%) und Javanisch (15%). Als Umgangs- und Mischsprache gilt „Sranang Tongo", aber auch Französisch, Englisch und Spanisch werden gesprochen, dazu einheimische Indianersprachen. Neben dem Christentum (rd. 40%) spielen der Hinduismus (28%) und Islam (20%) eine große Rolle. 22% der Bevölkerung sind Katholiken (Bist. Paramaribo, Suffr. von Port of Spain [Trinidad und Tobago]), 16% Angehörige der Mährischen Brüder. Das Schulwesen wurde von den Niederländern relativ gut ausgebaut, doch sind noch ca. 5% der Bevölkerung Analphabeten, v. a. im Landesinnern. An höheren Bildungseinrichtungen existieren mehrere Lehrerbildungsanstalten, technische Fachschulen und eine Universität.

LITERATUR

C. Ch. **Goslinga**, A Short History of the Netherlands Antilles and Surinam. Den Haag 1979. – G. **Scherm**, Guyana und Surinam – wirtschaftsgeographische Probleme der Rohstoffabhängigkeit bauxitexportierender Entwicklungsländer. München 1982. – R. **Singelenberg**, Surinam, in: HDW. Bd. 2. 1982, 412 ff. – M. **Kessler**, Surinam – Probleme eines südamerikan.-karib. Staates auf dem Wege zur Selbständigkeit, in: ZfWgeogr 28 (1984) 37 ff. – G. **Scherm**, Die Guayana-Länder. Entwicklungstendenzen und Entwicklungsstrategien im Vergleich, in: GeogrRd 37 (1985) 306 ff. – Lber. S. 1987. Stuttgart 1987. – G. **Sankatsing**, Surinam entre el Caribe y America Latina, in: El Caribe Contemporaneo (1989) H. 18, 54 ff. – B. **Klimmeck**, S., in: PolLexLat. ^{3}1992, 286ff.

Hans-Dieter Haas, Thorsten Sagawe

TRINIDAD UND TOBAGO

Amtlicher Name	Republic of Trinidad and Tobago (Republik Trinidad und Tobago)
Staatsform	Republik im Commonwealth of Nations
Hauptstadt	Port of Spain (180 000 E.; als Agglomeration 250 000)
Fläche	5130 km^2 (Trinidad 4830; Tobago 300 km^2)
Bevölkerung	1 243 000 E. (1988; VZ 1980: 1 080 000; Trinidad 1 203 500; Tobago 39 500 E.). – 242 E./km^2
Sprache	Englisch (Amtssprache), Patois
Religion	Katholiken 35%; Protestanten 25%; Hindus 25%; Muslime 6%
Währung	1 Trinidad-und-Tobago-Dollar (TT$) = 100 Cents

Trinidad (Tr.) ist die südlichste und größte Insel der Kleinen Antillen (↗Karibische Inseln und nördliches Südamerika). Sie liegt auf dem Küstenschelf vor Südamerika, vom Festland durch den 16 km breiten *Serpent's Mouth* getrennt, unweit der Mündung des Orinoco-Deltas. Drei Höhenzüge durchqueren Tr. parallel von W nach O. Die Nordkette ist mit 941 m am höchsten. *Tobago* (T.) liegt 35 km nordöstl. der Hauptinsel. Das Klima ist tropisch-wechselfeucht, mit einer Regenzeit von Juni bis Dez. und mittleren Jahresniederschlägen von 1750 mm. Die Temperaturen sind ganzjährig hoch und schwanken nur zwischen Mai mit 26,5 °C und Jan. mit 24,5 °C im Durchschnitt. Durch die südl. Lage treten Hurrikane selten auf.

Kolumbus entdeckte die Hauptinsel 1498 auf seiner 3. Reise und beanspruchte sie für Spanien. 1632 erhielt sie einen Gouverneur, erlangte aber nie größer Bedeutung im span. Kolonialreich. Nachdem sie im 17. Jh. Piraten beherbergt hatte, besiedelten Tr. im 18. Jh. Engländer und Franzosen (einschließlich afrikan. Sklaven). 1797 eroberte Großbritannien beide Inseln endgültig; 1802 wurden Tr. u. T. jeweils Kronkolonien. Nach der Sklavenbefreiung 1834 mußten Kontraktarbeiter aus Indien als billige Arbeitskräfte eingeführt werden. 1888 wurden die Inseln zu *einer* Kronkolonie zusammengeschlossen. 1958 war Tr. u. T. Gründungsmitglied der Westindischen Föderation; 1959 erhielt es volle innere Selbstverwaltung, am 31.8.1962 die Unabhängigkeit.

Tr. u. T. blieb bis 1976 parlamentarische Monarchie im Commonwealth. Mit der neuen Verfassung von 1976 löste es sich von der brit. Krone und wurde Republik im Commonwealth mit eigenem Staatsoberhaupt. Zwei Parteien beherrschen die Politik: Die National Alliance for Reconstruction (NAR) stützt sich als linksorientierte Partei auf den indischen Bevölkerungsteil. Seit 1986 ist sie Regierungspartei. Zuvor herrschte die People's National Movement (PNM). Sie stützt sich als gemäßigte Linkspartei auf die schwarze Bevölkerung und stellte bis 1981 den Premierminister *Eric Williams,* der einer der bedeutendsten Historiker des westindischen Raumes war. Tr. u. T. leidet politisch unter der ethnisch-religiösen Heterogenität. Die religiösen Spannungen eskalierten Mitte 1990 im Aufstand einer Gruppe „schwarzer Muslime". Erst nach Verhängung des Ausnahmezustandes konnte die Ordnung wiederhergestellt werden.

Tr. u. T. ist eine Präsidialrepublik mit einem *Zweikammerparlament* als Legislative. Das *Repräsentantenhaus* besteht aus 36 Abgeordneten (davon 2 für T.), die auf 5 Jahre nach dem Mehrheitswahlrecht gewählt werden. Die 31 Mitgl. des *Senats* werden vom Präsidenten unter Berücksichtigung der Regierungs- und der Oppositionspartei ernannt. T. besitzt ein eigenes Regionalparlament. Der *Präsident* wird von den Mitgliedern beider Kammern gewählt und ernennt seinerseits den Premierminister. – Das *Rechtswesen* basiert auf der Fortführung engl. Tradition. – Tr. u. T. ist Mitglied der OAS, des CARICOM, im SELA und AKP-Staat. Die seit 1941 (Stützpunktvertrag Großbritanniens mit den USA) bestehende US-amerikan. Militärpräsenz wurde seit 1960 weitgehend abgebaut.

Bevölkerung. Die Bevölkerungsdichte erreicht durchschnittlich 238 E./km², ist jedoch in der Küstenebene noch bedeutend höher. Die Verstädterungsquote liegt bei über 70%. Aufgrund hoher Geburtenüberschüsse ergab sich in den 80er Jahren ein natürliches jährliches Bevölkerungswachstum von durchschnittlich 1,8%. Rd. 45% der Bevölkerung sind unter 15 Jahren alt. Die Säuglingssterblichkeit sank Ende der 80er Jahre auf rd. 13 ‰. Die Lebenserwartung beträgt 71 Jahre. Ethnisch ist die Bevölkerung sehr heterogen. Je rd. 41% sind Schwarze und Inder, 16% Mulatten, je 0,5–1% Weiße und Chinesen.

Die *Wirtschaft* steht ganz im Zeichen der Erdöl- und Erdgasproduktion. Das BSP erreichte 1989 3160 US-$/E., nachdem es in den 80er Jahren wegen des Rückgangs der Erdölpreise um 6,1% abgenommen hatte. Erdöl und Erdgas sind am BIP zu 25%, an den Exporterlösen zu 80% und an den Staatseinnahmen zu 42% beteiligt. Die Landwirtschaft trägt nur 4% zum BSP bei, beschäftigt aber noch (1989) 8% aller Erwerbstätigen. Die Industrie, dominiert von Erdölraffinerien, die auch importiertes Rohöl verarbeiten, hat einen Anteil von 39% am BSP und beschäftigt 34% der Erwerbstätigen. Trotz der Bedeutung der Industrie arbeiten rd. 55% im tertiären Sektor. Die Landwirtschaft, die v. a. Zucker, Zitrusfrüchte, Kaffee und Kakao für den Export erzeugt, soll diversifiziert werden, um die steigenden Lebensmittelimporte (75% des Bedarfs) zu reduzieren. Geflügelhaltung, Reis- und Gemüseanbau haben Priorität. In der Industrie erlauben die Erdölvorkommen energieintensive Branchen: petrochemische Produkte, Ammoniak, Stickstoffdünger und Stahl (meist Staatsbetriebe). Die Nahrungsmittelindustrie (Zucker, Rum, Fruchtsäfte), die Herstellung von Textilien und Bekleidung sowie die Montage von im Ausland vorgefertigten Autoteilen bieten mehr Arbeitsplätze als die kapitalintensiven Branchen. Auf T. ist der Tourismus wichtigster Erwerbszweig. Die Handelsbilanz ist ausgeglichen. Haupthandelspartner sind die USA (56%), Großbritannien, Japan und der CARICOM-Raum (5%). Die Staatsverschuldung (1988: 43,2% des BSP) erforderte Ende der 80er Jahre eine Austeritätspolitik (Währungsabwertung, Importbeschränkungen, Subventionskürzungen). Das Schwanken der Erdölpreise ist ein Hindernis für eine kontinuierliche wirtschaftliche Entwicklung. – Tiefwasserhäfen sind Port of Spain (Tr.) und Scarborough (T.). Internationaler Flughafen ist Piarco nahe Port of Spain.

Die ethnische Heterogenität spiegelt sich auch im *kulturellen Leben.* Amts- und überwiegende Volkssprache, auch Sprache der Medien, ist Englisch. Daneben werden Patois, in geringerem Umfang Spanisch und Französisch gesprochen. 35% der Bevölkerung sind Katholiken (Erzbist. Port of Spain), 25% Protestanten, 25% Hindus und 6% Muslime. Erweckungsbewegungen, wie die Rastafaris, haben unter den Schwarzen eine große Anhängerschaft. – Das Schulwesen ist auf teils staatlicher, teils privater Basis nach engl. Muster organisiert. Analphabetismus existiert kaum noch (4%). In St. Augustine besteht ein Campus der University of the West Indies (Jamaika).

LITERATUR

H.-D. **Haas,** Die Industrialisierungsbestrebungen auf den Westindischen Inseln unter besonderer Berücksichtigung von Jamaika und Tr. Tübingen 1976 (Tübinger Geographische Studien, H. 68). – **Ders.,** Industrialisierungsbestrebungen auf Tr. und ihre geographischen Auswirkungen, in: Dt. Geographentag. Tagungsber. und wiss. Abh.en. 40. 1975. Wiesbaden 1976, 149 ff. – I. B. **Beddoe,** Tr. and T. A Social and Economic Geography. London ⁵1979, Neuausg. Trinidad 1981. – R.-O. **Schultze,** Tr. u. T., in: HDW. Bd. 3. 1982, 425 ff. – R. **Auty,** A. **Gelb,** Oil Windfalls in a small Parliamentary Democracy: their Impact on Tr. and T., in: World Development 14 (1986) 1161 ff. – F. **Chambers,** Tr. and T. [Bibliography]. Oxford 1987. – Lber. Tr. u. T. 1987. Stuttgart 1987. – Tr. u. T. Länderbericht, in: The Courier. European Community, Africa, Carribean, Pacific 104 (1987) 32 ff. – W. L. **Bernecker,** A. **Sommaville,** Tr. u. T., in: PolLexLat. ³1992, 295 ff.

Hans-Dieter Haas, Thorsten Sagawe

TURKS- und CAICOS-Inseln

Amtlicher Name	Turks and Caicos Islands
Staatsform	Britische Kronkolonie (British Dependency)
Hauptort	Cockburn (4000 E.)
Fläche	430 km²
Bevölkerung	13 000 E. (1990). – 30 E./km²
Sprache	Englisch
Religion	Anglikaner; Protestanten (u. a. Methodisten, Baptisten)
Währung	US-Dollar

Die T.- u. C.-I. bestehen aus zwei durch eine ca. 40 km breite Passage getrennten Inselgruppen, die, aus Kalkstein aufgebaut (Koralleninseln), südöstl. der Bahamakette und 150 km nördl. Hispaniolas liegen (↗Karibische Inseln und nördliches Südamerika). Die über 30 Inseln (davon 6 bewohnt) sind flach und mit einem mittleren Jahresniederschlag von 600 mm semiarid. Wasserknappheit tritt periodisch auf. Die mittleren Jahres-Temp. von 25 °C werden durch den ständig wehenden NO-Passat erträglich. Die ursprüngliche Baumvegetation ist vernichtet.

Wahrscheinlich wurden die T.- u. C.-I. von dem Spanier *Juan Ponce de León* entdeckt. Die Urbevölkerung wurde bald nach Hispaniola verschleppt. Als im 17. Jh. einige Familien von den Bermudas die Inseln besiedelten, waren diese menschenleer. Auf *Grand Turk, Salt Cay* und *Süd-Caicos* gingen die Siedler der Gewinnung von Salz nach, das exportiert wurde. Verwaltungsmäßig waren die Inseln 1766–1848 Bestandteil der ↗Bahamas, später wurden sie von ↗Jamaika aus verwaltet, danach bis zur Unabhängigkeit der Bahamas (1973) wieder diesen unterstellt. Seitdem sind sie brit. Kronkolonie mit beschränkter innerer Autonomie. Staatsoberhaupt ist der brit. Monarch, vertreten durch einen Gouverneur. Politische Organe sind seit der Verfassung von 1976 ferner ein *Exekutivrat* und ein *Legislativrat*. Einige Inselpolitiker streben die völlige innere Autonomie *(responsible government)* im Rahmen eines mit Großbritannien assoziierten Staates an, während die brit. Regierung die völkerrechtliche Unabhängigkeit angeboten hat. Es gilt brit. Recht.

Die *Bevölkerung* besteht zu 2/3 aus Schwarzen, zu 1/3 aus Mulatten. Die Wachstumsrate beträgt rd. 1,3% p. a., mit zunehmender Tendenz (hoher Geburtenüberschuß und Zuwanderung). Während jahrzehntelang Bewohner abwanderten, stellt in jüngerer Zeit die Einwanderung aus ↗Haiti und der ↗Dominikanischen Republik wegen der besseren Lebensbedingungen auf den T.- u. C.-I. ein soziales Problem dar. Das Bildungswesen ist nach brit. Muster relativ gut ausgebaut. Es besteht Schulpflicht. Die meisten Bewohner sind Anglikaner oder Protestanten (Methodisten, Baptisten und andere).

Die *Wirtschaft* unterlag in den letzten Jahrzehnten starken Wandlungen. Die traditionelle Salz- und Sisalproduktion wurde in den 60er Jahren eingestellt. Die Trockenheit erlaubt keine sinnvolle landwirtschaftliche Produktion. Wichtiger ist die Fischereiwirtschaft. Langusten und Muscheln sind die einzigen Exportgüter. Seit Beginn der 70er Jahre wird der Fremdenverkehr ausgebaut, dessen Zentrum die Insel *Providenciales*, 100 km westl. der Caicos-Gruppe, ist. Eine zweite Säule der Wirtschaft soll die Umwandlung der Inseln in ein „Steuerparadies" („off-shore-Business") erbringen. 5000 (1989) „Briefkastenfirmen" haben sich inzwischen niedergelassen. Die Handelsbilanz ist stark negativ. Fast alle Lebensmittel werden aus den USA eingeflogen.

LITERATUR

R.-O. **Schultze**, T.- u. C.-I., in: HDW. Bd. 3. 1982, 479 ff. – J. E. **Kersell**, Government Administration in a very small Microstate, in: Public Administration and Development 8 (1988) 169 ff.

Hans-Dieter Haas, Thorsten Sagawe

VENEZUELA

Amtlicher Name	República de Venezuela (Republik Venezuela)
Staatsform	Präsidiale Bundesrepublik
Hauptstadt	Caracas (1981: 1 816 900 E.)
Fläche	912 050 km²
Bevölkerung	18 100 000 E. (VZ 1990) – 21 E./km²
Sprache	Spanisch
Religion	Katholiken über 90%; Protestanten 2%
Währung	1 Bolívar (Bs.) = 100 Centimos

I. Naturräumliche Voraussetzungen

V., im N Südamerikas gelegen (↗Karibische Inseln und nördliches Südamerika), grenzt im W an ↗Kolumbien, im S an ↗Brasilien, im O an ↗Guyana und den Atlantischen Ozean, im N an das Karibische Meer. Es hat als einziges Land Anteil an allen drei Großlandschaften des Kontinents: Das *Bergland von Guayana,* das im SO fast die Hälfte der Landesfläche einnimmt, ist Teil eines alten kontinentalen Schildes. Wo die mächtigen paläozoischen Sandsteindecken großenteils abgetragen sind, bestimmen steil aufragende Tafelberge *(tepuis)* das Landschaftsbild. Von einem dieser Tafelberge stürzt der höchste Wasserfall der Erde *(Salto Angel)* fast 1000 m in die Tiefe. Bis heute sind diese Landesteile nur wenig erschlossen. Der Anteil an den *Südamerikanischen Anden* beschränkt sich auf die *Cordillera de Mérida* (im *Pico Bolívar* bis 5002 m hoch). Morphologisch setzt sich dieser Gebirgszug in der *Cordillere de la Costa* (bis 2700 m) bis zum Inselbogen der Antillen fort. Die Gebirgszone ist der dichtestbevölkerte Lebensraum Venezuelas. Zwischen der Cordillera de Mérida und der ostkolumbianischen. *Cordillera de Perijá* liegt ein riesiges Einbruchsbecken mit dem flachen Restsee von Maracaibo. Dort finden sich reiche Erdöllagerstätten. Zwischen dem Bergland von Guayana, den Anden und der Küstenkordillere erstreckt sich das ausgedehnte Tiefland der *Llanos del Orinoco.* 4/5 des Landes werden vom *Orinoco* (2150 m) und seinen Zuflüssen entwässert. Die aus den Bergländern kommenden Nebenflüsse haben seit der Gebirgsbildung im Tertiär mächtige Schotterpakete und Schwemmfächer vor dem Gebirge abgelagert und das Becken zwischen Anden und Bergland von Guayana aufgefüllt.

Klima und Vegetation des in den inneren Tropen gelegenen Landes variieren je nach Lage und Relief der einzelnen Landesteile erheblich. Wo die NO- bzw. SO-Passate an den Gebirgsflanken zum Aufsteigen gezwungen werden, fallen im Jahresmittel bis über 3000 mm Niederschläge, zumeist im Sommerhalbjahr; so dagegen Landschaften im Lee liegen, z. B. die innerandinen Längstäler oder Hügel- und Beckenlandschaften im NW, nicht einmal 300 mm.

Mit zunehmender Höhe und sinkenden Durchschnittstemperaturen kommt es zur Ausbildung thermischer Höhenstockwerke. Das heiße Land, die *tierra caliente,* mit einem Jahresmittel von 25 °C bis 29 °C reicht bis 800 m Höhe. Hier gedeihen v. a. Kakao, Reis, Zuckerrohr und Baumwolle. Im gemäßigten Land, der *tierra templada,* bis 15 °C bzw. ca. 2000 m, sind Kaffee und Mais die wichtigsten Anbauprodukte. Darüber folgt das kühle Land, die *tierra fría,* bis etwa

13 °C oder 3000 m. In dieser Zone wird neben Getreide und Kartoffeln auch Gemüse angebaut. Bei etwa 3300 m liegt die Grenze des Ackerbaus. Die *páramos* mit Zwergsträuchern und Espeletien bestimmen die Hochlagen des Gebirges.

II. Historische und politische Entwicklung

Das 1498 von *Kolumbus* auf seiner 3. Reise entdeckte V. war 1528–46 als span. Lehen im Besitz der Augsburger Kaufmannsfamilie Welser und bildete danach das span. *Generalkapitanat Caracas.* Nach der Revolution vom 19. 4. 1810 übernahm V. bei der Loslösung des nördl. Südamerika von der span. Kolonialmacht mit seinen Befreiungshelden *Simón de Bolívar, Francisco de Miranda* und *Antonio José de Sucre* die Rolle des Vorreiters. Der Unabhängigkeitserklärung (5. 7. 1811) folgte ein 10jähriger, sehr verlustreicher Bürgerkrieg. Doch auch nach der Bildung einer *Republik Großkolumbien* (1819 mit Neugranada [Kolumbien], 1822 auch mit Quito [Ecuador]) und nach dem Sieg Bolívars über die Regierungstruppen am 24. 6. 1821 auf dem *Campo Carabobo* (südl. von Valencia), ließen sich die heterogenen Kräfte nicht vereinen. Am 24. 3. 1830 machte sich V. unter General *José Antonio Páez* selbständig. Trotzdem dauerte die Phase der Bürgerkriege, Aufstände und Revolutionen noch mehrere Jahrzehnte. 1864 wurde der Einheitsstaat in die *Bundesrepublik V.* umgewandelt.

Obwohl in V. als erstem lateinamerikan. Land eine föderalistisch organisierte Republik mit Dreiteilung der Gewalten geschaffen worden war, hat es bis 1958 nur acht Jahre demokratische und zivile Regierungen gegeben. Bis ins beginnende 20. Jh. bestimmten rivalisierende Provinz-Caudillos die Geschicke des Landes. Die Verkehrswege beschränkten sich bis in die Zeit um 1925 vorwiegend auf Hafen-Hinterland-Verbindungen, was den Aufbau einer nationalen Volkswirtschaft sehr verzögerte. Unter der Diktatur von *Juan Vicente Gómez* (1908–35) wurden die regionalen Caudillos unterworfen; gleichzeitig erfolgte ein Ausbau der Infrastruktur des Landes. Seit den 30er Jahren wurde der Erdölsektor zum Motor für einen rasanten Modernisierungs- und Verstädterungsprozeß. Mit der Urbanisierung wuchsen aber auch die Opposition gegen autokratische Herrschaft und die Abhängigkeit von ausländischen Ölkonzernen. Auf eine demokratische Zwischenphase 1945–48 folgten jedoch erneut Jahre der Umstürze und Putschversuche sowie die Diktatur unter General *Marcos Pérez Jiménez* (1953–58). Die danach einsetzende, bis heute andauernde Demokratie, als deren Vater *Rómulo Betancourt* (1959–64) von der AD gilt, basiert in erster Linie auf einer übergreifenden Verständigung zwischen den großen Parteien des Landes, die im sog. *Pakt von Pùnto Fijo* (1958) formal besiegelt wurde, und auf den bis zum Beginn der 80er Jahre stetig wachsenden Öleinnahmen. Politisch bestimmende Kräfte sind die sozialdemokratisch ausgerichtete *Acción Democrática* (AD) und der christdemokratisch orientierte *Comitado de Organización Política Electoral Independiente* (COPEI, auch *Partido Sozial Cristiano*). Nach den v. a. in den 70er Jahren getätigten produktiven Investitionen in Industrien, Verkehrswege usw. und nach einem Anstieg der Sozialausgaben floß jedoch auch viel Geld ins Ausland. Der Rückgang der Erdölpreise führte Anfang der 80er Jahre zu abnehmenden Staatseinnahmen. Als die staatlichen Unternehmen 1982 die Zinsen für kurzfristige Auslandskredite nicht mehr bezahlen konnten, signalisierte dies den Beginn einer bis heute anhaltenden Verschuldungskrise. Seit den Parlamentswahlen vom 4. 12. 1988 ist *Carlos Andrés Pérez* von der AD erneut Staats- und Regierungschef (zuvor 1974–79). Um die internationale Kreditwürdigkeit wiederherzustellen und dringend benötigte neue Auslandskredite zu erhalten, verordnete er dem Land eine wirtschaftliche Radikalkur und eine drastische Senkung der Staatsausgaben. Der Abbau staatlicher Subventionen auf Grundnahrungsmittel hat v. a. in den randstädtischen Hüttenvierteln die wirtschaftliche und soziale Lage verschärft. Ausdruck dafür war auch ein erstmals seit 30 Jahren durchgeführter Generalstreik Mitte Mai 1989. – V. ist Mitglied u. a. des Anden-Pakts, der ALADI, OAS, im SELA und der OPEC (Initiator). Bis zum Ende des Jahrhunderts ist ein gemeinsamer Markt mit Bolivien, Ecuador, Kolumbien und Peru geplant.

III. Verfassung, Verwaltung, Recht

1. Verfassung

Die Verfassung vom 23. 1. 1961 (die 25.) hat 252 Artikel. V. ist eine repräsentativ-demokratische, präsidiale Bundesrepublik. Dem Bund gehören 20 Bundesstaaten an, 2 Bundesterritorien (Amazonas, Delta Amacuro), der Bundesdistrikt mit der Hst. Caracas und die Dependencías Federales (72 Inseln der Antillen). Die Staaten haben gewählte Gouverneure und eigene Gesetzgebungsversammlungen. Der Bund hat die Kompetenz zur Gesetzgebung, soweit Angelegenheiten aus der Natur der Sache einheitlich geregelt werden müssen. Der Bereich der Landesgesetzgebung wird schmaler; es gibt eine deutliche Zentralisierungstendenz. Durch OrganisationsG von 1978 wurde allerdings die lokale Selbstverwaltung gestärkt.

Die *Legislative* wird durch ein Zweikammerparlament ausgeübt. Die Zahl der für 5 Jahre direkt gewählten Mitglieder des *Abgeordnetenhauses* wird durch Gesetz festgesetzt. Die Richter des Obersten Gerichtshofes können an den Beratungen des Abgeordnetenhauses teilnehmen. Der *Senat* besteht aus je 2 Senatoren für jeden Bundesstaat und den Bundesdistrikt. Sie werden direkt gewählt. Senatoren (auf Lebenszeit) sind auch die ehem. ordnungsgemäß gewählten Präsidenten. Gesetzgebungsinitiativen können auch durch Volksbegehren eingeleitet werden.

Der ebenfalls für 5 Jahre gewählte *Präsident* ist Staats- und Regierungschef. Er ernennt die Minister, den Oberbefehlshaber der auf der Grundlage der allgemeinen Wehrpflicht organisierten Streitkräfte, hohe Beamte etc. Es gibt Elemente des parlamentarischen Systems in Gestalt des destruktiven Mißtrauensvotums gegenüber den Ministern.

Die Unabhängigkeit der *Judikative* wird durch den Obersten Rat der Justiz gewährleistet, der die Richter ernennt und kontrolliert. Der Oberste Gerichtshof ist Revisionsinstanz in Zivil- und Strafsachen und zugleich Verfassungs- und Verwaltungsgericht. Im verfassungsgerichtlichen Verfahren können eine abstrakte Normenkontrolle durchgeführt, die Nichtigkeit eines Regierungs- oder Verwaltungsaktes festgestellt und Kompetenzkonflikte geschlichtet werden.

Nach Art. 218–222 der Verfassung überwacht der Minister für öffentliche Angelegenheiten die Verfassungsmäßigkeit allen staatlichen Handelns. Nach freilich nicht unbestrittener Auffassung kann auch dem Bürger das Recht eingeräumt werden, im *Amparo-Verfahren* (Verfassungsbeschwerde) die Verfassungswidrigkeit von Staatsakten geltend zu machen. Dazu bedarf es allerdings eines Gesetzes.

Der *Grundrechtsteil der Verfassung* ist mit 73 Artikeln sehr umfangreich. Es gibt Freiheitsrechte, politische, auch ökonomische und soziale Grundrechte. Nach Art. 46 ist jeder öffentliche Akt, der Grundrech-

Tabelle 1
Erwerbstätigkeit 1950–1981
(in 1000 und in %)

Erwerbspersonen (über 15 Jahre)	1950		1961		1971		1981	
	in 1000	in %	in 1000	in %	in 1000	in %	in 1000	in %
Land- und Forstwirtschaft, Fischerei	655	40,2	700	31,0	612	20,3	518	11,2
Bergbau	49	3,0	53	2,4	38	1,3	55	1,2
Industrie und Baugewerbe	255	15,7	415	18,4	562	18,7	1.033	22,3
Handel, Geldwesen und Verkehr	199	12,3	411	18,1	503	16,7	1.195	25,8
öffentliche und private Dienstleistungen, Energie- und Wasserversorgung	330	20,2	557	24,6	810	26,8	1.231	26,5
sonstige Tätigkeiten	141	8,6	125	5,6	490	16,2	603	13,0
Insgesamt	1628	100,0	2262	100,0	3015	100,0	4635	100,0

Quelle: OCEI: XI Censo General de Población y Vivienda. Caracas 1985

te verletzt, nichtig. Allerdings wird die Geltungskraft der Grundrechtsverbürgungen durch viele Gesetzesvorbehalte eingeschränkt. Gerade die wirtschaftlichen Grundrechte sind vielfach durch Präsidialdekret eingeschränkt. Andere Grundrechte haben wegen des Fehlens von Ausführungsgesetzen eher deklaratorischen Charakter. Die Verfassung enthält auch Grundpflichten, wie z. B. die zur Arbeit.

Die Verfassung garantiert Religionsfreiheit. Glaubensgemeinschaften können sich im Rahmen der Gesetze unter staatlicher Aufsicht entfalten. Einzelheiten des Verhältnisses zwischen V. und der kath. Kirche sind in einem Vertrag vom 6.3.1964 konkordatär geregelt.

Die Regelung des *Ausnahmezustandes* in der Verfassung ist von Art. 136 der mexikan. Verfassung beeinflußt. Danach verliert die Verfassung ihre Gültigkeit auch dann nicht, wenn ihre Beachtung (eine Zeitlang) durch Gewalt unterbrochen wird. Der Ausnahmezustand darf nur bei inneren oder äußeren Konflikten oder in anderen „wohlbegründeten" Fällen erklärt werden, der Präsident muß sie dem Kongreß unterbreiten. Die Geltung von Grundrechten kann eingeschränkt werden.

2. Recht
a) Privat-, Handels- und Wirtschaftsrecht. Das ZGB stammt vom 13. 8.1942. Ihm liegt ein patriarchalisches Bild von Ehe und Familie zugrunde. Die soziale Verpflichtung des Eigentums wird besonders betont. Das LandreformG von 1960 geht davon aus, daß Latifundien dem Interesse der Gesellschaft zuwiderlaufen. Es gilt das HGB von 1955. Wie in anderen lateinamerikan. Ländern sind gerade im Handelsrecht Brauch und Gewohnheitsrecht signifikant.

b) Strafrecht. Das (7.) StGB, 1926 erlassen und 1958 wie 1964 mit liberal-rechtsstaatlicher Tendenz novelliert, ist mit fast 600 Artikeln sehr umfangreich und detailliert. 1938 wurde das Militärstrafrecht vom StGB getrennt, 1945 novelliert. Gerade in diesem Bereich gibt es gegenwärtig weiterreichende Reformansätze. Die Justizgrundrechte sind in die Verfassung aufgenommen worden.

c) Internationales Privatrecht und internationales Recht. Das IPR V.s ist in Art. 8 des Zivilprozeßgesetzbuches geregelt. 1926 hat das Land den „Bustamante Code of Private International Law" ratifiziert. Für Rechtsgeschäfte gilt das Recht des Landes, in dem sie abgeschlossen werden. Ausländische Urteile benötigen zur Vollstreckbarkeit das Exequatur des Obersten Gerichtshofes. In Art. 108 der Verfassung verpflichtet sich das Land zur Förderung der wirtschaftlichen Integration Lateinamerikas, in Art. 129 ferner dazu, internationale Streitigkeiten mit friedlichen Mitteln beizulegen.

IV. Bevölkerungs- und Sozialstruktur

Nach den Ergebnissen der letzten Volkszählung (1990) leben in V. 18,1 Mio. E. Damit hat sich die Bevölkerungszahl seit 1950 (5,0 Mio.) mehr als verdreifacht. Seit 1936 lag das Bevölkerungswachstum stets zwischen 3 und 4,5% p. a., hat sich aber inzwischen deutlich verlangsamt (im jährlichen Durchschnitt 1980–85 auf 2,84%, 1985–90 auf 2,61%). Trotz gesunkener *Geburtenziffer* (1959: 46,9 ‰, 1988: 30 ‰) und *Sterbeziffer* (8,8 bzw. 5 ‰) ist die *Altersstruktur* noch sehr günstig. 38% der Einwohner sind (1990) jünger als 15 Jahre, 28% 15–30 Jahre und nur 4% über 65 Jahre alt. Die *Lebenserwartung* beträgt (1985) 66,7 Jahre bei Männern und 72,8 Jahre bei Frauen.

Die *Bevölkerungsdichte* ist sehr unterschiedlich. Die Bevölkerung konzentriert sich vorwiegend auf einige kleinere Landesteile. Im Bundesdistrikt mit der Hst. Caracas wohnen 1990 rund 1090 E./km². Hier und in den 3 benachbarten Bundesstaaten Miranda, Carabobo und Aragua (2,4% der Landesfläche) leben fast 6,5 Mio. Menschen (36% der Bevölkerung). Im Gegensatz dazu sind weite Teile des Landes fast menschenleer. Die südl. Bundesterritorien Amazonas, Delta Amacuro, die Bundesstaaten Bolívar und Apure hatten auf 58% der Landesfläche nur 1,3 Mio. E. (7% der Bevölkerung).

Noch 1950 lebten 52% der Bevölkerung in ländlichen Siedlungen mit weniger als 2500 E. Im Zuge einer raschen *Verstädterung* verringerte sich dieser Anteil bis 1981 auf 20%. Zum selben Zeitpunkt lebten bereits 46% der Bevölkerung in 17 Großstädten mit mehr als 100 000 E. Es hatten die Kernstadt Caracas (1981) 1,04 Mio. E. (Stadtregion 2,65 Mio.), Maracaibo 0,89 Mio. E. (Stadtregion 1,0 Mio.) und Valencia 0,62 Mio. E. (Stadtregion 0,8 Mio.).

Stärkste *Bevölkerungsgruppe* sind mit ca. 60% die Mestizen; ca. 20–25% sind Weiße (meist span. und it. Abstammung), ca. 13% Schwarze, Mulatten und Zambos. Letztere leben v. a. in den feuchtheißen Küstenniederungen der Barlovento und in den östl. Landesteilen. Anders als in Peru oder Mexiko trafen die span. Eroberer in V. nicht auf eine indianische Hochkultur, sondern auf Völker unterschiedlicher Entwicklungsstufen. Heute leben in V. nur noch ca. 200 000 Indianer, die über 20 verschiedenen Stämmen angehören. In ihrer Mehrzahl haben sich diese in die unzugänglichen Wald- und Savannengebiete des Berglandes von Guayana zurückgezogen, wo sie durch Gold- und Diamantensucher sowie durch den Abenteuertourismus weiter zurückgedrängt werden.

Angesichts des Bevölkerungswachstums hat die *Erwerbstätigkeit* eine starke Ausweitung erfahren (1950: 1,6 Mio. Erwerbspersonen, 1981: 4,6 Mio.). Hierbei

Tabelle 2
Bruttoinlandsprodukt 1971, 1981 und 1987
(in Mrd. Bs. und in %)

	1971		1981		1987	
	Mrd.Bs.	%	Mrd. Bs.	%	Mrd. Bs.	%
Land- und Forstwirtschaft, Fischerei	3,9	7,5	16,4	5,6	42,6	6,1
Bergbau	9,0	17,2	66,9	22,7	68,6	9,8
Verarbeitendes Gewerbe	11,1	21,3	43,1	14,6	158,9	22,8
Baugewerbe	2,4	4,6	15,7	5,3	34,6	5,0
Handel und Beherbergungsgewerbe	5,9	11,2	23,2	7,9	131,5	18,8
Nachrichten und Verkehr	4,3	8,3	30,8	10,4	49,1	7,0
Finanzsektor, Versicherungen	4,9	9,4	46,3	15,7	88,1	12,6
sonstige private und öffentliche Dienstleistungen, Energie- und Wasserversorgung	10,7	20,5	52,8	17,8	124,5	17,9
gesamt	52,3	100,0	295,2	100,0	697,9	100,0

Quellen: OCEI: Anuario estadístico de Venezuela 1971, Caracas 1973; 1985, Caracas 1986; 1987, Caracas 1990

veränderte sich auch die Erwerbsstruktur deutlich (vgl. dazu Tab. 1).

Am auffälligsten ist der Bedeutungsverlust des primären Sektors. Gleichzeitig gewannen v. a. Handel, Geldwesen und Verkehr stark an Bedeutung. Wie in allen Ländern der Dritten Welt signalisiert diese Zunahme schwerwiegende Beschäftigungsprobleme: Aufblähung des Behördensektors sowie versteckte Arbeitslosigkeit. Die offene Arbeitslosigkeit betrug 1985 13,1%, 1989 8,7%.

Trotz stark verbesserter Wohnungssituation und Wasser- und Elektrizitätsversorgung besteht bei allen größeren Städten das Problem der randstädtischen Hüttenviertel *(Ranchos)*, in dem sich die starke Stadtwanderung der Bevölkerung widerspiegelt. So lebten 1971 42% der Einwohner von Caracas und 63% von Maracaibo in solchen Hüttenvierteln. Diese sind zum überwiegenden Teil keine Slums. Sie werden erweitert, die Hütten ausgebaut und aufgestockt, neue Einfachsthütten von Neuzuwanderern dazwischengefügt.

V. besitzt ein gut ausgebautes *Gesundheitswesen*, dessen Inanspruchnahme durch die Bevölkerung kostenlos ist.

V. Wirtschaft

Der Staat ist der dominierende Faktor des Wirtschaftslebens. Es gibt staatliche Wirtschafts- und Sozialpläne. Er kontrolliert ausländische Investitionen und hat das Recht, sich bestimmte Industriezweige vorzubehalten.

Bis in die 20er Jahre dieses Jahrhunderts war die *Landwirtschaft* der wichtigste Wirtschaftszweig mit Indigo, Kaffee und Kakao als wichtigsten Exportgütern. Mit dem beginnenden Erdölexport (1917) und dem Aufschwung des Erdölsektors verlor sie an Bedeutung. Selbst Grundnahrungsmittel mußten für die wachsende städtische Bevölkerung importiert werden. Erst im Rahmen der Agrarreform wurden ab 1960 nennenswerte Maßnahmen zum Abbau von Entwicklungshemmnissen der Landwirtschaft ergriffen. Zunächst erhielten viele Kleinlandwirte das von ihnen bewirtschaftete Land als Besitz zugeteilt. Produktionskredite wurden vergeben, Vermarktungswege verbessert, Mindestpreise für landwirtschaftliche Produkte eingeführt, die gesamte Infrastruktur des ländlichen Raumes verbessert und Neuland für die Anlage von Dorfsiedlungen *(asentamientos)* erschlossen. Trotzdem konnten die erhofften Erfolge nicht erreicht werden, v. a. wegen großer Mängel auf organisatorischem Gebiet.

Die landwirtschaftlich genutzte Fläche beträgt ca. 24% der Gesamtfläche. Infolge der unterschiedlichen Naturräume bestehen sehr verschiedenartige landwirtschaftliche Nutzungsmöglichkeiten. Im traditionellen Lebensraum der Gebirge ist nach wie vor der Anbau von Kaffee von großer Bedeutung. In den an Straßen gelegenen Kleinbetrieben der *tierra fría* werden Kartoffeln, seit den 50er Jahren in steigendem Maße auch Gemüse angebaut. Im Tiefland finden sich zahlreiche Großbetriebe mit Viehwirtschaft, zunehmend auch große *haciendas* mit Anbau von Reis, Mais, Hirse, Baumwolle, Zuckerrohr und Sesam. Trotz deutlicher Produktionssteigerungen kann die heimische Landwirtschaft nur ca. 70% der benötigten landwirtschaftlichen Produkte erzeugen. 1987 lag der Beitrag der Landwirtschaft zum BIP bei 6% (vgl. Tab. 2).

Wichtige Wirtschaftsfaktoren sind die *Bodenschätze*. Seit 1917 wird *Erdöl* exportiert. V. war zeitweilig der weltweit größte Erdölexporteur. 1976 wurde der gesamte Erdölsektor verstaatlicht. Die wichtigsten Fördergebiete liegen am See von Maracaibo und in den östl. Llanos bei El Tigre und Maturín. Die größten Raffinerien befinden sich auf der Halbinsel Paraguaná, bei Puerto La Cruz, westl. von Pto. Cabello und im NO bei Caripito. Parallel zum Río Orinoco findet sich in den südl. Llanos die „faja petrolífera", ein großes Vorkommen an Ölsanden. Infolge der hohen Kosten für die Aufbereitung lassen sie sich bislang noch nicht nutzen. Der Anteil des Erdölsektors an den Staatseinnahmen betrug 1987 45%, der am BIP knapp 9%. 1989 lag V.s Erdölförderung weltweit an 7. Stelle (ca. 3%).

Am nördl. Rand des Berglandes von Guayana befinden sich große *Eisenerzvorkommen*. Die Reserven werden auf über 12 Mrd. t geschätzt. Allein der Erzberg des Cerro Bolívar (1947 entdeckt) stellt eine auf 650 Mio. t geschätzte Lagerstätte dar (Fe-Gehalt um 58%). Der Eisenerzbergbau – einst von zwei US-amerikan. Stahlkonzernen entwickelt – wurde 1975 verstaatlicht. An der Mündung des Caroní in den Orinoco entstand 1961 durch Zusammenschluß die Industriestadt Ciudad Guayana (1981: 315 000 E.). Hier werden die Erze aufbereitet. 1962 ging das staatliche Stahlwerk SIDOR in Betrieb, das 1985 ca. 2,5 Mio. t Stahlprodukte herstellte (Kapazität 4,8 Mio. t jährlich). 1967 und 1976 kamen zwei große Werke zur Erzeugung von Rohaluminium sowie ein Werk zur Produktion von Aluminiumoxid (1987) hinzu. Neben importiertem Aluminiumoxid wird seit 1987 Bauxit vom Nordwestrand des Berglandes von Guayana zur Aluminiumgewinnung eingesetzt. Seit 1968 liefert das südl. von Ciudad Guayana am Río Caroní errichtete Wasserkraftwerk am Stausee von Guri den elektrischen Strom für Ciudad Guayana sowie für die Industrieagglomerationen zwischen Caracas und Valencia.

Das *verarbeitende Gewerbe* ist v. a. in der ca. 150 km langen Zentralregion zwischen Caracas und Valencia ansässig. Auf nur 2,4% der Landesfläche leben 38% der Einwohner und arbeiten rd. 75% aller Industriebeschäftigten des Landes. Ein 1976 erlassenes Gesetz zur Dezentralisierung der Industrie änderte an der räumlichen Verteilung nur wenig. Auf Nahrungsmittel- und

Textilindustrie entfielen 1987 43% aller Beschäftigten der Industrie und 35% des Wertes aller Industrieprodukte. Für eine vielseitige Industrie ist die kaufkräftige Bevölkerung zu gering. Dank Zollschutz aufgebaute Spezialindustrien haben wegen mangelhafter Qualität der Produkte teilweise Schwierigkeiten beim Export. 1987 betrug der Anteil der intermediären Industrien zur Produktion chemischer, petrochemischer und metallischer Erzeugnisse 45% des gesamten Produktionswerts und 33% aller Industriebeschäftigten.

Das Gesamtvolumen des *Außenhandels* sank von 31,9 Mrd. US-$ (1981) auf 19,8 Mrd. US-$ (1985). Wegen der rückläufigen Staatseinnahmen bemühte sich die Regierung um eine sparsame Haushaltspolitik. Dennoch erhöhten sich die öffentlichen *Auslandsschulden* 1980–89 von 11,2 auf 33 Mrd. US-$.

Unter dem Einfluß der Finanzkrise hat die *Währung* in den letzten 10 Jahren stetig an Wert verloren. Der Wechselkurs sank 1979–90 von ca. 50 auf 4 DM für 100 Bs. Obwohl die meisten Preise staatlicher Kontrolle unterliegen und Regierung und Zentralbank sich zunehmend um eine solide Geldpolitik bemühen, lag die *Inflationsrate* 1989 bei über 100%, Anfang 1990 noch bei ca. 25–30%.

Verkehr. V. besitzt ein gut ausgebautes *Straßennetz* (ca. 75 000 km, davon ca. 1/3 befestigt), das sich aber v. a. auf den N konzentriert. Zu den Hauptstrecken gehören die „Carretera Transandina" (Teil der „Carretera Panamericana") und die parallel verlaufende „Carretera de los Llanos". Die *Eisenbahn* ist unbedeutend. Die *Binnenschiffahrt* auf dem Orinoco und seinen Nebenflüssen und auf mehreren Kanälen (insgesamt über 20 000 km Wasserwege, zweitgrößtes Wasserstraßennetz Südamerikas nach dem des Amazonas) gewinnt zunehmend an Bedeutung. Für die *Seeschiffahrt* sind Haupthäfen La Guaira vor Caracas, Maracaibo, Puerto Cabello und Guanta. Internationale *Flughäfen* sind Simón Bolivar bei Caracas und Santo Domingo.

VI. Kultur, Religion, Bildung

Der ethnischen Vielfalt V.s (vgl. IV) entspricht die kulturelle. In der volkstümlichen *Musik* sind v. a. in den Hauptlebensgebieten der Schwarzen traditionelle afrikan. Rhythmen und Instrumente (Trommeln) zu hören. Ansonsten ist der Einfluß span. Elemente unverkennbar. Harfe, Gitarre und Cuatro (kleine viersaitige Gitarre) sowie Maracas (Rumbakugeln) als Rhythmusinstrumente sind die bevorzugten Instrumente. In Caracas werden seit 1954 Festivals lateinamerikan. Musik veranstaltet. Dort ist auch das „Instituto Interamericano de Etnomusicologia y Folklore" zur Ausbildung junger Musiker aus ganz Lateinamerika. In fast jeder Großstadt gibt es symphonische Orchester, die sich an internationalen Standards orientieren. Das gilt auch für das *Theater*, das in den letzten Jahren ein hohes Niveau erreicht hat. Alle zwei Jahre finden in V. Internationale Theaterfestspiele statt. – Bis zur Unabhängigkeit war die *Literatur* in erster Linie auf die Klöster beschränkt geblieben. Erst danach entwickelte sich so etwas wie eine öffentliche Literatur. Bevor sich auch hier internationale Strömungen und Tendenzen bemerkbar machen konnten, beschäftigten sich viele namhafte Autoren vornehmlich mit den Problemen der ländlichen feudalen Gesellschaft (so *Rómulo Gallegos*, der Febr.–Nov. 1948 Staatspräsident war, in dem Roman „Doña Bárbara", 1929). Vor allem seit den 50er Jahren ist die gesamte Kultur des Landes stark von US-amerikan. und europ. Einflüssen geprägt. – Dies gilt auch für die *Architektur*. So wird das Stadtbild von Caracas heute von modernen Hochhausbauten westl. Baustile beherrscht.

Religion. Die Bevölkerung gehört zu über 90% der kath. Kirche an (in 6 Erzb., 18 Suffr.-Bist. und 4 Apostolischen Vikariaten). Schon seit 1834 besteht Religionsfreiheit. Entsprechend der ethnischen Zusammensetzung der Bevölkerung ist die Religiosität allerdings nicht auf die etablierten Kirchen beschränkt. Sie zeigt sich darüber hinaus in vielen traditionellen Festen, bei denen vornehmlich Elemente indianischer und afrikanischer Volksreligiosität zum Ausdruck kommen.

Seit der Reform des *Bildungswesens* 1980 wurde die allgemeine Schulpflicht von 6 auf 9 Jahre ausgeweitet (*educación básica*). Nach wie vor verlassen jedoch nahezu 2/3 aller Schüler die Schule vorzeitig. Die Analphabetenquote der über 10jährigen ist deutlich gesunken, von 50% (1950) auf 11% (1981), liegt aber in ländlichen Gebieten deutlich über dem Durchschnitt. In der anschließenden „educación media" erhalten die Schüler entweder eine 2jährige berufsbezogene Ausbildung oder erwerben nach 3 Jahren das Abitur. Dieses berechtigt zum Studium an den zahlreichen Hochschulen und den 14 staatlichen und 19 privaten Universitäten. Alle Universitäten besitzen Filialen und Niederlassungen in verschiedenen Städten des Landes. Die größten Universitäten sind die „Universidad del Zulia" (in Maracaibo, mit Filialen in anderen Städten) und die „Universidad Central de Venezuela" (in Caracas) mit je über 52 000 Studenten.

LITERATUR

Zu I, II, IV, V, VI:
L. **Marrero**, V. y sus Recursos. Caracas 1964. – F. **Boito Figueroa**, Historia economica y social de V. 3 Bde. Caracas 1973/75. – A. **Blanco Muñoz**, Clases Sociales y Violencia en V. Caracas 1976. – Chr. **Borcherdt**, Probleme der Industrialisierung V.s, in: Lateinamerika-Studien H.7 (1980) 217 ff. – Colección Geografía de V. Nueva. Hg. P. **Cunill Grau**. 15 Bde. Caracas 1981 ff. – A. **Boeckh**, P. **Waldmann**, V., in: PolLexLat. ²1982, 310 ff. – A. **Boeckh**, V., in: HDW. Bd. 3. ²1982, 358 ff. – W. **Hein**, Weltmarktabhängigkeit und Entwicklung in einem Ölland: Das Beispiel V. (1958–78). Stuttgart 1983. – N. **Werz**, Parteien, Staat und Entwicklung in V. München 1983. – H. **Pachner**, Bevölkerungsentwicklung und räumliche Kontraste in V., in: Nachrichten der Dt.-Venezolan. Gesellschaft 3 (1985) H.3/4, 132 ff. – R. **Torrealba**, Mercado de Trabajo y Migraciones Laborales entre Colombia y V. en el contexto de la Crisis venezolana 1980–1986. Caracas 1987. – A. J. **Rochas S.**, La Estructura Socioeconómica de la V. rentista y el transito hacia el capitalismo. Merida 1987. – L. **Zambrano Sequín u.a.**, Deuda Externa y tipos de Cambio en la V. Contemporánea. Caracas 1987. – A. R. **Brewer Carías**, Problemas del Estado de Partidos. Caracas 1988. – J. C. **Sanchez Olivo**, Crónicas de Apure. Caracas 1988. – Diccionario Histórico de V. Hg. M. **Perez Vila**. Caracas 1989. – I. **Casique**, Relaciones entre la Institutión Eclesiastica y el Estado Venezolano. Caracas 1989. – Crisis Sobrevivencia y Sector Informal. Caracas 1989. – R. **Betancourt**, Historia y Contemporaneidad. Caracas 1989. – N. **Werz**, Die Lateinamerikanisierung V.s, in: JbDrW 1990 (1989) 241 ff. – Lber. V. 1990. Stuttgart 1990. – F. **Welsch**, N. **Werz**, V. Wahlen und Politik zum Ausgang der achtziger Jahre. Freiburg 1990. – A. **Boeckh**, M. **Hörmann**, V., in: PolLexLat. ³1992, 315ff:

Zu III:
V. A Country Study. Washington 1964, ³1977 [1. Aufl. u. d. T.: H. I. Blutstein, Area handbook for V.]. – A. R. **Brewer-Carías**, V., in: IECl. Bd. 1. National Reports, V/Z. Hg. K. Zweigert, U. Drabnig. Tübingen 1975, 5 ff. – H. **Fix-Zamudio**, Verfassungskontrolle in Lateinamerika, in: JöR N.F. 25 (1976) 649 ff. – R. J. **Velasquez u.a.**, V. Moderna, Medio Siglo de Historia, 1926–1976. Caracas 1976, ²1979. – A. R. **Brewer-Carías**, El Control de la Constitucionalidad de los Actos Estatales. Caracas 1977. – M. **Rabeneick**, Das venezolan. Regierungssystem zwischen Caudilloherrschaft und Instabilität. Köln 1978 (Diss.). – J. **Sosa Chacín**, Derecho Penal. Bd. 1. Introducción, la Ley Penal. Caracas, ²1978. – A. **Arteaga Sánchez**, Derecho Penal Venezolano. Parte General. Caracas 1982. – V., in: Modern Legal Systems Cyclopedia. Bd. 10. South America. Hg. K. R. **Redden**. Buffalo (N.Y.) 1985, 257 ff. – Richterliche Verfassungskontrolle in Lateinamerika, Spanien und Portugal. Hg. H.-R. **Horn**, A. **Weber**. Baden-Baden 1989.

Christoph Borcherdt (I, II, IV, V, VI),
Ulrich Karpen (III)

BRASILIEN

Amtlicher Name	República Federativa do Brasil (Föderative Republik Brasilien)
Staatsform	Föderative demokratische Republik
Hauptstadt	Brasilia (1985: 1 568 000 E.)
Fläche	8 508 900 km²
Bevölkerung	153 321 000 E. (1991; VZ 1980: 119 003 000). – 18 E./km²
Sprache	Portugiesisch
Religion	Katholiken rd. 88%; Protestanten rd. 8%
Währung	1 Cruzeiro (Cr$) = 100 Centavos

I. Naturräumliche Voraussetzungen

B., flächenmäßig der größte Staat ⁊Südamerikas (47,8 % des Subkontinents; vgl. Tab. 1) und der fünftgrößte der Erde, erstreckt sich zwischen 5° 16' n. Br. und 35° 45' s. Br. Seine Ostgrenze bildet – an einer wenig gegliederten Küstenlinie von ca. 7400 km – der Atlantische Ozean. Gemeinsame Grenzen hat es im N mit ⁊Kolumbien, ⁊Venezuela, ⁊Guyana, ⁊Suriname und ⁊Französisch-Guayana, im W und SW mit ⁊Peru und ⁊Bolivien, im S mit Paraguay, ⁊Argentinien und ⁊Uruguay. Mit Ausnahme des subtropischen Südens (Staaten Paraná, Santa Catarina, Rio Grande do Sul) liegt B. in den Tropen.

Die *Oberflächengestalt* wird geprägt durch die Lage auf den Grundgebirgssockeln des *Brasilianischen Schildes* im Zentrum, S und NO und des von Guayana im N sowie durch das dazwischenliegende, bis zu 2000 km breite *Amazonasbecken*. Ausgedehnte Tiefebenen und schwachwellige Berg- und Tafelländer von mittlerer Höhe charakterisieren die Topographie; 41 % der Staatsfläche liegen unter 200 m, 40 % zwischen 200 und 500 m, 19 % über 500 m, davon nur 0,5 % über 1200 m. Die höchsten Erhebungen sind der *Pico de Neblina* (3014 m), an der Grenze zu Venezuela, und der *Pico de Bandeira* (2890 m) in dem Küstengebirge des SO.

B. kann in 9 große *Flußeinzugsbereiche* unterteilt werden, wobei der des *Amazonas* der größte ist (47 % der Staatsfläche). Danach folgen die von *Paraná, Tocantins-Araguaia, São Francisco, Paraguay* und *Uruguay*.

Klima- und Vegetationszonen. Es lassen sich 5 große Klima- und Vegetationszonen unterscheiden: (1) Das innertropisch-feuchtheiße Amazonasbecken mit über 3000 mm Niederschlag/Jahr an der Mündung und 1500–1700 mm im mittleren Bereich. Die Jahresmittel-Temp. liegt bei 24–26°C. Noch immer dominiert auf der überschwemmungssicheren, aber nährstoffarmen *terra firme* (98,5 % Amazoniens) der in letzter Zeit stark dezimierte tropische Regenwald, während der regelmäßig überflutete Flußauenbereich (1,5 % Amazoniens) von Igapó- und Varzea-Wäldern eingenommen wird. – (2) Feuchtheißes Klima in einem schmalen Küstenstreifen von Rio Grande do Norte bis Rio de Janeiro und von dort westwärts in die Staaten São Paulo und Mato Grosso do Sul hinein. Die Niederschläge im Bereich des weitgehend abgeholzten tropischen Küstenurwaldes liegen zwischen 1000–1700 mm/Jahr. Die Jahresmitteltemperatur beträgt im N 24–26°, im S (um Rio de Janeiro) 22–24°C. – (3) Warmgemäßigtes subtropisches Klima in der Südregion mit Jahresniederschlägen von 1250–1500 mm. Die Jahresschwankung der Mitteltemperatur zwischen dem wärmsten und dem kältesten Monat kann über 13° betragen; es kommt zur Ausbildung von Jahreszeiten. Die Araukarienwälder des südbrasilian. Berglandes sind weitgehend gerodet. Baumlose subtropische Niedergrassteppen *(campos limpos)* dominieren. – (4) Tropisch-heißes, wechselfeuchtes Klima in den Feuchtsavannen *(campos cerrados)* Zentralbrasiliens mit 1500–2000 mm/Jahr, einer ausgeprägten, nach N zunehmenden Trockenzeit (5–6 Monate) sowie Jahresmittel-Temp. von 20–22° im S (Mato Grosso do Sul) und 26°C im N (Maranhão, Piauí). – (5) Tropisch heiß-trockenes Klima in der Dornbuschsavanne *(caatinga)* des NO mit 750–1000 mm/Jahr (Regenzeit: Febr.–April), oft viel weniger, und v. a. mit großen jährlichen Schwankungen (unperiodisches Auftreten von katastrophalen Dürren im Sertão).

Naturräumliche Großlandschaften. In vielen Teilen mit den Klima- und Vegetationszonen übereinstimmend, wird B. auch in 5 naturräumlich-agrarwirtschaftliche Großregionen unterteilt:
(1) *Norden*, größtenteils mit Amazonien identisch, heute bereits im S und O zu über 50 % gerodet (mit großflächigen irreparablen Erosionsschäden): spontane Kolonisten, staatliche Kolonisationsprojekte, Rinderweidewirtschafts-Großbetriebe (z. T. weit über

Tabelle 1
Fläche und Bevölkerung 1991

Bundesstaat	Fläche 1000 km²	Bevölkerung in 1000	E./km²
Norden			
Rondônia	238,4	1130	4,7
Acre	153,7	424	2,8
Amazonas	1568,0	2083	1,3
Roraima	225,0	206	0,9
Pará	1246,8	5046	4,0
Amapá	142,4	286	2,0
Tocantins	277,3	920	3,3
Nordosten			
Maranhão	329,6	4923	14,9
Piauí	251,3	2581	10,3
Ceará	145,7	6261	43,0
Rio Grande do Norte	53,2	2413	45,4
Paraíba	54,0	3190	59,1
Pernambuco	101,0	7384	73,1
Alagoas	29,1	2465	84,7
Sergipe	21,9	1486	67,9
Bahia	567,0	11802	20,8
Südosten			
Minas Gerais	586,6	15807	27,0
Espírito Santo	45,7	2585	56,6
Rio de Janeiro	43,7	14203	325,0
São Paulo	248,3	31150	125,5
Süden			
Paraná	199,3	8386	42,1
Santa Catarina	95,3	4510	47,3
Rio Grande do Sul	280,7	9163	32,6
Mittelwesten			
Mato Grosso do Sul	357,5	1768	5,0
Mato Grosso	901,4	2023	2,2
Goiás	340,2	4023	11,8
Distrito Federal*	5,8	1596	275,2
Brasilien	**8508,9**	**147814**	**17,4**

* Bundesdistrikt
Quelle: Fundacão Instituto Brasileiro de Geografia e Estadística, Vorabveröffentlichungen zum Zensus 1991. Río de Janeiro 1992

100 000 ha). – (2) *Nordosten* mit der klassischen Dreiteilung in die feuchtheiße Küstenzone (Zuckerrohr-, Kakaokulturen), dem sich westl. anschließenden, ackerbaulich genutzten Agreste, der in die semiaride Dornstrauchsavanne des Sertão übergeht. – (3) *Südosten*, mit einem hohen Anteil an Feuchtsavannen, die noch immer das Agrarzentrum B.s darstellen (Kaffee, Mais, Soja, Zuckerrohr u. a.), wo sich aber auch im Dreieck São Paulo-Belo Horizonte-Rio de Janeiro das Industriezentrum B.s befindet. – (4) *Mittelwesten*, fast identisch mit der Feuchtsavanne des zentralen Hochlandes, ausgesprochen agrarwirtschaftlich geprägt. Im W beider Mato Grossos, an der Grenze zu Bolivien, finden sich die regelmäßig überschwemmten Sumpf- und Grasländer des Pantanals, einer der letzten großen Naturlandschaften Lateinamerikas. – (5) *Süden*, wo auf den campos limpos die z. T. west-/südeurop. geprägte intensive Landwirtschaft dominiert (Weizen, Mais, Soja, Wein), die im äußersten S auf den pampa-ähnlichen Grasfluren dann von der intensiven Weidewirtschaft abgelöst wird.

II. Historische und politische Entwicklung

Nach der Inbesitznahme B.s 1500 durch *Pedro Alvares Cabral* dehnte ↗Portugal seine territorialen Machtansprüche ständig nach W und S aus. Dazu teilte es B. bereits 1531 in 14 *capitanías* (deren Grenzen sich z. T. in denen der heutigen Bundesstaaten spiegeln): lehnsrechtsähnliche, erbliche und unteilbare Landschenkungen *(donatárias)*, die von der Atlantikküste ins Landesinnere verliefen und nach W de facto offen waren. Die Einrichtung einer Kolonialverwaltung *(Generalgouvernement)* erfolgte 1549 mit Sitz in *Salvador de Bahia*. Seit 1549 missionierten Jesuiten bei den Indianern, für deren Schutz sie sich einsetzten. Bereits 1559 setzte der starke Import von Negersklaven ein, v. a. für die Zuckerrohr- und Kakaoplantagen im NO (um 1800 waren 2/3 der Bevölkerung B.s, d. h. 2 Mio., afrikan. Herkunft). Mehrere Versuche anderer europ. Staaten, sich in B. festzusetzen, scheiterten; nur die Holländer konnten 1630–54 kurzfristig in Pernambuco (Hauptstadt: Recife) eine eigene Kolonie errichten. Die territorialen Streitigkeiten zwischen Portugal und Spanien wurden endgültig 1777 im *Vertrag von San Ildefonso* beigelegt. Durch die Gold- und Diamantenfunde in

Minas Gerais (ca. 1700–75) verlagerte sich das wirtschaftliche Zentrum B.s vom NO in den SO: 1763 wurde *Rio de Janeiro* Hauptstadt, das 1808–21 auch Regierungssitz des vor Napoleon I. geflüchteten portugies. Kg. *Johann VI.* war. Unter dessen Sohn und Statthalter *Dom Pedro* erklärte B. sich am 7. 9. 1822 für unabhängig, und dieser wurde als *Peter I.* Kaiser von Brasilien. Am 24. 3. 1824 erhielt B. eine liberale Verfassung (konstitutionelle Monarchie). Von Peters Habsburger Gemahlin begünstigt, setzte seit 1824 die dt. Einwanderung ein, v. a. in den SO und S und v. a. von Handwerkern und Kleinbauern. Die politischen und wirtschaftlichen Wirren nach der Abschaffung der Sklaverei 1888 führten am 15. 11. 1889 durch einen Militärputsch zum Sturz des Kaisertums und zur Ausrufung der Republik. Nach der neuen Verfassung vom 24.2.1891 war B. eine föderative R. von 20 Bundesstaaten. Der Putsch von 1889 bedeutete das politische Ende der feudalen Agrargesellschaft. Gleichzeitig begann durch die aufblühende Kaffeewirtschaft im SO die politische Führungsstellung der Kaffeepflanzer aus São Paulo, die mit ihren Gewinnen aus dem Kaffeeanbau die Industrieentwicklung, v. a. im SO, beeinflußten. Wirtschaftskrisen, verursacht u. a. durch das Ende der Kautschukwirtschaft in Amazonien (1914) und den Ausfall der Kaffee-Exporte im I. Weltkrieg, beschleunigten zwar die Industrialisierung, weiteten sich aber in den 20er Jahren zu politischen Krisen aus. Durch einen Staatsstreich wurde *Getúlio Vargas* 1930 Präsident. 1937 schuf er mit einer autoritären Verfassung den sog. „Neuen Staat" und regierte bis zu seinem Sturz durch das Militär (1945) diktatorisch.

Das Jahr 1930 markiert den Beginn des modernen B. und den eigentlichen Beginn der Industrialisierung, die mit dem Ziel der Importsubstitution stark nationalistische Züge trug. Innenpolitisch stützte sich Vargas auf das städtisch-industrielle Bürgertum und die stark anwachsende Industriearbeiterschaft, für die er eine damals sehr fortschrittliche Sozialgesetzgebung erließ. Trotz seines Sturzes blieb Vargas politisch dominierend: sein Kandidat *Enrico Gaspar Dutra* war der nächste Präsident (1946–51); er selbst wurde zu dessen Nachfolger für die Amtsperiode 1951–56 gewählt, verübte aber – bei wachsenden inneren wie äußeren Spannungen – 1954 Selbstmord. Damit war die auf einen autonomen reformistischen Kapitalismus ausgerichtete Entwicklungslinie beendet.

Präsident *Juscelino Kubitschek de Oliveira* (1955–61) verfolgte zwar die auf den Binnenmarkt ausgerichtete Industrialisierung weiter, baute jedoch in hohem Maße auf ausländisches Kapital (vgl. V). Die politische Basis des Systems verlagerte sich auf das „internationalistische" Großbürgertum mit einer verstärkten wirtschaftlichen Fremdbestimmung, Abhängigkeit und Verschuldung. Mit dem Bau der neuen Hauptstadt *Brasilia* (Einweihung 1960; die Verlegung der Hauptstadt ins Landesinnere war bereits in der Verfassung von 1891 festgelegt) wurde einerseits ein „brasilianischer Traum" verwirklicht, zum anderen die logistische und infrastrukturelle Basis für die Erschließung Zentralbrasiliens und des Amazonasgebietes geschaffen.

Die Wirtschaftspolitik Kubitscheks und die kostenintensive, korruptionsträchtige Hauptstadtverlagerung hatten B. – bei der sich verschärfenden Rezession und politischen Polarisierung – in eine tiefe Wirtschafts- und Finanzkrise geführt. Das Scheitern der Bemühungen zur Konsolidierung der sozioökonomischen Situation unter *João Belchior Marques Goulart* (Präsident seit Mitte 1961) und die von diesem mit Hilfe der sog. „Front der Volksmobilisierung" versuchte Durchsetzung weitgehender Grundreformen (u. a. Agrarreform) führten zu einer Radikalisierung der politischen Auseinandersetzungen und zu einer Zuspitzung der wirtschaftlichen Lage. Diese und die angebliche Gefahr eines linksgerichteten Umsturzes dienten als Gründe für den von den Gouverneuren der wichtigsten Bundesstaaten unterstützten Militärputsch vom 31. 3. 1964, mit dem die kurze Phase des brasilian. Populismus ihr rigoroses Ende fand.

Seitdem stand B. bis Anfang 1985 praktisch unter Militärdiktatur; das Präsidentenamt war stets mit Generalen besetzt. Die Vollmachten der Regierung wurden erweitert und 1969 über eine Verfassungsänderung wesentliche Grundrechte eingeschränkt. Nach der endgültigen Überwindung der Rezession begann unter *Arturo de Costa e Silva* (1967–69) das brasilian. Wirtschaftswunder („milagre brasileiro"), das unter Emilio Garrastazú Médici (1969–74) und – eingeschränkt – unter Ernesto Geisel (1974–79) anhielt. Die politisch bestimmenden Merkmale des „brasilianischen Modells" waren: Beseitigung der demokratischen Einrichtungen („*Institutioneller Akt Nr. 5*", 1968; u. a. vorübergehende Schließung des Parlaments), willkürliche Verhaftungen, Repressionen und Folterungen gegen Oppositionelle und Kritiker, v. a. seit 1969. Widerstandsaktionen wurden von einem Teil des kath. Klerus (Erzb. *Hélder Pessoa Câmara*) und von Intellektuellen getragen. Gegen den „Terror von oben" hatte sich seit 1967 eine Stadtguerilla (Entführungen u. a.) gebildet. Das 1967 eingeführte Zweiparteiensystem (Regierungs-, Oppositionspartei) blieb in seiner Wirksamkeit wie die der Parlamente – trotz erheblicher Erfolge der Opposition bei den Parlamentswahlen 1974 – stark eingeschränkt. Die nahezu diktatorischen Sondervollmachten des Präsidenten wurden 1979 aufgehoben, 1980 das Zweiparteiensystem abgeschafft und die Gründung neuer Parteien zugelassen. Erstmals erfolgten 1982 wieder freie Wahlen zum Bundesparlament sowie für alle politischen Vertretungskörperschaften (Sozialdemokraten insgesamt stärkste Partei).

Außenpolitisch wurde B. in jener Phase mit Billigung der USA in steigendem Maße zur Vormacht des Subkontinents. Unter beträchtlicher Beteiligung von Auslandskapital kam es zu einer wachstumsorientierten Wirtschaftspolitik unter bevorzugter Förderung der dynamischen Sektoren und zu einer starken Position des Staates bei Interventionen und Investitionen. Die Partizipation der Bevölkerung an den Früchten des „Wirtschaftswunders" blieb gering; im Gegenteil: die sozialstrukturelle Asymmetrie und die sozioökonomischen regionalen Disparitäten verschärften sich zusehends.

Vor diesem Hintergrund und infolge der zunehmenden innenpolitischen und wirtschaftlichen Schwierigkeiten (Inflation, beginnende Schuldenkrise) sowie auf ausländischen Einfluß hin, gelang B. mit Ablauf der Regierungszeit des Generals *João Batista Oliveira Figueiredo* (1979–85) wieder der Übergang zur Demokratie. Nachdem der im Jan. 1985 durch ein Wahlmännerkollegium gewählte Staatspräsident *Tancredo de Almeida Neves* noch vor seiner Amtseinführung im April gestorben war, übernahm der designierte Stellvertreter, *José Sarney*, das Amt des Staatspräsidenten. Eine wichtige Konsequenz des Wechsels vom autoritären Regime zum demokratisch-repräsentativen System war die neue Verfassung von 1988 (vgl. III). Bei den Wahlen zum Abgeordnetenhaus im Nov. 1990 errangen die rechtsgerichteten und bürgerlichen Parteien die absolute Mehrheit (257 der 503 Sitze). Stärkste (unter 19 im Abgeordnetenhaus vertretenen) Parteien wurden die „Demokratische Bewegung Brasiliens" (PMDB) und die „Liberale Front" (PFL) mit 108 bzw. 82 Sitzen.

Der seit dem 15. 3. 1990 amtierende Staatspräsident *Fernando Collor de Mello* konnte sich erst nach einer Stichwahl gegen den Kandidaten der in der sog. Volksfront zusammengeschlossenen linken Parteien durchsetzen. Collor, der sich auf die von ihm erst 1989 gegründete „Partei des Nationalen Wiederaufbaus" (PRN) stützt, gewann v. a. durch seinen spektakulären Kampf gegen den schwerfälligen, überbürokratisierten, ineffizienten Staatsapparat und gegen das v. a. dadurch verursachte chronische öffentliche Defizit, dem derzeit größten Problem der brasilian. Wirtschaft. Der einen Tag nach dem Amtsantritt verkündete *Collor-Plan,* der vierte dieser Art in B. seit 1986, sah einschneidende Maßnahmen zur Reform der Volkswirtschaft vor, u. a. die Suspendierung aller staatlichen Subventionen und die Auflösung von überflüssigen öffentlichen bürokratischen Organen (mit bis zu 40 000 Stellen). – B. ist Mitglied u. a. des Amazonas-Pakts, der La-Plata-Gruppe, der OAS, ALADI und im SELA. 1991 beschloß es mit den La-Plata-Staaten die Errichtung eines „Gemeinsamen Marktes im südlichen Südamerika" (Mercosur).

III. Verfassung und Recht

1. Verfassung

B. ist eine präsidiale repräsentative demokratische und rechtsstaatliche Bundesrepublik. Die geltende Verfassung vom 5. 10. 1988 ist das Ergebnis der Wiederherstellung der Demokratie. Sie ist mit über 300 Artikeln sehr lang. Im Bestreben, möglichst viel zu regeln, sind die Grenzen zur einfachen Gesetzgebung gelegentlich überschritten, nicht zuletzt, um mit gewissen chronischen Rechtsproblemen fertig zu werden. So ist die verfassungsrechtliche Absicherung des Arbeitsrechts weit vorangetrieben worden. Die Qualität der Verwaltung sollte dadurch gesichert werden, daß Verbote von Korruption, Vetternwirtschaft und Ämterkumulation aufgestellt und Einzelheiten des Disziplinarrechts geregelt wurden. Der Stärkung der Länder und Gemeinden dienen detaillierte Bestimmungen über die Zuweisung von größeren Anteilen am Steueraufkommen.

Die Verfassung lehnt sich an das US-amerikan. Vorbild an. B. besteht aus 26 Staaten mit eigenen Parlamenten und direkt gewählten Gouverneuren und aus 1 Bundesdistrikt (mit der Hst. Brasilia). Die Verfassung ist geprägt von dem Bestreben, die Gesetzgebungskompetenzen und die fiskalische Autonomie der Staaten zu stärken, deren Mitwirkung in der Vergangenheit minimal war. Bundesrecht bricht Landesrecht; die Verfassung kennt die Instrumente des Bundeszwanges und der Bundesintervention.

Die *Legislative* besteht aus dem für 4 Jahre gewählten Abgeordnetenhaus und dem *Senat.* Die Zahl der Abgeordneten richtet sich nach der Bevölkerungszahl. Jeder Staat stellt 3 Senatoren. Die Amtsdauer des Senats beträgt 8 Jahre; 1/3 der Senatoren wird nach 4 Jahren, 2/3 werden nach weiteren 4 Jahren gewählt. Dem Parlament kommt neben der Gesetzgebung eine gegenüber früheren Verfassungen stärkere Kontrolle über das Budget zu. Art. 14 sieht die Möglichkeit von Referendum und Plebiszit vor.

Die *Exekutive* besteht aus einem vom Volk gewählten Vizepräsidenten und den vom Präsidenten ernannten Ministern. Die Regierung wird durch den Kongreß kontrolliert, der durch den Rechnungshof unterstützt wird. Der *Präsident,* auf 5 Jahre direkt gewählt, ernennt die diplomatischen Vertreter, Beamten, Offiziere, Richter usf.

Die *Judikative* ist vielfältig gegliedert. Sie besteht aus der Ordentlichen Gerichtsbarkeit – Oberstes Bundesgericht, Bundesgericht, Gerichte der Länder – Arbeitsgerichten, Militärgerichten, Wahlprüfungsgerichten u. a. Eine Verwaltungsgerichtsbarkeit gibt es nicht. Früher entschied das Oberste Bundesgericht in Revisionssachen auch in verfassungsrechtlichen Streitigkeiten. Diese gehen nach der Verfassung von 1988 zu einem besonderen *Superior Tribunal de Justica,* das als echtes Verfassungsgericht bezeichnet werden kann. Es entscheidet in Bund-Länder-Streitigkeiten, Organstreitverfahren, bei Rechtsverletzungen des Präsidenten/Vizepräsidenten und im Verfassungsbeschwerdeverfahren *(Amparo-Verfahren).* Hingegen ist das Oberste Bundesgericht für ein besonderes Normenkontrollverfahren zuständig. Dem „Procurador General de la Republica" ist nämlich das Recht eingeräumt, Maßnahmen und Gesetze der Gebietskörperschaften auf ihre Verfassungsmäßigkeit überprüfen zu lassen.

Dem Schutz der *Menschen- und Bürgerrechte* mißt die Verfassung in Reaktion auf die Zeit der Gewaltherrschaft besonderes Gewicht zu. Die klassischen Freiheitsrechte sind ebenso garantiert wie besondere Rechte, etwa die der Eingeborenen; auffällig ist der sehr detaillierte Schutz von wirtschaftlichen und sozialen Grundrechten, vom Recht auf Arbeit, Mindestlohn und Bildung bis zum Umweltschutz. Dem prozessualen Grundrechtsschutz dient hauptsächlich das Amparo-Verfahren. Außerdem gibt es eine außerordentliche Beschwerdemöglichkeit gegen grundrechtsbeeinträchtigende Rechtsentscheidungen, die verfassungsbeschwerdeähnlichen Charakter hat.

B. ist das größte kath. Land der Welt. Art. 5 der Verfassung garantiert die Religionsfreiheit, die Nutzung religiöser und liturgischer Stätten und sichert die religiöse Betreuung in staatlichen und militärischen Einheiten. Art. 19 verbietet allerdings die Einrichtung einer Staatskirche. Bund, Ländern und Gemeinden ist es verfassungsrechtlich untersagt, eine Kirche zu errichten, zu subventionieren, mit ihr oder ihren Verbänden Abhängigkeits- oder Kooperationsverhältnisse zu unterhalten, vorbehaltlich allerdings einer Zusammenarbeit im öffentlichen Interesse nach Maßgabe der Gesetze. Diese Bestimmung ermöglicht konkordatäre Regelungen.

Ausführliche Bestimmungen widmet die Verfassung dem *Ausnahme-, Belagerungs- und Kriegszustand.* Die Suspendierung von Grundrechten ist zur Behebung von Gefahr für Volk und Staat zulässig.

2. Recht

a) Privat-, Handels- und Wirtschaftsrecht. Das ZGB von 1916 ist überwiegend römisch-rechtlich bestimmt. Jedoch ist auch der Einfluß des dt. BGB sichtbar, insbes. in der Gliederung des Gesetzes. Zahlreiche Spezialgesetze haben die Vertragsfreiheit eingeschränkt. Das HGB von 1852 läßt den Einfluß des Code Napoléon erkennen. Es regelt das Recht der Kaufleute und Handelsgeschäfte unter Einschluß des Seehandels. Die de facto bestehende starke staatliche Stellung im Wirtschaftsleben läuft dem Wortlaut der Verfassung zuwider. Nach Art. 173 soll der Staat sich wirtschaftlich nur dann und insoweit engagieren dürfen, als die nationale Sicherheit oder sonstige relevante öffentliche Interessen es erfordern.

Kennzeichnend für das Wirtschafts- und Sozialrecht ist die tiefgreifende Prägung durch die Verfassung. Es ist deutlich, daß der Verfassunggeber der freiheitlich-sozialen Wirtschafts- und Sozialordnung einen hohen Stellenwert eingeräumt hat. Titel VII der Verfassung betrifft die Wirtschafts- und Finanzordnung und regelt nicht nur die soziale Verantwortung des Privateigentums sowie Art und Umfang der staatlichen Kompetenzen in der Wirtschaft, sondern auch Fragen des Regionalausgleichs, der Tarifpolitik, des Transportwesens zu Lande, zu Wasser und in der Luft. Auch Landreform und Mittelstandsförderung gehören zu den Verfassungsagenden. Titel VIII ist der Sozialordnung gewidmet und befaßt sich mit der sozialen Sicherheit, Krankheit und Alter ebenso wie mit Kultur, Wissenschaft und Umweltschutz. Auch das starke Gewicht der wirtschaftlichen und sozialen Grundrechte (u. a. Verbot der Kinderarbeit, Mindestlohngarantie, Recht auf Arbeitslosenunterstützung und Streik) ist bemerkenswert.

b) *Strafrecht.* Die Strafrechtsgeschichte B.s zeigt mehrere Epochen, die in der demokratischen und liberalen Kodifikation (1940) im Geiste des Positivismus einen gewissen Abschluß fand. Wiederholt geändert, zuletzt 1977, wurde das Gesetz durch den „Novo Codigo Penal" von 1984 abgelöst: er diente der Umsetzung der wiedergewonnenen demokratischen Rechtsstaatlichkeit. Er ist geprägt durch einen ausgefeilten Allgemeinen Teil und die Reformierung des Besonderen Teils. Dessen Einteilung entspricht neuen Erkenntnissen: Delikte gegen die Person, das Eigentum etc. Die besonderen Regierungs- und Verwaltungsprobleme B.s in der jüngsten Geschichte lassen die Strafbestimmungen gegen Ämterkauf, Korruption, Gewaltanwendung im Amt, Ermöglichung von Schmuggel und Unterschleif erkennen. Die Verfassung garantiert in Art. 5 die traditionellen Justizgrundrechte.

c) *Internationales Privatrecht und Internationales Recht.* Ursprünglich war das IPR B.s in der Einleitung zum ZGB von 1916 geregelt. Nach einer Phase interner und internationaler Turbulenzen, insbes. im Personenrecht, setzten sich für das brasilian. IPR die von *Clovis Bevilaqua* in seinem Buch „Grundprinzipien des IPR" (1944) entwickelten Ideen durch. Die Geschäftsfähigkeit wird durch das Domizilprinzip bestimmt. Ehen werden in B. nach Landesrecht geschlossen. Der Erbgang richtet sich nach dem Recht des Erblassers. Für das Grundeigentum gilt die lex situs. Für das Schuldrecht gilt das Recht des Landes des Vertragsabschlusses. Gesellschaften werden nach dem Recht des Gründungslandes behandelt. Art. 12 der Verfassung enthält erhebliche Erleichterungen für Portugiesen, sich naturalisieren zu lassen. Urteile ausländischer Gerichte bedürfen des Exequaturs durch das Oberste Gericht. In bezug auf das internationale Recht und die internationale Politik enthält die Verfassung umfangreiche Staatszielbestimmungen, die überwiegend anerkanntem Völkerrecht entsprechen. Ausdrücklich verpflichtet sie im Blick auf eine lateinamerikan. Gemeinschaft der Nationen die Staatspolitik auf die Integration in wirtschaftlicher, sozialer, politischer und kultureller Hinsicht.

IV. Bevölkerungs- und Sozialstruktur

Der Bevölkerungszahl nach steht B. unter den Staaten der Erde an 6. Stelle. Mit durchschnittlich 18 E./km² ist es aber immer noch relativ schwach besiedelt, bei allerdings großen regionalen Unterschieden. So konzentrieren sich 3/4 der Bevölkerung auf einem Streifen bis 400 km Küstenabstand vom S bis zum Nordosthorn. Großregional dominiert der SO mit 43,6 % der Bevölkerung (bei nur 10,9 % der Fläche), wobei allein in den Staaten São Paulo (33,1 Mio.) und Rio de Janeiro (14,1 Mio.) 31,4 % der Bevölkerung auf 3,4 % der Landesfläche leben. Hingegen umfassen die beiden Großregionen Norden und Mittelwesten nur 12,8 % der Bevölkerung auf 64 % der Fläche (vgl. Tab. 1, S. 459).

Das *Bevölkerungswachstum* sank seit dem Höhepunkt 1955-65 mit 3 % p. a. sukzessiv auf 2,17 % p. a. (1980-90) ab, wobei einzelne Bundesstaaten, v. a. aufgrund der starken Zuwanderung, z. T. weit über diesem Durchschnitt (z. B. Rondônia 8,1 %, Amazonas 3,2 %, Pará 5,1 %, Mato Grosso 4,1 %), andere, v. a. durch Abwanderungsverluste, darunter liegen (z. B. Ceará 1,9 %, Paraíba 1,4 %, Pernambuco 1,6 %, Paraná 1,6 %, Rio Grande do Sul 1,5 %). Durch das rasche natürliche Bevölkerungswachstum (*Geburtenziffer* und *Sterbeziffer* 1988: 38 bzw. 7 ‰, *Säuglingssterblichkeit:* 41 ‰) überwiegen in der *Altersstruktur* die Anteile der jüngeren Jahrgänge (1990): bis zu 14 Jahren 35 % (vor ca. 20 Jahren: 48 %); 15-34 Jahre: 36 %, 35-59 Jahre: 22 %; nur 7 % sind 60 Jahre und älter. Die *Lebenserwartung* stieg, bei großen regionalen Unterschieden, von 53 Jahren (1951) auf 65 Jahre (1990) und entspricht damit dem Durchschnitt Lateinamerikas.

Ethnische Gliederung. B. ist das einzige Land der inneren Tropen mit einem mehrheitlich weißen Bevölkerungsanteil, der im 20. Jh. noch zunahm (1990: 55 %); 38 % sind Mulatten und Caboclos (aus Verbindungen zwischen Weißen und Indianern; v. a. im N und Mittelwesten), 6 % Schwarze (v. a. im NO) und rd. 1 % Asiaten, v. a. Japaner. Die Indianer im Amazonasanteil B.s werden auf rd. 150 000 geschätzt. Ihre Zahl geht infolge von Krankheiten, Alkohol und v. a. von Gewalttätigkeiten weiter zurück.

Die Weißen in B. sind vorwiegend mediterraner Herkunft, v. a. Portugiesen, Italiener und Spanier, die 1820-1978 mit 31 %, 30 % und 13 % an der Gesamteinwandererzahl von ca. 6 Mio. beteiligt waren. Der dt. Einwandereranteil betrug 5 % (v. a. in den S und nach São Paulo), der der Japaner, erst 1908 einsetzend, 4 % (v. a. in und um São Paulo); es folgen Polen, Ukrainer, Syrer, Libanesen u. a.

B. gilt allgemein als ein Land, in dem Rassenprobleme offiziell nicht existieren, die jedoch unterschwellig vorhanden sind. Meistens handelt es sich aber eher um soziale denn um rassische Vorurteile. So sind in den beruflich niedrigeren Positionen Schwarze, Caboclos und Mulatten in der Überzahl; in den Führungspositionen von Industrie und Staat dominieren die Weißen, die die soziale Oberschicht bilden.

In B. ist das Problem der *Binnenwanderungen,* Ende der 40er Jahre in großem Umfang einsetzend, wegen seines Ausmaßes noch immer von brennender Aktualität. Als Ursachen gelten die strukturellen, sich verstärkenden großregional-wirtschaftlichen Disparitäten, v. a. zwischen dem SO und dem NO, nachrangig zwischen dem Küstenstreifen und dem Landesinnern (Interior). Die Hauptwanderungsmotive liegen in der verkrusteten, bipolaren Landbesitzstruktur (Latifundium-Minifundium-Gegensatz), der nicht durchgeführten Agrarreform, der unzureichenden Infrastruktur und in der seit den 70er Jahren verstärkt einsetzenden Mechanisierung/Technisierung auf Mittel- und Großbetrieben mit der Freisetzung von Landarbeitern und dem „Verdrängen" kleinerer Landbesitzer. Die bevölkerungs- und siedlungsmäßigen Konsequenzen dieses Exodus aus dem ländlichen Raum manifestieren sich v. a. im raschen Verstädterungsprozeß. Versteht man unter städtischen Siedlungen nur solche über 20 000 E., so hat sich deren Anteil an der Landesbevölkerung von 13 % (1920) auf 45 % (1990) erhöht. Noch deutlicher dokumentiert sich das im Metropolisierungsprozeß: 1990 leben 35,2 % der Brasilianer in den 9 Metropolitanregionen (Belém, Fortaleza, Recife, Salvador, Belo Horizonte, Rio de Janeiro, São Paulo, Curitiba, Pôrto Alegre) und in der Hst. Brasilia. Neben den Großstädten verzeichnen v. a. Kolonisationsgebiete erhebliche Wanderungsgewinne, besonders im N (Amazonien) und Mittelwesten, gefördert seit den späten 60er Jahren durch staatliche Straßen- (Transamazonica) und Agrarkolonisationsmaßnahmen, später angezogen durch Bergbau und weitere landwirtschaftliche Aktivitäten.

Erwerbsstruktur. Die Erwerbsquote wird für Ende 1989 mit 57,1 % (Männer 76,4 %) angegeben und dürfte auch einen großen Teil der informell Tätigen umfassen. Von den Erwerbspersonen sind 28,5 % in der Land-, Forstwirtschaft und Fischerei tätig, 22,1 % im produzierenden und verarbeitenden Gewerbe, 16,6 % in Banken und Versicherungen, 10,9 % in Handel und Gaststätten sowie 21,9 % in anderen Dienstleistungsbereichen. Das Problem der Saison-, Teilzeitarbeit und Unterbeschäftigung wird durch den Eintritt von jährlich ca. 1,5 Mio. Personen in das Erwerbsleben verschärft.

Soziale Sicherung. Das *Gesundheitswesen* wurde in den letzten 25 Jahren erheblich ausgebaut, doch ist die medizinische Versorgung noch unzureichend. Auch bestehen große regionale Unterschiede: 3/4 aller Ärzte und Krankenhausbetten befinden sich im SO, wo ca. 60 % der Bevölkerung leben. Demgegenüber liegt die Versorgung des N und NO, auch in den dortigen Großstädten, unter dem Niveau anderer Länder Lateinamerikas. Ein 1986 gewährter Weltbankkredit von 60 Mio. US-$ soll der Verbesserung des Basisgesundheitswesens im NO dienen (Mutter- und Kind-Fürsorge, Seuchenbekämpfung, Gesundheitsstationen u. a.). Große Teile der Unterschicht, v. a. im NO, leiden unter Mangel- bzw. Fehlernährung, unzureichender Wasserver- und -entsorgung sowie – davon größtenteils ausgehend – unter wiederholt auftretenden Seuchen und Epidemien.

Seit 1978 besteht das *„Nationale System für Sozialversicherung und soziale Fürsorge"* (SINPAS), in dem ca. 4/5 der in den Städten formell Beschäftigten mit ihren Angehörigen erfaßt sind. Die Kosten werden zu 63 % von den Arbeitgebern, zu 32 % von den Arbeitnehmern und zu 5 % vom Staat finanziert. Seit Februar 1986 besteht eine *Arbeitslosenversicherung*, allerdings nur für diejenigen, die in den letzten 4 Jahren mindestens 36 Monate Sozialversicherungsbeiträge gezahlt haben.

V. Wirtschaft

Die wirtschaftliche Entwicklung in den letzten 30 Jahren kann gekennzeichnet werden als der Weg vom wachstumsorientierten brasilian. Entwicklungsmodell zum größten Schuldnerland der Dritten Welt (Ende 1989: 112,9 Mrd. US-$). Eckpfeiler des „Modells" waren die exportorientierte Industrialisierung und – infolge nicht ausreichenden inländischen Kapitals – die Mobilisierung ausländischer Investitionen.

Mit der Präsidentschaft *Kubitscheks* (1955–61) begann die verstärkte Öffnung für ausländisches Kapital, für das entsprechende Anreize geschaffen wurden. Unter der Militärregierung (seit 1964) erfolgte dann eine sehr „aggressive", exportorientierte Diversifizierung der Industrieproduktion, v. a. bei dauerhaften Konsumgütern. Der Wirtschaftsboom lag zwischen 1967 und dem Beginn der Ölkrise 1973/74 mit realen jährlichen Wachstumsraten des BIP 1968–74 von durchschnittlich 10,2 %. Das BIP verdoppelte sich 1969–76; 1978 stand B. mit 183,9 Mrd. US-$ weltweit an 8. Stelle. Seinerzeit wurde B. zum attraktivsten Zielgebiet für ausländische Investitionen in der Dritten Welt. Die ausländischen Privatinvestitionen, v. a. in den dynamischen Branchen, stiegen von 1,7 Mrd. US-$ (1969) auf 9 Mrd. US-$ (1976); daran waren die USA mit 32,4 %, die Bundesrepublik Deutschland mit 12,4 %, Japan mit 11,2 % und die Schweiz mit 10,9 % beteiligt.

Nach kurzer Erholungsphase geriet die Volkswirtschaft ab 1982/83 immer stärker in eine Krise. Ausschlaggebend waren neben der weltweiten Rezession der hohe Schuldendienstgrad für Auslandskredite (Ende der 80er Jahre rd. 80 % der Erlöse aus dem Warenexport) sowie der hohe Gewinntransfer der mit privatem Kapital arbeitenden Firmen ins Ausland („Kapitalflucht"). Ende 1987 wurden die Zinszahlungen an die internationalen Banken zunächst eingestellt; Ende Febr. 1988 verständigte man sich über Umschuldungen, Zinskredite, weitere Zinszahlungen etc.

Viel höher als der externen Verschuldung sind mittlerweile die Zinsbelastungen aus der Inlandsverschuldung (1989: 10 gegenüber 8 Mrd. US-$), die 1990 auf über 13,5 Mrd. US-$ geschätzt werden und 16 % des BIP ausmachen. Die Gründe dafür sind hohe Defizite im Staatshaushalt, bei der Zentralbank und den öffentlichen Unternehmen. Die Deckung der öffentlichen Defizite erfolgte weitgehend durch Notenemissionen, die zur Hauptursache für die ansteigenden Inflationsraten wurden (1983–85 durchschnittlich 223 % p. a.). Der „Cruzado-Plan" vom 28. 2. 1986 brachte neben der Währungsreform (1 Cruzado = 1000 Cruzeiros) einen generellen Preisstopp sowie die Aufhebung der inflationsbezogenen Indexierung der Löhne und Preise, was u. a. die Inflationsrate 1986 auf 65 % drückte.

Aufgrund der binnenwirtschaftlichen Situation brach jedoch die zurückgestaute Inflation bald wieder aus (1987: 416 %). Sie konnte auch durch neue dirigistische Eingriffe (u. a. *Neuer-Cruzado-Plan*, Juni 1987) nicht mehr gestoppt werden (Inflationsrate 1988: 1038 %), so daß die Regierung *Sarney* 1989 auf weitere Stabilisierungsversuche verzichtete. Die Folge war der Eintritt in die Hyperinflation (1989: 1783 %, Anfang 1990 ca. 3000 %) mit Versorgungslücken, extremen Preisverzerrungen, der sich verschärfenden sozioökonomischen Marginalisierung etc., an deren Minderung die Maßnahmen der Regierung *Collor de Mello* (seit 1990) vorrangig ansetzten.

Das BIP erhöhte sich 1981–89 nur um real 21 % (gegenüber 109 % für 1971–80) und war insgesamt starken Schwankungen ausgesetzt (z. B. 1988: – 0,3 %, 1989: 3 %), wobei inflationsbedingte Konsumschübe und eine „Flucht in die Sachwerte" einen hohen Anteil an den positiven Entwicklungen haben (zur Entstehung des BIP vgl. Tab. 2).

Insgesamt hat sich in den letzten 25 Jahren eine Verringerung des Anteils der Landwirtschaft (1965: 19 %) v. a. zugunsten der Industrie (1965: 33 %) ergeben, Ausdruck u. a. der gestiegenen Industrialisierung. Nicht in die Volkswirtschaftliche Gesamtrechnung einbezogen ist die Schattenwirtschaft, die mit derzeit rd. 7 % p. a. weitaus schneller wächst als die staatlich erfaßte Volkswirtschaft und bereits 1987 einen Umfang von mindestens 35 % des offiziellen BIP hatte.

Zwar liegt B. mit einem BSP von 2540 US-$/E. (1989; durchschnittlicher jährlicher Zuwachs 1965–89: 3,5 %) als „Schwellenland" noch an der Spitze der „Länder mit mittlerem Einkommen", jedoch werden dadurch die regionalen und sozialen Disparitäten verschleiert: die unteren 40 % der Haushalte hatten 1987 nur einen Anteil von 6 % am Gesamteinkommen aller Haushalte, die obersten 10 % aber von 51,6 %, die obersten 20 % gar von 68,1 %.

Das *Lohnsystem* basiert für die meisten Arbeitnehmer mit festem Arbeitsvertrag auf dem Mindestlohn, der quartalsmäßig nach dem Anstieg des Verbraucherpreisindex festgelegt wird. 1989 erhielten 40 % dieser Arbeitnehmer nur einen Mindestlohn, der aber nicht das Existenzminimum garantiert und dessen Realwert 1983–89 mindestens um 11 % sank. Viele Arbeitnehmer sind daher auf eine informelle Zusatzbeschäftigung angewiesen. In den Großstädten wird der Anteil der ausschließlich im informellen Sektor Tätigen mittlerweile auf 45–50 % aller Erwerbspersonen geschätzt.

Tabelle 2
Bruttoinlandsprodukt zu Faktorkosten, 1980–1986
(in Mrd. Cruzados und in %)

	Mrd. Cruzados	Land-, Forst-wirtschaft, Fischerei	Industrie*	davon		Dienst-leistungen	davon
				verarbeitendes Gewerbe	Baugewerbe		Verkehr, Nachrichten-übermittlung
1980	12,31	10,0	38,0	76,6	17,4	52,0	8,7
1982	48,61	7,8	35,9	75,5	16,8	56,3	9,3
1983	121,08	9,8	33,5	77,2	14,3	56,7	8,5
1984	399,42	10,2	34,6	77,0	13,3	55,2	8,4
1985	1 456,84	9,9	34,6	74,5	15,1	55,5	7,9
1986	3 670,01	10,4	35,6	72,5	18,0	54,0	7,8

* Energie- und Wasserwirtschaft, Bergbau, verarbeitendes Gewerbe, Baugewerbe
Quelle: Lber. Brasilien 1991. Stuttgart 1991

Die *Handelsbilanz* wies in den letzten Jahren Rekordüberschüsse auf (1988: 19,1; 1989: 16,2 Mrd. US-$), bedingt v. a. durch staatliche Bemühungen zur Senkung der Auslandsschulden (u. a. Exportförderung, Importrestriktionen) und durch günstige Wechselkurse. Allerdings haben sich die Terms of Trade nach 1980 (= 100) erheblich verschlechtert, da die für die Exportgüter erzielten Preise weitaus stärker fielen, als sie für die Importgüter stiegen (1989: 72 bzw. 94 Punkte). Unter den Exportgütern dominieren die Fertigprodukte (56 %, v. a. Eisen- und Stahlerzeugnisse, chemische Produkte, Kraftfahrzeuge, Bekleidung, Schuhe) vor den Rohstoffen (27 %, v. a. Eisenerze, Kaffee, Holz, Zellulose) und den Halbwaren (17 %, v. a. Leder, Textilien, Sojaprodukte, Eisen, Stahl und Metalle). Die Importe lagen 1989 um 20 % unter denen von 1980. Erdöl macht trotz weiterer Importreduzierungen noch immer 21–24 % des Einfuhrwerts aus, bei dem Industriegüter (Maschinen, chemische Erzeugnisse) mit 28 % an der Spitze liegen. B. wickelt 26 % seines Außenhandels mit den USA ab, rd. 21 % mit der EG (v. a. Deutschland und Niederlande). Der Handelsbilanzüberschuß dient v. a. der Deckung des Leistungsbilanzdefizits; Überschüsse (z. B. 1988: 4,9 Mrd. US-$) ermöglichen den Abbau der Auslandsschulden.

Rohstoff- und Energieversorgung. Von wirtschaftlich herausragender Bedeutung sind die erst z. T. erschlossenen riesigen Vorkommen an Eisen-, Mangan-, Kupfer-, Nickel-, Zinnerzen sowie – in geringerem Umfang – von Gold, Wolfram, Molybdän und Titan. Die bedeutendste, weltweit wohl einmalige, aber erst um 1967 entdeckte Lagerstätte in der Serra dos Carajás (im S Parás) umfaßt ca. 3500 km². Erschließung, Abtransport (Anlage einer 890 km langen Eisenbahnlinie zum Exporthafen São Luis) und Verhüttung (bis jetzt: Eisen, Mangan, Bauxit) werden in Zusammenarbeit mit ausländischen Konzernen durchgeführt und haben bereits zu erheblichen ökologischen (Rodung: Erosion, Holzkohlegewinnung zur Verhüttung!) und sozialen Problemen (Umsiedlung, Vertreibung von Indianern) geführt. Die bisher größten Bergbau- und Verhüttungsstandorte, v. a. für Eisen- und Manganerze, liegen im sog. „Eisernen Viereck" um Belo Horizonte (Minas Gerais), die in den 50/60er Jahren einen rasanten Aufschwung nahmen. B. will mit dem Erzbau-Projekt Carajás das noch umfassendere Entwicklungsprogramm Groß-Carajás verbinden (ein rd. 840 000 km² großes Gebiet in den Staaten Pará, Maranhão und Goiás). Durch die Inwertsetzung der natürlichen Ressourcen (Erzabbau, -verhüttung, aber auch Intensivierung der Agrarproduktion) sollen bedeutende Exportsteigerungen erreicht werden. Das Programm ist jedoch aufgrund seiner finanziellen Dimension und der ökologischen wie sozialen Problematik heftig umstritten.

Dem Überfluß an mineralischen Rohstoffen steht ein großes Defizit an fossilen Energieressourcen gegenüber. Die Vorkommen an Steinkohle sind unbedeutend. Trotz erheblicher Erfolge bei der Erschließung neuer Erdölfelder müssen noch immer rd. 45 % des Erdölbedarfs importiert werden. Die energiepolitische Konsequenz war der Bau überdimensionaler Wasserkraftwerke, von denen das weltweit größte in Zusammenarbeit mit Paraguay am Itaipú-Staudamm am Río Paraná errichtet wurde. Von den ursprünglich geplanten 3 Kernkraftwerken ist infolge von Sparmaßnahmen und gestiegener prinzipieller Bedenken gegen die Kernenergienutzung bis jetzt nur eines mit 626 MW im Staat Rio de Janeiro 1985 in Betrieb genommen worden.

Infolge verteuerter Erdölimporte hat B. seit Ende der 70er Jahre das Pro-Alkohol-Programm eingeführt, um Benzin durch Alkohol aus Zuckerrohr zu ersetzen. Inzwischen sind mit staatlicher Hilfe (wieder) große Zuckerrohr-Monokulturen v. a. im NO und SO entstanden, die volkswirtschaftlich und ökologisch (Monokultur, Entsorgung der Verarbeitungsrückstände) umstritten sind. Der subventionierte Preis für Alkoholkraftstoff liegt rd. 1/3 unter dem Benzinpreis.

Verkehr. B. verfügt über ein gut ausgebautes *Straßennetz* (ca. 1,4 Mio. km, davon ca. 90 % befestigt). Besondere Bedeutung kommt den Fernstraßen zu, die seit Mitte der 60er Jahre v. a. im N, NO und Mittelwesten im Rahmen großer staatlicher Erschließungsmaßnahmen verstärkt ausgebaut wurden. Die Leistungsfähigkeit des *Eisenbahnnetzes* (1989: 30 409 km) ist infolge wechselnder Spurbreiten, schlechten Betriebszustands und geringer -sicherheit nur begrenzt. Trotz rd. 52 000 km schiffbarer Wasserstraßen ist die *Binnenschiffahrt* nur wenig entwickelt. Der Amazonas kann von Seeschiffen bis zum Freihafen Manaus (rd. 1300 km oberhalb der Mündung) und weiter bis Iquitos (Peru) befahren werden. Große Bedeutung hat die *Seeschiffahrt*. B. besitzt die größte Handelsflotte Südamerikas (1990: 6,0 Mio. BRT, davon 1,9 Mio. Tankertonnage), die neuntgrößte der Welt. Wichtigste der zahlreichen Seehäfen sind Santos, Rio de Janeiro, Vitória, Salvador, Paranaguá und Recife. Eine wichtige Rolle spielt bei der Größe des Landes der gut ausgebaute *Luftverkehr*. Die größten Flughäfen sind São Paulo, Rio de Janeiro (Galeão und der Stadtflughafen Santos Dumont), Brasília und Recife.

Nach einem kräftigen Anstieg 1976–86 (0,56–1,94 Mio. Auslandsreisegäste) stagniert der *Auslandstourismus* (1989: 1,95 Mio. Auslandsreisegäste); die Deviseneinnahmen daraus schwanken seit Mitte der 80er Jahre um 1,5 Mio. US-$ p. a. Hauptgrund für das Stagnieren ist v. a. die zunehmende Unsicherheit (Diebstähle, Überfälle) gerade an den Hauptanziehungspunkten.

VI. Kultur, Religion, Bildung

1. Kultur

Die indianische Sprache *Tupi-Guarani* wurde ab 1549 von den Jesuiten durch Wörterbücher und Grammatiken (*José Anchieta*, 1595) zur Verkehrs- und Bekehrungssprache, der *"Lingua Geral"*, entwickelt. Aus ihr schöpfte die sich allmählich ausbreitende portugies. Sprache ihre Lehnwörter im Bereich von Jagd, Küche, Örtlichkeiten und Flüssen. Erst ein königliches Dekret vom 19. 10. 1727 schrieb das Portugiesische (↗Portugal VI) offiziell vor. Phonetische, semantische und syntaktische Einflüsse afrikan. Sprachen führten zur Ausbildung des heutigen brasilian. Portugiesisch.

Nach der luso-brasilianischen Literaturepoche (1500–1836) begann ab 1836 die brasilian. Nationalliteratur mit dem lyrischen Werk von *Gonçalves Dias* und dem der Sklavenbefreiung verpflichteten Werk von *Castro Alves*. *José de Alencars* Romane „O Guarani" (1857), „Iracema" (1865) prägen bis heute das Indianerbild der Brasilianer. Der Realismus (1870) fand in *Joaquim Maria Machado de Assis'* seinen Höhepunkt. Der „modernismo" (1920–45) mit der „Semana de Arte Moderna" war kultureller Neubeginn. *Mário de Andrade* gilt dabei als Visionär der entfesselten, chaotischen Weltstadt São Paulo, mit Wirkungen auf Literatur (*Carlos Drummond de Andrade*), Malerei (*Emilio Cavalcanti, Candido Portinari*) und Architektur (*Lúcio Costa, Oscar Niemeyer*). Der Regionalismus der Romane von *José Lins do Rêgo Cavalcanti, Graciliano Ramos* und *Jorge Amado* war eine Gegenbewegung. Beide Bewegungen wirkten auf den brasilian. Film. Dessen erster internationaler Erfolg, „O Cangaceiro" von *Lima Barreto* (1952/53), fand Kritik durch das „Cinema Novo" mit Filmen wie „Rio, 40 Grad" (1955) und „Rio, Nordzone" (1957) von *Nelson Pereira dos Santos* und „O Pagador de Promessas" (1962) von *Anselmo Duarte*. Die Verfilmung der Romane „Vidas secas" (1963) von *Graciliano Ramos* und „A hore e vez de Augusto Matraga" (1966) des sprachschöpferischsten Romanciers des 20. Jh. *João Guimarães Rosa* bildeten künstlerische Höhepunkte. Da ab 1968 der Raum für kritisches, volksnahes Theater (*Augusto Boal*) und engagierte Filme durch Zensur eingeschränkt war, bot das Fernsehen, speziell in den spezifisch brasilian. Serien (Telenovelas), Theater- und Filmkünstlern Beschäftigungsmöglichkeiten. Die brasilian. Geschichte („Sklavin Isaura") und die heutige Wirklichkeit („Der Aufstieg") wurden zur Quelle der Novela-Stoffe. Brasilian. Literatur („Gabriela" von *Jorge Amado*) fand Zugang zum Volk.

Das weitgehend kommerzialisierte, gebührenfreie Fernsehen strahlt fast flächendeckend seine Programme aus. Es prägt Meinung und Verhalten der Gesamtbevölkerung. Der Anteil der Werbung betrug 1985 bei 3,7 Mio. Sendestunden knapp 4 %, der der „Telenovelas" 5 %, der Bildungsprogramme 20 %.

Sechs überregional verbreitete Tageszeitungen haben eine Auflage von über 100 000 Exemplaren (u. a. „Folha de São Paulo" 280 000; „O Dia", Rio de Janeiro, 250 000; „O Globo", Rio, 246 000), wobei einige Sonntagsausgaben fast doppelt so hoch liegen („Estado de São Paulo" 400 000). Sie haben ein hohes sprachliches und inhaltliches Niveau. Hier findet die Meinungsbildung der Entscheidungsträger in kontroversen Fragen der Nation (wie über die Verfassung 1988) statt.

2. Religion

Der prozentuale Anteil kath. Christen an der schnell wachsenden Gesamtbevölkerung nimmt stetig ab (1940: 95 %, 1970: 91,8 %; 1990: 88 %), doch steigen die absoluten Zahlen (1990: ca. 130 Mio.). Diese Entwicklung stellt die Kirche vor schwere personelle und strukturelle Probleme, die allein durch die Errichtung neuer Diözesen nicht zu bewältigen sind. Die Katholiken gehören (1991) 36 Erzb., 198 Bist. und 14 Prälaturen an. Obwohl die Zahl der Seminaristen 1973–84 wieder anstieg, können die (1989) 13 892 Priester (davon 7723 Ordenspriester und 375 Bischöfe) die pastoralen Aufgaben, auch aufgrund der Altersstruktur, kaum bewältigen. Wichtige Impulse zur Pastoral kamen aus den Reihen der 37 695 Ordensfrauen, die in „Kleinen Kommunitäten" engagiert unter den Armen leben („Option für die Armen"), und vom „Volk Gottes", das in den weit verbreiteten Basisgemeinden die pastorale Arbeit trägt. Dort und besonders in den nationalen „Interekklesialen Treffen" der Basisgemeinden (wie in Vitória 1975, Duque de Caxias 1989) engagieren sich Vertreter der Theologie der Befreiung (*Leonardo* und *Clodovis Boff, João Batista Libanio* u. a.) sowie große Teile des Episkopats (die Kardinäle *Paulo Evaristo Arns* und *Aloisio Lorscheider; Dom Luciano Mendes* u. a.). Die gut organisierte Nationale Bischofskonferenz (CNBB), in 15 Regionen gegliedert, orientiert mit ihren lebensnahen Hirtenworten („Die Kirche und die Problematik von Grund und Boden", 1980) und gibt wichtige Impulse in der jährlichen „Kampagne der Brüderlichkeit" (1990: Frau und Mann als Bild Gottes).

Von den 7,8 Mio. (1980) nicht-kath. Christen gehören 4 Mio. den traditionellen prot. Kirchen an (davon knapp 1 Mio. Lutheraner), 3,8 Mio. den stark expandierenden Pfingstkirchen („Assembléia de Deus").

Synkretistische Bewegungen, darunter afrobrasilian. Kulte, erreichten in den letzten Jahrzehnten fast alle Bevölkerungsschichten und gewannen mit dem Spiritismus großen Einfluß.

3. Bildung

Das zweistufige (1. und 2. Grad), kostenlose öffentliche Schulsystem erreicht in der ersten Stufe (1–8 Série/Klasse) in 201 541 Schulen 26,8 Mio. 7–14jährige, in der 2. Stufe (1–3 oder 4 Klassen) 3,3 Mio. 15–18jährige (1988). Es besteht Schulpflicht. Das effiziente private Schulwesen ist für die Mehrheit der Bevölkerung wegen der hohen finanziellen Belastung nicht zugänglich. Die Analphabetenquote betrug 1987 bei der über 5 Jahre alten Bevölkerung 25,8 %, bei der über 15 Jahre alten Bevölkerung 19,7 %. 1940–80 hatte sich die Analphabetenquote von 56,2 % auf 25,9 % halbiert, gefördert durch staatliche (MOBRAL) und kirchliche (MEB) Alphabetisierungsprogramme. Die Zahl funktionaler Analphabeten (weniger als 3 Schuljahre) über 10 Jahre war von 32 Mio. (1970) auf 36,3 Mio. (1980) gestiegen, mit regionalem Schwerpunkt im Nordosten. Die nicht-direktive Methode *Paulo Freires* in der Volkserziehungsbewegung hat weltweit pädagogische Impulse gegeben.

Der Zugang zur Universität erfolgt über eine Eingangsprüfung (Vestibular), die 1988 395 189 Prüflinge bestanden. Die (1988) 1,9 Mio. an 83 Universitäten und 788 Fakultäten eingeschriebenen Studenten wurden von 138 016 Dozenten betreut. 222 840 Studenten (1988) bestanden das Abschlußexamen, 734 (1986) erhielten den Magister-, 295 den Doktorgrad. Das gesamte Bildungssystem leidet an permanenter Unterfinanzierung.

LITERATUR

Zu I, II, IV, V:
J. F. **da Rocha Pombo**, História do Brasil. Rio de Janeiro 1927, ¹⁴1967. – L. **Waibel**, Die europ. Kolonisation Südbrasiliens. Bonn 1955. – História geral da civilisaçao brasileira. Hg. S. **Buarque de Holanda**. 11 Bde. Sao Paulo 1965–84. – B. heute. Beitr.e zur politischen, wirtschaftlichen und sozio-kulturellen Situation B.s Hg. C. **Furtado**. Frankfurt/M. 1971 [Orig.: Le Brésil]. – **Ders.,** Die wirt-

schaftliche Entwicklung B.s. München 1975 [Orig.: Formação econômica do Brasil. Rio de Janeiro 1961]. – M. **Nitsch**, B.: Sozioökomische und innenpolitische Aspekte des „brasilian. Entwicklungsmodells". Ebenhausen 1975. – W. **Grabendorff**, M. **Nitsch**, B.: Entwicklungsmodell und Außenpolitik. München 1977 (Lit.). – W. **Baer**, The Brasilian Economy-Growth and Development. Columbus (Ohio) 1979, New York ³²1989. – B. Eine historisch-politische Landeskunde. Hg. U. Holtz. Paderborn 1981. – M. **Wöhlcke**, Abhängige Industrialisierung und sozialer Wandel: Der Fall B. München 1981. – G. **Zenk**, B., in: HDW. Bd. 3. ²1982, 139 ff. – G. **Kohlhepp**, Bevölkerungsentwicklung und Verstädterung in B., in: GeogrRd 34 (1982) 342 ff. – **Ders.**, Strategien zur Raumerschließung und Regionalentwicklung im Amazonasgebiet, in: Entwicklungsstrategien in Lateinamerika in Vergangenheit und Gegenwart. Hg. I. Buisson, M. Mols. Paderborn 1983, 175 ff. – H. **Sioli**, Amazonien, Grundlagen der Ökologie des größten tropischen Waldlandes. Stuttgart 1983 (Lit.). – J. **Müller**, B. Stuttgart 1984 (Lit.). – O. E. **Gogolok**, Agrarreform in B., in: Land, Agrarwirtschaft und Gesellschaft 3 (1986) 113 ff. – G. **Kohlhepp**, Amazonien. Regionalentwicklung im Spannungsfeld ökonomischer Interessen sowie sozialer und ökologischer Notwendigkeiten. Köln 1986 (Lit.). – B. Beitr.e zur regionalen Struktur- und Entwicklungsforschung. Hg. **Ders.** Tübingen 1987 (Lit.). – Homen e Natureza na Amazônia. Hg. **ders.**, A. **Schrader**. Tübingen 1987 (Lit.). – H. **Weise**, B. Wirtschaftliche Grundlagen und Perspektiven. Bremen 1987 (Lit.). – M. **Wöhlcke**, B. – Anatomie eines Riesen. München 1987, ²1989. – **Ders.**, Kosten des Fortschritts und Entwicklungsperspektiven in einem Schwellenland: B. 1988 (Lit.) – Th. E. **Skidmore**, The politics of military rule in Brazil. 1964–1985. New York 1988. – Indianergebiete und Großprojekte in B. Hg. C. **Müller-Plantenberg**. Kassel 1988. – M. **Nitsch**, Über die Rolle der internen politisch-administrativen Strukturen und der externen Geldgeber bei der Zerstörung tropischer Wälder – der Fall des brasilian. Amazoniens. Berlin 1989. – Lber. B. 1991. Stuttgart 1991. – V. **Lühr**, B., in: PolLexLat. ³1992, 60ff.

Laufende Veröffentlichungen:
Boletim do Banco Central do Brasil. Hg. Banco Central do Brasil. Rio de Janeiro. – Regionale Entwicklung in B. Hg. Bundesstelle für Außenhandelsinformationen. Köln. – Wirtschaftsdokumentation B. Hg. dies. Köln. – Anuário Estatístico do Brasil. Hg. Instituto Brasileiro de Geografia e Estatística. Rio de Janeiro.

Zu III:
Brazil. A Country Study. Washington ³1975. – M. G. **Ferreira Filho**, Comentários à Constituição brasileira. Sao Paulo ⁵1984 [zur Verfassung von 1969]. – J. M. **Othon Sidou**, Brazil, in: IECL. Bd. 1: National Reports, B. Hg. K. Zweigert, U. Drobnig. Tübingen 1974, 43 ff. – H. **Fix-Zamudio**, Verfassungskontrolle in Lateinamerika, in: JöR N.F. 25 (1976) 649 ff. – C. **Delmanto**, Código Penal Anotado. Sao Paulo ⁵1984. – The Legal System of Brazil, in: Modern Legal Systems Cyclopedia. Bd. 10: South America. Hg. K. R. **Redden**. Buffalo (N.Y.) 1985, 47 ff. – Schr.en. der Dt.-Brasilian. Juristenvereinigung. Frankfurt/M. 1985 ff. [bisher (1991) 10 Bde.]. – A. **Alves de Figueiredo**, Comentários ao Código Penal. Bd. 1: Parte Geral; Bd. 2: Parte Especial. Sao Paulo 1986. – J. **Rubens Costa**, Finanzverfassungsrechtliche Probleme des Föderalismus und der kommunalen Selbstverwaltung in B., in: JöR N.F. 35 (1986) 399 ff. – Chr. G. **Caubet**, La Constitution brázilien ne à l'épreuve des faits, in: JöR N.F. 38 (1989) 447 ff. [Textanhang 462 ff.]. – B. **Monra Rocha**, The Brazilian Constitution of 1988, in: ZaöRV 49 (1989) 61 ff. – Die Brasilian. Verfassung von 1988. Hg. W. **Paul u. a.** Frankfurt/M. 1989. – Richterliche Verfassungskontrolle in Lateinamerika, Spanien und Portugal. Hg. H.-R. **Horn**, A. **Weber**. Baden-Baden 1989. – C. G. **Caubet**, La Constitution brésilienne à l'épreuve des faits, in: JöR N. F. 38 (1989) 447 ff. [mit Text]. – U. **Karpen**, Condiciones de la efficiencia del estado de derecho, especialmente en los paises en desarrollo y en despegne. St. Augustin 1990. – D. **Pfirter**, Bundesstaat B. Historische, juristische und territoriale Entwicklung. Baden-Baden 1990. – Die brasilian. Verfassung von 1988: Originaltext mit dt. Übers. von P. M. **Huf.** Köln 1991.

Zu VI:
R. **Grossmann**, Geschichte und Probleme der lateinamerikan. Literatur. München 1969 (Lit.). – R. de **Menezes**, Dicionário Literário Brasileiro. Rio de Janeiro 1978 (Lit.). – E. **Hoornaert**, Kirchengeschichte B.s aus der Sicht der Unterdrückten: 1550–1800. Mettingen 1982 [Orig.: Formação do catolicismo brasileiro, 1550–1800. Petrópolis 1974]. – A. J. **Sandmann**, Wortbildung im heutigen brasilian. Portugiesischen. Bonn 1986. – M. M. **Klagsbrunn**, Brasilian. Fernsehserien. Mettingen 1987. – W. **Pfeiffer**, B. Völker und Kulturen zwischen Amazonas und Atlantik. Köln 1987. – Evangelisch-Lutherische Kirche in B.: Nachfolge Jesu – Wege der Befreiung. Hg. U. **Schoenborn**. Mettingen 1989. – A. **Moreira da Silva**, „. . . Doch die Armen werden das Land besitzen": (Ps 37,11); eine theologische Lektüre der Landkonflikte in B. Mettingen 1990.

Laufende Veröffentlichung:
Anuário católico do Brasil. Hg. Centro de Estatística Religiosa e Investigações Sociais. Rio de Janeiro.

Günter Mertins (I, II, IV, V), *Ulrich Karpen* (III),
Osmar Gogolok (VI)

ANDENSTAATEN

Zu den A. werden im allgemeinen diejenigen Länder gezählt, die einen Anteil an dem Hochgebirgszug der Anden haben und deren Hauptsiedlungs- und Wirtschaftsräume im Gebirge liegen. Charakteristisch für diese Region sind hohe Anteile indianisch/mestizischer Bevölkerung sowie starke, bis heute spürbare Nachwirkungen der kolonialzeitlichen Überprägung. Zu den Kernländern der Andenregion zählen somit ↗Ecuador, ↗Bolivien und ↗Peru. ↗Argentinien und ↗Venezuela werden i. d. R. ausgeschlossen, nicht nur wegen ihres weiten Ausgreifens auf Großräume außerhalb der Anden, sondern auch wegen ihrer andersartigen geschichtlichen Entwicklung und Bevölkerungszusammensetzung. ↗Kolumbien und ↗Chile stellen Übergangsräume dar: Im ersteren Fall sind die Küstengebiete Teile der Karibik, und das indianische Bevölkerungselement tritt zurück, im zweiten Fall spielen die höheren Gebirgsregionen aufgrund der natürlichen Gegebenheiten als Lebensraum keine größere Rolle. Trotzdem rechtfertigt der große Gebirgsanteil die Zuordnung Chiles zu den Andenstaaten.

I. Naturräumliche Aspekte

Die Anden (die südamerikan. Kordilleren, *Cordilleras de los Andes*) verlaufen entlang der Westküste ↗Südamerikas über eine Entfernung von ca. 8 000 km und erreichen in ihrem mittleren Teil eine maximale Breite von ca. 700 km. Dabei werden weithin Höhen von 4000 m überschritten (im höchsten Gipfel, dem *Aconcagua*, bis 6958 m hoch). Die Gebirgsbildung ist Folge der Kollision zweier Platten der Erdkruste, wobei die ozeanische *Nazca-Platte* unter die kontinentale *Amerikanische Platte* abtauchte und dadurch die Ränder zu Falten aufwarf. Die Anden stellen kein einheitliches Gebirgssystem dar; kennzeichnend ist vielmehr eine mehrfache Aufgliederung in verschiedene Ketten, die von tiefen Längstalfurchen getrennt sind oder einzelne Hochbecken- bzw. Plateaulandschaften umschließen, darunter der als „Dach der Neuen Welt" bezeichnete peruan.-bolivian. *Altiplano* mit dem *Titicacasee* (8100 km²). Auch in ihrem geologisch-tektonischen Aufbau unterscheiden sich die einzelnen Andenabschnitte erheblich voneinander; teilweise sind sie aus Falten und Bruchschollen, teilweise aus aufgestiegenen Tiefenge-

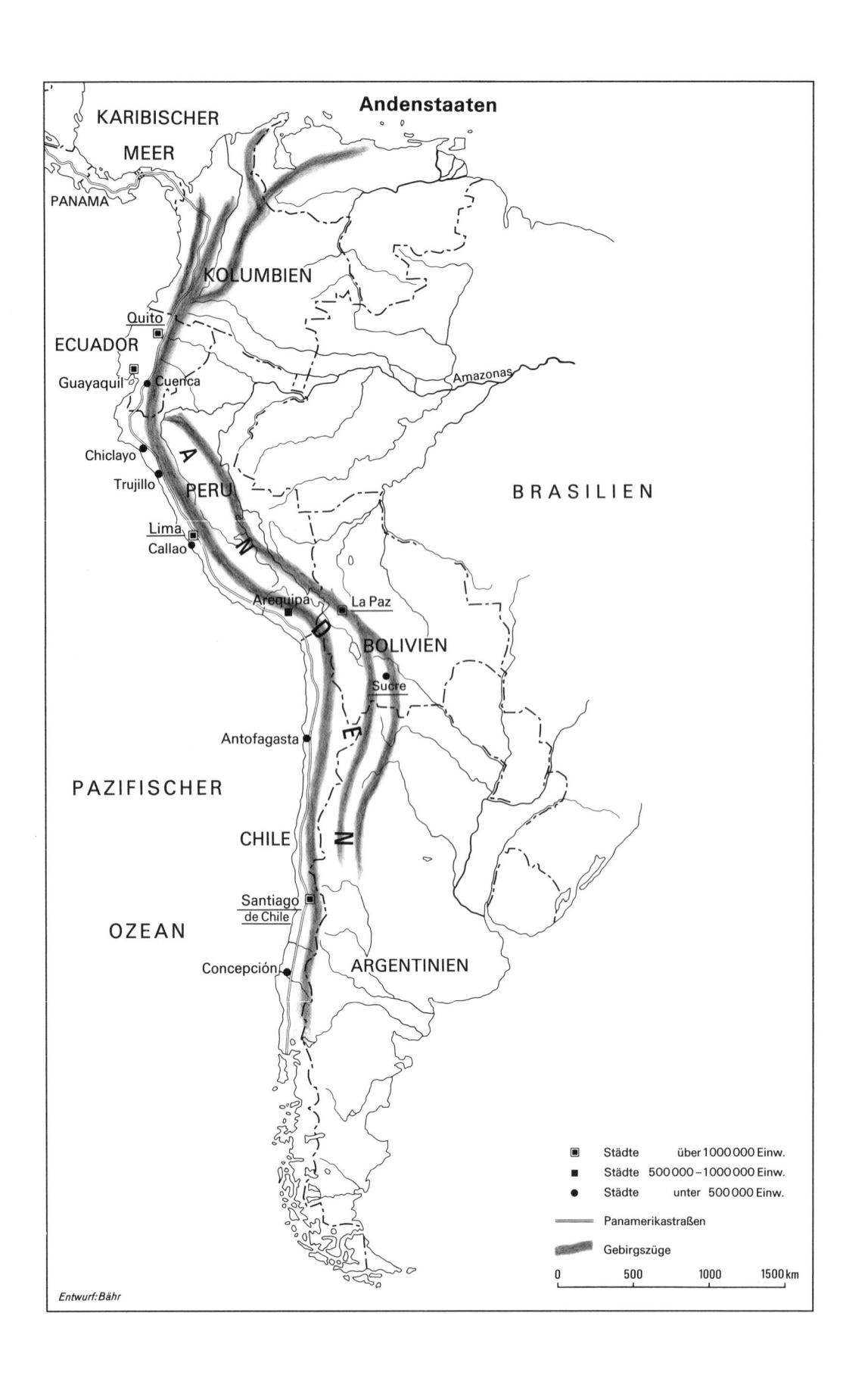

Andenstaaten

▣	Städte über 1 000 000 Einw.
■	Städte 500 000 – 1 000 000 Einw.
●	Städte unter 500 000 Einw.
═	Panamerikastraßen
▓	Gebirgszüge

Entwurf: Bähr

steinen aufgebaut. Während die Faltung der Gesteine im Bereich der mittleren Anden vorwiegend in der Kreidezeit und dem älteren Tertiär stattfand, begann die tektonische Heraushebung der nördl. Anden (nördl. des *Nudo de Pasto*) erst gegen Ende des Tertiärs und dauert bis in die Gegenwart an. Dabei wurden die einzelnen Gebirgszüge *(West-, Zentral-, Ostkordillere)* durch große Grabenbrüche voneinander getrennt *(Magdalenagraben, Caucagraben)*. Die tektonischen Bewegungen waren mit einer lebhaften vulkanischen Tätigkeit verbunden. Die dem Grundgerüst aus Tiefen- und Sedimentgesteinen aufgesetzten Vulkankegel verleihen dort den Anden erst den Charakter eines gipfelreichen Hochgebirges. Der Formenschatz des eigentlichen Gebirgskörpers wird durch weitgespannte Abtragungsflächen gekennzeichnet, die teilweise in große Höhen gehoben und nur an den Außenrändern durch rückschreitende Erosion stärker zerschnitten wurden. In den Nord- und Zentralanden fehlen daher Durchgangspässe in geringer Meereshöhe, vielmehr müssen Straßen und Bahnen große Höhen überwinden, um die Verbindung der inneren Beckenlandschaften zur Küste herzustellen.

Aufgrund ihrer außerordentlichen Längserstreckung bilden die Anden ein einzigartiges Beispiel für die dreidimensionale Gliederung von *Klima* und *Vegetation*. Dabei überlagert sich die thermische Höhenabstufung mit der zonalen, wenn auch teilweise durch die Orographie modifizierten Abfolge der hygrischen Klimazonen. In den tropischen Anden haben sich für die einzelnen Temperatur-Höhenstufen bestimmte Bezeichnungen durchgesetzt, die von der kreolischen Bevölkerung geprägt und von *Alexander v. Humboldt* in die wissenschaftliche Literatur übernommen wurden. Es sind dies die *Tierra Caliente*, das heiße Land (23–27 °) bis zu einer Höhe von 1000 m; die *Tierra Templada*, das warmgemäßigte Land (18–23 °) zwischen 1000 und 2500 m; die *Tierra Fría*, das „kalte" Land (8–18 °) zwischen 2500 und 3800 m und die *Tierra Helada* (unter 8 °) bis hinauf zu den Gletschervorfeldern. In allen Höhenstufen gibt es feuchte und trockene Bereiche, nicht nur in breitenkreisparalleler Abfolge, sondern auch im Gegensatz zwischen Luv- und Leeseite des Gebirges.

II. Geschichte, Kultur, Sprache, Religion

Es gilt heute als gesichert, daß die Neue Welt in mehreren Schüben von außen besiedelt worden ist und die ersten Menschen über die während der letzten Eiszeit teilweise trockene Beringstraße einwanderten (↗Nordamerika). In den folgenden Jahrtausenden drangen indianische Jäger- und Sammlergruppen bis zur Südspitze Südamerikas vor, wobei die Anden die Leitlinie ihrer Ausbreitung bildeten. Der Übergang zur Seßhaftigkeit, verbunden mit dem planmäßigen Anbau von Mais, Bohnen und Kartoffeln, begann im Bereich des heutigen Peru um 2500 v. Chr. Die fortschreitende Feldbautechnik ermöglichte nicht nur die Ernährung einer größeren Bevölkerungszahl, sondern förderte auch die Bildung einer höheren Kultur. So gehen die Anfänge der Metallverarbeitung (Goldschmuck) und Keramik weit in die vorchristliche Zeit zurück. Lange vor der Entstehung und Ausweitung des Inka-Reiches hat es sowohl in Alt-Kolumbien als auch in Alt-Peru Ansätze zur hochkulturellen Entwicklung gegeben, im N ausschließlich im Gebirgsraum selbst, dem Siedlungsgebiet der *Chibcha*, weiter im S auch in den Tälern des Küstentieflandes. Hier präsentiert sich die auf den sog. *Chavín-Stil* gipfelnde „formative Periode" (ca. 2500–200 v. Chr.) folgende „klassische Zeit" (ca. 200 v. Chr.–600 n. Chr.) v. a. in den Kulturen von *Moche* (nördl. Küste) und *Nazca* (südl. Küste); im Hochland gehört die nach der Ruinenstätte von *Tiahuanaco* südl. des Titicacasees benannte Kultur ungefähr in die gleiche Epoche. Die „nachklassische Zeit" wird zunächst durch die Herausbildung eines weite Teile des zentralandinen Raumes (einschließlich der nördl. Küste Perus) umfassenden Staates geprägt, dessen Zentrum in *Huari* bei Ayacucho angenommen wird. Ab etwa 1200 n. Chr. entstand an der nordperuan. Küste das Reich von *Chimor* mit der Hauptstadt *Chan-Chan* bei Trujillo, während ca. 850–1150 im fruchtbaren Hochtal von *Cuzco* die Expansion des *Inka*, einer Dynastie des *Ketschua*-Stammes, begann, der um 1470 auch das Reich von Chimor erlag. Auf dem Höhepunkt seiner Macht erstreckte sich das Inka-Reich über den gesamten Andenraum vom Río Ancasmayo in Südkolumbien bis zum Río Maule im südl. Mittelchile.

Die *indianischen Hochkulturen* zeichnen sich durch Spitzenleistungen auf dem Gebiet der Baukunst, der Keramik, der Metall- und Textilverarbeitung aus. Diese wären aber nicht möglich gewesen ohne die Errungenschaften in Bodenkultur und Viehhaltung, die in aktiver Anpassung an die extremen klimatischen Bedingungen erreicht wurden. Dazu zählen Einführung und Ausbau der künstlichen Bewässerung, die Zucht der großen Haustiere Lama und Alpaca sowie der Anbau und die Konservierung der andinen Knollenfrüchte (v. a. Kartoffel und Oca), die oberhalb der Anbaugrenze des Mais (bis 3500 m) die Ernährungsgrundlage der Bevölkerung bildeten. Ein wohlorganisiertes Versorgungssystem machte es überdies möglich, mittels Landbesitz, staatlicher Verteilung oder Tauschhandels die klimaökologisch differenzierte Höhenstufung des Gebirges zu nutzen, so daß den Bewohnern des Hochlandes auch typische Tieflandprodukte zur Verfügung standen.

Die span. Eroberung *(Conquista)* stellt in mehrfacher Hinsicht einen einschneidenden Bruch mit der Vergangenheit dar. Zwar überlebten einzelne vorspan. Traditionen und bestimmen bis heute die Lebens- und Wirtschaftsweise der andinen Bevölkerung; die Gesellschaftsstruktur der Gegenwart und damit verknüpfte soziale und wirtschaftliche Probleme sind jedoch im hohen Maße Ausdruck des kolonialspan. Erbes. Nach der Unterwerfung des Inka-Reiches durch *Francisco Pizarro* (1532/33) wurden in schneller Folge auch die übrigen Teilräume der Anden unter Kontrolle gebracht (1536–39 das kolumbian. Hochland durch *Jiménez de Quesada*, 1535–37 Bolivien, Nordwestargentinien und Nordchile durch *Diego de Almagro*, 1541–52 Mittel- und Teile Südchiles durch *Pedro de Valdivia*). Den Spaniern kam dabei zugute, daß ihrem Vordringen gerade im Bereich der Hochkulturen kein größerer Widerstand entgegengesetzt wurde, weil mit der Gefangennahme der Führung vielfach innere Zwistigkeiten ausbrachen, die eine geschlossene Gegenwehr verhinderten.

Eine unmittelbare Folge der Conquista war der erhebliche zahlenmäßige Rückgang der indianischen Bevölkerung, der bis Mitte des 17. Jh. anhielt. Dafür sind weniger die Kämpfe selbst und der Zusammenbruch der bestehenden Sozialordnung verantwortlich zu machen, als vielmehr überwiegend eingeschleppte Krankheiten und Seuchen. Da die Anzahl der europ. Eroberer und Siedler verhältnismäßig klein war, ist es schon sehr früh zu Rassenmischungen gekommen. Damit wurde der Grundstock der heute in mehreren Andenstaaten (z. B. Ecuador, Chile) dominierenden mestizischen Bevölkerung gelegt. Nur in Peru und Bolivien bilden die *Indios* bis heute die stärkste Bevölkerungsgruppe. Der vielfach auftretende Arbeitskräftemangel führte dazu, daß noch bis Mitte des 19. Jh. afrikan. Sklaven nach Lateinamerika gebracht worden sind, allerdings weniger in die seit alters her dichtbevölkerten Hochländer, sondern überwiegend in die Küstengebiete.

Die span. Eroberer und ihre Gefolgsleute wie auch frühe Auswanderer sind nicht durch Landnot oder religiöse Unterdrückung im Mutterland veranlaßt worden, nach Südamerika zu gehen; ihre Triebfeder war vielmehr das Streben nach Reichtum und sozialem Aufstieg. Dieses Ziel erhoffte man zu erreichen u. a. durch Auffinden von Gold- und Silberschätzen, von Kriegsbeute anderer Art, durch Anhäufung von Grundbesitz und v. a. durch die Ausbeutung der unterworfenen Indios. Dazu bediente man sich der von der span. Krone eingeführten Institution der *Encomienda:* Eroberern und Kolonisten wurde das Recht übertragen, eine bestimmte Gruppe von Indianern zu Arbeiten heranzuziehen und Abgaben zu erheben. Als Gegenleistung mußten sich die *Encomenderos* verpflichten, die ihnen anvertraute Bevölkerung zu beschützen, für ausreichende Ernährung und Kleidung zu sorgen und sie in der christlichen Lehre zu unterweisen. In der Realität ist allerdings diese Seite kaum beachtet worden, aus der gedachten „Pflegschaft" wurde tatsächlich eine Art Leibeigenschaft, vergleichbar mit der europ. Grundherrschaft. Die Indios wurden nicht nur zu Arbeiten in der Landwirtschaft herangezogen; auch der seit Mitte des 16. Jh. aufblühende Edelmetallbergbau beruhte auf einem System staatlich gelenkter indianischer Zwangsarbeit *(Mita).* Zwar haben sich Staat wie Kirche für den Schutz der Eingeborenen eingesetzt, weil nur so eine erfolgreiche Missionierung möglich schien, sie konnten aber Übergriffe und Ausbeutung in der Praxis kaum verhindern. In quantitativer Hinsicht war die Bekehrung der Indios zum Christentum überaus erfolgreich: In allen Andenstaaten sind ungefähr 90% der Bevölkerung getaufte Katholiken, selbst wenn sich in den Kernräumen der indianischen Besiedlung christlicher Glaube und altüberlieferte Traditionen und Verhaltensweisen häufig mischen. Bis heute übt die kath. Kirche in nahezu allen Bereichen gesellschaftlichen Lebens maßgeblichen Einfluß aus; v. a. im Erziehungsbereich verfügt sie nach wie vor über Sonderrechte. In jüngerer Zeit hat sich ihre eher sozial konservative Einstellung zu einer stärker sozial progressiven Position gewandelt; darüber hinaus übernahm sie unter autoritären Regimen nicht selten die Funktion der fehlenden demokratischen Opposition.

Vereinheitlichend hat sich die span. Eroberung auch hinsichtlich der *Sprache* ausgewirkt. *Spanisch* ist heute in allen Andenstaaten Staatssprache; daneben wird allerdings vielfach eine indianische Sprache gesprochen. Wenn das *Ketschua* dabei mit weitem Abstand dominiert (ca. 7 Mio.) und in Peru und Bolivien sogar offiziell gleichrangig neben dem Spanischen steht, so hängt das mit der Ausbreitung dieser Sprache während der Inka- und Kolonialzeit zusammen; sind nur noch das im südl. Peru und anschließenden Bolivien gesprochene *Aimara* (in Bolivien ebenfalls Staatssprache) von Bedeutung.

III. Politische Entwicklung

Zu Beginn des 19. Jh. erreichten alle Andenstaaten ihre staatliche Unabhängigkeit. Dieser historische Einschnitt hatte zunächst jedoch keine größeren Auswirkungen auf wirtschaftliche Strukturen und soziale Verhältnisse, weil die Loslösung vom Mutterland vorwiegend von den kreolischen, d. h. in Amerika geborenen Führungsschichten betrieben worden war. Zum Führer der Freiheitsbewegung im nördl. Südamerika wurde *Simón Bolívar,* dem *Venezuela, Kolumbien, Ecuador, Peru* und *Bolivien* ihre Selbständigkeit verdanken. Es dauerte allerdings mehr als ein Jahrzehnt, bis die Unabhängigkeitskriege mit der Gründung des Staates *Bolivien* (1825) ihr Ende fanden. Zwar wurden die nach der Unabhängigkeit entstandenen neuen Staaten sämtlich zu Republiken mit demokratischen Verfassungen; die politische Macht lag aber weiterhin in den Händen der alten Oberschicht, wobei sich grob zwischen Konservativen und Liberalen unterscheiden läßt. Während erstere Verfechter einer zentralistischen Staatsorganisation waren und eine protektionistische Wirtschaftspolitik vertraten, setzten sich letztere für eine föderative Struktur und freien Außenhandel ein. Nicht selten kam es darüber zu kriegerischen Auseinandersetzungen und sezessionistischen Bewegungen. So zerfiel das zunächst gegründete Groß-Kolumbien nach dem Tode *Bolívars* (1830) in die drei Staaten *Venezuela, Ecuador* und *Neugranada* (Kolumbien). Innere Unruhen und Auseinandersetzungen zwischen rivalisierenden Gruppen bis hin zu bürgerkriegsähnlichen Auseinandersetzungen waren in der ersten Hälfte des 19. Jh. auch in den anderen Staaten keine Seltenheit und begünstigten das Aufkommen von Diktaturen und ein Erstarken des Militärs.

In ihrer Grenzziehung lehnten sich die neuen Staaten weitgehend an die kolonialen Verwaltungsgrenzen an. Verschiedene Versuche eines Zusammenschlusses scheiterten; so hielt die peruan.-bolivian. Konföderation nur drei Jahre (1835–38). Umfangreiche kriegsbedingte Grenzverschiebungen hat es lediglich in zwei Fällen gegeben, wenn auch der Grenzverlauf v. a. am Ostfuß der Anden teilweise bis heute umstritten ist. So konnte *Chile* im sog. *Salpeterkrieg* (1879–83) die Nachbarstaaten Bolivien und Peru zum Abtreten der wirtschaftlich wichtigen Provinzen Antofagasta und Tarapacá zwingen. *Bolivien* verlor dadurch den Zugang zum Pazifik und war deshalb bestrebt, im Osten über den Río Paraguay eine Verbindung zum Meer herzustellen. Dieses Vorhaben mißlang; im sog. *Chaco-Krieg* (1932–35), bei dem es auch um Erdölinteressen ging, fiel der größte Teil des Chaco an ↗*Paraguay.*

Um die Mitte des 19. Jh. kam es weithin zu einer Konsolidierung der jungen Staaten. Starken Regierungen, vielfach Diktaturen, gelang es, den Zustand ständiger Bürgerkriege und innerer Wirren zu überwinden und einen wirtschaftlichen Aufschwung einzuleiten. Die von den liberal-autoritären Regimen ebenfalls geförderte europ. Einwanderung hat nur in *Chile* eine größere Rolle gespielt (Besiedlung großer Teile Südchiles durch dt. Kolonisten ab 1848). In geringerem Umfang ist es auch zu einer Anwerbung asiatischer Arbeitskräfte (v. a. Chinesen) gekommen, deren Zahl in Peru besonders groß war. Mit den zunehmenden weltwirtschaftlichen Verflechtungen verstärkten sich die wirtschaftlichen und außenpolitischen Abhängigkeiten von den Großmächten des 19. Jh., allen voran Großbritannien, das erst zu Beginn des 20. Jh. von den USA aus seiner führenden Position verdrängt wurde. Die Ausrichtung auf die Produktion von Exportgütern hatte überdies zur Folge, daß einheimisches Gewerbe und Selbstversorgungslandwirtschaft mehr und mehr an Bedeutung verloren. Insbesondere die indianischen Gemeinschaften waren davon stark betroffen. Viele Indios waren so gezwungen, entweder in die Städte abzuwandern oder sich ihren Lebensunterhalt als abhängige Landarbeiter zu verdienen. Die innenpolitischen Folgen manifestierten sich in wachsenden sozialen Spannungen, den Anfängen einer Arbeiterbewegung und der Gründung sozialistischer Parteien. In einzelnen Ländern, v. a. in *Chile,* konnte die neu entstandene städtische Mittelklasse zunehmend an Einfluß gewinnen. Die staatlich geförderte Industrieansiedlung in den großen Städten seit der Weltwirtschaftskrise trug zu einer Verstärkung der regionalen Gegensätze und Beschleunigung der Landflucht bei. Jedoch erwiesen sich die großen Städte weitgehend als unfähig, in der Ent-

Tabelle 1
Bevölkerungs- und Sozialstruktur

	Bevölkerungswachstum pro Jahr in %	städtische Bevölkerung in %	Bevölkerung unter 15 Jahre in %	Lebenserwartung in Jahren	Säuglingssterblichkeit in ‰	Analphabetenrate in %	Kalorienversorgung pro Kopf und Tag	Zugang zu Trinkwasser in %
	um 1990	um 1990	um 1990	um 1990	um 1990	um 1990	1988	um 1990
Bolivien	2,7	51	41	53	89	23	2086	53
Peru	2,2	70	39	65	76	15	2269	53
Ecuador	2,4	55	41	65	57	14	2338	57
Chile	1,8	85	31	71	17	7	2584	87
Lateinamerika	2,1	70	36	67	54	16	2725	73

Quellen: World Population Data Sheet 1991 und 1992; Länderbericht Südamerikanische Staaten 1992. Stuttgart 1992; FAO Production Yearbook 1990; Inter-American Development Bank Annual Report 1991; Fischer Weltalmanach 1992.

wicklung der urbanen Infrastruktur mit dem Bevölkerungswachstum Schritt zu halten und die Zuwanderer in politischer, wirtschaftlicher, sozialer und kultureller Hinsicht zu integrieren. Aber auch im ländlichen Raum und in den Bergbau-Zentren verschärften sich die Spannungen, weil Landbevölkerung und Bergarbeiter am wirtschaftlichen Fortschritt kaum beteiligt waren. Die Auswirkungen dieser Situation zeigen sich einmal in einem Erstarken „linker Parteien", was 1938 in Chile sogar zum Wahlsieg und zur vorübergehenden Machtübernahme der „Volksfront" führte, zum anderen im Aufkommen sozialrevolutionärer Bewegungen, von denen aber nur die *MNR (Movimiento Nacionalista Revolucionario)* in *Bolivien* nach der Revolution des Jahres 1952 die Regierungsgewalt übernehmen und grundlegende Reformen durchsetzen konnte (Verstaatlichung von Bergwerken, Agrarreform), ohne allerdings langfristig wirtschaftliche Erfolge erzielen zu können.

Seit den 60er Jahren sind in allen Ländern vermehrt Bemühungen erkennbar, durch Reformen v. a. im Agrarbereich zu einem Abbau der Konflikte beizutragen. Die konkreten Ergebnisse waren allerdings eher enttäuschend, so daß die sozialen Gegensätze auch weiterhin zunahmen und den Nährboden für sozialrevolutionäre *Guerilla-Bewegungen* (Kolumbien, Peru, Bolivien) bildeten. Für die Militärs waren Guerilla-Tätigkeit und das Erstarken „linker Gruppierungen" nicht selten Anlaß für eine direkte Machtübernahme. Sowohl demokratische wie autoritäre Regime haben sich meist als wenig stabil erwiesen, so daß es eher der häufige Wechsel als die längerfristige Kontinuität ist, die die politische Ordnung der Andenländer kennzeichnet. Zu Beginn der 90er Jahre ist die Situation dadurch bestimmt, daß die Regierungen aller Staaten demokratisch legitimiert sind, ohne daß das Militär gänzlich an Einfluß verloren hat. Die Sicherung des wirtschaftlichen Wachstums, verbunden mit einer stärkeren Teilhabe unterer Einkommensgruppen, die Bekämpfung von Guerillatätigkeit und der Drogenmafia werden – mit unterschiedlichen regionalen Schwerpunkten – auch in Zukunft nur schwer zu bewältigende Aufgaben bleiben. Dabei besteht die Gefahr, daß die sozialen Forderungen gegenüber demokratischen Systemen übermäßig hoch sind, so daß die Erwartungen nicht erfüllt werden können und der Boden für die Rückkehr autoritärer Regierungen bereitet wird.

IV. Bevölkerungs- und Sozialstruktur

Im weltweiten Vergleich zählen die A. mit einer durchschnittlichen *Bevölkerungsdichte* von 16 E./km² nicht zu den besonders dicht besiedelten Regionen der Erde. Diese Aussage wird allerdings relativiert, wenn man bedenkt, daß weite Teile des Hochgebirges und der ausgedehnten Trockenräume absolute Anökumene darstellen und die Produktivität der in größerer Meereshöhe betriebenen Landwirtschaft notwendigerweise begrenzt ist. So leben in den zentralen Anden zwischen 40% *(Peru)* und fast 90% der Bevölkerung *(Bolivien)* im Gebirgsraum der Sierra. Demgegenüber ist der Anden-Ostabfall trotz der in den 60er Jahren einsetzenden Agrarkolonisation außerordentlich dünn besiedelt; sein Bevölkerungsanteil beträgt 10% und weniger. Gemeinsam ist allen A. auch ein verhältnismäßig rasches *Bevölkerungswachstum*, das im Mittel auf 2,2%/Jahr geschätzt wird und so etwa dem Durchschnitt aller Entwicklungsländer entspricht. Die *Altersstruktur* der Länder ist durch einen hohen Anteil Jugendlicher (knapp 40% unter 15 Jahren) gekennzeichnet; entsprechend groß sind die Belastungen für die jeweiligen Volkswirtschaften, um die Ernährung und Ausbildung der jungen Menschen zu gewährleisten und sie später mit Arbeitsplätzen zu versorgen. Die Bevölkerungsumverteilung durch *Wanderungen* überwiegend in Richtung der größeren Städte, verschärft diese Probleme. Schon jetzt ist der *Verstädterungsgrad* (Anteil der in Städten lebenden Bevölkerung) verhältnismäßig hoch (im Mittel 67%). Für den ländlichen Sektor wirkt sich die Migration insofern negativ aus, als sie in hohem Maße selektiv ist, und vielfach gerade die am besten ausgebildeten Kräfte und v. a. Personen im erwerbsfähigen Alter abwandern. Das kann so weit gehen, daß die am Ort Verbliebenen gar nicht mehr in der Lage sind, die Feldarbeiten allein und ohne Produktionseinbußen auszuführen und dann einzelne Landstücke brachfallen. Noch weit auffälliger treten die Folgen der Bevölkerungsumverteilung im städtischen Bereich in Erscheinung. Selbst in Klein- und Mittelstädten sind die randstädtischen Hüttenquartiere als Ausdruck des nicht bewältigten Wohnungsproblems zu einem prägenden Element der Siedlungsstruktur geworden. In einzelnen Metropolen (Bogotá, Guayaquil, Lima) lebt ungefähr die Hälfte der Bewohner in derartigen Marginalsiedlungen.

Weisen die A. in bezug auf Bevölkerungsverteilung und -struktur weitgehende Ähnlichkeiten auf, so trifft das für Lebensbedingungen und *soziale Verhältnisse* nicht zu. Ganz gleich welche Indikatoren man betrachtet, die Schwankungsbreite ist in jedem Falle erheblich, und immer ist es *Bolivien,* das weit unterdurchschnittliche Werte aufweist, während die Situation in *Chile* vergleichsweise günstig ist (vgl. Tab. 1).

Das gilt auch noch, wenn man Verteilungsgesichtspunkte einbezieht. So gibt es in *Chile* seit längerem eine recht breite Mittelschicht, während in den anderen Staaten einer sehr kleinen und vermögenden Oberschicht und einer ebenfalls nur kleinen Mittelschicht die Masse der Bevölkerung gegenübersteht, die an oder unterhalb der Armutsgrenze lebt (mit häufiger Unterbeschäftigung, Unter- und Mangelernährung). Im Mittel entfallen auf die reichsten 10% der Haushal-

Tabelle 2
Wirtschaftsentwicklung und Wirtschaftsstruktur

	Bruttoinlandsprodukt					Beschäftigte in %			Schulden		Landwirtschaft (1979–81 = 100)	
	US-$ pro Kopf	jährliche Wachstumsrate %	Landwirtschaft %	Industrie %	jährliche Wachstumsrate Industrie %	Primärer Sektor	Sekundärer Sektor	Tertiärer Sektor	Mrd. US-$	US-$ pro Kopf	Produktion pro Kopf	Nahrungsmittelproduktion pro Kopf
	1990	1961–90	1986–90	1988	1988	1981–88	1985–87	1985–87	1985–87	1990	1990	1990	1990
Bolivien	869	3,1	1,3	23	11	−4,8	43	20	37	4,3	585	105	103
Peru	1341	2,7	−2,0	13	23	0,5	34	14	56	21,1	979	90	89
Ecuador	1236	5,3	2,7	17	16	0,8	48	14	38	12,1	1143	107	107
Chile	2451	3,2	5,8	9	21	1,8	14	25	61	19,1	1451	118	118
Lateinamerika	1948	3,5	1,4	11	22	0,5	30	21	49	431,8	1000	100	102

Quellen: Inter-American Development Bank Annual Report; FAO Production Yearbook; Länderbericht Südamerikanische Staaten. Stuttgart 1992; Fischer Weltalmanach 1992.

te fast 50% aller Einkommen, auf die ärmere Hälfte nur etwas über 10%.

Im Vergleich zu anderen Entwicklungsländern ist das *Gesundheitswesen* verhältnismäßig weit entwickelt. Während um die Mitte der 50er Jahre die *Lebenserwartung* überall (bis auf *Chile*) noch unter 50 Jahren lag, wird dieser Wert heute selbst in *Bolivien* nicht mehr unterschritten, und in *Chile* sind bereits europ. Verhältnisse erreicht. Daran hat die Verringerung der *Säuglingssterblichkeit* einen wesentlichen Anteil. Allerdings sind die regionalen Unterschiede erheblich, und es bedarf v. a. auf dem Lande noch großer Anstrengungen (Ernährung, öffentliche und private Hygiene, ärztliche Versorgung), um die Mortalität weiter abzusenken.

V. Wirtschaft

Gemessen am BIP pro Kopf gehören die A. (wiederum bis auf *Chile*) zu den wirtschaftlich weniger entwickelten Staaten Lateinamerikas (vgl. Tab. 2).

Die Krise der 80er Jahre hat einen großen Teil des zuvor erzielten Wirtschaftswachstums wieder aufgezehrt. Das gilt in besonderem Maße für *Bolivien* und *Peru*, die auch langfristig gesehen pro Kopf der Bevölkerung nur eine äußerst bescheidene Steigerung erreichen konnten. Überall hat die *Landwirtschaft* noch eine erhebliche Bedeutung und trägt in *Bolivien* mit mehr als 20% zum BIP bei; im Hinblick auf die Beschäftigung ist ihr Gewicht sogar noch größer. Dem steht ein vergleichsweise unterentwickelter *Industriesektor* gegenüber. Selbst wenn man Bergbau und Bauwirtschaft einschließt, entfallen in keinem Land sehr viel mehr als ein Viertel der Arbeitsplätze auf diesen Bereich. Der *Dienstleistungssektor* erreicht daher überall hohe Beschäftigtenanteile.

In der *Landwirtschaft* ist das Erbe der Vergangenheit besonders deutlich spürbar. Die bereits in der Kolonialzeit angelegten regionalen und sozioökonomischen Disparitäten haben sich bis in die Gegenwart weiter verstärkt. Einer weltmarktorientierten Erzeugung pflanzlicher Rohstoffe in meist küstennahen Aktivräumen steht eine traditionsgebundene, auf lokale Märkte bzw. auf den Eigenbedarf ausgerichtete Produktion in den peripheren Binnenlandregionen gegenüber. Schon im 19. Jh. ist der Agrarexport durch die staatliche Wirtschaftspolitik gefördert worden, und auch gegenwärtig hat der Export zur Devisenerwirtschaftung hohe Priorität. Auf Länderebene spielt die Erzeugung pflanzlicher Produkte für den Weltmarkt v. a. in *Ecuador* (Bananen) eine erhebliche Rolle; aber auch in *Peru* (Küstenoasen mit Zuckerrohr- und Baumwollanbau) und *Chile* (Zentralzone mit Obstanbau) gibt es einzelne überwiegend auf den Export ausgerichtete Regionen.

Dagegen wird das Hochland der Sierra von einem Nebeneinander großer Viehzuchthazienden und kleinbäuerlicher Selbstversorgungslandwirtschaft bestimmt. Sowohl traditionelle wie moderne Landwirtschaft haben es nicht vermocht, den auf dem Lande lebenden Menschen ausreichende Beschäftigungsmöglichkeiten zu bieten und ihren Lebensunterhalt sicherzustellen. Während es in den Aktivräumen eher die Modernisierung und damit Mechanisierung der Landwirtschaft waren, die zu einer Freisetzung von Arbeitskräften führten, stand in den Passivräumen v. a. der Gegensatz zwischen *Minifundio* und *Latifundio* einer grundlegenden Verbesserung entgegen. Dieser wurzelt zwar bereits in der Kolonialzeit, hatte sich jedoch parallel zur wirtschaftlichen Außenorientierung in der zweiten Hälfte des 19. und im beginnenden 20. Jh. erheblich verschärft. Privatisierung von Indianer-, Staats- und Kirchenland, verbunden mit einem Aufbrechen kollektiver Organisationsstrukturen, haben letztlich die Ausbreitung des Großgrundbesitzes begünstigt. Die überkommene Agrarstruktur durch eine stärkere Streuung des Grundeigentums zu verändern, war das erklärte Ziel aller Reformen im Agrarbereich. Bei der Durchführung sind die einzelnen Staaten allerdings sehr verschiedene Wege gegangen. Während *Ecuador* ein typisches Beispiel marginaler und konventioneller Reformen (vorwiegend Kolonisationsprojekte) bildet, sind die Veränderungen in *Bolivien* (ab 1952), *Peru* (ab 1969) und zeitweise auch in *Chile* (1967–73) sehr viel weiterreichender gewesen, und es ist zu umfangreichen Enteignungen gekommen. Alle Reformbemühungen haben die Probleme auf dem Lande aber nicht lösen können. Zum einen sind selbst bei einer sehr weitgehenden Enteignungspolitik die Landreserven begrenzt, und es können nicht alle Ansprüche auf Zuteilung von Parzellen befriedigt werden. Zum anderen sind die meisten Maßnahmen über eine „Bodeneigentumsreform" nicht hinausgekommen bzw. haben diese aus politischen Gründen bewußt in den Vordergrund gestellt. Nur wenn die „Bodenbewirtschaftungsreform" hinzukommt, wird es aber möglich sein, Produktionsrückgänge zu vermeiden und mittel- und langfristig auch eine Steigerung der Erzeugung zu erreichen. Daß die A. davon noch weit entfernt sind, zeigt sich daran, daß die Nahrungsmittelerzeugung kaum mit dem Bevölkerungswachstum Schritt halten konnte. Dieser Engpaß hat sich in jüngster Zeit häufig noch dadurch verstärkt, daß ein räumlicher und mengenmäßiger Verdrängungsprozeß zugunsten der *Cash-crops* für den Export eingesetzt hat.

Zu den Gemeinsamkeiten der A. im wirtschaftlichen Bereich gehört die seit jeher große Bedeutung des *Bergbaus*, denn die Anden zählen zu den erzreichsten Gebirgen der Erde. Zur Kolonialzeit war das *Silber* von Potosí im heutigen Bolivien eine der tragenden Säulen der span. Macht. Eine systematische Erschließung der bergbaulichen Ressourcen erfolgte ab Mitte des 19. Jh. (in Bolivien erst im 20. Jh.), als sich die A. im Zeichen des politischen und wirtschaftlichen Liberalismus dem Weltmarkt öffneten. Mit dem Exporterlösen (z. B. *Guano* in Peru, *Salpeter* in Chile) konnte eine weitreichende Modernisierung finanziert werden, die sich im Ausbau des Verkehrsnetzes, des Bildungswesens, einer Technisierung in Bergbau und Landwirtschaft und in ersten Industrialisierungsbemühungen dokumentierte. Heute stehen *Buntmetalle*, wie Zinn, Zink, Blei und Kupfer, neben dem vorwiegend im Oriente geförderten *Erdöl* und *Erdgas* mit an der Spitze der Exporte. Damit sind die Abhängigkeiten von den Weltrohstoffmärkten groß, und die oft kurzfristigen Preisschwankungen erschweren jede vorausschauende Planung. Von Nachteil ist außerdem, daß der weltmarktorientierte, von kapitalintensiven Großbetrieben getragene Bergbau nur wenigen Menschen eine Beschäftigung bietet. Auch die Verstaatlichung der zuvor von internationalen Konzernen kontrollierten Minen (in Bolivien 1952, in Chile 1971, in Peru ab 1968) hat daran nichts geändert. Deshalb bemühen sich alle Länder meist schon seit längerem um eine planmäßige Industrialisierung. Seit der Weltwirtschaftskrise wurde in allen A. die Politik einer wirtschaftlichen Entwicklung nach außen *(hacia afuera)* durch eine Orientierung nach innen *(hacia adentro)* abgelöst. Vielfältige staatliche Eingriffe und Förderungen zielten darauf ab, die starke Exportabhängigkeit durch den Aufbau einer rohstoffverarbeitenden und importsubstituierenden Industrie abzumildern. Angesichts kleinerer Märkte machten sich aber sehr bald Monopolisierungstendenzen bemerkbar, und die aufgebauten Kapazitäten konnten vielfach nicht ausgelastet werden. Daran hat auch die Gründung des *Andenpaktes* im Jahre 1969 (Zusammenschluß von Venezuela [seit 1974], Kolumbien, Ecuador, Peru, Bolivien und [bis 1976] Chile), durch den ein größerer Binnenmarkt evtl. (angestrebt wird ein gemeinsamer Markt bis Ende des Jahrhunderts) geschaffen werden sollte, bislang nichts zu ändern vermocht. Die Abschirmung vor ausländischer Konkurrenz erwies sich zwar als geeignetes Mittel, den Industrialisierungsprozeß in Gang zu setzen, hat aber eine Konkurrenzfähigkeit auf dem Weltmarkt fast ausnahmslos verhindert. Nach einer teilweise beträchtlichen Zunahme der Industrieproduktion in den 60er und 70er Jahren gab es in den 80er Jahren überall größere Einbrüche und eine insgesamt eher stagnierende Entwicklung. Vor allem hat die Industrialisierung in sehr viel geringerem Umfang als erwartet zur Lösung des Beschäftigungsproblems beigetragen, denn von Anfang an mußten die Technologien aus dem Ausland importiert werden, und daher kamen kapitalintensive und arbeitssparende Verfahren zur Anwendung. Der große Kapitalbedarf hat außerdem die *Verschuldung* der Länder, namentlich bei Betrachtung der Pro-Kopf-Werte, erheblich ansteigen lassen. Ähnlich wie der Dienstleistungsbereich wird auch der Industriesektor durch eine starke Polarisierung bestimmt. Modernen Großbetrieben mit hoher Kapitalintensität und geringen Beschäftigungseffekten, hohen Gewinnen und vergleichsweise günstigen Arbeitsbedingungen steht eine große Zahl von Kleinbetrieben des informellen Sektors gegenüber. Wenn auch die Industrialisierung mancherorts erfolgreich zur regionalen Entwicklung beigetragen hat, so sie doch nicht verhindern können, daß die Konzentration der Betriebe auf die jeweilige Hauptstadt und ihre Umgebung sehr ausgeprägt ist.

LITERATUR

C. **Troll**, Die Stellung der Indianer-Hochkulturen im Landschaftsaufbau der tropischen Anden, in: Zs. der Gesellschaft für Erdkunde zu Berlin, o. J. (1943) 93 ff. – W. **Weischet**, Der Andenraum, in: Die große illustrierte Länderkunde. Bd. 2. Gütersloh 1963, 1253 ff. – J. **Golte**, Bauern in Peru. Entwicklungsfaktoren in der Wirtschafts- und Sozialgeschichte der indianischen Landbevölkerung von der Inka-Zeit bis heute. Berlin 1973. – G. **Sandner u.a.**, Der Andenraum, in: Lateinamerika. Hg. G. Sandner, H.-A. Steger. Frankfurt/M. 1973, 214 ff. – W. **Brücher**, Formen und Effizienz staatlicher Agrarreformen in den östlichen Regenwaldgebieten der tropischen Andenländer, in: GeogrZ 65 (1977) 3 ff. – H. **Loetscher u.a.**, Die Anden. Luzern 1977. – G. **Mertins**, Konventionelle Agrarreformen – moderner Agrarsektor im andinen Südamerika, in: Agrarreformen in der Dritten Welt. Hg. H. Elsenhans. Frankfurt/M. 1979, 401 ff. – W. **Zeil**, The Andes – A Geological Review. Berlin 1979. – W. **Mikus**, Die grundbedürfnisorientierte Regionalanalyse – Schwächen der Arbeitsmarktstruktur Lateinamerikas unter besonderer Berücksichtigung von Peru, in: GeogrZ 71 (1983) 87 ff. – H. **Wilhelmy**, A. **Borsdorf**, Die Städte Südamerikas. 2 Bde. Berlin 1984/85. – D. **Lavallée**, L. G. **Lumbreras**, Die Andenvölker. München 1986. – G. **Mertins**, Jüngere industrielle Entwicklung in den Andenländern, in: GeogrRd 39 (1987) 74 ff. – W. **Lauer**, W. **Erlenbach**, Die tropischen Anden, in: ebd., 86 ff. – A. **Frambes-Alzérraca**, Der Andenpakt. Marburg 1989.

Jürgen Bähr

BOLIVIEN

Amtlicher Name	República de Bolivia (Republik Bolivien)
Staatsform	Präsidiale Republik
Hauptstadt	Sucre (verfassungsmäßig) La Paz (Regierungssitz)
Fläche	1 098 581 km²
Bevölkerung	7 110 000 E. (1989; VZ 1976: 4 613 000). – 6 E./km²
Sprache	Spanisch, Ketschua, Aimara als Amtssprachen
Religion	Katholiken ca. 93%; Protestanten rd. 50 000
Währung	1 Boliviano (BOB) = 100 Centavos (c)

I. Naturräumliche Voraussetzungen

B. ist (als einziger der ↗Andenstaaten) Binnenland und eines der kleineren Länder ↗Südamerikas. Die *Anden (Kordilleren)*, die hier ihre größte Breite erreichen, gliedern sich in mehrere Einheiten. Zwischen West- und Ostkordillere öffnet sich der bis 200 km breite *Altiplano*, ein abflußloses Hochland zwischen 3700 m und 3800 m Höhe, das sich über 7 Breitengrade erstreckt. Nach O schließt sich das *Ostbolivianische Bergland* an. Es beherbergt in der höher gelegenen *Puna-Region* die Erzfördergebiete B.s und in der anschließenden 2000–3000 m hohen Becken- und Tälerregion mehrere landwirtschaftliche Gunsträume. Einen markanten Übergang zum tropischen Tiefland bildet nach NO die vergletscherte *Königskordillere* (mit Höhen über 6000 m), deren Abfall zum Gebirgsvorland von den Yungas eingenommen wird. Reichlichen Niederschlag erhält die NO-Abdachung der Anden, während der Altiplano, ohnehin in Leelage, nach S immer trockener wird (bis unter 200 mm Niederschlag). Die vorteilhaften Siedlungsbedingungen, v. a. im Bereich des Titicaca-Beckens, sind durch besonders hochreichende Anbaugrenzen der Kulturpflanzen bestimmt. Das tropische Tiefland, der *Oriente*, nimmt 2/3 des Landes ein und liegt durchweg zwischen 300 m und 400 m Höhe. Die Jahresdurchschnittstemperaturen erreichen hier 26° bis 28°C. Eine wichtige morphologische Grenze bildet das flache Bergland von *Chiquitos,* das die nördl. Überschwemmungssavannen des *Beni* (über 1200 mm Jahresniederschlag) von den Trockenwäldern des *Gran Chaco* im SO (unter 800 mm) trennt. Vom Andenknie bei Santa Cruz ausgehend, erstreckt sich in Richtung NW ein üppiger Gebirgsfußwald, der im Bereich der nördl. Landesgrenze *(Pando)* in die Regenwälder des Amazonas übergeht.

II. Historische und politische Entwicklung

Bereits in vorinkaischer Zeit gingen von B., dem alten Hochperu, wichtige kulturelle und ökonomische Impulse aus (Kultzentrum *Tihuanacu).* Das Hochland wurde um 1450 dem Inka-Reich einverleibt. Als die Konquistadoren *Diego de Almagro* und *Francisco Pizarro* 1535 die ersten span. Städte gründeten, wurden diese an ältere indianische Häuptlingszentren angelehnt. Gold- und v. a. Silberfunde ließen eine Reihe von Bergbausiedlungen (z. B. Potosí 1545) entstehen. Potosí wurde mit seiner schnell wachsenden Bevölkerung (160 000 Menschen im 17. Jh., damit größte Stadt des Doppelkontinents) zum Symbol des kolonialen Reichtums der Spanier. Millionen von Indios verloren in den Silberminen ihr Leben, in die sie im Rahmen des sog. *Mita-Systems* dienstverpflichtet waren. Die gesamte Wirtschaft Hochperus war im 16. und 17. Jh. auf die Versorgung der großen Minenstädte ausgerichtet. Im tropischen Tiefland von Mojos (Beni) und Chiquitos gründeten Jesuitenmissionare von 1682 an insgesamt mehr als 20 indianische Schutzsiedlungen *(Reduktionen),* deren wirtschaftliche Blüte bis zur Vertreibung der Jesuiten (1763) dauerte. Im 18. Jh. gab es mehrere Indio- und Mestizenaufstände im Hochland. Die Stadt La Plata mußte 1781 ihre Funktion als Berufungsgericht *(Audiencia)* von Hochperu an den neuen Intendanten-Sitz Buenos Aires abgeben.

Im Mai 1809 ging von der Universität La Plata (gegr. 1623) der erste Aufruf zum Freiheitskampf in Lateinamerika aus. Eine endgültige Befreiung gelang aber erst 1825 mit der Hilfe der aus dem N heranrückenden Truppen unter *Simón Bolívar* und *Antonio José de Sucre,* die der jungen Republik und ihrer Hauptstadt (Sucre) den Namen gaben. Damit war die kurzfristige territoriale Zuordnung zu Buenos Aires aufgehoben. B. behielt in der Folgezeit zwar seine Unabhängigkeit, vermochte sich aber nicht gegen ihre fünf mächtigen Nachbarn zu behaupten, die sich mehr als die Hälfte des Territoriums einverleibten (z. B. Küstengebiet 1884 an ↗Chile, Gummiwälder 1903 an ↗Brasilien, Erdölregion des Chaco 1938 an ↗Paraguay). Von 1850 bis heute reihten sich mehrere Hochkonjunkturphasen für Rohstoffe aneinander. Im Tiefland zogen Chinarinde (ab 1847), Kautschuk (ab 1890), Erdöl (ab 1935), Zuckerrohr (ab 1953), Baumwolle und Soja (ab 1970) und Koka (ab 1975) die Glücksritter an. Im Hochland prägten Salpeter (ab 1864), Silber (ab 1890) und Zinn (ab 1914) das Wirtschaftsgeschehen. 1899 wurde der Regierungssitz in das wirtschaftlich aufstrebende La Paz verlegt. Sucre blieb offizielle Hauptstadt. Neben außenpolitischer Schwäche kennzeichnet auch innere Labilität die republikanische Ära (rd. 210 Regierungswechsel in 165 Jahren).

Besonders einschneidend war die Revolution von 1952, die ein Jahr später zur Verkündigung der Agrarreform und zur Verstaatlichung der großen Bergbaubetriebe führte. Wenn auch wirtschaftliche Erfolge hiernach ausblieben, so erhielten doch die Indios ihre Bürgerrechte. Die Machtübernahm die *MNR (Movimiento Nacionalista Revolucionario),* die von den Bergarbeitergewerkschaften unterstützt wurde. Es folgten 1964–82 fast ununterbrochen Militärregierungen. Die unter *René Barrientos Ortuño* zerschlug die Guerillabewegung *Ernesto („Che") Guevaras* (1967 ermordet). *Hugo Banzer* (1971–78) konnte sich auf Gruppierungen der weißen Farmer-Oligarchie von Santa Cruz stützen. Zu dieser Zeit wuchsen die sozialen Gegensätze und die Auslandsverschuldung. Die Zeit der schlimmsten Repression erlebte B. unter der Diktatur von *Luis García Meza,* einem Exponenten der Kokainmafia. 1982 übernahm *Hernán Siles Zuazo* als gewählter Präsident die Macht. Er war, wie der folgende Kabinettschef und MNR-Gründer *Victor Paz Estenssoro* (1985–89), ein Vertreter der Sozialbewegung der 50er Jahre; beide setzten durch einschneidende Maßnahmen (z. B. Sanierung des Bergbaus) das Strukturanpassungsprogramme des IWF durch. Ein historisches Bündnis erlebte B. 1989, als unter dem (vom Parlament) neu gewählten Präsidenten *Jaime Paz Zamora* die früher verfolgte *MIR (Movimiento de la Izquierda Revolucionaria)* mit der von Banzer gegr. *ADN (Acción Democrática Nacionalista)* eine Koalition einging. – B. ist Mitglied u. a. des Andenpakts, der OAS, der ALADI und im SELA.

III. Verfassung, Recht, Verwaltung

Die bolivian. Republik erlangte am 6.8.1825 ihre Unabhängigkeit. Die erste *Verfassung* wurde am 19.11.1826 verabschiedet. Es folgten bis 1967 insgesamt 17 grundlegende Verfassungsänderungen. Nach der gültigen Formulierung von 1967 werden der *Präsident* und der *Vizepräsident* vom Volk auf 4 Jahre gewählt. Erreicht keiner der Kandidaten die absolute Mehrheit, entscheidet der Nationalkongreß. Dieser besteht aus zwei Kammern: Der *Senat* hat 27 Mitgl. aus den 9 Departements, von denen 1/3 alle zwei Jahre neu gewählt wird (Amtsdauer 6 Jahre). Die 131 Mitgl. des *Abgeordnetenhauses* werden alle 4 Jahre gewählt. Das *Kabinett* besteht aus 18 Ministern, die vom Senat vorgeschlagen und vom Präsidenten ernannt bzw. entlassen werden.

Bis zur Revolution von 1952 waren nur schreibkundige Bürger wahlberechtigt. Heute besteht formal Wahlpflicht, doch können sich kaum mehr als 2/3 der Wahlberechtigten in die Wahllisten eintragen, da viele peripher gelegene Siedlungsgebiete nur schwer erreichbar sind. Alle Personen über 21 Jahre sowie verheiratete Frauen über 18 Jahre besitzen Wahlrecht.

Das *Rechtssystem* ist nach frz. Vorbild aufgebaut. Der oberste Gerichtshof (2 zivile, 1 Strafrechts-, 1 Verwaltungs- und Arbeitsgerichtskammer) hat seinen Sitz in Sucre. Seine 12 Richter werden vom Kongreß für jeweils 10 Jahre ernannt. Dem höchsten Gericht sind Gerichtshöfe der Departemente und Provinzen sowie die lokalen Gerichte untergeordnet, wobei letztere häufig nur mit Schiedsleuten besetzt sind. Bis in die jüngste Zeit wird der bolivian. Rechtsprechung eine Diskriminierung der indianischen Bevölkerungsmehrheit vorgeworfen.

Ebenfalls nach frz. Muster ist B. in 9 Departements, 98 Provinzen und 1272 Kantone untergliedert. Der Präsident ernennt für 4 Jahre die *Präfekten* der Departements, diese wiederum die *Subpräfekten* für die Provinzen. In den Kantonen sind die *Corregidores* Vertreter der Zentralgewalt. In den größeren Städten, das sind die Departementshauptstädte, gibt es von den Bürgern gewählte Stadträte und Kommunalverwaltungen. Kleinere Lokalverwaltungen besitzen keine Selbständigkeit, wodurch der Aufbau demokratischer Strukturen erschwert wird. Zahlreiche traditionelle Indiogemeinschaften *(Comunidades Indígenas)* sind nach eigenem Recht organisiert. Ihre Existenz wird von der Gesetzgebung respektiert.

IV. Bevölkerungs- und Sozialstruktur

B. zählt zu den am dünnsten besiedelten Staaten Südamerikas (Gebieten im nördl. Tiefland mit unter 1 E./km² stehen dicht besiedelte Agrarräume mit über 80 E./km² im Hochland gegenüber). Das durchschnittliche jährliche Bevölkerungswachstum ist in den letzten Jahren gestiegen (auf 2,8%). Weitere Indikatoren der Bevölkerungsstruktur (Geburtenziffer 44, Sterbeziffer 16, Säuglingssterblichkeit 124 je 1000) verweisen auf den niedrigen Entwicklungsstand des Landes. B. ist mit 43% der Bevölkerung unter 15 Jahren ein junges Land. Die Lebenserwartung für Männer beträgt nur 51, für Frauen 54 Jahre. Hauptursache für den schlechten Gesundheitszustand der Bevölkerung ist der begrenzte Zugang zu sauberem Wasser (82% in der Stadt, 27% auf dem Land). Typhus und Malaria greifen wieder stärker um sich. Im statistischen Mittel kommt auf 1600 E. ein Arzt, womit allerdings die prekäre Situation auf dem Lande nicht annähernd beschrieben ist. Vor allem ist es notwendig, dort die Zahl der Gesundheitsposten (850) entscheidend zu erhöhen.

42% der Bevölkerung sind Indios; 25% gehören dem *Ketschua*, 17% den *Aimara* an. Sie leben z. T. in traditionellen Siedlungs- und Sippengemeinschaften und zeigen kulturelle Eigenarten, die noch stark in der alten vorspan. Hochkultur verwurzelt sind. Die Mischlingsgruppe (Mestizen) wird mit 31% angegeben. Obwohl Spanisch Staatssprache ist, wird es nur von etwa der Hälfte der Bevölkerung verstanden. Seit 1976 sind die Indiosprachen Ketschua und Aimara dem Spanischen formal gleichgestellt, so daß auch Unterricht in diesen Sprachen erteilt werden kann. Die Indiobefreiung durch die Revolution von 1952 hat erhebliche interregionale *Wanderungen* ausgelöst. In der Gebirgsfußzone entstanden Agrarkolonien, die ca. 200 000 Menschen aufgenommen haben. Ein weiterer Wanderungsstrom richtete sich auf die größeren Städte, besonders auf die Tieflandmetropole Santa Cruz und ihr weiteres Umland. Eine dritte Gruppe suchte im Ausland (vorwiegend in Nordargentinien) ihr Glück. Der Anteil der Bevölkerung in den Departementshauptstädten ist 1950–90 von 20% auf 37% gestiegen. Die Einwohnerzahl von Santa Cruz (1990: 696 000) hat in diesem Zeitraum um das 16fache zugenommen (La Paz 1990: 1,23 Mio., +420%; Cochabamba 1990: 413 000, +550%). Mit dieser Land-Stadt-Wanderung hat die soziale Problematik der Randstadtviertel eine neue Dimension erhalten. Die Einkommensunterschiede zwischen den 20% Ärmsten und den 20% Reichsten sind größer als in allen Nachbarländern. Viele Migranten ziehen verzweifelt in mehreren Etappen vom Lande in die Stadt und vom Hochland ins Tiefland und häufig auch wieder zurück.

Seit 1956 besteht ein *Sozialversicherungssystem*, das u. a. eine Alters- und Krankenversicherung umfaßt. Eine Arbeitslosenversicherung gibt es noch nicht. Bemerkenswert ist die Sozialversorgung in einigen staatlichen Gesellschaften (z. B. der Bergbau- und Erdölwirtschaft), dagegen ist die überwiegende Mehrheit der ländlichen und randstädtischen Bevölkerung von sozialen Leistungen ausgeschlossen.

V. Wirtschaft

Ab 1981 hat die Wirtschaft zunächst eine relativ lange Rezessionsphase durchlaufen, die das BIP bis 1986 deutlich schrumpfen ließ. Seit dem Ende der 80er Jahre befindet sich das Land wieder in einer Phase realen Wirtschaftswachstums mit (nach zeitweise exorbitanten) wieder gemäßigteren Inflationsraten (1989: 15%, zuvor sogar unter 10%). Durch eine strenge Geld- und Steuerpolitik will die Koalitionsregierung von 1989 (MIR – ADN) die gesamtwirtschaftliche Stabilität erhalten. Die wichtigsten Stützen der Wirtschaft sind Landwirtschaft und Bergbau (vgl. Tab.). Die illegalen Einkünfte aus Koka- und Kokainausfuhr werden auf ein Vielfaches der registrierten Exporteinnahmen geschätzt.

Beiträge zum BIP (1988)
(in %)

Landwirtschaft	23,8
Bergbau (einschließlich Erdöl)	12,0
Industrie und Bauwirtschaft	13,6
Transport und Nachrichtenwesen	8,4
Sonstiges	42,2

Quelle: Deutsch-Bolivianische Industrie- und Handelskammer. La Paz 1991

In der *Landwirtschaft* sind – unter Berücksichtigung der Subsistenzbauern – ca. 48% aller Erwerbstätigen beschäftigt. Im andinen Gebirgsland werden Mais, Kartoffeln, Gerste, Weizen, Saubohnen und Quinua (Reismelde) angebaut. Der nationale Eigenbedarf kann jedoch nicht gedeckt werden. Im tropischen Tiefland von Santa Cruz wird mit modernen Methoden auch für den Export produziert. Landesweit betragen die Anbauflächen für tropische Produkte (1988): Reis 108 000 ha, Soja 86 000 ha, Zuckerrohr 58 000 ha, Bananen 54 000 ha, Kaffee 29 000 ha, Erdnüsse 14 000 ha, Baumwolle 10 000 ha. Die wichtigste Einnahmequelle ist für viele Kleinbauern (*Campesinos*) der überwiegend illegale Anbau von Koka und deren Weiterverarbeitung zu Rohpaste (*Pichicata*). Offizielle Vernichtungskampagnen durch die 6000 Mann starke Rauschgift-Polizei zerstören oft die Lebensgrundlage der Bauern, da alternative Produkte schwer angenommen werden. Die landwirtschaftliche Nutzfläche wird mit insges. 30 Mio. ha angegeben, von denen 26 Mio. als Wiesen und Weiden genutzt werden. Hier werden Rinder, Schafe sowie Lamas und Alpacas gehalten. Über 50% des Landes sind bewaldet. In den Wäldern von Beni und Pando werden Kautschuk, Chinarinde und Paranüsse gesammelt. Eine forstwirtschaftliche Nutzung erfolgt in wachsendem Umfang (Export von Edelhölzern für 20 Mio. US-$).

Ein weiterer Devisenbringer ist der *Bergbau*. Gefördert werden (1988): Zink (40 200 t), Blei (9400 t), Antimon (7700 t) und Silber (170 t). Beträchtlich zurückgegangen sind die Fördermengen von Zinn (7200 t), Wolfram (840 t) und Kupfer (130 t). Vor allem hat der Zinn-Preisverfall zu großen Deviseneinbußen geführt. Große Erwartungen knüpft man an die Mittel- und Kleinbetriebe (für Blei, Zink, Silber). Auch für Gold zeichnet sich eine positive Entwicklung ab. Die Förderung von Erdöl ist so weit zurückgegangen, daß der Export eingestellt werden mußte. Die Erdgasförderung hat sich dagegen so günstig entwickelt, daß erhebliche Ausfuhren nach Argentinien über die Erdgasleitung Santa Cruz – Yacuiba möglich sind.

Das *verarbeitende Gewerbe*, das sich in La Paz und Cochabamba konzentriert, besteht überwiegend aus Klein- und Mittelbetrieben (insges. 35 000 Beschäftigte), vornehmlich des Ernährungsgewerbes, gefolgt von der Textil- und Bekleidungsbranche sowie der Holzbe- und -verarbeitung.

Dank günstiger Rohstoffpreise ist im 1. Hj. 1989 zum ersten Mal seit 1984 im *Außenhandel* ein Überschuß zu verzeichnen. Die Ausfuhrstatistik weist (1987) neben Gas (45%) und Bergbauerzeugnissen (36%) als nicht-traditionelle Produkte Holz, Soja, Kaffee, Zucker, Vieh und Paranüsse auf. Wichtigste Ausfuhrländer sind Argentinien, Großbritannien und die Bundesrepublik Deutschland. Die Haupteinfuhren stammen aus den USA, Argentinien, Brasilien und Japan. Die Außenverschuldung belief sich (1988) auf 3,9 Mrd. US-$, die Schuldendienstrate auf 34,8% (bezogen auf die Ausfuhr von Waren und Dienstleistungen).

Zentral- und Notenbank ist die „Banco Central de Bolivia". Als eigene Abteilung besteht die „Banco del Estado" v. a. als Entwicklungsbank.

Hemmender Faktor der wirtschaftlichen Entwicklung ist das *Verkehrsnetz*. Mit Ausnahme des Umlandes von Santa Cruz ist fast das gesamte Tiefland nur auf dem Luftwege erreichbar. Der nationale *Flugverkehr* hat mit dem Koka-Boom eine beträchtliche Ausweitung erfahren. Internationale Flughäfen gibt es in La Paz und Santa Cruz. Im Gebirgsland erschweren Paßhöhen bis zu 5000 m und enge Täler die Verkehrskontakte. Nur 4% des gesamten *Straßennetzes* von 41 000 km sind befestigt. *Eisenbahnen* verbinden Santa Cruz mit Brasilien und Argentinien, die Minenstädte des Gebirgslandes mit der chilen. Küste.

VI. Kultur, Religion, Bildung

Der soziale und kulturelle Gegensatz zwischen Stadt und Land wird auch durch moderne Entwicklungsvorhaben kaum aufgehoben, doch haben indianische Kultur und Tradition in den letzten Jahren eine neue Wertschätzung erlangt. Das Verhältnis der Indios zu ihrer Umwelt, ihre natürlichen Heilverfahren und traditionellen Gemeinschaftsformen sind Grundlage eines neuen Selbstbewußtseins. Ihre Musik, Webkunst und Keramik finden besonders außerhalb B.s viel Resonanz. Das reiche literarische Schaffen der Bolivianer greift die Problematik der sozialen Randgruppen (Cholos, Bergleute, Migranten) auf und verarbeitet auch historische Stoffe. Eindrucksvolle Zeugen des kulturellen Reichtums der Kolonialepoche sind die Kirchen und Klöster des 18. Jh., die von indianischen Handwerkern wesentlich mitgeprägt wurden *(Mestizenbarock)*.

Die *kath. Kirche,* der 93% der Bevölkerung angehören, erhält die Unterstützung des Staates, aber jeder andere Glaube darf frei ausgeübt werden. Die kirchliche Hierarchie besteht aus 4 Erzbistümern (Sucre, La Paz, Cochabamba, Santa Cruz), im Hochland aus 4 weiteren Diözesen und 2 auf die Indianer- bzw. Bergarbeiterpastoral ausgerichteten Prälaturen. Das Tiefland außerhalb von Santa Cruz ist in 6 Apostolische Vikariate unterteilt. Episkopat und Klerus sind stark von Ausländern geprägt (nordamerikan. Maryknoll-Patres, it., österr., dt. Franziskaner u. a.). Die Sozialarbeit der Kirche hat sich von der caritativen Hilfe hin zur befreienden Evangelisierung entwickelt. Zielgruppen sind die besonders bedürftigen Menschen. Verschiedene Sekten amerikan. Ursprungs haben ihren Einfluß erheblich ausgeweitet.

Das *Bildungssystem* gliedert sich in Primarschule (1.–5. Schuljahr), Sekundarschule mit Aufbaustufe (6.–8. Schuljahr) und Oberstufe (9.–12. Schuljahr). Schulpflicht besteht vom 6.–12. Lebensjahr. Technische oder berufsbildende Schulen gibt es erst vereinzelt. Der überwiegende Teil der Bildungseinrichtungen (rd. 8000 Grundschulen und 3500 Sekundarschulen) wird vom Staat getragen. Daneben bestehen Schulen, die von staatlichen Gesellschaften (Staatsbahn, Erdölgesellschaft) unterhalten werden sowie Privatschulen kirchlicher oder ausländischer Träger. Die Lehrinhalte und die Art der Vermittlung sind wenig auf die Bewältigung der aktuellen Probleme des Landes ausgerichtet. Große Unterschiede bestehen zwischen dem städtischen und dem ländlichen Schulsystem. Vor allem die Landlehrer gelten als wichtige Mittler bei allen Entwicklungsmaßnahmen.

Es gibt 8 Universitäten, darunter die 1623 gegr. Universität von Sucre. Den ca. 60 000 Studenten steht eine immer noch hohe Analphabetenquote von (1985) ca. 26% gegenüber (1976: ca. 37%).

LITERATUR

H. **Trimborn,** Indianer von gestern, heute und morgen. Braunschweig 1968. – P. **Madeyski,** Das Entwicklungsland B. und seine Kirche. Ein Beitrag zum Verhältnis von Staat und Kirche. (Diss.) Mannheim 1970. – H.-J. **Puhle,** Tradition und Reformpolitik in B. Hannover 1970. – J. V. **Fifer,** Bolivia: Land, Location and Politics since 1825. London 1972. – F. **Monheim,** Zwanzig Jahre Indianerkolonisation in Ostb. Wiesbaden 1977. – G. **Köster,** Santa Cruz de la Sierra (B.). Entwicklung, Struktur und Funktion einer tropischen Tieflandstadt. Aachen 1978. – M. S. **Marquez Tavera,** Die Landwirtschaft im Entwicklungsprozeß B.s. (Diss.) Göttingen 1979. – W. **Schoop,** Die bolivian. Departementszentren im Verstädterungsprozeß des Landes. Wiesbaden 1980. – H. S. **Klein,** Bolivia: The Evolution of a Multi-Ethnic Society. New York 1982. – F. **Monheim,** G. **Köster,** Die wirtschaftliche Erschließung des Departements Santa Cruz (B.) seit der Mitte des 20. Jh. Wiesbaden 1982. – D. **Nohlen,** B., in: HDW. Bd. 2. Hamburg ²1982, 109 ff. – E. **Klahsen,** Entwicklung und heutige Struktur der Stadt Cochabamba als Handels- und Verkehrszentrum im ostbolivian. Bergland. Aachen 1983. – M. **Stolz,** Der genossenschaftliche Bergbau in B. Analyse seiner Funktionsweise und seines Entwicklungsbeitrages. Münster (Westf.) 1984. – L. **Mahnke,** Anpassungsformen der Landnutzung in einem tropischen Hochgebirge. Der agrare Wirtschaftsraum der Kallawaya-Indianer (B.). (Diss.) Aachen 1985. – H. C. F. **Mansilla,** Ausdehnung staatlicher Funktionen und Bürokratisierungstendenzen in B. Saarbrücken 1987. – Th. **Pampuch,** A. **Echalar,** B. München 1987. – M. **Krempin,** Keine Zukunft für B.? Saarbrücken 1989. – H. **Müller u. a.,** Estadisticas Económicas (La Paz) 1989. – G. **Köster,** Bevölkerungsstruktur, Migrationsverhalten und Integration der Bewohner von Mittel- und Oberschichtvierteln in lateinamerikan. Stadt. Das Beispiel La Paz (B.). (Habil.-Schr.). Aachen 1990. – Lber. B. 1991. Stuttgart. – L. E. **Bieber,** B., in: PolLexLat. ³1992, 47ff.

Wolfgang Schoop

CHILE

Amtlicher Name	República de Chile (Republik Chile)
Staatsform	Präsidiale, demokratische Republik
Hauptstadt	Santiago de Chile (1985: 4 318 000 E.)
Fläche	756 626 km²
Bevölkerung	13 500 000 E. (1990; VZ 1982: 11 275 000). – 18 E./km²
Sprache	Spanisch
Religion	Katholiken 82,1%; andere christl. Bekenntnisse 10,2%
Währung	1 Chilenischer Peso (chil$) = 100 Centavos

I. Naturräumliche Voraussetzungen

Der ↗Andenstaat C. wird im W vom Pazifischen Ozean begrenzt. Gemeinsame Grenzen hat C. im N mit ↗Peru, im NO mit ↗Bolivien, im O mit ↗Argentinien. Das Territorium umfaßt drei unterschiedliche Teile: das auf dem Kontinent gelegene *C. Continental,* die Insel *Juan Fernandez* (187 km²), einige kleine, unbewohnte Inseln sowie die Osterinsel *Pascua* (180 km²) im Pazifik als *C. Insular* und das (völkerrechtlich nicht anerkannte) *Territorio Chileno Antártico* zwischen 53° und 90° w. L. (ca. 1,2 Mio. km²) in der ↗Antarktis.

C. Continental nimmt mit seiner bemerkenswerten langgestreckten Form die hydrographische Westabdachung der Südanden ein. Es erstreckt sich (bei einer Breite von maximal nur ca. 350 km) über ungefähr 4300 km von der Wüste am Rande der Tropen in 17°25' s. Br. bis zur sturmumtobten Subantarktis am Kap Hoorn in ca. 56° s. Br. Hauptlebensraum des Landes mit mehr als 90% der Gesamtbevölkerung und mit lückenloser oder wenigstens regelhaft angeordneter agrarisch genutzter Kulturlandschaft ist Mittelchile. Es reicht von der Polargrenze des Getreidebaus (43° s. Br.) im Südteil der Insel Chiloë über eine ganze Skala feuchtigkeitsbedingter Landschaftsgürtel bis zum Río Copiapó (29°), der letzten Flußoase vor Beginn der Nordchilenischen Wüste. Der zentrale Kernraum *(el núcleo central)* mit mehr als 66% der Bevölkerung und die *zona metropolitána* um die großen Städte Santiago, Valparaiso und Viña del Mar liegt in der tektonischen Längssenke *(valle longitudinal)* zwischen Küstenbergland und schnee- und gletscherbedeckter Hochkordillere (Gipfelregion zwischen 5500 und 6800 m). Er hat subtropisches Winterregenklima ähnlich dem im südl. Mittelmeergebiet. Das Landschaftsbild wird beherrscht von den Bewässerungskulturen auf den Talböden und den lückenhaft von Hartlaubsträuchern besetzten Buschweiden *(matorrales)* auf den Hängen. Nach S geht die sommertrockene Subtropenzone ins ganzjährig feuchte außertropische Waldland über, das mit seinen relativ jungen Rodungskulturen die *Frontera* und das Gebiet der Seenregion des *Kleinen Südens* bis zur Insel Chiloë beherrscht. Der größte Teil des polwärts anschließenden *Großen Südens* ist auf der Westseite der patagonischen Kordillere ein menschenleeres, durch Inlandeis, Gletscher und krüppeligen immergrünen Südbuchenwald gekennzeichnetes alpinotypes Hochgebirge. Nur auf der wettergeschützten Ostseite gibt es räumlich eng begrenzte chilen. Lebensräume. Der *Kleine Norden (el norte chico)* vom Aconcagua- bis zum Copiapó-Tal erhält nur noch episodische Winterregen, von denen die verschiedenen Flußoasen gespeist werden, die das Strauchsteppenbergland queren. Weiter äquatorwärts folgt die *Nordchilenische Wüste (el norte grande)*, welche in der Salpeterpampa die thermisch wie hygrisch extremsten Wüstenbedingungen der Erde aufweist.

II. Historische und politische Entwicklung

Im Zuge der span. Conquista wurde in der Mitte des 16. Jh. das *Reino de C.* gegründet, wobei offensichtlich das Ketschuawort „chili" („im Süden gelegen" oder „Land im Süden") verwendet wurde. Kern war die Landkonzession des *Pedro de Valdivia* vom Río Copiapó bis 41° s. Br. (1548 Gründung von Santiago de C.). Für die Zukunft wichtig war die Ost-Begrenzung auf 150 span. Meilen von der Küste, weil dadurch das Reino de C. bis ins östl. Andenvorland reichte. Von der Provinz Cuyo, die 1776 dem *Virreinato Buenos Aires* zugeschlagen worden war, ging ab 1810 die Unabhängigkeitsbewegung unter General *Bernardo O'Higgins* aus, die 1818 zum endgültigen Sieg über die Spanier und zur Gründung der Republik C. führte. Grenzprobleme blieben mit ↗Argentinien. Mit der Gründung von Punta Arenas (1847) sicherte sich C. das Gebiet entlang der Magellanstraße in Ostpatagonien, das Argentinien ganz für sich beanspruchte. Im Nachgang zum ersten Grenzvertrag von 1881 wurde 1904 durch den Schiedsspruch des engl. Königs die Wasserscheide zwischen Atlantik und Pazifik als Grenzlinie festgelegt und der Territorialbesitz C.s auf der Ostseite der Kordillere vertraglich gesichert. Mit ↗Peru und ↗Bolivien entwickelten sich Interessenkonflikte wegen der wachsenden Bedeutung des Silber-, Guano- und Salpeterabbaus in der Grenzwüste, was zum *Pazifischen Krieg („Salpeterkrieg", 1879–83)* führte. Am Ende langer Verhandlungen mußte Peru das Departamento Arica, Bolivien das Gebiet der Atacama vom Rand der Hochanden bis zur Küste am Pazifik abtreten. C. besaß nun allein die Salpeter- und Bergbauwüste, die zur wichtigsten Geldquelle des Staates werden sollte. Diese Ereignisse trugen zur Bedeutung des Militärs und zur Entwicklung eines ausgeprägten Nationalismus bei. Im Innern gelang die Befriedung des Araukaner-Landes südl. des Río Bío Bío erst 1884, nachdem seit 1848 weiter südl., in der Seenregion, europ., meist dt. Kolonisten (gefördert durch ein spezielles Einwanderungsgesetz) angesiedelt und die Indianer in Reservaten zusammengefaßt worden waren. Die meisten liegen zwischen Río Bío Bío und Río Toltén, einem Gebiet, das heute noch als *Frontera* oder *Araucanía* bezeichnet wird.

Der Stolz auf eine von militärischer Intervention fast unbehelligte demokratische Entwicklung war freilich mit starker parteipolitischer Zersplitterung und ausgeprägtem Parteienegoismus verbunden. Besonders in den frühen 30er und in den Jahren 1942–48 nahmen diese Eigenschaften zuweilen destruktiven Charakter an. Dreimal (1938, 1942 und 1946) gewannen Volksfrontbündnisse die Präsidentschaftswahlen. Danach folgten mit *Carlos Ibáñez del Campo* (1952–58) und *Jorge Allessandri* (1958–64) Präsidenten, die als Alternativen zu den diskreditierten Parteien angesehen wurden. Beiden gelang aber nur eine teilweise Stabilisierung der wirtschaftlichen Verhältnisse. Bei der Wahl 1964 kam es wieder zu einer deutlichen Polarisierung zwischen dem *Frente de Acción Popular* (FRAP), einem Bündnis unter Führung von Sozialisten und Kommunisten, und dem noch jungen *Partido Demócrata Cristiano* (PDC), dessen Kandidat *Eduardo Frei* sich klar gegen *Salvador Allende* durchsetzte. Die proklamierte „*revolución en libertad*" mit drastischer Landreform und beginnender Nationalisierung des Kupferbergbaus brachte aber wirtschaftlich auch keinen Durchbruch. Bei der Wahl 1970 erreichte zwar Allende als Kandidat der *FRAP-Unidad Popular (UP)* nicht direkt die absolute Mehrheit, wurde aber nach Abschluß eines Verfassungsgarantieabkommens mit Unterstützung der Mehrheit des PDC im Parlament zum Präsidenten gekürt. Das Programm „Sozialismus in Freiheit" mündete bald in Enteignungen und Betriebsbesetzungen auf der einen und zunehmend stärkeren Protestaktionen auf der nicht-sozialistischen Seite. Mitte 1973 waren die Unruhen bis zur Bürgerkriegsgefahr eskaliert. Im Sept. 1973 putschten Militär und Polizeicorps (Caribineros), eine vierköpfige Junta unter General *Augusto Pinochet* übernahm die Regierungsgewalt. *Allende* nahm sich, wie vorher mehrfach angekündigt, vor der gewaltsamen Entfernung aus dem Präsidentenpalast, das Leben. Es folgten 17 Jahre diktatorische Regierung durch die Junta und General *Pinochet* als Staatspräsident (ab 1981). Seit 1987 wurde nach Wiederzulassung der vorher verbotenen politischen Parteien und der Rückkehr ihrer exilierten Führer schrittweise der Übergang zu einer demokratischen Präsidialdemokratie vollzogen. Nachdem 1988 ein Plebiszit eine 2. Amtszeit Pinochets abgelehnt hatte und in der Wahl vom Juli 1989 ein Mitte-Links-Bündnis aus 17 Parteien die Präsidentschaftswahl gewonnen hatte, trat deren Repräsentant *Patricio Aylwin* von der PDC im März 1990 sein Amt im neuen demokratischen C. an. Pinochet blieb Oberbefehlshaber des Heeres. – 1984 hatten sich C. und Argentinien durch Vermittlung des Hl. Stuhls über die bisher strittige Grenzziehung im Beagle-Kanal geeinigt. – C., 1976 aus dem Andenpakt ausgetreten, ist Mitglied u. a. der ALADI, der OAS, des Rio-Pakts und im SELA.

III. Verfassung und Recht

1. Verfassung

Die Verfassung vom 11. 3. 1981 ist die dritte nach denen von 1833 und 1925, ein Ausweis bemerkenswerter Stabilität. Der Putsch *Pinochets* 1973 (vgl. II) hatte C. jedoch in eine schwere Verfassungskrise gestürzt. In einem Referendum vom 31 7. 1989 wurde eine Revision der Verfassung von 1981 mit großer Mehrheit gebilligt.

C. ist eine präsidiale, demokratische und rechtsstaatliche Republik. C. ist ein dezentralisierter Einheitsstaat (Art. 3), gegliedert in 12 administrative Regionen und die Hauptstadtregion.

Die *Legislative* ist im *Nationalkongreß* konstituiert, der aus der auf 4 Jahre gewählten *Abgeordnetenkammer* (120 Mitgl.) und dem *Senat* besteht. Letzterem gehören 38 Mitgl. an (29 auf 8 Jahre gewählte, 9 vom Präsidenten ernannte). Der Kongreß hat Gesetzgebungs- und Budgetrecht, auch das Recht der Anklage gegen den Präsidenten, gegen Generäle, Admirale, Intendanten und Regierungspräsidenten. Der auf 4 Jahre direkt gewählte *Präsident* (unmittelbare Wiederwahl nicht zulässig) hat eine starke Stellung. Er leitet Regierung und Verwaltung und ist für die innere und äußere Sicherheit verantwortlich. Da er selbst Regierungschef ist, sind die Minister „Mitarbeiter des Präsidenten".

Die *Judikative* besteht aus dem Obersten Gericht, dem Verfassungsgericht, Militärgerichten und der „Contraloria General" (Art. 87/88), die gerichtsähnliche Kontrollfunktionen ausübt, v. a. bei der präventiven Überprüfung der Rechtmäßigkeit von Verwaltungshandlungen. Die Kompetenzen des Verfassungsgerichtes (Art. 81 ff.) umfassen die Überprüfung von Verfassungsorgangesetzen (Organisationsnormen) vor ihrer Verabschiedung, die Normenkontrolle in bezug auf das Gesetzgebungsverfahren, die Kontrolle von Volksentscheiden und das Verbot verfassungswidriger Parteien.

In der Formulierung der *Bürgerrechte,* insbes. im Gedanken der Wesensgehaltsgarantie (Art. 19 Nr. 26), kommt – wie auch sonst vielfach – der Einfluß des dt. Rechtsdenkens zum Ausdruck. Die Verfassung enthält auch soziale Grundrechte (Umwelt, Erziehung, soziale Sicherung).

Das *Staat-Kirche-Verhältnis* ist von Religions-, Kult- und Eigentumsfreiheit geprägt.

Kaum eine Staatsverfassung regelt den *Ausnahmezustand* (vier Formen) so detailliert. Das Verbot verfassungswidriger Parteien und die Verpflichtung der Beamten zur Verfassungstreue sind Elemente des Verfassungsschutzes.

2. Recht

a) Privat-, Handels- und Wirtschaftsrecht. Das ZGB von 1857 ist vom Code Napoléon, Niederländischen Zivilrecht, Bürgerlichen Recht beider Sizilien und vom Recht von Louisiana geprägt. Es stammt im wesentlichen von dem venezolan. Gelehrten und Schriftsteller *Andrés Bello,* der lange in C. wirkte, und hat die weitere Kodifikationsgeschichte Lateinamerikas nachhaltig beeinflußt. Es hält im wesentlichen an der im römischen Institutionensystem vorgezeichneten Ordnung des Stoffes fest. Das HGB von 1867 ist gespeist aus dem frz. Handelsrecht von 1807 und dem span. Gesetzbuch von 1829. Neuere Materien – GmbH, AG, Banken, Wechsel und Scheck, Konkurs – sind in Spezialgesetzen geregelt. Die Verfassung hat sich eindeutig für die liberale Marktwirtschaft entschieden, mit geringem Staatsanteil und relativ begrenzter wirtschaftlicher Mitbestimmung. Es gibt ein modernes Gesetz gegen Wettbewerbsbeschränkungen.

b) Strafrecht. Es ist im StGB von 1874 geregelt, das auf das Vorbild des span. StGB von 1848 zurückgeht. Größere Änderungen erfolgten 1928, 1953, 1959. Das chilen. StGB ist das älteste unter den derzeit in Lateinamerika geltenden Strafgesetzbüchern. Von C. ging – wegen des anerkannten Ranges seiner Gesetzgebungskultur – auch die Initiative für den Entwurf eines lateinamerikan. Musterstrafgesetzbuches aus.

c) Internationales Privatrecht und Internationales Recht. C. hat 1933 den „Code of Private International Law" von 1928 ratifiziert, allerdings unter dem Vorbehalt, daß im Konfliktfalle die Vorschriften des chilen. Rechtes vorgehen. Es gilt das Territorialitätsprinzip. Da das chilen. Recht die Ehescheidung nicht erlaubt, gelten im Ausland vollzogene Scheidungen im Inland nicht, mit der Folge eines Wiederverheiratungsverbotes. Für das Sachenrecht gilt die lex rei sitae, für das Schuldrecht das Prinzip „lex loci regit actum". Ausländische Urteile sind nach Exequatur durch das Oberste Gericht vollstreckbar. Für die Internationalen Beziehungen enthält Art. 1 der Verfassung die Bestimmung, daß es Pflicht der Staatsorgane sei, die nationale Sicherheit zu achten. Die Doktrin der nationalen Sicherheit hat in C. – wie in fast allen lateinamerikan. Staaten – einen hohen Stellenwert und verschafft dem Militär seine (auch politische) Macht.

IV. Bevölkerungs- und Sozialstruktur

Die durchschnittliche *Bevölkerungsdichte* ist sehr gering. Es bestehen aber regional große Unterschiede. 75% der Bevölkerung leben in der Zentralzone zwischen der Region Valparaiso und Bío Bío mit Groß-Santiago, das allein ca. 4,5 Mio. E. zählt. Das durchschnittliche *Bevölkerungswachstum* beträgt für 1980–90 1,6% bei einer *Geburten-* und *Sterbeziffer* (1988) von 23 bzw. 6 ‰. Die früher extrem hohe *Säuglingssterblichkeit* konnte auf unter 30 ‰ gedrückt werden, ist damit aber immer noch hoch. Die durchschnittliche *Lebenserwartung* ist auf 67 Jahre gestiegen. Die *Altersstruktur* der Bevölkerung entspricht einer fast perfekten Pyramide mit 43,5% Jugendlichen bis 19 Jahre und 5,5% Menschen über 65 Jahre.

Den dominierenden Teil der *ethnischen Zusammensetzung* stellt die „raza chilena" in der Zentralzone aus der Mischung der *Picunche-Indianer* mit rd. 46 000 in kolonialspan. Zeit eingewanderten Iberern und deren Nachkommen. *Cunco-* und *Chonos-Indianer* bildeten den Mischungsgrundstock für die *Chiloten* im S des Landes. Die Zahl der heute noch reinrassigen Indianer, vorwiegend *Araukaner* in der Frontera sowie *Aimará* im ehemals bolivian. Teil des Altiplano, wird auf rd. 400 000 geschätzt. Die Neuzuwanderung von Europäern und Asiaten seit Mitte des 19. Jh. war zahlenmäßig relativ gering (ca. 100 000). Regionsprägend wurde sie bei der Agrarkolonisation zwischen Puerto Montt (1846) und Río Toltén durch im Südteil vorwiegend dt., sonst aber auch schweizer., span., it. und frz. Kolonisten. Das in der Literatur oft angegebene Verhältnis von 55% Mestizen zu 45% Weißen ist statistisch nicht zu belegen.

Das Besondere an der *Sozialstruktur* C.s ist ein sehr breit angelegter Mittelstand, in welchem die mit Sozialprivilegien ausgestattete, als Kaste sich gerierende Schicht der öffentlichen und privaten Angestellten eine politisch wie volkswirtschaftlich gewichtige Rolle gespielt hat. Sie wurde seit Mitte der 30er Jahre zu den Reichen im Lande gerechnet, deren Pro-Kopf-Anteil am Nationaleinkommen größer war als das der Gewerbetreibenden und kleinen Unternehmer, nur übertroffen von den 5% reichen großen Unternehmern, die zu einer Reihe wohlformierter „grandes familias" gehören. Fast 60% der Bevölkerung stellen die Armen; die Arbeiterfamilien auf dem Lande und in den Städten müssen sich mit 1/5 des Nationaleinkommens begnügen. Die sozialstaatlichen Ansprüche der Angestellten haben ab den 50er Jahren bei sinkender Produktivität der Volkswirtschaft wesentlich zum wirtschaftlichen und politischen Kollaps beigetragen.

1981 wurde ein neues System von *Sozialversicherungen* eingeführt, wonach gleichmäßig alle Beschäftigten 20,3% des Brutto-Lohnes (früher zahlte der Arbeitgeber für Angestellte zwischen 40 und 70%) in Pensions-, Gesundheits- und Versicherungsfonds einzahlen, die von privaten Kapitalgesellschaften verwaltet werden.

V. Wirtschaft

Ende des 19. Jh. wurde C. durch das Salpetermonopol zu einem der reichsten Länder der Erde und blieb es bis Mitte der 20er Jahre. Die gute finanzielle Situation wurde genützt zur Durchführung öffentlicher Arbeiten, zur Ausweitung staatlicher Verwaltungen sowie zur Verstärkung der Streitkräfte. Sie bewirkte zusammen mit den privaten Dienstleistungsberufen das Anwachsen der staatlichen und privatwirtschaftlichen Angestellten auf ein für lateinamerikan. Verhältnisse ungewöhnliches Maß. Die Entwicklung im kapitalintensiven und technisch anspruchsvollen Bergbau wurde ausländischen Unternehmen überlassen; C. beschränkte sich auf Gewinnbeteiligung. Nachdem die politisch einflußreiche Angestelltenschicht die günstige Konjunktur nach dem 1. Weltkrieg noch einmal zur Festschreibung sozialstaatlicher Absicherung genützt hatte, war die Weltwirtschaftskrise Anfang der 30er Jahre für die Staatsfinanzen und die gesamte chilen. Volkswirtschaft um so katastrophaler. Abkehr von der liberalen Außenhandelswirtschaft und Umorientierung auf protektionistische Binnenwirtschaft sollten Abhilfe schaffen.

Für *landwirtschaftliche Nutzung* stehen 5,5 Mio. ha (6% der Staatsfläche) an dauernd anbaufähig zur Verfügung, 1/4 davon als Bewässerungsland. Hinzu kommen ca. 5 Mio. ha für gelegentliche Aussaat, fast 20 Mio. ha. (ca. 30%) als extensive Weiden. Bis Mitte der 70er Jahre jedoch blieb der Agrarsektor ein wirtschaftliches Sorgenkind. Die Produktion konnte vor und erst recht nach der Besitzreform unter den Präsidenten *Frei* und *Allende* (vgl. II) mit dem Bevölkerungswachstum nicht Schritt halten. Grundnahrungsmittel mußten importiert werden, und das ausschließlich wegen einer von der Preis-Kosten-Relation verursachten extensiven Wirtschaftsweise. Eine vorübergehende günstige Finanzlage während des II. Weltkrieges benutzte C., um eine staatseigene *Industrie* aufzubauen, konzentriert auf das neu entstandene Industriegebiet um Concepción und die Zona Metropolitana. Export industrieller Güter gelang nicht; auch im Inland waren die meisten wesentlich teurer als die trotz immenser Schutzzölle importierten. Die von *Frei* ab 1965 versprochene „Revolution in Freiheit" brachte neben einer Ausweitung des Personals im öffentlichen Dienst um 28,3% im wesentlichen eine Vermehrung und Stärkung der Arbeitersyndikate, eine Überführung großer Landbesitze in von Landarbeitern verwaltete Gemeinschaftsbetriebe sowie die schrittweise Nationalisierung des Kupferbergbaus. Die Inflation begann zu galoppieren. Die sozialistische Regierung *Allende* setzte 1971 zunächst die vollständige Verstaatlichung des Kupferbergbaus durch und ließ zur vermeintlichen Konsolidierung der Wirtschaft und der Staatseinkünfte die zwangsweise Übernahme von über 400 privaten Gewerbe- und Industriebetrieben durch Arbeiterkomitees zu – ohne wirtschaftlichen Erfolg. Die nach dem Militärputsch von der Junta und der autoritären Regierung *Pinochets* ab 1973 unter der Parole „orden y trabajo" verordneten Wirtschaftsreformen werden als „Erziehungsdiktatur" beschrieben: rigorose Öffnung C.s für die Konkurrenzbedingungen des Weltmarktes, drastische Reduzierung des Personalstandes in der öffentlichen Verwaltung um mehr als 1/3, Privatisierung fast aller Staatsfirmen sowie der staatlichen Pensions- und Krankenkassen, Garantien für ausländische Investoren, Stimulieren der agrarischen Produktion bei gleichzeitiger Sanierung der landwirtschaftlichen Betriebe zur Stärkung ihrer Wettbewerbsfähigkeit. Schwere Arbeitslosigkeit und Opfer der minderbemittelten Bevölkerung, diesmal auch der Angestellten, waren zunächst die Folge. Aber mehr und mehr griff das später etwas modifizierte marktwirtschaftliche Konzept, zumal Investoren aus Südafrika, Neuseeland, Australien und den USA Vertrauen gewannen und mit Geld und Know-how zu Hilfe kamen. C. gilt heute als ein Musterland unter den Schwellenländern.

Die Diversifizierung der *Exportwirtschaft* beendete die übergroße Abhängigkeit vom Bergbau, der inzwischen mit 3,7 Mrd. US-$ (1988) nur noch etwas mehr als die Hälfte des gesamten Exportwertes ausmacht, wobei 3,1 Mrd. US-$ auf Kupfer entfallen. Die *Handelsbilanz* der letzten Jahre ergab jeweils einen Überschuß von 1–2 Mrd. US-$, das *Bruttonationalprodukt* nahm jährlich 6–7% zu. 4,37 Mio. *Beschäftigten* stehen nur 6–8% *Arbeitslose* gegenüber. Die *Inflationsrate* liegt bei jährlich 23–24%. *Auslandsschulden* wurden seit 1987 um 2,8 Mrd. auf 14,4 Mrd. US-$ reduziert. An *Direktinvestitionen* flossen 1988 rund 2 Mrd. US-$ ins Land.

Verkehr. Nord- und Mittelchile sind inzwischen sehr gut erschlossen. Die *Carretera Panamerica* als zentrale Längsverbindung zwischen Arica und Puerto Montt und die Hauptquerverbindungen sind für den wachsenden Güter- und Personenverkehr meistens ausgebaut, die Nebenstraßen allerdings noch staubige Erdstraßen mit lockerer Schotterdecke. Von der *Carretera Austral* von Puerto Montt nach Coihaique ist die 1988 fertiggestellte Trasse z. T. nur bei guten Wetterbedingungen befahrbar. Die Eisenbahn (ca. 9000 km) dient noch zwischen Santiago und Concepción der Personenbeförderung, sonst vorwiegend dem Massentransport von Gütern. Von den früheren internationalen Strecken werden nur noch die von Antofagasta und Arica nach Bolivien für den Güterverkehr genutzt. Besondere Bedeutung hat bei der großen Meridionalausdehnung der Luftverkehr. Knotenpunkt ist der internationale Flughafen Pudahüel bei Santiago. Der extreme Süden C.s ist außer durch den Luftdurch regelmäßigen Fähr- und Frachtschiffverkehr angeschlossen. Hauptseehäfen sind Punta Arenas, Puerto Montt, Talcahúano, Valparaiso, Coquimbo, Antofagasta und Arica.

VI. Kultur, Religion, Bildung

Kultur. Landes- und Amtssprache ist Spanisch, das mit zahlreichen Chilenismen durchsetzt ist. Indianische Sprachen sind *Araukanisch* (der Mapuche) im S (ca. 3,5% der Bevölkerung), *Aimará* und *Ketschua* im N (je ca. 0,5%). – Beherrschendes Thema der älteren *Literatur* (17./18. Jh.) war der Freiheitskampf der Araukaner *(Alonso de Ercilla y Zuñiga, Pedro de Oña, Francisco Núñez de Pineda y Bascuñán)*. Im 19. Jh. unterlag die Literatur frz. Einflüssen. Bedeutende Autoren im 20. Jh. sind *Gabriela Mistral, Manuel Rojas, Pablo Neruda, Antonio Skarmeta, Isabel Allende.* Mistral und Neruda erhielten 1945 bzw. 1971 den Literatur-Nobelpreis. – Die *Musiktradition* beruht einerseits auf der Musik der indianischen Urbevölkerung, andererseits auf der seit dem 16. Jh. von den Spaniern ins Land gebrachten europ. Musik. Einen eigenen nationalen Stil repräsentiert die gesungene und instrumental begleitete *Cueca,* der Nationaltanz des Landes. Es gibt, besonders in Santiago, zahlreiche Theater, Orchester und Folkloregruppen. Die Volksmusik wurde in den 60er und 70er Jahren durch deren Interpreten *Violeta Parra* und *Víctor Jara* zu Weltruhm gebracht. – C. weist nicht viele *Baudenkmäler* aus der Kolonialzeit auf, hat aber u. a. in Santiago, San Pedro de Atacama, Temuco, Valdivia hervorragende Museen für Kunst und Kulturgeschichte. Die Biblioteca Nacional ist eine der größten Bibliotheken Südamerikas.

Religion. 82,1% der Chilenen sind kath. (1980), 10,2% gehören anderen christlichen Bekenntnissen an, 0,9% indianischen Religionen, 0,2% sonstigen Religionsgemeinschaften, 6,6% sind religionslos. Die großen nicht-kath. Kirchen – die Methodisten und die evangelische Pfingstkirche – zeigen klar evangelikale Tendenzen. Die kleine Lutherische Kirche entstand durch dt. Einwanderung seit 1846. – Die kath. Kirche umfaßt (1991) 5 Erzb., 16 Suffr.-Bist., 2 Prälaturen und 2 Apostolische Vikariate. 1986 bestanden 1437 caritative Einrichtungen. Es gab 794 Weltpriester (29% Ausländer), 1299 Ordenspriester (51%) und 5150 Ordensfrauen (55%). Im Ausland arbeiten 550 chilen. Priester und Ordensleute. Seit der Trennung von Staat (1925) kam es in der kath. Kirche zu einem Mentalitätswandel unter dem Einfluß v. a. der Katholischen Aktion und der frz. Theologie. Bischof *Manuel Larraín Errazuriz* (Talca) hatte maßgeblichen Anteil am Aufbau des Lateinamerikanischen Bischofsrates (CELAM). Die Diözesansynode von Santiago (1966–69) – nach dem II. Vatikanischen Konzil weltweit die erste ihrer Art – gab evangelisatorische, sozialethische und ökumenische Impulse. Seit dem Putsch von 1973 wurde die Verteidigung der Menschenrechte zu einem zentralen Handlungsschwerpunkt der Kirche. Die Option für die Armen brachte eine neue Verwurzelung in den unteren Bevölkerungsschichten, deren traditionelle Volksfrömmigkeit, besonders auf dem Land, ungebrochen fortlebt.

Bildungswesen. Es besteht Schulpflicht vom 7.–15. Lebensjahr. Die Analphabetenrate beträgt nur unter 5%. Das staatliche Schulwesen ist kostenlos. Ca. 1/3 der Schüler besucht Privatschulen, die großenteils kirchlich sind. 1986 gab es 1062 kath. Schulen, davon 254 in Santiago. Unter 10 Universitäten sind drei kath. (in Santiago, Valparaíso und Antofagasta). Das Bildungswesen sowie Presse, Rundfunk und Fernsehen wurden in ihrer Entwicklung durch die autoritäre Kontrollpolitik des Militärregimes stark beeinträchtigt.

LITERATUR

Zu I, II, IV, V:
J. **Ahumada Corvalán,** En vez de la miseria. Santiago 1958, ⁵1965. – W. **Zeil,** Geologie von C. Stuttgart 1964. – W. **Weischet,** C., seine länderkundliche Individualität und Struktur. Darmstadt 1970. – **Ders.,** Agrarreform und Nationalisierung des Bergbaus in C. Darmstadt 1974. – D. **Nohlen,** C., in: HDW. Bd. 2. ²1982, 177 ff. – S. **Villalobos R.,** Breve historia de C. Santiago 1983. – J. **Lavín Infante,** C., revolución silenciosa. Santiago 1987, ⁵1988. – Lber. C. 1988. Stuttgart 1988. – C. Geschichte, Wirtschaft und Kultur der Gegenwart. Hg. T. **Heydenreich.** Frankfurt/M. 1990. – M. **Fernández-Baeza,** D. **Nohlen,** C., in: PolLexLat. ³1992, 74ff. – *Weitere Lit.:* ↗Andenstaaten.

Laufende Veröffentlichungen:
Compendio estadístico. Hg. Instituto Nacional de Estadísticas. – Boletín mensual. Hg. Banco Central de C. (Santiago).

Zu III:
C. A Country Study. Washington 1969, ²1982 [1. Aufl. u. d. T.: Th. E. Weil, Area handbook for C.]. – D. **Nohlen,** C. Das sozialistische Experiment. Hamburg 1973. – H. **Fix-Zamudio,** Verfassungskontrolle in Lateinamerika, in: JöR N. F. 25 (1976) 649 ff. – M. **Sanhueza Cruz,** C., in: IECL. Bd. 1. National Reports, C. Hg. K. Zweigert, U. Drabnig. Tübingen 1979, 49 ff. – C. **Huneeus,** Der Zusammenbruch der Demokratie in C. Eine vergleichende Analyse. Heidelberg 1981. – D. **Blumenwitz,** Die Verfassungsentwicklung der Dritten Welt unter besonderer Berücksichtigung der chilen. Entwicklung. München 1983 [mit dt. Übers. der Verfassung von 1981]. – U. **Karpen,** Die chilen. Verfassung vom 11. Sept. 1980 aus der Sicht der demokratischen Opposition – Kritik und Änderungsvorschläge, in: JöR N. F. 34 (1985) 703 ff. – T. **Ribera Neumann,** Das chilen. Verfassungsgericht und das Bundesverfassungsgericht. Ein Rechtsvergleich. Frankfurt/M. 1985. – Das Strafgesetzbuch der Republik C. Hg. J. **Martin.** Berlin 1988. – D. **Nelle,** Entstehung und Ausstrahlungswirkung des chilen. Zivilgesetzbuches von Andrés Bello. Frankfurt/M. 1988. – Richterliche Verfassungskontrolle in Lateinamerika, Spanien und Portugal. Hg. H.-R. **Horn,** A. **Weber.** Baden-Baden 1989.

Zu VI:
C. Moderne Erzähler der Welt. Hg. W. A. **Luchting.** Tübingen 1973. – C., in: Pro Mundi Vita 49 (1974) 1 ff. – Gitarre des dämmernden Morgens. Das neue chilen. Lied. Hg. C. **Rincón,** G. **Schattenberg.** Berlin, Weimar 1975. – L. **Ossa,** Christliche Basis-Gemeinden und die Zuspitzung sozialer Auseinandersetzungen in C. Frankfurt/M. 1977. – V. **Parra,** Lieder aus C. Zweisprachige Anthologie. Hg. M. Engelhart. Frankfurt/M. ²1979. – O. A. **Noggler,** C., in: Lateinamerika. Gesellschaft – Kirche – Theologie. Hg. H. J. Prien. Bd. 1. Göttingen 1981, 220 ff. – C. Der Zukunft eine Chance. Hg. R. **Poblete.** Mainz 1988.

Wolfgang Weischet (I, II, IV, V), *Ulrich Karpen* (III), *Johannes Meier* (VI)

ECUADOR

Amtlicher Name	República del Ecuador (Republik Ecuador)
Staatsform	Präsidiale Republik
Hauptstadt	Quito (1 388 000 E.)
Fläche	283 561 km²
Bevölkerung	11 078 000 E. (1991). – 39 E./km²
Sprache	Spanisch (Amtssprache), Quechua
Religion	Katholiken über 90%
Währung	1 Sucre (s/.) = 100 Centavos

I. Naturräumliche Voraussetzungen

E., flächenmäßig der zweitkleinste Staat ↗Südamerikas, der kleinste der ↗Andenstaaten, grenzt im N an ↗Kolumbien, im O und S an ↗Peru, im W an den Pazifik. Es ist klar in drei Naturräume gegliedert: in das westl. Küstentiefland *(Costa)* mit breiten Flußniederungen und hügeliger Küstenkordillere, in das zentrale Hochland *(Sierra)* mit den parallelen Ketten der West- und Ostkordillere (4000–4500 m ü. d. M.), mit Vulkanbergen *(Chimborazo,* 6267 m) und von Querriegeln getrennten Becken sowie in das östl. Tiefland *(Oriente)* mit zum Amazonas fließenden Strömen *(Río Napo, Pastaza).* Die zu E. gehörenden vulkanischen *Galápagos-Inseln,* ca. 1000 km vor dem Festland, sind bekannt als Naturreservat.

Variantenreich wie das Relief sind *Klima* und *Vegetation.* Das Küstenvorland ist warmtropisch und trägt im N bei ganzjährigen Niederschlägen immergrünen Regenwald, der nach SW mit zunehmender Trockenheit in Feucht-, Trocken-, Dorn- und sogar Wüstensavanne übergeht. Auch das Hochland ist bei gemäßigten und kühlen Temperaturen im N feuchter als im S; die Außenhänge sind bewaldet, die Becken weitgehend gerodet. Bei 3500 m Höhe beginnt die Gras- und Staudenvegetation der *Páramos;* zwischen 4500 und 4700 m liegt die Schneegrenze. Der immerfeuchte O trägt streckenweise gerodeten Regenwald, der am Kordillerenhang in Berg- und Nebelwald übergeht.

II. Historische und politische Entwicklung

E. weist schon seit 9000 v. Chr. Zeugnisse steinzeitlicher Kultur, seit 3500 v. Chr. der Keramikherstellung und seit 600 v. Chr. der Metallverarbeitung auf. Aus regionalen Kulturen entstand um 900 n. Chr. das Königreich der *Quitu,* das im Hochland Ende des 15. Jh. vom Inkareich unterworfen wurde. Dessen Hochkultur mit Stadt-, Straßen- und Bewässerungsanlagen fiel 1532 der span. Eroberung unter *Francisco Pizarro* zum Opfer. Als Teil eines Vizekönigreiches unterlag E. der Herrschaft span. Grundbesitzer und der Kirche und diente der Kolonialmacht als Rohstofflieferant.

Der Widerstand der span. Oberschicht seit 1809 gegen die Bevormundung durch das Mutterland führte 1822 zur Unabhängigkeit und am 11.5.1830 zur Gründung der selbständigen Republik E. (Trennung von Groß-↗Kolumbien). Die Folgezeit war erfüllt von häufigen Regierungs- und Verfassungswechseln, oft unter diktatorischen „Caudillos". Meist kämpften die liberale, vom Exporthandel der Costa getragene Richtung und die konservative, von Großgrundbesitz und Kirche beherrschte Richtung der Sierra um die Vorherrschaft. Präs. *García Moreno* (1861–65 und 1869–75) versuchte einen theokratischen Staat zu errichten. 1904 erfolgte die Trennung von Staat und Kirche; 1906 wurde die Zivilehe eingeführt, Religionsfreiheit gewährleistet. Die politisch und wirtschaftlich wenig stabile Lage wurde zeitweilig gefestigt durch den hohen Kakaoexport 1875–1920 und durch den „Bananen-Boom" 1948–60, doch die Parteikämpfe wurden fortgesetzt. 1916 mußte E. große Gebiete an Kolumbien, 1942 auch große Teile des Oriente an ↗Peru abtreten, auf die es weiter Anspruch erhebt. 1963–66 und 1972–79 herrschten Militärregime, deren Reformbestrebungen nur unvollkommen verwirklicht wurden. Mit den Einnahmen aus dem Erdölexport seit 1972 konnten Infrastruktur und Städte ausgebaut werden. Die Agrarreform seit 1964 bewirkte zwar die Aufhebung der Lehensabhängigkeit *(Huasipungo-System),* aber keine durchgreifende Besitzumverteilung. Die Neulanderschließung im westl. und östl. Tiefland wird durch unzureichende Unterstützung der Kolonisten und Landnutzungskonflikte behindert. 1979 löste eine demokratische Regierung unter *Jaime Roldós Aquilera* das Militärregime ab. 1984–88 regierte die Christlich-Soziale Partei (Partido Social Cristiano, PSC) des neoliberalen Präs. *León Febres Cordero.* 1987 unterbrach ein schweres Erdbeben die Erdölförderung. 1988 wurde die Demokratische Linke (Izquierda Democrática, ID) stärkste Fraktion, ihr Gründer *Rodrigo Borja Cevallos* zum Präsidenten gewählt. Er strebte sozialpolitische Reformen und stärkeren staatlichen Einfluß an, ohne jedoch die tragende Rolle der Privatwirtschaft anzutasten oder Unternehmen zu verstaatlichen. Er konnte dabei mit den Christdemokraten (Democracía Popular/Unión Demócrata Cristiana, DP/UDC) zusammenarbeiten. Bei den Wahlen im Juni 1990 verlor seine Partei die Mehrheit im Parlament. Im Juli 1992 wurde *Sixto Duran-Ballen* (Republikanische Union, UR) zu seinem Nachfolger gewählt. – E. ist Mitglied des Andenpakts, der OAS, ALADI und im SELA.

III. Verfassung, Recht, Verwaltung

Die geltende *Verfassung* (die 18. seit der Staatsgründung) trat am 10.8.1979 in Kraft. Danach ist E. eine präsidiale Republik mit einem für 4 Jahre direkt gewählten *Präsidenten,* der Staats-, Regierungschef und Oberbefehlshaber der Streitkräfte ist. Unmittelbare Wiederwahl ist nicht zulässig. Anstelle von Senat und Abgeordnetenhaus besteht seit 1979 ein *Einkammerparlament* mit 72 Abgeordneten, die einer anerkannten Partei angehören müssen. Eine Partei wird anerkannt, wenn sie in mindestens 12 Provinzen vertreten ist und mehr als 25 000 Unterschriften der Anhänger vorlegt. Alle Einwohner unterliegen der Wahl- und Wehrpflicht (Angehörige der Polizei und der Streitkräfte sind nicht wahlberechtigt). Gesetzentwürfe können vom Parlament, vom Präsidenten, durch die Gerichtshöfe oder durch Volksbegehren eingebracht werden.

Das *Recht* ist nach frz. und span. Vorbild kodifiziert. Das Arbeitsrecht regelt Mindest- und zusätzliche Monatslöhne, Arbeitszeit (theoretisch 40-Stunden-Woche) und gewährt Streikrecht. Das *Gerichtswesen* ist dreistufig organisiert in den Obersten Gerichtshof (der auch Aufgaben der Justizverwaltung wahrnimmt), in höhere Bezirksgerichte und erstinstanzliche Provinz- und Kantonsgerichte. Ferner bestehen ein Verwaltungs- und ein Finanzgerichtshof sowie neuerdings ein Gerichtshof für Verfassungsgarantien.

Die *Verwaltungsgliederung* umfaßt 19 Provinzen mit vom Präsidenten ernannten Gouverneuren und die vom Verteidigungsministerium verwalteten Galápagos-Inseln, 115 Kantone und 715 Gemeinden (Parroquías).

IV. Bevölkerungs- und Sozialstruktur

Die Einwohnerzahl hat sich 1962–90 von 4,5 Mio. auf 11,1 Mio. mehr als verdoppelt; die *Wachstumsrate* betrug 1980–88 2,7% im Jahr (*Geburtenziffer* 1988: 32 ‰, *Sterbeziffer* 7 ‰, *Säuglingssterblichkeit* 70 ‰). Der hohe Anteil der unter 15jährigen (1986: 42%) und die längere *Lebenserwartung* (66 Jahre) lassen ein weiteres schnelles Wachstum erwarten. E. gehört zu den dichtestbesiedelten Ländern Südamerikas. Die *Bevölkerungsverteilung* ist aber sehr ungleich (in der Costa leben 50%, in der Sierra 47%, im Oriente nur 3% der Einwohner). Die *Verstädterung* (1985: 52% der Bevölkerung) hat durch Landflucht schnell zugenommen. Neben der Hst. Quito (1,4 Mio.) und dem Handelszentrum Guayaquil (1,5 Mio.) wachsen auch kleinere Städte rasch. Die *ethnische Gliederung* weist etwa 35% Indianer, 40% Mestizen, 10% Schwarze und 15% Weiße auf. Ohne Rassismus gehören doch bis heute sozial die Weißen der Ober-, die Indianer der Unter- und die Mestizen der aufstrebenden Mittelschicht an. Mit eigenen Organisationen suchen die Indianer Rechte und Identität zu bewahren, z. B. die *Otavaleños* (Sierra) und *Shuara* (Oriente).

Die *Erwerbsquote* ist mit etwa 1/3 der Erwerbsfähigen gering; es ist mit mindestens 15% Arbeitslosen und ca. 50% Unterbeschäftigten zu rechnen. Die Verteilung nach Wirtschaftsbereichen zeigt die noch große Bedeutung des primären Sektors (1986: 48% der Erwerbstätigen; v. a. Landwirtschaft) gegenüber dem produzierenden Gewerbe (14%) und dem zunehmenden Dienstleistungssektor (38%). Der Erdölboom kam nur den städtischen Mittel- und Oberschichten zugute. Die *Inflationsrate* stieg zeitweilig auf fast 50%. Das *BSP* ist mit 1040 US-$/E. (1989) niedrig. Obwohl E. zu den relativ stabilen Ländern Lateinamerikas gehört, birgt es noch viel sozialen Zündstoff.

In der *Sozialversicherung,* die Leistungen bei Krankheit, Unfall, Arbeitsunfähigkeit und eine Altersversorgung umfaßt, sind bisher nur etwa 20% der Arbeitnehmer versichert. – Im *Gesundheitswesen* kam bislang die Verbesserung der medizinischen Versorgung fast nur den Städten zugute. Ein wichtiges Problem ist der Mangel an sauberem Wasser, v. a. in den ländlichen Gebieten.

V. Wirtschaft

Die *Landwirtschaft* erbringt mit fast 50% der Erwerbstätigen nur 15% des BIP (1988). Von der Gesamtfläche E.s sind 9,4% Ackerland, 3,5% Dauerkulturen, 17,8% Wiesen und Weiden, 46,1% Wald. Die Costa umfaßt nach der Neulanderschließung heute 60% der Landwirtschaftsfläche (LF). In Plantagen und Kleinbetrieben werden hier Exportprodukte (Bananen, Kaffee, Kakao), Reis, Baumwolle und zunehmend Ölpalmen und Sojabohnen angebaut. Im Oriente (10% der LF) hat neben diesen Produkten die Holzgewinnung Bedeutung. In der Sierra (30% der LF) überwiegen Kulturen der kühlen Stufe (Getreide, Mais, Kartoffeln, Hülsenfrüchte, Gemüse und Obst) zur Inlandsversorgung. In der Betriebsgrößenverteilung bestehen, besonders in der Sierra, noch große Gegensätze: 2/3 der Betriebe sind kleiner als 5 ha und nur rd. 7% der LF, während solche über 100 ha nur rd. 2% der Gesamtzahl, aber 48% der LF umfassen. Die Bodenreform hat die Agrarstruktur wenig verändert, da die Minifundien oft nur kleine, wenig fruchtbare Flächen erhielten, während viele Großbetriebe durch Rationalisierung und Mechanisierung ihre Produktivität erhöhten. Die Vieh- und Grünlandwirtschaft hat, besonders in der Sierra, auf Kosten des Ackerbaus zugenommen. Die *Forstwirtschaft* nutzt im Regenwald Edelhölzer wie Balsa oder Tagua. Aufforstungen, u. a. mit Eukalypten, dienen dem u. a. in der Sierra vordringlichen Erosionsschutz. In der *Fischerei* ist E. neben dem Fang von Meeresfischen zum weltgrößten Produzenten von Garnelen (mit Zucht) aufgestiegen.

Für den *Bergbau* (1987: 10% des BIP) besitzt E. Lager an Gold, Eisen, Kupfer, Schwefel und Kaolin. Von größerer Bedeutung ist nur die Erdölförderung seit 1972 im Oriente. Raffinerien liegen an der Küste bei Esmeraldas und im Oriente für Export und Inlandsorgung. Die Reserven sind beschränkt, bei Erdgas aber noch erheblich. Die *Energieversorgung* beruht zum größeren Teil auf der Nutzung der Wasserkraft mit dem Ausbau neuer Werke (z. B. am Rio Paute).

Das *produzierende Gewerbe* (1988: 36% des BIP) wird gefördert, leidet aber noch am Mangel an Kapital, Rohstoffen, Infrastruktur, Kaufkraft und Fachkräften. Führend sind die Nahrungsmittel- und Textilindustrie mit ca. 43% der Betriebe und 52% der Beschäftigten (1982), gefolgt von der Chemischen Industrie und Metallverarbeitung. Standorte sind außer Guayaquil und Quito zunehmend auch Mittelstädte.

Der *Tourismus* brachte dem landschaftlich und kulturell reichen Land 1985 rd. 240 000 Auslandsgäste, leidet aber noch am Mangel an Infrastruktur.

Der *Außenhandel* war in den letzten Jahren überwiegend positiv, wobei im Export Erdöl, Garnelen, Bananen, Kaffee und Kakao, im Import Industrieprodukte, aber auch Nahrungsmittel führen. Wichtigste Handelspartner sind die USA, die Staaten der EG (besonders Bundesrepublik Deutschland) sowie Japan.

Die *Geld- und Währungspolitik* obliegt dem „Banco Nacional", die Entwicklungsförderung dem „Banco Nacional de Fomento". Die Auslandsschulden beliefen sich 1988 auf 10,5 Mrd. US-$.

Der *Verkehr* stützt sich überwiegend auf ein gut ausgebautes *Hauptstraßennetz* mit der rd. 1400 km langen „Carretera panamericana" in der Sierra sowie Querverbindungen zur Costa nach Guayaquil und in den Oriente. Dazu kommt ein dichter *Flugverkehr*. Internationale Flughäfen sind Quito und Guayaquil. Die *Eisenbahn* hat nur geringe Bedeutung. Das Streckennetz ist ständig geschrumpft. Der *Seeverkehr* erfolgt v. a. über Guayaquil und Esmeraldas (Erdölexport), z. T. mit eigener Tanker- und Bananenflotte.

VI. Kultur, Religion, Bildung

Die *Literatur* E.s reicht von namhaften religiösen, historischen und antikolonialistischen Schriften des 18. Jh. bis zu bekannten sozialkritischen Werken des 20. Jh. *(Jorge Icaza, Adalberto Ortiz)*. In der *Musik*, im *Brauchtum* (Fiestas) und im *Kunsthandwerk* finden sich sowohl traditionelle indianische wie span. Elemente. In der *Architektur* sind Barock und Mudejár-Stil namentlich im Kirchenbau reich vertreten.

Infolge der span. Einwanderung und Missionierung gehört die Bevölkerung zu über 90% der kath. Kirche an (3 Erzbist., 10 Bist., 7 Apostolische Vikariate, 2 Prälaturen und 1 Apostolische Präfektur). Das Verhältnis von Staat und kath. Kirche ist geregelt im „Modus vivendi" zwischen E. und dem Hl. Stuhl von 1937.

Im *Bildungswesen* sind beachtliche Fortschritte erzielt worden. Der Schulbesuch ist gebührenfrei. Es besteht Schulpflicht vom 6.–12. Lebensjahr, doch ist die Einschulungsquote mit ca. 60% immer noch niedrig; namentlich auf dem Land mangelt es an Lehrkräften und Ausstattung. Die Analphabetenquote wurde durch eine umfassende Alphabetisierungskampagne bis 1989 auf 18% gesenkt. E. besitzt 17 Universitäten und Hochschulen. Im Studium werden Geistes- und Rechtswissenschaften bevorzugt; der Nachwuchs an Technikern und Naturwissenschaftlern ist noch unzureichend. Träger des Bildungswesens sind neben dem Staat die Kirche und private Unternehmen. Der Ausbau muß künftig verstärkt die ländlichen Bereiche berücksichtigen.

LITERATUR

W.-D. **Sick**, Wirtschaftsgeographie von E. Stuttgart 1963 (Lit.). – Zs. für Lateinamerika Nr. 13. Wien 1977. Schwerpunktausgabe E. (Lit.). – E., in: South American Handbook. Hg. J. **Brooks**, J. **Candy**. Bath 1982, 556 ff. – K. D. **Hoffmann**, E., in: HDW. Bd. 2. ²1982, 219 ff. (Lit.). – P. **Jaramillo Alvarado**, El Indio ecuatoriano. 2 Bde. Quito ⁶1983. – O. **Barsky**, La reforma agraria ecuatoriana. Quito 1984 (Lit.). – P. **Seek**, Städtische Armut, Migration und Agrarreform in E., in: Anuario 13 (1984) 237 ff. – L. **Acuna Labrana**, Gesellschaft, Entwicklung und Bildungswesen in E. Freiburg i. Br. 1985. – E. **Frank**, E. Frankfurt/M. 1985 [Mai's Weltführer 22]. (Lit.). – M. **Acosta-Solis**, La tierra agricola. Quito 1986 (Lit.). – Lber. E. 1988. Stuttgart 1988. – W.-D. **Sick**, Aktuelle Landnutzungskonflikte in E., in: Natürliche Ressourcen und ländliche Entwicklungsprobleme der Tropen. FS W. Manshard. Hg. R. Mäckel, W.-D. Sick (Erdkundliches Wissen, H. 90). Stuttgart 1988, 314 ff. (Lit.). – Lber. E. 1991. Stuttgart 1991 – L. E. **Bieber**, E., in: PolLexLat. ³1992, 112ff.

Laufende Veröffentlichungen:
Banco Central del E., Memoria anual. Quito. – Mitt. der Bundesstelle für Außenhandelsinformationen. E. Köln.

Wolf-Dieter Sick

PERU

Amtlicher Name	República del Perú República peruana (Republik Peru)
Staatsform	Präsidialrepublik
Hauptstadt	Lima (1987: 5 875 000 E.)
Fläche	1 285 216 km²
Bevölkerung	21 900 000 E. (1990; VZ 1981: 17 005 000). – 17 E./km²
Sprache	Spanisch, Ketschua (Amtssprachen)
Religion	Katholiken rd. 90%; Protestanten rd. 1%
Währung	1 Inti (I/.) = 100 Centimos

I. Naturräumliche Voraussetzungen

P., einer der ↗Andenstaaten, wird im W vom Pazifischen Ozean begrenzt. Gemeinsame Grenzen hat es im N mit ↗Ecuador und ↗Kolumbien, im O mit ↗Brasilien und ↗Bolivien, im S mit ↗Chile. P. läßt sich in drei naturräumliche Großregionen untergliedern: die *Küstenzone (Costa)* mit einem Flächenanteil von 12%, das *andine Hochgebirge (Sierra,* 30%) und das *Tiefland* am Westrand des Amazonasbeckens *(Selva,* 58%), wozu auch der östl. Gebirgsabfall *(Montaña)* gerechnet wird (zus. 1,285 Mio. km²). Rückgrat des Landes bilden die Stränge der *West-* und *Ostkordillere,* die in NW-SO-Richtung streichen und durch große Längstalfurchen getrennt sind, denen die Flüsse *Marañón, Mantaro* und *Ucayali* folgen. Die *Westkordillere* ihrerseits besteht aus der stark vergletscherten *Cordillera Blanca* mit dem höchsten Berg P.s *(Huascarán,* 6758 m) und aus der parallel dazu verlaufenden, weniger hohen, unvergletscherten *Cordillera Negra,* die steil zum Pazifik abfällt. Dort, wo die pazifische Küste in südl. Richtung umbiegt, weichen Ost- und Westkordillere bis zu 500 km auseinander und umschließen die 3500–4000 m hoch gelegene *Puna* mit dem *Altiplano* um den *Titicacasee* als Kern. Auch der Ostabfall der Anden ist steil; an der regenfeuchten Außenflanke des Gebirges entspringen die zahlreichen Quellflüsse des *Amazonas.* Faltung und Hebung der Zentralanden erfolgten in mehreren Phasen vom Ende der Kreidezeit bis ins Jungtertiär und waren von vulkanischen Aktivitäten begleitet, die teilweise bis heute andauern.

Klimatisch liegen die Zentralanden im Bereich der großen Trockenachse, die sich von der Küste Nordperus über den Altiplano bis Patagonien erstreckt. So ist die Costa, mitbedingt durch den kalten Humboldt-Strom (reiche Fischbestände), wüstenhaft trocken, der größte Teil der Sierra zeichnet sich durch ein wechselfeuchtes Klima mit Sommerregen aus (Büschelgräser und Strauchheiden), und erst der Ostabfall der Kordillere wird von immergrünem Berg- und Regenwald eingenommen. Wirtschaftlich gesehen, ist P. durch seinen Anteil an den erzreichen Zentralanden einerseits begünstigt (Lagerstätten von Kupfer, Blei, Zinn, Silber, Gold), andererseits ermöglichen weite Teile des Hochlandes nur eine sehr extensive landwirtschaftliche Nutzung und lassen sich infrastrukturell schwer erschließen.

II. Historische und politische Entwicklung

Archäologische Funde belegen seit dem 3. Jt. v. Chr. den Übergang vom Sammler- und Jäger-Stadium zu Seßhaftigkeit und planmäßigem Anbau (z. T. mit Bewässerung), verbunden mit den Anfängen von Keramik, Weberei sowie der Gold- und Kupferverarbeitung. Ein erster „panperuanischer" Kulturhorizont läßt sich für das 1. Jt. v. Chr. nachweisen. Dieser wird nach seinem bedeutendsten Fundort *Chavín* (Tempel im Tal des Río Mosna, eines Nebenflusses des Río Marañón) genannt. In der Epoche um die Zeitenwende dominierten Regionalkulturen (u. a. *Moche* an der nördl., *Nazca* an der südl. Küste, *Pucara* im Hochland), ehe um 600 n. Chr. die Ausdehnung der *Tihuanaco-* (Ruinenstätte am Titicacasee) und *Huari-Kultur* (Zentrum bei *Ayacucho)* begann. Erneut setzte ab 1000 eine regionale Zersplitterung ein. Nur an der nördl. Küste bildete sich ein größeres Reich heraus (*Chimor* mit der Hauptstadt *Chan-Chan).* In die letzte Phase der vorkolonialen Entwicklung fallen Entstehung (12./13. Jh.) und Expansion (v. a. im 15. Jh.) des *Inkareiches.* Zunächst auf das Tal von Cuzco beschränkt, reichte es zur Zeit der span. Eroberung (1532–35 durch *Francisco Pizarro)* über die peruan. Anden hinaus von Südkolumbien bis Mittelchile.

Seit 1542 war das heutige P. Teil des gleichnamigen Vizekönigreiches mit der Hauptstadt *Lima* (gegr. 1535). Die indianische Bevölkerung ging in der frühen Kolonialzeit erheblich zurück (Kämpfe, eingeschleppte Krankheiten), und durch Vermischung mit eingewanderten Spaniern wurde der Grundstock der mestizischen Bevölkerungsgruppe gelegt (heute ca. 30%). Überdies wurden die Indios fest in das neue Gesellschafts- und Wirtschaftssystem eingebunden (Umsiedlungen in *Reduktionen,* Einführung der *Encomienda* mit Tributzahlungen und Arbeitsleistungen, Übernahme des vorkolonialen *Mita-Systems* zur Rekrutierung von Arbeitern v. a. für den [Silber-]Bergbau). Als Arbeitskräfte wurden zusätzlich in geringem Umfang Negersklaven eingeführt (v. a. in Lima, Küstenoasen).

Nach Erklärung der Unabhängigkeit von Spanien am 28. 7. 1821, um die seit 1810 gekämpft worden war, folgte eine Zeit innerer Wirren und blutiger Bürgerkriege. Ein wirtschaftlicher Aufschwung und eine infrastrukturelle Erschließung setzten erst ab 1850 im Rahmen einer liberalen, exportorientierten Politik (v. a. Ausfuhr von Guano, Salpeter, später auch von Kupfer und Zucker) ein. Interessenkonflikte um die Salpetervorkommen in der Atacama führten ab 1879 zum „*Salpeterkrieg*" mit ↗Chile. Im *Frieden von Ancón* (1883) mußte P. die Provinz Tarapacá mit den Städten Arica und Tacna (1929 zurückgenommen) abtreten. Später verlor es auch in Amazonien ein größeres Gebiet an ↗Brasilien (1909/10).

Obwohl der Verfassung nach Demokratie, hat es in P. seit Ende des 19. Jh. zahlreiche Putsche und einen mehrfachen Wechsel von Zivil- und Militärregierungen gegeben. Gleichzeitig verschärften sich die sozialen Spannungen, weil die breite Masse der Bevölkerung an der Entwicklung von Bergbau und Landwirtschaft (v. a. Zucker und Baumwolle in den Küstenoasen), verbunden mit einer Expansion der *Haziendas,* nicht beteiligt war. Die schon 1924 von *Victor Raúl Haya de la Torre* im mexikan. Exil gegründete, ursprünglich übernationale sozialrevolutionäre, später populistisch-sozialdemokratische „*Alianza Popular Revolucionaria Americana*" (APRA) gewann seit den 30er Jahren mehr und mehr Einfluß auf die Innenpolitik. Die 50er und 60er Jahre wurden durch eine immer stärkere politische Konfrontation und Instabilität bestimmt, was mehrfach ein Eingreifen des Militärs auslöste. Anders als die Militärregierungen zuvor, versuchten die 1968 an die Macht gelangten Generäle *Juan Velasco Alvarado* (bis 1975) und *Francisco Morales Bermúdez* (1975–80) ein sozialistisches Entwicklungsprogramm (Enteignung von ausländischen Bergbauunternehmen, radikale Agrarreform) durchzusetzen, ohne damit aber auf längere Sicht Erfolg zu haben. Insbesondere haben es weder autoritäre noch demokratisch gewählte Regierungen vermocht, die Aktivitäten der maoistischen Guerilla-Organisation „Sendero Luminoso" (Leuchtender Pfad) und ihre Allianz mit der Kokainmafia zu unterbinden, vielmehr haben Terror und Gegenterror vor dem Hintergrund gravierender Wirtschaftsprobleme das Land in eine tiefe Krise geführt. 1979 wurde eine neue Verfassung verabschiedet (vgl. III). Nach den ersten allgemeinen Wahlen seit 1963 wurde *Fernando Belaúnde Terry* von der *Acción Popular* (AP) 1980 erneut Präsident (bereits 1963–68). 1981 konnte der Grenzkonflikt mit Ecuador um das Erdölgebiet nördl. des Flusses Marañón beigelegt werden. Innenpolitisch gelang es weder Belaúnde Terry noch dessen Nachfolger *Alan García Pérez* (1985–90; APRA) und dem unabhängigen *Alberto Fujimori* (seit 1990), der von dem Wahlbündnis *Cambio 90* (Wende 90) unterstützt und überraschend gegen den Kandidaten der konservativen FREDEMO, den Schriftsteller *Mario Vargas Llosa* (vgl. VI), gewählt worden war, P. aus der schweren Krise herauszuführen. Im April 1992 verübte *Fujimori* im Bunde mit den Streitkräften einen Staatsstreich. Er setzte die Verfassung außer Kraft und löste beide Kammern des Parlaments auf, kündigte aber noch für 1992 die Wahl einer Verfassungsgebenden Versammlung und eine schrittweise Rückkehr zur Demokratie bis April 1993 an. – P. ist Mitglied u. a. der ALADI, des Andenpakts, der OAS, des Rio-Pakts und im SELA. Mit Bolivien, Ecuador, Kolumbien und Venezuela plant es bis Ende des Jahrhunderts einen gemeinsamen Markt.

III. Verfassung und Recht

1. Verfassung

Die Verfassung vom 14. 7. 1979, die 11. des Landes, ist eine der modernsten und (mit 307 Artikeln und 18 Übergangs- und Schlußbestimmungen) eine der umfangreichsten der Welt; die Verfassungswirklichkeit vermag ihr allerdings kaum zu folgen. Die Verfassung hat Vorbilder im Grundgesetz sowie in der span., mexikan. und venezolan. Verfassung.

Das *Regierungssystem* orientiert sich an dem der USA. Nach Art. 79 Verf. ist P. eine demokratische, soziale, auf Arbeit gegründete Republik. Es ist eine einheitsstaatliche Präsidialdemokratie. In der Ausgestaltung der Rechtsstaatlichkeit – mit dem Verbot rückwirkender Gesetze und der Garantie einer unabhängigen Gerichtsbarkeit – zeigen sich besonders deutlich dt. Einflüsse. P. ist traditionell stark zentralisiert, doch wurde 1987 ein RegionalisierungsG verabschiedet. 25 Departements wurden zu 12 Regionen mit wirtschaftlicher und verwaltungsmäßiger Autonomie zusammengeschlossen. Jede Region hat eine Versammlung, die aus den Provinzbürgermeistern, aus direkt gewählten Abgeordneten und Vertretern verschiedener gesellschaftlicher Gruppen zusammengesetzt ist.

Die *Legislative* ist nach dem Zweikammersystem organisiert. Der *Deputiertenkammer* gehören 180, für 5 Jahre gewählte Abgeordnete an, dem *Senat* 60, ebenfalls für 5 Jahre gewählte Senatoren, ferner die früheren verfassungsgemäß gewählten Präsidenten. Gewisse Organisationsgesetze, die im Rang zwischen Verfassung und einfachem Gesetz stehen, bedürfen zur Annahme einer 2/3-Mehrheit.

Die *Exekutive* wird vom auf 5 Jahren gewählten Präsidenten und zwei *Vizepräsidenten* geleitet. Die Verfassung kennt Elemente der parlamentarischen Demokratie, da die Deputiertenkammer einzelne oder alle Minister zum Rücktritt zwingen kann.

Die Unabhängigkeit der *Judikative* wird – nach frz. Vorbild – durch einen nationalen Richterrat gesichert, der alle hohen Richter vorschlägt. Es gibt ein Verfassungsgericht, das zur Normenkontrolle ebenso befugt ist wie zur Behandlung von Verfassungsbeschwerden *(Amparo)*. Die ordentliche Gerichtsbarkeit hat im Obersten Gerichtshof die letzte Instanz. Er hat das Recht, durch einen Richter in den gesetzgebenden Kammern anwesend zu sein.

Der *Grundrechtskatalog* der Verfassung ist auf Vollständigkeit angelegt. Die Einlösung der Garantie der sozialen Grundrechte – auf Ernährung, Arbeitsplatz, Wohnung, Gesundheitsfürsorge, Rente, Sozialleistungen – übersteigt jedoch die finanziellen Möglichkeiten des Staates. Deshalb enthält die Verfassung eine Übergangsbestimmung, daß die Grundrechte stufenweise anzuwenden sind.

Die Verfassung garantiert Religionsfreiheit und religiöse Erziehung. Nach Art. 86 erkennt der Staat die kath. Kirche innerhalb einer Ordnung der Unabhängigkeit und Autonomie als bedeutenden Bestandteil der historischen, kulturellen und moralischen Entwicklung P.s an. Er sichert ihr Unterstützung. Der Staat kann ähnliche Formen der Zusammenarbeit mit anderen Konfessionen vorsehen.

Art. 231 regelt in großer Detailliertheit verschiedene Formen des *Ausnahmezustandes*.

2. Recht

a) Privat-, Handels- und Wirtschaftsrecht. Das in 10 Büchern gegliederte ZGB von 1936 gilt noch in seinen wesentlichen Bestandteilen, wurde allerdings 1984 neu redigiert und publiziert. Die soziale Marktwirtschaft ist in der Verfassung als Wirtschaftsordnung verankert. Die Präambel enthält die Forderung nach einer gerechten Gesellschaft „ohne Ausgebeutete und Ausbeuter". Recht auf Arbeitsplatz und gesunde Umwelt sind ebenso Bestandteil der Verfassung wie Tarif- und Arbeitskampffreiheit und die Pflicht zur Errichtung einer Bank für Arbeitnehmer. Der Staat fördert die wirtschaftliche und soziale Entwicklung, entwirft Entwicklungspläne und Leitlinien für die Tätigkeit der wirtschaftlichen Sektoren. Die Bodenschätze und die Bewirtschaftung der Amazonasregionen stehen unter seiner Regie. Er registriert und genehmigt ausländische Investitionen.

b) Strafrecht. Das StGB stammt aus dem Jahre 1924. Der dt. Einfluß ist in Gesetzgebung und Literatur deutlich spürbar. Die Todesstrafe ist abgeschafft. Nach und nach wurden die Zuständigkeiten der Militärgerichte reduziert. Die wichtigsten Justizgrundrechte sind verfassungsrechtlich ausdrücklich gesichert. Jeder hat das Recht auf persönliche Freiheit und Sicherheit. Daraus folgen der „nulla poena"-Grundsatz, das Verbot von Meinungsstraftaten und von Kontaktsperren, ferner das Habeas-Corpus-Prinzip.

c) Internationales Privatrecht und Internationales Recht. Das IPR ist im 10. Buch des ZGB geregelt. Es gilt das Domizilprinzip und die lex rei sitae. Dem (Verfassungs-)Recht eignet ein einzigartiger Grad von Völkerrechtsfreundlichkeit. Das Völkerrecht ist Bestandteil des innerstaatlichen Rechts, einschließlich der von P. abgeschlossenen Staatsverträge. Internationale Verträge über Menschenrechte haben Verfassungsrang. Bürger der anderen lateinamerikan. Länder sowie Spanier können die peruan. Staatsangehörigkeit erwerben, ohne ihre ursprüngliche Staatsangehörigkeit aufgeben zu müssen.

IV. Bevölkerungs- und Sozialstruktur

Bei einer geringen mittleren *Bevölkerungsdichte* verteilt sich die Bevölkerung höchst ungleich über das Staatsgebiet. Schon in vorspan. Zeit lagen die Kernräume der Besiedlung in großer Höhe, und noch 1940 lebten 2 von 3 Peruanern in der Sierra, wo auch das indianische Bevölkerungselement überwiegt (P. insgesamt ca. 50%, v. a. Ketschua, aber auch am Titicacasee auch Aymará). In jüngerer Zeit hat der Bevölkerungsanteil der Costa aufgrund des raschen Wachstums der Metropole Lima-Callao (1990: 6,8 Mio.) stark zugenommen und beläuft sich gegenwärtig auf 50% (Sierra 40%). Trotz der in den 60er Jahren einsetzenden Kolonisationsbemühungen am Ostabfall der Anden ist die Selva bis heute extrem dünn besiedelt (unter 2 E./km^2).

Das *Bevölkerungswachstum* ist nach wie vor recht hoch. Die jährliche Rate 1985–90 von 2,2% (bei einer *Geburtenziffer* von 31 ‰ und einer *Sterbeziffer* von 9 ‰) entspricht einer Verdopplungszeit von nur 31 Jahren. Das Öffnen der „Bevölkerungsschere" seit den 40er Jahren erklärt sich aus einer deutlichen Verbesserung der medizinischen Versorgung bei kaum gesenkter Fruchtbarkeit. Die *Lebenserwartung* hat sich von 43 Jahren (1958) auf 65 Jahre (1990) erhöht. Die durchschnittliche Kinderzahl liegt auch heute noch bei ca. 4. Das bedingt eine sehr jugendliche *Altersstruktur*. Etwa 40% der Peruaner sind jünger als 15 Jahre. Entsprechend groß ist die Belastung für die Volkswirtschaft (Ernährung, Ausbildung, Arbeitsplätze). V. a. in den altbesiedelten Räumen der Sierra erweist sich der Agrarsektor als weitgehend unfähig, ausreichende Beschäftigungsmöglichkeiten zu bieten. Daraus resultiert ein wachsender Bevölkerungsdruck und eine sich verschärfende *Landflucht*. Der Anteil der städtischen Bevölkerung hat von 36% (1950) auf 70% (1990) zugenommen. Allein 30% der Peruaner wohnen heute in der Hauptstadt, die ihre Einwohnerzahl im letzten Vierteljahrhundert verdreifacht hat, ohne daß damit ein entsprechendes Anwachsen der Zahl der Arbeitsplätze einherging. Eine Folge davon ist die Verlagerung der Unterbeschäftigung vom ländlichen Subsistenzsektor in den informellen Sektor der Städte und eine erhebliche Ausweitung der Marginalsiedlungen in ihren Randzonen (*Barriadas;* offiziell: *Pueblos Jóvenes*), in denen heute z. B. in Lima jeder zweite Bewohner lebt. Die sozialen Gegensätze sind insgesamt außerordentlich scharf. Einer sehr kleinen Oberschicht überwiegend kreolischer Abstammung (ca. 2%) und einer kleinen Mittelschicht (ca. 20%), vielfach Angehörige des Verwaltungsapparates, steht die breite Masse der Bevölkerung (v. a. Indios und Mestizen) gegenüber. Es wird geschätzt, daß das BIP pro Kopf für die ärmere Hälfte der Bevölkerung lediglich ca. 120 US-$ p. a. beträgt (P. insgesamt 1989: 1241 US-$/E.). Dabei sind die Lebensbedingungen auf dem Lande wesentlich schlechter als in den Städten. Die Durchschnittswerte für die Kalorienversorgung (2200 cal), die ärztliche Versorgung (1 Arzt auf 1039 E.) und die Säuglingssterblichkeit (69 ‰) liegen unter dem lateinamerikanischen Mittel.

V. Wirtschaft

Landwirtschaft (einschließlich Fischerei) und Bergbau (einschließlich Erdölgewinnung) bilden bis heute die Hauptsäulen der Wirtschaft. Das zeigt sich weniger an ihren Anteilen am BIP (1989: nur 8% bzw. 2%) als vielmehr daran, daß die Landwirtschaft noch immer 35% der Erwerbstätigen eine Beschäftigung bietet und der Bergbau v. a. als Devisenbringer wichtig ist (ca. 60% der Exporterlöse). Die höchsten Anteile sowohl am BIP als auch an den Beschäftigten (über 50%) weist der tertiäre Sektor mit hohem Anteil niederer Dienstleistungen auf.

Die *Landwirtschaft* ist durch starke Gegensätze geprägt. Die Flächen mit hochintensiver Bodennutzung konzentrieren sich auf die Flußoasen der Costa. Hier werden auf 1/4 der Anbaufläche ca. 45% der Agrarprodukte erzeugt (v. a. Baumwolle, Zuckerrohr, Reis). Demgegenüber ist die Produktivität in der Sierra schon aus Gründen der Naturausstattung wesentlich niedriger. Künstliche Bewässerung (Mais) ist hier v. a. auf den ariden Talgründen der Flüsse Huallaga, Marañón, Urubamba, Apirimac und Mantaro sowie im Hochtal des Santa (Callejón de Huaylas) üblich. Bis in große Höhen wird Regenfeldbau (Knollenfrüchte, europ. Getreidearten, Quinoa) betrieben. Der Mechanisierungsgrad ist noch gering. Ergänzt wird der Anbau durch Viehhaltung, die in Höhen über 4000 m die ausschließliche Nutzungsform bildet (vorwiegend Schafe, aber auch Rinder, Ziegen, Alpakas und Lamas). In Montaña und Selva ist der Anteil ackerbaulich genutzter Flächen klein. Neben Knollenfrüchten und verschiedenen Baum- und Strauchkulturen hat der Kokaanbau große wirtschaftliche Bedeutung erlangt.

Bis zur Agrarreform 1969 war der Kontrast zwischen Minifundium und Latifundium außerordentlich scharf: 0,4% der Betriebe bewirtschafteten 75% der Fläche. Bei diesen Großbetrieben handelte es sich z. T. um traditionelle *Haziendas* (v. a. in der Sierra) mit indirekter Landbewirtschaftung und quasi-feudalen Strukturen; in den Küstenoasen herrschten monokulturell ausgerichtete, agroindustrielle Unternehmen vor. Trotz weitreichender Enteignungen hat die Agrarreform die Minifundienwirtschaft nicht beseitigt; der größte Teil der enteigneten Ländereien (ca. 2/3) wurde in Produktionsgenossenschaften umgewandelt. Vor allem aber hat es die Reform nicht vermocht, die Produktion so zu steigern, daß sie mit dem Bevölkerungswachstum Schritt halten konnte. Der Produktionsindex pro Kopf liegt heute ca. 20% unter dem zu Beginn der 70er Jahre.

Auch die Eigentumsverhältnisse im *Bergbau* änderten sich in der Zeit der Militärregierung (1968–80) grundlegend; die wichtigsten ausländischen Konzerne wurden enteignet. Dadurch haben sich aber die Abhängigkeiten vom Ausland nur auf eine andere Ebene verlagert (Kredite, Technologie; Auslandsschulden Ende 1989: 19,8 Mrd. US-$). Hauptexportprodukte sind Kupfer (Exportanteil 1991: 23%), Zink und Silber. Die bedeutendsten Erdölfördergebiete liegen an der Nordwestküste und im Amazonasgebiet. 1/3 der Produktion von ca. 8 Mio. t (1988) wird exportiert (Exportanteil 1991: 5%).

Zwar gehen *Nahrungsmittel- und Textilindustrie* z. T. bereits auf den Beginn dieses Jahrhunderts zurück, ein bedeutsamer *Industrialisierungsschub* setzte aber erst nach dem II. Weltkrieg im Zuge einer Politik der Importsubstitution ein und wurde von einem massiven Zustrom ausländischen, v. a. US-amerikan. Kapitals getragen (zunächst Verarbeitung von Exportprodukten, später Konsum- und Zwischengüterproduktion für den Inlandsverbrauch). Dabei kamen überwiegend moderne, kapitalintensive Verfahren zur Anwendung, wenn auch, insgesamt gesehen, bis heute Kleinbetriebe (5–9 Beschäftigte) dominieren (52%). Verkehrsgunst, Agglomerations- und Fühlungsvorteile haben zu einer Bevorzugung des Standortes Lima-Callao geführt (mehr als 70% der Beschäftigten und der Wertschöpfung). Kleinere Industriezentren widmen sich der Aufbereitung von Agrarprodukten oder von Erzen (größtes Verhüttungswerk der Welt in La Oroya) und verarbeiten die Fischanlandungen (stark schwankende Fangmengen) überwiegend zu Fischmehl. Die seit über einem Jahrzehnt anhaltende Wirtschaftskrise (stark defizitärer Staatshaushalt, gespaltene und stark schwankende Kurse des Inti, Inflation über 7000% [1990], BIP pro Kopf 1979–89: – 2,7% p. a., rückläufige Reallöhne) hat den Industriesektor besonders hart betroffen (1981–89: – 1,8% p. a.).

VI. Kultur, Religion, Bildung

Kultur. P. ist reich an Zeugnissen präkolumbianischer Kulturen (vgl. II), sowohl prähistorischer Kulturen (Chavín, Nazca) als auch der indianischen Hochkultur des Inkareiches (Cuzco, Machu Picchu). Mehrere Städte (u. a. Arequipa, Cuzco, Lima, Trujillo) sind noch von der Architektur der Kolonialzeit geprägt.

Die Brücke zwischen der indoamerikan. und der europ. Kultur schlug in der *Literatur Garcilaso de la Vega* (1539–1616), der Sohn eines span. Konquistadors und einer Inkaprinzessin. Für die Gegenwart ist v. a. *Mario Vargas Llosa* (vgl. II) zu erwähnen, der Vertreter eines neuen Romanstils mit internationaler Reputation. Seit 1975 ist *Ketschua*, die ehem. Reichssprache der Inkas, neben dem Spanischen offizielle Landessprache.

Religion. Rund 90% der Bevölkerung sind Katholiken. Die prot. Minderheit wird auf rd. 150 000 Gläubige geschätzt, die Zahl der Juden auf rd. 5000. 1973 wurde völlige Glaubensfreiheit, 1979 die Trennung von Staat und Kirche in der Verfassung verankert. Die kath. Kirche (mit 7 Erzb., 15 Suffr.-Bist., 11 Prälaturen und 8 Apostolischen Vikariaten) steht unter den Reformeinflüssen der Lateinamerikan. Bischofskonferenzen von Medellín (1968) und Puebla (1979) und erfährt durch die →Theologie der Befreiung einen Erneuerungsprozeß. P. ist das Ursprungsland dieser theologisch-pastoralen Ausrichtung, einer ihrer Pioniere *Gustavo Gutiérrez*. Die Bischöfe P.s äußerten sich oft gegen die Bedrohung durch die mächtige Drogenmafia, gegen die miserablen Lebensbedingungen, gegen Gewalt und für die Notwendigkeit einer Landreform.

Bildung. Schulpflicht besteht für alle 7–16jährigen, doch kann sie v. a. in Landgemeinden, u. a. wegen des Mangels an Lehrkräften, nicht durchgesetzt werden. Etwa 1/4 aller Schulpflichtigen besucht keine Schule, und nur ca. 20% der Schulanfänger schließen ihre Grundschulausbildung ab. Von der Bevölkerung im Alter von 15 Jahren und darüber waren (1985) 14,8% Analphabeten. 1985 bestanden 24 327 Grundschulen, davon 90,3% als staatliche Einrichtungen. Von den 3630 Mittel- und Höheren Schulen waren 79,5% staatlich. Einen Beitrag zur Verbesserung der Situation der Arbeitskräfte der verarbeitenden Industrie durch Lehrlingsausbildung und berufliche Fortbildung leistet die SENATI, eine Organisation aus Regierung und Industrie. P. besitzt 35 Hochschulen, davon 13 in Lima, darunter die älteste Amerikas (1551 gegr.).

LITERATUR

Zu I, II, IV, V:
E. P. **Lanning,** P. before the Incas. Englewood Cliffs (N.J.) 1967. – J. **Golte,** Bauern in P. Entwicklungsfaktoren in der Wirtschafts- und Sozialgeschichte der indianischen Landbevölkerung von der Inka-Zeit bis heute. Berlin 1973. – P. **Thorp,** G. **Berthram,** P. 1890–1977. Growth and Policy in an Open Economy. London 1978. – F. **Bartu,** Die Agrargesellschaften als Träger der wirtschaftlichen und sozialen Entwicklung in den Anden P.s Zürich 1979. – B. **Biesinger,** Der Bergbausektor im peruan. Reformprozeß. Heidelberg 1981. – S. **Lowder,** Agrarian Production and Development: Agrarian Reform Military-Style in P., in: Tijdschrift voor economische en sociale Geografie 73 (1982) 173 ff. – D. **Dirmoser,** V. **Wachendorfer,** P., in: HDW. Bd. 2 ²1982, 297 ff. – W. **Mikus,** P. Raumstrukturen und Entwicklungen im mittleren Andenland. Stuttgart 1988. – E. v. **Oertzen,** P. München 1988. – Lber. P. 1990. Stuttgart 1990. – A. **Faust,** Armut und Wohlstand im ländlichen P. Freiburg i. Br. 1991. – H. **Fuhr,** P., in: PolLexLat. ³1992, 264ff. – *Weitere Lit.:* ↗Andenstaaten.

Zu III:
P. A Country Study. Hg. R. F. **Nyrop.** Washington 1965, ³1980 [1. Aufl. u. d. T.: Area handbook for P.]. – L. E. **Roy Freyre,** Derecho Penal Peruano. Bd. 1 und 2. Parte Especial. Lima 1974/75. – H. **Fix-Zamudio,** Verfassungskontrolle in Lateinamerika, in: JöR N.F. 25 (1976) 649 ff. – D. **Beck Furnish,** Court and Statute Law in P., in: American J. of Comparative Law 28 (1980) 487 ff. – Codigo Civil. Hg. D. **Revoredo de DeBakey.** 6 Bde. Lima 1985. – F. **Eguiguren,** La Constitución Peruana de 1979 y sus problemas de Aplicación. Lima 1987. – K. P. **Sommermann,** Verfassungsrecht und Verfassungskontrolle in P., in: JöR N.F. 36 (1987) 597 ff. [mit dt. Übers. der Verf.]. – Richterliche Verfassungskontrolle in Lateinamerika, Spanien und Portugal. Hg. H.-R. **Horn,** A. **Weber.** Baden-Baden.

Zu VI:
A. **Bollinger,** Einf. in die Welt der Indios. Bern 1981. – Grupos religiosos en P. Hg. Comisión Episcopal para la doctrina de la fe. Lima 1988. – H. **Blomeier u. a.,** P., in: Kultur und Entwicklung in Lateinamerika. Hg. J. Thesing. Bonn 1989, 104 ff.

Jürgen Bähr (I, II, IV, V), *Ulrich Karpen* (III),
Leonardo Lujambio (VI)

LA-PLATA-STAATEN

I. Naturräumliche Voraussetzungen

Verbindende Klammer der La-Plata-Staaten ↗Argentinien, ↗Paraguay und ↗Uruguay ist das System der Flüsse Paraguay, Paraná und Uruguay. *Río Paraná* und *Río Uruguay* münden im 100 km breiten Ästuar des *Río de la Plata.* Naturräumliche Schranken fehlen praktisch zwischen den drei Staaten.

Geologisch gehört Uruguay zu den alten Gebirgen des Ostens, zum brasilian. Schild und zur patagon. Masse. Es unterscheidet sich damit von der Aufschüttungsebene der argentin. Pampa und auch vom Zwischenstromland, was sich in dem etwas bewegteren Relief ausdrückt.

In bezug auf *Klima* und *Vegetation* weist Uruguay große Ähnlichkeiten mit der argentin. *Pampa* auf: Beide liegen im subtropischen Klimabereich und erhalten gleichmäßig über das ganze Jahr verteilte Niederschläge. Die natürliche Vegetation Uruguays wird meist als Parklandschaft bezeichnet, womit das Auftreten von Palmenbeständen auf Grasland gemeint ist. Die Vegetation gleicht damit derjenigen im argentin. Zwischenstromland.

Ebenso setzen sich die Naturlandschaften des nördl. Argentinien im angrenzenden Paraguay fort: im W die Aufschüttungsebene des *Gran Chaco,* im O das Hügelland bzw. Schichtstufengebiet des argentin. Zwischenstromlandes. Wegen der allgemein höheren Temperaturen liegt Paraguay – anders als Nordargentinien – insgesamt in der Tropenzone. Die Zunahme der Niederschläge von NW nach SO – von einer kurzen sommerlichen Regenzeit im westl. Chaco bis zu ganzjährig

La-Plata-Staaten

Städte	über 1 000 000 Einw.
Städte	500 000 – 1 000 000 Einw.
Städte	100 000 – 500 000 Einw.
Städte	unter 100 000 Einw.

Gebirgszüge

0   250   500 km

Entwurf: Bünstorf

reichlichen Niederschlägen in Ostparaguay – hat eine entsprechende großräumige Zonierung der Vegetation zur Folge: vom Trockenwald über die Savanne bis hin zum Regenwald in Ostparaguay und dem angrenzenden argentin. Misiones.

Eine Gemeinsamkeit der La-Plata-Staaten ist auch das weitgehende Fehlen ökonomisch bedeutender *Bodenschätze*. Die Erdöl- und Erdgasvorkommen Argentiniens sind die einzige Ausnahme.

II. Geschichte, Kultur/Sprache, Religion

Alle drei La-Plata-Staaten sind aus dem span. Kolonialgebiet des *Vizekönigreichs Río de la Plata* hervorgegangen. Jedoch wurden schon in der frühen Kolonialzeit bedeutsame Unterschiede angelegt. Im Territorium des heutigen Uruguay dominierte über lange Zeit der portugies. Einfluß. Wichtigstes Zentrum im La-Plata-Gebiet in der frühen Kolonialzeit war *Asunción* (die heutige Hauptstadt Paraguays), das 1537 im Anschluß an die erste (gescheiterte) Gründung von *Buenos Aires* angelegt worden war. Auf dem Fluß als dem einzigen Verkehrsweg waren die Spanier ins Landesinnere gekommen, und als 1541 Buenos Aires wegen der Angriffe der Pampa-Indianer aufgegeben werden mußte, zogen sich die Siedler nach Asunción zurück, dessen Bedeutung rasch wuchs (1547 Bischofssitz). Vor allem aber wurden von Asunción aus weite Bereiche des südl. Südamerika in Besitz genommen und „Tochterstädte" angelegt, von denen einige erfolgreich waren: *Santa Cruz* (1560, heute Bolivien), *Santa Fé* (1573, Argentinien), *Buenos Aires* (1580 zweite, erfolgreiche Gründung), *Villarrica* (1582, Ostparaguay), *Corrientes* (1588, Argentinien).

Wirtschaftliche Basis der frühen Blüte von Asunción waren die *Guaraní-Indianer,* die Anbau betrieben und damit nicht nur die Versorgung der span. Siedlung gewährleisteten, sondern darüber hinaus Handelsprodukte lieferten. Dieser Handel reichte bis zum span. Mutterland und über Santa Fé und Tucumán bis nach Perú.

Ein Bedeutungsverlust ergab sich für Asunción zu Beginn des 17. Jh., als das Kolonialgebiet in zwei Provinzen aufgeteilt wurde, nämlich *Guairá* (Hst. Asunción) und *Río de la Plata*. Nach der Auflösung des „Jesuitenstaates" 1768 wurde die Binnenprovinz allgemein „Paraguay" genannt, und als 1776 Buenos Aires Hauptstadt des neugeschaffenen Vizekönigreichs Río de la Plata wurde, verlagerte sich der politische und wirtschaftliche Schwerpunkt des Kolonialgebietes endgültig an die Küste. Hier war, als eine der jüngsten späteren Hauptstädte Lateinamerikas, ab 1726 *Montevideo* entstanden, eine „Tochterstadt" von Buenos Aires. Die neue Stadtanlage sollte den span. Besitzanspruch auch auf dem östl. La-Plata-Ufer gegenüber den Portugiesen dokumentieren. 1777 wurde die „Banda Oriental", der „östliche Streifen", durch Vertrag dem span. Kolonialreich einverleibt.

Die Entstehung mehrerer selbständiger Staaten aus dem Vizekönigreich Río de la Plata wurde während der Unabhängigkeitsbewegung zu Beginn des 19. Jh. angelegt. Vor dem geistigen Hintergrund der Französischen Revolution und v. a. ermuntert durch die politisch-militärische Schwäche des span. Mutterlandes (Krieg gegen England; Besetzung durch Napoleon), begann diese Bewegung in Buenos Aires. Noch kurz zuvor war es möglich erschienen, daß das gesamte La-Plata-Gebiet in das brit. Kolonialreich einbezogen werden könnte: 1806 bzw. 1807 hatten brit. Militärexpeditionen jeweils für kurze Zeit Buenos Aires und Montevideo besetzt. Es waren nicht so sehr die span. Kolonialtruppen, sondern eilig aufgestellte Bürgermilizen, welche die Engländer damals vertrieben. Diese militärischen Erfolge trugen wesentlich zur Förderung der Unabhängigkeitsbestrebungen bei.

Das erste Datum der Loslösung war der 25.5.1810, als in Buenos Aires der span. Vizekönig abgesetzt und eine nationale „Junta" als neue Regierung eingesetzt wurde. Bereits im Juli 1810 trat in Asunción ein Kongreß zusammen, der die Loyalität der Provinz Paraguay zu Spanien, v. a. aber auch ihre Unabhängigkeit von Buenos Aires bekundete (die in der Folge mit Waffen verteidigt wurde). Die völlige Unabhängigkeit Paraguays setzte dann v. a. der Diktator *José Gaspar Tomás Rodríguez de Francia* durch. Erst 1814 wurde, mit Unterstützung der Argentinier, in Montevideo die Unabhängigkeit erklärt. In der Folge allerdings (bis zum *Frieden von Rio de Janeiro* 1828) mußte die Selbständigkeit gegen Annexionsversuche sowohl Argentiniens als auch Brasiliens verteidigt werden. So erhielt Uruguay von Beginn an die Funktion eines Pufferstaates zwischen den politisch gewichtigsten Staaten Brasilien und Argentinien.

Nach ihrem Scheitern auf dem südamerikan. Festland nutzten die Engländer die innere Schwäche der sich konsolidierenden jungen Staaten, um die ↗Falkland-Inseln dauerhaft in ihren Besitz zu bringen. Bereits im 18. Jh. waren Engländer auf den Inseln gelandet, hatten diese aber an Spanien abtreten müssen. Argentinien setzte als Erbe des span. Kolonialreichs 1820 einen Gouverneur auf den Inseln ein. Anläßlich eines Konfliktes mit US-amerikan. Kriegsschiffen um den Robbenfang in den Falkland-Gewässern landeten schließlich erneut Engländer und zwangen die Argentinier zum Verlassen der Inseln.

Entsprechend ihrer unterschiedlichen Entwicklung während der Kolonialzeit und nach der Unabhängigkeit haben die La-Plata-Staaten auch eine unterschiedliche *kulturelle Ausprägung* erfahren. In Uruguay ist der kulturelle Einfluß Europas am deutlichsten, in der Kultur Paraguays die Überlieferung eigenständiger, nichteurop. Züge am ausgeprägtesten (u. a. Guaraní als offizielle Sprache neben dem Spanischen). Argentinien schließlich nimmt eine Mittelstellung ein: Indianische Kulturelemente sind noch im NW anzutreffen, insgesamt aber dominiert das europ. Element, v. a. im Kernraum um Buenos Aires. Im religiösen Bereich läßt sich eine ähnliche Reihenfolge feststellen: Die größte Bedeutung hat der Katholizismus („Staatsreligion") in Paraguay, die relativ geringste in Uruguay.

III. Politische Entwicklung

Unterschiedliche Entwicklung, aber auch ein wechselseitiges Konfliktpotential wurde in den La-Plata-Staaten bereits im Zuge der Unabhängigkeit angelegt. V. a. Gebietsansprüche führten zu mehreren kriegerischen Auseinandersetzungen, in die auch Nachbarstaaten einbezogen waren. Der erste derartige Konflikt war der Krieg zwischen Argentinien und Portugal/Brasilien um das Territorium des späteren Uruguay. Das Gebiet wurde 1817 von den Portugiesen besetzt, 1822 in das unabhängige Brasilien einverleibt, danach mit Unterstützung der Argentinier zurückerobert und erhielt schließlich 1828 im *Vertrag von Rio de Janeiro* die Unabhängigkeit. Auch in dem Krieg der sog. *Tripelallianz* (Argentinien, Brasilien, Uruguay) gegen Paraguay 1864/65–70 ging es zunächst um das Territorium Uruguays: um brasilian. Expansionsbestrebungen auf Kosten Uruguays, aber auch um die Absicht des paraguayischen Diktators *Francisco Solano López,* das eigene Territorium auszudehnen und womöglich einen Meereszugang zu erlangen. Daß sich schließlich Brasilien, Argentinien und Uruguay gegen den kleinen Binnenstaat verbündeteten, führte zu einer katastrophalen Niederlage für Paraguay, zum Verlust des größten Teils seiner männlichen Bevölkerung. Die letzte kriegerische Auseinandersetzung im La-Plata-Gebiet betraf ebenfalls eine Grenze innerhalb des ehem. Vizekönigreichs Río de la Plata: Im *Chaco-Krieg* 1932–35 wehrte Paraguay den Versuch ↗Boliviens ab, das eigene Territorium bis an den Río Paraguay auszudehnen und erweiterte seinerseits das eigene Staatsgebiet auf Kosten Boliviens. Schließlich muß auch der Konflikt um die ↗Falkland-Inseln zwischen Argentinien und Großbritannien als Konsequenz der durch die Kolonialzeit hinterlassenen Territorialprobleme gesehen werden. Dagegen scheint der Konflikt um den Grenzverlauf zwischen Argentinien und ↗Chile südl. Feuerland – es geht um drei unbewohnte Inseln und entsprechende Nutzungsrechte im zugehörigen Schelf-Bereich – endgültig beigelegt, u. a. durch Vermittlung Pp. Johannes Pauls II.

Während die Konflikte des 19. Jh. bei den beiden kleinen La-Plata-Staaten (v. a. bei Uruguay) das Territorium und den Bestand der Staaten als solche betrafen, ging es in dieser Zeit bei Argentinien mehr um die innere Konsolidierung und Organisation des Staatswesens. Auch war zunächst nicht sicher, daß Buenos Aires Landeshauptstadt werden würde. Ein Schlußpunkt wurde erst 1889 gesetzt durch die Schaffung des Bundesdistrikts, der aus der Prov. Buenos Aires herausgelöst und direkt den nationalen Behörden unterstellt wurde.

In der jüngeren politischen Entwicklung der La-Plata-Staaten gibt es Übereinstimmungen, aber auch bemerkenswerte Unterschiede. So wurden Uruguay und Argentinien innenpolitisch erschüttert durch Guerilla-Gruppen sowie durch entsprechende staatliche Repressionen unter Militärdiktaturen. Beide Staaten jedoch kehrten zu demokratischen Verhältnissen zurück (Argentinien 1983; Uruguay 1984). Die innenpolitischen Wirren, verbunden mit unzähligen unschuldigen Opfern und einer Massen-Auswanderung gefährdeter und bedrohter Menschen aus beiden Ländern, blieben Paraguay erspart – freilich um den Preis der mehr als drei Jahrzehnte andauernden Diktatur des Generals *Alfredo Stroessner*.

IV. Bevölkerungs- und Sozialstruktur

Die Bevölkerungen der La-Plata-Staaten repräsentieren die ganze Bandbreite der Bevölkerungsstrukturen lateinamerikan. Länder. Uruguay hat die im demographischen Transformationsprozeß am weitesten fortgeschrittene Bevölkerung. Sowohl Geburtenrate als auch Sterberate liegen sehr niedrig, die Bevölkerung wächst kaum. In Altersaufbau und Entwicklung weist sie starke Ähnlichkeiten mit der Bevölkerung von Industrieländern auf. Ähnlich verhält es sich in Argentinien. Allerdings liegt hier aufgrund der höheren Geburtenrate noch ein recht ansehnliches Bevölkerungswachstum vor. In der Mitte des Transformationsprozesses befindet sich die Bevölkerung Paraguays. Bei bereits stark gesunkener Sterberate (kaum höher als in Uruguay und Argentinien), aber doppelt so hoher Geburtenrate wie in Uruguay befindet sie sich in der Phase stärksten Wachstums. In bezug auf Altersaufbau und generatives Verhalten ähnelt sie derjenigen in vielen Entwicklungsländern. Für alle drei Länder gilt, daß sich das generative Verhalten nicht nur nach sozialer Zugehörigkeit, sondern v. a. nach Stadt- und Landbevölkerung deutlich unterscheidet. Die Geburtenhäufigkeit liegt bei der Landbevölkerung generell höher als bei der Stadtbevölkerung. Daraus ergibt sich auch der Zusammenhang zwischen dem hohen Anteil ländlicher Bevölkerung und dem starken Bevölkerungswachstum in Paraguay.

Auch in bezug auf Herkunft und volkstumsmäßige Zusammensetzung weisen die Bevölkerungen der La-Plata-Staaten Unterschiede auf. Die Bevölkerung Uruguays ist vollkommen durch Einwanderung aus Europa entstanden (v. a. Spanier und Italiener). Ähnlich verhält es sich mit der argentin. Bevölkerung, in der das it. Element mit Abstand überwiegt. In Paraguay dagegen hat Masseneinwanderung aus Europa kaum stattgefunden. Hier dominiert die *Mestizen*-Bevölkerung, die sich aus der sehr frühen Vermischung der Spanier mit den Guaraní-Indianern entwickelt hat. Sowohl in Argentinien als auch in Paraguay haben sich bis heute Gruppen von Indianern erhalten, eine Bevölkerungsgruppe, die in Uruguay völlig fehlt. Schließlich sind Bevölkerungsgruppen europ. Ursprungs zu nennen, die bisher kaum oder gar nicht in die nationalen Bevölkerungen integriert bzw. aus politischen Gründen isoliert sind: die *Mennoniten* in Paraguay, die *Waliser* in argentin. Patagonien, die englischstämmige Bevölkerung der Falkland-Inseln. Der Bevölkerungsaustausch zwischen den La-Plata-Staaten ist seit jeher rege gewesen, besonders zwischen Argentinien und Uruguay. In neuerer Zeit ist der Zustrom von Paraguayern nach Argentinien beträchtlich, v. a. nach Buenos Aires. Die Sogwirkung der führenden Metropole reicht also über die Landesgrenzen hinaus.

Hinsichtlich der sozialen Gliederung unterscheiden sich die Bevölkerungen von Argentinien und Uruguay von der Bevölkerung Paraguays durch die Ausbildung einer breiten Mittelschicht, nicht zuletzt aufgrund des hohen Verstädterungsgrades beider Länder. In Paraguay dagegen ist ein scharfer Gegensatz von dünner Oberschicht und der übrigen Bevölkerung ausgebildet.

V. Wirtschaft

Daß zwischen den La-Plata-Staaten trotz gemeinsamer kolonialer Vergangenheit und jahrzehntelanger gutnachbarlicher Beziehungen bisher eine politische Integration nicht zustande gekommen ist, mag an der fortdauernden Rivalität zwischen den beiden südamerikan. „Großmächten" Argentinien und Brasilien liegen. Sie achten darauf, daß das jeweils andere Land durch zu enge Bindungen an die beiden kleinen „Pufferstaaten" nicht noch mächtiger wird. Daß auch eine wirtschaftliche Integration nicht sehr ausgeprägt ist, hat noch andere Gründe. Alle drei Länder weisen die für Entwicklungsländer typische Außenhandelsstruktur auf: Export von Rohstoffen (hier: Agrarprodukte), Import von Industrieprodukten. Entsprechend eng ist die Handelsverflechtung jedes einzelnen Landes mit den Industrieländern. So sind von den sechs wichtigsten Handelspartnern Argentiniens allein fünf Industrieländer (USA, UdSSR, Niederlande, Deutschland, Japan). An zweiter Stelle der Außenhandelspartner aber steht immerhin Brasilien. Der Außenhandel zwischen den Nachbarländern Argentinien, Paraguay und Uruguay spielt für diese jeweils nur eine geringere Rolle. Wichtigster Handelspartner für Paraguay und für Uruguay ist jeweils Brasilien, gefolgt von den USA und anderen Industrieländern.

Ansätze zu wirtschaftlicher Integration im La-Plata-Gebiet ergeben sich aus der gemeinsamen Nutzung der Wasserkraft im Paraná-Uruguay-Flußsystem. Argentinien und Uruguay haben gemeinsam das Staudamm-Projekt *Salto Grande* am Río Uruguay durchgeführt. Am Río Paraná befinden sich die Staudämme von *Apipé-Yaciretá* noch im Bau (Argentinien/Paraguay). Paraguay hat zusammen mit Brasilien die gigantische Anlage von *Itaipú* am oberen Paraná errichtet. Auf diese Weise wurde der Anteil hydroelektrischer Energie in allen drei La-Plata-Staaten beträchtlich erhöht. Die Stromerzeugung ist seit 1970 allgemein stark gestiegen: In Argentinien wurde sie verdoppelt, in Uruguay vervierfacht, in Paraguay verachtfacht. Mit den Staudamm-Projekten sind weitere Entwicklungs-Impulse verbunden: Industrie-Ansiedlung, Tourismus-Erschließung, Schaffung internationaler Verkehrsverbindungen über die Staudämme.

In bezug auf Wirtschaftsstruktur und sozio-ökonomischen Entwicklungsstand zeigen die La-Plata-Länder bemerkenswerte Unterschiede, abzulesen etwa an der Bedeutung der Landwirtschaft, am Energieverbrauch und am BSP (vgl. Tab.).

Wichtige Daten zur sozio-ökonomischen Entwicklung der La-Plata-Staaten 1990

	Argentinien	Paraguay	Uruguay
Fläche (Mio. km²)	2,780	0,407	0,175
Einwohner (Mio.)	32,322	4,277	3,094
Bevölkerungswachstum (in %) Jahresmittel 1985–90	1,3	3,0	0,6
Lebenserwartung (in Jahren)	71	67	72
Erwerbstätige in der Landwirtschaft (in %)	11	47	14
Energieverbrauch/E. (kg Öleinheiten)	1718	226	779
BSP/E. (in US-$)	2160	1030	2620
Analphabeten* (in %)	4	10	5
E./Krankenhausbett	190	747	130

* Anteil der Bevölkerung über 15 Jahre

Quelle: Lber. Südamerikanische Staaten 1992. Stuttgart 1992

Bei allen Unterschieden dürfen aber die Gemeinsamkeiten nicht übersehen werden. Trotz des unterschiedlichen Anteils der in der Landwirtschaft Beschäftigten und trotz des unterschiedlichen Beitrags der Landwirtschaft zum BSP (in Paraguay etwa doppelt so hoch wie in Argentinien und Uruguay) spielt in allen drei Ländern die Landwirtschaft nach wie vor eine entscheidende Rolle. In weiten Landesteilen abseits der großen Städte ist sie weiterhin die wichtigste Erwerbsgrundlage, da es an Arbeitsplätzen in der Industrie fehlt; das gilt auch für Uruguay und Argentinien. Vor allem aber liefert sie in allen drei Ländern den weitaus größten Teil der Exportgüter, mit deren Erlös die Importe an Industrieprodukten finanziert werden müssen. Gemeinsame Probleme der Wirtschaft zeigen sich schließlich in der hohen Auslandsverschuldung. In absoluten Zahlen übertrifft die Verschuldung Argentiniens diejenige von Paraguay und Uruguay bei weitem. Bezogen auf das BSP jedoch sind die drei Länder etwa gleich belastet. Die Auslandsschulden erreichen etwa die Hälfte des BSP.

Alle drei La-Plata-Staaten gehören der ALADI, der OAS und dem SELA an; ferner mit Brasilien und Kolumbien der La-Plata-Gruppe (Staaten mit Anteilen am La-Plata-Becken), deren Ziele u. a. die Verbesserung der Verkehrsinfrastruktur, Ausbau und Nutzung der Wasserkraft sowie insgesamt die Förderung der wirtschaftlichen und sozialen Entwicklung sind. Mit Brasilien planen die drei La-Plata-Staaten bis 1995 einen „Gemeinsamen Markt im südlichen Südamerika" (Mercosur).

LITERATUR

H. **Burmeister**, Reise durch die La-P.-S. mit besonderer Rücksicht auf die physische Beschaffenheit und den Culturzustand der Argentinischen Republik. Ausgeführt in den Jahren 1857, 1858, 1859 und 1860. 2 Bde. Halle 1861. – O. **Schmieder**, Die Neue Welt. Bd. 1: Mittel- und Südamerika. Heidelberg 1962. – H. **Wilhelmy**, W. **Rohmeder**, Die La-P.-Länder. Argentinien – Paraguay – Uruguay. Braunschweig 1963 (Lit.). – Kooperation und Konflikt im La-P.-Becken/Cooperación y conflicto en la Cuenca del Plata. Hg. D. **Nohlen u. a.** Saarbrücken 1986. – P. **Gans**, Die Innenstädte von Buenos Aires und Montevideo. Dynamik der Nutzungsstruktur, Wohnbedingungen und informeller Sektor. (Kieler Geograph. Schriften 77). Kiel 1990. – Länderbericht Südamerikan. Staaten 1992. Stuttgart 1992.

Jürgen Bünstorf

ARGENTINIEN

Amtlicher Name	República Argentina (Republik Argentinien)
Staatsform	Bundesstaatlich verfaßte Präsidialdemokratie
Hauptstadt	Buenos Aires (Groß-Buenos Aires, 11 000 000 E.)
Fläche	2 780 000 km²
Bevölkerung	32 425 000 E. (1989; VZ 1980: 27 947 000). – 12 E./km²
Sprache	Spanisch
Religion	Katholiken rd. 95%
Währung	Peso (P)

I. Naturräumliche Voraussetzungen

A., einer der drei ⟶La-Plata-Staaten, ist flächenmäßig der nach Brasilien zweitgrößte Staat ⟶Südamerikas. Gemeinsame Grenzen hat es im N mit ⟶Bolivien, im NO mit ⟶Paraguay, ⟶Brasilien und ⟶Uruguay, im W und S mit ⟶Chile. Die N-S-Ausdehnung beträgt 3650 km, die größte Ausdehnung zwischen Misiones im NO und der chilen. Grenze im W 1500 km. A. beansprucht die ⟶Falkland-Inseln und einige andere Inselgruppen im Südatlantik sowie den benachbarten Sektor der ⟶Antarktis mit insgesamt 1,23 Mio. km².

Die Lage auf dem am weitesten gegen die Antarktis vorgeschobenen Südende eines Kontinents und die enorme N-S-Erstreckung über mehr als 33 Breitenkreise sind zwei wichtige räumliche Merkmale. Buenos Aires, noch in der Nordhälfte des Landes, liegt etwa auf der geographischen Breite von Kapstadt (Südafrika) und Sydney (Australien). Damit wird einerseits die große Klima- und Vegetationsvielfalt innerhalb A.s angedeutet, andererseits das Problem „Entfernung" bei der innerstaatlichen Raumorganisation.

A. hat Anteil an den drei großen Relieftypen, die den südamerikan. Kontinent bestimmen: den alten Gebirgen im O (*Bergland von Misiones* und *Patagonisches Tafelland*), den jungen Kettengebirgen im W (*Anden* mit zahlreichen Erhebungen über 6000 m; höchster Berg Amerikas: *Aconcagua*, 6958 m) und den großen Aufschüttungsebenen dazwischen (*Gran Chaco, Pampa*). Einzelne Höhenzüge bilden gewissermaßen einen Übergang von den Anden zu den großen Ebenen (z. B. *Sierra von Córdoba*).

Klima und Vegetation. Schon eine grobe Gliederung nach den *Temperaturen* läßt die große Vielfalt an Klimagebieten und entsprechend auch Vegetationsformationen innerhalb A.s erkennen. Im Zentrum des Landes, im La-Plata-Gebiet, herrschen subtropische Temperaturen mit einem Jahresmittel von 17 °C. Hier verläuft die Grenze zur subpolaren Klimazone. Um 10° niedriger liegt die Temperatur in Feuerland an der

Südspitze des Landes. Die am stärksten erwärmten Landesteile im N liegen am Rande der Tropenzone. Die Jahresmittel betragen hier 20–23 °C, und gerade in den meerfernsten Bereichen des Landes, im nördl. Chaco, erreichen die wärmsten Monate Dez. und Jan. Mitteltemperaturen über 27 °C. Mit 10–15 °C ist die Jahresschwankung hier ebenfalls erheblich; v. a. treten in dieser heißen Zone in den Monaten Juni bis Aug. immer wieder Fröste auf.

Natürliche Vegetation und auch Nutzungsmöglichkeiten werden in vielen Teilen A.s – angesichts der allgemein hohen Temperaturen – entscheidend von Menge und Verteilung der *Niederschläge* bestimmt. Im NO, in einem schmalen Streifen im SW und S sowie in kleineren Gebieten an den Berghängen im NW werden die höchsten Niederschläge gemessen (bis über 2000 mm/Jahr). Die subtropischen Wälder im NO und NW zeigen eine große Artenvielfalt, während die Regenwälder der Südkordillere von relativ wenigen Baumarten beherrscht werden. Ebenfalls noch gut beregnet ist der gesamte Bereich der zentralen Pampa („pampa húmeda"), ein im natürlichen Zustand weitgehend baumloses Grasland. Große Flächen nimmt der Chaco-Wald ein, wobei der Artenreichtum mit abnehmenden Niederschlägen von O nach W geringer wird. Eine breite Trockenzone (Niederschläge unter 500 mm/Jahr) erstreckt sich von N nach S durch das Staatsgebiet. Hierzu gehören die vegetationsarmen Bereiche der Anden, die trockenen Buschwälder der westl. Pampa und die Strauch- und Grassteppe im östl. Patagonien.

II. Historische und politische Entwicklung

Vor der Loslösung vom span. Mutterland zu Beginn des 19. Jh. war das La-Plata-Gebiet in einen größeren räumlichen Zusammenhang eingegliedert (↗La-Plata-Staaten II). Erstmals hatten die Spanier 1515 unter *Pedro de Mendoza* Kenntnis vom Mündungsgebiet des Río de la Plata erhalten. Noch im 16. Jh. erfolgte die Gründung einer Reihe von Städten (Buenos Aires, Asunción, Córdoba, Santa Fé, Salta, Catamarca, Corrientes, Jujuy). Ihre Lage zeigt deutlich die territorialen Interessen der span. Eroberer: Der Schwerpunkt ihres Kolonialreiches lag im Bergland mit seiner dichten indianischen Bevölkerung und der Möglichkeit, Edelmetalle zu gewinnen. Die Städte sollten den Herrschaftsanspruch im Bergland oder die Verbindung zur Ostküste sichern. Entsprechend wurde das La-Plata-Gebiet ab 1542 dem *Vizekönigreich Peru* mit dem Verwaltungsmittelpunkt Lima zugeordnet. Erst 1776 wurde das *Vizekönigreich Río de la Plata* gegründet mit Buenos Aires als Sitz des Vizekönigs. Da gleichzeitig der Handel innerhalb des Kolonialreiches liberalisiert wurde, brachte nun die atlantische Lage der Stadt erhebliche wirtschaftliche Vorteile.

Die Unabhängigkeitsbewegung zu Beginn des 19. Jh. wurde wesentlich begünstigt durch die politischmilitärische Schwäche des span. Mutterlandes (Krieg gegen England, Besetzung durch Napoleon). Versuche Englands, in Buenos Aires militärisch Fuß zu fassen und sich der span. Kolonie zu bemächtigen, wurden von der lokalen Miliz vereitelt (1806, 1807). Dieser Erfolg trug zur Stärkung der auf Unabhängigkeit drängenden Bewegung bei. Am 25. Mai 1810 wurde in Buenos Aires der Vizekönig abgesetzt und eine erste lokale Regierung ausgerufen, noch ohne Beteiligung von Vertretern des Landesinnern. Es folgten jahrelange Kämpfe der neugebildeten Truppen gegen die span. „Besatzungstruppen". General *José de San Martín* wurde der bekannteste Führer in den Freiheitskämpfen im südl. Südamerika. Am 9. 7. 1816 erklärte dann der erste Nationalkongreß in Tucumán die Unabhängigkeit der *„Vereinigten Provinzen am Río de la Plata"*. Beide Daten sind heute in A. Nationalfeiertage.

Das 19. Jh. ist einerseits gekennzeichnet durch die allmähliche Besitzergreifung des Staatsterritoriums, andererseits durch Auseinandersetzungen um die endgültige Form der innerstaatlichen Organisation: Den „Unitariern", die eine eher zentralistische Staatsform anstrebten, standen die „Föderalisten" gegenüber. Zeitweise kam es zu Autonomie-Bestrebungen einzelner Landesteile. 1853 trennte sich die Provinz Buenos Aires von den übrigen Provinzen. Diese gaben sich als *„Argentinische Konföderation"* eine Verfassung, die noch heute gültig ist (vgl. III). Erst 1862, mit der Wahl des Präsidenten *Bartolomé Mitre*, wurde Buenos Aires Hauptstadt des argentin. Bundesstaates. 1880 wurde das Stadtgebiet aus der gleichnamigen Provinz ausgegliedert und zum Bundesdistrikt erklärt.

Um die Mitte des 19. Jh. war von dem heutigen Staatsgebiet erst ein kleiner Teil „gesichert" (gegen die indianische Bevölkerung) und erschlossen: der Bereich zwischen den Flüssen Paraná und Uruguay („Mesopotamien"), die östl. Pampa und ein etwa 500 km breiter Korridor zwischen dem La-Plata-Gebiet und den alten Städten am Rande des Berglandes (Mendoza, Tucumán). Erst zwei großangelegte Feldzüge erweiterten das für die Besiedlung zur Verfügung stehende Territorium erheblich nach S und nach N: die „Conquista del Desierto" des Generals (und späteren Präsidenten) *Julio Argentino Roca* in der südl. Pampa und in Patagonien 1878/79 und die „Campaña del Chaco" des Kriegsministers General *Victórica* 1884. Militärische Siege über die verschiedenen Indianergruppen und deren bedingungslose Unterwerfung waren das Ziel dieser Aktionen. Große Teile der Indianerbevölkerung wurden vernichtet.

Das Ergebnis dieser inneren Eroberung und der nach und nach erfolgten vertraglichen Festlegung der äußeren Staatsgrenzen ist das heutige argentin. Staatsgebiet und seine Verwaltungsgliederung (vgl. III). Mehrere periphere Provinzen erhielten den Provinzstatus erst in jüngster Zeit, entsprechend der Entwicklung von Bevölkerung und Siedlungswesen (Chaco, Misiones, patagonische Provinzen).

Gegen Ende des 19. Jh. entstand eine der beiden führenden Kräfte im politischen Leben des heutigen A., die *Radikale Bürgerunion* („Unión Cívica Radical", UCR), als die massenweise ins Land gekommenen Einwanderer aus Europa sich politisch zu organisieren begannen. Nachdem 1912 das allgemeine Wahlrecht eingeführt worden war, folgten im Anschluß an die ersten freien Wahlen 1916 eineinhalb Jahrzehnte stetiger politischer Entwicklung und wirtschaftlicher Blüte unter der Führung der Bürgerunion. Diese Phase wurde beendet durch die Auswirkungen der Weltwirtschaftskrise. 1930 löste ein Militärputsch die zivile Regierung ab. Im Laufe der folgenden eineinhalb Jahrzehnte, die gekennzeichnet waren durch weitere Militärrebellionen, entwickelte sich die zweite wichtige politische Kraft, der *Peronismus. Juan Domingo Perón* war bereits an den Militärputschen 1930 und 1943 beteiligt gewesen. Er hatte, zusammen mit seiner Frau *Eva* („Evita"), eine stark von sozialpolitischen Zielen bestimmte politische Bewegung auf der Basis der neuen, ständig wachsenden Stadtbevölkerung geformt *(„Justicialismo").* 1946 wurde Perón zum Präsidenten gewählt. Seine Regierungszeit, zunächst von Erfolgen, dann aber von einem sich abzeichnenden Scheitern auf wirtschaftlichem und auch sozialpolitischem Gebiet gekennzeichnet, endete 1955 wiederum durch einen Militärputsch. Danach herrschten Militärregierungen, mehrfach unterbrochen von Versuchen ziviler Präsidenten. Hierzu gehört auch die Rückkehr Peróns aus dem span. Exil 1973. Die erneute Regierungszeit der Peronisten (nach Peróns Tod 1974 von seiner Frau *Maria Estela* [„Isabel"] fortgesetzt) wurde 1976 erneut durch einen Militärputsch beendet. Inzwischen bestimmten Gewalt und Gegengewalt das innenpolitische Leben. Begonnen hatte diese Entwicklung bereits 1970 mit der Entführung und Ermordung des früheren Präsidenten *Pedro Aramburu* (1955–58), doch seinen Höhepunkt erreichte der „schmutzige Krieg" erst nach 1976. Schließlich führten vorsichtige Versuche der Wiederbelebung des politischen Lebens, massive Protestbewegungen („Mütter vom Maiplatz", Angehörige verschwundener und ermordeter Personen), v. a. aber das gescheiterte militärische Abenteuer des Falkland-Krieges zum Ende der Militärherrschaft. 1983 wurde *Raúl Alfonsín* (Bürgerunion) zum Präsidenten gewählt. 1984 konnte der Konflikt mit Chile über die bisher strittige Grenze am Beagle-Kanal bereinigt werden (vgl. III). 1989 gelang – erstmals seit Jahrzehnten – mit der Wahl von *Carlos Menem* (Peronist) der Übergang von einem zivilen Präsidenten zu einem anderen durch Wahlen. Wiederholt kam es seitdem zu Rebellionen rechtsextremer Militärkreise. – A. ist Mitglied u. a. der ALADI, der La-Plata-Gruppe, der OAS, Rio-Gruppe und im SELA. Mit Brasilien, Paraguay und Uruguay soll bis 1995 ein gemeinsamer Markt im südl. Südamerika (Mercosur) verwirklicht werden.

III. Verfassung und Recht
1. Verfassung
Die Verfassung stammt im Kern vom 25. 5. 1853. Sie wurde 1972 (durch Anordnung der Militärjunta) zum fünften Mal grundlegend geändert und erfuhr 1976 und 1978 kleinere Novellierungen. Die relativ knappe Verfassung (110 Artikel) lehnt sich an die der USA an. A. ist ein Bundesstaat mit der Regierungsform einer repräsentativen Präsidialdemokratie. Der Staat besteht aus 22 Provinzen, dem Bundesdistrikt Buenos Aires und dem nationalen Territorium Tierra del Fuego (Feuerland). Die Provinzen sind untergliedert in Departamentos (im Bundesdistrikt in Partidos). A. erlebt einen deutlichen Zentralisierungsprozeß. Wenngleich die Provinzen eigene Parlamente, Gouverneure und Beamte haben und im Besitz aller Kompetenzen sind, die die Verfassung nicht ausdrücklich dem Bund zuweist, liegen die wichtigsten Zuständigkeiten – v. a. im Bereich der Wirtschaft – beim Bund.

Der *Kongreß* setzt sich aus *Abgeordnetenhaus* und *Senat* zusammen. Ersterem gehören 254, für 4 Jahre direkt gewählte Abgeordnete an. Alle 2 Jahre wird die Hälfte der Abgeordneten neu gewählt. In den Senat (46 Mitgl.) entsenden jede Provinz und das nationale Territorium 2 vom Provinzparlament gewählte Senatoren. Ihre Amtszeit beträgt 9 Jahre. Alle 3 Jahre wird 1/3 der Senatoren neu gewählt.

Die *Exekutive* besteht aus dem *Präsidenten,* dem *Vizepräsidenten* und den vom Präsidenten ernannten Ministern. Präsident und Vizepräsident werden indirekt durch volksgewählte Wahlmänner für 6 Jahre gewählt (unmittelbare Wiederwahl ist unzulässig). Der Präsident ist „Chef der Nation". Er erläßt Verwaltungsvorschriften und Einzelweisungen, ernennt mit Zustimmung des Senates die Richter des Obersten Gerichtshofes und aller anderer Gerichte, die diplomatischen Vertreter, Offiziere und Beamten. Er ist Oberbefehlshaber der auf der Grundlage der allgemeinen Wehrpflicht organisierten Streitkräfte.

Die *Judikative* besteht aus dem Obersten Gerichtshof, den Bundes- und Provinzgerichten. Ersterer ist Revisionsinstanz der ordentlichen Gerichtsbarkeit. Er hat auch in begrenztem Umfange Aufgaben eines Verfassungsgerichtes, vorwiegend soweit es den Schutz von subjektiven (Grund-)Rechten der Bürger angeht. Nicht zuständig ist er für „politische Fragen". So entscheidet er nicht in Bundes-Provinz-Streitigkeiten und führt auch keine abstrakte Normenkontrolle durch. Bundes- und Provinzgerichte sind Gerichte der ordentlichen Gerichtsbarkeit. Jede Provinz hat eine eigene Justizverwaltung. Es gibt keine gesonderte Verwaltungsgerichtsbarkeit; gegen Widerspruchsentscheidungen der Verwaltung steht der Weg zu den ordentlichen Gerichten offen.

Die Verfassung beginnt mit einem *Grundrechte- und -pflichtenteil.* Er enthält die wichtigsten Freiheitsrechte, so den Eigentumsschutz, Religionsfreiheit, Meinungsfreiheit, Zensurverbot, Vereinigungsfreiheit, Justizgrundrechte. Art. 14bis enthält die Grundzüge einer liberalen Wirtschafts- und Sozialordnung.

Nach Art. 2 Verf. unterstützt und verteidigt die Bundesregierung den röm.-kath. Glauben. Einzelheiten des *Staat-Kirche-Verhältnisses* sind in einem Vertrag vom 10.10.1966 konkordatär geregelt.

Die Verfassung enthält ausführliche Regelungen über den *Ausnahmezustand.* Er kann (Art. 86) vom Präsidenten ausgerufen werden und führt zur Zulässigkeit der Suspension von Grundrechten. Die Verfassung begrenzt aber auch im Ausnahmezustand die Sonderrechte des Präsidenten ausdrücklich (Art. 23).

2. Recht
a) Privat-, Handels- und Wirtschaftsrecht. Das Zivilrecht ist noch immer das Rückgrat der argentin. Rechtsordnung, obwohl das Handels-, Arbeits-, Landwirtschafts- und Bergrecht sowie andere Rechtsgebiete ausgegliedert sind. Das ZGB stammt vom 29. 9. 1869. Der Einfluß *F. C. v.* →*Savignys* und *R. v.* →*Iherings,* des Römischen Rechts und des Code Napoléon ist sichtbar. Das ZGB wurde wiederholt novelliert, zuletzt 1968. Es ist sehr liberal, wie sich an der Betonung der Willens-, Vertrags- und Eigentumsfreiheit zeigt. Das Handels- und Wirtschaftsrecht ist im HGB vom 6. 10. 1859 sowie (verstreut) auch im ZGB und in Spezialgesetzen geregelt. Das HGB umfaßt auch das Konkursrecht und das Recht der Handels- und Wertpapiere. Das argentin. Recht erkennt die Gewerkschaftsfreiheit an. Die negative Koalitionsfreiheit ist gewährleistet. Nach einem Beschluß des Obersten Gerichtshofes entscheidet der Richter über die Zulässigkeit von Streiks. Das Streikrecht wurde während der nicht seltenen Ausnahmezustände der jüngeren Geschichte wiederholt aufgehoben. Das Recht der Arbeitsbedingungen ist im ArbeitsvertragsG von 1974 geregelt. Infolge der Verstaatlichung wichtiger Unternehmen und einer beim Präsidenten zentralisierten Entwicklungsplanung ist der Einfluß des Staates auf das wirtschaftliche Geschehen nicht zu unterschätzen.

b) Strafrecht. Das StGB von 1921 – wiederholt novelliert – ist mit 306 Artikeln relativ knapp. Es wird durch zahlreiche strafrechtliche Nebengesetze ergänzt: so das Recht zum Schutz von Minderheiten, für Militärstraftaten usw. 1921 wurde die Todesstrafe abgeschafft, allerdings durch standrechtliche Bestimmungen (etwa 1930, 1956) wieder eingeführt. Die Strafrechtsänderungen, die die Militärregierungen vor 1983 vorgenommen hatten, wurden von der demokratisch gewählten Regierung *Raúl Alfonsín* nicht als legitim anerkannt, vielmehr als Akte einer de facto-Regierung angesehen. Deshalb war die Reform des Strafrechts eines der wichtigsten Probleme der neuen Demokratie. Die Lösung bestand in einem mittleren Weg zwischen Rechtssicherheit und Kontinuität einerseits und rechtsstaatlicher

Gerechtigkeit andererseits. Als ideologisch betrachtete Vorschriften wurden für unanwendbar erklärt, Vorschriften über Wirtschaftsverbrechen, Sabotage etc. aufgehoben, polizeiliche Vorschriften und Staatssicherheitsbestimmungen geändert; die Folter wurde unter harte Strafe gestellt, das Strafmaß für Raub, Hehlerei und Bankrott drastisch geändert. All das hat dazu geführt, daß das gegenwärtige Strafrecht grundrechtsorientierter Rechtsstaatlichkeit eher entspricht.

c) *Internationales Privatrecht und internationales Recht.* Das IPR ist durch Liberalität gekennzeichnet. Ausländer werden, so weit wie möglich, wie Inländer behandelt. Die Scheidung ist verboten, auch wenn sie in Übereinstimmung mit ausländischem Recht steht. Im Ausland gegründete Handelsgesellschaften werden nach argentin. Recht behandelt, wenn sie im Inland agieren. Im übrigen gelten Domizil- und lex-rei-sitae-Regeln. Wichtigste Quellen des argentin. IPR sind internationale Verträge, die Konventionen von Montevideo (1889 und 1940) sowie zahlreiche Bestimmungen des ZGB und HGB. Die beiden wichtigsten international-rechtlichen Probleme des Landes sind teilweise bzw. gänzlich beigelegt. Das Falkland-Problem harrt noch der völkerrechtlichen Lösung (↗Falkland-Inseln). Hingegen ist der Grenzstreit zwischen A. und ↗Chile über die Grenzziehung am Beagle-Kanal an der südl. Grenze beider Länder endgültig beigelegt. Der Schiedsspruch, um den sich Großbritannien und der Hl. Stuhl bemüht hatten, wurde nach positiv verlaufener Volksabstimmung von 1984 am 27./28. 12. desselben Jahres von A. angenommen.

IV. Bevölkerungs- und Sozialstruktur

Krasse Disparitäten kennzeichnen sowohl die Verteilung der Bevölkerung als auch die Rangordnung der großen Städte. Bereits bei den Einwohnerzahlen der einzelnen Provinzen wird das Übergewicht der Provinz Buenos Aires mit der Haupstadt-Agglomeration deutlich (insgesamt 50% der Landesbevölkerung). Es gibt einige bevölkerungsreiche Provinzen (außer Buenos Aires noch Córdoba und Santa Fé mit jeweils 2,8 Mio. E.; Mendoza, Tucumán und Entre Ríos mit jeweils über 1 Mio. E.), aber viele Provinzen haben nur eine recht geringe Bevölkerungszahl. Auch in den „dichtbesiedelten" Provinzen liegt die Bevölkerungsdichte mit ca. 40 E./km² nicht sehr hoch. Auf relativ engem Raum sind die Diskrepanzen groß. Den hohen Bevölkerungsdichten im Raum Groß-Buenos-Aires (1900 E./km²) steht – gut 100 km entfernt – das bevölkerungsarme Zentrum der Provinz Buenos Aires gegenüber (weniger als 1 E./km²).

Drastisch ist auch die Abstufung zwischen den Städten. Auf die alles überragende Metropole Groß-Buenos-Aires mit fast 11 Mio. E. folgen die Städte Córdoba und Rosario mit jeweils ca. 1 Mio. E. und eine weitere Gruppe von Städten, deren Einwohnerzahl etwa halb so groß ist (Mendoza, La Plata, Mar del Plata, Tucumán).

Als zu Beginn des 19. Jh. die span. Kolonialherrschaft zu Ende ging, lebten auf dem Territorium des heutigen A. kaum mehr als 500 000 Menschen. Den Hauptanteil daran hatte eine Mischlingsbevölkerung, die aus der frühen Vermischung der Spanier mit der Indianerbevölkerung hervorgegangen war. Außerdem gab es eine große Anzahl Indianergruppen verschiedener Stämme, die sich weitgehend unvermischt erhalten hatten. Die wirtschaftliche und politische Führung hatte eine kleine Gruppe von Bewohnern inne, die laufend aus dem span. Mutterland erneuert wurde. Von einer regelrechten Einwanderung kann man für die Kolonialzeit aber noch nicht sprechen. Die Masseneinwanderung setzte erst in der 2. Hälfte des 19. Jh. ein. Über Jahrzehnte war der Anteil von Ausländern in vielen gesellschaftlichen Gruppen größer als der der im Lande Geborenen. Die höchsten Werte erreichte die Zuwanderung 1880–90, 1905–15 und nach den beiden Weltkriegen. Um die Mitte der 50er Jahre wurde die Einwanderung aus Europa abgelöst durch die Zuwanderung aus Nachbarländern (Bolivien, Paraguay). Mehr als 1/3 aller Einwanderer seit 1857 stammt aus Italien, etwa 1/4 aus Spanien. Schätzungen über den Anteil der noch verbliebenen Indianerbevölkerung sind schwierig und unsicher. Indianergruppen leben v. a. noch im nordwestl. Bergland (Jujuy), im Chaco sowie in einigen Bereichen der südl. Anden. Der Prozeß der Integration und Vermischung schreitet fort, beschleunigt v. a. auch durch die Abwanderung vieler Indianer in die Städte.

Das natürliche *Bevölkerungswachstum* beträgt gegenwärtig 1,27% jährlich (Durchschnitt 1985–90). Dieser Wert liegt zwar höher als in Industrieländern, doch erheblich niedriger als in anderen lateinamerikan. Ländern. Bei einer *Geburtenziffer* von 21 ‰ und einer *Sterbeziffer* von 9 ‰ p. a. (im Durchschnitt 1985–90) ist die *Altersstruktur* noch recht günstig. So beträgt der Anteil der bis 15jährigen 30%, der 15–45jährigen 42%, der über 65jährigen 4% (1990).

Die argentin. Bevölkerung befindet sich in einer späten Phase des demographischen Übergangs. Auch die *Land-Stadt-Wanderung* hat nicht den Umfang wie in anderen lateinamerikan. Ländern. Die Zahl der ländlichen Bevölkerung stagniert allerdings seit 50 Jahren, d. h. der natürliche Bevölkerungsüberschuß wandert in die Städte ab. Dabei wachsen die Großstädte im Landesinneren und auch kleinere Zentren stärker als die Metropole Buenos Aires. Der jährliche Wanderungsgewinn der Hauptstadt-Agglomeration beträgt etwa 140 000 Menschen. Die Verstädterung ist bereits weit fortgeschritten. Über 80% der Bevölkerung leben in städtischen Siedlungen.

In der *Sozialstruktur* bestehen große Ähnlichkeiten zwischen ländlichen Bereichen und Klein- und Mittelstädten einerseits, beträchtliche Unterschiede zwischen den einzelnen Stadtbevölkerungen andererseits. Als Oberschicht im ländlichen Bereich gilt die Gruppe der Großgrundbesitzer (die jedoch i. d. R. ihren Wohnsitz in der Stadt haben), die Mittelschicht bilden Verwalter von Betrieben, Händler, Akademiker. Dazu kommt als Unterschicht die Gruppe der abhängigen Landarbeiter. Für den wirtschaftlichen und politischen Kurs des Landes aber sind heute Mittel- und Unterschicht der Stadtbevölkerung maßgebend: die eine als politisch-gesellschaftlich führende Gruppe, die andere als in Gewerkschaften organisierte und für politische Zielsetzungen mobilisierbare Masse.

Die argentin. Gesellschaft ist von einer nach wie vor festgefügten *Familienstruktur* gekennzeichnet. In der Mittelschicht herrschen Familien mit 1–3 Kindern vor. Wesentlich mehr Kinder haben i. d. R. die Familien der Unterschicht, aber auch in vielen Familien unter den Wohlhabenden liegt die Kinderzahl über dem Durchschnitt. Die traditionelle Rollenverteilung von Mann und Frau wird erst allmählich in Frage gestellt. Dennoch machen Frauen bereits 25% der Erwerbspersonen aus (15% bei der ländlichen Bevölkerung, 30% in den Städten).

A. verfügt über ein ausgebautes *soziales Sicherungssystem* mit Altersversorgung. Ein Krankenkassensystem in unserem Sinne gibt es zwar nicht, doch ist die öffentliche Gesundheitsfürsorge durch Krankenhäuser und Ärzte kostenlos. Die zahlreichen privaten Ärzte und Kliniken bieten eine wesentlich bessere medizinische Versorgung, aber nur Teile der Bevölkerung können die Honorare aufbringen. Da außerdem in den Städten die medizinische Versorgung erheblich besser ist als in ländlichen Gebieten, bestehen deutliche regionale und soziale Disparitäten im Gesundheitswesen.

V. Wirtschaft

Bis in die 30er Jahre war A. ein Agrarland. Damals wurde die Vorstellung von der Pampa als „Fleisch- und Weizenkammer" geprägt. Gemeint waren damit nicht nur der beträchtliche Weltmarktanteil des Landes bei diesen Produkten, sondern auch die guten Produktionsbedingungen im Agrarsektor und dessen bedeutender Anteil am BSP (ca. 30%). Später kennzeichnete Stagnation die Agrarwirtschaft. Die weltweiten Ertrags- und Produktionssteigerungen sind in A. – abgesehen von einigen Sonderkulturen – nicht eingetreten. Zwar hat sich z. B. der Weizenertrag 1950–80 verdoppelt, liegt mit 15 dt/ha aber immer noch außerordentlich niedrig und entspricht etwa den Erträgen in Indien. Der Bestand an Traktoren hat sich seit 1950 verdreifacht, jedoch mit 1 Traktor je 150 ha Ackerland nur etwa 1/4 des Traktorbesatzes in den USA erreicht. Entsprechend gering ist die Arbeitsproduktivität.

Die Bedeutung des Agrarsektors innerhalb der Gesamtwirtschaft ist in den letzten 50 Jahren stark gesunken, abzulesen sowohl am Beitrag zum BSP als auch am Anteil der Erwerbspersonen in der Landwirtschaft. In entsprechendem Umfang ist der Beitrag der Industrie gestiegen. Bereits 1940 übertraf der Industrieden Agrarsektor in seinem Beitrag zum BSP; heute ist sein Anteil etwa dreimal so groß. Dennoch ist A. kein Industrieland. Die Industrie konzentriert sich auf wenige Standorte. In weiten Teilen des Landes fehlen nichtlandwirtschaftliche Arbeitsplätze. Damit bleibt die Landwirtschaft Erwerbsgrundlage für einen wesentlichen Teil der Bevölkerung. Bei ständig steigender Bevölkerungs- und entsprechend auch Erwerbstätigenzahl ist der Anteil der landwirtschaftlichen Erwerbstätigen zwar zurückgegangen, deren absolute Zahl aber über viele Jahrzehnte fast gleich geblieben (1914: 1,4 Mio.; 1980: 1,2 Mio.).

Die Landwirtschaft produziert heute vorwiegend für den Binnenmarkt. Nur etwa 20% des Produktionswertes gehen in den Export (in den 30er Jahren etwa 40%). Dieser geringe Anteil macht aber noch mehr als 2/3 des gesamten argentin. Exportwertes aus und erbringt immerhin 2/3 der Deviseneinnahmen.

Kernraum der agrarischen Produktion ist nach wie vor die feuchte Pampa, sowohl für die Ackerbauproduktion (vorwiegend Weizen) als auch für die Viehwirtschaft (Fleischproduktion, stellenweise Milchviehhaltung). Viele Betriebe vereinigen beide Produktionszweige. Die Vorstellung von den „Riesenbetrieben" gilt aber gerade für die Pampa nicht. Charakteristisch ist eine Betriebsgröße von etwa 1000 ha. Reine Viehzuchtbetriebe *(Estancias)* mit mehreren 10 000 ha Größe kommen eher in den trockeneren Randbereichen der Pampa, im Chaco oder in Patagonien vor. Neben dem Kernraum Pampa haben sich spezialisierte agrarische Produktionsräume herausgebildet: Schafhaltung in Patagonien (Woll- und Fleischproduktion); Weinbau und Obsterzeugung im Gebiet von Mendoza und in einigen anderen Anbaugebieten am Fuß des Berglandes; Zuckerrohr im NW (Tucumán, Jujuy); Baumwolle im Chaco; Yerba Mate, Tee, Zitrusfrüchte in Misiones.

Zur heutigen Bedeutung der Industrie haben v. a. zwei Entwicklungsphasen geführt: die Phase der Exportausweitung und die Importsubstitution. Während der Periode wirtschaftlicher Blüte bis etwa 1930 war die gesamte Wirtschaft auf die Steigerung der Agrarexporte ausgerichtet. Es entstand das *„Export-Import-System"*. Britisches Kapital, das ins Land strömte, wurde vornehmlich in der Schlachthausindustrie und in anderen Agrarindustriezweigen sowie beim Ausbau des Eisenbahnnetzes investiert. Eisenbahnmaterial und Industriegüter wurden aus Großbritannien eingeführt, das andererseits für die ständig zunehmende Agrarproduktion der bevorzugte Absatzmarkt war.

Die Weltwirtschaftskrise 1930 setzte diesem System endgültig ein Ende. Innerhalb weniger Jahre sank der Tauschwert der argentin. Exporte um die Hälfte. Wirtschaftspolitisches Ziel künftiger Regierungen mußte es sein, den Importbedarf v. a. an Industriegütern drastisch zu senken. Dieses Ziel hatte v. a. die dirigistische Wirtschaftspolitik während der Perón-Ära. Ausländische Kapitalanlagen wurden zurückgedrängt. Die Eisenbahngesellschaften, das Telefonsystem, die Handelsflotte und der Luftverkehr wurden verstaatlicht. Die Zahl der Industriebetriebe erhöhte sich kräftig; innerhalb von zwei Jahrzehnten ab 1935 verdreifachte sich die Zahl der Industriebeschäftigten (auf 1,5 Mio.). Gegenwärtig trägt die Industrie zu über 40% zum BSP bei und stellt etwa 1/3 aller Arbeitsplätze.

Die Importsubstituierung führte zunächst zur Entstehung von Industriebetrieben im Konsumgüterbereich, erst zuletzt zu Basisindustrien. So bedingte etwa die Entstehung der Automobilindustrie eine starke Ausweitung der Gummiindustrie (Reifenherstellung); Maschinenbau und Metallindustrie insgesamt (einschließlich Kfz-Industrie) hatten den Aufbau der nationalen Eisen- und Stahlproduktion zur Folge. Wegen mangelnder bzw. ungeeigneter Vorkommen im eigenen Land müssen Koks und Eisenerz allerdings großenteils eingeführt werden. Die Gesamtzahl der Industriebeschäftigten verteilt sich auf eine Vielzahl verschiedener Industriezweige – ebenfalls eine Folge des Strebens nach industrieller Autarkie. Dabei steht wenigen Großbetrieben eine große Anzahl mittlerer und v. a. kleinerer Betriebe gegenüber, die eher die Größenordnung von Handwerksbetrieben besitzen. Etwa die Hälfte sowohl der Industriebeschäftigten als auch der Industrieproduktion konzentriert sich auf nur 2% der Industrieunternehmen.

Die wichtigsten in A. selber gewonnenen *Rohstoffe* sind Erdöl und Erdgas. Die Förderung konnte den eigenen Bedarf bisher in etwa decken, ebenso die von Uranerz. Weitere bergbauliche Rohstoffe (Steinkohle, Eisenerz, andere Erze) sind teils nur in bescheidenem Umfang vorhanden, teils verkehrsmäßig oder technisch schlecht erschlossen.

Eine bemerkenswerte Entwicklung hat sich seit 1970 bei der Nutzung der *Hydro-Energie* vollzogen. Die Kraftwerkskapazität wurde verzehnfacht, und gegenwärtig wird fast die Hälfte des Strombedarfs durch Wasserkraftwerke gedeckt (ca. 40% durch Wärmekraftwerke, ca. 10% durch Kernkraftwerke). Der Ausbau der Hydro-Energie erfolgte v. a. auch durch Gemeinschaftsprojekte mit Paraguay und Uruguay (↗La-Plata-Staaten V).

Verkehr. Bereits sehr früh verfügte A. über ein gut ausgebautes *Eisenbahnnetz,* das v. a. im Bereich der Pampa sehr engmaschig war, aber auch entlegene Landesteile erreichte. Entsprechend den Bedürfnissen des Export-Import-Systems wurden die Linien überwiegend auf den wichtigsten Hafen Buenos Aires ausgerichtet. Die Verbindungen der übrigen Landesteile untereinander sind weniger gut. Daher und wegen dreier unterschiedlicher Spurweiten ist das Eisenbahnnetz für moderne Verkehrserfordernisse wenig geeignet. Gut ausgebaut, auch bis in die entferntesten Landesteile, ist dagegen das *Straßennetz.* Gegenwärtig leistet der

Straßenverkehr etwa 90% des Personenverkehrs und 60% des Gütertransports. Mit 35 Flughäfen außerhalb von Buenos Aires ist auch das innerargentin. *Luftverkehrsnetz* gut entwickelt.

Seit Jahrzehnten sind Stärkung der Industrie, damit Schaffung von Arbeitsplätzen sowie Bekämpfung der Inflation das Ziel der Wirtschaftspolitik aller Regierungen, wobei sowohl dirigistische als auch eher liberale Konzepte versucht worden sind (u. a. monatliche Lohn- und Preiszuschläge, andererseits Lohn- und Preisstopp; staatliche Investitionsprogramme, andererseits Privatisierung von Staatsbetrieben). Große Hoffnungen wurden mit der neuen Währung *Austral* verbunden. Doch die 1985 festgelegte Parität (1 US-$ = 0,80 Austral) hatte sich bis 1990 drastisch verändert (1 US-$ = 5600 Australes), und das Ziel, die monatliche Inflationsrate unter 19% zu drücken, ist nur kurzzeitig erreicht worden. Anfang 1992 kehrte A. zur Peso-Währung zurück (Parität 1 US-$ = 1 Peso). Umfangreiche Kreditaufnahmen im Ausland, ein immer wieder schrumpfendes BIP sowie jahrelange Zahlungsbilanzdefizite haben bis 1990 zu einer Auslandsverschuldung von rd. 60 Mrd. US-$ geführt. Die jährlichen Zinszahlungen dafür entsprechen ungefähr der Hälfte des Exportwertes.

VI. *Kultur, Religion, Bildung*

Kultur. Zwei Faktoren haben das Profil der argentin. Kultur geprägt: die Orientierung an der Eroberermacht Spanien und die Einwanderungen seit dem 19. Jh. aus Europa und dem Nahen Osten. Die Bedingungen der Siedlungspolitik führten dazu, daß die Immigranten zunächst nicht in die internen Probleme eingriffen, sondern auf die Bewahrung ihrer kulturellen Identität bedacht waren. Mit ihnen war aber liberales und sozialistisches Gedankengut ins Land gekommen, das in das politische Bewußtsein integriert wurde.

Die Landessprache ist *Spanisch* (= *Castellano*) mit Regionalismen in Aussprache und Grammatik. Erwähnenswert sind viele engl. Lehnwörter und das sog. *Lunfardo* (= Gaunersprache) in Buenos Aires.

Von den Ureinwohnern (*Indios*) leben annähernd 30–40 000 im N und SW. Die Indios wurden Opfer von Eroberungskriegen, deren rechtliche und kulturelle Folgen bis in die Gegenwart spürbar sind. Die einst nicht unwichtige negroide Bevölkerungsgruppe ist verschwunden. Zuwanderung aus den Nachbarstaaten führt zu einer deutlichen Lateinamerikanisierung in vielen Bereichen.

Elementare Bedeutung hat der historische Gegensatz zwischen den Provinzen und der Hauptstadt. Die *Folklore* wird im Zentrum vermarktet, während sie an der Peripherie um ihr Überleben kämpfen muß. Eine originale Schöpfung der Stadt-Region Buenos Aires ist der *Tango*. Ursprünglich Tanz der Unterschicht, wurde er Anfang dieses Jahrhunderts gesellschaftsfähig und verbreitete sich seit etwa 1910 in Nordamerika und Europa. Vor allem durch Opernaufführungen wurde Buenos Aires (Teatro Colón) seit der 2. Hälfte des 19. Jh. ein weltweit bekanntes Musikzentrum. Ein Hauptvertreter der experimentellen Musik ist *Mauricio Kagel.* – Schriftsteller wie *Jorge Luis Borges, Ernesto Sábato, Roberto Arlt, Adolfo Bioy Casares, Julio Cortázar* u. a. zeichnen in ihren Werken das epochale Lebensgefühl und die Wege des Zivilisationsprozesses nach. Ideologisierung der Kultur und Übergriffe der Zensur haben vielfach Künstler ins Exil getrieben oder kreative Vorgänge gewaltsam beendet. In der neueren *Film*produktion ragen Projekte heraus, die Erfahrungen der jüngsten Vergangenheit thematisieren. Große Bedeutung als Kommunikationsmedium hat der *Hörfunk*, der sich jedoch gegen die Kulturimporte des *Fernsehens* behaupten muß. Der Rundfunk ist teils staatlich, teils privat organisiert.

Religion. Größte Glaubensgemeinschaft ist die *röm.-kath. Kirche* (1990: ca. 95% der Bevölkerung in 13 Erzb. mit 46 Suffr.-Bist.). Auseinandersetzungen mit antiklerikalen Tendenzen im 19. Jh. haben – obwohl viele Priester an den Unabhängigkeitskriegen teilnahmen – eine konservative Prägung hinterlassen. Ein offener Konflikt mit dem Staat brach 1954/55 aus, als unter *Perón* die Ehescheidung eingeführt und eine laizistische Schulpolitik durchgesetzt werden sollten. Nach dem 2. Vatikanischen Konzil und der Bischofskonferenz in Medellín (1968) motivierten befreiungstheologische Ansätze zur Arbeit in nichtkirchlichen Bereichen (Priester für die Dritte Welt; *pastoral popular*). Während der letzten Militärdiktatur wurden engagierte Priester verfolgt, Bischof *Enrique Angelelli* (La Rioja) und mehrere Geistliche ermordet. Das gute Einvernehmen zwischen Klerus und Militär blieb davon ungetrübt.

Alle nicht-kath. Religionsgemeinschaften müssen sich in ein staatliches Register eintragen lassen. In der Vielfalt der Denominationen des *Protestantismus* werden zwei Typen unterschieden: Kirchen, die durch Einwanderung oder Missionstätigkeit entstanden sind und unabhängige Kirchen, die sich einer Abspaltung oder dem Wirken einer Persönlichkeit verdanken. Erstere (Anglikaner, Baptisten, Lutheraner, Methodisten, die La-Plata-Kirche, Reformierte, Waldenser u. a.) zählen ca. 5%, die Unabhängigen ca. 3% der Bevölkerung. Die Minderheit ist bestrebt, in Ausbildung, Publizistik, Sozial- und Missionsarbeit, Menschenrechtsdiskussion mit der röm.-kath. Kirche und dem Staat zu kooperieren. Vertreter des argentin. Protestantismus waren von Anfang an führend in der ökumenischen Bewegung tätig.

In A. lebt die größte *jüdische Gemeinde* Lateinamerikas. – Die Anzahl der *Muslime* ist beträchtlich. – *Neue religiöse Bewegungen,* die charismatisch und fundamentalistisch orientiert sind, dringen von außen in die Gesellschaft und finden v. a. in den verarmten Randgruppen Resonanz. Im übrigen wirken auf die traditionelle Religiosität starke säkularisierende Tendenzen ein.

Das gut ausgebaute *Bildungswesen* ist in den Vorschul-, Primar-, Sekundar- und Universitätsbereich gegliedert. Es besteht Schulpflicht vom 6.–14. Lebensjahr. A. hat die geringste Analphabetenquote (4%) in Lateinamerika. Träger sind entweder der Staat oder private Institutionen (v. a. die kath. Kirche). Bedeutende Universitäten (insgesamt 51) befinden sich in Buenos Aires, La Plata, Córdoba, Mendoza. Die Reform von 1918, an der laizistische Kräfte beteiligt waren, gab diesem Sektor großen Auftrieb. Ausbildungsinhalte und -ziele orientierten sich an Europa, später an den USA. Diktatorische Eingriffe in die Autonomie der Universitäten (1966; 1969; 1976–82) provozierten jedoch einen Exodus der Dozenten und ließen das akademische Niveau sinken. Das Prinzip der Chancengleichheit wird seit geraumer Zeit von der ökonomischen Realität unterlaufen (nur 0,3% des BSP flossen 1990 in die Universitäten, 2% in die übrigen Bildungsbereiche). In der Krisensituation zum Trotz versuchen einzelne, die durch die Rückkehr zur Demokratie geöffneten Freiräume pädagogisch zu nutzen. – Der Sektor der beruflichen Bildung existiert – trotz beachtenswerter Versuche im frühen Peronismus – allenfalls für exklusive technische Bereiche. Das kleine und mittlere Handwerk findet kaum Berücksichtigung. Zwischen Schulen und Produktionsbereichen fehlt es an Zusammenarbeit. Neben den offiziellen Bildungsangeboten existiert ein „Parasystem", das in Kursen jede Art von Kenntnissen und Befähigungen vermarktet.

LITERATUR

Zu I, II, IV, V:
F. **Kühn,** Das neue A. Hamburg 1941. – J. R. **Scobie,** Argentina, a City and a Nation. New York 1964, ²1971. – W. **Eriksen,** Kolonisation und Tourismus in Ostpatagonien. Ein Beitr. zum Problem kulturgeographischer Entwicklungsprozesse am Rande der Ökumene. Bonn 1970. – P. A. **Henggeler,** Die industrielle Entwicklung A.s – Stand und Zukunftsperspektiven. Bern 1974. – L. **Randall,** An Economic History of Argentina in the Twentieth Century. New York 1978. – A. **Natur,** Gesellschaft, Geschichte, Kultur, Wirtschaft. Hg. J. A. **Friedl Zapata.** Tübingen 1978. – W. **Eriksen,** A.: Der Naturraum. Die Erschließung des Naturraumes, Bevölkerungs- und Stadtentwicklung, in: ebd., 3 ff. – J. **Bähr,** Groß-Buenos-Aires. Zur Bevölkerungsentwicklung der argentin. Metropole, in: Innsbrucker Geographische Studien 5 (1979) 151 ff. – C.-C. **Liss,** Die Besiedlung und Landnutzung Ostpatagoniens unter besonderer Berücksichtigung der Schafestancien. Göttinger Geographische Abhandlungen. H. 73 (1979). – Institut für Iberoamerika-Kunde, Chancen und Grenzen der Demokratie in A. Hamburg 1984 (Lit.). – L. **Klemp,** Von der „Gran Aldea" zur Metropole. Zur Entwicklung von Buenos Aires unter besonderer Berücksichtigung des Stadt-Land-Gegensatzes. Saarbrücken 1985 (Lit.). – The political economy of Argentina 1880–1946. Hg. D. C. **Platt,** G. **Di Tella.** Basingstoke 1986. – Lber.A. 1988. Stuttgart 1988. – P. **Gans,** Wirtschaftspolitik und soziale Probleme in A. Aufgezeigt am Beispiel der Wohnsituation in Gran Buenos Aires, in: GeogrRd 42 (1990) 164 ff. – J. **Bünstorf,** A. Stuttgart 1992 (Klett Länderprofile). – H. **Stausberg,** A., in: PolLexLat. ³1992, 17ff.

Zu III:
J. R. **López Rosas,** Historia Constitucional Argentina. Buenos Aires 1960, ³1977 [1. Aufl. u. d. T.: Ensayo de historia constitutional argentina. Santa Fe (Arg.)]. – H. **Quiroga Lavie,** Argentine, in: IECL. Bd. 1. National Reports, A. Hg. K. Zweigert, U. Drobnig. Tübingen 1973, 33 ff. – H. **Fix-Zamudio,** Verfassungskontrolle in Lateinamerika, in: JöR N.F. 25 (1976) 649 ff. – P. A. **Ramella,** Die Entwicklung des Verfassungsrechts in A. von 1968–1979, in: ebd. 29 (1980) 565 ff. – **Ders.,** Nouvelles Structures Féderales en Argentine, in: ebd. 31 (1982) 289 ff. – O. **Breglia Arias,** O. R. **Ganna,** Código Penal y Leyes Complementarias. Buenos Aires 1985, ²1987. – Argentinia. A Country study. Hg. J. D. **Rudolph.** Washington ³1985. – G. J. **Bidart Campos,** Tratado Elemental de Derecho Constitucional Argentino. Bd. 1 und 2. Buenos Aires 1986 [mit span. Verfassungstext]. – P. A. **Ramella,** Le Développement du Droit Constitutionnel en Argentine de 1980 à 1986, in: JöR N.F. 36 (1987) 505 ff. – Richterliche Verfassungskontrolle in Lateinamerika, Spanien und Portugal. Hg. H.-R. **Horn,** A. **Weber.** Baden-Baden 1989.

Zu VI:
H.-J. **Prien,** Die Geschichte des Christentums in Lateinamerika. Göttingen 1978. – F. **Coluccio,** Diccionario folklórico argentino. Buenos Aires 1981. – E. **Jahnke,** Tango – die Berührung. Gießen 1984. – R. **Kusch,** América profunda. Buenos Aires 1986. – E. **Mignone,** Iglesia y Dictadura. El paapel de la iglesia a la luz de sus relaciones con el régimen militar. Buenos Aires 1987. – M. **Aguinis,** Un país de novela. Viaje hacia la mentalidad de los argentinos. Buenos Aires 1988. – R. **Klainer,** D. **Lopez,** V. **Piera,** Aprender con los chicos. Propuesta para una tarea docente fundada en los derechos humanos. Buenos Aires 1988. – Ideas y propuestas para la educación argentina. Hg. Academia de la Educación. Buenos Aires 1989. – El pensamiento peronista. Hg. A. **Iturrieta.** Madrid. 1990. – B. **Röhl-Schulze,** Einsamkeit, Entfremdung und Melancholie in der zeitgenössischen argentin. Literatur (1955 bis zur Gegenwart). Köln 1990.

Jürgen Bünstorf (I, II, IV, V), *Ulrich Karpen* (III), *Ulrich Schoenborn* (VI)

FALKLAND-INSELN

Amtlicher Name	Falkland-Inseln Falkland Islands (Malwinen, Islas Malvinas)
Staatsform	Britische Kronkolonie
Hauptstadt	Port Stanley (1200 E.)
Fläche	12 173 km²
Bevölkerung	rd. 2000 E. (1986)
Sprache	Englisch
Religion	Protestanten 90%; Katholiken 10%
Währung	1 Falkland-Pfund (FL£) = 100 New Pence

Die F.-I. (argentin. *Islas Malvinas*) liegen ca. 500 km vor der Küste Ostpatagoniens im Südatlantik. Die Inselgruppe besteht aus den Hauptinseln *Westfalkland (Gran Malvina)* und *Ostfalkland (Soledad,* mit dem Hauptort *Port Stanley)* und vielen kleineren, teilweise ebenfalls bewohnten Inseln. Die Lage inmitten des Atlantiks und am Rande der subpolaren Klimazone bedingt ein kühles, sehr ausgeglichenes *Klima* mit geringen Tages- und Jahresschwankungen der Temperatur. Fröste, auch Schneefälle kommen zu allen Jahreszeiten vor. Die *Vegetation* auf den hügeligen Inseln ähnelt derjenigen im südl. Feuerland: eine Tundra aus Gras- und Heidefluren mit vielen Mooren, ohne Baumwuchs.

Die *Bevölkerung* ist brit. Herkunft. Ihre Zahl sinkt seit etwa 50 Jahren (Auswanderung nach Australien, Neuseeland). Viele Bewohner sind Kontraktarbeiter auf den Schaffarmen und kehren nach einigen Jahren nach Großbritannien zurück.

Die F.-I. sind brit. Kronkolonie, die von einem Gouverneur, einem Gesetzgebenden Rat und einem Vollzugsrat mit 10 bzw. 6 Mitgliedern verwaltet wird.

Wirtschaftliche Bedeutung besitzen die F.-I. durch ihre Schafhaltung mit dem Ziel der Wollproduktion. Etwa 650 000 Schafe werden auf 36 Farmen gehalten. Fast die Hälfte des Weidelandes ist in der Hand der „Falkland Islands Company" (1851 in London gegr.), für die heute jeder zweite Falkländer arbeitet. Die kleinsten Farmen halten etwa 1000, die mittleren etwa 10 000 bis 30 000 Tiere. Die Eigentümer der meisten Farmgesellschaften leben in Großbritannien und lassen ihre Betriebe von Lohnarbeitern bewirtschaften.

Die Inseln wurden erstmals 1592 entdeckt, 1690 nach dem damaligen Schatzmeister der engl. Marine, *Lord Falkland,* benannt. Der erste Siedlungsversuch wurde von Franzosen unternommen. 1764 landeten zwei Schiffe mit Siedlerfamilien; Frankreich nahm offiziell Besitz der Inselgruppe. 1767 wurde die Niederlassung an die Spanier übergeben. Nach der Unabhängigkeit betrachtete sich Argentinien als Erbe des span. Besitzanspruchs und setzte 1820 einen Gouverneur für die Inseln ein. Die Engländer hatten aber ihre Ansprüche nicht aufgegeben und nahmen 1833 die Inseln wieder in Besitz. Argentinien hat seitdem seinen Anspruch immer wieder erneuert. Am 2.4.1982 besetzte es die Inseln, die von Großbritannien bis zum 14. Juni zurückerobert wurden *(Falkland-Krieg).* 1990 nahmen Argentinien und Großbritannien wieder diplomatische Beziehungen auf. Die beiderseitigen Besitzansprüche bleiben aber bestehen.

Bedeutung hat die Inselgruppe auch als Stützpunkt auf dem Weg zur ↗Antarktis (konkurrierende Besitzansprüche Argentiniens und Großbritanniens) sowie für eine mögliche Nutzung der antarktischen Gewässer (Fischfang, Rohstoffe).

LITERATUR

M. B. R. **Cawkell u. a.,** The Falkland Islands. London, New York 1960. – K. **Halding-Hoppenheit,** Wo Briten noch Flagge zeigen, in: GEO 1977. H. 10, 86 ff. – M. **Trehearne,** Falkland Heritage. A Record of Pioneer Settlement. Ilfracombe 1978. – J. **Bünstorf,** Falkland Islands / Islas Malvinas: Hintergründe des Konflikts, in: GeogrRd 34 (1982) 376 ff. – L. H. **Destéfani,** Malvinas, Georgias y Sandwich del Sur, ante el conflicto con Gran Bretaña. Buenos Aires 1982. – R.-O. **Schultze,** C. **Will,** F.-I., in: PolLexLat. ³1992, 342ff.

Jürgen Bünstorf

PARAGUAY

Amtlicher Name	República del Paraguay (Republik Paraguay)
Staatsform	Präsidiale Republik
Hauptstadt	Asunción (730 000 E., Agglomeration)
Fläche	406 752 km²
Bevölkerung	4 277 000 E. (1990; VZ 1982: 3 030 000). – 11 E./km²
Sprache	Spanisch, Guaraní
Religion	Katholiken 90%; Protestanten 2%
Währung	1 Guaraní (G.) = 100 Céntimos

I. Naturräumliche Voraussetzungen

P., einer der drei ↗La-Plata-Staaten, gehört flächenmäßig zu den kleineren Staaten ↗Südamerikas. Es ist neben ↗Bolivien, an das es im NW grenzt, das einzige Land ohne eigenen Zugang zum Meer. Gemeinsame Grenzen hat es ferner im O mit ↗Brasilien, im SW und S mit ↗Argentinien. Die Staatsfläche wird durch den *Río Paraguay* (2200 km) in zwei sehr unterschiedliche Regionen getrennt. Der westl. Teil (2/3 der Fläche) gehört zur Großlandschaft des *Gran Chaco:* ein weitgehend ebenes, mit Trockenwald bestandenes Gebiet, das aufgrund seiner klimatischen Bedingungen (5 Monate Trockenzeit) nur schlechte Voraussetzungen für die landwirtschaftliche Nutzung bietet. Der östl. Landesteil, weitgehend mit mittelgebirgsartigem Relief (Höhen bis ca. 700 m), weist bei ebenfalls tropischem Temp.-Regime erheblich höhere und auch gleichmäßiger verteilte Niederschläge auf und bietet gute Nutzungsmöglichkeiten.

II. Historische und politische Entwicklung

Die Hst. *Asunción* (1537 gegr.) ist eine der ältesten span. Stadtanlagen in Südamerika. Von hier aus erfolgten weitere Stadtgründungen (u. a. die zweite Gründung von Buenos Aires 1580; ↗La-Plata-Staaten II). 1542 wurde P. Teil des span. *Vizekönigreichs Peru.* Eine wichtige Epoche der span. Kolonialzeit war die Zeit der *Jesuiten-Reduktionen* ab 1608: Jesuiten missionierten im Gebiet der *Guaraní-Indianer,* legten (entgegen dem Encomienda-System der span. Konquistadoren) planmäßige feste Siedlungen für die Indianer an und führten eine geregelte Landbewirtschaftung ein. 12 dieser Siedlungen lagen auf dem Gebiet des heutigen Ostparaguay, 15 weitere im heutigen Argentinien (Prov. Misiones). 1768 wurden die Jesuiten aus dem Kolonialreich verwiesen, und die Siedlungen verfielen. 1776 wurde das heutige P. Teil des *Vizekönigreichs Río de la Plata* (Sitz in Buenos Aires).

Im Zuge der Unabhängigkeitsbewegung im südl. Südamerika trennte sich P. 1811 vom Vizekönigreich Río de la Plata und konstituierte sich am 12.10.1813 als selbständige Republik. Die politische Entwicklung des Staates im 19. und auch noch im 20. Jh. ist gekennzeichnet durch eine Folge von Militärdiktaturen (*José Gaspar Rodríguez de Francia,* 1814–40; *Carlos Antonio López,* 1844–62; *Francisco Solano López,* 1862–70) sowie durch zwei folgenschwere Kriege gegen die Nachbarstaaten. Der Krieg gegen die sog. *Tripelallianz* (Brasilien, Argentinien und Uruguay) 1864/65–70, in dem es vornehmlich um territoriale Ansprüche ging, kostete P. fast die Hälfte seiner Bevölkerung und den Verlust von Gebieten an Argentinien und Brasilien. 1932–35 kam es zum *Chaco-Krieg* gegen Bolivien um die im Grenzbereich vermuteten Erdölvorkommen. Im *Frieden von Buenos Aires* gewann P. den größeren Teil des Gran Chaco.

Die jüngere politische Entwicklung wurde seit 1954 bestimmt durch die Diktatur des Generals *Alfredo Stroessner.* Innere Stabilität wurde erkauft durch eine weitgehende Lähmung des demokratischen Systems. Wichtige politische und wirtschaftliche Positionen wurden durch Familienangehörige oder enge Vertraute des Präsidenten besetzt. Im Febr. 1989 wurde Stroessner gestürzt und der Putschgeneral *Andrés Rodríguez* im Mai in einer demokratischen Wahl mit großer Mehrheit zum Präsidenten gewählt.

Die bis heute stärkste politische Gruppierung des Landes, die Colorado-Partei, geht auf das Jahr 1887 zurück. Unter der Stroessner-Regierung war sie zu einer Art Staatspartei geworden. – P. ist Mitglied der ALADI, der La-Plata-Gruppe, der OAS und im SELA. Mit Argentinien, Brasilien und Uruguay plant es bis 1995 einen „Gemeinsamen Markt im südlichen Südamerika" (Mercosur).

III. Verfassung, Recht, Verwaltung

Das Auseinanderklaffen von normierter Verfassungsordnung und praktischer politischer Machtausübung kennzeichnet die innenpolitische Situation bis in die Gegenwart. Allerdings gewährte bereits die Verfassung von 1940 dem Präsidenten große Machtbefugnisse. Nach der Verfassung vom 25.8.1967 ist P. eine präsidiale Republik. Seit der letzten Verfassungsreform 1977 ist der Präsident unbegrenzt wiederwählbar. Neben dem *Staatspräsidenten,* der Staatsoberhaupt, Regierungschef und Oberbefehlshaber der Streitkräfte ist, besteht als Legislative das *Zweikammerparlament* (Kongreß) aus der *Abgeordnetenkammer* (60 Mitgl.) und dem *Senat* (36 Mitgl.). Die Abgeordneten, Senatoren und der Präsident werden gleichzeitig alle 5 Jahre direkt gewählt. Die Partei mit der meisten Stimmenmehrheit erhält 2/3 der Sitze im Kongreß; die restlichen Sitze werden auf die übrigen Parteien entsprechend ihrem Stimmenanteil aufgeteilt. Für alle Bürger über 18 Jahre besteht Wahlpflicht. – Eine im Dez. 1991 gewählte verfassungsgebende Versammlung soll bis Mitte 1992 eine neue Verfassung ausarbeiten.

An der Spitze des *Rechtswesens* steht der Oberste Gerichtshof (mindestens 5 Mitgl.); außerdem gibt es Landgerichte und Amtsgerichte. Die Mitglieder der Gerichte, ebenso alle Verwaltungsbeamten, werden vom Präsidenten ernannt. Die Unabhängigkeit der Justiz ist bis heute nicht gewährleistet.

Verwaltung. P. ist in 19 Departamentos von sehr unterschiedlicher Größe und den Hauptstadtbezirk gegliedert. An der Spitze der Verwaltung in den Departamentos stehen Beauftragte der Zentralregierung.

IV. Bevölkerungs- und Sozialstruktur

P. weist eine recht einheitliche Bevölkerung auf: 95% gelten als Mestizen, die auf die sehr frühe Vermischung der Spanier mit der Indianerbevölkerung (v. a. Guaraní) zurückgehen; ca. 2% sind reine Indianerbevölkerung (v. a. in den westl. Landesteilen), 3% Weiße. Diese ökonomisch und politisch führende Gruppe ist unterschiedlicher Herkunft. Eine gewisse Sonderstellung nehmen darunter die Mennoniten ein, die um 1930 aus Nordamerika und aus Europa eingewandert sind und ein geschlossenes Siedlungsgebiet im zentralen Chaco bilden.

Mit einer *Wachstumsrate* von 3,0% p. a. (Durchschnitt 1985–90), bei einer *Geburtenziffer* von 35 ‰ (Säuglingssterblichkeit 42 ‰) und einer *Sterbeziffer* von 6,6 ‰ (1985–90), gehört P.s Bevölkerung zu den am raschesten wachsenden Bevölkerungen Lateinamerikas. Die durchschnittliche *Lebenserwartung* beträgt 69 Jahre.

Der Prozeß der Verstädterung steht in P. erst am Anfang. Nur etwa 47% der Bevölkerung leben in städtischen Siedlungen (1990). Die Hst. Asunción, obwohl mit 730 000 E. (Agglomeration) eine der kleineren Hauptstädte Lateinamerikas, übertrifft die übrigen Städte des Landes an Größe und Bedeutung erheblich. Nur etwa 2% der Bevölkerung leben im westl. Landesteil (Bevölkerungsdichte hier weniger als 1 E./km²).

V. Wirtschaft

P. ist ein Agrarland. Etwa die Hälfte aller Erwerbspersonen ist in der *Landwirtschaft* tätig, der 1/3 des BSP (1989: 1030 US-$/E.) entstammt. Der Anteil landwirtschaftlicher Erzeugnisse am Exportwert macht über 90% aus. Traditionell wichtige Ausfuhrgüter P.s waren Fleisch, Holz, Tabak und Gerbstoff-Extrakt (aus dem Holz des Quebracho-Baums im Chaco gewonnen). Seit 1970 hat sich ein drastischer Wandel vollzogen. Gegenwärtig machen Baumwolle und Sojabohnen über 80% der gesamten Agrarexporte aus. Der dramatische Rückgang der Fleisch-Exporte ist nicht zuletzt auf die zunehmende Eigenversorgung traditioneller Absatzmärkte, z. B. in den EG-Ländern, zurückzuführen. Die Landwirtschaft ist gekennzeichnet durch den scharfen Kontrast zwischen Großbesitz (häufig unter Beteiligung ausländischen Kapitals) und Kleinbesitz. In verschiedenen Landesteilen spielen aber auch bäuerliche Betriebe eine wichtige Rolle, z. B. in den Mennonitensiedlungen im Chaco und im Neusiedlungsgebiet in Ostparaguay.

Die *Industrie*, ebenfalls mit 1/4 am BSP beteiligt, beschränkt sich ausschließlich auf die Verarbeitung landwirtschaftlicher Erzeugnisse (z. B. Baumwoll-Entkernungsanlagen, Zuckerfabriken, Textilindustrie).

Bemerkenswert ist der moderne Ausbau der Hydroenergie, besonders in Kooperation mit Brasilien (Gemeinschaftskraftwerk Itaipú am Río Paraná). Wegen des begrenzten Eigenbedarfs verkauft P. seinen Stromanteil derzeit an Brasilien.

Verkehr. Sowohl für den Personen- als auch für den Gütertransport ist fast ausschließlich der *Straßenverkehr* wichtig. Die wichtigsten Straßenverbindungen sind inzwischen asphaltiert, bis in den zentralen Chaco hinein. Eine *Eisenbahnlinie* verbindet Asunción und Encarnación (mit Anschluß nach Buenos Aires). Gute Möglichkeiten bietet die *Flußschiffahrt* in Verbindung mit Freihafenrechten in den Überseehäfen der Nachbarländer; sie ist aber bisher kaum entwickelt. An den internationalen *Flugverkehr* ist P. durch den Flughafen in Asunción angeschlossen.

VI. Kultur, Religion, Bildung

Die besondere Bevölkerungsstruktur P.s drückt sich auch in der Verbreitung der *Sprachen* aus: Neben der Amtssprache Spanisch ist das Guaraní zweite offizielle Sprache, die von der überwiegenden Mehrheit der Bevölkerung gesprochen wird. Das kulturelle Leben konzentriert sich in Asunción. Dort befinden sich die Nationaluniversität (1890 gegr.; einige Fakultäten in der Stadt Encarnación), die Katholische Universität (1960 gegr.), Fachhochschulen, Bibliotheken und Museen.

Die röm.-kath. Kirche ist Staatsreligion. 90% der Bevölkerung gehören ihr an (1 Erzb., 8 Bist., 2 Prälaturen und 1 Apostolisches Vikariat). Neben Stammesreligionen der Indianerbevölkerung in entlegenen Landesteilen haben auch kleinere christliche Religionsgemeinschaften Bedeutung, etwa die Mennoniten.

In P. besteht Schulpflicht für die 6jährige Grundschule. Der Anteil der Analphabeten (an den über 15jährigen) wird gegenwärtig (1990) mit 10% angegeben. Allerdings besuchen nur ca. 75% der Schulpflichtigen die Schule, die die meisten außerdem bereits vor Erreichen des Grundschul-Abschlusses verlassen. Wegen der mangelhaften Ausstattung des öffentlichen Schulwesens spielen Privatschulen eine immer wichtigere Rolle, v. a. im Bereich der Sekundarschulen.

LITERATUR

A. N. **Schuster**, P., Land, Volk, Geschichte, Wirtschaftsleben und Kolonisation. Stuttgart 1929. – H. **Hack,** Die Kolonisation der Mennoniten im paraguay. Chaco. Amsterdam 1961. – W. **Regehr,** Die lebensräumliche Situation der Indianer im paraguay. Chaco. Basel 1979 (Lit.). – O. **Bareiro,** P., in: HDW. Bd. 2. 1982, 273 ff. – J. M. G. **Kleinpenning,** The Integration and Colonisation of the Paraguayan Chaco. Nimwegen 1984. – G. **Kohlhepp,** Räumliche Erschließung und abhängige Entwicklung in Ost-P., in: P. (Lateinamerika-Studien 14). München 1984, 203 ff. (Lit.). – J. M. G. **Kleinpenning,** Man and Land in P. Amsterdam 1987. – G. **Kohlhepp,** B. **Karp,** Itaipú, in: Tübinger Geographische Studien H. 93 (1987) 71 ff. (Lit.). – Lber. P. 1989. Stuttgart 1989. – J. **Ensignia,** D. **Nolte,** P., in: PolLexLat. ³1992, 253ff.

Jürgen Bünstorf

URUGUAY

Amtlicher Name	República Oriental del Uruguay (Republik östlich des Uruguay)
Staatsform	Präsidiale Republik
Hauptstadt	Montevideo (1,3 Mio. E., Agglomeration)
Fläche	177 414 km²
Bevölkerung	3 096 000 E. (1990; VZ 1985: 2 922 000). – 18 E./km²
Sprache	Spanisch
Religion	Katholiken 66%
Währung	1 Uruguayischer Neuer Peso (urugN$) = 100 Centésimos

I. Naturräumliche Voraussetzungen

U., einer der drei ↗La-Plata-Staaten, flächenmäßig der kleinste spanischsprachige Staat ↗Südamerikas, grenzt im O und S an den Atlantischen Ozean, im W an ↗Argentinien, im N und NO an ↗Brasilien. Der größte Teil ist ein hügeliges Tiefland unter 200 m Meereshöhe, das durch mehrere Höhenrücken gegliedert wird *(Cuchilla Grande, Cuchilla de Haedo)*. Der höchste Punkt des Landes (501 m) liegt unmittelbar an der Südküste bei Montevideo. U. liegt im Bereich der Subtropen (wärmster Monat Jan.: 22–24°C; kältester Monat Juli: 10°C). Die Niederschläge sind über das ganze Jahr gleichmäßig verteilt. Entsprechend der klimatischen Übereinstimmung ist auch die natürliche Vegetation ähnlich derjenigen in der benachbarten argentin. Pampa: überwiegend Grasland mit Galeriewäldern an den Flüssen und Palmenbeständen. Auf den verschiedenen Höhenrücken kommt auf Felsboden auch dorniges, feinblättriges Buschwerk vor.

II. Historische und politische Entwicklung

In der frühen Kolonialzeit zeigten die Spanier wenig Interesse am Territorium des heutigen Uruguay. Erst 1726 gründeten sie Montevideo, nachdem bereits Ende des 17. Jh. Portugiesen an der La-Plata-Mündung gegenüber von Buenos Aires die Stadt *Colonia* angelegt hatten. Später gehörte das heutige U. zum *Vizekönigreich Río de la Plata* (Sitz in Buenos Aires). Zur Zeit der Unabhängigkeitsbewegung war das Gebiet zwischen den entstehenden Staaten Argentinien und Brasilien heftig umstritten. Erst 1828 verzichteten Argentinien und Brasilien auf das Territorium. Am 27.8.1825 wurde U.s Unabhängigkeit im *Vertrag von Rio de Janeiro* anerkannt.

1839–52 führte der junge Staat den „Großen Krieg" gegen Argentinien; 1865–70 war U. mit Argentinien und Brasilien im Kampf gegen den paraguayischen Diktator *Francisco Solano López* verbündet. In den innenpolitischen Auseinandersetzungen des 19. Jh. bildeten sich jene politischen Richtungen heraus, die bis heute das stärkste Gewicht im Lande haben: Die Colorado-Partei und die Blanco- oder National-Partei. Es ist kaum möglich, beide Parteien dem europ. Parteienspektrum zuzuordnen. Nur angenähert läßt sich die Blanco-Partei als agrarisch-konservativ charakterisieren, während die Colorado-Partei u. a. auch urbane und Industriearbeiter-Interessen vertritt. Drittstärkste politische Kraft ist der linke *Frente Amplio* (Breite Front), ein Bündnis aus mehreren Parteien und Gruppen (1989: 20,2% der Stimmen). – U. ist Mitglied der ALADI, der La-Plata-Gruppe, der OAS und im SELA. Mit Argentinien, Brasilien und Paraguay plant es bis 1995 einen „Gemeinsamen Markt im südlichen Südamerika" (Mercosur).

Bereits zu Beginn der 60er Jahre war in U., v. a. in Montevideo, die Stadtguerilla der *Tupamaros* entstanden – letztlich wohl als Konsequenz des immer mehr zerfallenen, ehemals vorbildlichen Sozialsystems des Landes (vgl. IV). Auf die Herausforderung durch die Guerilla wußten die gewählten Präsidenten nur durch ein Bündnis mit dem Militär zu antworten. Die Grundrechte wurden außer Kraft gesetzt (1972), das Parlament aufgelöst (1976), bestimmte Parteien verboten, die sozialwissenschaftlichen Institute an der Universität Montevideo geschlossen. Erst mit der Präsidentschaft *Julio Mario Sanguinettis* (1985–90; Colorado-Partei) kehrte U. nach eineinhalb Jahrzehnten Militärherrschaft mit politischem Terror wieder zur Demokratie und zu verfassungsmäßigen Zuständen zurück (Präsident seit 1990: *Luis Alberto Lacalle,* Blanco-Partei).

III. Verfassung, Recht, Verwaltung

Nach der Verfassung vom 1.3.1967 ist U. eine präsidiale Republik. Der *Präsident* ist Staatsoberhaupt und Regierungschef. Er wird direkt auf 5 Jahre nach einer nationalen Liste der Parteien gewählt. Ihm steht bei der Ausübung der Exekutive ein *Ministerrat* zur Seite. Das *Parlament* aus zwei Kammern wird ebenfalls auf 5 Jahre gewählt: Der *Senat* (30 Mitgl.) nach einer nationalen Liste, die *Deputiertenkammer* (99 Abgeordnete) nach Listen in den Provinzen.

An der Spitze des *Rechtswesens* steht der Oberste Gerichtshof in Montevideo. Gerichte 1. Instanz bestehen in Montevideo und in den Hauptstädten der Departamentos; ferner gibt es Appellationsgerichte und Friedensrichter.

Das Staatsgebiet ist unterteilt in 19 Departamentos von sehr unterschiedlicher Größe. An der Spitze steht jeweils ein Provinzrat, der jedoch nur eingeschränkte Verwaltungskompetenzen besitzt.

IV. Bevölkerungs- und Sozialstruktur

Die Bevölkerung hat sich durch europ. Einwanderung fast gänzlich neu gebildet. Die Zeit stärkster Einwanderung lag zwischen 1900 und 1930 (v. a. Spanier und Italiener). Heute gelten etwa 10% der Uruguayer als Mestizen; 3% Mulatten leben v. a. in der Hauptstadt und nahe der brasilian. Grenze.

In bezug auf *Altersstruktur* und Entwicklung ähnelt die Bevölkerung der in Industrieländern. Bei niedriger *Geburtenrate* (1985–90: 18 ‰) ergibt sich ein jährliches *Bevölkerungswachstum* von nur 0,6% (Durchschnitt 1985–90). Die *Lebenserwartung* liegt mit 75 Jahren höher als in allen anderen lateinamerikan. Ländern.

Die Bevölkerung ist sehr unterschiedlich auf der Staatsfläche verteilt. Mit 85% ist der Anteil der städtischen Bevölkerung außerordentlich hoch. Unter den Städten wiederum steht die Hst. Montevideo mit weitem Abstand an der Spitze. Fast die Hälfte der Gesamtbevölkerung lebt in der Hauptstadt-Agglomeration (1,3 Mio.), die damit eine echte Metropole ist. Alle übrigen Städte, die meisten von ihnen randlich gelegen, besitzen nur regionale Bedeutung. Über U. hinaus bekannt sind die Badeorte an der Südküste zwischen Montevideo und Punta del Este.

Die uruguayische Gesellschaft ist gekennzeichnet durch eine breit ausgebildete Mittelschicht. Sowohl das System der *Sozialversicherung* mit Altersversorgung und Arbeitslosenunterstützung als auch das *Gesundheitswesen* sind hoch entwickelt. Bereits seit Beginn des Jahrhunderts gibt es eine kostenlose öffentliche Gesundheitsfürsorge. Allerdings ist die ärztliche Versorgung in den ländlichen Gebieten wesentlich schlechter als in der Hauptstadt.

V. Wirtschaft

Traditionell ist die *Viehwirtschaft* der beherrschende Wirtschaftszweig. Bereits um 1800 waren die nutzbaren Weidegebiete weitgehend in Privatbesitz aufgeteilt, die Weidewirtschaft (Rinder) wurde besser organisiert. Ab Mitte des 19. Jh. breitete sich auch die Schafwirtschaft aus (Einfuhr von Zuchttieren aus England). Rindfleisch und Schafwolle sind bis heute wichtige Exportprodukte. Der Ackerbau hat keine große Bedeutung erlangt. Allerdings führte die europ. Einwanderung des 19. und 20. Jh. zu einer gewissen Veränderung der reinen Weidewirtschaft durch den Anbau von Weizen und Mais. Die Landwirtschaft ist großbetrieblich organisiert, ohne allerdings die krassen Merkmale von Großgrundbesitz aufzuweisen. Über 50% der Landwirtschaftsfläche gehört zu Betrieben zwischen 1000 und 10 000 ha. Aber 3/4 aller Betriebe besitzen nur eine Größe von weniger als 100 ha. Die Landwirtschaft trägt gegenwärtig mit 11% zum BSP (1989: 2620 US-$/E.) zur Beschäftigung bei.

Die *Industrie* – hauptsächlich Konsumgüterindustrie für den nationalen Bedarf – hat einen Anteil von je 1/3 am BSP und an der Beschäftigung.

U. ist arm an *Bodenschätzen*. Bekannt sind u. a. größere Eisenerzvorkommen. Der gesamte Bedarf an Erdöl muß importiert werden. Für die *Energieversorgung* wurde darum der Ausbau der Hydroenergie forciert, v. a. durch Gemeinschaftsprojekte mit Argentinien und Brasilien (↗La-Plata-Staaten V), die inzwischen fast ausschließlich den – stark gestiegenen – Strombedarf deckt.

Während U. mit einer *Auslandsverschuldung* von 7 Mrd. US-$ relativ günstig dasteht, verzeichnet es eine hohe und zunehmende *Inflationsrate* (1990: 128%).

Verkehr. U. ist verkehrsmäßig relativ gut erschlossen. Es besteht ein umfangreiches *Eisenbahnnetz*, das sich aber in einem schlechten Zustand befindet. Dank des gut ausgebauten *Straßennetzes* ist das Kraftfahrzeug das wichtigste Verkehrsmittel. Das gilt v. a. auch für den Personen-Fernverkehr mit einem dichten Bus-Liniennetz. Die *Binnenschiffahrt* konzentriert sich auf den Río Uruguay (für Seeschiffe bis Paysandu schiffbar) und den Río de la Plata. Für die *Seeschiffahrt* ist Montevideo wichtigster Hafen. Der *Flugverkehr* ist hauptsächlich auf die Nachbarstaaten ausgerichtet. Internationaler Flughafen ist Montevideo.

VI. Religion, Bildung, Kultur

Mit den Staatsreformen zu Beginn des 20. Jh. wurde die strikte Trennung von Kirche und Staat vorgenommen. Religionsfreiheit ist gewährleistet. Die Zivilehe ist (seit 1885) obligatorisch. 66% der Bevölkerung werden der kath. Kirche (1 Erzb., 9 Bist.) zugerechnet, die, im Vergleich zu anderen lateinamerikan. Ländern, geringere Bedeutung hat. Ehescheidung ist seit langem legal.

In U. besteht Schulpflicht vom 6.–14. Lebensjahr. Die Einschulungsquote ist hoch (86%), der Anteil der Analphabeten (6%) – im lateinamerikan. Vergleich – sehr niedrig. In Montevideo gibt es 2 Universitäten: die Universidad de la República (seit 1849) und die Technische Universität (seit 1942), außerdem die Akademie der Wissenschaften und andere wissenschaftliche Gesellschaften. Vor allem die sozialwissenschaftlichen Abteilungen der Universität waren nach Mitte der 60er Jahre eines der Zentren oppositioneller Gruppierungen, entsprechend auch ein Hauptziel der Repression. Die Hauptstadt ist mit Abstand auch der kulturelle Mittelpunkt des Landes.

LITERATUR

E.-J. **Kerbusch**, Das uruguayische Regierungssystem. Köln 1971. – J. **Neschen**, U. Besonderheiten eines Verfassungssystems. Berlin 1972. – H. **Finck**, Historia Económica del U. contemporáneo. Montevideo 1980. – J. M. G. **Kleinpenning**, U.: The Rise and Fall of a Welfare State seen against a Background of Dependency Theory, in: Revista Geográfica. Mexico City 93 (1981) 101 ff. – M. H. J. **Finch**, A political economy of U. since 1980. New York 1982. – D. **Nohlen**, U., in: HDW. Bd. 2. 1982, 334 ff. – J. **Bähr**, Bevölkerungsentwicklung und Bevölkerungsstruktur Montevideos, in: Beitr. zur Stadtgeographie von Montevideo. Hg. G. Mertins u. a. Marburg 1988, 1 ff. (Lit.). – Lber. U. 1989. Stuttgart 1990. – D. **Nohlen**, U., in: PolLexLat. ³1992, 301ff. – *Weitere Lit.:* ↗La-Plata-Staaten.

Jürgen Bünstorf